《明清皇家壇廟史料彙編》
編纂委員會

主　　編: 郗志群

副主編: 劉志江　蔡宛平　匡清清　王冕森　王敬雅

編　　委: (以姓氏筆畫爲序)

王永超	王建業	王冕森	王敬雅	田相鳳	匡清清
朱靖輝	衣長春	李想	李静	李丹丹	李瑩雪
吳晨陽	谷雨	金瀅坤	郝艷華	胡芮寧	段東升
侯文婷	郗志群	秦友會	秦中亮	耿麗敏	連冠
徐暢	師宇晨	唐茜	陸非凡	陳天奇	陳玉娥
陳紀童	陳夢茹	孫天一	孫忠源	黃祖冉	閆宏宇
張一夫	張瑩	彭川	鄒洪昀	董媛媛	雷佳音
蔡宛平	蔡麗麗	熊志鵬	劉志江	劉江偉	劉建生
劉蘊博	戴秋林				

國家古籍整理出版專項經費資助項目

明清皇家壇廟史料彙編

Compilation of Historical Materials of Imperial Temples of Ming and Qing Dynasties

上　冊

主編　郗志群

副主編　劉志江　蔡宛平　匡清清　王冕森　王敬雅

人民出版社

郗志群

　　歷史學博士，首都師範大學教授，博士生導師。之前長期從事版本目錄學及楊守敬學術研究。目前主要從事北京史、文化遺產的教學和研究工作，創建全國高校首家"文化遺產"本科專業。現任首都師範大學北京文化遺產研究中心主任，兼任北京史研究會副會長、北京文物保護學會副會長等職。曾主持"觀海堂書目整理及研究""北京戰爭史研究""明清皇家壇廟文獻整理和研究"等國家社科基金及北京市社科基金重大、重點項目10餘項。出版《歷史北京》《南鑼鼓巷》等著作，點校《（康熙）宛平縣志》《（光緒）延慶州志》《都門匯纂》等古籍，擔任北京市新修志書《北京志·非物質文化遺產志》終稿主編。在《歷史研究》《中國史研究》《文獻》《當代中國史研究》《考古》及日本《中國史學》等刊物上發表學術論文60餘篇。

前　言

　　壇廟祭祀作爲中國古代王朝日常的重要行政活動，一直被視爲國家政治制度建設的一部分。統治者們通過開闢祭祀場所、制禮作樂等方式，大舉祭祀。這些祭祀活動記載於歷朝文獻中，於是祭禮變得有章可循，儀式過程可照章辦理，逐漸走上形式化的道路。周代"制禮作樂"以前，由巫覡通過"絕地天通"的方式，行使祭祀大權。到了周代，以《周禮》《尚書》等典籍爲基礎，規劃出天子祭祀的藍圖，并爲之奠定了理論基礎。至兩漢時期，儒家思想融入周制，"王禮"順利轉化成"皇禮"。自此，大一統王朝皇家壇廟祭祀制度體系正式確立。魏晉南北朝、隋、唐時期，多宗教文化作爲新鮮血液，滲透參與至皇家壇廟體系之中，使得大一統王朝的皇家壇廟祭祀體系日趨完善。兩宋時期，儒、釋、道三教走向合一，現實主義思想由市民經濟發端，并開始反映在皇家壇廟祭祀活動之中。遼金元時北方少數民族入主中原，在借鑒周禮漢法文化的基礎上，融入了頗具特色的多民族文化，爲王朝皇家壇廟祭祀體系添加了新的元素。

　　明清時期是皇家祭祀制度發展的一個重要時期。一方面，表現在祭祀典制精細化和規範化的提升。明清皇家壇廟祭祀在唐宋制度的基礎上，進一步明確了祭典的程式、儀式和規範，使祭祀活動更加有序和規範化。另一方面，明清統治者在原有的政治和社會基礎上，對諸多皇家壇廟祭祀制度進行了改革，以宣揚皇權的正統性。明代北京經歷了由太祖朱元璋、惠帝朱允炆在位期間的燕王藩都，向成祖朱棣以後的明朝京師的地位轉變。隨之，明代北京壇廟祭祀神祇體系也由地方體系上升爲皇家體系，北京的皇家壇廟得以陸續建造。明代皇帝對皇家壇廟祭祀禮儀活動的認知，在發展過程中走向政治思維，明代大禮議中的壇廟改革正是最爲顯著的一例。它的發端、經過、性質及其影響伴隨着明中期禮制變革的過程，明代太廟改制，世廟建置，天壇、地壇及太歲壇、先農壇分祀，先蠶壇興建等禮制大變革，便是這一時期的産物。明代皇家壇廟祭祀神祇體系中所供奉的天神幾經變遷，最終形成了一套極端複雜、完善的陳設神位體系。明代祭祀神祇對應的北京皇家壇廟主要包括圜丘壇、方丘壇、社稷壇、朝日壇、夕月壇、先農壇、太歲壇、先蠶壇、太廟、歷代帝王廟、文廟、奉先殿等。

　　清代繼承明代皇家壇廟祭祀制度，但"清增明制"，主要是補充了本民族元素，堂子祭祀便是顯著的例證。清入關前，在興京赫圖阿拉、東京遼陽、盛京瀋陽就有比較系統的祭祀活動。入主中原後，祭禮主要包括兩類：一是源自滿洲民俗與宗教信仰的滿洲祭禮，以堂子祭祀爲代表；二是受漢制影響的祭禮，如天壇、地壇、太廟祭祀等。清代的皇帝致力於完善皇家壇廟祭祀體系，爲此制定了種種詳盡複雜的典章制度，至乾隆朝時已構建出一個以天壇、祈穀壇、地壇、日壇、月壇、先農壇、太歲壇、社稷壇、先蠶壇、太廟、文廟、奉先殿、歷代帝王廟、傳心殿、壽皇殿、雍和宮、堂子爲對象的"九壇八廟"京師皇家壇廟祭祀體系。

中國歷朝歷代都對祭祀禮儀給予了高度重視。隨着朝代的更迭，祭祀禮儀不斷豐富和發展，不少朝代都對祭禮進行整理，并留存下許多珍貴文獻。唐代以前，祭祀儀式多記載於正史中的禮書、樂書、志記，如《史記·禮書》《史記·樂書》《漢書·禮樂志》《漢書·郊祀志》《後漢書·禮儀志》《晋書·禮志》等。唐代時，在《大唐開元禮》這類禮典文本的規範下，一系列祭祀儀式逐漸定型。後續朝代也陸續編纂禮制專書，如宋代《太常因革禮》、金代《大金集禮》等。到了明代，湧現出《續文獻通考》《明會典》《明集禮》《太常續考》《禮部志稿》等一系列重要的祭祀禮儀相關文獻。清代，在汲取歷代禮制書籍編纂經驗的基礎上，不論記述有關壇廟祭祀的流程、陳設，還是儀式闡釋方面都更爲精細，不僅有《大清通禮》《清禮器圖式》這樣的禮制專書，在《大清會典》、《大清會典則例》、《大清會典事例》、"清三通"等政書中也有對祭祀部分的整理。另外，檔案資料無疑也是對清代皇家壇廟祭祀禮儀的豐富和補充。通過檔案資料中記載的許多關於祭祀儀式的細節，可以更好地理解清代皇家壇廟祭祀禮儀的內涵和意義。

這部《明清皇家壇廟史料彙編》所搜集的史料主要來源於明清古籍和收藏於中國第一歷史檔案館（下文簡稱"一史館"）的清宮檔案資料。文獻資料多爲常見常用之書，無須過多介紹。這裏只概述一史館所藏相關檔案情況。清代"九壇八廟"本身均非獨立衙門，其檔案大多存於所隸的禮部、內務府衙門。對"九壇八廟"檔案的整理成果，以 2004 年出版的《清代雍和宮檔案史料》和 2016 年出版的《雍和宮滿文檔案譯編》最具代表性，堪稱該專類檔案整理利用之典範。除此之外，其餘壇廟檔案的利用則乏善可陳。有鑒於此，本書在編纂過程中，輯録一史館的部分壇廟檔案，以供學人參考。

目前（2024 年）一史館已經開放利用的檔案中，壇廟檔案約有五萬餘件，分屬內閣、軍機處、宮中、內務府、宗人府等全宗，內容駁雜，其中不少檔案內容重復，或資訊過少。以"八廟"裏的傳心殿爲例，一史館平臺共能檢索到該處檔案 123 件，分屬內閣、軍機處、宗人府、太常寺、內務府五個全宗，其中內閣全宗 2 件，分別是關於派出官員祭祀和奏請修繕建築。軍機處全宗 2 件，均是關於修繕建築。宗人府全宗 2 件，均是關於宗室陪祀遲到處分。太常寺全宗 3 件，分別是關於修繕和報銷。內務府全宗 114 件，55 件是關於太常寺向内務府支取活鹿的行文，其餘有關於修繕的 7 件、關於借用房間的 17 件、關於看守的 4 件、關於致祭安排的 31 件。本書以"祭祀禮儀"爲核心，從 123 件檔案中選出 4 件收録，即内閣全宗内關於遣員祭祀的 1 件，内務府全宗内關於祭祀行禮儀注的 3 件。依此模式，從一史館的五萬餘件壇廟檔案中，分別選出天壇 9 件、地壇 5 件、祈穀壇 4 件、朝日壇 5 件、夕月壇 6 件、太歲壇 4 件、先農壇 5 件、先蠶壇 4 件、社稷壇 9 件、太廟 10 件、奉先殿 9 件、傳心殿 4 件、壽皇殿 5 件、雍和宫 4 件、堂子 6 件、文廟 7 件、歷代帝王廟 4 件，共 100 件檔案，進行標點和必要的注釋，作爲附録收於本書之末。

需要特別説明的有三點。第一，本書檢索到的檔案，只是一史館在 2024 年已經完成電子化并予以開放利用的部分，并不涉及之前曾開放過的檔案原件以及之後計劃開放的新檔案。第二，目前一史館的檔案只提供題名檢索，無法檢索全文，必然存在一些檔案題名并未提及壇廟但實際内容有所涉及的情况。第三，一史館藏有大量滿文檔案，特別是清初的壇廟檔案多係滿文，但這些滿文檔案有些尚未開放利用，有些未擬寫題名，無法通過檢索獲得，故大多未能收録。

本書收録的文獻部分大多取自官書，所記或爲制度沿革，或爲制度細則，或爲祭禮的典型案例，而從檔案部分可以看出這些制度、先例如何被公文所引用，而皇帝又是如何遵循或更改它們的。换言之，官書文獻提供的是一種理想化的制度規定，而檔案則體現的是這種制度如何施行、施行中又是否嚴格依照制度。將二者結合對比，相信會發現禮儀制度中的個中三昧。

本書是北京市社科基金重點項目"明清皇家壇廟文獻整理和研究"（編號：13LSA002）的成果之一。項目開展期間，得到了一史館、首都圖書館、北京壇廟文化研究會等單位的積極協助；首都師範大學歷史學院北京史、文化遺産方向的 36 位博士、碩士研究生（見編委名單）先後不同程度地參與了此項工作，並撰寫完成了 2 篇博士學位論文、8 篇碩士學位論文；人民出版社爲本書的出版提供了全方位的支持，在此一並致以深切的謝忱！本書編纂和點校等方面存在的失誤，誠懇希望得到讀者的指正。

郁志群

二〇二四年五月於北京

凡　例

一、本資料整理全文分標題、資料出處、正文、校勘説明四部分。

二、本資料整理所列書目，大體以正史、編年史、政書體典籍、官修其他典籍、雜録書籍爲順序，資料來源包括單本文獻和彙編文獻。

三、本資料整理正文主體分兩大部分。第一部分爲“明代資料”，第二部分爲“清代資料”。内容以書目爲綱，文獻卷數爲序，不對具體内容進行分類，部分内容涉及相關壇廟源流沿革。

四、由於只録有關壇廟祭祀文化的内容，因而文獻中間出現的不相關内容一律以“【略】”省略。

五、因爲大部分刻本、抄本没有頁碼，或分 A、B 面，或有上、下欄之分，所以一律不録頁碼，僅列朝代、作者、書名、卷次等信息。

六、本資料現存“□”處係原書空缺或個别原文難以辨識，如《□□之曲》，故仍付闕如。

目　録

（上　册）

天壇　祈穀壇

一、建置沿革

（一）營建沿革

《明太祖實錄》卷五二"洪武三年五月"條

乙巳，建齋宮於圜丘之西、方丘之東，前後皆爲殿，殿左右爲小殿，爲庖湢之所，外爲都墻，墻內外爲將士宿衛之所，又外爲渠，前爲靈星門，爲橋三，左右及後各爲門一、爲橋一。

《明太祖實錄》卷一一四"洪武十年八月"條

庚戌，詔改建圜丘於南郊。初，圜丘在鍾山之陽，方丘在鍾山之陰。上以分祭天地，揆之人情，有所未安，至是欲舉合祀之典，乃命即圜丘舊址爲壇，而以屋覆之，名曰大祀殿。敕太師韓國公李善長等董工。

《明太祖實錄》卷一二二"洪武十二年春正月"條

己卯，合祀天地於南郊大祀殿，命魏國公徐達及公侯等分獻日月、星辰、岳鎮、海瀆、山川諸神，凡一十七壇，正殿三壇，昊天上帝皇地祇壇俱南向，仁祖配位壇西向。

《明世宗實錄》卷一二四"嘉靖十年四月"條

丙子，南郊神版殿成，上定名曰泰神殿。

《明世宗實錄》卷一五九"嘉靖十三年二月"條

己卯，詔更圜丘名爲天壇，方澤名爲地壇。禮部尚書夏言奏：圜丘、方澤，本法象定名，未可遽易，第稱圜丘壇省牲，則於名義未協，今後冬至大報、起蟄祈穀祀天，夏至祭地，祝文宜仍稱圜丘、方澤，其省牲及一應公務有事壇所，稱天壇、地壇。從之。

《明世宗實錄》卷二七二"嘉靖二十二年三月"條

丙寅，大享殿興工。

《明世宗實録》卷三〇〇"嘉靖二十四年六月"條

己未，【略】費寀等又言大享殿工程將竣，大享殿三字原係欽定，及大享門字樣合先期製扁書寫，因言先年圜丘藏神位之所，初名泰神殿，續改爲皇穹宇，即今神御版殿，亦係奉藏神位，合題請額名，惟復仍舊。上曰門名已定，殿名恭曰皇乾，俱書製如期。

（明）徐一夔等《明集禮》卷一《吉禮第一·祀天》

國朝洪武二年十二月，詔太常禮部議築齋宮於圜丘側。

（明）佚名《太常續考》卷八《泰享殿》

殿在圜丘後。嘉靖十七年，上欲宗祀皇考以配上帝，詔舉大享禮於玄極寶殿。

（嘉靖）二十四年，乃撤大祀殿，即於舊址建泰享殿。其上臺三成，殿制周圍爲十二方，殿後爲皇乾殿，東爲神庫、宰牲亭、神厨。

玄極寶殿，殿建於宮右乾隅，即舊欽安殿也。

嘉靖中，行大享、祈穀禮其中，改名玄極寶殿。

隆慶元年，大享、祈穀禮罷，仍名欽安殿。

祈穀，嘉靖九年，既建圜丘、方澤分祀天地，復以歲孟春上辛日祀上帝於大祀殿，行祈穀禮，言官夏言議請南北二郊奉太祖配，祈穀奉文皇帝配。下廷議。群臣以爲不可，疏留中。言又疏請，上怒。群臣違君叛禮，令祈穀二祖并配，二郊專奉太祖配。十年，又改以啟蟄日行祈穀禮於圜丘，仍止奉太祖配。十八年春，又改行祈穀禮於玄極寶殿，不奉配。二十四年，撤大祀殿，改建泰享殿，復擬行祈穀禮於泰享殿，後殿成，止行於玄極寶殿；隆慶元年，祈穀禮罷。

（清）查繼佐《罪惟録·紀一·太祖紀》

洪武十年丁巳八月，改立圜丘合祀天地，有殿曰大祀殿，別建社稷壇於承天門之右。

（清）查繼佐《罪惟録·志七·效社》

（洪武）十一年春正月，建大祀殿，合祀天地於南郊，奉仁祖配。命倪國達等分獻日月、星辰、岳鎮、海瀆凡一十七位。正殿三楹，天地俱南向，仁祖配位西向。丹陛之東爲大明壇，西向，夜明在西，東向。兩廡爲壇各六，祀太歲、風雲雷雨、岳鎮海瀆、天下山川神祇，陳設如舊儀，但配位用蒼璧。太歲、風雲雷雨等酒盞各十，東西廡各酒尊三，爵一十八於壇之南。皇帝致齋五日，前二日太常光禄官詣壇省牲，至日奠玉帛、進俎、三獻，先上帝、次地祇、次仁祖，餘悉仍舊儀。祝文曰：嗣天子臣某敢昭告於昊天上帝后土皇地祇，時值孟春三陽交泰，敬率臣僚，以玉帛犧齊粢盛庶品恭祀於大祀殿，備兹燎瘞，皇考淳皇帝配。禮畢，詰旦，駕還，御奉天殿，百官行慶成禮，賜宴。【略】二十一年，增修大祀殿，祔祀，於丹墀分東西二壇，爲日月星辰，又内壇之外，爲壇二十，東西相向，爲五岳、五鎮、四海、四瀆、風雲雷雨、山川太歲諸神祇，并祔祀歷代帝王。

（清）孫承澤《春明夢餘録》卷一四《天壇》

按吳元年，建圜丘，以冬至祀昊天上帝；建方丘，以夏至祀皇地祇。及即位，猶分祀如故。至洪武十年，因風雨不時，灾異時見，覽京房灾異對，始定合祀禮，采古明堂遺制，即圜丘舊壇作大祀殿，壇而屋之，罷方丘，而是歲即奉天殿行焉。十二年，殿成，祀昊天上帝、皇地祇位，南向。仁祖配，西向從祀。丹墀四壇：曰大明，曰夜明，曰星辰，又曰星辰。内壇外二十壇：曰五岳壇五，中岳壇以鍾山附，曰五鎮壇五，曰四海壇四，曰四瀆，曰風雲雷雨，曰山川，曰太歲，曰天下神祇，曰歷代帝王，各壇一，凡二十四壇。大臣分獻。因命太常每歲祭天地於首春三陽交泰之時。二十一年，增修壇墠、殿、丹墀中叠石爲臺，東西相向，爲壇四，内壇外爲壇二十，亦東西相向。罷朝日、夕月、禜星之祭，并罷太歲、風雲雷雨、岳鎮、海瀆、山川、月將、城隍、歷代帝王之春祭。建文元年，撤仁祖位，奉太祖配。永樂十八年，京師大祀殿成，規制如南，行禮如前儀，增附天壽山於北岳。洪熙元年，增文皇帝配位太祖下。嘉靖九年，從給事中夏言之議，遂於大祀殿之南建圜丘，爲制三成。祭時上帝南向，太祖西向，俱一成上。其從祀四壇：東一壇大明、西一壇夜明，東二壇二十八宿，西二壇風雲雷雨，俱二成上。別建地祇壇。壇制：一成面徑五丈九尺，高九尺；二成面徑九丈，高八尺一寸，三成面徑十二丈，高八尺一寸。各成面磚用一九七五陽數，及周圍欄板、柱子皆青色琉璃。四出陛，各九級，白石爲之。内壇圓墙九十七丈七尺五寸，高八尺一寸，厚二尺七寸五分。櫺星石門六，正南三，東西北各一。外墙方墻二百四丈八尺五寸，高九尺一寸，厚二尺七寸。櫺星門如前。又外圍方墻爲門四，南曰昭享，東曰泰元，西曰廣利，北曰成貞。内櫺星門南門外東南砌綠磁燎爐，傍毛血池，西南望燈臺長竿懸大燈。外櫺星門南門外左設具服臺，東門外建神庫、神厨、祭器庫、宰牲亭，北門外正北建泰神殿，後改爲皇穹宇，藏上帝太祖之神版，翼以兩廡，藏從祀之神牌，又西爲鑾駕庫，又西爲犧牲所，北爲神樂觀，北曰成貞門，外爲齋宮，迤西爲壇門。壇稍北，有舊天地壇在焉，即大祀殿也。嘉靖二十二年，改爲大享殿。殿後爲皇乾殿，以藏神版。以歲孟春上辛日祀上帝於大享殿，舉祈穀禮；季秋行大享禮，以二祖并配；至郊祀，專奉太祖配。十年，改以啓蟄日行祈穀禮於圜丘，仍止奉太祖配。十七年，改昊天上帝稱皇天上帝。是年，欲仿明堂之制，宗祀皇考以配上帝，詔舉大享禮於玄極寶殿，奉睿宗獻皇帝配。玄極寶殿者，大内欽安殿也。殿在乾清宮垣後。隆慶元年，罷大享祈穀禮，玄極殿仍改爲欽安殿。圜丘泰元門東有崇雩壇，爲制一成，東爲神庫。嘉靖中，時以孟夏後祭天禱雨。祈穀壇成，未行而罷。

洪武元年二月，敕禮官太常曰：昔聖帝明王嚴於祭祀，内致誠敬，外致儀文。朕膺天命，首崇祀事，顧草創之初，典禮未備，何以交神明，致靈貺，其博考郊禮以聞。丞相李善長、學士陶安、太常卿胡惟庸等奏，國有大祀，曰圜丘，曰方澤，曰宗廟，曰社稷，若他諸中祀、小祀，各具沿革以進。於是祀天圜丘，以大明、夜明、星辰、太歲諸神從饗；祭地方丘，以岳鎮、海瀆諸神從饗，而前代太一、感生、五帝諸不經之祀俱罷。撰二丘樂章。安等又言，古者天子五冕，祭天地、宗廟、社稷諸神，各有所用。上以五冕禮太繁，惟天地、宗廟服袞冕，社稷等祀服通天冠、絳紗袍，餘不用。二年，奉仁祖配。時中都亦有南北丘焉。五年，上親郊，皇太子居守，親王戎服從。七年，以大祀獻終乃分獻，未安。學士詹同、宋濂言：請初獻奠玉帛已，分獻官即初獻，亞獻亦如之。上曰："善。"八年，從學士樂韶鳳之請，定大祀登壇脫舄禮。九年，令郊社大事，國有三年喪不廢。十年春，且郊，感齋居陰雨，覽京房災異對，始定合祀禮。二十三年，合祀禮成，上作大祀文，并歌。文略言：朕聞太極之化，天開乎子，地闢乎丑，位極既定，虛其中爲寰中，而人生於寅。人生滋多，非聖莫馭，天生君主，爲民立命。洪荒之時，莫知誰始。今載于書，開天立極，首興彝倫者，伏羲、神農、黃帝是也。法三皇而守行者，少昊、顓頊、高辛、唐虞。其損益禮樂，大備其文者，夏商周也。下至秦、漢，以及于唐、宋、元。嗚呼！天性自然而常者，三綱五常也。聖人度人情而措彝倫，不逆其性，務從於善。每聞昔君，欽若昊天，莫敢有怠。朕即位以來，祀天饗地，奉宗廟社稷，當齋期，必有風雨，臨祭乃歇，每以爲憂。京房有言，郊祀鬼神，必天道雍和，神乃答，若有飄風驟雨，是爲未善。于是命三公度土、工部役梓人于南郊，創大祀殿合享。朕度古人南郊祭天，以陽生之月。北郊祭地，以陰生之月，獨以義起，不知至陽祭之至陰之月，至陰祭之至陽之月，于理可疑。且掃地而祭，其來甚遠，尚質不華，令天地之享，與人大异，將人之饗，亦執古不變乎？古則污尊抔飲、茹毛飲血、巢居穴處，今可行乎？殆必不然。因定歲祭天地于首春三陽交泰之時，合祀天地，前期致齋五日，內二日以告仁祖，三日正齋，風和日暖，及夜升壇，山川草木不搖，江海不波，太陰中天，神怳臨降，故合祀宜也。

嘉靖九年，禮科給事中夏言請更郊祀疏：臣按古者祀天於南郊，祭地於方澤，兆於南郊，瘞於北郊，順天地之宜，審陰陽之位也。至祖宗之配享，諸壇之從事，合祀之不經，乞敕多官集議，以求至當。彼時，皇后行親蠶禮于北郊，祭先蠶氏。詞臣霍韜言，親蠶爲亂成法，分郊爲紊朝政。其大禮論曰：合祭天地，神陰陽也。《易》曰：陰陽不測之謂神，并祀祖宗，崇達孝也。《禮》曰：祖文王而宗武王，主日配月，及于星辰，象從天也。《易》曰：本乎天者，親上。岳鎮海瀆，象從地也。《易》曰：本乎地者，親下。是故天地合德，神化出矣。祖宗合祀，孝德崇矣。日月星辰麗於上，河海山岳位於下，倫類齊矣。是故渾涵宇宙，順序陰陽，幽贊神化，明莫象類，合祀之典，顯且著焉。非聖知明於天地之性，知鬼神之情狀，其孰能與于此。帝怒其言。御史鄧文憲亦言，郊祀親蠶之義，夏言未必是，而霍韜未必非，且天地分祀，則父母异處，親蠶郊外，則內外失閑。帝責憲附和，遂定分祀之制，朝日、夕月之祭俱復。夏言薦行太僕寺寺丞張鶚考定音樂。時四郊并建，兵部軍卒供役不足，乃將馬價及缺官薪皂銀三十萬兩募役工作。

萬曆三年十一月，內閣臣張居正進《郊禮圖冊》，曰：謹按天地分祀，至洪武十年，聖祖乃定爲合祀之制。每歲正月上辛日行禮於南郊大祀殿。列聖遵行，百六十餘年。至世宗皇帝，始按《周禮》古文，復分建南北郊，俱壇而不屋，南郊以冬至、北郊以夏至行禮，而二至之外，復有孟春祈穀，季秋大享，歲凡四焉。隆慶改元，詔廷臣議郊祀之禮。時議者并請罷祈穀、大享，復合祀天地於南郊。先帝深惟三年無改之義，獨以祈穀、大享在大內行禮不便，從禮官議罷之，而分祀姑仍其舊，蓋亦有待云爾。夫禮因時宜，體乎人情者也。高皇帝初制郊禮，分祀十年矣，而竟定于合享者，良以古今异宜。適時爲順，故舉以歲首，人之始也。卜以春初，時之和也。歲惟一出，事之節也。爲屋而祭，行之便也。百六十餘年，列聖相承，莫之或易者，豈非以其至當允協經久而可守乎？今以冬至極寒，而裸獻于星露之下；夏至盛暑，而駿奔於炎歊之中，一歲之間，六飛再駕，以時以義，斯爲戾矣。且成祖文皇帝再造宇宙，功同開創，配享百餘年，一朝而罷之，於人情亦有大不安者。故世宗雖分建圜、方之制，而中世以後，竟不親行，雖肇舉大享之禮，而歲時禋祀，止於內殿。是斯禮之在當時，已窒礙而難行矣，況後世乎？臣等愚昧，竊以爲宜遵高皇帝之定制，率循列聖之攸行，歲惟一舉合祀之禮，而奉二祖并配，斯于時義允協，于人情爲順。顧郊禋重典，今且未敢輕議，謹稽新、舊規制禮儀而略述其概，以俟聖明從容裁斷焉。

《中庸》曰：郊社之禮，所以事上帝也。朱子注：郊祭天，社祭地，蓋郊之禮主祀上帝，而統地祇也。按《郊特牲》篇，郊特牲而社稷大牢。又云：社所以神地之道也，地載萬物，天垂象，取財於地，取法於天，是以尊天而親地也。《禮運》篇，夫政必本於天，殽以降命，命降於社之謂殽地。又曰：祭帝於郊，所以定天位也。祭社於國，所以列地利也。又云：禮行於郊，而百神受職，禮行於社，而百貨可極。及按《泰誓》云：類於上帝，宜於塚土。《召誥》云：用牲于郊，牛二；社于新邑，牛一、羊一、豕一。以上經傳，對舉郊天社地之文，最爲明白。及考祭法，燔柴於泰壇，祭天也；瘞埋于泰折，祭地也；用騂犢埋少牢於泰昭祭時也；以下六宗、四坎壇之百神，皆埋少牢。此王者郊天而并祭地之文也。《周官‧大宗伯》章：祀天祀上帝，祭地祀社稷。獨司樂章有夏至方丘之文，即祭法王爲群姓立大社，而王社乃宗廟之右社稷也，別無北郊之名。夫天包乎地，天尊而地卑，固不可以并言南北郊也。《禮》云：器用陶匏，順天地之性也，此亦郊天而并祭地也。草廬吳先生謂，天地并尊，似拂《易傳》天尊地卑之義，故著此論。

國之大在祀，而祀之大在郊。自古禮殘缺，後儒穿鑿，而五帝六天合祀之說迄無定論，則以不深考于經，折衷于聖以准之也。《書》曰：肆類於上帝，禋于六宗，望于山川，遍于群神。又曰：柴望秩于山川。又曰：柴望大告武成。曰類、曰柴，皆祀天之禮也，然必及于六宗、山川、群神，而不及后土，則郊必兼社之謂也。《易》曰：先王作樂崇德，殷薦之上帝，以配祖考。又曰：聖人亨以享上帝。《周禮》：以禋祀祀昊天上帝。《記》曰：郊社之禮，所以事上帝也。皆舉郊以見社也。《家語》：孔子曰，天子卜郊，則受命于祖廟，而作龜于禰宮，尊祖親考之義也。卜之日，王親立于澤宮，以聽誓命、受教諫之義也。既卜，獻命庫門之內，所以戒百官也。言郊之必卜也，而不及社，兼社也。此唐虞三代之制也。儒者但見《周禮》有冬至祭圜丘、夏至祭方澤之文，遂主分祀之說。不知《周禮》一歲之間，祭天凡幾，正月祈穀，孟月大雩，季秋明堂，至日圜丘，此外有四時之祭，則固合祭者矣。前期十日，大宰帥執事而卜，掌百官之誓戒，太史與執事卜日，戒大宗伯詔相王之大禮。祭之日，大宗伯奉玉，大宰贊玉幣爵之事，詩歌昊天有《成命之章》，此其證也。惟是周朔建子，冬至圜丘，適當獻歲，不妨迎陽，報天而後命及于地，故其禮比合祭稍加崇重。此惟行周禮之時則可耳。乃其合祀之禮則未嘗廢，散見諸經及孔子之言可據也。使祭而必冬至也，則何用卜之爲。故曰：至敬不壇，掃地而祭，則又不必于圜丘、方澤也。以是而知周之未嘗不合祭也。

由漢歷唐千餘年，分祀者惟魏文帝之太和、周武帝之建德、隋高祖之開皇、唐元宗之開元，四祭而已。至宋，郊祀皆合祭。其不合祭者，惟元豐六年一郊。元祐詔議北郊，蘇軾主合祭，從之者五人；劉安世主分祭，從之者四十人。軾曰：舜之受禪，自上帝、六宗、山川、群神，莫不畢告，而獨不告地祇。武王克商，柴上帝，望山川，而獨略地祇。昊天有成命之詩，郊祀天地，終篇言天而不及地，以是知祀上帝而地祇在焉。彼時群臣方議合祀之非，上以問輔臣。章惇曰：北郊止可謂之社。君子當不以人廢言。夫國之大事，莫過於郊，明太祖以開天之聖，改分祀而爲合祀，此千古卓見，故行之百五十餘年，風雨調順，民物康阜。至嘉靖一改，而明遂衰。建議者，夏言也，卒死于法，抑太祖之靈弗歆乎？至于太祖事天之誠，儀文純備，千古僅見，備錄之，以爲百世法焉。

（清）孫承澤《春明夢餘錄》卷一四《祈穀壇》

祈穀壇大享殿，即大祀殿也。永樂十八年建，合祀天地於此。【略】至嘉靖二十一年，撤大祀殿，擬古明堂，名曰大享，每春行祈穀禮。隆慶元年，禮官言，先農之祭，即祈穀遺意，宜罷祈穀，於先農壇行事，大享禮亦宜罷，詔可。後至崇禎朝復舉行。

（清）秦蕙田《五禮通考》卷一九《吉禮一九・圜丘祀天》

《太祖實錄》：二年八月，建望祭殿。

《大政記》：二年八月甲申，命圜丘、方丘南皆建殿九間，爲望祭之所，風雨則於此望祭。

《春明夢餘錄》：禮部尚書崔亮奏，宋祥符九年，議南郊壇祀天，或值雨雪，則就太尉齋所望祭。元《經世大典》載：社稷壇壝外垣之内，北垣之下，亦嘗建屋七間，南望二壇，以備風雨，曰望祀堂。請依此制。上從之。【略】

《太祖紀》：四年正月，建郊壇於中都。

《雙槐歲抄》：先是，三月改臨濠府爲中立府，定爲中都，築新城門十有二，立圜丘於洪武門外，方丘於左甲第門外。【略】

《太祖實錄》：又建神樂觀於郊壇之西，以處樂舞生。觀有太和殿，祭則先期演樂於此，帝親爲文勒石焉。

（二）建築規制

《明太祖實錄》卷一二〇"洪武十一年冬十月"條

（乙丑）大祀殿成。初，郊祀之制，冬至祭天於圜丘，在鍾山之陽；夏至祭地於方丘，在鍾山之陰。至是即圜丘舊址建大祀殿，十二楹，中四楹，飾以金，餘飾三采，正中作石臺，設上帝皇祇神座於其上，每歲正月中旬，擇日合祭。上具冕服行禮。奉仁祖淳皇帝配享，殿中、殿前爲東西廡，三十二楹，正南爲大祀門，六楹，接以步廊，與殿廡通。殿後爲庫六楹，以貯神御之物，名曰天庫，皆覆以黄琉璃；設厨庫於殿東少北；設宰牲亭井於厨東又少北；皆以步廊通道殿兩廡。後繚以周墻，至南爲石門，三洞，以達大祀門，内謂之内壇，外周垣九里三十步，石門三洞，南爲甬道三，中曰神道，左曰御道，右曰王道，道之兩旁稍低，爲從官之道。齋宫在外垣内之西南，東向。于是敕太常曰：近命三公，率工部役梓人於京城之南創大祀殿，以合祀皇天后土，冬十月告功已成，【略】命太常每歲合祭天地於春首正三陽交泰之時，人事之始也。其後大祀殿復易以青琉璃云。

《明太祖實錄》卷一八九"洪武二十一年三月"條

乙酉，增修南郊壇壝。於大祀殿丹墀内，叠石爲臺四，東西相向，以爲日月星辰四壇；又於内壝之外，亦東西相向，叠石爲臺，凡二十，各高三丈有奇，周以石欄，陟降爲磴道，臺之上琢石爲山形，鑿龕以置神位，以爲五岳、五鎮、四海、四瀆并風雲雷雨、山川、太歲、天下諸神及歷代帝王之壇。壇之後樹以松柏，外壝東南鑿池凡二十區，冬月伐冰藏凌陰以供夏秋祭祀之用，其歷代帝王及太歲、風雲雷雨、岳鎮、海瀆、山川、月將、城隍諸神，并停春祭。每歲八月中旬，擇日祭之。日月星辰既已從祀，其朝日夕月熒星之祭，悉罷之。仍命禮部更定郊廟社稷諸祀禮儀。著爲常式。

《明世宗實錄》卷二七九"嘉靖二十二年十月"條

己卯，建大享神御殿。其制六楹，四圍闌干白石，其上青瓦，如呈穹宇色。大享殿前兩廡，廡各十楹，前爲大享門，又前磚門五，東西磚門各三，俱修飾之。徹舊具服殿，祭日設幕次其旁，遣工部尚書甘爲霖祭告興工。

（明）徐一夔等《明集禮》卷一《吉禮第一·祀天》

國朝爲壇二成，下成闊七丈，高八尺一寸，四出陛，正南陛闊九尺五寸，九級，東西北陛俱闊八尺一寸，九級；上成闊五丈高八尺一寸，正南陛一丈二尺五寸，九級，東西北陛俱闊一丈一尺九寸五分，九級；壇上下甃以琉璃磚，四面作琉璃欄杆，壝去壇一十五丈高八尺一寸，甃以磚，四面有靈星門，周圍外墻去壝一十五丈，四面亦有靈星門；天下神祇壇在東門外，天庫五間，在外垣北，南向；厨屋五間，在外壇東北，西向；庫房五間，南向；宰牲房三間，天池一所，又在外庫房之東北；執事齋舍在壇外垣之東南；牌樓二，在外門外橫甬道之東西。【略】

國朝燎壇在内壝外東南丙地，高九尺，闊七尺開上，南出户。

（明）章潢《圖書編》卷九四《祀天壇壝》

國朝爲壇二成，下成闊七丈，高八尺一寸，四出陛，正南陛闊九尺五寸，九級，東西北陛俱闊八尺一寸，九級；上成闊五丈，高八尺一寸，正南陛一丈二尺五寸，九級，東西北陛俱闊一丈一尺九寸五分，九級。壇上下甃以琉璃磚，四面作琉璃欄杆，壝去壇一十五丈，高八尺一寸，甃以磚，四面有欞星門，周圍外墻去壝一十五丈，四面亦有欞星門，天下神祇壇在東門外，天庫五間，在外垣北，南向，厨屋五間，在外壇東北，西向，庫屋五間，南向，宰牲房三間，天池一所，又在外庫房之東北，執事齋舍在壇外，壇之東南牌樓二，在外橫甬道之東西。

燎壇燎牲附【略】國朝燎壇在内壝外東南丙地，高九尺，闊七尺開上，南出户。【略】

圜丘壇以下太常寺。在正陽門外五里許，制三成，壇面并周欄俱青琉璃。東西南北階九級，俱白石，内欞星門四，南門外東門砌綠燎爐燔柴焚祝帛，旁砌毛血池，西南築望燈臺，祭時懸大燈於竿末，外欞星門四列，南門外左設具服臺，東門外建神庫、神厨、祭器庫、宰牲亭，北門外正北建皇穹宇，外又建四天門，東曰泰元門，東建崇雩壇，東建神庫；南曰昭享門左右石坊；西曰廣利門，西建鑾駕庫，西爲犧牲亭，北爲神樂觀；北曰成貞門，外西北建齋宮。

（明）佚名《太常續考》卷一《郊祀·冬至圜丘事宜》

圜丘壇，壇建於正陽門外南左三里許。爲制三成，壇面并周欄俱青琉璃，東西南北階九級，俱白石，内欞星門四座。南門外東南砌綠燎爐，燔柴焚祝帛，傍砌毛血池，西南築望燈臺，祭時懸燈於竿末。崇禎九年冬至，奉上傳添設共三燈。外欞星門亦四座。南門外左設具服臺，東門外建神庫、神厨、祭器庫、宰牲亭。北門外正北建皇穹宇，翼以兩

廡，外又建四天門，東曰泰元門，南曰昭亨門，門左右牌坊二座，西曰廣利門，西建
鑾駕庫，又西爲犧牲所，北曰成貞門，門外西北建齋宮，迤西爲壇門。一成上皇天上
帝，南向，太祖配神西向；二成上從祀，四壇，東西相向。東大明，西夜明，次東木
火土金水星、二十八宿、周天星辰，次西雲師雨師風伯雷師。

（明）佚名《太常續考》卷八《崇雩壇》

壇建於圜丘壇泰元門之東，爲制一成，壇東爲神庫。

《高宗純皇帝實錄》卷三五九"乾隆十五年二月"條

乙未，大學士會同禮部議復：和親王弘晝等奏稱，圜丘臺面，奉旨仍九五之數，
量加展寬，請遵聖祖仁皇帝《御製律吕正義》所載古尺，上成取九數用九丈，二成取
五數用十五丈，三成仍取九數，用十九丈，既合九五天數，而幄次亦可加展廣深，陳
設器物執事人員得以從容進退，實屬適中等語。謹按《易·大傳》曰天數二十有五，
蓋一三五七九皆奇，屬陽，而五爲中數，九爲老陽，仍用九五之義展寬，至爲精當。
今據奏以古尺計度，上成取九數徑九丈，二成取五數徑十五丈，應如所奏，惟三成徑
十九丈，雖奇數，然非由九而生，謂仍九數，未盡吻合，應將三成臺面取三七之數，
徑用古尺二十一丈，則上成爲一九，二成爲三五，三成爲三七，於天數一三五七九既
全，合計四十五丈，於九五之義尤合。又奏稱，壇面磚塊，奉諭改用金磚，以期經久，
考原制上成九重，二成七重，三成五重，上成圍磚，取陽數之極，自一九起遞加環砌，
以至九九，二成、三成圍磚不拘。今壇面加廣，上成仍照九九墁砌，計每金磚一塊，
應長三尺六寸八分，下寬三尺五寸七分，上寬一尺，查金磚舊式，不過二尺二寸，若
依展寬尺寸，燒造維艱，若增用塊數，又於原制取義不符，請改用直屬房山縣所產艾
葉青石，質性堅澤，色應法象，祇須琢磨如式，既得寬長隨宜，復垂久遠等語。查上
成磚數，自一九以至九九，其義甚精，至二成、三成圍磚不拘，未免參差，應請仿上
成取義，亦用九重，由八十一之數遞加環砌，二成自九十至一百六十二，三成自一百
七十一至二百四十三，於體制方爲整齊。金磚既難改用，應如所奏，采艾葉青石，敬
謹成造。又奏稱，壇制每成四陛之外，各用青色琉璃欄板圍繞，上成每面用九，二成
每面十七，取除十用七之義，三成每面積五，用二十五，雖各成均爲陽數，而合計三
成總數，并無取義。今請用乾策二百一十有六之數，依九數分配三成，上成每面一九，
計三十六；二成每面二九，計七十二；三成每面三九，計一百零八；合爲二百一十有
六之數。惟原用琉璃欄板，每塊長一尺三寸有餘，合今分配之數，每塊應長四尺五寸
有奇，亦難另爲燒造，并請改用艾葉青石等語。伏思欄板扇數加多，則尺寸自然減少，
應請合三成欄板，共用三百六十扇，應周天度數，上成每面十八扇，四面計七十二扇；
二成每面二十七扇，四面計一百八扇；三成每面四十五扇，四面計一百八十扇。臣等
逐項悉按古尺合算，略爲增減，皆與九數相合，謹繪圖列數，請旨交承辦衙門，敬謹
遵照。得旨：是，依議。圖并發。

（清）孫承澤《天府廣記》卷六《郊壇》

遼建都燕京，而祭天地於木葉山，壇制不備。金初，因遼俗，行拜天之禮，設位而祭，至海陵天德間，始於城南豐宜門外立南郊圜丘壇，圓壇三成，成十二陛，各按辰位，壇墻三匝，四面各三門，齋宮東北厨庫，南壇墻皆以赤土坊之，常以冬至日合祀昊天上帝、皇地祇於圜丘。

（清）孫承澤《春明夢餘録》卷一四

天壇。天壇在正陽門南之左，永樂十八年建，繚以垣墻，周迴九里三十步。初遵洪武合祀天地之制，稱爲天地壇。後既分祀，乃始專稱天壇。【略】

祈穀壇。祈穀壇大享殿，即大祀殿也。永樂十八年建，合祀天地於此。其制十二楹，中四楹飾以金，餘施三采。正中作石臺，設上帝皇祇神座於其上。殿前爲東、西廡，三十二楹，正南爲大祀門，六楹。接以步廡，與殿廡通。殿後爲庫，六楹，以貯神御之物，名曰天庫。皆覆以黃琉璃。其後，大祀殿易以青琉璃瓦。壇之後，樹以松柏。外壇東南鑿池，凡二十區。冬月，伐冰藏凌陰，以供夏、秋祭祀之用，悉如太祖舊制。【略】

齋宮附。齋宮，在圜丘之西，前正殿，後寢殿，傍有浴室，四圍墻垣，以深池環之。【略】

犧牲所。犧牲所建於神樂觀之南。初爲神牲所，設千户并軍人專管牧養其牲。正房十一間，中五間爲大祀牲房，即正牛房。左三間爲太廟牲房，右三間爲社稷牲房。前爲儀門，又前爲大門，門西南遇視牲之日設小次。大門東連房十二間，西連房十二間，前爲晾牲亭三間。東西有角門，東角門北爲北羊房五間、山羊房五間，又北爲暖屋滌牲房五間、倉五間、大庫一間，西角門北爲北羊房五間、山羊房五間、穀倉二間、看牲房一間、黃豆倉一間、官廳三間。正牛房之北爲官廨十二間，東爲兔房三間，又東爲鹿房七間，鹿房前亦爲曬晾亭三間，又前爲石栅欄。官廨西爲便門，門西又爲官廨四間，又西爲小倉三間。東羊房後爲新牛房、後牛房十間，餧中祀、小祀牛，正北爲神祠。西羊房後正南房五間爲大祀豬圈，西房十間爲中祀、小祀豬圈，北有井。又草廠東北爲司牲祠。

（清）萬斯同等《明史》卷四四《志十八・禮志二・吉禮二 郊祀分合》

南北郊分合之制，明初，建圜丘於鍾山之陽，方丘於鍾山之陰。【略】

（洪武）十一年十月，殿成，凡十二楹，中作石臺，設上帝皇祇神座於其上，殿前爲東西廡，三十二楹。正南爲大祀門六楹，接以步廊，與殿廡通。殿後爲庫六楹，以貯神御之物，名曰天庫，皆覆以黃琉璃瓦。設厨庫於殿東稍北，設宰牲亭井於厨東又稍北，皆以步廊通道殿兩廡。後繚以周墻，至南爲石門三洞，以達大祀門，謂之內壇，外周垣九里三十步，石門三洞，南爲甬道三，中曰神道，左曰御道，右曰王道，道之兩旁稍低，爲從官之道。齋宮在外垣內之西南，東向。其後大祀殿復易以青琉璃瓦云。【略】

　　（洪武）二十一年，詔增修南郊壇墠，正殿三壇如故，丹墀內叠石爲臺四，大明位於東，西向，夜明位於西，東向。其次爲星辰壇二，亦東西相向，又於內壇外叠石爲臺，凡二十，亦東西相向，東十壇則爲北岳、北鎮、東岳、東鎮、東海、太歲、帝王、山川、神祇、四瀆，西十壇則爲北海、西岳、西鎮、西海、中岳、中鎮、風雲雷雨、南岳、南鎮、南海，其臺各高三丈有奇，周以石欄，陟降爲磴道，臺之上琢石爲山形，鑿龕以置神位。壇之後樹以松柏，外墻東南鑿地凡二十區，冬月伐冰藏凌陰，以供夏、秋祭祀之用。

（清）萬斯同等《明史》卷四五《志十九·禮志三·吉禮三·南郊》

　　南郊壇墠之制：明初，建圜丘於京城東南正陽門外鍾山之陽，爲壇二成，下成廣七丈，高八尺一寸，四出陛，正南陛九級，廣九尺五寸，東西北陛各九級，皆廣八尺一寸，壇南及趾甃以琉璃磚，四面以琉璃闌干環之，上成周圍壇面縱橫皆廣五尺高八尺一寸，正南陛九級，廣一丈二尺五寸，東西北陛各九級，皆廣一丈一尺九寸五分，壇南趾及欄杆如下成之制。墻去壇一十五丈，高八尺一寸，甃以磚，四面爲靈星門，南爲門三，中門廣一丈二尺五寸，左門一丈一尺五寸，右門九尺五寸，東西北各爲一門，皆廣九尺五寸，外垣去壇一十五丈，四面亦爲靈星門，南爲門三，中門廣一丈九尺五寸，左門一丈二尺五寸，右門一丈一尺九寸五分，東西北爲門各一，皆廣一丈一尺九寸五分，四面門外各爲甬道，其廣皆如門。天庫五間，在外垣北靈星門外，南向；廚房五間，西向；庫五間，南向。宰牲房三間，天池一所，俱在外垣東靈星門外東北。牌樓二，在外垣靈星門外，橫甬道東西。燎壇在內壇外東西丙地，高九尺廣七尺開上南出戶。洪武四年，詔改築圜丘壇二成，上成面徑四丈五尺，高五尺二寸；下成周圍壇面皆廣一丈六尺五寸，高四尺九寸，上下二成，通徑七丈八尺，高一丈一寸。壇至內壝墻，南北東西各九丈八尺五寸，內壝墻至外壝墻，南十三丈九尺四寸，北十一丈，東西各十一丈七尺，內壝墻高五尺，外壝墻高三尺六寸。十年，改定合祀之典，命即圜丘舊址爲壇，而以屋覆之，名曰大祀殿。

　　嘉靖九年，世宗考正禮樂，遂復定分祀之制，作圜丘於舊天地壇南，壇建於正陽門外五里許，爲制三成，壇面并周圍欄皆用青琉璃，而沿邊轉角悉用白玉石爲之，其高廣尺寸，皆遵古制，而神路轉遠。內靈星門四，南門外東南砌綠爐，燎柴、焚祝帛，旁砌毛血池，西南築望燎臺，祭時懸大燈於竿末。外靈星門亦四，南門外左設具服臺，東門外建神庫、神廚、祭器庫、宰牲亭，北門外正北建泰神殿，正殿以藏上帝太祖之主，配殿以藏從祀諸神之主，上帝太祖主曰神版，餘曰神牌，祭則執事官請詣壇奉安，祭畢藏之。外建四天門，東曰泰元，南曰昭亨，左右石牌坊凡二座，西曰廣利，又西爲鑾駕庫，又西爲犧牲所，北爲神樂觀，北曰成貞門，外西北爲齋宮，迤西爲壇門，壇北有舊天地壇在焉，即大祀殿也。十七年，世宗竟撤之，又改泰神殿，名曰皇穹宇。二十四年，即故大祀之址，建大享殿云。

神位：洪武元年十一月，冬至祀天圜丘，正壇第一成設昊天上帝位，南向；第二成設大明位在東，星辰位次之，夜明位在西，太歲位次之。二年，奉皇考仁祖淳皇帝配位第一成，西南。三年，命於圜丘壇下壇內增設壇，從祭風雲雷神之神。七年，更定圜丘儀。第一成正配位如故，第二成，東設大明位，西設夜明位。內壇之內，東西各三壇，星辰二壇，分設於東西，其次東則太歲及五岳壇，西則風雲雷雨及五鎮壇；內壇之外，東西各二壇，東四海壇，西四瀆壇，天下神祇二壇，分設於海濱之次焉。神位板長二尺五寸，廣五寸，厚一分，趺高五寸，以栗木爲之，正位題曰昊天上帝，配位題曰某祖某皇帝，并黃質金字，從祀位板皆赤質金字。神席，上帝用龍椅龍案，上施錦座褥，配位同，從祀位置於案，不設席。

（清）秦蕙田《五禮通考》卷一九《吉禮一九·圜丘祀天》

《禮志》：壇壝之制。明初，建圜丘於正陽門外鍾山之陽。壇二成，上成廣七丈，高八尺一寸，四出陛，各九級，正南廣九尺五寸，東西北廣八尺一寸；下成周圍壇面縱橫皆廣五丈，高視上成陛，皆九級，正南廣一丈二尺五寸，東西北殺五寸五分，甃磚闌楯，皆以琉璃爲之。壝去壇十五丈，高八尺一寸，四面靈星門，南三門，東西北各一，外垣去壝十五丈，門制同。天下神祇壇，在東門外。神庫五楹，在外垣北，南向。厨房五楹，在外壝東北，西向。庫房五楹，南向。宰牲房三楹，天池一，又在外庫房之北。執事齋舍在壇外垣之東南。坊二，在外門外橫甬道之東西。燎壇在內壝外東南丙地，高九尺，廣七尺，開上南出戶。神位。洪武元年，冬至，正壇第一成昊天上帝，南向；第二成，東大明，星辰次之，西夜明，太歲次之。神版長二尺，厚一寸，趺高五寸，以栗木爲之，正位題曰昊天上帝。【略】

《太祖實錄》：三年五月，建齋宮於圜丘之西、方丘之東，前後皆爲殿，左右各小殿，爲庖湢之所，繚以都垣，垣內外爲將士宿衛之所，外環以渠，前爲靈星門，爲橋三，左右及後門各一橋。

《春明夢餘錄》：二年，詔築齋宮於圜丘側，又齋宮東西懸太和鐘，每郊祀候駕起則鐘聲作，登壇則止，禮畢升駕又聲之。齋宮在圜丘之西。皇帝親祀，散齋四日，致齋三日於齋宮，駕至南郊昭亨門降輿，至內壇恭視壇位，又入神庫視籩豆，至神厨視牲，畢，出昭亨門至齋宮，各官早朝、午朝俱賜飯。

《太祖實錄》：帝以郊祭之牲與群祀牲同牢芻牧，不足以別祀天之敬，乃因其舊地改作，而加繪飾，中三間以養郊祀牲，左三間以養后土牲，右三間以養太廟社稷牲，餘屋以養山川百神之牲。凡大祀犧牲，前一月帝躬視滌養，繼命群臣更日往視，歲以爲常。

《春明夢餘錄》：犧牲所建於神樂觀之南，初爲神所，設千户并軍人專管牧養其牲。正房十一間，中五間爲大祀牲房，即正牛房，左三間爲太廟牲房，右三間爲社稷牲房，前爲儀門，又前爲大門，門西向。遇視牲之日，設小次。大門東連房十二間，西連房十二間，前爲晾牲亭三間，東西有角門，東角門北爲北羊房五間、山羊房五間，又北爲暖屋、滌牲房五間，倉五間，大庫一間，西角門北爲北羊房五間、山羊房五間、穀倉二間、看牲房一間、黄豆倉一間、官廳三間。正牛房之北爲官廨十二間，東爲兔房三間，又東爲鹿房七間，鹿房前亦爲曬晾亭三間，又前爲石柵欄。官廨西爲便門，門西又爲官廨四間，又西爲小倉三間，東羊房後爲新牛房，後牛房十間，餧中祀、小祀牛。正北爲神祠，西羊房後正南房五間爲大祀豬圈，西房十間爲中祀小祀豬圈，北有井。又草廠東北爲司牲祠。【略】

《明史·禮志》：四年三月，改築圜丘，上成面廣四丈五尺，高二尺五寸，下成每面廣一丈六尺五寸，高四尺九寸，上下二成通徑七丈八尺。壇至内壇墻四面各九丈八尺五寸，内壇墻至外壇墻南十三丈九尺四寸，北十一丈，東西各十一丈七尺。【略】

《禮志》：十年，改定合祀。即圜丘舊制而以屋覆之，名曰大祀殿，凡十二楹，中石臺，設上帝皇地祇座。每歲正月中旬，擇日合祭。帝具冕服行禮，奉仁祖配享殿中，殿東西廣三十二楹，正南大祀門，六楹，接以步廊，與殿廡通。殿後天庫六楹，瓦皆黄琉璃，厨庫在殿東北，宰牲亭井在厨東北，皆以步廊通。殿兩廡後繚以圍墻，南石門三洞，以達大祀門，謂之内壇。外周垣九里三十步，石門三洞，南爲甬道三，中神道，左御道，右黄道，道兩傍稍低爲從官之道。齋宫在外垣内西南，東向，其後殿瓦易青琉璃。十一年十月甲子，大祀殿成。

（清）秦蕙田《五禮通考》卷二〇《吉禮二〇·圜丘祀天》

王圻《續通考》：建於正陽門南之左，繚以周垣，周九里三十步，規制禮儀，悉如南京，惟增祀天壽山於北岳壇。【略】

《春明夢餘録》：天壇在正陽門外，永樂十八年建。初遵洪武合祀天地之制，稱爲天地壇，後既分祀，乃始專稱天壇，又京師大祀殿成，規制如南京，行禮如前儀。【略】

《嘉靖祀典》：禮臣言圜丘之制，《大明集禮》壇上成闊五丈，《存心録》則第一層壇闊七丈；《集禮》二成闊七丈，《存心録》則第二層壇面周圍俱闊二丈五尺，蓋《集禮》之二成，即《存心録》之一層，《存心録》之二層，即《集禮》之一成矣。臣等無所適從，惟皇上裁定。奉旨：圜丘第一層，徑闊五丈九尺，高九尺。二層徑十丈五尺，三層徑二十二丈，俱高八尺一寸。地面四方漸墊起五尺。

《春明夢餘録》：嘉靖九年，從給事中夏言之議，遂於大祀之南建圜丘，爲制三成。祭時，上帝南向，太祖西向，俱一成上。其從祀四壇，東一壇大明，西一壇夜明，東二壇二十八宿，西二壇風雲雷雨，俱二成上。壇制一成面徑五丈九尺，高九尺；二成面徑九丈，高八尺一寸；三成面徑十二丈，高八尺一寸。各成面磚用一九七五陽數，及周圍欄板柱子皆青色琉璃，四出陛，陛各九級，白石爲之，内壇圓墻九十七丈七尺五寸，高八尺一寸，厚二尺七寸五分。欞星石門五寸，正南三，東西北各一，外墻方墙二百四丈八尺五寸，高七尺一寸，厚二尺七寸，欞星門如前。又外圍方墙爲門四，南曰昭亨，東曰泰元，西曰廣利，北曰成貞。内欞星門南門外左設具服臺，東門外建神庫、神厨、祭器庫、宰牲亭。北門外正北建泰神殿，後改爲皇穹宇，藏上帝太祖之神版，翼以兩廡，藏從祀之神牌，又西爲鑾駕庫，又西爲犧牲所，少北爲神樂觀，北曰成貞門，外爲齋宮，迤西爲壇門。

（清）秦蕙田《五禮通考》卷二三《吉禮二三·大雩》

《明史·禮志》：洪武二年，太祖以春久不雨祈告諸神祇，中設風雲雷雨、岳鎮海瀆，凡五壇；東設鍾山、兩淮、江西、兩廣、海南北、山東、燕南燕薊山川、旗纛諸神，凡七壇；西設江東、兩浙、福建、湖廣、荆襄、河南北、河東、華州山川、京都城隍，凡六壇。中五壇奠帛、初獻，帝親行禮，兩廡命官分獻。【略】

《明會典》：嘉靖十一年，建崇雩壇於圜丘壇外泰元門之東。歲旱，則祭上帝以禱雨，亦奉太祖配享。爲制一成，廣五丈，五字上下恐有脱字。高七尺五寸，四出陛，各九級，内壝徑二十七丈，高四尺九寸五分，厚二尺五寸，欞星門六，正南三，東西北各一。外圍墙方四十五丈，高八尺一寸，厚二尺七寸，正南三門，曰崇雩門，共爲一區，其南郊之西外圍墙東西面闊八十一丈五尺，南北進深五十六丈九尺，高九尺，厚三尺。

《嘉靖祀典》：雩壇止去地一級，四圍用爐鼎四，壇面用爐鼎二，比圜丘減四分之一。

（清）嵇璜、劉墉等《續通典》卷四七《禮·郊天》

建圜丘於鍾山之陽，壇二成，上成廣七丈，高八尺一寸，四出陛，各九級，正南廣九尺五寸，東西北廣八尺一寸，下成周圍墙面縱橫，皆廣五丈，高視上成，陛皆九級，正南廣一丈二尺五寸，東西北殺五寸五分，甃磚欄楯皆以琉璃爲之。壝去壇十五丈，高八尺一寸，四面靈星門，南三門，東西北各一。外垣去壝十五丈，門制同。神庫五楹，在外垣北，南向；厨房五楹，在外壝東北，西向；庫房五楹，南向；宰牲房三楹，天池一，又在外庫房之北。執事齋舍在壇外垣之東南。坊二，在外門外，橫甬道之東西。燎壇在内壝外東南丙地，高九尺，廣七尺，開上南出户。

（清）昆岡等《大清會典圖》卷一《禮一·祀典一·天壇總圖》

圜丘壇、祈穀壇同建在正陽門南之東，當都城巳位，内外垣俱前方後圓，外垣周一千九百八十七丈五尺，高一丈一尺五寸，址厚八尺，頂厚六尺，垣内外包以城磚，下三進，上二進，出檐各三尺二寸，門二座，各三間，皆西向。南爲圜丘門，北爲祈穀壇之外西天門，圜丘門之内南爲犧牲所，南向。鐘樓在其西，北爲神樂署，東向。内垣周一千二百八十六丈一尺五寸，高一丈一尺，址厚九尺，頂厚七尺，内外出檐各二尺，包磚如外垣，内垣内當南北之中亘，東西爲垣，左右直中作半規形者，爲圜丘壇北垣，圜丘壇周垣設門四，東曰泰元門，西曰廣利門，南曰昭亨門，北曰成貞門，皆三門，朱扉金釘，縱橫各九，其内爲外壝垣，制方，又其内爲内壝垣，制圓，又其內為圜丘三成，內外壝四面各三門，外壝南門外神路之東為設大次之所，皇穹宇在外壝北門外，制圓，南向，金頂單檐，內外環轉各八柱，塗金飾，轉枝蓮門一，窗二，東西北砌以城磚，基高九尺，徑五丈九尺九寸，面鋪青石，圍石欄版四十有九，均高三尺六寸，東西南三出陛，各十有四級，左右廡各五間，東西向一出陛，各七級，圍垣砌以城磚，圓周五十六丈六尺八寸，高一丈八寸，前三門南向，崇基石欄，前後三出陛，各五級，外壝東門外北神庫五間，南向。神廚五間，井亭一，六角，間以朱櫺，皆西向。垣一重，門一，南向。其東為祭器庫、樂器庫、棕薦庫各三間，西向。垣一重，門一，南向。又東為宰牲亭三間，南向。井亭一，六角，間以朱櫺，西向。垣一重，門一，南向。祈穀壇在成貞門北，其垣南接圜丘壇，垣東西北天門三，各三間，其內為內壝，垣東西南磚門三，各三間，內外丹墀，南為大磚門，其外神路之東為設大次之所，其內為祈年門，門內為祈年殿內壝，垣之外東南、西南兩隅，繚以曲垣，東向角門一，西向角門一，北向角門一，內壝垣之北琉璃門三座。後為皇乾殿，制方，南向，五間，衛以石欄五十有九，正面三出陛，東西一出陛，各九級，東西北三面周以垣，西垣之南，西向角門一，東磚門外廊房七十二間，聯檐通脊，北為神庫五間，南向。左右神廚各五間，東西向。井亭一，六角，間以朱櫺，西向。垣一重，門一，南向。其東北為宰牲亭五間，南向。井亭一，六角，間以朱櫺，西向。垣一重，門一，南向。圜丘壇北垣、成貞門之西大門一，左右門各一，為聖駕詣壇宿齋宮出入之門，齋宮在祈穀壇之西天門內少南，東向。正殿五間，一出陛，垣一重，內宮門一座，南北門各一，殿後垣一重，南北門各一，左右隨事房各五間，東向。垣各一重，垣東門各一，門之東垣各一重，垣南北左右隨事房各五間，南北向。前大殿五間，崇基石欄，三出陛，正面十有三級，左右各十有五級，陛前左設齋戒銅人石亭一，右設時辰牌石亭一，左右界墻一，門各一，西北隅井一。內宮墻方周一百三十三丈九尺四寸，中三間，三出陛，皆七級，左右門各一，皆六級，周圍環池，前跨石梁三，左右石梁各一，東北隅鐘樓一。外宮墻方周一百九十八丈二尺二寸，環以回廊一，百六十三間，復繞以深池，宮門石梁與內宮墻同，昭亨門外東西石牌坊各一。圜丘壇、皇穹宇、祈穀壇、皇乾殿門樓墻垣，其覆瓦皆用青色琉璃，其餘壇門七座及隨門圍垣用綠瓦。凡高，以古尺計。古尺載《律呂正義》，當工部營造尺八寸一分。餘皆今尺。凡達正門之路為神路，餘為甬路。甬路由圜丘門入者，折而南而東達昭亨門，門以內東達泰元門，西達廣利門，廣利門內折而北，東達圜丘壇神路，壇外壝東門東達神庫，祭器、樂器、棕薦庫、宰牲亭，廣利門內折而北徑大門直達西天門，西天門內折而南東達皇穹宇，圍垣外神路由外西天門入者，東達西天門南，而東而北亦達圜丘門西天門以內，直東達祈穀壇，神路折而南達齋宮北門，少東南達齋宮正門，齋宮正門東達祈穀壇神路，西天門以內東折而北達西角門，及西磚門達皇乾殿東磚門外，由廊房達神庫、宰牲亭、犧牲所，圍墻東西五十二丈，南北五十二丈五尺，大門三間，南向。內花門一座，正房十有一間。中三間，奉犧牲之神。左右牧夫房各二間，牛房各二間，後屋十有六間，內滿漢所牧房各三間，所軍房一間，貯草房五間，草夫房四間。東邊兩重四十八間，內貯料房二間，貯草房三間，牛房十有五間，羊房五間，鹿房二十間，兔房三間。西邊一重十有五間，內庫房一間，泡料房、磨房各二間，豕房五間，牛房五間，鹿檻、牛枋分列屋之，左右西北隅官廳三間，東向。井一，北門一間。

（清）昆岡等《大清會典圖》卷一《禮一·祀典一·圜丘壇圖》

圜丘，制圓，南向，三成。第一成，面徑九丈，為一九，高五尺七寸；第二成，徑十有五丈，為三五，高五尺二寸；第三成，徑二十一丈，為三七，高五尺，用一三五七九天數。三成共四十五丈，取合九五之義。徑數係古尺，當營造尺八寸一分，符九九之數。三成面用艾葉青石，九重環甃，石數每重加九，第一成中心圓石一，外九重，自一九遞加至九九，第二成自九十遞加至一百六十二，第三成自一百七十一遞加至二百四十三，皆積九成數，四周欄版第一成每面十八，四面七十二，各長二尺三寸有奇，第二成每面二十七，四面一百八，各長二尺六寸有奇，第三成每面四十五，四面一百八十，各長二尺二寸有奇，合三百六十版，應周天數，石柱仰覆蓮座安螭頭，四面出白石陛，各九級，內墻圓周百有六丈四尺，高五尺九寸，厚二尺七寸五分，內外丹墀四面，各三門，楔閾皆石朱，扉有櫺，門外各石柱二，外墻方周二百十丈一尺，高八尺六寸，厚二尺七寸，制與內墻同，第一成正中白石幾五，前鼎爐二，第二成前後鼎爐各二，第三成前上下鼎爐各二，後左右鼎爐各一，外墻南門之內東南丙地綠色琉璃燔柴爐一，高九尺，徑七尺，綠色琉璃，瘞坎一，制圓，鐵燎爐八，迤而北東西門內從位燎爐各二，西南隅望鐙臺三，各建鐙杆，高十丈四尺，下徑二尺四寸，上徑一尺四寸，戧木九，各高六丈一尺五寸，下徑一尺五寸，上徑一尺一寸，通髤朱。

（清）昆岡等《大清會典圖》卷三《禮三·祀典三·祈穀壇祈年殿圖》

祈穀壇，制圓，南向，三成。第一成徑二十一丈五尺，第二成徑二十三丈二尺六寸，第三成徑二十五丈，面甃金磚，圍以白石欄板四百二十，南北三出陛，東西一出陛，第一成、第二成各九級，第三成十級。第一成前鼎爐四，第二成、第三成前均鼎爐二，階下鼎爐二。祈年殿亦制圓，南向，金頂檐三，重覆青色琉璃瓦，內外柱各十二，龍井柱四，窗九，門三，兩廡各九間，東西向，均三出，陛中十級，南北各九級，前為祈年門，五間，崇基石欄，前後三出陛，各十一級，門外東南綠色琉璃燔柴爐一，瘞坎一，燎爐八，迤而北內墻方周一百九十丈七尺二寸，東西南磚門三，內外丹墀，北琉璃門三座。

（三）修繕過程

《明英宗實錄》卷五九"正統四年九月"條

癸酉，修天地壇齋宮殿宇及金水河岸。

《明英宗實錄》卷一〇六"正統八年七月"條

丙子，命修天地壇大祀等門、具服殿、天庫、神庫、宰牲亭、鐘樓、鑾駕庫等處。

《明英宗實錄》卷二七二"景泰七年十一月"條

辛卯，修天地壇丹陛石欄。

《明光宗實錄》卷七"泰昌元年八月"條

己巳，太常寺少卿姚宗文疏請修郊祀禮儀，言：皇上乘乾初御，冬至在即，履郊祀，帝正在厥初，惟是二十年來，先帝深宮静攝，南郊罕御，遣官代行，習爲故事。禮樂頹壞，壇壝傾圮，皆非製作之始。大典攸關，宜先期整理。一、整圜丘，上帝所臨也；一、葺齋宮，皇上所居也；一、飭器皿，祭品所需也；一、修樂具，奏享所陳也；一、新袍服，樂舞諸人所服以駿奔者也；一、潔犧牲，養房聖駕親臨先期以省視者也。務期壇宇一新，品物胥具，庶精誠上孚而靈貺無疆矣。至北郊日月社稷諸壇及九陵之上，皆宜節次按時修舉。章下工部。

（清）秦蕙田《五禮通考》卷一九《吉禮一九·圜丘祀天》

《太祖實錄》：二十一年三月，增修南郊壇位，於大祀殿丹墀内叠石爲臺四，東西相向，以爲日月星辰四壇。又於内壇之外，亦東西相向，叠石爲臺凡二十，各高三尺有奇，周以石欄，陟降爲磴，道臺之上琢石爲山形，鑿龕以置神位，以爲岳鎮海瀆、風雲雷雨、山川、太歲、天下諸神及列代帝王之壇。壇後樹以松柏，外壝東南鑿池凡二十區，冬月藏冰，以供夏秋祭祀之用。

（清）秦蕙田《五禮通考》卷二〇《吉禮二〇·圜丘祀天》

《禮志》：十七年撤大祀殿，又改泰神殿曰皇穹宇。

《禮志》：二十四年，又即故大祀殿之址建大享殿。

（清）秦蕙田《五禮通考》卷三〇《吉禮三〇·明堂》

《會典》：嘉靖二十四年，即故大祀殿之址建大享殿，而建皇乾殿於大享殿北以藏神版。

二、祭祀制度

（一）祭祀前期

日期時辰

（明）章潢《圖書編》卷九四《從祀》

歲冬至大祀天於圜丘，凡國有大事則祭告。先一月。本寺擇日祭。

（明）章潢《圖書編》卷九五《崇雩壇》

在圜丘之旁，仲夏禱雨皇天之帝。

祈穀祀典。歲驚蟄，上行祈穀禮於南郊大饗殿，祭皇天上帝。

（明）佚名《太常續考》卷一《郊祀·冬至圜丘事宜》

每歲冬至，上大祀天於圜丘。凡國有大事，則祭告。

（清）孫承澤《天府廣記》卷六《祈穀壇》

按：《月令》孟春，天子以元日祈穀於上帝。注謂以上辛郊祭天。《春秋傳》曰：啓蟄而郊，郊而後耕。《郊特牲》曰：郊用辛。注凡爲人君，當齋戒自新。盧植、蔡邕曰：郊天是陽，故用日，耕耤是陰，故用辰。孔穎達曰：甲乙丙丁等謂之日，子丑寅卯等謂之辰。元者善也，元日郊用辛，元辰耕用亥。黄道周曰：春日甲乙則未知其果上辛也。明初，以冬至祀天圜丘，夏至祀地方澤。洪武十年罷之，而止以正月上辛合祀天地於大祀殿，并日月星辰山川等神俱在焉，其禮甚省，其敬甚專。嘉靖九年，罷之，而分爲圜丘、方澤、朝日、夕月四郊，其大祀殿則以孟春上辛祈穀。十年。又改啓蟄曰祈穀。二十四年，又改大祀殿爲大享殿，然祈穀禮不復行。崇禎十四年，復行祈穀禮，用上辛。十五年，用中辛云。

（清）秦蕙田《五禮通考》卷三〇《吉禮三〇·明堂》

《會典》：嘉靖二十四年，即故大祀殿之址建大享殿，而建皇乾殿於大享殿北以藏神版。命禮部歲用，季秋奏請擇吉行大享禮，已又命暫行於元極寶殿。

題請、習儀

《明世宗實録》卷一一八"嘉靖九年十月"條

辛未，禮部上大祀圜丘儀注。前期十日，太常寺題請視牲，次請命大臣三員看牲、四員分獻。前期五日，錦衣衛備隨朝駕，上詣犧牲所視牲。其前一日，上常服告於廟。

（明）章潢《圖書編》卷九四《從祀》

歲冬至大祀天於圜丘，凡國有大事則祭告。

先一月。本寺擇日祭。司牲令屬官每日二員滌牲。又令協律郎率樂舞生每日習禮樂於太和殿。先十五日題請上視牲，次題欽定大臣三員看牲，次題欽定大臣四員分獻進儀注并登壇執事官樂舞生名數。

（明）佚名《太常續考》卷一《郊祀·冬至圜丘事宜》

前期五十日，題請聖駕親詣圜丘壇致祭本。如遣官暫代，則前期二十日題欽定大臣一員恭代本。旨下，行手本知會遣官。

前期一月，委協律郎提調樂舞生執事於太和殿朝夕演習禮樂，本寺又題請聖駕於前期五日視牲本。如遣官則行手本知會。

前期十五日，本寺題請聖駕於前期三日親詣太廟告請皇祖配帝本。如遣官，則行手本知會。是日，并題於前四日夜開長安右等門放祭品并執事官員人等本。同日，題欽定大臣三員看牲本，并題欽定大臣四員分獻本。候旨下，各行手本知會。

前期十三日，題請聖駕於前期六日預告於太廟詣南郊視牲。上還，仍詣太廟參謁。

前期二日，預告於太廟詣南郊大祀上還仍詣太廟參謁本。如遣官，候旨下，各行手本知會。

前期十日，本寺具請神上香官一員、導引官二員，請捧正位配位神版官二員，請捧從位神版官九員，捧神版出龕官三員職名本題知。同日，題請聖駕於前期三日御文華殿致齋前期一日御皇極殿親填祝版御名本。同日，進呈儀注籩豆圖，本寺官職名、登壇執事官員職名、燒火廚役姓名，一樣六套。萬曆三年，本寺會同禮部同日上，在前期二十五日添一題本。同日，行手本知會分獻大臣，俱於奏祭祀之日候行叩頭禮。如遣官代祭，亦行手本知會。

本寺詣犧牲所演視牲禮。如遣官代祭，則不演視牲禮。

前期九日，行手本知會鴻臚寺於前期五日詣升殿奏視牲。

前期四日，請升殿奏祭祀。

行手本知會錦衣衛差官旗，於前期二日早詣天壇擡香輿亭。

前期六日早，本寺官具吉服詣太廟寢殿，候上致辭告視牲。按：嘉靖中，視牲大祀出告、回參，俱行於景神殿。

（明）佚名《太常續考》卷八《泰享殿》

前期一月，本寺擇吉日詣犧牲所洗滌牲隻，後每日差屬官一員看滌，務期潔淨，以備供祀。本日，委協律郎提調樂舞生執事於太和殿，朝夕演習禮樂。

前期十五日，本寺具題請看牲，次題請命大臣四員看牲。

行手本知會看牲大臣。

前期七日，行揭帖知會司禮監接看牲官本，奏祭祀。

行手本知會鴻臚寺請升殿奏祭祀，行揭帖知會司禮監奏祭祀。

前期六日，本寺官早詣景神殿，上致辭拜告。

前期三日，本寺官詣太和殿演習禮樂，畢，詣犧牲所看牲，樂舞生早詣泰享殿各門燒香。

（明）佚名《太常續考》卷八《大享》

前期一月，本寺擇吉日詣犧牲所洗滌牲只，後逐日差官一員詣所看洗，務期潔淨，以備供祀。

前期十五日，委協律郎提調樂舞生執事於太和殿朝夕演習禮樂。

本寺具題請駕看牲。次日具題請命大臣四員看牲，行手本知會看牲大臣。

前期十日，行手本知會鴻臚寺請駕看牲。

（明）佚名《太常續考》卷八《崇雩壇》

崇雩壇告天禱雨。

前期十五日，本寺委協律郎提調樂舞生執事於太和殿，朝夕演習禮樂。

前期六日，行手本知會司禮監、鴻臚寺請升殿，奏祭祀。

（清）秦蕙田《五禮通考》卷二〇《吉禮二〇·圜丘祀天》

凡祭祀先期三日及二日，百官習儀於朝天宮。嘉靖九年，更定郊祀，冬至習儀於前期之七日及六日。

祝版

《明世宗實錄》卷一一八"嘉靖九年十月"條

前期二日，次日上至奉天殿親填祝版，版以青楮朱書之，置玉帛於匣，太常卿捧安與內，上三上香，行一拜三叩頭禮，畢，錦衣衛官校舁至天壇，太常卿奉安於神庫。

(明) 徐一夔等《明集禮》卷一《吉禮第一·祀天》

國朝洪武元年正月初四日，皇帝即位，合祀天地，祝文曰："惟我中國人民之君，自宋運告終，帝命真人於沙漠入中國爲天下主，其君父子及孫百有餘年，今運亦終。其天下土地人民豪杰分争。惟臣帝賜英賢李善長、徐達等爲臣之輔，遂有戡定采石水寨蠻子海牙、方山陸寨陳也先、袁州歐普祥、江州陳友諒、潭州王忠信、新淦鄧克明、龍泉彭時中、荆州江珏、濠梁孫德崖、廬州左君弼、安豐劉福通、贛州熊天瑞、辰州陳文貴、永新周安、萍鄉易華、平江王世明、沅州李勝、蘇州張士誠、慶元方國珍、沂州王宣、益都老保等處狂兵，息民於田里，今地周回二萬里廣，諸臣下皆曰'恐民無主'，必欲推尊帝號，臣不敢辭，亦不敢不告上帝皇祇。是用吳二年正月四日於鍾山之陽，設壇備儀，昭告上帝皇祇，簡在帝心。尚享。"其年十一月三日冬至，皇帝親祀圜丘，祝文曰："臣荷眷祐，戡定區宇，爲億兆主，今當長至，六氣資始，禮典爰舉，敬以玉帛犧齊粢盛庶品，備兹禋燎，用伸昭告。尚享。"其祝板依唐制，長一尺一分，廣八寸，厚二分，用楸梓木爲之。

(明) 申時行等《大明會典》卷八四《禮部四二·郊祀四》

祈穀，今罷。嘉靖十年定，前期一日，上親填祝版於文華殿，遂告於廟，告辭曰："孝玄孫嗣皇帝御名明日祇詣南郊行祈穀禮，謹詣祖宗列聖帝后神位前恭預告知。"夜二鼓，禮部尚書、上香侍郎、導引太常卿捧請神版奉安於壇位，俱如天祀之儀。

大享，今罷。嘉靖十七年定，前期一日，上親填祝版於文華殿，夜二鼓，禮部同太常堂上官請安神御版位，俱如祈穀之儀。

雩祀。嘉靖十一年，定雩祀儀。歲旱，則於季春之末，禮部奏請行禮。前期一日。上親填祝版於文華殿，遂告於廟如祈穀之儀。

萬曆十三年步禱儀。前期一日，太常寺進祝版，上親填御名，訖，太常寺博士捧出，安與亭內，擡至南郊神庫奉安。

(明) 章潢《圖書編》卷九五《祈穀祀典》

歲驚蟄，上行祈穀禮於南郊大饗殿，祭皇天上帝。前一日，太常博士捧祝版於文華殿，上填御名訖，博士捧安於香帛亭，厨役舁至神庫供奉。三更初，太常官請神主，奉安陳設如儀。

(明) 王圻《續文獻通考》卷一〇五《郊社考》

郊祀圜丘儀。前期四日，本寺博士捧告請太祖祝版於文華殿候，上親填御名訖，捧出。

親祀圜丘儀。前一日，質明，上從文華殿出，由皇極殿左門入，至御案前立，太常卿捧祝版由中門進於御案上，上填御名訖，太常卿捧安輿中，司禮監官進帛於上，裝匣內并蒼玉安訖，太常捧安輿中，太常卿隨捧香匣於香亭右，跪。上三上香，行一拜三叩頭禮。畢，轉於東西向立，錦衣衛官校入臺輿亭由中門出，太常卿隨詣天壇神庫奉安。

告請。前期一日五鼓，博士捧祝版於皇極殿中陛，卿接由中門進，跪安於御案上，上填御名訖，卿捧安輿內。司禮監官進郊祀帛十二段，上裝匣內，并蒼玉安訖，卿捧安輿內之中，退於西柱下立。司禮監官進奉先帛一段，上裝匣內，少卿捧安輿內之左，退於西柱下立。近年，香帛俱先日本寺同司禮監官安輿內。

（清）嵇璜、劉墉等《續通典》卷四七《禮·郊天·版位》

皇帝方一尺二寸，厚三寸，紅質青字；皇太子位方九寸，厚二寸，紅質青字；陪祀官位并黑字白質。

（清）來保等《大清通禮》卷一《吉禮》

是日昧爽，太常寺司祝恭送祝版於內閣，授中書舍人安奉潔室，敬書祝辭於版，畢，內閣典籍豫設黃案於政事堂正中，舍人奉祝版，陳於案，南向，大學士詣案前，立北面，展祝文，敬書御名畢，舍人奉祝版，仍安潔室，俟翼日授司祝。

右書祝版。

昧爽，太常寺設黃案於太和殿中、御座之南，設香亭於殿內左楹之東，設奉祝版亭，奉玉帛香亭於殿內右楹之西，太常寺贊禮，讀祝各官具玉帛於筐，貯香於盤，祗俟太和門外，太常寺卿率屬贊事殿內。屆時，太常寺卿率欽天監博士二人至乾清門奏時，皇帝龍袍補服，乘輿出宮，前引後扈如常儀詳見嘉禮朝賀儀，至太和殿北階降輿，御殿，立左楹前，西向，記注官四人立殿右門外東面，司祝自內閣奉祝版入太和中門，玉帛香隨入，前列提爐二、太常寺贊禮郎十人導引升中階，至丹陛上，導引止，司祝奉祝版，各官奉玉帛香進殿，中門以次陳於黃案，三叩退。太常寺卿展祝文，贊禮郎布拜褥，皇帝詣案前次第恭閱，畢，行一跪三拜禮，興，復位立。太常寺卿韜祝版，贊禮郎徹拜褥，司祝各官進至案前，三叩，興，恭奉祝版、玉帛、香，依次設亭內，三叩退。司香官就香亭奉香合，立於亭東，司拜褥官布拜褥於香亭前，退立司香之右，太常寺卿二人恭導皇帝至香亭前立，司香跪進香，皇帝上香，畢，行一跪三拜禮，興，復位，司拜褥官徹拜褥，司香奉香合，置亭內退。鑾儀衛率校尉舁亭，香亭在前，祝版亭、香帛亭以次，由中道出，前引如儀。太常寺卿跪奏禮成，皇帝乘輿還宮，太常寺卿隨亭送南郊安奉神庫內。是日，徹乾清門齋戒牌銅人，恭送齋戒牌銅人於齋宮，導引如儀。

右閱祝版玉帛香。

齋戒陪祀迎送

《明太祖實錄》卷八六"洪武六年十二月"條

甲申，復命定祭祀齋戒禮儀。凡祭天地，正祭前五日，午後沐浴更衣，處外室；次日早，百官於奉天門觀誓戒牌；次日告仁祖廟，退處齋宮致齋三日行事。

《明太祖實錄》卷一八九"洪武二十一年三月"條

乙酉，郊祀儀。齋戒前二日，太常司官宿於本司，次日奏致齋。三日、次日進銅人，傳制諭：文武百官齋戒當日，禮部官同太常司官於城隍廟發咨，仍於各廟焚香三日。

《明宣宗實錄》卷八六"宣德七年正月"條

庚午，以大祀南郊，上御正朝，文武群臣受誓戒禮畢，上御齋宮，命內官內使各謹齋戒，如有飲酒食葷及隨侍入壇而唾地者，皆罪之，令司禮監專糾察，縱容者同罪。

《明武宗實錄》卷一一六"正德九年九月"條

癸亥，上出郊祀，皆陳設帳房，不復宿於齋宮矣。

《明世宗實錄》卷八四"嘉靖七年正月"條

癸未，上御奉天殿以郊祀誓戒百官，致齋三日。

《明世宗實錄》卷一一八"嘉靖九年十月"條

辛未，禮部上大祀圜丘儀注。前期四日，上御奉天殿，太常寺奏祭祀進銅人如常儀。前期三日，上具祭服，以脯醢酒果詣太廟，請太祖配，帝還，易服，御奉天殿，百官具朝服聽受誓戒。

《明神宗實錄》卷八一"萬曆六年十一月"條

庚申，上詣郊壇恭視神位及閱豆籩，時居正守制不陪祀，以扈駕從，上特召見於齋宮內殿，賜果膳饌盒及八寶銀葉，賜禮部、太常寺、錦衣衛堂上官銀葉各有差。

《明熹宗實錄》卷三九"天啓三年十月"條

乙酉，禮部上聖駕親詣南郊儀注。前期四日，上御皇極門內殿，太常寺奏祭祀如嘗儀。前期三日質明，上嘗服，乘輿詣太廟門西降輿，至廟門幄次內具祭服，詣太廟告請太祖配神，行一獻禮，畢，上出幄次內易皮弁服，回，御皇極門內殿，太常寺、光祿寺官奏省牲，上御皇極門內殿，傳制文武百官朝服聽受誓戒。

(明) 官修《諸司職掌·祭祀·郊祀·齋戒》

凡齋戒前二日，太常司官宿於本司；次日具本奏聞致齋三日，次日進銅人，傳制諭文武官齋戒不飲酒，又不食葱韭薤蒜，不問病，不吊喪，不聽樂，不理刑名，不與妻妾同處。當日，本部官同太常司官於城隍廟發咨，仍於各廟焚香三日。

(明) 徐一夔等《明集禮》卷一《吉禮一·祀天》

國朝設皇帝大次、皇太子幕次官二人；掃除壇上下官一人；御史監掃除二人；灑掃齋舍、神厨官二人；設饌幔官二人；設昊天上帝、仁祖淳皇帝龍椅龍案，從祀神案官一人；設御位皇太子位官二人；設燔柴官二人；設分獻及文武官諸執事官版位官二人；設儀仗官二人；設庭燎墳燭官二人；設牲榜省牲位及割牲官二人，牽牲十五人，掌鼎鑊、視滌濯官二人，協律郎一人，舞士一人，樂生一人，舞生一人，撰祝書祝官各一人，讀祝兼捧祝官一人，導駕奏禮官六人，導引皇太子官四人，分獻官執事八人，引陪祭官執事四人，糾儀御史四人，奉爵官六人，捧幣官六人，司香官六人，掌祭官十二人，舉飲福案官二人，進福酒官一人，進俎官二人，授胙執事官一人，司御洗捧匜一人，進巾一人，司分獻罍洗各酌水二人，進巾二人，司御盥洗酌水一人，進巾一人，司分獻盥洗位酌水一人，進巾一人，司御酒尊所官一人，司分獻酒尊所各二人，進正配位饌官六人，舉案齋郎十二人，舉從祀饌案四十八人。

（明）徐一夔等《明集禮》卷二《吉禮第二・祀天》

國朝皇帝冬至親祀圜丘儀注。齋戒前期，皇帝散齋四日，致齋三日；陪祀官、執事官并齋五日。

告天下神祇，散齋第五日，於圜丘壇外之東，設壇置天下神祇位，西向。皇帝親詣壇所，具酒脯。

國朝奏告圜丘皇帝親祀儀注，同冬至郊天禮。

遣官奏告圜丘儀注。方丘同。齋戒，前期告官及陪祀官執事官齋三日，散齋三日宿於公廨，致齋一日於祭所。

（明）申時行等《大明會典》卷八二《禮部四〇・郊祀二》

前期四日，上御奉天殿，太常寺奏祭祀，進銅人如常儀，本寺博士捧告請太祖祝版於文華殿，候上親填御名訖，捧出。

前期一日，免朝。錦衣衛備法駕、設板輿於奉天門下正中，上吉服告於廟，如告視牲之儀。【略】告畢，上出，乘輿詣南郊，由西天門入，至昭亨門外降輿，禮部太常官導上由左門入，至內壇，太常卿導上至圜丘，恭視壇位，次至神庫視籩豆，至神廚視牲，畢，仍由左門出，至齋宮，分獻陪祀官叩頭如常儀。

（明）申時行等《大明會典》卷八四《禮部四二・郊祀四》

祈穀，今罷。嘉靖十年定，前期四日，太常寺奏祭祀，諭百官致齋三日，上親填告請太祖祝版於文華殿。

大享，今罷。嘉靖十七年定，前期四日，太常寺奏祭祀如常儀，諭百官致齋三日。

雩祀，嘉靖十一年，定雩祀儀。歲旱，則於季春之末，禮部奏請行禮。前期四日，太常寺奏祭祀如常儀，諭百官致齋三日。

（明）徐一夔等《明集禮》卷二《吉禮第二・萬曆三年親祀圜丘儀》

前一日，質明，上從文華殿出，由皇極殿左門入，至御案前立，太常卿捧祝版由中門進於御案上，上填御名訖，太常卿捧安輿中，司禮監官進帛於上，裝匣內并蒼玉安訖，太常卿捧安輿，中太常卿隨捧香盒於香亭右跪，上三上香，行一拜三叩頭，禮畢，轉於東，西向立，錦衣衛官校入擡輿亭，由中門出，太常卿隨詣天壇神庫奉安。上由殿中門出乘輿詣南郊，至昭亨門西，禮部尚書、侍郎，太常少卿等官行叩頭禮，畢，分兩傍候。上降輿，尚書等官導上由昭亨左門入，至內壇左門，太常卿跪迎，同導上至午陛，尚書等官俱止。太常卿導上至圜丘，恭視壇位，尚書等官俱先詣東陛前伺候，上視壇位，畢，太常卿導上由東陛下，尚書等官同導上至神庫視籩豆，至神廚視牲，俱太常卿導入，逐一奏畢，禮部太常寺官導上仍由昭亨左門出，升輿至齋宮，分獻陪祀官朝參傳旨賜早飯，各官叩頭謝恩。至午，各官候旨朝參仍傳旨賜午飯，謝恩如前儀。

（明）章潢《圖書編》卷九四《圜丘壇 以下太常寺 **》**

歲冬至大祀天於圜丘，凡國有大事則祭告。

銅人齋牌。年月日冬至大祀天於圜丘，某日午後沐浴更衣，某日爲始致齋三日。

長安門示。太常寺爲祭祀事某年十一月某日冬至大祀天於圜丘，文武百官自某月某日午後沐浴更衣，於本衙門宿歇，某日各具朝服，聽受誓戒。本日爲始，致齋三日，其陪祭官員，除年老殘疾、瘡疥氣喘、刑餘喪過之人不與外，文官五品以上，武官四品以上，六科都給事中，皇親駙馬，指揮千百戶等官至日各具祭服，伺候陪祭官合行知會。

（明）章潢《圖書編》卷九五《崇雩壇》

在圜丘之旁，仲夏禱雨皇天之帝。前四日，太常官公服奏齋戒，進銅人牌於文華殿。

（明）章潢《圖書編》卷九五《祈穀祀典》

歲驚蟄，上行祈穀禮於南郊大饗殿，祭皇天上帝。前四日，太常卿公服奏齋戒進銅人齋牌於文華殿。

（明）王圻《續文獻通考》卷一〇五《郊社考》

郊祀圜丘儀，前期四日，上御奉天殿，太常寺奏祭祀，進銅人如常儀。

（明）佚名《太常續考》卷八《泰享殿》

驚蟄日行祈穀禮於泰享殿。前期四日，本寺官具公服奏祭祀，進銅人齋牌於文華殿東安設，北向。

齋牌：嘉靖幾年幾月幾日啓蟄，行祈穀禮於泰享殿，某日午後沐浴更衣，某日爲始，致齋三日。

東西長安門告示：太常寺爲祭祀事，嘉靖幾年幾月幾日啓蟄，行祈穀禮於泰享殿，文武百官自本月某日午後沐浴更衣，於本衙門宿歇，某日爲始，致齋三日。其陪祀官員，除年老殘疾、體氣瘡疥、刑餘喪過之人不與外，文官五品以上，武官四品以上，至日各具祭服陪祀，合行知會。

大享。前期四日，本寺官具公服奏祭祀齋戒，進銅人齋牌於文華殿東安設，北向。

齋牌：嘉靖幾年幾月幾日行大享禮於泰享殿，某日午後沐浴更衣，某日爲始，致齋三日。

東西長安門告示：太常寺爲祭祀事，嘉靖幾年某月某日行大享禮於泰享殿，文武百官云云。

崇雩壇告天禱雨。前期四日，本寺官具公服奏祭祀齋戒，進銅人齋牌於文華殿東安設，北向。

齋牌：嘉靖幾年某月某日於崇雩壇禱雨，某日午後沐浴更衣，某日爲始，致齋三日。

東西長安門告示：太常寺爲祭祀事，嘉靖幾年某月某日於崇雩壇禱，文武百官自某日午後沐浴更衣，某日爲始，致齋三日云云。

《高宗純皇帝實錄》卷四五九 "乾隆十九年三月" 條

甲戌，命制郊壇大祀齋戒敕諭牌。軍機大臣等遵旨議奏凡有事於圜丘、方澤、祈穀、雩祭，應陪祀各官，向例於前期四日齊集午門外聽宣敕諭。行之日久，徒存具文。嗣後請令在京大小各衙門，赴內閣恭錄敕諭，制牌繕寫，敬謹收貯。每遇兩郊大祀，於致齋日期，敬謹安設。俾仰瞻之下，時凜恪虔，較之宣讀一過，更爲親切，其宣讀敕諭儀注，即可停止。得旨：是。

（清）孫承澤《春明夢餘錄》卷一四《齋期》

上謂省臣曰：朕每祭享天地百神，惟伸吾感戴之意，禱祈福祉，以佑生民，未嘗敢自徼惠也。且齋戒所以致誠，誠之至與不至，神之格與不格，皆係於此。故朕每致齋，不敢有一毫懈惰。今定齋戒之期，大祀以七日，中祀以五日，不無太久。大抵人心久則易怠，怠心一萌，反爲不敬。可止於臨祭齋戒三日，務致精專，庶幾可以感格。著爲令。

（清）萬斯同等《明史》卷四四《志一八·禮志二·吉禮二郊祀分合》

先是，合祀舊儀。其儀注，齋戒前期二日，太常司官宿於本司，次日奏聞致齋三日，次日進銅人傳制，諭文武官齋戒。

（清）萬斯同等《明史》卷四五《志一九·禮志三·吉禮三·南郊》

洪武元年十一月，冬至祀昊天上帝於圜丘。先期皇帝散齋四日，致齋三日。

（清）秦蕙田《五禮通考》卷一九《吉禮一九·圜丘祀天》

《明史·禮志》：二年，翰林學士朱升等奉敕撰齋戒文曰戒者，禁止其外；齋者，整齊其內。沐浴更衣，出宿外舍，不飲酒、不茹葷、不問疾、不吊喪、不聽樂、不理刑名，此則戒也；專一其心，嚴畏謹慎，苟有所思，即思所祭之神，如在其上，如在其左右，精白一誠，無須臾間，此則齋也。大祀七日，前四日戒，後三日齋。太祖曰凡祭祀天地、社稷、宗廟、山川等神，爲天下祈福，宜下令百官齋戒，若自有所禱不關民事者，不下令。又曰：致齋以七日，五日爲期太久，人心易怠，止臨祭齋戒三日，務致精專，庶可格神明。遂著爲令。是年，從禮部尚書崔亮奏大祀前七日，陪祀官詣中書省受誓戒，各揚其職，不共其事，國有常刑。

王圻《續通考》：二年，禮部尚書崔亮奏凡遇大祀，前期七日，陪祀官詣中書受誓戒曰某月某日，皇帝有事於某神，百官其聽誓戒，祀必先戒，然後可以感神明。至是，始定諸祭致齋之常期云。

三年，諭禮部尚書陶凱曰人心操舍無常，必有所警而後無所放。乃命禮部鑄銅人一，高尺有五寸，手執牙簡，大祀則書致齋三日，中祀則書致齋二日，太常司進置於齋所。

四年，定天子親祀，齋五日。遣官代祀，齋三日，降香，齋一日。

《禮志》：六年，復定齋戒禮儀。凡祭天地，正祭前五日午後，沐浴更衣處外室，次早，百官於奉天門觀誓戒牌，次日告仁祖廟，退處齋宮致齋三日。

《明史‧禮志》：二十一年，定制齋戒。前二日，太常司官宿於本司，次日奏請致齋。又次日，進銅人，傳制諭文武百官齋戒。是日，禮部太常司官檄城隍神，遍請天下當祀神祇，仍於各廟焚香三日。

《禮志》：二十六年，定傳制誓戒儀。凡大祀前三日，百官詣闕，如大朝儀。傳制官宣制云某年月日祀於某所，爾文武百官自某日爲始致齋三日，當敬慎之。傳制訖，四拜，奏禮畢。

（清）秦蕙田《五禮通考》卷二〇《吉禮二〇‧圜丘祀天》

《禮志》：宣德七年，大祀南郊。帝御齋宮，命內官、內使，飲酒、食葷、入壇唾地者，皆罪之。司禮監縱容者同罪。齋之日，御史檢視各官於齋次，仍行南京一體齋戒。

（清）來保等《大清通禮》卷一《吉禮》

先三日昧爽，太常寺進齋戒牌銅人，設黃案於乾清中門之左，太常寺卿率所屬咸補服常朝日朝服，雨雪常服，恭奉齋戒牌在前，銅人在後，導以御仗入自西長安門，至午門徹仗。太常寺官十人前引由中道入，進太和門中左門、後左門，侍衛二人引至乾清門階下，太常寺官恭設於案，齋戒牌南向，銅人西向，太常寺卿行一跪三叩禮，退。皇帝致齋於大內，頒制辭於群臣曰：某年月日冬至，朕恭祀皇天上帝於圜丘，惟爾群臣，其蠲乃心、齊乃志，各揚其職，敢或不共，國有常刑，欽哉勿怠。文武衙署恭書制辭於版，安奉正堂，自員外郎騎都尉以上咸齋於公署。

右齋戒。

龍見常雩之禮：歲以孟夏，即事於圜丘，準冬日至大祀儀誓戒，制辭曰：某年月日，朕恭祀皇天上帝，祇秩常雩，惟爾群臣，其蠲乃心、齊乃志，各揚其職，敢或不共，國有常刑，欽哉勿怠。

右戒辭。

（二）祭祀器用

陳設祭品

《明太祖實錄》卷一八九"洪武二十一年三月"條

乙酉，郊祀儀。正祭陳設共二十七壇，正殿三壇，上帝、皇祇俱南向，仁祖配位在東，西向。其上帝位用犢一、登一，實以太羹；籩豆各十二，籩實以形鹽、槁魚、棗、栗、榛、菱、芡、鹿脯、白餅、黑餅、糗餌粉餈；豆實以韭菹、菁菹、笋菹、芹菹、醓醢、鹿醢、兔醢、魚醢、脾析、豚胉、酏食、糝食；簠簋各二，實以黍稷稻粱。玉用蒼璧；帛一，蒼色，織文曰郊祀制帛。皇祇及仁祖配位壇陳設俱與上帝壇同，但皇祇玉用黃琮，帛用黃色。共設酒尊六、爵九、篚三於殿東南，西向；祝文案一，於殿西，北向。丹墀內爲壇四，大明在東，西向；夜明在西，東向；大明、夜明之次爲星辰壇二，皆東西相向。大明壇犢一、登一、籩豆各十，所實視上帝壇籩減糗餌粉餈，豆減酏食糝食；簠簋各二，帛一，紅色，酒尊三、爵三、篚一。夜明壇陳設與大明壇同，但帛用白色，星辰壇各用犢一、羊三、豕三、登一、鉶二，實以和羹，酒盞三十餘，與夜明壇同。壇外二十壇，東十壇北岳、北鎮、東岳、東鎮、東海、太歲、帝王、山川、神祇、四瀆；西十壇北海、西岳、西鎮、西海、中岳、中鎮、風雲雷雨、南岳、南鎮、南海。壇各用犢一、羊一、豕一、登一、鉶二；籩豆各十，簠簋各二，酒盞十，酒尊三，爵三，篚一，帛一。五岳、五鎮、四海，帛各用其方色，惟太歲神祇白色；帝王壇帛十六，山川壇帛二，風雲雷雨壇帛四，俱白色；四瀆壇帛四，俱黑色。自大明以下其織文皆曰禮神制帛，惟神祇壇鉶三無太羹，羊豕各五，籩豆各八，無黑白餅、脾析、豚胉，而帝王、山川、四瀆、中岳、風雲雷雨，神祇壇酒盞各三十，餘并同岳鎮。

《明神宗實錄》卷四四"萬曆三年十一月"條

甲辰，上詣南郊視陳設，命輔臣張居正等隨侍登壇，凡籩豆牲醴之類，一一恭閱，詳問居正，具以義對。

（明）官修《諸司職掌·祭祀·郊祀》

正祭陳設共二十七壇。

正殿三壇：上帝南向。犢一，登一，實以大羹煮肉汁不問鹽醬。籩十二，實以形鹽、槁魚、棗、栗、榛、菱、芡、鹿脯、白餅、白麵造。黑餅、蕎麥粉造。糗餅、米粉造。粉餈。糯米餈糕。豆十二，實以韭菹、以韭切去本末，取中寸許。菁、芹、笋、醓醢豬肉鮓用鹽酒料物調和。鹿醢、兔醢、魚醢、脾析、用牛百葉切細，湯熟用鹽酒造用。豚胉、豬首上肉，酏食用糯米飯羊脂蜜熬。糝食。用牛羊豕肉細切，與粳米飯用熬。簠簋各二，實以黍、稷、稻、粱，玉用蒼璧，帛一，蒼色。織成郊祀制帛四字。

皇祇南向。犢一，登一，籩十二，豆二，簠簋各二，玉用黃琮，帛一，黃色，郊祀制帛。

仁祖配位在東，西向。犢一，登一，籩十二，豆十二，簠簋各二，玉用蒼璧，帛一，蒼色，郊祀制帛。共設酒尊六，爵九，篚三於東南，西向，祝文案一於殿西。

丹墀四壇：

大明在東，西向。犢一，登一，籩十，無糗餌、粉餈下同。豆十，無餻食、糝食下同。簠簋各二，帛一，紅色，禮神制帛。酒尊三，爵三，篚一。

夜明左西，東向。犢一，登一，籩十，豆十，簠簋各一，帛一，白色，禮神制帛。酒尊三，爵三，篚一。

星辰一壇在東，西向。犢一、羊三、豕三、登一、鉶二、盛和羹用肉鹽醬。籩豆各十，簠簋各二，酒盞三十，帛一，白色，禮神制帛。酒尊三，爵三，篚一。

星辰二壇在西，東向。陳設同前。

東十壇：

北岳壇，犢一，羊一，豕一，登一，鉶二，籩豆各十，簠簋各二，酒盞十，帛一，黑色，禮神制帛。設酒尊三，爵三，篚一。

北鎮壇，陳設同前。

東岳壇，陳設同，帛一。青色，禮神制帛。

東鎮壇，陳設同。

東海壇，陳設同。

太歲壇，陳設同，帛一。白色，禮神制帛。

帝王壇，陳設同，帛十六，白色，禮神制帛。酒盞三十。

山川壇，陳設同，帛二，白色，禮神制帛。酒盞三十。

神祇壇，羊五，豕五，鉶三，無大羹。籩、豆各八，簠、簋各二，酒盞三十，帛一，白色，禮神制帛。酒尊三，爵三，篚三。

四瀆壇，陳設與北岳同，帛四，黑色，禮神制帛。酒盞二十。

西十壇：

北海壇，陳設與北岳同。

西岳壇，陳設同，帛一。白色，禮神制帛。下同。

西鎮壇、西海壇，陳設并同。

中岳壇，鍾山附。陳設同，帛二，黃色，禮神制帛。酒盞三十。

中鎮壇，陳設同，帛一，黃色，禮神制帛。酒盞十。

風雲雷雨壇，陳設同，帛四，白色，禮神制帛。酒盞三十。

南岳壇，陳設同，帛一，紅色，禮神制帛。酒盞十。

南鎮壇、南海壇，陳設并同。

（明）徐一夔等《明集禮》卷一《吉禮第一·祀天》

籩豆之實。國朝正配位用籩豆各十二，其籩實以鹽、槁魚、棗、栗、榛、菱、芡、鹿脯、黑餅、白餅、糗餌、粉餈，豆實以韭菹、醓醢、菁菹、鹿醢、芹菹、兔醢、筍菹、魚醢、脾析、豚拍、酏食、糝食。從祀籩豆各十者，籩減糗餌粉餈，豆減酏食糝食。

　　陳設。國朝祭前二日，有司掃除壇上下，積柴於柴壇，灑掃齋舍、饌室、神厨，設皇帝大次於外壇之東；設皇太子次於大次之右，祭前一日設省牲位於內壇東門外；設樂懸於壇下之南；設正位於壇第一層之北正中，配位於壇上之東；設大明、夜明、星辰、太歲位於壇第二層，大明、星辰位在東，夜明、太歲位在西；設正配位酌尊罍於壇上；設尊罍於壇下，玉幣篚位次之，又設大明、星辰酒尊罍於神座之左，幣篚位次之；設夜明、太歲酒尊罍於神座之右，幣篚位次之；設正配位籩十二於神位之左，豆十二於神位之右，簠簋各二、登一，在籩豆之間，俎一，在簠簋之前，香燭案在俎之前，爵在香案之前；設大明、夜明、星辰、太歲，籩十在左，豆十在右，簠簋各二、登一在籩豆之間，俎一，在簠簋之前，香燭案在俎之前，爵在香燭案之前，又設御盥洗位於壇之東，分獻官盥洗位於樂懸之東，西設御褥位於壇前之南；設皇太子褥位於御座之右；設分獻官於御位之南，文武陪祭官於分獻官之南，讀祝官於神之右，司尊、司洗捧幣捧爵各於其所；設望燎位於壇東南。

　　（明）申時行等《大明會典》卷八二《禮部四〇·郊祀二》

　　上帝南向，犢一、蒼玉一、郊祀制帛十二，俱青色。登一、簠簋各二、籩十二、豆十二、蒼玉爵三、酒尊三、青漆團龍篚一、祝案一；配帝西向，犢一、奉先制帛一、白色。登一、簠簋各二、籩十二、豆十二、蒼玉爵三、酒尊三、雲龍篚一。

　　從四壇俱在壇之二成。大明在東，西向。犢一、登一、禮神制帛一、赤色。簠簋各二、籩十、豆十、酒盞二十、青瓷爵三、酒尊三、篚一。夜明在西，東向。陳設同。禮神制帛一、白色。星辰在東，西向北上。曰五星，曰二十八宿，曰周天星辰，犢一、羊一、豕一、登一、鉶二、實以和羹。簠簋各二、籩十、豆十、酒盞三十、帛十、青色一、赤色一、黃色一、白色六、黑色一。瓷爵三、酒尊三、篚一。雲雨風雷在西，東向北上。陳設同，帛四、青色一、白色一、黃色一、黑色一。

　　（明）申時行等《大明會典》卷八四《禮部四二·郊祀四》

　　祈穀，今罷。嘉靖十年定。陳設：上帝位，犢一、玉用蒼璧一、帛一、青色。登一、簠簋各二、籩十二、豆十二、蒼玉爵三、酒尊三、篚一、祝案一。配帝位同，惟不用玉。

　　大享，今罷。嘉靖十七年定。陳設：上帝位，犢一，玉用蒼璧一，帛十二、青色。登一，簠簋各二，籩十二，豆十二，玉爵三，酒尊三，篚一，祝案一。配帝位同，惟不用玉。

　　萬曆十三年步禱儀。太常寺預設酒果脯醢香帛於圜丘，牛一，熟薦，設上拜位於壇墠正中。

（明）章潢《圖書編》卷九四《圜丘壇以下太常寺**》**

歲冬至大祀天於圜丘，凡國有大事則祭告。【略】是日午後，本寺官率鋪排廚役樂舞生御設供器。夜初漏，禮部同本寺官詣皇穹丹墀香案前，尚書上香畢，俱行叩頭禮，卿、少卿請捧正位配位，少卿丞請捧從位，各安亭內，禮部侍郎導正位配位亭至午陛下，從位亭至東西陛下，卿等官奉安訖，設籩豆祭品，昊天上帝正位南向，蒼璧一、郊祀帛一、青色。蒼玉爵三、燔牛一、騂犢一、登一、實以太羹。簠二、實黍稷。簋二、實稻粱。籩十二、實以形鹽、槁魚、棗、栗、榛、菱、芡、鹿脯、白餅、黑餅、糗餌粉餈。豆十二。實韭菹、菁菹、芹菹、筍菹、醓醢、鹿醢、兔醢、魚醢、脾析、豚胉、酏食糝食。太祖配位西向，奉先帛一、白色。餘同，惟無玉。從配四壇東西相向，東大明，禮神帛一、紅色。青瓷爵三，酒盞二十、犢一、登一、簠簋各二、籩十、無糗餌、粉餈。豆十、無酏食、糝食。西夜明，同，惟帛白色。次東二十八宿，周天星辰木火土金水星神，神帛十、青一、紅一、白六、玄一、黃一。青瓷爵三，酒盞三十、犢一、羊一、豕一、登一、鉶二、實和羹。簠簋各二、籩豆各十。次西雲師、雨師、風師、雷師，同，惟帛四。青一、白一、玄一、黃一。

（明）章潢《圖書編》卷九五《崇雩壇》

在圜丘之旁，仲夏禱雨皇天之帝。前一日，太常博士捧安於香帛亭內供奉，陳設儀同祈穀，去玉。是夜三更，太常寺卿奉安神御位。

（明）章潢《圖書編》卷九五《祈穀祀典》

歲驚蟄，上行祈穀禮於南郊大饗殿，祭皇天上帝。前一日。三更初，太常官請神主，奉安陳設如儀。祭品，皇天上帝爵三，大羹黍稷稻粱籩豆各十二，玉帛、犢一。

（明）王圻《續文獻通考》卷一〇五《郊社考・郊祀圜丘儀・陳設》

上帝南向，犢一、蒼玉一、制帛十二、俱青色。登一、簠簋各二、籩十二、豆十二、蒼玉爵三、酒尊三、青漆團龍筐一、祝案一；配帝西向，犢一、制帛一、白色。登一、簠簋各二、籩十二、豆十二、蒼玉爵三、酒尊三、雲龍筐一。從四壇俱在壇之二成。大明在東，西向，犢一、登一、制帛一、赤色。簠簋各二、籩十、豆十、酒盞二十、青瓷爵三、酒尊三、筐一。夜明在西，東向，陳設同，帛一。白色。星辰在東，西向北上，曰五星，曰二十八宿，曰同天星辰，犢一、羊一、豕一、登一、鉶二、實以和羹。簠簋各二、籩十、豆十、酒盞三十、青瓷爵三、酒尊三、筐一、帛十、青色一、赤一、黃一、白色六、黑一。雲雨風雷在西，東向北上，陳設同，帛四。青一、白一、黃一、黑一。

（明）佚名《太常續考》卷一《郊祀・冬至圜丘事宜》

天神一壇：

大明之神，爵三，帛一段。紅色。

二壇：

夜明之神，爵三，帛一段。白色。

三壇：

木火土金水星之神，爵三，盞三十，帛五段。五色。

二十八宿之神，帛一段。白色。

周天星辰之神，帛一段。白色。

四壇：

雲師之神，爵三，盞三十，帛黄色一段。

雨師之神，帛黑色一段。

風伯之神，帛黄色一段。

雷師之神，帛青色一段。

五壇：

周天列職之神，爵三，盞五十，帛五色五段。

地祇一壇：

中岳嵩山之神。

東岳泰山之神。

南岳衡山之神。

西岳華山之神。

北岳恒山之神，爵三，盞五十，帛五色五段。

中鎮霍山之神，

東鎮沂山之神。

南鎮會稽山之神。

西鎮吴山之神。

北鎮醫閭山之神，帛五段五色。

基運山之神。

翊聖山之神。

神烈山之神。

天壽山之神。

純德山之神，帛白色五段。

二壇：

東海之神。

南海之神。

西海之神。

北海之神。

江瀆之神。

河瀆之神。

淮瀆之神。

濟瀆之神。爵三，盞五十，帛黑色八段。

三壇：

際地列職祇靈，爵三，盞五十，帛黑色五段。

四壇：

天下諸神，爵三，盞五十，帛紅色十段。

五壇：

天下諸祇，爵三，盞五十，帛黑色十段。

六壇：

戊戌太歲之神，爵三，盞十，帛黃色一段。

十月神將直日功曹之神，帛白色一段。

郊壇司土之神，帛黑色一段。

（清）萬斯同等《明史》卷四四《志一八·禮志二·吉禮二郊祀分合》

（嘉靖）二十一年，詔增修南郊壇壝。

先是，合祀舊儀。大祀殿各壇陳設如常儀，惟仁祖配位玉用蒼璧，太歲、風雲雷雨，酒盞各十，東西廡各共設酒尊三、爵十八於壇之南，凡奠玉帛、進俎、三獻，俱先詣上帝前，次詣皇祇前，次詣仁祖前，俱行禮。至是增修壇壝，命禮部更定其儀。陳設，正殿上三壇，每壇用犢一、登一，籩豆各十二，簠簋各二，帛一，上帝用蒼璧，皇祇用黃琮，仁祖不用玉，共設酒尊六、爵九、篚三於殿東南，西向，祝文案一於殿西，北向。丹墀內四壇，大明、夜明各用犢一、登一，籩豆各十，簠簋各二，帛一，酒尊三，爵三，篚一；星辰二壇各用犢一，羊三，豕三，登一，鉶二，酒盞三十，餘與大明同。壇外二十壇，各用犢一，羊一，豕一，登一，鉶二，籩豆各十，簠簋各二，酒盞十，酒尊三，爵三，篚一。其帛，五岳、五鎮、四海各用其方色，惟太歲、神祇白色。帝王壇帛十六，山川壇帛二，風雲雷雨壇帛四，俱白色。四瀆帛四，俱黑色，惟神祇壇羊豕各五，籩豆各八，而帝王、山川、四瀆、中岳、風雲雷雨、神祇壇酒盞各三十，餘并同岳鎮。

（清）秦蕙田《五禮通考》卷一九《吉禮一九·圜丘祀天》

《明集禮》：陳設。祭前二日，有司掃除壇上下，積柴於柴壇，灑掃齋舍、饌室、神廚，設皇帝大次於外壝之東，設皇太子次於大次之右。祭前一日，設省牲位於內壝東門外，設樂縣於壇下之南，設正位於壇第一層之北正中、配位於壇上之東，設大明、夜明、星辰、太歲位於壇第二層，大明、星辰位在東，夜明、太歲位在西，設正配位酌尊於壇之上，設尊於壇之下，玉幣篚位次之。又設大明、星辰酒尊於神座之左，幣篚位次之，設夜明、太歲酒尊於神座之右，幣篚位次之。設正配位籩十二於神位之左，豆十二於神位之右，簠簋各二，登一，在籩豆之間，俎一，在簠簋之前，香燭案在俎之前，爵在香案之前，設大明、夜明、星辰、太歲籩十在左，豆十在右，簠簋各二，登一，在籩豆之間，俎一，在簠簋之前，香燭案在俎之前，爵在香燭案之前。又設御盥洗位於壇前之南，設皇太子褥位於御座之右。

（清）秦蕙田《五禮通考》卷二一《吉禮二一・祈穀》

王圻《續通考》：嘉靖十年定祈穀禮。陳設：上帝位犢一，玉用蒼璧一，帛一，青色。登一，簠簋各二，籩十二，豆十二，蒼玉爵三，酒尊三，篚一，祝案一。配帝位同，唯不用玉。

（清）秦蕙田《五禮通考》卷三〇《吉禮三〇・明堂》

王圻《續通考》：嘉靖十七年定大享禮。陳設：上帝位犢一，玉用蒼璧一，帛十二，青色。登一，簠簋各二，籩十二，豆十二，玉爵三，酒尊三，篚一，祝案一，配帝位同，惟不用玉。

（清）昆岡等《大清會典圖》卷二《禮二》

圜丘上帝幄內青羊角座鐙四，二在座旁，二在籩豆案旁。籩豆案上爵墊一，前後金鑲青羊角鐙二，軟絲金鐙二，登一，居中，實太羹，簠二，在左，實稻、實粱，簋二，在右，實黍、實稷，籩十有二，在簠之左，實形鹽、槁魚、棗、栗、榛、菱、芡、鹿脯、白餅、黑餅、糗餌、粉餈，豆十有二，在簋之右，實韭菹、醓醢、菁菹、鹿醢、芹菹、兔醢、筍菹、魚醢、脾析、豚拍、酏食、糝食，幄門外左右爐几設銅爐二，幄前俎一，實犢，又前石五，供設銅龍香爐一，銅龍燭臺二，銅龍花瓶二，中插貼金木靈芝各一，又前爐几設金爐一，金香靠具鐙几設青羊角魷鐙二，其玉帛篚先設東接桌上，奠玉帛則奠於籩豆案正中，匏爵三先設尊桌上，三獻皆奠於爵墊，初獻奠正中，亞獻奠左，終獻奠右，凡三獻，奠爵皆如之。

圜丘列聖配位幄內青羊角座鐙四，二在前，二在後，籩豆案上爵墊一、登一、簠二、簋二、籩十有二、豆十有二、軟絲金鐙二，幄前俎一，實犢，又前爐几設金爐一，金香靠具鐙几設青羊角魷鐙二八，配位皆同，其帛篚，東四篚先設東接桌上，西四篚先設西接桌上，奠帛各奠於籩豆案正中，匏爵先設東西尊桌上，東十二爵，西十二爵，三獻各奠於爵墊。

圜丘大明夜明幄內青羊角座鐙各四，懷桌上均設盞二十、爵墊一，籩豆案上登一、左右燭臺二、簠二、簋二、籩十，實形鹽、槁魚、棗、栗、榛、菱、芡、鹿脯、白餅、黑餅，豆十，實韭菹、醓醢、菁菹、鹿醢、芹菹、兔醢、筍菹、魚醢、脾析、豚拍，凡籩十豆十者，其實如之。幄前俎各一，實牛，又前爐几設銅爐一，銅香靠具鐙几設青羊角魷鐙二，其帛篚先設接桌上，奠帛各奠於籩豆案正中，陶爵各三，亦先設尊桌上，三獻各奠於爵墊。

圜丘星辰幄雲雨風雷幄內，懷桌上均設盞三十、爵墊一，籩豆案上各增鉶二於登左右，實和羹。幄前俎一，中區為三，實牛一、羊一、豕一，餘與大明、夜明位陳設同。

圜丘因事祇告，遣官行禮，不用玉，不進俎，籩豆案上設燭臺二，豆用二，實鹿醢、兔醢，籩用六，實鹿脯、棗、榛、葡萄、桃仁、蓮實，凡豆二籩六者，其實如之。

大雩，不設配位，設從位，不飲福受胙，不燔柴。正位、從位幄旁皆不設饌桌，各設尊桌一、接桌一、不設福胙桌。

大雩正位，不進俎，不用登、鉶、簠、簋、籩豆，案上設金鑲羊角鐙二，軟絲金鐙二，豆用二，籩用六，其餘幄內外陳設與冬至祀天、孟夏常雩正位同，報祀亦與大祀同。

大雩從位，籩豆案上設左右燭臺二，豆用二，籩用六，與正位同，其餘幄內外陳設與冬至祀天、夏至常雩從位同，報祀亦與大祀同。

（清）昆岡等《大清會典圖》卷二〇《禮二〇》

祭祀中和韶樂樂懸。鎛鐘一，設於左；特磬一，設於右。編鐘十六，同一虡，設於鎛鐘之右；編磬十六，同一虡，設於特磬之左。建鼓一，設於鎛鐘之左，其內左右塤各一，篪各三，排簫各一，并列為一行，又內笛各五，并列為一行，又內簫各五，并列為一行，又內瑟各二，并列為一行，又內琴各五，并列為一行，司器樂生器各一人，皆內向立左右，笙各五，豎列為一行，左柷一，搏拊一，右敔一，搏拊一，樂生器各一人，左右相向立，笏各五，司章者執之，立於笙前，左右向，左麾一，掌麾一人，向右立，樂舞生左右文舞各三十二人，武舞各三十二人，分列於樂懸之前左右，節各二，執節者四人，分立於舞前以引舞，大祀、中祀用中和韶樂者，位次皆同。

（清）來保等《大清通禮》卷一《吉禮》

是日五鼓，太常寺卿率屬埽除壇上下，精以棕薦設上帝神座於圜丘第一成，南向，列聖東西向。四從於第二成，大明東、夜明西，北斗七星、五星、二十八宿、周天星辰在大明之次，雲師、雨師、風伯、雷師在夜明之次，均施青幄。工部司官張惶帝拜次於第二成午階上，張大次於外壇左門外神路之東，太常寺典簿陳牲俎於神廚，博士辨籩豆登鉶之實，登以太羹，鉶以和羹，簠以黍稷，簋以稻粱，籩以形鹽、稾魚、棗、栗、榛、菱、芡、鹿脯、白餅、黑餅、糗餌、粉餈，豆以韭菹、醓醢、菁菹、鹿醢、芹菹、兔醢、笋菹、魚醢、脾析、豚拍、酏食、糝食，以次展器於神庫。

右設神座幄供張展牲器。

將事之夕夜分，太常寺卿率官屬入壇，然爛炬、明金鐙、積柴加燔牛於上，實以香具、器陳於案，各以其序，登居中，簠左，簋右，籩從簠，豆從簋，俎在案前。第一成上帝幄內犢一、登一、簠二、簋二、籩十有二、豆十有二、金爐一、青鐙二、金鐙四、爐瓶五、事爵墊一。列聖幄內皆犢一、登一、簠二、簋二、籩十有二、豆十有二、金爐一、青鐙金鐙各二、爵墊一。幄南中設一案，少西北向，供祝版；東設一案，西向，陳蒼璧一、郊祀制帛十有二、色青。奉先制帛三、色白。香盤四、尊四、匏爵十有二、壺一、爵一實福酒，盤一，實胙肉；西設一案，東向，陳奉先制帛二、色白。香盤二、尊二、匏爵六。凡牲陳於俎，凡玉帛實於篚，凡尊實酒，承以舟疏布冪勺具。第二成大明、夜明，幄內皆牛一、登一、簠二、簋二、籩十、豆十、盞二十、爐一、鐙四；各設一案，陳禮神制帛二、色一赤一白。尊一、爵三、香盤一、俎篚冪勺具。星辰、雲雨風雷幄內皆牛一、羊一、豕一、登一、鉶二、簠二、簋二、籩十、豆十、盞三十、爐一、鐙四，各設一案，陳禮神制帛十有一，青黃赤黑各一、白七。陳禮神制帛四，青黃黑白各一。尊一，爵三，香盤一，俎篚冪勺具。鑾儀衛冠軍使設洗於外壝左門外大次，樂部率太常協律郎，設中和韶樂於三成階下，金編鐘在東，玉編磬在西，皆十有六，懸以虡業，東應鼓一、柷一、麾一、西敔一，東西分列，琴十、瑟四、簫十、篪六、箎六、排簫二、塤二、笙十、搏拊二、旌二、節二、干戚羽籥各六十有四。凡樂作止、舞進退，均協律郎執麾引之。

鹵簿

（明）申時行等《大明會典》卷八二《禮部四〇・郊祀二・分祀上》

嘉靖十七年，更上皇天上帝泰號儀。先期一日，錦衣衛設鹵簿大駕。

（明）王圻《續文獻通考》卷一〇五《郊社考・郊祀圜丘儀》

前期一日，免朝。錦衣衛備法駕，設板輿於奉天門下正中。

《高宗純皇帝實錄》卷三二六"乾隆十三年冬十月"條

甲午，定鹵簿五輅之制。諭朕敬天尊祖，寅承祂祀，壇廟祭器，聿既稽考古典，親爲釐定，命所司准式敬造，質文有章，精潔告備，自今歲圜丘大祀爲始，灌獻陳列，悉用新成祭器，展虔敬焉。古者崇郊享，則備法駕、乘玉輅，以稱巨典。國朝定制，有大駕鹵簿、行駕儀仗、行幸儀仗，其名參用宋明以來之舊，而旗章麾蓋，視前倍簡，今稍爲增益，更定大駕鹵簿爲法駕鹵簿，行駕儀仗爲鑾駕鹵簿，行幸儀仗爲騎駕鹵簿，合三者則爲大駕鹵簿，南郊用之。方澤以下皆用法駕鹵簿。

祭服

（明）徐一夔等《明集禮》卷三九《冠服》

國朝祀天，不用大裘，但服袞冕。其祭天地、宗廟、社稷、先農及正旦、冬至、聖節、朝會冊拜，皆服袞冕。玄衣纁裳，其制冕板廣一尺二寸，長二尺四寸，冠上有覆，玄表朱裏，前後各十有二旒，每旒五采玉珠十二，玉簪導朱纓。衣六章，畫日月星辰山龍華蟲，裳六章，繡宗彝藻火粉米黼黻。中單以素紗爲之，紅羅蔽膝，上廣一尺，下廣二尺，長三尺，繡龍火山三章，革帶佩玉長三尺三寸。大帶素表朱裏，兩邊用緣，上以朱錦，下以綠錦。大綬六采，黃白赤玄縹綠純玄質五百首，小綬三，色同大綬，間施三玉環，朱襪赤舃。

皇太子冠服。國朝皇太子從皇帝祭天地、宗廟、社稷，及受冊、正旦、冬至、聖節、朝賀、納妃皆被袞冕。其制九旒，每旒九玉，紅絲組纓，金簪導兩玉瑱。袞服九章，玄衣畫山龍華蟲火宗彝五章，纁裳繡藻粉米黼黻四章。白紗中單黼領，蔽膝隨裳色綉火山二章。革帶金鈎鰈玉佩，五采綬赤白玄縹緑純赤質三百二十首。小綬三，色同大綬，間施三玉環；大帶白表朱裏，上緣以紅，下緣以緑，白襪赤舄。

諸王冠服。國朝受册、助祭、謁廟、元旦、冬至、聖節、朝賀、納妃則服衮冕九章，冕用五采玉珠，九旒，紅絲組爲纓，青纊充耳，金簪導衮衣，青衣纁裳，畫山龍華蟲火宗彝五章，在衣綉藻粉米黼黻四章在裳。白紗中單黼領青緣，蔽膝纁色綉火山二章，革帶金鈎鰈佩綬，大帶表裏白羅朱緑緣，白襪朱履。

群臣冠服。國朝群臣服制，凡上位親祀郊廟、社稷，群臣分獻、陪祀，則具祭服。一品七梁冠，衣青色，白紗中單，俱用皂領，飾緣赤羅裳皂緣，赤羅蔽膝，大帶用白赤二色，革帶用玉鈎鰈，白襪黑履。錦綬上用緑黃紫赤四色絲織成雲鳳四色花樣青絲網；小綬二，用玉環二，若三公與左右丞相、左右大都督、左右御史大夫、功臣一品，加籠巾貂蟬。二品六梁冠，衣、裳、中單、蔽膝、大帶、襪履同上。革帶用犀鈎鰈，其錦綬同一品，小綬二，犀環二。三品五梁冠，衣、裳、中單、蔽膝、大帶、襪履同上。革帶用金鈎鰈，其錦綬用緑、黃、赤、紫四色織成雲鶴花樣青絲網，小綬二，金環二。四品四梁冠，衣、裳、中單、蔽膝、大帶、襪履同上。革帶用金鈎鰈，其錦綬同三品，小綬二，金環二。五品三梁冠，衣、裳、中單、蔽膝、大帶、襪履同上。其革帶用鍍金鈎鰈，其錦綬用緑、黃、赤、紫四色織成盤鵰花樣青絲網；小綬二，銀環二。六品、七品二梁冠，衣、裳、中單、蔽膝、大帶同上；革帶用銀鈎鰈；其錦綬用緑、黃、赤三色絲織成練鵲花樣青絲網；小綬二，銀環二。八品、九品一梁冠，衣、裳、中單、蔽膝、大帶、襪履同上；其革帶用銅鈎鰈，錦綬用黃緑二色，織成鸂鶒花樣，青絲網；小綬二，用銅環二。其笏五品以上用象，九品以上用槐木爲之。

校尉冠服。國朝凡執仗之士，其首服則皆服鏤金額交脚幞頭，其服則皆服諸色辟邪寶相花裙，襖銅葵花束帶，皂絞靴。

(明) 佚名《太常續考》卷一《郊祀·冬至圜丘事宜》

執事祭服四十套，每套天青素紵絲服一件，白絹中單一件，大紅紵絲裙一件，紅紵絲夾蔽膝一副，紅緑雲鶴銅環錦綬一條，紅白紵絲帶一條，大白羅帶一條，組繀一條，梁冠一頂，革帶一條，笏板一片，玎璫一副，青綢雲頭履鞋一雙，白布襪一雙。

鋪排廚役共三百名，淨衣三百套，每套計三件，青絹袍三百件，冠巾、角帶、鞋襪全。

(清) 秦蕙田《五禮通考》卷一九《吉禮一九·圜丘祀天》

《大政記》：洪武四年正月，詔定親祀圜丘、方丘，服衮冕，陪祭官各服本品梁冠祭服。

王圻《續通考》：時學士陶安奏，古者天子五冕，祭天地社稷諸神，各有所用，請制之。上以五冕禮太繁，令祭天地宗廟則服衮冕，社稷等祀則服通天冠絳紗袍，餘不用。

（清）嵇璜、劉墉等《續通典》卷四七《禮·郊天》

明太祖洪武元年，始建圜丘，定郊社、宗廟禮，歲必親祀。

其祭服，奉祀侍祠官正從一品七梁冠，國公丞相貂蟬二品六梁冠，三品五梁冠，四品四梁，五品三梁，六品、七品二梁，八品、九品一梁，臺官加獬廌，梁數各如其品，通服青羅衣，其壽革帶則有差，笏以象及木。其褥位，拜褥用緋，不用黃道褥。

祭祀用具

《明太祖實錄》卷八五"洪武六年九月"條

戊午，鑄太和鐘成。其制仿宋景鐘，以九九爲數，高八尺一寸，拱以九龍，植以龍虡。

建樓於圜丘齋宮之東北懸之。每郊祀俟駕動，則鐘聲作，既升壇，鐘聲止，則衆音作，禮畢升輦又擊之。

《明世宗實錄》卷一一八"嘉靖九年十月"條

辛未，禮部上大祀圜丘儀注。前期二日，太常卿同光祿卿奏省牲如常儀，牛九、北羊三、豕三、鹿一、兔六。是日，錦衣衛具神輿香亭，太常官具玉帛匣及香盒，各設於奉天殿。

（明）徐一夔等《明集禮》卷一《吉禮第一·祀天》

神位板。國朝神位板長二尺五寸，闊五寸，厚闊寸跌，高五寸，以栗木爲之，正位題曰昊天上帝，配帝題曰仁祖淳皇帝，位板并黃質金字；從祀題曰風伯之神、雲師之神、雷師之神、雨師之神，并赤質金字。

神席。國朝尊事上帝，用龍椅龍案，上施錦座褥；配位同從祀位，置於案，不設席。

祭器燎燭菁茅附。國朝設上帝太尊二、著尊一、犧尊一、山罍一於壇上，皆有勺有冪；設太尊一、山罍二於壇下，有冪，配帝位同。其從祀則設大明星辰，著尊二、犧尊二於左；設夜明太歲，著尊二、犧尊二於右。上帝及配帝籩豆各十有二，簠簋各二，登盤筐各一，牲案各一，爵坫各三，沙池、香案各一。其從祀則籩豆各十，簠簋各二，牲案各一，爵坫、沙池、香案各一。

禮神之玉。國朝冬至祀昊天上帝用蒼璧。

幣神幣局附。周制，禮天之幣，其色以蒼。禮五帝之幣，各如方色。幣用繒，其長一丈八尺，所謂制幣也。【略】國朝正配位用蒼，大明以紅，夜明、星辰、太歲皆用白。洪武三年二月詔立神幣局，設官二員，專掌制神幣，其織文曰禮神制幣，色各隨其方。

（明）佚名《太常續考》卷一《郊祀·冬至圜丘事宜》

本寺出香燭果品等物。祝文一道，降香四炷，并散降香五斤，八兩燭二枝，四兩燭四枝，二兩燭二十枝，胡桃四斤，紅棗五斤，栗子六斤，荔枝三斤，圓眼三斤，香油十三斤八兩，砂糖四斤，白鹽五兩，土鹼一斤十兩，豆粉一斤，紅豆一斗，麵一百零三斤，木耳、細茶各二兩，頂花一朵，木柴四百斤，木炭五斤，又木柴五千斤寶坻縣解，木炭二百五十斤霸州解，折銀二兩五錢，祝文本紙二張，包香黃咨紙三張，糊窗紙一千張，北羊一隻，豕一口，酒二瓶。

視牲儀注。本寺出香燭等物降香六斤又五炷，提爐速香一斤，檀香三兩，八兩燭二枝，四兩燭六枝，二兩燭十六枝，一兩燭六十枝。

告請。本寺備香燭果品等物，祝版一片，速香一炷，散速香三斤，薰罈速香一斤，盥手檀香五錢，二斤燭二十二枝，八兩燭二枝，四兩燭十三枝，照道四兩燭十八枝，二兩燭六十四枝，【略】祝版用本紙二張，包祝版黃白榜紙各一張，包香黃咨紙二張，酒二瓶，光祿寺支。木柴三百斤，鹿一隻，兔一隻，犧牲所送。

郊祀制帛一十二段青色，奉先制帛一段白色，正配二壇、從四壇并十二大爐香，紅燭六對，俱係內出。禮神制帛共一十六段青色二、紅色二、黃色二、玄色二、白色八，祝版一片，降香二百五十斤又二炷，燒燎降香三百斤。省牲，細香一斤又一炷，提爐速香二斤，檀香一兩五錢，薰罈速香一斤，盥手檀香五錢，已上提爐薰罈盥手速檀香，上出用，二十斤燭十二枝，八兩燭二十枝，四兩燭六十枝，二兩燭八百枝，一兩燭五十枝，香輿亭紗燈四兩燭八枝，進銅人二兩燭十六枝，掌樂教師四兩燭四枝，三生管事二兩燭十二枝，看金鐘二兩燭十四枝，看金燈二兩燭六枝，照道四兩燭十八枝，駕出用。【略】造黑白餅木炭十五斤，祝版官青紙一張，包版青榜紙二張，告示白榜紙三張，毛血帖表黃紙二張，齋戒牌表黃紙一張，天榜紙二十張，榜扣紙五十張，填簽天榜官員名銜宛紅紙七張，包香帛黃咨紙三十張，白咨紙十六張，燒燎黃咨紙一千張。【略】煮牲干順木柴一萬五千斤，燔柴二千五百斤，葦把五十束，每束重五十斤，燒香木炭二百斤，齋宮葦把三十束每束重五十斤，木炭五百斤。

登壇合用供器祭器。

玉器。蒼璧一面玉爵陸尊本寺庫貯，臨祭領交。

金器。金香爐四個金香靠全，金鐘一十六口本寺庫貯，臨祭領交，金燈四盞俱本寺庫貯，臨祭領交。

銀器。銀杓六把本寺庫貯，臨祭領交。

銅器以下各器俱本壇枚貯。流金大鼎十二個并蓋，崇穹壇流金大鼎六個并蓋，流金小龍爐二個香靠全，各天門燒香小爐十三個，燭臺九對，花瓶一對，大簽盤十二個，小簽盤二百五十一個，盥洗盆五個，手照八把提爐一對，墜鐘磬架銅鼓十二個，銅座羊角觥燈六對，銅厢羊角方燈六對，神庫井亭銅缸一口，宰牲亭銅缸十一口，內方二口，銅燈座九個，銅提水座四個，小雜爐十一個，雜銅蓋十一個，大銅鍋六口，小銅鍋二口，大小銅靠十二件，匙剪各六，火叉火匙并靠。

錫器。湯壺六把，酒壺六把，水礶六個，錫裏盤五十二個，錫裏掇桶二個，錫裏三牲匣二副，錫裏犢牲匣二副，錫裏進俎匣二副，錫裏漂牲桶七個。

鐵器。托爐二個，燎爐五座，大鍋六口。

木器。上帝配帝天座供案地平八件，香輿亭請神版亭八座，皇穹宇神龕二座，兩廡神龕九座，供卓一張，籩豆亭二座，豎櫃大小七頂，盛祭器櫃二十五個，祝版架二座，爵墊十八個，青金龍帛匣二副，素帛匣二副，紅油帛匣十三副，青金龍香几二座，紅金龍香几一座，金龍圓香几二座，方香几二座，素香几七座，青金龍香盒三副，青香盒四副，紅素香盒二十副，拜位牌三面，官品牌二十四面，籩豆匣六座，盛燈扇櫃三個，頂架六座，傳贊架四座，高梯一座，木案晾牲案十五件，從四壇神座六四張，案六四張，饌六，福酒六十張，條桌七張，雜用小桌三十張，座燈七十盞，插燈九十盞，望燈一盞，絨繩二條，朝燈十二座，俎棚架一間，走牲架一百一十間，盛樂器櫃十四個。

瓷器。皇穹宇金龍香爐一個，燭臺一對，神庫金龍香爐一個，香盒二個，花瓶二對，燭臺一對，匙箸全。著尊十二個，清酒尊十個，籩豆盤二百六十九個，毛血盤十個，羹碗二十一個，酒鍾八十個，青爵三十六個祈穀壇寄貯瓷器一千一百一十二個。

（明）佚名《太常續考》卷八《泰享殿》

驚蟄日行祈穀禮於泰享殿。

本寺庫內出制帛香燭果品等物。告祀帛一段，青色。青版一片，降香一炷，塊香一斤，散降香二百斤，薰鞚速香一斤，提爐速香一斤，二斤燭四枝，照道四兩燭十八枝，八兩燭八枝，四兩燭十枝，簽版進銅人，二兩燭十八枝，雜照二兩燭五百枝，檀香五錢，【略】煮牲木柴三千斤，木炭二十斤，酒四瓶。光祿寺支。

（清）孫承澤《春明夢餘錄》卷一四《祭器》

崔亮奏：按《禮記》郊祭器用，陶匏瓦器，尚質故也。《周禮·籩人》，凡祭祀供簠簋之實，疏曰外祀用瓦簠，今祭祀用磁，已合古意，惟盤盂之屬，與古之簠簋登豆制異，今擬凡祭器皆用瓷，其式皆仿古之簠簋登豆，惟籩以竹。詔從之。

（清）萬斯同等《明史》卷四五《志一九·禮志三·吉禮三·南郊》

洪武元年十一月，冬至祀昊天上帝於圜丘，正位玉用蒼璧，帛用蒼色，牲用蒼犢，籩豆各十二，簠簋各二，登一，爵三。壇上設大尊二，著尊、犧尊、山罍各一；壇下設大尊一，山罍二。從祀位各用純犢一，幣一，大明用赤，夜明、星辰、太歲皆用白，籩豆各十，簠簋各二，登一，東西各設著尊二，犧尊二。祝板長一尺一分，廣八分，厚二分，用楸梓木爲之。

（清）秦蕙田《五禮通考》卷一九《吉禮一九·圜丘祀天》

《明集禮》：神位，上帝位題曰：昊天上帝。配帝題曰：仁祖淳皇帝位。版并黃質金字。從祀題曰：風伯之神、雲師之神、雷師之神、雨師之神。并赤質金字。

神席，上帝用龍椅龍案，上施錦座褥，配位同。從祀位置於案，不設席。祭器。

設上帝太尊二、著尊一、犧尊一、山罍一於壇上，皆有勺有幂，設太尊一、山罍二於壇下，有幂，配帝位同。其從祀則設大明、星辰，著尊二、犧尊二於左；設夜明、太歲，著尊二、犧尊二於右。上帝及配帝籩豆各十有二，簠簋各二，登、盤、篚各一，牲案各一，爵坫各三，沙池、香案各一。其從祀，則籩豆各十，簠簋各一，牲案各一，爵坫、沙池、香案各一。

禮神之玉，冬至祀昊天上帝用蒼璧，幣正配位用蒼，大明以紅，夜明、星辰、太歲皆用白。【略】

酒齊，正配位太尊，實泛齊、醴齊，著尊實盎齊，犧尊實醍齊，山罍實昔酒，在壇上太尊實沈齊，山罍實事酒、清酒，在壇下從祀著尊實醴齊、盎齊，犧尊實事酒。

（清）嵇璜、劉墉等《續通典》卷四七《禮·郊天》

明太祖洪武元年，始建圜丘，定郊社、宗廟禮，歲必親祀。

其祭器，上帝籩豆各十二，簠簋各二，登一，爵三，壇上太尊二，著尊一，犧尊一，山罍一，皆有勺有幂。壇下太尊一，山罍二，有幂，配帝位同。從祀籩豆各十，簠簋各二，登一，東西各設著尊二，犧尊二。其禮神之玉，用蒼璧。幣，正配位以蒼，大明以紅，夜明、星辰、太歲皆以白。

《高宗純皇帝實錄》卷三〇六"乾隆十三年春正月"條

丁亥，定祀典祭器。諭：國家敬天尊祖，禮備樂和，品物具陳，告豐告潔，所以將誠敬昭典則也。考之前古籩豆簠簋諸祭器，或用金玉以示貴重，或用陶匏以崇質素，各有精義存乎其間，歷代相仍，去古寖遠。至明洪武時更定舊章，祭品、祭器悉遵古，而祭器則惟存其名，以瓷代之。我朝壇廟陳設，祭品器亦用瓷，蓋沿前明之舊。皇考世宗憲皇帝時考按經典，範銅爲器，頒之闕里，俾爲世守，曾宣示廷臣，穆然見古先遺則。朕思壇廟祭品，既遵用古名，則祭器自應悉仿古制，一體更正，以備隆儀。著大學士會同該部，稽核經圖，審其名物度數，製作款式，折衷至當詳議，繪圖以聞。朕將親爲審定，敕所司敬謹製造，用光禋祀，稱朕意焉。尋議：凡祭之籩，竹絲編，絹裏，髹漆，郊壇純漆，太廟畫文采；豆、登、簠、簋，郊壇用陶，太廟豆、簠、簋皆木，髹漆飾金，玉登亦用陶，鉶，範銅飾金，貯酒以尊，郊壇用陶，太廟春犧尊、夏象尊、秋著尊、冬壺尊，歲暮大祫山尊，均範銅。獻以爵，圜丘、祈穀、常雩、方澤用匏，承以檀座，如爵之制，太廟爵用玉，兩廡陶，社稷正位玉爵一、陶爵二，配位陶。【略】凡陶必辨色，圜丘、祈穀、常雩，青；方澤，黃；日壇，赤；月壇，白；社稷、先農，黃。太廟登用陶，黃質，飾華采，餘皆從白。盛帛以篚，竹絲編，髹漆，亦如器之色；鉶式大小深廣，均仍其舊。載牲以俎，木制，髹丹漆；毛血盤用陶，從其色。皆由內務府辦理。從之。

（清）昆岡等《大清會典圖》卷二一《禮二一·祭器一》

玉蒼璧，天壇正位、祈穀壇正位用之，制圓，徑六寸一分，好徑四分，通厚七分有奇。

帛制，皆織字於帛，清漢文具用，別以色，郊祀制帛陳於圜丘，正位用青色，陳於方澤，正位用黃色。

告祀制帛陳於祈穀、常雩正位，皆用青色。

奉先制帛陳於太廟，并圜丘、祈穀、常雩、方澤各配位均用白色。

禮神制帛，陳於社稷壇，正位用黑色，陳於圜丘、常雩、方澤各從位，兼用青、赤、黃、白、黑色。

祝版，木質，制方，尺寸有度。圜丘、方澤大祀，縱一尺一寸，廣一尺八寸，告祭縱八寸四分，廣一尺五寸，祈穀壇縱一尺一寸，廣二尺，大雩告祭，縱八寸四分，廣一尺二寸。

(清) 昆岡等《大清會典圖》卷二二《禮二二·祭器一》

匏爵，刳椰實之，半不雕刻，金裹，承以坫，檀香爲之，其下歧出三足，象爵形，天壇正位配位、祈穀壇正位配位、地壇正位配位用之，制高一寸八分，深一寸三分，口徑三寸七分，足高二寸九分。

玉爵，刓玉象爵形，腹爲藻紋。【略】

金爵，鑄金象爵形，腹爲星紋，足有雲紋，兩柱頂爲芝形。奉先殿用之，制高三寸五分，深一寸四分，柱高一寸一分，足高一寸六分，三足相距各一寸。

陶爵、銅爵，制皆象爵形，腹爲雷紋饕餮形，陶用瓷，以色別之。天壇從位用青色。【略】制皆高四寸六分，深二寸四分，兩柱高七分，足高二寸，三足相距各一寸八分。各一寸六分。

盞，純素用陶，陶用瓷，以色別之。天壇從位用青色。

(清) 昆岡等《大清會典圖》卷二三《禮二三·祭器三》

陶登、銅登，制同者，皆口爲回紋，中爲雷紋，柱爲饕餮形雷紋，足爲垂雲紋，蓋上爲星紋，中爲垂雲紋，口爲回紋。陶用瓷，以色別之。天壇正位、配位、從位，祈穀壇正位，天神壇用青色。

陶登一，制口爲回紋，腹及校足爲蟠龍紋波紋，蓋上爲垂雲紋，中爲蟠龍紋，口爲回紋，陶用瓷。

陶鉶、銅鉶，制皆兩耳爲犧形，口爲藻紋，次回紋，腹爲貝紋，蓋爲藻紋、回紋、雷紋，上有三峰，爲雲紋，三足亦爲雲紋，陶鉶用瓷，以色別之。天壇從位、東次壇、西次壇、天神壇用青色；地壇從位、社稷壇正位配位、先農壇、先蠶壇、地祇壇用黃色。

陶簠、銅簠，制方，皆面爲夔龍紋，束爲回紋，足爲雲紋，兩耳附以夔龍，蓋上有棱，四周旁亦附夔龍耳。陶簠用梵，以色別之。天壇正位、配位、從位，祈穀壇正位，天神壇用青色；地壇正位、配位、從位，社稷壇正位、配位，先農壇、先蠶壇、地祇壇用黃色；【略】制高四寸四分，深二寸三分，口縱六寸五分，橫八寸，底縱四寸四分，橫六寸，蓋高一寸六分，口縱橫與器同，上有棱，四周縱四寸八分，橫六寸四分。祈穀壇配位用青色，【略】制高三寸八分，深一寸七分，口縱四寸八分，橫六寸二分，底縱三寸三分，橫四寸三分，蓋高一寸五分，上有棱，四周縱三寸五分，橫四寸三分。【略】

陶簋、銅簋，制圓而橢，皆口爲回紋，腹爲雲紋，束爲黻紋，足爲星雲紋，兩耳附以夔龍，蓋面爲雲紋，口爲回紋，上有棱四出，陶用瓷，以色別之。天壇正位、配位、從位，祈穀壇正位，天神壇，用青色；地壇正位、配位、從位，社稷壇正位、配位，先農壇，先蠶壇，地祇壇用黃色；日壇用紅色；太歲壇用白色；制高四寸六分，深二寸三分，口徑七寸二分，底徑六寸一分，蓋高一寸八分，徑與口徑同，上有棱四出，高一寸三分。祈穀壇配位用青色，月壇正位、配位用月白色，制高四寸，深一寸九分，口徑六寸一分，底徑四寸五分，蓋高一寸三分，徑五寸五分，上有棱四出，高八分。

竹籩，編竹爲之，以絹飾，裹頂及緣皆髹以漆，用別以色。天壇正位、配位、從位，祈穀壇正位，用青色。地壇正位、配位、從位；社稷壇正位、配位，先農壇，先蠶壇，用黃色；日壇用紅色；天神壇、地祇壇、太歲壇、關帝廟、文昌廟、都城隍廟用黑色；制高五寸八分，深九分，口徑五寸，足徑四寸五分，蓋高二寸一分，徑與口徑同，頂正圓，高五分。祈穀壇配位用青色；月壇正位、配位用月白色；制高五寸二分，深九分，口徑四寸四分，足徑四寸一分，蓋高一寸八分，頂高五分。【略】

陶豆、銅豆制同者，皆腹爲垂雲紋、回紋，校爲波紋、金鏊紋，足爲黻紋，蓋爲波紋、回紋，頂用絇紐陶，豆用瓷，以色別之。天壇正位、配位、從位，祈穀壇正位，用青色；【略】制高五寸五分，深一寸七分，口徑五寸，校圍六寸六分，足徑四寸五分，蓋高二寸三分，徑與口徑同，頂高六分。祈穀壇配位用青色；【略】制高五寸深一寸七分，口徑四寸五分，校圍二寸，足徑四寸一分，蓋高一寸八分，頂高六分。

（清）昆岡等《大清會典圖》卷二四《禮二四·祭器四》

筐，編竹爲之，四周髹以漆，用別以色。天壇正位、配位、從位，祈穀壇正位用青色；日壇用紅色；制高五寸，縱五寸六分，橫二尺三寸三分，足高一寸一分，蓋高一寸八分。祈穀壇配位用青色；【略】制高三寸五分，縱四寸五分，橫二尺二寸一分，足高七分，蓋高一寸三分。

俎用木錫，裹外髹以漆，用別以色，實特牲之俎。天壇正位、配位、從位、東一壇、西一壇，祈穀壇正位、配位，用青色；地壇正位、配位，用黃色；制中虛縱二尺三寸，橫三尺二寸，四周各銅鐶二四，足有跗通，高二尺三寸。

實太牢之俎。【略】俱用紅色，【略】制皆中區爲三，縱六尺有奇，橫三尺二寸，四周各銅鐶二，八足有跗通，高二尺六寸有奇。

尊有陶、有銅，制皆純素，兩耳爲犧首形，陶用瓷，以色別之。天壇正位、配位、從位，祈穀壇正位、配位，用青色，【略】制高八寸四分，口徑五寸一分，腹圍二尺三寸七分，底徑四寸三分，足高二分。

（清）允祿、蔣溥等《清禮器圖式》卷一《祭器一》

本朝定制，天壇正位用蒼璧，圜徑六寸一分，好徑四分，通厚七分有奇。

乾隆十三年，欽定祭器。皇天上帝、列聖配位俱用匏爵，刳椰實之，半不雕刻，取尚質之義。高一寸八分，深一寸三分，口徑三寸七分，金裹，承以旄，檀香爲之，其下岐出，爲三足，象爵形，高二寸九分。

天壇正位登用青色瓷，通高六寸一分，深二寸一分，口徑五寸，校圍六寸六分，足徑四寸五分。口爲回紋，中爲雷紋，柱爲饕餮，足爲垂雲紋。蓋高一寸八分，徑四寸五分，頂高四分，上爲星紋，中爲垂雲紋，口亦爲回紋。

天壇正位簠用青色瓷，通高四寸四分，深二寸三分，口縱六寸五分，橫八寸，底縱四寸四分，橫六寸。面爲夔龍紋，束爲回紋，足爲雲紋，兩耳附以夔龍。蓋高一寸六分，口縱橫與器同上，有棱，四周縱四寸八分，橫六寸四分，亦附以壇龍耳。

天壇正位簋用青色瓷，制圓而橢。通高四寸六分，深二寸三分，口徑七寸二分，底徑六寸一分。口爲回紋，腹爲雲紋，束爲黻紋，足爲星雲紋，兩耳附以夔鳳。蓋高一寸八分，徑與口徑同，面爲雲紋，口爲回紋，上有棱，四出，高一寸三分。

天壇正位籩，編竹爲之，以絹飾裹，頂及緣皆髹以漆，青色。通高五寸八分，深九分，口徑五寸，足徑四寸五分。蓋高二寸一分，徑與口徑同，頂正圓高五分。

天壇正位，豆用青色瓷，通高五寸五分，深一寸七分，口徑五寸，校圍六寸六分，足徑四寸五分。腹爲垂雲紋、回紋，校圍波紋、金鈑紋，足爲黻紋。蓋高二寸三分，徑與口徑同，爲波紋、回紋，頂爲絢紐，高六分。

天壇正位篚，編竹爲之，四周髹以漆，青色，高五寸，縱五寸六分，橫二尺三寸三分，足高一寸一分，蓋高一寸八分。

天壇正位，俎以木爲之，髹以漆，青色，中虛，錫裹，外四周各銅環二，四足，有跗，縱二尺三寸，橫三尺二寸，通高二尺三寸，實以特牲。

天壇正位尊，用青色瓷，純素，通高八寸四分，口徑五寸一分，腹圍二尺三寸七分，底徑四寸三分，足高二分，兩耳爲犧首形。

天壇從位爵，用青色瓷，通高四寸六分，深二寸四分，兩柱高七分，三足相距各一寸八分，高二寸，腹爲雷紋饕餮形。

天壇從位盞，用青色瓷，通高一寸九分，深一寸五分，口徑三寸四分，足徑一寸二分，純素。

天壇從位鉶，用青色瓷，高三寸九分，深三寸六分，口徑五寸，底徑三寸三分，足高一寸三分，兩耳爲犧形，口繪藻紋，次回紋，腹繪貝紋。蓋高二寸五分，繪藻紋、回紋、雷紋，上有三峰，高九分，飾以雲紋，足紋同。

天壇從位俎，以木爲之，髹以漆，青色，中區爲三，錫裏，外銅環四，八足有跗，縱六寸有奇，橫三尺二寸，通高二尺六寸有奇，實以太牢。

祈穀壇配位登，用青色瓷，通高五寸三分，深一寸九分，口徑四寸五分，校圍六寸，足徑四寸二分。蓋高一寸七分，徑四寸，形制、花紋同天壇正位。

祈穀壇配位簠，用青色瓷，通高三寸八分，深一寸七分，口縱四寸八分，橫六寸二分，底縱三寸三分，橫四寸三分。蓋高一寸五分，上有棱四，周縱三寸五分，橫四寸二分，形制、花紋同天壇正位。

祈穀壇配位簋，用青色瓷，通高四寸，深一寸九分，口徑六寸一分，底徑四寸五分。蓋高一寸三分，徑五寸五分，上有棱，四出，高八分，形制、花紋同天壇正位。

祈穀壇配位籩，編竹爲之，通高五寸二分，深九分，口徑四寸四分，足徑四寸一分。蓋高一寸八分，徑與口徑同，頂高五分，頂緣漆，色同天壇正位。

祈穀壇配位豆，用青色瓷，通高五寸，深一寸七分，口徑四寸五分，校圍二寸，足徑四寸一分。蓋高一寸八分，徑與口徑同，形制、花紋同天壇正位。

祈穀壇配位篚，編竹爲之，高三寸五分，縱四寸五分，橫二尺二寸一分，足高七分。蓋高一寸三分，形制、漆飾同天壇正位。

（三）祭祀禮儀

禮儀沿革

《明太祖實錄》卷六八"洪武四年十月"條

甲辰，太常司言："郊祀圜丘，考之《周禮》，祭前十日，習射澤宮，選可與祭者。唐郊祀，文武官九品以上并齋戒陪祀，除三省樞密院官、侍從尚書、親王、宗室外，自餘官內有職掌及許赴陪位者齋戒陪祀，今擬武官四品、文官五品以上并陪祀，其餘老疾癃疥及刑餘喪過體氣者不許與祭。"從之。時方以十一月七日郊祀，於是太常復條奏行禮次第："先祭六日，百官沐浴宿官署。翌日昧爽，朝服詣奉天殿丹墀受誓戒，畢，丞相暨太常官詣城隍發咨，以大祀之期遍告於百神，復詣各祠廟壇所行香。三日、次日，上詣仁祖廟告請配享，禮畢，仍還齋宮。"制可。

《明太祖實錄》卷八六"洪武六年十一月"條

丙辰，定圜丘燔柴禮。凡祀，預以犢牛剖净，陳之器，置之燔爐之右，候駕自齋宮詣壇，太和鍾鳴，則舉火爐內，以燔柴候，贊燔柴，即以犢牛置柴上燔之。

《明太祖實錄》卷一二二"洪武十二年春正月"條

己卯，合祀天地於南郊大祀殿。前期皇帝致齋五日。前祭二日，太常司同光禄司官詣壇省牲。至日，奠玉帛、進俎、三獻酒俱先詣上帝神位前，次詣皇地祇神位前，次詣仁祖淳皇帝神位前，餘悉仍舊儀。其祝文云：嗣天子臣元璋敢昭告於昊天上帝、后土皇地祇，時維孟春三陽交泰，敬率臣僚以玉帛犧齊粢盛庶品，恭祀於大祀殿，備兹燎瘞，皇考仁祖淳皇帝配神。禮畢，詰旦，駕還御奉天殿，百官行慶成禮，宴群臣於奉天殿。【略】禮成，敕中書省臣胡惟庸等曰：立綱陳紀，治世馭民，斯由上古之君立，至今相承，而法則焉。凡有國者，必以祀事爲先，祀事之禮，起於古先聖王，其周旋上下，進退奠獻，莫不有儀，然儀必貴誠，而人心叵測，至誠者少，不誠者多，暫誠者或有之，若措禮設儀，文飾太過，使禮煩人倦而神厭弗享，非禮也。故孔子曰：禘自既灌而往者，吾不欲觀之矣。朕周旋祀事十有一年，見其儀太繁，乃以義起，更其儀式，合祀社稷，既祀神乃歡。今十二年春，始合天地大祀而上下悅，若有肸饗答於朕心，爾中書下翰林，令儒臣紀其事以彰上帝皇祇之昭格，而錫黔黎之福，朕與卿等尚夙夜無怠以答神明之休祜焉。

《明世宗實錄》卷一一一 "嘉靖九年三月" 條

辛丑，禮部集上群臣所議郊禮，謂：主分祭者都御史汪鋐等八十二人；主分祭而以慎重成憲及時未可爲言者，大學士張璁等八十四人；主分祭而以山川壇爲方丘者，尚書李瓚等二十六人；主合祭者尚書方獻夫等二百六人。主分祭者固以古禮爲是，而未嘗不以祖制爲規；主合祭者固以遵祖爲善，而亦未嘗以古禮爲非。立言雖異，其納忠慎禮之心則同。臣等祇奉敕諭，折衷衆論，似從合祭諸臣之議，遵行舊典，最爲簡易，但恐未盡皇上敬天崇禮之意；若從分祀諸臣之義，誠於古禮有合，但壇壝一建，工役浩繁，時詘舉贏，勞費不貲，竊恐皇上愛民節財之心，亦有未安。臣等以爲，《禮》屋祭曰帝，夫既稱昊天上帝，則當屋祭，宜仍於大祀殿專祀上帝，而配以二祖。皇地祇則營壇壝以祭，如此陰陽之分，明尊卑之等列，而皇上敬天之心伸矣。地壇之建，廷議不一，今似宜改山川壇爲地壇，既無創建之勞，行禮亦便，皆非臣等所敢專決，惟在皇上權其可否，以定一代之典。至於朝日、夕月建東西壇專祭之禮，此則闕典，當修無可疑者。臣又詳衆議之中，有欲改大祀殿爲明堂者，不應經義，且聖祖初以露祭太質，爲殿宇以祭，情文兼備，二聖配享，百有餘年，不宜一旦輕有更改。至於尚書李承勛議謂山川岳瀆之失次，臣等查得國初天神地祇分類從祀，今乃但依方位，委屬紊亂，宜悉加釐正。又謂太歲、月將之當撤，則祀典所載，未可輕擬。中允廖道南議中復以宗廟爲言，原非聖諭所及，臣等不敢置議。疏入，上復降敕諭云：卿等會議郊祀禮制，未見定議，再用諭卿等仍刊布原議，各官再會議明白，開陳奏來，開示於後：一、朕原降制敕，本因分祀天地於南北郊，會議本內云從主分者、從主合者，不知何謂，見今行者合祀之事，因所以問分祀之宜，原無兩說之若朕意如此，何用問爲？一、祀天祀帝本原不同，若如會議之言，不若不議。程子曰：歲九祭，惟至日禮重，所爲重也，以大報天之禮耳。朕原因缺祀天報本之大典，故所爲問，今謂仍祭之屋下，是不如不議，當以遵皇祖之始，制露祭於壇，方合古先聖王之意，以盡事天之本。一、南郊祀天、北郊祀地，決當依據若分東西，造爲私論，此則甚於王莽合祀之言，宜分南北之郊，以二至日行事，俱以我皇祖高皇帝奉配，仍於歲首祀上帝於大祀殿，以我皇祖文皇帝奉配，蓋爲民祈穀之意也。【略】一、人君祭天，乃報本之祀，以凡爲下民者也，當有本有文，本者，誠也；文者，威儀制度也。本文雖有重輕之不同，不可一有失，其一應事宜當從減省，以盡事天爲民之實。一、諸神祀典，待郊議停當逐一考定。隨下前疏，令爲歸一之議。於是大學士張璁、翟鑾上言：伏覽御製敕諭禮部，實出我皇上事天誠敬，臣子有不體悉非人類矣。其四郊分建，分至行禮，遵復聖祖初制，實應經義，天下後世，無復容議，第爲冬至祀天於壇，以太祖配。歲首祈穀於大祀殿，以太宗配。則臣等不能無疑，二祖聖德神功，并配天地百有餘年，一旦分之，恐於義未協。謹以仁宗皇帝奉二祖配祭天地。敕諭并告文錄呈伏，希聖明慎思審處。上曰：祖宗并配天，不見經傳。《易》謂"殷薦上帝，以配祖考"，即周"家郊配以祖、明堂以考"之意，非説一時并配。卿等謂朕當慎思，足見忠愛，蓋畏人言耳。可以此奏并朕言錄付禮官會議。禮部隨會各官於東閣集議，謂：皇上以正月之祀爲祈穀，以十一月之郊爲報本，建圜丘、方澤於南北二郊，朝日、夕月二壇於朝陽阜成門外，上稽古典，近復祖制，大小臣工，仰誦宸斷，以爲大聖人之見，超越千古，斷非臣下所及，臣等只候命下，參酌《存心錄》祭祀禮儀制度儀文，一一條陳，上請無容別議，惟以二祖分配，則義有未合，或以父子嫌於并列。夫太廟之祀，德祖居中，太祖、太宗及列聖祖孫昭穆東西相向無嫌并列。況太祖、太宗功德并隆，圜丘大祀殿所祀均之爲天，則配天之祖宗宜一闕。且高皇帝出配冬至之祀，而文皇帝獨當孟春之享，子先父食，亦豈禮意？若遠摭遺文，近更成典，臣民震懼所不忍言。臣等竊議，南北郊及大祀殿，每祭皆以二祖并配，庶明靈慰悦，降福無窮。疏入，上諭內閣云：二祖并配天地，甚非禮之正，況倡此議，自卿等始，百司莫敢可否之。今所講求以正不當，又謂之失，朕自難違所見，卿等其欲作何以處？大學士張璁翟鑾對：今日郊祀之儀，始終之見，斷自聖心，孰非古禮之正。夫定南北郊以二至日分祭，天地東西郊以二分日分祭日月，是遵復聖祖之初制也。又定以大祀殿爲孟春祈穀上帝，則又不失聖祖之更制也。臣竊喜慶，以爲皇上一言之決，兩全無害，真大聖人之能事，獨二聖分配，竊有疑者，非疑古禮，實生於心所未安。恭惟我太祖建南都以創立基圖，太宗建北都以奠安寰宇，功德并茂，往古鮮儷，故仁宗皇帝并舉以配天。《禮》曰：有其舉之，莫敢廢也。凡事盡然，而況祖宗配享天地之大典乎？且古郊與明堂相去異地，故后稷配天，文王配帝，可以行禮。今圜丘之建，必同大祀殿於南郊，臣竊計冬至之祭禮行於報，而太宗不與，孟春之祭禮行於祈，而太祖不與，臣心有所未安，慮皇上之心亦必大有所不安也。夫禮非天降也地出，由人心生，臣願皇上鑒三代損益之宜，求心之安而已。上復諭璁曰：我太祖高皇帝，肇基受命，配天地允當；我太宗文皇帝，繼靖內難，功亦甚大，豈不可配天地？實我太祖爲立極創建之君耳。璁對：太宗功德之隆，非但繼靖內難，而東征北伐，定鼎北都，我皇上今日撫有洪圖，實以我太宗帝系。

《禮》曰：尊祖故敬宗，敬宗所以尊祖也。竊恐獻議者，但知天地分祭之爲當，而未知祖宗分配之未可輕議；但知并配之非古禮，而未思分配或非今宜也。上復報曰：兹事重大，今日既求以正之，不當復有毫髮錯繆。夫萬物本乎天，人本乎祖，故王者祀天，以祖配天，止一個天，祖也止有一個祖，故今日大報天之祀，止當以我皇祖高皇帝配，不當以二聖并配，非嫌於父子，實非禮之正也。卿素見道明白，熟於禮經，昔日曾謂人豈有兩考，若如今日所言，乃有二祖乎？祖者，本也，雖有始、高、曾之不同，乃以世言之，其本一也。我皇祖文皇帝，豐功大德，豈不可配天？但開天立極，本我皇祖高皇帝肇之，若以周文武論之，造周雖自文王始，然伐罪吊民，實是武王，事周之王業，武王實成之。而配天止以后稷，配上帝只以文王，而武王配天、配帝，俱無與也。當時未聞爭辯功德，大抵古人惟知理與義耳。朕遲留數日，欲每思自反，冀有所得，惟前日之見，是卿等皆畏危言，不能從正其事，不如寢之。已而給事中夏言復疏言：臣伏睹聖制，南北二郊俱以太祖配，仍於歲祀上帝於大祀殿，以太宗配。臣無任慶倖以爲虞夏殷周之郊，惟配一祖，後儒穿鑿分郊丘爲二及誤解《大易》配考、《孝經》嚴父之義，以致唐宋變古，乃有二祖并侑三帝并配之事，宗周典禮隳弃蕩然，先儒朱子嘗歎此事千五六百年無人整理。我皇上今獨破千古之謬，一旦更正之。臣子所當將順不暇，豈宜復有違阻，前日東閣會議，臣見禮臣執并配之説，臣告之曰：天與上帝一也，二祖分配，非有軒輊，宜從聖制。爾時尚書方獻夫亦以臣言爲是，不知禮官議奏云何，今疏上九日矣，不奉明旨，外間傳聞少傅張璁、大學士翟鑾聯翩上奏，必欲二祖并配，延日滋久，未聞睿斷，誠恐陛下萬一惑於异説，有所遷就，或於禮制少乖，未免重貽後人之議。伏望斷自聖衷，仍依前敕旨施行，此百王不易之大典也。上報曰：前會議多有异説，兼小人造作危言，禮臣乃止以并配一説具奏，朕見其非禮之正，故遲留數日，蓋熟思之，冀有所得，惟知分配爲當而已，朕心實無毫末之疑，非被惑者。爾所論詳明甚正，幽明無二理，我太祖、太宗亦豈不知？禮部引太廟父子祖孫不嫌一堂，夫祀帝與享先不同，此説殊無謂，禮部仍速會同原議官申議以聞。

《明世宗實錄》卷一一二“嘉靖九年四月”條

戊辰，禮部上群臣郊祀配典申議，謂：二聖配祀天地百有餘年，天下之人習所聞見，一旦分配，恐駭聽聞，是以臣等不敢別議，蓋雖不能盡合於古，而實即乎今日人心之安，皇上必欲盡如古禮。圜丘、方澤既爲報本之祭，雖曰祖制，實今日所新創，請如聖諭，俱奉太祖配。至於大祀殿，則我太宗所創，今乃不得侑享於中，臣等竊恐太宗之心有所未安，似宜仍奉二聖并配，則既復古禮，又存祖制，禮意人情兩不爲失，伏候宸斷施行。

《明世宗實錄》卷一三四“嘉靖十一年正月”條

辛未，驚蟄節始行祈穀禮於圜丘，遣武定侯郭勛代行禮。初，上更定郊祀，謂二祖并配非古禮，欲分配圜丘、大祀殿。因諸臣固請，乃許大祀殿祈穀，奉二祖配，而心不然也。十年正月上辛，大祀殿行禮畢，諭大學士張孚敬，二聖配帝之事，決不可爲範後世，自來只是祖配天，今大報并祈穀，俱當奉太祖配。尋親製祈穀祝文并儀注，改用驚蟄日行禮於圜丘，奉高皇帝配，儀視大報少殺，著爲定典。至是，上以疾不能躬事，乃命勛代。上自即位，歲親郊，其遣代實自此始。於是給事中葉洪奏言：祈穀大報，祀名不同，其爲郊天一也。祖宗以來，無不親郊，成化、弘治之間，或有他故，寧展至三月行禮，不過謂郊禋禮重，不宜攝以人臣，請俟聖躬萬福，即於仲月上辛改卜其吉鑾輿，仍親行禮。上曰：“祈穀之祭，與大報不同，禮文自有隆殺，況遣官代祭，乃祖宗朝故事，洪妄言姑不究。”已而刑部主事趙文華亦言：“勛，武臣。不宜代祭。”上以勛乃勛戚重臣，不可與武職比，奪文華俸五月。

《明穆宗實錄》卷二“隆慶元年正月”條

丙寅，禮部遵詔會議郊社諸典禮及祔葬祔享之制。

郊祀之禮。謹考：國初，建圜丘於鍾山之陽，用冬至祀天，以日月星辰、太歲從祀，建方丘於鍾山之陰，用夏至祀地，以岳鎮海瀆從祀，俱奉仁祖淳皇帝配。又築朝日壇於城東，夕月壇於城西，用春秋分行事日月，亦以星辰從祀，俱不奉配。洪武十年始定合祀之制，每歲正月擇日，行於大祀殿。三十二年，更奉太祖高皇帝配。永樂十八年，北京大祀殿成，行禮如前儀。洪熙元年，增奉成祖文皇帝并配。嘉靖九年，始建圜丘於南郊，冬至祀天，以日月、星辰、風雲雷雨從祀；建方澤於北郊，夏至祀地，以岳鎮、海瀆陵寢諸山從祀，俱奉太祖高皇帝配。又建朝日壇於東郊，以春分祭日，無從位；建夕月壇於西郊，以秋分祭月，亦以星辰從祀，俱不奉配。臣等議以爲，天地分祀，昉於《周禮》，圜丘、方丘之文，自漢以來，歷代分合不常，諸儒議論不一，我太祖定鼎之初，與一時儒臣斟酌考訂，首建分祀之禮，其後因感齋居陰雨，始改合祀。至我皇考大行皇帝，仍建四郊如洪武初年之制，蓋太祖始分而後合，皇考改合而爲分。然皇考之更制，即太祖之初制也。今分祀已久，似難紛更，宜照例南北二郊於冬夏至日，恭請聖駕親詣致祭，仍奉太祖高皇帝配。其東郊以甲丙戊庚壬年，西郊以丑辰未戌年聖駕親祭，餘歲遣官代行。其太歲仍於歲暮孟春遣官專祭，至如天神地祇，已從祀南北郊，其仲秋神祇壇之祀，不宜復舉。

祈穀之禮。謹考祖宗朝原無祈穀之禮，惟郊外耤田有先農壇。國初每歲仲春上戊日，聖駕親祭先農，遂耕耤田。永樂後，惟遇列聖登極之始，僅一舉行，其他歲遣順天府官代。嘉靖九年，始以孟春上辛日行祈穀禮於大祀殿。十年以啓蟄日，改行於圜丘。十八年，又改行於禁內之玄極寶殿，遂爲定例，而先農之祭亦不廢。臣等謹議，禮稱元日祈穀於上帝，其詳亦不可考，我國家先農之祭，蓋即祈穀之遺意，自皇考俯納言官之請，肇舉此典，夫既祭先農，復云祈穀，二祀并行，於仲春不無煩數，且玄極寶殿當禁嚴之地，而使百官陪祀，宵分出入，事體深有未安。臣等竊以爲宜罷祈穀之禮，止於先農壇行事爲當。恭遇聖主登極，則親祀先農，并行耕耤禮。其餘每歲仲春仍遣順天府官代行，庶合祖宗舊典。

大享之禮。謹考祖宗朝原無大享之禮。嘉靖十七年，我皇考舉明堂大典以季秋享上帝，奉睿宗獻皇帝配。尋乃撤大祀殿，改建大享殿，然每歲惟於禁內之玄極寶殿，遣官行禮以爲常，亦未嘗於郊壇親祭也。臣等謹議明堂大享，雖稱古制，而制度之詳，亦不可考見。皇考肇舉此祀，無非追崇睿宗以昭嚴父配天之孝，但自皇考視睿宗，則睿宗爲嚴父，自皇上視睿宗，則睿宗爲皇祖，若以今日仍奉睿宗配帝，似於周人宗祀文王於明堂之義不甚相協，恐非所以妥睿宗之靈而安皇考之心也。故臣等以爲大享之禮可罷。

（明）徐一夔等《明集禮》卷一《吉禮第一・祀天》

總敘。國朝分祭天地於南北郊，冬至祀昊天上帝於圜丘，以仁祖淳皇帝配；其從祀則唯以大明、夜明、星辰、太歲。皇帝每歲親祠，參酌成周唐宋之典，以適其中，蓋不牽惑於鄭玄讖諱之說，可謂明且至矣。若其歷代制度儀文之詳，列於左方。

飲福。國朝郊祀三獻，皆皇帝親行，禮既畢，然後飲福，嘏之辭曰：惟此酒肴，神之所與，賜以福慶，億兆同沾。

告祭。國朝洪武元年正月四日，皇帝即位鍾山之陽，祭告天地云。

告廟。國朝於致齋之第一日，皇帝備法駕出宮，百官具服前導，躬詣太廟，奏告於仁祖淳皇帝，室行一獻之禮，告畢還齋所如來儀。

（明）鄭曉《吾學編・大政記一》

丁巳，洪武十年八月庚戌，改建圜丘於南郊。

丁亥，合祀天地於奉天殿。

戊午，洪武十一年冬十月甲子，大祀殿成。

己未，洪武十二年春正月己卯，合祀天地於南郊。

（明）鄭曉《吾學編・皇明三禮述上》

吳元年，建圜丘於鍾山之陽，以冬至祀昊天上帝，建方丘於鍾山之陰，以夏至祀皇地祇。

洪武元年二月壬寅朔，上敕禮官翰林太常曰：昔聖帝明王，嚴於祭祀，內致誠敬，外致儀文。朕膺天命，首崇祀事，顧草創之初，典禮未備，何以交神明致靈貺？其博考郊禮來聞。丞相善長、學士安、太常卿惟庸等議上，請祀天圜丘，以大明、夜明、星辰、太歲諸神從祀，祀地方丘，以岳鎮、海瀆諸神從祀。上從之。撰二丘樂章。

二年，奉仁祖配天地位，西向。時中都亦有南北丘。

五年，著令皇帝郊祭，太子留宮居守，親王戎服從。

七年，上以大祀獻終，分獻未安諭學士詹同、宋濂，議請初獻奠玉帛已，分獻官即初獻，亞獻、終獻亦如之。上曰："善。"

八年，始奏上所撰樂章，定大祀登壇脫舄禮。

九年，定郊社大事，國有三年喪，不廢。

十年春，上感齋居陰雨，覽京房災異之説，始定合祀禮，上更撰樂章。八月，作大祀殿於南郊。未成，十一月丁亥，合祀於奉天殿。

十二年正月，合祀於大祀殿。昊天上帝、后土皇地祇南向，仁祖配位如故，從祀丹墀四壇，曰大明，曰夜明，曰星辰，又曰星辰。内壝外二十壇，曰五岳壇五，曰五鎮壇五，曰四海壇四，曰四瀆，曰風雲雷雨，曰山川，曰太歲，曰天下神祇，曰歷代帝王，各壇一，凡二十四壇。大臣分獻禮成，上大喜，作大祀文并歌九章。【略】

二十一年，增修壝壇。大祀殿丹墀中叠石爲臺，東西相向，爲壇四，内壝外二十壇，亦東西相向。文武大臣及近侍官二十四人分獻，罷朝日、夕月、熒星之祭，并罷太歲、風雲雷雨、岳鎮海瀆、山川月將、城隍、歷代帝王春秋祭。惟歲八月中旬，擇日於山川壇及帝王廟祭之。

建文元年，撤仁祖配，配太祖高皇帝，文皇即位亦如之。

永樂八年後，上巡北京，命皇太子攝，遣禮部尚書至北京復命。

十八年，北京壇成。上歲親祀，南京郊壇有事則遣官祭告。

洪熙元年春，奉文皇配位太祖下，西向。

嘉靖九年，上從言官夏言言，欲分祀天地，下廷議。主分祭者右都御史汪鋐、中允廖道南、編修程文德等八十二人；主分祭而以成憲及時未可爲言者，大學士張璁等八十四人；主分祭而以山川壇爲方丘者，尚書李瓚等二十六人；主合祭而不以分祭爲非者，尚書方獻夫、李承勛，詹事霍韜、魏校，編修徐階，郎中李默王道等二百六人；無可否者，英國公張侖等一百九十八人。上曰：分祀，禮也。遂作圜丘於天地壇南，稍北爲皇穹宇，作方丘於北郊稍南，爲皇祇室。從祀圜丘，日月星辰、雲雨風雷；方丘，岳鎮海瀆、五陵山。是年三月，上從言議，南北二郊，奉太祖配，孟春祈穀，祀上帝於大祀殿，奉文皇配。下廷議。群臣以爲不可，疏留中。言又疏請，上怒。群臣違君叛禮，令祈穀二祖并配，二郊專奉太祖配，已而，罷祈穀之配，毀大祀殿。語在祈穀大饗中。

十七年，薦大號於天，改昊天上帝稱皇天上帝。

（明）鄭曉《吾學編・皇明三禮述上・祈穀附崇雩》

今皇帝以歲驚蟄行祈穀禮於南郊大饗殿，祭皇天上帝用騂犢、蒼玉，禮三獻，樂九奏，舞八佾。上禱雨祭皇天上帝如祈穀禮，去玉。

嘉靖九年，上欲於奉天殿中行秋報禮，丹陛上行大雩禮。夏言言，秋報於大祀殿，奉文皇帝配，以申上分配祖宗之敬、第舉祈報之義。大學士丘濬嘗欲於郊兆傍擇地爲雩壇，歲孟夏後行雩祭禮。上既以孟春上辛祈穀於上帝，自二月至於四月，雨暘時若，則大雩之祭可遣官攝。如雨澤愆期，上禱焉。

（明）鄭曉《吾學編·皇明三禮述上·大饗》

皇帝季秋行大饗禮於南郊大饗殿，皇天上帝南向，騂牛一、蒼璧，睿宗獻皇帝西向，騂牛一，禮如南郊。

大饗禮，蓋始於今皇帝云。嘉靖十七年，皇帝大孝欲宗祀皇考以配上帝，乃撤南郊大祀殿，建大饗殿饗上帝，尊謚皇考爲睿宗知天守道弘德淵仁寬穆純聖恭儉敬文獻皇帝，侑饗焉。是秋，殿未成，乃大饗於宮右乾隅玄極寶殿，遂升祔皇考於太廟，仍藏主於原寢。

（明）陳建《皇明通紀法傳全錄》卷七

洪武十年三月，始定天地合祀之典。初，從陶安之議，冬至祀天於圜丘，夏至祀地於方丘。行之既久，風雨不時，天多變異，上因覽群議，獨斷於衷，謂天地猶人父母，爲子之道，致父母异處，安得爲孝？乃采古明堂遺制，即圜丘之舊壇，以屋蓋之，名曰大祀殿，并列合祀六宗之神，各築壇以從饗，每歲正月擇日行禮焉。

洪武十二年正月十一日，合祀天地於南郊大祀殿。

（明）陳建《皇明通紀法傳全錄》卷一二

建文元年正月，大祀天地於南郊，太祖高皇配。上御奉天殿誓戒百官，夕宿文華殿齋宮。己卯，出舍，皇邸尚膳進素食。庚辰，子夜展事，上脫舄登大祀殿，秉圭奠瓚，興俯拜跪如禮。昧爽，還宮，御奉天殿，受郡臣賀。方孝孺進郊祀頌，上嘉納之。

（明）陳建《皇明通紀集要》卷二九

辛卯嘉靖十年正月，上幸大祀殿。禮畢，諭璁曰：二聖配帝之典，決不可爲，自來只是祖配天。尋親定祈穀祝文、儀注，止奉太祖配。

（明）申時行等《大明會典》卷八一《禮部三九·郊祀一·合祀》

永樂十八年，北京天地壇成，每歲仍合祀，如儀南京壇，有事則遣官祭告。

洪熙元年，奉太祖同配享。

嘉靖九年，遵初制，建圜丘於大祀殿之南，每歲冬至祀天。【略】又建泰神殿於圜丘北，正殿以藏上帝太祖之主，配殿以藏從位諸神之主。上帝太祖主曰神版，餘曰神牌，祭則禮部太常寺官請詣壇奉安。【略】其大祀殿則以孟春上辛日行祈穀祭，奉太祖太宗同配享。

十年，又改以啓蟄日行祈穀禮於圜丘，仍止奉太祖一位配享。

十一年，建崇雩壇於圜丘壇外，泰元門之東，歲旱則祭上帝以禱雨，亦奉太祖配享。

十七年秋九月，詔舉明堂大享禮於大內之玄極寶殿，奉睿宗獻皇帝配享，冬十一月，更上昊天上帝泰號曰皇天上帝，改泰神殿曰皇穹宇。

十八年春，行祈穀禮於玄極寶殿，不奉配。

二十四年，即故大祀殿之址建大享殿，而建皇乾殿於大享殿北，以藏神版。命禮部歲用季秋奏請擇吉行大享禮，已又命暫行於玄極寶殿。隆慶元年，禮部會議，圜丘、方澤、朝日、夕月，歲舉四郊，仍如世宗所更定，而罷祈穀及明堂大享禮。今并存其儀以備考。

（明）申時行等《大明會典》卷八二《禮部四〇·郊祀二·分祀上》

嘉靖九年，更定分祀儀。【略】其圜丘諸儀，亦多所更定。如更上皇天上帝泰號，皇穹宇請神儀，皆附列焉。又定看牲分獻之制，凡看牲，舊以前月之朔大駕親往，自後文武大臣日輪一員，次早復命。至是，令冬、夏至及祈穀俱正祭。前五日親往，自後遣大臣輪視如常。凡分獻，舊用文武大臣及近侍官一十四員，今圜丘方澤各用四員分獻，俱太常先期題請欽命而法司官例不遣。又定大祀，如遣官不行飲福禮，太常具福胙奏進其傳制後各廟焚香則嘉靖八年罷。

（明）申時行等《大明會典》卷八四《禮部四二·郊祀四·雩祀》

（嘉靖八年）後建崇雩壇，始定雩祀之儀。

十七年，躬禱雨於崇雩壇，青服，用一牛以熟薦，具禮樂，與雩祀同，亦不設配。

萬曆十三年，上親禱郊壇却輦步行，有涉禱儀，詳具於後。

嘉靖十一年，定雩祀儀。歲旱，則於季春之末，禮部奏請行禮。

（明）章潢《圖書編》卷九四《崇雩壇》

在圜丘之旁，仲夏禱雨皇天之帝。【略】

嘉靖九年，上欲於奉先殿丹陛行大雩禮。夏言言：大學士丘濬嘗欲於郊兆傍擇地爲雩壇，歲孟夏行雩祭禮。上以孟春上辛祈穀於上帝，自二月至於四月，雨暘時若，則大雩之祭，可遣官攝。如雨澤愆期，上親禱焉。

（明）王圻《續文獻通考》卷一〇五《郊社考中·圜丘》

世宗嘉靖九年，【略】其圜丘諸儀亦多所更定。如更上皇天上帝泰號及皇穹宇諸神儀皆附列焉。又定看牲分獻之制，凡看牲，舊以前月之朔大駕親往。自後，文武大臣日輪一員，次早復命。至是，令冬、夏至及祈穀俱正祭。前五日親往，自後遣大臣輪視如常。凡分獻，舊用文武大臣及近侍官二十四員。今圜丘、方澤各用四員分祭。太常先期題請欽命，而法司官例不遣。又定大祀，如遣官不行飲福禮，太常具福胙奏進。

（明）王圻《續文獻通考》卷一〇五《郊社考下·攝祀》

皇明穆宗隆慶元年丙寅，禮部會議典禮。

郊祀之禮。

永樂十八年，北京大祀殿成，行禮如前儀。

洪熙元年，增奉成祖文皇帝并配。

嘉靖九年，始建圜丘於南郊冬至祀天，以日、月、星辰、風、雲、雷、雨從祀。【略】今分祀已久，似難紛更，宜照例南北二郊於冬夏至日，恭詣聖駕親詣致祭，仍奉太祖高皇帝配。

祈穀之禮。

祖宗朝原無。【略】嘉靖九年，始以孟春上辛日行祈穀禮於大祀殿。

十年，以啓蟄日改行於圜丘。十八年，又改行於禁内之玄極寶殿，遂爲定制。

大祀之禮。

舉明堂大典以季秋享上帝，奉睿宗獻皇帝配，尋乃徹大祀殿，改建大享殿。每歲禁内之玄極寶殿遣官行禮，未嘗親詣郊壇。況以皇帝配享似於周人宗祀文王之義不協，此禮可罷。【略】

（隆慶元年）十一月十日，上親祀天於圜丘，嗣服之初，一時稱快睹云。

（三年）十一月甲戌冬至，上親祀天於圜丘。

四年十一月丙子，以大祀圜丘，上御皇極殿誓戒，文武群臣致齋三日，命成國公朱希忠告太廟，請太祖高皇帝配。

今上萬曆三年十一月，内閣臣張居正進《郊禮圖册》，曰：永樂十八年，北京天地壇成，每歲仍合祀如儀。南京壇，有事則遣官祭告。洪熙元年，奉太祖高皇帝、太宗文皇帝同配享。嘉靖九年，初建圜丘於大祀殿之南，每歲冬至祀天，以大明、夜明、星辰、雲雨風雷從祀。其大祀殿則以孟春上辛日行祈穀祭，奉太祖太宗同配享。

十年，又改以啓蟄日行祈穀禮於圜丘，仍止奉太祖一位配享。

十七年秋九月，詔舉明堂大享禮於大内之玄極寶殿，奉睿宗獻皇帝配享玄極殿即舊欽安殿。是冬十一月，上具册寶詣圜丘上昊天上帝爲皇天上帝尊號。

十八年春，行祈穀禮於玄極寶殿，不奉配。

二十四年，拆大祀殿，改建大享殿，命禮部歲用季秋奏請卜吉行大享禮，隨又命仍暫行於玄極寶殿。隆慶元年，詔罷祈穀大享二祭。復玄極寶殿，仍名欽安殿，而天地則分祀如世宗所更定云。

（明）徐學聚《國朝典彙》卷一五《朝端大政》

（永樂）十八年北京壇成，上歲親祀南京壇，有事則遣官祭告。

十九年正月甲子朔，上躬詣太廟奉安五廟神主，命皇太子詣天地壇奉安昊天上帝、后土皇地祇神主。

洪熙元年正月，敕禮部太常寺：今年正月十五日大祀天地神祇，奉皇祖、皇考配，仍著興章垂憲萬世。【略】

宣德元年正月，以大祀天地，上致齋武英殿，命禮部太常習禮殿上。【略】

三月，潒縣民充郊壇户者，有司責令養官牛，又俾充遞運夫，民訴於朝。上謂侍臣曰：國家重祭祀，而郊祀最重，舊制，郊壇户悉免他役者，慮其不能專，有司不知所重，不恤民難，可責也，姑宥之。遂命行在禮部申明郊壇户免雜役之令。

九月，行在太常寺奏，天地壇每歲皆自十月撥軍掃除，令已及時。上曰：祖宗敬事天地，故立法如此，朕謹守成憲，卿等亦當恭體此心，躬親臨視，務令潔净。

八年正月，車駕詣郊壇，自祖宗以來，皆朝百官後乃行。至是，上先日諭禮宮：明旦早行，不視朝。既至南郊，躬詣神厨，凡諸祭物，一一閱視。【略】

天順初年，上自復位，益嚴祀事。至是，南郊大祀學士吕原、侍郎蒯祥等十九人猶循舊例，至西天小門不下轎、馬，爲校尉所伺察，禮科糾之，命姑容，仍令禮部張榜禁約。自後，凡過西天小門者，必下。【略】

弘治六年十二月，禮部尚書倪岳等奏明年正月初七日大祀天地。前期三日，以孟春享太廟，值大祀齋戒之始，宜免行飲福受胙禮。上是之。

正德十一年正月，大學士靳貴言：比歲郊祀駕出回鑾，或至暮夜，切恐俎豆陳設不能精潔，禮樂儀容不能整備，且警蹕不嚴，兵威不肅，百官失趨蹌之節，班行無等級之分，甲馬或交馳於輦道，群衆或喧呼於御街，况塵埃昏暗之中，慮有不測，禁門出入之際，尤難關防，伏願駕出鑾回俱在清晨。上諭：知之。

十五年正月，上欲就南京舊壇大祀天地，大學士梁儲等言，南北配位不同，且典章不可紊，止之。【略】

（嘉靖）七年正月，上諭圃輔臣曰：朕檢《會典·郊齋戒》内一條云：當日，本部官同太常寺官於城隍廟發咨，仍於各廟焚香三日。所開止云各廟，未及宮觀寺宇，朕惟各廟亦非與者，兩宮觀寺宇尤非也，不但爲妨郊祀，恐於誠意反致淆亂，卿等亦以爲不經之禮，豈不瀆神？今可預諭禮部太常寺，自今年郊祀始，不必於各寺宮觀廟宇燒香，庶致精純，以欽祀事。【略】

八年十二月，上諭禮部：朕惟尊祖配天，莫大之典。近來郊祀告祖，止就内廟，非郊。聖祖初制，來春大祀天地，告祖配天，當於太廟行禮。禮部具儀以上，自是歲以爲常。

九年三月，定南北郊及朝日、夕月禮。【略】

五月，作圜丘於天地壇，稍北爲皇穹宇，作方丘於北郊，稍南爲皇祇室，圜丘昊天上帝南向，太祖西向，東一壇大明，西一壇夜明，東二壇二十八宿，西二壇雲師、雨師、風師、雷師。孟春祈穀，祀上帝於大祀殿，二祖并配。

十一月，躬視圜丘，冬至有事於南郊。先是，上制圜丘祀器，金爐、玉爵、錦幕、圭璧，及鐘磬、賁鼓諸樂器。既成，陳於文華殿，召大學士璁閱視。是日，上親祀於圜丘，奉太祖西向，配各騂犢一，用璧三，獻九，奏樂舞用八佾。從祀四，大明、夜明各騂牛，恒星五曜群星及雲雨雷師各牛一、羊一、豕一，明日布詔天下，頒恩錫於庶官，布寬恤於小民，列款皆親定云。

十年三月，建大神殿於南郊。初，南郊撤屋爲壇，祭之時奉上帝神牌圜丘上，既祭，而神牌莫之所藏。上命建大神殿以藏之，已而上念舊存齋宮在圜丘北，是踞視圜丘也，欲改建於丘之東南。尚書夏言言：向者大神殿之建，乃皇上竭誠事天，此制爲可若更起齋宮圜丘之旁，似於古人掃地之意，未爲允協，且秦漢以來，并無營室者質誠尊天下，自封樹以明謙恭之意，故惟大次之設爲合古典，陛下前日考據精密，豈今偶未之思耶？況財用缺乏，工役頻煩，盛暑之後，民以勞止，伏望齋宮寢建，仰答太靈，報可。

十一年正月，禮部奏往以正月之吉大祀天地，入覲臣僚四品以上皆得陪祭，今大報之禮行於冬至，而祈穀之典舉於孟春，諸臣當覲者見集闕下，請令四品以上皆得陪祀，祈穀如昔年大報例，從之。

十七年九月，大享上帝於玄極殿，奉睿宗配享。初，上議舉明堂秋報禮於奉天殿，既而改議撤南郊大祀殿，建大享殿行之。是秋，大享殿未成，乃就宮右玄極殿行之，以睿宗配享。享成，宴群臣於謹身殿，布詔天下。【略】

二十一年四月，諭禮部曰：季秋大享於明堂，此周禮重典，與郊祀并者也。數歲以享地未定，特舉祭於玄德寶殿，朕誠猶未盡，惟茲南郊舊殿原爲大祀之所，今禮既是正，則故撆不當褻留，昨歲已令有司悉撤之，朕自作制象立爲殿，恭薦名曰泰享，用昭寅奉上帝之意。

二十九年六月，太常寺請修理天壇，詔會官計處工費以聞，給事中謝登之言圜丘乃祀天之所，誠不當惜費，但今四郊并建，財力已窮，未及大壞，不宜遽興重役，從之。

四十一年，冬至大祀天於圜丘，命成國公朱希忠代。初，太常寺奏郊祀，詔百執事各宜加慎毋怠。及祭之日，天氣和霽，星河澄朗，上喜甚。【略】

隆慶元年正月，禮部遵旨會議郊社諸典禮，言天地分祀昉於《周禮》圜丘方丘之文。自漢以來，歷代分合不常，諸儒議論不一。我太祖定鼎之初，與一時儒臣議配考訂，首建分祀之禮，其後因感齋居陰雨，始改合祀。至我皇考，仍建四郊，如洪武初年之制。蓋太祖始分而後合，皇考改合而爲分，然皇考之更制，即太祖之初制也。分祀已久，似難紛更，宜照例南北二郊於冬、夏至日，恭請聖駕親詣致祭，仍奉太祖配。至於西苑帝社帝稷之祭，不無嫌於煩數，臣等竊以爲此宜奉大社大稷之祭，其帝社帝稷宜罷。上以會議允當，命如議行之。

十一月壬子朔，禮部上大祀圜丘及出入告廟儀注，詔俱如擬。自嘉靖中，親郊之典久缺不講，上初嗣服，乃命祠官綴茸舊章，具上其事，一時稱快睹云。

（明）徐學聚《國朝典彙》卷一一五《禮部》

（嘉靖二十三年）八月，先是大享殿工程將竣，禮部尚書費寀言，"大享殿"三字，原係欽定，請書扁額，上定門名大享殿，名皇乾。寀又言：自古圜丘事天，明堂事帝，其禮一也。惟事天之禮極簡，聖人以爲未足以盡其意，故有秋季大享之禮，柳惟皇上憲天稽古，達孝因心，茲當郊廟禮成之後，准古明堂之制肇建，大享殿、皇乾殿今工完在即，秋享上帝以睿宗獻皇帝配，典禮隆重，群臣宜上表賀，及詔告天下并書諭宗藩。上令暫止。至是，嵩上言：皇上嘉尚古禮，取法成周，明堂嚴配之文，奉皇考以配上帝，尊親大孝，千古帝王莫及此。典往年權行於玄極寶殿，兹則鴻構落成，首舉此祭，人心咸望，乘輿一出，躬舉大儀以光聖孝蓋。昨者太廟新成，群臣已切，維時溽暑，未敢輒請，兹天眷聖躬，充養健盛，臣敢批瀝愚衷，乞賜鑒納。尋定大享以九月四日暫於玄極寶殿行禮，各項禮儀俱俟來秋定行。

（明）王圻《續文獻通考》卷一〇七《郊社考·明堂大享》

先是，通州同知豐坊言宜建明堂，尊皇考爲宗，以配上帝，上以獻皇帝躬備聖德慶延於躬可有德而宗稱，遂令廷臣法古典明堂之舉，稽嚴父配帝之經，始定明堂，乃徹南郊大祀殿爲大享殿，以祀皇天上帝。上獻皇帝謚曰知天守道洪德淵仁寬穆純聖恭儉敬文獻皇帝，廟號睿宗，即日祔享於太廟，禮成，仍藏主於原廟，又尊太宗廟號曰成祖，至是明堂祇享於上帝，遂以獻皇帝配焉，時大享殿未成，故是秋暫於宮右乾隅玄極寶殿舉大享禮，大享禮蓋始於此。

（明）沈德符《萬曆野獲編》卷二

配天配上帝。世宗既分祀天地於南北郊矣，其後以太祖、太宗并配天爲非禮，遂省去太宗之祀，蓋陰爲獻皇地也。至嘉靖十七年，諛臣豐坊言，請仿古明堂之制，加獻皇宗號以配上帝。上意甚愜，遂以其年九月舉明堂大享禮於大内，尊獻皇稱睿宗，更上昊天上帝號爲皇天上帝，而以睿宗配享，蓋用《周禮》故事。按：上帝即天，豈有分祀爲二之禮？此舉在古人已屬支離，至於昊天、皇天，更易名號，尤爲贅詞，蓋世宗熟揣獻皇之不可配天，故抑而從明堂之説。至穆宗登極，并大享禮罷之，真千古卓見。宋徽宗政和間，上玉帝尊號，曰太上開大執符御歷含真體道昊天玉皇上帝，蓋循真宗舊稱，而益以昊天字也。其事與嘉靖相似。

代祀。嘉靖十一年二月驚蟄節，當祈穀於圜丘，上命武定侯郭勛代行。時張永嘉新召還居首揆，夏貴溪新簡命拜宗伯，不聞一言匡正，獨刑部主事趙文華上言，切責而宥之。時文華登第甫三年，其辭嚴而確，使其末路稍修潔，固儼然一直臣矣。次年十一月大祀天於南郊，又命郭勛代之，大小臣遂無一人敢諫者。時上四郊禮甫成，且親定分祭新制，遂已倦勤如此。至中葉，而高拱法官，臣下不得望清光，又何足異？蓋代祀天地，自癸巳始。至甲午後，遂不視朝。己亥幸承天還，途中火災，上僅以身免，因歸功神佑。壬寅宮婢之變，益以爲事玄之效，陶仲文日重矣。然邵元節實以嘉靖三年召入，五年遂封清微妙濟守静修真凝元衍範志默秉誠至一真人，給玉金銀牙印章各一，得密封言事。是時鉛山費文憲爲首揆，已不能有所諫正矣。至其後，進禮部尚書，贈其父守義爲太常寺丞，猶之可也。又封其師范文泰爲清微崇玄守道凝神湛默履素養和衍法輔教真人，則濫極矣。至陶仲文更勸上以退居爲祈天永命祕術，何論郊祀哉！

（明）張岱《石匱書》卷一

洪武十一年十月，大祀殿成。

十二年正月己卯，合祀天地於南郊。自齋誓至祭夕，天宇澄霽，卿雲斐亹，上大悅。謂省臣曰：朕周旋祀事十有二年，見儀文太煩，乃以義更之，令合祀天地，若有昐饗答於朕心，其命載筆者紀之，以彰皇天后土之昭格。

（明）張岱《石匱書》卷一一

嘉靖十年正月，上幸大祀殿，禮畢，諭璁曰：二聖配帝之典，決不可爲，自來只是祖配天。尋親定祈穀祝文儀注，止奉太祖配。

（明）佚名《太常續考》卷一《郊祀》

（永樂）十八年，京師大祀殿成，規制如南京，行禮如前儀。增附天壽山於北岳壇。然上歲仍親祀於南京，有事則遣官祭告。洪熙元年，增文皇帝配位太祖下，西向。嘉靖九年，上銳意太平，考正禮樂。給事中夏言以分祀請，下廷臣議。【略】是年，始以歲孟春上辛日祀上帝於大祀殿，舉祈穀禮。夏言言：虞夏殷周四代之郊，惟配一祖，至唐宋乃有三祖同配之謬，祖宗并配，父子同列，於經制非宜，請仿周后稷配天，文王明堂配帝之意，南北二郊奉太祖配，祈穀奉文皇帝配。下廷議，群臣以爲不可。疏留中，不報。言再請，上怒。群臣違君叛禮，令祈穀二祖并配，二郊專奉太祖配。十年，改以啓蟄日行祈穀禮於圜丘，仍止奉太祖配。

十七年，薦大號於天，改昊天上帝稱皇天上帝。是年，上欲仿周明堂之制，宗祀皇考以配上帝，詔舉大享禮於玄極寶殿，奉睿宗獻皇帝配。

十八年春，又改行祈穀禮於玄極寶殿，不奉配。玄極寶殿者，大內欽安殿也。殿建於宮右，自行大享祈穀禮改今名云。

二十四年，撤舊大祀殿，改建泰享殿，命禮部歲以季秋奏請卜吉，行大享禮，并擬行祈穀禮於殿中。比殿成，而大享祈穀，仍於玄極寶殿，遣官行禮以爲常。隆慶元年，莊皇帝即位，遵遺詔，詔禮官議郊廟禮。【略】於是大享、祈穀不復行。玄極寶殿仍改爲欽安殿，而二郊分祀如故。每歲冬至，上大祀天於圜丘，夏至大祭地於方澤，國有大事則祭告焉。

（明）佚名《太常續考》卷八《大享》

嘉靖十七年秋九月，上欲宗祀皇考以配上帝，詔舉大享禮。乃享上帝於大內之玄極寶殿，奏皇考睿宗知天守道洪德淵仁寬穆純聖恭儉敬文獻皇帝，西向侑享。

二十四年，撤大祀殿，改建泰享殿，命禮部歲以季秋，奏請卜吉，行大享禮，後泰享殿成，命仍於玄極寶殿行之。隆慶元年，大享禮罷。季秋行大享禮於泰享殿事宜。

（明）佚名《太常續考》卷八《大雩》

嘉靖中，上欲於奉天殿行秋報禮，丹陛上行大雩禮，後用學士夏言議，建崇雩壇於圜丘東，每歲以孟夏後祭天禱雨祈穀。後自二月至四月，雨暘時若，則大雩之祭遣官代，如雨澤愆期上親禱焉。壇成，未經行禮而罷。按：後開儀注，雖經擬定，實未用也。

《聖祖仁皇帝實録》卷一"順治十八年春正月"條

乙丑，議政王貝勒、大臣等遵旨詳議祀典，議得圜丘，方澤，祈穀壇【略】等祀，應照舊致祭外，其大享合祀，太廟階下合祭之禮，相應罷祭。

《高宗純皇帝實録》卷一六六"乾隆七年五月"條

癸酉，定雩祭典禮。大學士等會同禮部議復：御史徐以升奏稱本朝禮制具備，惟雩祭尚未設有壇壝。請於京城内擇地建立雩壇，仿古龍見而雩之禮，每歲屆期致祭一次，偶遇亢旱，即於此望告岳瀆山川諸神，以祈求雨澤；其有久雨求霽之處，請照《祭法》雩宗祭水旱之例，亦於雩壇致禱。若僧道諷經，考諸往制，似可停止，至直省府州縣，亦應并設雩壇等語。查唐時雩祀於南郊，後行雩禮於圜丘，其制斟酌盡善，請仿唐制，嗣後孟夏龍見，擇日行常雩禮，祀昊天上帝於圜丘，以列祖配享，四從壇從祀於下。前期禮部奏請皇上親詣行禮，或遣親王行事。孟夏後，旱則祈天神、地祇、太歲壇，次祈於社稷壇，次祈於太廟，皆七日一祈。不雨或小雨不足，還從各壇祈禱如初。旱甚，乃大雩。祀昊天上帝於圜丘。先經祈禱太廟，既已虔告列祖，此次不設配位，仍設四從壇於下。雨足則報祀，或已齋未祈而雨及所曾經祈禱者，皆報祀。齋期、祭品俱如常儀。【略】應用舞童十六人，衣元衣，爲八列，各報羽翳。終獻樂止，贊者贊，舞童歌詩。舞童八列，按舞而歌。歌畢乃望燎。舞童令掌儀司選聲音清亮者演習，應用羽翳照《周禮》皇舞之式制辦。其舞衣、舞羽俱交内務府成造。餘儀與孟夏常雩同。至久雨祈晴，前代皆無禜祭雩壇之禮，請仿《春秋左傳》伐鼓用牲於社，及《文獻通考》禜祭國門之禮，但伐鼓用少牢，禜祭於京師國門。仍雨不止，則伐鼓用牲，祭於社，無庸於各壇祈禱。其僧道建壇諷經，實非古制，應如所奏，停止設壇，仍令僧録司僧官、道録司道官，遇齋戒致祭之日，分派僧道於顯佑宮等五廟，誦經祈禱，禮部分派司官看查。至各省州縣置耕耤田，其中皆設有壇，亦令孟夏擇日行常雩禮，或旱，每七日致祭，但不得用大雩禮，亦不必另設雩壇。若京師雨偶愆，皇上於大内祈禱，其專承祈禱之官，天神、地祇、社稷、太歲等壇各遣王大臣一人，太廟上帝遣親王一人，在京陪祀各官一體齋戒行禮。皇上如親詣圜丘，王以下皆陪祀。得旨：是，依議。

(清) 談遷《國榷》卷五四《世宗嘉靖七年戊子至九年庚寅》

庚寅嘉靖九年二月，【略】癸酉，初，上問張璁郊祀、宗祀，冬至圜丘、夏至方澤及日月配報之説。璁引漢宋及國初分合異同以對，上未善也。璁密語吏科都給事中夏言，言因奏國家合祭天地於大祀殿，太祖、太宗并配，又祀不於至日而於孟春，俱不應古禮，宜令群臣博考《禮書》及漢宋匡衡、劉安世、朱熹之定論，以太祖初即位詔爲據。上大悦。下廷議。禮科給事中王汝梅等詆言妄，上切責之，諭禮部集議。

三月，【略】丙申，張璁上郊祀考，議下禮部，命以皇祖《存心録》祭祀儀注書仍會議。詹事霍韜謂：祖制不宜輕改，南北分祀惟見《周禮》，莽賊僞書不足據。夏言曰：宋儒葉時云郊丘分合之說，當以《周禮》爲定，秦去古未遠，祀天山上，祀地澤中。漢之郊祀甘泉，祀地汾陰，則秦漢天地之祭猶分也。至元始間始合於南郊，實自王莽陰媚元後始。漢以後分祭，亦間有之，魏文帝之泰和、周武帝之建德、隋高祖之開皇、唐睿宗之先天，皆分祭也。開元禮則專合祭矣。宋元豐、元祐、紹聖俱議合祭，以郊賚之費，每傾府藏，從省約耳，亦未嘗以分祭爲非禮也。今議者以太祖定制不當改，不知分祭固太祖初制，爲可復也。大祀殿以之祀天，則不應經義，以之享帝，則吻合《周禮》，然太祖太宗并配，父子同列，稽之經旨，又不能無疑，周人郊祀后稷以配天，我太祖足當之，宗祀文王於明堂以配上帝，我太宗足當之，區區之意，有見於此，敢并陳之。下禮部。

辛丑，禮部集議右都御史汪鋐等八十二人主分祭，大學士張璁等八十四人主分祭第工巨未易舉，尚書許瓚等二十六人主山川壇分丘，尚書方獻夫等二百六人主合祭，至朝日、夕月建東西壇，則闕典當修。命再議。諭：二至南北二郊，分建員丘、方澤爲報本，奉太祖配。歲首祀上帝於大祀殿，爲祈穀奉太宗配，朝日、夕月建壇於朝陽阜城二門。于是集議。東閣尚書李時言：宸斷毋容再議，但太祖太宗并配已久，若分之，則子先父食，義有未當，宜仍之。夏言曰：聖諭太祖配天，太宗配上帝，是各全其尊天與上帝一也，大祀殿并配，則兩失其尊矣。于是方獻夫、李承勛等議兩請。夏言奏：按《孝經》郊祀后稷以配天，宗祀文王於明堂以配上帝。《春秋傳》曰：自外至者無主不止，則天地之祭，必有所配者，皆侑神作主之意也。對越天地，神無二主，禮專一祀，兩漢之盛，莫之敢易。西漢以高祖配天，東漢以光武配上帝，義亦正矣。唐始兼配，垂拱中，禮官希旨，郊丘諸祀，遂有三祖同配之禮，開元十年議罷。宋至道二年詔親郊員丘，太祖、太宗并配，至景祐二年定配太祖，嘉祐六年諫官楊畋論水災由郊廟未順，禮院亦言三祖同配非禮。七年，詔南郊配太祖。司馬光曰：古之帝王，自非建邦啟土及造有區夏者，皆無配天之文，故雖周之成康、漢之文景，明章其德，業非不美也，子孫不敢推以配天，避祖宗也。光之言可謂萬世訓矣。《禮》曰：父坐子立，太祖在御之日，我太宗敢并之乎？今連祔并席，豈可安太宗之心哉？天即帝也，郊而曰天，所以尊之也，以后稷配遠矣、祭於郊，尊也。明堂而曰帝，所以親之也，以文王配，親也。陛下覽觀古昔，更定大禮，奉我太祖配天，則周之祭后稷於郊，奉我太宗於大祀殿，則周之祭文王於明堂，豈有輕重於其間哉？故并配則各失其尊，分配則各全其尊矣。

己未，張璁申分祀并配之議云，分祀從古，并配從今。下禮部。

(清) 談遷《國榷》卷五七《世宗嘉靖十八年己亥至二十一年壬寅》

（壬寅嘉靖二十一年）四月丙辰，作南郊泰享殿，撤大祀殿爲之，謂數歲來大享玄極寶殿，非禮也。

（清）傅維鱗《明書》卷一三《本紀一一》

十年辛卯春正月戊子，初行祈穀禮於大祀殿，奉太祖配，行特享禮於太廟，初正太祖南向位。命有司集議禘祭、大雩、秋報禮。

（清）傅維鱗《明書》卷五〇《志四》

嘉靖九年，以合祭天地於大祀殿，於上下之分、陰陽之義未著也，又屋而不壇爲非禮，下廷議。【略】群臣咸疏爭不省，輔臣璁三疏爭，留中，言復理前議甚力，上怒。【略】

嘉靖十七年，致仕揚州府通判豐坊上言，宜建明堂尊獻皇帝爲宗，以配上帝，下廷議。【略】乃舉明堂儀，因薦徽號於天、於祖宗、於皇考，遂即南郊大祀殿建大饗殿，擬古明堂，而是秋，殿未成，即大内之元極殿行禮焉。殿成，薦大號於天，稱皇天上帝，奉獻皇帝侑。

（清）孫承澤《天府廣記》卷六《郊壇》

世宗大定十一年，始郊，命宰臣議配享之禮。【略】臣謂冬至親郊，宜從古體。上曰：唐宋以私親不合，不足爲法，今止當以太祖配。乃詔以今年十一月十七日，有事於南郊，於前一日遍見祖宗，告以郊祀之禮事，其日備法駕鹵簿，躬詣郊壇行禮。

元之初，祀禮皆因國俗。世祖十二年十二月，以受尊號，遣使諭告天地，下太常檢討唐宋金舊儀，於國陽麗正門東南七里建祭壇，設昊天上帝、皇地祇位二，行一獻禮。三十一年，成宗即位，夏四月壬寅，始於都城麗正門外南七里建壝壇。【略】

大德初，合祀五方帝於南郊。【略】

明太宗永樂十八年，於京師正陽門南之左建壇，繚以垣墙，周圍九里三十步。初，遵洪武合祀天地之制，稱爲天地壇。後既分祀，乃始專稱天壇。按：吳元年，建圜丘，以冬至祀昊天上帝，建方丘，以夏至祀皇地祇。及即位，猶分祀如故。至洪武十年，因風雨不時，灾異時見，覽京房灾異對，始定合祀禮，采古明堂遺制，即圜丘舊壇作大祀殿，壇而屋之，罷方丘，而是歲，即奉天殿行焉。十二年，殿成，祀昊天上帝、皇地祇位，南向；仁祖配，西向。從祀丹墀四壇，曰大明、曰夜明、曰星辰、又曰星辰内壇外二十壇，曰五岳壇、五中岳壇。以鍾山附，曰五鎮壇五、曰四海壇四、曰四瀆、曰風雲雷雨、曰山川、曰太歲、曰天下神祇、曰歷代帝王各壇一，凡二十四壇。大臣分獻，因命太常。每歲祭天地於首春三陽交泰之時。二十一年，增修壇壝，殿丹墀中叠石爲臺，東西相向爲壇，内壇外爲壇二十，亦東西相向。罷朝日、夕月、熒星之祭，并罷太歲、風雲雷雨、岳鎮海瀆、山川月將、城隍、歷代帝王之春祭。建文元年，撤仁祖位，奉太祖配。永樂十八年，京師大祀殿成，規制如南京，行禮如前儀，增附天壽山於北岳壇。洪熙元年，增文皇帝配位太祖下。嘉靖九年，從給事中夏言之議，遂於大祀殿之南建圜丘，爲制三成，祭時上帝南向，太祖西向，俱一成上。其從祀四壇，東一壇大明，西一壇夜明，東二壇二十八宿，西二壇風雲雷雨，俱二成上。

【略】又外圍方墻爲門四，南曰昭亨、東曰泰元、西曰廣利、北曰成貞。内櫺星門南門外東南砌綠瓷燎爐，旁毛血池，西南望燈臺，長竿懸大燈。外櫺星門南門外左設具服臺，東門外建神庫、神厨、祭器庫、宰牲亭，北門外正北建奉神殿，後改爲皇穹宇，藏上帝太祖之神版，翼以兩廡，藏從祀之神牌，又西爲鑾駕庫，又西爲犧牲所，北爲神樂觀，北曰成貞門，外爲齋宮，迤西爲壇門，壇稍北有舊天地壇在焉，即大祀殿也，嘉靖二十二年改爲大享殿，殿後爲皇乾殿，以藏神版，以歲孟春上辛日祀上帝於大享殿，舉祈穀禮，季秋行大享禮，以二祖并配。至郊祀，專奉太祖配。十年，改以啓蟄日行祈穀禮於圜丘，仍止奉太祖配。十七年，改昊天上帝稱皇天上帝，是年欲仿明堂之制，宗祀皇考以配上帝，詔舉大享禮於玄極寶殿，奉睿宗獻皇帝配。玄極寶殿者，大内欽安殿也，殿在乾清宫垣。後隆慶元年，罷大享、祈穀禮，玄極殿仍改爲欽安殿。圜丘泰元門東有崇雩壇，爲制一成，東爲神庫，嘉靖中以孟夏後祭天禱雨，祈穀壇成，未行而罷。

(清) 孫承澤《春明夢餘録》卷一四《脱舄》

學士樂韶鳳奏曰：禮侍坐於長者，屨不上於堂，解屨不敢當階，就屨跪而舉之屏於側。注：屨賤空，則不敢陳於尊者之側。長者在堂，則脱於階下。在室，則上堂而不著入室也。漢魏以後，朝祭則跣襪，惟蕭何劍履上殿。宋南郊，皇帝至南階，脱舄升壇，入廟，脱舄升殿。宋《開寶通禮》：太廟饋食并禘祫，皇帝至東階下，解劍脱舄。今議於郊祀廟享前期一日，有司以席藉地，設御幕於壇東南門外，及設執事官之次門外西側。祭日，大駕臨壇，入幕次，脱舄，升壇，執事導駕贊禮、讀祝，并分獻陪祭官皆脱舄外次，升供事，協律郎、樂舞生跣襪就位。畢，降壇納舄。從之。

(清) 孫承澤《春明夢餘録》卷一四《戒飾》

上詔中書言：祀禮肇於聖王，諸周旋上下、進趨獻酬之節，殷勤至矣。朕親循行，其無乃失之瀆而過飾乎？過飾，是不誠也。孔子有云，禘自既灌而往者，吾不欲觀之矣。且人不誠者衆，暫誠者有之，永誠者鮮已。今措禮設儀而過飾，能有終乎？朕周旋神所十有一年，未見其當。於是更儀殊式，合祀天地神祇。飭中書下翰林院，令儒臣紀焉。

(清) 孫承澤《春明夢餘録》卷一四《世宗更制》

世宗改合祀而爲分祀，卜之太祖，不吉；謀之人言，不協，將欲已之。夏言持之獨力。初，問張瓊，瓊備述《周禮》及宋熙寧間陳襄、蘇軾、劉安世、程頤所議分合異同以對。且言，聖祖定制，無敢輕議，惟朝日、夕月之禮具載《存心録》，并祭祀禮儀，若欲講求復舊，似無難者。及上諭再議，瓊言：聖祖爲一代創業之主，爲子孫者億萬年，所當遵守，願以不愆不忘之心，盡善繼善，述之孝，此其意雖在分祀，然以祖制爲言，自是大臣告君之體及夏言二祖分配之説，則力辟之矣。曰：郊祀之議，聖見已定，群臣必將循默，臣獨不忍無言。皇上信以分配之説盡古禮乎？大祀殿非明堂之位，孟春祈穀非季秋大享之禮，則未免有失於古也。信以并配之説非今宜乎？太祖百有餘年之神座，豈忍言撤，文皇百有餘年配天之報，豈忍言廢，則未免有失於今也。臣謂天地分祀，宜從古禮，祖宗并配，宜從今制，所謂酌古斟今，繼志述事，仰對祖宗，願從容而裁酌之。又曰：天地者，古今之天地，分而祀之，三代之彝典也。臣敢不將順祖宗者，一代之祖宗，功德俱隆，并配天地，當代之定制，孝子慈孫不可輕議，臣安得無言，至罷議之説？又天地祖宗，共爲昭鑒，今日月迭變，風霾飢饉，救荒之政禮，貴弛力爲先。請察臣言，務求可傳可繼之道，外此，非臣所知也。固侃侃正論已。洧川范守己曰：郊祀之議，永嘉等前言爲是，而群議皆非也。天地分祀，古今正禮，而祖宗訓制亦孝子慈孫所當世守而不可改者。謂祖制可變，是以祖宗爲不足法矣，謂祖宗爲不足法，則凡可以紛亂舊章，將無所不至也。祖宗睿識神謨，精思長慮，其所規畫，協于至善者十之八九，間有一二襲近代之陋，繫先聖之謨，匪其識有未至，亦未能無意其間也。故周用子正，尼父非之，而子孫不爲之易。商人尚鬼，至于盤庚，以鬼恐衆，亦未聞其臣有以爲非。而請革者，何也？凡以祖宗之制不可變也，故寧因其所可變以固其所不可變，而一代之制始傳之百世而不壞。一有可變之念參乎其間，則雖其不可變者，奸臣賊子亦將以辯言亂其視聽，而紛更殆盡矣。爲端甚微，爲禍豈淺淺哉？故漢高襲亡秦，創制陋矣，孝文固守其陋，拒賈生之議而不納，匪真謙讓未遑也，正以祖宗之法不可變耳。迨至武帝，狹小漢制，正統、易服，紛紛制作，匪不力追古始，而漢家一代之制蕩然無存，浸淫易世，大釁三啓，卒致新莽之亂，有由然也。

（清）孫承澤《春明夢餘録》卷一四《元郊祀考》

元初用其國俗，拜天於日月山。成宗大德六年，建壇於燕京，合祭天地五方帝。九年，始立南郊，專祀昊天上帝。泰定中，又合祭，然皆不親郊。文宗至順以後，親郊者凡四，惟祀昊天上帝。其郊壇三成，以合陽奇之數。【略】祭時，冕無旒，服大裘，而加袞，搢大圭，執鎮圭，皇太子侍祀，服袞冕而執圭，諸臣奉祀。三獻官司徒大禮使七梁冠，加籠巾、貂蟬。助奠以下諸執事官，冠制如貂蟬，無籠巾，而有六梁、四梁、三梁、二梁之異。御史冠二梁，加獬廌。俱青羅服，裳、紱、綬、環并同，笏以木。

（清）孫承澤《春明夢餘録》卷一四《祈穀紀》

祈穀用孟春上辛，禮也。明初，用二月上戊祭先農，不行祈穀，即嘉靖亦一再舉而罷。崇禎辛巳年正月初五日上辛，復舉行。有旨：祈穀除不散齋，不出宿於郊，齋宮不朝，亥時正三刻止升一燈外，其恭視、壇位、籩豆、牲隻，如圜丘。儀行奏祭著改於正月初一日，樂章奏舞，命太常寺勤督樂舞生預爲演習。十五年壬午正月上辛，即在朔日辛未，禮部以朝賀不便，疏請改十一日辛巳爲中辛。得旨：改中辛日行禮。

（明）查繼佐《罪惟錄·志七·效社》

（洪武）十一年春正月，建大祀殿，合祀天地於南郊，奉仁祖配。

建文元年春二月庚辰，大祀天地於南郊，特奉高皇帝配。

永樂十八年，燕京凡郊祀諸神，一如洪武之舊，惟正殿設一地祇，位列天壽山於鍾山之右，奉太祖高皇帝配。

嘉靖十七年夏六月，大享上帝於玄極寶殿，以本生皇考配。初，命建大享殿，擬作明堂，宗祀皇考以配上帝。工未成，乃權行配典於玄極寶殿。有司以鐘磬琴瑟殿隘不能容，請借用祈穀樂器，不許。遂列樂器於左右四間，樂舞在陛。二十四年，諸祀典一如洪武制。【略】祈穀之制，歲驚蟄祀上帝於南郊大享殿，用騂犢、蒼玉、禮三獻、樂九奏、舞八佾，凡祈雨亦如之，去玉。秋報禮，禮官夏言請行於大祀殿，以文皇帝配。大雩之制，擬壇於郊兆之傍，雨暘不若，遣之。否，親禱焉。大享禮行於南郊大饗殿，上帝南向，興王配禮如南郊大享殿即大祀殿，專以尊皇考睿宗。

（明）查繼佐《罪惟錄·志八·宗廟》

永樂十八年，定都北京，廟祀禮一如洪武初制。

洪熙元年，凡郊社大祀，皆以太祖、太宗并配。【略】

嘉靖九年，定議二至以太祖配，大祀殿祈穀以太祖、太宗配。

（明）查繼佐《罪惟錄·志三二·外志》

大饗殿者，世廟欲宗祀皇考以配上帝，乃撤南郊大祀殿，建大饗殿享上帝，尊謚皇考獻皇帝侑享。是秋殿未成，乃大享於宮右軋隅玄極寶殿。

（清）萬斯同等《明史》卷四四《志一八·禮二·吉禮二郊祀分合》

南北郊分合之制，明初，建圜丘於鍾山之陽，方丘於鍾山之陰。洪武元年，中書省臣李善長等奉敕撰進郊社議。【略】分祭天地於南北郊，冬至則祀昊天上帝於圜丘，以大明、夜明、星辰、太歲從祀，夏至則祀皇地祇於方丘，以五岳、五鎮、四海、四瀆從祀。九年，禮臣議定郊祀之禮，國之大事，雖有三年喪，亦不敢廢。十年春，太祖感齋居陰雨，覽京房災異之說，遂謂分祭天地，揆之人情有所未安，乃命作大祀殿於南郊，敕韓國公李善長等董工。是歲冬至以殿工未成，乃合祀天地於奉天殿。【略】自今以後，每歲合祀於春，時永爲定禮。

（洪武）十一年十月，殿成。

十二年正月，始合祀於大祀殿，昊天上帝、后土皇地祇并南向，仁祖配位在東，西向，如故。

（嘉靖）二十一年，詔增修南郊壇壝。

先是，合祀舊儀。

建文初，撤仁祖配位，更奉太祖高皇帝配。成祖即位，亦如之。

永樂八年，帝巡北京，命皇太子攝祭郊壇，禮成，遣禮部尚書復命。

十八年，京都大祀殿成，規制如南京，行禮如前儀，附增天壽山於北岳壇，歲親祀焉。南京郊壇，國有大事，則遣官祭告。

洪熙元年，增文皇帝配位於太祖下，西向，仍用蒼璧，共設酒尊八，爵十二，篚四，餘如舊所陳設。

嘉靖九年，世宗既定《明倫大典》。【略】於是作圜丘，以大明、夜明、二十八宿、五星、周天星辰、雲雨風雷從祀，稍北爲皇穹宇。五月興工，十月工竣。乃作方丘，以岳鎮、海瀆、五陵山從祀。十年夏，北郊及東郊、西郊，以次告成，而分祀之制遂定矣。隆慶元年，禮部遵旨會議郊祀之典，以爲天地分祀。【略】萬曆三年，輔臣張居正等輯《郊祀新舊圖考》進呈，【略】報聞，而二郊分祀如故。

(清) 萬斯同等《明史》卷四五《志一九・禮志三・吉禮三・南郊・圜丘》

洪武元年十一月，冬至祀昊天上帝於圜丘。

二年，奉仁祖配天於南郊，儀同元年。【略】

四年，太常復條奏行禮次第。先祭六日，百官沐浴宿官署，翌日昧爽，朝服詣奉天殿丹墀受誓戒，畢，丞相暨太常官詣城隍廟發咨，以大祀之期遍告百神，復詣各廟壇所行香。三日次日，帝詣仁祖廟告請配享，禮畢，還齋宮。

七年，議增圜丘從祀正配位。【略】十年，定合祀之制，其儀已見合祀條。

嘉靖八年，命罷傳制後各廟焚香之禮。

九年，復分祀天地於南北郊。【略】凡分獻，舊用文武大臣及近侍官二十四員，今定圜丘用四員分獻。太常先期題請欽定而法司官仍舊例，不與分獻。又定大祀如遣官，不行飲福酒禮，太常官具福胙奏進。十月，新制圜丘祭器，成帝親視於文華殿。禮部上大祀圜丘儀注。

十年十月，諭禮部尚書夏言欲親行奉安禮，言具儀。

(清) 萬斯同等《明史》卷四六《志二〇・禮志四・吉禮四・祈穀》

明初未嘗行祈穀之禮，至世宗時，更定郊祀，謂二祖并配非古禮，欲分配圜丘、大祀殿，固諸臣固請，乃許於大祀殿祈穀，奉二祖配。

嘉靖十年，始以孟春上辛日行祈穀禮於大祀殿。禮畢，帝心終不然，諭大學士張孚敬：自古惟以一祖配天，今二祖配帝之事，決不可爲範後世，嗣後大報并祈穀，俱當奉太祖配。尋親製祈穀祝文，更定儀注，改用驚蟄節奉高皇帝配，儀視大祀少殺，著爲定典。【略】

十八年，改行於大內之元極寶殿，不奉配，遂爲定例。

(清) 萬斯同等《明史》卷四六《志二〇・禮志四・吉禮四・大雩》

明初凡遇冰旱災傷及非常變異，或躬禱或露告於宮中，或於奉先殿陛，或遣官祭告郊廟陵寢及社稷山川，無常儀。

嘉靖八年，春祈雨、冬祈雪，皆御製祝文，躬詣南郊祠皇天后土，遂躬祀山川神祇於山川壇，次日祀社稷壇。冠服淺色，鹵薄不設，馳道不除，皆不設配，不奏樂。

九年，帝欲於奉天殿丹陛上行大雩禮。【略】

十七年，躬禱雨於壇，青服，用一牛，以熟薦。

萬曆十三年，帝親禱郊壇，却輦步行，自皇極門步至壇，入昭亨門，至左靈星門外幕次少憩，詣壇，行禮如舊儀，出至幕次，少憩，乃還宮。

（清）萬斯同等《明史》卷四六《志二〇‧禮志四‧吉禮四‧大饗禮》

明初無明堂之制，至嘉靖十七年，致仕揚州府同知豐坊奏：孝莫大於嚴父，嚴父莫大於配天，請復古禮，建明堂，加尊皇考獻皇帝廟號，稱宗以配上帝。【略】九月大享上帝於元極寶殿，奉睿宗獻皇帝配，殿在宮右乾隅，舊名欽安殿，至是更其名雲，禮成，禮部請升殿，百官表賀如郊祀慶成儀。【略】二十一年四月，敕諭禮部，【略】歲以秋季大享上帝，仍奉皇考睿宗配享。【略】行禮如南郊，陳設如祈穀。二十二年，禮部尚書費寀等言大享殿工將竣。殿門字樣宜先期制區書之，因言先年圜丘藏神位之所初名泰神殿，續改爲皇穹宇，今神御版殿亦係奉藏神位，題請額名，帝曰門名已定大享殿，名恭曰皇乾，比殿成，而大享仍於元極寶殿，遣官行禮以爲常。隆慶元年，禮部奏，【略】大享之禮可罷，於是命元極寶殿仍改爲欽安殿。

（清）允祹等《大清會典則例》卷七六《禮部‧祠祭清吏司‧大祀‧大祀南郊》

順治元年，定每歲冬日至大祀天於圜丘，以大明、夜明、星辰、雲雨風雷從祀。【略】

十四年諭：南郊祀天，禮宜嚴重。其前祀五日，朕親詣視牲，祀前一日，朕親宿齋宮，如遣官恭代，亦著詣壇齋宿、視牲，永著爲令。欽此。又定，修理天壇神版，遣太常寺卿一人，赴神位前上香，行一跪三叩禮，恭奉神版於神庫內，修理告成之日，仍恭奉神版至原位奉安，畢，行一跪三叩禮，退。

康熙三年，諭：冬至四從壇分獻，向來遣副都統、侍郎，不合，應以都統尚書一品大臣分獻。欽此。【略】

五十八年，諭：祭祀天壇，朕雖年邁，必欲親詣，於祭前升壇瞻仰，省視俎豆，量力跪拜，退處帷中，俟恭代親王行禮畢，然後回鑾，將朕親詣之意於祝文內序明，欽此。

雍正二年，奏准天壇大祀，上帝位前金爐一，幄前門爐二，配位前金爐各一，應於各爐上設蓋，祀時委太常寺官各一人恭，皇帝上香後，即行安蓋，所設爐蓋，行工部製造。【略】

乾隆七年，奏准郊祀典禮最巨，是以歷代制度車輦儀仗，備列尊崇，所以肅明禋而重禮制也。【略】又議准，冬至前一日躬詣南郊齋宿，鑾儀衛使率屬陳大駕鹵簿於午門外，奉輦官進玉輦於太和門階下祇候。巳刻，太常寺堂官恭請皇帝乘禮輿，出太和門，降輿，升輦，鑾儀衛使跪奏請發鑾駕，駕發，警蹕，午門鳴鐘鼓，翊衛諸臣照例於應乘馬處乘馬，左右傍輦從行，至南郊，駕由昭亨門左門入，至鋪棕薦處降輦，贊引官二人導入内壝左門，詣圜丘視壇位，分獻官分詣神庫視籩豆、神厨視牲牢，畢，贊引官二人導駕至降輦處升輦，詣齋宮，從祀王公百官蟒袍補服，按左右翼立齋宮外，皇帝降輦，升禮輿入，乃退，各歸齋所。是夜，嚴更宿衛，警蹕環巡。次日，太常寺堂官按時請駕，乘禮輿出齋宮，升輦至鋪棕薦處，降輦，入更衣幄次，俟安奉神位，畢，皇帝具禮服出幄次，贊引官二人恭導詣壇行禮，祀禮既成，皇帝入幄次更衣，畢，出昭亨左門外，升輦至太和門，鑾儀使奏請降輦，升禮輿還宮。又奏准大祀圜丘、祈穀、方澤，供設爐鐙籩豆，均於駕未至前陳設，惟進俎俟典儀官於獻玉帛之後唱進俎，庖人始於壇下昇進香爐鐙几，亦須移於兩旁，俟沃湯畢，始安復原位，倉卒間豈能必其端正，且進俎九十餘人環繞壇上，未免進退不齊，似非敬謹之意。嗣後，大祀圜丘、祈穀、方澤，所進之俎，亦如籩豆，豫先陳設，其獻玉帛後，典儀官唱進俎，止須執湯壺官進前沃俎，贊引官恭導皇帝詣神位前拱舉進俎，毋庸庖人臨時昇進，其香爐鐙几亦省移請之煩。又奏准，向例大祀天地、祈穀，如皇帝親詣行禮，迎神樂作，皇帝詣各神位前上香，復位後東西兩門爐司香官始行點香安爐蓋。嗣後，請照各壇廟於請神位時，兩門爐豫爲點香薰壇，其安設爐蓋，請照時饗太廟例點香畢，隨安爐蓋。又諭禮部：【略】嗣後，若遇豫日應詣齋宮齋宿之祭，其視祝版、詣齋宮皆應御龍袍衮服，隨從人等皆穿吉服，永著爲例。欽此。

十二年，奏准，皇帝御齋宮日，詣皇穹宇、皇乾殿、皇祇室内上香，次詣壇視壇位，又次閱籩豆，畢，詣齋宮。

十三年，諭：向來郊壇大祀，凡遇遣官恭代之日，大學士等均不齋戒，陪祀蓋因會典開載定例，有武官公以下、輕車都尉以上，文官尚書以下、員外郎品級以上之語，是以親王及内大臣、大學士等咸不陪祀，朕思王等天潢近派，原與臣僚不同，自當隨駕前往，内大臣等職司環衛，若專顧陪祀，則禁直必至曠誤，惟親行扈從，亦爲合宜，若大學士，乃政府之臣，爲百僚表率，尤當敬謹齋宿，以爲衆倡，何以轉不陪祀，揆厥由來，蓋緣明代大學士僅列五品，在尚書以下，文官以尚書爲冠，則大學士等已在其中，至我朝雍正年間，大學士既定爲一品，在尚書之上，則所稱尚書以下，應改爲大學士以下，嗣後，一切祭祀，大學士等均令齋戒陪祀，將此載入《會典》。欽此。

十四年，【略】議准，【略】嗣後，齋宮吹角嚴皷，悉行停止，以昭肅穆。

(清) 萬斯同等《明史》卷四六《志二〇·禮志四·吉禮四·孟春祈穀》

順治元年，定每歲正月上辛日祀上帝於南郊，爲民祈穀。

十四年，題准：順治十五年正月初四日上辛祈穀之期前三日齋戒，正值元旦，改期於十四日次辛行禮。

十七年，諭：【略】嗣後，祈穀皆行燔柴。欽此。

康熙二十八年，諭：祈穀祝文，每年皆用定式，既爲民祈求，宜直抒情事，去歲直隸亢旱，已經蠲免振濟，但三冬雨雪甚少，朕心仍切焦勞，此祝文該衙門將朕肫懇恤民之意，切實撰擬進覽。欽此。

三十七年，諭：大祀圜丘，樂舞生班次與王等行禮之處相遠，觀瞻甚屬整齊，惟祈穀壇陪祀王等，向來序立於樂舞之前，樂舞生或因地狹而動不合禮，應將樂舞生移列於前，王等在後行禮，爾等詳看議奏。欽此。遵旨議准，量看祈穀壇地面，自大饗殿門檻南至臺階，縱六丈五尺，原設樂舞位去石階一丈，今移列於前，去石階二丈，其餘二丈爲諸王行禮之地，樂舞生去殿門三丈有奇，前引大臣序立於檐下，左右與奏樂處相去一丈，餘庶觀瞻整肅，而佾舞位次亦不致以地狹越禮。

五十四年，諭：據太常寺奏，春祭祈穀壇於初十日上辛致祭，但次年正月初十日雖係上辛，尚未立春，從前亦有於次辛、下辛致祭之時，大學士會同太常寺議奏。欽此。遵旨議准，於正月三十日下辛行禮。

雍正七年諭：定例正月上辛日祈穀於上帝，若上辛在正月初五以前，則於次辛行祈穀之禮，【略】嗣後，若元旦逢上辛之期，則於次辛祈穀，如在初五以前，或值初七日世祖章皇帝忌辰，著該部兩奏請旨。欽此。【略】

雍正十三年，祈穀應照康熙五十四年改期下辛祈穀之例，擇於正月二十日致祭，并請嗣後每年祈穀，均在立春後上辛日舉行，永著爲例。

乾隆元年，奏准正月上辛恭祀上帝，爲民祈穀，其三獻仍令進爵官跪進於皇帝恭親獻。

三年，題准乾隆四年正月初四日乃上辛祈穀之期，前三日齋戒，時值元旦，仍遵照次辛祈穀之例，改期於十四日行祈穀禮。

十四年，議准祈穀壇有當修整者，應及時鳩工敬謹辦理，其壇內器用，亦依定制，增飾見新，再興工前期，應恭請神位於別殿安奉，繕修皇乾殿殿內所奉上帝神版、列聖神位，應恭請於大饗殿內安奉，俟工竣還御後，乃葺修大饗殿。

十五年，題准乾隆十六年正月初九日立春，初三日上辛，係在立春以前，改期於十三日次辛行祈穀禮。

（清）萬斯同等《明史》卷四六《志二〇·禮志四·吉禮四·雩祀》

順治十四年四月，世祖章皇帝以亢旱躬詣圜丘祈雨。前期致齋三日，王以下陪祀各官皆致齋三日。官民人等咸衣淺淡色服，禁屠宰。至期，太常寺豫設酒果脯醢薦熟牛一，世祖章皇帝素服，行步禱禮，不設鹵簿，不除道，不奏樂，不設配位，不奠玉，不飲福受胙，遣官致祭方澤、社稷、神祇壇。未還宮，大雨。次三日，告謝圜丘、方澤、社稷、神祇，各遣官一人行禮。

十七年五月，世祖章皇帝以亢旱祈禱，不除道，不設鹵簿，先期步至天壇，即於壇內齋宿三日，至期，子時祀於上帝，與十四年同。

康熙十年四月，聖祖仁皇帝以亢暘不雨，躬詣天壇禱祀，前期致齋三日，王以下陪祀各官，咸齋戒。前期一日，御素服詣壇致祭，繼以雨足告謝，各壇均與順治十四年同。

二十六年，諭：京師爲天下根本之地，乃幾月不雨，朕甚憂之，欲躬行祈禱，大小臣工宜盡誠齋戒，毋循故事。欽此。祀日，聖祖仁皇帝雨冠素服，不設鹵簿，大駕乘馬詣天壇，自壇西門下馬，步至圜丘致祭，與十年同。祭畢，仍步出壇西門，回鑾時大雨立降。

二十八年，以天時亢旱，命九卿詹事科道步禱於天神、地祇、太歲三壇，并遣官致祭圜丘、方澤、社稷，以祈甘雨，不設配位，不奏樂，不奠玉，諸王以下，滿漢文武各官以上至民間，咸素服致齋三日。【略】

雍正十年，【略】遵旨議准，恭請遣官致祭，天神壇、地祇壇、太歲殿并望祭四海之神。

乾隆七年，議准每歲巳月，擇日行常雩禮，祀皇天上帝於圜丘，奉列聖配饗四從壇從祀。前期，奏請皇帝親詣行禮，或遣親王行事。常雩既畢，如未得雨，先祈天神、地祇、太歲，次祈社稷，遣官各一人，皆七日。祭告各官咸齋戒陪祀，如仍不雨，還從神祇等壇祈禱如初。旱甚，乃大雩，皇帝躬禱皇天上帝於圜丘，不設鹵簿，不除道，不作樂，不設配位，不奠玉，不飲福受胙，三獻樂止。用舞童十六人，衣元衣爲八列，各執羽翳，歌御製《雲漢詩》八章，餘儀與常雩同。祭後雨足則報祀，或已齋未祈暨曾經祈禱者皆報祀。【略】

十年，奏准：祈禱雨澤，自四月二十一日至五月初十日，祭告各壇，適值夏至大祭在邇，應俟大祭方澤後再行祈禱報祀。又奏准，祈雨儀前期，皇帝詣齋宮，不設大駕鹵簿，不作樂。祀日，皇帝雨冠素服，陪祀王公大小官員亦用雨冠素服，其午門前迎送各官咸常服。

二十四年六月，【略】遵旨議准，大雩祀昊天上帝於圜丘，不設列祖配位，仍設四從神位於第二成，東西向。祀前一日，皇帝御常服詣太和殿視祝版，執事官咸常服，巳刻，皇帝詣壇齋宿，常服乘騎出宮，不乘輦，不設鹵簿，不陳樂，前引後扈大臣侍衛咸常服導從，午門鳴鐘，不陪祀，王公百官常服跪送，駕至南郊，由壇西門入，至昭亨門外降騎，步行入壇，恭視壇位，上香行禮如儀。祀日，皇帝雨冠素服，步禱於壇，扈從官暨陪祀執事各官咸雨冠素服，不燔柴，不進俎，不飲福受胙，餘樂章、樂舞及玉帛器數悉與常雩同，皇帝行三獻禮，畢，復位，北向立，司樂協律郎引舞童十有六人，衣元衣、執羽翳，進至第一成壇上，爲八列，贊引官奏跪，皇帝跪，群臣皆跪，舞童乃舞皇舞，按節歌御製《雲漢詩》八章，歌畢，退，贊引官奏拜興，皇帝率群臣行三拜禮，興，乃徹饌、送帝神、望燎，并如常雩儀。禮成，皇帝還宮，午門鳴鐘，不陪祀王公百官常服跪迎如初儀。

（清）秦蕙田《五禮通考》卷一九《吉禮一九·圜丘祀天》

《明史·太祖紀》：吳元年八月癸丑，圜丘成。

王圻《續文獻通考》：先是，丙午十二月定議以明年丁未爲吳元年。群臣建言，國之所重，莫先於宗廟社稷，即於是日命有司立圜丘於鍾山之陽，以冬至祀昊天上帝。

《禮志》：洪武元年，中書省臣李善長等奉敕撰進郊祀議。略言王者事天明，事地察，故冬至報天，夏至報地，所以順陰陽之義也；祭天於南郊之圜丘，祭地於北郊之方澤，所以順陰陽之位也。【略】

《明史·太祖紀》：洪武二年十一月乙巳，祀上帝於圜丘，以仁祖配。

《禮志》：二年，夏至將祀方丘，群臣復請配典，太祖執不允。固請，乃曰：俟慶陽平，議之。八月，慶陽平。十一月冬至，群臣復固請，乃奉皇考仁祖淳皇帝配天於圜丘，位第一成，西向。

《禮志》：七年，更定内壇之内東西各三壇，星辰二壇，分設於東西，其次東則太歲、五岳，西則風雲雷雨、五鎮。内壇之外東西各二壇，東四海，西四瀆，次天下神祇壇，東西分設。定制，凡大祀前期四日，太常卿至天下神祇壇奠告，中書丞相詣京師城隍廟發諮，次日皇帝詣仁祖廟請配享。祭祀日期，欽天監選擇，太常寺預於十二月朔，至奉天殿具奏，蓋古卜法不存而擇干支之吉以代卜也。洪武七年，命太常卿議祭祀日期，書之於版，依時以祭，著爲式。其祭日，遣官監祭不敬失儀者，罪之。

《太祖實錄》：洪武七年，定大祀拜禮，始迎神四拜，飲福受胙四拜，送神四拜，共十二拜而畢。又以舊儀，太常司奏中嚴、外辦及盥洗、升壇、飲福受胙，各致贊詞，又凡祀俱設爵洗位、滌爵、拭爵，初升壇再拜，祭酒唱賜福胙之類，俱爲煩瀆，悉去之。又以古人祭用香燭，所以導達陰陽以接神明，無上香之禮，命凡祭祀，罷上香。

《明史·禮志》：凡分獻官，太常寺豫請旨。洪武七年，太祖謂學士詹同曰大祀終獻，方行分獻，禮未當。同乃與學士宋濂議，以上初獻奠玉帛將畢，分獻官即行初獻禮，亞獻、終獻皆如之。

《太祖實錄》：八年，定登壇脫舄之禮。郊祀廟享前期一日，有司以席藉地，設御幕於壇東南門外，及設執事官脫履之次於壇門外西階側。祭日，大駕臨壇，入幕次脫舄升壇，其升壇執事導駕、贊禮、讀祝并分獻陪祀官，皆脫舄於外，以次升壇，供事協律郎樂舞生依前跣襪就位，祭畢，降壇納舄，從翰林學士樂韶鳳之奏也。

《明會典》：洪武九年，議郊祀大禮，雖有三年喪，不廢。

王圻《續通考》：洪武丙辰，定郊祀大事，國有三年喪，不廢。【略】

《禮志》：十年秋，太祖感齋居陰雨，覽京房災異之説，謂分祭天地，情有未安，命作大祀殿於南郊，是歲冬至以殿工未成，乃合祀於奉天殿，而親製祝文，意謂人君事天地猶父母，不宜異處，遂定每歲合祀於孟春爲永制。

《明史·太祖紀》：十二年正月己卯，始合祀天地於南郊。

（清）秦蕙田《五禮通考》卷二一《吉禮二一·祈穀》

《明史·禮志》：祈穀。明初未嘗行，世宗時更定二祖分配禮，因諸臣固請，乃許於大祀殿祈穀，奉二祖配。嘉靖十年，始以孟春上辛日行祈穀禮於大祀殿，禮畢，帝心終以爲未當，諭張璁曰：自古唯以祖配天，今二祖并配，決不可法後世。嗣後大報與祈穀，但奉太祖配。尋親製祝文，更定儀注，改用驚蟄節禮，視大祀少殺，帛減十一，不設從壇，不燔柴，著爲定式。祈穀壇大享殿，即大祀殿也。永樂十八年，建合祀天地於此。【略】至嘉靖二十一年，撤大祀殿，擬古明堂名曰大享，每春行祈穀禮。隆慶元年，禮官言先農之祭即祈穀遺意，宜罷祈穀，於先農壇行事，大享禮亦宜罷，詔可。後至崇禎朝復舉行。

王圻《續通考》：嘉靖十年定祈穀禮。

正祭。是日，上常服乘輿，至昭亨門右，上降輿，導引官導上至大次，具祭服出，由左門入，至陛上行祭禮如大祀之儀，惟不燔柴。上還至廟參拜，致辭曰孝元孫嗣皇帝某祇詣南郊祈穀禮成，躬詣祖宗列聖帝后神位前，謹用參拜。畢，還宮。

《禮志》：（嘉靖）十八年改行於大內之元極寶殿，不奉配，遂爲定制。

隆慶元年，禮臣言先農親祭遂耕耤田，即祈穀遺意，今二祀并行於春，未免煩數，且元極寶殿在禁地，百官陪祀出入非便，宜罷祈穀，止先農壇行事。從之。

《春明夢餘錄》：祈穀，用孟春上辛禮也。明初，用二月上戊祭先農，不行祈穀。即嘉靖亦一再舉而罷。崇禎辛巳年正月初五日上辛，復舉行，有旨祈穀除不散齋、不出宿於郊齋宮、不朝、亥時正三刻止升一燈外，其恭視壇位、籩豆、牲只如圜丘儀行，奏祭著改於正月初一日，樂章奏舞命太常寺勤督樂舞生預爲演習。

（清）秦蕙田《五禮通考》卷二三《吉禮二三·大雩》

《明史·禮志》：大雩。明初凡水旱災傷及非常變異，或躬禱，或露告於宮中，或於奉天殿陛，或遣官祭告郊廟陵寢及社稷山川，無常儀。【略】

《禮志》：嘉靖八年春，帝諭禮部：去冬少雪，今當東作，雨澤不降，當親祭南郊、社稷、山川。尚書方獻夫等【略】隨具上儀注。二月，親禱南郊，山川同日，社稷用次日，不除道，冠服淺色，群臣同，文五品、武四品以上於大祀門外，餘官於南天門外就班陪祀。是秋，帝欲親祀山川諸神，禮部尚書李時言舊例山川等祭，中夜行禮，先一日出郊齋宿，祭畢，清晨回鑾，兩日畢，事禮太重，宜比先農壇例，昧爽行禮。因具儀以進，制可。祭服用皮弁，迎神、送神各兩拜。

《禮志》：嘉靖九年，帝欲於奉天殿丹陛上行大雩禮。夏言言，【略】孟春既祈穀，苟自二月至四月，雨暘時若，則大雩之祭，可遣官攝行，如雨澤愆期，則陛下躬行禱祝，乃建崇雩壇於圜丘壇外泰元門之東，爲制一成，歲旱則禱，奉太祖配。

《世宗實錄》：十七年四月，大雩，時將躬禱郊壇。帝諭禮部禱雨乃修省事，不用全儀，亦不奉祖配。乃定青衣上香，進帛三獻，八拜成禮，百官陪拜。祭用酒果脯醢，牛一以熟薦。前一日戌刻詣郊壇，中夕行禮。

蕙田案：明代凡水旱災傷，或躬禱、或露告於宮中及奉天殿陛，或遣官祭郊廟陵寢及社稷山川，無常儀。至世宗始復古禮，建雩壇，定儀制，制樂章，亦一時之盛也，惜終帝之世止舉一祭。神宗莊烈復行步禱，亦暫焉耳。古人常雩、旱雩之典，終未備焉。

（清）秦蕙田《五禮通考》卷三〇《吉禮三〇・明堂》

《明史・世宗紀》：嘉靖十七年六月丙辰，定明堂大饗禮。九月辛卯，大享上帝於元極寶殿，奉睿宗配。

《禮志》：明初無明堂之制，嘉靖十七年，【略】乃定獻皇配帝稱宗，而改稱太宗號曰成祖。時未建明堂，迫季秋，遂大享上帝於元極寶殿，奉睿宗獻皇帝配。殿在宮右乾隅，舊名欽安殿。禮成，禮部請帝升殿，百官表賀如郊祀慶成儀。

《明史・禮志》二十一年，敕諭禮部季秋大享明堂，【略】定歲以秋季大享上帝，奉皇考睿宗配享，行禮如南郊，陳設如祈穀。

《明史・穆宗紀》：隆慶元年正月丙寅，罷睿宗明堂配享。

《禮志》：隆慶元年，【略】罷大享禮，命元極寶殿仍改欽安殿。

《續通考》王氏圻曰明初無明堂之制，世宗執嚴父配天之說，特創斯禮，以追隆所生，元極既配之後，明年幸承天，享帝於龍飛殿，亦奉獻皇帝配，所以尊其親者至矣。其後自定規制，更建泰享殿，三年而後成，一時創制更新，典物隆備，宜與合宮世室，昭垂令典矣。乃殿成，而祀事不舉，內殿殷薦，止於代攝，蓋帝排正議崇私親，雖矯強於一時，終有恧然不自安者，故禮臣敦請，屢諭緩行，非僅就奉元修憚乘輿之一出也。穆宗即位，以禮臣議罷之，允矣。

蕙田案：明代明堂之禮，肇於世宗，然大享殿并非五室九階之制，大祀禮行於玄極道士之宮，并與唐宋之規摹講求者異矣。至違正議而豐私昵，憚親行而藉攝事，不能見喻於臣民，矧可希蹤於古哲耶。

（清）嵇璜、劉墉等《續通典》卷四七《禮・郊天》

明太祖洪武元年，始建圜丘，定郊社、宗廟禮，歲必親祀。

三年二月，太常少卿陳昧言：【略】圜丘郊祀，宜以戶口錢穀之籍，陳於臺下，禮畢，藏於內府，以見拜受民數穀數於天之義，從之。五月，建齋宮於圜丘之西，【略】凡大祀犧牲，前一月，帝躬視滌養，繼命群臣更日往視，歲以為常。【略】命禮部鑄銅人一，高尺有五寸，手執牙簡，大祀則書致齋三日，中祀則書致齋二日，太常司進置於齋所。是歲，圜丘壇增風雲雷雨從祀。【略】時翰林學士陶安奏，古者天子五冕，祭天地社稷諸神，各有所用，請制之。上以五冕禮太繁，令祭天地宗廟，則服袞冕，社稷等祀，則服通天冠絳紗袍，餘不用。

是年，太常寺引周禮及唐制，與祭官擬用武官四品、文官五品以上，從之後定郊祀，六科都給事中皆與陪祀，餘祭不與。又定凡南北郊先期，賜陪祀執事官明衣布，樂舞生各給新衣。制陪祀官入壇牙牌，凡天子親祀，則佩以入，其制有二：圓者，與祭官佩之。方者，執事人佩之。俱藏內府，遇祭則給，無者不得入壇。

五年，命諸司各置木牌，刻文其上曰國有常憲，神有鑒焉，祭祀則設之。又從陶凱奏，凡親祀，皇太子宮中居守，親王戎服侍從，皇太子、親王雖不陪祀，一體齋戒。

六年，復定齋戒儀，凡祭天地，正祭前五日，午後沐浴更衣，處外室。次早，百官於奉天門觀誓戒牌，次曰告仁祖廟，退處齋宮，致齋三日。

七年，更定內壇之內東西各三壇，星辰二壇，分設於東西，其次東則太歲、五岳，西則風雲雷雨、五鎮，內壇之外東西各二壇，東四海、西四瀆，次天下神祇壇，東西分設。凡大祀，前期四日，太常卿至天下神祇壇奠告，中書丞相詣京師城隍廟發咨。次日，皇帝詣仁祖廟請配享。祭祀日期欽天監選擇，太常寺預於十二月朔至奉天殿具奏。蓋古卜法不存，而擇支干之吉以代卜也。又定大祀拜禮，始迎神四拜，飲福受胙四拜，送神四拜，共十二拜而畢。又以舊儀太常司奏中嚴、外辦及盥洗升壇、飲福受胙，各致贊詞，又凡祀俱設爵洗位、滌爵、拭爵，初升壇再拜，祭酒唱賜福胙之類，俱為煩瀆，悉去之。又以古人祭用香燭，所以導達陰陽以接神明，無上香之禮，命凡祭祀，罷上香。上又謂學士詹同曰大祀終獻，方行分獻禮，未當。同乃與學士宋濂議，以上初獻奠玉帛將畢，分獻官即行初獻禮，亞獻、終獻皆如之。

十年，【略】定每歲合祀於孟春，為永制。即圜丘舊制，而以屋覆之，名曰大祀殿，凡十二楹，中石臺，設昊天上帝、皇地祇座，每歲正月中旬，擇日合祭，具冕服行禮。【略】命太常每歲合祭天地，於春首正三陽交泰之時人事之始也。

十二年正月，始合祀天地於南郊大祀殿，太祖親作大祀文并歌九章，命魏國公徐達等分獻從祀諸神。【略】是年，建神樂觀於郊壇之西，設提點知觀教習樂舞生。

二十一年三月，增修南郊壇位，丹墀內叠石為臺四，大明壇在東，夜明壇在西，星辰壇東西各一。內壇外石臺凡二十，東十壇，北岳、北鎮、東岳、東鎮、東海、太歲、帝王、山川、神祇、四瀆；西十壇，北海、西岳、西鎮、西海、中岳、中鎮、風雲雷雨、南岳、南鎮、南海。

惠帝建文初，以太祖配南郊，罷仁祖配享。

成祖遷都北京。永樂十八年，建郊壇於正陽門南之左，【略】規制禮儀，悉如南京，惟增祀天壽山於北岳壇。十九年正月，命皇太子詣壇，奉安昊天上帝、后土皇地祇神主。

（嘉靖）九年，世宗既定《明倫大典》，【略】於是，作圜丘。是年十月，工成。明年夏，北郊及東西郊亦以次告成，而分祀之制遂定。

十一年冬至，尚書言前此有事南郊，風寒莫備，乃采禮書天子祀天張大次小次之說，請作黃氈御幄為小次，每大祭所司以隨，值風雪則設於圜丘下，帝就幄中對越，而陟降奠獻，以太常執事官代之，命著爲令。

十三年二月，詔更圜丘爲天壇。方澤爲地壇，禮部尚書夏言言：圜丘、方澤，本法象定名，未可遽易第，稱圜丘壇省牲，則於名義未協，今後冬至大報、啓蟄、祈穀祀天，夏至祭地，祝文宜仍稱圜丘、方澤，其省牲及諸公事有事壇所，稱天壇、地壇。從之。

十七年冬，撤大祀殿，十一月，更上昊天上帝泰號曰皇天上帝，改泰神殿曰皇穹宇。

二十四年，又即故大祀殿之址，建大享殿詳見明堂篇。

穆宗隆慶元年，禮部會議罷祈穀及明堂大享禮，【略】從之。

（清）嵇璜、劉墉等《續通典》卷四八《禮・吉禮・大雩》

明初，凡水旱灾傷，或躬禱，或露告於宮中，或於奉天殿陛，或遣官祭告郊廟陵寢及社稷山川，無常儀。

太祖洪武二年，以春久不雨，祈告諸神祇，中設風雲雷雨、岳鎮海瀆，凡五壇；東設鍾山、兩淮、江西、兩廣、海南北、山東、燕南燕薊山川、旗纛諸神，凡七壇；西設江東、兩浙、福建、湖廣、荊襄、河南北、河東、華州山川、京都城隍，凡六壇。

三年五月旱，六月帝親禱於山川壇。越五日，雨。

宣宗宣德三年四月，旱，遣成國公朱勇祭大小青龍之神。

孝宗弘治十七年五月，畿內山東久旱，遣官祭告天壽山，分命各巡撫祭告北岳、北鎮、東岳、東鎮、東海。

世宗嘉靖八年，帝諭禮部，【略】當親祭南郊社稷、山川。尚書方獻夫等具上儀注。二月，親禱南郊，山川同日，社稷用次日，不降道，冠服淺色，群臣同，文五品、武四品以上於大祀門外，館官於南天門外就班陪祀。是秋，帝欲親祀山川諸神，禮部尚書李時言舊例山川等祭，中夜行禮，先一日出郊齋宿，祭畢，清晨回鑾，兩日畢事，禮太重。宜比先農壇例，昧爽行禮，因具儀以進，制可。祭服用皮弁，迎神、送神各兩拜。

九年，帝欲於奉天殿丹陛上行大雩禮，夏言請築雩壇，每歲孟春祈穀後，雨暘時若，則雩祭遣官攝行，如雨澤愆期，則躬行禱祝。乃建崇雩壇於圜丘壇外、泰元門之東，爲制一成，歲旱則禱，奉太祖配。

十二年，夏言等言：古者大雩之祀，命樂正習盛樂、舞皇舞，蓋假聲容之和，以宣陰陽之氣，請於三獻禮成之後，九奏樂止之時，樂奏《雲門之舞》，仍命儒臣括《雲漢詩》詞，制《雲門》一曲，使文武舞士并舞而合歌之。且請增鼓吹數番，教舞童百人青衣執羽繞壇歌《雲門之曲》，而舞曲凡九成，因上其儀，視祈穀禮。帝從之。十七年四月，大雩，時將躬禱郊壇，帝諭禮部禱雨乃修省事，不用全儀，亦不奉祖配。乃定青衣上香、進帛、三獻、八拜成禮，百官陪拜，祭用酒果脯醢，牛一，以熟薦。前一日戌刻，詣郊壇，中夕行禮。

神宗萬曆十三年，上親禱郊壇，却輦步行。其步禱儀，前期一日，預告於奉先殿，太常寺進祝版，上親填御名，太常寺預設酒果、脯醢、香帛於圜丘，牛一，熟薦，設上拜位於壇壝。及期，上具青衣青服至昭亨門，導引官導上至欞星門外幕次，少憩，禮部太常寺奏詣壇位，行初獻禮，內贊奏獻帛、爵，訖，奏請讀祝位，奏跪，繼而行亞獻、三獻禮，上還，仍詣奉先殿參謁，如常儀。

（清）嵇璜、劉墉等《續通典》卷四八《禮·吉禮·大享明堂》

明初無明堂之制。世宗嘉靖十七年六月，致仕揚州府同知豐坊上疏言孝，【略】請復古禮，建明堂，加尊皇考獻皇帝廟號，稱宗以配上帝。【略】乃定獻皇配帝稱宗，而改稱太宗號曰成祖。時未建明堂，迫季秋，遂大享上帝於元極寶殿，奉睿宗獻皇帝配，殿在宮右乾隅，舊名欽安殿。

二十一年，敕諭禮部季秋大享明堂，【略】乃定歲以秋季大享上帝，奉皇考睿宗配享，行禮如南郊，陳設如祈穀。

二十四年，禮部尚書費寀以泰亨殿工將竣，請帝定殿門名，門曰泰亨，殿曰皇乾，及殿成，而大享仍於元極寶殿，遣官行禮，歲以為常。

穆宗隆慶元年，【略】罷大享禮，仍改元極殿為欽安殿。

臣等謹案：明堂之禮，遼金元俱未舉行。明初亦未議，及世宗嘉靖中，豐坊首剏嚴父配天之說，迎合上意，由是特舉斯禮，追隆所生，元極既配之後，明年幸承天享帝於龍飛殿，亦奉獻皇帝配，其後自定規制，更建泰享殿，三年而後成，然大享之禮終未舉行，內殿殷薦亦止遣官攝事，蓋帝之排群議、崇私親，雖矯强於一時，終有愧然不自安者，故禮臣敦請，屢諭緩行，非僅就奉元修、憚乘輿之一出也。古聖所云名不正言不順而事不成者，詎不信哉。

（清）嵇璜等《續通志》卷一一一《禮略·郊天》

明太祖洪武元年，中書省臣李善長等進郊祀議，【略】從之。建圜丘於鍾山之陽，【略】又定郊祀、宗廟，歲必親祀，以為常。是歲，有事於南郊，有司議配祀，太祖謙讓不許。

二年，祀上帝於圜丘，以仁祖配，位第一成，西向。

七年，更定內壇之內東西各三壇，星辰二壇分設於東西，其次東則太歲、五岳，西則風雲雷雨、五鎮；內壇之外東西各二壇，東四海、西四瀆，次天下神祇，東西分設。

十年秋，【略】改定為合祀，即圜丘舊制，以屋覆之，名曰大祀殿，凡十二楹，中石臺，設上帝、皇地祇座，每歲正月中旬擇日合祭，奉仁祖配，從祀丹墀四壇，大明壇一、夜明壇一、星辰壇二，內壇外二十壇，五岳壇五、五鎮壇五、四海壇四、四瀆壇一、風雲雷雨壇一、山川壇一、太歲壇一、天下神祇壇一、歷代帝王壇一，凡二十四壇，大臣分獻。

建文元年正月庚辰，大祀天地於南郊，奉太祖配。

成祖遷都北京，建壇正陽門南之左，規制悉如南京。

仁宗洪熙元年正月丙戌，大祀天地於南郊，以太祖、太宗配。

世宗嘉靖九年，既定《明倫大典》，【略】命改築圜丘壇，定分祭之制。

（清）嵇璜等《續通志》卷一一一《禮略·大雩》

明太祖洪武元年，旱，禱雨於滁之豐山柏子潭。

二年，以春久不雨，祈告諸神祇，爲十八壇，中設風雲雷雨、岳鎮海瀆，凡五壇；東設鍾山、兩淮、江西、兩廣、海南北、山東、燕南燕薊山川、旗纛諸神，凡七壇；西設江東、兩浙、福建、湖廣、荊襄、河南北、河東、華州山川、京都城隍，凡六壇。中五壇，帝親奠幣初獻，餘命官分獻。

孝宗弘治十七年五月，畿內山東久旱，遣官祭告天壽山，分命各巡撫祭告北岳、北鎮、東岳、東鎮、東海。

世宗嘉靖八年，帝諭禮部：去冬少雪，當春雨澤不降，當親祭南郊、社稷、山川。尚書方獻夫等具上儀注。二月，親禱南郊，山川同日，社稷用次日，不除道，冠服淺色，群臣同，文五品、武四品以上於大祀門外，餘官於南天門外就班陪祀。

九年，帝欲於奉先殿丹陛上行大雩禮，夏言請築雩壇，孟春既祈穀，自二月至四月，雨暘時若，則大雩，遣官攝行，如雨澤愆期，則躬行禱祝。乃建崇雩壇於圜丘壇外泰元門之東，爲制一成，歲旱則禱，奉太祖配。

十二年，夏言等言古者大雩之祀，命樂正習盛樂、舞皇舞，蓋假聲容之和，以宣陰陽之氣，請於三獻禮成之後，九奏樂止之時，樂奏《雲門之舞》，仍命儒臣括《雲漢詩》辭，制《雲門》一曲，使文武舞士并舞而合歌之，且教舞童百人青衣執羽繞壇歌《雲門之曲》，曲凡九成，因上其儀，視祈穀禮，帝從其議。

案：明代嘉靖以前，雩祭無常儀。凡遇水旱，或躬禱或遣官祭郊廟陵寢及社稷山川，至世宗始建雩壇，定儀制，制樂章，然行之未幾，復爲更改。其後神宗萬曆十三年、潛帝崇禎四年，復行步禱，亦暫焉耳。其於常雩、旱雩之典，終未備焉。

（清）嵇璜等《續通志》卷一一一《禮略·明堂》

明初亦無明堂之禮。嘉靖十七年六月，致仕揚州府同知豐坊上疏，請復古禮，建明堂，加尊皇考獻皇帝廟號，稱宗以配上帝。【略】時未建明堂，迫季秋，遂大享上帝於元極殿，奉睿宗獻皇帝配。

二十一年，即南郊大祀殿舊址建大享神御殿，歲以季秋大享上帝，奉皇考睿宗配，行禮如南郊，陳設如祈穀。及殿成，而大享仍於元極殿，遣官行禮歲以爲常，隆慶元年罷之。

（清）嵇璜、劉墉等《清通典》卷四一《禮·吉禮一·郊天》

天命元年，貝勒以下諸臣，奉上太祖高皇帝尊號，立國建元，行焚香告天禮。

天聰十年，王、貝勒以下諸臣，奉上太宗文皇帝尊號。是年始，建圜丘於盛京德盛門外。【略】太宗率王貝勒以下文武群臣齋戒三日，於四月乙酉，乙太牢親祀南郊，建國號曰大清，改元崇德，是爲本朝祀天於郊之始。【略】定制，祭天用太牢熟薦。十一月乙丑，冬至大祀天於圜丘，時將征朝鮮，并告出征，是爲冬至大祀圜丘之始。

順治元年十月乙卯朔，世祖章皇帝定鼎燕京，親祀南郊，告祭天地，即皇帝位。是年定制，每歲冬至大祀天於圜丘，以大明、夜明、星辰、雲雨風雷爲四從壇配享。又定制，每年正月上辛日祭上帝於大享殿，祈穀禮儀與冬至大祀同，惟不設從壇神位，不燔柴。【略】

二年十月，定郊祀齋戒及設玉帛、祝文、香亭儀注。

三年四月，設守視天壇、地壇、社稷壇官員。

四年三月，禮部奏言國初定制，祀南北郊及社稷壇，向例俱用生牢，今應如舊，惟南郊以酢牛一。進上，得旨：照舊例。如朕親祀，則照例進酢牛；遣官則止。

五年十一月戊辰，冬至大祀天於圜丘，奉太祖高皇帝配享。

八年三月，定祭祀齋戒例。四月，定諸王群臣陪祭扈從及送駕接駕儀注。六月，定制凡祀圜丘、方澤，先期三日，遣公侯伯一人視牲，前二日遣禮部堂官省牲。

十三年七月，禮部奉諭旨致祭天地，不可不虔。嗣後凡祭圜丘、方澤，朕於五鼓出宮，爾部先期一日奏聞。

十四年正月辛亥，祈穀於上帝，奉太祖高皇帝配享。二月，諭禮部：南郊祀天，理宜嚴重。祀前一日，朕親宿齋宮。祀前五日，朕親詣視牲，如遣官恭代，亦著詣壇齋宿、視牲。是年以後，視牲之禮，前期五日遣官恭代爲常。三月，禮部奉諭旨，【略】以後冬至祈穀祭天，俱奉太宗同太祖配享，夏至祭地亦奉太祖太宗配享，著爲定制。

十七年二月，諭禮部：【略】嗣後祈穀亦行燔柴禮。四月己酉，合祀天地百神於大享殿。【略】諭：孟春祈穀，向例於大享殿，今大享殿合祭以後，祈穀禮於圜丘舉行。謹按：是年之後，合祀旋罷，祈穀禮仍於大享殿舉行。

（康熙）九年正月辛丑，祈穀於上帝，奉世祖章皇帝配享。

十二年八月，禮部奉諭旨議奏歷代致祭時辰，俱未畫一。詳定請照太宗文皇帝時。

雍正元年，【略】十一月辛丑，冬至大祀，世宗憲皇帝親詣行禮，恭奉聖祖仁皇帝配享。

二年正月辛巳，祈穀於上帝，奉聖祖仁皇帝配享。

七年正月，詔嚴壇廟演禮之禁，部臣議奏凡祭祀執事等官，當在凝禧殿演禮，如有特加祭典，先期於神樂觀演習。從之。

（乾隆）二年四月甲戌，大祀天於圜丘，奉世宗憲皇帝配享。

三年正月辛酉，祈穀於上帝，奉世宗憲皇帝配享。

四年正月初四日，上辛祈穀之期以前三日齋戒，時值元旦，改用次辛，於十四日行祈穀禮。

七年十一月辛巳，冬至大祀，皇上親詣行禮。【略】自是定制，大祀前一日，皇上親詣齋宿。又是年，始定乘輦之制，舊例，皆御禮輿，至是禮臣議奏郊祀典禮最巨，是以歷代制度，車輦儀仗，備列尊崇，所以肅明禋而重禮制也。【略】今親祀南郊，前期詣齋宮，請御玉輦爲宜。從之。十一年正月，以上辛在初四日，照四年之例，改用次辛日行祈穀禮。

十二年十一月丁未，冬至大祀後六日，奉諭旨：古天地大祀前期，有百官受誓戒之禮，《周官·塚宰》祀五帝，則掌百官之誓戒，唐宋則掌以太尉，或於尚書省，或於朝堂。明初誓於中書省，後於闕門宣制，嘉靖中則親御奉天殿，百官朝服聽誓戒，所以聳衆聽而致肅，共儆怠玩，典至重也。國朝祀典，太常寺先期行文出示，蓋本古人誓戒遺意，而集衆宣示，儀章未舉，朕思八政，祀居其首，而大祀莫重於郊，嗣後有事於圜丘、方澤、祈穀、雩祭，應於午門前宣誓戒，陪祀之王公文武大臣官員朝服齊集跪聽行禮，以明齋明嚴敬之義。大學士會同該部，稽古具儀以聞。尋具儀奏上，行如儀。十二月奉旨議定郊壇大祀省視神位、上香及省視牲器之禮。尋大學士等遵旨議奏皇帝詣齋宮日，詣皇穹宇、皇乾殿、皇祇室內上香，次詣壇視壇位，又次閱籩豆，畢，詣齋宮。從之。

十四年五月，【略】議定：嗣後齋宮吹角嚴鼓，悉行停止，以昭肅穆。

三十五年三月奉諭先期赴壇時，神位前允宜躬親展謁，其省視籩豆，應按例專遣臣工蒞視，不必更行請旨。至赴壇所經道路，向由昭亨門外降輦步入，第步履遙遠，當質明行事，轉恐失儀。嗣後應改由廣利門入，於向時祭畢乘輦處降輦。

三十七年十一月，【略】大學士等奏言郊祀前一日，皇上先期蒞齋宮，乘步輦入自西天門由齋宮南御禮轎，至神道西降輿，步入琉璃左門，詣皇穹宇上香，禮成，仍於降輿處御禮轎還齋宮。其視壇位，即令原遣視牲之親王恭代行禮。祀日，皇上自齋宮乘步輦，行至神道西階下幄次相對處降輦，升階，由欞星左門步入，禮成，仍於降輦處御禮轎還宮。其行禮時，皇上初升至二成拜位立，贊引官奏升壇，皇上升階，上香畢，還至二成拜位，行迎神禮。典儀官唱奠玉帛，皇上升階行奠玉帛禮，還就讀祝位立，以次進俎、三獻及飲福受胙，禮成，仍還至二成拜位，行謝福胙及送神禮。并酌議祈穀前一日，皇上乘輦入西天門，於齋宮東御禮轎，至西磚城左門間降輿，步入琉璃左門，詣皇乾殿上香，其視壇位，即令視牲之親王恭代。祀日，皇上自齋宮乘輦，至東北甬道適中處御禮轎，至南磚城門外神道西降輿，由左門步入就幄次，自祈年左門入行禮，禮成，仍於降輿處御禮轎還齋宮，至酌減行禮升降儀節，與圜丘儀同。

從之。

三十八年正月，以上辛值元旦，改用次辛，於十一日行祈穀禮。

四十二年正月，以上辛在初四日，仍照四年、十一年、二十三年之例，改用次辛日行祈穀禮。

四十四年十一月，諭：南郊典禮，最爲繁重，恐過勞生態，轉非所以將誠意，因思正位晉獻香帛爵，自當躬致申虔，至配位列祖列宗，惟上香仍前親奉，其獻爵、進俎諸禮，則命諸皇子恭代，庶得少節煩勞，以專心裸薦，即自今歲冬至爲始。

四十五年正月，以上辛在初二日，應於隔年齋戒，時值祫祭太廟，改用次辛日行祈穀禮。

(清) 嵇璜、劉墉等《清通典》卷四二《禮·吉禮二·雩祀》

臣等謹按：古者龍見而雩，以爲百穀祈膏雨，是孟夏之雩，乃每歲常行之典，至遇旱而禱，則爲大雩，我朝列聖相承，旰食宵衣，勤求民瘼，凡遇水旱，躬詣圜丘祈禱，即古大雩之義。乾隆七年，上命禮臣集議，定制每歲孟夏行常雩禮，儀與冬至大祀同，旱至，季夏祈禱既遍，乃奉特旨敬舉大雩，所以爲民請命者，益致精虔，敬稽典制，詳載於篇，又凡祈雨之事，義與雩同，謹從類紀云。

順治十四年四月，世祖章皇帝以旱禱於圜丘，先期率群臣致齋三日，官民衣淺淡色服，禁屠宰，不理刑名。至日皇帝素服詣圜丘，不設鹵簿，不除道，不奏樂，不設配位，不奠玉，不飲福受胙，餘行禮如常儀。遣官致祭方澤、社稷壇、神祇壇，應時大雨，越三日，遣官行告謝禮。十七年六月，【略】諭：祭告爲民請命，應先詣郊壇潔誠齋戒。十三日，步至南郊，即於彼處齋戒三日，以十五日之夜祭告。至日，皇帝率諸王文武群臣素服步至南郊齋宿。是日早，四際無雲，頃之陰雲密布，甘霖大沛。越三日，行祭告禮於圜丘。祭畢，雨復降。越四日，遣官行告謝禮。

康熙十年四月旱，聖祖仁皇帝禱雨於圜丘。前期致齋三日，素服詣壇致祭，旋以甘霖霑足，遣官報謝如儀。

十七年六月，【略】前期致齋，至日，聖祖仁皇帝自西天門步行至壇，行禮時甘霖大沛，仍步出西天門，乘馬回宮。自後十八年四月、十九年四月，皆以祈雨，親詣圜丘行禮。得雨，告謝并同。

二十六年五月，諭九卿等曰：京師爲天下根本之地，乃幾月不雨，朕甚憂之，欲躬行祈禱，大小臣工，宜盡誠齋戒，毋循故事。至期，素服乘馬自西天門步行至壇行禮。【略】祭畢回鑾，甘霖立降。越日，遣官告謝如儀。

五十五年五月，駐蹕熱河，以天旱減膳齋戒，諭京師虔誠祈雨。越七日，雨始復，常膳。【略】

雍正元年五月，旱，世宗憲皇帝減膳虔禱，甘霖立沛。

二年二月，親詣黑龍潭祈雨。越數日，親祭歷代帝王廟，甘雨大霈，群臣衣盡霑濕，各加恩賜，御製喜雨詩，群臣恭和。

　　九年六月，旱，命設壇祈禱，即日大雨。

　　乾隆八年四月，始行常雩禮於圜丘。【略】議奏孟夏龍見，擇日行常雩禮，祀昊天上帝於圜丘，以列聖配享，四從壇從祀於下。前期禮部奏請皇上親詣行禮，或遣親王恭代。孟夏後旱，則祈天神、地祇、太歲壇，次祈於社稷壇，次祈於太廟，皆七日一祈。不雨或小雨不足，還從各壇祈禱如初。旱甚，乃大雩。祀昊天上帝於圜丘。先經祈禱太廟，既已虔告列祖，此次不設配位，仍設四從壇於下。雨足則報祀，或已齋未祈而雨及所曾經祈禱者，皆報祀如常儀。其以前望祭四海之禮，可以停止。再考古大雩，用舞童二佾，衣元衣、各執羽籥歌《雲漢之詩》，今蒙皇上仿《雲漢詩》體，御製歌詩八章，聖念懇誠，宸章剴切，從古未有，應令舞童習歌，交內務府制辦教演。若久雨祈晴之處，歷考前代，皆無禜祭雩壇之禮，請仿《春秋左傳》鼓用牲於社及《文獻通考》禜祭國門之禮，但伐鼓禜祭於京師，國門視水來湧集最多之門。而祭仍雨不止，則伐鼓用牲祭於社，毋庸於各壇祈禱。至直省州縣所有耕耤田中，皆設有壇，祀應令於孟夏擇日行常雩禮，或有亢旱，亦每七日先祭界內山川，次祭社稷，致齋虔禱雨澤，但不得用大雩之禮。其或淫潦為災，則伐鼓用牲，禜祭城門以祈晴霽，不必另設雩壇。至京師雨暘愆期，皇上於大內祈禱，其專承祈禱之官，天神、地祇、社稷、太歲各壇，遣王大臣一人，太廟上帝遣親王一人，應陪祀各官皆一體齋戒，詣壇行禮。如遇皇上親詣圜丘，王以下俱陪祀。疏上，皆從之。【略】

　　九年四月，皇上親詣圜丘行常雩禮。先五日，奉諭，【略】其先期前詣齋宮及祭畢回鑾，朕俱御常服，不乘輦，不設鹵簿，不作樂，以示虔誠祈禱、為民請命之意。

　　二十四年四月，常雩，皇上親詣行禮，以天時亢旱，步行致禱。先三日，奉諭旨，【略】前期詣壇齋宿，所司應設法駕鹵簿，一概停止。視壇位拈香時，服常服，至翼朝，由齋宮步行恭詣幄次行禮。五月，皇上步禱社稷壇，御製祝文，薦玉行禮詳見社稷。六月，大雩於圜丘。前五日，奉諭旨朕躬祭方澤。【略】

　　臣等謹按：乾隆八年，皇上肇舉雩祀以來，孟夏常雩，歲皆親詣，惟巡幸之年，遣官恭代。二十四年六月，旱甚，特行大雩之禮，并御製禱雨告風文，仁愛相通，感孚即應，至每歲常雩，間值望雨之時，詣齋宮日不乘輦，不設鹵簿，次日步行赴壇，躬致誠祈，甘膏即沛，或以偶未優渥，復親禱龍潭，以期渥霈，并敕禮臣按例虔申祈請，精誠感格，無不立應，記注所書，有不能盡述者，茲恭纂數次於篇，以見敬勤之至。五十年來，常如一日，又自畿輔以至各省，雨澤或稍愆期，即馳詢地方大吏，并再三申諭，毋許諱飾，一經奏報優渥，即御製詩篇，以志喜慰，恭誦之下，仰見聖心肫切，所由感召，天和綏豐，屢慶億萬，斯年常膺昊貺焉。

　　(清) 龍文彬《明會要》卷八《禮三·吉禮·祈穀》

　　嘉靖十年正月辛卯，祈穀于大祀殿，奉太祖高皇帝、太宗文皇帝配。《本紀》

祭祀通例（明清定例）

（明）徐一夔等《明集禮》卷一《吉禮第一·祀天》

國朝遵用古制，惟設大明、夜明、星辰、太歲從祀，而不襲前代之謬，實得貴誠尚質之義焉。

（明）鄭曉《吾學編·皇明三禮述上》

國初，郊、廟、社稷、先農爲大祀，已而改先農及山川、帝王、先師、旗纛爲中祀，諸神小祀。今皇帝以朝日、夕月、天神、地祇爲中祀。大祀致齋三日，中祀二日。祀有牲，牲四等，曰犢，曰牛，曰太牢，曰少牢，色尚騂或黝。天地日月加玉焉，玉三等，曰蒼璧，曰黃琮，曰玉。牲大祀入滌九旬，中祀三旬，小祀一旬。殺禮不用牲，用果脯，從其族也，或用素羞。祀有帛，大祀、中祀，京師用制帛，制帛五等，曰郊祀，曰奉先，曰禮神，曰展親，曰報功。小祀素帛，禮佛帛。王國、司、府、州、縣亦用帛，小祀則否。凡祀有樂，樂四等，曰九奏，曰八奏，曰七奏，曰六奏。奏樂有歌有舞，歌堂上舞堂下，舞皆八佾，佾有文有武，先師六佾，佾去武，小祀則否。凡助祭，文臣五品、武臣四品以上。嘉靖中都給事中乞得助祭帝，社稷無助祭，大臣五六人陪拜焉，小祀則否。

圜丘。圜丘在南郊，歲冬至皇帝大祀天於圜丘。皇天上帝，南向。騂犢一，蒼璧，禮三獻，樂九奏，舞八佾，上祭版拜跪飲福受胙。太祖配神，西向，騂犢一；從祀四壇，東西相向，大明騂牛一，夜明騂牛一，二十八宿、木火土金水星、周天星辰，牛一、羊一、豕一，雲師、雨師、風師、雷師，牛一、羊一、豕一。前期一月，太常演禮樂於太和殿。先五日，請上視牲，遣大臣三人看牲，四人分獻，遂進儀注。六日，請上致告於景神殿，五日，上視牲。三日，上至太廟祭服請太祖配，是日，上皮弁服御奉天殿，百官朝服聽誓戒。一日，質明，上告於景神殿，出至圜丘視籩豆牲，宿齋，初漏，禮部太常詣皇穹宇，太常卿少卿丞請皇天上帝太祖神版、從祀神牌，奉安壇座上，登壇、初獻、讀祀、分獻官行禮。上亞終獻，分獻官亦如之。望燎，燎半，上還宮，謁景神殿，告大報禮成。禮部太常奉神版，神版安皇穹宇，遇風雪上於小次行禮。

（明）章潢《圖書編》卷九四《從祀》

國朝遵用古制，惟設大明、夜明、星辰、太歲從祀，而不襲前代之謬，實得貴誠尚質之義焉。

（明）王圻《續文獻通考》卷九〇《職官考·太常寺》

凡天神、地祇、人鬼，歲有常。先歲孟冬進明年祭日，上御奉天殿受之，頒諸司。

凡上祭，贊相禮儀大臣攝事，亦如之。若祭，先期請省牲。大祀，上先省，大臣繼省之，進版銅人上殿，奏齋戒，示諸司，凡薦新品，物移光祿寺。【略】凡祭滌器釁理香燭、玉帛、整拂神幄，必恭潔。

凡玉三等，曰蒼玉，曰黃琮，曰玉；制帛五等，曰郊祀，曰奉先，曰展親，曰禮神，曰報功；凡牲四等，曰犢，曰牛，曰太牢，曰少牢；凡樂四等，曰九奏；曰八奏，曰七奏，曰六奏；凡舞二，曰文舞，曰武舞；凡樂器不徙。

凡祭，掌燎、看燎、讀祝、奏禮、對引、司香、進俎、舉麾、陳設、收支、導引、設位、典儀、通贊、奉帛、執爵、司尊、司罍、洗卿貳屬各共其事。【略】典簿典勾校；金穀察視禮數；省署文移博士講習禮文，請上填名祝版，大禮導贊其儀，神樂觀提點知樂領樂生、舞生，而時教肄之進退，其考贊禮郎設君臣之位以奉祭祀之禮、拜跪之節，皆贊導焉，而承傳之。協律郎司樂考協雅樂，凡舞人韻聲人籍核其名數而審肄之。

凡淫聲、過聲、凶聲、慢聲，舞失節者，皆禁糾之。

凡上至祀所，夜警晨嚴。

凡祭先期，演樂太和殿。

（明）尹守衡《皇明史竊》卷一一《祠祭禮》

國初，郊廟、社稷、先農爲大祀。已改先農及山川、帝王、先師、旗纛爲中祀，諸神小祀。大祀致齋三日，中祀二日，凡牲四等，曰犢、曰牛、曰大牢、曰少牢，色尚騂或黝。大祀八滌九旬，中祀三旬，小祀一旬。殺禮不用牲，用果脯，從其族也，或用素羞。凡帛，京師大祀、中祀用制帛，天地日月大社大稷加玉焉。玉三等，曰蒼璧、曰黃琮、曰玉。制帛五等，曰郊祀、曰奉先、曰禮神、曰展親、曰報功，小祀素帛。王國司府州縣亦用帛，小祀則否。凡樂四等，曰九奏、曰八奏、曰七奏、曰六奏，奏樂有歌有舞，歌堂上、舞堂下，舞皆八佾，有文有武，先師六佾，用文，小祀則否。凡助祭文臣五品、武臣四品以上，及六科都給事中。凡服，天子大祀冕服、中祀皮弁服，陪祀諸臣本品梁冠祭服。郊社大祀，雖有三年喪，不廢。

（明）尹守衡《皇明史竊》卷一一《郊祀》

郊禮，國初分祀。冬至祀天圜丘，夏至祀地方澤，仁祖淳皇帝配享。十年，始定爲合祀之制。【略】命即圜丘故壇中，覆以屋穪爲大祀殿，以祀上帝皇祇，去前代之祭期，歲止一祀，月在孟春，其日上辛。上帝、皇祇位皆南向，騂犢各一，上帝玉蒼璧，制帛蒼，皇祇玉黃琮，制帛黃，禮三獻，樂九奏，舞八佾。仁祖位東，西向，騂犢一，玉帛從上帝。從祀群神，丹墀内東西向四壇，爲日月星辰，内壇外東西向二十壇，岳鎮、海瀆各在其方，山川、神祇、太歲、帝王在東，西向，風雷雲雨在西，東向，壇各犢一，禮神制帛。【略】建文元年，配享徹仁祖，奉太祖。洪熙元年，復奉文皇同配位太祖下。嘉靖九年，以科臣夏言議，復分祀，配太祖、罷太宗。從祀圜丘，日月星辰、雲雨風雷；從祀方澤，岳鎮、海瀆、陵寢諸山，罷歷代帝王。又建朝日壇東郊，神西向，以春分日祭大明之神，無從位；建夕月壇西郊，神東向，以秋分日祭夜明之神，從祀二十八宿、木火土金水五星、周天星辰，南向。舉四郊而東西郊犢一、羊一、豕一、玉一。是時皇帝大興禮制，驚蟄祈穀於南郊，復有崇雩壇禱雨。十七年，以季秋於南郊行明堂大享禮，宗祀皇考以配上帝，儀如南郊。隆慶元年，俱議罷，東西郊行之如儀，與南北二郊稱四郊云。

（清）孫承澤《春明夢餘錄》卷一四《齋宮附》

齋宮，在圜丘之西。【略】皇帝親祀，散齋四日，致齋三日於齋宮。駕至南郊昭享門降輿，至内壇恭視壇位，又入神庫視籩豆，至神厨視牲，畢，出昭享門，至齋宮。各官早朝、午朝俱賜飯。《傳》曰：祭之日，披衮以象天，戴冕，藻十有二旒，則天數也。乘素車，貴其質也。旂十有二旒，龍章而設日月，以象天也。天垂象聖人則之郊，所以明天道也。

《周官·掌次》：王大旅上帝，則張大次、小次。大次在壇壝外，初往所居止也；小次在壇側，初獻後退俟之處也。按宋營青城幄殿，即周之大次也；又於東壝門外設更衣殿，即周之小次也，其制皆用帛絞縛。元豐中，議禮局言，每歲青城，費縑布三十餘萬，乞如青城創制齋宮，使一勞永逸。時未及行。哲宗始建齋宮，南渡後庶事草創，復絞縛以備制。明洪武二年，詔築齋宮于圜丘側，永樂因之。

郊壇門外每祀設大次，駕臨壇，入幕次，脱舄，升壇。其升壇，執事導駕贊禮、讀祝，并分獻陪祭官皆脱舄于外，以次升壇供事；協律郎、樂舞生依前跣襪就位；祭畢，降壇納舄。嘉靖中享廟，皇后助祭，遂罷脱舄禮，後不復行。

齋宮東西懸大和鐘，每郊祀，候駕起則鐘聲作，登壇則止。禮畢，升駕，又聲之。

（清）孫承澤《春明夢餘錄》卷一四《神樂觀》

神樂觀，在天壇内之西，設提點知觀，教習樂舞生。内有太和殿，遇祭則先期演樂于此。洪武初，御製圜丘、方澤分祀樂章，後定合祀，更撰合祀樂章。禮成，歌九章。已病音樂之未復古也，詔尚書詹同、尚書陶凱與協律郎冷謙定雅樂，而學士宋濂爲樂章。著令：凡祀有樂。樂四等，曰九奏，曰八奏，曰七奏，曰六奏。樂有歌有舞，歌堂上，舞堂下。舞皆八佾，有文有武。郊廟皆奏中和韶樂，太常領之，協律郎司樂考協之。凡樂，淫聲、過聲、凶聲、慢聲，若舞失節者，皆有糾禁。凡樂器不徙。凡園陵之祭無樂。

洪武十二年十二月，諭神樂觀。云：開基守業，必勤政爲先；趨事赴公，非信誠必責。《傳》不云乎，國之大事，在祀與戎。曩古哲王，謹斯二事。而上帝皇祇，悦賜天下安和，生民康泰。朕起寒微而君宇内，法古之道，依時以奉上下神祇。其於祀神之道，若或不潔，則非爲生民以祈福而保已命也。昔劉康公、成肅公會晋侯伐秦，祭於社稷之神，然後興師。當祭之時，畢，則有受胙之禮。其受之時，必思洋洋乎其在上，而穆穆然或左而或右，委心慎敬而受之則祥。故敬勝怠者吉，怠勝敬者滅。所以成肅公受胙之時，起慢神不恭之貌，因伐秦而卒。是以知敬慎必有動作禮義威儀之則以定命也。於斯祀神之道，能者養之以福，不能者敗之以禍。是故君子勤禮，小人盡力。勤禮莫如致敬，盡力莫如敦篤。敬在養神，篤在守業。朕觀古人之敬神也若是，其驗禍福亦若是，斯可謂無神而不信乎，可謂佞神而祈福乎？二者皆不可，惟敬之以禮而已。朕設神樂觀，備樂以享上下神祇，所以撥錢糧若干以供樂舞生，非效前代帝王求長生之法而施之。然長生之道世有之，不過修心清净，脱離幻化，速疾去來，使無羈阻，是其機也。於戲，昔殷周之父老何存，漢唐之耆宿安在，果長生之道乎？朕設神樂觀以備樂，碑之于觀，以示後世。其觀主不潔，樂生不精，贍生不足，以此觀之，不但君不勤于祀事，其朝臣、觀主必也亦然。若君勤于祀事，朝臣、觀主無一體之敬，則國有常憲。故茲勒石，想宜知悉。

洪武六年，上以祭祀還宮，宜用樂舞生前導，命翰林儒臣：撰樂章以致敬慎鑒戒之意，後世樂章，惟聞頌美，無古意矣。嘗謂諷諫則使人惕然有警，若頌美之詞，使人聞之意怠，而自恃之心生。蓋自恃者日驕，自警者日强。朕意如此，卿等其撰述毋有所避。于是儒臣承旨撰神降祥、神祝、酣酒、色荒、禽荒諸曲，凡三十九章，曰回鑾樂歌舞，其詞皆存規戒，其樂舞分爲八隊，皆八人。禮部因其制以上，命工肄習之。

洪武二年，有旨：教胡太常做個牌子，漆的如法，將圜丘、方澤、社稷、宗廟、先農、風雨、雷師、馬祖，凡一應祭祀時月日期，明白開寫於牌上，挂在這東耳房前，我時常看，都要知道。欽此。又銅人制，亦創自高皇也。

洪武十二年，上命禮部尚書陶凱等曰，經言鬼神無常享，享于克誠，人謹方寸于此，而能格神明於彼，由至誠也。然人心操舍無常，必有所警，而後無所放耳。乃命禮部鑄銅人，高一尺有五寸，手執簡，書曰"齋戒三日"。凡致齋之期，則致朕前，庶朕心有所警省而不敢放也。又令各衙門置木齋牌，刻其文曰：各有常憲，神有監焉。遇祭祀必設。洪武中諭曰：石音固難和，然以人聲爲主。神人悦和，即八音諧和。時起居注熊鼎進曰：樂音不在外求，在人君一心。心和則天地之氣和，樂無不和矣。

嘉靖既更定祀典，中允廖道南請稽古樂章，以神盛典。上曰：考定律呂，必真知者乃可。詔發内府所藏金、玉、銅、石鐘磬于神樂觀，考正音律。仍令科道官各舉所知諳曉音律之人以聞。夏言薦行太僕丞張鶚曉暢律呂。鶚，臨清人，時在告。應詔至，欲定元聲，復古樂，并進所著樂書二部，一曰《大成樂舞圖譜》，自琴瑟以下諸樂逐一作譜；一曰《古雅心談》，以十二圖象十二律，律圖各有説。乃下禮部議復。上曰：音樂即爲更定，勿誤享祀之用。乃譜定帝社稷樂歌以進。遼州同知姚文察進所著樂書《四聖圖解》二卷、《樂記補説》二卷、《律呂新書補注》一卷、《興樂要論》三卷，因請興正樂，以薦上帝，祀祖考，教皇太子。章下禮部，復言：文察所進樂書，其于古今原委，類多前人所未發者，且於人聲中考定五音，以爲制律、候氣之本，法似徑截，深合虞書言志、永言、依永、和聲之旨。宜令文察及太常知音律者選能歌樂舞生百餘人，協同肄習，本部及該寺正官以時按試。候聲律諧協，吹律候氣咸有應驗，方授官，與張鶚同事。從之。

(清) 孫承澤《天府廣記》卷六《犧牲所》

凡郊廟犧牲，已在滌者或有傷則出之，死則埋之，其有疾者，亦養於别所，待其肥腯，以備小祀、中祀之用，若未及滌或有傷疾者，歸所司别用。景泰四年，令禮部鑄造牲字牢，字火印各一，會同太常寺及御史印記，各處解到大祀牛羊。

舊制，歲以十二月朔旦，駕親臨閲以後，每夕輪一大臣繼視之，蓋自五府及吏户禮兵工五部、通政翰林堂上官之不司刑者，皆與焉。凡兔房、鹿檻、羊棧、牛枋、猪圈周行歷視，出入皆騎卒火甲人等護衛，每夕鐘定人静乃出，至中宵始回，城門啓鑰以入，次早復命，用騎卒自宣德年始。

(清) 萬斯同等《明史》卷四三《志一七·禮志一·吉禮一·祭祀諸儀》

五禮，一曰吉禮。凡祀事，皆領於太常寺，而屬於禮部。明初，以圜丘、方丘、宗廟、社稷、朝日、夕月、先農爲大祀，太歲、星辰、風雲雷雨、岳鎮海瀆、山川、歷代帝王、先師、旗纛、司中、司命、司民、司禄、壽星爲中祀，諸神小祀。後改先農、朝日、夕月及天神地祇爲中祀。凡天子所親祀者，天地、宗廟、社稷、山川，若國有大事，則遣官祭告，其餘中祀、小祀，皆遣官致祭。【略】每歲所常行者大祀十有六，正月上辛祈穀、孟夏大雩、季秋大享、冬至圜丘，皆祭昊天上帝；夏至方丘祭皇地祇，春分朝日於東郊，秋分夕月於西郊，四孟季冬時享太廟，仲春仲秋上戊祭太社太稷；中祀二十有五，仲春、仲秋上戊之明日祭帝社帝稷，仲秋祭太歲、風雲雷雨、四季月將及岳鎮海瀆、山川、城隍，霜降日祭旗纛於教場，仲秋祭城南旗纛廟，仲春祭先農，仲秋祭天神地祇於山川壇，【略】雖時稍有更易，其大要莫能踰也。

凡祭祀雜議諸儀。版位，皇帝位方一尺二寸，厚三寸，紅質金字，皇太子位方九寸，厚二寸，紅質青字，陪祀官位并白質黑字。拜褥，前代用黃道褥以象天，或用緋。明初用緋不用黃道褥。洪武三年，命制祭祀拜褥，禮部奏郊丘之禱，當用席爲表、蒲爲裏。宗廟、社稷、先農、山川之褥，宜用紅文綺爲表、紅木棉衣爲裏。後至洪武七年，禮部奏舊儀，凡皇帝躬祀入就位時，太常司奏中嚴，奏外辨盥洗升壇飲福受胙，各致贊辭，又凡祀，各設爵洗位滌爵、拭爵，初升壇唱再拜，及祭酒唱賜福胙之類，俱似煩瀆，悉宜删去，詔從之。翰林臣詹同言古人祭，用香燭，皆所以導達陰陽，以接神明。初，無上香之禮，遂命凡祭祀，罷上香。禮部太常司奏祭祀拜禮，考之《禮記》一獻、三獻、五獻、七獻之文，皆不載拜禮，唐宋郊祀每節行禮皆再拜，然亞獻、終獻天子不行禮，而使臣下行之。今議大祀、中祀，自迎神至飲福送神，宜各行再拜禮，帝命節爲十二拜，始迎神四拜，至飲福受胙，復四拜，又至送神，四拜而畢，著爲定儀。八年，詔翰林院臣考定大祀登壇脫舄之禮，【略】於郊祀廟享，前期一日，有司以席藉地，設御幕於壇東南門外，及設執事官脫履之次於壇門外西階側，祭日大駕入幕次脫舄升壇，其升壇執事、導駕、贊禮、讀祝并分獻陪祀官皆脫舄於外，以次升壇，供事協律郎、樂舞生依前跣襪就位，祭畢，降壇納舄。

壇名。嘉靖九年，諭禮部曰：南郊之東壇名天壇，北郊之壇名地壇，東郊之壇名朝日壇，西郊之壇名夕月壇，南郊之西壇名神祇壇，著載會典，勿得混稱。【略】

每歲祭祀日期。欽天監選擇，太常寺預於舊歲十二月朔日至奉天殿具奏。蓋古卜法不存，而擇干支之吉以代卜也。洪武七年，命太常卿議祭祀日，期書之於牌，依時以祭，著爲式。其祭日遣官監察，不敬失儀者，罪之。

習儀，凡祭祀先期三日及二日，百官習儀於朝天宮。嘉靖九年，更定郊祀，冬至習儀於先期之七日及六日。

齋戒。洪武二年，翰林學士朱升等奉敕撰齋戒文，曰：【略】大祀齋戒七日，前四日爲戒，後三日爲齋；中祀齋戒五日，前三日爲戒，後二日爲齋。既進覽，帝曰：【略】可止於臨祭齋戒三日，務致精專，庶幾可以感格神明矣。命太常著爲令。是年，禮部尚書崔亮奏，【略】今擬大祀前七日，陪祀官詣中書省誓之曰皇帝有事於某所，百官其各揚其職，不共其事，國有常刑。制可。宗廟、社稷亦致齋三日，惟不誓戒。三年，【略】命鑄銅神一，高尺有五寸，手執牙簡。如大祀，則書致齋三日、中祀則書致齋二日於簡上，太常司進置齋所以警之。四年，禮部奏，【略】擬天子親祀齋五日，遣官代祀齋三日，降香齋一日，帝命著爲令。五年，【略】禮部尚書陶凱等奏，【略】今擬凡遇上親祀，皇太子留宮中居守，親王戎服侍從，雖不陪祀，仍宜一體齋戒，遂著爲令。六年，建陪祀官齋房於北郊齋宮之西南，公侯十五間、百官十七間、樂舞生二十三間。復命定祭祀齋戒禮儀。凡祭天地，正祭前五日，午後沐浴更衣，處外室，次早百官於奉天門觀誓戒牌，次日告仁祖廟，退處齋宮致齋三日行事。享宗廟，正祭前四日，午後沐浴更衣，處外室，次日爲始，致齋三日行事。祭社稷、朝日、夕月、周天星辰、太歲、風雲雷雨、岳鎮海瀆、山川等神，正祭前三日，午後沐浴更衣，處外室，次日爲始，致齋二日行事。凡傳制降香，遣官代祀，歷代帝王并孔子等廟，先一日沐浴更衣處外室，次日遣官。七年，禮官定凡大祀前期四日，太常卿至天下神祇壇奠告，中書丞相詣京師城隍廟發咨，次日皇帝詣仁祖廟請配享。二十一年，禮部奉敕議，齋戒前二日，太常司官宿於本司，次日奏請致齋，又次日進銅人，傳制諭文武百官齋戒。是日，禮部太常司官檄城隍神，遍請天下當祀神祇，仍於各廟焚香三日。二十六年，定傳制誓戒儀。凡大祀前三日，陳設如常儀，皇帝御華蓋殿，具皮弁服，執事官行禮訖，儀禮司跪奏請升殿，捲簾、鳴鞭訖，傳制官詣御前，跪奏傳制俯伏興，由東門出至傳制位，稱有制，贊跪宣制云：某年月日祀於某所，爾文武百官自某日爲始，致齋三日，當敬慎之。傳訖，贊俯伏興，奏禮畢。宣宗七年正月，以大祀南郊，帝御正朝，文武群臣受誓戒禮畢，帝御齋宮，命內官內使各謹齋戒，如飲酒食葷及隨侍入壇而吐地者，皆罪之。令司禮監專糾察，縱容者同罪。齋之日，遣御史點視各官於齋次，仍行南京一體齋戒。【略】嘉靖九年，禮部定前期三日，上御奉天殿，百官具朝服聽受誓戒如儀。

　　遣官祭祀。洪武二十六年，定傳制特遣儀。祀前一日，陳設如常儀，次日，各官具朝服於丹墀，北向立，皇帝御華蓋殿，具皮弁服，執事官行一拜禮，訖，儀禮司跪奏請升殿，皇帝升座、捲簾、鳴鞭，訖，百官分東西立，引禮引獻官詣拜位，贊四拜，傳制官詣御前跪，奏傳制俯伏興，由東門出，至傳制位稱有制，贊跪宣制。【略】贊俯伏興，禮畢。《集禮》載降香遣官儀。前一日，清晨，有司立仗百官具公服侍班，皇帝服皮弁服升奉天殿，捧香授獻官，獻官捧由中陛降中道出，至乾門外置龍亭內，儀仗鼓吹導引至祭所，獻官祭畢，復命，上還宮，後定祭之日降香如常儀。

　　分獻陪禮。凡分獻官，太常寺預請點充。洪武七年，太祖謂翰林學士承旨詹同曰：今制大祀，既終獻方行分獻禮，於禮未當，其議之。於是同與學士宋濂議，以上行初獻禮奠玉帛將畢，分獻官即行初獻禮，亞獻終獻皆如之，遂從其議。嘉靖九年，四郊工成，諭太常卿，大祀分獻官須預定方可，習儀宜命效勞工所并建議者充之。【略】凡陪祀，洪武四年太常言考之《周禮》，郊祀前十日，習射澤宮，選可與祭者。唐郊祀，文武官九品以上并齋戒陪祀，除三省樞密院官侍從尚書親王室外，自餘官內有職掌及許赴陪位者齋戒陪祀，今擬武官四品、文官五品以上并陪祀，其餘老疾癃疥及刑餘喪過體氣者，不許與祭。後定郊祀六科都給事中皆預陪祀，餘祭不預，又定凡遇南北郊，先期賜陪祀執事官明衣布，樂舞生各給新衣。始制陪祀官入壇牙牌，凡天子親祀，則與祭者佩以入。藏之內府，遇祭則給，畢則納之，無者不得入壇。洪武二十九年，禮臣言今在外，凡祀山川諸神，流官具祭服，未入流官具公服，然公服既於朝賀迎接諸禮用之，而又服以祀神，禮有未宜，且未入流官公服之制，自八品以下皆同，則祭服亦宜與之同，帝是其言，詔自今未入流官，凡祭，皆用祭服，與九品同。

（清）允裪等《大清會典》卷三六《禮部》

凡祭三等。圜丘、方澤、祈穀、雩祀、太廟、社稷爲大祀，日月、前代帝王、先師孔子、先農、先蠶、天神、地祇、太歲爲中祀，先醫等廟、賢良昭忠等祠爲群祀。

凡大祀天地、太廟、社稷，皇帝親行禮，太廟後殿遣官行禮，天地從壇、太廟兩廡均遣官分獻。【略】

凡齊戒。大祀三日，中祀二日。南郊祀，皇帝於大內齋宮致齋二日，壇內齋宮致齋一日，頒敕群臣誓戒，百執事恭書於版，王公陳設於府第，文武官陳設於公署，各致齋二日，隨壇齋宿一日。饗太廟、祭社稷，皇帝於大內致齋，王公於府第，文武官於公署各致齋。【略】齋戒之日，不理刑名，不燕會，不聽樂，不入內寢，不問疾弔喪，不飲酒茹葷，不祭神，不掃墓，有疾有服者皆弗與。

凡郊壇齋宿。皇帝祀南郊，乘玉輦，設大駕鹵簿。祭北郊，乘金輦，設法駕鹵簿。前祀一日詣壇，先至皇穹宇、皇乾殿、皇祇室上香，次視壇位，次閱籩豆牲牢，乃御齋宮。是夜，嚴更宿衛，警蹕環巡。

凡祀期。圜丘以冬日至，方澤以夏日至，朝日以春分，夕月以秋分，孟春祈穀以辛，龍見而雩，太廟時饗，孟春諏吉以上旬，夏秋冬均以孟月朔，季冬大祫以歲除前一日，春秋二仲，祈報社稷以戊。【略】

凡閱祝版、香帛。南郊御太和殿，北郊、太廟、社稷、日月、前代帝王、先師、先農均御中和殿，如遇忌辰，天地太廟祝版仍躬閱，社稷等祀均太常寺官由內閣恭奉至祭所安設，遣官恭代，及群祀亦如之。

凡視牲。大祀天地前五日，遣官恭代。視牲前二日，遣禮部尚書一人省牲。饗太廟、祭社稷前三日，【略】均禮部尚書一人省牲。

凡省齍展器。祀日漏未盡，禮部侍郎一人率屬視太常寺官展祭器，陳祭物，乃省齍盛及登鉶籩豆之實。

凡刲牲。大祀、中祀前一日，光祿寺卿、禮部、都察院、太常寺官具朝服監視并瘞毛血，群祀太常寺官監視。

凡陪祀。皇帝大祀郊壇，自王公至文職五品員外郎、武職四品佐領、都尉以上，外任官來京文職四品、武職三品以上。饗太廟、祭社稷，至文職五品科道郎中、武職三品冠軍使參領輕車都尉以上，咸齋戒陪祀，若遣官行禮，王公内大臣侍衛不與，自大學士以下文武各官，咸陪祀如儀。

凡恭請神位。郊壇於齋宮鳴鐘時，各壇廟於皇帝降輿時，均禮部尚書率太常寺官恭奉神位，安於祭所，禮成而復。太廟以王公二人率宗室覺羅官將事。

凡執事。皇帝親祀壇廟，贊引用太常寺卿二人，奉福胙用光禄寺卿二人，接福胙用侍衛二人，奠帛、獻爵各壇廟均用太常寺官。太廟前殿用宗室官，後殿用覺羅官。南北郊奠帛六人，獻爵六人。太廟時饗，奠帛五人，獻爵十有五人；後殿奠帛四人，獻爵八人；袷祭奠帛九人，獻爵二十有三人。社稷壇，奠帛、獻爵各四人。

凡侍儀。皇帝親行禮，禮部尚書、侍郎二人，西面都察院左都御史、左副都御史二人，東面，王公拜位御史二人，禮部官二人，百官拜位御史四人，禮部官二人、均東西面。凡陪祭執事，有違誤失儀者，劾之。

（清）允祹等《大清會典》卷七五《禮部》

凡祀，分三等。圜丘、方澤、祈穀、雩祀、太廟、社稷爲大祀；日月、前代帝王、先師孔子、先農、先蠶、天神地祇、太歲爲中祀。

按期題請。郊廟祭祀於前二歲之十月，由部札欽天監，按《祀典》應卜日者豫擇吉期册開送部，由部於前一歲之正月，開列所選吉日，并諸祀之歲有定日者，具疏以聞。命下，通行直省一例遵行。札行太常寺，按祀期豫行題奏。乾隆十四年，奏准每歲各祭祀，嗣後由禮部札行欽天監恭選吉期具題。奉旨之後，交太常寺按期豫行題請，以符《周禮·大宗伯》卜日肆師以歲時序祭祀之義。

齋戒。由部行文，吏兵二部轉行文武衙門，將應入齋戒職名於祭祀前十日開送太常寺。宗室鎮國將軍以下、奉恩將軍以上、宗室覺羅都統以下、參領輕車都尉佐領以上、文職覺羅尚書以下、員外郎并員外郎品級官以上，均由宗人府開送。八旗、滿洲、蒙古、漢軍公侯伯以下，輕車都尉佐領以上，滿漢文職大學士以下，員外郎并員外郎品級官以上，均由吏部開送。漢武職冠軍使由鑾儀衛參將，游擊由步軍統領衙門開送。齋戒日不理刑名，不辦事，有要事仍辦，不燕會，不聽音樂，不入内寢，不問疾吊喪，不飲酒，不食葱韭薤蒜，不祈禱，不祭神，不掃墓。前期一日沐浴，有炙艾體氣殘疾瘡毒未愈者，皆不陪祀。順治八年，定大祀致齋三日，中祀致齋二日，各衙門均設齋戒木牌。十四年，世祖章皇帝大祀圜丘，在大内致齋二日，在壇内齋宮致齋一日，陪祀各官均赴壇齋宿。康熙三十二年，題准：陪祀致齋各官，有期服者一年不得與齋戒；大功、小功、緦麻歿在京師者，一月不得與齋戒；在京聞訃者，十日不得與齋戒。雍正五年諭：壇廟祭祀，理宜潔净。齋戒嗣後，命御史二人、各部院衙門司官二人、每旗賢能官各一人、内務府官二人、三旗侍衛二人前往壇内稽察，其齋戒臨近時，將旗下大臣職名具奏，朕酌量遣往稽察。欽此。又議准，應齋戒陪祀各官，遇有期年以下之服，該衙門豫諮都察院注册，臨祭祀時，復諮都察院對册，有捏報者題參。九年，議准六科給事中、監察御史凡遇祭祀，咸令齋戒。十年，【略】奏准，大祀、中祀凡親詣行禮，太常寺先期行文，左右兩翼前鋒統領下五旗護軍統領，將應齋戒之前鋒統領、護軍統領暨前鋒參領護軍參領對品之署、副護軍參領等各職名詳悉開送太常寺，以便散給齋牌。十一年復准，向例各衙門齋戒官職名，皆先期行文，太常寺轉送都察院稽察，但稽察齋戒大臣無齋戒官職名無憑稽察。嗣後，齋戒之期，各部院及八旗齋戒官，除照舊知會太常寺轉送都察院外，再造冊一本，并送該寺存貯，俟欽點八旗大臣後，令赴寺領取，按冊稽察，如各衙門八旗不豫造冊移送者，著稽察齋戒大臣參奏，交與該部，將經管造冊官照例議處。又復准，文武官有署理協辦兼幾處行走者，或在本任衙門，或在署理協辦衙門齋宿，於冊送太常寺時注明冊內，以便稽察。乾隆元年，議准：太廟、社稷均係大祀，應照天地祈穀之例，凡陪祀執事各官，均令在該衙門齋宿，稽察齋戒大臣侍衛嚴行稽察。七年，議准：外省文職自督撫以下、道府以上，武職自將軍都統副都統提鎮以下、協領參將以上，見任來京，凡值祭祀耕耤之期，各由吏部兵部先期取齋戒職名，照例咨部及太常寺，或偶因事故不能從祀者，准於冊內注明。其陪祀之人於應齋戒日期，均在附近地方齋宿，仍於職名下聲明齋所，以便稽察，屆期投遞職名。又議准，大祀天地，皇帝於大內致齋二日、壇內齋宮致齋一日；王以下、公以上均於府第齋戒二日，壇外齋宿一日；宗室奉恩將軍以上，在該衙門齋戒二日，壇外齋宿一日；八旗、滿洲、蒙古、漢軍輕車都尉佐領以上，滿漢文職員外郎并員外郎品級官以上，漢武職冠軍使參將游擊以上，均在部院衙門及各該衙門齋宿二日；外任來京官文職道府以上，武職協領副將以上，在附近地方齋宿二日。前祀一日，各赴壇外齋宿，如遣官恭代，王公不齋戒，各官在署致齋三日。

十四年諭：【略】嗣後凡遇齋戒，有衙署之大臣雖兼別職，務著在各該衙門齋宿，其無衙署之領侍衛內大臣散秩大臣等著在紫禁城內齋宿，違者經朕察出，定行治罪，御前侍衛等亦著在紫禁城內齋宿。欽此。十九年，奏准：大祀天地，頒敕群臣在京各衙門，豫書於版，凡有事於圜丘、方澤、祈穀、雩祭，均前期三日陳設公署正堂，各官致齋，以俟陪祀及恭與執事。

御齋宮。乾隆七年，【略】議准，圜丘、祈穀二壇，共有齋宮一所。方澤壇、先農壇各有齋宮一所。日、月壇各有具服殿一所。圜丘、祈穀、方澤如遇親詣行禮，應於別殿齋戒二日，齋宮一日，或遣官恭代，亦令該承祭官詣壇齋宿。【略】如遇親詣行禮，止於別殿齋戒，至應行修葺之處，交與該衙門敬謹辦理。【略】

樂四等。順治元年，奏准圜丘九奏，方澤八奏，太廟六奏，社稷七奏，前代帝王、先師、太歲各六奏，均用平字爲樂章佳名；日壇七奏，用曦字；月壇六奏，用光字；先農壇七奏，用豐字。乾隆七年，奏准先蠶壇六奏，樂章用平字。又奏准，祈禱社稷壇樂七奏，神祇壇、太歲殿樂六奏，樂章均用豐字。

佾舞。天地、太廟、社稷、日月、前代帝王、先農、神祇、太歲舞皆八佾，文舞生六十四人，武舞生六十四人；先師廟六佾，文舞生三十六人；先蠶壇不用佾舞，樂無鐘磬，餘祭均無佾舞。

祝版。天壇純青紙朱書；地壇黃紙黃緣墨書；太廟、社稷壇均白紙黃緣墨書；日壇純朱紙朱書；月壇白紙黃緣墨書；前代帝王、先師、先農、先蠶、先醫、太歲、關帝、城隍、火神、東岳、北極佑聖真君等祭祀均白紙黃緣墨書；炮神、窰神、倉神、門神、賢良祠、昭忠祠、雙忠祠、定南武壯王等祠均白紙墨書。【略】

祀期。順治元年，定每歲冬日至祀天於圜丘；夏日至祭地於方澤；正月上辛日祈穀於上帝。十六年諭：致祭天地、太廟、社稷，不可不虔。嗣後，凡祭圜丘、方澤，朕於五鼓出宮；祭太廟、社稷，於黎明出宮。爾部永著為例，先期一日奏聞。欽此。十二年諭禮部：各壇廟祭祀，國家大典，必儀文詳備，允符禮制，乃可肅將誠敬，昭格神明，其致祭時辰及齋戒，稽諸往代，各有定制，爾部宜察典例，酌議妥確具奏，欽此。遵旨議准，凡祭壇廟，均於黎明行禮，惟夕月用酉時。七年議准，孟夏擇日，行常雩禮於圜丘。

視牲。順治十四年，定大祀郊壇，前期五日，親詣犧牲所視牲，或遣官恭代視牲，如遣官恭代行禮，即承祭官視牲。圜丘、方澤、祈穀、雩祀，照例前期五日，遣官一人恭代視牲，前期二日，遣禮部堂官一人省牲，一省籩簜展器。乾隆十四年議准，向例各壇廟祭日，太常寺陳簠簋籩豆，禮部委官會同御史監視，於典禮尚覺未協，嗣後以禮部堂官一人，敬率太常卿等將事，以昭嚴恪。

視宰牲。國初，定太常寺先期諮取禮部官、都察院御史、光祿寺等官職名，屆期知會大祀天地，各官咸朝服，於前期一日子時赴壇監視宰牲。乾隆十七年，奏准，古天子諸侯袒而割牲，厥典甚巨，今監視宰牲，止沿舊例，用御史禮部太常光祿寺司官，嗣後大祀、中祀，擬增光祿卿一人上香監視，以昭慎重之義。【略】

恭請神牌。乾隆元年，奏准：各壇廟祭祀均於質明行事，向來太常寺官於曉鐘時即請神牌安設，俟皇帝駕至行禮。嗣後，祭天地、祈穀應俟齋宮鳴鐘時請神牌，各祭於皇帝降輿時請神牌，皇帝駕至，均於幄次內恭候奉安神位，畢，太常寺堂官奏請行禮。七年，奏准：向例各壇廟供奉神牌，每月朔望奉祀官詣殿上香。嗣後，凡天壇、祈穀壇、地壇、太廟，每月朔望前一日，仍令看守各官啓殿拂拭神幄，屆期太常寺堂官各一人上香行禮，以昭誠敬，其餘壇廟均令奉祀官行禮。【略】

執事侍儀。順治八年，定凡親祭壇廟，恭接福胙，均用侍衛。十六年，定凡恭奉福胙，均用禮部官。康熙十年。題准，每饗太廟，後殿獻爵用覺羅官，親詣致祭，前殿獻爵接福胙用侍衛，餘執事用太常寺官，其各壇廟皇帝親祭接福胙均用侍衛，餘執事用太常寺滿漢官。又題准，凡祭各壇廟親詣行禮，應用光祿寺堂官恭奉福胙。雍正五年奉旨，嗣後，大祭祀，太常寺官有不敷用，移取鴻臚寺官。七年諭：聞祭祀之先，太常寺即於壇廟中演禮，雖義取嫻熟，禮儀實非潔齋嚴肅之道，嗣後，應於何處演禮，著禮部議奏。遵旨議准，向來各祭祀皆於前二日赴天壇凝禧殿演禮，前期一日復至各壇廟中演禮，嗣後，應令執事等官均以前二日演禮於凝禧殿停，其前一日赴壇廟演禮。十四年諭：稽古《虞書》秩宗典三禮，周官宗伯掌邦禮，而首以吉禮，事邦國之鬼神示春官典祀，職莫重焉。乃者郊壇宗廟，以太常爲專司，而禮部堂官不蒞其事，非古也。治神人和，上下敬服，乃職其所有事者何在？大學士會同該部，并會典館總裁官詳議以聞。欽此。遵旨議准，兩郊大祀，皇帝先期躬省壇位，親閱籩豆，禮部尚書、侍郎皆陪從侍儀，視牲、省牲仍照例題請。宗廟、社稷、日月、先農各壇，前代帝王、先師孔子廟祭，前期省牲及祭日視陳籩篚籩豆，均以禮部堂官一人敬率太常卿等將事，以昭嚴恪，再壇廟內躬親對越之地，并用禮部堂官二人、都察院堂官二人分立東西侍儀，以隆體制，其陪祀王公百官行禮處，監禮仍用御史禮部司官。

分壇記禮

《明太祖實錄》卷一八九 "洪武二十一年三月" 條

乙酉，郊祀儀。正祭，典儀唱，樂舞生就位、執事官各司其事，陪祭官、分獻官各就位，導引官導皇帝至御位內，贊奏就位，典儀唱燔柴瘞毛血迎神，協律郎舉麾唱樂奏《中和之曲》。樂止，內贊奏四拜，百官四拜。典儀唱奠玉帛，協律郎舉麾唱奏《肅和之曲》，內贊奏升壇，至上帝前，奏搢圭，執事官以玉帛跪進於皇帝右，奠訖，奏出圭。次詣皇祇前，次詣仁祖前，禮并同。復位，樂止。典儀唱進俎，協律郎舉麾唱奏《凝和之曲》，齋郎昇饌至，內贊奏升壇。至上帝前，奏搢圭進俎。至皇祇前，奏進俎、出圭。至仁祖前，奏搢圭、進俎、出圭、復位，樂止。典儀唱行初獻禮，協律郎舉麾，奏《壽和之曲》《武功之舞》，內贊奏升壇，至上帝前，奏搢圭，執事官以爵跪進於皇帝右，奏獻爵、出圭。至皇祇前，禮同，但執事者以爵跪進於皇帝左，奏詣讀祝位跪，百官皆跪。樂止，讀祝官取祝跪於神位右，讀訖，樂作，奏俯伏興平身，百官皆俯伏興平身。至仁祖前，奏搢圭、獻爵、出圭、復位，樂止。典儀唱行亞獻禮，奏《豫和之曲》《文德之舞》，禮如初獻，無讀祝。樂止，典儀唱行終獻禮，奏《寧和之曲》《文德之舞》，儀同亞獻。樂止，太常卿進立於殿西，東向，唱賜福胙，內贊奏詣飲福位，跪搢圭，光祿司官以福酒跪進，奏飲福酒，光祿司官以胙跪進，奏受胙、出圭、俯伏興平身、復位，奏四拜，百官皆四拜。典儀唱徹饌，奏《雍和之曲》，執事官各壇徹饌。樂止，典儀唱送神，奏《安和之曲》，內贊奏四拜，百官皆四拜。樂止，典儀唱讀祝官捧祝、進帛官捧帛、掌祭官奉饌，各詣燎瘞位，奏《時和之曲》，執事官各捧祝帛饌出，至燎所，內贊奏禮畢。其分獻禮，典儀唱行初獻禮，贊引引分獻官詣神位前搢笏，執事官以帛進於分獻官，奠訖，執事官以爵進於分獻官，贊引贊獻爵、出笏，贊引引至酒尊南，北向立。典儀唱行亞獻禮，執事官以爵進，儀如初獻。典儀唱行終獻禮儀，如亞獻。贊引引分獻官復位，其徹饌、送神、燎瘞儀并與正奠同。其祝文與十二年同。

《明世宗實錄》卷九八 "嘉靖二年八月" 條

戊寅，上諭禮部。於是尚書方獻夫等對曰：【略】今陛下憫勞萬姓，親出祈禱，合行禮儀，宜務從簡約以答天，戒其常朝，官俱令一體陪從，同致省愆祈籲之誠，隨具上儀注。擇二月十八日，上親禱於南郊，山川同日，社稷用次日。先期三日，太常寺奏致齋，文武百官各於本衙門齋宿，行翰林院撰祝文。前期一日，遣官祭告太廟如常儀。太常寺預設酒果脯醢香帛於各壇，各如儀。設上拜位於大祀殿內正中，山川壇同，社稷於壇前。錦衣衛設隨朝駕，不除道。是日早，免朝。上具淺色冠服，御奉天門，太常寺官跪奏請聖駕詣郊壇。上升輦，護駕官校侍衛如常儀。百官各具淺色冠服，先於南天門外候迎上至，降輦導駕官導上由左門入，循東街至具服殿內，少憩。俟報時出，導引官導上由大祀左門入，文官五品、武官四品以上照常於大祀門外，其餘官員於南天門外各就班。上至丹陛上，典儀唱執事官各司其事，導引官導上由殿左門入至拜位，內贊奏就位，典儀唱迎神，內贊奏四拜興平身，傳贊百官同。典儀唱奠帛、行初獻禮，執事官各捧帛爵詣神位前。內贊奏升壇，引上由中階升至上帝前，奏獻帛，執事官捧帛跪進於上右。上奠訖，奏獻爵，執事官捧爵跪進於上右。上獻訖，至皇祇前，奏獻帛，執事官捧帛跪進於上左。上奠訖，奏復位獻爵，執事官捧爵跪進於上左。上獻訖，典儀唱讀祝文，內贊奏詣讀祝位，奏跪，傳贊百官皆跪。讀祝官捧祝跪於皇祇神位之右，讀訖。內贊奏俯伏興平身，傳贊百官同。奏復位，典儀唱行亞獻禮，執事官各捧爵詣神位前。內贊奏升壇，引上由中階升，至上帝前。奏獻爵，執事官捧爵跪進於上右。上獻訖，至皇祇前，奏捧爵，執事官捧爵跪進於上左。上獻訖，典儀唱行終獻禮，儀同亞獻。典儀唱送神，內贊奏四拜興平身，傳贊百官同。典儀唱讀祝官捧祝，進帛官捧帛，各詣燎位。內贊奏禮畢，導引官導上由殿左門出，至具服殿少憩，至南天門外，上升輦，太常寺官跪奏請聖駕詣山川壇，儀衛侍從如前。

《明世宗實錄》卷一一八 "嘉靖九年十月" 條

辛未，禮部上大祀圜丘儀注。前期一日，免朝。錦衣衛備法駕，設板輿於奉天門下正中，上常服告於廟，出，乘輿詣南郊。由西天門入，至昭亨門外降輿，禮部太常官導上由左門入至內壇，太常卿導上至圜丘恭視壇位，次至神庫視籩豆，至神厨視牲，畢，仍由左門出，升輿至齋宮，分獻陪祀官叩頭如常儀。祭之日三鼓，上自齋宮乘輿，至外壇外神路之西降輿，導引官導上至神路東大次，禮部同太常寺捧神位官復命，訖，退。百官排班於神路之東西以候，上具祭服出，導引官導上由左靈星門入，內贊對引官導上行至內壇。典儀唱樂舞生就位，執事官各司其事，上至御拜位，內贊奏就位，上就位。典儀唱燔柴，唱迎帝神，樂作，內贊奏升壇，導上至上帝金爐前。奏跪搢圭，司香官捧香跪進於上左，內贊奏上香，上三上香。訖，奏出圭，導至太祖金爐前，儀同。奏復位，上復位，樂止，內贊奏四拜，傳贊百官同。典儀唱奠玉帛，樂作，內贊奏詣神御前，導上至神御前，奏搢圭，捧玉帛官以玉帛跪進於上右，上受玉帛，內贊奏獻玉帛，上奠訖，奏出圭，導至太祖前，奏搢圭，奏獻帛，奏出圭，奏復位，上復位，樂止。典儀唱進俎，樂作，齋郎昇俎安訖，內贊奏詣神御前，導上至神御前，奏搢圭，奏進俎，奏出圭。導至太祖前，儀同。奏復位，上復位，樂止。典儀唱行初獻禮，樂作，內贊奏詣神御前，導上至神御前，奏搢圭，捧爵官以爵跪進於上右，上受爵，內贊奏獻爵，上獻訖，奏出圭，奏詣讀祝位，導上至讀祝位，奏跪，傳贊眾官皆跪，樂暫止。內贊奏讀祝，讀祝官跪讀畢，樂復作，奏俯伏興平身，傳贊百官同。讀祝官跪進祝版，上捧至御案篚內，安訖，內贊導至太祖前，奏搢圭，捧爵官以爵跪進於上右，上受爵，奏獻爵，上獻訖，奏出圭，奏復位，上復位，樂止。典儀唱行亞獻禮，樂作，儀同初獻，惟不讀祝。奏復位，樂止。典儀唱行終獻禮，樂作，儀同亞獻。奏復位，樂止，太常卿進立於壇之二成，東向。唱賜福胙，內贊奏詣飲福位，導上至飲福位，光祿卿捧福酒跪進於上左。內贊奏跪，奏搢圭，奏飲福酒，上飲訖，光祿卿捧福胙跪進於上左。內贊奏受胙，上受訖，奏出圭、俯伏興平身，奏復位，上復位。奏四拜，傳贊百官同。典儀唱徹饌，樂作，執事官徹饌，訖，樂止。典儀唱送帝神，樂作，內贊奏四拜，傳贊百官同。樂止，典儀唱讀祝官捧祝，進帛官捧帛，掌祭官捧饌，各恭詣燎壇，上退立於拜位之東。典儀唱望燎，樂作，內贊奏詣望燎位，內贊對引官導上至望燎位。燎半，內贊奏禮畢，樂止，內贊對引官導上至大次易服，禮部太常官奉神位安於皇穹宇，上還齋宮少憩駕還，詣廟參拜，畢，回宮。

分獻官儀注。上行初獻禮，讀祝訖，奏俯伏興平身，贊引分獻官由東西陛詣各神位香案前，贊跪，贊搢笏，贊上香獻帛，贊獻爵，贊出笏，贊復位，亞終獻儀同，惟不上香獻帛。至典儀唱望燎，各分詣燎爐前，燎半，贊禮畢。詔如擬。

《明熹宗實錄》卷三九 "天啓三年十月" 條

乙酉，禮部上聖駕親詣南郊儀注。前期二日，蚤上嘗服以親詣南郊大祀預告於太廟，內贊贊就拜位，上就拜位。內贊官導上至太祖及列祖香案前，奏上香，上訖，奏復位，奏跪，奏讀告詞，讀訖，奏行四拜，禮畢。是日午後，太常寺官捧蒼玉帛匣香盒同神輿亭進於皇極門內，司禮監官捧帛同安設於御案之北。前期一日，質明，上從文華殿出，從會極門至皇極門內殿御案前立，太常寺卿捧祝版從中門進於御案上，上填御名訖，太常寺卿捧安輿中，司禮監官進帛於上，上裝於匣內，并蒼玉安訖，太常寺卿捧安輿中，太常寺卿隨捧香盒於香亭右跪，上三上香，行一拜三叩頭禮畢，轉於東，西向立。錦衣衛官旗入，擡輿亭從中門出，太常寺卿隨詣天壇神庫奉安，該衛法駕設板輿於皇極門丹墀下正中，內侍官跪請上升輿。上從中門出，乘輿從大明門正陽門詣南郊。至昭亨門之西，禮部尚書侍郎太常寺卿等官面駕序立，行叩頭禮畢，分兩傍候上降輿。尚書等官導上從昭亨左門入至內壇左門，太常卿跪迎，同導上至西陛，尚書等官俱止。太常卿導上至圜丘恭視壇位，尚書等官俱先詣東陛前伺候。上視壇位畢，太常卿導上從東陛下，尚書等官同導上至神庫視籩豆。至神廚視牲，俱太常寺卿導入，逐一奏畢，禮部太常寺官導上仍從昭亨左門出，至門迤西升輿至齋宮，分獻陪祀官朝參傳旨賜早飯，各官叩頭謝恩。至午，各官候旨，朝參仍傳旨賜午飯，叩頭謝恩如嘗儀。是日午後，太常寺陳設如嘗儀。至一更時分，禮部尚書等官詣皇穹宇，尚書上香請神，侍郎二員導引太常寺官以次捧正位、配位神版、從位牌詣壇奉安，訖，候報時，上嘗服乘輿從西壇門出，至外壝外神路之西降輿，導駕官導上至神路東大次，上香官同導引官及捧神版神牌官復命，畢，上具祭服出，導駕官導上從內壝左欞星門入，行大祀禮如常儀。祭畢，上至大次易嘗服，至齋宮少憩，上還仍詣太廟參謁，畢，上具袞冕服御皇極門內殿行慶成禮。正祭前期一日，免朝。文武百官例該陪祀者，先期入壇伺候，其餘各具吉服於承天門外橋南東西序立，候駕出大明門，退於各衙門辦事。駕還之時，陪祀官先回，仍同其餘百官具朝服，照前序立迎接，候駕入午門，百官隨詣皇極門丹墀候行慶成禮。內監預備小次，如正祭日遇有風雪，即照例設於圜丘之前，上恭就小次對越行禮，其升降奠獻，俱以太常寺執事官代。

（明）官修《諸司職掌・祭祀・郊祀》

儀注。典儀唱樂舞生就位，執事官各司其事，陪祀官分獻官各就位，導引官導引皇帝至御位，內贊奏就位，典儀唱燔柴毛血迎神，協律郎舉麾奏樂，樂止，內贊奏四拜，百官同。典儀唱奠玉帛，奏樂，內贊奏升壇，至上帝前，奏搢圭，執事官以玉帛跪進於皇帝右。奠訖，奏出圭，至皇祇前，奏搢圭，執事官以玉帛跪進於皇帝左。奠訖，奏出圭，至仁祖前，奏搢圭，執事官以玉帛跪進於皇帝右。奠訖，奏出圭，復位，樂止。典儀唱進俎，奏樂，齋郎昇饌至，內贊奏升壇，至上帝前，奏搢圭、進俎。至皇祇前，奏進俎，出圭。至仁祖前，奏搢圭、進俎，出圭，復位，樂止。典儀唱行初獻禮，奏樂，內贊奏升壇，至上帝前，奏搢圭，執事官以爵跪進於皇帝右，奏獻爵，出圭，至皇祇前，奏搢圭，執事官以爵跪進於皇帝左，奏獻爵，出圭，詣讀祝位跪讀祝，樂止。讀祝官取祝跪於神位右，讀訖，樂作，奏俯伏興平身，百官同。至仁祖前，奏搢圭，獻爵，出圭，復位，樂止。典儀唱行亞獻禮，奏樂，內贊奏升壇，至上帝前，奏搢圭，執事官以爵跪進於皇帝右，奏獻爵，出圭，至皇祇前，奏搢圭，執事官以爵跪進於皇帝左，奏獻爵，出圭，至仁祖前，奏搢圭，執事官以爵跪進於皇帝右，奏獻爵，出圭，復位，樂止。典儀唱行終獻禮，奏樂儀同亞獻，樂止。太常卿進立殿西，向東唱賜福胙，內贊奏詣飲福位，跪搢圭，光祿司官以福酒進跪，奏飲福酒，光祿司官以胙跪進，奏受胙，出圭，俯伏興平身，復位，奏四拜，百官同。典儀唱徹饌，奏樂，執事官各壇徹饌，樂止。典儀唱送神，奏樂，內贊奏四拜，百官同。樂止，典儀唱讀祝官捧祝，進帛官捧帛，掌祭官捧饌，各詣燎位，奏樂，執事官各執祝帛饌出，內贊奏禮畢。

分獻儀注。典儀唱行初獻禮，贊引引獻官詣神位前搢笏，執事官以帛進於分獻官，奠訖，執事官以爵進於分獻官，贊引贊獻爵，出笏，贊引引至酒尊南，北向立。典儀唱行亞獻禮，執事官以爵進於獻官，贊引贊獻爵。典儀唱行終獻禮，儀同亞獻。贊引引分獻官復位徹饌，執事官各壇徹饌。典儀唱送神，典儀唱讀祝官捧祝，進帛官捧帛，掌祭官捧饌，各詣燎位，執事官各執帛饌詣燎。

（明）徐一夔等《明集禮》卷二《吉禮第二·祀天》

正祭。祭日清晨，太常少卿率執事者各實尊、罍、籩、豆、登、俎、簠、簋，又實帛於筐，加玉，置於酒尊所，祝版置於上帝配帝位之右，樂生、舞生入就位，諸執事入就位。太常卿奏請中嚴，皇帝服袞冕，太常卿奏外辦，導駕官同太常卿導引皇帝自左南門入至位，北向立。

迎神。贊禮唱迎神，協律郎跪俯伏舉麾，奏《中和之曲》，贊禮唱燔柴，郊社令升烟，燔全犢於燎壇，樂六成止。贊禮唱請行禮，太常卿奏有司謹具請行事。奏鞠躬拜興拜興平身，皇帝鞠躬、拜、興、拜、興、平身。贊禮唱皇太子以下在位官皆再拜，傳贊唱鞠躬拜興拜興平身，皇太子以下皆鞠躬、拜、興、拜、興、平身。

奠玉帛。贊禮唱奠玉帛，太常卿奏請詣盥洗位，導駕官同太常卿導引皇帝詣盥洗位。太常卿贊盥曰：前期齋戒，今晨奉祭，加其清潔，以對神明。太常卿奏搢圭，皇帝搢圭。司執洗者奉盥進巾，太常卿奏盥手帨手出圭，皇帝盥手帨手出圭，太常卿奏請升壇，贊曰：神明在上，整肅威儀，升自午陛。太常卿奏請詣昊天上帝神位前，司玉帛者奉玉帛以俟，協律郎跪俯伏舉麾，奏《肅和之曲》，導駕同太常卿導引皇帝至神位前，北向立。太常卿奏跪搢圭，皇帝跪搢圭。司香官舉香跪進於皇帝之左，太常卿奏上香上香三上香，皇帝上香、上香、三上香。司玉帛者奉玉帛跪進於皇帝之右，皇帝受玉帛，奠於昊天上帝神位前。太常卿奏出圭鞠躬拜興拜興平身，皇帝出圭、鞠躬、拜、興、拜、興、平身，樂止。太常卿奏請詣仁祖淳皇帝神位前，導駕官同太常卿導引皇帝至神位前，太常卿奏跪搢圭，皇帝跪搢圭。司香官奉香跪進於皇帝之左，太常卿奏上香上香三上香。皇帝上香、上香、三上香，司帛者捧帛跪進於皇帝之右，皇帝受帛，奠於仁祖淳皇帝神位前，太常卿奏出圭鞠躬拜興拜興平身，皇帝出圭、鞠躬、拜、興、拜、興、平身。太常卿奏復位，導駕官同太常卿導引皇帝復位。

進熟。贊禮唱進俎，齋郎舉俎至壇前，進俎官舉俎升自午陛，協律郎俛伏舉麾，奏《凝和之曲》。導駕官同太常卿導引皇帝至昊天上帝神位前，太常卿奏搢圭，皇帝搢圭。進俎官以俎進於皇帝之右，皇帝以俎奠於昊天上帝神位前。太常卿奏出圭，皇帝出圭，導駕官同太常卿導引皇帝至仁祖淳皇帝神位前，進俎官以俎進於皇帝之右。太常卿奏搢圭，皇帝搢圭，以俎奠於仁祖淳皇帝神位前，太常卿奏出圭，皇帝出圭，太常卿奏復位，導駕官同太常卿導引皇帝復位。

初獻。贊禮唱行初獻禮，太常卿奏行初獻禮，請詣爵洗位，導駕官同太常卿導引皇帝至爵洗位。太常卿奏搢圭，皇帝搢圭。執爵官以爵進，皇帝受爵、滌爵、拭爵，以爵授執爵官。執爵官又以爵進，皇帝受爵、滌爵、拭爵，以爵授執爵官，太常卿奏出圭，皇帝出圭。太常卿奏請詣酒尊所，導駕官同太常卿導引皇帝升壇至酒尊所，太常卿奏搢圭，皇帝搢圭，執爵官以爵進，皇帝執爵，司尊者舉冪酌泛齊，皇帝以爵授執爵官，太常卿奏出圭，皇帝出圭。太常卿奏請詣昊天上帝神位前，協律郎跪俯伏舉麾，奏《壽和之曲》《武功之舞》，導駕官同太常卿導引皇帝至昊天上帝神位前，太常卿奏跪搢圭，皇帝跪搢圭，司香官捧香跪進於皇帝之左，太常卿奏上香上香三上香，皇帝上香、上香、三上香。執爵官捧爵跪進於皇帝之右，皇帝受爵，太常卿奏祭酒祭酒三祭酒奠爵，皇帝祭酒、祭酒、三祭酒，奠爵，樂舞止。太常卿奏出圭，皇帝出圭，讀祝官取祝版於神右跪讀訖，樂舞作，太常卿奏俯伏興平身，稍後鞠躬拜興拜興平身，皇帝俯伏、興、平身，稍後鞠躬、拜、興、拜、興、平身，樂舞止。太常卿奏請詣酒尊所，導駕官同太常卿導引皇帝至酒尊所，執爵官以爵進，皇帝受爵，司尊舉冪酌泛齊，以爵授執爵官。太常卿奏請詣仁祖淳皇帝神位前，導駕官同太常卿導引皇帝至神位前，太常卿奏跪搢圭，皇帝跪搢圭，司香官奉香跪進於皇帝之左。太常卿奏上香上香三上香，皇帝上香、上香、三上香。執爵官奉爵跪進於皇帝之右，皇帝受爵，太常卿奏祭酒祭酒三祭酒奠爵，皇帝祭酒、祭酒、三祭酒，奠爵。太常卿奏出圭，讀祝官取祝板於神位之右跪讀，訖，太常卿奏俯伏興平身、稍後鞠躬拜興拜興平身，皇帝俯伏、興、平身，稍後鞠躬、拜、興、拜、興、平身。太常卿奏請復位，導駕官同太常卿導引皇帝復位。

　　亞獻。贊禮唱行亞獻禮，太常卿奏行亞獻禮，請詣爵洗位，導駕官同太常卿導引皇帝至爵洗位。太常卿奏搢圭，皇帝搢圭，執爵官以爵進，皇帝受爵、滌爵、拭爵，以爵授執爵官，執爵官又以爵進，皇帝受爵、滌爵、拭爵，以爵授執爵官。太常卿奏出圭，皇帝出圭。太常卿奏請詣酒尊所，導駕官同太常卿導引皇帝升壇至酒尊所。太常卿奏搢圭，皇帝搢圭，執爵官以爵進，皇帝受爵，司尊舉冪酌醴齊，皇帝以爵授執爵官。太常卿奏出圭，皇帝出圭。太常卿奏請詣昊天上帝神位前，協律郎跪俯伏舉麾，奏《豫和之曲》《文德之舞》，導駕官同太常卿導引皇帝至神位前。太常卿奏跪搢圭，皇帝搢圭，執爵官奉爵跪進於皇帝之右，皇帝受爵，太常卿奏祭酒祭酒三祭酒奠爵，皇帝祭酒、祭酒、三祭酒，奠爵，太常卿奏出圭、俯伏興平身、稍後鞠躬拜興拜興平身，皇帝出圭、俯伏、興、平身，稍後鞠躬、拜、興、拜、興、平身，樂舞止。太常卿奏請詣酒尊所，導駕官同太常卿導引皇帝至酒尊所。執爵官以爵進，皇帝受爵，司尊舉冪酌醴齊，皇帝以爵授執爵官。太常卿奏請詣仁祖淳皇帝神位前，樂作，導駕官同太常卿導引至神位前。太常卿奏跪搢圭，皇帝跪，搢圭，執爵官奉爵跪進於皇帝之右，皇帝受爵，太常卿奏祭酒祭酒三祭酒奠爵，皇帝祭酒、祭酒、三祭酒，奠爵，太常卿奏出圭俯伏興平身、稍後鞠躬拜興拜興平身，皇帝出圭、俯伏、興、平身，稍後鞠躬、拜、興、拜、興、平身，樂舞止。太常卿奏復位，導駕官同太常卿導引皇帝復位。

　　終獻。贊禮唱行終獻禮，太常卿奏行終獻禮，請詣爵洗位，導駕官同太常卿導引皇帝至爵洗位。太常卿奏搢圭，皇帝搢圭，執爵官以爵進，皇帝受爵、滌爵、拭爵，以爵授執爵官，太常卿奏出圭，皇帝出圭。太常卿奏請詣酒尊所，導駕官同太常卿導引皇帝升壇至酒尊所。太常卿奏搢圭，皇帝搢圭，執爵官以爵進，皇帝受爵，司尊舉冪酌盎齊，皇帝以爵授執爵官。太常卿奏出圭，皇帝出圭。太常卿奏請詣昊天上帝神位前，協律郎跪俛伏舉麾，奏《熙和之曲》《文德之舞》，導駕官同太常卿導引皇帝至神位前。太常卿奏跪搢圭，皇帝跪搢圭，執爵官奉爵跪進於皇帝之右，皇帝受爵，太常卿奏祭酒祭酒三祭酒奠爵，皇帝祭酒、祭酒、三祭酒，奠爵，太常卿奏出圭俯伏興平身、稍後鞠躬拜興拜興平身，皇帝出圭、俯伏、興、平身，稍後鞠躬、拜、興、拜、興、平身，樂舞止。太常卿奏請詣酒尊所，導駕官同太常卿導引皇帝至酒尊所，執爵官以爵進皇帝受爵司，尊舉冪酌盎齊，皇帝以爵授執爵官。太常卿奏請詣仁祖淳皇帝神位前樂作，導駕官同太常卿導引皇帝至神位前，太常卿奏跪搢圭，皇帝跪搢圭，執爵官奉爵跪進於皇帝之右，皇帝受爵，太常卿奏祭酒祭酒三祭酒奠爵，皇帝祭酒、祭酒、三祭酒，奠爵，太常卿奏出圭俯伏興平身、稍後鞠躬拜興拜興平身，皇帝出圭、俯伏、興、平身，稍後鞠躬、拜、興、拜、興、平身。太常卿奏復位，導駕官同太常卿導引皇帝復位。

　　分獻。贊禮俟行終獻時，唱分獻官行禮，贊引各引分獻官詣盥洗位。贊搢笏，贊盥手，司盥者酌水分獻官盥手，贊帨手司巾者以巾進分獻官帨手。贊出笏，分獻官出笏，贊請詣爵洗位，贊引引分獻官至爵洗位，贊搢笏，分獻官搢笏，執爵官以爵進，分獻官受爵、滌爵、拭爵，以爵授執爵者。贊引贊出笏，分獻官出笏。贊請詣各從祀神位前，贊引引分獻官至神位前，贊跪搢笏，分獻官跪搢笏，司香者以香跪進於分獻官之左，贊引贊上香上香三上香，分獻官上香、上香、三上香。贊引贊祭酒祭酒三祭酒奠爵，執爵官以爵跪進於分獻官之右，分獻官受爵，祭酒、祭酒、三祭酒，奠爵。贊引贊出笏、俯伏興平身、稍後鞠躬拜興拜興平身，分獻官奠爵、出笏、俯伏、興、平身，稍後鞠躬、拜、興、拜、興、平身，贊引贊復位，分獻官復位。

　　飲福受胙。贊禮唱飲福受胙，太常卿奏請詣飲福位，導駕官同太常卿導引皇帝升壇至飲福位，北向立。太常卿奏鞠躬拜興拜興平身，皇帝鞠躬、拜、興、拜、興、平身。太常卿奏跪搢圭，皇帝跪搢圭，奉爵官酌福酒，跪進於皇帝之左，贊曰：惟此酒肴神之所與，賜以福慶，億兆同沾。皇帝受福酒、祭酒、飲福酒以爵，置於坫。奉胙官奉胙跪進於皇帝之右，皇帝受胙，以胙授執事者，執事跪受於皇帝之右。太常卿奏出圭，皇帝出圭。太常卿奏俯伏興平身、稍後鞠躬拜興拜興平身，皇帝俯伏、興、平身，稍後鞠躬、拜、興、拜、興、平身。太常卿奏請復位，導駕官同太常卿導引皇帝復位。

　　徹豆。贊禮唱徹豆，協律郎跪俯伏舉麾，奏《雍和之曲》，掌祭官徹豆，樂止。贊禮唱賜胙，太常卿奏皇帝飲福受胙，免拜。贊禮唱皇太子以下在位官皆再拜，傳贊唱鞠躬拜興拜興平身，皇太子以下皆鞠躬、拜、興、拜、興、平身，樂止。

送神。贊禮唱送神，協律郎跪俯伏舉麾，奏《安和之曲》。太常卿奏鞠躬拜興拜興平身，皇帝鞠躬、拜、興、拜、興、平身。贊禮唱皇太子以下在位官皆再拜，傳贊唱鞠躬拜興拜興平身，皇太子以下皆鞠躬、拜、興、拜、興、平身。贊禮唱祝人取祝，幣人取幣，詣望燎位，讀祝官取祝，奉幣官奉幣，掌祭官取饌及爵酒詣柴壇，置爐上，樂止。

望燎。贊禮唱望燎，導駕官同太常卿導引皇帝至望燎位。贊禮唱可燎，東西面各二人以炬燎火柴。半燎，太常卿奏禮畢，導駕官同太常卿導引皇帝還大次，解嚴，鑾駕還宮，鹵簿導從如來儀。大樂鼓吹振作。

國朝奏告圜丘皇帝親祀儀注同冬至郊天禮。

（明）徐一夔等《明集禮》卷二《吉禮第二·祀天》

正祭。其日清晨，執事者陳玉幣香脯，實酒尊，設祝版於帝位之右。贊引引告官、陪祀官各服法服，自南西偏門入至位，皆北向立。贊禮唱請行禮，贊詣告官前曰有司謹具請行事。贊禮唱鞠躬拜興拜興平身，告官及衆官皆鞠躬、拜、興、拜、興、平身。

奠玉幣。贊禮唱奠玉幣，贊引引告官詣盥洗位，贊引贊搢笏，告官搢笏，贊引唱盥手，司盥者酌水，告官盥手，贊引唱帨手，司巾以巾進告官帨手，贊引贊出笏，告官出笏。贊引贊請詣昊天上帝神位前，司玉幣者奉玉幣從行，贊引引至神位前，贊跪搢笏，告官跪搢笏，贊引贊上香上香三上香，司香以香跪進於告官之右，告官上香上香三上香，司玉幣者跪奉玉幣進於告官之右，告官受玉幣奠於神位前，贊引贊出笏，告官出笏，贊鞠躬拜興拜興平身，贊引贊復位，引告官復位。

酌獻：贊禮唱行酌獻禮，贊引引告官詣盥洗位，贊引贊盥手，司盥者酌水，告官盥手，贊引唱帨手，司巾以巾進告官帨手，贊引贊出笏，告官出笏。贊引贊告官請詣爵洗位，贊引贊搢笏，告官搢笏，執爵者以爵進，贊引贊受爵、滌爵、拭爵，告官受爵、滌爵、拭爵，以爵授執爵者，贊引贊出笏，告官出笏。贊引贊請詣酒尊所，引至酒尊所，贊引贊搢笏，告官搢笏，執爵者以爵進，告官受爵，司尊者舉冪酌酒，以爵授執爵官，贊引贊出笏，告官出笏。贊引贊請詣昊天上帝神位前，贊引贊跪搢笏，執爵者以爵跪進於告官之右，告官受爵，贊引贊祭酒祭酒三祭酒奠爵，告官祭酒祭酒三祭酒奠爵，贊引贊出笏，告官出笏，讀祝官取祝版於神右跪讀，訖，贊引贊俛伏興平身，稍後鞠躬拜興、拜興平身，贊引贊復位，贊禮唱鞠躬拜興、拜興平身，告官及在位官皆鞠躬拜興、拜興平身。

望燎：贊禮唱望燎方丘則唱望瘞。司祝奉祝、司幣奉玉幣、掌祭官奉酒脯詣燎所，方丘則詣瘞所，贊引引告官至望燎位，方丘則唱瘞位，贊禮唱可燎，燎至半方丘則唱可瘞，贊引唱禮畢，引告官在位者以次出。

（明）章潢《圖書編》卷九四《圜丘壇以下太常寺》

歲冬至大祀天於圜丘，凡國有大事則祭告。

是日。夜分，上御大次，禮部太常奉安神位復命。上具祭服出，導引官導至內壝由左門入，內贊引導上行，典儀唱，樂舞生就位，執事各司其事。內贊奏就位，位設二成上，典儀唱燔柴，唱迎帝神，奏樂，內贊奏升壇，導上升至正位金爐前，司香官捧香盒跪進於左，內贊跪奏搢圭，奏上香。奏出圭，導上至配位金爐前上香，儀同，奏復位。卿、少卿上御案前二爐香，樂上，奏四拜，傳贊百官同。典儀唱奠玉帛，奏樂，內贊奏詣神御前，上升至神御前，奏搢圭，捧玉帛以玉帛跪進於右，上受玉帛，奏獻玉帛，上奠訖，奏出圭，導至配位，奏搢圭，奏獻帛，奏出圭，奏復位，樂止。典儀唱行初獻禮，奏樂，內贊奏詣神御前，上升至神御前，奏搢圭，捧爵官以爵跪進於右，上受爵，奏獻爵，奏出圭，奏詣讀祝位，內贊導上至祝位，樂暫止，奏跪，傳贊眾官皆跪，贊讀祝，訖，奏俯伏興平身，傳贊百官同，讀祝官捧祝版奠御前案上，樂復作，導上至配位前，獻爵儀同，奏復位，樂止。典儀唱行亞獻禮，奏樂儀同初獻，惟不讀祝，樂止。典儀唱行終獻禮，奏樂儀同亞獻，樂止，本寺卿立祝桌前東向唱賜福胙，內贊奏詣飲福位，上升至飲福位，光祿卿捧福酒，少卿捧胙跪進於左，內贊奏跪，奏搢圭，奏飲福酒，上飲訖，奏受胙，上受胙，訖，奏出圭，俯伏興平身，奏復位，內贊奏四拜，傳贊百官同。典儀唱徹饌，奏樂，樂止。典儀唱送帝神，奏樂，內贊奏四拜，傳贊百官同，樂止。典儀唱讀祝官捧祝，進帛官捧帛，掌祭官捧饌，各恭詣泰壇，上退立拜位東，典儀唱望燎，奏樂，捧祝帛饌官至三成陛下，內贊官詣望燎位，內贊奏對引導上至望燎位，燎位燎半，奏禮畢，導至櫺星門左門內，導引官導上至大次易服。禮部尚書、侍郎，太常卿、少卿、丞奉安神位於皇穹宇，上還，參太廟。其分獻禮，分獻官各於唱初獻時，贊引引由東西陛詣各神位香案前，贊跪，贊搢笏，贊上香，復位，亞終獻儀同，惟不上香獻帛，至望燎分詣各燎爐前，燎半，贊禮畢退。如祭日遇風雪，上就小次，儀同前，惟上香卿代，獻玉帛、獻爵執事官代，卿唱賜福胙，光祿官捧酒胙降至小次，跪上左，上飲福酒，受胙如儀，各復位，俱捧帛爵官代獻。如遣官攝祭，拜位在三成下，升壇由西陛上，不飲酒受胙，餘儀同前。

（明）章潢《圖書編》卷九五《崇雩壇》

在圜丘之旁，仲夏禱雨皇天之帝。上乘輿至昭亨門西降輿，過門東，乘輿至崇雩壇門西降輿，導引官導上至帷幙內，具祭服出，導引官導至壇門內，內贊對引導官上行，典儀唱樂舞生就位，執事官各司其事，內贊對引官導上至拜位，贊奏就位。典儀唱迎帝神，奏樂，內贊奏升壇，導上至香案前，奏跪，奏搢圭，奏上香，訖出圭，復位，樂止。奏四拜，傳贊百官同。典儀唱奠帛，奏樂，內贊奏升壇，導上至御案前，奏搢圭，上受帛，奏獻帛，訖奏出圭，復位，樂止。典儀唱進俎，奏樂，內贊奏升壇，導上至俎匣前，奏搢圭，奏進俎，奏出圭，復位，樂止。典儀唱行初獻禮，奏樂，贊奏升壇，導上至御案前，奏搢圭，上受爵，獻爵，訖奏出圭，奏讀祝位，奏跪，傳贊百官皆跪贊。讀祝訖，奏俯伏興平身，傳贊百官同，奏復位，樂止。典儀唱行亞獻禮，終獻禮儀同，初惟不讀祝，樂止。太常卿西向立，唱賜福胙，內贊奏詣飲福位，導上飲福位，光禄官捧福酒胙跪於上右，內贊奏跪搢圭，奏飲福酒，訖，奏受胙，訖，奏出圭，俯伏興平身，復位，奏四拜，傳贊百官同。典儀唱徹饌，奏樂，樂止。典儀唱送帝神，奏樂，奏四拜，傳贊百官同。樂止。典儀唱讀祝官捧祝，進帛官捧帛，掌祭官捧饌，各恭詣瘞壇。上退拜位之東，典儀唱望燎，奏樂，捧祝帛饌官下壇，內贊奏詣望燎位，內贊對引官導上至燎所，燎奏禮畢，引官導上至帷幄易服出。上回至殿參拜。

（明）章潢《圖書編》卷九五《祈穀祀典》

歲驚蟄，上行祈穀禮於南郊大饗殿，祭皇天上帝。昧爽，上帝服乘輿至內西天門外神樂觀，二知觀叩頭起，執提爐導至神路，錦衣衛官跪奏落輦，上降輿，導引官導上至大次，具祭服出。導引官導上由左門入至陛下。典儀唱樂舞生就位、執事官各司其事。內贊對引官導上至拜位，內贊奏就位。典儀唱迎帝，奏樂，內贊奏升壇導上至香案前跪，奏搢圭，奏上香，訖，奏出圭，復位，樂止，奏四拜，傳贊百官同。典儀唱獻玉帛，奏樂，內贊奏升壇，導上至御案前，奏搢圭，上受玉帛，奏獻玉帛，訖，奏出圭，復位，樂止。典儀唱進俎，奏樂，內贊奏升壇，導上至俎匣前，奏搢圭，奏進俎，奏出圭，復位，樂止。典儀唱行初獻禮，奏樂，內贊奏升壇，導上至御案前，奏搢圭，上受爵，奏獻爵，訖，奏出圭，奏詣讀祝位，奏跪，傳贊百官皆跪。樂暫止，贊讀祝訖，樂復作，奏俯伏興平身，傳贊百官同。奏復位，樂止。典儀唱行亞獻禮、行終獻禮，奏樂，儀同初獻，惟不讀祝。樂止，太常卿於殿西東立唱賜福胙，內贊詣飲福位，導上至飲福位，光禄卿捧福酒胙跪進於上左，內贊奏跪奏搢圭，奏飲福酒，訖，奏受胙，訖，奏出圭、俯伏興平身，復位，奏四拜，傳贊百官同。典儀唱徹饌，奏樂，樂止。典儀唱送帝神，奏樂，奏四拜，傳贊百官同。樂止。典儀唱，讀祝官捧祝，進帛官捧帛，掌祭官捧饌，各恭詣瘞壇。上退拜位之東，典儀唱至燎，奏樂，捧祝捧帛饌官出殿門，內贊奏詣望燎位，內贊引導上至燎所，燎半，奏禮畢，導引官導上至大次，易祭服出，樂止。上回至殿參拜。

（明）申時行等《大明會典》卷八二《禮部四〇·郊祀二·分祀上·圜丘》

正祭。是日三鼓，上自齋宮乘輿至外壇神路之西，降輿。導引官導上至神路東大次，上香官同導引官、捧神位官復命，訖，退。百官排班於神路之東西以俟。上具祭服出，導引官導上由左櫺星門入，內贊對引官導上行至內壇，典儀唱樂舞生就位，執事官各司其事。上至御拜位，內贊奏就位，上就位。典儀唱燔柴，唱迎帝神，樂作，內贊奏升壇，導上至上帝金爐前，奏跪，奏搢圭，司令官捧香跪進於上左，內贊奏上香，上三上香。訖，奏出圭，導至太祖金爐前，儀同。奏復位，上復位，樂止。內贊奏四拜，傳贊百官同。典儀唱奠玉帛，樂作，內贊奏詣神御前，導上至神御前，奏搢圭，捧玉帛官以玉帛跪進於上右，上受玉帛，內贊奏獻玉帛，上奠，訖，奏出圭，導至太祖前，奏搢圭，奏獻帛，奏出圭，奏復位，上復位，樂止。典儀唱進俎，樂作，齋郎昇俎安訖，內贊奏詣神御前，導上至神御前，奏搢圭，奏進俎，奏出圭，導至太祖前，儀同。奏復位，上復位，樂止。典儀唱行初獻禮，樂作，內贊奏詣神御前，導上至神御前，奏搢圭，捧爵官以爵跪進於上右，上受爵，內贊奏獻爵，上獻訖，奏出圭，奏詣讀祝位，導上至讀祝位，奏跪傳贊眾官皆跪，樂暫止，內贊贊讀祝，讀祝官跪讀祝，畢，樂復作。奏俯伏興平身，傳贊百官同。讀祝官跪進祝版，上捧至御案篚內，安訖，<small>今讀祝官自安</small>。內贊導至太祖前，奏搢圭，捧爵官以爵跪進於上右，上受爵，奏獻爵，上獻，訖，奏出圭，奏復位，上復位，樂止。典儀唱行亞獻禮，樂作儀同初獻，惟不請祝。奏復位，樂止。典儀唱行終獻禮，樂作，儀同亞獻。奏復位，樂止。太常卿進立於壇之二成，東向唱賜福胙，內贊奏詣飲福位，導上至飲福位，光禄卿捧福酒跪進於上左，內贊奏跪，奏搢圭，奏飲福酒，上飲訖，光禄官捧福胙跪進於上左，內贊奏受胙，上受訖，奏出圭，俯伏興平身，奏復位，上復位，奏四拜，傳贊百官同。典儀唱撤饌，樂作，執事官撤饌訖，樂止。典儀唱送帝神，樂作，內贊奏四拜，傳贊百官同。樂止。典儀唱讀祝官捧祝，進帛官捧帛，掌祭官捧饌，各恭詣泰壇，上退立於拜位之東，典儀唱望燎，樂作，內贊奏詣望燎位，內贊對引官導上至望燎位，燎半，內贊奏禮畢。樂上如遇風雪，有司設黃氊小次於圜丘下，上恭就小次，對越行禮，其升降、上香、奠獻俱以太常執事官代，內贊對引官導上至大次易服，禮部太常官奉神位安於皇穹宇，上還齋宮少憩，賀還百官具朝服於承天門外橋南立迎駕上，入詣廟參拜，如視牲還之儀。致辭曰：孝玄孫嗣皇帝御名圜丘大報禮成，恭詣祖宗列聖帝后神位前，謹用參拜。參畢，百官隨至奉天殿行慶成禮。

分獻官儀注。上行初獻禮，讀祝訖奏俯伏興平身，贊引引分獻官由東西陛詣各神位香案前，贊跪，贊搢笏，贊上香，贊獻帛，贊獻爵，贊出笏，贊復位，亞、終獻儀同惟不上香獻帛。至典儀唱望燎，各分詣燎鑪前，燎半，贊禮畢。

（明）王圻《續文獻通考》卷一〇五《郊社考中·郊祀圜丘儀》

正祭。是日三鼓，上自齋宮乘輿至外壇神路之西降輿，導引官導上至神路東大次，上香官同導引捧神位官復命，訖，退。百官排班於神路之東西，以候上具祭服，出，導引官導上由左櫺星門入，行至內壇。典儀唱樂舞就位，執事官各司其事，上至御拜位。內贊奏就位，上就位，典儀唱燔柴，唱迎帝神，樂作。內贊奏升壇，導上至上帝金爐前，奏跪，奏搢圭，司香官捧香跪進於上左，內贊奏上香，上三上香訖，奏出圭，導至太祖金爐前儀同，奏復位，上復位，樂止。內贊奏四拜，傳贊百官同。典儀唱奠玉帛，樂作，內贊奏詣神御前，導上至神御前，奏搢圭，捧玉帛官以玉帛跪進於上右，上受玉帛，內贊奏獻玉帛，上奠訖，奏出圭，導至太祖前，奏搢圭，奏獻帛，奏出圭，奏復位，上復位，樂止。典儀唱進俎，樂作，齋郎昇俎安訖，內贊奏詣神御前，導上至神御前，奏搢圭，奏進俎，奏出圭，導至太祖前，儀同。奏復位，上復位，樂止。典儀唱行初獻禮，樂作，內贊奏詣神御前，導上至神御前，奏搢圭，捧爵官以爵跪進於上右，上受爵，內贊奏獻爵，上獻訖，奏出圭，奏詣讀祝位，導上至讀祝位，奏跪傳贊眾官皆跪，樂暫止。內贊贊讀祝官跪讀祝，畢，樂復作，奏俯伏興平身，傳贊百官同。讀祝官跪進祝版，上捧至御案篋內安訖，今讀祝官自安。內贊導至太祖前，奏搢圭，捧爵官以爵跪進於上右，上受爵，奏獻爵，上獻訖，奏出圭，奏復位，上復位，樂止。典儀唱行亞獻禮，樂作儀同初獻惟不讀祝，奏復位，樂止。典儀唱行終獻禮，樂作，奏復位，樂止。太常卿進立於壇之二成，東向唱賜福胙，內贊奏詣飲福位，導上至飲福位。光祿卿捧福酒跪進於上左，內贊跪奏搢圭，奏飲福酒，上飲訖，光祿官捧福胙跪進於上左。內贊奏受胙，上受訖，奏出圭俯伏興平身，奏復位，上復位，奏四拜，傳贊百官同。典儀唱徹饌，樂作，執事官徹饌，訖，樂止；典儀唱送帝神，樂作，內贊奏四拜，傳贊百官同。樂止，典儀唱讀祝官捧祝、進帛官捧帛、掌祭官捧饌，各恭詣泰壇，上退立於拜位之東。典儀唱望燎，樂作，內贊奏詣望燎位，內贊對引官導上至燎位，燎半，內贊奏禮畢，樂止。如遇風雪，有司設黃氈小次於圜丘下，上恭就小次對越行禮，其升降、上香、奠獻，俱以太常執事官代。內贊對引官導上至大次易服，禮部太常官奉神位，安於皇穹宇，上還齋宮少憩，駕還，百官具朝服於承天門外橋南立迎駕，上入詣廟參拜如視牲還之儀。致辭曰：孝玄孫嗣皇帝御名圜丘大報禮成，恭詣祖宗列聖帝后神位謹用參拜，參畢，百官隨至奉天殿行慶成禮。

分獻官儀注，上行初獻禮，讀祝訖，奏俯伏興平身，贊引引分獻官由東西陛詣各神位香案前，贊跪，贊搢笏，贊上香，贊獻帛，贊獻爵，贊出笏，贊復位；亞終獻儀同，惟不上香、獻帛，典儀唱望燎，各分詣燎鑪前，燎半，贊禮畢。

（明）佚名《太常續考》卷一《郊祀·冬至圜丘事宜》

祭日。合寺官具吉服詣所，導引導至正牛房，贊引贊詣盥洗所，盥訖，贊上香，正堂上正牛房香左右，少堂上太廟社稷牛房。香畢，鼓樂迎至神祠，贊引贊就位，贊詣前正堂詣香案前。贊上香，三上香訖，贊復位，贊四拜，贊初獻禮，執事捧爵跪獻於各神位前，贊跪，贊讀祝，讀訖，贊俯伏興平身，贊亞獻禮、終獻，禮儀同初獻，惟不讀祝。贊四拜，贊化財，贊詣化財所酹酒，訖，贊禮畢，鼓樂導至犧牲所南門外，觀牲畢，仍導至廳，發看牲牌，一面上書協律等官姓名，每日輪二員詣所視滌，如法餵養。【略】

是旦，上具常服乘輿至太廟門外，降輿，導引官導上由寢殿左門入，至拜位，內贊奏就位，導上詣太祖歷熹宗香案前，俱奏上香，跪訖，奏復位，奏跪，贊讀告辭，讀訖，奏興，奏四拜，奏禮畢，導上出左門，還宮。

（明）佚名《太常續考》卷一《郊祀·今上步禱祈雨儀注崇禎四年五月初一日**》**

祭日辰時，上至昭亨門，導引官導至左櫺星門外幕次少憩，禮部尚書、侍郎、太常寺卿、少卿跪奏請詣壇，内贊導上行。典儀唱執事官各司其事，内贊奏就位，唱迎帝神，奏升壇，導上升至神御香案前，奏跪，奏上香，奏復位，奏四拜，傳贊百官同。典儀唱奠帛、行初獻禮，奏升壇，導上升至神御前，奏獻帛，奏獻爵，奏詣讀祝位，奏跪，傳贊百官皆跪。贊讀祝，讀訖，奏俯伏興平身，傳贊百官同。奏復位。典儀唱行亞獻禮，奏升壇，導上升至神御前，奏獻爵，奏復位。典儀唱行終獻禮，奏升壇，導上升至神御前，奏獻爵，奏復位。典儀唱送帝神，奏四拜，傳贊百官同。典儀唱讀祝官捧祝進帛官捧帛各詣燎位，捧祝帛官下級至燎爐。奏禮畢，内贊對引導上至幄次少憩，還宫。

（明）佚名《太常續考》卷八《祈穀儀注》

正祭日昧爽，免朝。錦衣衛備法駕，設板輿於奉天門下正中，上常服乘輿至内西天門外，神樂觀二知觀叩頭，起，執提爐導至神路，錦衣衛官跪奏落輦，上降輿，導引官導上至大次，具祭服，出。導引官導上由左門入，至陛上。典儀唱樂舞生就位，執事官各司其事。内贊對引官導上至拜位，内贊奏就位，典儀唱迎帝神，奏樂，内贊奏升壇，導上至香案前，奏跪，奏搢圭，奏上香，訖，奏出圭，復位，樂止，奏四拜，傳贊百官同。典儀唱奠玉帛，奏樂，内贊奏升壇，導上至御案前，奏搢圭，上受玉帛，奏獻玉帛，訖，奏出圭，復位，樂止。典儀唱進俎，奏樂，内贊奏升壇，導上至俎匣前，奏搢圭，奏進俎，奏出圭，復位，樂止。典儀唱行初獻禮，奏樂，内贊奏升壇，導上至御案前，奏搢圭，上受爵，奏獻爵，訖，奏出圭，奏詣讀祝位，奏跪，傳贊衆官皆跪。樂暫止，贊讀祝，訖，樂復作，奏俯伏興平身，傳贊百官同。奏復位，樂止。典儀唱行亞獻禮、行終獻禮，奏樂儀同初獻，惟不讀祝。樂止。太常卿於殿西東向立，唱賜福胙，内贊奏詣飲福位，導上至飲福位，光禄卿捧福酒胙跪進於上右。内贊奏跪，奏搢圭，奏飲福酒，訖，奏受胙，訖，奏出圭，俯伏興平身，復位，奏四拜，傳贊百官同。典儀唱徹饌，奏樂，樂止。典儀唱送帝神，奏樂，奏四拜，傳贊百官同。樂止。典儀唱讀祝官捧祝，進帛官捧帛，掌祭官捧饌，各恭詣瘞壇。上退拜位之東。典儀唱望燎，奏樂，捧祝、帛、饌官出殿門，内贊奏詣望燎位，内贊對引導上至燎所。燎半，奏禮畢，導引官導上至大次易祭服，出，樂止。上回至景神殿參拜，本寺官詣景神殿，上至參拜。

（明）佚名《太常續考》卷八《大享》

正祭日昧爽，免朝。錦衣衛備法駕，設板輿於奉天門下正中，上常服乘輦至内西天門外，神樂觀二知觀叩頭，起，執爐導至神路，錦衣衛官跪奏落輦，上降輿。導引官導上至大次，具祭服，出，導引官導上由左門入，至陛上。典儀唱樂舞生就位，執事官各司其事，内贊對引官導上至拜位，内贊奏就位，典儀唱迎帝神，奏樂，樂止，奏四拜，傳贊百官同。典儀唱奠玉帛，奏樂，奏升壇，內贊導上至上帝香案前，奏跪，奏搢圭，奏上香，訖，上受玉帛，奏獻玉帛，訖，奏出圭，內贊導上至配位香案前，儀同前。奏復位，樂止。典儀唱進俎奏樂，齋郎舁俎，安訖，奏升壇，內贊導上至上帝前，奏搢圭，奏進俎，奏出圭，內贊導上至配位前，儀同前。奏復位，樂止。典儀唱行初獻禮，奏樂，奏升壇，內贊導上至上帝前，奏搢圭，上受爵，奏獻爵，訖，奏出圭，奏詣讀祝位，樂暫止，奏跪，傳贊眾官皆跪。贊讀祝，訖，樂復作，奏俯伏興平身，傳贊百官同。內贊導上至配位前，儀同前。獻爵訖，奏復位，樂止。典儀唱行亞獻禮、行終獻禮，儀同初獻，惟不讀祝。樂止，太常卿立於殿西，東向唱賜福胙，內贊奏詣飲福位，內贊導上至飲福位，光祿卿捧福酒胙跪進於上左，奏跪，奏搢圭，奏飲福酒，訖，奏受胙，訖，奏出圭，奏俯伏興平身，奏復位，奏四拜，傳贊百官同。典儀唱徹饌，奏樂，樂止。典儀唱送帝神，奏樂，奏四拜，傳贊百官同。樂止，典儀唱讀祝官捧祝，進帛官捧帛，掌祭官捧饌，各恭詣瘞壇，上退拜位之東立。典儀唱望燎，奏樂，捧祝、帛、饌官出殿中門，奏詣望燎位，內贊對引官導上至望燎位。燎半，奏禮畢，導引官導上至大次易祭服，出，樂止。上回至景神殿參拜，本寺官詣景神殿，上至參拜。

（明）佚名《太常續考》卷八《崇雩壇告天禱雨》

是夜二更時分，本寺卿奉安神御位，陳設籩豆。三更時分，上乘輿至昭亨門西，降輿，過門東，乘輿至崇雩壇門西，降輿，導引官導上至帷幙內具祭服，出，導引官導至壇門內，內贊對引官導上行。典儀唱樂舞生就位，執事官各司其事，內贊對引官導上至拜位，內贊奏就位，典儀唱迎帝神，奏樂，內贊奏升壇，道上至香案前，奏跪，奏搢圭，奏上香，訖，出圭，復位，樂止，奏四拜，傳贊百官同。典儀唱奠帛，奏樂，內贊奏升壇，導上至御案前，奏搢圭，上受帛，奏獻帛，訖，奏出圭，復位，樂止。典儀唱進俎，奏樂，內贊奏升壇，導上至俎匣前，奏搢圭，奏進俎，奏出圭，復位，樂止。典儀唱行初獻禮，奏樂，內贊奏升壇，導上至御案前，奏搢圭，上受爵，奏獻爵，訖，奏出圭，奏詣讀祝位，奏跪，傳贊眾官皆跪。贊讀祝，訖，奏俯伏興平身，傳贊百官同。奏復位，樂止。典儀唱行亞獻禮、行終獻禮，儀同初獻禮，惟不讀祝。樂止。太常卿西向立，唱賜福胙，內贊奏詣飲福位，導上至飲福位，光祿官捧福酒胙跪於右，內贊奏跪，奏搢圭，奏飲福酒，訖，奏受胙，訖，奏出圭，俯伏興平身，復位，奏四拜，傳贊百官同。典儀唱徹饌，奏樂，樂止。典儀唱送帝神，奏樂，奏四拜，傳贊百官同。樂止。典儀唱讀祝官捧祝，進帛官捧帛，掌祭官捧饌，各恭詣瘞壇，上退拜位之東，典儀唱望燎，奏樂，捧祝、帛、饌官下壇，內贊奏詣望燎位，內贊對引官導上至燎所。燎半，奏禮畢，導引官導上至帷幙內易服，出，上回，詣景神殿致辭參拜。

《世祖章皇帝實錄》卷九"順治元年冬十月"條

乙卯朔，上以定鼎燕京親詣南郊，告祭天地即皇帝位。是日黎明，內院官奏請詣壇，上出宮升輦，親王以下文武各官皆從鹵簿前導出大清門，不奏樂。至圜丘於昭亨門西降輦，入左門御幄，更衣畢，太常寺寺丞從欞星門內導上至階二級。典儀官贊樂人就位，執事官各司其事，諸王立於階三級，文武各官列於欞星門階東西。典儀官贊迎神，協律郎奏迎神樂，贊引官贊升壇，導上至神位前，捧香官跪於上左傍捧香，贊引官贊跪上香，上跪，三上香畢，贊復位，上復位，樂止。贊引官贊俯伏興，上行四跪四叩頭禮，各官亦隨行禮。典儀官贊獻玉帛，協律郎奏獻玉帛樂，贊引官導上至神位前，捧玉帛官二員跪上左右捧玉帛，贊引官贊跪獻玉帛，上跪受玉帛，獻畢，授捧玉帛官置於案上，贊復位，上復位，樂止。典儀官贊行初獻禮，協律郎奏初獻樂，贊引官導上至神位前，捧爵官接爵官跪於上左右捧爵，贊引官跪獻爵，上跪受爵，獻畢，授接爵官置於案上，贊引官贊詣讀祝所，上詣讀祝所，樂止，上跪，各官俱跪，讀祝文。【略】讀畢，奏樂，贊引官贊俯伏興，上行一跪一叩頭禮，各官亦隨行禮。贊復位，上復位，樂止。典儀官贊行亞獻禮，如初獻儀。典儀官贊行終獻禮，如亞獻儀。典儀官贊徹饌，協律郎奏樂，執事官徹饌，畢，樂止。典儀官贊送神，協律郎奏送神樂，贊引官贊俯伏興，上行四跪四叩頭禮，各官亦隨行禮。樂止。典儀官贊執事官將祝文、祭帛、諸祭物捧置燎所，上退立於拜位之東，祝帛過上前，上鞠躬。典儀官贊詣燎所前視焚祝帛，協律郎奏樂，贊引官導上至燎所，焚祝帛，灌奠，贊禮畢。贊引官導上詣更衣所，上衣黃衣，南向坐，諸王文武各官侍立，鳴贊官贊令排班大學士剛林從東班升階正中跪，學士詹霸於案上捧寶授剛林，剛林捧寶奏云皇帝已登大寶，諸王文武群臣不勝歡忭。奏畢，以寶授詹霸，詹霸捧置案上，剛林起退，鳴贊官贊百官行三跪九叩頭禮，畢，上起，各官俯躬，上步至原降輦處升輦，鹵簿前導，奏樂，進大清門，上入宮。設御座於皇極門階上，陳諸王表文於階東，諸王及文武各官以次列階下，上升輦出宮，眾官跪候上升御座始起，階下三鳴鞭，內院、都察院、及鴻臚官俱於階上行三跪九叩頭禮。鳴贊官贊排班，諸王以下文武各官排班於丹墀下，跪候讀表文，畢，行三跪九叩頭禮，畢，退就班，三鳴鞭，上乘輦，還宮，眾官皆跪，駕過，乃退。遣固山額真宗室拜尹圖告祭太廟，遣固山額真阿山告祭大社大稷。

《世祖章皇帝實錄》卷一一"順治元年十一月"條

甲辰，以冬至行郊祀禮，預告太廟。【略】

丙午，以次日郊祀，禮部太常寺官奉三亭於武英殿，一貯祭帛香燭，一貯金爐，一貯祝版，上書御名，行一跪三叩頭禮，送至圜丘。

丁未，冬至，祀天於圜丘，上親詣行禮。是日五鼓，禮部尚書覺羅郎球奉昊天上帝神位於龍亭內，焚香，行一跪三叩頭禮，禮部二侍郎引導至壇，太常寺官接奉於壇上，奉從祀四神位於壇之第二成，大明位在東，星辰位次之，夜明位在西，雲雷風雨位次之，一應祭品，俱照常設。【略】陳設畢，內院官奏請上往祭，上升輿，大陳鹵簿，率諸王、貝勒、內大臣、侍衛、滿洲牛録章京等文武各官、五品以上漢官出大清門，至天壇昭亨門西降輿，自左門入至御幄更衣。太常寺贊禮上立階之第二成，諸王立階之第三成，群臣分列欞星門階下，分獻大臣固山額真阿山、禮部尚書覺羅郎球、工部尚書星訥吳拜等於從祀四神位前行禮。寺丞入欞星門，導上詣拜位，典儀官贊樂舞生就位、執事各司其事，上聽贊引官贊就拜位，典儀官贊迎神，協律郎奏《迎神之樂》，贊引官贊升壇，導上至香案前立，捧香官跪獻香於左，贊引官贊跪焚香，上跪三上香訖，贊復位，上復位，樂止，分獻從祀四神位前，俱上香行禮如常儀。上四拜，諸王及四分獻大臣并分列欞星門外，群臣俱四拜。典儀官贊奠玉帛，協律郎奏《奠玉帛之樂》，贊詣神位前，上詣神位前，四分獻大臣亦各就位，捧玉帛二官跪進於上之左右。贊跪奠玉帛，上跪一獻，授與捧玉帛官置案上，贊復位，上復位，樂止，四分獻大臣亦各於神位前奠帛。典儀官贊行初獻禮，協律郎奏初獻樂，贊引官贊詣神位前，上詣神位前，捧爵二官跪進於上之左右，贊跪獻爵，上跪一獻，授與捧爵官置案上，四分獻大臣亦各於神位前獻爵。贊詣讀祝文處，上詣讀祝處，樂止，鳴贊官贊跪，上跪，諸王及四分獻大臣并群臣皆跪，讀祝文。【略】讀畢，仍置案上，一拜而退。奏樂，贊拜興，上拜、興，諸王及四分獻大臣并群臣俱如儀拜、興。贊復位，上復位，樂止。典儀官贊行亞獻禮，協律郎奏樂，贊引官贊詣神位前，上詣神位前，捧爵二官跪進於上之左右，贊跪獻爵，上跪一獻，授與捧爵官置案上，四分獻大臣亦各於神位前獻爵，贊復位，上復位，樂止。典儀官贊行終獻禮，協律郎奏樂，贊引官贊詣神位前，上詣神位前，捧爵二官跪進於上之左右，贊跪獻爵，上跪一獻，授與捧爵官置案上，四分獻大臣亦各於神位前獻爵，贊復位，上復位，樂止。典儀官贊受胙，上詣神位前跪受胙，復位，行四拜禮，興。典儀官贊徹豆，協律郎奏樂，執事官徹畢，樂止。典儀官贊送神，協律郎奏《送神之樂》，贊引官贊拜興，上四拜，諸王及四分獻大臣并群臣俱四拜，樂止。典儀官贊執事官捧祝牌祭帛祭品詣燎所，上立拜位之左，鞠躬，候祝帛過，四分獻大臣亦各捧祭帛詣燎所。典儀官奏上視燎，協律郎奏樂，贊引官、對引官導上詣燎所，焚祝帛、奠酒，贊禮畢。導引官導上至御幄更衣，出昭亨門，上乘輿，陳鹵簿，奏樂，進大清門，群臣於金水橋下馬侍立。鹵簿進端門，陳設於午門外，上以南郊禮成，還告太廟。率諸王、內大臣、內院大學士、禮部太常寺等官由角門入，上降輿，導引官導入廟，【略】上香、讀祝、行禮如前儀。

《世祖章皇帝實録》卷一〇八“順治十四年三月”條

甲辰朔，以奉太宗文皇帝配享圜丘及祈穀壇，上親詣犧牲所視牲，畢，回宮。

戊申，上宿於齋宮。是日，閱視壇儀，鹵簿全設，至天壇昭亨門西，太常寺官二員執提爐前導，禮部太常寺官迎駕降輦，導入昭亨門左，上由御路升階詣壇，北向立，太常寺官跪奏上帝壇，上東向立，跪奏配帝壇，上西向立，跪奏配帝壇，又導上至神庫，北向立，太常寺官跪奏上帝籩豆，上東向立，跪奏配帝籩豆，上西向立，跪奏配帝籩豆，又導上至神厨，近前立，跪奏燔牛上帝壇、配帝壇牲，上北向立，跪奏四從壇牲，視畢，又詣祈穀壇，同前儀。視畢，上回齋宮齋宿，以奉太宗配享圜丘及祈穀壇，太祖太宗配享方澤，遣官祭告天地、宗廟、社稷。

己酉，上奉太宗文皇帝神位配享圜丘及祈穀壇，行奉安神位禮，一切祀典如太祖配享儀。

(清)傅維鱗《明書》卷五七《志六·郊祀·分祀儀·圜丘》

凡祀期前十日，太常寺題請視牲，次請命大臣三員看牲，四員分戲。前五日，錦衣衛隨朝駕，上詣犧牲所視牲。前一日，上常服詣太廟告，【略】行四拜禮，及還，詣拜如前儀。【略】前四日，上御皇極殿，奏祭進銅人、填祝版如常。前三日，上具祭服，以脯醢酒果，詣太廟請太祖成祖配帝，上詣太廟寢請主，至太廟安訖，行一戲禮。【略】復行兩拜禮，上請主還寢，訖，易服，御中極殿，太常光祿奏省牲，訖，御皇極殿，百官具朝服聽受誓戒傳制。前二日，太常光祿同視牲如常儀。用牛九、羊三、豕三、鹿一、兔六。是日，錦衣衛具神輿香亭，太常具玉帛匣及香盒，各設於皇極殿。次日，上親填祝版，置玉帛於匣，太常安輿內，上三上香，一拜三叩頭畢，乃以官校升至天壇奉安神庫。前一日，免朝。錦衣衛備法駕，設板輿於皇極門下正中，上吉服告廟，如告視牲之儀。【略】畢，出乘輿詣南郊，由西天門入，至昭亨門降輿。禮官導上由左門入至內壇，太常導上至圜丘，恭視壇位，次神庫視籩豆，至神厨視牲畢，出至齋宮，分獻陪祀官叩頭如常儀。是夜三更一點，禮部太常堂上官詣丹墀香案前，率各官行一拜三叩頭禮畢，太常官九員，分詣東西配殿，各請從位神牌出龕，先雷師，次風伯，次雨師，次雲師，次周天星辰，次二十八宿，次五星，次夜明，次大明，捧至丹墀東，西向立，太常官二員，詣殿行請太祖、成祖主出龕，官二員請上帝神牌出龕，太常卿捧，南向立，禮部侍郎二員導引出殿，先上帝、次太祖，以次由圜丘北門入，至午陛升壇，以次安於神座，候上至大次，尚書率各官於六次復命，叩頭出。祭畢，太常官如前納龕，行一拜三叩頭禮，出。若正祭，則上自齋宮乘輿，至外壇神路西降輿，上入至大次，各安奉官復命，畢，上具祭服，由左櫺星門入至內壇。其後司事燔柴迎神如合祀儀，乃引上三上香，餘奠玉帛、三獻至望燎，皆如合祀儀。【略】若遇風雨，則設小次對越，太常官代升降行禮。禮畢，上至大次易服，候安神位於皇穹宇，上還齋宮少憩，駕還，百官朝服於承天門橋南立迎駕。上詣廟，參拜如初儀。【略】畢，百官隨至皇極殿，行慶成禮。

(清)傅維鱗《明書》卷五七《志六·郊祀·分祀儀·祈穀儀》

嘉靖十年於二月，初行祈穀禮，一如大祀。【略】後罷。

(清)傅維鱗《明書》卷五七《志六·郊祀·分祀儀·大享儀》

既分四郊，而大祀殿改名大享殿，奉神牌如故。嘉靖十七年，欲尊獻皇帝配天而無可申，遂以獻皇帝配，如古嚴父配天之文，儀如大祀。【略】後罷。

（清）傅維鱗《明書》卷五七《志六·郊祀·分祀儀·雩祭儀》

初，遇水旱灾傷變異，或躬禱或露告於宮中於奉天殿陛，或遣官祭告郊廟社稷山川，無常儀。後祈雨雪，詣南郊祠后土、山川、神祇、社稷，皆服淺色服，鹵簿不設，不除馳道，不設配，不奏樂。後始建崇雩壇，定雩祀儀，牲用牛，以熟薦，具禮樂，亦不設配。凡祭期前四日，奏祭諭齋省牲、填祝版於文華殿，告廟，陳設行禮如祈穀儀，而祝文則敕翰林院官臨時撰用。

（清）傅維鱗《明書》卷五七《志六·郊祀·分祀儀·步禱儀》

凡遇灾，步禱於南郊。前一日，上具青服以躬詣南郊行禮告奉先殿，其填版如常儀。太常預設酒果脯醢香帛於圜丘，牛一，熟薦。是日，設隨朝駕，不除道，免朝，上具青服御皇極門，太常寺跪奏請聖駕詣圜丘。上起步行，護駕侍衛導駕，侍班翰林科道等官如常。百官皆青衣角帶，恭候於承天門外，內閣、禮部、太常近上，餘文東武西，各照常朝班序立。駕將至前，導卑者前、崇者後，各自爲對，不許攙越。至昭亨門序立候駕。至導引引上至左櫺星門外幕次憩，禮部尚書等官跪奏請詣壇位，上興入執事，迎神、上香、四拜、三獻、讀祝各如儀。畢，上出至幕次少憩，上御輦，還，詣奉先殿參謁如常儀。祝文臨時撰用。

（清）孫承澤《春明夢餘錄》卷一四《祈穀紀》

崇禎壬午，上親行祈穀禮記。壬午正月初五日，上常服詣太廟，以親詣南郊視牲，預告於太祖及列祖神御前，仍欽遣禮部左侍郎王錫袞、右侍郎蔣德璟、詹事黃景昉充上香導引官。初六日，遣勛臣等恭代視牲。初七日，上御皇極殿，太常寺奏祭祀初八日爲始，致齋三日。初八日質明，上常服乘輿，詣太廟門西降輿，至廟門幄次內，具祭服，詣太廟告請太祖配神，行禮畢，出至幄次，易皮弁服，回御皇極殿。太常寺、光祿寺官奏省牲。初九日，大雪，上親享太廟。禮畢，臣璟即偕王、黃二公冒雪出南郊，宿太常別院。是日午後，太常官捧蒼玉、帛匣、香盒同神輿亭，進於皇極殿內，司禮監官捧帛同安設於御案之北。初十日質明，上御皇極殿。太常卿捧祝版從中左門進，安於御案上，上親填御名訖，太常卿捧安於輿中。司禮監官進玉帛，上親裝於各匣內安訖。太常寺官以次奉安輿中。太常卿隨捧香盒於香亭右，跪，上三上香，行一拜三叩頭禮，畢，轉於東西向立。錦衣衛官旗入，擡輿亭，從中門出。太常卿隨詣大享殿神庫奉安。上遂詣太廟，以親詣南郊行祈穀禮預告於太祖及列祖神御前。行禮畢，還宮。是日早，璟偕王、黃二公及太常少卿高倬具吉服，冒雪至大享殿、皇乾殿演禮，即在北天門內候駕。至未時，錦衣衛官備法駕、設板輿於皇極門下正中，上常服，御皇極門。太常卿奏請聖駕詣南郊行祈穀禮於大享殿。上升輿，掌衛官跪奏起輿，從午門、端門、承天門、大明門、正陽門詣南郊壇內西天門至神路迤西，臣璟偕王、黃二公及高少卿面駕，序立行叩頭禮，畢，分兩旁。上降輿，臣璟等導上從大享南門左門入，太常卿党崇雅跪迎，同導上至丹陛。太常卿導上至大享殿左門入，恭視神位。臣璟等先詣東陛前，候上視神位畢，太常卿導上從東陛下，臣璟等同導上至神庫視籩豆，至神厨視牲。太常卿逐一奏畢，復同臣璟等導上仍從大享南門出，迤西升輿，至齋宮。陪祀各官免朝參。是日，雪勢特猛，導引往還，可數千武，而神庫門路甚深滑，上亦徐行俯體，諸臣便步趨也。至一更時，臣璟等三人具祭服，詣皇乾殿行一拜三叩頭禮。王公上香請神，璟與黃公導引，太常官以次捧昊天上帝正位、高皇帝配位神版詣大享殿奉安。訖，臣等三人即趨至大次候駕。亥時，一燈起，萬燈齊明，燦如列星。上常服，乘輿，冒大雪從齋宮東門出，至神路之西降輿，導駕官導上至大次。德璟三人及太常卿復命，上秉圭曰：朕知道了。少頃，具祭服出，導駕官導從大享南門左門入，行祈穀禮，用十二拜，如大祀儀。祭畢，上出至大次，易常服，不回齋宮，即從西天門還至太廟，參謁如前儀。畢，還宮。禮部侍郎蔣德璟謹記。

（清）萬斯同等《明史》卷四五《志一九·禮志三·吉禮三·南郊儀注》

洪武元年十一月，冬至祀昊天上帝於圜丘。祭之日清晨，車駕至大次，樂舞生執事官各就位，太常卿奏請中嚴，皇帝服袞冕，太常卿奏外辦，導駕官同太常卿導引皇帝自左南門入，就位，北向立。贊禮唱迎神，協律郎舉麾唱樂，奏《中和之曲》。贊禮唱燔柴，郊社令升烟，燔全犢於燎壇。贊禮唱請行禮，太常卿奏有司謹具請行事，皇帝再拜，皇太子及在位官皆再拜。贊禮唱奠玉帛，皇帝詣盥洗位，太常卿贊曰前期齋戒，今辰奉祭，加其清潔以對神明，皇帝搢圭、盥手、帨手、出圭、升壇。太常卿贊曰神明在上，整肅威儀，升自午陛，協律郎舉麾唱樂，奏《肅和之曲》。皇帝詣昊天上帝神位前，跪搢圭，三上香，奠玉帛，出圭，再拜，復位。贊禮唱進俎齋郎舉俎至壇前，進俎官舉俎升自午陛，協律郎舉麾唱樂，奏《凝和之曲》。皇帝詣昊天上帝神位前，搢圭、奠俎、出圭、復位。贊禮唱行初獻禮，皇帝詣爵洗位，搢圭、滌爵、拭爵、以爵授執事者、出圭，詣酒尊所，搢圭、執爵受泛齊、以爵授執事者、出圭，協律郎舉麾唱樂，奏《壽和之曲》《武功之舞》。皇帝詣昊天上帝神位前，跪搢圭、三上香、三祭酒、奠爵、出圭，讀祝者捧祝跪讀訖，皇帝俯伏興再拜，復位。亞獻酌醴齊，樂奏《豫和之曲》《文德之舞》。終獻酌盎齊，樂奏《熙和之曲》《文德之舞》，儀并同初獻，但不用祝。贊禮俟行終獻時唱行分獻禮，獻官詣盥洗位，搢笏、盥手、帨手、出笏，詣爵洗位，搢笏、滌爵、拭爵、以爵授執事者、出笏，詣從祀神位前，搢笏、三上香、三祭酒、奠爵、出笏、俯伏興再拜，復位。贊禮唱飲福受胙，皇帝升壇至飲福位，再拜，跪搢圭，奉爵官酌福酒跪進，太常卿贊曰惟此酒殽，神之所與，賜以福慶，億兆同霑，皇帝受爵、祭酒、飲福酒，以爵置於坫，奉胙官奉胙跪進，皇帝受胙，以胙授執事者，出圭，俯伏興再拜，復位，皇太子以下在位官皆再拜。贊禮唱徹豆，協律郎舉麾唱樂，奏《雍和之曲》，掌祭官徹豆。贊禮唱送神，協律郎舉麾唱樂，奏《安和之曲》，皇帝再拜，皇太子以下在位官皆再拜。贊禮唱讀祝官奉祝、奉幣官奉幣、掌祭官取饌及爵酒各詣燎所置爐上。贊禮唱望燎，皇帝至望燎位，半燎，太常卿奏禮畢，皇帝還大次，解嚴。若遣官奏告，則獻官法服，由南西偏門入，行一獻禮，不用樂。【略】

隆慶元年，禮部上祀圜丘及出入告廟儀注。前期，上常服以親詣南郊視牲預告太廟，內贊官導上至太祖及列祖香案前，奏上香，跪讀告辭，四拜，隨詣世宗几筵殿、弘孝殿、神霄殿，行禮如太廟儀。明日視牲，畢，駕還，詣太廟及各殿參謁如前儀。先祀二日，以親詣南郊大祀告廟。至日，祀畢，還詣廟殿參謁，亦如之。禮畢，上具袞冕服御皇極殿行慶成禮。

（清）萬斯同等《明史》卷四六《志二〇・禮志四・吉禮四》

嘉靖十年，始以孟春上辛日行祈穀禮於大祀殿。禮畢，帝心終不然，諭大學士張孚敬，自古惟以一祖配天，今二祖配帝之事，決不可爲範後世，嗣後大報并祈穀，俱當奉太祖配，尋親製祈穀祝文，更定儀注，改用驚蟄節奉高皇帝配，儀視大祀少殺，著爲定典。前期五日，帝詣犧牲所視牲，先一日告廟，及視畢，還，參拜如大祀儀，乃命大臣輪視。前期四日，太常奏祭祀，諭百官致齋三日，帝親填告，請太祖祝版於文華殿。前期三日，帝詣太廟，請太祖配神，以脯醢酒果行再拜一獻禮。前期二日，太常卿同光祿卿奏省牲。前期一日，帝親填正祭祝版於文華殿，遂告太廟。是夜二鼓，太常同禮部官捧請神版，奉安壇位。陳設，上帝用犢一、蒼璧一、帛一青色、登一、簠簋各二、籩豆各十二、蒼玉、爵三、酒尊三、筐一、祝案一，配帝位同，惟不用玉。祭之日。帝常服乘輿，至昭亨門右降輿，至大次具祭服出，由左門入至陛，上行祭禮如大祀儀，惟不燔柴。帝還，至廟參拜畢，還宮。

（清）允裪等《大清會典》卷三七《禮部》

凡郊天之禮，兆陽位於南郊，圓以象天，曰圜丘，其制三成，歲以冬日至祀皇天上帝，奉太祖高皇帝、太宗文皇帝、世祖章皇帝、聖祖仁皇帝、世宗憲皇帝配，以大明、夜明、星辰、雲雨風雷從祀。上帝位第一成，南向，列聖東西向。四從位第二成，大明西向，星辰在其次，夜明東向，雲雨風雷在其次，均設青幄。上帝蒼璧一、帛十有二、犢一、登一、簠二、簋二、籩豆各十有二、尊一、爵三、爐一、鐙六、燔牛一；列聖均帛一、犢一、登一、簠簋各二、籩豆各十有二、尊一、爵三、爐一、鐙四。大明、夜明均帛一、牛一、登一、簠簋各二、籩豆各十、尊一、爵三、盞二十、爐一、鐙二。星辰帛十有一，雲雨風雷帛四，均牛一、羊一、豕一、登一、鉶二、簠簋各二、籩豆各十、尊一、爵三、盞三十、爐一、鐙二。玉帛實於筐，牲載於俎，尊實酒，疏布冪勺具。先祀一日，樂部設中和韶樂於壇下，分左右懸，鑾儀衛陳大駕鹵簿於午門外，玉輦於太和門階下。巳刻，太常卿詣乾清門，奏請皇帝詣齋宮，皇帝御龍袍袞服，乘禮輿出。宮前引內大臣十人，後扈內大臣二人，豹尾班執槍佩刀侍衛二十人，佩弓矢侍衛二十人，翊衛如儀。至太和門階下，降輿乘輦，駕發，警蹕，午門鳴鐘，大駕鹵簿前導，不陪祀王公文武各官咸朝服跪送，導迎鼓吹，設而不作。鑾儀衛校鳴齋宮鐘，皇帝入壇西門，至昭亨門外降輦。贊引、太常卿二人恭導皇帝由左門入，詣皇穹宇，於上帝、列聖前上香畢，行三跪九拜禮，兩廡從位，遣分獻官上香行禮。皇帝詣圜丘視壇位，詣神庫視籩豆并視牲牢，畢，由內壝南左門出外壝南左門，至神路右升輦詣齋宮，陪祀王公百官咸采服，分班集齋宮門外恭候皇帝入，乃退。祀日，日出前七刻，太常卿詣齋宮告時，皇帝御祭服，乘禮輿出，降輿，乘輦，鑾儀衛校鳴齋宮鐘，皇帝至外壝南門外神路右，降輦，贊引、太常卿二人恭導入大次，禮部尚書率太常官詣皇穹宇恭請神位，安奉青幄畢，太常卿奏請行禮，皇帝出大次。盥洗、贊引、太常卿恭導皇帝由外壝南左門入內壝南左門，升午階，至二成黃幄次拜位前立。太常贊禮郎引分獻官四人由南右門入，至階前夾甬道立，鴻臚官引陪祀諸王貝勒位第三成階上，貝子公位階下，百官位外壝門外，左右序立，均北面。典儀官贊樂舞生登歌執事官各共乃職，以下自燔柴至徹饌、望燎，皆典儀官唱贊。武舞八佾進、贊引官奏就位，皇帝就拜位立，乃燔柴迎帝神，司香官各奉香盤進，司樂官贊舉迎帝神樂，奏《始平之章》。凡舉樂，皆司樂官唱贊，後同。贊引官奏升壇，恭導皇帝詣第一成上帝位前，司香官跪進香，贊引官奏跪，皇帝跪，奏上香，皇帝上柱香，次三上瓣香，興，以次詣列聖配位前上香，儀同。贊引官奏復位，皇帝復位，贊引官奏跪拜興凡升壇，復位、行禮均有奏，後同。皇帝行三跪九拜禮，王公百官均隨行禮，司玉帛官各奉篚進，奏《景平之章》，皇帝升壇詣上帝位前，司玉帛官跪進篚，皇帝跪受篚，奠玉帛，興以次詣列聖配位前奠帛，儀同。皇帝復位，乃進俎，皇帝轉立拜位旁，西向。有司貯羹於壺，恭執，自壇下陟午階，升詣上帝位、列聖位前，各跪，拱舉，興，以羹沃俎者三，皆退，由西階降，皇帝復位，奏《咸平之章》。皇帝升壇詣上帝位、配位前，跪進俎，興，復位。行初獻禮，司爵官各奉爵進，奏《壽平之章》，舞《干戚之舞》，皇帝升壇，詣上帝位前，司爵官跪進爵，皇帝跪獻爵，奠正中，興，退。就讀祝拜位立，司祝至祝案前跪，三叩，奉祝版，跪案左，樂暫止，皇帝跪，群臣皆跪。司祝讀祝畢，奉祝版，詣上帝位前，跪安於案，三叩，退，樂作，皇帝率群臣行三拜禮，興，詣配位前，以次獻爵，儀同。贊禮郎引分獻官由東西階升壇，各詣從位前上香，奠帛，以次獻爵，畢，降階，退立原位。樂止，《武功之舞》退，文舞八佾進，行亞獻禮，奏《嘉平之章》，舞《羽籥之舞》，皇帝升壇，以次獻爵，奠於左，儀如初獻，復位。行終獻禮，奏《永平之章》，舞與亞獻同。皇帝升壇，以次獻爵，奠於右，儀如亞獻。復位，分獻官獻爵，均如初。樂止，《文德之舞》退，太常官贊賜福胙，光禄卿二人就東案奉福胙進，至上帝位前拱舉，皇帝詣飲福受胙拜位立，侍衛二人進立於左，奉福胙官降立於右，皇帝跪，左右執事官咸跪，右官進福酒，皇帝受爵，拱舉授左官，進胙、受胙亦如之，三拜，興，復位，率群臣行三跪九拜禮。徹饌，奏《熙平之章》，有司詣上帝位前，奉蒼璧，退。送帝神，奏《清平之章》，皇帝率群臣行三跪九拜禮，有司奉祝、次帛、次饌、次香，恭送燎所，皇帝轉立拜位旁，西向，俟祝帛過，復位。從位香帛均由東西階奉送至各燎爐，奏《太平之章》，祝帛燎半，奏望燎，恭導皇帝由內壇南左門出，至望燎位望燎，引分獻官各詣左右門外望燎，奏禮成，恭導皇帝由外壇南左門出，入大次更衣，禮部尚書率太常官恭請神位，還御皇穹宇，皇帝至昭亨門外升禮輿，大駕鹵簿前導，導迎樂作，奏祐平之章，皇帝回鑾。王公從各官以次退，不陪祀王公百官仍朝服，於午門外跪迎，午門鳴鐘，王公隨駕入至內金水橋，恭候皇帝還宮，各退。因事祇告遣官，將事五鼓，太常寺設青幄於圜丘。雞初鳴，遣官恭俟於昭亨門外，太常卿率所屬，恭奉皇天上帝神位，安奉幄內，陳帛一、尊一、爵三、爐一、鐙二，薦鹿脯、鹿醢、兔醢、果五品，不設牲俎，不奏樂，贊引太常贊禮郎二人引遣官入昭亨門右門，由外壇南右門入內壇南右門，詣圜丘，升自西階至第三成午階上拜位前，北面立。典儀官贊，執事官各共乃職以下，自迎神至望燎，皆典儀官唱贊。贊引官引遣官就拜位立，乃迎神。司香官奉香盤進，贊引官贊升壇，引遣官由西階升至第一成香案前，司香官跪奉香，贊引官贊跪，遣官跪，贊上香，遣官上柱香，次三上瓣香，興，贊復位，引遣官自西階降，復位，贊跪叩興，以下升壇復位行禮皆有贊。遣官行三跪九叩禮，乃奠帛，行初獻禮。司帛官奉篚，司爵官奉爵，以次進，遣官升壇詣上帝位前，司帛官跪奉篚，遣官跪受篚，奠於案，司爵官跪奉爵，遣官跪受爵，恭獻，奠正中，興，司祝詣祝案前跪，三叩，奉祝版，跪案左，贊引官引遣官由第一成午階右降至第二成讀祝拜位，北面跪，司祝讀祝畢，詣神位前，跪安於案，叩如初，退。遣官行三叩禮，仍降西階，復位。次亞獻，奠爵於左，次終獻，奠爵於右，儀并同。乃送神，遣官行三跪九叩禮，有司奉祝，次帛，次香，恭送燎所，遣官轉立拜位西旁，東面，過復位，引詣內壇南右門外望燎位望燎，告禮成。引由外壇南右門出，太常卿率所屬，恭請神位，還御皆退。

凡祈穀之禮，於南郊圜丘之北爲壇三成，上覆以殿，曰祈年。歲以月正上辛祀上帝，爲民祈穀。皇天上帝位第一成殿中，南向。奉太祖高皇帝、太宗文皇帝、世祖章皇帝、聖祖仁皇帝、世宗憲皇帝配饗，東西向。先祀一日，皇帝詣南郊齋宿，至祈穀壇外壇南門右降輦，贊引、太常卿二人恭導皇帝入祈年門左門，詣皇乾殿上香行禮，詣祈年殿恭視壇位，畢，由東門出，詣神庫視籩豆并視牲牢，畢，迺詣齋宮。祀日，設皇帝拜位於第一成殿門內，設讀祝受福胙位於拜位之前，皇帝由祈年門左門入，升左階，進殿左門至拜位行禮，陪祀王公位殿外第一成階上，文武百官位第三成階下，禮部尚書率太常官詣皇乾殿恭請神位，安奉祈年殿，上帝前用帛。樂章，燔柴迎帝神，《奏祈平》；奠玉帛，奏《綏平》；進俎，奏《萬平》；初獻，奏《寶平》；亞獻，奏《穰平》；終獻，奏《瑞平》；徹饌，奏《渥平》；送帝神，奏《滋平》；望燎，奏《穀平》。禮成，禮部尚書率太常官恭請神位，還御皇乾殿，餘儀均與圜丘同。

凡常雩之禮，歲以巳月龍見，卜日，祀皇天上帝於圜丘，爲百穀祈膏雨。先祀一日，皇帝齋宿於南郊，詣皇穹宇上香，詣圜丘視壇位、神庫視籩豆并視牲牢。祀日，設皇天上帝位、配位、從位，均與冬日至大祀同。上帝前用帛，與祈穀同。樂章，燔柴迎帝神，奏《鬺平》；奠玉帛，奏《雲平》；進俎，奏《需平》；初獻，奏《霖平》；亞獻，奏《露平》；終獻，奏《霈平》；徹饌，奏《靈平》；送帝神，奏《霑平》；望燎，奏《需平》；餘儀均與冬日至大祀同。

凡大雩之禮，歲孟夏常雩之後，如不雨，遣官祇告天神地祇太歲。越七日不雨，告社稷。仍不雨，復告神祇太歲。三復不雨，乃大雩。先祀一日，以舉行大雩遣官祇告太廟。是日巳刻，皇帝御常服詣齋宮，不作樂、不除道、不設鹵簿。祀日，雨冠素服，躬禱於圜丘，設皇天上帝位、四從位。陪祀王公以下咸雨冠素服，三獻禮終，樂闋列舞童十有六人，爲皇舞，衣元衣，執羽翳歌御製《雲漢詩》八章以祈優渥，餘儀及樂章均與常雩同。雨則報祀，遣官朝服，行禮如常儀。已齋，未祈而雨，報祀亦如之。謹按：列聖家法念切民天偶遇亢暘，輒先期竭誠祈請，順治、康熙年間，皆嘗步禱郊壇，迄致屢豐之慶。皇帝稽古定制，特命禮臣議常雩、大雩典禮，以昭至敬。乾隆九年定議後，每遇雨澤稍愆，有禱輒應。二十四年，自春徂夏，望雨甚殷，聖心宵旰靡寧，皇帝親製祭文，行大雩禮。先期虔齋，由齋宮步禱圜丘，始齋，油雲四布，大祀，夕霹霖方施，自是連旦滂沱，田疇沾足。會典殷禮攸關，敬謹備載常雩之次，以垂永久。

（清）來保等《大清通禮》卷一《吉禮·圜丘祭天》

厥明，步軍統領飭所部清蹕除道，自大清門至壇門，鑾儀衛官校陳設大駕鹵簿。導象四，民尉二十有八人，次寶象五，民尉八十人，雲麾使一人，治儀正二人，次靜鞭四，民尉十有四人，治儀正一人，次前部大樂，大號、小號各四，金口角四，和聲署史十有二人，次革輅駕馬四，民尉三十有二人，木輅駕馬六，民尉三十有二人，象輅駕馬八，民尉三十有四人，金輅駕象一，民尉四十有四人，玉輅駕象一，民尉四十有四人，雲麾使一人，治儀正二人。次鼓吹大樂，金二、金鉦四、鈸二、鼓二、有架點二、篴四、雲璈二、管二、笙二、金口角八、大號十有六、小號十有六、金鉦四、畫角二十有四、搊鼓二十有四、橫篴十有二、拍板四、仗鼓四、金二、搊鼓二十有四、署史六十有八人，民尉百七十有六人，畫角前搊鼓，後間以紅鐙各二，民尉六人，冠軍使一人，整儀尉二人。次引仗六，御仗吾仗各十有六，立瓜、臥瓜各十有六，星十有六，鈸十有六，出警旗一，入蹕旗一，旗尉九十人，民尉六十有七人，五色銷金小旗四十每色各八，旗尉三十人，民尉四十人，雲麾使一人，整儀尉二人。次翠華旗二，金鼓旗二，門旗八，民尉二十有四人，日旗一，月旗一，雲旗五，雷旗五，八風旗八，甘雨旗四，民尉四十有八人，列宿旗二十有八，五星旗五，五岳旗五，四瀆旗四，神武、朱雀、白虎、青龍旗四，民尉九十有二人。天馬、天鹿、辟邪、犀牛、赤熊、黃羆、白澤、角端、游麟、彩獅、振鷺、鳴鳶、赤烏、華蟲、黃鵠、白雉、雲鶴、孔雀、儀鳳、翔鸞、爲旗二十。民尉四十人，五色銷金龍纛四十，前鋒大纛八，羽林大纛八，驍騎纛二十有四，旗尉四十人，民尉百二十人，雲麾使二人，治儀正二人，整儀尉二人。次黄麾四，儀鍠氅四，金節四，進善納言、敷文振武旌各二，褒功懷遠、行慶施惠、明刑弼教、教孝表節旌各二，民尉五十有六人，龍頭旛四，豹尾旛四，絳引旛四，信旛四，民尉三十有二人，羽葆幢四，霓幢四，紫幢四，長壽幢四，民尉三十有二人，雲麾使二人，治儀正二人，整儀尉二人。次鸞鳳赤方扇八，雉尾扇八，孔雀扇八，單龍赤團扇八，單龍黄團扇八，雙龍黄團扇二十，壽字黄扇八，旗尉二十有四人，民尉百二十有八人，雲麾使一人，治儀正二人，整儀尉二人。次赤素方傘四，紫素方傘四，五色四季花團傘二十，間以五色九龍團傘十，旗尉三十人，民尉八十有四人，次九龍黄蓋二十，紫芝蓋二，翠華蓋二九，龍曲柄黄蓋四，旗尉三十人，民尉八十有四人，鑾儀使一人，雲麾使一人，治儀正二人，整儀尉二人。次長戟四，親軍八人，殳四親軍八人，豹尾槍三十，護軍六十人，弓矢三十，親軍六十人，儀刀三十，親軍六十人，雲麾使一人，治儀正二人，整儀尉四人。次仗馬十，護軍二十人，冠軍使、雲麾使各一人，次金方几一，金交倚一，金瓶二，金盥盤一，金盂一，金合二，金爐二，拂二立夏陳列，處暑收，旗尉二十有二人，雲麾使一人，治儀正二人。次九龍曲柄黄華蓋一，武備院掌蓋司蓋四人，前引佩刀大臣十人，提爐二，執爐侍衛二人，玉輦在中，左右奉輦鑾儀使二人，扶輦冠軍使一人，雲麾使一人，治儀正二人，整儀尉二人，旗尉、民尉各十有八人，後扈佩刀大臣二人，豹尾班執豹尾槍侍衛十人，佩儀刀侍衛十人，佩弓矢侍衛二十人，領侍衛內大臣一人，侍衛班領二人。次後管宗人府王公二人，前鋒護軍統領一人，散秩大臣一人，給事中御史二人，各部郎中四人員外郎并用，侍衛班領一人，署侍衛班領一人，侍衛什長二人，次黄龍大纛二，領侍衛內大臣一人，內大臣散秩大臣并用，司纛侍衛什長二人，建纛親軍四人，佩鳴螺親軍六人。凡職事官均采服，親軍、護軍、旗尉、民尉各服其服。辰刻，不陪祀王以下公以上滿漢文武百官，咸朝服會闕下，鴻臚寺序班，序百官立位，左翼官於闕左門南西面，右翼官於闕右門南東面，均重行北上，恭候華輿出午門跪送。巳刻，太常寺卿赴乾清門奏請詣南郊齋宿，皇帝龍袍補服乘禮輿出，至太和門階下降輿，鑾儀衛進玉輦，掌鑾儀衛內大臣一人跪奏請升輦，鑾儀使二人、奉輦扶輦官四人，納陛於輦前正中陛凡五級，皇帝升輦，駕士三十六人舁輦，駕發，警蹕。鑾儀使二人率官校夾輦而趨，午門鳴鐘，鼓導迎樂，前引不作，駕出午門，百官跪送，前引大臣十人、後扈大臣二人暨侍衛扈從諸臣、親軍、護軍、旗尉、民尉咸乘馬，由正陽門至壇門，御道左右塗巷皆設布幛，護軍統領率參領以下、護軍校步軍統領率參將以下、步軍校按班立於幛外，咸辟除清蹕，所至不得譁嘩。

　　右鑾輿出宮。

　　駕至南郊，由壇西門入，至昭亨門外神路西，掌鑾儀衛內大臣一人跪奏請降輦，鑾儀使奉輦扶輦官納陛於輦前，如前儀。皇帝降輦，前引大臣十人、右贊引左對引太常寺卿二人恭導皇帝，由外壇南左門入至皇穹宇，詣上帝香案前立，司香太常寺少卿一人跪進香，皇帝跪受香，拱舉仍授司香，興，三上香畢，以次詣列聖香案前上香如儀，贊禮郎布拜褥，皇帝行三跪九拜禮。兩廡從位遣分獻官上香行禮。皇帝詣圜丘，陟午階第一成，恭視上帝位、列聖配位，贊引官以次跪奏，畢，暨對引官恭導皇帝由內壇東左門詣神庫內恭視籩豆，贊引跪奏如前儀。遂遣官并視牲牢，皇帝由內壇南左門出，至外壇左門外神路西升輦詣齋宮，陪祀王公百官采服分班祇俟齋宮門外，皇帝降輦，升禮輿入齋宮，乃退。均隨壇齋宿，是夜嚴更宿衛，警蹕環巡。

右視神位、壇位、牲器、齋宿。

陳設畢，禮部侍郎一人由西階升第一成壇上，太常寺博士前引詣上帝位前，省視玉帛齍盛及籩豆登俎之實，以次詣列聖位前省齍畢，仍由西階降至第二成四從位前，周視如儀。

右省齍。

辨行禮位，第一成午階上為讀祝、受福胙皇帝拜位。第二成黃幄，次為皇帝行禮拜位，北向。第三成階上為陪祀王、貝勒拜位，階下為貝子、公拜位，均北面。左翼東階西上，右翼西階東上，庭中夾神道，東西為分獻官拜位，外壇門外為陪祀百官拜位，文五品、武四品官以上東西各五班、皆北面。重行异等東位西上，西位東上。辨執事位，第一成太常寺官二人立午階上皇帝拜位前，一司拜牌，西面。一司拜褥，東面，司祝一人，立祝案西，東面。司香四人、司玉帛一人、司帛三人司爵四人序立東案之東，西面。司香二人、司帛二人、司爵二人序立西案之西，東面。光禄寺卿二人立東司香之後，西面。侍衛二人立西司香之後。太常寺贊賜福胙一人，立西司爵之次，東面。侍儀禮部尚書一人，侍郎一人，立東案之南，西面。都察院左都御史一人，副都御史一人，樂部典樂一人，立西案之南，東面，均北上。第二成，司拜牌拜褥官各一人，分立黃幄，次東西與第一成午階同。第三成階上，太常寺典儀一人立於東階，西面。引王貝勒行禮，鴻臚寺官二人、糾儀御史四人、禮部祠祭司官四人分立拜位左右，均東，西面。第三成階下記注官四人，立於神道之西，東面。引貝子公行禮鴻臚寺官二人分立拜位左右東，西面。司樂協律郎樂工序立東西樂懸之次，北面。歌工立樂工之次，樂舞生文武八佾分行序立，東在歌工之左，西在歌工之右，皆東列西上，西列東上。外壇門外糾儀御史二人、禮部祠祭司官二人立於從祀百官東班之東，御史二人、禮部祠祭司官二人立於從祀百官西班之西，鴻臚寺序班東西各一人，立於糾儀官之次，稍後太常寺傳贊四人，二人循內壇牆立，二人循外壇牆立，掌燎官一人率燎人立燎爐之東南隅。

右辨位。

祀日。日出前七刻，司祝詣神庫祝版案前上香，行一跪三叩禮，恭奉祝版至壇，安於祝案，跪叩如初，退。禮部尚書率太常寺卿屬恭請神位，鑾儀衛冠軍使二人，率校尉舁設龍亭一於皇穹宇階下正中，南向。又設龍亭五於左右稍後，均南向。又設龍亭四於南，東西向。至時，太常寺官啟神龕，禮部尚書詣皇穹宇各香案前，三上香，退出門檻外，行三跪九叩禮。太常寺卿率屬分詣皇穹宇及兩廡，各行一跪三叩禮。先請四從位，奉至丹墀，東西向。次請列聖神位於殿內，東西向。俟請上帝神位，南向，先行，乃奉列聖神位以從。既出殿，奉四從神位以從，依序奉安於龍亭內，各行一跪三叩禮。校尉昇亭太常寺官十人、前引禮部尚書從，由圜丘北門入，至午陛亭止，上帝居中，列聖左右稍後，均南向。從位再後，東西向。太常寺官詣各亭前跪，三叩，興。恭請上帝、列聖神位升午階，詣第一成，四從神位升東西階，詣第二成，以次奉安於神座，各行一跪三叩禮，退。

右請神位。

太常寺卿赴齋宮，奏請詣壇行禮，皇帝御祭服，乘禮輿出齋宮。鑾儀使進玉輦於齋宮門外，掌鑾儀衛內大臣一人奏請皇帝升輦，納陛奉輦如前儀。鑾儀衛校鳴齋宮鐘，太常寺導駕官二人、前引大臣十人、提爐官執鐙官左右列行，後扈大臣二人及侍衛從恭導皇帝，至外壇門外神路西，掌鑾儀衛內大臣一人奏請皇帝降輦，納陛扶輦如前儀。導駕官退，右贊引左對引太常寺卿二人恭導皇帝詣大次，少俟，太常寺贊禮郎引分獻官於外壇右門外序立，鴻臚寺官引陪祀王公於外壇門外侍衛後百官於行禮位，後按翼東西序立祇。太常寺卿告奉安神位畢，奏請行禮，皇帝出大次，鑾儀衛雲麾使二人跪奉盥，冠軍使一人跪奉帨巾，盥畢，司拜褥官豫布拜褥於第二成拜次，退。贊引對引官恭導皇帝由外壇南左門入升午階，就第二成拜位，北向立。司拜牌官安拜牌，退，侍衛至內壇門外，前引內大臣執爐鐙官至三成階下，均止立。後扈大臣隨侍凡升壇隨侍同，太常寺贊禮郎引分獻官入內壇右門，至分獻拜位立。鴻臚寺官引諸王、貝勒、貝子、公、文武百官均就拜位，北面序立。典儀贊、樂舞生登歌、執事官各共乃職，武舞執干戚進，贊引奏就位，皇帝就拜位立。

右就次盥洗就位。

皇帝既就位，典儀贊燔柴迎帝神，乃燔柴。司香各奉香盤，由案南東西相向，行至左右幄前止立。司樂贊舉迎帝神樂，奏《始平之章》，辭曰：“欽承純祜兮於昭有融，時維永清兮四海攸同。輸忱元祀兮從律調風，穆將景福兮乃眷微躬。淵思高厚兮期亮天工，聿章彝序兮夙夜宣通。雲耕延佇兮鸞輅空蒙，翠旗紛裊兮列缺豐隆。肅始和暢兮恭仰蒼穹，百靈祇衛兮齊明辟公。神來燕娭兮惟帝時聰，協昭慈惠兮逖鑒臣衷。”協律郎舉麾，工鼓祝，樂作，司上帝香一人由左而北，司列聖香東位三人、從西位二人由右而北，以次進至各神案前，恭俟司拜牌官起拜牌凡升壇，皆先起拜牌，後同。贊引奏升壇，暨對引官恭導皇帝升第一成上，對引官至祝案前止立凡升壇行禮，皆同。贊引恭導皇帝詣上帝香案前，司香跪，贊引奏跪，皇帝跪奏上香，司香進香，皇帝上炷香，次三上瓣香，興，以次詣列聖香案前上香，儀同。贊引奏復位，暨對引官恭導皇帝復第二成拜位立，司拜牌官安拜牌凡復位，則安拜牌，後同。贊引奏跪拜興皇帝行三跪九拜禮，傳贊贊跪叩興，王公百官均隨行禮。凡衆官行禮，皆贊，後同。協律郎偃麾，工戛敔，樂止。凡樂以舉麾鼓柷作，以偃麾戛敔止，後同。

右燔柴迎神。

典儀贊奠玉帛左司玉帛官暨司帛官由東案奉篚、右司帛官由西案奉篚，以次進至神案前，恭俟如奉香儀。司樂贊舉奠玉帛樂，奏《景平之章》，辭曰："靈旗戾止兮樂在縣，執事有恪兮奉玉筵。聿昭誠敬兮駿奔前，嘉玉量幣兮相後先。來格洋洋兮思僾然，臣忱翼翼兮告中虔。"樂作，贊引奏升壇，恭導皇帝升第一成，詣上帝位前立，司玉帛官跪，贊引奏跪，皇帝跪，奏獻玉帛，司玉帛官進篚，皇帝受篚，拱舉奠於案，興，以次詣列聖位前，司帛官跪進篚，皇帝受篚，奠帛儀同，贊引奏復位，恭導皇帝復第二成拜位立，樂止。

右奠玉帛。

皇帝既奠玉帛，典儀贊進俎，司拜牌官起拜牌，退。贊引對引恭導皇帝，轉立拜位旁，西向。司拜褥官起拜褥，太常寺官引分獻官、鴻臚寺官引王公各退避，東西面立。有司貯羹於壺恭執，太常寺官二人引至壇階下止立，執壺官升午階，以次登壇過幄次，仍布拜褥，恭導皇帝復位，王公及分獻官皆引復位，執壺官詣上帝列聖位前跪，拱舉，興，以羹沃俎者三，退，由西階降。司樂贊舉進俎樂，奏《咸平之章》，辭曰："吉蠲爲饎兮蕭豆籩，升肴列俎兮敢弗虔。毛炰臡栗兮薦膏鮮，致潔陶匏兮香水泉。願垂降鑒兮駐雲駢，錫嘉福兮億萬斯年。"樂作，贊引奏升壇，恭導皇帝升第一成，詣上帝位前立，贊引奏跪，皇帝跪，奏進俎，皇帝拱舉進俎，興，以次詣列聖位前進俎，儀同。贊引奏復位，恭導皇帝復第二成拜位立，樂止。

右進俎。

典儀贊行初獻禮，有司揭尊羃勺，挹酒實爵，左右司爵執爵以次進至各神案前，恭俟如奉香儀。司樂贊舉初獻樂，奏《壽平之章》，辭曰："玉斝肅陳兮明光，桂漿初醱兮信芳。臣心迪惠兮奉觴，醴齊載德兮馨香。靈慈徽眷兮斎皇，勤仰止兮斯徜徉。"樂作，司樂舉節舞《干戚之舞》。凡舞，以節領之，導引進退，後同。贊引奏升壇，恭導皇帝詣第一成上帝位前立，司爵跪，贊引奏跪，皇帝跪奏獻爵，司爵進爵，皇帝受爵，奠於墊中，興。第一成司拜牌、拜褥官布拜褥、安拜牌，贊引奏詣讀祝位，皇帝詣讀祝拜位立，司祝至祝案前跪，三叩興，奉祝版，跪案左，樂暫止，贊引奏跪，皇帝跪，群臣皆跪。贊引贊讀祝，司祝讀祝，辭曰："維某年月日，嗣天子臣御名敢昭告於皇天上帝曰，時維冬至，六氣資始，敬遵典禮，謹率臣僚以玉帛犧齊粢盛庶品，備此禋燎，祇祀於上帝，奉太祖承天廣運聖德神功肇紀立極仁孝睿武端毅欽安弘文定業高皇帝、太宗應天興國弘德彰武寬溫仁聖睿孝敬敏昭定隆道顯功文皇帝、世祖體天隆運定統建極英睿欽文顯武大德弘功至仁純孝章皇帝、聖祖合天弘運文武睿哲恭儉寬裕孝敬誠信中和功德大成仁皇帝、世宗敬天昌運建中表正文武英明寬仁信毅大孝至誠憲皇帝配，尚饗。"讀畢，興，奉祝版，跪安上帝位前篚內，三叩，興，退。樂作，贊引奏拜興，皇帝率群臣行三拜禮，興。起拜褥，徹拜牌，贊引恭導詣列聖位前，以次獻爵，儀同。贊禮郎引從位分獻官由東西階升詣各神位前上香、獻帛、獻爵，畢，贊引奏復位，恭導皇帝復第二成拜位立，分獻官咸降階，退，各復拜位立，樂止，《武功之舞》退，文舞執羽籥進。

右初獻讀祝。

典儀贊行亞獻禮，司爵執爵以進，司樂贊舉亞獻樂，奏《嘉平之章》，辭曰："考鐘拂舞兮再進瑤觴，翼翼昭事兮次第肅將。睟顏容與兮蒼幾輝煌。穆穆居歆兮和氣洋洋。生民望澤兮仰睍玉房，榮泉瑞露兮慶無疆。"樂作，舞《羽籥之舞》，贊引奏升壇，恭導皇帝升第一成，以次奠爵於左，儀如初獻。贊引奏復位，恭導皇帝復位立，樂止。

右亞獻。

典儀贊行終獻禮，司爵執爵以進，司樂贊舉終獻樂奏《永平之章》，辭曰："終獻兮玉斝清，肅秬鬯兮薦和羹。磬管鏘鏘兮祀孔明，旨酒盈盈兮勿替思成。明命顧諟兮福群生，八龍蜿蜒兮苞羽和鳴。"樂作，舞與亞獻同。贊引奏升壇恭導皇帝升第一成，以次奠爵於右，儀如亞獻。贊引奏復位，恭導皇帝復位立。每獻，分獻官詣從位獻爵，升降均如初，樂止，《文德之舞》退。

右三獻。

既終獻，贊禮郎一人詣祝案前，東面立。贊賜福胙，光禄寺卿就東案奉福胙至上帝位前，拱舉，布拜褥、安拜牌，如讀祝儀。贊引奏詣飲福受胙位，恭導皇帝詣第一成飲福受胙位立，光禄寺卿二人奉福胙，祇立皇帝拜位之右，侍衛二人進立於左，贊引奏跪，皇帝跪，左右官咸跪，奏飲福酒，右官進福酒，皇帝受爵，拱舉授左官，奏受胙，右官進胙，皇帝受胙，拱舉授左官，贊引奏拜興，皇帝三拜興，贊引奏復位，恭導皇帝復第二成拜位立，贊引奏跪拜興，皇帝率群臣行三跪九拜禮。典儀贊徹饌，司樂贊舉徹饌樂，奏《熙平之章》，辭曰："一陽復兮協氣伸，盥薦畢兮精白陳。旋廢徹兮敢逡巡，禮將成兮樂欣欣。瞻九閶兮轉洪鈞，福施下逮兮佑此人民。"樂作，司玉帛官詣上帝位前跪，叩興，奉蒼璧以退，樂止。

右受福胙徹饌。

典儀贊送帝神，司樂贊舉送帝神樂，奏《清平之章》，辭曰："升中告成兮晻靄壇場，穆思迴盼兮雲駕洋洋。臣求時惠兮感思馨香，願蒙博產兮多士思皇。天施地育兮百穀蕃昌，殖我嘉師兮正直平康。"樂作，贊引奏跪拜興，皇帝行三跪九拜禮，王公百官均隨行禮，興，樂止。

右送神。

典儀贊奉祝帛饌恭送燎位，司祝、司帛詣神位前，咸跪，司祝奉祝、司帛奉篚，皆三叩興，司香跪奉香，司爵跪奉饌，興，以次恭送燎所，皇帝轉立拜位旁，西向。起拜牌，分獻官王公避立如進俎時，俟祝帛過，仍布拜褥，皇帝復位立。從位香帛饌仍由東西階降，送內壇東西門外燎所。典儀贊望燎，司樂贊舉望燎樂，奏《太平之章》，辭曰："隆儀告備兮誠既將，有虔秉火兮爇越芳。雷車電邁兮九龍驤，紫氛四塞兮靈旗揚。烝民蒙福兮順五常，惟予小子兮敬戒永臧。"樂作，贊引奏詣望燎位豫布拜褥，恭導皇帝由內壇南左門出，詣望燎位望燎，分獻官各詣東西門外望燎，贊引奏禮成，恭導皇帝入大次，樂止。

右望燎。

大祀禮成，鑾儀衛冠軍使率校尉設龍亭一於圜丘午階下正中，龍亭五於左右稍後，均南向。龍亭四於兩旁，東西向。太常寺卿率屬升壇，詣各神位前跪三叩，興，恭請安奉亭內，跪叩如初。鑾儀校舁亭依次行至皇穹宇，上帝居中，列聖左右，均北向，從位東西相向，以次復御，禮部尚書上香行禮，儀并與迎神同。

右神位還御。

皇帝既還大次，更衣，至外壇神路西乘禮輿出昭亨門外，大駕鹵簿前導，和聲署官贊奏樂導迎，樂作，奏《祐平之章》，辭曰："崇德殷薦，升燎告虔。惟聖能饗，至誠天眷。駕六龍臨紫烟，佑命申圖籙綿。"前部大樂畢，舉皇帝回鑾，王公從各官以次退，不陪祀王公百官仍朝服集午門外跪迎，午門鳴鐘，樂止。王公隨駕入至內金水橋，恭候皇帝還宮，皆退。太常寺官徹齋宮齋戒牌銅人送寺。

右回鑾。

（清）來保等《大清通禮》卷一《吉禮・祈穀》

先祀期五日，遣親王一人詣犧牲所恭代視牲，如圜丘儀。

右視牲。

先三日，皇帝齋於大內齋宮，王公百官各齋於次，儀與冬至大祀同。誓戒制辭曰：某年月日上辛朕恭祀上帝於祈年殿，為民祈穀，惟爾群臣，其蠲乃心、齊乃志，各揚其職，敢或不共，國有常刑，欽哉勿怠。書版恭奉齋次如式。

右齋戒。

省牲、書祝版、視割牲儀均與冬至大祀同。祀前一日五鼓，太常寺卿率屬埽除祈年殿。藉以棕薦，設上帝神座於殿中，南向。設列聖神座於左右，東西向。所司張大次於祈年門外神路之東，陳牲俎於神廚，展祭器於神庫如式。

右設神座供張展牲器。

昧爽，皇帝御太和殿，閱祝版、玉帛、香儀，與圜丘大祀同。

右閱祝版玉帛香。

厥明，步軍統領飭所部清蹕，鑾儀衛陳設大駕鹵簿於午門外，陳玉輦於太和門階下，諸司各共其事。巳刻，皇帝龍袍補服，乘輿出宮，至太和門階下降輿，鑾儀使扶輦納陛，皇帝升輦，警蹕，導從，午門鳴鐘鼓，不陪祀王公百官朝服跪送，并如大祀圜丘之儀。

右鑾輿出宮。

駕詣南郊，至壇南門外神路西降輦，奉輦納陛如前儀，前引大臣，贊引、對引、太常寺卿恭導皇帝由祈年左門入，詣皇乾殿神位前上香行禮，次詣祈年殿恭視壇位，畢，由壇東門詣神庫視籩豆，遣官視牲牢，并同大祀儀。畢，仍由祈年左門出升輦宿齋宮，陪祀王公百官采服分班祗立齋宮門外，俟皇帝降輦，乘輿入宮，乃退。

右視神位壇位牲器齋宿。

將事之夕夜分，太常寺卿率屬入壇，然炬，明鐙，積柴加燔牛於上，具器陳辨簠簋籩豆登俎之序，陳三案，一設殿中少西，供祝版；一東次，西向；一西次，東向。分奠玉帛、香、尊、爵、壺、盤、福胙，惟上帝前用告祀青帛一，餘儀均與圜丘大祀同。鑾儀衛設洗於祈年門外大次，樂部率太常協律郎設中和韶樂於丹陛上，分東西懸，陳樂舞於樂懸之次。五鼓，太常寺博士引禮部侍郎升西階入殿右門，恭省玉帛齍盛如大祀儀。

右陳設省齍。

辨行禮位，殿南正中爲皇帝拜位，其前爲讀祝受福胙位，北向，丹陛東西爲諸王、貝勒、貝子、公陪祀拜位，左翼東階西上，右翼西階東上。丹墀內東西爲陪祀百官拜位，文員外郎武騎都尉以上，東西各五班，東位西上，西位東上，重行異等，皆北面。辨執事位，太常寺司拜牌、拜褥官二人分立門內皇帝拜位左右東，西面。司祝一人立祝案西，東面。司香、司玉帛、司帛、司爵、贊賜福胙官、奉福胙光禄寺鄉、接福胙侍衛侍儀、禮部尚書侍郎、都察院左都御史副都御史、樂部典樂序立東西案之次東，西面。太常寺典儀一人立東檐下西面，司樂、協律郎、樂工、歌工、舞佾序立丹陛上東西樂懸之次，北面。鴻臚寺鳴贊二人分立東西陛石欄前東，西面。記注官四人立西階下，東面。引禮鴻臚寺序班四人、糾儀御史四人禮部祠祭司官四人分立從祀王公百官拜位左右，均東西面。掌燎官率燎人立燎爐之東南隅，并如圜丘儀。

右辨位。

祀日，日出前七刻，司祝恭奉祝版至祈年殿，安於祝案如式。鑾儀衛官校豫設龍亭一於皇乾殿階下正中，又設龍亭五於左右稍後，均南向。太常寺官啓神龕，禮部尚書上香行禮，太常寺卿率屬恭請上帝神位、列聖神位，奉安龍亭內，前引後從舁行至祈年殿階下，亭止，依序如初，北向。太常寺官詣亭前恭請神位，以次升中階入殿中門，奉安各神座，一跪三叩，并如皇穹宇奉請之儀。

右請神位。

太常寺卿赴齋宮奏請詣祈年殿，皇帝御祭服乘輿，鑾儀衛進玉輦於齋宮門外，納

陛奉輦，皇帝升輦，鳴鐘，前列爐鐙導從扈衛如常儀。至祈年門外，神路西鑾儀衛納
陛，奉輦如初，皇帝降輦，詣大次少俟，陪祀王公於祈年門外百官於丹墀，按翼東西
序立，祇太常寺卿告奉安神位，畢，奏請行禮。皇帝出次，鑾儀衛官跪奉盥奉巾如儀，
盥畢，司拜褥官豫布拜褥於殿南拜位，贊引對引恭導皇帝由祈年左門入，升東階進殿
東門就拜位，北向立。執爐鐙官止東階下，夾階左右立，侍衛退至東西隅斂立，前引
內大臣止檐下，東西侍立，後扈大臣隨侍鴻臚寺官引王公百官均就拜位序立。典儀贊
樂舞生登歌，執事官各共乃職，武舞執干戚進，贊引奏就位，司拜牌官跪安拜牌於拜
褥，退。

右就次盥洗就位。

典儀贊燔柴迎帝神，左右司香奉香盤進，如祀圜丘之儀。司樂贊舉迎帝神樂凡儀，
節皆典儀贊，舉樂皆司樂贊，并詳冬日至大祀儀。奏《祈平之章》，辭曰："帝篤祐民
兮求莫匪舒，小民何依兮飲食維需。莫嘉於穀兮萬事權輿，爲民請命兮豈非在予。日
用辛兮百辟趨，曦將出兮東風徐。惟予小子兮敬盥顒孚，皇皇龍駕兮穆將愉。"樂作，
皇帝詣上帝位前跪上香，次詣列聖配位前跪上香，畢，興，復位，率群臣行三跪九拜
禮，樂止。凡行禮進退，皆贊，皆引陪祀官隨行禮，皆傳贊，詳見冬日至大祀儀。

右燔柴迎神。

乃奠玉帛，舉奠玉帛樂，奏《綏平之章》，辭曰："念茲稼穡兮惟民天，農用八政
兮食爲先。雨暘時若兮玉燭全，立我烝民兮迄用康年。仰三無私兮昭事虔，奉璋承帛
兮栗若臨淵。"樂作，司玉帛奉玉帛、司帛奉帛，進如奉香儀。以次至各案前跪，皇帝
詣上帝位前跪奠玉帛，以次詣列聖位前跪奠帛，畢，興，復位，樂止。

右奠玉帛。

乃進俎，舉進俎樂，奏《萬平之章》，辭曰："鼎烹兮苾芬，嘉薦兮無文。升繭栗
兮惟犉，饘薌達兮幹雲。昭民力兮普存，惟明德兮馨聞。"樂作，有司執壺羹自中階升
進殿內沃俎，如圜丘儀。皇帝詣上帝位前、列聖位前跪進俎，興，復位，樂止。

右進俎。

行初獻禮，舉初獻樂，奏《寶平之章》，辭曰："初獻兮元酒盈，致純潔兮儲精誠。
瑟黃流兮罍承，酌其中兮外清明。儼對越兮維清，帝心歆假兮綏我思成。"樂作，舞
《干戚之舞》。皇帝詣上帝位前，司爵跪奉爵凡司爵、奉爵皆豫至各神案前恭俟，如奉
香儀。後仿此。皇帝跪獻爵，奠於墊中，興，退。詣讀祝拜位立，司祝至祝案前跪，
三叩興，奉祝版，跪案左，樂暫止，皇帝跪，群臣皆跪。司祝讀祝，辭曰："維某年月
日，嗣天子臣御名祇奏於皇天上帝曰臣仰承眷命，撫育萬方，念切民生，亟圖康乂，
茲者候屆上辛，春耕將舉，爰攄誠悃，上迓洪庥，謹率臣僚以玉帛牲醴粢盛庶品，恭
祀上帝，伏祈昭鑒，時若雨暘，俾百穀用成，三農攸賴，奉太祖承天廣運聖德神功肇
紀立極仁孝睿武端毅欽安弘文定業高皇帝、太宗應天興國弘德彰武寬溫仁聖睿孝敬敏

昭定隆道顯功文皇帝、世祖體天隆運定統建極英睿欽文顯武大德弘功至仁純孝章皇帝、聖祖合天弘運文武睿哲恭儉寬裕孝敬誠信中和功德大成仁皇帝、世宗敬天昌運建中表正文武英明寬仁信毅大孝至誠憲皇帝侑神。尚饗。”讀畢，興，奉祝版安於帛筐內，跪叩如初。退，樂作，皇帝率群臣行三拜禮，興。以次詣列聖位前跪獻爵，儀同。興，復位，樂止，《武功之舞》退，文舞執羽籥進。

右初獻讀祝。

行亞獻禮，舉亞獻樂，奏《穰平之章》，辭曰：“犧尊啓兮告虔清，酙既馨兮陳前。禮再獻兮祠筵，光煜爁兮非烟。神悅懌兮優然，惠我嘉生兮大有年。”樂作，舞《羽籥之舞》，皇帝詣上帝位前，以次列聖位前跪奠爵於左，如初獻儀。興，復位，樂止。

右亞獻。

行終獻禮，舉終獻樂，奏《瑞平之章》，辭曰：“終獻兮奉明粢苾芬，嘉旨兮清醴既醹。神其衎兮錫祉，禮成於三兮陳辭。願灑餘瀝兮沐群，黎臣拜手兮青墀。”樂作，舞同亞獻。皇帝詣上帝位前、以次列聖位前跪奠爵於右，如亞獻儀。興，復位，樂止，《文德之舞》退。

右三獻。

既終獻，太常寺官贊賜福胙，皇帝詣受福胙位，飲福受胙如圜丘儀。復位，率群臣行三跪九拜禮。乃徹饌，舉徹饌樂，奏《渥平之章》，辭曰：“俎豆具陳兮庶品宜，肸蠁昭鑒兮荷帝慈。饌告備兮玉幾登，歌洋溢兮廢徹不遲。肅微忱兮告終事，上帝居歆兮錫純禧。”樂作，有司詣上帝位前，跪叩，興，奉蒼璧退，樂止。

右受福胙徹饌。

乃送帝神，舉送神樂，《奏滋平之章》，辭曰：“祗奉天威兮弗敢康，小心翼翼兮昭穹蒼。雲垂九天兮露瀼瀼，翠旗羽節兮上翱翔。臣拜下風兮肅徬徨，願沛汪澤兮民多蓋藏。”樂作，皇帝率群臣行三跪九拜禮，興，樂止。

右送神。

既送神，執事官以次詣神位前，奉祝帛香饌，恭送燎所，如圜丘之儀。舉望燎樂，奏《穀平之章》，辭曰：“卬首兮天閶，混茫一氣兮浩無方，爇蕭束帛兮薦馨香，精誠感格兮降福穰穰。四時順序兮百穀以昌，臣同兆姓兮咸荷恩光。”樂作，恭導皇帝由祈年左門出，詣望燎位望燎，贊引奏禮成，引入大次，樂止。

右望燎。

祈穀禮成，鑾儀衛依序設龍亭於殿階下，均南向。太常寺卿率屬恭請神位奉安亭內，以次舁行，復御皇乾殿，禮部尚書上香行禮并如奉請之儀。

右神位還御。

皇帝既還大次，更衣乃出次，至神路西乘禮輿出昭亨門外，大駕鹵簿前導，導迎樂作，奏《祐平之章》，辭曰：“民者邦本，民食乃天。爰卜辛日，大君殷薦。龍角明，祈有年。未耜親，天下先。"前部大樂畢，舉皇帝回鑾。王公從陪祀官退，不陪祀王公百官朝服跪迎，如來儀。午門鳴鐘，王公隨駕入至內金水橋，恭候皇帝還宮，皆退。

右回鑾。

（清）來保等《大清通禮》卷一《吉禮·常雩》

孟夏常雩後不雨，既遍祈天神、地祇、太歲、社稷，三復仍不雨，乃諏吉，修大雩禮於圜丘。

右諏吉。

既諏吉，翰林院撰擬祝辭或親製祝文。先期齋戒如常禮。齋之日，禁斷屠宰，祀前一日，皇帝御常服詣太和殿視祝版，執事官咸常服。太常寺卿率屬入壇，潔器陳、備脯醢果實，設皇天上帝神座於圜丘第一成，南向。設四從神位於第二成，東西向。皇帝詣壇齋宿，常服出宮，乘騎不乘輦，不設鹵簿，不陳樂。前引後扈大臣侍衛，咸常服導從，午門鳴鐘，不陪祀王公百官常服跪送。駕至南郊，由壇西門入，至昭亨門外降騎，步行入壇，恭視壇位，上香行禮如儀。

（清）來保等《大清通禮》卷一《吉禮·大雩》

歲以孟夏，即事於圜丘。

祀之日，皇帝雨冠素服，步禱於壇，扈從官暨陪祀執事各官咸雨冠素服，恭行雩禮，不燔柴，不進俎，不飲福受胙，餘樂章、樂舞及玉帛器數悉與常雩同。皇帝行三獻禮畢，復位，北向立。協律郎引舞童十有六人，衣元衣，執羽翳，進爲八列，典儀贊舞童歌詩，贊引奏跪，皇帝跪，群臣皆跪，舞童乃舞皇舞，按節歌御製《雲漢詩》八章，詩曰："瞻彼朱鳥，鶉首是臨。協紀辨律，羽蟲徵音。萬物芸生，有壬有林。有事南郊，陟降維欽。瞻仰昊天，生物爲心。"一章。"維國有本，匪民伊何。維民有天，匪食則那。爲民祈福，平秩南訛。我祀敢後，我樂維和。鼉鼓淵淵，童舞娑娑。"二章。"自古在昔，春郊夏雩。旱則致禱，田燭朝趨。盛禮既陳，神留以愉。雷師闐闐，飛廉衙衙。霈時甘霖，利我新畬。"三章。"於穆穹宇，在郊之南。對越嚴恭，上帝是臨。庇蔭嘉穀，用將悃忱。惴惴我躬，肅肅我心。六事自責，仰彼桑林。"四章。"權輿粒食，實維后稷。百王承之，永奠邦極。惟予小子，臨民無德。敢懈祈年，潔衷翼翼。命彼秩宗，古禮是式。"五章。"古禮是式，值茲吉辰。玉磬金鐘，大羹維醇。元衣八列，舞羽繽紛。既侑上帝，亦右從神。尚鑒我衷，錫我康年。"六章。"惟天可感，曰惟誠恪。惟農可稔，曰惟力作。恃天慢人，弗刈弗獲。尚勤農哉，服田孔樂。咨爾保介，庤乃錢鎛。"七章。"我禮既畢，我誠已將。風馬電車，旋駕九閶。山川出雲，爲霖澤滂。雨公及私，興鋤利旺。億萬斯年，農夫之慶。"八章。歌畢，引退，贊引奏拜興，皇帝率群臣行三拜禮，興，乃徹饌。送帝神、望燎并如常雩之儀。禮畢，皇帝還宮，午門鳴鐘，不陪祀王公百官常服跪迎如初儀。

（清）秦蕙田《五禮通考》卷一九《吉禮一九·圜丘祀天》

《禮志》郊祀儀注。洪武元年，冬至祀昊天上帝於圜丘。先期，皇帝散齋四日，致齋三日。前祀二日，皇帝服通天冠絳紗袍省牲器。次日，有司陳設。祭之日，清晨，車駕至大次，太常卿奏中嚴，皇帝服袞冕，奏外辦，皇帝入就位。贊禮唱迎神，協律郎舉麾，奏《中和之曲》。贊禮唱燔柴郊社令升烟，燔全犢於燎壇。贊禮唱請行禮，太常卿奏有司謹具請行事，皇帝再拜，皇太子及在位官皆再拜。贊禮唱奠玉帛，皇帝詣盥洗位，太常卿贊曰前期齋戒，今晨奉祭，加其清潔，以對神明，皇帝搢圭、盥手、帨手、出圭、升壇，太常贊曰神明在上，整肅威儀，升自午陛。協律郎舉麾，奏《肅和之曲》，皇帝詣昊天上帝神位前，跪搢圭，三上香，奠玉帛，出圭，再拜，復位。贊禮唱進俎，協律郎舉麾，奏《凝和之曲》，皇帝詣神位前，搢圭、奠俎、出圭、復位。贊禮唱行初獻禮，皇帝詣爵洗位，搢圭、滌爵、拭爵、以爵授執事者、出圭，詣酒尊所，搢圭、執爵、受汎齊、以爵授執事者、出圭。協律郎舉麾，奏《壽和之曲》《武功之舞》，皇帝詣神位前跪搢圭、上香、祭酒、奠爵、出圭，讀祝官捧祝跪讀訖，皇帝俯伏興再拜，復位。亞獻酌醴齊，樂奏《豫和之曲》《文德之舞》。終獻酌盎齊，樂奏《熙和之曲》《文德之舞》，儀并同初獻，但不用祝。贊禮唱飲福受胙，皇帝升壇至飲福位，再拜，跪搢圭，奉爵官酌福酒跪進，太常卿贊曰唯此酒肴，神之所與，賜以福慶，億兆同霑，皇帝受爵、祭酒、飲福酒、以爵置於坫，奉胙官奉胙跪進，皇帝受胙，以授執事者，出圭，俯伏興再拜，復位，皇太子以下在位官皆再拜。贊禮唱徹豆，協律郎舉麾，奏《雍和之曲》，掌祭官徹豆。贊禮唱送神，協律郎舉麾，奏《安和之曲》，皇帝再拜，皇太子以下在位官皆再拜，贊禮唱讀祝官奉祝、奉幣官奉幣、掌祭官取饌及爵酒各詣燎所，唱望燎，皇帝至望燎位，半燎，太常卿奏禮畢，皇帝還大次，解嚴。

（清）秦蕙田《五禮通考》卷二〇《吉禮二〇·圜丘祀天》

王圻《續通考》：將郊祀，帝諭夏言欲親行奉安禮，乃擬儀注以聞。先期，擇捧立執事官十一員，分獻配殿大臣二員，撰祝文、備脯醢、酒果、制帛、香燭。前一日，行告廟禮，設神輿香案於奉天殿，神案二於泰神殿，神案二於東西配殿，香案一於丹墀正中，設大次於圜丘左門外。是日質明，帝常服詣奉天殿行一拜三叩頭禮，執事官先後捧昊天上帝、太祖高皇帝及從祀神主各奉安輿中，至泰神殿門外，帝乘輅至昭享門，禮官導至泰和殿丹墀，執事官就輿，捧神主升石座奉安於龕中，帝詣香案前行三獻禮如儀。禮畢，出至大次，升座，百官行一拜三叩頭禮，畢，還宮。

《明會典》：圜丘大祀儀，嘉靖九年定。前期十日，太常寺題請視牲，次請命大臣三員看牲、四員分獻。前期五日，錦衣衛備隨朝駕，皇帝詣犧牲所視牲。視牲前一日，皇帝常服告廟。至日，視牲畢，命大臣輪視如常儀。前期四日，皇帝御奉天殿，太常寺奉祭祀進銅人如常儀。博士捧告請太祖祝版於文華殿，皇帝親填御名訖，捧出。前期三日，皇帝具祭服，以脯醢酒果詣太廟，請太祖配神訖，易服，御華蓋殿，太常寺卿同光禄寺卿面奏省牲，訖，皇帝御奉天殿，百官具朝服聽受誓戒傳制。前期二日，太常卿同光禄卿奏省牲如常儀。牛九、牝羊三、豕三、鹿一、兔六。是日，錦衣衛具神輿香亭，太常官具玉帛匣及香盒，各設於奉天殿。次日皇帝至奉天殿親填祝版，版以青褚硃書，置玉帛於匣，太常卿捧安輿內，皇帝三上香，行一拜三叩頭禮畢，錦衣衛官校昇至天壇，太常卿奉安於神庫。前期一日，免朝錦衣衛備法駕，設版輿於奉天門下正中，皇帝吉服告於廟，出，乘輿詣南郊。由西天門入，至昭享門外降輿，禮部太常官導皇帝由左門入。至內壇，太常卿導皇帝至圜丘恭視壇位，次至神庫視籩豆、至神廚視牲，畢，仍由左門出，升輿至齋宮，分獻陪祀官叩頭如常儀。壇上陳設，上帝南向，犢一、蒼玉一、郊祀制帛十二俱青色、登一、簠簋各二、籩十二、豆十二、蒼玉爵三、酒尊三、青漆團龍筐一、祝案一；配帝西向，犢一、奉先制帛一白色、登一、簠簋各二、籩十二、豆十二、蒼玉爵三、酒尊三、雲龍筐一。從祀四壇，俱在壇之二成，大明在東西向，犢一、登一、禮神制帛一、赤色。簠簋各二、籩十、豆十、酒盞二十、青瓷爵三、酒尊三、筐一；夜明在西東向，陳設同，禮神制帛一、白色。星辰在東西向，北上曰五星，曰二十八宿，曰周天星辰，犢一、羊一、豕一、登一、鉶一實以和羹、簠簋各二、籩十、豆十、酒盞三十、帛十，青色一、赤色一、黃色一、白色六、黑色一。青瓷爵三、酒尊三、筐一；雲雨風雷在西東向北上陳設同，帛四。青色一、白色一、黃色一、黑色一。前期一日，太常寺設香案於皇穹宇丹墀正中，將事之夕三更一點，禮部太常寺堂上官恭詣香案前，尚書上香，率各官行一拜三叩頭禮。畢，太常寺官九員分詣東西配殿，各請從位神牌出龕，先雷師，次風伯，次雨師，次雲師，次周天星辰，次二十八宿，次五星，次夜明，次大明，捧至丹墀，東西向立。太常寺官一員詣殿中，請太祖主出龕，太常寺少卿一員恭捧，西向立。太常寺官二員請上帝神版出龕，太常寺卿恭捧南向立，禮部侍郎二員導引出殿，先上帝，次太祖，次大明，次夜明，次五星，次二十八宿，次周天星辰，次雲雨風雷，由圜丘北門入，轉至午陛升壇，先上帝，次太祖，次從位，各依原序，先後奉安於神座，候皇帝至大次，尚書率各官致詞，復命，叩頭出。祭畢，太常官如前捧請，禮部侍郎導引入殿，以次納於龕中奉安，訖，各官仍行一拜三叩頭禮，出。正祭，是日三鼓，皇帝自齋宮乘輿，至外壇神路之西降輿，導引官導皇帝至神路東大次，上香官同導引官、捧神位官復命，訖，退。百官排班於神路之東西，以俟皇帝具祭服出。導引官導皇帝由左欞星門入，內贊對引官導皇帝行至內壇，典儀唱樂舞生就位，執事官各司其事，皇帝至御拜位，內贊奏就位，皇帝就位。典儀唱燔柴，唱迎帝神，樂作，內贊奏升壇，導皇帝至上帝金爐前，奏跪，奏搢圭，司香官捧香跪進於皇帝左，內贊奏上香，皇帝三上香訖，奏出圭，導至太祖金爐前，儀同奏復位，皇帝復位，樂止，內贊奏四拜，傳贊百官同。典儀唱奠玉帛，樂作，內贊奏詣神御前，導皇帝至神御前，奏搢圭，捧玉帛官以玉帛跪進於皇帝右，皇帝受玉帛，內贊奏獻玉帛，皇帝奠訖，奏出圭，導至太祖前，奏搢圭，奏獻帛，奏出圭，奏復位，皇帝復位，樂止。典儀唱進俎，樂作，齋郎昇俎安訖，內贊奏詣神御前，導皇帝至神御前，奏搢圭，奏進俎，奏出圭，導至太祖前，儀同。奏復位，皇帝復位，樂止。典儀唱行初獻禮，樂作，內贊奏詣神御前，導皇帝至神御前，奏搢圭，捧爵官以爵跪進於皇帝右，皇帝受爵，內贊奏獻爵，皇帝獻訖，奏出圭，奏詣讀祝位，導皇帝至讀祝位，奏跪，傳贊眾官皆跪。樂暫止，內贊奏讀祝，讀祝官跪讀祝畢，樂復作，奏俯伏興平身，傳贊百官同。讀祝跪進祝版皇帝捧至御案篚內安訖，今讀祝官自安。內贊導至太祖前，奏搢圭，捧爵官以爵跪進於皇帝右，皇帝受爵，奏獻爵，皇帝獻訖，奏出圭，奏復位，皇帝復位，樂止。典儀唱行亞獻禮，樂作，儀同初獻，惟不讀祝。奏復位，樂止。典儀唱行終獻禮，樂作，儀同亞獻。奏復位，樂止。太常卿進立於壇之二成，東向，唱賜福胙，內贊奏詣飲福位，導皇帝至飲福位，光禄卿捧福酒跪進於皇帝左，內贊奏跪奏，搢圭，奏飲福酒，皇帝飲訖，光禄官捧福胙跪進於皇帝左，內贊奏受胙，皇帝受訖，奏出圭，俯伏興平身，奏復位，皇帝復位，奏四拜，傳贊百官同。典儀唱徹饌，樂作，執事官徹饌訖，樂止。典儀唱送帝位，樂作，內贊奏四拜，傳贊百官同。樂止，典儀唱讀祝官捧祝，進帛官捧帛，掌祭官捧饌，各恭詣泰壇，皇帝退立於拜位之東，典儀唱望燎，樂作，內贊奏詣望燎位，內贊對引官導皇帝至望燎位，燎半，內贊奏禮畢，樂止。如遇風雪，有司設黃氈小次於圜丘下，皇帝恭就小次，對越行禮。其升降上香奠獻，俱以太常執事官代。內贊對引官導皇帝至大次易服，禮部太常官捧神位安於皇穹宇，皇帝還齋宮，少憩，駕還，百官具朝服於承天門外橋南立迎駕，皇帝入詣廟參拜，如視牲還之儀。百官隨至奉天殿行慶成禮。附分獻官儀，皇帝行初獻禮讀祝訖，奏俯伏興平身，贊引引分獻官由東西陛詣各神位香案前，贊搢笏、上香、獻帛、獻爵、出笏、復位，亞終獻儀同，惟不上香、獻帛。至典儀唱望燎，各分獻官詣燎爐前，燎半，贊禮畢。

《世宗實錄》：嘉靖十二年，定圜丘遣官代祀儀。前期太常寺具本請欽定遣官職名，遣官受命報名謝恩，齋宿如常儀。先一日，遣官及分獻陪祀官各致齋於祭所。是日，先期太常寺陳設如圖儀，設遣官拜位於壇下內壝正中，設遣官讀祝位於壇上，避御拜位，近北陛，設典儀贊引官位於遣官拜位之南，贊引引遣官、分獻陪祀官，各服法服候於壇壝外，南向立。典儀唱樂舞生就位，執事官各司其事，贊引引遣官由內壝右靈星門入，內贊贊就位，位在壇下正中分獻官稍前，遣官就位。典儀唱燔柴，唱迎神，奏樂，內贊贊升壇，遣官由西陛升至神御香案前，贊跪、搢笏，遣官跪搢笏，司香官捧香跪進於遣官左，贊上香，遣官三上香訖，至配帝前，儀同。贊復位，樂止，內贊贊四拜，遣官四拜平身，傳贊百官同。典儀唱奠玉帛，奏樂，內贊贊詣神御前，遣官升至神御前，贊搢笏，捧玉帛官以玉帛跪進，遣官受玉帛，奠訖，贊出笏，導至配帝前，儀同。贊復位，樂止。典儀唱進俎，奏樂，齋郎昇饌至，內贊贊詣神御前，遣官升至神御前，贊搢笏、進俎、出笏，導至配帝前，儀同。贊復位，樂止。典儀唱行初獻禮，奏樂，內贊贊詣神御前，遣官升至神御前，司尊者舉冪酌酒，捧爵官以爵受酒，內贊贊搢笏，捧爵官以爵跪進於遣官右，遣官受爵，贊獻爵，遣官獻訖，贊出笏，贊詣讀祝位，位擬除一成中，贊跪，遣官降至讀祝位跪，傳贊百官皆跪。樂暫止，內贊贊讀祝，讀祝官跪讀訖，樂復作，內贊贊俯伏興平身，傳贊百官同。導至配帝前，贊搢笏，捧爵官以爵跪進於遣官右，遣官受爵，贊獻爵，遣官獻訖，贊出笏，贊復位，樂止。典儀唱行亞獻禮，奏樂，儀同初獻，惟不讀祝。樂止，典儀唱行終獻禮，奏樂，儀同亞獻。樂止，贊復位，遣官復壇下拜位。內贊贊四拜，遣官四拜平身，傳贊百官同。典儀唱徹饌，奏樂，執事官徹饌訖，樂止。典儀唱送神，奏樂，內贊贊四拜，遣官四拜平身，傳贊百官同。樂止，典儀唱讀祝官捧祝，進帛官捧帛，掌祭官捧饌，各詣燎位，遣官退立拜位之東。典儀唱望燎，奏樂，內贊贊詣望燎位，近御位西，北向立。燎半，內贊贊禮畢，樂止。【略】

《明會典》：萬曆三年親祀圜丘儀。正祭前六日早，上常服以親詣南郊視牲預告於太廟。前五日，錦衣衛備隨朝駕如常儀，質明，上常服御皇極殿，太常寺官奏請聖駕視牲，百官具吉服朝參，鳴鞭訖，先趨出午門外，東西序立候送，上由大明門、正陽門、西天門舊路至犧牲所南門，迤西上降輦，禮部尚書、侍郎、太常卿、少卿導上至所內幄次。禮部官跪奏請視牲，仍同太常寺官導上至各牲房前，太常卿跪奏視大祀牲，逐一視畢，仍導上至幄次內，上少憩出，禮部太常寺官仍導上升輦，駕還，百官俱於承天門外序立候迎，上仍詣太廟參謁。前四日，上御皇極殿，太常寺奏祭祀。前三日，質明，上常服乘輿詣太廟門西降輿，至幄次內具祭服告請太祖配神，行一獻禮，畢出，幄次內易皮弁服，回，御中極殿。太常寺、光祿寺官奏省牲畢，御皇極殿，傳制誓戒百官。前二日早，上常服以親詣南郊大祀預告於太廟。是日午後，太常寺官捧蒼玉、帛匣、香盒同神輿亭進於皇極殿內，司禮監官捧帛同案設於御案之北。前一日質明，上從文華殿出，由皇極殿左門入，至御案前立，太常卿捧祝版由中門進於御案上，上填御名訖，太常卿捧安輿中，司禮監官進帛於上裝匣內并蒼玉安訖，太常卿捧安輿中，太常卿隨捧香盒於香亭右跪，上三上香，行一拜三叩頭禮畢，轉於東，西向立，錦衣衛官校入擡輿亭由中門出，太常卿隨詣天壇神庫奉安，上由殿中門出乘輿詣南郊。至昭享門西，禮部尚書侍郎太常少卿等官行叩頭禮畢，分兩傍候，上降輿，尚書等官導上由昭享左門入。至內壇左門，太常卿跪迎，同導上至午陛，尚書等官俱止。太常卿導上至圜丘恭視壇位，尚書等官俱先詣東陛前伺候，上視壇位畢，太常卿導上由東陛下，尚書等官同導上至神庫視籩豆、至神廚視牲，俱太常卿導入。逐一奏畢，禮部太常寺官導上仍由昭享左門出，升輿至齋宮，分獻陪視官朝參，傳旨賜早飯，各官叩頭謝恩。至午各官候旨朝參，仍傳旨賜午飯，謝恩如前儀。是日午後，太常寺陳設如常儀。至一更時分，禮部尚書等官詣皇穹宇，尚書上香請神，侍郎二員導引，太常寺官以次捧正位配位神版、從位神牌詣壇奉安訖，候報時，上常服乘輿出，至外壇神路之西降輿，導駕官導上至神路東大次，禮部同太常官復命，畢，上具祭服出，由內壇左欞星門入，行大祀禮如常儀。畢，上至大次易常服，至齋宮少憩，駕還，仍詣太廟參謁，畢，具袞冕服御皇極殿行慶成禮。

（清）秦蕙田《五禮通考》卷二一《吉禮二一·祈穀》

崇禎壬午，蔣德璟上親行祈穀禮。記壬午正月初五日，上常服詣太廟，以親詣南郊視牲預告於太祖及列祖神御前，仍欽遣禮部左侍郎王錫袞、右侍郎蔣德璟、詹事黃景昉充上香導引官。初六日，遣勛臣等恭代視牲。初七日，上御皇極殿，太常寺奏祭祀。初八日爲始，致齋三日，初八日質明，上常服乘輿詣太廟門西降輿，至廟門幄次內具祭服，詣太廟告請太祖配神，行禮畢，出至幄次，易皮弁服回，御皇極殿，太常寺、光祿寺官奏省牲。初九日，大雪，上親享太廟禮畢，臣璟即偕王黃二公冒雪出南郊宿太常別院。是日午後，太常官捧蒼玉、帛匣、香盒同神輿亭進於皇極殿內，司禮監官捧帛同安設於御案之北。初十日質明，上御皇極殿，太常卿捧祝版從中左門進安於御案上，上親填御名訖，太常卿捧安於輿中，司禮監官進玉帛，上親裝於各匣內，安訖，太常寺官以次奉安輿中，太常卿隨捧香盒於香亭右跪，上三上香，行一拜三叩頭禮，畢，轉於東，西向立。錦衣衛官旗入，擡輿亭從中門出，太常卿隨詣大享殿神庫奉安，上遂詣太廟以親詣南郊行祈穀禮預告於太祖及列祖神御前，行禮畢，還宮。是日早，璟偕王黃二公及太常少卿高倬具吉服，冒雪至大享殿皇乾殿演禮，即在北天門內候駕，至未時，錦衣衛官備法駕，設板輿於皇極門下正中，上常服御皇極門，太常卿奏請聖駕詣南郊行祈穀禮於大享殿，上升輿，掌衛官跪奏起輿，從午門、端門、承天門、大明門、正陽門詣南郊壇內西天門，至神路迤西，臣璟偕王黃二公及高少卿面駕序立，行叩頭禮，畢，分兩旁候上降輿。臣璟等導上從大享南門左門入，太常卿党崇雅跪迎，同導上至丹陛，太常卿導上至大享殿左門入，恭視神位。臣璟等先詣東陛前候上視神位，畢，太常卿導上從東陛下，臣璟等同導上至神庫視籩豆、至神廚視牲太常卿，逐一奏畢，復同臣璟等導上仍從大享南門出迤西，升輿至齋宮，陪祀各官免朝參。【略】少頃，具祭服出，導駕官導從大享南門左門入，行祈穀禮，用十二拜，如大祀儀，祭畢，上出至大次，易常服，不回齋宮，即從西天門還至太廟，參謁如前儀。畢，還宮。

（清）秦蕙田《五禮通考》卷二三《吉禮二三·大雩》

《明會典》：大雩儀。前期五日，太常寺奏請大臣視牲如常儀。前期三日，告請太祖配神於太廟，行一獻禮。前期二日，太常卿、光祿卿奏省牲如常儀。正祭前期，太常寺陳設如常儀。是日早，錦衣衛備法駕，設輿於奉天門正中，皇帝常服乘輿至南郊，由西天門歷昭亨門降輿，過門升輿，至崇雩壇門西降輿，禮部太常官導皇帝入東左門，由正南欞星左門入壇，由中陛左陛至壇，恭視神位畢，出，至神庫視籩豆、神廚視牲畢，導駕官導皇帝至幕次，具祭服出，導駕官導皇帝由左門至內壇欞星左門入壇。典儀唱樂舞生就位，執事官各司其事，內贊奏就位，皇帝就拜位。典儀唱迎神，奏樂，樂止，內贊奏四拜，皇帝四拜平身，傳贊百官同。典儀唱奠玉帛，奏樂，內贊奏升壇，皇帝升至上帝前，奏跪搢圭，皇帝跪搢圭，司香官捧香跪進於皇帝左，奏上香，皇帝三上香訖，捧玉帛官以玉帛跪進於皇帝右，皇帝受玉帛，奠訖，奏出圭，導至太祖前，儀同。進香并帛俱右，奏復位，樂止。典儀唱進俎，奏樂，齋郎昇饌至，內贊奏升壇，皇帝升至上帝前，搢圭、進俎、出圭，導至太祖前，儀同。奏復位，樂止。典儀唱行初獻禮，奏樂，內贊奏升壇，皇帝升至上帝前，奏搢圭，捧爵官以爵跪進於皇帝右，皇帝受爵，奏獻爵，皇帝獻訖，奏出圭，奏詣讀祝位，奏跪，皇帝至讀祝位跪，傳贊百官皆跪。樂暫止，內贊贊讀祝，讀祝官跪讀訖，樂復作，內贊奏俯伏興平身，傳贊百官同。導上至太祖前，儀同。奏復位，樂止，典儀唱行亞獻禮，奏樂，儀同初獻，惟不讀祝。樂止，典儀唱行終獻禮，奏樂，儀同亞獻。樂止，太常卿進立於壇前，東向立。唱賜福胙，內贊奏詣飲福位，皇帝升至飲福位，奏跪，奏搢圭，光禄卿捧福酒跪於皇帝左，內贊奏飲福酒，皇帝飲訖，光禄官捧福胙跪於皇帝左，內贊奏受胙，皇帝受訖，奏出圭，俯伏興平身，奏復位，皇帝復位，內贊奏四拜，皇帝四拜平身，傳贊百官同。典儀唱徹饌，奏樂，執事官徹饌訖，樂止。典儀唱送神，奏樂，內贊奏四拜，皇帝四拜平身，傳贊百官同，樂止。典儀唱讀祝官捧祝，進帛官捧帛，掌祭官捧饌，各詣燎位，皇帝退立拜位東。典儀唱望燎，奏樂，樂奏《雲門之曲》，內贊奏禮畢，導駕官導皇帝至幕次易祭服，畢，還宮壇上猶奏樂舞，九成乃止。

《明會典》：神宗十三年，上親禱郊壇，却輦步行。其步禱儀：

前期一日，上具青服以躬詣南郊祈禱預告於奉先殿，行禮如常儀。前期一日，太常寺進祝版，上親填御名訖，太常博士捧出安輿亭內，擡至南郊神庫奉安。太常寺預設酒果脯醢香帛於圜丘，牛一，熟薦。設上拜位於壇墠正中。錦衣衛設隨朝駕，不除道。

正祭，是日免朝。昧爽，上具青服御皇極門，太常寺官跪奏請聖駕詣圜丘，上起步，行護駕侍衛并導駕侍班翰林科道等官如常儀，百官各青衣角帶恭候於大明門外，內閣禮部太常寺近前，其餘文東武西各照常朝班行序立，駕至，魚貫前導，卑者在前，崇者在後，緣道兩旁離御路稍遠文武兩班就中，又各自為對，至昭亨門照前序立候駕，監禮御史等官如常儀，鴻臚寺仍委序班十餘員整肅班行，不許喧嘩越次。駕至昭亨門，導引官導上至欞星門外幕次少憩，禮部尚書、侍郎、太常寺卿、少卿跪奏詣壇位，內贊對引官導上行。典儀唱執事官各司其事，內贊奏就位，上至拜位，典儀唱迎神，內贊奏升壇，導上至香案前，奏跪，奏上香，上香，三上香訖，奏復位，奏四拜，傳贊百官同。典儀唱奠帛、行初獻禮，內贊奏升壇，導上至神御前，奏獻帛，訖，奏獻爵，訖奏詣讀祝位，奏跪，贊眾皆跪。贊讀祝，訖，奏俯伏興平身，贊百官同。奏復位。典儀唱行亞獻禮，内贊奏升壇，導上至神御前，奏獻爵，訖，奏復位。典儀唱行終獻禮，儀同亞獻。典儀唱送神，内贊奏四拜，贊百官同。典儀唱讀祝官捧祝，進帛官捧帛，各詣燎位，内贊奏禮畢，導引官導上出至幄次少憩，上還，仍詣奉先殿參謁如常儀。

（四）祭祀樂舞

樂舞制度沿革
（明）徐一夔等《明集禮》卷一《吉禮第一·祀天》

國朝迎神奏《中和之曲》，奠玉幣奏《肅和之曲》，進俎奏《凝和之曲》，初獻奏《壽和之曲》《武功之舞》，亞獻奏《豫和之曲》《文德之舞》，終獻奏《熙和之曲》《文德之舞》，徹豆奏《雍和之曲》，送神奏《安和之曲》，望燎奏《時和之曲》，其盥洗、升降、飲福受胙，俱不奏樂。

《高宗純皇帝實錄》卷二五六"乾隆十一年春正月"條

庚午，欽定祭祀中和樂章名。

圜丘樂，迎神《始平》，奠玉帛《景平》，進俎《咸平》，初獻《壽平》，亞獻《嘉平》，終獻《永平》，徹饌《熙平》，送神《清平》，望燎《太平》。

祈穀樂，迎神《祈平》，奠玉帛《綏平》，進俎《萬平》，初獻《寶平》，亞獻《穰平》，終獻《瑞平》，徹饌《渥平》，送神《滋平》，望燎《穀平》。

雩祭樂，迎神《霈平》，奠玉帛《雲平》，進俎《需平》，初獻《霖平》，亞獻《露平》，終獻《霝平》，徹饌《靈平》，送神《霍平》，望燎《霈平》。

（清）允祹等《大清會典則例》卷九八《樂部》

樂章名。順治元年，議准郊廟樂章，累朝各取佳名，以明一代之制，除漢魏曲名不可枚舉外，梁用雅，北齊及隋用夏，唐用和，宋用安，金用寧，元宗廟用寧、郊社用咸，前明用和，本朝削寇亂以有天下，擬改用平字，天壇九奏，地壇八奏，太廟六奏，社稷七奏，均用中和韶樂。又題准，孟春上旬諏吉，及歲除前一日，祖迎太歲，樂均六奏，樂章用平字。二年，定春秋二仲月上丁，釋奠於先師，樂章六奏，用平字。八年，定朝日七奏，樂章用曦字，夕月六奏，樂章用光字，均奏中和韶樂。【略】

佾舞。順治初年，定凡壇廟祭祀，初獻用武舞，干戚六十有四，亞獻、終獻均用文舞，羽籥六十有四，引舞旗節四，舞皆八佾，惟文廟止用文舞六佾，引舞旌節二。乾隆七年，議准，大雩禮用舞童十有六人，分八列，執羽翳爲皇舞。八年，具奏武舞，干上有字，其字止五種，而分八佾，必不齊一，又多互异，必係年久遺失，以訛傳訛，謹撰擬八句，恭候欽定。

壇廟樂器。順治元年，定祭祀樂章，有九奏，有八奏，有七奏，有六奏，所奏樂器，均金鐘十有六，玉磬十有六，琴十，瑟四，排簫二，簫十，篪十，笙十，塤二，篪六，建鼓一，搏拊二，柷一，敔一，司樂章者所執木笏十。十四年，諭：祭祀關國家大典，應用樂器，尤所以感格神明，必精美完好，始足肅將誠悃，朕觀各壇所用，其中尚有敝損，非朕祗事天地祖宗社稷，及致敬告古帝王聖賢之意，爾部即詳行察驗，應加修整者，節次開列，奏請以便修整更換。欽此。

康熙五十二年，重造各壇廟中和韶樂。五十四年，改造圜丘壇金鐘玉磬各十有六。是年，樂器告成，太常寺題請載入典訓。奉旨：太常寺爲樂器告成，請載典訓，具奏此樂器原系明朝所載，制度原佳，但年久失真，不免音律未協之處，朕因再爲修理，并未創造，今以製作之功全歸於朕，似屬不可，大學士九卿詹事科道議奏。遵旨議准，前代樂器，并未窮究根源，厘定矩度，今中聲既得，損益咸宜，若不垂載典册，恐歲久仍復失傳，將起造告成年月，一并宣付史館。五十五年，造祈穀壇金鐘十有六，玉磬十有六。

壇廟設樂。冬至大祀、孟夏常雩、祀天於圜丘，樂部率太常協律郎等，設中和韶樂於壇三成階下，金編鐘在東，玉編磬在西，均十有六。懸以筍簴，設建鼓一於鐘懸之次。左麾一，柷一，笙五，搏拊一，西向。右敔一，笙五，搏拊一，東向。左右執笏司歌章者各五人，立於笙前，東西向左右分列。琴十，瑟四，排簫二，簫十，篴十，塤二，篪六，均北向。陳武功文德之舞各八佾於階下，引舞旌節四，干戚羽籥各六十有四。孟春祈穀於祈年殿，樂部率太常協律郎等設中和韶樂於殿外丹陛上，分左右懸，陳武功文德佾舞於樂懸之次，與圜丘同。

樂器舞服

《明英宗實錄》卷九五"正統七年八月"條

乙卯，命修天地壇、太廟、社稷壇樂器。

《明英宗實錄》(景泰帝附錄第八二) 卷二六四"景泰七年三月"條

壬申，命造天地壇樂舞生袍服。

(明) 徐一夔等《明集禮》卷二《吉禮第二·祀天》

樂器。編鍾十六，編磬十六，琴十，瑟四，拊四，敔一，柷一，塤四，篪四，簫四，橫笛四，笙八，應鼓一。

舞。舞士一人：幞頭、紅羅袍、荔枝帶、皂靴、手執節。

文舞生一百二十八人。文舞六十四人，引舞二人，各執羽籥、服紅袍、展脚、幞頭、革帶、皂靴。

武舞生六十二人，服紅袍、展脚、幞頭、革帶、皂靴、手執羽籥。武舞六十四人，引舞二人，各執干戚、服緋袍、展脚、幞頭、革帶、皂靴。舞生六十二人，服緋袍、展脚、幞頭、革帶、皂靴、手執干戚。

(明) 佚名《太常續考》卷一《郊祀·冬至圜丘事宜》

樂器。金鐘一十六口，本寺庫貯，臨祭領交。菜玉曲磬一十六面并架、流蘇全，以下俱本壇收貯。大鼓一面頂座、流蘇全麾一首并架搏拊二面，座全。琴十張并錦墊桌全。瑟四張，牙柱架全枕一座，敔一座，簫十枝，笙十攢，笛十枝，塤二個，篪六枝，排簫二架，節二對，干戚六十四副，籥羽六十四副。

登壇燒香點燭、樂生、文舞生袍服共一百八十六套，每套天青紵絲袍一件，青生絹襯衫一件，蟬冠一頂，紅鞓角帶一條，青綢雲頭履鞋一雙，布襪一雙。

武舞生袍服六十六套，每套天青紵絲遍銷金花袍一件，青生絹襯衫一件，天青紵絲銷金花裙一條，汗跨一件，青絹褡包一條，青線縧一根，結子一副，腿繃一副，天丁冠一頂，光金帶一條，皂雲頭靴一雙，布襪一雙。

（明）佚名《太常續考》卷八《祈穀》

樂器，旌、節、干、戚、籥、羽全。

樂舞生紅羅袍全淨衣共二百一十四套。

（清）允祹等《大清會典則例》卷九八《樂部》

樂器。順治初年，定中和韶樂，麾一，金編鐘十有六，玉編磬十有六，琴四，瑟二，排簫二，簫二，箎二，笙四，塤二，篪二，建鼓一，搏拊二，柷一，敔一。丹陛大樂，戲竹二，方響二，雲璈二，箎四，管四，笙四，大鼓二，杖鼓一，拍版一，清樂二部一，殿廷清樂一。丹陛清樂均雲璈二，箎二，管二，笙二，小鼓一，杖鼓一，拍版一。導迎樂，戲竹二，雲璈二，箎四，管六，笙二，大鼓一，拍版一。鐃歌，鼓吹畫角二十有四，摑鼓四十有八，應角鼓八，杖鼓二，拍版二，金二，鉦四，箎十有二，大銅角八，小銅角八。《前部大樂》，舊名《大罕波》，大銅角四，小銅角四，金口角四。鐃歌大樂，大銅角八，小銅角八，金口角八，銅鼓四，金二，鈸一，點一，鼓一。鐃歌清樂，雲璈二，箎二，管二，笙二，鼓一，鈸一，點一。部燕樂，雲璈二，箎二，管二，笙二，鼓一，拍版一。

祭樂

《明太祖實錄》卷一八九"洪武二十一年三月"條

乙酉，郊祀儀樂章。

迎神云：荷蒙天地兮君主華夷，欽承踴躍兮備筵而祭。誠惶無已兮寸衷微，仰瞻俯首兮惟願來期。想龍翔鳳舞兮慶雲飛，必昭昭穆穆兮降壇壝。

奠玉帛云：天垂風露兮雨澤沾，黃壤氤氳兮氣化全。民勤畎畝兮束帛鮮，臣當設宴兮奉來前。

進俎云：庖人兮列鼎，肴羞兮以成。方俎兮再獻，願享兮以歆。

初獻云：聖靈兮皇皇，穆嚴兮金床。臣令樂舞兮景張，酒行初獻兮捧觴。

亞獻云：載斟兮載將，百辟陪祀兮具張。感聖情兮無已，拜手稽首兮願享。

終獻云：三獻兮樂舞揚，肴羞具納兮氣藹而芳。祥光朗朗兮上下方，況日吉兮時良。

徹饌云：粗將菲薦兮神喜將，感聖心兮何以忘。民福留兮佳氣昂，臣拜手兮謝恩光。

送神云：旌幢燁燁兮雲衢長，龍章鳳輦兮駕飛揚。遙瞻冉冉兮上下方，必烝民兮永康。

望燎云：進羅列兮燎瘞方，炬焰發兮煌煌。神變化兮束帛將，感至恩兮無量。

（明）官修《諸司職掌·祭祀·郊祀·樂章》

迎神：荷蒙天地兮君主華夷，欽承踴躍兮備筵而祭。誠惶無已兮寸衷微，仰瞻俯首兮惟願采期。想龍翔鳳舞兮慶雲飛，必昭昭穆穆兮降壇墠。

奠帛：天垂風露兮雨澤霑，黃壤氤氳兮氣化全。民勤畎畝兮束帛鮮，臣當設宴兮奉來前。

進俎：庖人兮列鼎，肴羞兮以成。方俎兮再獻，願享兮以歆。

初獻：聖靈兮皇皇，穆嚴兮金床。臣今樂舞兮景張，酒行初獻兮捧觴。

亞獻：載斟兮再將，百辟陪祀兮具張。感聖情兮無已，拜手稽首兮願享。

終獻：三獻兮樂舞揚，肴羞具納兮氣藹而芳。祥光朗朗兮上下方，況日吉兮時良。

徹饌：粗陳菲薦兮神喜將，感聖心兮何以忘。民福留兮佳氣昂，臣拜手兮謝恩光。

送神：旌幢燁燁兮雲衢長，龍車鳳輦兮駕飛揚。遙瞻冉冉兮上下方，必烝民兮永康。

望燎：進羅列兮詣燎方，炬焰發兮煌煌。神變化兮束帛將，感至恩兮無量。

（明）徐一夔等《明集禮》卷二《吉禮第二·祀天》

迎神：

昊天蒼兮穹隆，廣覆燾兮厖洪。建圜丘兮於國之陽，合衆神兮來臨之同。

黃太夾太南林，黃南夾林太黃。黃太夾黃黃林南林，黃林南林林夾太黃。

念螻蟻兮微衷，莫自期兮感通。

黃太南黃夾太，黃南林太南黃。

思神來兮金玉其容，馭龍鸞兮乘雲駕風。

黃太夾黃黃林南林，夾林南林夾太黃南。

顧南郊兮昭格，望至尊兮崇崇。

夾林南林夾太，夾林南林太黃。

奠玉帛：

聖靈皇皇，敬瞻威光。玉帛以登，承筐是將。

黃林南林，太林夾黃。太林黃太，黃南太林。

穆穆崇嚴，神妙難量。謹茲禮祭，功微是惶。

太林南林，林夾太黃。林南太林，夾太南黃。

奉牲：

祀儀祇陳，物不於大。敢用純犢，告於覆載。

林太南林，太林夾黃。太林南林，黃太南林。

惟茲菲薦，恐未周完。神其容之，以享其歡。

太南黃太，黃林南林。太黃夾太，南黃夾林。

初獻：

眇眇微躬，何敢請於九重，以煩帝聰。帝心矜憐，有感而通。

林南夾太，太南仲林南太，林南夾林。南太夾太，夾林南林。

既俯臨於几筵，神繽紛而景從。

南太夾太林南，夾太南林夾林。

臣雖愚蒙，鼓舞懽容，乃子孫之親祖宗。

南林夾太，南太夾太，南太南林林太林。

酌清酒兮在鍾，仰至德兮玄功。

南林太夾林南，無太夾太南林。

亞獻：

荷天之寵，眷駐紫壇。中情彌喜，臣庶均懽。

仲黃夷仲，仲太夷黃。太黃夷仲，林太林仲。

趨蹌奉承，我心則寬。再獻御前，式燕且安。

仲太夷黃，太仲太黃。太黃仲林，黃林太仲。

終獻：

小子於茲，惟父天之恩。惟恃天之慈，內外殷勤。

仲太林仲，夷仲林夷仲。仲夷黃太黃，夷黃太黃。

何以將之？奠有芳齊，設有明粢。喜極而抃，奉神燕娭。

夷仲林仲，夷黃太夷，夷仲太黃。太仲太夷，仲林太仲。

禮雖止於三獻，情悠長兮遠而。

夷黃仲林仲太，仲太黃林太仲。

徹豆：

烹飪已陳，薦獻斯就。神之在位，既歆既右。

太姑太南，太姑太南。姑太應南，林南林太。

群臣駿奔，徹茲俎豆。物倘未充，尚幸神宥。

林太姑南，姑太應南。姑太南太，林黃林太。

送神：

神之去兮難延，想遐袂兮翩翩。

黃太姑林姑黃，黃南姑林南林。

萬靈從兮後先，衛神駕兮迴旋。

姑林姑太南黃，南黃姑林姑黃。

稽首兮瞻天，雲之衢兮渺然。

林姑林南林，黃南林太南黃。

望燎：

焚燎於壇，粲爛晶熒。幣帛牲黍，冀徹天京。

黃南姑黃，姑林南林。南黃南姑，姑林姑黃。

奉神於陽，昭祀有成。肅然望之，玉宇光明。

姑林黃林，姑太南黃。姑林黃太，黃南太黃。

(明) 章潢《圖書編》卷九五《崇雩壇》

樂章：

迎帝神，《中和》：於穆上帝，爰處瑤宮。咨爾黎庶，覆憫曷窮。旂幢戾止，委蛇雲龍。霖澤斯溥，萬寶有終。

奠帛，《肅和》：神之格思，奠茲文繢。盛樂斯舉，香氣氤氳。精禋孔熯，徹於紫宸。懇祈膏澤，渥我嘉生。

進俎，《咸和》：百川委潤，名山出雲。愆暘孔熾，膏澤斯屯。祈年於天，載牲於俎。神之格思，報以甘雨。

初獻，《壽和》：有嚴榮祀，日吉辰良。酌彼罍洗，馨苾馥香。元功溥濟，時雨時暘。惟神是聽，綏以多穰。

亞獻，《景和》：皇皇禋祀，孔惠孔明。瞻仰來歆，拜首欽承。有醴惟醹，有酒惟清。雲韶侑獻，肅雝和鳴。聖靈有赫，鑒享精誠。

終獻，《永和》：靈承無斁，駿奔有容。嘉玉以陳，酌酒以供。禮三再稱，誠一以從。備物致志，申薦彌恭。神昭景貺，佑我耕農。

徹饌，《凝和》：有赫旱暵，民勞瘁斯。於牲於醴，載舞載禮。詩成三獻，敬徹不遲。神之聽之，雨我公私。

送帝神，《清和》：爰迪寅清，昭事顯穹。仰祈甘雨，惠我三農。既歆既格，言歸太空。式霶下土，萬方其同。

望燎，《太和》：赤龍旋馭，禮洽樂成。燔柴既舉，昭假精禋。維帝降康，雨施雲行。登我黍稌，溥受厥明。

(明) 章潢《圖書編》卷九五《祈穀祀典》

樂章：

迎神，《中和》：臣惟穹昊兮民物之初，爲民請命兮祀禮昭諸。備筵率職兮祈洪庥，臣衷微眇兮惆懇誠攄。遙瞻駕降兮齋色輝，歡迎鼓舞兮迓龍輿。臣愧菲才兮後斯民，願福斯民兮聖恩渠。

奠玉帛，《肅和》：烝民勤職兮農事專，蠶工亦慎兮固桑阡，玉帛祇奏兮暨豆籩，仰祈大化兮錫吕豐年。

　　進俎，《感和》：鼎烹兮氣馨，香羞兮旨醯。帝垂享兮以歆，烝民蒙福兮以寧。

　　初獻，《壽和》：禮嚴兮初獻行。百職趨蹌兮佩玎鳴。臣謹進兮玉觚，帝心兮鑒歆歲豐亨。

　　亞獻，《景和》：二觴舉兮致虔，清醴斟兮奉前。仰帝容兮忻穆，臣感聖恩兮實拳拳。

　　終獻，《永和》：三獻兮一誠微，禋禮告成兮帝鑒是依。烝民沐德兮歲豐機，臣拜首兮竭誠祈。

　　徹饌，《凝和》：三獻周兮肅乃儀，俎豆敬徹兮弗敢遲。願留福兮丕而，曰雨曰暘兮若時。

　　送帝神，《清和》：祀禮告備兮帝鑒彰，精神上達兮感昊蒼。雲程肅駕兮返帝鄉，臣荷恩眷兮何以忘。祥風瑞靄兮彌壇壝，烝民率土兮悉獲豐康。

　　望燎，《太和》：遙睹兮天衢長，邈彼寥廓兮去上方。束帛薦火兮希升聞，悃愊已通兮沛澤長。樂終九奏兮神人已和，臣同率土兮感荷恩光。

（明）申時行等《大明會典》卷八二《禮部四〇·郊祀二·圜丘樂章》

　　迎帝神，《中和之曲》：仰惟玄造兮於皇昊穹，時當肇陽兮大禮欽崇，臣惟蒲柳兮縷蟻之衷，伏承眷命兮職統群工，深懷愚昧兮恐負洪德，爰遵彝典兮勉竭微忠，遙瞻大闕兮寶輦臨壇，臣當稽首兮祇迓恩隆，百辟陪列兮舞拜於前，萬神翊衛兮而西以東臣，俯伏迎兮敬瞻帝御，願垂歆鑒兮拜德曷窮。

　　奠玉帛，《肅和之曲》：龍輿既降兮奉禮先，爰有束帛兮暨瑤瑄。臣謹上獻兮進帝前，仰祈聽納兮荷蒼乾。

　　進俎，《凝和之曲》：肴饈珍饌兮薦上玄，庖人列鼎兮致精虔。臣盍祇獻兮馨醴牷，願垂歆享兮民福淵。

　　初獻，《壽和之曲》：禮嚴初獻兮奉觴，臣將上進兮聖皇。聖皇垂享兮穆穆，臣拜首兮何以忘。

　　亞獻，《豫和之曲》：禮觴再舉兮薦玉漿，帝顏歆悅兮民福昂。民生有賴兮感上蒼，臣惟鞠拜兮荷恩長。

　　終獻，《熙和之曲》：三獻兮禮告成，一念微衷兮露悃情。景張樂舞兮聲鍠鉉，仰瞻聖容兮俯錫恩泓。

　　撤饌，《雍和之曲》：祀禮竣兮精意禋，三獻備兮誠已申。敬撤弗遲兮肅恭寅，恐多弗備兮惟賴洪仁。

　　送帝神，《清和之曲》：禋事訖終兮百辟維張，帝垂歆鑒兮沐澤汪洋。龍車冉冉兮寶駕旋雲，靈風鼓舞兮瑞露清瀼。洪恩浩蕩兮無以為酬，粗陳菲薦兮已感歆嘗。香氣騰芳兮上徹帝座，仰瞻聖造兮賜福群方。臣同率土兮載歡載感，祇迴寶輦兮鳳嘯龍翔，誠惶誠恐兮仰戀彌切，願福生民兮永錫亨昌。

望燎，《時和之曲》：龍車寶輦兮升帝鄉，御饎菲帛兮奉燎方。環佩鏗鏘兮羅壇壝，炬熷特舉兮氣輝煌，生民蒙福兮聖澤霑，臣荷眷祐兮拜謝恩光。

（明）申時行等《大明會典》卷八四《禮部四二·郊祀四·祈穀樂章》

迎帝神，《中和之曲》。臣惟穹昊兮民物之初，爲民請命兮祀禮昭諸，備筵率職兮祈洪庥，臣衷微眇兮悃懇誠攄，遙瞻駕降兮霽色輝歡，迎鼓舞兮迓龍興，臣愧菲才兮後斯民，願福斯民兮聖恩渠。

奠玉帛，《肅和之曲》。烝民勤職兮農事顒，蠶工亦慎兮固桑阡，玉帛祇奉兮暨豆籩，仰祈大化兮錫以豐年。

進俎，《咸和之曲》。鼎烹兮氣馨，香饎兮旨醹。帝垂享兮以歆，烝民蒙福兮以寧。

初獻，《壽和之曲》。禮嚴兮初獻行，百職趨蹌兮佩玎鳴，臣謹進兮玉觥，帝心歆鑒兮歲豐亨。

亞獻，《景和之曲》。二觴舉兮致虔，清醴載斟兮奉前，仰音容兮忻穆，臣感聖恩實拳拳。

終獻，《永和之曲》。三獻兮一誠微禋，禮告成兮帝鑒是依，烝民沐德兮歲豐機，臣拜首兮竭誠祈。

徹饌，《凝和之曲》。三獻周兮肅乃儀，俎豆敬徹兮弗敢遲，願留福兮丕而曰雨曰暘兮若時。

送帝神，《清和之曲》。祀禮告備兮帝鑒彰，臣情上達兮感昊蒼，雲程肅駕兮返帝鄉，臣荷恩眷兮何以忘，祥風瑞靄兮彌壇壝，烝民率土兮悉獲豐康。

望燎，《太和之曲》。遙睇兮天衢長，邈彼寥廓兮去上方，束帛薦火兮希升聞，悃愊已通兮沛澤長，樂終九奏兮神人以和，臣同率土兮咸荷恩光。

（明）申時行等《大明會典》卷八四《禮部四二·郊祀四·大享樂章》

迎帝神，《中和之曲》。於皇穆清兮弘覆惟仁，既成萬寶兮惠此烝民。祇受厥明兮欲報無因，爰稽古昔兮式展明禋。肅肅廣庭兮遙遙紫旻，笙鏞始奏兮祥風導雲。臣拜稽首兮中心孔惄，爰瞻寶輦兮森羅萬神。庶幾昭格兮眷命其申，徘徊顧歆兮鑒我恭寅。

奠玉帛，《肅和之曲》。捧珪幣兮瑤堂，穆將愉兮聖皇，秉予心兮純一，荷帝德兮溥將。

進俎，《凝和之曲》。歲功阜兮庶類成，黍稷秘兮濡鼎馨，敬薦之兮慚菲輕，大禮不煩兮惟一誠。

初獻，《壽和之曲》。金風動兮玉宇澄，初獻觴兮交聖靈，瞻玄造兮懷鴻禎，曷以酬之心怦怦。

亞獻，《豫和之曲》。帝眷我兮居歆，紛繁會兮五音。再奉觴兮莫殫臣心，惟帝欣懌兮生民是任。

終獻，《熙和之曲》。綏萬邦兮屢豐年，眇眇予躬兮實荷昊天，酒三獻兮心益虔，帝命參輿兮勿遽旋。

徹饌，《雍和之曲》。祀禮既洽兮神人蕭雍，享帝享親兮勉竭臣衷。惟洪恩兮罔極，儼連蜷兮聖容。

送帝神，《清和之曲》。九韶既成兮金玉鏗鏘，百辟森立兮戚羽斯藏，皇天在上兮昭考在傍，嚴父配天兮祇修厥常，殷薦既終兮神去無方，玄雲上升兮鸞鵠參翔，靈光回照兮鬱乎芬芳，載慕載瞻兮願錫亨昌，子孫黎民兮維帝是將，於昭明德兮永懷不忘。

望燎，《時和之曲》。龍興杳杳兮歸上方，金風應律兮燎斯揚，達精誠兮合靈光。帝庭納兮玉幣將，顧下土兮眷不忘，願錫吾民兮長阜康。

（明）申時行等《大明會典》卷八四《禮部四二・郊祀四・雩祀樂章》

迎帝神，《中和之曲》。於穆上帝，爰處瑤宮。咨爾黎庶，覆憫曷窮。旂幢戾止，委蛇雲龍。霖澤斯溥，萬寶有終。

奠帛，《肅和之曲》。神之格思，奠茲文繢。盛樂斯舉，香氣氤氳。精禋孔熯，徹於紫宸。懇祈膏澤，渥我嘉生。

進俎，《咸和之曲》。百川委潤，名山出雲。愆暘孔熾　澤斯屯。祈年於天，載牲於俎。神之格思，報以甘雨。

初獻，《壽和之曲》。有嚴崇祀，日吉辰良。酌彼罍洗，椒馨苾香。玄功溥濟，時雨時暘，惟神是聽，綏以多穰。

亞獻，《景和之曲》。皇皇禋祀，孔惠孔明。瞻仰來歆，拜首欽承。有醴維醺，有酒維清。雲韶侑獻，蕭雝和鳴。聖靈有赫，鑒享精誠。

終獻，《永和之曲》。靈承無斁，駿奔有容。嘉玉以陳，酌鬯以供。禮三再稱，誠一以從。備物致志，申薦彌恭。神昭景貺，佑我耕農。

徹饌，《凝和之曲》。有赫旱暵，民勞瘁斯。於牲於醴，載舞載詩。禮成三獻，敬徹不遲。神之聽之，雨我公私。

送帝神，《清和之曲》。爰迪寅清，昭事顒穹。仰祈甘雨，惠我三農。既歆既格，言歸太空。式受下土，萬方其同。

望燎，《太和之曲》。赤龍旋馭，禮洽樂成。燔燎既舉，昭假精禋。維帝降康，雨施雲行。登我黍稷，溥受厥明。

《雲門之曲》，祭畢，使道童群歌之。景龍精兮時見，測鶉緯兮宵懸。肆廣樂兮鏗鋗，列皇舞兮蹁躚。祈方社兮不莫，薦圭璧兮孔虔。需密雲兮六漠，需甘澍兮九玄。慰我農兮既渥，錫明昭兮有年。

（明）佚名《太常續考》卷八《祈穀・樂章》

迎神，《中和》：

臣惟穹昊兮民物之初，爲民請命兮祀禮昭諸。

合四上四尺四合工尺，六工尺一尺一合四合。

備筵率職兮祈洪庥，臣衷微眇兮悃悃誠攄。

四合四一尺工六尺，工尺一合尺一合四合。

遙瞻駕降兮霱色輝，歡迎鼓舞兮迓龍輿。

合四一四尺工六工，合四一四尺一四合。

臣愧菲才兮後斯民，願福斯民兮聖恩渠。

工尺一尺工六工尺，六工尺一尺合四合。

奠玉帛，《肅和》：

烝民勤職兮農事顓，蠶工亦慎兮固桑阡。

合四上四尺四合尺，六工尺一尺合四合。

玉帛祇奏兮暨豆籩，仰祈大化兮錫以豐年。

合四工四尺工六尺，工六尺四尺一合四合。

進俎，《咸和》：

鼎烹兮氣馨，香羞兮旨醹，帝垂享兮以歆，烝民蒙福兮以寧。

合四上四尺，六工尺一尺，工尺合四一四，六工尺一合四合。

初獻，《壽和》：

禮嚴兮初獻行，百職趨蹌兮佩玎鳴。

合四上四合四，工六尺一尺六工尺。

臣謹進兮玉觥，帝心歆鑒兮歲豐亨。

工尺一尺六工，六工尺一尺合四合。

亞獻，《景和》：

二觥舉兮致虔，清醴載斟兮奉前。

合四一尺六尺，六工一尺合四合。

仰帝容兮忻穆，臣感聖恩兮實拳拳。

工六工一工尺，合四上四尺一四合。

終獻，《永和》：

三獻兮一誠微，禋禮告成兮帝鑒是依。

合四上四工尺，六工一尺工六尺工尺。

烝民沐德兮歲豐機，臣拜首兮竭誠祈。

合四一四尺工六工，六工一尺合四合。

徹饌，《凝和》：

三獻周兮肅乃儀，俎豆敬徹兮弗敢遲。

四尺上四六上尺，工尺上四上四合四。

願留福兮丕而，曰雨曰暘兮若時。

合四一尺六尺，工尺上四工上四。

送帝神，《清和》：

祀禮告備兮帝鑒彰，臣情上達兮感昊蒼。

合四上四尺六工尺，六工尺一尺合四合。

雲程肅駕兮返帝卿，臣荷恩眷兮何以忘。

上尺一尺工尺六工，合四一四尺一四合。

祥風瑞藹兮彌壇壝，烝民率土兮悉獲豐康。

六工尺一尺工六工，合四一四尺一合四合。

望燎，《太和》：

遙睹兮天衢長，邈彼寥廓兮去上方。

合四上四合尺，工六尺一尺合四合。

束帛薦火兮希升聞，悃愊已通兮沛澤長。

四合四一尺工六尺，一尺合四尺一四合。

樂終九奏兮神人以和，臣同率土兮咸荷恩光。

六工尺一尺六工尺工，合四一四尺一合四合。

（明）佚名《太常續考》卷八《大享·樂章》

迎神，《中和》：

於皇穆清兮弘覆維仁，既成萬寶兮惠此烝民。

合四一四尺四合工尺，六工尺一尺一合四合。

祗受厥明兮欲報無因，爰稽古昔兮式展明禋。

四合四一尺六尺工尺，合四一四尺一合四合。

蕭蕭廣庭兮遙遙紫旻，笙鏞始奏兮祥風導雲。

四合四一尺一四工合，工尺一尺工六尺工尺。

臣拜稽首兮中心孔勤，爰瞻寶輦兮森羅萬神。

六工尺一尺一四工合，一尺工尺工六尺工尺。

庶幾昭格兮眷命其申，徘徊顧歆兮鑒我恭寅。

合四一四尺一尺六尺，六工尺一尺一合四合。

奠玉帛，《肅和》：

捧珪幣兮瑤堂，穆將愉兮聖皇。

合四一四工尺，六工一尺四合。

秉予心兮純壹，荷帝德兮溥將。

一尺工尺六工，合四一四工合。

進俎，《凝和》：

歲功阜兮庶類成，黍稷秘兮臐鼎馨。

合四一四一尺工，工六尺一四工合。

敬薦之兮悤菲輕，大禮不煩兮惟一誠。

合四一四尺合四，六尺一尺一四工合。

初獻，《壽和》：

金風動兮玉宇澄，初獻觴兮交聖靈。

合四一四尺一工，工六尺一四工合。

瞻玄造兮懷鴻禎，曷以酬之兮心怦怦。

四合四一尺六尺，合四工四尺一四合。

亞獻，《豫和》：

帝眷我兮居歆，紛繁會兮五音。

合四一四工尺，六工尺四工合。

再奉觴兮莫殫臣心，惟帝欣懌兮生民是任。

一尺工尺一六工尺，合四一四尺一四工合。

終獻，《熙和》：

綏萬方兮屢豐年，渺渺予躬兮實荷旻天。

合四一四尺六尺，六尺工尺一尺合四上。

酒三獻兮心益虔，帝命參興兮勿遽旋。

一尺工尺六工尺，六工尺一尺四工合。

徹饌，《雍和》：

祀禮既洽兮人神肅雍，饗帝饗親兮勉竭臣。

合四上四尺六尺一尺，工尺上四上四合上。

惟洪恩兮罔極，儼連蜷兮聖容。

四合上尺工尺，工尺四上合四。

送神，《清和》：

九韶既成兮金玉鏗鏘，百辟森立兮戚羽斯藏。

合四一尺工六尺工尺，工六尺一尺一合四尺。

皇天在上兮昭考在傍，嚴父配天兮祗修厥常。

四合四一尺六尺工尺，合四一四一合四合。

殷薦既終兮神去無方，玄雲上升兮鸞鵠參翔。

一尺工尺工一尺六工，六工尺一尺一合四合。

靈光回照兮鬱乎芬芳，載慕載瞻兮願錫亨昌。

四合四一尺六尺工尺，六尺工尺一尺合四尺。

子孫黎民兮維帝是將，於昭明德兮永懷不忘。

合四一四尺工六尺工，六工尺一尺一四工合。

望燎，《時和》：

龍興杳杳兮歸上方，金風應律兮燎斯揚。

合四一四尺四合四，一工尺一尺合四合。

達精誠兮合靈光，帝庭納兮玉幣將。

一尺工尺一六工，六工尺一尺四合。

顧下土兮眷不忘，願錫吾民兮長阜康。

上尺一尺工六尺，合四一四尺四工合。

（明）　佚名《太常續考》卷八《崇雩壇告天禱雨·樂章》

迎帝神，《中和》：

於穆上帝，爰處瑤宮，咨爾黎庶，覆憫曷窮。

合尺一合，上尺工尺，工尺一四，尺合四合。

旗幢戻止，委蛇雲龍，霖澤斯溥，萬寶有終。

六工尺一，六尺工尺，工尺一四，尺合四合。

奠帛，《肅和》：

神之格思，奠茲文繐，盛樂斯舉，香氣氤氳。

合四上尺，六工上尺，工尺一四，尺合四一。

精禋孔煥，徹於紫宸，懇祈膏澤，渥我嘉生。

六工尺一，六工一尺，一尺一四，一尺一合。

進俎，《咸和》：

百川委潤，名山出雲，愆暘孔熾，膏澤斯屯。

四尺一合，六尺工尺，工尺一四，一尺一合。

祈年於天，載牲於俎，神之格思，報以甘雨。

六尺工尺，上尺四合，尺合四尺，尺工尺四。

初獻，《壽和》：

有嚴榮祀，日吉辰良，酌彼罍洗，椒馨苾香。

一合四一，一尺工尺，工尺一四，工尺一合。

功溥濟玄，時雨時暘，惟神是聽，綏以多穰。

六工尺一，六尺工尺，工尺一四，工六工一。

亞獻，《景和》：

皇皇烟祀，孔惠孔明，瞻仰來歆，拜首欽承。

尺工一合，一尺工尺，工尺一四，尺合四合。

有醴維醹，有酒維清，雲韶侑獻，蕭雝和鳴。

一尺工尺，一尺四合，六工尺一，一尺工尺。

聖靈有赫，鑒享精誠。

工尺一四，合四上尺。

終獻，《永和》：

靈承無斁，駿奔有容，嘉玉以陳，酌鬯以供。

合四一合，六尺工尺，工尺合四，一尺一合。

禮三再稱，誠一以從，備物致志，申薦彌恭。

一尺工尺，工尺一合，六工尺一，六尺工尺。

神昭景貺，佑我耕農。

工尺合四，上尺四合。

徹饌，《凝和》：

有赫旱暵，民勞瘁斯，於牲於醴，載舞載詩。

合四上尺，六尺工尺，工尺一四，尺合四合。

禮成三獻，敬徹不遲，神之聽之，雨我公私。

工尺工一，一尺工尺，工尺一四，工尺一四。

送帝神，《清和》：

爰迪寅清，昭事顥穹，仰祈甘雨，惠我三農。

合尺一合，六尺工尺，合四一四，尺合四合。

既歆既格，言歸太空，式霶下土，萬方其同。

六工尺一，一尺工尺，合四一四，工尺一合。

望燎，《太和》：

赤龍旋馭，禮洽樂成，燔燎既舉，昭假精禋。

合四上尺，工六一尺，工尺一四，工尺一合。

維帝降康，雨施雲行，登我黍稌，溥受厥明。

一尺工尺，一尺一合，六工尺一，尺合四合。

《雲門之曲》

景龍精兮時見，測鶉緯兮宵懸，肆廣樂兮鏗鏘。

合四上四合尺，工六工一工尺，合四一四六工。

列皇舞兮蹁躚，祈方社兮不莫，薦圭璧兮孔虔。

工六一尺四合，合四上四上尺，工尺四上合四。

需密雲兮六漠，霑甘澍兮九玄，慰我農兮既渥。

合四上四工尺，工尺四上合四，四合上四六工。

錫明昭兮有年。

六工一尺四合。

《高宗純皇帝實錄》卷一六六"乾隆七年五月"條

癸酉，定雩祭典禮。

御製雩祭樂章曰：瞻彼朱鳥，爰居實沈。協紀辨律，羽蟲征音。萬物芸生，有壬有林。有事南郊，陟降維欽。瞻仰昊天，生物爲心。一章

維國有本，匪民伊何。維民有天，匪食則那。螻蟈鳴矣，平秩南訛。我祀敢後，我樂維和。鼉鼓淵淵，童舞娑娑。二章

自古在昔，春郊夏雩。曰惟龍見，田燭朝趨。盛禮既陳，神留以愉。雷師闐闐，飛廉㗋㗋。曰時雨暘，利我新畬。三章

於穆穹宇，在郊之南。對越嚴恭，上帝是臨。繭栗量幣，用將悃忱。惴惴我躬，肅肅我心。六事自責，仰彼桑林。四章

權輿粒食，實維后稷。百王承之，永奠邦極。惟予小子，臨民無德。敢懈祈年，潔衷翼翼。命彼秩宗，古禮是式。五章

古禮是式，值茲吉辰。玉磬金鐘，大羹維醇。元衣八列，舞羽繽紛。既侑上帝，亦右從神。尚鑒我衷，錫我康年。六章

惟天可感，曰惟誠恪。惟農可稔，曰維力作。恃天慢人，弗刈弗獲。尚勤農哉，服田孔樂。咨爾保介，庤乃錢鎛。七章

我禮既畢，我誠已將。風馬電車，旋駕九閶。山川出雲，爲霖澤滂。雨公及私，興鋤利畮。億萬斯年，農夫之慶。八章

（清）允祹等《大清會典則例》卷九九《樂部·神樂署·圜丘》

中和韶樂樂章，圜丘黃鐘爲宮九奏。

迎帝神，奏《始平之章》，曰：欽承純祜兮於昭有融，時維永清兮四海攸同。輪忱元祀兮從律調風，穆將景福兮乃眷微躬。淵思高厚兮期亮天工，聿章彝序兮夙夜宣通。雲軿延佇兮鸞輅空濛，翠旗紛裛兮列缺豐隆。肅始和暢兮恭仰蒼穹，百靈祗衛兮齋明辟公。神來燕娭兮惟帝時聰，協昭慈惠兮逖鑒臣衷。

奠玉帛，奏《景平之章》，曰：靈旗爰止兮樂在縣，執事有恪兮奉玉筵。聿昭誠敬兮駿奔前，嘉玉量幣兮相後先。來格洋洋兮思儼然，臣忱翼翼兮告中虔。

進俎，奏《咸平之章》，曰：吉蠲爲饎兮肅豆籩，升肴列俎兮敢弗虔。毛炰繭栗兮薦膏鮮，致潔陶匏兮香水泉。願垂降鑒兮駐雲軿，錫嘉福兮億萬斯年。

初獻，奏《壽平之章》，曰：玉斝肅陳兮明光，桂漿初醞兮信芳。臣心迪惠兮奉觴，醴齊載德兮馨香。靈慈徽眷兮喬皇，勤仰止兮斯徜徉。

亞獻，奏《嘉平之章》，曰：考鐘拂舞兮再進瑤觴，翼翼昭事兮次第肅將。晬顏容與兮蒼幾輝煌，穆穆居歆兮和氣洋洋。生民望澤兮仰睨玉房，榮泉瑞露兮慶無疆。

終獻，奏《永平之章》，曰：終獻兮玉斝清，肅秬鬯兮薦和羹。磬管鏘鏘兮祀孔明，旨酒盈盈兮勿替思成。明命顧諟兮福群生，八龍蜿蜒兮苞羽和鳴。

徹饌，奏《熙平之章》，曰：一陽復兮協氣伸，盥薦畢兮精白陳。旋廢徹兮敢逡巡，禮將成兮樂欣欣。瞻九閶兮轉洪鈞，福施下逮兮佑此人民。

送帝神，奏《清平之章》，曰：升中告成兮晻靄壇場，穆思迴盼兮雲駕洋洋。臣求時惠兮感思馨香，願蒙博産兮多士思皇。天施地育兮百穀蕃昌，殖我嘉師兮正直平康。

望燎，奏《太平之章》，曰：隆儀告備兮誠既將，有虔秉火兮炳越芳。雷車電邁兮九龍驤，紫氛四塞兮靈旗揚。蒸民蒙福兮順五常，惟予小子兮敬戒永臧。

(清) 允祹等《大清會典則例》卷九九《樂部‧神樂署‧祈穀》

迎帝神，奏《祈平之章》，曰：帝篤佑民兮求莫匪舒，小民何依兮飲食惟需。莫嘉於穀兮萬事權輿，爲民請命兮豈非在予。日用辛兮百辟趨，曒將出兮東風徐。惟予小子兮敬鹽陳孚，皇皇龍駕兮穆將愉。

奠玉帛，奏《綏平之章》，曰：念茲稼穡兮惟民天，農用八政兮食爲先。雨暘時若兮玉燭全，粒我蒸民兮迄用康年。仰三無私兮昭事虔，奉璋承帛兮栗若臨淵。

進俎，奏《萬平之章》，曰：鼎烹兮苾芬，嘉薦兮無文。升繭栗兮惟犉，羶薌達兮幹雲。昭民力兮普存，惟明德兮馨聞。

初獻，奏《寶平之章》，曰：初獻兮元酒盈致，純潔兮儲精誠，瑟黃流兮罍承，酌其中兮外清明。儼對越兮維清，帝心歆假兮綏我思成。

亞獻，奏《穰平之章》，曰：犧尊啓兮告虔清酤既馨兮陳前。禮再獻兮祠筵，光煜爔兮非烟。神悅懌兮優然，惠我嘉生兮大有年。

終獻，奏《瑞平之章》，曰：終獻兮奉明粢苾芬，嘉旨兮清醴既釃。神其衎兮錫祉，禮成於三兮陳辭，願灑餘兮沐群黎，臣拜手兮青墀。

徹饌，奏《渥平之章》，曰：俎豆具陳兮庶品宜，肸蠁昭鑒兮荷帝慈。饌告備兮玉几，登歌洋溢兮廢徹不遲。肅微忱兮告終事，上帝居歆兮錫純禧。

送帝神，奏《滋平之章》，曰：祇奉天威兮弗敢康，小心翼翼兮昭穹蒼。雲垂九天兮露瀼瀼，翠旗羽節兮上翺翔。臣拜下風兮蕭徬徨，願沛汪澤兮民多蓋藏。

望燎，奏《穀平之章》，曰：卬首兮天閶，混茫一氣兮浩無方。炳蕭束帛兮薦馨香，精誠感格兮降福穰穰。四時順序兮百穀以昌，臣同兆姓兮咸荷恩光。

(清) 允祹等《大清會典則例》卷九九《樂部‧神樂署‧雩祭》

迎帝神，奏《靄平之章》，曰：粒我蒸民兮神降嘉生，雨暘時若兮百穀用成。龍見而雩兮先民有程，臣膺天祚兮敢不祗承。念我農兮心靡寧，肅明禋兮殫精誠。靈皇皇兮穆以清，金支五色兮罦罳蜺旌。

奠玉帛，奏《雲平之章》，曰：玉帛載陳兮磬管鏘鏘，爲民請命兮惕弗敢康。令清和兮遂百昌，麥秀岐兮禾莆粮。日照九兮時雨滂，俾萬寶兮千斯倉。

進俎，奏《需平之章》，曰：越十雨兮越五風，三光昭明兮嘉氣蒙。天所與兮眇躬，予小子兮凜降豐。紛總總兮賴皇穹，犉牡鸞烹兮達臣衷。

初獻，奏《霖平之章》，曰：酌彼兮罍洗，飶芬兮椒香。愧明德兮維馨，假黍稷兮誠將。願大父兮念茲衆子，穆將愉兮綏以豐穰。

亞獻，奏《露平之章》，曰：再酌兮醑清，仰在上兮明明。庶來格兮鑒誠，曷敢必兮屏營。合萬國兮形神精承，神至尊兮思成。

終獻，奏《霈平之章》，曰：三酌兮成純，備物致志兮敬陳。多士兮駿奔，靈承無斁兮明禋。維蕃厘兮媼神，雨留甘兮良苗懷新。

徹饌，奏《靈平之章》，曰：禮將成兮舞已終，徹弗遲兮畏神恫。願留福兮惠吾農，神之睨兮協氣融。遂及私兮越我公，五者來備兮錫用豐。

送帝神，奏《霮平之章》，曰：祥風瑞靄兮彌靈壇，上帝居歆兮風肅然。左蒼龍兮右白虎，殷裔裔兮紀縵縵。仰九閶兮返御，介祉厘兮康年。

望燎，奏《霈平之章》，曰：碧寥寥兮不可度，思九奏終兮爝火皙而。神光四燭兮休氣夥頤，安匪舒兮抑抑威儀。帝求民莫兮日鑒在兹，錫福繁祉兮庶徵曰時。

（清）允祹等《大清會典則例》卷一〇〇《樂部·和聲署·導迎樂章》

躬祀郊廟，禮成回鑾，均奏《佑平之章》。

南郊樂章曰：崇德殷薦，升燎告虔。惟聖能饗，至誠天眷。駕六龍臨，紫烟佑命，申圖籙綿。

祈穀樂章曰：民者邦本，民食乃天。爰卜辛日，大君殷薦。龍角明祈有年，未耜親天下先。

雩祭樂章曰：炎夏初屆，憫我稺夫。爰舉常祀，盛樂用雩。明德馨誠，意乎禾稼。登斯樂胥。

（清）來保等《大清通禮》卷一《吉禮·常雩樂章》

迎神，樂奏《霈平之章》，辭曰：立我烝民兮神降嘉生，雨暘時若兮百穀用成。龍見而雩兮先民有程，臣膺天祚兮敢不祗承。念我農兮心靡寧，肅明禋兮殫精誠。靈皇皇兮穆以清，金支五色兮罦霈蜺旌。

奠玉帛，樂奏《雲平之章》，辭曰：玉帛載陳兮磬管鏘鏘，為民請命兮惕勿敢康。令清和兮遂百昌，麥秀岐兮禾茀稂。日照九兮時雨滂，俾萬寶兮千斯倉。

進俎，樂奏《需平之章》，辭曰：越十雨兮越五風。三光昭明兮嘉氣蒙。天所與兮眇躬，予小子兮子萬邦。紛總總兮賴皇穹，犉牡騂亨兮達臣衷。

初獻，樂奏《霖平之章》，辭曰：酌彼兮罍洗，飶芬兮椒香。愧明德兮維馨，假黍稷兮誠將。願大父兮念兹衆，子穆將愉兮綏以豐穰。

亞獻，樂奏《露平之章》，辭曰：再酌兮醑清，仰在上兮明明。庶來格兮鑒誠，曷敢必兮屏營。合萬國兮形神精承，神至尊兮思成。

三獻，樂奏《霈平之章》，辭曰：三酌兮成純，備物致志兮敬陳。多士兮駿奔，靈承無斁兮明禋。維蕃厘兮媼神，雨留甘兮良苗懷新。

徹饌，樂奏《靈平之章》，辭曰：禮將成兮舞已終，徹弗遲兮畏神恫。願留福兮惠吾農，神之睨兮協氣融。遂及私兮越我公，五者來備兮錫用豐。

送神，樂奏《霆平之章》，辭曰：祥風瑞靄兮彌靈壇，上帝居歆兮風肅然。左蒼龍兮右白虎，般裔裔兮紜縵縵。仰九閶兮返御，介祉釐兮康年。

望燎，樂奏《霈平之章》，辭曰：碧寥寥兮不可度思，九奏終兮燬火皙而。神光四燭兮休氣眇，頤安匪舒兮抑抑威儀。帝求民莫兮日鑒在茲，錫福繁祉兮庶徵曰時。

回鑾樂，奏《祐平之章》，辭曰：炎夏初屆，憫我稼夫。爰舉常祀，盛樂用雩。明德馨誠意孚，禾稼登斯樂胥。

(清) 秦蕙田《五禮通考》卷一九《吉禮一九‧圜丘祀天》

《明史‧樂志》：洪武元年圜丘樂章。

迎神：《中和之曲》。昊天蒼兮穹窿，廣覆燾兮麗洪。建圜丘兮國之陽，合衆神兮來臨之。同念螻蟻兮微衷，莫自期兮感通。思神來兮金玉其容，馭龍鸞兮乘雲駕風。顧南郊兮昭格，望至尊兮崇崇。

奠玉帛：《肅和之曲》。聖靈皇皇，敬瞻威光。玉帛以登，承筐是將。穆穆崇嚴，神妙難量。謹茲禮物，功徵是皇。

進俎：《凝和之曲》。祀儀祗陳，物不於大。敢用純犢，告於覆載。唯茲菲薦，恐未周完。神其容之，以享以觀。

初獻：《壽和之曲》。眇眇微躬，何敢請於九重，以煩帝聰。帝心矜憐，有感而通。既俯臨於几筵，神繽紛而景從。臣雖愚蒙，鼓舞歡容，乃子孫之親祖宗。酌清酒兮在鍾，仰至德兮元功。

亞獻：《豫和之曲》。荷天之寵，眷駐紫壇。中情彌喜，臣庶均歡。趨蹌奉承，我心則寬。再獻御前，式燕且安。

終獻：《熙和之曲》。小子於茲，唯父天之恩。唯恃天之慈，內外殷勤。何以將之？奠有芳齊，設有明粢。喜極而抃，奉神燕娛。禮雖止於三獻，情悠長兮遠而。

徹饌：《雍和之曲》。烹飪既陳，薦獻斯就。神之在位，既歆既右。群臣駿奔，徹茲俎豆。物尚未充，尚幸神宥。

送神：《安和之曲》。神之去兮難延，想遐袂兮翩翩。萬靈從兮後先，衛神駕兮迴旋。稽首兮瞻天，雲之衢兮眇然。

望燎：《時和之曲》。焚燎於壇，粲爛晶熒。幣帛牲黍，冀徹帝京。奉神於陽，昭祀有成。肅然望之，玉宇光明。

《春明夢餘錄》：六年，上以祭祀還宮，宜用樂舞生導。命翰林儒臣撰樂章以致鑒戒之意，於是承旨撰《神降》《祥神》《睨惠》《酌酒》《色荒》《禽荒》諸曲，凡三十九章，曰迴鑾樂歌，其詞皆存規戒，其舞分爲四隊，隊皆八人，禮部圖其制以上命樂工肄習之。

《明史‧樂志》：洪武八年，御製圜丘樂章。

迎神：仰惟兮昊穹，臣率百職兮迓迎。幸來臨兮壇中，上下護衛兮景從。旌幢繚繞兮四維重，悦聖心兮民獲年豐。

奠玉帛：民依時兮用工，感帝德兮大化成功。臣將兮以奠，望納兮微衷。

進俎：庖人兮列鼎，殽羞兮以成。方俎兮再獻，願享兮以歆。

初獻：聖靈兮皇皇，穆嚴兮金床。臣令樂舞兮景張，酒行初獻兮捧觴。

亞獻：載斟兮再將，百辟陪祀兮具張。感聖情兮無已，拜手稽首兮願享。

終獻：三獻兮樂舞揚，殽羞具納兮氣藹而芳。光朗朗兮上方，況日吉兮時良。

徹饌：粗陳菲薦兮神喜將，感聖心兮何以忘。民福留兮佳氣昂，臣拜手兮謝恩光。

送神：旌幢燁燁兮雲衢長，龍車鳳輦兮駕飛揚。遥瞻冉冉兮去上方，可見烝民兮永康。

望燎：進羅列兮詣燎方，炬熘發兮煌煌。神變化兮物全於上，感至恩兮無量。

《明史·樂志》：洪武十二年，合祀天地樂章。

迎神，《中和之曲》：荷蒙天地兮君主華夷，欽承踴躍兮備筵而祭。誠惶無已兮寸衷微，仰瞻俯首兮惟願來期。想龍翔鳳舞兮慶雲飛，必昭昭穆穆兮降壇壝。奠玉帛，《肅和之曲》：天垂風露兮雨澤霑，黃壤氤氲兮氣化全。民勤畞畞兮束帛鮮，臣當設宴兮奉來前。進俎以後，咸同。

祭舞

(清) 昆岡等《大清會典圖》卷四六《樂一六》

圜丘壇初獻武舞譜

玉，左右正立，干居左，戚居右。

羿，左右正面左右，足虛立，干、戚偏左右。

肅，左右正立，干居左，戚居右下垂。

陳，左右側身微向東左西右，足進前，干平舉，戚衡左手上。

兮，左右向東西，干、戚分舉。

明，左右正立，干正舉，戚衡左手上。

光，左右俯首偏右右左左，足進前左右，足虛立，干、戚偏左右。

桂，左右正立，干居中，戚居右。

漿，左右向西東，身俯，兩足并，干、戚偏左右。

初，左右向西右東左，足進前，趾向上，干、戚偏左右。

醴，左右側身偏左右，干平舉，戚衡左手上。

兮，左右正立，干居中，戚下垂。

信，左右俯首左右，足少前，兩手推出，干、戚少偏左右。

芳，左右向西東，兩足立如丁字，干、戚分舉。

臣，左右正面，右足交於左，干正舉，戚衡左手上。

心，左右向西東，兩足并，干平舉，戚衡左手上。

迪，左右向西東，身俯右左，足進前，干、戚偏左右，作肩負勢。

惠，左右俯首，左足虛立，干居左，戚居右少垂。

兮，左右正面，干居左，戚居右下垂。

捧，左右向西東，身俯，肩微聳，干倚右左肩，戚衡左手上。

觴，左右正面，兩手微拱，干正舉，戚衡左手上。

醴，左右向西東，仰面，干平舉，戚衡左手上。

齊，左右正面，右足交於左，干居左，戚居右平衡。

載，左右身微向東右西左，足少前，兩手微拱，干平舉，戚衡左手上。

德，左右身微向西左東右，足少前，面轉正，干、戚偏左右。

兮，左右向東西，面微仰左右，足少前，干、戚偏右左。

馨，左右向西東，兩足并，兩手推出，干平舉，戚衡左手上。

香，左右身俯，右足少前，干居左，戚居右下垂及地。

靈，左右向東西，身俯右左，足少前，干戚偏右左。

慈，左右正立，干、戚偏左右。

徽，左右向東西，身微蹲，干平舉，戚斜衡左手上。

眷，左右向西東，身俯左右，足進前，干、戚偏右左。

兮，左右俯首偏左左右右，足少前右左，足虛立，干、戚偏右左。

喬，左右向東西，首微俯起右左足，干平舉，戚斜衡左手上。

皇，左右身微向西東，干、戚偏左右。

勤，左右向東西，身微俯右左，足交於左右，干、戚偏左右。

仰，左右正立，兩手高拱，干正舉，戚平衡。

止，左右向東西，身俯左右，足進前虛立，干植地，戚平衡。

兮，左右身微向東右西左，足少前，面轉正，手微拱，干平舉，戚衡左手上。

斯，左右正立，干居左，戚居右。

徜，左右正面，屈雙足，干正舉，戚衡左手上。

祥，左右屈雙足，俯首，干正舉，戚衡左手上。

圜丘壇祀以冬至，初獻《武舞》：左右兩班，各三十有二人，以下凡武舞生人數同，正面立，左右各圖一人以例其餘下同。冬冠上用裹金三叉銅頂，以下凡武舞生頂同，銜三棱如右戟形，鏤花銅座，中飾方銅鏤葵花，文服天青銷金花服綠綢帶，以下凡文武舞生帶皆同。皆左手執干，居中當胸，右手執戚平衡，戚左柄右。工歌《壽平之章》，舞凡四十二式。

樂章

玉、罘、肅、陳、兮、明、光、桂、漿、初、醖、兮、信、芳、臣、心、迪、惠、兮、捧、觴、醴、齊、載、德、兮、馨、香、靈、慈、徽、眷、兮、喬、皇、勤、仰、止、兮、斯、徜、祥。

圜丘壇亞獻文舞譜

考，左右正立，籥下垂，羽植。

鐘，左右正面，身微蹲，籥斜舉，羽植。

拂，左右身微向東西，籥東西指，羽植，如十字。

舞，左右向東西，籥斜舉，羽植。

兮，左右正立，籥斜舉，羽植。

再，左右向東西，身俯右左，足進前，籥斜指下，羽植。

進，左右正立，羽、籥如十字。

瑤，左右正立，籥平舉，右手伸出，羽植。

觴，左右正立，俯首，羽、籥如十字。

翼，左右正立，羽、籥偏右左，如十字。

翼，左右向西左東右，足進前，籥斜衡，羽植籥上。

昭，左右正立，羽、籥向下斜交。

事，左右正面，身向西東，羽、籥分植。

兮，左右正立，兩手相交，羽、籥并植。

次，左右正面，身向東西，羽、籥分植。

第，左右正面，右足虛立，籥斜倚肩，羽植。

肅，左右面向東西，身俯，微蹲抱右左膝，羽、籥如十字。

將，左右面向西東，身俯，微蹲抱左右膝，羽、籥如十字。

晬，左右正面，身微蹲，籥衡膝上，羽植。

顏，左右身微向西東，羽、籥偏左右，如十字。

容，左右向西東，身俯，兩足并，羽、籥斜交。

與，左右向西東，籥平指西東，羽植。

兮，左右正立，面向東西，兩手相并，舉向西東，羽、籥植。

蒼，左右正面，身向西東，起左右足，羽、籥分植。

幾，左右正立，籥平衡，羽植籥上。

輝，左右身微向東西，籥植，羽向下斜指。

煌，左右正立，身俯，籥衡地，羽植。

穆，左右身微向東右西左，足少前，兩手微拱，羽、籥如十字。

穆，左右正面，身微向東西，羽、籥如十字。

居，左右正立，羽、籥分植。

歆，左右向東西，兩足立，籥平指東西，羽植，如十字。

兮，左右正立，首微俯，羽、籥分植。

和，左右身微向東西，籥植近肩，羽平衡。

氣，左右正立，籥植居中，羽衡籥下。

洋，左右正立，籥平衡，羽植籥上。

洋，左右向西東，籥平指西東，羽植，如十字。

生，左右正立，羽、籥斜交。

民，左右向東西，身俯，起右左足，籥斜衡，羽植。

望，左右正立，籥植居中，羽衡籥上。

澤，左右身微向東西，籥植，羽斜倚肩。

兮，左右向東西，身俯，羽、籥植地。

仰，左右向東西，面仰，兩足并，羽、籥如十字。

睌，左右正立，籥植過肩，羽平額交如十字。

玉，左右俯首偏右，起右足，羽、籥如十字。

房，左右正面，身微蹲，兩手并，羽、籥分植。

榮，左右正面，身微向西東，少蹲，兩手推向西東，羽、籥分植。

泉，左右向東西，首微俯，兩足并，羽、籥如十字。

瑞，左右正立，籥平衡。

露，左右向東西，籥下垂，右手伸出，羽植。

兮，左右向東西，籥平衡，羽植。

慶，左右正立，兩手上拱，羽、籥如十字。

無，左右正面，屈雙足，羽、籥如十字。

疆，左右屈雙足，俯首至地，羽、籥如十字。

圜丘壇亞獻《文舞》：左右兩班，各三十有二人，以下凡文舞生人數同，正面立，冬冠上用裹金銅頂銜三角如火珠形座同武舞生，以下凡文舞生頂同。服天青銷金花服，皆左手執籥，當胸，平衡，右手執羽，當中，植立，高出於頂，羽、籥相交，如十字。工歌《嘉平之章》舞凡五十三式。

樂章

考、鐘、拂、舞、兮、再、進、瑤、觴、翼、翼、昭、事、兮、次、第、肅、將、晬、顏、容、與、兮、蒼、幾、輝、煌、穆、穆、居、歆、兮、和、氣、洋、洋、生、民、望、澤、兮、仰、睌、玉、房、榮、泉、瑞、露、兮、慶、無、疆。

圜丘壇終獻文舞譜

終，左右正立，籥平舉過肩，羽植。

獻，左右向東西，籥斜指東西，羽植籥上。

兮，左右正面，身微向西東，兩手高舉，羽、籥并植。

玉，左右正立，籥下垂斜衡，羽植籥上。

斝，左右正立，籥斜倚肩，羽平指西。

清，左右正立，身俯，羽、籥如十字。

肅，左右正面，右足交於左，羽、籥如十字。

秬，左右向東西，兩足并，籥平指東西，羽植。

鬯，左右正立，面向西東，兩手相并推向東西，羽、籥分植。

兮，左右正面，身微蹲，籥植過肩，羽平額交如十字。

薦，左右向東西，起右左足，羽、籥分植。

和，左右正立，身俯，羽、籥植地。

羹，左右正立，籥植，羽倒指東。

磬，左右身微向東右，足進前，羽倚肩，籥平指東。

管，左右向東西，籥平衡，左肩羽植。

鏘，左右向西東，身俯左右，足進前，趾向上，羽、籥斜交。

鏘，左右向東西，面仰，兩足并，羽、籥如十字。

兮，左右正立，籥植近肩，羽平衡如十字。

祀，左右向西東，起左右足，兩手相并舉向東西，羽、籥分植。

孔，左右向西東，籥斜衡，羽植。

明，左右正立，身俯，抱右左膝，羽、籥如十字。

旨，左右正面，首微俯，羽、籥斜交，右足交於左。

酒，左右正立，羽、籥偏左右，斜倚肩。

盈，左右向東西，籥植居中，羽斜指下。

盈，左右正面，右足交於左，籥植過肩，羽平額交如十字。

兮，左右向東右西左，足進前，籥下垂，右手推出，羽植。

勿，左右正面，籥斜舉，羽植。

替，左右正立，身俯，籥平衡，羽居中植籥上。

思，左右向東西，起右左足，兩手推出，羽、籥斜舉。

成，左右正立，兩手高拱過額，羽、籥如十字。

明，左右正面，身微向東，籥下垂，羽倚肩。

命，左右正立，身俯，籥斜植地，羽植。

顧，左右正面，身微向西，籥下垂平衡，羽斜植籥上。

諟，左右正面，身微蹲，兩手推向東西，羽、籥分植。

兮，左右向西東，首微俯，兩足并，籥平指西東，羽植，如十字。

福，左右正立，身俯，面微仰，羽、籥如十字。

群，左右正面，羽、籥如十字。

生，左右向東西，身俯右左，足進前，籥下垂，羽植地。

八，左右向東西，兩手相并，羽、籥斜指東西。

龍，_{左右正立}，籥植近肩，羽平衡。

蜿，_{左右向西東}，面仰，兩手推出，羽、籥斜舉。

蜓，_{左右正立}，籥平衡下垂，羽高舉。

兮，_{左右向西東}，身俯_{左右}，足進前，籥下垂，羽植地。

苞，_{左右正立}，羽、籥如十字。

羽，_{左右正立}，身俯，羽、籥如十字。

和，_{左右正面}，屈雙足，羽、籥如十字。

鳴，_{左右}屈雙足，俯首至地，羽、籥如十字。

圜丘壇終獻《文舞》：左右兩班，立如亞獻，皆左手執籥居左，右手執羽居右，羽、籥分植，下齊當腰際，工歌《永平之章》舞凡四十七式。

樂章

終、獻、兮、玉、罕、清、肅、秬、邑、兮、薦、和、羹、磬、管、鏘、鏘、兮、祀、孔、明、昚、酒、盈、盈、兮、勿、替、思、成、明、命、顧、諟、兮、福、群、生、八、龍、蜿、蜓、兮、苞、羽、和、鳴。

(清) 昆岡等《大清會典圖》卷四八《樂一八》

祈穀壇初獻武舞譜

初，_{左右正立}，干正舉，戚衡左手上。

獻，_{左右正立}，干居左，戚居右。

兮，_{左右正立}，干居中，戚居右下垂。

元，_{左右正立}，干、戚偏右。

酒，_{左右向東右西左}，足進前，趾向上，干、戚偏右左。

盈，_{左右正立}，干正舉，戚衡左手上。

致，_{左右向東右西左}，足交於左右，干平舉，戚衡左手上。

純，_{左右向東西}，干、戚分舉。

潔，_{左右向東西}，身俯左右，足進前虛立，干、戚偏右左。

兮，_{左右正立}，干居中，戚居右。

儲，_{左右正面}，左足交於右，干正舉，戚衡左手上。

精，_{左右正立}，干居中，戚居右。

誠，_{左右向西東}，面微仰右左，足少前，干、戚偏左右。

瑟，_{左右正立}，干居左，戚居右。

黃，_{左右}側身微向東左西右，足進前，干平舉，戚衡左手上。

流，_{左右向東西}，身微蹲，干平舉，戚斜衡左手上。

兮，_{左右向東西}，身微俯，兩足并，干、戚偏左右。

曡，_{左右正立}，干居左，戚居右下垂。

承，左右身俯，右足少前，干居左，戚下垂及地。

酌，左右正立，兩手微拱，干正舉，戚平衡。

其，左右向東西，身俯左右，足進前，干、戚偏右左，作肩負勢。

中，左右向東西，身俯，起右左足，干、戚偏左右。

分，左右俯首偏右右左左，足少前左右，足虛立，干、戚偏左右。

外，左右身蹲偏左右，側首，干植地，戚衡左手上。

清，左右俯首偏左左右右，足少前右左，足虛立，干、戚偏右左。

明，左右正面，兩足并，兩手微拱，干正舉，戚衡左手上。

儼，左右正立，干正舉，戚衡左手上。

對，左右向東西，兩手微拱，干平舉，戚衡左手上。

越，左右向東西，干高舉，戚下垂。

分，左右正立，干居中，戚居右。

維，左右向東西，首微俯，起右左足，干平舉，戚斜衡左手上。

清，左右向東西，兩足并，兩手推出，干平舉，戚衡左手上。

帝，左右俯首，兩足并，干正舉，戚衡左手上。

心，左右正面，兩足并，干平舉，戚衡左手上。

歆，左右正立，干居左，戚居右斜衡。

假，左右向西東，身俯，兩足并，干、戚偏右左。

分，左右俯首，左足虛立，干居左，戚居右少垂。

綏，左右兩手高拱，正立，干正舉，戚平衡。

我，左右正面，屈左足，干正舉，戚衡左手上。

思，左右正面，屈雙足，干正舉，戚衡左手上。

成，左右屈雙足，俯首，干正舉，戚衡左手上。

祈穀壇祭以孟春，初獻《武舞》：左右兩班，正面立，冬冠服天青銷金花服，皆左手執干居中當胸，右手執戚平衡，戚左柄右，工歌《寶平之章》舞凡四十一式。

樂章

初、獻、分、元、酒、盈、致、純、潔、分、儲、精、誠、瑟、黃、流、分、曇、承、酌、其、中、分、外、清、明、儼、對、越、分、維、清、帝、心、歆、假、分、綏、我、思、成。

祈穀壇亞獻文舞譜

犧，左右正立，籥斜舉，羽植。

尊，左右正立，籥下垂，羽植。

啓，左右正面，右足虛立，籥斜舉，羽植。

分，左右向東左西右，足虛立，籥平指東西，羽植，如十字。

告，左右向東西，身俯右左，足進前，籥斜指下，羽植。

虔，左右身微向東西，羽、籥偏右左，如十字。

清，左右正立，羽、籥如十字。

酤，左右正立，籥舉近肩，右手推出，羽植。

既，左右正面，左足虛立，籥衡膝上，羽植。

馨，左右向西東，左足虛立，籥斜倚膝，羽植。

兮，左右正面，左足少前，籥平衡，羽植。

陳，左右正立，俯首，羽、籥如十字。

前，左右正面，兩足并，羽、籥如十字。

禮，左右正立，羽、籥斜交。

再，左右向東西，兩手推出，羽、籥并植。

獻，左右向東西，身俯，兩足并，羽、籥斜交。

兮，左右向東西，籥平指東西，羽植。

祠，左右正立，籥下垂斜衡，羽植籥上。

筵，左右正立，兩手微拱，羽、籥如十字。

光，左右蹲身偏左右右左，足微伸出，兩手拱，向左右，羽、籥如十字。

煜，左右蹲身偏右左左右，足微伸出，兩手拱，向右左，羽、籥如十字。

爃，左右正立，籥斜舉過肩，羽植。

兮，左右向西東，面仰，兩手推出，羽、籥斜舉。

非，左右向西東，身微俯，籥下垂斜近膝，右手推出，羽植。

烟，左右向西東，身微俯，籥下垂，左手推出，羽植。

神，左右正面，兩手微拱，兩足并，羽、籥如十字。

悅，左右向東西，籥平指東西，羽植。

懌，左右正立，籥平衡，羽植。

兮，左右向西東，籥平指西東，羽植。

儼，左右正立，籥平舉過肩，羽植。

然，左右正立，籥平衡，羽植籥上。

惠，左右向東西，身俯，起右左足，籥斜衡，羽植。

我，左右正面，身微蹲，兩手推向東西，羽、籥分植。

嘉，左右正面，身微蹲，兩手推向西東，羽、籥分植。

生，左右正立，身俯，抱左右膝，羽、籥如十字。

兮，左右正立，身俯，抱右左膝，羽、籥如十字。

大，左右正面，左足交於右，籥平衡，羽植。

有，左右正面，屈雙足，羽、籥如十字。

年，左右屈雙足，俯首至地，羽、籥如十字。

祈穀壇亞獻《文舞》：左右兩班，正面立，皆左手執籥平衡近肩，右手執羽，當中，植立，兩手微拱，羽、籥相交如十字，工歌《穰平之章》舞凡三十九式。

樂章

犧、尊、啓、兮、告、虔、清、酤、既、馨、兮、陳、前、禮、再、獻、兮、祠、筵、光、煜、爗、兮、菲、烟、神、悦、懌、兮、優、然、惠、我、嘉、生、兮、大、有、年。

祈穀壇終獻文舞譜

終，左右身微向西東，羽、籥偏左右，如十字。

獻，左右正立，羽、籥如十字。

兮，左右正面，身微蹲，籥植居左，羽平衡指西。

奉，左右正面，手微拱羽、籥如十字。

明，左右向東西，身俯，籥斜指下，羽植。

粢，左右正面，右足交於左，羽、籥如十字。

苾，左右正立，籥植過肩，羽平額交如十字。

芬，左右向東西，右足少前，肩微側，籥平指東西，羽植。

嘉，左右身微，倚西東，面轉向東西，作俯視勢，羽、籥偏左右，如十字。

旨，左右正立，籥植近肩，羽平衡，如十字。

兮，左右正立，羽、籥偏右左，斜倚肩。

清，左右向東西，身微俯，兩手推出，籥平指東西，羽植，如十字。

醴，左右向東西，身微俯，兩手推出，籥平指東西，羽植，如十字。

既，左右正立，羽、籥如十字。

醨，左右正立，俯首，羽、籥如十字。

神，左右正立，微俯，兩手微拱，羽、籥如十字。

其，左右向西東，籥下垂，右手伸出，羽植。

衎，左右正立，身俯，抱右左膝，羽、籥如十字。

兮，左右向東右西左，足進前左右，足虛立，籥下垂，右手推出，羽植。

錫，左右正面，身微向西，籥平衡，羽斜植籥上。

祉，左右正面，身微向東西，籥下垂，羽倚肩。

禮，左右正面，兩足并，籥植過肩，羽平衡過額交如十字。

成，左右向西東，兩足并，籥平指西東，羽植，如十字。

於，左右正立，兩手相交，羽、籥并植。

三，左右正面，左足交於右，籥植過肩，羽平額交如十字。

兮，左右向東西，首微俯，兩足并，羽、籥如十字。

陳，左右正立，籥植居中，羽衡籥上。

詞，左右正立，籥植居中，羽衡籥下。

願，左右向西東，兩手伸出，羽、籥分植。

灑，左右正立，籥植居左，羽下垂。

餘，左右向東西，籥斜舉過肩，羽植居中。

瀝，左右正立，羽、籥向下斜交。

兮，左右正立，面向東西，兩手相并推向西東，羽、籥分植。

沐，左右正面，身向西東，起左右足，羽、籥分植

群，左右向東西，起右左足，羽、籥分植

黎，左右向東西，籥斜指東西，羽植籥上。

臣，左右正立，兩手微拱，羽、籥如十字。

拜，左右正立，身微俯，面微仰，羽、籥如十字。

手，左右向東西，身俯，兩足并，羽、籥如十字。

兮，左右正面，右足交於左，羽、籥如十字。

青，左右正面，屈雙足，羽、籥如十字。

墀，左右屈雙足，俯首至地，羽、籥如十字。

祈穀壇終獻《文舞》：左右兩班，立如亞獻。左手執籥居左，右手執羽居右，羽、籥分植，下齊當腰際，工歌《瑞平之章》舞凡四十二式。

樂章

終、獻、兮、奉、明、粢、盉、芬、嘉、旨、兮、清、醴、既、釃、神、其、衍、兮、錫、祉、禮、成、於、三、兮、陳、詞、願、灑、餘、瀝、兮、沐、群、黎、臣、拜、手、兮、青、墀。

（五）詔諭祝詩文

詔、諭、奏文

諭

《明宣宗實錄》卷九八"宣德八年正月"條

丙寅，車駕詣郊壇，蓋自祖宗以來皆朝百官後乃行。至是，上先日諭禮官：明旦早行不視朝。既至南郊躬詣神厨，凡諸祭物一一閱視。召太常寺官，諭之曰：祭物固應精潔，典祭之官，皆以虔誠爲本，宜秉寅清以率百執事，分毫無慢，庶幾神明有歆享之道。晚，御齋宮，旗手衛奏請暮夜如故事放烟火，不從。

《明世宗實錄》卷九八"嘉靖二年八月"條

戊寅，上諭禮部：朕念去年各處俱奏報灾傷，變異頻仍，人飢至有相食者，况一冬少雪，今當東作之時，雨澤不降，若二麥不登，則今秋薦饑又有甚於前歲者，朕甚

憂懼。已有旨祭告南郊、社稷、山川，今朕親往，庶盡虔祈之意，其具儀以聞。

《明世宗實錄》卷一〇八"嘉靖八年十二月"條

辛巳，上諭禮部：朕惟尊祖配天，莫大之典，近來郊祀告祖，止就內殿行禮，原非聖祖初制。來春大祀天地告祖配天，當於太廟行禮。

《明世宗實錄》卷一一一"嘉靖三年九月"條

己未，大學士張璁言。疏下禮部，上仍諭璁曰：朕聞大臣事君，有調理之宜。茲議郊祀，卿竭誠以贊，至於議配祀之典，乃頓變前心，百欲沮之，未知何爲，卿曰二聖并配，乃仁宗垂範，萬世不可改，此言也卿未發而朕已知矣。夫卿昔日議禮，雖曰綱常之重，其實一念痛朕父子不完之誠，今日之事，雖曰禮文制度，亦是重典，不可或後，卿一旦惑於危言，同於邪論，前後變志，恐非素日之忠君令臣，行聖人之教，違理背經，正人不爲，卿平日持正盡忠，當有調理之道，何至如此爲哉？

《明世宗實錄》卷一一九"嘉靖九年十一月"條

丙申，上諭禮部曰：南郊之東壇名天壇，北郊之壇名地壇，東郊之壇名朝日壇，西郊之壇名夕月壇，南郊之西壇名神祇壇，著載會典，勿得混稱。

《世祖章皇帝實錄》卷一〇二"順治十三年六月"條

甲辰，諭禮部致祭天地、太廟、社稷，不可不虔，嗣後凡祭圜丘、方澤，朕於五鼓出宮，祭太廟、社稷於黎明出宮，爾部先期一日奏聞，永著爲例。

《世祖章皇帝實錄》卷一三二"順治十七年二月"條

甲午，諭禮部：帝王奉天子民，禮隆禋祀，享帝大典，所關尤重，必儀物克備，乃足昭對越之誠，向來郊祀，惟冬至用燔柴禮，祈穀壇未經舉行，雖祀典原有等差，而同爲祀上帝典禮，不宜有異，嗣後，祈穀壇亦行燔柴禮，爾部即傳諭遵行。又諭禮部：帝王父天母地，禋祀大典，務求至當，朕稽考舊章，洪武初原系孟春合祭南郊，至嘉靖年間始定分祭，冬至祀圜丘，夏至祭方澤，春分朝日，秋分夕月，而合祭之禮遂止，朕思合祭之禮，原以畢萃神祇，普薦馨香，不宜竟廢，今欲祇申昭事之誠，修舉合祀典禮，除四郊仍舊外，每年孟春合祭天地日月及諸神於大享殿，但禮關重大，爾部即會同九卿科道詳議具奏。

癸卯，諭禮部：大享殿合祭典禮，已定於孟春舉行，今雖時序已過，大典肇修，理應本年即舉，爾部即擇期并應行典禮，詳察速議具奏。又諭禮部：向來孟春祈穀禮於大享殿舉行，今大享殿合祭天地日九月諸神，以後祈穀禮著於圜丘舉行。

《世祖章皇帝實錄》卷一三六"順治十七年六月"條

壬辰，諭禮部：今夏亢陽日久，農事堪憂，朕念致灾有由，痛自刻責。穀爲民天，非雨不遂，竭誠祈禱，積有日時，乃精誠未達，雨澤尚稽，晝夜焦心，不遑啓處，茲卜於月之十三日預行齋戒，黎明步至南郊，是夜子刻祭告圜丘，懇祈甘霖速降，以拯灾黎，若仍不雨，則再行躬禱，務回天意，祭告儀物，爾部即速行備辦。

《世宗憲皇帝實錄》卷五〇"雍正四年丙午十一月"條

丁巳，冬至祀天於圜丘，上親詣行禮，畢，諭諸王大臣等曰：今日未祭之前，大雪，及行禮時微止，行禮畢，雪復大作，此實上天垂佑之象，朕心甚慰，爾諸王大臣，諒亦必共相慶倖也。

《世宗憲皇帝實錄》卷八八"雍正七年十一月"條

辛未朔癸酉，冬至祀天於圜丘，上親詣行禮。【略】諭滿漢文武大臣：今日冬至祀天於圜丘，天氣晴明和藹，迥異平時。朕御極以來，時時默禱，凡遇壇廟祭祀，典禮所關，皆求上天賜以晴和天氣，而齋戒之日朕必虔誠敬謹，以為昭格之本，不敢絲毫怠忽，乃數年之中，上天鑒察朕心，每逢祭祀典禮或先期風雨，或過後陰寒，而本日行禮之時，必晴霽暄和，此萬耳萬目所觀瞻歷歷不爽者，天道至公，惟佑善人。一念善，天錫之福；一念不善，天降之災。且天道至近，時刻照臨於前後左右，帝王帝王之天，臣工有臣工之天，即匹夫匹婦亦有匹夫匹婦之天，舉首即是，動念即是，不以貴賤殊，亦無須臾離也，善惡之報，全視乎其人之自取。

《高宗純皇帝實錄》卷三二"乾隆元年丙辰十二月"條

丙寅，諭禮部：仰惟皇考世宗憲皇帝，德并高深，恩覆海宇，駿烈鴻功，垂裕萬世，允宜配享郊壇，永崇禋祀。朕思來年三月之吉，梓宮奉安地宮山陵事畢，升祔太廟之後，配享之禮，理宜敬謹舉行。第其時，夏至伊邇，冬至尚遙，若先奉配方澤。恐前後之未協，若俟冬至南郊然後舉行，又覺時日之久曠。敬稽我朝舊制，順治十四年三月世祖章皇帝恭奉太宗配享圜丘，翼日配享方澤。康熙六年十一月丁未，時屆南郊，聖祖仁皇帝恭奉世祖配享。越十日，配享方澤。兩朝典制，均係特行，禮隆儀備，燦垂史冊，且稽之經傳成周郊祀，后稷以配天，宗祀文王於明堂以配上帝，即《月令》所謂季秋大享帝也，《召誥》載三月丁巳，用牲於郊，釋者謂非常祀而祭天，以告即位也。又宋仁宗皇祐二年，以大慶殿為明堂，合祭天地，三聖并侑，一如圜丘南郊之儀。則是古來因事郊祀之禮，不必定在二至之時明矣。我朝舊制，盡孝盡誠，與古符合，來年世宗憲皇帝配天大禮，宜遵照舉行。其應行典禮，爾部會同總理事務王大臣、內閣、九卿，敬謹詳議具奏。尋議：乾隆二年三月初五日世宗憲皇帝升祔太廟後，謹遵兩朝舊制，於夏至前敬選吉日，恭奉世宗憲皇帝配饗圜丘，夏至配饗方澤，三年孟春上辛日配饗大饗殿。從之。

《高宗純皇帝實錄》卷一六九"乾隆七年六月"條

戊申，【略】又諭：朕已降旨舉行雩祭之禮，大學士禮部等定議在於圜丘。朕思明代既建有崇雩壇，《國朝會典》內亦載之，而《書》雲今不舉，今既議舉行雩祭，乃舍此壇而在圜丘，恐生後人議論，似應在專壇行禮。著大學士會同禮部酌古准今，再行詳察典禮具奏。

《高宗純皇帝實錄》卷一七九 "乾隆七年十一月" 條

己卯，諭：禮部奏稱冬至前一日視祝版，常例御補服，今恭遇皇太后聖誕，系穿吉服日期，視祝版、詣齋宮俱應御龍袍袞服等語。朕思乘輦前往齋宮，鹵簿全設，大禮所關，自應御龍袍袞服。嗣後若遇豫日應詣齋宮齋宿之祭，其視祝版、詣齋宮，俱應御龍袍袞服，隨從人等俱穿吉服，永著爲例。

庚辰，皇太后聖壽節，遣官祭太廟後殿。上詣南郊齋宮齋宿，諭：朕明日祭天壇，由齋宮乘禮輿，正外門乘輦，回宮時祭祀已畢，於昭亨門外豫備禮輿。將此永著爲例。

辛巳，冬至祀天於圜丘，上親詣行禮。【略】諭：昨出齋宮齋宿及今日祭畢回宮，一切備辦，俱屬整齊，樂奏亦頗盡善，所有執事巡察值班大臣官員及鑾儀衛章京、校尉看守堆撥兵丁并樂舞生等，俱著查明議奏，加恩賞賚。尋議：執事大臣等五十二員，各賞大緞一匹；侍衛章京三百七十三員，各賞官緞一匹；護軍校千總把總五十二員，各賞銀五兩；前鋒護軍兵四百三十九名，巡捕三營兵二百三名，步甲一百六十八名，校尉四百四十八名，樂舞生三百二十九名，各賞一月錢糧。從之。

《高宗純皇帝實錄》卷二一四 "乾隆九年夏四月" 條

庚戌，諭大學士等：雩祭之典，所以爲百穀祈膏雨也。從前大臣等定議，一應禮儀，悉照恭祀圜丘之制行。朕思目下畿輔雨澤愆期，此次舉行雩祭，正望恩迫切之時，非每夏常雩可比，其先期前詣齋宮及祭畢回鑾，朕俱御常服，不乘輦，不設鹵簿，不作樂，以示虔誠祈禱，爲民請命之意。可傳諭各衙門知之。

《高宗純皇帝實錄》卷三〇三 "乾隆十二年十一月" 條

壬子，定郊壇大祀誓戒百官禮。諭：古天地大祀前期，有百官受誓戒之禮。《周官·塚宰》祀五帝則掌百官之誓戒；唐宋則掌以太尉，或於尚書省，或朝堂；明初誓於中書省，後於闕門宣制，嘉靖中則親御奉天殿，百官朝服聽誓戒。所以聳衆聽而致肅，共懲怠玩典至重也。《國朝祀典》太常寺先期行文出示，蓋本古人誓戒遺意，而集衆宣誓儀章未舉。朕思八政，祀居其首，而大祀莫重於郊。嗣後有事於圜丘、方澤、祈穀、雩祭，應於午門前宣誓戒。陪祀之王公文武大臣官員，朝服齊集，跪聽行禮，以昭齋明嚴敬之義。大學士會同該部稽古具儀以聞。尋議：嗣後有事於圜丘、方澤、祈穀、雩祭前期四日，鴻臚寺於午門外設敕案一，前設香案一，令御史四員、禮部鴻臚寺堂官各二員、侍儀鳴贊官二員於午門外東西向立，陪祀之王公文武大臣官員及執事官之應齋戒者，俱朝服齊集，內閣學士恭捧敕諭，內閣官前導，大學士隨行，由午門中門出，太常寺堂官接捧敕諭，安置敕案上，退。鳴贊官贊排班，鴻臚寺官引陪祀王以下文武各官排班立，鳴贊官贊跪，王以下文武各官皆跪，鳴贊官贊宣敕諭，宣敕官詣敕案前，行一跪三叩禮，興，從敕案上恭捧敕諭，就敕案東傍，西向立，宣讀敕諭，宣畢，恭捧敕諭，仍安置敕案上，退。鳴贊官贊叩興，王以下文武各官皆退，太常寺堂官恭捧敕諭送內閣，其陪祀之王公文武大臣官員等於次日，各詣齋所。至誓戒敕諭，交翰林院撰擬進呈，宣敕諭官由太常寺奏派，黃案、案衣、香案，交工部備辦，香案上陳設五供，交太常寺備辦。從之，敕諭曰：皇帝敕諭，陪祀王公文武大臣官員及執事人等，茲以某年月日，恭祀某壇，惟爾群臣，其蠲乃心，齊乃志，各揚其職，敢或不共，國有常刑。欽哉，勿忽。

《高宗純皇帝實錄》卷三〇五 "乾隆十二年十二月" 條

庚辰，定郊壇大祀省視神位上香及省視牲器禮。諭：朕惟致敬郊壇，宜崇典制。乃者朕於大祀前期一日恭詣壇位，躬親省視，展潔告虔，良云周備。惟是神主向藏皇穹宇、皇祇室、皇乾殿，考之唐開元禮，先期升主陳設，省視復收。朕思因省視而陳設神主，有違神道靜穆之義，未協寅恭嚴事之忱。應於躬省皇穹宇皇祇室皇乾殿上香行禮，分獻官詣配殿行禮，肅將悃忱，以伸對越，但事屬創舉，著大學士會同該部詳悉定議，并躬詣壇位後親視籩豆之處，一并具儀以聞。尋議：皇上駕詣南郊，於昭亨門外降輦，入外壝南左門，詣皇穹宇於上帝列聖前，上香，行九拜禮，兩廡從位遣官上香行禮，次詣圜丘視壇位，詣神庫視籩豆，并遣官視牲，畢，入齋宮。北郊於方澤北門外降輦，入外壝北右門，詣皇祇室，於皇地祇列聖前上香行禮，并省視俱如前儀。南郊祈穀於外壝南門右降輦，入祈年左門，詣皇乾殿上香，次詣祈年殿視壇位及籩豆，并同大祀儀。從之。

《高宗純皇帝實錄》卷八五五 "乾隆三十五年三月" 條

丙午，諭：朕祇肅明禋，恭遇郊壇大祀，竭誠致慎，向於致祭圜丘先期，敬宿齋宮，必躬詣神位前升香展禮，其省視籩豆，臨期由禮臣請旨，或循例遣官，或降旨親蒞，而朕每親蒞者多。今朕年屆六旬，郊祀大典，歲歲躬行，即將來晉裦日高，仍當弗懈益虔，惟是儀文品節之間，略宜折衷至當，可以永遠率由行之無斁。如先期赴壇，時神位前允宜躬親展謁，其省視籩豆，應按例專遣臣工蒞事，不必更請旨。至赴壇所經道路，向由昭亨門外降輦步入，第步履遙遠，當質明行事，轉恐失儀。嗣後應改由廣利門入，於向時祭畢乘輦處降輦。

《高宗純皇帝實錄》卷一〇三二 "乾隆四十二年五月" 條

(丙寅) 諭：乾隆十三年，更定鹵簿儀駕，恭詣圜丘，御玉輦，方澤御金輦，中祀御禮輿，以別等差，用昭誠敬，茲屆北郊之期，若照往年乘用金輦，朕心實有未安，所有二十七月以內，恭遇天壇、祈穀壇、地壇大祀典禮，應用玉輦、金輦者，俱著改用禮輿，該衙門照例豫備。

《高宗純皇帝實錄》卷一四二六 "乾隆五十八年夏四月" 條

丙寅，上詣南郊齋宮齋宿。諭：本月初五日舉行常雩大祀，豫日詣齋壇拈香，適遇甘膏霑被，釀澤載塗，仰荷天恩忻感之餘，倍深敬惕。是日濕衣之王公大臣等，均著賞職任俸半年，在壇執事之禮部太常寺官員及隨從之侍衛章京等，俱著一體賞俸半年，護軍營兵校尉等，著賞給半月錢糧，步甲修墊輦路，著賞一月錢糧。

《高宗純皇帝實錄》卷一四五三 "乾隆五十九年五月" 條

己酉，諭：乾隆四十五年，朕年已七旬，恐於秩祀大典，儀節有慇。始於南郊大祀時，令諸皇子分詣配位前奠帛，至北郊儀注內，升香奠帛，禮臣尚復沿照親行舊例具奏。夫圜丘、方澤皆稱大祀，而南郊配天，典禮尤重，乃未經一律更定，自係彼時禮臣辦理遺漏，此次大祀方澤皇地祇住前香帛，朕親自供獻，列祖列宗配位前，宜如南郊禮，朕親自升香，其奠帛禮儀，亦遣諸皇子分獻，此非朕怠於將事，緣郊祀大典，務在精誠孚格。禮節無慇，方足以昭肸蠁。況朕春秋已八旬開四，距乾隆四十五年又閱十有四載，雖仰邀昊眷，精神强固如常，然於登拜趨蹌，究未免稍遜於昔。若列祖列宗配位前奠帛一節，仍勉强將事，不特南北郊儀文軒輊，未協崇效卑法之義，且慮節文繁重，跪起維艱，或至遣官恭代，轉於郊祀大典，未獲躬親，尤非盡誠昭事之道。朕自臨御以來，夙夜孜孜，惟以敬天報本爲念，郊壇大祀，靡不劼毖欽承。茲因年壽已高，不得不酌減儀文以冀升馨告備，是非敢自惜其勞，正所以要之於久我世世子孫承禧衍慶。如能似朕之年躋上壽，實我國家無疆之庥，所有郊祀經曲繁文，自不妨照所減禮儀，奉爲法守。若未逾耆耋，則於圜丘、方澤宗社大祀，仍應恪遵定制，肅奉明禋，倘或稍憚勤勞，耋年未屆，遽思節減，即非勵精昭格之義，我子孫其敬承無替倍矢虔恭，以迓億萬年無疆福祚，方無負朕諄切訓誡至意。此旨著於尚書房軍機處、禮部太常寺各恭錄一通，敬謹遵照。又諭：向來稽察齋戒之都統八員，分兩翼按旗稽察，又兼查各部院衙門，實難周遍。嗣後八旗都統等祇須稽察八旗各營，其六部著給事中六員稽察，各衙門著御史六員稽察，屆時都察院堂官揀員奏派，祭祀後將有無曠誤之處，即令該給事中等會同開單具奏，其都察院衙門，著派出右翼大臣等輪流稽察。

《仁宗睿皇帝實錄》卷六五 "嘉慶五年閏四月" 條

丁巳，諭內閣：向來恭遇祭祀齋戒日期，各部院衙門例不進本，但思大祀如圜丘、祈穀、常雩，朕精誠專壹，祇宿齋宮，自應循例不進本章，以昭虔敬。其方澤、太廟、社稷，均係大祀，雖照常齋戒，而不親宿齋宮，若各衙門本章，概不呈進，恐致事多積壓。嗣後，凡遇齋戒日期，圜丘、祈穀、常雩親宿齋宮之日，各部院仍照向例不進本章，至方澤、太廟、社稷致齋三日內，除刑部不必進本，及各部院外省本章有關涉刑名者俱不呈進外，其餘尋常事件，著該衙門照常進本，即以本年方澤大祀爲始。著爲令。

《仁宗睿皇帝實錄》卷一一一 "嘉慶八年夏四月" 條

戊辰，諭內閣：長麟等奏，凡遇恭祀天壇，例載陪祀之王公大臣下轎處本有參差請旨畫一辦理一摺。係爲慎重典禮規制起見，所奏甚是。郊壇重地，凡陪祀王公大臣，禮宜倍加敬慎，於頭層門外一體下轎，但念漢大臣內有年老不能乘騎者，若概令其於頭層門外下轎，騎馬進內，或自揣恐有失跌，藉詞告病，以致陪祀人少，殊非體制。

嗣後，凡遇天壇大祀，儀親王、成親王，雖年未六十，著加恩准其乘轎至二層門外，其餘諸王以下及滿漢頭品大臣，年至六十五以上者，亦著加恩，准其乘轎至二層門外，仍各嚴飭家丁，管束轎夫等毋許嘈雜。儻有滋事之處，惟各該王大臣是問。此外，頭品年未至六十五歲以上及二品大員，均不准乘轎進頭層門，以崇體制而昭畫一。又諭：凡遇常雩禮及冬至圜丘大祀，前一日，朕詣齋宮，前引大臣及護從侍衛等俱乘馬入壇門，過石坊，直至朕降輦處始行下馬，殊於體制未協。嗣後凡遇進壇，所有前引大臣及護從侍衛等，俱著於石坊外下馬，次日禮成回蹕，亦於石坊外上馬。

《仁宗睿皇帝實錄》卷一七七“嘉慶十二年夏四月”條

丙子，諭內閣：朕閱會典，所載大雩典禮，惟乾隆二十四年曾經舉行一次，其時皇考高宗純皇帝減膳虔齋，不設鹵簿，不陳樂，不乘輦，乘騎出宮，詣壇齋宿。次日御雨冠素服，步禱於壇。仰見皇考敬天勤民，精虔昭格，禮成後即甘霖普降，四野霑足，感召之理，如響斯應。至雨水調勻之歲，每遇常雩大祀，則前期齋宿郊壇，係由宮中乘輦而出，儀物具備，此次恭值常雩，朕進宮齋戒，因思上年冬閒雪澤較少，本年春雨又稀，前已設壇祈禱，得雨兩次，仍未霑渥，且近畿以及東豫等省，均尚在望澤，雖未至旱暵太甚，究與往歲情形不同。今當大祀屆期，若仍照常，御輦詣壇，朕心實有不安。本月初六日，朕由宮中御轎前詣天壇齋宿，著該衙門敬謹豫備，其一切服飾儀仗，均如常儀。朕宵旰民依，罔敢暇逸，或此一念減抑之誠，得以上邀昊鑒，甘膏速需，福我三農，實所籲望而冀幸者。嗣後，遇雨澤稀少之年，舉行常雩祀典，均著照此行。以常雩祀天於圜丘，自是日始，齋戒三日。

《仁宗睿皇帝實錄》卷一八八“嘉慶十二年十一月”條

己未，諭內閣：天壇齋宮，向係太常寺管理，僅派奉祀壇戶在內照料，殊不足以昭慎重。嗣後，著交奉宸苑管理，其應如何設官，并建蓋直房之處，著該衙門妥議章程具奏。又諭：御史胡大成奏請飭臣工敬謹將事以重祀典一摺，據稱近聞，每值齋戒之期，凡應入署齋宿各員，多不入署齋宿，又伊於從前監禮時，曾親見祭告甫畢，樂奏未終，而執事人員即喧嘩雜遝，請飭各部寺院，嗣後不得仍前怠玩等語。壇廟大祀齋戒及執事各員理宜恪恭將事，以昭誠敬，向例特派大員稽察，并令科道查齋監禮，立法已極詳明，惟奉行日久，在齋戒執事者未必能仍前嚴肅，而稽察監禮者，亦即視為具文，殊非潔蠲之義，其例應入署齋宿之員，或因職守不同，閒有假廟宇齋宿者，亦應將所宿廟名，由本衙門諮報，俾有考核，至祭告甫畢，執事者即喧嘩雜遝，該御史從前監禮時，既經親見，何以并不封上彈章，默爾而息。嗣後各部寺院衙門，惟應申明舊例，凡應齋戒執事各員，務各小心謹恪，毋得稍存怠忽，其派出查齋之員，向來稽查過早，齋宿者或尚未到署，即已到各員一經查竣，仍可散退，未免習而生玩，此後查齋之員，必當於傍晚時始行查察，如有違例懈忽者，即著據實參奏，以肅祀典。【略】上以冬至祀天於圜丘，自是日始，齋戒三日。

《仁宗睿皇帝實錄》卷一九四 "嘉慶十三年夏四月" 條

辛未，上詣南郊齋宮齋宿。諭內閣：本日恭值常雩祀典，朕前期詣壇齋宿，見站班各員內除王公及一二品大臣現在另派差事者，其餘尚俱齊集，至三四品以下京堂，頗屬寥寥，在伊等自因平日召對時少，以朕不甚熟識，遂爾相率偷安，大失敬事之義，此次朕已覺察，因人數過多，姑免查究。嗣後，如遇大典，再有似此懈惰不到者，一經查出，即照本日德麟貽誤視牲降罰之例，嚴行懲處，決不輕貸。

《仁宗睿皇帝實錄》卷二七八 "嘉慶十八年十一月" 條

戊辰，諭內閣：恭值南郊大祀，朕先一日宿壇，定例由宮內乘輦，陳設大駕鹵簿，禮儀明備。本年禁城內有九月十五日之變，仰賴上蒼垂佑，渠魁立殱，餘黨悉除；其豫東賊匪，派兵剿辦，連奏捷音，冀可計日蕩平，前曾於孟冬之朔派儀親王永璇告祭天壇，朕沐非常昊貺，夙宵欽感尚未躬達悃忱，茲於長至日恭祀圜丘，肅陳祗謝，虔籲恩慈，敬當減損儀文，用昭寅畏。前一日詣壇，不御輦，由宮內詣皇穹宇以至進齋宮，俱乘紅杆八人轎，大駕鹵簿無庸陳設。祭日禮成還宮，設騎駕鹵簿，奏導引樂。著該衙門敬謹遵照豫備。

《仁宗睿皇帝實錄》卷三六六 "嘉慶二十五年春正月" 條

辛酉，祈穀於上帝，上親詣行禮。諭內閣：朕本日恭祀祈年殿，仰瞻左右配位，六聖相承，峻德豐功，洵皆百世不祧，惟神案位次三昭三穆之下，殿內餘地，似未能寬展。著大學士、軍機大臣會同禮部太常寺擇日前詣圜丘、祈年殿二處，敬謹相度情形，諏吉具奏。

《宣宗成皇帝實錄》卷一〇九 "道光六年十一月" 條

庚辰，諭內閣：向來恭遇圜丘、祫祭、祈穀大祀，太常寺執事人員屆期移取內務府貂褂三十四件，以備襄事時服用，祭畢仍行交還。茲據松筠等奏，現在執事等官計有五十餘員，或服貂褂，或穿補服，未能畫一。嗣後除該寺堂官應服貂褂外，其餘執事官員，俱著一律穿用補服，毋庸移取貂褂。

《宣宗成皇帝實錄》卷一六七 "道光十年夏四月" 條

甲戌，諭內閣：鑾儀衛奏，此次恭祭天壇，請照例豫備玉輦禮轎一摺。朕思恭祭天壇，惟在心存誠敬，即不乘輦亦無不可，著交該衙門嗣後如遇恭祭天壇日期，玉輦、金輦俱著在天安門外豫備，所有擡輦人役或另派差使，或酌量裁減數名之處，著鑾儀衛會同內務府議奏。

《宣宗成皇帝實錄》卷二一三 "道光十二年壬六月" 條

丁亥，又諭：京師入夏以來，雨澤稀少，朕親撰祝文，先後躬詣三壇、社稷壇，虔誠步禱，尚未渥沛甘霖，節過小暑，農田待澤尤殷，朕心益深焦灼，宜再申虔禱，用迓和甘。著禮部即速查議具奏。尋奏：查向例孟夏後，旱則祈天神、地祇、太歲壇，次祈於社稷壇，次祈於太廟，皆七日一祈，不雨或小雨不足，還從各壇祈禱如初，旱甚，乃大雩祀皇天上帝於圜丘，恭照大雩典禮，系特旨舉行，非臣部所敢奏請。臣等敬謹公同酌議，請皇上告祭方澤，虔申祈禱。從之。

《文宗顯皇帝實錄》卷四六"咸豐元年辛亥十月"條

庚戌，諭內閣：御史宗室英華奏，請肅清蹕路一摺，壇廟大典，御路所經，自宜嚴肅，嗣後凡遇朕親行典禮，自午門至大清門及蹕路經由處所，著該管大臣等遵照定例，嚴行查察，毋得視為具文。如有閒雜人等不遵約束，任意往來者，即著查拏懲辦，總期一律肅清，以崇體制。

《文宗顯皇帝實錄》卷三〇〇"咸豐九年十一月"條

辛巳，諭內閣：本年冬至，天壇大祀，業經降旨親詣行禮，一切禮節，并諭惠親王等妥議具奏。旋經該王大臣等議請朕行三跪九拜禮後，仍遣王恭代。朕思屆時仍欲勉行全禮，以昭誠敬，是以未即降旨允准，乃自上月下旬偶感風寒，迄今雖已就痊，而步履尚未如常，茲復據惠親王等合詞籲懇，請朕暫緩親行仍，遣王恭代，揆諸朕昭事之心，實有難安，惟念大禮攸關，設有愆儀，轉不足以昭誠，恔不得已，勉從所請，本年冬至，圜丘大祀，著派恭親王奕訢恭代行禮，并著在紫禁城內齋宿，先期一日，詣壇內齋宿，朕即在宮內敬謹致齋。於二十八日仍親詣天壇皇穹宇行禮，以嚴對越。

《穆宗毅皇帝實錄》卷一二二"同治三年十一月"條

辛酉，諭內閣：御史阿凌阿等奏參陪祀人員到班無多一摺，冬至圜丘大祀，典禮綦崇，各衙門派出陪祀人員，均應恪恭將事，以昭誠敬，乃據該御史等奏稱，是日到班人數寥寥，殊屬不成事體，總因視稽查為具文，怠惰偷安，罔知儆畏。嗣後凡恭遇壇廟祭祀，其應行陪祀人員，如有無故不到及呈遞職名後先行散歸者，即著糾儀監禮各員據實查參，從嚴懲處，以重祀典。

《穆宗毅皇帝實錄》卷三四一"同治十一年九月"條

辛丑，又奉懿旨本日已降旨令欽天監於明年正月內擇吉舉行皇帝親政典禮，因念壇廟大祀，典則崇隆，皇帝尤應躬親致祭，以嚴對越而昭敬誠，著自本年冬至大祀圜丘為始，皇帝親詣行禮。所有一切應辦事宜，著各該衙門敬謹豫備。

《德宗景皇帝實錄》卷四三二"光緒二十四年十月"條

戊戌，諭內閣：本年十一月初十日冬至，圜丘大祀，朕本應親詣行禮，惟念祀典隆重，應行禮節，理宜恪恭將事，現在朕躬服藥調理，步履未能如常，恐屆期勉強從事，轉不足以昭誠敬，著遣順承郡王訥勒赫恭代行禮。

《德宗景皇帝實錄》卷四九一"光緒二十七年十二月"條

癸巳朔，諭內閣：本月初七日朕恭詣圜丘告祭，初八日祇謁大社、大稷告祭，先期齋戒三日，以伸誠敬。該衙門敬謹豫備。

奏文

《明世宗實錄》卷一一一"嘉靖三年九月"條

己未，大學士張璁言：郊祀之議，聖見已決，下禮部申議，群臣必將無言，獨臣承皇上責任之重、恩遇之殊，不忍無言。皇上信以分配之說盡古禮乎？大祀殿非明堂之位，孟春祈穀又非季秋大享之禮，則未免有失千古也。皇上信以并配之說非今宜乎？太祖百有餘年之神座，豈忍言撤，文皇百有餘年配天之報，豈忍言廢？則又未免有失於今也。故臣區區之愚，竊以天地之分祀，宜從古禮，彰我皇上善繼善述之孝；祖宗之并配，宜從今制，彰我皇上不愆不忘之心。臣非敢先後反復其說也，蓋昔議尊崇之禮，乃三綱五常，三代以來所不能變者，故臣以爲不得已也，所以明父子之道焉。今議郊祀之禮，乃制度文，爲三代以來未能不變者。故臣以爲或在得已也，所以尊祖宗之道焉。仲尼曰成事不說，遂事不諫。今事猶未成也，未遂也，故敢冒昧陳瀆惟皇上察之。矧今天變於上，民窮於下，四方告凶，殆無虛日，臣待罪機務，竊有懼焉，願聖明之從容而審處之也。

《明世宗實錄》卷三〇二"嘉靖二十四年八月"條

辛丑，禮部尚書費寀言：自古圜丘事天，明堂事帝，其禮一也。惟事天之禮極簡，聖人以爲未足以盡其意，故有季秋大享之禮。仰惟皇上憲天稽古，達孝因心，當茲郊廟禮成之後，準古明堂之制，肇建天享殿、皇乾殿，今工完在即，秋享上帝以睿宗獻皇帝配，典禮隆重，文武百官宜上表稱賀及詔告天下并書諭宗藩。得旨暫止。

禮部復請告祭南北郊、社稷、太廟奉安神版各日期。詔奏告奉安俱暫止。尋奉聖諭：大享之例歲舉者豈但今一奉行，且待來秋祇祭，是秋暫於玄極寶殿，行禮各頃禮儀，俱於來歲預先奏請行。

大學士嚴嵩言：大享殿工完，祭期伊邇，仰惟皇上嘉尚古禮，取法成周明堂嚴配之文，奉皇考以配上帝，此我皇上尊親大孝，千古帝王莫及者也。此典往年權行於玄極寶殿，茲則鴻構落成，首舉此祭，人心咸望乘輿一出，躬舉大儀，以光聖孝。蓋昨者太廟新成，群望已切，維時溽暑，未敢輒請，茲天眷聖躬，充養健盛，臣敢披瀝愚衷，伏惟聖明俯垂鑒納。疏入報聞。

(明) 夏言《南宮奏稿》卷二《議處雩壇事宜疏》

竊惟大雩之祭，乃古先帝王爲民切至之心，蓋以建巳之月萬物始生，故請命上帝以祈膏雨，其與祈穀之祭，意義本同。慨自秦漢以來，正雩禮廢，顧茲茂典，有待而行。仰惟皇上敬天勤民，稽古善治，斷自淵衷，特下敕旨，令臣等恭建雩壇於南郊。天神降休，臣民丕應固將成之不日永奠萬年。臣等行與駿奔，豈勝慶倖，所據祭器、樂舞等項，必須斟酌古今，以成一代鴻章巨制，庶幾仰稱皇上祈天保民之盛心，臣等謹逐一議擬，開坐前件，請自聖明裁處。

計開

祭器。臣等仰惟雩壇之制，雖與圜丘不同，而大雩之祭，比之祈穀實，其玉帛籩豆醴齊牲牢等件，俱合照祈穀品數，伏乞聖裁。

爐鼎。照得雩壇止去地一級，其四圍合用爐鼎四個，壇面合用爐鼎二個，比之圜丘所用，合稍減四分之一，庶規制相等，欲命下轉行內府鑄造。

燎壇。按陳氏《禮書》曰：雩祀既祀上帝，必升烟。後世謂用火不可，以祈水而爲坎瘞，殊非古禮。今照雩壇焚帛，合用燎壇一座，其高廣規制，乞命工所內外官會議，建造相擇吉地畫圖上請惟復止用燎爐，俱乞聖裁。

樂舞。謹按《月令》，仲夏命樂師修鞀鞞鼓均琴瑟管簫，執干戚戈羽，調笙竽笆簧，飭鐘磬柷敔，大雩帝用盛樂。而杜氏《通典》亦曰：雩五方上帝命樂正習盛樂，舞皇舞。蓋雩祀之禮，所以祈澤，必備極聲容之盛，以詔告於天地之間而宣達陰陽之氣，故郊以禮爲重，雩以樂爲主，今照雩祀在近，雖杜氏五精之帝，其說近誣，而四時成歲之功，所據雩祀上帝，合照圜丘樂舞之數，以四方之色，成造樂舞之服，務極鮮明，令彩色錯然，舞歌間作，足以達宣和氣，庶稱古人盛樂皇舞之制。

樂章。合用迎神、奠帛、進俎、獻爵、徹饌、送神等曲，乞命翰林院撰擬，請自聖明裁定。

嘉靖十一年三月十三日題十九日奉聖旨：准用燎壇，著工所會議畫圖來看。樂舞服色還查議停當，具儀依擬。欽此。

（明）夏言《南宮奏稿》卷四《雩壇禮儀疏》

夫凡祭，非不用樂也，獨雩祀用盛樂；凡樂，必備歌工舞士，獨雩祀重舞。蓋樂舞者，無非假聲容之和，以宣暢陰陽之氣，詔告天地之間以達神明之情耳。而雨者乃天地之施，必陰陽和而始降也，此神理感通，不過如此。然上世之禮無所於考，而後代之制不能皆同，亦未能盡合先王之禮。臣等請參酌古今，爲之會通，除一切奠獻樂歌禮節具如常儀外，惟盛樂、皇舞之說，宜稍依據古人，創爲聖朝之制。臣等請三獻禮成之後，九奏樂止之時，燎揚將舉，贊者宜贊，樂奏《雲門之舞》，樂舉乃贊禮畢。仍命儒臣櫽括《雲漢詩》詞，別制《雲門》一曲，使文舞士、武舞士竝舞而合歌之。《雲門》者，乃《周官·大司樂》以祀天神之舞，取其雲出天氣、雨出地氣也。堯取以名樂，亦本此耳。仍於正樂之外，神樂觀增設鼓吹數番，選教舞童百人，青衣執羽，繞壇周旋，歌《雲門之曲》而舞，曲凡九成，而始奏禮畢，其舞節樂數合。【略】

計開：

大雩乃祀天禱雨之祭，如遇一歲天氣亢暵，則於季春之末，禮部具奏，請行雩禮。得旨，行欽天監擇仲夏吉日具奏舉行。

前期五日，太常寺奏請欽命文武大臣每日視牲。

次日，太常寺奏祭祀如常儀。

前期三日，告請太祖配神於太廟，行一獻禮。

　　前期二日，太常卿同光禄卿面奏省牲如常儀。

　　正祭前期，太常寺陳設如儀。是日早，免朝。錦衣衛備法駕，設板輿於奉天門正中，上常服乘輿至南郊，由西天門歷昭亨門降輦，過門升輿，至崇雩壇之西，降輦，禮部太常官導上由東左門入，正南靈星左門入壇，由中陛左升至壇恭視神位，畢，出，至神庫視籩豆，至神廚視牲，畢，導駕官導上至幕次，具祭服出。導駕官導上由左門入內壇靈星左門入壇，典儀唱樂舞生就位，執事官各司其事，內贊奏就位，上就御拜位。典儀唱迎神，奏樂，樂止，內贊奏四拜，上四拜平身傳贊百官同。典儀唱奠玉帛，奏樂，內贊奏升壇，上升至上帝前，奏跪搢圭，上跪搢圭，司香官捧香跪進於上左，奏上香，上三上香訖，捧玉帛官以玉帛跪進於上右，上受玉帛，奠訖，奏出圭，導至太祖前儀同進香并帛俱右，奏復位，樂止。典儀唱進俎，奏樂，齋郎昇饌至，內贊奏升壇，上升至上帝前，奏搢圭、進俎、出圭，導至太祖前儀同，奏復位，樂止。典儀唱行初獻禮，奏樂，內贊奏升壇，上升至上帝前，奏搢圭，捧爵官以爵跪進於上右，上受爵，獻爵，上獻訖，奏出圭，奏詣讀祝位，奏跪，上至讀祝位跪，傳贊百官皆跪。樂暫止，內贊贊讀祝，讀祝官跪讀，訖，樂復作，內贊奏俯伏興平身傳贊百官同，導至太祖前儀同前，奏復位，樂止。典儀唱行亞獻禮，奏樂儀同初獻，惟不讀祝。樂止，典儀唱行終獻禮，奏樂儀同亞獻。樂止，太常卿進立於壇前，東向立唱賜福胙，內贊奏詣飲福位，上升至飲福位，奏跪，奏搢圭，光禄卿捧福酒跪於上左，內贊奏飲福酒，上飲訖，光禄官捧福胙跪於上左，內贊奏受胙，上受訖，奏出圭，俯伏興平身，奏復位，上復位，內贊奏四拜，上四拜，平身。傳贊百官同。典儀唱徹饌，奏樂，執事官徹饌訖，樂止。典儀唱送神，奏樂，內贊奏四拜，上四拜，平身。傳贊百官同。樂止，典儀唱，讀祝官捧祝，進帛官捧帛，掌祭官捧饌，各詣燎位。上退拜位之東立。典儀唱望燎，奏樂，樂奏《雲門之曲》，內贊奏禮畢，導駕官導上至幕次易祭服，畢，還宮。壇上樂舞不止，九成乃止。

　　（明）夏言《南宮奏稿》卷五《祭祀疏》

　　祠祭清吏司案呈奉本部，送禮科抄出太常寺等衙門少卿等官張鶚等題嘉靖十三年二月十四日啓蟄，行祈穀禮於圜丘，臣等例該於本月十二日早朝面奏圜丘壇省牲等因。奉聖旨，是圜丘、方澤，今後稱天壇、地壇，禮部知道，欽此欽遵。抄出送司案呈到部爲照。圜丘、方澤，乃我皇上稽古法祖，創建祀天禮地之所，法象定名，不可易也，但該寺題稱，圜丘壇省牲，則於名義不通，奉旨改稱，正爲此耳。今恐所司不知聖旨改稱之義，遂欲於祝文，皆欲去圜丘、方澤字樣，恐將來愈致訛舛，合無今後冬至大報、啓蟄祈穀祀天、夏至祭地，祝詞之文俱合稱圜丘、方澤，其省牲及壹應公務，有事壇所，俱稱天壇、地壇，不得瀆稱圜丘、方澤，候命下之日，本部行移各該衙門，永爲定制，庶名正言順，而人知所遵守矣。緣奉欽依是圜丘、方澤，今後稱天壇、地壇，禮部知道，事理未敢擅便，謹題請旨嘉靖十三年二月十八日，具題二十日，奉聖旨是，欽此。

（明）嚴嵩《南宮奏議》卷一二

欽奉敕泰享殿肇工

嘉靖二十一年四月初六日，欽奉敕諭：朕惟三代之禮，至周大備，後世治不古若，乃因陋就簡焉。朕究覽古初，斟酌百代，惟文武是憲是式，故郊正分祀，廟隆特享。宋儒朱熹所謂大事者，朕所尚重之，惟是季秋大享於明堂。此《周禮》重典，與郊祀并者也。數歲以享地未定，特舉祭於玄極寶殿，朕誠猶未盡。惟茲南郊舊殿原爲大祀之所，今禮既是正，則故構不當褻，昨歲已令有司悉撤之。朕自作制象丘爲殿，恭薦名曰泰享，用昭寅奉上帝之意，庶完古典乃今肇工爾。禮工二部如敕奉行，欽此。臣等竊惟自昔聖皇御宇，靡不盡倫備制以爲民極，然禮有因時而定，制有偕物而新，故三代之禮，至周大備。我皇上德崇虞舜，制憲周郊，正分祀而天明地察之道弘廟隆特享，而尊祖敬宗之義，盡宋儒朱熹所謂天下大事千載無有能舉之者，蓋至於我皇上煥乎畢舉而無以加矣。然禮莫大於事天，孝莫大於嚴父，而嚴父莫大於配天，此明堂所由作也。蓋郊以事天尊之也，而配之以祖，亦所以尊祖也；明堂以享帝，親之也，而配之以父，亦所以親父也。尊尊而親親，此周禮之爲大備，而周公之爲達孝也。頃歲我皇上以郊廟禋禮大成，乃定明堂大典，歲以季秋大享上帝，而奉皇考睿宗獻皇帝配享焉。惟是數歲享地未定，故舉登於玄極寶殿，雖對越之誠已孚，而明堂之位未協，聖心見道分明，析禮精微，乃即南郊大祀之基鼎崇親構恭薦鴻名位應明離法象玄宇，仰惟聖人在天子之位，議禮制度，恢闡上儀，蓋至是而古典始完，是宜臣鄰駿奔，民庶子來，竭萬國之歡心，以成一人之大孝者也。臣等敢不祗承休命，除行欽天監擇吉興工，一應合行事宜，容臣等另行具題外，今將原奉敕諭一道進繳，謹具題知四月十一日。奉聖旨候諭行。

增拓泰神殿制請定日興工

嘉靖十七年十月二十四日，該勛輔四臣同臣嵩恭隨聖駕，於南郊恭詣泰神殿閱視，當面諭：頃者殿制初建，弗稱尊崇，宜加增拓。隨奉欽定，北面生二丈，東西每邊生五丈，圓徑三丈，增築臺基高九尺，踏垛十五層，殿高照舊，左右配殿各五間，前門三券，額扁曰皇穹宇，欽此。臣等仰惟皇上尊事皇穹，特廑睿思載嚴，峻宇丕拓，鴻規足稱，欽崇至意。茲者秋序方臨，物成時爽，理合具題，上請伏乞欽定大良日期，肇興工役，候命下本部行，令所司各欽遵敬慎從事，嘉靖十八年七月初五日。奉聖旨，候旨行。

皇穹宇成奉安神御位配位儀

嘉靖十八年八月十二日，欽奉聖諭，於南郊祗建皇穹宇，該本部題奉欽依，遣官暫奉安上帝神御位、配位、從位於席殿，今照皇穹宇落成在邇，所有奉安禮儀，理合題請施行。臣等仰惟皇上尊事帝天，載宏穹宇，茲者厥工告竣，萬年之鴻構已成，一代之上儀大備，誠足以妥有赫之靈，肇無前之典者也。臣等不勝欣仰贊慶之至，查得先年泰神殿工完，該本部尚書夏言奉有聖諭：泰神殿石座既成，朕當親往行奉安禮。欽此。已經本部欽遵具儀題請施行外，今者恭睹皇穹宇落成，臣等恭請聖駕親詣南郊舉行奉安之禮。伏候命下本部，行令欽天監選擇大吉日期施行。嘉靖十九年六月二十二日。奉聖旨：待九月，朕躬安奉。

　　雩祀儀注

　　臣等欽奉聖諭，仰遵皇上修省至意，一應合行禮儀，務從簡約，以示貶損，謹開坐上請，伏候命下遵行，嘉靖十七年四月二十一日，上親禱於崇雩壇，翰林院撰祝文。前期一日，遣官祭告於景神殿如常儀；太常寺預設酒果脯香帛於崇雩壇，牛一，以熟薦，設上拜位於壇壝正中；錦衣衛設隨朝駕，不除道。是日昧爽，免朝，上具青服御奉天門，太常寺官跪奏請聖駕詣崇雩壇，上升輿，護駕官校侍衛如常儀，百官各具青服先於南天門外候迎上乘輿，至昭亨門西降輿，過昭亨門東，上乘輿，至崇雩壇門西降輿，導引官導上入崇雩壇門內，贊對引官導上行，典儀唱，執事官各司其事，內贊奏就位，上至拜位，典儀唱迎神，內贊奏升壇，導上至香案前，奏跪奏上香，上三上香，訖，奏復位，奏四拜傳贊百官同。典儀唱奠帛、行初獻禮，內贊奏升壇，導上至神御前，奏獻帛，訖，奏獻爵，訖，奏詣讀祝位，奏跪傳贊百官皆跪，贊讀祝，訖，奏俯伏興平身傳贊百官同，奏復位。典儀唱行亞獻禮，內贊奏升壇，導上至神御前，奏獻爵，訖，奏復位。典儀唱行終獻禮儀同亞獻。典儀唱送神，內贊奏四拜傳贊百官同，典儀唱、讀祝官捧祝、進帛官捧帛、各詣燎位，內贊奏禮畢，導引官導上出，至幕次少憩，駕還宮。嘉靖十七年四月十八日。奉聖旨是，以中夕行事。

　　請定雩祀樂舞

　　嘉靖十二年五月，該本部題崇雩壇告成，其合行儀注增設樂舞。一應事宜，俱經奉有欽依遵行，外目今天時亢暵，臣等擬欲恭請皇上舉行雩祀盛典，而儀物未備，隨據太常寺手本，開稱崇雩壇增設樂舞、製造舞衣羽旄等項，先奉欽依，行移各該衙門造辦，去後俱未造送等因到部。臣等謹按，古者龍見而雩，乃建巳之月，萬物始盛，待雨而長，聖人為民之心切，故祭天遠為百穀祈膏雨也，與啓蟄之郊其意同。然樂則必用盛樂，與他祭獨不同。《通典》曰：雩於南郊之旁，命樂正習盛樂、舞皇舞。蓋樂舞者，所以振盪聲容，宣暢和氣，詔告天地，感通神明，冀其陰陽和而雨澤始降也。查得先年本部議擬正樂之外，神樂觀增設鼓吹，數番選教舞童百人，青衣執羽，繞壇周旋，歌《雲門之曲》而舞曲凡九成，而終又查得已經撰有歌章頒之。該寺惟是一應舞衣羽旄等項，未經造辦，仰惟皇上憲則古先，敦崇祀典，諸所彝章，煥然大備，而恭建崇雩壇於圜丘之旁，以祀天禱雨，為民祈福，誠王之重務，勤恤民隱之盛心也。但今壇制雖成，儀物尚未完備，豈非有司者之責歟？臣等仰承德意，稽核舊文，理合申明，題請恭候命下，行移各該衙門，將應用舞衣羽旄等項，作速造辦，如制給送，該寺其選教舞童一節，查得四郊九廟，朝夕日月及歷代帝王等壇，見在樂舞生通計二千二百名，屢據該寺呈稱，各生在迿，尚且名數短少，選補不敷，今若再加增設，愈益浩繁，非惟收選之難，抑且經費之冗。臣等以爲，各壇舞生雖系分設，既定要之舉祀，供役自非并集一時，似可通融兼習，不必復有增設，合無行令該寺就於見在樂舞生二千二百名内揀選年幼質秀者百名，以充雩壇之數，本部札仰該寺堂上官一員，專一提督教演，務要音節詳明，聲容閑習以俟緩急，應時而用，庶幾聖明巨典，兼總條貫，靡有闕遺，我皇崇祀爲民之心可少慰矣。嘉靖十七年四月二十二日。

（清）秦蕙田《五禮通考》卷二〇《吉禮二〇・圜丘祀天》

王圻《續通考》：修撰姚淶議，略云古之祭日於壇，謂春分也，祭月於坎，謂秋分也，其陰陽先後之序義則得之，從之可也。若冬至、夏至之祭，臣於此竊有疑焉。周人以建子之月爲歲首，故冬至祭天，夏至祭地，陰陽之義，先後之倫，各有攸宜，斯制禮之本意也。今所用者，夏正也，如以一歲之月序之，則夏至前而冬至後，苟夏至祭地、冬至祭天，是先地而後天，雖曰陽先陰後，於義無嫌，然實非一歲之事，尊天之義豈其若此，行周之禮不可以用今之時，用今之時不可以行周之禮，是其大者已礙而不通矣。

《世祖章皇帝實錄》卷一三二 "順治十七年二月" 條

壬寅，九卿科道會議禋祀大典，歷代不一其制，然分祭固各盡其敬，而合祭乃以萃聚神靈，共昭虔事。今奉上諭，每年孟春合祭天地日月及諸神於大享殿，而四郊仍舊，誠不易之盛軌也。其應行事宜，應照《會典》開載舉行。從之。

《聖祖仁皇帝實錄》卷二三 "康熙六年秋七月" 條

（己未）山東道御史周季琬疏言：皇上紹膺寶曆，南郊大祀，歲一舉行，奉太祖高皇帝、太宗文皇帝并配，聿崇報本之禮。惟是世祖章皇帝，以創業垂統之君，文德武功，光昭萬世，升退以來，未奉神主於郊壇，伏乞敕下禮部修明祀典，即奉世祖章皇帝配享郊壇，斯於孝經嚴父配天之義，深合而曲當矣。上是其言，下禮部詳議。

戊辰，禮部議復，山東道御史周季琬請崇配天之禮一疏，查順治五年冬至，奉太祖高皇帝配享圜丘。於祀前一日，遣官各一員告祭天地太廟社稷。越三日，頒詔布告天下。又查順治十四年二月初五日，奉上諭冬至祈穀祭天，俱奉太祖高皇帝、太宗文皇帝配享，夏至祭地亦奉太祖高皇帝、太宗文皇帝配享，著爲定制，欽遵在案。臣等恭惟世祖章皇帝，纘承太祖高皇帝太宗、文皇帝鴻業，統一寰區，至聖至神，與天地合德，應同太祖高皇帝、太宗文皇帝配享圜丘、方澤，俟神位等項製造將完，擇吉照例配享。前期遣大臣各一員，告祭天地太廟社稷。次日，配享圜丘。再擇吉日，配享方澤。此配享二壇祭典，俱照冬至夏至祭典例行。世祖章皇帝同太祖高皇帝、太宗文皇帝行配享圜丘方澤之禮，例宜布告天下。其應行事宜，當酌量舉行。至於祈穀祭祀，已經奉旨停止，配享祈穀，無可議。得旨：是，依議。

《世宗憲皇帝實錄》卷一一 "雍正元年九月" 條

甲午，禮部議奏，自古帝王功德隆盛，未有不配天者，此古今通義也。欽惟聖祖仁皇帝嗣太祖、太宗世祖之鴻緒，守成創業兼隆，集三皇五帝至聖之大成，玉振金聲并茂，冲齡而克基於聖，耄期而不倦於勤，是聖祖之至誠不息，即天地之悠久無疆也。開古今未開之景運，辟帝王未辟之版圖，察吏安民，達聰明目，是聖祖之無爲致治。【略】允宜升配郊壇，光昭禋祀，應同太祖、太宗、世祖配享圜丘、祈穀壇、方澤，請於本年冬至、二年孟春上辛及夏至大祀之日舉行。得旨是，依議。

《高宗純皇帝實錄》卷一五 "乾隆元年三月" 條

戊午，禮部奏：世宗憲皇帝配享圜丘典禮，應於乾隆二年冬至大祀之日舉行，照冬至致祭儀行禮。配享祈穀壇典禮，應於乾隆三年孟春上辛日舉行，照祈穀致祭儀行禮。配享方澤壇典禮，應於乾隆三年夏至大祀日舉行，照夏至致祭儀行禮。得旨：是，依議。

《高宗純皇帝實錄》卷四〇 "乾隆二年夏四月" 條

壬申，總理事務王大臣禮部等奏：乾隆二年四月十三日履親王允祹奉諭旨爾部具奏皇考配享天壇儀注，朕敬謹詳閱，內稱配享時，朕恭捧皇考神牌，升壇奉安於東三青幄次等語，并未議及參拜上帝之儀。朕思皇考升祔太廟時，先行參拜列祖列后，禮畢後升座。今配享圜丘，亦應先行參拜上帝禮，然後升座，於禮方協。著總理事務王大臣會同爾部，敬謹詳議具奏。臣等伏查本朝《會典》及《明會典》，未載配享天壇時，神牌參拜上帝之儀。今皇上特降諭旨，令臣等詳議具奏，仰見皇上仁孝敬謹之心，至周至備，應遵旨增入參拜上帝之儀，實爲盡善。臣等謹議得神牌至內櫺星門外，龍亭止，上詣龍亭前，行一跪三叩禮，恭捧神牌進櫺星門左門，升殿向上立，太常寺官預設世宗憲皇帝拜褥於正中，贊引官跪奏世宗憲皇帝配享天壇，參拜皇天上帝，皇上恭捧神牌，跪安於拜褥上，執事官設皇上拜褥於後，贊引官引皇上退就拜褥上立，贊引官奏跪叩興，皇上行三跪九叩禮畢，贊引官跪奏請世宗憲皇帝升座，皇上進前恭捧世宗憲皇帝神牌興，奉安於上帝之左第三青幄次內，退至香案前，行一跪三叩禮，太常寺官起世宗憲皇帝拜褥，退。此行禮時，眾官不隨行禮，餘悉照原奏儀注。其夏至配享方澤時，參拜皇地祇俱遵此儀。再查，明歲正月上辛配享祈穀壇，已在配天之後，不必再行參拜之儀。得旨：是，依議。

《高宗純皇帝實錄》卷一六七 "乾隆七年五月" 條

甲戌，總理律呂正義館莊親王允祿等奏：查《會典》開載，天神從祀於圜丘，地祇從祀於方澤。今既各建一壇，則天神應仍從圜丘，以黃鐘爲宮，地祇仍從方澤，以林鐘爲宮。得旨：是。

《高宗純皇帝實錄》卷一六九 "乾隆七年六月" 條

乙巳，大學士等議奏：大祀圜丘壇、祈穀壇、方澤壇，向來陳設籩豆，在聖駕未臨之先，惟進俎在獻玉帛之後，厨役始於壇下昇進，其香爐燈几，均由官員拱捧，倉猝安設，未免進退不齊，非所以肅禮儀也。請嗣後所進之俎，亦如籩豆，豫先陳設，至獻玉帛後，典儀官唱進俎，贊引官恭導皇上詣神位前，拱舉進俎，無庸厨役昇進，并停止官員拱捧香爐燈几，以肅壇墠。得旨：是，依議。又議奏：嗣後大祀圜丘壇、祈穀壇、方澤壇，如遇皇上親詣行禮，應於別殿齋戒二日，齋宮一日。或遣官恭代，亦詣壇齋宿。其朝日、夕月、先農等壇，均係中祀，致齋二日。如遇皇上親詣行禮，亦祇於別殿齋戒。得旨：是，依議。

　　癸丑，大學士等遵旨議奏：謹考《禮記》"大雩帝"，鄭康成注曰："雩祭，謂爲壇南郊之旁，雩五精之帝，配以古帝也。"杜佑《通典》曰："建巳月，雩五方上帝，其壇名曰雩祭。"是自漢而下以逮於隋，雩壇皆祀五方帝，而非祀昊天上帝。《唐書·禮儀志》"高祖武德初定，令每孟夏之月，祀昊天上帝於圜丘。"《開元禮》亦同。《宋史·禮志》"凡孟春祈穀、孟夏大雩，皆於圜丘。"至神宗元豐四年，更立雩壇於圜丘之旁，未幾而廢。明洪武以後，雩祀無常儀。至嘉靖十一年，始建崇雩壇於圜丘壇外泰元門之東，亦一舉行而罷。今壇已久廢，僅存基址。查歷代雩壇規制，地基既狹，壇墠亦卑，其視圜丘大約減三分之二，若祀昊天上帝，則禮近於褻，且查圜丘禮成，上帝神牌敬藏於皇穹宇，今崇雩壇原無別殿可以安奉神牌，即欲更建，而外壇墻墻之內亦限於地，實難措置。嗣後舉行雩祭，似宜仍在圜丘，不必更建雩壇。從之。

《高宗純皇帝實錄》卷一七八 "乾隆七年十一月" 條

　　庚申，太常寺奏向例大祀圜丘壇，於祭期日出前九刻請駕。今十一月二十六日冬至大祀，前期一日，駕詣齋宮，祭日由齋宮詣壇，或於日出前三刻四刻請駕之處，請旨遵行。并擬於請駕前一刻恭請神位，皇上由齋宮乘輦，不入更衣幄次，至鋪設棕薦處降輦升壇，祭畢，出昭亨門乘輦。得旨：南郊之日，著於日出前五刻請駕，即於是刻恭請神位。朕於齋宮仍入更衣幄次，安奉畢，詣壇行禮，餘依議。

《高宗純皇帝實錄》卷一七九 "乾隆七年十一月" 條

　　壬申，大學士等奏：南郊大典，皇上前期詣齋宮，請御涼步輦。得旨：是，著該部議奏。尋議奏：臣等伏思，禮莫重於郊祀，儀莫盛於車旗，今蒙皇上特允大學士等所請，冬至前一日御涼步輦詣齋宮，次日饗祀南郊，動合古禮，肅將明禋，誠千載一時盛典也。謹遵旨酌定儀節，恭呈睿覽。本月二十五日，鑾儀衛使督所屬將鹵簿大駕全行依次陳設於午門外，奉輦官校進涼步輦至太和門階下祇候，不陪祀王以下各官俱朝服於午門外跪送。本日巳刻，太常寺堂官恭請皇上乘禮輿，出太和門，降輿升輦，鑾儀使奏請發鑾駕，警蹕，午門鳴鐘，十大臣前引而出。駕發之後，侍衛隨從諸臣，照例於應乘馬處乘馬，左右翊護近輦隨行，隨至南郊，由西天門入，至昭亨門外降輦，入黃幄次少憩，前引十大臣、對引官恭導皇上由昭亨左門入至內壇，遂引至圜丘視壇位，原派出之分獻大臣分詣神庫視籩豆、神厨視牲，畢，十大臣、對引官仍導引由御路出，至升輦處升輦詣齋宮。從祀各官蟒袍補服，分翼排列於齋宮門外迎接，候皇上降輦升禮輿入齋宮。是夜，嚴更宿衛，警蹕環巡，交兵部會同各該衙門辦理。次日大祀，從祀太常寺堂官遵奉諭旨於日出前五刻請駕，乘禮輿出齋宮，門外升輦，至鋪設棕薦處降輦。前引十大臣、贊引官、對引官恭導皇上入更衣幄次，俟安奉神位畢，禮部太常寺堂官奏請皇上具禮服，出幄次，前引十大臣、贊引官、對引官導引由櫺星左門入，詣壇位前行禮。祀禮既畢，出昭亨左門外升輦，侍衛隨從夾引擁護，悉如來儀。其不陪祀王以下各官俱朝服於午門外排班跪迎，午門鳴鐘，駕至太和門，鑾儀使奏請降輦升禮輿，入太和門，還宮。臣等管見，酌定儀節，是否有當，伏候欽定施行。得旨：是，依議。

《宣宗成皇帝實錄》卷八"嘉慶二十五年十一月"條

（丁卯）軍機大臣等會同御前大臣議奏：將南郊大祀減存翊衛官兵，再行敬謹酌核，分別應減應撤，并請將神樂署裁減官六員，兵一百八十名，照舊添設，撥出官四員、兵一百名移設西天門至昭亨門站道。從之。

《德宗景皇帝實錄》卷二七四"光緒十五年九月"條

丁卯，禮部太常寺奏明年祈穀大祀，請於圜丘壇舉行。從之。

祭祀祝文

《明太祖實錄》卷一八九"洪武二十一年三月"條

乙酉，郊祀儀。正祭前二日，用祝文、酒菜於奉先殿告仁祖配享。其祝文曰："維某年某月某日孝子皇帝元璋敢昭告於皇考仁祖淳皇帝，茲以正月某日恭祀上帝皇祇於大祀殿，謹請皇考配神，伏惟鑒知。"

（明）官修《諸司職掌·祭祀·郊祀·祝文》

維洪武某年歲次某甲子正月，嗣天子臣敢昭告於昊天上帝厚土皇地祇。時維孟春，三陽開泰，敬率臣僚以玉帛犧齋粢盛庶品，恭祀於大祀殿，備茲燎皇考仁祖淳皇帝配神。尚享。

（明）申時行等《大明會典》卷八二《禮部四〇·郊祀二》

維嘉靖年歲次月朔日嗣天子，臣御名敢昭奉於皇天上帝曰，時維冬至，六氣資始，敬遵典禮，謹率臣僚恭以玉帛犧齊粢盛庶品備此禋燎祇祀於上帝，奉太祖開天行道，肇紀立極大聖至神仁文義武俊德成功高皇帝配帝侑神。尚享。

（明）申時行等《大明會典》卷八四《禮部四二·郊祀四》

（嘉靖十年定祈穀祝文）維嘉靖年月日，嗣大子臣御名祇奏於皇天上帝曰：候維啟蟄農事將舉，爰以茲辰敬祈洪造，謹率臣僚以玉帛犧齊粢盛庶品備斯明潔恭祀上帝於圜丘，仰希垂鑒錫福烝民，俾五穀以皆登，普萬方之咸，賴奉太祖聖神文武欽明啓運俊德成功統天大孝高皇帝侑神。尚享。

（嘉靖十七年定大享祝文）維嘉靖年月日，嗣天子臣御名，恭奏享乾皇天上帝曰：

時當季秋，咸成農事，群生蒙利，黎兆允安，邦家是賴，帝德敷天，臣統臣工，宜爲酬享，謹用玉幣、犧牷，祇謝生成大福，備此禋燎。奉皇考睿宗知天守道洪德淵仁寬穆純聖恭儉敬文獻皇帝配帝侑歆。尚享。

(明) 章潢《圖書編》卷九四《圜丘壇以下太常寺》

歲冬至大祀天於圜丘，凡國有大事則祭告。

駕出視牲告辭：年月朔日凡告同，孝玄孫嗣皇帝御名明日詣南郊視大祀牷犧，謹詣祖宗列聖皇后神位前，謹用參拜請配。祝文：孝玄孫嗣皇帝御名敢昭告於太祖高皇帝曰："兹以十一月日冬至祇祀上帝於圜丘，謹請皇祖配帝侑神伏惟鑒知。謹告。"駕出大報告辭："孝玄孫嗣皇帝御名出宿於郊祇行大報禮，謹詣祖宗列聖帝后神位前，恭預告知。"大報祝文青版殊書：嗣天子臣御名敢昭奏於皇天上帝曰："時維冬至，六氣資始，敬資典禮，謹率臣僚恭以玉帛犧齊粢盛庶品，備此禋燎祇祀於上帝，奉太祖開天行道，肇紀立極，大聖至神，仁文義武，峻德成功，高皇帝配帝侑神。尚享。駕回參辭：孝玄孫嗣皇帝御名圜丘大報禮成，恭詣祖宗列聖帝后神位前，謹用參拜。"

祭司牲祝文：太常寺卿某等致祭於司犧牲之神、青山水草之神、犧牲所土地之神曰：郊祭爲重，犧牲爲先，畜牧豐肥，惟神是賴，某等兹選吉辰，躬親自上滌，欽奉上命，祭用肴饌，謹用祭告，神其鑒之。尚享。

(明) 章潢《圖書編》卷九五《祈穀祀典》

維啓蟄，農事將舉，爰以兹辰，敬祈洪造，謹率臣僚，以玉帛、犧牲、粢盛、庶品，備斯明潔，恭祀上帝於大享殿，仰垂希鑒，賜福烝民，俾五穀以皆登，普萬方之咸賴。尚饗。

(明) 王圻《續文獻通考》卷一○五《郊社考中・圜丘・祝文》

維嘉靖某年歲次某月某朔某日，嗣天子臣御名敢昭奏於皇天上帝曰："時維冬至，六氣資始，敬遵典禮，謹率臣僚恭以玉帛、犧牲、粢盛庶品，備此禋燎祇祀於上帝，奉太祖開天行道，肇紀立極，大聖至神，仁文義武，俊德成功，高皇帝配帝侑神。尚饗。"

(明) 佚名《太常續考》卷一《郊祀・冬至圜丘事宜・祝文》

維□年歲次十一月□朔□日，嗣天子臣御名敢昭奏於皇天上帝曰：時維冬至，六氣資始，敬遵典禮，謹率臣僚恭以玉帛、犧齊、粢盛庶品備此禋燎，祇祀於上帝，奉太祖開天行道，肇紀立極，大聖至神仁文義武俊德成功高皇帝配帝侑神。尚享。

新更祝文：維□年歲次□月□朔□日，嗣天子臣御名敬遣敢昭奏於皇天上帝曰時維冬至，六氣資始，恪遵典禮，謹命臣僚恭以玉帛、犧齊粢盛庶品，備此禋燎，祇祀於上帝，奉太祖開天行道，肇紀立極，大聖至神仁文義武俊德成功高皇帝配帝侑神，尚享。

《世祖章皇帝實錄》卷四一 "順治五年十一月" 條

戊辰，冬至祀天於圜丘，奉太祖武皇帝配享。文曰：維順治五年次戊子十一月辛酉朔越八日戊辰，嗣天子臣敢昭告於皇天上帝曰今屆長至，陽氣初復，謹遵典禮，率群臣虔奉玉帛、犧牲、粢盛庶品，敬薦皇天上帝，恭奉太祖承天廣運聖德神功肇紀立極仁孝武皇帝配，惟歆享之。

《世祖章皇帝實錄》卷一三七 "順治十七年六月" 條

戊戌，上以禱雨，祀天於圜丘。祝文曰：下氏賴食以生，必雨暘時若，始可有年，今歲三春無雨，入夏以來，旱乾有加，田苗枯槁，饑饉堪虞，臣虔禱甘霖，以協民望，而誠悃未至，雨澤未足，用是晝夜憂懼，不敢寧處，茲復竭誠齋戒，謹備牲帛等物，步行祈禱伏祈，軫念民艱，俯鑒微誠，速降甘霖以拯黎庶。

《高宗純皇帝實錄》卷五八八 "乾隆二十四年六月上" 條

庚申，上自齋宮步詣圜丘，行大雩禮。御製大雩祝文曰：臣承命嗣服，今廿四年，無歲不憂旱，今歲甚焉，曩雖失麥，可望大田，茲尚未種，赤地里千。嗚呼，其惠雨乎！常雩步禱，未蒙靈祐，方社方澤，均漠弗佑，爲期益迫，嗟萬民誰救，敢辭再瀆之罪，用舉大雩以申前奏。嗚呼，其惠雨乎！上天仁愛，生物爲心，下民有罪，定宥林林，百辟卿士，供職惟欽此，罪不在官、不在民，實臣罪日深，然上天豈以臣一身之故，而令萬民受災害之侵。嗚呼，其惠雨乎！謹以臣躬代民請命，昭昭在上，言敢虛佞？計窮力竭，詞懇誠馨，油雲沛雨，居歆賜應。嗚呼，其惠雨乎！

《宣宗成皇帝實錄》卷二一四 "道光十二年六月" 條

癸卯，上自齋宮步詣圜丘，行大雩禮。御製祝文曰：嗚呼皇天！世不有非常之變，不敢舉非常之典，今歲亢旱异常，經夏不雨，豈但稼穡人民，倏罹災患，即昆蟲草木，亦不遂其生。臣忝居人上，有治世安民之責，雖寢食難安，焦憂悚惕，終未獲沛甘霖，日前社稷壇、方澤致齋期内，均蒙濃雲四布，微雨飄灑，而不能暢施，仰見天心仁愛，總緣臣罪日深，鮮誠鮮敬，不能上感天心而叩鴻貺。敬稽乾隆二十四年，皇祖高宗純皇帝恭行大雩之禮，臣於萬不得已，仰溯成規，戰兢干冒，省躬思過，冀可仰邀赦宥。抑臣祀事不敬，驕侈之心，不覺萌而萌與；日久怠於庶政，不能憂勤惕厲與；出言不謹，有干譴責與；賞功罰罪，輕重不得其平與；重起陵園，勞民傷財與；任官不得其當，以致政有叢脞與；刑罰不得其平，含冤無所控告與；懲辦邪教，濫及無辜之人與；官吏欺朦，民隱不能上達與；西陲連次用兵，未免殺戮之慘而務邊功與；南省灾民，賑撫不得其宜，委於溝壑者衆與；楚粵逆猺，撫不當以致民遭塗炭與；凡此者，皆臣思慮所及，宜加黽勉省改，其思慮所不及者，蓋有之矣。伏祈皇天赦臣愚蒙，許臣自新，無辜萬姓，因臣一人是累，臣罪更難道矣。夏徂秋至，實難再逾，叩禱皇天，速施解作之恩，立沛神功之雨，以拯民命，稍贖臣愆。嗚呼！皇天其鑒之。嗚呼！皇天其惠之，臣不勝憂懼惶恐之至。

（清）允祹等《大清會典》卷八三《太常寺》

冬日至大祀圜丘祝文：維乾隆年歲次十一月朔越日，嗣天子臣御名敢昭告於皇天上帝曰：時維冬至，六氣資始，敬遵典禮，謹率臣僚以玉帛犧齊粢盛庶品，備此禋燎，祇祀於上帝，奉太祖承天廣運聖德神功肇紀立極仁孝睿武端毅欽安弘文定業高皇帝、太宗應天興國弘德彰武寬温仁聖睿孝敬敏昭定隆道顯功文皇帝、世祖體天隆運定統建極英睿欽文顯武大德弘功至仁純孝章皇帝、聖祖合天運文武睿哲恭儉寬裕孝敬誠信中和功德大成仁皇帝、世宗敬天昌運建中表正文武英明寬仁信毅大孝至誠憲皇帝配。尚饗。

正月上辛祈穀祝文：維乾隆年歲次正月朔越日辛，嗣天子臣御名敢昭告於皇天上帝曰：臣仰承眷命，撫育萬方，念切民生，亟圖康乂，茲者候屆上辛，春耕將舉，爰攄誠悃，上迓洪庥，謹率臣僚以玉帛牲醴粢盛庶品，恭祀上帝，伏祈昭鑒，時若雨暘，俾百穀用成，三農攸賴，奉太祖承天廣運聖德神功肇紀立極仁孝睿武端毅欽安弘文定業高皇帝、太宗應天興國弘德彰武寬温仁聖睿孝敬敏昭定隆道顯功文皇帝、世祖體天隆運定統建極英睿欽文顯武大德弘功至仁純孝章皇帝、聖祖合天弘運文武睿哲恭儉寬裕孝敬誠信中和功德大成仁皇帝、世宗敬天昌運建中表正文武英明寬仁信毅大孝至誠憲皇帝侑神。尚饗。

孟夏常雩祝文：維乾隆年歲次四月朔越日，嗣天子臣御名敢昭告於皇天上帝曰臣恭承帝命，率育寰區，民爲邦本，深思稼穡之艱難，食乃民天，惟冀雨暘之時若，用蠲吉日，肅展明禋，茲當龍見之期，爰舉祈年之典，惟皇上帝鑒茲將饗之誠，用康兆民咸受明昭之，賜俾五風十雨，黍稷惟馨，九穀三農，順成有慶，奉太祖承天廣運聖德神功肇紀立極仁孝睿武端毅欽安弘文定業高皇帝、太宗應天興國弘德彰武寬温仁聖睿孝敬敏昭定隆道顯功文皇帝、世祖體天隆運定統建極英睿欽文顯武大德弘功至仁純孝章皇帝、聖祖合天弘運文武睿哲恭儉寬裕孝敬誠信中和功德大成仁皇帝、世宗敬天昌運建中表正文武英明寬仁信毅大孝至誠憲皇帝侑神。尚饗。

詩文

（清）秦蕙田《五禮通考》卷二〇《吉禮二〇·圜丘祀天》

《春明夢餘錄》：國之大在祀，而祀之大在郊，自古禮殘缺，後儒穿鑿，而五帝六天合祀之説迄無定論，則以不深考於經、折衷於聖以準之也。《書》曰：肆類於上帝，禋于六宗，望於山川，遍於群神。又曰：柴望秩於山川。又曰：柴望大告武成。曰類、曰柴，皆祀天之祀也，然必及于六宗、山川群神，而不及后土，則郊必兼社之謂也。《易》曰：先王作樂崇德，殷薦之上帝，以配祖考。又曰：聖人亨以享上帝。《周禮》"以禋祀祀昊天上帝"，《記》曰：郊社之禮，所以事上帝也。皆舉郊以見社也。《家語》"孔子曰，天子卜郊，則受命于祖廟，作於禰宮"，尊祖親考之義也。卜之日，王親立於澤宮，以聽誓命、受教諫之義也。既卜，獻命庫門之內，所以戒百官也。言郊之必卜也，而不及社，兼社也。此唐、虞、三代之制也。儒者但見周禮有冬至祭圜丘，夏至祭方澤之文，遂主分祀之説。不知周禮一歲之間，祭天凡幾，正月祈穀，孟夏大雩，季秋明堂，至日圜丘，此外有四時之祭，則固合祭者矣。【略】惟是周朔建子，冬至圜丘，適當獻歲，不妨迎陽，報天而後命及于地，故其禮比合祭稍加崇重。此惟行周禮之時則可耳。乃其合祀之禮則未嘗廢，散見諸經及孔子之言可據也。使祭而必冬至也，則何用卜之爲。故曰：至敬不壇，掃地而祭，則又不必于圜丘、方澤也。以是而知周之未嘗不合祭也。由漢歷唐千餘年，分祀者惟魏文帝之大和、周武帝之建德、隋高祖之開皇、唐玄宗之開元，四祭而已。至宋，郊祀皆合祭。其不合祭者，惟元豐六年一郊。元祐詔議北郊，【略】彼時群臣方議合祭之非，哲宗以問輔臣。章惇曰："北郊止可謂之社。"君子當不以人廢言。夫國之大祀，莫過于郊，明太祖以開天之聖，改分祀爲合祀，此千古卓見，故行之百五十餘年，風雨調順，民物康阜。至嘉靖一改，而明遂衰。建議者，夏言也，卒死于法，抑太祖之靈弗歆也。

三、祭祀記載

（一）明代祭祀記載

《明憲宗實録》卷七五 "成化六年正月" 條

己丑，大祀天地於南郊，祀畢，上還宮，謁皇太后，畢出，御奉天殿，文武群臣行慶成禮。

《明武宗實録》卷一九四 "正德十五年十二月" 條

丁酉，大祀天地于南郊，初獻時，上拜嘔血於地，不能終禮，遂扶歸齋宮，蓋自是不復郊矣。踰宿，駕乃入，御奉天殿，文武群臣行慶成禮，傳旨免宴。

《明世宗實録》卷一二一 "嘉靖十年正月" 條

辛卯，行祈穀禮於大祀殿，奉太祖高皇帝、太宗文皇帝配。

《明世宗實録》卷一三一 "嘉靖十年十月" 條

乙巳，上詣泰神殿奉安神主。

《明世宗實録》卷三一五 "嘉靖二十五年九月" 條

戊子，行大享禮于玄極寶殿。先期視牲及告請皇考配神，主是日行禮，俱命成國公朱希忠代。先是南郊大享殿成，禮官具儀以請，有旨再加詳議，至是復請命，仍暫行於內殿，來春祈穀亦如之。

《明神宗實録》卷四四 "萬曆三年十一月" 條

庚子，上親視牲於南郊，幸齋宮。

《明神宗實録》卷八一"萬曆六年十一月"條

辛酉，冬至上大祀天於圜丘，免百官行慶成禮。

《明神宗實録》卷一八〇"萬曆十四年十一月"條

壬寅，上詣南郊齋宮。

癸卯，上親祀皇天於南郊，駕還，御皇極殿，百官行慶賀禮。

《明熹宗實録》卷四一"天啓三年十一月"條

丁巳朔，冬至上親祀天於圜丘，畢，還御皇極殿，文武群臣行慶成禮，免宴。

（清）秦蕙田《五禮通考》卷一九《吉禮一九·圜丘祀天》

《明史·太祖紀》：十三年正月癸卯，大祀天地於南郊。十四年正月乙未，大祀天地於南郊。十五年正月乙未，大祀天地於南郊。十六年正月乙卯，大祀天地於南郊。十七年正月丁未，大祀天地於南郊。十八年正月辛未，大祀天地於南郊。十九年正月甲子，大祀天地於南郊。二十年正月甲子，大祀天地於南郊。【略】二十一年正月辛卯，大祀天地於南郊。

《太祖紀》：二十二年正月丁亥，大祀天地於南郊。二十三年正月己卯，大祀天地於南郊。二十四年正月癸卯，大祀天地於南郊。二十五年正月乙未，大祀天地於南郊。

《太祖紀》：二十六年正月辛酉，大祀天地於南郊。

《太祖紀》：二十七年正月乙卯，大祀天地於南郊。二十八年正月丁未，大祀天地於南郊。二十九年正月壬申，大祀天地於南郊。三十年正月丙寅，大祀天地於南郊。三十一年正月壬戌，大祀天地於南郊。

（清）秦蕙田《五禮通考》卷二〇《吉禮二〇·圜丘祀天》

《明史·恭閔帝紀》：建文元年正月庚辰，大祀天地於南郊，奉太祖配。

《革朝志》，帝始郊，見上帝如歲祀之禮，歲前十二月，躬省牲於南郊，是月戊寅，御奉天殿誓戒百官，是夕宿于文華殿齋宮，己卯出舍，皇邸尚膳進素食。庚辰子夜，合祀天地，配以太祖，罷仁祖配位。

蕙田案：《明史》於二年無郊，明王圻《續文獻通考》總數惠帝郊三，有二年正月辛未，不知何據。

建文三年正月辛未，大祀天地於南郊。

《成祖紀》：建文四年七月壬午朔，大祀天地於南郊。

永樂元年正月辛卯，大祀天地於南郊。二年正月乙卯，大祀天地於南郊。三年正月庚戌，大祀天地於南郊。四年正月丁未，大祀天地於南郊。五年正月丁卯，大祀天地於南郊。六年正月辛酉，大祀天地於南郊。七年正月乙卯，大祀天地於南郊。八年正月己卯，皇太子攝祀天地於南郊。九年正月甲戌，大祀天地於南郊。十年正月丁酉，大祀天地於南郊。十一年正月辛卯，大祀天地於南郊。十五年正月丁酉，大祀天地於南郊。十八年十二月，北京郊廟宮殿成。

十九年正月甲戌，大祀天地於南郊。二十年正月辛未，大祀天地於南郊。二十一年正月乙未，大祀天地於南郊。二十二年正月戊子，大祀天地於南郊。

《仁宗紀》：洪熙元年正月丙戌，大祀天地於南郊，以太祖太宗配。

《宣宗紀》：宣德元年正月丁未，大祀天地於南郊。二年正月庚子，大祀天地於南郊。三年正月甲午，大祀天地於南郊。四年正月己未，大祀天地於南郊。五年正月癸丑，大祀天地於南郊。六年正月丁丑，大祀天地於南郊。七年正月癸酉，大祀天地於南郊。

《禮志》：八年正月丁卯，大祀天地於南郊。

《明史·宣宗紀》：九年正月辛卯，大祀天地於南郊。

《英宗前紀》：正統五年正月己未，大祀天地於南郊。六年正月庚戌，大祀天地於南郊。七年正月甲戌，大祀天地於南郊。八年正月丁卯，大祀天地於南郊。九年正月辛酉，大祀天地於南郊。十年正月丙戌，大祀天地於南郊。十一年正月己卯，大祀天地於南郊。十二年正月癸酉，大祀天地於南郊。十三年正月丁酉，大祀天地於南郊。十四年正月甲子，大祀天地於南郊。

《景帝紀》：景泰元年正月丙戌，大祀天地於南郊。二年正月庚戌，大祀天地於南郊。三年正月丙午，大祀天地於南郊。四年正月辛未，大祀天地於南郊。五年正月甲子，大祀天地於南郊。六年正月戊午，大祀天地於南郊。七年正月壬午，大祀天地於南郊。

《英宗後紀》：大順二年正月甲戌，大祀天地於南郊。三年正月乙未，大祀天地於南郊。四年正月丁亥，大祀天地於南郊。五年正月庚戌，大祀天地於南郊。六年正月丁未，大祀天地於南郊。七年正月丙午，大祀天地於南郊。

《憲宗紀》：成化元年正月己未，大祀天地於南郊。二年正月乙卯，大祀天地於南郊。蕙田案：明王圻《續文獻通考》數此作戊申，誤。

《世宗紀》：嘉靖元年正月己未，大祀天地於南郊。二年正月乙卯，大祀天地於南郊。

三年正月丁丑，大祀天地於南郊。四年正月辛未，大祀天地於南郊。五年正月乙未，大祀天地於南郊。六年正月己丑，大祀天地於南郊。

七年正月丙戌，大祀天地於南郊。八年正月庚戌，大祀天地於南郊。九年正月丁酉，大祀天地於南郊，五月己亥，更建四郊。

《明史·世宗紀》：十一月己酉，祀昊天上帝於南郊，禮成，大赦。

《世宗紀》：十年十一月甲寅，祀天於南郊。十一年十一月庚申，祀天於南郊。

《明史·世宗紀》：十三年十一月庚午，祀天於南郊。十四年十一月乙亥，祀天於南郊。十五年十一月辛巳，祀天於南郊。

《明史·世宗紀》：十七年十一月辛卯，祀天於南郊，詔赦天下。

《世宗紀》：十八年十一月丙申，祀天於南郊。

《穆宗紀》：隆慶元年十一月癸亥，祀天於圜丘。

《明史・穆宗紀》：二年十一月戊寅，祀天於圜丘。三年十一月甲戌，祀天於圜丘。四年十一月己卯。祀天於圜丘。

《明史・神宗紀》：萬曆三年十一月乙巳，祀天於南郊。

《明史・神宗紀》：萬曆六年十一月辛酉，祀天於南郊。十四年十一月癸卯，祀天於南郊。三十三年四月庚子，雷擊圜丘望燈高杆。

《熹宗紀》：天啓三年十一月丁巳朔，祀天於南郊。

《莊烈帝紀》：崇禎元年十一月癸未，祀天於南郊。八年十一月庚申，祀天於南郊。十二年十一月辛巳，祀天於南郊。十三年十一月丁亥，祀天於南郊。十六年十一月壬寅，祀天於南郊。

（清）秦蕙田《五禮通考》卷二一《吉禮二一・祈穀》

《世宗紀》：嘉靖十一年春正月辛未，祈穀於圜丘，始命武定侯郭勛攝事。

十七年春正月壬寅，帝祈穀於大祀殿。十八年改行於大内之元極寶殿，不奉配，遂爲定制。

《莊烈帝紀》：崇禎十四年春正月辛巳，祈穀於南郊。

十五年正月，行祈穀禮。上辛即在朔日辛未，禮部以朝賀不便，疏請改十一日辛巳爲中辛，得旨改中辛日行禮。

（清）秦蕙田《五禮通考》卷二三《吉禮二三・大雩》

《明史・禮志》：洪武二年，太祖以春久不雨祈告諸神祇。

《通鑑綱目三編》：洪武三年五月，旱。六月，帝親禱於山川壇。越五日，雨。帝齋於西廡，皇后躬執爨爲農家食，太子諸王躬饋於齋所，帝素服草屨，徒步詣壇，席槀曝日，中夜臥於地，凡三日，詔省獄囚，命有司訪求通經術、深明治道者。越五日，大雨。

《宣宗實録》：洪熙元年七月，宣宗已即位，以久雨，遣官祭大小青龍之神，自後每歲旱輒遣官致禱。

宣德三年四月，旱，遣成國公朱勇祭大小青龍之神。

《英宗實録》：正統四年六月，以京畿水災祭告天地。

《明史・禮志》：九年三月，雨雪愆期，遣官祭天地社稷神祇諸壇。

《景帝紀》：景泰六年五月，禱雨於南郊。

《憲宗紀》：成化六年二月，禱雨於郊壇。八年四月，京師久旱，運河水涸，遣官禱於郊社山川淮瀆東海之神。二十三年五月，旱，遣使分禱天下山川。

《禮志》：孝宗弘治十七年五月，畿内山東久旱，遣官祭告天壽山，分命各巡撫祭告北岳、北鎮、東岳、東鎮、東海。

《武宗紀》：正德五年三月，禱雨。

《世宗紀》：嘉靖八年二月，旱，禱於南郊及山川社稷。

《明會典》：嘉靖八年，春祈雨，冬祈雪，皆御製祝文，躬祀南郊及山川壇，次日祀社稷壇，冠服淺色，鹵簿不陳，馳道不除，皆不設配，不奏樂。

《世宗實錄》：十七年四月，大雩，時將躬禱郊壇。

王圻《續通考》：十七年夏四月甲子，大雩，上躬禱雨，製祝文爇之，不應，復於宮中嘿禱。己巳，大雨霑足，群臣表賀。四十三年夏四月，大雩，祈得雨，表賀。

《明會典》：神宗十三年，上親禱郊壇，却輦步行。

《明史·莊烈帝紀》：崇禎四年五月，步禱於南郊。

（二）清代祭祀記載

《世祖章皇帝實錄》卷九"順治元年冬十月"條

乙卯朔，上以定鼎燕京親詣南郊，告祭天地即皇帝位。

《世祖章皇帝實錄》卷一一"順治元年十一月"條

甲辰，以冬至行郊祀禮，預告太廟。

《世祖章皇帝實錄》卷二九"順治三年十一月"條

丁巳，冬至祀天於圜丘，上親詣行。

《世祖章皇帝實錄》卷三五"順治四年十一月"條

癸亥，冬至祀天於圜丘，上親詣行禮。

《世祖章皇帝實錄》卷四一"順治五年十一月"條

乙丑，以奉太祖配天、四祖入廟遣官祭告天地、太廟、社稷。

戊辰，冬至祀天於圜丘，奉太祖武皇帝配享。

《世祖章皇帝實錄》卷四六"順治六年十一月"條

癸酉，冬至節祀天於圜丘，遣固山貝子鞏阿岱行禮。

《世祖章皇帝實錄》卷五一"順治七年十一月"條

戊寅，冬至祀天於圜丘，上親詣行禮。

《世祖章皇帝實錄》卷六一"順治八年冬十月"條

甲子，先是，禮部言十一月初十日冬至應大祀圜丘。【略】得旨：天壇遣官代祀。

甲申，冬至祀天於圜丘，遣禮部尚書阿哈尼堪行禮。

《世祖章皇帝實錄》卷七〇"順治九年十一月"條

己丑，冬至祀天於圜丘，上親詣行禮。

《世祖章皇帝實錄》卷七九"順治十年十一月"條

癸巳朔甲午，冬至祀天於圜丘，上親詣行禮。

《世祖章皇帝實録》卷八七"順治十一年十一月"條

己亥，冬至祀天於圜丘，上親詣行禮。

《世祖章皇帝實録》卷八八"順治十二年春正月"條

丙午，以起造乾清、景仁、承乾、永壽四宮，遣内大臣伯索尼祭告圜丘。

《世祖章皇帝實録》卷九五"順治十二年十一月"條

乙巳，冬至祀天於圜丘，遣公額爾克戴青行禮。

己酉，遣大學士車克祭告圜丘。

《世祖章皇帝實録》卷一〇四"順治十三年十一月"條

庚戌，冬至祀天於圜丘，上親詣行禮。

《世祖章皇帝實録》卷一〇八"順治十四年三月"條

甲辰朔，以奉太宗文皇帝配享圜丘及祈穀壇，上親詣犧牲所視牲，畢，回宮。

戊申，上宿於齋宮，是日閲視壇儀。

己酉，上奉太宗文皇帝神位配享圜丘及祈穀壇，行奉安神位禮，一切祀典如太祖配享儀。

《世祖章皇帝實録》卷一〇九"順治十四年夏四月"條

辛卯，上素服親詣圜丘、社稷壇，遣公愛星阿詣方澤、尚書胡世安詣天神壇、侍郎祁徹白詣地祇壇祈雨。祭未畢，大雨如注。

《世祖章皇帝實録》卷一一三"順治十四年十一月"條

乙卯，冬至祀天於圜丘，遣公愛星阿行禮。

《世祖章皇帝實録》卷一一四"順治十五年春正月"條

戊午，上以皇太后聖體康豫，躬祀圜丘。

《世祖章皇帝實録》卷一二一"順治十五年十一月"條

庚申，冬至節祀天於圜丘，遣公額爾克戴青行禮。

《世祖章皇帝實録》卷一二六"順治十六年五月"條

己卯，以久雨祈晴，遣官祭圜丘、方澤、社稷天神地祇。

《世祖章皇帝實録》卷一三〇"順治十六年十一月"條

丙寅，冬至節祀天於圜丘，遣固山貝子温齊行禮。

《世祖章皇帝實録》卷一三五"順治十七年五月"條

庚辰，祈雨，遣官祭告圜丘、方澤、社稷天神地祇。

《世祖章皇帝實録》卷一三七"順治十七年六月"條

戊戌，上以禱雨，祀天於圜丘。

《世祖章皇帝實録》卷一三八"順治十七年秋七月"條

辛酉，以甘霖應禱，祭天於圜丘，遣都統輔國公穆臣行禮。

《世祖章皇帝實録》卷一四二"順治十七年十一月"條

辛未，冬至節祀天於圜丘，遣固山貝子顧爾瑪洪行禮。

《聖祖仁皇帝實録》卷五"順治十八年十一月"條

丙子朔，冬至祀天於圜丘，上親詣行禮。

《聖祖仁皇帝實録》卷七"康熙元年十一月"條

辛巳，冬至祀天於圜丘，上親詣行禮。

《聖祖仁皇帝實録》卷一〇"康熙二年十一月"條

乙酉，冬至祀天於圜丘，上親詣行禮。

《聖祖仁皇帝實録》卷一三"康熙三年十一月"條

壬辰，冬至祀天於圜丘，上親詣行禮。

《聖祖仁皇帝實録》卷一七"康熙四年十一月"條

丁酉，冬至祀天於圜丘，上親詣行禮。

《聖祖仁皇帝實録》卷二〇"康熙五年十一月"條

壬寅，冬至祀天於圜丘，上親詣行禮。

《聖祖仁皇帝實録》卷二四"康熙六年十一月"條

丙午，以恭奉世祖章皇帝配天，遣官告祭天地、太廟、社稷。

丁未，冬至祀天於圜丘，恭奉世祖章皇帝配享，上親詣行禮，恭捧世祖章皇帝神位奉安於上帝神位之左，太祖高皇帝神位之次。

《聖祖仁皇帝實録》卷二七"康熙七年十一月"條

癸丑，冬至祀天於圜丘，上親詣行禮。

《聖祖仁皇帝實録》卷三一"康熙八年十一月"條

戊午，冬至祀天於圜丘，上親詣行禮。

《聖祖仁皇帝實録》卷三四"康熙九年九月"條

癸亥，冬至祀天於圜丘，上親詣行禮。

《聖祖仁皇帝實録》卷三七"康熙十年十一月"條

戊辰，冬至祀天於圜丘，上親詣行禮。

《聖祖仁皇帝實録》卷四〇"康熙十一年十一月"條

甲戌，冬至祀天於圜丘，上親詣行禮。

《聖祖仁皇帝實録》卷四四"康熙十二年十一月"條

己卯，冬至祀天於圜丘，上親詣行禮。

《聖祖仁皇帝實録》卷五〇"康熙十三年十一月"條

甲申，冬至祀天於圜丘，上親詣行禮。

《聖祖仁皇帝實録》卷五八"康熙十四年十一月"條

己丑，冬至祀天於圜丘，上親詣行禮。

《聖祖仁皇帝實錄》卷六四 "康熙十五年十一月" 條

乙未，冬至祀天於圜丘，上親詣行禮。

《聖祖仁皇帝實錄》卷七〇 "康熙十六年十一月" 條

庚子，冬至祀天於圜丘，上親詣行禮。

《聖祖仁皇帝實錄》卷七八 "康熙十七年十一月" 條

乙巳，冬至祀天於圜丘，上親詣行禮。

《聖祖仁皇帝實錄》卷八六 "康熙十八年十一月" 條

庚戌，冬至祀天於圜丘，上親詣行禮。

《聖祖仁皇帝實錄》卷九三 "康熙十九年十一月" 條

丙辰朔，冬至祀天於圜丘，上親詣行禮。

《聖祖仁皇帝實錄》卷九八 "康熙二十年十一月" 條

辛酉，冬至祀天於圜丘，上親詣行禮。

《聖祖仁皇帝實錄》卷一〇六 "康熙二十一年十一月" 條

丙寅，冬至祀天於圜丘，上親詣行禮。

《聖祖仁皇帝實錄》卷一一三 "康熙二十二年十一月" 條

辛未，冬至祀天於圜丘，上親詣行禮。

《聖祖仁皇帝實錄》卷一一七 "康熙二十三年甲十一月" 條

丁丑，冬至祀天於圜丘，遣都統侯巴渾德行禮。

《聖祖仁皇帝實錄》卷一二三 "康熙二十四年十一月" 條

辛巳，冬至祀天於圜丘，上親詣行禮。

《聖祖仁皇帝實錄》卷一二八 "康熙二十五年十一月" 條

丁亥，冬至祀天於圜丘，上親詣行禮。

《聖祖仁皇帝實錄》卷一三一 "康熙二十六年十一月" 條

壬辰，冬至祀天於圜丘，上親詣行禮。

《聖祖仁皇帝實錄》卷一三七 "康熙二十七年十一月" 條

戊戌，冬至祀天於圜丘，上親詣行禮。

《聖祖仁皇帝實錄》卷一四三 "康熙二十八年十一月" 條

癸卯，冬至祀天於圜丘，上親詣行禮。

《聖祖仁皇帝實錄》卷一四九 "康熙二十九年十一月" 條

戊申，冬至祀天於圜丘，上親詣行禮。

《聖祖仁皇帝實錄》卷一五三 "康熙三十年十一月" 條

癸丑，冬至祀天於圜丘，遣領侍衛內大臣公福善行禮。

《聖祖仁皇帝實錄》卷一五七 "康熙三十一年十一月" 條

己未，冬至祀天於圜丘，上親詣行禮。

《聖祖仁皇帝實錄》卷一六一 "康熙三十二年十一月" 條

甲子，冬至祀天於圜丘，上親詣行禮。

《聖祖仁皇帝實錄》卷一六五 "康熙三十三年十一月" 條

己巳，冬至祀天於圜丘，遣領侍衛內大臣公舅舅佟國維行禮。

《聖祖仁皇帝實錄》卷一六九 "康熙三十四年十一月" 條

甲戌，冬至祀天於圜丘，遣領侍衛內大臣公福善行禮。

《聖祖仁皇帝實錄》卷一七八 "康熙三十五年十一月" 條

庚辰，冬至祀天於圜丘，遣皇太子允礽行禮。

《聖祖仁皇帝實錄》卷一八六 "康熙三十六年十一月" 條

乙酉，冬至祀天於圜丘，上親詣行。

《聖祖仁皇帝實錄》卷一九一 "康熙三十七年十一月" 條

庚寅，冬至祀天於圜丘，上親詣行禮。

《聖祖仁皇帝實錄》卷一九六 "康熙三十八年十一月" 條

乙未朔，冬至祀天於圜丘，上親詣行禮。

《聖祖仁皇帝實錄》卷二〇二 "康熙三十九年十一月" 條

辛丑，冬至祀天於圜丘，上親詣行禮。

《聖祖仁皇帝實錄》卷二〇六 "康熙四十年十一月" 條

丙午，冬至祀天於圜丘，遣皇太子允礽行禮。

《聖祖仁皇帝實錄》卷二一〇 "康熙四十一年十一月" 條

辛亥，冬至祀天於圜丘遣領侍衛內大臣公坡爾盆行禮。

《聖祖仁皇帝實錄》卷二一四 "康熙四十二年十一月" 條

乙卯，上駐蹕臨潼縣溫泉，遣官祭漢文帝陵。

丙辰，冬至祀天於圜丘，遣領侍衛內大臣宗室鄂飛行禮。

《聖祖仁皇帝實錄》卷二一八 "康熙四十三年十一月" 條

壬戌，冬至祀天於圜丘，上親詣行禮。

《聖祖仁皇帝實錄》卷二二三 "康熙四十四年十一月" 條

丁卯，冬至祀天於圜丘，遣皇太子允礽行禮。

《聖祖仁皇帝實錄》卷二二七 "康熙四十五年十一月" 條

壬申，冬至祀天於圜丘，遣皇太子允礽行禮。

《聖祖仁皇帝實錄》卷二三一 "康熙四十六年十一月" 條

丁丑，冬至祀天於圜丘，上親詣行禮。

《聖祖仁皇帝實錄》卷二三五 "康熙四十七年戊十一月" 條

壬午，冬至祀天於圜丘，遣領侍衛內大臣公阿靈阿行禮。

《聖祖仁皇帝實錄》卷二四〇"康熙四十八年十一月"條

戊子，冬至祀天於圜丘，遣領侍衛內大臣公阿靈阿行禮。

《聖祖仁皇帝實錄》卷二四四"康熙四十九年十一月"條

癸巳，冬至祀天於圜丘，上親詣行禮。

《聖祖仁皇帝實錄》卷二四八"康熙五十年十一月"條

戊戌，冬至祀天於圜丘，上親詣行禮。

《聖祖仁皇帝實錄》卷二五二"康熙五十一年十一月"條

癸卯，冬至祀天於圜丘，上親詣行禮。次日停止朝賀。

《聖祖仁皇帝實錄》卷二五七"康熙五十二年十一月"條

己酉，冬至祀天於圜丘，上親詣行禮。停止次日朝賀。

《聖祖仁皇帝實錄》卷二六一"康熙五十三年十一月"條

甲寅，冬至祀天於圜丘，上親詣行禮。奏上新定樂律。

《聖祖仁皇帝實錄》卷二六六"康熙五十四年十一月"條

己未，冬至祀天於圜丘，上親詣行禮。用御定雅樂。停止次日朝賀。

《聖祖仁皇帝實錄》卷二七〇"康熙五十五年十一月"條

甲子，冬至祀天於圜丘，上親詣行禮。停止次日朝賀。

《聖祖仁皇帝實錄》卷二七五"康熙五十六年十一月"條

庚午，冬至祀天於圜丘，遣領侍衛內大臣公馬爾賽行禮。

《聖祖仁皇帝實錄》卷二八二"康熙五十七年十一月"條

乙亥朔，冬至祀天於圜丘，遣領侍衛內大臣公馬爾賽行禮。

《聖祖仁皇帝實錄》卷二八六"康熙五十八年十一月"條

庚辰，冬至祀天於圜丘，上親往，先拜畢，命皇三子和碩誠親王允祉行禮。

《聖祖仁皇帝實錄》卷二九〇"康熙五十九年十一月"條

乙酉，冬至祀天於圜丘，遣領侍衛內大臣公馬爾賽行禮。

《聖祖仁皇帝實錄》卷二九五"康熙六十年十一月"條

辛卯，冬至節祀天於圜丘遣皇四子和碩雍親王胤禛行禮。

《聖祖仁皇帝實錄》卷三〇〇"康熙六十一年十一月"條

庚寅，上因聖躬不豫，十五日南郊大祀，特命皇四子和碩雍親王胤禛恭代。皇四子胤禛以聖體違和，懇求侍奉左右。上諭曰，郊祀上帝，朕躬不能親往，特命爾恭代齋戒大典，必須誠敬嚴恪，爾爲朕虔誠展祀可也。皇四子胤禛遵旨於齋所致齋。

甲午，丑刻，上疾大漸，命趣召皇四子於齋所，諭令速至。南郊祀典，著派公吳爾占恭代。

《世宗憲皇帝實錄》卷一三"雍正元年十一月"條

辛丑，冬至祀天於圜丘，恭奉聖祖仁皇帝配享，上親詣行禮，恭捧聖祖仁皇帝神位奉安於上帝神位之右，太宗文皇帝神位之次。

《世宗憲皇帝實録》卷二六"雍正二年十一月"條

丙午，冬至祀天於圜丘，上親詣行禮。

《世宗憲皇帝實録》卷三八"雍正三年十一月"條

壬子，冬至祀天於圜丘，上親詣行禮。

《世宗憲皇帝實録》卷六三"雍正五年十一月"條

壬戌，冬至祀天於圜丘，上親詣行禮。

《世宗憲皇帝實録》卷七五"雍正六年十一月"條

丁卯，冬至祀天於圜丘，上親詣行禮。停止次日朝賀。

《世宗憲皇帝實録》卷一〇〇"雍正八年十一月"條

戊寅，冬至祀天於圜丘，遣裕親王廣禄行禮。停止次日朝賀。

《世宗憲皇帝實録》卷一一二"雍正九年十一月"條

癸未，冬至祀天於圜丘，上親詣行禮。停止次日朝賀。

《世宗憲皇帝實録》卷一二五"雍正十年十一月"條

戊子，冬至祀天於圜丘，上親詣行禮。停止次日朝賀。

《世宗憲皇帝實録》卷一三七"雍正十一年十一月"條

甲午，冬至祀天於圜丘，上親詣行禮。停止次日朝賀。

《世宗憲皇帝實録》卷一四九"雍正十二年十一月"條

己亥，冬至祀天於圜丘，上親詣行禮。停止次日朝賀。

《高宗純皇帝實録》卷六"雍正十三年十一月"條

甲辰，冬至祀天於圜丘，遣顯親王衍潢恭代行禮。

《高宗純皇帝實録》卷三一"乾隆元年十一月"條

丙午，是日起，上以冬至祀天於圜丘，齋戒三日。

己酉，冬至祀天於圜丘，上親詣行禮。【略】停次日朝賀。

《高宗純皇帝實録》卷四〇"乾隆二年夏四月"條

辛未，是日起，上以祀天於圜丘，齋戒三日。

《高宗純皇帝實録》卷四一"乾隆二年四月"條

甲戌，大祀天於圜丘，恭奉世宗憲皇帝配享。

《高宗純皇帝實録》卷五五"乾隆二年十月"條

壬子，是日起，上以冬至祀天於圜丘，齋戒三日。

《高宗純皇帝實録》卷五六"乾隆二年十一月"條

甲寅朔，冬至祀天於圜丘，上親詣行禮。【略】停次日朝賀。

《高宗純皇帝實録》卷八〇"乾隆三年十一月"條

丁巳，是日起，上以冬至祀天於圜丘，齋戒三日。

庚申，冬至祀天於圜丘，上親詣行禮。

《高宗純皇帝實錄》卷一〇五"乾隆四年十一月"條

壬戌，是日起，上以冬至祀天於圜丘，齋戒三日。

乙丑，冬至祀天於圜丘，上親詣行禮。

《高宗純皇帝實錄》卷一二九"乾隆五年十月"條

丁卯，是日起，上以冬至祀天於圜丘，齋戒三日。

《高宗純皇帝實錄》卷一五四"乾隆六年十一月"條

癸酉，是日起，上以冬至祀天於圜丘，齋戒三日。

丙子，冬至祀天於圜丘，上親詣行禮。

《高宗純皇帝實錄》卷一七九"乾隆七年十一月"條

戊寅，是日起，上以冬至祀天於圜丘，齋戒三日。

《高宗純皇帝實錄》卷二〇四"乾隆八年十一月"條

癸未，是日起，上以冬至祀天於圜丘，齋戒三日。

丙戌，冬至祀天於圜丘，上親詣行禮。

《高宗純皇帝實錄》卷二一四"乾隆九年夏四月"條

壬子，是日起上以初舉常雩，祀天於圜丘，齋戒三日。

甲寅，上詣南郊齋宮齋宿。

乙卯，常雩，祀天於圜丘，上親詣行禮。

《高宗純皇帝實錄》卷二二八"乾隆九年十一月"條

戊子，是日起，上以冬至祀天於圜丘，齋戒三日。

《高宗純皇帝實錄》卷二二九"乾隆九年十一月"條

辛卯，冬至祀天於圜丘，上親詣行禮。

《高宗純皇帝實錄》卷二三八"乾隆十年夏四月"條

壬子，是日起，上以常雩祀天於圜丘，齋戒三日。

甲寅，上詣南郊齋宮齋宿。

乙卯，常雩，祀天於圜丘，上親詣行禮。

《高宗純皇帝實錄》卷二五三"乾隆十年十一月"條

癸巳，是日起，上以冬至祀天於圜丘，齋戒三日。

丙申，冬至祀天於圜丘，上親詣行禮。

《高宗純皇帝實錄》卷二六四"乾隆十一年夏四月"條

癸酉，是日起，上以常雩祀天於圜丘，齋戒三日。

丙子，常雩，祀天於圜丘，上親詣行禮。

《高宗純皇帝實錄》卷二七八"乾隆十一年十一月"條

己亥，是日起，上以冬至祀天於圜丘，齋戒三日。

壬寅，冬至祀天於圜丘，上親詣行禮。

《高宗純皇帝實錄》卷二八八 "乾隆十二年夏四月" 條

壬戌，是日起，上以常雩祀天於圜丘，齋戒三日。

乙丑，常雩，祀天於圜丘，上親詣行禮。

《高宗純皇帝實錄》卷三〇三 "乾隆十二年十一月" 條

甲辰，上以冬至祀天於圜丘，是日起，齋戒三日。

丙午，上以南郊齋宮齋宿。

丁未，冬至祀天於圜丘，上親詣行禮。

《高宗純皇帝實錄》卷三一三 "乾隆十三年四月" 條

庚辰，常雩祀天於圜丘，遣恒親王弘晊恭代行禮。

《高宗純皇帝實錄》卷三二七 "乾隆十三年十月" 條

己酉，是日起，上以冬至祀天於圜丘，齋戒三日。

乾隆十三年十一月壬子，冬至祀天於圜丘，上親詣行禮。

《高宗純皇帝實錄》卷三三七 "乾隆十四年三月" 條

丁丑，是日起，上以常雩祀天於圜丘，齋戒三日。

《高宗純皇帝實錄》卷三三八 "乾隆十四年夏四月" 條

庚辰，常雩祀天於圜丘，上親詣行禮。

《高宗純皇帝實錄》卷三五二 "乾隆十四年十一月" 條

甲寅，是日起，上以冬至祀天於圜丘，齋戒三日。

丙辰，上詣南郊齋宮齋宿。

丁巳，冬至祀天於圜丘，上親詣行禮。

《高宗純皇帝實錄》卷三六二 "乾隆十五年夏四月" 條

癸酉朔，是日起，上以常雩祀天於圜丘，齋戒三日。

丙子，常雩祀天於圜丘，上親詣行禮。

《高宗純皇帝實錄》卷三七七 "乾隆十五年庚十一月" 條

庚申，是日起，上以冬至祀天於圜丘，齋戒三日。

壬戌，上詣南郊齋宮齋宿。

癸亥，冬至祀天於圜丘，上親詣行禮。

《高宗純皇帝實錄》卷三八七 "乾隆十六年四月" 條

己丑，常雩祀天於圜丘，遣履親王允裪恭代行禮。

《高宗純皇帝實錄》卷四〇二 "乾隆十六年十一月" 條

乙丑，是日起，上以冬至祀天於圜丘，齋戒三日。

丁卯，上詣南郊齋宮齋宿。

戊辰，冬至祀天於圜丘，上親詣行禮。

《高宗純皇帝實錄》卷四一二 "乾隆十七年夏四月" 條

乙未，是日起，上以常雩祀天於圜丘，齋戒三日。

丁酉，上詣南郊齋宮齋宿。

戊戌，常雩，祀天於圜丘，上親詣行禮。

《高宗純皇帝實錄》卷四二六 "乾隆十七年十一月" 條

庚午，是日起，上以冬至祀天於圜丘，齋戒三日。

壬申，上詣南郊齋宮齋宿。

《高宗純皇帝實錄》卷四二七 "乾隆十七年十一月" 條

癸酉，冬至祀天於圜丘，上親詣行禮。

《高宗純皇帝實錄》卷四三六 "乾隆十八年夏四月" 條

戊子，是日起，上以常雩祀天於圜丘，齋戒三日。

庚寅，上詣南郊齋宮齋宿。

辛卯，常雩，祀天於圜丘，上親詣行禮。

《高宗純皇帝實錄》卷四五一 "乾隆十八年十一月" 條

乙亥，是日起，上以冬至祀天於圜丘，齋戒三日。

丁丑，上詣南郊齋宮齋宿。

戊寅，冬至祀天於圜丘，上親詣行禮。

《高宗純皇帝實錄》卷四六〇 "乾隆十九年夏四月" 條

壬午，是日起，上以常雩祀天於圜丘，齋戒三日。

甲申，上詣南郊齋宮齋宿。

乙酉，常雩，祀天於圜丘，上親詣行禮。

《高宗純皇帝實錄》卷四七六 "乾隆十九年十一月" 條

辛巳，是日起，上以冬至祀天於圜丘，齋戒三日。

癸未，上詣南郊齋宮齋宿。

甲申，冬至祀天於圜丘，上親詣行禮。

《高宗純皇帝實錄》卷四八六 "乾隆二十年夏四月" 條

丙午，是日起，上以常雩祀天於圜丘，齋戒三日。

戊申，上詣南郊齋宮齋宿。

己酉，常雩，祀天於圜丘，上親詣行禮。

《高宗純皇帝實錄》卷五〇一 "乾隆二十年十一月" 條

丙戌，是日起，上以冬至祀天於圜丘，齋戒三日。

戊子，上詣南郊齋宮齋宿。

己丑，冬至祀天於圜丘，上親詣行禮。

《高宗純皇帝實録》卷五一〇 "乾隆二十一年夏四月" 條

戊戌朔，是日起，上以常雩祀天於圜丘，齋戒三日。

庚子，上詣南郊齋宮齋宿。

辛丑，常雩，祀天於圜丘，上親詣行禮。

《高宗純皇帝實録》卷五二五 "乾隆二十一年十月" 條

辛卯，是日起，上以冬至祀天於圜丘，齋戒三日。

癸巳，上詣南郊齋宮齋宿。

《高宗純皇帝實録》卷五二六 "乾隆二十一年十一月" 條

甲午朔，冬至祀天於圜丘，上親詣行禮。

《高宗純皇帝實録》卷五三六 "乾隆二十二年夏四月" 條

乙丑，常雩，祀天於圜丘，遣裕親王廣禄恭代行禮。

《高宗純皇帝實録》卷五五〇 "乾隆二十二年十一月" 條

丙申，是日起，上以冬至祀天於圜丘，齋戒三日。

戊戌，上詣南郊齋宮齋宿。

己亥，冬至祀天於圜丘，上親詣行禮。

《高宗純皇帝實録》卷五六〇 "乾隆二十三年夏四月" 條

戊午，是日起，上以常雩祀天於圜丘，齋戒三日。

庚申，上詣南郊齋宮齋宿。

辛酉，常雩，祀天於圜丘，上親詣行禮。

《高宗純皇帝實録》卷五七五 "乾隆二十三年十一月" 條

壬寅，是日起，上以冬至祀天於圜丘，齋戒三日。

甲辰，上詣南郊齋宮齋宿。

乙巳，冬至祀天於圜丘，上親詣行禮。

《高宗純皇帝實録》卷五八四 "乾隆二十四年夏四月" 條

甲寅，是日起，上以常雩祀天於圜丘，齋戒三日。

丙辰，上詣南郊齋宮齋宿。

丁巳，常雩，祀天於圜丘，上步詣行禮。

《高宗純皇帝實録》卷五八八 "乾隆二十四年六月" 條

丁巳，是日起，上以大雩祀天於圜丘，齋戒三日。

己未，上詣南郊齋宮齋宿。

《高宗純皇帝實録》卷六〇〇 "乾隆二十四年十一月" 條

丁未朔，上以冬至祀天於圜丘，是日起，齋戒三日。

己酉，上詣南郊齋宮齋宿。

庚戌，冬至祀天於圜丘，上親詣行禮。

《高宗純皇帝實錄》卷六一〇"乾隆二十五年夏四月"條

庚辰，上詣南郊齋宮齋宿。

辛巳，常雩，祀天於圜丘，上親詣行禮。

《高宗純皇帝實錄》卷六二四"乾隆二十五年十一月"條

壬子，上以冬至祀天於圜丘，是日起，齋戒三日。

甲寅，上詣南郊齋宮齋宿。

乙卯，冬至祀天於圜丘，上親詣行禮。

《高宗純皇帝實錄》卷六三四"乾隆二十六年夏四月"條

癸酉，是日起，上以常雩祀天於圜丘，齋戒三日。

乙亥，上詣南郊齋宮齋宿。

丙子，常雩，祀天於圜丘，上親詣行禮。

《高宗純皇帝實錄》卷六四九"乾隆二十六年十一月"條

丁巳，是日起，上以冬至祀天於圜丘，是日起，齋戒三日。

己未，上詣南郊齋宮齋宿。

庚申，冬至祀天於圜丘，上親詣行禮。

《高宗純皇帝實錄》卷六五八"乾隆二十七年夏四月"條

庚午，常雩，祀天於圜丘，遣裕親王廣禄恭代行禮。

《高宗純皇帝實錄》卷六七四"乾隆二十七年十一月"條

癸亥，上以冬至祀天於圜丘，是日起，齋戒三日。

乙丑，上詣南郊齋宮齋宿。

丙寅，冬至祀天於圜丘，上親詣行禮。

《高宗純皇帝實錄》卷六八四"乾隆二十八年夏四月"條

戊子朔，是日起，上以常雩祀天於圜丘，齋戒三日。

庚寅，上詣南郊齋宮齋宿。

辛卯，常雩，祀天於圜丘，上親詣行禮。

《高宗純皇帝實錄》卷六九九"乾隆二十八年十一月"條

庚午，上詣南郊齋宮齋宿。

辛未，冬至祀天於圜丘，上親詣行禮。

《高宗純皇帝實錄》卷七〇八"乾隆二十九年夏四月"條

乙酉，是日起，上以常雩祀天於圜丘，齋戒三日。

丁亥，上詣南郊齋宮齋宿。

戊子，常雩，祀天於圜丘，上親詣行禮。

《高宗純皇帝實錄》卷七二三"乾隆二十九年十一月"條

癸酉，是日起，上以冬至祀天於圜丘，齋戒三日。

乙亥，上詣南郊齋宮齋宿。

丙子，冬至祀天於圜丘，上親詣行禮。

《高宗純皇帝實録》卷七三四"乾隆三十年夏四月"條

己酉，常雩祀天於圜丘，遣裕親王廣禄恭代行禮。

《高宗純皇帝實録》卷七四八"乾隆三十年十一月"條

戊寅，是日起，上以冬至祀天於圜丘，齋戒三日。

庚辰，上詣南郊齋宮齋宿。

辛巳，冬至祀天於圜丘，上親詣行禮。

《高宗純皇帝實録》卷七五八"乾隆三十一年夏四月"條

庚子朔，是日起，上以常雩祀天於圜丘，齋戒三日。

壬寅，上詣南郊齋宮齋宿。

癸卯，常雩，祀天於圜丘，上親詣行禮。

《高宗純皇帝實録》卷七七三"乾隆三十一年十一月"條

甲申，上以冬至祀天於圜丘，是日起，齋戒三日。

丙戌，上詣南郊齋宮齋宿。

丁亥，冬至祀天於圜丘，上親詣行禮。

《高宗純皇帝實録》卷七八二"乾隆三十二年夏四月"條

丁酉，是日起，上以常雩祀天於圜丘，齋戒三日。

己亥，上詣南郊齋宮齋宿。

庚子，常雩，祀天於圜丘，上親詣行禮。

《高宗純皇帝實録》卷七九七"乾隆三十二年十月"條

己丑，上以冬至祀天於圜丘，是日起，齋戒三日。

《高宗純皇帝實録》卷七九八"乾隆三十二年十一月"條

辛卯朔，上詣南郊齋宮齋宿。

壬辰，冬至祀天於圜丘，上親詣行禮。

《高宗純皇帝實録》卷八〇七"乾隆三十三年三月"條

丁巳，是日起，上以常雩祀天於圜丘，齋戒三日。

《高宗純皇帝實録》卷八〇八"乾隆三十三年夏四月"條

己未，上詣南郊齋宮齋宿。

庚申，常雩，祀天於圜丘，上親詣行禮。

《高宗純皇帝實録》卷八二二"乾隆三十三年十一月"條

甲午，是日起，上以冬至祀天於圜丘，齋戒三日。

丙申，上詣南郊齋宮齋宿。

丁酉，冬至祀天於圜丘，上親詣行禮。

《高宗純皇帝實錄》卷八三一　"乾隆三十四年三月"條

壬子，是日起，上以常雩祀天於圜丘，齋戒三日。

《高宗純皇帝實錄》卷八三二　"乾隆三十四年夏四月"條

甲寅，上詣南郊齋宮齋宿。

乙卯，常雩，祀天於圜丘，上親詣行禮。

《高宗純皇帝實錄》卷八四七　"乾隆三十四年十一月"條

己亥，是日起，上以冬至祀天於圜丘，齋戒三日。

辛丑，上詣南郊齋宮齋宿。

壬寅，冬至祀天於圜丘，上親詣行禮。

《高宗純皇帝實錄》卷八五六　"乾隆三十五年夏四月"條

庚戌，上以常雩祀天於圜丘，是日起，齋戒三日。

壬子，上詣南郊齋宮齋宿。

癸丑，常雩，祀天於圜丘，上親詣行禮。

《高宗純皇帝實錄》卷八七二　"乾隆三十五年十一月"條

乙巳，是日起，上以冬至祀天於圜丘，齋戒三日。

丁未，上詣南郊齋宮齋宿。

戊申，冬至祀天於圜丘，上親詣行禮。

《高宗純皇帝實錄》卷八八二　"乾隆三十六年夏四月"條

丙子，常雩祀天於圜丘，遣裕親王廣禄恭代行禮。

《高宗純皇帝實錄》卷八九六　"乾隆三十六年十一月"條

庚戌，是日起，上以冬至祀天於圜丘，齋戒三日。

《高宗純皇帝實錄》卷八九七　"乾隆三十六年十一月"條

壬子，上詣南郊齋宮齋宿。

癸丑，冬至祀天於圜丘，上親詣行禮。

《高宗純皇帝實錄》卷九〇六　"乾隆三十七年夏四月"條

戊辰，是日起，上以常雩祀天於圜丘，齋戒三日。

庚午，上詣南郊齋宮齋宿。

辛未，常雩，祀天於圜丘，上親詣行禮。

《高宗純皇帝實錄》卷九二一　"乾隆三十七年十一月"條

乙卯，是日起，上以冬至祀天於圜丘，齋戒三日。

丁巳，上詣南郊齋宮齋宿。

戊午，冬至祀天於圜丘，上親詣行禮。

《高宗純皇帝實錄》卷九三二　"乾隆三十八年夏四月"條

辛卯，是日起，上以常雩祀天於圜丘，齋戒三日。

癸巳，上詣南郊齋宮齋宿。

甲午，常雩，祀天於圜丘，上親詣行禮。

《高宗純皇帝實錄》卷九四六"乾隆三十八年十一月"條

庚申，是日起，上以冬至祀天於圜丘，齋戒三日。

壬戌，上詣南郊齋宮齋宿。

癸亥，冬至祀天於圜丘，上親詣行禮。

《高宗純皇帝實錄》卷九五六"乾隆三十九年夏四月"條

癸未朔，是日起，上以常雩祀天於圜丘，齋戒三日。

乙酉，上詣南郊齋宮齋宿。

丙戌，常雩，祀天於圜丘，上親詣行禮。

《高宗純皇帝實錄》卷九七一"乾隆三十九年十一月"條

丙寅，是日起，上以冬至祀天於圜丘，齋戒三日。

戊辰，上詣南郊齋宮齋宿。

己巳，冬至祀天於圜丘，上親詣行禮。

《高宗純皇帝實錄》卷九八〇"乾隆四十年夏四月"條

辛巳，是日起，上以常雩祀天於圜丘，齋戒三日。

癸未，上詣南郊齋宮齋宿。

甲申，常雩，祀天於圜丘，上親詣行禮。

《高宗純皇帝實錄》卷九九五"乾隆四十年閏十月"條

辛未，是日起，上以冬至祀天於圜丘，齋戒三日。

癸酉，上詣南郊齋宮齋宿。

《高宗純皇帝實錄》卷九九六"乾隆四十年十一月"條

甲戌朔，冬至祀天於圜丘，上親詣行禮。

《高宗純皇帝實錄》卷一〇〇六"乾隆四十一年夏四月"條

丁未，常雩，祀天於圜丘，遣履郡王永珹恭代行禮。

《高宗純皇帝實錄》卷一〇二〇"乾隆四十一年十一月"條

丙子，是日起，上以冬至祀天於圜丘，齋戒三日。

戊寅，上詣南郊齋宮齋宿。

己卯，冬至祀天於圜丘，上親詣行禮。

《高宗純皇帝實錄》卷一〇三〇"乾隆四十二年夏四月"條

辛丑，常雩，祀天於圜丘，遣簡親王積哈納恭代行禮。

《高宗純皇帝實錄》卷一〇四五"乾隆四十二年十一月"條

辛巳，是日起，上以冬至祀天於圜丘，齋戒三日。

癸未，上詣南郊齋宮齋宿。

甲申，冬至祀天於圜丘，上親詣行禮。

《高宗純皇帝實錄》卷一〇五四"乾隆四十三年夏四月"條

甲午，是日起，上以常雩祀天於圜丘，齋戒三日。

丙申，上詣南郊齋宮齋宿。

丁酉，常雩，祀天於圜丘，上親詣行禮。

《高宗純皇帝實錄》卷一〇七〇"乾隆四十三年十一月"條

丁亥朔，是日起，上以冬至祀天於圜丘，齋戒三日。

己丑，上詣南郊齋宮齋宿。

庚寅，冬至祀天於圜丘，上親詣行禮。

《高宗純皇帝實錄》卷一〇八〇"乾隆四十四年己亥夏四月"條

戊午，是日起，上以常雩祀天於圜丘，齋戒三日。

庚申，上詣南郊齋宮齋宿。

辛酉，常雩，祀天於圜丘，上親詣行禮。

《高宗純皇帝實錄》卷一〇九四"乾隆四十四年十一月"條

壬辰，是日起，上以冬至祀天於圜丘，齋戒三日。

甲午，上詣南郊齋宮齋宿。

乙未，冬至祀天於圜丘，上親詣行禮。

《高宗純皇帝實錄》卷一一〇四"乾隆四十五年夏四月"條

乙卯，常雩祀天於圜丘，遣誠親王　暢恭代行禮。

《高宗純皇帝實錄》卷一一一九"乾隆四十五年十一月"條

丁酉，是日起，上以冬至祀天於圜丘，齋戒三日。

己亥，上詣南郊齋宮齋宿。

庚子，冬至祀天於圜丘，上親詣行禮。

《高宗純皇帝實錄》卷一一二八"乾隆四十六年夏四月"條

丙午，是日起，上以常雩祀天於圜丘，齋戒三日。

戊申，上詣南郊齋宮齋宿。

己酉，常雩，祀天於圜丘，上親詣行禮。

《高宗純皇帝實錄》卷一一四四"乾隆四十六年十一月"條

壬寅，是日起，上以冬至祀天於圜丘，齋戒三日。

甲辰，上詣南郊齋宮齋宿。

乙巳，冬至祀天於圜丘，上親詣行禮。

《高宗純皇帝實錄》卷一一五四"乾隆四十七年夏四月"條

己巳，是日起，上以常雩祀天於圜丘，齋戒三日。

辛未，上詣南郊齋宮齋宿。

壬申，常雩，祀天於圜丘，上親詣行禮。

《高宗純皇帝實錄》卷一一六八"乾隆四十七年十一月"條

丁未，是日起，上以冬至祀天於圜丘，齋戒三日。

《高宗純皇帝實錄》卷一一六九"乾隆四十七年十一月"條

己酉，上詣南郊齋宮齋宿。

庚戌，冬至祀天於圜丘，上親詣行禮。

《高宗純皇帝實錄》卷一一七八"乾隆四十八年四月"條

甲子，上以常雩祀天於圜丘，是日起，齋戒三日。

丙寅，上詣南郊齋宮齋宿。

丁卯，常雩，祀天於圜丘，上親詣行禮。

《高宗純皇帝實錄》卷一一九三"乾隆四十八年十一月"條

癸丑，是日起，上以冬至祀天於圜丘，齋戒三日。

乙卯，上詣南郊齋宮齋宿。

丙辰，冬至祀天於圜丘，上親詣行禮。

《高宗純皇帝實錄》卷一二〇四"乾隆四十九年夏四月"條

辛卯，常雩，祀天於圜丘，遣肅親王永錫恭代行禮。

《高宗純皇帝實錄》卷一二一八"乾隆四十九年十一月"條

戊午，是日起，上以冬至祀天於圜丘，齋戒三日。

庚申，上詣南郊齋宮齋宿。

辛酉，冬至祀天於圜丘，上親詣行禮。

《高宗純皇帝實錄》卷一二二八"乾隆五十年夏四月"條

癸未，上以常雩祀天於圜丘，是日起，齋戒三日。

乙酉，上詣南郊齋宮齋宿。

丙戌，常雩，祀天於圜丘，上親詣行禮。

《高宗純皇帝實錄》卷一二四三"乾隆五十年十一月"條

癸亥，上以冬至祀天於圜丘，是日起，齋戒三日。

乙丑，上詣南郊齋宮齋宿。

丙寅，冬至祀天於圜丘，上親詣行禮。

《高宗純皇帝實錄》卷一二五二"乾隆五十一年夏四月"條

甲戌朔，是日起，上以常雩祀天於圜丘，齋戒三日。

丙子，上詣南郊齋宮齋宿。

丁丑，常雩，祀天於圜丘，上親詣行禮。

《高宗純皇帝實錄》卷一二六七"乾隆五十一年十月"條

戊辰，是日起，上以冬至祀天於圜丘，齋戒三日。

庚午，上詣南郊齋宮齋宿。

《高宗純皇帝實録》卷一二六八"乾隆五十一年十一月"條

辛未朔，冬至祀天於圜丘，上親詣行禮。

《高宗純皇帝實録》卷一二七八"乾隆五十二年夏四月"條

庚子，是日起，上以常雩祀天於圜丘，齋戒三日。

壬寅，上詣南郊齋宮齋宿。

癸卯，常雩，祀天於圜丘，上親詣行禮。

《高宗純皇帝實録》卷一二九二"乾隆五十二年十一月"條

甲戌，是日起，上以冬至祀天於圜丘，齋戒三日。

丙子，上詣南郊齋宮齋宿。

丁丑，冬至祀天於圜丘，上親詣行禮。

《高宗純皇帝實録》卷一三〇二"乾隆五十三年夏四月"條

乙未，是日起，上以常雩祀天於圜丘，齋戒三日。

丁酉，上詣南郊齋宮齋宿。

戊戌，常雩，祀天於圜丘，上親詣行禮。

《高宗純皇帝實録》卷一三一七"乾隆五十三年十一月"條

己卯，是日起，上以冬至祀天於圜丘，齋戒三日。

辛巳，上詣南郊齋宮齋宿。

壬午，冬至祀天於圜丘，上親詣行禮。

《高宗純皇帝實録》卷一三二六"乾隆五十四年夏四月"條

己丑，是日起，上以常雩祀天於圜丘，齋戒三日。

辛卯，上詣南郊齋宮齋宿。

壬辰，常雩，祀天於圜丘，上親詣行禮。

《高宗純皇帝實録》卷一三四二"乾隆五十四年十一月"條

甲申，是日起，上以冬至祀天於圜丘，齋戒三日。

丙戌，上詣南郊齋宮齋宿。

丁亥，冬至祀天於圜丘，上親詣行禮。

《高宗純皇帝實録》卷一三五二"乾隆五十五年夏四月"條

丙辰，常雩，祀天於圜丘，遣儀郡王永璇恭代行禮。

《高宗純皇帝實録》卷一三六六"乾隆五十五年十一月"條

己丑，是日起，上以冬至祀天於圜丘，齋戒三日。

辛卯，上詣南郊齋宮齋宿。

《高宗純皇帝實録》卷一三六七"乾隆五十五年十一月"條

壬辰，冬至祀天於圜丘，上親詣行禮。

《高宗純皇帝實錄》卷一三七六 "乾隆五十六年夏四月" 條

丁未，是日起，上以常雩祀天於圜丘，齋戒三日。

己酉，上詣南郊齋宮齋宿。

庚戌，常雩，祀天於圜丘，上親詣行禮。

《高宗純皇帝實錄》卷一三九一 "乾隆五十六年十一月" 條

乙未，是日起，上以冬至祀天於圜丘，齋戒三日。

丁酉，上詣南郊齋宮齋宿。

戊戌，冬至祀天於圜丘，上親詣行禮。

《高宗純皇帝實錄》卷一四〇〇 "乾隆五十七年夏四月" 條

辛丑，常雩，祀天於圜丘，遣儀郡王永璇恭代行禮。

《高宗純皇帝實錄》卷一四一六 "乾隆五十七年十一月" 條

庚子，上以冬至祀天於圜丘，是日起，齋戒三日。

壬寅，上詣南郊齋宮齋宿。

癸卯，冬至祀天於圜丘，上親詣行禮。

《高宗純皇帝實錄》卷一四二六 "乾隆五十八年夏四月" 條

甲子，是日起，上以常雩祀天於圜丘，齋戒三日。

丁卯，常雩，祀天於圜丘，上親詣行禮。

《高宗純皇帝實錄》卷一四四一 "乾隆五十八年十一月" 條

乙巳，上以冬至祀天於圜丘，是日起，齋戒三日。

丁未，上詣南郊齋宮齋宿。

戊申，冬至祀天於圜丘，上親詣行禮。

《高宗純皇帝實錄》卷一四五〇 "乾隆五十九年夏四月" 條

壬戌，常雩，祀天於圜丘，遣儀郡王永璇恭代行禮。

《高宗純皇帝實錄》卷一四六五 "乾隆五十九年十一月" 條

庚戌，是日起，上以冬至祀天於圜丘，齋戒三日。

壬子，上詣南郊齋宮齋宿。

癸丑，冬至祀天於圜丘，上親詣行禮。

《高宗純皇帝實錄》卷一四七六 "乾隆六十年四月" 條

癸未，是日起，上以常雩祀天於圜丘，齋戒三日。

乙酉，上詣南郊齋宮齋宿。

丙戌，常雩，祀天於圜丘，上親詣行禮。

《高宗純皇帝實錄》卷一四九〇 "乾隆六十年十一月" 條

丙辰，是日起，上以冬至祀天於圜丘，齋戒三日。

戊午，上詣南郊齋宮齋宿。

己未，冬至祀天於圜丘，上親詣行禮。命皇太子陪祀如儀。

《仁宗睿皇帝實錄》卷四"嘉慶元年四月"條

戊寅，上以常雩祀天於圜丘，自是日始，齋戒三日。

庚辰，上詣南郊齋宮齋宿。

辛巳，常雩，祀天於圜丘，上親詣行禮。

《仁宗睿皇帝實錄》卷一一"嘉慶元年十一月"條

辛酉，上以冬至祀天於圜丘，自是日始，齋戒三日。

癸亥，上詣南郊齋宮齋宿。

甲子，冬至祀天於圜丘，上親詣行禮。

《仁宗睿皇帝實錄》卷一六"嘉慶二年夏四月"條

癸酉，上以常雩祀天於圜丘，自是日始，齋戒三日。

乙亥，上詣南郊齋宮齋宿。

丙子，常雩，祀天於圜丘，上親詣行禮。

《仁宗睿皇帝實錄》卷二四"嘉慶二年十一月"條

丙寅朔，上以冬至祀天於圜丘，自是日始，齋戒三日。

戊辰，上詣南郊齋宮齋宿。

己巳，冬至祀天於圜丘，上親詣行禮。

《仁宗睿皇帝實錄》卷二九"嘉慶三年夏四月"條

丁酉，上以常雩祀天於圜丘，自是日始，齋戒三日。

己亥，上詣南郊齋宮齋宿。

庚子，常雩，祀天於圜丘，上親詣行禮。

《仁宗睿皇帝實錄》卷三六"嘉慶三年十一月"條

辛未，上以冬至祀天於圜丘，自是日始，齋戒三日。

癸酉，上詣南郊齋宮齋宿。

甲戌，冬至祀天於圜丘，上親詣行禮。

《仁宗睿皇帝實錄》卷四二"嘉慶四年夏四月"條

甲午，常雩，祀天於圜丘，遣怡親王永琅恭代行禮。

《仁宗睿皇帝實錄》卷五五"嘉慶四年十一月"條

丁丑，上以冬至祀天於圜丘，自是日始，齋戒三日。

己卯，上詣南郊齋宮齋宿。

《仁宗睿皇帝實錄》卷六三"嘉慶五年夏四月"條

乙酉，上以常雩祀天於圜丘，自是日始，齋戒三日。

丁亥，上詣南郊齋宮齋宿。

戊子，常雩，祀天於圜丘，上親詣行禮。

《仁宗睿皇帝實錄》卷六七 "嘉慶五年十一月" 條

壬午，上以冬至祀天於圜丘，自是日始，齋戒三日。

甲申，上詣南郊齋宮齋宿。

乙酉，冬至祀天於圜丘，上親詣行禮。

《仁宗睿皇帝實錄》卷八二 "嘉慶六年夏四月" 條

癸丑，以常雩祀天於圜丘，自是日始，齋戒三日。

乙卯，上詣南郊齋宮齋宿。

丙辰，常雩，祀天於圜丘，上親詣行禮。

《仁宗睿皇帝實錄》卷九〇 "嘉慶六年十一月" 條

丁亥，上以冬至祀天於圜丘，自是日始，齋戒三日。

《仁宗睿皇帝實錄》卷九一 "嘉慶六年十一月" 條

己丑，上詣南郊齋宮齋宿。

庚寅，冬至祀天於圜丘，上親詣行禮。

《仁宗睿皇帝實錄》卷九七 "嘉慶七年夏四月" 條

甲辰，以常雩祀天於圜丘，自是日始，齋戒三日。

丙午，上詣南郊齋宮齋宿。

丁未，常雩，祀天於圜丘，上親詣行禮。

《仁宗睿皇帝實錄》卷一〇五 "嘉慶七年十一月" 條

壬辰，上以冬至祀天於圜丘，自是日始，齋戒三日。

甲午，上詣南郊齋宮齋宿。

乙未，冬至祀天於圜丘，上親詣行禮。

《仁宗睿皇帝實錄》卷一一一 "嘉慶八年夏四月" 條

丁卯，以常雩祀天於圜丘，自是日始，齋戒三日。

己巳，上詣南郊齋宮齋宿。

庚午，常雩，祀天於圜丘，上親詣行禮。

《仁宗睿皇帝實錄》卷一二三 "嘉慶八年十一月" 條

戊戌，上以冬至祀天於圜丘，自是日始，齋戒三日。

庚子，上詣南郊齋宮齋宿。

辛丑，冬至祀天於圜丘，上親詣行禮。

《仁宗睿皇帝實錄》卷一二八 "嘉慶九年夏四月" 條

壬戌，以常雩祀天於圜丘，自是日始，齋戒三日。

甲子，上詣南郊齋宮齋宿。

乙丑，常雩，祀天於圜丘，上親詣行禮。

《仁宗睿皇帝實錄》卷一三七"嘉慶九年十一月"條

壬寅，上以冬至祀天於圜丘，自是日始，齋戒三日。

乙巳，上詣南郊齋宮齋宿。

丙午，冬至祀天於圜丘，上親詣行禮。

《仁宗睿皇帝實錄》卷一四二"嘉慶十年夏四月"條

乙卯，以常雩祀天於圜丘，自是日始，齋戒三日。

丁巳，上詣南郊齋宮齋宿。

戊午，常雩，祀天於圜丘，上親詣行禮。

《仁宗睿皇帝實錄》卷一五一"嘉慶十年冬十月"條

戊申，上以冬至祀天於圜丘，自是日始，齋戒三日。

《仁宗睿皇帝實錄》卷一五二"嘉慶十年十一月"條

庚戌朔，上詣南郊齋宮齋宿。

辛亥，冬至祀天於圜丘，上親詣行禮。

《仁宗睿皇帝實錄》卷一五九"嘉慶十一年夏四月"條

戊寅朔，以常雩祀天於圜丘，自是日始，齋戒三日。

辛巳，上詣南郊齋宮齋宿。

壬午，常雩，祀天於圜丘，上親詣行禮。

《仁宗睿皇帝實錄》卷一七〇"嘉慶十一年十一月"條

癸丑，上以冬至祀天於圜丘，自是日始，齋戒三日。

乙卯，上詣南郊齋宮齋宿。

丙辰，冬至祀天於圜丘，上親詣行禮。

《仁宗睿皇帝實錄》卷一七七"嘉慶十二年夏四月"條

戊寅，上詣南郊齋宮齋宿。

己卯，常雩，祀天於圜丘，上親詣行禮。

《仁宗睿皇帝實錄》卷一八八"嘉慶十二年十一月"條

辛酉，上詣南郊齋宮齋宿。

壬戌，冬至祀天於圜丘，上親詣行禮。

《仁宗睿皇帝實錄》卷一九四"嘉慶十三年夏四月"條

己巳，上以常雩祀天於圜丘，自是日始，齋戒三日。

壬申，常雩，祀天於圜丘，上親詣行禮。

《仁宗睿皇帝實錄》卷二〇三"嘉慶十三年十一月"條

甲子，上以冬至祀天於圜丘，自是日始，齋戒三日。

丙寅，上詣南郊齋宮齋宿。

丁卯，冬至祀天於圜丘，上親詣行禮。【略】停次日朝賀。

《仁宗睿皇帝實錄》卷二〇九"嘉慶十四年夏四月"條

癸巳，以常雩祀天於圜丘，自是日始，齋戒三日。

乙未，上詣南郊齋宮齋宿。

丙申，常雩，祀天於圜丘，上親詣行禮。

《仁宗睿皇帝實錄》卷二二〇"嘉慶十四年十一月"條

己巳，上以冬至祀天於圜丘，自是日始，齋戒三日。

辛未，上詣南郊齋宮齋宿。

《仁宗睿皇帝實錄》卷二二一"嘉慶十四年十一月"條

壬申，冬至祀天於圜丘，上親詣行禮。【略】停次日朝賀。

《仁宗睿皇帝實錄》卷二二八"嘉慶十五年夏四月"條

丙戌，以常雩祀天於圜丘，自是日始，齋戒三日。

己丑，常雩，祀天於圜丘，上親詣行禮。

《仁宗睿皇帝實錄》卷二三六"嘉慶十五年十一月"條

甲戌，上以冬至祀天於圜丘，自是日始，齋戒三日。

丙子，上詣南郊齋宮齋宿。

丁丑，冬至祀天於圜丘，上親詣行禮。【略】停次日朝賀。

《仁宗睿皇帝實錄》卷二四二"嘉慶十六年夏四月"條

庚戌，以常雩祀天於圜丘，自是日始，齋戒三日。

壬子，上詣南郊齋宮齋宿。

癸丑，常雩，祀天於圜丘，上親詣行禮。

《仁宗睿皇帝實錄》卷二五〇"嘉慶十六年十一月"條

庚辰，上以冬至祀天於圜丘，自是日始，齋戒三日。

壬午，上詣南郊齋宮齋宿。

癸未，冬至祀天於圜丘，上親詣行禮。【略】停次日朝賀。

《仁宗睿皇帝實錄》卷二五六"嘉慶十七年夏四月"條

丙午，以常雩祀天於圜丘，自是日始，齋戒三日。

戊申，上詣南郊齋宮齋宿。

己酉，常雩，祀天於圜丘，上親詣行禮。

《仁宗睿皇帝實錄》卷二六三"嘉慶十七年十一月"條

乙酉，上以冬至祀天於圜丘，自是日始，齋戒三日。

丁亥，上詣南郊齋宮齋宿。

戊子，冬至祀天於圜丘，上親詣行禮。【略】停次日朝賀。

《仁宗睿皇帝實錄》卷二六八"嘉慶十八年夏四月"條

庚子，以常雩祀天於圜丘，自是日始，齋戒三日。

壬寅，上詣南郊齋宮齋宿。

癸卯，常雩，祀天於圜丘，上親詣行禮。

《仁宗睿皇帝實録》卷二七九"嘉慶十八年十一月"條

庚寅，上以冬至祀天於圜丘，自是日始，齋戒三日。

壬辰，上詣南郊齋宮齋宿。

癸巳，冬至祀天於圜丘，上親詣行禮。【略】停次日朝賀。

《仁宗睿皇帝實録》卷二八九"嘉慶十九年夏四月"條

甲子，以常雩祀天於圜丘，自是日始，齋戒三日。

丁卯，常雩，祀天於圜丘，上親詣行禮。

《仁宗睿皇帝實録》卷二二九"嘉慶十九年十一月"條

乙未，上以冬至祀天於圜丘，自是日始，齋戒三日。

丁酉，上詣南郊齋宮齋宿。

戊戌，冬至祀天於圜丘，上親詣行禮。【略】停次日朝賀。

《仁宗睿皇帝實録》卷三〇五"嘉慶二十年夏四月"條

戊午，以常雩祀天於圜丘，自是日始，齋戒三日。

庚申，上詣南郊齋宮齋宿。

辛酉，常雩，祀天於圜丘，上親詣行禮。

《仁宗睿皇帝實録》卷三一二"嘉慶二十年十一月"條

庚子，上以冬至祀天於圜丘，自是日始，齋戒三日。

壬寅，上詣南郊齋宮齋宿。

癸卯，冬至祀天於圜丘，上親詣行禮。【略】停次日朝賀。

《仁宗睿皇帝實録》卷三一八"嘉慶二十一年夏四月"條

戊午，以常雩祀天於圜丘，自是日始，齋戒三日。

庚申，上詣南郊齋宮齋宿。

辛酉，常雩，祀天於圜丘，上親詣行禮。

《仁宗睿皇帝實録》卷三二四"嘉慶二十一年十一月"條

丙午朔，上以冬至祀天於圜丘，自是日始，齋戒三日。

戊申，上詣南郊齋宮齋宿。

己酉，冬至祀天於圜丘，上親詣行禮。【略】停次日朝賀。

《仁宗睿皇帝實録》卷三二八"嘉慶二十二年三月"條

癸酉，以常雩祀天於圜丘，自是日始，齋戒三日。

《仁宗睿皇帝實録》卷三二九"嘉慶二十二年夏四月"條

甲戌朔，上詣南郊齋宮齋宿。

丙子，常雩，祀天於圜丘，上親詣行禮。

《仁宗睿皇帝實錄》卷三三六"嘉慶二十二年十一月"條

辛亥，上以冬至祀天於圜丘，自是日始，齋戒三日。

癸丑，上詣南郊齋宮齋宿。

甲寅，冬至祀天於圜丘，上親詣行禮。【略】停次日朝賀。

《仁宗睿皇帝實錄》卷三四〇"嘉慶二十三年三月"條

丁卯，以常雩祀天於圜丘，自是日始，齋戒三日。

《仁宗睿皇帝實錄》卷三四一"嘉慶二十三年夏四月"條

戊辰朔，上詣南郊齋宮齋宿。

庚午，常雩，祀天於圜丘，上親詣行禮。

《仁宗睿皇帝實錄》卷三五〇"嘉慶二十三年十一月"條

丙辰，上以冬至祀天於圜丘，自是日始，齋戒三日。

戊午，上詣南郊齋宮齋宿。

己未，冬至祀天於圜丘，上親詣行禮。【略】停次日朝賀。

《仁宗睿皇帝實錄》卷三五六"嘉慶二十四年夏四月"條

癸酉，以常雩祀天於圜丘，自是日始，齋戒三日。

乙亥，上詣南郊齋宮齋宿。

丙子，常雩，祀天於圜丘，上親詣行禮。

《仁宗睿皇帝實錄》卷三六四"嘉慶二十四年十一月"條

辛酉，上以冬至祀天於圜丘，自是日始，齋戒三日。

癸亥，上詣南郊齋宮齋宿。

甲子，冬至祀天於圜丘，上親詣行禮。【略】停次日朝賀。

《仁宗睿皇帝實錄》卷三六六"嘉慶二十五年春正月"條

戊午，以上辛祈穀於上帝，自是日始，齋戒三日。

庚申，上詣南郊齋宮齋宿。

《仁宗睿皇帝實錄》卷三六九"嘉慶二十五年夏四月"條

戊子，以常雩祀天於圜丘，自是日始，齋戒三日。

庚寅，上詣南郊齋宮齋宿。

辛卯，常雩，祀天於圜丘，上親詣行禮。

《宣宗成皇帝實錄》卷九"嘉慶二十五年十一月"條

己巳，上詣南郊齋宮齋宿。

庚午，冬至祀天於圜丘，上親詣行禮。

《宣宗成皇帝實錄》卷一六"道光元年夏四月"條

癸未，上以常雩祀天於圜丘，自是日始，齋戒三日。

甲申，以恭奉仁宗睿皇帝配天，先期遣官告祭天地、太廟、社稷。

丙戌，常雩，祀天於圜丘，上親詣行禮。恭奉仁宗睿皇帝配享如儀。

《宣宗成皇帝實錄》卷二六"道光元年十一月"條

壬申，上以冬至祀天於圜丘，自是日始，齋戒三日。

甲戌，上詣南郊齋宮齋宿。

乙亥，冬至祀天於圜丘，上親詣行禮。【略】停次日朝賀。

《宣宗成皇帝實錄》卷三三"道光二年夏四月"條

丁未，上以常雩祀天於圜丘，自是日始，齋戒三日。

己酉，上詣南郊齋宮齋宿。

庚戌，常雩，祀天於圜丘，上親詣行禮。

《宣宗成皇帝實錄》卷四四"道光二年十一月"條

丁丑，上以冬至祀天於圜丘，自是日始，齋戒三日。

己卯，上詣南郊齋宮齋宿。

庚辰，冬至祀天於圜丘，上親詣行禮。

《宣宗成皇帝實錄》卷五一"道光三年夏四月"條

庚子朔，以常雩祀天於圜丘，自是日始，齋戒三日。

壬寅，上詣南郊齋宮齋宿。

癸卯，常雩，祀天於圜丘，上親詣行禮。

《宣宗成皇帝實錄》卷六一"道光三年十一月"條

壬午，上以冬至祀天於圜丘，自是日始，齋戒三日。

甲申，上詣南郊齋宮齋宿。

《宣宗成皇帝實錄》卷六七"道光四年夏四月"條

庚子，以常雩祀天於圜丘，自是日始，齋戒三日。

壬寅，上詣南郊齋宮齋宿。

癸卯，常雩，祀天於圜丘，上親詣行禮。

《宣宗成皇帝實錄》卷七五"道光四年十一月"條

辛卯，冬至祀天於圜丘，遣瑞親王綿忻恭代行禮。

《宣宗成皇帝實錄》卷八一"道光五年夏四月"條

戊午朔，以常雩祀天於圜丘，自是日始，齋戒三日。

庚申，上詣南郊齋宮齋宿。

辛酉，常雩，祀天於圜丘，上親詣行禮。

《宣宗成皇帝實錄》卷九一"道光五年十一月"條

癸巳，上以冬至祀天於圜丘，自是日始，齋戒三日。

乙未，上詣南郊齋宮齋宿。

丙申，冬至祀天於圜丘，遣瑞親王綿忻恭代行禮。

《宣宗成皇帝實錄》卷九七 "道光六年夏四月" 條

壬子朔，以常雩祀天於圜丘，自是日始，齋戒三日。

甲寅，上詣南郊齋宫齋宿。

乙卯，常雩，祀天於圜丘，上親詣行禮。

《宣宗成皇帝實錄》卷一一〇 "道光六年十一月" 條

戊戌，上以冬至祀天於圜丘，自是日始，齋戒三日。

庚子，上詣南郊齋宫齋宿。

辛丑，冬至祀天於圜丘，上親詣行禮。

《宣宗成皇帝實錄》卷一一六 "道光七年丁亥夏四月" 條

乙卯，以常雩祀天於圜丘，自是日始，齋戒三日。

丁巳，上詣南郊齋宫齋宿。

戊午，常雩，祀天於圜丘，上親詣行禮。

《宣宗成皇帝實錄》卷一二九 "道光七年十一月" 條

癸卯，上以冬至祀天於圜丘，自是日始，齋戒三日。

乙巳，上詣南郊齋宫齋宿。

丙午，冬至祀天於圜丘，上親詣行禮。

《宣宗成皇帝實錄》卷一三五 "道光八年夏四月" 條

庚午朔，以常雩祀天於圜丘，自是日始，齋戒三日。

壬申，上詣南郊齋宫齋宿。

癸酉，常雩，祀天於圜丘，上親詣行禮。

《宣宗成皇帝實錄》卷一四六 "道光八年十一月" 條

己酉，上以冬至祀天於圜丘，自是日始，齋戒三日。

辛亥，上詣南郊齋宫齋宿。

《宣宗成皇帝實錄》卷一四七 "道光八年十一月" 條

壬子，冬至祀天於圜丘，上親詣行禮。

《宣宗成皇帝實錄》卷一五五 "道光九年夏四月" 條

丁卯，以常雩祀天於圜丘，自是日始，齋戒三日。

己巳，上詣南郊齋宫齋宿。

庚午，常雩，祀天於圜丘，上親詣行禮。

《宣宗成皇帝實錄》卷一六二 "道光九年十一月" 條

丁巳，冬至祀天於圜丘，命惇親王綿愷恭代行禮。

《宣宗成皇帝實錄》卷一六七 "道光十年夏四月" 條

癸酉，以常雩祀天於圜丘，自是日始，齋戒三日。

乙亥，上詣南郊齋宫齋宿。

丙子，常雩，祀天於圜丘，上親詣行禮。

《宣宗成皇帝實錄》卷一七九"道光十年十一月"條

己未，上以冬至祀天於圜丘，自是日始，齋戒三日。

辛酉，上詣南郊齋宮齋宿。

壬戌，冬至祀天於圜丘，上親詣行禮。

《宣宗成皇帝實錄》卷一八六"道光十一年三月"條

壬午，以常雩祀天於圜丘，自是日始，齋戒三日。

《宣宗成皇帝實錄》卷一八七"道光十一年夏四月"條

甲申，上詣南郊齋宮齋宿。

乙酉，常雩，祀天於圜丘，上親詣行禮。

《宣宗成皇帝實錄》卷二〇一"道光十一年十一月"條

甲子，上以冬至祀天於圜丘，自是日始，齋戒三日。

丙寅，上詣南郊齋宮齋宿。

丁卯，冬至祀天於圜丘，上親詣行禮。

《宣宗成皇帝實錄》卷二〇九"道光十二年夏四月"條

癸未，以常雩祀天於圜丘，自是日始，齋戒三日。

乙酉，上詣南郊齋宮齋宿。

丙戌，常雩，祀天於圜丘，上親詣行禮。

《宣宗成皇帝實錄》卷二一四"道光十二年六月"條

庚子，以大雩祀天於圜丘，自是日始，齋戒三日。

壬寅，上乘馬至天壇門外，步詣南郊齋宮齋宿。

癸卯，上自齋宮步詣圜丘，行大雩禮。

《宣宗成皇帝實錄》卷二二四"道光十二年十月"條

庚午，上以冬至祀天於圜丘，自是日始，齋戒三日。

壬申，上詣南郊齋宮齋宿。

《宣宗成皇帝實錄》卷二二五"道光十二年十一月"條

癸酉朔，冬至祀天於圜丘，上親詣行禮。

《宣宗成皇帝實錄》卷二三四"道光十三年癸巳三月"條

庚子，以常雩祀天於圜丘，自是日始，齋戒三日。

《宣宗成皇帝實錄》卷二三五"道光十三年四月"條

壬寅，上詣南郊齋宮齋宿。

癸卯，常雩，祀天於圜丘，上親詣行禮。

《宣宗成皇帝實錄》卷二四五"道光十三年十一月"條

乙亥，上以冬至祀天於圜丘，自是日始，齋戒三日。

丁丑，上詣南郊齋宮齋宿。

戊寅，冬至祀天於圜丘，上親詣行禮。

《宣宗成皇帝實錄》卷二五一"道光十四年夏四月"條

戊戌，以常雩祀天於圜丘，自是日始，齋戒三日。

庚子，上詣南郊齋宮齋宿。

辛丑，常雩，祀天於圜丘，上親詣行禮。

《宣宗成皇帝實錄》卷二六〇"道光十四年十一月"條

庚辰，上以冬至祀天於圜丘，自是日始，齋戒三日。

壬午，上詣南郊齋宮齋宿。

癸未，冬至祀天於圜丘，上親詣行禮。

《宣宗成皇帝實錄》卷二六五"道光十五年夏四月"條

戊戌，以常雩祀天於圜丘，自是日始，齋戒三日。

庚子，上詣南郊齋宮齋宿。

辛丑，常雩，祀天於圜丘，上親詣行禮。

《宣宗成皇帝實錄》卷二七三"道光十五年十月"條

乙酉，上以冬至祀天於圜丘，自是日始，齋戒三日。

《宣宗成皇帝實錄》卷二七四"道光十五年十一月"條

丁亥，上詣南郊齋宮齋宿。

戊子，冬至祀天於圜丘，上親詣行禮。

《宣宗成皇帝實錄》卷二八〇"道光十六年三月"條

壬子，以常雩祀天於圜丘，自是日始，齋戒三日。

甲寅，上詣南郊齋宮齋宿。

乙卯，常雩，祀天於圜丘，上親詣行禮。

《宣宗成皇帝實錄》卷二九一"道光十六年十一月"條

辛卯，上以冬至祀天於圜丘，自是日始，齋戒三日。

癸巳，上詣南郊齋宮齋宿。

甲午，冬至祀天於圜丘，上親詣行禮。

《宣宗成皇帝實錄》卷二九六"道光十七年夏四月"條

己酉，上詣南郊齋宮齋宿。

庚戌，常雩，祀天於圜丘，上親詣行禮。

《宣宗成皇帝實錄》卷三〇三"道光十七年十一月"條

丙申，上以冬至祀天於圜丘，自是日始，齋戒三日。

戊戌，上詣南郊齋宮齋宿。

己亥，冬至祀天於圜丘，上親詣行禮。

《宣宗成皇帝實錄》卷三〇八"道光十八年夏四月"條

癸丑，以常雩祀天於圜丘，自是日始，齋戒三日。

乙卯，上詣南郊齋宮齋宿。

丙辰，常雩，祀天於圜丘，上親詣行禮。

《宣宗成皇帝實錄》卷三一六"道光十八年十一月"條

辛丑，上以冬至祀天於圜丘，自是日始，齋戒三日。

癸卯，上詣南郊齋宮齋宿。

甲辰，冬至祀天於圜丘，上親詣行禮。

《宣宗成皇帝實錄》卷三二〇"道光十九年三月"條

甲子，上以常雩祀天於圜丘，自是日始，齋戒三日。

《宣宗成皇帝實錄》卷三二一"道光十九年夏四月"條

丙寅朔，詣南郊齋宮齋宿。

丁卯，常雩，祀天於圜丘，上親詣行禮。

《宣宗成皇帝實錄》卷三二八"道光十九年十一月"條

丙午，上以冬至祀天於圜丘，自是日始，齋戒三日。

戊申，上詣南郊齋宮齋宿。

己酉，冬至祀天於圜丘，上親詣行禮。

《宣宗成皇帝實錄》卷三三三"道光二十年夏四月"條

丁卯，以常雩祀天於圜丘，自是日始，齋戒三日。

己巳，上詣南郊齋宮齋宿。

庚午，常雩，祀天於圜丘，上親詣行禮。

《宣宗成皇帝實錄》卷三四一"道光二十年十一月"條

壬子，上以冬至祀天於圜丘，自是日始，齋戒三日。

甲寅，上詣南郊齋宮齋宿。

乙卯，冬至祀天於圜丘，上親詣行禮。

《宣宗成皇帝實錄》卷三五〇"道光二十一年閏三月"條

癸未，上以常雩祀天於圜丘，自是日始，齋戒三日。

《宣宗成皇帝實錄》卷三五一"道光二十一年夏四月"條

乙酉朔，詣南郊齋宮齋宿。

丙戌，常雩，祀天於圜丘，上親詣行禮。

《宣宗成皇帝實錄》卷三六一"道光二十一年十一月"條

丁巳，上以冬至祀天於圜丘，自是日始，齋戒三日。

己未，上詣南郊齋宮齋宿。

庚申，冬至祀天於圜丘，上親詣行禮。

《宣宗成皇帝實錄》卷三七〇 "道光二十二年夏四月" 條

壬午，以常雩祀天於圜丘，自是日始，齋戒三日。

甲申，上詣南郊齋宮齋宿。

乙酉，常雩，祀天於圜丘，上親詣行禮。

《宣宗成皇帝實錄》卷三八五 "道光二十二年十一月" 條

壬戌，上以冬至祀天於圜丘，自是日始，齋戒三日。

甲子，上詣南郊齋宮齋宿。

乙丑，冬至祀天於圜丘，上親詣行禮。

《宣宗成皇帝實錄》卷三九一 "道光二十三年夏四月" 條

壬午，以常雩祀天於圜丘，自是日始，齋戒三日。

甲申，上詣南郊齋宮齋宿。

乙酉，常雩，祀天於圜丘，上親詣行禮。

《宣宗成皇帝實錄》卷三九八 "道光二十三年冬十月" 條

丁卯，以冬至祀天於圜丘，自是日始，齋戒三日。

《宣宗成皇帝實錄》卷三九九 "道光二十三年十一月" 條

己巳朔，上詣南郊齋宮齋宿。

庚午，冬至祀天於圜丘，上親詣行禮。

《宣宗成皇帝實錄》卷四〇四 "道光二十四年夏四月" 條

丁酉朔，以常雩祀天於圜丘，自是日始，齋戒三日。

己亥，上詣南郊齋宮齋宿。

庚子，常雩，祀天於圜丘，上親詣行禮。

《宣宗成皇帝實錄》卷四一一 "道光二十四年十一月" 條

癸酉，上以冬至祀天於圜丘，自是日始，齋戒三日。

乙亥，上詣南郊齋宮齋宿。

丙子，冬至祀天於圜丘，上親詣行禮。

《宣宗成皇帝實錄》卷四一六 "道光二十五年夏四月" 條

辛卯朔，以常雩祀天於圜丘，自是日始，齋戒三日。

癸巳，上詣南郊齋宮齋宿。

甲午，常雩，祀天於圜丘，上親詣行禮。

《宣宗成皇帝實錄》卷四二三 "道光二十五年十一月" 條

戊寅，上以冬至祀天於圜丘，自是日始，齋戒三日。

庚辰，上詣南郊齋宮齋宿。

辛巳，冬至祀天於圜丘，上親詣行禮。

《宣宗成皇帝實錄》卷四二八"道光二十六年夏四月"條

乙未，以常雩祀天於圜丘，自是日始，齋戒三日。

丁酉，上詣南郊齋宮齋宿。

戊戌，常雩，祀天於圜丘，上親詣行禮。

《宣宗成皇帝實錄》卷四三六"道光二十六年十一月"條

癸未，以冬至祀天於圜丘，自是日始，齋戒三日。

乙酉，上詣南郊齋宮齋宿。

丙戌，冬至祀天於圜丘，上親詣行禮。

《宣宗成皇帝實錄》卷四四一"道光二十七年夏四月"條

壬子，以常雩祀天於圜丘，自是日始，齋戒三日。

甲寅，上詣南郊齋宮齋宿。

乙卯，常雩，祀天於圜丘，上親詣行禮。

《宣宗成皇帝實錄》卷四四九"道光二十七年十一月"條

戊子，上以冬至祀天於圜丘，自是日始，齋戒三日。

庚寅，上詣南郊齋宮齋宿。

辛卯，冬至祀天於圜丘，上親詣行禮。

《宣宗成皇帝實錄》卷四五四"道光二十八年夏四月"條

丙午，以常雩祀天於圜丘，自是日始，齋戒三日。

戊申，上詣南郊齋宮齋宿。

己酉，常雩，祀天於圜丘，上親詣行禮。

《宣宗成皇帝實錄》卷四六一"道光二十八年十一月"條

甲午，上以冬至祀天於圜丘，自是日始，齋戒三日。

丙申，上詣南郊齋宮齋宿。

丁酉，冬至祀天於圜丘，上親詣行禮。

《宣宗成皇帝實錄》卷四六六"道光二十九年夏四月"條

戊午，常雩，祀天於圜丘，命皇六子奕訢恭代行禮。

《宣宗成皇帝實錄》卷四七四"道光二十九年十一月"條

壬寅，冬至祀天於圜丘，命皇六子奕訢恭代行禮。

《文宗顯皇帝實錄》卷七"道光三十年夏四月"條

乙丑，常雩，祀天於圜丘，遣豫親王義道恭代行禮。

《文宗顯皇帝實錄》卷二二"道光三十年十一月"條

甲辰，上以冬至祀天於圜丘，自是日始，齋戒三日。

丙午，上詣南郊齋宮齋宿。

丁未，冬至祀天於圜丘，上親詣行禮。

《文宗顯皇帝實錄》卷三一 "咸豐元年夏四月" 條

壬戌，上以常雩祀天於圜丘，自是日始，齋戒三日。

甲子，上詣南郊齋宮齋宿。

乙丑，常雩，祀天於圜丘，上親詣行禮。

《文宗顯皇帝實錄》卷四六 "咸豐元年辛亥十月" 條

己酉，上以冬至祀天於圜丘，自是日始，齋戒三日。

辛亥，上詣南郊齋宮齋宿。

《文宗顯皇帝實錄》卷四七 "咸豐元年十一月" 條

壬子朔，冬至祀天於圜丘，上親詣行禮。

《文宗顯皇帝實錄》卷五七 "咸豐二年三月" 條

己卯，上以常雩祀天於圜丘，自是日始，齋戒三日。

庚辰，以恭奉宣宗成皇帝配天，前期遣官告祭天、地、太廟、社稷。

《文宗顯皇帝實錄》卷五八 "咸豐二年夏四月" 條

辛巳朔，上恭詣皇穹宇拈香，隨至宣宗成皇帝神牌黃幄，行禮畢，詣南郊齋宮齋宿。

壬午，常雩，祀天於圜丘，上親詣行禮，恭奉宣宗成皇帝配享如儀。

《文宗顯皇帝實錄》卷七五 "咸豐二年十一月" 條

甲寅，上以冬至祀天於圜丘，自是日始，齋戒三日。

丙辰，上詣南郊齋宮齋宿。

《文宗顯皇帝實錄》卷七六 "咸豐二年十一月" 條

丁巳，冬至祀天於圜丘，上親詣行禮。

《文宗顯皇帝實錄》卷九〇 "咸豐三年夏四月" 條

己卯，上以常雩祀天於圜丘，自是日始，齋戒三日。

辛巳，上詣南郊齋宮齋宿。

壬午，常雩，祀天於圜丘，上親詣行禮。

《文宗顯皇帝實錄》卷一一三 "咸豐三年十一月" 條

癸亥，冬至祀天於圜丘，遣恭親王奕訢恭代行禮。

《文宗顯皇帝實錄》卷一二六 "咸豐四年夏四月" 條

丙子，上以常雩祀天於圜丘，自是日始，齋戒三日。

戊寅，上詣南郊齋宮齋宿。

《文宗顯皇帝實錄》卷一二七 "咸豐四年四月" 條

己卯，常雩，祀天於圜丘，上親詣行禮。

《文宗顯皇帝實錄》卷一四九 "咸豐四年十月" 條

乙丑，上以冬至祀天於圜丘，自是日始，齋戒三日。

《文宗顯皇帝實錄》卷一五〇 "咸豐四年十月" 條

丁卯，上詣南郊齋宮齋宿。

戊辰，冬至祀天於圜丘，上親詣行禮。

《文宗顯皇帝實錄》卷一六三 "咸豐五年三月" 條

辛卯，上以常雩祀天於圜丘，自是日始，齋戒三日。

《文宗顯皇帝實錄》卷一六四 "咸豐五年夏四月" 條

癸巳朔，上詣南郊齋宮齋宿。

甲午，常雩，祀天於圜丘，上親詣行禮。

《文宗顯皇帝實錄》卷一八三 "咸豐五年十一月" 條

庚午，上以冬至祀天於圜丘，自是日始，齋戒三日。

壬申，上詣南郊齋宮齋宿。

癸酉，冬至祀天於圜丘，上親詣行禮。

《文宗顯皇帝實錄》卷一九五 "咸豐六年夏四月" 條

辛卯，上以常雩祀天於圜丘，自是日始，齋戒三日。

癸巳，上詣南郊齋宮齋宿。

甲午，常雩，祀天於圜丘，上親詣行禮。

《文宗顯皇帝實錄》卷二一三 "咸豐六年十一月" 條

乙亥，上以冬至祀天於圜丘，自是日始，齋戒三日。

丁丑，上詣南郊齋宮齋宿。

戊寅，冬至祀天於圜丘，上親詣行禮。

《文宗顯皇帝實錄》卷二二三 "咸豐七年夏四月" 條

辛卯，以常雩祀天於圜丘，自是日始，齋戒三日。

癸巳，上詣南郊齋宮齋宿。

甲午，常雩，祀天於圜丘，上親詣行禮。

《文宗顯皇帝實錄》卷二三九 "咸豐七年十一月" 條

甲申，冬至祀天於圜丘，遣睿親王仁壽恭代行禮。

《文宗顯皇帝實錄》卷二五〇 "咸豐八年夏四月" 條

己酉，常雩，祀天於圜丘，遣恭親王奕訢恭代行禮。

《文宗顯皇帝實錄》卷二六九 "咸豐八年十一月" 條

丙戌，上以冬至祀天於圜丘，自是日始，齋戒三日。

《文宗顯皇帝實錄》卷二七〇 "咸豐八年十一月" 條

己丑，冬至祀天於圜丘，遣恭親王奕訢恭代行禮。

《文宗顯皇帝實錄》卷二八〇 "咸豐九年夏四月" 條

丙午，上以常雩祀天於圜丘，自是日始，齋戒三日。

己酉，常雩，祀天於圜丘，遣豫親王義道恭代行禮。

《文宗顯皇帝實錄》卷三〇一"咸豐九年十一月"條

辛卯，上以冬至祀天於圜丘，自是日始，齋戒三日。

甲午，冬至祀天於圜丘，遣恭親王奕訢恭代行禮。

《文宗顯皇帝實錄》卷三一五"咸豐十年夏四月"條

丁卯，上以常雩祀天於圜丘，自是日始，齋戒三日。

己巳，上詣南郊齋宮齋宿。

庚午，常雩，祀天於圜丘，上親詣行禮。

《文宗顯皇帝實錄》卷三三五"咸豐十年庚申十一月"條

己亥，冬至祀天於圜丘，遣克勤郡王慶惠恭代行禮。

《文宗顯皇帝實錄》卷三四八"咸豐十一年夏四月"條

辛酉，常雩，祀天於圜丘，遣禮親王世鐸恭代行禮。

《穆宗毅皇帝實錄》卷一〇"咸豐十一年十一月"條

壬寅，上以冬至祀天於圜丘，自是日始，齋戒三日。

《穆宗毅皇帝實錄》卷一一"咸豐十一年十一月"條

乙巳，冬至祀天於圜丘，遣禮親王世鐸恭代行禮。

《穆宗毅皇帝實錄》卷二四"同治元年夏四月"條

戊午，上以常雩祀天於圜丘，自是日始，齋戒三日。

辛酉，常雩，祀天於圜丘，遣豫親王義道恭代行禮。

《穆宗毅皇帝實錄》卷四七"同治元年十月"條

丁未，上以冬至祀天於圜丘，自是日始，齋戒三日。

庚戌，冬至祀天於圜丘，遣恭親王奕訢恭代行禮。

《穆宗毅皇帝實錄》卷六三"同治二年四月"條

丙子，上以常雩祀天於圜丘，自是日始，齋戒三日。

己卯，常雩，祀天於圜丘，遣禮親王世鐸恭代行禮。

《穆宗毅皇帝實錄》卷八四"同治二年十一月"條

壬子，上以冬至祀天於圜丘，自是日始，齋戒三日。

乙卯，冬至祀天於圜丘，遣惇親王奕誴恭代行禮。

《穆宗毅皇帝實錄》卷九九"同治三年夏四月"條

癸酉，上以常雩祀天於圜丘，自是日始，齋戒三日。

丙子，常雩，祀天於圜丘，遣禮親王世鐸恭代行禮。

《穆宗毅皇帝實錄》卷一二一"同治三年十一月"條

丁巳，上以冬至祀天於圜丘，自是日始，齋戒三日。

《穆宗毅皇帝實錄》卷一二二 "同治三年十一月" 條
庚申，冬至祀天於圜丘，遣豫親王義道恭代行禮。

《穆宗毅皇帝實錄》卷一三五 "同治四年夏四月" 條
癸酉，上以常雩祀天於圜丘，自是日始，齋戒三日。
丙子，常雩，祀天於圜丘，遣惇親王奕誴恭代行禮。

《穆宗毅皇帝實錄》卷一五九 "同治四年十一月" 條
癸亥，上以冬至祀天於圜丘，自是日始，齋戒三日。
丙寅，冬至祀天於圜丘，遣豫親王義道恭代行禮。

《穆宗毅皇帝實錄》卷一七三 "同治五年三月" 條
戊子，上以常雩祀天於圜丘，自是日始，齋戒三日。

《穆宗毅皇帝實錄》卷一七四 "同治五年四月" 條
辛卯，常雩，祀天於圜丘，遣禮親王世鐸恭代行禮。

《穆宗毅皇帝實錄》卷一八九 "同治五年十一月" 條
戊辰，上以冬至祀天於圜丘，自是日始，齋戒三日。
辛未，冬至祀天於圜丘，遣豫親王義道恭代行禮。

《穆宗毅皇帝實錄》卷二〇〇 "同治六年夏四月" 條
戊子，上以常雩祀天於圜丘，自是日始，齋戒三日。
辛卯，常雩，祀天於圜丘，遣睿親王德長恭代行禮。

《穆宗毅皇帝實錄》卷二一七 "同治六年十一月" 條
甲戌，上以冬至祀天於圜丘，自是日始，齋戒三日。
丁丑，冬至祀天於圜丘，遣禮親王世鐸恭代行禮。

《穆宗毅皇帝實錄》卷二二九 "同治七年四月" 條
辛卯，上以常雩祀天於圜丘，自是日始，齋戒三日。
甲午，常雩，祀天於圜丘，遣怡親王載敦恭代行禮。

《穆宗毅皇帝實錄》卷二四六 "同治七年十一月" 條
戊寅，上以冬至祀天於圜丘，自是日始，齋戒三日。
辛巳，冬至祀天於圜丘，遣怡親王載敦恭代行禮。

《穆宗毅皇帝實錄》卷二五六 "同治八年夏四月" 條
丙午，上以常雩祀天於圜丘，自是日始，齋戒三日。
己酉，常雩，祀天於圜丘，遣睿親王德長恭代行禮。

《穆宗毅皇帝實錄》卷二七一 "同治八年十一月" 條
甲申，上以冬至祀天於圜丘，自是日始，齋戒三日。
丁亥，冬至祀天於圜丘，遣鄭親王承志恭代行禮。

《穆宗毅皇帝實錄》卷二八〇 "同治九年夏四月" 條

壬寅，上以常雩祀天於圜丘，自是日始，齋戒三日。

乙卯，常雩，祀天於圜丘，遣怡親王載敦恭代行禮。

《穆宗毅皇帝實錄》卷二九五 "同治九年閏十月" 條

己丑，上以冬至祀天於圜丘，自是日始，齋戒三日。

《穆宗毅皇帝實錄》卷二九六 "同治九年十一月" 條

壬辰朔，冬至祀天於圜丘，遣豫親王本格恭代行禮。

《穆宗毅皇帝實錄》卷三〇八 "同治十年夏四月" 條

壬戌，上以常雩祀天於圜丘，自是日始，齋戒三日。

乙丑，常雩，祀天於圜丘，遣鄭親王承志恭代行禮。

《穆宗毅皇帝實錄》卷三二三 "同治十年十一月" 條

甲午，上以冬至祀天於圜丘，自是日始，齋戒三日。

丁酉，冬至祀天於圜丘，遣禮親王世鐸恭代行禮。

《穆宗毅皇帝實錄》卷三三一 "同治十一年夏四月" 條

辛酉，常雩，祀天於圜丘，遣恭親王奕訢恭代行禮。

《穆宗毅皇帝實錄》卷三四五 "同治十一年十一月" 條

己亥，上以冬至祀天於圜丘，自是日始，齋戒三日。

辛丑，上詣南郊齋宮齋宿。

壬寅，冬至祀天於圜丘，上親詣行禮。

《穆宗毅皇帝實錄》卷三五一 "同治十二年夏四月" 條

戊午，上以常雩祀天於圜丘，自是日始，齋戒三日。

庚申，上詣南郊齋宮齋宿。

辛酉，常雩，祀天於圜丘，上親詣行禮。

《穆宗毅皇帝實錄》卷三五八 "同治十二年十一月" 條

乙巳，上以冬至祀天於圜丘，自是日始，齋戒三日。

《穆宗毅皇帝實錄》卷三五九 "同治十二年十一月" 條

丁未，上詣南郊齋宮齋宿。

戊申，冬至祀天於圜丘，上親詣行禮。

《穆宗毅皇帝實錄》卷三六五 "同治十三年夏四月" 條

癸酉朔，上以常雩祀天於圜丘，自是日始，齋戒三日。

乙亥，上詣南郊齋宮齋宿。

丙子，常雩，祀天於圜丘，上親詣行禮。

《穆宗毅皇帝實錄》卷三七三 "同治十三年十一月" 條

庚戌，上以冬至祀天於圜丘，自是日始，齋戒三日。

癸丑，冬至祀天於圜丘，遣醇親王奕譞恭代行禮。

《德宗景皇帝實錄》卷七"光緒元年夏四月"條

癸酉，上以常雩祀天於圜丘，自是日始，齋戒三日。

丙子，常雩，祀天於圜丘，遣怡親王載敦恭代行禮。

《德宗景皇帝實錄》卷二二"光緒元年十一月"條

乙卯，上以冬至祀天於圜丘，自是日始，齋戒三日。

戊午，冬至祀天於圜丘，遣鄭親王慶至恭代行禮。

《德宗景皇帝實錄》卷二九"光緒二年夏四月"條

癸酉，上以常雩祀天於圜丘，自是日始，齋戒三日。

丙子，常雩，祀天於圜丘，遣肅親王隆懃恭代行禮。

《德宗景皇帝實錄》卷四二"光緒二年十一月"條

庚申，上以冬至祀天於圜丘，自是日始，齋戒三日。

癸亥，冬至祀天於圜丘，遣惇親王奕誴恭代行禮。

《德宗景皇帝實錄》卷五〇"光緒三年夏四月"條

戊子，上以常雩祀天於圜丘，自是日始，齋戒三日。

辛卯，常雩，祀天於圜丘，遣莊親王載勛恭代行禮。

《德宗景皇帝實錄》卷六一"光緒三年十一月"條

丙寅，上以冬至祀天於圜丘，自是日始，齋戒三日。

《德宗景皇帝實錄》卷六二"光緒三年十一月"條

己巳，冬至祀天於圜丘，遣豫親王本格恭代行禮。

《德宗景皇帝實錄》卷七一"光緒四年夏四月"條

壬午，上以常雩祀天於圜丘，自是日始，齋戒三日。

乙酉，常雩，祀天於圜丘，遣禮親王世鐸恭代行禮。

《德宗景皇帝實錄》卷八二"光緒四年十一月"條

辛未，上以冬至祀天於圜丘，自是日始，齋戒三日。

甲戌，冬至祀天於圜丘，遣怡親王載敦恭代行禮。

《德宗景皇帝實錄》卷九二"光緒五年閏三月"條

壬寅，上以常雩祀天於圜丘，自是日始，齋戒三日。

《德宗景皇帝實錄》卷九三"光緒五年夏四月"條

乙巳，常雩，祀天於圜丘，遣莊親王載勛恭代行禮。

《德宗景皇帝實錄》卷一〇三"光緒五年十一月"條

丙子，上以冬至祀天於圜丘，自是日始，齋戒三日。

己卯，冬至祀天於圜丘，遣莊親王載勛恭代行禮。

《德宗景皇帝實錄》卷一一一 "光緒六年三月" 條
丁酉，上以常雩祀天於圜丘，自是日始，齋戒三日。

《德宗景皇帝實錄》卷一一二 "光緒六年夏四月" 條
庚子，常雩，祀天於圜丘，遣怡親王載敦恭代行禮。

《德宗景皇帝實錄》卷一二四 "光緒六年十一月" 條
辛巳，上以冬至祀天於圜丘，自是日始，齋戒三日。
甲申，冬至祀天於圜丘，遣莊親王載勛恭代行禮。

《德宗景皇帝實錄》卷一二九 "光緒七年夏四月" 條
丁酉，上以常雩祀天於圜丘，自是日始，齋戒三日。
庚子，常雩，祀天於圜丘，遣怡親王載敦恭代行禮。

《德宗景皇帝實錄》卷一三八 "光緒七年冬十月" 條
丁亥，上以冬至祀天於圜丘，自是日始，齋戒三日。
庚寅，冬至祀天於圜丘，遣恭親王奕訢恭代行禮。

《德宗景皇帝實錄》卷一四四 "光緒八年三月" 條
乙卯，上以常雩祀天於圜丘，自是日始，齋戒三日。

《德宗景皇帝實錄》卷一四五 "光緒八年四月" 條
戊午，常雩，祀天於圜丘，遣豫親王本格恭代行禮。

《德宗景皇帝實錄》卷一五四 "光緒八年十一月" 條
壬辰，上以冬至祀天於圜丘，自是日始，齋戒三日。
乙未，冬至祀天於圜丘，遣禮親王世鐸恭代行禮。

《德宗景皇帝實錄》卷一六二 "光緒九年夏四月" 條
壬子，上以常雩祀天於圜丘，自是日始，齋戒三日。
乙卯，常雩，祀天於圜丘，遣莊親王載勛恭代行禮。

《德宗景皇帝實錄》卷一七四 "光緒九年十一月" 條
丁酉，上以冬至祀天於圜丘，自是日始，齋戒三日。
庚子，冬至祀天於圜丘，遣睿親王魁斌恭代行禮。

《德宗景皇帝實錄》卷一八一 "光緒十年夏四月" 條
乙卯，上以常雩祀天於圜丘，自是日始，齋戒三日。
戊午，常雩，祀天於圜丘，遣睿親王魁斌恭代行禮。

《德宗景皇帝實錄》卷一七九 "光緒十年十一月" 條
壬寅，上以冬至祀天於圜丘，自是日始，齋戒三日。
乙巳，冬至祀天於圜丘，遣睿親王魁斌恭代行禮。

《德宗景皇帝實錄》卷二〇五 "光緒十一年三月" 條
丁卯，上以常雩祀天於圜丘，自是日始，齋戒三日。

《德宗景皇帝實録》卷二〇六"光緒十一年夏四月"條
庚午，常雩，祀天於圜丘，遣肅親王隆懃恭代行禮。
《德宗景皇帝實録》卷二一九"光緒十一年十一月"條
丁未，上以冬至祀天於圜丘，自是日始，齋戒三日。
《德宗景皇帝實録》卷二二〇"光緒十一年十一月"條
庚戌，冬至祀天於圜丘，遣肅親王隆懃恭代行禮。
《德宗景皇帝實録》卷二二六"光緒十二年夏四月"條
甲子，上以常雩祀天於圜丘，自是日始，齋戒三日。
丁卯，常雩，祀天於圜丘，遣禮親王世鐸恭代行禮。
《德宗景皇帝實録》卷二三五"光緒十二年十一月"條
癸丑，上以冬至祀天於圜丘，自是日始，齋戒三日。
丙辰，冬至，祀天於圜丘，上親詣行禮。
《德宗景皇帝實録》卷二四一"光緒十三年夏四月"條
癸酉，上以常雩祀天於圜丘，自是日始，齋戒三日。
乙亥，上詣皇穹宇拈香，南郊齋宮齋宿。
丙子，常雩，祀天於圜丘，上親詣行禮。
《德宗景皇帝實録》卷二四九"光緒十三年十一月"條
戊午，上以冬至祀天於圜丘，自是日始，齋戒三日。
庚申，上詣皇穹宇拈香，南郊齋宮齋宿。
辛酉，冬至，祀天於圜丘，上親詣行禮。
《德宗景皇帝實録》卷二五四"光緒十四年夏四月"條
壬午朔，上以常雩祀天於圜丘，自是日始，齋戒三日。
甲申，上詣皇穹宇拈香，南郊齋宮齋宿。
乙酉，常雩，祀天於圜丘，上親詣行禮。
《德宗景皇帝實録》卷二六一"光緒十四年十一月"條
癸亥，上以冬至祀天於圜丘，自是日始，齋戒三日。
乙丑，上詣皇穹宇拈香，南郊齋宮齋宿。
丙寅，冬至，祀天於圜丘，上親詣行禮。
《德宗景皇帝實録》卷二六九"光緒十五年夏四月"條
己卯，上以常雩祀天於圜丘，自是日始，齋戒三日。
辛巳，上詣皇穹宇拈香，南郊齋宮齋宿。
壬午，常雩，祀天於圜丘，上親詣行禮。
《德宗景皇帝實録》卷二七七"光緒十五年十一月"條
戊辰，上以冬至祀天於圜丘，自是日始，齋戒三日。

庚午，上詣皇穹宇拈香，南郊齋宮齋宿。

辛未，冬至，祀天於圜丘，上親詣行禮。

《德宗景皇帝實錄》卷二八三　"光緒十六年三月"條

戊戌，上以常雩祀天於圜丘，自是日始，齋戒三日。

《德宗景皇帝實錄》卷二八四　"光緒十六年夏四月"條

庚子朔，上詣皇穹宇拈香，南郊齋宮齋宿。

辛丑，常雩，祀天於圜丘，上親詣行禮。

《德宗景皇帝實錄》卷二九一　"光緒十六年十一月"條

甲戌，上以冬至祀天於圜丘，自是日始，齋戒三日。

丙子，上詣皇穹宇拈香，南郊齋宮齋宿。

丁丑，冬至，祀天於圜丘，上親詣行禮。

《德宗景皇帝實錄》卷二九六　"光緒十七年夏四月"條

丁酉，上以常雩祀天於圜丘，自是日始，齋戒三日。

己亥，上詣皇穹宇拈香，南郊齋宮齋宿。

庚子，常雩，祀天於圜丘，上親詣行禮。

《德宗景皇帝實錄》卷三〇四　"光緒十七年十一月"條

己卯，上以冬至祀天於圜丘，自是日始，齋戒三日。

辛巳，上詣皇穹宇拈香，南郊齋宮齋宿。

壬午，冬至，祀天於圜丘，上親詣行禮。

《德宗景皇帝實錄》卷三一〇　"光緒十八年夏四月"條

乙未，上以常雩祀天於圜丘，自是日始，齋戒三日。

丁酉，上詣皇穹宇拈香，南郊齋宮齋宿。

戊戌，常雩，祀天於圜丘，上親詣行禮。

《德宗景皇帝實錄》卷三一七　"光緒十八年冬十月"條

甲申，上以冬至祀天於圜丘，自是日始，齋戒三日。

《德宗景皇帝實錄》卷三一八　"光緒十八年十一月"條

丙戌，上詣皇穹宇拈香，南郊齋宮齋宿。

丁亥，冬至，祀天於圜丘，上親詣行禮。

《德宗景皇帝實錄》卷三二二　"光緒十九年三月"條

壬子，上以常雩祀天於圜丘，自是日始，齋戒三日。

《德宗景皇帝實錄》卷三二三　"光緒十九年夏四月"條

甲寅，上詣皇穹宇拈香，南郊齋宮齋宿。

乙卯，常雩，祀天於圜丘，上親詣行禮。

《德宗景皇帝實錄》卷三三〇"光緒十九年十一月"條

己丑，上以冬至祀天於圜丘，自是日始，齋戒三日。

辛卯，上詣皇穹宇拈香，南郊齋宮齋宿。

壬辰，冬至，祀天於圜丘，上親詣行禮。

《德宗景皇帝實錄》卷三三八"光緒二十年夏四月"條

丁未朔，以常雩祀天於圜丘，自是日始，齋戒三日。

己酉，上詣皇穹宇拈香，南郊齋宮齋宿。

庚戌，常雩，祀天於圜丘，上親詣行禮。

《德宗景皇帝實錄》卷三五四"光緒二十年十一月"條

乙未，上以冬至祀天於圜丘，自是日始，齋戒三日。

丁酉，上詣皇穹宇拈香，南郊齋宮齋宿。

戊戌，冬至，祀天於圜丘，上親詣行禮。

《德宗景皇帝實錄》卷三六五"光緒二十一年夏四月"條

壬子，上以常雩祀天於圜丘，自是日始，齋戒三日。

甲寅，上詣皇穹宇拈香，南郊齋宮齋宿。

乙卯，常雩，祀天於圜丘，上親詣行禮。

《德宗景皇帝實錄》卷三七九"光緒二十一年十一月"條

庚子，上以冬至祀天於圜丘，自是日始，齋戒三日。

壬寅，上詣皇穹宇拈香，南郊齋宮齋宿。

癸卯，冬至，祀天於圜丘，上親詣行禮。

《德宗景皇帝實錄》卷三八八"光緒二十二年夏四月"條

丁卯，上以常雩祀天於圜丘，自是日始，齋戒三日。

庚午，常雩，祀天於圜丘，上親詣行禮。

《德宗景皇帝實錄》卷三九七"光緒二十二年十一月"條

乙巳，上以冬至祀天於圜丘，自是日始，齋戒三日。

丁未，上詣皇穹宇拈香，南郊齋宮齋宿。

戊申，冬至，祀天於圜丘，上親詣行禮。

《德宗景皇帝實錄》卷四〇四"光緒二十三年夏四月"條

壬戌，上以常雩祀天於圜丘，自是日始，齋戒三日。

甲子，上詣皇穹宇拈香，南郊齋宮齋宿。

乙丑，常雩，祀天於圜丘，上親詣行禮。

《德宗景皇帝實錄》卷四一二"光緒二十三年十一月"條

庚戌，上以冬至祀天於圜丘，自是日始，齋戒三日。

壬子，上詣皇穹宇拈香，南郊齋宮齋宿。

癸丑，冬至，祀天於圜丘，上親詣行禮。

《德宗景皇帝實錄》卷四一七"光緒二十四年閏三月"條

壬午，上以常雩祀天於圜丘，自是日始，齋戒三日。

《德宗景皇帝實錄》卷四一八"光緒二十四年夏四月"條

甲申，上詣皇穹宇拈香，南郊齋宮齋宿。

乙酉，常雩，祀天於圜丘，上親詣行禮。

《德宗景皇帝實錄》卷四三三"光緒二十四年十一月"條

丙辰，上以冬至祀天於圜丘，自是日始，齋戒三日。

己未，冬至，祀天於圜丘，遣順承郡王訥勒赫恭代行禮。

《德宗景皇帝實錄》卷四四二"光緒二十五年夏四月"條

壬午，上以常雩祀天於圜丘，自是日始，齋戒三日。

乙酉，常雩，祀天於圜丘，遣鄭親王凱泰恭代行禮。

《德宗景皇帝實錄》卷四五五"光緒二十五年十一月"條

辛酉，上以冬至祀天於圜丘，自是日始，齋戒三日。

甲子，冬至，祀天於圜丘，遣莊親王載勛恭代行禮。

《德宗景皇帝實錄》卷四六二"光緒二十六年夏四月"條

己卯，上以常雩祀天於圜丘，自是日始，齋戒三日。

壬午，常雩，祀天於圜丘，遣怡親王溥靜恭代行禮。

《德宗景皇帝實錄》卷四八九"光緒二十七年十一月"條

甲戌，冬至，祀天於圜丘，遣肅親王善耆恭代行禮。

《德宗景皇帝實錄》卷四九一"光緒二十七年十二月"條

丙申，上以告祭圜丘，自是日始，齋戒三日。

己亥，祀天於圜丘，上親詣行禮。

《德宗景皇帝實錄》卷四九八"光緒二十八年夏四月"條

辛卯朔，上以常雩祀天於圜丘，自是日始，齋戒三日。

癸巳，上詣皇穹宇拈香，南郊齋宮齋宿。

甲午，常雩，祀天於圜丘，上親詣行禮。

《德宗景皇帝實錄》卷五〇八"光緒二十八年十一月"條

丁丑，上以冬至祀天於圜丘，自是日始，齋戒三日。

己卯，上詣皇穹宇拈香，南郊齋宮齋宿。

庚辰，冬至，祀天於圜丘，上親詣行禮。

《德宗景皇帝實錄》卷五一四"光緒二十九年夏四月"條

甲午，上以常雩祀天於圜丘，自是日始，齋戒三日。

丙申，上詣皇穹宇拈香，南郊齋宮齋宿。

丁酉，常雩，祀天於圜丘，上親詣行禮。

《德宗景皇帝實錄》卷五二三"光緒二十九年十一月"條

壬午，上以冬至祀天於圜丘，自是日始，齋戒三日。

甲申，上詣皇穹宇拈香，南郊齋宮齋宿。

乙酉，冬至，祀天於圜丘，上親詣行禮。

《德宗景皇帝實錄》卷五二八"光緒三十年三月"條

丁未，上以常雩祀天於圜丘，自是日始，齋戒三日。

《德宗景皇帝實錄》卷五二九"光緒三十年夏四月"條

己酉，上詣皇穹宇拈香，南郊齋宮齋宿。

庚戌，常雩，祀天於圜丘，上親詣行禮。

《德宗景皇帝實錄》卷五三七"光緒三十年十一月"條

丁亥，上以冬至祀天於圜丘，自是日始，齋戒三日。

己丑，上詣皇穹宇拈香，南郊齋宮齋宿。

《德宗景皇帝實錄》卷五三八"光緒三十年十一月"條

庚寅，冬至，祀天於圜丘，上親詣行禮。

《德宗景皇帝實錄》卷五四四"光緒三十一年夏四月"條

丙午，上以常雩祀天於圜丘，自是日始，齋戒三日。

戊申，上詣皇穹宇拈香，南郊齋宮齋宿。

己酉，常雩，祀天於圜丘，上親詣行禮。

《德宗景皇帝實錄》卷五五一"光緒三十一年十一月"條

乙未，冬至，祀天於圜丘，上親詣行禮。

《德宗景皇帝實錄》卷五五八"光緒三十二年夏四月"條

壬子，以常雩祀天於圜丘，自是日始，齋戒三日。

乙卯，常雩，祀天於圜丘，上親詣行禮。

《德宗景皇帝實錄》卷五六六"光緒三十二年十一月"條

戊戌，以冬至祀天於圜丘，自是日始，齋戒三日。

辛丑，冬至，祀天於圜丘，上親詣行禮。

《德宗景皇帝實錄》卷五七二"光緒三十三年夏四月"條

丁卯，上以常雩祀天於圜丘，自是日始，齋戒三日。

庚午，常雩，祀天於圜丘，上親詣行禮。

《德宗景皇帝實錄》卷五八三"光緒三十三年十一月"條

癸卯，以冬至祀天於圜丘，自是日始，齋戒三日。

丙午，冬至，祀天於圜丘，上親詣行禮。

《德宗景皇帝實錄》卷五八九"光緒三十四年夏四月"條

壬戌，上以常雩祀天於圜丘，自是日始，齋戒三日。

乙丑，常雩，祀天於圜丘，遣醇親王載灃恭代行禮。

《宣統政紀》卷三"光緒三十四年十一月"條

辛亥，冬至大祀天於圜丘，遣莊親王載功恭代行禮。

《宣統政紀》卷一二"宣統元年夏四月"條

乙酉，常雩，祀天於圜丘，遣恭親王溥偉恭代行禮。

《宣統政紀》卷二五"宣統元年十一月"條

丙辰，冬至大祀天於圜丘，遣豫親王懋林恭代行禮。

《宣統政紀》卷三四"宣統二年夏四月"條

丙子，常雩，祀天於圜丘，遣豫親王懋林恭代行禮。

《宣統政紀》卷四五"宣統二年十一月"條

壬戌，冬至祀天於圜丘，遣豫親王懋林恭代行禮。

《宣統政紀》卷五二"宣統三年夏四月"條

己卯，常雩，祀天於圜丘，遣莊親王載功恭代行禮。

《宣統政紀》卷六七"宣統三年十一月"條

丁卯，冬至祀天於圜丘，遣豫親王懋林恭代行禮。

四、庶務

祭務官制

《明太祖實錄》卷一一六"洪武十年十二月"條

戊申，【略】置神宮內使監，掌太廟洒掃陳設之事，設監令正五品，丞從五品，司香奉御正七品，典簿從九品。天地壇祠祭署、神壇署各設署令正七品，丞從七品，司香奉御正八品。甲乙丙丁戊五庫，庫設大使正七品，副使從七品。及置皇城門官，端門、承天門、東長安門、西長安門、東安門、東上門、東上南門、東上北門、西安門、西上門、西上南門、西上北門、北安門、北上門、北上東門、北上西門，門設正正七品，副從七品。

《明太祖實錄》卷一四五"洪武十五年五月"條

甲子，禮部尚書劉仲質言神樂觀職掌樂舞，以備大祀天地神祇及宗廟社稷之祭，與道錄司無相統屬。本觀提點秩從六品、知觀從九品，今道錄司已爲正六品，宜改升提點亦正六品，知觀從八品，凡遇朝會，提點列於僧錄左善世之下道錄左正一之。上從之。使正七品，副使從七品。

《明太祖實録》卷一六五“洪武十七年九月”條

丁巳，命各王府樂舞生俱於所在儒學生員内選用，仍命神樂觀選樂舞生五人往教習之。

《明太宗實録》卷一〇“洪武三十五年七月”條

丁亥，禮部言建文中改天地壇祠祭署爲南郊祠祭署、山川壇籍田祠祭署爲籍田祠祭署、泗州祠祭署爲泗賓祠祭署、宿州祠祭署爲新豐祠祭署，又設鍾山祠祭署，非舊制。上命泗州、宿州、山川壇籍田祠祭署，仍復舊制。天地壇祠祭署定爲郊壇祠祭署，鍾山祠祭署不可，罷。

《明太宗實録》卷一一一“永樂八年十二月”條

丙辰，改郊壇祠祭署復爲天地壇祠祭署。

《明憲宗實録》卷一九七“成化十五年十一月”條

丁未，增設天地壇祠祭署祀丞一員。

(明) 官修《諸司職掌》

禮部。尚書侍郎之職掌天下禮儀、祭祀、宴享、貢舉之政令，其屬有四，曰儀部、曰祠部、曰膳部、曰主客部。

祠部。郎中員外郎主事掌祠祀、享祭、天文漏刻、國忌、廟諱、卜筮、醫藥、道佛之事。

(明) 徐一夔等《明集禮》卷二《吉禮第二·祀天》

協律郎一人，襆頭、紅羅袍、荔枝帶、皂靴、手執麾旛。

樂生六十二人，服緋袍、展脚、襆頭、革帶、皂靴。

(明) 王圻《續文獻通考》卷九〇《職官考·太常寺》

靖難後改，【略】南郊祠祭署爲郊壇祠祭署，已又改爲天地壇祠祭署。【略】嘉靖中，釐祀典，改天地壇祠祭署爲天壇。【略】大祀殿奉祀爲祈穀殿祠祭署。【略】太常寺卿一人，少卿二人，提督四夷館少卿一人，其屬典簿二人、博士二人、神樂觀提點一人、知觀二人、協律郎二人、贊禮郎九人、司樂二十人、天壇祠祭署奉祀一人、祀丞二人。【略】祈穀殿祠祭署奉祀一人、祀丞一人。【略】太常卿掌祭祀禮樂之事，總其官屬籍其政令以聽禮部。少卿寺丞爲之貳。

凡大祀，樂生七十二人，舞生一百三十二人。凡壇署典守壇場、殿宇、厨、庫、林木，時灑掃之，以共其祀事陵署亦如之。牲犧所凡三祀，牲牢咸有數，養而滌之，籍田收穀，納於神倉，供五齋三酒之用，穰槁飼牲。

(明) 佚名《太常續考》卷一《郊祀·冬至圜丘事宜》

天壇祠祭署。【略】嘉靖九年，從言官夏言議，建圜丘，遂建今署。署官奉祀一員、祀丞一員、壇户二十五名。國初，置天地壇祠祭署奉祀、祀丞各一員，後改稱南郊祠祭署。永樂中，京師建天地壇，建署於内西天門外之左，房十間，中爲公座，傍爲官舍，改稱郊壇祠祭署，已復稱天地壇祠祭署。嘉靖九年，分祀天地，別建今署於圜丘壇，即廣利門外，後以行祈穀禮於大祀殿今改爲泰享殿，改天地壇祠祭署，稱祈穀殿祠祭署，奉祀、祀丞仍各一員，壇户二十五名。隆慶元年，祈穀禮罷。三年，裁祈穀殿奉祀、祀丞，不設壇户，亦天壇祠祭署，然祭雖罷，而壇署猶存，故天壇奉祀住於祈穀壇祠祭署，兩壇之任，總二官并攝。舊有守門軍四名。萬曆四年，本寺卿劉某以圜丘修理工完題請巡壇軍役，兵部復奏，欽依。除守門四名仍舊外，撥軍四十名巡邏。冬至前期一月，擇吉日合寺官詣犧牲所祭司犧牲等神。

(明) 張岱《石匱書》卷二八

太常寺，吳元年置。稱司，正三品。洪武二年，置神牲所，設廩犧令大使副使。四年，革神牲所。十二年，置神樂觀。二十四年，設各祠祭署奉祀祀丞。三十年，改司爲寺。建文中，改卿爲太常卿、少卿寺丞，分左右。天壇祠祭署爲南郊祠祭署，泗州祠祭署爲泗濱祠祭署，宿州祠祭署爲新豐祠祭署，孝陵置鍾山祠祭署及司圃所，增神樂觀知觀一人。靖難後，改鍾山祠祭署爲孝陵祠祭署，南郊祠祭署爲郊壇祠祭署，已又改爲天地壇祠祭署，餘如故。嘉靖中，釐祀典，改天地壇祠祭署爲天壇，別爲地壇，各設祠祭署，又改山川壇耤田祠祭署，爲神祇壇祠祭署，大祀殿奉祀爲祈穀殿祠祭署，又增朝日、夕月二壇祠祭署。

太常寺卿一人，少卿二人，提督四夷館少卿一人，其屬典簿二人、博士二人、神樂觀提點一人、知觀二人、協律郎二人、贊禮郎九人、司樂二十人，天壇祠祭署奉祀一人、祀丞二人，地壇祠祭署奉祀一人、祀丞一人，朝日壇祠祭署奉祀一人、祀丞一人，夕月壇祠祭署奉祀一人、祀丞一人，祈穀殿祠祭署奉祀一人、祀丞一人。

卿掌祭祀禮樂之事，總其官屬，籍其政令，以聽禮部。少卿寺丞爲之貳。凡天神、地祇、人鬼，歲祭有常。先歲孟冬，進明年祭日，上御奉天殿受之，頒諸司。凡上祭，贊相禮儀大臣攝事亦如之，若祭先期，請省牲，大祀，上先省，大臣繼省之。進版、銅人，上殿奏齋戒，齋戒大祀三日、中二日、小一日，示諸司。凡薦新品物，移光禄寺。凡國有册封、冠婚、營繕、出師、歲時旱潦大灾難，請告郊廟、社稷。凡親王之國，若朝還，謁辭於寢廟。凡祭滌器釁理香燭、玉帛、整拂神幄必恭潔。【略】凡祭，掌祭、掌燎、看燎、讀祝、奏禮、對引、司香、進俎、舉麾、陳設、收支、導引、設位、典儀、通贊、奉帛、執爵、司尊、司罍、洗卿貳屬，各共其事。【略】神樂觀提點知樂領樂生舞生，而時教肄之進退，其考贊禮郎設君臣之位，以奉祭祀之禮，拜跪之節，皆贊導焉而承傳之。協律郎，司樂，考協雅樂，凡舞人音聲人籍，核其名數而審肄之，凡淫聲、過聲、凶聲、慢聲、舞失節者，皆禁糾之。凡上至祀所，夜警晨嚴。凡祭先期，演樂太和殿。凡大祀，樂生七十二人，舞生一百三十二人。凡壇署，典守壇場殿宇厨庫林木，時灑掃之，以共其祀事，陵署亦如之。牲犧所凡三祀牲牢，咸有數，養而滌之，耤田收穀，納於神倉，供五齊三酒之用，穰槀飼牲。

　　光禄寺。吳元年置宣徽院尚食、尚禮二局，設院使、同知院判、典簿統二局。明年，改光禄寺，正四品，移太常司供需庫隸之。洪武四年，置法酒庫，設內酒房大使、副使。八年，改寺爲司，升從三品，置大官、珍饈、良醞、掌醢四署，署設令丞監事，又設孳牧所局庫，俱革。三十年，復爲寺，改署令爲署正，又設司牲局，改孳牧所爲司牧局。建文中，改卿爲光禄卿、少卿，寺丞分左右，升少卿從四品，省署丞二人，增監事二人。靖難後，復如故光禄寺卿一人、少卿二人、寺丞二人，其屬典簿二人，錄事一人，大官、珍饈、良醞、掌醢四署，各署正一人，署丞四人，監事四人，司牧局大使一人，司牲局大使一人，吏二十五人。

　　卿掌祭享宴勞酒醴膳羞之事，辨其名數，會其出入，量其豐約，以聽於禮部，少卿寺丞爲之貳。凡祭祀，請省牲、進飲福酒胙。凡薦新，移太常寺。

(清) 張廷玉等《明史》卷七四《志五〇・職官志三・太常寺》

　　太常寺。卿一人，正三品。少卿二人，正四品。寺丞二人，正六品。其屬，典簿廳，典簿二人，正七品。博士二人，正七品。協律郎二人，正八品，嘉靖中增至五人。贊禮郎九人，正九品，嘉靖中增至三十三人，後革二人。司樂二十人，從九品，嘉靖中增至三十九人，後革五人。天壇、地壇、朝日壇、夕月壇、先農壇、帝王廟、祈穀殿、長陵、獻陵、景陵、裕陵、茂陵、泰陵、顯陵、康陵、永陵、昭陵各祠祭署，俱奉祀一人，從七品。祀丞二人，從八品。犧牲所吏目一人，從九品。

　　太常掌祭祀禮樂之事，總其官屬，籍其政令，以聽於禮部。凡天神、地祇、人鬼，歲祭有常。先冬十二月朔，奏進明年祭日，天子御奉天殿受之，乃頒於諸司。天子視祭，則贊相禮儀。大臣攝事，亦如之。凡國有冊立、冊封、冠婚、營繕、征討、大喪諸典禮，歲時旱澇大災變，則請告宗廟社稷。薦新則移光禄寺供其品物。祭祀先期，請省牲，進祝版、銅人，上殿奏請齊戒，親署御名。省牲偕光禄卿。惟大祀車駕親省，大臣日一省之。凡祭，滌器、爨埋、香燭、玉帛、整拂神幄，必恭潔。掌燎、看燎、讀祝、奏禮、對引、司香、進俎、舉麾、陳設、收支、導引、設位、典儀、通贊、奉帛、執爵、司樽、司罍洗，卿貳屬各領其事，罔有不共。凡玉四等：曰蒼璧，以祀天。曰黃琮，以祀地。曰赤璋、白琥，以朝日、夕月。曰兩圭有邸，以樂太社、太稷。帛五等：曰郊祀制帛，祀天地。曰奉先制帛，薦祖考。曰禮神制帛，祭社稷、群神、帝王、先師。曰展親制帛，祭享親王。曰報功制帛，祭享功臣。牲四等：曰犢，曰牛，曰太牢，曰少牢。色尚騂或黝。大祀入滌三月，中祀一月，小祀一旬。樂四等：曰九奏，用祀天地。曰八奏，神祇、太歲。曰七奏，大明、太社、太稷、帝王。曰六奏。夜明、帝社、帝稷、宗廟、先師。舞二：曰文舞，曰武舞。樂器不徙。陵園之祭無樂。歲終合祭五祀之神，則少卿攝事。

　　初，吳元年，置太常司，設卿，正三品。少卿，正四品。丞，正五品。典簿、協律郎、博士，正七品。贊禮郎。從八品。洪武初，置各祠祭署，設署令、署丞。十三年，更定協律郎等官秩。協律郎正八品，贊禮郎正九品，司樂從九品。二十四年，改各署令爲奉祀，署丞爲祀丞。三十年改司爲寺，官制仍舊。二十五年已定司丞正六品。建文中，增設贊禮郎二人，太祝一人，以及各祠祭署俱有更革。天壇祠祭署爲南郊祠祭署，泗州祠祭署爲泗濱祠祭署，宿州祠祭署爲新豐祠祭署，孝陵置鍾山祠察署，各司圃所管神樂觀知觀一人。成祖初，惟易天壇爲天地壇，餘悉復洪武間制。建文時，南郊祠祭署爲郊壇祠祭署，已又改爲天地壇祠祭署。洪熙元年置犧牲所，吏目典掌文移。先是，洪武三年，置神牲所，設廩牲令、大使、副使等官，四年革。世宗厘祀典，分天地壇爲天壇、地壇，山川壇、耤田祠察署爲神祇壇，大祀殿爲祈穀殿，增置朝日、夕月二壇，各設祠祭署，又增設協律郎、贊禮郎、司樂等員。隆慶三年，革協律郎等官四十八員。萬曆六年復設，如嘉靖間制。萬曆四年，改神祇壇爲先農壇。

（清）張廷玉等《明史》卷七四《志五〇·職官志三·光禄寺》

光禄寺卿一人從三品，少卿二人正五品，寺丞二人從六品，其屬典簿應與簿二人從七品，録事一人從八品，大官、珍饈、良醖、掌醢四署，各署正一人從六品，署丞四人從七品，監事四人從八品，司牲司大使一人從九品，副使一人後革，司牧局大使一人從九品，嘉靖七年革，銀庫大使一人。卿掌祭享宴勞酒醴膳羞之事，率少卿、寺丞官屬，辨其名數，會其出入，量其豐約，以聽於禮部。凡祭祀，同太常省牲，天子親祭進飲福受胙，薦新，循月令獻其品物。

（清）秦蕙田《五禮通考》卷一九《吉禮一九·圜丘祀天》

《明集禮》：陪祀執事員數。設皇帝大次、皇太子幕次官二人，掃除壇上下官一人、御史監掃除二人、灑掃齋舍神厨官二人，設饌幔官二人，設昊天上帝仁祖淳皇帝龍椅龍案從祀神案官一人，設御位皇太子位官二人，設燔柴官二人，設分獻及文武官諸執事官版位官二人，設儀仗官二人，設庭燎賁燭官二人，設牲榜省牲位及割牲官二人、牽牲十五人、掌鼎鑊視滌濯官二人，協律郎一人、舞士一人、樂生一人、舞生一人，撰祝書祝官各一人，讀祝兼捧祝官一人，導駕奏禮官六人、導引皇太子官四人、分獻官執事八人、引陪祭官執事四人、糾儀御史四人，奉爵官六人、奉幣官六人、司香官六人、掌祭官十二人、舉飲福案官二人、進福酒官一人、進俎官二人、授胙執事官一人，司御洗捧匜一人、進巾一人，司分獻罍洗各酌水二人、進巾二人，司御盥洗酌水一人、進巾一人，司分獻盥洗位酌水一人、進巾一人，司御酒尊所官一人，司分獻酒尊所各二人，進正配位饌官六人，舉案齋郎十二人，舉從祀饌案四十八人。【略】

《明集禮》：三年二月，詔立神幣局，設官二員，專掌製神幣，其織文曰禮神制幣，色各隨其方。

《禮志》：凡陪祀，洪武四年太常寺引周禮及唐制，擬用武官四品、文官五品以上，其老疾瘡疥、刑餘喪過、體氣者不與，從之。後定郊祀，六科都給事中皆與陪祀，餘祭不與。又定凡南北郊，先期賜陪祀執事官明衣布，樂舞生各給新衣。制陪祀官入壇牙牌，凡天子親祀，則佩以入。其制有二，圜者，與祭官佩之；方者，執事人佩之；俱藏内府，遇祭則給，無者不得入壇。五年，命諸司各置木牌，刻文其上，曰國有常憲，神有鑒焉，祭祀則設之。又從陶凱奏，凡親祀，皇太子宮中居守，親王戎服侍從，皇太子親王雖不陪祀，一體齋戒。

（清）秦蕙田《五禮通考》卷二〇《吉禮二〇・圜丘祀天》

嘉靖九年，四郊工成，帝諭太常寺曰：大祀分獻官預定，方可習儀。乃用大學士張璁等於大明、夜明、星辰、風雲雷雨四壇。舊制，分獻用文武大臣及近侍官共二十四人，今定四人。法司官仍舊例，不與。

《世祖章皇帝實錄》卷二五"順治三年夏四月"條

壬午，設看守圜丘、方澤滿洲五品官各一員，六品官各七員。

（清）允祹等《大清會典》卷八二《太常寺》

卿滿漢各一人，少卿滿漢各一人，掌典守壇壝廟社，以歲時序其祭祀。所屬寺丞滿一人、漢二人；博士滿一人，漢軍一人，漢一人；讀祝官滿八人，贊禮郎滿二十四人、漢十有四人，掌相儀序事，備物絜器；典簿滿漢各一人，掌文移；筆帖式滿九人，漢軍一人，掌繙譯。

司庫滿一人，庫使滿二人，掌庫藏；犧牲所牧滿漢各一人，掌繫牲牷而芻牧之，以待祭祀。

神樂署漢署正一人，署丞二人，協律郎五人，司樂二十三人，掌樂舞之節奏以詔，樂舞生執事生九十人，樂生百八十人，舞生三百人，咸隸焉。

凡題奏祭祀，禮部於豫歲以題定祭期札寺。大祀天地前二十五日，由寺具疏，謹以皇帝親詣行禮，或遣官恭代并列分獻官名題請。

凡進齋戒牌銅人，恭遇皇帝親詣行禮，於齋期前一日具奏。屆期，黎明卿率屬補服遇朝期朝服，奉齋戒牌銅人入至乾清門，恭設於中門左楹前。祀天、祭地如遇皇帝宿齋宮，至第三日恭設齋戒牌銅人於齋宮丹陛左，如不宿齋宮，恭設於乾清門三日。饗太廟、祭社稷，恭設於乾清門三日。【略】如皇帝不親詣，則不奏設齋戒牌銅人。

凡親閱祝版，大祀南郊，皇帝御太和殿閱祝版、玉帛、香。大祭北郊，御中和殿閱祝版，均御龍袍袞服，執事官咸采服如遇朝期，執事官咸朝服。遇忌辰服亦如之。社稷以下諸祭均御中和殿，皇帝袞服，執事官補服如遇朝期，執事官咸朝服，遇忌辰閱太廟祝版，素服，執事官常服。前二日，司祝奉祝版，送內閣恭書祝文。前一日，卿詣乾清門，恭請皇帝御殿，乃率屬奉祝版入殿內恭設黃案上，皇帝恭閱如儀，禮畢，奉送各壇廟，恭設神庫。遣官及群祀祝版均司祝自內閣奉送祭所。

凡大祀天地，皇帝御齋宮，日詣神位前上香，恭視壇位於祀前五日奏請。前期二日，奏御齋宮儀，并奏遣分獻官恭視籩豆牲牢。如遣官恭代，奏遣承祭官恭視壇位并視籩豆牲牢。

凡祀日請駕，大祀天地於日出前七刻，饗太廟、祭社稷於日出前四刻，【略】均先期行欽天監取候時官二人，至時卿詣宮門請駕。

　　凡分獻兩郊從位、太廟兩廡，以領侍衛內大臣，散秩大臣都統尚書。

　　凡祭日執事，皇帝親祭以禮部堂官、本寺卿二人贊引對引，典儀贊行禮之節，典樂贊舉樂，通贊贊賜福胙，引禮引分獻官，傳贊贊王公百官拜跪，司香奉香槃，司玉帛奉篚，司爵獻爵，司祝讀祝，司饌奉饌槃，掌燎視燎，掌瘞視瘞，司麾示樂節，司旌節導干戚羽籥之舞。大祀南北郊，進俎以挈壺官沃俎。天地、日月、先農之祭，皇帝拜位司拜牌拜褥官，均以本寺官充之。

　　凡祭祀備物，歲支戶部庫帑五千兩，以供各祀籩豆之實，夏季具疏題銷。

　　凡犧牲入滌，大祀九旬，中祀六旬，群祀三旬。既入滌牲，有病者易之，斃則埋之，每歲牛二百四十，由順天府行近畿各州縣市價及張家口外牧場選供；羊四百三十有九，豕三百九十有九，由左右翼稅務分四時市價，均由寺卿會順天府尹及兩翼稅務監督選收；鹿四十有五，供自內務府奉宸苑；兔四百四十有九，供自光禄寺，均每祀行取，豫日送寺。歲支戶部倉豆草價及兩翼稅課銀千六百兩，以供芻牧，犧牲所牧率牧人謹飼之，博士五日一赴所驗視。所牧勤職者，五年送吏部兵部議叙，如洗滌失宜、侵冒芻牧者，論如法。

　　凡簠簋之實，以黍稷稻粱，歲取帝耤所登謹貯神倉以供齍盛。登之實以大羹，鉶之實以和羹，籩豆之實形鹽、藁魚、鹿脯，果以棗、栗、榛、菱、芡，菹以韭、菁、芹、筍，醢以豕、鹿、兔、魚。脾析用牛，豚拍用脅，白餅、黑餅用麥，糗餌粉餈用米，粉食用稻，均饔人治之，監以博士等官。

　　凡祝版、制帛、香燭、薪炭，行戶工二部支取，酒醴形鹽行光禄寺葦行大興、宛平二縣均豫日送寺。

　　凡祭祀習儀，大祀前四十日，中祀前三十日，每旬三六九日，卿率讀祝、贊禮等官及執事樂舞集天壇神樂署習儀於凝禧殿。

　　凡典守官，南郊、北郊各設壇尉，五品各一人，六品各七人，掌扃鑰宿直；奉祀祀丞各一人，掌庫藏祭器。

　　凡執役，太廟首領內監一人，內監二十人，社稷壇首領內監一人，內監四人，傳心殿如之。各壇壇戶九十四人，廟戶二十三人，祠戶二十六人，齋宮夫十有六人，具服殿夫八人，執灑掃啓閉之役，守寺庫兵二十人，神樂署庫夫四人，執宿直巡防之役，本寺饔人二百九十人，執刲牲烹爨之役，犧牲所所軍十有九人，夫二十七人，執芻牧洗滌之役，壇廟祠戶及宮殿所夫，由順天府和雇庫兵由八旗撥送，均一年更代。

　　凡歲修壇廟，有土木興修之工，奏交工部督修，委官會本寺官監視，若止繕完塗，墾奏支工部庫帑，委本寺官董其事，工竣，咨部復核，歲秋彙册題銷。

　　凡升補，本寺屬官，滿寺丞員闕，由卿於博士、典簿、讀祝官、贊禮郎内選擬，正陪引見録用。讀祝官、滿贊禮郎、各陵讀祝官、贊禮郎行取八旗人員内選擬，正陪引見録用。【略】漢寺丞員闕，由協律郎、贊禮郎，贊禮郎員闕，由司樂，奉祀員闕，由祀丞，神樂署署正員闕，由署丞，協律郎員闕，由司樂各如例升補。司樂員闕，由樂舞生，祀丞、署丞由執事生拔補，均由寺諮名，吏部補授，執事生闕於樂舞生遴選充補。

（清）允祹等《大清會典》卷八五《光禄寺》

兼管寺事大臣特簡無定員，卿滿漢各一人，少卿滿漢各一人，掌大内膳羞及燕饗饔飧之需，辨其物品以待供饋。所屬大官署正滿漢各一人，丞滿二人，珍饈署正滿漢各一人，丞滿二人，良醖署正滿漢各一人，丞滿二人，掌醢署正滿漢各一人，丞滿二人，分掌餼牽禽魚酒醴鹽醢果蔬之物，以時供具。典簿滿漢各一人，掌奏疏文移。司庫滿二人，掌庫帑出納。筆帖式十有八人，掌繙譯。

凡祭祀執事，皇帝親祀壇廟，前期本寺卿一人詣祭所監視刉牲，祭日皇帝飲福受胙，以卿一人進爵，一人進胙，祭畢，署官率厨人舁福胙進尚膳房，頒膰肉於陪祀各官。

社 稷 壇

一、建置沿革

（一）營建沿革

《明太祖實錄》卷二四"吳元年八月"條

癸丑，圜丘、方丘及社稷壇成。【略】社稷壇在宮城之西南，背北向，社東稷西，各廣五丈，高五尺，四出陛，每陛五級。壇用五色土色，各隨其方，上以黃土覆之。壇相去五丈，壇南各栽松樹，二壇同一壝，壝方廣三十丈，高五尺，甃以磚。四方有門，各廣一丈，東飾以青，西飾以白，南飾以赤，北飾以黑。瘞坎在稷壇西南，用磚砌之，廣深各四尺。周圍築墻開四門，南爲靈星門三，北戟門五，東西戟門各三，東西北門皆列二十四戟，神廚三間在墻外西北方，宰牲池在神廚西。社主用石高五尺，闊二尺，上銳微立於壇，上半在土中，近南北向，稷不用主。

《明太祖實錄》卷一一四"洪武十年八月"條

癸丑，命改建社稷壇。【略】遂命改作社稷壇於午門之右，其製社稷共爲一壇，壇二成，上廣五丈，下如上之數而加三尺，崇五尺，四出陛。築以五色土，色如其方，而覆以黃土。壇四面皆甃以甓石。主崇五尺，埋壇之中，微露其末。外壝墻崇五尺，東西十九丈二尺五寸，南北如之。設靈星門於四面，壝墻各飾以方色。東青西白，南赤北黑。外爲周垣，東西廣六十六丈七尺五寸，南北廣八十六丈六尺五寸。垣皆飾以紅，覆以黃琉璃瓦。垣之北向設靈星門三，門之外爲祭殿，以虞風雨。凡六楹深五丈九尺五寸，連延十丈九尺五寸。祭殿之北爲拜殿，六楹，深三丈九尺五寸，連延十丈九尺五寸。拜殿之外，復設靈星門三，垣之東西南三向，設靈星門各一。西靈星門之內，近南，爲神廚六楹，深二丈九尺五寸，連延七丈五尺九寸。又其南爲神庫六楹，深廣如神廚。西靈星門之外，爲宰牲房，四楹，中爲滌牲池一，井一。

《明英宗實錄》卷二二"正統元年九月"條

乙巳，命應天建社稷壇，春秋祈報。

《明英宗實録》卷九四 "正統七年七月" 條

甲申，以修理南京太廟、社稷壇殿宇、門廡、廚庫等俱完，遣官祭告。

《明英宗實録》卷一三九 "正統十一年三月" 條

甲申，修理太廟、社稷壇畢工。

《明英宗實録》卷一四六 "正統十一年十月" 條

壬戌，修葺南京太廟、社稷壇畢工。

《明英宗實録》卷二七七 "天順元年四月" 條

丙午，修太廟社稷壇神道、御道及墻垣。

《明孝宗實録》卷五一 "弘治四年五月" 條

甲辰，修社稷壇墻及井亭。

《明世宗實録》卷五三 "嘉靖四年七月" 條

戊午，命修理社稷壇場垣。

《明史》卷四七《志二一·禮五·吉禮五·社稷》

（洪武）三年于壇北建祭殿五間，又北建拜殿五間，以備風雨祭祀。

《清聖祖實録》卷五 "順治十八年十月" 條

戊申，新建太廟神廚門，社稷壇左門成。

《清高宗實録》卷一一六 "乾隆五年五月" 條

甲寅，工部議覆，稽查盛京事務兵科給事中瞻塔海奏稱，盛京城外社稷壇周圍並無牆垣房宇。【略】應請交工部於社稷壇周砌牆垣，建大門三間，壇後建房三間，以供社稷神牌。

(清) 昆岡等《大清會典事例》卷八六四《工部·大祀·壇廟規制·社稷壇》

乾隆二十一年奏准，社稷壇年久應行重飾見新，並於南門外左右，增蓋看守房各三間。街門内左右增蓋看守房各三間。瘞坎舊在壇墻内，今移建於壇墻外西北隅。又社稷壇四面墻垣，向以五色土隨方堊色，請改爲四色琉璃甋瓦成砌。

(清) 于敏中《日下舊聞考》卷一〇《国朝宮室二》

社稷壇在闕右，北向。壇製方二成，高四尺。上成方五丈，二成方五丈三尺，四出陛，皆白石各四級。上成築五色土，中黄、東青、南赤、西白、北黑。土由涿、霸二州，房山、東安二縣豫辦解部同太常寺驗用。内壇四面各一門，楔闠皆製以石朱扉，有櫺。門外各石柱二，墻色亦各如其方壇。北門内西北瘞坎二，北爲拜殿，又北爲戟門各五間，戟門内列戟七十有二，均覆黄琉璃。崇基三出陛。壇外西南神庫五間。神廚五間，井一，均東向。壇垣周百五十三丈四尺，内外丹艧覆黄琉璃。北門三間，東西南門各一間，循垣東北隅東向正門一，左右門各一。相對闕右門爲乘輿，躬祭出入之門。壇西門外宰牲亭三間，東向。井一，垣一，重門一，北向。西南奉祀署東西各三間，垣一，重門一，東向。東遣官房一間，南向。東南爲社稷街門五間，東北爲社

稷左門三間，均東向。《大清会典则例》

（清）允祹等《大清會典》卷四三《禮部・祠祭清吏司・大祀四》

凡祭社稷之禮崇建社稷壇於端門之右，爲壇二成，上敷五色土，如其方色。歲春祈秋報皆以仲月上戊日，祭太社太稷之神，以后土句龍氏、后稷氏配。太社位右，太稷位左，均北向。后土句龍氏東位西向，后稷氏西位東向。

（明）鄭曉《吾學編・皇明三禮述下・太社稷》

歲仲春秋上戊，皇帝祭太社稷於社稷壇。東太社，玉一、牛一、羊一、豕一，西太稷，玉一、牛一、羊一、豕一，皆北向。配后土勾龍氏西向，后稷氏東向，各太牢。禮三獻，樂七奏，舞八佾。上祭服拜，跪，飲福，受胙。

國初，太社、太稷异壇同壝，北向，勾龍后稷配。社石主，半埋土中，稷不設主。洪武元年，令風雨齋宮望祭。三年，建祭殿於壇北，又北拜殿。十年，改建午門外，同壇同壝，壇二成，四出陛，用五成土如其方色，埋石主於壇中，比祭，設神牌，北向。是年，以禮官張籌議，罷勾龍、后稷配，配仁祖，西向。建文君即位，撤仁祖，配太祖。永樂中，京師壇成，位置如故。仁宗又奉成祖配。嘉靖九年，今皇帝諭禮官，奉太祖、成祖配位藏太寢，仍以勾龍、后稷配。

（明）俞汝楫等《禮部志稿》卷二六《社稷・太社稷》

國初，以春秋仲月上戊日祭太社太稷，异壇同壝，太社以后土勾龍氏配，太稷以后稷氏配。每獻禮，先詣太社及配位壇獻畢，次詣太稷及配位壇。臨祭遇風雨，則於齋宮望祭。洪武三年，於壇北建享殿，又北建拜殿，各五間，以備風雨行禮。十年，改建社稷壇於午門外之右。先是，社主用石，高五尺，闊二尺，上微尖，立於社壇，半埋土中，近南向北，稷不用主。至是，埋石主於社稷壇之正中，微露其尖，仍用木爲神牌，而丹漆之。祭則設於壇上。祭畢，貯庫壇。設太社神牌居東，太稷神牌居西，俱北向，奉仁祖神牌配神西向，而罷勾龍、后稷配。自奠帛至終獻，皆同時行禮。洪武三十一年，更奉太祖配神。永樂中，北京社稷壇成，位置、陳設悉如南京舊制。洪熙後，奉太宗同配。嘉靖九年，遵初制，太社仍以后土、勾龍氏配，太稷仍以后稷氏配。

洪武二十六年初定儀：

齋戒。與祭太廟同。

告廟。正祭前二日，用祝文、酒菓於奉先殿告請仁祖配社稷，祝文與大祀同。

省牲。與太廟同。牛三、羊三、豕三、鹿一、兔二。

陳設。太社在東，北向，犢一、羊一、豕一、登一、鉶二、籩豆各十二、簠簋各二，帛一，黑色，玉用兩圭有邸。太稷在西，北向，陳設同。仁祖配位在東，西向，陳設同，無玉。共設酒尊三、爵九、篚三於壇西北，東向。祝文案一。

正祭。典儀唱樂舞生就位，執事官各司其事，導引官導引皇帝至御拜位。內贊奏就位。典儀唱瘞毛血、迎神，奏樂，樂止。内贊奏四拜，百官同。典儀唱奠玉帛、行初獻禮，奏執事官各捧玉帛爵，獻於神位前，讀祝官取祝，跪於神位左。内贊奏：跪。典儀唱：讀祝。讀訖，進於太社神位前。内贊奏俯伏興平身，百官同。樂止。典儀唱行亞獻禮，奏樂，執事官各奉爵獻於神位前、樂止。典儀唱行終獻禮，儀同亞獻。太常寺卿進立於壇西，東向。唱賜福胙，光禄司官捧福胙自神位前，由正門左出，至皇帝前。内贊奏跪，奏搢圭，光禄司官以福酒跪進。内贊奏飲福酒，光禄司官以胙跪進。内贊奏受胙出圭，俯伏興平身，内贊奏四拜，百官同。典儀唱徹饌，奏樂，執事官各詣神位前，徹饌，樂止。典儀唱：送神。奏樂，内贊奏：四拜。百官同。樂止。典儀唱讀祝官捧祝，進帛官捧帛，掌祭官捧饌，各詣瘞位。奏樂，内贊奏禮畢。

祝文。維洪武某年某月某日，皇帝某敢昭告於太社之神、太稷之神。惟神贊輔皇祇，發生嘉穀。粒我烝民，萬世永賴。時當仲春秋，禮嚴。告祀報謝。謹以玉帛牲齊，粢盛庶品，備兹瘞祭，皇考仁祖淳皇帝配神，尚享。

樂章。迎神《廣和之曲》，予惟土穀兮造化工，爲民立命兮當報崇。民歌且舞兮朝雍雍，備筵率職兮候迓迎。想聖來兮祥風生，欽當稽首兮告拜年豐。初獻《壽和之曲》，氤氳氣合兮物遂蒙，民之立命兮荷陰功。予將玉帛兮獻微衷，初斝醴薦兮民福洪。亞獻《豫和之曲》，予今樂舞兮再捧觴，願神昭格兮軍民康。思必穆穆兮靈洋洋，感厚恩兮拜祥光。終獻《熙和之曲》，干羽飛旋兮酒三行，香烟繚繞兮雲旌幢。予今稽首兮忻且惶，神顏悦兮霞彩彰。徹饌《雍和之曲》，祖陳微禮兮神喜將，琅然絲竹兮樂舞揚。願祥普降兮遐邇方，烝民率土兮盡安康。送神《安和之曲》，氤氳氳氳兮祥光張，龍車鳳輦兮駕飛揚。遥瞻稽首兮去何方，民福留兮時雨暘。望瘞《時和之曲》，捧餚饎兮詣瘞方，鳴鸞率舞兮聲鏗鏘。思神納兮民福昂，予今稽首兮謝恩光。

嘉靖九年更定儀：

前期二日。太常寺卿同光禄寺卿面奏省牲如常儀。

陳設。太社居東北向，太稷居西北向，后土勾龍氏居東西向，后稷氏居西東向，陳設并如舊制，惟帛春用告祀、秋用禮神。

正祭。上乘輿由西闕門入至壇北門東，降輿。導引官導上由右門入至具服殿。上具祭服。導引官導上由拜殿右門出。典儀唱樂舞生就位，執事官各司其事。上至御拜位。内贊奏就位，上就位。典儀唱瘞毛血、迎神，樂作，内贊奉升壇。導上至太社神前。奏跪，奏搢圭，奏上香，司香官捧香跪於上左。上三上香。内贊奏出圭，導上至太稷神前。儀同。奏出圭，奏復位，太常卿上配位香，樂止。奏四拜，傳贊百官同。典儀唱奠玉帛，行初獻禮。樂作，執事官捧玉帛爵於各神位前，跪奠訖。樂暫止。内贊奏：跪。傳贊衆官皆跪。典儀唱讀祝，讀祝官跪讀訖，樂復作。奏俯伏興平身，傳贊百官同。樂止。典儀唱行亞獻禮，樂作，執事者捧爵於各神位前，跪奠訖。樂止。典儀唱行終獻禮，樂作，儀同亞獻。樂止。太常卿於壇左東向立，唱賜福胙，内贊奏跪，上跪。奏搢圭，光禄卿捧酒跪於上右。内贊奏受胙，上受胙訖。奏出圭，俯伏興平身，奏四拜，傳贊百官同。樂止。典儀唱讀祝官捧祝，掌祭官捧帛饌，各詣瘞位。樂作，捧祝帛饌官過御前訖。奏：禮畢。上至具服殿，易服還宫。

祝文。稱嗣天子及后土勾龍氏、后稷氏配神，餘并同。

樂章。仍舊。

（清）張廷玉等《明史》卷四九《志二五·禮志三》

社稷之祀，自京師以及王國府州縣皆有之。其壇在宫城西南者，曰太社稷。明初建太社在東，太稷在西，壇皆北向。洪武元年，中書省臣定議："周制，小宗伯掌建國之神位，右社稷，左宗廟。社稷之祀，壇而不屋。其制在中門之外，外門之内。尊而親之，與先祖等。然天子有三社。爲群姓立者曰太社。其自爲立者曰王社。又勝國之社屋之，國雖亡而存之，以重神也。後世天子惟立太社、太稷。漢高祖立官太社、太稷，一歲各再祀。光武立太社稷於洛陽宗廟之右，春秋二仲月及臘，一歲三祀。唐因隋制，并建社稷於含光門右，仲春、秋戊日祭之。玄宗升社稷爲大祀，仍令四時致祭。宋制如東漢時。元世祖營社稷於和義門内，以春秋二仲上戊日祭。今宜祀以春秋二仲月上戊日。"是年二月，太祖親祀太社、太稷。社配以后土，西向。稷配以后稷，東向。帝服皮弁服，省牲；通天冠、絳紗袍，行三獻禮。初，帝命中書省翰林院議創屋，備風雨。學士陶安言："天子太社必受風雨霜露。亡國之社則屋之，不受天陽也。建屋非宜。若遇風雨，則請於齋宫望祭。"從之。三年，於壇北建祭殿五間，又北建拜殿五間，以備風雨。

十年，太祖以社稷分祭，配祀未當，下禮官議。尚書張籌言：按《通典》，顓頊祀共工氏子句龍爲后土。后土，社也。烈山氏子柱爲稷。稷，田正也。唐、虞、夏因之。此社稷所由始也。商湯因旱遷社，以后稷代柱。欲遷句龍，無可繼者，故止。然王肅謂社祭句龍，稷祭后稷，皆人鬼，非地祇。而陳氏《禮書》又謂社祭五土之祇，稷祭五穀之神。鄭康成亦謂社爲五土總神，稷爲原隰之神。句龍有平水土功，故配社，后稷有播種功，故配稷。二説不同。漢元始中，以夏禹配官社，后稷配官稷。唐、宋及元又以句龍配社，周弃配稷。此配祀之制，初無定論也。

至社稷分合之義，《書·召誥》言"社於新邑"，孔注曰："社稷共牢。"《周禮》"封人掌設王之社壝"，注云："不言稷者，舉社則稷從之。"陳氏《禮書》曰："稷非土無以生，土非稷無以見生生之效，故祭社必及稷。"《山堂考索》曰："社爲九土之尊，稷爲五穀之長，稷生於土，則社與稷固不可分。"其宜合祭，古有明證。請社稷共爲一壇。

至句龍，共工氏之子也，祀之無義。商湯欲遷未果。漢嘗易以夏禹，而夏禹今已列祀帝王之次。弃稷亦配先農。請罷句龍、弃配位，謹奉仁祖淳皇帝配享，以成一代盛典。遂改作於午門之右，社稷共爲一壇。

　　初，社稷列中祀，及以仁祖配，乃升爲上祀。具冕服以祭，行奉安禮。十一年春，祭社稷行新定儀。迎神、飲福、送神凡十二拜，餘如舊。建文時，更奉太祖配。永樂中，北京社稷壇成，制如南京。洪熙後，奉太祖、太宗同配。

　　嘉靖九年諭禮部：“天地至尊，次則宗廟，又次則社稷。今奉祖配天，又奉祖配社，此禮官之失也。宜改從皇祖舊制，太社以句龍配，太稷以后稷配。”乃以更正社稷壇配位禮，告太廟及社稷，遂藏二配位於寢廟，更定行八拜禮。其壇在西苑豳風亭之西者，曰帝社稷。東帝社，西帝稷，皆北向。始名西苑土穀壇。嘉靖十年，帝謂土穀壇亦社稷耳，何以別於太社稷？張璁等言：“古者天子稱王，今若稱王社、王稷，與王府社稷名同。前定神牌曰五土穀之神，名義至當。”帝采帝藉之義，改爲帝社、帝稷，以上戊明日祭。後改次戊，次戊在望後，則仍用上巳。春告秋報爲定制。隆慶元年，禮部言：“帝社稷之名，自古所無，嫌於煩數，宜罷。”從之。

　　中都亦有太社壇，洪武四年建。取五方土以築。直隸、河南進黃土，浙江、福建、廣東、廣西進赤土，江西、湖廣、陝西進白土，山東進青土，北平進黑土。天下府縣千三百餘城，各土百斤，取於名山高爽之地。

　　王國社稷，洪武四年定。十一年，禮臣言：“太社稷既同壇合祭，王國各府州縣亦宜同壇，稱國社國稷之神，不設配位。”詔可。十三年九月復定制兩壇一壝如初式。十八年定王國祭社稷山川等儀，行十二拜禮。

　　府州縣社稷，洪武元年頒壇制於天下郡邑，俱設於本城西北，右社左稷。十一年，定同壇合祭如京師。獻官以守禦武臣爲初獻，文官爲亞獻、終獻。十三年，溧水縣祭社稷，以牛醢代鹿醢。禮部言：“定制，祭物缺者許以他物代。”帝曰：“所謂缺者，以非土地所產。溧水固有鹿，是有司故爲苟簡也。百司所以能理其職而盡民事者，以其常存敬懼之心耳。神猶忽之，於人事又何懼焉。”命論如律。乃敕禮部下天下郡邑，凡祭祀必備物，苟非地產、無從市鬻者，聽其缺。十四年令三獻皆以文職長官，武官不與。

　　里社，每里一百戶立壇一所，祀五土五穀之神。【略】

　　祭告。明制，凡登極、巡幸及上謚、葬陵、册立、册封、冠婚等事，皆祭告天地、宗廟、社稷。凡營造宮室，及命將出師，歲時旱潦，祭告天地、山川、太廟、社稷、后土。凡即位之初，并祭告闕里孔廟及歷代帝王陵寢。

(清) 張廷玉等《清朝文獻通考》卷九八《郊社考八·社稷儀注附》

　　臣等謹按：古者建國之制，右社稷、左宗廟，於祀典爲尊重。誠以非土不立，非穀不食。王者以土穀爲重，爲天下求福報功，故親祭社稷，有事則告焉、祈焉、報焉。其義達於上下，故令郡縣皆祀社稷，而民間亦有里社。自三代以下，雖頗有異同，其義率準諸此，國家稽古定制，典禮周詳，享祀虔恪，誠千古不易之典也。

　　順治元年，定祭社稷壇之禮。定制，每歲春秋仲月上戊祭太社、太稷之神，同壇同壇，社主用石，半埋土中。今全埋。稷主用木。祭則恭設神牌，太社位右，太稷位左，均北向。以后土、勾龍氏配，東位西向，以后稷氏配，西位東向。壇在午門之右，制方，北向，二成，皆白石，上成以五色土，如其方色分築之。内壇甃以琉璃甎，如其方色，覆瓦同。門四，面北。瘞坎二，壇北拜殿五間，戟門五間，列戟七十二，均覆黃琉璃。前後各三出陛，西南神庫、神廚各五間，井一。壇垣内外丹雘覆以黃琉璃，西門外宰牲亭一，井一，北門外東北爲正門，門三，南門外東南爲社稷街，門東北爲左門，均東向。凡祀社稷壇，爲大祀，皇帝親詣行禮，先於中和門閱視。祝版用白質墨書，玉用方珪，用禮神制帛，牲用太牢，樂用七奏，春以夾鍾爲宮，秋以南呂爲宮，舞用八佾，配位無珪。祭日如遇風雨，則在北拜殿行禮。

八年二月戊戌，祭太社、太稷。世祖章皇帝親詣行禮。先是，定制以來，或皇帝親祭，或遣官恭代，皆先期奏請。是歲，世祖親祭如儀，進福酒、胙肉如圜丘例。其秋八月，值太宗文皇帝忌辰，陪祀各官行禮畢，仍易素服。九年秋，復值忌辰，禮部以改期請。奉諭：“不改。”自是年至十八年正月，親詣者八，以告祭親詣者二。

康熙元年二月戊申，祭太社、太稷，聖祖仁皇帝親詣行禮。

十六年二月戊申，親祭社稷壇，遇雨，照常行禮。定制，祭日如遇風雨，皇帝於拜殿内門檻南行禮，從祀王公在殿外中甬路兩旁，各官在王公後行禮。是日雨，贊引官以舊例請。聖祖命照常行禮，遇雨在拜殿行禮之例，蓋未經行云。

二十一年二月戊子，親祭社稷壇。前期齋戒，恭值太皇太后聖節，於行禮之後補行慶賀。自元年以後凡親祭社稷壇者三十有八，餘皆遣官。

雍正元年二月戊午，祭太社、太稷。世宗憲皇帝親詣行禮。先是，康熙六十一年十一月，世宗憲皇帝以祭官遣官告祭社稷。雍正元年仲春上戊，親詣行禮。自是年至十三年春，親祭者十有七。二年閏四月，以平定青海，告祭社稷，行獻俘禮。詳見禮考。十年三月，詔直省郡縣修社稷壇，敬謹行禮。先是定制，直省府州縣均設壇壝，以祀社稷。

雍正二年，定各直省社稷祭品，刊圖通行。是月奉諭旨：“直隸各府州縣設立壇壝，致祭社稷及風雲雷雨山川城隍之神，每歲春秋展祀，以崇報享，典至重也。從前初建之時，有司或視爲具文，規制未必周備，又未必及時修葺。是以僻遠之郡縣，規模簡畧、禮儀草率者，往往有之。甚非肅將禋祀之本意也。著禮部行文各省督撫，飭府州縣敬謹修理，以重祀典。”

乾隆元年二月戊辰，祭太社、太稷，皇上親詣行禮。二年閏九月，詔各直省社稷山川風雲雷雨等壇，令督撫大員率屬行禮。總理事務王大臣奉諭旨：“《大清律》載，各府州縣社稷山川風雲雷雨諸神所在，有司以時致祭。所以肅祀典而迓休和，禮至重也。省會之地，督撫司道駐札同城，向不與祭，專屬府縣官行禮。督撫司道等官均有封疆守土之任，自當虔奉明禋，爲民祈報。凡春秋致祭，督撫應率闔屬文武大小官員敬謹行禮，提鎮道員駐札之地一體率屬陪祭。其如何分別班次派員監禮，及修整壇壝祭器之處，該部詳議具奏。"奏上，通飭行之。八年七月，以貴州布政使陳德榮奏，并頒發各省壇廟祝文。

二十年六月，以平定準噶爾，獻俘社稷壇。十月，行獻俘禮，俱遣親王將事。

二十一年五月，增社稷壇望瘞樂章。詳見《樂考》。

二十四年五月辛丑，禱雨於社稷壇，皇上御製祝文，步行詣壇，薦玉行禮。互見雩考。先期奉諭："朕此次親詣社稷壇祈求雨澤。禮部所開儀注內，無薦玉之禮。詢其原委，則係相沿舊規，并無義意可考。夫玉以庇蔭嘉穀，使無水旱之災，載在《傳記》，且於答陰之義，更爲相稱。著飭所司，敬謹用玉將事，并載入《會典》。"御製祝文曰："臣聞人事失於下，天變應於上。茲亢陽之示警，洵贊化之無能言。念昨年，秋霖缺而冬雪乏，逮至今歲，春望霈而夏未霈，歷四時之久矣。嗟三農其如何，常雩步禱，弗蒙矜，不敢再三之瀆群祀，親藩徒致籲，益增宵旰之憂。敬念右壇爲祈穀之所載，稽祭義司土穀之精蠲吉。虔齋攄忱，躬懇爲民請命。願代萬姓之灾，責己惟誠，奚啻六事之舛，重舉答陰之典，冀施甘雨之滂雲作雷。隨毋俾箕伯，侵軼犧成，粢潔尚敷，帝里休和。殷佇神歆，立霈祥霔。謹告。"正祭日，皇帝戴雨纓，冠素服，自右門由右路至御輦處，步行詣壇行禮。

二十五年正月，以平定回部，獻俘社稷壇，如二十年之禮。

四十一年二月，定祭日若遇風雨，神位移奉拜殿儀。是月戊申，祭日雨，奉諭："社稷壇之有拜殿，原以備致祭之日或有風雨也。今年偶值雨所司移拜位香案於殿中，餘仍列於壇上，是朕獨得蔽棟宇，而神位牲醪并皆露設，非所以昭妥侑，朕心深切不安，雖社稷之制不設棟宇以承天陽，祇就壇壝而言。至神牌平日原係尊藏神庫，未嘗不在屋宇之內，則祭享時偶因風雨移奉殿內，又有何嫌忌乎？且拜殿甚寬，想當締造之初，未必不預爲臨時移奉計。嗣後祭時或遇大風雨，所有神位、祭器、樂簴應如何移就拜殿之處，著大學士、九卿會同太常寺，詳議具奏。"尋議："如祭日請駕前十刻值風雨，太常寺將祭品、樂簴移設拜殿，奉安神牌於殿內。致祭若驟遇風雨，謹用神龕覆護神位，另設香案於拜殿，奏請皇帝於拜殿行禮。"從之。

四月，以平定金川，告祭社稷，行獻俘禮。

四十二年二月，定祭社稷壇御用禮服及陪祀執事官服色。詳見《王禮考》。

自乾隆元年至乾隆五十年，皇上親祭者三十九，因事親祭者一。五十年後敬俟續纂。

(清) 嵇璜、劉墉等《續通典》卷五〇《禮典六‧吉禮六‧社稷‧明》

明太祖洪武元年，建社稷壇於宮城西南，太社在東，太稷在西，壇皆北向。壇高五尺，闊五丈，四出陛，五級，二壇同一壝。歲以春秋二仲上戊親祀，以勾龍、后稷配，行三獻禮。正位用玉兩邸，幣用黑色，牲用犢羊、豕各一。配位并同，惟不用玉。

又頒制於天下郡邑，壇皆建於城西北，左社右稷，規制殺於太社、太稷之半，每歲春秋二仲月上戊日，長官行三獻禮，餘官陪祭。三年，於太社、太稷壇北建祭殿五間，以備風雨。四年，定王國社稷之制，立於王國宮門之右，壇方三丈五尺，高三尺五寸，四出陛，其制上不同於太社，下異郡邑之制。十年，上以太社、太稷分祭配祀，皆因前代制，欲更建之爲一代之典。遂下禮部議。尚書張籌歷引禮經及漢唐以來之制，請改建於午門之右，社稷共爲一壇合祭。設木主而丹漆之，祭則設於壇上，祭畢收藏。仍用石主，埋壇中。先是，社主用石，仿唐宋之制，高五尺，闊二尺，上微尖立於社壇，半埋土中，近南北向。稷不用主。罷勾龍與弃配位，奉仁祖配，以成一代之典，以明社尊而親之義。上善其奏，遂定合祭之禮。十月新建社稷壇成，升爲大祀。按：勾龍、后稷配享，歷代相同。籌奏議内援引禮文，亦無祖宗配食之據。乃罷勾龍、后稷而以仁祖配，殊爲創典，揆之禮，建國神位，右社稷而左宗廟之文，其背戾也甚矣。十一年春，祭社稷，行新定儀。迎神、飲福、送神凡十二拜，餘如舊禮。臣言太社、太稷既同壇合祭，王國各府州縣亦宜同壇，稱國社、國稷之神，不設配位。詔可。十三年九月復定制，兩壇一壝如初式。惠帝建文元年，祀社稷，奉太祖配，撤仁祖位。成祖永樂十九年，建北京社稷壇，壇制、祀禮一如其舊。仁宗洪熙元年二月，祭社稷，奉太祖、太宗并配，命禮部永爲定式。世宗嘉靖九年，改正社稷配位仍以勾龍、后稷配。

（清）昆岡等《（光緒）大清會典》卷三五《禮部·祠祭清吏司》

仲春仲秋上戊祀太社、太稷，配以后土句龍氏、后稷氏以祈報。太社位東，太稷位西，均北向。后土句龍氏東位西向，后稷氏西位東向。【略】

凡舉大禮則告祭，凡因事祇告，授受大典，登極，恭上尊號，加上徽號，册立皇太子，均先期遣官祇告天、地、太廟、奉先殿、社稷。并致祭岳鎮海瀆、歷代帝王陵寢、先師闕里。大婚、册立皇后，先期祇告天、地、太廟、奉先殿。尊封皇祖妃嬪、皇考妃嬪，册封皇貴妃、貴妃、妃、嬪，祇告太廟後殿、奉先殿列聖列后。升祔，太廟列聖升配南郊、北郊，均祇告天、地、太廟、社稷，并致祭歷代帝王、陵寢、先師闕里。恭上尊謚、廟號，加上尊謚，均祇告天、地、太廟、奉先殿、社稷、列聖列后大事。奉移梓宮，建造陵寢，奉安地宮，均祇告天、地、太廟後殿、奉先殿、社稷，并致祭陵寢。凡筵后土、陵山之神，皇后升祔奉先殿，祇告奉先殿。親征命將，均祇告天、地、太廟、社稷，并致祭太歲、炮神、道路之神、旗纛之神。凱旋如之。并祇告奉先殿、陵寢。釋奠先師廟，并致祭岳鎮海瀆、歷代帝王陵寢、先師闕里。謁陵、時巡，均祇告奉先殿，回鑾如之。歲除大祫，及功臣配饗太廟兩廡，均祇告太廟。躬耕耤田，祇告奉先殿。御經筵，祇告奉先殿、傳心殿。凡遣官告祭，均由部奏派承祭官。惟祇祭奉先殿，太常寺會同内務府辦理。凡告祭社稷壇，太社位東，太稷位西，均北向，不設配位。【略】國有慶典亦如之。皇太后聖壽大慶，皇帝萬壽聖節大慶，均遣官祇告天、稷，并致祭地、岳鎮海瀆、太廟、社、歷代帝王陵寢、先師闕里。每歲萬壽聖節，大饗皇太后萬壽聖節，奉先殿祭太廟後殿，遣官告祭顯佑宫、東岳廟、都城隍廟。興工亦如之。興修圜丘、皇乾殿、皇穹宇、方澤、祈穀壇、皇祇室、太廟、奉先殿、天、地、社稷壇，均前期祇告太廟後殿、奉先殿、社稷壇。工竣，恭請神位還御，仍祇告。繕修宮殿，御新宮亦如之。興工合龍門、懸挂扁額，致祭后土司工之神。迎吻，祭琉璃窯神，并經過之壇廟門神，皇城紫禁城各門神。水旱則祈。孟夏常雩後不雨，致祭天神。天神壇神位，地祇雲師左，太歲三壇雨師右，風伯次左，雷師次右，均南向。地祇壇神位，五岳居中，五鎮右，五陵山左，四海次右，四瀆次左，均北向，京畿名山大川東位西向，天下名山大川西位東向。祭告三壇後，如七日不雨，或雨未霑足，再祈禱三壇。屢禱不雨，乃請旨致祭社稷壇。太社位左，太稷位右，不設配位。又雨潦祈晴，冬旱祈雪，均祇告天神、地祇、太歲三壇，與祈雨同。如親詣社稷壇祈雨、祈晴，及親詣天神壇祈雨，地祇、太歲二壇遣皇子親王行禮，均奉特旨舉行。既事而報焉。祈雨三壇、社稷壇，雨足均報祀，如未及常雩，奏請於關帝廟、城隍等廟祈禱，或奉旨祭黑龍潭龍神祠，及飭僧道詣顯佑宮、東岳廟、城隍廟、三官廟、關帝廟誦經。得雨均行報祀。三壇祈晴祈雪，既應，均報祀，若奉旨親詣社稷壇祈雨、祈晴。

趙爾巽《清史稿》卷八二《志五七·禮志一·吉禮一》

祭告。凡登極授受大典，上尊號、徽號，祔廟，郊祀，萬壽節，皇太后萬壽節，冊立皇太子，先期遣官祇告天地、太廟、社稷。致祭岳鎮、海瀆、帝王陵寢、先師闕里、先師。改大祀亦如之。大婚冊立皇后，祇告天地、太廟。尊封太妃、冊封皇貴妃及貴妃，祇告太廟後殿奉先殿。追上尊謚廟號、葬陵，祇告天地、社稷、太廟後殿、奉先殿，并致祭陵寢、后土、陵山。親征命將，祇告天地，太廟，社稷，太歲，火炮、道路諸神。【略】御經筵，祇告奉先殿、傳心殿，修建郊壇、太廟、奉先殿，祇告天地、太廟、社稷。興工、合龍，祭后土、司工諸神。迎吻，祭琉璃窰神暨各門神。歲旱祈雨，祇告天神、地祇、太歲。越七日，祭告社稷。三請不雨，始行大雩。凡告祀，不及配位從壇。至為元元祈福，則遣大臣分行祭告，頒冊文香帛，給御蓋一，龍纛御仗各二，蓋猶喬岳翁河茂典云。

劉錦藻《清續文獻通考》卷一五三《郊社考七·社稷》

臣謹案：社稷之祭繇來舊矣。《禮記》曰，夫聖王之制祭祀也。法施於民，則祀之。以勞定國，則祀之。能御大災，則祀之。能捍大患，則祀之。是故厲山氏之有天下也，其子曰農，能殖百穀，夏之衰也。周棄繼之，故祀以為稷。共工氏之霸九州也，其子曰后土，能平九州，故祀以為社。《家語》孔子曰，古之平水土及播植百穀者眾矣，惟勾龍兼食於社，而棄為稷，易代奉之，無敢益者，明不可與等也。我朝順治元年，即定祭社稷之禮。每歲春、秋仲月上戊祭太社、太稷之神。皇帝親詣行禮，歷聖因之，罔或更改，用示春祈、秋報之隆。夫是以時和年豐，而神降之福也。

乾隆六十年十二月，以次年元旦舉行授受大典，遣官告祭社稷壇。

嘉慶五年四月，諭："向來常雩以後未得雨澤，應遣官於天神、地祇、太歲三壇祈禱。若七日不雨，則虔禱社稷壇，亦仍遣官行禮。昨因本年入春以來，雨澤較少，立夏後仍未得甘霖。寸衷愧悚，晝夜靡寧。已諭禮部設壇祈禱，并派睿親王淳穎等齋戒，虔誠致祭，而時雨尚稽見。當麥苗長發之際，望澤甚殷。朕心倍深焦廑。嘉慶二年初次設壇祈雨，皇考曾命朕親詣天神壇致祭見在。三壇祈禱已過，應於七日後祈禱社稷壇。朕當恭詣行禮，以期感召天和而速敷澤。嗣後，初次三壇祈雨，仍奏請遣官。至恭祭社稷壇，該部即奏晴親詣行禮，照大祀例，齋戒三日。著為令。"

又諭："昨因入春至今未得雨澤，曾經降旨，朕親詣社稷壇祈禱，以祈甘霖速需。

著於二十一日起齋戒三日，二十四日詣壇祈禱，其一切應行典禮，該衙門照例豫備。所有王公大臣，俱應一體齋戒陪祀。其稽查齋戒之武職大臣，即著上次常雩派出各員。稽查亦不必另行奏派。欽此。"遵旨具奏恭查。祈禱社稷壇親詣行禮，一應典禮，俱照致祭社稷壇儀注行，惟祭品用脯醢果實，不行飲福禮。前三日及祭日，王公百官一體齋戒，不理刑名，禁止屠宰。祭日，皇帝雨冠、素服，陪祀及執事各官均雨纓、素服。祭前一日，皇帝恭視祝版，請照舊例用常服，不挂朝珠。其不陪祀王公、百官迎送聖駕，亦仍用常服。至齋戒期內，向用常服。今酌議擬用緯纓、素服。奉旨："此次告祭社稷壇求雨，齋戒及閱祝版三日內戴線纓冠，穿元青褂、藍袍。祭時，戴雨纓冠，仍穿元青褂、藍袍。所有執事、陪祀之王公大臣官員等，俱一體遵照。"

閏四月諭："太常寺衙門具奏，社稷壇恭謝雨澤，請照春、秋祭祀儀注舉行。曾詢之該寺堂官，據稱親詣社稷壇祈雨舊儀，係由金水橋北步行前往，至報祀向係遣官行禮，并無親詣儀注。是以此次循照春、秋親祭常例，乘輿至社稷壇北門外鋪設棕薦處降輿等語。但思祈求雨澤，既經步行祈禱，若報祀之禮稍有不同，轉似得有雨澤，略涉滿假，朕何敢出此？況朕從前隨侍皇考往黑龍潭求雨，皇考至山門降輿，升階數十級，俱係步行而上，報祀之儀亦同，節年從無更改。試思龍神尚如此申敬，況社稷壇典禮尤隆。既經步禱，自應步謝，方足以申誠敬。嗣後，除春、秋祭祀仍照舊定儀注舉行外，如遇祈禱雨澤及親詣報祀，各典禮均步行前往。所有此次儀注，著太常寺遵照改定具奏，并載入《會典》，永遠遵行。"

六年諭："京師自六月初旬以來，雨水連綿，已及兩旬見在，尚未晴霽，永定河浸溢成災，積潦未退。朕宵旰焦思，倍增悚懼。稽之《會典》，祇有親詣社稷壇祈雨之禮，祈晴未有明文。但水旱同一灾祲，祀綠義起，自當一律虔祈，以迓時暘而消盛漲。謹擇於本月二十六日，親詣社稷壇祈晴。先期於二十二日進宮，二十三日起致齋三日。所有一切典禮，著禮部、太常寺敬謹豫備。"

又諭："本月二十二日，朕由圓明園進宮齋戒祈晴。是日雨勢微細，旋即霽止。二十三、四等日，雲氣漸散，昨日業已放晴。今早朕親詣社稷壇禮成，天光開霽，日色暢晴。此皆仰賴昊貺神庥，默垂鑒佑，欣感之餘，倍深兢惕。向來求雨有謝降之禮，因思祈晴事同一體，亦應虔誠叩謝。本月二十七至二十九日孟秋時享，齋戒。次月初一日，朕詣太廟行禮後，仍於宮內齋戒。初二日，親赴社稷壇謝晴。其一切儀文，著照祈晴典禮，該衙門敬謹豫備。至祈晴係用常服，今因謝晴之禮，服色應有區別。是日，朕御龍袍、龍褂，其陪祀王公大臣及執事各員，俱著穿蟒袍、補褂，并著該衙門將祈晴、謝晴典禮儀注，一并載入《會典》。"

七年，諭："向來祭社稷壇，應用上戊。本年二月初七日係上戊，乃欽天監所定祀期。擇十七日次戊於典禮未協，仍著查照向例於二月初六日上丁祭先師孔子，即於次日上戊恭祀社稷壇。該衙門敬謹豫備。嗣後，祭社稷壇俱遵用上戊。"

九年奏准：伊犁八旗新開地畝，疏浚渠水，漸有成規。請照各省地方建立社稷壇春、秋祈報，以隆祀典。祭品儀注，均如各省之例。致祭銀兩，照例咨報戶部核銷。

道光十二年六月，上步詣社稷壇祈雨，御製祝文。

十九年七月，諭："本年秋祭社稷壇，著遵照嘉慶二十一年之例，在北門外降輿，俟癸卯年，再由戟殿東墻至拜殿後北階下鋪設棕薦處降輿。禮成後，仍於此處升輿。交軍機處存記。屆期，令太常寺再行具奏。"

咸豐五年，諭："禮部奏齋戒期內服色援案請旨等語。八月初八日，社稷壇大祀。先期致齋三日，初五日尚在大行皇太后大事二十七日期內。朕御素服、冠綴纓、緯帶、齋戒牌，初六日大祭後及初七、初八日，朕俱御常服、戴緯帽。其省牲、視牲及陪祀、執事各員，初五日齋戒期內，均著素服、冠綴纓緯，初六日大祭後及初七初八日，均戴緯帽、常服，不掛朝珠。其無執事人員，有赴園奏事，當差及在紫禁城內當差者，俱著照執事人員服色。

同治六年五月，諭："天時亢旱，節候已過夏至，農田待澤孔殷。屢經開壇祈禱，雖蒙昊貺得有甘霖，仍未深透。朕心兢惕，宵旰難安。擇二十九日恭祀社稷壇，虔申祈禱。派恭親王奕訢恭代行禮。朕於是日，仍親詣大高殿拈香。二十六日，先期齋戒，所有應行典禮，各該衙門敬謹豫備。"

十三年二月戊寅、八月戊寅，祭大社、大稷，

光緒六年閏五月，諭："本年天時亢旱，屢經開壇祈禱，親詣大高殿拈香，并派惇親王奕誴等疊次分詣三壇虔祈。雨澤尚未渥沛，甘霖見在，節逾夏至，實深寅盼。擇本月初七日，恭祀社稷壇，派恭親王奕訢恭代行禮。"

十三年二月戊辰、八月戊子，祭社稷壇。上親詣行禮。自是至三十四年，親祭者三十一次：

十四年八月戊子，

十五年二月戊寅，

十六年二月戊寅，八月戊申，

十七年二月戊戌，八月戊戌，

十八年二月戊戌，八月戊午，

十九年二月戊午，八月戊午，

二十年八月戊申，

二十一年二月戊申，八月戊寅，

二十二年二月戊辰，八月戊辰，

二十三年二月戊辰，八月戊子，

二十四年二月丁巳，八月戊子，

二十八年八月戊戌，

二十九年二月戊子，八月戊午，

三十年二月丁巳，八月戊申，

三十一年二月戊申，八月戊申，

三十二年二月戊申，八月戊辰，

三十三年二月己巳，八月戊辰，

三十四年二月戊午。

宣統元年，祭大社、大稷，遣莊親王載功恭代行禮。

（二）建築規制

（明）李賢等《大明一統志》卷一《京師》

社稷壇在皇城內南之右，中爲方壇，四面有門，壇之周垣各依方色，南有前門，北有行禮、具服二殿。

（明）黃光昇《昭代典則》卷八

（洪武十年八月）癸丑，詔改建社稷壇。

先是，上既更建太廟於雉闕之左，而以社稷國初所建未盡合禮，又以大社、大稷分祭配祀皆因前代之制，欲更核之，爲一代之典。遂命中書下禮部詳議其制。至是，禮部尚書張籌奏擬社稷合祭，共爲一壇，皆設木主，而丹漆之，祭則設於壇上，祭畢收藏。仍用石主埋壇之中，如唐宋之制。至於以勾龍配社，以弃配稷，弃雖唐虞農官而勾龍共工氏之子也，社之無義，商湯欲遷之而未果，漢嘗易以夏禹今已列祀帝王之次，弃稷亦配享先農，請罷勾龍與弃配位，而謹奉仁祖淳皇帝配享大社、大稷，以成一代之盛典，以明祖社尊而親之之道。上覽奏稱善，遂命改作社稷壇於午門之右。其制社稷共爲一壇。壇二成，上廣五丈，下如上之數而加三尺，崇五尺，四出陛，築以五色土，色如其方而覆以黃土，壇四面皆甃以甓。石主崇五尺，埋壇之中，微露其末。外壝墻崇五尺。設靈星門於四面，墻墻各飾以方色，東青、西白、南赤、北黑。外爲周垣，垣皆飾以紅，覆以黃琉璃瓦。初社稷列中祀，臨祭或具通天冠、絳紗袍，或以皮弁行禮，制未有定。今升爲上祀，具冕服以祭。

（明）章潢《圖書編》卷一〇一《社稷壇》

壇建於午門之右，制二成，四面石階各三級，上成用五色土隨方築之。壇西砌瘞位，四面開欞星門。西門外西南建神庫，庫南爲神厨。北門外爲拜殿，外天門四座，西門外南爲宰牲亭。

（明）佚名《太常續考》卷三《春秋社稷事宜》

社稷壇建於午門之右，爲制二成，四面石階各三級。上成用五色土，中黃、東青、南赤、西白、北驪。壇西砌瘞位。四面開欞星門，西門外西南建神庫，庫南爲神厨。北門外爲拜殿。外門亦四座，西門外南爲宰牲亭。

一成上東爲太社，西爲太稷，皆北向。以后土勾龍氏西向，后稷氏東向配。歲仲春秋上戊日，上親行禮。凡國有大事，則祭告。吳元年，太社、太稷異壇同壝，建於宮城之右，北向，以勾龍、后稷配。社石主，半埋土中，稷不設主。命協律郎冷謙考正雅樂音律及鐘磬等器，并定樂舞之制。令社稷正、配位俱用祝文。每獻禮，先獻太社及配位，次獻太稷。洪武元年，令風雨，齋宮望祭。三年，建祭殿於壇北，又北爲拜殿，以備風雨。四年，定祭太社、太稷正位用祝文，配位不用。六年八月，奉旨："凡祭祀受胙，不要神前祭肉上旋割取便，從明日祭社稷爲始，別用一犢，先割一胙安在酒尊左右，俟賜胙時，捧上來與受胙者。"十年，上曰："古人以社爲五土之神，稷爲五穀之神，土主發生，五穀用之以生。而乃一圍之中，各壇而祭，是土穀不合於生生之意也。行禮之時，先社固宜，而又先奠社配乃行稷神之禮，此果合人情乎？"乃更祀社稷於闕右，同壇同壝，埋石主於壇中，更爲社、稷神牌而丹漆之，臨祭并設。自奠帛至終獻，皆同時行禮。是年，以禮官張籌議，罷勾龍、后稷，配仁祖，西向。三十二年以後，撤仁祖，配太祖。永樂中，京師壇成，位置如故。仁宗又奉成祖配。嘉靖九年，世宗皇帝諭禮官，奉太祖、成祖配位藏太寢，仍以勾龍、后稷配。洪武元年，太祖命省臣議於社稷上創屋以備風雨。翰林學士陶安奏："《禮》，天子太社，必受風雨霜露，以達天地之氣。若亡國之社，則屋之，不受天陽也。今於壇創屋，非宜。若祭而遇風雨，則於齋宮望祭。"從之。

（明）佚名《秘閣元龜政要》卷六

建社稷祭拜殿及置齋戒銅人木牌。

先是，定議社稷壇臨祭，若遇風雨，則於齋宮望祭，至是乃於北建祭殿五間及拜殿五間，以備不測風雨祭祀。又令禮部鑄銅人。高一尺五寸，執牙簡，刻文曰："國有常憲，神有鑒焉。"

（清）孫承澤《春明夢餘録》卷一九《社稷壇》

社稷壇，在闕之右，與太廟對。壇制二成，四面石階，各三級。上成用五色土，隨方築之。壇西砌瘞位，四面開櫺星門。西門外西南建神庫，庫南爲神厨；北門外爲拜殿。外天門四座，西門外南爲宰牲亭。

（清）張廷玉等《明史》卷四七《志二三·禮志一·吉禮一》

太社稷壇，在宮城西南，東西峙，明初建。廣五丈，高五尺，四出陛，皆五級。壇土五色隨其方，黃土覆之。壇相去五丈，壇南皆樹松。二壇同一壝，方廣三十丈，高五尺，甃磚，四門飾色隨其方。周垣四門，南靈星門三，北戟門五，東西戟門三。戟門各列戟二十四。洪武十年，改壇午門右，社稷共一壇，爲二成。上成廣五丈，下成廣五丈三尺，崇五尺。外壝崇五尺，四面各十九丈有奇。外垣東西六十六丈有奇，南北八十六丈有奇。垣北三門，門外爲祭殿，其北爲拜殿。外復爲三門，垣東、西、南門各一。永樂中，建壇北京，如其制。帝社稷壇在西苑，壇址高六寸，方廣二丈五尺，甃細磚，實以净土。壇北樹二坊，曰社街。王國社稷壇，高廣殺太社稷十之三。府、州、縣社稷壇，廣殺十之五，高殺十之四，陛三級。後皆定同壇合祭，如京師。【略】

嘉靖九年復分祀之典。圜丘則東大明，西夜明。次東，二十八宿、五星、周天星辰。次西，風雲雷雨。共四壇。方丘則東五岳，基運、翊聖、神烈三山，西五鎮，天壽、純德二山。次東四海，次西四瀆。南北郊皆獨奉太祖配。太社稷配位別見。

（清）慧中《臺規》卷四《祭祀》

社稷壇在午門之右，其制一成。每年春秋仲月上戊日祭，太社以后土勾龍氏配，祭天稷以后稷氏配。社稷异壇同壇，壇北建享殿五間、拜殿三間，以備風雨行禮。

（清）觀保等《太常寺則例》卷三九《大祀·社稷·規制》

例案　順治元年定

社稷壇上設石社主，半埋土中。壇北建拜殿五間，以備風雨行禮。

乾隆二十一年奏准：社稷壇年久，應行重飾見新，并於南門外左右增蓋看守房各三間，街門內左右增蓋看守房各三間。

又奏准：社稷壇四面壇垣向以五色圭隨方堊色，請改爲四色玻璃磚瓦成造。

（清）觀保等《太常寺則例》卷三九《大祀·社稷·規制》

社稷壇在闕右，制方，北向，二成，高四尺，上成方五丈，二成方五丈三尺，四出陛，皆砌以白石，東西南三面均四級，北面木階一八級，上成築五色土，中黃、東青、南赤、西白、北黑，中設石。

社主半在土中，祭畢全埋，覆以木蓋子，階下鼎爐二。壝方七十六丈四尺，高四尺，厚二尺，甃以四色琉璃甎，各隨方覆瓦亦如之，四面各一門，門柱及楣闑皆制以石，朱扉有櫺。壝北門外鼎爐二，西北隅瘞坎二。

拜殿、戟殿各五間，均在壇北覆黃琉璃，崇基前後各三出陛。戟殿內東西列戟七十有二。

神庫、神厨各五間，井一，均東向，在壝外西南。圍垣方，周二百六十八丈四尺，內外丹腹，北門三間，東西南門各一間，均覆以黃琉璃，南門外左右看守房各三間，皆南向，北門外循墻東北隅門一，左右門各一，東向，爲乘輿詣祭出入之門。

宰牲亭三間，退牲房一間，均東向。在圍垣西門外，井一，垣一，重門一，北向。

奉祀署九間，在宰牲亭之西南，垣一，重門一，東向。

社稷街門五間，東向，在圍垣南門外東南隅，門內左右看守房，各三間，皆西向，東北爲社左門三間，東向。

（清）吳長元《宸垣識略》卷三《皇城一》

社稷壇在闕右。壇制方，北向。二成，高四尺。上成方五丈，二成方五丈三尺。四出陛，各四級，皆白石。上成以五色土辨方分築。內壝方七十六丈四尺，高四尺，厚二尺，甃以四色琉璃磚，各隨方色，覆瓦亦如之。門四，各二柱，柱及楣闑皆白石，扉皆朱櫺。内壇西北瘞坎二。壇北拜殿戟門各五間，上覆黄琉璃，前後各三出陛。内壇西南神庫、神厨各五間，井一。

壇垣周二百六十八丈四尺，内外丹艧，覆以黄瓦。北三門，東西南各一門。

西門外宰牲亭一、井一。北門外東北隅，正門一、左右門各一。

(清）于敏中《日下舊聞考》卷一○《國朝宫室二》

社稷壇在闕右，北向。壇制方二成，高四尺，上成方五丈，二成方五丈三尺，四出陛，皆白石，各四級。上成築五色土，中黄、東青、南赤、西白、北黑。土由涿、霸二州，房山、東安二縣豫辦解部，同太常寺驗用。内壇四面各一門，楔閾皆制以石。朱扉，有櫺。門外各石柱二，墻色亦各如其方。壇北門内西北瘞坎二，北爲拜殿。又北爲戟門各五間。戟門内列戟七十有二，均覆黄琉璃，崇基三出陛。壇外西南神庫五間，神厨五間，井一，均東向。壇垣周百五十三丈四尺，内外丹艧，覆黄琉璃。北門三間，東西南門各一間。循垣東北隅東向正門一，左右門各一，相對闕右門爲乘輿躬祭出入之門。壇西門外宰牲亭三間，東向。井一，垣一重，門一，北向。西南奉祀署東西各三間，垣一重，門一，東向。東遣官房一間，南向。東南爲社稷街門五間，東北爲社稷左門三間，均東向。《大清會典則例》

(清）慶桂等《國朝宫史續編》卷五二《宫殿二·外朝二》

社稷壇門，在端門西廡正中。門内爲社稷壇，北向。壇制方，二層，高四尺。上層廣五丈，次層廣五丈三尺，四出陛，各四級，皆白石。上層築五色土，中央黄。立社主以石，方廣尺有六寸，半入土中，築方坎藏之。祭畢，覆以木蓋。階下鼎爐二，内壇方七十六丈四尺，高四尺，厚二尺，甃四色琉璃磚，各隨方色，覆瓦如之。四面門各一，門外柱各二，楣閾皆白石，扉皆朱櫺。壇北門外，鼎爐二。西北隅，瘞坎二。北爲拜殿，又北爲戟門，各五楹，列戟七十有二，均上覆黄琉璃瓦。崇基前後各三出陛，壇外西南爲神庫。

神厨各五楹，井一。壇垣周二百六十八丈四尺。内外丹艧，覆黄琉璃瓦。北三門，東、西、南各一門。循垣東北隅東向正門一，左右門各一，相對闕右門，爲乘輿親祭出入之所。壇西門外宰牲亭一，三楹，東向。井一。垣一重。門一，北向。西南奉祀署，東西各三楹。垣一重。門一，東向。東遣官房一楹，南向。東南爲社稷街門，五楹。東北爲社稷左門，三楹，均東向。

(清）昆岡等《大清會典圖》卷一○《禮一○·祀典一○》

社稷壇在闕右，制方，北向，二成，高四尺。第一成方五丈，第二成方五丈三尺，四出陛，均四級，皆砌以白石。北面祭時增設木階一，八級。第一成，祭前一日，以五色土如其方色分築之，中黄、東青、南赤、西白、北黑。中設石社主，半在土中，祭畢全埋，覆以木蓋。壇垣周七十六丈四尺，高四尺，厚二尺，甃以四色琉璃甋，上覆四色琉璃瓦，皆如其方色。四面各一門，楔閾皆石，朱扉有櫺。門外各石柱二，子階下鼎爐二。

　　壇北門外鼎爐二，西北瘞坎二，北爲拜殿五間，崇基，前後門各三。南面三出陛，北面左、右各一出陛，中有甬道，北連戟殿五間，崇基，前後門各三，北面三出陛，南面左、右各一出陛。

　　殿内東西列戟七十二。拜殿、戟殿均覆黄琉璃瓦。壇外西南神庫五間、神厨五間，井一，均東向。壇垣周二百六十八丈四尺，内外丹艧。北門三間，東西南門各一間。循垣東北隅正門一，左、右門各一，均東向。對闕右門，爲乘輿詣祭出入之門。垣及門皆覆黄琉璃瓦。壇西門外宰牲亭三間，其南爲退牲房一間，井一，均東向。垣一，重門一，北向。壇東南爲社稷街門五間，在端門之南，其北社左門三間，在端門之北，均東向。

　　（清）昆岡等《大清會典事例》卷八六四《工部・大祀・壇廟規制》

　　社稷壇，原定。社稷壇在闕右，北向，壇制方二成，高四尺。上成方五丈，二成方五丈三尺，四出陛，皆白石，各四級。上成築五色土，中黄、東青、南赤、西白、北黑，土由涿、霸二州，房山、東安二縣豫辦解部，同太常寺驗用。

　　内壇四面各一門，楔閾皆制以石，朱扉有櫺。門外各石柱二，壇色亦各如其方。壇北門内西北瘞坎二。北爲拜殿，又北爲戟門，各五間，均覆黄琉璃，崇基，三出陛。門外列戟七十有二。壇外西南神庫五間、神厨五間，井一，均東向。

　　壇垣周百五十三丈四尺，内外丹艧，覆黄琉璃。北門三間，東西南門各一間。循垣東北隅東向正門一，左右門各一，相對闕右門，爲乘輿躬祭出入之門。壇西門外宰牲亭三間，東向。井一，垣一，重門一，北向。西南奉祀署東西各三間，垣一，重門一，東向。東遣官房一間，南向。東南爲社稷街門五間，東北爲社稷左門三間，均東向。

　　乾隆二十一年奏准：社稷壇年久，應行重飾見新，并於南門外左右增蓋看守房各三間，街門内左右增蓋看守房各三間。瘞坎舊在壇墻内，今移建於壇墻外西北隅。又社稷壇四面墻垣，向以五色土隨方塗色，請改爲四色琉璃甋瓦成砌。

　　趙爾巽《清史稿》卷八二《志五七・禮志一・吉禮一》

　　闕右社稷壇，制方，北向。二成，高四尺。上成方五丈，二成方五丈三尺。陛四出，各四級。上成土五色，隨其方覆之。内壇方七十六丈四尺，高四尺，厚二尺，飾色如其方。門四，柱各二。壇西北瘞坎二。北拜殿，又北戟門，楹各五，陛三出。外列戟七十二，其西南神庫、神厨在焉。壇垣周百五十三丈四尺，覆黄琉璃。北三門，東、西、南各一門。西門外宰牲亭一、井一。西南爲奉祀署。壇東北正門一，左右門各一，俱東向，直闕右門，乘輿躬祭所出入也。東南爲社稷街。乾隆二十一年，徙瘞坎壇外西北隅。舊制壇垣用五色土，至是改四色琉璃磚瓦。各省社稷壇高二尺一寸，方廣二丈五尺，制殺京師十之五云。

（三）修繕過程

修造采辦

（明）何士晉《工部廠庫須知》卷一一《都水司》

長陵等陵，并恭仁恭讓十一陵寢，太廟、社稷壇、奉先殿、神靈殿，文廟。以上十六處修理祭器，原無定時，亦無定額，各該衙門題請後，據該廠查估，堂呈數目，刪酌題請，其各色祭器名色有該廠文册存照。

（清）允祹等《大清會典》卷八二《太常寺》

凡歲修壇廟，有土木興修之工，奏交工部督修，委官會本寺官監視。若止繕完塗墍，奏支工部庫帑，委本寺官董其事。工竣，咨部覆核，歲秋彙册題銷。

（清）觀保等《太常寺則例》卷九九《告祭·壇廟興工》

繕修社稷壇。禮部豫行欽天監謹擇興工吉期奏請於興工。前一日，遣官祇告天、地、太廟後殿、奉先殿、社稷壇。得旨，行文翰林院撰擬祭文，并知會本寺奏派遣官供辦祭品均與各因事告祭同，工竣諏吉移請神位還御，仍於先期一日遣官祇告如儀。

恭遇。神庫興修移請神位奉安拜殿，本日遣官詣神庫祇告太社、太稷，配以后土、句龍氏、后稷氏位，其祇告事宜由寺奏辦。如前例，至日五鼓本寺堂官率屬詣神庫，展神幄，太社位、太稷位、后土句龍氏位、后稷氏位，各設一案，每案帛一、爵三、鹿脯、鹿醢、兔醢、棗、榛、葡萄、桃仁、蓮子、爐、燈具餘準因祇告社稷儀。

興修日。遣官詣神庫告祭畢，禮部尚書詣太社太稷暨配位前上香行三跪九叩禮。本寺堂官率屬分詣各神位前，一跪三叩，奉神牌奉安拜殿，行禮如初，退。

神庫工竣。遣官一員詣拜殿以奉請神位行祇告。禮畢，禮部尚書偕本寺堂屬官員恭請神位，敬謹安設於神庫，上香行禮如前儀。

（清）觀保等《太常寺則例》卷一〇七《工程·社稷坛》

糊飾。春秋祭祀俱糊飾。拜殿槅扇二十四扇，檻窗十六扇。戟殿槅扇三十二扇，檻窗八扇。神庫亮窗四扇，神厨亮窗五扇，插燈三十九盞，每盞燈扇四扇，用四摺紅榜紙糊飾。省牲亭槅扇四扇，檻窗二扇，街門亮窗二扇，燒湯房亮窗一扇，值房窗户二十六扇，用五摺白榜紙糊飾。

揮塵。擦抹拜殿五間，戟殿五間，神庫、神厨街門各五間，天門四座。揮塵擦抹羊角燈十一盞，香爐九個，籤盤六對，擦抹光亮鼎爐四座，擦抹斑銹朝燈六座，欞星門八扇。擦抹泥迹，一抬運安裝拆卸朝燈六座，欞星門八扇，天門四座，護門板六分，水踏跺六分，擋眾木十分，往回抬運安裝拆卸。

熨燙。拴放鋪設拴連案卓衣七件，均行熨燙。拜殿等處甫搭均行拴放，祭臺等處棕薦鋪設拴連。

點笙。并宰牡桶隻攢箍，均如例。

随擦抹撣塵灑掃。需用雜器抹扒十把，換布長一丈，鷄翎撣二把，鷄翎手撣五把，大竹掃帚十把，笤帚二十把，大簸箕四個，大柳罐三個，繩全荆筐三個，繩檳全榆木掀二張，土篩二個。

二、祭祀制度

（一）祭祀前期

日期時辰

（明）佚名《太常續考》卷三《春秋社稷事宜》

二月上戊，祭太社稷。

（清）江蘩《太常紀要》卷二《祀議》

康熙十二年九月十二日，禮部議復：致祭時辰、齋戒事宜言：《會典》所載，凡致齋，大祀三日，中祀二日。前一日，沐浴更衣，處於齋宮，次日還宮。《文獻通考·郊祀禮》周制，冬日至祀。【略】社稷、先師孔子、歷代帝王，俱用子時祭。【略】

社稷壇用子時祭，擇二月、三月吉日開機，祭用卯時祭，春分日祭。【略】

社稷用子時秋分祭。【略】

上裁又一議，各祭祀時辰，互有異同，窺思禮因義起。今祭祀時辰，應取天地人三統之義。《周禮》祀天神，享人鬼，祭地祇，亦興三統之義相合。議以天開於子，則南郊興，祈穀宜用子時。朝日卯時以迎日出，夕月酉時以迎月出。至方澤祭地及先農、社稷等祀，凡統於地者，應取地闢於丑之義，皆用丑時。

（清）張廷玉等《明史》卷四九《志二五·禮志三》

舊制，上丁釋奠孔子，次日上戊祀社稷。弘治十七年八月，上丁在初十日，上戊在朔日，禮官請以十一日祀社稷。御史金洪劾之，言如此則中戊，非上戊矣。禮部復奏言："洪武二十年嘗以十一日爲上戊，失不始今日。"命遵舊制，仍用上戊。

（清）允禄等《協紀辨方書》卷一二《公規一》

仲春、仲秋上戊日，祭社稷壇。

（清）秦蕙田《五禮通考》卷四五《吉禮四十五》

《明史·禮志》：弘治十七年八月，上丁在初十日，上戊在朔日。禮官請以十一日祀社稷。御史金洪劾之，言："如此，則中戊非上戊矣。"禮部復奏言："洪武二十年嘗以十一日爲上戊，失不始於今日。"命遵舊制，仍用上戊。

蕙田案：御史之言是也。

（清）昆岡等《大清會典事例》卷四二七《禮部·大祀》

（順治）九年八月祭社稷壇，復遇忌辰。禮部奏請改期。奉旨：不必改期，如八年禮行。

康熙三年八月，祭社稷壇。恭值太宗文皇帝忌辰，改期中戊日致祭。【略】

（乾隆）二十二年八月上戊，祭社稷壇，恭逢太宗文皇帝忌辰，奉旨：著仍用上戊。

趙爾巽《清史稿》卷八二《志五七·禮志一·吉禮一》

祀期　郊廟祭祀，祭前二歲十月，欽天監豫卜吉期。前一歲正月，疏卜吉者及諸祀定有日者以聞。頒示中外。太常寺按祀期先期題請，實禮部主之。世祖纘業，詔祭祀各分等次，以時致祭。自是大祀、中祀、群祀先後規定祀期，著爲例。嘉慶七年，復定大、中祀遇忌辰不改祀期。咸豐中，更定關帝、文昌春秋祀期不用忌辰。其祭祀時刻，順治十三年，詔祭天、地五鼓出宮，社稷、太廟并黎明。康熙十二年，依太宗舊制，壇廟用黎明，夕月用酉時。嘉慶八年，諭祭祀行禮，當在寅卯間，合禮經質明將事古義。凡親行大祀，所司定時刻，承祭官暨執事陪祭者祗候，率意遲早者，御史糾之。

題請

(明) 佚名《太常續考》卷三《春秋社稷事宜》

二月上戊日祭太社稷。

前期十日。本寺題請聖駕詣社稷壇致祭，并題前一日，夜開長安等門，放樂舞生并陪祀官員。

本寺委協律郎提調樂舞生執事於太和殿，朝夕演習禮樂。

前期八日。行手本知會鴻臚寺，於前期三日，請升殿奏祭祀。

前期四日。行揭帖，知會司禮監，奏祭祀。

前期三日。本寺官具公服於皇極殿，候鳴鞭訖，跪奏云："太常寺卿臣某等謹奏，本年二月某日祭至聖先師孔子，某日傳制遣某官行禮。某日祭太社、太稷，本日子時恭候聖駕致祭。文武百官，自某日爲始，致齋三日。請旨。"承旨，叩三頭、一揖、一躬退。如其日免朝，則具本題知。

(清) 江蘩《太常紀要》卷三《祀例》

天、地、宗廟、社稷，凡每年祭祀日期，禮部於十月初預行欽天監選擇送寺。本寺於各祭祀前以所定日期并齋戒日期行行具題。

凡祭天壇、地壇、祈穀壇於二十五日前具題。太廟、社稷壇、朝日壇、夕月壇、歷代帝王廟、文廟、太歲壇於二十日前具題。其大祀或遣官恭代及分獻官職名，俱於疏內開列題請。其餘小祀，於十五日前具題。【略】

凡冊封冊立、上尊號徽號、營造、平定地方、歲時旱潦等項，告祭天壇、地壇、太廟、社稷壇、神祇壇、司土、司工、司機等神，皇上親詣致祭，或遣官行禮，本寺前期具題請旨遵行。

（清）觀保等《太常寺則例》卷一《總例》

祀期。每歲祭祀日期，由禮部於前二歲之十月札行欽天監，按祀典應諏日者恭選吉期，并諸記之。歲有定日者，冊咨禮部，豫年正月開列具題。命下行知本寺，屆期豫行題請。乾隆十四年准議。

每歲祭祀，【略】社稷以戊，朝日以春分，夕月以秋分。【略】

每歲祭祀，圜丘、祈穀、常雩、方澤均前期二十五日具題。太廟、社稷、日壇、月壇、歷代帝王、先師、先農均前期二十日具題。惟先蠶由礼部具題。關帝、火神，【略】均前期十五日具題。

題請。圜丘、祈穀、常雩、方澤、太廟、社稷、先農之祭及日壇遇甲丙戊庚壬年，月壇遇丑辰未戌年，均於疏內恭請皇上親詣行禮，或遣官恭代，并候欽定。

題請各廟祭祀值巡輿時巡省方，俱專請遣官，恭代行禮。

開列承祭官。圜丘、祈穀、常雩、方澤以親王、太廟、太廟後殿、社稷、日月、歷代帝王。

（清）觀保等《太常寺則例》卷八九《告祭・社稷・題請》

凡國有大慶，前期遣官告祭社稷壇，由禮部行令欽天監，諏吉舉行，奏請得旨，知會本寺以行走祭祀之親王、郡王，擬定正陪，開列職名，奏請簡命一員。屆期承祭，與因事祇告太廟後殿同。

（清）觀保等《太常寺則例》卷九五《告祭・社稷祈雨・題請》

孟夏常雩後歲間不雨，既祈神祇，太歲如未應，越七日，乃禱於太社、太稷。由禮部行取親王職名，開列奏請，簡命一人行禮，得旨，知會本寺，按例備辦一切祭祀事宜。

歲遇旱甚，特行躬禱則皇上親享社稷，由禮部行知本寺，豫期奏辦。

祈禱於社稷得雨，行報祭禮。由禮部行合欽天監諏吉奏請。得旨，知會本寺，備辦一切祭祀事宜，均與常祀同。

祝版祝文

（明）朱讓栩《長春競辰稿》卷一《社稷壇祈雨文》

春時東作，雨澤失期。中外皇皇，渴仰天時。身心齋沐，惟神是祈。冀雷轟而電掣，馳風馬之雲車。沛然甘雨，四野淋漓。田疇資其沃潤，禾黍爲之離離。潛乎默契，以慰憂思。謹告。

（明）申時行等《大明會典》卷八五《禮部四三・社稷等祀・太社稷》

祝文。維洪武□年□月□日，皇帝御名敢昭告於太社之神、太稷之神。惟神贊輔皇祇，發生嘉穀，粒我烝民，萬世永賴。時當仲春、秋，禮嚴告祀、報謝，謹以玉帛牲齊，粢盛庶品，備茲瘞祭，以皇考仁祖淳皇帝配神。尚享。

（明）佚名《太常續考》卷三《春秋社稷事宜》

行揭帖。知會司禮監填祝版。

前期一日。本寺卿同光禄寺卿省牲畢，同具本覆命。同日早，博士恭捧祝版於東平臺，候上填御名訖，捧安於社稷神庫。

祝文。維□年歲次二月朔日，嗣天子御名敢昭告於太社之神、太稷之神。惟神贊輔皇祇，發生嘉穀，粒我烝民，萬世永賴。時當仲春，禮嚴告祀。謹以玉帛牲齊，粢盛庶品，備兹禋祭，以后土勾龍氏、后稷氏配神。尚享。

（清）江蘩《太常紀要》卷二《祀議》

順治二年夏六月丙午，允禮部請各壇及太廟讀祝停讀漢文，止讀滿文，仍增設滿讀祝官八員。

（清）江蘩《太常紀要》卷三《祀例》

前期二日，爲視祝版并派讀祝官，本寺具題。【略】

凡祭前一日，以祝版、玉帛、香亭呈上閱視。

凡天壇、地壇、祈穀壇、太廟、社稷壇、朝日壇、夕月壇祝版俱本寺恭行繕寫，關内閣請填御名，餘祀俱不填。

（清）江蘩《太常紀要》卷八《祀禮·祝文》

維康熙□年歲次□月朔越日，皇帝遣□□，敢昭告於社稷之神。曰：惟神贊輔，皇天皇祇，發生嘉穀，粒我烝民，萬世永賴。兹當仲春、秋，謹以玉帛牲醴庶品致祭、報謝，配以后土勾龍氏、后稷氏。尚饗。

（清）允祹等《大清會典》卷三六《禮部》

凡閱祝版、香帛。南郊御太和殿，北郊、太廟、社稷、日月、前代帝王、先師、先農均御中和殿。如遇忌辰，天、地、太廟，祝版仍躬閱。社稷等祀，均太常寺官由内閣恭奉至祭所安設，遣官恭代，及群祀亦如之。

（清）觀保等《太常寺則例》卷四《總例·閱祝版》

親詣行禮，前期二日奏閱祝版。【略】社稷諸祭均御中和殿閱祝版，皇上御補服，執事官咸補服。遇朝期執事官咸朝服。如遇忌辰，惟太廟祝版皇上朝服閱視，執事官咸常服。其遣官及群祀之祭，祝版由内閣奉送祭所。

閱祝版時刻定例於日出時，豫行欽天監查明係何時刻送寺，先期奏聞。如奉旨改於日出前數刻，應於祝版案上添設羊角燈一對，由掌儀司官豫日率該殿首領内監於總管内監處領出，暫收殿内，翌日該殿首領内監燃燭，本寺官指示安設畢，内監退，本寺執事官執燈，俟閱畢，掌儀司官率該殿首領内監徹交其燈。内所需白蠟一對，掌關防管理内管領處逕交首領内監應用，事竣仍由該處領回。

大祀遣官行禮，停止閱祝版與停進齋戒牌銅人，一并具奏。中祀及群祀，均由本寺官自内閣恭奉祭所，不具奏。

祭祀祝版：天壇純青紙朱書，地壇黃紙黃緣墨書，太廟、社稷均白紙黃緣墨書。【略】

順治二年奏准，各壇廟讀祝止讀清文，停讀漢文。【略】十六年奏准，祝版應書御名者，先期送內閣敬書。祀前一日，皇上於太和殿、中和殿閱畢，奉往祭所安設。又奏准，皇上閱祝版應增設祝版座，安祝版於上，以待親閱。又定祀前二日，本寺奏閱祝版，并奏簡讀祝官及祀日行禮各儀注。奏章用本色紙，遇吉慶日用紅黃紙。【略】

乾隆四年復准，祭祀繕祝版時，內閣委員先期在衙門齋宿恭書，其太常寺糊飾祝版亦委員赴內閣敬謹辦理。

（清）觀保等《太常寺則例》卷四〇《大祀·社稷·閱祝版》

親詣行禮，前期以綠頭牌具奏。祀前一日，皇上升中和殿閱祝版，又奏簡讀祝官一員，恭具名籤請旨。

祝版橫一尺二寸，豎八寸四分，厚三分。備用祝版一尺，寸同，由祝版官飾以白紙黃緣恭送內閣，授中書恭書祝辭，大學士敬書御名，尊藏潔室，以俟本寺恭請，如常例。

閱祝版前期，知會內大臣上三旗護軍統領、起居注、內務府、鑾儀衛。

閱祝版，應用候時官二員於祀前二日赴寺守晚豫備。啟奏時辰，前期行文欽天監揀派并開寫職名送寺。

閱祝版日，本寺堂屬各官於鳴鐘時進內豫備，應開東西長安門、天安門、端門、午門各旁門放入，自內閣恭請祝版進內，并禮成後恭送祝版至社稷壇，應啟太和門、午門、端門各中門行走，前期知會景運門護軍統領，轉傳各門章京。

閱祝版日，鳴鐘時，本寺堂官率贊禮郎、候時官赴乾清門啟奏時辰，前期知會景運門護軍統領，轉傳各門章京，至時不得攔阻。

祝版由午門送至社稷壇，經行道路豫期灑掃，前期知會兵部并步軍統領衙門。

昇送祝版，應用祝版亭一座，覆以黃雲緞銷金龍罩衣。先期二日，安奉公署正堂，以俟翌日鳴鐘時廚役恭昇至午門前，祇竢安設祝版。前導以御仗、提爐各一對，署官十員左右列行，本寺堂屬敬隨，由端門入社稷街門、壇南門，奉安於神庫祝版案，如儀。

閱祝版日，提爐內用細塊沉香、白檀香、沈速香合重四面，炭墼二個。提燈內用每枝三兩，重挂紅白蠟二枝。

神庫接祝版香案，用降香二兩、每枝二兩，重黃蠟二枝、炭墼一個。座鐙內用每枝二兩，重黃臘二枝。南天門接祝版，門爐內用降香二兩，炭墼一個。

閱祝版恭進儀注，應注明請駕時刻，前期行文欽天監，查明是日日出時係何時刻，開寫送寺繕入，其儀注并執事官員如常例。

閱祝版日，恭遇釋奠先師孔子，皇上親詣行禮，於禮成，後駕由東華門升，中和殿御禮服看祝版。本寺執事官員仍朝服馳至東華門赴太和殿豫備，本寺堂官一員迎駕於協和門左門内，奏請閱祝版。前期恭進看版儀注内夾片進呈。

　　遣官行禮，祝文内御名下增書"謹遣某"等字，仍由内閣中書恭書祝辭，大學士敬書御名，安奉潔室，以俟本寺恭請，均如前例。

　　(清) 觀保等《太常寺則例》卷四一《大祀·社稷·祝文》

　　祝文。維乾隆□年歲次，二八月，朔越□日戊□，皇帝御名敢昭告於社稷之神，曰：欽惟神贊輔皇天、皇祇，發生嘉穀，粒我烝民，萬世永賴。兹當仲春、秋，謹以玉帛牲醴庶品致祭、報謝，配以后土句龍氏、后稷氏。尚饗。

　　如遣官恭代，祝文内御名下敬書：遣官恭代敢昭告於云云。

　　(清) 觀保等《太常寺則例》卷八九《告祭·社稷·祝版》

　　祝版。祝版橫一尺二寸豎八寸四分，厚三分，由祝版官先期飾以白紙黃緣，送至内閣恭書祝辭并書遣官銜名畢，尊藏潔室，以俟本寺恭請如儀。

　　祝文由禮部行文翰林院隨時撰擬恭請。欽定徑行本寺送内閣繕寫。

　　祝版於前期一日赴内閣恭請，徑送祭所，不具奏。

　　請祝版日。本寺堂屬各官率厨役昇亭於鳴鐘，時進東西長安門、天安門、端門，至午門前安奉，恭請祝版安設亭内，由端門昇送至壇，前期知會景運門護軍統領，轉傳各門章京，屆期均啓中門行走，并安設踏垛木。祝版由午門送至社稷壇，經行道路豫期灑掃，前期知會兵部步軍統領衙門。

　　請祝版日。本寺堂官率屬咸補服赴内閣恭請，各儀均與因事祇告太廟同。

　　請祝版日。提爐内用細塊沉香、白檀香、沈速香三樣合重四兩，炭墼二個。神庫祝案用降香二兩，炭墼一個，二兩重黃蠟二枝，南天門内接祝版，門爐用降香二兩，炭墼一個。

　　(清) 觀保等《太常寺則例》卷九五《閱祝版》

　　皇上親禱於社稷。前期二日，以綠頭牌奏請閱祝版，并奏簡讀祝官。

　　祝文由禮部行文，翰林院撰擬，恭請欽定後，徑行本寺送内閣繕寫。

　　祝版由祝版官先期糊飾送至内閣，恭書祝辭并書御名，尊藏潔室，以竢本寺恭請。

　　閱祝版知會内務府等衙門，其祝版經由各門及經行道路行文，如常例。

　　前期行文欽天監，查明是日日出時係何時刻，并揀派候時官二員。

　　閱祝版額用香蠟并執事官員均如常祀例。

　　閱祝版儀注與常祀同。其不同者，皇上御常服不挂數珠。

　　(清) 錢載《蘀石齋文集》卷一《翰林院恭撰文·獻俘告祭社稷壇文》

　　維天維祖宗，集命予一人，綏和萬邦。宜德之文，輯寧萬邦。宜德之武，自夫伊犁大定，暨於回部悉臣，乃有逆酋小和卓、木霍集占兄弟者，負我深恩，肆爲狂悖，爰申天討，用協人心。兹將軍兆惠、富德等叠報捷音，克平二逆。其地則拔達山界，其汗則素爾坦沙，既奉檄以歸誠，遂殲渠而函首。并將擒獲馳送京師，大軍奏凱而還。

古禮獻功於社，乃臻西極咸徠之盛，皆賴靈祇默佑之鴻。典舉獻俘，伏惟神鑒。謹告。

（清）慶桂等《國朝宮史續編》卷二八《典禮二二・祭祀三》

祝版之制，以木爲之。圜丘、方澤，方一尺五寸，徑八寸四分，厚三分。祈穀壇方一尺一寸，徑一尺，厚如之。太廟後殿方一尺二寸，徑八寸四分。前殿方二尺，徑一尺一寸，厚如之。常雩、社稷壇、日壇、月壇均與太廟後殿同。餘中祀、群祀方徑各有差。天壇，青紙青緣朱書。地壇，黃紙黃緣黑書。太廟、社稷壇，均白紙黃緣黑書。

（清）昆岡等《大清會典圖》卷二一《禮二一・祭器一》

祝版木質，制方，尺寸有度，皆承以座，座有雕有素；文表於，有純有緣。紙與書各殊色。圜丘、祈谷、常雩用純青紙朱書。方澤用黃紙黃緣墨書。太廟、社稷壇用白紙黃緣墨書。

社稷壇、先農壇、日壇、月壇、先醫廟、先師廟、崇聖祠同。關帝廟後殿同。文昌廟、後殿同。惠濟祠、河神廟、炮神、子母炮神同。雙忠祠縱八寸四分，廣一尺二寸。

（清）昆岡等《大清會典事例》卷一二《內閣・典禮・祭祀書祝版》

恭遇圜丘、方澤、祈穀、常雩、社稷、列聖升配、列聖列后升祔、加上尊謚、太廟時饗、祫祭、日壇、月壇、先農壇、歷代帝王廟、先師廟，皇帝親詣行禮，或遣官行禮，前期二日，太常寺官送祝版於內閣，滿洲中書敬書祝辭。

凡祀天、地、太廟、社稷、日月，應書御名者，大學士敬書於版。因事告祭亦如之。如係遣官行禮，則由學士恭書。

（清）昆岡等《大清會典事例》卷一○六四《太常寺・祝文・社稷壇祝文》

維光緒某年歲次干支二八月干支朔，越若干日戊支，皇帝御名敢昭告，謹案：如遣官恭代，祝文內御名下敬書"遣某官某恭代敢昭告"。於社稷之神，曰：欽惟神贊輔，皇天、皇祇。發生嘉穀，粒我烝民，萬世永賴。茲當仲春、秋，謹以玉帛牲醴庶品致祭、報謝。配以后土句龍氏、后稷氏。尚饗。

趙爾巽《清史稿》卷八二《志五七・禮志一・吉禮一》

祝版　以木爲之，圜丘、方澤方一尺五寸，徑八寸四分，厚三分。祈穀壇方一尺一寸，徑一尺，厚如之。太廟後殿方一尺二寸，徑八寸四分。前殿方二尺，徑一尺一寸，厚并同徑。常雩，日、月壇，社稷壇與太廟後殿同。中祀、群祀方徑各有差。天壇青紙青緣朱書，地壇黃紙黃緣墨書，月壇、太廟、社稷白紙黃緣墨書，日壇朱紙朱書，群祀白紙墨書不加緣。太常司令祝版官先期褾飾，祀前二日昧爽送內閣，授中書書祝辭，大學士書御名，餘祀太常司自繕。

凡親祭，先二日太常卿奏請，前一日閱祝版。圜丘、祈穀、常雩御太和殿，方澤、太廟、社稷御中和殿。祝案居正中少西，案設羊角鐙二，視版日，案左楹東置香亭，右楹西置奉版亭、奉玉帛香亭。屆時太常卿詣乾清門啓奏，帝出宮詣案前。閱畢，行一跪三拜禮。贊禮郎徹褥，寺卿韜版，導帝至香亭前，拜跪如初禮。司祝奉版薦黃亭送祭所，庋神庫。大祀遣代，停止祝版具奏。中祀、群祀，寺官赴内閣徑請送祭所，不具奏。其視玉、帛、香如閱祝版儀。

齋戒陪祀迎送

(明) 徐一夔等《明集禮》卷八《吉禮第八·社稷篇》

按：社稷齋戒，周十日。漢唐七日，散齋四日，致齋三日。宋十日，散齋七日，致齋三日。元三日，散齋二日，致齋一日。國朝齋戒之日，如唐制。其歷代誓戒之辭，則見於《祝天篇》。

(明) 申時行等《大明會典》卷八一《禮部三九·祭祀通例》

凡祀郊社，洪武五年令皇太子留宮中居守，親王戎服侍從，皇太子親王雖不陪祀，一體齋戒。

九年議定：郊社大禮，雖有三年之喪，亦不敢廢。

凡致齋，大祀三日，中祀二日，降香一日。傳制遣官前一日沐浴更衣，處於齋宮，次日還宮。

洪武三年定，大祀百官先沐浴更衣，本衙門宿歇，次日聽誓戒畢，致齋三日。今惟圜丘誓戒。宗廟、社稷亦致齋三日，惟不誓戒。

令禮部鑄銅人，高一尺五寸，手執牙簡。如大祀，則書致齋三日，中祀則書致齋二日於簡上。太常寺進置於齋所。

五年，令諸衙門各置木齋戒牌，刻文其上曰：國有常憲，神有鑒焉。凡遇祭祀則設之。

嘉靖三年，令齋戒日，文武百官隨品穿吉服，并青綠錦綉。

凡服，大祀冕服，中祀皮弁服，陪祀諸臣，各用本品梁冠祭服。【略】

凡陪祀，大祀，文官五品以上，武官四品以上及六科都給事中皆陪，内有刑喪過犯體所之人不預，餘祭并同，惟都給事中不預。嘉靖十五年，令都給事中陪祀宗廟，後又令一應祭祀俱陪。十七年，令皇親指揮以下千百户等官，凡郊廟等祀俱陪。

凡祀牌，洪武八年，置陪祭官圓牙牌，供事官員人等長牙牌，各令懸帶，無者不許入壇。

(明) 佚名《太常續考》卷三《春秋社稷事宜》

同日屬官率鋪排，執御仗、紗燈，進齋戒牌銅人於文華殿東九五齋，北向。仍出示長安門。

齋牌。□年二月某日祭至聖先師孔子，某日祭太社、太稷，自某日午後沐浴更衣，某日爲始致齋三日。

東西長安門告示。太常寺爲祭祀事，照得某某年二月某日祭先師孔子，某日祭社稷，百官自某日午後沐浴更衣，於本衙門宿歇，某日爲始致齋三日。其祭先師孔子，文官六品以下先期赴廟瞻拜，應該陪祀官員除年老、殘疾、瘡疥、體氣、刑餘、喪過之人不與外，文官五品以上，六科都給事中。祭社稷，文官五品以上，六科都給事中，武官四品以上，皇親指揮千百户等官，各具祭服伺候陪祀。合行告示，知會。

《仁宗睿皇帝實錄》卷六四"嘉慶五年四月"條

己亥，【略】嗣後初次三壇祈雨，仍奏請遣官，至恭祭社稷壇，親詣行禮，照大祀例，齋戒三日。著爲令。

（清）江藻《太常紀要》卷三《祀例》

太廟五享、社稷壇二祭，俱前期四日爲進齋戒牌銅人。本寺具題。

明洪武十二年，上命禮官陶凱曰：經言鬼神無常享，享於克誠。人謹方寸於此，而能格鬼神於彼，由至誠也。然人心操舍無常，必有所警而後無所放，其銅人，高一尺五寸，執簡書曰：齋戒三日，凡致齋之期，致朕前，庶朕心有所警，省而不敢放。此進銅人之始。【略】

凡祀天、地、太廟、社稷，照例齋戒三日。祭歷代帝王，照例齋戒二日。此五祭或上親往，或遣官恭代，俱於太和殿齋戒牌位銅人，各衙門亦設齋戒牌，不理刑名，若有緊急事務，仍行辦理。大內及宗室并齋戒各官不祀神。【略】

和碩親王、多羅郡王、多羅貝勒各具朝服，齊集朝房，候上出宮，俱詣午門內金水橋前，分兩翼序立，候駕過，以次隨行。陪祭固山貝子以下及文武各官，俱先序立於祭所。其不應陪祭各官，俱朝服於午門外分兩翼跪候。駕過、祭畢、駕還，諸樂俱作，各官仍跪候。駕過，諸王貝勒隨駕入午門，於內金水橋前分兩翼序立，候上入宮乃退。順治八年夏四月戊申定。

（清）江藻《太常紀要》卷八《祀禮·進齋戒牌銅人儀》

前期三日，本寺官率鋪排，執御仗紗燈，進齋戒牌銅人於乾清門，致齋三日。儀同前。

（清）張廷玉等《明史》卷四七《志二三·禮志一》

太祖曰：凡祭祀天地、社稷、宗廟、山川等神，爲天下祈福，宜下令百官齋戒。若自有所禱於天地百神，不關民事者，不下令。又曰：致齋以五日七日，爲期太久，人心易怠。止臨祭，齋戒三日，務致精專，庶可格神明。遂著爲令。【略】祭社稷、朝日、夕月、周天星辰、太歲、風雲雷雨、岳鎮海瀆、山川等神，致齋二日，如前儀。

（清）慧中《臺規》卷四《祭祀》

順治十八年，都察院題准，祭祀齋戒，各衙門滿、漢官職名俱由太常寺開送，令滿、漢御史稽查。至臨祭所，滿官由都察院察點，漢官由鴻臚寺察點，收取職名。

康熙二年，都察院議准，祭祀處滿、漢官俱聽都察院察點。

康熙九年，都察院題准，覺羅官員齋戒，及尋常察點宗人府官員，俱聽都察院察點。

（清）允祹等《大清會典》卷三六《禮部》

凡陪祀，皇帝大祀郊壇，自王公至文職五品員外郎，武職四品、佐領、騎都尉以上，外任官來京，文職四品，武職三品以上；饗太廟、祭社稷，至文職五品科道郎中，武職三品冠軍使、參領、輕車都尉以上，咸齋戒陪祀。若遣官行禮，王公、内大臣、侍衛不與，自大學士以下文武各官，咸陪祀如儀。

（清）觀保等《太常寺則例》卷三《總例·進銅人》

親詣行禮，進齋戒牌銅人。大祀於前期四、五日具奏，前期三日恭進。中祀於前期三、四日具奏，前期二日恭進。

大祀遣官行禮奏請停進齋戒牌銅人，其中祀不具奏。至兩祭相連，止奏親詣行禮之齋戒，其遣官行禮亦不具奏。進齋戒牌銅人執事官咸補服，遇朝期咸朝服。大祀天、地，恭遇駕御齋宮，於乾清門安設二日，齋宮安設一日。如不御齋宮於乾清門安設三日，太廟、社稷於乾清門安設三日。中祀於乾清門安設二日。【略】

康熙九年題准，齋戒牌銅人，由禮部、太常寺官恭設於乾清門，中門東第一楹前，承以黃案。

雍正二年奏准，天、地、宗、社大祭，如遣官行禮奏請停進齋戒牌銅人。【略】

乾隆七年奏准，圜丘、方澤、祈穀、雩祀，前期四日，太常寺具奏齋戒日期，進齋戒牌銅人於乾清門安設二日，齋宮安設一日。太廟、社稷，前期四日遇忌辰，前期五日具奏，於乾清門安設三日。

（清）觀保等《太常寺則例》卷三《總例·齋戒》

乾隆元年議奏：太廟、社稷均係大祀，應照天、地、祈穀之例，凡陪祀執事各官均令在該衙門齋宿，稽查齋戒大臣侍衛嚴行稽查。

（清）嵇璜、劉墉等《清通志》卷四二《禮略》

（順治）十年二月，皇太后萬壽節以祭社稷壇齋期，移於前一日行慶賀禮。

（清）昆岡等《大清會典事例》卷四二七《禮部·大祀》

（康熙）二十一年二月，聖祖仁皇帝親祭社稷壇。前期齋戒，恭值太皇太后聖壽節，於行禮之後補行慶賀。

趙爾巽《清史稿》卷八二《志五七·禮志一·吉禮一·齋戒》

順治三年，定郊祀齋戒儀。八年，定大祀三日、中祀二日公廨置齋戒木牌。祀前十日，錄齋戒人名冊致太常，屆日不讞刑獄，不宴會，不聽樂，不宿内，不飲酒、茹葷，不問疾、弔喪，不祭神、掃墓。有疾與服勿與。大祀、中祀，太常司進齋戒牌、銅人置乾清門黃案。大祀前三日，帝致齋大内，頒誓戒。辭曰："惟爾群臣，其蠲乃心、齊乃志，各揚其職。敢或不共，國有常刑。欽哉勿怠！"前祀一日，徹牌及銅人送齋宮，帝詣壇齋宿。十四年祀圜丘，致齋大内二日，壇内齋宮一日。陪祭官齋於公署，圜丘齋於壇。

雍正五年，遣御史等赴壇檢視。九年，詔科道遇祀期齋戒。明年，仿明祀牌制製齋牌，敕陪祭官懸佩，防褻慢。乾隆四年，禮臣奏，郊壇大祀，太常卿先期四日具齋戒期，進牌及銅人置乾清門二日、齋宮一日。太廟、社稷，置乾清門三日。中祀，前三日奏進，置乾清門二日。并祭日徹還。后饗先蠶，奏進亦如之。惟由內侍置交泰殿三日。

七年，定郊祀致齋，帝宿大內二日，壇內齋宮一日。王公居府第，餘在公署，俱二日。赴壇外齋宿一日。若遣官代祭，王公不與。祭太廟、社稷，王公百官齋所如前儀，俱三日。

趙爾巽《清史稿》卷八二《志五七·禮志一·吉禮一·陪祀》

順治時，詔陪祀官視加級四品以上。康熙二十五年，以喧語失儀，諭誡陪祀官毋慢易。尋議定論職不論級。郊壇陪祀，首公，訖阿達哈哈番，佐領。文官首尚書，訖員外郎，滿科道，漢掌印給事中。武訖游擊。祭太廟、社稷、日月、帝王廟，武至參領，文至郎中，餘如前例。御史、禮曹并糾其失儀者。既以浙江提督陳世凱請，文廟春秋致祭，允武官二品以上陪祀。三十九年，申定陪祀不到者處分。乾隆初元，定陪祀祇候例，祭太廟，俟午門鳴鼓；祭社稷，俟午門鳴鐘；祭各壇廟，俟齋宮鐘動：依次入，鵠立，禁先登階。并按官品製木牌，肅班序。七年，定郊廟、社稷赴壇陪祀制，遣官代行，王公內大臣等不陪祀，餘如故。

祭品

（明）申時行等《大明會典》卷八一《禮部三九·祭祀通例》

凡牲四等，曰犢，曰牛，曰太牢，曰少牢。色尚騂，或黝。大祀，入滌九旬；中祀，三旬；小祀，一旬。洪武初定，神牲所，設官二人，牧養神牲，前三月付廩犧隻滌治如法。

三年，改立犧牲所，設武職并軍人專管牧養。其牲房中三間，以養郊祀牲；左三間，養宗廟牲；右三間，養社稷牲。餘屋養山川百神之牲。

六年奏准，郊廟犧牲已在滌者，或有傷則出之，死則埋之。其有疾者，亦養於別所，待其肥腯，以備小祀、中祀之用。若未及滌或有傷疾者，歸所司別用。

景泰四年，令禮部鑄造牲字、牢字、火烙各一，會同太常寺、御史印記各處解到大祀牛羊。

凡玉三等，曰蒼璧，曰黃琮，曰玉，惟祀天、地、日、月則用之。

凡帛五等，曰郊祀制帛，曰奉先制帛，曰祀先制帛，曰展親制帛，曰報功制帛。

（明）申時行等《大明會典》卷八五《禮部四三·社稷等祀·太社稷》

省牲。與太廟同，牛三、羊三、豕三、鹿一、兔二。【略】

嘉靖九年更定儀：

前期二日。太常寺卿同光祿寺卿，面奏省牲，如常儀。

（明）佚名《太常續考》卷三《春秋社稷事宜》

是日早，樂舞生詣社稷壇并拜殿各門燒香，本寺官詣太和殿，演禮樂畢，詣犧牲所看牲。

行揭帖。知會司禮監，奏省牲。如次日不朝，則不具揭帖。

前期二日。本寺卿同光祿寺卿，具朝服，於中極殿跪奏云："太常寺等衙門卿臣某等，謹奏本月某日，臣等恭詣社稷壇省牲，請旨。"承旨不叩頭，一躬退。如其日不朝，則具本題知。【略】

本寺庫出祝帛、香燭、果品、牲醴等物。祝版一片，禮神帛四段玄色，降香一百斤，又一炷。方香四炷，細塊香二斤，盥手檀香五錢，薰鞾速香一斤，二十斤燭六枝，八兩燭八枝，四兩燭二十八枝，二兩燭三百二十枝，一兩燭五十枝，進銅人二兩，燭十六枝，監禮監宰二兩燭十六枝，掌樂教師四兩燭二枝，三生管事二兩燭十二枝，照道四兩燭十八枝，芡實四斤八兩，栗子八斤，紅棗五斤二兩，榛仁五斤四兩，菱米五斤十兩，香油四斤，砂糖一斤，蜂蜜二兩，白鹽二斤，鹽磚一斤，大笋五兩，花椒四兩，茴香四兩，蒔蘿二兩，栀子四兩，醯魚四斤，鰆魚四尾，木炭三十斤，告示白榜紙三張，祝版本紙二張，包版黃、白榜紙各一張，齋牌表黃紙一張，包香帛黃咨紙二十張，白咨紙四張，稻米四升，造粉糍粳米六升，造餌糯米六升，黍米、稷米、粱米各四升，白麵、蕎麥麵各八斤，葱八兩，菁菜三斤八兩，芹菜一斤十二兩，韭菜一斤四兩，醬一罐，酒九瓶，木柴三千斤，火杆十根，葦把八十四束每束重五十斤，竹竿四根，木炭二十五斤，犢六隻，用黝豬五口，北羊四隻，鹿一隻，兔三隻。

(清) 江蘩《太常紀要》卷八《祀禮・視牲》

看牲儀。前期三日，本寺卿同內大臣及禮部堂上官、光祿寺卿省。儀同前。【略】

祭品。太社珪一，太稷璧一。每祭祝版一，白紙糊黃紙鑲邊寫墨字。每祭黑色禮神制帛四端，每壇各一端。每祭降真方柱香四炷，每壇各一炷。降真香一百六十塊，每壇四十塊。粗降真香二斤十一兩，炭餅二十六個；一年朔望共用粗降真香一斤八兩，炭餅二十四個。

每年二祭共用黃臘一斤重十二枝，六兩重十六枝，三兩重六枝，二兩重一百四十四枝，一兩重二十枝，一年朔望共用二兩重四十八枝。

每祭用黍稷粱米各四升，稻米一斗，麥麵、蕎麥麵各八斤，造糇餌粉糍粳米二斗，菁菜五斤，芹菜二斤十二兩，韭菜一斤十二兩，葱八兩。

每祭供酒二十四瓶，滌魚酒二瓶，鹽磚二斤，白鹽一斤。

每祭紅棗八斤，栗十斤，榛仁七斤，菱米十二斤，芡實十四斤，白糖一斤，蜂蜜二兩，栀子二兩，花椒二兩，茴香二兩，蒔蘿一兩，大笋四塊。

每祭牛五、每壇各一羹、一駕出又用胙一。羊五、四壇各一糝食一。豕五、四壇各一豚胉一。鹿一、四壇鹿脯、鹿醢用。兔四、四壇兔醢用。醯魚十尾，羹魚六尾。【略】

製造品物與二郊同。定盛品物與二郊同。樂器二郊同，惟鐘係鍍金，樂生各著紅色銷金花服。遣官告祭行禮儀注與春秋遣儀同，惟不設配位，不奠玉，不作樂。祝文隨所宜行事撰文。陳設品物：鹿一，正二案鹿脯、鹿醢用，各一盤。兔二，正二案兔醢用，各一盤。棗、桃、榛、葡萄、蓮子，每案各五盤。酒二罇，每案各一罇。羊角觥燈四座，每案各二座。銅爐二座，每案各一座。禮神制帛二，元色，每案各一。降真方柱香二，每案各一。降真塊香四十，每案各二十塊。粗降真香一斤十二兩五錢，白瓷爵六。每案各三。

（清）張廷玉等《明史》卷四七《志二三·禮志一·玉帛牲牢》

玉三等：上帝，蒼璧；皇地祇，黃琮；太社、太稷，兩圭有邸；朝日、夕月，圭璧五寸。帛五等：曰郊祀制帛，郊祀正配位用之。上帝，蒼；地祇，黃；配位，白。曰禮神制帛，社稷以下用之。社稷，黑；大明，赤；夜明、星辰、太歲、風雲雷雨、天下神祇俱白；【略】又洪武十一年，上以小祀有用楮錢者爲不經。禮臣議定，在京，大祀、中祀用制帛，有箇。在外，王國府州縣亦如之。小祀惟用牲醴。

牲牢三等：曰犢，曰羊，曰豕。色尚騂，或黝。大祀，入滌九旬；中祀，三旬；小祀，一旬。大祀前一月之朔，躬詣犧牲所視牲，每日大臣一人往視。【略】太社稷，犢羊豕各一，配位同。府州縣社稷，正配位，共羊一、豕一。洪武七年增設，各羊一、豕一。

（清）張廷玉等《清朝文獻通考》卷九八《郊社考八·社稷·皇帝親祭儀》

歲祭社稷壇之禮，以春、秋仲月上戊。先三日，禮部尚書一人詣牲所視牲如儀。

右視牲、致齋、書祝版、視割牲、視祝版。儀均與北郊同。

先一日，太常寺卿率屬掃除，敷五色土於上，如其方色，恭設神座如式。

（清）允祹等《大清會典》卷三六《禮部》

凡視牲，大祀天、地，前五日，遣官恭代視牲。前二日，遣禮部尚書一人省牲。饗太廟、祭社稷，前三日。朝日、夕月、饗前代帝王、先師、先農、先蠶，前二日，均禮部尚書一人省牲。【略】

凡割牲，大祀、中祀，前一日，光祿寺卿、禮部、都察院、太常寺官具朝服監視，并瘞毛血。群祀，太常寺官監視。

（清）允祹等《大清會典》卷八二《太常寺》

凡簠簋之實以黍稷稻粱，歲取帝籍所登，謹貯神倉，以供齍盛。登之實以大羹，鉶之實以和羹，籩豆之實形鹽、藁魚、鹿脯，果以棗、栗、榛、菱芡，菹以韭、菁、芹、笋，醢以豕、鹿、兔、魚，脾析用牛，豚拍用脅，白餅、黑餅用麥，糗餌粉餈用米，粉食用稻。均雍人治之，監以博士等官。

（清）秦蕙田《五禮通考》卷四五《吉禮四十五》

《孝宗實錄》故事，社稷壇春秋祭，每用鋪壇五色土二百六十石，順天府民取而輸之神宮監石加八斗。弘治五年正月，順天府尹言，土以飾壇，義取別其方色，初不以多爲貴，況小民取之山谷，勞費不貲，請著爲定例，庶民勞可紓，而有司亦無延誤之失命，工部尚書賈俊會神宮監、太常寺核用土多寡之數。俊等至壇相度言，常年所輸土用以鋪壇，厚可二寸四分，若厚止一寸，則僅用百一十石而足。遂命鋪壇土止以厚一寸爲度，今後依此數辦納。

（清）觀保等《太常寺則例》卷五《總例·籩豆牲牢》

祭品定盛。登一，實以大羹。鉶二，實以和羹。簠二，實以黍稷。簋二，實以稻粱。如簠簋各一，則一簠兼盛黍稷，一簋兼盛稻粱，惟先師廟兩廡所供簠簋有黍稷無稻粱。其籩豆各十二者，籩實以形鹽、槁魚、棗栗、榛菱、芡、鹿脯、白餅、黑餅、糗餌粉餈；豆實以韭菹、醓醢、菁菹、鹿醢、芹菹、兔醢、筍菹、魚醢、脾析、豚拍、酏食、糝食。籩豆各十者，籩實減糗餌粉餈；豆實減酏食、糝食。籩豆各八者，籩實遞減黑餅、白餅，豆實遞減脾析、豚拍。籩豆各四者，籩實遞減槁魚、榛菱、芡，豆實遞減韭、菹、醓醢、筍菹、魚醢。群祀無籩豆者，用木盤五，實以核桃、棗栗、荔枝、龍眼。告祭，籩實以紅棗、桃仁、榛仁、葡萄、蓮子，豆實以鹿脯、鹿醢、兔醢。

供用大羹、和羹。天、地正位、配位、從位，大明、夜明，均專用大羹，餘兼用和羹。太廟、社稷及列在中祀者，均兼用大羹、和羹。群祀惟關帝廟兼用大羹、和羹，餘祀均專用和羹。【略】

乾隆十四年議奏：向例各壇廟祭日，太常寺陳設簠簋籩豆，禮部委官會同御史監視於典禮尚覺未協，嗣後以禮部堂官一員敬率太常寺卿等將事以昭嚴格。

（清）觀保等《太常寺則例》卷五《總例·祭品》

供備祭品。大祀尊用酒八瓶，中祀每尊用酒六瓶，群祀每尊用酒四瓶，群祀之祭，每尊用酒二瓶。

籩豆各十二者，用頭號形鹽，每個重十兩。籩豆各十者，用二號形鹽，每個重八兩。籩豆各八、各四者，用三號形鹽，每個重六兩。饌鹽均每個重二兩白鹽，以位案之多寡爲例。

香油。夏秋之祭按例取用，春冬之祭無庸支領。

米麥菜蔬。籩豆各十二者，用黍稷稻粱各一升，糗餌粉餈稻米各二升五合，酏食糝食稻米各一升，白麥蕎麥各二斤，青菜三斤，芹菜一斤八兩，韭菜一斤。籩豆各十者，用黍稷稻粱各七合，白麥蕎麥各一斤十二兩，青菜二斤，芹菜一斤四兩，韭菜十四兩。籩豆各八者，用黍稷稻粱各七合，青菜二斤，芹菜一斤四兩，韭菜十四兩。籩豆各四者，用黍稷稻粱各四合，青菜二斤，芹菜一斤四兩。

果品。如榛仁、菱米、芡實、核桃、荔枝、龍眼、槁魚、醢魚、筍等項，各按定例應用外惟中祀內有籩豆之祭。紅棗每案不過一斤十二兩，栗每案不過二斤二兩。群祀無籩豆之祭，紅棗每盤不過五斤，栗子每盤不過六斤。

木柴。各按牲隻籩豆多寡爲例。

退牲木柴。牛每隻一百二十斤，夏日一百斤。羊豕每隻三十五斤，夏日二十五斤。胙牛一百五十斤，夏日一百三十斤。

造籩豆木柴。籩豆各十二、各十者，每案三十斤，夏日二十五斤。籩豆各八者，每案二十斤，夏日十五斤。籩豆各四者，一案四斤，每加一案，遞加二斤。

炭餅。按爐支取。燒炭餅木炭每個四兩。

燔柴。仍安定例行取。其焚帛蘆葦。制帛在兩端以内者，每端五斤；兩端以外者，酌量遞加。

例案：乾隆三十七年奏准，香蠟、酒鹽、果品等項，按《會典》大祀、中祀、群祀等次，逐款查核。有等次不同而供獻品物數目無甚區別者，斟酌依次遞減；有等次相同而品物各項此有彼無者，亦比例加增。至所需葦柴等項，則按籩豆牲牢制帛之數，量爲酌減。

（清）觀保等《太常寺則例》卷四〇《大祀·社稷·籩豆牲牢》

祀前一日，博士監視製造籩豆登鉶之實，以次展器於神庫。

正位二案，配位二案，每祭每案用紅棗一斤十四兩，栗子二斤四兩，榛仁一斤十兩，菱米二斤十二兩，芡實三斤四兩，醢魚二斤八兩，大槁魚一尾，小槁魚一尾，大笋二片，白糖四兩，白蜜五錢，梔子五錢，花椒五錢，茴香五錢，蒔蘿五錢，黍米一升，稷米一升，稻米一升，粱米一升，糗餌粉餈稻米五升，酏食稻米一升，糝食稻米一升，白麥二斤，蕎麥二斤，青菜三斤，芹菜一斤八兩，韭菜一斤，葱二兩，白鹽四兩，木柴春祭每案用三十五斤，秋祭每案用二十五斤，秋祭每案用香油四兩。

正位二案，每案用供酒八瓶，供鹽十兩，饌鹽二兩，配位二案，每案用供酒六瓶，供鹽十兩，饌鹽二兩。四案共用洗魚酒一瓶。

祀前一日宰牲，光禄寺堂官一員上香，御史、禮部司官各一員監視，前期知會各該衙門照例派出，是日黎明朝服將事。

宰牲日，本寺豫設香案於宰牲亭外東向，施明黄緞案衣，案上陳設銅香爐一，香靠具内實炭墼一，銅燭臺二，上設二兩重黄蠟二枝，香盒一，内陳降香二兩。

宰牲時，執事生二人分立香案左右，執司香燭。

宰牲日，署官二員赴犧牲所領取牲隻，恭送祭所。厨役以牲隻額數，開單分呈監宰各官。

宰牲時，光禄寺堂官詣香案前西面立，三上瓣香畢，御史、禮部司官暨本寺典簿，監視厨役牽牲隻過香案前，按次送至宰牲亭，每宰牛一隻，厨役一人詣香案前跪告如儀。

宰牲日，厨役豫鑿一坎於宰牲亭外牆東，廣、深二尺。監宰各官，監視厨役以鹿首、鹿衣瘞於坎内。

宰牲日，厨役設白瓷牛羊豕毛血盤各四，每盤盛黄紙條一，各書牛羊豕字。監宰各官監視厨役取牛、羊、豕毛血少許，實於黄紙之上，恭設於籩豆庫。迨祀日祭前，陳於瘞坎前面。俟致祭時典儀官唱“瘞毛血”句，本寺官率厨役數毛血瘞於瘞坎，徹盤貯庫。

胙牛，繫本寺宰牲修滌後，交光禄寺官恭實胙盤如式。

製造籩豆修滌牲隻畢，博士、典簿前引本寺堂官周視如儀。

牲隻用供牛四，羹牛一，胙牛一，遣官行禮無胙牛。供羊四，糦食羊一，供豕四，豚拍豕一，鹿一，兔四。

退牲木柴，牛每隻春祭用一百二十斤，秋祭用一百斤。胙牛，春祭用一百五十斤，秋祭用一百三十斤。羊每隻春祭用三十五斤，秋祭用二十五斤。豕每口春祭用三十五斤，秋祭用二十五斤。漂牲净冰秋祭用四十八塊。

(清) 觀保等《太常寺則例》卷四一《大祀·社稷·陳設》

每祭，壇上敷五色土，中黃、東青、南赤、西白、北黑，隨方築之。前期行文工部轉行各該州、縣備辦，於祀前五日徑行解送祭所，本寺驗明查收。

涿州春、秋每季額解黃色土十袋有七分七厘，青、赤、白、黑色土各九袋。房山縣春、秋每季額黃色土五袋有二斤，青、赤、白、黑色土五十六袋，有五十五斤一兩五錢。霸州秋季額解黃色土十二袋有十五斤一兩五錢，青、赤、白、黑色土各十一袋有十斤。

(清) 觀保等《太常寺則例》卷四二《大祀·社稷》

品物。每祭用長七寸，徑九分方柱降香四炷，降塊香一百六十塊，降香一斤十兩，細塊沉香、白檀香、沈速香三樣合重四兩。

六兩重挂紅白蠟八枝，五兩重挂紅白蠟二枝，遣官行禮，停止取用。三兩重挂紅白蠟二枝，遣官行禮，停止取用。三兩重白蠟一枝，一斤重黃蠟六枝，三兩重黃蠟三十枝，二兩重黃蠟二十二枝。

每祭用元色禮神制帛四端，供酒二十八瓶，洗魚酒一瓶，磚鹽三斤，白鹽一斤，牛五隻。遣官行禮，減用胙牛一隻。羊五隻，豕五口，鹿一隻，兔四隻。

每祭用：紅棗七斤八兩，栗子九斤，榛仁六斤八兩，菱米十一斤，芡實十三斤，醃魚十斤，大槁魚四尾，小槁魚四尾，大笋八片，白糖一斤，白蜜二兩，栀子二兩，花椒二兩，茴香二兩，蒔蘿二兩，黍米四升，稷米四升，稻米四升，粱米四升，糗餌粉餈稻米二斗，酏食稻米四升，糦食稻米四升，白麥八斤，蕎麥八斤，青菜十二斤，韭菜四斤，芹菜六斤，葱八兩。秋祭用香油一斤，退牲木柴，春用一千九十斤，秋用八百五十斤，胙牛春用木柴一百五十斤，秋用木柴一百三十斤，遣官行禮，減用胙牛木柴。木炭五斤十二兩，炭墼二十三個，秋祭用漂牲净冰四十八塊。

分胙。親詣行禮，例用胙牛一隻，由光禄寺雍人恭實胙盤。祀日禮成，照例送往內膳房。其正壇祭品牲隻，本寺例不進內。親詣行禮，內膳房派撥雍人，於祀日赴祭所領取羊一隻，豕一口。如遣官行禮，例不赴領，其羊、豕交光禄寺頒胙於各衙門。

每祭禮成後，光禄寺派員赴祭所領全牛一隻，牛腹四個，於各衙門，應分胙肉，照例頒給。

遣官行禮，承祭官應給正壇牲隻，由寺委員率廚役承送。

（清）觀保等《太常寺則例》卷九五《告祭・社稷祈雨・籩豆》

豫日典簿監宰鹿兔，博士監製脯醢果實成造。太社、太稷位籩豆各一案，每案用紅棗一斤十四兩，桃仁、榛仁、葡萄、蓮子各一斤十兩，香油四兩，木柴二十斤，兔一隻，二案共用。鹿一隻，其冰塊随時按例行取。

（清）觀保等《太常寺則例》卷九六《告祭・社稷祈雨・品物》

告祭用玉帛、香蠟與常祀同。

用鹿一隻，兔二隻，紅棗三斤十二兩，桃仁三斤四兩，榛仁三斤四兩，葡萄三斤四兩，蓮子三斤四兩，香油八兩，供酒十六瓶，木柴四十斤，木炭二斤八兩，炭墼二十一個。

（清）觀保等《太常寺則例》卷一〇三《祀賦・支取》

親詣行禮導駕提燈，天壇增用九兩重挂紅白蠟二枝，地壇、太廟、社稷、日壇、月壇、歷代帝王、先師孔子各增用五兩重挂紅白蠟二枝。

親詣行禮矮座燈，【略】社稷壇增用三兩重挂紅白蠟二枝。

（清）嵇璜、劉墉等《清通典》卷四一

四年三月，禮部奏言：國初定制，祀南北郊及社稷壇向例俱用生牢，今應如舊，惟南郊以胙牛一進上，得旨：照舊例。如朕親祀，則照例進胙牛，遣官則止。

（清）陳康祺《壬癸藏札記》卷五

本朝典禮，凡社稷壇春秋常祀用玉，惟禱祀不用。乾隆二十四年，社稷壇禱雨，高宗諭旨曰：玉以芘陰嘉穀，使無水旱之災，傳記所稱，於義最著。特敕所司仍用玉將事。大聖之人敬恭禋祀，據經定禮，雖一物之微，其不留闕憾如此。

（清）昆岡等《大清會典事例》卷一〇八五《太常寺・支銷・祭物》

社稷壇：每祭用方柱降香四炷，塊降香一百六十塊，粗降香一斤十兩，降香丁一兩，細塊沉香、白檀香、沈速香三樣計重四兩，六兩重挂紅白蠟燭八枝，三兩重白蠟燭一枝，一斤重黃蠟燭六枝，三兩重六枝，二兩重二十六枝。

親詣行禮，增用五兩重挂紅白蠟燭二枝，三兩重十八枝，二兩重十枝，二兩重黃蠟燭二十枝，黑色禮神制帛四端，牛五隻。

親詣行禮，增用胙牛一隻，羊五雙，豬五口，鹿一隻，兔四隻，黍米四升，稷米四升，稻米四升，粱米四升，糗餌粉餈稻米二斗，餌食稻米四升，糝食稻米四升，白麵八斤，蕎麵八斤，大白菜十二斤，秋則用小白菜，青韭四斤，大芹菜六斤，秋則用小芹菜，紅棗七斤八兩，栗九斤，榛六斤八兩，菱十一斤，芡十三斤，醢魚十斤，大槁魚四尾，小槁魚四尾，大笋八片，葱八兩，白糖一斤，梔子二兩，白蜜二兩，花椒、茴香、蒔蘿各二兩，秋用香油一斤，酒二十八瓶，洗魚酒一瓶，每瓶一斤十二兩，鹽甖三斤，白鹽一斤，炭五斤十二兩，春用木柴一千九十斤，秋用八百五斤，凈冰四十八塊，胙牛木柴一百五十斤，秋用凈冰十塊。

（清）昆岡等《大清會典事例》卷一〇八七《太常寺·支銷·告祭祭物》

社稷壇：用方柱降香二炷，細塊降香四十塊，降香丁一兩，降香一斤四兩，細塊沉香、白檀香、沈速香三樣，合重四兩，六兩重挂紅白蠟燭四枝，三兩重黃蠟燭六枝，二兩重黃蠟燭二十四枝，鹿一隻，兔二隻，紅棗三斤十二兩，桃仁三斤四兩，榛仁三斤四兩，葡萄三斤四兩，蓮子三斤四兩，酒十六瓶，每瓶一斤十二兩，木柴三十斤，木炭四斤十二兩，炭墼十九箇。應用冰塊香油，按時咨取。玉帛如常祀。

祈雨告祭

社稷壇：用鹿一隻，兔二隻，紅棗三斤十二兩，桃仁三斤四兩，榛仁三斤四兩，葡萄三斤四兩，蓮子三斤四兩，香油八斤，酒十六瓶，每瓶一斤十二兩，木柴四十斤，木炭二斤八兩，炭墼二十一個。玉帛、香燭如常祀。其冰塊隨時按例咨取。祈晴祭物，均與祈雨同。報祀應用牲牢品物，均與常祀同。

（清）昆岡等《大清會典事例》卷一〇八七《太常寺·支銷·飼牧》

（康熙）二十六年奏准：犧牲所每年出派内務府大臣一員管理。所需祭牛，仍在犧牲所飼牧。太常寺堂官於應用前期至所，會同直年大臣揀選取用。又議准：餧養羊豕，兩翼各交犧牲所銀八百兩，亦交直年大臣管理。又奏准：牧群所交黑牛，仍令儘數送交於應向順天府行取祭牛内，按數扣除。如所交已過一百六十隻之外，皆令在南苑牛圈夾帶牧養，毋庸添支草豆。又議准：犧牲所設有豆倉，并無草欄，應於附近犧牲所地方外垣大墻外相擇設立。其修理之費，即於餧養羊、豕銀兩項下動支辦理。

二十七年奏准：犧牲所飼牛所需煮豆燒柴、鐵鍋、鍘刀等項，動用餧養羊豕銀兩，按例采辦。如有餘賸，賞給太常寺八成，餧養人二成。

四十二年奏准：天壇、地壇、太廟、社稷壇牛隻，於祀前七個月，中祀群祀牛隻，於祀前四個月，由南苑牧放牛内挑入犧牲所，敬謹餧養。不敷之牛，令順天府補交備用。

（清）昆岡等《大清會典圖》卷二一《禮二一·祭器一》

玉，黃珪，色白而有黃彩，社稷壇太社用之。青珪，色青，社稷壇太稷用之。制皆方，徑三寸，厚三分，左右出剡首厚二分，旁厚二分有奇，邸厚三分有奇。【略】

禮神制帛，陳於社稷壇正位，用黑色。

趙爾巽《清史稿》卷八二《志五七·禮志一·吉禮一》

玉、帛、牲牢：玉六等，上帝蒼璧，皇地祇黃琮，大社黃珪，大稷青珪，朝日赤璧，夕月白璧。舊制，社稷壇春秋常祀用玉，禱祀則否。乾隆三十四年，會天旱禱雨，諭曰：“玉以芘蔭嘉穀，俾免水旱偏災，特敕所司用玉將事。”自此爲恒式。帛七等：曰郊祀制帛，南北郊用之。上帝青十二，地祇黃一。曰禮神制帛，社稷以下用之。社稷黑四，大明赤一，夜明白一，日月同。星辰斗宿白七，青、赤、黃、黑各一。【略】牲牢四等：曰犢，曰特，曰太牢，曰少牢。色尚騂或黝。圜丘、方澤用犢，大明、夜明用特，天神、地祇、太歲、日、月、星辰、雲、雨、風、雷、社稷、岳鎮、海瀆、太廟、先農、先蠶、先師、帝王、關帝、文昌用太牢。太廟西廡，文廟配哲、崇聖祠、帝王廟兩廡，關帝、文昌後殿，用少牢。光緒三十二年，崇聖正位改太牢。直省神祇、社稷、先農、關帝、先醫配位暨群祀用少牢。火神、東岳、先醫正位，都城隍，皆太牢。太牢：羊一、牛一、豕一，少牢：羊、豕各一。

大祀入滌九旬，中祀六旬，群祀三旬。大祀天地，前期五日親王視牲，二日禮部尚書省牲，一日子時宰牲。帝祭天壇，前二日酉時宰之，太廟、社稷、先師前三日，中祀前二日。禮部尚書率太常司省牲，前一日黎明宰牲。惟夕月屆日黎明宰之。今甲，察院、禮部、太常、光祿官監宰，群祀止太常司行。乾隆十七年，定大祀、中祀用光祿卿監宰。初，郊壇大祀，帝前期宿齋宮，視壇位、籩豆、牲牢。乾隆七年，更定前一日帝詣圜丘視壇位，分獻官詣神庫視籩豆，神厨視牲牢。尋定視壇位日，親詣皇穹宇、皇乾殿上香。故事，省視籩豆牲牢，或臨視，或否。三十五年，定遣官將事，自後以爲常。

（二）祭祀器用

神位

（清）張廷玉等《明史》卷四七《志二三·禮志一》

社稷，社主用石，高五尺，廣五尺，上微銳。立於壇上，半在土中，近南北向；稷不用主。洪武十年皆設木主，丹漆之。祭畢，貯於庫，仍用石主埋壇中，微露其末。後奉祖配，其位製塗金牌座，如先聖匱用架罩。嘉靖中，藏於寢廟。帝社稷神位以木，高一尺八寸，廣三寸，朱漆質金書。壇南置石甕，以藏神位。

（清）昆岡等《（光緒）大清會典》卷三五《祠祭清吏司》

凡壇廟神位，各定其地以安奉。圜丘，皇天上帝神位、配帝神位安奉於皇穹宇，天神從位安奉於宇之東西廡。祈穀壇，皇天上帝神位、配帝神位安奉於皇乾殿。方澤壇，皇地祇神位、配帝神位、地祇從位，安奉於皇祇室。太廟，列聖、列后神位，安奉於後殿中殿龕內，均於祭時請奉於神座。社稷壇，正位、配位，日壇神位，月壇神位及配位，各安奉於壇之神庫。

（清）昆岡等《大清會典事例》卷四二七《禮部·大祀》

（雍正）六年議准：太社、太稷神牌，均高二尺五寸，其座尺有五寸，共高四尺。籩豆案僅高尺有二寸，較各壇稍低。應將其座加高一尺。安奉神牌，共高五尺，以符土爲五數之古制。其籩豆等案，應加高尺有三寸，共二尺五寸，以符五五之數。配位神牌各高二尺四寸，其座高尺有四寸。籩豆案高尺有二寸，應將其座及籩豆案均增高一尺，以符體制。

十二年議准：嗣後，社稷壇東旁，照依壇西旁規制，增設一案。太社神位、后土句龍氏神位，司香官豫將香盤等物安於案上，庶陳設整齊，益昭誠敬。

趙爾巽《清史稿》卷八二《志五七·禮志一·吉禮一》

社稷壇中植石主，別設神牌，正位。東大社，西大稷。北向。東配后土句龍氏，西后稷氏。無幄。壇下龕用木。日壇東大明，無幄。月壇正位夜明，配北斗二十八宿、周天星辰，共一幄。天神壇正中，左雲師，次風伯，右雨師，次雷師，南向。地祇壇正中五岳，右五鎮，次四海，左五陵，次四瀆，北向。右旁京師山川，左旁天下山川。無幄。各省府、州、縣神祇位次，正中雲、雨、風、雷，左山川，右城隍。其郊壇神位，皇穹宇、皇乾殿、皇祇室奉之。神祇、社稷、日月神位，神庫奉之，祭時并移壇所。太廟、奉先殿神牌置寢室龕位，祭時移前殿寶座。至傳心殿、歷代帝王、先師各廟龕位，或分或合，無恒制。

祭器

(明) 佚名《太常續考》卷三《春秋社稷事宜》

合用祭器以下各器俱神宮監收貯。

玉二面，爵二個，瓷爵十一個，内福酒一個。酒罇三個，銀杓二把，登鉶十二個，簠、簋、籩、豆、盤共一百一十二個，毛血盤十二個，饌盤四個，筐箱四個，錫拆盂二個，湯壺四把，錫盆四個，三牲匣四副，籩豆亭四座，屏息六個，銅爐四個，燭臺四對，神座四座，案卓四張，帛桌四張，祝座一座，桌一張，孔桌一張，馬桌四張，朝燈六座，銅燈并紙方燈四十四座，銅鼎四個，銅鍋七口，銅缸四口，漂牲桶四隻，扛湯桶四隻。

(清) 江蘩《太常紀要》卷八《祀禮·器用》

正壇：紅油神牌供案各一張，黃緞案衣二圍。紅油供爵桌各一張，黃緞桌衣二圍。玉爵各一隻。

配壇：紅油神牌供案各一張，黃緞案衣二圍。紅油供爵桌各一張，黃緞桌衣二圍。白瓷爵各三隻。紅油爵墊三連。

正配壇：紅油籩豆供案各一張，錫裹紅油牲匣各一副，紅油香帛供案各一張，黃緞案衣四件。銅香爐各一個，羊角魫燈各一對，紅油饌盤各一面，饌桌各一張，黃緞桌衣四件。白瓷碗各三個，白瓷片各二十八面，白瓷酒罇二個，銀杓二把，紅油祝案一張，黃緞案衣一圍。紅油祝版架一個，羊角燈一個，紅油孔桌一張，黃緞桌衣一件。紅油接桌二張，黃緞桌衣二圍。紅油福胙桌一張，黃緞桌衣一件。白瓷爵一隻，白瓷壺一執，白瓷片一個，壺爵盤俱光祿寺預備，如遣官俱不設。紅油帛匣四個，盛玉并盛玉爵紅油匣一個，紅油香盒四個，盛瘞毛血白瓷片十二個，紅拜褥一條，紅油金字拜牌一面，壇下鼎爐二座，紅油香盒二個。北櫺星門外鼎爐二座，紅油香盒二個。東西南三櫺星門紅油桌各一張，銅爐各一座，紅油香盒各一個。焚祝帛香饌鐵燎爐一座，座燈四座，壇下用二、神庫用二。插燈三十六座。御拜位前用四北天門，內用四，南西東三門用八，社街門用四，柵欄門內用十六。

（清）張廷玉等《明史》卷四七《志二三·禮志一》

太社稷。洪武元年定，鉶三，籩豆各十，簠簋各二，配位同。正配位皆設酒尊三於壇東。十一年更定，每位登一，鉶二，籩豆十二，正配位共設酒尊三，爵九。後太祖、成祖并配時，增酒尊一，爵三。府、州、縣社稷，鉶一，籩豆四，簠簋二。

（清）允祹等《大清會典》卷四三《禮部》

凡祭社稷之禮。崇建社稷壇於端門之右，爲壇二成，上敷五色土，如其方色、歲春祈、秋報，皆以仲月上戊日祭太社、太稷之神，以后土句龍氏、后稷氏配、太社位右，太稷位左，均北向、后土句龍氏東位西向，后稷氏西位東向、太社、太稷各方珪一，色一黄、一青。帛一，牛一，羊一，豕一，登一，鉶二，簠、簋各二，籩、豆各十有二，尊一，玉爵一，陶爵二，爐一，鐙二、后土句龍氏、后稷氏各帛一，牛一，羊一，豕一，登一，鉶二，簠、簋各二，籩、豆各十有二，尊一，陶爵三，爐一，鐙二。先祭一日，樂部設中和韶樂於壇下，分左右懸。

（清）觀保等《太常寺則例》卷五《總例·籩豆牲牢》

祭器定制。籩以竹絲編造，用絹爲裏，髹以漆。【略】

社稷壇正位，用玉爵一、陶爵二。配位用陶。日、月、先農、先蠶各壇之爵，社稷、日、月、先農、先蠶各壇豆、登、簠、簋、鉶、尊均用陶。【略】

社稷、先農壇用黄。太廟之登用陶，黄質，飾以華采。其餘應用陶器者，色皆從白。盛帛以篚，竹絲編造，髹以漆，亦各如其器之色。載牲以俎，木制，髹以丹漆，毛血盤用陶，各從其色。乾隆十二年議准：由內務府辦理成造。

（清）觀保等《太常寺則例》卷一〇八《本寺庫貯·金銀祭器》

社稷壇，銀勺一把，重十二兩一錢又銀勺一把重十一兩七錢。【略】

社稷壇，黄珪一具，青珪一具，玉爵三隻。正用二隻，備用一隻。

（清）觀保等《太常寺則例》卷一一〇《庫貯·社稷坛》

玉製陳設祭器，方珪二方，玉爵二隻。

木製陳設物件中花案四張，寶座四座，小花案四張，籩豆案四張，紅漆神龕罩四座，戟七十二根，案四座，香祝饌懷孔桌共十七張，祝版案二個，爵墊四個，紅饌盤四個，果盤一個，錫裏三，牲匣四個，紅香盒十五個。

木製應用物件，櫺星門八扇，錫裏漂果桶四個，錫裏漂牲桶四個，錫裏木槽二個，退牲案十張，退牲木桶一隻，抬牲匣十二個，湯桶十二個，把桶十二個，架籩豆罩木凳八根，銅頭木槓十根，榆木槓七根，插燈板凳十條，抬盒四架，雨傘六把。

竹製陳設物件，黄竹篚四個，黄竹籩四十八個。

竹製應用物件，竹籩罩四個。

緞製陳設物件，黃雲緞龕衣一件，黃雲緞牌套四件，黃雲緞桌衣八件。

緞製應用物件，黃銷金緞祝版一個，黃緞小花案套四件，綾包袱二個，拜褥三條，蓋香盒黃綾四塊。

釉製應用物件，綢單五塊，黃綢手囊四對。

銅製陳設器物，銅香爐四個，蓋靠具銅香爐一個，蓋具銅鼎爐四個，蓋具銅門爐四個，銅燭臺三對。

銅製應用器物，銅簽盤六個，鑾金銅瓶一個，箸匙全銅缸三口，銅剪燭罐一分。

錫製應用物件，錫湯壺一把，錫杓一把，錫噴壺一把，洗玉錫盆一個，錫湯罐二個，錫水提一個，錫鉆子十個。

瓷製陳設器皿，黃瓷爵十個，黃瓷簠八個，黃瓷簋八個，黃瓷登四個，黃瓷鉶八個，黃瓷豆四十八個，黃瓷罇四個，白瓷毛血盤十二個。

鐵製應用物件，鐵火提二個，鐵鍋九口，鐵火父、火鈎三把，鐵鏊一面，鐵杓二個。

應用各燈，矮座燈二座，白羊角觥燈四對，白羊角導駕燈四對，羊角把燈二盞，羊角照祝版燈一盞，座燈二盞，竹絲座燈二盞，竹綠雪花燈二盞，朝燈六座，插燈四十盞。

布製應用物件，黃布神龕罩四分，黃布包袱四個，黃布寶座套四件，黃布案套八件，白布蓋牲袱二十一個，黃布雨傘套六個，黃布筐匣套四個，黃布帶錢疏罩四件。

應用棕毯，棕毯一分。

應用繩絡，黃絨繩十二條，黃絨酒絡四個，黃絨門繐十二條。

備用

玉製陳設器物，玉爵一隻。

木製陳設器物，神龕一座，寶座四座，供桌一張，托座桌一張，帛匣四個，祝版架一座，祝香饌懷孔接等桌十三張，矮桌八張，饌盤五個，香盤十個，香盒四個。

木製應用物件，抬盒四架，燈杆四根。

竹製陳設物件，黃竹籩五個。

緞製陳設物件，黃雲緞龕衣一件，黃雲緞桌套八件。

緞製應用物件，黃素緞祝版袱一件，黃素緞拜褥一條，黃素緞蓋香袱四個，黃絹線門繐十二挂。

銅製應用物件，銅香靠五個。

錫製應用物件，錫杓一把。

瓷製應用物件，黃瓷爵六個，黃瓷尊一個，黃瓷簠二個，黃瓷簋四個，黃瓷登二個，黃瓷鉶二個，黃瓷豆十個，白瓷毛血盤八個。

應用各燈羊角魷燈八個，導駕燈二個，祝版燈一個，把燈二個，朝燈扇七十二扇。

布製應用物件，黃布實座套四件，黃布神龕套四件，黃布包袱四個，白布蓋牲袱二十一件，黃布雨傘套六件。

暖幄次木架一，座內小頂子一個，灣梁八根，角梁四根，上檻四根，托泥四根，角柱四根，間柱八根，地平板五塊，窗戶十一扇，掃金木頂雲五件，幄次衣幢一分，內黃緞面布裹氈鑲頂裙四件，黃緞單頂裙二件，黃緞面綢裹棉簾一扇，黃蟒緞面綢裹床一鋪，綢包袱一個，畫龍花氈一鋪，紅氈一塊，白氈三塊，黃布地平瀝水一塊，計三件，黃布頂雲套五件。

幛幙木架一，座內杆子八根，幛幙衣幢一分，內黃布杆子幛幙二件，黃布夾門簾一扇，黃布包袱二個，黃布夾石鼓套四個，黃絨繩共八條，棕毯三塊。

（清）昆岡等《大清會典事例》卷一〇六三《太常寺・祭器・社稷壇祭器》

大社、大稷位，爵各一，用玉；又各二，用陶；玉爵通高三寸四分，深八分，兩柱高一寸，三足，相距各一寸六分，高一寸四分。陶爵制與方澤同。登各一，鉶各二，簠各二，簋各二，均用陶；籩各十二，用竹；豆各十二，用陶。制均與方澤同。篚各一用竹，髹以漆，黃色，高三寸五分，縱四寸九分，橫二尺六分，足高七分，蓋高一寸二分。俎各一，用木，髹以漆，紅色。制與方澤從位同。尊各一，用陶。制與方澤同。

后土句龍氏、后稷氏位，爵各三，登各一，鉶各二，簠各二，簋各二，均用陶；籩各十二，用竹；豆各十二，用陶；篚各一，用竹；俎各一，用木；尊各一，用陶。制均與正位同。

（清）昆岡等《大清會典事例》卷一〇八三《太常寺・陳設・社稷壇》

太社位東，太稷位西，俱北向。后土句龍氏位東設西向，后稷氏位西設東向，各設座一。前爵桌一，上設爵墊一，登一，鉶二；籩豆案一，上設簠、簋各二，籩、豆各十二；俎一，內盛牛一、羊一、豕一；花香案一，上設銅爐一，靠具，羊角魷鐙二；饌桌一，上設饌盤一。子階下少西設祝案一，上設祝版架一，羊角鐙一；東設尊卓一，上設尊二，疏布羃勺具，一實酒八瓶，一實酒六瓶，玉爵一，瓷爵五；接卓一，上設帛篚二，一盛黃珪一，各盛黑色禮神制帛一端；香盒二，各盛方柱降香一炷，降塊香四十塊。福胙卓一，上設壺一，實福酒；盤一，實胙肉。西設尊卓一、接卓一，惟帛篚內盛青珪一，餘陳設與東同。午階下設豫備風雨神龕四，左右設長竿各一。東西南櫺星門香案各一，上各設銅爐一，香盒二，香盒內各盛降香二兩。凡桌案，均施黃雲緞罩衣。

（清）昆岡等《大清會典圖》卷二三《禮二三・祭器三》

從位、社稷壇正位、配位、先農壇、先蠶壇、地祇壇，用黃色。【略】陶登、銅登制同者，皆口爲回紋，中爲雷紋，柱爲饕餮形雷紋，足爲垂雲紋，蓋上爲星紋，中爲垂雲紋，口爲回紋。陶用瓷，以色別之。天壇正位、配位、從位，祈穀壇正位、天神壇，用青色。地壇正位、配位。六寸九分，足徑四寸七分，蓋高一寸六分，徑四寸六分，頂高三分。【略】

陶鉶、銅鉶，制皆兩耳爲犧形；口爲藻紋，次回紋；腹爲貝紋；蓋爲藻紋、回紋、雷紋，上有三峰，爲雲紋，三足，亦爲雲紋。陶鉶用瓷，以色別之。天壇從位，東次壇、西次壇、天神壇，用青色。地壇從位、社稷壇正位、配位、先農壇、先蠶壇、地祇壇，用黃色。【略】

陶簠、銅簠，制方，皆面爲夔龍紋，束爲回紋，足爲雲紋，兩耳附以夔龍，蓋上有棱，四周旁亦附夔龍耳。陶簠用瓷，以色別之。天壇正位、配位、從位、祈穀壇正位、天神壇，用青色。地壇正位、配位、從位、社稷壇正位、配位、先農壇、先蠶壇、地祇壇，用黃色。【略】

陶簋、銅簋，制圓而橢，皆口爲回紋；腹爲雲紋；束爲黻紋；足爲星雲紋；兩耳附以夔龍；蓋面爲雲紋。口爲回紋，上有棱四出。陶用瓷，以色別之。天壇正位、配位、從位、祈穀壇正位、天神壇，用青色。地壇正位、配位、從位、社稷壇正位、配位、先農壇、先蠶壇、地祇壇，用黃色。【略】

竹籩，編竹爲之，以絹飾裏，頂及緣皆髤以漆，用別以色。天壇正位、配位、從位、祈穀壇正位，用青色。地壇正位、配位、從位、社稷壇正位、配位、先農壇、先蠶壇，用黃色。【略】

陶豆、銅豆，制同者，皆腹爲垂雲紋、回紋；校爲波紋、金鏊紋；足爲黻紋；蓋爲波紋、回紋；頂用絢紐，陶豆用瓷，以色別之。天壇正位、配位、從位、祈穀壇正位，用青色。地壇正位、配位、從位、社稷壇正位、配位、先農壇、先蠶壇，用黃色。

(清) 昆岡等《大清會典圖》卷二四《禮二四・祭器四》

籩，編竹爲之，四周髤以漆，用別以色。【略】

社稷壇正位、配位，用黃色。制高三寸五分，縱四寸九分，橫二尺六分，足高七分，蓋高一寸二分。【略】

俎，用木，錫裏，外髤以漆，用別以色。【略】

實太牢之俎，太廟前殿、太廟後殿、東廡、社稷壇正位、配位、日壇、月壇正位、配位、先農壇、先蠶壇、天神壇、地祇壇、太歲壇、歷代帝王廟正位、先師廟正位、先醫廟正位、關帝廟前殿、文昌廟前殿、都城隍廟，俱用紅色。【略】

尊，有陶，有銅。制皆純素，兩耳爲犧首形，陶用瓷，以色別之。【略】

社稷壇正位、配位，用黃色。制高九寸四分，口徑五寸六分，腹圍三尺，底徑五寸五分，足高三分。

趙爾巽《清史稿》卷八九《志六四・禮志一・吉禮一》

祭器，圜丘正位，爵三，登一，簠、簋二，籩、豆十，篚、俎、尊各一，配從同。

惟大明、夜明盞三十，夜明鉶皆二，雲、雨、風、雷視夜明。常雩如冬至、大祀、大雩，正、從位俱籩六、豆二，告祭正位同。方澤祈穀壇正、配位，暨方澤從位，并視圜丘。盞、鉶視夜明。太廟時享，帝、后同案，俱爵三，簠、簋二，籩、豆十有二，登、鉶、筐、俎各一。尊前後殿同。祫祭如時享，東廡每案爵三，簠、簋二，籩、豆十，鉶、筐、俎各一，尊共八案，分二座，爵、鉶倍之。西廡同，惟簠、簋一，籩、豆四。告祭，中、後殿俱籩六，豆二。社稷壇大社、大稷，俱玉爵一，陶爵二，登、筐、俎、尊各一，鉶、簠、簋各二。配位同，惟爵皆用陶。祈告，籩六，豆二。直省祭社稷，爵六，鉶一，籩、豆四，簠、簋、筐、俎、尊各一，如大社稷。日壇、月壇、先農、先蠶壇，俱爵三，盞三十，籩、豆十，鉶、簠、簋各二，登、筐、俎、尊各一。直省祭先農如祭社稷。【略】

初沿明舊，壇廟祭品遵古制，惟器用瓷。雍正時，改範銅。乾隆十三年，詔祭品宜法古，命廷臣集議，始定制籩編竹，絲絹裏，髹漆。郊壇純漆，太廟采畫。其豆、登、簠、簋，郊壇用陶，太廟惟登用之，其他用木，髹漆，飾金玉。鉶範銅飾金。尊則郊壇用陶。太廟春犧尊、夏象尊、秋著尊、冬壺尊、祫祭山尊，均範銅。祀天地爵用匏，太廟玉，兩廡陶。社稷正位，玉一陶二。配位純陶。又豆、登、簠、簋、鉶、尊皆陶。日、月、先農、先蠶亦如之。帝王、先師、關帝、文昌及諸祠，則皆用銅。凡陶必辨色，圜丘、祈穀、常雩青，方澤、社稷、先農黃，日壇赤，月壇白。太廟陶登，黃質采飾，餘俱白。盛帛用竹筐，髹色如其器。載牲用木俎，髹以丹漆。毛血盤用陶，色亦如其器。嘉慶十九年，定太廟簠、簋、豆與凡祭祀竹籩，三歲一修。光緒三十二年，先師爵改用玉。

　　位次

（明）申時行等《大明會典》卷八五《禮部四三・社稷等祀・太社稷》

陳設。太社，在東，北向。犢一，羊一，豕一，登一，鉶二，籩豆各十二，簠、簋各二，帛一，黑色。玉用兩圭有邸。太稷，在西，北向。陳設同。仁祖配位，在東，西向。陳設同。共設酒尊三、爵九、筐三於壇西北，東向。祝文案一。【略】

陳設。太社居東北向，太稷居西北向，后土勾龍氏居東西向，后稷氏居西東向。陳設并如舊制。惟帛，春用告祀，秋用禮神。

（清）江蘩《太常紀要》卷八《祀禮》

陳設。太社之神居東北向，太稷之神居西北向。勾龍氏居東西向，后稷氏居西東向配。

太稷北向居西一案，陳設同。勾龍氏、后稷氏二案陳設同。惟無玉，三爵皆用瓷。

（清）觀保等《太常寺則例》卷五《總例・籩豆牲牢・陳設定式》

左簠右簋，分列案中間，籩從簠列簠之左，豆從簋列簋之右。簠之序，稷次黍。

篡之序，梁次稻。籩之序，形鹽、槁魚、棗栗、榛、菱、芡、鹿脯、白餅、黑餅、糗餌、粉餈，依次行列。豆之序，韭菹、醓醢、菁菹、鹿醢、芹菹、兔醢、笋菹、魚醢、脾析、豚拍、酏食、糝食，依次行列。登、鉶與簠、簋夾列，隨案陳設。

(清) 昆岡等《大清會典圖》卷一〇《禮一〇·祀典一〇·社稷壇》

太社、太稷位，懷桌上，各設爵墊一，登一，鉶二。籩豆案上，各設簠二，簋二，籩十有二，豆十有二。案前設俎一，中區爲三，實牛一、羊一、豕一。又前花香案上，各設銅爐一，香靠具，羊角觥鐙二。其玉帛筐先各設東西接桌上，奠玉帛各奠於花香案正中。玉爵各一，陶爵各二。先各設尊桌上，三獻各奠於爵墊。配位陳設與正位同，惟爵皆用陶，筐不設玉，報祀陳設亦如之。【略】

社稷壇祈雨、祈晴，不進俎，不用簠、簋、登、鉶。籩用六，豆用二。太社、大稷位同。因事祇告，陳設亦如之，惟不用玉。

陳設祭品

(明) 徐一夔等《明集禮》卷八《吉禮第八·社稷篇》

國朝，前祭二日，有司掃除壇上下，開瘞坎，灑掃齋次饌室神厨，設大次於北門內，皇太子幕次於大次之右。前祭一日，設省牲位於北門之外，設樂懸於壇下之北。執事挩拭社主，設后土氏配位於社壇之東，西向。設太稷神位於稷壇之南，正中。設后稷配位於稷壇之西，東向。正配每位各設十籩於神位之左，十豆於神位之右，簠簋各二，登鉶各三，於籩豆之間。俎三，於簠簋之前。香燭案於俎前，爵坫沙池於香案之前，祝版位於神位之右。正位尊四，於壇之側，社在東，稷在西，配位各四，尊次之。玉幣筐位於酒尊之北，爵洗位於稷壇之東北，御洗位於爵洗位之北，御位於兩壇北之正中，皇太子位於御位之右稍後。文武陪祭官位於御位之後，文東、武西。讀祝官位於神位之右，導駕及奏禮官六人位於御位之左右，稍前，東西相向。御史二人位於兩壇下之東西，贊禮二人位於壇南，承傳二人位於贊禮之北，引班四人於陪祭官之左右，俱東西相向。協律郎二人於樂懸之東西，樂生位於懸前，舞生位於懸後，司尊、司洗、司爵捧幣各於其所。望瘞位於壇之西北。

(明) 佚名《太常續考》卷三《春秋社稷事宜》

同日本寺官率厨役洗玉爵、祭器，竪庭燎。午後，率樂舞生陳設樂器。夜二鼓，奉安神牌，陳設籩豆、牲隻。太社之神居東，北向；太稷之神居西，北向。勾龍氏居東，西向；后稷氏居西，東向配。

(清) 江蘩《太常紀要》卷八《祀禮》

前期一日，本寺官率厨役洗玉爵，祭器，陳庭燎。午後，率樂舞生陳設樂器，夜二鼓奉安神牌，陳設籩豆牲隻。

(清) 張廷玉等《清文獻通考》卷九八《郊社考八·社稷》

祀日五鼓，太常寺卿率屬入壇，然炬明鐙。具器陳於案，各以其序。太社、太稷皆牛一，羊一，豕一，登一，鉶、簠、簋各二，籩、豆各十有二，爐一，鐙二，配位同。壇下設三案：一少西南向，供祝版；一東次西向，陳香盤二；一西次東向，陳香盤二。方珪二，色一黃、一青。禮神制帛四，色黑。尊二，玉爵二，陶爵四。又陶爵六，壺一，實福酒，盤一，實胙肉。凡牲陳於俎，凡玉帛實於篚，凡尊實酒，承以舟疏布冪勺具。工部張幄次於戟門內，少東。鑾儀衛設洗於次外。樂部率太常協律郎設中和韶樂於壇門內左右，分東西懸，均南向，陳舞佾於樂懸之次，如北郊儀。

右陳設。

陳設畢，太常寺博士引禮部侍郎一人，升壇詣正位前省眡齍盛及籩、豆、登、俎之實，以次詣配位前周視如儀。

（清）允祹等《大清會典》卷三六《禮部》

凡省齋展器，祀日漏未盡，禮部侍郎一人率屬視太常寺官展祭器，陳祭物，乃省齋盛及登、鉶、籩、豆之實。

（清）觀保等《太常寺則例》卷五《總例·籩豆牲牢》

乾隆十四年議准：向例各壇廟祭日，太常寺陳設簠簋籩豆，禮部委官會同御史監視，於典禮尚覺未協。嗣後，以禮部堂官一員敬率太常寺卿等將事，以昭嚴恪。

（清）觀保等《太常寺則例》卷四〇《大祀·社稷·陳設》

祀前一日，本寺堂官率屬恭設神座於第一成，太社位東，太稷位西，俱正設北向。后土句龍氏位，東設西向。后稷氏位，西設東向。太社位，陳設神牌孔座一，懷案一，籩豆案一，俎一，花香案一，案後少東饌桌一。

太稷位陳設，惟桌在案後少西，餘均與太社位同。

后土句龍氏，陳設神牌孔座一，下施墊桌一，懷案一，下施墊桌一，座前陳設籩豆案一，俎一，花香案一，案左饌桌一。

后稷氏位陳設，惟饌桌在案右，餘均與后土句龍氏位同。子階下少西，祝案一。東設西向尊桌一，接桌一，均施黃雲緞案衣。西設東向福胙桌一、尊桌一、接桌一，均施黃雲緞案衣。東櫺星門外牆北，接福胙桌一，東、西、南櫺星門內正中，香案各一，均施明黃緞案衣。東西階下各設神龕二座，如遇風雨即以覆護神牌。長竿各二，祭時以贊禮典守官四員，各執一竿相對側立，以御飛禽。

陳設各燈，正面階下矮座燈左右各一，內各設三兩重掛紅白蠟一枝。壇後南階下紅紗座燈左右各一，內各設三兩重黃蠟一枝。拜殿內紅紗朝燈左右各一，戟殿內外紅紗朝燈左右各一，內各設一斤重黃蠟一枝。御拜位紅紙插燈左右各二，拜殿、戟殿各階級下紅紙插燈左右各一，戟殿東牆紅紙插燈左右各一，北天門內紅紙插燈左右各二，北天門外甬路兩旁紅紙插燈左右各七，內各設三兩重黃蠟一枝。南天門外紅紙插燈左右各二，街門內外紅紙插燈左右各一，內各設二兩重黃蠟一枝。

祀前一日，樂部率協律郎設中和韶樂於壇門內左右，分東西懸，皆南向；陳文、武二舞於樂懸之次。應用器具數目均與大祀同。工部司官張幄次於拜殿内東一間,如遇風雨即移於戟殿内陳設。

祀日夜分,本寺堂官率屬入壇,燃燭明燈具,器陳於案,各以其序:太社位懷案,陳設爵墊一、登一、鉶二。籩豆案,陳設簠二、簋二、籩十有二,豆十有二,俎内陳設牛一、羊一、豕一。花香案陳設,銅爐一,香靠具内實炭墼一、羊角銚燈二,内各設六兩重挂紅白蠟一枝。饌桌陳設饌盤一,每品各少許,共實於盤。

太稷位、后土句龍氏位、后稷氏位陳設均與太社位同。祝版案陳設祝版座一、羊角燈一,内設三兩重白蠟一枝。

東尊桌陳設:正位尊一、疏布幂實酒八瓶、銀勺一。配位尊一,疏布幂實酒六瓶,銀勺一。

東接桌陳設:正位玉爵一、陶爵二、帛筐一内盛黄珪一,元(玄)色禮神制帛一。香盒一,内盛長七寸徑九分方柱降香一炷,降塊香四十塊。配位陶爵三,帛筐一,内盛元(玄)色禮神制帛一。香盒一,内盛長七寸徑九分方柱降香一炷,降塊香四十塊。福胙桌陳設壺一,實福酒;盤一,實福胙。

西尊桌、接桌陳設:惟帛筐内盛青珪一,餘與東尊桌同。

東、西、南三櫺星門香案,陳設:銅爐各一,内實炭墼一。香盒各一,内盛降香二兩。

右陳設畢,本寺博士前引禮部堂官一員,升壇,詣正位前,省視粢盛及籩、豆、登、鉶之實,以次詣配位前,周視如儀。

祀日,瘞池前,西設牛毛血盤,北設羊毛血盤,南設豕毛血盤各四。其鼎爐四座,每座實降香五兩,炭墼一個。

祀日,鑾儀衛官設降輴棕毯於拜殿北階下,設洗於幄次外,如式。

例案:順治元年定,每祭壇上敷五色土,中黄、東青、南赤、西白、北黑,隨方築之。又定設樂舞於壇門内壇下兩旁。壇官各二員,執長竿側立於壇東西以御飛禽。又備四神龕於壇下,如遇風雨,即以神龕覆護神牌。【略】

(雍正)十二年議准:社稷壇東旁向不設案,太社神位、后土句龍氏神位,司香官奉香盤拱立甚久,恐有不能竟盡恭敬之處,請照依壇西旁規制增設一案,豫將香盤等物安於案上,庶陳設整齊,益昭誠敬。

(清) 觀保等《太常寺則例》卷九五《告祭·社稷祈雨·陳設》

祀前一日,本寺堂官率屬恭設神座於壇上,太社位右,太稷位左,俱正設,北向。位前各設神牌孔座一,懷案一,籩豆案一,花香案一。子階下少西,祝版案一。東設西向尊桌一,接桌一。西設東向尊桌一,接桌一。東西南櫺星門内正中香案各一。東西階下各設護龕一座,如遇風雨即以覆護。神牌東西階下設長竿各二,祭時以官四人各執一竿相對側立,以御飛禽。朝鐙座鐙插鐙陳設處所及額用黄蠟與常祀同。工部司官張幄次於戟殿內少東，鑾儀衛官設降輿毯於北天門外。樂部率協律郎設中和韶樂於壇門內左右，分東西懸，皆南向；陳文武二舞於樂懸之次。應用器具數目均與常祀同。

祀日夜分，本寺堂官率屬入壇，燃燭明鐙，具器陳於案，各以其序。太社位懷桌陳設，爵墊一。籩豆案陳設，籩五，豆三。花香案陳設，銅爐一，香靠具內，實炭墼一，羊角魷鐙二，內設六兩重掛紅白蠟二枝。大稷位陳設與太社位同。祝版案陳設，祝版架一，羊角鐙一，內設三兩重白蠟一枝。東尊桌陳設，尊一，疏布冪實酒八瓶，銀勺一。東接桌陳設，爵三，帛筐一，內陳黃珪一，元色禮神制帛一，端香盒一，內盛長七寸徑九分方柱降香一炷、降塊香二十塊。西尊桌、接桌陳設與東同，惟帛筐內陳青珪一。東西南三櫺星門內香案陳設，銅爐各一，內實炭墼一，香盒各一，內盛降香二兩。

鑾儀衛官設洗於幄次外。本寺於鼎爐四座，每爐實降香二兩、炭墼一個。

（清）觀保等《太常寺則例》卷一〇八《庫貯·本寺庫貯·金銀祭器》

社稷壇銀勺一把，重十二兩一錢。又銀勺一把，重十一兩七錢。【略】

各項陳設祭器，【略】社稷壇黃珪一具，青珪一具，玉爵三隻。正用二隻，備用一隻。

（清）觀保等《太常寺則例》一一〇《庫貯·壇廟·社稷壇》

玉製陳設祭器：方珪二方，玉爵二隻。

木製陳設物件：中花案四張，寶座四座，小花案四張，籩豆案四張，紅漆神龕罩四座，戟七十二根，架四座，香祝饌懷孔桌共十七張，祝版架二個，爵墊四連，紅饌盤四面，果盤一個，錫裹三牲匣四個，紅香盒十五個。

木製應用物件：櫺星門八扇，錫裹漂果桶四個，錫金裹漂牲桶四隻，錫裹木槽二個，退牲案十張，退牲木桶一隻，抬牲匣十二個，抬湯桶十二隻，把桶十二隻，架籩豆罩木凳八根，銅頭木樍十根，榆木樍七根，插鐙板凳十條，抬盒四架，雨傘六把。

竹製陳設物件：黃竹筐四個，黃竹籩四十八個。

竹製應用物件：竹籩罩四個。

緞製陳設物件：黃雲緞罩衣一件，黃雲緞牌套四件，黃雲緞桌衣八件。

緞製應用物件：黃描金緞祝版袱一塊，黃緞小花案套四件，綾包袱二塊，拜褥三條，蓋香盒黃綾四塊。

綢製應用物件：油綢單五塊，黃綢手囊四對。

銅製陳設器物：銅香爐四個，蓋靠具銅香爐一個，蓋具銅鼎爐四個，蓋具銅門爐四個，銅燭臺三對。

銅製應用器物：銅籤盤六個，鎏金銅瓶一個，箸匙全銅缸三口，銅翦燭罐一分。

錫製應用物件：錫湯壺一把，錫勺一把，錫噴壺一把，洗玉錫盆一個，錫湯罐二個，錫水提一個，錫鉆子十個。

瓷製陳設器皿：黃瓷爵十個，黃瓷簠八個，黃瓷簋八個，黃瓷登四個，黃瓷鉶八個，黃瓷豆四十八個，黃瓷尊四個，白瓷毛血盤十二個。

鐵製應用物件：鐵火提二個，鐵鍋九口，鐵火杈火鉤三把，鐵鏊一面，鐵勺二個。

應用各鐙：廟兒鐙二座，白羊角鳧鐙四對，白羊角導駕鐙四對，羊角把鐙二盞，羊角照祝版鐙一盞，座鐙二盞，竹絲座鐙二盞，竹絲雪花鐙二盞，朝鐙六座，插鐙四十盞。

布製應用物件：神龕黃布罩四分，黃布包袱四塊，黃布寶座套四件，黃布案衣八件，白布蓋牲袱二十一塊，黃布雨傘套六個，黃布筐匣套四個，黃布帶錢疏冪四件。

應用棕毯：棕毯一分。

應用繩絡：黃絨繩十二條，黃絨尊絡四個，黃絨門繚十二條。

備用

玉製陳設器物：玉爵一隻。

木製陳設器物：神龕一座，寶座四座，供桌一張，托座桌一張，帛匣四個，祝版架一座，祝香饌懷孔接等桌十三張，矮桌八張，饌盤五面，香盤十個，香盒四個。

木製應用物件：抬盒四架，鐙杆四根。

竹製陳設物件：黃竹籩五個。

緞製陳設物件：黃雲緞龕衣一件，黃雲緞桌套八件。

緞製應用物件：黃素緞祝版袱一塊，黃素緞拜褥一條，黃素緞蓋香袱四塊，黃絹線門繚十二挂。

銅製應用物件：銅香靠五個。

錫製應用物件：錫勺一把。

瓷製應用物件：黃瓷爵六個，黃瓷尊一個，黃瓷簠二個，黃瓷簋四個，黃瓷登二個，黃瓷鉶二個，黃瓷豆十個，白瓷毛血盤八個。

應用各鐙：羊角鳧鐙八個，導駕鐙二個，祝版鐙一個，把鐙二個，朝鐙扇七十二扇。

布製應用物件：黃布寶座套四件，黃布神龕套四件，黃布包袱四個，白布蓋牲袱二十一件，黃布雨傘套六件。

暖幄次木架一座：內小頂子一個，彎梁八根，角梁四根，上檻四根，托泥四根，角柱四根，間柱八根，地平板五塊，窗戶十一扇，掃金木頂雲五件，暖幄次衣幃一分，內黃緞面布裹氈鑲頂裙四件，黃緞單裙二件，黃緞面綢裹棉簾一扇，黃蟒緞面綢裹床褥一鋪，綢包袱一塊，畫龍花氈一鋪，紅氈一塊，白氈三塊，黃布地平瀝水一塊，計三件，黃布頂雲套五件。

幃幪木架一座：內杆子八根，幃幪衣幃一分，內黃布杆子幃幪二件，黃布夾門簾一扇，黃布包袱二塊，黃布夾石鼓套四個，黃絨繩共八條，棕毯三塊。

（清）昆岡等《大清會典事例》卷一〇七四《太常寺·社稷禮節》

神座：太社位右，太稷位左，皆北向。后土句龍氏位東，西向；后稷氏位西，東向。

祀日五鼓，太常寺卿率屬入壇，然炬明鐙，具器陳於案，各以其序。

太社、太稷皆牛一，羊一，豕一，登一，鉶、簠、簋各二，籩、豆各十二，爐一，鐙二，配位同。

階下設三案，一中少西，南向，供祝版；一東次，西向，陳香盤二；一西次，東向，陳香盤二、方珪二，一黃、一青。禮神制帛四，色黑。尊二，玉爵二，陶爵四。又陶爵六。壺一，實福酒；盤一，實胙肉。

凡牲陳於俎，凡玉帛實於篚，凡尊實酒承以舟，疏布冪勺具。

工部官張幄次於戟門內，少東；鑾儀衛官設洗於次外；樂部率太常寺協律郎設中和韶樂於壇門內左右，分東西懸，均南向。陳文、武二舞於樂懸之次，如北郊儀。

陳設畢，太常寺博士引禮部侍郎一人升壇，詣正位前，省視玉帛粢盛及登、俎、籩、豆之實，以次詣配位前周視如儀。

祭服

（明）申時行等《大明會典》卷六一《禮部一九·冠服二·祭服》

凡上親祀郊廟、社稷，文武官分獻陪祀，則服祭服。見《集禮》

洪武二十六年定：文武官陪祭服，一品至九品青羅衣，白紗中單，俱用皂領緣，赤羅裳皂緣，赤羅蔽膝，方心曲領。其冠帶佩綬等第，并同朝服。又令：品官家用祭服，三品以上去方心曲領，四品以下并去佩綬。又令：雜職祭服，與九品同。

嘉靖八年定：上衣用青羅皂緣，長與朝服同。下裳用赤羅皂緣，制與朝服同。蔽膝、綬環、大帶、革帶、佩玉、襪履，俱與朝服同，去方心曲領。

（明）陳建輯，沈國元訂《皇明從信錄》卷七

十月新建社稷壇成。先是，禮部尚書張籌奏："天地、社稷、宗廟崇敬之禮一也。《書》稱，成湯顧諟天之明命，以承上下，神祇、社稷、宗廟，罔不祇肅。後世列爲中祀，失所以崇祀之意。至唐升爲上祀。國初仍列中祀，臨祭之日或具通天冠、絳紗袍或以皮弁行禮，制未有定。今既考用唐制，右社稷、左宗廟，有事社稷，則奉仁祖皇帝配，其禮重矣。宜申爲上祀，其冕服以祭。"上是之。至是，行奉安禮，上冕服、乘輅，百官具祭服詣舊壇，以遷主告。

（清）張廷玉等《明史》卷六六《志四二·輿服志二》

皇帝冕服。洪武元年，學士陶安請製五冕。太祖曰："此禮太繁。祭天地、宗廟，服袞冕。社稷等祀，服通天冠，絳紗袍。餘不用。"三年更定正旦、冬至、聖節并服袞冕，祭社稷、先農、冊拜，亦如之。

(清) 張廷玉等《明史》卷六七《志四三‧輿服志三》

文武官朝服。洪武二十六年定,凡大祀、慶成、正旦、冬至、聖節及頒詔、開讀、進表、傳制,俱用梁冠,赤羅衣,白紗中單,青飾領緣,赤羅裳,青緣,赤羅蔽膝,大帶赤、白二色絹,革帶,佩綬,白襪黑履。

一品至九品,以冠上樑數爲差。公冠八梁,加籠巾貂蟬,立筆五折,四柱,香草五段,前後玉蟬。侯七梁,籠巾貂蟬,立筆四折,四柱,香草四段,前後金蟬。伯七梁,籠巾貂蟬,立筆二折,四柱,香草二段,前後玳瑁蟬。俱插雉尾。駙馬與侯同,不用雉尾。一品,冠七梁,不用籠巾貂蟬,革帶與佩俱玉,綬用黃、綠、赤、紫織成雲鳳四色花錦,下結青絲網,玉綬環二。二品,六梁,革帶,綬環犀,餘同一品。三品,五梁,革帶金,佩玉,綬用黃、綠、赤、紫織成雲鶴花錦,下結青絲網,金綬環二。四品,四梁,革帶金,佩藥玉,餘同三品。五品,三梁,革帶銀,鈒花,佩藥玉,綬用黃、綠、赤、紫織成盤雕花錦,下結青絲網,銀鍍金綬環二。一品至五品,笏俱象牙。六品、七品,二梁,革帶銀,佩藥玉,綬用黃、綠、赤織成練鵲三色花錦,下結青絲網,銀綬環二。獨御史服獬廌。八品、九品,一梁,革帶烏角,佩藥玉,綬用黃、綠織成鸂鶒二色花錦,下結青絲網,銅綬環二。六品至九品,笏俱槐木。其武官應直守衛者,別有服色。雜職未入流品者,大朝賀、進表行禮止用公服。三十年令視九品官,用朝服。

嘉靖八年更定朝服之制。梁冠如舊式,上衣赤羅青緣,長過腰指七寸,毋掩下裳。中單白紗青緣。下裳七幅,前三後四,每幅三襞積,赤羅青緣。蔽膝綴革帶。綬,各從品級花樣。革帶之後佩綬,繫而掩之。其環亦各從品級,用玉犀金銀銅,不以織於綬。大帶表裏俱素,惟兩耳及下垂緣綠,又以青組約之。革帶俱如舊式。珮玉一如《詩傳》之制,去雙滴及二珩。其三品以上玉,四品以下藥玉,及襪履俱如舊式。萬曆五年令百官正旦朝賀,毋僭躡朱履。故事,十一月百官戴暖耳。是年朝覲外官及舉人、監生,不許戴暖耳入朝。

凡親祀郊廟、社稷,文武官分獻陪祀,則服祭服。洪武二十六年定,一品至九品,青羅衣,白紗中單,俱皂領緣。赤羅裳,皂緣,赤羅蔽膝,方心曲領。其冠帶、佩綬等差,并同朝服。又定品官家用祭服。三品以上,去方心曲領。四品以下,并去珮綬。嘉靖八年更定百官祭服。上衣青羅,皂緣,與朝服同。下裳赤羅,皂緣,與朝服同。蔽膝、綬環、大帶、革帶、佩玉、襪履俱與朝服同。其視牲、朝日夕月、耕耤、祭歷代帝王,獨錦衣衛堂上官,大紅蟒衣,飛魚,烏紗帽,鸞帶,佩繡春刀。祭太廟、社稷,則大紅便服。

(清) 允祹等《大清會典》卷三六《禮部》

凡祭服,皇帝有事於郊廟,皆御祭服。祀天青色,祭地黃色,朝日赤色,夕月玉色,餘祭均黃色。陪祀王公、百官咸朝服。

趙爾巽《清史稿》卷八二《志五七·禮志一·吉禮一·祭服》

圜丘、祈穀、雩祀，先一日，帝御齋宮，龍袍袞服。屆期天青禮服。方澤禮服明黃色，餘祀亦如之。惟朝日大紅，夕月玉色。王公以下陪祀執事官咸朝服。嘉慶九年，定祀前閱祝版執事官服色制，南郊祈穀、常雩、歲暮祫祭、元旦、萬壽、告祭太廟，蟒袍補褂，罷朝服。社稷、時享太廟，服補服。十一年，諭郊壇大祀若遇國忌，仍御禮服，禮成還宮更素服。十九年，諭郊祀遇國忌，前一日閱祝版，帝服龍袍龍褂，執事官蟒袍補服。大祀、中祀，帝龍褂，執事官補服。著爲令。二十三年，定制大祀齋期遇國忌，悉改常服。中祀則限於承祭官及陪祀、執事官，餘素服如故。二十五年，諭大祀親祭或遣官致祭遇國忌，齋期一依向例，中祀親祭同。其遣官致祭，與執事、陪祀官常服挂珠，否則仍素服。

（三）祭祀禮儀

常祀

（明）申時行等《大明會典》卷八一《禮部三九·祭祀通例》

凡禮，洪武七年奏准：先時太常寺奏中嚴，奏外辦，盥洗，升壇，飲福，受胙，各有贊詞。又各壇俱設爵洗位，滌爵，拭爵，初升壇，再拜，祭酒，唱賜福胙之類，俱以繁瀆刪去。

又令祭祀，皆免上香。

八年，定登壇脫舄禮，今亦不行。

九年，定大祀拜禮。迎神四拜，飲福受胙四拜，送神四拜，共十二拜。中祀飲福，受胙止再拜。

（明）申時行等《大明會典》卷八五《禮部四三·社稷等祀·太社稷》

正祭。典儀唱"樂舞生就位"，執事官各司其事。導引官導引皇帝至御拜位。內贊奏"就位"，典儀唱"瘞毛血，迎神"，奏樂，樂止。內贊奏"四拜"，百官同。典儀唱"奠玉帛"，行初獻禮。奏樂，執事官各捧玉帛爵獻於神位前，讀祝官取祝跪於神位左。內贊奏"跪"，典儀唱"讀祝"。讀訖，進於太社神位前。內贊奏"俯伏，興，平身"。百官同。樂止。典儀唱"行亞獻禮"，奏樂，執事官各捧爵獻於神位前，樂止。典儀唱"行終獻禮"，儀同亞獻。太常卿進立於壇西，東向唱"賜福胙"，光祿司官捧福胙自神位前由正門左出，至皇帝前內。贊奏"跪"，奏"搢圭"，光祿司官以福酒跪進。內贊奏"飲福酒"，光祿司官以胙跪進。內贊奏"受胙"，出圭，俯伏，興，平身。內贊奏"四拜"，百官同。典儀唱"徹饌"，奏樂，執事官各詣神位前徹饌。樂止，典儀唱"送神"，奏樂，內贊奏"四拜"。百官同。樂止。典儀唱"讀祝官捧祝"，進帛官捧帛，掌祭官捧饌，各詣瘞位，奏樂，內贊奏"禮畢"。【略】

正祭。上乘輿由西闕門入至壇北門東降輿。導引官導上由右門入至具服殿。上具祭服。導引官導上由拜殿右門出。典儀唱"樂舞生就位"，執事官各司其事。上至御拜位，內贊奏"就位"，上就位。典儀唱"瘞毛血，迎神"，樂作，內贊奏"升壇"，導上至太社神前。奏"跪"，奏"搢圭"，奏"上香"，司香官捧香跪於上左，上三上香。內贊奏"出圭"，導上至太稷神前，儀同。奏"出圭"，奏"復位"，太常卿上配位香，樂止。奏"四拜"。傳贊百官同。典儀唱"奠玉帛"，行初獻禮。樂作，執事官捧玉帛爵於各神位前，跪奠訖。樂暫止。內贊奏"跪"，傳贊眾官皆跪。典儀唱"讀祝"，讀祝官跪讀訖，樂復作。奏"俯伏，興，平身"，傳贊百官同。樂止。典儀唱"行亞獻禮"，樂作，執事者捧爵於各神位前跪奠訖，樂止。典儀唱"行終獻禮"，樂作，儀同亞獻。樂止。太常卿於壇左東向立，唱"賜福胙"，內贊奏"跪"，上跪。奏"搢圭"，光禄卿捧酒跪於上右。內贊奏"飲福酒"，上飲訖，光禄官捧胙跪於上右。內贊奏"受胙"，上受胙訖。奏"出圭，俯伏，興，平身"，奏"四拜"，傳贊百官同。典儀唱"徹饌"，樂作，樂止。典儀唱"送神"，樂作。奏"四拜"。傳贊百官同。樂止。典儀唱"讀祝官捧祝"，掌祭官捧帛饌，各詣瘞位，樂作，捧祝帛饌官過御前訖，奏"禮畢"，上至具服殿易服還宮。

（明）佚名《太常續考》卷三《春秋社稷事宜·儀注》

祭日子時，上乘輿繇西闉門入，至壇門東降輿，導引官導上至具繇拜殿右門出。內贊、對引官導上行。典儀唱：樂舞生就位，執事官各司其事。內贊奏就位，位設於北欞星門外。典儀唱瘞毛血，唱迎神，奏樂。內贊奏升壇，導上升至太社香案前。奏跪，奏搢圭，奏上香，奏出圭，導上至太稷香案前，儀同太社。奏復位。近年多臨時遇風雨請旨。旨本寺卿代上香。本寺少卿跪，上勾龍氏、后稷氏二爐香。樂止，奏四拜，傳贊百官同。典儀唱奠玉帛，行初獻禮，奏樂，執事官捧玉帛爵於神位前，跪奠訖，樂暫止。內贊奏跪，傳贊百官皆跪。典儀唱讀祝，讀訖，樂復作，內贊奏俯伏，興，平身，傳贊百官同。樂止。典儀唱亞獻禮，奏樂，執事官捧爵詣各神位前，跪奠訖，樂止。典儀唱終獻禮，奏樂，儀同亞獻。樂止，本寺卿立祝桌前，東向唱賜福胙，光禄寺官捧福酒胙下至御拜位，跪進於上右。內贊奏跪，奏搢圭，奏飲福酒，飲訖。奏受胙，受訖。奏出圭，奏俯伏興平身，奏四拜，傳贊百官同。典儀唱徹饌，奏樂。樂止，典儀唱送神，奏樂，內贊奏四拜。傳贊百官同。樂止，典儀唱讀祝官捧祝，掌祭官捧帛饌，各詣瘞位。唱望瘞，奏樂，捧祝帛饌官下級，奏禮畢，導引官導上回具服殿，易祭服回宮。如遇風雨上於拜殿行禮。

（清）徐開任《明名臣言行錄》卷三

壬子，公奏言："天子大社，必受霜露風雨，以達天地之氣，若亡國之社，則屋之，不受天陽也。今於社稷壇創屋非禮，若祭而遇風雨，則於齋宮望祭。"上是之。

（清）江蘩《太常紀要》卷三《祀例》

凡上躬祀方澤、太廟、社稷進上胙肉、福酒皆如祀圜丘例。順治八年二月癸未定。

(清) 江藻《太常紀要》卷八《祀禮》

如遇風雨，上於拜殿內門檻南行禮，隨祀王、貝勒、貝子、公等在殿外中甬路兩傍行禮，各官在王公後行禮。

康熙十六年春祭，上親詣行禮，是日雨，贊引官以舊例奏恭請聖駕於拜殿內行禮。奉上諭：仍照常行禮。而遇雨拜殿行禮之例竟未經行，聖王昭事之誠，固已度越往代矣。【略】

皇帝親詣行禮儀注：祭日，太常寺堂上官一員赴後左門啓奏時辰，上出宮，禮部太監鳴午門鐘，太常寺贊引官、對引官預在北天門外上降輿處恭俟，內鑾儀衛官先於行禮處及太社、太稷香案前鋪拜褥。上由北橫門入，降輿，贊引官右，對引官左，次十大臣後導上進北天東門，至拜殿後盥手畢，導至北櫺星門行禮處，上近拜褥立，隨駕二大臣、王、貝勒、貝子在後，各分翼排立，隨祀各官在行禮處排立。典儀官唱樂舞生就位，執事官各司其事。贊引官奏就位，上就拜褥上立。典儀官唱瘞毛血，唱迎神，太社、太稷各司香官一員捧香盒，各詣神位前，跪。唱樂官唱迎神，樂奏《廣平之曲》。贊引官奏升壇，上詣太社香案前。贊引官奏跪，上跪。奏上香，司香官呈香盒，上香三上香畢，司香官退，上興，立。贊引官導上詣太稷香案前，儀與太社同。贊引官奏復位，上復位，立。配壇后土勾龍氏、后稷氏位前各上香官一員，各詣神位香案前上香，三上香畢，退，樂止。贊引官奏跪，上行三跪九叩頭禮，王以下隨祀各官俱隨行三跪九叩頭禮。典儀官唱奠玉帛，行初獻禮。太社、太稷位前各捧玉帛官一員，各執爵官一員，后土勾龍氏、后稷氏位前各捧帛官一員，各執爵官一員，升階依序立，唱樂官唱初獻，樂奏《壽平之曲》，奠玉帛，獻爵，讀祝，儀與祀天同。贊引官奏叩興，上行三叩頭禮，王以下隨祀各官俱隨行三叩頭禮。樂止，典儀官唱行亞獻禮，唱樂官唱亞獻，樂奏《嘉平之曲》，儀與初獻同。樂止，典儀官唱行終獻禮，唱樂官唱終獻，樂奏《雍平之曲》，儀與亞獻同。樂止，唱賜福胙，儀與祀天同。贊引官奏叩興，上行三叩頭禮，贊引官奏跪，叩興，上行三跪九叩頭禮，王以下隨祀各官俱隨行三跪九叩頭禮，立。典儀官唱徹饌，唱樂官唱徹饌，樂奏《熙平之曲》。樂止。典儀官唱送神，唱樂官唱送神，樂奏《成平之曲》，贊引官奏跪叩興，上行三跪九叩頭禮，王以下隨祀各官俱隨行三跪九叩頭禮，立。樂止，典儀官唱捧祝制饌，詣燎位，起香、祝、帛、饌，各官詣各神位前，起香、祝、帛、饌，由中路送詣燎位。徹玉官二員，詣太社、太稷位前捧玉退。奏樂，焚祝、帛於燎爐傍立官一員數帛。贊引官奏禮畢，贊引官、對引官導上由北天門出，升輿回宮。

皇太子行禮儀注：皇太子至北橫門內入幄次盥手畢，由北天門東門戟門、拜殿東楅門入，行禮在上位次少後，其行禮拜位并太社、太稷香案前俱鋪金黃拜褥，不設福酒胙，不擊午門鐘，不齋戒之王以下各官不齊集，餘儀俱與皇帝親祭同。

遣官行禮儀注：承祭官進南天門，行甬路至南櫺星門。贊引官、對引官引從行禮處坐燈前進。其行禮在壇下，登降亦由中路木階，不設福酒胙，不鋪拜褥。王以下輔國公以上不陪祀，餘儀與皇帝親祭同。

(清) 張廷玉等《明史》卷五〇《志二六·禮志四》

禮部尚書李時言：「舊儀有賜福胙之文。賜者自上而下之義，惟郊廟社稷宜用。歷代帝王，止宜云答。」詔可。

(清) 允祹等《大清會典》卷四三《禮部》

祭日，鑾儀衛陳法駕鹵簿於午門外，陳金輦於太和門階下。日出前四刻，太常卿詣乾清門告時，皇帝御祭服、乘禮輿出宮，內大臣、侍衛前引後扈，如常儀。至太和門階下降輿，乘輦駕，發警蹕，午門鳴鐘，法駕鹵簿前導。不陪祀王以下各官咸朝服跪送，導迎鼓吹，設而不作。皇帝由闕右門至壇北門外神路右降輦，贊引、太常卿二人恭導入壇北門右門，詣戟門幄次。禮部尚書率太常官恭請神位，安奉畢。太常卿奏請行禮，皇帝出幄次，盥洗。贊引官恭導皇帝至內壇北門外拜位前，南向立。鴻臚官引陪祀王公至拜殿南，百官至拜殿東西隅，各就位序立。典儀官贊樂舞生登歌，執事官各共乃職。以下自迎神至送神、望瘞，皆典儀官唱贊。武舞八佾進。贊引官奏就位，皇帝就拜位立，乃瘞毛血，迎神。司香官二人奉香盤升壇。司樂官贊舉迎神樂，奏《登平之章》。凡舉樂，皆司樂官唱贊後同。贊引官奏升壇，恭樂，導皇帝進內壇北門升壇，詣太社位前，司香官跪進香，贊引官奏跪，皇帝跪，奏上香，皇帝上柱香，次三上瓣香，興。次詣太稷位前上香，儀同。奏復位，皇帝復位，司香官二人以次升壇，詣東西配位前上香畢，退。贊引官奏跪拜興，以下跪、拜、興皆有奏。皇帝行三跪九拜禮，王公百官均隨行禮，奠玉帛，行初獻禮，司玉帛官奉篚，司爵官奉爵，各升壇，詣太社、太稷位前，奏《茂平之章》，舞《干戚之舞》。司玉帛官跪奠玉帛，三叩，司爵官跪獻爵，奠正中配位前，奠帛、獻爵儀同。皆退，司祝至祝案前，跪，三叩，奉祝版，興，升壇稍西，跪，樂暫止，皇帝跪，群臣皆跪。司祝讀祝畢，詣太社位前，跪，安於案，三叩，退。樂作，皇帝率群臣行三拜禮，興。樂止，《武功之舞》退，文舞八佾進。行亞獻禮，奏《育平之章》，舞《羽籥之舞》，司爵官詣神位前，跪，獻爵奠於左，儀如初獻。行終獻禮，奏《敦平之章》。舞同亞獻。司爵官跪獻爵，奠於右，儀如亞獻。樂止，《文德之舞》退。太常官贊賜福胙，光祿卿二人自壇下西案奉福胙升壇，進至神位前，拱舉，降階出內壇北門，立皇帝拜位之右，侍衛二人進立於左，皇帝跪，左右執事官皆跪。右官進福酒，皇帝受爵拱舉，授左官，進胙、受胙亦如之。三拜，興，率群臣行三跪九拜禮。徹饌，奏《博平之章》。有司奉方珪退。送神，奏《樂平之章》，皇帝率群臣行三跪九拜禮，有司奉祝，次帛，次饌，次香，恭送瘞所，皇帝轉立拜位旁，西向，候祝帛過，復位。乃望瘞，奏《徽平之章》，恭導皇帝詣望瘞位望瘞，奏禮成，恭導皇帝由戟門出，禮部尚書率太常官恭請神位還御。皇帝至壇北門外神路右升禮輿，法駕鹵簿前導導迎，樂作，奏《祐平之章》。皇帝回鑾，王公從各官以次退，不陪祀王公百官朝服於午門外跪迎，午門鳴鐘，王公隨駕入至内金水橋恭送皇帝還宮，各退。

（清）于敏中《日下舊聞考》卷一〇《國朝宮室二》

凡祭社稷之禮，歲春祈秋報皆以仲月上戊日祭太社、太稷之神，以后土句龍氏、后稷氏配。太社位右，太稷位左，均北向。后土句龍氏東位西向。后稷氏西位東向。祭日，鑾儀衞陳法駕鹵簿於午門外，陳金輦於太和門階下，日出前四刻，太常卿詣乾清門告時。皇帝御祭服，乘禮輿出宮，内大臣、侍衞前引後扈如常儀。至太和門階下降輿乘輦，駕發警蹕，午門鳴鐘，法駕鹵簿前導，導迎鼓吹，設而不作。皇帝由闕右門至壇北門外神路右降輦。贊引太常卿二人恭導入壇北門右門，詣戟門幄次。禮部尚書率太常官恭請神位安奉畢，太常卿奏請行禮。皇帝出幄次盥洗，贊引官恭導皇帝至内壇北門外拜位前南向立。武舞八佾進。贊引官奏就位，皇帝就拜位立。乃瘞毛血迎神，樂奏登平之章。贊引官恭導皇帝進内壇北門升壇，詣太社位前上香，次詣太稷位前上香。奏復位，皇帝復位。贊引官奏跪拜興。皇帝行三跪九拜禮。王公百官均隨行禮。奠玉帛，行初獻禮。司玉帛官奉篚，司爵官奉爵，各升壇詣太社、太稷位前，奏茂平之章，舞干戚之舞。司玉帛官跪奠玉帛，三叩。司爵官跪獻爵，奠正中。司祝至祝案前跪，三叩，奉祝版，興，升壇稍西跪，樂暫止。皇帝跪，群臣皆跪。司祝讀祝畢，詣太社位前跪，安於案，三叩，退。樂作，皇帝率群臣行三拜禮，興，樂止。武功之舞退，文舞八佾進。行亞獻禮，奏育平之章，舞羽籥之舞。司爵官詣神位前跪，獻爵奠於左，儀如初獻。行終獻禮，奏敦平之章，司爵官跪獻爵奠於右，儀如亞獻。樂止，文德之舞退。太常官贊賜福胙，光禄卿二人自壇下西案奉福胙升壇，進至神位前拱舉，降階出内壇北門，立皇帝拜位之右，侍衞二人進，立於左。皇帝跪，左右執事官皆跪，右官進福酒，皇帝受爵拱舉，授左官，進胙、受胙亦如之。三拜興，率群臣行三跪九拜禮。徹饌，奏博平之章，有司奉方珪退。送神，奏樂平之章，皇帝率群臣行三跪九拜禮。有司奉祝，次帛，次饌，次香，恭送瘞所。皇帝轉立拜位旁西向，候祝帛過復位，乃望瘞，奏徽平之章。恭導皇帝詣望瘞位望瘞，奏禮成，恭導皇帝由戟門出。禮部尚書率太常官恭請神位還御。皇帝至壇北門外神路右升禮輿，法駕鹵簿前導，導迎樂作，奏祐平之章，午門鳴鐘，皇帝還宮。《大清會典》

臣等謹按：聖駕恭詣社稷壇及還宮儀注，乾隆三十六年大學士等奏，以聖壽周甲晉增，而昭事之忱愈貞悠久，當略裁縟度，益萃精心。奉諭更定。其稍別於舊儀者，有司先設幄次於拜殿内，皇帝乘輦由闕右門入東北門，至壇北門外御禮轎，入左門，循戟門東行，至拜殿東階下降輿至幄次。迨禮成，由幄次至東階下升輿，如上儀。

（清）觀保等《太常寺則例》卷五《總例·行禮》

太廟、社稷、朝日、夕月、歷代帝王、先農，皇上親詣行禮，飲福、受胙，不另設拜褥。光禄寺堂官恭奉至行禮處，皇上跪受，侍衞恭接。【略】

祭日請駕，【略】太廟、社稷於日出前四刻。【略】均前期行文欽天監開送時刻，并揀派候時官。

(清) 觀保等《太常寺則例》卷四二《大祀·社稷·行禮》

大祀社稷行禮。祀日，請駕詣祭，以日出前四刻。先期行文欽天監查明祀日日出前四刻係何時刻，豫期送寺繕入行禮儀注。

請駕應用候時官二員，於祀前一日赴寺，寺晚豫備啓奏時辰，豫期行文欽天監揀派如常例。

祀日五鼓，本寺堂官率贊禮郎、候時官，赴乾清門啓奏時辰，經由各門，前期行文景運門護軍統領，轉傳各門章京出入不得攔阻。

祀日，請駕額用蠟枝提鐙內每枝五兩，重挂紅白蠟二枝。

祀日日出前四刻，讀祝官先詣神庫祝版案前上香，行一跪三叩禮，恭奉祝版，導以引鐙一對，由北欞星門入至壇前，安於祝版案，跪叩如初，退。禮部堂官率本寺官恭請神牌，至地典守官啓神龕，禮部堂官詣神庫香案前三上香，退，出門檻外，行三跪九叩禮。本寺司爵官詣神位前，行一跪三叩禮，先請后土句龍氏、后稷氏神牌於神庫，南北向，俟請太社、太稷神牌，東向先行，乃奉配位神牌以從。前導提鐙一對、署官十員，左右列行，本寺堂司各官謹從，由壇北門入，升壇，以序奉安於神座，各行一跪三叩禮，退，大祀禮成。本寺官升壇，詣各神位前，行一跪三叩禮，恭奉神牌以次復御，禮部堂官上香行禮，儀與請神同。

請神牌應用候時官二員，於祀前一日赴壇守晚，豫備查看時刻。前期行文欽天監揀派如常例。

神庫祝版案，額用降香二兩，炭墼一個，每枝二兩重，黃蠟二枝，座鐙、引鐙用每枝二兩重黃蠟四枝。

祀日，請送神牌香案，用降香二兩，炭墼一個，提鐙用每枝二兩重黃蠟二枝。

乾隆三十七年奏定親詣行禮儀注：祭日，臣寺堂官一員豫赴乾清門，於日前四刻注明時刻。至時轉奏。皇上御祭服，由宮內乘禮輿出太和門，降禮輿升金輦，由闕右門至東北門，臣寺官二員在前引十大臣前導至鋪設棕薦處，降輦升禮輿入壇北門東門，循戟殿東至拜殿北階下降輿。贊引官、對引官恭導皇上入殿內更衣幄次，候安奉神位畢，臣寺堂官轉奏恭請皇上行禮，贊引官、對引官恭導皇上至盥手處盥手畢，恭導皇上至北欞星門外行禮處拜褥前立。典儀官唱樂舞生就位，執事官各司其事。贊引官奏就位，恭導皇上升拜褥上立。典儀官唱瘞毛血迎神，司香官奉香盒，進至各位香案旁立。唱樂官唱迎神，樂奏《登平之章》。鎛鐘鳴，擊編鐘，樂作。贊引官奏，升壇，恭導皇上升詣，詣太社位香案前拜褥上立。贊引官奏跪，皇上跪，奏上香，皇上先舉柱香安香靠內，次三上瓣香，畢，興。贊引官恭導皇上詣太稷位上香，儀與太社位上香儀同。贊紉官奏旋位，恭導皇上旋位立，配位上香官二員各就配位前，上香畢，退。贊引官奏跪拜興，皇上行三跪九拜禮，興。樂止，擊特磬，奏敔。典儀官唱奠玉帛，

行初獻禮。奉玉帛官奉玉帛匣，執爵官奉爵，進至各位前立。唱樂官唱初獻，樂奏
《茂平之章》，鎛鐘鳴，擊編鐘，樂作。奉玉帛官跪獻，三叩，退。執爵官跪獻於爵墊
正中，退。讀祝官就祝案前一跪三叩，奉祝文至壇上，先跪。樂止，贊引官奏跪，皇
上跪，典儀官唱讀祝，讀祝官讀祝畢，奉祝文至太社位前跪，安於帛匣內，三叩，退。
樂作，贊引官奏拜興，皇上行三拜禮，興。樂止，擊特磬，奏敔。典儀官唱行亞獻禮，
執爵官奉爵進至各位前立，唱樂官唱亞獻，樂奏《育平之章》，鎛鐘鳴，擊編鐘，樂
作。執爵官跪獻於爵墊左，退。樂止，擊特磬，奏敔。典儀官唱行終獻禮，執爵官奉
爵進至各位前立，唱樂官唱終獻，奏《敦平之章》，鎛鐘鳴，擊編鐘，樂作。執爵官跪
獻於爵墊右，退。樂止，擊特磬，奏敔。壇西邊官一員，就前東向立，唱賜福胙，退。
光祿寺堂官二員，奉福胙至神位前拱舉，奉至皇上拜褥右旁立，接福胙侍衛二員，於
皇上拜褥左旁立。贊引官奏跪，皇上跪，光祿寺堂官二員，接福胙侍衛二員咸跪。奏
飲福酒，皇上受爵拱舉，授左旁侍衛。奏受胙，皇上受胙拱舉，授左旁侍衛。贊引官
奏跪拜興，皇上謝福胙，行三跪九拜禮，興。典儀官唱徹饌，唱樂官唱徹饌，樂奏
《博平之章》，鎛鐘鳴，擊編鐘，樂作。奉玉帛官二員，各詣太社、太稷位前一跪一叩，
各奉玉，退。樂止，擊特磬，奏敔。典儀官唱送神，唱樂官唱送神，樂奏《樂平之
章》，鎛鐘鳴，擊編鐘，樂作。贊引官奏跪拜興，皇上行三跪九拜禮，興。樂止，擊特
磬，奏敔。典儀官唱奉祝帛饌恭送燎位，奉祝香帛饌官進至各位前跪，奉祝官三叩，
奉香饌官不叩，各奉起，依次送往燎位時，贊引官恭導皇上轉立東旁，鋪拜褥侍衛跪，
起拜褥，俟祝、帛、饌、香過畢，鋪拜褥侍衛仍跪鋪拜褥，退。贊引官恭導皇上旋位
立。典儀官唱望燎，唱樂官唱望燎，樂奏《微平之章》，鎛鐘鳴，擊編鐘，樂作。贊引
官奏詣望燎位，同對引官恭導皇上詣燎位，鋪燎位拜褥侍衛豫鋪拜褥，皇上升拜褥上
立望燎，數帛官數帛。贊引官奏禮畢，恭導皇上出拜殿北門，樂止，擊特磬，奏敔，
皇上升禮輿還宮。

拜殿行禮儀注：此儀注於行禮儀注內夾片進呈。是日，皇上至戟殿東槅扇外降輿
處降輿，贊引官、對引官恭導皇上詣拜殿行禮，其祝版香、帛、饌恭送燎位。時鋪拜
褥官不起拜褥，贊引官贊望燎，同對引官恭導皇上由拜殿西槅扇出詣望燎位，贊引官
奏禮成，同對引官恭導皇上由拜殿南階至東牆左升輿還宮。

乾隆三十六年以前親詣行禮儀注：祭日，臣寺堂官一員豫赴乾清門，於日前四刻
注明時刻。至時轉奏。皇上御祭服，由宮內乘禮轎出太和門，降禮轎升金輦，由闕右
門至東北門，臣寺官二員在前引十大臣前導至鋪設棕薦處，降輦升禮轎入壇北門東門，
循戟殿東至拜殿北階下降輿。贊引官、對引官恭導皇上入殿內更衣幄次，候安奉神位
畢，臣寺堂官轉奏：恭請皇上行禮。贊引官、對引官恭導皇上至盥手處盥手畢，恭導
皇上至北欞星門外行禮處拜褥前立。典儀官唱樂舞生就位，執事官各司其事。贊引官
奏就位，恭導皇上升拜褥上立。典儀官唱燎毛血迎神，司香官奉香盒，進至各位香案

旁立。唱樂官唱迎神，樂奏《登平之章》，鎛鐘鳴，擊編鐘，樂作。贊引官奏升壇，恭導皇上升詣，詣太社位香案前拜褥上立。贊引官奏跪，皇上跪。奏上香，皇上先舉柱香安香靠內，次三上瓣香，畢，興。贊引官恭導皇上詣太稷位上香，儀與太社位上香儀同。贊引官奏旋位，恭導皇上旋位立，配位上香官二員各就配位前，上香畢，退。贊引官奏跪拜興，皇上行三跪九拜禮，興。樂止，擊特磬，奏敔。典儀官唱奠玉帛，行初獻禮。奉玉帛官奉玉帛匣，執爵官奉爵，進至各位前立。唱樂官唱初獻，樂奏《茂平之章》，鎛鐘鳴，擊編鐘，樂作。奉玉帛官跪獻，三叩，退。執爵官跪獻於爵墊正中，退。讀祝官就祝案前一跪三叩，奉祝文至壇上，先跪，樂止，贊引官奏跪，皇上跪，典儀官唱讀祝，讀祝官讀祝畢，奉祝文至太社位前跪，安於帛匣內，三叩，退。樂作，贊引官奏拜興，皇上行三拜禮，興。樂止，擊特磬，奏敔。典儀官唱行亞獻禮，執爵官奉爵進至各位前立。唱樂官唱亞獻，樂奏《育平之章》，鎛鐘鳴，擊編鐘，樂作。執爵官跪獻於爵墊左，退。樂止，擊特磬，奏敔。典儀官唱行終獻禮，執爵官奉爵進至各位前立，唱樂官唱終獻，奏《敦平之章》，鎛鐘鳴，擊編鐘，樂作。執爵官跪獻於爵墊右，退。樂止，擊特磬，奏敔。壇西邊官一員，就前東向立，唱賜福胙，退。光祿寺堂官二員，奉福胙至神位前拱舉，奉至皇上拜褥右旁立，接福胙侍衛二員，於皇上拜褥左旁立。贊引官奏跪，皇上跪，光祿寺堂官二員，接福胙侍衛二員咸跪。奏飲福酒，皇上受爵拱舉，授左旁侍衛。奏受胙，皇上受胙拱舉，授左旁侍衛。贊引官奏跪拜興，皇上謝福胙，行三跪九拜禮，興。典儀官唱徹饌，唱樂官唱徹饌，樂奏《博平之章》，鎛鐘鳴，擊編鐘，樂作。奉玉帛官二員，各詣太社、太稷位前一跪一叩，各奉玉，退。樂止，擊特磬，奏敔。典儀官唱送神，唱樂官唱送神，樂奏《樂平之章》，鎛鐘鳴，擊編鐘，樂作。贊引官奏跪拜興，皇上行三跪九拜禮，興。樂止，擊特磬，奏敔。典儀官唱奉祝帛饌恭送瘞位，奉祝、香、帛、饌官，進至各位前跪，奉祝官三叩，奉香饌官不叩，各奉起，依次送往瘞位時，贊引官恭導皇上轉立東旁，鋪拜褥侍衛跪，起拜褥，俟祝、帛、饌、香過畢，鋪拜褥侍衛仍跪鋪拜褥，退。贊引官恭導皇上旋位立。典儀官唱望瘞，唱樂官唱望瘞，樂奏《徵平之章》，鎛鐘鳴，擊編鐘，樂作。贊引官奏詣望瘞位，同對引官恭導皇上詣瘞位，鋪瘞位拜褥侍衛豫鋪拜褥，皇上升拜褥上立望瘞，數帛官數帛。贊引官奏禮畢，恭導皇上出北門東門至升輦處，皇上升輦還宮。

　　遣官行禮儀注：祭日，承祭官穿朝服豫在社稷街門內遣官房候，至時，導引官二員引承祭官進南天門，由正路至壇西北隅。贊引官、對引官接承祭官至盥洗處盥手，畢，至北櫺星門外甬道中行禮處立。典儀官唱樂舞生就位，執事官各司其事。贊引官贊就位，承祭官就位立。典儀官唱瘞毛血迎神，司香官二員各奉香盒就前向中立。唱樂官唱迎神，樂奏《登平之章》。樂作，贊引官贊升壇，引承祭官詣太社位香案前立，司香官豫跪，贊引官贊跪，承祭官跪，贊上香，承祭官先舉柱香安香靠內，次三上瓣香，畢。引承祭官詣太稷位上香，儀與太社位前上香儀同。贊旋位，引承祭官旋位立，配位上香官二員至各壇前上香，畢，各退。贊引官贊跪叩興，承祭官行三跪九叩禮，興。樂止，典儀官唱奠玉帛，行初獻禮。奉玉帛官、奉爵官就各位前向上立。唱樂官唱奠玉帛，樂奏《茂平之章》，樂作，奉玉帛官跪獻，三叩，退。奉爵官跪獻於爵墊正中，退。讀祝官就祝案前，一跪三叩，奉祝版至壇上先跪，樂暫止。贊引官贊跪，承祭官跪。典儀官唱讀祝，讀祝官讀祝畢，奉祝版至太社位前跪，安於帛匣內，三叩，退。樂復作，贊引官贊叩興，承祭官行三叩禮，興。樂止，典儀官唱行亞獻禮，奉爵官奉爵就各位前立。唱樂官唱亞獻，樂奏《育平之章》，樂作，奉爵官獻爵，如初獻儀，獻於爵墊左，退。樂止，典儀官唱行終獻禮，奉爵官奉爵就各位前立。唱樂官唱終獻，樂奏《敦平之章》，樂作，奉爵官獻爵如亞獻儀，獻於爵墊右，退。樂止，典儀官唱徹饌，唱樂官唱徹饌，樂奏《博平之章》。樂作，奉玉帛官二員，各詣太社、太稷位前一跪一叩，奉玉，退。樂止，典儀官唱送神，唱樂官唱。送神，樂奏《樂平之章》。樂作，贊引官贊跪叩興，承祭官行三跪九叩禮，興。樂止，典儀官唱奉祝帛饌恭送瘞位，奉祝香饌官至各位前跪，奉祝帛官三叩，奉香饌官不叩，各奉起，依次送往瘞位時，贊引官引承祭官轉立西旁，俟祝、帛、饌、香過畢，仍引承祭官旋位，立。典儀官唱望瘞，唱樂官唱望瘞，樂奏《徵平之章》。樂作，數帛官數帛，贊引官贊詣望瘞位，承祭官望瘞。贊引官贊禮畢，同對引官引承祭官至原接引處，導引官引由原進門出。【略】

例案：順治八年定，皇上親祭社稷壇，行飲福受胙禮。

乾隆十七年奏准，社稷壇改送燎爲望瘞。又奏准，進呈儀注，內恭書皇上御祭服出宮。

（清）昆岡等《大清會典事例》卷四二七《禮部・大祀・祭社稷壇》

順治元年定，每歲以春秋仲月上戊日祭太社、太稷。太社以后土句龍氏配；太稷以后稷氏配。壇中石社主，半埋土中。仍設太社、太稷、句龍、后稷氏神牌祭於壇上。每祭，壇上敷五色土，中黃、東青、南赤、西白、北黑，隨方築之。設樂舞於壝門內壇下兩旁。壇官各二人執長竿側立於壇東西，以御飛禽。又備龕於壇下，如遇風雨，即以覆護神牌。

又定社稷壇爲大祀，皇帝親詣行禮。先於中和殿閱視祝版，用白質墨書。玉用方珪，帛用禮神制帛，牲用太牢，樂用七奏，舞用八佾，配位無珪。祭日如遇風雨，在拜殿行禮。

八年定，皇帝親祭社稷壇，行飲福、受胙禮。【略】

乾隆十七年奏准：改社稷壇送燎爲望瘞。

（清）昆岡等《大清會典事例》卷一〇七四《太常寺・社稷禮節》

是日五鼓，鑾儀衛陳法駕鹵簿於午門外，陳金輦於太和門外。陪祀王以下公以上

按翼集壇門外，候駕至隨行。百官序立於壇門外左右祇俟，均東西面。司祝恭奉祝版
安於祝案。日出前四刻，禮部尚書一人率太常寺卿屬，詣神庫上香行禮，恭請神位，
以次奉安於神座如儀。太常寺卿赴乾清門奏時。皇帝御祭服，乘禮輿出宮，至太和門
外降輿，乘金輦，鑾儀衛奉輦納陛。內大臣侍衛前引後扈如常儀。提爐官、執鐙官左
右列行，午門鳴鐘鼓，導迎樂陳而不作。不陪祀王公以下文武各官，咸朝服跪送。駕
出闕右門，至壇北門外神路東降輦。納陛扶輦如前儀。右贊引、左對引、太常寺卿二
人，恭導皇帝入自北門之右，至幄次少俟。太常寺卿告奉安神位畢，奏請行禮。皇帝
出次，鑾儀衛官跪奉盥、奉巾如儀。盥畢，司拜褥官豫布拜褥於壇北門外正中，贊引、
對引官恭導皇帝由拜殿出至壇北門外就拜位前，南向立。前引內大臣、侍衛、執爐鐙
官至拜殿外均止立，後扈大臣隨侍。鴻臚寺官引陪祀王公百官各就拜位序立。典儀贊
樂舞生登歌，執事官各共乃職。武舞執干戚進。贊引奏就位，皇帝就位立。典儀贊瘞
毛血迎神，司正位香二人，升東西階，分詣神位前祇俟。司樂贊舉迎神樂，奏《登平
之章》。樂作，贊引奏升壇，暨對引官恭導皇帝升北階，詣太社位前。對引官至北階上
止立，司香跪。贊引奏跪，皇帝跪，奏上香，司香進香，皇帝上炷香，次三上瓣香，
興。以次詣太稷位前上香，儀同。贊引奏復位，暨對引官恭導皇帝復位，立。司配位
香二人，由東階分詣后土句龍氏、后稷氏位前，跪，上香畢，各退。贊引奏跪拜興，
皇帝行三跪九拜禮，王公百官均隨行禮。樂止，典儀贊奠玉帛，行初獻禮。司樂贊舉
初獻樂，奏《茂平之章》。樂作，司樂舉節，舞《干戚之舞》，有司揭尊冪勺挹酒實
爵。司玉帛奉玉帛，司帛奉篚，司爵奉爵，均由北階升。司玉帛詣正位前，司帛詣配
位前，各跪，獻篚奠於案，三叩，興。司爵分詣正位、配位前，跪，獻爵奠於墊中，
畢，自西階退。司祝至祝案前跪，三叩，興，奉祝版升階左，就壇中少西跪。樂暫止，
贊引奏跪，皇帝跪，群臣皆跪。贊讀祝，司祝讀祝。讀畢，興，奉祝版，跪安太社位
前篚內，三叩，興，退，自西階降。樂作，贊引奏拜興，皇帝率群臣行三拜禮，興。
樂止，《武功之舞》退，文舞執羽籥進，典儀贊行亞獻禮，司樂贊舉亞獻樂，奏《育平
之章》。樂作，舞《羽籥之舞》。司爵詣各神位前，跪，奠爵於左，儀如初獻。獻畢，
樂止，典儀贊行終獻禮，司樂贊舉終獻樂，奏《敦平之章》。樂作，舞同亞獻。司爵詣
各神位前，跪奠爵於右，如亞獻儀。獻畢，樂止，《文德之舞》退。太常寺贊禮郎一
人，詣祝案前東，西面立，贊賜福胙，光祿寺卿二人奉福胙升階，至神位前拱舉，退，
降北階，左祇立於皇帝拜位之右，侍衛二人進立於左。贊引奏跪，皇帝跪，左右官皆
跪。奏飲福酒，右官進福酒，皇帝受爵拱舉，授左官。奏受胙，右官進胙，皇帝受胙
拱舉，授左官。奏拜興，皇帝三拜，興。又奏跪拜興，皇帝率群臣行三跪九拜禮。典
儀贊徹饌，司樂贊舉徹饌樂，奏《博平之章》。樂作，司玉帛詣案前，跪叩，興，奉方
珪以退。樂止，典儀贊送神，司樂贊舉送神樂，奏《樂平之章》。樂作，贊引奏跪拜
興，皇帝率群臣行三跪九拜禮，興。樂止，典儀贊奉祝帛饌送瘞，司祝、司帛詣神位

前，咸跪，三叩。司祝奉祝，司帛奉篚，興，司香跪奉香，司爵跪奉饌，興，以次恭送瘞所。典儀贊望瘞，司樂贊舉望瘞樂，奏《徵平之章》。樂作，贊引奏禮成，恭導皇帝由壇北門出，樂止，祀畢。禮部尚書率太常寺卿屬恭請神位復御，儀與請奉神位同。皇帝至北門外神路東升禮輿導迎，樂作，奏《祐平之章》。午門鳴鐘，不陪祀王公百官咸朝服跪迎，王公隨駕入至內金水橋，恭候皇帝還宮，各退。

太常寺官徹乾清門齋戒牌銅人送寺。

（清）王先謙《東華錄·康熙一》

乙丑，議政貝勒大臣等遵旨詳議："《祀典》識得，圜丘、方澤、祈穀壇、太廟時享、祫祭、朝日壇、夕月壇、社稷壇、三皇廟、先農壇、歷代帝王廟、文廟、太歲壇、關帝廟、城隍廟、紅衣炮等祀，應照舊致祭外，其大享合祀、太廟階下合祭之禮，相應罷祭。又金朝諸陵應照前致祭，明朝諸陵亦應照前供獻。"從之。

因事祇告

（明）嚴嵩《南宮奏議》卷三

計開九月初九日南郊奏告儀

先期，司設監設大次於外壇神路之東。是日早，免朝，上常服御奉天門，錦衣衛備隨朝駕如常儀。是日車駕至郊，上即大次易祭服詣圜丘，行奏告禮。

文官五品以上，武官四品以上，六科都給事中，皇親指揮以下千百戶等官，照例具祭服先赴南天門外候駕陪拜。同日寅時，遣官各具祭服詣北郊、太廟、成祖廟、昭穆群廟、睿廟、社稷壇，恭告行禮。

（明）俞汝楫等《禮部志稿》卷一二《皇子誕生儀》

嘉靖十五年定：皇子初生三日，上親詣南郊奏告，同日祭告奉先殿、崇先殿，遣官分告方澤、朝日、夕月、太社稷、帝社稷、天地神祇，行事俱祭服，具告文，行三獻禮，祭品用酒果脯醢，南北郊加太牢。文官五品以上，武官四品以上，俱隨詣南郊。文官三品以上，武官公、侯、伯、皇親、駙馬仍詣內殿，各具服陪拜。次日，上御奉天門，文武百官具吉服稱賀，先後行四拜禮。仍自誕生之日為始，各吉服十日，擇日頒詔天下，如常儀。分遣翰林院春坊六科官賫，捧御書往王府報知。

萬曆十年更定：皇子初生三日，遣官祭告南、北郊、太廟、社稷壇。是日，上具袞冕服，御皇極殿，文武百官及天下諸司進表官員，各具朝服。鴻臚寺官致詞稱賀，餘如常儀。仍遣官賫，捧詔書往諭朝鮮國王。

（清）張廷玉等《明史》卷五三《志二九·禮志七·嘉禮一》

即位日，先告祀天地。禮成，即帝位於南郊。丞相率百官以下及都民耆老，拜賀舞蹈，呼萬歲者三。具鹵簿導從，詣太廟，上追尊四世冊寶，告祀社稷。還，具袞冕，御奉天殿，百官上表賀。

(清)　允祹等《大清會典》卷四三《禮部》

因事祇告，遣官將事。太常卿率所屬恭請太社、太稷神位，奉安壇上。陳帛二、尊爵爐鐙，如常祭，薦脯醢、果實。太常、贊禮郎二人引遣官入社稷街門入，由壇南門入，循內壝西行，至內壝北門外拜位行禮，餘儀均與常祭同。

(清)　允祹等《大清會典則例》卷七四《禮部·獻俘》

雍正二年，命將討平青海，解送俘囚至京師。欽天監擇日獻俘於太廟、社稷。至期，兵部率解俘官員、兵丁押所解之俘，白組繫頸，由長安右門北門、天安門右門進至太廟街門外，向北立，承祭官至，俘向北跪，承祭官入太廟，陪祀文武各官分東西班豫集，承祭官就行禮位行禮，如時饗儀。陪祀官隨行禮。禮成，兵部率解俘官員、兵丁押俘至社稷街門外，向北立。承祭官至，俘向北跪，承祭官入社稷壇，陪祀文武官員分東西班豫集。承祭官就行禮位行禮，如春秋祈報儀。陪祀官隨行禮。禮成，承祭官、陪祀官以次出。兵部率解俘官員、兵丁押俘仍由天安門、長安右門出。百官各退

乾隆十四年議准：獻俘之儀，凡出師克捷，應照雍正二年平定青海之禮，以俘獻於廟、社如儀。

(清)　來保等《大清通禮》卷四一《軍禮》

大軍出征奏捷，上所獲於京師，乃獻俘於太廟、社稷，祇告成事。

獻俘太廟之禮：前期，有司諏吉以聞，翰林院撰祝文、祝辭，隨時撰擬。太常寺以祝版送內閣恭書，受而奉諸神庫。承祭官、執事官、應陪祀之文武百官咸致齋。御史、禮部、光祿寺官視割牲，均如儀。屆日五鼓，宗室官入廟恭請中殿神位奉安於前殿，供備陳設。陪祀執事各官詣廟祇俟，均朝服。兵部司官朝服率解俘將校，豫以白組繫俘頸，由西長安門至天安右門入於太廟街門外。黎明，承祭官朝服至，俘跪伏，承祭官入廟就位。陪祀執事各官咸就位立。祇告，獻俘，讀祝，行三獻禮。陪祀官均隨行禮。是日，并遣官告祭後殿。凡陳設、行禮儀節，并與時饗同。儀詳《吉禮》。

同日，獻俘社稷。前期，有司供備，翰林院撰祝文，陪祀王公、百官致齋，均如祭太廟之儀。屆日，獻俘太廟禮畢，兵部司官以俘候於社稷街門外，承祭官朝服至，俘跪伏，承祭官就拜位行禮，陪祀官均隨行禮。凡陳設及行禮儀節，并與春秋祈報禮同。儀詳《吉禮》。禮畢，兵部司官以俘仍由原入之門出。各官皆退。

右社稷壇獻俘。

(清)　觀保等《太常寺則例》卷八九《告祭·社稷·行禮》

祀日黎明，讀祝官詣神庫上香行禮，恭請祝版案奉祝案，如大祀例。

祀日黎明，本寺堂官率屬恭請神牌。至時，奉祀啓神龕，本寺堂官詣神庫香案前三上香，退，出門檻外，行三跪九叩禮。

本寺官分詣神庫，各行一跪三叩禮。恭請太社、太稷神牌出神庫。前引以署官十

員，提鐙一對，左右列行。本寺堂官率屬謹從由壇北門入，升壇奉安於神座，各行一跪三叩禮。告祀禮成，本寺堂官率屬升壇，詣各神位前跪叩如初。恭請神位以次復御上香行禮，與迎神同。請神位應用候時官一員，先期行文欽天監揀派，并豫期開寫職名送寺。

告祭日請祝版：神庫祝案用降香二兩，炭墼一個，二兩重黃蠟二枝，座鐙用二兩重黃蠟二枝，提鐙用二兩重黃蠟二枝。

告祭日，請送神位香案用降香丁一兩，炭墼一個；提鐙用二兩重黃蠟二枝。

行禮儀注：祭日，承祭官朝服豫在社稷街門內壇官房候，至時，導引官二員引承祭官進南天門，由正路至南櫺星門外，循西墻至西北角。贊引官、對引官接引承祭官至北櫺星門外行禮處立。典儀官唱執事官各司其事，贊引官贊，就位，承祭官就位立。典儀官唱迎神，司香官二員各奉香盒就前向上，立。贊引官贊，升壇，引承祭官詣太社位香案前，立。司香官豫跪。贊引官贊跪，承祭官跪。贊，上香，承祭官先舉柱香，安香靠內，次三上瓣香，畢。引承祭官詣太稷位前上香，儀與太社位前上香儀同。贊旋位，引承祭官旋位，立。贊引官贊跪叩興，承祭官行三跪九叩禮，興。典儀官唱奠帛爵，行初獻禮。奉帛爵官就各神位前向上，立。奉帛官跪獻，三叩，退。奉爵官跪獻於爵墊正中，退。讀祝官就祝案前，一跪三叩，奉祝版至壇上先跪。贊引官贊跪，承祭官跪。典儀官唱讀祝，讀祝官讀祝。畢，奉祝版至太社位前跪，安於帛匣內，三叩，退。贊引官贊叩興，承祭官行三叩禮，興。典儀官唱行亞獻禮，奉爵官奉爵就各位前，獻爵如初獻儀，獻於爵墊左，退。典儀官唱行終獻禮，奉爵官奉爵就各位前，獻爵如亞獻儀，獻於爵墊右，退。典儀官唱送神，贊引官贊跪叩興，承祭官行三跪九叩禮，興。典儀官唱奉祝帛恭送瘞位，奉祝香帛官至各神位前跪，奉祝帛官三叩，奉香官不叩，各奉起，依次送瘞位時，贊引官引承祭官轉立西旁，竢祝、帛、香過畢，仍引復位立。數帛官數帛，贊引官贊禮畢，同對引官引承祭官仍至西北角，導引官二員接引，由原進門出。

（清）昆岡等《大清會典事例》卷一○七四《太常寺・社稷禮節・因事祇告・社稷禮節》

太常寺奏請遣官一人將事，及執事官均致齋一日。豫期，翰林院具祝文，太常寺卿送內閣恭書，受而奉諸神庫，飭屬備器陳。

至日五鼓，設太社、太稷神座於壇上，薦鹿脯、鹿醢、兔醢、棗、榛、葡萄、桃實、蓮實，爐鐙具。階下中少西設一案，北向，供祝版。司祝一人立於案西，東面。右設一案，西向，陳香盤二。左設一案，東向，陳禮神制帛二、尊一、幂勺具、爵六。司香、司帛、司爵各一人，立於案後；糾儀御史左、右各一人，立於案北，均東西面。典儀一人，立於壇北左門，東面。雞初鳴，遣官豫俟於街門內。贊引太常寺贊禮郎一人俟於壇西隅，均朝服。黎明，太常寺卿率屬恭請太社、太稷神位入壇，恭設神座上，如常儀。遣官由街門入南門，循壇西行盡壇。贊禮郎二人引詣壇北門外拜位前立。典儀贊就位，執事官各共乃職。贊禮郎引遣官就位，立。典儀贊迎神，司香奉香，升東西階，分詣香案前祗俟。贊禮郎贊升壇，引遣官升北階，詣太社位前，立。贊跪，遣官跪。贊上香，司香跪進香，遣官上炷香、三上瓣香，興。次詣太稷位前上香，儀同。贊復位，引遣官自北階降，復位，行三跪九叩禮，興。司帛奉篚，司爵揭尊冪勺挹酒實爵，行初獻禮，以次升北階至神案前跪，奠帛，三叩，興。奠爵墊中，皆退。司祝詣祝案前，跪，三叩，興，奉祝版升北階，至壇上正中，跪，讀畢，興，詣太社位前，跪安篚內，三叩，興，退。遣官三叩，興。亞獻奠爵於左，三獻奠爵於右，均如初。送神、望瘞，并同常祭儀。贊禮郎贊禮畢，引遣官仍由南門出。太常寺卿率屬恭請太社、太稷神位還御如儀，各退。

祈謝

(明) 俞汝楫等《禮部志稿》卷二六《祠祭司職掌·雩祀》

國家凡遇水旱災傷，及非常變異，或躬禱或露告於宮中，於奉天殿陛，或遣官祭告郊廟、陵寢及社稷、山川，無常儀。嘉靖八年，春祈雨，冬祈雪，皆御製祝文，躬詣南郊祠皇天、后土。遂躬祠山川神祇於山川壇。次日祠社稷壇，冠服淺色，鹵薄不設，馳道不除，皆不設配，不奏樂。後建崇雩壇，始定雩祀之儀。十七年，躬禱雨於崇雩壇，青服，用一牛，以熟薦，具禮樂與雩祀同，亦不設配。萬曆十三年，上親禱郊壇，却輦步行，有步禱儀詳具於後。

(清) 張廷玉等《明史》卷四八《志二四·禮志二·古禮二·大雩》

明初，凡水旱災傷及非常變異，或躬禱，或露告於宮中，或於奉天殿陛，或遣官祭告郊廟、陵寢及社稷、山川，無常儀。嘉靖八年春祈雨，冬祈雪，皆御製祝文，躬祀南郊及山川壇。次日，祀社稷壇。冠服淺色，鹵簿不陳，馳道不除，皆不設配，不奏樂。

(清) 慧中《臺規》卷四《祭祀》

乾隆七年議定：孟夏龍見擇日行常雩禮，祀昊天上帝於圜丘，以列祖配饗，四從壇從祀於下。孟夏後旱，則祈天神、地祇、太歲壇，次祈於社稷壇、太廟，皆七日一祈。不雨或小雨不足，還從各壇祈禱如初。旱甚，乃大雩祀昊天上帝於圜丘，不設配位，仍設四從壇於下。雨足則報祀，其禮儀一切俱照太常寺各祀現行儀注。

(清) 允祹等《大清會典》卷四三《禮部》

歲孟夏常雩後不雨，既祈神祇、太歲，如未應，越七日乃祈於太社、太稷，并設配位，薦玉。遣官素服將事，作樂。行禮樂章，迎神奏《延豐》，奠玉帛，初獻奏《介豐》，亞獻奏《滋豐》，終獻奏《需豐》，徹饌奏《綏豐》，送神奏《貽豐》，望瘞奏《溥豐》。文武官應陪祭者咸與祈禱，其儀物與因事祇告同。得雨，報祭與常祭同。水潦祈晴，冬旱祈雪禮，亦如之。

（清）觀保等《太常寺則例》卷九六《告祭·社稷祈雨·行禮》

祈雨告祭。親詣行禮儀注：祭日，臣寺堂官豫赴朝清門於日出前四刻，注明時刻。至時，轉奏。皇上戴雨纓冠，御素服，由宮內乘輿，自右門一路至太和門前金水橋應御輦處降輿，步行至闕右外。贊引官、對引官恭導皇上入壇北門東門，至更衣幄次內少候，竢安奉神位畢，臣寺堂官轉奏恭請皇上行禮。贊引官、對引官恭導皇上至盥手處，盥手畢，恭導皇上至北櫺星門外行禮處，拜褥前立。典儀官唱樂舞生就位，執事官各司其事。贊引官就位，恭導皇上升拜褥上立。典儀官唱迎神，司香官奉香盒，就各神位香案旁立。唱樂官唱迎神，樂奏《延豐之章》。樂作，贊引官奏升壇，恭導皇上升壇，詣太社位香案前拜褥上立。司香官豫跪，贊引官奏跪，皇上跪。奏上香，皇上先舉柱香，安香靠內，次三上瓣香，畢，興。贊引官恭導皇上詣太稷位上香，儀與太社位上香儀同。贊引官奏旋位，恭導皇上旋位，立。贊引官奏跪拜興，皇上行三跪九拜禮，興。樂止，典儀官唱奠玉帛，行初獻禮，奉玉帛官奉玉帛匣，執爵官奉爵，就各位前，立。唱樂官唱初獻，樂奏《介豐之章》。樂作，奉玉帛官跪獻，三叩，退。執爵官跪獻於正中，退。讀祝官就祝案前，一跪三叩，奉祝文至壇上先跪。樂止，贊引官奏跪，皇上跪。典儀官唱讀祝，讀祝官讀祝畢，奉祝文至太社位前跪，安於帛匣內，三叩，退。樂作，贊引官奏拜興，皇上行三拜禮，興。樂止，典儀官唱行亞獻禮，執爵官奉爵就各位前立。唱樂官唱亞獻，樂奏《滋豐之章》。樂作，執爵官跪獻於左，退。樂止，典儀官唱行終獻禮，執爵官奉爵，就各位前，立。唱樂官唱終獻，樂奏《霈豐之章》。樂作，執爵官跪獻於右，退。樂止，典儀官唱徹饌，唱樂官唱徹饌，樂奏《綏豐之章》。樂作。奉玉帛官二員分詣太社、太稷位前，一跪一叩，各奉玉，退。樂止，典儀官唱送神，唱樂官唱送神，樂奏《貽豐之章》。樂作，贊引官奏跪拜興，皇上行三跪九拜禮，興。樂止，典儀官唱奉祝帛恭送瘞位，奉祝、香、帛官至各位前跪，奉祝帛官三叩，奉香官不叩，各奉起，依次送往瘞位，時贊引官恭導皇上轉立東旁，鋪拜褥侍衛跪，起拜褥，竢祝、帛、香過畢，鋪拜褥侍衛仍跪鋪拜褥，退。贊引官恭導皇上還位，立。典儀官唱望瘞，唱樂官唱望瘞，奏《溥豐之章》。樂作，贊引官奏詣望瘞位，同對引官恭導皇上詣望瘞位，鋪望瘞位拜褥侍衛豫鋪拜褥，皇上升拜褥上，立，望瘞，數帛官數帛。贊引官奏禮畢，恭導皇上出北門東門。至乘輿處，皇上乘輿，還宮。

祈雨告祀遣官行禮儀注，與大祀同，其不同者，惟服雨冠素服。

（清）嵇璜、劉墉等《清通志》卷三六《禮略》

（乾隆）八年四月，始行常雩禮於圜丘。先是，御史徐以升奏請於京城之內擇地建立雩壇，倣古龍見而雩之禮。敕下禮臣詳議。尋議奏：孟夏龍見，擇日行常雩禮，祀昊天上帝於圜丘，奉列聖配享，四從壇從祀於下。孟夏後旱，則祈天神、地祇、太歲壇，次祈於社稷壇，次祈於太廟，皆七日一祈。旱甚，乃大雩，祀昊天上帝於圜丘。

雨足，則報祀。其以前望祭四海之禮，可以停止。疏上，從之。九年四月，大雩於圜丘。奉諭旨：目下畿輔雨澤愆期。此次舉行雩祭，正望恩迫切之時，非每夏常雩可比。其先期前詣齋宮及祭畢回鑾，朕俱御常服，不乘輦，不設鹵簿，不作樂，以示虔誠祈禱，爲民請命之意。二十四年四月，常雩，皇上步行親詣行禮。五月，皇上步禱社稷壇。六月，大雩於圜丘，御製祝文，步詣行禮。越日，大雨霑足，報謝如儀。自乾隆八年以來，孟夏常雩皆躬親行禮。惟巡幸之歲，遣官恭代。自三十七年遵旨議定郊天儀注，三十八年以後，常雩行禮并同。偶值水旱，精誠致禱，雨暘立應，祈祀報謝，皆如常儀焉。

(清) 昆岡等《大清會典事例》卷四二七《禮部·大祀》

嘉慶五年諭：向來常雩以後未得雨澤，應遣官於天神、地祇、太歲三壇祈禱。若七日不雨，則虔禱社稷壇，亦仍遣官行禮。昨因本年入春以來雨澤較少，立夏後仍未得甘霖，寸衷愧悚，晝夜靡寧，已諭禮部設壇祈禱，派親王淳穎等齋戒虔誠致祭。而時雨尚稽。現當麥苗長發之際，望澤甚殷，朕心倍深焦慮。嘉慶二年初次設壇祈雨，皇考曾命朕親詣天神壇致祭。現在三壇祈禱已過，應於七日後祈禱社稷壇，朕當躬詣行禮，以期感召天和，速敷霡澤。嗣後，初次三壇祈雨，仍奏請遣官至恭祭社稷壇，該部即奏請親詣行禮，照大祀例齋戒三日。著爲令。

又諭：昨因入春至今未得雨澤，曾經降旨，朕親詣社稷壇祈禱，以祈甘霖速需。著於二十一日起，齋戒三日。二十四日詣壇祈禱，其一切應行典禮，該衙門照例豫備。所有王公大臣等俱應一體齋戒陪祀。其稽查齋戒之武職大臣，即著上次常雩派出各員稽查，不必另行奏派。欽此。

遵旨具奏：嗣後，祈禱社稷壇，親詣行禮，一應典禮，俱照春秋致祭社稷壇禮節行。惟祭品用脯醢果實，不行飲福禮。前三日及祭日，王公百官一體齋戒，不理刑名，禁止屠宰。祭日，皇帝雨冠、素服，陪祀及執事各官均雨纓、素服。祭前一日，皇帝恭視祝版，照舊例用常服，不挂朝珠。其不陪祀王公百官迎送聖駕，亦仍用常服。至齋戒期內，向用常服。今擬用緯纓、素服。奉旨：此次告祭社稷壇求雨，齋戒及閱祝版三日內，戴緣纓冠，穿元青褂，藍袍。祭時戴雨纓冠，仍穿元青褂藍袍。所有執事陪祀之王公大臣官員等，俱一體遵照。

又諭：太常寺衙門具奏，社稷壇恭謝雨澤，請照春秋祭祀儀注舉行。曾詢之該寺堂官，據稱親詣社稷壇祈雨舊儀，係由金水橋北步行前往。至報祀向係遣官行禮，并無親詣儀注，是以此次循照春秋親祭常例，乘輿至社稷壇北門外鋪設棕薦處降輿等語。但思祈求雨澤既經步行祈禱，若報祀之禮稍有不同。轉似得有雨澤，略涉滿假，朕何敢出此？況朕從前隨侍皇考往黑龍潭求雨，皇考至山門降輿，升階數十級，俱係步行而上，報祀之儀亦同，節年從無更改。試思龍神尚如此申敬，況社稷壇典禮尤隆，既經步禱，自應步謝，方足以申誠敬。嗣後，除春秋祭祀，仍照舊定儀注舉行外，如遇祈禱雨澤，及親詣報祀各典禮，均步行前往，所有此次儀注，著太常寺遵照改定具奏，并載入《會典》，永遠遵行。

六年諭：京師自六月初旬以來，雨水連綿，已及兩旬，現在尚未晴霽，永定河漫溢成災，積潦未退。朕宵旰焦思，倍深悚懼。稽之《會典》，止有親詣社稷壇祈雨之禮，祈晴未有明文。但水旱同一災祲，禮緣義起，自當一律虔祈，以迓時暘而消盛漲。謹擇於本月二十六日親詣社稷壇祈晴。先期於二十二日進宮起，致齋三日。所有一切典禮，著禮部太常寺敬謹豫備。欽此。至日，仁宗睿皇帝親詣行禮，御常服，挂朝珠。壇內不作樂，薦脯醢果實，行禮儀節與常祭同。所用祝文，翰林院撰擬。

又諭：本月二十二日，朕由圓明園進宮齋戒祈晴，是日雨勢微細，旋即霽止。二十三四等日，雲氣漸散。昨日業已放晴。今早朕親詣社稷壇禮成，天光開霽，日色晴暢。此皆仰賴昊貺神庥，默垂鑒佑，欣感之餘，倍深兢惕。向來求雨有謝降之禮，因思祈晴事同一體，亦應虔誠叩謝。本月二十七至二十九日，孟秋時饗齋戒，次月初一日，朕親詣太廟行禮後，仍於宮內齋戒。初二日親赴社稷壇謝晴，所有一切儀文，著照祈晴典禮，該衙門敬謹豫備。至祈晴係用常服，今行謝晴之禮，服色應有區別。是日，朕御龍袍龍褂，其陪祀王公大臣及執事各員，俱著穿蟒袍補褂，并著該衙門將祈晴、謝晴典禮儀注，一并載入《會典》。【略】

道光十二年六月，宣宗成皇帝步詣社稷壇祈雨。儀與嘉慶五年同。

（清）昆岡等《大清會典事例》卷一〇七四《太常寺·社稷禮節》

祈報社稷禮節：孟夏，常雩後不雨，既祈天神、地祇、太歲。越七日，乃禱於社稷，并設配位。遣官一人將事，文武官應陪祀者咸與致齋三日。前期具祝文，潔器陳，備脯醢果實。祭日，陳玉帛樂懸樂舞，執事官依次序立，與常祀同。遣官暨陪祀官素服就位行禮。迎神，奏《延豐之章》；初獻，奏《介豐之章》；亞獻，奏《滋豐之章》；終獻，奏《霈豐之章》；徹饌，奏《綏豐之章》；送神，奏《貽豐之章》；望瘞，奏《溥豐之章》。凡儀節，皆典儀唱贊，舉樂皆司樂唱贊。初獻，舞《干戚之舞》；亞獻、終獻，舞《羽籥之舞》，與常祀同。

得雨則報，用牲牢，遣官暨陪祀官朝服行禮，如常祀之儀。若雨潦祈晴、冬旱祈雪，禮亦如之。

乾隆二十一年奏准：社稷壇祈雨，皇帝親詣行禮，一應典禮，俱照致祭社稷壇禮節行。其前期一日，皇帝視祝版，應用常服，不挂朝珠。祭日，皇帝雨纓素服，陪祀王公大臣官員，亦俱雨纓素服，不設鹵簿，不作樂。午門鳴鐘，不陪祀王公以下各官，皆常服迎送。所有禮節及應辦事宜，交太常寺辦理。祝文由翰林院擬撰。【略】

皇帝親詣社稷壇謝晴禮，照謝降之禮行。

趙爾巽《清史稿》卷八三《志五八·禮志二·吉禮二》

雩祀：關外未嘗行。順治十四年夏旱，世祖始禱雨圜丘，前期齋三日，冠服淺色，禁屠宰，罷刑名。屆期，帝素服步入壇，不除道，不陳鹵簿，壇上設酒果、香鐙、祝帛暨熟牛脯醢，祭時不奏樂，不設配位，不奠玉，不飲福、受胙。餘如冬至祀儀。其方澤、社稷、神祇諸壇，則遣官蒞祭。既得雨，越三日，遣官報祀。定躬禱郊壇儀自此始。【略】

乾隆七年，御史徐以升奏言："《春秋傳》：'龍見而雩，爲百穀祈膏雨也。'《祭法》：'雩宗，祭水旱也。'《禮·月令》：'雩，帝用盛樂，命百縣雩祀，祀百辟卿士有益於民者，以祈穀實，是爲常雩。'《周禮》：'稻人旱又共雩斂。'《春秋》書雩二十有一，有一月再雩者，旱甚也。是又因旱而雩。考雩義爲吁嗟求雨，其制，爲壇南郊旁，故魯南門爲雩門，西漢始廢，旱輒禱郊廟。晉永和立壇南郊，梁武帝始徙東，改燔燎從坎瘞。唐太宗復舊制。宋時孟夏雩祀上帝。明建壇泰元門東，制一成，旱則禱。我朝雩祭無壇，典制似闕，應度地建立，以符古義。"下禮臣議。議言："孟夏龍見，擇日行常雩，祀圜丘，奉列祖配。四從壇，皆如禮。孟夏後旱，則仿唐制，祭神祇、社稷、宗廟。七日一祈，不足，仍分禱。旱甚，大雩。令甲，祈雨必望祭四海，至是罷之。又行大雩，用舞童十六人，衣玄衣，分八列，執羽翿，三獻，樂止，乃按舞。歌御製《雲漢詩》八章，畢，望燎。餘同常雩。至久雨祈晴，宜仿《春秋傳》鼓用牲，《通考》禜祭制，伐鼓祀少牢。禜祭國門，雨不止，則伐鼓用牲於社。罷分禱，停僧道官建壇諷經。其直省州、縣舊置耤田壇祀，仍依雍正四年例。孟夏行常雩，患旱，先祭境內山川，次社稷。患霪潦祈晴，如京師式。"十七年，增祈雨報祭樂章。

二十四年，常雩不雨，帝步禱社稷壇，仍用玉。六月大雩，親製祝文，定儀節。前一日，帝常服視祝版，詣壇齋宿，去鹵簿，停樂。出宮用騎，扈駕大臣常服導從。至南郊，步入壇，視位上香。祀日，帝雨冠素服步禱，從臣亦如之。不燔柴，不晉俎，不飲福、受胙。三獻畢，舞童舞羽、歌詩，退，皆如儀。帝率群臣三拜，徹饌，望燎。禮成，還宮。

執事侍儀監禮

(明) 申時行等《大明會典》卷二二六《神樂觀》

社稷壇舉麾樂舞生同前執事十二人，典儀一人，通贊一人，捧帛四人，執爵四人，司尊二人，燒香共十人。

(清) 伊桑阿等《（康熙）大清會典》卷一五七《太常寺二》

凡各祭祀日，執事官員有贊引官、對引官、傳贊官、讀祝官、司香官、燒香官、捧玉官、捧爵官、執湯壺官、進胙官、贊賜福胙官、捧福胙官、接福胙官、典儀官、唱樂官、舉麾官、對立官、安拜牌官、鋪拜褥官、執提爐官、執燈官、數帛官，俱於本寺滿漢卿、少卿、寺丞、贊禮郎、協律郎、司樂官、筆帖式內酌量派出。【略】

社稷壇每祭，用官三十一員。

（清）江蘗《太常紀要》卷二《祀儀》

康熙十二年十二月初五日，禮部、太常寺遵旨會議，裁減執事人員，【略】社稷壇捧遞香官八員，各裁去四員，留四員。獻帛官四員，樂舞生四名，裁去樂舞生四名，留官四員。獻酒官四員，斟酒樂舞生四名，贊賜福酒胙肉滿官一員，仍照舊存留讀祝滿官一員，漢官一員，裁去漢官，留滿官一員。贊禮郎一員，樂舞生一名，裁去樂舞生，留贊禮郎一員。滿贊禮郎一員，仍照舊存留。光禄寺看福酒胙肉官二員，裁去一員，留一員。捧遞官二員，捧接侍衛二員，仍照舊存留，由侍衛轉接。看守官二員，裁去一員，留一員。【略】

凡祭祀壇廟，監察御史二員在内侍立，禮部滿漢堂官壇上侍立。查得《會典》載有監察御史侍立之例，無有禮部臣侍立之例。既原有監察御史侍立之例，仍應照舊侍立，禮部堂官停其在壇廟侍立，各在班次行禮可也。奉旨：依議。

（清）慧中《臺規》卷四《祭祀》

凡祭祀社稷壇監禮，壇上滿御史二員，壇下東西兩班，滿漢御史各二員，監宰牲滿漢御史各一員。【略】

凡告祭天壇、地壇、太廟、社稷壇，監禮滿漢御史各二員。

（清）允裪等《大清會典》卷三六《禮部》

凡恭請神位，郊壇於齋宮鳴鐘時，各壇廟於皇帝降輿時，均禮部尚書率太常寺官恭奉神位，安於祭所，禮成而復。太廟以王公二人率宗室覺羅官將事。

凡執事，皇帝親祀壇廟，贊引用太常寺卿二人，奉福胙用光禄寺卿二人，接福胙用侍衛二人，奠帛、獻爵各壇廟均用太常寺官，太廟前殿用宗室官，後殿用覺羅官。南北郊奠帛六人，獻爵六人。太廟時饗奠帛五人，獻爵十有五人，後殿奠帛四人，獻爵八人。祫祭奠帛九人，獻爵二十有三人。社稷壇奠帛、獻爵各四人。日壇奠帛、獻爵各一人，月壇奠帛、獻爵各二人。前代帝王廟奠帛、獻爵各三人。先師、先農均奠帛、獻爵各一人。

凡侍儀，皇帝觀行禮，禮部尚書、侍郎二人，西面；都察院左都御史、左副都御史二人，東面。王公拜位，御史二人，禮部官二人，百官拜位，御史四人，禮部官二人，均東西面。凡陪祭執事，有違誤失儀者，劾之。

（清）允裪等《大清會典》卷八二《太常寺》

凡升補本寺屬官，滿寺丞員闕，由卿於博士、典簿、讀祝官、贊禮郎内選擬正陪，引見録用。讀祝官、滿贊禮郎、各陵讀祝官、贊禮郎，行取八旗人員内選擬正陪，引見録用。盛京陵讀祝官、贊禮郎，由盛京禮部會將軍及户、兵、刑、工各部選擬正陪，送寺引見亦如之。漢寺丞員闕由協律郎、贊禮郎，贊禮郎員闕由司樂，奉祀員闕由祀丞，神樂署署正員闕由署丞，協律郎員闕由司樂，各如例升補。司樂員闕由樂舞生，祀丞署丞由執事生拔補，均由寺咨名，吏部補授。執事生闕，於樂舞生遴選充補。

(清)　允祹等《大清會典》卷九四《領侍衛府》

國初，以八旗將士平定海內，鑲黃、正黃、正白三旗皆天子所自將爰選其子弟，命曰侍衛。用備隨侍宿衛，統以勳戚大臣，視古虎賁旅賁氏職綦重焉。領侍衛內大臣六人。三旗各二人。內大臣六人，散秩大臣無定員，掌統領侍衛親軍，以先後宸御左右。翊衛侍衛一等六十人、二等百五十人、三等四等二百七十人，藍翎侍衛九十人，三旗宗室侍衛一等九人、二等十有八人、三等六十三人，每十人各設什長一人。御前侍衛，乾清門侍衛皆無定員。於三旗侍衛內簡擢。隨印協理事務侍衛班領十有二人。於班領署班領什長內選用。漢侍衛無定員分。一二三等及藍翎侍衛同。主事一人，筆帖式十有二人，貼寫筆帖式十有五人，掌辦理章奏收發文移。

凡宿衛更番輪直。凡六班，班分兩翼，各設侍衛班領一人，署班領一人，侍衛三十人，宿衛乾清門。為內班。散秩大臣一人，侍衛親軍十人，宿衛中和殿。侍衛什長三人，侍衛親軍三十人，宿衛太和門。為外班。領侍衛內大臣一人，總統之內大臣、散秩大臣二人，隨班入直，行幸駐蹕宿衛，一如宮禁之制。

凡扈從後扈二人，於領侍衛內大臣內簡命。前引十人，於內大臣散秩大臣暨統領副都統內簡用。豹尾班侍衛於三旗侍衛內選功臣後裔六十人，日以二十人直後左門。乘輿出入，以十人執豹尾槍，十人佩儀刀，侍於乾清門階下左右。駕出，豹尾班侍衛殿於後，以領侍衛內大臣一人、侍衛班領二人領之。駕還宮，隨至乾清門，退歸直。皇帝詣皇太后宮行禮，前引大臣自隆宗門內導引至慈寧門階止，豹尾班至門階下墻角左右止立，後扈大臣隨升階稍後立。皇帝御殿，前引大臣自太和殿後導引由寶座兩旁趨至寶座前左右，東西面立，後扈大臣二人自宮內隨出，升至御座左右僉立，豹尾班於寶座後左右，南向，立。躬祀壇廟，以一二等侍衛二十人，佩弓矢俟於太和門，於豹尾班之次，隨行前引後扈大臣佩刀引邑如儀。南郊，前引大臣立於三成階上，豹尾班立於內壝門外。祈年殿、太廟，前引大臣立於第一成階上殿門前，豹尾班立於三成階下。北郊、日壇、月壇，前引大臣立於階下，豹尾班立於內壝門外。社稷壇，前引大臣立於內壝門外，豹尾班立於拜殿南門外展拜。

(清)　觀保等《太常寺則例》卷五《總例·行禮》

例案：順治八年定，凡親祭壇廟恭接福胙，均用侍衛。

十六年定，凡恭奉福胙，均用禮部官。

康熙十年題准，每享太廟後殿，獻爵用覺羅官。親詣致祭前殿，獻爵、接福胙用侍衛，餘執事用太常寺官。其各壇廟皇上親祭，接福胙均用侍衛，餘執事用太常寺官。又題准，凡祭各壇廟親詣行禮，應用光祿寺堂官恭奉福胙。【略】十四年議准，兩郊大祀皇上先期躬省壇位，親閱籩豆。禮部尚書即皆陪從待儀視省牲，仍照例題請，宗廟、社稷、日、月、先農各壇，歷代帝王、先師孔子廟祭前期省牲，及祭日視陳簠簋籩豆，均以禮部堂官一員敬率太常卿等將事照嚴恪。

（清）觀保等《太常寺則例》卷四一《大祀·社稷·侍儀監禮》

親詣行禮，侍儀、禮部、都察院堂官各二員。監禮御史、禮部司官各六員。前期行文各該衙門派出，於祀日赴壇侍儀、監禮。如遣官行禮，監禮御史八員，禮部司官六員，行文各該衙門派出如前例。

（清）觀保等《太常寺則例》卷四一《大祀·社稷·執事》

親詣行禮執事官員，禮部侍儀堂官二員，監禮司官六員，都察院侍儀堂官二員，監禮御史六員，光禄寺獻福胙堂官二員，侍衛處接福胙侍衛二員，欽天監候時官二員，鑾儀衛司盥洗官一員，司巾官一員，司拜褥官四員，工部豫備幄次官二員，鴻臚寺引陪祀官二員，樂部典樂官一員，翰林院記注官四員，本寺贊引官、對引官、典儀官、唱樂官、讀祝官、唱飲福受胙官各一員，司香官、司帛官、司爵官、執竿官各四員，引視籩豆官、引點香官、數帛官各一員，監禮官、繼燭官各二員，引舞官四員，司祝版鐙官、看守瘞池官各一員。

神庫、神厨看守官各二員，奏時辰官三員，掃毯官二員，端鐙官三員，東西南三欞星門、東北門并東西南北四天門看守官各二員。接儀注官一員，豫備官二員。

執事生，司尊六人，樂生七十四人，文武舞生各六十四人，均與大祀同。

遣官行禮，除本寺贊福胙官、光禄寺奉福胙堂官、豫備福胙官、鑾儀衛司拜褥等官，侍衛處接福胙侍衛、禮部、都察院監禮侍儀堂官、樂部典樂官不用外，并壇前監禮糾儀，改用禮部司官、都察院御史，餘執事俱與親詣行禮同。

（清）觀保等《太常寺則例》卷四二《大祀·社稷·行禮·執事儀節》

祀日請駕時，本寺堂官赴乾清門奏時，皇上御祭服乘禮輿出宮至太和門外，降輿，乘金輦，執燈官左右列行至鋪設棕薦處，降輦，升輿入壇北門東門，循戟殿東至拜殿北階下降輿，贊引官、對引官恭導皇上升階入殿内幄次，俟安奉神位畢，本寺堂官詣幄次奏請行禮。皇上出幄次，鑾儀衛官跪奉盥巾如儀。盥畢，司拜褥官豫鋪拜褥於壇北門外正中。皇上就拜位時，前引十大臣、侍衛、執燈官至拜殿外均止立，後扈大臣隨侍，鴻臚寺官引陪祀王公百官各就拜位序立。典儀官唱樂舞生就位，執事官各司其事。俱畢，武舞執干戚時。迎神時，典儀官唱瘞毛血迎神，俱畢，乃瘞毛血司正位香官二員升東西階，分詣神位前祇候。唱樂官唱迎神樂，俱畢，協律郎舉麾，工鼓柷，樂作。贊引官奏升壇，俱畢，暨對引官恭導皇上升北階，詣太社位前，對引官至北階上止立，司香官豫跪，竢贊引官奏上香，俱畢，司香官進香，次詣太稷位前上香，儀同。贊引官奏旋位，俱畢，暨對引官恭導皇上旋位降階，時司配位香官二員由東西階分詣后土句龍氏、后稷氏位前跪，上香，畢，各退。贊引官奏跪拜興，王公百官均隨行三跪九拜禮，協律郎偃麾，工戛敔，樂止。奠獻時，典儀官唱奠玉帛，行初獻禮，俱畢，有司揭尊冪勺挹酒實爵，唱樂官唱初獻，樂，俱畢，樂作，司樂舉節舞干戚之舞，司玉帛各官奉篚，司爵官執爵，均由北階升壇，司玉帛官詣正位前，司帛官詣配位前，各跪獻籩於案，均三叩，司爵官分詣各位前跪獻爵於爵墊正中，畢，退。讀祝官恭奉祝版升北階就壇上少西，跪，讀祝時，贊引官奏跪，王公百官均跪。讀祝官讀祝畢，自東階降，贊引官奏拜興，王公百官均隨行三拜禮，畢，樂止，武功之舞退，文舞執羽籥進。亞獻時，典儀官唱行亞獻禮，俱畢，有司挹酒實爵，唱樂官唱亞獻，樂，俱畢，樂作，舞羽龠之舞，司爵官執爵分詣正位、配位前各跪，獻於墊左，儀如初獻。獻畢，樂止。終獻時，典儀官唱行終獻禮，俱畢，有司挹酒實爵，唱樂官唱終獻，樂，俱畢，樂作，舞同亞獻，司爵官執爵分詣正位、配位前各跪，獻於墊右，儀如亞獻。獻畢，樂止，文德之舞退。受福胙撤饌時，贊禮郎一員詣祝案前，東面立，贊賜福胙，俱畢，光禄寺堂官二員奉福酒、福胙升北階至神位前拱舉，退，降北階，跪於右，接福胙侍衛二員跪於左，俟贊引官奏飲福酒，右官跪進福酒，皇上受爵拱舉。授左官奏受福胙，右官跪進福胙，皇上受胙拱舉，授左官奏奏跪拜興，王公百官均隨行三跪九拜禮。望瘞時，典儀官唱送神，唱樂官唱送神，樂，俱畢，樂作。贊引官奏跪拜興，王公百官均隨行三跪九拜禮，畢，樂止。典儀官唱奉祝帛饌，恭送瘞位。俱畢，奉祝帛官就香案前跪，奉饌官就饌案前跪叩，如儀以次恭奉。送往瘞位時，鴻臚寺官引王公百官退立兩旁，東西面。贊引官、對引官恭導皇上由拜殿北門外升禮輿，不陪祀王公百官咸朝服跪迎，王公隨駕入至內金水橋恭候皇上還宮，各退。

（清）觀保等《太常寺則例》卷九六《告祭·社稷祈雨·執事》

祈雨告祭恭遇親詣行禮，或遣官將事執事官員，惟減用光禄寺奉福胙官、侍衛處接福胙官、并本寺唱福胙官，餘與常祀同。

（清）吳振棫《養吉齋叢錄》卷七

祭時，壇下司竿四人以防飛鳥，蓋其地林木叢鬱也。禮成，大駕還宮時，自午門以內兩旁列鼓如干，同時齊鳴，其聲如雷。

（清）王先謙《東華續錄·嘉慶三五》

庚辰，上詣社稷壇祈雨。

位次

（明）徐一夔等《明集禮》卷八《吉禮第八·社稷篇》

爵洗位於稷壇之東北，御洗位於爵洗位之北。御位於兩壇北之正中，皇太子位於御位之右稍後，文武陪祭官位於御位之後，文東武西。讀祝官位於神位之右，導駕及奏禮官六人位於御位之左右稍前，東西相向。御史二人位於兩壇下之東西。贊禮二人位於壇南。承傳二人位於贊禮之北。引班四人於陪祭官之左右，俱東西相向。協律郎二人於樂懸之東西。樂生位於懸前，舞生位於懸後。司尊、司洗、司爵、捧幣各於其所。望瘞位於壇之西北。

（清）觀保等《太常寺則例》卷四一《大祀·社稷·辨位》

親詣行禮位次：壇壝門外正中，爲皇上行禮拜位，南向。拜殿之前甬道左右，爲陪祭王公拜位左翼居東，右翼居西。拜殿前東西隅爲百官拜位，東西各五班，均重行異等，東位西上，西位東上。

親詣執事位次：壇門外，司拜褥鑾儀衛官一員，立於皇上拜位之右，東面。本寺司祝一員立祝案之西，東面，司香二員、司玉帛一員、司帛一員、司爵二員、光祿寺奉福胙堂官二員、本寺贊福胙官一員、鑾儀衛鋪拜褥官一員，序立於西案之西，東面。司香二員、司玉帛一員、司帛一員、司爵二員、鑾儀衛司拜褥官一員，序立於東案之東，西面。侍儀禮部堂官二員立東案之南，西面。侍儀都察院堂官二員，樂部典樂一員立西案之南，東面。唱樂官一員，立西樂懸之前，東面。舉麾、對麾、引舞樂工序立於東、西樂懸之次，歌工立樂工之次，樂舞生文、武八佾，分行序立，西在歌工之左，東在歌工之右，皆西列東上，東列西上。本寺典儀一員，在樂工之北，西位東面。接福胙侍衛二員，立於壇門外之東。記注官四員，立於侍衛之次，均西面。糾儀御史六員、禮部司官六員，分立於陪祀王公百官拜位前，東西面。鴻臚寺官二員，分立於御史、禮部、司官之次，東西面。掌瘞官率瘞人立瘞池西北隅。

遣官行禮位次：壇壝門外甬道正中爲遣官拜位，南向。拜殿前東西隅爲百官拜位，東西各五班，均重行異等，東位西上，西位東上。

遣官執事位次：本寺司祝一員，立祝案之西，東面。司爵二員、司玉帛一員、司帛一員、司香二員序立西案之西，東面。司爵二員、司玉帛一員、司帛一員、司香二員序立東案之東，西面。糾儀禮部司官二員立西案之南，東面。司樂協律郎、樂工序立東西樂懸之次，歌工立樂工之次，樂舞生文武八佾，分行序立，西在歌工之右，東在歌工之左，皆西列東上，東列西上。本寺典儀一員在樂工之北西位，東西。糾儀御史、禮部司官各四員，分立於陪祀百官拜位前，東西面。鴻臚寺官二員分立於禮部司官之次，東西面。掌瘞官率瘞人立瘞池西北隅。

（清）觀保等《太常寺則例》卷九六《告祭‧社稷祈雨‧辨位》

祈雨告祭恭遇，親詣行禮或遣官將事執事各官依次序立，如常祀儀。

（清）昆岡等《大清會典圖》卷一〇《禮一〇‧祀典一〇》

社稷壇，北向。壇上太社神座設於東，太稷神座設於西，均北向。后土句龍氏神座，東設西向；后稷氏神座，西設東向。座前均設懷案一，籩豆案一，花香案一。配位神座及懷案下，各施墊桌一。太社位饌桌，設於案後少東；太稷位饌桌，設於案後少西；后土位饌桌，設於案左；后稷位饌桌，設於案右。子階下少西祝案一，北向。東尊桌一，接桌一，均西向。西福胙桌一，尊桌一，接桌一，均東向。東櫺星門外墻北，接福胙桌一。東西南櫺星門內正中，香案各一。東西階下，各設龕二座，備遇風雨。

覆護：神牌典守官四人，各執長竿相對側立以御飛禽。壇壝門外正中，爲皇帝行禮拜位，南向。贊引對引各一人，東西面。拜殿之前甬道左右，爲陪祀王以下公以上拜位，左翼居東，右翼居西，均南向。拜殿前東西隅，爲百官拜位，文五品、武四品以上，東西各五班，均南向。壇門外，司拜褥、鑾儀衛官二人，立於皇帝拜位之右，東面。壇門內，司香二人，司玉帛一人，司帛一人，司爵二人，讀祝官一人，奉福酒、福胙光禄寺卿二人，贊福胙官一人，司香拜褥一人，序立於西案之西，東面。司香二人，司玉帛一人，司帛一人，司爵二人，司香拜褥一人，序立於東案之東，西面。侍儀禮部尚書一人，侍郎一人，立於東案之南，西面。都察院左都御史一人，副都御史一人，樂部典樂一人，立於西案之南，東面。唱樂官一人，立於西樂懸之前，東面。協律郎引舞樂工，序立於東西樂懸之次，歌工立樂工之次，樂舞生文武八佾，分行序立，西在歌工之左，東上，東在歌工之右，西上。典儀一人，在歌工之北，東面。接福酒福胙侍衛二人，立於壇門外之東。記注官四人，立於侍衛之次，均西面。引禮鴻臚寺官二人，糾儀御史六人，禮部司官六人，分立於陪祀王公百官拜位前，均東西面。壇北門外之西，爲皇帝望瘞位，西向。掌瘞官一人，率瘞人立於瘞坎西北隅。如祭時驟遇風雨，另設香案於拜殿南檐，皇帝於拜殿行禮。王公拜位移於拜殿階下，百官拜位移於戟殿南檐兩旁。

遣官行禮：壇門外甬道正中，爲承祭官拜位，南向。不飲福受胙，王公不陪祀，不設福胙桌、接福胙桌，不用光禄寺、侍衛、贊胙、司拜褥及樂部大臣、記注官。壇前糾儀御史四人，立於東案之南，西面。禮部司官二人，立於西案之南，東面。其餘各位次同報祀位次同，惟不設配位。報祀遣官行禮，亦與遣官行禮位次同。【略】

社稷壇祈祀，不設配位，不飲福受胙，不設饌桌、福胙桌、接福胙桌，不用光禄寺、侍衛、贊福胙官，惟設東西尊桌各一、司香司玉帛司爵各二人，分東西立。東西階下，各設龕一座。典守官用二人，各執長竿對立，其餘各位次同。【略】

社稷壇因事祇告：遣官行禮，不設配位，不作樂，不陪祀，惟設祝案一、東西尊桌各一。壇門外甬道正中，爲承祭官拜位，南向。壇門內讀祝官一人，立於西東面。司香司帛司爵各二人，分立東西案之後，東西面。糾儀御史二人，分立東西案之北，東西面。典儀一人，立於壇北左門內，東面。掌瘞官，率瘞人立於瘞次西北隅。

（清）昆岡等《大清會典事例》卷一〇七四《太常寺・社稷禮節》

行禮位：壇門外正中爲皇帝行禮拜位，南向。拜殿前夾甬道左右爲陪祭王公拜位，左翼居東，右翼居西。東西隅爲百官拜位，文官郎中以上，武官參領世爵、輕車都尉以上，東西各五班，均重行異等，東位西上，西位東上。

執事位：壇門外司拜褥、鑾儀衛官二人，分立於皇帝拜位左右，東西面。太常寺司祝一人，立祝案西，東面。司爵四人，司玉帛二人，司帛二人，司香二人，光禄寺卿二人，太常寺贊賜福胙一人，序立西案之西，東面。司香二人，序立東案之東，西面。侍儀禮部尚書侍郎各一人，立東案之南，西面。都察院左都御史、副都御史各一人，樂部典樂一人，立西案之南，東面。司樂協律郎樂工歌工舞佾立位，與北郊同。

太常寺典儀一人，在樂工之北，西位東面。接福胙侍衛二人，立於壇門外東，司拜褥官之次。記注官四人，立於侍衛之次，均西面。糾儀御史四人，禮部祠祭司官四人，分立於陪祀王公百官拜位前，引王公百官行禮。鴻臚寺官二人，分立於御史、禮部官之次，均東西面。掌瘞官率瘞人立壇外西北隅。是日五鼓，鑾儀衛陳法駕鹵簿於午門外，陳金輦於太和門外。陪祀王以下公以上按翼集壇門外，候駕至隨行。百官序立於壇門外左右祗俟，均東西面。司祝恭奉祝版，安於祝案。日出前四刻，禮部尚書一人率太常寺卿屬詣神庫上香行禮，恭請神位，以次奉安於神座如儀。

（清）昆岡等《大清會典事例》卷一〇九五《祭祀》

東西序立，北上，跪送跪迎如儀。凡祭祀迎送，儀均同，惟躬祭社稷壇，不陪祀王公，仍於午門外兩觀跪候迎送外，不陪祀各官，於闕左右門南鹵簿外，夾御道東西跪候迎送。

遣官恭代行禮，豫引百官入至外壇門外拜位，分翼東西面序立。遣官進內壇門至行禮位，引百官北面立。禮成。引百官仍東西面立，遣官出，各引退。

凡孟夏行常雩禮，與冬至大祀同，如皇帝步禱。是日，引王公於齋宮門外，按翼西上南北面序立，候駕過，隨豹尾班後行。餘均同。【略】

社稷壇：設王公拜位於拜殿之南，嵌設拜石，左右重行。百官拜位於拜殿兩旁，嵌設品級拜石，左右各四行。午門鐘鳴，豫引百官由社稷壇街門南門入，至拜殿兩旁，左翼在左，右翼在右，南上，東西面序立。引王公於闕右門外，左翼在南，右翼在北，西上對面序立。候駕過，隨豹尾班後行，由壇北門入，左翼隨進東門，由戟門拜殿東；右翼進西門，由戟門拜殿西。至拜位，引百官各就拜位，均南向序立。送祝帛時，引左翼王公避立東旁，右翼王公退立拜殿階下，候過，引復位。望瘞時，引左翼王公退立於內壇左墻角，右翼王公於拜殿西百官之前，立。望瘞禮成。候駕過，引王公隨行，引百官以次由原路出。若遣官及禱雨報謝，引百官行禮同。

（清）昆岡等《大清會典事例》卷一一〇九《鑾儀衛》

北郊、太廟、社稷壇，均乘金輦。如值聖駕乘禮輿，金輦仍設。

（四）樂舞

樂章樂律

（明）申時行等《大明會典》卷八五《禮部四三·社稷等祀·太社稷》

樂章

迎神，《廣和之曲》：予惟土穀兮造化功，爲民立命兮當報崇。民歌且舞兮朝雍雍，備筵率職兮候迓迎。想聖來兮祥風生，欽當稽首兮告拜豐。

初獻，《壽和之曲》：氤氳氣合兮物遂蒙，民之立命兮荷陰功。予將玉帛兮獻微衷，初斟醴薦兮民福洪。

亞獻，《豫和之曲》：予今樂舞兮再捧觴，願神昭格兮軍民康。思必穆穆兮靈洋洋，感厚恩兮拜祥光。

終獻，《熙和之曲》：干羽飛旋兮酒三行，香烟繚繞兮雲旌幢。予今稽首兮忻且惶，神顏悦兮霞彩彰。

徹饌，《雍和之曲》：祖陳微禮兮神喜將，琅然絲竹兮樂舞揚。願祥普降兮遐邇方，烝民率土兮盡安康。

送神，《安和之曲》：氤氲氤氲兮祥光張，龍車鳳輦兮駕飛揚。遥瞻稽首兮去何方，民福留兮時雨暘。

望瘞，《時和之曲》：捧肴羞兮詣瘞方，鳴鑾率舞兮聲鏗鏘。思神納兮民福昂，予今稽首兮謝恩光。

（明）佚名《太常續考》卷三《春秋社稷事宜》

高皇御製樂章，樂七奏，舞八佾。

迎神，《廣和》：

予惟土穀兮造化功，爲民立命兮當報崇。

合四一四尺四合尺，六工尺一尺四合尺。

民歌且舞兮朝雍雍，備筵率職兮侯迓迎。

一尺一尺工六工尺，合四一四尺四合四。

想聖來兮祥風生，欽當稽首兮告年豐。

一尺工尺六工尺，工尺合四尺一四合。

奠玉帛、初獻，《壽和》《武功之舞》：

氤氲氣合兮物遂蒙，民之立命兮荷陰功。

合四一四尺四合尺，六工尺一尺一四合。

予將玉帛兮獻微衷，初斝醴薦兮民福洪。

工尺一尺工尺六工，合四一四尺一四合。

亞獻，《豫和》《文德之舞》：

予令樂舞兮再捧觴，願神昭格兮軍民康。

合四一四尺工尺工，工六尺一尺一四合。

思必穆穆兮靈洋洋，感厚恩兮拜祥光。

四合四一尺六工尺，工六工尺合四合。

終獻，《宣和》《文德之舞》：

干羽飛旋兮酒三行，香烟繚繞兮雲旌幢。

合四一四尺工六尺，工尺一合四尺四合。

予今稽首兮欣且惶，神顏悦兮霞彩彰。

六工尺一尺六尺工，工尺一尺四工合。

徹饌，《雍和》：

粗陳微禮兮神喜將，琅然絲竹兮樂舞揚。

四合上四尺六上尺，工尺上四上四合上。

願祥普降兮遐邇方，烝民率土兮盡安康。

合四上四尺六上尺，工尺上四上合上四。

送神，《安和》：

氤氳氤氳兮祥光張，龍車鳳輦兮駕飛揚。

合四一四尺六工尺，工尺一合四一尺四。

遙瞻稽首兮去何方，民福留兮時雨。

六工尺一尺工六工，合四尺一四工合。

望瘞，《時和》：

捧餚餴兮詣瘞方，鳴鸞率舞兮聲鏗鏘。

合四尺一四合尺，六工尺一尺六尺工。

思神納兮民福昂，予今稽百兮謝恩光。

合四一四尺合四，六工尺一尺合四合。

（清）江蘩《太常紀要》卷二《祀議》

順治元年秋八月庚戌，大學士馮銓、謝昇、洪承疇等言：郊廟及社稷樂章，歷朝各取佳名，以明一代之制。除漢魏曲名別不可枚舉外，梁用雅，北齊及隋用夏，唐用和，宋用安，金用寧，元宗廟用寧、郊社用成，明朝用和。本朝削寇以有天下，擬改用平字。【略】

社稷七奏：迎神奏《廣平》，初獻奏《壽平》，亞獻奏《嘉平》，終獻奏《雍平》，徹饌奏《熙平》，送神奏《成平》，望燎奏《安平》。議入，從之。

（清）江蘩《太常紀要》卷八《祀禮·樂章樂七奏舞八佾》

迎神，《廣平》：倚歟土穀兮功化隆，烝民立命兮九域同。壇壝嚴肅兮風露通，我稷翼翼兮俎豆豐。望雲駕兮駗驎龍，秉圭植璧兮予親躬。

奠玉帛，《壽平》：禋祀黝牲兮北郊同，清酤既載兮臨齋宮。朝踐初舉兮鑒予衷，洋洋在上兮賜福洪。

亞獻，《嘉平》：樂具入奏兮聲喤喤，兒觥其獻兮恭再揚。厚德配地兮祐家邦，屢豐年兮兆度康。

終獻，《雍平》：方壇北宇兮神中央，盈廷帗舞兮時低昂。酌醑三爵兮餘芬芳，黍稷非馨兮悅且康。

送神，《成平》：孔蓋翠旌兮隨風揚，龍輈容與兮指天閶。咫尺神靈兮隔穹蒼，流景祚兮蔔世昌。

望瘞，《申平》：牲玉陳兮延景光，百靈既洽兮終瘞藏。願神聽兮時予匡，四海攸同分惠無疆。

(清)張廷玉等《明史》卷六二《志三八‧樂志二‧樂章一》

洪武元年太社稷异壇同壝樂章。

迎神，《廣和之曲》：五土之靈，百穀之英。國依土而寧，民以食而生。基圖肇建，祀禮修明。神其來臨，肅恭而迎。

奠幣，《肅和之曲》：有國有人，社稷爲重。昭事云初，玉帛虔奉。維物匪奇，敬實將之。以斯爲禮，冀達明祇。

進俎，《凝和之曲》：崇壇北向，明禋方闉。有潔犧牲，禮因物顯。大房載設，中情以展。景運既承，神貺斯衍。

初獻，《壽和之曲》：太社云，高爲山林，深爲川澤。崇丘廣衍，亦有原隰。惟神所司，百靈效職。清醴初陳，顯然昭格。句龍配云，平治水土，萬世神功。民安物遂，造化攸同。嘉惠無窮，報祀宜豐。配食尊嚴，國家所崇。太稷云，黍稷稻粱，來牟降祥，爲民之天。豐年穰穰，其功甚大，其恩正長。乃登芳齊，以享以將。后稷配云，皇皇后稷，克配於天。誕降嘉種，樹藝大田。生民粒食，功垂萬年。建壇於京，歆兹吉蠲。

亞獻，《豫和之曲》：太社云，廣厚無偏，其體弘兮。德侔坤順，萬物生兮。錫民地利，神化行兮。恭祀告虔，國之禎兮。句龍配云，周覽四方，偉烈昭彰。九州既平，五行有常。壇位以妥，牲醴之將。是崇是嚴，煥然典章。太稷云，億兆林林，所資者穀。雨暘應時，家給人足。倉庾坻京，神介多福。祇薦其儀，昭事維肅。后稷配云，躬勤稼穡，有相之道。不稂不莠，實堅實好。農事開國，王基永保。有年自今，常奉蘋藻。

終獻，《豫和之曲》，詞同亞獻。

徹豆，《雍和之曲》：禮展其勤，樂奏其節。庶品苾芬，神明是達。有嚴執事，俎豆乃徹。穆穆雍雍，均其欣悅。

送神，《安和之曲》：維壇潔清，維主堅貞。神之所歸，依兹以寧。土宇靖安，年穀順成。祀事昭明，永致升平。

望瘞，《時和之曲》：晨光將發，既侑既歆。瘞兹牲幣，達於幽陰。神人和悅，實獲我心。永久禋祀，其始於今。

洪武十一年合祭太社稷樂章。

迎神，《廣和之曲》：予惟土穀兮造化工，爲民立命兮當報崇。民歌且舞兮朝雍雍，備筵率職兮候迓迎。想聖來兮祥風生，欽當稽首兮告年豐。

初獻，《壽和之曲》：氤氳氣合兮物遂蒙，民之立命兮荷陰功。予將玉帛兮獻微衷，初斟醴薦兮民福洪。

亞獻，《豫和之曲》：予令樂舞兮再捧觴，願神昭格兮軍民康。思必穆穆兮靈洋洋，感恩厚兮拜祥光。

終獻，《熙和之曲》：干羽飛旋兮酒三行，香烟繚繞兮雲旌幢。予今稽首兮忻且惶，神顏悦兮霞彩彰。

徹饌，《雍和之曲》：粗陳微禮兮神喜將，琅然絲竹兮樂舞揚。願祥普降兮遐邇方，烝民率土兮盡安康。

送神，《安和之曲》：氤氳氳氳兮祥光張，龍車鳳輦兮駕飛揚。遥瞻稽首兮去何方，民福留兮時雨暘。

望瘞，《時和之曲》：捧殽羞兮詣瘞方，鳴鑾率舞兮聲鏗鏘。思神納兮民福昂，予今稽首兮謝恩光。

嘉靖十年初立帝社稷樂章。

迎神，《時和之曲》：東風兮地脉以融，首務兮稼穡之工。秋祭云："金風兮萬寶以充，忻成兮稼穡之工。" 祀神於此兮苑中，願來格兮慰予衷。

初獻，《壽和之曲》：神兮臨止，禮薦清醇，菲幣在筐，初獻式遵。神其鑒兹，享斯藻蘋。我祀伊何？祈報是因。神兮錫祉，則阜吾民。

亞獻，《雍和之曲》：二觴載舉，申此殷勤。神悦兮以納，祥霭兮氤氳。

終獻，《寧和之曲》：禮終兮酒三行，喜茂實兮黍稷粱。農事待兮豐康，予稽首兮以望。

徹饌，《保和之曲》：祀事告終，三獻既周。徹之罔遲，惠注田疇。迓以休貺，庇兹有秋。

送神，《廣和之曲》：耕耨伊首，秋祭云："耕耨告就。" 力事豆籩。粢盛賴之，於此大田。予將以祀，神其少延。願留嘉祉，副我潔虔。肅駕兮雲旋，普予兮有年。

望瘞，曲同。

（清）昆岡等《（光緒）大清會典》卷四二

以祭太社、太稷，以饗歷代帝王，以釋奠於先師孔子，以祀關帝、文昌。社稷壇、文廟、關帝、文昌之祭，春以二月、秋以八月，故即用其月律。歷代帝王廟，春祭諏吉於清明後，秋祭諏吉於霜降前，其月建有在三月、九月者，日躔則仍是二月、八月，故亦用二月、八月之律。

凡祈報於社稷，則以其月之律為宫。如在四、五、六月，則以仲呂蕤賓林鍾為宫。【略】

社稷壇樂懸，設於内壇門内，北向。【略】

有七成。社稷壇：迎神，奏《登平》，一成。奠玉帛、初獻，奏《茂平》，一成。亞獻，奏《育平》，一成。終獻，奏《敦平》，一成。徹饌，奏《博平》，一成。送神，奏《樂平》，一成。望瘞，奏《徵平》，一成。祈雨於社稷壇：迎神，奏《延豐》，一成。奠玉帛、初獻，奏《介豐》，一成。亞獻，奏《滋豐》，一成。終獻，奏《需豐》，一成。徹饌，奏《綏豐》，一成。送神，奏《貽豐》，一成。望瘞，奏《溥豐》，一成。祈晴於社稷壇：迎神，奏《延和》，一成。奠玉帛、初獻，奏《兆和》，一成。亞獻，

奏《布和》，一成。終獻，奏《協和》，一成。徹饌，奏《雍和》，一成。送神，奏
《豐和》，一成。望瘞，奏《咸和》，一成。

(清) 昆岡等《大清會典事例》四二七《禮部·大祀》

(乾隆) 十八年奏准：增撰社稷壇祈雨報祭之樂，樂章皆以豐爲名。【略】

(乾隆) 二十一年增社稷壇望瘞樂章。

(清) 昆岡等《大清會典事例》卷五二四《樂部·樂律》

又諭：冬至以黃鐘爲宮，倍夷則爲羽之説甚合。至社稷壇，與方澤同之處，方澤
用蕤賓之呂爲林鐘尚可。朕意社稷究不可同，或亦同文廟春秋分用夾鍾南呂之處，一
并再議。又帝王廟春用夾亦妥，秋祭以九月，或用無射，或仍用南呂之處再議。欽此。
遵旨議定：社稷壇祭以春秋二仲月之上戊，春以夾鍾爲宮，秋以南呂爲宮。祈雨以夾
鍾爲宮，報祭以南呂爲宮。

(清) 昆岡等《大清會典事例》卷五二五《樂部·樂律·大祀》

(順治元年) 又定：致祭社稷壇，迎神奏《廣平之章》，奠玉帛、初獻奏《壽平之
章》，亞獻奏《嘉平之章》，終獻奏《雍平之章》，徹饌奏《熙平之章》，送神望瘞奏
《成平之章》，禮畢導迎樂奏《祐平之章》。【略】

(乾隆七年) 又奏定：致祭社稷壇，迎神奏《登平》，奠玉帛、初獻奏《茂平》，
亞獻奏《育平》，終獻奏《敦平》，徹饌奏《博平》，送神奏《樂平》，望瘞奏《徵
平》，禮畢和聲署奏《祐平》，鹵簿大樂并作，皇帝還宮。偶遇歲旱，遣親王祈禱，雨
足報祀，迎神奏《延豐》，奠玉帛、初獻奏《介豐》，亞獻奏《滋豐》，終獻奏《霈
豐》，徹饌奏《綏豐》，送神奏《貽豐》，望瘞奏《博豐》。俱用中和韶樂。祈用夾鍾爲
宮，報用南呂爲宮。謹案：社稷壇樂詞章名，是年奉旨更定。至乾隆二十一年，增設望瘞樂章，嗣後
并照新定儀制用樂。

(清) 昆岡等《大清會典事例》卷五三一《樂部·樂章》

社稷壇

《登平之章》，迎神。媪神蕃釐兮厚德隆，嘉生繁祉兮功化同。壇壝儼肅兮風露融，
我稷翼翼兮黍芄芄。望雲駕兮驂鸞龍，植壁秉圭兮冀感通。

《茂平之章》，奠玉帛、初獻：恪恭禋祀兮肅且雍，清醑既載兮臨齋宮。朝踐初舉
兮玉帛共，洋洋在上兮鑒予衷。

《育平之章》，亞獻。樂具入奏兮聲喤喤，鬱鬯再升兮賓八鄉。厚德配地兮佑家邦，
綏我豐年兮兆庶康。

《敦平之章》，終獻。方壇北宇兮神中央，盈庭萬舞兮帔低昂。酌酒三爵兮桂醑香，
清雝舊邦兮命溥將。

《博平之章》，徹饌。大房籩豆兮儼成行，歆此吉蠲兮神迪嘗。廢徹不遲兮餘芬芳，
桐生茂豫兮百穀昌。

《樂平之章》，送神。孔蓋翠旌兮隨風颺，龍輈容與兮指天閶。咫尺神靈兮隔穹蒼，願流景祚兮既皇章。

《徵平之章》，望瘞。玉既陳兮延景光，禮既洽兮恭瘞藏。願神聽兮時予匡，垂神佑兮永無疆。

社稷壇祈雨報謝

《延豐之章》，迎神。九土博厚兮阜嘉生，方壇五色兮祀孔明。盱力穡兮服耕，仰甘膏兮百穀用成。熙雲露兮瞻翠旌，殷閭澤兮展精誠。

《介豐之章》，奠玉帛、初獻。神來格兮宜我黍稷，兩圭有邸兮馨明德。疊尊湛湛兮干羽飭，油雲澍雨兮溥下國。

《滋豐之章》，亞獻。奏齍明兮申載觶，龍出泉兮靈安翔。周寰宇兮滂洋，載神庥兮悅康。

《需豐之章》，終獻。帗容與兮奮皇舞，聲遠姚兮震靈鼓。爵三奏兮縮桂醑，號屏來御兮德施普。

《綏豐之章》，徹饌。協笙磬兮告吉蠲，神迪嘗兮禮莫愆。心齋肅兮增惕乾，咨田畯兮其樂有年。

《貽豐之章》，送神。撫懷心兮神聿歸，華蓋趶偈兮驂虯騑。洪厘渥兮雨祁祁，公私霈足兮孰知所爲。

《溥豐之章》，望瘞。宣祝嘏兮列瘞繒，既允答兮時欽承。高原下隰兮以莫不興，歌率育兮慶三登。

社稷壇祈晴報謝

《延和之章》，迎神。庶彙涵育兮陽德亨，句萌苗達兮物向榮。方壇潔兮展誠，迓休和兮寰宇鏡清。祈昭格兮瞻翠旌，沐日月兮百寶生。

《兆和之章》，奠玉帛、初獻。瑟圭瓚兮通微合漠，神歆明德兮鑒誠恪。昭回雲漢兮噓橐籥，曜靈司晷兮時暘若。

《布和之章》，亞獻。申獻侑兮奉明齍，薦馨香兮和氣隨。神介福兮孔綏，耀光明兮九逵。

《協和之章》，終獻。帗羽舞兮八風敞，爵三奏兮告成享。順年祝兮泰階朗，元冥收陰兮日掌賞。

《雍和之章》，徹饌。籩俎徹兮受福多，笙磬同兮六律和。庶徵協兮時無頗，熙樂利兮東作南訛。

《豐和之章》，送神。神聿歸兮華蓋揚，羲和整馭兮虯螭翔。遍臨照兮協農祥，天清地寧兮黍稷豐穰。

《咸和之章》，望瘞。禮告備兮祝嘏宣，望瘞繒兮心彌虔。占期十日兮陽德無愆，答神貺兮萬斯年。

(清) 昆岡等《大清會典事例》卷五三四《樂部·樂章·導迎樂》

社稷壇分職三大，康乂國家。平土蕃穀，降休中夏。薦吉蠲，神不遐。遍九垓，鶨祉嘉。

(清) 昆岡等《大清會典事例》卷一〇七四《太常寺·社稷禮節》

(嘉慶) 十二年諭：向來祈雨、報雨，本無樂章。迨乾隆十八年始行增設。至祈晴、報晴，本不時有，嘉慶六年曾因雨水稍多，舉行此禮，彼時未經議設樂章，因念雨暘祈報，民瘼攸關，典禮自宜畫一。所有祈晴、報晴，應行增設樂章之處，著樂部、太常寺查明，交翰林院妥擬進呈。候朕閱定，交太常寺載入《則例》，永遠遵行。

趙爾巽《清史稿》卷九四《志六九·樂志一》

社稷壇，皇帝出宮，聲鐘，不作樂。致祭瘞毛血迎神奏《廣平》，奠玉帛初獻奏《壽平》，亞獻奏《嘉平》，終獻奏《雍平》，徹饌奏《熙平》，送神望瘞奏《成平》。禮成，教坊司導迎奏《祐平》，聲鐘還宮。【略】

社稷迎神《登平》，奠帛、初獻《茂平》，亞獻《育平》，終獻《敦平》，徹饌《博平》，送神《樂平》，望瘞《徵平》。社稷壇祈雨報祀迎神《延豐》，奠帛、初獻《介豐》，亞獻《滋豐》，終獻《霈豐》，徹饌《綏豐》，送神《貽豐》，望瘞《博豐》。【略】

仁宗嘉慶元年，增製太上皇帝三大節御殿《中和韶樂》二章，《丹陛大樂》一章，宮中行禮《丹陛大樂》一章，筵宴《中和清樂》一章、《丹陛清樂》二章、《慶隆舞樂》九章，又增皇極殿千叟宴太上皇帝御殿《中和韶樂》二章。自後臨雍，幸翰林院、文昌廟祀，社稷壇祈晴及萬壽節，皆增製樂章。

趙爾巽《清史稿》卷九六《志七一·樂志三》

社稷壇七章《中和韶樂》，春夾鐘清商立宮，倍應鐘清變宮主調；秋南吕清徵立宮，仲吕清角主調。

迎神《登平》原《廣平》。媪神蕃厘兮，厚德隆。原猗歟土穀兮，功化隆。嘉生繁祉兮，功化同。原蒸民立命兮，九域同。壇壝儼肅兮，風露融。原通。我稷翼翼兮，黍芃芃。原俎豆豐。望雲駕兮，驂鸞龍。植璧秉圭兮，冀感通。原秉圭植璧兮，予親躬。

奠玉帛、初獻《茂平》原《壽平》。恪恭禋祀兮，肅且雍。原禋祀騂牲兮，北郊同。清酳原酤。既載兮，臨齋宫。朝踐初舉兮，玉帛共。原鑒予衷。洋洋在上兮，鑒予衷。原錫福洪。

亞獻《育平》原《嘉平》。樂具入奏兮，聲喤喤，欝鬯再升兮，賓八鄉。原兕觥其觩兮，恭再揚。厚德配地兮，佑家邦。綏我豐年原屢豐年兮，兆庶康。

終獻《敦平》原《雍平》。方壇北宇兮，神中央。盈庭萬原帔。舞兮，帔原時。低昂。酌酒原酳。三爵兮，桂原緑。醑香。清雖舊邦原新舊邦兮，命溥將。

徹饌《博平》原《熙平》。大房籩豆原籩豆大房。兮，儼成行。歆此吉蠲兮，神迪嘗。

原猶回翔。廢徹不遲原椒漿瑤席。兮，餘芬芳。桐生茂豫兮，百穀昌。原黍稷非馨兮，悦且康。

送神《樂平》原《成平》。孔蓋翠旌兮，隨風颻。龍輈容與兮，指天閶。咫尺神靈兮，隔穹蒼。願流景祚兮，覬皇章。原流景祚兮，人世昌。

望瘞《徹平》原《成平》。玉既陳原牲玉陳。兮，延景光。禮既洽原百禮既洽。兮，終瘞藏。願神聽兮，時予匡。垂神佑兮，永無疆。原四海攸同兮，惠無疆。

社稷壇祈雨、報祀七章乾隆十八年定。《中和韶樂》，仲呂清角立宮，大呂清宮主調。初祈用夾鐘清商立宮，報南呂清徵立宮，旋改隨月用律宮譜，舉四月爲例。祈晴、報祀同。

迎神《延豐》九土博厚兮，阜嘉生。方壇五色兮，祀孔明。畊力穡兮，服耕。仰甘膏兮，百穀用成。熙雲路兮，瞻翠旌。殷閭澤兮，展精誠。

奠玉帛、初獻《介豐》神來格兮，宜我黍稷。兩主有邸兮，馨明德。疊尊湛湛兮，干羽飾。油雲澍雨兮，溥下國。

亞獻《滋豐》奏盦明兮，申載觴。龍出泉兮，靈安翔。周寰宇兮，滂洋。載神麻兮，悦康。

終獻《需豐》帗容與兮，奮皇舞。聲遠姚兮，震靈鼓。爵三奏兮，縮桂醑。號屏來御兮，德施普。

徹饌《綏豐》協笙磬兮，告吉蠲。神迪嘗兮，禮莫愆。心齋肅兮，增惕乾。咨田畯兮，其樂有年。

送神《貽豐》撫懷心兮，神聿歸。蓋郅偈兮，驂虯騑。洪厘渥兮，雨祁祁。公私霈足兮，孰知所爲。

望瘞《溥豐》宣祝嘏兮，列瘞繪。覬允答兮，時欽承。高原下隰兮，以莫不興。歌率育兮，慶三登。

社稷壇祈晴、報祀七章嘉慶十一年重定。《中和韶樂》，仲呂清角立宮，大呂清宮主調。

迎神《延和》庶彙涵育兮，陽德亨。句萌苗達兮，物向榮。方壇潔兮，展誠。迓休和兮，寰宇鏡清。祈昭格兮，瞻翠旌。沐日月兮，百寶生。

奠玉帛、初獻《兆和》瑟圭瓚兮，通微合漠。神歆明德兮，鑒誠恪。昭回雲漢兮，噓橐籥。曜靈司晷兮，時暘若。

亞獻《布和》申獻侑兮，奉明盦。薦馨香兮，和氣隨。神介福兮，孔綏。耀光明兮，九遠。

終獻《協和》帗羽舞兮，一風敵。爵三奏兮，告成享。順年祝兮，泰階朗。元冥收陰兮，日掌賞。

徹饌《雍和》籩俎徹兮，受福多。笙磬同兮，六律和。庶徵協兮，時無頗。熙樂利兮，東作南訛。

送神《豐和》神聿歸兮，華蓋揚。羲和整馭兮，虹螮翔。遍臨照兮，協農祥。天

清地寧兮，黍稷豐穰。【略】

社稷壇分職三大，康乂國家。平土蕃穀，降休中夏。薦吉蠲，神不遲。遍九垓，羈祉嘉。

樂器

(明) 佚名《太常續考》卷三《春秋社稷事宜·樂器》

琴十張，笙拾攢，簫十枝，笛十枝，箎六枝，瑟四張，塤二個，排簫二架，搏拊二座，柷一座，敔一座，鐘一架。計十六口。磬一架，計十六塊。鼓一座，節二對，干戚六十四副，籥羽六十四副，麾一首。并架。

(清) 昆岡等《大清會典事例》卷五二七《樂部·樂制·陳設》

又祭社稷壇，設於内壝門内，東西分別，南向。其鎛鐘特磬，春用夾鍾，秋用南吕。祈祀、報祀，隨月用律，餘與北郊同。

(清) 昆岡等《大清會典事例》卷一〇六三《太常寺·樂器·中和韶樂》

社稷壇、歷代帝王廟，均設全搏鐘二，春用夾鍾之鐘，秋用南吕之鐘。玉特磬二，春用夾鍾之磬，秋用南吕磬。餘樂器同。

趙爾巽《清史稿》卷一〇一《志七六·樂志八》

中和韶樂，用於壇、廟者，鎛鐘一，特磬一，編鐘十六，編磬十六，建鼓一，箎六，排簫二，塤二，簫十，笛十，琴十，瑟四，笙十，搏拊二，柷一，敔一，麾一。先師廟，琴、簫、笛、笙各六，箎四，餘同。巡幸祭方岳，不用鎛鐘、特磬，琴、簫、笛、笙各四，瑟、箎各二，餘同。用於殿陛者，簫四，笛四，箎二，琴四，瑟二，笙八，餘同。

舞制

(清) 昆岡等《大清會典圖》卷五〇《樂二〇·樂舞五》

社稷壇初獻武舞譜

恪，左右正立，干正舉，戚衡左手上。

恭，左右正立，手微拱，干正舉，戚衡左手上。

禋，左右向西東，身微俯，兩足并，干、戚偏右左。

祀，左右面微向西東，身微倚東左西右，足少前，干、戚偏右左。

兮，左右向西東，起右左足，干、戚偏左右。

肅，左右正立，干居中，戚下垂。

且，左右向東西，身微俯右左，足少前，干平舉，戚衡左手上。

雍，左右正立，兩足并，干正舉，戚衡左手上。

清，左右向東西，兩手推出，干、戚分舉。

醑，左右正面左右，足虛立，干、戚偏左右。

既，左右向西東，兩足并，干平舉，戚衡左手上。

載，左右正立，干居左，戚下垂。

兮，左右向東西，身微俯右左，足少前，兩手微拱，干平舉，戚衡左手上。

臨，左右向東右西左，足少前，兩手推出，干平舉，戚衡左手上。

齋，左右俯首，左足虛立，干居左，戚居右下垂。

宮，左右向西東，身俯，起左右足，干、戚偏右左。

朝，左右正面，右足交於左，干居左，戚平衡。

踐，左右側首，身微向東左西右，足進前，干、戚偏右左。

初，左右向東西，身俯，干、戚偏右左。

舉，左右身微向東西，少蹲，干、戚偏右左。

兮，左右正立，干居中，戚居右。

玉，左右向西東，兩足并，兩手推出，干、戚分舉。

帛，左右正立，干居左，戚居右。

共，左右向東西，兩足并手微拱，干平舉，戚衡左手上。

洋，左右向東西，身微俯兩足并，干、戚偏左右。

洋，左右俯首偏左右右左，足虛立，干、戚偏右左。

在，左右正立，身微向西東，干、戚偏左右。

上，左右向西東，面仰，干平舉，戚衡左手上。

兮，左右向西東，身俯左右，足少前，干植地，戚衡左手上。

鑒，左右正面，左足交於右，干正舉，戚衡左手上。

予，左右正面，屈雙足，干正舉，戚衡左手上。

衷，左右屈雙足，俯首，干正舉，戚衡左手上。

社稷壇祭以春、秋仲月。初獻《武舞》，左右兩班，正面立。冬冠、夏冠視祭時，服紅色銷金花服，皆左手執干居左，右手執戚居右，干戚分植。工歌《茂平之章》，舞凡三十二式。

樂章

恪、恭、禋、祀、兮、肅、且、雍、清、醑、既、載、兮、臨、齋、宮、朝、踐、初、舉、兮、玉、帛、共、洋、洋、在、上、兮、鑒、予、衷。

社稷壇亞獻文舞譜

樂，左右正立，籥斜舉，羽植。

具，左右正立，籥平舉，右手伸出，羽植。

入，左右向東西，籥平指東西，羽植。

奏，左右正立，羽、籥如十字。

兮，左右向西東，身俯，起左右足，籥斜指下，羽植。

聲，左右正面，身微向西東，羽、籥偏左右，如十字。

嘽，左右正面，身微蹲，兩手推向東西，羽植。

嘽，左右正立，身俯，籥斜植地，羽植。

鬱，左右身微倚西右東左。足少前，羽、籥偏左右，如十字。

㐆，左右身微倚東左西右。足少前，羽、籥偏右左。如十字。

再，左右正立，身俯，羽、籥植地。

升，左右正立，籥高舉，羽平過額交，如十字。

兮，左右正立，俯首，羽、籥分植。

賓，左右向東西，起右左足，兩手推出，羽、籥分植。

八，左右向東西，身微俯右左，足少前，羽、籥如十字。

鄉，左右正立，籥斜倚肩，羽植。

厚，左右向西東，身俯左右，足交於右左，羽植，籥衡右手上。

德，左右側身向西東，兩手相并舉向東西，羽、籥分植。

配，左右正立，兩手上拱，羽、籥如十字。

地，左右正立，俯首，羽、籥如十字。

兮，左右正立，籥植居左，羽平指西，交如十字。

佑，左右正立，身微向西東，羽、籥斜倚肩。

家，左右向東西，兩足并，羽、籥斜指東西。

邦，左右正立，羽、籥向下斜交。

綏，左右向東西，身俯右左，足少前，籥斜指下，羽植。

我，左右正面，左足虛立，籥衡膝上，羽植。

豐，左右正面，身向西東，兩手推出，羽、籥分植。

年，左右正面，身向東西，兩手推出，羽、籥分植。

兮，左右正立，籥平衡，羽植籥上。

兆，左右正面，右足交於左，兩手微拱，羽、籥如十字。

庶，左右正面，屈雙足，羽、籥如十字。

康，左右屈雙足，俯首至地，羽、籥如十字。

社稷壇亞獻《文舞》，左右兩班，正面立，皆左手執籥當胸平衡，右手執羽當中植立高出於頂，羽籥相交如十字。工歌《育平之章》，舞凡三十二式。

樂章

樂、具、入、奏、兮、聲、嘽、嘽、鬱、㐆、再、升、兮、賓、八、鄉、厚、德、配、地、兮、佑、家、邦、綏、我、豐、年、兮、兆、庶、康。

社稷壇終獻文舞譜

方，左右正立，羽、籥植。

壇，左右向東西，籥斜指東西，羽植籥上。

北，左右向東西，面仰，羽、籥交如十字。

宇，左右正立，兩手相交，羽、籥并植。

兮，左右正面，身轉向西東，起左右足，羽、籥分植。

神，左右向西東，籥平指西東，羽植。

中，左右正立，羽、籥斜交。

央，左右向西右東左，足進前，籥下垂，羽植近肩。

盈，左右正立，身微蹲，羽、籥如十字。

庭，左右正面，左足虛立，籥斜倚膝，羽植。

萬，左右正立，籥平舉過肩，羽植。

舞，左右向東西，身俯，籥斜指下，羽植。

兮，左右正立，籥植居中，羽衡籥上。

帗，左右正立，羽、籥偏右左，如十字。

低，左右正立，身俯，籥衡及地，羽植籥上。

昂，左右向西東，兩足并兩手推出，羽、籥斜舉。

酌，左右正立，面向東西，兩手相并舉向西東，羽籥植。

酒，左右正立，籥植居中，羽衡籥下。

三，左右正立，兩手推向西東，羽、籥分植。

爵，左右向東西，籥下垂，羽植。

兮，左右正立，籥平衡，羽植。

桂，左右向東西，起右左足，羽、籥斜舉。

醑，左右正立，蹲身俯首抱右左膝，羽、籥如十字。

香，左右正面，右足交於左，籥植過肩，羽平額交如十字。

清，左右正立，籥下垂，右手伸出，羽植。

雛，左右向西東，籥平指西東，羽植，如十字。

舊，左右向西東，身微俯，羽、籥斜交，如十字。

邦，左右正立，籥植過肩，羽平額交如十字。

兮，左右正立，蹲身俯首抱左右膝，羽、籥如十字。

命，左右正立，兩手高舉，羽、籥如十字。

溥，左右正面，屈雙足，羽、籥如十字。

將，左右屈雙足，俯首至地，羽、籥如十字。

社稷壇終獻《文舞》，左右兩班，立如亞獻，皆左手執籥居左，斜衡腰際，右手執羽居右植立下齊當腰際。工歌《敦平之章》，舞凡三十二式。

樂章

方、壇、北、宇、兮、神、中、央、盈、庭、萬、舞、兮、帗、低、昂、酌、酒、

三、爵、兮、桂、醑、香、清、雖、舊、邦、兮、命、溥、將。

社稷壇祈報初獻武舞譜

神，左右正立，兩手微拱，干正舉，戚衡左手上。

來，左右向東西，身俯左右，足少前，干、戚偏左。

格，左右正立，身微蹲，干、戚偏左右。

兮，左右向西東，身微俯，起左右足，干正舉，戚斜衡左手上。

宜，左右身微向西東，干側舉，戚斜衡。

我，左右正立，身微俯兩手微拱，干正舉，戚衡左手上。

黍，左右側身向東左西右，足少前作進步勢，干、戚分舉。

稷，左右向東西，身俯右左，足少前，干、戚偏右左。

兩，左右身微向東左西右，足少前，干正舉，戚斜衡左手上。

圭，左右身微向西東，干正舉，戚衡左手上。

有，左右向東西，身俯右左，足少前，干、戚偏右左。

邸，左右正面，右足交於左，干居左，戚居右平衡。

兮，左右身微向西左東右，足進前，干正舉，右手伸出，戚下垂。

馨，左右正立，兩手微拱，干正舉，戚衡左手上。

明，左右向東西，身俯右左，足進前，干、戚偏右左。

德，左右正立，聳肩，干正舉，戚衡左手上。

罍，左右蹲身偏左右，側首，干正舉，戚斜衡左手上。

尊，左右正立，聳肩，干正舉，戚衡左手上。

湛，左右向東西，身俯右左，足進前左右，足虛立，干、戚偏左右。

湛，左右身微向東右西左，足進前，干正舉，戚衡左手上。

兮，左右正立，干居左，右手伸出，戚下垂。

干，左右正立，聳肩，兩手微拱，干正舉，戚衡左手上。

羽，左右向東西，身俯右左，足進前左右，足虛立，干、戚偏右左。

飭，左右正立，身俯，干居左，戚居右下垂及地。

油，左右正立，身微蹲，干、戚偏左右。

雲，左右向東右西左，足進前，干正舉，戚衡左手上。

澍，左右向西東，身俯右左，足進前，干、戚偏左右，作肩負勢。

雨，左右正立，干居左，戚居右下垂。

兮，左右向東西，身俯左右，足進前，干正舉，戚衡左手上。

溥，左右正立，手微拱，干正舉，戚衡左手上。

下，左右正面，屈雙足，干正舉，戚衡左手上。

國，左右屈雙足，俯首，干正舉，戚衡左手上。

社稷壇祈報以常雩後，初獻《武舞》，左右兩班，正面立，夏冠，服紅色銷金花服，皆左手執干居中當胸，右手執戚平衡戚，左柄右。工歌《介豐之章》，舞凡三十二式。

樂章

神、來、格、兮、宜、我、黍、稷、兩、圭、有、邸、兮、馨、明、德、疊、尊、湛、湛、兮、干、羽、飭、油、雲、澍、雨、兮、溥、下、國。

社稷壇祈報亞獻文舞譜

奏，_{左右向東西，身俯右左，足進前兩手并}，羽、籥如十字。

薦，_{左右正立，身俯，面微仰抱右左膝}，羽、籥如十字。

明，_{左右正立，身俯，面微仰抱左右膝}，羽、籥如十字。

兮，_{左右向西東，身微蹲，籥斜衡，羽植籥上}。

申，_{左右正立}，羽、籥向下斜交。

載，_{左右向東西，身俯}，羽、籥分植。

觴，_{左右正立，聳肩兩手微拱}，羽、籥如十字。

龍，_{左右身微向東西，兩手推出}，羽、籥分植。

出，_{左右向東西，身微俯，兩手推出}，羽、籥分植。

泉，_{左右正立，籥植居左，羽平衡過額如十字}。

兮，_{左右身微向西東，籥斜倚肩，羽植}。

靈，_{左右正立，籥平衡，羽植}。

安，_{左右向東西，身微俯兩足并，籥下垂，羽植}。

翔，_{左右正立，籥斜衡，羽植}。

周，_{左右正立，籥斜衡，羽斜倚肩}。

寰，_{左右正立，籥斜舉，羽平衡}。

宇，_{左右向東西，身俯}，羽、籥如十字。

兮，_{左右正立，籥斜舉近肩，羽植}。

澇，_{左右向西東，身微蹲，籥斜衡，羽植籥上}。

洋，_{左右正立，身俯}，羽、籥如十字。

戴，_{左右向東西，身俯}，羽、籥分植。

神，_{左右正立，聳肩兩手上拱}，羽、籥如十字。

庥，_{左右向西東，身俯，籥平指西東，羽植}，如十字。

兮，_{左右正立，兩手微拱}，羽、籥如十字。

悅，_{左右正面，屈雙足}，羽、籥如十字。

康，_{左右屈雙足，俯首至地}，羽、籥如十字。

社稷壇祈報亞獻《文舞》，左右兩班，正面立，皆左手執籥當胸平衡，右手執羽當中植立高出於頂，羽籥相交如十字。工歌《滋豐之章》，舞凡二十六式。

樂章

奏、盉、明、分、申、載、觸、龍、出、泉、分、靈、安、翔、周、寰、宇、分、滂、洋、戴、神、庥、分、悅、康。

社稷壇祈報終獻文舞譜

帗，左右向東西，籥斜衡，羽斜倚肩。

容，左右向東西，籥斜倚肩，羽斜指下。

與，左右正立，微蹲，籥植居左，羽衡籥下。

分，左右正立，微蹲，籥斜舉，羽植。

奮，左右向西左東右，足進前，趾向上，羽、籥如十字。

皇，左右正立，羽、籥向下斜交。

舞，左右向東西，左足虛立，籥斜倚膝，羽植。

聲，左右向東西，右足進，前趾向上，羽、籥如十字。

遠，左右正立，羽、籥分植。

姚，左右向西東，面微仰，籥平指西東，羽植。

分，左右正面，兩手微拱，羽、籥如十字。

震，左右向東西，兩手推出，羽、籥分植。

靈，左右向東西，身微俯，羽、籥分植。

鼓，左右正立，兩手相交，羽、籥并植。

爵，左右向東右西左，足進前左右，足虛立，羽、籥如十字。

三，左右向西左東右，足進前右左，足虛立，羽、籥如十字。

奏，左右向東西，身俯，羽、籥如十字。

分，左右正立，羽、籥向下斜交。

縮，左右向西東，仰面兩手推出，羽、籥斜舉。

桂，左右正立，俯首，羽、籥如十字。

醑，左右正立，兩手上拱，羽、籥如十字。

號，左右正立，羽、籥偏右左，如十字。

屏，左右正立，面微向東西，羽、籥偏左右，如十字。

來，左右向西東，身俯籥平指西東，羽植，如十字。

御，左右正立，手微拱，羽、籥如十字。

分，左右向東西，身俯，籥平指東西，羽植，如十字。

德，左右正立，兩手微拱，羽、籥如十字。

施，左右正面，屈雙足，羽、籥如十字。

普，左右屈雙足，俯首至地，羽、籥如十字。

社稷壇祈報終獻《文舞》，左右兩班，立如亞獻，左右手執羽籥亦如亞獻儀。工歌《需豐之章》，舞凡二十九式。

樂章

帗、容、與、兮、奮、皇、舞、聲、遠、姚、兮、震、靈、鼓、爵、三、奏、兮、縮、桂、醑、號、屏、來、御、兮、德、施、普。

趙爾巽《清史稿》卷九四《志六九·樂志一》

舞皆八佾，初獻武舞，亞獻、終獻文舞，文武舞生各六十四人，執干戚羽籥於樂懸之次，引舞旌節四，舞生四人司之。祭之日，初獻樂作，司樂執旌節，引武舞生執干戚進，奏《武功之舞》。亞獻、終獻樂作，司樂執旌節，引文舞生執羽籥進，奏《文德之舞》。惟先師廟衹文舞六佾。

樂舞生

（明）申時行等《大明會典》卷八一《禮部三九·祭祀通例》

嘉靖九年定，文武舞生冠履佾數，俱如舊制。但圜丘服，色用青紵絲，方澤用黑綠紗，朝日壇用赤羅，夕月壇用玉色羅。

（明）申時行等《大明會典》卷一〇四《禮部六二·教坊司承應樂舞》

朝會、宴享等禮，各有承應樂舞，以教坊隸祠司。故具列焉，而樂户禁例附。

教坊司額設奉鑾一員，左右韶舞二員，左右司樂二員，共五員。遇缺以次遞補。又有協同官十員，實授俳長四名。隆慶六年，以東宮出閣，添協同官五、員俳長四名。協同俳長辦事色長十二名，及抄案執燈色長等亦以次遞補。【略】

凡朔望并歲首半月，太常寺奏祭祀升殿，俱用堂下樂。

凡大祀天、地、享太廟、祭社稷、神衹、耕耤田、幸太學，導駕俱用堂下樂。

堂下樂設於奉天門北檐下。計用領樂韶舞等官三員，俳長二人，色長十二人，歌工十二人，樂工一百三人。【略】

凡祭社稷導駕回，上祭畢，至社稷門內升輅，錦衣衛官奏起輅，俳長唱作樂官一員奏樂，奏神歡之曲，導至午門裏，樂止。計用領樂官五員，俳長四人，各色色長十六人，樂工二撥，每撥一百二人，歌工十二人。

（明）申時行等《大明會典》卷二二六《神樂觀》

洪武十二年，置神樂觀，設提點、知觀，專管樂舞生，以供祀事，屬之太常寺云。

凡樂舞生，洪武初，選用道童，後樂生用道童，舞生以軍民俊秀子弟爲之。十三年，詔公侯及諸武臣子弟習樂舞之事。又令：禮部棟選樂舞生有過失病者，放歸爲民。

凡各壇樂舞生，洪武初，命選道童爲樂舞生，額設六百名，專備大祀、宗廟、社稷、山川、孔子及各山陵供祀之用。洪武十二年，詔：神樂觀道士，許養徒弟，其餘庵觀不許。永樂十八年題：樂舞生三百名，隨駕於燕。定都後，額設五百二十七名。嘉靖年間，建世廟、四郊、太歲、神衹壇及九廟共用樂舞生二千二百名，後裁革八百餘名，止存一千三百五十三名。三十年題准：陵祀日，增酌定用樂舞生一千一百五十三名，其餘二百名仍革去，永爲定例。

凡遇朝會，本觀提點，班在僧録司左善世之下，道録司正一之上。知觀，班列於僧録司左覺義之上，道録司左至靈之下。

凡樂舞儀節，本司令協律郎等官教習，每遇祭祀，先期於本觀演習。

凡大祀天地，舉麾協律郎一員，樂舞生七十二人，文舞生六十四人，引舞二人，武舞生六十四人，引舞二人，執事一百二十三人，典儀一人，傳贊五人，通贊二人，罍洗八人。正殿四壇，捧帛四人，執爵四人，司尊三人。内垣四壇，捧帛等共十六人。外垣二十壇，捧帛等八十人，燒香共六十八人，點燭共十二人。

嘉靖九年更定：圜丘壇舉麾協律郎二員，樂舞生七十二人，文舞生六十四人，引舞二人，武舞生六十四人，引舞二人，執事三十七人，典儀二人，傳贊五人，通贊二人，正壇司香官一員，捧帛一人，執爵一人，司尊一人，祀位壇司香官一員，捧帛一人，執爵一人，司尊一人。【略】

社稷壇舉麾樂舞生同前。執事十二人，典儀一人，通贊一人，捧帛四人，執爵四人，司尊二人，燒香共十人。帝社、帝稷壇舉麾樂舞生同前。執事八人，典儀二人，通贊一人，捧帛二人，執爵二人，司尊一人。

（明）佚名《太常續考》卷三《春秋社稷事宜》

登壇掌祭卿一員，上配位香少卿二員，讀祝奏禮寺丞二員，對引官一員，掌瘞官二員，舉麾官二員，陳設官四員，導引官六員，收支官二員，領净衣官一員。

執事樂舞生，典儀一人，通贊一人，捧帛四人，執爵四人，司尊二人，樂生七十二人，武舞生六十六人，文舞生六十六人，燒香樂舞生十人。以上執事樂舞生净衣共二百二十六套。

執事十二人，俱用青羅祭服。

樂生，文舞生、燒香生共用袍服一百四十八套，每套俱與朝日壇同。

武舞生袍服六十六套，每套天丁冠一頂，金帶一條，紅羅袍一件，銷金紅絹襯衫一件，紅羅裙一件，銷金花邊。紅羅結子一件，銷金紅羅汗跨一件，銷金花邊。青綫縧一根，紅絹裌包一條，抹緑皂靴一雙，白布襪一雙，紅錦護膝一雙。

（清）觀保等《太常寺則例》卷一一四《官屬·吏役》

樂生文武舞生袍服，【略】社稷壇用紅羅。【略】

執事生袍服，【略】社稷壇用青羅。

（清）嵇璜、劉墉等《清通典》卷五四《禮略·士庶冠服》

祭祀文舞生冬冠，騷鼠爲之，頂鏤花銅座，中飾方銅鏤葵花，上銜銅三角如火珠形，袍以綢爲之。其色，南郊用石青，北郊用黑，祈穀壇、太廟、社稷壇、朝日壇、帝王廟、文廟、先農壇、太歲壇俱用紅，夕月壇用月白。前後方襴銷金葵花，帶緑綢爲之。武舞生頂上銜銅三稜，如古戟形，袍以綢爲之，通銷金葵花，餘俱如文舞生袍之制，帶如文舞生。祭祀執事人袍，以綢爲之，其色，南郊用石青，北郊用黑不加緣，太廟、文廟、先農壇、太歲壇俱用青色藍緣，祈穀壇、社稷壇、朝日壇、帝王廟俱用青色石青緣，夕月壇用青色月白緣，帶如文舞生。樂部樂生冠頂鏤花銅座，上植明黃翎。樂部袍，紅緞爲之，一前後方襴繡黃鸝。中和韶樂部樂生執戲竹人服之一通織小團葵花。丹陛大樂諸部樂生服之，帶用綠雲緞爲之。鹵簿輿士冬冠以豹皮及黑氈爲之，頂鏤花銅座上植明黃翎，袍如丹陛大樂諸部樂生，帶如祭祀文舞生。鹵簿護軍袍石青緞爲之，通織金壽字片金緣領，及袖端俱織金葵花。鹵簿校尉冬冠平檐頂，素銅，上植明黃翎，袍及帶如鹵簿輿士。

（清）昆岡等《大清會典事例》卷五二八《樂部·樂制》

（樂舞生）社稷壇共用二百二十七名，祭告用一十八名。

社稷壇，武舞生，服紅羅銷金花服；文舞生及樂生、焚香樂舞生，服紅羅補服；執事樂舞生，服藍鑲邊青羅服。

（清）昆岡等《大清會典圖》卷六七《冠服一一·礼服一一·神樂署文舞生袍》

天壇、天神壇，用石青綢；地壇、地祇壇用黑屯緝；祈穀壇、社稷壇、日壇、歷代帝王廟，用紅羅。

演習

（明）佚名《太常續考》卷三《春秋社稷事宜》

本寺委協律郎，提調樂舞生、執事於太和殿，朝夕演習禮樂。

（清）觀保等《太常寺則例》卷三《總例·演禮》

祭祀演禮：大祀前四十日，中祀前三十日，每旬三六九日，本寺堂官率屬演禮於凝禧殿。饗太廟，以王公一人監視宗室覺羅官，祭先師以國子監祭酒，司業監視國子監官及肄業生。同日習學於殿延，會樂部典樂監視亦如之。每春秋二季，樂舞生赴掌儀司演習一次。

祭祀壇廟恭遇親詣行禮，奉福胙光禄寺堂官、接福胙侍衛，饗太廟奠帛、獻爵宗室覺羅官、釋奠於先師國子監執事官生，均於視牲看牲日赴凝禧殿演禮。如演禮日適遇忌辰，改期於次日演習。

例案：康熙十年題准，福酒、福胙光禄寺官、接福酒、福胙侍衛，均由本寺咨取。各官於祀前二日黎明，赴凝禧殿演禮。

雍正七年議准：向來各祭祀於前二日赴凝禧殿演禮，前一日至祭所演禮。嗣後，應令執事官均前二日演禮於凝禧殿，停其前一日赴祭所演禮。

乾隆七年議准：每年春秋於三月、九月赴掌儀司演樂一次。

（清）觀保等《太常寺則例》卷三九《大祀·社稷·演禮》

祀前四十日，旬以三六九日，并於看牲日，本寺堂司官員率樂舞執事諸生均赴凝禧殿，演習禮樂。

親詣行禮，咨取光禄寺堂官二員奉福酒、福胙，侍衛二員接福酒福胙，均於看牲日赴壇演禮。

（清）昆岡等《（光緒）大清會典》卷四一《樂部》

凡大祭祀，前期則演樂，遂戒其屬而張樂懸。及祭之日，則就其列以監樂，典樂一人，立於右班左都御史、副都御史之次。朝會亦如之。典樂一人，立於殿檐下之西、中和韶樂之前。

儀仗

（明）申時行等《大明會典》卷一四《兵部二三·車駕清吏司·鹵簿》

郎中、員外郎、主事，分掌鹵簿儀仗禁衛及驛傳廐牧之事。

鹵簿。鹵簿儀仗，本諸司職掌，後來增定，詳略不同，今并列焉。其造作制度，則隸工部。

大駕鹵簿。洪武二十六年定：凡正旦、冬至聖節，會同錦衣衛，陳鹵簿大駕於殿之東西，須要各依次序，毋得錯亂，有失朝儀。

黃麾一對，絳引幡五對，告止幡五對，傳教幡五對，信幡五對，龍頭竿五對，戈氅十對，戟氅十對，儀鍠氅十對，朱雀幢一，玄武幢一，青龍幢一，白虎幢一，金節三對，豹尾二對，羽葆幢三對，吾杖三對，立瓜三對，臥瓜三對，儀刀三對，戟十二對，斑劍三對，響節十二對，龍戟三對，鐙杖三對，金鉞三對，骨朵三對，金水罐一，金盆一，金脚踏一，金馬杌一，鞍籠一，紅紗燈籠一對，紅油紙燈籠三對，紫羅素方傘四把，紅羅素方傘四把，黃羅直柄繡傘四把，紅羅曲柄繡傘四把，紅羅單龍扇十把，黃羅單龍扇十，紅羅雙龍扇二十把，黃羅雙龍扇二十把，紅羅素扇二十把，黃羅素扇二十把，紅羅繡雉方扇十二把，紅羅繡花扇十二把，玉輅一乘，大輅一乘，九龍車一乘，步輦一乘，馬十二匹。

永樂三年增定：肅靖旗一對，金鼓旗一對，金龍畫角二十四枝，鼓四十八面，金四面，金鉦四面，杖鼓四面，笛四管，板四串，白澤旗一對，門旗四對，黃旗四十面，金龍旗十二面，日月旗二面，風雲雷雨旗四面，木火金水土星旗五面，列宿旗二十八面，北斗旗一面，東岳旗一面，南岳旗一面，中岳旗一面，西岳旗一面，北岳旗一面，江河淮濟旗四面，青龍旗一面，白虎旗一面，朱雀旗一面，玄武旗一面，天鹿旗一面，天馬旗一面，鸞旗一面，麟旗一面，熊旗一面，羆旗一面，紅纛二把，皂纛一把，紅節二把，小銅角二個，大銅角二個，纓頭一個，豹尾一對，麾一把，戲竹一對，簫十二管，笙十二攢，龍笛十二管，頭管十二管，方響四架，篥八架，琵琶八把，箜篌八把，杖鼓三十六個，板四串，大鼓二面，弓矢百副，御杖六十根，誕馬二十四匹，今止用六匹。領頭六對，黃麾一對，絳引幡五對，傳教幡五對，告止幡五對，信幡五對，龍頭竿五對，豹尾二對，儀鍠氅十對，戈氅十對，戟氅十對，單龍戟三對，雙龍戟三對，斑劍三對，吾杖三對，立瓜三對，臥瓜三對，儀刀三對，金鐙三對，金鉞三對，

骨朵三對，羽葆幢五對，青龍幢一，白虎幢一，朱雀幢一，玄武幢一，響節十二對，
金節三對，方天戟十二對，鳴鞭四條，金馬杌一，金交椅一，金脚踏一，金水盆一，
金水罐一，金香爐一，金香盒一，金唾盂一，金唾壺一，拂子四把，紅紗燈籠六對，
紅油紙燈籠三對，魷燈三對，紫羅素方傘四把，紅羅素方傘四把，紅羅直柄華蓋繡傘
四把，紅羅曲柄繡傘四把，黃羅直柄繡傘四把，紅羅直柄繡傘四把，黃羅曲柄繡傘二
把，銀鈴全。青羅銷金傘三把，紅羅銷金傘三把，黃羅銷金傘三把，白羅銷金三把，
黑羅銷金傘三把，黃油絹銷金雨傘一把，紅羅繡花扇十二把，紅羅繡雉方扇十二把，
紅羅單龍扇十把，黃羅單龍扇十把，紅羅雙龍扇二十把，黃羅雙龍扇二十把，紅羅素
扇二十把，黃羅素扇二十把，雙龍壽扇二把，黃羅銷金九龍傘一把，黃羅曲柄繡九龍
傘一把，仗馬六匹，朱紅馬杌四個，鞍籠二個，金銅玲瓏香爐一，寶匣一座，板轎一
乘，步輦一乘，大涼步輦一乘，大馬輦一乘，分馬輦一乘，玉輅一乘，大輅一乘，具
服幄殿一座，丹陛駕。

　　凡常日奉天門早朝，設丹陛駕於午門外及金水橋南：單龍戟三對，雙龍戟三對，
斑劍三對，吾杖三對，儀刀三對，立瓜三對，臥瓜三對，鐙杖三對，金鉞三對，骨朵
三對，單龍扇二十把，雙龍扇二十把，黃華傘二把，黃曲柄傘二把，五方傘五把，鳴
鞭四條，弓矢五十副。

　　以上鹵簿大駕，惟郊祀、幸太學、耕耤田全用。如遇祭社稷、祭太廟、祭山川，
則於鹵簿大駕內去白澤旗以下至玄武豹尾，大涼步輦至大輅不設。其郊祀前期視牲，
則用丹陛駕。

（清）江蘩《太常紀要》卷三《祀例》

　　凡上親祭壇廟，鹵簿大駕全設，大樂設而不作，教坊司樂亦設。

（清）昆岡等《（光緒）大清會典》卷四二

　　凡駕出、入，陳御仗，則奏導迎樂。陳鹵簿，則以鐃歌樂聞之。惟大祭祀詣壇廟，
則導迎樂、鐃歌樂皆陳而不作。禮畢，回鑾奏樂，如仍值齋戒期內，亦陳而不作。【略】

　　凡祭祀、朝會、巡幸，則視其鹵簿之差而陳之。祭祀圜丘、祈穀、常雩用大駕鹵簿，則前
部大樂鐃歌、鼓吹、行幸樂，三部并陳。方澤用法駕鹵簿，則陳前部大光、鐃歌鼓吹。太廟、社稷及各中
祀用法駕鹵簿，則陳鐃歌鼓吹。朝會用法駕鹵簿，則陳鐃歌鼓吹。御樓受俘用法駕鹵簿，則陳金鼓鐃歌大
樂。巡幸及大閱用騎駕鹵簿，則陳鳴角鐃歌、大樂鐃歌、清樂。

（清）昆岡等《大清會典事例》卷一一〇九《鑾儀衛·鹵簿》

　　如饗太廟與祭社稷壇，不設前部大樂。

趙爾巽《清史稿》卷一〇一《志七六·樂志八》

　　法駕鹵簿、大駕鹵簿則《導迎樂》間以《鐃歌樂》，惟大祀詣壇、廟則《導迎樂》、
《鐃歌樂》設而不作。【略】鐃歌之樂有《鹵簿樂》，其部一，曰《鐃歌鼓吹》。有《前部
樂》，其部一，曰《前部大樂》。亦曰《大罕波》。有《行幸樂》，其部三：曰《鳴角》，曰

《鐃歌大樂》，曰《鐃歌清樂》。有《凱旋樂》，其部二：曰《鐃歌》，曰《凱歌》。《鹵簿樂》與《前部大樂》并列，亦曰《金鼓鐃歌大樂》，凡圜丘、祈穀、常雩，用大駕鹵簿，則《前部大樂》、《鐃歌鼓吹》、《行幸樂》三部并陳。方澤，用法駕鹵簿，則陳《前部大樂》、《鐃歌鼓吹》。太廟、社稷及各中祀，用法駕鹵簿，則陳《鐃歌鼓吹》。

趙爾巽《清史稿》卷一〇五《志八十・輿服志四》

　　清自太宗天聰六年定儀仗之制，凡國中往來，御前旗三對，傘二柄，校尉六人，其制甚簡。自天聰十年改元崇德，始定御仗數目及品官儀從。迨世祖入關定鼎，參稽往制，量加增飾。原定皇帝儀衛有大駕鹵簿、行駕儀仗、行幸儀仗之別，乾隆十三年，復就原定器數增改厘訂，遂更大駕鹵簿爲法駕鹵簿，行駕儀仗爲鑾駕鹵簿，行幸儀仗爲騎駕鹵簿。三者合，則爲大駕鹵簿。而凡皇后儀駕、妃嬪儀仗采仗以及親王以下儀衛，均視原定加詳。茲依乾隆朝所定者標目，而以原定器數及崇德初年所定者附見於後。又太上皇鹵簿、皇太子儀衛，皆一時之制，非同常設，亦并著於篇。庶考因革者，得以沿流溯源，詳稽一代之制焉。【略】

　　法駕鹵簿，與大駕鹵簿同，惟彼用《鐃歌樂》，此則用《鐃歌鼓吹》。其器大銅角八，小銅角八，金鉦四，畫角二十四，龍鼓二十四，龍笛十二，拍板四，仗鼓四，金二，龍鼓二十四，間以紅鐙六，視《鐃歌樂》爲減。又御仗、吾仗、立瓜、臥瓜、星、鉞皆各六，五色金龍小旗二十，五色龍纛二十，九龍黃蓋十，豹尾槍二十，弓矢二十，儀刀二十，佩弓矢侍衛十人，其赤滿單龍團扇、黃滿雙龍團扇及五色妝緞傘皆不設，亦均較大駕爲減。又玉輦改設金輦，餘均與大駕鹵簿同。凡祭方澤、太廟、社稷、日月、先農各壇，歷代帝王、先師各廟，則陳之。若遇慶典朝賀，則陳於太和殿庭。其制，九龍曲柄黃華蓋設於太和殿門外正中，次拂、爐、盒、盂、盤、瓶、椅、几在殿檐東、西。次儀刀、弓矢、豹尾槍親軍、護軍相間爲十班，曁叉戟，均在丹陛東、西。次九龍曲柄黃蓋、翠華蓋、紫芝蓋、九龍黃蓋、五色九龍傘、五色花傘，自丹陛三成，相間達於兩階。階下靜鞭、仗馬列甬道東、西。紫、赤方傘、扇、幢、幡、旌、節、氅、麾、纛、旗、鉞、星、瓜、仗，列丹墀東、西。玉輦、金輦在太和門外，五輅在午門外，寶象在五輅之南，《鹵簿樂》即《鐃歌鼓吹》。在寶象之南，朝象即導象。在天安門外。若於圓明園行慶賀禮，則陳於正大光明殿階下，至大宮門外，惟輦輅儀象不設。若御樓受俘，則設九龍曲柄黃華蓋於樓檐下，設丹陛鹵簿於午門外左右兩觀下，設丹墀鹵簿於闕左右門至端門北，設仗馬於兩角樓前，設輦輅儀象於天安門外，設靜鞭於兩角樓夾御道左右，設《金鼓鐃歌大樂》《鐃歌鼓吹》與《前部大樂》并列，曰《金鼓鐃歌大樂》。於午門前。設《丹陛大樂》於鹵簿之末，其器雲鑼二，方響二，簫二，笛四，頭管四，笙四，大鼓二，仗鼓一，拍板一。

三、祭祀記載

（一）明代祭祀記載

《明太祖實錄》卷三〇"洪武元年二月"條

戊申，上親祭大社、大稷。

《明太祖實錄》卷三四"洪武元年八月"條

戊寅，祀大社、大稷。大社祝文曰："惟神厚載功深，資生德大，涵育庶品，造化斯成。謹因仲秋，祗率常禮，敬以牲帛，嘉薦醴齊，備茲禋瘞，用伸報本。以后土勾龍氏配神作主。"大稷曰："惟神嘉種生成，明粢惟首，帝命率育，立我烝民。敬以牲帛嘉薦醴齊，式陳瘞祭，備脩常禮，以后稷弃配神作主。"后土曰："爰茲仲秋，揆日維吉，恭脩常禮，薦於大社。惟神水土平治，永賴其功，載稽典彝，禮宜昭配，謹以牲幣嘉薦醴齊，陳於表位，作主配神。"后稷曰："爰茲仲秋，揆日維吉，恭脩常禮，薦於大稷。惟神勤農務本，政成稼穡，生民立命，萬世之功，謹以牲幣嘉薦醴齊，陳於表位，作主配神。"

《明太祖實錄》卷三九"洪武二年二月"條

戊辰，祭大社、大稷。祝文，大社曰："維神德深造化，贊輔皇祇，世物賴生，所當告祀。遵依古典，行仲春禮，謹以牲幣醴齊，粢盛庶品，式陳瘞祭。以后土勾龍氏配神作主。"大稷曰："維神嘉種生成，明粢惟首，帝命率育，立我烝民。謹以牲幣醴齊，粢盛庶品，式陳瘞祭，以后稷配神作主。"后土曰："爰茲仲春，遵依古典，薦於大社。維神水土平治，永賴其功，謹以牲幣醴齊，粢盛庶品，陳於表位，作主侑神。"后稷曰："爰茲仲春，遵依古典，薦於大稷。維神勤農務本，政成稼穡，生民立命，萬世之功。謹以牲幣醴齊，粢盛庶品，陳於表位，作主侑神。"

《明太祖實錄》卷四四"洪武二年八月"條

戊辰，祭太社、太稷。

《明太祖實錄》卷四九"洪武三年二月"條

戊辰，祭大社、大稷。

《明太祖實錄》卷五五"洪武三年八月"條

戊午，祭大社、大稷。

《明太祖實錄》卷六一"洪武四年二月"條

戊午，祭大社、大稷。

《明太祖實錄》卷六七"洪武四年八月"條

戊子，祭大社、大稷。止用二年春祭正位祝文，但大社祝改告祀爲報謝，配位祝不用。

《明太祖實錄》卷七二"洪武五年二月"條

戊子，祭大社、大稷。

《明太祖實錄》卷七五"洪武五年八月"條

戊寅，祭大社、大稷。

《明太祖實錄》卷七九"洪武六年二月"條

戊寅，祭太社、太稷。

《明太祖實錄》卷八四"洪武六年八月"條

戊寅，祭大社、大稷。其三獻禮，每獻各壇正、配位俱獻畢，各通行再拜禮，餘仍舊儀。

《明太祖實錄》卷八六"洪武六年十一月"條

甲申，【略】祭社稷、朝日、夕月、周天星晨、太歲、風雲雷雨、岳鎮海瀆、山川等神，正祭前三日午後，沐浴更衣，處外室。次日爲始，致齋二日行事。

《明太祖實錄》卷八七"洪武七年春正月"條

戊申，祭大社、大稷。

《明太祖實錄》卷九二"洪武七年八月"條

戊戌，祭大社、大稷。【略】

丙午，【略】命太常卿議祭祀日期。于是定議：風雲雷雨、境內山川、岳鎮海瀆，皆於春、秋仲月上旬擇日以祭。歷代帝王、陵寢，仲春上旬甲日祭。城隍之神，於山川後一日祭。社稷之神，春、秋二、八月上戊日祭。無祀鬼神，春於清明日，秋用七月望日，冬用十月一日，書之於牌，依時以祭。著爲式。其祭日，遣官監察，不敬失儀者，罪之。

《明太祖實錄》卷九七"洪武八年二月"條

戊戌，祭大社、大稷。

《明太祖實錄》卷一〇〇"洪武八年八月"條

戊戌，祭大社、大稷。

《明太祖實錄》卷一〇三"洪武九年春正月"條

甲子，【略】先是，以是月庚申告祭太廟，辛酉告祭社稷，壬戌祭告岳鎮海瀆及天下名山大川。至是，大告於圜丘云。

《明太祖實錄》卷一〇四"洪武九年二月"條

戊子，祭大社、大稷。

《明太祖實錄》卷一〇八"洪武九年八月"條

戊子，祭太社、太稷。

《明太祖實錄》卷一一一"洪武十年二月"條

戊午，祭太社、太稷。

《明太祖實錄》卷一一四"洪武十年八月"條

戊申，祭大社、大稷。【略】

癸丑，【略】命改建社稷壇。先是，上既改建太廟於雉闕之左，而以社稷，國初所建，未盡合禮，又以大社、大稷分祭配祀，皆因前代之制，欲更建之爲一代之典。遂命中書下禮部，詳議其制。

《明太祖實錄》卷一一七"洪武十一年二月"條

戊申，祭大社、大稷。

《明太祖實錄》卷一一九"洪武十一年八月"條

戊申，祭大社、大稷。祝文與春祭同，但改告祀爲報謝。

《明太祖實錄》卷一二二"洪武十二年二月"條

戊申，祭大社、大稷。

《明太祖實錄》卷一二六"洪武十二年八月"條

戊辰，祭大社、大稷。

《明太祖實錄》卷一三〇"洪武十三年二月"條

戊辰，祭太社、太稷。

《明太祖實錄》卷一三三"洪武十三年八月"條

戊辰，祭太社、太稷。

《明太祖實錄》卷一三五"洪武十四年二月"條

戊午，祭太社、太稷。

《明太祖實錄》卷一三八"洪武十四年八月"條

戊午，祭大社、大稷。

《明太祖實錄》卷一四二"洪武十五年二月"條

戊午，祭大社、大稷。

《明太祖實錄》卷一四七"洪武十五年八月"條

戊寅，祭大社、大稷。

《明太祖實錄》卷一五二"洪武十六年二月"條

戊寅，祭大社、大稷。

《明太祖實錄》卷一五六"洪武十六年八月"條

戊寅，祭大社、大稷。

《明太祖實錄》卷一五九"洪武十七年二月"條

戊寅，祭大社、大稷。

《明太祖實録》卷一六四 "洪武十七年八月" 條

戊辰，祭大社、大稷。

《明太祖實録》卷一七一 "洪武十八年二月" 條

戊戌，祭大社、大稷。

《明太祖實録》卷一七四 "洪武十八年八月" 條

戊戌，祭大社、大稷。

《明太祖實録》卷一七七 "洪武十九年二月" 條

戊子，祭大社、大稷。

《明太祖實録》卷一七九 "洪武十九年八月" 條

戊子，祭太社、太稷。

《明太祖實録》卷一八〇 "洪武二十年春正月" 條

戊子，祭大社、大稷。

《明太祖實録》卷一八四 "洪武二十年八月" 條

戊午，祭大社、大稷。

《明太祖實録》卷一八八 "洪武二十一年二月" 條

戊申，祭大社、大稷。

《明太祖實録》卷一九三 "洪武二十一年八月" 條

戊申，祭大社、大稷。

《明太祖實録》卷一九五 "洪武二十二年二月" 條

戊申，祭大社、大稷。

《明太祖實録》卷一九七 "洪武二十二年八月" 條

戊戌，祭大社、大稷。

《明太祖實録》卷二〇〇 "洪武二十三年二月" 條

戊戌，祭大社、大稷。

《明太祖實録》卷二〇三 "洪武二十三年八月" 條

戊辰，祭大社、大稷。

《明太祖實録》卷二〇七 "洪武二十四年二月" 條

戊辰，祭大社、大稷。

《明太祖實録》卷二二〇 "洪武二十五年八月" 條

戊午，祭大社、大稷。

《明太祖實録》卷二二五 "洪武二十六年二月" 條

戊寅，祭大社、大稷。

《明太祖實録》卷二二九 "洪武二十六年八月" 條

戊寅，祭大社、大稷。

《明太祖實錄》卷二三一"洪武二十七年二月"條

戊寅，祭大社、大稷。

《明太祖實錄》卷二三四"洪武二十七年八月"條

戊寅，祭大社、大稷。

《明太祖實錄》卷二三六"洪武二十八年二月"條

戊辰，祭大社、大稷。

《明太祖實錄》卷二四〇"洪武二十八年八月"條

戊辰，祭大社、大稷。

《明太祖實錄》卷二四四"洪武二十九年二月"條

戊戌，祭大社、大稷。

《明太祖實錄》卷二四六"洪武二十九年八月"條

戊子，祭大社、大稷。

《明太祖實錄》卷二五〇"洪武三十年三月"條

戊子。祭太社、太稷。

《明太祖實錄》卷二五四"洪武三十年八月"條

戊子，祭大社、大稷。

《明太祖實錄》卷二五六"洪武三十一年二月"條

戊子，祭大社、大稷。

《明太宗實錄》卷一〇上"洪武三十五年秋七月"條

戊子，祭太社、太稷，分遣官祭旗纛之神。

《明太宗實錄》卷一一"洪武三十五年八月"條

戊午，祭太社、太稷。

《明太宗實錄》卷二〇上"永樂元年五月"條

壬午，【略】上謂廷臣曰：北京，朕舊封國有國社、國稷。今既爲北京，而社稷之禮未有定制，其議以聞。至是，禮部、太常會議，以爲朝廷王國及府州縣社稷，俱有定制，考之古典，別無兩京并立太社、太稷之禮。今北京舊有國社、國稷，雖難改爲太社、太稷，然亦卒難革去，宜設官看守。如遇皇上巡狩之日，於內設太社、太稷之位以祭，仍於順天府別建府社、府稷，令北京行部官以時祭祀。上可其議，乃命依在京山川壇祠祭署例，設北京社稷壇祠祭署，置奉祀、祀丞各一員，隸北京行刑部。

《明太宗實錄》卷二二"永樂元年八月"條

戊申，祭太社、太稷。

《明太宗實錄》卷二八"永樂二年二月"條

戊寅，祭太社、太稷。

《明太宗實録》卷三九"永樂三年春二月"條

戊辰，祭太社、太稷。【略】

壬午，【略】先是禮部尚書李至剛等言："趙王國國應祭山川、社稷等神，未有壇所，請改順天社稷壇。祭社稷，古制，留守無祭山川之文，而趙地北岳恒山、北鎮醫巫閭，皆當祭，請改順天府山川壇祭山川。"上曰："祭祀，大事，其與六部大臣及翰林院儒臣再議。"至是，吏部尚書蹇義、翰林學士解縉等言："《周禮·地官》，凡建邦國，立其社稷。《文獻通考》云，諸侯有國，其社曰侯社，親王留守之。祭固無明文，然禮有可以義起者。今趙王留守北京，當別建國社稷山川等壇致祭，宜如禮部所議。"從之。

《明太宗實録》卷四五"永樂三年八月"條

戊辰，祭太社、太稷。

《明太宗實録》卷一三一"永樂十年八月"條

戊午，祭太社、太稷。

《明太宗實録》卷一三六"永樂十一年春正月"條

丁酉，仁孝皇后梓宫發引，先期齋戒三日，遣官以葬期奉告天地、宗廟、社稷。

《明太宗實録》卷一三七"永樂十一年二月"條

戊午，祭太社、太稷。

甲子，以狩巡北京，告天地、宗廟、社稷辭、孝陵。

《明太宗實録》卷一四二"永樂十一年八月"條

戊申，祭太社、太稷，命皇太子行禮。

《明太宗實録》卷一四八"永樂十二年二月"條

戊申，祭太社、太稷，命皇太子行禮。

《明太宗實録》卷一五二"永樂十二年六月"條

己巳，車駕次黑山峪，敕皇太子以班師告天地、宗廟、社稷。

《明太宗實録》卷一五四"永樂十二年八月"條

戊申，祭太社、太稷，命皇太子行禮。

《明太宗實録》卷一六一"永樂十三年春二月"條

戊寅，祭太社、太稷，命皇太子行禮。

《明太宗實録》卷一六四"永樂十三年夏五月"條

庚申，修太廟、社稷并歷代帝王祭器。

《明太宗實録》卷一六七"永樂十三年八月"條

戊辰，祭太社、太稷，命皇太子行禮。

《明太宗實録》卷一七三"永樂十四年二月"條

戊辰，祭大社、大稷，命皇太子行禮。

《明太宗實錄》卷一七九"永樂十四年八月"條

戊辰，祭太社、太稷，命皇太子行禮。

《明太宗實錄》卷一八一"永樂十四年冬十月"條

癸未，車駕至京師，遣官祭告天地、宗廟、社稷及京都祀典諸神。

《明太宗實錄》卷一八五"永樂十五年二月"條

戊辰，祭太社、太稷。

《明太宗實錄》卷一八六"永樂十五年三月"條

辛亥，以巡狩北京告天地、宗廟、社稷辭、孝陵，遣官祭承天門旗纛。京都諸廟祀典及大江之神，凡經陵寢祠廟祭祀，悉如舊。

《明太宗實錄》卷二〇三"永樂十六年八月"條

戊子，祭太社、太稷，命皇太子行禮。

《明太宗實錄》卷二〇九"永樂十七年二月"條

戊寅，祭太社、太稷，命皇太子行禮。

《明太宗實錄》卷二二二"永樂十八年二月"條

戊申，祭太社、太稷，命皇太子行禮。

《明太宗實錄》卷二二八"永樂十八年八月"條

戊戌，祭太社、太稷，命皇太子行禮。

《明太宗實錄》卷二三三"永樂十九年春正月"條

甲子朔，上以北京郊社、宗廟及宮殿成，是日早，躬詣太廟奉安五廟、太皇太后神主；命皇太子詣天地壇奉安昊天上帝、厚土皇地祇神主；皇太孫詣社稷壇奉安太社、太稷神主；黔國公沐晟詣山川壇奉安山川諸神主。禮畢，上御奉天殿受朝賀，大宴文武群臣及四夷朝使。

《明太宗實錄》卷二三四"永樂十九年二月"條

戊戌，祭太社、太稷。

《明太宗實錄》卷二四〇"永樂十九年秋八月"條

戊戌，祭太社、太稷。

《明太宗實錄》卷二四六"永樂二十年春二月"條

戊戌，祭太社、太稷。

《明太宗實錄》卷二四七"永樂二十年春三月"條

丁丑，以親征，告天地、宗廟、社稷，命皇太子監國。

《明太宗實錄》卷二五〇"永樂二十年八月"條

戊子，祭太社、太稷，皇太子行禮。

《明太宗實錄》卷二五一"永樂二十年九月"條

壬戌昧爽，上乘法駕入京城，躬告天地、宗廟、社稷畢，御奉天門朝百官，百官上表。

《明太宗實録》卷二五六“永樂二十一年春二月”條

戊午，祭太社、太稷。

《明太宗實録》卷二六一“永樂二十一年秋七月”條

辛丑，告天地、宗廟、社稷。

《明太宗實録》卷二六二“永樂二十一年八月”條

戊午，祭太社、太稷，皇太子行禮。

《明太宗實録》卷二六五“永樂二十一年十一月”條

甲申，車駕至京師，陳鹵簿，上乘御輦入謁告天地、宗廟、社稷畢，御奉天門朝群臣。

《明太宗實録》卷二六八“永樂二十二年春二月”條

戊申，祭太社、太稷。

《明太宗實録》卷二七〇“永樂二十二年夏四月”條

戊申，以親征胡寇，命皇太子告天地、宗廟、社稷，遣官祭旗纛山川等神。

《明仁宗實録》卷七上“洪熙元年二月”條

戊申，祭太社、太稷。

《明宣宗實録》卷一“洪熙元年六月”條

上即皇帝位。是日早，遣太師英國公張輔告昊天上帝、厚土皇地祇；太保寧陽侯陳懋告太社、太稷之神；定國公徐景昌告五廟、太皇太后；上親告太宗皇帝几筵、大行皇帝几筵。

《明宣宗實録》卷三“洪熙元年秋七月”條

己巳，上大行皇帝尊諡。是日早，遣太師英國公張輔等告天地、宗廟、社稷。

《明宣宗實録》卷八“洪熙元年八月”條

甲午，以奉葬仁宗昭皇帝於獻，遣太師英國公張輔告昊天上帝、厚土皇地祇，太保寧陽侯陳懋告太社、太稷之神，定國公徐景昌告六廟、太皇太后。

《明宣宗實録》卷一四“宣德元年二月”條

戊辰，祭太社、太稷。

《明宣宗實録》卷二〇“宣德元年八月”條

戊辰，祭太社、太稷。【略】

辛未，以高煦之罪，告天地、宗廟社稷、百神，遂親征。【略】

甲申，【略】遣官賫敕諭：鄭王瞻埈、襄王瞻墡，祭告天地、宗廟、社稷。祝曰：比因高煦謀爲不軌，以祖宗付畀之重，率師討之。仰荷眷祐，事已平定，將以二十四日班師，謹告。

《明宣宗實錄》卷二一 "宣德元年九月" 條

丙申，車駕至京師，親告天地、宗廟、几筵、社稷行謁謝禮朝。

《明宣宗實錄》卷二五 "宣德二年二月" 條

戊辰，祭太社、太稷。

《明宣宗實錄》卷三〇 "宣德二年八月" 條

戊午，祭大社、大稷。

《明宣宗實錄》卷三六 "宣德三年二月" 條

丁巳，以明日立今上皇帝爲皇太子，上親告天地、宗廟、社稷。

戊午，祭大社、大稷。

《明宣宗實錄》卷四六 "宣德三年八月" 條

戊子，祭大社、大稷。

《明宣宗實錄》卷五一 "宣德四年二月" 條

戊寅，祭大社、大稷。

《明宣宗實錄》卷五七 "宣德四年八月" 條

戊寅，祭大社、大稷。

《明宣宗實錄》卷六三 "宣德五年二月" 條

戊寅，祭太社、太稷。

《明宣宗實錄》卷六九 "宣德五年八月" 條

戊寅，祭太社、太稷。

《明宣宗實錄》卷七六 "宣德六年二月" 條

戊戌，祭太社、太稷。

《明宣宗實錄》卷八二 "宣德六年八月" 條

戊戌，祭太社、太稷。

《明宣宗實錄》卷八七 "宣德七年二月" 條

戊戌，祭太社、大陵。【略】

是日雨。先是，天久不雨，上恐妨農耕，孜孜在念，以際社稷，居齊殿存心默禱。至是祀禮告成，陰雲四合，大雨竟日，田野沾足。上以神明感格，喜而賦《祭社稷承甘雨歌》曰："茫茫寰區天赤子，天與祖宗同付畀。萬機之暇予何營，一念惓惓在民事。春風布和二月初，農家舉趾趨畬畲。河水融泮土膏潤，發育須承天澤敷。是時國典方祈歲，先社先農致禋祀。端居齋祓豫對越，交合神明在精意。東方未曙霞彩紅，鷓鳩聚啼烟樹中。寒威微微作料峭，雲氣冉冉浮空濛。甘雨從朝過日夕，大地涵濡深滿尺。蔬畦壟麥望連延，一夜青青總春色。閭閻畎畝人情好，好語相傳遍行道。今年豐稔定可期，家室歡娛共相保。民惟邦本著聖經，民心有喜予心寧。鞠躬薦祼感神惠，碧天湛湛昭華星。紅燭成行照金節，疊鼓清簫導還闕。民歡神格嘉慶多，舒興一題甘雨歌。"

《明宣宗實録》卷九四"宣德七年八月"條

戊子，祭太社、太稷。

《明宣宗實録》卷九九"宣德八年二月"條

乙酉朔，以戊子祀社稷，預告宗廟，請太祖皇帝、太宗皇帝配。太常寺所進祝版誤書月日，上覽之，促命改書，召太常卿姚友直等責之曰："一歲之間，兩祭社稷，而於祖宗前急忽如此，豈是小過？汝等皆授職有年，正是官怠於宦成。自今宜常加敬慎。宗廟以有事爲榮，若再蹈前失，理無再宥，雖經小罰，不得復在此職，其敬慎之。"

戊子，祭太社、太稷。

《明宣宗實録》卷一〇四"宣德八年八月"條

戊子，祭大社、大稷。

《明宣宗實録》卷一〇八"宣德九年二月"條

戊午，祭大社、大稷。

《明宣宗實録》卷一一二"宣德九年八月"條

戊申，祭大社、大稷。

《明英宗實録》卷二"宣德十年二月"條

戊申，祭太社、太稷，遣衛王瞻埏行禮。

《明英宗實録》卷六"宣德十年六月"條

壬子，宣宗章皇帝梓宫發引，先期遣太師英國公張輔等祭告天地、宗廟、社稷，中官祭皇城及應祀神祇。

《明英宗實録》卷八"宣德十年八月"條

戊申，祭太社、太稷，遣衛王瞻埏行禮。

《明英宗實録》卷一四"正統元年二月"條

戊戌【略】遣官祭太社、太稷。

《明英宗實録》卷一七"正統元年五月"條

辛亥，以命將征討麓川，遣官祭告天地、宗廟、社稷山川。

《明英宗實録》卷二一"正統元年八月"條

戊辰，祭太社、太稷，遣魏王瞻埏行禮。

《明英宗實録》卷二二"正統元年九月"條

乙巳，命應天建社稷壇，春秋祈報，令守臣行事。初，應天府以京郡不置壇，至是，上乙太社、太稷祭於北京，故有是命。

《明英宗實録》卷二七"正統二年二月"條

戊辰，祭太社、太稷，遣衛王瞻埏行禮。

《明英宗實録》卷三三 "正統二年八月" 條

戊辰，祭太社、太稷，遣衛王瞻埏行禮。

《明英宗實録》卷三九 "正統三年二月" 條

戊午，祭太社、太稷，遣衛王瞻埏行禮。

《明英宗實録》卷四五 "正統三年八月" 條

戊午，祭太社、太稷，遣太子太保成國公朱勇行禮。

《明英宗實録》卷五一 "正統四年二月" 條

戊午，祭太社、太稷。

《明英宗實録》卷五八 "正統四年八月" 條

戊寅，祭太社、太稷。

《明英宗實録》卷六四 "正統五年二月" 條

戊寅，祭太社、太稷。

《明英宗實録》卷六五 "正統五年三月" 條

辛酉，上以兩京風雨爲災，遣駙馬都尉西寧候宋瑛祭告天地，駙馬都尉趙輝祭告太廟，太子太保成國公朱勇祭告社稷，禮部尚書胡濙祭告太歲岳瀆等神。

《明英宗實録》卷七〇 "正統五年八月" 條

戊寅，祭太社、太稷。

《明英宗實録》卷七六 "正統六年二月" 條

甲戌，以征麓川叛寇思任發，遣祭告天、地、宗廟、社稷、山川。

戊寅，祭太社、太稷。

《明英宗實録》卷七八 "正統六年夏四月" 條

己卯，上因天災屢見，分遣官祭告昊天上帝、后土皇帝祇、太社、太稷、太歲、風雲雷雨、岳鎮海瀆、山川之神，曰：祁鎮仰荷天眷，祇承祖宗之位，以安民爲職，夙夜惓惓，惟民在念。自去冬迄今，遠邇之地，雨雪稀少，比者烈風屢興，加有蝗蝻萌發，爲農之憂，不德所致，凜乎兢惕，謹殫誠籲。伏冀矜憐，特賜雨暘，均調蠲滌，災沴靡間，遐邇咸遂，豐穰庶俾，下民均沾，洪賜無任，激切祈恩之至。謹用告知，伏惟鑒格。

《明英宗實録》卷八二 "正統六年八月" 條

戊辰，祭太社、太稷。

《明英宗實録》卷八三 "正統六年九月" 條

甲午朔，奉天、華蓋、謹身三殿，乾清、坤寧二宮成，遣官告天、地、太廟、社稷并岳鎮海瀆諸神。

《明英宗實録》卷八四 "正統六年冬十月" 條

壬辰，上將以明日御奉天殿視朝，遂居於乾清、坤寧宮。遣官祭告天地、宗廟、社稷、山川諸神。

《明英宗實錄》卷八九"正統七年二月"條

乙未，以麓川平，遣官祭告、天地、宗廟、社稷及山川等神。

《明英宗實錄》卷九四"正統七年秋七月"條

甲申，以修理南京太廟、社稷壇殿宇、門廂、厨庫等俱完，遣駙馬都尉趙輝祭告太廟。參贊機務兵部右侍郎徐琦祭告太社、太稷，并祭謝司工之神。

《明英宗實錄》卷九五"正統七年八月"條

戊戌，祭太社、太稷。

《明英宗實錄》卷一〇一"正統八年二月"條

戊子，祭大社、大稷。

《明英宗實錄》卷一〇三"正統八年夏四月"條

庚子，上以久旱，遣英國公張輔祭告昊天上帝、厚土皇地祇；成國公朱勇祭告太社、太稷；禮部尚書胡濙祭告太歲、風雲雷雨、岳鎮海瀆、山川之神，曰："國本惟民，民命惟食。今春以來，雨澤愆期，秋穀未登，夏麥將槁，民受其咎，責實在予。祁鎮祇圖自新，用祈需澤，以蘇民望，以福我國家，不勝懇切之至。謹用昭告，伏惟鑒知。"

《明英宗實錄》卷一〇七"正統八年八月"條

戊子，祀太社、太稷。

辛亥，以命將征討麓川，遣官祭告天地、宗廟、社稷山川。

《明英宗實錄》卷一一三"正統九年二月"條

戊子，祀太社、太稷。

《明英宗實錄》卷一一四"正統九年三月"條

乙丑，以雨雪愆期，遣官祭天地、社稷、太歲、風雲雷雨、岳鎮海瀆之神。

《明英宗實錄》卷一二〇"正統九年八月"條

戊申，祀太社、太稷。

《明英宗實錄》卷一二六"正統十年二月"條

戊申，祭太社、太稷。

《明英宗實錄》卷一三二"正統十年八月"條

戊申，祭太社、太稷。

《明英宗實錄》卷一三八"正統十一年二月"條

戊申，祭太社、太稷。

《明英宗實錄》卷一四四"正統十一年八月"條

戊戌，祭太社、太稷。

《明英宗實錄》卷一五〇"正統十二年二月"條

戊戌，祭大社、大稷。

《明英宗實錄》卷一五七"正統十二年八月"條

戊辰，祭太社、太稷。

《明英宗實錄》卷一六三"正統十三年二月"條

戊午，祀太社、太稷。

《明英宗實錄》卷一六九"正統十三年八月"條

戊午，祭太社、太稷。

《明英宗實錄》卷一八〇"正統十四年秋七月"條

甲午，遣官祭告太廟、社稷。

《明英宗實錄》卷一八一"正統十四年八月"條

戊午，是日，遣駙馬都尉焦敬祀大社、大稷。

己巳，王遣官祭告太廟、大社、大稷。

《明英宗實錄》卷一八九"景泰元年二月"條

戊寅，祭太社、太稷。

《明英宗實錄》卷一九一"景泰元年夏四月"條

癸巳，邊安遠侯柳溥祭昊天上帝、厚土皇地祇；寧陽侯陳懋祭宗廟；禮部尚書胡濙祭太社、太稷；安成侯郭晟祭山川；駙馬都尉薛桓祭孝陵；戶部左侍郎劉中敷祭長陵；兵部右侍郎項文耀祭獻陵；太常寺卿蔣守約祭景陵。其文曰："叨承大統，負荷維艱，爰積愆尤，增茲災異。腥膻逆虜，既犯禁於三陵，旱魃餘殃，復方農於千里。況雨水示南甸之驚致，晨昏懷內省之憂，悔謝無由矜原有。自寅申祭告，恭俟骈幪。"

《明英宗實錄》卷一九五"景泰元年八月"條

戊寅，帝祭大社、大稷。

庚寅，以太上皇帝還京，遣寧陽侯陳懋、安遠侯柳溥、駙馬都尉焦敬、石璟祭告天地、宗廟、社稷、山川之神。遂頒詔大赦天下。

《明英宗實錄》卷二〇一"景泰二年二月"條

戊寅，帝祭太社、太稷。

《明英宗實錄》卷二〇七"景泰二年八月"條

戊辰，帝祭大社、大稷。

《明英宗實錄》卷二一三"景泰三年二月"條

戊辰，帝祭太社、太稷。

《明英宗實錄》卷二一九"景泰三年八月"條

戊辰，帝祭大社、大稷。

《明英宗實録》卷二二六"景泰四年二月"條

戊戌，帝祭大社、大稷。

《明英宗實録》卷二三一"景泰四年秋七月"條

壬戌，遣太保寧陽侯陳懋告於昊天上帝、厚土皇地祇，曰："臣以眇薄，仰荷崇高，付托弘深，孤違重大，肆臻灾旱，連在夏秋，百穀垂成，三農失望，臣之愆咎，無所逃辭。伏望矜憐，曲垂原宥，弘降膏雨，溥濟群生。"安遠侯柳溥告於太社、太稷之神，武清侯石亨告於風雲雷雨山川之神，曰："兹者夏秋之交，百穀將實，雨澤不降，憂切眇躬，揆厥所由，敢辭愆咎，特攄虔懇，仰叩高明，弘布甘霖，大蘇民物，誠所願望，專俟感孚。"禮部侍郎姚夔等賫香、幣、牲、醴，分告於在京東岳廟、京都城隍、大小青龍、西南龍宮山龍潭、北岳恒山、北鎮醫巫閭山、東岳泰山、東鎮沂山、中岳嵩山、濟瀆、北海、淮瀆、西海、東海、大河河伯等神，曰："國以兵民爲本，兵民以食爲天，仁政所先於此。方百穀將實，重以漕運方殷，雨澤罕敷，河流多決，兵民所望，疇當副之。夫朕爲國子民，而神爲民捍患實皆天職。然有司存朕所能爲，豈敢畏難於朝夕？神之易舉，詎可辭勞於指，麾沛膏雨，以作豐年，助順流而爲之通道，願有禱也，冀無負焉。"

《明英宗實録》卷二三二"景泰四年八月"條

戊子，帝祭太社、太稷。

《明英宗實録》卷二三八"景泰五年二月"條

戊子，帝祭太社、太稷。

《明英宗實録》卷二四四"景泰五年八月"條

戊子，帝祭太社、太稷。

《明英宗實録》卷二五〇"景泰六年二月"條

戊寅，帝祭太社、太稷。

《明英宗實録》卷二五七"景泰六年八月"條

戊申，帝祭太社、太稷。

《明英宗實録》卷二六〇"景泰六年十一月"條

庚辰，以征湖廣苗寇師行，遣魏國公徐承宗等祭告天地、宗廟、社稷。

《明英宗實録》卷二六一"景泰六年十二月"條

甲寅，以是冬無雪，令百官致齋三日，分遣大臣以香帛禱於天地、社稷、山川及諸觀宮寺廟。

《明英宗實録》卷二六三"景泰七年二月"條

戊申，帝祭太社、太稷。

《明英宗實録》卷二六四"景泰七年三月"條

壬午，皇后杭氏曰孝肅皇后，遣魏國公徐承宗等祭告天地、宗廟、社稷。

《明英宗實錄》卷二六九"景泰七年八月"條

戊申，帝祭太社、太稷。

《明英宗實錄》卷二七五"天順元年二月"條

戊戌，祀太社、太稷。

《明英宗實錄》卷二七六"天順元年三月"條

戊辰，【略】以冊立皇太子，封建親王祭告天地、社稷、太廟，遣忠國公石亨、文安伯張軏、太平侯張軝行禮。

《明英宗實錄》卷二七七"天順元年夏四月"條

戊申，以天久不雨，祭天地、社稷、山川等神。遣寧陽侯陳懋、安遠侯柳溥、會昌侯孫繼宗行禮。

《明英宗實錄》卷二八一"天順元年八月"條

戊戌，祭太社、太稷。

《明英宗實錄》卷二八五"天順元年十二月"條

壬子，上以冬不雨雪，宮中自禱，於天地、社稷、山川，分遣大臣遍禱宮觀祠廟諸神。

《明英宗實錄》卷二八七"天順二年二月"條

戊戌，祀太社、太稷。

《明英宗實錄》卷二九〇"天順二年夏四月"條

戊午朔，【略】以久不雨，遣忠國公石亨等祭告天地、社稷、山川。

《明英宗實錄》卷二九四"天順二年八月"條

戊午，祭大社、大稷。

《明英宗實錄》卷二九七"天順二年十一月"條

戊申，以冬不雨雪，命百官致齋三日，分遣大臣禱於天地、社稷、山川及諸宮觀祠廟之神。

《明英宗實錄》卷三〇〇"天順三年二月"條

戊午，祭大社、大稷。

《明英宗實錄》卷三〇六"天順三年八月"條

戊午，祭太社、太稷。

《明英宗實錄》卷三一二"天順四年二月"條

戊午，祭太社、太稷。

《明英宗實錄》卷三一八"天順四年八月"條

戊申，祭太社、太稷。

《明英宗實錄》卷三二五"天順五年二月"條

戊寅，祭太社、太稷。

《明英宗實錄》卷三三一"天順五年八月"條

戊寅，祭大社、大稷。

《明英宗實錄》卷三三七"天順六年二月"條

戊辰，祭太社、太稷。

《明英宗實錄》卷三四二"天順六年秋七月"條

甲辰，禮部奏："伊府長史司左長史金潤等言，本年八月初六日，應祭社稷、山川等神，而洛陽王并臣等俱居伊王喪，恐未可以承祭。臣等議，禮不以私喪廢公祀。今洛陽王雖有父服，其社稷、山川之祭，宜令主祭。"從之。

《明英宗實錄》卷三四三"天順六年八月"條

戊辰，祭太社、太稷。

《明英宗實錄》卷三四五"天順六年冬十月"條

戊辰，上大行皇太后尊謚。是日早，遣太保會昌侯孫繼宗等告天地、宗廟、社稷。

丙戌，以奉孝恭章皇后梓宮合葬於景陵，遣懷寧侯孫鏜告天、地，太保會昌侯孫繼宗告太廟，太子少傅廣寧侯劉吉告太社、太稷。

《明英宗實錄》卷三四九"天順七年二月"條

戊辰，祭太社、太稷。

《明英宗實錄》卷三五五"天順七年閏七月"條

甲戌，【略】是日，遣太保會昌侯孫繼宗告於昊天上帝、后土皇地祇；太子少傅廣寧侯劉安告於太社、太稷；懷寧侯孫鏜告於太廟；禮部請頒詔天，并率文武群臣上表稱賀。上命已之但致書各王府，移文各布政司使知之。

《明英宗實錄》卷三五六"天順七年八月"條

戊子，祭太社、太稷。

《明憲宗實錄》卷一"天順八年正月"條

戊寅，禮部奏："春二月該祭大社、大稷，遣官祭先師孔子。故事，祭社稷，太常寺先期奏齋戒，至日，上躬詣壇壝行禮。釋奠先師，傳制，奏樂，遣官行禮。茲遇大行皇帝喪禮。《禮》曰：'喪，三年不祭，惟祭天地社稷爲越紼而行事。'謂不敢以卑廢尊，以己喪廢公祀也。社稷之祭，請上如禮行之。釋奠先師，遣官如故，免傳制。"制可。

《明憲宗實錄》卷二"天順八年二月"條

戊子，祭大社、大稷。

乙未，上大行皇帝尊謚。是日早，遣太保會昌侯孫繼宗等告天地、宗廟、社稷。

《明憲宗實錄》卷八"天順八年八月"條

戊子，祭太社、太稷。

《明憲宗實錄》卷一二"天順八年十二月"條

壬辰，工部奏："太社、太稷壇，墙垣黝堊剥落，及祭器損壞，請泥飾修理。"從之。

《明憲宗實錄》卷一四"成化元年二月"條

戊子，祭太社、太稷。

《明憲宗實錄》卷二〇"成化元年八月"條

戊寅，祭太社、太稷。

《明憲宗實錄》卷二四"成化元年十二月"條

壬辰，遣太保會昌侯孫繼宗、定襄伯郭登、撫寧伯朱永、禮部尚書姚夔祭天地、社稷、山川、城隍之神。時自十月以來無雪，禮部以祈禳請，故有是命。

《明憲宗實錄》卷二六"成化二年二月"條

戊寅，祭太社、太稷。

《明憲宗實錄》卷三三"成化二年八月"條

戊申，祭太社、太稷。

《明憲宗實錄》卷三九"成化三年二月"條

戊戌，祭太社、太稷。

《明憲宗實錄》卷四五"成化三年八月"條

戊戌，祭大社、大稷。

《明憲宗實錄》卷五一"成化四年二月"條

戊戌，祭太社、太稷。

《明憲宗實錄》卷五六"成化四年秋七月"條

丙子，上大行慈懿皇太后尊謐册寶。是日早，遣英國公張懋等祭告天地、宗廟、社稷。

《明憲宗實錄》卷五七"成化四年八月"條

戊戌，祭太社、太稷。

《明憲宗實錄》卷六三"成化五年二月"條

戊子，祀大社、大稷。

《明憲宗實錄》卷七〇"成化五年八月"條

戊午，祭大社、大稷。

《明憲宗實錄》卷七四"成化五年十二月"條

辛亥，遣英國公張懋、撫寧侯朱永、武靖侯趙輔祭告天地、社稷、山川。先是，禮部奏："今歲自十月無雪，當寒反燠，恐來年二麥不登，有失農望，宜擇日齋戒祈禱。"故有是命。

《明憲宗實錄》卷七六"成化六年二月"條

戊午，祭太社、太稷。

《明憲宗實錄》卷八二"成化六年八月"條

戊申，祭太社、太稷。

《明憲宗實錄》卷八八"成化七年二月"條

戊申，祭大社、大稷。

《明憲宗實錄》卷九四"成化七年八月"條

戊申，祭太社、太稷。

《明憲宗實錄》卷一〇一"成化八年二月"條

戊寅，祭大社、大稷。

《明憲宗實錄》卷一〇七"成化八年八月"條

戊辰，祭太社、太稷。

《明憲宗實錄》卷一〇八"成化八年九月"條

丁酉，【略】遣駙馬都尉石璟往南京祭社稷、山川等壇，以風雨壞壇垣，將興工修葺也。

《明憲宗實錄》卷一一三"成化九年二月"條

戊辰，祀大社、大稷。

《明憲宗實錄》卷一一九"成化九年八月"條

戊辰，祀太社、太稷。

《明憲宗實錄》卷一三二"成化十年八月"條

戊子，祭太社、太稷。

《明憲宗實錄》卷一三五"成化十年十一月"條

壬申，【略】禮部尚書鄒幹等奏："今秋少雨，至冬無雪，乞命大臣祭告天地、社稷、山川之神。"上命禁屠宰三日，遣英國公張懋、保國公朱永、襄城侯李瑾祭告。

《明憲宗實錄》卷一三八"成化十一年二月"條

戊子，祭大社、大稷。

《明憲宗實錄》卷一四四"成化十一年八月"條

戊寅，祭太社、太稷。

《明憲宗實錄》卷一四七"成化十一年十一月"條

癸丑，册立皇太子。前一日，遣英國公張懋、撫寧侯朱永、襄城侯李瑾祭告天地、宗廟、社稷。

《明憲宗實錄》卷一四八　成化十一年十二月"條

壬午，以是冬無雪，命禁屠宰及文武官致齋各三日。遣英國公張懋、襄城侯李瑾、豐城侯李勇祭告天地、社稷、山川。

己亥，上恭仁康定景皇帝尊謚。先期，上命翰林院撰謚册。及是日早，上遣撫寧侯朱永、襄城侯李瑾、定西侯蔣琬祭告天地、宗廟、社稷。遣英國公張懋、詣陵寢行上尊謚禮。

《明憲宗實錄》卷一五〇"成化十二年二月"條

戊寅，祭太社、太稷。

《明憲宗實錄》卷一五六"成化十二年八月"條

戊寅，祭太社、太稷。

《明憲宗實錄》卷一六〇"成化十二年十二月"條

乙亥，以冬無雪，命英國公張懋、撫寧侯朱永、襄城侯李瑾祭禱天地、社稷、山川之神。

《明憲宗實錄》卷一六二"成化十三年二月"條

戊寅，祭太社、太稷。

《明憲宗實錄》卷一六七"成化十三年六月"條

丁巳，【略】順天府官以天久雨妨農，奏乞祈晴。禮部議宜於二十六日，遣官祭告天地、社稷、山川之神。上以孟秋時享齋戒在邇，免行。

《明憲宗實錄》卷一六九"成化十三年八月"條

戊戌，祭太社、太稷。

《明憲宗實錄》卷一七五"成化十四年二月"條

戊戌，祭太社、太稷。

《明憲宗實錄》卷一八一"成化十四年八月"條

戊戌，祭太社、太稷。

《明憲宗實錄》卷一八七"成化十五年二月"條

戊戌，祭太社、太稷。

《明憲宗實錄》卷一九三"成化十五年八月"條

戊子，祭大社、大稷。

《明憲宗實錄》卷二〇〇"成化十六年二月"條

戊午，祭太社、太稷。

《明憲宗實錄》卷二〇六"成化十六年八月"條

戊午，祭大社、大稷。

《明憲宗實錄》卷二一二"成化十七年二月"條

戊申，祭太社、太稷。

《明憲宗實錄》卷二一八"成化十七年八月"條

戊申，祭太社、太稷。

《明憲宗實録》卷二二四 "成化十八年二月" 條

戊申，祭太社、太稷。

《明憲宗實録》卷二二六 "成化十八年夏四月" 條

丙午，【略】禮部奏："自二月來，雨澤不降，土脉不潤，恐夏麥不實，秋苗不生，三農失望。請誓戒百司，命大臣祭告天地、社稷、山川。"

辛酉，上諭禮部臣曰：前者爾等言，一春無雨，恐夏麥不實，秋禾不生，請命官祈禱。朕以爲立夏之後，氣候蒸潤，必有雨澤，而今亢旱愈甚，朕心憂遑，莫知所措。其命英國公張懋告天地，保國公朱永告社稷，襄城侯李瑾告山川。

《明憲宗實録》卷二三〇 "成化十八年秋八月" 條

戊戌，祭太社、太稷。

《明憲宗實録》卷二三七 "成化十九年二月" 條

戊辰，祭太社、太稷。

《明憲宗實録》卷二四三 "成化十九年八月" 條

戊辰，祭太社、太稷。

《明憲宗實録》卷二四七 "成化十九年十二月" 條

戊辰，【略】上以一冬無雪，命禮部以本初十日爲始，致齋三日，仍禁屠宰。遣英國公張懋等告祭天地、社稷、山川，定西侯蔣琬等行香於各宮觀寺廟。

《明憲宗實録》卷二四九 "成化二十年二月" 條

戊辰，祭太社、太稷。

《明憲宗實録》卷二五五 "成化二十年八月" 條

戊午，祭太社、太稷。

《明憲宗實録》卷二六二 "成化二十一年二月" 條

戊午，祭太社、太稷。

《明憲宗實録》卷二六三 "成化二十一年三月" 條

丁酉，【略】自正月至是，風霾不雨。上命文武群臣齋戒，遣英國公張懋、保國公朱永、襄城侯李瑾祭告天地、社稷、山川，仍分遣官祭告於各寺觀祠廟。

《明憲宗實録》卷二六九 "成化二十一年八月" 條

戊子，祭太社、太稷。

《明憲宗實録》卷二七五 "成化二十二年二月" 條

戊寅，【略】祭太社、太稷。

《明憲宗實録》卷二七七 "成化二十二年夏四月" 條

丁亥，遣英國公張懋、保國公朱永、新寧伯譚祐分祭天地、社稷、山川祈禱雨澤。

《明憲宗實録》卷二八一 "成化二十二年八月" 條

戊寅，祭太社、太稷。

《明憲宗實録》卷二八七"成化二十三年二月"條

戊子，祭太社、太稷。

《明憲宗實録》卷二八九"成化二十三年夏四月"條

乙酉，【略】以上皇太后徽號，命文武群臣致齋三日，遣保國公朱永告天地，駙馬都尉周景告太廟，襄城侯李瑾告社稷。

丁酉，以亢旱，遣保國公朱永告天地，襄城侯李瑾告社稷，新寧伯譚祐告山川。仍分遣大臣行香於各寺觀祠廟。

《明憲宗實録》卷二九三"成化二十三年八月"條

戊寅，祭大社、大稷。

《明孝宗實録》卷二"成化二十三年九月"條

壬寅，英國公張懋奉命告天地，駙馬都尉周景告宗廟，保國公朱永告社稷。上即皇帝位，遂頒詔大赦天下。

《明孝宗實録》卷三"成化二十三年九月"條

乙卯，上大行皇帝尊謚。英國公張懋奉命告天地，駙馬都尉樊凱告宗廟，襄城侯李瑾告社稷。

《明孝宗實録》卷四"成化二十三年十月"條

乙亥，上以恭上聖慈仁壽太皇太后、皇太后尊號并册封皇后，告憲宗純皇帝几筵。英國公張懋、奉命告天地，駙馬都尉周景告宗廟，新寧伯譚祐告社稷。

《明孝宗實録》卷五"成化二十三年十月"條

壬辰，恭上孝穆慈慧恭恪莊僖崇天承聖皇太后紀氏尊謚。英國公張懋奉命告天地，襄城侯李瑾告宗廟，新寧伯譚祐告社稷，駙馬都尉周景告陵園。文武衙門各分官陪祭。

《明孝宗實録》卷七"成化二十三年十一月"條

辛酉，以孝穆慈慧皇太后開土啓玄宮奉遷祔葬茂陵，遣英國公張懋告天地，駙馬都尉周景告宗廟，襄城侯李瑾告社稷。

《明孝宗實録》卷八"成化二十三年十二月"條

丙子，以憲宗純皇帝梓宮將赴葬山陵，遣慶雲侯周壽告天地，駙馬都尉王增告宗廟，新寧伯譚祐告社稷。

《明孝宗實録》卷一一"弘治元年二月"條

戊戌，祭太社、太稷。

《明孝宗實録》卷一七"弘治元年八月"條

戊戌，祭太社、太稷。

壬子，調監察御史汪宗禮爲浙江壽昌縣知縣，李復貞爲湖廣醴陵縣知縣，以祀太社、太稷監禮違誤也。

《明孝宗實録》卷二三"弘治二年二月"條

戊戌，祭太社、太稷。

《明孝宗實録》卷二四"弘治二年三月"條

壬申，以久旱，命十六日爲始，致齋三日，至十九日。遣英國公張楙心告天地，新寧伯譚祐告社稷。平江伯陳鋭告山川。是日遂雨一晝夜，至十八日又大雨，遠近沾足。

《明孝宗實録》卷二九"弘治二年八月"條

戊子，祭太社、太稷。

《明孝宗實録》卷三五"弘治三年二月"條

戊子，祭大社、大稷。

《明孝宗實録》卷四一"弘治三年八月"條

戊子，祭大社、大稷。

《明孝宗實録》卷四八"弘治四年二月"條

戊申，祭太社、太稷。

《明孝宗實録》卷四九"弘治四年三月"條

庚寅，以久旱，致齋三日，遣新寧伯譚祐告天地，平江伯陳鋭告社稷。

《明孝宗實録》卷五四"弘治四年八月"條

戊申，祭太社、太稷。

《明孝宗實録》卷六〇"弘治五年二月"條

戊申，祭大社、大稷。

《明孝宗實録》卷六一"弘治五年三月"條

戊寅，以册立皇太子，遣保國公朱永祭告天地，駙馬都尉周景告宗廟，新寧伯譚祐告社稷。

《明孝宗實録》卷六六"弘治五年八月"條

戊申，祭太社、太稷。

《明孝宗實録》卷七〇"弘治五年十二月"條

己酉，以畿甸無雪，遣英國公張懋祭告天地，平江伯陳鋭告社稷，新寧伯譚祐告山川。

《明孝宗實録》卷七二"弘治六年二月"條

戊戌，祭太社、太稷。

《明孝宗實録》卷七四　弘治六年四月"條

己酉，上以京師及河南山東等處久不雨，齋戒三日，遣新寧伯譚祐祭告天地，遂安伯陳韶告社稷。平江伯陳鋭告山川。

《明孝宗實錄》卷七九"弘治六年八月"條

戊辰，祭大社、大稷。

《明孝宗實錄》卷八二"弘治六年十一月"條

庚子，【略】修大社、大稷壇。

《明孝宗實錄》卷八五"弘治七年二月"條

戊辰，祭太社、太稷。

《明孝宗實錄》卷九一"弘治七年八月"條

戊午，祭大社、大稷。

《明孝宗實錄》卷九二"弘治七年九月"條

己丑，以修孝陵、太廟，遣魏國公徐俌告孝陵，成國公朱儀告社稷等壇。

《明孝宗實錄》卷九七"弘治八年二月"條

戊午，祀太社、太稷。

《明孝宗實錄》卷一〇三"弘治八年八月"條

戊午，祭太社、太稷。

《明孝宗實錄》卷一〇九"弘治九年二月"條

戊午，祭大社、大稷。

《明孝宗實錄》卷一一六"弘治九年八月"條

戊寅，祭太社、太稷。

《明孝宗實錄》卷一二二"弘治十年二月"條

戊寅，祭太社、太稷。

《明孝宗實錄》卷一二八"弘治十年八月"條

戊寅，祭太社、太稷。

《明孝宗實錄》卷一三〇"弘治十年十月"條

辛未，【略】遣魏國公徐俌告太廟、社稷，南京工部尚書蕭禎祭后土，以南京修太廟、社稷壇殿宇訖工也。

《明孝宗實錄》卷一三四"弘治十一年二月"條

戊辰，祭太社、太稷。

《明孝宗實錄》卷一四〇"弘治十一年八月"條

戊辰，祭太社、太稷。

《明孝宗實錄》卷一四二"弘治十一年十月"條

辛卯，以清寧宮災，遣英國公張懋祭告天地，新寧伯譚祐告太廟，遂安伯陳韶告社稷，成山伯王鏞告山川。

《明孝宗實錄》卷一四七"弘治十二年二月"條

戊戌，祭太社、太稷。

《明孝宗實録》卷一四八 "弘治十二年三月" 條

癸酉，以久旱禱雨，遣新寧伯譚祐祭告天地，遂安伯陳韶告社稷，成山伯王鏞告山川。

《明孝宗實録》卷一五三 "弘治十二年八月" 條

戊戌，祭太社、太稷。

《明孝宗實録》卷一五九 "弘治十三年二月" 條

戊子，祭太社、太稷。

《明孝宗實録》卷一六〇 "弘治十三年三月" 條

庚午，禮部以久旱請祈禱雨澤，上命致齋三日，遣英國公張懋祭告天地，新寧伯譚祐告社稷，遂安伯陳韶告山川。

《明孝宗實録》卷一六五 "弘治十三年八月" 條

戊子，祭太社、太稷。

《明孝宗實録》卷一七一 "弘治十四年二月" 條

戊子，祭太社、太稷。

《明孝宗實録》卷一七八 "弘治十四年八月" 條

戊申，祭太社、太稷。

《明孝宗實録》卷一八四　弘治十五年二月" 條

戊申，祭太社、太稷。

《明孝宗實録》卷一九〇 "弘治十五年八月庚子朔" 條

戊辰，祭太社、太稷。

《明孝宗實録》卷一九六 "弘治十六年二月" 條

戊午，祭太社、太稷。

《明孝宗實録》卷二〇〇 "弘治十六年六月" 條

丁巳，脩太社、太稷壇。

《明孝宗實録》卷二〇八 "弘治十七年二月" 條

戊戌，祭大社、大稷。

《明孝宗實録》卷二一〇 "弘治十七年四月" 條

乙巳，遣英國公張懋以葬期告天地，駙馬都尉馬誠告宗廟，新寧伯譚祐告社稷，上衰服告几筵。

《明孝宗實録》卷二一五 "弘治十七年八月" 條

戊辰，祭太社、太稷。

《明孝宗實録》卷二二一 "弘治十八年二月" 條

戊午，祭太社、太稷。

《明孝宗實錄》卷二二三 "弘治十八年四月" 條

戊寅，【略】以久不雨，遣英國王張懋告天地，新寧伯譚祐告社稷，惠安伯張偉告山川。

《明武宗實錄》卷一 "弘治十八年五月" 條

己亥，【略】禮部進即位儀注。一、先期司設監等衙門於華蓋殿設御座，於奉天殿設寶座，欽天監設定時鼓。一、欽天監設定時鼓、地、宗廟、社稷。

壬寅，上即皇帝位。是日早，遣英國公張懋告天地，新寧伯譚祐告宗廟，惠安伯張偉告社稷。

《明武宗實錄》卷二 "弘治十八年六月" 條

庚申，上大行皇帝尊謚，英國公張懋奉命祭告天地，新寧伯譚祐告宗廟，惠安伯張偉告社稷。

《明武宗實錄》卷四 "弘治十八年八月" 條

甲寅，遣英國公張懋告天地，駙馬都尉蔡震告宗廟，惠安伯張偉告社稷。上遂奉冊寶詣太皇太后宮上之。

戊午，祭太社、太稷。

《明武宗實錄》卷六 "弘治十八年冬十月" 條

乙丑，以孝宗皇帝梓宮將赴葬山陵，遣保國公朱暉、駙馬都尉樊凱、惠安伯張偉祭告天地、宗廟、社稷。

《明武宗實錄》卷八 "弘治十八年十二月" 條

己巳，禮部以入冬無雪請祈禱，上是之，命英國公張懋、保國公朱暉、新寧伯譚祐祭告天地、社稷、山川。

《明武宗實錄》卷一○ "正德元年二月" 條

戊午，祭太社、太稷。

《明武宗實錄》卷一六 "正德元年八月" 條

戊申朔，祭大社、大稷。

《明武宗實錄》卷二三 "正德二年二月" 條

戊寅，祭大社、大稷，遣英國公張代行禮。

《明武宗實錄》卷二九 "正德二年八月" 條

戊寅，祀大社、大稷。

《明武宗實錄》卷三二 "正德二年十一月" 條

丙寅，以明日上貞惠安和景皇后尊謚冊寶，遣新寧伯譚祐祭告天地，駙馬都尉黃鏞祭告宗廟，惠安伯張偉祭告社稷。

《明武宗實錄》卷三五 "正德三年二月" 條

戊寅，祭大社、大稷，遣新寧伯譚祐行禮。

《明武宗實録》卷四一"正德三年八月"條

戊辰，祭大社、大稷，遣新寧伯譚祐代行禮。

《明武宗實録》卷四七"正德四年二月"條

戊辰，祭大社、大稷，遣太師英國公張懋行禮。

《明武宗實録》卷四八"正德四年三月"條

己未，以久旱，遣太師英國公張懋、懷寧候孫應爵、太傅新寧伯譚祐祭告天地、社稷、山川。

《明武宗實録》卷五三　正德四年八月"條

戊辰，祭大社、大稷，遣英國公張懋代行禮。

《明武宗實録》卷六〇"正德五年二月"條

戊子，祭大社、大稷，遣英國公張懋代行禮。

《明武宗實録》卷六一"正德五年三月"條

辛未，詔："天時亢旱，風霾累作。朕心警惕。其自明日爲始，文武百官致齋九日，遣官祭告天地、社稷、山川。"

《明武宗實録》卷六六"正德五年八月"條

戊子，祭大社、大稷，遣新寧伯譚祐代行禮。

《明武宗實録》卷七〇"正德五年十二月"條

甲午，恭上太皇太后、皇太后徽號。是日早，遣英國公張懋祭告天地，定國公徐光祚告宗廟，惠安伯張偉告社稷。

《明武宗實録》卷七二"正德六年二月"條

戊子，祭大社、大稷，遣惠安伯張偉代行禮。

《明武宗實録》卷七八"正德六年八月"條

戊寅朔，祭大社、大稷。

《明武宗實録》卷八一"正德六年十一月"條

癸亥，以京師地震，祭告天地、宗廟、社稷，遣英國公張懋、定國公徐光祚、會昌候孫銘、新寧伯譚祐行禮。

《明武宗實録》卷八四"正德七年二月"條

戊寅，祭大社、大稷，遣定國公徐光祚代行禮。

《明武宗實録》卷九七"正德八年二月"條

戊申，祀大社、大稷，遣成國公朱輔代行禮。

《明武宗實録》卷九八"正德八年三月"條

甲午，以今春少雨，風霾屢作，令文武群臣修省，遣英國公張懋、成國公朱輔、咸寧候仇鉞祭告天地、社稷、山川，從禮部奏也。

《明武宗實録》卷一〇〇"正德八年五月"條

辛未，以春夏少雨，遣英國公張懋祭告天地，成國公朱輔祭告社稷，新寧伯譚佑告山川，尚書傅圭告城隍之神。仍命文武群臣同加修省。

《明武宗實録》卷一〇七"正德八年十二月"條

己酉，【略】以今冬無雪，遣成國公朱輔、定國公徐光祚、新寧伯譚佑祭告天地、社稷、山川。

《明武宗實録》卷一〇八"正德九年春正月"條

丙戌，以乾清宮災，遣成國公朱輔、會昌侯孫銘、駙馬都尉游泰、新寧伯譚佑、禮部尚書劉春祭告天地、社稷、宗廟、山川及城隍之神。

《明武宗實録》卷一〇九"正德九年二月"條

戊戌，祭大社、大稷，遣新寧伯譚佑代行禮。

《明武宗實録》卷一一五"正德九年八月"條

戊戌，祭大社、大稷，遣太子太傅成國公朱輔代行禮。

《明武宗實録》卷一一九"正德九年十二月"條

己丑朔，以營建乾清、坤寧宮，遣成國公朱輔、駙馬都尉蔡震、定國公徐光祚、工部尚書李鐩、禮部尚書劉春祭告天地、宗廟、社稷及山川、城隍、太歲等神，魏國公徐俌祭告孝陵，其有事江淮等處，即命所遣官一體祭告。

《明武宗實録》卷一二一"正德十年二月"條

戊戌，祀大社、大稷，遣成國公朱輔代行禮。

《明武宗實録》卷一二八"正德十年八月"條

戊午，祀大社、大稷，遣新寧伯譚佑代行禮。

《明武宗實録》卷一三二"正德十年十二月"條

乙丑，以冬無雪，遣定國公徐光祚、會昌侯孫銘、新寧伯譚佑、禮部尚書毛紀祭告天地、社稷及山川、城隍之神。

《明武宗實録》卷一三四"正德十一年二月"條

戊午，祀大社、大稷，遣新寧伯譚佑代行禮。

《明武宗實録》卷一三六"正德十一年夏四月"條

丁巳，定國公徐光祚、會昌侯孫銘、新寧伯譚佑、禮部尚書毛紀，以禱雨，奉命祭告天地、社稷、山川及城隍之神。

《明武宗實録》卷一四〇"正德十一年八月"條

戊午，祭大社、大稷，遣定國公徐光祚代行禮。

《明武宗實録》卷一四六"正德十二年二月"條

戊申，祀太社、太稷，遣駙馬都尉游泰代行禮。

《明武宗實錄》卷一五二 "正德十二年八月" 條

甲辰朔，上微服從德勝門出，幸昌平外廷，猶無知者。次日，大學士梁儲、蔣冕、毛紀追至沙河上曰：臣等昨在閣，見午本未散，候至申刻，始出道路，相傳以爲聖駕清晨出至教場，尋幸天壽山。臣等聞之，心膽戰驚，莫知所措。今儲嗣未建，人心危疑，車駕輕出，誰與居守？又各衙門一應題奏，本并太常寺當奏祭社稷及先師孔子，此等禮儀，尤爲重大，不知何所請旨。臣等職叨輔導，實不遑安，謹詣行在，俯伏，恭請聖駕即回，以安人心。上不納，乃還。

戊申，祭太社、太稷，太傅定國公徐光祚奉命代行禮。

《明武宗實錄》卷一六三 "正德十三年六月" 條

乙亥，禮部上孝貞太皇太后梓宮發引至祔廟儀注。【略】初十日，遣官以葬期告天地、宗廟、社稷　上衰服告几筵，内侍陳酒饌如常儀，内導引官導上詣拜位，贊四拜奠帛獻酒讀祝，再四拜舉哀哀止，焚帛祝，禮畢。

《明武宗實錄》卷一六五 "正德十三年八月" 條

戊辰朔，上在宣府，祀大社、大稷。太保會昌侯孫銘代行禮。

《明武宗實錄》卷一七一 "正德十四年二月" 條

戊子，祭大社、大稷，遣新寧伯譚祐代行禮。

《明武宗實錄》卷一七七 "正德十四年八月" 條

戊辰，祭太社、太稷，遣太傅定國公徐光祚行禮。

辛巳，禮部上大駕親征祭告禮儀：

祭告天地，前期擇日齋戒、省牲。祭日，上服武弁、乘革輅，備六軍，以牲犢幣帛，作樂，行三獻之禮。

祭告太廟，前期擇日齋省牲。祭日，上服武弁、乘革輅，備六軍，餘同時享儀。

祭告太社、太稷，前期擇日齋戒、省牲。祭日，上服武弁、乘革輅，備六軍，餘同春秋祭社稷儀。

《明武宗實錄》卷一八二 "正德十五年春正月" 條

乙卯，先是，太常寺奏以二月八日祭先師孔子，次日祭社稷。至是，以郊祀未舉，内批復，令俟郊後，遇丁戊日舉行。

《明武宗實錄》卷一九四 "正德十五年十二月" 條

甲午，【略】以親征凱旋，遣定國公徐光祚、駙馬都尉蔡震、武定侯郭勛祭告天、地、太廟、社稷。

《明武宗實錄》卷一九五 "正德十六年二月" 條

丁丑，太常寺奏，是日，當釋奠先師孔子，次日祀大社、大稷，但郊祀未舉，請上裁詔先行之。

《明武宗實錄》卷一九六"正德十六年二月"條

戊子，大祀大社、大稷，遣太保武定侯郭勛代行禮。

《明世宗實錄》卷二"正德十六年五月"條

甲寅，【略】禮部進恭上大行皇帝尊諡冊寶儀注。正德十六年五月初八日卯時，恭上尊諡，前期三日，太常寺官奏致齋，仍奏請遣官祭告天地、宗廟、社稷。

己未，上大行皇帝尊諡。遣武定侯郭勛祭告天地，惠安伯張偉告宗廟，駙馬都尉崔元告社稷。

壬戌，【略】初，上命禮官擇日禱雨，未及期而雨降，上喜，乃遣駙馬都尉蔡震告謝天地，惠安伯張偉告社稷，崇信伯費柱告山川之神。

《明世宗實錄》卷四"正德十六年七月"條

戊辰，【略】禮部言，八月初八日當遣官祭先師孔子，初九日祭太社、太稷。

己巳，【略】京師久雨，上諭禮部曰：淫雨傷稼，朕心憂惶。其令欽天監擇日齋戒祈禱。乃遣定國公徐光祚、武定侯郭勛、惠安伯張偉、禮部尚書毛澄分祀天地、社稷、山川及城隍之神。

《明世宗實錄》卷六"正德十六年九月"條

甲子，以武宗毅皇帝梓宮將赴葬山陵，遣定國公徐光祚、武定侯郭勛、惠安伯張偉分告天地、宗廟、社稷。

《明世宗實錄》卷八"正德十六年十一月"條

甲戌，乾清宮成，上自文華殿入居之。先期，遣成國公朱輔、駙馬都尉蔡震、惠安伯張偉等祭告天地、宗廟、社稷及后土司工之神。

《明世宗實錄》卷一○"嘉靖元年正月"條

庚午，【略】以火災風霾，諭禮部，行欽天監擇日遣官祭告天地、宗廟、社稷。仍戒飭文武百官，同加修省，以回天意。

《明世宗實錄》卷一一"嘉靖元年二月"條

戊寅朔，遣駙馬都尉崔元祭社稷，順天府府尹徐蕃祭先農之神。

《明世宗實錄》卷一二"嘉靖元年三月"條

丁巳，以上昭聖慈壽皇太后、莊肅皇后尊號，遣定國公徐光祚、武定候郭勛、惠安伯張偉祭告天地、宗廟、社稷。

《明世宗實錄》卷一七"嘉靖元年八月"條

戊寅，祭太社、太稷。

《明世宗實錄》卷一八"嘉靖元年九月"條

丙午，【略】以南京大風雨災，遣成國公朱輔、駙馬都尉蔡震、惠安伯張偉祭告天地、宗廟、社稷。致齋三日，仍敕魏國公徐鵬舉祭告孝陵。

《明世宗實錄》卷一九"嘉靖元年十月"條

壬辰，【略】禮部類奏灾异，得旨：上天示戒，近日京師地震，各處地方灾异叠見，朕心警惕與爾文武群臣同加修省以回天意，仍擇日遣官祭告天地、宗廟、社稷山川。

丙申，【略】以灾异修省，遣武定侯郭勛、駙馬都尉蔡震、崔元，鎮遠侯顧仕隆祭告天地，宗廟、社稷、山川。

《明世宗實錄》卷二一"嘉靖元年十二月"條

壬午，【略】上以入冬無雪，諭禮部擇日齋戒，遣官祭告天地、社稷、山川之神。

《明世宗實錄》卷二二"嘉靖二年正月"條

丙辰，【略】以是月二十日恭上壽安皇太后尊謚册寶，遣武定侯郭勛、駙馬都尉崔元、惠安伯張偉各祭告天地，宗廟、社稷。以是月十九日壽安皇太后山陵興工，遣壽寧侯張鶴齡、建昌侯張延齡、都督同知陳萬言分祭。

《明世宗實錄》卷二三"嘉靖二年二月"條

戊寅，祭太社，太稷。

丁亥，【略】十九日，遣官以葬期告天地、宗庙、社稷。

《明世宗實錄》卷三〇"嘉靖二年八月"條

戊戌朔，祭社稷，遣鎮遠侯顧仕隆行禮。

《明世宗實錄》卷三八"嘉靖三年四月"條

己酉，恭上昭聖康惠慈壽皇太后尊號，次日上章聖皇太后尊號，并以是日祭告天地、宗廟、社稷，遣武定侯郭勛、駙馬都尉京山侯崔元、惠安伯張偉各行禮。

丁巳，以旱灾風霾，罷端陽節閱驃騎、龍船游宴，諭禮部擇日齋戒，遣官祭告天地、社稷、山川。文武百官同加脩省。

《明世宗實錄》卷四一"嘉靖三年七月"條

甲申，奉迎恭穆獻皇帝神主至京師，奉安於觀德殿。上率文武群臣恭上册寶，遣鎮遠候顧仕隆、武定侯郭勛、遂安伯陳鏸祭告天地、宗廟、社稷。

《明世宗實錄》卷四八"嘉靖四年二月"條

戊戌，大祀社稷，遣武定侯郭勛行禮。

《明世宗實錄》卷四九"嘉靖四年三月"條

己丑，命武定侯郭勛、京山侯崔元、惠安伯張偉、遂安伯陳鏸、禮部尚書席書祭告天地、宗廟、社稷、山川、城隍，以仁壽宮灾也。

《明世宗實錄》卷六一"嘉靖五年二月"條

戊午，祭社稷，遣武定侯郭勛行禮。

《明世宗實錄》卷六八"嘉靖五年九月"條

辛卯，奉安恭穆獻皇帝神主於世廟，祭告天地遣武定侯郭勛，宗廟鎮遠侯顧仕隆，社稷保定侯梁永福各行禮。

《明世宗實錄》卷六九"嘉靖五年十月"條

戊辰，詔遣大臣祭告天地、宗廟、社稷、山川，并遣官祭告被災地方名山大川及山川應祀神祇。

《明世宗實錄》卷七六"嘉靖六年五月"條

戊子，【略】以祈雨，遣武定侯郭勛祀社稷壇，鎮遠侯顧仕隆祀山川壇。

《明世宗實錄》卷九〇"嘉靖七年七月"條

戊寅，以上皇考獻皇帝尊諡、孝惠皇太后尊號暨章聖皇太后徽號，命英國公張侖告天地，京山侯崔元告太廟、世廟，惠安伯張偉告社稷。

《明世宗實錄》卷九八"嘉靖八年二月"條

丁丑，以經春久旱，命順天府官祈禱雨澤，仍行欽天監擇日祭告天地、社稷、山川。

戊寅，上諭禮部，朕念去年各處俱奏報災傷變异頻仍，人飢至有相食者。況一冬少雪今當東作之時雨澤不降，若二麥不登則今秋薦饑又有甚於前歲者，朕甚憂懼，已有旨祭告南郊、社稷、山川。今朕親往庶盡虔祈之意其儀以聞，于是尚書方獻夫等對曰："謹《周禮·大宗伯》以荒禮哀凶札釋者，謂'君膳不祭，馳道不除，祭事不縣'，皆所以示貶損之意。又曰：'國有大故，則旅上帝及四望。'釋者曰故謂凶災旅陳也，陳其祭事以禱焉，禮不若祀之備也。今陛下憫勞萬姓，親出祈禱合行禮儀宜務從簡約，以答天戒。其常朝官俱令一體陪從，同致省愆祈籲之誠。"隨具上儀注：擇二月十八日，上親禱於南郊，山川同日，社稷用次日。先期三日，太常寺奏致齋，文武百官各於本衙門齋宿，行翰林院撰祝文。前期一日，遣官祭告。【略】設上拜位於大祀殿內正中，山川壇同社稷於壇前，【略】太常寺官跪奏請聖駕詣社稷壇，上升輿由右闕門進至社稷壇北門，上降輿導引官導上由右門入，陪祀官照常於壇內，其餘官員於北門外，各就班典儀唱執事官各司其事。導引官導上至御位，內贊奏就位，典儀唱迎神，內贊奏四拜，傳贊百官同典儀唱奠帛行初獻禮，執事官各捧帛爵跪進於神位前。典儀唱讀祝文，內贊奏跪，傳贊百官同跪，讀祝官跪讀訖，內贊奏俯伏興平身，傳贊百官同。典儀唱行亞獻禮，執事官各捧爵跪進於神位前，典儀唱行終獻禮，儀同亞獻。典儀唱送神，內贊奏四拜，傳贊百官同，典儀唱，讀祝官捧祝，進帛官捧帛，各詣瘞位，內贊奏禮畢。

乙酉，親禱於社稷壇。

《明世宗實錄》卷一〇七"嘉靖八年十一月"條

戊申，上躬禱雪於南郊，明日禱於社稷壇。

《明世宗實錄》卷一一〇"嘉靖九年二月"條

戊辰，上祭社稷畢，出郊祭先農，行耕籍禮。

《明世宗實錄》卷一二二"嘉靖十年二月"條

癸亥，祭太社、太稷。

《明世宗實錄》卷一二九"嘉靖十年八月"條

戊子，祭太社、太稷。

《明世宗實錄》卷一五八"嘉靖十三年正月"條

辛亥，立春，順天府官進春，文武百官行慶賀禮，賜百官食春餅。以立后封妃，祭告郊廟、社稷。南郊遣武定侯郭勛，北郊成國公朱鳳、太廟京山侯崔元、世廟駙馬鄔景和、社稷尚書夏言。

《明世宗實錄》卷一七二"嘉靖十四年二月"條

戊戌，上親祭大社、大稷。

《明世宗實錄》卷一八四"嘉靖十五年二月"條

戊子，祭太社稷，遣遂安伯陳鏸行禮。

己丑，祭帝社稷，遣武定侯郭勛行禮。

《明世宗實錄》卷一九二"嘉靖十五年十月"條

辛卯，上躬祭南郊，以誕生皇子告。方澤遣侯郭勛，朝日輔臣李時，夕月伯陳鏸，太社稷少傅夏言，帝社稷尚書顧鼎臣，天神伯衛錞，地祇駙馬鄔景和，各行禮如儀。

《明世宗實錄》卷一九四"嘉靖十五年十二月"條

戊申，以上兩宮徽號，祭告郊廟、社稷，命侯郭勛，公朱希忠、張溶，伯陳鏸、王瑾、焦棟、李全禮、少傅李時、夏言，尚書梁材，駙馬都尉鄔景和，伯衛錞，各行禮。

《明世宗實錄》卷二〇三"嘉靖十六年八月"條

戊申，祭太社太稷，遣武定侯郭勛代。

己酉，祭帝社稷，命公張溶，侯郭勛，伯陳鏸、衛錞，輔臣夏言，尚書顧鼎臣、許瓚、李廷相、張瓚，侍郎張潮、張璧、蔡昂陪祀。

《明世宗實錄》卷二〇四"嘉靖十六年九月"條

辛卯，上諭禮部：聖母病瘡，慈體未豫，朕躬十八日躬禱於太廟，分命大臣告列聖、群廟。二十日，躬禱於太社稷，命官告帝社稷、文華殿，設壇躬禱於山川明神。于是，禮部具儀以聞，乃命英國公張溶、遂安伯陳鏸、駙馬都尉謝詔、尚書夏言、顧鼎臣、許贊、溫仁和分告七廟，武定侯郭勛告獻皇帝廟及帝社稷壇。

《明世宗實錄》卷二一五"嘉靖十七年八月"條

戊申，祭太社稷。

己酉，祭帝社稷，命武定侯郭勛代。

《明世宗實錄》卷二一六"嘉靖十七年九月"條

己卯，以將舉大享禮，上祭告南郊，遣文武大臣郭勛、朱希忠、張溶、李時、夏言、顧鼎臣、崔元、許贊、謝詔、徐延德、衛錞祭告北郊及宗廟、社稷。

《明世宗實錄》卷二一九"嘉靖十七年十二月"條

庚申，禮官奏：恭上大行皇太后尊謚儀。先期太常寺官奏致齋五日，遣官奏告天地、宗廟、社稷，如常儀。

《明世宗實錄》卷二二〇"嘉靖十八年正月"條

乙未，禮部上冊立皇太子，冊封裕王、景王儀注。前期三日，齋戒。初一日丑刻，上躬詣南郊，以冊立皇太子、冊封裕王、景王奏告皇天上帝。駕回，躬詣太廟，告聞皇祖。分命大臣祭告北郊、列聖宗廟、太社稷、帝社稷、朝日、夕月、天神、地祇合用。

《明世宗實錄》卷二三四"嘉靖十九年二月"條

戊辰，祭大社稷，命成國公朱希忠代。

己巳，祭帝社稷，命翊國公郭勛代，成國公朱希忠、英國公張溶、京山侯崔元、遂安伯陳鏸、宣城伯衛錞、大學士夏言、顧鼎臣翟鑾，尚書許贊、嚴嵩、張瓚、王廷相、梁材陪拜。

《明世宗實錄》卷二四〇"嘉靖十九年八月"條

戊辰，祭大社稷，命翊國公郭勛代。同日，祭帝社稷，命成國公朱希忠代。

《明世宗實錄》卷二四八"嘉靖二十年四月"條

辛酉夜，宗廟災，成廟、仁廟二主毀。是日未申刻，東草場火，城中人遂訛言火在宗廟。薄暮，雨雹風霆大作，入夜，火果從仁廟起，延燒仁、成廟及太廟群廟，一時俱燼，惟霽、睿廟獨存。成、仁二主，以火所從起，不及救，故毀。上哀痛不能自勝。明日，文武百官各奉慰。禮部請上親祭告內殿，以慰神靈，復引過奏祭上帝，以謝。諭告青服，御西角門，延見群臣，以共謹天戒，下哀痛之詔，以安人心，行天下宗室，共加修省，以盡一體之誠。敕內外臣工，痛加克責，以盡交修之徹。文武群臣有奸欺負國蠹政殃民者，聽言官指實奏劾，九卿堂上官及各衙門四品以上，令各自陳科道官極言時政得失，特賜采納。暫罷內外一切工作，蓄財力，以圖修復。奏入，上曰："宗廟災毀，無前大變，罪在朕一人而已。仰戴皇天仁愛，即齋戒擇吉奏謝南北郊，祭告景神殿、太社稷，俱朕躬行。"遣官祭告朝日、夕月等神。

丁卯，上親祭告景神殿及太社、太稷。

己巳，上親告祭帝社稷。

《明世宗實錄》卷二六八"嘉靖二十一年十一月"條

丁未朔，上以宮闈之變，遣文武大臣、成國公朱希忠等告謝天地、宗廟、社稷及應祀神祇。

《明世宗實錄》卷二九二"嘉靖二十三年十一月"條

丙午，以擒獲逆賊王三等，命成國公朱希忠告謝南郊，英國公張溶北郊，京山侯崔允景神殿，遂安伯陳鏜太社稷各行禮。官上表稱賀。

《明世宗實錄》卷三〇〇 "嘉靖二十四年六月" 條

己亥，禮部上太廟奉安神主儀注。欽命大臣三員，於六月十六日寅時，以廟成奏告南郊、北郊、太社稷，并遣官告景神殿。太常寺備辦祭告天地、社稷、景神殿及祧廟，奉安神主祭品俱用脯醢酒果。其奉安列聖神主祭品俱用牲醴。

庚申，以太廟成奏告於南郊、北郊、太社、太稷，遣成國公朱希忠、英國公張溶、定國公徐延德等各行禮。

《明世宗實錄》卷三〇八 "嘉靖二十五年二月" 條

戊戌，祭太社稷，命國公朱希忠代。

己亥，祭帝社稷，命成國公朱希忠代，公張溶，侯崔元，伯陳鏜、衞錞，大學士夏言、嚴嵩，尚書唐龍、甘爲霖、費采，侍郎孫承恩、張治、徐偕各陪祀。

《明世宗實錄》卷三一四 "嘉靖二十五年八月" 條

戊子，祭太社稷，命成國公朱希忠代。

己丑，祭帝社稷，命公朱希忠代，侯崔元，伯陳鏜、衞錞，大學士夏言、嚴嵩，尚書周用、費采，侍郎孫承恩、張治、徐階、許成名、崔桐陪祭。

《明世宗實錄》卷三三三 "嘉靖二十七年二月" 條

戊申，祭太社稷，命英國公張溶代。

己酉，祭帝社稷，命公朱希忠代，公張溶，侯崔元，伯衞錞、陳鏜、焦棟，大學士嚴嵩，尚書聞淵、費采、文明，侍郎孫承恩、張治、徐階陪祀。

《明世宗實錄》卷三三八 "嘉靖二十七年七月" 條

乙酉，以地震，命文武大臣、京山侯崔元等祭告郊、廟、社稷及各宮廟。

《明世宗實錄》卷三三九 "嘉靖二十七年八月" 條

戊申，祭太社稷，命英國公張溶代。

己酉，祭帝社稷，命成國公朱希忠代。

《明世宗實錄》卷三五七 "嘉靖二十九年二月" 條

戊戌，祭太社稷，命英國公張溶行禮。

己亥，祭帝社稷，命成國公朱希忠行禮。

《明世宗實錄》卷三五九 "嘉靖二十九年四月" 條

己亥，禮部以天久不雨，奏請遍禱神祇，仍申飭百事，滌己省愆，脩舉實政，以仰贊聖誠，上回天意。上曰，君者，代天工不能獨理，設官分職以共之。又曰，臣勞此義，孰不知之？言之皆非實心也。今亦不必申以話言，不必虛應故事。惟仰告上天廟社諸神，以十五日奏告南、北二郊。前三日告東西二郊、神祇壇。前二日，告二社稷。前一日告太廟。自初九日始，停刑禁屠，百官修省。至十七日止，乃分遣祭告大臣。南郊公朱希忠，北郊公張溶，太廟駙馬都尉鄔景和，太社稷侯蔣傳，帝社稷駙馬都尉謝詔，東郊伯陳鏓，西郊伯王瑾，神祇壇伯焦棟，尚書徐階。各青衣角帶行禮。

《明世宗實錄》卷三六四"嘉靖二十九年八月"條

戊辰，祭太社稷，命英國公張溶代。

己巳，祭帝社稷，命成國公朱希忠代。

《明世宗實錄》卷三七九"嘉靖三十年十一月"條

丙戌，【略】以擒獲叛逆哈舟兒等，告謝於郊、廟、社稷及歷代帝皇。遣勛戚大臣朱希忠、張溶、仇鸞、鄔景和、謝詔、王瑾各行禮。

《明世宗實錄》卷三八二"嘉靖三十一年二月"條

戊午，祭大社稷，命英國公張溶行禮。

己未，祭帝社稷，命成國公朱希忠行禮。

《明世宗實錄》卷三八八"嘉靖三十一年八月"條

戊午，祭大社稷，遣英國公張溶代。

己未，祭帝社稷，遣成國公朱希忠代。

《明世宗實錄》卷三八九"嘉靖三十一年九月"條

癸未，以仇鸞伏誅，上親舉謝典於內殿。五日，遣公朱希忠張溶、侯李熙、駙馬鄔景和、謝詔、伯陳圭告謝南北郊、太社稷、帝社稷、宗廟。

《明世宗實錄》卷三九三"嘉靖三十二年正月"條

壬午，以元旦雪，日食不見，奏謝郊、廟、社稷，遣成國公朱希忠等各行禮。

《明世宗實錄》卷四〇二"嘉靖三十二年九月"條

辛酉，以諸邊報捷，奏謝郊廟、社稷、歷代帝王，命成國公朱希忠，英國公張溶，駙馬鄔景和、謝詔，平江伯陳圭，大學士徐階各行禮。

《明世宗實錄》卷四〇七"嘉靖三十三年二月"條

戊寅，祭太社稷，遣定國公徐延德代。

己卯，祭帝社稷，遣成國公朱希忠代。

《明世宗實錄》卷四一三"嘉靖三十三年八月"條

戊寅，祭太社稷，命駙馬都尉謝詔代。

己卯，祭帝社稷，命駙馬都尉鄔景和代。

《明世宗實錄》卷四一五"嘉靖三十三年十月"條

甲午，以南北告捷，遣文武大臣、成國公朱希忠、英國公張溶、駙馬都尉謝詔、平江伯陳圭、大學士徐階、李本告謝天地、宗廟、社稷、先聖帝王。

《明世宗實錄》卷四二二"嘉靖三十四年五月"條

庚戌，封肅府延長王真境第四子彌棟爲延長王長子。上諭禮部：朕受上天明命，君生華夷。東南欺上，臣下不忠，鸞勾引北賊，既行經結，南寇又作，是鄰哉之義耶？茲仲叩玄威，遣成國公朱希忠、英國公張溶、定國公徐延德、鎮遠侯顧寰、靖遠伯王瑾分告於宗廟、社稷、神衹、先聖。

《明世宗實錄》卷四二七"嘉靖三十四年十月"條

壬戌朔，裕王第一子生，禮部請告於郊廟、社稷，詔告天下，令文武群臣稱賀。

《明世宗實錄》卷四二八"嘉靖三十四年十一月"條

戊申，以各邊秋防事竣，遣成國公朱希忠、英國公張溶、定國公徐延德、鎮遠候顧寰、駙馬都尉李和、大學士徐階分告於南北郊、太社稷、帝社稷、太廟先聖帝王，如去年例。

《明世宗實錄》卷四三二"嘉靖三十五年二月"條

戊戌，祭太社稷，命英國公張溶代。

己亥，祭帝社稷，命成國公朱希忠代。

《明世宗實錄》卷四三五"嘉靖三十五年五月"條

己巳，上諭禮部曰：古禮因事而索於鬼神，非不經者。茲南北奏犯，當祭告南郊諸壇。命成國公朱希忠詣南郊，英國公張溶、定國公徐延德、鎮遠候顧寰、駙馬謝詔、安平伯方承裕、遂安伯陳鏸詣北郊及太廟、社稷等神，各行禮樂，歌五成，用特。

《明世宗實錄》卷四三八"嘉靖三十五年八月"條

己丑，祭帝社稷，命成國公朱希忠代。

《明世宗實錄》卷四三九"嘉靖三十五年九月"條

壬午，以平倭功，祭告南北郊、太廟、太社稷、帝社稷、歷代帝王、神衹壇，命公朱希忠、張溶、徐延德、候顧寰、駙馬謝詔、伯方承裕、陳鏸各行禮。百官上表稱賀。

《明世宗實錄》卷四四四"嘉靖三十六年二月"條

戊子，祭太社稷，遣英國公張溶代。

己丑，祭帝社稷，遣成國公朱希忠代，定國公徐延德，鎮遠候顧寰，駙馬都尉謝詔、李和，大學士徐階、李本，尚書吳鵬、吳山，都督陸炳，侍郎郭朴、茅瓚、袁煒，學士嚴訥、李春坊、董份陪祀。

《明世宗實錄》卷四四六"嘉靖三十六年四月"條

甲午，先是三日，以火星逆行二舍，敕諸司修省。至是，遣英國公張溶等祈禳於洪應雷殿，成國公朱希忠、駙馬都尉謝詔等奏告於玄極寶殿、太廟、太社稷。

辛丑，以殿廷災，行奏告禮。郊、廟、社稷，遣公朱希忠、張溶、徐延德。秩祀神衹，候顧寰，駙馬謝詔、李和，伯陳鏸，尚書吳山，侍郎茅瓚、袁煒卿、師宗記。

《明世宗實錄》卷四五六"嘉靖三十七年二月"條

戊子，祭太社稷，遣英國公張溶代。

己丑，祭帝社稷，命成國公朱希忠代。

《明世宗實録》卷四六三"嘉靖三十七年八月"條

戊申，祭太社稷，命英國公張溶代。

庚戌，祭帝社稷，遣公朱希忠代。

《明世宗實録》卷四七三"嘉靖三十八年六月"條

壬寅，以入夏久雨，上親祈晴於洪應雷宮，詔百官各致齋三日，禁屠停刑如例。分命成國公朱希忠等奏告郊、廟、社稷。

《明世宗實録》卷四七五"嘉靖三十八年八月"條

戊申，祭太社、太稷，命英國公張溶行禮。

己酉，【略】祭帝社稷，命成國公朱希忠代。

《明世宗實録》卷四八一"嘉靖三十九年二月"條

戊戌，祭太社稷，命英國公張溶代。

己亥，祭帝社稷，命成國公朱希忠代。

《明世宗實録》卷四八七"嘉靖三十九年八月"條

戊戌，祭太社稷，命英國公張溶代。

己亥，祭帝社稷，命成國公朱希忠代。

《明世宗實録》卷四九一"嘉靖三十九年十二月"條

丁酉，上以雪未應祈，遣成國公朱希忠、駙馬都尉謝詔、英國公張溶、鎮遠侯顧寰祭告玄極寶殿、宗廟、太社稷、帝社稷，定國公徐延德等補告各宮廟。

《明世宗實録》卷四九五"嘉靖四十年四月"條

癸巳，大風雨黃土晝晦。上諭禮部曰：旱暵復作，風霾竟夕。其如修省例，分命成國公朱希忠等祭告郊、廟、社稷、神祇。齋戒三日，仍行順天府督率僚屬竭誠禱雨。

《明世宗實録》卷五〇〇"嘉靖四十年八月"條

戊辰，祭太社、太稷，命英國公張溶行禮。

己巳，祭帝社、帝稷，命成國公朱希忠行禮。

《明世宗實録》卷五〇四"嘉靖四十年十二月"條

丙辰朔，以萬壽宮災，遣英國公張溶等告謝郊、廟、社稷。是日御馬廠房火延燒九十餘楹。

《明世宗實録》卷五〇六"嘉靖四十一年二月"條

戊午，祭太社、太稷，命英國公張溶代。

《明世宗實録》卷五〇七"嘉靖四十一年三月"條

己酉，萬壽宮成，命公朱希忠，侯顧寰，駙馬謝詔，伯方承裕，大學士徐階分告南北郊、太廟、二社稷。

《明世宗實録》卷五〇八"嘉靖四十一年四月"條

丙寅，以入夏少雨，上躬禱於禁中，遣官奏告郊廟、社稷、神祇、朝天等六宮廟。

《明世宗實録》卷五一〇"嘉靖四十一年六月"條

己卯，以逆賊張璉等平，命公朱希忠，侯顧寰，駙馬李和，伯陳鏸、方承裕分告南北郊、太廟、二社稷。百官上表稱賀。

《明世宗實録》卷五一二"嘉靖四十一年八月"條

戊午，祭太社稷，命公張溶代。

己未，祭帝社稷，命公朱希忠代。

《明世宗實録》卷五一三"嘉靖四十一年九月"條

壬午朔，【略】以三殿工成，命公朱希忠，侯顧寰，駙馬許從誠，伯陳鏸、方承裕，尚書雷禮，都督朱希孝分告南北郊、太廟、社稷。

《明世宗實録》卷五一八"嘉靖四十二年二月"條

戊午，祭太社、太稷，命英國公張溶行禮。

《明世宗實録》卷五二四"嘉靖四十二年八月"條

戊申，祭太社、太稷，遣英國公張溶行禮。

己酉，祭帝社、帝稷，遣成國公朱希忠行禮。

《明世宗實録》卷五二七"嘉靖四十二年十一月"條

壬午，以虜退，祭告郊、廟、社稷神、祇及歷代帝王等廟，遣成國公米希忠，大學士袁煒等行禮。

《明世宗實録》卷五三〇"嘉靖四十三年二月"條

戊申，祭太社稷，遣定國公徐延德代。

己酉，祭帝社稷，遣成國公朱希忠代。

《明世宗實録》卷五三七"嘉靖四十三年八月"條

戊寅，祭太社稷，定國公徐延德行禮。【略】祭帝社稷，命公朱希忠代。

《明世宗實録》卷五四三"嘉靖四十四年二月"條

戊寅，祭太社、太稷，遣鎮遠侯顧寰行禮。

己卯，上以疾瘳舉吉典於大玄都殿，七日停常封，祭帝社、帝稷，遣成國公朱希忠行禮。

《明世宗實録》卷五四九"嘉靖四十四年八月"條

戊辰，秋祭太社、太稷，遣鎮遠侯顧寰代。

己巳，祭帝社、帝稷，遣成國公朱希忠代。

《明世宗實録》卷五五五"嘉靖四十五年二月"條

戊戌，祭太社稷，遣鎮遠侯顧寰代。

己巳，祭帝社稷，并行祈穀禮於玄極寶殿，俱命成國公朱希忠代。

《明世宗實録》卷五五七"嘉靖四十五年四月"條

甲戌，以紫極殿、壽清宮成，遣成國公朱希忠、鎮遠侯顧寰、駙馬都尉謝詔、安平伯方承裕、大學士徐階告謝圜丘、方澤、太廟、太帝二社稷。百官上表稱賀。

《明世宗實錄》卷五六一 "嘉靖四十五年八月" 條

戊辰，祭太社稷，命鎮遠侯顧寰代。

己巳，祭帝社稷，命成國公朱希忠代。

《明穆宗實錄》卷一 "嘉靖四十五年十二月" 條

壬子，上即皇帝位。是日早，遣成國公朱希忠、宣城伯衛守正等告天地、宗廟、社稷。

《明穆宗實錄》卷二 "隆慶元年春正月" 條

乙丑，禮部進上大行皇帝尊諡冊寶儀注，十九日恭上尊諡。前期三日太常寺官奏致齋，請遣官祭告天地、宗廟、社稷，至日行祭告禮，用祝文香幣果酒脯醢如常儀。

丙寅，【略】禮部遵詔會議：【略】嘉靖九年，遵復初制，以勾龍后稷配。十年，復於西苑隙地墾田樹穀，建帝社、帝稷二壇，每歲以仲春、秋上戊次日行祈報禮。臣等謹議：天子社以祭五土之祇，稷以祭五穀之神，名曰太社、太稷。而帝社稷之名，則自古及祖宗朝皆無之。國初，太社稷之建，悉遵古禮，而皇考仍以勾龍后稷配，實合太祖初制，無容別議。至於帝社稷之祭，不無嫌於煩數，臣等竊以爲，止宜照舊，奉太社、太稷之祭，其帝社、帝稷，宜罷勿舉。【略】上以禮官會議允當，命如議行之。

《明穆宗實錄》卷三 "隆慶元年正月" 條

乙亥，上大行皇帝尊諡。遣成國公朱希忠、英國公張溶、駙馬都尉謝詔、新寧伯譚功承祭告天地、宗廟、社稷。

丁丑，恭上孝恪淵純慈懿恭順贊天開聖皇太后尊諡，命成國公朱希忠、英國公張溶、定西侯蔣佑、新寧伯譚功承祭告天地、宗廟、社稷。

庚辰，【略】先是，太常寺以祭太社、太稷，請如近例遣官攝事。上命禮部查議。至是，覆言：臣等謹按，《禮》曰：喪三年不祭，惟祭天地、社稷。爲越紼而從事說者，以爲不敢以卑廢尊，以己事廢公祀也。今太社稷祀典，雖在世宗皇帝未升祔之前，然稽諸越紼行事之說，似不可廢。宜如憲宗、武宗朝例，鴻臚寺免請升殿，太常寺具本奏知。至期，請皇上躬詣壇壝，具服致祭，樂懸而不作。致齋之日，上具黃素袍、翼善冠，百官淺淡色衣朝參，其陪祀官各具祭服，行禮如常。上從之。

《明穆宗實錄》卷四 "隆慶元年二月" 條

戊子，上親祭太社、太稷，是日，鳴鐘，樂設而不作，餘如舊儀。

乙未，遣英國公張溶、定國公徐延德、駙馬都尉謝詔、李和，以冊立皇后告天地、宗廟、社稷。

辛丑，上孝潔皇后、孝烈皇后尊諡冊寶。是日早，遣成國公朱希忠、定西侯蔣佑、駙馬都尉許從誠、安平伯方承裕祭告天地、宗廟、社稷。

《明穆宗實録》卷六 "隆慶元年三月" 條

甲子，以世宗肅皇帝梓宫將發引，遣定國公徐延德告南郊，靈璧侯湯世隆告北郊，駙馬都尉許從誠告太廟，安鄉伯張鉉告社稷。次日，延德等復以孝洁肅皇后、孝恪皇太后祔葬，告郊庙、社稷。上亲告世宗肅皇帝几筵。

《明穆宗實録》卷七 "隆慶元年四月" 條

甲辰，始命夏至祀方澤，以卯時行禮。先是，冬至祀天，孟秋享太廟，春、秋祭社稷、先師孔子、歷代帝王，俱用子時。祭朝日壇以卯時，祭夕月壇以酉時，孟春、孟夏、孟冬時享及祫享太廟，俱午時。惟夏至祀地，時未有定。至是，太常寺以請，遂定於卯時。

《明穆宗實録》卷一一 "隆慶元年八月" 條

戊子，上親祀太社、太稷。

《明穆宗實録》卷一七 "隆慶二年二月" 條

戊子，祭太社、太稷。

《明穆宗實録》卷一八 "隆慶二年三月" 條

庚申，以册立東宫，上親告奉先殿世宗皇帝几筵、弘孝、神宵殿，遣英國公張溶、鎮遠侯顧寰、駙馬都尉鄔景和、安鄉伯張鉉祭告郊廟、社稷。

《明穆宗實録》卷二三 "隆慶二年八月" 條

戊子，祭太社、太稷。

《明穆宗實録》卷二九 "隆慶三年二月" 條

戊寅，上親祭太社、太稷。

《明穆宗實録》卷三六 "隆慶三年八月" 條

戊申，上親祭太社、太稷。

《明穆宗實録》卷四二 "隆慶四年二月" 條

戊申，【略】祭大社、大稷。

《明穆宗實録》卷四八 "隆慶四年八月" 條

戊戌，祭太社、太稷。

《明穆宗實録》卷五四 "隆慶五年二月" 條

戊戌，祭太社、太稷。

《明穆宗實録》卷五九 "隆慶五年七月" 條

己巳，上御皇極殿，受虜王俺答表獻鞍馬，文武官行慶賀禮，遣成國公朱希忠、鎮遠侯顧寰、駙馬許從誠、成安伯郭應乾告南北郊、太廟、太社稷。

《明穆宗實録》卷六〇 "隆慶五年八月" 條

戊戌，秋祭太社、太稷。

《明穆宗實録》卷六六"隆慶六年二月"條

戊戌，祭太社、太稷，命成國公朱希忠行禮。

《明穆宗實録》卷六七"隆慶六年閏二月"條

癸酉，以聖躬不豫，遣成國公朱希忠祭南郊，英國公張溶祭北郊，駙馬許從成祭太廟，彰武伯楊炳祭社稷。

《明神宗實録》卷二"隆慶六年六月"條

甲子，上即位，遣成國公朱希忠、英國公張溶、駙馬都尉許從誠、定西侯蔣佑告於南北郊、太廟、社稷壇。

《明神宗實録》卷三"隆慶六年七月"條

丙戌，遣公朱希忠、張溶，駙馬許從誠，侯蔣佑祭告於郊、廟、社稷，恭上大行皇帝諡册文。

壬辰，遣公朱希忠等以上孝懿皇后尊諡祭告天地、宗廟、社稷。

己酉，遣公朱希忠等以上兩宮尊號祭告郊、廟、社稷。

《明神宗實録》卷四"隆慶六年八月"條

戊午，上祭太社、太稷。

《明神宗實録》卷五"隆慶六年九月"條

辛卯，【略】遣官以穆宗莊皇帝葬期告郊、廟、社稷。明日，以孝懿莊皇后祔葬告。

《明神宗實録》卷一〇"萬曆元年二月"條

戊午，上祭太社、太稷。

《明神宗實録》卷一三"萬曆元年五月"條

辛巳，【略】以久旱，遣官禱山川、社稷之神。

《明神宗實録》卷二二"萬曆二年二月"條

戊申，上祀太社、太稷。

《明神宗實録》卷二八"萬曆二年八月"條

戊申，上親祭太社、太稷。

《明神宗實録》卷三五"萬曆三年二月"條

戊寅，上親祭太社、太稷。

《明神宗實録》卷四一"萬曆三年八月"條

戊辰，上親祭太社、太稷。

《明神宗實録》卷四四"萬曆三年十一月"條

庚戌，上視朝。修理太廟、社稷工完，遣駙馬許從誠、侯顧寰各祭告。侍郎陶承學謝后土司工之神。

《明神宗實錄》卷四七"萬曆四年二月"條

戊辰,上親祭大社、大稷。

《明神宗實錄》卷五二"萬曆四年七月"條

己未,太常寺以祭大社、大稷請上命暫遣官。居正言:"宗廟、社稷祭之大者,不宜代。"上面諭曰:"適欲遣官,非憚勞也。以朕一出,則禁衛六軍皆擺門侍宿,恐勞人耳。"居正曰:"皇上敬共宗廟、社稷,臣民豈敢言勞。"上曰:"然,其親祭。"

《明神宗實錄》卷五三"萬曆四年八月"條

戊辰,上祭太社、太稷。

《明神宗實錄》卷五九"萬曆五年二月"條

戊辰,上親祭社稷。

《明神宗實錄》卷六五"萬曆五年八月"條

戊午,上親祭大社、大稷。

《明神宗實錄》卷七八"萬曆六年八月"條

戊子,上親祭太社、太稷。

《明神宗實錄》卷九〇"萬曆七年八月"條

戊寅,上親詣太社、太稷致祭。

《明神宗實錄》卷九六"萬曆八年二月"條

戊寅,上親祀太社稷。

《明神宗實錄》卷一〇三"萬曆八年八月"條

戊申,上親祭太社、太稷。

《明神宗實錄》卷一〇九"萬曆九年二月"條

戊戌,上親祀帝社稷。

《明神宗實錄》卷一一五"萬曆九年八月"條

戊戌,上親祀太社、太稷。

《明神宗實錄》卷一二一"萬曆十年二月"條

戊戌,祭太社、太稷,以公徐文璧代。

《明神宗實錄》卷一二二"萬曆十年三月"條

丁丑,以祈雨,遣公徐文璧朱應禎,侯吳繼爵、孫世忠,伯毛登祭告天地、社稷、山川、風雲雷雨等壇。

《明神宗實錄》卷一二三"萬曆十年四月"條

庚子,以旱祈雨,遣公朱應禎、吳繼爵、孫世忠,伯毛登、王應龍祭告天地、社稷、山川、雲雨風雷等壇,仍命停刑禁屠,群臣修省七日。

《明神宗實錄》卷一二七"萬曆十年八月"條

戊子,上親祭太社、太稷。

《明神宗實錄》卷一三三"萬曆十一年二月"條

戊子，祭太社、太稷。

《明神宗實錄》卷一四〇"萬曆十一年八月"條

戊午，遣公徐文璧祭太社、太稷。

《明神宗實錄》卷一四六"萬曆十二年二月"條

戊午，遣公徐文璧祭太社、太稷。

《明神宗實錄》卷一五二"萬曆十二年八月"條

戊申，祭太社、太稷，遣公朱應岐行禮。

《明神宗實錄》卷一五八"萬曆十三年二月"條

戊申，【略】祀太社、太稷，遣公徐文璧代。

《明神宗實錄》卷一六四"萬曆十三年八月"條

戊申，祭太社、太稷，遣公徐文璧代。

《明神宗實錄》卷一七一"萬曆十四年二月"條

戊辰，祭太社、太稷，遣公徐文璧恭代。

《明神宗實錄》卷一七七"萬曆十四年八月"條

戊辰，祭太社、太稷，遣定國公徐文璧恭代。

《明神宗實錄》卷一八二"萬曆十五年正月"條

丁未，大學士申時行等請皇長子建儲及皇第三子封王，上嘉納之。即日祭告南郊、北郊、社稷、神祇。

《明神宗實錄》卷一八三"萬曆十五年二月"條

戊辰，祭太社、太稷，遣定國公徐文璧行禮。

《明神宗實錄》卷一八六"萬曆十五年五月"條

甲午，遣官祭南北郊、社稷、山川、風雲雷雨之神。

丙辰，遣定國公徐文璧祭南北郊、社稷、山川、風雲雷雨等壇謝雨，仍賜三輔臣脯醢酒果。

《明神宗實錄》卷一八九"萬曆十五年八月"條

戊辰，祭太社、太稷，遣公徐文璧恭代。

《明神宗實錄》卷一九五"萬曆十六年二月"條

戊午，祭社稷，遣定國公徐文璧恭代。

《明神宗實錄》卷二〇二"萬曆十六年八月"條

戊子，祭太社、太稷，遣國公徐文璧行禮。

《明神宗實錄》卷二〇八"萬曆十七年二月"條

戊子，祭大社、大稷，遣公徐文璧代。

《明神宗實録》卷二一四 "萬曆十七年八月" 條

戊寅，祭太社、太稷，遣公徐文璧行禮。

《明神宗實録》卷二二〇 "萬曆十八年二月" 條

戊寅，祭太社、太稷，遣公徐文璧代。

《明神宗實録》卷二二三 "萬曆十八年五月" 條

庚戌，以祈禱雨澤，祭告南郊，遣公徐文璧北郊，侯吳繼爵社稷，侯李言恭山川，伯毛登風雲雷雨，伯王應龍等各行禮。

《明神宗實録》卷二二四 "萬曆十八年六月" 條

甲戌，以雨澤大霑，告謝南郊、北郊、社稷、山川等神，賜輔臣祭品。

《明神宗實録》卷二二六 "萬曆十八年八月" 條

戊寅，祭太社、太稷，遣公徐文璧代。

《明神宗實録》卷二三二 "萬曆十九年二月" 條

戊寅，祭太社、太稷，遣定國公徐文璧恭代。

《明神宗實録》卷二四五 "萬曆二十年二月" 條

戊戌，祭太社、太稷，遣公徐文璧恭代。

《明神宗實録》卷二五一 "萬曆二十年八月" 條

戊戌，祭太社、太稷，遣公徐文璧恭代。

《明神宗實録》卷二五七 "萬曆二十一年二月" 條

戊子，祭太社、太稷，遣公徐文璧恭代。

《明神宗實録》卷二七〇 "萬曆二十二年二月" 條

戊午，祭太社、太稷，遣公徐文璧代。

《明神宗實録》卷二七六 "萬曆二十二年八月" 條

戊申，遣定國公徐文璧祭太社、太稷。

《明神宗實録》卷二八八 "萬曆二十三年八月" 條

戊申，遣公徐文璧致祭於太社、太稷。

《明神宗實録》卷二九四 "萬曆二十四年二月" 條

戊申，遣公徐文璧代祭社稷之神。

《明神宗實録》卷三〇〇 "萬曆二十四年八月" 條

丁酉，【略】秋祀，遣禮部尚書范謙於先師孔子，公徐文璧於大社、大稷代行禮。

己亥，太常寺題恭上仁聖皇太后尊謚。先期，遣公徐文璧祭南郊，侯徐文煒祭北郊，駙馬許從誠祭太廟，伯王學禮祭社稷。

《明神宗實録》卷三〇七 "萬曆二十五年二月" 條

戊辰，祭太社、太稷，遣公徐文璧代。

《明神宗實錄》卷三一一"萬曆二十五年六月"條

甲申，以火災，遣公徐文璧等分詣南郊、北郊、社稷、太廟、朝日、夕月壇及太歲、東岳等神祇致祭，上於宮中行拜禮。

《明神宗實錄》卷三一三"萬曆二十五年八月"條

戊辰，祭太社、太稷，遣公徐文璧代。

《明神宗實錄》卷三一九"萬曆二十六年二月"條

戊午，祭太社、太稷，遣定國公徐文璧代。

《明神宗實錄》卷三二五"萬曆二十六年八月"條

戊午，祭太社、太稷，遣侯陳良弼代。

《明神宗實錄》卷三三一"萬曆二十七年二月"條

戊午，祭太社、太稷，遣泰寧侯陳良弼代。

《明神宗實錄》卷三三四"萬曆二十七年閏四月"條

甲午，【略】以久旱，祭告南郊、北郊、社稷、山川、風雲雷雨、黑龍潭，命公徐文璧，侯陳長弼、郭大誠，伯王學禮，駙馬侯拱宸，真人張國祥各行禮。

壬寅，【略】以雨澤沾足，告謝南郊、北郊、社稷、山川及風雲雷雨、黑龍潭之神，遣公徐文璧，侯陳良弼、郭大誠，伯王學禮，駙馬侯拱宸，真人張國祥等各行禮。

《明神宗實錄》卷三四四"萬曆二十八年二月"條

丁亥，【略】禮部題：據欽天監揭稱，本月初四日戊寅午時，京師地震。是日，正值告祭社稷之期，變不虛生。因極言中使橫恣，上信任特過。言之至切。不報。

《明神宗實錄》卷三八七"萬曆三十一年八月"條

己丑，遣官祭大社、大稷之神。

《明神宗實錄》卷四〇六"萬曆三十三年二月"條

戊申，告祭社稷，命英國公張惟賢。

《明神宗實錄》卷四一二"萬曆三十三年八月"條

戊申，秋祭社稷，命英國公張惟賢代。

《明神宗實錄》卷四一五"萬曆三十三年十一月"條

丙戌，【略】南郊遣公張惟賢，北郊公朱應槐，太廟駙馬萬煒，社稷侯陳良弼各行禮，稱賀俱免。

《明神宗實錄》卷四一八"萬曆三十四年二月"條

戊申，遣官祭社稷壇。

庚戌，【略】以尊上皇太后徽號，謁告奉先殿，遣英國公張惟賢等祭告郊廟、社稷。

《明神宗實錄》卷四二四"萬曆三十四年八月"條

戊戌，遣官祭社稷壇。

《明神宗實録》卷四三〇 "萬曆三十五年二月" 條

戊戌，祭太社、太稷，遣官行禮。

《明神宗實録》卷四五五 "萬曆三十七年二月" 條

戊午，祭社稷，遣英國公張惟賢行禮。

《明神宗實録》卷四六一 "萬曆三十七年八月" 條

戊午，祭社稷，遣英國公張惟賢恭代。

《明神宗實録》卷四六七 "萬曆三十八年二月" 條

戊申，祭太社、太稷，遣公張惟賢行禮。

《明神宗實録》卷四七四 "萬曆三十八年八月" 條

戊寅，社稷壇遣公張惟賢行禮。

《明神宗實録》卷四八〇 "萬曆三十九年二月" 條

戊寅，遣官祭太社、太稷。

《明神宗實録》卷四八六 "萬曆三十九年八月" 條

己卯，祭社稷遣公張惟賢恭代。

《明神宗實録》卷四九二 "萬曆四十年二月" 條

戊辰，祭太社、太稷，遣英國公張繼賢行禮。

《明神宗實録》卷四九八 "萬曆四十年八月" 條

戊辰，祭太社、太稷，遣武定侯郭大誠行禮。

《明神宗實録》卷五〇五 "萬曆四十一年二月" 條

戊戌，大祀社稷，遣武定侯郭大誠行禮。

《明神宗實録》卷五一一 "萬曆四十一年八月" 條

戊子，祭太社太稷，遣駙馬都尉侯拱宸行禮。

《明神宗實録》卷五一七 "萬曆四十二年二月" 條

戊子，禮太社、太稷，遣侯徐應坤恭代。

庚戌，【略】是日，恭上大行慈聖宣文明肅貞壽端獻恭熹皇太后尊諡寶册，祭告郊廟、太社、太稷。

《明神宗實録》卷五二〇 "萬曆四十二年五月" 條

乙亥，禮部題：欽天監謹選孝定貞純欽仁端肅弼天祚聖皇太后梓宫發引於本年六月初九日辰時吉入金井，六月十五日辰時掩土，本日己時神主入大明門。【略】初七日至二十二日，俱免朝，禁屠宰、音樂。初七日，遣官以葬期告於南北郊、宗廟、太社、太稷，祭品行禮如常儀。

《明神宗實録》卷五二三 "萬曆四十二年八月" 條

戊子，祀太社、太稷，遣駙馬侯拱宸恭代。

《明神宗實錄》卷五二九"萬曆四十三年二月"條

戊寅朔，祭社稷，遣公朱純臣代。

《明神宗實錄》卷五三三"萬曆四十三年六月"條

癸未，以祈禱雨澤，遣公張惟賢，侯郭大成，駙馬候拱宸，伯陳偉，侍郎李志、何宗彥祭告南郊、北郊、社稷、山川、風雲雷兩壇、護國濟民神應龍王之神，收回脯醢果酒頒賜二輔臣三桌。

壬寅，【略】禮部以連旬彌旱，乞敕大臣分詣南郊、北郊、社稷、山川、風雲雷雨等壇并護國濟民神應龍王之神再行虔禱，太歲之神及東岳廟俱乞命大臣祭告行禮。仍行順天府照例率屬於都城隍并應祀各神廟竭誠祈禱，大小臣工自本月二十八日爲始，仍青衣角帶於本衙門齋戒辦事，痛加修省，諸司照例停刑七日。除祭祀照常外，禁止屠宰并酒席宴會，以得雨之日爲止。上曰：亢旱爲灾，祈禱未應，朕心益切憂惶，委宜上下交修，共圖消弭。朕謹於宮中再行虔禱，目前諸政務期盡數修，以回天意。爾等百官也都要滌慮省愆，奉公守法，各勤職掌，毋事靡文，務使誠意潛孚，玄穹昭格，庶甘霖旱澍，民困可蘇。祭告遣公朱純臣，侯陳良弼、梁世勛、薛濂，駙馬王昺，伯王承勛、張慶臻、劉天錫各行禮。

《明神宗實錄》卷五三五"萬曆四十三年八月"條

戊寅，祭社稷，遣公朱純臣代。

《明神宗實錄》卷五四二"萬曆四十四年二月"條

戊申，祭社稷，遣公張惟賢恭代。

《明神宗實錄》卷五四八"萬曆四十四年八月"條

戊申，祭社稷，遣伯趙世新恭代。

《明神宗實錄》卷五五四"萬曆四十五年二月"條

戊戌，祭太社、太稷，遣官恭代。

己亥，以祈禱雨澤，祭告南郊、北郊、社稷、山川、風雲雷雨壇、護國濟民神應龍王之神，頒賜二輔臣收回祭品三桌。

《明神宗實錄》卷五五五"萬曆四十五年三月"條

乙酉，以祈禱雨澤，祭告南郊、北郊、社稷、山川、風雲雷雨壇、護國濟民神應龍王之神、太歲之神、東岳廟。

《明神宗實錄》卷五五六"萬曆四十五年四月"條

丁未，【略】以雨澤應祈，祭謝南郊、北郊、社稷、山川、風雲雷雨壇、護國濟民神應龍王之神、太歲之神、東岳廟。

《明神宗實錄》卷五五七"萬曆四十五年五月"條

庚辰，以祈禱雨澤，祭告南郊、北郊、社稷、山川、風雲雷雨壇、護國濟民神應龍王之神、太歲之神、東岳廟。

《明神宗實錄》卷五五九"萬曆四十五年七月"條

戊辰，以祈禱雨澤沾足，致謝南郊、北郊、社稷、山川、風雲雷雨壇、護國濟民神應龍王之神、太歲之神、東岳廟。

《明神宗實錄》卷五六〇"萬曆四十五年八月"條

戊戌，祭太社、太稷，遣官恭代。

《明神宗實錄》卷五六六"萬曆四十六年二月"條

戊戌，祀太社、太稷。

《明神宗實錄》卷五七三"萬曆四十六年八月"條

戊午，秋祭社稷，遣侯吳汝胤代行禮。

《明神宗實錄》卷五九一"萬曆四十八年二月"條

戊午，【略】祭太社、太稷，遣駙馬萬煒行禮。

《明神宗實錄》卷五九六"萬曆四十八年七月"條

戊子，【略】是日，册諡大行皇后。以英國公張惟賢充正使，大學士方從哲充副使，各持節捧册行禮。遣泰寧侯陳良弼祭告南郊，恭順侯吳汝胤祭告北郊，駙馬萬煒祭告太廟，遂安伯陳煒祭告社稷。

《明光宗實錄》卷三"泰昌元年八月"條

丙午朔，上即皇帝位。是日早，遣泰寧侯陳良弼、恭順侯吳汝胤等告天地、宗廟、社稷。

己酉，祭大社、大稷，命恭順侯吳汝胤恭代。

《明熹宗實錄》卷一"泰昌元年九月"條

庚辰，上即皇帝位。是日，祭告南郊遣侯陳良弼，北郊侯吳汝胤，太廟駙馬萬煒，社稷伯陳偉，各行禮。

甲申，以上神宗尊諡，祭告南郊遣侯梁世勳，北郊侯薛濂，太廟駙馬王昺，社稷伯劉天錫各行禮。

丁亥，以上孝端、孝靖兩皇后尊諡。祭告南郊遣侯陳良弼，北郊侯吳汝胤，太廟駙馬萬煒，社稷伯陳偉各行禮。

丁酉，神宗皇帝、孝端皇后發引。祭告南郊遣侯陳良弼，北郊侯吳汝胤，太廟駙馬萬煒，社稷伯張慶臻各行禮。

《明熹宗實錄》卷二"泰昌元年十月"條

己未，【略】以恭上皇考大行皇帝册寶祭告。南郊遣侯陳良弼，北郊侯吳汝胤，太廟侯李誠銘，社稷伯陳偉各行禮。

《明熹宗實錄》卷三"泰昌元年十一月"條

丙子，以恭上孝元貞皇后、孝和皇太后尊諡册寶，遣泰寧侯陳良弼祭告南郊，保定侯梁世勳祭告北郊，駙馬都尉冉興讓祭告太廟，東寧伯焦夢熊祭告社稷。

《明熹宗實錄》卷六"天啓元年二月"條

戊申，祭太社、太稷。

《明熹宗實錄》卷一〇"天啓元年五月"條

癸亥，禮部以遼沈繼失，國恥宜雪，查據《會典》，應遣官祭告郊、廟、社稷、山川諸神，用彰撻伐。得旨：遣公張惟賢南郊，朱純臣北郊，侯吳汝胤太廟，伯陳偉社稷各致祭。其北極佑聖等神，太常寺堂上官行禮。

《明熹宗實錄》卷一三"天啓元年八月"條

戊寅，祭太社、太稷，遣泰寧侯陳良弼行禮。

甲午，【略】以光宗貞皇帝、孝和皇太后梓宮發引，孝元貞皇后梓宮啓遷。先期，遣英國公張維賢告南郊，成國朱純臣告北郊，駙馬都尉侯拱宸告太廟，遂安伯陳偉告社稷。

《明熹宗實錄》卷一九"天啓二年二月"條

戊辰，祭太社、太稷，遣恭順侯吳汝胤恭代。

《明熹宗實錄》卷二五"天啓二年八月"條

戊辰，祭太社、太稷遣恭順侯吳汝胤恭代。

《明熹宗實錄》卷三一"天啓三年二月"條

戊辰，祭太社、太稷，遣遂安伯陳煒恭代。

《明熹宗實錄》卷三七"天啓三年八月"條

戊辰，【略】祭太社、太稷，遣駙馬侯拱宸恭代。

《明熹宗實錄》卷三九"天啓三年十月"條

辛巳，上親詣太廟，以皇第二子生祭告。還，上具袞冕服御皇極門內殿，文武百官致詞稱賀。遣公張惟賢告南郊，伯張慶臻告北郊，駙馬都尉侯拱宸告社稷。

《明熹宗實錄》卷五六"天啓五年二月"條

戊子，祭太社、太稷，遣伯陳偉恭代。

《明熹宗實錄》卷六二"天啓五年八月"條

戊寅，上親祭大社、大稷。

《明熹宗實錄》卷六四"天啓五年十月"條

戊寅，以皇子生，上御皇極門內殿受賀。遣英國公張惟賢祭告南郊，恭順侯吳汝胤北郊，駙馬侯拱宸太廟，駙馬萬煒社稷各行禮。

《明熹宗實錄》卷六八"天啓六年二月"條

戊寅，祭太社、太稷，遣伯劉天錫行禮。

《明熹宗實錄》卷七一"天啓六年五月"條

丁巳，禮部請祈雨澤。得旨：今歲春夏以來，風霾亢旱，雨澤未澍。朕宮中虔禱，夙夜惶惶。依議，於十九日爲始，著百官痛加修省，務南郊、北郊期感格。祭告社稷尚書王紹徽，山川尚書李起元，風雲雷雨壇尚書李思誠，護國濟民神應龍王侯柳祚昌，各竭誠行禮，仍行順天府率屬祈禱。

《明熹宗實錄》卷七五"天啓六年八月"條

壬寅，【略】命修理大社、大稷壇。

戊申，祭太社、太稷，遣英國公張惟賢恭代。

《明熹宗實錄》卷八一"天啓七年二月"條

戊戌朔，祭太社、太稷，遣公張惟賢恭代。

《明熹宗實錄》卷八七"天啓七年"條

戊戌，祭太社、太稷，遣寧國公魏良卿行禮。

《崇禎實錄》卷二"崇禎二年六月"條

戊午，【略】上憂旱，御平臺，諭百官修省，自齋宿文華殿祈禱；命成國公朱純臣告南郊、駙馬都尉侯拱宸告北郊、尚書畢自嚴告社稷壇，何如寵告山川壇，林欲楫告雷雨等壇。諭錦衣衛指揮使于日昇、劉僑緝盜。諭給事、都御史獻直言，又令中外諸臣清獄安民、開倉賑饑。丁卯，大雨，許百官還邸舍。

《崇禎實錄》卷一五"崇禎十五年八月"條

戊戌朔，祭大社、大稷。

《崇禎實錄》卷一六"崇禎十六年二月"條

戊辰，上祭大社、大稷。先一日，清霽。至期，大風雨，五色炬盡滅，諸闈幕黃布、劈紙障之。拜訖而退，還宮，仍清霽。御史曹溶導駕。明日，欲奏災異，閣臣沮之。

（二）清代祭祀記載

《世祖章皇帝實錄》卷九"順治元年冬十月"條

遣固山額真阿山告祭大社、大稷。

《世祖章皇帝實錄》卷一四"順治二年二月"條

戊午，祭大社、大稷。遣戶部尚書莫俄爾岱行禮。

《世祖章皇帝實錄》卷二〇"順治二年八月"條

戊子，【略】遣尚書星訥祭大社、大稷。

《世祖章皇帝實錄》卷二四"順治三年二月"條

戊寅朔，祭大社、大稷。遣固山額真宗室韓岱行禮。

《世祖章皇帝實錄》卷二七"順治三年八月"條

戊寅，遣禮部尚書覺羅郎球。祭大社、大稷。

《世祖章皇帝實錄》卷二九"順治三年十一月"條

戊辰，以浙東全閩蕩平，遣官祭告天地、宗廟、社稷。免行慶賀。

《世祖章皇帝實錄》卷三〇 "順治四年正月、二月" 條

丁卯，以四川平定，遣官祭告天、地、太廟、社稷。免行慶賀禮。

戊寅，祭大社、大稷，遣禮部尚書覺羅郎球行禮。

《世祖章皇帝實錄》卷三一 "順治四年三月" 條

丙子，以廣東平定，遣官祭告天、地、太廟、社稷。免行慶賀禮。

《世祖章皇帝實錄》卷三三 "順治四年八月" 條

戊寅，祭大社、大稷，遣刑部尚書吳達海行禮。

《世祖章皇帝實錄》卷三六 "順治五年二月" 條

戊辰，祭大社、大稷，遣兵部尚書阿哈尼堪行禮。

《世祖章皇帝實錄》卷四〇 "順治五年八月" 條

戊戌，祭大社、大稷，遣兵部尚書阿哈尼堪行禮。

《世祖章皇帝實錄》卷四一 "順治五年十一月" 條

乙丑，以奉太祖配天四祖入廟，遣官祭告天地、太廟、社稷。

《世祖章皇帝實錄》卷四二 "順治六年二月" 條

戊戌，祭大社、大稷，遣固山貝子吳達海行禮。

《世祖章皇帝實錄》卷四五 "順治六年八月" 條

戊子朔，祭大社、大稷，遣尚書尼堪行禮。

《世祖章皇帝實錄》卷四七 "順治七年二月" 條

戊戌，祭大社、大稷，遣固山額真覺羅郎球行禮。

《世祖章皇帝實錄》卷五〇 "順治七年八月" 條

戊子，祭大社、大稷，遣戶部尚書覺羅巴哈納行禮。

《世祖章皇帝實錄》卷五二 "順治八年春正月" 條

丙寅，以孝端文皇后升祔太廟，遣官祭告天地、宗廟、社稷。

《世祖章皇帝實錄》卷五三 "順治八年二月" 條

己卯朔，禮部題上昭聖慈壽皇太后尊號儀注：本月初十日卯時上皇太后尊號。先期一日，遣官祭告天地、太廟、社稷。

丁亥，以上昭聖慈壽皇太后尊號，遣官祭告天、地、太廟、社稷。

戊戌，祭大社、大稷。上親詣行禮。

《世祖章皇帝實錄》卷五九 "順治八年八月" 條

戊申，祭大社、大稷。遣固山額真戶部尚書噶達渾行禮。

甲子，以上昭聖慈壽恭簡皇太后徽號，祭告天、地、太廟、社稷。遣鎮國公固山額真、刑部尚書韓岱、禮部尚書阿哈尼堪固山額真、戶部尚書噶達渾固山額真藍拜行禮。

《世祖章皇帝實錄》卷六三“順治九年二月”條

戊申，祭大社、大稷，遣固山貝子吳達海行禮。

《世祖章皇帝實錄》卷六七“順治九年八月”條

戊申，太宗文皇帝忌辰，遣官祭昭陵。祭大社、大稷，遣伯索尼行禮。

《世祖章皇帝實錄》卷七二“順治十年二月”條

戊申，祭大社、大稷，上親詣行禮。

《世祖章皇帝實錄》卷七七“順治十年八月”條

戊辰，祭大社、大稷，上親詣行禮。

《世祖章皇帝實錄》卷八一“順治十一年二月”條

戊辰，祭大社、大稷，上親詣行禮。

《世祖章皇帝實錄》卷八五“順治十一年八月”條

戊午朔，祭大社、大稷，遣內大臣伯索尼行禮。

《世祖章皇帝實錄》卷八八“順治十二年二月”條

丙午，【略】以起造乾清、景仁、承乾、永壽四宮，遣內大臣伯索尼祭告圜丘，尚書巴哈納祭告方澤，公額爾克戴青祭告太廟，公愛星阿祭告大社大稷，工部侍郎郭科、户部侍郎覺羅額爾德、吏部侍郎蘇納海、禮部侍郎渥赫祭告四宮、后土、司工之神。

《世祖章皇帝實錄》卷八九“順治十二年二月”條

戊午，祭大社、大稷，遣內大臣公額爾克戴青行禮。

《世祖章皇帝實錄》卷九三“順治十二年八月”條

戊午，祭大社、大稷，遣公額爾克戴青行禮。

《世祖章皇帝實錄》卷九八“順治十三年二月”條

戊午，祭大社、大稷，遣內大臣公愛星阿行禮。

《世祖章皇帝實錄》卷一〇二“順治十三年七月”條

辛亥，上以移居乾清宮，遣官祭告天地、宗廟、社稷。

《世祖章皇帝實錄》卷一〇三“順治十三年八月”條

戊寅，祭大社、大稷，遣理藩院尚書明安達禮行禮。

《世祖章皇帝實錄》卷一〇五“順治十三年十二月”條

丙申，【略】以上昭聖慈壽恭簡安懿皇太后徽號，遣內大臣公額爾克戴青、尚書覺羅科爾昆、內大臣公愛星阿、尚書車克祭告天地、宗廟、社稷。

《世祖章皇帝實錄》卷一〇六“順治十四年春正月”條

庚午，以營建奉先殿，遣尚書車克明、安達禮、覺羅科爾昆郭科，祭告天地、宗廟、社稷。

《世祖章皇帝實錄》卷一〇七“順治十四年二月”條

戊寅，祭大社、大稷，上親詣行禮。

《世祖章皇帝實錄》卷一〇八"順治十四年三月"條

戊申,【略】以奉太宗配享圜丘及祈谷壇,太祖太宗配享方澤,遣官祭告天地、宗廟、社稷。

《世祖章皇帝實錄》卷一〇九"順治十四年夏四月"條

辛卯,上素服親詣圜丘、社稷壇。遣公愛星阿詣方澤,尚書胡世安詣天神壇,侍郎祁徹白詣地祇壇祈雨。祭未畢,大雨如注。

丙午,上以甘霖應禱,遣官祭圜丘方澤大社、大稷、天神、地祇。

《世祖章皇帝實錄》卷一一一"順治十四年八月"條

戊寅,祭大社、大稷。上親詣行禮。

《世祖章皇帝實錄》卷一一三"順治十四年十二月"條

甲午,諭禮部:皇太后聖體違和,荷天地祖宗社稷眷佑,今已康寧。朕心欣慶,應躬詣圜丘、方澤、太廟、社稷壇,行告謝禮。爾部作速擇吉具奏。

《世祖章皇帝實錄》卷一一四"順治十五年春正月"條

辛酉,上躬祀太廟、社稷。

《世祖章皇帝實錄》卷一一五"順治十五年二月"條

戊辰朔,祭大社、大稷。上親詣行禮。

《世祖章皇帝實錄》卷一一八"順治十五年六月"條

辛卯,以久旱禱雨,遣官祭天地、社稷、風雲雷雨、岳鎮海瀆、四陵山及天下山川之神。

《世祖章皇帝實錄》卷一二〇"順治十五年八月"條

戊辰,祭大社、大稷,遣公額爾克戴青行禮。

《世祖章皇帝實錄》卷一二三"順治十六年二月"條

戊辰,祭大社、大稷,上親詣行禮。

《世祖章皇帝實錄》卷一二六"順治十六年五月"條

己卯,以久雨祈晴,遣官祭圜丘、方澤、社稷、天神、地祇。

《世祖章皇帝實錄》卷一二七"順治十六年八月"條

戊戌,遣官祭大社、大稷。

《世祖章皇帝實錄》卷一二八"順治十六年九月"條

丁卯,以滇黔底定,遣官祭告天地、太廟、社稷。

《世祖章皇帝實錄》卷一三一"順治十七年春正月"條

己卯,告祭太廟、社稷,上親詣行禮。

《世祖章皇帝實錄》卷一三二"順治十七年二月"條

戊子,祭大社、大稷,遣內大臣伯索尼行禮。

《世祖章皇帝實錄》卷一三五 "順治十七年五月" 條

庚辰，祈雨，遣官祭告圜丘、方澤、社稷、天神、地祇。

《世祖章皇帝實錄》卷一三九 "順治十七年八月" 條

戊子，祭大社、大稷，遣內大臣伯索尼行禮。

《聖祖仁皇帝實錄》卷一 "順治十八年二月" 條

戊子，祭大社、大稷，遣都統穆里瑪行禮。

《聖祖仁皇帝實錄》卷二 "順治十八年三月" 條

壬申，以上大行皇帝尊諡，遣官告祭天地、太廟、社稷。

《聖祖仁皇帝實錄》卷四 "順治十八年八月" 條

戊申，祭大社、大稷，遣都統宗室羅托行禮。

《聖祖仁皇帝實錄》卷六 "康熙元年二月、三月" 條

戊申，祭大社、大稷，上親詣行禮。

乙酉，【略】遣官告祭天地、太廟、社稷、福陵、昭陵。

乙卯，以加上太祖太宗尊諡，上親詣郊壇，祭告上帝。遣輔國公穆琛等祭告地祇、社稷。

《聖祖仁皇帝實錄》卷七 "康熙元年八月、十月" 條

戊申，祭大社、大稷，遣都統穆里瑪行禮。

壬寅，以上太皇太后、仁憲皇太后、慈和皇太后尊號，遣官告祭天地、太廟、社稷。

《聖祖仁皇帝實錄》卷八 "康熙二年二月" 條

戊申，祭大社、大稷，遣都統覺羅巴哈納行禮。

《聖祖仁皇帝實錄》卷九 "康熙二年四月、五月、六月、八月" 條

戊午，以世祖章皇帝寶宮移送孝陵，遣官告祭天地、太廟、社稷。

癸巳，以上大行慈和皇太后尊諡，遣官告祭天地、太廟、社稷。

己亥，以世祖章皇帝寶宮奉安地宮，遣官告祭天地、太廟、社稷。

戊戌，祭大社、大稷，遣左都御史覺羅雅布蘭行禮。

《聖祖仁皇帝實錄》卷一一 "康熙三年二月" 條

戊戌，祭大社、大稷，遣都統覺羅巴哈納行禮。

《聖祖仁皇帝實錄》卷一三 "康熙三年八月" 條

戊寅，祭大社、大稷，遣吏部尚書阿思哈行禮。

《聖祖仁皇帝實錄》卷一四 "康熙四年二月" 條

戊午朔，祭大社、大稷，上親詣行禮。

《聖祖仁皇帝實錄》卷一六 "康熙四年八月、九月" 條

戊午，祭大社、大稷，遣大學士圖海行禮。

庚寅，以大婚，遣官祭告天地、太廟、社稷。

丁未，以上太皇太后皇太后徽號，遣官祭告天地、太廟、社稷。

《聖祖仁皇帝實錄》卷一八"康熙五年二月"條

戊午，祭大社、大稷，上親詣行禮。

《聖祖仁皇帝實錄》卷一九"康熙五年八月"條

戊辰，祭大社、大稷，上親詣行禮。

《聖祖仁皇帝實錄》卷二一"康熙六年二月"條

戊申，祭大社、大稷，上親詣行禮。

《聖祖仁皇帝實錄》卷二三"康熙六年八月"條

戊寅，祭大社、大稷，上親詣行禮。

《聖祖仁皇帝實錄》卷二四"康熙六年十一月"條

丙午，以恭奉世祖章皇帝配天，遣官告祭天地、太廟、社稷。

乙卯，以恭奉世祖章皇帝配享地祇，遣官告祭天地、太廟、社稷。

丙辰，【略】上以親理大政，恭加太皇太后、皇太后徽號，遣官告祭天地、太廟、社稷。

《聖祖仁皇帝實錄》卷二五"康熙七年二月"條

戊寅，祭大社、大稷，上親詣行禮。

《聖祖仁皇帝實錄》卷二六"康熙七年八月"條

戊辰，祭大社、大稷，上親詣行禮。

《聖祖仁皇帝實錄》卷二八"康熙八年二月"條

戊辰，祭大社、大稷，上親詣行禮。

《聖祖仁皇帝實錄》卷三一"康熙八年八月、十一月"條

戊辰，祭大社、大稷，上親詣行禮。

壬子，以修造太和殿、乾清宮告成，遣官告祭天地、太廟、社稷。

《聖祖仁皇帝實錄》卷三二"康熙九年二月"條

戊辰，祭大社、大稷，上親詣行禮。

《聖祖仁皇帝實錄》卷三三"康熙九年夏四月至八月"條

乙卯，以孝康章皇后升祔太廟，遣官告祭天地、太廟、社稷。

戊子，祭大社、大稷，上親詣行禮。

《聖祖仁皇帝實錄》卷三五"康熙十年二月"條

戊子，祭大社、大稷，上親詣行禮。

《聖祖仁皇帝實錄》卷三六"康熙十年八月"條

戊子，祭大社、大稷，上親詣行禮。

《聖祖仁皇帝實録》卷三八"康熙十一年二月"條

戊寅，祭大社、大稷，遣都統尼雅翰行禮。

《聖祖仁皇帝實録》卷三九"康熙十一年八月"條

戊申，祭大社、大稷，上親詣行禮。

《聖祖仁皇帝實録》卷四一"康熙十二年二月"條

戊申，祭大社、大稷，上親詣行禮。

《聖祖仁皇帝實録》卷四三"康熙十二年八月"條

戊戌朔，祭大社、太稷，上親詣行禮。

《聖祖仁皇帝實録》卷四六"康熙十三年二月"條

戊戌，祭大社、大稷，上親詣行禮。

《聖祖仁皇帝實録》卷四九"康熙十三年八月"條

戊戌，祭大社、大稷，遣内大臣坤巴圖魯行禮。

《聖祖仁皇帝實録》卷五三"康熙十四年二月

戊戌，祭大社、大稷，上親詣行禮。

《聖祖仁皇帝實録》卷五七"康熙十四年八月"條

戊午，祭大社、大稷，上親詣行禮。

《聖祖仁皇帝實録》卷五八"康熙十四年十二月"條

乙丑，以册立皇太子，遣官告祭天地、太廟、社稷。

《聖祖仁皇帝實録》卷五九"康熙十五年春正月、二月"條

癸巳，以建儲、加上太皇太后、皇太后徽號，遣官告祭天地、太廟、社稷。

戊辰，祭大社、大稷，上親詣行禮。

《聖祖仁皇帝實録》卷六二"康熙十五年八月"條

戊午，祭大社、大稷，上親詣行禮。

《聖祖仁皇帝實録》卷六五"康熙十六年二月"條

戊申朔，祭太社、大稷，上親詣行禮。

《聖祖仁皇帝實録》卷六八"康熙十六年八月"條

戊申，祭大社、大稷，上親詣行禮。

《聖祖仁皇帝實録》卷七一"康熙十七年二月"條

戊申，祭大社、大稷，遣内大臣公舅舅佟國綱行禮。

《聖祖仁皇帝實録》卷七六"康熙十七年八月"條

戊寅，祭大社、大稷，上親詣行禮。

《聖祖仁皇帝實録》卷七九"康熙十八年二月"條

戊辰，祭大社、大稷，上親詣行禮。

《聖祖仁皇帝實錄》卷八三"康熙十八年八月"條

戊辰，祭大社、大稷，上親詣行禮。

《聖祖仁皇帝實錄》卷八八"康熙十九年二月"條

戊辰，祭大社、大稷，上親詣行禮。

《聖祖仁皇帝實錄》卷九四"康熙二十年二月"條

戊子，祭大社、大稷，上親詣行禮。

《聖祖仁皇帝實錄》卷九五"康熙二十年三月"條

戊午，以仁孝皇后孝昭皇后梓宮、奉安地宮，遣官告祭天地、宗廟、社稷、孝陵。

《聖祖仁皇帝實錄》卷九七"康熙二十年八月"條

戊子，祭大社、大稷，遣內大臣公噶布喇行禮。

《聖祖仁皇帝實錄》卷九九"康熙二十年十二月"條

丁酉，上以滇逆蕩平，遣官祭告天地、太廟、社稷。

壬寅，以加上太皇太后、皇太后徽號，遣官告祭天地、太廟、社稷。上詣太皇太后宮行禮。

《聖祖仁皇帝實錄》卷一〇一"康熙二十一年二月"條

戊子，祭大社、大稷，上親詣行禮。

《聖祖仁皇帝實錄》卷一〇四"康熙二十一年八月"條

戊寅，祭大社、大稷，上親詣行禮。

《聖祖仁皇帝實錄》卷一〇七"康熙二十二年二月"條

戊寅，祭大社、大稷，上親詣行禮。

《聖祖仁皇帝實錄》卷一一一"康熙二十二年八月"條

戊午，祭大社、大稷，上親詣行禮。

《聖祖仁皇帝實錄》卷一一三"康熙二十二年十二月"條

庚戌，以海逆蕩平，遣官告祭天地、太廟、社稷、福陵、昭陵、孝陵、仁孝皇后、孝昭皇后陵。

《聖祖仁皇帝實錄》卷一一四"康熙二十三年二月"條

戊戌，祭大社、大稷，上親詣行禮。

《聖祖仁皇帝實錄》卷一一六"康熙二十三年八月"條

戊戌，祭大社、大稷，遣工部尚書薩穆哈行禮。

《聖祖仁皇帝實錄》卷一一九"康熙二十四年二月"條

戊申，祭太社、大稷，遣刑部尚書公諾敏行禮。

《聖祖仁皇帝實錄》卷一二一"康熙二十四年八月"條

戊戌，祭大社、大稷，遣都統侯巴渾德行禮。

《聖祖仁皇帝實錄》卷一二四"康熙二十五年二月"條

戊子，祭大社、大稷，上親詣行禮。

《聖祖仁皇帝實錄》卷一二七"康熙二十五年八月"條

戊辰，祭大社、大稷，遣吏部尚書達哈他行禮。

《聖祖仁皇帝實錄》卷一二九"康熙二十六年二月"條

戊午，祭大社、大稷，上親詣行禮。

《聖祖仁皇帝實錄》卷一三一"康熙二十六年八月"條

戊申，祭大社、大稷，上親詣行禮。

《聖祖仁皇帝實錄》卷一三三"康熙二十七年二月"條

戊申，祭大社、大稷，遣吏部尚書科爾坤行禮。

《聖祖仁皇帝實錄》卷一三六"康熙二十七年八月"條

戊申，祭大社、大稷，遣吏部尚書阿蘭泰行禮。

《聖祖仁皇帝實錄》卷一三七"康熙二十七年十月"條

甲寅，【略】是日，以恭上大行太皇太后尊諡，遣官祭天地、宗廟、社稷。

《聖祖仁皇帝實錄》卷一三九"康熙二十八年二月"條

戊申，祭大社、大稷，遣吏部尚書阿蘭泰行禮。

《聖祖仁皇帝實錄》卷一四一"康熙二十八年五月、八月"條

丁未，遣官致祭天地，社稷壇禱雨。

戊寅，祭大社、大稷，遣吏部尚書鄂爾多行禮。

《聖祖仁皇帝實錄》卷一四二"康熙二十八年十月"條

己卯，以孝懿皇后梓宮奉安地宮，遣官告祭天地、宗廟、社稷、暫安奉殿、孝陵、仁孝皇后、孝昭皇后陵。

《聖祖仁皇帝實錄》卷一四四"康熙二十九年二月"條

戊寅，祭大社、大稷，上親詣行禮。

《聖祖仁皇帝實錄》卷一四八"康熙二十九年八月"條

戊辰，祭大社、大稷，遣領侍衛內大臣公福善行禮。

《聖祖仁皇帝實錄》卷一五〇"康熙三十年二月"條

戊午，祭大社、大稷，上親詣行禮。

《聖祖仁皇帝實錄》卷一五二"康熙三十年八月"條

戊子，祭大社、大稷，遣護軍統領伯四格行禮。

《聖祖仁皇帝實錄》卷一五四"康熙三十一年二月"條

戊子，祭大社、大稷，遣領侍衛內大臣索額圖行禮。

《聖祖仁皇帝實錄》卷一五六"康熙三十一年八月"條

戊寅朔，祭大社、大稷，遣內大臣護軍統領伯四格行禮。

《聖祖仁皇帝實錄》卷一五八"康熙三十二年二月"條

戊寅，祭大社、大稷，遣內大臣明珠行禮。

《聖祖仁皇帝實錄》卷一六〇"康熙三十二年八月"條

戊寅，祭大社、大稷，遣內大臣明珠行禮。

《聖祖仁皇帝實錄》卷一六二"康熙三十三年二月"條

戊寅，祭大社、大稷，遣領侍衛內大臣公福善行禮。

《聖祖仁皇帝實錄》卷一六四"康熙三十三年八月"條

戊戌，祭大社、大稷，遣吏部尚書庫勒納行禮。

《聖祖仁皇帝實錄》卷一六六"康熙三十四年二月"條

戊子，祭大社、大稷，遣領侍衛內大臣公舅舅佟國維行禮。

丁巳，以太和殿興工，遣官告祭天地、太廟、社稷。

《聖祖仁皇帝實錄》卷一六八"康熙三十四年八月"條

戊申，祭大社、大稷，遣戶部尚書馬齊行禮。

《聖祖仁皇帝實錄》卷一七一"康熙三十五年二月"條

戊子，祭大社、大稷，遣皇太子允礽行禮。

癸丑，上以親征噶爾丹，遣官告祭天地、宗廟、社稷。

《聖祖仁皇帝實錄》卷一七五"康熙三十五年八月"條

戊子，祭大社、大稷，遣領侍衛內大臣公福善行禮。

《聖祖仁皇帝實錄》卷一八〇"康熙三十六年二月"條

戊子，祭大社、大稷，遣戶部尚書馬齊行禮。

《聖祖仁皇帝實錄》卷一八四"康熙三十六年秋七月"條

乙未，以平定朔漠，遣官告祭天地、太廟、社稷、永陵、福陵、昭陵、暫安奉殿、孝陵、仁孝皇后、孝昭皇后、孝懿皇后陵。

丙申，以太和殿成，遣官告祭天地、宗廟、社稷。

《聖祖仁皇帝實錄》卷一八五"康熙三十六年八月"條

戊申朔，祭大社、大稷，遣吏部尚書庫勒納行禮。

《聖祖仁皇帝實錄》卷一八七"康熙三十七年二月"條

戊申，祭大社、大稷，遣戶部尚書馬齊行禮。

《聖祖仁皇帝實錄》卷一八九"康熙三十七年八月"條

戊申，祭大社、大稷，遣吏部尚書庫勒納行禮。

《聖祖仁皇帝實錄》卷一九二"康熙三十八年二月"條

戊申，祭大社、大稷，遣刑部尚書傅臘塔行禮。

《聖祖仁皇帝實錄》卷一九四"康熙三十八年八月"條

戊辰，祭大社、大稷，遣戶部尚書馬齊行禮。

《聖祖仁皇帝實録》卷一九七"康熙三十九年二月"條

戊辰，祭大社、大稷，遣都統伯心裕行禮。

《聖祖仁皇帝實録》卷二〇〇"康熙三十九年八月"條

戊辰，祭大社、大稷，遣都統伯心裕行禮。

《聖祖仁皇帝實録》卷二〇三"康熙四十年二月"條

戊辰，祭大社、大稷，遣理藩院尚書哈雅爾圖行禮。

《聖祖仁皇帝實録》卷二〇五"康熙四十年八月"條

戊午，祭大社、大稷，遣都察院左都御史安布禄行禮。

《聖祖仁皇帝實録》卷二〇七"康熙四十一年二月"條

戊午，祭大社、大稷，遣禮部尚書席哈納行禮。

《聖祖仁皇帝實録》卷二〇九"康熙四十一年八月"條

戊子，祭大社、大稷，遣户部尚書凱音布行禮。

《聖祖仁皇帝實録》卷二一一"康熙四十二年二月"條

戊寅，祭大杜、大稷，遣禮部尚書席爾達行禮。

《聖祖仁皇帝實録》卷二一三"康熙四十二年八月"條

戊寅，祭大社、大稷，遣吏部尚書敦拜行禮。

《聖祖仁皇帝實録》卷二一五"康熙四十三年二月"條

戊寅，祭大社、大稷，遣都察院左都御史温達行禮。

《聖祖仁皇帝實録》卷二一七"康熙四十三年八月"條

戊辰朔，祭大社、大稷，遣都察院、左都御史舒輅行禮。

《聖祖仁皇帝實録》卷二一九"康熙四十四年二月"條

戊辰，祭大社、大稷，遣領侍衛内大臣公坡爾盆行禮。

《聖祖仁皇帝實録》卷二二二"康熙四十四年八月"條

戊戌，祭大社、大稷，遣領侍衛内大臣尚之隆行禮。

《聖祖仁皇帝實録》卷二二四"康熙四十五年二月"條

戊戌，祭大社、大稷，遣兵部尚書馬爾漢行禮。

《聖祖仁皇帝實録》卷二二六"康熙四十五年八月"條

戊子，祭大社、大稷，遣户部尚書凱音布行禮。

《聖祖仁皇帝實録》卷二二八"康熙四十六年二月"條

戊子，祭大社、大稷，遣散秩大臣宗室德寧行禮。

《聖祖仁皇帝實録》卷二三〇"康熙四十六年八月"條

戊申，祭大社、大稷，遣領侍衛内大臣尚之隆行禮。

《聖祖仁皇帝實録》卷二三二"康熙四十七年二月"條

戊寅朔，祭大社、大稷，遣領侍衛内大臣尚之隆行禮。

《聖祖仁皇帝實録》卷二三三 "康熙四十七年八月" 條

戊申，祭大社、大稷，遣都統崇古禮行禮。

《聖祖仁皇帝實録》卷二三四 "康熙四十七年九月" 條

辛卯，遣官告祭天地、太廟、社稷。

《聖祖仁皇帝實録》卷二三六 "康熙四十八年二月" 條

戊申，祭大社、太稷，遣散秩大臣宗室德寧行禮。

《聖祖仁皇帝實録》卷二三七 "康熙四十八年三月" 條

庚辰，以復立皇太子允礽，遣官告祭天地、宗廟、社稷。

《聖祖仁皇帝實録》卷二三八 "康熙四十八年八月" 條

戊申，祭大社、大稷，遣都統汪悟禮行禮。

《聖祖仁皇帝實録》卷二四一 "康熙四十九年二月" 條

戊戌，祭大社、大稷，遣領侍衛内大臣公傅爾丹行禮。

《聖祖仁皇帝實録》卷二四三 "康熙四十九年八月" 條

戊辰，祭大社、大稷，遣都統崇古禮行禮。

《聖祖仁皇帝實録》卷二四五 "康熙五十年二月" 條

戊辰，祭大社、大稷，遣領侍衛内大臣公傅爾丹行禮。

《聖祖仁皇帝實録》卷二四七 "康熙五十年八月" 條

戊午朔，祭大社、大稷，遣領侍衛内大臣公傅爾丹行禮。

《聖祖仁皇帝實録》卷二四九 "康熙五十一年二月" 條

戊午，祭大社、大稷，遣都統崇古禮行禮。

《聖祖仁皇帝實録》卷二五〇 "康熙五十一年八月" 條

戊午，祭大社、大稷，遣禮部尚書黑碩咨行禮。

《聖祖仁皇帝實録》卷二五二 "康熙五十一年十一月" 條

乙未，【略】以廢皇太子允礽，遣官告祭天地、太廟、社稷。

《聖祖仁皇帝實録》卷二五三 "康熙五十二年二月" 條

戊午，祭大社、大稷，遣都統崇古禮行禮。

《聖祖仁皇帝實録》卷二五六 "康熙五十二年八月" 條

戊寅，祭大社、大稷，遣都統崇古禮行禮。

《聖祖仁皇帝實録》卷二五八 "康熙五十三年二月" 條

戊寅，祭大社、大稷，遣兵部尚書殷特布行禮。

《聖祖仁皇帝實録》卷二六〇 "康熙五十三年八月" 條

戊戌，祭大社、大稷，遣領侍衛内大臣公傅爾丹行禮。

《聖祖仁皇帝實録》卷二六二 "康熙五十四年二月" 條

戊辰朔，祭大社、大稷，遣工部尚書赫奕行禮。

《聖祖仁皇帝實錄》卷二六五“康熙五十四年八月”條

戊辰，祭大社、大稷，遣刑部尚書賴都行禮。

《聖祖仁皇帝實錄》卷二六七“康熙五十五年二月”條

戊辰，祭大社、大稷，遣工部尚書赫奕行禮。

《聖祖仁皇帝實錄》卷二六九“康熙五十五年八月”條

戊子朔，祭大社、大稷，遣都統崇古禮行禮。

《聖祖仁皇帝實錄》卷二七一“康熙五十六年二月”條

戊子，祭大社、大稷，遣都統汪悟禮行禮。

《聖祖仁皇帝實錄》卷二七三“康熙五十六年八月”條

戊子，祭大社、大稷，遣都統宗室延信行禮。

《聖祖仁皇帝實錄》卷二七七“康熙五十七年二月”條

戊子，祭大社、大稷，遣都統宗室延信行禮。

《聖祖仁皇帝實錄》卷二七八“康熙五十七年三月”條

庚申，以恭上大行皇太后尊謚，遣官告祭天地、太廟、社稷、奉先殿、及大行皇太后梓宮前

壬午，以奉安孝惠章皇后梓宮、於新陵地宮，遣官告祭天地、太廟、社稷。

《聖祖仁皇帝實錄》卷二八〇“康熙五十七年八月”條

戊寅，祭大社、大稷，遣都統宗室延信行禮。

《聖祖仁皇帝實錄》卷二八三“康熙五十八年二月”條

戊申，祭大社、大稷，遣都察院左都御史党阿賴行禮。

《聖祖仁皇帝實錄》卷二八五“康熙五十八年八月”條

戊申，祭大社、大稷，遣散秩大臣伯富大禮行禮。

《聖祖仁皇帝實錄》卷二八七“康熙五十九年二月”條

戊戌朔，祭大社、大稷，遣户部尚書孫渣齊行禮。

《聖祖仁皇帝實錄》卷二八八“康熙五十九年八月”條

戊戌，祭大社、大稷，遣刑部尚書賴都行禮。

《聖祖仁皇帝實錄》卷二九一“康熙六十年二月”條

乙未，上以御極六十年大慶，遣官告祭天地、太廟、社稷。

戊戌，祭大社、大稷，遣都統伯四格行禮。

《聖祖仁皇帝實錄》卷二九四“康熙六十年八月”條

戊辰，祭大社、大稷，遣固山貝子允祹行禮。

《聖祖仁皇帝實錄》卷二九六“康熙六十一年二月”條

戊午，祭大社、大稷，遣固山貝子星尼行禮。

《聖祖仁皇帝實錄》卷二九八"康熙六十一年八月"條

戊午，祭大社、大稷，遣輔國公訥圖行禮。

《世宗憲皇帝實錄》卷一"康熙六十一年十一月"條

庚子，上以登極，遣官告祭天地、太廟、社稷、奉先殿。

《世宗憲皇帝實錄》卷四"雍正元年二月"條

戊午，祭大社、大稷，上親詣行禮。

《世宗憲皇帝實錄》卷五"雍正元年三月"條

癸卯，以聖祖仁皇帝梓宮移送景陵，遣官告祭天地、太廟、社稷。

《世宗憲皇帝實錄》卷九"雍正元年秋七月"條

甲辰，以加上列祖尊諡典禮，先期遣官祭告天地、社稷。

《世宗憲皇帝實錄》卷一〇"雍正元年八月"條

戊申朔，祭大社、大稷，遣貝勒阿布蘭行禮。

戊午，【略】以恭上大行皇太后尊諡，遣官告祭天地、太廟、社稷、奉先殿。

《世宗憲皇帝實錄》卷一一"雍正元年九月"條

丁丑朔，遣官以升祔太廟吉期，告祭天地、太廟、社稷。

《世宗憲皇帝實錄》卷一三"雍正元年十一月"條

庚子，以恭奉聖祖仁皇帝配天，遣官祭告天地、太廟、社稷。

《世宗憲皇帝實錄》卷一四"雍正元年十二月"條

丙寅，【略】以冊立皇后及冊封貴妃、齊妃、熹妃，上親詣奉先殿行告祭禮，遣官告祭天地、太廟、社稷。

《世宗憲皇帝實錄》卷一六"雍正二年二月"條

戊申，祭大社、大稷，上親詣行禮。

《世宗憲皇帝實錄》卷一七"雍正二年三月"條

丙申，以青海平定，遣官告祭天地、宗廟、社稷、奉先殿。

《世宗憲皇帝實錄》卷一九"雍正二年五月"條

癸未，以平定青海，所獲叛逆俘囚吹拉克諾木齊、阿爾布坦温布、藏巴札布三人解送至京，行獻俘禮，遣官告祭太廟、社稷。

《世宗憲皇帝實錄》卷二三"雍正二年八月"條

戊寅，祭大社、大稷，遣果郡王允禮行禮。

《世宗憲皇帝實錄》卷二九"雍正三年二月"條

戊寅，祭大社、大稷，上親詣行禮。

《世宗憲皇帝實錄》卷三五"雍正三年八月"條

戊辰，祭大社、大稷，上親詣行禮。

《世宗憲皇帝實録》卷三九“雍正三年十二月”條

庚午，以初十日奉安孝莊文皇后梓宮於昭西陵，遣官祭告天、地、太廟、社稷。

《世宗憲皇帝實録》卷四一“雍正四年二月”條

戊辰，祭大社、大稷，上親詣行禮。

《世宗憲皇帝實録》卷四七“雍正四年八月”條

戊子，祭大社、大稷，上親詣行禮。

《世宗憲皇帝實録》卷五三“雍正五年二月”條

戊午朔，祭大社大稷，上親詣行禮。

《世宗憲皇帝實録》卷六〇“雍正五年八月”條

戊子，祭大社、大稷，上親詣行禮。

《世宗憲皇帝實録》卷六六“雍正六年二月”條

戊子，祭大社、大稷，上親詣行禮。

《世宗憲皇帝實録》卷七二“雍正六年八月”條

戊子，祭大社、大稷，上親詣行禮。

《世宗憲皇帝實録》卷七八“雍正七年二月”條

戊寅，祭大社、大稷，上親詣行禮。

《世宗憲皇帝實録》卷八五“雍正七年八月”條

戊申，祭大社、大稷，上親詣行禮。

《世宗憲皇帝實録》卷九一“雍正八年二月”條

戊申，祭大社、大稷，上親詣行禮。

《世宗憲皇帝實録》卷九七“雍正八年八月”條

戊戌，祭大社、大稷，遣顯親王衍潢行禮。

《世宗憲皇帝實録》卷一〇三“雍正九年二月”條

戊戌，祭大社、大稷，上親詣行禮。

《世宗憲皇帝實録》卷一〇九“雍正九年八月”條

戊戌，祭大社、大稷，遣皇五子弘晝行禮。

《世宗憲皇帝實録》卷一一五“雍正十年二月”條

戊戌，祭大社、大稷，遣皇五子弘晝行禮。

《世宗憲皇帝實録》卷一二二“雍正十年八月”條

戊午，祭大社、大稷，遣皇五子弘晝行禮。

《世宗憲皇帝實録》卷一二八“雍正十一年二月”條

戊午，祭大社、大稷，上親詣行禮。

《世宗憲皇帝實録》卷一三四“雍正十一年八月”條

戊午，祭大社、大稷，遣誠親王允秘行禮。

《世宗憲皇帝實錄》卷一四〇 "雍正十二年二月" 條
戊午，祭大社、大稷，上親詣行禮。

《世宗憲皇帝實錄》卷一四六 "雍正十二年八月" 條
戊申，祭大社、大稷，遣皇五子和親王弘晝行禮。

《世宗憲皇帝實錄》卷一五二 "雍正十三年二月" 條
戊申，祭大社、大稷，上親詣行禮。

《世宗憲皇帝實錄》卷一五九 "雍正十三年八月" 條
戊辰，祭大社、大稷，上命皇四子寶親王弘曆行禮。

《高宗純皇帝實錄》卷一二 "乾隆元年二月" 條
乙丑朔，是日起上以祭社稷壇，齋戒三日。
戊辰，祭大社、大稷，上親詣行禮。

《高宗純皇帝實錄》卷二四 "乾隆元年八月" 條
戊辰，祭大社、大稷，上親詣行禮。

《高宗純皇帝實錄》卷二八 "乾隆元年冬十月" 條
戊辰，以奉移世宗憲皇帝梓宮於山陵，遣官祭告天地、太廟、社稷。

《高宗純皇帝實錄》卷三六 "乾隆二年二月" 條
戊辰，祭大社、大稷，上親詣行禮。

《高宗純皇帝實錄》卷四八 "乾隆二年八月" 條
戊午，祭大社、大稷，上親詣行禮。

《高宗純皇帝實錄》卷六二 "乾隆三年二月" 條
戊子，祭大社、大稷，上親詣行禮。

《高宗純皇帝實錄》卷七四 "乾隆三年八月" 條
戊子，祭大社、大稷，上親詣行禮。

《高宗純皇帝實錄》卷八六 "乾隆四年二月" 條
戊寅朔，祭大社、大稷，上親詣行禮。

《高宗純皇帝實錄》卷九八 "乾隆四年八月" 條
戊寅，祭大社、大稷，上親詣行禮。

《高宗純皇帝實錄》卷一一〇 "乾隆五年二月" 條
戊寅，祭大社、大稷，上親詣行禮。

《高宗純皇帝實錄》卷一二四 "乾隆五年八月" 條
戊申，祭大社、大稷，上親詣行禮。

《高宗純皇帝實錄》卷一三六 "乾隆六年二月" 條
戊戌，祭大社、大稷，上親詣行禮。

《高宗純皇帝實錄》卷一四八"乾隆六年八月"條

戊戌，祭大社、大稷，遣履親王允祹恭代行禮。

《高宗純皇帝實錄》卷一六〇"乾隆七年二月"條

戊戌，祭大社、大稷，遣誠親王允秘恭代行禮。

《高宗純皇帝實錄》卷一七二"乾隆七年八月"條

戊子，祭大社、大稷，遣誠親王允秘恭代行禮。

《高宗純皇帝實錄》卷一八四"乾隆八年二月"條

戊子，祭大社、大稷，上親詣行禮。

《高宗純皇帝實錄》卷一九八"乾隆八年八月"條

戊午，祭大社、大稷，遣慎郡王允禧恭代行禮。

《高宗純皇帝實錄》卷二一〇"乾隆九年二月"條

戊午，祭大社、大稷，上親詣行禮。

《高宗純皇帝實錄》卷二二二"乾隆九年八月"條

戊申，祭大社、大稷，上親詣行禮。【略】諭今日朕親祭社稷壇，張鵬翀於跪班之地連聲咳嗽，甚屬不合，著交部察議。

《高宗純皇帝實錄》卷二三四"乾隆十年二月"條

戊申，祭大社、大稷，遣慎郡王允禧恭代行禮。

《高宗純皇帝實錄》卷二四七"乾隆十年八月"條

戊午，祭大社、大稷，遣履親王允祹恭代行禮。

《高宗純皇帝實錄》卷二五九"乾隆十一年二月"條

戊午，祭大社、大稷，上親詣行禮。

《高宗純皇帝實錄》卷二七二"乾隆十一年八月"條

戊辰，祭大社、大稷，上親詣行禮。

《高宗純皇帝實錄》卷二八四"乾隆十二年二月"條

戊辰，祭大社、大稷，上親詣行禮。

《高宗純皇帝實錄》卷二九六"乾隆十二年八月"條

戊辰，祭大社、大稷，遣履親王允祹恭代行禮。

《高宗純皇帝實錄》卷三〇八"乾隆十三年二月"條

戊午，祭大社、大稷，遣恒親王弘晊恭代行禮。

《高宗純皇帝實錄》卷三二二"乾隆十三年八月上"條

戊子，祭大社、大稷，遣恒親王弘晊恭代行禮。

《高宗純皇帝實錄》卷三三四"乾隆十四年二月"條

戊子，祭大社、大稷，上親詣行禮。

《高宗純皇帝實錄》卷三三六 "乾隆十四年三月" 條

癸亥，以平定金川。遣官祭天地、太廟、大社、大稷、奉先殿、永陵、福陵、昭陵、昭西陵、孝陵、孝東陵、景陵、泰陵。

《高宗純皇帝實錄》卷三三八 "乾隆十四年夏四月" 條

癸未，以上崇慶慈宣康惠皇太后徽號，遣官告祭天地、太廟、大社、大稷。

《高宗純皇帝實錄》卷三四六 "乾隆十四年八月" 條

戊寅，祭大社、大稷，遣誠親王允秘恭代行禮。

《高宗純皇帝實錄》卷三五八 "乾隆十五年二月" 條

戊寅，祭大社、大稷，遣顯親王衍潢恭代行禮。

《高宗純皇帝實錄》卷三七〇 "乾隆十五年八月" 條

辛未朔，以冊立皇后，遣官告祭天地、社稷、太廟後殿、奉先殿。

壬申，以加上皇太后徽號，遣官告祭天地、社稷、太廟後殿、奉先殿。

戊寅，祭大社、大稷，上親詣行禮。

《高宗純皇帝實錄》卷三八三 "乾隆十六年二月" 條

戊子，祭大社、大稷，遣誠親王允秘恭代行禮。

《高宗純皇帝實錄》卷三九六 "乾隆十六年八月" 條

祭大社、大稷，遣恒親王弘晊恭代行禮。

《高宗純皇帝實錄》卷四〇三 "乾隆十六年十一月" 條

癸未，以上崇慶慈宣康惠敦和皇太后徽號，遣官告祭天地、太廟、大社、大稷。

《高宗純皇帝實錄》卷四〇八 "乾隆十七年二月" 條

戊戌，祭大社、大稷，上親詣行禮。

《高宗純皇帝實錄》卷四二一 "乾隆十七年八月" 條

戊申，祭大社、大稷，遣履親王允祹恭代行禮。

《高宗純皇帝實錄》卷四三二 "乾隆十八年二月" 條

戊子，祭大社、大稷，上親詣行禮。

《高宗純皇帝實錄》卷四四四 "乾隆十八年八月" 條

戊子，祭大社、大稷，遣和碩履親王允祹恭代行禮。

《高宗純皇帝實錄》卷四五六 "乾隆十九年二月" 條

戊子，祭大社、大稷，上親詣行禮。

《高宗純皇帝實錄》卷四七〇 "乾隆十九年八月" 條

戊申朔，祭大社、大稷，遣和親王弘晝恭代行禮。

《高宗純皇帝實錄》卷四八二 "乾隆二十年二月" 條

戊申，祭大社、大稷，上親詣行禮。

《高宗純皇帝實錄》卷四九〇"乾隆二十年六月"條

癸卯朔，以平定準噶爾告祭太廟，上親詣行禮，遣官告祭天地、大社、大稷、先師孔子。

丁未，以平定準噶爾、恭上皇太后徽號，遣官告祭天地、太廟、大社、大稷。

《高宗純皇帝實錄》卷四九四"乾隆二十年八月"條

戊申，祭大社、大稷，遣恒親王弘晊恭代行禮。

《高宗純皇帝實錄》卷五〇六"乾隆二十一年二月"條

戊申，祭大社、大稷，上親詣行禮。

《高宗純皇帝實錄》卷五一八"乾隆二十一年八月"條

戊戌，祭大社、大稷，遣果親王弘瞻恭代行禮。

《高宗純皇帝實錄》卷五三二"乾隆二十二年二月"條

戊辰，祭大社、大稷，遣顯親王衍潢恭代行禮。

《高宗純皇帝實錄》卷五四四"乾隆二十二年八月"條

戊辰，祭大社、大稷，遣裕親王廣禄恭代行禮。

《高宗純皇帝實錄》卷五五六"乾隆二十三年二月"條

戊午，祭大社、大稷，上親詣行禮。

《高宗純皇帝實錄》卷五六八"乾隆二十三年八月"條

戊午，祭大社、大稷，遣和親王弘晝恭代行禮。

《高宗純皇帝實錄》卷五八〇"乾隆二十四年二月"條

戊午，祭大社、大稷，上親詣行禮。

《高宗純皇帝實錄》卷五八七"乾隆二十四年五月"條

辛丑，上步詣社稷壇祈雨。

《高宗純皇帝實錄》卷五九四"乾隆二十四年八月"條

戊寅朔，祭大社、大稷，遣裕親王廣禄恭代行禮。

《高宗純皇帝實錄》卷六〇六"乾隆二十五年二月"條

戊寅，祭大社、大稷，上親詣行禮。

《高宗純皇帝實錄》卷六一八"乾隆二十五年八月"條

戊寅，祭大社、大稷，遣履親王允祹恭代行禮。

《高宗純皇帝實錄》卷六三〇"乾隆二十六年二月"條

戊寅，祭大社、大稷，上親詣行禮。

《高宗純皇帝實錄》卷六四二"乾隆二十六年八月"條

戊辰，祭大社、大稷，遣裕親王廣禄恭代行禮。

《高宗純皇帝實錄》卷六四九"乾隆二十六年十一月"條

壬子，以上崇慶慈宣康惠敦和裕壽純禧皇太后尊號，遣官告察天地、宗廟、大社、大稷。

《高宗純皇帝實錄》卷六五四 "乾隆二十七年二月" 條

戊辰，祭大社、大稷，遣果親王弘瞻恭代行禮。

《高宗純皇帝實錄》卷六六八 "乾隆二十七年八月" 條

戊戌，祭大社、大稷，遣裕親王廣禄恭代行禮。

《高宗純皇帝實錄》卷六八〇 "乾隆二十八年二月" 條

戊戌，祭大社、大稷，上親詣行禮。

《高宗純皇帝實錄》卷六九二 "乾隆二十八年八月" 條

戊子，祭大社、大稷，遣裕親王廣禄恭代行禮。

《高宗純皇帝實錄》卷七〇四 "乾隆二十九年二月" 條

戊子，祭大社、大稷，上親詣行禮。

《高宗純皇帝實錄》卷七一六 "乾隆二十九年八月" 條

戊子，祭大社、大稷，遣顯親王衍潢恭代行禮。

《高宗純皇帝實錄》卷七二八 "乾隆三十年二月" 條

戊寅，祭大社、大稷，遣顯親王衍潢恭代行禮。

《高宗純皇帝實錄》卷七四二 "乾隆三十年八月" 條

戊申，祭大社、大稷，遣顯親王衍潢恭代行禮。

《高宗純皇帝實錄》卷七五四 "乾隆三十一年二月" 條

戊申，祭大社、大稷，上親詣行禮。

《高宗純皇帝實錄》卷七六六 "乾隆三十一年八月" 條

戊戌朔，祭大社、大稷，遣諴親王允秘恭代行禮。

《高宗純皇帝實錄》卷七七八 "乾隆三十二年二月" 條

戊戌，祭大社、大稷，上親詣行禮。

《高宗純皇帝實錄》卷七九二 "乾隆三十二年八月" 條

戊辰，祭大社、大稷，遣諴親王允秘恭代行禮。

《高宗純皇帝實錄》卷八〇四 "乾隆三十三年二月" 條

戊辰，祭大社、大稷，上親詣行禮。

《高宗純皇帝實錄》卷八一六 "乾隆三十三年八月" 條

戊午，祭大社、大稷，遣諴親王允秘恭代行禮。

《高宗純皇帝實錄》卷八二八 "乾隆三十四年二月" 條

戊午，祭大社、大稷，上親詣行禮。

《高宗純皇帝實錄》卷八四〇 "乾隆三十四年八月" 條

戊午，祭大社、太稷，遣諴親王允秘恭代行禮。

《高宗純皇帝實録》卷八五二“乾隆三十五年二月”條

戊申朔，祭大社、大稷，上親詣行禮。

《高宗純皇帝實録》卷八六六“乾隆三十五年八月”條

戊寅，【略】祭大社、大稷，遣怡親王弘曉恭代行禮。

《高宗純皇帝實録》卷八七八“乾隆三十六年二月”條

戊寅，祭大社、大稷，遣裕王廣禄恭代行禮。

《高宗純皇帝實録》卷八九〇“乾隆三十六年八月”條

戊寅，祭大社、大稷，遣裕親王廣禄恭代行禮。

《高宗純皇帝實録》卷八九七“乾隆三十六年十一月”條

甲寅，以上崇慶慈宣康惠敦和裕壽純禧恭懿皇太后尊號，遣官告祭天地、太廟、大社、大稷。

《高宗純皇帝實録》卷九〇二“乾隆三十七年二月”條

戊辰，祭大社、大稷，上親詣行禮。

《高宗純皇帝實録》卷九一四“乾隆三十七年八月”條

戊辰，祭大社、大稷，遣裕親王廣禄恭代行禮。

《高宗純皇帝實録》卷九二六“乾隆三十八年二月”條

戊辰，祭大社、大稷，上親詣行禮。

《高宗純皇帝實録》卷九四〇“乾隆三十八年八月”條

戊子，祭大社、大稷，遣裕親王廣禄恭代行禮。

《高宗純皇帝實録》卷九五二“乾隆三十九年二月”條

戊子，祭大社、大稷，上親詣行禮。

《高宗純皇帝實録》卷九六四“乾隆三十九年八月”條

戊子，祭大社、大稷，遣裕親王廣禄恭代行禮。

《高宗純皇帝實録》卷九七六“乾隆四十年二月”條

戊子，祭大社、大稷，上親詣行禮。

《高宗純皇帝實録》卷九八八“乾隆四十年八月”條

戊寅，祭大社、大稷，遣怡親王弘曉恭代行禮。

《高宗純皇帝實録》卷一〇〇二“乾隆四十一年二月”條

戊申，祭大社、大稷，上親詣行禮。

《高宗純皇帝實録》卷一〇〇六“乾隆四十一年夏四月”條

癸卯，以平定兩金川，遣官告祭天地、太廟、大社、大稷。

《高宗純皇帝實録》卷一〇〇七“乾隆四十一年四月”條

庚午，以平定兩金川、恭上皇太后徽號，遣官告祭天地、太廟、大社、大稷。

《高宗純皇帝實錄》卷一〇一五"乾隆四十一年八月"條
戊午，祭大社、大稷，遣理郡王弘曕恭代行禮。

《高宗純皇帝實錄》卷一〇二六"乾隆四十二年二月"條
戊戌，祭大社、大稷，遣簡親王積哈納恭代行禮。

《高宗純皇帝實錄》卷一〇三八"乾隆四十二年八月"條
戊戌，祭大社、大稷，上親詣行禮。

《高宗純皇帝實錄》卷一〇五〇"乾隆四十三年二月"條
戊戌，祭大社、大稷，上親詣行禮。

《高宗純皇帝實錄》卷一〇六四"乾隆四十三年八月"條
戊午朔，祭大社、大稷，遣理郡王弘曕恭代行禮。

《高宗純皇帝實錄》卷一〇七六"乾隆四十四年二月"條
戊午，祭大社、大稷，上親詣行禮。

《高宗純皇帝實錄》卷一〇八八"乾隆四十四年八月"條
戊午，祭大社、大稷，遣豫親王修齡恭代行禮。

《高宗純皇帝實錄》卷一一〇〇"乾隆四十五年二月"條
戊午，祭大社、大稷，遣誠親王弘暢恭代行禮。

《高宗純皇帝實錄》卷一一一二"乾隆四十五年八月"條
戊申，祭大社、大稷，遣誠親王弘暢恭代行禮。

《高宗純皇帝實錄》卷一一二四"乾隆四十六年二月"條
戊申，祭大社、大稷，上親詣行禮。

《高宗純皇帝實錄》卷一一三八"乾隆四十六年八月"條
戊寅，祭大社、大稷，遣誠親王弘暢恭代行禮。

《高宗純皇帝實錄》卷一一五〇"乾隆四十七年二月"條
戊辰朔，祭大社、大稷，上親詣行禮。

《高宗純皇帝實錄》卷一一六二"乾隆四十七年八月"條
戊辰，祭大社、大稷，遣誠親王弘暢恭代行禮。

《高宗純皇帝實錄》卷一一七四"乾隆四十八年二月"條
戊辰，祭大社、大稷，上親詣行禮。

《高宗純皇帝實錄》卷一一八七"乾隆四十八年八月"條
戊寅，祭大社、大稷，遣肅親王永錫恭代行禮。

《高宗純皇帝實錄》卷一一九八"乾隆四十九年二月"條
戊午，祭大社、大稷，遣果郡王永瑹恭代行禮。

《高宗純皇帝實錄》卷一二一二"乾隆四十九年八月"條
戊子，祭大社、大稷，遣怡親王永琅恭代行禮。

《高宗純皇帝實録》卷一二二四"乾隆五十年二月"條
戊子，祭大社、大稷，遣克勤郡王雅朗阿恭代行禮。
《高宗純皇帝實録》卷一二三六"乾隆五十年八月"條
戊寅朔，祭大社、大稷，遣怡親王永琅恭代行禮。
《高宗純皇帝實録》卷一二四八"乾隆五十一年二月"條
戊寅，祭大社、大稷，上親詣行禮。
《高宗純皇帝實録》卷一二六二"乾隆五十一年八月"條
戊申，祭大社、大稷，遣怡親王永琅恭代行禮。
《高宗純皇帝實録》卷一二七四"乾隆五十二年二月"條
戊申，祭大社、大稷，上親詣行禮。
《高宗純皇帝實録》卷一二八六"乾隆五十二年八月"條
戊戌，祭大社、大稷，遣肅親王永錫恭代行禮。
《高宗純皇帝實録》卷一二九八"乾隆五十三年二月"條
戊戌，祭大社、大稷，上親詣行禮。
《高宗純皇帝實録》卷一三一一"乾隆五十三年八月"條
戊申，祭大社、大稷，遣克勤郡王雅朗阿恭代行禮。
《高宗純皇帝實録》卷一三二二"乾隆五十四年二月"條
戊子朔，祭大社、大稷，上親詣行禮。
《高宗純皇帝實録》卷一三三六"乾隆五十四年八月"條
戊午，祭大社、大稷，遣克勤郡王雅朗阿恭代行禮。
《高宗純皇帝實録》卷一三四八"乾隆五十五年二月"條
戊午，祭大社、大稷，上親詣行禮。
《高宗純皇帝實録》卷一三六〇"乾隆五十五年八月"條
戊午，祭大社、大稷，遣豫親王裕豐恭代行禮。
庚申，上御禮輿還宮。【略】遣官告祭天地、太廟、社稷。
《高宗純皇帝實録》卷一三七二"乾隆五十六年二月"條
戊申，祭大社、大稷，上親詣行禮。
《高宗純皇帝實録》卷一三八四"乾隆五十六年八月"條
戊申，祭大社、大稷，遣克勤郡王雅朗阿恭代行禮。
《高宗純皇帝實録》卷一三九六"乾隆五十七年二月"條
戊申，祭大社、大稷，上親詣行禮。
《高宗純皇帝實録》卷一四一〇"乾隆五十七年八月"條
戊辰，祭大社、大稷，遣怡親王永琅恭代行禮。

《高宗純皇帝實錄》卷一四二二“乾隆五十八年二月”條

戊辰，祭大社、大稷，上親詣行禮。

《高宗純皇帝實錄》卷一四三四“乾隆五十八年八月”條

戊辰，祭大社、大稷，遣怡親王永琅恭代行禮。

《高宗純皇帝實錄》卷一四四六“乾隆五十九年二月”條

戊辰。祭大社、大稷，上親詣行禮。

《高宗純皇帝實錄》卷一四五八“乾隆五十九年八月”條

戊午，祭大社、大稷，遣豫親王裕豐恭代行禮。

《高宗純皇帝實錄》卷一四七〇“乾隆六十年二月”條

戊午，祭大社、大稷，上親詣行禮。

《高宗純皇帝實錄》卷一四八四“乾隆六十年八月”條

戊子，祭大社、大稷，遣裕郡王亮煥恭代行禮。

《仁宗睿皇帝實錄》卷一“嘉慶元年春正月”條

庚戌，以冊立皇后，前期遣官告祭天地、太廟、社稷，上詣奉先殿行告祭禮。

《仁宗睿皇帝實錄》卷二“嘉慶元年二月”條

戊寅，祭大社、大稷，上親詣行禮。

《仁宗睿皇帝實錄》卷八“嘉慶元年八月”條

戊寅，祭大社、大稷，遣怡親王永琅恭代行禮。

《仁宗睿皇帝實錄》卷一四“嘉慶二年二月”條

乙亥，上以祭社稷壇，自是日始齋戒三日。

戊寅，祭大社、大稷，上親詣行禮。

《仁宗睿皇帝實錄》卷二一“嘉慶二年八月”條

戊戌，祭大社、大稷，遣怡親王永琅恭代行禮。

《仁宗睿皇帝實錄》卷二七“嘉慶三年二月”條

戊申，祭大社、大稷，上親詣行禮。

《仁宗睿皇帝實錄》卷三三“嘉慶三年八月”條

戊戌，祭大社、大稷，遣裕郡王亮煥恭代行禮。

《仁宗睿皇帝實錄》卷三九“嘉慶四年二月”條

戊戌，祭大社、大稷，遣鄭親王烏爾恭阿恭代行禮。

《仁宗睿皇帝實錄》卷四四“嘉慶四年五月”條

戊辰，上以加上尊謚，前期，遣官告祭天地、太廟後殿、社稷。

《仁宗睿皇帝實錄》卷五〇“嘉慶四年八月”條

戊子，祭大社、大稷，上親詣行禮。

癸丑，以高宗純皇帝梓宮奉移山陵，前期三日，遣官告祭天地、太廟、社稷。

《仁宗睿皇帝實錄》卷五一"嘉慶四年九月"條

庚申，以恭上孝賢純皇后孝儀純皇后尊謚，先期遣官告祭天地、太廟、社稷，高宗純皇帝几筵。

丁卯，以大葬裕陵，前期遣官告祭天地、太廟、社稷。

《仁宗睿皇帝實錄》卷五二"嘉慶四年九月"條

辛未，上以高宗純皇帝、孝賢純皇后、孝儀純皇后神主升祔太廟，先期遣官告祭天地、太廟、社稷。

《仁宗睿皇帝實錄》卷五五"嘉慶四年十一月"條

戊寅，以恭奉高宗純皇帝配天，先期遣官告祭天地、太廟、社稷。

《仁宗睿皇帝實錄》卷五八"嘉慶五年正月"條

己巳，以恭奉高宗純皇帝升配祈穀壇，先期遣官告祭天地、太廟、社稷。

《仁宗睿皇帝實錄》卷五九"嘉慶五年二月"條

戊子，祭大社、大稷，上親詣行禮。

《仁宗睿皇帝實錄》卷六四"嘉慶五年四月"條

丙午，上自午門內步詣社稷壇祈雨。

《仁宗睿皇帝實錄》卷六五"嘉慶五年閏四月"條

庚申，上步詣社稷壇謝雨。

《仁宗睿皇帝實錄》卷七二"嘉慶五年八月"條

戊午，祭大社、大稷，上親詣行禮。

《仁宗睿皇帝實錄》卷七九"嘉慶六年二月"條

戊申，祭大社、大稷，上親詣行禮。

《仁宗睿皇帝實錄》卷八二"嘉慶六年夏四月"條

庚申，【略】以册立皇后，前期遣官告祭天地、太廟、社稷，命皇次子旻寧告祭奉先殿。

《仁宗睿皇帝實錄》卷八四"嘉慶六年六月"條

辛未，上步詣社稷壇行祈晴禮。諭內閣：本月二十二日，朕由圓明園進宮齋戒祈晴。是日雨勢微細，旋即霽止。二十三四等日，雲氣漸散，昨日業已放晴。今早朕親詣社稷壇禮成，天光開霽，日色暢晴。此皆仰賴昊眖神庥，默垂鑒佑，欣感之餘，倍深兢惕。向來求雨有謝降之禮，因思祈晴事同一體，亦應虔誠叩謝。本月二十七至二十九日，孟秋時享齋戒。次月初一日，朕詣太廟行禮後，仍於宮內齋戒，初二日親赴社稷壇謝晴。所有一切儀文，著照祈晴典禮，該衙門敬謹豫備。至祈晴係用常服，今行謝晴之禮，服色應有區別。是日朕御龍袍龍褂，其陪祀王公大臣及執事各員，俱著穿蟒袍補褂，并著該衙門將祈晴謝晴典禮儀注，一并載入《會典》。

《仁宗睿皇帝實錄》卷八五"嘉慶六年秋七月"條
丙子，上步詣社稷壇行謝晴禮。

《仁宗睿皇帝實錄》卷八六"嘉慶六年八月"條
戊申，祭大社、大稷，上親詣行禮。

《仁宗睿皇帝實錄》卷九四"嘉慶七年二月"條
戊申，祭大社、大稷，上親詣行禮。

《仁宗睿皇帝實錄》卷一〇二"嘉慶七年八月"條
戊申，祭大社、大稷，遣鄭親王烏爾恭阿恭代行禮。

《仁宗睿皇帝實錄》卷一〇八"嘉慶八年二月"條
祭大社、大稷，上親詣行禮。

《仁宗睿皇帝實錄》卷一一八"嘉慶八年八月"條
戊辰，祭大社、大稷，遣成親王永瑆恭代行禮。

《仁宗睿皇帝實錄》卷一二二"嘉慶八年冬十月"條
庚辰，以孝淑皇后梓宮奉安地宮，前期遣官告祭天地、太廟、奉先殿、社稷。

《仁宗睿皇帝實錄》卷一二六"嘉慶九年二月"條
戊辰，祭大社、大稷，上親詣行禮。

《仁宗睿皇帝實錄》卷一三三"嘉慶九年八月"條
戊午，祭大社、大稷，遣儀親王永璇恭代行禮。

《仁宗睿皇帝實錄》卷一四〇"嘉慶十年二月"條
戊午，祭大社、大稷，上親詣行禮。

《仁宗睿皇帝實錄》卷一四八"嘉慶十年八月"條
戊子，祭大社、大稷，遣成親王永瑆恭代行禮。

《仁宗睿皇帝實錄》卷一五七"嘉慶十一年二月"條
戊子，祭大社、大稷，上親詣行禮。

《仁宗睿皇帝實錄》卷一六五"嘉慶十一年八月"條
戊寅，祭大社、大稷，遣成親王永瑆恭代行禮。

《仁宗睿皇帝實錄》卷一七四"嘉慶十二年二月"條
戊寅，祭大社、大稷，上親詣行禮。

《仁宗睿皇帝實錄》卷一八四"嘉慶十二年八月"條
戊寅，祭大社、大稷，遣儀親王永璇恭代行禮。

《仁宗睿皇帝實錄》卷一九二"嘉慶十三年二月"條
戊辰，祭大社、大稷，上親詣行禮。

《仁宗睿皇帝實錄》卷二〇〇"嘉慶十三年八月"條
戊戌，祭大社、大稷，遣成親王永瑆恭代行禮。

《仁宗睿皇帝實錄》卷二〇七 "嘉慶十四年二月" 條

戊戌，祭大社、大稷，上親詣行禮。

《仁宗睿皇帝實錄》卷二一七 "嘉慶十四年八月" 條

戊戌，祭大社、大稷，遣成親王永瑆恭代行禮。

《仁宗睿皇帝實錄》卷二二五 "嘉慶十五年二月" 條

戊子，祭大社、大稷，上親詣行禮。

《仁宗睿皇帝實錄》卷二三三 "嘉慶十五年八月" 條

戊子，祭大社、大稷，遣儀親王永璇恭代行禮。

《仁宗睿皇帝實錄》卷二三九 "嘉慶十六年二月" 條

戊子，祭大社、大稷，上親詣行禮。

《仁宗睿皇帝實錄》卷二四七 "嘉慶十六年八月" 條

戊申，祭大社、大稷，遣儀親王永璇恭代行禮。

《仁宗睿皇帝實錄》卷二五四 "嘉慶十七年二月" 條

戊申，祭大社、大稷，上親詣行禮。

《仁宗睿皇帝實錄》卷二六〇 "嘉慶十七年八月" 條

戊申，祭大社、大稷，遣儀親王永璇恭代行禮。

《仁宗睿皇帝實錄》卷二六六 "嘉慶十八年二月" 條

戊申，祭大社、大稷，上親詣行禮。

《仁宗睿皇帝實錄》卷二六九 "嘉慶十八年五月" 條

庚辰，上詣社稷壇祈雨。【略】諭內閣，向來恭祀壇廟，甬道上有鋪設棕薦之例，朕前經降旨令止於降輿處鋪方棕薦，餘俱無庸鋪設，久經一體遵行。本日，朕親詣社稷壇行禮，鑾儀衛鋪設棕薦，自太和門階下起，直至西闕門止，經朕查詢和世泰復奏係照太常寺來文鋪設，并稱仿照嘉慶五年舊規辦理等語。太常寺所進儀注，載明在金水橋南降輿，鑾儀衛應於橋南鋪方棕薦，乃於太和門階下鋪設，已屬錯誤，若云仿照五年舊式，則五年在未經奉旨之前，仍係由乘輿處直鋪至壇內。此次由太和門鋪至闕門，新旨不遵，舊例又缺，究竟遵何條例？此事全係鑾儀衛辦理舛錯，與太常寺無涉，著將鑾儀衛承辦之員，并該堂官交部分別議處察議。

《仁宗睿皇帝實錄》卷二七二 "嘉慶十八年八月" 條

戊戌，祭大社、大稷，遣儀親王永璇恭代行禮。

《仁宗睿皇帝實錄》卷二八四 "嘉慶十九年二月" 條

戊戌，祭大社、大稷，上親詣行禮。

《仁宗睿皇帝實錄》卷二九四 "嘉慶十九年八月" 條

戊辰，祭大社、大稷，上親詣行禮。

《仁宗睿皇帝實録》卷三〇三 "嘉慶二十年二月" 條

戊午，祭大社、大稷，上親詣行禮。

《仁宗睿皇帝實録》卷三〇九 "嘉慶二十年八月" 條

戊午，祭大社、大稷，遣成親王永瑆恭代行禮。

《仁宗睿皇帝實録》卷三一六 "嘉慶二十一年二月" 條

戊午，祭大社、大稷，上親詣行禮。

《仁宗睿皇帝實録》卷三二一 "嘉慶二十一年八月" 條

戊寅，祭大社、大稷，遣儀親王永璇恭代行禮。

《仁宗睿皇帝實録》卷三二七 "嘉慶二十二年二月" 條

戊寅，祭大社、大稷，上親詣行禮。

《仁宗睿皇帝實録》卷三三三 "嘉慶二十二年八月" 條

戊寅，祭大社、大稷，遣儀親王永璇恭代行禮。

《仁宗睿皇帝實録》卷三三九 "嘉慶二十三年二月" 條

戊寅，祭大社、大稷，上親詣行禮。

《仁宗睿皇帝實録》卷三四五 "嘉慶二十三年八月" 條

戊辰，祭大社、大稷，遣皇三子綿愷恭代行禮。

《仁宗睿皇帝實録》卷三五四 "嘉慶二十四年二月" 條

戊辰，祭大社、大稷，上親詣行禮。

《仁宗睿皇帝實録》卷三六一 "嘉慶二十四年八月" 條

戊戌，祭大社、大稷，遣肅親王永錫恭代行禮。

《仁宗睿皇帝實録》卷三六七 "嘉慶二十五年二月" 條

戊子，祭大社、大稷，上親詣行禮。

《宣宗成皇帝實録》卷二 "嘉慶二十五年八月" 條

戊子，祭大社、大稷，遣肅親王永錫恭代行禮。

《宣宗成皇帝實録》卷三 "嘉慶二十五年八月" 條

庚戌，上即皇帝位於太和殿，分遣官祭告天地、太廟、社稷。

《宣宗成皇帝實録》卷一〇 "嘉慶二十五年十二月" 條

癸未朔，【略】以恭上皇太后徽號，遣官告祭天地、太廟、社稷。

癸巳，上以加上尊謚，前期遣官告祭天地、太廟、社稷。

《宣宗成皇帝實録》卷一三 "道光元年二月" 條

戊子，祭大社、大稷，上親詣行禮。

《宣宗成皇帝實録》卷一四 "道光元年三月" 條

乙卯，以恭上孝淑睿皇后尊謚，先期遣官祭天地、太廟、社稷，仁宗睿皇帝几筵。

戊午，以仁宗睿皇帝梓宮奉移山陵，前期三日，遣官告祭天地、太廟、社稷。

《宣宗成皇帝實錄》卷一五"道光元年三月"條

庚午，以大葬昌陵，前期遣官告祭天地、太廟、社稷。

乙亥，以仁宗睿皇帝孝淑睿皇后神主升祔太廟，先期遣官告祭天地、太廟、社稷。

《宣宗成皇帝實錄》卷一六"道光元年夏四月"條

甲申，以恭奉仁宗睿皇帝配天，先期遣官告祭天地、太廟、社稷。

《宣宗成皇帝實錄》卷一八"道光元年五月"條

庚午，以恭奉仁宗睿皇帝配地，先期遣官告祭天地、太廟、社稷。

《宣宗成皇帝實錄》卷二二"道光元年八月"條

戊寅朔，祭大社、大稷，上親詣行禮。

《宣宗成皇帝實錄》卷二八"道光二年春正月"條

己未，以恭奉仁宗睿皇帝升配祈穀壇，先期遣官告祭天地、太廟、社稷。

《宣宗成皇帝實錄》卷二九"道光二年二月"條

戊寅，祭大社、大稷，上親詣行禮。

《宣宗成皇帝實錄》卷三九"道光二年八月"條

戊申，祭大社、大稷，上親詣行禮。

《宣宗成皇帝實錄》卷四四"道光二年十一月"條

乙酉，以冊立皇后，前期遣官告祭天地、太廟、社稷。

《宣宗成皇帝實錄》卷四五"道光二年十一月"條

丙申，以加上恭慈康豫皇太后徽號，遣官告祭天地、太廟、社稷。

《宣宗成皇帝實錄》卷四九"道光三年二月"條

戊申，祭大社、大稷，上親詣行禮。

《宣宗成皇帝實錄》卷五六"道光三年八月"條

戊戌，祭大社、大稷，上親詣行禮。

《宣宗成皇帝實錄》卷六五"道光四年二月"條

戊戌，祭大社、大稷，上親詣行禮。

《宣宗成皇帝實錄》卷七二"道光四年八月"條

戊辰，祭大社、大稷，上親詣行禮。

《宣宗成皇帝實錄》卷七九"道光五年二月"條

戊辰，祭大社、大稷，上親詣行禮。

《宣宗成皇帝實錄》卷八七"道光五年八月"條

戊午，祭大社、大稷，上親詣行禮。

《宣宗成皇帝實錄》卷九五"道光六年二月"條

戊午，祭大社、大稷，上親詣行禮。

《宣宗成皇帝實錄》卷一〇二"道光六年八月"條

戊午，祭大社、大稷，上親詣行禮。

《宣宗成皇帝實錄》卷一一四"道光七年二月"條

戊申，祭大社、大稷，上親詣行禮。

《宣宗成皇帝實錄》卷一二三"道光七年八月"條

戊寅，祭大社、大稷，上親詣行禮。

《宣宗成皇帝實錄》卷一二五"道光七年九月"條

壬子，【略】以孝穆皇后梓宮奉移寶華峪陵寢，前期遣官告祭天地、太廟、社稷。

《宣宗成皇帝實錄》卷一二六"道光七年九月"條

辛酉，【略】以孝穆皇后梓宮奉安地宮，前期遣官告祭天地、太廟、社稷。

《宣宗成皇帝實錄》卷一三三"道光八年二月"條

戊寅，祭大社、大稷，上親詣行禮。

《宣宗成皇帝實錄》卷一三六"道光八年五月"條

己酉，獻俘於太廟、社稷，都統哈哴阿等率解俘將校，以俘囚張格爾，自天安門入，至太廟街門外，俟承祭王至，俘囚張格爾北向跪伏。承祭王入，行禮畢。都統哈哴阿等率諸將校，以俘囚張格爾至社稷街門外，北向跪伏。承祭王入，行禮如前儀。

《宣宗成皇帝實錄》卷一四〇"道光八年八月"條

戊辰朔，祭大社、大稷，上親詣行禮。

《宣宗成皇帝實錄》卷一四六"道光八年十一月"條

癸卯，以恭上皇太后徽號，遣官告祭天地、太廟、社稷。

《宣宗成皇帝實錄》卷一五一"道光九年二月"條

戊辰，祭大社、大稷，上親詣行禮。

《宣宗成皇帝實錄》卷一五九"道光九年八月"條

戊辰，祭大社、大稷，上親詣行禮。

《宣宗成皇帝實錄》卷一六五"道光十年二月"條

戊辰，祭大社、大稷，上親詣行禮。

《宣宗成皇帝實錄》卷一七二"道光十年八月"條

戊子，祭大社、大稷，上親詣行禮。

《宣宗成皇帝實錄》卷一八四"道光十一年二月"條

戊子，祭大社、大稷，上親詣行禮。

《宣宗成皇帝實錄》卷一九四"道光十一年八月"條

戊子，祭大社、大稷，遣豫親王裕全恭代行禮。

《宣宗成皇帝實錄》卷二〇五"道光十二年二月"條

戊寅朔，祭大社、大稷，上親詣行禮。

《宣宗成皇帝實録》卷二一三"道光十二年六月"條

庚辰，上步詣社稷壇祈雨。

《宣宗成皇帝實録》卷二一七"道光十二年八月"條

戊寅，祭大社、大稷，上親詣行禮。

《宣宗成皇帝實録》卷二三一"道光十三年二月"條

戊申，祭大社、大稷，上親詣行禮。

《宣宗成皇帝實録》卷二四二"道光十三年八月"條

戊申，祭大社、大稷，遣鄭親王烏爾恭阿恭代行禮。

《宣宗成皇帝實録》卷二四九"道光十四年二月"條

戊戌，祭大社、大稷，上親詣行禮。

《宣宗成皇帝實録》卷二五五"道光十四年八月"條

戊戌，祭大社、大稷，遣惠郡王綿愉恭代行禮。

《宣宗成皇帝實録》卷二五九"道光十四年十月"條

戊申，以册立皇后，先期遣官告祭天地、太廟、社稷，上親詣奉先殿，行告祭禮。孝穆皇后案前，命御前大臣載銓行禮。

辛亥，以加上皇太后徽號，遣官告祭天地、太廟、社稷。

《宣宗成皇帝實録》卷二六三"道光十五年二月"條

戊戌，祭大社、大稷，遣定親王奕紹恭代行禮。

《宣宗成皇帝實録》卷二七〇"道光十五年八月"條

戊午，祭大社、大稷，上親詣行禮。

癸酉，【略】以孝穆皇后梓宮奉移龍泉峪陵寝，前期遣官告祭天地、太廟、社稷。

《宣宗成皇帝實録》卷二七二"道光十五年冬十月"條

癸亥，以加上皇太后徽號，遣官告祭天地、太廟、社稷。

《宣宗成皇帝實録》卷二七五"道光十五年十二月"條

壬戌，【略】以孝穆皇后梓宮、孝慎皇后梓宮奉安地宮，前期遣官告祭天地、太廟、社稷。

《宣宗成皇帝實録》卷二七八"道光十六年二月"條

戊午，祭大社、大稷，上親詣行禮。

《宣宗成皇帝實録》卷二八七"道光十六年八月"條

戊午，祭大社、大稷，上親詣行禮。

《宣宗成皇帝實録》卷二九四"道光十七年二月"條

戊午，祭大社、大稷，上親詣行禮。

《宣宗成皇帝實録》卷三〇〇"道光十七年八月"條

戊申，祭大社、大稷，上親詣行禮。

《宣宗成皇帝實錄》卷三〇六"道光十八年二月"條

戊申，祭大社、大稷，上親詣行禮。

《宣宗成皇帝實錄》卷三一三"道光十八年八月"條

戊寅，祭大社、大稷，上親詣行禮。

《宣宗成皇帝實錄》卷三一九"道光十九年二月"條

戊辰，祭大社、大稷，上親詣行禮。

《宣宗成皇帝實錄》卷三二五"道光十九年八月"條

戊辰，祭大社、大稷，上親詣行禮。

《宣宗成皇帝實錄》卷三三一"道光二十年二月"條

戊辰，祭大社、大稷，遣成郡王載銳恭代行禮。

《宣宗成皇帝實錄》卷三三八"道光二十年八月"條

戊午朔，祭大社、大稷，上親詣行禮。

《宣宗成皇帝實錄》卷三四〇"道光二十年冬十月"條

庚辰，以孝全皇后梓宮奉移陵寢，先期遣官祭天地、太廟、社稷。

《宣宗成皇帝實錄》卷三四一"道光二十年十一月"條

壬辰，以孝全皇后梓宮奉安地宮，先期遣官告祭天地、太廟、社稷。

《宣宗成皇帝實錄》卷三四六"道光二十一年二月"條

戊午，大社、大稷，上親詣行禮。

《宣宗成皇帝實錄》卷三五五"道光二十一年八月"條

戊子，祭大社、大稷，上親詣行禮。

《宣宗成皇帝實錄》卷三六七"道光二十二年二月"條

戊子，祭大社、大稷，上親詣行禮。

《宣宗成皇帝實錄》卷三七九"道光二十二年八月"條

戊寅，祭大社、大稷，遣惠親王綿愉恭代行禮。

《宣宗成皇帝實錄》卷三八九"道光二十三年二月"條

戊寅，祭大社、大稷，上親詣行禮。

《宣宗成皇帝實錄》卷三九六"道光二十三年八月"條

戊申，祭大社、大稷，上親詣行禮。

《宣宗成皇帝實錄》卷四〇二"道光二十四年二月"條

戊戌朔，祭大社、大稷，上親詣行禮。

《宣宗成皇帝實錄》卷四〇八"道光二十四年八月"條

戊戌，祭大社、大稷，遣瑞郡王奕誌恭代行禮。

《宣宗成皇帝實錄》卷四一四"道光二十五年二月"條

戊戌，祭大社、大稷，遣睿親王仁壽恭代行禮。

《宣宗成皇帝實錄》卷四二〇"道光二十五年八月"條

戊戌，祭大社、大稷，上親詣行禮。

《宣宗成皇帝實錄》卷四二二"道光二十五年冬十月"條

癸巳，以加上皇太后徽號，遣官告祭天地、太廟、社稷。

《宣宗成皇帝實錄》卷四二六"道光二十六年二月"條

戊子，祭大社、大稷，上親詣行禮。

《宣宗成皇帝實錄》卷四三三"道光二十六年八月"條

戊午，祭大社、大稷，上親詣行禮。

《宣宗成皇帝實錄》卷四三九"道光二十七年二月"條

戊午，祭大社、大稷，上親詣行禮。

《宣宗成皇帝實錄》卷四四五"道光二十七年八月"條

戊申，祭大社、大稷，命皇四子奕詝恭代行禮。

《宣宗成皇帝實錄》卷四五二"道光二十八年二月"條

戊申，祭大社、大稷，上親詣行禮。

《宣宗成皇帝實錄》卷四五八"道光二十八年八月"條

戊申，祭大社、大稷，上親詣行禮。

《宣宗成皇帝實錄》卷四六四"道光二十九年二月"條

戊申，祭大社、大稷，命皇四子奕詝恭代行禮。

《宣宗成皇帝實錄》卷四七一"道光二十九年八月"條

戊辰，祭大社、大稷，遣惇郡王奕誴恭代行禮。

《文宗顯皇帝實錄》卷二"道光三十年正月"條

己未，上即皇帝位於太和殿。分遣官祭告天地、太廟、社稷。

《文宗顯皇帝實錄》卷三"道光三十年二月"條

戊辰，祭大社、大稷，遣克勤郡王慶惠恭代行禮。

《文宗顯皇帝實錄》卷四"道光三十年二月"條

壬辰，以恭上大行皇太后尊諡，前期遣官祭天地、太廟、社稷、大行皇帝几筵。

《文宗顯皇帝實錄》卷六"道光三十年三月"條

己酉，以孝和睿皇后梓宮奉移昌陵，前期遣官告祭天地、太廟、社稷。

《文宗顯皇帝實錄》卷七"道光三十年夏四月"條

癸酉，以恭上大行皇帝尊諡，前期遣官告祭天地、太廟、社稷。上詣永春室，問皇貴太妃安。

《文宗顯皇帝實錄》卷九"道光三十年五月"條

壬辰朔，上以加上尊諡，前期，遣官告祭天地、太廟、社稷。

《文宗顯皇帝實錄》卷一五"道光三十年八月"條

戊辰，祭大社、大稷，上親詣行禮。

《文宗顯皇帝實錄》卷一七"道光三十年九月"條

癸卯，以宣宗成皇帝梓宮奉移山陵，前期三日，遣官告祭天地、太廟、社稷。

《文宗顯皇帝實錄》卷一八"道光三十年九月"條

己酉，以恭上孝和睿皇后、孝穆成皇后、孝慎成皇后、孝全成皇后尊諡，前期遣官告祭天地、太廟、社稷、宣宗成皇帝几筵。

《文宗顯皇帝實錄》卷二七"咸豐元年二月"條

戊午朔，祭大社、大稷，上親詣行禮。

《文宗顯皇帝實錄》卷三九"咸豐元年八月"條

戊午，祭大社、大稷，上親詣行禮。

《文宗顯皇帝實錄》卷五三"咸豐二年二月"條

戊子，祭大社、大稷，上親詣行禮。

《文宗顯皇帝實錄》卷五四"咸豐二年二月"條

己酉，以宣宗成皇帝梓宮奉安山陵，前期三日，遣官告祭天地、太廟、社稷。

《文宗顯皇帝實錄》卷五五"咸豐二年三月"條

甲寅，以宣宗成皇帝、孝穆成皇后、孝慎成皇后、孝全成皇后神主升祔太廟，先期遣官告祭天地、太廟、社稷。

《文宗顯皇帝實錄》卷五七"咸豐二年三月"條

庚辰，以恭奉宣宗成皇帝配天，前期遣官告祭天地、太廟、社稷。

《文宗顯皇帝實錄》卷六一"咸豐二年五月"條

壬子，以恭奉宣宗成皇帝配地，前期，遣官告祭天地、太廟、社稷。

《文宗顯皇帝實錄》卷六八"咸豐二年八月"條

戊子，祭大社、大稷，上親詣行禮。

《文宗顯皇帝實錄》卷七三"咸豐二年冬十月"條

壬辰，以冊立皇后，前期遣官告祭天地、太廟、社稷，上親詣奉先殿行告祭禮。

《文宗顯皇帝實錄》卷八一"咸豐三年春正月"條

己酉，以恭奉宣宗成皇帝升配祈穀壇，前期遣官告祭天地、太廟、社稷。

《文宗顯皇帝實錄》卷八四"咸豐三年二月"條

戊寅，祭大社、大稷，上親詣行禮。

《文宗顯皇帝實錄》卷八六"咸豐三年二月"條

戊戌，以孝和睿皇后梓宮奉安昌西陵，前期三日，遣官告祭天地、太廟、社稷。

《文宗顯皇帝實錄》卷一〇二"咸豐三年八月"條

戊寅，祭大社、大稷，上親詣行禮。

《文宗顯皇帝實録》卷一二〇 "咸豐四年二月" 條

戊寅，祭大社、大稷，上親詣行禮。

《文宗顯皇帝實録》卷一四一 "咸豐四年八月" 條

戊戌，祭大社、大稷，上親詣行禮。

《文宗顯皇帝實録》卷一五八 "咸豐五年二月" 條

戊戌，祭大社、大稷，上親詣行禮。

《文宗顯皇帝實録》卷一七四 "咸豐五年八月" 條

戊戌，祭大社、大稷，遣睿親王仁壽恭代行禮。

《文宗顯皇帝實録》卷一七八 "咸豐五年九月" 條

辛巳，以恭上大行皇太后奠謚，前期遣官告祭天地、太廟後殿、社稷、奉先殿。

《文宗顯皇帝實録》卷一八〇 "咸豐五年十月" 條

丙午，以孝靜康慈皇后升祔奉先殿，前期三日，遣官告祭天地、太廟後殿、社稷。

《文宗顯皇帝實録》卷一八一 "咸豐五年十月" 條

壬子，以孝靜康慈皇后梓宮奉移山陵，前期三日，遣官告祭天地、太廟、社稷。

《文宗顯皇帝實録》卷一九〇 "咸豐六年二月" 條

戊戌，祭大社、大稷，上親詣行禮。

《文宗顯皇帝實録》卷二〇五 "咸豐六年八月" 條

戊子，祭大社、大稷，上親詣行禮。

《文宗顯皇帝實録》卷二一九 "咸豐七年二月" 條

戊子，祭大社、大稷，上親詣行禮。

《文宗顯皇帝實録》卷二二四 "咸豐七年四月" 條

戊戌，【略】以孝靜康慈皇后梓宮奉安慕東陵，前期三日，遣官告祭天地、太廟後殿、社稷。

《文宗顯皇帝實録》卷二三三 "咸豐七年八月" 條

戊午，祭大社、大稷，上親詣行禮。

《文宗顯皇帝實録》卷二四五 "咸豐八年二月" 條

戊申，祭大社、大稷，遣惇郡王奕誴恭代行禮。

《文宗顯皇帝實録》卷二六〇 "咸豐八年八月" 條

戊申，祭大社、大稷，遣恭親王奕訢恭代行禮。

《文宗顯皇帝實録》卷二七五 "咸豐九年二月" 條

戊申，祭大社、大稷，遣惇郡王奕誴恭代行禮。

《文宗顯皇帝實録》卷二九〇 "咸豐九年八月" 條

戊戌朔，祭大社、大稷，上親詣行禮。

《文宗顯皇帝實錄》卷三〇七"咸豐十年二月"條

戊戌，祭大社、大稷，上親詣行禮。

《文宗顯皇帝實錄》卷三二七"咸豐十年八月"條

戊辰，祭大社、大稷，遣恭親王奕訢恭代行禮。

《文宗顯皇帝實錄》卷三四二"咸豐十一年二月"條

戊辰，祭大社、大稷，遣克勤郡王慶惠，恭代行禮。

《穆宗毅皇帝實錄》卷二"咸豐十一年八月"條

戊午，祭大社、大稷，遣禮親王世鐸恭代行禮。

《穆宗毅皇帝實錄》卷一二"咸豐十一年十二月"條

己未，【略】以恭上大行皇帝尊謚，前期遣官告祭天地、太廟後殿、奉先殿、社稷。

《穆宗毅皇帝實錄》卷一三"咸豐十一年十二月"條

戊辰，以恭上孝德皇后尊謚，前期遣官告祭天地、太廟後殿、奉先殿、社稷。

《穆宗毅皇帝實錄》卷一八"同治元年二月"條

戊午，祭大社、大稷，遣睿親王仁壽恭代行禮。

《穆宗毅皇帝實錄》卷二四"同治元年夏四月"條

己未，以恭上孝靜成皇后尊謚，前期遣官告祭天地、太廟後殿、奉先殿、社稷。

《穆宗毅皇帝實錄》卷二六"同治元年四月"條

丙子，以崇上母后皇太后、聖母皇太后徽號。前期遣官告祭天地、太廟、社稷。

《穆宗毅皇帝實錄》卷三六"同治元年八月"條

戊午，祭大社、大稷，遣惇親王奕誴恭代行禮。

《穆宗毅皇帝實錄》卷四一"同治元年閏八月"條

丁未，以孝靜成皇后升祔太廟，前期三日，遣官祭天地、太廟、社稷、文宗顯皇帝几筵。

《穆宗毅皇帝實錄》卷四二"同治元年九月"條

乙卯，以文宗顯皇帝孝德顯皇后梓宮奉移山陵，前期三日，遣官祭告天地、太廟、社稷。

《穆宗毅皇帝實錄》卷五七"同治二年二月"條

戊寅，祭大社、大稷，遣醇郡王奕譞恭代行禮。

《穆宗毅皇帝實錄》卷七五"同治二年八月"條

戊寅，祭大社、大稷，遣睿親王仁壽恭代行禮。

《穆宗毅皇帝實錄》卷九三"同治三年二月"條

戊寅，祭大社、大稷，遣惇親王奕誴恭代行禮。

《穆宗毅皇帝實錄》卷一一〇"同治三年七月"條

甲子，以克復江南省城，遣官告祭天地、太廟、社稷。

《穆宗毅皇帝實錄》卷一一一"同治三年八月"條

戊寅，祭大社、大稷，遣孚郡王奕譓恭代行禮。

《穆宗毅皇帝實錄》卷一二九"同治四年二月"條

戊辰，祭大社、大稷，遣惇親王奕誴恭代行禮。

《穆宗毅皇帝實錄》卷一五〇"同治四年八月"條

戊戌，祭大社、大稷，遣醇郡王奕譞恭代行禮。

《穆宗毅皇帝實錄》卷一五四"同治四年九月"條

辛巳，【略】以大葬定陵，前期三日，遣官告祭天地、太廟、社稷。

《穆宗毅皇帝實錄》卷一五五"同治四年九月"條

乙酉，以文宗顯皇帝孝德顯皇后神主升祔太廟，前期三日，遣官告祭天地、太廟、社稷。

《穆宗毅皇帝實錄》卷一六八"同治五年二月"條

戊戌，祭大社、大稷，遣恭親王奕訢恭代行禮。

《穆宗毅皇帝實錄》卷一八二"同治五年八月"條

戊子，祭大社、大稷，遣定郡王溥煦恭代行禮。

《穆宗毅皇帝實錄》卷一九六"同治六年二月"條

戊子，祭大社、大稷，遣定郡王溥煦恭代行禮。

《穆宗毅皇帝實錄》卷二〇四"同治六年五月"條

辛巳，祈雨，祭大社、大稷，遣恭親王奕訢恭代行禮，上詣大高殿祈雨壇行禮。

《穆宗毅皇帝實錄》卷二〇七"同治六年秋七月"條

己未，以甘澍優沾，上詣大高殿行禮報謝，遣惇親王奕誴詣方澤，恭親王奕訢詣社稷壇，禮親王世鐸詣天神壇，睿親王德長詣地祇壇，肅親王華豐詣太歲壇，豫親王義道詣關帝廟，惠郡王奕詳詣都城隍廟，醇郡王奕譞詣時應宮，鍾郡王奕詥詣昭顯廟，孚郡王奕譓詣宣仁廟，貝勒載治詣凝和廟，鄭親王承志詣覺生寺，順承郡王慶恩詣黑龍潭，克勤郡王晉祺詣密雲縣白龍潭，鎮國公奕詢詣清漪園龍神祠，鎮國公奕謨詣靜明園龍神祠，拈香。

《穆宗毅皇帝實錄》卷二〇九"同治六年八月"條

戊子，祭大社、大稷，遣恭親王奕訢恭代行禮。

《穆宗毅皇帝實錄》卷二二四"同治七年二月"條

戊子，祭大社、大稷，遣恭親王奕訢恭代行禮。

《穆宗毅皇帝實錄》卷二四〇"同治七年八月"條

戊申，祭大社、大稷，遣禮親王世鐸恭代行禮。

《穆宗毅皇帝實錄》卷二五二"同治八年二月"條

戊申，祭大社、大稷，遣恭親王奕訢恭代行禮。

《穆宗毅皇帝實錄》卷二五八"同治八年五月"條

丙戌，以祈雨，祭大社、大稷，遣恭親王奕訢恭代行禮。

《穆宗毅皇帝實錄》卷二五九"同治八年五月"條

丁酉，以甘澍優沾，上詣大高殿行禮報謝，遣恭親王奕訢詣社稷壇，惇親王奕誴詣天神壇，醇郡王奕譞詣地祇壇，孚郡王奕譓詣太歲壇，睿親王德長詣關帝廟，鄭親王承志詣城隍廟，惠郡王奕詳詣時應宮，貝勒載治詣昭顯廟，鎮國公奕詢詣宣仁廟，鎮國公奕譔詣凝和廟，禮親王世鐸詣覺生寺，克勤郡王晉祺詣黑龍潭，賽因諾顏扎薩克親王達爾瑪詣密雲縣白龍潭，定郡王溥煦詣清漪園龍神祠，豫親王本格詣靜明園龍神祠，拈香。

《穆宗毅皇帝實錄》卷二六四"同治八年八月"條

戊申，祭大社、大稷，遣惇親王奕誴恭代行禮。

《穆宗毅皇帝實錄》卷二七六"同治九年二月"條

戊戌，祭大社、大稷，遣惇親王奕誴恭代行禮。

《穆宗毅皇帝實錄》卷二八八"同治九年八月"條

戊戌，祭大社、大稷，遣豫親王本格恭代行禮。

《穆宗毅皇帝實錄》卷三〇四"同治十年二月"條

戊辰，祭大社、大稷，遣怡親王載敦恭代行禮。

《穆宗毅皇帝實錄》卷三一七"同治十年八月"條

戊辰，祭大社、大稷，遣禮親王世鐸恭代行禮。

《穆宗毅皇帝實錄》卷三二八"同治十一年二月"條

戊午，祭大社、大稷，遣醇郡王奕譞恭代行禮。

《穆宗毅皇帝實錄》卷三三八"同治十一年八月"條

戊午，祭大社、大稷，遣醇郡王奕譞恭代行禮。

《穆宗毅皇帝實錄》卷三四二"同治十一年冬十月"條

戊午，以崇上慈安皇太后、慈禧皇太后徽號，前期遣官告祭天地、太廟、社稷。

《穆宗毅皇帝實錄》卷三四九"同治十二年二月"條

丁巳，以崇上慈安端裕皇太后、慈禧端佑皇太后徽號，前期遣官告祭天地、太廟、社稷。

戊午，祭大社、大稷，上親詣行禮。

《穆宗毅皇帝實錄》卷三五六"同治十二年八月"條

戊寅，祭大社、大稷，上親詣行禮。

《穆宗毅皇帝實錄》卷三六三"同治十三年二月"條

戊寅，祭大社、大稷，上親詣行禮。

《穆宗毅皇帝實錄》卷三七〇"同治十三年八月"條

乙亥，【略】上以祭社稷壇。自是日始，齋戒三日。

戊寅，祭大社、大稷，上親詣行禮。

《德宗景皇帝實錄》卷三"光緒元年春正月"條

戊午，上即位於太和殿，遣官祭告天地、太廟、社稷。

《德宗景皇帝實錄》卷四"光緒元年二月"條

戊寅，祭大社、大稷，遣豫親王本格恭代行禮。

《德宗景皇帝實錄》卷五"光緒元年三月"條

戊戌朔，【略】以恭上大行皇帝尊謚，前期遣官告祭天地、太廟後殿、奉先殿、社稷。

《德宗景皇帝實錄》卷九"光緒元年五月"條

丁未，以恭上大行嘉順皇后尊謚，前期遣官告祭天地、太廟後殿、奉先殿、社稷。

《德宗景皇帝實錄》卷一五"光緒元年八月"條

戊辰，祭大社、大稷，遣肅親王隆勤恭代行禮。

《德宗景皇帝實錄》卷二六"光緒二年二月"條

戊辰，祭大社、大稷，遣肅親王隆勤恭代行禮。

《德宗景皇帝實錄》卷二二"光緒元年十一月"條

己未，以穆宗毅皇帝、孝哲毅皇后神牌升祔奉先殿，前期遣官祭告天地、太廟、社稷壇。

《德宗景皇帝實錄》卷三三"光緒二年閏五月"條

丁卯，以京畿雨澤愆期，上復詣大高殿祈禱行禮，詣宣仁廟拈香。社稷壇遣恭親王奕訢恭代行禮，遣惇親王奕誴恭祀天神壇，肅親王隆勤恭祀地祇壇，孚郡王奕譓恭祀太歲壇。貝勒載澂詣時應宮，鎮國公奕謨詣昭顯廟，輔國將軍載瀾詣凝和廟，惠郡王奕詳詣關帝廟，克勤郡王晋祺詣城隍廟，禮北王世鐸詣覺生寺，鄭親王慶至詣黑龍潭，貝勒載漪詣白龍潭，貝勒奕緗詣清漪園龍神祠，貝子載容詣静明園龍神祠，拈香。

戊寅，以甘澍滂沱，農田深透，上詣大高殿行禮報謝，詣凝和廟拈香。社稷壇遣恭親王奕訢恭代行禮，遣惇親王奕誴恭祀天神壇，肅親王隆勤恭祀地祇壇，惠郡王奕詳恭祀太歲壇。貝勒載澂詣時應宮，貝勒載漪詣昭顯廟，鎮國公奕謨詣宣仁廟，貝勒載治詣關帝廟，貝勒奕緗詣城隍廟，禮親王世鐸詣覺生寺，克勤郡王晋祺詣白龍潭，鄭親王慶至詣黑龍潭，輔國公載濂詣清漪園龍神祠，輔國將軍載瀾詣静明園龍神祠，拈香。

《德宗景皇帝實錄》卷三六"光緒二年秋七月"條

庚申，以兩次崇上慈安端裕康慶皇太后、慈禧端佑康頤皇太后徽號，前期遣官告祭天地、太廟、社稷。

《德宗景皇帝實錄》卷三八"光緒二年八月"條

戊戌，【略】祭大社、大稷，遣肅親王隆勤恭代行禮。

《德宗景皇帝實錄》卷四七"光緒三年二月"條

戊子，祭大社、大稷，遣禮親王世鐸恭代行禮。

《德宗景皇帝實錄》卷五五"光緒三年八月"條

戊子，祭大社、大稷，遣莊親王載勛恭代行禮。

《德宗景皇帝實錄》卷六七"光緒四年二月"條

戊子，祭大社、大稷，遣禮親王世鐸恭代行禮。

《德宗景皇帝實錄》卷六九"光緒四年三月"條

丙辰，上以京師及近畿等省雨澤未沾，詣大高殿祈禱行禮，詣昭顯廟拈香。遣惇親王奕誴詣社稷壇恭代行禮，遣恭親王奕訢恭祀天神壇，惠郡王奕詳恭祀地祇壇、禮親王世鐸恭祀太歲壇。貝勒奕劻詣時應宮，貝勒載澂詣宣仁廟，鎮國公奕謨詣凝和廟，怡親王載敦詣關帝廟，委散秩大臣載瀛詣城隍廟，科爾沁親王伯彥訥謨祜詣覺生寺，貝勒奕緗詣黑龍潭，科爾沁鎮國公那爾蘇詣清漪園龍神祠，輔國公載濂詣靜明園龍神祠，拈香。

《德宗景皇帝實錄》卷七〇"光緒四年三月"條

丙寅，上以京師及近畿等省雨澤未沾，詣大高殿祈禱行禮，詣凝和廟拈香。遣惇親王奕誴詣社稷壇恭代行禮，遣恭親王奕訢恭祀天神壇，惠郡王奕詳恭祀地祇壇，禮親王世鐸恭祀太歲壇。貝勒載澂詣時應宮，貝勒載瀅詣昭顯廟，鎮國公奕謨詣宣仁廟，怡親王載敦詣關帝廟，豫親王本格詣城隍廟，肅親王隆勤詣覺生寺，貝勒奕緗詣黑龍潭，科爾沁鎮國公那爾蘇詣白龍潭，貝勒載漪詣清漪園龍神祠，輔國公載濂詣靜明園龍神祠，拈香。

甲戌，上以京師及近畿等省得雨優渥，遣惇親王奕誴詣社稷壇恭代行禮。遣恭親王奕訢詣天神壇，惠郡王奕詳詣地祇壇，禮親王世鐸詣太歲壇，報謝行禮。復以山西等省雨澤未沾，親詣大高殿祈禱行禮。遣貝勒載澂詣時應宮，貝勒載瀅詣昭顯廟，貝勒載漪詣宣仁廟，鎮國公奕謨詣凝和廟，怡親王載敦詣關帝廟，豫親王本格詣城隍廟，肅親王隆勤詣覺生寺，貝勒奕緗詣黑龍潭，順承郡王慶恩詣白龍潭，科爾沁鎮國公那爾蘇詣清漪園龍神祠，輔國公載濂詣靜明園龍神祠，拈香。現月。

《德宗景皇帝實錄》卷七七"光緒四年八月"條

戊子，祭大社、大稷，遣豫親王本格恭代行禮。

《德宗景皇帝實錄》卷八七"光緒五年二月"條

戊寅，祭大社、大稷，遣禮親王世鐸恭代行禮。

《德宗景皇帝實錄》卷九〇"光緒五年三月"條

丁卯，【略】以梓宮奉安日期，遣官祭天地、太廟後殿、奉先殿、社稷壇。

《德宗景皇帝實錄》卷九九"光緒五年八月"條

戊申，祭大社、大稷，遣禮親王世鐸恭代行禮。

《德宗景皇帝實錄》卷一〇九"光緒六年二月"條

戊申，祭大社、大稷，遣肅親王隆勤恭代行禮。

《德宗景皇帝實錄》卷一一七"光緒六年八月"條

戊戌，祭大社、大稷，遣怡親王載敦恭代行禮。

《德宗景皇帝實錄》卷一二七"光緒七年二月"條

戊戌，祭大社、大稷，遣怡親王載敦恭代行禮。

《德宗景皇帝實錄》卷一三〇"光緒七年五月"條

癸酉，以恭上大行慈安端裕康慶昭和莊敬皇太后尊諡，前期一日，遣官告祭天地、太廟後殿、奉先殿、社稷。

《德宗景皇帝實錄》卷一三四"光緒七年八月"條

戊辰，祭大社、大稷，遣禮親王世鐸恭代行禮。

《德宗景皇帝實錄》卷一三七"光緒七年九月"條

戊申，以二十二日孝貞顯皇后神牌升祔太廟、奉先殿，前期遣官告祭天地、社稷、太廟、太廟後殿、奉先殿後殿。

《德宗景皇帝實錄》卷一四三"光緒八年二月"條

戊午，祭大社、大稷，遣禮親王世鐸恭代行禮。

《德宗景皇帝實錄》卷一五〇"光緒八年八月"條

戊午，祭大社、大稷，遣惇親王奕誴恭代行禮。

《德宗景皇帝實錄》卷一五九"光緒九年二月"條

戊午，祭大社、大稷，遣禮親王世鐸恭代行禮。

《德宗景皇帝實錄》卷一六八"光緒九年八月"條

戊申朔，祭大社、大稷，遣肅親王隆勤恭代行禮。

《德宗景皇帝實錄》卷一七八"光緒十年二月"條

戊申，祭大社、大稷，遣怡親王載敦恭代行禮。

《德宗景皇帝實錄》卷一九一"光緒十年八月"條

戊寅，祭大社、大稷，遣惇親王奕誴恭代行禮。

《德宗景皇帝實錄》卷二〇三"光緒十一年二月"條

戊寅，祭大社、大稷，遣禮親王世鐸恭代行禮。

《德宗景皇帝實録》卷二一三"光緒十一年八月"條

戊辰，祭大社、大稷，遣慶郡王奕劻恭代行禮。

《德宗景皇帝實録》卷二二四"光緒十二年二月"條

戊辰，祭大社、大稷，遣禮親王世鐸恭代行禮。

《德宗景皇帝實録》卷二三一"光緒十二年八月"條

戊辰，祭大社、大稷，遣肅親王隆勤恭代行禮。

《德宗景皇帝實録》卷二三九"光緒十三年二月"條

戊辰，祭大社、大稷，上親詣行禮。

《德宗景皇帝實録》卷二四六"光緒十三年八月"條

戊子，祭大社、大稷，上親詣行禮。

《德宗景皇帝實録》卷二五二"光緒十四年二月"條

戊子，祭大社、大稷，上親詣行禮。

《德宗景皇帝實録》卷二六六"光緒十五年二月"條

戊寅，祭大社、大稷，上親詣行禮。

以舉行歸政典禮。前期遣官告祭天地、太廟、社稷。

辛卯，以崇上慈禧端佑康頤昭豫莊誠皇太后徽號，前期遣官告祭天地、太廟、社稷。

《德宗景皇帝實録》卷二六八"光緒十五年三月"條

己未，以崇上慈禧端佑康頤昭豫莊誠壽恭皇太后徽號，前期遣官告祭天地、太廟、社稷。

《德宗景皇帝實録》卷二七三"光緒十五年八月"條

戊寅，祭大社、大稷，上親詣行禮。

《德宗景皇帝實録》卷二八一"光緒十六年二月"條

戊寅，祭大社、大稷，上親詣行禮。

《德宗景皇帝實録》卷二八八"光緒十六年八月"條

戊申，祭大社、大稷，上親詣行禮。

《德宗景皇帝實録》卷二九四"光緒十七年二月"條

戊戌，祭大社、大稷，上親詣行禮。

《德宗景皇帝實録》卷三〇〇"光緒十七年八月"條

戊戌，祭大社、大稷，上親詣行禮。

《德宗景皇帝實録》卷三〇八"光緒十八年二月"條

戊戌，祭大社、大稷，上親詣行禮。

《德宗景皇帝實録》卷三一五"光緒十八年八月"條

戊午，祭大社、大稷，上親詣行禮。

《德宗景皇帝實錄》卷三二一"光緒十九年二月"條

戊午，祭大社、大稷，上親詣行禮。

《德宗景皇帝實錄》卷三二七"光緒十九年八月"條

戊午，祭大社、大稷，上親詣行禮。

《德宗景皇帝實錄》卷三三四"光緒二十年二月"條

乙卯，【略】上以祭社稷壇，自是日始，齋戒三日，照例。

戊午，祭大社、大稷，上親詣行禮。

《德宗景皇帝實錄》卷三四六"光緒二十年八月"條

戊申，祭大社、大稷，上親詣行禮。

《德宗景皇帝實錄》卷三六一"光緒二十一年二月"條

戊申，祭大社、大稷，上親詣行禮。

《德宗景皇帝實錄》卷三八五"光緒二十二年二月"條

戊辰，祭大社、大稷，上親詣行禮。

《德宗景皇帝實錄》卷三九四"光緒二十二年八月"條

戊辰，祭大社、大稷，上親詣行禮。

《德宗景皇帝實錄》卷四〇一"光緒二十三年二月"條

戊辰，祭大社、大稷，上親詣行禮。

《德宗景皇帝實錄》卷四〇八"光緒二十三年八月"條

戊辰，祭大社、大稷，上親詣行禮。

《德宗景皇帝實錄》卷四一五"光緒二十四年二月"條

戊午，祭大社、大稷，上親詣行禮。

《德宗景皇帝實錄》卷四二六"光緒二十四年八月"條

戊子，祭大社、大稷，上親詣行禮。

《德宗景皇帝實錄》卷四三九"光緒二十五年二月"條

戊子，祭大社、大稷，遣克勤郡王晉祺恭代行禮。

《德宗景皇帝實錄》卷四四九"光緒二十五年八月"條

戊寅，祭大社、大稷，遣怡親王溥静恭代行禮。

《德宗景皇帝實錄》卷四五九"光緒二十六年二月"條

戊寅，祭大社、大稷，遣莊親王載勛恭代行禮。

《德宗景皇帝實錄》卷四九一"光緒二十七年十二月"條

癸巳朔，【略】諭內閣：本月初七日，朕恭詣圜丘告祭。初八日，祇謁大社、大稷告祭。先期齋戒三日，以伸誠敬，該衙門敬謹豫備。

丁酉，【略】上以告祭社稷壇。自是日始，齋戒三日。

庚子，祭大社、大稷，上親詣行禮。

《德宗景皇帝實録》卷四九五"光緒二十八年二月"條

戊戌，祭大社、大稷，上親詣行禮。

《德宗景皇帝實録》卷五〇四"光緒二十八年八月"條

戊戌，祭大社、大稷，上親詣行禮。

《德宗景皇帝實録》卷五一二"光緒二十九年二月"條

戊子，祭大社、大稷，上親詣行禮。

《德宗景皇帝實録》卷五二〇"光緒二十九年八月"條

戊午，祭大社、大稷，上親詣行禮。

《德宗景皇帝實録》卷五二七"光緒三十年二月"條

乙卯，【略】上以祭社稷壇。自是日始，齋戒三日。《起居注》。

戊午，祭大社、大稷，上親詣行禮。

《德宗景皇帝實録》卷五三四"光緒三十年八月"條

戊申，祭大社、大稷，上親詣行禮。

《德宗景皇帝實録》卷五四二"光緒三十一年二月"條

戊申，祭大社、大稷，上親詣行禮。

《德宗景皇帝實録》卷五四八"光緒三十一年八月"條

戊申，祭大社、大稷，上親詣行禮。

《德宗景皇帝實録》卷五五五"光緒三十二年二月"條

戊申，祭大社、大稷，遣禮親王世鐸恭代行禮。

《德宗景皇帝實録》卷五六三"光緒三十二年八月"條

戊辰，祭大社、大稷，上親詣行禮。

《德宗景皇帝實録》卷五七〇"光緒三十三年八月"條

乙丑，【略】上以祭社稷壇。自是日始，齋戒三日。

戊辰，祭大社、大稷，上親詣行禮。

《德宗景皇帝實録》卷五七七"光緒三十三年八月"條

乙丑，【略】上以祭社稷壇。自是日始，齋戒三日。

戊辰，祭大社、大稷，上親詣行禮。

《德宗景皇帝實録》卷五八七"光緒三十四年二月"條

戊午，祭大社、大稷，上親旨行禮。

《德宗景皇帝實録》卷五九五"光緒三十四年八月"條

戊午，祭大社、大稷，遣禮親王世鐸恭代行禮。

《大清宣統政紀》卷二"光緒三十四年十一月"條

庚寅，上以登極，前期遣官告祭天地、太廟、社稷。

《大清宣統政紀》卷七"宣統元年正月"條

壬寅，恭上大行太皇太后尊謚，前期遣豫親王懋林、貝勒載潤、貝子毓橚、鎮國公毓璋、輔國公溥釗，分詣告祭天地、宗廟、社稷、先師孔子。

戊申，恭上大行皇帝尊謚，前期命豫親王懋林、貝子毓橚、鎮國公毓岐、鎮國公毓璋、輔國公溥葵，告祭天地、宗廟、社稷、先師孔子。

《大清宣統政紀》卷八"宣統元年二月"條

戊午，祭大社、大稷，監國攝政王代詣行禮。

《大清宣統政紀》卷一九"宣統元年八月上"條

戊寅，祭大社、大稷，遣莊親王載功恭代行禮。

《大清宣統政紀》卷二三"宣統元年冬十月"條

丁丑朔，【略】孝欽顯皇后梓宮奉安地宮，前期三日，遣官祭告天地、太廟、奉先殿、社稷、先師孔子。

壬午，孝欽顯皇后神牌升祔太廟，前期三日，遣官告祭天地、太廟、社稷、先師孔子。

《大清宣統政紀》卷二五"宣統元年十一月"條

戊申，以崇上皇太后徽號，前期遣官告祭天地、太廟、社稷、先師孔子。

《大清宣統政紀》卷三一"宣統二年二月上"條

戊寅，祭大社、大稷，遣莊親王載功恭代行禮。

《大清宣統政紀》卷四〇"宣統二年八月上"條

戊寅，祭大社、大稷，命莊親王載功恭代行禮。

《大清宣統政紀》卷四九"宣統三年二月"條

戊寅，祭大社、大稷，遣莊親王載功恭代行禮。

戊戌，祭大社、大稷，遣莊親王載功恭代行禮。

四、庶務

（一）守衛

《世祖章皇帝實錄》卷二五"順治三年夏四月"條

壬午，設看守圜丘、方澤，滿洲五品官各一員，六品官各七員。社稷壇五品官一員，六品官三員。

（清）鄂爾泰等《八旗通志》卷四四《職官志三》

壇廟各官，天壇尉滿洲八人。五品一人，六品七人。

地壇尉滿洲八人。五品一人，六品七人。

太廟尉滿洲十人。四品二人，五品八人。

社稷壇尉滿洲五人。五品一人，六品四人，右俱，太常寺。

堂子尉滿洲八人。七品二人，八品六人，禮部。

員額：順治元年定，凡四品尉闕員以五品尉序升，五品尉闕員以六品尉序升，惟太廟五品尉闕則以各壇六品尉及各部院休致郎中員外郎間次選授。六品等尉闕，吏部牒八旗掄選除授。

（清）鄂爾泰等《八旗通志》卷五一《職官志一〇》

順治初年定，凡守衛天壇、地壇、社稷壇、太廟、堂子、皇史宬官，并朝鮮通事員缺，由禮部及該旗開送正陪，移咨過部，五品以上引見補授，六品以下本部堂官驗看補授。

（清）允祹等《大清會典》卷三《吏部》

天壇、地壇尉各八人。五品各一人，六品各七人，均滿員。祠祭署奉祀各一人，從七品，祀丞各一人，從八品，均漢員。太廟尉十人。四品二人，五品八人，均滿員。社稷壇尉五人。五品一人，六品四人，均滿員。

（清）觀保等《太常寺則例》卷一〇五《祀賦》

社稷壇首領內監一人，內監九人。【略】

康熙二十五年定，【略】社稷壇、傳心殿內監各給三件，均令工部關支，五年更換一次。【略】

（雍正）七年定，裁太廟內監九人，社稷壇五人。【略】

（乾隆）三十六年奉旨將社稷壇內監首領一名，內監四名。【略】經本寺奏准，社稷壇、傳心殿每處於漢贊禮郎司樂內委派正副各一員，執事生、樂舞生四名，即以原食俸餉供職，無庸增給銀米。

（清）觀保等《太常寺則例》卷一一三《官屬·官職·壇廟官額設》

社稷壇五品一員，六品四員。職掌各處典守之事，輪流值日。朔望，點香及祭祀時專司各門啓閉并收發祭器等項，就附近處各給官房三間居住。四品官缺出於五品官內揀選，五品官缺出於六品官內揀選，均以行走勤慎、曾經軍營效力者擬定正陪，咨送吏部，帶領引見補放。六品官缺出行文吏部并該員本旗揀選，曾經出兵宣力者論其行走擬定正陪，咨送吏部驗看補放。如無合例之員，於應升人員及降級調用人員印務筆帖式內，論其錢糧食俸年久者揀選，擬定咨送吏部補放。【略】

（乾隆）三十三年復准，看守壇廟官共三十一員，內四品官缺出作爲公缺太常寺於天壇、地壇、太廟、社稷壇五品官十一員內，視其年久勤謹，曾在軍營效力行走者揀選正陪，其五品官缺出亦作爲公缺於天壇、地壇、社稷壇六品官十八員內揀選正陪，均咨送吏部引見補放。所遺六品官員缺行文該旗揀選曾在軍營效力者，照例咨送吏部擬用。

（清）觀保等《太常寺則例》卷一一四《官屬·吏役》

倒案：順治初年定，【略】社稷壇首領內監一人，內監九人。【略】

乾隆七年定，【略】社稷壇內監裁去五人。【略】

（乾隆）三十六年定，社稷壇、傳心殿兩處內監均裁去，以署官典守。【略】社稷壇應差二名。

（清）錫珍等《吏部銓選則例》卷三《壇廟等處守看官》

守看太廟四品官員缺，由各處五品官與休致之三四品京堂及四品翰詹官員分缺間用。以上休致各員作爲一班，如無休致人員，仍專以五品官揀補。五品官員缺，并天壇、地壇、社稷壇五品官各一缺，由各處六品官與休致之三四五品京堂及四五品翰詹官員，并科道郎中員外郎分缺間用。其輪用休致人員時，先用京堂翰詹一次，再用科道部屬一次，如輪用本班無人，即行過班，儻各項俱無人，仍專以六品官揀補。俱由太常寺揀選正陪，咨送吏部帶領，引見補授。其各處六品官員缺，按旗補用，行文該旗將年陳曾經出兵人員，論其勞績，擬定正陪，如無出兵人員，在於應升之降調人員，與印務筆帖式，并休致之科道司員，暨參領以下等官，俱准酌量揀選。如無前項人員，始准於革職人員內一體揀選。擬定正陪，咨送吏部堂官，驗看補放。至降級之員，如有情願，以壇廟官補用者，准其照所降之級對品補用。不得呈請降等。即於候補冊內查銷，不准再行銓選。守看堂子、皇史宬官并朝鮮通事員缺，由禮部及該旗開送正陪，移咨吏部。五品以下引見補授，六品以下驗看補放。

（二）執役

（清）鄂爾泰等《國朝宮史》卷二一《官制二·額數職掌·太常寺所屬·社稷壇》

首領一名，無品級。每月銀三兩，米三斛。太監四名，每月銀二兩，每年米十六斛。

（清）允祹等《大清會典則例》卷七《吏部·守衛壇廟官》

順治初年定，凡守衛天壇、地壇、社稷壇、太廟、堂子、皇史宬官，并朝鮮通事員闕，由禮部及該旗開送正陪，移咨過部，五品以上引見補授，六品以下本部堂官驗看補授。

（清）允祹等《大清會典》卷八二《太常寺》

凡執役，太廟首領內監一人，內監二十人。社稷壇首領內監一人，內監四人。傳心殿如之。各壇壇戶九十四人，廟戶二十三人，祠戶二十六人，齋宮夫十有六人，具服殿夫八人，執灑掃啓閉之役。守寺庫兵二十人，神樂署庫夫四人，執宿直巡防之役。本寺雍人二百九十人，執刲牲烹爨之役。犧牲所所軍十有九人，夫二十七人，執芻牧洗滌之役。壇廟祠戶及宮殿所夫，由順天府和雇，庫兵由八旗撥送，均一年更代。

（清）昆岡等《大清會典事例》卷八六六《工部·壇廟規制》

太廟、社稷壇內承直人役，各於街門上設門籍，備書姓名於上，并令各帶腰牌，責成看守旗員驗明出入。如無腰牌出入者，立即拿究。儻該員不敬謹查驗，一經查出，指名參處。至旗員內監及刈草人夫，令太常寺造具清冊呈部，并知會內務府御史，一同嚴查。

（三）禁例

（明）申時行等《大明會典》卷一六六《刑部八·律例七·兵律一·宮衛》

宮殿門擅入。凡擅入皇城、午門、東華、西華、玄武門及禁苑者，各杖一百。擅入宮殿門，杖六十，徒一年。擅入御膳所，及御在所者，絞。未過門限者，各減一等。若無門籍，冒名而入者，罪亦如之。其應入宮殿，未著門籍而入，或當下直而輒入，及宿次未到而輒宿者，各笞四十。若不係宿衛應直合帶兵仗之人，但持寸刃入宮殿門內者，絞。入皇城門內者，杖一百，發邊遠充軍。門官及宿衛官軍故縱者，各與犯人同罪。失覺察者減三等罪，止杖一百，軍人又減一等，并罪坐直日者。餘條準此。

宿衛守衛人私自代替。凡宮禁宿衛，及皇城門守衛人，應直不直者，笞四十。以應宿衛守衛人，私自代替及替之人，各杖六十。以別衛不係宿衛守衛人，冒名私自代替及替之人，各杖一百。百戶以上，各加一等。若在直而逃者，罪亦如之。

（清）朱軾等《大清律集解附例》卷一一一《禮律·祭祀·毀大祀丘壇》

凡大祀丘壇而毀損者，不論故誤。杖一百，流二千里，壇門減二等。杖九十，徒二年半。若弃毀大祀神御兼太廟，之物者，杖一百，徒三年。雖輕必坐。遺失及誤毀者，各減三等。杖七十，徒一年半，如價值重者，以毀弃官物科。

注：此言致謹祭祀之典於平時也。凡大祀祭天於圜丘，祭地於方丘，丘必有壇，故曰丘壇，乃神所憑依之地。壇門壇垣之門，乃迎神之所。神御之物，如床几、帷幔、祭器之類，陳設以中明薦者，上節不言誤者，地既尊嚴雖誤亦坐也。下節不計贓者，祭祀重器，非可以贓論也。社稷壇與天、地壇同。中祀，有犯罪亦同。

《條例》原例。

天地等壇內縱放牲畜作踐，及私種耤田外餘地，并奪取耤田禾把者，俱問違制，杖一百，牲畜入官，犯人枷號一個月發落。

地　　壇

一、建置沿革

（一）營建沿革

《明太祖實録》卷三〇"洪武元年二月"條

壬寅朔，中書省臣李善長、傅瓛、翰林學士陶安等進郊社宗廟議。先是，上敕禮官及翰林太常諸儒臣曰：自昔聖帝明王之有天下，莫嚴於祭祀，故當有事，内必致其誠敬，外必備其儀文，所以交神明也。朕誕膺天命，統一海宇，首建郊社宗廟以崇祀事，顧草創之初，典禮未備，其將何以交神明致靈貺？卿等其酌古今之宜，務在適中定議以聞。至是善長等奏，有國大祀，曰圜丘，曰方丘，曰宗廟，曰社稷，各具沿革以進。圜丘之説，曰天子之禮莫大於事天，故有虞夏商皆郊天配祖其來尚矣。《周官·大司樂》冬至日祀天於地上之圜丘，《大宗伯》以禋祀昊天上帝，《孝經》曰郊祀后稷以配天，宗祀文王於明堂以配上帝，皆所以重報本反始之事。禮之見於遺經者可考也，秦人燔書滅學仍西戎之俗，立四畤以祀白、青、黃、赤四帝，漢高祖因之，又增北畤，兼祀黑帝，至於武帝有雍五畤之祠，又有渭陽五帝之祠，又有甘泉太乙之祠，而昊天上帝之祭則未嘗舉行。至元帝時合祭天地，光武祀太乙，遵元始之制，而先王之禮變易盡矣。魏晋以來郊丘之説互有不同，宗鄭玄者以爲天有六名，歲凡九祭。六天者，北辰曜魄寶，蒼帝威靈仰，赤帝赤熛怒，黃帝含樞紐，白帝白招拒，黑帝恊光紀是也。九祭者，冬至祭昊天上帝於圜丘，立春、立夏、季夏、立秋、立冬祭五帝於四郊，王者各禀五帝之精而王天下，謂之感生帝，於夏正之月祭於南郊，四月龍見而雩總，祭五帝於南郊，季秋大享於明堂是也，宗王肅者則以天體惟一，安得有六一歲二祭，安得有九？大抵多參二家之説行之。而至唐爲尤詳，武德貞觀間用六天之義。永徽中，從長孫無忌等議，廢鄭玄議，用王肅説，乾封中復從鄭玄議焉。宋太祖乾德元年冬至，合祭天地於圜丘，神宗元豐中罷合祭，哲宗紹聖徽宗政和間或分或合，高宗南渡以後惟用合祭之禮。元初用其國俗拜天於日月山，成宗大德六年建壇合祭天地五方帝，九年始立南郊，專祀昊天上帝，泰定中又合祭，然皆不親郊，文宗至順以後親郊者凡四，惟祀昊天上帝。今當遵古制，分祭天地於南北郊，冬至則祀昊天上帝於圜丘，以大明、夜明、星辰、太歲從祀。方丘之説，曰按三代祭地之禮見於經傳者，夏以五月，商以六月，周以夏至日，禮之於澤中方丘。蓋王者事天明事地察，故冬至報天，夏至報地，所以順陰陽之義也。祭天於南郊之圜丘，祭地於北郊之方澤，所以順陰陽之位也，然先王親地有社存焉。《禮》曰享帝於郊祀社於國，又曰郊所以明天道，社所以神地道，又曰郊社所以祀上帝，又曰明乎郊社之禮，或以社對帝，或以社對郊，則祭社乃所以親地也。《書》曰敢昭告於皇天后土，左氏曰戴皇天履后土，則古者亦命地祇爲后土矣。曰地祇，曰后土，曰社，皆祭地也。此三代之正禮，而釋經之正説，自鄭玄惑於緯書，而謂夏至於方丘之上祭昆崙之祇，七月於泰折之壇祭神州之祇，析而二之，後世宗焉，一歲二祭。自漢武用祠官寬舒議，立后土祠於汾陰脽上，禮如祀天，而後世又宗之於北郊之外，仍祀后土。元始間，王莽奏罷甘泉泰畤，復長安南北郊，以正月上辛若丁，天子親合祠天地於南郊，而後世又因之多合祭焉。由漢歷唐，千餘年間親祀北郊者，惟魏文帝之大和、周武帝之建德、隋高祖之開皇、唐玄宗之開元四祭而已。宋元豐中議專祭北郊，故政和中專祭者凡四，南渡以後則惟攝祀而已。元皇慶間，議夏至專祭地，未及施行，今當以經爲正，擬以今歲夏至日祀方丘，以五岳、五鎮、四海、四瀆從祀。

《明世宗實録》卷一一九"嘉靖九年十一月"條

丙申，上諭禮部曰：南郊之東壇名天壇，北郊之壇名地壇，東郊之壇名朝日壇，西郊之壇名夕月壇，南郊之西壇名神祇壇，著載《會典》，勿得混稱。

《明世宗實録》卷一二二"嘉靖十年二月"條

戊寅，上諭內閣：昨因議追祖陵、皇陵二山名，朕思孝陵在鍾山，亦宜同體，文皇既封黃土山爲壽山，今又擬顯陵爲純德山，而獨鍾山如故於理未妥。朕惟祖陵宜曰基運山，皇陵宜曰翔聖山，孝陵宜曰神烈山，并方澤從祀。以基運翔聖天壽山之神設於五岳之前，神烈純德山之神位次於五鎮之序，仍預聞之。祖考及命所在有司官祭告各陵山祇，其示禮官奏行及行工所增製，并更製三陵山祇位。于是禮部尚書李時遵旨行，內官監以欽定各陵山神號，依天壽山神牌式製造，且言神祇壇每年秋報露祭，地祇內有鍾山天壽山之神，今方澤從祀，增製基運等山神位，其神祇壇亦宜遵行庶事體歸一，本部行欽天監擇日預告祖考於太廟、世廟，其祭告各陵山祇、祖陵基運山、皇陵翔聖山，遣鳳陽巡撫都御史，孝陵神烈山，遣南京禮部堂上官，顯陵純德山，遣湖廣巡撫都御史，太常寺仍委屬官二員齎捧香帛告文分送各官致祭。上然之，命秋祭一并增製。

《明世宗實録》卷一五九"嘉靖十三年二月"條

己卯，詔更圜丘名爲天壇，方澤名爲地壇。禮部尚書夏言奏：圜丘、方澤本法象，定名未可遽易。第稱圜丘壇省牲，則於名義未協，今後冬至大報起蟄祈穀祀天，夏至祭地，祝文宜仍稱圜丘、方澤，其省牲及一應公務有事，壇所稱天壇、地壇。從之。

（明）申時行等《大明會典》卷八一《禮部三九》

嘉靖九年，遵初制，建圜丘於大祀殿之南。每歲冬至，祀天以大明，夜明星辰云雨風雷從祀，建方澤於安定門外，每歲夏至祭地，以五岳、五鎮、四海、四瀆陵寢諸山從祀俱止奉太祖一位配享，而罷太宗之配。

（明）章潢《圖書編》卷九五《祭地总叙》

三代祭地之禮，見於經傳者，夏以五月，商以六月，周人以夏至日禮之於澤中方丘。蓋王者事天明，事地察，故冬至報天，夏至報地，所以順陰陽之義也。祭天於南郊之圜丘，祭地於北郊之方澤，所以順陰陽之位也。然先王親地有社存焉。《禮》曰"享帝於郊，祀社於國"，又曰"郊所以明天道，社所以神地道"，又曰"郊社所以事上帝"，又曰"明乎郊社之禮"。或以社對帝，或以社對郊，則祭社乃所以親地也。《書》曰"敢昭告於皇天后土"，左氏曰"戴皇天，履后土"，則古者亦命地祇為土後矣。曰地祇，曰后土，曰社，皆祭地也。此三代之正禮而釋經之正説。自鄭玄惑於緯書，而謂夏至於方丘之上祭昆崙之祇，七月於泰折之壇祭神州之祇，析一事為二，事後世宗之，一歲二祭。自漢武用祠官寬舒議，立后土祠於汾陰脽上，禮如祀天而後世又宗之，於北郊之外仍祠后土。元始間，王莽奏罷甘泉泰畤，復長安南北郊，以正月上辛若丁天子親合祀天地於南郊，而後世又因之，多合祭焉。皆非禮經之正義矣，由漢歷唐，千餘年間，祀北郊者唯魏文帝之太和、周武帝之建德、隋高祖之開皇、唐玄宗之開元，四祭而已。宋元豐中，議專祀北郊，故政和中專祭者凡四。南渡以後，則惟行攝祀而已。元皇慶間，議夏至專祭地，未及施行。國朝以夏至日親祀皇地祇于方丘，

趙爾巽《清史稿》卷八二《志五七·禮志一·吉禮一》

自虞廷修五禮，兵休刑措。天秩雖簡，鴻儀實容。沿及漢、唐，訖乎有明，救敝興雅，咸依為的。煌煌乎，上下隆殺以節之，吉凶哀樂以文之，莊恭誠敬以贊之。縱其間淳漓世殊，要莫不弘亮天功，雕刻人理，隨時以樹之範。故群甿蒸蒸，必以得此而後足於憑依，洵品彙之璣衡也。斟之酌之，損之益之，修明而講貫之，安見不可與三代同風！

世祖入關，順命創制，規模閎遠。順治三年，詔禮臣參酌往制，勒成禮書，為民軌則。聖祖歲御經筵，纂成《日講禮記解義》，敷陳雖出群工，闡繹悉遵聖訓。高宗御定《三禮義疏》，網羅議禮家言，折衷至當，雅號巨製。若《皇朝三通》《大清會典》，其經緯禮律，尤見本原。

至於專書之最著者：一曰《大清通禮》，乾隆中撰成，道光年增修；一曰《皇朝禮器圖式》，曰祭器、曰儀器、曰冠服、曰樂器、曰鹵簿、曰武備；一曰《滿洲祭神祭天

典禮》，其始關外啓蕈，崇祭天神暨群祀祖禰，意示從儉。凡所紀録，悉用國語、國書。入關後，有舉莫廢。逮高宗時，依據清文，譯成四卷。祭期、祭品、儀注、祝辭。與夫口耳相傳，或小有异同者，并加厘訂，此國俗特殊之祀典也。德宗季葉，設禮學館，博選耆儒，將有所綴述。大例主用《通禮》，仿江永《禮書》例，增《曲禮》一目。又仿宋《太常因革禮》例，增《廢禮》《新禮》二目，附《後簡》。未及編訂，而政變作矣。

其祀典之可稽者，初循明舊，稍稍褒益之。堂子之祭，雖於古無徵，然昭假天神，實近類祀。康熙間，以禁中祭上帝、大享殿合祀天地日月及群神、太廟階下合祭五祀非古制，詔除之。又罷禘祭，專行祫祭。高宗修雩祀，廢八蜡，建兩郊壇宇，定壇廟祭器，舉廢一惟其宜。宣宗遺命罷郊配祔廟，文宗限以五祖三宗，慮至深遠。穆宗登遐，禮臣援奉先殿增龕座例，主升祔。議者病簡略，然亦迫於勢之不容已耳。光緒間，依高宗《濮説辨》，稱醇親王爲本生考，立廟别邸，祀以天子禮。恩義兼盡，度越唐、明遠矣。

若夫郊廟大祀，無故不攝，誠敬仁孝，永垂家法，尤舉世所推。今爲考諸成憲，循五禮序，條附支引，凡因襲變創，所以因時而制宜者，悉臚其要於編。【略】

大祀十有三：正月上辛祈穀，孟夏常雩，冬至圜丘，皆祭昊天上帝；夏至方澤祭皇地祇；四孟享太廟，歲暮祫祭；春、秋二仲，上戊，祭社稷；上丁祭先師。中祀十有二：春分朝日，秋分夕月，孟春、歲除前一日祭太歲、月將，春仲祭先農，季祭先蠶，春、秋仲月祭歷代帝王、關聖、文昌。群祀五十有三：季夏祭火神，秋仲祭都城隍，季祭炮神。春冬仲月察先醫，春、秋仲月祭黑龍、白龍二潭暨各龍神，玉泉山、昆明湖河神廟、惠濟祠，暨賢良、昭忠、雙忠、獎忠、褒忠、顯忠、表忠、旌勇、睿忠親王、定南武壯王、二恪僖、弘毅文襄勤襄諸公等祠。其北極佑聖真君、東岳都城隍，萬壽節祭之。亦有因時特舉者，視學釋奠先師，獻功釋奠太學，御經筵祇告傳心殿。其岳、鎮、海、瀆，帝王陵廟，先師闕里，元聖周公廟，巡幸所蒞，或親祭，或否。遇大慶典，遣官致祭而已。各省所祀，如社稷、先農、風雷、境内山川，城隍，屬壇，帝王陵寢，先師，關帝，文昌，名宦、賢良等祠，名臣、忠節專祠，以及爲民禦灾捍患者，悉頒於有司，春秋歲薦。至親王以下家廟，祭始封祖并高、曾、祖、禰五世。品官逮士庶人祭高、曾、祖、禰四世。其餘或因事，或從俗，第無悖於祀典，亦在所不禁。此其概也。

（二）建築規制

（明）章潢《圖書編》卷九五《祭地壇壝》

《祭法》曰"瘞埋于泰折"，封土祭地之處折曲也，言方丘之形，四方曲折象地。秦祀后土於高山之下，命曰"畤"。漢武於澤中方丘立后土五壇，壇方五丈，高六尺，又於雎上立后土宮，宮曲入河，名曰太一、丹丘。東漢北郊在洛陽城北四里，爲方壇，四陛中營外營。隋方丘於宮城北十四里，丘再成，成高五尺，下成方十丈，上成方五丈。唐夏至祭皇地祇於方丘，其長安壇在宮城北十四里，洛陽壇在徽安門外道東一里，其壇在城下，成方十丈，上成方五丈，八陛。立冬後，祭神州地祇於郊其壇，長安在光化門外，黑帝壇之西。洛陽在徽安門外道東一里，高五尺，周四十八步。宋熙寧祀儀，祭皇地祇壇八角三成，每等高四尺，上闊十六，步設八陛，上等陛廣八尺，中等陛廣一丈，下陛廣一丈二尺。三壇，每壇各二十五步，神州地祇壇廣四十八步，高五尺，兩壇每二十五步，元方丘之制，未及施行。國朝方丘壇制，第一層壇面，門六丈，高六尺，四出陛，南面陛闊一丈，八級，東面、北面、西面，陛俱闊八尺，八級，第二層，壇面四圍，皆闊二丈四尺，高六尺，四出陛，南面正陛闊一丈二尺，八級，東北西陛，俱一丈，八級，壇去壇一十五丈，高六尺，正南靈星門三，正東西北靈星門各一，周圍以牆面，各六十四丈，正南又靈星門三，正東北西又靈星門各一，庫房五間在外牆北靈星門外，以藏龍椅等物，厨房五間，宰牲房三間，天池一所，在外牆西靈星門外，西南隅齋次一所在外，靈星門外之東，三間在外，靈星門外之西，浴室在東齋次之中。

（明）佚名《太常續考》卷一《效祀・方澤夏至事宜》

方澤壇建於安定門外北右，爲制二成，壇面俱黃硫，四面各階九級，俱白，石圍以方坎內，櫺星門四座北門外，西爲瘞位，祝帛其旁燎配位，帛東爲燈臺，南門外爲皇祇室，外櫺星門亦四座，西門外迤西爲神庫、神厨、宰牲亭、祭器。庫北門外，西北爲齋宮，又外建四天門，西門外北爲鑾駕庫、遣官房，南爲陪祀官房，又西爲壇門，門外爲泰圻街牌坊，護壇地共一千四百七十六畝，樂舞生壇戶種納子粒於大興縣，轉解太倉。一成上，皇地祇居中，北向。太祖配神居東，西向。二成上從祀四壇東西相向，東中岳嵩山在河南府登封縣，東岳泰山在濟南府泰安州，南岳衡山在衡州府衡山縣，西岳華山在西安府華州華陰縣，北岳恒山在真定府曲陽縣，基運山在陽府泗州祖陵在焉，翌聖山在中都皇陵在焉，神烈山在南城內孝陵在焉，西中鎮霍山在平陽府霍州，東鎮沂山在青州府臨朐縣，南鎮會稽山在紹興府會稽縣，西鎮吳山在翔府隴州，北鎮醫巫閭山在遼東廣寧衛，天壽山在昌平州長陵等十二陵在焉，純德山在焉在承天府顯陵在焉，次東東海、南海、西海、北海、次西東瀆大淮出胎簪山，南瀆大江出岷山，西瀆大河出星宿海，北瀆大濟出王屋山，歲夏至上大祭地於方澤，凡國有大事，則祭告。吳元年，建方丘於鍾山之陰以祭地。洪武十年春，即圜丘壇爲大祀殿，合祀天地，罷方丘。嘉靖九年，復分祀之制，建壇於今所，餘見圜丘下地壇祠祭署，署建於壇外西門內之南，中爲公座，左右爲官舍，前爲署門。嘉靖九年，從言官夏言議，建方澤壇，遂建今署，署官奉祀一員，祀丞一員，壇戶二十名。

（清）嵇璜、劉墉等《清通典》卷四三《禮・吉禮三・北郊》

臣等謹按：方丘祭地見於周官杜典，因之是也，其附神州后土則以神州爲北郊，誤分祭地爲二，且神州之説出自鄭注讖緯之説，未可爲據。至於漢代渭陽汾陰后土祠祀，更爲不經，唐宋相沿，至明始輟。國朝定制，夏日至，大祭地於方澤，是爲北郊，法古垂後，準禮經而超百代矣。欽維列祖親祀方丘，巨典煌煌，允與圜壇并重，皇上臨御以來，歲必躬親展祀，每以夏至正當盼雨之時，寅衷默禱，旋即甘渥霈，仰見昭格之忱，五十年來，精誠如一，謹稽北郊祀典并列祖升配，大禮恭著於篇，而原書附見之神州后土，則謹從刪去云。

順治元年，定每歲夏日至，大祭地於方澤，以五岳、五鎮、四海、四瀆爲四從壇，配享方澤，在安定門外，北郊形方象地，方折四十九丈四尺四寸，深八尺六寸，寬六尺，澤中貯水，方澤北向，二成，上成方六丈，下成方十丈六尺，均高六尺。内壝方二十七丈二尺，正北三門東西南各一門，外壝方四十二丈，門與内壝同。南門後皇祇室五間，北向，圍垣正方，周四十四丈八尺，北向一門，内外圍垣二重，内垣周五百四十九丈四尺，北三門，東西南各一，外垣周七百六十五丈，西向門三，角門一，又西有坊一，曰泰折街。雍正二年，改名廣厚街。

乾隆元年五月丙午夏至，大祀地於方澤。【略】又況棟宇檐桷，乃以藏神祇，而昭妥侑其義，尤謹明代南北兩郊分祀，而皇祇室編次綠瓦。臣等詳檢一切禮書，并無考據，查綠乃青黃間色，誠如聖諭於義無，取坤卦，天玄地黃，《考工記》天謂之玄，地謂之黃，二者係乾坤正色，今北郊壇磚壝瓦及牲帛幃幄色，俱用黃。

（清）嵇璜、劉墉等《清通典》卷四四《禮・吉禮四・山川》

臣等謹按：禮經所載五岳四瀆，望秩隆焉，其餘山川之神亦咸崇報享本朝定制義法，悉協敬稽祀典於岳鎮海瀆，有時巡展祭有因事遣祭，有所在專祭於名山大川，有奉特典崇建廟祀者，并著於篇至於封祀龍神，原非即海瀆之本神，而昭德報功載，在祀典相沿已久，即鹽井之神亦與山川義近，謹從類附惟黑龍潭玉泉龍神，宜在京都祀典之列，另立專門，故不以附於此篇。

順治元年，定禮以五岳、五鎮、四海、四瀆配享方澤壇，又立地祇壇，以五岳、五鎮、四陵山、四海、四瀆之祇，爲正位以京畿名山大川，天下名山大川之祇爲從位，凡岳鎮海瀆所在地方有司，歲以春秋仲月諏日致祭，祭東岳泰山於山東泰安州，今升爲府，祭西岳華山於陝西華陰縣，祭中岳嵩山於河南登封縣，祭南岳衡山於湖廣衡山縣，祭北岳恒山於直隸曲陽縣。

（清）昆岡等《大清會典圖》卷四《禮四・祀典四》

地壇在安定門北之東，當都城丑位北向，外垣方周七百六十五丈，門三間，西向，角門一，在北門外南北夾牆各七十一，丈二尺，南北各小門一，直西，爲廣厚街牌坊，坊前界以朱柵長二十六丈，内垣方周五百四十九丈，四尺，北門三間，東西南門各一間，西門左右角門二，門南屬內，外垣夾墙一，南小門一。內垣之內，南爲方澤壇，西北爲齋宮，方澤壇外內墙皆北，三門東西南各一門，皇祇室、正殿門、樓圍垣覆瓦皆用黃色琉璃，餘皆綠色琉璃。其甬路由廣厚街達外垣西門內，折而北，而東達內垣北門，外垣西門直東達內垣西門、東門，內垣西門內折而南達神庫，西達宰牲亭，東達外墙西門，折而南而東達皇祇室，內垣西門內折而北，達齋宮門。齋宮門外北達神馬圈，南達東西甬路，直東達神路外垣之內，四面有溝洩水，長七百四十八丈，各甬路下有小溝，過水總以券門匯，諸水入溝內，統於東南外垣下洩出，歸護城河。方澤在其中，壇二成外墙，北門外神路之東，爲設大次之所。皇祇室在方澤後，五間北向圍垣，方周四十四丈，八尺高，一丈一尺，正門一間門內之西，瘞坎一室，東西瘞坎各二，外墙西南爲神庫，樂器庫前後各五間，均北向東西井各一。神廚祭器庫各五間，井亭各一，間以朱櫺，均東西向，垣一，重門一，北向。其西爲宰牲亭三間，北向，井亭二，間以朱櫺，東西向，垣一，重門一，北向。齋宮東向，正殿七間，崇基石欄五出，陛中九級左右各七級，南北一出陛，各七級，左右配殿各七間，殿後守衛房各七間，內宮門三間，左右門各一，南北夾墙角門四夾墙外，西北隅井一，宮墙方周百有十丈二尺，正門一間，左右門各一，曲尺照壁各一，均東向。鐘樓在齋宮北，東向，神馬圈五間，在鐘樓西，北向，垣一，重門一，東向，方澤壇墙垣。

　　方澤制方，北向，澤周四十九丈四尺四寸深八尺六寸闊八尺。澤之西南涯嵌，白石龍頭虛其口以注水，祭前由暗溝引神庫內井水注於澤中，水深以至龍口爲度。澤中方壇北向，二成，第一成方六丈，第二成方十丈六尺，均高六尺，每成四出陛各八級，壇面甃方石。第一成中含六，六陰數石縱橫各六，外四正，四隅八方均以八，八數積成縱橫各二十四，環計八重，每重加八，第一重周三十六，至第八重周九十二，第二成倍，第一成縱橫各四十八，四正爲八，八者十六，四隅爲八，八者四。亦環疊八重，第一重周一百，至第八重周一百五十六，爲六八陰數，以符地耦之義，澤環其外四陛。跨之第二成，南分設五岳、五鎮、五陵山，各石座刻石形北分設四海、四瀆，各石座刻水形均東西向，水形座周以方池，祭則貯水。澤之外爲內墙，方周二十七丈，二尺高，六尺厚，二尺北，三門石柱六，東西南各一門，石柱二，楔閾皆石朱，扉有櫺，其外爲外墙，方周四十二丈，高八尺，厚二尺四寸，門制如內墙，第一成北，左右鼎爐各一，第二成北，左右鼎爐各一，內墙北門外，左右鼎爐各一，西北隅瘞坎一，鐵燎爐一，東西門外南北瘞坎各二，東北隅望鐙臺一，建鐙杆高十丈，七尺五寸，下徑三尺，上徑一尺五寸，戧木三，各長五丈四尺，下徑一尺五寸，上徑一尺，通髹朱。

趙爾巽《清史稿》卷八二《志五七·禮志一·吉禮一》

　　壇壝之制　天聰十年，度地盛京，建圜丘、方澤壇，祭告天地，改元崇德。天壇制圓，三成，上成九重，周一丈八尺；二成七重，周三丈六尺；三成五重，周五丈四尺；俱高三尺。垣周百十有三丈。地壇制方，二成，上成方六丈，高二尺；下成方八丈，高二尺四寸。垣周百三十有三丈。制甚簡也。世祖奠鼎燕京，建圜丘正陽門外南郊，方澤安定門外北郊，規制始拓。圜丘南向，三成，上成廣五丈九尺，高九尺；二成廣九丈，高八尺一寸；三成廣十有二丈，高如二成。砌磚合一九七五陽數。陛四出，各九級。欄楯柱覆青琉璃。內壇圓，周九十七丈七尺五寸，高八尺一寸。四面門各三，門柱各二。燔柴爐、瘞坎各一。外壇方，周二百四丈八尺五寸，高九尺一寸。四門如內壇。北門後爲皇穹宇，南向，制圓。八柱環轉，重簷金頂。基周十三丈七寸，高九尺。陛三出，級十有四。左右廡各五楹，陛一出，七級。殿廡覆瓦俱青琉璃。圍垣周五十六丈六尺八寸，高丈有八寸。南設三門。外壇門外北神庫、神廚各五楹，南向，井亭一。其東爲祭器、樂器、棕薦諸庫。又東爲井亭、宰牲亭。壇內垣北圓，餘皆方。門四：東泰元，南昭亨，西廣利，北成貞。成貞北爲大享殿。壇圓，南向。內外柱各十有二，中龍井柱四。金頂，簷三重，覆青、黃、綠三色琉璃。基三成，南北陛三出，東西陛一出，上二成各九級，三成十級。東西廡二重，前各九楹，後各七楹。前爲大享門，上覆綠琉璃，前後三出陛，各十有一級。東南燔柴爐、瘞坎，制如圜丘。內壇周百九十丈七尺二寸。門四，北門後爲皇乾殿，南向，五楹，覆青琉璃。陛五出，各九級。東磚門外長廊七十二，聯簷通脊，北至神庫、井亭。又東北宰牲亭，薦俎時避雨雪處也。壇外圍垣東、西、北各有門，南接成貞。又西北曰齋宮，東向，正殿五楹，陛三出，中級十有三，左右各十五。左設齋戒銅人，右設時辰牌。後殿五楹，左右配殿各三楹。內宮牆方百三十三丈九尺四寸。中三門，左右各一。環以池，跨石梁三。東北鐘樓一，外宮牆方百九十八丈二尺二寸，池梁如內制。廣利門外西北爲神樂觀，東向。中凝禧殿，五楹。後顯佑殿，七楹。西爲犧牲所，南向。又西爲鐘樓，其大享殿圍垣南接圜丘，東、西轉北爲圓形。內坦高一丈一尺，址厚九尺，頂厚七尺，周千二百八十六丈一尺五寸。

（三）修繕修造過程

《明世宗實錄》卷二二五 "嘉靖十八年六月" 條

辛亥，命工部於方澤壇北造祭拜二殿。

（清）允祹等《大清會典則例》卷一二六《工部》

十四年，諭：稽古明禋肇祀郊壇，各以其色，地壇方色尚黃。今皇祇室乃用綠瓦蓋，仍前明舊制，未及致詳。兩郊大饗殿在勝國時，合祀天地山川，故其上覆以青陽玉葉，次黃，次綠，具有深意，且南郊用青，而地壇用綠於義無取其議，更之。欽此。遵旨議准制禮，從類辨色，從方原屬不易之道，況棟宇榱桷乃以藏神祇，而昭妥侑其義，尤謹明代南北兩郊分祀，而皇祇室編次。綠瓦詳考《禮經》，并無證據。按：綠乃青黃間色。誠如聖諭於義無，取坤卦，天玄地黃，《考工記》"天謂之玄，地謂之黃"，二者實乾坤正色。今北郊壇磚壇瓦及牲幣帷幄色，皆用黃。乾隆十三年，遵旨議定籩豆成式。地壇祭器色亦用黄，契合古制，寧神與歆，神不當有异。皇祇室舊用綠瓦，應遵旨易蓋黄琉璃瓦，又奏准地壇神庫宰牲亭之右，有井無亭，應照左旁增設井亭一。

（清）允裪等《大清會典則例》卷七六《禮部・大祀二・大祭北郊》

順治元年，定每歲夏日至大祭地於方澤，以五岳、五鎮、四海、四瀆從祭。

八年，尊封肇祖原皇帝興祖直皇帝，永陵山爲啓運山，景祖翼皇帝、顯祖宣皇帝陵山爲積慶山，太祖高皇帝福陵山爲天柱山，太宗文皇帝昭陵山爲隆業山，從祭方澤附五岳五鎮之次。

又定凡親祭方澤，飲福受胙，如圜丘禮。

十六年，奉移景祖翼皇帝、顯祖宣皇帝陵祔興京啓運山，停積慶山從祀。

康熙二年，尊封世祖章皇帝孝陵山爲昌瑞山，從祭方澤祔三陵山之次。

雍正五年，奏准大祭方澤、皇地祇配位前，金爐應各贈爐蓋交與工部，敬謹製造。

乾隆元年，尊封世宗憲皇帝泰陵山爲永寧山，從祭方澤祔四陵山之次。

七年，議准修理方澤齋宮，每夏至大祭先期一日，詣壇齋宿，詳見南郊八年諭。嗣後朕大祭地於方澤，既豫宿齋宮，其壇北門外幄次，不必張設。欽此。

九年，諭：夏至祭方澤，朕先期一日詣壇齋宿。但彼處樹木新植，尚未成陰天氣炎熱，扈從人多，不免有病暍者。今歲炎熱甚於舊歲，此次不必前詣壇內，齋宿仍於宮內齋宮住宿，嗣後遇親祭之年，該衙門兩請候旨，竢樹木成陰後，仍照例齋宿。壇內此次前往致祭，正當祈雨之時，不乘輦，不設鹵簿，著即傳諭各該衙門知之。欽此。

十一年，諭：今歲夏至致祭地壇，齋宮樹木漸次成陰，扈從人等已有憩息之所，況逢時雨，之後天氣清凉，朕仍照原議前往內齋宮住宿。欽此。

十三年，諭：朕覽吏部等衙門所奏，致祭地壇陪祀之文武大臣官員，其中不到者甚多，嗣後凡遇一應朝祀大典，應行齊集之處，如有仍蹈前轍者，朕斷不爲之姑容，至稽查齋戒之大臣，尤宜敬謹從事，豈有轉不陪祀之理，此後宜一例齋戒。欽此。

十四年，諭：稽古明禋肇祀郊壇，各以其色，地壇方色尚黄。今皇祇室乃用綠瓦，蓋仍前明舊制，未及致詳，朕思南郊大饗殿在勝國時合祀天地山川，故其上覆以青陽玉葉，次黄次綠具有深意，且南郊用青，而地壇用綠，於義無取，其議更之。至兩郊，壇宇雖歲加塗墍，而經閱久遠，應敕所司省視所當修整者，敬謹從事大學士，會同各該衙門詳考典章，具議以聞。欽此。遵旨議准，北郊皇祇室，蓋用綠瓦繫，沿明舊制，應依方色改易黄瓦，以符坤德，黄中之義壇宇有當修整者，咸交與工部，敬謹辦理，俾可經閱久遠。其壇內需用器物，亦遵定制。贈飾見新，再興工前期各殿宇神位，理宜恭請於別殿，暫時安奉地壇內。向無別殿，應於繕修皇祇室前期，將舊有供奉祝版及籩豆房五間重加修飾，敬製平臺六座，安奉皇地祇神版於中，列聖神牌於左右東西兩旁。敬製平臺各一座，安奉從壇神牌，竢工竣之日，恭請還御。

十五年，奏准：方澤二成臺面琉璃，惟中含六六陰數，其餘皆係湊合，於義無取，請照圜丘壇制鋪石，就壇面鑿眼以備安設幄次。其石數，一成正中，仍照舊制用三十有六，八方均以八八積成，縱橫各二十四路，二成倍一成，八方八八之數。半徑各八路，庶與偶數相應，而磚式勻稱，益堪永久。

又奏准：方澤壇舊制，正位幄次縱文六尺五寸，廣丈二尺，配位幄次縱丈五尺，廣丈一尺，較圜丘幄次爲大，而方澤正位牲俎設幄內，配位牲俎半在幄內，半在幄外。體制不免參差，職事趨蹌，亦覺太狹，應將縱廣尺寸均改爲丈二尺，照圜丘壇制皆於幄次，外設牲俎，以昭畫一。

又奏准：地壇皇祇室綠瓦，已遵旨改用黃瓦，所有內外墻墻及各門向覆綠瓦，請一色改用黃琉璃。

又奏准：南郊正位配位，神龕內外設幄幔三層。北郊正位配位神龕，僅設一帷。體制未能畫一，請照南郊龕式增設。又舊制龕案帷色均用金黃，今請改用明黃。

又奏准：北郊陳設一應器用均從方色，用明黃。

又奏准：南郊設請神位龍亭十。【略】

十六年，奏准：修理北郊皇祇室，擇吉興工，前期遣官告祭天地、太廟後殿、奉先殿、社稷，屆期詣皇祇室，以奉請神位，祇告皇地祇列聖從壇神位。禮部尚書率太常官恭奉各神版至暫奉神位所，敬謹安設於新製平臺上。興工之日，各遣官祭后土司工之神儀，均與修祈穀壇禮同。

十七年，奏准：北郊工竣，除祇告天地宗社，請竢南郊工竣日舉行。至擇吉，恭請神位還御皇祇室，應遣官詣暫奉神位所，祇告皇地祇列聖從壇神位，禮部尚書率太常寺官恭奉各神版還御，奉安畢，行一跪三叩禮，并于是日遣官祭后土司工之神，均與興工禮同。

二、祭祀制度

（一）祭祀前期

祭祀日期

《明穆宗實錄》卷七"隆慶元年四月"條

甲辰，始命夏至祀方澤以卯時行禮。先是，冬至祀天孟秋享太廟，春秋祭社稷、先師孔子、歷代帝王，俱用子時，祭朝日壇以卯時，祭夕月壇以酉時，孟春、孟夏、孟冬、時享及祫享太廟俱午時，惟夏至祀地時未有定，至是太常寺以請遂定於卯時。

祝版、祝文

(明) 申時行等《大明會典》卷八三《禮部四〇》

前期四日。太常寺奏祭祀進銅人，如常儀。諭百官，致齋三日，上親填告請太祖祝版于文華殿。

前期三日。上詣太廟請太祖配神，以脯醢酒果行，再拜一獻禮，祝文曰：維嘉靖年，歲次月朔日，孝玄孫嗣皇帝御名敢昭告于太祖高皇帝，曰："兹以今月日夏至，恭祭皇地祇于方澤，謹請皇祖作主，侑神伏惟鑒知，謹告。"

前期二日。太常卿同光禄卿奏省牲，如常儀。

前期一日。太常卿詣太廟寢請太祖御位至皇祇室奉安，上親填祝版于文華殿，黃褚版黑盡遂告於廟，告辭曰："孝玄孫嗣皇帝御名明日恭詣北郊，行祭地禮，謹詣祖宗列聖帝后神位前，恭預告知。"

祝文。維洪武年歲次甲子正月日，嗣天子臣御名敢昭告於昊天上帝后土皇地祇，時維孟春，三陽開泰，敬率臣僚以玉帛犧齊、粢盛庶品，恭祀於大祀殿，備兹燎瘞，皇考仁祖淳皇帝配神。尚享。

省牲

(明) 申時行等《大明會典》卷八三《禮部四〇·郊祀三·分祀下·方澤》

前期十日。太常寺題請視牲次，請命看牲，分獻大臣各四員。

前期五日。上詣犧牲所視牲。其前一日，上告廟。及還，參拜俱如大祀之儀，告辭曰"明日出視方澤大祭牲儀。"參辭曰"出視方澤大祭牲儀回還。"餘并同大祀。參畢回宫。次日，命大臣輪視如常儀。

(明) 俞汝楫等《禮部志稿》卷二五《方澤》

嘉靖九年定，前期十日，太常寺題，請視牲次，請命看牲、分獻大臣各四員。前期五日，上詣犧牲所視牲。其前一日，上告廟。及還，參拜俱如大祀之儀，告辭曰："明日出視方澤大祭牲儀回還。"餘并同大祀。參畢，回宮。次日，命大臣輪視如常儀。

(清) 慶桂等《國朝宮史續編》卷二八《典禮二二·祭祀三·閱祝版儀》

臣等謹案：我朝定制，皇帝親舉大享，例以祝版陳詞，敬申昭告。時祭之文，具有常式。遇特祭，則史官因事虔撰，舍人盥而錄諸版，閣臣恭書御名，祭之日，奉常官嫻奏讀者讀焉。書用清文，讀用國語，昭假上下，不啻呼吸之相感通。盛哉乎禮之以文宣，而誠之以辭達者，端重乎此。每祀前一日，皇帝御殿祇閱，齋潔以臨。視古史筴祝，僅詔春官掌之，尤爲儀節詳而視察謹，其奠玉及供薦香、帛，躬閱如制。臣等於前編外增輯祝版規制，并視版儀注事宜，以駕出殿庭將事，本蕭共神明之德，裕承致多福之原，允足以彰宮史巨儀，不特補曩代禮書所未及。謹據《會典》《通禮》諸編，臚次如左。

祝版之制，以木爲之。圜丘、方澤，方一尺五寸，徑八寸四分，厚三分。祈穀壇方一尺一寸，徑一尺，厚如之。太廟後殿方一尺二寸，徑八寸四分，前殿方二尺，徑一尺一寸，厚如之。常雩、社稷壇、日壇、月壇，均與太廟後殿同。餘中祀、群祀，方徑各有差。天壇，青紙青緣朱書。地壇，黃紙黃緣黑書。太廟、社稷壇，均白紙黃緣黑書。中祀日壇，朱紙朱書。月壇，白紙黃綠黑書。群祀，白紙黑書，不加緣。太常寺派祝版官先期褾飾，於祀前二日昧爽送內閣，授中書，安奉潔室。書祝辭畢，仍授祝版官緣邊。內閣典籍，預設黃案於政事堂正中，中書奉版陳於案，南向，大學士詣案前立，北面展祝文，敬書御名畢，覆以銷金青緞袱，仍尊藏潔室。翌日，陳於內閣，竢太常寺官祇請。

凡親詣之祭，前二日，太常寺奏請皇上於祀前一日閱祝版。是日，奏派讀祝官一員，并請恭閱玉、帛、香如儀。圜丘、祈穀、常雩祝版，御太和殿閱視。方澤、太廟、社稷祝版，御中和殿閱視。欽天監以定例日出時刻送太常寺具奏，如奉旨，改於日出前數刻。祝版案上，設羊角鐙二，由掌儀司官率殿中首領內監燃燭預備，太常寺執事官屆期執鐙以竢。

齋戒

（明）申時行等《大明會典》卷八三《禮部四〇》

前期四日，太常寺奏祭祀進銅人，如常儀。諭百官，致齋三日。

（明）申時行等《大明會典》卷二二六

凡奏齋戒日，即於長安左右門出告示知會。

（二）祭祀器用

陳設祭品

（明）申時行等《大明會典》卷八一《禮部三九》

帝皇祇於大祀殿，謹請皇考配神伏，惟鑒知謹告。

省牲用牛二十八、羊三十三、豕三十四、鹿二兔十二。正祭前二日，太常司官奏聞明日與光祿司官省牲，次日省牲畢，一同復命，就奏定分獻官二十四員。

陳設共二十七壇。正殿三，上帝南向，犢一、登一、實以大羹煮肉汁，不用鹽醬。籩十二，實以形鹽槁魚棗栗榛菱，芡鹿脯、白餅、白麵、造黑餅、蕎粉、造糗餌、米粉、造粉餈、糯米、餈糕。豆十二，實以韭菹，以韭切去本末，取中四寸，菁菹、芹菹、筍菹、醓醢、豬肉、鮓用鹽酒料物調和，鹿醢、兔醢、魚醢、脾析用牛百葉切細，湯熟用鹽酒造用，豚胉豬肩上肉食用，糯米飯、羊脂蜜熬糝食用，牛、羊、豕肉細切，與粳米飯同熬。簠簋各二，實以黍稷稻粱，玉周蒼璧一、帛一，蒼色織成"郊祀制帛"四字。

皇祇室白犢一、登一、籩十二、豆十二、簠簋各二、玉用黃琮一、帛一、黃色郊祀制帛。仁祖配位在東西向，犢一、登一、籩十二、豆十二、簠簋各二、玉用蒼璧一、帛一、蒼色郊祀制帛，共設酒尊六、爵九、篚三于東南西向。祝文案一於殿西，洪熙以後，改奉太祖、太宗并祀正殿，增一壇，加犢一、酒尊二、爵三、帛篚一。

（明）申時行等《大明會典》卷八三《禮部四〇·郊祀三·分祀下·方澤》

陳設。正位北向，犢一、黃璧一、郊祀制帛一，黃色。登一、簠簋各二、籩十二、豆十二、黃玉爵三、尊三、篚一、祝案一。配位西向，陳設同，無玉，奉先制帛一、白色一。從四壇，五岳、基運山、翔聖山、神烈山共一壇，東設西向，犢一、羊一、一豕一、帛八，黃一、青一、紅一、白四、玄一。登一一、鉶一、簠簋各二、籩十、豆十、黃瓷爵三、酒盞三十、尊三、篚一，五鎮天壽山、純德山共一壇，西設東向，陳設同，帛七，黃一、青一、紅一、白三、玄一。四海一壇，東設西向陳設同，帛四。青一、紅一、白一、玄一。四瀆一壇，西設東向，陳設同，帛四。玄色。

（明）俞汝楫等《禮部志稿》卷二五《方澤》

陳設。正二壇正位北向，犢一、黃璧一、郊祀制帛一，黃色。登一，簠簋各二，籩十二，豆十二，黃玉爵三，尊三，篚一，祝案一。配位西向，陳設同，無玉，奉先制帛一。白色。從四壇、五岳，基運山、翔聖山、神烈山共一壇，東設西向，犢一，羊一，豕一，帛八，黃一、青一、紅一、白四。登一，鉶一，簠簋各二，籩十，豆十，黃瓷爵三，酒盞三十，尊三，篚一。五鎮天壽山、純德山共一壇，西設東向，陳設同，帛七。黃一、青一、紅一、白三、玄一。四海一壇，東設西向，陳設同，帛四。青一、紅一、白一、玄一。四瀆一壇，西設東向，陳設同，帛四。色一。

（清）允祹等《大清會典則例》卷一五二《太常寺》

供備祭品。每歲祀祭額用以乾隆二十年奏銷册計之用：黍二石九斗二升八合，稷四石二斗四升，稻十石四斗七升，粱二石九斗二升八合，白麵四百六十四斤，蕎麵三百八十四斤，紅江豆五升，韭四百二十斤，菁千四百三十一斤，芹四百九斤八兩，笋四百三十二片，葱五十九斤十兩，花椒四斤三兩，茴香四斤三兩，蒔蘿四斤三兩，紅棗二千三百七十八斤十二兩，栗三千八斤十二兩，榛三百六十六斤十二兩，菱五百九十四斤，芡七百有二斤，核桃七百十有五斤八兩，荔枝三百斤，龍眼四百六十五斤，桃仁十有五斤十二兩，乾葡萄十有五斤十二兩，蓮子十有五斤十二兩，大小槁魚三百三十二尾，醃魚五百四十斤，土礆一斤八兩，茶葉一兩，頂花一朵，燭心葦筒十斤，白蜜二斤十二兩五錢，梔子二斤十二兩五錢，白糖五十斤八兩，均於寺庫銀内按季動支。順治十四年，題准：【略】地壇草價銀二十二兩，地一頃二畝，每畝徵銀二錢，共銀二十兩四錢，【略】備各祭米麵等物并收貯寺庫。

（清）昆岡等《大清會典圖》卷四《禮四·祀典四·方澤》

第一成正中，皇地祇幄北向，制方，太祖高皇帝幄東配西向，太宗文皇帝幄西配東向，世祖章皇帝幄東配西向，聖祖仁皇帝幄西配東向，世宗憲皇帝幄東配西向，高宗純皇帝幄西配東向，仁宗睿皇帝幄東配西向，宣宗成皇帝幄西配東向，均制方。皇地祇幄内座一，座前籩豆案一，幄左饌桌一，列聖配位幄内座各一，座前籩豆案各一，幄南饌桌東西各四，正中少西祝案一，北向，又西福胙桌一，尊桌二，接桌一，均東向。東尊桌一，接桌一，均西向。子階上為讀祝時及受福胙，皇帝拜位南向，太常寺司拜牌、司拜褥官各一人，立拜位西東面，司香五人，司玉帛一人，司帛四人，司爵五人，讀祝官一人，立西案之西東面，司香四人，司帛四人，司爵四人，立東案之東西面，捧福酒福胙。光祿寺卿二人，立西司香之後東面，接福酒福胙侍衛二人，立東司香之後西面，太常寺贊福胙官一人，立西，司爵之次東面，侍儀禮部尚書一人，侍郎一人，立東案之北西面，都察院左都御史一人，副都御史一人，樂部典樂一人，立西案之北東面。若遣官恭代行禮，則不飲福受胙，不設福胙桌、接福胙桌，不用光祿寺卿侍衛贊胙司拜牌司、拜褥，不用禮部尚書、侍郎、都察院左都御史、副都御史侍儀，不用樂部大臣典樂，壇上監禮糾儀，用禮部司官御史，其餘各執事位次同其報，祀位次與大祀同。方澤壇第二成，以方澤第二成，從位五嶽，啓運隆業永寧三山共一幄，東上西向五鎮，天柱昌瑞二山，共一幄，西上東向四海，共一幄，東次。

（清）昆岡等《大清會典圖》卷五《禮五》

西向四瀆，共一幄，西次東向均制方，四從位幄內，原設各石，座前設爵桌各一，籩豆案各一，東上西上幄外饌桌，設於北，尊桌，接桌設於南。東次，西次幄外饌桌，設於南，尊桌，接桌設於北，均東西向。接福胙桌一，設於東西向，四欞星門并東西北三天門內正中設香案各一，階上正中幄次為皇帝行禮，拜位南向贊引、對引各一人，司拜牌、司拜褥各一人，均東西面。典儀一人，立於西東面，階下為陪祀王以下，公以上拜位左翼在東，右翼在西，均南向，夾神道，東西為分獻官，拜位南向導引東西各二人，記注官四人，立東階下。西面唱樂一人，立西階下，東面引王公行禮，鴻臚寺官二人，糾儀御史二人，禮部司官二人，分立左右東西面。神道左右設樂縣，司樂、協律郎、樂工序立於東西樂懸之次，歌工立於樂工之次，樂舞生文武八佾分行序立，西在歌工之左東上，東在歌工之右西上，外壇門外為陪祀百官拜位，文五品、武四品以上，東西各五班，均南向。引禮鴻臚寺序班二人，糾儀御史四人，禮部司官四人，分立左右。各東西面傳贊四人，二人於內壇門外，循牆立二人於外壇門外，循牆立內壇左門外，為皇帝望瘞位，西向，掌瘞官一人，率瘞人立瘞坎之西北隅，若遣官恭代行禮，則階土為讀祝時，承祭官拜位，階下為行禮拜位，王公不陪祀，不用記注官，階下不用鴻臚寺御史，禮部官其餘各執事位次同報祀，位次與大祀同。【略】

方澤皇地祇幄內外，黃羊角座鐙各二，籩豆案上爵墊一、登一、簠二、簋二、籩十有二、豆十有二、方金絲鐙二、幄前俎一、實犢又前爐几設方金爐一、金香靠其鐙，几設黃羊角魷鐙二，其玉帛筐先設西，接桌上奠玉帛，則奠於籩豆案正中。匏爵三，先設尊桌上，三獻皆奠於爵墊，報祀陳設同方澤壇，配位方澤，列聖配位幄內外，陳設均與正位同，惟不用玉。

方澤壇從位

方澤四從位幄內爵桌上，均設琖三十、爵墊一、籩豆案上，燭臺二、登一、鉶二、簠二、簋二、籩十、豆十，幄前俎一、中區爲三，實牛一、羊一、豕一、爐几設方銅爐一、香靠具鐙几，設黃羊角鈗鐙二、其帛篚先各設接桌上，奠帛各奠於籩豆案正中。陶爵各三，亦先設尊桌上，三獻各奠於爵墊，告祭方澤因事祇告及祈祀，遣官行禮，不用玉，不進俎，籩豆案上設燭臺二，豆用二，籩用六。

祭器

《明世宗實錄》卷一二五"嘉靖十年五月"條

丁酉，饒州府進方澤、夕月壇祭器。

《明世宗實錄》卷一二六"嘉靖十年六月"條

己巳，工部以方澤、朝日、夕月三壇祭器規式、顏色、尺寸圖册三本進呈，上命送付史館。

(清) 昆岡等《大清會典圖》卷二一《禮二一》

玉黃琮，地壇正位用之制，方徑四寸，有奇中厚七分，邊厚二分，微作剡首下，正方一角，有縱理如山形。

(清) 昆岡等《大清會典圖》卷二二《禮二二》

陶爵、銅爵制皆像爵形，腹爲雷紋饕餮形，陶用瓷，以色別之。【略】地壇從位、先農壇、先蠶壇用黃色。【略】天神壇、地祇壇、太歲壇用白色，制皆高四寸六分，深二寸四分，兩柱高七分，足高二寸三，足相距各一寸八分。【略】盞純素用陶，陶用瓷，以色別之。【略】地壇從位用黃色，制高二寸，深一寸五分，口徑三寸五分，足徑一寸八分。

(清) 昆岡等《大清會典圖》卷二三《禮二三·祭器三》

陶登、銅登制同者，皆口爲回紋中爲雷紋柱，爲饕餮形雷紋足，爲垂云紋。蓋上爲星紋，中爲垂云紋，口爲回紋，陶用瓷，以色別之。【略】地壇正位配位六寸九分，足徑四寸七分，蓋高一寸六分，徑四寸六分，頂高三分。

陶鉶、銅鉶制皆兩耳，爲犧形口，爲藻紋次回紋腹，爲貝紋蓋，爲藻紋回紋雷紋。上有三峰，爲云紋，三足亦爲云紋，陶鉶用瓷，以色別之。【略】地壇從位、社稷壇正位配位、先農壇、先蠶壇、地祇壇用黃色，【略】制高三寸九分，深三寸六分，口徑五寸，底徑三寸三分，三足高一寸三分，蓋高二寸五分，三峰高九分。

陶簠、銅簠制方，皆面爲夔龍紋。束爲回紋，足爲云紋，兩耳附以夔龍，蓋上有棱，四周旁亦附夔龍耳。陶簠用梵，以色別之。【略】地壇正位配位從位、社稷壇正位配位、先農壇、先蠶壇、地祇壇用黃色，【略】制高四寸四分，深二寸三分，口縱六寸五分，橫八寸，底縱四寸四分，橫六寸，蓋高一寸六分，口縱橫與器同上有棱，四周縱四寸八分，橫六寸四分。

陶簋、銅簋制圓而橢，皆口爲回紋，腹爲云紋，束爲黼紋，足爲星云紋，兩耳附以夔龍，蓋面爲云紋，口爲回紋，上有棱四出，陶用瓷，以色別之。【略】地壇正位配位從位、社稷壇正位配位、先農壇、先蠶壇、地祇壇用黃色，【略】制高四寸六分，深二寸三分，口徑七寸二分，底徑六寸一分，蓋高一寸八分，徑與口徑同上，有棱四出，高一寸三分。【略】

竹籩編竹爲之以絹飾，裏頂及緣皆髹以漆，用別以色。【略】地壇正位配位從位、社稷壇正位配位、先農壇、先蠶壇用黃色。【略】地祇壇、太歲壇、關帝廟、文昌廟、都城隍廟用黑色，制高五寸八分，深九分，口徑五寸，足徑四寸五分，蓋高二寸一分，徑與口徑同，頂正圓高五分。

陶豆、銅豆制同者，皆腹爲垂云紋、回紋，校爲波紋、金鏊紋，足爲黼紋，蓋爲波紋、回紋，頂用絢紐，陶豆用瓷，以色別之。【略】地壇正位配位從位，【略】用黃色，【略】地祇壇，【略】用白色，制高五寸五分，深一寸七分，口徑五寸，校圍六寸六分，足徑四寸五分，蓋高二寸三分，徑與口徑同，頂高六分。

（清）昆岡等《大清會典圖》卷二四《禮二四·器四》

篚編竹爲之四周，髹以漆，用別以色。【略】地壇正位配位從位用黃色，制高三寸六分，縱四寸一分，橫二尺二寸五分，足高七分，蓋高一寸一分。

俎用木錫裏外，髹以漆，用別以色，實特牲之俎。【略】地壇正位配位用黃色，制中虛縱二尺三寸，橫三尺二寸，四周各銅鐶二，四足有跗，通高二尺三寸。

實太牢之俎，【略】地祇壇、太歲壇、歷代帝王廟正位、先師廟正位、先醫廟正位、關帝廟前殿、文昌廟前殿、都城隍廟俱用紅色。地壇從位用黃色，制皆中區爲三縱六尺有奇，橫三尺二寸，四周各銅鐶二，八足有跗，通高二尺六寸有奇。

尊有陶、有銅制，皆純素兩耳，爲犧首形，陶用瓷，以色別之。【略】地壇正位配位從位、先農壇、先蠶壇用黃色，【略】地祇壇、太歲壇用白色，制高八寸四分，口徑五寸一分，腹圍二尺三寸七分，底徑四寸三分，足高二分。

（三）祭祀禮儀

禮儀沿革

《明世宗實錄》卷一一一"嘉靖九年三月"條

辛丑，禮部集上群臣所議郊禮，謂主分祭者，都御史汪鋐等八十二人，主分祭而以慎重成憲及時未可爲言者，大學士張璁等八十四人，主分祭而以山川壇爲方丘者，尚書李瓚等二十六人，主合祭者尚書方獻夫等二百六人。主分祭者固以古禮爲是而未嘗不以祖制爲規，主合祭者固以遵祖爲善而亦未嘗以古禮爲非。立言雖異其納忠慎禮之心則同。臣等祇奉敕諭，折衷眾論，似從合祭諸臣之議遵行舊典最爲簡易，但恐未盡皇上敬天崇禮之意。若從分祀，諸臣之義誠於古禮有合，但壇墻一建工役浩繁，時詘舉贏，勞費不貲，竊恐皇上愛民節財之心亦有未安。臣等以爲，《禮》屋祭曰帝，夫既稱昊天上帝則當屋祭，宜仍於大祀殿專祀上帝而配以二祖，皇地祇則營壇壝以祭。如此陰陽之分明，尊卑之等列，而皇上敬天之心伸矣。地壇之建廷議不一，今似宜改山川壇爲地壇，既無創建之勞，行禮亦便。皆非臣等所敢專決，惟在皇上權其可否以定一代之典。

《明世宗實録》卷一二五 "嘉靖十年五月" 條

乙巳，詔大祭方澤。奏祭祀後三日不奏封事，歲以爲常。

《明穆宗實録》卷二 "隆慶元年正月上" 條

丙寅，禮部遵詔會議郊社諸典禮及葬祔享之制。

郊祀之禮，謹考國初建圜丘於鍾山之陽，用冬至祀天，以日、月、星辰、太歲從祀，建方丘於鍾山之陰，用夏至祀地，以岳鎮、海瀆從祀，俱奉仁祖淳皇帝配。【略】洪武十年始定合祀之制，每歲正月擇日行於大祀殿，三十二年更奉太祖高皇帝配。永樂十八年，北京大祀殿成，行禮如前儀。洪熙元年增奉成祖文皇帝并配。嘉靖九年，【略】建方澤於北郊，夏至祀地，以岳鎮、海瀆、陵寢、諸山從祀，俱奉太祖高皇帝配。【略】臣等議以爲天地分祀仿于《周禮》圜丘方丘之文，自漢以來，歷代分合不常，諸儒議論不一。我太祖定鼎之初，與一時儒臣斟酌考訂，首建分祀之禮，其後因感齋居陰雨，始改合祀。至我皇考大行皇帝仍建四郊，如洪武初年之制，蓋太祖始分而後合，皇考改合而爲分，然皇考之更制即太祖之初制也，今分祀已久，似難紛更，宜照例南北二郊於冬夏至日，恭請聖駕親詣致祭，仍奉太祖高皇帝配。

(明) 申時行等《大明會典》卷八二《禮部四〇·郊祀二·分祀上》

嘉靖九年，更定分祀儀，是年既分建四郊，遂號祖陵山曰基運皇陵山，曰翔聖孝陵鍾山，曰神烈顯陵山，曰純德并天壽山，俱從祀方澤，居岳鎮之次，仍俱祀於地祇壇。十一年，【略】又定看牲分獻之制。凡看牲，舊以前月之朔，大駕親往。自後文武大臣日輪一員，次早復命。至是，令冬夏至及析穀俱止。祭前五日親往，自後遣大臣輪視如常。凡分獻，舊用文武大臣及近侍官一十四員，今圜丘方澤各用四員。分獻俱太常先期題請欽命而法司官例不遣。又定大祀，如遣官不行飲福禮。太常具福胙奏進其傳制後各廟焚香則。嘉靖八年罷。

(清) 慶桂等《國朝宮史續編》卷二八《典禮二二·祭祀三·齋戒儀》

初七日，奉諭旨：禮部具奏五月初一日夏至方澤大禮，高宗純皇帝升配事宜一摺，於祭日先詣高宗純皇帝神牌上香行禮，尚未周備。上年冬至，恭逢圜丘大祀，祇奉高宗純皇帝神牌升配，朕於前一日恭赴天壇齋宿，即敬詣皇穹宇拈香，隨至高宗純皇帝神牌黃幄敬謹行禮。今春祈穀升配，前一日，先詣皇乾殿，次詣神牌黃幄，禮節亦同。今方澤大祀，高宗純皇帝升配地壇，因每年例係在宮內齋宿，禮部請於祭日先詣神牌黃幄行禮，視升配天壇禮儀尚缺先期致告一節，朕心殊覺未安。因思地壇於乾隆十七年初建齋宮，皇考曾詣齋宿一次，彼時新栽樹木，尚未成陰，隨從官員致有受暍者，皇考俯加體恤。以後夏至地壇，俱即齋宿宮內。祭日，始詣壇行禮。此次升配前一日，自應先期致告，若禮畢仍還宮，於義未合。若住宿壇內齋宮，雖屬正理，但隨從之王公、大臣、侍衛人等，車馬喧闐，其時高宗純皇帝神牌黃幄恭設北天門外，相距甚近，實不足以昭虔肅，心實不安。再四思維，惟有前一日閱祝版畢，還宮辦事後，朕由東華門恭赴皇祇室拈香，隨至高宗純皇帝神牌黃幄行禮畢，即詣雍和宮齋宿。其隨從王公、大臣、侍衛等，亦可就近致齋。朕於次早恭詣地壇行禮，庶圜丘方澤升配前期致告之儀，既昭畫一，而禮緣義起，節次更爲詳備。著禮部遵照此旨，於儀注內敬謹增載，此次專爲升配增此禮節。嗣後夏至地壇齋宿，仍照舊例行。

八年十月二十七日，奉諭旨：向來孟春太廟時饗，係於正月上旬諏吉舉行，非如夏秋冬之必於孟月朔日著有定期者可比，且較之祈年祀典定以辛日將事者，亦屬有間。因思祭期若在正月初四、五、六等日，則初三日適當致齋之期，正期皇考高宗純皇帝忌辰，是日朕若仍御青袍青褂，則廟祀爲重；若竟御齋戒常服，朕心實切不安。即臣工等常服將事，亦究有未協。禮緣義起，自當斟酌變通，明年孟春時饗祭期，本擇於正月初六日，但既係諏吉舉行，即非不可改移之期。檢查嘉慶元年以來，正月初八、初九等日，均曾練日明禋，明歲正月初八日，亦係吉期，即著改於是日舉行孟春時饗典禮。嗣後孟春時饗日期，總於正月初八、初九、初十等日內擇吉舉行。著爲令。

臣等謹案：齋戒以神明其德，無闕典，無廢事，志乃壹焉。皇上定得辛之大禮，以崇歲祀，著進本之常例，以飭政經。而於高宗純皇帝升配方丘巨典，斟酌從宜，特詣雍和宮齋宿，表宅心之敬，擷禮意之精，不特自古帝王致齋無此竭誠，實亦自古儒臣議禮，無從仰窺萬一者爾。

儀注

《明世宗實錄》卷一二五 "嘉靖十年五月" 條

丁亥，禮部具大祭。上常服乘輿由長安左門出入壇之西門，太常官導上至具服殿易祭服出，導引官導上由方澤右門入，典儀唱樂舞生就位，執事官各司其事，內贊奏就位，上就位，典儀唱瘞毛血，唱《迎神》，樂作。樂止，內贊奏四拜，傳贊百官同典儀唱奠玉帛，樂作，內贊奏陞壇，導至皇祇香案前，奏跪，奏搢圭，司香官捧香跪於上右，內贊上香，上三上訖。捧玉帛官以玉帛跪進於上右，上受玉帛，內贊奏獻玉帛，上奠訖，奏出圭，導至太祖香案前，儀同奏復位，樂止。典儀唱進俎，樂作，齋郎昇俎安訖，內贊奏升壇，導上至皇祇俎匣前，奏搢圭，奏進俎，奏出圭，導至太祖俎匣前，儀同奏復位。樂止，典儀唱行初獻禮，樂作，內贊升壇導至皇祇前奏進圭，捧爵官以爵跪進於上右，上受爵，內贊奏獻爵，上獻訖，奏出圭，奏詣讀祝位，奏跪傳贊百官皆跪。樂暫止，內贊贊讀祝，讀祝官跪讀畢，樂復作。內贊奏俯伏興平身，傳贊百官同。導至太祖前，奏進圭，捧爵官以爵跪進於上右，上受訖，內贊奏獻爵，上獻訖，奏出圭，奏復位，樂止。典儀唱行亞獻禮，樂作，儀同初獻，惟不讀祝。樂止，典儀唱行終獻禮，樂作，儀同亞獻。樂止，太常卿進立壇左，東向，唱賜福胙，內贊奏詣飲福位，內贊奏引官導上至飲福位，光禄卿捧福酒，跪進於上右。內贊奏跪，奏搢圭，奏飲福酒，上飲訖，光禄官捧福胙跪進於上右，內贊奏受胙，上受訖，奏出圭，奏俯伏興平身，奏復位，奏四拜，傳贊百官同。樂止，典儀唱徹饌，樂作，執事官徹饌訖，樂止，典儀唱送神，樂作，內贊奏四拜，傳贊百官同樂止，典儀唱讀祝官捧祝，進帛官捧帛，掌祭官捧饌，各詣瘞位，典儀唱望瘞，內贊奏詣望瘞位，內贊對引官導上至望瘞位，祝圭埋訖，配帝帛燎半，官贊奏禮畢，導引官導上至具服殿易服，太常卿捧太祖御位入安於太廟，寢駕還詣廟，參拜畢，還宮。

分獻官儀注。典儀唱行初獻禮，讀祝訖，俯伏興平身，贊引引獻官各詣神位前，贊跪，贊搢笏上香獻帛獻爵訖，贊出笏，復位。典儀唱行亞獻禮、終獻禮，贊引引獻官各詣神位前，贊搢笏獻爵出笏，復位，唱望瘞，贊引引獻官至燎位，燎半，贊官禮畢。

《明世宗實錄》卷一三八 "嘉靖十一年五月" 條

壬子，禮部上大祀方澤遣官行禮儀注。

祭祀前期。太常寺具本上請欽定遣官職名，遣官受命報名謝恩齋宿，如常儀。先一日，遣官及分獻陪祀官各致齋於祭所。

是日。先期，太常寺陳設如圖儀，設遣官拜位於壇下內壝正中，設遣官讀祝位於壇上，避御拜位，近北陛。設典儀贊引官位於遣官拜位之南，贊引遣官、分獻、陪祀官各服法服候於壇壝外，南向立。典儀唱樂舞生就位，執事官各司其事，贊引引遣官由內壝右靈星門入，贊就位，遣官就位，典儀唱瘞毛血迎神，奏樂。樂止，贊四拜，遣官及衆官各四拜，平身。典儀唱奠玉帛，奏樂，贊升壇，遣官由壇西陛升至皇祇香案前，贊跪搢笏，遣官搢笏，司香官捧香跪於遣官右。贊上香，遣官三上香訖，捧玉帛官以玉帛跪於遣官右，遣官受玉帛奠訖。贊出笏，贊引引至太祖前儀同贊復位，樂止。典儀唱進俎，奏樂，齋郎昇饌至，贊引贊升壇，遣官復由壇西陛升至皇祇前，贊進笏進俎，出笏引至太祖前，儀同。贊復位，樂止。典禮唱行初獻禮，奏樂，贊升壇，遣官由壇西陛至皇祇前，贊搢笏，捧爵官以爵跪於遣官右，遣官爵受贊獻爵，遣官獻訖，贊出笏，贊詣讀祝位，遣官退至讀祝位，贊跪遣官，及衆官皆跪，樂暫止。贊讀祝，讀祝官跪讀訖，樂復作。贊俯伏興平身，遣官及衆官皆俯伏，興，平身，引至太祖前，贊搢笏，捧爵官以爵跪於遣官右，遣官受爵，贊獻爵，遣官獻訖，贊出笏，贊復位，樂止。典儀唱行亞獻禮，奏樂儀同初獻，惟不讀祝。樂止，典儀唱行終獻禮，奏樂儀同亞獻。樂止，贊引贊復位遣官復位，贊四拜，遣官及衆官四拜，平身。典儀唱送神，奏樂，贊四拜，遣官及衆官四拜，平身，樂止。典儀唱讀祝官捧祝，進帛官捧帛，掌祭官捧饌，各詣瘞位，奏樂。贊禮畢，樂止，贊引引遣官及衆官以次出。

太常寺具福胙於神所禮成奏進宮。制可。

《明穆宗實錄》卷七"隆慶元年四月"條

壬子，禮部進聖駕親祭方澤儀注。

前期四日，上御皇極殿，太常寺奏祭祀如常儀。

是日早，上御皇極門，太常寺堂上官奏請聖駕詣方澤致祭，錦衣衛官備法駕設板輿於皇極門下中門，內侍官跪請，上升輿，錦衣衛官跪奏起輿，上常服乘輿，由午門端門承天門長安左門安定門，詣北郊壇外西門內北門之左降輿，導駕官導上至具服殿具祭服出，導駕官導上由內壝右櫺星門入，行大祭禮，如常儀。祭畢，仍導上至具服殿，易常服還宮。

（明）申時行等《大明會典》卷八二《禮部四〇》

正祭。是日，五鼓太常卿候上御，奉天門跪奏請聖駕詣地壇，錦衣衛備隨朝駕，上常服乘輿，由長安左門出入壇之西門，太常官導上，至具服殿易祭服出，導引官導上，由方澤右門入，典儀唱樂舞生就位，執事官各司其事。內贊奏就位，上就位，典儀唱瘞毛血，唱迎神，樂作。樂止，內贊奏四拜，傳贊百官同。典儀唱奠玉帛，樂作。內贊奏升壇，導上至皇祇香案前，奏跪，奏搢圭，司香官捧香跪進於上右，內贊奏上香，上三上香訖。捧玉帛官以玉帛，跪進於上右，上受玉帛，內贊奏獻玉帛，上奠訖，奏出圭，導至太祖香案前，儀同。奏復位，樂止，典儀唱進俎，樂作。齋郎昇俎安訖，內贊奏升壇，導上至皇祇俎匣前。奏搢圭，奏進俎，奏出圭，導上至太祖俎匣前，儀同。奏復位，樂止，典儀唱行初獻禮，樂作。內贊奏升壇，導上至皇祇前，奏搢圭，捧爵官以爵跪進於上右，上受爵，內贊奏獻爵，上獻訖，奏出圭，奏詣讀祝位，奏跪，傳贊衆官皆跪。樂暫止，內贊贊讀祝，讀祝官跪讀祝畢，樂復作，內贊奏伏興平身，傳贊百官同。導上至太祖前，奏搢圭，捧爵官以爵跪進於上右，上受爵，內贊奏獻爵，上獻訖，奏出圭，奏復位，樂止。典儀唱行亞獻禮，樂作，義同初獻，惟不讀祝。樂止，典儀唱行終獻禮，樂作，儀同亞獻。樂止，太常卿進，立壇左東向，唱賜福胙，內贊奏詣飲福位，內贊對引官導上至飲福位，奏跪，奏搢圭。光祿卿捧福酒跪進於上右，內贊奏飲福酒，上飲訖，光祿官捧福胙，跪進於上右，內贊奏受胙，上受訖，奏出圭，奏俯伏興平身，奏復位，奏四拜，傳贊百官同。典儀唱徹饌，樂作，執事官徹饌訖，樂止。典儀唱送神，樂作，內贊奏四拜，傳贊百官同。樂止，典儀唱，讀祝官捧祝，進帛官捧帛，掌祭官捧饌，各詣瘞位。典儀唱望瘞，內贊奏詣望瘞位，內贊對引官導上至望瘞位，祝帛埋訖，配帝帛燎半，內贊奏禮畢，導引官導上至具服殿易服，太常卿捧太祖御位入，安於太廟寢。駕還，詣廟參拜。致辭曰：孝玄孫嗣皇帝御名恭詣北郊祭地禮成，謹詣祖宗列聖帝后神位前，恭行參拜畢，還宮。

分獻官儀注。典儀唱行初獻禮，讀祝訖，俯伏，興，平身。贊引引獻官各詣神位前。贊跪，贊搢笏上香，獻帛獻爵訖，贊出笏，復位。典儀唱行亞獻禮、終獻禮，贊引引獻官各詣神位前，贊揎笏，獻爵，出笏，復位，至唱望瘞，贊引引獻官至燎所，燎半，贊禮畢。

（明）俞汝楫等《禮部志稿》卷二五《方澤》

正祭。是日五鼓，太常卿候上御奉天門，跪奏請聖駕詣地壇，錦衣衛備隨朝駕，上常服乘輿，由長安左門出入壇之西門，太常官導上至具服殿，易祭服出，導引官導上由方澤右門入，典儀唱樂舞生就位，執事官各司其事，內贊奏就位，上就位，典儀唱瘞毛血，唱迎神，樂作。樂止，內贊奏四拜，傳贊百官同。典儀奠玉帛，樂作，內贊奏升壇，導上至皇祇香案前。奏跪，奏揎圭，司香官捧香跪進於上右，內贊奏上香，上三上香訖，捧玉帛官以玉帛跪進於上右，上受玉帛，內贊奏獻玉帛，上奠訖，奏出圭，導至太祖香案前，儀同。奏復位，樂止，典儀唱進俎，樂作。齋郎昇俎安訖，內贊奏升壇，導上至皇祇俎匣前，奏揎圭，奏進俎，奏出圭，導上至太祖俎匣前，儀同。奏復位，樂止，典儀唱行初獻禮，樂作。內贊奏升壇，導上至皇祇前，奏揎圭，捧爵官以爵跪進於上右，上受爵，內贊奏獻爵，上獻訖，奏出圭，奏詣讀祝位，奏跪，傳贊眾官皆跪，樂暫止。內贊贊讀祝，讀祝官跪讀祝畢，樂復作。內贊奏俯伏興平身，傳贊百官同。導上至太祖前，奏揎圭，捧爵官以爵跪進於上右，上受爵，內贊奏獻爵，上獻訖，奏出圭，奏復位，樂止。典儀唱行亞獻禮，樂作，儀同初獻，惟不讀祝。樂止，典儀唱行終獻禮，樂作，儀同亞獻。樂止，太常卿進，立壇左，東向。唱賜福胙，內贊奏詣飲福位，內贊對引官導上至飲福位。奏跪，奏揎圭，光禄卿捧福酒，跪進於上右，內贊奏飲福酒。上飲訖，光禄官捧福胙跪進於上右，內贊奏受胙。上受訖，奏出圭，奏俯伏興平身，奏復位，奏四拜，傳贊百官同。典儀唱徹饌，樂作，執事官徹饌訖，樂止。典儀唱送神，樂作，內贊奏四拜，傳贊百官同。樂止，典儀唱，讀祝官捧祝，進帛官捧帛，掌祭官捧饌，各詣瘞位，典儀唱望燎，內贊奏詣望瘞位，內贊對引官導上至望瘞位，祝帛埋訖，配帝帛，燎半，內贊奏禮畢。導引官導上至具服殿易服，太常卿捧太祖御位入安於太廟寢，駕還，詣廟參拜。致辭曰，孝玄孫嗣皇帝某恭詣北郊祭地禮成，謹詣祖宗列聖帝后神位前，恭行參拜畢，還宮。

分獻官儀注。典儀唱行初獻禮，讀祝訖，俯伏，興，平身。贊引引獻官各詣神位前，贊跪，贊揎笏，上香，獻帛獻爵訖，贊出笏，復位。典儀唱行亞獻禮、終獻禮，贊引引獻官各詣神位前，贊揎笏，獻爵，出笏，復位，至唱望瘞，贊引引獻官至燎所，燎半，贊禮畢。

（明）佚名《太常續考》卷一《郊祀·儀注》

祭日五鼓，本寺卿具吉服，上御皇極門，跪奏云太常寺卿臣某恭請聖駕詣地壇致祭。不承旨，叩三頭，一揖，一躬，先出。錦衣衛備隨朝駕如常儀。上乘輿，由東長安門出，至壇西門，神樂觀知觀二員，叩頭，起執，提爐，同導引官導上至具服殿，上具祭服，出。導引官導由壇右門入，內贊導上行，典儀唱樂舞生就位，執事官各司其事，內贊奏就位，位設於二成。典儀唱瘞毛血，迎神，樂作。樂止，奏四拜，贊百官同。典儀唱奠玉帛，樂作。內贊奏升壇，導上至正位香案前，奏跪，奏搢圭，奏上香，捧玉帛官以玉帛跪進於上右，上受玉帛。奏獻玉帛，獻訖，奏出圭，導至配位香案前。奏跪，奏搢圭，奏上香，捧帛官以帛跪進於上左，上受帛。奏獻帛，獻訖。奏出圭，奏復位，上復位，樂止。典儀唱進俎，樂作。本寺導俎官導俎至陛下，齋郎昇俎上壇安訖。內贊奏升壇，導上升至正位前。奏搢圭，奏進俎，奏出圭，內贊導上至配位前。奏搢圭，奏進俎，奏出圭，奏復位，上復位，樂止。典儀唱行初獻禮，樂作。內贊奏升壇，導上升至正位前。捧爵官以爵跪進於上右。奏搢圭，上受爵，奏獻爵，上獻訖，奏出圭，奏詣讀祝位，上至讀祝位，樂暫止，奏跪，上跪。傳贊百官皆跪。贊讀祝，讀祝官跪，讀訖，樂復作。內贊奏俯伏興平身，傳贊百官同。上平身，內贊導上至配位前，捧爵官以爵跪進於上左，奏搢圭，上受爵，奏獻爵，上獻訖，奏出圭，奏復位，上復位，樂止。典儀唱行亞獻禮，樂作。內贊奏升壇，導上升至正位前，捧爵官以爵跪進於上右。奏搢圭，上受爵，奏獻爵，上獻訖，奏出圭，內贊導上至配位前，捧爵官以爵跪進於上左。奏搢圭，上受爵，奏獻爵，上獻訖，奏出圭，奏復位，上復位，樂止。典儀唱行終獻禮，儀節與亞獻同。本寺卿立於壇上，祝桌前，東向，唱賜福胙，內贊奏詣飲福位，上升至飲福位，光祿寺卿捧福酒跪進於上右，內贊奏跪，上跪。奏搢圭，奏飲福酒，上飲訖，光祿寺官捧福胙跪進於上右，內贊奏受胙，上受訖，奏出圭，奏俯伏興平身，奏復位，上復位。內贊奏四拜興平身，上四拜，平身，傳贊百官同。典儀唱徹饌，樂作，執事官徹饌訖，樂止。典儀唱送神，樂作內贊奏四拜興平身，上四拜，平身，傳贊百官同。樂止，典儀唱讀祝官捧祝，進帛官捧帛，掌祭官捧饌，各詣瘞位，上退御拜位之西，立。典儀唱望瘞，樂作，捧祝帛饌官下陛，內贊奏詣望瘞位，導上至望瘞位半，內贊奏禮畢，樂止。導引官導上至具服殿易服，還。

分獻儀注。同圜丘。惟唱望瘞時，則分詣各燎爐前望燎。如遣官攝祭，位設於二成，下由西陛升降，不飲福受胙，餘儀同前。本寺少卿寺丞請皇地祇神版從位神牌，奉安於皇祇室，上香叩頭。本寺卿請太祖主奉安於神輿亭內，上香叩頭。錦衣衛旗尉昇至太廟寢殿卿奉安畢，上香叩頭。祝文用黃祝版墨書：維□年歲次五月朔日，嗣天子臣御名敢昭奏於皇地祇，曰：時當夏至，群物方亨，生長發育，有生咸賴，功德至厚，上配皇天，爰遵典禮，謹率臣僚以玉帛牲齊、粢盛庶品奉茲瘞祀，奉太祖高皇帝配神。尚享。

（四）祭祀樂舞

樂舞制度沿革

（清）允祹等《大清會典則例》卷九八《樂部》

樂章名。順治元年，議准郊廟樂章，累朝各取佳名，以明一代之制，除漢魏曲名不可枚舉外，梁用雅，北齊及隋用夏，唐用和，宋用安，金用寧，元宗廟用寧，郊社

用咸，前明用和，本朝削寇亂以有天下，擬改用平字。【略】地壇八奏，【略】用中和韶樂。【略】

乾隆六年，奏准：謹按黃鐘子位天之統也，【略】黃鐘下生林鐘，林鐘未位地之統也。地壇樂章宜以林鐘爲宮。

祭服

(明) 申時行等《大明會典》卷二一五《太常寺》

嘉靖中分建四郊，成造净衣一千七百二十八套。

十一年，題准四郊，并祈穀、社稷六壇樂舞生道士，各給絹布等物，行令自造臨期，聽御史查點厨役，照舊造給著爲例。

三十三年，題造各壇廟厨役巾袍二百六十件，緇帽鞋襪各三百件。

四十五年，增造大享殿樂舞生道士净衣二百一十六套。

隆慶元年，止存四郊社稷五壇照例成造給賜。

計各壇净衣

圜丘壇道士净衣二百八十七套。厨役綿净衣三百套，方澤壇道士净衣二百六十一套，役單净衣三百套。

(清) 昆岡等《大清會典圖》卷六七《冠服一一》

神樂署文舞生袍，【略】地壇、地祇壇用黑屯絹。【略】神樂署執事生袍，天壇用石青綢，地壇用黑屯絹，皆不加緣。

神樂署執事生袍，太廟、天神壇、地祇壇、太歲壇、先師廟，用青云緞。

祭樂

(明) 申時行等《大明會典》卷八一《禮部三九·一樂章》

迎神，樂奏《中和之曲》：荷蒙天地兮，君主華夷。欽承踴躍兮，備筵而祭。誠惶無已兮，寸衷微。仰瞻俯首兮，惟願來期。想龍翔鳳舞兮，慶云飛必。昭昭穆穆兮，降壇壝。

奠帛，樂奏《肅和之曲》：天垂風露兮，雨澤霈。黃壤氤氳兮，氣化全。民勤畎畝兮，束帛鮮。臣當設宴兮，奉來前。

進俎，樂奏《凝和之曲》：庖人兮，列鼎。肴羞兮，以成。方俎兮，再獻。願享兮，以歆。

初獻，樂奏《壽和之曲》《武功之舞》：聖靈兮皇皇，穆嚴兮金床。臣今樂舞兮，景張。酒行初獻兮，捧觴。

亞獻，樂奏《豫和之曲》《文德之舞》：載斝兮，再將。百辟陪祀兮，具張。感聖情兮，無已。拜手稽首兮，願享。

終獻，樂奏《凝和之曲》《文德之舞》：三獻兮，樂舞揚。肴羞具納兮，氣藹而芳。祥光朗朗兮，上下方。況日吉兮，時良。

　　徹饌，樂奏《雍和之曲》：粗陳菲薦兮，神喜將。感聖心兮，何以忘。民福留兮，佳氣昂。臣拜手兮，謝恩先。

　　送神，樂奏《安和之曲》：旌幢燁燁兮，云衢長。龍車鳳輦兮，駕飛揚。遥瞻冉冉兮，上下方。必烝民兮，永康。

　　望燎，樂奏《時和之曲》：進羅列兮，燎方。炬熖發兮，煌煌。神變化兮，束帛將。感至恩兮，無量。

　　祭舞

（清）昆岡等《大清會典圖》卷四八《樂一八》

方澤壇初獻武舞譜

醴：左右正立，兩手微拱，干正舉，戚平衡左手上。

齊，左右正立，干正舉，戚衡左手上。

融，左右向東西，面微仰右左，足少前，干、戚偏右左。

冶，左右側身微向東左西右，足進前，干平舉，戚衡左手上。

兮，左右正立，首微俯，干正舉，戚衡左手上。

信，左右蹲身偏，左右，側首干植地戚衡左手上。

芳，左右向西東，身俯左右，趾微起，干倚右左，肩戚衡左手上。

博，左右正立，身微向東西，干、戚偏右左。

碩，左右正立，干居左，戚居右。

升，左右向東西，兩手推出，干平舉，戚倒衡左手上。

庖，左右向東西，干、戚分舉。

兮，左右正立，干居左，戚居右下垂。

鼎，左右向西東，身俯左右，趾微起，干倚右左，肩戚衡左手上。

方，左右向西東，面仰，干平舉，戚衡左手上。

清，左右向東左西右，足虛立，干平舉，戚衡左手上。

風，左右正立，俯首，干居左，戚下垂。

穆，左右側身向西左東右，足少前作進步勢，干、戚分舉。

穆，左右俯身側向西東，聳肩起左右足，干倚肩，戚衡左手上。

兮，左右側身偏右左左右，足虛立，干植地，戚衡左手上。

休，左右正立，干居中，戚居右。

氣，左右向東西，身俯右左，足少前，干、戚偏右左。

翔，左右向東西，兩足并兩手推出，干平舉，戚衡左手上。

神，左右正立，兩手微拱，干正舉，戚衡左手上。

明，左右正面左右，足虛立，干、戚偏左右。

和，左右正立，干居中，戚下垂。

樂，_{左右向東西}，身微俯兩足并，干平舉，戚衡左手上。

兮，_{左右向東左西右}，足少前，兩手推出，干、戚分舉。

舉，_{左右正立}，干居左，戚向內平衡。

初，_{左右正面}，右足交於左，干正舉，戚衡左手上。

觴，_{左右正立}，兩手上拱，干平舉，戚衡左手上。

洽，_{左右向東西}，兩足并，干平舉，戚衡左手上。

百，_{左右向東左西右}，足進前趾向上，干、戚偏右左。

禮，_{左右身微向東左西右}，足虛立，干平舉，戚衡左手上。

兮，_{左右正面右左}，足虛立，干居左，戚居右下垂。

禋，_{左右身俯少蹲左右}，足虛立，干、戚偏右左。

祀，_{左右身俯少蹲右左}，足虛立，兩手推出，干、戚偏左右。

馨，_{左右向東左西右}，足少前虛立，干、戚分舉。

九，_{左右身微向西右東左}，足交於左右，干、戚偏左右。

土，_{左右向西左東右}，足交於右左，干、戚分舉。

兮，_{左右身微向西東}，兩足并，干、戚偏左右。

豐，_{左右正面屈雙足}，干正舉，戚衡左手上。

穰，_{左右屈雙足俯首}，干正舉，戚衡左手上。

方澤壇祀以夏至，初獻《武舞》：左右兩班正面立，夏冠服黑色銷金花服，皆左手執干，居中當胸。右手執戚平衡，戚左柄右，工歌《太平之章》，舞凡四十二式。

樂章

醴、齊、融、冶、兮、信、芳、博、碩、升、庖、兮、鼎、方、清、風、穆、穆、兮、休、氣、翔、神、明、和、樂、兮、舉、初、觴、洽、百、禮、兮、禋、祀、馨、九、土、兮、豐、穰。

方澤壇亞獻文舞譜

一，_{左右正面右左}，足少前，羽籥斜倚肩。

茅，_{左右正面}，左足虛立，籥下平垂，羽植。

三，_{左右正立}，籥平衡，羽植。

脊，_{左右向東西}，身俯右左，足進前，籥斜指下，羽植。

兮，_{左右身微向東西}，羽、籥偏右左，如十字。

縮，_{左右向東西}，身俯兩足并，羽、籥斜交。

漿，_{左右正立俯首}，羽、籥如十字。

山，_{左右向東西}，籥斜衡，羽植。

罍，_{左右向東西}，籥平指東西，羽植。

云，_{左右正立}，羽、籥如十字。

幂，左右正面，左足虛立，籥下垂，羽植。

兮，左右向，西東，兩足并籥平指，西東，羽植，如十字。

馨，左右正面，右足交於左，羽、籥如十字。

香，左右正立，兩手伸出，籥斜舉，羽植。

介，左右身微向東西，羽、籥偏左右，如十字。

黍，左右向東西，籥斜衡，羽植。

稷，左右俯首，右足交於左，羽、籥如十字。

兮，左右正立，籥斜舉，羽植。

芳，左右正立，身俯，籥衡地，羽植籥上。

旨，左右正面，左足虛立，籥衡及肩，羽植。

再，左右向東西，身俯右左，足進前趾向上，籥斜指下，羽植。

滌，左右正立，羽、籥向下斜交。

犧，左右向東西，俯首籥平指東西，羽植。

尊，左右向東西，籥下平垂，右手伸出，羽植。

兮，左右向東西，身俯右左，足進前，羽、籥斜交。

敬，左右正立，籥植居中，羽衡籥下。

將，左右正立，籥平衡，羽植籥上。

樂，左右正立，籥斜舉，羽植。

成，左右正立，籥植居中，羽衡籥上。

八，左右向西東，兩足并，籥平指西東，羽植，如十字。

變，左右正立，兩手相交，羽籥并植。

兮，左右正立，身微向東西，籥斜衡，羽植。

綴，左右向東西，左足虛立，籥斜倚膝，羽植。

兆，左右正立，俯首，羽、籥植地。

儼，左右正立，籥斜舉，羽植。

皇，左右正立，兩手微拱，羽、籥如十字。

祇，左右向西東，身俯兩足并，羽、籥斜交。

兮，左右正面，兩足并，羽、籥如十字。

悅，左右正面，屈雙足，羽、籥如十字。

康，左右屈雙足，俯首至地，羽、籥如十字。

方澤壇亞獻《文舞》：左右兩班，正面立，皆左手執籥，當胸平衡，右手執羽，當中植立，高出於頂，羽籥相交如十字，工歌《安平之章》，舞凡四十式。

樂章

一、茅、三、脊、兮、縮、漿、山、罍、云、幂、兮、馨、香、介、黍、稷、兮、

芳、旨、再、滌、犧、尊、兮、敬、將、樂、成、八、變、兮、綴、兆、儼、皇、祇、
兮、悅、康。

方澤壇終獻文舞譜

紫，左右向東左西右，足進前，籥斜衡，羽植。

壇，左右正立，俯首，羽、籥植。

兮，左右向西東，面仰兩足并，籥斜衡，羽植。

嘉，左右正立，籥植近肩，羽平衡如十字。

氣，左右正立，羽、籥分植。

盈，左右正立，籥平衡，羽植。

旨，左右正立，籥斜舉，羽植。

酒，左右正面，籥下垂，右手伸出，羽植。

思，左右正立，籥平衡，羽植。

柔，左右向東西，身俯右左，足進前，籥斜指下，羽植。

兮，左右身微向東西，兩足立如丁字，羽、籥偏右左，如十字。

和，左右向東西，身俯兩足并，籥平指東西，羽植。

且，左右正立，身微蹲，籥植過肩，羽平額如十字。

平，左右正立，籥斜植地，羽植。

懍，左右向西東，兩足并，羽、籥如十字。

茲，左右正立，籥下垂羽植。

陟，左右正立，羽、籥斜交。

降，左右正立，羽、籥如十字。

兮，左右正立，籥斜舉，羽植。

心，左右正立，身微蹲，籥平衡，羽植。

屏，左右正立，俯首，羽、籥如十字。

營，左右正立，向東西，身俯面微仰，抱右左膝，羽、籥如十字。

禮，左右身微向東西，羽、籥偏右左，如十字。

成，左右向西左東右，足少前，羽、籥如十字。

三，左右正立，面向東西，兩手相并舉向西東，羽、籥分植。

獻，左右正立，兩足并，兩手微拱，羽、籥如十字。

兮，左右正立，羽、籥分植。

薦，左右向東西，身微俯，籥平指東西，羽植。

玉，左右向西東，身微俯，兩足正，籥下垂，羽植。

觝，左右正立，籥平舉過肩，羽植。

含，左右向西東，面微仰，羽、籥斜舉。

宏，_{左右正面}，身蹲，羽、籥植。

光，_{左右向東西}，籥平指_{東西}，羽、植如十字。

大，_{左右正面}，身微蹲，籥植居左，羽平指西。

兮，_{左右向西東}，身微俯，籥下垂，羽植。

德，_{左右正立}，俯首抱_{左右}膝，羽、籥如十字。

厚，_{左右向東西}，兩手高舉，羽、籥分植。

靈，_{左右正立}，籥植過肩，羽平額交如十字。

佑，_{左右正立}，籥植近肩，羽平衡如十字。

丕，_{左右向東西}，羽、籥如十字。

基，_{左右向東西}，兩手伸出，羽、籥植。

兮，_{左右正立}，兩手上拱，羽、籥如十字。

永，_{左右正面}，屈雙足，羽、籥如十字。

清，_{左右}屈雙足俯首至地，羽、籥如十字。

方澤壇終獻《文舞》：左右兩班立，如亞獻，左右手執籥羽，亦如亞獻儀。工歌《時平之章》，舞凡四十四式。

樂章

紫、壇、兮、嘉、氣、盈、旨、酒、思、柔、兮、和、且、平、懷、茲、陟、降、兮、心、屛、營、禮、成、三、獻、兮、薦、玉、觥、含、宏、光、大、兮、德、厚、靈、佑、丕、基、兮、永、清。

三、祭祀記載

（一）明代祭祀記載

《明世宗實錄》卷一一〇 "嘉靖九年二月" 條

癸酉，先是，上問大學士張璁："朕聞書稱燔柴祭天，又曰類於上帝，《孝經》曰郊祀后稷以配天，宗祀文王於明堂以配上帝，夫天即上帝以形體主宰之異言也。朱子謂祭之屋下，謂之帝今大祀有殿，是屋下之祭未見祭天之禮，況今上帝皇地祇合祭一處，似非天也。"又問"大報天而主日配以月，今大明壇當與夜明壇異可也？且日月照臨，其功甚大，今太歲等神歲二祭，而日月星辰只一從祭焉，朕疑之，卿言其所以。"璁對言："古者冬至祀天於南郊之圜丘，夏至祭地於北郊之方澤，至敬不壇，掃地行事，其禮至簡。至周公制禮，冬至郊天配以祖，季秋祀帝明堂配以考。至漢成帝時，王莽諂事元后傅會昊天有成命之詩，合祭天地，同牢而食，殊爲瀆褻。自此天地遂合祭，至宋神宗始議分祀，迄宋終元屢分屢合。國初太祖皇帝建圜丘鍾山之陽以冬至祀天，建方丘鍾山之陰以夏至祀地，俱配以仁祖。洪武十年始定合祀之禮，即圜丘舊址爲壇，以屋覆之，曰大祀殿，後列聖相承皆以太祖太宗并配。説者謂上爲屋即周之明堂，下爲壇即周之圜丘，是亦孔子從周之意。

《明世宗實録》卷一二五"嘉靖十年五月"條

庚戌，以夏至祭方澤，命少詹事夏言分獻，太常寺奏祭祀失誤，出班叩頭稱疾引罪，上切責而宥之。

壬子，夏至大祭祀地于方澤。

《明世宗實録》卷一三一"嘉靖十年十月"條

丁酉，禮部上郊廟粢盛支給之數。因言南郊耤田，皇上躬執三椎，而公卿共宣其力，較之西苑爲重，西苑雖屬農官督理，而皇上時省耕歛較之耤田爲勤，則二倉之儲誠宜分屬兼支以供郊廟祭祀，請以耤田所出藏之南郊圓廩神倉，若圜丘、祈穀、先農、神祇壇、長陵等陵、歷代帝王及百神之祀，皆取給焉。西苑所出藏之恒裕倉，苦方澤朝日、夕月、太廟、世廟、太社稷、帝社稷、禘袷、先蠶及先師孔子之祀，皆取給焉，庶稱皇上敬天禮神之意。上從之。

《明世宗實録》卷一三八"嘉靖十一年五月"條

戊午，夏至，大祀地于方澤，遣武定侯郭勛代，惠安伯張偉、大學士張孚敬、李時、尚書夏言分獻岳鎮、海瀆等壇。

《明世宗實録》卷一五〇"嘉靖十二年五月"條

己未，以將大祀地於方澤，命武定侯郭勛代告祭太祖配神於太廟，成國公朱鳳視牲。

壬戌，大祀地於方澤，命武定侯郭勛代行禮。

《明世宗實録》卷一六三"嘉靖十三年五月"條

戊辰，夏至大祭地于方澤先視牲，命定國公徐延德代告請太祖配神，及是日行禮，俱武定侯郭勛代。

《明世宗實録》卷一七五"嘉靖十四年五月"條

己巳，以大祭方澤視牲，命武定侯郭勛代，尚書張瓚、秦金、梁材、侍郎霍韜輪視。

庚午，上躬詣太廟，請太祖配位於方澤，太祖高皇帝忌辰奉先殿致祭。

癸酉，夏至，上大祭地於方澤。先是陰雨連日，及駕出，忽開霽天爽氣清。禮成，上手諭尚書夏言曰："齋之一日，已令卿示諸執事悉矣。今夕涼爽，若秋皇祇歆享皇祖來侑，朕心喜悦，恐日出而燠，兹可即還宮，不待明。卿其傳示諸執事知之，言表賀禮成"。上優詔報聞以大祭方澤，勛衛張岳、朱岳護衛不到，下法司問。

《明世宗實録》卷一八七"嘉靖十五年五月"條

戊寅，夏至節大祭地于方澤，命武定侯郭勛代，遣伯卫鐳陳鏸、尚書夏言、梁材分獻。

《明世宗實録》卷一九二 "嘉靖十五年十月" 條

戊子，皇子奏告昊天上帝，午時祭告奉先殿崇先殿，俱祭服行事，一分詣方澤等七壇祭告。

辛卯，皇子告方澤，遣侯郭勛，朝日輔臣李时，夕月伯陈鏸，太社稷少傅夏言，帝社稷尚书顾鼎臣，天神伯衛鏻，地祇駙马邬景和，各行礼如仪。

《明世宗實録》卷二〇〇 "嘉靖十六年五月" 條

庚辰，以大祭方澤，遣英國公張溶告請太祖配神于太廟。

癸未，夏至大祭地於方澤，命英國公張溶、武定侯郭勛、宣城伯衛鏻、大學士夏言分獻。

《明世宗實録》卷二一二 "嘉靖十七年五月" 條

甲申，以大祀方澤視牲，遣武定侯郭勛代，伯焦棟、大學士李時、夏言、尚書嚴嵩輪視。

丙戌，以大祀方澤，請太祖配位，命武定侯郭勛代。

己巳，夏至大祀地于方澤，命武定侯郭勛代，公張溶、伯衛鏻、陳鏸、王瑾分獻。

《明世宗實録》卷二二四 "嘉靖十八年五月" 條

庚辰，太常寺以夏至祭方澤，請遣官視牲。上曰：二至并祈穀視牲，前期五日，朕俱親往。著爲令。

辛卯，以夏至祭方澤，視牲命翊國公郭勛代，請太祖配成國公朱希忠代。

甲午，夏至，大祭地于方澤，命公郭勛、朱希忠，伯陳鏸，大學士夏言分獻。

《明世宗實録》卷二三七 "嘉靖十九年五月" 條

丙申，以夏至將大祭地於方澤，視牲遣成國公朱希忠代，大學士顧鼎臣、翟鑾、尚書許讚、嚴嵩輪視。

戊戌，大祭地於方澤，命翊國公郭勛代，伯衛鏻、陳鏸、大學士夏言、翟鑾分獻。

《明世宗實録》卷二四九 "嘉靖二十年五月" 條

甲辰，夏至，大祭地于方澤。先期省牲，命京山侯崔元代，尚書嚴嵩、張瓚、侍郎張潮、孫承恩輪視，請太祖配神，并是日致祭，俱命成國公朱希忠代，英國公張溶、靖遠伯王瑾、大學士崔鑾、尚書嚴嵩分獻。

《明世宗實録》卷二六一 "嘉靖二十一年五月" 條

己酉，夏至，大祭地于方澤。先期視牲，命成國公朱希忠代，英國公張溶、豐城侯李熙、尚書李如圭、陳經輪視，請太祖配神。及是日配祭，俱命朱希忠行禮，京山侯崔元、遂安伯陳鏸、大學士翟鑾、尚書許讚各分獻。

《明世宗實録》卷二七四 "嘉靖二十二年五月" 條

庚戌，方澤視牲，命英國公張溶代。

壬子，以大祀方澤，告請太祖高皇帝配神于景神殿，命成國公朱希忠代。

乙卯，大祭地于方澤，命成國公朱希忠代。

《明世宗實錄》卷二八六"嘉靖二十三年五月"條

己未，大祭地于方澤。先期視牲，命英國公張溶代祭告景神殿，請太祖配神，及是日行禮，俱命成國公朱希忠代，京山侯崔元、遂安伯陳鏸、大學士嚴嵩、禮部尚書張璧分獻。

《明世宗實錄》卷二九九"嘉靖二十四年五月"條

乙丑，夏至大祭地于方澤。先期視牲請太祖配神及是日行禮，俱遣公朱希忠代，侯方銳、伯陳鏸、大學士許讚、尚書王杲分獻。

《明世宗實錄》卷三一一"嘉靖二十五年五月"條

庚午，大祭地于方澤，先期視牲并預請太祖配神及是日行禮，俱命成國公朱希忠代，公張溶、伯陳鏸、駙馬謝詔、尚書費寀分獻。

《明世宗實錄》卷三二三"嘉靖二十六年五月"條

丙子，夏至，大祭地于方澤。先期視牲，遣成國公朱希忠代，請太祖配神及是日行禮，俱命英國公張溶代。

《明世宗實錄》卷三三六"嘉靖二十七年五月"條

辛巳，夏至，大祭地于方澤。先期視牲請太祖高皇帝配饗及是日行禮，俱命成國公朱希忠代。陪祀官各吉服用樂如祈穀禮。

《明世宗實錄》卷三四八"嘉靖二十八年五月"條

丙戌，大祭地于方澤。先期視牲請太祖配神及是日行禮，俱命成國公朱希忠代，遂安伯陳鏸、東寧伯焦棟、大學士張治、尚書徐階分獻。

《明世宗實錄》卷三六〇"嘉靖二十九年五月"條

丁亥，以大祀方澤，視牲命駙馬鄔景和代。

辛卯，大祭地於方澤，命英國公張溶代。

《明世宗實錄》卷三七三"嘉靖三十年五月"條

丁酉，大祀地于方澤。先期視牲，命成國公朱希忠代，告請太祖配神及是日行禮，俱命英國公張溶代。

《明世宗實錄》卷三八五"嘉靖三十一年五月"條

丁酉，方澤視牲，命成國公朱希忠代，駙馬鄔景和、伯陳圭、尚書孫承恩、趙錦輪視。

癸卯，夏至，大祭地于方澤。先期請太祖配神及是日行禮，俱遣公張溶代，公徐延德、侯仇鸞、大學士徐階、尚書萬鏜分獻。

《明世宗實錄》卷三九八"嘉靖三十二年五月"條

丁未，夏至，大祭地于方澤。先期視牲，命英國公張溶代，告請太祖配神及是日行禮，俱命成國公朱希忠代，公張溶、徐延德，大學士徐階、李本分獻。

《明世宗實錄》卷四一〇 "嘉靖三十三年五月" 條

丁未，方澤視牲，遣成國公朱希忠代。

壬子，大祭地于方澤。先期請太祖配神及是日行禮，俱命成國公朱希忠代。

《明世宗實錄》卷四二二 "嘉靖三十四年五月" 條

戊午，夏至大祭地于方澤。先期視牲請太祖配神及是日行禮，俱命成國公朱希忠代。

《明世宗實錄》卷四三五 "嘉靖三十五年五月" 條

戊午朔，以方澤視牲，命成國公朱希忠代，駙馬謝詔、安平伯方承裕、都督陸炳、尚書吳山輪視。

癸亥，夏至祭地于方澤。先期請太祖配及是日行禮，俱命成國公朱希忠代。

《明世宗實錄》卷四四七 "嘉靖三十六年五月" 條

戊辰，夏至大祭地於方澤，先期視牲請配及是日行禮，俱命成國公朱希忠代，公張溶、徐延德，大學士徐階、李本分獻。

《明世宗實錄》卷四五九 "嘉靖三十七年五月" 條

戊辰，方澤視時，遣公朱希忠代，侯碩寰、伯方承裕、尚書吳山、都督陸炳輪視。

癸酉，大祭地于方澤，先期請太祖配及是日行禮，俱命成国公朱希忠代。

《明世宗實錄》卷四七二 "嘉靖三十八年五月" 條

己卯，夏至大祭地于方澤，先期視牲請配及是日行禮，俱命成國公朱希忠代，公張溶、徐延德、大學士徐階、李本分獻。

《明世宗實錄》卷四八四 "嘉靖三十九年五月" 條

己卯，方澤視牲，遣成國公朱希忠代，鎮遠侯顧寰、安平伯方承裕、吏部尚書吳鵬、都督陸炳輪視。

甲申，夏至大祭地于方澤，命成國公朱希忠代。

《明世宗實錄》卷四九六 "嘉靖四十年五月" 條

己丑，夏至大祭地于方澤，先期視牲請配及是日行禮，俱命成國公朱希忠。

《明世宗實錄》卷五〇九 "嘉靖四十一年五月" 條

己丑，以大祀方澤，視牲命公朱希忠代，侯顧寰、伯陳鏓、尚書郭樸、嚴訥輪視。

甲午，大祀地于方澤，先期請太祖配及是日行禮，俱命成國公朱希忠代。

《明世宗實錄》卷五二一 "嘉靖四十二年五月" 條

庚子，夏至大祭地于方澤，先期視牲請配及是日行禮，俱命成國公朱希忠代。

《明世宗實錄》卷五三三 "嘉靖四十三年四月" 條

庚子，方澤視牲，遣公朱希忠代，侯顧寰、尚書李春芳、都督朱希孝、侍郎董份輪視。

《明世宗實錄》卷五三四 "嘉靖四十三年五月" 條

乙巳，夏至大祭地于方澤，先期請太祖配及是日行禮，俱命成國公朱希忠代。

《明世宗實錄》卷五四六 "嘉靖四十四年五月" 條

庚戌，夏至大祭地於方澤，先期視牲請配及是日行禮，俱命成國公朱希忠代。

《明世宗實錄》卷五五七 "嘉靖四十五年四月" 條

甲戌，以紫極殿壽清宮成，遣成國公朱希忠、鎮遠侯顧寰、駙馬都尉謝詔、安平伯方承裕、大學士徐階告謝圜丘、方澤、太廟、太帝二、社稷，百官上表稱賀。

《明世宗實錄》卷五五八 "嘉靖四十五年五月" 條

庚戌，方澤視牲，命成國公朱希忠代，安平伯方承裕、宣承伯卫守正、尚書高儀、楊博輪視。

《明世宗實錄》卷五五八 "嘉靖四十五年五月" 條

乙卯，大祭地于方澤，先期請太祖配及是日行禮，俱成國公朱希忠代。

《明穆宗實錄》卷八 "隆慶元年五月" 條

丁巳，以大祀方澤，上親告太廟，請太祖高皇帝配。

辛酉，上親祀池于方澤。

《明穆宗實錄》卷九 "隆慶元年六月" 條

丙申，先是御史張槚言皇極等門宜悉復聖主舊額，大監李芳言南北二郊當合祀。上俱下禮部會官詳議。至是，上議曰：【略】臣等以爲仍遵舊名爲當，謹按《周禮》言圜立方澤之制甚詳，列載燎壇、瘞坎、禮樂、象舞之數，亦各有別。則知天地分祭之説，在成周已然矣。秦漢之初，去古未遠皆主分祭，自是而後則分合靡常而論議不一，然大抵主分祀者十之六七，主合祀者十之二三，程頤朱熹號稱大儒，一則曰冬至祭天，夏至祭地，此何待葡，則曰天下有二大事，一是天地不當合祭，則分合之當否槩可見矣。我太祖高皇帝定鼎之初，一時廷臣斟酌考訂建圜丘於鍾山之陽，以冬至祭天。建方澤於鍾山之陰，以夏至祀地，蓋亦仿《周禮》而爲之。至洪武十年，偶感陰雨，始改合祀，我世宗皇帝應運中興，乃集廷議，更定四郊如洪武初年之制。當時諸臣亦言辯論，先帝折衷群議，斷自聖心，銳然舉行，然非先帝作而爲之，實遵聖祖初制也。兹遇皇上嗣登大寶，遵奉遺詔，凡一應郊社等禮，下之廷議，令參稽舊典，斟酌改正，中間如大享之禮，祈各之祭與天地社稷之祀，原不係祖宗舊典及與古禮，不切者俱以釐正惟此四郊二祀，原爲聖祖成制，臣等如舊請行荷聖明允俞北郊之禮，又已修舉若復輕議更改，臣等未見其可竊以爲當如初議。上曰："殿門等名出自皇考欽定，郊壇分祀亦皇考議復皇祖初制，俱如舊遵行，不必更改。"

《明穆宗實錄》卷二〇 "隆慶二年五月" 條

癸亥，以大祀方澤告太廟，請太祖高皇帝配。

丙寅，上親祭地于方澤。

《明穆宗實録》卷三二"隆慶三年五月"條

戊辰，以大祀方澤，請太祖高皇帝配，遣駙馬都尉許從誠告太廟。

辛未，上親祭地于方澤，命成國公朱希忠、英國公張溶、大學士李春芳、陳以勤分獻。

《明穆宗實録》卷四五"隆慶四年五月"條

壬申，以大祀方澤，致齋遣公張溶代。視牲，侯吳繼爵、蔣祐，尚書殷士儋、劉體乾輪視。

《明穆宗實録》卷四五"隆慶四年五月"條

癸酉，以大祀方澤，請太祖高皇帝配饗，遣駙馬都尉許從誠代。

乙亥，大祭地于方澤，遣公朱希忠代行禮，公張溶、徐文璧，大學士高拱、趙貞吉分獻。

《明穆宗實録》卷五七"隆慶五年五月"條

己卯，以大祀方澤，遣駙馬都尉許從誠告太廟，請太祖高皇帝配。

壬午，夏至大祭地于方澤，命成國公朱希忠代。

《明穆宗實録》卷六九"隆慶六年四月"條

甲申，以大祭方澤，遣駙馬都尉許從誠告太廟，請太祖高皇帝配。

《明穆宗實録》卷七〇"隆慶六年五月"條

丁亥，大祭于方澤，遣成國公朱希忠代。

《明神宗實録》卷一三"萬曆元年五月"條

壬辰，午初三刻，夏至遣成國公朱希忠祭地於方澤。

《明神宗實録》卷二五"萬曆二年五月"條

丁酉，酉初二刻，夏至大祭地于方澤，遣公張溶代。

《明神宗實録》卷三八"萬曆三年五月"條

壬寅，祭地于方澤，遣駙馬許從誠恭代。

《明神宗實録》卷四七"萬曆四年二月"條

乙亥，修方澤壇，遣侍郎何寬祭告后土司工之神。

《明神宗實録》卷五〇"萬曆四年五月"條

戊申，上親祀地于方澤，賜輔臣、講官、正字官，各銀葉金扇高麗絲巾有差。

《明神宗實録》卷五一"萬曆四年六月"條

癸酉，方澤壇工告竣。

《明神宗實録》卷六二"萬曆五年五月"條

癸丑，夏至祭地于方澤，遣公張溶代。

《明神宗實録》卷七五"萬曆六年五月"條

戊午，夏至祭地於方澤，遣英國公張溶行禮。

《明神宗實錄》卷八七"萬曆七年五月"條

癸亥，上親祀方澤，是日車駕夙發，丑刻即至壇所，上坐幄次，候至明始行禮，元輔張居正、次輔張四維，俱不陪祀，以扈駕從見於幄次，祀畢還宮，賜三輔臣珍饌。

《明神宗實錄》卷九九"萬曆八年閏四月"條

戊辰，上御文華殿填祝版，遣定國公徐文璧代祭方澤，至暮還宮。

《明神宗實錄》卷一〇〇"萬曆八年五月"條

己巳朔，夏至，遣定國公徐文璧代祀地于方澤。

《明神宗實錄》卷一一二"萬曆九年五月"條

辛未，以夏至祭地方澤，請太祖配神，遣駙馬許從誠告太廟。

甲戌，夏至祭地于方澤，遣国公徐文璧代，侯吳繼爵、孫世忠、尚書王國光、徐學謨分獻。

《明神宗實錄》卷一二四"萬曆十年五月"條

己卯，夏至大祭地于方澤，遣恭順侯吳继爵代，以侯孫世忠、伯楊炳、大學士張四維、尚書王國光分獻五岳之神。

《明神宗實錄》卷一三七"萬曆十一年五月"條

甲申，夏至遣定國公徐文璧祭地于方澤，公朱應禎、伯楊炳、大學士許國、尚書楊巍分祭五岳之神。

《明神宗實錄》卷一四九"萬曆十二年五月"條

庚寅，夏至日大祭地於方澤，遣駙馬侯拱宸恭代，公朱應禎、侯吳继爵、大學士申時行、余有丁分獻五岳等神。

《明神宗實錄》卷一六一"萬曆十三年五月"條

乙未，夏至大祀方澤，遣公徐文璧代。

《明神宗實錄》卷一七四"萬曆十四年五月"條

庚子，夏至祭地于方澤，遣公徐文璧恭代。

《明神宗實錄》卷一八六"萬曆十五年五月"條

乙巳，夏至祭地於方澤，遣官行禮。

《明神宗實錄》卷一九八"萬曆十六年五月"條

辛亥，祭地祇於方澤，遣文徐文璧代。

《明神宗實錄》卷二一一"萬曆十七年五月"條

丙辰，夏至大祭地于方澤，遣公徐文璧代，侯吳繼爵、李言恭，大學士許國、王家屏分獻五岳等神，駙馬許從誠，先期代詣太廟請配。

《明神宗實錄》卷二二三"萬曆十八年五月"條

辛酉，夏至祭地于方澤，遣公徐文璧代，侯吳繼爵、李言恭，大學士許國，禮部尚書于慎行分獻。

《明神宗實錄》卷二三六"萬曆十九年五月"條

丙寅，祭地于方澤，遣公徐文璧恭代。

《明神宗實錄》卷二四八"萬曆二十年五月"條

壬申，夏至祭地于方澤，遣公徐文璧恭代。

《明神宗實錄》卷二六〇"萬曆二十一年五月"條

丁丑，夏至祭地於方澤，遣公徐文璧恭代。

《明神宗實錄》卷二七三"萬曆二十二年五月"條

壬午，夏至大祭地于方澤，遣公徐文璧行禮，侯吳繼爵、伯費甲金、大學士趙志皋、尚書羅萬化分獻。

《明神宗實錄》卷二八四"萬曆二十三年四月"條

己巳，太常寺卿范崙題，五月十五日夏至祭地于方澤，聖駕親詣告太廟，詔遣駙馬都尉萬煒恭代其視牲，遣伯王學禮、費甲金，尚書孫丕揚、楊俊民輪看，其五岳，遣侯吳繼爵、徐文煒，大學士陳于陛、沈一貫分獻。

《明神宗實錄》卷二九六"萬曆二十四年四月"條

辛酉，夏至大祭地于方澤，遣公徐文璧恭代。

《明神宗實錄》卷三一〇"萬曆二十五年五月"條

戊戌，夏至大祭地于方澤，遣公徐文璧代，侯徐文煒、伯王學禮、大學士張位、尚書範謙分獻五岳等神。駙馬侯拱宸先期代詣太廟請配。

《明神宗實錄》卷三二二"萬曆二十六年五月"條

庚子，以大祀方澤，命駙馬許從誠告太廟，請太祖高皇帝配。

《明神宗實錄》卷三三四"萬曆二十七年閏四月"條

癸卯，以夏至將有事于方澤，先期視牲，命公徐文璧代，請太祖配神，命駙馬許從誠代，又命侯郭大誠、朱繼勛，尚書楊一魁，侍郎余繼登輪流看牲。

《明神宗實錄》卷三三五"萬曆二十七年五月"條

戊申朔，夏至，祀地于方澤，遣定國公徐文璧代，泰寧侯陳良弼、靖遠伯王學禮、吏部尚書李戴、兵部尚書田樂分獻五岳。

《明神宗實錄》卷三四七"萬曆二十八年五月"條

甲寅，夏至，大祭地于方澤，命侯陳良弼恭代。

《明神宗實錄》卷三五九"萬曆二十九年五月"條

己未，卯時大祀地於方澤，命定國公徐文璧恭代。

《明神宗實錄》卷三七二"萬曆三十年五月"條

甲子，夏至，祭地于方澤。

《明神宗實錄》卷三八四"萬曆三十一年五月"條

己巳，夏至祭方澤，遣公張惟賢代，侯陳應詔、伯王學禮、尚書王世揚、侍郎郭正域輪代視牲，侯徐文瑋、郭大誠、尚書趙世卿、謝杰分獻。

《明神宗實録》卷三九六"萬曆三十二年五月"條

乙亥，夏至祭地於方澤，遣官恭代。

《明神宗實録》卷四〇九"萬曆三十三年五月"條

庚辰，夏至大祭地于方澤，命英國公張惟賢代。先期告請太祖配神，命駙馬都尉侯拱宸代。武安侯鄭大誠、懷遠侯常胤緒、侍郎楊時喬、李廷機看性，成國公朱應槐、永康侯徐文煒、尚書蕭大亨、趙世卿分獻。

《明神宗實録》卷四二一"萬曆三十四年五月"條

乙酉，以夏至大祀方澤，遣駙馬侯拱宸代獻，成國公朱應槐等分獻。

《明神宗實録》卷四三三"萬曆三十五年五月"條

丁亥，以祀方澤告廟，遣駙馬都尉侯拱宸行禮。

《明神宗實録》卷四四六"萬曆三十六年五月"條

乙未，夏至，大祭地于方澤，遣官恭代，其分獻視牲、先期詣太廟請配，俱遣官行禮。

《明神宗實録》卷四五八"萬曆三十七年五月"條

辛丑，祭方澤，遣英國公張惟賢恭代。

《明神宗實録》卷四七一"萬曆三十八年五月"條

丙午，夏至，大祭地于方澤，遣公朱應槐侯陳應詔都御史孫瑋、侍郎蕭雲舉各行禮。

《明神宗實録》卷四八三"萬曆三十九年五月"條

辛丑，大祭地於方澤，遣公張惟賢恭代。

《明神宗實録》卷四九五"萬曆四十年五月"條

癸丑，以大祀方澤，遣駙馬都尉侯拱宸告太廟，請太祖高皇帝配。

《明神宗實録》卷五〇八"萬曆四十一年五月"條

壬戌，夏至，祭地于方澤，遣成國公朱純臣恭代，陽武侯薛濂、惠安伯張慶臻、尚書王象乾、趙煥分獻岳瀆之神。

《明神宗實録》卷五二〇"萬曆四十二年五月"條

丁卯，夏至，大祀地于方澤，遣公朱純臣恭代。

《明神宗實録》卷五三二"萬曆四十三年五月"條

壬申，夏至，祭地於方澤，遣侯郭大誠代。

《明神宗實録》卷五四五"萬曆四十四年五月"條

丁丑，夏至，祭地于方澤，遣英國公張惟賢恭代。

《明神宗實録》卷五五七"萬曆四十五年五月"條

癸未，夏至，大地于方澤，遣公張惟賢恭代，遣侯梁世勛、伯李守錡、尚書李汝華、侍郎何宗彥分獻。

《明神宗實錄》卷五七〇 "萬曆四十六年五月" 條

戊子朔，夏至，大祭地于方澤，遣公張惟賢等行禮。

《明神宗實錄》卷五八二 "萬曆四十七年五月" 條

癸巳，夏至，大祭地於方澤，遣駙馬侯拱宸恭代。

《明神宗實錄》卷五九四 "萬曆四十八年五月" 條

戊戌，夏至，祭地於方澤，遣泰寧侯陳良弼代。

《明熹宗實錄》卷三四 "天啟三年五月" 條

甲寅，夏至，大祭地于方澤，遣英國公張惟賢恭代。

《明熹宗實錄》卷五九 "天啟五年五月" 條

乙丑，夏至，上親大祭地於方澤。

《明熹宗實錄》卷六六 "天啟五年十二月" 條

庚辰，兵部覆方澤扈蹕將領都督僉事李國禎等、中軍鄭道直等五十八員，各升賞有差。

《明熹宗實錄》卷七一 "天啟六年五月" 條

辛未，夏至祭地於方澤，告太廟請太祖高皇帝配祀，命駙馬都尉侯拱宸恭代，命侯梁世勛、陳光，大學士馮銓、尚書王紹徽分獻岳瀆之神。

《明熹宗實錄》卷八四 "天啟七年五月" 條

乙亥，夏至大祭地于方澤，命寧國公魏良卿恭代，寧陽侯陳光裕、襄城伯李守錡、大學士張瑞圖分獻岳瀆之神。

（明）章潢《圖曹編》卷九五《方澤帝神位向》

歲夏至，大祭地于方澤，皇帝祇北向，太祖配神西向，從祀東西相向，東中岳、東岳、南岳、西岳、北岳、基運山、翊聖山、神烈山，次東東海、南海、西海、北海，西中鎮、東鎮、南鎮、北鎮、天壽山、純德山，次西大江、大淮、大河、大濟，凡國有大事，則祭告。

（二）清代祭祀記載

（清）嵇璜、劉墉等《清通典》卷四三《禮吉三·北郊》

臣等謹按：方丘祭地見於周官杜典，因之是也。其附神州，后土則以神州為北郊，誤分祭地為二，且神州之說出自鄭注讖緯之說，未可為據，至於漢代渭陽、汾陰后土祠祀，更為不經。唐宋相沿至明始輟，國朝定制夏日至大祭地於方澤，是為北郊。法古垂後，準《禮經》而超百代矣。欽維列祖親祀方丘，巨典煌煌，允與圜壇并重，皇上臨御以來，歲必躬親展祀，每以夏至正當盼雨之時，寅衷默禱旋即甘渥霑仰見昭格之忱，五十年來，精誠如一，謹稽北郊祀典并列祖升配大禮恭著於篇，而原書附見之神州后土則謹從刪去云。

雍正二年，改名廣厚街。八年，尊封肇祖原皇帝興祖直皇帝陵山爲啓運山，景祖翼皇帝顯祖宣皇帝陵山爲積慶山。

十六年，奉移二陵祔啓運山停積慶山，從祀太祖高皇帝陵山爲天柱山，太宗文皇帝陵山爲隆業山，附四從壇配享。

十四年三月壬子，大祀地於方澤，奉太祖高皇帝太宗文皇帝配享世祖章皇帝，親詣行禮。

康熙元年五月戊寅，夏至，大祀地於方澤，聖祖仁皇帝親詣行禮。

二年，尊封世祖章皇帝陵山爲昌瑞山，從祀三陵山之次。

六年十一月丙辰，大祀地於方澤，奉世祖章皇帝配享。

雍正二年五月癸卯，夏至，世宗憲皇帝大祀地於方澤，奉聖祖仁皇帝配享。

乾隆元年五月丙午，夏至，大祀地於方澤，皇上親詣行禮。是月，尊封世宗憲皇帝陵山爲永寧山，從祀四陵山之次。

二年五月辛亥，夏至，大祀地於方澤，奉世宗憲皇帝配享，皇上親詣行禮，恭奉世宗憲皇帝神位，行參拜皇地祇禮，禮畢，安奉配位如儀。

八年五月癸未，夏至，大祀方澤，先期致齋於齋宮，定制兩郊，皆有齋宮，是歲修葺北郊齋宮，齋宿如禮。

九年五月戊子，夏至，大祀方澤，先奉諭旨：去歲親葺齋宮。先期一日住宿，但彼處樹木新植，尚未成陰，天氣炎熱，扈從人多，不免有病暍者，今歲炎熱甚於舊歲，此次不必前詣壇内齋宿，仍在宮内齋宮住宿。將來遇親祭之年，該衙門兩請候旨，俟樹木成陰，仍照例齋宿壇内。此次前往致祭正當祈雨之時，不乘輦，不設鹵簿。傳諭各衙門知之。

十一年四月諭：今歲夏至致祭地壇齋宮，樹木漸次成陰，扈從人等已有憩息之所，況逢時雨之後，天氣清涼，朕仍照原議前往壇内齋宮住宿。【略】

乾隆十三年，遵旨議定籩豆成式，地壇祭器亦用黃質製造，契合古制，寧神與歆神，不當有异，應請易蓋琉璃黃瓦，庶與坤卦黃中之義相符，若夫兩郊壇宇歲修向有著令，而經閱久遠，金碧采章或日久不鮮，階級磚甓間有損缺，堊赤間有漫漶，均宜遵旨修整，及時興工。奏上，從之。【略】

十七年，北郊工竣，擇吉恭請神位還御皇祇室，遣官詣暫奉神位所，祇告皇地祇列聖從壇神位，禮部尚書率太常寺官恭奉各神牌還御奉安畢行，一跪三叩，禮其祇，告天地，宗社。俟南郊工竣日舉行。

三十二年，禮部奏：夏至，恭祭地壇齋宿齋宮，恭候欽定。奉諭：宮内齋宮齋宿，嗣後不必請旨。

三十六年，太常寺奏皇上親詣行禮向由北門入，禮畢，由西門還宮。今仰請皇上由西門入，禮畢，仍由西門還宮。從之。

三十七年十一月，大學士等遵旨議准郊天儀注，并酌定方澤壇行禮儀節。皇上初升至二成，拜位，立，贊引官奏升壇。皇上升階上香，還至二成，拜位行迎神，禮典儀官唱奠玉帛，皇上升階行，奠玉帛禮還，就讀祝位，立。以次進俎三獻，及飲福受胙，禮成，仍還至二成拜位，行謝福胙及送神禮。

臣等謹按：是年，大學士等遵旨議定壇廟大祀，親詣行禮升降儀節，酌減合宜，所奉聖諭，已於《南郊篇》中恭載。

又三十九年，有年逾六旬始如此酌量節減之諭，并詳著《南郊篇》云。

四十三年八月，皇上恭謁祖陵，至盛京，命修葺盛京地壇。四十五年五月，定北郊大祀，親詣正位晉獻香帛、俎爵，至配位列祖列宗前，惟躬詣上香獻帛，其獻爵進俎，則命諸皇子恭代，一如南郊之禮。

臣等謹按：乾隆四十四年，南郊大祀，上以年屆七旬因稍省繁勞專心祼薦，定為親承恭代之禮，所奉聖諭已恭載於《南郊篇》中。至四十五年，北郊大典一如此禮舉行云。

四十八年五月，諭：朕臨御以來，祗畏寅恭，凡遇壇廟大祀，無不恪誠齋祓，親詣行禮。茲屆夏至北郊，於十九日進宮齋戒，適因氣滯，舊病作痛，現在令醫，加意調攝，尚未全痊，誠恐升降儀節有愆，轉不足以昭誠敬，此次朕即在御園齋戒，派皇六子永瑢敬謹恭代行禮。若臨期氣體全安，朕仍親往肅恭蒞祀。凡北郊儀節，具《大清通禮·社稷》。

劉錦藻《清續文獻通考》卷一四九《郊社考三》

又諭：禮部具奏五月初一日夏至方澤大祀高宗純皇帝升配事宜一摺，於祭日先詣高宗純皇帝神牌前上香行禮，尚未周備，上年冬至恭逢圜丘大祀，祗奉高宗純皇帝神牌升配，朕於前一日恭赴天壇齋宿，即敬詣皇穹宇拈香，隨至高宗純皇帝神牌黃幄，敬謹行禮，今春祈穀升配，皇乾殿次詣神牌黃幄，禮節亦同方澤大祀，高宗純皇帝升配地壇，因每年例係在宮內齋宿，禮部請於祭日先詣神牌黃幄行禮，視升配天壇禮儀，尚缺先期致告一節，朕心殊覺，未安因思。地壇於乾隆十七年初，建齋宮，皇考曾詣齋宿一次，彼時新栽樹木尚未成陰，隨從官員致有受暍者，皇考俯加體恤，以後夏至地壇，俱即齋宿宮內，祭日始詣壇行禮，此次升配前一日，自應先期致告，若禮畢，仍行還宮，於義未合。若住宿壇內齋宮，雖屬正理，但隨從之王公大臣侍衛走車馬喧闐。其時高宗純皇帝神牌黃幄恭設北天門外，相距甚近，實不足以昭虔肅，心實不安。再四思維，惟有於前一日閱祝版畢，還宮辦事後，朕由東華門恭赴皇祇室拈香，隨至高宗純皇帝神牌黃幄行禮畢，即詣雍和宮齋宿，其隨從之王公大臣侍衛等亦可就近致齋，朕於次早恭詣地壇行禮，庶圜丘方澤升配前期致如之儀，既昭畫一，而禮緣義起，節次更為詳備。著禮部遵照此旨，於儀注內敬謹增載。此次專為升配增此禮節，嗣後，夏至地壇齋宿，仍照舊例行。

十年，《御製北郊記》曰：乾爲父，坤爲母，大易之微言，古今之通義也。一陰一陽，由太極而分，兩儀化育，萬物皆沐，天地栽培，鼓盪之深慈，高明博厚，悠久無疆，誠不可測度，亦無由仰報，惟盡此寸衷之誠敬耳。予去歲，敬製《南郊記》，專申事天之精義，茲將有事於北郊，復闡明事地之巨典。夫雨露降自天，稼穡生於地，上下絪縕化醇，庶物天爲用而地爲體，感召之理，豈有歧異乎？日月著天，山川著地，人爲萬物之靈，咸沐生成大德，故燔柴於泰壇祭天也，瘞埋於泰折祭地也，資生載物，無疆合德，而品彙咸亨，安貞有慶，含宏光大，而純厚永賴，恒久攸常，發育栽成之妙，與天配德，祀典與圜丘并重者，此義也。冬至一陽來復，故報本於南郊，夏至祭北郊其義同，而理極元妙，其典重，而心主精誠，爲天下萬民祈福，悉本於寸衷昭事，庶幾上格地祇，雨暘時若，百穀用成，曷敢忽哉。追思三年訓政，每遇予小子致祭大祀之先期，必召至寢殿諄諄申諭，致齋必潔，主祭必誠，言猶在耳，永矢弗諼，敬製斯文，以示臣庶，俾曉然共知予今日敬事之忱，悉本我皇考當年之誨，期與天下黎元永承慈澤，靡有涯涘矣。謹記。

十四年諭：本年雩壇大祀朕欽遵乾隆二十五年皇考高宗純皇帝舊制，改由北首外西天門進，廣利門内降輦詣壇，因見屆方澤大祀，特命太常寺一體詳查皇考高宗純皇帝當日改由外西門至内西門，内降輿之制，并令將步行遠近詳悉查丈奏聞。本日據太常寺奏，敬往壇内相度地勢，詳細丈量。壇之内，西門外降輿處起，至北櫺星門東門止，共計一百一十丈，其北門外降輿處起，至北櫺星門東門止，丈亦如之，是兩處步行遠近，實屬無異。惟乘輿之路，向由外西門轉至北門外，始行降輿，多行約二里許，未免紆遠，於行禮時刻轉致耽延，本年朕春秋甫閱五旬，未敢遽照皇考高宗純皇帝進至内西門内降輿之制，著自此次起，改於内西門外，降輿仍步行詣壇，惟向來金殿，係設於神路之東，此後著該衙門查照舊制，改設於神路之西。

二十年諭：嘉慶十四年，方澤大祀，因降輿由外西門轉至北門外降輿，路稍紆遠，改於内西門外降輿，并降旨交軍機處存記。俟逾五年後提奏，再於内西門内酌量降輿處所。見屆方澤大祀，相距已逾五年。恭查乾隆三十五年以後，皇考高宗純皇帝聖壽六旬，恭祀方澤係於内西門内齋宮前甬道北降輿。朕此時春秋五十有六，不敢遽行仿照，著太常寺敬謹相度，自内西門外至齋宮前甬道北，酌定設中之地鋪設稷薦，以備降輿，繪圖貼說，先行具奏。至南郊大祀，禮宜從同自本年冬至爲始，所有降輿處所，亦著太常寺敬謹相度適中處所繪圖貼說具奏。

二十三年九月，上詣地壇行禮。

道光元年五月，夏至，祭地於方澤，恭奉仁宗睿皇帝配享。八年九月，上詣地壇行禮。

十二年六月諭：京師入夏以來，甚形亢旱，見在節過小暑，迫不可待，風日炎燥，深切憂勞，前經親禱三壇，復躬祀社稷壇，虔誠布禱，小雨廉纖，未蒙優渥。朕敬天之威，軫民之依，中心如焚，倍形焦灼，特親撰祝文，擇於本月十八日敬舉告祭方澤典禮，虔申步禱。十五日，先期進宮，撤膳虔齋，思過待命，以期皇祇眷祐，立沛甘霖，庶回百穀之生，而蘇萬民之命。所有應行典禮，各該衙門即照例敬謹豫備，其齋戒、閱視祝版、告祭服色，均照步禱社稷壇禮行。應否設立配位之處，著軍機大臣會同禮部堂官速議具奏。越四日，上步詣方澤祈雨，御製祝文曰：伏思天下之廣，不免水旱難齊，即偶遇愆陽缺雨，銜誠致禱，均蒙立沛甘霖，咸叨澤貺。今歲入夏以來，經月不雨，非常亢旱，臣雖憂懼難名亦無補救，步禱三壇，社稷未荷殊恩，總緣臣愆尤日積，不戒於驕侈，即有敗度敗禮之行，或一念之差，有干天罰，或用人行政逞己見而失正當，茲當垂慈示警，雖深自咎，悔已云無，及謹齋戒祈禱，步叩方澤，欽惟后土皇地祇德配上天，功昭下土，當茲旱既太甚之時序逢小暑之後，萬姓嗷嗷，百穀難望。君爲輕，民何罪，嗚呼？愧悚交加，莫知所措，敬祈后土皇地祇赦臣已往，許以自新，立沛恩膏以拯萬姓，無任憂惕，慚悔之至。

咸豐元年五月諭：壇廟大祀，理宜整肅，向來有專派稽查大臣俾司巡察，朕看近來未免視爲具文，因循怠忽，不過以站班爲當差使，殊失敬慎之道。本月二十三日，方澤大祀，著該大臣等於前一日搜查後，次早尤應認真稽查，不准偷安，其并無執事之人及跟隨人等，不得任其出入自由，其櫺星門內左近，勿令閑人在彼偷覷，若稍有疏忽，惟將該大臣等懲處不貸，嗣後凡遇親行大祀，均應一體嚴恪將事，毋稍疏懈。

夏至祭地於方澤。二年諭：五月初四日，方澤大祀，皇考宣宗成皇帝升配地壇，朕於前一日閱視祝版畢，還宮辦事後，由東華門出，自安定門恭詣皇祇室拈香，即至宣宗成皇帝神牌黃幄行禮，仍進安定門詣雍和宮齋宿，嗣後地壇大祀，俱照例在宮齋宿。

五月夏至，祭地於方澤，恭奉宣宗成皇帝配享，如配天儀。

三年五月諭：本月十五日夏至，方澤大祀，前經降旨，朕親詣行禮，茲因偶患骸疾尚未全愈，恐登降拜跪，未能如常，不足以昭誠敬，著派恭親王奕訢恭代行禮。

同治十二年，恭修皇祇室，前期遣官告祭天地，太廟後殿奉先殿社稷，以奉請皇地祇列聖神位祇。告祀畢，禮部堂官詣皇祇室上香，行三跪九叩禮，太常寺官備鳳亭，恭請各神牌，奉安亭內，行一跪三叩禮，校尉昇亭太常寺官十人前引，由中門出至神庫前亭止。太常寺官詣亭前，行一跪三叩禮，恭奉神牌，敬謹奉安於神庫內，禮部堂官上香行禮如初。屆期，遣官告祭，后土司工之神。工竣後，恭請神牌還御，均與興工時同。

又夏至祭地於方澤，上親詣行禮。

十三年五月己酉，祭地於方澤，上親詣行禮。

光緒元年四月乙酉，大祀地於方澤，遣晉祺恭代行禮。

十三年至三十三年，大祀方澤，親詣次數。

十三年五月戊午。

十四年五月癸亥。

十八年五月甲申。

十九年五月己丑。

二十年五月甲午。

二十三年五月庚戌。

二十四年五月乙卯。

二十九年四月庚子。

三十一年五月壬辰

三十二年五月丁酉。

三十三年五月壬寅。

宣統二年五月戊午夏至，大祀地於方澤，遣莊親王載功恭代行禮。

劉錦藻《清續文獻通考》卷一五七《群祀考一》

十五年正月壬午，命【略】凱泰恭詣地壇。【略】二月壬辰，【略】恭上慈禧端佑康頤昭豫莊誠皇太后徽號，【略】命親王告祭天地、太廟、社稷。

三十四年十一月庚寅，上以登極前期，遣官告祭天地、太廟、社稷。

四、庶務

（明）申時行等《大明會典》卷二《吏部二》

嘉靖三十七年，革天壇、地壇、朝日壇、夕月壇，各祠祭署俱。

（明）申時行等《大明會典》卷二〇一《工部二一·觀演習》

方澤壇舉麾樂舞生同前。執事三十四人，典儀二人，傳贊二人，通贊二人，正壇司香官一員，捧帛一人，執爵一人，司尊一人，配位壇司香官一員，捧帛一人，執爵一人，司尊一人，五岳壇、五鎮壇、四海壇、四瀆壇司香四人，贊引四人，捧帛四人，執爵四人，司尊四人，燒香點燭共二十五人。

（清）允祹等《大清會典則例》卷一五二《太常寺》

供備祭品。每歲祀祭額用以乾隆二十年奏銷冊計之，用：黍二石九斗二升八合，稷四石二斗四升，稻十石四斗七升，粱二石九斗二升八合，白麵四百六十四斤，蕎麵三百八十四斤，紅江豆五升，韭四百二十斤，菁千四百三十一斤，芹四百九斤八兩，筍四百三十二片，葱五十九斤十兩，花椒四斤三兩，茴香四斤三兩，蒔蘿四斤三兩，紅棗二千三百七十八斤十二兩，栗三千八斤十二兩，榛三百六十六斤十二兩，菱五百九十四斤，茨七百有二斤，核桃七百十有五斤八兩，荔枝三百斤，龍眼四百六十五斤，桃仁十有五斤十二兩，乾葡萄十有五斤十二兩，蓮子十有五斤十二兩，大小槁魚三百三十二尾，醃魚五百四十斤，土碱一斤八兩，茶葉一兩，頂花一朵，燭心葦筒十斤，白蜜二斤十二兩五錢，梔子二斤十二兩五錢，白糖五十斤八兩，均於寺庫銀內按季動支。

順治十四年，題准，【略】地壇草價銀二十二兩，地一頃二畝，每畝徵銀二錢，共銀二十兩四錢。【略】

四十年，復准地壇垣外及先農壇垣內，地畝交內務府園頭，耕種所有祭祀應用之米、麵、青菜等項，錢糧由户部支領，用過銀年終奏銷。

二十一年，定天壇草價銀二百五十兩，地壇草價銀七十兩。銅頂帶用綠，紬靴用皂布。服色天壇用青，地壇用黑，日壇用赤，月壇用玉色。餘均用赤。武舞生用銷金百花袍，樂生文舞生，均用素繪葵花補袍，執事生惟執事天地壇服無緣飾，餘均緣。以黑色段及羅衹，日遇雨，用雨衣雨帽，花樣如前制。

廚役。圜丘祈穀常雩方澤之祭，各用二百九十名，衹告天壇，親詣行禮用一百二十五名，遣官用三十二名，地壇用三十五名。

朝日壇　夕月壇

一、建置沿革

(一) 營建沿革

《明太祖實錄》卷五六 "洪武三年九月" 條

癸卯，天壽聖節祭太廟，上謂中書省臣曰：日月既皆設壇專祭，而星辰乃附祭於月壇非禮也，宜別設壇專祭周天星辰。于是禮部議於城南諸神享祭壇，正南向增造屋九間。朝日、夕月祭周天星辰俱於是行禮，其朝日夕月仍以春秋分，祭星辰則於天壽節前三日致祭。從之。

《明世宗實錄》卷一一〇 "嘉靖九年三月" 條

朝日、夕月俱以春秋仲月行禮，以盡報神之典，於朝陽、阜成二門外建壇。

《明世宗實錄》卷一一九 "嘉靖九年十一月" 條

丙申，上諭禮部曰：南郊之東壇名天壇，北郊之壇名地壇，東郊之壇名朝日壇，西郊之壇名夕月壇，南郊之西壇名神祇壇，著載會典，勿得混稱。

《明穆宗實錄》卷二 "隆慶元年正月" 條

丙寅，禮部遵詔，會議郊社諸典禮及葬祔享之制。【略】又築朝日壇於城東，夕月壇於城西，用春、秋分行事。夕月亦以星辰從祀，俱不奉配。【略】又建朝日壇於東郊，以春分祭日，無從位。建夕月壇於西郊，以秋分祭月，亦以星辰從祀，俱不奉配。

(明) 徐溥《明會典》卷八〇《禮部三九‧祭祀一‧郊祀‧郊壇》

(洪武十二年正月) 命官分獻日、月、星辰、岳鎮、海、瀆、山川諸神，凡一十四壇。二十一年，又增修壇壝於大祀殿丹墀內，疊石為臺，東西相向，為日、月、星、辰四壇。又於內壝之外以次為壇二十，亦東、西相向，為五岳、五鎮、四海、四瀆、風雲、雷雨、山川、太歲、天下神祇、歷代帝王諸壇。其日、月、星辰，初有朝日、夕月、榮星之祭，至是始罷。

（明）王圻《續文獻通考》卷一〇四《郊社考·郊中·皇明》

按鄭氏曉曰：國初，郊、廟、社稷、先農爲大祀，已而改先農及山川帝王、先師、旗纛爲中祀，諸神小祀。嘉靖以朝日、夕月、天神、地祇爲中祀。【略】

（世宗嘉靖九年）中允廖道曰：【略】《周禮·太宗伯》"兆日於東郊，兆月於西郊。"而聖祖亦有朝日夕月之文，今之大祀殿正倣古明堂之制，宜法祖制，【略】以法周宗祀文王於明堂之禮，兆大明於東郊，兆夜明於西郊，以法朝日夕月之禮。

十一年，定朝日壇以甲丙戊庚壬，間歲一親祭，夕月壇以丑辰未戌，三歲一親祭之。太常寺具奏遣官行禮，朝日以文大臣，夕月以武大臣，其圜丘諸儀亦多所更定。

（明）涂山《明政統宗》卷二三

（嘉靖九年）五月，詔建南北郊及朝日夕月禮。上命建圜丘於南郊，其北爲皇穹宇，建方丘於北郊，其南爲皇祇室，作朝日壇於東郊，夕月壇於西郊。時四郊并建，兵部軍卒供役不足，乃奏將馬直及缺官薪皂銀三十萬兩募役工作。

（明）徐學聚《國朝典彙》卷一五《朝端大政》

（洪武）三年二月，禮部議天地至尊，故用其始而祭以二至。日月次天地，春分陽氣方永，秋分陰氣回長，故祭以二分，爲得陰陽之義也。稽古者正祭之禮，宜各設壇專祀。朝日壇築於城東門外，高八尺，夕月壇築於城西門外，高六尺，朝日以春分，夕月以秋分，星辰祔祭於月壇。從之。

（嘉靖）八年十二月，上諭禮部：朕惟尊祖配天莫大之典，近來郊祀告祖，止就內廟非郊聖祖初制，來春大祀天地告祖配天，當於太廟行禮。禮部具儀以上，自是歲以爲常。

國初有朝日夕月之祭，洪武二十一年罷，至是復。十一月，躬視圜丘冬至有事於南郊。先是，上製圜丘祀器，金爐、玉爵、錦幕、圭璧及鐘磬、賁鼓，諸樂器既成，陳於文華殿召大學士瓛閱視。是日，上親祀於圜丘，奉太祖西向配，各騂犢一，用璧，三獻，九奏，樂舞用八佾，從祀四，大明、夜明各騂牛，恒星、五曜、群星及雲雨雷師各牛一、羊一、豕一，明日布詔天下。

（明）俞汝楫等《禮部志稿》卷二五《郊祀》

（嘉靖九年）遵初制建圜丘於大祀殿之南，每歲冬至祀天，以大明、夜明、星辰、雲雨、風雷從祀，建方澤於安定門外。【略】建朝日壇於朝陽門外，以春分，祭日無從位，建夕月壇於阜城門外，以秋分祭月，亦以星辰從祭，俱不奉配。

（隆慶元年）禮部會議圜丘、方澤、朝日、夕月，歲舉四郊，仍如世宗所更定，而罷祈穀及明堂大享禮，今并存其儀以備考云。

（明）徐一夔等《明集禮》卷一一《吉禮第一一·日月篇》

《周禮·大宗伯》以實柴祀日月星辰。玉人之事，圭璧五寸以祀日月星辰。《禮記》曰："王宮，祭日也。夜明，祭月也。"祭日於壇，祭月於坎，以別幽明以制。上下考之，古者祀日月其禮有六：《郊特牲》曰“郊之祭，大報天而主日配以月”，一也。《玉藻》曰“朝日於東門之外”，《祭義》曰“祭日於東郊，祭月於西郊”，二也。《大宗伯》“肆類於四郊，兆日於東郊，兆月於西郊”，三也。《月令》“孟春祈來年於天宗。”天宗，日月之類，四也。《觀禮》。“拜日於東門之外，反祀方明”，“禮日於南門之外，禮月於北門之外”，五也。雪霜風雨之不時則禜日月，六也。說者謂因郊蜡而祀之者，非正祀也。類禜而祀之，與覲諸侯而禮之者，非常祀也。惟春分朝之於東門之外，秋分夕之於西門之外者，祀之正與常者也。蓋天地至尊故用其始，而祭以二至，日月次天地，春分陽氣方永，秋分陰氣向長，故祭以二分，爲得陰陽之義也。若其次則大次、小次，設重帟、重案，其牲體則實柴，其服則冕，端其圭之繅藉則大采、少采，禮之之玉則一圭邸璧，祀之之樂則奏黃鐘、歌大呂、舞雲門，凡見於《周禮》者如此。秦祭八神，六曰月主，七曰日主，雍又有日月廟。漢郊太乙，朝日、夕月改周法，常以郊泰時，質明出行宮，東向揖日，西向揖月，又於殿下東西拜日月。宣帝於成山祠日，萊山祠月。魏明帝始朝日東郊，夕月西郊。唐以二分日，朝日夕月於國城東西。宋以春分朝日，秋分夕月，爲大祀。元於郊壇從祀，祭日月其二分，朝日、夕月。皇慶中議建立而不見施行。國朝既於郊壇從祀日月，又稽古者正祭之禮，築壇於國城東西，用春秋分朝日夕月，且以星辰同祀於月壇焉，可謂適禮之宜者矣，若其歷代儀文之詳具於左方。

《聖祖仁皇帝實錄》卷五七“順治八年六月”條

壬申，初以日月從祀天壇，裁去春秋二分祀事。至是，禮部請照舊典，於從祀天壇外，仍於春秋分日行朝日、夕月禮。

《聖祖仁皇帝實錄》卷一三二“順治十七年二月”條

甲午，又諭禮部：帝王父天母地。禋祀大典、務求至當。朕稽考舊章。洪武初、原係孟春合祭南郊。至嘉靖年間、始定分祭。冬至祀圜丘。夏至祭方澤。春分朝日。秋分夕月。而合祭之禮遂止，朕思合祭之禮原以畢萃，神祇普薦馨香，不宜竟廢。今欲祇申昭事之誠，修舉合祀典禮。除四郊仍舊外，每年孟春合祭天地日月及諸神於大享殿。但禮關重大，爾部即會同九卿科道詳議具奏。

《聖祖仁皇帝實錄》卷一“順治十八年正月”條

乙丑，議政王、貝勒、大臣等、遵旨詳議祀典。議得圜丘、方澤、祈穀壇、太廟、時享、祫祭、朝日壇、夕月壇【略】等祀，應照舊致祭外，其大享合祀、太廟階下合祭之禮。相應罷祭。又金朝諸陵、應照前致祭。明朝諸陵、亦應照前供獻。從之。

(清)傅維麟《明書》卷一三《世宗肅皇帝紀一》

(嘉靖)三月庚寅，初建朝日夕月壇。

(清)伊桑阿等《(康熙)大清會典》卷五五《郊祀一》

(順治)八年，建朝日壇以春分致祭，夕月壇以秋分致祭。四郊大典，於斯畢舉。

（清）伊桑阿等《（康熙）大清會典》卷五六《郊祀二・朝日壇》

順治八年題准，大明之神從祀天壇外，更立朝日壇。在朝陽門外東郊，其制一成。每年於春分日卯時致祭。凡遇甲丙戊庚壬歲，皇上親詣行禮，其餘各年遣大臣致祭。

（清）張廷玉《清文獻通考》卷九七《郊社考七・日月星辰》

順治八年六月，定春分秋分朝日夕月之禮，初定祀典以日月從祀天壇，罷春秋二分祀事。至是，禮臣請照舊典，以春分秋分日，致祭於從祀天壇外，仍立朝日壇於東郊，立夕月壇於西郊。從之。

（清）嵇璜、劉墉等《清通典》卷四二《朝日夕月》

順治八年六月，定春分秋分朝日夕月之禮。先是，初定祀典以日月從祀天壇，罷春秋二分祀事，至是年，禮臣請照舊典，以春分秋分日致祭於從祀天壇外，仍立朝日壇於朝陽門外東郊，立夕月壇於阜城門外西郊，從之。又定朝日壇以春分日卯時致祭，值甲丙戊庚壬年，皇帝親詣行禮，餘年遣官夕月壇，以北斗七星、木火土金水五星、二十八宿、周天星辰共為從壇配享，於秋分日酉時致祭，值丑辰未戌年，皇帝親詣行禮，餘年遣官。

（清）張廷玉等《明史》卷四七《志二三・禮志一・吉禮一》

暨乎世宗，以制禮作樂自任。其更定之大者，如分祀天地，復朝日夕月於東西郊，罷二祖并配，以及祈穀大雩，享先蠶，祭聖師，易至聖先師號，皆能折衷於古。獨其排眾議，祔睿宗太廟躋武宗上，徇本生而違大統，以明察始而以豐昵終矣。【略】

五禮，一曰吉禮。凡祀事皆領於太常寺而屬於禮部。明初以圜丘、方澤、宗廟、社稷、朝日、夕月、先農為大祀，太歲、星辰、風雲雷雨、岳鎮、海瀆、山川、歷代帝王、先師、旗纛、司中、司命、司民、司禄、壽星為中祀，諸神為小祀。後改先農、朝日、夕月為中祀。凡天子所親祀者，天地、宗廟、社稷、山川。若國有大事，則命官祭告。其中祀小祀，皆遣官致祭，而帝王陵廟及孔子廟，則傳制特遣焉。每歲所常行者，大祀十有三：正月上辛祈穀、孟夏大雩、季秋大享、冬至圜丘皆祭昊天上帝，夏至方丘祭皇地祇，春分朝日於東郊，秋分夕月於西郊，四孟季冬享太廟，仲春仲秋上戊祭太社太稷。

（清）查繼佐《罪惟録・紀一二・世宗紀》

（嘉靖九年）二月，【略】又行朝日夕月禮，為異壇。

（清）查繼佐《罪惟録・志七・郊社》

（洪武）三年春，定春分朝日於東郊，秋分夕月於西郊，鑄鐘。

禮臣奏日月從祀非古，乃用特祀，朝日壇于東門外，高八尺；夕月壇于西，高六尺。俱方廣四丈，兩壇各二十五步；燎壇方八尺，高一丈。神位以松柏為之，長二尺五寸，闊五寸，跌高五寸，朱朱漆金書。朝日以春分迎神，樂奏《熙和》，奠玉帛奏《保和》，初獻奏《安和》舞《武功》，亞獻奏《中和》，終獻奏《肅和》舞《文德》，徹豆奏《凝和》，送神奏《壽和》，望燎奏《豫和》。夕月以秋分星辰祔祭，迎神奏《凝和》，徹豆奏《壽和》，送神、望燎奏《豫和》《熙和》，諸如朝日。【略】

四年春三月，夕月於西郊，祔祭周天星辰。至八月，罷祔祀，別祭周天星辰，祭靈星。【略】

（嘉靖）九年春二月，始祈穀于南郊，祀先嗇。又行特享祀，復南北郊朝日夕月之制。諸如高禖、先醫、句龍、后稷，靡不畢舉。【略】

（嘉靖）二十四年，詔諸祀典一如洪武舊制。

朝日夕月之制，洪武初定，二十一年罷。嘉靖九年復定，分東西郊，西東向，于春秋分日，俱用太牢、玉，禮三獻，舞八佾。惟朝日樂七奏，夕月六奏。從祀二十八宿、五星、周天星辰，俱南向，用太牢。定甲丙戊庚壬年爲朝日，丑辰未戌年爲夕月，皇帝親之，餘年文武大臣攝祭。

（清）查繼佐《罪惟錄·志三二·外志上》

國初，郊廟、社稷、先農爲大祀，山川、帝王、先師、旗纛爲中祀。尋降先農亦中祀。諸神爲小祀。初，祭服或具通天冠、絳紗袍，或皮弁，無定。【略】嘉靖中，以朝日、夕月、天神、地祇爲中祀。大祀致齋三日，中祀二日。牲四等：犢、牛、太牢、少牢，色尚騂或黝。

（清）龍文彬《明會要》卷八《禮三·吉禮·朝日夕月》

洪武三年，禮官言："古者祀日月之禮有六。然郊之祭，大報天而主日配以月；此從祀之禮，非正祀也。《大宗伯》：'肆類於四郊，兆日於東郊，兆月於西郊。'《覲禮》：'祀方明，禮日於南門之外，禮月於北門之外。'此因事之祭，非常祀也。惟春分，朝日於東門之外；秋分，夕月於西門之外；此祀之正與常者。蓋天地至尊，故用其始，而祭以二至。日月陰陽之義，春分陽氣方永，秋分陰氣始長，故祭以二分。今宜各設壇專祀。朝日壇築於城東門外，夕月壇築於城西門外。朝日以春分，夕月以秋分；星辰則祔祭於月壇。"從之。《春明夢餘錄》【略】

嘉靖九年二月，帝諭張璁曰："日月照臨，其功甚大。太歲等神歲有二祭，而日月星辰止一從祭，於義未安。當并建東、西郊與南、北郊而四。"遂定春、秋分之祭，如常儀，而建朝日壇於朝陽門外，西向；夕月壇於阜成門外，東向。《禮志三編》

（清）夏燮《明通鑑》卷一《太祖高皇帝紀》

（洪武元年十一月）庚子冬至，始祀上帝於圜丘。壇二成，第一成昊天上帝，南向；第二成，東大明、星辰，西夜明、太歲，用李善長陶安等議也。

（清）夏燮《明通鑑》卷九《太祖高皇帝紀》

（洪武二十一年二月）是月，上以大明、夜明已從祀南郊，罷朝日、夕月之祭。

（清）夏燮《明通鑑》卷五五《世宗肅皇帝紀》

（嘉靖九年）五月己亥，更建四郊。時郊分南北制已定，而閣部諸臣僉以日月從祭，本非朝日夕月之舊制，乃奏定：仍依春秋分分祭日月。而建朝日壇於朝陽門外，西向；夕月壇於阜城門外，東向。朝日無從祀，夕月以五星、二十八宿、周天星辰共一壇，南向，祔焉。制曰可。于是，工部尚書章拯等奏：興工次第，請先圜丘，次方丘，次東西二壇，次先蠶壇。從之。

（清）談遷《國榷》卷一〇四《弘光元年乙酉正月至五月》

（弘光元年二月）乙亥，【略】停朝日壇諸祀。

（清）谷應泰《明史紀事本末》卷一四《開國規模》

（洪武元年）二月，敕中書省臣定郊社宗廟禮以聞。于是，李善長、傅瓛、陶安等引古酌今，擬冬至祀昊天上帝於圜丘，以大明、夜明星、太歲從。夏至祀方丘，以五岳、五鎮、四海、四瀆從。四代各一廟，廟皆南向，以四時孟月祭，及歲除，則合祭於高廟。社稷以春秋二仲月上戊日。從之。

（清）谷應泰《明史紀事本末》卷五一《更定祀典》

（嘉靖）十五年二月，纂修《祀儀》成，自天地、日月、神祇、帝王、社稷及禘祫、先師、先農諸祀，悉爲分類成書。首冠祀壇圖制及宸諭詩歌、中書禮儀、禮器、樂舞、樂章，末附諸王表箋、群臣疏頌。於是侍讀學士廖道南撰《禋頌九章》以獻。

（清）朱奇齡《續文獻通考補》卷一一《典禮補七·郊祀》

（洪武）三年春，禮部議：天地至尊用其始，而祭以二至，日月次天地，春分陽氣方永，秋分陰氣回長，故祭以二分，宜各設壇專祀。朝日壇築於城東門外，祭以春分日。夕月壇築於城西門外，祭以秋分日。星辰則附祭於月壇從之合祀。【略】二十一年春，命於大祀殿，丹墀內疊石爲臺即謂之壇四，大明在東，西向，夜明在西，東向，星辰二臺東西相向，【略】罷朝日、夕月【略】春秋之祭。【略】嘉靖九年，給事中夏言建議請分祀天地，帝納之。下廷議，詹事霍韜以爲太祖之法行之已久，必不可變，且引宋儒胡宏之言，謂《周禮》非周公之書，王莽劉歆爲之也。韜竟以此得罪，遂定南北郊分祭及朝日夕月復祭之禮，建圜丘於大祀殿之南，每歲冬至祀天，以日在東，月在西，星辰在東，共二壇，雲雨風雷在西，共二壇，從祀。【略】建朝日壇於朝陽門外，以春分，祭神，西向，無從祀。建夕月壇於阜成門外以秋分祭神，東向，從祀以星。定於辰戌丑未年帝親祭，餘遣官攝祭。【略】隆慶元年，禮部會議圜丘、方澤、朝日、夕月，仍如世宗所更定，而罷祈及明堂大享禮。終明之世，舉分祀者止於洪武十年以前，嘉靖九年以後餘俱行合祀之典，今并載之以備參考。

（二）建築規制

《明太祖實錄》卷四八"洪武三年正月"條

甲午，其壇制。朝日壇宜築於城東門外，高八尺，夕月壇宜築於城西門外，高六尺，俱方廣四丈，兩壇，墻各二十五步，燎壇方八尺，高一丈，開上南出戶，方三尺，神位以松柏爲之，長二尺五寸，闊五寸，趺高五寸，朱漆金字，朝日以春分日，夕月以秋分日，星辰則祔祭於月壇。從之。

《明世宗實錄》卷一一八"嘉靖九年十月"條

（癸酉）方丘、夕月壇二工，待正月十六日即復舉行，計至五月可成。

（明）申時行等《大明會典》卷一八七《工部七》

朝日壇，嘉靖九年建在朝陽門外。壇方，廣五丈，高五尺九寸，壇面磚青色琉璃，四出陛，九級，圓壝墻七十五丈，高八尺一寸，厚二尺三寸，靈星門六，正西三，南東北各一，外圍墻前方後圓，西北各三門，墻之西北有石坊曰禮神街。

夕月壇，嘉靖九年建在阜城門外，壇方，廣四丈，高四尺六寸，壇面磚白色琉璃，四出陛，六級，方壝墻二十四丈，高八尺，厚二尺二寸八分，靈星門六，正東三，南北西各一，外圍方墻東北各三門，墻之東北有石坊。亦曰禮神街。

（明）徐一夔等《明集禮》卷一一《吉禮第一一·日月篇》

《祭法》曰：王宮祭日，夜明祭月，王宮壇名營域，如宮日神尊，故名。壇曰王宮、夜明，祭月壇名月明於夜，故謂其壇爲夜明，又曰：祭日於壇，祭月於坎，以制上下，祭日於東，祭月於西，以端其位。此春秋分正祭，日月特設壇，兆於東西郊者也。秦漢以來，雖祭日月而壇制未聞。後周以春分朝日於東門外爲壇，如其郊燔燎如圓丘，秋分夕月於國西門外爲壇、於坎，中方四丈，深四尺，燔燎如朝日禮。隋因周制。唐日壇在春明門外一里半，其制方，廣四十尺，高八尺，月壇在開遠門外一里半，其制爲坎，除三尺，廣四丈，爲壇於坎中高一尺，廣四丈。宋熙寧中，定朝日壇廣四丈，夕月坎深三尺，廣四丈，壇高一尺，廣二丈，四方各爲陛，入坎中然後升壇，兩壝每壝二十五步，燎壇方八尺，高一丈開上，南出戶，方三尺。國朝築朝日壇於城東門外，高八尺方，廣四丈，築夕月壇於城西門外，高六尺，方廣四丈，俱兩壝，每壝二十五步，燎壇方八尺，高一丈開上，南出戶，方三尺。

（明）佚名《太常續考》卷三《大明春分事宜》

朝日壇建於朝陽門外東南二里許，西向爲制一成，壇面紅硫礑，東西南北階九級，俱白石，內櫺星門四座，西門外爲燎爐，西南爲具服殿，東北爲神庫、神厨、宰牲亭、燈庫、鐘樓，北爲遣官房，西北外門二座，北門外西北爲禮神街牌坊，西門外迤南爲百官齋宿房，五十四間，護壇地一百畝。每歲春分日祭大明之神於壇，甲丙戊庚壬年，上親行事，餘年遣大臣攝之。按：本寺《總覽》云：其應遣官之年，本寺題請欽遣文職大臣一員行禮，後改遣勛戚武臣。朝日壇祠祭署建於壇北門內之西，中爲公座，左右爲官舍，前爲署門。嘉靖九年，從言官夏言議，建朝日壇，遂建今署，署官奉祀一員，祀丞一員，壇戶二十名。國初有朝日之祭，洪武二十一年始增大明壇於大祀殿之丹墀，從祀天地，罷朝日祭。嘉靖九年，建南北郊分祀天地，以大明從祀圜丘，復建壇於東郊專祭，二月春分日，祭大明於朝日壇。嘉靖十一年，禮部具本題，奉聖旨，朝日壇間歲一親祭，以甲丙戊庚壬年行事。著爲令典。

（明）佚名《太常續考》卷三《夜明秋分事宜》

夕月壇建於阜城門外西南二里許，爲制一成，壇面白磁磚，東西南北階六級，俱白石。内櫺星門四座，東門外爲瘞池，東北爲具服殿，南門外爲神庫，西南爲宰牲亭、神厨、祭器庫，北門外爲鐘樓，遣官房東北外門二座，東門外迤北爲禮神街牌坊。護壇地三十六畝七分。每歲秋分日祭夜明之神於壇，夜明之神居中，東向木火土金水星二十八宿、周天星辰從祀，共一壇，北設，南向，丑、辰、未、戌年上親行事，餘年遣大臣攝之，按《吾學編》，本寺志總覽皆云遣武大臣，今每歲雖遣勛戚大臣，而本寺題内止，請遣大臣一員，不徑擬武大臣。國初有夕月熒星之祭，洪武二十一年，增夜明一壇、星辰二壇於大祀殿丹墀，從祀天地，罷夕月熒星之祭。嘉靖九年，既建南北郊分祀天地，乃以夜明、星辰從祀圜丘，復建壇於西郊祭月，而以諸星辰附焉。夕月壇祠祭署，署建於壇東門内之南，制如地壇祠祭署。嘉靖九年從言官夏言議建夕月壇遂建今署，署官奉祀一員，祀丞一員，壇户二十名，八月秋分日祭夜明於夕月壇。嘉靖十一年，禮部具本題奉聖旨，夕月壇每三歲一親祭，以丑、辰、未、戌年行事，著爲令典。

（清）萬斯同等《明史》卷四七《志二一·禮志五·吉禮五·朝日夕月》

今既以日月從祀於郊壇，則朝日壇宜築於城東門外，高八尺，夕月壇宜築於城西門外，高六尺，俱方廣四丈，兩壇壇各二十五步，燎壇方八尺，高一丈，開上，南出户，方三尺。神位以松柏爲之，長二尺五寸，廣五寸，跌高五寸，朱漆，金字。朝日以春分日，夕月以秋分日，星辰則祔祭於月壇。從之。

（清）張廷玉等《明史》卷四七《志二三·禮志一·古禮·壇壝之制》

朝日、夕月壇，洪武三年建。朝日壇高八尺，夕月壇高六尺，俱方廣四丈。兩壝，壝各二十五步。二十一年罷。嘉靖九年復建，壇各一成。朝日壇紅琉璃，夕月壇用白。朝日壇陛九級，夕月壇六級，俱白石。各建天門二。

（清）傅維麟《明書》卷八四《志二一·營建志·壇廟》

朝日壇。嘉靖九年，建如朝陽門外，壇方，廣五丈，高五尺九寸，壇面磚青色琉璃，四出陛，九級，圓壇墙七十五丈，高八尺一寸，厚二尺三寸，靈星門六，正西三東南北各一外圍墙，前方後圓，西北各三門，墙之西北有石坊，曰禮神街。

夕月壇。嘉靖九年建在阜成門外，壇方，廣四丈，高四尺六寸，壇面磚白色琉璃，四出陛，六級，方壇墙二十四丈，高八尺，厚二尺二寸八分，靈星門六，正東三南北西各一，外用方墙，東北各三門，墙之東北有石坊，亦曰禮神街。

（清）龍文彬《明會要》卷八《禮三·吉禮·朝日夕月》

（洪武）二十一年二月，增修南郊壇壝。於大祀殿丹墀内叠石爲臺四，東西相向，以爲日月星辰四壇。其朝日、夕月、熒星之祭悉罷之。《通典》

(清) 嵇璜等《續通志》卷一一一《禮略》

明太祖洪武三年，禮部言朝日壇宜築於城東門外，夕月壇宜築於城西門外，朝日以春分，夕月以秋分，星辰則祔祭於月壇，從之。【略】二十一年，於南郊大祀殿，爲日月星辰四壇從祀，其朝日、夕月、禜星之祭悉罷之。世宗嘉靖九年，帝以日月星辰止一從祀，義所不安，復定春秋分祭如舊儀。建朝日壇於朝陽門外，西向，夕月壇於阜成門外，東向，壇制有隆殺以示別也。朝日護壇地一百畝，夕月護壇地三十六畝，朝日無從祀，夕月以五星、二十八宿、周天星辰共一壇，南向祔焉。

(清) 伊桑阿等《(康熙) 大清會典》卷五六《郊祀二》

朝日壇

順治八年題准，大明之神從祀天壇外，更立朝日壇，在朝陽門外東郊，其制一成。每年於春分日卯時致祭。凡遇甲丙戊庚壬歲，皇上親詣行禮，其餘各年遣大臣致祭。

夕月壇

順治八年題准，夜明之神，從祀天壇外，更立夕月壇在阜成門外西郊，其制一成，每年於秋分日酉時致祭，以星辰配。凡遇丑辰未戌年，皇上親詣行禮，其餘各年，遣大臣致祭。

(清) 允祹等《大清會典》卷七一《工部》

日壇在朝陽門外東郊，制方，西向，一成，方五丈，高五尺九寸，面甃金磚，四出陛，皆白石，各九級，圓壇周七十六丈五尺，高八尺一寸，厚二尺三寸，壇正西三門，六柱，東南北各一門，二柱，柱及楣閾皆白石，扉皆朱櫺，壇西門外燎爐一，瘞坎一，西北鐘樓一，壇北門外東爲神庫、神廚各三間，宰牲亭、井亭各一，北爲祭器庫、樂器庫、棕薦庫各三間，西北爲具服殿，正殿三間，南向，左右配殿各三間，衛以宮墻，宮門三，南向，壇垣周二百九十丈五尺，西北各門一，皆三門，北門、西角門一，覆瓦均綠色琉璃。

月壇在阜成門外西郊，制方，東向，一成，方四丈，高四尺六寸，面甃金磚，四出陛，皆白石，各六級。方壇周九十四丈七尺，高八尺，厚二尺二寸，壇正東三門、六柱，西南北各一門、二柱，柱及楣閾，皆白石，扉皆朱櫺，壇東門北門外燎爐各一，瘞坎一，東北鐘樓一。壇南門外西爲神庫、神廚各三間，宰牲亭、井亭各一，南爲祭器庫、樂器庫各三間。東北爲具服殿、正殿三間，南向，左右配殿各三間，衛以宮墻，宮門三，南向，壇垣周二百三十五丈九尺五寸，東北各門一，皆三門，北門、東角門一，覆瓦均綠色琉璃。

(清) 昆岡等《大清會典圖》卷一一《禮一一・祀典一一》

日壇，在朝陽門外東郊，當都城卯位，制方，西向，一成，方五丈，高五尺九寸。壇面甃金磚，四面出陛，皆白石，各九級。壇圓周七十六丈五尺，高八尺一寸，厚二尺三寸，內外丹臒。正西三門，石柱六，東、南、北各一門，石柱二，楗閾皆石，朱扉有楹，壇西階上，壝西門内，鼎爐各二，西門外南瘞坎一，鐵燎爐一，北向，壝北門外之東，神庫三間，西向，神厨三間，南向，均一出陛，各三級，井亭一，四面間以朱楹，南向，垣一重，門一，西向，其北爲宰牲亭三間，垣一重，門一，西向，壝北門外直北，爲祭器庫、樂器庫、棕薦庫，各三間，聯檐通脊，均南向。壝西門外之北爲具服殿三間，南向，一出陛，五級，左右配殿各三間，東西向，一出，陛皆三級，周衛宮墙，宮門三間，左右門各一，均南向，鐘樓一，在其東，壇垣前方後圓周二百九十丈五尺，兩面用磚鑲砌，西門北門各三間，西門外直西建栅欄門三，照壁一，北門外照壁一，西角門一，西北爲景升街牌坊，坊前界以朱栅，長十有五丈，街左右墙各一，外圍墻，西自坊西抵壇垣西南隅，長三百八十二丈四尺，東自坊東抵壇垣東北隅，長三百十二丈四尺，其甬路由景升街而南，折而東，南達壇北門，門以南，折而西而北，達具服殿，直南達神路，壝北門外，北達祭器庫，折而東達宰牲亭，達神庫。其覆瓦均用綠色琉璃，外垣覆瓦用青色琉璃，綠緣。

　　月壇在阜成門外西郊，當都城酉位，制方，東向，一成。方四丈，高四尺六寸，壇面甃金磚，四面，出陛，皆白石，各六級。壝方周九十四丈七尺，高八尺，厚二尺二寸，内外白膴。正東三門，石柱六，西南北各一門，石柱二，楔閫皆石，朱扉有楹，壇卯階上。壝東門内，鼎爐各二，東門外北瘞坎一，鐵燎爐一，北門外正北鐵燎爐一，南門外之西，神庫三間，東向，神厨三間，北向，均一出陛，各三級井亭一，四面間以朱楹，北向。垣一重，門一，東向，南角門一，通宰牲亭，宰牲亭三間，垣一重，門一，東向，壝南門外，爲祭器庫、樂器庫，各三間，聯檐通脊，均北向，東南隅井一，壝東門外之北，爲具服殿三間，南向，一出陛五級，左右配殿各三間，東西向，一出陛，皆三級。周衛宮墙，宮門三間，左右門各一，均南向，西北鐘樓一，壇垣方周二百三十五丈九尺五寸，兩面磚砌二進，東門北門各三間，東門外直東建栅欄門三，照壁一，北門外照壁一，東角門一，東北爲光恒街牌坊，坊前界以朱栅長十有二丈八尺，街左右墙各一，外圍墻東自坊東抵壇垣東南隅，長二百六十丈，西自坊西抵壇垣西北隅，長二百四十丈四尺，其甬路由光恒街而南，折而西，南達壇北門，門以南達神路，折而北達具服殿，壝南門外，達祭器庫，折而西達神庫，達宰牲亭，其覆瓦均用綠色琉璃，外垣覆瓦，用青色琉璃綠緣。

（清）張廷玉《清文獻通考》卷九七《郊社考七·日月星辰》

　　朝日壇在朝陽門外東郊，西向，一成，方廣五丈，高五尺九寸，面甃金磚，舊制用青色琉璃。白石，四出陛，各九級，圓壇周七十五丈，正西三門，東南北各一門，西門外有燎爐、鐘樓，北門外東爲神庫、神厨、宰牲亭、井亭，北爲祭器庫、樂器庫，西北爲具服殿，外垣前方後圓，西北各三門，垣之西北有石坊，曰景升街，舊曰禮神街，雍正二年改今額。

　　夕月壇在阜成門外西郊，東向，一成，方廣四丈，高四尺六寸，面甃金磚，舊制用白色琉璃。陛六級，方壇周二十四丈，正東三門，三方各一門，餘如朝日壇，而皆在南。具服殿在東北外垣，正方石坊曰光恒街。舊名同前。

（清）于敏中《日下舊聞考》卷八八《郊坰東一》

朝日壇在朝陽門外，繚以垣墻，嘉靖九年建。西向，爲制一成，以春分之日祭大明之神。壇方廣五丈，高五尺九寸，壇面用紅琉璃，階九級，俱白石。欞星門西門外爲燎爐瘞池，西南爲具服殿，東北爲神庫、神厨、宰牲亭、燈庫、鐘樓，北爲遣官房，外爲天門二座。北天門外爲禮神坊，西天門外迤南爲陪祀齋宿房五十四間。護壇地一百畝。《春明夢餘錄》

嘉靖九年，禮臣率欽天監正夏祚等，會看得朝陽門外三里迤北錦衣衛指揮蕭韺地，東西闊八十一丈，南北進深八十一丈，堪建朝日壇。從之。《明嘉靖祀典》

日壇在朝陽門外東郊，制方，西向，一成，方五丈，高五尺九寸，面甃金磚，四出陛，皆白石，各九級。圓壇周七十六丈五尺，高八尺一寸，厚二尺三寸。壇正西三門六柱，東南北各一門二柱，柱及楣闑，皆白石，扉皆朱櫺，壇西門外燎爐一，瘞坎一，西北鐘樓一，壇北門外東爲神庫、神厨各三間，宰牲亭、井亭各一，北爲祭器庫、樂器庫、棕薦庫各三間，西北爲具服殿，正殿三間，南向，左右配殿各三間。衛以宮墻，宮門三，南向。壇垣周二百九十丈五尺，西北各門一，皆三間，北門西角門一，覆均綠色琉璃。《大清會典》

（清）于敏中《日下舊聞考》卷九六《郊坰西六》

夕月壇在阜成門外，繚以垣墻，嘉靖九年建，東向，爲制一成。祭用牲玉獻舞如朝日儀。惟樂六奏，從祀二十八宿木火土金水五星周天星辰。壇方廣四丈，高四尺六寸面，面白琉璃，階六級，俱白石，內欞星門四，東門外爲瘞池，東北爲具服殿，南門外爲神庫，西南爲宰牲亭、神厨、祭器庫，北門外爲鐘樓、遣官房。外天門二座，東天門外北爲禮神坊。護壇地三十六畝。祭之日以寅，祭之時以酉。《春明夢餘錄》

夕月壇每三歲一親祭，以丑、辰、未、戌年行事。朝日則遣文臣，夕月則遣武職。《明嘉靖祀典》

（清）周家楣、繆荃孫等《（光緒）順天府志》卷五《京師志五·壇廟》

日壇在朝陽門外東郊，制方，西向，一成方五丈，高五尺九寸，面甃金磚，四出陛，皆白石，各九級。圓壇周七十六丈五尺，高八尺一寸，厚二尺三寸，壇正西三門，六柱，東、南、北各一門、二柱，柱及楣、闑，皆白石，扉皆朱櫺。壇西門外燎爐一，瘞坎一，西北鐘樓一。壇北門外東爲神庫、神厨各三間，宰牲亭、井亭各一；北爲祭器庫、樂器庫、棕薦庫，各三間，西北爲具服殿，正殿三間，南向，左、右配殿各三間，衛以宮墻，宮門三，南向。壇垣周二百九十丈五尺，西、北各一門，皆三間，北門、西角門一，覆瓦均綠色琉璃。《會典》七十一

東郊日壇之制，自乾隆七年奉諭移建具服殿，嗣於二十年復奉旨增葺壇宇，規模

焕赫，斟酌咸宜，於大采祀儀爲尤稱云。《會典事例》三百五十【略】

月壇在阜成門外西郊，制方，東向，一成，方四丈，高四尺六寸，面甃金磚，四出陛，皆白石，各六級。方壇周九十四丈七尺，高八尺，厚二尺二寸。壇正東三門，六柱，西南北各一門，二柱，柱及楣、閾皆白石，扉皆朱櫺。壇東門、北門外燎爐各一，瘞坎一，東北鐘樓一；壇南門外西爲神庫、神厨，各三間，宰牲亭、井亭各一，南爲祭器庫、樂器庫，各三間；東北爲具服殿，正殿三間，南向，左右配殿各三間，衛以宮墻，宮門三，南向。壇垣周二百三十五丈九尺五寸，東北各門一，皆三門，北門東角門一，覆瓦皆綠色琉璃。《會典》七十一

（清）周家楣、繆荃孫等《（光緒）順天府志》卷五《京師志五·前代壇廟考》

朝日壇

朝日壇在朝陽門外，繚以垣墻。嘉靖九年建。《春明夢餘錄》《嘉靖典彙》云：嘉靖九年，禮臣率欽天監正夏祚等會，看得朝陽門外、三里迤北，錦衣衛指揮蕭馘地東西濶八十一丈、南北進深八十一丈，堪建朝日壇，從之。西向，爲制一成。以春分之日，祭大明之神。壇方廣五丈，高五尺九寸，壇面用紅琉璃，階九級，俱白石，櫺星門西門外爲燎爐瘞池，西南爲具服殿，東北爲神庫、神厨、宰牲亭、鐙庫，鐘樓，北爲遣官房，外爲天門二座，北天門外爲禮神坊，西天門外迤南爲陪祀齋宿房五十四間。護壇地一百畝。《春明夢餘錄》

明月壇

夕月壇在阜成門外，繚以垣墻，嘉靖九年建。東向，爲制一成。祭用牲、玉、獻舞如朝日儀，惟樂六奏。從祀二十八宿、木、火、土、金、水五星、周天星辰。壇方，廣四丈，高四尺六寸，面白琉璃，階六級，俱白石。內櫺星門四，東門外爲瘞池，東北爲具服殿，南門外爲神庫，西南爲宰牲亭、神厨、祭器庫，北門外爲鐘樓，遣官房，外天門二座，東天門外北爲禮神坊。護壇地三十六畝。祭之日以寅，祭之時以酉。《春明夢餘錄》

（清）孫承澤《天府廣記》卷八

朝日壇

朝日壇在朝陽門外，繚以垣墻。嘉靖九年建，西向，爲制一成。春分之日，祭大明之神，神西向。祭用太牢、玉，禮三獻，樂七奏，舞八佾。甲、丙、戊、庚、壬年，皇帝親祭，祭服拜跪，飲福受胙。餘年遣文大臣攝祭。壇方廣五丈，高五尺九寸，壇面用紅琉璃，階九級，俱白石。櫺星門西門外爲燎爐瘞池，西南爲具服殿，東北爲神庫、神厨、宰牲亭、燈庫、鐘樓，北爲遣官房，外爲天門二座，北天門外爲禮神坊，西天門外迤南爲陪祀齋宿房五十四間。護壇地一百畝。

夕月壇

夕月壇在阜成門外，繚以垣墻。嘉靖九年建，東向，爲制一成。秋分之日，祭夜明之神，神東向。祭用牲、玉，獻舞如朝日儀，惟樂六奏，從祀二十八宿、木火土金

水五星、周天星辰。丑、辰、未、戌年皇帝皮弁服親祀，亦如朝日儀，餘年遣武臣攝祭。壇方廣四丈，高四尺六寸，面白琉璃，階六級，俱白石。內欞星門四，東門外爲瘞池，東北爲具服殿，南門外爲神庫，西南爲宰牲亭、神厨、祭器庫，北門外爲鐘樓、遣官房，外天門二座，東天門外北爲禮神坊。護壇地三十六畝。祭日之時以寅，祭月之時以亥。

趙爾巽《清史稿》卷八二《志五七·禮志一·吉禮一》

朝日壇在朝陽門外東郊，夕月壇在阜成門外西郊，俱順治八年建。制方，一成，陛四出。日壇各九級，方五丈，高五尺九寸。圓壇，周七十六丈五尺，高八尺一寸，厚二尺三寸。壇垣前方後圓，周二百九十丈五尺。月壇各六級，方四丈，高四尺六寸。方壇，周九十四丈七尺，高八尺，厚二尺二寸。壇垣周二百三十五丈九尺五寸。兩壇具服殿制同。燎爐，瘞坎，井亭，宰牲亭，神庫，神厨，祭器、樂器諸庫咸備。其牌坊曰禮神街。雍正初，更名日壇街曰景升，月壇街曰光恒。乾隆二十年，修建壇工，依天壇式。改內垣土墻甃以磚，其外垣增舊制三尺。光緒中，改日壇面紅琉璃，月壇面白琉璃，并覆金磚。

（三）修繕過程

《明神宗實錄》卷五六"萬曆四年十一月"條

丙戌，圜丘、朝日、夕月等壇及太廟祭器合用木植等料并雇工油漆等匠，俱行工部催辦。于是工部乃言祭器例係各監修造，本部原不與聞物料，則炤原派以三分爲率，准辦二分，召商買辦亦該監徑自驗收，料價原貯節慎庫中，聽其支給。上以爲然。

《明神宗實錄》卷四二三"萬曆三十四年七月"條

丙戌，雷震，朝日壇風拔禮神壇大槐盡折，大雨雹平地水深三尺許，禮部左侍郎李廷機等乞修，舉實政以答天心不報。

《明熹宗實錄》卷六四"天啓五年十月"條

庚子，工部題，修朝日壇工值銀一萬五千五百九十二兩零，請給付該監，責成修理報聞。

《明熹宗實錄》卷六八"天啓六年二月"條

戊寅，朝日壇殿宇工完，遣尚書董可威祭謝。

（清）龍文彬《明會要》卷八《禮三·吉禮·朝日夕月》

（洪武）二十一年二月，增修南郊壇墠。於大祀殿丹墀內叠石爲臺四，東西相向，以爲日月星辰四壇。其朝日、夕月、祭星之祭悉罷之。《通典》

《高宗純皇帝實錄》卷一六九"乾隆七年六月"條

丙午，户部尚書海望等繪呈天地壇齋宮拆修改建地盤式樣。得旨：樣留覽。其朝日壇、夕月壇舊有之具服殿爾等亦前往敬謹相視，應作如何修理之處，詳細妥議具奏。

海望等繪呈朝日、夕月壇地盤式樣。得旨：夕月壇具服殿准照樣如式修理。其朝日壇具服殿，舊制建於祭臺之南，臨祭時必徑過神路始至殿所，似於誠敬之儀未協，著將具服殿移建祭臺之西北角。其西北角現有道官衙署，移於具服殿地基蓋造。

《宣宗成皇帝實錄》卷八一 "道光五年四月" 條

己巳，諭內閣：據英和等奏，朝日壇墻根土坡被雨水衝刷不齊，墻垣間有損壞，瓦片脫落，自應修理整齊以昭嚴肅，其墻外泊岸，應否修築。著工部派員敬謹分別查勘具奏。

《德宗景皇帝實錄》卷四二二 "光緒二十四年六月" 條

乙巳，工部奏督修夕月壇內具服殿、暨關帝廟等工程，依議行。

《德宗景皇帝實錄》卷四八四 "光緒二十七年六月" 條

己酉，禮部尚書管理太常寺事務世續等奏：敬勘地壇朝日壇、夕月壇各處陳設缺失情形并籌辦修補各事宜，得旨：著工部、內務府擇要先行製補，以重祀典。

（清）允祹等《大清會典則例》卷七五《吉禮・祭統》

（乾隆七年）又諭：日、月壇舊有之具服殿該部，亦前往相視應作如何修理，詳細妥議具奏。欽此。遵旨議准，日、月壇各有具服殿一所。

（清）允祹等《大清會典則例》卷一二六《工部》

雍正二年，奉旨方澤壇外牌坊，舊名泰折街，著改爲廣厚街。日壇外牌坊舊名禮神街，著改爲景升街。月壇外牌坊舊名禮神街，著改爲光恒街。又奏准，日壇西南、月壇東北二面地方均屬空濶，應各建照墻三座。

（乾隆）七年諭：日壇具服殿，舊制建於壇南，臨祭時必經過神路始至殿所，似於誠敬之儀未協，著將具服殿移建壇之西北隅，其西北隅見有奉祀衙署，即移於具服殿地基蓋造，欽此。

二十年，又奏准，日壇應行興修詳細確估，計日壇一座，內壇門六，神庫、神厨各一，井亭一，祭器庫、宰牲亭各一，鐘樓一，西北壇門各一，牌坊一，地面、海墁、散水、甬路、月臺、燎爐各垣墻等項，均應照舊制修理完整，至內垣，原係土墻應照天壇之式用磚兩面鑲砌以資鞏固，外垣原高七尺六寸，今應增高三尺，并增砌大甬路二道。

二十一年，又奏准月壇應行興修詳細確，估計月壇一座內壇門六，瘞坎一，神庫、神厨各一，井亭一，祭器庫、宰牲亭各一，鐘樓一，東北壇門各一，牌坊一，均照舊修理。壇垣、地面、海墁、散水、甬路、月臺、燎爐，亦應拆砌完，至內垣亦應兩面砌磚，二進，外垣增高三尺，增砌大甬路四道。

（雍正）五年，又奏准月壇牌坊兩邊墻垣已於雍正二年遵旨修理，日壇牌坊兩邊墻垣亦應照月壇增造，仍會部詳估具奏興工。

乾隆七年諭：朕惟郊壇祭祀必致誠敬以薦明禋，歷來前期齋戒悉遵舊制住宿別殿，今郊壇建有齋宮年久傾圮未經繕修，其應如何修建之處，爾等即前往，敬謹相視繪圖呈覽至興修之時，著委內務府熟悉工程之官會同工部太常寺委官一同監修，所需錢糧由工部行文，戶部支取。欽此。

又奉旨：日月壇舊有之具服殿，爾等亦前往相視應如何修理，詳議具奏。

八年，日壇移建具服殿三間，左右配殿六間，宮門一座，拆移衙署十有三間。月壇修理具服殿三間，左右配殿六間，宮門一座，鐘樓一座并各處拆建守衛房成，砌牆垣鋪墁地面甬路。

康熙五年議准：各壇廟遇有損壞，該管官即行具報，如遲延不報以致盜失磚石木植等物，將該管官題參議處。

(清) 托津等《（嘉慶）大清會典事例》卷三五〇《禮部・中祀・朝日壇》

（乾隆）二十年奏准，日壇內垣，原係土牆，應照天壇之式，用磚兩面鑲砌，以資鞏固，外垣原高七尺六寸，今應增高三尺，并曾砌大甬路二道。

嘉慶五年奏准，興修日壇神庫等工，所有奉移神牌及神牌還御日，應遣官於本壇告祭，興工及工竣日，應告祭后土、司工之神，均由欽天監選擇吉日，遣官以奉請神牌祇告。祀畢，禮部堂官詣神牌前上香，行三跪九叩禮，太常寺官恭請神牌，敬謹奉安於祭器庫內，禮部堂官上香行禮如初。工竣後神牌還御，均與興工禮同。又奏准，日壇神庫等工告竣，所有迎吻、安吻、插劍、合龍門，由欽天監擇吉迎吻日，遣官一員，致祭琉璃窰神，日壇外壇西門之神，吻上用裹金銀花二對，大紅緞二方，龍旗、御仗各一對，和聲署作樂前導，在工大臣官員迎接，均毋庸簪花披紅，其安吻、插劍、合龍門吉期，應遣官告祭司工之神。

（乾隆）二十一年奏准，月壇內垣，應兩面磚砌二進，外垣增高三尺，并增設大甬路二道。

(清) 昆岡等《（光緒）大清會典事例》卷四三三《禮部一四四・中祀・春分朝日》

光緒十三年，興修日壇神庫工程，所有奉移神牌及神牌還御日，遣官行祇告禮，均與嘉慶五年同。

(清) 于敏中《日下舊聞考》卷八八《郊坰東一》

乾隆七年諭：日壇具服殿舊制建於壇南，臨祭時必經過神路始至殿所，似於誠敬之儀未愜。著將具服殿移建壇之西北隅，其西北隅見有奉祀衙署，即移於具服殿地基蓋造。《大清會典則例》

［又案］東郊日壇之制，自乾隆七年奉諭移建具服殿，嗣於二十年復奉旨增葺壇宇，規模煥赫，斟酌咸宜，於大采祀儀爲尤稱云。

劉錦藻《清續文獻通考》卷一五二《郊社考六・日月星辰》

嘉慶五年奏准，興修日壇神庫等工，所有奉移神牌及神牌還御日，應遣官於本壇告祭，興工及工竣日應告祭后土司工之神，均由欽天監選擇吉日遣官奉請神牌祇告。

祀畢，禮部堂官詣神牌前上香行三跪九叩禮，太常寺官恭請神牌敬謹奉安於祭器庫內，禮部堂官上香行禮如初，竣工後神牌還御均與興工禮同。

又奏准，日壇神庫等告竣所有迎吻、安吻、插劍、合龍門由欽天監擇吉迎吻日，遣官一員，致祭琉璃窰神，日壇外壇西門之神，吻上用裹金銀花二大紅緞二方，龍旗御仗各一對，和聲署作樂前導，在工大臣官員迎接，均毋庸簪花披紅，其安吻、插劍、合龍門吉期，應遣官告祭司工之神。

光緒十三年，興修日壇神庫工程，所以奉移神牌及還御日，遣官行祇告禮，與嘉慶五年同。

二、祭祀制度

（一）祭祀前期

題請

（明）佚名《太常續考》卷三《大明春分事宜》

前期一月。禮部題請聖駕親祭，如奉旨是，則本寺前期十日題請聖駕親祭，本如奉旨遣官代，則本寺題欽定大臣行禮。本乙、丁、己、辛、癸年，前期十日，本寺徑題欽定大臣一員行禮，遣官旨下行手本知會。

夜明秋分事宜

前期一月。禮部題請聖駕親祭，本如奉旨，是則本寺前期十日題請聖駕親祭本如奉旨遣官代，則本寺題欽定大臣一員行禮本，子、午、卯、酉、寅、申、己亥年，本寺徑題欽定大臣一員行禮，本其分獻大臣一員，同正壇題請遣官旨下各行手本知會。

《高宗純皇帝實錄》卷三四〇"乾隆十四年五月"條

宗廟、社稷、暨朝日、夕月、先農等壇，歷代帝王、先師孔子廟祭，前期看牲及祭日看陳籩豆亦派禮部堂官一員，率太常卿等將事，再壇廟內、例用御史四員侍儀，而與陪祀王公百官行禮之處用御史監禮無別，嗣後用禮部堂官二人、都察院堂官二人分立侍儀，以隆體制。又，祭日請送神牌向用太常寺官恭捧，嗣後應派禮部堂官一人上香行禮并請送。【略】又查《會典》，凡祭祀，禮部於每歲九月中札欽天監選期送部轉札太常寺於前期具題等語，現在徑由太常寺移監，於正月自行題達。嗣後應由禮部選期具題，奉旨後交太常寺按時豫行題請。再查禮部滿尚書，現在兼管樂部、太常寺、鴻臚寺事。嗣後滿尚書職銜內，即加兼管樂部、太常寺、鴻臚寺、字樣。著爲成例。從之。

（清）伊桑阿等《（康熙）大清會典》卷五六《郊祀二》

朝日壇

遇皇上親祭之年，或親詣行禮，或遣官恭代，禮部題請，今由太常寺。

前期三日，禮部太常寺爲進齋戒牌銅人題請，今由太常寺。

夕月壇

遇皇上親祭之年，或親詣行禮，或遣官恭代，從壇遣官一分獻，俱禮部題請，今由太常寺。

前期三日，禮部太常寺爲進齋戒牌銅人題請，今由太常寺。

（清）伊桑阿等《（康熙）大清會典》卷一五六《太常寺上》

凡祭，【略】朝日壇、夕月壇，【略】於二十日前具題。

朝日壇、夕月壇前期三日，爲進齋戒牌銅人本寺具題。前期二日，爲視祝版并派讀祝官，本寺具題。

（清）允祹等《大清會典則例》卷一五二《太常寺》

題奏。祭祀，【略】甲、丙、庚、壬年親朝日，丑、辰、未、戌年親夕月，均前期二十日具題，同餘歲及各中祀均前期二十日題請遣官行禮。

承祭。分獻官并於具題祀期疏內列名請旨，承祭官圜丘方澤祈穀雩祀以親王，太廟太廟後殿社稷日月以王、貝勒、貝子、公。

分獻官。【略】親夕月一人，均以領侍衛內大臣，散秩大臣，都統尚書，月壇遣官以侍郎。【略】凡開列，各承祭分獻官王公行宗人府領侍衛內大臣散秩大臣行領侍衛府都統行八旗各諮取職名，豫期奏請欽點數人，以備開列，內閣大學士、學士，六部尚書、侍郎，都察院左都御史、左副都御史臨期諮取各職名題請均用滿官，惟先師廟滿漢官，并開具題得旨，祀前二十日或十五日以具題科鈔行分獻官各衙門。

祝版祝文

（明）申時行等《大明會典》卷八三《禮部四十》

朝日壇

前期一日，上親填祝版於文華殿，紅楮版硃書，如遇遣官之歲，則中書官代填，遂告於廟。告辭曰：孝玄孫嗣皇帝御名，明日往詣朝日壇躬祭大明之神，謹詣祖宗列聖帝后神位前恭預告知。遣官則否。

夕月壇

前期一日，太常卿同光祿卿奏省牲如常儀。是日，上親填祝版於文華殿，白楮版墨書，如遇遣官之歲，則中書官代填，遂告於廟。告辭曰：孝玄孫嗣皇帝御名，明日往祭夜明等神於夕月壇，謹詣祖宗列聖帝后神位前恭預告知。遣官則否。

（明）佚名《太常續考》卷三《大明春分事宜》

前期一日，是日早，博士捧祝版於東平臺，候上親填御名，捧出午門外，安於祝版亭內，厨役昇至朝日壇神庫奉安。

夜明秋分事宜

前期二日，是日早，博士捧祝版於東平臺，候上親填御名捧出午門外，安於祝版亭内，廚役舁至夕月壇神庫内奉安。

（清）傅維麟《明書》卷五七《志六·禮儀志二·分祀儀》

朝日壇、夕月壇，俱前期三日太常寺奏祭，諭百官致齋，二日省牲，如常儀。前一日，上親填祝版於文華殿，遣官則否，遂告於廟。告辭曰：孝元孫嗣皇帝御名，明日往詣朝日夕月壇躬祭大明夜明之神，謹詣祖宗列聖帝后神位前恭預告知。遣官則否。

（清）萬斯同等《明史》卷四七《志二一·禮志五·吉禮五·朝日夕月》

洪武三年，學士詹同等奏進祝文三道，命付禮部太常寺永爲定式。

朝日曰：惟神陽靈東升，運行於天，神光下燭，無私無偏，歲紀聿新，昭天之德，萬物具瞻，黃道弗忒，國有時祀，吉典式遵，曦馭既格，海宇咸春。

夕月曰：惟神太陰所鍾，承光於日，配陽之德，麗於穹碧，惟此秋夕，靈飲氣清，仰瞻素輝神馭，以升夜明，布壇用伸報祭，維神鑒臨，萬古不昧。

（嘉靖）十年，禮部具上朝日夕月儀。前期三日，太常寺奏祭祀如常儀，諭百官致齋二日。前期二日，太常卿同光祿卿奏省牲。前期一日，帝親填祝版於文華殿。朝日，用紅楮版硃書。夕月，用白楮版墨書。遂告於廟。如遇遣官，則中書代填祝版，不告於廟。

（清）伊桑阿等《（康熙）大清會典》卷五五《禮部·祠祭清吏司·祭祀通例》

凡祝文。由內閣撥發，禮部預期恭寫，今由太常寺。【略】朝日壇祝版，紅紙硃書。夕月壇祝版，白紙墨書，黃紙鑲邊，各送內閣恭填御名。

（清）伊桑阿等《（康熙）大清會典》卷五六《郊祀二》

朝日壇

前期一日，禮部太常寺官至內閣捧祝版至中和殿，請上視祝版畢，捧祝官拱舉，由中路出，至午門安紅幔亭内，前列御仗一對，太常寺官隨亭後，送至朝日壇神庫案上安設，上香，一跪，三叩頭退。今由太常寺。

夕月壇

前期一日，禮部太常寺官至內閣捧祝版至中和殿，請上視祝版畢，捧祝官拱舉，由中路出，至午門安月白幔亭内，前列御仗一對，太常寺官隨亭後，送至夕月壇神庫案上安設，上香，一跪，三叩頭退。今由太常寺。

（清）允祿等《（雍正）大清會典》卷七八《祠祭清吏司·祭祀通例》

凡視祝版。【略】雍正二年議准。【略】朝日壇、夕月壇，上躬詣行禮之年祝文。如遇忌辰，俱太常寺官照例由內閣恭捧安設。

（清）允祿等《（雍正）大清會典》卷二三六《太常寺·職掌》

凡祭，太廟、社稷壇、朝日壇、夕月壇，【略】於二十日前具題。

朝日壇、夕月壇前期三日，爲進齋戒牌銅人本寺具題。前期二日，爲視祝版并派讀祝官本寺具題。

（清）允祹等《大清會典》卷三六《禮部》

凡祝版，祀天青質朱書，祭地黃質墨書，饗太廟、祭社稷白質墨書，朝日赤質朱書，夕月白質墨書。【略】

凡閱祝版、香帛。南郊御太和殿，北郊太廟、社稷、日、月、前代帝王、先師、先農均御中和殿，如遇忌辰，天地太廟祝版仍躬閱，社稷等祀，均太常寺官由內閣恭奉至祭所安設，遣官恭代及群祀亦如之。

（清）允祹等《大清會典》卷一五二《太常寺》

閱祝版。前期十五日，本寺行文，欽天監擇閱祝版吉時送寺，繕入儀注，并委時官二人前期一日赴寺豫備啓奏時刻，本寺官先期送祝版至內閣恭書。前期十日，行知工部。鑾儀衛於前期二日自壇恭昇祝版亭至午門前安奉，次日送至祭所，并行文兵部轉咨步軍統領，凡經行道路灑掃辟除。前期二日，【略】御中和殿閱祝版，是日設黃案於中和殿中御座之南，設祝版亭於午門外，屆時奏請皇帝御中和殿立左楹前，西向，司祝奉祝版入陳案上，皇帝恭閱畢行一跪三拜禮，興，司祝奉祝版至午門外安設黃亭，餘儀同前。如遣官恭代行禮，本寺官由內閣恭奉至午門外安設黃亭，恭送祭所。順治二年奏准，各壇廟讀祝止讀清文，停讀漢文。十六年奏准，祝版應書御名者，先期送內閣敬書。祀前一日，皇帝於太和殿、中和殿閱畢奉往祭所安設。又奏准，皇帝閱祝版，應增設祝版座，安祝版於上，不必用手奉視。又定，祀前二日，本寺奏閱祝版，并奏簡讀祝官及祀日行禮各儀注，奏章用本色紙，遇吉慶日用紅色紙。雍正二年，奉旨據太常寺奏，次年正月初八日時饗初七日，遇素服日期應照例停閱祝版，但大祭祝文朕不親閱於心不安，若素服閱祝於禮可行否。著大學士九卿等會議具奏。遵旨，議准躬閱祝版，如適遇忌辰大祀天地祝文皇帝仍御龍袍袞服，執事官咸補服，太廟祝文皇帝常服執事官咸常服，不挂數珠，社稷壇春秋致祭祝文及日、月壇皇帝親祭之年，如遇忌辰，均太常寺官由內閣恭奉送祭所安設。

支取祝版制帛。每歲祭祀額用祝版五十四方，由寺開具一年應用數目，行工部豫備，於各祀前期送寺。制帛每歲額用郊祀制帛青色十有二端，黃色一端，青色告祀制帛二端，奉先制帛一百八十二端，禮神制帛青色十有一端，黃色七端，赤色十端，元色二十二端，白色四百七十七端，展親制帛四十端，報功制帛一百十有一端，素帛二百二十端，由寺行工部支取一年應用制帛，存貯寺庫以備每祀之用。

（清）昆岡等《大清會典圖》卷二一《禮二一·祭器一》

祝版，木質，制方，尺寸有度。【略】社稷壇、先農壇、日壇、月壇【略】縱八寸四分，廣一尺二寸，皆承以座，座有雕，有素文表於版，有純有緣，紙與書各殊色。【略】日壇用純紅紙朱書，月壇，【略】白紙黃緣墨書。

趙爾巽《清史稿》卷八二《志五七·禮志一·吉禮一》

祝版以木爲之，圜丘、方澤方一尺五寸，徑八寸四分，厚三分。祈穀壇方一尺一寸，徑一尺，厚如之。太廟後殿方一尺二寸，徑八寸四分。前殿方二尺，徑一尺一寸，厚并同徑。常雩，日、月壇，社稷壇與太廟後殿同。中祀、群祀方徑各有差。【略】月壇、太廟、社稷白紙黃緣墨書，日壇硃紙硃書，群祀白紙墨書不加緣。太常司令祝版官先期褾飾，祀前二日昧爽送內閣，授中書書祝辭，大學士書御名，餘祀太常司自繕。

凡親祭，先二日太常卿奏請，前一日閱祝版。【略】祝案居正中少西，案設羊角鐙二，視版日，案左楹東置香亭，右楹西置奉版亭、奉玉帛香亭。屆時太常卿詣乾清門啓奏，帝出宮詣案前。閱畢，行一跪三拜禮。贊禮郎徹褥，寺卿韜版，導帝至香亭前，拜跪如初禮。司祝奉版薦黃亭送祭所，庋神庫。大祀遣代，停止祝版具奏。中祀、群祀，寺官赴內閣徑請送祭所，不具奏。其視玉、帛、香如閱祝版儀。

齋戒陪祀迎送

《明太祖實錄》卷八六"洪武六年閏十一月"條

甲申，復命定祭祀齋戒禮儀。凡祭天地，正祭前五日，午後沐浴更衣處外室，次日早百官於奉天門觀誓戒牌，次日告仁祖廟，退處齋宮，致齋三日行事。享宗廟正祭前四日，午後沐浴更衣處外室，次日爲始，致齋三日行事。祭社稷、朝日、夕月【略】等神，正祭前三日，午後沐浴更衣，處外室次日爲始，致齋二日行事。

《明熹宗實錄》卷七"泰昌元年八月"條

庚午，遣官祭夕月壇，是日遣恭順侯吳汝胤代獻，時命分獻侍郎劉一燝已入閣辦事，乃更命通政使姚思仁分獻而陪祭者寥寥僅六人，于是侍班監禮御史張潑等言，聖君嗣服之初宜申飭怠玩。上曰：郊廟大典以後陪祀官咸宜恪恭陪禮，無故不到者其指名參奏。

（明）申時行等《大明會典》卷八一《禮部三九·祭祀通例》

嘉靖中，以朝日、夕月、天神、地祇爲中祀。【略】凡致齋，大祀三日、中祀二日、降香一日。傳制遣官前一日沐浴更衣，處於齋宮，次日還宮。

令禮部鑄銅人，高一尺五寸，手執牙簡。如大祀，則書"致齋三日"。中祀則書"致齋二日"於簡上，太常寺進置於齋所。（洪武）五年，令諸衙門各置木齋戒牌，刻文其上，曰：國有常憲，神有鑒焉。凡遇祭祀則設之。嘉靖三年，令齋戒日，文武百官隨品穿吉服，并青綠錦綉。

（明）申時行等《大明會典》卷二一五《太常寺》

凡大祀天地及朝日夕月各壇，分獻官本寺預取職名具奏請旨，點定各具手本知會仍揭榜於神樂觀前通知。

凡朝日夕月，前三日，本寺官進銅人并上殿奏齋戒，前二日同光祿寺官奏省牲，次日同復命。

（明）佚名《太常續考》卷三《大明春分事宜》

本寺委協律郎、提調樂舞生、執事於太和殿朝夕演習禮樂。一前期八日，行手本知會鴻臚寺於前期三日請升殿奏祭。

前期四日。行揭帖知會司禮監奏祭祀。

前期三日。本寺官具公服於皇極殿，鳴鞭，訖，跪奏云："太常寺卿臣某等謹奏，本月某日春分祭大明於朝日壇。是日卯時，恭聖駕致祭。"如遣官則不奏此二句。文武百官自某日爲始致齋二日，請旨，承旨，叩三頭，一揖。

躬退。如其日不朝，則具本題知。是日，屬官率鋪排，執御仗紗燈，進齋戒牌銅人於文華殿東九五齋，北向，仍出示於長安門。

齋牌。年二月日春分卯時，祭大明於朝日壇，自某日午後沐浴更衣，某日爲始，致齋二日。

東西長安門告示。太常寺爲祭祀事，照得年二月某日春分，祭大明於朝日壇，文武百官自本月某日午後沐浴更衣，於本衙門宿歇，某日爲始致齋二日，其陪祀官員，以下與圜丘同。是日本寺官詣太和殿演禮樂，畢，詣犧牲所看牲。

（明）佚名《太常續考》卷三《夜明秋分事宜》

本寺委協律郎提調樂舞生執事於太和殿，朝夕演習禮樂。

前期七日。行手本知會鴻臚寺於前期三日，請升殿奏祭祀。

前期三日。行揭帖知會司禮監奏祭祀。

前期二日。本寺官具公服於皇極殿鳴鞭，訖，跪奏云："太常寺卿臣某等謹奏，本月某日秋分祭夜明於夕月壇。是日酉時恭聖駕致祭。"如遣官則不奏此二句。文武百官自某日爲始致齋二日，請旨承旨，叩三頭，一揖，一躬，退。如其日不朝則具本題知。

是日，屬官率鋪排執御仗紗燈，進齋戒牌銅人於文華殿東九五，齋北向，仍出示長安門。

齋牌。年八月某日秋分酉時祭夜明於夕月壇，自某日午後沐浴更衣，某日爲始致齋二日。

東西長安門告示。太常寺爲祭祀事，照得年八月某日秋分祭夜明於夕月壇。文武百官以下與朝日壇同。

《仁宗睿皇帝實錄》卷二九四"嘉慶十九年八月"條

己巳，秋分夕月於西郊，上親詣行禮。

庚午，諭內閣，秋祀夕月壇，嗣後如遇朕親祭之年，其配位著派親郡王上香。

《文宗顯皇帝實錄》卷三〇九"咸豐十年三月"條

庚申，三月乙丑朔，諭內閣，前因定例朝日壇行禮，百官宗室世職章京未見陪祀。當令仁壽等查明復奏。茲據奏稱、僅據吏部等衙門開送收到職名。并未聲明陪祀與否。著宗人府、吏部、禮部、兵部、都察院、查明除另有差使、及例不陪祀各員外。其餘應行陪祀未到各員，著開單參奏，以儆怠玩。

《文宗顯皇帝實錄》卷三〇九"咸豐十年三月"條

庚午，以朝日壇陪祀未到，不入八分鎮國公綿壽等下部議處。

《文宗顯皇帝實録》卷三一〇 "咸豐十年三月" 條

戊寅，諭内閣、前因朝日壇行禮，應行陪祀未到各員，當降旨、公吏部等衙門查明參奏。兹據吏部、禮部、兵部、都察院、先後查明復奏。所有單開未到各員，除另有差使、有先期送册注病各員免其議處外，其餘陪祀無故不到，有臨期告病、道阻遲延各員。均著交各該衙門照例議處，其已經陪祀，漏遺職名各員，均著交各該衙門察議。是日查取職名之御史毓通、王憲成，未能查明即時參奏，著交部議處。

（清）伊桑阿等《（康熙）大清會典》卷五五《禮部·祠祭清吏司·祭祀通例》

凡各衙門齋戒。遇齋戒日，各衙門俱設齋戒木牌，祀太廟、社稷、朝日、夕月、歷代帝王廟，參領阿達哈哈番以上、滿漢文官郎中等官以上，漢武官游擊以上，及滿科道漢六科掌印給事中，在本家齋宿，預期沐浴。祭日，各具朝服，赴壇廟陪祀，不許喧嘩失儀，越次先散及隨從人役喧擁。違者，御史禮部等官指名題參。如遣官恭代，王以下、公以上不齋戒，文武等官齋戒同。

（清）張廷玉等《明史》卷四七《志二三·禮志一·齋戒》

洪武二年，學士朱升等奉敕撰齋戒文曰："戒者，禁止其外；齋者，整齊其内。沐浴更衣，出宿外舍，不飲酒，不茹葷，不問疾，不吊喪，不聽樂，不理刑名，此則戒也。專一其心，嚴畏謹慎，苟有所思，即思所祭之神，如在其上，如在其左右，精白一誠，無須臾間，此則齋也。大祀七日，前四日戒，後三日齋。"太祖曰："凡祭祀天地、社稷、宗廟、山川等神，爲天下祈福，宜下令百官齋戒。若自有所禱於天地百神，不關民事者，不下令。"又曰："致齋以五日七日，爲期太久，人心易怠。止臨祭，齋戒三日，務致精專，庶可格神明。"遂著爲令。是年從禮部尚書崔亮奏，大祀前七日，陪祀官詣中書省受誓戒。各揚其職，不共其事，國有常刑。宗廟社稷，致齋三日，不誓戒。三年，諭禮部尚書陶凱曰："人心操舍無常，必有所警，而後無所放。"乃命禮部鑄銅人一，高尺有五寸，手執牙簡，大祀則書致齋三日，中祀則書致齋二日於簡上，太常司進置齋所。四年定天子親祀齋五日，遣官代祀齋三日，降香齋一日。五年命諸司各置木牌，以警褻慢，刻文其上曰："國有常憲，神有鑒焉。"凡祭祀，則設之。又從陶凱奏，凡親祀，皇太子宮中居守，親王戎服侍從。皇太子親王雖不陪祀，一體齋戒。

六年建陪祀官齋房於北郊齋宮之西南，後定齋戒禮儀。凡祭天地，正祭前五日午後，沐浴更衣，處外室。次早，百官於奉天門觀誓戒牌。次日，告仁祖廟，退處齋宮，致齋三日。享宗廟，正祭前四日午後，沐浴更衣，處外室。次日爲始，致齋三日。祭社稷、朝日、夕月、周天星辰、太歲、風雲雷雨、岳鎮海瀆、山川等神，致齋二日，如前儀。凡傳制降香，遣官代祀，先一日沐浴更衣，處外室。次日遣官。七年定制，凡大禮前期四日，太常卿至天下神祇壇奠告，中書丞相詣京師城隍廟發咨。次日，皇帝詣仁祖廟請配享。二十一年定制，齋戒前二日，太常司官宿於本司。次日，奏請致齋。又次日，進銅人，傳制諭文武百官齋戒。是日，禮部太常司官檄城隍神，遍請天下當祀神祇，仍於各廟焚香三日。

二十六年，定傳制誓戒儀。凡大祀前三日，百官詣闕，如大朝儀，傳制官宣制云："某年月日，祀於某所，爾文武百官，自某日爲始，致齋三日，當敬慎之。"傳制訖，四拜，奏禮畢。宣德七年大祀南郊，帝御齋宮。命內官使飲酒食葷入壇唾地者，皆罪之，司禮監縱容者同罪。齋之日，御史檢視各官於齋次，仍行南京，一體齋戒。弘治五年，鴻臚少卿李燧言："分獻陪祭等官，借居道士房楊，貴賤雜處，且宣召不便。乞於壇所隙地，仿天壽山朝房禮制，建齋房。"從之。嘉靖九年，定前期三日，帝御奉天殿，百官朝服聽誓戒。萬曆四年十一月，禮部以二十三日冬至祀天，十八日當奏祭，十九日百官受誓戒。是日，皇太后聖旦，百官宜吉服賀。一日兩遇禮文，服色不同，請更奏祭、誓戒皆先一日。帝命奏祭，誓戒如舊，而以十八日行慶賀禮。

(清) 張廷玉等《明史》卷四七《志二三·禮志一·分獻陪祀》

凡分獻官，太常寺豫請旨。洪武七年，太祖謂學士詹同曰："大祀，終獻方行分獻禮，未當。"同乃與學士宋濂議以上，初獻奠玉帛將畢，分獻官即行初獻禮。亞獻、終獻皆如之。嘉靖九年，四郊工成，帝諭太常寺曰："大祀，分獻官豫定，方可習儀。"乃用大學士張璁等於大明、夜明、星辰、風雲雷雨四壇。舊制，分獻用文武大臣及近侍官共二十四人，今定四人，法司官仍舊例不與。

凡陪祀，洪武四年，太常寺引《周禮》及唐制，擬用武官四品、文官五品以上，其老疾瘡疥刑餘喪過體氣者不與。從之。後定郊祀，六科都給事中皆與陪祀，餘祭不與。又定凡南北郊，先期賜陪祀執事官明衣布，樂舞生各給新衣。制陪祀官入壇牙牌，凡天子親祀，則佩以入。其制有二，圓者與祭官佩之，方者執事人佩之。俱藏內府。遇祭則給，無者不得入壇。洪武二十九年初祀山川諸神，流官祭服，未入流官公服。洪武二十九年從禮臣言，未入流官，凡祭皆用祭服，與九品同。

(清) 允祹等《大清會典》卷三六《禮部》

凡齊戒。大祀三日，中祀二日。【略】朝日、夕月、饗前代帝王、先師、先農，皇帝於大內致齋，王公百官均於私第致齋。齋戒之日，不理刑名，不燕會，不聽樂，不入內寢，不問疾吊喪，不飲酒茹葷，不祭神，不掃墓，有疾、有服者，皆弗與。【略】

凡執事。皇帝親祀壇廟，贊引用太常寺卿二人奉福胙，用光祿寺卿二人接福胙，用侍衛二人奠帛、獻爵，各壇廟均用太常寺官，【略】日壇奠帛、獻爵各一人，月壇奠帛、獻爵各二人。

凡侍儀。皇帝親行禮，禮部尚書侍郎二人西面，都察院左都御史、左副都御史二人東面，王公拜位，御史二人，禮部官二人，百官拜位，御史四人，禮部官二人均東西面。凡陪祭執事有違誤失儀者，劾之。

（清）允祹等《大清會典則例》卷一五二《太常寺》

進齋戒牌銅人。順治四年，定齋戒牌銅人由禮部官恭進安設於武英殿。八年，定改設於太和殿。【略】日月、前代帝王、先農如恭遇親祭均前期二日進齋戒牌銅人，如遣官惟前代帝王廟仍進齋戒牌銅人，餘均停進。康熙九年，題准齋戒牌銅人由禮部太常寺官恭設於乾清門中門東第一櫺前，承以黃案。雍正二年，奏准【略】日、月、前代帝王廟等祭，如遣官行禮停進齋戒牌銅人，不具奏。至兩祭相連，止奏皇帝親詣之齋戒，其遣官行禮亦不具奏。乾隆七年，奏准【略】日、月、帝王、先農前期三日具奏於乾清門，安設二日，均祭日徹回。

祭日請駕。順治年間定，【略】日壇於日出前八刻，月壇於酉時前六刻。乾隆四年，奏准夕月改於酉時前四刻。

承祭。分獻官并於具題祀期疏，內列名請旨，承祭官【略】日、月以王、貝勒、貝子、公。

分獻官，【略】親夕月一人，均以領侍衛內大臣，散秩大臣，都統尚書。月壇遣官以侍郎。凡開列各承祭分獻官王公、行宗人府領侍衛內大臣、散秩大臣、行領侍衛府都統、行八旗各咨取職名，豫期奏請欽點數人，以備開列，內閣大學士、學士，六部尚書、侍郎，都察院左都御史、左副都御史臨期諮取各職名題，請均用滿官，惟先師廟滿漢官，并開具題，得旨，祀前二十日或十五日以具題科，鈔行分獻官各衙門。

齋戒官。祀期前四十日，由寺咨取各齋戒官職名，鎮國、輔國、奉國各將軍、宗室覺羅文職大學士尚書以下，員外郎并員外郎品級官以上，武職都統以下，參領輕車都尉佐領以上，行宗人府滿洲蒙古漢軍都統公侯伯以下，參領輕車都尉佐領以上，滿漢尚書以下，員外郎員外郎品級官以上，行吏部漢武職冠軍使、行鑾儀衛參將游擊、行步軍統領衙門，均於十日前開送到寺，由寺出示正陽門，令陪祀官齋戒。前期十五日以齋戒事宜諮呈宗人府，并移內閣、典籍、六部、理藩院、都察院、內務府、通政使司、大理寺、翰林院、詹事府、光祿寺、太僕寺、鴻臚寺、國子監、欽天監、太醫院及順天府、鑾儀衛、八旗都統、步軍統領衙門，各設齋戒牌於本署，均如期齋戒，恭遇親祭致齋，前期四日以致齋事宜諮內務府、尚膳房并諮呈宗人府及諮領侍衛府、護軍統領。

例齋戒。前期四日咨吏部轉傳，齋戒各官至祀日朝服陪祀。雍正七年定，前期二十五日，咨兵部奏請稽查齋戒大臣取欽點大臣職名旗分送寺。十年，定大祀、中祀親詣行禮，由寺前期二十五日諮左右兩翼前鋒統領、下五旗護軍統領，將應齋戒之前鋒、護軍、各統領、參領對品之副署，護軍、參領等職名。於十日前開送到寺，以便散給齋戒牌。乾隆七年，奏准直省文職督撫以下道府以上，武職將軍、都統、副都統、提鎮以下協領副將，以上見任來京者，前期二十五日由寺咨吏、兵二部轉取職名一例齋戒。又定郊祀前期六日，咨呈宗人府上御齋宮陪祀，王以下入八分公以上，於齋宮門外恭迎，祀日於鋪設棕薦處祗俟。

(清) 昆岡等《 (光緒) 大清會典事例》卷四三三《禮部・中祀》

（咸豐）十年，諭前因朝日壇行禮，應行陪祀未到各員，當降旨令史部等衙門查明參奏，茲據吏部禮部、兵部、都察院先後查明復奏，所有單開未到各員，除另有差使，及先期送册注病各員，免其議處外，其餘陪祀，無故不到及臨期告病，道阻遲延各員，均著交各該衙門照例議處，其已經陪祀，漏遲職名各員，均著交各該衙門察議。是日查取職名之御史毓通王憲成，未能查明即時參奏，著交部議處。

劉錦藻《清續文獻通考》卷一五二《郊社考六・日月星辰》

（嘉慶）二十三年諭：昨據禮部奏八月二十三日，世宗憲皇帝忌辰在夕月壇齋戒期內，應用常服，朕惟列聖列后忌辰例穿素服，如值天地宗社大祀齋戒期內，自應一律改用常服，以昭至敬，至中祀典禮，應較大祀稍差，嗣後恭遇列聖列后忌辰，在中祀齋戒期內，惟承祭之遣官及陪祀執事人員，改用常服，此外王公百官，仍穿素服，著爲令。

趙爾巽《清史稿》卷八二《志五七・禮志一・吉禮一・齋戒》

順治三年，定郊祀齋戒儀。八年，定大祀三日、中祀二日公廨置齋戒木牌。祀前十日，錄齋戒人名册致太常，屆日不讞刑獄，不宴會，不聽樂，不宿內，不飲酒、茹葷，不問疾、吊喪，不祭神、掃墓。有疾與服勿與。大祀、中祀，太常司進齋戒牌、銅人置乾清門黃案。大祀前三日，帝致齋大內，頒誓戒。辭曰："惟爾群臣，其蠲乃心、齊乃志，各揚其職。敢或不共，國有常刑。欽哉勿怠！"前祀一日，徹牌及銅人送齋宮，帝詣壇齋宿。十四年祀圜丘，致齋大內二日，壇內齋宮一日。陪祭官齋於公署，圜丘齋於壇。

雍正五年，遣御史等赴壇檢視。九年，詔科道遇祀期齋戒。明年，仿明祀牌制製齋牌，敕陪祭官懸佩，防褻慢。乾隆四年，禮臣奏，郊壇大祀，太常卿先期四日具齋戒期，進牌及銅人置乾清門二日、齋宮一日。太廟、社稷，置乾清門三日。中祀，前三日奏進，置乾清門二日。并祭日徹還。后饗先蠶，奏進亦如之。惟由內侍置交泰殿三日。

七年，定郊祀致齋，帝宿大內二日，壇內齋宮一日。王公居府第，餘在公署，俱二日。赴壇外齋宿一日。若遣官代祭，王公不與。祭太廟、社稷，王公百官齋所如前儀，俱三日。祭日、月、帝王、先師、先農，王公齋二日，遣代則否。后饗先蠶，齋二日，公主、福晉、命婦陪祀者，前二日致齋。十二年，詔郊祀、祈穀、大雩，祭日宣誓戒，陪祀者集午門行禮，符古者百官受戒遺意。既有司具儀上，行之。尋罷。惟嚴敕大臣齋宿公所，領侍衛內大臣等齋宿紫禁城，違則治罪。

初，齋宮致齋鳴鼓角，十四年諭云："齋者耳不聽樂，孔子曰：'三日齋，一日用之，猶恐不敬，二日伐鼓何居？'言不敢散其志也。吹角鼓鼙，以壯軍容，於義未協，不當用也。"遂寝。

十九年，敕群臣書制辭於版，前期三日，陳設公堂，俾有所警。嘉慶十三年，諭誠齋戒執事暨查齋監禮者，循舊章，肅祀典。宣統初，監國攝政王代行，帝宮內致齋，停進齋戒牌及銅人。

趙爾巽《清史稿》卷八二《志五七·禮志一·吉禮一·陪祀》

順治時，詔陪祀官視加級四品以上。康熙二十五年，以喧語失儀，諭誠陪祀官毋慢易。尋議定論職不論級。郊壇陪祀，首公，訖阿達哈哈番，佐領。文官首尚書，訖員外郎，滿科道，漢掌印給事中。武訖游擊。祭太廟、社稷、日月、帝王廟，武至參領，文至郎中，餘如前例。御史、禮曹并糾其失儀者。既以浙江提督陳世凱請，文廟春秋致祭，允武官二品以上陪祀。三十九年，申定陪祀不到者處分。乾隆初元，定陪祀祗候例，祭太廟，俟午門鳴鼓；祭社稷，俟午門鳴鐘；祭各壇廟，俟齋宮鐘動；依次入，鵠立，禁先登階。并按官品製木牌，肅班序。七年，定郊廟、社稷赴壇陪祀制，遣官代行，王公內大臣等不陪祀，餘如故。明年，定郊祭前一日申、酉時及祭日五鼓，禮部、察院官赴壇外受職名，餘祀止當日收受。二十七年歲杪，諭通核陪祀逾三次不到者，分別議懲。咸豐十年，諭朝日陪祀無故不到或臨時稱疾，并處罰。光緒九年，申定祗候例，大祀夜分、中祀雞初鳴，朝服涖祭所。

（二）祭祀器用

陳設祭品

《明太祖實錄》卷四九"洪武三年二月"條

丙子，上朝日於東郊。牲用赤犢一，羊一，豕一，玉用圭璧五寸，幣一，用赤色，設大尊，著尊，山罍各二，在壇上東南隅北面，象尊，壺尊，山罍各二在壇下，實以醴齊，盎齊，清酒，其明水玄酒各實於上尊，籩豆各十，簠簋各二，所實與社稷同，登三，實以大羹，鉶三，實以和羹。

《明太祖實錄》卷六八"洪武四年九月"條

甲子，上躬祀周天星辰。正殿設十壇中設周天星辰位，中位用牛一、羊一、豕一、大羹一、和羹二，餘九壇各用羊一、豕一、和羹二，每壇籩豆各十，簠簋各二，酒各三十，爵一，共設酒尊三，帛十，共一篚，俱白色，祝一。

《明世宗實錄》卷一二二"嘉靖十年二月"條

乙亥，先是，上定方丘并朝日壇所用玉爵各因其色，詔戶部覓紅黃玉送御用監製造。戶部多方購之不獲，但得紅黃瑪瑙水精等石以進。詔暫充用，仍責求真玉。至是部臣言：中國所用玉大段出自西域於闐天方諸國，及查節年貢牘，唯有漿水玉、菜玉、黑玉，并無紅黃二色，且諸國俱接陝西邊界宜行彼處撫臣厚價訪求。詔可。

《明世宗實錄》卷一三一　"嘉靖十年十月"條

丁酉，禮部上郊廟粢盛支給之數，因言南郊耤田，皇上躬執三椎而公卿共宣其力，較之西苑爲重，西苑雖屬農官督理而皇上時省耕歛，較之耤田爲勤，則二倉之儲，誠宜分屬兼支以供郊廟祭祀。請以耤田所出藏之，【略】西苑所出藏之恒裕倉，若方澤、朝日、夕月【略】之祀，皆取給焉，庶稱皇上敬天禮神之意。上從之。

《明世宗實錄》卷一九二　"嘉靖十五年十月"條

壬寅，先是，上以造方丘及朝日壇玉爵，屢下戶部購紅黃二色玉不得，乃下邊臣於天方國土魯番入貢諸夷永之又不得，至是原任回回館通事撒文秀言，二玉産在阿丹，去土魯番西南二千里，其地兩山對峙，自爲雌雄，有時自鳴，請依宣德時下番事例，遣臣賫重貨往購之，二玉將必可得。部以遣官下番非常例，第責諸撫按督令文秀仍於邊地訪求。報可。

（清）傅維麟《明書》卷五七《志六・禮儀志二・分祀儀》

朝日壇，夕月壇，其陳設則大明壇在城東，西向，夜明壇在城西，東向，用犢一，羊一，豕一，登一，鉶二，簠、簋各二，籩十，豆十，日則紅玉爵，月則白日，則紅瓷酒盞，酒尊三，玉一，帛一，篚一，祝案一，皆紅赤、月白。

（明）申時行等《大明會典》卷八一《禮部三九・祭祀通例》

朝日壇

陳設。大明之神西向，犢一，羊一，豕一，登一，鉶二，簠簋各二，籩十，豆十，玉爵三，紅瓷酒盞三十，酒尊三，紅瑪瑙玉一，帛一，紅色。篚一，祝案二。

夕月壇

陳設。夜明之神東向，犢一，羊一，豕一，登一，鉶二，簠、簋各二十，豆十，金爵三，白瓷酒盞三十，酒尊三，玉用白璧一，帛一，白色。篚一，祝案一。從位一，壇南向，籩十，豆十，帛十。青紅黃各一，白六，黑一。

（明）申時行等《大明會典》卷二一五《太常寺》

凡朝日、夕月、宗廟、時享、祫祭，俱前一日進祝版。

凡祭祀粢盛，舊取給於耤田祠祭署。嘉靖十年議准，每歲【略】西苑所出者藏之恒裕倉以供方澤、朝日、夕月、宗廟、社稷、先蠶、先師、孔子之祀。隆慶元年罷西苑耕種，諸祀仍取給於耤田。

計每年各壇合用柴炭：朝日壇柴二千斤，燒香炭五十斤，夕月壇柴四千斤，燒香炭五十斤。

（明）申時行等《大明會典》卷二一七《光祿寺》

凡祀圜丘，賜百官湯飯，孟春祈穀、夏至方澤及朝日、夕月祭畢賜內外官酒飯，俱本寺供辦。

（明）佚名《太常續考》卷三《大明春分事宜》

本寺出祝、帛、香燭、果品、牲醴等物。祝版一片，禮神帛一段，紅色。降香五十斤，又一炷細塊降香半斤，又圓降香一炷。二斤燭八枝，八兩燭四枝，四兩燭三十枝，二兩燭三百枝，一兩燭五十枝。進銅人，二兩燭十六枝。監禮監宰二兩燭十六枝，掌樂教師四兩燭二枝，三生管事二兩燭十二枝。芡實一斤四兩，栗子二斤，紅棗一斤六兩，榛仁一斤六兩，菱米一斤八兩，砂糖八兩，白鹽八兩，鹽磚四兩，大筍一兩，花椒一兩，香一兩，蒔蘿五錢，醢魚一斤，鯿魚一尾，香油一斤八兩，木炭十斤。祝版宛紅紙一張，包版紅榜紙二張，齋牌表黃紙一張，告示白榜紙三張，包香帛黃咨紙二十張，白咨紙一張，燒燎紅咨紙二百張，稻米、黍米、稷米、粱米各一升，白麵、蕎麥麵各二斤，葱二兩，菁菜十四兩，芹菜七兩，韭菜五兩，醬一罈，酒四瓶，木柴二千斤，葦把四束每束重二十五斤，木炭五十斤，犢三隻，用騂猪二口，北羊一隻，鹿一隻，兔一隻。

（明）佚名《太常續考》卷三《夜明秋分事宜》

本寺出祝、帛、香燭、果品、牲醴等物。祝版一片，禮神白色帛七段，禮神玄黃、紅青色帛各一段，降香四十斤，又一炷，塊香八兩，又二炷，二斤燭八枝，八兩燭四枝，四兩燭十枝，二兩燭一百一十枝，一兩燭三十枝。進銅人，二兩燭十六枝。監禮監宰，二兩燭十六枝。芡實三斤，栗子四斤，紅棗二斤十二兩，榛仁二斤十二兩，菱米三斤，香油二斤，砂糖八兩，白鹽一斤，鹽磚八兩，大筍、花椒、茴香各二兩，蒔蘿八錢，醢魚二斤，鯿魚二尾，木炭五斤。祝版本紙二張，包版黃白榜紙各一張，告示白榜紙三張，齋牌表黃紙一張，包香帛黃咨紙二十五張，白咨紙十一張，毛血帖表黃紙二張，燒燎黃咨紙二百張，稻米二升，黍米、稷米、粱米各二升，白麵、蕎麥麵各四斤，葱六兩，菁菜二斤，芹菜二斤，韭菜十二兩，醬二兩，酒七瓶，木柴四千斤，葦把六束，每束重二十五斤。木炭五十斤，犢四隻，用騂，北羊二隻，猪三口，鹿一隻，兔二隻。

（清）萬斯同等《明史》卷四七《志二一·禮志五·吉禮五·朝日夕月》

牲用犢一、羊一、豕一。玉用圭璧，五寸幣一。設太尊、著尊、山罍各二，在壇上東南隅，北面，象尊、壺尊、山罍各二，在壇下，籩、豆各十，簠、簋各二，登三、鉶三。其牲帛之色，大明用赤，夜明用白，星辰犢用純，帛用白。

（清）張廷玉等《明史》卷四七《志二三·禮志一·古禮一·神位祭器玉帛牲牢祝冊之數·玉帛牲牢》

玉三等：上帝，蒼璧；皇地祇，黃琮；太社、太稷，兩圭有邸；朝日、夕月，圭璧五寸。帛五等：曰郊祀制帛，郊祀正配位用之。上帝，蒼；地祇，黃；配位，白。曰禮神制帛，社稷以下用之。社稷，黑；大明，赤；夜明、星辰、太歲、風雲雷雨、天下神祇俱白；五星，五色；岳鎮、四海、陵山隨方色；四瀆，黑；先農，正配皆青；

群神，白；帝王先師皆白；旗纛，洪武元年用黑，七年改赤，九年定黑二、白五。曰奉先制帛，太廟用之，每廟二。曰展親制帛，親王配享用之。曰報功制帛，功臣配享用之。皆白。每位各一。惟圜丘，嘉靖九年用十二，而周天星辰則共用十，孔廟十哲、兩廡東西各一云。又洪武十一年，上以小祀有用楮錢者爲不經。禮臣議定，在京，大祀、中祀用制帛，有筐。在外，王國府州縣亦如之。小祀惟用牲體。

　　牲牢三等：曰犢，曰羊，曰豕。色尚駵，或黝。大祀，入滌九旬；中祀，三旬；小祀，一旬。大祀前一月之朔，躬詣犧牲所視牲，每日大臣一人往視。洪武二年，帝以祭祀省牲，去神壇甚邇，於人心未安，乃定省牲之儀，去神壇二百步。七年定制，大祀，皇帝躬省牲；中祀、小祀，遣官。嘉靖十一年更定，冬、夏至，祈穀，俱祭前五日親視，後俱遣大臣。圜丘，蒼犢；方丘，黃犢；配位，各純犢。洪武七年增設圜丘配位。星辰，牛一，羊豕三。太歲，牛羊豕一。風雲雷雨、天下神祇，羊豕各五。方丘配位，天下山川，牛一，羊豕各三。太廟禘，正配皆太牢，祫皆太牢。時享每廟犢羊豕各一。親王配位，洪武三年定，共牛羊豕一。二十一年更定，每壇犢羊豕各一。功臣配位，洪武二年定，每位羊豕體各一。二十一年更定，每壇羊豕一。太社稷，犢羊豕各一，配位同。府州縣社稷，正配位，共羊一、豕一。洪武七年增設，各羊一、豕一。朝日、夕月，犢羊豕各一。先農與太社稷同。神祇，洪武二年定，羊六、豕六。二十一年更定，每壇犢羊豕各一。嘉靖十年，天神左，地祇右，各牲五。星辰，每壇羊豕一。帝王，每室犢羊豕各一。配位，每壇羊豕各一。先師如帝王，四配如配位，十哲東西各豕一分五，兩廡東西各豕一，後增爲三。府州縣學先師，羊一、豕一。四配，共羊一、豕一，解爲四體。十哲東西各豕一，解爲五體。兩廡豕一，解爲百八分。旗纛，洪武九年定犢羊豕，永樂後，去犢。王國及衛所同。五祀馬神俱用羊豕。

（清）張廷玉等《明史》卷四七《志二三·禮志一·古禮一·神位祭器玉帛牲牢祝册之數·籩豆之實》

　　凡籩豆之實，用十二者，籩實以形鹽、藁魚、棗、栗、榛、菱、芡、鹿脯、白餅、黑餅、糗餌、粉餈。豆實以韭菹、醓醢、菁菹、鹿醢、芹菹、兔醢、笋菹、魚醢、脾析、豚胉、酏食、糝食。用十者，籩則減糗餌、粉餈，豆則減酏食、糝食。用八者，籩又減白、黑餅，豆又減脾析、豚胉。用四者，籩則止實以形鹽、藁魚、棗、栗，豆則止實以芹菹、兔醢、菁菹、鹿醢。各二者，籩實栗、鹿脯，豆實菁菹、鹿臡。簠簋各二者，實以黍稷、稻粱。各一者，實以稷粱。登實以太羹，鉶實以和羹。

　　洪武三年，禮部言：“《禮記·郊特牲》曰，‘郊之祭也’，‘器用陶匏’，尚質也。《周禮·籩人》，‘凡祭祀供簠簋之實’，《疏》曰：‘外祀用瓦簋’。今祭祀用瓷，合古意。惟盤盂之屬，與古簠簋登鉶异制。今擬凡祭器皆用瓷，其式皆仿古簠簋登豆，惟籩以竹。”詔從之。

　　酒齊仿周制，用新舊醅，以備齊三酒。其實於尊之名數，各不同。

（清）查繼佐《罪惟録·志七·郊社》

（嘉靖）二十四年，詔諸祀典一如洪武舊制。

朝日夕月之制，洪武初定，二十一年罷。嘉靖九年復定，分東西郊，西東向，于春秋分日，俱用太牢、玉、禮三獻，舞八佾。惟朝日樂七奏，夕月六奏。從祀二十八宿、五星、周天星辰，俱南向，用太牢。定甲丙戊庚壬年爲朝日，丑辰未戌年爲夕月，皇帝親之，餘年文武大臣攝祭。

（清）龍文彬《明會要》卷八《禮三·吉禮·朝日夕月》

（嘉靖九年二月）時改郊壇禮，朝日、夕月等壇玉爵，各用其方之色。因詔求紅黃玉於天方、哈密諸國，不可得。有回回館通事撒文秀者言：“二玉産在阿丹，去吐魯番西南二千里。其地兩山對峙，自爲雌雄，或自鳴。請如永樂、宣德時，賚重賄往購。”帝從部議，已之。《外國傳》

（清）伊桑阿等《（康熙）大清會典》卷五五《禮部·祠祭清吏司·祭祀通例》

凡玉五等。曰蒼璧，曰黃琮，曰赤璋，曰白琥，曰方珪，惟祀天地、社稷、日月用之。

朝日壇

壇前陳設。赤璋一，禮神制帛一，紅色。牛一，羊一，豕一，登一，鉶二，簠二，簋二，籩十，豆十，玉爵三，紅瓷酒盞三十，酒罇一。

夕月壇

正壇陳設。白玉一，禮神制帛一，白色。牛一，羊一，豕一，登一，鉶二，簠二，簋二，籩十，豆十，金爵三，白瓷酒盞三十，酒罇一。

從壇陳設。禮神制帛十一。白色七，青紅元黃色各一。牛一，羊一，豕一，登一，鉶二，簠二，簋二，籩十，豆十，白瓷爵三，白瓷酒盞三十，無玉。

（清）伊桑阿等《（康熙）大清會典》卷一五六《太常寺上》

朝日壇正位，紅油泥金雕龍寶座一座。脚踏地平全脚踏褥一件。紅粧緞靠三件，褥一件，紅油籩豆供案一張。紅色銷金龍案衣一件。紅瓷碗三個，紅瓷盤二十四個，銅燭臺一對，紅油懷桌一張。紅色銷金龍桌衣一件。紅瓷酒盞三十個，玉爵三隻。紅油爵墊一連。錫裏紅油牲匣一副，紅色描金龍香几一個，銅龍香爐一個。香靠全。紅油描金龍燈几二個，羊角魷燈一對，紅油祝案一張。紅色銷金龍案衣一件。紅油祝版架一個，羊角燈一個，紅油孔桌一張，紅色銷金龍桌衣一件。紅油接桌一張，紅色銷金龍桌衣一件。紅油饌盤一面、饌桌一張。紅色銷金龍桌衣一件。紅拜褥三條，紅油拜牌三面，福胙桌二張。紅色銷金龍桌衣二件。白磁壺一執，白瓷爵一隻，白瓷盤一個。壺爵盤係光禄寺預備，如遣官不設胙桌及壺爵盤。紅油帛匣一具，紅油香盒一個，紅油描金龍盛玉匣一個，紅油描金龍盛玉爵匣一個，盛瘞毛血紅瓷盤三個，紅瓷酒罇一個，銀杓一把，壇内鼎爐四座，紅油香盒四個。四櫺星門紅油桌四張，紅色銷金龍桌衣四件。銅爐四座，紅油香盒四個。西天門北天門紅油桌二張，紅色銷金龍桌衣二件。銅爐二座，紅油香盒二個。焚祝帛香饌綠琉璃磚燎爐一座。

夕月壇正位，玉油泥金雕龍寶座一座，腳踏地平全腳踏褥一件。玉色織錦靠三件，玉色褥一件，玉色油籩豆供案一張，玉色緞銷金案衣一件。方銅燭臺一對，白瓷碗三個，白瓷盤二十四個，玉色油懷桌一張，玉色緞銷金案衣一件。白瓷酒盞三十個，金爵三隻，玉色爵墊一連。錫裹紅油牲匣一個，紅油方香几一個，方銅龍爐一座，香靠几。紅油燈几二個，羊角魷燈一對。

從壇紅油牌位供案一張，玉色緞銷金案衣一件。方銅燭臺一對，白瓷碗三個，白瓷盤三隻，紅油爵墊一連。白瓷酒盞三十個，錫裹紅油牲匣一副，紅油方香几一個，銅香爐一座，香靠几。紅油方燈几二個，羊角魷燈一對，紅油祝案一張，玉色緞銷金案衣一件。紅油祝版架一個，羊角燈一個，紅油孔桌一張，玉色緞銷金桌衣一件。白瓷酒罇二個，紅油接桌一張，玉色緞銷金桌衣一件。紅油饌盤二面，饌桌二張，玉色緞銷金桌衣二件。福胙桌二張，玉色緞銷金桌衣二件。白瓷壺一執，白瓷爵一隻，白瓷盤一個，壺爵盤係光祿寺預備，如遣官不設胙桌及壺爵盤。紅油帛匣二具，紅油香盒二個，紅油盛玉匣一個，紅油盛金爵匣一個，盛毛血白瓷盤六個，銀杓一把，月白拜褥三條，紅油金字拜牌三面，壇內鼎爐四座，紅油香盒四個。四欞星門紅油桌四張，玉色緞銷金桌衣四件。方銅爐四座，紅油香盒四個。東天門北天門紅油桌各一張，玉色緞銷金桌衣二件。銅爐二個，紅油香盒二個。焚祝帛香饌鐵燎爐二座。

（清）伊桑阿等《（康熙）大清會典》卷一五七《太常寺》

凡大祀，應用供玉，俱貯本寺庫。【略】朝日壇赤璋一，夕月壇白琥一，俱於祭前一日，本寺官捧送各壇神庫。

凡每年各祭祀應用制帛，各有定數。【略】朝日壇紅色禮神制帛一端，夕月壇禮神制帛十二端。白八青一黃一紅一黑一。【略】

凡每年各祭祀需用降真沉速等香，及炭餅各有定數。【略】朝日壇用圓柱降真香二炷，降真香四十塊，粗降真香三斤十四兩，炭餅十四個。一年朔望，共用粗降真香一斤八兩，炭餅二十四個。

夕月壇用圓柱降真香三炷，降真香四十塊，粗降真香三斤十五兩，炭餅十六個。一年朔望，共用粗降真香一斤八兩，炭餅二十四個。【略】

凡每年各祭祀，需用紅蠟黃蠟，各有定數。【略】朝日壇用黃蠟一斤重八枝，六兩重四枝，三兩重二十枝，二兩重一百五十枝，一兩重十枝。一年朔望，共用二兩重四十八枝。

夕月壇用黃蠟一斤重八枝，六兩重四枝，三兩重四枝，二兩重一百二十枝，一兩重九枝。一年朔望，共用二兩重四十八枝。【略】

凡各祭祀需用粢盛蔬菜等物，於先農壇地畝內取用。【略】朝日壇用黍稷稻粱米各一升，麥麵蕎麥麵各二斤，菁菜一斤六兩，芹菜十二兩，韭菜十二兩，葱六兩。夕月

壇用黍稷稻粱米各二升，麥麵蕎麥麵各四斤，菁菜四斤，芹菜四斤，韭菜一斤，葱六兩。【略】

凡各祭祀需用酒鹽俱本寺行文，光禄寺移取。【略】朝日壇供酒八瓶，滌魚酒一瓶，鹽磚一斤。夕月壇供酒十六瓶，滌魚酒一瓶，鹽磚二斤。【略】

凡各祭祀需用果品糖蜜魚笋等物，各有定數，俱本寺用庫銀備辦。【略】朝日壇應用果品，紅棗二斤，栗二斤八兩，榛仁一斤十二兩，菱米三斤，芡實三斤八兩，白糖八兩，花椒一兩，茴香一兩，蒔蘿五錢，麞魚三尾，醃魚五斤，大笋一塊。夕月壇應用果品，紅棗四斤，栗五斤，榛仁三斤八兩，菱米六斤，芡實七斤，白糖一斤，花椒二兩，茴香二兩，蒔蘿一兩，麞魚三尾，醃魚五斤，大笋二塊。【略】

凡各祭祀需用木柴木炭等物，俱照本寺行文，工部支取，前二日送至祭所。【略】朝日壇用燖牲木柴六百四十斤，如遣官減一百六十斤。木炭十斤。夕月壇用燖牲木柴九百二十斤，如遣官減一百六十斤。木炭十斤，淨冰四十塊。【略】

凡各祭祀需用焚帛蘆葦，俱本寺行文，大興宛平二縣支取。【略】朝日壇用焚帛蘆葦六十斤，夕月壇同。

（清）允禄等《（雍正）大清會典》卷二三七《太常寺·各壇神牌供桌》

朝日壇，神牌高二尺五寸，神座，高二尺，共高四尺五寸，籩豆案高二尺五寸。

夕月壇，神牌高二尺四寸，神座，高二尺，共高四尺四寸，籩豆案高二尺二寸五分。

朝日壇正位，紅油泥金雕龍寶座一座，紅粧緞靠三件，褥一件，腳踏一個，褥一件。一地平一個，紅油神龕一座，紅油籩豆供案一張，紅色銷金龍案衣一件。紅瓷碗三個，紅色銷金龍桌衣一件。紅瓷酒盞三十個，玉爵三隻，紅油爵墊三座。錫裏紅油牲匣一副，紅色描金龍香几一個，銅龍香爐一個，香靠全。紅油描金龍燈几二個，羊角魫燈一對，紅油祝案一張，紅色銷金龍案衣一件，紅油祝版架一個，羊角燈一個，紅油孔桌一張，紅色銷金龍桌衣一件。紅油接桌一張，紅色銷金龍桌衣一件。紅油饌盤一面，饌桌一張，紅色銷金龍桌衣一件。紅拜褥一條，紅油拜牌一面，福胙桌二張，紅色銷金龍桌衣二件。龍白瓷壺一執，白瓷爵一隻，白瓷盤一個，壺爵盤係光禄寺預備，如遣官不設胙桌及壺爵盤。紅油帛匣一具，紅油香盒一個，紅油描金龍盛玉匣一個，紅油描金龍盛玉爵匣一個，盛瘞毛血紅瓷盤三個，紅瓷酒罇一個，銀杓一把，壇內鼎爐四座，紅油香四個。四櫺星門紅油桌四張，紅色銷金龍桌衣四件。銅爐四座，紅油香盒四個。西天門北天門紅油桌二張，紅色銷金龍桌衣二件。銅爐二座，紅油香盒二個。焚祝帛香饌綠琉璃磚燎爐一座。

夕月壇正位，玉色絹幄次一座，玉油泥金雕鳳寶座一座，玉色織錦靠三件，玉色褥一件，腳踏一個，褥一件。一地平一個，玉色油籩豆供案一張，玉色緞銷金案衣一件。方銅燭臺一對，白瓷碗三個，白瓷盤二十四個，玉色油懷桌一張，玉色緞銷金案衣一件。金白瓷酒盞三十個，金爵三隻，玉色爵墊一連。錫裏紅油牲匣一個，紅油方香几一個，方銅龍爐一座，香靠几。紅油燈几二個，羊角魷燈一對。

　　從壇。玉色絹幄次一座，紅油牌位供案一張，玉色緞綃金案衣一件。紅油籩豆供案一張，玉色緞綃金案衣一件。金方銅燭臺一對，白瓷碗三個，白瓷盤二十四個，紅油懷桌一張，玉色緞綃金桌衣一件。金白瓷爵三雙，紅油爵墊一連。白瓷酒盞三十個，錫裏紅油牲匣一副，紅油方香几一個，銅香爐一座，香靠几。紅油方燈几二個，羊角魷燈一對，紅油祝案一張，玉色緞綃金案衣一件。紅油祝版架一個，羊角燈一個，紅油孔桌一張，玉色緞綃金桌衣一件。紅油饌盤二面，饌桌二張，玉色緞綃金桌衣二件。金福胙桌二張，玉色緞綃金桌衣二件。白瓷壺一執，白瓷爵一隻，白瓷盤一個，壺爵盤係光祿寺預備，如遣官不設胙桌及壺爵盤。紅油帛匣二具，紅油香盒二個，紅油盛玉匣一個，紅油盛金爵匣一個，盛毛血白瓷盤六個，銀杓一把，月白拜褥一條，紅油金字拜牌一面，壇內鼎爐四座，紅油香盒四個。四櫺星門紅油桌四張，玉色緞綃金桌衣四件。方銅爐四座，紅油香盒四個。東天門北天門紅油桌各一張，玉色緞綃金桌衣一件。銅爐二個，紅油香盒二個。焚祝帛香饌鐵燎爐二座。

（清）允祿等《（雍正）大清會典》卷二三八《祭祀祝版玉帛》

　　凡各祭祀需用果品糖蜜魚笋等物，各有定數，俱本寺用庫銀備辦。【略】朝日壇應用果品，紅棗二斤，栗二斤八兩，榛仁一斤十二兩，菱米三斤，芡實三斤八兩，白糖八兩，花椒一兩，茴香一兩，蒔蘿五錢，大鰇魚一尾，小鰇魚一尾，醃魚二斤八兩，大笋一塊。

　　夕月壇應用果品，紅棗四斤，栗五斤，榛仁三斤八兩，菱米六斤，芡實七斤，白糖一斤，花椒二兩，茴香二兩，蒔蘿一兩，大鰇魚二尾，小鰇魚二尾，醃魚五斤，大笋二塊。

（清）允祿等《（雍正）大清會典》卷二三九《祭祀雜支》

　　凡各祭祀需用木柴木炭等物，俱照本寺行文，工部支取，前二日送至祭所。【略】朝日壇用爇牲木柴六百斤，如遣官減一百八十斤。木炭五斤。夕月壇用爇牲木柴七百三十斤，如遣官減一百六十斤。木炭八斤，净冰三十塊。

（清）允祹等《大清會典》卷三六《禮部》

　　凡玉六等。以【略】赤璧祀日，白璧祀月。

　　凡帛七等。【略】禮神制帛以祭社稷，祀日、月、神祇。【略】

　　凡牲四等。【略】日、月用特，餘均太牢，宗廟太牢配饗，東廡太牢，西廡少牢，社稷太牢，配位同日、月，神祇均太牢，月壇配位同前代帝王、先師、先農、先蠶、太歲、先醫之祀，如之配位，少牢群祀如之，牛色尚黝，大祀入滌九旬，中祀三旬，群祀一旬。

　　凡祭物，登實以大羹，鉶實以和羹，簠實以黍稷，簋實以稻粱，籩實以形鹽、槁、魚、棗、栗、榛、菱、芡、鹿、脯、白餅、黑餅、糗、餌、粉、餈，豆實以韭菹、醯醢、菁菹、鹿醢、芹菹醢、笋菹、魚醢、脾析、豚拍、酏食、糝食。

（清）允祹等《大清會典則例》卷一五二《太常寺》

　　牲牢。順治初年，定祭祀應用黑牛，本寺於京城附近采買羊豕均令行户領價辦納，其需用銀於寺庫支存户部銀內動支，鹿由盛京辦送，均發犧牲所飼牧。十五年，定牛令本寺官往山西采買。康熙元年，定歲給山西巡撫銀六百兩，令於春秋二季辦送黑牛二百頭，停止差官采買。六年，定停止山西辦牛仍於京師附近采買。十四年，奉旨祭祀應用之鹿不敷取景山南苑內鹿用。十七年，奏准祭祀應用之牛交太常寺餒養。二十九年，定應用祭牛差官往張家口采買，再行文內務府，於張家口外牧場內選用。四十六年奏准，祭羊著於兩翼買，供每祀前期取用，蒙古大羊定價一兩五錢，所用銀俟兩翼監督任滿册送户部核銷。五十三年奏准，請將祭祀應用之豕照羊例於兩翼取用，每百斤除毛血腸胃三十斤依時價計算，按月行文户部并該監督各備案，該監督任滿由户部照羊一例核銷。雍正二年奉旨，祭祀所用鹿於奉宸苑取用盛京，停止辦送。四年奏准祭祀所用羊豕，分作四季著該管官，詣左右兩翼會監督揀選，合式者照時價和買。又定兩翼各交本寺銀八百兩供羊豕芻牧之費，令犧牲所飼養每歲除飼養費用外，如有餘銀賞給本寺各官。十二年奏准，祭牛令殷實行户領價辦納停止差官采買。又奏准祭祀應用黑牛及備用牛，每年額養二百四十頭。乾隆元年奏准，犧牲所羊豕偶有病斃者，該所官呈報本寺，驗明果因時氣病斃者，變價入奏銷册核銷。又議准，祭祀需用活牲交光禄寺網户捕送。二年奏准，犧牲所飼牲穀草，按時價采買堆貯以備一歲之用。又定，每牛日給豆六倉升穀草羊草各一束，每束重七斤豆，分四季於户部支取，每石運費銀六分於寺庫支給，入歲祀銀內奏銷草行户部支銀，采買穀草照內務府定價每千斤銀一兩四錢，堆草銀四錢共銀一兩八錢，核算羊草照部價，每束六厘五毫一絲核算，用過草豆數目，按四季册報户部察核，再四季每牛給土鹽一斤，按季照見，存牛數行光禄寺取用，如遇倒斃一等牛變價銀六兩，二等四兩八錢，三等三兩六錢，四等二兩四錢，五等一兩二錢，胙牛十兩入歲祀果品銀內奏銷。又定每豕日給麩五升價三厘，每羊日給豆二倉升，每升價六厘，穀草一斤十二兩，羊草如穀草之數，穀草每千斤價銀一兩四錢，并堆草工銀四錢，羊草每斤價九毫三絲，各費於兩翼所繳芻牧銀內開銷，如遇倒斃豕變價銀九錢羊六錢入果品銀內奏銷。又奏准，南苑鹿少不敷用，仍令盛京辦送。十年議准，祭牛行順天府薊州縣解送黑牛二百頭，大興、宛平二縣，通、涿、昌平、霸、薊、遵化六州各采買十頭；良鄉、房山、文安、大城、武清、寶坻、三河、豐潤、玉田九縣各采買八頭；固安、永清、東安、香河、寧河、順義、懷柔、密雲八縣各采買五頭；保定平谷二縣各采買四頭。每年逐月陸續解送會順天府驗毛角整齊合式者，犧牲所飼牧餘仍令張家口外牧場內選送。

　　供備祭品。每歲祀祭額用以乾隆二十年奏銷册計之。用黍二石九斗二升八合，稷四石二斗四升，稻十石四斗七升，粱二石九斗二升八合，白麵四百六十四斤，蕎麵三百八十四斤，紅江豆五升韮四百二十斤，菁千四百三十一斤，芹四百九斤八兩，笋四百三十二片，蔥五十九斤十兩，花椒四斤三兩，茴香四斤三兩，蒔蘿四斤三兩，紅棗二千三百七十八斤十二兩，栗三千八斤十二兩，榛三百六十六斤十二兩，菱五百九十四斤，芡七百有二斤，核桃七百十有五斤八兩，荔枝三百斤，龍眼百六十五斤，桃仁十有五斤十二兩，乾葡萄十有五斤十二兩，蓮子十有五斤十二兩，大小槁魚三百三十二尾，醃魚五百四十斤，土碱一斤八兩，茶葉一兩，頂花一朵，燭心葦筒十斤，白蜜二斤十二兩五錢，梔子二斤十二兩五錢，白糖五十斤八兩，均於寺庫銀內按季動支。

支取祝版制帛。每歲祭祀額用祝版五十四方，由寺開具一年應用數目，行工部豫備，於各祀前期送寺。制帛每歲額用郊祀制帛青色十有二端，黃色一端，青色告祀制帛二端，奉先制帛一百八十二端，禮神制帛青色十有一端，黃色七端，赤色十端，元色二十二端，白色四百七十七端，展親制帛四十端，報功制帛一百十有一端素帛二百二十端，由寺行工部支取一年應用制帛，存貯寺庫以備每祀之用。

支取祭物。每歲各祀額用酒一千七百有一瓶，祗告傳心殿增五百一十瓶，間二歲祀炮神酒一百二十八瓶，每瓶酒重二十八兩，洗魚酒四十瓶，磚鹽三百有五斤，白鹽四十七斤，均由寺於各祀前期一月按數行光祿寺支取額。用描龍圓沉香柱香三枝，描龍圓沉速柱香十有五枝，圓沉速柱香七十七枝，沉香餅三十六枚，紫降香餅四十八枚，沉速香三千六百三十四塊，前期二十五日行工部支取，圓紫降柱香三百十有一枝，方紫降柱香十有九枝，紫降香八百三十二塊，粗紫降香二百三十五斤二兩五錢，細紫降香十有四兩，紫降香沉香速香共三十四斤，馬牙香七斤七兩，細攢香五斤六兩，沉香丁十有二兩，沉速香丁十有四兩，紫降香丁十有九斤五兩，前期二十五日行文白檀香丁額用一斤十有二兩。皇帝親詣行禮天地壇每祭各八兩，日壇月壇先農壇每祭各四兩，前期十五日行文。各壇廟朔望及太廟每日上香共需用紫降柱香十有二枝，粗紫降香三十九斤，細紫降香沉速香各五十斤十兩，沉香一斤八兩，速香二斤二兩，每豫月行文均於戶部支取額。用茜紅白蠟燭重十兩者一百九十二枝，重九兩者六枝，重五兩者二百二十二枝，重三兩者三百九十四枝。

（清）允祹等《大清會典則例》卷一五九《內務府》

引鐙。順治初年定，凡遇躬祀【略】對地壇、日壇、月壇【略】引鐙同設門鐙八對。【略】雍正四年奉旨，嗣後凡祀壇廟午門外內大臣侍衛等騎馬處，設羊角鐙二十對，堂子下馬處亦設鐙十對。

（清）托津等《（嘉慶）大清會典》卷五六《太常寺》

凡玉，【略】朝日以赤璧，日壇陳赤璧一，其制圓徑四寸六分，好徑四分，通厚五分。祭月壇以白璧。月壇陳白璧一，其制圓徑三寸六分，其好方徑二分有奇，通厚三分有奇。

（清）昆岡等《大清會典圖》卷二一《禮二一·祭器一》

玉，赤璧，日壇位用之，制圓，徑四寸六分，好徑四分，通厚五分。

玉，白璧，月壇正位用之，制圓徑三寸六分，好方徑二分有奇，通厚三分有奇。

禮神制帛，【略】陳於日壇用赤色，陳於月壇正位用白色。

（清）允禄、蔣溥等《清禮器圖式》卷一《朝日壇赤璧》

謹按：《周禮·春官·典瑞》："圭璧以祀日月星辰"，陳氏《禮書》謂"禮之之玉，則一圭邸璧也。"舊制，朝日壇用赤璋，考《周禮·大宗伯》"以赤璋禮南方"，注"半圭曰璋。"形制不符且非以祀日。乾隆十三年，欽定祭器，朝日壇用赤璧，圓徑四寸六分，好圓徑四分，通厚五分。

夕月壇正位白璧。

謹按：《考工記·玉人》："圭璧五寸以祀日月星辰。"舊制夕月壇用白琥，考《周禮·大宗伯》"以白琥禮西方"，注"琥猛象秋嚴。"聶崇義引嚴鄭《圖》云，以玉長九寸，廣五寸，刻伏虎形，高三寸，形制不符且非以祀月。乾隆十三年，欽定祭器夕月壇用白璧，圓徑三寸六分，好方徑二分有奇，通厚三分有奇。

趙爾巽《清史稿》卷八二《志五七·禮志一·吉禮一·神位祭器祭品玉帛牲牢之數》

初沿明舊，壇廟祭品遵古制，惟器用瓷。【略】

祭品，凡籩、豆之實各十二，籩用形鹽、藁魚、棗、栗、榛、菱、芡、鹿脯、白餅、黑餅、糗餌、粉餈，豆用韭菹、醓醢、菁菹、鹿醢、芹菹、兔醢、笋菹、魚醢、脾析、豚拍、酏食、糝食。用十者，籩減糗餌、粉餈，豆減酏食、糝食。用八者，籩減白、黑餅，豆減脾析、豚拍。用四者，籩止實形鹽、棗、栗、鹿脯，豆止實菁菹、鹿醢、芹菹、兔醢。籩六者，用鹿脯、棗、榛、葡萄、桃仁、蓮實。豆二者，止用鹿醢、兔醢。登一，太羹。鉶二，和羹。簠二，稻、粱。簋二，黍、稷。

玉、帛、牲牢：玉六等，上帝蒼璧，皇地祇黃琮，大社黃珪，大稷青珪，朝日赤璧，夕月白璧。舊制，社稷壇春秋常祀用玉，禱祀則否。乾隆三十四年，會天旱禱雨，諭曰："玉以庇蔭嘉穀，俾免水旱偏災，特敕所司用玉將事。"自此為恒式。帛七等：曰郊祀制帛，南北郊用之。上帝青十二，地祇黃一。曰禮神制帛，社稷以下用之。社稷黑四，大明赤一，夜明白一，日月同。星辰斗宿白七，青、赤、黃、黑各一。天神、雲、雨、風、雷，青、白、黃、黑各一，方澤從位，岳鎮各五，五色。五陵山白五。四海隨方為色。四瀆黑四。地祇黃二，青、赤各三，黑七、白十二。先農、先蠶俱青一，先師正、配位，十二哲，兩廡，崇聖祠正位，東、西廡，俱各一用白。帝王各位、關帝、文昌正位、後殿，太歲正位，北極佑聖真君、東岳都城隍亦如之。惟先醫正位三，崇聖配位四，太歲兩廡十二，火神赤一。曰告祀制幣，祈報祭告用之。祈穀、雩祀、告祀圜丘俱青一，祭告方澤黃一。曰奉先制幣，郊祀配位、太廟用之，圜丘、方澤配位各一，太廟帝后每位一。曰展親制幣，親王配饗用之，太廟東廡位各一。曰報功制幣，功臣配饗用之，太廟西廡位各一。三者俱白，昭忠等祠同，並織滿、漢文字。曰素帛，帝王廟兩廡位各一，先醫廟兩廡共四，餘祀亦尚素。牲牢四等：曰犢，曰特，曰太牢，曰少牢。色尚騂或黝。圜丘、方澤用犢，大明、夜明用特，天神、地祇、太歲、日、月、星辰、雲、雨、風、雷、社稷、岳鎮、海瀆、太廟、先農、先蠶、先師、帝王、關帝、文昌用太牢。太廟西廡，文廟配哲、崇聖祠、帝王廟兩廡，關帝、文昌後殿，用少牢。光緒三十二年，崇聖正位改太牢。直省神祇、社稷、先農、關帝、先醫配位暨群祀用少牢。火神、東岳、先醫正位，都城隍，皆太牢。太牢：羊一、牛一、豕一，少牢：羊、豕各一。

　　鹵簿

《高宗純皇帝實錄》卷二五九"乾隆十一年二月"條

甲子，諭：三月朔日日食，二月三十日節屆春分，朕親祭朝日壇，是日乘禮轎前往，不必設鹵簿大駕，還宮亦不必作樂，以昭敬畏之意。著傳諭各該衙門知之。

（清）伊桑阿等《（康熙）大清會典》卷五六《郊祀二》

朝日壇。正祭日，上親詣行禮，鹵簿大駕全設，不作樂。

夕月壇。正祭日，上親詣行禮，鹵簿大駕全設，不作樂。

（清）伊桑阿等《（康熙）大清會典》卷一六二《鑾儀衛》

凡祭北郊及太廟、社稷壇、朝日壇、夕月壇、歷代帝王廟、文廟、耕籍、堂子，俱陳設鹵簿大駕，并金鼓旗幟，俱太常寺先期知會。

（清）張廷玉等《明史》卷七六《志五二·職官志五·錦衣衛》

錦衣衛，掌侍衛、緝捕、刑獄之事，恒以勛戚都督領之，恩蔭寄祿無常員。凡朝會、巡幸，則具鹵簿儀仗，率大漢將軍共一千五百七員等侍從扈行。

（清）允祹等《大清會典》卷四四《禮部》

凡朝日之禮，祀日，鑾儀衛陳法駕鹵簿於午門外，日出前八刻，太常卿詣乾清門告時，皇帝御禮服，乘禮輿，出宮。前引後扈如常儀，駕發警，蹕午門鳴鐘，法駕鹵簿前導，不陪祀王公百官咸朝服跪送，導迎鼓吹設而不作。鑾儀衛校鳴壇內鐘，皇帝至壇北門外，降輿，皇帝出，至壇北門外升輿，法駕鹵簿前導，導迎，樂作奏《祐平之章》，皇帝回鑾，王公從各官以次退，不陪祀王公百官於午門外跪迎，午門鳴鐘，王公隨駕入至內金水橋，恭迎皇帝還宮，各退。

凡夕月之禮，【略】駕發警蹕午門鳴鐘，法駕鹵簿前導，不陪祀王公百官咸朝服跪送，導迎鼓吹設而不作，鑾儀衛校鳴壇內鐘，皇帝至壇北門外降輿。【略】皇帝至壇北門外升輿，法駕鹵簿前導，導迎樂作奏《祐平之章》，皇帝回鑾，王公從各官以次退，不陪祀王公百官於午門外跪迎，午門鳴鐘王，公隨駕入至內金水橋，恭候皇帝還宮，各退。

（清）允祹等《大清會典則例》卷一五二《太常寺·諮傳供備》

各祭祀前期十日諮兵部轉行步軍統領，祀日平治車駕經由道路設幟，衢巷禁止行人，咨工部張御拜幄更衣大次，豫備齋宮具服、殿及各幄內應用器物，咨鑾儀衛備盥盆帨巾。前五日，咨樂部鑾儀衛陳設鹵簿導迎樂，并知會駕詣壇廟時樂設而不作，還宮作樂。如遇齋戒忌辰仍不作樂。

（清）昆岡等《（光緒）大清會典事例》卷一〇七五《太常寺》

親祭日壇禮節。其日五鼓，步軍統領飭所部清蹕除道，自東華門至日壇景升街，御道左右途巷，皆設布幛，鑾儀衛陳法駕鹵簿，不陪祀王公百官，朝服祗候送駕如儀。

親祭月壇禮節。申刻，太常寺卿赴乾清門奏時，皇帝御祭服乘輿出宮，前引後扈如常儀。鹵簿前導出西華門，詣月壇，駕至壇北門外降輿。

趙爾巽《清史稿》卷八三《志五八·禮志二·吉禮二·天神太歲朝日夕月》

乾隆十一年，具服殿成，罷更衣大次。是歲春分翼日日食，高宗蒞祭，不乘輦，不奏樂，不陳鹵簿。

祭服

《明太祖實錄》卷六〇"洪武四年正月"條

戊子，詔禮部參攷歷代祀郊廟、社稷、日、月、諸神冕服并百官陪祭冠服之制。于是禮部與太常司翰林院議奏，上親視圜丘、方丘、宗廟及朝日、夕月服衮冕，祭星辰、社稷、太歲、風雲、雷雨、岳鎮、海瀆、山川、先農皆用皮弁服，群臣陪祭各服本品梁冠祭服。從之。

（明）申時行等《大明會典》卷八一《禮部三九·祭祀通例》

凡服，大祀冕服、中祀皮弁服，陪祀諸臣各用本品梁冠祭服。

（明）申時行等《大明會典》卷二〇一《工部二一》

凡祭祀净衣，【略】朝日壇道士净衣二百三十二套，厨役夾净衣二百套，夕月壇道士净衣二百三十七套，厨役夾净衣二百套。

凡各壇廟祭祀冠服。【略】嘉靖中定，【略】朝日典儀執事九人，素羅祭服九套，冠帶玎璫笏板鞋襪全，舞生文六十六人，各門燒香七人，紅羅襯共七十三套，冠帶鞋襪全，武六十六人，各門燒香七人，紅羅袍絹襯共七十三套，天丁帶冠靴襪全，樂生七十二人，各門燒香五人，紅羅絹襯共七十七套，冠帶鞋襪全。夕月典儀執事一十三人，青羅祭服一十三套，冠帶玎璫笏板鞋襪全，舞生文六十六人，各門燒香七人，玉色羅絹襯共七十三套，冠帶鞋襪全，武六十六人，冠帶鞋襪全。

（明）申時行等《大明會典》卷二一五《太常寺》

計增製四郊登壇生役袍服净衣數目：

朝日壇用紅色，夕月壇用玉色，各二百套。

冬至用綿襖綿褲布裙，夏至用苧各三百套，春分秋分俱用絹夾襖布裙布褲，各二百套。

（明）申時行等《大明會典》卷二二八上《二二衛·錦衣衛》

凡視牲，朝日、夕月、耕耤、祭歷代帝王俱用丹陛駕，本衛堂上官服大紅蟒衣，飛魚烏紗帽，鸞帶佩繡春刀，千百户青綠錦繡服各隨侍。

（明）佚名《太常續考》卷三《大明春分事宜‧服飾》

大案桌紅段套衣一件，饌桌紅段套衣一件，祝桌紅段套衣一件，福酒桌紅段套衣一件，香帛亭紅段套衣一件，孔桌紅段圍衣一件，神牌亭圍衣一件，香輿亭圍衣一件，大小紅段袱二個，拜褥六條，寶座靠褥五件。

執事。祭服俱用青羅服。

樂生。文生燒香樂舞生袍服共用一百五十七套，每套蟬冠一頂，角帶一條，紅羅袍一件葵花補，紅絹襯衫一件，錦領白布襪一雙，青段履鞋一雙。

武生袍服。共用六十六套，每套天丁冠金帶一條，紅羅袍一件，銷金紅絹襯衫一件，紅羅裙一條銷金花邊，紅羅結子一件，銷金紅羅銷金汗跨一件，紅線縧一根，紅絹褡包一條，抹綠皂靴一雙，紅繡白布襪一雙，紅錦護漆一雙，供祀廚役二百名，净衣二百套，上還參内殿。【略】

玉色綾座褥靠背四件，腳踏褥一件，玉色綾卓衣五件，新案衣二件，帛案衣二件銷金綾袱一個，頂架衣二件銷金綾亭衣一件，正配二壇駕霧衣二件，拜褥三條，小次駕霧衣一件，屏息八個紅紗燈一對，黃布帳房六間藍布帳房五間。

執事。十三人俱用青羅祭服。

樂舞生。文舞生燒香，生袍服共用一百五十八套，每套蟬冠一頂，角帶一條，玉色羅袍一件葵花補，玉色襯衫一件，錦領白布襪一雙，青段履鞋一雙。

武舞生袍服。共用六十六套，每套天丁冠金帶一條，玉色羅袍一件，銷金玉色襯衫一件，玉色羅裙一條銷金花邊，玉色結子一件，銷金玉色銷金汗跨一件銷金藍邊，玉色綿縧一根，玉色褡包一條，抹綠皂靴一雙，白布襪一雙，紅錦護臁一雙。

鋪排廚役二百名，净衣二百套，每套三件。

（明）徐一夔等《明集禮》卷一一《吉禮第一一‧日月篇》

《玉藻》曰“天子玄端朝日於東門之外”，“端”爲“冕”字之誤也。《春官》“王搢大圭，執鎮圭，繅藉五采五就以朝日。”搢插也，謂插大圭，長三尺，玉笏於帶間，手執鎮圭尺二寸，繅藉五采五就者，謂以五采就，繅藉，玉也，繅者，雜采之名，一采爲一帀，五采則五帀，一帀爲一就。就，成也，以木爲幹，用韋爲衣，而以五采畫之以薦玉也。《國語》曰“天子大采朝日”，“少采夕月”，大采謂五采五就也，少采謂夕月殺於日，用三采也。秦祀日月其祝宰之日赤月白。漢以後服制未聞。南齊何終之議禮，天子朝日服宜有異，頃代天子小朝會服絳紗袍通天金博山冠，斯即今朝之服次袞冕者也，宜服此以拜日月，庶得差降之宜。後周天子及祀官俱青冕，執事者弁。唐服袞冕其衣無章裳刺黼一章。宋袞冕以祭。國朝服袞冕。

（明）徐一夔等《明集禮》卷三九《冠服》

祀【略】朝日則用青衣，【略】夕月則用素衣。隋制，袞冕服祭祀天地及感生帝、明堂、五郊、雩、蜡、封禪、朝日、夕月、宗廟、社稷、耤田、廟遣上將、征還飲至、加元服、納后、正旦受朝及臨軒拜王公，則服之。

（清）萬斯同等《明史》卷一三一《志一〇五·輿服志三》

（嘉靖八年更定）按例朝視牲、朝日、夕月、耕耤，祭歷代帝王，錦衣衛堂上官，大紅蟒衣，飛魚，烏紗帽，鸞帶，佩綉春刀。

嘉靖九年定，文舞生服制。【略】朝日壇服用赤羅，夕月壇服玉色羅。

（清）伊桑阿等《（康熙）大清會典》卷五五《禮部·祠祭清吏司·祭祀通例》

凡樂舞服色，【略】朝日壇用紅色銷金花服，夕月壇用月白色銷金花服。

（清）伊桑阿等《（康熙）大清會典》卷一三六《工部·都水清吏司·織造》

朝日壇通贊，藍鑲青結羅袍九件，文舞生紅羅補袍七十二件，武舞生紅羅銷金花袍六十六件，燒香補袍六件，樂生紅羅補袍八十四件，綠緞帶共二百三十七條。

夕月壇通贊，淺藍鑲青軟羅袍十三件，文舞生月白羅補袍七十二件，武舞生月白羅銷金花袍六十六件，燒香補袍六件，樂生月白羅補袍八十件，綠緞帶共二百三十七條。

（清）伊桑阿等《（康熙）大清會典》卷一五七《太常寺下·神樂觀犧牲所附》

凡祭日司爵、司香捧帛捧爵焚香等事，俱用執事樂舞生，又有樂生、武舞生、文舞生、執旌節樂舞生，應給淨衣，行文工部取用。【略】朝日壇每祭共用樂舞生二百三十一名，執事樂舞生服藍鑲青結羅袍，武舞生服藍鑲邊紅羅銷金花袍，文舞生、樂生、焚香樂舞生服紅羅補袍，帶頂同前。

夕月壇每祭共用樂舞生二百三十五名，執事樂舞生服藍鑲青結羅袍，武舞生服玉色羅銷金花袍，文舞生、樂生、焚香樂舞生服玉色羅補袍，帶頂同前。

（清）張廷玉等《明史》卷四七《志二三·禮志一·古禮一·分獻陪祀》

凡陪祀，洪武四年，太常寺引《周禮》及唐制，擬用武官四品、文官五品以上，其老疾瘡疥刑餘喪過體氣者不與。從之。後定郊祀，六科都給事中皆與陪祀，餘祭不與。又定凡南北郊，先期賜陪祀執事官明衣布，樂舞生各給新衣。制陪祀官入壇牙牌，凡天子親祀，則佩以入。其制有二，圓者與祭官佩之，方者執事人佩之。俱藏內府。遇祭則給，無者不得入壇。洪武二十九年初祀山川諸神，流官祭服，未入流官公服。洪武二十九年從禮臣言，未入流官，凡祭皆用祭服，與九品同。

（清）張廷玉等《明史》卷六七《志四三·輿服志三·文武官冠服》

凡親祀郊廟、社稷，文武官分獻陪祀，則服祭服。洪武二十六年定，一品至九品，青羅衣，白紗中單，俱皂領緣。赤羅裳，皂緣。赤羅蔽膝。方心曲領。其冠帶、佩綬等差，并同朝服。又定品官家用祭服。三品以上，去方心曲領。四品以下，并去珮綬。嘉靖八年，更定百官祭服。上衣青羅，皂緣，與朝服同。下裳赤羅，皂緣，與朝服同。蔽膝、綬環、大帶、革帶、佩玉、襪履俱與朝服同。其視牲、朝日夕月、耕耤、祭歷代帝王，獨錦衣衛堂上官，大紅蟒衣，飛魚，烏紗帽，鸞帶，佩綉春刀。祭太廟、社稷，則大紅便服。

（清）張廷玉等《明史》卷七六《志五二・職官志五・錦衣衛》

錦衣衛，【略】朝日、夕月、耕耤、視牲，則服飛魚服，佩繡春刀，侍左右。

（清）張廷玉《清文獻通考》卷一四一《王禮考》

皇帝朝服，朝日用紅，夕月用月白。

皇帝朝珠，朝日用珊瑚，夕月用綠松石。

祭祀舞生袍，以綢爲之，其色【略】朝日壇【略】用紅，夕月壇用月白，文舞生所服前後方襴銷金葵花，武舞生所服通銷金葵花。

祭祀執事人袍，以綢爲之，其色【略】朝日壇、帝王廟俱用青色，石青緣，夕月壇用青色，月白緣。

（清）允祹等《大清會典》卷三六《禮部》

凡祭服，皇帝有事於郊廟皆御祭服，祀，【略】朝日赤色，夕月玉色，餘祭均黃色，陪祀王公百官咸朝服。

（清）允祹等《大清會典則例》卷一五二《太常寺》

樂舞生額。【略】日月壇均樂生七十四人，文武舞生各六十四人，司爐樂舞生十有六人，司尊執事生二人。【略】凡大祀、中祀，各生冠用銅，頂帶用綠，紬靴用皂布，服色【略】日壇用赤，月壇用玉色，餘均用赤。武舞生用銷金百花袍，樂生文舞生均用素繪葵花補袍，執事生惟執事天地壇服無緣飾，餘均緣以黑色段及羅，祀日遇雨用雨衣、雨帽，花樣如前制。【略】十六年奏准樂舞生袍帶交，內務府辦理其靴帽交太常寺照例辦理。十七年，奏准樂舞生袍服向例承應太廟祭祀者十年更換一次，承應各壇廟祭祀者二十年更換一次，按袍服有青赤黑玉色之別，難以通用至靴帽并無分別，其地壇已經製造，今請增皮帽布靴一分，共爲二分，遇有祭祀盡可通用，應自成造之年起，每閱五年察驗果有損壞者，隨時更換，所有換存靴帽，尚有可用者留貯本寺以備中祀群祀之用，不堪用者仍交內務府造辦處辦理。

（清）托津等《（嘉慶）大清會典》卷二六一《禮部二九・冠服・皇帝冠服》

（皇帝朝服）朝日，用紅。夕月，用月白。其制披領及袖皆石青。

（朝珠）朝日，用珊瑚。夕月，用綠松石。雜飾惟宜。

（朝帶）朝日，用珊瑚。夕月。用白玉。每具銜東珠五，佩帉及鞶。

（清）托津等《（嘉慶）大清會典》卷二六二《禮部三〇・冠服》

祭祀文舞生，冬冠，騷鼠爲之，頂鍍花銅座，中飾方銅，鍍葵花，上銜銅三角，如火珠形，袍以綢爲之，其色，【略】朝日壇、帝王廟、先師廟、先農壇、太歲壇均用紅，夕月壇用月白，前後方襴銷金葵花，帶綠綢爲之。

祭祀武舞生，頂上銜銅三棱，如古戟形，袍以綢爲之，通銷金葵花，餘如文舞生袍之制，帶制如文舞生。

祭祀執事生人袍之制二，其一以綢爲之，不加緣，其色【略】朝日壇、帝王廟均用石青緣，夕月壇用月白緣，帶制如文舞生。

（清）昆岡等《大清會典圖》卷六七《冠服一一》

神樂署文舞生袍，【略】日壇、歷代帝王廟用紅羅，【略】月壇用月白綢，前後方襴銷金葵花。

神樂署執事生袍，【略】日壇、歷代帝王廟用青羅，皆藍緣，【略】月壇用青綢，白緣。

趙爾巽《清史稿》卷八二《志五七·禮志一·吉禮一·祭服》

惟朝日大紅，夕月玉色。王公以下陪祀執事官咸朝服。【略】十九年，諭郊祀遇國忌，前一日閱祝版，帝服龍袍龍褂，執事官蟒袍補服。大祀、中祀，帝龍褂，執事官補服。著爲令。二十三年，定制大祀齋期遇國忌，悉改常服。中祀則限於承祭官及陪祀、執事官，餘素服如故。二十五年，諭大祀親祭或遣官致祭遇國忌，齋期一依向例，中祀親祭同。其遣官致祭，與執事、陪祀官常服挂珠，否則仍素服。

祭祀用具

《明世宗實録》卷一二五"嘉靖十年五月"條

丁酉，饒州府進方澤、夕月壇祭器。

《明世宗實録》卷一二六"嘉靖十年六月"條

己巳，工部以方澤朝日夕月三壇祭器規式顏色尺寸圖册三本進呈，上命送付史館。

（明）徐一夔等《明集禮》卷一一《吉禮第一一·日月篇》

國朝并設大尊二，著尊二，山罍二在壇上，東南隅北面象尊二，壺尊二，山罍二在壇下，籩、豆各十，簠、簋各四。

（明）吕震《宣德鼎彝譜》卷六

大明之神，供奉三足金烏鼎，倣唐朝天寶年局鑄鼎。高一尺九寸七分，長二尺一寸三分，座高五寸一分，重十八斤六兩。十二煉洋銅鑄成，周身赤金純裹，細鈒毛羽翅足妙具翔集，生動之致。臣等謹按：《大明會典》曰：洪武初年，以大明之神從祀圜丘，永樂十八年，北京朝日壇成，建於東長安門外，春分日致祭，神位前原有洪武間金鑄日字圓鼎，今鑄此鼎，以設沉香雕几安置，純焚沉腦以昭誠敬。其鼎象形之義，唐之議禮，諸臣蓋取《離騷經》。《天問》曰："羿焉彃日，烏焉解羽。"日中有烏，或本於此，今以象鼎報功合其宜矣。

夜明之神，供奉玉兔朝元鼎，倣唐朝天寶年局鑄鼎。高一尺四寸，長一尺八寸六分，座高五寸三分，重十四斤九兩。十二煉洋銅鑄成，周身白銀純裹，細鈒頭尾耳足深，得俯伏顧戀之態。臣等謹按：《大明會典》曰：洪武初年，以夜明之神從祀圜丘，永樂十八年北京夕月壇成，建於西阜成門外，秋分日致祭，神位前現供洪武年銀鑄月字圓鼎，今鑄此鼎，設紫檀雕几安置，純焚沉腦，以昭誠敬。其象鼎之義，蓋緣唐儒采取《離騷經》。《天問》曰："夜光何德，死而復育？厥利惟何，顧兔在腹？"月中有兔，蓋本於此。今以象鼎報功合其宜矣。

（明）佚名《太常續考》卷三《大明春分事宜·合用供器祭器》

玉器：赤璋一面，玉爵三尊。俱本寺庫貯，遇祭領交。

銀器：銀杓一把，銅龍爐一個并香架。本寺庫貯，遇祭領交。

瓷器：大羹碗一個，和羹碗二個，毛血盤三個，籩豆盤二十八個，酒尊三個，酒盞三十三個，福酒爵一個。

銅器：銅香爐一個，在寺庫，銅花瓶一對，銅燭臺貳對，匙筯全大銅爐四個，并蓋燒香銅爐六個，大銅缸二口，大銅鍋二口，小銅鍋一口，洗玉銅盆一個，銅手照二把，大銅簽盤八個，小銅簽盤一百六十個，銅鼓十二個。

錫器：水礶六個，錫厢盒四個，錫壺六把，錫鑲圓盤五個，錫鑲方盤六個，錫鑲三牲匣一副，錫鑲大桶二個，錫鑲小桶四個。

鐵器：燎爐二座，拖爐一座。

木器：神案一座，并地平神牌亭一座，香輿亭一座，香帛亭一座，大案桌一張，孔桌二張，接桌四張，籩豆匣一副，酒尊架二座，帛匣四個，香几二個，大香盒四個，紅桌二十張，贊架二座，大朝燈八座，座燈四十盞，路燈一百二十盞，晾牲桌二張，帳房木架十三間，黃布帳房八間，藍布帳房三間，魷燈一對，紅紗燈一對，導神燈一對。【略】

正位壇：玉一面，金爵三尊，銀杓二把，以上俱本寺庫貯，遇祭領交。祝版架一座，以下各器俱本壇庫貯。金龍方香爐一個，并香靠。大圓爐六個，大方爐四個，并蓋，小方爐四個，蓋三，方小爐四個，蓋三，方燭臺三對，方花瓶一對，匙筯瓶一個，并匙筯。洗玉方盆二個，大簽盤八個，小簽盤一百二十個，手照二把，魷燈三對，大香靠四個，大缸三口，大鍋三口。

錫器：托裹三牲匣二副并蓋，托裹桶一個，托裹方圓盤三個，香盒一個，湯壺二把，水礶四個。

瓷器：大羹碗二個，白瓷酒尊六個少一蓋，白爵三個，白酒盞三十六個，白毛血盤六個，白籩豆盤四十八個，流金瓷爵四隻，酒尊三個，和羹碗四個。

鐵器：提爐二個，燎爐二座。

木器：神案一座，神牌孔卓一張，神案二張，帛案四張，供案二張，香亭一座，帛亭一座，戧金硃紅香几二座，戧金硃紅龍圓香盒一個，硃紅香几二座，帛匣三個，爵墊七個，香盒十個，御拜位牌三面，品官牌二面，條桌二張，羹案一張，爵案一張，神牌竪櫃二座，祭器大竪櫃二座，小紅櫃五個，饌桌二張，御杖一對，祝桌一張，燒香桌大小三十張，晾牲馬案三張，走牲晾牲帳架共十一間，抗牲匣二副，宰牲案二張，宰鹿案一張，座燈六十盞，路燈五十六盞，搥燈凳六條，品官凳十條，正配二壇，頂架二間，小次頂架一間，正壇内外朝燈八座，傳贊架二座。

（清）張廷玉等《明史》卷四七《志二三·禮志一·吉禮一·祭器》

朝日、夕月。洪武三年定，太尊、著尊、山罍各二，在壇上東南隅，北面。象尊、壺尊、山罍各二，在壇下。籩豆各十，簠簋各二，登鉶各三。

（清）秦蕙田《五禮通考》卷三四《吉禮三四·日月》

陳設。大明之神西向，夕月夜明之神東向。犢一，羊一，豕一，登一，鉶一，簠、簋各二，籩十，豆十，玉爵三。夕月金爵三，酒尊三，紅瓷，夕月白瓷酒盞三十，紅瑪瑙玉一，夕月白璧，帛一，紅色，夕月白色篚一，祝案一，夕月有從位一壇，南向，籩十，豆十，帛十，青紅黄玄各一，白六。

（清）允祹等《大清會典》卷三六《禮部》

凡祭器，日、月、先農、先蠶陶爵，豆、登、簠、簋、鉶、尊同前代帝王先師及諸人鬼之祭，豆、登、鉶、簠、簋、尊、爵皆範銅，不飾，篚用竹，俎用木，皆髹以漆。

（清）托津等《（嘉慶）大清會典事例》卷七九八《太常寺五·祭器》

朝日壇祭器。盞三十，用陶，通高一寸八分，深一寸五分，口徑三寸五分，底徑一寸四分，爵三，登一，鉶二，簠二，簋二，均用陶，籩十，用竹，豆十，用陶，篚一，用竹，俎一，用木，尊一，用陶，制均與天壇從壇同。凡陶則用紅色，凡竹木則髹以漆，紅色。

夕月壇祭器。正位，爵三，琖三十，均用陶，俎一，用木，尊一，用陶，制與日壇同，惟盞底徑一寸二分，足高二分，登一，簠二，簋二，均用陶，籩十，用竹，豆十，用陶，篚一，用竹，制與祈穀壇配位同。鉶二，用陶，高三寸八分，深三寸六分，口徑五寸，底徑三寸二分，三足高一寸一分，蓋高二寸六分，三峰高一寸，凡陶則用月白色，凡竹木則髹以漆，月白色。

配位，爵三，盞三十，登一，鉶二，簠二，簋二，均用陶，籩十，用竹，豆十，用陶，篚一，用竹，俎一，用木，尊一，用陶，制均與正位同。

（清）龍文彬《明會要》卷八《禮三·吉禮·朝日夕月》

（嘉靖）十年，夕月壇以鐵爐置於坎上焚燎，不必造燎壇，以稱祭月于坎之義。《圖書編》

（清）昆岡等《（光緒）大清會典事例》卷一〇七五《太常寺》

親祭日壇禮節。將祀之日夜分，太常寺卿率屬入壇具器陳，牛一、羊一、豕一、登一、鉶二、簠簋各二、籩豆各十、盞三十、爐二，中少北設一案，東向，供祝版。南設一案，北向，陳赤璧一、禮神制帛一色赤、香盤一、尊一、爵三、并設福胙，加爵一。凡牲陳於俎，凡玉帛實於篚，凡尊實酒，承以舟，疏布冪勺具。

親祭月壇禮節。晡後，太常寺卿率屬入壇具器陳，夜明位前，牛一、羊一、豕

一、登一、鉶二、簠簋各二、籩豆各十、盞三十、爐二、鐙二。星辰位前，牛一、羊一、豕一、登一、鉶二、簠簋各二、籩豆各十，盞三十，爐二，鐙二，中少南設一案，西向，祝版，北設一案，南向陳。夜明位前白璧一，禮神制帛一白色，香盤一，尊一，爵三，并設福胙，加爵一，星辰位前，禮神制帛十一，色青、赤、黑、黃各一、白七，香盤一，尊一，爵三。凡牲陳於俎，凡玉帛實於筐，凡尊實酒水承以舟。疏布冪勺具，鑾儀衛設洗於具服殿外，樂部率太常寺協律郎陳設樂懸舞佾，乃省粢，均與日壇同。

（清）昆岡等《大清會典圖》卷二一《禮二一·祭器一》

禮神制帛，【略】陳於日壇用赤色，陳於月壇正位用白色。

陶爵，銅爵，制皆象爵形，腹為雷紋饕餮形，陶用瓷，以色別之。【略】日壇用紅色，月壇正配位用月白色【略】制皆高四寸六分，深二寸四分，兩柱高七分，足高二寸，三足相距各一寸八分，太廟兩廡亦用白色，制，高四寸二分，深二寸二分，兩柱高六分，足高一寸八分，三足相距各一寸六分。【略】

盞，純素，用陶，陶用瓷，以色別之。【略】日壇用紅色，制高一寸八分，深一寸五分，口徑三寸五分，足徑一寸四分。月壇正位、配位用月白色，制皆高一寸八分，深一寸五分，口徑三寸五分，足徑一寸二分，高二分。

陶登，銅登，制同者，皆口為回紋，中為雷紋，柱為饕餮形，雷紋，口為回紋，陶用瓷，以色別之。【略】日壇用紅色，【略】制高六寸一分，深二寸一分，口徑五寸，校圍六寸六分，足徑四寸五分，蓋高一寸八分，徑四寸五分，頂高四分。【略】月壇正位配位用月白色，制高五寸三分，深一寸九分，口徑四寸五分，校圍六寸，足徑四寸二分，蓋高一寸七分，徑四寸，頂高三分。

陶鉶、銅鉶，制皆兩耳，為犧形，口為藻紋，次回紋，腹為貝紋，蓋為藻紋，回紋雷紋，上有三峰，為雲紋，三足亦為雲紋。陶鉶用瓷以色別之，【略】日壇用紅色，【略】制高三寸九分，深三寸六分，口徑五寸，底徑三寸三分，三足高一寸三分，蓋高二寸五分，三峰高九分。月壇正位配位用月白色，制高三寸八分，深三寸六分，口徑五寸，底徑三寸三分，三足高一寸一分，蓋高二寸六分，三峰高一寸。

陶簠、銅簠，制方，皆面為夔龍紋，束為回紋，足為雲紋，兩耳附以夔龍，蓋上有棱四周，旁亦附夔龍耳，陶簠用瓷，以色別之，日壇，用紅色。【略】制高四寸四分，深二寸三分，口縱六寸五分，橫八寸，底縱四寸四分，橫六寸，蓋高一寸六分，口縱橫與器同，上有棱四周，縱四寸八分，橫六寸四分。【略】月壇正位配位用月白色，制高三寸八分，深一寸七分，口縱四寸八分，橫六寸二分，底縱三寸三分，橫四寸三分，蓋高一寸五分，上有棱四周，縱三寸五分，橫四寸三分。

陶簋、銅簋，制圓而橢，皆口為回紋，腹為雲紋，束為黻紋，足為星雲紋，兩耳附以夔龍，蓋面為雲紋，口為回紋，上有棱，四出，陶用瓷以色別之，【略】日壇用紅色，【略】制高四寸六分，深二寸三分，口徑七寸二分，底徑六寸一分，蓋高一寸八分，徑與口徑同上。有棱，四出，高一寸三分。【略】月壇正位配位用月白色，制高四寸，深一寸九分，口徑六寸一分，底徑四寸五分，蓋高一寸三分，徑五寸五分，上有棱，四出，高八分。

竹籩，編竹爲之，以絹飾裏，頂及緣皆髹以漆，用別以色。【略】日壇用紅色，【略】制高五寸八分，深九分，口徑五寸，足徑四寸五分，蓋高二寸一分，徑與口徑同頂正圓，高五分。【略】月壇正位配位用月白色，制高五寸二分，深九分，口徑四寸四分，足徑四寸一分，蓋高一寸八分，頂高五分。

陶豆，銅豆，制同者，皆腹爲垂雲紋回紋，校爲波紋、金鏊紋，足爲黻紋，蓋爲波紋、回紋，頂用絢紐，陶豆用瓷，以色別之，【略】日壇用紅色，月壇正位配位用月白色，制高五寸，深一寸七分，口徑四寸五分，校圍二寸，足徑四寸一分，蓋高一寸八分，頂高六分。

（清）昆岡等《大清會典圖》卷二十四《祭器四》

筐，編竹爲之，四周髹以漆，用別以色。【略】日壇用紅色，制高五寸，縱五寸六分，橫二尺三寸三分，足高一寸一分，蓋高一寸八分。【略】月壇正位配位用月白色，制高三寸五分，縱四寸五分，橫二尺二寸一分，足高七分，蓋高一寸三分。

實太牢之俎，【略】日壇、月壇正位配位【略】俱用紅色。【略】制皆中區，爲三縱六尺有奇，橫三尺二寸，四周各銅鑲，二八足有跗通，高二尺，六寸有奇。

尊有陶有銅，制皆純素，兩耳爲犧首形，陶用瓷，以色別之，【略】日壇用紅色，月壇正位配位用月白色。【略】制高八寸四分，口徑五寸一分，腹圍二尺三寸七分，底徑四寸三分，足高二分。

（清）允禄、蔣溥等《清禮器圖式》卷一

謹按：乾隆十三年，欽定祭器，朝日壇陶爵用紅色瓷，形制大小花紋，同天壇從位。

朝日壇盞

謹按：乾隆十三年，欽定祭器，朝日壇盞用紅色瓷，通高一寸八分，深一寸五分，口徑三寸五分，底徑一寸四分。

朝日壇登

謹按：乾隆十三年，欽定祭器，朝日壇登用紅色瓷，形制大小花紋，同天壇從位。

朝日壇鉶

謹按：乾隆十三年，欽定祭器，朝日壇鉶用紅色瓷，形制大小花紋，同天壇從位。

朝日壇簠

謹按：乾隆十三年，欽定祭器，朝日壇簠用紅色瓷，形制大小花紋，同天壇正位。

朝日壇簠

謹按：乾隆十三年，欽定祭器，朝日壇簠用紅色瓷，形制大小花紋，同天壇正位。

朝日壇籩

謹按：乾隆十三年，欽定祭器，朝日壇籩編竹爲之，以絹飾裏頂及緣皆髹以漆紅色，形制大小，同天壇正位。

朝日壇豆

謹按：乾隆十三年，欽定祭器，朝日壇豆用紅色瓷，形制大小花紋，同天壇正位。

朝日壇篚

謹按：乾隆十三年，欽定祭器，朝日壇篚編竹爲之，四周髹以漆紅色，形制大小，同天壇正位。

朝日壇尊

謹按：乾隆十三年，欽定祭器，朝日壇尊用紅色瓷，形制大小，同天壇正位。

夕月壇正位陶爵

謹按：乾隆十三年，欽定祭器，夕月壇正位陶爵用月白色瓷，形制大小花紋，同天壇從位。

夕月壇正位盞

謹按：乾隆十三年，欽定祭器，夕月壇正位盞用月白色瓷，通高一寸八分，深一寸五分，口徑三寸五分，底徑一寸二分足高二分。

夕月壇正位登

謹按：乾隆十三年，欽定祭器，夕月壇正位登用月白色瓷，通高五寸三分深一寸九分，口徑四寸五分校圍六寸，底徑四寸二分，蓋高一寸七分，徑四寸，頂高三分，形制花紋，同天壇正位。

夕月壇正位鉶

謹按：乾隆十三年，欽定祭器，夕月壇正位鉶用月白色瓷，高三寸八分，深三寸六分，口徑五寸，底徑三寸二分，三足高一寸一分，蓋高二寸六分，三峰高一寸，形制花紋，同天壇從位。

夕月壇正位簠

謹按：乾隆十三年，欽定祭器，夕月壇正位簠用月白色瓷，通高三寸八分，深一寸七分，口縱四寸八分，橫六寸二分，底縱三寸三分，橫四寸三分，蓋高一寸五分，上有棱四周，縱三寸五分，橫四寸三分，形制花紋，同天壇正位。

夕月壇正位簋

謹按：乾隆十三年，欽定祭器，夕月壇正位簋用月白色瓷，通高四寸，深一寸九分，口徑六寸一分，底徑四寸五分，蓋高一寸三分，徑五寸五分，上有棱，四出，高八分，形制花紋，同天壇正位。

夕月壇正位籩

謹按：乾隆十三年，欽定祭器，夕月壇正位籩，編竹爲之，以絹飾裏，頂及緣皆髹以漆，月白色，通高五寸二分上，深九分，口徑四寸四分，足徑四寸一分，蓋高一寸八分，徑與口徑同，頂高五分。

夕月壇正位豆

謹按：乾隆十三年，欽定祭器，夕月壇正位豆用月白色瓷，通高五寸，深一寸七分，口徑四寸五分，校圍二寸，足徑四寸一分，蓋高一寸八分，徑與口徑同頂，高六分形制花紋，同天壇正位。

夕月壇正位簠

謹按：乾隆十三年，欽定祭器夕月壇正位簠，編竹爲之，四周髹以漆月白色，高三寸五分，縱四寸五分，橫二尺二寸一分，足高七分，蓋高一寸三分。

夕月壇正位尊

謹按：乾隆十三年，欽定祭器，夕月壇正位尊用月白色瓷，形制大小，同天壇正位。

趙爾巽《清史稿》卷八二《志五七·禮志一·吉禮一·神位祭器祭品玉帛牲牢之數》

初沿明舊，壇廟祭品遵古制，惟器用瓷。雍正時，改範銅。乾隆十三年，詔祭品宜法古，命廷臣集議，始定制籩編竹，絲絹裏，髹漆。郊壇純漆，太廟采畫。其豆、登、簠、簋，郊壇用陶，太廟惟登用之，其他用木，髹漆，飾金玉。鉶範銅飾金。尊則郊壇用陶。太廟春犧尊、夏象尊、秋著尊、冬壺尊、祫祭山尊，均範銅。祀天地爵用匏，太廟玉，兩廡陶。社稷正位，玉一陶二。配位純陶。又豆、登、簠、簋、鉶、尊皆陶。日、月、先農、先蠶亦如之。帝王、先師、關帝、文昌及諸祠，則皆用銅。凡陶必辨色，圜丘、祈穀、常雩青，方澤、社稷、先農黃，日壇赤，月壇白。太廟陶登，黃質采飾，餘俱白。盛帛用竹筐，髹色如其器。載牲用木俎，髹以丹漆。毛血盤用陶，色亦如其器。嘉慶十九年，定太廟簠、簋、豆與凡祭祀竹籩，三歲一修。光緒三十二年，先師爵改用玉。

（三）祭祀禮儀

禮儀沿革

《明穆宗實錄》卷二“隆慶元年正月”條

丙寅，禮部遵詔，會議郊社諸典禮及葬祔享之制。

郊祀之禮。謹考國初建圜丘於鍾山之陽，用冬至祀天，以日月星辰太歲從祀，建方丘於鍾山之陰，用夏至祀地，以岳鎮海瀆從祀，俱奉仁祖淳皇帝配。又築朝日壇於城東，夕月壇於城西，用春秋分行事，夕月亦以星辰從祀，俱不奉配。洪武十年始定合祀之制，每歲正月擇日行於大祀殿。三十二年更奉太祖高皇帝配。永樂十八年，北京大祀殿成，行禮如前儀。洪熙元年增奉成祖文皇帝并配。嘉靖九年始建圜丘於南郊，冬至祀天，以日、月、星辰、風雲、雷雨從祀，建方澤於北郊，夏至祀地以岳鎮、海瀆、陵寢、諸山從祀，俱奉太祖高皇帝配。又建朝日壇於東郊，以春分祭日，無從位。建夕月壇於西郊，以秋分祭月，亦以星辰從祀，俱不奉配。臣等議以爲天地分祀昉於《周禮》，圜丘方丘之文自漢以來歷代分合不常，諸儒議論不一。我太祖定鼎之初與一時儒臣斟酌考訂，首建分祀之禮。其後因感齋居陰雨，始改合祀。至我皇考大行皇帝仍建四郊，如洪武初年之制。蓋太祖始分而後合，皇考改合而爲分，然皇考之更制即太祖之初制也，今分祀已久似難紛，更宜照例南北二郊於冬夏至日恭請聖駕親詣致祭，仍奉太祖高皇帝配其東郊，以甲、丙、戊、庚、壬年，西郊以丑、辰、未、戌年聖駕親祭，餘歲遣官代行。

《明神宗實錄》卷二九五"萬曆二十四年三月"條

辛巳，禮部題：遇灾祭告，遣公徐文璧祭朝日壇，侯陳應詔祭夕月壇。

（明）王圻《續文獻通考》卷一〇五《郊社考·郊中·皇明》

按鄭氏曉曰：國初，郊廟社稷先農爲大祀，已而改先農及山川帝王先師旗纛爲中祀，諸神小祀。嘉靖以朝日夕月天神地祇爲中祀、大祀，致齋三日，中祀二日，祀有牲，牲四等，曰犢，曰牛，曰太牢，曰少牢，色尚騂或黝。天地日月加玉三等，曰蒼璧，曰黃琮，曰玉牲，大祀入滌九旬，中祀三旬，小祀一旬。殺禮不用牲，用果脯，從其族也，或用素羞，祀有帛。大祀、中祀京師用制帛五等，曰郊祀，曰奉先，曰禮神，曰展親，曰報功，小祀素帛、禮佛帛，王國司府州縣亦用帛，小祀則否。凡祀有樂，樂四等，曰九奏，曰八奏，曰七奏，曰六奏，奏樂有歌有舞，堂上舞，堂下舞，皆八佾，有文有武，先師六佾去舞，小祀則否。

世宗嘉靖九年，夏言疏：古者祀天於郊，祭地於方澤，兆於郊於北郊，順天地之宜，審陰陽之位也，至祖宗之配享，諸壇之從祀、合祀，乞敕多官雜議以求至當。上嘉納之，賜四品服。霍韜見言郊壇議合乃疏，言：親壇爲亂成法，分郊爲紊朝政，而遺書於言，謂：祖宗定制不可變，《周禮》爲王莽僞書，宋儒爲夢語，言得書飛章劾之。上怒韜懷奸蓄詐，要名買直械送都察院議罪。乃命群臣條奏郊典。中允廖道曰：太祖初年，建圜丘於鍾山之陽，方澤於鍾山之陰，以分祀天地。洪武十年，感齋居陰雨之應，覽京房灾異之說，始行合祀。太宗遷都北京未暇，建白禮樂，百年後興，詎不信哉。宗廟之制，國初立四親廟，德祖居中，懿、僖、仁三祖以次分左右，昭穆有定位，禘祫有定時，至九年十月改建太廟，用漢人同堂異室之制，時享歲祫則設衣冠於座而祀之，始以功臣配享矣。《周禮·太宗伯》：兆日於東郊，兆月於西郊，而聖祖亦有朝日夕月之文，今之大祀殿正倣古明堂之制，宜法祖制，兆圜丘於南郊以祀天，兆方丘於北郊以祀地，尊德祖配享以法周人尊后稷之意，而又宗祀太祖、太宗於大祀殿，以法周宗祀文王於明堂之禮，兆大明於東郊，兆夜明於西郊，以法朝日夕月之禮。

十一年，定朝日壇以甲、丙、戊、庚、壬，間歲一親，祭夕月壇以丑、辰、未、戌，三歲一親祭，之太常寺具奏遣官行禮，朝日以文大臣，夕月以武大臣，其圜丘諸儀亦多所更定。

（明）王圻《續文獻通考》卷一〇六《郊社考・郊下》

穆宗隆慶元年丙寅，禮部會議典禮一郊祀之禮。國初建圜丘於鍾山之陽，用冬至祀天，以日、月、星辰、太歲從祀，建方丘於鍾山之陰，用夏至祀地，以岳鎮、海瀆從祀，俱奉仁祖淳皇帝配，又築朝日壇於城東，夕月壇於城西，用春秋分行事，夕月亦以星辰從祀，俱不奉配。洪武十年始定合祀之制，每歲正月擇日行於大祀殿，三十二年更奉太祖高皇帝配。

永樂十八年，北京大祀殿成，行禮如前儀。洪熙元年，增奉成祖文皇帝并配。嘉靖九年，始建圜丘於南郊，冬至祀天以日、月、星辰、風雲、雷雨從祀，建方澤於北郊，夏至祀地，以岳鎮、海瀆、陵寢、諸山從祀，俱奉太祖高皇帝配。又建朝日壇於東郊，以春分祭日，無從位，建夕月壇於西郊，以秋分祭月，亦以星辰從祀，俱不奉配。今分祀已久，似難紛，更宜照例北二郊於冬夏至日，恭詣聖駕親詣致祭，仍奉太祖高皇帝配，其東郊以甲、丙、戊、庚、壬年，西郊以丑、辰、未、戌年，聖駕親祭，餘歲遣官代行。

（嘉靖十年）太常寺先期具奏行禮止奏日不奏時，以故陪祀諸臣供事失期者衆，請以後并奏日時。從之。甲辰，命夏至方澤以卯時行禮。先是，【略】祭朝日壇以卯時，夕月壇以酉時。【略】三年八月，上親祭夜明於夕月壇，命成國公朱希忠分獻。

（明）徐學聚《國朝典彙》卷一五《朝端大政》

（洪武）三年二月，禮部議天地至尊故用其始而祭以二至，日月次天地，春分陽氣方永，秋分陰氣回長，故祭以二分，爲得陰陽之義也。稽古者正祭之禮宜各設壇專祀。朝日壇築於城東門外，高八尺，夕月壇築於城西門外，高六尺，朝日以春分，夕月以秋分，星辰祔祭於月壇，從之。

（嘉靖）八年十二月，上諭禮部朕惟尊祖配天莫大之典，近來郊祀告祖，止就內廟非郊聖祖初制，來春大祀天地告祖配天當於太廟行禮。禮部具儀以上，自是歲以爲常。

九年三月，定南北郊及朝日夕月禮。給事中夏言請更郊祀，言我國家以天地合祀於南郊，又爲大祀殿而屋之，設主其中，是制殊戾古典，弗應經義，謹按：《禮書》"古者祀天於圜丘，祭地於方丘。" 圜丘者，南郊地上之丘，丘圜而高，以像天也。方丘者，北郊澤中之丘，丘方而下，以像地也。南郊之壇曰太壇，以之燔柴，北郊之坎曰太坎，以之瘞埋。此分祭天地古制也，況壇於南郊坎於北郊，雖以就陰陽，亦因高下之義，豈有崇樹棟宇擬之人道哉。古之王者敬天有加，豈昧營搆，凡以義不當爲耳。至於一祖一宗之配，及諸壇之從祀，舉行不於二至而子孟春稽之，古禮俱當有辨，乞敕多官集議以求至當。上嘉之。【略】下禮部議時，贊善蔡昂、修撰倫以訓、姚淶、祭酒許誥、學士張潮、編修歐陽德、給事中陳侃趙廷瑞、御史陳講、譚纘，皆以合祀爲宜，而淶言尤爲激切俱下。禮部夏言復議，不當以二祖並配，言周人以后稷配天於郊，以文王配帝於明堂，今日宜奉太祖配天於圜丘，奉太宗配上帝於大祀殿，亦下。禮部會議都御史汪鋐等八十二人主分祀，大學士張璁等八十四人亦主分祀，而謂成憲不可輕改，時詘不可更作。尚書李瓚等二十六人，亦主分祀，而欲以山川壇爲方丘，尚書方獻夫李承勛等二百六人皆主合祀，而不以分祀爲非，英國公張崙等百九十八人無所可否。上命再議。于是張璁雜引五經諸史條析合祀之非伸分祀之。是命曰：郊祀考議。上之上從其議，方獻夫上疏輸罪，上置不問。霍韜亦乞恩輸罪，上曰：爾既省改過，願自效忠，亦准復職不問。五月，【略】復朝日夕月之祭，按朝日壇在東郊，西向，春分之日祭大明之神，神西向，用太牢、玉、禮三獻、樂七奏、舞八佾，甲、丙、戊、庚、壬、年，皇帝親祀，祭服拜跪飲福受胙，餘年遣文大臣攝祭。夕月壇在西郊東向，秋分之日祭夜明之神，神東向，樂六奏，牲、玉、獻舞如朝日，從祀二十八宿、木火土金水五星、周天星辰，南向，用太牢，丑、辰、未、戌年皇帝皮弁服親祀，拜跪飲福受胙，餘年遣武臣攝祭。

　　國初有朝日夕月之祭，洪武二十一年罷，至是復。十一月，躬視圜丘冬至有事於南郊。先是，上製圜丘祀器，金爐、玉爵、錦幕、圭璧、及鐘磬、賁鼓，諸樂器既成，陳於文華殿召大學士璁閱視。是日，上親祀於圜丘，奉太祖西向配，各騂犢一，用璧，三獻，九奏，樂舞用八佾，從祀四，大明、夜明各騂牛，恒星五曜群星及雲雨雷師各牛一、羊一、豕一，明日布詔天下。

　　（嘉靖九年）四月，令定東西郊神祇壇親祀之期，初祈穀之禮上因違和，遣官代行，至是將祀北郊，禮部尚書夏言請暫遣大臣代行，因言陛古啓建郊壇禮成之初，俱以躬行祀事。竊惟陛下交天母地，宜躬祀典，朝日夕月即遣官行，亦不爲越禮。上是之。因命朝日壇間歲一親祀以甲、丙、戊、庚、壬年，夕月並神祇壇三歲一親祭以丑、辰、未、戌年，著爲令，興。

（明）俞汝楫等《禮部志稿》卷八二《定朝日夕月禮》

　　洪武三年正月，禮部奏定朝日夕月禮，按《周禮·大宗伯》"以實柴祀日月星辰"，"玉人之事圭璧二寸"以祀日月星辰。《禮記》曰"王宮祭日也，夜明祭月也。"祭日於壇，祭月於坎，以別幽明，以制上下。考之古者祀日月其禮有六。【略】秦祭八神，六曰月主，七曰日主，雍又有日月廟。漢郊太乙，朝日、夕月改周法，常以郊泰時，質明出行宮，東向揖日，西向揖月，又於殿下東西拜日月。宣帝於神山祠日，萊山祠月，魏明帝始朝日東郊，夕月西郊。唐以二分日朝日夕月於國城東西。宋以春分朝日秋分夕月爲大祀。元於郊壇以日月從祀，其二分朝日夕月，皇慶中議建立而不見施行。今既以日月從祀於郊壇制，朝日壇宜築於城東門外，高八尺，夕月壇宜築於城西門，外高八尺，俱方廣四丈，兩壇，壇各二十五步，燎壇方八尺高一丈，開上南出戶，方三尺，神位以松柏爲之，長二尺五寸，濶五寸，趺高五寸，朱漆金字。朝日以春分日，夕月。以秋分日，星辰則袝祭於月壇。從之。

《世祖章皇帝實錄》卷五七"順治八年六月"條

壬申，初以日月從祀天壇，裁去春秋二分祀事，至是，禮部請照舊典，於從祀天壇外，仍於春秋分日行朝日夕月禮。

《聖祖仁皇帝實錄》卷一"順治十八年正月"條

乙丑，議政王、貝勒、大臣等遵旨詳議祀典。議得【略】朝日壇、夕月壇【略】等祀，應照舊致祭外。其大享合祀、太廟階下合祭之禮，相應罷祭。

《高宗純皇帝實錄》卷一三四二"乾隆五十四年十一月"條

甲申，又諭禮部，朕臨御以來，恭遇郊廟大祀，無不祗肅躬親。即中祀之禮，亦嘗親行。而耕耤則不啻數十次矣，仰荷上蒼眷佑，列祖鴻庥，春秋日高，精神強健，明歲又屆八旬，是以一切中祀典禮，如先農、朝日、夕月等壇，俱於八旬以前兩年內，以次親祭一周，即今春亦曾耕耤矣。至於八旬後，恭遇南郊、北郊、太廟祫祭大祀仍當歲歲躬親，以及歸政之年，始終勿懈。若此六年內，筋力設有不逮，未克躬親巨典，朕亦不敢或有勉強，稍滋隕越，臨時自有旨。其餘中祀及耕耤之禮，若復仍事親行，轉非體天敕躬，保養精神，或有類於矯枉沽譽，不肯爲也。即如木蘭秋獮，朕恪遵家法，四十餘次，無不控騎行圍，今秋圍場，仍乘騎而行。至明年八旬以後，則理宜頤養起居，擬勿策馬，而今歲仍必舉行者，亦猶中祀親祭一周之意也。嗣後凡遇中祀、耕耤、著禮部即於本內奏請遣官行禮，其應否親詣之處，不必聲明請旨矣。若太廟時享。及致祭社稷壇，仍著內閣將親詣遣官之處雙簽呈覽。候朕臨時酌量降旨，庶巨典不尚虛文，而祀禮益昭誠恪，其每年經筵講學，從容坐論，原不勞筋力，較衛武公之年，尚少十歲。歸政以前仍應照舊舉行，以示始終典學至意。

《高宗純皇帝實錄》卷一四六八"乾隆六十年正月"條

諭，朕自臨御以來，恭遇郊廟大祀，無弗祗肅躬親。即中祀之禮，亦多親詣舉行，嗣因年屆八旬，曾經降旨，所有中祀典禮，如先農、朝日、夕月等壇，俱於八旬前兩年內，以次親祭一周。原因年壽日高，恐筋力或有不逮。是以中祀之禮，於五十五年以後，不復親行。今思先師子，道集大成，師表萬世。朕自冲齡服膺聖教，久而無倦。凡行政典學，悉皆得自心傳，況丙辰年即係歸政期。本年爲朕御極六十年，二月上丁，允宜展禮宮墻，用申企慕，此次文廟釋奠，朕親詣行禮，以昭崇儒重道誠，其應行禮，著該衙門照例豫備。

《仁宗睿皇帝實錄》卷二九四"嘉慶十九年八月"條

己巳，秋分夕月於西郊，上親詣行禮。

庚午，諭內閣，秋祀夕月壇，嗣後如遇朕親祭之年，其配位著派親郡王上香。

《仁宗睿皇帝實録》卷三三九 "嘉慶二十三年二月" 條

庚辰，諭内閣，向來恭遇壇廟祭祀，於望燎望瘞位皆安設拜墊，其祝帛、香饌送燎送瘞時儀注，係恭立佇望，并不行拜跪禮，是拜墊本係虛設，嗣後望燎望瘞位拜墊，俱著裁徹。此次親詣朝日壇行禮。即行裁徹。

《宣宗成皇帝實録》卷六四 "道光四年正月" 條

己巳，諭禮部左侍郎總理太常寺事務舒英，本年係親詣朝日壇行禮之年，上年朕已親詣行禮，今年明年進本時，著專請遣官。

（清）談遷《國榷》卷九九《思宗崇禎十六年癸未》

（崇禎十六年二月）戊辰，【略】是日春分，祭朝日壇。卯刻，遣定國公徐允禎，而禮科都給事中沈胤培、給事中荆祚永等出朝陽門，至則禮畢。胤培上言，如同日兩祭，請聖裁，或日不可改而時則可移，昭示臣等各知遵守。從之。

（清）傅維麟《明書》卷二《太祖高皇帝紀二》

（洪武）三月庚戌，初定朝日夕月禮。

（清）傅維麟《明書》卷五七《志六・禮儀志二・分祀儀》

嘉靖九年，更定乃分四郊，逐號祖陵山曰基運，皇陵山曰翔，聖鍾山曰神烈，顯陵山曰純德，與天壽山俱從祀。方澤居岳鎮之，次俱祀於地祇壇，朝日則以五陽年，夕月則以五陰年，若遣官，則日以文，月以武，更上帝號曰皇天上帝，惟祭品特帛不改。

（清）萬斯同等《明史》卷四七《志二一・禮志五・吉禮五・朝日夕月》

洪武三年，禮部奏，【略】今既以日月從祀於郊壇，則朝日壇宜築於城東門外，高八尺，夕月壇宜築於城西門外，高六尺，俱方廣四丈，兩壇壝各二十五步，燎壇方八尺，高一丈，開上，南出户，方三尺。神位以松柏爲之，長二尺五寸，廣五寸，趺高五寸，朱漆，金字。朝日以春分日，夕月以秋分日，星辰則祔祭於月壇。從之。

二十一年，帝以大明、夜明既已從祀，其朝日夕月之祭罷之。

嘉靖九年，帝謂大報天而主日，配以月，今大明壇當與夜明壇异，且日月照臨，其功甚，大今太歲等神歲有二祭，而日月星辰止一從祭，禮有未備。大學士張孚敬言日月之祀，國初稽古，正祭之禮築壇於國城東西，用春秋分朝日夕月，且以星辰從祀月壇，具載舊典。今日月歲止郊壇從祭，而二分朝日夕月不復舉行，蓋闕典也，帝銳意復四郊之制，遂定春秋分之祭如舊儀。

（清）張廷玉等《明史》卷四七《志二三・禮志一・吉禮一》

暨乎世宗，以制禮作樂自任。其更定之大者，如分祀天地，復朝日夕月於東西郊，罷二祖并配，以及祈穀大雩，享先蠶，祭聖師，易至聖先師號，皆能折衷於古。獨其排衆議，祔睿宗太廟躋武宗上，徇本生而違大統，以明察始而以豐昵終矣。

（清）允祿等《（雍正）大清會典》卷八二《祠祭清吏司·祭祀通例》

凡禮儀，順治八年題定遵行，惟陪祀王公初在午門內金水橋候駕出隨行，後先至壇候駕，其禮部執掌，後有改歸太常寺者，俱與圜丘同。

（清）允祹等《大清會典則例》卷七五《吉禮·祭統》

（乾隆）六年議准，祀日壇，皇帝入北門時，北班陪祀各官就甬道之西，東面立，祀月壇，北班陪祀各官就甬道之東西面立，俟皇帝向壇各就班次。

（清）允祹等《大清會典則例》卷八二《禮部·祠祭清吏司·中祀一》

雍正四年奏准，日壇向係露祭，請照社稷壇之例，於壇下別設神龕，以備風雨，并香爐上增設爐蓋。乾隆十一年奏准，向例日壇如遇皇帝親詣行禮之年，於壇北門內甬道西設更衣大次，今具服殿已經告成請停設更衣大次。

秋分夕月。順治八年題准，夜明之神從祀圜丘外，更立月壇，每年於秋分日酉時致祭，以北斗七星、木火土金水五星、二十八宿、周天星辰配饗。又定祭月壇凡遇丑、辰、未、戌年，親詣行禮，餘年遣官行禮。乾隆三年諭：今年夕月，舊例乃遣官之年，但朕即吉之後，凡祭祀典禮初次舉行，朕皆躬親以展誠敬，八月初十日，夕月，朕親詣行禮。欽此。四年奏准，月壇舊於酉時致祭，皇帝親詣行禮於酉時前六刻，申時前三刻請駕至壇，尚隔酉時二刻。此次皇帝親詣月壇行禮，謹擬於酉時前四刻，申時五刻請駕至壇，適合致祭之時。十三年奏准，皇帝親詣月壇具服殿亦已告成，請照日壇之例停設更衣大次。

（清）嵇璜等《續文獻通考》卷七一《郊社考·祀日月》

明太祖洪武三年正月，定朝日夕月禮。

元年，定郊祀禮，以日月從，至是議專祀。乃建朝日壇於城東門外，高八尺，夕月壇於城西門外，高六尺，俱方廣四丈，兩壇，壇各二十五步，燎壇方八尺高一丈，開上，南出戶，方三尺，神位以松柏爲之，長二尺五寸，廣五寸，趺高五寸，朱質，金書，朝日以春分日，夕月以秋分日，星辰則祔祭於月壇。

李善長等朝日夕月議曰：【略】皇慶中議建立而未行，今既以日月從祀於郊壇，當稽古正祭之禮，各設壇專祀爲宜。

二月朝日於東郊。初定爲上祀，後改中祀。

八月夕月於西郊，祔祭周天星辰。

七年二月朝日卜日，以丁酉春分日食，改己亥行禮。

二十一年三月，罷朝日夕月。帝以大明、夜明已從祀郊壇，乃罷專祭。

世宗嘉靖九年五月，建朝日、夕月壇。

初，帝問輔臣張璁曰大報天而主日配以月，大明壇當與夜明壇異，且日月照臨其功甚大，今太歲等神歲有二祭，而日月星辰止一從祭，義所不安，璁對以國初正祭之禮載在舊典，今朝日夕月不復舉行，蓋缺典也，宜講求以復禮制。遂與兩郊并復，建朝日壇於朝陽門外，二里許，東向爲制，一成，高五尺九寸、方廣五丈，壇面用紅琉璃，四出陛各九級，俱白石，壇周七十五丈，高八尺一寸，欞星門六，正西三門外爲燎爐、瘞池，西南爲具服殿，東北爲神庫、神厨、宰牲亭、燈庫、鐘樓，北爲遣官房，繚以周垣，前方後圓。西北爲天門，各三，北天門外西北爲禮神坊，西天門外迤南爲百官齋宿房，護壇地一百畝。建夕月壇於阜成門外之南二里許，東向爲制，一成，高四尺六寸，方廣四丈壇面用白琉璃，四出陛，各六級，亦白石壇，周二十四丈，高八尺，欞星門六，正東三門外爲瘞池，東北爲具服殿，南門外爲神庫，西南爲宰牲亭、神厨、祭器庫，北門外爲鐘樓、遣官房，外爲方垣，東北天門各三，東天門外北爲禮神坊，護壇地三十六畝。朝日無從祀，夕月仍以五星、二十八宿、周天星辰爲一壇，南向祔焉，祭日春分時以寅迎日出也，祭月秋分時以亥迎月出也。

十年二月，祀大明於朝日壇，祭用太牢，奠玉，禮三，獻樂七奏，舞八佾。

八月，祀夜明於夕月壇牲、玉、獻舞如朝日儀，樂九奏。

《世宗實錄》曰：嘉靖九年，定郊壇禮，朝日、夕月等壇，玉爵各用其方之色，因詔求紅黃、二玉不得，暫用紅瑪瑙水晶，仍極意購求，終不獲。回回館通事撒文秀者言：二玉產阿丹，去吐魯番西南二千里，其地兩山對峙，自爲雌雄，有時自鳴，乞依宣德時下番時例往求可獲，部臣以遣官非例，止責陝西撫按於邊地訪求。

十一年四月，詔定間歲朝日，三歲夕月則親祀。

二月，朝日，帝以疾遣官代祀，至是禮部尚書夏言請朝日夕月歲，遣大臣行禮，不必親祀，帝命朝日間歲一親祀以甲丙戊庚壬年，夕月三歲一親祀以丑辰未戌年，餘年遣大臣攝之。朝日遣文臣，夕月遣武臣，著爲令八月夕月制應親祀。帝以東郊未舉，仍命武定侯郭勛攝。

臣等謹按：日月分年親祀定於嘉靖十一年，詳見《世宗實錄》。《禮志》乃云：隆慶元年，禮部定議誤也，郊祀諸禮咸定於世宗其後曠而不舉。穆宗即位，用遺詔議群祀興罷，禮官特舉前朝典章而申議之耳，非創制於隆慶初元年也。又隆慶三年，禮部上朝日儀，言正祭遇風雨則設小次於壇前，駕就小次行禮，其升降奠獻，俱以太常寺執事官代制可，是亦仿郊壇之制，施之朝日耳。

十四年二月，祀大明於朝日壇，先是太常寺言朝日壇間歲一親祀，例以甲丙戊庚壬年。今歲請遣官行禮。帝曰大明乃群神首祀，去歲朕闕躬祭，今歲一行，後如例。

熹宗天啓六年二月，祀大明於朝日壇。

潛帝崇禎十三年二月，祀大明於朝日壇。

（清）托津等《（嘉慶）大清會典事例》卷八〇六《太常寺一三》

朝日

乾隆四年議准，日壇等祭，均係中祀，致齋二日，如皇帝親詣行禮，於別殿內致齋。

　　八年奏准，春分日致祭朝日壇，是日適遇孝昭仁皇后忌辰，照例穿禮服行禮作樂。

　　十一年，高宗純皇帝親祭日壇，以次日日食，不乘輦，不設鹵簿，還宮不奏樂。又奏准，向例日壇，如遇皇帝親詣行禮之年，於壇北門內甬道西設更衣大次，今具服殿已經告成，請停設更衣大次。

　　二十三年奏准，祭朝日壇出東華門，於日出前八刻寅正初刻請駕，似覺太早，改於日出前六刻寅正二刻請駕。

　　三十九年，高宗純皇帝親詣日壇行禮，是日，高宗純皇帝御祭服，乘禮轎出宮，至景升街，太常寺堂官二員，在前引十大臣前，恭導由北天門中門至鋪設棕薦處降輿，贊引對引官恭導至盥手處盥手畢，入西櫺星門左門，詣幄次拜褥前行禮。

　　秋分夕月

　　乾隆四年奏准，月壇舊於酉時致祭，皇帝親詣行禮於酉時前六刻，申時三刻請駕至壇，尚隔酉時二刻，嗣後皇帝親祭月壇行禮，謹擬於酉時前四刻，申時五刻請駕至壇，合致祭之時。

　　十三年奏准，月壇具服殿亦已告成，請照日壇之例停設更衣大次。

（清）夏燮《明通鑑》卷三《太祖高皇帝紀》

　　（洪武三年二月）是月，始行朝日禮於東郊。

　　先是禮官議古者祀日月之禮有六，然郊之祭大報天，而主日配以月，此從祀之禮，非正祀也。《大宗伯》"肆類於四郊，兆日於東郊，兆月於西郊。"《覲禮》"祀方明，禮日於南門之外，禮月於北門之外。"此因事之祭，非常祀也。惟春分朝日於東門之外，秋分夕月於西門之外，此祀之正與常者。蓋天地至尊，故用其始而祭以二至，日月陰陽之義。春分陽氣方永，秋分陰氣始長，故祭以二分，今宜各設壇專祀，朝日壇築於城東門外，夕月壇築於城西門外，朝日以春分，夕月以秋分，星辰則祔祭於月壇。上謂中書省臣曰星辰祔祭，非禮也。

　　禮部議於城南諸神享祭壇，正南向，增九間，日月及周天星辰皆於是行禮，朝日、夕月用春、秋分，星辰則於天壽節前三日。從之。【考异】《明史·本紀》不載，見《禮志》，在是年。據《潛庵史稿》，正月定朝日，夕月。禮，二月丙子，朝日東郊。今并繫之行朝日禮下，蓋二月春分，當行朝日之祭，所云丙子，蓋即是月春分節也。

趙爾巽《清史稿》卷八三《志五八·禮志二·吉禮二·天神太歲朝日夕月**》**

　　朝日、夕月，初以大明、夜明從祀圜丘，罷春秋分祀。順治八年，建朝日壇東郊，夕月壇西郊。

　　朝日用春分日卯刻，值甲、丙、戊、庚、壬年，帝親祭，餘遣官。樂六奏，舞八佾。凡親祭，入自壇北門，至甬道更衣大次，盥畢，升西階就位，行三跪九拜禮。奠獻遣有司行。遣代則行禮階下，惟讀祝時跽壇上。初日壇用露祭。雍正四年，始援社稷例，立龕壇下芘風雨。乾隆十一年，具服殿成，罷更衣大次。是歲春分翼日日食，高宗蒞祭，不乘輦，不奏樂，不陳鹵簿。三十九年躬祭，入櫺星左門，如幄次行禮，以年高酌減禮文，非恒式也。

夕月用秋分日酉刻，奉星辰配，凡丑、辰、未、戌年，帝親祭，餘遣官。樂六奏，儀視日壇稍殺，親臨較少。升壇行禮，二跪六拜，初獻奠玉帛，讀祝，餘如朝日儀。遣官則拜壇下。乾隆三年戊午，例遣官，帝因初舉祀典，仍親祭如禮。五十五年，酌損節文，如日壇例。嘉慶五年庚申，效高宗故事，仍親祭，不遣官。十九年，定親祭儀，祀配位用親王、郡王上香。二十三年，世宗忌日值月壇齋期，諭陪祀執事官改常服，餘如故。

祭祀通例

（明）申時行等《大明會典》卷八一《祭祀通例》

嘉靖中，以朝日、夕月、天神、地祇爲中祀。凡郊廟、社稷、山川諸神，皆天子親祀。【略】凡致齋，大祀三日、中祀二日、降香一日。傳制遣官前一日沐浴更衣，處於齋宮，次日還宮。

（明）申時行等《大明會典》卷一一四《禮部七二》

孟春祈穀、夏至方澤、春分朝日、秋分夕月，祭畢內外官酒飯。嘉靖間定，上桌按酒四般小饅頭一碟，湯飯一分，酒五鐘，中合卓按酒、饅頭同湯飯二分，酒十鐘。遇遣官代祭免辦。

（明）申時行等《大明會典》卷二一五《太常寺》

凡大祀天地及朝日夕月各壇，分獻官本寺預取職名具奏請旨，點定各具手本知會仍揭榜於神樂觀前通知。

凡朝日夕月，前三日，本寺官進銅人并上殿奏齋戒，前二日同光祿寺官奏省牲，次日同復命。

（清）張廷玉等《明史》卷四七《志二三·禮志一·吉禮一·習儀》

凡祭祀，先期三日及二日，百官習儀於朝天宮。嘉靖九年更定，郊祀冬至，習儀於先期之七日及六日。

（清）伊桑阿等《（康熙）大清會典》卷六二《禮部·祠祭清吏司·祭告儀》

四月，舉合祀禮於大享殿，前期一日，祭告天壇、地壇、太廟、朝日壇、夕月壇、歷代帝王廟、太歲壇，各遣官一員行禮。

（清）伊桑阿等《（康熙）大清會典》卷七一《禮部·祠祭清吏司·教坊司承應》

凡祭祀，祈穀壇、方澤壇、朝日壇、夕月壇、先農壇、歷代帝王廟、孔子廟，俱用導迎樂二撥，官俳樂工承應，與圜丘同。

（清）伊桑阿等《（康熙）大清會典》卷一一六《刑部·律例七·祭祀》

中祀前三十日滌之。【略】中祀，如朝日、夕月、風雲雷雨【略】等神。

（清）伊桑阿等《（康熙）大清會典》卷一四六《都察院・督撫建置・建禮糾儀》

凡祭祀，【略】朝日壇、夕月壇監禮，壇上左右，滿御史各二員，壇下左右兩班，滿漢御史各二員，監宰牲，滿漢御史各一員。

（清）允祹等《大清會典》卷三六《禮部》

凡祭三等，【略】日、月，【略】爲中祀。【略】

甲、丙、戊、庚、壬、年親朝日，丑、辰、未、戌、年親夕月，從壇遣官分獻，餘年均遣官致祭。

凡齊戒，【略】中祀二日。【略】朝日、夕月、饗前代帝王、先師、先農，皇帝於大內致齋，王公百官均於私第致齋。齋戒之日，不理刑名，不燕會，不聽樂，不入內寢，不問疾吊喪，不飲酒茹葷，不祭神，不掃墓，有疾、有服者，皆弗與。

凡祀期，朝日以春分，夕月以秋分。【略】惟朝日以卯時，夕月以酉時。

凡玉六等，以【略】赤璧祀日，白璧祀月。

凡帛七等，【略】禮神制帛以祭社稷、祀日、月。

凡牲四等，【略】日、月用特，餘均太牢，【略】月壇配位同前代帝王。【略】牛色尚黝，大祀入滌九旬，中祀三旬，群祀一旬。

凡閱祝版、香帛，【略】日、月、前代帝王、先師、先農均御中和殿。如遇忌辰，天地太廟祝版仍躬閱，社稷等祀均太常寺官由內閣恭奉至祭所安設，遣官恭代及群祀亦如之。

凡視牲，【略】朝日、夕月，【略】前二日，均禮部尚書一人省牲。

凡省齍展器，祀日漏未盡，禮部侍郎一人率屬，視太常寺官展祭器、陳祭物，迺省齍盛及登、鉶、籩、豆之實。

凡刲牲，【略】中祀前一日，光祿寺卿、禮部、都察院、太常寺官具朝服監視并瘞毛血。

凡恭請神位，郊壇於齋宮鳴鐘時各壇廟於皇帝降輿時，均禮部尚書率太常寺官恭奉神位，安於祭所，禮成而復太廟，以王公二人率宗室覺羅官將事。

凡執事，皇帝親祀壇廟，贊引用太常寺卿二人奉福胙，用光祿寺卿二人接福胙，用侍衛二人奠帛、獻爵，各壇廟均用太常寺官，【略】日壇奠帛、獻爵各一人，月壇奠帛、獻爵各二人。

凡侍儀，皇帝親行禮，禮部尚書侍郎二人，西面。都察院左都御史、左副都御史二人，東面。王公拜位，御史二人、禮部官二人；百官拜位，御史四人，禮部官二人，均東西面。凡陪祭執事有違誤失儀者，劾之。

（清）允祹等《大清會典則例》卷一五二《太常寺》

祭日請駕。順治年間定，【略】日壇於日出前八刻，月壇於酉時前六刻。乾隆四年奏准，夕月改於酉時前四刻。

承祭。分獻官并於具題祀期疏內列名請旨，承祭官，【略】日、月以王、貝勒、貝子、公。

分獻官。圜丘方澤從位各四人，太廟兩廡二人，親夕月一人，均以領侍衛內大臣，散秩大臣，都統尚書，月壇遣官以侍郎。【略】凡開列，各承祭分獻官王公行宗人府領侍衛內大臣散秩大臣行領侍衛府都統行八旗各諮取職名，豫期奏請欽點數人，以備開列，內閣大學士、學士，六部尚書、侍郎，都察院左都御史、左副都御史臨期咨取各職名題請，均用滿官，惟先師廟滿漢官，并開具題得旨，祀前二十日或十五日以具題科鈔行分獻官各衙門。

演禮。順治十六年，世祖章皇帝親閱演禮於南郊大享殿，奉旨徹饌時獻爵官赴位前跪叩，著停止。康熙十年題准，奉福酒福胙光祿寺堂官、接福酒福胙侍衛，均由寺咨取，各官於祀前二日黎明，赴神樂署凝禧殿演禮。雍正七年，諭聞祭祀之先太常寺即於壇廟中演禮，雖義取嫻熟禮儀實非潔齊嚴肅之道，嗣後應於何處演禮著禮部議奏。欽此。遵旨議准，向來各祭祀，於前二日赴天壇凝禧殿演禮，前一日至祭所演禮，嗣後應令執事官均前二日演禮於凝禧殿，停其前一日赴祭所演禮。乾隆七年奏准，圜丘祈穀方澤各壇太廟以本寺堂官一人朔望上香行禮，餘如舊例行。

庫藏。蒼璧、黃琮、赤璧、白璧藏於寺庫，黃珪、青珪藏於社稷壇神庫。【略】各祭器樂器均藏於各壇廟神庫。各設官典守天地壇，滿五品尉各一人，滿六品尉各七人，漢奉祀各一人，漢祀丞各一人，執事生各一人，日月壇均漢奉祀執事生各一人，【略】漢贊禮郎司樂等官一人居守掌管鑰直宿之事咸於寺。

壇戶。順治初年，定天地壇各設壇戶二十人，社稷壇十有五人，日壇二十人，月壇十有七人。【略】由寺咨順天府飭各縣僉送農民充役一年更代。每名月給工食銀五錢三分，各於該州縣支給，惟先農壇壇戶工食由寺支給。又定本寺庫藏，諮八旗每旗委驍騎一人，鑲黃正黃二旗增二名送寺看守庫藏一年更代，冬月各給羊裘一件，咨工部關支五年更換一次。雍正七年，建昭忠祠設祠戶二十人。十一年，建賢良祠設祠戶二十人。乾隆六年奏准，裁【略】日壇壇戶八名，月壇壇戶五名。【略】八年奏准，【略】日月壇具服殿夫役各四名，如壇廟戶例行。

牧人。犧牲所供芻牧洗滌之役所軍十有九名，每名月給米三斗，每斗折銀一錢三分，歲給藍布二丈二寸，白布一丈九尺八寸，棉一斤米於四季布棉，於秋季各咨戶部關支所夫二十七名，由順天府僉送，與壇廟戶同。

廚役。【略】日壇用一百二十一名，月壇用一百四十三名。

順治初年，定本寺共設廚役三百五十名以供各祭祀烹宰滌濯及陳設之役，每名月給米五斗，每斗折銀一錢三分，分四季咨戶部關支，大祀天地其廚役之執事者每名各給淨衣一襲，咨工部給發。執事祈穀壇即用冬至大祀所給淨衣不更支領。雍正元年奏准，增設廚役二十名。五年奏准，廚役淨衣歸太常寺辦理，停止工部給。乾隆元年，奏准增厨役二十名。又奏准，厨役净衣向仍前明舊制，用大領闊袖短襖，下用布裳，今應改爲小領小袖藍絹袍，各增給紅布帶一條，布褲一條，其布裳不准用。

屬官升除。康熙四十年奉旨，贊禮郎員闕，嗣後著該旗將護軍校驍騎校護軍，令其唱贊選聲音宏亮者具奏。

支銷。每年各祭祀需用物價及雜項支給并陵寢移取備供祭物，由寺行户部歲支銀五千兩存貯寺庫，臨期逐項支用。本寺徵收各壇草價銀五百一十兩，及牲牢倒斃變價銀，均歸入正額貯庫，每歲夏季總計一歲祭祀備物及雜項支給爲一册，陵寢祭祀之費爲一册，詳載用過及見存銀數并聲明，餘銀存庫入次年正額，報銷各具題以聞，并造具清册，送河南道刷卷。

趙爾巽《清史稿》卷八二《志五七·禮志一·吉禮一》

祝版。【略】凡親祭，先二日太常卿奏請，前一日閲祝版。圜丘、祈穀、常雩御太和殿，方澤、太廟、社稷御中和殿。祝案居正中少西，案設羊角鐙二，視版日，案左楹東置香亭，右楹西置奉版亭、奉玉帛香亭。届時太常卿詣乾清門啓奏，帝出宫詣案前。閲畢，行一跪三拜禮。贊禮郎徹褥，寺卿韜版，導帝至香亭前，拜跪如初禮。司祝奉版薦黄亭送祭所，庋神庫。大祀遣代，停止祝版具奏。中祀、群祀，寺官赴内閣徑請送祭所，不具奏。其視玉、帛、香如閲祝版儀。【略】

祭告。凡登極授受大典，上尊號、徽號，祔廟，郊祀，萬壽節，皇太后萬壽節，册立皇太子，先期遣官祇告天地、太廟、社稷。致祭岳鎮、海瀆、帝王陵寢、先師闕里、先師。改大祀亦如之。大婚册立皇后，祇告天地、太廟。尊封太妃、册封皇貴妃及貴妃，祇告太廟後殿奉先殿。追上尊謚廟號、葬陵，祇告天地、社稷、太廟後殿、奉先殿，并致祭陵寢、后土、陵山。親征命將，祇告天地，太廟，社稷，太歲，火炮、道路諸神。凱旋奏功，祇告奉先殿，致祭陵寢，釋奠先師，致祭岳鎮、海瀆、帝王陵廟、先師闕里。謁陵、巡狩，并祇告奉先殿，回鑾亦如之。巡幸所涖，親祭方岳。其所未涖者，命疆臣選員遍祭岳、鎮、海、瀆、所過名山大川。其祭文香帛，遣使自京賫送。帝王陵寢、聖賢忠烈暨名臣祠墓，凡在三十里内，遣官祭之。歲暮祫祭，功臣配饗，祇告太廟中殿、後殿。監國攝政，并遣官祭告太廟。耕耤田，祇告奉先殿。御經筵，祇告奉先殿、傳心殿，修建郊壇、太廟、奉先殿，祇告天地、太廟、社稷。興工、合龍，祭后土、司工諸神。迎吻，祭琉璃窰神暨各門神。歲旱祈雨，祇告天神、地祇、太歲。越七日，祭告社稷。三請不雨，始行大雩。凡告祀，不及配位從壇。至爲元元祈福，則遣大臣分行祭告，頒册文香帛，給御蓋一，龍纛御仗各二，蓋猶喬岳翕河茂典云。

習儀。凡大祀前四十日，中祀前三十日，每旬三、六、九日，太常卿帥讀祝官、贊禮郎暨執事、樂舞集神樂署，習儀凝禧殿。故事，祭祀先期，太常寺演禮壇廟中。雍正九年諭曰是："雖義取嫺熟，實乖潔齊嚴肅本旨也。"乃停前一日壇廟演禮。其前二日凝禧殿如故。饗太廟，以王公一人監視宗室、覺羅官。祀先師，祭酒、司業監視國子師生，同日習樂殿庭，令樂部典樂監視亦如之。謁陵寢，讀祝官等亦遇三、六、九日習儀皇陵。又歲暮將祭享，選內大臣打《莽式》，例演習於禮曹。時議謂發揚蹈厲，爲公庭萬舞變態云。

分壇記禮

朝日禮

《明太祖實錄》卷四九"洪武三年二月"條

丙子，上朝日於東郊。牲用赤犢一，羊一，豕一，玉用圭璧五寸，幣一，用赤色，設大尊，著尊，山罍各二，在壇上東南隅北面，象尊，壺尊，山罍各二在壇下，實以醴齊，盎齊，清酒，其明水玄酒各實於上尊，籩豆各十，簠簋各二，所實與社稷同，登三，實以大羹，鉶三，實以和羹。先期皇帝致齋三日，散齋二日，陪祭執事官同。先祭一日，皇帝服皮弁服詣壇省牲，詣神廚視鼎鑊滌溉，有司陳設如儀。至日清晨，駕至大次，太常卿奏中嚴，皇帝服袞冕，太常卿奏外辦，皇帝入就位。贊禮唱迎神，協律郎舉麾奏《熙和之曲》，贊禮唱請行禮，太常卿奏有司謹具請行事，皇帝再拜，在位官皆再拜。贊禮唱奠玉帛，皇帝詣盥洗位，太常卿奏前期齋戒，今晨奉祭，加其清潔，以對神明，皇帝搢圭，盥帨，出圭，升壇。太常卿贊曰"神明在上，整肅威儀，升自午陛"，協律郎舉麾奏《保和之曲》，皇帝詣大明神位前跪，搢圭，上香，奠玉帛，出圭，再拜，復位。贊禮唱進俎，皇帝詣神位前，搢圭，奠俎，出圭，復位。贊禮唱行初獻禮，皇帝詣爵洗位，搢圭滌爵拭爵，以爵授執爵官，出圭，詣酒尊所，搢圭，執爵受酒以爵授執爵官，出圭，協律郎舉麾奏《安和之曲》《武功之舞》。皇帝詣神位前跪，搢圭，上香，祭酒，奠爵，出圭，讀祝官取祝跪讀，訖，皇帝俯伏，興，再拜，復位。亞獻樂奏《中和之曲》，終獻樂奏《肅和之曲》，舞俱用《文德之舞》，儀并同初獻。贊禮唱飲福受胙，皇帝升壇，詣飲福位，再拜，跪，搢圭，奉爵官酌福酒跪進，太常卿贊曰惟此殽羞，神之所與，賜以福慶，億兆同霑。皇帝受爵，祭酒，飲福酒，以爵授執事者，置於坫，奉胙官奉胙跪進。皇帝受胙以授執事者，出圭，俯伏，興，再拜，在位官皆再拜，復位。贊禮唱徹豆，協律郎舉麾樂奏《凝和之曲》，掌祭官詣神位前徹豆。贊禮唱送神，協律郎舉麾奏《壽和之曲》，皇帝再拜，在位官皆再拜，讀祝官取祝，奉幣官奉幣，掌祭官取饌及爵詣燎所，贊禮唱望燎，協律郎舉麾奏《豫和之曲》，皇帝詣望燎位半燎，太常卿奏禮畢。其祝文曰：惟神陽靈，東升運行於天，神光下燭，無私無偏，歲紀聿新，昭天之德，萬物具瞻，黃道弗忒，國有時祀，古典式遵，曦馭既格，海宇咸春。其樂章，迎神云：吉日良辰，祀典式陳，純陽之精，惟是大明，濯濯厥靈，昭鑒我心，以候以迎，來格來歆。餘與太歲、風雲雷雨同。

《明太祖實錄》卷六八"洪武四年九月"條

甲子，上躬祀周天星辰。正殿設十壇中設周天星辰位，中位用牛一、羊一、豕一、大羹一、和羹二，餘九壇各用羊一、豕一、和羹二，每壇籩豆各十，簠簋各二，酒各三十，爵一，共設酒尊三，帛十，共一筐，俱白色，祝一。前期齋戒如朝日儀，前祭一日中書丞相常服詣省牲所省牲，祭日清晨皇帝服皮弁服就御位，執事陪祀官各就位，典儀贊迎神，協律郎舉麾樂奏《凝和之曲》，執事官斟酒於各壇第一行，皇帝再拜，陪祀官皆再拜。典儀唱奠帛，行初獻禮，皇帝詣盥洗位，搢圭，盥手，出圭，詣酒尊所。司尊者舉冪酌泛齊，執爵官以爵受酒，捧帛官捧帛以俟。皇帝詣周天星辰神位前，協律郎舉麾奏《保和之曲》，《武功之舞》，皇帝跪，搢圭，奠帛，獻爵，出圭。祝官取祝跪讀，訖，皇帝俯伏，興，平身，復位，再拜。典儀唱行亞獻禮，協律郎舉麾奏《中和之曲》《文德之舞》，執事者斟酒於各壇第二行，樂止，皇帝再拜。典儀唱行終獻禮，協律郎舉麾奏《肅和之曲》《文德之舞》，執事者斟酒於各壇第三行，樂止。皇帝再拜，典儀唱飲福受胙，皇帝詣飲福位，跪，搢圭，執事者以福酒跪進，皇帝受爵，飲福酒，以爵執事者，光禄卿以胙跪進，皇帝受胙，以受左右，出圭，俯伏，興，平身，再拜，陪祀官俱再拜，復位。典儀唱徹豆，協律郎舉麾，奏《豫和之曲》，執事官各徹豆樂，典儀唱送神，協律郎舉麾，奏《雍和之曲》，樂止，皇帝再拜，陪祀官俱再拜，讀祝官捧祝，掌祭官捧帛、饌，各詣燎位。典儀唱望燎，皇帝至望燎位，各執事捧帛、祝、饌置燎所，舉火，樂止。太常卿奏禮畢，其祝文曰：維神布列周天，各司舍度，光燭於下，人所瞻仰，今季秋之時，穹碧澄清，萬象輝輝，朕遵古典，躬伸祭祀，神其鑒知。其樂章：迎神云，星辰垂象，布列玄穹，擇茲吉日，祀禮是崇，濯濯厥靈，昭鑒我心，謹候以迎，庶幾來歆。奠帛云：靈馭淊止，有赫其威，一念潛通，幽明弗違，有帛在筐，物薄而微，神其安留，尚其享之。初獻云：神兮既留，品物斯薦，奉祀之初，醴酒斯奠，仰惟靈耀，以享以歆，何以侑觴，樂奏八音。亞獻云：神既初享，亞獻再拜，以酌醴齊，仰薦於神，洋洋在上，式燕以寧，庶表微衷，交於神明。終獻云：神既再享，終獻斯備，不腆菲儀，式將其意，薦茲酒醴，成我常祀，神其顧歆，永言樂只。徹饌云：祀事將畢，神既歆止，徹茲俎豆，以成其禮，惟神樂欣，無間始終，樂音再作，庶達徽悰。送神云：三獻禮終，九成樂作，神人以和，既燕且樂，雲車風馭，靈光昭灼，瞻望以思，邈彼寥廓。望燎云：神既享祀，靈馭今還，燎烟既升，神帛斯焚，巍巍霄漢，倏焉以適，惓惓餘衷，瞻望弗及。

《明太祖實録》卷七二 "洪武五年二月" 條

丁亥，朝日。儀與四年九月祭星辰同。迎神執事者不斟酒，亞獻、終獻各執事者以爵受酒奠於神位前，其祝文曰：混沌之初，兩儀無象，神光未著，及穹壤，既立神光，運行照臨，下土萬象，昭明形影，俱分四時，序而天地，位民物蒙恩，凡有國者，咸修祀事，今當仲春，式遵古典，謹以玉帛牲齊用伸祭告。

《明世宗實録》卷一二二 "嘉靖十年二月" 條

庚午，禮部具上朝日壇祭大明儀注。

前期三日，太常寺奏祭祀如常儀，諭百官致齋二日。

前期二日，太常卿同光禄卿奏省牲如常儀。

前期一日，上親填祝版於文華殿，紅楮版硃書如遇遣官之歲則中書代填遂告於廟。遣官則否祭之日免朝，錦衣衛備隨朝駕，上常服乘輿詣東郊由壇北門入，至具服殿具祭服，出，導引官導上由左門入，典儀唱樂舞生就位，執事官各司其事。內贊奏就位，上就拜位，典儀唱迎神，樂作，樂止。內贊奏四拜，傳贊百官同。典儀唱奠玉帛，樂作，內贊奏升壇導上至大明神位前，奏搢圭，司香官捧香跪進於上左，內贊奏跪，奏上香，上跪，三上香，訖，捧玉帛官以玉帛跪進於上右，上受玉帛，奠訖，奏出圭，復位，樂止。典儀唱行初獻禮，樂作，內贊奏升壇，導上至神位前，奏搢圭，捧爵官以爵跪進於上右，上受爵，內贊奏獻爵，上獻訖。奏出圭，奏詣讀祝位，奏跪，上至讀祝位跪，傳贊眾官皆跪贊讀祝，樂暫止，讀祝官跪讀畢，樂復作。奏俯伏興平身，傳贊百官同。奏復位，樂止。典儀唱行亞獻禮，樂作，儀同初獻，但不讀祝樂止，典儀唱行終獻禮，樂作，儀同亞獻樂止。太常寺卿立於壇前之右，唱賜福胙，內贊奏詣飲福位，導上至飲福位，光禄官捧福酒跪進於上右，內贊奏跪，奏搢圭，奏飲福酒，上飲，光禄官捧福胙跪進於上右，內贊奏受胙，上受訖，奏出圭，俯伏興平身，奏復位，上復位，奏兩拜，傳贊百官同。典儀唱徹饌，樂作，執事官徹饌訖，樂止。典儀唱送神，樂作，內贊奏四拜，上四拜，興，平身，傳贊百官同。樂作，典儀唱讀，祝官捧祝，進帛官捧帛，掌祭官捧饌，各詣燎位。樂作，內贊奏禮畢，樂止，導引官導上至具服殿易祭服，陛輦還參拜於廟畢，還宮。制曰"可。"

《明穆宗實錄》卷二九"隆慶三年二月"條

辛卯，【略】禮部上祭朝日壇儀注：

前期三日，上御皇極殿，太常寺奏祭祀如常儀。

前期一日，上常服以親詣朝日壇致祭，預告奉先殿，內贊贊就拜位，上就拜位。內贊官導上至太祖及列聖各香案前，奏上香，上香訖，奏復位，奏跪，奏讀告詞，讀訖，奏行四拜禮畢。上隨詣弘孝殿，神霄殿行禮，俱如奉先殿儀。

正祭日免朝。是日昧爽，上常服御皇極殿，太常寺堂上官請聖駕詣朝日壇致祭，錦衣衛官侍隨朝，駕設板輿於皇極門下正中，內侍官跪請上升輿，錦衣衛官跪奏起輿，上乘輿由午門端門承天門長安左門朝陽門詣朝日壇北門內。上至具服殿，具祭服出，導駕官導上由左門入，行祭禮如常儀畢，仍導上至具服殿，易常服，上還，仍詣內殿，參謁如前儀。

文武官例該陪祀者，先期入壇，伺候行禮，其餘百官，各具吉服，於承天門外橋南，向北序立，候駕出長安左門，百官退於本衛門辦事，駕還之時，仍照前序立迎接，候駕入午門，百官退。

內監預備小次，如正祭日遇有風雨，即照例設於朝日壇之前，上恭就小次，對越行禮，其升降奠獻，俱以太常寺執事官代。制"可。"

《明熹宗實錄》卷六七"天啓六年正月"條

己巳，禮部尚書李思誠進聖駕躬詣朝日壇致祭儀註。

前期三日，上御皇極門內殿，太常寺奏祭祀如常儀。

前期二日，太常寺卿同光祿寺卿奏省牲如常儀。

前期一日，上常服以親詣朝日壇致祭預告奉先殿，內贊贊就位，上就拜位，內贊導上至太祖及列聖各香案前，奉上香，上訖，奏復位，奏跪，奏讀告詞，讀訖，奏行四拜禮。

正祭日，免朝。是日昧爽，上嘗服御皇極門，太常寺堂上官奏請聖駕詣朝日壇致祭。錦衣衛官備隨朝駕，設板輿於皇極門下正中，上升輿，錦衣衛官跪奏起輿，上乘輿從午門端門承天門長安左門朝陽門，詣朝日壇北門內，上至具服殿，具祭服出，導駕官導上從左門入，典儀唱，樂舞生就位，執事官各司其事，內贊奏就位，上就拜位，典儀唱迎神，樂作。樂止，內贊奏四拜，傳贊百官同。典儀唱奠玉帛，樂作，內贊奏升壇導上至大明神位前，奏跪，奏搢圭，司香官捧香跪進於上左，內贊奏上香，上三上香，訖，捧玉帛官以玉帛跪進於上右，內贊奏獻玉帛，上受玉帛，奠訖，奏出圭，奏復位，樂止。典儀唱行初獻禮，樂作，內贊奏升壇導上至神位前，奏搢圭，捧爵官以爵跪進於上右，上受爵，內贊奏獻爵，上獻訖，奏出圭，奏詣讀祝位，上詣讀祝位，奏跪，傳贊眾官皆跪，樂暫止，贊讀祝，讀祝官跪讀祝畢，樂復作，奏俯伏興平身，傳贊百官同。奏復位，樂止，典儀唱行亞獻禮，樂作，儀同初獻，但不讀祝。樂止，典儀唱行終獻禮，樂作，儀同亞獻。樂止，太常卿進位於壇前之右，唱賜福胙，內贊奏詣飲福位，導上至飲福位，奏跪，奏搢圭，光祿卿捧福酒跪進於上右，內贊奏飲福酒，上飲訖，光祿官捧福胙跪進於上右，內贊奏受胙，上受訖，奏出圭，俯伏興平身，奏復位，上復位，奏兩拜，傳贊百官同。典儀唱徹饌，樂作，執事官徹饌訖，樂止，典儀唱送神，樂作，內贊奏四拜興平身，傳贊百官同。樂止，典儀唱，讀祝官捧祝，進帛官捧帛，掌祭官捧饌，各詣燎位，樂作，內贊奏禮畢，樂止，導引官導上至其服殿易嘗服，上還仍詣奉先殿參謁如前儀。

是日，文武百官例該陪祀者先期入壇伺候行禮，其餘百官各具吉服於承天門外橋南向北序立，候駕出長安左門百官退於本衙門辦事，駕還之時仍照前序立迎接候駕入午門，百官退一司設監預備小次。如正祭日遇有風雨即照例設於朝日壇之前，上恭就小次，對越行禮其升降奠獻，俱以太常寺執事官代。得旨朝日壇致祭，駕由東安門往還一應修墊，道途及擺列官軍等項俱要先期預備，毋誤。

（明）申時行等《大明會典》卷八一《禮部三九·朝日壇》

正祭。是日免朝。錦衣衛備隨朝駕，上常服乘輿由東長安門出，至壇北門入至具服殿具祭服出，導引官導上由左門入。典儀唱樂舞生就位，執事官各司其事，內贊奏就位，上就拜位。典儀唱迎神，樂作，樂止，内贊奏四拜，傳贊百官同。典儀唱奠玉帛，樂作，内贊奏升壇，導上至大明神位前，奏跪，奏搢圭，司香官捧香跪進於上左，内贊奏上香，上三上香，訖。捧玉帛官以玉帛跪進於上右，内贊奏獻玉帛，上受玉帛，奠，訖，奏出圭，奏復位，樂止。

典儀唱行初獻禮，樂作，内贊奏升壇，導上至神位前，奏搢圭，捧爵官以爵跪進於上右，上受爵，内贊奏獻爵，上獻，訖，奏出圭，奏詣讀祝位，上詣讀祝位，奏跪，傳贊衆官皆跪，樂暫止。贊讀祝，讀祝官跪，讀祝畢，樂復作。奏俯伏興平身，傳贊百官同。奏復位，樂止。

典儀唱行亞獻禮，樂作，儀同初獻，但不讀祝。樂止。

典儀唱行終獻禮，樂作，儀同亞獻。樂止。

太常卿進，立於壇前之右，唱賜福胙，内贊奏詣飲福位，導上至，飲福位，奏跪，奏搢圭，光禄官捧福酒，跪進於上右，内贊奏飲福酒，上飲，訖，光禄官捧福胙跪進於上右，内贊奏受胙，上受，訖，奏出圭，俯伏興平身，奏復位，上復位，奏兩拜，傳贊百官同。

典儀唱徹饌，樂作，執事官徹饌，訖，樂止。

典儀唱送神，樂作，内贊奏四拜興平身，傳贊百官同。樂止。

典儀唱，讀祝官捧祝，進帛官捧帛，掌祭官捧饌，各詣燎位，樂作，内贊奏禮畢，樂止，導引官導上至具服殿易常服，升輦，還參拜於廟。致辭曰："孝玄孫嗣皇帝御名躬祭大明之神，禮成，恭詣祖宗列聖帝后神位前，謹用參拜畢還宫。"遣官則否。

(明) 王圻《續文獻通考》卷一〇七《郊社考·祀日月》

世宗重定朝日壇儀注：

前期三日，太常寺奏祭祀如常儀，諭百官致齋一日。

前期二日，太常卿同光禄卿奏省牲如常儀。

前期一日，上親填祝版於文華殿，紅楮版砆書，遇遣官之歲則中書官代填，遂告於廟。告辭曰："孝玄孫嗣皇帝御名明日往詣朝日壇躬祭大明之神，謹詣祖宗列聖帝后神位前恭預告知。"遣官則否。

陳設。大明之神西向，犢一，羊一，豕一，登一，鉶二，簠、簋各二，籩十，豆十，玉爵三，酒尊三，紅瓷酒盞三十，紅瑪瑙玉一，帛一，紅色筐一，祝案一。

正祭。是日免朝。錦衣衛備隨朝駕，上常服乘輿由東長安門出，至壇北門入至具服殿具祭服出，導引官導上由左門入，典儀唱樂，舞生就位，執事官各司其事，内贊奏就位，上就拜位，典儀唱迎神，樂作，樂止，内贊奏四拜，傳贊百官同。典儀唱奠玉帛，樂作，内贊奏升壇，導上至大明神位前，奏跪，奏搢圭，司香官捧香跪進於上左。内贊奏上香，上三上香訖，捧玉帛官以玉帛跪進於上右。内贊奏獻玉帛，上受玉帛，奠訖，奏出圭，奏復位，樂止，典儀唱行初獻禮，樂作，内贊奏升壇，導上至神位前。奏搢圭，捧爵官以爵跪進於上右，上受爵，内贊奏獻爵，上獻訖，奏出圭，奏詣讀祝位，上詣讀祝位，奏跪，傳贊衆官皆跪。樂暫止，贊讀祝，讀祝官跪讀祝畢，樂復作，奏俯伏興平身，傳贊百官同。奏復位，樂止，典儀唱行亞獻禮，樂作，同初獻，但不讀祝。樂止，典儀唱行終獻禮，樂作，儀同亞獻。樂止，太常卿進立於壇前之右，唱賜福胙，内贊奏詣飲福位，導上至飲福位，奏跪，奏搢圭，光禄官扶福酒跪進於上右，内贊奏飲福酒，上飲訖，光禄嘗胙福胙跪進於上右，内贊奏受胙，上受訖，奏出圭，俯伏興平身，奏復位，上復位，奏兩拜，傳贊百官同。典儀唱：徹饌，樂作，執事官徹饌訖，樂止，典儀唱送神，樂作，内贊奏四拜興平身，傳贊百官同。樂止，典儀唱，讀祝官捧祝，進帛官捧帛，掌祭官捧饌，各詣燎位，樂作，内贊奏禮畢，樂止，導引官導上至具服殿易常服，升輦，還參拜於廟。致辭曰："孝玄孫嗣皇帝御名躬祭大明之神禮成，恭詣祖宗列聖帝后神位前，謹用參拜。畢，還宮。"遣官則否。

（明）徐一夔等《明集禮》卷一一《吉禮第一一·日月篇》

時日。以春分日行事。

齋戒。皇帝散齋三日，致齋二日，陪祭官執事官并齋五日，如常儀。

省牲。前期二日，所司設皇帝大次於壇外東門内道北，南向，設省牲位於壇東門外。先祭一日，導駕官同太常卿導引車駕詣大次，太常卿奏請中嚴，皇帝服皮弁，太常卿奏外辦，導駕官同太常卿導引皇帝詣省牲位，執事者各執乃事，廩犧令帥其屬牽牲自東行過御前，省訖，牽詣神厨，執事者取毛血，實於豆，太常卿奏請詣神厨，導駕官同太常卿導引至神厨，太常卿奏請視鼎鑊，請視滌濯，遂烹牲，導駕官同太常卿導引皇帝還大次。

陳設。前祭一日所司陳設如圖儀，鑾駕出宮鹵簿導從同圜丘儀。

正祭。祭日清晨，太常卿帥執事者各實尊、罍、籩、豆、簠、簋、登、俎，又實幣於篚，加圭璧陳於尊所，祝版置於神位之右，樂生舞生入就位，諸執事官陪祭官各入就位，太常卿奏請中嚴，皇帝服衮冕，太常卿奏外辦，導駕官同太常卿導引皇帝至御位，南向立。

迎神。贊禮唱迎神，協律郎跪，俯伏，舉麾奏《熙和之曲》，樂闋成，止，贊禮唱請行禮，太常卿奏有司謹具請行事，奏鞠躬拜興拜興平身，皇帝鞠躬，拜，興，拜，興，平身。贊禮唱皇太子以下在位官皆再拜，傳贊唱鞠躬拜興拜興平身，皇太子以下鞠躬，拜，興，拜，興，平身。

奠玉幣。贊禮唱奠玉幣，太常卿奏請詣盥洗位，導駕官同太常卿導引皇帝詣盥洗位，太常卿贊盥曰前期齋戒，今晨奉祭加其清潔以對神明，太常卿奏搢圭，皇帝搢圭，司執洗者奉盥進巾，太常卿奏盥手帨手出圭，皇帝盥手帨手出圭，太常卿奏請升壇，贊曰"神明在上，整肅威儀，升自午陛"，太常卿奏請詣大明神位，司玉幣者奉玉幣以俟，協律郎跪，俯伏，舉麾奏《保和之曲》，導駕官同太常卿導引皇帝至神位前，北向立，太常卿奏跪，搢圭，皇帝跪、搢圭，司香官舉香跪進於皇帝之左，太常卿奏上香，上香，三上香，皇帝上香，上香，三上香，司幣玉者奉玉幣跪進於皇帝之右，皇帝受玉幣，奠於大明神位前，太常卿奏出圭，鞠躬拜興平身，皇帝出圭，鞠躬，拜，興，拜，興，平身，樂止，太常卿奏復位，導駕官同太常卿導引皇帝復位。

進俎。贊禮唱進俎，齋郎舉俎至壇前，進俎官舉俎升自午陛，協律郎跪，俯伏，舉麾，奏《凝和之曲》，導駕官同太常卿導引皇帝至大明神位前，太常卿奏搢圭，皇帝搢圭，進俎官以俎進於皇帝之右，皇帝以俎奠於大明神位前，太常卿奏出圭，皇帝出圭，太常卿奏復位，導駕官同太常卿導引皇帝復位。

初獻。贊禮唱行初獻禮，太常卿奏行初獻禮，請詣爵洗位，導駕官同太常卿導引皇帝至爵洗位，太常卿奏搢圭，皇帝搢圭，執爵官以爵進，皇帝受爵、滌爵、拭爵以爵授執爵官。太常卿奏出圭，皇帝出圭，太常卿奏請詣酒尊所，導駕官同太常卿導引皇帝升壇至酒尊所，太常卿奏搢圭，皇帝搢圭，執爵官以爵進，皇帝執爵，司尊者舉冪酌泛齊，皇帝以爵授執爵官，太常卿奏出圭，皇帝出圭，太常卿奏請詣大明神位前，協律郎跪，俯伏，舉麾奏《安和之曲》《武功之舞》。導駕官同太常卿導引皇帝至神位前，太常卿奏跪，搢圭，皇帝跪，搢圭，司香官捧香跪進於皇帝之左，太常卿奏上香，上香，三上香，皇帝上香，上香，三上香，執爵官奉爵跪進於皇帝之右，皇帝受爵，太常卿奏祭酒，祭酒，三祭酒，奠爵，皇帝祭酒，祭酒，三祭酒，奠爵，樂舞止。太常卿奏出圭，皇帝出圭，讀祝官取祝版於神右，跪讀，訖，樂舞作，太常卿奏俯伏興平身，稍後鞠躬拜興拜興平身，皇帝俯伏，興，平身，稍後鞠躬，拜，興，拜，興，平身，樂舞止，太常卿奏請復位，導駕官同太常卿導引皇帝復位。

亞獻。贊禮唱行亞獻禮，太常卿奏請行亞獻禮，請詣爵洗位，導駕官同太常卿導引皇帝至爵洗位，太常卿奏搢圭，皇帝搢圭，執爵官以爵進，皇帝受爵、滌爵、拭爵以爵授執爵官，太常卿奏出圭，皇帝出圭，太常卿奏請詣酒尊所，導駕官同太常卿導引皇帝升壇，至酒尊所，太常卿奏搢圭，皇帝搢圭，執爵官以爵進，皇帝受爵，司尊舉冪酌醴齊，皇帝以爵授執爵官，太常卿奏出圭，皇帝出圭，太常卿奏請詣大明神位前，協律郎跪，俯伏，舉麾奏《中和之曲》、文德之舞，導駕官同太常卿導引皇帝至神位前，太常卿奏跪，搢圭，皇帝跪，搢圭，司香官捧香跪進於皇帝之左，太常卿奏上香，上香，三上香，皇帝上香，上香，三上香，執爵官捧爵跪進於皇帝之右，皇帝受爵，太常卿奏祭酒，祭酒，三祭酒，奠爵，皇帝祭酒，祭酒，三祭酒，奠爵，太常卿奏出圭，俯伏，興，平身，稍後鞠躬，拜，興，拜，興，平身，皇帝出圭，俯伏興平身，稍後鞠躬拜興平身，樂舞止，太常卿奏復位，導駕官同太常卿導引皇帝復位。

終獻。贊禮唱行終獻禮，太常卿奏行終獻禮，請詣爵洗位，導駕官同太常卿導引皇帝至爵洗位，太常卿奏搢圭，皇帝搢圭，執爵官以爵進，皇帝受爵、滌爵、拭爵、以爵授執爵官，太常卿奏出圭，皇帝出圭，太常卿奏請詣酒尊所，導駕官同太常卿導引皇帝升壇至酒尊所，太常卿奏搢圭，皇帝搢圭，執爵官以爵進，皇帝受爵，司尊者舉冪，酌盎齊，皇帝以爵授執爵官，太常卿奏出圭，皇帝出圭，太常卿奏請詣大明神位前，協律郎跪，俯伏，舉麾奏《肅和之曲》、文德之舞，導駕官同太常卿導引皇帝至神位前，太常卿奏跪，搢圭，皇帝跪，搢圭，司香　官捧香跪進於皇帝之左，太常卿奏上香，上香，三上香，皇帝上香，上香，三上香，執爵官奉爵跪進於皇帝之右，皇帝受爵，太常卿奏祭酒，祭酒，三祭酒，奠爵，皇帝祭酒，祭酒，三祭酒，奠爵，太常卿奏出圭，俯伏，興，平身，稍後鞠躬，拜，興，拜，興，平身，皇帝出圭，俯伏興平身，稍後鞠躬拜興拜興平身，太常卿奏復位，導駕官同太常卿導引皇帝復位。

飲福受胙。贊禮唱飲福受胙，太常卿奏請詣飲福位，導駕官同太常卿導引皇帝升壇至飲福位，北向立。太常卿奏鞠躬拜興拜興平身，皇帝鞠躬，拜，興，拜，興，平身。太常卿奏跪，搢圭，皇帝跪，搢圭，奉爵官酌福酒跪進於皇帝之左，贊曰惟此酒肴，神之所與，賜以福慶，億兆同霑，皇帝受福酒，祭酒，飲福酒，以爵置於坫，奉胙官奉胙跪進於皇帝之右，皇帝受胙，以胙授執事者，執事者跪受於皇帝之右，太常卿奏出圭，皇帝出圭，太常卿奏俯伏興平身，稍後鞠躬拜興拜興平身，皇帝俯伏，興，平身，稍後鞠躬，拜，興，拜，興，平身，太常卿奏請復位，導駕官同太常卿導引皇帝復位。

徹豆。贊禮唱徹豆，協律郎跪，俯伏，舉麾奏《凝和之曲》，掌祭官徹豆，贊禮唱賜胙，太常卿奏皇帝飲福受胙，免拜，贊禮唱皇太子以下在位官皆再拜，傳贊唱鞠躬拜興拜興平身，皇太子以下皆鞠躬，拜，興，拜，興，平身，樂止。

送神。贊禮唱送神，協律郎跪，俯伏，舉麾奏《壽和之曲》，太常卿奏鞠躬拜興拜興平身，皇帝鞠躬，拜，興，拜，興，平身。贊禮唱皇太子以下在位官皆再拜，傳贊唱鞠躬拜興拜興平身，皇太子以下皆鞠躬，拜，興，拜，興，平身。贊禮唱祝人取祝帛，人取帛詣望燎位，讀祝官捧祝，捧帛官捧帛，掌祭官取饌及爵酒，詣柴壇置户上，樂止。

望燎。贊禮唱望燎，導駕官同太常卿導引皇帝至望燎位。贊禮唱可燎，東西面各二人以炬燎，火柴半燎，太常卿奏禮畢，導駕官同太常卿導引皇帝還大次，解嚴，鑾駕還宮，鹵簿導從如來儀，大樂鼓吹振作。

（明）佚名《太常續考》卷三《大明春分事宜》

前期一月。禮部題請聖駕親祭，如奉旨是，則本寺前期十日題請聖駕親祭，本如奉旨遣官代，則本寺題欽定大臣行禮。本乙、丁、巳、辛、癸年，前期十日，本寺徑題欽定大臣一員行禮，遣官旨下行手本知會。

本寺委協律郎、提調樂舞生、執事於太和殿朝夕演習禮樂。

前期八日。行手本知會鴻臚寺於前期三日請升殿奏祭。

前期四日。行揭帖知會司禮監奏祭祀。

　　前期三日。本寺官具公服於皇極殿，鳴鞭，訖，跪奏云太常寺卿臣某等謹奏，本月某日春分，祭大明於朝日壇，是日卯時恭聖駕致祭。_{如遣官則不奏此二句。}文武百官自某日爲始致齋二日，請旨，承旨，叩三頭，一揖。

　　躬退。_{如其日不朝，則具本題知。}是日，屬官率鋪排，執御仗紗燈，進齋戒牌銅人於文華殿東九五齋，北向，仍出示於長安門。

　　齋牌。□年二月□日春分卯時，祭大明於朝日壇，自某日午後沐浴更衣，某日爲始，致齋二日。

　　東西長安門告示太常寺爲祭祀事。照得□年二月某日春分，祭大明於朝日壇，文武百官自本月某日午後沐浴更衣，於本衙門宿歇，某日爲始致齋二日，其陪祀官員，_{以下與圜丘同。}是日本寺官詣太和殿演禮樂，畢，詣犧牲所看牲。

　　行揭帖。知會司禮監奏省牲。_{如次日不朝，則不具揭帖。}

　　前期二日。本寺卿同光禄寺卿具吉服，候上御門傳嗷，畢，跪奏云，太常寺等衙門卿臣某等謹奏，本月某日臣等恭詣朝日壇省牲。請旨。承旨，不叩頭，一躬，退。_{如其日不朝，則具本題知。}

　　行揭帖。知會司禮監填祝版，請駕，如遣官則不請駕。

　　前期一日。本寺卿同光禄寺卿省牲畢，具本復命。

　　是日早，博士捧祝版於東平臺，候上親填御名，捧出午門外，安於祝版亭內，厨役舁至朝日壇神庫奉安。是日早，樂舞生詣朝日壇，并具服殿各門燒香。是日本寺官率鋪排厨役詣朝日壇神庫，洗玉爵祭器，午後，樂舞生設樂器。夜本寺卿回請聖駕，少卿寺丞奉安神牌，陳設籩豆牲隻。

　　祭日。五鼓，上以出祭朝日告內殿，畢，本寺卿具吉服，候上至皇極門，跪奏云太常寺卿臣某，恭請聖駕詣朝日壇致祭。不承旨，叩三頭，一揖，一躬，先出。

　　儀注。祭日免朝，錦衣衛備隨朝駕，上具常服乘輿，由東長安門出，至朝日壇北門內具服殿，具祭服，出，導引官導上由左門入，典儀唱樂舞生就位，執事官各司其事，內贊奏就位。_{世宗皇帝時位設於壇下，穆宗皇帝時位設於壇上。}典儀唱迎神，奏樂，樂止，內贊奏四拜，傳贊百官同。典儀唱奠玉帛，奏樂，內贊奏升壇，導上至香案前。奏跪，奏搢圭，奏上香，奏獻玉帛出圭，奏復位，樂止。典儀唱行初獻禮，奏樂，內贊奏升壇，導上至神位前，奏搢圭，奏獻爵，奏出圭，奏復位，樂暫止，奏跪，傳贊百官皆跪。贊讀祝，讀訖，樂復作。奏俯伏興平身，傳贊百官同。樂止，典儀唱行亞獻禮，奏樂，儀同初獻，惟不讀祝。樂止，典儀唱行終獻禮，奏樂，儀同亞獻。樂止，本寺卿立於壇左，唱賜福胙，光禄寺官捧福酒胙跪進於上右，內贊奏跪奏搢圭，奏飲福酒，飲，訖，奏受胙，受，訖，奏出圭，奏俯伏興平身，奏再拜，傳贊百官同。典儀唱徹饌，奏樂。樂止，典儀唱送神，奏樂，內贊奏四拜，傳贊百官同。樂止，典儀唱讀祝官捧祝，進帛官捧帛，掌祭官捧饌，各詣燎位，樂作，上退立於拜位南，捧祝帛饌官下階，內贊奏禮畢，導上出左門，至具服殿易服還宮。如遣官位設於壇下由北級，升降，不飲福受胙，餘儀同。世宗皇帝時設壇下初獻，奏出圭後內贊奏詣讀祝位，讀畢，奏俯伏興平身，後方奏復位，本寺卿唱賜福胙，後內贊奏詣飲福位，飲福受胙畢，奏俯伏興平身，奏復位，方奏再拜，餘儀同。

（清）張廷玉《清文獻通考》卷九七《郊社考七·日月星辰·皇帝親祭朝日壇儀遣官儀附》

甲、丙、戊、庚、壬年，春分之朝，皇帝親詣東郊朝日。

先二日。禮部尚書一人至犧牲所視牲，如儀。右視牲。

是日，太常寺卿率屬進齋戒牌銅人，恭設於乾清門，如儀。皇帝乃齋於大內，王公百官齋於邸第。

右致齋，書祝版，視祝版儀均與北郊同。

祀前一日黎明。太常寺官設香案於宰牲亭外，光祿寺少卿一人，朝服上香，御史、禮部祠祭司官眂宰，宰人瘞毛血如儀。

是日。太常寺官潔壇上下，藉以棕薦，設神座於壇上，西向，工部官張皇帝拜次於西階上如儀。

右設神座張次。

將祀之日。夜分，太常寺卿率屬入壇具器，陳牛一，羊一，豕一，登一，鉶二，簠、簋各二，籩豆各十，盞三十，爐一，鐙二，中設一案，少北，東向，供祝版。南設一案，北向，陳赤璧一、禮神制帛一色赤、香盤一、尊一、爵三、并設福胙，加爵一。凡牲陳於俎，凡玉帛實於篚，凡尊實酒，承以舟疏，布幂勺具，鑾儀衛設洗於具服殿外，樂部率太常協律郎設中和韶樂及樂舞於壇門內，南北分列，器數與北郊同。

右陳設。

陳設畢，太常寺博士引禮部侍郎一人升壇，視玉帛、齍盛及籩豆登俎之實如儀。

右省齋。

辨行禮位。西階上緷次正中爲皇帝拜位，東向，陪祀王公位壇下，左右各二班，百官位壇門外，左右各五班，重行异等均東面，左班北上，右班南上，辨執事位，壇上太常寺司拜牌、拜褥官各一人，立於皇帝拜位左右，司祝、司香、司玉帛、司爵各一人，光祿寺卿二人，侍衛二人，太常寺贊答福胙一人。侍儀禮部尚書、侍郎、都察院左都御史、副都御史，樂部典樂各一人，位南北序，分立祝案、尊案之次，如常儀。太常寺典儀一人、司樂一人，立於階下之左，面北，記注官四人立於壇門外之右，面南，糾儀御史四人，禮部祠祭司官四人，引禮鴻臚寺官四人分立王公百官拜位之次，協律郎、歌工、樂工、舞佾分立樂懸之次，傳贊二人，循壇門內牆西立，位均南北序，南北面，掌燎官率燎人立於壇外西南隅。

右辨位。

其日。五鼓，步軍統領飭所部清蹕除道，左右塗巷，皆設布幛，鑾儀衛陳法駕鹵簿，不陪祀王公百官朝服祗候送駕如儀。

　　日出前八刻，太常寺卿赴乾清門奏時，皇帝御禮服乘禮輿出宮，前引後扈，如常儀。駕發警蹕，午門鳴鐘鼓，駕出東華門王公百官跪送如儀，導迎樂前引不作，提爐執鐙官左右騎導，如詣北郊之儀。駕至壇北門外降輿，右贊引、左對引、太常寺卿二人恭導皇帝入北門中門，詣具服殿更祭服，鴻臚寺官引陪祀王公於殿外。侍衛後引陪祀百官南班於拜位南北面，北班於路西東面，序立祗候。

　　右鑾駕出宮。

　　卯初刻，司祝恭奉祝版設於祝案，禮部尚書一人率太常寺卿屬詣神庫，上香行禮，恭請大明神位奉安於神座如儀。太常寺卿至具服殿，奏請詣壇行禮，皇帝出次，盥洗，鑾儀衛官跪奉盥巾如儀。贊引對引官恭導皇帝入壇左門，升西階，就拜位前，東向立，前引內大臣執爐鐙官均於階下止立，後扈大臣隨侍鴻臚寺官引陪祀王公百官均就拜位，序立，典儀贊樂，舞生登歌，執事官各共乃職，武舞執干戚進，贊引奏就位，皇帝就位立。

　　右盥洗就位。

　　典儀贊迎神，司香奉香進至神位前祗俟，司樂贊舉迎神樂，奏《寅曦之章》，協律郎舉麾工鼓柷，樂作。贊引奏就上香位，暨對引官恭導皇帝詣香案前，對引官至祝案前，止立，司香跪，贊引奏跪，皇帝跪，奏上香，司香進香，皇帝上柱香，次三上瓣香，興，贊引奏復位，暨對引官恭導皇帝復位，贊引奏跪拜興，皇帝行三跪九拜禮，傳贊贊跪叩興，王公百官均隨行禮，協律郎偃麾工戛敔，樂止。

　　右迎神。

　　典儀贊奠玉帛，司樂贊舉奠玉帛樂，奏《朝曦之章》，樂作，司玉帛奉篚詣神位前，跪獻於案，三叩，興，退，樂止。

　　右奠玉帛。

　　典儀贊行初獻禮，司樂贊舉初獻樂，奏《清曦之章》，樂作，司樂舉節，舞《干戚之舞》，有司揭尊，冪勺，挹酒，實爵，司爵奉爵，詣神位前，跪奠於墊中，退，司祝至祝案前，跪，三叩，奉祝版，跪案左，樂暫止，贊引奏跪，皇帝跪，群臣皆跪，贊讀祝，司祝讀祝，辭曰：“維某年月日，嗣天子御名謹告於大明之神，曰惟神陽精之宗，列神之首，神光下照，四極無遺，功垂今昔，率土仰賴，茲當仲春，式遵古典，謹以玉帛牲醴之儀，恭祀於神，伏惟鑒歆，賜福黎庶。尚饗。”讀畢，興，奉祝版跪安神位前篚內，三叩，興，退。樂作，贊引奏拜興，皇帝率群臣行三拜禮，樂止，《武功之舞》，退，文舞執羽籥進。

　　右初獻。

　　典儀贊行亞獻禮，司樂贊舉亞獻樂，奏《咸曦之章》，樂作，舞羽籥之舞，司爵奉爵詣神位前，跪，獻爵於左，如初獻儀，退，樂止。

右亞獻。

典儀贊行終獻禮，司樂贊舉終獻樂，奏《純曦之章》，樂作，舞同亞獻，司爵奉爵詣神位前，跪，獻爵於右，如亞獻儀，退，樂止，《文德之舞》退。

右三獻。

既終獻，太常寺贊禮郎一人詣祝案前，立，贊答福胙，光祿寺卿二人就南案，奉福胙至神位前，拱舉，退，祇立於皇帝拜位之右，侍衛二人進，立於左。贊引奏跪，皇帝跪，左右官皆跪。奏飲福酒，右官進福酒，皇帝受爵，拱舉，授左官，次受胙，如飲福之儀。奏拜興，皇帝三拜，興。又奏跪拜興，皇帝復行二跪六拜禮，王公百官均隨行禮。典儀贊徹饌，司樂贊舉徹饌樂，奏《延曦之章》，樂作，司玉帛詣神位前，跪，叩，興，奉赤璧以退，樂止。

右受福胙徹饌。

典儀贊送神，司樂贊舉送神樂，奏《歸曦之章》，樂作，贊引奏跪拜興，皇帝率群臣行三跪九拜禮，樂暫止。典儀贊奉祝帛香饌，送燎，司祝、司帛詣神位前，跪，三叩，司祝奉祝，司帛奉篚，興，司香跪，奉香，司爵跪，奉饌，興，以次恭送燎所，皇帝轉立拜位旁，北向，俟祝帛過，復位，立，樂作，陪祀王公百官退班，贊引奏禮成，恭導皇帝出壇左門入具服殿更衣，樂止。

右送神燎祝帛。

祀禮既成，禮部尚書率太常寺卿屬恭請神位復御，儀與迎神同，贊引恭道皇帝出具服殿，至壇北門外乘禮輿，法駕鹵簿前導，導迎樂作奏《祐平之章》。皇帝回鑾，王公從各官以次退，不陪祀王公百官祇迎午門，鳴鐘，樂止。皇帝還宮，均如常儀，太常寺官徹乾清門齋戒牌銅人，送寺。

右回鑾。

常歲遣官朝日之禮。先二日，禮部尚書視牲，承祭官暨陪祀文武百官均致齋。先一日，太常寺以祝版送內閣，恭書皇帝遣某官某，餘辭同前凡遣官同，受而奉諸東郊神庫，御史、禮部祠祭司官、光祿寺少卿朝服視割牲，瘞毛血，有司供具并如儀。祀之日，鷄初鳴，遣官朝服祇俟於壇外，禮部侍郎省齍，太常寺卿率屬恭請神位，設於座，卯初刻遣官由壇北左門入壇右門，行禮於階下，上香時，贊升壇，升降均由右階，不飲福受胙，王公不陪祀，贊引以太常寺贊禮郎祝帛送燎，遣官避立北旁，餘均如前儀。

（清）伊桑阿等《（康熙）大清會典》卷五六《郊祀二・朝日壇》

遇皇上親祭之年，或親詣行禮，或遣官恭代，禮部題請今由太常寺。

前期三日。禮部太常寺爲進齋戒牌銅人題請今由太常寺。

前期二日。太常寺官進齋戒牌銅人，上致齋二日，王以下陪祀文武各官，俱在本家齋戒二日。

前期二日。內閣撰發祝文，禮部恭寫，送至內閣恭填御名。是日奏請祝文，并派讀祝官今由太常寺。

　　前期一日。禮部太常寺官至内閣捧祝版至中和殿，請上視祝版畢，捧祝官拱舉，由中路出，至午門安紅幔亭内，前列御仗一對，太常寺官隨亭後，送至朝日壇神庫案上安設，上香，一跪三叩頭退今由太常寺。

　　前期一日。禮部、都察院、太常寺、光禄寺官，俱朝服，上香，監宰牲，并瘞毛血。

　　安設。大明神牌在壇上正中，西向。

　　壇前安設。赤璋一，禮神制帛一，紅色。牛一、羊一、豕一、登一、鉶二、簠二、簋二、籩十、豆十、玉爵三、紅瓷酒盞三十、酒罇一。

　　正祭日早。太常寺官至神庫内，於神位前上香，一跪三叩頭，捧神牌至壇上安設，一跪三叩頭退。

　　正祭日早。太常寺官至神庫祝文案前，一跪三叩頭，捧祝文至壇案上安設，一跪三叩頭退。

　　正祭日。上親詣行禮，鹵簿大駕全設，不作樂，陪祀王以下，金水橋南排立，候駕出隨行，不陪祀王公以下各官在午門外分翼排列，候駕跪送，陪祀各官，預於壇前櫺星門外兩旁排列候駕。上乘輦，至壇前鋪棕薦處降輦，太常寺贊引官對引官導上入北中門，至更衣幄次，更衣盥手畢，導上入櫺星左門，升壇，至黄幄次拜位前立，鴻臚寺官引王以下公以上在臺階下立，陪祀各官在櫺星門外排班立。典儀唱樂舞生就位，執事官各司其事武舞生執干戚引進。贊引官奏就位，上詣拜位立。典儀唱迎神，協律郎唱舉迎神樂，奏《寅曦之章》，樂作，贊引官奏跪叩興，傳贊官衆官俱跪叩興，上行三跪九叩頭禮，興。王以下及陪祀各官，俱隨行禮，樂止。典儀唱奠玉帛，協律郎唱舉奠玉帛樂，奏《朝曦之章》。樂作，贊引官奏升壇，導上詣香案前立，司香官跪於案左，贊引官奏跪，上跪，奏上香，上舉柱香上爐内，又三上塊香畢，興。贊引官導上至奠玉帛案前立，捧玉帛官跪於案左，贊引官奏奠玉帛，上受玉帛拱舉，立獻畢，贊引官奏復位，上復拜位立，樂止。典儀唱行初獻禮，協律郎唱舉初獻樂，奏《清曦之章》，樂作，贊引官奏升壇，導上詣神位前立，執爵官跪於案左，贊引官奏獻爵，上受爵拱舉。立獻畢，贊引官奏復位，上復拜位立，樂止，讀祝官至祝案前一跪三叩頭，捧祝版立於案左，贊引官奏跪，傳贊官贊衆官俱跪。上跪，王以下各官及讀祝官俱跪，贊引官贊讀祝，讀祝官讀畢，捧祝版跪安帛匣上，三叩頭，退。樂作，贊引官奏叩，興傳贊官、贊官俱叩興，上行三叩頭禮，興，王以下各官俱隨行禮畢，樂止，武生叩頭退，文舞生執籥引進。典儀唱行亞獻禮，協律郎唱舉亞獻樂，奏《咸曦之章》，樂作，贊引官奏升壇，導上升壇，獻爵，如初獻儀，畢，不讀祝。贊引官奏復位，上復拜位，立，樂止。典儀唱行終獻禮，協律郎唱舉終獻樂，奏《純曦之章》，樂作，贊引官奏升壇，導上升壇，獻爵如亞獻儀，畢，贊引官奏復位，上復拜位，立。樂止，文舞生叩頭，退。太常寺官一員，在壇下左旁立，唱賜福胙，光禄寺捧爵官一員，捧胙官一員，捧福胙進，詣神位前拱舉，跪於上右，接福胙侍衛二員，跪於上左，贊引官奏跪，上跪，奏飲福酒，上受爵拱舉，授與接爵侍衛，奏受胙，上受胙，拱舉授與接胙侍衛，各退。贊引官奏叩興，上行三叩頭禮，興，王以下官不叩行謝福胙禮。贊引官奏跪叩興，傳贊官贊衆官俱跪叩興，上行二跪六叩頭禮，興，王以下各官俱隨行禮畢。典儀唱徹饌，協律郎唱舉徹饌樂，奏《延曦之章》，樂作，捧玉帛官至案前，一跪一叩頭，捧玉退，樂止。典儀唱送神，協律郎唱舉送神樂，奏《歸曦之章》，樂作，贊引官奏跪叩興，傳贊官贊衆官俱跪叩興，上行三跪九叩頭禮興，王以下各官俱隨行禮，畢，樂止。典儀唱捧帛饌，各恭詣燎位，捧祝帛官詣案前，一跪三叩頭，捧起，捧香饌官跪捧起不叩，依次由中路送至燎爐，樂作，贊引官導上轉立拜位之左，祝帛香饌捧過，上復位，立。祝帛焚半，贊引官奏禮畢，贊引官對引官導駕出，各官在兩旁排班立，王以下公以上俱隨後出，上至北門升輦，作樂回宮，其不陪祀王以下各官，仍於午門外排班跪迎如常儀。

祭畢。太常寺官捧請神牌奉安神庫，上香跪叩如常儀。

祭日。太常寺官徹回齋戒牌銅人送庫收貯如常儀。

遣官恭代。從北天門左門，入欞星門右門，在壇階下行禮，從右階升降，讀祝時承祭官至壇上跪，無福胙，王以下公以上不齋戒，各官照常齋戒。

（清）允祹等《大清會典》卷四四《禮部》

凡朝日之禮，兆陽位於東郊，其制一成，歲以春分迎日出祀大明，甲、丙、戊、庚、壬年，皇帝親朝日，奉大明位，西向。赤璧一，帛一，牛一，羊一，豕一，登一，鉶二，簋、簠各二，籩、豆各十，尊一，爵三，盞三十，爐一，鐙二。先祀一日，樂部設中和韶樂於壇下，分左右懸。

祀日，鑾儀衛陳法駕鹵簿於午門外，日出前八刻，太常卿詣乾清門告時，皇帝御禮服，乘禮輿，出宮。前引後扈如常儀，駕發警，蹕午門鳴鐘，法駕鹵簿前導，不陪祀王公百官咸朝服跪送，導迎鼓吹設而不作。鑾儀衛校鳴壇內鐘，皇帝至壇北門外，降輿，贊引、太常卿二人，恭導皇帝由壇北門中門入詣具服殿，更祭服。禮部尚書率太常官恭請神位，安奉壇上畢，太常卿奏請行禮，皇帝出具服殿，盥洗，贊引太常卿恭導皇帝入內壇左門，由中階升壇至黃幄次拜位前，東向立，鴻臚官引陪祀王公入內壇門位階下，百官位內壇門外，左右序立，均東面。典儀官贊樂舞生登歌，執事官各共乃職，以下迎神至送神皆典儀官唱贊。武舞八佾進，贊引官奏就位，皇帝就拜位，立。乃迎神司香官奉香盤進，司樂官贊舉迎神樂，奏《寅曦之章》，凡舉樂皆司樂官唱贊。贊引官奏就上香位，恭導皇帝詣香案前，司香官跪，進香，贊引官奏跪，皇帝跪，奏上香，皇帝上柱香，次三上瓣香，興，奏復位，皇帝復位。奏跪拜興，以下行禮皆有奏，皇帝行三跪九拜禮，王公百官均隨行禮。

　　乃奠玉帛，司玉帛官奉篚進，奏《朝曦之章》，司玉帛官跪奠玉帛，三叩，退。

　　行初獻禮。司爵官奉爵進，奏《清曦之章》，舞《干戚之舞》，司爵官立獻爵，奠正中，司祝至祝案前跪，三叩，奉祝版，跪案左，樂暫止。皇帝跪，群臣皆跪，司祝讀祝畢，詣神位前跪安於案，三叩退，樂作。皇帝率群臣行三拜禮，興，樂止，《武功之舞》退，文舞八佾進。

　　行亞獻禮。奏《咸曦之章》，舞《羽籥之舞》，司爵官獻爵，奠於左，儀如初獻。

　　行終獻禮。奏《純曦之章》，舞與亞獻同。司爵官獻爵，奠於右，儀如亞獻，樂止，文德之舞退。

　　太常官贊答福胙，光禄卿二人就南案，奉福胙至神位前拱舉，降立於皇帝拜位之右，侍衛二人進，立於左，皇帝跪，左右執事官皆跪，右官進福酒，皇帝受爵拱舉，授左官，進胙、受胙亦如之，三拜，興，率群臣行二跪六拜禮。

　　徹饌。奏《延曦之章》，有司詣神位前，奉赤璧，退。

　　送神。奏《歸曦之章》，皇帝率群臣行三跪九拜禮，有司奉祝，次帛，次饌，次香，恭送燎所，皇帝轉立拜位旁北向，候祝帛過，復位，樂作，祝帛燎半，奏禮成。恭導皇帝出內壇左門，入具服殿更衣，禮部尚書率太常官恭請神位還御。皇帝出，至壇北門外升輿，法駕鹵簿前導，導迎，樂作，奏《祐平之章》，皇帝回鑾，王公從各官以次退，不陪祀王公百官於午門外跪迎，午門鳴鐘，王公隨駕入至內金水橋，恭迎皇帝還宮，各退。

　　遣官行禮，由北門左門入內壇門右門，行禮於壇下，上香、升壇、升降均由右階贊引，乙太常贊禮郎祝帛、送燎位，避立右旁，王公不陪祀，百官陪祀如儀。

(清) 允祹等《大清會典則例》卷一五六

　　春分朝日，豫設王公拜位於內壇門內階下，對第一紅鐙，左翼在南，右翼在北，左右重行。設百官拜位於內壇門外左右，各四行。祀日，壇內鐘鳴引百官由壇門入至內壇門外左翼序於拜位東上，北向立，右翼序於神路之東南上，西向立。引王公於壇北門外，左翼在西，右翼在東，均南上，東西面序立。駕過，引隨豹尾班後行，左翼王公隨進內壇門左門，右翼王公進內壇門右門，至堦下，各引就拜位，引百官各就拜位，均南北上，東面序立，送祝帛時引王公，避立於兩旁，南北面立，候過仍引復位，立。禮成，引王公退立於壇左右角，百官退立於內壇墻角，駕過引王公隨行引百官以次退。

　　乾隆六年復准，皇帝親祭先農壇，左班執事陪祀各官先就甬道之南，北面立。日壇右班官先就甬道之西，東向立。月壇左班官先就甬道之東，西向立，均俟皇帝至拜位，各趨就班次，庶於典制更覺嚴肅。至各壇廟執事陪祀各官，原毋庸輾轉向於皇帝未祭之前，各按班次相向正立，以昭誠恪。

(清) 嵇璜等《續文獻通考》卷七一《郊社考‧朝日儀洪武三年定》

　　先期皇帝致齋三日，散齋一日，陪祭執事官同先祭一日，皇帝服皮弁服，詣壇，省牲，詣神厨，視鼎鑊，滌溉。

陳設。牲用赤犢一、羊一、豕一，玉用圭璧五寸，幣亦用赤色，設太尊、著尊、山罍各二，在壇上東南隅，北面，象尊、壺尊、山罍各二，在壇下，實以醴齊、盎齊、清酒，其明水酒，各實於上尊，籩、豆各十，簠、簋各二，所實與社稷同，登三，實以太羹，鉶三，實以和羹。

至日清晨。駕至大次，太常卿奏中嚴，皇帝服衮冕，太常卿奏外辦，皇帝入就位，贊禮唱迎神，協律郎舉麾奏《熙和之曲》，贊禮唱請行禮，太常卿奏有司謹具請行事，皇帝再拜，在位官皆再拜。

贊禮唱奠玉帛，皇帝詣盥洗位。太常卿奏："前期齋戒，今晨奉祭，加其清潔以對神明。"皇帝搢圭，盥帨，出圭，升壇。太常卿奏曰："神明在上，整肅威儀，升自午陛。"協律郎舉麾奏《保和之曲》，皇帝詣大明神位前跪，搢圭，上香，奠玉帛，出圭，再拜，復位。贊禮唱進俎，皇帝詣神位前，搢圭，奠俎，出圭，復位。

贊禮唱行初獻禮，皇帝詣爵，洗位，搢圭，滌爵，拭爵，以爵授執爵官，出圭，詣酒，尊所，搢圭，執爵，受酒以爵授執爵官，出圭，協律郎舉麾奏《安和之曲》，《武功之舞》，皇帝詣神位前，跪，搢圭，上香，祭酒，奠爵，出圭，讀祝官取祝，跪讀訖皇帝俯伏興，再拜，復位。亞獻奏《中和》，終獻奏《肅和》，舞俱用《文德之舞》，儀并同初獻。

贊禮唱飲福受胙，皇帝升壇詣飲福位，再拜，跪，搢圭，奉爵官酌福酒跪進，太常卿贊曰"惟此殽羞，神之所與，賜以福慶，億兆同霑。"皇帝受爵，祭酒，飲福酒，以爵授執事者，置於坫，奉胙官奉胙，跪進，皇帝受胙，以授執事者，出圭，俯伏，興，再拜，在位官皆再拜，復位。

贊禮唱徹豆，協律郎舉麾，樂奏《凝和之曲》，掌祭官詣神位前，徹豆。

贊禮唱送神，皇帝再拜，在位官皆再拜。

讀祝官取祝，奉幣官奉幣，掌祭官取饌及爵詣燎所，贊禮唱望燎，協律郎舉麾奏《豫和之曲》，皇帝詣望燎位，半燎，太常卿奏禮畢。

（清）嵆璜等《續文獻通考》卷七一《郊社考・朝日儀嘉靖九年定**》**

前期三日。太常寺奏祭祀，如常儀，諭百官致齋二日。

前期二日。太常寺卿同光禄寺卿奏省牲如常儀。

前期一日。皇帝親填祝版於文華殿，紅楮版硃書，如遇遣官之歲，則書官代填，遂告於廟。遣官則否。

陳設。大明神位西向，犢、羊、豕各一，登、鉶各一，簠、簋各二，籩、豆各十，玉爵三，紅瓷酒盞三十，酒尊三，紅瑪瑙玉一，帛一，紅色。篚一，祝案一。

祭日。錦衣衛備隨朝駕，皇帝常服乘輿，由東長安門出至壇北門，入至具服殿，具祭服出，導引官導皇帝由左門入，典儀唱樂，舞生就位，執事官各司其事，內贊奏就位，皇帝就拜位。

典儀唱迎神，奏《熙和之曲》，樂止，內贊奏四拜傳贊百官同。

典儀唱奠玉帛，樂奏《凝和之曲》，內贊奏升壇，導皇帝至大明神位前，奏跪，奏搢圭，司香官捧香跪進於皇帝左，內贊奏上香，皇帝三上香，訖，捧玉帛官以玉帛跪進於皇帝右，皇帝受玉帛，奠，訖，奏出圭，復位，樂止。

典儀唱行初獻，禮樂奏《壽和之曲》，內贊奏升壇，導皇帝至神位前，奏搢圭，捧爵官以爵跪進於皇帝右，皇帝受爵，內贊奏獻爵，皇帝獻，訖奏，出圭，詣讀祝位，奏跪傳贊百官皆跪，樂暫止，贊讀祝，讀祝官跪讀畢，樂復作，奏俯伏興平身，傳贊百官同。奏復位，樂止。

典儀唱行亞獻，禮樂奏《時和之曲》，儀同初獻，不讀祝。樂止。

典儀唱行終獻，禮樂奏《保和之曲》，儀同亞獻。樂止。

太常卿進立於壇前之右，唱賜福胙，內贊奏詣飲福位，導皇帝至，飲福位，光祿官捧福酒跪進於皇帝右，內贊奏跪，奏搢圭，奏飲福酒，皇帝飲，訖，光祿官捧福胙跪進於皇帝右，內贊奏受胙，皇帝受，訖，奏出圭俯伏興平身，奏復位，皇帝復位。奏兩拜，傳贊百官同。

典儀唱徹饌，樂奏《安和之曲》，執事官徹饌，訖，樂止。

典儀唱送神，樂奏《昭和之曲》，內贊奏四拜，皇帝四拜，興，平身，傳贊百官同。樂止。

典儀唱，讀祝官捧祝，進帛官捧帛，掌祭官捧饌，各詣燎位，樂作，內贊奏禮畢，樂止，導引官導皇帝至具服殿，易祭服，升輦，還參拜於廟，畢，還宮。

（清）托津等《（嘉慶）大清會典事例》卷八〇六《太常寺一三·朝日·遣官祭日壇儀注》

先二日。禮部尚書詣犧牲所視牲，承祭官暨陪祀文武百官均於邸第致齋。

先一日。太常寺以祝版送內閣恭書皇帝遣官某，餘辭同，受而奉諸日壇神庫。御史禮部祠祭司官光祿寺少卿均朝服，視割牲，瘞毛血，有司供具并如儀，及祀之日雞初鳴，遣官朝服祇俟於壇外，禮部侍郎省齋，太常寺卿率屬恭請神位於座畢。卯初刻，遣官由北左門入壇右門，行禮於階下，上香時贊升壇，升降均由右階，不飲福受胙，王公不陪祀，贊引以太常寺贊禮郎，祝帛送燎，遣官避立北旁，餘均如前儀。

（清）昆岡等《（光緒）大清會典事例》卷一〇七五《太常寺·親祭日壇禮節》

每遇甲、丙、戊、庚、壬年，皇帝親祭日壇。

先二日。禮部尚書一人至犧牲所視牲如儀。

是日。太常寺卿率屬齋戒牌銅人，恭設於乾清門如儀。

皇帝齋於大內，王公百官齋於邸第。

書祝版，閱祝版，儀均與北郊同。

祀前一日。黎明，太常寺官設香案於宰牲亭外，光禄寺少卿一人朝服上香，御史、禮部祠祭司官視宰，宰人瘞毛血如儀。是日，太常寺官潔蠲壇上下，藉以棕薦，設神座於壇上，西向，工部官張皇帝拜次於西階上如式。

將祀之日。夜分，太常寺卿率屬入壇具器陳，牛一、羊一、豕一、登一、鉶二、簠簋各二、籩豆各十、珓三十、爐二，中少北設一案，東向，供祝版。南設一案，北向，陳赤璧一、禮神制帛一、色赤。香盤一、尊一、爵三，并設福胙，加爵一。凡牲陳於俎，凡玉帛實於筐，凡尊實酒，承以舟，疏布冪勺具，鑾儀衛設洗於具服殿外，樂部率太常協律郎設中和韶樂及樂舞於壝門內，南北分列，器數與北郊同。

太常寺博士引禮部侍郎一人升壇，視玉帛粢盛，及籩豆登俎之實如儀。行禮位，西階上偏次正中爲皇帝拜位，東向，陪祀王公位壇下左右，各二班，百官位壝門外左右，各五班，重行异等，均東面，左班北上，右班南上，執事位壇上，太常寺司拜牌拜褥官各一人，立於皇帝拜位左右，司祝一人，司香一人，司玉帛一人，司爵一人，光禄寺卿二人，侍衛二人，太常寺贊答福胙一人。侍儀禮部尚書、侍郎、都察院左都御史、副都御史，樂部典樂各一人，位南北序，分立祝案、尊案之次如常儀。太常寺典儀一人、司樂一人，北面，立於階下之左，記注官四人，南面立於壝門外之右，糾儀御史四人，禮部祠祭司官四人，引禮鴻臚寺官四人，分立王公百官拜位之次，協律郎、歌工、樂工、舞佾分立樂懸之次，傳贊二人，循壝門內墻西立，位均南北序南北面，掌燎官率燎人立於壇外西南隅。

其日。五鼓，步軍統領飭所部清蹕除道，自東華門至日壇景升街，御道左右途巷，皆設布幛，鑾儀衛陳法駕鹵簿，不陪祀王公百官，朝服祇候送駕如儀。

日出前六刻，太常寺卿赴乾清門奏時，皇帝御祭服，乘禮輿出宮，前引後扈如常儀。駕發警蹕，午門鳴鐘鼓，駕出東華門，導迎樂前引不作，提爐執鐙官左右騎導如詣北郊儀。

駕至壇北門外降輿，右贊引左對引，太常寺卿二人恭導皇帝入北門中門，詣具服殿少俟，鴻臚寺官引陪祀王公於殿外侍衛後，引陪祀百官南班於拜位南，北面，北班於路西，東面，序立祇候。卯初刻，司祝恭奉祝版設於祝案，禮部尚書一人率太常寺卿屬詣神庫上香行禮，恭請大明神位奉安於神座如儀。太常寺卿至具服殿奏請詣日壇行禮，皇帝出次盥洗，鑾儀衛官跪奉盥奉巾如儀。

司拜褥官豫布拜褥於壇上拜次，贊引對引官恭導皇帝入壇西門左門升西階，就拜位前東向立，司拜牌官安拜牌，退。前引內大臣、執爐鐙官侍衛，均於階下止立，後扈大臣隨侍，鴻臚寺官引陪祀王公百官，均就拜位序立。典儀贊樂舞生登歌，執事官各共乃職，武舞生執干戚進，贊引奏就位，皇帝就位，立。典儀贊迎神，司香奉香進至神位前祇俟，司樂贊舉迎神樂，奏《寅曦之章》，樂作。司拜牌官起拜牌，贊引奏就上香位，及對引官恭導皇帝詣香案前，對引官至香案前止立，司香跪，贊引奏跪，皇

帝跪，奏上香，司香進香，皇帝上柱香，次三上瓣香，興，贊引奏復位，及對引官恭
導皇帝復位。司拜牌官安拜牌，贊引奏跪拜興，皇帝行三跪九拜禮，傳贊贊跪叩興，
王公百官均隨行禮，興，樂止。典儀贊奠玉帛，司樂贊舉奠玉帛樂，奏《朝曦之章》，
樂作，司玉帛奉筐詣神位前，跪獻於案，三叩，興，退，樂止。典儀贊行初獻禮，司
樂贊舉初獻樂，奏《清曦之章》，樂作，司樂舉節，舞《干戚之舞》，有司揭尊冪，勺
挹酒實爵，司爵奉爵，詣神位前，跪奠於墊中，退，司祝至祝案前跪，三叩，奉祝版
跪案左，樂暫止，贊引奏跪，皇帝跪，群臣皆跪，贊讀祝，司祝讀祝，讀畢，興。奉
祝版跪安神位前筐內，三叩，興，退，樂作，贊引奏拜興，皇帝率群臣行三拜禮，興，
樂止，《武功之舞》退，文舞執羽籥進。

　　典儀贊行亞獻禮，司樂贊舉亞獻樂，奏《咸曦之章》，樂作，舞《羽籥之舞》，司
爵奉爵，詣神位前跪，獻爵於左，儀如初獻。獻畢，樂止，典儀贊行終獻禮，司樂贊
舉終獻樂，奏《純曦之章》，樂作，司爵奉爵，詣神位前跪，獻爵於右，如亞獻儀。獻
畢，樂止，《文德之舞》退，太常寺贊禮郎一人，詣讀祝案前立，贊答福胙，光祿寺卿
二人，就南案奉福胙，至神位前拱舉，退，祗立於皇帝拜位之右，侍衛二人，進立於
右，贊引奏跪，皇帝跪，左右官皆跪，奏飲福酒，右官進福酒，皇帝受爵拱舉，授左
官受胙，如飲福之儀。奏拜興，皇帝三拜，興。又奏跪拜興，皇帝復行二跪六拜禮，
王公百官均隨行禮。典儀贊徹饌，司樂贊舉徹饌樂，奏《延曦之章》，樂作，司玉帛詣
神位前跪叩，奉赤璧以退，樂止，典儀贊送神，司樂贊舉送神樂，奏《歸曦之章》，樂
作，贊引奏跪拜興，皇帝率群臣行三跪九拜禮，興。樂暫止，典儀贊奉祝帛饌送燎，
司祝司帛，詣神位前，咸跪，三叩，司祝奉祝，司帛奉筐，興，司香跪奉香，司爵跪
奉饌，興，以次恭送燎所。皇帝轉立拜位旁，北向，司拜褥官徹拜褥，俟祝帛過，仍
布拜褥，皇帝復位，立。樂作，陪祀王公百官退班，贊引奏禮成，恭導皇帝出壇左門，
入具服殿更衣，樂止，禮部尚書太常寺卿屬恭請神位復御，儀如迎神。贊引恭導皇帝
出具服殿，至壇北門外乘禮輿，法駕鹵簿前導，導迎樂作，奏《祐平之章》。皇帝回
鑾，王公從，各官以次退，不陪祀王公百官，仍朝服祗候駕至跪迎，午門鳴鐘，樂止，
王公隨駕入，至內金水橋，恭候皇帝還宮，退，太常寺官徹乾清門齋戒牌銅人送寺。

　　嘉慶二十一年，仁宗睿皇帝親祭日壇，由北天門中門，至神庫前甬道中間鋪設，
棕薦處降輿，贊引、對引官恭導至西櫺星門外盥手處盥手畢，入櫺星左門，升壇詣幄
次行禮。

　　道光四年諭：本年係親詣朝日壇行禮之年，上年朕已親詣行禮，今年明年進本時，
著專請遣官。

　　十一年諭：嗣後凡致祭日壇祝版，用赤質朱書，玉用赤璋，帛用紅色禮神制帛，
樂用七奏，樂章曰曦，舞用八佾，牲用太牢，爵用陶舊制用玉，豆祭簠簋鉶遵同，皇
帝祭服用赤色。

道光二十三年諭：給事中文丕奏定例朝日壇以卯刻致祭，本月二十一日禮成將及卯初，請將承祭官交部議處等語，此次禮成將及卯初，所早不過二三刻數，究與遲誤者有間，承祭官著毋庸議處，嗣後凡遇遣官祭祀，其致祭時刻，總當恪遵定例，不得過早，亦不得稍遲，以昭敬慎。

（清）昆岡等《大清會典圖》卷一一《禮一一·祀典一一》

日壇，西向，壇上正中，大明神座，西向，不設幄，座前懷桌一，籩豆案一，東南隅，饌桌一，中間少北，祝案一，西向，南，尊桌一，接桌一，福胙桌一，北接福胙桌一，東階下正中設龕一，以備風雨。左右長竿各一，二人執之，以御飛禽。四櫺星門西北，至天門內正中，各設香案一，西階上正中幄次，為皇帝拜位，東向。贊引對引各一人，太常寺司拜牌司拜褥各一人，分立左右，南北面。司香一人，司玉帛一人，司爵一人，贊福胙官一人，立南案之南，北面。讀祝官一人，立北案之西，南面。捧福酒福胙光祿寺卿二人，立司香之後，北面。接福酒福胙侍衛二人，立讀祝官之後，南面。侍儀禮部尚書一人，侍郎一人，立南案之西，北面。都察院左都御史一人，副都御史一人，樂部典樂一人，立北案之西，南面。壇下為陪祀王以下公以上拜位，左右各二班，均東向。典儀一人，立西階之南，北面。記注官四人，立於北，南面。引禮鴻臚寺官二人，糾儀御史二人，禮部司官二人，分立於王公拜位左右，司樂、協律郎、樂工、歌工分立於樂懸之次，均南北面。樂舞生、文武八佾分行序立，傳贊官二人，循壇牆立，南北面，壇西門外為陪祀百官，拜位左右各五班，均東向。引禮鴻臚寺官二人，糾儀御史四人，禮部司官四人，分立於百官拜位左右，掌燎官率燎人立燎爐之西南隅。若遣官恭代行禮，壇西門內正中為承祭官拜位，東向，不飲福受胙，王公不陪祀，不設福胙桌、接福胙桌，不用光祿寺侍衛、贊胙、司拜牌、司拜褥及樂部大臣，記注官壇上糾儀用禮部司官四人，御史四人，階下不用鴻臚寺御史、禮部官，其餘各位次同。

日壇大明位，懷桌上設盞三十，籩豆案上，爵墊一，登一，鉶二，簠二，簋二，籩十，豆十。案前俎一，中區為三，實牛一、羊一、豕一，又前爐几設銅爐一，香靠具，鐙几設白羊角觔鐙二，玉帛筐先設接桌上，奠玉帛，奠於籩豆案正中，陶爵三，先設尊桌上，三獻奠於爵墊。

夕月

《明世宗實錄》卷一二八"嘉靖十年七月"條

辛未，禮部具上夕月壇祭夜明儀注。

前期二日。太常寺奏祭祀如常儀，諭百官致齋二日。

前期一日。太常卿同光祿卿奏省牲如常儀，是日上親填祝板於文華殿，白楮版墨書，如遇遣官則中書代填，遂告於廟，遣官則否。

是日。免朝，錦衣衛備隨朝駕，申時常服乘輿詣西郊，由壇北門入至具服殿具皮弁服出，導引官導上申中門入。典儀唱樂舞生就位，執事官各司其事，內贊奏就位，上就拜位。典議唱迎神，樂作，樂止，內贊奏兩拜，傳贊百官同。典議唱奠玉帛，行初獻禮，樂作，內贊奏升壇，導上至夜明神位前，奏搢圭，司香官捧香跪進於上左，內贊奏跪，奏上香，上三上香，訖。捧玉帛官以玉帛跪進於上左，上受玉帛，奠，訖，捧爵官以爵跪進於上右，上受爵，內贊奏獻爵，上獻，訖，奏出圭，奏請讀祝位，奏跪，傳贊眾官皆跪。贊讀祝，樂暫止，讀祝官跪讀訖，樂復作，奏俯伏興平身，傳贊百官同。奏復位，上復位，樂止。典儀唱行亞獻禮，樂作，儀同初獻惟不讀祝，樂止。典儀唱行終獻禮，樂作，儀同亞獻。樂止，太常卿進於壇前之石，唱答福胙，內贊奏詣飲福位，導上至飲福位，光祿卿捧福酒跪進於上左，內贊奏跪，搢圭，奏飲酒，上飲訖，光祿官捧福胙跪進於上左，內贊奏受胙，上受訖，奏出圭俯伏興平身，奏復位，上復位，奏兩拜，傳贊百官同。典儀唱徹饌，樂作，執事官徹饌訖，樂止，典儀唱送神，樂作，內贊奏兩拜，傳贊百官同。樂止，典儀唱，讀祝官捧祝，進帛官捧帛，掌祭官捧饌，各詣瘞位，樂作，內贊奏禮畢，樂止，導引官導上入具服殿易常服，升輦參拜於廟畢，還宮。

（明）申時行等《大明會典》卷八一《禮部三九・夕月壇》

前期二日。太常寺奏祭祀如常儀，諭百官致齋二日。

前期一日。太常卿同光祿卿奏省牲如常儀。是日，上親填祝版於文華殿，白楮叛墨書，如遇遣官之歲，則中書官代填遂告於廟，告辭曰：「孝玄孫嗣皇帝御名明日往祭夜明等神於夕月壇，謹詣祖宗列聖帝后神位前恭預告知。」遣官則否。

陳設。夜明之神東向，犢一，羊一，豕一，登一，鉶二，簠、簋各二十，豆十，金爵三，白瓷酒盞三十，酒尊三，玉用白璧一，帛一，白色。篚一，祝案一。從位一，壇南向，邊十，豆十，帛十。青紅黃各一，白六，黑一。

正祭。是日免朝，錦衣衛備頤朝駕。申時，上常服乘輿由西長安門出至壇北門，入至具服殿，具皮弁服出，導引官導上由中門入，典儀唱樂舞生就位，執事官各司其事，內贊奏就位，上就拜位。

典儀唱迎神，樂作，樂止，內贊奏兩拜，傳贊百官同。

典儀唱奠玉帛，樂作，內贊奏升壇，導上至夜明神位前，奏跪，奏搢圭，司香官捧香跪進於上左，內贊奏上香，上三上香，訖，捧玉帛官以玉帛跪進於上左，內贊奏獻玉帛，上受玉帛，奠，訖，奏出圭，奏復位，樂止。

典儀唱行初獻禮，樂作，內贊奏升壇，導上至神位前，奏搢圭，捧爵官以爵跪進於上右，上受爵，內贊奏獻爵，上獻，訖，奏出圭，奏詣讀祝位，奏跪，傳贊眾官皆跪。樂暫止，贊讀祝，讀祝官跪讀祝，畢，樂復作，奏俯伏興平身，傳贊百官同。奏復位，上復位，樂止。

典儀唱行亞獻禮，樂作，儀同初獻，惟不讀祝樂止。

典儀唱行終獻禮，樂作，儀同亞獻，樂止。

太常卿進立於壇前之右，唱答福胙，內贊奏詣飲福位，導上至飲福位，奏跪，奏搢圭，光祿卿捧福酒跪進於上左，內贊奏飲福酒，上飲，訖，光祿官捧福胙跪進於上左，內贊奏受胙，上受，訖，奏出圭俯伏興平身，奏復位，上復位，奏兩拜，傳贊百官同。

典儀唱徹饌，樂作，執事官徹饌，訖，樂止。

典儀唱送神，樂作，內贊奏兩拜，傳贊百官同。樂止，典儀唱，讀祝官捧祝，進帛官捧帛，掌祭官捧饌各詣燎位，樂作，內贊奏禮畢，樂止，導引官導上入具服殿易常服，升輦，還參拜於廟，致辭曰："孝玄孫嗣皇帝御名祭夜明等神回還，恭詣祖宗列聖帝后神位前，謹用參拜，畢，還宮。"遣官則否。

分獻官儀注。初獻，讀祝獻官朝上跪，至俯伏，興，平身，贊引引獻官由北級上至神位前，贊搢笏上香，獻帛獻爵，訖，贊出笏，復位，亞、終獻上復位，贊引引獻官至神位前，贊搢笏，獻爵，出笏，復位。

（明）王圻《續文獻通考》卷一〇七《郊社考·祀日月·世宗重定夕月壇儀注》

前二日。太常寺奏祭祀如常儀，諭百官致齋二日。

前一日。太常卿同光祿卿奏省牲如常儀。是日，上親填祝版於文華殿，白楮版墨書，如遇遣官之歲，則中書官代填，遂告於廟，告辭曰："孝玄孫嗣皇帝御名明日往祭夜明等神於夕月壇，謹詣祖宗列聖帝后神位前恭預告知。"遣官則否。

陳設。夜明之神東向，犢一、羊一、豕一、登一、鉶二，簠、簋各二，籩十，豆十，金爵三，酒尊三，白瓷酒盞三十。玉用白璧一，帛一，白色。篚一，祝案一。從位一，壇南向，籩十，豆十，帛十。青、紅黃各一，白六，玄一。

正祭。是日朝錦衣衛備隨朝駕。申時，上常服乘輿由西長安門出，至壇北門入至具服殿，具皮弁服出，導引官導上由中門入，典儀唱樂舞生就位，執事官各司其事。內贊奏就位，上就拜位，典儀唱迎神，樂作，樂止，內贊奏兩拜，傳贊百官同。典儀唱奠玉帛，樂作，內贊奏升壇，導上至夜明神位前，奏跪，奏搢圭，司香官捧香跪進於上左，內贊奏上香，上三上香，訖，捧玉帛官以玉帛跪進於上左，內贊奏獻玉帛，上受玉帛，奠訖，奏出圭，奏復位，樂止。典儀唱行初獻禮，樂作，內贊奏升壇，導上至神位前，奏搢圭，捧爵官以爵跪進於上右，上受爵，內贊獻爵，上獻訖，奏出圭，詣讀祝位，奏跪，傳贊眾官皆跪。樂暫止。贊讀祝，讀祝官跪讀祝畢，樂復作，奏俯伏興平身，傳贊百官同。奏復位，上復位，樂止。典儀唱行亞獻禮，樂作，初獻同，不讀祝。樂止，典儀唱行終獻禮，樂作，儀同亞獻。樂止，太常卿進立於壇前之右，唱賜福胙，內贊之奏詣飲福位，導上至飲福位，奏跪，奏搢圭，光祿卿捧福酒跪進於上左，內贊奏飲福酒，上飲訖，光祿官捧福胙跪進於上左，內贊奏受胙，上受訖，奏出圭俯伏興平身，奏復位，上復位。奏兩拜，傳贊百官同。典儀唱徹饌，樂作，執事官徹饌，訖，樂止。典儀唱送神，樂作，内贊奏兩拜，百官同。樂止，典儀唱，讀祝官捧祝，進帛官捧帛，掌祭官捧饌，各詣瘞位，樂作，内贊奏禮畢，樂止，導引官導上入具服殿易常服，升輦，還，參拜於廟，致辭曰："孝玄孫嗣皇帝御名祭夜明等神回還，恭詣祖宗列聖帝后神位前，謹用參拜。"畢，上還宮。遣官則否。

分獻官儀注。初獻，讀祝獻官朝上跪，至俯伏，興，平身，贊引引獻官由北級上至神位前，贊搢笏上香、獻帛、獻爵，訖。贊出笏，復位。亞、終獻同上復位，贊引引獻官至神位前，贊搢笏、獻爵、出笏、復位。

（明）徐一夔等《明集禮》卷一一《吉禮第一一・日月篇》

時日，以秋分日行事。

齋戒。皇帝散齋三日，致齋二日，陪祭官執事官并齋五日如常儀。

省牲。前期二日，所司設皇帝大次於壇外東門内道北，南向，設省牲位於内壇東門外。先祭一日，導駕官同太常卿導引車駕詣大次，太常卿奏請中嚴，皇帝服皮弁服，太常卿奏外辦，導駕官同太常卿導引皇帝詣省牲位，執事者各執乃事，廩犧令率其屬牽牲自東行過御前，省，訖，牽詣神廚執事者取毛血實於豆，太常卿奏請詣神廚，導駕官同太常卿導引至神廚，太常卿奏請視鼎鑊，請視滌濯，遂烹牲，導駕官同太常卿導引皇帝還大次。

陳設。前祭一日所司陳設，如圖儀。

鑾駕出宮。鹵簿導從，同圓丘儀。

正祭。祭日清晨，太常少卿帥執事者各實尊、罍、籩、豆、簠、簋、登、俎，又實幣於篚，加圭璧陳於尊所，祝版置於神位之右，樂生舞生入就位，諸執事官陪祭官各入就位，太常卿奏請中嚴，皇帝服衮冕，太常卿奏外辦，導駕官同太常卿導引皇帝至御位，南向立。

迎神，贊禮唱迎神，協律郎跪，俯伏，舉麾奏《凝和之曲》，樂闋成，贊禮唱請行禮，太常卿奏有司謹具請行事，奏鞠躬拜興拜興平身，皇帝鞠躬拜興拜興平身，贊禮唱皇太子以下在位官皆再拜，傳贊唱鞠躬，拜，興，拜，興，平身，皇太子以下鞠躬，拜，興，拜，興，平身。

奠玉幣。贊禮唱奠玉幣，太常卿奏請詣盥洗位，導駕官同太常卿導引皇帝詣盥洗位，太常卿贊盥曰前期齋戒，今晨奉祭，加其清潔，以對神明，太常卿奏搢圭，皇帝搢圭，司執洗者捧盤進巾，太常卿奏盥手，帨手，出圭，皇帝盥手，帨手，出圭，太常卿奏請升壇，贊曰："神明在上，整肅威儀，升自午陛。"太常卿奏請詣夜明神位前，司玉幣者捧玉幣以俟，協律郎跪，俯伏，舉麾奏《保和之曲》，導駕官同太常卿導引皇帝至神位前，北向立。太常卿奏跪，搢圭，皇帝跪，搢圭，司香官取香跪進於皇帝之左，太常卿奏上香上香三上香，皇帝上香，上香，三上香，司玉幣者捧玉幣跪進於皇帝之右，皇帝受玉幣奠於夜明神位前，太常卿奏出圭鞠躬拜興拜興平身，皇帝出圭，鞠躬，拜，興，拜，興，平身，樂止。太常卿奏請詣星辰神位前，導駕官同太常卿導引皇帝至神位前，太常卿奏跪搢圭，皇帝跪，搢圭，司香官捧香跪進於皇帝之左，太常卿奏上香上香三上香，皇帝上香，上香，三上香，司幣者捧幣跪進於皇帝之右，皇帝受幣，奠於星辰神位前，太常卿奏出圭鞠躬拜興拜興平身，皇帝出圭，鞠躬，拜，興，拜，興，平身，太常卿奏復位，導駕官同太常卿導引皇帝復位。

進俎。贊禮唱進俎，齋郎舉俎至壇前，進俎官舉俎升自午陛，協律郎跪，俯伏，舉麾奏《保和之曲》，導駕官同太常卿導引皇帝至夜明神位前，太常卿奏搢圭，皇帝搢圭，進俎官以俎進於皇帝之右，皇帝以俎奠於神位前，太常卿奏出圭，皇帝出圭，導駕官同太常卿導引至星辰神位前，進俎官以俎進於皇帝之右，太常卿奏搢圭，皇帝搢圭以俎奠於星辰神位前，太常卿奏出圭，皇帝出圭，太常卿奏復位，導駕官同太常卿導引皇帝復位。

初獻。贊禮唱行初獻禮，太常卿奏請行初獻禮，請詣爵洗位，導駕官同太常卿導引皇帝至爵洗位，太常卿奏搢圭，皇帝搢圭，執爵官以爵進，皇帝受爵、滌爵、拭爵、以爵授執爵官，執爵官又以爵進，皇帝受爵、滌、爵拭爵以爵、授執爵官，太常卿奏出圭，皇帝出圭，太常卿奏請詣酒尊所，導駕官同太常卿導引皇帝升壇至酒尊所，太常卿奏搢圭，皇帝搢圭，執爵官以爵進，皇帝執爵，司尊者舉冪酌泛齊，皇帝以爵授執爵官，太常卿奏出圭，皇帝出圭，太常卿奏請詣夜明神位前，協律郎跪，俯伏，舉麾奏《安和之曲》《武功之舞》，導駕官同太常卿導引皇帝至神位前，太常卿奏跪，搢圭，皇帝跪，搢圭，司香官捧香跪進於皇帝之左太常卿奏上香上香三上香，皇帝上香，上香，三上香，執爵官捧爵跪進於皇帝之右，皇帝受爵，太常卿奏祭酒，祭酒，三祭酒，奠爵，皇帝祭酒，祭酒，三祭酒，奠爵，樂舞止。太常卿奏出圭，皇帝出圭，讀祝官取祝版於神右，跪讀，訖，樂舞作，太常卿奏俯伏興平身，稍後鞠躬拜興拜興平身，皇帝俯伏，興，平身，稍後鞠躬，拜，興，拜，興，平身，樂舞止。太常卿奏請詣酒尊所，導駕官同太常卿導引皇帝至酒尊所，執爵官以爵進，皇帝受爵，司尊舉冪，酌泛齊以爵授執爵官，太常卿奏請詣星辰神位前，導駕官同太常卿導引皇帝至神位前，太常卿奏跪搢圭，皇帝跪，搢圭，司香官捧香跪進於皇帝之左，太常卿奏上香上香三上香，皇帝上香，上香，三上香，執爵官捧爵跪進於皇帝之右，皇帝受爵，太常卿奏祭酒，祭酒，三祭酒，奠爵，皇帝祭酒，祭酒，三祭酒，奠爵，太常卿奏出圭，讀祝官取祝版於神位之右，跪讀，訖，太常卿奏俯伏興平身，稍後鞠躬拜興拜興平身，皇帝俯伏，興，平身。稍後鞠躬，拜，興，拜，興，平身，太常卿奏請復位，導駕官同太常卿導引皇帝復位。

亞獻。贊禮唱行亞獻禮，太常卿奏行亞獻禮，請詣爵洗位，導駕官同太常卿導引皇帝至爵洗位，太常卿奏搢圭，皇帝搢圭，執爵官以爵進，帝受爵、滌爵、拭爵、以爵授執爵官，執爵官又以爵進，皇帝受爵、滌爵、拭爵、以爵授執爵官。太常卿奏出

圭，皇帝出圭，太常卿奏請詣酒尊所，導駕官同太常卿導引皇帝升壇至酒尊所，太常
卿奏搢圭，皇帝搢圭，執爵官以爵進，皇帝受爵，司尊舉冪，酌醴齊，皇帝以爵授執
爵官，太常卿奏出圭，皇帝出圭，太常卿奏請詣夜明神位前，協律郎跪，俯伏，舉麾
奏《中和之曲》《文德之舞》，導駕官同太常卿導引皇帝至神位前，太常卿奏跪，搢
圭，皇帝跪，搢圭，司香官捧香，跪進於皇帝之左，太常卿奏上香上香三上香，皇帝
上香，上香，三上香，執爵官捧爵跪進於皇帝之右，皇帝受爵，太常卿奏祭酒，祭酒，
三祭酒，奠爵，皇帝祭酒祭酒三祭酒，奠爵，太常卿奏出圭俯伏興平身，稍後鞠躬拜
興拜興平身，皇帝出圭，俯伏，興，平身，稍後鞠躬，拜，興，拜，興，平身，樂舞
止。太常卿奏請詣酒尊所，導駕官同太常卿導引皇帝至酒尊所，執爵官以爵進，皇帝
受爵，司尊者舉冪酌醴齊，皇帝以爵授執爵官，太常卿奏請詣星辰神位前，樂舞作，
導駕官同太常卿導引皇帝至神位前，太常卿奏跪搢圭，皇帝跪，搢圭，執爵官捧爵跪
進於皇帝之右，皇帝受爵，太常卿奏祭酒祭酒三祭酒奠爵，皇帝祭酒，祭酒，三祭酒，
奠爵，太常卿奏出圭俯伏興平身，稍後鞠躬拜興拜興平身，皇帝出圭，俯伏，興，平
身，稍後鞠躬，拜，興，拜，興，平身，樂舞止。太常卿奏復位，道駕官同太常卿導
引皇帝復位。

　　終獻。贊禮唱行終獻禮，太常卿奏行終獻禮，請詣爵洗位，導駕官同太常卿導引
皇帝至爵洗位，太常卿奏搢圭，皇帝搢圭，執爵官以爵進，皇帝受爵、滌爵、拭爵、
以爵授執爵官，執爵官又以爵進，皇帝受爵、滌爵、拭爵、以爵授執爵官，太常卿奏
出圭，皇帝出圭，太常卿奏請詣酒尊所，導駕官同太常卿導引皇帝升壇至酒尊所。太
常卿奏搢圭，皇帝搢圭，執爵官以爵進，皇帝受爵，司尊舉冪酌盎齊，皇帝以爵授執
爵官，太常卿奏出圭，皇帝出圭，太常卿奏請詣夜明神位前，協律郎跪，俯伏，舉麾
奏《肅和之曲》《文德之舞》，導駕官同太常卿導引皇帝至神位前。太常卿奏跪搢圭，
皇帝跪，搢圭，司香官捧香跪進於皇帝之左，太常卿奏上香上香三上香，皇帝上香，
上香，三上香，執爵官捧爵跪進於皇帝之右，皇帝受爵，太常卿奏祭酒祭酒三祭酒奠
爵，皇帝祭酒，祭酒，三祭酒，奠爵。太常卿奏出圭俯伏興平身，稍後鞠躬拜興拜興
平身，皇帝出圭，俯伏，興，平身，稍後鞠躬，拜，興，拜，興，平身。太常卿奏請
詣酒尊所，導駕官同太常卿導引皇帝至酒尊所，執爵官以爵進，皇帝受爵，司尊者舉
冪酌盎齊，皇帝以爵授執爵官，太常卿奏請詣星辰神位前，導駕官同太常卿導引皇帝
至神位前，太常卿奏跪搢圭，皇帝跪，搢圭，執爵官捧爵跪進於皇帝之右，皇帝受爵，
太常卿奏祭酒祭酒三祭酒奠爵，皇帝祭酒，祭酒，三祭酒，奠爵，太常卿奏出圭俯伏
興平身，稍後鞠躬拜興拜興平身，皇帝出圭，俯伏，興，平身，稍後鞠躬，拜，興，
拜，興，平身，太常卿奏復位，導駕官同太常卿導引皇帝復位。

　　飲福受胙。贊禮唱飲福受胙，太常卿奏請詣飲福位，導駕官同太常卿導引皇帝升
壇至飲福位，北向，太常卿奏鞠躬拜興拜興平身，皇帝鞠躬，拜，興，拜，興，平身。

太常卿奏跪搢圭，皇帝跪，搢圭，捧爵官酌福酒跪進於皇帝之左，贊曰：“惟此酒肴，神之所與，賜以福慶，億兆同霑。”皇帝受福酒，祭酒，飲福酒，以爵置於坫，捧胙官捧胙，跪進於皇帝之右，皇帝受胙，以胙授執事者，執事者跪受於皇帝之右。太常卿奏出圭，皇帝出圭，太常卿奏俯伏興平身，稍後鞠躬拜興拜興平身，皇帝俯伏，興，平身，稍後鞠躬，拜，興，拜，興，平身，太常卿奏請復位，導駕官同太常卿導引皇帝復位。

徹豆。贊禮唱徹豆，協律郎跪，俯伏，舉麾奏《壽和之曲》，掌祭官徹豆，贊禮唱賜胙，太常卿奏皇帝飲福受胙，免拜，贊禮唱皇太子以下在位官皆再拜，傳贊唱鞠躬拜興拜興平身，皇太子以下皆鞠躬，拜，興，拜，興，平身，樂止。

送神。贊禮唱送神，協律郎跪，俯伏，舉麾奏《豫和之曲》，太常卿奏鞠躬拜興拜興平身，皇帝鞠躬拜興拜興平身，贊禮唱皇太子以下在位官皆再拜，傳贊唱鞠躬，拜，興，拜，興，平身，皇太子以下皆鞠躬，拜，興，拜，興，平身，贊禮唱祝人取祝，幣人取幣詣望燎位，讀祝官取祝，捧幣官捧幣，掌祭官取饌及爵酒，詣柴壇置戶上，樂止。

望燎。贊禮唱望燎，導駕官同太常卿導引皇帝至望燎位，贊禮唱可燎，東西面各二人，以炬燎，火柴半燎，太常卿奏禮畢，導駕官同太常卿導引皇帝還大次，解嚴，變駕還宮，鹵簿導從如來儀，大樂鼓吹振作。

（明）佚名《太常續考》卷三《夜明秋分事宜》

前期一月。禮部題請聖駕親祭，本如奉旨，是則本寺前期十日題請聖駕親祭。本如奉旨遣官代，則本寺題欽定大臣一員行禮本。子、午、卯、酉、寅、申、己亥年，本寺徑題欽定大臣一員行禮，本其分獻大臣一員，同正壇題請遣官旨下各行手本知會。

本寺委協律郎提調樂舞生執事於太和殿，朝夕演習禮樂。

前期七日。行手本知會鴻臚寺於前期三日，請升殿奏祭祀。

前期三日。行揭帖知會司禮監奏祭祀。

前期二日。本寺官具公服於皇極殿鳴鞭，訖，跪奏云：太常寺卿臣某等謹奏，本月某日秋分夜明於夕月壇，是日酉時恭聖駕致祭。如遣官則不奏此二句。文武百官自某日為始致齋二日，請旨承旨，叩三頭，一揖，一躬，退。如其日不朝則具本題知。

是日，屬官率鋪排執御仗紗燈，進齋戒牌銅人於文華殿東九五，齋北向，仍出示長安門。

齋牌。年八月某日秋分酉時祭夜明於夕月壇，自某日午後沐浴更衣，某日為始致齋二日。

東西長安門告示。太常寺為祭祀事，照得□□年八月某日秋分祭夜明於夕月壇，文武百官。以下與朝日壇同。

本寺堂上官詣太和殿演禮樂，畢，詣犧牲所看牲。

行揭帖。知會司禮監填祝牌，并奏省牲。如次日不朝則不具省牲揭帖。

前期二日。本寺卿同光禄寺卿具吉服，候上御皇極門傳嗽，畢，跪奏云：太常寺等衙門卿臣某等謹奏，本月某日臣等恭詣夕月壇省牲。請旨，承旨，不叩頭，一躬，退。如其日不朝則具本題知。是日早，博士捧祝版於東平臺，候上親填御名捧出午門外，安於祝版亭内，厨役舁至夕月壇神庫内奉安。

行揭帖。知會司禮監請駕，如遣官則不請，祭日早上以出祭夜明告内殿，同日本寺卿同光禄寺卿省牲，畢，具本復命。是日早，樂舞生詣夕月壇并具服殿各門燒香，本寺官率鋪排厨役詣夕月壇神庫洗玉并金爵祭器，午後樂舞生陳設樂器，本寺卿回請聖駕，少卿、寺丞奉安神牌，陳設籩、豆、牲隻。

儀注。申刻，本寺卿具吉服，上至皇極門跪奏云：太常寺卿臣某，恭請聖駕詣夕月壇致祭。不承旨，叩三頭，一揖，一躬，先出。上具常服，由西長安門出，至壇北門内具服殿具皮弁服，出，導引官導上繇中門入，典儀唱樂舞生就位，執事官各司其事，内贊奏就位。世宗皇帝時位設於壇下，穆宗皇帝時位設於壇上。典儀唱迎神，奏樂，樂止，内贊奏再拜，傳贊百官同。典儀唱奠玉帛，行初獻禮，奏樂，内贊奏升壇，導上至香案前，奏跪，奏搢圭，奏上香，奏獻玉帛，奏獻爵，奏出圭，奏復位，樂暫止，奏跪，傳贊百官皆跪，贊讀祝，讀訖，樂復作，奏俯伏，興，平身。傳贊百官同。樂止。

典儀唱行亞獻禮，奏樂儀同初獻。惟不上香。獻玉帛，讀祝，樂止，典儀唱行終獻禮，奏樂儀同亞獻，樂止。

本寺卿立於壇右，唱賜福胙，光禄寺官捧福酒胙，跪進於上左，内贊奏跪，奏搢圭，奏飲福酒，飲，訖，奏受胙，受，訖，奏出圭，奏俯伏，興，平身，奏再拜。傳贊百官同。

典儀唱徹饌，奏樂，樂止。

典儀唱送神，奏樂，内贊奏再拜，傳贊百官同，樂止，典儀唱讀祝官捧祝，掌祭官捧帛饌各詣位，奏樂，上退立於拜位北，捧祝帛饌官下級，内贊奏禮畢，導上由中門出，導引官導至具服殿易服，其分獻官於讀祝，畢，贊引引繇北級上至神位前，贊跪，贊搢笏，贊上香，贊獻帛，贊獻爵，贊出笏，贊復位，其亞終獻俱上復位，贊引引分獻官至神位前，贊搢笏，贊獻爵，贊出笏，贊復位，至望瘞，分獻官詣瘞所遣官位設於壇下，由南級升降，不答福胙，餘儀同。分獻官與遣祭官一時升降，世宗皇帝時位設於壇下，初獻奏出圭，後内贊奏詣讀祝位，讀畢，奏俯伏，興，平身，後方奏復位，本寺卿唱答福胙，後内贊奏詣飲福位，飲福受胙，畢，奏俯伏，興，平身，奏復位，方奏再拜，餘儀同。

(清) 伊桑阿等《 (康熙) 大清會典》卷五六《郊祀二‧夕月壇》

遇皇上親祭之年，或親詣行禮，或遣官恭代，從壇遣官一分獻，俱禮部題請。今由太常寺。

前期三日。禮部太常寺爲進齋戒牌銅人題請。今由太常寺。

前期二日。太常寺官進齋戒牌銅人，上致齋二日，王以下陪祀文武各官，俱在本家齋戒二日。

前期二日。内閣撰發祝文，禮部恭寫，送至内閣恭填御名。是日奏請視祝文，并派讀祝官。今由太常寺。

前期一日。禮部太常寺官至内閣捧祝版至中和殿，請上視祝版畢，捧祝官拱舉，由中路出，至午門安月白幔亭内，前列御仗一對，太常寺官隨亭後，送至夕月壇神庫案上安設，上香，一跪三叩頭退。今由太常寺。

前期一日。禮部、都察院、太常寺、光禄寺官，俱朝服，上香，監宰牲，并瘞毛血。

正壇安設。夜明神牌在壇上正中，東向。月白幄次。

從壇安設。北斗七星之神位，木火土金水星之神位，二十八宿之神位，周天星辰之神位，共爲一壇，在正壇之左，位北南向，月白幄次。

正壇陈設。白玉一，禮神制帛一，白色。牛一，羊一，豕一，登一，鉶二，簠二，簋二，籩十，豆十，金爵三，白瓷酒盞三十，酒罇一。

從壇陳設。禮神制帛十一，白色七，青紅元黄色各一。牛一，羊一，豕一，登一，鉶二，簠二，簋二，籩十，豆十，白瓷爵三，白瓷酒盞三十，無玉。

正祭日早。太常寺官至神庫内，捧請各神牌，并祝文，奉安壇内，如常儀。

正祭日。上親詣行禮，鹵簿大駕全設，不作樂，陪祀王以下公以上，在午門内金水橋南排立，候駕出隨行，不陪祀王公以下各官，在午門外分翼排列，候駕跪送，陪祀各官，預於壇前欞星門外兩旁排列候駕。上乘輦至壇前鋪棕薦處降輦，太常寺贊引官對引官導上入北中門，至更衣幄次，更衣盥手畢，導上入欞星左門，升壇，至黄幄次拜位前立，鴻臚寺官引王以下公以上在臺階下立，陪祀各官在欞星門外排班立。典儀唱樂，舞生就位，執事官各司其事。武舞生執干戚引進。贊引官奏就位。

上詣拜位立，典儀唱迎神，協律郎唱舉迎神樂，奏《迎光之章》。樂作，贊引官奏跪叩興，傳贊官衆官俱跪叩興。上行二跪六叩頭禮，興。王以下及陪祀各官，俱隨行禮，樂止。典儀唱奠玉帛，行初獻禮，協律郎唱舉奠玉帛樂，奏《升光之章》。樂作，贊引官奏升壇，導上詣香案前立，司香官跪於案左，贊引官奏跪，上跪，奏上香，上舉柱香上爐内，又三上塊香畢，興。贊引官導上至奠玉帛案前立，捧玉帛官跪於案左，贊引官奏奠玉帛，上受玉帛拱舉，立獻畢，贊引官導上至獻爵案前立，捧爵官跪於案左，贊引官奏獻爵，上受爵拱舉，立獻畢，贊引官奏復位。贊引官奏復位，上復拜位立，其從壇分獻官亦升壇，上香奠帛爵如正壇，禮畢，亦復位立，樂止。讀祝官至祝案前，一跪三叩頭，捧祝版立於案左，贊引官奏跪，傳贊衆官官贊俱跪。上跪，王以下從壇分獻官及陪祀各官讀祝官俱跪，贊引官贊讀祝，讀祝官讀畢，捧祝官跪安帛匣上，三叩頭退，樂作，贊引官奏叩興，傳贊官贊，官俱跪，叩，興。上行三叩頭禮興，王以下各官俱隨行禮畢，樂止。武生叩頭退，文舞生執羽籥引進。典儀唱行亞獻禮，協律郎唱舉亞獻樂，奏《瑤光之章》。樂作，贊引官奏升壇，導上升壇、獻爵如初獻儀畢。不讀祝。贊引官奏復位，上復拜位立，從壇分獻官亦升壇獻爵，各復位立，樂止。

　　典儀唱行終獻禮，協律郎唱舉終獻樂，奏《瑞光之章》。樂作，贊引官奏升壇導上升壇，獻爵如亞獻儀畢，贊引官奏復位，上復拜位立，從壇分獻官亦升壇獻爵，各復位立，樂止。文舞生叩頭退。太常寺官一員，在壇上左旁立，唱賜福胙，光祿寺捧爵官一員，捧胙官一員，捧福胙進，詣神位前拱舉，跪於上右，接福胙侍衛二員，跪於上左，贊引官奏跪，上跪，奏飲福酒，上受爵拱舉，授與接胙侍衛，各退，贊引官奏叩興，上行三叩頭禮，興。王以下官不叩。行謝福胙禮，贊引官奏跪叩興，傳贊官贊眾官俱跪，叩，興。上行二跪六叩頭禮，興。王以下各官俱隨行禮畢。典儀唱徹饌，協律郎唱舉徹饌，奏《函光之章》。樂作，捧玉官至案前，一跪一叩頭，捧玉退，樂止。典儀唱送神，協律郎唱舉送神樂，奏《保光之章》，樂作，贊引官奏跪叩興，傳贊官贊眾官俱跪叩興。上行二跪六叩頭禮，興。王以下各官俱隨行禮畢，樂止。典儀唱捧帛饌，各恭詣燎位，捧祝帛官詣案前，一跪三叩頭，捧起，捧香饌官跪捧起不叩，依次由中路送至燎爐，樂作，贊引官導上轉立拜位之左，祝帛香饌捧過，上復位立，祝帛焚半，贊引官奏禮畢，贊引官對引官導駕出，各官在兩旁排班立，王以下公以上俱隨後出，上至北門升輦，作樂回宮，其不陪祀王以下各官，仍於午門外排班跪迎如常儀。

　　祭畢。太常寺官捧清各神牌奉安神庫，上香跪叩如常儀。

　　祭日。太常寺官徹回齋戒牌銅人送庫收貯如常儀。

　　遣官恭代。行禮與朝日壇同。

　　(清) 張廷玉《清文獻通考》卷九七《郊社考七·日月星辰·皇帝親祭夕月壇儀遣**官儀附》**

　　丑、辰、未、戌年秋分之夕，皇帝親詣西郊夕月。

　　先二日。禮部尚書一人至犧牲所眡牲如儀。

　　書祝版、眡祝版儀均與東郊同。

　　祀日未明，割牲於宰牲亭，有司朝服視宰，宰人瘞毛血如儀。

　　侵晨，太常寺官潔壇上下，耤以棕薦，張神幄，設夜明神座專案，東向，設配位，北斗七星，次木火土金水五星，次二十八宿，次周天星辰神座，同案，南向。工部官張皇帝拜次於卯階上如式，晡後，太常寺卿率屬入壇具器陳，夜明位前，牛一，羊一，豕一，登一，鉶、簠、簋各二，籩、豆各十，盞三十，爐一，鐙二，星辰位同，中設一案，少南，西向，供祝版，北設一案，南向，陳夜明前白璧一，禮神制帛一色白，香盤一，尊一，爵三，并設福胙加爵一。星辰位前，禮神制帛十有一，色青、赤、黃、黑各一，白七。香盤一，尊一，爵三。凡牲陳於俎，凡玉帛實於筐，凡尊實酒，承以舟疏布冪勺具。鑾儀衛設洗於具服殿外，樂部率太常協律郎陳設樂懸舞佾與東郊同。

省齋儀同東郊。

辨行禮位。卯階上，幄次正中，爲皇帝拜位，西向，分獻官一人位壇下之左當階，陪祀王公位壇下，左右百官位壇門外左右，均西面，左班南上，右班北上。辨執事位，壇上太常寺司拜牌、拜褥官各一人，立於皇帝拜位左右，司祝一人、司香二人、司玉帛一人、司帛一人、司爵二人、光祿寺卿二人、侍衛二人、太常寺贊答福胙一人。侍儀，禮部尚書、侍郎，都察院左都御史、副都御史，樂部典樂各一人，位南北，序分立祝案尊案之次，如常儀。太常寺典儀一人、司樂一人，面南，立於階下之左，贊禮郎二人，立分獻官位左右，記注官四人，立於壇門外之右，面北，糾儀御史四人，禮部祠祭司官四人，引禮鴻臚寺官四人，分立王公百官拜位之次，協律郎、歌工、樂工、舞佾分立樂懸之次，傳贊二人循壇門內牆東立，位均南北序，南北面，掌燎官率燎人立於壇外東北隅。

申刻，太常寺卿赴乾清門奏時，皇帝御禮服乘輿出宮，前引後扈如常儀，鹵簿前導，出西華門詣西郊，儀節均與東郊同。駕至壇北門外，降輿，右贊引左對引太常寺卿二人恭導皇帝入北門中門，詣具服殿更祭服。少俟，太常寺贊禮郎引分獻官於壇右門外北面立，鴻臚寺官引陪祀王公於殿外，侍衛後引陪祀百官南班於拜位南北面，北班於路東西面序立祗候。

酉初刻，司祝恭奉祝版，設於祝案，禮部尚書一人率太常寺卿屬詣神庫，上香，行禮，恭請神位入壇，以次奉安座上如儀。太常寺卿至具服殿，奏請詣壇行禮。皇帝出次盥洗，鑾儀衛官跪奉盥巾如儀。贊引、對引官恭導皇帝入壇左門，升卯階，就拜位前，西向立，前引內大臣提爐官侍衛均於階下止立，後扈大臣隨侍，贊禮郎引分獻官，鴻臚寺官引陪祀王公百官均就拜位序立。典儀贊樂舞生登歌，執事官各共迺職，武舞執干戚進，贊引奏就位，皇帝就位立。

右盥洗就位。

典儀贊迎神，司香奉香進至神位前祗俟，司樂贊舉迎神樂，奏《迎光之章》。協律郎舉麾工鼓柷，樂作，贊引奏就上香位，暨對引官恭導皇帝詣香案前，對引官至祝案前，止立。司香跪，贊引奏跪，皇帝跪。奏上香，司香進香，皇帝上柱香，次三上瓣香，興。奏復位，暨對引官恭導皇帝復位，贊禮郎引分獻官由北階升詣星辰位前，上香，畢，降階，復位。贊引奏跪拜興，皇帝行二跪六拜禮，傳贊官贊跪叩興，王公百官均隨行禮，協律郎偃麾工戛敔，樂止。

典儀贊奠玉帛，行初獻禮，司樂贊舉初獻樂，奏《升光之章》。樂作，舞《干戚之舞》，有司揭尊，冪勺，挹酒，實爵，司玉帛奉玉帛，詣夜明位前，司帛奉篚詣星辰位前，皆跪獻於案，三叩，興，司爵奉爵分詣案前，跪奠於墊中，退，司祝至祝案前，跪，三叩，奉祝版跪案左，樂暫止，贊引奏跪，皇帝跪，群臣皆跪，贊讀祝，司祝讀祝，辭曰"維某年月日，嗣天子御名謹告於夜明之神，曰：'惟神配陽之德、鍾陰之精，周環九野，普照萬方。繼明於夕，天下共賴。茲當仲秋，式遵古典，謹以玉帛牲醴庶品之儀致祭，惟神歆鑒，福我兆民。尚饗。'"讀畢，興，奉祝版跪安夜明神位篚內，三叩，退。樂作，贊引奏拜興，皇帝率群臣行三拜禮，樂止，《武功之舞》退，文舞執羽籥進。

典儀贊行亞獻禮，司樂贊舉亞獻樂，奏《瑤光之章》。樂作，舞《羽籥之舞》，司爵奉爵分詣案前，跪，獻於左，如初獻儀。樂止。

典儀贊行終獻禮，司樂贊舉終獻樂，奏《瑞光之章》。樂作，舞同亞獻，司爵奉爵分詣案前跪獻於右，如亞獻儀。樂止，《文德之舞》退。

既終獻，太常寺贊禮郎一人詣祝案前北面立，贊答福胙，皇帝飲福受胙，如東郊之儀。贊引奏拜興，皇帝三拜，興。又奏跪拜興，皇帝復行二跪六拜禮，王公百官均隨行禮。典儀贊徹饌，司樂贊舉徹饌樂，奏《涵光之章》。樂作，司玉帛詣神位前跪，叩，奉白璧以退，樂止。

典儀贊送神，司樂贊舉送神樂，奏《保光之章》。樂作，贊引奏跪拜興，皇帝率群臣行二跪六拜禮，樂暫止，典儀贊奉祝帛香饌，送燎，司祝司帛詣神位前，跪，三叩，司祝奉祝，司帛奉篚，興，司香跪，奉香，司爵跪，奉饌，興，以次恭送燎所，皇帝轉立拜位旁，南向，俟祝帛過，復位，立。樂作，陪祀王公百官退班，贊引奏禮成，恭導皇帝出壇左門入具服殿更衣，樂止。

祀禮既成，禮部尚書率太常寺卿屬恭請神位復御，儀與迎神同。贊引恭導皇帝出具服殿，至壇北門外乘禮輿，法駕鹵簿前導，導迎樂作奏《祐平之章》，皇帝回鑾，一應儀節均與東郊同。

常歲遣官夕月之禮。先二日，視牲，承祭官、分獻官及陪祀官均於邸第致齋。先一日，書祝版視割牲，有司供具如儀。祀日未刻，承祭官分獻官朝服俟壇外，禮部侍郎省齍，太常寺卿屬恭設神位，酉初刻遣官由壇北左門入壇右門，分獻官隨入，承祭官行禮於壇下，上香，時贊升壇，升降由南階分獻官位在其左，升降由北階不飲福受胙，王公不陪祀，贊引以太常寺贊禮郎祝帛、送燎，遣官避立南旁，餘均如前儀。

（清）允祹等《大清會典》卷四四《禮部》

凡夕月之禮，兆陰位於西郊，其制一成，歲以秋分，迎月出，祀夜明以北斗五星、二十八宿、周天星辰配，丑、辰、未、戌年皇帝親夕月。奉夜明位，東向，配位南向，均設玉色幄，夜明位白璧一，帛一，牛一，羊一，豕一，登一，鉶二，簠、簋各二，籩、豆各十，尊一，爵三，盞三十，爐一，鐙二，配位帛十有一，牛一，羊一，豕一，登一，鉶二，簠、簋各二，籩、豆各十，尊一，爵三，盞三十，爐一，鐙二。祀日，樂部豫設中和韶樂於壇下，分左右懸。鑾儀衛陳法駕鹵簿於午門外，日入前四刻，太常卿詣乾清門告時，皇帝御禮服，乘禮輿出宮，前引後扈如常儀。駕發警蹕午門鳴鐘，法駕鹵簿前導，不陪祀王公百官咸朝服跪送，導迎鼓吹設而不作，鑾儀衛校鳴壇內鐘，皇帝至壇北門外降輿，贊引、太常卿二人恭導皇帝由壇北門中門入，詣具服殿，更祭服，禮部尚書率太常官恭請神位，安奉壇上畢，太常卿奏請行禮，皇帝出具服殿，盥洗，贊引太常卿恭導皇帝入內壇左門，由中階升壇至黃幄，次拜位前，西向立，太常贊禮郎引分獻官入內壇右門至階前甬道北立。鴻臚官引陪祀王公入內壇門，位階下，百官位內壇門外，左右序立，均西面。典儀官贊樂舞生登歌，執事官各共迺職，以下迎神至送神皆典儀官唱贊。武舞八佾進，贊引官奏就位，皇帝就拜位立，乃迎神司香官各奉香盤進，司樂官贊舉迎神樂，奏《迎光之章》。凡舉樂皆司樂官唱贊。贊引官奏就上香位，恭導皇帝詣正位香案前，司香官跪進香，贊引官奏跪，皇帝跪，奏上香，皇帝上柱香，次三上瓣香，興，奏復位，皇帝復位，太常贊禮郎引分獻官由北階升壇，詣配位前上香，畢，降階，退立原位。奏跪拜興，以下行禮皆有奏。皇帝行二跪六拜禮，分獻官王公百官均隨行禮。奠帛行初獻禮，司玉帛官各奉篚，司爵官各奉爵進，奏《升光之章》，舞《干戚之舞》，司玉帛官各奠玉帛，行三叩禮，司爵官各獻爵，奠正中，退，司祝至祝案前跪，三叩，奉祝版，跪案左，樂暫止。皇帝跪，群臣皆跪，司祝讀祝，畢，詣正位前，跪安於案三叩，退，樂作。皇帝率群臣行三拜禮，興，樂止，《武功之舞》退，文舞八佾進，行亞獻禮，奏《瑤光之章》，舞《羽籥之舞》。司爵官獻爵奠於左，儀如初獻，行終獻禮，奏《瑞光之章》，舞與亞獻同，司爵官獻爵奠於右，儀如亞獻，配位獻爵儀均同，樂止，《文德之舞》退。太常官贊答福胙，光祿卿二人就北案，奉福胙至正位前拱舉，降立於皇帝拜位之右，侍衛二人進，立於左，皇帝跪，左右執事官皆跪，右官進福酒，皇帝受爵拱舉，授左官，進胙、受胙亦如之，三拜，興，率群臣行二跪六拜禮。徹饌，奏《涵光之章》，有司詣正位前，奉白璧，退，送神，奏《保光之章》，皇帝率群臣行二跪六拜禮，有司奉祝，次帛，次饌，次香，恭送燎所，皇帝轉立拜位旁，南向，候祝帛過，復位，樂作，祝帛燎半，奏禮成。恭導皇帝出內壇左門入具服殿更衣，禮部尚書率太常官恭請神位還御，皇帝至壇北門外升輿，法駕鹵簿前導，導迎樂作奏《祐平之章》，皇帝回鑾，王公從各官以次退，不陪祀王公百官於午門外跪迎，午門鳴鐘王，公隨駕入至內金水橋，恭候皇帝還宮，各退。

遣官行禮由壇北門左門入內壇門右門，上香時升降由右階，分獻官位在遣官後之左，升降由左階行二跪六叩禮，餘儀與朝日遣官同。

（清）允裪等《大清會典則例》卷一五六

秋分夕月祀時，壇內鐘鳴，引百官由壇門入至內壇門外，左翼序於神路之東南上，西向立，右翼序於拜位西上，北向立，引王公於壇北門外左翼在西，右翼在東，均南上，東西面序立，駕過，各引就拜位，南北上，西面序立，餘儀與朝日同。

乾隆六年復准，皇帝親祭先農壇，左班執事陪祀各官先就甬道之南，北面立。日壇右班官先就甬道之西，東向立。月壇左班官先就甬道之東，西向立，均俟皇帝至拜位，各趨就班次，庶於典制更覺嚴肅。至各壇廟執事陪祀各官，原毋庸輾轉向於皇帝未祭之前，各按班次相向正立，以昭誠恪。

（清）嵇璜等《續文獻通考》卷七一《郊社考·夕月儀·洪武三年定》

犢用白，星辰犢用純，帛俱白色，夜明、星辰各祝文一，三獻，俱先詣夜明位，次詣星辰位，迎神樂奏《凝和之曲》，送神奏《豫和之曲》，望燎奏《熙和之曲》，餘儀與朝日同。

夕月儀嘉靖九年定

前期二日。太常寺奏祭祀，如常儀，諭百官致齋二日。

前期一日。太常卿同光祿卿奏省牲，如常儀。

是日。皇帝親填祝版於文華殿，白楮版墨書，如遇遣官之歲，則中書官代填。遂告於廟。遣官則否。

陳設。夜明神位東向，犢、羊、豕各一，登、鉶各一，簠、簋各二，籩、豆各十，金爵三，白瓷酒盞三十，酒尊三，玉用白璧一，帛一，白色。篚一，祝案一，從位一，壇南向，籩、豆各十，帛十。青、紅、黃各一，白六，黑一。

祭日。錦衣衛備隨朝駕。申時，皇帝常服乘輿，由西長安門出至壇北門入，至具服殿具皮弁服，出，導引官導皇帝由中門入。典儀唱樂舞生就位，執事官各司其事，內贊奏就位，皇帝就拜位，典儀唱迎神，樂奏《凝和之曲》。樂止，內贊奏兩拜，傳贊百官同。典儀唱奠玉帛，樂作，內贊奏升壇，導皇帝至夜明神位前，奏跪，奏搢圭，司香官捧香跪進於皇帝左，內贊奏上香，皇帝三上香，訖，捧玉帛官以玉帛跪進於皇帝左，內贊奏獻玉帛，皇帝受玉帛，奠，訖，奏出圭，復位，樂止。典儀唱行初獻禮，樂奏《壽和之曲》，內贊奏升壇，導皇帝至神位前，奏搢圭，捧爵官以爵跪進於皇帝右，皇帝受爵，內贊奏獻爵，皇帝獻，訖，奏出圭，詣讀祝位，奏跪，傳贊百官皆跪。樂暫止，贊讀祝，讀祝官跪讀祝，畢，樂復作，奏俯伏興平身，傳贊百官同。奏復位，皇帝復位。樂止，典儀唱行亞獻禮，樂奏《豫和之曲》，儀同初獻，不讀祝。樂止，典儀唱行終獻禮，樂奏《康和之曲》，儀同亞獻。樂止，太常卿進立於壇前之右，唱答福胙，內贊奏詣飲福位，導皇帝至，飲福位，奏跪，奏搢圭，光祿卿捧福酒跪進於皇帝左，內贊奏飲福酒，皇帝飲，訖，光祿官捧福胙跪進於皇帝左，內贊奏受胙，皇帝受胙，奏出圭俯伏興平身，奏復位，皇帝復位。奏兩拜，傳贊百官同。典儀唱徹饌，樂奏《安和之曲》，執事官徹饌，訖，樂止。典儀唱送神，樂奏《保和之曲》，內贊奏兩拜，傳贊百官同。樂止，典儀唱讀祝官捧祝，進帛官捧帛，掌祭官捧饌，各詣瘞位，樂作。內贊奏禮畢，樂止，導引官導皇帝入具服殿，易常服，升輿，還參拜於廟畢，還宮。

分獻儀附。

初獻讀祝。分獻官朝上跪至俯伏，興，平身，贊引引獻官由北陛上至從神位前，贊搢笏、上香、獻帛、獻爵，訖，贊出笏，復位，亞、終獻皇帝復位，贊引引獻官至神位前，贊搢笏，獻爵，出笏，復位。

(清) 托津等《(嘉慶) 大清會典事例》卷八〇六《太常寺一三‧遣官祭月壇儀注》

先二日。禮部尚書詣犧牲所視牲，承祭官、分獻官及陪祀官均於邸第致齋。

先一日。書祝版，視割牲，有司供具如儀。

祀日。未刻，承祭官分獻官朝服豫俟壇外，禮部侍郎省粢，太常寺卿屬恭設神位訖。西初刻，遣官由壇北左門入壇右門，分獻官隨入，承祭官行禮於壇下，上香時贊升壇，升降由南階，分獻官位在其左，升降由北階，不飲福受胙，王公不陪祀，贊引以太常寺贊禮郎祝帛送燎，遣官避立南旁。餘均如前儀。

(清) 昆岡等《(光緒) 大清會典事例》卷一〇七五《太常寺‧親祭月壇禮節》

每遇丑、辰、未、戌年，皇帝親祭月壇。

先二日，禮部尚書一人至犧牲所視牲如儀。

致齋、書祝版、閱祝版，儀均與日壇同。

祀日。未明，割牲於宰牲亭外，光祿寺少卿及御史、禮部祠祭司官，均朝服視宰，宰人瘞毛血，儀與日壇同。黎明，太常寺官潔蠲壇上下，耤以棕薦，張神幄，設夜明神座，專案東向，設配位北斗七星、木火土金水五星、二十八宿、周天星辰神座，同案南向，工部官張皇帝拜次於卯階上如式。

晡後，太常寺卿率屬入壇具器陳，夜明位前，牛一、羊一、豕一、登一、鉶二、簠簋各二、籩豆各十、盞三十、爐二、鐙二。星辰位前，牛一、羊一、豕一、登一、鉶二、簠簋各二、籩豆各十，盞三十，爐二，鐙二，中少南設一案，西向，祝版，北設一案，南向。陳夜明位前白璧一，禮神制帛一，白色。香盤一，尊一，爵三，并設福胙，加爵一，星辰位前，禮神制帛十一，色青、赤、黑、黃各一，白七。香盤一，尊一，爵三。凡牲陳於俎，凡玉帛實於篚，凡尊實酒水承以舟。疏布冪勺具，鑾儀衛設洗於具服殿外，樂部率太常寺協律郎陳設樂懸舞佾，乃省粢，均與日壇同。

行禮位。卯階上幄次正中爲皇帝拜位，西向。分獻官一人，位壇下之左當階，陪祀王公位壇下左右，百官位壇門外左右，均西面。左班南上，右班北上，執事位，壇上太常寺司拜牌司拜褥官各一人，立於皇帝拜位左右，司祝一人，司香二人，司玉帛一人，司帛一人，司爵二人，光祿寺卿二人，侍衛一人，太常寺贊答福胙一人。侍儀禮部尚書、侍郎、都察院左都御史、副都御史，樂部典樂各一人，位南北序，分立祝案尊案之次如常儀。太常寺典儀一人、司樂一人，南面，立於階下之右，贊禮郎二人，立分獻官位左右，記注官四人，北面立於壇門外之左，糾儀御史四人，禮部祠祭司官四人，引禮鴻臚寺官四人，分立王公百官拜位之次，協律郎、歌工、樂工、舞佾分立樂懸之次，傳贊二人，循壇門內牆東立，位均南北序，南北面，并與日壇禮同。掌燎官率燎人立於壇外東北隅。

　　申刻，太常寺卿赴乾清門奏時，皇帝御祭服乘輿出宮，前引後扈如常儀。鹵簿前導出西華門，詣月壇，駕至壇北門外降輿，右贊引、左對引，太常寺卿二人，恭導皇帝入北門中門，詣具服殿少俟，太常寺贊禮郎引分獻官於壇右門外北面立，鴻臚寺官引陪祀王公於殿外侍衛後，引陪祀百官南班於拜位南，北面，北班於路東，西面，序立祗俟。西初刻，司祝恭奉祝版設於祝案，禮部尚書一人率太常寺卿屬詣神庫上香行禮，恭請神位入壇，以次安奉座上如儀。太常寺卿至具服殿至月壇行禮，皇帝出次盥洗，鑾儀衛官跪奉盥奉巾如儀。

　　司拜褥官豫布拜褥於壇上拜次，贊引對引官恭導皇帝入壇東門左門升卯階，就拜位前西向立，司拜牌官跪安拜牌，退。前引內大臣、提爐官侍衛，均於階下止立，後扈大臣隨侍，贊禮郎引分獻官，鴻臚寺官引陪祀王公百官，均就拜位序立，典儀贊樂舞生登歌，執事官各共乃職，武舞生執干戚進，贊引奏就位，皇帝就位立，典儀贊迎神，司香奉香進至神位前祗俟，司樂贊舉迎神樂，奏《迎光之章》。樂作，司拜牌官起拜牌，贊引奏就上香位，及對引官恭導皇帝詣香案前，對引官之香案前止立，司香跪，贊引奏跪，皇帝跪，奏上香，司香進香，皇帝上柱香，次三上瓣香，興，贊引奏復位，及對引官恭導皇帝復位，司拜牌官安拜牌，贊禮郎引分獻官由北階升，詣星辰位前上香，畢，降階復位。贊引奏跪拜興，皇帝行二跪六拜禮，傳贊贊跪叩興，王公百官均隨行禮，興，樂止。典儀贊奠玉帛，行初獻禮，司樂贊舉初獻樂，奏《升光之章》。樂作，司樂舉節，舞《干戚之舞》，有司揭尊冪，勺挹酒實爵，司玉帛奉玉帛，詣夜明位前，司帛奉篚，詣夜明位前，司帛奉篚，詣星辰位前，跪獻於案，皆三叩興。司爵奉爵，分詣各案前，跪奠於墊中，皆退，司祝至祝案前跪，三叩，奉祝版跪案左，樂暫止。贊引奏跪，皇帝跪，群臣皆跪。贊讀祝，司祝讀祝，讀畢興。奉祝版跪安夜明位前篚內，三叩興，退，樂作，贊引奏拜興，皇帝率群臣行三拜禮，興。樂止，《武功之舞》退，文舞執羽籥進。

　　典儀贊行亞獻禮。司樂贊舉亞獻樂，奏《瑤光之章》。樂作，舞《羽籥之舞》，司爵奉爵，各分詣各案前，跪獻於左，儀如初獻儀。樂止，典儀贊行終獻禮，司樂贊舉終獻樂，奏《瑞光之章》。樂作，司爵奉爵，分詣各案前，跪獻於右，如亞獻儀。樂止，《文德之舞》退，太常寺贊禮郎一人，詣讀祝案前北面立，贊答福胙，皇帝飲福受胙，如日壇儀。贊引奏拜興，皇帝三拜，興。又奏跪拜興，皇帝復行二跪六拜禮，王公百官均隨行禮。典儀贊徹饌，司樂贊舉徹饌樂，奏《涵光之章》。樂作，司玉帛詣神位前跪叩，奉白璧以退，樂止，典儀贊送神，司樂贊舉送神樂，奏《保光之章》。樂作，贊引奏跪拜興，皇帝率群臣行二跪六拜禮，興。樂暫止，典儀贊奉祝帛饌送燎，司祝司帛詣神位前咸跪，三叩，司祝奉祝，司帛奉篚，興。司香跪奉香，司爵跪奉饌，興。以次恭送燎所，皇帝轉立拜位旁，南向。司拜褥官徹拜褥，俟祝帛過，仍布拜褥，皇帝復位，立。樂作，陪祀王公百官退班，贊引奏禮成，恭導皇帝出壇左門，入具服殿更衣，樂止。禮部尚書太常寺卿屬恭請神位復御，儀如迎神同。贊引恭導皇帝出具服殿，至壇北門外乘禮輿，法駕鹵簿前導，導迎樂作，奏《祐平之章》。皇帝回鑾，王公從，各官以次退，不陪祀王公百官，仍朝服祗候駕至跪迎，午門鳴鐘，樂止。王公隨駕入，至內金水橋，恭候皇帝還宮，退，太常寺官徹乾清門齋戒牌銅人送寺。

乾隆四年奏准，月壇舊於酉時致祭，皇帝親詣行禮於酉時前六刻，申時三刻請駕至壇尚隔酉時二刻，嗣後皇帝親詣月壇行禮於酉時前四刻，申時五刻請駕至壇，合致祭之時。

十三年奏准，月壇具服殿亦已告成，照日壇之例，停設更衣大次。

五十五年，高宗純皇帝親詣月壇，御祭服，乘禮輿出宮，至光恒街，太常寺堂官二員，在前引十大臣前，恭導由北天門中門至東櫺星門外甬道北，鋪設棕薦處降輿，贊引對引官恭導至盥手處盥手畢，入東櫺星左門升壇，詣幄次拜褥前行禮。

嘉慶五年，奉旨，出入不入具服殿。

十九年諭：秋祀月壇，嗣後如遇朕親祭之年，其配位著派親郡王上香。

道光十一年諭，嗣後凡致祭夕月壇，應行雙籤請旨。題本內將上屆親詣致祭之處，附片聲明，其應遣官致祭之年，即不必附片。遣官祭月壇禮節，先二日，禮部尚書詣犧牲所視牲，承祭官分獻官記陪祀官，均於邸第致齋。先一日，書祝版，視割牲，有司供具奏如儀。祀日未刻，承祭官分獻官朝服豫俟壇外，禮部侍郎省粢，太常寺卿屬恭設神位訖。酉初刻，遣官由壇北左門入壇右門，分獻官隨入，承祭官行禮於壇下，上香時贊升壇，升降由南階，分獻官位在其左，升降由北階，不飲福受胙，王公不陪祀，贊引以太常寺贊禮郎祝帛送燎，遣官避立南旁，餘均如常儀。

（清）昆岡等《大清會典圖》卷一一《禮一一·祀典一一》

月壇，東向，壇上正中，夜明幄，幄內座一，東向。北斗七星，木火土金水五星，二十八宿，周天星辰，共一幄。幄內座一，南向，均制方，座前懷桌一，籩豆案一，正位幄左饌桌一，配位幄右，饌桌一，壇上少南祝案一，尊桌一，接桌一，卯階上正中幄次，爲皇帝拜位，西向。司香二人，司玉帛一人，司帛一人，司爵二人，立北案之北，南面，壇下之左當階爲分獻官拜位，西向。導引二人，立於左右，南北面，其餘壇上壇下壇門外各位次，與日壇同，惟南北互易其方，月壇夜明位，爵墊一，盞三十，均設於懷桌上，餘與大明位陳設同配，位陳設與正位同，惟籩不設玉。

（四）祭祀樂舞

樂舞制度沿革

（明）申時行等《大明會典》卷八一《禮部三九·祭祀通例·朝日夕月》

凡樂四等，天地九奏、太歲八奏、大明太社稷、帝王七奏。夜明、帝社稷。宗廟、先師六奏，皆八佾，有文有武。【略】嘉靖九年定文舞生冠履佾數俱如舊制，【略】朝日壇用赤羅，夕月壇用玉色羅。

（明）徐一夔等《明集禮》卷一一《吉禮第一一·日月篇》

《周禮·大司樂》：奏黃鐘、歌大呂、舞雲門以祀天神天神，謂日月星辰也。漢祀天歌十九章，其一章曰日出入。隋朝日夕月奏，減夏詞各一首迎送神登歌，樂詞與圜丘同。唐初樂用黃鐘之均三成，後改用天神之樂，圜鐘之均六成，送迎神皆用《熙和之曲》。宋皇帝入門作《宜安之樂》，行事作《景安之樂》，帝臨降康之舞，六成，奠玉幣、初獻登歌作《嘉安之樂》，奉俎作《豐安之樂》，初獻畢文舞退，武舞進作《容安之樂》，亞終獻作《隆安之樂》，神保錫羨之舞，飲福作《禧安之樂》。送神，登歌作《成安之樂》。

（明）徐一夔等《明集禮》卷五二《雅樂四》

《周官·大宗伯》：以實柴祀日月星辰，大司樂奏黃鐘、歌大呂、舞雲門以祀天神。鄭康成注天神五帝及日月星辰。漢武帝郊太一時，質明出行竹宮，東向揖日，西向揖月。後周春分朝日於東門外，秋分夕月分之日，朝日、夕月於國城之東、西。用樂舊以黃鐘之均三成，後改用圜鐘之均六成。唐祖孝孫爲旋宮之法造十二和樂，朝日、夕月降神奏《豫和》；登歌、奠玉帛奏《肅和》；以大呂，爲宮入俎奏《雍和》；以黃鐘爲宮，酌獻飲福奏《壽和》；以黃鐘爲宮，徹豆奏《雍和》；送神奏《豫和》《太和》以爲行節。開元禮，皇帝復版位奏《元和之樂》，圜鐘之均《文德之舞》，樂舞六成。太常卿引皇帝作《太和之樂》，皇帝授玉帛登歌奏《肅和之樂》，以大呂之均，進熟奏《雍和》，以黃鐘之均，酌齊奏《壽和之樂》，皇帝還版位奏《舒和之樂》，徹豆賜胙奏《元和之樂》。宋制朝日夕月降神奏《高安》，奠玉幣酌獻奏《嘉安》，送神奏《高安》。據陳氏《樂書》，朝日、夕月設宮懸用雷鼓，歌大呂，舞雲門。元朝日、夕月無所考。國朝附祭日月之位於圜丘。

（明）佚名《太常續考》卷三《大明春分事宜·朝日壇》

樂生七十二人，武舞生六十六人，文舞生六十六人，燒香點燭樂舞生一十九人。

（明）佚名《太常續考》卷三《夜明秋分事宜·夕月壇》

樂生七十二人，武舞生六十六人，文舞生六十六人，燒香點燭樂舞生二十人。

《高宗純皇帝實錄》卷一八五"乾隆八年二月"條

癸丑，諭大學士等：向來先農壇親祭始用中和韶樂，遣官則同小祀之例不用中和韶樂。查朝日、夕月等中祀，雖遣官仍用中和韶樂但不飲福受胙而已。朕思國之大事在農，先農宜在中祀之列，此次遣和親王恭代，即著照朝日、夕月等壇之例用中和韶樂，永著爲例。

《高宗純皇帝實錄》卷二五六"乾隆十一年正月"條

欽定祭祀中和樂章名。【略】朝日壇樂，迎神《寅曦》，奠玉帛《朝曦》，初獻

《清曦》，亞獻《咸曦》，終獻《純曦》，徹饌《延曦》，送神《歸曦》。

夕月壇樂，迎神《迎光》，奠玉帛、初獻《升光》，亞獻《瑤光》，終獻《瑞光》，徹饌《涵光》，送神《保光》。

《高宗純皇帝實録》卷二五九 "乾隆十一年二月" 條

諭：【略】朕親祭朝日壇，是日乘禮輿前往，不必設鹵簿大駕，還宮亦不必作樂，以昭敬畏之意。著傳諭各該衙門知之。

（清）萬斯同等《明史》卷六七《志四一·樂志三·郊廟樂舞器服·樂章·郊廟樂舞器服·朝日夕月》

洪武元年，定樂工六十二人，編鐘十六編，磬十六，琴十，瑟四，搏拊四，柷敔各一，壎四，篪四，簫八，笙八，笛四，應鼓一，歌工十二，協律郎一人，執麾以引之。七年，復增篇四，鳳笙四，壎用六，搏拊用二，共七十二人。舞則式舞生六十二人，各執干戚，文舞生六十二人，引舞二人，各執羽籥舞師二人，執節以引之，共一百三十人。郊丘廟社等祀咸同。【略】弘治中，增編七十二人。嘉靖中，益爲八十一人。舞則洪武初共舞生四十八人，引舞二人。成化中，增爲六十四人，引舞二人。嘉靖初，復用四十八人，引舞二人。

（清）張廷玉等《明史》卷六一《志三七·樂志一》

古先聖王，治定功成而作樂，以合天地之性，類萬物之情，天神格而民志協。蓋樂者，心聲也，君心和，六合之内無不和矣。是以樂作於上，民化於下。秦、漢而降，斯理浸微，聲音之道與政治不相通，而民之風俗日趨於靡曼。明興，太祖鋭志雅樂。是時，儒臣冷謙、陶凱、詹同、宋濂、樂韶鳳輩皆知聲律，相與究切釐定。而掌故闕略，欲還古音，其道無由。太祖亦方以下情偷薄，務嚴刑以束之，其於履中蹈和之本，未暇及也。文皇帝訪問黄鐘之律，臣工無能應者。英、景、憲、孝之世，宮縣徒爲具文。殿廷燕享，郊壇祭祀，教坊羽流，慢瀆苟簡，劉翔、胡瑞爲之深慨。世宗制作自任，張鶚、李文察以審音受知，終以無成。蓋學士大夫之著述止能論其理，而施諸五音六律輒多未協，樂官能紀其鏗鏘鼓舞而不曉其義，是以卒世莫能明也。稽明代之制作，大抵集漢、唐、宋、元人之舊，而稍更易其名。凡聲容之次第，器數之繁縟，在當日非不爛然俱舉，第雅俗雜出，無從正之。故備列於篇，以資考者。

太祖初克金陵，即立典樂官。其明年置雅樂，以供郊社之祭。吳元年命自今朝賀，不用女樂。先是命選道童充樂舞生，至是始集。太祖御戟門，召學士朱升、范權引樂舞生入見，閲試之。太祖親擊石磬，命升辨五音。升不能審，以宮音爲徵音。太祖哂其誤，命樂生登歌一曲而罷。是年置太常司，其屬有協律郎等官。元末有冷謙者，知音，善鼓瑟，以黄冠隱吳山。召爲協律郎，令協樂章聲譜，俾樂生習之。取石靈璧以製磬，采桐梓湖州以製琴瑟。乃考正四廟雅樂，命謙較定音律及編鐘、編磬等器，遂定樂舞之制。樂生仍用道童，舞生改用軍民俊秀子弟。又置教坊司，掌宴會大樂。設

大使、副使、和聲郎，左、右韶樂，左、右司樂，皆以樂工爲之。後改和聲郎爲奉鑾。【略】

明年（洪武二年）祀皇地祇於方丘，又以次祀先農、日月、太歲、風雷、岳瀆、周天星辰、歷代帝王、至聖文宣王，皆定樂舞之數，奏曲之名。【略】

朝日。迎神，奏《熙和之曲》。奠玉帛，奏《保和之曲》。初獻，奏《安和之曲》，《武功之舞》。亞獻，奏《中和之曲》。終獻，奏《肅和之曲》，俱《文德之舞》。徹豆，奏《凝和之曲》。送神，奏《壽和之曲》。望燎，奏《豫和之曲》。夕月，迎神易《凝和》，奠帛以下與朝日同，曲詞各異。【略】

此祭祀之樂歌節奏也。【略】

其樂器之制，郊丘廟社，洪武元年定。樂工六十二人，編鐘、編磬各十六，琴十，瑟四，搏拊四，柷敔各一，塤四，篪四，簫八，笙八，笛四，應鼓一；歌工十二；協律郎一人執麾以引之。七年復增籥四，鳳笙四，塤用六，搏拊用二，共七十二人。舞則武舞生六十二人，引舞二人，各執干戚；文舞生六十二人，引舞二人，各執羽籥；舞師二人執節以引之。共一百三十人。惟文廟樂生六十人，編鐘、編磬各十六，琴十，瑟四，搏拊四，柷敔各一，塤四，篪四，簫八，笙八，笛四，大鼓一；歌工十。六年鑄太和鐘。其制，仿宋景鐘。以九九爲數，高八尺一寸。拱以九龍，柱以龍虡，建樓於圜丘齋宮之東北，懸之。郊祀，駕動則鐘聲作。升壇，鐘止，衆音作。禮畢，升輦，鐘聲作。俟導駕樂作，乃止。十七年改鑄，減其尺十之四焉。【略】

樂工舞士服色之制。郊廟，洪武元年定；朝賀，洪武三年定。文武兩舞：武舞士三十二人，左干右戚，四行，行八人，舞作發揚蹈屬坐作擊刺之狀，舞師二人執旌以引之；文舞士三十二人，左籥右翟，四行，行八人，舞作進退舒徐揖讓升降之狀，舞師二人執翿以引之。四夷之舞：舞士十六人，四行，行四人，舞作拜跪朝謁喜躍俯伏之狀，舞師二人執幢以引之。

此祭祀朝賀之樂舞器服也。【略】

又以祀典方厘定南北郊，復朝日夕月之祭，命詞臣取洪武時舊樂歌，一切更改。禮官因請廣求博訪，有如宋胡瑗、李照者，具以名聞。授之太常，考定雅樂。給事中夏言乃以致仕甘肅行太僕寺丞張鶚應詔。命趣召之。既至，言曰："大樂之正，乃先定元聲。元聲起自冥罔既覺之時，亥子相乘之際。積絲成毫，積毫成厘，積厘成分。一時三十分，一日十二時。故聲生於日，律起於辰。氣在聲先，聲從氣後。若拘於器以求氣，則氣不能致器，而反受制於器，何以定黃鐘、起曆元？須依蔡元定，多截竹以擬黃鐘之律，長短每差一分。冬至日按律而候，依法而取。如衆管中先飛灰者，即得元氣。驗其時刻，如在子初二刻，即子初一刻移於初二刻矣；如在正二刻，即子正一刻移於正二刻矣。顧命知曆官一人，同臣參候，庶幾元聲可得，而古樂可復。"

又言："古人製爲十六編鐘，非徒事觀美，蓋爲旋宮而設。其下八鐘，黃鐘、大吕、太簇、夾鐘、姑洗、仲吕、蕤賓、林鐘是已；其上八鐘，夷則、南吕、無射、應鐘、黃鐘、大吕、太簇、夾鐘是已。近世止用黃鐘一均，而不遍具十六鐘，古人立樂之方已失。況太常止以五、凡、工、尺、上、一、四、六、勾、合字眼譜之，去古益遠。且如黃鐘爲合似矣，其以大吕爲下四，太簇爲高四，夾鐘爲下一，姑洗爲高一，夷則爲下工，南吕爲高工之類，皆以兩律兼一字，何以旋宮取律，止黃鐘一均而已。

“且黃鐘、大吕、太族、夾鐘爲上四清聲。蓋黃鐘爲君，至尊無比。黃鐘爲宮，則十一律皆從而受制，臣民事物莫敢凌犯焉。至於夾鐘爲宮，則下生無射爲徵，無射上生仲吕爲商，仲吕下生黃鐘爲羽。然黃鐘正律聲長，非仲吕爲商三分去一之次。所以用黃鐘爲羽，必用子聲，即上黃六之清聲，正爲不敢用黃鐘全聲，而用其半耳。姑洗以下之均，大率若此。此四清聲之所由立也。編鐘十六，其理亦然。

“宋胡瑗知此義，故四清聲皆小其圍徑以就之。然黃鐘、太簇二聲雖合，大吕、夾鐘二聲又非，遂使十二律、五聲皆不得正。至於李照、范鎮止用十二律，不用四清聲，其合於三分損益者則和矣。夷則以降，其臣民事物，安能尊卑有辨，而不相凌犯耶？

“臣又考《周禮》，圜鐘、函鐘、黃鐘、天地人三宮之説，有薦神之樂，有降神之樂。所爲薦神之樂者，乃奏黃鐘，歌大吕，子丑合也，舞《雲門》以祀天神。乃奏太簇，歌應鐘，寅亥合也，舞《咸池》以祀地祇。乃奏姑洗，歌南吕，辰酉合也，舞《大韶》以祭四望。乃奏蕤賓，歌林鐘，午未合也，舞《大夏》以祭山川。乃奏夷則，歌小吕，巳申合也，舞《大武》以享先祖，舞《大濩》以享先妣。所謂降神之樂者，冬至祀天圜丘，則以圜鐘爲宮，黃鐘爲角，太簇爲徵，姑洗爲羽，是三者陽律相繼。相繼者，天之道也。夏至祭地方丘，則以函鐘爲宮，夾鐘爲角，姑洗爲徵，南吕爲羽，是三者陰吕相生。相生者，地之功也。祭宗廟，以黃鐘爲宮，大吕爲角，太簇爲徵，夾鐘爲羽，是三者律吕相合。相合者，人之情也。

“且圜鐘，夾鐘也。生於房心之氣，爲天地之明堂，祀天從此起宮，在琴中角弦第十徽，卯位也。函鐘，林鐘也。生於坤位之氣，在井東輿鬼之外，主地祇，祭地從此起宮，在琴中徵弦第五徽，未位也。黃鐘，生於虛危之氣，爲宗廟，祭人鬼從此起宮，在琴中宮弦第三徽，子位也。至若六變而天神降，八變而地祇格，九變而人鬼享，非有難易之分。蓋陽數起子而終於少陰之申，陰數起午而終於少陽之寅。圜鐘在卯，自卯至申六數，故六變而天神降。函鐘在未，自未至寅八數，故八變而地祇格。黃鐘在子，自子至申九數，故九變而人鬼享。此皆以本元之聲，召本位之神，故感通之理速也。或者謂自漢以來，天地鬼神聞新聲習矣，何必改作。不知自人觀天地，則由漢迄今千七百年；自天地觀，亦頃刻間耳。自今正之，猶可及也。”

并進所著樂書二部。其一曰《大成樂舞圖譜》，自琴瑟以下諸樂，逐字作譜。其一曰《古雅心談》，列十二圖以象十二律。圖各有説。又以琴爲正聲，樂之宗系。凡郊廟大樂，分注琴弦定徽，各有歸旨。且自謂心所獨契，斫輪之妙有非口所能言者。

疏下禮部。禮官言："音律久廢，太常諸官循習工尺字譜，不復知有黃鐘等調。臣等近奉詔演習新定郊祀樂章，間問古人遺制，茫無以對。今鶚謂四清聲所以爲旋宮，其注弦定徽，蓋已深識近樂之弊。至欲取知曆者，互相參考，尤爲探本窮源之論。似非目前司樂者所及。"乃授鶚太常寺丞，令詣太和殿較定樂舞。

鶚遂上言，【略】乃命鶚更定廟享樂音，而逮治沈居敬等。鶚尋譜定帝社稷樂歌以進。詔嘉其勤，晉爲少卿，掌教雅樂。

夏言又引古者龍見而雩，命樂正習盛樂，舞皇舞。請依古禮，定大雩之制。當三獻禮成之後，九奏樂止之時，隱括《雲漢》詩辭，製爲《雲門》一曲，使文武舞士并舞而合歌之。帝可其議。

時七廟既建，樂制未備，禮官因請更定宗廟雅樂，言："德、懿、熙、仁四祖久祧，舊章弗協。太祖創業，太宗定鼎，列聖守成。當有頌聲，以對越在天，垂之萬祀。若特享，若祫享，若大祫，詩歌頌美，宜命儒臣撰述，取自上裁。其樂器、樂舞、各依太廟成式，備爲規制。"制可。已而尊獻帝爲睿宗，祔享太廟。於是九廟春特、三時祫、季冬大祫樂章，皆更定焉。

十八年巡狩興都，帝親製樂章，享上帝於飛龍殿，奉皇考配。其後，七廟火，復同堂之制，四時歲祫，樂章器物仍如舊制。初增七廟樂官及樂舞生，自四郊九廟暨太歲神祇諸壇，樂舞人數至二千一百名。後稍裁革，存其半。

（清）張廷玉《清文獻通考》卷一五五《樂考一‧朝日壇》

順治元年，定朝日壇樂制，迎神樂奏《寅曦之章》，奠玉帛樂奏《朝曦之章》，初獻樂奏《清曦之章》，亞獻樂奏《咸曦之章》，終獻樂奏《純曦之章》，徹饌樂奏《延曦之章》，送神、望燎樂奏《歸曦之章》。

（清）張廷玉《清文獻通考》卷一五五《樂考一‧夕月壇》

（順治元年）定夕月壇樂制，迎神樂奏《迎光之章》，奠玉帛、初獻樂奏《升光之章》，亞獻樂奏《瑤光之章》，終獻樂奏《瑞光之章》，徹饌樂奏《涵光之章》，送神望燎樂奏《保光之章》。

（清）張廷玉《清文獻通考》卷一五六《樂考二》

臣等詳查樂章字譜，天壇、太廟、朝日壇等處皆係黃鐘爲宮，地壇、夕月壇係大呂爲宮，近於南齊只用黃鐘之説而兼清濁二均，及於大呂義亦有取，但編鐘等器内必有設而不作者，同於隋以前啞鐘之誚而律呂之用多有闕而未備，惟唐時祖考孫所定祭圜丘以黃鐘爲宮，方澤以林鐘爲宮，宗廟以太蔟爲宮，朝賀宴饗則隨月用律用呂爲宮最爲合理，請將【略】夕月壇改用南呂爲宮，朝日壇雖應用夾鐘，但日爲陽亦宜以太蔟爲宮。

（清）允祹等《大清會典》卷三六《禮部》

凡樂四等。九奏以祀天，八奏以祭地，六奏以饗太廟，七奏以祭社稷、朝日，饗先農如之，六奏以夕月，饗前代帝王、先師、先祀、神祇、太歲如之。

（清）允祹等《大清會典則例》卷九八《樂部·朝日夕月·樂章名》

順治八年，定朝日七奏樂章用曦字，夕月六奏樂章用光字，均奏中和韶樂。

乾隆六年，奏准，謹按黃鐘子位，天之統也，天壇樂章宜以黃鐘爲宮，黃鐘下生林鐘，林鐘未位地之統也。【略】月生於西，酉西方正位也，又秋分夕月建酉之月也，月壇宜改用南呂爲宮，至日壇若以日東月西日卯月酉論，雖應用夾鐘爲宮，但夾鐘陰而日爲陽，揆以人心，屬日之義，則亦宜用太簇爲宮。【略】均應將樂章與字譜逐一核定，俾宮商諧暢。

八年，諭：向來先農壇親祭始用中和韶樂，遣官則同群祀之例不用中和韶樂，日、月壇中祀，雖遣官仍用中和韶樂，惟不飲福受胙。

（清）允祹等《大清會典則例》卷一五二《太常寺》

樂舞生額，【略】日月壇均樂生七十四人，文武舞生各六十四人，司爐樂舞生十有六人，司尊執事生二人。【略】凡大祀、中祀，各生冠用銅，頂帶用綠，紬靴用皂布，服色【略】日壇用赤，月壇用玉色，餘均用赤。武舞生用銷金百花袍，樂生文舞生均用素繪葵花補袍，執事生惟執事天地壇服無緣飾，餘均緣以黑色段及羅，祀日遇雨用雨衣、雨帽，花樣如前制。順治年間，定樂舞各生每名月給銀三錢九厘米三斗，每斗折銀一錢三分，遇閏增給，每季行戶部關支。乾隆三年，諭太常寺樂舞生繫供應祭祀之人所得米雖足食用，但每月領銀三錢九厘不敷用度，嗣後每人著月給銀六錢。欽此。十六年奏准，樂舞生袍帶交內務府辦理，其靴帽交太常寺照例辦理。十七年，奏准樂舞生袍服向例，承應太廟祭祀者十年更換一次，承應各壇廟祭祀者二十年更換一次。按袍服有青赤黑玉色之別，難以通用。至靴帽，并無分別。其地壇已經製造，今請增皮帽布靴一分，共爲二分，遇有祭祀盡可通用，應自成造之年起，每閱五年察驗，果有損壞者，隨時更換，所有換存靴帽尚有可用者，留貯本寺以備中祀群祀之用，不堪用者仍交內務府造辦處辦理。

樂器舞服

（明）佚名《太常續考》卷三《大明春分事宜·樂器·朝日壇》

琴十張，笙十攢，笛十枝，簫十枝，箎六枝，瑟四張，塤二個，排簫二架，搏拊二座，柷一座，敔一座，鐘一架，計十六口，磬一架，計十六口。鼓一座。流蘇全。麾一首，并架節二對，干戚六十四副，籥羽六十四副。

樂生。文生燒香樂舞生袍服共用一百五十七套，每套蟬冠一頂，角帶一條，紅羅袍一件葵花補。紅絹襯衫一件，錦領白布襪一雙，青段履鞋一雙。

武生袍服。共用六十六套，每套天丁冠金帶一條，紅羅袍一件，銷金紅絹襯衫一件，紅羅裙一條銷金花邊，紅羅結子一件，銷金紅羅銷金汗跨一件，紅線縧一根，紅絹褡包一條，抹綠皂靴一雙，紅繡白布襪一雙，紅錦護漆一雙，供祀厨役二百名，净衣二百套，上還參內殿。

（明）佚名《太常續考》卷三《夜明秋分事宜·樂器·夕月壇》

合用樂器。干戚籥羽。與朝日相同。

樂舞生。文舞生燒香生袍服共用一百五十八套，每套蟬冠一頂，角帶一條，玉色羅袍一件葵花補，玉色襯衫一件，錦領白布襪一雙，青段履鞋一雙。

一武舞生袍服。共用六十六套，每套天丁冠金帶一條，玉色羅袍一件，銷金玉色襯衫一件，玉色羅裙一條，銷金花邊。玉色結子一件，銷金玉色銷金汗跨一件，銷金藍邊。玉色綿繰一根，玉色褡包一條，抹綠皂靴一雙，白布襪一雙，紅錦護臁一雙。

（明）佚名《太常續考》卷三《樂器·朝日夕月》

合用樂器。銅鐘十六口，石磬十六塊，麾旛一首，琴十張，并几瑟四張并几鼓一面，并蓋柷敔各一座，搏拊二座，樂器櫃十五座，籥羽干戚各六十四副，節四首，并桿笙簫塤箎排簫笛。貯樂器庫不具載。

（清）萬斯同等《明史》卷六七《志四一·樂志三·郊廟樂舞器服·樂章·朝日夕月·郊廟樂舞器服》

其樂工服色，洪武元年定：協律郎襆頭、紫羅袍、荔枝帶、皂靴；樂生展脚襆頭、緋袍、革帶、皂靴。五年定：齋郎黑介幘，以漆布爲之。無花樣，服紅絹容袖衫，紅生絹裹皂皮四縫靴，黑角帶；樂生亦黑介幘，上加描金蟬服餙、紅絹大袖袍，胸背畫纏枝方葵花紅生絹，裹加錦臂；韈一，皂皮四，縫靴黑角帶舞工服色。洪武元年，定舞師襆頭，紫羅袍，荔枝帶，皂靴；文舞生展脚襆頭，紫袍，革帶，皂靴；武舞生緋袍，餘同。五年，定文舞生黑介幘，以漆布爲之，上加描金蟬服餙紅絹大袖袍，胸背畫纏枝方葵花紅生絹，裹加錦臂；韈二，皂皮四，縫靴黑角帶。武舞生武弁，亦漆布爲之，上加描金蟬，服飾、靴帶并同文舞生。

（清）萬斯同等《明史》卷一三一《志一〇五·與服志三》

嘉靖九年定，文舞生服制。【略】朝日壇服用赤羅，夕月壇服玉色羅。

（清）伊桑阿等《（康熙）大清會典》卷五五《禮部·祠祭清吏司·祭祀通例·朝日夕月》

凡樂舞服色，【略】朝日壇用紅色銷金花服，夕月壇用月白色銷金花服。

（清）伊桑阿等《（康熙）大清會典》卷一三六《工部·都水清吏司·織造》

凡制帛，【略】社稷、日月、歷代帝王、先師孔子及諸神祇曰禮神制帛。【略】朝日壇赤色，夕月壇及各陵廟，俱白色。【略】

凡各壇廟通贊樂舞生袍帶，【略】朝日壇通贊，藍鑲青結羅袍九件，文舞生紅羅補袍七十二件，武舞生紅羅銷金花袍六十六件，燒香補袍六件，樂生紅羅補袍八十四件，綠緞帶共二百三十七條。

夕月壇通贊，淺藍鑲青軟羅袍十三件，文舞生月白羅補袍七十二件，武舞生月白羅銷金花袍六十六件，燒香補袍六件，樂生月白羅補袍八十件，綠緞帶共二百三十七條。

(清) 伊桑阿等《(康熙) 大清會典》卷一五七《太常寺下‧神樂觀犧牲所附》

凡祭日，司爵、司香、捧帛、捧爵、焚香等事，俱用執事樂舞生，又有樂生、武舞生、文舞生、執旌節樂舞生，應給淨衣，行文工部取用。【略】朝日壇每祭共用樂舞生二百三十一名，執事樂舞生服藍鑲青結羅袍，武舞生服藍鑲邊紅羅銷金花袍，文舞生、樂生、焚香樂舞生服紅羅補袍，帶頂同前。

夕月壇每祭共用樂舞生二百三十五名，執事樂舞生服藍鑲青結羅袍，武舞生玉色羅銷金花袍，文舞生、樂生、焚香樂舞生服玉色羅補袍，帶頂同前。

(清) 允祹等《大清會典則例》卷九八《樂部‧朝日夕月》

佾舞。順治初年定凡壇廟祭祀初獻用武舞，干戚六十有四，亞獻、終獻均用文舞，羽籥六十有四，引舞旗節四舞皆八佾，惟文廟止用文舞六佾，引舞旌節二。

壇廟樂器。順治元年定祭祀樂章有九奏，有八奏，有七奏，有六奏，所奏樂器均金鐘十有六，玉磬十有六，琴十瑟四，排簫二，簫十，箎十，笙十，塤二，簴六，建鼓一，搏拊二，柷一，敔一，司樂章者所執木笏十。十四年諭，祭祀關國家大典應用樂器尤所以感格神明，必精美完好，始足肅將誠悃，朕觀各壇所用其中尚有敝損，非朕祇事天地祖宗社稷及致敬告古帝王聖賢之意，爾部即詳行察驗應加修整者節次開列奏請，以便修整更換。欽此。

壇廟。【略】春分朝日，樂部率太常協律郎等設中和韶樂及佾舞於壇下，南北分列，東向。秋分夕月，樂部率太常協律郎等設樂懸佾舞，西向。

(清) 托津等《(嘉慶) 大清會典》卷二六二《禮部三〇‧冠服‧朝日夕月》

祭祀文舞生，冬冠，騷鼠爲之，頂鏤花銅座，中飾方銅，鏤葵花，上銜銅三角，如火珠形，袍以綢爲之，其色，【略】朝日壇、帝王廟、先師廟、先農壇、太歲壇均用紅，夕月壇用月白，前後方襴綃金葵花，帶綠綢爲之。

祭祀武舞生，頂上銜銅三棱，如古戟形，袍以綢爲之，通綃金葵花，餘如文舞生袍之制，帶制如文舞生。

祭祀執事生人袍之制二，其一以綢爲之，不加緣，其色，【略】朝日壇、帝王廟均用石青緣，夕月壇用月白緣，帶制如文舞生。

(清) 托津等《(嘉慶) 大清會典事例》卷四〇三《樂部四‧樂制‧陳設》

朝日壇

又朝日，設於壇下內壝門內，南北分列，東向，鎛鐘特磬用太簇。

夕月壇

夕月，設於壇下內壝門內，亦南北分列，西向，鎛鐘特磬用南呂。餘均與天神、地祇壇同。

（清）昆岡等《大清會典圖》卷六七《冠服十一·朝日夕月》

神樂署文舞生袍，【略】日壇、歷代帝王廟用紅羅，【略】月壇用月白綢，前後方襴銷金葵花。

神樂署執事生袍，【略】日壇、歷代帝王廟用青羅，皆藍緣，【略】月壇用青綢，白緣。

祭樂

朝日壇

（明）徐一夔等《明集禮》卷一一《吉禮第一一·日月篇》

迎神《熙和之曲》：

吉日良辰，祀典式陳。純陽之精，是爲大明。濯濯厥靈，昭鑒我心。以候以迎，來格來歆。

黃林姑黃，應林南林。南林姑太，林黃姑黃。姑黃太姑，黃南姑林。林姑黃太，南林太黃。

奠幣《保和之曲》：

靈旗浥止，有赫其威。一念潛通，幽明弗違。有幣在筐，物薄而微。神兮安留，尚其享之。

林黃太姑，姑林南林。南林姑太，林姑南黃。南黃南姑，姑林南林。南林姑太，黃太姑林。

初獻《保和之曲》：

神兮我留，有薦必受。享祀之初，奠茲醴酒。晨光初升，祥徵應候。何以侑觴，樂陳雅奏。

姑黃太姑，林南林太。太林南林，姑林姑黃。太黃南林，黃應姑林。姑黃太姑，南黃南姑。

亞獻《中和之曲》：

我祀維何，奉茲犧牲。爰酌醴齊，載觴載升。洋洋如在，式燕以寧。庶表微衷，交於神明。

黃林姑黃，姑林南林。南林黃太，林太南黃。黃南林姑，黃南姑林。黃太姑太，南林姑黃。

終獻《肅和之曲》：

執事有嚴，品物斯祭。黍稷非馨，式將其意。薦茲酒醴，成我常祀。神其顧歆，永言樂只。

太黃太姑，林夷林大。仲林夷林，大林姑黃。大黃大姑，黃夷林大。林黃大姑，林夷林大。

徹豆《凝和之曲》：

春祈秋報，率爲我民。我民之生，賴於爾神。維神祐之，康寧是臻。祭祀云畢，神其樂歆。

黃林姑黃，黃南姑林。黃太姑太，林太南黃。黃南姑林，姑太南黃。姑林南林，南林姑黃。

送神《壽和之曲》：

三獻禮終，九成樂作。神人以和，既燕且樂。雲車風馭，靈光昭灼。瞻望以思，邈彼寥廓。

林黃太姑，林南林太。黃南黃姑，林太南黃。黃南林姑，黃林南林。林姑黃太，姑林南林。

望燎《豫和之曲》：

俎豆既徹，禮樂已終。神之云還，倏將焉從。以望以燎，庶幾感通。時和歲豐，維神之功。

黃太姑林，林南黃太。黃南林姑，姑林姑黃。黃南黃姑，林太南黃。林姑黃太，南林姑黃。

（明）佚名《太常續考》卷三《大明春分事宜·樂章》

樂七奏，舞八佾。

迎神《熙和》：

仰瞻兮大明，位尊兮王宮，時當仲春兮氣融。

合四上四尺，工尺合四合，四合四一尺六工。

爰遵祀禮兮報功，微誠兮祈神昭鑒。

六工尺一尺四合，四合四一工六工。

願來享兮迓神聰。

六工一尺合四合。

奠玉帛《凝和》：

神臨壇兮肅其恭，有帛在篚兮赤琮。

合四上四六尺工，工六尺一尺四合。

奉神兮祈享以納，予躬奠兮忻以顒。

四合四一六尺工，六工一尺合四合。

初獻《壽和》《武功之舞》：

玉帛方奠兮神歆，酒行初獻兮舞呈。

合四上四尺六尺，工六尺一尺四合。

齊芳馨兮犧色騂，神容悅兮鑒予情。

四合四一六尺工，六工尺一合四合。

亞獻《時和》《文德之舞》：

二齊升兮氣芬芳，神顏怡和兮喜將。

合四上四合工尺，六工尺一尺四合。

予令樂舞兮具張，願垂普照兮民康。

四合四一尺六工，六工尺一合四合。

終獻《保和》《文德之舞》：

殷勤三獻兮告成，群職在列兮周盈。

合四上四尺六尺，六工一尺合四合。

神錫休兮福民生，萬世永賴兮神功明。

四合四一尺六工，合四一四尺合四合。

徹饌《安和》：

一誠盡兮予心懌，五福降兮民獲禧。

四合尺上四合上，工六尺上四合四。

仰九光兮誠已伸，終三獻兮徹敢遲。

合四上尺六上尺，工尺四上四合四。

送神《昭和》：

祀禮既周兮樂舞揚，神享以納兮還清鄉。

合四上四尺四合尺，六工尺一尺合四合。

予當拜首兮奉送，願恩光兮普萬方。

工尺一尺工六工，工六尺一合四合。

永耀熹明兮攸賴，蒸民咸仰兮恩光。

四合四一工六工，六工尺一尺四合。

（清）萬斯同等《明史》卷六五《志三九·樂一·樂章》

國初朝日樂章洪武二十一年罷

迎神《熙和之曲》：

吉日良辰，祀典式陳。純陽之精，惟是大明。濯濯厥靈，昭鑒我心。以候以迎，來格來歆。

奠幣《保和之曲》：

靈旗蒞止，有赫其威。一念潛通，幽明弗違。有幣在筐，物薄而微。神兮安留，尚其享之。

初獻《安和之曲》：

神兮我留，有薦必受。享祀之初，奠茲醴酒。晨光初升，祥徵應候。何以侑觴，樂陳雅奏。

亞獻《中和之曲》：

我祀惟何，奉兹犧牲。爰酌醴齊，貳觶載升。洋洋如在，式燕以寧。庶表微衷，交於神明。

終獻《肅和之曲》：

執事有嚴，品物斯祭。黍稷非馨，式將其意。薦兹酒醴，成我常祀。神其顯歆，永言樂只。

徹饌《凝和之曲》：

春祈秋報，率爲我民。我民之生，賴於爾神。維神祐之，康寧是臻。祭祀云畢，神其樂忻。

送神《壽和之曲》：

三獻禮終，九成樂作。神人以和，既燕且樂。雲車風馭，靈光昭灼。瞻望以思，邈彼寥廓。

望燎《豫和之曲》：

俎豆既徹，禮樂已終。神之云旋，倏將焉從。以望以燎，庶幾感通。時和歲豐，維神之功。

嘉靖九年復定朝日樂章。

迎神《熙和之曲》：

仰瞻兮大明，位尊兮王宮。時當仲春兮氣融，爰遵祀禮兮報功。微誠兮祈神，昭鑒願來享兮迓神聰。

奠玉帛《凝和之曲》：

神靈壇兮肅其恭，有帛在篚兮赤琮。奉神兮祈享，以納子躬奠兮忻以顒。

初獻《壽和之曲》：

玉帛方奠兮神歆，酒行初獻兮舞呈。齊芳馨兮犧色，驊神容悦兮鑒予情。

亞獻《時和之曲》：

二齊升兮氣芬芳，神顔怡和兮喜將。予令樂舞兮具張，願垂普照兮民康。

終獻《保和之曲》：

殷勤三獻兮告成，群職在列兮周盈。神錫休兮福民生，萬世永賴兮神功明。

徹饌《安和之曲》：

一誠盡兮予心懌，五福降兮民獲。禧仰九光兮誠已申，終三獻兮徹敢遲。

送神《昭和之曲》：

祀禮既周兮樂舞揚，神享以納兮還清鄉。予當拜首兮奉送，願恩光兮普萬方。永耀熹明兮攸賴蒸，民咸仰兮恩光。睹六龍兮御駕，神變化兮鳳翥鸞翔。束帛餰饎兮詣燎方，祐我皇明兮基緒隆長。

(清) 伊桑阿等《 (康熙) 大清會典》卷五六《郊祀二·朝日壇·一樂章》

迎神奏《寅曦之章》：

於昭兮旭輪，浴虞淵兮初升。春已融兮交泰，循典禮兮惟馨。炳蕭艾兮祗肅，神其聽兮和平。

奠玉帛樂奏《朝曦之章》：

神來格兮太乙東，統萬國兮玉帛同。肅將享兮承筐篚，盥以薦兮孚有顒。

初獻奏《清曦之章》：

御景風兮神式臨，酌清酤兮椒其馨。爵方舉兮歌且舞，憑龍勺兮吹鳳笙。

亞獻奏《咸曦之章》：

再舉奠兮鬱金香，嘉樂合兮舞洋洋。神飲食兮意徜徉，容貌舒兮和以康。

終獻樂奏《純曦之章》：

式禮未竭兮還升，終以告虔兮醥醨。願神且留兮鑒如，以侑以勸兮至誠。

徹饌樂奏《延曦之章》：

儀既成兮物已饗，神欲起兮運靈爽。徹不敢遲兮慎趨蹌，照臨下土兮常朗朗。

送神樂奏《歸曦之章》：

雲車征兮風馬翔，驅馳千仞兮臨萬方。再拜首兮稱送，神振轡兮當陽。中天麗兮徹隱，普天戴兮恩光。敷和煦兮成物，錫萬寶兮永康。報神功兮時享，祈神佑兮悠久無疆。

（清）允裪等《大清會典則例》卷九九《樂部·朝日壇》

日壇太蔟爲宮，七奏。

迎神奏《寅曦之章》，曰：曦馭兮寅賓，光煜爛兮紅輪。春已融兮交泰，循典禮兮明禋，嚴大采兮祗肅，神之來兮如雲。

奠玉帛奏《明曦之章》，曰：杲黃道兮暾出東，肅將享兮玉帛同。美齊翼兮王君公，盥以薦兮昭格通。

初獻奏《清曦之章》，曰：御景風兮下帝扃，酌黃目兮椒其馨。爵方舉兮歌且舞漾，和盉兮龍旗青。

亞獻奏《咸曦之章》，曰：再舉勺兮鬱金香，嘉樂合兮舞洋洋。德恢大兮神在沛，澹容與兮進霞觴。

終獻奏《純曦之章》，曰：式禮莫愆兮昭清，終以告虔兮休成。願神且留兮鑒茹，以妥以侑兮忱誠。

徹饌奏《延曦之章》，曰：物之備兮希德馨，神欲起兮景杳冥。徹不遲兮咸肅穆，照臨下土兮瞻曜靈。

送神奏《歸曦之章》，曰：雲車征兮風馬翔，焱萬里兮臨萬方。報神功兮以時享，祈神祐兮永無疆。

夕月壇

（明）徐一夔等《明集禮》卷一一《吉禮第一·日月篇》

迎神，《凝和之曲》：

吉日良辰，祀典式陳。太陰夜明，以及星辰。濯濯厥靈，昭鑒我心。以候以迎，來格來歆。

黃林姑黃，姑林南林。南林姑太，林太南黃。姑黃太姑，黃南姑林。林姑黃太，南林姑黃。

奠幣，《保和之曲》：

靈旗泜止，有赫其威。一念潛通，幽明弗違。有幣在筐，物薄而微。神兮安留，尚其享之。

林黃太姑，姑林南林。南林姑太，林太南黃。南黃南姑，姑林南林。南林姑太，黃太姑林。

初獻，《安和之曲》：

神兮我留，有薦必受。享祀之初，奠茲醴酒。晨光初升，祥徵應候。何以侑觴，樂陳雅奏。

夾黃太夾，林南林太。太林南林，夾林夾黃。太黃南林，黃南夾林。夾黃太夾，南黃林夾。

亞獻，《中和之曲》：

我祀維何，奉茲犧牲。爰酌醴齊，載觴載升。洋洋如在，式燕以寧。庶表微衷，交於神明。

黃林姑黃，姑林南林。南林黃太，林太南黃。黃南林姑，黃南姑林。黃太姑太，南林姑黃。

終獻，《肅和之曲》：

執事有嚴，品物斯祭。黍稷非馨，式將其意。薦茲酒醴，成我常祀。神其顧歆，永言樂只。

大黃大姑，林夷林大。仲林夷林，大林姑黃。大黃大姑，黃夷林大。林黃大姑，林夷林大。

徹豆，《壽和之曲》：

春祈秋報，率爲我民。我民之生，賴於爾神。惟神祐之，康寧是臻。祭祀云畢，神其樂欣。

黃林姑黃，黃南姑林。黃太姑太，林太南黃。黃南姑林，姑太南黃。姑林南林，南林姑黃。

送神，《豫和之曲》：

三獻禮終，九成樂作。神人以和，既燕且樂。雲車風馭，靈光昭灼。瞻望以思，邈彼寥廓。

林黃太姑，林南林太。黃南黃姑，林太南黃。黃南林姑，黃林南林。林姑黃太，姑林南林。

望燎，《熙和之曲》：

俎豆既徹，禮樂已終。神之云還，倏將焉從。以望以燎，庶幾感通。時和歲豐，維神之功。

黃太姑林，林南黃太。黃南林姑，姑林姑黃。黃南黃姑，林太南黃。林姑黃太，南林姑黃。

(明) 佚名《太常續考》卷三《夕月壇·夜明秋分事宜·樂》

樂六奏，舞八佾。

迎神，《凝和》：

陰曰配合兮承陽宗，式循古典兮齋以恭。

尺合四一尺工六尺，六工尺一尺合四合。

覯太陰來格兮星辰羅從，予拜首兮迓神容。

工六工尺一尺六尺工尺，合四上四尺六尺。

奠玉帛、初獻，《壽和》《武功之舞》：

神其來止，有嚴其誠，玉帛在筐，清酤方盈。

合四一四，上尺工尺，六工尺一，六尺工尺。

奉而奠之，願鑒微情，夫祀兮雲何，祈佑兮群氓。

合四一四，尺合四合，工六尺工尺，工尺合四合。

亞獻，《豫和》《文德之舞》：

二觴載斟，樂舞雍雍，神歆且樂，百職惟供。

合四上尺，六尺工尺，工尺合四，一尺一合。

願順軌兮五行，祈民福兮惟神必從。

六工合四一尺，合四一四尺一四合。

終獻，《康和》《文德之舞》：

一誠以伸，三舉金觥，鐘鼓鏗鏗，環珮琤琤。

合四上尺，六尺工尺，工尺一四，尺一四合。

鑒予之情，願永葆我民生。

一尺工尺，六工尺合四合。

徹饌，《安和》：

禮樂肅具，精意用伸，位坎居歆，納茲藻蘋。

合四上尺，六尺工尺，工尺一四，尺合四合。

徹之弗遲，儀典肅陳，神其鑒之，佑我生民。

尺一六尺，一尺四合，合四一四，尺一四合。

送神，《保和》：

禮備告終兮神喜旋，穹碧澄輝兮素華鮮。

尺合四一尺六尺工，工六尺一尺合四合。

星辰從兮返神鄉，露氣清兮霓裳蹁躚。

合四上四工六尺，合四一四尺一四合。

餚饌兮束帛，薦之於瘞兮罔敢愆。

四合四一尺，六工尺一尺合四合。

予拜首兮奉送，願永眖兮民樂豐年。

尺工合四一四，合四一四尺一六尺。

（清）萬斯同等《明史》卷六五《志三九‧樂志一‧樂章》

國初，夕月樂章洪武二十一年罷

迎神，《凝和之曲》：

吉日良辰，祀典式陳，太陰夜明，以及星辰，濯濯厥靈，昭鑒我心，以候以迎，來格來歆。奠帛以下咸同朝日。

嘉靖九年復定夕月樂章：

迎神，《凝和之曲》：

陰日配合兮承陽宗，式循古典兮齋以恭，覿太陰來格兮星辰羅，從予拜首兮迓神容。

初獻，《壽和之曲》：

神其來止，有嚴其誠，玉帛在筐，清酤方盈，奉而奠之，願鑒微情，夫祀兮雲何，祈祐兮群氓。

亞獻，《豫和之曲》：

二觴載斝，樂舞雍雍，神歆且樂，百職惟供，顧順軹兮五行，祈民福兮惟神必從。

終獻，《康和之曲》：

一誠以申，三舉全觥，鐘鼓鏜鏜，環珮玲玲，鑒予之情，願永葆我生民。

徹饌，《安和之曲》：

禮樂肅具，精意用申，位坎居歆，納茲藻蘋，徹之弗遲，儀典肅陳，神其鑒之，佑我生民。

送神，《保和之曲》：

禮備告終兮神喜旋，穹碧澄輝兮素華鮮，星辰從兮還神鄉，露氣清兮霓裳，蹁躚餚饌兮束帛，薦之於瘞兮罔敢愆，予拜首兮奉送願，永眖兮民樂豐年。

（清）伊桑阿等《（康熙）大清會典》卷五六《郊祀二一‧樂章》

迎神樂，奏《迎光之章》：

猗歟太陰兮御望舒，式遵九道兮游清虛。駕水輪兮行西陸，今之夕兮來享予。

奠玉帛、初獻樂，奏《升光之章》：

有來雍雍幣帛在陳，琼瑲以嘉明德惟馨。式舉黃流兮挹犧尊，籩豆靜嘉兮羞核芬。

亞獻樂，奏《瑶光之章》：

二齊載升維以告虔，歌管鍠鍠奉神之懌。荷亘古兮麗天，挹清光兮几筵。

終獻樂，奏《瑞光之章》：

一敬畢申三舉願醑，誠信潔齊天下有道。鼓鐘簡兮聲容并茂，象大德兮厥光皓皓。

徹饌樂，奏《函光之章》：

其香既歆對越告成，徹爾登豆敬受駿奔，神悦懌兮意欣欣，予翼慎兮安以寧。

送神樂，奏《保光之章》：

駕彩霞兮驂景星，御和風躡慶雲。神欲起兮不再停，瞻天衢兮拜雲程。影蹁躚兮光澄清，饗予祀兮意殷勤。予所祝兮世太平，偃武修文兮萬世長春。

（清）允祹等《大清會典則例》卷九九《樂部·月壇》

南呂爲宮，六奏。

迎神奏《迎光之章》，曰：繼日代明兮象麗天，式遵九道兮臨八埏。玉律分秋兮西顥，躔聿修兮祀兮樂在縣。

奠玉帛、初獻奏《升光之章》，曰：少采兮將事，玉帛兮載陳式舉。黃流兮挹犧尊，籩豆静嘉兮肴核芬。

亞獻奏《瑶光之章》，曰：齊醍兮載獻，神之來兮蕭然。仰肸蠁兮鑒，顧挹清光兮几筵。

終獻奏《瑞光之章》，曰：戞瑟鳴琴兮銷玉鏘，神嘉虞兮申三觴。金波穆穆兮珠焜黃，休嘉硟隱兮溢四方。

徹饌奏《涵光之章》，曰：對越在天兮禮成，徹登豆兮湛露零。神悦懌兮德馨，世曼壽兮安以寧。

送神奏《保光之章》，曰：駕卿雲兮景星，御和風兮霞輧。神留俞兮壇宇，福率土之黃丁。

祭舞

（清）昆岡等《大清會典圖》卷五一《樂二一·樂舞六》

朝日

朝日壇初獻武舞譜

御，_{左右正立，干居中，戚居右。}

景，_{左右正立，干居左，戚居右下垂。}

風，_{左右側身微向南左北右，足進前，干平舉，戚衡左手上。}

兮，_{左右向南北，身俯左右，足進前，干、戚偏右左。}

下，_{左右正立，手微拱，干正舉，戚衡左手上。}

帝，_{左右俯首偏右右左左，足進前左右，足虛立，干、戚偏左右。}

扃，_{左右正立，干居左，戚向内，斜衡。}

酌，_{左右正面}，手微拱兩足并，干正舉，戚衡左手上。

黃，_{左右向南右北左}，足進前趾向上，干、戚偏右左。

目，_{左右向南北}，身俯右左，足少前，干、戚偏左右。

兮，_{左右向南北}，干、戚分舉。

椒，_{左右正立}，干正舉，戚衡左手上。

其，_{左右正立}，干居左，戚居右。

馨，_{左右正面}，右足交於左，干平舉，戚衡左手上。

爵，_{左右向北南}，兩足并兩手推出，干平舉，戚衡左手上。

方，_{左右正立}，干居中，戚居右下垂。

舉，_{左右正立}，干居左，戚居右。

兮，_{左右向南北}，身俯右左，足少前，干、戚偏右左。

歌，_{左右俯首}，左足虛立，干居左，戚居右下垂。

且，_{左右向南北}，身微俯右左，足進前趾向上，干平舉，戚倒衡左手上。

舞，_{左右正面}，右足交於左，干居左，戚向內平衡。

漾，_{左右向南北}，首微俯，起右左足，干平舉，戚斜衡左手上。

和，_{左右正立}，干居中，戚居右。

盎，_{左右正面}，兩足并，干平舉，戚衡左手上。

兮，_{左右向北南}，兩足并，干、戚分舉。

龍，_{左右正立}，兩手高拱，干正舉，戚衡左手上。

旂，_{左右正面}，屈雙足，干正舉，戚衡左手上。

青，_{左右屈雙足}，俯首，干正舉，戚衡左手上。

朝日壇祭以春分，初獻《武舞》：左右兩班，正面立，冬冠，服紅色銷金花服，皆左手執干居中當胸，右手執戚平衡戚左柄右。工歌《清曦之章》，舞凡二十八式。

樂章

御、景、風、兮、下、帝、扃、酌、黃、目、兮、椒、其、馨、爵、方、舉、兮、歌、且、舞、漾、和、盎、兮、龍、旂、青。

朝日壇亞獻文舞譜

再，_{左右正立}，羽、籥如十字。

舉，_{左右正立}，籥平衡，羽植居右，如十字。

勺，_{左右向南北}，籥平指_{東西}，羽植。

兮，_{左右向南北}，身俯右左，足進前，籥斜指下，羽植。

鬱，_{左右正立}，籥舉近肩，右手伸出，羽植。

金，_{左右向北南}，兩手伸出，羽、籥植。

香，_{左右正面}，身向北南，起左右足，羽、籥植。

嘉，_{左右正立}，籥植過肩，羽平額交如十字。

樂，_{左右正立}，身俯，面微仰向南北，抱右左膝，羽、籥斜交如十字。

合，_{左右正立}，籥斜舉過肩，羽植。

兮，_{左右正立}，兩手微拱，羽、籥如十字。

舞，_{左右正立}，羽、籥偏右左，斜倚肩。

洋，_{左右向南北}，兩足并，籥東西指，羽植如十字。

洋，_{左右向南北}，籥下垂，右手伸出，羽植。

德，_{左右正立}，籥植近肩，羽平衡如十字。

恢，_{左右正面}，左足虛立，籥衡膝上，羽植。

大，_{左右正立}，兩手相交，羽、籥植。

兮，_{左右正立}，身俯，抱右左膝，羽、籥如十字。

神，_{左右正立}，籥平衡，羽植。

哉，_{左右正立}，身俯，抱左右膝，羽、籥如十字。

沛，_{左右正立}，籥斜舉，羽植。

澹，_{左右向南北}，籥斜衡，羽植。

容，_{左右正面}，左足虛立，籥斜倚膝，羽植。

與，_{左右向北南}，籥斜衡，羽植。

兮，_{左右正立}，籥平衡，羽植籥上。

進，_{左右正立}，兩手上拱，羽、籥如十字。

霞，_{左右正面}，屈雙足，羽、籥如十字。

觴，_{左右}屈雙足，俯首至地，羽、籥如十字。

朝日壇亞獻《文舞》：左右兩班，正面立，皆左手執籥居左，右手執羽居右，羽、籥分植，下齊當腰際。工歌《咸曦之章》，舞凡二十八式。

樂章

再、舉、勺、兮、鬱、金、香、嘉、樂、合、兮、舞、洋、洋、德、恢、大、兮、神、哉、沛、澹、容、與、兮、進、霞、觴。

朝日壇終獻文舞譜

式，_{左右正立}，羽、籥并植。

禮，_{左右身微向南北}，羽、籥偏右左，如十字。

莫，_{左右向南北}，籥斜指，羽植。

愆，_{左右正立}，籥斜舉，羽植。

兮，_{左右正面}，身蹲，籥植近肩，羽衡膝上。

昭，_{左右正立}，羽、籥向下斜交。

清，_{左右正面}，身微蹲，籥斜衡膝上，羽植。

終，左右向南北，兩手伸出，羽、籥植。

以，左右正立，籥平衡，羽植。

告，左右向北南，身微俯，手微拱，羽、籥如十字。

虔，左右正立，面向南北，兩手相并舉向北南，羽、籥植。

兮，左右正立，面向北南，兩手相并舉向南北，羽、籥植。

休，左右向南北，左足虛立，籥斜倚膝，羽植。

成，左右正立，羽、籥斜交。

願，左右正立，兩手高拱，羽、籥如十字。

神，左右向南北，羽、籥斜舉。

且，左右向南北，身微俯，面微仰，籥高舉斜指南北，羽植。

留，左右向南北，身俯，兩足并，羽、籥斜交。

兮，左右正面，右足交於左，羽、籥如十字。

鑒，左右身微向南北，籥植近肩，羽向下斜指。

茹，左右正立，身俯，籥衡地，羽植籥上。

以，左右正立，羽、籥植。

妥，左右向北南，身微俯左右，足少前，羽、籥如十字。

以，左右正立，籥植居中，羽衡籥下。

侑，左右身微向南北，籥下垂，羽植。

兮，左右正面，兩足并，羽、籥如十字。

忱，左右正面，屈雙足，羽、籥如十字。

誠，左右屈雙足，俯首至地，羽、籥如十字。

朝日壇終獻《文舞》：左右兩班，立如亞獻，皆左手執籥居左，斜衡腰際，右手執羽居右，植立下齊當腰際。工歌《純曦之章》，舞凡二十八式。

樂章

式、禮、莫、愆、兮、昭、清、終、以、告、虔、兮、休、成、願、神、且、留、兮、鑒、茹、以、妥、以、侑、兮、忱、誠。

夕月壇

（清）昆岡等《大清會典圖》卷五一《樂二一·樂舞六》

夕月壇初獻武舞譜

少，左右正立，干居左，戚居右。

采，左右正立，俯首，干正舉，戚衡左手上。

兮，左右向北南，身俯左右，足進前，干、戚偏右左，作肩負勢。

將，左右正立，干居中，戚居右下垂。

事，左右俯首偏左左右右，足進前右左，足虛立，干、戚偏右左。

玉，左右正立，干、戚偏右左。

帛，左右向北南，身微俯右左，足交於左右，干、戚偏左右。

兮，左右正立，干正舉，戚衡左手上。

載，左右向南北，身微俯左右，足進前趾向上，干、戚偏右左。

陳，左右身俯，右足少前，干居左，戚下垂及地。

式，左右向北南，兩足并兩手推出，干平舉，戚衡左手上。

舉，左右俯首，右足交於左，干正舉，戚衡左手上。

黃，左右側身微向南右北左，足進前，干平舉，戚衡左手上。

流，左右向北南，身微蹲，干平舉，戚衡左手上。

兮，左右向北南，干、戚分舉。

挹，左右正立，干居左，戚居右下垂。

犧，左右向南左北右，足進前，干側舉，戚衡左手上。

尊，左右正立，兩手高拱，干正舉，戚平衡。

籩，左右向北南，兩足并兩手推出，干平舉，戚衡左手上。

豆，左右正面，右足交於左，干居左，戚居右平衡。

靜，左右向南北，兩足并兩手推出，干平舉，戚衡左手上。

嘉，左右正立，干居中，戚居右。

兮，左右向北左南右，足進前趾向上，干、戚偏右左。

肴，左右正面，右足交於左，干平舉，戚衡左手上。

核，左右正面，屈雙足，干正舉，戚衡左手上。

芬，左右屈雙足，俯首，干正舉，戚衡左手上。

夕月壇祭以秋分，初獻《武舞》：左右兩班，正面立，夏冠，服月白銷金花服，皆左手執干居中當胸，右手執戚平衡，戚左柄右。工歌《升光之章》，舞凡二十六式。

樂章

少、采、兮、將、事、玉、帛、兮、載、陳、式、舉、流、黃、兮、挹、犧、尊、籩、豆、靜、嘉、兮、肴、核、芬。

夕月壇亞獻文舞譜

齊，左右正立，羽、籥分植。

醍，左右正立，籥斜舉，羽植。

兮，左右正面，左足虛立，籥衡膝上，羽植。

載，左右向南北，籥平指南北，羽植。

獻，左右正立，羽、籥偏左右，斜倚肩。

神，左右正立，兩手微拱，羽、籥如十字。

之，左右向南北，兩手伸出，羽、籥分植。

來，左右身俯向南北，面微仰，抱左右膝，羽、籥斜交如十字。

兮，左右正立，籥植近肩，右手伸出，羽植。

肅，左右身俯向北南，面微仰，抱左右膝，羽、籥斜交如十字。

然，左右正立，籥植近肩，羽平額交如十字。

仰，左右向北南，籥斜指下，羽植。

肸，左右正面，左足虛立，籥斜倚膝，羽植倚肩。

蠁，左右向南北，身俯，兩足并，羽、籥斜交。

兮，左右正立，籥平衡，羽植。

鑒，左右向北南，籥斜衡，羽斜倚肩。

顧，左右向北南，羽斜指下，籥斜倚肩。

挹，左右正立，俯首，羽、籥如十字。

清，左右正面，右足交於左，羽、籥如十字。

光，左右向南北，面仰，籥平指，羽植如十字。

兮，左右正立，兩手上拱，羽、籥如十字。

几，左右正面，屈雙足，羽、籥如十字。

筵，左右屈雙足，俯首至地，羽、籥如十字。

夕月壇亞獻《文舞》：左右兩班，正面立，皆左手執籥當胸平衡，右手執羽當中植立高出於頂羽籥，相交如十字。工歌《瑤光之章》，舞凡二十三式。

樂章

齊、醲、兮、載、獻、神、之、來、兮、肅、然、仰、肸、蠁、兮、鑒、顧、挹、清、光、兮、几、筵。

夕月壇終獻文舞譜

戛，左右正立，籥平衡，羽植居右。

瑟，左右身微向北南，羽、籥偏右左，如十字。

鳴，左右正立，籥平衡，羽植籥上。

琴，左右正立，身俯，抱右左膝，羽、籥如十字。

兮，左右正立，羽、籥向下，斜交。

銷，左右正立，身俯，抱左右膝，羽、籥如十字。

玉，左右正面，右足交於左，籥植過肩，羽平額交如十字。

鏘，左右向北南，籥平指北南，羽植籥上。

神，左右正面，左足虛立，籥平衡，羽植。

嘉，左右向北南，面仰，籥平指北南，羽植如十字。

虞，左右向北南，籥下垂，右手伸出，羽植。

兮，左右正面，身向北南，羽、籥分植。

申，左右正立，羽、籥斜交。

三，左右正面，身微蹲，羽衡膝上，籥植。

觴，左右正面，身微蹲，籥衡膝上，羽植。

金，左右正立，籥植過肩，羽平額如十字。

波，左右向北南，身俯右左，足進前，籥斜指下，羽植。

穆，左右正立，兩手相交，羽、籥并植。

穆，左右向南北，身俯左右，足進前，籥斜指下，羽植。

兮，左右向北右南左，足進前，羽、籥并植。

珠，左右正立，籥植居中，羽衡籥上。

煁，左右正立，籥植居中，羽衡籥下。

黃，左右正立，身俯，籥衡地，羽籥。

休，左右向北南，兩足并，籥平指北南，羽植如十字。

嘉，左右正立，籥植近肩，羽平衡如十字。

砰，左右向南北，籥斜衡，羽植。

隱，左右正立，身俯，羽、籥植地。

兮，左右正立，面向北南，兩手相并舉向南北，羽、籥分植。

溢，左右正立，左手高舉，籥平衡，羽植。

四，左右正面，屈雙足，羽、籥如十字。

方，左右屈雙足，俯首至地，羽、籥如十字。

夕月壇終獻《文舞》：左右兩班，立如亞獻，左右手執籥羽，亦如亞獻儀。工歌《瑞光之章》，舞凡三十一式。

樂章

夏、瑟、鳴、琴、兮、鍧、玉、鏘、神、嘉、虞、兮、申、三、觴、金、波、穆、穆、兮、珠、煁、黃、休、嘉、砰、隱、兮、溢、四、方。

（五）詩文

（清）于敏中《日下舊聞考》卷八八《郊坰東—》

馬世奇《扈從東郊朝日詩》：

羲馭輝廣道，鑾輿肅紫宸。

向離先視夜，出震恰當春。

蒼璧王宮近，元端帝座親。

朝光開萬景，雲起欲扶輪。《澹寧居詩集》

乾隆二十三年二月御製朝日壇禮成紀事六韻　朝日東門外，春分陽德雍。躬親應戊歲，祭禮遡天宗。在俎陳騂角，承筐奠赤琮。元端服惟盛，大采意彌恭。三獻酌清齊，旋宮奏夾鐘。翹瞻壇壝煥，歲乙亥敕修壇工至丁丑春月告竣。瑞擁旭光濃。

乾隆三十九年御製仲春朝日壇禮成述事　天宗三復地宗三，祭典惟崇冠五堪。況已多年執禮闕，適當剛歲寸誠參。榮光燭鼎祥烟鬱，和氣浮厄瑞露湛。臨照炎精仰咫尺，法欽陽德敢徒談？

臣等謹按：乾隆二十三年御筆陳列具服殿內屏風上，三十九年御筆懸於殿門內。又殿後楹御書聯曰：重帟祥風護，中衡瑞采凝。中楹御書額曰明禋炳曜。聯曰：迎氣肅齋明，光承離照；順時欽敬授，典著寅賓。

（清）于敏中《日下舊聞考》卷九六《郊坰西六》

乾隆十三年皇上御製八月朔日秋分夕月詩：少采當秋仲，禋宗重夜明。九經循白道，萬物荷西成。朔魄將臨望，虧輪本是盈。銀蟾與丹桂，齊語任聞評。

三、祭祀記載

《明太祖實錄》卷五六"洪武三年九月"條

癸卯，天壽聖節祭太廟，上謂中書省臣曰：日月既皆設壇專祭，而星辰乃附祭於月壇，非禮也，宜別設壇，專祭周天星辰。于是禮部議於城南諸神享祭壇，正南向，增造屋九間。朝日、夕月祭周天星辰俱於是行禮，其朝日夕月仍以春秋分，祭星辰則於天壽節前三日致祭。從之。

《明世宗實錄》卷二四八"嘉靖二十年四月"條

（癸亥）命官祭告朝日夕月、天神地祇及應祀等神，禮部因言日月神祇及真武三官天將都城隍火神等廟請命大臣八人祭告。詔可。

《明世宗實錄》卷一三七"嘉靖十一年四月"條

壬寅，禮部尚書夏言請朝日、夕月歲遣文武大臣行禮，聖駕不必親祀。有詔：朝日間歲一親祀，以甲丙戊庚壬年，夕月并神祇壇每三歲一親祀，以丑辰未戌年。著為令。

《明穆宗實錄》卷七"隆慶元年四月"條

甲辰，始命夏至祀方澤以卯時行禮。先是冬至祀天，孟秋享　太廟，春秋祭社稷、先師孔子、歷代帝王俱用子時，祭朝日壇以卯時，祭夕月壇以酉時，孟春孟夏孟冬時享及祫享太廟俱午時，惟夏至祀地時未有定，至是太常寺以請遂定於卯時。

《明神宗實錄》卷二九五"萬曆二十四年三月"條

辛巳，禮部題，遇災祭告，遣公徐文璧祭朝日壇，侯陳應詔祭夕月壇。

《明神宗實錄》卷三一一"萬曆二十五年六月"條

甲申，以火災遣公徐文璧等分詣南郊、北郊、社稷、太廟、朝日、夕月壇及太歲東岳等神祇致祭，上於宮中行拜禮。

（明）申時行等《大明會典》卷八二《禮部四〇・郊祀二・分祀上》

嘉靖九年，更定分祀儀。【略】十一年定，朝日壇以甲、丙、戊、庚、壬間歲一親祭。夕月壇以丑、辰、未、戌三歲一親祭。非親祭之歲，太常寺具奏遣官行禮。朝日以文大臣，夕月以武大臣。

（明）王圻《續文獻通考》卷一〇六《郊社考・郊下》

（嘉靖九年）建朝日壇於東郊，以春分，祭日無從位，建夕月壇於西郊，以秋分祭月，亦以星辰從祀，俱不奉配。今分祀已久，似難紛，更宜照例北二郊於冬夏至日，恭詣聖駕親詣致祭，仍奉太祖高皇帝配，其東郊以甲、丙、戊、庚、壬年，西郊以丑、辰、未、戌年，聖駕親祭，餘歲遣官代行。

（嘉靖十年）太常寺先期具奏行禮，止奏日不奏時，以故陪祀諸臣供事失期者眾，請以後并奏日時。從之。【略】祭朝日壇以卯時，夕月壇以酉時。（隆慶）三年八月，上親祭夜明於夕月壇，命成國公朱希忠分獻。

（明）徐學聚《國朝典彙》卷一五《朝端大政》

（嘉靖十一年）四月，令定東西郊神祇壇親祀之期，初祈穀之禮上因違和，遣官代行，至是將祀北郊，禮部尚書夏言請暫遣大臣代行，因言陛古啓建郊壇禮成之初，俱以躬行祀事。竊惟陛下交天母地，宜躬祀典，朝日夕月即遣官行，亦不爲越禮。上是之，因命朝日壇間歲一親祀，以甲、丙、戊、庚、壬年，夕月并神祇壇三歲一親祭，以丑、辰、未、戌年，著爲令，興。

（清）傅維麟《明書》卷五七《志六・禮儀志二・分祀儀》

嘉靖九年，更定乃分四郊，朝日則以五陽年，夕月則以五陰年，若遣官，則日以文，月以武，更上帝號曰皇天上帝，惟祭品特帛不改。

凡行禮，朝日以朝，夕月以夕。

（清）萬斯同等《明史》卷四七《志二一・禮志五・吉禮五・朝日夕月》

洪武三年，禮部奏，【略】秦祭八神，六曰月主，七曰日主，雍又有日月廟。漢郊太乙，朝日、夕月，改周法，常以郊泰畤，質明出行宮，東向揖日，西向揖月，又於殿下東西拜日月。宣帝於神山祠日，萊山祠月。魏明帝始朝日東郊，夕月西郊。唐以二分日，朝日夕月於國城東西。宋以春分朝日，秋分夕月，爲大祀。元郊壇以日月從祀，其二分朝日夕月，因皇慶中議建立而未行。今既以日月從祀於郊壇。【略】朝日以春分日，夕月以秋分日，星辰則祔祭於月壇。從之。學士詹同等奏進祝文三道，命付禮部太常寺永爲定式。

隆慶元年，禮部議定東郊以甲、丙、戊、庚、壬年，西郊以丑、辰、未、戌、年駕親祭，餘歲遣文大臣攝祭朝日壇，武大臣攝祭夕月壇。

（清）張廷玉《清文獻通考》卷九七

凡祀日月爲中祀，祀朝日壇以春分日卯時，值甲、丙、戊、庚、壬年，皇帝親詣行禮，餘年遣官承祀。

祀夕月壇以秋分日西時，值丑、辰、未、戌年，皇帝親詣行禮。

十一年二月癸亥，春分，朝日於東郊，世祖章皇帝親詣行禮。

康熙三年二月丙辰，春分，朝日於東郊，聖祖仁皇帝親詣行禮。

九年八月甲午，秋分夕月於西郊，聖祖仁皇帝親詣行禮。

臣等謹按：聖祖仁皇帝親祭朝日壇者十，夕月壇者四。

雍正二年二月庚午，春分朝日於東郊，世宗憲皇帝親詣行禮，八月丁丑，秋分夕月於西郊，亦親詣行禮。

臣等謹按：世宗憲皇帝親祭朝日壇者五，夕月壇者二。

乾隆三年二月甲申，春分朝，日於東郊，皇上親詣行禮。八月庚寅，秋分，夕月於西郊，亦親詣行禮。是年秋，七月壬申，奉諭旨：今年夕月壇，舊例係遣官之年，但朕即吉之後初次舉行，朕親詣行禮，以展誠敬。

十一年二月丙寅，春分，皇上親祭朝日壇，以次日日食，不乘輦，不設鹵簿，不奏樂。

四十二年正月，定祭朝日壇、夕月壇御用禮服及陪祀執事官服色，詳見《王禮考》。

自乾隆元年至五十年，皇上親祭朝日壇者六，親祭夕月壇者三。五十年後敬俟續纂。

（清）伊桑阿等《（康熙）大清會典》卷五五《禮部・祠祭清吏司・祭祀通例》

國家典制，祀事爲重。【略】凡祭祀日期，禮部於每歲九月中，札欽天監選擇，該監擇定於十月中開送祀册至部，隨札知太常寺於每祭祀前預行具題。【略】朝日壇、夕月壇，【略】於二十日前題。【略】

凡朝日壇、夕月壇【略】爲中祀，遇甲、丙、戊、庚、壬年，皇上親祭朝日壇。遇丑、辰、未、戌年，皇上親祭夕月壇，或遣官恭代，其餘各年，遣官致祭。【略】

凡致祭時辰。順治十五年題准。【略】朝日壇，春分日卯時，夕月壇，秋分日西時。

（清）允祹等《大清會典》卷三六《禮部》

凡祭三等。【略】日、月、前代帝王、先師孔子、先農、先蠶、天神、地祇、太歲爲中祀，【略】

甲、丙、戊、庚、壬、年，親朝日；丑、辰、未、戌、年，親夕月；從壇遣官分獻，餘年均遣官致祭。

凡祀期，【略】朝日以春分，夕月以秋分。【略】惟朝日以卯時，夕月以西時。

（清）允祹等《大清會典》卷四四《禮部》

凡朝日之禮。兆陽位於東郊，其制一成，歲以春分迎日出祀大明，甲、丙、戊、庚、壬年，皇帝親朝日。

凡夕月之禮，兆陰位於西郊，其制一成，歲以秋分，迎月出，祀夜明以北斗五星、二十八宿、周天星辰配，丑、辰、未、戌年皇帝親夕月。

(清)　允祹等《大清會典則例》卷八二《禮部·祠祭清吏司·中祀一》

春分朝日。順治八年，題准大明之神從祀圜丘外，更立日壇，每年於春分日卯時致祭。又定祭日壇凡遇甲、丙、戊、庚、壬、年，親詣行禮，餘年遣官行禮。

秋分夕月。順治八年，題准夜明之神從祀圜丘外，更立月壇，每年於秋分日酉時致祭，以北斗七星、木火土金水五星、二十八宿、周天星辰配饗。又定祭月壇凡遇丑、辰、未、戌，親詣行禮，餘年遣官行禮。乾隆三年諭：今年夕月，舊例乃遣官之年，但朕即吉之後，凡祭祀典禮初次舉行，朕皆躬親以展誠敬，八月初十日，夕月。朕親詣行禮。欽此。四年，奏准月壇舊於酉時致祭，皇帝親詣行禮於酉時前六刻，申時前三刻請駕至壇，尚隔酉時二刻。此次皇帝親詣月壇行禮，謹擬於酉時前四刻，申時五刻請駕至壇，適合致祭之時。

(清)　秦蕙田《五禮通考》卷三四《吉禮三四·日月》

《圖書編》：朝日壇。嘉靖九年，罷從祀，建壇朝陽門外二里許。【略】歲春分，祭大明之神於朝日壇，西向，甲、丙、戊、庚、壬年，上祭服親祀，餘年遣文大臣攝之。

蕙田案：朝日之祭用天干之五，夕月之祭用地支之四。

六十年中，祭日者三十，祭月者二十，而又有甲辰甲戌等十年日月皆親祭，丁卯、己巳等二十年皆不親祭。

蕙田案：《明集禮》：朝日夕月皆以清晨行事，《續文獻通考》稱隆慶以前朝日以卯時，夕月以酉時。《明史》稱嘉靖時朝日以寅，夕月以亥，互有不同。宋夕月以未後三刻稍為近之，惟本朝日以卯月以酉，為得陰陽出入之正矣。

(清)　嵇璜等《續文獻通考》卷七一《郊社考·祀日月》

(洪武三年) 二月，朝日於東郊，初定為上祀，後改中祀。

八月夕月於西郊，袝祭周天星辰。

七年二月朝日卜日，以丁酉春分日食，改己亥行禮。

二十一年三月，罷朝日夕月帝以大明、夜明已從祀郊壇，乃罷專祭。

(嘉靖) 十年二月，祀大明於朝日壇，祭用太牢，奠玉，禮三，獻樂七奏，舞八佾。

八月，祀夜明於夕月壇牲、玉、獻舞如朝日儀，樂九奏。

十一年四月，詔定間歲朝日，三歲夕月則親祀。

十四年二月，祀大明於朝日壇，先是太常寺言：朝日壇間歲一親祀，例以甲丙戊庚壬年，今歲請遣官行禮。帝曰：大明乃群神首祀，去歲朕闕躬祭，今歲一行，後如例。

熹宗天啓六年二月，祀大明於朝日壇。

潛帝崇禎十三年二月，祀大明於朝日壇。

（清）托津等《（嘉慶）大清會典事例》卷八〇六《太常寺十三·春分朝日》

（康熙）二十三年奏准，祭朝日壇出東華門，於日出前八刻寅正初刻請駕，似覺太早，改於日出前六刻寅正二刻請駕。

乾隆四年奏准，月壇舊於酉時致祭，皇帝親詣行禮於酉時前六刻申時三刻請駕至壇，尚隔酉時二刻，嗣後皇帝親祭月壇行禮，謹擬於酉時前四刻，申時五刻請駕至壇，合致祭之時。

《德宗景皇帝實錄》卷四九〇"光緒二十七年十一月"條

甲申，又諭，【略】本月二十八日回宮後，朕是日即恭詣奉先殿、壽皇殿，敬謹行禮，次日恭詣大高殿、太廟，祇謁告祭。擇日恭詣圜丘、大社、大稷，祇謁告祭。同日遣官告祭方澤、朝日、夕月各壇，恭代行禮，并遣官擇日告祭東陵、西陵，恭代行禮。用伸歎悚而展明禋，各該衙門敬謹豫備。

《德宗景皇帝實錄》卷四九一"光緒二十七年十二月"條

（庚子）告祭朝日壇，遣肅親王善耆恭代行禮。告祭夕月壇，遣順承郡王訥勒赫恭代行禮。

（清）于敏中《日下舊聞考》卷八八《郊坰東一》

春分祭大明於朝日壇，間歲親祀，以甲、丙、戊、庚、壬年行事。大明之神位版，金地朱書，其祝文，紅紙版朱書。《明嘉靖祀典》

凡甲、丙、戊、庚、壬年，親朝日，餘年均遣官致祭。朝日以卯時，玉用赤璧，禮神制帛一，色赤，牲用太牢，樂七奏，用曦字，舞八佾，祝版純朱紙朱書，祭器豆登籩簠銂尊均用陶，色赤，祭兼用太羹和羹，祭服御大紅禮服。《大清會典則例》

（清）于敏中《日下舊聞考》卷九六《郊坰西六》

凡夕月，每年秋分酉時祭，遇丑、辰、未、戌年親祭，餘年遣大臣攝祭。玉用白璧，禮神制帛一，色白，牲用太牢，樂六奏，用光字，舞八佾。祝版白紙黃緣墨書，祭器豆登籩簠銂尊均用陶，色白，祭品兼用太羹和羹，祭服御玉色禮服。《大清會典》

（清）昆岡等《（光緒）大清會典事例》卷四三三《禮部一四四·中祀》

春分朝日。道光二十二年，春分祭日壇，宣宗成皇帝親詣行禮，在西欞星門外甬道北降輿升輿。二十三年二月，諭給事中文不奏，定例朝日壇以卯刻致祭本月二十一日禮成將及卯初請將承祭官交部議處等語，此次禮成將及卯初，所早不過二三刻數，究與遲誤者有間，承祭官著毋庸議處，嗣後凡遇遣官祭祀，其致祭時刻總當恪遵定例，不得過早，亦不得稍遲，以昭敬慎。

秋分夕月。乾隆三年諭，今年夕月，舊例乃遣官之年，但朕即吉之後，凡祭祀典禮初次舉行，朕皆於躬親以展誠敬。八月初十日夕月，朕親詣行禮。四年奏准，月壇舊於酉時致祭，皇帝親詣行禮，於酉時前六刻，申時三刻請駕至壇尚隔酉時二刻，嗣後皇帝親詣月壇行禮，謹擬於酉時前四刻，申時五刻請駕，至壇適合致祭之時。

(清) 昆岡等《 (光緒) 大清會典事例》卷一〇七五《太常寺》

親祭日壇禮節。每遇甲、丙、戊、庚、壬年，皇帝親祭日壇。

親祭月壇禮節。每遇丑、辰、未、戌年，皇帝親祭月壇。【略】乾隆四年奏准，月壇舊於酉時致祭，皇帝親詣行禮，於酉時前六刻申時三刻請駕至壇，尚隔酉時二刻，嗣後皇帝親詣月壇行禮，於酉時前四刻申時五刻請駕至壇，合致祭之時。

劉錦藻《清續文獻通考》卷一五二《郊社考六·日月星辰》

(嘉慶五年) 是年秋分祭月壇，太常寺照例題請遣官，奉旨：朕親詣行禮。

十九年諭：秋祀夕月壇，嗣後如遇朕親祭之年，其配位著派親郡王上香。

(道光二十二年) 春分祭日壇，上親詣行禮，在西櫺星門外甬道北降輿升輿。

咸豐三年二月丁亥，春分朝日於東郊。

十年二月癸亥，春分朝日於東郊。

同治十三年二月丁丑，春分朝日於東郊，八月癸未，秋分夕月於西郊。

(光緒) 十八年二月辛亥，朝日於東郊。八月丁巳，夕月於西郊，上親詣行禮。

二十一年二月丁卯，朝日於東郊，遣凱泰行禮。

八月癸酉，夕月於西郊，上親詣行禮。

二十二年二月壬申，朝日於東郊，上親詣行禮。

八月戊寅，夕月於西郊，遣凱泰行禮。

二十四年二月壬午，朝日於東郊，上親詣行禮。

八月己丑夕月於西郊，上親詣行禮。

二十七年十一月，上回鑾，遣官告祭日月壇。

三十二年二月，朝日於東郊，上親詣行禮。

又七月，夕月於西郊。

三十三年八月，夕月於西郊，上親詣行禮。

宣統二年八月壬辰，即夕月壇，派莊親王載功行禮。

三年二月辛卯，祭朝日壇，派魁斌行禮。

(清) 龍文彬《明會要》卷八《禮三·吉禮·朝日夕月》

洪武七年二月丁酉朔，日有食之。是日春分。禮官奏"朝日禮用己亥。"制曰："可。"《典彙》

(嘉靖十年) 二月庚辰，上親祀大明於朝日壇。八月癸未，親祀夜明於夕月壇。《大政記》

隆慶元年，禮部議定：東郊以甲、丙、戊、庚、壬年，西郊以丑、辰、未、戌年，

車駕親祭。餘歲，遣文大臣攝祭朝日壇，武大臣攝祭夕月壇。《禮志》【略】

天啓六年二月己亥，祭日於東郊。《本紀》

（清）談遷《國榷》卷四《太祖洪武三年庚戌至四年辛亥》

（洪武三年正月甲午），禮部定朝日春分，夕月秋分，星辰祔于月。從之。【略】

（洪武三年二月）丙子，上朝日于東郊。

（洪武三年八月）己卯，夕月于西郊。

趙爾巽《清史稿》卷八三《志五八·禮志二·吉禮二·天神太歲朝日夕月》

朝日、夕月，初以大明、夜明從祀圜丘，罷春秋分祀。順治八年，建朝日壇東郊，夕月壇西郊。

朝日用春分日卯刻，值甲、丙、戊、庚、壬年，帝親祭，餘遣官。【略】

夕月用秋分日酉刻，奉星辰配，凡丑、辰、未、戌年，帝親祭，餘遣官。

朝日壇

《明太祖實錄》卷八七"洪武七年二月"條

己亥，朝日以丁酉，春分日食，故以是日行禮。

《明太祖實錄》卷九七"洪武八年二月"條

辛丑，朝日。

《明太祖實錄》卷一〇四"洪武九年二月"條

壬辰，朝日。

《明太祖實錄》卷一一一"洪武十年二月"條

癸丑，朝日。

《明太祖實錄》卷一一七"洪武十一年二月"條

戊午，朝日。

《明太祖實錄》卷一二二"洪武十二年二月"條

甲子，朝日。

《明太祖實錄》卷一三〇"洪武十三年二月"條

壬申，朝日。

《明太祖實錄》卷一三五"洪武十四年二月"條

壬戌，朝日。

《明太祖實錄》卷一四二"洪武十五年二月"條

壬戌，朝日。

《明太祖實錄》卷一五二"洪武十六年二月"條

壬午，朝日。

《明太祖實錄》卷一五九"洪武十七年二月"條

庚寅，朝日。

《明太祖實錄》卷一七一"洪武十八年二月"條

癸巳，朔，朝日。

《明太祖實錄》卷一七七"洪武十九年二月"條

庚子，朝日。

《明太祖實錄》卷一八〇"洪武二十年二月"條

丙午，朝日。

《明太祖實錄》卷一八八"洪武二十一年二月"條

辛亥，朝日。

《明世宗實錄》卷一二二"嘉靖十年二月"條

庚辰，上親祀大明於朝日壇。

《明世宗實錄》卷一三五"嘉靖十一年二月"條

丙戌，祭大明於朝日壇，遣武定侯郭勛代。

《明世宗實錄》卷一四七"嘉靖十二年二月"條

辛卯，春分節祭大明於朝日壇，遣成國公朱鳳代。

《明世宗實錄》卷一五九"嘉靖十三年二月"條

丙申，遣大學士張孚敬大明於朝日壇。

《明世宗實錄》卷一七二"嘉靖十四年二月"條

辛丑，上親祭大明於朝日壇。先是，太常寺言朝日壇間歲一親視，例以甲、丙、戊、庚、壬年，今歲請遣官行。上曰：大明乃群神首祀，去歲朕闕躬祭，今歲一行，後如例。

《明世宗實錄》卷一八四"嘉靖十五年二月"條

丁未，春分，祭大明於朝日壇，遣武定侯郭勛行禮。

《明世宗實錄》卷一九七"嘉靖十六年二月"條

壬子，祭大明於朝日壇。

《明世宗實錄》卷二〇九"嘉靖十七年二月"條

丁巳，春分，祭大明於朝日壇，命武定侯郭勛行禮。

《明世宗實錄》卷二五八"嘉靖二十一年二月"條

戊寅，春分節，祭大明於朝日壇，遣成國公朱希忠行禮。

《明世宗實錄》卷二七一"嘉靖二十二年二月"條

癸未，春分節，祭大明於朝日壇，遣成國公朱希忠行禮。

《明世宗實錄》卷二八三"嘉靖二十三年二月"條

己丑，春分，祭大明於朝日壇，命成國公朱希忠行禮。

《明世宗實錄》卷二九六"嘉靖二十四年二月"條

甲午朔，春分節，祭大明於朝日壇，遣成國公朱希忠行禮。

《明世宗實錄》卷三〇八 "嘉靖二十五年二月" 條

己亥，祭大明於朝日壇，遣公朱希忠行禮行禮。

《明世宗實錄》卷三二〇 "嘉靖二十六年二月" 條

甲辰，春分，祭大明於朝日壇，遣成國公朱希忠行禮。

《明世宗實錄》卷三三三 "嘉靖二十七年二月" 條

庚戌，祭大明於朝日壇，命公朱希忠代。

《明世宗實錄》卷三四五 "嘉靖二十八年二月" 條

乙卯，祭大明於朝日壇，遣成國公朱希忠行禮。

《明世宗實錄》卷三七〇 "嘉靖三十年二月" 條

乙丑，春分，祭大明於朝日壇，遣定國公徐延德行禮。

《明世宗實錄》卷三八二 "嘉靖三十一年二月" 條

辛未，春分，祭大明於朝日壇，命成國公朱希忠行禮。

《明世宗實錄》卷三九四 "嘉靖三十二年二月" 條

丙子，春分，祭大明於朝日壇，遣成國公朱希忠行禮。

《明世宗實錄》卷四〇七 "嘉靖三十三年二月" 條

辛巳，春分，祭大明於朝日壇，遣駙馬都尉鄔景和代。

《明世宗實錄》卷四一九 "嘉靖三十四年二月" 條

丙戌，春分，祭大明於朝日壇，遣英國公張溶行禮。

《明世宗實錄》卷四三二 "嘉靖三十五年二月" 條

壬辰，春分，祭大明於朝日壇，遣英國公張溶行禮。

《明世宗實錄》卷四四四 "嘉靖三十六年二月" 條

丁酉，春分，祭大明於朝日壇，遣成國公朱希忠行禮。

《明世宗實錄》卷四五六 "嘉靖三十七年二月" 條

壬寅，春分，祭朝日壇，遣英国公張溶行禮。

《明世宗實錄》卷四六九 "嘉靖三十八年二月" 條

丁未，春分，祭大明於朝日壇，遣定國公徐延德禮禮。

《明世宗實錄》卷四八一 "嘉靖三十九年二月" 條

癸丑，春分，祭大明於朝日壇，遣英國公張溶行禮。

《明世宗實錄》卷四九三 "嘉靖四十年二月" 條

戊午，春分，祭大明於朝日壇，遣成國公朱希忠行禮。

《明世宗實錄》卷五〇六 "嘉靖四十一年二月" 條

癸亥，春分，祭朝日壇，命英國公張溶行禮。

《明世宗實錄》卷五一八 "嘉靖四十二年二月" 條

戊辰，春分，祭大明於朝日壇，遣英國公張溶行禮。

《明世宗實錄》卷五三〇 "嘉靖四十三年二月" 條

癸酉，春分，祭朝日壇，命英國公張溶行禮。

《明世宗實錄》卷五四三 "嘉靖四十四年二月" 條

己卯，【略】春分，祭大明於朝日壇，遣英國公張溶行禮。

《明世宗實錄》卷五五五 "嘉靖四十五年二月" 條

甲申，春分，祭大明於朝日壇，遣英國公張溶行禮。

《明穆宗實錄》卷四 "隆慶元年二月上" 條

己丑，春分，祭大明於朝日壇，遣成國公朱希忠行禮。

《明穆宗實錄》卷一七 "隆慶二年二月" 條

甲午，春分，祭大明於朝日壇，命成國公朱希忠代。先是，禮部請祭，東郊大學士徐階等言，東郊雖係親祭之年，但耕耤在邇，數日之間，聖駕再出，聖躬過勞，宜暫遣官代祭。故有是命。

《明穆宗實錄》卷二九 "隆慶三年二月" 條

庚寅，太常寺少卿陳瓚言："禮官原議祭朝日壇，今歲例當遣官，請欽命大臣攝行。"上曰："朕將親祭，禮部具儀以聞。"

庚子，春分，上親祭大明於朝日壇。

《明穆宗實錄》卷四二 "隆慶四年二月" 條

乙巳，春分，祭朝日壇禮部以歲庚請上親祭，得旨，命成國公朱希忠行禮。

《明穆宗實錄》卷五四 "隆慶五年二月" 條

庚戌，春分，祭大明於朝日壇，命英國公張溶行禮。

《明穆宗實錄》卷六六 "隆慶六年二月" 條

乙卯，春分，祭大明於朝日壇，遣成國公朱希忠行禮。

《明神宗實錄》卷一〇 "萬曆元年二月" 條

辛酉，春分，遣成國公朱希忠代祭大明於朝日壇。

《明神宗實錄》卷二二 "萬曆二年二月" 條

丙寅，春分，祭朝日壇，遣公張溶行禮。

《明神宗實錄》卷四七 "萬曆四年二月" 條

丙子，遣官代祭大明於朝日壇，是日暫免經筵。

《明神宗實錄》卷七二 "萬曆六年二月" 條

丁亥，遣英國公張溶祭大明於朝日壇。

《明神宗實錄》卷八四 "萬曆七年二月" 條

壬辰，春分，祭大明於朝日壇，遣公張溶行禮。

《明神宗實錄》卷九六 "萬曆八年二月" 條

丁酉，遣定國公徐文璧代祀大明於朝日壇。

《明神宗實錄》卷一〇九 "萬曆九年二月" 條

癸卯，祭大明於朝日壇，遣公徐文璧行禮。

《明神宗實錄》卷一二一 "萬曆十年二月" 條

戊申，上親祭大明於朝日壇。

《明神宗實錄》卷一三三 "萬曆十一年二月" 條

癸丑，遣公徐文璧祭大明於朝日壇。

《明神宗實錄》卷一四六 "萬曆十二年二月" 條

戊午，遣公徐文璧祭太社、太稷，公朱應禎祭朝日壇。

《明神宗實錄》卷一五八 "萬曆十三年二月" 條

甲子，遣成國公朱應禎祭大明於朝日壇。

《明神宗實錄》卷一八三 "萬曆十五年二月" 條

甲戌，遣恭順侯吳繼爵祭大明於朝日壇。

《明神宗實錄》卷一九五 "萬曆十六年二月" 條

己卯，祭大明於朝日壇，遣公徐文璧代。

《明神宗實錄》卷二二〇 "萬曆十八年二月" 條

庚寅，祭大明於朝日壇，遣定國公徐文璧代。

《明神宗實錄》卷二三二 "萬曆十九年二月" 條

乙未，祭大明於朝日壇，遣公國公徐文璧恭代。

《明神宗實錄》卷二五七 "萬曆二十一年二月" 條

丙申，春分，祭大明於朝日壇，遣公徐文璧代。

《明神宗實錄》卷二七〇 "萬曆二十二年二月" 條

辛亥，春分，祭大明於朝日壇，遣侯吳継爵行禮。先是，禮部以歲次甲午係聖駕親祀之年，上諭今次暫代。

《明神宗實錄》卷三〇七 "萬曆二十五年二月" 條

丁卯，祭大明於朝日壇，遣公徐文璧代。

《明神宗實錄》卷三一九 "萬曆二十六年二月" 條

壬申，春分，祭大明於朝日壇，遣定國公徐文璧代。

《明神宗實錄》卷三三一 "萬曆二十七年二月" 條

丁丑，春分節，祭大明於朝日壇，遣侯陳良弼代。

《明神宗實錄》卷三四三 "萬曆二十八年正月" 條

丁卯，禮部請歲在庚子例應聖駕親祭朝日壇，命侯陳良弼恭代。

《明神宗實錄》卷四〇六 "萬曆三十三年二月" 條

（戊申）春分，祭大明於朝日壇，命成國公朱應槐代。

《明神宗實錄》卷四一八 "萬曆三十四年二月" 條

甲寅，春分，遣官祭朝日壇及先農之神。

《明神宗實錄》卷四三一 "萬曆三十五年三月" 條

己丑，春分，祭大明於朝日壇，遣官行禮。

《明神宗實錄》卷四四三 "萬曆三十六年二月" 條

甲子，春分，祭　朝日壇遣官行禮。

《明神宗實錄》卷四五五 "萬曆三十七年二月" 條

己巳，祭朝日壇，遣公張惟賢行禮。

《明神宗實錄》卷四六七 "萬曆三十八年二月" 條

乙亥，祭大明於朝日壇，遣公張惟賢行禮。

《明神宗實錄》卷四八〇 "萬曆三十九年二月" 條

庚辰，以春分，祭大明於朝日壇，遣官恭代。

《明神宗實錄》卷四九二 "萬曆四十年二月" 條

乙酉，春分，祭大明於朝日壇，遣武定侯郭文誠行禮。

《明神宗實錄》卷五〇五 "萬曆四十一年二月" 條

庚寅，祭大明於朝日壇，遣成國公朱純臣行禮。

《明神宗實錄》卷五一七 "萬曆四十二年二月" 條

乙未，春分，祭大明於朝日壇，遣公朱純臣行禮。

《明神宗實錄》卷五二九 "萬曆四十三年二月" 條

辛丑，春分，祭朝日壇遣公張惟賢代。

《明神宗實錄》卷五四一 "萬曆四十四年正月" 條

丙子，春分，祭朝日壇，遣公張惟賢恭代。

《明神宗實錄》卷五五四 "萬曆四十五年二月" 條

辛亥，春分，祭朝日壇，遣公張惟賢行禮。

《明神宗實錄》卷五六六 "萬曆四十六年二月" 條

丁巳，春分，祭大明於朝日壇。

《明神宗實錄》卷五七九 "萬曆四十七年二月" 條

壬戌，遣官祭大明於朝日壇。

《明神宗實錄》卷五九一 "萬曆四十八年二月" 條

丁卯，春分，祭大明於朝日壇，遣泰寧侯陳良弼行禮。

《明熹宗實錄》卷六 "天啓元年二月" 條

辛未，春分，祭大明於朝日壇，遣成國公朱純臣恭代。

《明熹宗實錄》卷一九 "天啓二年二月" 條

戊寅，春分，祭朝日壇，遣駙馬都尉侯拱宸恭代。

《明熹宗實錄》卷二五 "天啓二年八月" 條

庚辰，祭夕月壇，遣惠安伯張慶臻恭代。

《明熹宗實錄》卷三一 "天啓三年二月" 條

癸未，祭大明於朝日壇，遣惠安伯張慶臻行禮。

《明熹宗實錄》卷五六 "天啓五年二月" 條

癸巳，遣英國公張惟賢祭大明於朝日壇。

《明熹宗實錄》卷六八 "天啓六年二月" 條

己亥，上親祭大明於朝日壇。

《明熹宗實錄》卷八一 "天啓七年二月" 條

甲辰，春分，祭朝日壇，遣侯梁世勛代。

《世祖章皇帝實錄》卷六三 "順治九年二月" 條

癸丑，朝日於東郊，遣固山額真兵部尚書明安達禮行禮。

《世祖章皇帝實錄》卷七二 "順治十年二月" 條

戊午，朝日於東郊，遣內大臣公額爾克戴青行禮。

《世祖章皇帝實錄》卷八一 "順治十一年二月" 條

癸亥，朝日於東郊，上親詣行禮。

《世祖章皇帝實錄》卷八九 "順治十二年二月" 條

戊辰，朝日於東郊，千年固山額真石廷柱行禮。

《世祖章皇帝實錄》卷九八 "順治十三年二月" 條

甲戌，朝日於東郊，遣內大臣公愛星阿行禮。

《世祖章皇帝實錄》卷一〇七 "順治十四年二月" 條

己卯，朝日於東郊，遣禮部尚書覺羅科爾昆行禮。

《世祖章皇帝實錄》卷一一五 "順治十五年二月" 條

甲申，朝日於東郊，遣公額爾克戴青行禮。

《世祖章皇帝實錄》卷一二三 "順治十六年二月" 條

己丑，朝日於東郊，遣公愛星阿行禮。

《世祖章皇帝實錄》卷一三二 "順治十七年二月" 條

乙未，朝日於東郊，遣尚書覺羅科爾昆行禮。

《聖祖仁皇帝實錄》卷六 "康熙元年二月" 條

乙巳朔，春分，朝日於東郊，遣都統圖海行禮。

《世祖章皇帝實錄》卷八 "康熙二年二月" 條

庚戌，春分，朝日於東郊，遣都統覺羅巴爾布行禮。

《世祖章皇帝實錄》卷一一 "康熙三年二月" 條

丙辰，春分，朝日於東郊，上親詣行禮。

《世祖章皇帝實録》卷一四"康熙四年二月"條

辛酉，春分，朝日於東郊，遣左都御史覺羅雅布蘭行禮。

《世祖章皇帝實録》卷二一"康熙六年二月"條

癸酉，春分，朝日於東郊，遣都統覺羅巴爾布行禮。

《世祖章皇帝實録》卷二五"康熙七年二月"條

己卯，春分，朝日於東郊，上親詣行禮。

《世祖章皇帝實録》卷二八"康熙八年二月"條

甲申，春分，朝日於東郊，遣都統喇哈達行禮。

《世祖章皇帝實録》卷三二"康熙九年二月"條

丁亥，春分，朝日於東郊，上親詣行禮。

《世祖章皇帝實録》卷三三"康熙九年八月"條

甲午，秋分，夕月於西郊，上親詣行禮。

《世祖章皇帝實録》卷三五"康熙十二月"條

壬辰，春分，朝日於東郊，遣輔國公常舒行禮。

《世祖章皇帝實録》卷三六"康熙十年八月"條

己亥，秋分，夕月於西郊，遣都統尼雅翰行禮。

《世祖章皇帝實録》卷三八"康熙十一年二月"條

丁酉，春分，朝日於東郊，上親詣行禮。

《世祖章皇帝實録》卷四一"康熙十二年二月"條

癸卯，春分，朝日於東郊，遣兵部尚書明珠行禮。

《世祖章皇帝實録》卷四六"康熙十三年二月"條

戊申，春分，朝日於東郊，上親詣行禮。

《世祖章皇帝實録》卷五三"康熙十四年二月"條

癸丑，春分，朝日於東郊，遣理藩院尚書阿穆瑚瑯行禮。

《世祖章皇帝實録》卷五九"康熙十五年二月"條

戊午，春分，朝日於東郊，上親詣行禮。

《世祖章皇帝實録》卷六五"康熙十六年二月"條

甲子，春分，朝日於東郊，遣都統趙璉行禮。

《世祖章皇帝實録》卷七一"康熙十七年二月"條

己巳，春分，朝日於東郊，遣都統趙璉行禮。

《世祖章皇帝實録》卷七九"康熙十八年二月"條

甲戌，春分，朝日於東郊，都統賽音達行禮。

《世祖章皇帝實録》卷九四"康熙二十年二月"條

乙酉朔，春分，朝日於東郊，遣理藩院尚書阿穆瑚瑯行禮。

《世祖章皇帝實錄》卷一〇一 "康熙二十一年二月" 條

庚寅，春分，朝日於東郊，上親詣行禮。

《世祖章皇帝實錄》卷一一四 "康熙二十三年二月" 條

庚子，春分，朝日於東郊，上親詣行禮。

《世祖章皇帝實錄》卷一一九 "康熙二十四年二月" 條

丙辰，春分，朝日於東郊，遣都統侯巴渾德行禮。

《世祖章皇帝實錄》卷一二四 "康熙二十五年二月" 條

辛亥，春分，朝日於東郊，遣內大臣舅舅佟國維行禮。

《世祖章皇帝實錄》卷一二九 "康熙二十六年二月" 條

丙辰，春分，春分，朝日於東郊，遣工部尚書佛倫行禮。

《世祖章皇帝實錄》卷一三三 "康熙二十七年二月" 條

辛酉，春分，朝日於東郊，遣理藩院尚書阿剌尼行禮。

《世祖章皇帝實錄》卷一五〇 "康熙三十年二月" 條

丁丑，春分，朝日於東郊，遣吏部尚書鄂爾多行禮。

《世祖章皇帝實錄》卷一五八 "康熙三十二年二月" 條

戊子，春分，朝日於東郊，遣禮部尚書庫勒納行禮。

《世祖章皇帝實錄》卷一六二 "康熙三十三年二月" 條

癸巳，春分，朝日於東郊，遣刑部尚書圖納行禮。

《世祖章皇帝實錄》卷一六六 "康熙三十四年二月" 條

戊戌，春分，朝日於東郊，遣戶部尚書馬齊行禮。

《世祖章皇帝實錄》卷一七一 "康熙三十五年二月" 條

癸卯，春分，朝日於東郊，遣領侍衛內大臣公福善行禮。

《世祖章皇帝實錄》卷一八〇 "康熙三十七年二月" 條

甲寅，春分，朝日於東郊，遣刑部尚書傅臘塔行禮。

《世祖章皇帝實錄》卷一九七 "康熙三十九年正月" 條

甲子，春分，朝日於東郊，遣領侍衛內大臣阿席坦行禮。

《世祖章皇帝實錄》卷二〇七 "康熙四十一年二月" 條

乙亥，春分，朝日於東郊，遣都察院左都御史敦拜行禮。

《世祖章皇帝實錄》卷二一一 "康熙四十二年二月" 條

庚辰，春分，朝日於東郊，遣兵部尚書馬爾漢行禮。

《世祖章皇帝實錄》卷二一五 "康熙四十三年二月" 條

乙酉，春分，朝日於東郊，遣兵部尚書馬爾漢行禮。

《世祖章皇帝實錄》卷二一九 "康熙四十四年二月" 條

庚寅，春分，朝日於東郊，遣刑部尚書安布祿行禮。

《世祖章皇帝實錄》卷二二四"康熙四十五年二月"條

丙申，春分，朝日於東郊，遣刑部尚書安布禄行禮。

《世祖章皇帝實錄》卷二二八"康熙四十六年二月"條

辛丑，春分，朝日於東郊，遣兵部尚書馬爾漢行禮。

《世祖章皇帝實錄》卷二三二"康熙四十七年二月"條

丙午，春分，朝日於東郊，遣禮部尚書馬爾漢行禮。

《世祖章皇帝實錄》卷二三六"康熙四十八年二月"條

辛亥，春分，朝日於東郊，遣刑部尚書巢可托行禮。

《世祖章皇帝實錄》卷二四五"康熙五十年二月"條

壬戌，春分，朝日於東郊，遣都察院左都御史穆丹行禮。

《世祖章皇帝實錄》卷二四九"康熙五十一年二月"條

丙辰，春分，朝日於東郊，遣兵部尚書殷特布行禮。

《世祖章皇帝實錄》卷二五三"康熙五十二年二月"條

癸酉，春分，朝日於東郊，遣禮部尚書赫碩咨行禮。

《世祖章皇帝實錄》卷二五八"康熙五十三年二月"條

戊寅，春分，朝日於東郊，遣工部尚書赫奕行禮。

《世祖章皇帝實錄》卷二六二"康熙五十四年二月"條

癸未，春分，朝日於東郊，遣户部尚書穆和倫行禮。

《世祖章皇帝實錄》卷二六七"康熙五十五年二月"條

戊子，春分，朝日於東郊，遣禮部尚書赫碩咨行禮。

《世祖章皇帝實錄》卷二七一"康熙五十六年二月"條

癸巳，春分，朝日於東郊，遣刑部尚書賴都行禮。

《世祖章皇帝實錄》卷二七七"康熙五十七年二月"條

己亥，春分，朝日於東郊，遣都統武格行禮。

《世祖章皇帝實錄》卷二九一"康熙六十年二月"條

甲寅，春分，朝日於東郊，遣散秩大臣富大禮行禮。

《世祖章皇帝實錄》卷二九六"康熙六十一年二月"條

庚申，春分，朝日於東郊，遣輔國公訥圖行禮。

《世宗憲皇帝實錄》卷一六"雍正二年二月"條

庚午，春分，朝日於東郊，上親詣行禮。

《世宗憲皇帝實錄》卷二九"雍正三年二月"條

乙亥，春分，朝日於東郊，遣廉親王允禩行禮。

《世宗憲皇帝實錄》卷四一"雍正四年二月"條

辛巳，春分，朝日於東郊，上親詣行禮。

《世宗憲皇帝實錄》卷五三 "雍正五年二月" 條

丙戌，春分，朝日於東郊，遣顯親王衍潢行禮。

《世宗憲皇帝實錄》卷六六 "雍正六年二月" 條

辛卯，春分，朝日於東郊，上親詣行禮。

《世宗憲皇帝實錄》卷七八 "雍正七年二月" 條

丙申，春分，朝日於東郊，遣康親王崇安行禮。

《世宗憲皇帝實錄》卷九一 "雍正八年二月" 條

壬寅，春分，朝日於東郊，上親詣行禮。

《世宗憲皇帝實錄》卷一〇三 "雍正九年二月" 條

丁未，春分，朝日於東郊，遣顯親王衍潢行禮。

《世宗憲皇帝實錄》卷一一五 "雍正十年二月" 條

壬子，春分，朝日於東郊，遣平郡王福彭行禮。

《世宗憲皇帝實錄》卷一二八 "雍正十一年二月" 條

丁巳，春分，朝日於東郊，遣貝勒弘春行禮。

《世宗憲皇帝實錄》卷一四〇 "雍正十二年二月" 條

癸亥，春分，朝日於東郊，上親詣行禮。

《世宗憲皇帝實錄》卷一五二 "雍正十三年二月" 條

癸酉，春分，朝日於東郊，遣顯親王衍潢行禮。

《高宗純皇帝實錄》卷三七 "乾隆二年二月" 條

戊寅，春分，朝日於東郊，遣諴親王允祕行禮。

《高宗純皇帝實錄》卷六二 "乾隆三年二月" 條

甲申，春分，朝日於東郊，上親詣行禮。

《高宗純皇帝實錄》卷八六 "乾隆四年二月" 條

己丑，春分，朝日於東郊，遣履親王允祹行禮。

《高宗純皇帝實錄》卷一一一 "乾隆五年二月" 條

甲午，春分，朝日於東郊，遣諴親王允祕行禮。

《高宗純皇帝實錄》卷一六〇 "乾隆七年二月" 條

乙巳，春分，朝日於東郊，上親詣行禮。

《高宗純皇帝實錄》卷二一〇 "乾隆九年二月" 條

乙卯，春分，朝日於東郊，遣諴親王允祕行禮。

《高宗純皇帝實錄》卷二三五 "乾隆十年二月" 條

庚申，春分，朝日於東郊，遣寧郡王弘晈行禮。

《高宗純皇帝實錄》卷二五九 "乾隆十一年二月" 條

丙寅，春分，朝日於東郊，上親詣行禮。

《高宗純皇帝實録》卷二八四"乾隆十二年二月"條

辛未，春分，朝日於東郊，遣和親王弘晝行禮。

《高宗純皇帝實録》卷三〇九"乾隆十三年二月"條

丙子，朝日於東郊，遣親王廣禄恭代行禮。

《高宗純皇帝實録》卷三三四"乾隆十四年二月"條

辛巳，朝日於東郊，遣愉郡王弘慶行禮。

《高宗純皇帝實録》卷三五八"乾隆十五年二月"條

丁亥，春分，朝日於東郊，遣履親王允祹恭代行禮。

《高宗純皇帝實録》卷三八三"乾隆十六年二月"條

壬辰，春分，朝日於東郊，遣恒親王弘晊行禮。

《高宗純皇帝實録》卷四〇八"乾隆十七年二月"條

丁酉，春分，朝日於東郊，遣恒親王弘晊恭代行禮。

《高宗純皇帝實録》卷四五七"乾隆十九年二月"條

戊申，春分，朝日於東郊，遣恒親王弘晊恭代行禮。

《高宗純皇帝實録》卷五〇七"乾隆二十一年二月"條

戊午，春分，朝日於東郊，遣履親王允祹恭代行禮。

《高宗純皇帝實録》卷五五六"乾隆二十三年二月"條

戊辰，春分，朝日於東郊，上親詣行禮。

《高宗純皇帝實録》卷五八一"乾隆二十四年二月"條

甲戌，春分，朝日於東郊，遣平郡王慶恒行禮。

《高宗純皇帝實録》卷六〇六"乾隆二十五年二月"條

乙卯，春分，朝日於東郊，遣恒親王弘晊代行禮。

《高宗純皇帝實録》卷六三〇"乾隆二十六年二月"條

甲申，春分，朝日於東郊，遣和親王弘晝恭代行禮。

《高宗純皇帝實録》卷六八〇"乾隆二十八年二月"條

乙未，春分，朝日於東郊，遣理郡王弘㬙行禮。

《高宗純皇帝實録》卷七〇五"乾隆二十九年二月"條

庚子，春分，朝日於東郊，遣裕親王廣禄行禮。

《高宗純皇帝實録》卷七二九"乾隆三十年二月"條

乙巳，春分，朝日於東郊，遣理郡王弘㬙行禮。

《高宗純皇帝實録》卷七五四"乾隆三十一年二月"條

庚戌，春分，朝日於東郊，遣裕親王廣禄行禮。

《高宗純皇帝實録》卷七七九"乾隆三十二年二月"條

丙辰，春分，朝日於東郊，遣愉郡王弘慶行禮。

《高宗純皇帝實錄》卷八〇四"乾隆三十三年二月"條

辛酉，春分，朝日於東郊，遣理郡王弘曧行禮。

《高宗純皇帝實錄》卷八二八"乾隆三十四年二月"條

丙寅，春分，朝日於東郊，遣愉郡王弘慶行禮。

《高宗純皇帝實錄》卷八六六"乾隆三十五年二月"條

辛未，春分，朝日於東郊，遣裕親王廣禄行禮。

《高宗純皇帝實錄》卷八七八"乾隆三十六年二月"條

丁丑，春分，朝日於東郊，遣理郡王弘曧行禮。

《高宗純皇帝實錄》卷九〇三"乾隆三十七年二月"條

壬午，春分，朝日於東郊，遣理郡王弘曧行禮。

《高宗純皇帝實錄》卷九二七"乾隆三十八年二月"條

丁亥，春分，朝日於東郊，遣多羅貝勒永福行禮。

《高宗純皇帝實錄》卷九五二"乾隆三十九年二月"條

壬辰，春分，朝日於東郊，上親詣行禮。

《高宗純皇帝實錄》卷九七七"乾隆四十年二月"條

戊戌，春分，朝日於東郊，遣信郡王修齡行禮。

《高宗純皇帝實錄》卷一〇五一"乾隆四十三年二月"條

癸丑，春分，朝日於東郊，上親詣行禮。

《高宗純皇帝實錄》卷一〇七六"乾隆四十四年二月"條

己未，春分，朝日於東郊，遣豫親王修齡行禮。

《高宗純皇帝實錄》卷一一〇〇"乾隆四十五年二月"條

甲子，春分，朝日於東郊，遣誠親王弘暢恭代行禮。

《高宗純皇帝實錄》卷一一二五"乾隆四十六年二月"條

己巳，春分，朝日於東郊，遣豫親王修齡行禮。

《高宗純皇帝實錄》卷一一五〇"乾隆四十七年二月"條

甲戌，春分，朝日於東郊，遣豫親王修齡行禮。

《高宗純皇帝實錄》卷一〇七五"乾隆四十八年二月"條

庚辰，春分，朝日於東郊，遣和郡王綿循行禮。

《高宗純皇帝實錄》卷一一九九"乾隆四十九年二月"條

乙酉，春分，朝日於東郊，遣豫親王修齡恭代行禮。

《高宗純皇帝實錄》卷一二二四"乾隆五十年二月"條

庚寅，春分，朝日於東郊，遣誠親王弘暢恭代行禮。

《高宗純皇帝實錄》卷一二四九"乾隆五十一年二月"條

乙未，春分，朝日於東郊，遣果郡王永瑺恭代行禮。

《高宗純皇帝實録》卷一二七四"乾隆五十二年二月"條

辛丑，春分，朝日於東郊，遣肅親王永錫行禮。

《高宗純皇帝實録》卷一三一七"乾隆五十三年二月"條

辛亥，春分，朝日於東郊，遣和碩豫親王裕豐行禮。

《高宗純皇帝實録》卷一三四八"乾隆五十五年二月"條

丙辰，春分，朝日於東郊，上親詣行禮。

《高宗純皇帝實録》卷一三九七"乾隆五十七年二月"條

丙辰，春分，朝日於東郊，遣怡親王永琅恭代行禮。

《高宗純皇帝實録》卷一四二二"乾隆五十八年二月"條

壬申，春分，朝日於東郊，遣和郡王綿偱行禮。

《高宗純皇帝實録》卷一四四七"乾隆五十九年二月"條

丁丑，春分，朝日於東郊，遣誠親王弘暢恭代行禮。

《高宗純皇帝實録》卷一四六八"乾隆六十年二月"條

壬午，春分，朝日於東郊，遣豫親王裕豐行禮。

《仁宗睿皇帝實録》卷二"嘉慶元年二月"條

戊子，春分，朝日於東郊，上親詣行禮。

《仁宗睿皇帝實録》卷一四"嘉慶二年二月"條

癸巳，春分，朝日於東郊，遣肅親王永錫行禮。

《仁宗睿皇帝實録》卷二七"嘉慶三年二月"條

戊戌，春分，朝日於東郊，遣肅親王永錫恭代行禮。

《仁宗睿皇帝實録》卷三九"嘉慶四年二月"條

癸卯，春分，朝日於東郊，遣肅親王永錫行禮。

《仁宗睿皇帝實録》卷六〇"嘉慶五年二月"條

己酉，春分，朝日於東郊，遣肅親王永錫恭代行禮。

《仁宗睿皇帝實録》卷七九"嘉慶六年二月"條

甲寅，春分，朝日於東郊，遣克勤郡王尚格行禮。

《仁宗睿皇帝實録》卷九四"嘉慶七年二月"條

乙未，春分，朝日於東郊，上親詣行禮。

《仁宗睿皇帝實録》卷一〇八"嘉慶八年二月"條

甲子，春分，朝日於東郊，遣順承郡王倫柱行禮。

《仁宗睿皇帝實録》卷一二六"嘉慶九年二月"條

庚午，春分，朝日於東郊，上親詣行禮。

《仁宗睿皇帝實録》卷一四〇"嘉慶十年二月"條

乙亥，春分，朝日於東郊，遣莊親王綿課行禮。

《仁宗睿皇帝實錄》卷一六五 "嘉慶十一年二月" 條

庚辰，春分，朝日於東郊，上親詣行禮。

《仁宗睿皇帝實錄》卷一七四 "嘉慶十二年二月" 條

乙酉，春分，朝日於東郊，遣和郡王綿循行禮。

《仁宗睿皇帝實錄》卷一九二 "嘉慶十三年二月" 條

辛卯，春分，朝日於東郊，上親詣行禮。

《仁宗睿皇帝實錄》卷二〇七 "嘉慶十四年二月" 條

丙申，春分，朝日於東郊，遣豫親王裕豐行禮。

《仁宗睿皇帝實錄》卷二二六 "嘉慶十五年二月" 條

辛丑，春分，朝日於東郊，遣皇次子旻寧恭代行禮。

《仁宗睿皇帝實錄》卷二三九 "嘉慶十六年二月" 條

丙午，春分，朝日於東郊，遣怡親王奕勛行禮。

《仁宗睿皇帝實錄》卷二五四 "嘉慶十七年二月" 條

壬子，春分，朝日於東郊，上親詣行禮。

《仁宗睿皇帝實錄》卷二六六 "嘉慶十八年二月" 條

丁巳，春分，朝日於東郊，遣鄭親王烏爾恭阿行禮。

《仁宗睿皇帝實錄》卷二八五 "嘉慶十九年二月" 條

壬戌，春分，朝日於東郊，上親詣行禮。

《仁宗睿皇帝實錄》卷三〇三 "嘉慶二十年二月" 條

丁卯，春分，朝日於東郊，遣禮親王昭槤行禮。

《仁宗睿皇帝實錄》卷三一六 "嘉慶二十一年二月" 條

癸酉，春分，朝日於東郊，上親詣行禮。

《仁宗睿皇帝實錄》卷三二七 "嘉慶二十二年二月" 條

戊寅，春分，朝日於東郊，遣皇三子綿愷行禮。

《仁宗睿皇帝實錄》卷三三九 "嘉慶二十三年二月" 條

癸未，春分，朝日於東郊，上親詣行禮。

《仁宗睿皇帝實錄》卷三五四 "嘉慶二十四年二月" 條

戊子，春分，朝日於東郊，遣禮親王麟趾行禮。

《仁宗睿皇帝實錄》卷三六七 "嘉慶二十五年二月" 條

甲午，春分，朝日於東郊，遣皇次子旻寧恭代行禮。

《宣宗成皇帝實錄》卷一三 "道光元年二月" 條

己亥，春分，朝日於東郊，遣克勤郡王尚格行禮。

《宣宗成皇帝實錄》卷三〇 "道光二年二月" 條

甲辰，春分，朝日於東郊，遣順承郡王倫柱恭代行禮。

《宣宗成皇帝實錄》卷四九"道光三年二月"條

己酉，春分，朝日於東郊，上親詣行禮。

《宣宗成皇帝實錄》卷六四"道光四年正月"條

己巳，諭禮部左侍郎總理太常寺事務舒英，本年係親詣朝日壇行禮之年，上年朕已親詣行禮，今年明年進本時，著專請遣官。

《宣宗成皇帝實錄》卷六五"道光四年二月"條

甲寅，春分，朝日於東郊，遣肅親王敬敏恭代行禮。

《宣宗成皇帝實錄》卷七九"道光五年二月"條

庚申，春分，朝日於東郊，遣克勤郡王尚格行禮。

《宣宗成皇帝實錄》卷一一四"道光七年二月"條

庚午，春分，朝日於東郊，遣定親王奕紹行禮。

《宣宗成皇帝實錄》卷一三三"道光八年二月"條

乙亥，春分，朝日於東郊，遣鄭親王烏爾恭阿恭代行禮。

《宣宗成皇帝實錄》卷一五二"道光九年二月"條

辛巳，春分，朝日於東郊，遣定親王奕紹行禮。

《宣宗成皇帝實錄》卷一六五"道光十年二月"條

丙戌，春分，朝日於東郊，上親詣行禮。

《宣宗成皇帝實錄》卷一八四"道光十一年二月"條

辛卯，春分，朝日於東郊，遣像親王裕全行禮。

《宣宗成皇帝實錄》卷二〇六"道光十二年二月"條

丙申，春分，朝日於東郊，遣像親王裕全恭代行禮。

《宣宗成皇帝實錄》卷二四九"道光十四年二月"條

丁末，春分，朝日於東郊，遣肅親王敬敏恭代行禮。

《宣宗成皇帝實錄》卷二六三"道光十五年二月"條

壬子，春分，朝日於東郊，遣禮親王全齡行禮。

《宣宗成皇帝實錄》卷二七八"道光十六年二月"條

丁巳，春分，朝日於東郊，上親詣行禮。

《宣宗成皇帝實錄》卷二九四"道光十七年二月"條

癸亥，春分，朝日於東郊，遣肅親王敬敏行禮。

《宣宗成皇帝實錄》卷三〇六"道光十八年二月"條

戊辰，春分，朝日於東郊，遣惇親王綿愷恭代行禮。

《宣宗成皇帝實錄》卷三三一"道光二十年二月"條

戊寅，春分，朝日於東郊，遣順承郡王春山恭代行禮。

《宣宗成皇帝實錄》卷三四七"道光二十一年二月"條

甲申，春分，朝日於東郊，遣成郡王載銳行禮。

《宣宗成皇帝實錄》卷三六七"道光二十二年二月"條

己丑，春分，朝日於東郊，上親詣行禮。

《宣宗成皇帝實錄》卷三八九"道光二十三年二月"條

乙未，諭内閣：給事中文丕奏：定例朝日壇以卯刻致祭，本月二十一日禮成將及卯初，請將承祭官交部議處等語。此次禮成將及卯初，所早不過二三刻數，究與遲誤者有間。承祭官著毋庸議處，嗣後凡遇遣官祭祀，其致祭時刻，總當恪遵定例，不得過早亦不得稍遲。以昭敬慎。

甲午，春分，朝日於東郊，遣莊親王綿課行禮。

《宣宗成皇帝實錄》卷四〇二"道光二十四年二月"條

己亥，春分，朝日於東郊，遣豫親王義道恭代行禮。

《宣宗成皇帝實錄》卷四一四"道光二十五年二月"條

乙巳，春分，朝日於東郊，遣禮親王全齡行禮。

《宣宗成皇帝實錄》卷四二六"道光二十六年二月"條

庚戌，春分，朝日於東郊，遣豫親王義道恭代行禮。

《宣宗成皇帝實錄》卷四三九"道光二十七年二月"條

乙卯，春分，朝日於東郊，遣豫親王義道恭代行禮。

《宣宗成皇帝實錄》卷四五二"道光二十八年二月"條

庚申，春分，朝日於東郊，皇四子恭代行禮。

《宣宗成皇帝實錄》卷四六四"道光二十九年二月"條

丙寅，春分，朝日於東郊，遣勤郡王慶惠行禮。

《文宗顯皇帝實錄》卷二八"咸豐元年二月"條

丙子，春分，朝日於東郊，遣莊親王奕仁行禮。

《文宗顯皇帝實錄》卷五二"咸豐二年二月"條

辛巳，春分，朝日於東郊，遣恭親王奕訢恭代行禮。

《文宗顯皇帝實錄》卷八五"咸豐三年二月"條

丁亥，春分，朝日於東郊，上親詣行禮。

《文宗顯皇帝實錄》卷一二二"咸豐四年二月"條

壬辰，春分，朝日於東郊，遣惠親王綿愉恭代行禮。

《文宗顯皇帝實錄》卷一五八"咸豐五年二月"條

丁酉，春分，朝日於東郊，遣恭親王奕訢恭代行禮。

《文宗顯皇帝實錄》卷一九〇"咸豐六年二月"條

壬寅，春分，朝日於東郊，遣成郡王載銳恭代行禮。

《文宗顯皇帝實錄》卷二二〇"咸豐七年二月"條

丁未，春分，朝日於東郊，遣惇郡王奕誴行禮。

《文宗顯皇帝實錄》卷二四五"咸豐八年二月"條

癸丑，春分，朝日於東郊，遣成郡王載銳恭代行禮。

《文宗顯皇帝實錄》卷三〇八"咸豐十年二月"條

癸亥，春分，朝日於東郊，上親詣行禮。

《文宗顯皇帝實錄》卷三四二"咸豐十一年二月"條

癸亥，春分，朝日於東郊，遣肅親王義道行禮。

《穆宗毅皇帝實錄》卷五七"同治二年二月"條

己卯，春分，朝日於東郊，遣定郡王溥煦行禮。

《穆宗毅皇帝實錄》卷九四"同治三年二月"條

甲申，春分，朝日於東郊，遣順承郡王慶恩恭代行禮。

《穆宗毅皇帝實錄》卷一三一"同治四年二月"條

己丑，春分，朝日於東郊，遣孚郡王奕譓行禮。

《穆宗毅皇帝實錄》卷一六八"同治五年二月"條

乙未，春分，朝日於東郊，遣克勤郡王晉祺恭代行禮。

《穆宗毅皇帝實錄》卷二二五"同治七年二月"條

乙巳，春分，朝日於東郊，遣怡親王載敦恭代行禮。

《穆宗毅皇帝實錄》卷二五二"同治八年二月"條

庚戌，春分，朝日於東郊，遣克勤郡王晉祺恭代行禮。

《穆宗毅皇帝實錄》卷二七七"同治九年二月"條

丙辰，春分，朝日於東郊，遣怡親王載敦恭代行禮。

《穆宗毅皇帝實錄》卷三二八"同治十一年二月"條

丙寅，春分，朝日於東郊，遣惇親王奕誴恭代行禮。

《穆宗毅皇帝實錄》卷三四九"同治十二年二月"條

辛未，春分，朝日於東郊，遣惠郡王奕詳行禮。

《穆宗毅皇帝實錄》卷三六三"同治十三年二月"條

丁丑，春分，朝日於東郊，上親詣行禮。

《德宗景皇帝實錄》卷四"光緒元年二月"條

壬午，春分，朝日於東郊，遣克勤郡王晉祺恭代行禮。

《德宗景皇帝實錄》卷四七"光緒三年二月"條

壬辰，春分，朝日於東郊，遣克勤郡王晉祺恭代行禮。

《德宗景皇帝實錄》卷六八"光緒四年二月"條

戊戌，春分，朝日於東郊，遣怡親王載敦恭代行禮。

《德宗景皇帝實錄》卷八八"光緒五年二月"條

癸卯，春分，朝日於東郊，遣肅親王隆懃恭代行禮。

《德宗景皇帝實錄》卷一〇九"光緒六年二月"條

戊申，春分，朝日於東郊，遣貝勒載漪恭代行禮。

《德宗景皇帝實錄》卷一二七"光緒七年二月"條

癸丑，春分，朝日於東郊，遣肅親王隆懃恭代行禮。

《德宗景皇帝實錄》卷一五九"光緒九年二月"條

甲子，春分，朝日於東郊，遣肅親王隆懃恭代行禮。

《德宗景皇帝實錄》卷二二四"光緒十二年二月"條

庚辰，春分，朝日於東郊，遣豫親王本格恭代行禮。

《德宗景皇帝實錄》卷二三九"光緒十三年二月"條

乙酉，春分，朝日於東郊，遣睿親王魁斌恭代行禮。

《德宗景皇帝實錄》卷二五二"光緒十四年二月"條

庚寅，春分，朝日於東郊，上親詣行禮。

《德宗景皇帝實錄》卷二六七"光緒十五年二月"條

乙未，春分，朝日於東郊，遣肅親王隆懃恭代行禮。

《德宗景皇帝實錄》卷二八一"光緒十六年二月"條

庚子，春分，朝日於東郊，上親詣行禮。

《德宗景皇帝實錄》卷二九四"光緒十七年二月"條

丙午，春分，朝日於東郊，遣莊親王載勛恭代行禮。

《德宗景皇帝實錄》卷三三四"光緒二十年二月"條

辛酉，春分，朝日於東郊，上親詣行禮。

《德宗景皇帝實錄》卷三六二"光緒二十一年二月"條

丁卯，春分，朝日於東郊，遣鄭親王凱泰恭代行禮。

《德宗景皇帝實錄》卷三八五"光緒二十二年二月"條

壬申，春分，朝日於東郊，上親詣行禮。

《德宗景皇帝實錄》卷四〇一"光緒二十三年二月"條

丁丑，春分，朝日於東郊，遣怡親王溥静恭代行禮。

《德宗景皇帝實錄》卷四〇五"光緒二十四年二月"條

壬午，春分，朝日於東郊，上親詣行禮。

《德宗景皇帝實錄》卷四三九"光緒二十五年二月"條

戊子，春分，朝日於東郊，遣鄭親王凱泰恭代行禮。

《德宗景皇帝實錄》卷四九五"光緒二十八年二月"條

癸卯，春分，朝日於東郊，遣睿親王魁斌恭代行禮。

《德宗景皇帝實録》卷五一二"光緒二十九年二月"條

己酉，春分，朝日於東郊，遣莊親王載功恭代行禮。

《德宗景皇帝實録》卷五二七"光緒三十年二月"條

甲寅，春分，朝日於東郊，上親詣行禮。

《德宗景皇帝實録》卷五四二"光緒三十一年二月"條

己未，春分，朝日於東郊，遣莊親王載功恭代行禮。

《德宗景皇帝實録》卷五五六"光緒三十二年二月"條

甲子，春分，朝日於東郊，遣睿親王魁斌恭代行禮。

《德宗景皇帝實録》卷五七〇"光緒三十三年二月"條

庚午，朝日於東郊，遣恭親王溥偉恭代行禮。

《德宗景皇帝實録》卷五八七"光緒三十四年二月"條

乙亥，春分，朝日於東郊，遣睿親王魁斌恭代行禮。

《大清宣統政紀》卷三"宣統元年二月"條

庚辰，春分，朝日於東郊，遣睿親王魁斌恭代行禮。

《大清宣統政紀》卷三一"宣統二年二月"條

乙酉，春分，朝日於東郊，遣莊親王載功行禮。

《大清宣統政紀》卷四九"宣統三年二月"條

辛卯，春分，朝日於東郊，派睿親王魁斌恭代行禮。

（清）萬斯同等《明史》卷二《太祖紀》

（洪武三年）春，丙子，始朝日東郊。

（清）萬斯同等《明史》卷一六《世宗紀》

（嘉靖十年）二月，庚辰，始祀朝日壇。

（清）萬斯同等《明史》卷二二《熹宗紀》

（天啓）六年春，己亥，帝親祭朝日壇。

（清）萬斯同等《明史》卷三八《神宗紀》

（萬曆三十四年）七月，丙戌，雷震朝日壇。

（清）夏燮《明通鑑》卷六四《穆宗紀》

（隆慶三年二月）庚子，祭朝日壇。

（清）談遷《國榷》卷五五《世宗嘉靖七年辛卯至十二年癸巳》

（嘉靖十一年正月）辛未，始祈穀於員丘，奉太祖配，上不豫，命武定侯郭勛代，其朝日社稷俱如之，遣代自此始。

（清）談遷《國榷》卷五六《世宗嘉靖十三年甲午至十七年戊戌》

（嘉靖十四年二月）辛丑，上祭日東郊。

（清）談遷《國榷》卷七一《神宗萬曆八年康辰至十年壬午》

（萬曆十年二月）戊申，上東郊朝日。

（清）談遷《國榷》卷九九《思宗崇禎十六年癸未》

（崇禎十六年二月戊辰），是日春分，祭朝日壇。卯刻，遣定國公徐允禎、禮科都給事中沈胤培、給事中荊祚永等出朝陽門，至則禮畢。胤培上言，如同日兩祭，請聖裁！或日不可改而時則可移，昭示臣等各知遵守。從之。

（明）雷禮《皇明大政紀》卷二二“嘉靖十年二月”條

庚辰，初朝日。是日春分，初行朝日禮於東郊，太牢，一用玉，禮三獻，樂七奏，舞八佾。

嘉靖十年八月

癸未，初夕月於西郊，如朝日禮。

夕月壇

《明太祖實錄》卷九二“洪武七年八月”條

庚子，夕月。

《明太祖實錄》卷一〇〇“洪武八年八月”條

戊戌，夕月。

《明太祖實錄》卷一〇八“洪武九年八月”條

壬辰，夕月。

《明太祖實錄》卷一一四“洪武十年八月”條

丙辰，夕月。

《明太祖實錄》卷一一九“洪武十一年八月”條

辛酉，夕月。

《明太祖實錄》卷一二六“洪武十二年八月”條

己卯，夕月。

《明太祖實錄》卷一三三“洪武十三年八月”條

辛未，夕月。

《明太祖實錄》卷一三八“洪武十四年八月”條

辛酉，夕月。

《明太祖實錄》卷一四七“洪武十五年八月”條

壬午，夕月。

《明太祖實錄》卷一五六“洪武十六年八月”條

丁亥，夕月。

《明太祖實錄》卷一六四“洪武十七年八月”條

壬辰，夕月。

《明太祖實錄》卷一七四"洪武十八年八月"條

辛丑，夕月。

《明太祖實錄》卷一七九"洪武十九年八月"條

癸卯，夕月。

《明太祖實錄》卷一八四"洪武二十年八月"條

辛酉，夕月。

《明世宗實錄》卷一二九"嘉靖十年八月"條

癸未，上親祀夜明於夕月壇。

《明世宗實錄》卷一四一"嘉靖十一年八月"條

戊子，秋分，祭夜明於夕月壇，遣武定侯郭勛代，是歲制應親祀，上以東郊未作仍令勛攝。

《明世宗實錄》卷一五三"嘉靖十二年八月"條

甲午，秋分，祭夜明於夕月壇，遣成國公朱鳳行禮，禮部尚書夏言分獻。

《明世宗實錄》卷一六六"嘉靖十三年八月"條

己亥，秋分節，祭夜明於夕月壇，遣陳國公朱鳳代。

《明世宗實錄》卷一七八"嘉靖十四年八月"條

甲辰，秋分，上祭夜明於夕月壇，遣禮部尚書夏言分獻。

《明世宗實錄》卷一九〇"嘉靖十五年八月"條

己酉，秋分節，祭夜明子夕月壇，遣遂安伯陳鏸代，尚書張瓚分獻。

《明世宗實錄》卷二〇三"嘉靖十六年八月"條

乙卯，秋分，祭夜明於夕月壇，遣武定侯郭勛行禮，禮部尚書顧鼎臣等分獻。

《明世宗實錄》卷二一五"嘉靖十七年八月"條

庚申，秋分，祭夜明於夕月壇，命武定侯郭勛行禮，尚書嚴嵩分獻。

《明世宗實錄》卷二二八"嘉靖十八年八月"條

乙丑朔，秋分，祭夜明於夕月壇，遣成國公朱希忠行禮，禮部尚書嚴嵩分獻。

《明世宗實錄》卷二四〇"嘉靖十九年八月"條

庚午，祭夜明於夕月壇，遣成國公朱希忠行禮，尚書嚴嵩分獻。

《明世宗實錄》卷二五二"嘉靖二十年八月"條

丙子，秋分，祭夜明於夕月壇，命成國公朱希忠行禮，尚書嚴嵩分獻。

《明世宗實錄》卷二六五"嘉靖二十一年八月"條

壬午，秋分節，祭夜明於夕月壇，遣遂安伯陳鏸行禮，侍郎孫承恩分獻。

《明世宗實錄》卷二七七"嘉靖二十二年八月"條

丙戌，祭夜明於夕月壇，遣遂安伯陳鏸行禮。

《明世宗實錄》卷二八八"嘉靖二十三年七月"條

壬戌，秋分，祭夜明於夕月壇，命遂安伯陳鏸行禮。

《明世宗實錄》卷三〇二"嘉靖二十四年八月"條

丁酉，秋分節，祭夜明於夕月壇，遣遂安伯陳鏸行禮。

《明世宗實錄》卷三一四"嘉靖二十五年八月"條

壬寅，祭夜明於夕月壇，遣英國公張溶行禮，尚書費寀分獻。

《明世宗實錄》卷三三九"嘉靖二十七年八月"條

壬子，秋分，祭夜明於夕月壇，命英國公張溶行禮。

《明世宗實錄》卷三五一"嘉靖二十八年八月"條

丁巳，秋分，祭夜明於夕月壇，遣遂安伯陳鏸行禮，禮部尚書徐階分獻。

《明世宗實錄》卷三六四"嘉靖二十九年八月"條

癸亥，祭夜明於夕月壇，命定西侯蔣傳行禮。

《明世宗實錄》卷三七六"嘉靖三十年八月"條

戊辰，秋分，祭夜明於夕月壇，遣定國公徐延德行禮，尚書孫承恩分獻。

《明世宗實錄》卷四〇一"嘉靖三十二年八月"條

戊寅，秋分，祭夜明於夕月壇，命遂安伯陳鏸代。

《明世宗實錄》卷四一三"嘉靖三十三年八月"條

甲申，秋分，祭夜明於夕月壇，命駙馬都尉謝詔行禮。

《明世宗實錄》卷四二五"嘉靖三十四年八月"條

己丑，秋分，祭夜明於夕月壇，遣成國公朱希忠行禮，禮部尚書王用賓分獻。

《明世宗實錄》卷四三八"嘉靖三十五年八月"條

庚寅，秋分，祭夜明於夕月壇，命鎮遠侯顧寰行禮。

《明世宗實錄》卷四五〇"嘉靖三十六年八月"條

己亥，秋分，祭夜明於夕月壇，遣公張溶行禮，尚書吳山分獻。

《明世宗實錄》卷四六三"嘉靖三十七年八月"條

乙巳朔，祭夜明於夕月壇，遣成國公朱希忠行禮。

《明世宗實錄》卷四七五"嘉靖三十八年八月"條

庚戌，秋分，祭夜明於夕月壇，遣定國公徐延德、尚書吳山分獻。

《明世宗實錄》卷四八七"嘉靖三十九年八月"條

乙卯，秋分，祭夜明於夕月壇，遣成國公朱希忠代。

《明穆宗實錄》卷一一"隆慶元年八月"條

壬辰，祭夜明於夕月壇，遣英國公張溶代。

《明穆宗實錄》卷二三"隆慶二年八月"條

丁酉，秋分，禮部請上親祭夜明於夕月壇，上命英國公張溶代。

《明穆宗實録》卷三六"隆慶三年八月"條

壬寅朔，秋分，上親祭夜明於夕月壇，命成國公朱希忠分獻。

《明穆宗實録》卷四八"隆慶四年八月"條

戊申，祭夜明於夕月壇，遣英国公张溶行礼。

《明穆宗實録》卷六〇"隆慶五年八月"條

癸丑，秋分，祭夜明於夕月壇，命成國公朱希忠行禮。

《明神宗實録》卷四"隆慶六年八月"條

戊午，遣英國公張溶祭夜明於夕月壇。

《明神宗實録》卷一六"萬曆元年八月"條

癸亥，秋分，遣英國公張溶祭夜明於夕月壇。

《明神宗實録》卷二八"萬曆二年八月"條

己巳，祭夜明於夕月壇，遣公張溶行禮尚書萬士和分獻。

《明神宗實録》卷六五"萬曆五年八月"條

秋分，祭夜明於夕月壇，遣公張溶行禮，從祀周天星辰等神，遣尚書張瀚分獻。

《明神宗實録》卷七八"萬曆六年八月"條

庚寅，祭夜明於夕月壇，遣定國公徐文璧、兵部尚書方逢時行禮。

《明神宗實録》卷一〇三"萬曆八年八月"條

庚子，上親祀夜明於夕月壇。

《明神宗實録》卷一一五"萬曆九年八月"條

乙巳，祭夜明於夕月壇，遣公徐文璧行禮，尚書張學顏分獻。

《明神宗實録》卷一二七"萬曆十年八月"條

庚戌，以秋分祭夜明於夕月壇，遣恭順侯吴繼爵行禮。

《明神宗實録》卷一四〇"萬曆十一年八月"條

丙辰，遣公朱應楨祭夜明於夕月壇。

《明神宗實録》卷一六四"萬曆十三年八月"條

丙寅，遣侯吳繼爵祭夜明及星於夕月壇。

《明神宗實録》卷一七七"萬曆十四年八月"條

辛未，秋分，祭夜明於夕月壇，所有從祀周天星辰等神，遣尚書張佳胤分獻。

《明神宗實録》卷一八九"萬曆十五年八月"條

己卯，遣侯吳繼爵祭夜明於夕月壇。

《明神宗實録》卷二一四"萬曆十七年八月"條

丁亥，秋分，祭夜明於夕月壇，遣侯吳繼爵行禮。

《明神宗實録》卷二二六"萬曆十八年八月"條

壬辰，祭夜明於夕月壇，遣侯吳繼爵行禮，尚書石星分獻。

《明神宗實錄》卷二六三 "萬曆二十一年八月" 條

戊申，秋分，遣侯吳繼壽於夕月壇行禮。

《明神宗實錄》卷二七六 "萬曆二十二年八月" 條

癸丑，以秋分祭夜明於夕月壇，遣侯徐文煒行禮。

《明神宗實錄》卷三〇〇 "萬曆二十四年八月" 條

甲子，秋分，遣公徐文璧於夕月壇行禮，尚書楊俊民分獻。

《明神宗實錄》卷三二五 "萬曆二十六年八月" 條

甲戌，秋分，祭夜明於夕月壇，遣侯徐文煒代。

《明神宗實錄》卷三五〇 "萬曆二十八年八月" 條

乙酉，祭夜明於夕月壇，遣侯陳良弼行禮，尚書舊樂分献。

《明神宗實錄》卷三八七 "萬曆三十一年八月" 條

辛丑，秋分，祭夜明於夕月壇，遣公張惟賢行禮尚書趙世卿分獻。

《明神宗實錄》卷四一二 "萬曆三十三年八月" 條

辛亥，秋分，祭夜明於夕月壇，命英國公張惟賢代。

《明神宗實錄》卷四二四 "萬曆三十四年八月" 條

丙辰，秋分，遣官祭夕月壇。

《明神宗實錄》卷四四九 "萬曆三十六年八月" 條

丁卯，秋分，祭夕月壇，遣官行禮。

《明神宗實錄》卷四六一 "萬曆三十七年八月" 條

壬申，祭夕月壇，遣公張惟賢行禮。

《明神宗實錄》卷四七四 "萬曆三十八年八月" 條

丁丑，是日秋分，并祭夜明於夕月壇，遣公張惟賢行禮。

《明神宗實錄》卷五一一 "萬曆四十一年八月" 條

癸巳，祭夜明於夕月壇，遣成國公朱純臣行禮。

《明神宗實錄》卷五二三 "萬曆四十二年八月" 條

戊戌，祭夜明於夕月壇，遣公朱純臣行禮。

《明神宗實錄》卷五三五 "萬曆四十三年八月" 條

癸卯，秋分，祭夕月壇。

《明神宗實錄》卷五四八 "萬曆四十四年八月" 條

己酉，祭夕月壇，遣公張惟賢行禮。

《明神宗實錄》卷五六〇 "萬曆四十五年八月" 條

甲寅，秋分，祭夕月壇，遣官行禮。

《明神宗實錄》卷五七三 "萬曆四十六年八月" 條

己未，秋分，祭夜明於夕月壇。

《明神宗實録》卷五八五"萬曆四十七年八月"條

甲子，祭夜明於夕月壇。

《明熹宗實録》卷七"泰昌元年八月"條

庚午，遣官祭夕月壇。是日遣恭順侯吳汝胤代獻，時命分獻侍郎劉一燝已入閣辦事，乃更命通政使姚思仁分獻，而陪祭者寥寥僅六人，于是侍班監禮御史張澂等言，聖君嗣服之初宜申飭怠玩。上曰：郊廟大典以後陪祀官咸宜恪恭陪禮，無故不到者其指名參奏。

《明熹宗實録》卷一三"天啓元年八月"條

乙亥，秋分，祭夕月壇，遣成國公朱純臣恭代。

《明熹宗實録》卷二五"天啓二年八月"條

庚辰，祭夕月壇，遣惠安伯張慶臻恭代。

《明熹宗實録》卷三七"天啓三年八月"條

乙酉，秋分，祭夜明於夕月壇，遣駙馬侯拱宸行禮。

《明熹宗實録》卷六二"天啓五年八月"條

丙申，秋分，祭夜明於夕月壇，遣恭順侯吳汝胤恭代，禮部右侍郎孟時芳分獻。

《明熹宗實録》卷七五"天啓六年八月"條

辛丑，秋分，祭夜明於夕月壇，遣恭順侯吳汝胤行禮。

《明熹宗實録》卷八七"天啓七年八月"條

丙午，秋分，祭夜明於夕月壇，遣寧晋伯劉天錫行禮，禮部尚書來宗道分獻。

《世祖章皇帝實録》卷六七"順治九年八月"條

己未，夕月於西郊，遣伯索尼行禮。

《世祖章皇帝實録》卷七七"順治十年八月"條

乙丑，夕月於西郊，遣刑部尚書覺羅巴哈納行禮。

《世祖章皇帝實録》卷九三"順治十二年八月"條

乙亥，秋分，夕月於西郊，遣公額爾克戴青行禮。

《世祖章皇帝實録》卷一〇三"順治十三年八月"條

庚辰，夕月於西郊，遣内大臣公愛星阿行禮。

《世祖章皇帝實録》卷一一一"順治十四年八月"條

丙戌，夕月於西郊，遣公額爾克戴青行禮。

《世祖章皇帝實録》卷一二〇"順治十五年八月"條

辛卯，夕月於西郊，遣公愛星阿行禮。

《世祖章皇帝實録》卷一二七"順治十六年八月"條

庚辰，夕月於西郊，遣公愛星阿行禮。

《世祖章皇帝實錄》卷一三九"順治十七年八月"條

辛丑，夕月於西郊，遣工部尚書穆理瑪行禮。

《聖祖仁皇帝實錄》卷四"順治十八年八月"條

丁未，朔，秋分，夕月於西郊，遣都統特晋行禮。

《聖祖仁皇帝實錄》卷七"康熙元年八月"條

壬子，秋分，夕月於西郊，遣都統圖海行禮。

《聖祖仁皇帝實錄》卷九"康熙二年八月"條

丁巳，秋分，夕月於西郊，遣都統特晋行禮。

《聖祖仁皇帝實錄》卷一六"康熙四年八月"條

戊辰，秋分，夕月於西郊，遣都統勒貝行禮。

《聖祖仁皇帝實錄》卷二三"康熙六年八月"條

丙子，秋分，夕月於西郊，遣都統覺羅巴爾布行禮。

《聖祖仁皇帝實錄》卷三三"康熙九年八月"條

甲午，秋分，夕月於西郊，上親詣行禮。

《聖祖仁皇帝實錄》卷三六"康熙十年八月"條

己亥，秋分，夕月於西郊，遣都統尼雅翰行禮。

《聖祖仁皇帝實錄》卷三九"康熙十一年七月"條

甲辰，秋分，夕月於西郊，遣都統覺羅畫特行禮。

《聖祖仁皇帝實錄》卷四九"康熙十三年八月"條

乙卯，秋分，夕月於西郊，遣户部尚書米思翰行禮。

《聖祖仁皇帝實錄》卷五七"康熙十四年八月"條

庚申，秋分，夕月於西郊，遣都統朱延禧行禮。

《聖祖仁皇帝實錄》卷六二"康熙十五年八月"條

乙丑，秋分，夕月於西郊，上親詣行禮。

《聖祖仁皇帝實錄》卷六八"康熙十六年八月"條

庚午，秋分，夕月於西郊，遣左都御史喀代行禮。

《聖祖仁皇帝實錄》卷七六"康熙十七年八月"條

丙子，秋分，夕月於西郊，遣户部尚書伊桑阿行禮。

《聖祖仁皇帝實錄》卷八三"康熙十八年八月"條

辛巳，秋分，夕月於西郊，遣內大臣輝塞行禮。

《聖祖仁皇帝實錄》卷九一"康熙十九年八月"條

丙戌，秋分，夕月於西郊，遣理藩院尚書阿穆瑚瑯行禮。

《聖祖仁皇帝實錄》卷九七"康熙二十年八月"條

辛卯，秋分，夕月於西郊，遣都察院左都御史薩穆哈行禮。

《聖祖仁皇帝實錄》卷一〇四"康熙二十一年八月"條

丁亥，秋分，夕月於西郊，上親詣行禮。

《聖祖仁皇帝實錄》卷一一一"康熙二十二年八月"條

壬寅，秋分，夕月於西郊，遣左都御史史禧佛行禮。

《聖祖仁皇帝實錄》卷一一六"康熙二十三年八月"條

丁未，秋分，夕月於西郊，遣都統阿密達行禮。

《聖祖仁皇帝實錄》卷一二一"康熙二十四年八月"條

壬子，秋分，夕月於西郊，遣刑部尚書公諾敏行禮。

《聖祖仁皇帝實錄》卷一二七"康熙二十五年七月"條

戊午，秋分，夕月於西郊，遣都統伯莽喀行禮。

《聖祖仁皇帝實錄》卷一三一"康熙二十六年八月"條

癸亥，秋分，夕月於西郊，遣兵部尚書鄂爾多行禮。

《聖祖仁皇帝實錄》卷一三六"康熙二十七年八月"條

戊辰，秋分，夕月於西郊，遣禮部尚書麻爾圖行禮。

《聖祖仁皇帝實錄》卷一四一"康熙二十八年八月"條

癸酉，秋分，夕月於西郊，遣刑部尚書圖納行禮。

《聖祖仁皇帝實錄》卷一四八"康熙二十九年八月"條

己卯，秋分，夕月於西郊，遣禮部尚書鄂爾多行禮。

《聖祖仁皇帝實錄》卷一五二"康熙三十年八月"條

甲申，秋分，夕月於西郊，遣護軍統領博四格行禮。

《聖祖仁皇帝實錄》卷一五六"康熙三十一年八月"條

己丑，秋分，夕月於西郊，遣工部尚書沙穆哈行禮。

《聖祖仁皇帝實錄》卷一六〇"康熙三十二年八月"條

乙未，秋分，夕月於西郊，遣兵部尚書索諾和行禮。

《聖祖仁皇帝實錄》卷一六四"康熙三十三年八月"條

庚子，秋分，夕月於西郊，遣兵部尚書索諾和行禮。

《聖祖仁皇帝實錄》卷一六八"康熙三十四年八月"條

乙巳，秋分，夕月於西郊，遣工部尚書薩姆哈行禮。

《聖祖仁皇帝實錄》卷一七五"康熙三十五年八月"條

丙子，秋分，夕月於西郊，遣左都御史傅臘塔行禮。

《聖祖仁皇帝實錄》卷一八五"康熙三十六年八月"條

戊午，秋分，夕月於西郊，遣工部尚書薩穆哈行禮。

《聖祖仁皇帝實錄》卷一八九"康熙三十七年八月"條

辛酉，秋分，夕月於西郊，遣工部尚書薩穆哈行禮。

《聖祖仁皇帝實錄》卷一九四"康熙三十八年八月"條

丙寅，朔，辛酉，秋分，夕月於西郊，遣左都御史馬爾漢行禮。

《聖祖仁皇帝實錄》卷二〇〇"康熙三十九年八月"條

辛未，秋分，夕月於西郊，遣兵部尚書馬爾漢行禮。

《聖祖仁皇帝實錄》卷二〇五"康熙四十年八月"條

丙子，秋分，夕月於西郊，遣理藩院尚書哈雅爾圖行禮。

《聖祖仁皇帝實錄》卷二〇九"康熙四十一年八月"條

壬午，秋分，夕月於西郊，遣禮部尚書席哈納行禮。

《聖祖仁皇帝實錄》卷二一七"康熙四十三年八月"條

壬辰，秋分，夕月於西郊，遣戶部尚書凱音布行禮。

《聖祖仁皇帝實錄》卷二二二"康熙四十四年八月"條

丁酉，秋分，夕月於西郊，遣禮部尚書希爾達行禮。

《聖祖仁皇帝實錄》卷二三〇"康熙四十六年八月"條

戊申，秋分，夕月於西郊，遣戶部尚書希福納行禮。

《聖祖仁皇帝實錄》卷二三三"康熙四十八年八月"條

戊午，秋分，夕月於西郊，遣都統圖斯海行禮。

《聖祖仁皇帝實錄》卷二三八"康熙四十九年八月"條

癸亥朔，秋分，夕月於西郊，遣禮部尚書穆和倫行禮。

《聖祖仁皇帝實錄》卷二四七"康熙五十年八月"條

己巳，秋分，夕月於西郊，遣禮部尚書貝和諾行禮。

《聖祖仁皇帝實錄》卷二六〇"康熙五十三年八月"條

甲申，秋分，夕月於西郊，遣禮部尚書赫碩諮行禮。

《聖祖仁皇帝實錄》卷二六五"康熙五十四年八月"條

庚寅，秋分，夕月於西郊，遣戶部尚書穆和倫行禮。

《聖祖仁皇帝實錄》卷二六九"康熙五十五年八月"條

乙未，秋分，夕月於西郊，遣戶部尚書穆和倫行禮。

《聖祖仁皇帝實錄》卷二七三"康熙五十六年八月"條

庚子，秋分，夕月於西郊，遣兵部尚書孫柱行禮。

《聖祖仁皇帝實錄》卷二八〇"康熙五十七年八月"條

乙巳，秋分，夕月於西郊，遣都察院左都御史党阿賴行禮。

《聖祖仁皇帝實錄》卷二八五"康熙五十八年八月"條

辛亥，秋分，夕月於西郊，遣刑部尚書賴都行禮。

《聖祖仁皇帝實錄》卷二八八"康熙五十九年八月"條

丙辰，秋分，夕月於西郊，遣都統伯四格行禮。

《聖祖仁皇帝實錄》卷二九四“康熙六十年八月”條

辛酉，秋分，夕月於西郊，遣鎮國公吳爾占行禮。

《聖祖仁皇帝實錄》卷二九八“康熙六十一年八月”條

丙寅，秋分，夕月於西郊，遣固山貝子允祹行禮。

《世宗憲皇帝實錄》卷一〇“雍正元年八月”條

壬申，秋分，夕月於西郊，遣裕親王保泰行禮。

《世宗憲皇帝實錄》卷二三“雍正二年八月”條

丁丑，秋分，夕月於西郊，上親詣行禮。

《世宗憲皇帝實錄》卷三五“雍正三年八月”條

壬午，秋分，夕月於西郊，遣怡親王允祥行禮。

《世宗憲皇帝實錄》卷四七“雍正四年八月”條

丁亥，秋分，夕月於西郊，遣怡親王允祥行禮。

《世宗憲皇帝實錄》卷六〇“雍正五年八月”條

癸巳，秋分，夕月於西郊，上親詣行禮。

《世宗憲皇帝實錄》卷七二“雍正六年八月”條

戊戌，秋分，夕月於西郊，遣簡親王神保住行禮。

《世宗憲皇帝實錄》卷九七“雍正八年八月”條

戊戌，秋分，夕月於西郊，遣裕親王廣祿行禮。

《世宗憲皇帝實錄》卷一〇九“雍正九年八月”條

甲寅，秋分，夕月於西郊，遣顯親王衍潢行禮。

《世宗憲皇帝實錄》卷一二二“雍正十年八月”條

己未，秋分，夕月於西郊，遣顯親王衍潢行禮。

《世宗憲皇帝實錄》卷一四六“雍正十二年八月”條

己巳，秋分，夕月於西郊，遣淳郡王弘暻行禮

《世宗憲皇帝實錄》卷一五九“雍正十三年八月”條

甲戌，秋分，夕月於西郊，遣貝勒允禧行禮

《高宗純皇帝實錄》卷二五“乾隆元年八月”條

庚辰，秋分，夕月於西郊，遣裕親王廣祿行禮。

《高宗純皇帝實錄》卷四九“乾隆二年八月”條

乙酉，秋分，夕月於西郊，遣誠親王允祕行禮。

《高宗純皇帝實錄》卷七三“乾隆三年八月”條

庚寅　秋分，夕月於西郊，上親詣行禮。

《高宗純皇帝實錄》卷九九“乾隆四年八月”條

乙未，秋分，夕月於西郊，上親詣行禮。

《高宗純皇帝實録》卷一二四 “乾隆五年八月” 條

辛丑，秋分，夕月於西郊，遣誠親王允祕行禮。

《高宗純皇帝實録》卷一四八 “乾隆六年八月” 條

丙午，秋分，夕月於西郊，遣和親王弘晝行禮。

《高宗純皇帝實録》卷一六九 “乾隆七年八月” 條

辛亥，秋分，夕月於西郊，遣誠親王允祕恭代行禮。

《高宗純皇帝實録》卷一九八 “乾隆八年八月” 條

丙辰，秋分，夕月於西郊，遣履親王允祹行禮。

《高宗純皇帝實録》卷二二三 “乾隆九年八月” 條

壬戌，秋分，夕月於西郊，遣寧郡王弘晈行禮。

《高宗純皇帝實録》卷二四七 “乾隆十年八月” 條

丁卯，秋分，夕月於西郊，遣理郡王弘㬙恭代行禮。

《高宗純皇帝實録》卷二七二 “乾隆十一年八月” 條

壬申，秋分，夕月於西郊，遣慎郡王允禧行禮。

《高宗純皇帝實録》卷二九七 “乾隆十二年八月” 條

丁丑，秋分，夕月於西郊，遣裕親王廣禄行禮。

《高宗純皇帝實録》卷三四六 “乾隆十四年八月” 條

戊子，秋分，夕月於西郊，遣履親王允祹行禮。

《高宗純皇帝實録》卷三七一 “乾隆十五年八月” 條

癸巳，秋分，夕月於西郊，遣裕親王廣禄行禮。

《高宗純皇帝實録》卷三九六 “乾隆十六年八月” 條

戊戌，秋分，夕月於西郊，遣履親王允祹恭代行禮。

《高宗純皇帝實録》卷四四五 “乾隆十八年八月” 條

己酉，秋分，夕月於西郊，遣和碩裕親王廣禄行禮。

《高宗純皇帝實録》卷四九五 “乾隆二十年八月” 條

己未，秋分，夕月於西郊，遣寧郡王弘晈行禮。

《高宗純皇帝實録》卷五一九 “乾隆二十一年八月” 條

乙丑，秋分，夕月於西郊，遣裕親王廣禄行禮。

《高宗純皇帝實録》卷五四四 “乾隆二十二年八月” 條

庚午，秋分，夕月於西郊，遣恒親王弘晊恭代行禮。

《高宗純皇帝實録》卷五六九 “乾隆二十三年八月” 條

乙亥，秋分，夕月於西郊，遣裕親王廣禄行禮。

《高宗純皇帝實録》卷五九四 “乾隆二十四年八月” 條

庚辰，秋分，夕月於西郊，遣平郡王慶恒行禮。

《高宗純皇帝實録》卷六一八 "乾隆二十五年八月" 條

乙酉，秋分，夕月於西郊，遣顯親王衍潢恭代行禮。

《高宗純皇帝實録》卷六四三 "乾隆二十六年八月" 條

辛卯，秋分，夕月於西郊，遣履親王允祹行禮。

《高宗純皇帝實録》卷六六八 "乾隆二十七年八月" 條

丙申，秋分，夕月於西郊，遣顯親王衍潢行禮。

《高宗純皇帝實録》卷六九三 "乾隆二十八年八月" 條

辛丑，秋分，夕月於西郊，遣顯親王衍潢恭代行禮。

《高宗純皇帝實録》卷七一七 "乾隆二十九年八月" 條

丙午，秋分，夕月於西郊，遣理郡王弘㬙行禮。

《高宗純皇帝實録》卷七四二 "乾隆三十年八月" 條

壬子，秋分，夕月於西郊，遣裕親王廣禄行禮。

《高宗純皇帝實録》卷七六七 "乾隆三十一年八月" 條

丁巳，秋分，夕月於西郊，遣恒親王弘晊恭代行禮。

《高宗純皇帝實録》卷七九二 "乾隆三十二年八月" 條

壬戌朔，秋分，夕月於西郊，遣裕親王廣禄行禮。

《高宗純皇帝實録》卷八一六 "乾隆三十三年八月" 條

丁卯，秋分，夕月於西郊，遣恒親王弘晊行禮。

《高宗純皇帝實録》卷八五三 "乾隆三十五年八月" 條

戊寅，秋分，夕月於西郊，遣貝勒永福行禮。

《高宗純皇帝實録》卷八九〇 "乾隆三十六年八月" 條

癸未，夕月於西郊，遣理郡王弘㬙行禮。

《高宗純皇帝實録》卷九一五 "乾隆三十七年八月" 條

戊子，秋分，夕月於西郊，遣誠親王允祕恭代行禮。

《高宗純皇帝實録》卷九六五 "乾隆三十九年八月" 條

己亥，秋分，夕月於西郊，遣裕親王廣禄行禮。

《高宗純皇帝實録》卷九八九 "乾隆四十年八月" 條

甲辰，秋分，夕月於西郊，遣貝子慶恒恭代行禮。

《高宗純皇帝實録》卷一〇一四 "乾隆四十一年八月" 條

己酉，秋分，夕月於西郊，遣固山貝子永碩行禮。

《高宗純皇帝實録》卷一〇三九 "乾隆四十二年八月" 條

乙卯，秋分，夕月於西郊，遣多羅信郡王修齡行禮。

《高宗純皇帝實録》卷一〇六四 "乾隆四十三年八月" 條

庚申，秋分，夕月於西郊，遣貝子弘閏恭代行禮。

《高宗純皇帝實録》卷一〇八八 "乾隆四十四年八月" 條

乙丑，秋分，夕月於西郊，遣理郡王弘㬙行禮。

《高宗純皇帝實録》卷一一一三 "乾隆四十五年八月" 條

庚午，秋分，夕月於西郊，遣誠親王弘暢行禮。

《高宗純皇帝實録》卷一一三八 "乾隆四十六年八月" 條

丙子，秋分，夕月於西郊，遣豫親王修齡恭代行禮。

《高宗純皇帝實録》卷一一六三 "乾隆四十七年八月" 條

辛巳，秋分，夕月於西郊，遣克勤郡王雅朗阿行禮。

《高宗純皇帝實録》卷一一八七 "乾隆四十八年八月" 條

丙戌，秋分，夕月於西郊，遣鄭親王積哈納行禮。

《高宗純皇帝實録》卷一二一二 "乾隆四十九年八月" 條

辛卯，秋分，夕月於西郊，遣肅親王永錫恭代行禮。

《高宗純皇帝實録》卷一二三七 "乾隆五十年八月" 條

丁酉，秋分，夕月於西郊，遣克勤郡王雅朗阿行禮。

《高宗純皇帝實録》卷一二六二 "乾隆五十一年八月" 條

壬寅，秋分，夕月於西郊，遣克勤郡王雅朗阿行禮。

《高宗純皇帝實録》卷一三八六 "乾隆五十二年八月" 條

丁未，秋分，夕月於西郊，遣怡親王永琅恭代行禮。

《高宗純皇帝實録》卷一三一一 "乾隆五十三年八月" 條

壬子，秋分，夕月於西郊，遣怡親王永琅行禮。

《高宗純皇帝實録》卷一三四二 "乾隆五十四年八月" 條

丁巳，秋分，夕月於西郊，遣和郡王綿循行禮。

《高宗純皇帝實録》卷一三六〇 "乾隆五十五年八月" 條

癸亥，秋分，夕月於西郊，上親詣行禮。

《高宗純皇帝實録》卷一三八五 "乾隆五十六年八月" 條

戊辰，秋分，夕月於西郊，遣裕郡王亮煥行禮。

《高宗純皇帝實録》卷一四一〇 "乾隆五十七年八月" 條

癸酉，秋分，夕月於西郊，遣豫親王裕豐行禮。

《高宗純皇帝實録》卷一四二二 "乾隆五十八年八月" 條

戊寅，夕月於西郊，遣裕郡王亮煥恭代行禮。

《高宗純皇帝實録》卷一四五九 "乾隆五十九年八月" 條

甲申，秋分，夕月於西郊，遣肅親王永錫行禮。

《高宗純皇帝實録》卷一四八四 "乾隆六十年八月" 條

己丑，秋分，夕月於西郊，遣肅親王永錫行禮。

《仁宗睿皇帝實錄》卷八"嘉慶元年八月"條

甲午，秋分，夕月於西郊，遣豫親王裕豐恭代行禮。

《仁宗睿皇帝實錄》卷二一"嘉慶二年八月"條

己亥，秋分，夕月於西郊，遣肅親王永錫行禮。

《仁宗睿皇帝實錄》卷三三"嘉慶三年八月"條

乙巳，秋分，夕月於西郊，遣豫親王裕豐行禮。

《仁宗睿皇帝實錄》卷五〇"嘉慶四年八月"條

庚戌，秋分，夕月於西郊，遣豫親王裕豐行禮。

《仁宗睿皇帝實錄》卷七二"嘉慶五年八月"條

乙卯，秋分，夕月於西郊，上親詣行禮。

《仁宗睿皇帝實錄》卷八六"嘉慶六年八月"條

庚申，秋分，夕月於西郊，遣榮郡王綿億行禮。

《仁宗睿皇帝實錄》卷一〇二"嘉慶七年八月"條

丙寅，秋分，夕月於西郊，遣質郡王綿慶恭代行禮。

《仁宗睿皇帝實錄》卷一一八"嘉慶八年八月"條

辛未，秋分，夕月於西郊，遣裕郡王亮煥行禮。

《仁宗睿皇帝實錄》卷一三三"嘉慶九年八月"條

丙子，秋分，夕月於西郊，遣榮郡王綿億行禮。

《仁宗睿皇帝實錄》卷一五七"嘉慶十一年八月"條

丁亥，秋分，夕月於西郊，遣裕郡王亮煥行禮。

《仁宗睿皇帝實錄》卷一八四"嘉慶十二年八月"條

壬辰，秋分，夕月於西郊，遣順承郡王倫柱行禮。

《仁宗睿皇帝實錄》卷二〇〇"嘉慶十三年八月"條

丁酉，秋分，夕月於西郊，遣順承郡王倫住恭代行禮。

《仁宗睿皇帝實錄》卷二一七"嘉慶十四年八月"條

壬寅，秋分，夕月於西郊，遣儀親王永璿行禮。

《仁宗睿皇帝實錄》卷二三三"嘉慶十五年八月"條

戊申，秋分，夕月於西郊，遣豫親王裕豐行禮。

《仁宗睿皇帝實錄》卷二四七"嘉慶十六年八月"條

癸丑，秋分，夕月於西郊，遣鄭親王烏爾恭阿恭代行禮。

《仁宗睿皇帝實錄》卷二六〇"嘉慶十七年八月"條

戊午，秋分，夕月於西郊，遣莊親王綿課行禮。

《仁宗睿皇帝實錄》卷二七二"嘉慶十八年八月"條

癸亥，秋分，夕月於西郊，遣肅親王永錫行禮。

《仁宗睿皇帝實錄》卷二九四　"嘉慶十九年八月"條

己巳，秋分，夕月於西郊，上親詣行禮。

庚午，諭內閣，秋祀夕月壇，嗣後如遇朕親祭之年，其配位著派親郡王上香。

《仁宗睿皇帝實錄》卷三〇九　"嘉慶二十年八月"條

甲戌，秋分，夕月於西郊，遣禮親王昭槤行禮。

《仁宗睿皇帝實錄》卷三二一　"嘉慶二十一年八月"條

己卯，秋分，夕月於西郊，遣順承郡王倫柱行禮。

《仁宗睿皇帝實錄》卷二三三　"嘉慶二十二年八月"條

甲申，秋分，夕月於西郊，遣睿親王端恩恭代行禮。

《仁宗睿皇帝實錄》卷三四五　"嘉慶二十三年八月"條

庚寅，秋分，夕月於西郊，遣禮親王麟趾行禮。

《仁宗睿皇帝實錄》卷三六一　"嘉慶二十四年八月"條

壬辰，秋分，夕月於西郊，遣皇三子惇郡王綿愷行禮。

《宣宗成皇帝實錄》卷二　"嘉慶二十五年八月"條

庚子，秋分，夕月於西郊，遣定親王綿恩恭代行禮。

《宣宗成皇帝實錄》卷二二　"道光元年八月"條

乙巳，秋分，夕月於西郊，遣睿親王端恩行禮。

《宣宗成皇帝實錄》卷三九　"道光二年八月"條

庚戌，秋分，夕月於西郊，遣慶郡王綿慜行禮。

《宣宗成皇帝實錄》卷五七　"道光三年八月"條

丙辰，秋分，夕月於西郊，上親詣行禮。

《宣宗成皇帝實錄》卷八七　"道光五年八月"條

丙寅，秋分，夕月於西郊，遣順承郡王春山行禮。

《宣宗成皇帝實錄》卷一〇四　"道光六年八月"條

辛未，秋分，夕月於西郊，遣惇親王綿愷恭代行禮。

《宣宗成皇帝實錄》卷一二三　"道光七年八月"條

丁丑，秋分，夕月於西郊，遣定親王奕紹行禮。

《宣宗成皇帝實錄》卷一四〇　"道光八年八月"條

壬午，秋分，夕月於西郊，遣順承郡王春山行禮。

《宣宗成皇帝實錄》卷一五九　"道光九年八月"條

丁亥，秋分，夕月於西郊，遣肅親王敬敏恭代行禮。

《宣宗成皇帝實錄》卷一七二　"道光十年八月"條

壬辰，秋分，夕月於西郊，遣順承郡王春山行禮。

《宣宗成皇帝實錄》卷一九五"道光十一年八月"條
戊戌，秋分，夕月於西郊，遣定親王奕紹行禮。

《宣宗成皇帝實錄》卷二一八"道光十二年八月"條
癸卯，秋分，夕月於西郊，遣肅親王敬敏恭代行禮。

《宣宗成皇帝實錄》卷二四二"道光十三年八月"條
戊申，秋分，夕月於西郊，遣莊親王奕賣行禮。

《宣宗成皇帝實錄》卷二五五"道光十四年八月"條
癸丑，秋分，夕月於西郊，遣莊親王奕賣行禮。

《宣宗成皇帝實錄》卷二八七"道光十六年八月"條
甲子，秋分，夕月於西郊，遣怡親王載垣行禮。

《宣宗成皇帝實錄》卷三〇〇"道光十七年八月"條
己巳，秋分，夕月於西郊，遣睿親王仁壽行禮。

《宣宗成皇帝實錄》卷三一三"道光十八年八月"條
甲戌，秋分，夕月於西郊，遣肅親王敬敏恭代行禮。

《宣宗成皇帝實錄》卷三三八"道光二十年八月"條
乙酉，秋分，夕月於西郊，遣莊親王綿護恭代行禮。

《宣宗成皇帝實錄》卷三五五"道光二十一年八月"條
庚寅，秋分，夕月於西郊，遣莊親王綿護恭代行禮。

《宣宗成皇帝實錄》卷三七九"道光二十二年八月"條
乙未，秋分，夕月於西郊，遣睿親王仁壽行禮。

《宣宗成皇帝實錄》卷四〇八"道光二十四年八月"條
丙午，秋分，夕月於西郊，遣莊親王綿譚恭代行禮。

《宣宗成皇帝實錄》卷四二〇"道光二十五年八月"條
辛亥，秋分，夕月於西郊，遣豫親王義道恭代行禮。

《宣宗成皇帝實錄》卷四三三"道光二十六年八月"條
丙辰，秋分，夕月於西郊，禮親王全齡恭代行禮。

《宣宗成皇帝實錄》卷四四六"道光二十七年八月"條
壬戌，秋分，夕月於西郊，禮親王全齡恭代行禮。

《宣宗成皇帝實錄》卷四五八"道光二十八年八月"條
丁卯，秋分，夕月於西郊，遣惇郡王奕誴行禮。

《宣宗成皇帝實錄》卷四七一"道光二十九年八月"條
壬申，秋分，夕月於西郊，遣莊親王奕仁行禮。

《文宗顯皇帝實錄》卷六八"咸豐二年八月"條
戊子，秋分，夕月於西郊，上親詣行禮。

《文宗顯皇帝實錄》卷一〇四 "咸豐三年八月" 條

癸巳，秋分，夕月於西郊，遣成郡王載銳恭代行禮。

《文宗顯皇帝實錄》卷一四一 "咸豐四年八月" 條

戊戌，秋分，夕月於西郊，遣豫親王義道恭代行禮。

《文宗顯皇帝實錄》卷一七四 "咸豐五年八月" 條

癸卯，秋分，夕月於西郊，遣豫親王義道恭代行禮。

《文宗顯皇帝實錄》卷二〇六 咸豐六年八月" 條

己酉，秋分，夕月於西郊，遣豫親王義道恭代行禮。

《文宗顯皇帝實錄》卷二三三 "咸豐七年八月" 條

甲寅，秋分，夕月於西郊，遣克勤郡王慶惠行禮。

《文宗顯皇帝實錄》卷二六一 "咸豐八年八月" 條

己未，秋分，夕月於西郊，遣莊親王奕仁行禮。

《文宗顯皇帝實錄》卷二九二 "咸豐九年八月" 條

甲子，秋分，夕月於西郊，遣睿親王仁壽恭代行禮。

《文宗顯皇帝實錄》卷三二七 "咸豐十年八月" 條

庚午，秋分，夕月於西郊，遣肅親王華豐行禮。

《穆宗毅皇帝實錄》卷三 "咸豐十一年八月" 條

乙亥，秋分，夕月於西郊，遣定郡王溥煦恭代行禮。

《穆宗毅皇帝實錄》卷三八 "同治元年八月" 條

庚辰，秋分，夕月於西郊，遣定郡王溥煦恭代行禮

《穆宗毅皇帝實錄》卷一一三 "同治三年八月" 條

辛卯，秋分，夕月於西郊，遣睿親王仁壽行禮。

《穆宗毅皇帝實錄》卷一五〇 "同治四年八月" 條

丙申，秋分，夕月於西郊，遣定郡王溥煦恭代行禮。

《穆宗毅皇帝實錄》卷一八二 "同治五年八月" 條

辛丑，秋分，夕月於西郊，遣禮親王世鐸行禮。

《穆宗毅皇帝實錄》卷二一〇 "同治六年八月" 條

丙午，秋分，夕月於西郊，遣克勤郡王晋祺行禮。

《穆宗毅皇帝實錄》卷二四〇 "同治七年八月" 條

辛亥，秋分，夕月於西郊，遣鄭親王承志恭代行禮。

《穆宗毅皇帝實錄》卷二八九 "同治九年八月" 條

壬戌，秋分，夕月於西郊，遣順承郡王慶恩行禮。

《穆宗毅皇帝實錄》卷三三九 "同治十一年八月" 條

癸酉，秋分，夕月於西郊，遣鄭親王慶至行禮。

《穆宗毅皇帝實録》卷三五六"同治十二年八月"條

戊寅，秋分，夕月於西郊，遣鄭親王慶至行禮。

《穆宗毅皇帝實録》卷三七〇"同治十三年八月"條

癸未，秋分，夕月於西郊，上親詣行禮。

《德宗景皇帝實録》卷一六"光緒元年八月"條

戊子，秋分，夕月於西郊，遣定郡王溥煦恭代行禮。

《德宗景皇帝實録》卷三八"光緒二年八月"條

甲午，秋分，夕月於西郊，遣鄭親王慶至恭代行禮。

《德宗景皇帝實録》卷五六"光緒三年八月"條

丁丑，秋分，夕月於西郊，遣順承郡王慶恩恭代行禮。

《德宗景皇帝實録》卷七七"光緒四年八月"條

甲辰，秋分，夕月於西郊，遣莊親王載勛恭代行禮。

《德宗景皇帝實録》卷九九"光緒五年八月"條

己酉，秋分，夕月於西郊，遣莊親王載勛恭代行禮。

《德宗景皇帝實録》卷一一八"光緒六年八月"條

庚午，秋分，夕月於西郊，遣禮親王世鐸恭代行禮。

《德宗景皇帝實録》卷一三四"光緒七年八月"條

庚申，秋分，夕月於西郊，遣莊親王載勛恭代行禮。

《德宗景皇帝實録》卷一五〇"光緒八年八月"條

乙丑，秋分，夕月於西郊，遣克勤郡王晉祺恭代行禮。

《德宗景皇帝實録》卷一六九"光緒九年八月"條

庚午，秋分，夕月於西郊，遣莊親王載勛恭代行禮。

《德宗景皇帝實録》卷一九一"光緒十年八月"條

丙子，秋分，夕月於西郊，遣克勤郡王晉祺恭代行禮。

《德宗景皇帝實録》卷二一三"光緒十一年八月"條

辛巳，秋分，夕月於西郊，遣惠郡王奕詳恭代行禮。

《德宗景皇帝實録》卷二三一"光緒十二年八月"條

丙戌，秋分，夕月於西郊，遣莊親王載勛恭代行禮。

《德宗景皇帝實録》卷二四六"光緒十三年八月"條

辛卯，秋分，夕月於西郊，遣克勤郡王晉祺恭代行禮。

《德宗景皇帝實録》卷二五八"光緒十四年八月"條

丙申，秋分，夕月於西郊，遣克勤郡王晉祺恭代行禮。

《德宗景皇帝實録》卷二七三"光緒十五年八月"條

壬寅，秋分，夕月於西郊，上親詣行禮。

《德宗景皇帝實錄》卷三一 "光緒十八年八月" 條

丁巳，秋分，夕月於西郊，上親詣行禮。

《德宗景皇帝實錄》卷三二七 "光緒十九年八月" 條

戊寅，秋分，夕月於西郊，遣怡親王博静恭代行禮。

《德宗景皇帝實錄》卷三四七 "光緒二十年八月" 條

戊辰，秋分，夕月於西郊，遣鄭親王凱泰恭代行禮。

《德宗景皇帝實錄》卷三七四 "光緒二十一年八月" 條

癸酉，秋分，夕月於西郊，上親詣行禮。

《德宗景皇帝實錄》卷三九四 "光緒二十二年八月" 條

戊寅，秋分，夕月於西郊，遣鄭親王凱泰恭代行禮。

《德宗景皇帝實錄》卷四三九 "光緒二十五年八月" 條

甲午，秋分，夕月於西郊，遣鄭親王凱泰恭代行禮。

《德宗景皇帝實錄》卷五三四 "光緒三十年八月" 條

庚申，秋分，夕月於西郊，上親詣行禮。

《德宗景皇帝實錄》卷五四八 "光緒三十一年八月" 條

丙寅，秋分，夕月於西郊，遣順承郡王訥勒赫恭代行禮。

《德宗景皇帝實錄》卷五四八 "光緒三十三年八月" 條

丙子，秋分，夕月於西郊，上親詣行禮。

《德宗景皇帝實錄》卷五九五 "光緒三十四年八月" 條

辛巳，秋分，夕月於西郊，遣恭親王溥偉恭代行禮。

《大清宣統政紀》卷一九 "宣統元年八月" 條

丁亥，秋分，夕月於西郊，遣睿親王魁斌恭代行禮。

《大清宣統政紀》卷四一 "宣統二年八月" 條

壬辰，秋分，夕月於西郊，命莊親王載功恭代行禮。

（清）萬斯同等《明史》卷二《太祖紀》

（洪武三年）八月，己卯，始夕月西郊。

（清）萬斯同等《明史》卷一六《世宗紀》

（嘉靖）十年，八月癸未，始祀夕月壇。

（清）談遷《國榷》卷五五《世宗嘉靖十年辛卯至十二年癸巳》

（嘉靖十年二月）庚辰，上祀夕月壇。

（嘉靖十年八月）癸未，上祀西郊夕月。

（嘉靖十一年四月）壬寅，定朝日壇間一歲，甲、丙、戊、庚、壬年親祀，夕月及神祇壇間三歲，丑、辰、未、戌年親祀，餘遣祭。

（清）談遷《國榷》卷六六《穆宗隆慶三年己巳至四年庚午》

壬寅朔，上祭夕月壇。

（清）談遷《國榷》卷七一《神宗萬曆八年庚辰至十年壬午》

庚子，上夕月西郊。

（清）談遷《國榷》卷八四《光宗泰昌元年庚申七月至熹宗天啟元年辛酉》

庚午，恭順侯吳汝胤祭夕月壇，通政使姚思仁分獻陪祭，止六人，于是侍班御史張瀓等言其怠玩，今後預祭宜恪恭。從之。

趙爾巽《清史稿》卷八二《志五七·禮志一·吉禮一·祀期》

郊廟祭祀，祭前二歲十月，欽天監豫卜吉期。前一歲正月，疏卜吉者及諸祀定有日者以聞。頒示中外。太常寺按祀期先期題請，實禮部主之。世祖纘業，詔祭祀各分等次，以時致祭。自是大祀、中祀、群祀先後規定祀期，著爲例。嘉慶七年，復定大、中祀遇忌辰不改祀期。咸豐中，更定關帝、文昌春秋祀期不用忌辰。其祭祀時刻，【略】康熙十二年，依太宗舊制，壇廟用黎明，夕月用酉時。嘉慶八年，諭祭祀行禮，當在寅卯間，合禮經質明將事古義。

四、庶務

（清）允祹等《大清會典則例》卷一五二《太常寺》

執事官。皇帝親詣行禮，以本寺卿二人左右贊引，或禮部尚書兼寺卿、或禮部侍郎，均以滿官嫻禮儀者充之，其分獻及各祀遣官行禮，贊引均用寺丞以下滿官典儀，太廟、先師廟、關帝廟均滿官二人，餘祀用一人。唱作樂，大祀、中祀及群祀之太歲殿均用滿官一人。贊賜福胙大祀、中祀親詣行禮用滿官一人。傳贊兩郊各用滿漢官四人，祈穀、太廟、朝日、夕月均用滿官二人。司香兩郊各用滿官六人，太廟九人，社稷壇四人，日壇一人，月壇二人，帝王廟十有六人。【略】引分獻官，兩郊用滿漢官各四人，太廟滿漢各二人，月壇滿二人。【略】司麾各用漢官二人，司旌節各用漢官四人，先師廟二人，設樂各用漢官三人，數帛，【略】月壇、帝王廟、先師廟、關帝廟、昭忠祠均二人，餘祀均一人。掌燎太廟用漢官二人，餘祀各用一人。北郊社稷、先農視瘗各用漢官一人，司拜牌、拜褥親詣行禮，大祀天地均用滿官四人、漢官四人，日壇、月壇、先農均滿漢官各一人，司饌均以司爵官兼之，南郊北郊朝日夕月守壇門各滿官四人，社稷壇、日壇、先農壇執竿以御飛鳥各滿官二人、漢官二人。

咨傳迎送官。康熙十年定，前期十日由寺諮呈宗人府轉傳，王以下宗室覺羅有頂帶官員以上咨理藩院轉傳來京，蒙古王以下有頂帶官員以上諮吏部轉傳，滿漢有頂帶官咨步軍統領衙門轉傳，京營武職不陪祀，各官於祀日朝服齊集午門外，乘輿出入跪迎送。

咨取執事官。康熙十年定，前期四十日由寺咨呈禮部，取祀前二日視牲之堂官職名。祀前二十日開列正陪具題。前期十五日以視牲科鈔行宗人府禮部。又定前期十五日由寺咨光禄寺取奉福酒福胙，光禄卿二人咨領侍衛府取接福酒福胙，侍衛二人各職名送寺。【略】又定前期六日諮呈禮部并咨都察院光禄寺，取監視宰牲官各職名送寺。【略】雍正五年奉旨嗣後大祭祀太常寺官不敷用，移取鴻臚寺官。

咨傳供備。各祭祀前期十日咨兵部轉行步軍統領，祀日平治車駕經由道路設幛，衢巷禁止行人，咨工部張御拜幄更衣大次，豫備齋宮具服殿及各幄内應用器物，咨鑾儀衛備盥盆帨巾。前五日，咨樂部鑾儀衛陳設、鹵簿、導迎樂，并知會駕詣壇廟時樂設而不作，還宮作樂。如遇齋戒忌辰仍不作樂。

咨傳啓門。恭設齋戒牌銅人於乾清門，前期五日諮直班護軍統領啓長安門、天安門、端門、午門各中門及昭德門中左門、後左門，以便本寺官進内恭設至徹齋戒牌銅人。本寺官應進東華門、景運門，出午門，咨直班護軍統領設齋戒牌銅人於齋宮，咨領侍衛府護軍統領各知會守衛官出入放行。閱祝版前期五日，咨兵部步軍統領并知會正陽門、大清門、天安門、端門各守衛官及直班護軍統領，本寺堂屬官於閱祝版日五鼓進内執事，至時啓門。祀前十日，咨領侍衛府護軍統領并咨兵部轉行步軍統領，郊祀前一日本寺堂屬官及候時官詣乾清門祀日詣齋宮，餘祀均於祀日詣乾清門，啓奏時刻出入放行，駕詣壇廟經行各門均豫時啓俟。前期八日，咨兵部步軍統領不陪祀官迎送車駕，有居城外者至時啓正陽門放入。前二日，行直班護軍統領郊祀。前一日，本寺堂屬官及時官詣乾清門，奏御齋宮時刻，應進長安門、午門後左門，守衛官放行。乾隆四年奏准：每逢城外祭祀啓門，將城内官放出，城内祭祀啓門將城外官放入，由寺先期咨步軍統領衙門辦理。二十一年，奉旨嗣後凡出午門所祭壇廟仍出午門外，凡出東西門，所祭壇廟將出長安門改爲出太和門，由協和門、熙和門出東華門、西華門。

咨傳察禁。前期八日，咨兵部步軍統領委官禁止陪祀官從役，不得隨進。【略】日壇於景升街牌坊外，月壇於光恒街牌坊外。【略】陪祀官各下馬從役，不得喧嘩。

先農壇　太歲壇

一、建置沿革

（一）營建沿革

《明世宗實録》卷一二二"嘉靖十年二月"條

癸未。【略】先是，上命禮部考古太歲壇制以聞。至是，禮部言：太歲之神，自唐宋以來，祀典不載。惟元有大興作祭於太史院，亦無常祭之典。至我國朝，始有定祀。是以壇宇之制，於古無稽。按《説文》：太歲，木星，一歲行一次，應十二辰一周天。蓋天神也，亦宜設壇露祭，但其壇祭制無考，宜照社稷壇規制築造，高廣尺寸少爲減殺。俟四郊工役少完，即建太歲等神，并雲雨風雷、岳鎮、海瀆三壇神祇於壇内，俱照社稷壇規制。惟太歲壇差小，庶隆殺適宜，而祀儀不忒。詔可。

《明世宗實録》卷一二八"嘉靖十年七月"條

乙亥，以恭建神祇二壇并神倉工成，升右道政何棟爲太僕寺卿。

（明）徐溥《明會典》卷八二《禮部四一·祭祀三·祭山川仲秋》

國初，建山川壇於天地壇之西，正殿七間，祭太歲、風雲雷雨、五岳、五鎮、四海、四瀆、鍾山之神；東、西廡各十五間，分祭京畿山川，春、夏、秋、冬四月將及都城隍之神。壇西南有先農壇，壇東有旗纛廟，壇南有耤田一所。今京師山川壇建於永樂中，位置陳設俱與南京舊制同。惟正殿鍾山之右添祭天壽山之神。

（明）莫旦《大明一統賦》卷中

先農壇，在山川壇内。壇下皆耤田，每歲親耕耤田，則遣順天府官致祭都城隍廟。南京俱有廟，每歲於山川壇合祭。

月將，春月將、夏月將、秋月將、冬月將，每歲於山川壇合祭。

（明）申時行等《大明會典》卷八五《禮部四三·神祇》

國初，建山川壇於天地壇之西，正殿七間，祭太歲、風雲雷雨、五岳、五鎮、四海、四瀆、鍾山之神；東、西廡各十五間，分祭京畿山川、春、夏、秋、冬四季月將及都城隍之神。壇西南有先農壇，東有旗纛廟，南有耤田。【略】永樂中，建山川壇，位置、陳設悉如南京舊制，惟正殿鍾山之右增祀天壽山神。

（明）王圻《續文獻通考》卷一〇八《郊社考·祭星辰風雨》

皇明國初，令各祀太歲，及四季月將、風雲雷雨、岳鎮、海瀆、山川、城隍、旗纛、諸神。嘗建山川壇於天地壇之西，正殿七壇，曰太歲，曰風雲雷雨，曰五岳，曰四鎮，曰四海，曰四瀆，曰鍾山。兩廡從，祀六壇。左京畿山川，夏冬季月將。右都城隍，春秋季月將。西南有先農壇，東有旗纛廟，南有耤田。至是，始議爲一壇春秋專祭。先是，上親祀之。至是，始遣官祭。乃春用驚蟄後三日，秋用秋分後三日。是日，上皮弁，御奉天殿降香，中嚴升御殿。獻官復命解嚴，還宮。再閱《餘冬録》，言：國初，肇祀太歲。禮官雜議，因及陰陽家説，十二時所值之神。

（明）王圻《續文獻通考》卷一〇九《郊社考·祭山川》

皇明國初，建山川壇於天地壇之西。正殿七間，祭太歲、風雲雷雨、五岳、五鎮、四海、四瀆、鍾山之神。東西廡各十五間，分祭京畿、山川、春夏秋冬四月將及都城隍之神。壇西南有先農壇，壇東有旗纛廟，壇南有耤田一所。今京師山川壇建於永樂中，位置陳設俱與南京舊制同，惟正殿鍾山之右添祭天壽山之神。凡齋戒：前一日，太常司官宿於本司。次日，具奏本。致齋二日，次日進銅人。凡正祭：前二日，太常司官同本部官詣城隍廟發諾。

（清）傅維麟《明書》卷八四《志二一·營建志》

神祇壇：明初，建山川壇於天地壇之西。永樂中，北京山川壇成。嘉靖十一年，即其地爲天神、地祇壇。

先農壇：洪武二年，建先農壇於山川壇西南。永樂中，建如南京。

（清）查繼佐《罪惟録·志七·郊社》

十一年春正月，建大祀殿，合祭天地於南郊，奉仁祖配。命倪國達等分獻日月星辰、岳鎮、海瀆凡一十七位。

正殿三楹，【略】丹陛之東爲天明壇，西向。夜明在西，東向。兩廡爲壇各六，祀太歲、風雲雷雨、岳鎮海瀆、天下山川神祇，陳設如舊儀，但配位用蒼璧。太歲、風雲雷雨等酒盞各十，東西廡各酒尊三、爵一十八，於壇之南。

二十一年，增修大祀殿，祔祀，於丹墀分東西二壇，爲日、月、星、辰。又內壝之外，爲壇二十，東西相向，爲五岳、五鎮、四海、四瀆、風雲雷雨、山川、太歲諸神祇，并祔祀歷代帝王。

永樂十八年，燕京凡郊祀諸神，一如洪武之舊。惟正殿添設一地祇位，列天壽山於鍾山之右，奉太祖高皇帝配。

天順中，上以風雷、山川等壇在城外，擬勛臣代攝。閣臣李賢不可，上親其事。

成化元年春二月，祀先農，行耕耤禮。壇在山川壇之南，上便服，秉耒於耤田，行三推禮。三返在其中。戶部尚書奉青箱以隨，耆老四人，二馭牛，二鞠躬按黎轅，教坊樂工執彩旗，夾隴謳歌，一唱百和，颭旗而行。三公九卿耕，公五推，卿九推。各耆老傍牛而行。畢事，宴，教坊呈應，用田家故事，開國以來耕耤禮始備。

弘治五年春正月，宜郊，上病，諭少間躬之。二月中旬，乃克舉事。

嘉靖二年，以卿范拱議，擬更定五岳。侍郎倪岳以爲非便，不果行。

尚書馬文升議北岳宜祭恒山，祭曲陽縣非是。

十一年，祈嗣地祇壇嗣，祭天下山川。

神祇壇，即國初山川壇，在天地壇西。嘉靖中，改叙雲雨風雷，其太歲、月將、旗纛、城隍別祀之。太歲壇，十二月大祫之日，遣官攝祭，牛、羊、豕各一，禮三獻，樂八奏，舞八佾，從祀四季月將之神，東廡春秋、西廡夏冬四壇，壇一太牢。

旗纛廟，初禮尚簡。至是，仲秋旗手衛官祭廟，霜降日祭教場，歲暮祭承天門外，用少牢。永樂後，朔望有神旗之祭，專祭火雷之神。神機營提督官請祭教場，牛、羊、豕各一。有大征討，皇帝親行禡祭，省牲視滌，禮三獻，奏樂，飲福，受胙，望燎，刺五雄雞血於五酒碗酹神。

（清）李衛《（雍正）畿輔通志》卷一一

按明洪武三年，建山川壇於天地壇之西，繚牆周迴六里，中爲正殿七壇，以祀太歲、風雲雷雨、五岳、四鎮、四海、四瀆、鍾山之神；東西兩廡六壇，以祀山川、城隍、月將之神。永樂時，於北京建壇，一如其制。嘉靖十一年，即山川壇爲天神、地祇二壇，始別建壇，以專祀太歲。隆慶元年，禮官議：神祇既從祀南北郊，不宜復有神祇壇之祭，而太歲之祭如故。本朝亦專祀太歲，其山川、神祇二壇并省。

（清）張廷玉等《明史》卷四九《志二五·禮志三·吉禮三·先農》

（洪武）二年二月，帝建先農壇於南郊，在耤田北。

永樂中，建壇京師，如南京制，在太歲壇西南。

（清）嵇璜等《續文獻通考》卷七二《郊社考》

（洪武）二年正月，分建天神、地祇壇。遂定以驚蟄、秋分日祀太歲諸神壇。

三年二月，合祀天神、地祇於一壇。

二年，爲二壇於城南，分祀天神、地祇。【略】至是，復合風雲雷雨、岳鎮海瀆二壇爲一，增祀四季月將、旗纛諸神。凡設壇十有九，太歲、四季月將第一，風雲雷雨次之，岳、瀆、山川、城隍諸神又次之，總名之曰山川壇。

成祖永樂十八年十二月，北京太歲壇成。

（清）龍文彬《明會要》卷八《禮三·吉禮·先農》

洪武二年二月，帝建先農壇於南郊，在耤田北。

永樂中，建壇京師，如南京制，在太歲壇西南。每歲仲春上戊，順天府尹致祭。後凡遇登極之初，行耕耤禮，則親祭。《禮志》

（清）昆岡等《大清會典事例》卷八六五

（乾隆十八年）又奉旨：先農壇舊有旗纛殿可撤去，將神倉移建於此。

（乾隆）十九年奉旨：觀耕臺著改用磚石製造。欽此。

（乾隆）二十年奉旨：先農壇齋宮改爲慶成宮。

（二）建築規制

《明太祖實錄》卷三八"洪武二年正月"條

戊申，遂定以驚蟄、秋分日，祀太歲諸神；以清明、霜降日，祀岳瀆諸神。壇據高阜，南向，四面垣圍。壇高二尺五寸，方闊二丈五尺，四出陛，南向陛五級，東西北向陛三級。

《明太祖實錄》卷三九下"洪武二年二月"條

壬午，上躬享先農，以后稷氏配祀畢，耕耤田於南郊。先農壇在耤田之北，高五尺、闊五丈、四出陛。耤田在皇城南門外。御耕耤位在先農壇東南，高三尺、闊二丈五尺、四出陛。

《明世宗實錄》卷一二二"嘉靖十年二月"條

癸未，先是，上命禮部考古太歲壇制以聞。至是，禮部言：太歲之神，自唐宋以來，祀典不載。惟元有大興作祭於太史院，亦無常祭之典。至我國朝，始有定祀。是以壇宇之制，於古無稽。按《説文》"太歲，木星"，一歲行一次，應十二辰一周天。蓋天神也，亦宜設壇露祭，但其壇祭制無考，宜照社稷壇規制築造，高廣尺寸少爲減殺。俟四郊工役少完，即建太歲等神，并雲雨風雷、岳鎮、海瀆三壇神祇於壇內，俱照社稷壇規制。惟太歲壇差小，庶隆殺適宜，而祀儀不忒。詔可。

（明）徐一夔等《明集禮》卷一二《吉禮第一二·耤田享先農》

國朝壇在耤田之北，高五尺，闊五丈，四出陛。

（明）章潢《圖書編》卷一〇一《先農壇以下太常寺》

在太歲壇之西南，爲制一成，四面石階九級。西爲瘞位，東爲具服殿，前爲觀耕臺，南即耤田，東北建神倉。

（明）章潢《圖書編》卷一〇二《山川壇》

吳元年間，壇址無可考。今壇在洪武門外正南，不知創自何年，約地百餘畝，周圈以墻，四面各立圈門一所，內設壇崇三尺許，壇覆以殿，屋七門，左、右斜廊各三間，轉角俱西，兩廡房十間，環接前殿五間。歲以仲秋，擇日祭太歲、風雲雷雨、五岳、五鎮、四海、四瀆、鍾山之神於殿內。夏冬二月，附京畿山川之神於東廡；春秋二月，附都城隍之神於西廡。前殿之左稍南，立具服殿三間；又東而北，立旗纛殿五間。壇之西北，皆神庫、厨井之所當壇之西，壿崇尺許，爲先農壇。而壇之前，耤田所也。東圈門外，又圍以墻。北壇墻縱如橫之差狹直。東門外，東圈門一座，近門向南，立祠祭署。署之前，皆平地，時藝黍、稷、稻，以供歲祀。洪武三年，建山川壇，祭太歲、風雲雷雨、岳鎮海瀆、鍾山之神於殿內；祭四月將、京畿山川、都城隍之神於東西廡。二十一年後，各役於南郊，祔祭山川壇，但舉秋祭。永樂年，京師祭亦如之。嘉靖八年，始特祭太歲、月將，而諸神別祭之。十八年，定月日如今禮。

(明) 郭正域《皇明典禮志》卷一一《耕耤》

先農壇，東南高三尺，闊二丈五尺，四出陛。

(明) 申時行等《大明會典》卷七八《群祀考·耤田祭先農》

明太祖洪武元年十一月，議行耕耤禮。

二年二月，建先農壇於南郊。親祭，以后稷配，遂耕耤田。耤田在皇城南門外。先農壇在耤田之北，高五尺，廣五丈，四出陛。御耕耤位在先農壇東南，高三尺，廣二丈五尺，四出陛。其神位：先農正位，南向；后稷配位，西向；正、配位幣各用青色，其餘儀物并與社稷同，不用玉，仍加登三。至日，祀先農畢，詣耕耤位，南向立，公侯以下及從耕者各就耕位。御耒耜二具，韜以青絹；御耕牛四，被以青衣。戶部尚書北面進耒。太常卿導引帝秉耒三推，戶部尚書跪受耒，帝復位，南面坐。三公五推，尚書九卿九推，各退就位。禮畢，太常卿導引還大次，應天府尹及上元、江寧兩縣令率庶人終畝。是日，宴勞百官者宿於壇所。

十八年十二月，北京先農壇成。

壇制準南京。在太歲壇西南，一成甃磚，周以石，方廣四丈七尺，高四尺五寸，四出陛。西爲瘞位，東爲齋宮、鑾駕庫，東北爲神倉，東南爲具服殿，殿前爲觀耕之所，南爲耤田。

(明) 申時行等《大明會典》卷一八七《工部七·營造五·先農壇》

洪武二年，建先農壇於山川壇西南。永樂中，建壇如南京。壇在神祇壇後，石包磚砌，方廣四丈七尺，高四尺五寸，四出陛。壇東爲觀耕臺，用木，方五丈，南、東、西三出陛。

神祇壇。國初，建山川壇於天地壇之西。永樂中，北京山川壇成。嘉靖十一年，即其地爲天神、地祇壇。神壇，方廣五丈，高四尺五寸五分，四出陛，各九級。壝墻方二十四丈，高五尺五寸，厚二尺五寸。櫺星門六，正南三，東、西、北各一，內設雲形青白石龕四於壇北，各高九尺二寸五分。祇壇，面闊十丈，進深六丈，高四尺，四出陛，各六級。壝墻方二十四丈，高五尺五寸，厚二尺四寸。櫺星門亦如神壇，內設青白石龕，山形者三，水形者二，於壇北。先擬設於壇南，北向，後改，各高八尺二寸，左從位山、水形各一，於壇東；右從位山、水形各一，於壇西，各高七尺六寸。

(明) 佚名《太常續考》卷八《神祇壇》

二壇相向，建於先農壇之南。國初，建山川壇於天地壇西，俗呼爲地壇。正殿七壇，曰太歲、曰風雲雷雨、曰五岳、曰五鎮、曰四海、曰四瀆、曰鍾山。兩廡從祀六壇，左京畿山川、夏季月將、冬季月將，右春季月將、秋季月將、都城隍。

（清）談遷《北游録》卷二《紀郵上》

（清順治十一年）戊辰，入山川壇，壇周垣六里，東北門內熒惑神祠。祠前麥隴極望。又垣截其南，穿入，過太常寺祠祭署。西走數百武，南至齋宮，周廡若幹楹。設御座，淺紫色，丹其障泥，背以漆屏。寢殿五楹，左右厢三之。又東膳房。而鐘鼓樓、鑾駕庫，分峙齋宮之東西隅。由齋宮西出，則耤田所也。設葦殿三楹，連幕十五楹，蔭其田，衡十步。田東西各芟舍，以列環衛。直北更衣殿，殿左旗纛廟，右饗殿，祠太歲、風雲雷雨、岳鎮海瀆。東西二廡，祀山川月將、城隍之神。正陛九出。西南先農壇。壇北幕次及於神庖，凡十灶，夾以井。西出宰牲所，二銅釜，可受水數石。馳道松柏挺蔚者，二百五十餘年。太歲殿之東有大松，偃而不拔，搘以柱，行人出其下。時且耕耤，各役交騖，有汲者云：崇禎十三年後絕緶矣。

（清）傅維麟《明書》卷八四《志二一·營建志·神祇壇》

明初，建山川壇於天地壇之西。永樂中，北京山川壇成。嘉靖十一年，即其地爲天神、地祇壇。神壇方廣五丈，高四尺五寸五分，四出陛，各九級。壝墻方二十四丈，高五尺五寸厚二尺五寸。靈星門六，正南三，東、西、北各一，內設雲形青白石龕四於壇北，各高九尺二寸五分。祇壇面闊十丈，進深六丈，高四尺，四出陛，各六級。壝墻方二十四丈，高五尺五寸，厚二尺四寸。靈星門亦如神壇，內設青白石龕，山形三、水形二於壇北。先擬設於壇南，北向，後改各高八尺二寸，左從位山、水形各一於壇東，右從位山、水形各一於壇西，各高七尺六寸。

（清）傅維麟《明書》卷八四《志二一·營建志·先農壇》

洪武二年，建先農壇於山川壇西南。永樂中，建如南京。壇在神祇壇後，石包磚砌，方廣四丈七尺，高四尺五寸，四出陛。壇東爲觀耕臺，用木，方五丈，高五尺，南、東、西三出陛。

（清）孫承澤《天府廣記》卷八《先農壇·考壇制》

國朝壇在耤田之北，高五尺，闊五丈，四出陛。

（清）孫承澤《春明夢餘録》卷一五《山川壇》

山川壇，在正陽門南之右，永樂十八年建。繚以垣墻，周迴六里。洪武三年，建山川壇於天地壇之西。正殿七壇：曰太歲，曰風雲雷雨，曰五岳，曰四鎮，曰四海，曰四瀆，曰鍾山之神；兩廡從祀六壇：左京畿山川，夏、冬季月將，右都城隍，春、秋季月將。二十一年，各設壇於大祀殿，以孟春從祀，遂於山川壇惟仲秋一祭。永樂建壇北京，一如其制，進祀天壽山於鍾山下。嘉靖十一年，即山川壇爲天神、地祇二壇，以仲秋中旬致祭。別建太歲壇，專祀太歲。東廡爲春、秋月將，西廡爲夏、冬月將，各二壇。前爲拜殿、宰牲亭。南爲川井，即山川壇舊井，有龍蟄其中。壇西南有先農壇，東旗纛廟。壇南耤田在焉。十年，定太歲、月將祭期，歲於孟春享廟，歲暮祫祭之日，遣官行禮。隆慶元年，禮官議天神、地祇既從祀南、北郊，仲秋不宜復有神衹壇之祭，罷之，而太歲之祭如故。

(清) 孫承澤《春明夢餘録》卷一五《神衹壇》

神衹壇，方廣五丈，高四尺五寸五分，四出陛，各九級。壝墻方二十四丈，高五尺五寸，厚二尺五寸。欞星門六：正南三，東、西、北各一，内設雲形青白石龕四於壇北，各高九尺二寸五分。

(清) 孫承澤《春明夢餘録》卷一五《地衹壇》

地衹壇，面闊十丈，進深六丈，高四尺，四出陛，各六級。壝墻方二十四丈，高五尺五寸，厚二尺四寸。欞星門亦如神壇。内設青白石龕山形三、水形二於壇北，各高八尺二寸，左從位山、水形各一於壇東，右從位山、水形各一於壇西，各高七尺六寸。

(清) 孫承澤《春明夢餘録》卷一五《先農壇》

先農壇，在山川壇内西南隅，永樂中建。按洪武元年，御史尋迪請耕耤田，享先農，以勸天下。上從之。二年，建壇。壇南爲耤田，北爲神倉。歲親祭先農，以后稷配，已而又奉仁祖配。八年，令府尹祭，不設配。永樂建壇京師，一如其制，建於太歲壇旁之西南。爲制一成，石包磚砌，方廣四丈七尺，高四尺五寸，四出陛。西爲瘞位，東爲齋宮、鑾駕庫，東北爲神倉，東南爲具服殿。殿前爲觀耕臺，用木，方五丈，高五尺，南、東、西三出陛。臺南爲耤田，護壇地六百畝，供黍、稷及薦新品物。

(清) 孫承澤《春明夢餘録》卷一五《旗纛廟》

旗纛廟，建於太歲殿之東，永樂建，規制如南京。神曰旗頭大將，曰六纛大神，曰五方旗神，曰主宰戰船之神，曰金鼓角銃炮之神，曰弓弩飛槍飛石之神，曰陣前陣後神衹五猖等衆皆，南向。

(清) 伊桑阿等《 (康熙) 大清會典》卷一三一《工部一·營繕清吏司·營造·壇場》

神衹壇在永定門内。

神壇，南向，方廣五丈，高四尺五寸五分，四出陛，各九級。壝墻方二十四丈，高五尺五寸，厚二尺五寸。靈星門六，正南三，東、西、北各一，内設雲形青白石龕四於壇北，各高九尺二寸五分。

衹壇，北向，面闊十丈，進深六丈，高四尺，四出陛，各六級。壝墻方二十四丈，高五尺五寸，厚二尺四寸。靈星門六，正北三，東、西、南各一，内設青白石龕，山形三、水形二於壇南，各高八尺二寸。左從位，山水形各一於壇東；右從位，山水形各一於壇西，各高七尺六寸。

先農壇在神衹壇後。

壇南向，石包磚砌，方廣四丈七尺，高四尺五寸，四出陛。壇東爲觀耕臺，用木，方五丈，高五尺，南、東、西三出陛。東有神倉。

太歲壇_{在先農壇東北}。

殿七間，南向，東西兩廡各十一間。前有拜殿七間，壇之東爲齋宮，其西有神庫、神厨、祭器庫、宰牲亭。

（清）李衛《（雍正）畿輔通志》卷一一

太歲壇在正陽門外之西。正殿太歲，兩廡月將。殿七間，南向，東西兩廡各十一間，前有拜殿七間。壇之東爲齋宮，其西有神庫、神厨、祭器庫、宰牲亭。每年於正月上旬吉日十二月杪俱，以時享太廟日致祭。

先農壇在太歲壇西南南向，方廣四丈七尺，高四尺五寸，四出陛。東爲齋宮、鑾駕庫，東北爲神倉，東南爲具服殿。殿前爲觀耕臺，方廣五丈，高五尺，南、東、西三出陛。耤田在觀耕臺南，每歲仲春，皇上舉行耕耤大典，親詣行禮。

（清）張廷玉等《明史》卷四七《志二三・禮志一・吉禮一・壇壝之制》

先農壇，高五尺，廣五丈，四出陛。御耕澗位，高三尺，廣二丈五尺，四出陛。

山川壇，洪武九年建。正殿、拜殿各八楹，東西廡二十四楹。西南先農壇，東南具服殿，殿南耤田壇，東旗纛廟，後爲神倉。周垣七百餘丈，垣內地歲種穀蔬，供祀事。嘉靖十年，改名天神地祇壇，分列左右。

太歲壇與岳瀆同。岳鎮海瀆山川城隍壇，據高阜，南向，高二尺五寸，方廣十倍，四出陛，南向五級，東西北三級。王國山川壇，高四尺，四出陛，方三丈五尺。天下山川所在壇，第高三尺，四出陛，三級，方二丈五尺。

（清）張廷玉《清文獻通考》卷九七《郊祀考七》

太歲殿在先農壇之東北，正殿七間，祀太歲之神；兩廡各十有一間，祀十二月將之神。前爲拜殿，東南燎爐一。每年正月初旬諏吉及十二月歲除前一日，遣宮致祭。

神祇壇在先農壇內垣外之東南。東爲天神壇，南向，一成，方五丈，高四尺五寸五分，四出陛，各九級。壇北立青白石龕四，均鏤雲形，高九尺二寸五分，爲雲師、雨師、風伯、雷師之位。西爲地祇壇，北向，祀五岳、五鎮、四陵山、四海、四瀆、京畿名山大川、天下名山大川。歲遇水旱，則遣官祭告，祈禱有應，則報祭。同日行禮。自是年以後，祈、謝并同。

（清）允祹等《大清會典》卷七一《工部》

先農壇在正陽門外西南，制方，南向，一成，方四丈七尺，高四尺五寸，四出陛，各八級。東南爲瘞坎，壇北爲殿五間，以藏神牌。東神庫，西神厨，各五間。左、右井亭各一。東南爲觀耕臺，方廣五丈，高五尺，面甃金磚，四圍黃綠琉璃，南、東、西三出陛，各八級，繞以白石闌柱。前爲耤田。後爲具服殿五間，南向，三出陛，南九級，東、西各七級。東北爲神倉，中廩，制圓，前爲收穀亭，左右倉十有二間，後爲祭器庫，繚以周垣，南門一。

太歲殿在先農壇之東北。正殿七間，南向，三出陛，各六級。東西廡各十有一間，前爲拜殿七間，拜殿東南燎爐一，壇內垣南、北、東、西各三門。

神祇壇在先農壇內垣外之東南。正南三門，繚以重垣。東爲天神壇，制方，南向，一成，方五丈，高四尺五寸五分，四出陛，各九級。壇北設青白石龕四，鏤以雲形，各高九尺二寸五分，祀雲雨風雷之神。壇方二十四丈，高五尺五寸。壇正南三門，六柱，東、西、北各一門，二柱，柱及楣、閾皆白石，扉皆朱櫺。西爲地祇壇，制方，北向，一成，廣十丈，縱六丈，高四尺，四出陛，各六級，壇南設青白石龕五，内鏤山形者三，祭五岳、五鎮、五山之祇；鏤水形者二，龕下四圍鑿池，祭則貯水，祭四海、四瀆之祇，各高八尺二寸。壇東從位石龕，山水形各一，祭京畿名山大川之祇；西從位石龕山水形各一，祭天下名山大川之祇，各高七尺六寸。壇方二十四丈，高五尺五寸。壇正北三門，六柱，東、西、南各一門，二柱，柱及楣、閾皆白石，扉皆朱櫺。壇內垣東門外，北爲慶成宮，南向，正殿五間，崇基石闌，前左右三出陛，各九級。後殿五間，左右配殿各三間，正殿前時辰牌石亭一。内宮牆南三門，東西掖門各一。外宮牆南中三門，左右各一。門東南鐘樓一。壇外垣周千三百六十八丈，東向，門二，南、北并列，南入先農壇，北入太歲殿，皆三門，角門一。

(清) 允祹等《大清會典則例》卷一二六《工部》

先農壇在正陽門外西南，制方，南向，一成，周四丈七尺，高四尺五寸，四出陛，各八級。東南瘞坎一，壇北神庫五間，南向；神廚五間，西向；樂器庫五間，東向；左、右井亭各一。六角，間以朱櫺垣一重，門一，南向；宰牲亭三間，川井一，均南向。壇東南爲觀耕臺，方、廣五丈，高五尺，東、南、西三出陛，各七級，以木爲之，耕耤時由部安設。今改甃磚石。臺前爲耤田一畝三分，後爲具服殿五間，南向，殿臺三出陛，南九級，東、西各七級。儀門一間，東北爲神倉，中圓廩一座，收穀亭一座，左、右倉前、後各三間，垣一重，門三間，南向。旗纛殿五間，南向。後爲祭器庫五間，左、右廡各五間，垣一重，門三間，南向。北門外東北隅，旗杆一。今徹去。

太歲殿在先農壇之東北，南向，七間，三出陛，各六級，東、西廡各十有一間，一出陛，均四級。前爲拜殿七間，拜殿東南燎爐一，壇內垣門四，各三間。

神祇壇在先農壇內垣南門外。神祇壇門三間，南向，繚以周垣。東爲天神壇，制方，南向，一成，方五丈，高四尺五寸五分，四出陛，各九級。壇北刻雲形青白石龕四座，各高九尺二寸五分，方壇周二十四丈，高五尺五寸。壇正南三門，石柱六；東、西、北各一門，石柱二，楔閾皆制以石，朱扉有櫺。東南燎爐一。西爲地祇壇，制方，北向，一成，廣十丈，縱六丈，高四尺，四出陛，各六級。壇南設青白石龕五，刻山形者三，均分五門；刻水形者二，均分四門，各高八尺二寸。壇東從位石龕刻山水形各一，西如之，各高七尺六寸。凡水形龕，均周圍鑿池貯水以祭。方壇周二十四丈，高五尺五寸，壇正北三門，石柱六，東、西、南各一門，石柱二，楔閾皆制以石，朱扉有櫺。西北瘞坎一。

　　先農壇內垣東門外北爲慶成宮。乾隆二十年定。五間，南向。崇基石闌，三出陛，各九級。後殿五間，東、西配殿各三間，尚茶、尚膳房各五間。正殿前時辰牌亭一，殿西韋房五間，內宮門三間，南向，東、西掖門各一，外繚以宮墻。正門三間，左、右門各一。宮門東南鐘樓一座。垣後祠祭署，前、後各五間，南向，左、右各三間，垣一重，門一，南向。壇外垣周千三百六十八丈，東向，門二，南、北并列，南入先農壇，北入太歲殿，皆三門，角門一。

（清）秦蕙田《五禮通考》卷四八《吉禮四八·神祇壇》

　　國初，建山川壇於天地壇之西。永樂中，北京山川壇成。嘉靖十一年，即其地爲天神、地祇壇。神壇方廣五丈、高四尺五寸五分，四出陛，各九級。壝墻方二十四丈，高五尺五寸，厚二尺五寸。欞星門六，正南三，東、西、北各一，內設雲形青白石龕四於壇北，各高九尺二寸五分。祇壇面闊十丈，進深六丈，高四尺；四出陛，各六級；壝墻方二十四丈，高五尺五寸，厚二尺四寸。欞星門亦如神壇，內設青白石龕，山形三，水形二於壇北。光擬設於壇南，北向。後改各高八尺二寸，左從位山水形各一於壇東，右從位山水形各一於壇西，各高七尺六寸。又令神祇壇，三年一親祭。

（清）秦蕙田《五禮通考》卷一二五《吉禮一二五·親耕享先農》

　　時日以仲春擇吉日行事。壇壝壇在耤田之北，高五尺、闊五丈，四出陛，配位以后稷配，遂爲常典。

　　耕所，耤田在皇城南門外，御耕耤位，先農壇東南，高三尺，闊二丈五尺，四出陛。

（清）允祿等《（雍正）大清會典》卷一九七《工部》

　　神祇壇在永定門內。

　　神壇：南向，方廣五丈，高四尺五寸五分，四出陛，各九級。壝墻，方二十四丈，高五尺五寸，厚二尺五寸。欞星門六，正南三，東、西、北各一。內設雲形青白石龕四於壇北，各高九尺二寸五分。

　　祇壇：北向，面闊十丈，進深六丈，高四尺，四出陛，各六級。壝墻方二十四丈，高五尺五寸，厚二尺四寸。欞星門六，正北三，東、西、南各一。內設青白石龕山形三、水形二於壇南，各高八尺二寸。左從位，山、水形各一於壇東。右從位，山、水形各一於壇西，各高七尺六寸。

　　先農壇在神祇壇後。

　　壇南向，石包磚砌，方廣四丈七尺，高四尺五寸，四出陛。壇東爲觀耕臺，用木，方五丈，高五尺，南、東、西各三出陛。其東有神倉。

　　太歲壇在先農壇東北。

　　殿七間，南向。東西兩廡，各十一間、前有拜殿七間。壇之東爲齋宮，其西有神庫、神厨、祭器庫、宰牲亭。

(清) 吳長元《宸垣識略》卷一〇《外城二·西》

先農壇一名山川壇，在正陽門外西南永定門之西，與天壇相對。繚以垣墻，周迴六里。中有天神壇、地祇壇、太歲壇、先農壇，耕田俱在其內。

先農壇，制方，南向。一成，方四丈尺七尺，高四尺五寸，四出陛，各八級。東南爲瘞坎。壇北爲殿五間，以藏神牌。東神庫、西神廚各五間，左右井亭各一。東南爲觀耕臺，方廣五丈，高五尺，面甃金磚，四圍黃綠琉璃。南東西三出陛，各八級，繞以石闌柱。前爲耕田。後爲具服殿，五間，南向。三出陛，南九級，東西各七級。東北爲神倉中廩，制圓。前爲收穀亭，左右倉十有二間。後爲祭器庫，繚以周垣。南門一。每歲親耕，有御製三十六禾詞，被樂人歌之。

壇垣東門外，北爲慶成宮，南向，正殿五間，崇基石闌。前、左、右三出陛，各九級。後殿五間，左、右配殿各三間。正殿前時辰牌石亭一。內宮墻南三門，東、西掖門各一。外宮南中三門，左、右各一門，東南鐘樓一。外垣周一千三百六十八丈。東向門二，南北并列，南入先農壇，北入太歲殿，皆三門，角門一。

神祇壇在先農壇內垣外之東南，正南三門，繚以重垣。東爲天神壇，制方，南向，一成，方五丈，高四尺五寸五分，四出陛，各九級。壇北設青白石龕四，縷以雲龍，各高九尺二寸五分，祀雲雨風雷之神。壝方二十四丈，高五尺五寸。壝正南三門六柱，東、西、北各一門二柱，柱及楣閾皆白石，扉皆朱櫺。西爲地祇壇，制方，北向，一成，廣十丈，縱六丈，高四尺，四出陛，各六級。壇南設青白石龕五：內鏤山形者三，祭五岳、五鎮、五山之祇；鏤水形者二，龕下四圍鑿池，祭則貯水，祭四海、四瀆之祇，各高八尺二寸。壇東從位石龕山水形各一，祭京畿名山大川之祇，各高七尺六寸。壝方二十四丈，高五尺五寸。壝正北三門六柱，東、西、南各一門二柱，柱及楣閾皆白石，扉皆朱櫺。

旗纛廟在太歲殿之東，明永樂中建，神曰旗頭大將，曰六纛大神，曰五方旗神，曰主宰戰船之神，曰金鼓角銃炮之神，曰弓弩飛槍飛石之神，曰陣前陣後神祇五猖等衆，皆南向。旗纛藏內府，仲春遣旗手官祭於朝，霜降祭於教場，歲暮祭於承天門。今廟廢。

(清) 于敏中《日下舊聞考》卷五五《城市·外城中城》

山川壇，在天地壇之西，繚以垣墻，周迴六里。中爲殿宇，以祀太歲、風雲雷雨、岳鎮海瀆，東西二廡以祀山川、月將、城隍之神。左爲旗纛廟，西南爲先農壇，下皆耤田。《明一統志》

山川壇，在正陽門南之右，永樂十八年建，繚以垣墻，周迴六里。洪武三年，建山川壇於天地壇之西，正殿七壇，曰太歲，曰風雲雷雨，曰五岳，曰四鎮，曰四海，曰四瀆，曰鍾山之神。兩廡從祀六壇，左京畿山川，夏冬季月將，右都城隍，春秋季月將。二十一年，各設壇於大祀殿，以孟春從祀，遂於山川壇惟仲秋一祭。永樂建壇北京，一如其制，進祀天壽山於鍾山下。嘉靖十一年，即山川壇爲天神、地祇二壇，以仲秋中旬致祭。別建太歲壇，專祀太歲，東廡爲春、秋月將，西廡爲夏、冬月將，各二壇。前爲拜殿、宰牲亭，南爲川井，即山川壇舊井，有龍蟄其中。壇西南有先農壇，東旗纛廟，壇南耤田在焉。十年，定太歲將祭期，歲於孟春享廟歲暮祫祭之日，遣官行禮。隆慶元年，禮官議天神、地祇既從祀南北郊，仲秋不宜復有神祇壇之祭，罷之，而太歲之祭如故。《春明夢餘録》

天神壇方廣五丈，高四尺五寸五分，四出陛，各九級。壝墻方二十四丈，高五尺五寸，厚二尺五寸。欞星門六，正南三東西北各一。内設雲形青白石龕四於壇北，各高九尺二寸五分。《春明夢餘録》

地祇壇面闊十丈，進深六丈，高四尺，四出陛，各六級。壝墻方二十四丈，高五尺五寸，厚二尺四寸。欞星門亦如神壇。内設青白石龕，山形三，水形二於壇北，各高八尺二寸；左從位山水形各一於壇東，右從位山水形各一於壇西，各高七尺六寸。同上。

神祇壇在先農壇内垣外之東南。正南三門，繚以重垣。東爲天神壇，制方南向，一成方五丈，高四尺五寸五分，四出陛，各九級。壇北設青白石龕四，鏤以雲形，各高九尺二寸五分，祀雲雨風雷之神。壝方二十四丈，高五尺五寸，壝正南三門六柱，東西北各一門二柱，柱及楣閾皆白石，扉皆朱櫺。西爲地祇壇，制方北向，一成廣十丈，縱六丈，高四尺，四出陛，各六級。壇南設青白石龕五，内鏤山形者三，祭五岳、五鎮、五山之祇。鏤水形者二，龕下四圍鑿池，祭則貯水，祭四海、四瀆之祇，各高八尺二寸。壇東從位石龕山水形各一，祭京畿名山大川之祇。西從位石龕山水形各一，祭天下名山大川之祇，各高七尺六寸。壝方二十四丈，高五尺五寸，壝正北三門六柱，東西南各一門二柱，柱及楣閾皆白石，扉皆朱櫺。《大清會典》

臣等謹按：天神、地祇、太歲壇位俱在先農壇内，祈雨則遣官祭告，雨足則報祀。

太歲壇在山川壇内。中爲太歲壇，東西兩廡，南爲拜殿，殿之東南砌燎爐，殿之西爲神庫、神厨、宰牲亭，亭南爲川井，外四天門，東門外爲齋宫鑾駕庫，外爲東天門。《春明夢餘録》

太歲壇在正陽門外西故山川壇内，明嘉靖八年建，本朝因之，乾隆十九年重修。每年於正月上旬吉日、十二月杪，恭祀太廟日，致祭太歲月將之神。恭遇皇上行耕耤禮。致祭先農禮成，詣太歲壇拈香。正殿太歲，兩廡月將壇。《大清一統志》

太歲殿在先農壇之東北，南向七間，三出陛，各六級。東西廡各十有一間，一出陛，均四級。前爲拜殿七間，拜殿東南燎爐一，壇内垣門四，各三間。神位南向，四時十二月各有主者，分祀兩廡，東廡司春秋爲位六，均西向，西廡司夏冬爲位六，均東向。《大清會典》

先農壇在山川壇内太歲壇旁之西南，永樂中建。爲制一成，石包磚砌，方廣四丈七尺，高四尺五寸，四出陛。西爲瘞位，東爲齋宮鑾駕庫，東北爲神倉，東南爲具服殿。殿前爲觀耕臺，臺用木，方五丈，高五尺，南東西三出陛。臺南爲耤田，護壇地六百畮，供黍稷及薦新品物。又地九十四畮有奇，每年額税太常寺會同禮部收貯神倉，以備旱潦。嘉靖中，建圓廩方倉，以貯粢盛，上耕耤田親祭，餘年順天府尹祭。《春明夢餘錄》

臣等謹按：《明史・禮志》，嘉靖中建先農壇，高五尺，廣五丈，與《春明夢餘錄》互異。

先農壇在太歲壇西南，明嘉靖中建，本朝因之，乾隆十九年重修。《大清一統志》

先農壇在正陽門外西南。制方，南向，一成，周四丈七尺高四尺五寸，四出陛，各八級。東南爲瘞坎。壇北爲殿五間，以藏神牌，東神庫，西神厨，各五間，左右井亭各一。東南爲觀耕臺，方廣五丈，高五尺，面甃金磚，四圍黃綠琉璃，東南西三出陛，各八級，繞以白石闌柱。前爲耤田，後爲具服殿五間，南向，三出陛，南九級，東西各七級。東北爲神倉，中廩制圓，前爲收穀亭，左右倉十有二間，後爲祭器庫。《大清會典》

(清) 嵇璜等《續文獻通考》卷七二《郊社考》

(嘉靖) 十年七月，建天神、地祇壇。

九年，更風雲雷雨之序曰：雲雨風雷以爲天神，岳鎮海瀆、陵山、京畿天下名山大川之神以爲地祇。每歲仲秋中旬擇吉行報祭禮，同日异時而祭城隍神於其廟。至是，建壇於先農壇之南，天神在左，南向，雲雨風雷凡四壇；地祇在右，北向，岳鎮海瀆、陵山凡五壇從祀；京畿山川西向，天下山川東向，以丑、辰、未、戌年親祭，餘年遺大臣攝其制。天神壇方廣五丈，高四尺五寸五分，四出陛，各九級；壝方二十四丈，高五尺五寸；欞星門六，正南三，東西北各一，內設雲形青白石龕四於壇北，高九尺二寸五分。地祇壇廣十丈，深六丈，高四尺，四出陛，各六級；門壝如天神之制；內設石龕，山形三、水形二於壇北，各高八尺二寸；左右從位，山水形各一於壇東西，高七尺六寸。

建太歲壇。命禮部考太歲壇制。禮官言：太歲之神，唐宋祀典不載。元雖有祭，亦無常典。壇宇之制，於古無稽。按，太歲天神，宜設壇露祭，準社稷壇制而差小。從之。遂建壇於正陽門外之西，與天壇對，南向，中爲太歲壇，東廡春、秋月將二壇，西廡夏、冬月將二壇；南爲拜殿，殿東南爲燎爐；西爲神庫、神厨、宰牲亭，亭南爲川井；外天門四，東門外爲齋宮、鑾駕庫。

(清) 汪啓淑《水曹清暇錄》卷一〇

山川壇在天壇地壇之西，周迴六里，太歲壇、先農壇皆附其中。環壇皆是耤田。壇內古井，相傳有龍蟄焉。

(清) 和珅等《 (乾隆) 大清一統志》卷一《外城・壇廟》

太歲壇，在正陽門外之西，故山川壇之內。明嘉靖八年建，本朝因之。乾隆十九年重修。每年於正月上旬吉日、十二月杪，恭祀太廟日，致祭太歲月將之神。恭遇皇上行耕耤禮，致祭先農禮成，詣太歲壇拈香。正殿太歲，兩廡月將。壇正殿七楹，南向；東、西兩廡各十一楹，南爲拜殿。壇之東爲齋宮，西爲神庫、神厨、祭器庫、宰牲亭。

先農壇，在太歲壇西南。明嘉靖中建，本朝因之。乾隆十九年重修。制一成，方廣四丈七尺，高四尺五寸，四出陛。東爲齋宮，乾隆二十年改爲慶成宮，享先農前一日，皇上敬宿於此。又東爲鑾駕庫，東北爲神倉，東南爲具服殿，殿前爲觀耕臺，臺之南即耤田也。世祖章皇帝順治十一年，聖祖仁皇帝康熙十一年，俱親享先農，行耕耤禮。世宗憲皇帝雍正二年，詣壇親祀，舉行躬耕禮，遂爲常例。皇上御極，歲以季春吉亥，躬行祀禮，親御耒耜。若遇巡省之年，則遣官致祭，而令順天府尹率屬代耕。又按明嘉靖十年，改耕耤壇後之神倉，爲天神、地祇壇。隆慶元年，禮官議罷之。本朝順治初，復於先農壇之南，立天神壇，南向，設雲師、雨師、風伯、雷神位於天神壇之西；立地祇壇，北向，設岳、鎮、陵山、海、瀆神位。凡祈雨於此，分祭。雨應，則報祭。而明建山川壇，在正陽門南之右者，省焉。

（清）福長安等《工部則例》

先農壇在正陽門外西南，制方，南向，一成，周四丈七尺，高四尺五寸，四出陛，各八級。東南瘞坎一，壇北神庫五間，南向。神厨五間，西向。樂器庫五間，東向。左、右井亭各一，六角，間以朱櫺。垣一重，門一，南向。宰牲亭三間，川井一，均南向。

壇東南爲觀耕臺，方廣五丈，高五尺。東、南、西三出陛，各七級，以木爲之。耕耤時，由部安設，今改甃磚石。臺前爲耤田。後爲具服殿，五間，南向。殿臺三出陛，南九級，東、西各七級，儀門一間。

東北爲神倉，中圓廩一座，收穀亭一座，左、右倉，前、後各三間，垣一重，門三間，南向。

旗纛殿五間，南向。後爲祭器庫五間，左、右廡各五間，垣一重，門三間，南向。北門外，東北隅旗杆一。今無。

太歲殿在先農壇之東北，南向，七間，三出陛，各六級，東、西廡各十有一間，一出陛，均四級。前爲拜殿七間。拜殿東南燎爐一。

壇內垣門四，各三間。

神祇壇在先農壇內垣南門外。

神祇壇門三間，南向，繚以周垣。東爲天神壇，制方，南向，一成，周五丈，高四尺五寸五分，四出陛，各九級。壇北琢雲形青白石龕四座，各高九尺二寸五分。方壇周二十四丈，高五尺五寸。壇正南三門，石柱六，東、西、北各一門，石柱二，楗閾皆制以石，朱扉有櫺，東南燎爐一，西爲地祇壇，制方，北向，一成，廣十丈，縱六丈，高四尺，四出陛，各六級。壇南設青白石龕五，琢山形者三，均分五間；琢水形者二，均分四間，各高八尺二寸。壇東從位石龕，琢山、水形各一，西如之，各高七尺六寸。凡水形龕，均周圍鑿池貯水以祭。方壝周二十四丈，高五尺五寸；壝正北三門，石柱六；東、西、南各一門，石柱二，均以石爲楣閾邊框，朱櫺啓閉。西北瘞坎一。

壇內垣東門外，北爲齋宮。五間，南向，崇基石欄，三出陛，各九級。後殿五間，東、西配殿，各三間。尚茶、尚膳房各五間。正殿前，時辰牌亭一，殿西鞏房五間。內宮門三間，南向，東、西掖門各一。外繚以宮牆，正門三間，左、右門各一。宮門東南鐘樓一座。垣後祠祭署，前、後各五間，南向；左、右各三間，垣一重，門一，南向。

壇外垣周千三百六十八丈。壇東門二，南爲先農壇門，北爲太歲殿門，各三間。

（清）許鴻磐《方輿考證》卷七

先農壇一名山川壇。在正陽門外永定門之西。與天壇東西相對。繚以垣牆，周迴六里，中有耤田一區。壇制方，南向，一成，方四丈七尺，高四尺五寸，四出陛，各八級。北爲殿五間，以藏神牌。觀耕臺在壇東南，方五丈，高五尺，面甃金磚，四圍黃綠琉璃，南、東、西三出陛，各八級，繞以石闌柱，前即耤田。凡耕耤畢，三王九卿率在事諸官及農民，謝恩臺下。後爲具服殿祭先農畢，更衣於此。五間，南向，三出陛。壇東北爲太歲殿，正殿七間，南向，三出陛，祭先農畢，於此拈香。神祇壇在先農壇內垣外之東北。天神壇祀雲雨風雷之神，壇方五丈，一成，南向；地祇壇祀岳、鎮、陵山、海、瀆之祇，東西從祀爲京畿名山大川之祇、天下名出大川之祇，壇廣十丈，縱六丈，一成，北向。

（清）周家楣、繆荃孫等《（光緒）順天府志》卷五《京師志五》

先農壇在正陽門外西南，制方，南向，一成，方四丈七尺，高四尺五寸，四出陛，各八級。東南爲瘞坎。壇北爲殿五間，以藏神牌，東神庫、西神廚各五間，左右井亭各一。東南爲觀耕臺，方廣五丈，高五尺，面甃金磚，四圍黃綠琉璃，南東西三出陛，各八級，繞以白石闌柱。前爲耕田，後爲具服殿，五間，南向，三出陛，南九級，東西各七級。東北爲神倉，中廩制圓，前爲收穀亭，左右倉十有二間，後爲祭器庫，繚以周垣，南門一。《會典七十一》

壇內垣東門外，北爲慶成宮，南向，正殿五間，崇基石闌，前左右三出陛，各九級。後殿五間，左右配殿各三間，正殿前辰牌石亭一。內宮牆南三門，東西掖門各一，外宮牆南、中三門，左右各一門。東南鐘樓一。壇外垣周千三百六十八丈，東向，門二，南北并列，南入先農壇，北入太歲殿，皆三門，角門一。《會典》七十一。《舊聞考》：乾隆二十年，《會典》進呈，奉御筆，將先農壇齋宮改爲慶成宮。

壇在太歲壇西南，明嘉靖年建，本朝因之。乾隆十九年重修。《大清一統志》。每歲春三月吉亥日，祭先農壇，行耕耤禮。《禮部則例》百十八。

　　神祇壇在先農壇內垣外之東南，正南三門，繚以重垣。東爲天神壇，制方，南向，一成，方五丈，高四尺五寸五分，四出陛，各九級。壇北設青白石龕四，鏤以雲形，各高九尺二寸五分，祀雲雨風雷之神，壝方二十四丈，高五尺五寸。壝正南三門，六柱，東、西、北各一門，二柱，柱及楣、闑皆白石，扉皆朱櫺。西爲地祇壇，制方，北向，一成，廣十丈，縱六丈，高四尺，四出陛，各六級。壇南設青白石龕五，內鏤山形者三，祭五岳、五鎮、五山之祇。鏤水形者二，龕下四圍鑿池，祭則貯水，祭四海、四瀆之祇，各高八尺二寸。壇東從位石龕山水形各一，祭京畿名山大川之祇，西從位石龕山水形各一，祭天下名山大川之祇，各高七尺六寸。壝方二十四丈，高五尺五寸。壝正北三門，六柱，東西南各一門，二柱，柱及楣、闑皆白石，扉皆朱櫺。《會典》七十一。

　　天神、地祇、太歲壇位，俱在先農壇內，祈雨則遣官祭告，雨足則報祀。《舊聞考》五十五。

　　太歲壇在先農壇之東北，正殿七間，南向，三出陛，各六級，東西廡各十有一間。前爲拜殿七間，拜殿東南燎爐一。壇內垣南、北、東、西各三間。《會典》七十一。正殿祀太歲，東廡爲春、秋月將，西廡爲夏、冬月將。《會典事例》三百五十七。嘉靖八年建，本朝因之。乾隆十九年重修。每年於正月上旬吉日，及十二月杪，恭祀太廟日，致祭太歲、月將之神。《大清一統志》。

（清）昆岡等《大清會典圖》卷一二《禮一二》

　　先農、天神、地祇三壇，與太歲殿合建於正陽門南之西，當都城末位。外垣南方北圓，砌以城磚，覆瓶瓦，周一千三百六十八丈。門二，南爲先農壇門，北爲太歲門，皆三門，朱扉金釘，覆以黑瓦綠緣，均東向。內垣制方，覆以瓶瓦，內外丹艧，四面門，各三間，均黑瓦綠緣，朱扉金釘。

　　先農壇、太歲殿在其內。先農壇北，神庫五間，南向；神廚五間，西向；樂器庫五間，東向。東、西垣角門各一。西爲宰牲亭三間，川井一，南向。垣東南爲觀耕臺，方五丈，高五尺，臺座用黃綠琉璃仰覆蓮式成造，南、東、西三出陛，各八級，面甃金磚，衛以青白石欄柱，版用白石；臺前爲耤田一畝三分；臺後具服殿五間，南向，覆綠琉璃瓦，崇基三出陛，南九級，東、西向七級。東北爲神倉，中圓廩一座，南向，一出陛，五階；臺前爲收穀亭一座，制方，南向，前、後二出陛，各三級；左、右倉各三間，皆一出陛，三級，覆黑瓦綠緣；左、右輾磨房各三間。垣一重，門三間，南向。後爲祭器庫五間，左、右廡各三間，垣一重。

　　神倉門東，門一間，南向。門內北垣角門一。祭器庫東、西角門各一。

　　太歲殿在神庫之東，神倉之西。

　　天神、地祇壇，在內垣南門之外。內垣東門外，北爲慶成宮。宮門東南鐘樓一，宮牆後爲祠祭署。其甬路由先農壇入者，北達慶成宮，直西達先農壇東門；東門內折而北，達祭器庫。觀耕臺東折而北，西達具服殿；又北，東達神倉，直北，達壇北門。觀耕臺西南，達太歲殿神路，直西達壇西門。觀耕臺西北亦達神路，少南，折而西、而北，達先農壇，北達神庫。由太歲門人者，西達壇北門，門內直南折而東，北達神倉，壇北門內又南，西達具服殿，又西達太歲殿神路，北達太歲殿，南達壇南門，西達壇西門，東達壇東門。達慶成宮宮門，直南正門一，角門二。門南折而西，北達神祇壇門。

　　先農壇制方，南向，一成，周四丈七尺，高四尺五寸，四出陛，各八級，面砌金磚，環甃白石，午階上鼎爐二，南、東、西階下鼎爐各二，壇東南瘞坎一。

(清) 昆岡等《大清會典圖》卷一二《禮一二》

　　慶成宮在先農壇門內北，正殿五間，南向，崇基白石欄，三出陛，各九級。階下左、右時辰牌亭各一；後殿五間，南向；東、西配殿各三間，均覆綠琉璃瓦。繚以垣，制方，南、北、左、右角門四；東、西、上、下角門四。東北隅垣外井一。殿西垣外羃房五間。內宮門三間，南向，東、西掖門各一，東、西向，外繚以宮牆。正門三間，東、西門各一，南向。正門南爲甬路，西達先農壇內垣東門。

(清) 昆岡等《大清會典圖》卷一三《禮一三》

　　天神壇、地祇壇，合建於先農壇南門外，正門三間，南向，繚以周垣。東爲天神壇，南向，一成，方五丈，高四尺五寸五分，四出陛，各九級。壇北青白石龕四座，奉雲師、雨師、風師、雷師之神，均南向，高九尺二寸五分，皆鏤以雲紋。南階上左、右鼎爐各一。壝方二十四丈，高五尺五寸。壝正南三門，石柱六；東、西、北各一門，石柱二。楔閾皆石，朱扉有櫺；東南燎爐一。西爲地祇壇，北向，一成，廣十丈，縱六丈，高四尺，四出陛，各六級。壇南設青白石龕五座，奉五岳、五鎮、五陵山、四海、四瀆之祇，均北向，高八尺二寸，鏤山紋者三，水紋者二；東設青白石龕二座，奉京畿名山、京畿大川之祇，西向；西設青白石龕二座，奉天下名山、天下大川之祇，東向，均高七尺六寸。各鏤山紋者一，水紋者一，鏤水紋龕，均因以池，貯水以祭。北階上左、右鼎爐各一。壝方二十四丈，高五尺五寸；壝正北三門，石柱六；東、西、南各一門，石柱二，楔閾皆石，朱扉有櫺。西北瘞坎一。其甬路由壇門北折而東，北達天神壇壝南門；壇門直北，折而西，南達地祇壇北門。當南北之中，東達天神壇壝西門。西達地祇壇壝東門。

　　太歲殿，南向，七間，三出陛，均六級。東、西廡各十一間，皆一出陛，四級。前爲拜殿七間，三出陛，均五級，覆瓦均用綠琉璃。東、西、北繚以垣。西廡北西垣角門一，西向。拜殿東南，燎爐一。

（三）修繕修造過程

《明宣宗實錄》卷一四"宣德元年二月"條

壬辰，南京守備太監鄭和等奏：天、地壇大祀殿并門廊、齋宮及山川壇殿廊、厨庫俱已朽，敕請加修理。上諭行在工部尚書吳中等曰：祀，神國之大事。其祠宇皆當完固。況郊壇、山川壇尤重。其令南京工部發匠修葺。中言：大祀諸殿當用香楠等大材，請取四川、湖廣所采者用之。

《明英宗實錄》卷一〇"宣德十年十月"條

庚申，行在工部奏請修天、地壇殿廡、墻垣。上以山川壇具服殿俱不可緩，命并修之。

《明英宗實錄》卷二三"正統元年十月"條

戊子，太常寺卿徐初奏：南京天、地、山川壇齋宮，神樂觀，忠烈、武順、昭靈、嘉佑王等十五廟，太常寺香帛庫，神厨祭器、祭服、樂舞生袍服，年久損壞，乞加修補。上命南京守備襄城伯李隆、少保黃福同太常寺擇其急用者修之，可緩者且止。

《明英宗實錄》卷三五六"天順七年八月"條

庚寅，修天、地、山川壇周圍墻垣。

《明憲宗實錄》卷一四"成化元年二月"條

己卯，修理先農壇并具服殿，及修飾國子監大成門、彝倫堂。以將有事於耤田并視學故也。

《明憲宗實錄》卷一九三"成化十五年八月"條

甲午，修理天、地、山川壇、大祀、太歲等殿。

《明武宗實錄》卷七"弘治十八年十一月"條

丁未，命工部修理先農壇具服殿、齋宮。以來年聖駕親耕耤田故也。

《明世宗實錄》卷七"正德十六年十月"條

丁亥，命工部修理天地、山川壇。

《明穆宗實錄》卷一四"隆慶元年十一月"條

乙亥，以明年將行耤田禮，命工部修葺先農壇壝、齋宮殿宇。

《明神宗實錄》卷四七"萬曆四年二月"條

乙亥，命兵科給事中虞德燁監修先農壇。

《明神宗實錄》卷七九"萬曆六年九月"條

辛未，上以先農壇修理未久，工費甚多，乃二年之間輒稱損壞，命工科給事中王致祥查勘。已而，致祥復言：壇殿、神厨、倉庫新整堅好，別無冒破。惟是丹漆剝落，磚砌參差，墻垩外摧，叩劍中折，估勘繁興，至厪宸慮。其督理內官監太監張沂、原任工部左侍郎何寬、及原任本部員外陳以朝，俱當行罰。上曰：壇工既無大壞，著量行修葺。各官姑免追究。今後工程有可因者，都仍舊。不許動稱損壞，希圖改修，以致勞費。

《明熹宗實錄》卷八六"天啓七年七月"條

戊子，修理先農壇。祭告后土，遣工部尚書薛鳳翔行禮。

（明）譚次川《譚次川自訂年譜》

（隆慶元年）恩初三，到工部任。十九，謝府尹。誥命恩十二月監修先農壇，將以待春月耕耤也。

（明）雷禮《皇明大政紀》卷七

（永樂八年）戊午，修太廟及社稷、山川、先農壇。

（明）申時行等《大明會典》卷一八七《工部七·營造五·壇場》

萬曆四年題准：先農壇每年春、秋二季，行太常寺委官，摘撥壇戶，將瓦上、磚地內草木芟除。墻垣行管理重城司官巡視，如有剝裂處所，量取磚石，雇募匠作修補。

（明）何士晋《工部廠庫須知》卷一一《先農壇》

糊飾：【略】新舊倉房六間、太歲殿五間。應用物價前同。

《世祖章皇帝實錄》卷七六"順治十年六月"條

丙辰，雷震先農壇西天門。

《文宗顯皇帝實錄》卷一二二"咸豐四年二月"條

辛卯，命協辦大學士吏部尚書賈楨、兵部左侍郎常志、署鑲紅旗滿洲副都統基溥、刑部左侍郎李鈞，敬修天壇、地壇、先農壇工程。

《德宗景皇帝實錄》卷二四〇"光緒十三年三月"條

癸丑，工部奏：先農壇添修各工，請派員承修。得旨：仍著孫毓汶接辦。

《德宗景皇帝實錄》卷二八六"光緒十六年六月"條

癸卯，禮部奏修理太歲壇，移請神牌事宜。依議行。

（清）允祹等《大清會典則例》卷一五二《太常寺·修理壇廟》

雍正元年復准：先農壇外隙地，除令壇戶耕種二頃之外，餘十有五頃，每畝收銀三錢四分，每年交租銀三百六十兩，收貯寺庫。壇內圍墻，以後有修補之處，即於此項動支，將動支銀數繕册呈覽。

（清）允祿等《（雍正）大清會典》卷二三六《太常寺》

雍正五年諭：太常寺無養廉之項，先農壇地租銀兩，不必修理先農壇支用，著賞給太常寺養廉。再，各處修理壇廟，從前俱交與工部修理，嗣後不必交與工部，如有應行修理之處，或令太常寺會同工部官員估計，交與太常寺修理。或即交與太常寺估計，具題修理。其動用何處錢糧，并用過錢糧，應於何處奏銷之處，大學士會同太常寺議奏。

遵旨議准：各處壇廟修理之處，向例俱交工部修理。查各壇廟地方，係太常寺經管。嗣後，各壇廟應大修理者，由太常寺詳查，會同工部估計具題，交與太常寺官員修理。

令太常寺堂官，不時巡查。倘修工不堅，冒銷錢糧，即行查出指名題參。若不題參，經科道查出，將堂官一并議處。其應用錢糧，由工部取用。工竣之日，即繕黃册具題。至每逢祭祀前期小修理等項，俱交太常寺詳計一年需用錢糧若幹，先期題請，由工部取用，年底亦繕黃册具題。

（清）福長安等《工部則例》

（乾隆十八年）又奉旨：先農壇舊有旗纛殿可撤去，將神倉移建於此。

（乾隆）十九年奉旨：觀耕臺著改用磚石製造。隨遵旨議准。

（乾隆）十九年奏准：犧牲所房宇經年久遠，間有傾圮滲漏，交與修理兩壇工程處核估修理。

乾隆十八年諭：先農壇外壝隙地，老圃於彼灌園，殊爲褻瀆。應多植松、柏、榆、槐，俾成陰鬱翠，以昭虔妥靈。著該部會同該衙門繪圖具奏。欽此。

（清）周家楣、繆荃孫等《（光緒）順天府志》卷六六《故事志二》

（光緒十八年）十一月乙卯，修先農壇。《東華續録》三十八。

（清）龍文彬《明會要》卷八《禮三·吉禮》

岳鎮海瀆山川

國初，建山川壇於天地壇之西，正殿七間，祭太歲、風雲雷雨、五岳、五鎮、四海、四瀆、鍾山之神。東西廡各十五間，祭京畿山川、春、夏、秋、冬四季月將及都城隍之神。《會典》

洪武二年，太祖以岳鎮海瀆諸神合祭城南，未有壇壝，非隆敬神祇之道，命禮官議。禮官言：岳鎮海瀆、山川、城隍諸神宜合爲一壇，與天神埒，春秋專祀。遂定祭日，以清明、霜降。《春明夢餘録》

九年，復定山川壇制，凡十三壇。正殿：太歲、風雲雷雨、五岳、五鎮、四海、四瀆、鍾山七壇。東廡，京畿山川，夏、冬月將；西廡，春、秋月將，京都城隍；各三壇。王圻《通考》

二十一年，增修大祀殿諸神壇壝。

先農

永樂十八年，建山川壇於正陽門南之右，位置陳設悉如南京舊制，惟正殿鍾山之右，增祀天壽山神。《明會典》《春明夢餘録》

（弘治十一年）是年，改山川壇名爲天神地祇壇。天神壇在左，南向，改序雲雨風雷，凡四壇。地祇壇在右，北向，五岳、五鎮、五陵山、四海、四瀆，凡五壇。從祀：京畿山川，西向；天下山川，東向。

（嘉靖十年正月）又命墾西苑隙地爲田，建殿曰無逸；亭曰豳風，又曰省耕，曰省

斂；置倉曰恒裕，貯田之所入，以供祀事。《會典》

(清) 昆岡等《大清會典事例》卷八六五

雍正五年，奉旨修理先農壇墙垣，嗣後著動正項。

乾隆十年奏准：先農壇內外墙垣坍塌損壞處甚多，請將應行修理之處，交部會同太常寺計費興修。

(乾隆) 十八年諭：朕每歲親耕耤田，而先農壇年久未加崇飾，未足稱朕祗肅明禋之意。今兩郊大工告竣，應將先農壇修繕鼎新。即令原督工大臣敬謹將事。

嘉慶八年奏准：天壇、先農壇外圍墻垣并泊岸問段坍壞。查泊岸係磚土相間，不能膠黏，一經雨水冲汕，隨勢坍塌，請將泊岸磚塊拆抵墙身，將泊岸一律改築灰土，以資鞏固。

(清) 昆岡等《大清會典事例》卷八六六

雍正元年諭：圜丘、方澤、日月、社稷，先農各壇及太廟、歷代帝王廟、真武廟等處，著差給事中御史共九人，部院賢能司官、工部司官共九人，敬謹堅固修理，仍令大臣九人分工監修。

(清) 閻鎮珩《六典通考》卷六二《民政考》

永樂十八年，北京先農壇成。在太歲壇西南，石階九級，西瘞位，東齋宮、鑾駕庫、東北神倉，東南具服殿，殿前爲觀耕之所。

(清) 王先謙《東華續錄·乾隆三八》

(乾隆十八年十一月) 乙卯，修先農壇。

(清) 王先謙《東華續錄·咸豐三二》

(咸豐四年二月己丑) 命協辦大學士尚書賈楨，侍郎常志、李鈞，副都統基溥，敬修天壇、地壇、先農壇工程。

劉錦藻《清續文獻通考》卷一五五《郊社考九·耤田祭先農》

八年奏准：天壇、先農壇外圍墻垣，并泊岸，間段坍壞。查泊岸係磚土相間，不能膠黏，一經雨水冲刷，隨勢坍塌。請將泊岸磚塊拆低墙身，將泊岸改築灰土，以資鞏固。

二、祭祀制度

(一) 祭祀前期

日期時辰

《明憲宗實錄》卷一二〇"成化九年九月"條

南京太常寺少卿劉宣言：【略】一北京都城隍，每歲郊祀及祀太歲等神，皆得祔祭五月十一日。

《明世宗實錄》卷九八"嘉靖八年二月"條

戊寅，隨具上儀注：一擇二月十八日上親禱於南郊，山川同日，社稷用次日。

《明世宗實錄》卷一一〇"嘉靖九年二月"條

癸酉，今太歲等神歲二祭，而日月、星辰只一從祭焉。

《明世宗實錄》卷一二〇"嘉靖九年十二月"條

丙寅，上諭內閣：來春二月初三日告祀社稷，并祭先農、行耕耤禮。

（明）徐一夔等《明集禮》卷一四《吉禮第一四·專祀岳鎮海瀆天下山川城隍》

降香，遣官祀岳鎮海瀆、天下山川、城隍儀注時日春以清明日，秋以霜降日行事。

（明）章潢《圖書編》卷一〇一《先農壇以下太常寺》

歲仲春上戊日，遣順天府尹祭。

（明）章潢《圖書編》卷一〇二《祭神祇舊名山川》

嘉靖十一年，厘正祀典，改山川壇爲天神、地祇壇，改叙雲雨風雷。祭期歲仲春秋上旬擇日行事。今定上巳日

祭旗纛春祭用驚蟄日，秋祭霜降日。

（明）佚名《太常續考》卷三《先農壇耕耤事宜》

欽天監擇到萬曆八年二月十八日卯時，聖駕親祭先農，行躬耕耤田禮。

（清）孫承澤《春明夢餘錄》卷一五

先農壇

天子耕用亥日，蓋亥之地直上天倉星，又以建辰月祭靈星，以求豐穰。靈星是天田星，在於辰，故農字以辰。

旗纛廟

旗纛藏內府，仲秋，遣旗手衛官祭於廟，霜降祭於教場，歲暮祭於承天門外，後罷霜降之祭。又朔望有神旗之祭，則京營提督官專祭火雷之神於教場。國有大征討，皇帝武弁服禡祭，祭軍牙之神，六纛之神。建牙旗六纛於神位後。

（清）孫承澤《天府廣記》卷八《先農壇》

享先農之禮，與躬耕同日，禮無明文。惟《周語》云：農正陳耤禮。而韋昭注謂：陳耤禮者，祭其神爲農祈也。至漢以耤田之日祀先農，而其禮始著。《漢舊儀》：春秋耤田，官祠先農，百官皆從，置耤田令丞。東漢《耤田儀》：正月始耕，常以乙日祠先農於田所，先農已享耕於其地。自晋魏至唐宋，其禮不廢。政和間，罷享先農爲中祀，命有司行事，止行親耕之禮。南渡後，復親祠。元不親行，僅命有司攝事而已。明高皇帝親祠躬耕，始復古禮，後改中祀，止遣應天府官致祭，不設配，祭畢親耕。惟登極初，行耕耤禮，則親祭云。

（清）孫承澤《天府廣記》卷八《先農壇》

《月令》：孟春擇元辰。說者曰：元辰祈穀，郊後吉辰也。十二支謂之辰。郊天是

陽，故用辛日；耕耤是陰，故用亥辰。知用亥者，正用亥爲天倉，以其耕事故用天倉也。《周語》：立春之日，農祥晨正，至二月初吉，王裸鬯而行耤禮。漢文用亥日耕耤，祠先農。明帝耕以二月，章帝耕以正月乙日，晉武帝以正月丁亥，宋文帝以正月上辛後吉亥，齊武帝時王儉謂親耕用立春後亥日，經無明文。何佟之云：少牢饋食禮：禘太廟用丁亥，鄭玄以不必丁亥，今若不得丁則用己亥、辛亥，苟有亥焉可也。梁天監中議：《書》云"以殷仲春"，耤田理在建卯。于是改用二月。唐用孟春吉亥，宋用正月上辛後亥日。政和中，議禮局言孟春親耕，下太史局擇日，不必專用吉亥。元用孟春吉亥。國朝以仲春擇吉日行事。

(清) 伊桑阿等《(康熙) 大清會典》卷五五《禮部一六·祠祭清吏司》

凡致祭時辰，順治十五年題准。先農壇，二月擇吉，用子時。太歲壇，正月初旬、十二月歲暮，用子時。

(清) 伊桑阿等《(康熙) 大清會典》卷六五《禮部二六·祠祭清吏司》

先農壇在神祇壇之西南。其東爲耤田，皇上舉耕耤禮，則行親祭。其每年常祀，定於春二月，遣官行禮。

(清) 張廷玉等《明史》卷四九《志二五·禮志三·吉禮三》

嘉靖十年命禮部考太歲壇制。每歲孟春享廟，歲暮祫祭之日，遣官致祭。王國府州縣亦祀風雲雷雨師，仍築壇城西南。祭用驚蟄、秋分日。

(清) 允祿等《協紀辨方書》卷一二《公規一·祀典》

四孟月朔時享太廟。孟春同日，祭太歲月將之神。

歲暮祫祭太廟。同日，祭太歲月將之神。

季春亥日，祭先農壇。

(清) 允祹等《大清會典則例》卷六一《禮部》

(乾隆) 五年奏准：三月初十日，屆耕種之期。適逢閏歲，節氣尚寒。此次令順天府尹照直省督撫例行。至來歲春和，再請舉行親耕之禮。

(清) 允祹等《大清會典則例》卷七五《禮部》

順治十一年，定仲春亥日親行耕耤禮。即以是日饗先農。

(清) 允祹等《大清會典則例》卷一五二《太常寺》

祭日請駕，順治年間定：先農壇於巳時前六刻。

(清) 秦蕙田《五禮通考》卷四八《吉禮四八·四望山川》

國朝既於方丘以岳鎮海瀆、天下名山從祀，復於春秋清明、霜降日遣官專祀岳鎮海瀆、天下山川於國城之南。至於外夷山川，亦列祀典。若國有祈禱，則又遣使降香，專祀於其本界之廟。若夫山川之在王國，則自以時致祭。

(清) 于敏中《日下舊聞考》卷五五

(嘉靖九年) 祭太歲、月將等神於太歲壇，每歲於立春大祫用事。正祀某甲太歲之

神，東廡春、秋月將之神，西廡夏、冬月將之神。《明嘉靖祀典》

（清）嵇璜等《續文獻通考》卷七二《郊社考》

世宗嘉靖八年，命特祀太歲、月將之神。

每歲孟春及歲暮遣官致祭，與享太廟同日。

（清）龍文彬《明會要》卷八《禮三·吉禮》

岳鎮海瀆山川

（弘治十一年）是年，改山川壇名爲天神地祇壇，【略】以辰、戌、丑、未年仲秋，皇帝親祭。餘年，遣大臣攝祭。《明會典》

先農

永樂中，建壇京師，如南京制，在太歲壇西南。每歲仲春上戊，順天府尹致祭。後凡遇登極之初，行耕耤禮，則親祭。《禮志》

嘉靖九年，罷山川壇從祀，歲以仲秋祭旗纛日，并祭都城隍之神，凡耶誕節及五月十一日神誕，皆遣太常寺堂上官行禮。國有大災則告廟。在王國者，王親祭之；在各府、州、縣者，守、令主之。《禮志》

（清）昆岡等《大清會典事例》卷四一六

順治元年定，孟春擇日及歲除前一日祀太歲。

十一年定，仲春亥日親行耕耤禮，即以是日餉先農。

（清）閻鎮珩《六典通考》卷六二《民政考》

永樂十八年，北京先農壇成。每歲仲春上戊，順天府尹致祭。後凡遇登極之初，行耕耤禮，則親祭。嘉靖十六年，諭：凡遇親耕。戶部尚書先祭先農。三十八年，罷親耕，唯遣官祭先農。崇禎七年二月，親祭先農。

震鈞《天咫偶聞》卷七《外城西》

又按：順治十年，定於仲春亥日祭先農。後改爲三月亥日，以六壬亥爲天倉也。往時以祈穀時祭，不燔柴。順治十七年定用燔柴禮。

（清）李虹若《朝市叢載》卷一

太歲月將之神，二月上丁日祭。前期致齋二日。

先農壇，二月十二日祭。

題請、習儀、視耒耜、種稑

《明世宗實錄》卷五一二"嘉靖四十一年八月"條

戊辰，禮部請定來年季秋大享期，及仲春遣祭先農禮。得旨：大享以九月十二日。耕耤禮既罷，行其復舊例，遣順天府府尹致祭。

《明神宗實錄》卷五八"萬曆五年正月"條

乙未，禮部請於仲春諏吉，聖駕祭先農之神、行躬耕耤田禮。命候七年春行。

《明神宗實錄》卷五三三"萬曆四十三年六月"條

礼部以連旬彌旱，乞敕大臣分詣南郊、北郊、社稷、山川、風雲雷雨等壇，并護國濟民神應龍王之神，再行虔禱太歲之神及東岳廟，俱乞命大臣祭告行禮。

(明) 徐溥《明會典》卷八二《禮部四一·祭祀三·祭山川仲秋·諸司職掌》

凡正祭，前二日，太常司官同本部官詣城隍廟發咨。

(明) 章潢《圖書編》卷一〇一《先農壇以下太常寺》

先十五日，委協律郎率樂生演禮樂。先二日，奏至齋，具本奏省牲，進銅人、齋牌，示長安門。

(明) 申時行等《大明會典》卷五一《禮部九·耕耤西苑耕斂附》

隆慶二年，耕耤儀同，先期一日預告奉先殿。是日還宮，仍詣奉先殿及弘孝、神霄等殿參謁。

(明) 申時行等《大明會典》卷八五《禮部四三》

神祇

洪武二年，初定儀。

齋戒。前一日，太常司官宿於本司。次日，具本奏致齋二日。

嘉靖十年更定儀。

前期二日，太常寺官奏祭祀，太常卿同光祿卿奏省牲，如常儀。

太歲月將

嘉靖八年定，前期十日，太常寺請命大臣一員行禮。前期三日，太常寺奏祭祀，如常儀。

(明) 佚名《太常續考》卷三《先農壇耕耤事宜·本寺應行事宜》

計開：

前期八日，行手本知會鴻臚寺，於前期三日，請升殿奏祭祀。

行司禮監職名手本。

行禮部祠祭司職名手本。

前期五日，送知會尚膳監收祭設紅手本。

前期四日，行揭帖知會司禮監奏祭祀。

前期三日，本寺堂官具公服於皇極殿。鳴鞭訖，跪奏云："太常寺卿臣某等謹奏，本月某日某時，恭候聖駕致祭先農之神，并行耕耤禮。文武百官自某日為始，致齋二日。請旨。"承旨，叩四頭一揖一躬，退。如其日免朝，則具本題知。

(明) 佚名《太常續考》卷八《秋祭神祇壇事宜》

前期十五日，本寺委協律郎提調樂舞生執事，於太和殿朝夕演習禮樂。

前期四日，行手本知會鴻臚寺，請升殿，奏祭祀，行揭帖知會司禮監。該遣官之年，行揭帖知會中書填祝版，知會遣官侍班。

前期一日，本寺官具公服，奏祭祀、齋戒。本寺卿同光禄卿面奏省牲，進銅人、齋牌於文華殿東安設，北向。

（清）伊桑阿等《（康熙）大清會典》卷五五《禮部一六・祠祭清吏司・祭祀通例》

太歲壇於二十日前題。其餘群祀於十五日前題。

皇上親祭歷代帝王廟、文廟、先農壇，係特行曠典，其每年遣官致祭，俱禮部先期題請。今由太常寺。

凡太歲、神祇等壇，先醫、東岳、城隍等廟爲小祀，每年遣官致祭，俱禮部先期題請。今由太常寺。

（清）伊桑阿等《（康熙）大清會典》卷六五《禮部二六・祠祭清吏司・群祀三・先農》

順治十一年二月，皇上行耕耤禮，躬祭先農壇。

前期二日，【略】禮部太常寺題請視祝版，并讀祝官今由太常寺。

（遣官致祭）順治十二年題准：每年春二月致祭一次，【略】前期禮部題請。今由太常寺。

（清）張廷玉等《明史》卷四七《志二三・禮志一・吉禮一・習儀》

凡祭祀，先期三日及二日，百官習儀於朝天宮。

耕耤之禮，皇帝躬親三推，必於前期進耒耜、獻穜稑者。既種既戒，明農功之貴豫也。特具載於耕耤儀前。

順治十一年題准：皇帝祀先農畢，行耕耤禮。前期一日，户部、禮部、堂官同順天府堂官，由午門左門進耕耤器具，及穜稑種。至太和殿階下，户部官初進耒耜，次進鞭，次進皇帝耕耤稻種匣，次進諸王耕耤麥種匣、穀種匣，次進九卿耕耤豆種匣、黍種匣，捧至中和殿，依次陳設，奏請皇帝升殿。閱視畢，還宮。户部官捧至太和殿階下，授順天府官捧出。由午門左門出，置彩亭内，送至耕耤所。

雍正二年題准：皇上躬祭先農壇，行耕耤禮。於前期視祝版日，設皇上耕耤耒耜、鞭、種青箱、彩亭三座，設三王九卿從耕青箱、彩亭四座，於午門外。户部、禮部、堂官同順天府堂官，由午門左門入，進器具穀種，於太和殿階下安設。俟太常寺奏聞，上升中和殿，行閱視祝版禮畢。上御保和殿，户部堂官先捧上耕耤耒耜，次捧上耕耤鞭，次捧上耕耤稻種匣，安設於中和殿内正中。次捧三王耕耤麥種匣、穀種匣，次捧九卿耕耤豆種匣、黍種匣，安設於中和殿内左右畢。禮部堂官奏聞上自保和殿升中和殿，至各陳設處閱畢，禮部堂官奏：禮畢。上還宮。户部官捧耒耜穀種各匣，至太和殿階下，授順天府官捧出，由午門左門出，置各彩亭内。校尉昇亭，教坊司作樂前導，送至耕耤所安設畢，退。

（清）來保等《大清通禮》卷三〇《嘉禮》

歲仲春吉亥，皇帝躬耕。

　　先一日，遣官只告奉先殿。是日黎明，順天府官豫設案二於太和殿東檐下，以龍亭三分，載躬耕鞭、耒種箱；采亭四分，載麥、穀、豆、黍種箱。鑾儀衛備曲蓋御仗，樂部和聲署設鼓吹，均俟於午門外。府尹率屬奉耕器入陳於第一案，鞭左耒右；奉種箱陳於第二案，稻種中肆、麥穀左、豆黍右。皇帝御中和殿，閱先農壇祝版畢。儀詳吉禮。記注官退俟丹墀。皇帝暫御保和殿，戶部尚書、侍郎率屬舉案入太和殿南左門，出殿北左門，詣中和殿內，正中陳鞭，耒案於北，陳種箱案於南，皆東西肆。遂及禮部尚書、侍郎，序立丹陛之南，重行西面。禮部尚書奏請御中和殿。記注官升西階，復位，立。皇帝御殿，閱耕器、五穀種畢。奏禮成。皇帝出殿門，乘輿還宮，扈從如儀。戶部官舉案復於太和殿東檐下。順天府官升左階徹案，奉鞭、耒種箱出午門，外仍設各亭。內鑾儀校舁行前列，傘仗導迎。樂作，奏《禧平之章》，辭曰：晨作農正。鸞輅勸耕，種稑嘉種。降康延慶，帝籍開農。政行我稼，同明賜成。出大清門、正陽門，由先農壇東門詣耤田耕所。

(清) 薩迎阿等《欽定禮部則例》卷一一八《祠祭清吏司·先農壇》

　　每歲春三月吉亥日，先農壇行耕耤禮。前一年，由部將日期先行具題，後知照在京各衙門，并通行各省。屆期，皇帝或親詣行禮，或遣官行禮之處，太常寺於二月內具疏，請旨遵行。耕耤事宜，詳載一百三十八卷。

　　親詣行禮。前一日，遣官祗告奉先殿，由禮部行文，內務府豫備儀注。

　　前二日，禮部堂官一員，至犧牲所省牲。前一日，遣官告祭奉先殿。皇帝御殿，閱祝版如儀。太常寺卿率屬潔除壇上下，耤以棕薦。為瘞坎於壇東南隅。設先農神座於壇正中，南向，施黃幄，張皇帝拜次於南階上，鑾儀衛設洗於壇東。樂部率太常寺協律郎，設中和韶樂及樂舞於壇下，東西分列。

　　祝版

(清) 伊桑阿等《(康熙) 大清會典》卷五五《禮部一六·祠祭清吏司·祭祀通例》

　　夕月壇祝版白紙墨書，黃紙鑲邊，各送內閣恭填御名。歷代帝王廟、先農壇，如遇皇上親祭之年，太常寺官送祝版至內閣，與夕月壇同。

(清) 伊桑阿等《(康熙) 大清會典》卷六五《禮部二六·祠祭清吏司·群祀三》

　　順治十一年二月，皇上行耕耤禮，躬祭先農壇。

　　祝版。用白紙糊版，黃紙鑲邊，墨書。一前期一日，太常寺堂官奏請上御中和殿，視祝文畢。太常寺官捧祝版，送至先農壇神庫內安設，如常儀。

(清) 張廷玉等《明史》卷四七《志二三·禮志一·吉禮一·祭祀雜議諸儀》

　　其祭祀雜議諸儀，凡版位，皇帝位，方一尺二寸，厚三寸，紅質金字。皇太子位，方九寸，厚二寸，紅質青字。陪祀官位，并白質黑字。

(清) 允祿等《(雍正) 大清會典》卷九二《群祀三·先農》

　　祝版用白紙糊版，黃紙鑲邊，墨書。前期二日，太常寺官送至內閣撰寫，恭填御名。是日，太常寺題請視祝版，并派讀祝官。

（清）允祹等《大清會典則例》卷七五《禮部·祝版》

先農、先蠶、先醫、太歲【略】等祭祀，均白紙黃緣，墨書。

（清）薩迎阿等《欽定禮部則例》卷一〇三《閱視先農壇祝版》

如遇素服日期，皇帝御常服、挂朝珠。是日，恭送耕耤器具、穀種，和聲署樂設而不作，前導送耕耤所。謹按：嘉慶九年二月二十七日，行耕耤禮。二十六日，恭逢孝昭仁皇后忌辰，奏准：皇上閱視祝版，御常服、挂朝珠。是日。恭送耕耤器具、穀種，和聲署樂設而不作，前導送至耕耤所。

（清）昆岡等《大清會典事例》卷四一五《祝版》

先農、先蠶、太歲【略】等祭祀，均白紙，黃緣，墨書。

齋戒、陪祀、迎送

《明孝宗實錄》卷一〇"弘治元年閏正月"條

禮部進耕耤田儀注：擇弘治元年二月十三日，上親祭先農、耕耤田。前期初十日，太常寺奏"祭祀"，文武百官致齋二日。

《明武宗實錄》卷八"弘治十八年十二月"條

丙子，禮部上祭先農耕耤田儀注。擇元年二月十五日耕耤田。

前期一日，太常寺卿奏祭祀，文武百官致齋二日。

《明世宗實錄》卷九八"嘉靖八年二月"條

戊寅，隨具上儀注。先期三日，太常寺奏致齋，文武百官各於本衙門齋宿，行翰林院撰祝文。

《明世宗實錄》卷一〇四"嘉靖八年八月"條

壬午，駕祀山川諸神。禮部便議：擬以聞於是時等擬上儀注：先期二日，太常寺官奏致齋，文武百官各於本衙門齋宿，太常寺具祝文。【略】文武大臣有事故例不該陪祀者，先期各具大紅錦繡衣服，出詣壇所於先農門內，南、北序立，迎候聖駕。祭畢，上御齋宮，各官仍同陪祀官行禮。制曰：可。

《明世宗實錄》卷一〇九"嘉靖九年正月"條

己酉，禮部上耕耤儀注。前期，太常寺奏祭祀百官致齋。

《明世宗實錄》卷一二一"嘉靖十年正月"條

癸丑，禮部上耕耤田儀注。前期，太常寺奏祭祀，文武百官致齋二日。

《明世宗實錄》卷一六〇"嘉靖十三年閏二月"條

丁未，遣禮部尚書夏言祭先農之神。是日，陪祀官不到者眾，公侯伯止成國公朱鳳一人而已。言因劾奏之。

（明）徐一夔等《明集禮》卷一二《吉禮第一二·耤田享先農》

齋戒：皇帝散齋三日，致齋二日，陪祭執事官各齋戒五日，并如圓丘祀天儀。

（明）徐一夔等《明集禮》卷一四《吉禮第一四·專祀岳鎮海瀆天下山川城隍》

齋戒，皇帝散齋二日，致齋一日。獻官以省臺官充。及各執事官俱散齋二日，致齋一日。

（明）徐一夔等《明集禮》卷一五《吉禮第一五·祀旗纛》

時日、齋戒：獻官以大都督充及各執事官俱散齋二日，致齋一日。

（明）徐溥《明會典》卷八二《禮部四一·祭祀三·祭山川仲秋·諸司職掌》

凡齋戒，前一日，太常司官宿於本司。次日，具奏本奏致齋二日。次日進銅人。

（明）章潢《圖書編》卷一〇二《祭神祇舊名山川》

（洪武）三年，又奏准：獻官及倍祀執事官，皆前期齋戒三日。

祭旗纛，先期，各官齋戒一日。

（明）申時行等《大明會典》卷二一三《六科》

凡遇聖駕親行耕耤禮，各科掌印官、陪祀給事中各一員供事，一體侍宴。

（明）佚名《太常續考》卷三《先農壇耕耤事宜》

齋牌：年二月某日，致祭先農，行耕耤禮。自某日午後，沐浴更衣。某日爲始，致齋二日。

東西長安門告示：太常寺爲祭祀事，某年二月某日致祭先農，文武百官自本月某日午後，沐浴更衣，於本衙門宿歇。某日爲始，致齋二日。其陪祀官員以下，與大祀同。

（清）萬斯同等《明史》卷四三《志一七·禮志一·吉禮一》

祭社稷、朝日、夕月、周天星辰、太歲、風雲雷雨、岳鎮海瀆、山川等神，正祭前三日，午後沐浴更衣，處外室。次日爲始，致齋二日行事。

（清）伊桑阿等《（康熙）大清會典》卷六五《禮部二六·祠祭清吏司·群祀三》

順治十一年二月，皇上行耕耤禮，躬祭先農壇。

前期二日，禮部太常寺官進齋戒牌銅人，如常儀。今由太常寺。

上致齋二日，王以下公以上陪祀各官，俱齋戒二日，如常儀。

康熙十一年二月，皇上行耕耤禮，親祭先農壇。前期，遣官告祭奉先殿。太常寺官將齋戒牌銅人，送至乾清門安設，如常儀。前一日，御中和殿視祝文。其正祭日一應禮儀，俱與順治十一年同。

（清）允祿等《（雍正）大清會典》卷六一《耕耤》

是日早，陪祀王以下公以上俱朝服，預至壇門外齊集祇俟；陪祀文武各官俱朝服，預至壇前兩旁按翼排立祇俟；不陪祀王以下文武各官俱朝服，在午門外按翼排立。候駕出，跪送。

（清）允祿等《（雍正）大清會典》卷九二《群祀三·先農》

順治十一年題定儀注，嗣後每逢耕耤，奏請舉行。今開具於後。

前期二日，太常寺官進齋戒牌銅人，如常儀。皇帝致齋二日，王以下、公以上，陪祀各官，俱齋戒二日。如常儀。

正祭日，早，鹵簿大駕全設，不作樂。皇帝具禮服，乘輦出宮。陪祀王等先至壇外，候駕至，隨行。陪祀文武各官，在壇前兩旁排列，候駕。不陪祀文武各官，在午門外分翼排列，候駕出，跪送。

祭畢，太常寺官至神位前，捧請神牌，送神庫安設，上香行禮如常儀。

祭日，太常寺官至乾清門徹齋戒牌銅人，如常儀。

（清）允祹等《大清會典則例》卷六一《禮部·儀制清吏司·耕耤》

（雍正）八年奏准：二月十二日，行耕耤禮。前一日，遇素服日期，停止閱農器、穀種。至期，行親耕禮如儀。停止筵燕。

（清）允祹等《大清會典則例》卷七五《禮部·陪祀》

六年議准：次饗先農壇東班，陪祀各官於皇帝入東門之前，就甬道之南、北面立，俟皇帝向壇，各就班次。

（清）來保等《大清通禮》卷八《吉禮·先農》

駕至，隨行引陪祀百官，東班於拜位南北面，西班於拜位西東面序立。

（清）來保等《大清通禮》卷三〇《嘉禮》

歲仲春吉亥，皇帝躬耕。

帝耤之禮，前期禮部疏請，得防遍布，諸司供備。詔親王、郡王三人，六部、都察院、通政司、大理寺卿貳九人從耕。順天府備躬耕絲鞭、耒耜，飾以黃，服耜、黃犢、稻種青箱備。從耕三王麥穀，九卿豆黍。青箱、鞭及耒耜，朱飾，服耜、黝牛皆依期畢辦。

（清）秦蕙田《五禮通考》卷三六《吉禮三六·星辰》

前期三日，皇帝齋戒，獻官及各執事官俱散齋二日、致齋一日。

（清）秦蕙田《五禮通考》卷一二五《吉禮一二五·親耕享先農》

皇帝散齋三日，致齋二日；陪祭、執事官各齋戒五日，并如圜邱祀天儀。

（清）嵇璜、劉墉等《續通典》卷四七《禮·吉禮》

是年，翰林學士朱升等奉敕撰齋戒文，大祀七日。前四日戒，後三日齋。

（清）薩迎阿等《欽定禮部則例》卷一一八《祠祭清吏司·先農壇》

皇帝親饗先農，齋戒二日，如常儀。

乾清門齋戒牌銅人送於寺。

（清）昆岡等《大清會典事例》卷四一五

（乾隆）七年議准：外省文職，自督撫以下，道府以上，武職自將軍、都統、副都統、提鎮以下，協領、參將以上，現任來京，凡值祭祀耕耤之期，各由吏部、兵部先期取齋戒職名，照例諸部及太常寺。或偶因事故不能從祀者，於冊內注明。其陪祀之人，於應齋戒日期均在附近地方齋宿，仍於職名下聲明齋所，以便稽察，屆期投遞職名。

又定，饗日、月、歷代帝王、先師、先農之祭，王、公在府第致齋二日，文武各官在私第齋戒二日，遣官致祭，王、公均不致齋。

（清）昆岡等《大清會典事例》卷一一〇七

耕耤饗先農禮成，御具服殿。前引大臣於殿前階上立。駕詣耤田，引至耕所，俟進犁、鞭畢，前導推返禮成，引由觀耕臺中階升於御座前左右侍立。禮成右翼趨過，同左翼由東階降，引出後扈大臣隨從如儀。

劉錦藻《清續文獻通考》卷一八七《王禮考一八》

三月，初一、初二兩日齋戒，俟初三日親祭先農壇，行耕耤禮畢。

（二）祭祀器用

陳設祭品

《明世宗實錄》卷九八"嘉靖八年二月"條

戊寅，隨具上儀注。前期一日，太常寺預設酒果、脯醢、香帛於各壇，各如儀。設上拜位於大祀殿內正中，山川壇同，社稷於壇前。錦衣衛設，隨朝駕，不除道。

《明世宗實錄》卷一〇四"嘉靖八年八月"條

壬午，駕祀山川諸神。禮部便議：擬以聞於是時等擬上儀注：前期一日，太常寺預設祭品、香帛於各壇，設上拜位於壇之殿內，錦衣衛設儀衛、侍從如視牲儀。

（明）徐溥《明會典》卷八二《禮部四一·祭祀三·祭山川仲秋·諸司職掌》

省牲。禮與太廟同。牛十四，今十五；羊十三，今十四；豕十四，今十五；鹿一、兔七。

正祭陳設。

正殿七壇，太歲：犢一、羊一、豕一、登一、鉶二、籩豆各十、簠簋各二、帛一、白色，禮神制帛。酒盞三十。

風雲雷雨：陳設同，帛四。白色，禮神制帛。

五岳：陳設同，帛五。五色，禮神制帛，各依方位下同。

五鎮：陳設同，帛五。五色，禮神制帛。

四海：陳設同，帛四。四色，禮神制帛。

四瀆：陳設同，帛四。黑色，禮神制帛。

鍾山：陳設同，帛一。白色，禮神制帛。

天壽山增：陳設同，帛一。黑色，禮神制帛。

共設酒尊三，爵七，篚七於殿東南，西向。今爵、篚各八。

設祝文案於殿外正道西。

東廡三壇，京畿山川：犢一、羊一、豕一、登一、鉶一、籩豆各十、簠簋各二、帛一、白色，禮神制帛。酒盞三十。

夏季月將：陳設同，帛三。白色，禮神制帛。

冬季月將：陳設同，帛三。白色，禮神制帛。

共設酒尊三、爵三、篚三於壇南，北向。

西廡三壇，春季月將、秋季月將，陳設同前。

都城隍：陳設同，帛一。白色，禮神制帛。

共設酒尊三、爵三、篚三於壇南，北向。

（明）章潢《圖書編》卷一〇一《先農壇以下太常寺》

先一日，上告辭内殿。省牲官具本服。命博士捧祝版候，填御名，捧安於香亭。厨役昇至神庫，奉安。樂舞生陳設樂器。厨役洗器。夜三更，捧安於神版，設籩豆祭器。先農告祀，帛一，青色。瓷爵三，酒盞三十，黝牛一，羊豕一，登一，鉶二，簠簋各二，籩豆各十。

（明）申時行等《大明會典》卷五一《禮部九·耕耤西苑耕斂附》

（嘉靖）十年，户部題准，耤田五穀種子，每畝合用一斗，本部發銀，行順天府收買送用，以後年分，於收穫數内照地存留備用。合用農器：犁四張，具四張，鍬十把，鋤十把，掀十把，杴十把，杈十把，鐮刀十把，掃帚十把，蓑笠十副，磟碡四個，大小麻繩共一百條，筐擔十副。禮部發銀，順天府買造。每地一頃，合用耕牛四隻，禮部發銀，順天府收買。每日草料，行裏牛房照數放支，責付耕夫喂養。每地一頃，用夫十名，行順天府於宛、大二縣取用，俱免本身差役，仍行太倉，每名月支口糧五斗。

（明）申時行等《大明會典》卷八一《禮部三九·郊祀一》

又於内壇之外，爲壇二十，亦東西相向。爲五岳、五鎮、四海、四瀆、風雲雷雨、山川、太歲、天下神祇、歷代帝王諸壇。【略】太歲、風雲雷雨、岳鎮海瀆、山川、月將、城隍諸神，初具春、秋二祭。至是亦停春祭。惟每歲八月中旬，擇日於山川壇及帝王廟祭之。

東十壇：北岳壇：犢一、羊一、豕一、登一、鉶二、籩豆各十、簠簋各二、酒盞十、帛一、黑色，禮神制帛。酒尊三、爵三、篚一。永樂以後，北岳壇增附天壽山，加酒盞十、帛一。北鎮壇：陳設同。東岳壇：陳設同，帛一。青色，禮神制帛。東鎮壇、東海壇：陳設并同。【略】山川壇：陳設同，帛二、白色，禮神制帛。酒盞三十。神祇壇：羊五、豕五、鉶三無大羹，籩豆各八、簠簋各二、酒盞三十、帛一、白色，禮神制帛。酒尊三、爵三、篚一。四瀆壇：陳設與北岳同，帛四、黑色，禮神制帛。酒盞三十。

西十壇：北海壇：陳設與北岳同。西岳壇：陳設同，帛一。白色，禮神制帛，下同。西鎮壇、西海壇：陳設亦同。中岳壇鍾山附：陳設同，帛二、黃色，禮神制帛。酒盞二十。中鎮：陳設同，帛一黃、色，禮神制帛。酒盞十。風雲雷雨壇：陳設同，帛四、白色，禮神制帛。酒盞三十。南岳壇：陳設同，帛一、紅色，禮神制帛。酒盞十。南鎮壇、南海壇：陳設亦同。

太歲壇，陳設同，帛一。白色，禮神制帛。

（明）申時行等《大明會典》卷八五《禮部四三·神祇》

嘉靖十年更定儀：

陳設。天神壇：雲師一壇、雨師一壇、風伯一壇、雷師一壇。俱向南。每壇犢一、羊一、豕一；登一、鉶二、簠簋各二、籩豆各十、爵三、酒盞二十。共設酒尊四、帛一、篚一、祝案一。地祇壇：五岳一壇，帛五；五鎮一壇，帛五；五山一壇，帛五；四海一壇，帛四；四瀆一壇，俱向北。帛四；京畿山川一壇，西向。帛二、牲五；天下山川一壇，東向。帛二、牲五，籩豆俱同。

（明）申時行等《大明會典》卷八五《禮部四三·太歲月將》

嘉靖八年定：

陳設。太歲神位，犢一、羊一、豕一、登一、鉶二、簠簋各二、籩豆各十、爵三、酒盞三十、尊三、帛一、篚一。兩廡月將四壇，每壇犢一、羊一、豕一、登一、鉶一、簠簋各二、籩豆各十、爵三、酒盞三十、尊三、帛三、篚一。

（明）申時行等《大明會典》卷九二《禮部五〇·群祀二·先農》

洪武二十六年定：

省牲，牛一、羊一、豕一、鹿一、兔一。

陳設，先農之神南向。犢一、羊一、豕一、登一、鉶二、籩豆各十、簠簋各一、帛一，青色，禮神制帛。設酒尊三、爵三、篚一於壇南，西向。祝文案一於壇西。

嘉靖九年更定：

祭品。每親祭，加和羹，胙、牛各一支，豚胎豕一口。餘如舊例。

（明）俞汝楫等《禮部志稿》卷三〇《祠祭司職掌·群祀·旗纛》

仲秋祭儀洪武二十六年定，霜降同。

省牲。牛一、羊一、豕一。

陳設。神七位，南向。旗頭大將、六纛大將、五方旗神、主宰戰船正神、金鼓角銃炮之神、弓弩飛槍飛石之神、陣前陣後神祇、五昌等眾。犢一；羊一；豕一；登一；鉶二；籩豆各十；簠簋各二；帛七，黑二白五，禮神制帛。共設酒尊三；爵三；酒盞三十；篚一，於壇東南，西向；祝文案一，於壇西。

歲暮祭儀，陳設，羊一、豕一、果五、爵三、帛一。

朔望日祭神旗儀，陳設，羊一、豕一、無帛。

（明）佚名《太常續考》卷三《先農壇耕耤事宜》

本寺出祝、帛、果品等物，祝版一片，禮神帛一段，青色降二十斤，又一炷。塊香一斤，又一炷。八兩燭二枝，四兩燭四枝，二兩燭三十枝，一兩燭三十枝，芡實一斤四兩，栗子二斤，紅棗一斤六兩，榛仁一斤六兩，菱米一斤八兩，香油一斤，砂糖八兩，白鹽八兩，鹽磚四兩，大笋、花椒、茴香各一兩，蒔蘿五錢，醢魚一斤，鰭魚一尾，木炭五斤，祝版本、紙二張，包版黃、白榜紙各一張，包香帛黃諮紙五張，白諮紙一張，稻米、黍米、稷米、粱米各一升，白麵、蕎麥麵各二斤，葱二兩，菁菜十四兩，芹菜七兩，韭菜五兩，醬一罐，酒三瓶，木柴一千斤，葦把四束，犢二隻，用黝豬二口，北羊一隻，鹿一隻，兔一隻。

陳設。與常年春祭同。

（明）佚名《太常續考》卷三《先農壇耕耤事宜·本寺應行事宜》

計開：

天神壇：銅儀爐四個、小圓爐一個、圓燭臺一對、大籤盤四個、小籤盤十二個、香靠三個、大圓爐二個、并蓋流金爐一個、并靠流金圓燭臺一對、流金圓香盒一個、銅鐘十六口、墜鐘磬銅鼓十二個、各門燒香圓爐三個、錫酒壺一把、錫湯壺一把、錫杓一把、錫冰盆一個、大小錫裏匣四個、錫裏桶六個、白瓷爵十二個、白瓷酒尊四個、白瓷籩豆盤一百一十個、白瓷羹碗四個、白瓷毛血盤十二個、白瓷酒鍾一百六十個、木燭臺四對、帛匣四副、條盤四個、香盒四副、籩豆匣四副、祝版架一座、神位座桌四張、祝桌一張、司尊桌二張、供案四張、正壇燒香桌二張、扛牲匣一副、座燈十盞、倒環桶椶桶各二個。

地祇壇：小方爐八個、并蓋銅儀爐四個、方燭臺八對、大籤盤十三個、小籤盤二十四個、大方爐二個、并蓋流金方香爐七個、并靠流金方燭臺七對、銅鐘十六口、墜鐘磬銅鼓十三個、流金香盒五個、錫酒壺二把、錫湯壺二把、錫杓二把、大小錫裏牲匣十一個、錫裏桶八個、白瓷酒尊二十個、白瓷爵二十一個、白瓷籩豆盤一百一十三個、白瓷毛血盤二十一個、帛匣七個、條盤七個、香盒七副、籩豆匣二副、扛牲匣一副、祝版架一座、神座桌七張、祝桌一張、供案七張、上香桌七張、司尊桌二張、正壇燒香桌二張、路燈六盞、各門燒香桌八張。

旗纛壇：本寺出祝帛、果品、牲醴等物。祝文一道，禮神帛一段，白色。降香一斤，又一炷。八兩燭二枝，四兩燭二枝，一兩燭五枝，胡桃四斤，栗子六斤，紅棗五斤，荔枝、圓眼各三斤，祝文本紙二張，包香帛黃咨紙二張，白咨紙一張，酒二瓶，山羊一隻，豬一口一辦，祭官一員。

合用供器、祭器。各器俱先農壇祠祭署收貯。大銅鼎二個，銅鍋一口，銅缸二口，插燈旗架大、小二十三個，牲匣三副，比原紀多二副。供桌大、小三張，孔桌一張，豎櫃三張，籩豆匣六副，條桌二張，比原紀少四張。小桌四張，大切案一塊，帛匣六副，條盤六個，饌盤十個，比原紀多。舊七個，香盒五個，御仗九根，座燈六盞，插燈五十一盞，祝版架二座，接桌一張，司尊桌一張，燒香桌四張，木案五塊，木凳一條，插燈凳十條。

先農壇齋宮：銅缸二口，小籤盤三個，大鐵鍋七口，朝燈四座，條桌四張，木案二塊，白瓷爵四十五個，酒鍾一百一十一個，毛血盤八十四個，五壇白酒鍾共二百七十二個。

(清) 伊桑阿等《 (康熙) 大清會典》卷六五《禮部二六·祠祭清吏司·群祀三》

正壇陳設：禮神帛一，青色。牛一、羊一、豕一、登一、鉶二、簠二、簋二、籩十、豆十、白瓷爵三、酒盞三十、酒樽一。

(清) 張廷玉等《明史》卷四七《志二三·禮志一·吉禮一》

祭器

(洪武元年定) 天下神祇，鉶三，籩豆各八，簠簋各二，壇內外東西各設酒尊三，每位爵三。方丘、岳鎮，各設酒尊三，壇內東西各設酒尊三，壇外東西各設酒尊三，每位爵三。神祇與圜丘同。【略】(八年) 每位增酒斝，星辰、天下神祇各三十，太歲、風雲雷雨、岳鎮、海瀆各十五。方丘，從祀同。十年定合祀之典，各壇陳設如舊，惟太歲、風雲雷雨酒盞各十，東西廡俱共設酒尊三，爵十八於壇南。

二十一年更定，【略】壇外二十壇，各登一，鉶二，籩豆各十，簠簋各二，酒盞十，酒尊三，爵三。神祇壇，鉶三，籩豆各八。【略】山川、四瀆、中岳、風雲雷雨神祇壇，酒盞各三十，餘并同岳鎮。【略】神祇。洪武二年定，每壇籩豆各四，簠簋登爵各一。九年更定，正殿共設酒尊三，爵七，兩廡各設酒尊三，爵三，餘如舊。二十一年更定，每壇登一，鉶二，籩豆各十，簠簋各二，酒盞三十。星辰，正殿中登一，鉶二。餘九壇，鉶二。每壇籩豆十，簠簋各一，酒盞三十，爵一，共設酒尊三。太歲諸神，籩豆各八，簠簋各二，酒尊三。岳瀆山川同。

先農，與社稷同。洪武元年定，鉶三，籩豆各十，簠簋各二，配位同。正配位皆設酒尊三於壇東。十一年更定，每位登一，鉶二，籩豆十二，正配位共設酒尊三，爵九。後太祖、成祖并配時，增酒尊一，爵三，加登一，籩豆減二。

旗纛，與先農同。馬神，籩豆各四，簠簋、登、象尊、壺尊各一。

玉帛牲牢

帛五等：曰郊祀制帛，郊祀正配位用之。【略】曰禮神制帛，社稷以下用之。【略】夜明、星辰、太歲、風雲雷雨、天下神祇俱白；【略】岳鎮、四海、陵山隨方色。四瀆，黑。【略】先農，正配皆青。【略】旗纛，洪武元年用黑，七年改赤，九年定黑二、白五。【略】又洪武十一年，上以小祀有用楮錢者爲不經。禮臣議定，在京，大祀、中祀用制帛，有筐。【略】牲牢三等：曰犢，曰羊，曰豕。色尚騂，或黝。【略】中祀，三旬，【略】(洪武) 七年定制，大祀，皇帝躬省牲。中祀、小祀，遣官。嘉靖十一年更定，冬、夏至，祈穀，俱祭前五日親視，後俱遣大臣。圜丘，蒼犢。方丘，黃犢。配位，各純犢。洪武七年增設圜丘配位。【略】太歲，牛、羊、豕一。風雲雷雨、天下神祇，羊、豕各五。方丘配位，天下山川，牛一，羊、豕各三。太廟禘，正配皆太牢，祫皆太牢。時享每廟犢羊豕各一。親王配位，洪武三年定，共牛、羊、豕一。二十一年更定，每壇犢、羊、豕各一。功臣配位，洪武二年定，每位羊豕體各一。

二十一年更定，每壇羊豕一。【略】先農與太社稷同犢、羊、豕各一，配位同。神祇，洪武二年定，羊六、豕六。二十一年更定，每壇犢、羊、豕各一。嘉靖十年，天神左，地祇右，各牲五。星辰，每壇羊豕一。靈星諸神，每神羊豕各一，共牛一。太歲諸神，皆太牢。岳鎮海瀆諸神，犢一、羊一、豕一。【略】旗纛，洪武九年定犢羊豕，永樂後，去犢。

祝冊。南北郊祝版長一尺一分，廣八寸，厚二分，用楸梓木。【略】群神帝王先師，俱有祝，文多不載。祝案設於西。

籩豆之實。凡籩豆之實，用十二者，籩實以形鹽、薧魚、棗、栗、榛、菱、芡、鹿脯、白餅、黑餅、糗餌、粉餈。豆實以韭菹、醯醢、菁菹、鹿醢、芹菹、兔醢、筍菹、魚醢、脾析、豚胉、食饈、糝食。用十者，籩則減糗餌、粉餈，豆則減四者，糝食。用八者，籩又減白、黑餅，豆又減脾析、豚胉。用四者，籩則止實以形鹽、薧魚、棗、栗，豆則止實以芹菹、兔醢菁菹、鹿醢。各二者，籩實栗、鹿脯，豆實菁菹、鹿臡。簠簋各二者，實以黍稷、稻粱。各一者，實以稷粱。登實以太羹，鉶實以和羹。

酒齊仿周制，用新舊醯，以備五齊三酒。其實於尊之名數，各不同。

(清) 張廷玉等《明史》卷六四《志四〇·儀衛志·皇帝儀仗》

（洪武）三年命制郊丘祭祀拜褥，郊丘用席表蒲裏爲褥，宗廟、社稷、先農、山川用紅文綺表紅木棉布裏爲褥。

(清) 張廷玉《清文獻通考》卷九七《郊祀考七》

太歲壇致祭儀。屆日五鼓，太常寺官具器，陳正殿：牛一，羊一，豕一，登一，鉶一，簠、簋各二，籩、豆各十，琖三十，爐一，鐙二。設案一於殿中少西，北向，供祝版。設案一於東，西向，陳帛一，色白。香盤一，尊一，爵三，陳福胙於尊爵之旁，加爵一。兩廡東、西各二案，陳設均與正殿同。又設尊案各一於廡南，陳帛六，色白。香盤二，尊二，爵六。凡牲陳於俎，帛實於篚，尊實酒，承以舟，疏布冪勺具。

神祇壇祗告儀。祀日五鼓，太常寺卿率屬人壇，設雲師、雨師、風伯、雷師凡四案子壇正中，南向。每案陳鹿脯、鹿醢、兔醢、棗、榛、葡萄、桃實、蓮實，其前各設香案。皆爐一、鐙二。設案一於南。少西，供祝版，又東設一案，陳禮神制帛四色，青、黑、黃、白各一，香盤四、尊四、虛爵十有二。凡帛异篚，尊實酒，承以舟，疏布冪勺具。設洗於階下之東。設燎爐於內壇南左門外。

神祇壇祗告儀。祭日五鼓，太常寺卿率屬入壇。設五案於壇中石座前，北向。設二案子壇左、右，東、西向。每案薦脯醢果實，分陳爵六十，實酒。其前各設香案，皆爐一、鐙二，中設一案，少西，從祝版；東設一案，陳禮神制帛十有六，五岳、五鎮皆青、赤、黃、白、黑、各二；四海青、赤、白、黑各一；京畿名山大川白一、黑一。香盤四、尊四、虛爵十有二。西設一案，陳禮神制帛十有一：五陵山各白一；四瀆各黑一；天下名山大川白一、黑一。香盤三、尊三、虛爵九。凡帛，每案同篚，凡尊，實酒，疏布冪勺具。

(清) 來保等《大清通禮》卷八《吉禮·先農》

將事之夕，夜分，太常寺卿率屬入壇，具器，陳牛一、羊一、豕一、登一、鉶二、簠簋各二、籩豆各十、瓚三十、爐一、鐙二。壇南中設一案，少西，北向。供祝版東，設一案，西向。陳禮神制帛一，色青。香盤一、尊一、爵三，設福胙於尊爵之旁，加爵一。牲陳於俎，帛實於篚，尊實酒，承以舟疏，布冪勺具。

(清) 來保等《大清通禮》卷三〇《嘉禮》

歲仲春吉亥，皇帝躬耕。

是日，工部官灑掃觀耕臺上下，藉以防薦，張次於具服殿之東，設御屏寶座於臺上正中，南向。武備院官供御座鋪陳，順天府官陳御鞭、種箱、龍亭於借田之左，陳耒耜龍亭於借田之右，陳麥、穀、豆、黍種箱采亭於從耕借田左右，陳耕器農器於臺下東西，兩旁如儀。

(清) 秦蕙田《五禮通考》卷一二五《吉禮一二五·親耕享先農》

時日以仲春擇吉日行事。神席奉主置於案，不用席。祭器正配位，各尊二，籩豆各十，簠簋各二，登鉶俎案各三。幣自唐宋以來，皆用青幣。牲用犢一、羊一、豕一，配位同。酒齊正配位犧尊，實以醴齊；象尊，實以盎齊；山罍，實以清酒；上尊，各實明水酒；著尊，實醴齊；壺尊，實盎齊；上尊，各實酒；設尊，并實五齊、三酒、粢盛；簠，實以黍稷；簋，實以稻粱。

(清) 薩迎阿等《欽定禮部則例》卷一一八《祠祭清吏司·先農壇》

每歲春三月吉亥日，先農壇行耕藉禮。

先農位前牛一、羊一、豕一、登一、鉶二、簠二、簋二、籩十、豆十、瓚三十、爐一、鐙二，壇南中設一案，少西北向，供祝版。東設一案，西向，陳禮神制帛一，色青。香盤一、尊一、爵三。設福胙於尊爵之旁，加爵一。牲陳於俎，帛實於篚，尊實酒，承以舟疏，布冪勺具。

(清) 昆岡等《大清會典圖》卷一二《禮一二》

先農壇：先農位懷桌上，設瓚三十。籩豆案上：爵墊一、登一、鉶二、簠二、簋二、籩十、豆十，案前俎一。中區為三，實牛一、羊一、豕一。又：前爐几，設銅爐一，香靠具。鐙几，設白羊角觥鐙二。帛篚，先設接桌上。奠帛，奠於籩豆案正中。陶爵三，先設尊桌上。三獻奠於爵墊。

天神壇：南向。壇正中，雲師位左，雨師位右，風伯位次左，雷師位次右。均南向。每位前籩豆案一。壇前少西祝案一。南向。東尊桌一，西向。西尊桌一。東向。四櫺星門內正中，各設香案一。

天神壇祈祀：每位籩豆案上，均設爵墊一、籩六、豆二。案前爐几，均設銅爐一，香靠具。鐙几，均設白羊角魷燈二。其帛篚四、陶爵十二，皆先設尊桌上。奠帛各羹於籩豆案正中。三獻各奠於爵墊。

地祇壇祈祀：每案陳設同。惟爵墊五岳、五鎮、五陵山案上各用五，四海、四瀆案上各用四。京畿名山大川、天下名山大川案上各用二。帛篚七，先設東、西接桌上。爵二十有七，先設東、西尊桌上。奠帛各奠於籩豆案正中。三獻各奠於爵墊。

天神壇報祀：每位籩豆案上均設爵墊一、登一、鉶二、簠二、簋二、籩十、豆十，案前俎一。中區爲三，實牛一、羊一、豕一。又：前爐几、燈几，與祈祀同。

地祇壇報祀，每案陳設同。

地祇壇：北向。壇正中，五岳位居中，五鎮位右，五陵山位左，四海位次右，四瀆位次左，均北向。每位前籩豆案一。右旁，京畿名山位、京畿大川位，均西向。共籩豆案一。左旁，天下名山位、天下大川位：均東向。共籩豆案一。壇前少西祝案一，北向。東尊桌一、接桌一，均西向。西尊桌一、接桌一，均東向。四櫺星門內正中，設香案各一。

太歲殿，正中。

太歲神位：南向。座前籩豆案一，案後東旁饌桌一，案前少西祝案一，均南向。東尊桌一，西向。東廡二案：正月月將、二月月將，三月月將，同一案。七月月將、八月月將、九月月將，同一案。均西向。北設饌桌二，南設尊桌一。西廡二案：四月月將、五月月將、六月月將，同一案。十月月將、十一月月將、十二月月將，同一案。均東向。北設饌桌二，南設尊桌一。北天門內及拜殿內，各香案一。

太歲殿：太歲位籩豆案上，設爵墊一、盞三十、登、鉶二、簋二、簠二、籩十、豆十。案前俎一，中區爲三，實牛一、羊一、豕一。又前爐几，設爐一，香靠具。燈丸，設烟臺二。瓶几，設花瓶二，均插貼金木靈芝一。東廡二案，西廡二案，每案案上案前陳設均同。其帛篚每位各一，先各設尊桌上。奠帛各奠於籩豆案正中。陶爵每案各三。先各設尊桌上。三獻各奠於爵墊。報祀陳設同。

太歲殿祈祀：籩豆案上，設爵墊一、瑑三十、籩六、豆二，不進俎。案前爐燭瓶几，與常祀、報祀皆同。

(清) 昆岡等《大清會典圖》卷二一《禮二一》

禮神制帛，陳於先農壇、先蠶壇，均用青色。

祝版：木質，制方，尺寸有度。先農壇：縱八寸四分，廣一尺二寸。太歲壇：縱七寸，廣一尺。皆承以座，座有雕有素；文表於版，有純有緣。紙與書各殊色。

先農壇、太歲殿、天神壇、地祇壇，均白紙，黃緣，墨書。

(清) 昆岡等《大清會典圖》卷二二《禮二二》

陶爵、銅爵，制皆象爵，形腹爲雷紋饕餮形。陶用瓷，以色別之。

先農壇：用黃色；天神壇、地祇壇、太歲壇：用白色。制皆高四寸六分，深二寸四分；兩柱高七分；足高二寸，三足相距各一寸八分。

盞，純素，用陶，陶用瓷，以色別之。

太歲壇：用白色。制皆高一寸九分，深一寸五分；口徑三寸四分；足徑一寸二分。

先農壇：用白色。制高一寸八分，深一寸五分；口徑三寸五分；足徑一寸二分。

（清）昆岡等《大清會典圖》卷二三《禮二三》

陶登、銅登，制同者皆口爲迴紋，中爲雷紋。柱爲饕餮形，雷紋；足爲垂雲紋；蓋上爲星紋，中爲垂雲紋；口爲迴紋。陶用瓷，以色別之。

天神壇：用青色；先農壇、地祇壇：用黃色；太歲壇：用白色。制高六寸一分，深二寸一分；口徑五寸；校圍六寸六分；足徑四寸五分；蓋高一寸八分。徑四寸五分。頂高四分。

陶鉶、銅鉶，制皆兩耳爲犧形，口爲藻紋、次迴紋，腹爲貝紋、蓋爲藻紋、迴紋、雷紋。上有三峰，爲雲紋。三足，亦爲雲紋。陶鉶用瓷，以色別之。

天神壇：用青色；先農壇、地祇壇：用黃色；太歲壇：用白色。制高三寸九分，深三寸六分；口徑五寸；底徑三寸三分；三足高一寸三分，蓋高二寸五分，三峰高九分。

陶簠、銅簠，制方，皆面爲夔龍紋，束爲迴紋；足爲雲紋。兩耳附以夔龍；蓋上有棱四周，旁亦附夔龍茸。陶簠用瓷，以色別之。

天神壇：用青色；先農壇、地祇壇：用黃色；太歲壇：用白色。制高四寸四分，深二寸三分；口縱六寸五分，橫八寸；底縱四寸四分，橫六寸；蓋高一寸六分；口縱橫與器同，上有棱四周。縱四寸八分，橫六寸四分。

陶簋、銅簋，制圓而橢，皆口爲迴紋，腹爲雲紋，束爲黻紋，足爲星雲紋；兩耳附以夔龍；蓋面爲雲紋，口爲迴紋，上有棱四出。陶用瓷，以色別之。

天神壇：用青色；先農壇、地祇壇：用黃色；太歲壇：用白色。制高四寸六分，深二寸三分；口徑七寸二分；底徑六寸一分；蓋高一寸八分，徑與口徑同。上有棱四出，高一寸三分。

竹籩，編竹爲之，以絹飾裏。頂及緣皆髹以漆，用別以色。

先農壇：用黃色；天神壇、地祇壇、太歲壇：用黑色。制高五寸八分，深九分；口徑五寸；足徑四寸五分；蓋高二寸一分，徑與口徑同。頂正圓，高五分。

陶豆、銅豆，制同者皆腹爲垂雲紋、迴紋，校圍波紋、金鏊紋；足爲黻紋；蓋爲波紋、迴紋，頂用絢紐。陶豆用瓷。以色別之。

先農壇：用黃色；天神壇、地祇壇、太歲壇：用白色。制高五寸五分，深一寸七分；口徑五寸，校圍六寸六分；足徑四寸五分；蓋高二寸三分，徑與口徑同。頂高六分。

（清）昆岡等《大清會典圖》卷二四《禮二四》

筐。編竹爲之。四周髹以漆，用別以色。

先農壇：用黃色。制：高三寸二分，縱四寸五分，橫二尺二寸一分。足高七分；蓋高一寸一分。天神壇、地祇壇、太歲壇：用黑色。制高三寸一分，縱四寸三分，橫二尺二寸三分。足高八分，蓋高一寸三分。

俎，用木，錫裏，外髹以漆，用別以色。實特牲之俎。

實太牢之俎，先農壇、天神壇、地祇壇、太歲壇：俱用紅色。制皆中區爲三。縱六尺有奇，橫三尺二寸。四周各銅環二，八足有跗，通高二尺六寸有奇。

尊，有陶有銅，制皆純素。兩耳爲犧首形。陶用瓷。以色別之。先農壇：用黃色；天神壇、地祇壇、太歲壇：用白色。制高八寸四分，口徑五寸一分；腹圍二尺三寸七分；底徑四寸三分；足高二分。

鹵簿

（明）申時行等《大明會典》卷一四〇《兵部二三》

永樂三年增定：肅靖旗一對、金鼓旗一對、金龍畫角二十四枝、鼓四十八面、金四面、金鉦四面、枚鼓四面、苗四管、板四串、白澤旗一對、門旗四對、黃旗四十面、金龍旗十二面、日月旗二面、風雲雷雨旗四面、木火金水土星旗五面、列宿旗二十八面、北斗旗一面、東岳旗一面、南岳旗一面、中岳旗一面、西岳旗一面、北岳旗一面、江河淮濟旗四面、青龍旗一面、白虎旗一面、朱雀旗一面、玄武旗一面、天鹿旗一面、天馬旗一面、鸞旗一面、麟旗一面、熊旗一面、羆旗一面、紅纛二把、皂纛一把、紅節二把、小銅角二個、大銅角二個、纓頭一個、豹尾一對、麾一把、戲竹一對、簫十二管、笙十二攢、龍笛十二管、頭管十二管、方響四架、篥八架、琵琶八把、箜篌八把、杖鼓三十六個、板四串、大鼓二面、弓矢百副、御杖六十根、誕馬二十四匹今止用六匹、領頭六對、黃麾一對、絳引旛五對、傳教旛五對、告止旛五對、信旛五對、龍頭竿五對、豹尾二對、儀鍠氅十對、戈氅十對、戟氅十對、單龍戟三對、雙龍戟三對、斑劍三對、吾杖三對、立瓜三對、臥瓜三對、儀刀三對、金鐙三對、金鉞三對、骨朵三對、羽葆幢五對、青龍幢一、白虎幢一、朱雀幢一、玄武幢一、響節十二對、金節三對、方天戟十二對、鳴鞭四條、金馬杌一、金交椅一、金腳踏一、金水盆一、金水罐一、金香爐一、金香盒一、金唾壺一、拂子四把、紅紗燈籠六對、紅油紙燈籠三對、魷燈三對、紫羅素方傘四把、紅羅素方傘四把、紅羅直柄花蓋繡傘四把、紅羅曲柄繡傘四把、黃羅直柄繡傘四把、紅羅直柄繡傘四把、黃羅曲柄繡傘二把銀鈴全、青羅銷金傘三把、紅羅銷金傘三把、黃羅銷金傘三把、白羅銷金傘三把、黑龍銷金傘三把、黃油絹銷金雨傘一把、紅羅繡花扇十二把、紅羅繡雉方扇十二把、紅羅單龍扇十把、黃羅單龍扇十把、紅羅雙龍扇二十把、黃羅雙龍扇二十把、紅羅素扇二十把、黃羅素扇二十把、雙龍壽扇二把、黃羅銷金九龍傘一把、黃羅曲柄繡九龍傘一把、仗馬六匹、朱紅馬杌四個、鞍龍二個、金銅玲瓏香爐一、寶匣一座、板轎一乘、步輦一乘、大涼步輦一乘、大馬輦一乘、小馬輦一乘、玉輅一乘、大輅一乘、具服幄殿一座。

丹陛駕，凡常日奉天門早朝，設丹陛駕於午門外及金水橋南。單龍戟三對、雙龍戟三對、斑劍三對、吾杖三對、儀刀三對、立瓜三對、臥瓜三對、鐙杖三對、金鉞三對、骨朵三對、單龍扇二十把、雙龍扇二十把、黃華傘二把、黃由柄傘二把、五方傘五把、鳴鞭四條、弓矢五十幅。

以上鹵簿大駕，惟郊祀、幸太學、耕耤田全用。如遇祭社稷、祭太廟、祭山川，則於鹵簿大駕內，去白澤旗以下至玄武、豹尾，大涼步輦至大輅不設。其郊祀前期視牲，則用丹陛駕。

(清) 昆岡等《大清會典事例》卷一一〇九

凡北郊大祭陳法駕鹵簿，前列導象，次寶象，次靜鞭，次前部大樂，次五輅，與大駕同。次鐃歌大樂，大銅角八、小銅角八、金鉦四、角二十四、龍鼓二十四，龍笛十二、拍板四、杖鼓四、金二、龍鼓二十四、紅鐙六，次引仗、御仗、吾仗、立瓜、臥瓜、星鉞各六，出警、入蹕旗各一，五色金龍小旗二十，次翠華金鼓、門旗、日月、雲雷風雨列宿、五星、五岳、四瀆、神武、朱雀、青龍、白虎、天馬、天鹿、辟邪、犀牛、赤熊、黃羆、白澤、角端、游麟、彩獅、振鷺、鳴鳶、赤烏、華蟲、黃鶴、白雉、雲鶴、孔雀、儀鳳、翔鸞各旗，次五色龍纛二十，次前鋒纛、護軍纛、驍騎旗，次麾氅、節旌、旛幢，次鸞鳳赤扇、雉尾扇、孔雀扇、單龍赤扇、單龍黃扇、雙龍赤扇、雙龍黃扇、壽字黃扇各八，次赤素、紫素傘各四、五色花緞十，間以五色九龍傘十九、龍黃蓋十、紫芝、翠華蓋各二，九龍曲柄黃蓋四，次戟、殳各四。以上應用民尉親軍，及前部樂，署史之數與大駕同惟不用旗尉。隨從之鑾儀使、雲麾使、整儀衛各官并與大駕同。次豹尾槍、撒袋、儀刀各二十。豹尾槍用護軍四十人，撒袋、儀刀用親軍各四十人。次仗馬，次金方杌、金椅、金瓶、金盥盤、金盂、金爐、拂塵，次九龍曲柄華蓋，俱如大駕之數。自仗馬以下，所用護軍：從之冠軍使、雲麾使、治儀正、掌蓋、司蓋俱與大駕同。金輦在中，左右奉輦、扶輦、前引、後扈與大駕同。惟佩弓矢侍衛以十人，扶輦旗尉以二十八人。如饗太廟與祭社稷壇，不設前部大樂。祭堂子、日壇、月壇、先農壇、歷代帝王廟、先師廟，則乘禮輿，仍陳玉輦、金輦，餘均與法駕同。

趙爾巽《清史稿》卷一〇五《志八〇·輿服志四·皇帝鹵簿》

法駕鹵簿，與大駕鹵簿同，惟彼用鐃歌樂，此則用鐃歌鼓吹。其器大銅角八，小銅角八，金鉦四，畫角二十四，龍鼓二十四，龍笛十二，拍板四，杖鼓四，金二，龍鼓二十四，間以紅鐙六，視鐃歌樂為減。又御仗、吾仗、立瓜、臥瓜、星、鉞皆各六，五色金龍小旗二十，五色龍纛二十，九龍黃蓋十，豹尾槍二十，弓矢二十，儀刀二十，佩弓矢侍衛十人，其赤滿單龍團扇、黃滿雙龍團扇及五色妝緞傘皆不設，亦均較大駕為減。又玉輦改設金輦，餘均與大駕鹵簿同。凡祭方澤、太廟、社稷、日月、先農各壇，歷代帝王、先師各廟，則陳之。

祭服

《明世宗實錄》卷三三二 “嘉靖二十七年正月” 條

甲午，啓蟄行祈穀禮於玄極寶殿，命成國公朱希忠代。先是，禮部以孝烈皇后喪在殯，請上裁定諸祭禮儀。詔定玄極寶殿祭，吉服作樂；二社稷、朝日壇如之。先農、歷代帝王、先師孔子，百官止用青綠服色，文廟仍免奏樂。

（明）申時行等《大明會典》卷八五《禮部四三·神祇》

（嘉靖八年）凡親祀山川等神皆用皮弁服行禮，以別於郊廟。

《高宗純皇帝實錄》卷一〇二六 “乾隆四十二年二月” 條

乙巳，軍機大臣等議奏：恭擬御用服色。

百日內，遇祭天壇、地壇、太廟、社稷壇、日壇，遣官行禮，齋戒日，素服、冠綴纓緯、帶齋戒牌。百日外，親詣行禮，齋戒日，常服、不掛朝珠。閱視祝版，先期宿壇，常服，掛朝珠、不御龍褂龍袍。祭日，朝服，作樂。還宮時，導迎鼓樂，設而不作。

酌議王大臣官員服色。【略】

百日內，祭月壇、歷代帝王廟、先師孔子、先農等壇廟，遣官致祭，承祭執事官，素服行禮、樂設不作。百日外，素服齋戒，祭日，朝服、作樂。

（清）伊桑阿等《（康熙）大清會典》卷一三六《工部六·都水清吏司·織造》

凡制帛，例屬江寧織造。其織文各异。諸神祇，曰禮神制帛。

壇廟通贊，樂舞生袍帶，遇有缺乏，據太常寺來文式樣數目，行江浙織造。

先農壇通贊：鑲藍絹袍六件，文舞生紅絹補袍七十二件，武舞生紅絹銷金花袍六十四件，燒香補袍六件，樂生紅絹補袍七十八件，綠緞帶共二百二十六條。

（清）張廷玉等《明史》卷六六《志四〇·輿服志二·皇帝冕服》

皇帝冕服。洪武元年，學士陶安請制五冕。太祖曰：此禮太繁。祭天地、宗廟，服袞冕。社稷等祀，服通天冠，絳紗袍。餘不用。三年，更定正旦、冬至、聖節并服袞冕，祭社稷、先農、冊拜，亦如之。

（清）嵇璜、劉墉等《清通典》卷五四《禮·嘉禮四》

從耕農官袍，青絨爲之。頂同八品補服，色用石青，前後繡彩雲。捧日袍，青絹爲之。上加披領腰爲襞積，不加緣，月白絹裏。

祭祀文舞生冬冠，騷鼠爲之。頂鏤花銅座，中飾方銅，鏤葵花，上銜銅三角，如火珠形。袍以綢爲之，其色，【略】先農壇、太歲壇俱用紅。

文舞生祭祀執事人袍，以綢爲之，其色，【略】先農壇、太歲壇俱用青色藍緣。

（清）嵇璜、劉墉等《清通典》卷六一《禮·凶禮一》

先農等祀，遣官行禮，咸用禮服，作樂。正祭之日，皇上素服，冠綴纓緯，宮內祭神。俟百日後舉行。

(清) 嵆璜等《續文獻通考》卷六七《郊社考》

祭服，親祀郊廟，日、月服袞冕，祭星辰、社稷、太歲、風雲雷雨、岳鎮海瀆、山川、先農皆皮弁服。群臣陪祭，各服本品梁冠祭服。省牲、大祀，皮弁服。中祀，常服。

(清) 嵆璜等《續文獻通考》卷七二《郊社考》

(嘉靖) 初，帝以祭山川諸神宜服皮弁，輔臣以《會典》《集禮》諸書無明文，請定制，自今以垂後法。及閱《存心錄》載：祭太歲、風雲雷雨、岳鎮海瀆儀，皇帝具皮弁服行禮。因上言：太祖載之《存心錄》正與聖諭相合。百年曠典，今日始行，宜下所司著之，令甲使後世有所遵承。制可。

(清) 嵆璜等《續文獻通考》卷九三《王禮考·皇帝冕服》

洪武元年，學士陶安請製五冕。太祖曰：此禮太繁。祭天、地、宗廟服袞冕，社稷等祀服通天冠、絳紗，餘不用。三年，更定正旦、冬至、聖節并服袞冕，祭社稷、先農，冊拜亦如之。

皇帝皮弁服。朔望視朝，降詔、降香、進表、四夷朝貢、外官朝覲、策士傳臚皆服之。嘉靖以後，祭太歲、山川諸神亦服之。

(清) 龍文彬《明會要》卷八《禮三·吉禮·岳鎮海瀆山川》

嘉靖八年，今凡親祀山川等神，皆用皮弁服行禮，以別於郊廟。先是改山川爲中祀。嘉靖中，凡山川皆天子親祀。國有大事，則遣官祭告。《會典》。

祭祀用具

《明英宗實錄》卷三〇七"天順三年九月"條

庚子，造山川壇齋宮應用器皿。

《明孝宗實錄》卷一六二"弘治十三年五月"條

造山川壇中和樂一副，合用金箔等料，分派浙江并蘇州等處買辦。

《明孝宗實錄》卷一六三"弘治十三年六月"條

甲申，工部復奏府部等衙門所言停改造恤邊民二事，謂奉天殿及山川壇舊中和樂器尚堪用，請如所言，暫停派造物料。

(明) 徐一夔等《明集禮》卷一二《吉禮第一二·耤田享先農》

車輅，國朝因宋制，皇帝乘玉輅，而以耕根載耒耜。

耒耜，牛附。國朝設御耒二具，依農家常用者製造，用青絹包裹。御耕牛四，衣以青衣。從耕官耒耜具，牛頭，庶人人，牛頭，鍤畚。

穀種。制缺。

(明) 郭正域《皇明典禮志》卷一一《耕耤》

先農壇，御耒耜三具，飾以青絹。御耕牛四，衣以青衣。

（明）申時行等《大明會典》卷二〇一《工部二一》

親耕耤田，合用房屋，木架十五間，蘆席繩索全。該營繕司辦。庶人絳衣等，絳衣、青絲縧、白環、頭巾、履鞋、布襪各六，該都水司辦。外黃龍口犁一張，黃犍牛一隻。黃絨鞭一把，黃套索一副，杷二副，紅犁十二張，黃牛十二隻。紅鞭十二把，紅套索十二幅，農夫挑擔竹筐十對，鐵鋤、鐵鍬、木鍬各十張，米篩、竹箕、荊筐、簸箕各十個，竹掃、苗掃等各十把，俱札行順天府辦送。隆慶元年例。

（明）佚名《太常續考》卷三《先農壇耕耤事宜》

供器。以下各器，俱本壇庫貯。大銅鼎二座，銅儀爐四個，小圓爐一個，圓燭臺一對，大籤盤四個，小籤盤二十一個，香靠一枝，銅壺滴漏一副，共八件。墜鐘磬銅鼓十二個，新製錫牲匣一個，錫牲桶一個，錫酒壺二把，錫水礶二個，錫香盒二副，錫湯壺一把，錫鈎一把，錫水盆一個，白瓷爵四個，白瓷酒尊三個，白瓷籩豆盤二十八個，白瓷羹碗三個，白瓷毛血盤三個，白瓷酒鍾四十個，供案一張，條桌一張，司尊桌一張，祝桌一張，上香桌一張，饌桌一張，接桌一張，祝版架一座，帛匣一副，香盒一副，饌盤一個，三牲匣一副，籩豆匣一副，扛牲匣一副，條盤一個，朝燈四座，座燈十座，路燈二十盞，宰牲案二塊，造籩豆條桌二張，鐘十六口，并架磬十六塊，并架琴十張，并桌囊。瑟四張，并幾囊摶，柎二座，柷敔各一座，大鼓一面，并蓋全。麾一首，竿座全。鼓裙一條，流蘇十二挂。笙、簫、塤、篪、排簫、笛貯樂器庫，不具載。

祭器。與常年春祭同。

（明）佚名《太常續考》卷七《太常寺》

一歲用米菜。黍米二石五斗、折黍子五石，稷米二石五斗、折糜子五石，梁米一石六斗六升、折梁穀三石三斗二升，白麵三百零九斤，蕎麥麵三百零九斤，葱四十四綑，青菜四十八綑，芹菜三十綑，韮菜三十綑，王瓜二百根，茄子一百個，葫蘿蔔一千個，旱蘿蔔三百五十個，醬一百二十九礶。以上各品，俱先農壇祠祭署送供。嘉靖年間，西苑建恒裕倉。禮官夏言奏准，將耤田所出者，藏之神廩倉，以供圜丘、先農、歷代帝王諸祀；而西苑所出者，藏之恒裕倉，以供方澤、朝日、夕月、社稷、太廟、先師諸祀。其恒裕倉者，本寺題內府支領。隆慶元年，罷西苑耕種，諸祀俱取給於耤田。稻米歲用一石七斗二升，造粉粞。粳米歲用一石一斗一升，造餌。糯米歲用一石一斗五升。山陵等處，歲用飯粳米五石七斗八升。以上三米，嘉靖以前，以耤田原無水田，宛、大二縣解辦。建西苑後，皆於恒裕倉關領。隆慶元年，罷西苑，俱先農壇壇戶買供。萬曆四年，本寺卿劉題奉欽依，仍令兩縣辦解。每年宛、大二縣各解粳米、糯米。

（明）佚名《太常續考》卷八《秋祭神祇壇事宜》

神祇共十一壇。

合用祭器。白瓷爵三十五個，白瓷鍾三百九十個，登十三，鉶二十六個，簠簋籩豆碟二百六十四個，毛血盤三十七個，酒樽九個，杓三把，錫壺三把，瓶三個，香爐八個，神一祇七，燭臺八對，香盒八個，錫盆四個，屏息二十一個，篚箱十一個，案桌十三張，饌桌十一張，帛桌十一張，祝座二座，桌二張，香桌八張，孔桌三張，胙桌二張，籩豆、牲匣各十二副。

合用犧牲。共五十四隻，牛用黝。天神壇用牛六隻、羊四隻、豕五口。地祇壇用牛八隻、羊九隻、豕十口、鹿共一隻、兔共十一隻。

本寺庫内出制帛、香燭、果品等物。天神用禮神帛四段，青、黃、玄、白色。祝版一片，圓降香一炷，塊香一斤，降炷散香五十斤，薰辇速香八兩，檀香五錢。地祇用禮神帛二十七段，青三、紅二、黃二、玄七、白十二。祝版一片，方降香七炷，塊香三斤，降炷散香五十斤，進銅人僉版二兩，燭十二枝，二十斤燭各四枝，八兩燭，神八枝，祇十四枝。四兩燭各十八枝，二兩燭各一百枝，一兩燭各三十枝。共用紅棗子十一斤，栗子十七斤，榛仁十七斤，菱米十五斤，蓮肉十六斤，白鹽十三斤，鱐魚、鮓魚二十四尾，香油十一斤，砂糖五斤，蜜十二兩，笋、花椒、蒔蘿、茴香各八兩，木柴一萬一千斤，炭四十斤，酒三十五瓶，光禄寺支。黍、稷、稻、粱各九升，蕎麥、白麵各二十斤，醬十三斤，醋二瓶，葱十九把，韭菜二斤十二兩，菁菜十三把，芹菜三綑。司菜局辦。

（清）伊桑阿等《（康熙）大清會典》卷一五六《太常寺上》

太歲壇正位：紅油供案一張，黃綾銷金案衣一件。紅油籩豆供案一張，黃綾銷金案衣一件。白瓷爵三隻，白瓷酒盞三十個，白瓷碗三個，白瓷盤二十四個，紅油帛匣一具，銅香爐二個，紅油香盒二個。銅燭臺一對，錫裹紅油牲匣一副，紅油桌二張，黃綾銷金桌衣二件。紅油孔桌一張，黃綾銷金桌衣一件。白瓷樽三個，盛，瘞毛血白瓷盤三個，紅油饌盤一個，錫杓一把，紅油胙盤一個，白瓷福酒爵一個，紅油祝案一張，黃綾桌衣一件。紅油祝版架一個，羊角燈一個。

兩廡神位：紅油供桌四張，黃綾銷金桌衣四件。紅油籩豆供桌四張，黃綾銷金桌衣四件。白瓷爵十二隻，白瓷酒盞一百二十個，白瓷碗十二個，白瓷盤九十六個，紅油帛匣四具，銅香爐四個，紅油香盒四個。銅燭臺四對，紅油牲匣四副，紅油桌四張，黃綾銷金桌衣四件。紅油孔桌二張，黃綾銷金桌衣二件。白瓷酒樽六個，盛，瘞毛血白瓷盤十二個，紅油饌盤四個，錫杓二把，拜殿紅油桌一張，黃綾銷金桌衣一件。銅香爐一個，紅油香盒一個。焚祝帛磚爐一座。

先農壇神位：紅油供案一張，黃綾銷金案衣一件。紅油籩豆供案一張，黃綾銷金桌衣一件。紅油懷桌一張，黃綾銷金桌衣一件。白瓷爵三隻，白瓷酒盞三十個，白瓷碗三個，白瓷盤二十四個，香燭供案一張，黃綾銷金案衣一件。銅香爐一個，紅油香盒一個。銅燭盤一對，錫裹紅油牲匣一副，紅油祝案一張，黃綾銷金案衣一件。紅油祝版架一個，羊角燈一個，紅油孔桌一張，黃綾銷金桌衣一件。紅油接桌一張，黃綾銷金桌衣一件。紅油帛匣一具，白瓷酒樽一個，錫杓一把，紅油饌盤一個，饌桌一張，黃綾銷金桌衣一件。堦下銅香爐二個，紅油香盒二個。紅油桌二張，黃綾銷金桌衣二件。四天門銅香爐四個，紅油香盒四個。紅油桌四張，黃綾銷金桌衣四件。盛，瘞毛血白瓷盤三個，祝帛香磚池一方。

如遇耕耤，皇上親祭，設紅油酒胙桌二張，黃綾銷金桌衣二件。白瓷爵一隻，白瓷壺一把，白瓷盤一個，俱光祿寺預備。又拜褥二條，紅油拜牌三面。其餘器皿，與常祭同。

（清）伊桑阿等《（康熙）大清會典》卷一五七《太常寺下》

太歲壇，每年二祭，共白色禮神制帛二十六端。

先農壇，青色禮神制帛一端。

太歲壇，每年二祭，共用降真柱香二炷，粗降真香四斤十兩，炭餅二十個。

先農壇，用圓柱降真香二炷，降真香二十塊，粗降真香二斤六兩，炭餅十個。一年朔望，共用粗降真香一斤八兩，炭餅二十四個。

太歲壇，每年二祭，共用黃蠟六兩重三十二枝，三兩重二十枝，二兩重八十四枝，一兩重二十枝。

先農壇，用黃蠟六兩重四枝，三兩重十枝，二兩重三十枝。一年朔望，用二兩重四十八枝。

凡各祭祀需用粢盛、蔬菜等物，於先農壇地畝內取用。

太歲壇，用黍稷稻粱米各五升，麥麵、蕎麥麵各十斤，菁菜四斤六兩，芹菜二斤六兩，韭菜一斤十兩，葱八兩。

先農壇，用黍稷稻粱米各一升，麥麵、蕎麥麵各二斤，菁菜一斤六兩，芹菜十二兩，韭菜十二兩，葱六兩。

太歲壇，每祭供酒七十二瓶，滌魚酒二瓶，鹽磚五斤，白鹽二斤。

先農壇，供酒八瓶，滌魚酒一瓶，鹽磚一斤。遇耕耤供用同。

太歲壇，每祭應用果品，紅棗十斤，栗十三斤，榛仁八斤十二兩，菱米十五斤，芡實十七斤八兩，白糖一斤，花椒二兩，茴香二兩，蒔蘿一兩，薧魚八尾，醃魚十二斤八兩，大笋五塊。

太歲壇，用燔牲木柴一千七百斤，木炭六十斤。

先農壇，用燔牲柴四百六十斤，木炭十斤。

如遇耕耤，親祭之年，用木柴九百五十斤，木炭三十斤。

文廟，每祭用焚帛蘆葦八十斤。

太歲壇，每祭同。

先農壇，用焚帛蘆葦六十斤。

如遇耕耤，親祭之年，用同。

（清）伊桑阿等《（康熙）大清會典》卷一五七《太常寺二》

凡各祭祀需用木柴、木炭等物，俱照本寺行文，工部支取。前期二日，送至祭所。【略】

太歲壇，用燔牲木柴一千七百斤，木炭十斤。

先農壇，用燔牲木柴四百六十斤，木炭十斤。如遇耤，皇帝親祭，用木柴九百五十斤，木炭三十斤。【略】

凡各祭祀需用焚帛、蘆葦，俱本寺行文，大興、宛平二縣支取。【略】

太歲壇，每祭同先農壇，用焚帛蘆葦六十斤。如遇耕耤，親祭之年，用同。

（清）張廷玉等《明史》卷六五《志四一·輿服志一·耕根車》

耕根車，世宗朝始造。漢有耕車，晋曰耕根車，俱天子親耕所用。嘉靖十年，帝將耕耤田，詔造耕根車。禮官上言：考《大明集禮》，耕耤用宋制，乘玉輅，以耕根車載末耜同行。今考儀注，順天府官奉末耜及穜稑種置彩輿，先於祭前二日而出。今用耕根車以載末耜，宜令造車，於祭祀日早進呈，置末耜，先玉輅以行。第稽諸禮書，只有圖式，而無高廣尺寸。宜依今置車式差小，通用青質。從之。

（清）允祿等《（雍正）大清會典》卷二二六《內務府》

凡每年皇帝詣天壇、祈穀壇、先農壇致祭。輿前設引燈三對，門燈設十三對。

（清）允祿等《（雍正）大清會典》卷二三八《祭祀祝版玉帛》

凡每年各祭祀應用制帛，各有定數。

太歲壇，每年二祭，共白色禮神制帛二十六端。

先農壇，青色禮神制帛一端。

（清）允祿等《（雍正）大清會典》卷二三八《祭祀祝版玉帛》

凡每年各祭祀需用降真、沉速等香，及炭餅，各有定數。圓方降真柱香、降真塊香、粗細降真香、降真小塊香、檀香、沉速香，俱本寺行文戶部移取。

圓柱沉香、沉香餅、降真香餅、速香塊、圓柱速香、炭餅，俱本寺行文工部移取。

太歲壇，每年二祭，共用降真柱香二炷，粗降真香四斤十兩，炭餅二十八個。

先農壇，用圓柱降真香二炷，降真香二十塊，粗降真香二斤六兩，炭餅十個。一年朔望，共用粗降真香一斤八兩，炭餅二十四個。

如遇皇帝親詣耕耤，添降塊香二十塊，粗降香七斤十兩，炭餅十個。

凡每年各祭祀需用紅蠟、黃蠟，各有定數，共三千二百三十一斤四兩。

太歲壇，每年二祭，共用黃蠟六兩重三十二枝，三兩重二十枝，二兩重八十四枝，一兩重二十枝。

先農壇，用黃蠟六兩重四枝，三兩重十枝，二兩重三十枝。一年朔望，用二兩重四十八枝。

如遇皇帝親詣耕耤，添二兩重黃蠟七十枝，一斤重黃蠟四枝。

凡各祭祀需用粢盛、蔬菜等物，於先農壇地畝內取用。

太歲壇，用黍、稷、稻、粱米，各五升；麥麵、蕎麥麵，各十斤；菁菜，四斤六兩；芹菜，二斤六兩；韭菜，一斤十兩；葱，八兩。

先農壇，用黍、稷、稻、粱米，各一升；麥麵、蕎麥麵，各二斤；菁菜，一斤六兩；芹菜，十二兩；韭菜，十二兩；葱，六兩。

凡各祭祀需用酒鹽，俱本寺行文光禄寺移取。

太歲壇，每祭供酒七十二瓶，滌魚酒一瓶，鹽磚五斤，白鹽一斤。

先農壇，供酒八瓶，滌魚酒一瓶，鹽磚一斤。遇耕耤供用同。

（清）允禄、蔣溥等《清禮器圖式》卷一《祭器一》

乾隆十三年欽定祭器，先農壇盞用白色瓷，通高一寸八分，深一寸五分，口徑三寸五分，底徑一寸二分。

先農壇筐，編竹爲之，四周髹以漆黃色，高三寸二分，縱四寸五分，橫二尺二寸一分，足高七分，蓋高一寸一分。

天神壇陶爵用白色，瓷形制大小、花紋同天壇從位。凡報祭，每案加登一、鉶一、籩十豆十。天神壇用天壇從位之器，地祇壇用地壇從位之器。不足則取於先農壇、太歲壇以益之。以非本壇所具，故不圖而著其説於此。

天神壇籩，編竹爲之，以絹飾裏，頂及緣皆髹以漆黑色，形制大小同天壇正位。

天神壇豆用白色，瓷形制大小花紋同天壇正位。

天神壇筐，編竹爲之，四周髹以漆黑色，高三寸一分，縱四寸三分，橫二尺二寸三分，足高八分蓋，高一寸三分。

天神壇尊用白色，瓷形制大小同天壇正位。

太歲壇正位琖用白色，瓷形制大小同天壇從位。

太歲壇正位登用白色，瓷形制大小、花紋同天壇正位。

太歲壇正位鉶用白色，瓷形制大小、同天壇從位。

太歲壇正位簠用白色，瓷形制大小、花紋同天壇正位。

太歲壇正位簋用白瓷，形制大小、花紋同天壇正位。

（清）允祹等《大清會典則例》卷七五《禮部》

星辰、雲雨風雷、岳鎮海瀆，用太牢。【略】先農、先蠶、神祇、太歲【略】均用太牢。

祭器，先農、先蠶各壇之爵，社稷、日、月、先農、先蠶各壇，豆、登、簠、簋、鉶、尊均用陶。陶必辨其色，【略】先農用黃。

祭品，星辰、雲雨風雷、岳鎮海瀆、日月、前代帝王、先師、先農、先蠶、太歲，皆兼用太羹、和羹。

（清）秦蕙田《五禮通考》卷一四《吉禮一四・專祀岳鎮海瀆天下山川城隍・祭器》

國朝合祭岳鎮海瀆、天下山川、城隍及遣使分祀，每壇各尊三、籩八、豆八、簠二、簋二、登二。

玉幣，國朝望祀用幣，不用玉，諸王同。遣使奉祠岳鎮海瀆各降真香一炷，沉香一合，金香一合，共一斤；黃紵絲旛一對，幣帛一段，長丈有八尺。銀三十五兩。

牲。國朝合祭岳鎮海瀆、山川各用犢一、羊一、豕一。遣使代祀各廟并同。

酒齊。國朝合祭岳鎮海瀆、天下山川、城隍及遣使代祀，犧尊實醴齊，象尊實沉齊，山罍實事酒。

粢盛。宋祀岳鎮海瀆，簠實以黍稷，簋實以稻粱。祀山川，簠實以黍，簋實以稷。國朝合祭岳鎮海瀆、天下山川、城隍及遣使分祀，并如宋制。

籩豆之實。國朝合祭岳鎮海瀆於國城之南，及每歲遣使分祀各廟，并籩實以石鹽、魚鱐、棗、栗、榛、菱、芡、脯，豆實以韭菹、醓醢、菁菹、鹿醢、芹菹、兔醢、笋菹、魚醢。

(清)　秦蕙田《五禮通考》卷一五《吉禮一五・圜丘祀天》

牲幣，國朝用太牢，祭畢又設酒，六器於地。殺雄鷄，六瀝血豐。旗纛幣俱以黑。

祭器，國朝祭器：籩、豆各八，簠簋、登各一。

酒齊，國朝，酒尊三。犧尊實以醴齊，象尊實以沈齊，山罍實以事酒。

粢盛，國朝，簠實以黍稷，簋實以稻粱。

籩豆之實，國朝，籩實以石鹽、魚鱐、棗栗、榛菱、芡脯。豆實以韭菹、醓醢、菁菹、鹿醢、芹菹、兔醢、笋菹、魚醢。

(清)　秦蕙田《五禮通考》卷三六《吉禮三六・星辰》

風雲雷雨之祀，牲幣，太歲、風雲雷雨師各用一太牢，其幣則以白。祭器，太歲、風雲雷雨各用尊三、籩八、豆八、簠二、簋二。

酒齊，太歲、風雲雷雨酌尊皆同宋制。宋設尊其八；實五；齊三；酒其八，實明水元酒；酌尊、犧尊，實泛齊；象尊，實醴齊。

粢盛皆簠，實黍、稷；簋，實稻、粱。

籩豆之實皆籩，實以石鹽、乾魚、棗、栗、榛、菱、芡、鹿脯、白黑餅；豆，實以韭菹、醓醢、菁菹、鹿醢、芹菹、兔醢、笋菹、魚醢、脾析、菹豚拍。

(清)　秦蕙田《五禮通考》卷一二五《吉禮一二五・親耕享先農》

耒耜牛附，設御耒耜二具，依農家常用者製造，用青絹包裹。御耕牛四，衣以青衣。

(清)　于敏中《日下舊聞考》卷五五《城市・外城中城》

親耕耤田，合用田具什物黃龍口等犁牛具，順天府造辦。彩旗樂人禮部備辦。庶人絳衣、縶履、巾襪并大紅紗滿紅燈祭器工部修造。教坊司合用樂器銅鑼四面，黑油腔大鼓四面，小鼓二面，黑油腔觱子四面，白鐵鈎青綿繩穿紅油木枒四把，木叉四把，掃帚四把，斗蓬四個，蓑衣四領，黑油杠四根，青綿花繩四根。《明嘉靖祀典》。

駕祀先農，躬耕耤田，工部題請將黃龍口犁、黃犍牛、黃絨鞭、黃套索各一，紅犁、黃牛、紅絨鞭、紅套索各十二，鐵箸、鐵枚、木枚、竹筐、米篩、竹箕、荊筐、掃苗掃帚、簸箕各十，耙二副，行順天府辦送。《水部備考》。

（清）嵇璜等《續文獻通考》卷九七《王禮考》

宗廟、社稷、先農、山川用紅文綺表，紅木棉布裹爲褥。

（清）薩迎阿等《欽定禮部則例》卷一〇六《祠祭清吏司・先農壇祭器》

先農壇：爵三，用陶，黃色瓷，通高四寸六分，深二寸四分；兩柱高七分，三足，相距各一寸八分，高二寸。盞三十，用陶，白色瓷，通高一寸八分，深一寸五分，口徑三寸五分，底徑一寸二分。登一，用陶，黃色瓷，通高六寸一分，深二寸一分，口徑五寸，校圍六寸六分，足徑四寸五分，蓋高一寸八分，徑四寸五分，頂高四分。鉶二，用陶，黃色，瓷高三寸九分，深三寸六分；口徑五寸，底徑三寸三分，足高一寸三分，兩耳蓋高二寸五分。上有三峰，高九分。簠二，用陶，黃色瓷，通高四寸四分，深二寸三分；口縱六寸五分，橫八寸；底縱四寸四分，橫六寸，兩耳蓋高一寸六分，口縱橫與器同。上有棱四周，縱四寸八分，橫六寸四分，亦附以耳。簋二，用陶，黃色瓷，通高四寸六分，深二寸三分，口徑七寸二分，底徑六寸一分，兩耳蓋高一寸八分，徑與口徑同。上有棱四出，高一寸三分。籩十，用竹。以絹飾裏頂及緣，皆髹以漆，黃色，通高五寸八分，深九分，口徑五寸，足徑四寸五分，蓋高二寸一分，徑與口徑同。頂正圓，高五分。豆十，用陶，黃色瓷，通高五寸五分，深一寸七分，口徑五寸，校圍六寸六分，足徑四寸五分，蓋高二寸三分，徑與口徑同。頂爲絢紐，高六分。筐一，用竹，髹以漆，黃色，高三寸二分，縱四寸五分，橫二尺二寸一分，足高七分，蓋高一寸一分。俎一，用木，髹以漆紅色，中區爲三，錫裏，外銅鐶四，八足，有跗，縱六凡有奇，橫三尺二寸，通高二尺六寸有奇。尊一，用陶，黃色瓷，通高八寸四分，口徑五寸一分，腹圍二尺三寸七分，底徑四寸三分，足高二分，兩耳爲犧首形。

天神、地祇、太歲三壇祭器。神祇二壇，凡報祭，每案加登一、鉶二、簠二、簋二，用籩十、豆十，各用天壇、地壇從位之器。不足，則取於先農壇以益之。

天神壇：四案，爵共十二，用陶。白色瓷，通高四寸六分，深二寸四分，兩柱高七分，三足，相距各一寸八分，高二寸。籩各十，用竹。以絹飾裏頂及緣，皆髹以漆，黑色，通高五寸八分，深九分，口徑五寸，足徑四寸五分，蓋高二寸一分，徑與口徑同，頂正圓，高五分。豆各十，用陶，白色瓷，通高五寸五分，深一寸七分，口徑五寸，校圍六寸六分，足徑四寸五分，蓋高二寸三分，徑與口徑同，頂爲絢紐，高六分。筐各一，用竹，髹以漆，黑色，高三寸一分，縱四寸三分，橫二尺二寸三分，足高八分，蓋高一寸三分。俎各一，用木，髹以漆，紅色，中區爲三，錫裏，外銅鐶四，八足，有跗，縱六尺有奇，橫三尺二寸，通高二尺六寸有奇。尊各一，用陶，白色瓷，通高八寸四分，口徑五寸一分，腹圍二尺三寸七分，底徑四寸三分，足高二分，兩耳爲犧首形。

地祇壇：七案，爵共八十一，用陶，白色瓷，通高四寸六分，深二寸四分，兩柱高七分，三足，相距各一寸八分，高二寸。籩各十，用竹，以絹飾裹頂及緣，皆髹以漆，黑色，通高五寸八分，深九分，口徑五寸，足徑四寸五分，蓋高二寸一分，徑與口徑同，頂正圓，高五分。豆各十，用陶，白色瓷，通高五寸五分，深一寸七分，口徑五寸，校圍六寸六分，足徑四寸五分，蓋高二寸三分，徑與口徑同，頂爲絢紐，高六分。篚各一，用竹，髹以漆，黑色，高三寸一分，縱四寸三分，橫二尺二寸三分，足高八分，蓋高一寸三分。俎各一，用木，髹以漆，紅色，中區爲三，錫裏，外銅鐶四，八足，有跗，縱六尺有奇，橫三尺二寸，通高二尺六寸有奇。尊各一，用陶，白色瓷，通高八寸四分，口徑五寸一分，腹圍二尺三寸七分，底徑四寸三分，足高二分，兩耳爲犧首形。

太歲壇：正位爵三，用陶，白色瓷，通高四寸六分，深二寸四分，兩柱高七分，三足相距各一寸八分，高二寸。盞三十，用陶，白色瓷，通高一寸九分，深一寸五分，口徑三寸四分，足徑一寸二分。登一，用陶，白色瓷，通高六寸一分，深二寸一分，口徑五寸，校圍六寸六分，足徑四寸五分，蓋高一寸八分，徑四寸五分，頂高四分。鉶二，用陶，白色瓷，高三寸九分，深三寸六分，口徑五寸，底徑三寸三分，足高一寸三分，兩耳蓋高二寸五分，上有三峰，高九分。簠二，用陶，白色瓷，通高四寸四分，深二寸三分，口縱六寸五分，橫八寸，底縱四寸四分，橫六寸，兩耳蓋高一寸六分，口縱橫與器同，上有棱四，周縱四寸八分，橫六寸四分，亦附以耳。簋二，用陶，白色瓷，通高四寸六分，深二寸三分，口徑七寸二分，底徑六寸一分，兩耳蓋高一寸八分，徑與口徑同，上有棱四出，高一寸三分。籩十，用竹，以絹飾裹頂及緣，皆髹以漆，黑色，通高五寸八分，深九分，口徑五寸，足徑四寸五分，蓋高二寸一分，徑與口徑同，頂正圓，高五分。豆十，用陶，白色瓷，通高五寸五分，深一寸七分，口徑五寸，校圍六寸六分，足徑四寸五分，蓋高二寸三分，徑與口徑同。頂爲絢紐，高六分。篚一，用竹，髹以漆，黑色，高三寸一分，縱四寸三分，橫三尺二寸三分，足高八分，蓋高一寸三分。俎一，用木，髹以漆，紅色，中區爲三，錫裏，外銅鐶四，八足，有跗，縱六尺有奇，橫三尺二寸，通高二尺六寸有奇。尊一，用陶，白色瓷，通高八寸四分，口徑五寸一分，腹圍二尺三寸七分，底徑四寸三分，足高二分，兩耳爲犧首形。兩廡，四案，爵各三，用陶，白色瓷，通高四寸六分，深二寸四分，兩柱高七分，三足相距各一寸八分，高二寸。盞各三十，用陶，白色瓷，通高一寸九分，深一寸五分，口徑三寸四分，足徑一寸二分。登各一，用陶，白色瓷，通高六寸一分，深二寸一分，口徑五寸，校圍六寸六分，足徑四寸五分，蓋高一寸八分，徑四寸五分，頂高四分。鉶各二，用陶，白色瓷，高三寸九分，深三寸六分，口徑五寸，底徑三寸三分，足高一寸三分，兩耳蓋高二寸五分。上有三峰，高九分。簠各二，用陶，白色瓷，通高四寸四分，深二寸三分，口縱六寸，五分橫八寸，底縱四寸四分，橫六寸，兩耳蓋高一寸六分，口縱橫與器同，上有棱四，周縱四寸八分，橫六寸四分，亦附以耳。簋各二，用陶，白色瓷，通高四寸六分，深二寸三分，口徑七寸二分，底徑六寸一分，兩耳蓋高一寸八分，徑與口徑同。上有棱四出，高一寸三分。籩各十，用竹，以絹飾裹頂及緣，皆髹以漆，黑色，通高五寸八分，深九分，口徑五寸，足徑四寸五分，蓋高二寸一分，徑與口徑同。頂正圓，高五分。豆各十，用陶，白色瓷，通高五寸五分，深一寸七分，口徑五寸，校圍六寸六分，足徑四寸五分，蓋高二寸三分，徑與口徑同，頂爲絢紐，高六分。筐各一，用竹，髹以漆，黑色，高三寸一分，縱四寸三分，橫二尺二寸三分，足高八分，蓋高一寸三分。俎各一，用木，髹以漆，紅色，中區爲三，錫裏，外銅鐶四，八足，有跗，縱六尺有奇，橫三尺二寸。通高二尺六寸有奇。尊各一，用陶，白色瓷，通高八寸四分，口徑五寸一分，腹圍二尺三寸七分，底徑四寸三分，足高二分，兩耳爲犧首形。

（清）昆岡等《大清會典事例》卷四一五

陳玉帛。祭先農、先蠶，均禮神制帛一，色青；祀天神、雲雨風雷，爲四壇，禮神制帛四，色青、白、黑、黃各一；祭地祇、岳鎮海瀆及五陵出，爲五壇；京畿名山大川、天下名山大川，爲四壇，禮神制帛二十有七，色青三、赤三、黃二、黑七、白十有二；祀太歲正位，禮神制帛一，兩廡四壇，每壇一案，每案禮神制帛三，色皆白。

祭器。乾隆十二年遵旨議定：日、月、先農、先蠶各壇之爵用陶，社稷、日、月、先農、先蠶各壇豆、登、籃、簋、鉶、尊均用陶。又，祭品用陶，必辨其色。社稷、先農用黃。

祭品。先農、先蠶、太歲皆兼用太羹、和羹。

（三）祭祀禮儀

禮儀沿革

（明）陳鶴《明紀》卷三七《穆宗紀一》

（隆慶三年正月）臣議郊社及配享祔廟諸禮言：天地分祀不必改，既祭先農，不當復祈穀西苑。

（明）章潢《圖書編》卷一〇二《祀岳鎮海瀆天下山川城隍》

岳鎮海瀆之祀，【略】國朝既於方丘，以岳鎮海瀆、天下山川從祀，復於春秋清明霜降日，遣官專祀岳鎮海瀆、天下山川於國城之南。而以京師及天下城隍附祭焉。至於外郡山川，亦列祀典。若國有所祈禱，則又遣使降香專祀於其本界之廟。若夫山川之在王國，城隍之在郡縣者，則自以時致祭。

（明）章潢《圖書編》卷一〇二《祭神祇舊名山川》

《周禮》以槱燎祀風師、雨師。東漢令郡邑皆以丙戌日祀風師於戌地，以己丑日祀雨師於丑地，牲用羊豕。《王制》：諸侯祭名山大川之在其地者。唐制諸郡風伯壇在社壇之東，雨師壇在社壇之西，用羊一，籩、豆八，簠、簋六。天寶五載，詔祝雨師，宜以雷師同壇。宋，風師一壇二十五步，雨師、雷師二壇同壝。政和中，有司言，社稷五祀，先薦爓，次薦熟；風師、雨師，止薦熟。從之。元以立春後丑日祭風師，立夏後甲日祭雨師、雷師。國朝加祀雲，以雨所由興也。山川歷代惟四望，未有壇。城隍，自三國以來，因事而祭，代有其文。其立祠，則見於唐李德裕之在成都。宋以來，天下通祀。高祖洪武元年，令郡縣各立山川壇，制與社稷同。嘉靖九年，奉制更神之序曰：風雲雷雨行乎天山川麗乎，地其氣，則相感相成，以育萬物，成歲功而阜民用。報祀之典，咸不可略也。城隍，民之衛也。爲民舉祀，故雖有廟，復列於壇。蓋國朝祀典，視前代益周矣。

（明）申時行等《大明會典》卷八五《禮部四三·神祇》

國初，建山川壇於天地壇之西，【略】洪武二年，封京都及天下城隍神。三年，正岳鎮海瀆、城隍諸神號。合祀太歲、月將、風雲雷雨、岳鎮海瀆、山川、城隍、旗纛諸神。又令每歲用驚蟄、秋分各後三日，遣官祭山川壇諸神。【略】七年，令春、秋仲月上旬擇日祭。未幾，以諸神從祀南郊，省春祭。十年，令中七壇上親行禮，餘以功臣分祀。永樂中，建山川壇，位置、陳設悉如南京舊制，惟正殿鍾山之右增祀天壽山神。嘉靖八年，令以每歲孟春及歲暮，特祀太歲、月將之神，與享太廟同日。凡親祀山川等神皆用皮弁服行禮，以別於郊廟。九年，更風雲雷雨之序曰：雲雨風雷，又分雲師、雨師、風伯、雷師以爲天神，岳鎮海瀆、鍾山、天壽山、京畿并天下名山大川之神以爲地祇。每歲仲秋中旬，擇吉行報祭禮，同日异時而祭城隍神於其廟。十年，建天神、地祇壇於先農壇之南。天神在左，南向。地祇在右，北向。附祖陵基運山、皇陵翔聖山、顯陵純德山神於地祇壇，并號鍾山曰神烈山。十一年，令神祇壇以丑、辰、未、戌三年一親祭。隆慶元年，議罷，惟太歲月將特祭於山川壇如初。

（明）申時行等《大明會典》卷九二《禮部五〇·群祀二·先農》

洪武二年，始建先農壇於山川壇西南。列爲大祀，每歲親祭。遂耕耤田，以后稷氏配。已又奉仁祖配。後改中祀，止遣應天府官致祭，不設配位。祭畢，猶親耕耤田。永樂定都，建壇如南京。遣順天府官致祭。自後遇登極，初行耕耤禮，則親祭。每歲以仲春上戊日，遣官致祭。嘉靖十六年，諭：凡親耕，則戶部尚書先祭先農。上至，止行三推禮。萬曆四年，改鑄神祇壇祠祭署印，爲先農壇祠祭署印。仍掌行耕耤事務。

（明）王圻《續文獻通考》卷一〇八《郊社考·祭星辰風雨》

皇明國初，令各祀太歲，及四季月將、風雲、雷雨、岳鎮、海瀆、山川、城隍、旗纛、諸神。嘗建山川壇於天地壇之西，正殿七壇，曰太歲，曰風雲雷雨，曰五岳，曰四鎮，曰四海，曰四瀆，曰鍾山。兩廡從，祀六壇。左京畿山川，夏冬季月將。右都城隍，春秋季月將。西南有先農壇，東有旗纛廟，南有耤田。至是，始議爲一壇春秋專祭。先是，上親祀之。至是，始遣官祭。乃春用驚蟄後三日，秋用秋分後三日。

是日，上皮弁，御奉天殿降香，中嚴升御殿。獻官復命解嚴，還宮。

太祖乃定祭太歲於山川壇之正殿，而以春、夏、秋、冬四月將分祀兩廡。或謂月將非經見者。【略】至洪武七年申寅，令仲春、秋上旬擇日祭。未幾，以諸神從祀南郊。遂省春祭。是年夏六月，始正岳鎮海瀆及各城隍等稱號，【略】凡岳鎮海瀆，并去前代所封名號。山水以山水本名稱其神。郡縣城隍神號，一體改正。歷代忠臣烈士，亦依當時初封，以爲實號。後世謚封美稱，皆與革去。【略】未幾，復降儀注：凡府、州、縣新官到任，必先宿齋城隍廟，謁神與誓在陰陽表裏，以安下民。而祀祝之文、禮儀之詳，備載《大明集禮》。

（清）孫承澤《天府廣記》卷六《先農壇》

隆慶元年，禮官言：先農之祭，即祈穀遺意，宜罷祈穀，於先農壇行事。大享禮亦宜罷。詔可。

（清）孫承澤《天府廣記》卷八《先農壇》

漢耕於巨定、於弄田、於定陶、於下邳，無定所。唐戒近郊，履千畝，行九推。宋耕數十步，或十有二畦，無定數。至明而其制始備。

（清）谷應泰《明史紀事本末》卷五一《更定祀典》

世宗嘉靖九年二月，給事中夏言請更郊祀：洪武初，中書省臣李善長等進郊社宗廟議，分祭天地於南北郊，冬至則祀昊天上帝於圜丘，以大明、夜明、星、太歲從；夏至則祀地於方澤，以五岳、五鎮、四海、四瀆從。德祖而下四代，各爲廟，廟南向，以四時孟月及歲除凡五享，孟春特祭於各廟。孟夏、孟秋、孟冬、歲除則合祭於高祖廟。祀社稷以春、秋二仲月上戊日。太祖從之。行之十年，水旱不時，多災異。太祖曰：天地，猶父母也。泥其文而情不安，不可謂禮。乃以冬至合祀天地於奉天殿，列朝仍之。【略】

（嘉靖）十五年二月，纂修祀儀成。自天地、日月、神祇、帝王、社稷及禘祫、先師、先農諸祀，悉爲分類。成書，首冠祀壇圖制及宸諭詩歌，中書禮儀、禮器、樂舞、樂章，末附諸王表箋、群臣疏頌。于是，侍讀學士廖道南撰《禋頌》九章以獻。

穆宗隆慶元年，禮官言：先農之祭，即祈穀遺意。今二祀并行於仲春，不無煩數，宜罷。祈穀於先農壇行事，大享禮亦宜罷。詔可，惟四郊如舊。

（清）萬斯同等《明史》卷五一《志二五·禮志九·吉禮九·城隍》

明初，承無之舊。洪武二年，禮部奏：城隍之祀，莫詳其始。【略】今宜祔祭於岳瀆諸神之壇。又命加以封爵。京都城隍爲承天鑒國司民升福明靈王。【略】三年，詔革去封號，止稱某府州縣城隍之神。【略】六年，製中都城隍神主成，遣兵部尚書樂《韶鳳》，奉香幣，往奉安之祭。用牛、羊、豕各一。其在京師者，既祔享於山川壇，又於二十年改建廟。【略】二十一年，以從祀太祀殿，罷山川壇春祭，惟仲秋祭之。永樂中，建壇廟京師。廟建於都城之西，中爲大威靈祠塑神像，後爲寢祠，左右爲掌善惡二司，兩廡十八司，前爲闓威門，外左右爲鐘鼓樓，東西爲道房，又前爲順德門，又前爲都城隍門。嘉靖九年，罷山川壇從祀，歲以仲秋祭旗纛日并祭都城隍之神。凡遇聖誕節及五月十一日神誕，皆遣太常寺堂上官行禮。國有大災，則告廟。

(清) 李衛《 (雍正) 畿輔通志》卷一一

按歷代耕耤之制，載在經史。漢耕於鉅定、於美田、於定陶、於下邳，無定所。唐戒近郊，履千畝，行九推。宋耕數十畝，或十有二畦，無定數。明制稍備。我世祖章皇帝順治十一年，親享先農，行耕耤禮。聖祖仁皇帝康熙十一年，親享先農，行耕耤禮。皇上恪共祀事，珍重農功。於雍正二年，親載未耜，舉行大典。以後每歲躬耕，并敕各省守土之官，俱行耕耤之禮。愷澤敷天，和遠召，頻生嘉穀，屢慶豐年，禾黍呈祥，或一莖十有餘穗，或一稃二米洎。亙古未有之盛事也。

(清) 李衛《 (雍正) 畿輔通志》卷四九

風雲雷雨、山川壇位向詳京師卷，各州邑祀同。

按漢、唐、宋，風、雷、雨皆各立壇以祭，均未及雲。明洪武二年，詔風雲雷雨合爲一壇。六年，風雲雷雨、山川共爲一壇。八年，又以城隍合祭於壇。本朝康熙五十四年敕建風伯、雨師二廟。雍正六年，各立廟以祭。

先農壇。位向詳京師卷，各州邑俱在東郊。

雍正四年八月奉敕，直省舉行耕耤禮，各該地方設立先農壇。自雍正五年爲始，每歲仲春亥日，府尹督撫及府州縣衛所等官，率所屬及鄉耆老農詣壇虔祀。各官次第扶犁，老農終畝，所以豐登大有，歲歲頻書。

都城隍廟。位向詳京師卷。清明、中元、下元專祭，春秋祭風雲雷雨壇，請神位，復合祭二次。各州邑祀同。

(清) 張廷玉等《明史》卷四九《志二五·禮志三·吉禮三·先農》

洪武元年諭廷臣以來春舉行耤田禮。於是禮官錢用壬等言，漢鄭玄謂王社在耤田之中。唐祝欽明雲先農即社。宋陳祥道謂社自社，先農自先農。耤田所祭乃先農，非社也。至享先農與躬耕同日，禮無明文。惟《周語》曰農正陳耤禮。而韋昭注雲祭其神爲農祈也。至漢以耤田之日祀先農，而其禮始著。由晉至唐、宋相沿不廢。政和間，命有司享先農，止行親耕之禮。南渡後，復親祀。元雖議耕耤，竟不親行。其祀先農，命有司攝事。今議耕耤之日，皇帝躬祀先農。禮畢，躬耕耤田。以仲春擇日行事。從之。

二年二月，帝建先農壇於南郊，在耤田北。親祭，以后稷配。器物祀儀與社稷同。祀畢，行耕耤禮。御未耜二具，韜以青絹，御耕牛四，被以青衣。禮畢，還大次。應天府尹及上元、江寧兩縣令率庶人終畝。是日宴勞百官耆老於壇所。十年二月遣官享先農，命應天府官率農民耆老陪祀。二十一年更定祭先農儀，不設配位。

永樂中，【略】每歲仲春上戊，順天府尹致祭。後凡遇登極之初，行耕耤禮，則親祭。

弘治元年，定耕耤儀。前期百官致齋。順天府官以耒耜及種稑種進呈，內官仍捧出授之，由午門左出，置彩輿，鼓樂，送至耤田所。至期，帝翼善冠黃袍，詣壇所具服殿，服衮冕，祭先農。畢，還，更翼善冠黃袍。太常卿導引至耕耤位，南向立。三公以下各就位，戶部尚書北向跪進耒耜，順天府官北向跪進鞭。帝秉耒，三推三反訖。戶部尚書跪受耒耜，順天府官跪受鞭，太常卿奏請復位。府尹挾青箱以種子播而覆之。帝御外門，南向坐，觀三公五推，尚書九卿九推。太常卿奏耕畢，帝還具服殿，升座。府尹率兩縣令耆老人行禮畢，引上中下農夫各十人，執農器朝見，令其終畝。百官行慶賀禮，賜酒餕。三品以上丹陛上東西坐，四品以下臺下坐，并宴勞耆老於壇旁。宴畢，駕還宮。大樂鼓吹振作，農夫人賜布一匹。

嘉靖十年，帝以其禮過煩，命禮官更定。迎神送神止行二拜。先二日，順天府尹以耒耜種稑種置彩輿，至耕耤所，并罷百官慶賀。後又議造耕根車載耒耜，府尹於祭日進呈畢，以耒耜載車內前玉輅行。其御門觀耕，地位卑下，議建觀耕臺一。詔皆可。後又命墾西苑隙地爲田。建殿曰無逸，亭曰豳風，又曰省耕，曰省斂，倉曰恒裕。禮部上郊廟粢盛支給之數，因言：“南郊耤田，皇上三推，公卿各宣其力，較西苑爲重。西苑雖農官督理，皇上時省耕斂，較耤田爲勤。請以耤田所出，藏南郊圓廩神倉，以供圜丘、祈穀、先農、神祇壇、長陵等陵、歷代帝王及百神之祀。西苑所出，藏恒裕倉，以供方澤、朝日、夕月、太廟、世廟、太社稷、帝社稷、禘祫、先蠶及先師孔子之祀。”從之。十六年諭凡遇親耕，則戶部尚書先祭先農。皇帝至，止行三推禮。三十八年罷親耕，惟遣官祭先農。四十一年并令所司勿復奏。隆慶元年，罷西苑耕種諸祀，皆取之耤田。

（清）張廷玉等《明史》卷四九《志二五‧禮志三‧吉禮三‧太歲月將風雲雷雨之祀》

古無太歲、月將壇宇之制，明始重其祭。增雲師於風師之次，亦自明始。太祖既以太歲諸神從祀圜丘，又合祭群祀壇。已而命禮官議專祀壇壝。禮臣言：太歲者，十二辰之神。按《說文》，歲字從步從戌。木星一歲行一次，歷十二辰而周天，若步然也。陰陽家說，又有十二月將，十日十二時所直之神，若天乙、天罡、太乙、功曹、太冲之類。雖不經見，歷代因之。元每有大興作，祭太歲、月將、日直、時直於太史院。若風師、雨師之祀，見於《周官》，後世皆有祭。唐天寶中，增雷師於雨師之次。宋、元因之。然唐制各以時別祭，失享祀本意。宜以太歲、風雲雷雨諸天神合爲一壇，諸地祇爲一壇，春秋專祀。乃定驚蟄、秋分日祀太歲諸神於城南。三年復以諸神陰陽一氣，流行無間，乃合二壇爲一，而增四季月將。又改祭期，與地祇俱用驚蟄、秋分後三日。

嘉靖十年命禮部考太歲壇制。禮官言：“太歲之神，唐、宋祀典不載，元雖有祭，亦無常典。壇宇之制，於古無稽。太歲天神，宜設壇露祭，准社稷壇制而差小。"從之。遂建太歲壇於正陽門外之西，與天壇對。中，太歲殿。東廡，春、秋月將二壇。西廡，夏、冬月將二壇。帝親祭於拜殿中。

(清) 張廷玉等《明史》卷四九《志二五・禮志三・吉禮三・神祇壇》

洪武二年，從禮部尚書崔亮言，建天下神祇壇於圜丘壇外之東，及方丘壇外之西。郊祀前期，帝躬詣壇，設神位，西向，以酒脯祭告。郊之日，俟分獻從祀將畢，就壇以祭。後定遣官預告。又建山川壇於正陽門外天地壇西，合祀諸神。凡設壇十有九，太歲、春夏秋冬四季月將爲第一，次風雲雷雨，次五岳，次五鎮，次四海，次四瀆，次京都鍾山，次江東，次江西，次湖廣，次淮東、淮西，次浙東、浙西、福建，次廣東、廣西、海南、海北，次山東、山西、河南、河北，次北平、陝西，次左江、右江，次安南、高麗、占城諸國山川，次京都城隍，次六纛大神、旗纛大將、五方旗神、戰船、金鼓、銃、弓弩、飛槍、飛石、陣前陣後諸神，皆躬自行禮。先祭，禮官奏：祝文，太歲以下至四海，凡五壇稱臣者，親署御名。其鍾山諸神稱餘者，請令禮官代署。帝曰：朋友書牘，尚親題姓名，況神明乎？遂加親署。後又定驚蟄、秋分後三日，遣官祭山川壇諸神。七年令春、秋仲月上旬，擇日以祭。九年復定山川壇制，凡十三壇。正殿，太歲、風雲雷雨、五岳、五鎮、四海、四瀆、鍾山七壇。東西廡各三壇，東，京畿山川、夏冬二季月將。西，春秋二季月將、京都城隍。十年定正殿七壇，帝親行禮，東西廡遣功臣分獻。二十一年增修大祀殿諸神壇壝。乃敕十三壇諸神并停春祭，每歲八月中旬，擇日祭之。命禮部更定祭山川壇儀，與社稷同。永樂中，京師建山川壇并同南京制，惟正殿鍾山之右，益以天壽山之神。

嘉靖十一年，改山川壇名爲天神地祇壇，改序雲師、雨師、風伯、雷師。天神壇在左，南向，雲雨風雷，凡四壇。地祇壇在右，北向，五岳、五鎮、基運翊聖神烈天壽純德五陵山、四海、四瀆，凡五壇。從祀，京畿山川，西向。天下山川，東向。以辰、戌、丑、未年仲秋，皇帝親祭，餘年遣大臣攝祭。其太歲、月將、旗纛、城隍，別祀之。十七年加上皇天上帝尊稱，預告於神祇，遂設壇於圜丘外壇東南，親定神祇壇位，陳設儀式。禮部言：皇上親獻大明壇，則四壇分獻諸臣，不敢并列。請先上香畢，命官代獻。帝裁定，上香、奠帛、獻爵復位後，分獻官方行禮。亞、終二獻，執事官代，餘壇俱獻官三行。隆慶元年，禮臣言：天神、地祇已從祀南北郊，其仲秋神祇之祭，不宜復舉。令罷之。

(清) 張廷玉等《明史》卷四九《志二五・禮志三・吉禮三・岳鎮海瀆山川之祀》

洪武二年，太祖以岳瀆諸神合祭城南，未有專祀。又享祀之所，屋而不壇，非尊神之道。禮官言：虞舜祭四岳，《王制》始有五岳之稱。《周官》兆四望於四郊，《鄭注》以四望爲五岳四鎮四瀆。《詩序》巡狩而禮四岳河海，則又有四海之祭。蓋天子方望之事，無所不通。而岳鎮海瀆，在諸侯封内，則各祀之。秦罷封建，岳瀆皆領於祠官。漢復建諸侯，則侯國各祀其封内山川，天子無與。武帝時，諸侯或分或廢，五岳皆在天子之邦。宣帝時，始有使者持節祠岳瀆之禮。由魏及隋，岳鎮海瀆，即其地立祠，有司致祭。唐、宋之制，有命本界刺史、縣令之祀，有因郊祀而望祭之祀，又有遣使之祀。元遣使祀岳鎮海瀆，分東西南北中爲五道。今宜以岳鎮海瀆及天下山川城隍諸地祇合爲一壇，與天神坿，春秋專祀。遂定祭日以清明霜降。前期一日，皇帝躬省牲。至日，服通天冠絳紗袍，詣岳鎮海瀆前，行三獻禮。山川城隍，分獻官行禮。是年命官十八人，祭天下岳鎮海瀆之神。帝皮弁御奉天殿，躬署御名，以香祝授使者。百官公服，送至中書省，使者奉以行。黄金合貯香，黄綺幡二，白金二十五兩市祭物。

三年，詔定岳鎮海瀆神號。略曰：爲治之道，必本於禮。岳鎮海瀆之封，起自唐、宋。夫英靈之氣，萃而爲神，必受命於上帝，豈國家封號所可加？瀆禮不經，莫此爲甚。今依古定制，并去前代所封名號。五岳稱東岳泰山之神，南岳衡山之神，中岳嵩山之神，西岳華山之神，北岳恒山之神。五鎮稱東鎮沂山之神，南鎮會稽山之神，中鎮霍山之神，西鎮吴山之神，北鎮醫無閭山之神。四海稱東海之神，南海之神，西海之神，北海之神。四瀆稱東瀆大淮之神，南瀆大江之神，西瀆大河之神，北瀆大濟之神。帝躬署名於祝文，遣官以更定神號告祭。六年，禮臣言：四川未平，望祭江瀆於峽州。今蜀既下，當遣人於南瀆致祭。從之。十年，命官十八人分祀岳鎮海瀆，賜之制。

（清）張廷玉等《明史》卷四九《志二五・禮志三・吉禮三・城隍》

（洪武）三年，詔去封號，止稱某府州縣城隍之神。又令各廟屏去他神。定廟制，高廣視官署廳堂。造木爲主，毀塑像舁置水中，取其泥塗壁，繪以雲山。六年，制中都城隍神主成，遣官賫香幣奉安。京師城隍既附饗山川壇，又於二十一年改建廟。尋以從祀大祀殿，罷山川壇春祭。永樂中，建廟都城之西，曰大威靈祠。嘉靖九年，罷山川壇從祀，歲以仲秋祭旗纛日，并祭都城隍之神。凡耶誕節及五月十一日神誕，皆遣太常寺堂上官行禮。國有大災則告廟。

（清）張廷玉等《明史》卷五〇《志二六・禮志四・吉禮四・旗纛》

旗纛之祭有四，【略】其三，旗纛廟在山川壇左。初，旗纛與太歲諸神合祭於城南。九年別建廟。每歲仲秋，天子躬祀山川之日，遣旗手衛官行禮。【略】祭物視先農，帛七，黑二、白五。瘞毛血、望燎，與風雲雷雨諸神同。祭畢，設酒器六於地，刺雄鷄六，瀝血以釁之。

（清）張廷玉《清文獻通考》卷九七《郊祀考七・天神太歲》

臣等謹按：馬端臨以風師、雨師諸祀附見星辰門。蓋本《周禮・槱燎》之文，鄭氏箕星、畢星之説。伏考我朝定制，初，立天神壇於地祇壇之東，壇制詳本卷，地祇又互見山川門。合祀風雲雷雨天神。又奉世宗聖諭，特於城和防之地，崇建專祠，俾雨暘時若，協應休徵，典至巨也。至太歲之祀，明初禮臣建議，援引歲星應十二辰一周天爲説，謂即十二辰之神。今則祈雨報祭，恒恪防將事傳曰：日月星辰之神。則雪霜風雨之不時。于是乎，祭之稽其義類，蓋爲相近，謹仍次星辰之後以見。

國家稽合古制，明禮祈福。凡以溥利蒼黎，亦《洪範》從星之義也。

順治元年，定每歲致祭太歲壇之禮。

三年正月，遣官祭太歲、月將之神。歲暮，遣祭同。自是年以後，遣祭并同。十四年五月，以旱。遣官致祭。

神祇壇甘霖有應，遣官告謝。

（順治）三年正月，遣官祭太歲月將之神。歲暮遣祭同。自是年以後，遣祭，并同。

十四年五月，以旱，遣官致祭神祇壇。甘霖有應，遣官告謝。

康熙三十五年二月，聖祖仁皇帝征噶爾丹，遣官致祭太歲之神，行軍之禮。皇帝親征，豫日告祭，遣官致祭太歲。凱旋，祇告如之。

（雍正）七年二月，世宗憲皇帝親祭先農壇，詣太歲殿上香。

乾隆元年十二月歲暮，祭太歲壇，遣親王行禮。舊制，例逗太常寺堂官主祭。是年太常寺照例題請。諭，遣誠親王允祕行禮。又以次年囂盎致祭請。奉諭，遣和親王弘晝行禮。

七年五月祈祀神祇壇，增用樂章。

十六年，增定致祭太歲壇上香之儀。舊例，春、冬致祭不上香。是年，禮部議奏：太歲、月將同屬天神，則升馨求陽，不應與他祭。異況偶逢祈雨，致祭儀注見載上香。其春、冬二祭應行上香禮，兩廡分獻并同。從之。

十八年，定太歲殿供奉神牌之禮。舊例，祭時以黃紙書年、建神牌。祭畢，與祝帛同焚。至是，禮部奏請於殿廡内供奉神牌，神龕前列神座。祭時，請神牌，奉安神座。祭畢，復龕。恭遇皇上上香時，不請神牌出龕。庶於禮意、允協。奉諭旨：太歲、月將神牌，照所奏，安奉天神地祇；先農神牌，亦俱應安奉於正屋。嗣是遵行，永爲定制。

是歲，改定太歲壇祈雨樂章。【略】

二十年，定太歲壇遣親王、郡王行禮。【略】

二十一年，定太歲壇兩廡分獻，遣太常寺堂官行禮。舊例，太常寺派廳員行禮。及是，太常寺奏言：承祭之官既改遣親王、郡王，而兩廡分獻仍派廳員，於體制未協。請嗣後用臣寺堂官分獻，臨時奏派。從之。

（清）張廷玉《清文獻通考》卷一〇一《郊社考十一‧耤田祭先農儀注附》

臣等謹按：耤田之制，上以奉粢盛，下以劭農事。稽古簡牒，其典巨矣。我朝重農務耕，以開王業。舉先農之祀，開千畝之耤，冕而秉耒，於古有加焉。逮夫今日，禮益備，事益勤，推之郡邑，莫不順時循典，以敬從事。又舉先蠶祀禮，躬桑令典務食之源，重衣之本，以率天下，粟帛豐贏，婦子恬熙，此其端與。

順治十年三月，詔舉行先農祀典。

（順治）十一年二月，世祖章皇帝行耕耤禮，親祭先農壇。

康熙十一年二月，聖祖仁皇帝行耕耤禮，親祭先農壇。禮儀與順治十一年同。前期，遣官祇告奉先殿。

雍正二年二月，世宗憲皇帝行耕耤禮，親祭先農壇。禮儀與康熙十一年同。三推畢，復加一推。頒發親製三十六禾詞。使工歌左右隨行。禮畢，王以下行慶賀禮。停止筵宴。自是，每歲皆親耕如儀。

乾隆三年三月，皇上行耕耤禮，親祭先農壇。是歲，初舉親耕之禮。前期六日，幸豐澤園演耕。至日，親祭先農壇。遂詣耕田，行三推禮。畢，復加一推。禮成，上御齋宮。王以下行慶賀禮。

五年三月，以閏歲春寒，遣官致祭先農壇。禮部奏：親耕典禮原可間歲舉行。

今逢閏年，節氣尚覺春寒，更衣行禮不無過於煩勞，請暫行停止。其致祭先農壇，遣官行禮。從之。

八年二月，詔遣官祭先農壇，用中和韶樂。內閣奉諭旨：向來先農壇親祭，始用中和韶樂。遣官則同小祀之例。朝日、夕月等中祀，雖遣官，仍用中和韶樂，但不飲福受胙而已。朕思，國之大事在農。先農宜在中祀之列。此次遣和親王恭代，即照朝日、夕月等壇之例，用中和韶樂，永著為例。

四十七年三月，皇上親行耕耤禮，親祭先農壇。

五十年三月，皇上行耕耤禮，親祭先農壇。

先農壇在正陽門外西南，制方，南向，一成，方四丈七尺，高四尺五寸，四出，各八級。東南為瘞坎。壇北正殿五間。東神庫，西神厨，各五閣，井亭各一。東南為觀耕臺，臺前為耤田，後為具服殿。東北為神倉，前為牧穀亭，後為祭器庫，門南向。歲以仲春亥日，皇帝親餉先農之神。祭畢，乃躬耕耤田，及秋收玉粒告成，所司以聞，擇吉收貯神倉，以供天、地、宗廟、社稷之粢盛。

（清）允祹等《大清會典則例》卷八三《禮部·祠祭清吏司·中祀四》

祈禱天神、地祇。順治初年，定為天神壇於正陽門外、先農壇之南，南向，壇北立青白石龕四，均刻雲形，為雲師、雨師、風伯、雷師位。為地祇壇於天神壇之西，北向，壇南立青白石龕五，刻山形者三，為五岳、五鎮、啟運山、積慶山、天柱山、隆業山位，刻水形者二，龕內四周鑿池注水，為四海、四瀆位，左設石龕二，刻山水形各一，為京畿名山大川位，右設石龕二，刻山水形各一，為天下名山大川位。歲遇水旱，則遣官祇告雲雨風雷之神，岳鎮陵山、海瀆、京畿、天下名山大川之祇。祈禱有應，則報祭。均奉主於龕，同日致祭。

（順治）十六年，停祭積慶山。

二年奏准：天神、地祇兩壇增修壇壝、墙宇。

七年奏准：神祇壇增撰樂章，所有應用樂器，照例增設。

九年奏准：神祇壇向未專設祭器、樂器。應增設，以昭誠敬。

十七年奏准：神祇壇本無專祀，惟祈雨則祇告於壇，而不奏樂。自乾隆七年，始增設樂章。揆之，一應因事祇告之禮，均不作樂，殊未畫一。至甘雨霑足，報祭告壇，僅用酒果脯醢，與祈告相同，又與報祭之禮未稱。請嗣後各壇告祭，停止作樂。至報祭時，均應加籩豆、牲牢，即將神祇壇樂章用於報祭，如此一轉移間，則告祭之儀，不致互異，而報祭之典，亦昭隆盛。

十八年奏准：凡祈雨之祭，時當待澤孔殷，蠲誠致禱，與因事祇告之禮，原有不同，儀文自宜周備。今奉諭旨：祭禮用樂，以導和氣而格神祇。乃事神之禮，與齋戒、徹懸自致誠恪其義各异，且樂足以宣通陰陽之氣，祈雨致祭，仍以用樂爲是。欽此。嗣後，遇祈雨祭告，仍用樂章。

祀太歲。順治元年定，每年於正月初旬諏吉，及十二月歲除，大建於二十九日，小建於二十八日，遣官致祭太歲之神。爲殿於先農壇東北。正殿祀太歲，東廡爲春、秋月將，西廡爲夏、冬月將。

又定太歲神牌，新正用黃紙，墨書，照年建干支，書某干支太歲之神籠於牌上，南向，俟歲除祭畢，同祝帛送燎。

康熙二十九年，祈雨，遣官致祭太歲、天神、地祇壇，望祭四海之神。

雍正十年，祈雨，照康熙二十九年例舉行。

乾隆二年諭：天時亢旱，已逾兼旬。見在虔誠祈禱，尚未得需甘霖。朕心深爲憂惕。天神、地祇壇應竭誠致祭。著禮部、太常寺即察明典禮，具奏舉行。欽此。遵旨議准：謹按雲雨風雷之神爲天神；岳鎮、海瀆、陵山、京畿、天下名山大川之神爲地祇。遇有旱潦間，奉旨遣官致祭。案康熙二十九年祈雨，奉旨遣官致祭太歲、天神、地祇之神，并於城外四面潔净處所搭造席棚，遣官致祭四海之神。雍正十年遵旨：祈禱雨澤，照康熙二十九年之例，遣官致祭。今天時亢旱，聖心憂惕，命察典禮，應照雍正十年之例，遣官致祭太歲、天神、地祇，再於城外四面潔净處所搭造席棚，遣官望祭四海之神。令欽天監選擇吉期。遣官致祭祭文，由翰林院撰擬。香帛、祭品交太常寺備辦。席棚交順天府辦理。分遣大臣七人，前期齋戒，竭誠致祭。

乾隆七年復准：孟夏常雩後，不雨，禱雨於神祇壇，并遣官祈於太歲。

十六年復准：各壇祀神，均有上香之儀。太歲、月將同屬天神，則升馨求陽不應與他祭异。況偶逢祈雨，致祭太歲，儀注見載上香。其春、冬二祭，應照神祇壇例，交工部製造爐鐙。嗣後孟春、歲除二祭，遣官致祭，行上香禮。兩廡分獻，太常官亦隨上香，以昭畫一。

十八年奏准：太歲暨十二月神牌，向安奉先農壇神庫，祭時請至殿內，祭畢復還神庫。每遇耕耤之時，皇帝饗先農禮成，至太歲殿上香，例不請神牌至殿内，但於拜殿行禮。謹按：太歲壇有正殿、兩廡，與天神、地祇、先農有壇無殿者不同，應即於殿、廡内安奉神牌，於神龕前設神座，祭時請神牌安奉神座，禮成復龕。恭遇皇帝上香之時，神牌安奉殿内，惟不請出神龕。庶於禮意允協。奉旨：太歲、月將神牌，照所奏安奉太歲殿及兩廡。其天神、地祇、先農神牌，亦不應安奉配屋。著移奉於正屋。欽此。

又議准：太歲殿見在樂章，乃新正、歲除通用，與祈禱雨澤之義全不相涉。應交樂部別撰樂章，照神祇壇皆用豐字，以昭畫一。

（清）秦蕙田《五禮通考》卷二一《吉禮二一·祈穀》

隆慶元年，禮官言：先農之祭，即祈穀遺意，宜罷祈穀，於先農壇行事。大享禮亦宜罷。詔可。

隆慶元年，禮臣言：先農親祭遂耕耤田，即祈穀遺意，今二祀并行於春，未免煩數。且元極寶殿在禁地，百官陪祀出入非便，宜罷祈穀，止先農壇行事。從之。

（清）秦蕙田《五禮通考》卷三六《吉禮三六·星辰》

王圻《續通考》：元每有大興作，祭太歲、月將、日值於太史院。

《餘冬序錄》：國初，肇祀太歲。禮臣上言：太歲之神，自唐宋以來，祀典不載。惟元有大興作，祭於太史院，亦無常祭。國朝始有定祀。是以壇之制，於古無稽。案：《說文》“太歲，木星也。”一歲行一次，應十二辰而一周天。其爲天神明矣，亦宜設壇露祭，但壇制無考，應照社稷壇築造，高、廣尺寸差爲減殺，庶於禮適宜。詔可。

蕙田案：此以木星爲太歲。

《明史·禮志》：古無太歲月將壇宇之制。明始重其祭。太祖既以太歲諸神從祀，圜丘又合祭群祀壇，已而，命禮官議專祀壇壝。禮臣言：太歲者，十二辰之神。案：《說文》“歲字，從步從戌”。木星一歲行一次，歷十二辰而周天，若步然也。陰陽家說又有十二月將、十日十二時所值之神。若天一、天罡、太一、功曹、太冲之類，雖不經見，歷代因之。元每有大興作，祭太歲、月將、日直、時直於太史院。宜以太歲、風雲雷雨諸天神，合爲一壇；諸地祇爲一壇，春秋專祀。乃定驚蟄、秋分日祀太歲諸神於城南。三年，復以諸神陰陽一氣，流行無間，乃合二壇爲一，而增四季月將。又改祭期，與地祇俱用驚蟄、秋分後三日。

蕙田案：此以十二辰之神爲太歲，仍主木星。

王圻《續通考》：國初，令祀太歲及四季月將、風雲雷雨、岳鎮海瀆、山川城隍、旗纛諸神。嘗建山川壇於天地壇之西，正殿七壇：曰太歲，曰風雲雷雨，曰五岳，曰四鎮，曰四海，曰四瀆，曰鍾山；兩廡從祀六壇：左京畿山川，夏、冬季月將；右都城隍，春、秋季月將。西南有先農壇，東有旗纛廟，南有耤田。至是，始議爲一壇。春、秋專祭。先是，上親祀之。至是，始遣官祭。乃春用驚蟄後，秋用秋分後三日。

是日，上皮弁御奉天殿降香，中嚴升御殿。獻官復命解嚴還宮。

《餘冬序錄》：國初，肇祀太歲。禮官雜議，因及陰陽家説、十二時所直之神。太祖乃定祭太歲於山川壇之正殿，而以春、夏、秋、冬四月將分祀兩廡。或謂月將非經見者，案《禮·祭法》：埋少牢於泰昭，祭時也。相近於坎壇，祭寒暑也。太歲實統四時，而月將四時之寒暑行焉。今祭太歲、月將，則四時與寒暑之神也。載諸祀典，孰謂非經見耶？

蕙田案：此以太歲、月將即四時寒暑之神。

《春明夢餘錄》：洪武七年，令春秋上旬擇日祭太歲。未幾，以諸神從祀南郊，遂省春祭。

《明會典》：嘉靖八年，令以每歲孟春及歲暮，特祀太歲月將之神，與享太廟同日。

《明史·樂志》：嘉靖八年，祀太歲月將樂章。

《禮志》：嘉靖十年，命禮部考太歲壇制。禮官言：太歲之神，唐宋祀典不載。元雖有祭，亦無常典。壇宇之制，於古無稽。太歲天神，宜設壇露祭。準社稷壇制，而差小。從之。遂建太歲壇於正陽門外之西，與天壇對。中太歲殿，東廡春、秋月將二壇，西廡夏、冬月將二壇。帝親祭於拜殿中，每歲孟春享廟、歲暮祫祭之日，遣官致祭。

《春明夢餘錄》：嘉靖十年，即山川壇爲天神、地祇二壇，以仲秋中旬致祭。別建太歲壇，專祀太歲，東廡爲春、秋月將，西廡爲冬、夏月將各二壇。前爲拜殿、宰牲亭，南爲川井，即山川壇舊，井有龍螫，其中壇西南有先農壇，東旗纛廟壇，南耤田在焉。又太歲壇在山川壇内，中爲太歲壇，東西兩廡，南爲拜殿，殿之東南砌燎爐，殿之西爲神庫、神厨、宰牲亭，亭南爲川井，外四天門，東門外爲齋宮、鑾駕庫，外爲東文門。

《明會典》：隆慶元年議罷神祇壇，惟太歲月將特祭於山川壇如故。禮部會議：太歲仍於歲暮、孟春遣官專祭。正月，遣太常寺官祭太歲月將之神。

蕙田案：太歲之祭，始自元明。於禮固無可考，然就其所謂歲神，或以爲木星，或以爲十二辰。蓋既云木星，歲行一次，十二歲一周天。乃五緯之一，而非別有一神。若以所行之次，每歲一易者當之，是即十二辰也。天無星處，皆謂之辰。而此十二次之辰，則皆取附近之星，以識別之。是已在二十八宿之中，而又非別有一神也。惟以爲與月將即四時寒暑之神，庶幾近之。歲星所次，凡十有二，以子、丑、寅、卯等十二辰紀之。而斗柄所指，謂之月建者，亦十有二。于是，有月將之説。逐日之神，亦十有二，于是又有日值之説。蓋皆出於釋道陰陽、卜筮、擇日、堪輿、星命之流。大抵皆自星辰之類，而遞推衍以及之者。今撮其祀事，以附星辰之末云。

右太歲月將。

風師、雨師附雲神、雷神

《圖書編》：明太祖洪武元年詔，立春後丑日祭風師於東北郊，立夏後申日祭雨師、雷師於西南郊。祭風師、雨師給米三石。

《春明夢餘錄》：洪武二年，以風雲雷雨諸神，止令祀於城南諸神享祀之所，未有壇壝等祀，非隆敬神祇之道，命禮官考古制以聞。禮官奏：風、雨師之祀。見於《周官》，秦、漢、隋、唐亦皆有祭。天寶中，增雷師於雨師之次。因升風雲雷雨爲中祀。宋元因之。今國家開創之初，常以風雲雷雨與太歲、岳、瀆、城隍皆祀於城南享祀之所。既非專祀，又室而不壇，非理所宜。考之唐制，以立春後申日祭雨雷於城東南。以今觀之，天地之生物，動之以風，潤之以雨，發之以雷。陰陽之機，本一氣使然。而各以時別祭，甚失享祀本意。今宜以風雲雷雨與太歲、岳、瀆、城隍合爲一壇，春秋祀之。詔可。

《明會典》：洪武中，令有司各立壇廟，祭風雲雷雨。

《明集禮》：專祀風雲雷雨師儀注，風師、雨師之祀，見於《周官》。秦、漢、隋、唐亦皆有祭。天寶中，又增雷師於雨師之次。因升風、雨、雷師爲中祀。宋元因之，國朝既於圜丘以太歲、風、雨、雷師從祀，且增雲師於風師之次。復以春秋驚蟄、秋分後之三日專祀風師、雲師、雷師、雨師於國南群祀壇。天子降香，遣官行事。其郡縣風雲雷雨師之祭，一如前代之儀云。

《圖書編》嘉靖十一年，厘正祀典，改叙雲雨風雷祭期，歲仲春秋上旬擇日行事。獻官齋戒、省牲，并同社稷儀注。

《岱史》：風伯、雨師在州治東。先是廟廢，止遺石碣。成化丙午，旱，或油然雨狀，輒爲風散。知府蔡晟詣其所祭之，風頓息，大雨如注，因復立廟。廟圮，知州鄭夈易以壇。

(清) 秦蕙田《五禮通考》卷四八《吉禮四八·四望山川》

《明會典》：國初，建山川壇於天地壇之西。正殿七間，祭太歲、風雲雷雨、五岳、五鎮、四海、四瀆、鍾山之神。東、西廡各十五間，祭京畿山川，春、夏、秋、冬四季月將及都城隍之神。壇西南有先農壇，東有旗纛廟，南有耤田。

《明史·禮志》：岳鎮海瀆、山川之祀。洪武二年，太祖以岳、瀆諸神合祭城南，未有專祀。又享祀之所，屋而不壇，非尊神之道。禮官言：宜以岳鎮海瀆及天下山川、城隍諸地祇合爲一壇，與天神埒，春秋專祀。遂定祭日以清明、霜降。前期一日，皇帝躬省牲。至日，服通天冠、絳紗袍詣岳鎮海瀆前，行三獻禮。山川、城隍分獻官行禮。是年，命官十八人祭天下岳鎮海瀆之神。帝皮弁御奉天殿，躬署御名，以香祝授使者。百官公服送至中書省，使者奉以行黄金合貯香黃綺幡二，白金二十五兩市祭物。

《春明夢餘錄》：洪武二年，以岳鎮海瀆、山川之神享祀之所，未有壇壝，非隆敬神祇之道，命禮官考古制以聞。【略】今國家開創之初，嘗以岳鎮海瀆及天下山川與太歲、風雲雷雨、城隍皆祀於城南享祀之所，既非專祀，又室而不壇，非理所宜。夫海岳之神，其氣本流通暢達，無有限隔。今宜以岳鎮海瀆及天下山川與太歲、風雲雷雨、城隍合爲一壇，春秋祀之。詔可。

《明會典》：洪武三年，正岳鎮海瀆、城隍諸神號，合祀太歲、月將、風雲雷雨、岳鎮海瀆、山川、城隍、旗纛諸神。又令每歲用驚蟄、秋分各後三日，遣官祭山川壇諸神。是日，上皮弁服御奉天殿降香，中嚴坐殿上。獻官復命解嚴還宮。是年，又合祭東岳泰山於山川壇。

《明史·禮志》：洪武三年，詔定岳鎮海瀆神號。略曰：爲治之道，必本於禮。今依古定制，并去前代所封名號。五岳稱東岳泰山之神，南岳衡山之神，中岳嵩山之神，西岳華山之神，北岳恒山之神；五鎮稱東鎮沂山之神，南鎮會稽山之神，中鎮霍山之神，西鎮吳山之神，北鎮醫無閭山之神；四海稱東海之神，南海之神，西海之神，北海之神；四瀆稱東瀆大淮之神，南瀆大江之神，西瀆大河之神，北瀆大濟之神。帝躬署名於祝文，遣官以更定神號告祭。

《明會典》：嘉靖八年，令凡親祀山川等神，皆用皮弁服行禮，以別於郊廟。先是，改山川爲中祀。嘉靖中，凡山川皆天子親祀，國有大事，則遣官祭告。

（清）秦蕙田《五禮通考》卷一二五《吉禮一二五·親耕享先農》

《明史·禮志》：太祖洪武元年，諭：廷臣以來春舉行耤田禮。于是，禮官錢用壬等言：漢鄭謂：王社在耤田之中。唐祝欽明云：先農即社。宋陳祥道謂：社自社先農。自先農耤田，所祭乃先農，非社也。至享先農與躬耕同日，禮無明文。唯《周禮》曰：農正陳耤禮。而韋昭注云：祭其神爲農祈也。至漢，以耤田之日祀先農，而其禮始著。由晋至唐宋，相沿不廢。政和間，命有司享先農，止行親耕之禮。南渡後，復親祀。元雖議耕耤，竟不親行，其祀先農，命有司攝事。今議耕耤之日，皇帝躬祀先農，禮畢，躬耕耤田，以仲春擇日行事。從之。

二年二月，帝建先農壇於南郊，在耤田北。親祭以后稷配。器物、祀儀與社稷同。祀畢，行耕耤禮。御耒耜二具，韜以青絹；御耕牛四，被以青衣。禮畢，還大次。應天府尹及上元、江寧兩縣令率庶人終畝。是日，宴勞百官耆老於壇所。

《明集禮》：漢舊儀春耕耤田，官祠先農，百官皆從。置耤田令丞。東漢耤田儀，正月始耕，常以乙日祠先農於田所。先農已享，耕於乙地。由晋魏以下至於唐宋，其禮不廢。政和間，罷享先農爲中祀，命有司行事，止行親耕之禮。南渡後，復親祠。元雖議耕耤，而竟不親行，其祠先農，命有司攝事而已。國朝親祠躬耕，始復遵古禮云。

時日以仲春擇吉日行事。車輅，皇帝乘玉輅，而以耕根載耒耜。耕推之數，如周法。勞酒，耕畢，皇帝置酒於大次，從耕大臣咸預執事，百官列坐幕外。光禄遍行酒食，耆老及村社樂藝皆霑賜焉。

《春明夢餘録》：洪武八年，令府尹祭先農壇，不設配。

《明史·禮志》：洪武十年二月，遣官享先農，命應天府官率農民耆老陪祀。

《明通紀》：洪武二十年二月，上躬耕耤田，遣官享先農。禮成，宴群臣於壇所。

《明史·禮志》：二十一年，更定祭先農儀，不設配位。

《太祖實錄》：正祭，止設先農一位，品物如舊。

《明會典》：洪武，建先農壇於山川壇西南，列爲大祀，每歲親祭。遂耕耤田，以后稷氏配，已又奉仁祖配。後改中祀，止遣應天府官致祭，不設配位。祭畢，猶親耕耤田。

蕙田案：洪武十年，祭社稷。始命罷勾龍，弃以仁祖配。而是年，祀先農，遣官行禮，未親祭也。而《會典》云云，豈仁祖未配社稷，先配先農，而史不書耶？至二十一年，始罷配位，是未罷之。先仁祖侑享，而帝竟未親祀矣。夫弃稷罷配，社稷專配先農，史有明文。若仁祖并配，疑無是理。《會典》之言，恐有訛舛。

《明會典》：洪武二十六年，定先農祀典。

《明史·成祖紀》：永樂元年二月，耕耤田。

《明會典》：駕至耤田所，户部尚書捧鞭跪進。教坊司官率其屬作樂，隨駕。行三推禮畢，駕至儀門升座，樂作，觀三公九卿耕訖。教坊司承應，用大樂，百戲奏致語。駕至殿內，升座，進湯膳俱用樂。畢，順天府官率耆老謝恩。次百官行禮，俱作樂。賜百官酒飯，樂作，一奏《本太初之曲》，二奏《仰大明之曲》，三奏《民初生之曲》。徹御案，樂止。百官行禮。駕還。

《成祖實錄》：永樂十八年十二月，北京先農壇成。

《明史·禮志》：永樂中，建壇京師如南京制。【略】每歲仲春上戊，順天府尹致祭。後凡遇登極之初，行耕耤禮，則親祭。

《明會典》：永樂間續定，凡祭先農畢，駕至耤田所。户部尚書捧鞭跪進，教坊司官率其屬作樂，隨駕行三推禮畢，駕至儀門升座，樂作，觀三公九卿耕訖。教坊司承應，用大樂，百戲畢，跪奏致語。駕至殿內升座，進湯，進膳，俱用樂。畢，順天府官率耆老人等謝恩。樂作，禮畢，樂止。次百官行禮。樂作，禮畢，樂止。賜百官酒飯。百官復入班，行禮。樂作，禮畢，樂止。尚膳官進膳，樂作。進訖，樂止。百官入席，教坊司官奏。一奏《本太初之曲》，進酒，樂作。進訖，樂止。進膳，樂作。進訖，樂止。教坊司官跪奏進湯，樂作，徹湯。樂止。二奏《仰大明之曲》，進酒，進膳，進湯，如前儀。三奏《民初生之曲》，進酒，進膳，進湯，如前儀。徹御案畢，樂止。百官復入班，行禮，樂作。禮畢，樂止。鴻臚寺官奏：禮畢。駕還。

《農政全書》：宣宗時，禮部進耤田儀注。

《明通紀》：成化元年二月，行耤田禮，率百官祀先農畢，釋祭服，秉耒三推，户部尚書馬昂奉青箱後隨。京府耆老二人，馭牛二人，曲躬案犁。教坊樂工執彩旗，夾隴謳歌，一唱百和，颭旗而行。上秉耒三往三返，如儀。既畢，乃坐觀三公九卿助耕。

畢，教坊前呈應，用田家典故。觀畢，賜宴而迴。

《孝宗實錄》：弘治元年二月，祭先農，遂耕耤田。

戶部尚書李敏言：天下之勞苦者，莫如農夫、蠶婦。今皇上躬耕耤田，若不親其事，則稼穡之艱難，何由而知？乞敕禮部，於耕耤儀注內，增上中下農夫各十人服常服、執農器，引見行禮，然後令其終畝。或賜食、賜布，以慰其勞。尤見初政重農之意。帝從之。

《明史·禮志》：弘治元年，定耕耤儀。前期，百官致齋，順天府官以耒耜及穜稑種進呈，內官仍捧出授之，由午門左出，置彩輿，鼓樂送至耤田所。至期，帝翼善冠、黃袍詣壇所具服殿，服袞冕。祭先農畢，還更翼善冠、黃袍。太常卿導引至耕耤位，南向立。三公以下各就位。戶部尚書北向跪進耒耜，順天府官北向跪進鞭。帝秉耒三推三反訖，戶部尚書跪受耒耜，順天府官跪受鞭。太常卿奏：請復位。府尹挾青箱以種子播而覆之。帝御外門，南向坐，觀三公五推、尚書九卿九推。太常卿奏：耕畢。帝還具服殿，升座。府尹率兩縣令耆老人行禮畢，引上中下農夫各十人執農器朝見，令其終畝。百官行慶賀禮，賜酒饌。三品以上，丹陛上東、西坐；四品以下，臺下坐；并宴勞耆老於壇旁。宴畢，駕還宮，大樂鼓吹振作。農夫人賜布一匹。

《明通紀》：武宗正德元年春，上耕耤田。

《圖書編》：世宗嘉靖元年，命終畝農夫，照例引見，只穿本等衣鞋，每人賞布一匹。

《世宗實錄》：嘉靖九年二月，禮部上耕耤儀，帝以其過煩，命來歲別議。十年正月，更定耕耤儀。

《明史·禮志》：十年，更定迎神、送神止行二拜。先二日，順天府尹以耒耜穜稑種置彩輿，至耕耤所，并罷百官慶賀。後又議造耕根車載耒耜，府尹於祭日進呈畢，以耒耜載車內，前玉輅行。其御門觀，耕地位卑下，議建觀耕臺一。詔皆可。

《世宗實錄》：帝命造耕根車，以重農務。禮臣言：考《大明集禮》，國朝耕耤，因宋制。皇帝乘玉輅，以耕根車載耒耜。同日而行。及考《見行儀注》，順天府官捧耒耜及穜稑種置彩輿，先祭前二日出。今用耕根車載耒耜，宜於祭日早進呈，畢，即置車中，前玉輅以行。至耕根車式，禮書止有圖式，無高、廣尺寸。合依今制車式差小，通用青質。又言：考《宋史》有觀耕臺。今皇上御門觀耕，地位卑下，侍衛人衆，有礙觀侍。宜令工部權作木臺，高五尺，方廣五丈，正面、東、西三出陛，俟明年築臺。從之。

《明史·禮志》：是年，命墾西苑隙地為田，建殿曰無逸，亭曰豳風，又曰省耕，曰省斂，倉曰恒裕。禮部上郊廟粢盛支給之數，因言：南郊耤田，皇上三推，公卿各宣其力，較西苑為重。西苑雖農官督理，皇上時省耕斂，較耤田為勤。請以耤田所出，藏南郊圓廩神倉，以供圜邱、祈穀、先農、神祇壇、長陵等陵、歷代帝王及百神之祀。

西苑所出，藏恒裕倉，以供方澤、朝日、夕月、太廟、世廟、太社稷、帝社稷、禘祫、先蠶及先師孔子之祀。從之。

蕙田案：《明史》"建殿曰無逸"。"無逸"訛"天逭"，今考正。

沈德符《萬曆野獲編》：世宗初建無逸殿於西苑，翼以豳風亭。蓋取《詩》《書》之意，以重農務。時率大臣游宴其中，又命閣臣李時翟鑾輩坐，講《豳風》《七月》之詩，賞賚加等添設戶部堂官，專領穡事。其後日事元修，即於其地營永壽宮，雖設官如故，而所創祈報大典，悉遣官代行。後西苑宮殿悉毀，惟無逸至今猶存，至尊於西成，時間亦御幸。內臣各率其曹，作打稻之戲，凡播種、收穫以及野饁、農歌、徵糧諸事，無不入御覽，蓋較上耕耤田時尤詳云。

十六年諭：凡遇親耕，則戶部尚書先祭先農，皇帝至止行三推禮。

三十八年，罷親耕，唯遣官祭先農。

四十一年，并令所司勿復奏。

《圖書編》：嘉靖四十一年，仍遣順天府尹祭先農，免樂舞。隆慶元年，罷西苑耕種諸祀，皆取之耤田。

《春明夢餘錄》：穆宗隆慶元年，禮官言：先農之祭，即祈穀遺意，宜罷祈穀，於先農行事。大享禮亦宜罷。詔可

王圻《續通考》：隆慶二年己丑，禮部請聖駕親祭先農上躬耕耤田儀注。

《明通紀》：穆宗隆慶二年二月，行耕耤田禮於南郊。

神宗萬曆八年三月，行耕耤田禮。

《春明夢餘錄》：崇禎七年二月二十七日，親祭先農，行躬耕耤田禮。

十五年二月十九日，親祭先農，行躬耕耤田禮。

崇禎壬午，上親耕耤田，紀今上御極之七年，歲在甲戌二月二十有七日，親致祭於先農之神，行躬耕耤田禮。至十五年壬午二月十九日，上復親祭先農，行耕耤禮。澤爲戶科左給事中，同科員張希夏、沈允培、左懋第、沈迅、戴明説導駕，躬逢大典，略紀其概。壬午二月十九日己未卯刻，上駕至先農壇，六科同禮部堂上官導駕至具服殿，易皮弁服、絳紗祭服至壇。壇上結黃幄，奉先農上設上拜位。上拜揖甚恭。禮畢，仍導駕至具服殿，易翼善冠、黃袍。太常寺奏：請詣耕耤位。六科同禮部導駕至位，戶部尚書傅淑訓跪進耒耜，順天府尹張宏極跪進鞭，六科錦衣衛、太常卿導引上左手秉耒、右手執鞭，三推，步行犁土中，盡壠而止。耕時，教坊司引紅旗兩旁唱禾詞，老人牽牛二人，扶犁二人。耕畢，戶部尚書跪受耒耜，置犁亭；府尹跪受鞭，置鞭亭。府尹捧青箱播種，耆老以御牛隨而覆之。上御觀耕臺，于是，大學士周延儒、賀逢聖、張四知、謝陞、陳演、吏部尚書李日宣六人耕東；定國公徐允禎、恭順侯吳維英、清平伯吳遵周、戶部尚書傅淑訓、兵部尚書陳新甲、工部尚書劉遵憲六人耕西。順天府廳官各執箱播種。太常卿奏：耕畢。駕至齋宮，各官一拜三叩頭，分班侍立。順天府

官率兩縣官耆老人等五拜三叩頭，農夫簑衣，挑農具三十人隨後，俯伏。禮畢，即隨府縣官至耕所終畝，各官行慶賀禮。上旨賜酒飯，文官三品以上，武官二品以上，坐丹陛上，餘在臺下。是日，科臣沈迅因教坊承應歌詞俚俗，宜改正上疏。即下部，本月二十四日，上令閣臣禮部王錫袞、蔣德璟到閣，諭：以後耕耤，宜歌《豳風》《無逸》之詩，其教坊所扮黃童、白叟、鼓腹謳歌爲佯醉，狀委爲俚俗，斥令改正。天地之舞，不宜扮天神褻瀆。及禾詞，宜頌，不忘規，須令詞臣另行撰擬。戶科左給事中臣某紀。

(清) 于敏中《日下舊聞考》卷六《形勝》

至若山川有壇，先農有祀。馬祖旗纛，各以時祭。寅畏恪恭，罔有弗至。

(清) 于敏中《日下舊聞考》卷二三《國朝宮室·西苑三》

臣等謹按：仁曜門西，屋數楹。聖祖仁皇帝養蠶處也。建亭於橋，榜曰結秀。又西一水橫帶，稻畦數畝，爲豐澤園。聖祖每親臨勸課農桑。世宗憲皇帝，歲耕耤田，先期演耕於此。我皇上舉行舊典，率循不廢。仰見聖聖相承，勤民務本之至意云。

(清) 嵇璜等《續文獻通考》卷六七《郊社考》

穆宗隆慶元年正月，罷祈穀。

帝初即位，用遺詔，令禮臣議祀典興罷。于是，禮臣言：先農親祭，遂耕耤田，即祈穀遺意。今二祀并行於春，未免煩數。且元極寶殿在禁地，百官陪祀，出入非便。宜罷祈穀，止於先農壇行事。從之。

(清) 嵇璜等《續文獻通考》卷七二《郊社考》

(洪武) 二年正月，分建天神、地祇壇。

帝既以太歲諸神從祀圜丘，又合祭群祀壇。【略】

六年二月，更定祭太歲諸神禮。

中五壇，帝躬行禮，餘命魏、鄭、曹、宋、衛五國公，中山、江夏、江陰三侯分祀。

四月，命天下祀風雲雷雨諸神。

爲壇一，設神位二，祀風雲雷雨及境內山川之神。以省臣初獻，都指揮司官亞獻，府官終獻。後皆用文官，詳社稷門。春秋祭以驚蟄、秋分後三日。後改春秋上旬擇日祭。設三神位，城隍與焉。其王國風雲雷雨、山川神壇在社稷壇西，祭儀與社稷同。

五月，定太歲諸神春、秋祈報禮。

從禮部尚書牛諒言，春秋祈報爲壇十有五：中太歲、風雲雷雨、岳鎮、四海。凡五壇，東則四瀆、京畿山川、春、秋月將、京都各郡城隍；西則鍾山、甘肅山川、時甘肅新附，故山川祔祭京都。夏、冬月將、旗纛、戰船等神，各五壇。每祭，帝詣太歲位前奠帛、獻爵。餘三壇，一興、俯，三獻如儀。

九年正月，改建太歲諸神壇壝殿。

二月，祀太歲、風雲雷雨諸神於新壇。

正殿祀太歲、風雲雷雨、岳鎮海瀆、鍾山凡七壇。東、西廡各三壇：東則京畿山川、夏、冬二季月將，西則春、秋二季月將、京都城隍。正殿帝親行禮，東、西廡遣官分獻。

臣等謹按：《明會典》，洪武十年令祭山川諸神，上親行七壇禮，餘壇以功臣分祀。考《實錄》，更建山川壇殿在九年正月。是年二月春祭，帝親詣七壇，非十年事。先是六年春更祀山川壇禮，即命功臣分祀，亦不始於九年也。《明史·禮志》并沿其悮。今據《實錄》備載之，俾後有所考焉。

二十一年三月，罷祭星辰，并停太歲諸神春祭。

時增修大祀殿諸神壇位，以星辰既從祀南郊，罷其專祭，并停十三壇春祭，每歲八月中旬擇日祭之。命禮部更定祭山川壇儀。

成祖永樂十八年十二月，北京太歲壇成。

位置、陳設俱與南京舊制同。明年正月，命黔國公沐晟詣壇安太歲諸神位。

世宗嘉靖八年，命特祀太歲、月將之神。

每歲孟春及歲暮遣官致祭，與享太廟同日。

八月，祀太歲山川諸神。

禮部尚書李時言，舊制山川等祀，中夜行禮。先一日出郊、齋宿，祭畢，清晨迴鑾，兩日畢事，禮太重。宜視先農壇，昧爽行禮，因具儀以進，并請罷兩廡分獻官。帝命仍如祖制，第更送神、迎神各兩拜。

十年七月，建天神、地祇壇。

九年，更風雲雷雨之序曰：雲雨風雷以爲天神，岳鎮海瀆、陵山、京畿天下名山大川之神以爲地祇。每歲仲秋中旬擇吉行報祭禮，同日异時而祭城隍神於其廟。

建太歲壇。

穆宗隆慶元年正月，罷祀天神、地祇。

時帝初御極，遵遺詔命禮官集議祀典當興罷者。于是，禮臣言：天地、神祇已從祀南、北郊，其仲秋之祭，不宜復舉，令罷之。嗣是，二壇并存，不復祀矣。惟有事祭告，特舉行焉。

臣等謹按：洪武三年合祀天地、神祇，名其壇曰：山川壇。成祖遷都北京，仍而不改。迨世宗嘉靖八年親祀諸神，志亦仍山川之文，其實神祇并祀，而以太歲爲首，非專祀山川也。今詳載其儀制於此，而存其目於山川門，使互有考焉。

祭天神壇儀。洪武二年定。

太歲諸神祈報儀。洪武六年定。

祭山川壇儀。洪武二十一年定，太歲諸神同壇。照《會典》，仍專書山川壇。

祭山川壇儀。嘉靖十年定。

遺官祭太歲、月將儀。<small>嘉靖八年定。</small>

臣等謹按：明初，建山川壇，太歲諸神與岳、瀆、山川同祀。其後改爲天神地祇壇，仍异壇同壝。至嘉靖時，始分壇壝爲二，同日行禮。歷代祭儀不可分割，故備載於此。

遺官祀太歲、風雲雷雨師儀。

臣等謹按：合祀神祇，遺官致祭，乃洪武三年定制。至嘉靖十年，建神祇壇，同日异時致祭，非丑未辰戌年亦遺大臣攝其儀，俱不見《會典》。茲從《明集禮》采録，雖非當時見行之禮，其儀節亦略可考見云。

(清) 嵇璜等《續文獻通考》卷七四《郊社考·祀山川》

（永樂）十八年十二月，北京山川壇成。

明年正月，命黔國公沐晟詣壇奉安太歲諸神及山川諸神。主位置陳設與南京舊制同。惟正殿鍾山之右，增祭天壽山之神。

孝宗弘治六年七月，兵部尚書馬文升請改祀北岳於渾源州。不允。【略】

（世宗嘉靖）八年八月，始親祭山川，著爲令。<small>詳星辰門。</small>

十年七月，改建地祇壇。

先是，分雷雨風雲爲天神；岳鎮海瀆、陵山及京畿天下名山大川爲地祇。至是，合建壇於先農壇南，天神在左，南向；地祇在右，北向。又加祖陵山曰基運，皇陵山曰翊聖，孝陵山曰神烈，顯陵山曰純德，與岳鎮海瀆并祀，凡五壇。從壇二：京畿山川，西向；天下山川，東向；以丑、辰、未、戌年親祭，餘年遺大臣攝祭。<small>互見星辰門。</small>

穆宗隆慶元年正月，罷祀山川壇。<small>詳星辰門。</small>

祭山川儀。<small>詳星辰門。</small>

臣等謹按：明初，建山川壇，岳、瀆、山川與太歲諸神同祀。其後改天神、地祇壇，或分或合，祭儀則同，已見星辰門，不重載。

遺官祀岳鎮海瀆、山川、城隍儀。

齋戒、降香、陳設、正祭俱如祭太歲儀。惟迎神、瘞毛血，改望燎爲望瘞。

(清) 嵇璜等《續文獻通考》卷七八《群祀考·耤田祭·先農》

元世祖至元九年二月，始祭先農，如祭社之儀。

七年六月，立耤田大都東南郊。至是，始祭先農。十三年迄十六年，累歲行之。【略】

明太祖洪武元年十一月，議行耕耤禮。

帝諭廷臣，以來春躬舉耤田禮，爲天下先。于是，禮官錢用壬等言：《祭法》，王自爲立社，曰王社，亦曰帝社。鄭注，王社在耤田之中。《詩》載《芟·序》云，春耤田而祈社，是也。又《周官·籥》章，凡國祈年於田祖，龡豳雅，擊土鼓以樂田畯。鄭氏曰：田祖，始耕者，謂先農也。漢立官社，文帝令官祠先農。先農即神農也。晉武詔復二社。北齊及隋又改曰：先農。唐神龍中，禮官祝欽明議，以先農與社本是一神，請改先農壇爲帝社壇，以應《禮》經王社之義。至開元定禮，又采齊隋之議，復曰先農。宋陳祥道曰：先儒謂王社建於耤田。然《國語》：王耤則司空除壇，農正陳耤。禮而歷代所祭先農而已，不聞祭社也。《詩》載《芟·序》，所謂春耤田而祈社，非謂社稷建於耤田也。今按祝欽明云：先農即社，陳祥道云：社自社，先農自先農，耤田所祭乃先農，非社也。雖其説不同，重農報本之義則一。若夫耤田之制，《月令》：天子孟春之月，乃擇元辰，親載末耟，置之車右，帥公卿、諸侯、大夫躬耕耤田千畝於南郊。冕而朱紘，躬秉末以耕。天子三推，三公五推，諸侯九推反，執爵於大寢。三公、九卿、諸侯、大夫皆御命曰：勞酒。季秋之月，藏帝耤之收於神倉。《周官》：内宰詔王后帥六宮之人生穜稑之種，而獻於王。甸師掌帥其屬而耕耨王耤，以時入之，以供粢盛。其制如此。然享先農與躬耕同日，禮無明文。惟《周語》云：農正陳耤禮。韋昭注云：陳耤禮者，祭其神爲農祈也。至漢，以耤田之日祀先農，其禮始著。《漢舊儀》：春耕耤田，官祠先農，百官皆從。置耤田令丞。東漢耤田儀，正月始耕，常以乙日祀先農於田所。先農已享，耕於乙地。由晋至於唐宋，相沿不廢。政和間，罷享先農爲中祀，命有司行事，止行親耕之禮。南渡後，復親祠先農。元雖議耕耤，竟不親行。其祠先農，命有司攝事。今宜耕耤之日，皇帝躬祀先農。禮畢，躬耕耤田。以仲春擇日行事。從之。

明太祖洪武元年十一月，議行耕耤禮。

二年二月，建先農壇於南郊。親祭，以后稷配，遂耕耤田。

十年二月，遣官祭先農。【略】

二十一年三月，更定祭先農儀，不設配位。【略】

十八年十二月，北京先農壇成。

臣等謹按：自成祖後，歷代御極改元，則行耕耤禮。惟穆宗行於二年，神宗行於八年，莊烈帝七年、十五年兩舉，熹宗之世，無聞焉。禮有定制，無事備書，特附叙於此。

孝宗弘治元年二月，祭先農，遂耕耤田。

户部尚書李敏言：天下之勞苦者，莫如農夫、蠶婦。今皇上躬耕耤田，若不親其事，則稼穡之艱難，何由而知？乞敕禮部於耕耤儀注内，增上、中、下農夫各十人，服常服、執農器，引見行禮，然後令其終畝。或賜食、賜布以慰其勞，尤見初政重農之意。帝從之。仍命人賜布一匹。是日，親耕畢，還具服殿，升座，府尹率兩縣令耆老行禮畢，引上、中、下農夫各十人，執農器朝見，令其終畝，人賜布一匹，後循以爲例。

臣等謹按：史載，是年，耕耤禮畢，教坊以雜伎進，馬文升屬色斥之云云。伏讀《御批通鑑輯覽》曰：孝宗是時，立未逾年，諒暗之中，本不當舉行耕耤。即云典不可缺，亦祇應僅躬秉耒，以爲農先。乃竟設宴如常，實爲非理文升不知據理直陳，而止咎教坊之瀆亂宸聰，已爲昧於輕重。況進言亦自有體。君父之側輒悍然徵色發聲，敬事之誠安在？明代惡習相沿，往往憤激沽名而不顧恪恭大義，豈可爲訓耶？

世宗嘉靖十年正月，更定耕耤儀。

九年二月，禮部上耕耤儀，帝以其過煩，命來歲別議。至是，禮部尚書李時更擬迎神、送神止二拜。先二日，順天府官以耒耜、穜稑種置彩輿上，送至耕耤所，駕行設鹵簿。耕畢，還具服殿，順天府官率耆老行禮，百官進詞慶賀，賜酒飯，教坊司於御門觀耕時承應。罷進膳樂及三舞隊。帝猶以爲煩，命駕行不設鹵簿，罷百官慶賀，教坊司擬定三舞隊於進膳時承應，門外止觀從耕。禮畢，入齋宮賜宴。著爲令。

造耕根車，建觀耕臺。

帝命造耕根車以重農務。

是年，命墾西苑隙地爲田，建帝社、帝稷壇，於壇東北建殿曰無逸，亭曰豳風；又建亭曰省耕，省斂每歲耕穫。帝親臨觀，以重農事。置倉曰恒裕，貯田之所，入以供祀事。十月，禮部上郊廟粢盛支給之數，因言：南郊耤田，皇上三推，公卿各宣其力，較西苑爲重。西苑雖農官督理，皇上時省耕斂，較耤田爲勤。請以耤田所出藏南郊圓廩神倉，以供圜丘、祈穀、先農、神祇壇、長陵等陵、歷代帝王及百神之祀。西苑所出藏恒裕倉，以供方澤、朝日、夕月、太廟、世廟、太社稷、帝社稷、禘祫、先蠶及先師孔子之祀。從之。至隆慶元年，罷西苑耕種，諸祀皆取之耤田。

《萬曆野獲編》曰：世宗初建無逸殿於西苑，翼以豳風亭。蓋取詩書之義，以重農務。時率大臣游宴，其中又命閣臣李時、翟鑾輩坐講《豳風‧七月》之詩，賞賚加等。添設戶部堂官，專領稼事。其後日事元修，即於其地營永壽宮，雖設官如故，而所創祈報大典，悉遣官代行。世宗上賓，未期月，西苑宮殿悉毀，惟無逸至今猶存。至尊於西成時，間亦御幸，內臣各率其曹作打稻之戲。凡播種、收穫以及野饁、農歌、徵糧諸事，無不入御覽，蓋較上耕耤田時尤詳雲。

臣等謹按：嘉靖十年八月，帝御無逸殿之東室，謂侍臣曰：無逸之作，雖所以勸農，而勸學之義，亦在其中。乃命經筵日講，官各進講《七月》詩、《無逸》書各一篇，事載《世廟聖政紀要》。後萬曆甲申、乙酉間，無逸燬於火，以輔臣申時行言，特修復之。無逸殿之名，在明代甚著，乃《明史‧禮志》沿明《典禮志》訛爲天遁字義，殊不可曉，特著《會典》諸書正之此。

潛帝崇禎七年二月，親祭先農，遂耕耤田。

至十五年二月，再舉親耕之禮，以科臣沈迅言，諭禮臣：以後耕耤，宜歌《豳風‧無逸》之篇。其教坊承應俚俗不可用，禾詞宜頌不忘規。命詞臣別撰以進。

（清）嵇璜等《續文獻通考》卷七九《群祀考》

明太祖洪武元年十二月，立旗纛廟。【略】

二年正月，封京都及天下城隍。【略】

《春明夢餘錄》曰：城隍之名，見於《易》。若廟祀，則莫究其始。唐李陽冰謂：城隍神祀，典無之，惟吳越有耳。宋趙與時辨其非，以蕪湖城隍祠建於吳赤烏二年，不始於唐。然考《記》曰：天子大蜡八伊耆氏，始爲蜡，蜡祭八神水庸居。七水則隍也，庸則城也。此正祭城隍之始。《春秋傳》：鄭災祈於四鄘。宋災，用馬於四鄘。皆其證也。庸字不同古，通用耳。由是觀之，城隍之祭蓋始於堯矣。

臣等謹按：城隍是保，二語爲張九齡《祭城隍文》。《禮志》誤作張說。又《實錄》載：洪武二十年，京師改建城隍廟。《禮志》作二十一年，亦誤并改正。

（清）嵆璜、劉墉等《清通典》卷四二《禮・吉禮二・天神地祇》

臣等謹按：《杜典》，朝日、夕月，後別立禋六宗一條，其禮迄於後魏而止，自唐以後罕有述者。伏考我朝祀典有神祇壇，以禱水旱，有太歲壇，以祭時，并與六宗義合。又雲雨風雷之祀，世宗憲皇帝聖諭：取義六宗尤炳然，不易者，茲謹分爲天神、地祇等門，詳載於後。順治元年立天神壇於先農壇之南，以祀雲師、雨師、風伯、雷師。立地祇壇於天神壇之西，以祀五岳、五鎮、啓運山、積慶山、天柱山、隆業山、四海，四瀆，京畿名山大川，天下名山大川。歲遇水旱，則遣官祇告。祈禱有應，則報祀。十四年，以祈雨遣官致祭天神、地祇得雨，報謝如儀。

十六年，停祭積慶山。康熙二年，封鳳臺山爲昌瑞山。設位地祇壇。二十九年，以祈雨，遣官致祭天神、地祇、得雨。報謝如儀。雍正十年，以祈雨，遣官致祭天神、地祇。得雨，報謝如儀。乾隆元年，封泰寧山爲永寧山，設位地祇壇。二年六月，諭：天時亢旱，已逾兼旬。見在虔誠祈禱，尚未得霑甘霖。朕心深爲憂惕。天神、地祇壇，應竭誠致祭，著禮部、太常寺即察明典禮，具奏舉行。禮部等遵旨。議上，遣官致祭天神、地祇，得雨，報謝如儀。七年五月，旱。命於神祇壇祈雨，增用樂章。詳見樂典。十七年，禮臣奏言：神祇壇本無專祀，惟祈雨則祇告於壇，而不奏樂。自乾隆七年始增設樂章。揆之一應因事祇告之禮，均不作樂，殊未畫一。至甘雨霑足，報祭之時，僅用酒果脯醢，與祈告相同，又與報祭之禮未稱。請嗣後各壇告祭，停止作樂，至報祭時，均應加籩豆牲牢。即將神祇壇樂章，用於報祭。詔令更議之。尋奏言：凡祈雨之祭，時當待澤孔殷，蠲誠致禱，與因事祇告之禮，原有不同，儀文自宜周備。今奉諭旨，祭祀用樂，以導和氣而格神祇，乃事神之禮。與齋戒、徹懸其義各異。且樂足以宣通陰陽之氣，祈雨致祭仍當用樂爲是。應遵旨，仍用樂章奏。上從之。二十八年四月，京師微旱，遣官致祭天神、地祇。尋得雨，報祭如禮。三十二年四月、三十五年五月、四十三年四月，均以微旱，遣官致祭。得雨報祀如儀。凡祈祀報祭儀節具。
《大清通禮》

（清）嵆璜、劉墉等《清通典》卷四二《禮・吉禮二・太歲》

順治元年，定每歲致祭太歲壇之禮。太歲殿在先農壇東北。正殿祀太歲之神，兩廡祀十二月將之神。每年正月初旬吉及十二月歲除前一日，遣官致祭。初春爲迎，歲暮爲祖。祖迎之禮，歲有常舉。遇水旱，則遣官祭告，祈禱報祀如儀。

康熙二十九年，以旱祈雨，遣官致祭太歲之神。尋得雨，行報謝禮。三十五年二月，聖祖仁皇帝親征噶爾丹，遣官致祭太歲之神。雍正十年，以旱祈雨，遣官致祭太歲之神。尋得雨，報祭如儀。乾隆元年十二月，祭太歲壇。遣親王行禮。舊例，遣太常寺堂官主祭。是年，太常寺照例題請，奉旨：遣親王行禮。次年孟春，亦如之。二年六月，以旱祈雨，遣官致祭太歲之神。尋得雨，報祭如儀。十六年，禮部奏：各壇祀神，均有上香之儀。太歲月將，同屬天神，則升馨求陽不應，與他祭異。況偶逢祈雨致祭，儀注見載上香。其春冬二祭，應行上香禮。兩廡分獻并同。從之。十八年，禮部奏：太歲，暨十二月將神牌，請於殿廡內供奉，設神座於神龕前。祭時，請神牌，奉安神座。祭畢，復龕。恭遇皇上祀先農禮成，至太歲殿上香時，神牌安奉殿內，不請出龕。奉旨：太歲月將神牌，照所奏安奉。又是歲，禮部奏：太歲殿現在樂章，乃新正歲除通用，與祈禱雨澤之義，全不相涉。應交樂部別撰，照神祇壇皆用豐字，以昭畫一。從之。詳見樂典。二十年，定太歲壇改遣親王、郡王行禮。二十一年，太常寺奏：承祭之官，既改遣親王、郡王，而兩廡分獻，仍如舊例，派廳員行禮，於體制未協。請嗣後用太常寺堂官分獻，臨時奏派。從之。二十八年四月、三十二年四月、三十五年四月、四十三年四月，均以微旱，遣官致祭太歲壇，尋得雨報祀如禮儀具。

《大清通禮》

風師、雨師等祠。臣等謹按：杜《典》，六宗之外，又有風師、雨師及諸星等祠。我朝定禮，以雲雨風雷爲南郊從位。又專立天神壇以祀雲雨風雷之神。

(清) 嵇璜、劉墉等《清通典》卷四四《禮·吉禮四·山川》

臣等謹按：禮經所載，五岳、四瀆，望秩隆焉。其餘山川之神，亦咸崇報享。

本朝定制，義法悉協，敬稽祀典。於岳鎮海瀆，有時巡展祭，有因事遣祭，有所在專祭於名山大川，有奉特典崇建廟祀者，并著於篇。至於封祀龍神，原非即海瀆之本神，而昭德報功，載在祀典，相沿已久，即鹽井之神，亦與山川義近。謹從類附。惟黑龍潭、玉泉龍神，宜在京都祀典之列，另立專門，故不以附於此篇。

順治元年定禮，以五岳、五鎮、四海、四瀆配享方澤壇。又立地祇壇，以五岳、五鎮、四陵山、四海、四瀆之祇爲正位，以京畿名山大川、天下名山大川之祇爲從位。

(清) 嵇璜、劉墉等《清通典》卷四四《禮·吉禮二·耤田》

順治十年三月，詔舉行先農祀典。十一年二月，

世祖章皇帝行耕耤禮，親祭先農壇。壇在正陽門外，太歲壇西南。壇北爲正殿，東南爲觀耕臺，臺前爲耤田，東北爲神倉，前爲收穀亭。定制：歲以清明節後亥日，祭先農壇。禮成，即行耕耤禮。及秋玉粒告成，所司以聞，擇吉收貯神倉，以供天、地、宗廟、社稷之粢盛。

　　康熙十一年二月，聖祖仁皇帝行耕耤禮，親祭先農壇。前期，遣官祇告奉先殿。雍正二年二月，世宗憲皇帝行耕耤禮，親祭先農壇，躬耕三推畢，復加一推。頒發新製《三十六禾詞》，使工歌左右隨行。禮畢，王以下行慶賀禮。停止筵宴。自是每歲，皆親耕如儀。【略】

　　乾隆三年三月，皇上行耕耤禮。前期六日，幸豐澤園演耕。至日，親祭先農壇，遂詣耤田，行三推禮畢，復加一推。禮成，上御齋宮，王以下行慶賀禮。【略】八年二月，諭：向来先農壇親祭，始用中和韶樂遣官則同小祀之例，不用中和韶樂。按日月壇中祀，雖遣官，仍用中和韶樂。惟不飲福、受胙朕思國家之大事在農。先農壇宜在中祀之列。此次遣親王恭代，即著照日月壇之例，用中和韶樂，永著爲令。

　　十三年三月，皇上東巡。是年，致祭先農壇，遣官恭代。順天府府尹率屬行耕耤禮。自後恭遇時巡省，方遣官恭代，順天府府尹率屬行耕耤如禮。

　　十九年三月，重修先農壇。先是，奉諭：朕每歲親耕耤田。而先農壇年久，未加崇飾，不足稱朕祇肅明禋之意。今兩郊大工告竣。應將先農壇宇修繕鼎新，其外墻隙地老圃，於彼灌園，殊爲褻瀆。應多植松柏榆槐，俾成陰鬱翠，庶足以昭虔妥靈。該部會同查明具奏。總理工程王大臣等遵旨詳議，次第修繕。疏上，從之。二十三年，【略】大學士等遵旨議准郊天儀注，并酌定躬詣先農壇行禮儀節。皇上御禮輿自外北天門入内北天門，循太歲殿後，轉至先農壇東北隅降輿，詣壇行禮。禮成，仍於降輿處御禮輿，詣太歲殿上香。

　　(清) 嵇璜、劉墉等《清通志》卷三六

　　順治元年，定每歲致祭太歲壇之禮。太歲壇在先農壇之東北，正殿七間，祀太歲之神；兩廡十有一間，祀十二月將之神。每年正月初旬諏吉，及十二月歲除前一日，遣官致祭。初春爲迎歲暮爲祖。自後歲遇水旱，則遣官祭告、祈禱。有應，報祀如儀。

　　康熙三十五年二月，聖祖仁皇帝親征噶爾丹，遣官致祭太歲之神。凱旋，祇告如之。

　　乾隆元年十二月，祭太歲壇，遣親王行禮。十六年，增定太歲壇上香之儀。十八年，定太歲壇供奉神牌之禮。舊例祭時，以黃紙書年、建神牌。祭畢，與祝、帛同焚。至是，禮部請供奉神牌於殿廡内，神龕前列神座。祭時，請神牌、奉安神座。祭畢，復龕。恭遇皇上親詣上香，不請神主出龕。從之。嗣是遵行，永爲定制。二十年，定制祭太歲壇，遣親王郡王行禮。

　　(清) 嵇璜、劉墉等《清通志》卷三七

　　(乾隆) 十九年三月，重修先農壇外墻。隙地多植松、柏、榆、槐，交太常寺飭壇戶敬謹守護。

　　順治十年三月，詔舉行先農祀典。十一年二月，世祖章皇帝行耕耤禮，親祭先農壇。壇在正陽門外西南。定制，歲以仲春亥日，皇帝親餉先農之神。祭畢，乃躬耕耤田。及秋玉粒告成，所司以聞，擇吉收貯神倉，以供天、地、宗廟、社稷之粢盛。

康熙十一年二月，聖祖仁皇帝行耕耤禮。祭先農壇禮儀，與順治十一年同。前期，遣官祇告奉先殿。

雍正二年二月，世宗憲皇帝行耕耤禮。祭先農壇禮儀，與康熙十一年同。三推畢，復加一推。頒發親製三十六禾詞。使工歌左右隨行。禮畢，王以下行慶賀禮。停止筵宴。自是，每歲親耕如儀。

七年，以耕耤，於太歲殿上香。

乾隆三年三月，皇上行耕耤禮，親祭先農壇。前期三日，幸豐澤園演耕。至日，躬詣耤田，行三推禮，畢，復加一推。禮畢，上御齋宮，王以下行慶賀禮。五年三月，以閏歲春寒，遣官致祭先農壇。

八年二月，詔遣官致祭先農壇，用中和韶樂。舊制，唯親祭用中和韶樂，遣官則同小祀之例。是年，特諭用樂，永著爲例。

二十三年二月，詔除耕耤設棚懸彩之例。

三十七年二月，將行耕耤，臣工以聖壽六旬以上，請遣官恭代。不許。奉諭：是歲耕耤，但依典制三推弗行加一之禮。

五十年三月，皇上躬行耕耤禮。十月，奉諭：朕臨御以來兢兢，以敬天勤民爲念。郊壇大祀，無不躬親，即耤田親耕，亦從未嘗稍憚煩勞。本年，壽已七十有五，猶親舉三推之典。至本年，甫經親行耕耤。明歲應否躬涖，自應候朕酌行。嗣後我子孫繼承奕祀，唯當不懈益勤。凡遇親耕典禮，若年在六十以內。禮部自應照例具題，年年躬行耕耤之禮。若年逾六十，令禮部先期以親涖或遣官之處，具本題請，庶巨典，不尚虛文，而展禮益昭誠。恪著爲令。凡耕耤祭先農壇，遇遣官恭代之歲，順天府府尹率屬耕耤如禮。

(清) 俞正燮《癸巳存稿》卷九《農祭》

先農壇之祭，順治十年定於仲春亥日。案：《六壬古式》正月亥爲天倉，梁天監時改用二月，今法。二月節，猶日躔亥，故用亥。後改於三月。雍正二年，耕耤，三推畢，又加一推，遂爲例。乾隆三年，依成法四推。又定制三月耕耤，與祭先農同日。往時以祈穀時祭，不燔柴。順治十七年定制，祈穀用燔柴禮。乾隆八年初定，常雩禮，歲舉行之。雨澤或愆，則禱社稷三壇。又不雨，乃大雩也。至民間求雨，止於叩禱。此外，皆治以應得之罪。見雍正二年六月十一日諭旨：民間祈求晴雨一事，甚不合禮，任意設壇，觸犯鬼神。聚集不肖僧道行求雨，殊屬非分。如果欲求雨，只宜各存誠心叩禱而已，何必種種作法？嗣後除奉旨外，或在寺廟誦經求雨尚可。如私自設壇，借求雨之名作法術，即以妖言惑衆治罪。欽此。農民宜知之，交相告也。

(清) 吳振棫《養吉齋從錄》卷五

亥耤之禮，順治十一年、康熙十一年嘗親行。又康熙四十一年，省耕畿南經博野。

聖祖躬秉犁器，即功竟畝。觀者萬人，李文貞、光地爲文勒石以紀其盛。雍正二年以後歲行耕耤。又命各州縣舉老農一人，經八品頂帶，以示重農抑末之意，復頒發耕耤所歌《三十六禾詞》一章凡七言三十六句，句爲韵。躬耕時樂工十二名，鳴鑼鼓歌之。五色彩旗招颭隨行。又加三推爲四推，劭農勸民，瑞應洊至。嘉禾有十三穗、十五穗者，有長一尺六、七寸者。四年，繪嘉禾圖，頒直省，又以禮經天子爲耤千畝，諸侯百畝，耕耤之禮通於上下。命各直省立先農壇，守土官耕耤如九卿行九推禮，農具用赤色，牛用黑色，箱用青色籽種，各以土之所宜。

耕耤向用三月初亥。乾隆丙戌，監臣以初六乙亥，不宜栽種，遂改用次亥。乾隆間循用四推禮，至聖壽六旬，乃減爲三推。耕耤禮畢，至無逸殿，賜從耕之三王九卿及侍班請官茶，叩、興謝恩訖，駕乃還。此禮惟登極後第一次耕耤行之。國初沿明制，有教坊司。耕耤筵宴，有黃童白叟、鼓腹謳歌、香斗老人、進寶迴迴、五方夜叉、五海龍王等承應，後裁。

附錄：道光間，亥耤之日，從耕將終，牛有脱輄而逸者，上一笑而起。聖度寬宏，不苟小失如此。

(清) 夏燮《明通鑑》卷五四《世宗肅皇帝紀》

(嘉靖八年八月) 壬午，上親祀山川諸神。先是上諭禮部：太祖高皇帝初定祭祀之條，稽之《皇明祖訓》，山川諸神之祭，皆無遣代之者；後以出入不便，命官行禮。今災變多端，宜禱於神以祈轉化。是年秋，祭山川諸神，朕欲親往，令禮官具儀以聞。是日，車駕出郊，祭山川壇。禮畢還宮。并下所司，著之令典。

(清) 夏燮《明通鑑》卷五五《世宗肅皇帝紀》

(嘉靖九年三月) 辛丑，禮部集上群臣所議郊禮，奏曰：主分祭者，都御史汪鋐等八十二人；主分祭而以慎重成憲及時未可爲言者，大學士張璁等八十四人；主分祭而以山川壇爲方丘者，尚書李瓚等二十六人；主合祭而不以分祭爲非者，尚書方獻夫等二百六人；無可否者，英國公張崙等一百九十八人。臣等祗奉敕諭，折衷衆論，分祀之義，合於古禮。但壇壝一建，工役浩繁。《禮》屋祭曰帝。夫既稱昊天上帝，則當屋祭。宜仍於大祀殿專祀上帝，改山川爲地壇，專祀皇地祇，既無創建之勞，行禮亦便。

(明) 涂山《明政統宗》卷二《太祖高皇帝二》

(洪武三年) 六月，詔革前代岳、瀆、海、鎮封號。國初，建山川於天地壇西，正殿爲壇七，曰太歲，曰風雨，曰五岳，曰五鎮，曰四海，曰四瀆，曰鍾山，兩廡從祝六壇，左京畿山川，若夏、奎季月將，若春，秋李月將，若都城隍神，而壇西南有先農壇，東旗纛廟壇，南耤田，在焉。已大正天下祝典，神祇之號名，下詔言："朕惟五鎮、四海、四瀆之封，起自有唐，歷代崇加。夫岳鎮海瀆，皆高山廣水。自開闢至今，斯皆受職上帝，玄渺莫測，豈國家封號爲之所得褻瀆莫甚焉？雖忠臣烈士，附當代褒，勵封號爲宜。今依古制，凡岳鎮海瀆，并去其前代所封號名。止以山水本名稱神，與郡縣城隍神號，一躰改正。"

（清）龍文彬《明會要》卷八《禮三·吉禮·先農》

吳元年十一月，太祖欲舉行耤田禮，【略】遂命以來春舉耤田禮。《大訓記》

（清）黃以周《禮書通故》卷二〇《耤田躬桑禮通故》

耤田，《經》作耤，亦作籍。許慎云：耤，帝耕千畝也。古者使民如謂之耤，從耒，昔聲。鄭元云：耤之，言也。王一耕之，而使庶人芸芓終之也。盧植云：耤，耕也。《左傳》：鄅人耤稻。應劭云：耤田，典籍之田。薛瓚云：耤，謂蹈耤也。本以躬親爲義，不尋以假爲稱。以周案從許鄭義。《毛詩·序》云：載芟，春耤田而祈社稷也。劉向、崔靈恩《皇侃説》：王社在耤田中。耤田而祈社。秦蕙田云：《詩序》乃言兩祭同歌一詩，非謂耤田而祭社也。以周案《月令》：孟春，天子親耕。帝耤仲春，擇元日，命民社大司馬仲春，蒐田獻禽以祭社。則耤田與祈社异月。《詩序》蓋言，耤田後有祈社之祭歌。此詩爾非謂王社在耤田中，亦非謂耤田同歌此詩，耤禮具詳。《周語》不言樂，傳曰雅樂不野合。蓋耤無歌，詩亦惟擊土鼓、歙《豳雅》而已。梁武帝祀先農有歌詩，不古。

衛宏《漢儀》云：春始東耕亏耤田，祀先農。雷氏《五經要義》云：先農立壇虧田所祀之。其制如社壇。祝欽明、張齊賢等議：先農與社一神。以周案東耕諸侯禮。天子耤田在南郊甸地。《祭義》云：天子親耕虧南郊，諸侯耕虧東郊。《周官·甸師》云：帥其屬耕耨，王耤，耤祭先農，不見虧經。《周語》：農正陳耤禮。注家謂：敷陳耤禮而祭其神，亦未有祭社之説也。社在宗廟右，耤田在郊南，其地异。祈社在仲春，耕耤在孟春，其時异。社爲土示，先農昰人，其神异。《國語》：司空除壇虧耤。或曰耕壇，或曰先農壇。壇而曰除蓋臨時爲之。其非社壇明矣。自崔説：王社在社田中，祝氏因謂：先農即社。唐從其議，遂改爲先農壇。緦紽紕繆，當從要義。

（清）閻鎮珩《六典通考》卷六二《民政考》

明洪武元年，諭廷臣：以來春舉行耤田禮。【略】永樂間，定耕耤禮：祭先農畢，駕至耤田所，戶部尚書捧鞭跪進。教坊司官率其屬作樂。隨駕行三推禮畢，駕至儀門升座。樂作，觀三公九卿耕訖，教坊司承應，用大樂。百戲畢，跪奏致語。駕至殿內升座，進湯，進膳，俱用樂。畢，順天府官率耆老人等謝恩，樂作，賜百官酒飯，百官復入班，行禮。鴻臚寺官奏：禮畢。駕還。宣宗時，禮部進耤田儀注。上謂侍臣曰：制耤以奉粢盛，率天下務農，貴有實心耳。不然三推、五推，何益於事？成化元年，行耤田禮，率百官祀先農畢，釋祭服乘耒三推。戶部尚書馬昂奉青箱後隨，京府耆老二人馭牛、二人曲躬按犁。教坊樂工執彩旗，夾隴謳歌，一唱百和，颭旗而行。上秉耒三往三返如儀。既畢，乃坐觀三公九卿助耕畢。教坊前呈應，用田家典故。觀畢，賜宴而迴。弘治元年，定耕耤儀：前期百官致齋，順天府官以耒耜及種稑種進呈。內官仍奉出授之，由午門左出，置彩輿，鼓樂送至耤田所。至期，帝翼善冠、黃袍詣壇所具服殿，服衮冕。祭先農畢，還更翼善冠、黃袍。太常卿導引至耕耤位，南向立。

三公以下各就位。帝秉耒三推三反訖，御外門，南向坐，觀三公五推，尚書九卿九推。太常卿奏：耕畢。帝還具服殿，升座。府尹率兩縣令耆老人行禮畢，引上中下農夫各十人執農器朝見，令其終畝。百官行慶賀禮，賜酒饌。三品以上，丹陛上東西坐；四品以下，壇下坐；并宴勞耆老於壇旁。宴畢，駕還宮，大樂鼓吹振作。農夫人賜布一匹。正德元年春，上耕耤田。嘉靖十年，定耕耤儀罷，百官慶賀。又議造耕根車，禮臣言：國朝耕耤因宋制，皇帝乘玉輅，以耕根車載耒耜。及考見行儀注，順天府官捧耒耜及穜稑種置彩輿，先祭前二日出。今用耕根車載耒耜，宜於祭日早進呈畢，即置車中前玉輅以行。又考宋史有觀耕臺。今皇上御門觀耕，地位卑下。宜令工部權作木臺，高五尺、廣五丈，正面、東、西三出陛。俟明年築臺，從之。隆慶二年，行耕耤田禮於南郊。先期一日，上常服以享先農、行耕耤禮，告於奉先殿、宏孝殿、神霄殿。上御皇極門，錦衣衛官備法駕設輦於門下正中。上常服乘輦，鹵簿導從，由大明門出詣壇所。導駕官導上至具服殿，候報時，具皮弁服出。導駕官導上詣先農壇，行祭畢，導駕官導上迴至具服殿，更翼善冠、黃袍。太常卿侍百官俱從上至耕耤位。三公已下各從耕位。餘如舊儀。

萬曆八年，行耕耤田禮。崇禎七年，親祭先農，行躬耕禮。

祀先農。《郊特牲》注云：先嗇若神農。《春官·籥章》注云：田祖始耕。田者，始教造田，謂之田祖。先爲稼穡，謂之先嗇神。其農業，謂之神農。名殊而實同也。以神農始造田，而后稷亦有田功。則祭田祖之時，后稷亦食焉。或疑以神農爲田祖，經傳無明文。王安石謂：生爲田正，死爲田祖。猶樂官之死，而爲樂祖也。

明太祖建先農壇於山川壇西南，列大祀，歲親祭，以后稷配，已又奉仁祖配。後改中祀，止遣應天府官致祭，不設配位。祭畢，猶親耕耤田。《禮志》

永樂十八年，北京先農壇成。每歲仲春上戊，順天府尹致祭。後凡遇登極之初，行耕耤禮，則親祭。嘉靖十六年，諭：凡遇親耕。戶部尚書先祭先農。三十八年，罷親耕，唯遣官祭先農。崇禎七年二月，親祭先農。

論曰：唐儒韓愈有言社祭土稷，祭穀，句龍、后稷乃其配享。自祝欽明議改先農壇爲帝社。古制幾於湮廢。當時禮官引經詰辨，卒莫能革。其違謬而大有所厘正也。宋政和間，降先農爲中祠，歲遣有司攝事。衰世之主，驕而嫚神，黷禮不經。至元世祖遂踵其故而行之，豈非溺於夷狄之俗，惑於末時之趨，而不達古聖制禮之宜者？與明高皇帝初即位，敬重農事，嘗行親祭之禮，而以后稷配位矣。及後洪武二十一年乃屏句龍，弃位不設，而以仁祖配焉。自是，遣官代祭，遂爲恒例。斯則變古，而戾其中未可爲後法也。句龍、后稷之功，萬世不可廢。仁祖以匹夫終老田野，雖幸爲天子之祖，而其功德無可稱道者，遽欲進而躋諸古聖之列，不亦過乎。

(清) 閻鎮珩《六典通考》卷九九《禮制考》

明初，用二月上戊祭先農，不行祈穀。

隆慶元年，禮臣言：先農親祭遂耕耤田，即祈穀遺意。今二祀并行，未免煩數。

且玄極寶殿在禁地，百官陪祀，出入非便。宜罷祈穀，止先農壇行事。從之。

(清) 閻鎮珩《六典通考》卷一〇二《禮制考》

明洪武二年，禮官言：城隍之祀，莫詳其始。【略】乃命加以封爵。【略】三年，詔去封號，止稱某府州縣城隍之神。【略】六年，製中都城隍神主成，遣官賚香幣奉安。京師城隍既附饗山川壇，又於二十一年改建廟，尋以從祀大祀殿，罷山川壇春祭。永樂中，建廟都城之西，曰大威靈祠。嘉靖九年，罷山川壇從祀，歲以仲秋祭旗纛曰，并祭都城隍之神。凡聖誕節及五月十一日神誕，皆遣太常寺堂上官行禮。國有大災，則告廟。在王國者，王親祭之。在各府州縣者，守令主之。

(清) 閻鎮珩《六典通考》卷一〇三《禮制考》

明初，肇祀太歲。【略】嘉靖十一年，建太歲壇於正陽門外之西。中太歲殿，東廡春、秋月將二壇，西廡冬、夏月將二壇。帝親祭於拜殿，每歲孟春、歲暮，遣官專祭。正月，遣太常寺祭太歲月將之神。

邱濬曰：一歲之間，而有春、夏、秋、冬之時。四時之候，而有寒、暑、温、凉之氣，冥冥之間，必各有神以司之。古者，各因其時而致其祭，隨其候，而行其禮。本朝於春、秋二時，祭太歲之神及四時月將之神，蓋以四時之首，合於太歲。而四時之令，分於月將，其亦祭時與寒暑之遺意歟。

秦蕙田曰：太歲月將，即四時寒暑之神，説爲近當歲星所次之辰十有二，而斗柄所指，謂之月建者亦十有二。故有月將之説、逐日之神亦十有二。故又有日直之説。

(清) 王先謙《東華録·康熙一》

(順治十八年正月) 乙丑，議政貝勒大臣等遵旨詳議祀典。議得圜丘、方澤、祈穀壇、太廟時享、祫祭，朝日壇、夕月壇、社稷壇、三皇廟、先農壇、歷代帝王廟、文廟、太歲壇、關帝廟、城隍廟、紅衣炮等祀，應照舊致祭。從之。

趙爾巽《清史稿》卷八二《志五八·禮志二·吉禮二·天神》

順治初，定雲雨風雷。既配饗圜丘，并建天神壇位先農壇南，專祀之。雍正六年，諭建風神廟。禮臣言："周禮梄燎祀飌師，鄭康成注風師爲箕星，即虞書六宗之一。馬端臨謂，周制立春丑日，祭風師國城東北，蓋東北箕星之次，丑亦應箕位。漢劉歆等議立風伯廟於東郊。東漢縣邑，常以丙戌日祀之戌地。唐制就箕星位爲壇，宋仍之。今卜地景山東，適當箕位，建廟爲宜。歲以立春後丑日祭。"允行。規制仿時應宮，錫號應時顯佑，廟曰宣仁。前殿祀風伯，後殿祀八風神。明年，復以雲師、雷師尚闕專祀，諭言："《虞書》六宗，漢儒釋爲乾坤六子，震雷、巽風，并列禋祀。《易》言雷動風散，功實相等。《記》曰：'天降時雨，山川出雲。'《周禮》以雲物辨年歲，是雲與雷皆運行造化者也。并官建廟奉祀。"於是下所司議，尋奏："唐天寶五載，增祀雷師，位雨師次，歲以立夏後申日致祭，宋、元因之。明《集禮》，次風師以雲師，郡、縣建雷雨、風雲二壇，秋分後三日合祭。今擬西方建雷師廟，祭以立夏後申日。東方建雲師廟，祭以秋分後三日。"從之。乃錫號雲師曰"順時普應"，廟曰凝和；雷師曰"資生發育"，廟曰昭顯；并以時應宮龍神爲雨師，合祀之。

嘉慶二年旱，禱雨既應，仁宗蒞壇報祀，入壇中門降輿，至壇南門外，盥畢入，升壇。以次詣雲雨風雷神位上香，二跪六拜。初獻即奠爵、帛，讀祝，不晋俎，不飲福胙。餘如故。

太歲殿位先農壇東北，正殿祀太歲，兩廡祀十二月將。順治初，遣官祭太歲，定孟春爲迎，歲暮爲祖。歲正月，書神牌曰"某干支太歲神"，如其年建。歲除祭畢，合祝版燎之。凡祭，樂六奏，承祭官立中階下，分獻官立甬道左右，行三跪九拜禮。初獻即奠帛，讀祝，錫福胙，用樂舞生承事，時猶無上香儀也。

乾隆十六年，禮臣言同屬天神，不宜有異，自是二祭及分獻皆上香。太歲、月將神牌，舊儲農壇神庫，至是亦以殿廡具備，移奉正屋。臨祭，龕前安神座。畢，復龕。舊制，祭太歲遣太常卿行禮，兩廡用廳員分獻。二十年，改遣親王、郡王承祭。次年，定太常卿爲分獻官。

雍、乾以來，凡祈禱，天神、太歲暨地祇三壇并舉，遣官將事，陪祀者咸與焉。前期邸齋一日，承祭官拜位。天神壇在南階下，太歲與常祀同，俱三跪九拜。天神用燎，太歲兩廡不分獻，不飲福、受胙。

趙爾巽《清史稿》卷八三《志五八‧禮志二‧吉禮二‧先農》

天聰九年，禁濫役妨農。崇德元年，禁屯積米穀，令及時耕種，重農貴粟自此始。順治十一年，定歲仲春亥日行耕耤禮。先期，戶、禮二部尚書偕順天府尹進耒耜暨種稑種。屆期，帝親饗祭獻如朝日儀。畢，詣耕耤所，南向立。從者就位。戶部尚書執耒耜，府尹執鞭，北面跪以進。帝秉耒三推，府丞奉青箱，戶部侍郎播種，耆老隨覆。畢，尚書受耒耜，府尹受鞭。帝御觀耕臺，南向坐，王以下序立。三王五推，九卿九推，府尹官屬執青箱播種，耆老隨覆。畢，帝如齋宮。府尹官屬、眾耆老行禮。農夫三十人執農器隨行。禮畢，從府、縣官出至耕耤所，帝賜王公坐，俟農夫終畝，鴻臚卿奏禮成，百官行慶賀禮。賜王公耆老宴，賞農夫布各一匹，作樂還宮。其秋，年穀登，所司上聞，擇日貯神倉，備供粢盛。尋定先農歲祭遣府尹行，大興、宛平縣官陪祀。

唐熙時，聖祖嘗臨豐澤園勸相。雍正二年，祭先農，行耕耤。三推畢，加一推。頒新制三十六禾詞。賞農夫布各四匹，罷筵宴。頒賜各省嘉禾圖。

乾隆三年，帝初行耕耤禮，先期六日，幸豐澤園演耕，屆日饗先農，行四推。二十三年諭曰："吉亥耤畝，所重劭農。黛耜青箱，畚鎛蓑笠，咸寓知民疾苦至意。吾民雨犁日耘，襏襫維艱，炎濕遑避。設棚懸彩，義無所取。且片時所用，費中人數十戶產也，其除之。"三十七年，群臣慮帝春秋高，籲罷親耕，不許。命仍依古制三推。嘉慶以降，仍加一推如初。

趙爾巽《清史稿》卷八三《志五八・禮志二・吉禮二・地祇》

順治初，定岳鎮海瀆既配饗方澤，復建地祇壇，位天壇西，兼祀天下名山、大川。三年，定北鎮、北海合遣一人，東岳、東鎮、東海一人，西岳、西鎮、江瀆一人，中岳、淮瀆、濟瀆一人，北岳、中鎮、西海、河瀆一人，南鎮、南海一人，南岳專遣一人，將行，先遣官致齋一日，二跪六拜，行三獻禮。

八年，封興京永陵山曰啓運，東京陵山曰積慶，福陵山曰天柱，昭陵山曰隆業，并列祀地壇。十六年，徙東京陵祔興京，罷積慶山祀。明年，用禮臣言，改祀北岳於渾源。康熙二年，賜號鳳臺山曰昌瑞，并祀之。六年，遣祭如初制。惟南鎮、南海各分遣一人。十六年，詔封長白山神秩祀如五岳。自是歲時望祭無闕。

二十四年，東巡祀泰岳，祝版不書御名。先一日致齋。太常賚祝版、香、帛、爵，有司備祭品牲薦。屆日衣龍袞，出行宮。樂備不作。至廟內降輿。入中門，俟幄次，出盥畢，詣殿中拜位，二跪六拜。奠、獻如常儀。不飲福、受胙。明年，復改祀北岳、混同江。逾二年，始望祭。

三十五年正月，爲元元祈福，始遣大臣分行祭告，凡岳五：曰東岳泰山、南岳衡山、中岳嵩山、西岳華山、北岳恒山。鎮五：曰東鎮沂山、南鎮會稽山、中鎮霍山、西鎮吳山、北鎮醫巫閭山。海四：曰東海、南海、西海、北海。瀆四：曰江瀆、淮瀆、濟瀆、河瀆。又兀喇長白山。翁河喬岳自此始。明年，朔漠平，遣祭岳鎮海瀆如故。雍正二年，賜號江瀆曰涵和，河瀆曰潤毓，淮瀆曰通佑，濟瀆曰永惠。并賜東海爲顯仁，南爲昭明，西爲正恒，北爲崇禮。乾隆二年，封泰寧山曰永寧，附祀地壇如故事。

越十年，以來歲奉太后秩岱宗，敕群臣議禮。奏言：“古者因名山以升中，有燔柴禮。聖祖因儀文度數，書缺有間，議封禪者多不經。定以祀五岳禮致祭，允宜遵行。”明年蒞泰安，前一日，詣岳廟三上香，一跪三拜。翼日祭，如聖祖祀岳儀。又明年，巡省中州，祀中岳，如初。十六年，巡江、浙，遣祭江、淮、河神。自是南巡凡六，皆躬祭。十九年，巡吉林，望祭北鎮，長白山亦如之。

二十六年，用禮臣議，改岳鎮海瀆遣官六人，長白山、北海、北鎮一人，西岳、西鎮、江瀆一人，東岳、東鎮、東海、南鎮一人，中南二岳、濟淮二瀆一人，北岳、中鎮、西海、河瀆一人，南海一人。當是時，海神廟饗，所在多有，惟北海尚闕。四十三年，始建山海關北海神廟。凡祈禱地壇行禮，位北階下，三跪九拜，用瘞。光緒初元，加太白山神曰保民，醫巫閭山神曰靈應。二十七年，兩宮幸西安，遣官祭所過山川，并告祭華、嵩二岳，如禮。

劉錦藻《清續文獻通考》卷一五五《郊社考九・耤田祭先農》

臣謹案：雍正四年八月，以耤田生瑞穀，有一莖九穗者，特命各直省督撫及府州縣衛，各於所治地方擇潔淨之所，設立先農壇及耤田。自雍正五年爲始，每歲仲春亥日，各率所屬，行耕耤禮如儀。凡以示稼穡之艱難，備粢盛之芬潔，世世子孫，罔有佚也。吉亥劭農，續考典禮，以著於篇。

祭祀通例

《明太祖實錄》卷二九"洪武元年正月"條

乙亥，上祀天地於南郊，即皇帝位，定有天下之號曰：大明，建元洪武。上服袞冕，先期告祭，設昊天上帝位於壇之第一成居東，皇地祇居西，皆南向，各用玉一、幣一、犢一、籩豆各十有二、簠簋各二。設大明、夜明位於壇之第二成，星辰、社稷、太歲、岳鎮、海瀆、山川、城隍位於壇內之東西，各用犢一、幣一、籩豆各十、簠簋各二。其儀：迎神、燔柴、奠玉帛、進俎、三獻、飲福、受胙、徹豆、送神、望燎瘞，各行再拜禮，樂舞如制。祝曰：惟我中國人民之君，自宋運告終，帝命真人於沙漠入中國爲天下主，其君父子及孫百有餘年，今運亦終，其天下土地、人民，豪杰分争。惟臣帝賜英賢爲臣之輔，遂戡定采石水寨蠻子海牙、方山，陸寨陳野先，袁州歐普祥，江州陳友諒，潭州王忠信，新淦鄧克明，龍泉彭時中，荆州薑珏，濠州孫德崖，廬州左君弼，安豐劉福通，贛州熊天瑞，永新周安，萍鄉易華，平江王世明，沅州李勝，蘇州張士誠，慶元方國珍，沂州王宣，益都老保等。偃兵息民於田里。今地幅員二萬餘里，諸臣下皆曰：生民無主，必欲推尊帝號。臣不敢辭，是用以今年正月四日於鍾山之陽，設壇備儀，昭告上帝皇祇，定有天下之號曰：大明，建元洪武，簡在帝心。尚享。先是，自壬戌以來，連日雨雪陰沍。至正月朔旦雪霽，粵三日省牲，雲陰悉歛，日光皎然。暨行禮，天宇廓清、星緯明朗，衆皆欣悦。禮成，遂即位於郊壇南，備儀衛、法從，丞相率百官北面行禮，呼萬歲者三。

《明太祖實錄》卷三〇"洪武元年二月"條

壬寅朔，中書省臣李善長、傅瓛，翰林學士陶安等進郊社宗廟議：【略】今當遵古制，分祭天地於南北郊。冬至則祀昊天上帝於圜丘，以大明、夜明、星辰、太歲從祀。

《明太祖實錄》卷三八"洪武二年正月"條

戊申，今國家開創之初，嘗以太歲、風雲雷雨、岳鎮海瀆，及天下山川、京都城隍，及天下城隍皆祀於城南享祀之所。既非專祀，又屋而不壇，非禮所宜。考之唐制，以立春後丑日祭風師於城東北，立夏後申日祭雨雷於城東南。以今觀之，天地之生物，動之以風、潤之以雨、發之以雷。陰陽之幾本，一氣使然。而各以時別祭，甚失享祀本意。至於海岳之神，其氣亦流通暢達，何有限隔？今宜以太歲、風雲雷雨諸天神，合爲一壇；岳鎮海瀆，及天下山川、城隍諸地祇，合爲一壇，春秋專祀。上從之。

《明太祖實錄》卷五四"洪武三年七月"條

甲寅，禮官奏：自今遣官祭太歲、風雲雷雨、岳鎮海瀆、山川、城隍諸神。春用驚蟄後三日，秋用秋分後三日。獻官及陪祀、執事官，皆前期齋戒三日。至日清晨，上服皮弁服，御奉天殿降香。中嚴升御座，以待祭畢，獻官迴奏，解嚴還宮。從之。

（明）章潢《圖書編》卷一〇一《先農壇南京》

洪武元年，御史尋迪請耕耤田，享先農，以勸天下。上從之。二年，建壇，以后稷配。正月十七日，告祭於先農之神。惟神生於天地開闢之初，創田器，別嘉種，以肇興農事。古今億兆，非此不生，永爲世教。帝王典祀，敬不敢忘。某本庶民，因天下亂，集兵保民者，一紀於茲。荷天眷佑，海內一家，臨御稱尊，紀綱黎庶，考典崇祀，神載策書。今東作方興，禮宜告祭。謹命太常寺築壇於京城之陽，躬率百司詣壇，展禮。緬惟神明造化。萬世如新冀。仰發太古之苗，寶初生之粟。爲民立命，昭祀無疆。謹以制幣犧齊，粢盛庶品，肅備常儀。陳其名薦，以神作主。尚享。是日，親祀先農畢。太常寺卿引皇帝至耕耤位，南面立。三公以下及合從耕者，各就耕位。萬部尚書北面進耒耜。太常卿引皇帝秉耒三推訖。尚書跪受耒。太常卿奏請皇帝復耕耤位，南向坐。三公五推，尚書九卿九推。訖，奏禮畢。應天府并兩縣官率耆老終畝。已而，奉仁祖配。八年，【略】遣應天尹祭，不設配。上親耕如故。

永樂建壇如南京，耕耤親祭，仲春遣順天府尹，禮樂如舊。

弘治元年二月十三日，孝宗耕耤。禮部尚書李敏題，順天府添上中下等農夫各十人，穿本等衣鞋，各執農器，引進叩頭，令其終畝，或賜食、賜布以慰之。奉欽：依朕正要看農夫艱苦。著順天府分付終畝。庶人只穿本等衣鞋耕地。人賜布一匹。

嘉靖元年，奉欽：依終畝農夫照例引見，只穿本等衣鞋，每人賞布一匹。二年，耕耤用樂舞。仲春，教坊奏樂。九年，建圓廩方倉，備粢盛。祝文：嗣天子御名致祭於先農神。曰：惟神肇興農事，始種嘉種。立斯民命，萬世攸賴。茲當東作之期，躬耕耤田。惟賴神慈，默施化理。俾年穀豐茂，率土皆同。以牲帛醴齊之儀，用伸祭告之誠。十六年，遣萬部尚書用樂舞。四十一年，仍遣順天府尹，免樂舞。皇帝即位，行耕耤禮，親祀焉。

（明）郭正域《皇明典禮志》卷一一《耕耤》

（洪武）二十年二月，躬耕耤田，遣官享先農。【略】永樂間，增定駕至耤田所。户部尚書捧鞭跪進，教坊司官率其屬作樂。隨駕行三推，駕至儀門陛座，樂作。觀三公九卿推訖，教坊司用大樂，百戲奏致語，順天府官率耆老謝恩，樂作。樂止，次百官行禮，樂作。樂止，賜百官酒飯。尚膳官進膳，樂作。百官入席，教坊司一奏本《太初之曲》，二奏《仰大明之曲》，三奏《民初生之曲》。徹御案，樂止。頓首謝駕還。

宣德元年二月，上祭先農，詣耕耤位，三推。賜宴如洪武儀。【略】

弘治元年，定增順天府率兩縣官、耆老謝恩之後，引上、中、下等農夫各十人，著田前衣鞋，各執農家器具朝見，令其終畝。耕畢，人賜布一匹。

嘉靖十年，上命墾西苑耕斂之禮。隙地爲田，建帝社、帝稷，壇北建殿曰天遁，亭曰豳風；又曰省耕，曰省斂，倉曰恒裕。先二日，順天官以耒耜及穜稑種，授順天府官，由午門左門出，置彩輿中，鼓樂送至耤田所。至日，祭社稷畢。昧爽，上先農壇祭畢。還具服殿，更翼善冠、黃袍。少憩，百官便服。太常卿請詣耕耤位，導駕官同太常卿導上至耕耤位，南向立。戶部尚書進耒耜，順天府官進鞭，導駕官同太常卿，導教坊司官率屬作樂歌呼。左右贊相，上秉耒三推。戶部尚書受耒耜，順天府官受鞭，太常卿請復位。順天府尹捧青箱，隨以種播而覆之。上御觀耕臺，觀三公以下耕畢。從耕官各就班，上詣齋宮升座，從耕官暨府縣官老人各行禮。順天府率庶人終畝。賜百官，宴勞耆宿於壇旁。教坊司大樂隊舞田樂雜戲，奏致語如儀。

隆慶二年，耕耤。先期，預告奉先殿。是日，過宮，仍詣奉先殿及弘孝、神霄等殿恭謁。先是，上諭禮部，百官不必稱賀，不用鹵簿。禮部議造耕根車以載耒耜，用青質。詔可。

（明）申時行等《大明會典》卷八一《禮部三九·祭祀通例》

國初，以郊廟、社稷、先農俱為大祀。後改先農及山川、帝王、孔子、旗纛為中祀。諸神為小祀。嘉靖中，以朝日、夕月、天神、地祇為中祀。凡郊廟、社稷、山川諸神，皆天子親祀。國有大事，則遣官祭告。若先農、旗纛、五祀、城隍、京倉、馬祖、先賢、功臣、太厲，皆遣官致祭。【略】凡致齋，大祀三日、中祀二日、降香一日。傳制遣官前一日沐浴更衣，處於齋宮，次日還宮。

令禮部鑄銅人，高一尺五寸，手執牙簡。如大祀，則書"致齋三日"，中祀則書"致齋二日"於簡上，太常寺進置於齋所。（洪武）五年，令諸衙門各置木齋戒牌，刻文其上，曰：國有常憲，神有鑒焉。凡遇祭祀則設之。嘉靖三年，令齋戒日，文武百官隨品穿吉服，并青綠錦繡。凡服，大祀冕服、中祀皮弁服，陪祀諸臣各用本品梁冠祭服。凡牲四等：曰犢、曰牛、曰太牢、曰少牢。色尚騂，或黝。大祀入滌九旬，中祀三旬。【略】（洪武）三年，改立犧牲所。設武職并軍人專管牧養其牲。房中三間以養郊祀牲、左三間養宗廟牲、右三間養社稷牲、餘屋養山川百神之牲。【略】凡帛五等：【略】洪武十一年議定，在京大祀、中祀用制帛。【略】（洪武）九年定，【略】中祀飲福、受胙，止再拜。【略】凡祀牌，洪武八年，置陪祭官圓牙牌，供事官員人等長牙牌，各令懸帶，無者不許入壇。凡樂四等，天地九奏、太歲八奏、大明太社稷、帝王七奏。

（明）申時行等《大明會典》卷九二《禮部五〇·群祀二·先農》

洪武二年，始建先農壇於山川壇西南。列為大祀，每歲親祭。遂耕耤田，以后稷氏配。已又奉仁祖配。後改中祀，止遣應天府官致祭，不設配位。祭畢，猶親耕耤田。永樂定都，建壇如南京。遣順天府官致祭。自後遇登極，初行耕耤禮，則親祭。

（明）徐學聚《國朝典彙》卷一八《朝端大政·耕籍》

洪武元年十一月，御史尋迀适請耕耤田、享先農，以勸天下。【略】遂命以來春舉耤田禮行之，禮官議：上躬祀先農。禮畢，躬耕耤田，以仲春擇日。詔從之。

二年二月，上躬耕耤田於南郊。先祀先農。上耕畢，三公五推，尚書九卿九推，各退就位。應天府尹、上元、江寧二縣，率庶人終。已而奉仁祖配先農。

八年二月，享先農，躬耕耤田，遣應天府尹祭不設配。

二十年二月，躬耕耤田。遣官享先農。【略】

洪熙元年二月，上躬祭先農，耕耤田。

宣德元年二月，禮部進耕耤田儀注。【略】

成化元年二月，行耕耤田禮，田在山川壇之南。上是日，率百官祀先農。畢。釋祭服，秉耒三推。戶部尚書馬昂捧青箱，後隨京民、耆老二人馭牛，二人曲躬，按犁轅。教坊樂工執彩旗，夾隴謳歌，一唱百和，颭旗而行。上秉耒三往三返，如儀。既畢，乃坐觀三公、九卿助耕。公五推，卿九推，各用耆老一人，傍犁而行。耕推畢。教坊司前承應，用田家典故。觀畢，賜宴而退。

弘治元年二月，上耕耤田。【略】

嘉靖元年三月，上耕耤田。禮科給事中李錫言：南郊耕耤，國之大禮，而教坊承應，闃然喧笑，殊爲褻瀆。古者，伶官賤工亦得因事納忠。請自今凡遇慶成等宴，例用教坊者，皆預行演習，必使事關國體，可爲監戒，庶於戲謔之中，亦寓箴規之益。命禁之。

十年正月，兵部尚書李承勛言：耕耤親蠶之禮，三代以下非無行，而草率不足。稱述獨漢文帝詔開耤田，又賜民田租之半，故其時衣食滋殖，刑罰罕用。伏望皇上取以爲法，因此二事，而思小民衣食之孔艱，皆以重本抑末爲主。察中外臣工，實心愛民者，進之，虛浮無實者，黜之。又耤田隙地，皆可耕種。官道之旁，皆可植桑。近京邊海，推而廣之，至於天下。申敕有司：田地荒蕪者，召人承佃，而寬其租，賦逃移失所者，招迴復業，而貸以牛種，有益農桑者，必舉，有妨農桑者，必去。則衣食足而禮讓興，教化隆而刑罰措矣。上嘉納其言。

十二年五月，禮部上郊廟粢盛支給之數。因言：南郊耤田，皇上躬執三推，而公卿共宣其力，較之西苑爲重。西苑雖屬農官督理，而皇上時省耕斂，較之耤田爲勤，則二倉之儲，誠宜分屬兼支，以供郊廟祭祀。請以耕田所出藏之南郊圓廩神倉，若圜丘、祈穀、先農、神祇壇、長陵等陵，歷代帝王及百神之祀，皆取給焉。西苑所出藏之恒裕倉，若方澤、朝日、夕月、太廟、世廟、太社稷、帝社稷、祫禘、先蠶及先師孔子之祀，皆取給焉。庶稱皇上敬天地神明至意。上從之。

十六年，諭：凡親耕，則戶部尚書先祭先農。上至，止行三推禮。四十一年二月詔罷親耕、蠶禮。時耕、蠶禮久不行，然每歲禮官猶以故事請。上常命戶部官祭先農，女官祭蠶祇。及是，復請祭蠶祇。上諭輔臣曰：耤蠶二禮，昔自朕作。即親耕亦虛瀆耳，必有實意爲是。遂俱罷之。

隆慶元年，禮部奏：先帝於西苑隙地種植麥穀，命戶部侍郎同司禮監，督理農事，收子粒貯恒裕倉，以供大祭粢盛。且知稼穡艱難，具盛舉也，但苑內禁地農夫出入，事體非便。請罷部臣兼督，止令該監督理種植，以存重農省艱之意，其戶部侍郎督理農事，舊銜宜省。從之。

二年二月，上詣先農壇，祭先農之神。禮畢，詣耤田所，秉耒三推。公卿以下助耕畢，御齋宮，賜百官宴，并宴耆老於壇旁，賜農夫布。是日，以禮部言，增上、中、下三等農夫各十人於耆老後，如弘治中例。

（明）徐學聚《國朝典彙》卷一一七《禮部·山川社稷諸神壇廟》

（洪武元年）十一月，定天子親祀圜丘、方丘、宗廟、社稷。若京師三皇、孔子、風雲雷雨、聖帝、明王、忠臣、烈士、先賢等祀，則遣官祭祀。

（洪武二年）命中書省定太歲、風雲、雷雨、岳鎮、海瀆、山川、城隍諸神壇壝祭禮。

（洪武三年）二月，合祀太歲、四季月將、風雲、雷雨、岳鎮、海瀆、山川、城隍、旗纛諸神。初以太歲、風雲、雷雨皆天神，以岳鎮、海瀆、山川、城隍皆地祇，各為壇，專祀於國城之南。然，祭之時日，與其品物各不同。至是，復以風雲、雷雨、岳鎮、海瀆皆陰陽一氣，流行無間者，遂合二壇而一之。增以四季月將、旗纛諸神。凡設壇十有九，太歲、四季月將為第一次；風雲、雷雨次；五岳次；五鎮次；四海次；四瀆次；京山、鍾山次；江東次；江西次；湖廣次；淮東、淮西次；浙東、西福建次；兩廣、海南、海北次；山東、山西、河南、河北次；北平、陝西次；左江、右江各山川次；安南、高麗、占城諸國山川次；京都城隍次；六纛大將、五方旗神、戰船、金鼓、銳炮、弓弩、飛槍、飛石、陣前陣後諸神，各壇之。祭皆上躬自行禮先祭。職官奏祝文，太歲以下至四海，凡五壇，上稱臣者，請親署名。其鍾山等神，上稱餘者，請令禮官代署。上曰：朋友署牘往來，尚親題姓名，況神明？子必皆親署及登壇。太常司丞任以忠贊禮，慮上力倦，頗簡薦跪之儀。禮畢，上同故以忠以實對。上曰：人臣愛君以道。朕於神惟恐誠敬未盡，何敢憚勞？汝當悉朕意，後勿復然。

（洪武二年）六月，定岳鎮海瀆、城隍諸神號。詔曰：朕惟，為治之道，必本於禮考。諸祀典，如岳鎮海瀆之封，起自唐世。崇名美號，歷代有加。在朕思之，則有不然。夫岳鎮海瀆，皆高山廣水，自天地開闢以來至今，英靈之氣萃而為神，必皆受命於上帝。幽微莫測，豈國家封號之所可加？瀆禮不經，莫此為甚。至於忠臣烈士，雖可加以封號，亦惟當時為宜。夫禮所以明神人、正名分，不可僭差。今依古定制，凡岳鎮海瀆，并去前代所封名號，止以山水本名稱其神。五岳稱東岳泰山、南岳衡山、中岳嵩山、西岳華山、北岳恒山之神；五鎮稱東鎮沂山、南鎮會稽山、中鎮霍山、西鎮吳山、北鎮醫無閭山之神；四海稱東海、南海、西海、北海之神；四瀆稱東瀆大淮、南瀆大江、西瀆大河、北瀆大濟之神；各城隍稱某府州縣城隍之神；歷代忠臣烈士，并依當時封爵稱之。惟孔子明先王要道，為天下師，以濟後世，非有功於一方一時者，可比所有封爵，宜仍其舊。天下神祠，無功於民不應祀典者，即淫祠也。有司無得致祭。

躬署祝文，遣官詣岳鎮海瀆，以更定神號。告祭遣秘書監直長夏祥鳳等頒革正神號，詔於安南等國。

（洪武）七年，令仲春秋上旬擇日，祭太歲、四季月將諸神。未幾，以諸神從祀南郊，遂省春祭。定府州縣社稷祭，正配皆少牢，已而罷，配岳鎮海亦如之。歲仲春、秋擇上旬日祭。按府州縣凡近郊每三壇：南神祇壇，歲仲春秋祀雲雨風雷之神、境內山川之神、城隍之神，各少牢。在省城者，布政司祭，府不別祭。縣附府者，亦如之。四社稷壇，歲仲春秋上戊，祀司社、司稷之神，各少牢。北厲壇，歲上元、清明、孟冬朔日，祭無祀鬼神，羊三、豕三、飯米三石。

十年二月，遣官享先農。命應天府官率農民、耆老陪祀。上親祀山川壇諸神於殿中，功臣分祀兩廡。

（洪武十年）六月，命公李善長、徐達等十人，分祀岳鎮海瀆。

二十一年，增修壇墠於大祀殿【略】墠外，以次為壇二十，亦東西向。以祀岳鎮海瀆、風雲雷雨、山川、太歲、天下神祇、歷代帝王。命文武大臣及近侍官二十四人分獻。遂罷朝日、夕月、熒星之祭。及太歲、風雲雷雨、岳鎮海瀆、山川、月將、城隍、歷代帝王亦罷。春祭惟歲八月中旬，擇日於山川壇及帝王廟祭之。

（永樂）元年五月，設北京社稷壇祠祭署，隸北京行部，建山川壇，位建一如南京，進祀天壽山於鍾山下。

天順三年二月，詔風雷、山川壇墠，創一齋宮。時祭風雷、山川之神，壇在城外，上不欲夜出，問輔臣李賢，可以遣臣代否？賢曰：果有故，亦須代。但祖訓以為不可。上曰：今後當夜出，至彼無所止宿。欲效天、地壇，為一齋宮，如何？賢曰：可，但宜減殺其制。上曰：既有止宿，日未下時至彼。祭畢，拂曙而迴。庶免夜間出入。賢曰：聖慮極是。

嘉靖八年八月，上諭禮部：惟我太祖定嚴祭祀之條祖訓內，山川諸神之祭，皆無遣代者。後以出入不便，命官行禮。今災變多端，宜禱於神，以祈轉化。今秋祭山川諸神，朕欲親往，其為朕具儀。部覆：舊山川等祭，例於中夜行禮。聖駕先一日出郊，宿於齋壇。祭畢，復俟侵晨迴鑾。越兩日，方可畢事。臣等以為，祭有大小禮，有隆殺。若祀山川禮儀，與祭天無異，非所以明品秩而尊神靈。若比祀先農例，先時齋戒，至五鼓駕出，詣郊壇，昧爽，行禮，百官陪從，其侍衛儀從，悉依今春祈禱之儀。上曰：祭祀重事，不可苟簡，祀神之儀，須有隆殺？人君事天若事親，禮神猶敬長，應行禮儀，仍詳議以聞。議：上有先期遣告太廟，及是日，迎神、送神，諸禮。上曰：廟告官不必遣，其迎。神用兩拜禮，送亦如之。部復奏：洪武十年，太祖祭山川諸神，上親行中七壇禮，餘壇以功臣分祀。及諝，祀文內載。月將、城隍等神，俱為一通，則兩廡六壇，俱在祀內，似可免分獻。又近年遣官行禮，亦無分獻者，乞聖裁。報曰：

祝文如舊，兩廡遵我太祖欽定典祀，東廡遣大學士翟鑾，西廡吏部尚書方獻，夫各行禮駕迴，作樂如例。上復與輔臣楊一清等議，所服欲用皮弁。一清等考之《會典》《集禮》中俱不載服制，未敢決，既見內閣所藏《存心錄》內載，祭太歲、風雲雷雨、岳瀆儀注，皇帝具皮弁服行禮，因請下所司耆之令甲，制可之。

十一年，改山川壇爲天神壇、地祇壇，及別祭太歲、月將、旗纛、城隍等神。先是太歲等神皆合祭於山川壇，上釐正祀典，即圜丘之西建天神、地祇二壇，以歲仲秋祀。天神壇南向，祭大明等神，凡四壇，壇一太牢；地祇壇北向，祭岳鎮等神，凡五壇，壇一太牢。又地祇從祀，以京師山川西向，天下山川東向，各牲五俱，酒三獻，天神燎，地祇瘞。皇帝以辰、戌、丑、未年親祭，用祭服，天神跪前後拜，地祇，再拜，皆飲酒受胙，餘遣大臣攝祭。其太歲、月將、旗纛、城隍皆別祭之。太歲壇建太歲殿，每歲十二月太祫之日遣官祭之，牛一、羊一、豕一，禮三獻，從祀以四季月將之神，東、西廡凡四壇，壇一太牢。旗纛廟在山川壇，旗纛藏內府，歲仲秋祭山川之日，遣旗手衛官祭於廟，霜降日又祭於教場；歲暮享太廟日，又祭於承天門外，皆用少牢。

四十四年八月，祭雷雨風雲、岳鎮海瀆、山川等神於神祇壇。是日，方祭，有短衣小帽數人，馳出神門，監禮御史顏鯨參，寺官高後春、魏承詔，不能肅戒。因言：西郊夕月祭，用酉時，此欽制也。昨英國公張溶，乃以申刻行禮，戴日而歸，亦爲不敬，宜通行罰治。詔：奪後春、承詔俸一月，溶免究。自後西郊以酉分祇事，不許違錯。

（明）俞汝楫等《禮部志稿》卷三〇《祠祭司職掌・群祀・旗纛》

仲秋祭儀洪武二十六年定霜降同

正祭。贊引引獻官至盥洗所盥洗。教坊司奏樂。典儀唱執事官各司其事。贊引贊就位。典儀唱迎神，樂作。樂止，贊引贊四拜，陪祭官同。典儀唱，奠帛，行初獻禮，奏細樂，執事捧帛爵進，贊引引獻官詣神位前。奠獻訖，贊詣讀祝位，贊跪，樂止。讀祝訖，奏樂，贊俯伏興平身，贊復位，樂止。典儀唱行亞獻禮，奏樂，執事官捧爵，贊引引獻官詣神位前。獻訖，樂止，典儀唱行終獻禮，儀同亞獻。唱飲福，受胙。以下如常儀。

歲暮祭儀

正祭。贊引引獻官就位，贊四拜，贊初獻禮，贊跪，贊讀祝，訖。贊俯伏興平身，贊亞獻禮，贊終獻禮，贊四拜，贊訖，焚祝所訖，贊禮畢。

（明）俞汝楫等《禮部志稿》卷九五《曠典備考・耕耤・耕耤之祭》

宣德耕耤

宣德元年二月，上祭先農，詣耕耤位三推，賜宴如洪武儀。謂侍臣曰：先王制耤田，以奉粢盛，以率天下務農，貴有實心。人君體祖宗之心，念創業艱難。愛惜蒼生，明德致治。達於神明，則黍稷之薦，不徒親耕矣。農民勤苦，終歲不免飢寒。輕徭薄斂，貴農重穀。禁止游食，則民趨耕稼，不徒勸率之。不然，三推何益於事？侍臣對曰：先王制禮，有本有文。陛下之心，宗社蒼生之福也。

嘉靖耕耤

嘉靖十年，上命定西苑耕斂之禮。墾隙地爲田，建帝社、帝稷壇。北建殿，曰天通亭，曰豳風，又曰省耕，曰省斂倉，曰恒裕。

隆慶耕耤

隆慶二年二月，耕耤。先期預告奉先殿。還宮，仍詣奉先殿及孝神霄等殿恭謁。先是，上諭禮部百官，不必稱賀，不必鹵簿。禮部議造耕車以載耒耜，用青質。本日，聖駕詣先農壇親祭先農之神。禮畢，詣耕田所。上秉耒三推，公卿以下助耕畢。上御齋宮，賜百官宴。并宴耆老於壇旁。賜農夫布匹。駕還。是日，以禮部言，增上中下三等農夫各十人於耆老之後，如洪武中例。

奏增耕耤農夫

弘治元年二月，户部尚書李敏言：天下之苦勞者，莫如農夫、蠶婦。今皇上躬耤田，若不親見其事，則稼穡之艱難，何由而知？乞敕禮部於耕耤儀注內，增上中下農夫各十人，服常服，執農器，引見行禮。然後令其終畝。俟終畝訖，或賜食、賜布，以慰其勞。尤見初政重農之意。上曰：朕正欲觀農夫艱苦。其終畝庶人，只常服從事，仍人賜布一匹。

(明)　茅元儀《嘉靖大政類編·四郊》

嘉靖九年二月癸酉，敕廷臣議郊祀禮。【略】惟改山川壇爲地壇。既免營建之煩，行禮亦便。

隆慶元年，禮官言：先農之祭，即祈穀遺意。今二祀并行於仲春，不無煩數，宜罷。祈穀於先農壇行事大享禮，亦宜罷。詔可。惟四郊如舊。

(明)　張岱《石匱書》卷二六《禮樂志總論》

國初，郊廟、社稷、先農爲大祀。已而，改先農及山川、帝王、先師、旗纛爲中祀。諸神小祀。今皇帝以朝日、夕月、天神、地祇爲中祀。大祀致齋三日，中祀二日。祀有牲，牲四等：曰犢，曰牛，曰太牢，曰少牢，色尚騂，或黝。天、地、日、月加玉焉。玉三等：曰蒼璧，曰黃琮，曰玉。牲大祀入滌九旬，中祀三旬，小祀一旬。殺禮不用牲，用果脯，從其族也。或用素羞。祀有帛，大祀、中祀、京師用制帛。制帛五等：曰郊祀，曰奉先，曰禮神，曰展親，曰報功。小祀素帛，禮佛帛。王國司府州縣亦用帛，小祀則否。凡祀有樂，樂四等：曰九奏，曰八奏，曰七奏，曰六奏。奏樂有歌，有舞，歌堂上，舞堂下。舞皆《八佾》，佾有文，有武。先師《六佾》，佾去武，小祀則否。凡助祭，文臣五品、武臣四品以上。嘉靖中，都給事中乞得祭帝社稷，無助大臣五六人陪拜焉，小祀則否。

神祇壇，在圜丘西，歲仲秋祭天神、地祇。天神壇，南向，雲師、雨師、風伯、雷師凡四壇，壇一太牢；地祇壇，北向，五岳、五鎮、基運、翊聖、神烈、天壽、純德五陵山，四海、四瀆五壇，壇一太牢。從祀京畿山川，西向；天下山川，東向。各牲五，酒三獻，樂八奏，舞八佾。天神燎，地祇瘞。皇帝以辰、戌、丑、未年行事。祭服：天神跪前，後再拜；地祇再拜，皆飲福、受胙。餘年遣大臣攝祭。

國初，建山川壇於天地壇西，俗呼爲地壇。正殿七壇，曰太歲，曰風雲雷雨，曰五岳，曰五鎮，曰四海，曰四瀆，曰鍾山。兩廡從祀六壇：左京畿山川，夏、冬季月將；右春、秋季月將，都城隍。壇西南有先農壇，東有旗纛廟，壇南有耤田。洪武二年，封京都及天下城隍神。三年，正岳鎮海瀆，城隍諸神號，合祀太歲、四季月將、風雲雷雨、岳鎮海瀆、山川、城隍、旗纛諸神。又令驚蟄、春分後三日，遣官祭山川壇諸神。是日，上皮弁服御奉天殿降香，中嚴，坐殿上。獻官復命解嚴還宮。七年，令仲春秋上旬擇日，祭朱幾，以諸神從祀，郊省春祭。十年，上親祀山川諸神於殿中，功臣分祀兩廡。永樂中，京師山川壇成，位置如南京，進祀天壽山於鍾山下。嘉靖十一年，今皇帝厘正祀典，即山川壇爲天神、地祇壇，改敘雲雨風雷，其太歲、月將、旗纛、城隍別祀之。

太歲壇，歲十二月大祫之日，遣官祭太歲之神於太歲殿。牛一、羊一、豕一，禮三獻，樂八奏，舞八佾，從祀四季月將之神，東廡春、秋，西廡夏、冬。凡四壇，壇一太牢。

先農，皇帝仲春擇日遂行耕耤禮，用太牢，禮三獻，樂八奏，舞《八佾》。皇帝皮弁服，拜，跪，飲福、受胙，更翼善冠、黃袍。至觀耕臺下耤田東，末耜三推三反，京尹捧青箱、播種而覆之；三公五推、九卿九推，宴從耕官。洪武元年，御史尋适請耕耤田、享先農，以勸天下。上從之。二年，建壇於山川壇西南。是春，上祀先農，遂耕耤田，以后稷配。已而奉仁祖配。八年，遣應天尹祭，不設配。永樂遷都，建壇如南京，遣順天尹。皇帝初即位，行耕耤禮，親祀焉。今皇帝令歲仲春上戊，遣官祭。

旗纛廟，在山川壇。旗纛藏內府，歲仲秋祭山川之日，遣旗手衛官祭於廟。霜降日，又祭於教場。歲暮享太廟日，又祭於承天門外，皆用少牢。永樂後朔望，有神旗之祭，專祭火雷之神。神機營提督官請祭於教場，白旗頭大將，曰六纛大將，曰五方旗神，曰主宰戰船正神，曰金鼓角銃炮之神，曰弓弩飛槍飛石之神，曰陣前陣後神祇，五猖等眾，皆南向。牛一、羊一、豕一。國有征討，皇帝武弁服禡祭，祭軍牙之神、六纛之神，皆南向。建牙旗六纛於神位後。祭之日，皇帝省牲、視滌，牛一、羊一、豕一，禮三獻，奏樂。皇帝飲福、受胙、望燎、刺五雄雞血於五酒碗，酹神焉。

（明）佚名《太常續考》卷三《先農壇耕耤事宜》

洪武元年，御史尋适請耕耤田，享先農，以勸天下。上從之。二年，建壇於山川壇西南，爲耕耤。北爲神倉。上親祭先農。以后稷配，禮三獻，樂八奏，百官陪祀、隨行耕耤禮。已而又奉仁祖配。八年，奉聖旨：我想，先農只是古一個種田的人。今後祭先農時，百官都致齋。那當祭日子，教應天府官率耆老，并種田的老人去祭。祭畢，我率百官到那田所，依前親耕，欽此。遂遣應天府尹祭，不設配。上親耕如故。永樂年，建壇京師，制如之。

耕耤，上親祭。每歲仲春，則遣順天府尹，禮樂仍舊。嘉靖二年，令耕耤用樂舞，遣官止教坊奏樂。元年，又建圓廩方倉，貯粢盛。十六年春祭，遣戶部尚書，復用樂舞。四十一年，後仍遣順天府尹，免樂舞。二月某日，祭先農之神。前期十日，本寺題本遣順天府堂上官行禮。

國初，肇祀太歲。禮官雜議，因及陰陽家説。十二月將，十二時所值之神，名目謂非經見。唐宋不載祀典。惟元每有大典，作祭太歲、月將、日直、時直於太史院。太祖乃定，祭太歲於山川壇之正殿，而以春、夏、秋、冬四月將分祀兩廡。二月某日，聖駕親祭先農之神，行耕耤禮。前期，禮部題請，不由本寺。禮部儀注。

《高宗純皇帝實錄》卷三〇六 "乾隆十三年春正月" 條

丁亥，定祀典祭器。諭：國家敬天尊祖，禮備樂和，品物具陳，告豐告潔。所以將誠敬，昭典則也。考之前古，籩豆簠簋諸祭器，或用金玉，以示貴重；或用陶匏，以崇質素。各有精義，存乎其間。歷代相仍，去古寖遠。至明洪武時，更定舊章，祭品、祭器悉遵古，而祭器則惟存其名，以瓷代之。我朝壇廟，陳設祭品，器亦用瓷。蓋沿前明之舊。皇考世宗憲皇帝時，考按經典，範銅爲器，頒之闕里，俾爲世守。曾宣示廷臣，穆然見古先遺則。朕思壇廟祭品，既遵用古名，則祭器自應悉仿古制，一體更正，以備隆儀。著大學士會同該部，稽核經圖，審其名物度數、製作款式，折衷至當，詳議繪圖以聞。朕將親爲審定。敕所司敬謹製造，用光禋祀，稱朕意焉。尋議：凡祭之籩，竹絲編，絹裏，髹漆，郊壇純漆，太廟畫文采。豆、登、簠、簋，郊壇用陶，太廟豆、簠、簋皆木，髹漆，飾金玉。登亦用陶。鉶、範銅飾金。貯酒以尊，郊壇用陶。太廟春犧尊，夏象尊，秋著尊，冬壺尊，歲暮大祫山尊，均範銅。獻以爵，圜丘祈穀、常雩方澤用匏，承以檀座，如爵之制。太廟爵用玉，兩廡陶。社稷正位玉爵一、陶爵二，配位陶。日、月、先農、先蠶各壇之爵，社稷、日、月、先農、先蠶豆、登、簠、簋、鉶、尊，均用陶。【略】凡陶必辨色，【略】先農黃。【略】皆由內務府辦理。從之。

（清）查繼佐《罪惟録・志三二・外志上》

國初，郊廟社稷、先農爲大祀，山川、帝王、先師、旗纛中祀。尋降先農亦中祀，諸神爲少祀。祭服或具通天冠絳紗袍，或皮弁無定。【略】嘉靖中，以朝日、夕月、天神、地祇爲中祀。大祀致齋三日，中祀二日。牲四等，犢、牛、太牢、少牢，色尚騂或黝。

（清）萬斯同等《明史》卷四三《志七·禮志一·吉禮一·五禮》

一曰吉禮。凡祀事皆領於太常寺，而屬於禮部。明初以圜丘、方丘、宗廟、社稷、朝日、夕月、先農爲大祀；太歲、星、辰、風雲雷雨、岳鎮海瀆、山川、歷代帝王、先師、旗纛、司中、司命、司民、司禄、壽星爲中祀；諸神小祀。後改先農、朝日、夕月及天神、地祇爲中祀。凡天子所親祀者，天、地、宗廟、社稷、山川。若國有大事，則遣官祭告。其餘中祀、小祀，皆遣官致祭。【略】每歲所常行者，【略】中祀二十有五：【略】仲秋，祭太歲、風雲雷雨、四季月將及岳鎮海瀆、山川、城隍；霜降日，祭旗纛於教場；仲秋，祭城南旗纛廟；仲春，祭先農；仲秋，祭天神、地祇於山川壇；【略】其非常祀，而間行之者，若新天子耕耤，而享先農。

（清）張廷玉等《明史》卷四七《志二三·禮志一·吉禮一》

凡祀事皆領於太常寺而屬於禮部。明初以圜丘、方澤、宗廟、社稷、朝日、夕月、先農爲大祀，太歲、星辰、風雲雷雨、岳鎮、海瀆、山川、歷代帝王、先師、旗纛、司中、司命、司民、司禄、壽星爲中祀，諸神爲小祀。後改先農、朝日、夕月爲中祀。凡天子所親祀者，天地、宗廟、社稷、山川。若國有大事，則命官祭告。其中祀小祀，皆遣官致祭。【略】中祀二十有五：仲春仲秋上戊之明日祭帝社帝稷，仲秋祭太歲、風雲雷雨、四季月將及岳鎮、海瀆、山川、城隍，霜降日祭旗纛於教場，仲秋祭城南旗纛廟，仲春祭先農，仲秋祭天神地祇於山川壇，仲春仲秋祭歷代帝王廟，春秋仲月上丁祭先師孔子。【略】其非常祀而間行之者，若新天子耕耤而享先農，視學而行釋奠之類。

（清）張廷玉等《明史》卷四七《志二三·禮志一·吉禮一·祭祀雜議諸儀》

贊唱。凡皇帝躬祀，入就位時，太常寺奏中嚴，奏外辦。盥洗、升壇、飲福、受胙，各致贊辭。又凡祀，各設爵洗位，滌爵拭爵。初升壇，唱再拜，及祭酒，唱賜福胙。洪武七年，禮部奏其煩瀆，悉刪去。

上香禮。明初祭祀皆行。洪武七年以翰林詹同言罷。嘉靖九年復行。

拜禮。初，每節皆再拜。洪武九年，禮臣奏：“《禮記》一獻三獻五獻七獻之文，皆不載拜禮。唐、宋郊祀，每節行禮皆再拜。然亞獻終獻，天子不行禮，而使臣下行之。今議大祀中祀，自迎神至飲福送神，宜各行再拜禮。”帝命節爲十二拜，迎神、飲福受胙、送神各四拜云。

登壇脱舄。初未行。洪武八年詔翰林院臣考定大祀登壇脱舄之禮。學士樂韶鳳雜考漢、魏以來朝祭儀，議於郊祀廟享前期一日，有司以席藉地，設御幕於壇東南門外，設執事官脱履之次於壇門外西階側。祭日，大駕入幕次，脱舄升壇。其升壇執事、導駕、贊禮、讀祝并分獻陪祀，皆脱舄於外，以次升壇供事。協律郎、樂舞生依前跣襪就位。祭畢，降壇納舄。從之。嘉靖十七年罷其禮。

（清）張廷玉等《明史》卷四七《志二三・禮志一・吉禮一・遣官祭祀》

洪武二十六年定傳制特遣儀。【略】其降香遣官儀。前祀一日清晨，皇帝皮弁服，升奉天殿。捧香者以香授獻官。獻官捧由中陛降中道出，至午門外，置龍亭內。儀仗鼓吹，導引至祭所。後定祭之日，降香如常儀，中嚴以待。獻官祭畢覆命，解嚴還宮。嘉靖九年定大祀遣官，不行飲福禮。

（清）張廷玉等《明史》卷四九《志二五・禮志三・吉禮三・祭告》

洪武二年，從禮部尚書崔亮奏，圜丘、方丘、大祀，前期親告太廟，仍遣使告百神於天下神祇壇。六年，禮部尚書牛諒奏，太歲諸神，凡祈報，則設一十五壇。有事祭告，則設神位二十八壇。中，太歲、風雲雷雨、五岳、五鎮、四海，凡五壇。東，四瀆、京畿、湖廣、山東、河南、北平、廣西、四川、甘肅山川，夏冬二季月將，京都城隍，凡十二壇。西，鍾山，江西、浙江、福建、山西、陝西、廣東、遼東山川，春秋二季月將，旗纛、戰船等神，凡十一壇。若親祀，皇帝皮弁服行一獻禮，每三壇行一次禮。八年，帝駐蹕中都，祭告天地於中都之圜丘。九年，以諸王將之藩，分日告祭太廟、社稷、岳鎮海瀆，及天下名山大川，復告祀天地於圜丘。

（清）慧中等《臺規》卷四

先農壇在神祇壇之西南。其東爲耤田，皇帝舉耕耤禮，則親祭。其每常祀，定於春二月，遣官行禮。

天神、地祇壇在正陽門南，以雲雨風雷爲天神，岳鎮海瀆、陵山、京畿、天下名山大川之神爲地祇。旱潦間，奉旨遣官致祭。太歲壇在正陽門外神祇壇內。每年正月初旬吉日、十二月歲暮，俱於時享太廟日致祭。

（清）允禄等《（雍正）大清會典》卷七八《祠祭清吏司・祭祀通例》

凡祭祀日，期禮部於每歲九月中，札欽天監選擇。該監擇定，於十月中開送祀冊至部，隨札知太常寺，於每祭祀前預行具題。

太歲壇，於二十日前題；其餘群祀，於十五日前題。

先農壇，爲中祀，遇甲、丙、戊、庚、壬、年，皇帝親祭先農壇，係特行崇典。其每年遣官致祭，初由禮部先期題請，後由太常寺先期題請。

凡太歲、神祇等壇，爲小祀。

每年遣官致祭，初由禮部先期題請，後由太常寺先期題請。

凡致齋，大祀，三日。中祀，二日。

齋戒前一日，禮部、太常寺題請進齋戒牌銅人，預設黃案一於後左門。

至齋戒日早，禮部太常寺官各具補服。遇朝日，用朝服；遇忌辰，用素服；遇雨雪，用常服。捧齋戒牌在前，銅人在後。排御仗一對前導。至午門，御仗撤退。禮部、太常寺官，由御道中路行，進中左門，行至後左門入，恭設黃案一，於乾清門中間東檐下，齋戒牌向南，銅人向西，置黃案上。銅人手執齋戒銅牌，其齋戒砝牌，貼黃，書齋戒日期。置畢，堂官一跪三叩頭退。後，專由太常寺。

凡各衙門齋戒，遇齋戒日，各衙門俱設齋戒木牌。

凡祝文，由內閣撰寫。先農壇，如遇皇帝親祭之年，太常寺官送祝版至內閣。

凡視祝版，前期二日，禮部題請視祝文、玉、帛、香。儀各另載。并派讀祝官一員。

凡祭日，如遇雨雪，奏請具常服行禮。遵旨議准：躬耕耤田，必用亥日，仍前一日告祭外，凡有祭祀，俱於本日告祭，遇有風及雨雪，該衙門臨期請旨。

凡致祭時辰，順治十五年題准，先農壇二月擇吉，用子時。如遇皇帝行耕耤禮，用亥日。太歲壇正月初旬，十二月歲暮，用子時。

凡視牲，遇大祀，前期五日，遣官詣犧牲所視牲。

其省牲，前期二日，遣禮部堂官省牲。初由禮部先期題請，後由太常寺先期題請。

凡宰牲，前期一日，禮部、都察院、太常寺、光祿寺官上香，監宰，并瘞毛血。

凡玉五等，曰蒼璧，曰黃琮，曰赤璋，曰白琥，曰方珪。

凡帛七等，曰郊祀制帛，曰奉先制帛，曰禮神制帛，曰展親製帛，曰報功制帛，曰告祀制帛。俱織成滿漢字。又有白色素帛。

凡牲四等，曰犢，曰特牛，曰太牢。牛一、羊一、豕一。曰少牢。羊一、豕一，其牛色尚騂。

或瘞，大祀，入滌九旬；中祀，三旬；小祀，一旬。設犧牲所官，屬太常寺。

凡祭肉，國初用熟獻，順治間用生獻。

凡樂四等，有九奏，有八奏，有七奏，有六奏。

所奏樂器，金鐘十六，玉磬十六，琴十，瑟四，簫十，笛十，篪六，排簫二，塤二，笙十，大鼓一，搏拊鼓二，柷一，敔一，木柷十，干戚六十四，羽籥六十四，麾幡一，旌節四。

舞皆《八佾》，用文舞生六十四人，武舞生六十四人。先農壇，俱教坊司鼓樂承應，惟親祭先農壇，用樂舞生。

（清）于敏中《日下舊聞考》卷五五《城市外城中城》

嘉靖九年，改定風、雲、雷、雨、神牌次序，曰雲、雨、風、雷。《明嘉靖祀典》【略】

祭雲雨風雷、岳鎮海瀆、山川諸神，每三歲一親祭，以丑辰未戌用事。雲雨風雷之神四壇，南向；五岳、五鎮、五山、四海、四瀆之神五壇，北向；京畿山川西向；天下山川東向。《明嘉靖祀典》

國初肇祀太歲，禮官雜議，因及陰陽家說十二時所直之神，太祖乃定祭太歲於山川壇之正殿，而以春夏秋冬四月將分祀兩廡。或謂月將非經見者。按禮祭法，埋少牢於泰昭，祭時也，相近於坎壇，祭寒暑也，太歲實統四時，而月將四時之候，寒暑行焉。今祭太歲、月將則固時與寒暑之神也。載諸祀典，孰謂非經見耶。《餘冬序錄》

禮臣上言：太歲之神自唐宋以來祀典不載，惟元有大興作，祭於太史院，亦無常祭。國朝始有定祀，是以壇宇之制，於古無稽。按《説文》：太歲，木星也，一歲行一次，應十二辰而一周天。其爲天神明矣。亦宜設壇露祭，但壇制無考。應照社稷壇築造，高廣尺寸差爲減殺，庶於禮適宜。詔可。《明嘉靖祀典》

祭太歲、月將等神於太歲壇，每歲於立春大祫用事正祀某甲太歲之神，東廡春秋月將之神，西廡夏冬月將之神。《明嘉靖祀典》

弘治元年二月，孝宗皇帝行耕耤田禮，順天府率兩縣官耆老之後，添上中下農夫各十人，穿本等衣鞋，各執農器，引見叩頭。令其終畝，人賜布一匹，後循以爲例。《明嘉靖祀典》

崇禎七年二月，上親祭先農壇，行耕耤禮。十五年二月，上復親祭先農行耕耤禮。戶部尚書傅淑訓進耒耜，順天府尹張宸極進鞭。上左手秉耒，右手執鞭，三推步行犁土中，盡壠而止。耕時，教坊司引紅旗兩旁唱禾詞，老人牽牛二人，扶犁二人。耕畢，戶部尚書跪受耒耜，置犁亭。府尹跪受鞭，置鞭亭。府尹捧青箱播種，耆老以御牛隨而覆之。上御觀耕臺。于是大學士周延儒、賀逢聖、張四知、謝陞、陳演，吏部尚書李日宣六人耕於東，定國公徐允禎、恭順候吳惟英、清平伯吳遵周、戶部尚書傅淑訓、兵部尚書陳新甲、工部尚書劉遵憲六人耕於西。順天府廳官各執箱播種。太常卿奏耕畢，駕至齋宮，農夫終畝。科臣沈迅以教坊承應歌詞俚俗，請改正。上諭禮臣：以後耕耤宜歌豳風之詩。《春明夢餘錄》

朱彝尊原按：耤田耕罷，燕及群臣，教坊承應作黃童白叟鼓腹謳歌爲佯醉狀。弘治初元耕耤，教坊以雜劇承應，左都御史馬文升厲色曰：新天子當知稼穡艱難，豈宜以此黷亂宸聽？即斥去之。思陵命改歌《豳風》，信卓見也。

歲仲春吉亥，皇帝躬耕於帝耤，豫期由部奏請，命王三人、卿九人從耕。鴻臚寺豫於帝耤兩旁，東西各設從耕位，立表以識。前期一日，皇帝御中和殿，閱祭先農祝版，禮畢，閱耕具畢，乘輿還宮。至日，皇帝禮服詣先農壇，致祭畢，御具服殿更龍袍，從耕暨侍班各官更采服以俟。《大清會典》

臣等謹按：具服殿御製額曰劭農勸稼。聯曰：千畝肇農祥，寅清將事；三推勤御耦，亥吉祈年。皆皇上御書。

又按舊制，上耕耤，所司預設采棚於耤田上。乾隆二十三年奉上諭：吉亥耤畝，所重劭農，黛耜青箱，畚鐰蓑笠，咸寓知民疾苦之意。而設棚懸采，以芘風雨，義無取焉。吾民涼雨犁而赤日耘，雖襮襗之尚艱，豈炎濕之能避？且片時用而過期徹，所費不啻數百金，是中人數十家之産也。其飭除之。遂爲定例。

臣等謹按：觀耕臺舊制以木爲之，乾隆十九年奉旨改用磚石，臺座前左右三出陛，周以石闌。

御觀耕臺，皇帝由午階升座。記注官四人由西階升，立臺上西南隅東面。鴻臚官引王公百官退立於臺下左右，均東面北上。從耕三王九卿以次受鞭耒，皆耆老一人牽牛，農夫二人扶犁，順天府屬丞倅一人奉青箱，一人播種，三王五推五返，九卿九推九返，畢，釋鞭耒，入侍班位立。執事官各設青箱於采亭，鴻臚官引順天府尹及丞率所屬官耆老農夫至臺前甬道西，北面東上，行三跪九叩禮，畢，退至耤田終畝。禮部尚書奏禮成。駕興，由東階降，乘輿還宮，導迎樂作，奏佑平之章。王公從各官以次退。是日賚耆老農夫布各四匹。及秋玉粒告成，擇日收貯神倉，以供天地宗廟社稷之粢盛。《大清會典》

臣等謹按：耕耤之典，前代帝王不過偶一躬親，垂之史冊，已侈為盛事。我朝列聖相承，重農勸稼，世宗憲皇帝特命加一推一返。我皇上御極以來，親耕典禮歲必舉行，并於三推之外敬遵加一之禮，勤稼事而劭農功，洵超邁千古矣。

先農壇內垣東門外北為慶成宮，南向。正殿五間，崇基石闌，前左右三出陛，各九級。後殿五間，左右配殿各三間。正殿前時辰牌石亭一。內宮牆南三門，東西掖門各一。外宮牆南中三門，左右各一門。東南鐘樓一。壇外垣周千三百六十八丈，東向門二，南北并列，南入先農壇，北入太歲殿，皆三門，角門一。《大清會典》

臣等謹按：乾隆二十年會典進呈，奉御筆將先農壇齋宮改為慶成宮。

旗纛廟在太歲殿之東，亦永樂中建。神曰旗頭大將，曰六纛大神，曰五方旗神，曰主宰戰船之神，曰金鼓角銃炮之神，曰弓弩飛槍飛石之神，曰陣前陣後神祇五猖等衆，皆南向。旗纛藏內府，仲春遣旗手衛官祭於廟，霜降祭於教塲，歲暮祭於承天門外。《春明夢餘錄》

臣等謹按：旗纛廟舊址即今神倉，乾隆十八年奉諭旨：先農壇舊有旗纛殿，可徹去，將神倉移建於此。又原書引《春明夢餘錄》：六纛大神，考《明史·禮志》，作六纛大將，彼此互異。

觀音寺在先農壇南。《五城寺院冊》

臣等謹按：觀音寺，明崇禎十四年王應魁建鑿井施茶水。今井尚存，有翰林院編修魯元寵撰碣。

佑聖庵在觀音寺南。《五城寺院冊》

臣等謹按：觀音寺與永定門相近，建於明萬曆三十二年，有太子太保吏部尚書李戴撰碑。

（清）于敏中《日下舊聞考》卷五八《城市·外城南城二》

隆慶元年，禮官言："先農之祭即祈穀遺意，宜罷祈穀，於先農壇行事。大享禮亦宜罷。" 詔可。

（清）嵇璜等《續通志》卷一一二《禮略·山川》

明太祖洪武二年，分天神、地祇為二壇，以岳鎮海瀆及天下山川、城隍諸地祇，合為一壇。與天神埓定，祭日以清明、霜降。尋又改定建山川壇於正陽門外、天地壇西，合祀天、地諸神。凡設壇十九，太歲四季月將爲第一，次風雲雷雨，次五岳，次五鎮，次四海，次四瀆，次京都鍾山，次江東，次江西，次湖廣，次淮東、淮西，次浙東、浙西、福建，次廣東、廣西、海南、海北，次山東、山西、河南、河北，次北平、陝西，次左江、右江，次安南、高麗、占城、諸國山川，次京都城隍，次旗纛諸神，皆躬自行禮。祝文，太歲以下至四海五壇稱臣，鍾山諸神稱餘，皆親署。後又定驚蟄、秋分後三日，遣官致祭。三年，詔岳鎮海瀆并去前代所封名號，各以山水本名稱其神。六年，以琉球諸國朝貢，祀其山川。七年，令春、秋仲月上旬擇日祭山川壇。八年，禮部尚書牛諒言：外國山川，非天子所宜親祀，請附祭各省。從之。廣西附祭安南、占城、真臘、暹羅、鎖里；廣東附祭三佛、齊、爪哇；福建附祭日本、琉球、渤泥；遼東附祭高麗；陝西附祭甘肅、朵甘、烏斯藏。九年，復定山川壇制。凡十三壇，正殿太歲、風雲雷雨、五岳、五鎮、四海、四瀆、鍾山七壇；東、西廡各三壇，東京畿山川、夏、冬二季月將，西春、秋二季月將、京都城隍。十年，定正殿七壇，帝親行禮，東、西廡遣功臣分獻。二十一年，增修大祀殿諸神壇壝，乃敕十三壇諸神并停春、秋。每歲八月中旬擇日祭之。命禮部更定祭儀，與社稷同。成祖永樂中，建山川壇於北京，悉如南京舊制。惟正殿鍾山之右，增祀天壽山神。世宗嘉靖十一年，改山川壇爲天地神祇壇。天神壇在左，南向，雲雨風雷凡四壇；地祇壇在右，北向，五岳、五鎮、五陵山、四海、四瀆凡五壇。從祀京畿山川，西向；天下山川，東向。以辰、戌、丑、未年仲秋，皇帝親祭，餘年遣大臣攝祭。其太歲月將、城隍別祀之。穆宗隆慶元年，禮臣言：天、地神祇已從祀南北郊，其仲秋神祇之祭，不宜復舉。令罷之。

臣等謹按：《禮記》言，五岳視三公，四瀆視諸侯。此不過言祭祀之禮，秩如之耳。後世緣此，遂遍加五鎮、海、瀆封號，或爲公，或爲王。至宋而岳神封爲帝矣，其尤不經者，以人道求之，而五岳皆有後焉。明洪武三年，詔曰：岳鎮海瀆皆高山廣水，自天帝開闢以至于今，英靈之氣萃而爲神，必皆受命於上帝。幽微莫側，豈國家封號之所可加？今宜依古定制，并去其前代封號，止以山水本名稱其神。足以一正前代之謬矣。又案：城隍之祀，莫詳其自始。《北齊書》慕容儼載儼鎮郢城，城中有神祠一所，俗號：城隍神。相率祈請城隍神之見於史，始此。然考《太平府志》載：城隍廟在府治東承流坊，建於吳赤烏二年，則由來已舊，而廟祀亦非一處矣。唐宋以來，其祀遍天下，或賜廟額，或頒封爵。至明而列在祀典，蓋有其舉之，莫可廢也矣。《竊稽禮》記大蠟有八，水庸居七，説者謂水即隍也，庸即城也。其典未嘗非古，且祭法謂，功施於民則祀之、能御灾捍患則祀之。高城深溝，實資保障。仿諸古者，門井户竈之祀，孰爲重輕？宜乎索饗祈報之，因時勿替云。

（清）嵇璜《續通志》卷一一二《禮略·耤田》

明太祖洪武元年，諭廷臣，以來春行耤田禮。禮官議：耕耤之日，皇帝躬祀先農，禮畢，躬耕耤田，以仲春擇日行事。二年，建先農壇於南郊，在耤田北。親祭，以后稷配。器物、祀儀，與社稷同。祀畢，行耕耤禮。御耒、耜二具，韜以青絹；御耕牛四，被以青衣。禮畢，還大次、應天府尹及江寧、上元兩縣令率庶人終獻。是日，宴勞百官耆老於壇所。十年二月，遣官享先農，命應天府官率農民、耆老陪祀。二十一年，更定祭先農儀，不設配位。成祖永樂中，建壇北京，如南京制，在太歲壇西南，每歲仲春上戊順天府尹致祭。後凡遇登極之初，行耕耤禮，則親祭。孝宗弘治元年，定耕耤儀。前期，百官致齋，順天府官以耒耜及種秬進呈，內官仍捧出授之由午門左出，置彩輿，鼓樂送至耤田所。至期，帝祭先農畢，太常卿導引至耕耤位，南向立。三公以下各就位。戶部尚書北向跪進耒耜，順天府官北向跪進鞭。帝秉耒三推三反訖，戶部尚書跪受耒耜，順天府官跪受鞭。太常卿奏請復位。府尹挾青箱以種子播而覆之，帝御門外，南向坐，觀三公五推、尚書九卿九推。太常卿奏：耕畢。帝還具服殿，升座。府尹率兩縣令耆老人行禮畢，引上中下農夫各十人執農器朝見，令其終獻。百官行慶賀禮，賜酒饌。三品以上，丹陛上東西坐；四品以下，臺下坐。并宴勞耆老於壇旁。宴畢還宮，鼓吹振作。農夫人賜布一匹。世宗嘉靖十年，更定耕耤儀。先二日，順天府尹以耒耜種秬種置彩輿，至耕耤所。并罷百官慶賀。後又議造耕根車，載耒耜府尹於祭日進呈畢，以耒耜載車內，前玉輅行。其御門觀耕，地位卑下，議置觀耕臺一。詔皆可。三十八年，罷親耕，惟遣官祭先農。

（清）嵇璜、劉墉等《續通典》卷四八《禮四·吉禮四》

　　明初，凡水旱災傷，或躬禱，或露告於宮中，或於奉天殿陛，或遣官祭告郊廟、陵寢及社稷山川，無常儀。太祖洪武二年，以春久不雨，祈告諸神祇。中設風雲雷雨、岳鎮海瀆凡五壇；東設鍾山、兩淮、江西、兩廣、海南北、山東、燕南、燕薊山川、旗纛諸神凡七壇；西設江東、兩浙、福建、湖廣、荊襄、河南北、河東、華州山川、京都城隍凡六壇。中五壇奠帛、初獻帝親行禮，兩廡命官分獻。每壇牲用犢、羊、豕各一，幣則太歲、風雲雷雨用白，餘各隨其方色。籩豆、簠簋視社稷。登一，實以大羹；鉶二，實以和羹；儀同常祀。三年五月，旱。六月，帝親禱於山川壇。越五日，雨。孝宗弘治十七年五月，畿內山東久旱，遣官祭告天壽山，分命各巡撫祭告北岳、北鎮、東岳、東鎮、東海。世宗嘉靖八年，帝諭禮部：去冬少雪，當春雨不降。朕當親祭南郊社稷、山川。尚書方獻夫等具上儀注。二月，親禱南郊，山川同日，社稷用次日。不降道，冠服淺色。群臣同文五品、武四品以上於大祀門外，館官於南天門外就班陪祀。是秋，帝欲親祀山川諸神。禮部尚書李時言：舊例山川等祭中夜行禮，先一日出郊齋宿，祭畢清晨迴鑾，兩日畢事。禮太重，宜比先農壇例，昧爽行禮。因具儀以進。制可。祭服用皮弁。迎神、送神各兩拜。九年，帝欲於奉天殿丹陛上行大雩禮。夏言請築雩壇，每歲孟春祈穀後，雨暘時若，則雩祭，遣官攝行；如雨澤愆期，則躬行禱祝。乃建崇雩壇於圜丘壇外泰元門之東，為制一成。歲旱，則禱，奉太祖配。十二年，夏言等言：古者，大雩之祀，命樂正習盛樂舞皇舞，蓋假聲容之和，以宣陰陽之氣。請於三獻禮成之後，九奏。樂止之時，樂奏《雲門之舞》，仍命儒臣括雲漢詩詞，制《雲門》一曲，使文武舞士并舞而合歌之。且請增鼓吹數，番教舞童百人，青衣執羽，繞壇歌雲門之曲，而舞曲凡九成。因上其儀，視祈穀禮。帝從之。十七年四月，大雩時，將躬禱郊壇。帝諭禮部：禱雨乃修省事，不用全儀，亦不奉祖配。乃定青衣上香，進帛三獻，八拜成禮，百官陪拜。祭用酒、果脯、醢牛一，以熟薦。前一日戌刻，詣郊壇中夕行禮。神宗萬曆十三年，上親禱郊壇，却輦步行。其步禱儀：前期一日，預告於奉先殿，太常寺進祝版，上親填御名。太常寺預設酒、果、脯、醢、香帛於圜丘。牛一、熟薦，設上拜位於壇壝。及期，上具青衣、青服至昭亨門，導引官導上至欞星門外幕次。少憩，禮部太常寺奏詣壇位，行初獻禮。內贊奏獻帛、爵訖，奏請讀祝位，奏跪，繼而行亞獻、三獻禮。上還，仍詣奉先殿參謁如常儀。

（清）嵇璜等《續通典》卷四九《禮五·吉禮五·風師雨師及諸星等祠》

明太祖洪武初，以太歲、風、雷、雨師從祀圜丘，增雲師於風師之次。其司中、司命、司民、司禄、壽星，依唐制分日而祀。二年，以太歲、風雲雷雨諸天神合爲一壇。又從禮部尚書崔亮奏，每歲聖壽日，祭壽星。同日，祭司中、司命、司民、司禄，皆遣官行禮。三年，罷壽星等祀，從禮部議，於城南諸神享祭。壇正，南向，增九間。以聖壽節前三日，於此祭周天星辰。四年，帝躬祀周天星辰，正殿共十壇，中設周天星辰位，儀如朝日。六年，命天下祀風雲雷雨之神。世宗嘉靖十一年，厘正祀典。改叙雲雨風雷祭期，每歲仲春秋上旬擇日行事，并同社稷儀注。

（清）朱奇齡《續文獻通考補·山川之祭》

明初，建山川壇於天地壇之西，正殿七間。祭太歲、風雲雷雨、五岳、五鎮、四海、四瀆、鍾山之神；東、西兩廡各十五間，分祭京畿山川、四時月將等神，并附城隍。洪武三年，詔正岳鎮海瀆諸神號，去前代封號，止稱山水本名，如東岳，則稱曰東岳泰山之神，餘效北令每歲驚蟄、秋分後三日，遣官祭山川壇諸神。是日，上皮弁服降香，中嚴坐殿上，獻官復命：解嚴還宮。七年，令以春、秋二仲月上旬擇日祭。未幾，以諸神從祀，南郊省春祭。十年，令中七壇親祭，餘以功臣分祀。二十六年，定親祀儀。前期齋戒二日，咨如前大祀儀省牲陳設。【略】永樂中，建山川壇於北京，悉如舊制。嘉靖八年，令以每歲孟春及歲暮，特祭太歲、月將之神，與享太廟同日。正祭前十日，太常寺請命大臣一員。行禮前三日，奏祭如常儀。陳設、正位，太歲儀如洪武。兩廡月將儀同，命官行禮如常儀，止再拜。九年，更雲雨風雷之次，以爲天神，別岳、瀆、山川諸神爲地祇，每歲以仲秋中旬擇吉行報祭禮。十年，建天神、地祇壇於先農壇之南。天神在左，南向；地祇在右，北向。遂定親祀之儀，與祀帝社稷略同。十一年，定神祇壇三年一親祭，定於辰、戌、丑、未年。隆慶初，議罷。惟太歲、月將特祭於山川壇如故。

（清）朱奇齡《續文獻通考補》卷一三《典禮補九》

先農

洪武二年初，建先農壇於山川壇西南，列爲大祀，每歲親祭，遂耕耤田，以后稷氏配。已又以仁祖配。後改中祀，止遣府尹官致祭。祭畢，仍親耕耤田。永樂建壇如舊制，遣官祭。自後遇登極初，行耕耤禮，則親祭。每歲以仲春上戊日，遣官祭。嘉靖十六年諭：凡親耕，則戶部尚書祭先農，然後行三推禮。萬曆四年，改神祇。嘉靖中。設爲先農壇祠祭署，官掌行耕耤事。其遣祭，洪武中定。親祭，嘉靖中定。行禮如祭社稷、太社稷、帝社稷之儀。仍瘞。毛血，陳設亦同，樂章特設。

按古者，天子耤田於南郊，農正陳耤禮以祀其神。此先農之祀，所由始也。漢自文帝親耕耤田，祠先農以太牢。而後世因之。蓋王者重農貴穀之意也。然古者立壇止於田所，耕耤則致祭屬之農正，不親祭也。不列於常祀，爲得其宜。不然既有社稷之配食矣，又焉用歲時之享先農哉？

六纛神旗禡祭同

洪武元年，詔定親征遣將諸禮，以爲古者天子出征，類於上帝造於祖。宜於社禡於所征之地，遣將行師，亦告於廟社旗纛而後行。于是，儒臣定議建旗纛廟於山川壇，每歲仲秋遣官祭於其廟。祭山川之日。霜降日，又祭於教塲；歲暮享太廟日，又祭於承天門外。俱旗手衛指揮行禮。永樂以後，別有神旗之祭，專祭火雷之神。每月朔望，神機營提督官後以京營戎政官請祭於教塲。其親祭禡祭及所過山川同之儀，前期致齋，一日，陪祭同。省牲，預設大次及省牲位。祭前一日，帝親造焉，所司牽牲行過御前，省之。視滌漑，親詣神廚，視鼎鑊之屬。還大次，執事設神案於廟中之北，旗位於東，纛位於西，陳祭品。所設與祭山川略同，惟特加雄雞六以伺酹神。至日早，建牙旗六纛於神位後，旗東、纛西。帝武弁服入廟，自迎神。行再拜禮後，同。盥洗奠，親詣神位前三上香，奠幣。獻，每獻皆三祭酒。以至望燎，皆如常儀。燎舉殺雞刺血於酒碗中酹神。奏：禮畢。燎半，乃奏。其遣祭之儀，仲秋霜降太牢，歲暮朔望少牢，無帛。設神七位，南向。旗頭大將、六纛大將、五方旗神、主宰戰船正神、金鼓角炮之神、弓弩飛槍飛石之神、陣前、陣後神祇、五昌等衆遣官致祭，如常儀。

按軍行之祭，古有之矣。《詩》曰：是類是禡。《王制》所稱天子出征諸祀典是也。然未聞有祠兵器者，惟春秋莊公八年有祠兵之書。《公羊傳》以爲與振旅同禮，則亦猶之乎。禡祭而已。後世乃有金鼓、槍弩之祭，非古也。竊以爲旗纛不必立廟，每遇行師、遣將則設壇祭禡，而附以旗纛。大閱則亦行之。其霜降日，遣官祭旗纛於教塲可也。

城隍

洪武二年，詔京都及天下城隍神爵號，都城隍王爵，各府公各州侯各縣伯，皆加以司民之號。仍設神主。三年，正城隍神號曰：城隍之神。府曰府城隍，曰縣城隍神。命從祀於山川壇。

二十年，改建廟。春、秋遣官致祭，牲用太牢。如社稷等祀。國有大祀，則告其。在外府州縣之祀，俱用少牢。羊一、豕一，與社稷同。以春秋三月三日、九月九日。二十一年，以後春附於郊，秋如故。永樂以後，皆同。嘉靖九年，罷郊壇從祀，增廟一壇。

按城隍之名，不見經史，惟《易》有之，城復於隍。隍，城塹也。此義非善，安用取之？唐人李陽冰有《城隍廟記》，則廟祀大抵始此。而後世因之。竊以爲祀城隍者，謂其爲崇城之主，司一方之民命也。故《周禮》有司民之。而洪武封號亦曰：司民。制莫。若去城隍之號，直稱曰：某府、某縣司民之神，京都亦然。毀塑像而易木主，然後爲正。

(清)　薩迎阿等《欽定禮部則例》卷一一八《祠祭清吏司·先農壇》

每歲春三月吉亥日，先農壇行耕耤禮。

謹按：乾隆三十七年遵旨：奏准郊天儀注，并酌定躬詣先農壇行禮儀節。高宗純皇帝御禮輿，自外北天門入內，北天門循太歲殿後，轉至壇東北隅降輿，詣壇行禮。禮成，仍於降輿處御禮輿，詣太歲殿上香。

三十九年，有年逾六旬，始酌量節減之，諭謹詳載《圜丘壇例》。

五十年、五十四年，諭旨二道，謹詳載《耕耤例》。

嘉慶十六年，禮部左侍郎哈寧阿面奉諭旨：先農壇議注，改於觀耕臺東南隅至鋪設棕薦處降輿。

二十一年二月，太常寺奏准：三月初七日，祭先農壇。皇上親詣行禮，恭擬得：聖駕乘禮輿由太歲門進內北天門，至太歲殿西南牆角，鋪設棕薦處降輿，詣壇行禮。較之原降輿處，計可節省二十一丈。謹擬繪圖貼説，恭呈御覽。奉旨：依議。

如遣官恭代：雞初鳴，承祭官朝服詣壇。太常寺贊禮郎二員，引由壇右門入，行禮於階下上香。贊：升壇。升降均由東階。不飲福、受胙，王公不陪祀，祝帛送瘞，避立西旁。饗畢，順天府尹率屬行耕耤禮，餘均如前儀。謹按：嘉慶十六年，奉上諭：嗣後，先農壇以内各壇宇，每遇親詣及遣官祭祀之日，俱不准開北街門，擅放車輿馬匹。所有執事陪祀之王、大臣、官員，均於南街門外下馬步入。壇門以内，亦不許支搭帳房，以昭整肅。

(清)　薩迎阿等《欽定禮部則例》卷一三八《祠祭清吏司·耕耤》

凡耕耤，每歲春三月吉亥日，祭先農壇，行耕耤禮。禮部於前一年十一月，將耕耤日期及一切應辦事宜，具題。得旨行，知戶部、工部、樂部、太常寺、翰林院、内務府、順天府等衙門，遵照辦理，并通行直省督、撫、將軍府尹，轉飭所屬，一體遵行。

凡舉行耕耤禮，先祭先農壇。皇帝或親詣致祭。及遣官致祭之處，太常寺於前一月題請，得旨，知會到部，如皇帝親祭。先農壇禮成，即行耕耤禮。以親王、郡王三人，六部、都察院、政使司、大理寺堂官九員從耕。順天府備躬耕絲鞭、耒耜，飾以黄服，秬黄犢、稻種、青箱，備從耕三王麥、穀、種，九卿豆、黍種箱，鞭及耒秬，均朱飾服，秬黝牛，皆依期畢辦。擇吉，內務府奏請皇帝於豐澤園先行演耕。耕耤前一日，皇帝升殿，閱視祝版，次閱耕器、五穀種。至日，親饗先農，行耕耤禮。從耕各官，均隨行。從耕禮成，耆老、農夫各賞賚布匹。祝版、黃案，由太常寺陳設，器具、穀種等項，由戶部以次陳設。屆秋成，將帝耤收成玉粒，交太常寺收貯神倉，以供郊廟粢盛。

從耕三王，咨呈宗人府開送。從耕九卿，諸各部、都察院、通政使司、大理寺衙門將堂官職名開送。進耒秬堂官，行戶部開送，禮部奏請欽派。謹按：嘉慶十四年，奉上諭：朕於三月初三日，祀先農壇，禮畢，舉行耕耤禮成，啓鑾，恭謁西陵。是日，從耕之三王九卿，及侍班觀耕之大員，均應送駕，并有派出扈蹕者。若俟侍班行禮完竣，趕赴前途，未免稍形迫促。因思禮以親耕爲重，朕恪恭祀事，躬舉四推，聿申誠敬。其隨從襄禮者，正不妨略從權宜。此次從耕之三王九卿，著不必開單，請派其應行進犂、進鞭、播種及執事各員，著於在京未派隨扈人員內，照例請派派出之員，即毋庸趕往送駕。此外，陪祀之王公大臣等，於朕親祭後，先往送駕扈蹕者，即應扈行。除御前乾清門侍從諸臣外，俱不必在壇所伺候。

看守從耕紅牌官十二員，行文太常寺、鴻臚寺移取；麾紅旗官，於禮部滿洲司員內出派，候時官，札欽天監出派。

耕耤儀注，會樂部具奏，抄錄儀注，通行在京各衙門。

從耕三王九卿，暨各執事，行文各該衙門，均於耕耤前一日，赴耕所演習。

豐澤園演耕，內務府具奏，移咨到部，轉行順天府。先往豐澤園豫備。至日，禮部堂官同奉宸苑卿，順天府堂官，各補服分班祗候。

耕耤日，從耕各官，具蟒袍、補服於先農壇西門外祗候。先期，行知各該衙門。謹按：嘉慶十九年，經太常寺堂官與查壇王大臣議定，改於先農壇東門外，更換蟒袍、補服。

二十一年，准太常寺咨。稱此次祭先農壇，奉旨由太歲門進北天門。其先農門并不開放。所有隨駕從耕之王公、文武大臣，俱在太歲門外下馬步入，俟皇上祭祀畢，詣具服殿更衣時，所有隨駕從耕王公文武大臣，俱在內壇祭器庫東北角門外，更換蟒袍。所帶筆帖式，并跟隨人等，即在門外伺候，不得擅天，以昭慎重。

耕耤正副牛隻，禮成，奏交內務府牧養。

耤田，立夏後，禾苗盛長，札順天府派撥人夫，不時灌溉。

玉粒告成，順天府將帝耤收成數目，開列具題。旨下。禮部札欽天監，擇吉期題請收貯神倉。得旨，行文順天府、太常寺遵辦。

（清）薩迎阿等《欽定宗人府則例》卷二三

中祀遣官承祭。凡遇中祀典禮，致祭先農壇，或非親祭之年遣官行禮，或當親祭預備恭代，均先期太常寺諮取親王、郡王銜名，由府輪流開列，擬定正陪諮覆，由寺題請欽定，并諮取致祭太歲壇，及親祭夕月壇分獻從壇各王銜，由府開送，亦如之。

中祀齋戒陪祀。凡遇中祀典禮，皇帝親詣行禮之時，王以下至奉國將軍，均於致齋二日內，敬謹齋戒。原注王公齋於府第，章京齋於私宅。屆期陪祀，由府遣員稽覈事故，并奏遞齋戒摺，均與大祀同。原注若遇遣官行禮，除自不入八分，公以下至奉國將軍，齋戒陪祀外，其山府遣員稽查事故，與親，均行禮同。

嘉慶十六年諭：嗣後，先農壇以內各壇宇，每親詣及遣官祭祀之日，俱不准開北衙門，擅放車輛、馬匹。所有執事陪祀之王、大臣、官員，均於南衙門外，下馬步入壇門。以內，亦不許支搭帳房，以昭整肅。欽此。

從耕耤田。凡每歲皇帝親祭先農壇。是日，行躬耕耤田禮。先期，禮部諮取從耕王銜，由府開列親王郡王銜名諮覆，由部奏請，欽派三人，屆期與九卿一體從耕。

(清) 昆岡等《大清會典事例》卷三一三

順治十一年，世祖章皇帝躬祭先農壇。行耕耤禮畢，御齋宮，賜群臣燕，曰勞酒。

康熙十一年，聖祖仁皇帝親行耕耤禮。前期一日，遣官祇告奉先殿。是年耕耤日，因值日壇齋戒，停止行慶賀禮筵燕作樂。

雍正二年，世宗憲皇帝祭先農壇，行耕耤禮。前期一日，祇告奉先殿。又奏旨：今年耕耤，朕四推四返。御齋宮賜王大臣茶，停止筵燕。賞耆老、農夫布各四匹。

雍正八年奏准，二月二日行耕耤禮。前一日遇素服日期，停止閱農器、穀種。至期，行親耕禮如儀，停止筵燕。

乾隆三年，高宗純皇帝舉行親耕禮。停止筵燕，與雍正二年同。

五年，奏准：三月初十日，屆耕種之期，適逢閏歲，節氣尚寒，此次令順天府尹照直省督撫例行，至來歲春和，再請舉行親耕之禮。九年親耕。奉旨：朕四推四返，不御齋宮，不賜茶，三王一推一返後，九卿即行從耕。

十三年，聖駕東巡，遣官致祭先農壇。其耕耤禮，令順天府尹照直省督府例行。

嘉慶四年、五年、六年耕耤，因在二十七月以內，奉旨俱遣官行禮。七年以後，俱親詣行禮。

十九年奏准：查舊例用有頂戴耆老三十五名，今據裁去十六名，仍留十九名。以資熟手。至農夫一項，係民人充當。向用四十八名，今酌增十二名，共六十名。盡用內務府蘇拉。將民夫概行裁撤。又議准，嗣後耕耤日，從耕各官，於先農壇東門外更換蟒袍補服。

二十一年祭先農壇。奉旨，由太歲門進北天門。其先農門并不開放。所有隨駕從耕之王公文武大臣，俱在太歲門外下馬步入，俟祭祀畢詣具服殿更衣時，所有隨駕從耕王公、文武大臣，俱在內壇祭器庫東北角門外更挨蟒袍，所帶筆帖式，并跟隨人等，即在門外伺候，不得擅入，以昭慎重。

二十四年. 仁宗睿皇帝親耕禮成，御具服殿更衣，乘車出壇。鴻臚寺官引順天府府尹，率圍屬官并耆老農夫，服本等服色，各持農器，至觀耕臺兩旁北向排立，鴻臚寺官贊行三跪九叩頭禮畢，從耕之三王九卿仍照例耕耤，順天府官率耆老、農夫終畝。

二十五年祭先農壇，遣官行耕耤禮。

道光三年，宣宗成皇帝次行耕耤禮。照嘉慶元年成案，御慶成宮，行慶賀禮，并賜諸王大臣茶。

十一年，致祭先農壇，恭直孝賢純皇后忌辰，宣宗成皇帝祭畢，更龍袍袞服，行耕耤禮。從耕之三王九卿及不從耕之王以下各官，俱更蟒袍補服，作樂歌禾辭，耕耤禮成，導迎樂設而不作，還宮後，仍更素服。

二十二年，宣宗成皇帝壽逾六旬。照乾隆五十年成案，遣官行耕耤禮。

咸豐三年，文宗顯皇帝親行耕耤禮，嗣後均遣官。

同治十二年奉旨，遣官行耕耤禮。

光緒十三年，皇帝初次詣先農壇行耕耤禮，禮成後，御慶成宮，行慶賀禮。賜諸王大臣茶。

（清）昆岡等《大清會典事例》卷四一五

先農、先蠶、天神、地祇、太歲，均用太牢。

（清）昆岡等《大清會典事例》卷四一六

太廟、社稷壇、日壇、歷代帝王廟、先師廟、先農壇、先蠶壇均於前一日黎明宰牲。

（清）昆岡等《大清會典事例》卷四一七

（乾隆十四年）宗廟、社稷、日、月、先農各壇，歷代帝王廟、先師孔子廟，前期省牲及祭日視陳籩、簋、籩、豆，均以禮部堂官一人敬率太常卿等將事，以昭嚴恪。

親征命將，遣官祇告天、地、太廟、社稷、太歲、火炮、道路之神。

躬耕耤田，祇告奉先殿。

凡歲旱祈雨，遣官祇告天神、地祇、太歲。

（清）端方《授時通考》卷四九《勸課·耕耤》

謹案：仲春耕耤，以供粢盛，以重農事，甚盛典也。我朝列聖相承，勤民務本。世祖章皇帝，智勇天錫，統一寰宇。順治十一年，躬祀先農，行耕耤禮，欽定一切儀章，爲萬世法。聖祖仁皇帝，聖神文武，仁孝性成；康熙十一年耕耤，行告祭奉先殿禮。世宗憲皇帝，仁育義正，宵旰憂勤；雍正二年以後，每歲躬耕，三推禮畢，再行一推，以示率先農功至意。耤田嘉禾歲生，至有十三穗者，蓋精誠感格，若斯之盛也。又命直省郡邑，各設耤田，所在官吏，遵行惟謹。故自開國以來，大有頻書，海內家給人足，比靈斯於唐虞三代之盛。我皇上至誠大孝，念切民依，乾隆三年行耕耤禮；

四年照例舉行，億萬斯年，著爲定例。開蒸民粒食之源，充六宇太和之氣，山農野老，熙熙然相忘於擊壤鼓腹之下者，皆聖主敬天法祖，肫勤教育之深恩也。謹遵照《大清會典》，及禮部所定現行儀注，載躬祀先農壇耕耤禮儀於後。

趙爾巽《清史稿》卷八二《志五七·禮志一·吉禮一》

清初定制，凡祭三等：【略】太歲、【略】先農爲中祀。【略】中祀，或親祭、或遣官。群祀，則皆遣官。【略】

中祀十有二：春分朝日，秋分夕月，孟春、歲除前一日祭太歲、月將，春仲祭先農，【略】此其概也。

（雍正）七年，定郊祀致齋，帝宿大內二日，壇內齋宮一日。王公居府第，餘在公署，俱二日。赴壇外齋宿一日。若遣官代祭，王公不與。【略】祭【略】先農，王公齋二日，遣代則否。

祝版以木爲之。【略】中祀、群祀方徑各有差。【略】群祀白紙墨書不加緣。太常司令祝版官先期標飾，祀前二日昧爽送內閣，授中書書祝辭，大學士書御名，餘祀太常司自繕。

凡親祭，先二日太常卿奏請，前一日閱祝版。【略】祝案居正中少西，案設羊角鐙二，視版日，案左楹東置香亭，右楹西置奉版亭、奉玉帛香亭。屆時太常卿詣乾清門啓奏，帝出宮詣案前。閱畢，行一跪三拜禮。贊禮郎徹褥，寺卿韜版，導帝至香亭前，拜跪如初禮。司祝奉版薦黃亭送祭所，庋神庫。大祀遣代，停止祝版具奏。中祀、群祀，寺官赴內閣徑請送祭所，不具奏。其視玉、帛、香如閱祝版儀。

習儀。凡大祀前四十日，中祀前三十日，每旬三、六、九日，太常卿帥讀祝官、贊禮郎暨執事、樂舞集神樂署，習儀凝禧殿。故事，祭祀先期，太常寺演禮壇廟中。雍正九年諭曰：是雖義取嫻熟，實乖潔齊嚴肅本旨也。乃停前一日壇廟演禮。其前二日凝禧殿如故。

劉錦藻《清續文獻通考》卷一四八《郊社考二·先農壇》

行耕耤禮，重在親耕，爲天下勸。擬俟皇上親政後，再議舉行。

嘉慶四年、五年、六年，耕耤田在二十七個月內奉旨，俱遣官行禮，以後俱親詣行禮。

分壇記禮

祭先農、耤田禮

《明太祖實錄》卷三九下"洪武二年二月"條

壬午，上躬享先農，以后稷氏配祀畢，耕耤田於南郊。其耕耤儀：祀先農畢，太常卿奏請詣耕耤位，皇帝至位南向立，公侯以下及應從耕者各就耕位。戶部尚書北面進耒，太常卿導引皇帝秉耒三推。戶部尚書跪受耒，太常卿奏請復位南面坐。三公五推，尚書、九卿九推，各退就位。太常卿奏禮畢，太常導引皇帝還大次。應天府尹及上元、江寧兩縣令率庶人終獻。是日，宴勞百官、耆宿於壇所。

《明太祖實錄》卷一一一"洪武十年二月"條

壬子，遣官享先農。其儀：祭日，樂舞生就位，獻官、陪祭官、執事官各就位。典儀唱迎神，協律郎舉麾，奏《永和之曲》，獻官、陪祭官皆四拜。典儀唱奠帛，行初獻禮，獻官詣盥洗位，搢笏，盥悅，出笏。協律郎舉麾，奏《永和之曲》《武功之舞》。獻官詣酒尊所，執事者以爵受酒，獻官詣先農神位前跪，搢笏，奠帛，獻爵，出笏。讀祝官取祝，跪讀訖，獻官俯伏興平身，詣后稷神位前如上儀，但無祝。復位。典儀唱行亞獻禮，協律郎舉麾，奏《壽和之曲》《文德之舞》。執事官各以爵受酒，獻於神位前。典儀唱行終獻禮，協律郎舉麾，奏《壽和之曲》《文德之舞》，儀同亞獻。典儀唱飲福、受胙，獻官詣飲福位跪，搢笏，執事者以爵進，獻官飲福酒，執事官以胙進，獻官受胙，出笏，俯伏，興，平身，復位，再拜，陪祭官皆再拜。典儀唱徹饌，協律郎舉麾，奏《壽和之曲》。執事者各詣神位前，徹饌。典儀唱送神，協律郎舉麾，奏《永和之曲》。獻官陪祭官皆四拜。典儀唱讀祝官捧祝，掌祭官捧帛饌，各詣瘞位，唱望瘞，協律郎舉麾，奏《永和之曲》。獻官詣望瘞位，禮畢。

《明太祖實錄》卷一八九"洪武二十一年三月"條

乙酉，祭先農儀：至期，典儀唱樂舞生就位，執事官各司其事。贊引引獻官詣盥洗所，贊搢笏、出笏，贊引贊就位。典儀唱瘞毛血、迎神，奏樂，樂止，贊四拜，陪祭皆四拜。典儀唱奠帛，行初獻禮。奏樂，贊引贊詣神位前，搢笏，執事以帛進，奠訖，執事以爵進，贊引贊獻爵、出笏，詣讀祝位，跪，讀祝官取祝跪於獻官左，讀祝畢，進於神位前。贊引贊俯伏興平身，復位。樂止。典儀唱行亞獻禮，奏樂，執事官以爵獻於神位前。樂止，終獻儀如亞獻，典儀唱飲福、受胙，贊引贊詣飲福位，執事官以爵進，贊飲福酒，執事官以胙進，贊受胙、出笏、俯伏興平身復位，贊兩拜，陪祭官皆兩拜。典儀唱徹饌。奏樂，執事官於神位前徹饌。樂止，典儀唱送神，奏樂，贊四拜，陪祭官同。樂止，典儀唱讀祝官捧祝，掌祭官捧帛饌，各詣瘞位。典儀唱望瘞，贊引贊詣望瘞位，贊禮畢。祝文曰：維洪武某年歲次某甲子，皇帝謹遣具官某致祭於先農之神。維神初興農事，乃種嘉穀。爲民立命，萬世永賴。今將東作，親耕耤田。謹以牲醴庶品，用修常祀。尚享。樂章如舊制。

《明宣宗實錄》卷一四"宣德元年二月"條

乙亥，行在禮部進《耕耤田儀注》。上祭先農畢，太常寺卿詣大次，奏請詣耕耤位，導駕官同太常寺卿導引皇帝至耕耤位，南向立。三公以下及從耕者各就從耕位。戶部尚書北面進耒耜。導駕官同太常寺卿導引皇帝秉耒三推訖，戶部尚書跪受耒，太常寺卿奏：請復位。皇帝復耕耤位，南向坐。三公五推、尚書九卿九推訖，各退就位。太常寺卿奏禮畢。導駕官同太常寺卿導引皇帝還大次，華蓋、侍衛如常儀。順天府尹及兩縣令率庶人終獻。是日，賜百官、耆老宴於壇側。畢，大樂鼓吹、鹵簿導車駕還宮。

《明憲宗實錄》卷一三 "成化元年正月" 條

癸酉，禮部上祭先農儀注：前期一日，太常寺奏祭祀，文武百官致齊二日。是日早，鑾駕出宮，鹵簿導從，詣大次，上服袞冕。典儀唱樂舞生就位，執事官各司其事，導引官導上至拜位。內贊奏四拜，百官同。典儀唱奠帛，行初獻禮，奏樂，執事官捧帛爵跪於神位前。奠訖，內贊奏跪，百官同。樂止，內贊奏讀祝，【讀祝】官跪於神位前右，讀訖，奏樂，奏俯伏興平身，百官同。樂止，典儀唱亞獻禮，奏樂，執事官捧爵跪奠於神位前，訖，樂止。典儀唱終獻禮，奏樂，執事官捧爵跪奠於神位前，訖，樂止。太常寺官進立於壇東，西向。唱賜福胙，內贊奏跪、搢圭，光祿寺官以福酒跪進於上右，奏受胙，奏出圭俯伏興平身，奏再拜，百官同。典儀唱徹饌，奏樂。執事官詣神位前，徹饌訖。樂止。典儀唱，送神奏樂，內贊奏四拜，百官同。樂止，典儀唱讀祝官捧祝，掌祭官捧帛饌，各詣座位，奏樂。禮畢，樂止。上還大次，更翼善冠、黃袍訖，太常卿奏請詣耕耤位，導駕官同太常卿導引上至耕耤位，南向。三公以下從耕者，各就從耕位。戶部尚書北面跪進來耜。導駕官同太常卿導引上秉耒三推訖，戶部尚書跪受耜，太常卿奏請復位。上復耕耤位，南向坐。三公五推，尚書九卿九推訖，各退就位。太常卿奏禮畢。導駕官同太常卿導引上還大次。華蓋、侍衛如常儀。順天府尹及兩縣令率庶人終畝。是日，宴勞百官、耆宿於壇旁。鑾駕還宮，鹵簿導從，如來儀。大樂鼓吹振作。

《明孝宗實錄》卷一〇 "弘治元年閏正月" 條

禮部進耕耤田儀注：擇弘治元年二月十三日，上親祭先農、耕耤田。十三日早晚朝，上御輦，鹵簿導從，詣壇所具服殿，上服袞冕。典儀唱樂舞生就位，執事官各司其事，導引官導上至拜位。內贊奏就位，典儀贊瘞毛血、迎神，奏樂。樂止，內贊奏四拜，百官同。典儀唱奠帛、行初獻禮，奏樂，執事官捧帛爵跪於神前，奠訖，內贊奏跪，百官同。樂止。內贊奏讀祝。讀祝官跪於神位前右，讀訖，奏樂，奏伏俯興平身，百官同。樂止。典儀唱亞獻禮，奏樂，執事官捧爵跪奠於神位前。樂止。典儀唱終獻禮，奏樂，執事官捧爵跪奠於神位前，樂止。太常寺官進立於壇東，西向。唱賜福胙，內贊奏跪、搢圭，光祿寺官以福酒跪進於上右，奏飲福酒，光祿寺官以胙跪進於上右，奏受胙，奏出圭，俯伏興平身，奏二拜，百官同。典儀唱徹饌，奏樂，執事官詣神位前，徹饌，樂止。典儀唱送神，奏樂。內贊奏四拜，百官同。樂止，典儀唱讀祝官捧祝，掌祭官捧帛饌，各詣瘞位，奏樂。禮畢，樂止。上還具服殿，更翼善冠、黃袍。百官俱更服。太常卿入奏請詣耕耤位。導駕官及太常卿導引上至耕耤位，南向立。三公以下從耕者各就從耕位，戶部尚書北向跪，進耒耜。導駕官同太常卿導引上秉耒三推三反訖，戶部尚書跪受耒，太常卿奏請復位。順天府尹捧青箱，隨以種子，播而覆之。上御外門，南向坐。觀三公五推、尚書九卿九推訖，太常卿奏耕畢。從耕官各就位，教坊司承應畢，太常卿奏禮畢，導駕官及太常卿導引上還具服殿，華蓋、侍衛如常儀。俟上升座，鴻臚寺官奏順天府官率兩縣官、耆老人等行禮。贊五拜，叩頭。禮畢。率庶人終畝。百官入班序列。鴻臚寺致詞云：親耕既成，禮當慶賀。贊五拜，叩頭，禮畢。上命賜百官酒飯。鴻臚寺官承旨訖，復贊入班，叩頭。尚膳監進膳，三品以上官各就丹陛，上四品以下各就臺下，并奉旨東、西相向序坐，并宴勞耆宿於壇旁。宴畢。鴻臚寺贊入班，行，叩頭禮。禮畢，駕興還宮，鹵簿導從，如來儀。大樂鼓吹振作。

《明武宗實錄》卷八"弘治十八年十二月"條

丙子，禮部上祭先農耕耤田儀注：擇元年二月十五日耕耤田。是日早，鑾駕出宮，鹵簿導從，詣大次，上服袞冕。典儀唱樂舞生就位，執事官各司其事，導引官導上至拜位。內贊奏四拜，百官同。典儀唱奠帛，行初獻禮、奏樂，執事官捧帛爵跪於神位前，奠訖。內贊奏跪，百官同。樂止，內贊奏讀祝。讀祝官跪於神位前右，讀訖，奏樂，奏俯伏興平身，百官同。樂止，典儀唱亞獻禮，奏樂，執事官捧爵跪奠於神位前，訖，樂止，典儀唱終獻禮，奏樂，執事官捧爵跪奠於神位前，訖，樂止，太常寺官進立於壇東，西向。唱賜福胙。內贊奏跪，搢圭，光祿寺官以福酒跪進於上右。奏飲福酒，以胙跪進於上右，奏受胙，奏出圭，俯伏興平身，奏再拜，百官同。典儀唱，徹饌，奏樂，執事官詣神位前徹饌訖，樂止。典儀唱送神，奏樂，內贊奏四拜，百官同。樂止，典儀唱讀祝官捧祝，掌祭官捧帛饌，各詣瘞位，奏樂。禮畢，樂止。上還大次，更翼善冠、黃袍訖，太常寺卿奏請詣耕耤。導駕官同太常卿導引上至耕耤位，南向。三公以下從耕者，各就從耕位。戶部尚書北面跪進耒耜。導駕官同太常卿導引上秉耒三推訖，戶部尚書跪受耜，太常卿奏請復位。上復耕耤位，南向坐。三公五推，尚書九卿九推訖，各退就位。太常卿奏禮畢。導駕官同太常卿導引上還大次，傘蓋、侍衛如常儀。順天府尹及兩縣令率庶人終畝。是日，宴勞百官、耆宿於壇旁，鑾駕還宮，鹵簿導從，如來儀。大鼓樂吹振作。

《明世宗實錄》卷一〇九"嘉靖九年正月"條

己酉，禮部上耕耤儀注：至期，祭社稷畢，昧爽，上具翼善冠、黃袍，御奉天門。太常寺官奏：請詣先農壇。上升輦。鹵簿導從。詣壇所具服殿，上服袞冕如儀。祭先農畢，還具服殿，更翼善冠、黃袍。太常卿導引上至耕耤位，南向立。三公以下從耕者各就位。戶部尚書跪進耒耜，順天府官跪進鞭。導駕官同太常卿，導引上秉耒三推三反訖，戶部尚書跪受耒耜，順天府官跪受鞭，太常卿奏請復位，順天府尹捧青箱，隨以種子，播而覆之。上御外門，南向坐，觀三公五推、尚書九卿九推。太常卿奏耕畢，從耕官各就位。太常卿導引上還具服殿，升座。順天府官率兩縣官、耆老人等行禮畢，率庶人終畝。鴻臚寺官贊百官入班致詞，行慶賀禮。有旨賜酒饌。三品以上官，各就丹陛上，東、西向賜坐；四品以下官，臺下序坐。并宴勞耆宿於壇旁。宴畢，駕還宮，導從并如來儀，大樂鼓吹振作。詔：如其所擬。遂命太師昌國公張鶴齡、太傅建昌侯張延齡、少傅兼太子太傅吏部尚書謹身殿大學士張璁、禮部尚書兼文淵閣大學士翟鑾、太子太保吏部尚書兼翰林院學士方獻夫、太子太保兵部尚書李承勛、戶部總督倉場尚書李瓚、禮部尚書李時、刑部尚書許讚、工部尚書章拯、都察院右都御史汪鈜、掌翰林院事詹事顧鼎臣，各行五推、九推禮。

《明世宗實錄》卷一二一"嘉靖十年正月"條

癸丑，禮部上耕耤田儀注：上具翼善冠、黄袍，御奉天門。太常寺官奏，請詣先農壇。上升輅，耕根車前行。詣壇所具服殿，上服衮冕。典儀唱樂舞生就位，執事官各司其事。導引官導上至拜位。内贊奏就位，典儀瘞毛血、迎神，奏樂。樂止。内贊奏二拜，百官同。典儀唱，奠帛，行初獻禮，奏樂，執事官捧帛爵跪進於神位前。奠訖，内贊奏跪，百官同。樂暫止，内贊贊，讀祝，讀祝官跪於神位前右，讀訖，奏樂，奏俯伏興平身，百官同。樂止。典儀唱行亞獻禮，奏樂，執事官捧爵跪奠於神位前，訖。樂止，典儀唱行終獻禮，儀同亞獻。樂止。太常寺官進立壇東，西向。唱賜福胙，内贊奏跪、搢圭，光禄寺官以福酒跪進於上右。奏飲福酒，光禄寺官以福胙跪進於上右，奏受胙，奏出圭，俯伏興平身，奏二拜，百官同。典儀唱撤饌，奏樂，執事官詣神位前，撤饌訖，樂止。典儀唱送神，奏樂，内贊奏二拜，百官同。樂止，典儀唱讀祝官捧祝，掌祭官捧帛饌，各詣燎位，奏樂。禮畢，樂止。上還具服殿，更翼善冠、黄袍。太常寺卿待百官俱更服訖，入奏：請詣耕耤位。導駕官同太常卿導引上至耕耤位，南向立。三公以下從耕者，各就從耕位。戶部尚書北向跪進耒耜，順天府官北向跪進鞭。導駕官同太常卿導引上秉耒三推三反訖。戶部尚書跪受耒耜，順天府官跪受鞭。太常卿奏請復位，順天府尹捧青箱隨以種子，播而覆之。上升觀耕臺，南向坐，觀三公五推、尚書九卿九推訖。從耕官各就位。太常寺官奏耕畢，導駕官同太常卿導上升輿，入齋宮，升座。鴻臚寺官奏陪祭官叩頭，畢，奏順天府官率兩縣官耆老人等叩頭，畢，率庶人終畝。鴻臚寺官拱聽聖旨：賜酒飯。鴻臚寺官承旨訖，贊入班，一拜三叩頭。尚膳監進膳。三品以上官，各就丹陛前、後序列，賜坐；四品以下官，臺下御路東、西相向，序坐。并宴勞耆宿於壇旁。教坊司承應，進膳樂，并三舞隊。一奏慶豐年之舞，二奏呈瑞應之舞，三奏感天地之舞。每舞各有承應。及宴畢，鴻臚寺贊入班，一拜三叩頭。奏禮畢。駕興還宮，大樂鼓吹振作。

（明）徐一夔等《明集禮》卷一二《吉禮第一二·耤田享先農》

正祭。祭日清晨，太常少卿率執事者，各實尊、罍、簠、簋、籩、豆、登、俎；又實幣於篚，陳於酒尊所，祝版置於正配神位之右。樂生舞生入就位。太常卿奏請中嚴，皇帝服衮冕。太常卿奏外辦，導駕官同太常卿導引皇帝自南門入至位，北向立。

迎神。贊禮唱迎神，協律郎舉麾，俯伏，跪，奏《永和之曲》三成。樂止。贊禮唱請行禮，太常卿奏有司謹具，請行事。太常卿奏鞠躬拜興拜興平身，皇帝鞠躬，拜，興，拜，興，平身。贊禮唱皇太子以下在位官皆再拜，傳贊唱鞠躬拜興拜興平身，皇太子以下皆鞠躬，拜，興，拜，興，平身，樂止。

奠幣。贊禮唱奠幣，執事官捧幣，各立於酒尊所。太常卿奏請詣盥洗位。導駕官同太常卿導引皇帝詣盥洗位。太常卿贊盥，曰：前期齋戒，今晨奉祭，加其清潔，以對神明。太常卿奏搢圭，皇帝搢圭，司洗者捧盤進巾。太常卿奏盥手，帨手，出圭。皇帝盥手，帨手，出圭。太常卿奏請升壇，贊曰：神明在上，整肅威儀，升自午陛。太常卿奏請詣先農神位前，司幣者捧幣以俟，協律郎舉麾，俯伏，跪，奏《永和之曲》。導駕官同太常卿導引皇帝至神位前，北向立。太常卿奏跪，搢圭，皇帝跪，搢圭。司香官舉香，跪進於皇帝之左。太常卿奏上香上香三上香，皇帝上香，上香，三上香。司幣者捧幣，跪進於皇帝之右，皇帝受幣，奠於先農神位前。太常卿奏出圭，鞠躬，拜興拜興平身，皇帝出圭，鞠躬，拜，興，拜，興，平身。太常卿奏請詣后稷神位前，導駕官同太常卿導引皇帝至神位前，東向立。太常卿奏跪、搢圭，皇帝跪，搢圭。司香官捧香，跪進於皇帝之左。太常卿奏上香上香三上香，皇帝上香，上香，三上香。司幣者捧幣，跪進於皇帝之右。皇帝受幣，奠於后稷神位前。太常卿奏出圭，鞠躬拜興拜興平身，皇帝出圭，鞠躬，拜，興，拜，興，平身。太常卿奏復位，導駕官同太常卿導引皇帝復位。

進熟。贊禮唱進俎，太常卿奏請升壇，協律郎俯伏，跪，舉麾，奏《雍和之曲》。進俎官舉俎升壇，導駕官同太常卿導引皇帝至先農神位前。太常卿奏搢圭，皇帝搢圭。進俎官以俎進於皇帝之右。皇帝以俎奠於先農神位前。太常卿奏出圭，請詣后稷神位前。皇帝出圭，導駕官同太常卿導引皇帝至后稷神位前。進俎官以俎進於皇帝之右。太常卿奏搢圭，皇帝搢圭，以俎奠於后稷神位前。太常卿奏出圭，皇帝出圭。太常卿奏復位，導駕官同太常卿導引皇帝復位。

初獻。贊禮唱行初獻禮。太常卿奏行初獻禮，請詣爵洗位。導駕官同太常卿導引皇帝至爵洗位。太常卿奏搢圭，皇帝搢圭。執爵官以爵進，皇帝受爵，滌爵，拭爵，以爵授執爵官。太常卿奏出圭，皇帝出圭。太常卿奏請詣酒尊所，導駕官同太常卿導引皇帝升壇，至酒尊所。太常卿奏搢圭，皇帝搢圭。執爵官以爵進，皇帝執爵，司尊者舉冪，酌醴齊，皇帝以爵授執爵官。太常卿奏出圭，請詣先農神位前。皇帝出圭，至神位前。協律郎俛伏，跪，舉麾，奏《壽和之曲》《武功之舞》。太常卿奏跪、搢圭，皇帝跪，搢圭。司香官捧香，跪進於皇帝之右。太常卿奏上香上香三上香，皇帝上香，上香，三上香。執爵官捧爵，跪進於皇帝之右。皇帝受爵，太常卿奏祭酒祭酒三祭酒，奠爵，皇帝祭酒，祭酒，三祭酒，奠爵樂舞止。太常卿奏出圭，皇帝出圭。讀祝官取祝版於神右跪，讀訖，樂舞作。太常卿奏俯伏興平身，稍後鞠躬拜興拜興平身，皇帝俯伏，興，平身；稍後，鞠躬，拜，興，拜，興，平身。樂舞止。太常卿奏請詣酒尊所，導駕官同太常卿導引皇帝至酒尊所。執爵官以爵進，皇帝受爵，司尊者舉冪，酌醴齊，皇帝以爵授執爵官。太常卿奏請詣后稷神位前，導駕官同太常卿導引皇帝至神位前。太常卿奏跪、搢圭，皇帝跪，搢圭。司香官捧香，跪進於皇帝之左。太常卿奏上香上香三上香，皇帝上香，上香，三上香。執爵官捧爵，跪進於皇帝之右，皇帝受爵，太常卿奏祭酒祭酒三祭酒奠爵，皇帝祭酒，祭酒，三祭酒，奠爵。太常卿奏出圭，皇帝出圭。讀祝官取祝版於神位之右，跪讀訖，太常卿奏俯伏興平身，稍後鞠躬拜興拜興平身，皇帝俯伏，興，平身；稍後，鞠躬，拜，興，拜，興，平身。太常卿奏請復位。導駕官同太常卿導引皇帝復位。

　　亞獻。贊禮唱行亞獻禮，太常卿奏，行亞獻禮，請詣爵洗位，導駕官同太常卿導引皇帝至爵洗位。太常卿奏搢圭，皇帝搢圭。執爵官以爵進，皇帝受爵，滌爵，拭爵，以爵授執爵官，執爵官又以爵進，皇帝受爵，滌爵，拭爵，以爵授執爵官。太常卿奏出圭，皇帝出圭。太常卿奏請詣酒尊所，導駕官同太常卿導引皇帝升壇，至酒尊所。太常卿奏搢圭，皇帝搢圭。執爵官以爵進，皇帝受爵，司尊者舉冪，酌盎齊，皇帝以爵授執爵官。太常卿奏出圭，請詣先農神位前。協律郎俯伏，跪，奏《壽和之曲》《文德之舞》。導駕官同太常卿導引皇帝至神位前。太常卿奏跪、搢圭，皇帝跪，搢圭。執爵官捧爵，跪進於皇帝之右，皇帝受爵。太常卿奏祭酒祭酒三祭酒，奠爵，皇帝祭酒，祭酒，三祭酒，奠爵。太常卿奏出圭，俯伏興平身，稍後鞠躬拜興拜興平身，皇帝出圭，俯伏，興，平身；稍後，鞠躬，拜，興，拜，興，平身。樂舞止，太常卿奏請詣酒尊所，導駕官同太常卿導引皇帝至酒尊所。執爵官以爵進，皇帝受爵，司尊者舉冪，酌盎齊，皇帝以爵授執爵官。太常卿奏請詣后稷神位前，樂舞作，導駕官同太常卿導引皇帝至神位前。太常卿奏跪、搢圭。皇帝跪，搢圭。司香官捧香，跪進於皇帝之左，太常卿奏上香上香三上香，皇帝上香，上香，三上香。執爵官捧爵，跪進於皇帝之右，皇帝受爵。太常卿奏祭酒祭酒三祭酒、奠爵，皇帝祭酒，祭酒，三祭酒，奠爵。太常卿奏出圭，俯伏興平身，稍後鞠躬拜興拜興平身，皇帝出圭，俯伏，興，平身，稍後，鞠躬，拜，興，拜，興，平身。太常卿奏請復位。導駕官同太常卿導引皇帝復位。

　　終獻。贊禮唱行終獻禮，并同亞獻儀。

　　飲福。贊禮唱飲福、受胙，太常卿奏請詣飲福位，導駕官同太常卿導引皇帝升壇，至飲福位，北向立。太常卿奏鞠躬拜興拜興平身，皇帝鞠，躬，拜，興，拜，興，平身。太常卿奏跪、搢圭，皇帝跪，搢圭。捧爵官酌福酒，跪進於皇帝之左，贊曰：惟此酒肴，神之所與，賜以福慶，億兆同霑。皇帝受福酒，祭酒，飲福酒，以爵置於坫。捧胙官捧胙，跪進於皇帝之右，皇帝受胙，以胙授執事者，執事者跪受胙於皇帝之右。太常卿奏出圭俯伏興平身，稍後鞠躬拜興拜興平身，皇帝出圭，俯伏，興，平身；稍後，鞠躬，拜，興，拜，興，平身。太常卿奏請復位，導駕官同太常卿導引皇帝復位。

　　徹豆。贊禮唱徹豆，協律郎俯伏，跪，舉麾，奏《永和之曲》。掌祭官徹豆。贊禮唱賜胙，太常卿奏皇帝飲福、受胙、免拜，贊禮唱皇太子以下在位官皆再拜，傳贊唱鞠躬拜興拜興平身，皇太子以下皆鞠躬，拜，興，拜，興，平身。

送神。贊禮唱送神，協律郎俯伏，跪，舉麾，奏《永和之曲》。太常卿奏鞠躬拜興拜興平身，皇帝鞠躬，拜，興，拜，興，平身。贊禮唱皇太子以下在位官皆再拜。傳贊唱鞠躬拜興拜興平身，皇太子以下皆鞠躬，拜，興，拜，興，平身。贊禮唱祝人取祝，幣人取幣，詣望瘞位。讀祝官捧祝，奉幣官捧幣，掌祭官取饌及爵酒詣瘞次。樂止。

望瘞。贊禮唱望瘞，太常卿奏請詣望瘞位，協律郎俯伏，跪，舉麾，奏《泰和之曲》。導駕官同太常卿導引皇帝至望瘞位。贊禮唱可瘞，執事者以祝、幣、牲體、酒饌置坎內，填土至半。太常卿奏請還大次，皇帝還大次，解嚴。

耕耤。太常卿奏請詣耕耤位，導駕官同太常卿導引皇帝至耕耤位，南向立。三公以下及從耕者各就耕位。戶部尚書北面進耒耜。導駕官同太常卿導引皇帝秉耒，三推訖，戶部尚書跪受耒。太常卿奏請復位。皇帝復耕耤位，南向坐。三公五推，尚書、九卿九推，訖，各退就位。太常卿奏禮畢，導駕官同太常卿導引皇帝還大次，華蓋、侍衛如常儀應。天府尹及兩縣令率庶人終畝。是日，宴勞百官、耆宿於壇旁。鑾駕還宮，鹵簿導從，并如來儀，大樂鼓吹振作。

（明）章潢《圖書編》卷一〇一《先農壇以下太常寺》

祭日，昧爽，本寺卿於皇極殿候請聖駕。上由正陽門至神祇壇東，西入，導至具服殿，具皮弁服，出，導至先農壇。典儀唱：樂舞生就位，執事官各司其事。內贊對引導至御拜位，位設於壇上。奏就位。典儀唱：瘞毛血，迎神。奏樂。奏：升壇。內贊導上至香案前，奏：搢圭。奏：上香。奏：出圭。奏：復位。樂止。奏：四拜。傳贊百官同典儀唱：奠帛，行初獻禮。奏樂，執事官捧帛爵獻於神位前。樂暫止。奏：跪。傳贊眾官皆跪典儀唱：讀祝。訖，樂復作。奏：俯伏，興，平身。傳贊百官同。樂止。典儀唱：行亞獻禮。唱：奏樂。執事官獻於神前。樂止。典儀唱：行終獻禮。奏樂，儀同亞獻樂止。本寺卿於壇東，西向唱：答福胙。光祿寺卿跪進福酒胙於上右。內贊奏：跪。奏：搢圭。奏：飲福酒。奏：受胙，出圭。奏：俯伏，興，平身。奏：再拜。傳贊百官同。典儀唱：徹饌。奏樂，樂止。典儀唱：送神。奏樂，奏：四拜。傳贊百官同。樂止。典儀唱：讀祝官捧祝，掌祭官捧帛饌，各詣瘞位。奏樂，捧祝帛官下級。奏：禮畢。導引官導上迴具服殿，更翼善冠、黃袍。本寺卿入奏：詣耕位。導駕官同卿導上至觀耕臺前耕耤位，南向立。三公以下從耕者，各吉服侍。萬部尚書北向跪進鞭。導駕官同卿導上秉耒耜三推三返畢。萬部尚書跪受耒耜，順天府官跪受鞭。卿跪奏：請復位。順天府捧青箱，隨以種子，播而覆之。上御觀於耕臺上，南向坐，觀三公五推，尚書九卿九推訖。卿跪奏：耕畢。從耕官各就位。教坊司承應畢。卿跪奏：禮畢。導駕官同卿導上還至齋宮，宴從耕官。宴畢，上迴，參內殿。祝文：兩京同。樂章，太祖御製，兩京同。歲仲春祭。贊引導遣官詣盥洗所洗訖。典儀唱：執事官各司其事。贊：

就位。位設於壇下。典儀唱：迎神。自迎神至送神，同前，惟不答福胙。無樂舞。

（明）申時行《大明會典》卷五一《禮部九·耕耤》

永樂間續定：凡祭先農畢，駕至耤田所。户部尚書捧鞭跪進，教坊司官率其屬作樂隨駕。行三推禮畢。駕至儀門陛座。樂作。觀三公九卿耕訖，教坊司承應用大樂。百戲畢，跪奏致語。駕至殿內陛座，進湯進膳，俱用樂。畢，順天府官率耆老人等謝恩，樂作。禮畢，樂止。次百官行禮，樂作。禮畢，樂止。賜百官酒飯。百官復入班行禮，樂作。禮畢，樂止。尚膳官進膳，樂作。進訖，樂止。百官入席，教坊司官奏，一奏本太初之曲。進酒，樂作。進訖，樂止。進膳，樂作。進訖，樂止。教坊司官跪奏進湯，樂作。徹湯，樂止。二奏仰大明之曲。進酒、進膳、進湯如前儀。三奏民初生之曲。進酒、進膳、進湯如前儀。徹御案畢，樂止。百官復入班行禮，樂作。禮畢，樂止。鴻臚寺官奏禮畢，駕還。

嘉靖九年續定：每歲仲春上戊，祭社稷及先農。先二日早，順天府官以耒耜及種稑種進呈。少頃，內官捧耒耜及種稑種授順天府官捧由午門左門出，置彩輿中，鼓樂送至耤田所。至日，祭社稷畢，昧爽，上具翼善冠、黃袍，御奉天門。太常寺官奏請詣先農壇。上陛輦，鹵簿導從詣壇所。具服殿更衣致祭儀具祠祭司。祭畢，上還具服殿，更翼善冠、黃袍，少憩。百官易便服訖，太常卿入奏請詣耕耤位。導駕官同太常卿導引上至耕耤位，南向立。三公以下從耕者各就耕位。户部尚書北向跪進耒耜，順天府官北向跪進鞭，導駕官同太常卿導引教坊司官率屬作樂，歌呼左右贊相上秉耒三推訖。户部尚書跪受耒耜，順天府官跪受鞭，太常卿奏請復位。順天府尹捧青箱，隨以種，播而覆之。上御親耕臺，觀三公五推、尚書九卿九推訖。太常卿奏耕畢，從耕官各就班，導駕官同太常卿導引上詣齋宮。鴻臚寺官俟上陛座，奏從耕陪祭官叩頭，奏順天府縣官老人叩頭訖。順天府率庶人終畝。鴻臚寺官贊入班，百官序列定，致詞云：親耕既成，禮當慶賀，贊五拜三叩頭。禮畢，賜百官酒飯。鴻臚寺官承旨，贊入班，百官行一拜三叩頭禮訖。尚膳監進膳，三品以上官各就殿臺，四品以下官臺下御路旁，東西相向，各賜座，并宴勞耆宿於壇旁。教坊司承應用大樂，隊舞村田樂、雜戲，跪奏致語，進酒、進湯、進膳及百官行，俱奏樂如常儀。宴畢，鴻臚寺官贊入班，百官行一拜三叩頭禮訖。駕興還宮。

弘治元年奏准：順天府率兩縣官、耆老謝恩之後，引上、中、下等農夫各十人，穿著本等衣鞋，各執農家器具，朝見叩頭，令其終畝。耕畢，人賜布一匹。

（明）俞汝楫等《禮部志稿》卷一三《儀制司職掌·耕耤西苑耕斂附》

隆慶二年，耕耤，儀同。先期一日，預告奉先殿。是日還宮，仍詣奉先殿及希、神霄等殿參謁。

嘉靖九年，令以耤田舊地六頃三十五畝九分六厘五毫，撥與壇丁耕種，歲出黍、稷、稻、粱、芹、韭等項。餘地四頃八十七畝六分二厘九毫，除建神祇壇外，其餘九十四畝二分五厘六絲四，忽亦撥與壇丁耕種。上納子粒，俱輸於南郊神廩，以供大祭等項粢盛。十年，戶部題准：耤田五穀種子，每畝合用一斗，本部發銀行順天府收買、送用。以後年分，於收穫數內照地存留備用。合用農器，犂四張、四張、鍬十把、鋤十把、十把、扒十把、扠十把、鐮刀十把、掃帚十把、簑笠十副、碌碡四個、大小麻繩共一百條、筐擔十副。禮部發銀，順天府買造。每地一頃，合用耕牛四隻。禮部發銀，順天府收買，每日草料行裏牛房，照數放支，責付耕夫喂養，每地一頃，用夫十名。行順天府於宛、大二縣取用，俱免本身差役，仍行太倉，每名支口糧五斗。

（明）俞汝楫等《禮部志稿》卷二九《祠祭司職掌・群祀・先農》

嘉靖九年更定：

祭品。每親祭加和羹、胙、牛各一隻，豚胎豕一口，餘如舊例。

祭儀。前三日，太常寺奏致齋，如常祀儀。上先期致告於廟。至日，上詣壇所具服殿，具皮弁服。典儀唱：樂舞生就位，執事官各司其事。內贊導引官導上至拜位。內贊奏：就位。典儀唱：瘞毛血，迎神。樂作，樂止。內贊奏：四拜。傳贊百官同。典儀唱：奠帛，行初獻禮。樂作，執事官捧帛爵跪奠於神位前訖。內贊奏：跪。傳贊百官同。樂暫止。內贊唱：讀祝。讀祝官跪於神位前右，讀訖。樂作，贊：俯伏，興，平身，傳贊百官同。樂止。典儀唱：行亞獻禮。樂作，執事官捧爵跪奠於神位前訖。樂止。典儀唱：行終獻禮。樂作，執事官捧爵跪奠於神位前訖。樂止。太常寺官進立壇東，西向。唱：答福胙。內贊奏：跪。奏：搢圭。光祿寺官以福酒跪進於上右。內贊奏：飲福酒。上飲訖。光祿寺官以胙跪進於上右。內贊奏：受胙。上受訖。奏：出圭，俯伏，興，平身。奏：二拜。傳贊百官同。典儀唱：徹饌。樂作，執事官詣神位前徹饌訖。樂止。典儀唱：送神。樂作，內贊奏：四拜。傳贊百官同。樂止。典儀唱：讀祝官捧祝，掌祭官捧帛饌，各詣瘞位。樂作。禮畢，樂止。上還具服殿，更翼善冠、黃袍，行耕耤田禮。

祝文。維嘉靖某年某月某日，嗣天子某致祭於先農之神曰：惟神肇興農事，始種嘉穀。立斯民命，萬世永賴。茲當東作之期，親耕耤田。惟賴神慈，默思化理。俾年穀豐茂，率土皆同。謹以牲帛、醴齊之儀，用申祭告之誠。尚享。

《世祖章皇帝實錄》卷八〇"順治十一年春正月"條

丁巳，禮部奏進上祭先農壇親耕耤田儀注。先期二日，上齋戒，諸王以下輔國公以上、滿洲、蒙古、漢軍公、侯、伯以下甲喇章京、理事等官以上、漢文官四品以上、武官三品以上、及六科副理事官都給事中在家齋戒二日。先期一日，內院捧進祝版，上御中和殿閱祝文，行一跪三叩頭禮。畢，西向立。內院官捧祝文至太和殿，禮部官跪接，捧出至午門外，安於亭中，行一跪三叩頭禮。畢，鑾儀衛官領校尉昇亭，禮部官、太常寺官送至先農壇，安於神庫。戶部、禮部官同順天府官，由午門左門至中和殿進耒耜及種稑種。上閱畢，戶部官捧至太和殿臺下，順天府官接出，由太和殿左門至午門左門外，安於彩亭。作樂，送耕耤所。祭之日早，鑾儀衛備法駕。諸王以下貝勒以上，俱朝服，齊赴午門内朝房；貝子以下從耕陪祀文武百官，俱於駕未行時先赴先農壇，分班序立；不陪祀牛録章京以下，漢文官五品以下，武官四品以下，俱朝服，於天安門外金水橋南，分班序立。禮部官奏請聖駕詣先農壇致祭、行耕耤禮。上朝服乘輦。王、貝勒於内金水橋分班序立，候駕過，隨詣先農壇。鳴鐘，不奏樂。不陪祀文武百官於外金水橋跪，候駕過。駕至先農壇門外下輦。禮部官、太常寺官導駕至具服殿，盥手畢，導駕至壇。祭品禮儀如常。祭畢，還至具服殿，更黃袍，各官俱更蟒服補服。禮部官、太常寺官奏請詣耕耤所。導駕詣耕耤位，南向立。從耕三王、九卿各就耕位立。不從耕王以下百官俱在耕耤棚外立。設彩亭三座於左右。鴻臚寺官贊進耒耜、進鞭。户部官北向跪進耒耜，順天府尹北向跪進鞭。禮部鑾儀衛、太常寺官導引上秉耒三推三返訖。鴻臚寺官贊受耒耜、受鞭。户部官跪受耒耜，以耒耜置犁亭。順天府尹跪受鞭，以鞭置鞭亭。禮部官奏請復位。上復位。户部官、順天府尹執青箱播種後，耆老隨覆畢。導引官導上御觀耕臺，南向坐。王、貝勒、貝子、公、陪祀百官分班序立。次三王五推畢，各就位。諸王皆候旨坐次，九卿九推，順天府廳官各執青箱播種訖。禮部奏耕畢，從耕官各就位，教坊司承應畢。禮部官奏禮畢，禮部官、太常寺官導駕詣齋宮，升坐。王、貝勒、貝子、公、文武陪祀各官入東西門，分班序立。鴻臚寺官贊順天府官率兩縣官耆老人等行三跪九叩頭禮，農夫三十人隨後行禮。禮畢，從府縣官出西門，至耕耤所終畝。王、貝勒、貝子、公、候旨坐，候耕畢，府縣官從東門入。鴻臚寺官贊親耕既成，禮當慶賀，王、貝勒、貝子、公、百官行三跪九叩頭禮，序班立。贊退王於齋宮内，貝勒以下於臺下，分班行叩頭禮，序坐。上進茶。王以下文武百官，各於坐次行一叩頭禮，隨賜茶。上御後殿，少憩。光禄寺設宴，禮部奏宴完備，上升座。衆官各就坐位，行一叩頭禮，坐進宴。教坊司奏樂。上進酒，王以下各官，各於原位行一跪一叩頭禮，復坐，筵宴。耆老於壇旁坐。宴畢，王以下各官序班立，行一跪三叩頭禮。畢，王、貝勒、貝子、公、百官至齋宮外，候駕還宮。鹵簿導從。作樂。不陪祀文武百官於天安門外，跪候駕還宮。報可。

（清）傅維鱗《明書》卷五六《志六·禮儀志一·耕耤儀》

凡耕耤，每歲仲春上戊日，祭社稷及先農。前期，預告奉先殿。先二日，順天府官以耒耜及種稑種進呈。少頃，内官捧出授順天府官。捧由午門左門出，彩輿，鼓樂送至耤田所。至日，祭社稷畢。昧爽，上具翼善冠、黃袍，御奉天門，太常寺官請詣先農壇。上升輦，鹵簿導從，詣壇所具服殿。更衣致祭畢，還具服殿，更翼善冠、黃袍。少憩，百官易便服訖。太常卿奏請詣耕耤位，導上至耕耤位，南向立。三公以下從耕者各就耕位。户部尚書北向跪，進耒耜。順天府官進鞭。教坊作樂歌呼，左右贊相。上秉耒三推訖。原官跪受耒耜鞭。太常奏復位。順天府官捧青箱隨種而覆之。上御觀耕臺，視三公五推、尚書九卿九推訖。奏耕畢。從耕官各就班，導上詣齋宮。上升座，奏從耕陪祭官叩頭，奏順天府縣官老人叩導訖。引上、中、下農夫各十人，著本等衣鞋執農器叩頭。終獻，人賜布一匹。贊入班，百官序定。致詞云：親耕既成，禮當慶賀。五拜三叩頭禮畢，賜百官酒飯。鴻臚官承旨贊入班，又五拜三叩頭，尚膳監進膳。三品以上官就殿臺，四品以下官臺下御路旁，東西向。皆賜座，并宴勞耆老人等於壇旁。教坊用大樂隊，舞村田樂雜戲。跪奏致語，進酒，進湯，進膳，及百官行禮，俱奏樂如常儀。畢，入班行一拜三叩頭禮訖。駕興還宮。肅宗行西苑耕穫禮，及帝社稷壇春祈秋報禮，後革不列。

（清）傅維麟《明書》卷五八《志六·禮儀志三·先農祭儀》

明初，建先農壇於山川壇西南，爲大祀。每歲，上親祭，遂耕耤田，以后稷配，後以仁祖配。至建北京，則遣順天府官祭。而行耤田禮，則躬祭。後遣戶部尚書祭。每祭以仲春上戊日。前二日，奏祭齋戒、省牲如常儀。【略】其行禮上，以及弁服、進退、奠獻如常儀用樂。畢，上還具服殿，更翼善冠、黃袍，行耕耤田。祝文則曰：維神肇興農事，始種嘉穀，立斯民命，萬世攸賴。茲當東作之期，躬耕耤田。惟賴神慈，默施化理，俾年穀豐茂，率土皆同。以牲醴齊之儀，用申祭告，尚享。

（清）孫承澤《春明夢餘錄》卷一五《先農壇》

上耕耤田，親祭，餘年，順天府尹祭。嘉靖中，建圓廩、方倉以貯粢盛。耕之日，上具弁服，詣壇躬祭如儀，更翼善冠黃袍，各官吉服。戶部尚書進耒耜，順天府官進鞭。上秉耒耜，三推三返。部臣受耒耜，府臣受鞭，府官捧青箱，隨以種子播而覆之。上御觀耕臺坐觀，三公五推，九卿九推，府官率庶人終畝。

（清）孫承澤《山書》一五卷《行耕耤禮》

二月十九日，駕至先農壇。六科沈允培、孫承澤、戴明説、沈迅、袁愷、吳希哲等，同禮部侍郎蔣德璟等，導駕至具服殿，易皮弁服、絳紗祭服，至壇。壇工結黃幄，奉先農，下設拜位，帝拜揖甚恭。禮畢，仍導駕至具服殿，易翼善冠、黃袍。太常寺奏請詣耕耤位。六科同禮部導駕至位。戶部尚書傅淑訓跪進耒耜，順天府尹張宸極跪進鞭，六科、錦衣衛、太常卿導引。帝左手秉耒，右手執鞭，三推步行犁土中，盡隴而止。耕時，教坊司引紅旗兩旁唱《禾詞》，老人牽牛二人，扶犁二人。耕畢，戶部尚書跪受耒耜，置犁亭，府尹跪受鞭，置亭。府尹捧青箱播種，耆老以御牛隨而覆之。御觀耕臺。于是，大學士周延儒、賀逢聖、張四知、謝陞、陳演，吏部尚書李日宣六人耕東；定國公徐允楨、恭順侯吳惟英、清平伯吳遵周、戶部尚書傅淑訓、兵部尚書陳新甲、工部尚書劉遵憲六人耕西，順天府廳官各執箱播種。太常卿奏：耕畢。駕至齋宮。各官一拜三叩頭，分班侍立。順天府官率兩縣官、耆老人等，五拜三叩頭，農夫蓑衣挑農具三十人，隨後俯伏。禮畢，即隨府縣官至耕所終畝，各官行慶賀禮。傳旨賜酒飯，文官三品以上，武官二品以上，坐丹陛上，餘在臺下。是日，科臣沈迅，因教坊司承應歌詞俚俗，宜改正，疏即下部。本月二十四日，令閣臣傳禮部王錫袞、蔣德璟到閣，諭：以後耕耤，宜歌《豳風》無逸之詩。其教坊所扮黃童白叟，鼓腹謳歌，爲佯醉狀，委爲俚俗，斥令改正。天地之舞，不宜扮天神褻瀆。及《禾詞》宜頌不忘規，須令詞臣，另行撰儗。

(清) 萬斯同等《明史》卷四八《志二二・禮志六・吉禮六・先農耤田先蠶祭告祈報》

永樂中，建壇京師，如南京制。壇建於太歲壇之西南，爲制一成，四面石階九級。西爲瘞位，東爲齋宮、鑾駕庫，東北爲神倉，東南爲具服殿，殿前爲觀耕臺，臺南爲耤田。護壇地六百畝，供黍稷及薦新品物。又池九十四畝有奇，每年額稅四石七斗有奇。太常寺會同禮部收貯神倉，以備旱潦。又令壇官種一百畝，壇戶種二百六十六畝七分。每歲以仲春上戊日，遣順天府尹致祭，禮樂仍舊。後凡遇登極之初，行耕耤禮，則親祭。【略】

弘治元年，定增順天府官率兩縣令耆老謝恩之後，引上中下三等農夫各十人，服由間衣及鞋，各執農器朝見，令其終畝。耕畢，人賜布一匹。是年，帝親耕禮畢，宴群臣。教坊以雜劇承應。左都御史馬文升曰：新天子當知稼穡艱難，豈宜以此瀆亂宸聽？即斥去之。

嘉靖九年，禮部更定耕耤儀。前期，太常寺奏祭祀，百官致齋。順天府官以耒耜及種稑種進呈。內官仍捧出授順天府官，捧由午門左出，置彩輿，鼓樂送至耤田所。至期，上具翼善冠、黃袍，御奉天門。大常寺官奏請詣先農壇。上升輦，鹵簿導從，詣壇所具服殿，上服衮冕如儀。祭先農畢，還具服殿，更翼善冠、黃袍。太常卿導引上至耕耤位，南向立。三公以下從耕者，各就位。戶部尚書北向跪，進耒耜。順天府官北向跪進鞭。導駕官同太常卿導引上秉耒三推三反。訖，戶部尚書跪受耒耜。順天府官跪受鞭，太常卿奏請復位，順天府尹捧青箱，隨以種子，播而覆之。上御外門，南向坐，觀三公五推、尚書九卿九推。太常卿奏耕畢，導引上還具服殿，升座。順天府官率兩縣官耆老人等行禮畢，率庶人終畝。鴻臚寺官贊百官入班、致詞、行慶賀禮、有旨賜酒饌，三品以上官各就丹陛上，東、西向賜坐；四品以下官臺下序坐；并宴勞耆宿於壇旁。宴畢，駕還宮，導從如來儀，大樂鼓吹振作。

十年，命墾西苑隙地爲田，建殿曰天逈，亭曰豳風，又曰省耕，曰省歛倉，曰恒裕。禮部上郊廟粢盛支給之數，因言：南郊耤田，皇上躬執三推而，公卿共宣其力，較之西苑爲重。西苑雖屬農官督理，而皇上時省耕歛，較之耤田爲勤。則倉之儲，誠宜分屬兼支，以供郊廟祭祀。請以耤田所出藏之南郊圓廩神倉，若圜丘、祈穀、先農、神祇壇、長陵等陵，歷代帝王及百神之祀，皆取給焉。西苑所出藏之恒裕倉，若方澤、朝日、夕月、太廟、世廟、太社稷、帝社稷、禘袷，先蠶及先師孔子之祀，皆取給焉。庶稱敬天禮神至意。

十六年，諭：凡遇親耕，則戶部尚書先祭先農，皇帝至，止行三推禮。隆慶元年，罷西苑耕種諸祀，仍取給於耤田。二年二月，禮部請親祭先農，上躬耕耤田，儀：前期三日，太常寺進祝版，上御文華殿親填御名訖。博士捧出安於香帛亭內，暫安先農壇神庫。順天府官進呈耒耜及穜稑種，如舊儀。前期一日，上常服以親祭先農，并行耕耤禮，預告於奉先殿、世宗几筵殿、弘孝殿、神霄殿。正祭，行禮如常儀。事畢，上還，仍詣奉先等殿參謁，如前儀。先是，諭：禮部百官，不必稱賀，不用鹵簿。禮部議造耕根車，以載耒耜，用青質。詔可。弘治中，丘濬有言曰：大蜡與耤田相爲終始，而本朝獨於此闕焉。當東作方興之始，既舉耤田之禮，以祀先農於春。而帥先農氏以作其務本之心，則百穀告成之後，宜舉大蜡之禮，以報先穡於冬而勞來農民，以特其勤勤之苦。惜其未行也。

（清）伊桑阿等《（康熙）大清會典》卷四四《禮部五·儀制清吏司·耕耤儀》

仲春耕耤，敬農事也。我朝舉行此典，特命三王九卿爲從耕官，蓋綦重矣。

康熙十一年，告祭奉先殿，禮加詳焉。其先農壇等儀，別載祀典，茲不并列。

順治十一年二月，皇帝祀先農畢，親行耕耤禮。前期一日，戶部禮部堂官同順天府官，由午門左門進耕耤器具及穜稑種。至太和殿階下，戶部官初進耒耜，次進鞭，次進皇上耕耤稻種匣，次進諸王耕耤麥種匣、穀種匣，次進九卿耕耤豆種匣、黍種匣，捧至中和殿，依次陳設。奏請皇上升殿閱視畢，還宮。戶部官捧至太和殿階下，授順天府官捧出，由午門左門出，置彩亭內，作樂，送至耕耤所。是日早，王以下貝勒以上，俱朝服，齊集太和門丹墀內，候駕過隨行，詣先農壇，分翼序立；貝子以下從耕陪祀文武各官，俱先赴壇前，分班序立。不陪祀文武各官，俱朝服於天安門外橋南，分翼序立，候駕至，跪送。禮部官奏請皇上躬詣先農壇致祭，行耕耤禮。午門鳴鐘，上具禮服出宮，乘輦，鹵簿大駕全設，不作樂，至先農壇致祭。儀注另載。畢，上還具服殿，更黃袍。少憩，各官俱更蟒服、補服。禮部、太常寺官入奏：請詣耕耤位。導駕官同太常卿，導上至耕耤位，南向立。從耕三王九卿，各就耕位立。不從耕王以下各官，俱在蓆棚外排立。彩亭三座，陳設左右，鴻臚寺官贊進耒耜，戶部尚書北向跪進耒耜。贊進鞭，順天府尹北向跪進鞭畢。禮部鑾儀衛、太常寺官導上秉耒三推訖，教坊司樂工歌《三十六禾詞》畢，鴻臚寺官贊受耒耜，戶部尚書跪受耒耜。贊受鞭，順天府尹跪受鞭。各置亭內。禮部堂官奏請復位，上復位立。戶部堂官順天府尹執青箱播種。即盛種匣。耆老隨後覆土畢，禮部太常寺官導上御觀耕臺，南向坐。王以下陪祀各官，分翼序立。次三王各五推畢，順天府廳官執青箱播種，耆老隨後覆土畢，三王退就原位，諸王俱候旨序坐。次九卿各九推畢，順天府廳官執青箱播種，耆老隨後覆土畢，九卿退就位，立。禮部太常寺官奏耕耤禮畢，導駕詣齋宮，教坊司作導迎大樂，至齋宮門，樂止。宮內大樂作，上升座，樂止。王以下文武陪祀各官，入東西兩旁門，分翼排立。鴻臚寺官贊跪、叩頭，順天府官率兩縣官并耆老人等行三跪九叩頭禮。農夫三十人，隨後行禮畢。府縣官從西門出，率農夫至耕耤所終畝。賜王貝勒貝子公坐，候耕畢。府縣官從東門人，鴻臚寺官贊排班，王等於臺上，文武各官於臺下，俱排立，鴻臚寺官於齋宮門外東旁，西向跪。奏親耕既成，禮當慶賀。鳴贊官贊跪、叩頭，丹陛大樂作，王以下各官行三跪九叩頭禮畢。樂止。贊退，諸王於齋宮內，貝勒以下各官於臺下，分班，行一叩頭禮，序坐，賜茶畢。上御後殿少憩，光祿寺官設宴畢。禮部堂官奏請皇上升座，王以下各官俱排立，上升座，作樂。眾皆就位，行一叩頭禮，坐，進宴。教坊司作樂，上進酒，王以下各官各於原位行一跪一叩頭禮，復坐，耆老於壇旁坐，教坊司承應，用大樂隊舞雜戲。宴畢，鴻臚寺官贊排班，王以下各官排立，行一跪三叩頭禮畢。王以下各官出齋宮外排立。候駕興，鹵簿前導，作樂。駕至天安門外橋南，不陪祀文武各官俱跪迎。午門鳴鐘，上還宮。王以下眾官皆退。

（清）伊桑阿等《（康熙）大清會典》卷六五《禮部二六・祠祭清吏司・群祀三・先農》

順治十一年二月，皇上行耕耤禮，躬祭先農壇。

駕至壇，於先農門外降輦。太常寺贊引官、對引官，導上進具服殿盥手畢。導上至壇上黃幄次拜位前立。鴻臚寺官引王以下陪祀文武各官，於壇下排列。典儀唱樂舞生就位，執事官各司其事。武舞生引進。贊引官奏就位，導上詣拜位立。典儀唱瘞毛血、迎神，協律郎唱舉迎神，樂奏《永豐之章》。樂作，贊引官奏升壇，導上詣香案前立。司香官跪於上右。贊引官奏上香，上舉柱香上爐內，又三上塊香畢。贊引官奏復位，上復位立。樂止。贊引官奏跪叩興，上行三跪九叩頭禮，興。王以下陪祀各官俱隨行禮畢。典儀唱奠帛，行初獻禮。協律郎唱舉初獻，樂奏《時豐之章》。樂作。獻帛爵官捧帛爵詣神位前，獻帛官跪獻，行三叩頭禮。獻爵官跪獻案上正中。不叩。俱退。樂止。讀祝官詣祝案前，一跪三叩頭，捧起祝文立案左。贊引官奏跪，上跪，王以下各官讀祝官俱跪。贊引官贊讀祝，讀祝官讀畢，興，捧祝文跪置案前帛匣上，三叩頭，退。樂復作，贊引官奏叩興。上行三叩頭禮，興。王以下各官俱隨行禮畢。樂止，武舞生引退，文舞生引進。典儀唱行亞獻禮，協律郎唱舉亞獻，樂奏《咸豐之章》。樂作，獻爵官獻於案左，退。樂止，典儀唱行終獻禮，協律郎唱舉終獻，樂奏《大豐之章》。樂作，獻爵官獻於案右，退。樂止，文舞生引退。太常寺官一員，在壇東向西立。贊賜福胙，光祿寺官二員，捧酒胙於神位前拱舉，跪於上右，接酒胙。侍衛二員，跪於上左。贊引官奏跪，上跪。奏飲福酒，上受爵拱舉，授接爵侍衛。奏受胙，上受胙拱舉，授接胙侍衛。俱退。贊引官奏，叩興，上行三叩頭禮，興。王以下各官不隨。次行謝福胙禮。贊引官奏跪叩興，上行二跪六叩頭禮，興。王以下各官俱隨行禮畢。典儀唱：徹饌。協律郎唱：舉徹饌，樂奏《屢豐之章》。樂作，徹饌畢。樂止，典儀唱送神，協律郎唱舉送神，樂奏《報豐之章》。樂作，贊引官奏跪叩興，上行三跪九叩頭禮，興。王以下各官俱隨行禮畢。樂止，典儀唱捧祝帛香饌，恭送瘞位，捧祝帛官詣神位前，一跪三叩頭，捧起祝帛，捧香饌官跪捧香饌起，不叩。依次送至瘞位。上轉立拜位東，祝帛香饌過，仍復位立。典儀唱視瘞，協律郎唱舉視瘞，樂奏《慶豐之章》。樂作，贊引官奏詣視瘞位，導上詣視瘞位立。奏禮畢，次行耕耤禮。另載耕耤儀。

（清）伊桑阿等《（康熙）大清會典》卷六五《禮部二六·祠祭清吏司·群祀三·先農·遣官歲祭儀》

順治十二年題准：正祭日，承祭官及陪祀宛平、大興二縣官，俱赴先農壇前。教坊司作樂。贊引官、對引官引承祭官至盥洗處，盥手畢，引至行禮處立。陪祀官隨後立。典儀唱：執事官各司其事。贊引官贊就位，承祭官就位立。典儀唱瘞毛血、迎神。瘞畢，贊引官贊升壇，導承祭官由壇右階上至香案前立。司香官跪於案左。贊引官贊跪，承祭官跪。贊上香，承祭官舉柱香上爐內，又三上塊香畢。贊引官贊復位，承祭官復位，立。贊跪叩興，承祭官及陪祀官俱行三跪九叩頭禮，興。典儀唱奠帛，行初獻禮。捧帛官至神位前跪奠，三叩頭退。獻爵官跪獻案上正中不叩。退。讀祝官至祝案前，一跪三叩頭，捧祝文立。贊引官贊跪，承祭官、陪祀官、讀祝官俱跪。典儀唱讀祝，讀祝官讀畢，捧祝文送至神位前，跪，安帛匣上，三叩頭退。贊引官贊叩興，承祭官、陪祀官俱行三叩頭禮，興。典儀唱行亞獻禮，獻爵官跪獻於案左退。典儀唱行終獻禮，獻爵官跪獻於案右，退。典儀唱徹饌，唱送神，贊引官贊跪叩興。承祭官、陪祀官，俱行三跪九叩頭禮，興。典儀唱捧祝帛饌，恭詣瘞位。捧祝帛官至神位前，一跪三叩頭，捧起祝帛。捧香饌官跪捧起，不叩。依次送至瘞位。典儀官唱視瘞，贊引官贊詣視瘞位，導至視羨位立。贊引官贊禮畢，退。

（清）張廷玉《清文獻通考》卷一〇一《郊社考一一·耤田祭先農儀注附》

皇帝親耕儀

歲仲春吉亥，皇帝躬耕帝耤。前期，禮部疏請，得旨，命親王、郡王三人，卿九人從耕。順天府備躬耕絲鞭、耒耜，飾以黃服耜、黃犢、稻種、青箱。備從耕三王麥、穀，九卿豆、黍、青箱、鞭及耒耜，朱飾服耜，黝牛。皆依期備辦。

先一日，遣官祇告奉先殿。是日黎明，順天府官豫設案二於太和殿東檐下，以三分載躬耕鞭、耒、種箱；彩亭四分載麥、穀、豆、黍種箱。鑾儀衛備曲蓋、仗。樂部和聲署設鼓吹，均俟於午門外。府尹率屬奉耕器入陳於第一案，鞭左；奉種箱陳於第二案，中稻種，左麥、穀，右豆、黍。

遂臂御中和殿，閱先農壇祝版。畢，記注官退俟丹墀。皇帝御保和殿。戶部尚、侍郎率屬舉案入太和殿，南左門出，北左門詣中和殿。內正中陳鞭耒案於北；陳種箱案於南，皆東西肆遂及禮部尚書、侍郎序立丹升之南，重行，西面。記注官升西階，復位，立。禮部尚書奉請皇帝御中和殿，閱耕器、五穀種。畢。奏禮成。

皇帝出殿門，乘輿還宮。扈從如儀。戶部官舉案復於太和殿東檐下。順天府官升左階，徹案。奉鞭、耒、種箱出午門外，仍設各亭內。鑾儀校舁行，前列傘仗。導迎樂作《禧平之章》。至先農壇，由中門詣耤田耕所。

右閱耒耜穀種。

鴻臚寺官乃辯位。耤田之北正中爲皇帝躬耕位。戶部尚書一人在右，順天府府尹一人在左，禮部尚書一人、太常寺卿一人、鑾儀衛使一人在前，耆老二人、農夫二人、掌耕犢立表於左右。從耕田首，東班王二人，戶部、兵部、工部、通政司各一人，西上；西班王一人，吏部、禮部、刑部、都察院、大理寺各一人，東上。皆順天府官屬丞倅二人，從耆老一人，農夫二人，掌耕牛。樂部典樂一人、和聲署正二人、丞二人，立於耤田南，北面。工歌禾詞者十有四人，司金、鼓、板、篴、笙、簫各六人。頂帶耆老四人，披蓑戴笠執錢鎛者二十人。麾五色彩旗者五十人。耆老十有四人、農夫三十人，相間爲班，魚貫東西序立。署正一人立於北，東面。鴻臚寺鳴贊一人立於東，西面；一人立於西，東面。侍儀御史二人分立鳴贊官之北，西面。記注官四人立臺南階下之西，東面。不從耕王、公、大學士及三品以上官，夾臺東、西隅，翼立，陪位。

右序位。

屆時，皇帝親饗先農禮。畢。前引内大臣、贊引、對引、太常寺卿，恭導皇帝詣具服殿，更黃龍袍。少俟。鑾儀衛官率輿尉迴輿，於觀耕臺東階外。從耕三王、九卿，暨陪位王公以下，咸蟒袍補服，按班東、西祇候。執事官依位序立。禮部尚書、太常寺卿奏時。遂及前引大臣恭導皇帝出殿，南向，詣耕耤位。和聲署正舉旗，三麾。歌工、樂工以下齊赴耤田北。前引大臣退於兩旁，侍立。從耕三王、九卿就耕位，東、西面立。鳴贊贊進耒耜，戶部尚書奉耒耜。贊進鞭，順天府府奉鞭，均北面，跪、進、興，退。皇帝右秉耒、左執鞭，禮部尚書、太常寺卿、鑾儀衛使恭導，行躬耕禮。耆老牽牛，農夫扶犁，順天府府尹執青箱，戶部尚書隨種。左右鳴金鼓，彩旗招颭。工歌三十六禾詞，唱、和從行。皇帝三推三反，畢。歌止。順天府府尹以青箱，復於龍亭。鳴贊贊受耒，戶部尚書跪受耒耜。贊受鞭，順天府府尹跪受鞭。皆興。復置龍亭内。皇帝御補服。禮部尚書奏：請御觀耕臺。暨太常寺卿恭導皇帝升中階，御寶座。後扈内大臣隨升御座兩旁。記注宮升西階，東面，北上，序立。從耕三王、九卿以次受鞭、耒。耆老牽牛，農夫扶犁，順天府屬丞倅一人執青箱，一人隨播種。三王五推五返，九卿九推九返。釋鞭、耒，人侍班位立。執事官以青箱復各彩亭。内序班引順天府屬官及耆老農夫服本色服，持農器至臺前西偏北，面東。上重行，序立，聽。贊：行三跪九叩禮。退。至耤田終畝。

右親耕。

禮部尚書奏禮成，皇帝降東階，乘輿，由先農門出。法駕鹵簿前導，導迎樂作，奏《祐平之章》。皇帝迴鑾。王公從各官以次退。不陪祀王公、百官朝服，集午門外，跪迎。午門鳴鐘。王公隨駕，人至内金水橋，恭候皇帝還宮。各退。

右鑾輿迴宮。

皇帝親祭儀

辨行禮位，壇上幄次為皇帝拜位，正中，北向，壇下東南為望瘞位，東向。陪祀王公位樂懸北，東、西各二班，百官位樂懸南，東、西各五班。重行异等，東位西上、西位東上，均北面。辨執事位壇上，太常寺司拜牌、拜褥官各一人立。皇帝拜位左右，司祝、司香、司帛、司爵各一人，光禄寺卿二人，侍衛二人，太常寺贊答福胙一人，侍儀、禮部尚書、侍郎、督察院左都御史、副都御史、樂部典樂各一人，位東，西序，分列祝案、尊案之次，如常儀。壇下太常寺典儀一人、司樂一人，東立西面。起居注官四人，西立東面。糾儀御史四人、禮部祠祭司官四人、引禮鴻臚寺官四人，分立王、公、百官拜位之次。協律郎、歌工、樂工、舞佾分立樂懸之次，均東、西面。掌瘞官率瘞人立於瘞坎之南，北面。

其日五鼓，步軍統領率所部清蹕除道。御道左右塗巷皆設布幛。鑾儀衛陳法駕鹵簿於午門外。不陪祀王公百官朝服祗候，如常儀。辰初三刻，太常寺卿赴乾清門奏時，皇帝御祭服，乘禮輿出宮，前引、後扈如儀。駕發，警蹕，午門鳴鐘鼓，導迎樂陳而不作。群臣跪送。提爐官左右騎導詣壇，如郊祀之儀。右鑾輿出宮。駕將至，司祝奉祝版設於祝案。禮部尚書一人，率太常寺卿屬詣神庫，上香行禮，恭請先農神位，奉安壇座上如儀。鴻臚寺官豫引陪祀王公於壇門内，按翼序立，候駕至隨行。引陪祀百官東班於拜位南，北面；西班於拜位西，東面。序位祗候。駕至壇東門内，降輿。贊引、對引太常寺卿二人，恭導皇帝至壇東盥，鑾儀衛官跪奉巾如儀。贊引、對引，恭導皇帝由中階升，就拜位前立。前引内大臣、提爐官、侍衛均於階下止立。後扈大臣、隨侍鴻臚寺官引陪祀王、公、百官均就拜位。典儀贊樂舞生登歌，執事官各共乃職。武舞執干戚進，贊引奏就位，皇帝就位立，右盥洗就位。典儀贊瘞毛血、迎神，司香奉香進立祗候，司樂贊舉迎神樂，奏《永豐之章》。樂作，贊引奏就上香位，恭導皇帝詣香案前立。奏上香，司香奉香跪進於右，皇帝上炷香，次三上瓣香畢，奏復位，恭導皇帝復位立。贊引奏跪拜興，皇帝率群臣行三跪九拜禮。樂止。

右迎神。

典儀贊奠帛爵，行初獻禮。司帛奉筐，有司揭尊冪勺挹酒實爵，以次至案前，恭俟。司樂贊舉初獻樂，奏《時豐之章》。樂作，司樂舉節，舞《干戚之舞》。司帛跪獻筐奠於案，三叩；司爵跪獻爵奠於墊中，興。各退。司祝至祝前，跪，三叩，興，奉祝版跪案左。樂暫止。贊引奏跪，皇帝跪，群臣皆跪。贊讀祝，司祝讀祝辭曰：維某年月日，皇帝致祭於先農之神，曰惟神肇興農事，萬世永賴。茲當東作之時，躬耕耤田，祈諸物豐茂，為民立命。謹以牲帛酒醴庶品之儀致，尚饗。讀畢，跪奉祝版，跪安神位前，三叩，興，退。樂作，贊引奏拜興，皇帝率群臣行三拜禮。樂止，武功之舞退，文舞執羽籥進。

右初獻。

典儀贊行亞獻禮。司樂贊舉亞獻樂，奏《咸豐之章》。樂作，舞《羽籥之舞》，司爵獻爵於左，儀如初獻。樂止。

　　右亞獻。

　　典儀贊行終獻禮，司樂贊舉終獻樂，奏《大豐之章》。樂作，舞同亞獻，司爵獻爵於右，儀如亞獻。樂止。《文德之舞》退。

　　右三獻。

　　既終獻，太常寺贊禮郎一人少前，西面立，贊答福胙。光禄寺卿二人奉福胙至神位前，拱舉，退，祗立於皇帝之右。侍衛二人進立於左。贊引奏跪，皇帝跪，左右官皆跪。奏飲福酒，右官進爵，皇帝受爵，拱舉，授左官，次受胙如飲福像。贊引奏拜興，皇帝三拜，興。又奏跪拜興，皇帝行二跪六叩禮，王、公、百官均隨行禮。典儀贊徹饌。司樂贊舉徹饌樂，奏《屢豐之章》。樂作。徹畢，樂止。

　　右受福胙，徹饌。

　　典儀贊送神，司樂贊舉送神樂，奏《報豐之章》。樂作，贊引官奏：跪，拜。皇帝率群臣行三跪九拜禮。樂止。

　　右送神。

　　典儀贊奉祝帛、香饌送瘞。司祝、司帛詣神位前咸跪，三叩。司祝奉祝，司帛奉篚，興。司香跪，奉香；司爵跪，奉饌，興。以次恭送瘞所。皇帝轉立拜位東旁，西向，俟祝帛過，復位立。典儀贊望瘞。司樂贊舉望瘞樂，奏《慶豐之章》。樂作，陪祀王、公、百官退。贊引奏詣望瘞位，皇帝詣望瘞位。望瘞贊引奏禮恭導皇帝詣太歲殿上香，樂止，禮部尚書率太常寺卿屬恭請神位復御，上香行禮如儀。皇帝於具服殿更衣，乃行親耕禮。札畢，還宮。太常寺官徹乾清門齋戒牌、銅人送寺。

　　右望瘞，禮成。

　　乾隆三十七年遵旨，議准先農壇儀注。皇上御禮轎，自外北天門入内北天門，循太歲殿後轉至壇東北隅降輿，詣壇行禮。禮成，仍於降輿處御禮轎，詣太歲殿上。道宙餉先農壇之禮：先一日，太常寺以祝版送内閣恭書，受麗奉詣神庫。至日雞初鳴，遣官朝服詣壇。贊引，太常寺贊禮郎二人引，由壇右門入，行禮於階下，上香。贊升壇，升降均由東階下，飲福受胙，王公不陪祀。祝帛送瘞，避立西旁。餉畢，順天府府尹率屬行耕耤禮。餘均如前儀。

　　右遣官儀。

（清）允禄等《（雍正）大清會典》卷六一《耕耤》

　　屆時，太常寺奏請皇帝詣先農壇致祭，行耕耤禮。午門鳴鐘，皇帝具禮服，出宫，乘輦，鹵簿大駕全設，不作樂。壇内鳴鐘，致祭先農壇。儀注另載。畢，前引十大臣、贊引官、對引官、恭導皇帝御具服殿，更補服、黃龍袍。少憩，從耕三王九卿，及不從耕王以下各官，俱更蟒袍補服。禮部、太常寺堂官入奏請詣耕耤位，前引十大臣、禮部、太常寺堂官，恭導皇帝詣耕耤位，南向立。從耕三王九卿，各就耕位立。不從耕王以下各官，俱在耕耤蓆棚外，按翼排立。耕耤耒耜、鞭、青箱、彩亭三座，及三王九卿青箱、彩亭四座，陳設左右。教坊司領樂官四員，頂帶老人四名，歌《三十六禾詞》。樂工十二名，鑼鼓板樂工六名，執義、執扒、執帚、執鍬、蓑衣、斗篷樂工二十名，五色彩旗樂工五十名，順天府耆老三十四名，上農夫十名，中農夫十名，下農夫十名，俱兩旁排立。

　　鴻臚寺官贊進耒耜，戶部堂官北向跪，進耒耜。皇帝右手秉耒。贊進鞭，順天府尹北向跪，進鞭。皇帝左手持鞭。耆老二人牽牛，上農夫二人扶犁。禮部、太常寺、鑾儀衛堂官，恭導皇帝秉耒行耕耤禮。教坊司樂工鳴鑼鼓，歌《三十六禾詞》。招颭彩旗，唱和隨行。皇帝三推三返，是年，特加一推。三年、四年、五年同。禮畢，鴻臚寺官贊受耒耜，戶部堂官跪受耒耜。贊受鞭，順天府尹跪受鞭。各置彩亭內。禮部堂官奏請皇帝旋位立。戶部堂官順天府尹執青箱播種，耆老隨後覆土。畢，順天府尹以青箱置彩亭內，禮部堂官奏請皇帝御觀耕臺。禮部、太常寺堂官，由中階恭導皇帝御觀耕臺，南向坐。不從耕王以下各官，分翼序立。次三王各五推五返，各用耆老一人率牛，農夫二人扶犁，順天府廳官隨後播種。耕畢，三王退，就班位立。諸王等俱候旨序坐。次九卿各九推九返，各用耆老一人牽牛，農夫二人扶犁，順天府廳官及兩縣各官隨後播種。耕畢，九卿退，就本班立。順天府官將青箱置左右所設三王九卿盛種彩亭內。禮部堂官奏耕耤禮畢，駕興。禮部、太常寺堂官，恭導皇帝山東階，出先農門外，升輦，教坊司作導迎大樂。至齋宮門，樂止。

　　齋宮內臺上西旁，陳設大樂作。皇帝至齋宮簷前降輦，升座，暫御後殿。樂止。王以下、公以上，由南門左右門入，文武各官由東西兩旁門入。王以下、公以上，在臺上；文武各官，在臺下，東西向，按翼排立。禮部堂官奏請皇帝御齋宮，樂作。皇帝升座，樂止。鴻臚寺官引順天府官、兩縣官，率耆老、農夫等，由西門入，向上排立。鴻臚寺贊：行三跪九叩頭禮。農夫三十人，服本等服色，各持農器，隨後行禮。丹陛樂作。禮畢，樂止。順天府兩縣官率耆老、農夫仍從西門出，至耕耤所，農夫終畝。賜王、貝勒、貝子、公坐。

　　候耕畢，府縣官至東門，報終畝畢。鴻臚寺官贊：排班。王等於臺上，文武各官於臺下，俱向上排立，鴻臚寺官於齋宮檻扇外東旁，西向跪奏：親耕既成，禮當慶賀。鳴贊官贊：跪，叩，興。丹陛樂作，王以下各官，行三跪九叩頭禮畢，樂止。贊：退。諸王、貝勒、貝子、公於臺上，文武各官於臺下，行一叩頭禮，序坐。賜茶，畢。大樂作。駕興，御後殿。樂止。光祿寺官設宴，候設畢，禮部堂官奏：皇帝升座。王以下各官俱排立，大樂作。皇帝升座，樂止。王以下各官，俱就原位行一叩頭禮。序坐，進宴。丹陛樂作，奏《雨暘時若之章》。安宴桌畢，樂止。進酒時，西簷下作管弦樂，笙簫合奏，奏《五穀豐登之章》。皇帝舉酒，王以下各官，於本位跪，行一叩頭禮。復坐，樂止。進饌時，東簷前作清樂，奏《家給人足之章》。進饌畢，樂止。徹饌，鴻臚寺官贊排班，王以下各官排立，聽贊行一跪三叩頭禮。丹陛樂作。禮畢，樂止。

禮部堂官奏：禮畢。王以下各官，出齋宮大門外排立，恭候皇帝乘輦出。鹵簿大駕前導。教坊司作還宮樂，奏《祐平之章》。王、貝勒、貝子、公、隨行各官俱退、不齋戒王以下文武各官，仍於午門外排班跪迎，午門鳴鐘，諸王以下，公以上。隨駕至午門內，候皇帝還宮，各退。

（清）允祿等《（雍正）大清會典》卷九二《群祀三·先農》

順治十一年題定儀注，嗣後每逢耕耤，奏請舉行。今開具於後。

正祭日。駕至壇，於鋪棧薦處降輦。太常寺贊引官、對引官，恭導皇帝進具服殿，盥手畢。恭導皇帝至壇上黃幄次拜位前立。鴻臚寺官引王以下、陪祀文武各官，於壇下排列。典儀唱樂舞生就位，執事官各司其事。武舞生引進。贊引官奏：就位。恭導皇帝詣拜位立。典儀唱瘞毛血、迎神，協律郎唱舉迎神樂，奏《永豐之章》。樂作，贊引官奏升壇，恭導皇帝詣香案前立。司香官捧香盒跪進於皇帝右。贊引官奏上香，皇帝舉炷香上爐內，又三上瓣香畢。贊引官奏旋位，皇帝旋位立。樂止。贊引官奏跪叩興，皇帝行三跪九叩頭禮，興。王以下陪祀各官，俱隨行禮，興。典儀唱奠帛、行初獻禮，協律郎唱舉初獻樂，奏《時豐之章》。樂作，獻帛、爵官捧帛、爵，詣神位前。獻帛官跪獻，行三叩頭禮。獻爵官跪獻案上正中，不叩，俱退。樂止。讀祝官詣祝案前，一跪三叩頭，捧起祝文，跪案左祗俟。贊引官奏跪，皇帝跪，王以下各官俱跪。贊引官贊讀祝，讀祝官讀畢，興，捧祝文跪，置案前帛匣上，三叩頭，退。樂作，贊引官奏叩興，皇帝行三叩頭禮，興。王以下各官俱隨行禮畢。樂止。武舞生引退，文舞生引進。典儀唱行亞獻禮，協律郎唱舉亞獻樂，奏《咸豐之章》。樂作，獻爵官獻於案左，退。樂止。典儀唱行終獻禮，協律郎唱舉終獻樂，奏《大豐之章》。樂作，獻爵官獻於案右，退。樂止。文舞生引退。太常寺官一員，在壇東，向西立。贊賜福胙，光祿寺官二員，捧福胙於神位前拱舉，跪進於皇帝右。接福胙侍衛二員，跪於皇帝左祗俟。贊引官奏跪，皇帝跪。奏飲福酒，皇帝受爵拱舉，授接爵侍衛。奏受胙，皇帝受胙拱舉，授接胙侍衛，俱退。贊引官奏叩興，皇帝行三叩頭禮，興。王以下各官不隨叩。次行謝福胙禮。贊引官奏跪叩興，皇帝行二跪六叩頭禮，興。王以下各官俱隨行禮畢。典儀唱徹饌，協律郎唱舉徹饌樂，奏《屢豐之章》。樂作，徹饌畢。樂止。典儀唱送神，協律郎唱舉送神樂，奏《報豐之章》。樂作，贊引官奏跪叩興，皇帝行三跪九叩頭禮，興。王以下各官俱隨行禮畢。樂止。典儀唱捧祝帛香饌恭送瘞位，捧祝、帛官詣神位前，一跪三叩頭，捧起祝、帛。捧香、饌官跪，捧香、饌起，不叩。依次送至瘞位。皇帝轉立拜位東，祝、帛、香、饌過，仍還位立。典儀唱視瘞，協律郎唱舉視瘞樂，奏《慶豐之章》。樂作，贊引官奏詣視瘞位，恭導皇帝詣視瘞位立。奏禮成，退。

遣官歲祭儀

順治十二年題准：

正祭日。承祭官及陪祀宛平、大興二縣官，俱赴先農壇前。教坊司作樂，贊引官、對引官引承祭官至盥洗處，盥手畢，引至行禮處立。陪祀官隨後立。典儀唱執事官各司其事。贊引官贊就位，承祭官就位立。典儀唱瘞毛血、迎神，瘞畢，贊引官贊升壇，導承祭官由壇右階上，至香案前立。司香官跪於案左。贊引官贊跪，承祭官跪。贊上香，承祭官舉炷香上爐內，又三上瓣香畢。贊引官贊復位，承祭官復位立。贊跪叩興，承祭官及陪祀官，俱行三跪九叩頭禮，興。典儀唱，奠帛，行初獻禮。捧帛官至神位前跪奠，三叩頭，退。獻爵官跪獻案上正，不叩，退。讀祝官至祝案前，一跪三叩頭，捧祝文立。贊引官贊跪，承祭官、陪祀官、讀祝官俱跪。典儀唱讀祝，讀祝官讀畢，捧祝文送至神位前，跪，安帛匣上，三叩頭，退。贊引官贊叩興，承祭官、陪祀官俱行三叩頭禮，興。典儀唱行亞獻禮，獻爵官跪獻於案左，退。典儀唱行終獻禮，獻爵官跪獻於案右，退。典儀唱，徹饌，唱送神，贊引官贊跪叩興，承祭官、陪祀官俱行三跪九叩頭禮，興。典儀唱捧祝帛香饌詣瘞位，捧祝、帛官至神位前，一跪三叩頭，捧起祝、帛。捧香、饌官跪捧，不叩。依次送至瘞位。典儀官唱視瘞，贊引官贊詣視瘞位，導至視瘞位立。贊引官贊禮畢，退。

（清）允祹等《大清會典》卷二六《禮部》

凡耕耤之禮：置耤田於南郊先農壇之東南，中爲帝耤，築臺於耤田北，爲皇帝觀耕之位。歲仲春吉亥，皇帝躬耕於帝耤。豫期由部奏請，命王三人、卿九人從耕。鴻臚寺豫於帝耤兩旁東西各設從耕位，立表以識。前期一日，遣官祗告奉先殿如常儀。是日，順天府尹設二案於太和殿東檐下，以龍亭三、采亭四陳設耕具。皇帝躬耕耒耜及鞭，皆飾以黃布，嘉種以稻。從耕三王九卿布種以麥、穀、菽、黍，各貯青箱，由長安左門入至午門外亭止。府屬官恭奉入左門，至太和殿東檐，次第陳於案。皇帝御中和殿，閱祭先農祝版。禮畢，儀見祠祭司。御保和殿。戶部官舉案入中和殿，陳於殿正中，鞭末案在前，種箱案在後。戶部禮部尚書、侍郎率屬立中和殿丹陛之南，重行，北上均西面。禮部尚書一人，至保和殿請駕。皇帝御中和殿，閱耕具畢，奏禮成，乘輿還宮。戶部官舁案，出至太和殿東檐。順天府官徹案，奉耕具出午門，仍陳各亭內。鑾儀校舁行前列旗仗，和聲署作樂前導，送耤田耕所，陳龍亭於帝耤左右，陳采亭於東西從耕位。至日，皇帝禮服，詣先農壇致祭畢，儀見祠祭司。御具服殿，更龍袍。從耕暨侍班各官，咸退，更采服，以俟。帝耤，正中陳躬耕黃耒，駕以黃犢。戶部尚書一人立於右，東面；順天府尹奉鞭，立於左，西面。耤田東西，陳從耕朱耒各六，駕以黝牛。府屬丞倅奉青箱者，咸俟於次。樂部典樂一人，和聲署正二人，丞二人，立耤田左右。署史歌《禾辭》者十有四人，司金鼓版、篪笙簫者各六人，頂帶老農四人，以次立耤田左右。麾五色采旗者五十人，披蓑戴笠執錢鎛者二十人，牽牛耆老三十四人，上農夫十人，中農夫十人，下農夫十人，立歌《禾辭》者之外，相間爲班，均東西面，魚貫序立。鴻臚寺鳴贊二人，侍儀御史二人，夾耤田序立。不從耕王公暨三品以上文武官，序立於觀耕臺側。禮部尚書奏請行耕耤禮，皇帝出具服殿，恭導至耕位，南向立。從耕三王九卿以次就耕位，東、西面立，鴻臚官引王公各官至觀耕臺南左、右隅，均南向立。鳴贊，贊進耒，戶部尚書北面跪進耒。贊進鞭，順天府尹北面跪進鞭。皆興退。皇帝右秉耒、左執鞭，耆老二人牽犢，上農夫二人扶犁，禮部、太常寺、鑾儀衛堂官各二人恭導皇帝行耕耤禮。和聲署署史揚、采旗司樂官引署史鳴金鼓、歌《禾辭》，左右隨行。順天府丞奉青箱以從，戶部侍郎播種，皇帝三推三返，每歲奉旨加一推一返，著爲令。歌止。鳴贊，贊受耒，戶部尚書北面跪受耒。贊受鞭，順天府尹北面跪受鞭。皆興。暨順天府丞奉青箱，仍設龍亭。和聲署正率所屬退。禮部尚書奏請御觀耕臺，皇帝由午階升座。記注官四人，由西階升立臺上西南隅，東面。鴻臚官引王公百官退立於臺下左右，均東、西面，北上。從耕三王九卿以次受鞭、耒，皆耆老一人牽牛，農夫二人扶犁，順天府屬丞倅一人奉青箱，一人播種。三王五推五返，九卿九推九返。畢，釋鞭耒，入侍班位立。執事官各設青箱於采亭。鴻臚官引順天府尹及丞，率所屬官耆老、農夫至臺前甬道西北面，東上。鳴贊，贊跪叩興。行三跪九叩禮，畢，退至耤田，終畝。禮部尚書奏禮成，駕興，由東階降乘輿，還宮。導迎，樂作，奏《祐平之章》，王公從，各官以次退。是日，賚耆老、農夫布各四匹。及秋玉粒告成，擇吉收貯神倉，以供天、地、宗廟、社稷之粢盛。

（清）允裪等《大清會典則例》卷六一《禮部・儀制清吏司・耕耤》

耕耤。順治十一年，世祖章皇帝躬祭先農壇，行耕耤禮畢，御齋宮，今爲慶成宮。賜群臣燕，曰勞酒。

是年題准：耕耤前一日，順天府以龍亭三，載躬耕耒耜、鞭、稻種青箱；以采亭四，載諸王從耕麥種、穀種青箱，九卿從耕豆種、黍種青箱，至午門外亭止。順天府官奉耒耜種箱，由左門入，陳設於太和殿階下。俟上御中和殿閱祭先農祝版畢，戶部官奉入中和殿，依次陳設。上御殿閱視畢，還宮。戶部官奉出太和殿下，授順天府官奉出午門，置各亭內，送耕耤所。至日，上禮服，詣先農壇致祭畢，御具服殿，更龍袍。王以下文武各官更蟒袍補服。順天府官陳龍亭於采棚內，左右陳采亭於采棚外東、西從耕位。禮部堂官奏請行耕耤禮，導駕官同太常卿導上至耕位，南向，立。從耕三王九卿，各就耕位立。不從耕王以下各官，在席棚外序立。鴻臚寺官贊進耒耜，戶部尚書北面跪，進耒耜。贊進鞭，順天府尹北面跪，進鞭。禮部鑾儀衛、太常寺堂官導上秉耒三推。黃耒駕以黃犢。教坊司今爲樂部和聲署。樂工歌《三十六禾辭》，順天府丞奉青箱，戶部侍郎播種，耆老隨後覆土畢。鴻臚寺官贊受耒耜，戶部尚書跪受耒耜。贊受鞭，順天府尹跪受鞭，各置亭內。禮部、太常寺堂官導上御觀耕臺，南向坐。王以下文武各官按翼序立。次三王各五推，次九卿各九推。皆朱耒駕以黝牛。順天府屬官執青箱播種，耆老隨後覆土畢，各就侍班位立。禮部尚書奏耕耤禮成，導上由東階降，出先農門，乘輦。教坊司作導迎樂，至齋宮門。樂止。齋宮內大樂作。駕至齋宮檐前降輦，升座，樂止。王公由左右門入，文武各官由東西旁門入，按翼序立，丹陛樂作。順天府尹率所屬官及耆老、農夫行三跪九叩禮畢，樂止。由西門出，率農夫終畝。賜王公坐，候耕畢，順天府尹暨丞率大興、宛平縣官由東門入，報終畝。鴻臚卿進至殿門外，跪奏親耕既成，禮當慶賀。鳴贊贊排班，王公於丹陛上，文武各官於丹墀內，各序立。丹陛樂作。贊跪叩興，各行三跪九叩禮。樂止，諸王由殿左右門入。貝勒以下各於原立位，行一叩禮，序坐賜茶畢。大樂作，上御後殿。樂止，光祿寺設燕畢。禮部尚書奏請御前殿，大樂作，上升座。樂止，王以下文武各官皆就原位，行一叩禮，序坐，進燕。教坊司作樂，進酒，王以下文武各官咸於坐位跪，一叩，復坐。教坊司承應，用大樂隊，舞雜劇。燕畢，諸王出殿門，就原立位。貝勒以下咸起立。鳴贊贊排班，行一跪三叩禮。各出齋宮門外祗候。駕興，鹵簿前導導迎。樂作。上還宮，王公從眾皆退。

（清）來保等《大清通禮》卷八《吉禮·先農》

歲仲春吉亥，皇帝親饗先農之禮。

駕至壇東門內，降興，右贊引、左對引、太常寺卿二人恭導皇帝至壇東。盥鑾儀衛官跪奉盥、奉巾如儀，司拜褥官豫布、拜褥於壇上拜次。贊引、對引官恭導皇帝由中階升，就拜位前，北向立。司拜牌官跪安拜牌，退前，引內大臣、提爐官、侍衛均於階下，止立。後扈大臣隨侍鴻臚寺官，引陪祀王公、百官，均就拜位，序立。典儀贊，樂舞生登歌，執事官各共乃職。武舞執干戚進。贊引奏就位，皇帝就位立，右盥洗就位。典儀贊瘞毛血、迎神，司香奉香進至神位前祗俟。樂贊舉迎神樂，奏《永豐之章》，辭曰：先農播穀，克配彼天。立我烝民，於萬斯年。農祥晨正，協風滿膚。曰予小子，宜稼於田。協律郎舉麾，工鼓柷，樂作。司拜牌官起拜牌。贊引奏就上香位，暨對引官恭導皇帝詣香案前立。對引官至祝案前，止立。贊引奏上香，司香跪進香，皇帝上炷香，次三上瓣香畢，奏復位，暨對引官恭導皇帝復位立。司拜牌官安拜牌。贊引奏跪拜興，皇帝率群臣行三跪九拜禮。協律郎偃，麾工戛敔，樂止。凡樂以舉麾、鼓柷作，以偃麾、戛敔止。後同。

右迎神。

典儀贊奠帛爵，行初獻禮。司帛奉篚，有司揭尊冪勺，挹酒實爵，以次至案前恭俟。司樂贊舉初獻樂。奏《時豐之章》，辭曰：厥初生民，萬彙莫辨。神錫之休，嘉種乃誕。斯德曷酬，何名可贊。我酒惟防，是用初獻。樂作，司樂舉節，舞《干戚之舞》。凡舞，以節領之導引進退。後同。司帛跪獻篚，奠於案，三叩。司爵跪獻爵，奠於墊中，興，各退。司祝至祝案前，跪，三叩，興，奉祝版，跪案左。樂暫止，贊引奏跪，皇帝跪，群臣皆跪。贊讀祝，司祝讀祝，辭曰：維某年月日，皇帝致祭於先農之神。曰：惟神肇興農事，萬世永賴。茲當東作之時，躬耕耤田。祈諸物豐茂，爲民立命。謹以牲帛酒醴，庶品之儀致祭。尚饗。讀畢，興，奉祝版，跪，安神位前，三叩，興，退。樂作，贊引奏拜興，皇帝率群臣行三拜禮。樂止，武功之舞退，文舞執羽籥進。

右初獻。

典儀贊行亞獻禮，司樂贊舉亞獻樂，奏《咸豐之章》，辭曰：無物稱德，惟誠有孚。載升玉瓚，神肯留虞。惟茲兆庶，豈异古初。神曾子之，今其食諸。樂作舞羽籥之舞。司爵獻爵於左，儀如初獻。樂止。

右亞獻。

典儀贊行終獻禮，司樂贊舉終獻樂，奏《大豐之章》，辭曰：秬秠穈芑，皆神所貽。以之饗神，式食庶幾。神其丕佑，佑我黔黎。萬方大有，肇此三推。樂作，舞同亞獻，司爵獻爵於右，如亞獻儀。樂止，文德之舞退。

右三獻。

既終獻，太常寺贊禮郎一人，少前，西面立。贊答福胙，光禄寺卿二人，奉福胙至神位前拱舉，退，祇立於皇帝拜位之右。侍衛二人，進立於左。贊引奏跪，皇帝跪，左右官皆跪。奏飲福酒，右官進福酒，皇帝受爵，拱舉，授左官。次受胙，如飲福之儀。贊引奏拜興，皇帝三拜，興。又奏跪拜興，皇帝行二跪六拜禮，王公百官均隨行禮。典儀贊徹饌，司樂贊舉徹饌樂，奏《屢豐之章》，辭曰：青祇司職，土膏脉起。日涓吉亥，舉耕耤禮。神安留俞，不我遐弃。執事告徹，予將舉趾。樂作，徹畢，樂止。

右受福胙、徹饌。

典儀贊送神，司樂贊舉送神樂，奏《報豐之章》，辭曰：匪且有且，匪今斯今。靈雨崇朝，田家萬金。考鐘伐鼓，戞瑟鳴琴。神歸何所，大地秧針。樂作，贊引奏跪拜興，皇帝率群臣行三跪九拜禮。樂止。

右送神。

典儀贊奉祝帛饌送瘞，司祝、司帛詣神位前，咸跪，三叩。司祝奉祝，司帛奉篚，興。司香跪，奉香，司爵跪，奉饌，興，以次恭送瘞所。皇帝轉立拜位東旁，西向，司拜褥官徹拜褥，俟祝帛過，仍布拜褥，皇帝復位立。典儀贊望瘞，司樂贊舉望瘞樂，奏《慶豐之章》，辭曰：肅肅靈壇，昭昭上天。神下神歸，其風肅然。玉版蒼幣，瘞埋告虔。神之聽之，錫大有年。樂作，陪祀王公百官退，贊引奏詣望瘞位，皇帝詣望瘞位望瘞。贊引奏禮成，恭導皇帝詣太歲殿上香。樂止，禮部尚書率太常寺卿屬恭請神位復御，上香行禮如儀。

皇帝入具服殿，更衣，乃行親耕禮。儀詳嘉禮，畢，還宮，太常寺官徹乾清門齋戒牌、銅人送寺。

右望瘞。禮成。

（清）來保等《大清通禮》卷三〇《嘉禮》

歲仲春吉亥，皇帝躬耕。

鑾輿出宮。儀詳吉禮。屆日，皇帝親饗先農，儀詳吉禮。禮畢，前引內大臣、贊引、對引、太常寺卿恭導皇帝詣具服殿，更黃龍袍。少俟，鑾儀衛官率輿尉，迴輿於觀耕臺東階外。從耕三王九卿暨陪位王公以下，咸蟒袍補服，詣耕耤所，按班東西只候。執事官依位序立。禮部尚書、太常寺卿奏時。遂及前引大臣十人恭導皇帝出殿，南向，詣耕耤位。和聲署正舉旗三麾，歌工、樂工以下齊赴耤田北。前引大臣退於兩旁侍立。從耕三王九卿就耕位，東西面立。鳴贊，贊進耒耜，户部尚書奉耒耜。贊進鞭，順天府府尹奉鞭，均北面跪進，興，退。皇帝右秉耒、左執鞭。禮部尚書、太常寺卿、鑾儀衛使恭導行躬耕禮。耆老牽牛，農夫扶犁，順天府府尹執青箱，户部尚書隨播種，左右鳴金鼓，采旗招颭。工歌《三十六禾詞》，唱和從行，辭曰：光華日月開青陽，房星晨正呈農祥。帝念民依重耕桑，肇新千耤考典章。吉蠲元辰時日良，蒼龍鑾輅臨天閶。青壇峙立西南方，犧牲簠簋升芬芳。皇心祇敬天容莊，黃幕致禮防誠將。禮成移蹕天田旁，土膏沃洽春洋洋。黛犁行地牛服輻，司農穜稑盛青箱。洪纁在手絲鞭揚，率先稼穡為民倡。三推一墢制有常，五推九推數遞詳。王公卿尹咸贊襄，甸人千耦列鴈行。耰鋤既畢恩澤滂，自天集福多豐穰。來牟蕎蕎森紫芒，華薾赤甲秈秆防。秬秠三種黎白黃，稷粟堅好碩且香。防苢大穗盈尺長，五菽五豆充壟場。穄粱糜黎九色糧，蜀秫玉黍兼東墻。烏禾同收除童粱，防岐合穎遍理疆。千箱萬斛收神倉，四時順序百穀昌。八區九有富蓋藏，歡騰億兆感聖皇。

　　皇帝三推三返，_{每歲奉春防，加一推一返。}畢，歌止。順天府府尹以青箱復於龍亭。鳴贊，贊受耒，户部尚書跪受耒耜。贊受鞭，順天府府尹跪受鞭。皆興，復置各龍亭內。皇帝御補服，禮部尚書奏請御觀耕臺，暨太常寺卿防導皇帝升中階，御寶座。後扈內大臣隨升，立御座兩旁。記注官升西階，東面北上序立。從耕三王九卿，以次受鞭、耒。耆老牽牛，農夫扶犁。順天府屬丞倅，一人執青箱，一人隨播種。三王五推五返，九卿九推九返畢，釋鞭耒，入侍班位立。執事官以青箱復各采亭內。序班引順天府官屬及耆老、農夫服本色服，持農器，至臺前西，偏北面，東上，重行序立，聽贊，行三跪九叩禮，退至耤田終畝。

　　右親耕。

　　禮部尚書奏：禮成。

　　皇帝降東階，乘輿，由先農門出。法駕、鹵簿前導導迎。樂作，奏《祐平之章》，辭曰：翩彼桑扈，仁氣布和。千畝親御，百祥膺荷。保介歆種，穡多帝手。推民樂歌。

　　皇帝回鑾，王公從各官以次退，不陪祀王公、百官朝服集午門外跪迎。午門鳴鐘，王公隨駕入至內金水橋，恭皇帝還宮，各退。

　　右鑾輿迴宮。

(清) 嵇璜等《續文獻通考》卷七八《群祀考·耤田祭先農·祭先農耕耤儀》

　　前期太常寺奏祭祀，文武百官致齋二日。是日早，順天府官以耒耜及穜稑種進呈，少頃，內官捧耒耜及種授順天府官，捧由午門及大明門左門出，置耕根車內，在玉輅之前。皇帝祭社稷畢，具翼善冠、黄袍，御奉天門。太常寺官奏請詣先農壇。皇帝升輅，耕根車前行。詣壇所具服殿，皇帝服袞冕。典儀唱樂舞生就位，執事官各司其事。導引官導皇帝至拜位，内贊奏就位，典儀贊瘞毛血、迎神，奏樂。樂止。内贊奏：二拜。百官同。典儀唱奠帛、行初獻禮，奏樂。執事官捧帛爵跪進於神位前，奠訖，内贊奏跪，百官同。樂止。内贊贊讀祝，讀祝官跪於神位前右，讀訖，奏樂，奏俯伏興平身，百官同。樂止。典儀唱行亞獻禮，奏樂。執事官捧爵跪奠於神位前訖。樂止。典儀唱行終獻禮，儀同亞獻。樂止。太常寺官進立壇東西向唱賜福胙，内贊奏跪，搢圭。光禄寺官以福酒跪進於皇帝右，奏飲福酒。光禄寺官以福胙跪進於皇帝右，奏受胙，奏出圭，奏俯伏興平身。奏二拜，百官同。典儀唱徹饌，奏樂。執事官詣神位前徹饌訖。樂止。典儀唱送神奏樂，内贊奏二拜，百官同。樂止。典儀唱讀祝官捧祝，掌祭官捧帛饌，各詣瘞位。奏樂，禮畢，樂止。皇帝還具服殿，更翼善冠、黄袍。太常寺卿侍百官俱更服訖，入奏請詣耕耤位，導駕官同太常寺卿導引皇帝至耕耤位，南向立。三公以下從耕者各就位。户部尚書北向跪進耒耜，順天府官北向跪進鞭。導駕官同太常寺卿導引教坊司官率屬作樂，歌呼左右贊相。皇帝秉耒三推三反訖，户部尚書跪受耒耜，順天府官跪受鞭，太常卿奏請復位，順天府尹捧青箱，隨以種，播而覆之。皇帝升觀耕臺，南向坐，觀三公五推，尚書九卿九推訖。從耕官各就位，太常寺官奏耕畢，導駕官同太常卿導皇帝升輿，入齋宫升座，鴻臚寺官奏陪祭官叩頭，訖，奏順天府官率兩縣官耆老人等叩頭，畢，率庶人終畝。鴻臚寺官拱聽聖旨賜酒飯，鴻臚寺官承旨訖，贊入班，一拜三叩頭。尚膳監進膳，三品以上官，各就丹陛前後序列賜坐；四品以下官，臺下御路東西相向序坐。并宴勞耆宿於壇旁。教坊司承應，進膳樂，并三舞隊，一奏《慶豐年之舞》，二奏《呈瑞應之舞》，三奏《感天地之舞》，每舞各有承應。宴畢，鴻臚寺贊入班，一拜三叩頭。禮畢，駕輿還宫，大樂鼓吹振作。

（清）周家楣、繆荃孫等《（光緒）順天府志》卷六〇《經政志七·典禮》

耕耤戒辦禮

歲仲春吉亥，或用季春，順天府先於嘉豐司諮取御用黄牛，大興、宛平二縣備從耕黑牛，傳耆老、農夫等豫期演習，備躬耕。絲鞭、耒耜，飾以黄服。耜、黄犢，稻種青箱，備從耕。三王麥穀，九卿豆黍，青箱、鞭及耒耜朱飾服耜，黝牛，皆依期畢備。先一日，順天府官設耕器案。以龍亭三，分載躬耕鞭、耒種箱。彩亭四，分載麥、穀、豆、黍種箱。自午門左門入，至太和殿下，户部官以次奉至中和殿。皇上御殿閲畢，户部官奉耒、耜、青箱等件，至太和殿下，授本府官，由午門左門出，設彩亭内，送至耕所。《通禮》三十一

耕耤陳設禮

届日，順天府官陳御鞭、種箱、龍亭於耕田之左；陳耒、耜、龍亭於耤田之右；陳麥、穀、豆、黍種箱、彩亭於從耕耤田左右，陳耕器、農器於觀耕臺下，東西兩旁

如儀，集耆老四十四名。按《會典事例》八百二十一云：乾隆三十六年復准，耕耤所用，有頂戴耆老，額設四十四名，改爲三十四名。其行禮時伺候接套等事，派令農夫幫辦，無庸多設。至所給之札，另行撰刻，惟誠以克勤農業，守本安分等語。從前存貯舊版，即行毀銷。并查明實係土著，現在當差者，換給新札；現不當差者，即予除名；舊領之札，飭令繳銷；遇有缺出，仍由五城、大、宛二縣行取選用，其有原非土著，并不當差。未經換札，頂冒混充者，查出將本人治罪，舉報之地方官并未經詳查率行批准之上司，一并交部議處。上農夫十名，中農夫十名，下農夫十名，於彩棚左右，設親耕黃耒於帝耤正中，駕以黃犢。其序位：耤田之北，正中爲躬耕位，順天府府尹一人在左，戶部尚書一人在右。屆時鳴贊贊進鞭，順天府府尹奉鞭，北面跪進。戶部尚書跪進耒耜。耆老二人牽牛，上農夫二人扶犁，順天府府尹執青箱。戶部尚書隨播種。從行工歌《三十六禾詞》，唱和從行。辭曰：光華日月開青陽，房星晨正呈農祥。帝念民依重耕桑，肇新千耤考典章。吉蠲元辰時日良，蒼龍蠻輅臨天閶。青壇峙立西南方，犧牲籩篚升芬芳。皇心祗敬天容莊，黃幕致禮虔誠將。禮成移蹕天田旁，土膏沃洽春洋洋。黛犁行地牛服輻，司農種穠盛青箱。洪纑在手絲鞭揚，率先稼穡爲民倡。三推一墢制有常，五推九推數遞詳。王公卿尹咸贊襄，甸人千耦列雁行。穉鋤既畢恩澤滂，自天集福多豐穰。來牟蕎蕎森紫芒，華薇赤甲利秆防。秬秠三種黎白黃，稷粟堅好碩且香。糜芑大穗盈尺長，五菽五豆充壠場。秫粱糜繁九色糧，蜀秫玉黍兼東墻，烏禾同收除童粱，雙歧合穎遍理疆，千箱萬斛收神倉，四時順序百穀昌。八區九有富蓋藏，歡騰億兆感聖皇。皇帝三推、三返，每歲奉旨，加一推一返。畢，歌止，躬耕禮畢。順天府府尹以青箱復於龍亭，鳴贊贊：受鞭。順天府府尹跪受鞭，戶部尚書跪受耒耜。復置龍亭內。禮部奏：御觀耕臺。序班引順天府官屬及耆老、農夫，服本色服，持農器至臺前西，偏北面東上，重行序立，聽贊行三跪九叩禮，三王、九卿以次受鞭耒從耕。順天府屬丞、倅各官，一人執青箱一，人隨播種，畢，釋鞭耒，執事官以青箱復各彩亭內，順天府、大興、宛平兩縣官率耆老、農夫，至耕耤所終畝。順天府報：終畝。禮部奏：請受賀。按此二語見慶賀禮內卷，同篇異。乾隆二十三年諭：吉亥耤畝，所重劭農，黛耜青箱，畚鎛簑笠，咸寓知民疾苦之意，而設棚懸彩以芘風雨，義無取焉。吾民涼雨犁而赤日耘，雖襏襫之尚艱，豈炎溫之能避？且片時用而過期撤，所費不啻數百金，是中人數十家之產也，其飭除之。三十九年，奉旨：嗣後耕耤時，觀耕臺著添蓋幄次。嘉慶十六年諭：向來耕耤典禮，於親耕後升觀耕臺閱視，從耕之三王、九卿以次俱畢，然後順天府府尹等率父老耆民謝恩。維時父老等散布耤田，招集需時，行禮匆遽，未足以肅觀瞻。嗣後著該府尹等豫飭父老耆民，整齊排列，於親耕後升觀耕臺時，即率領至臺下，先行謝恩。朕俟謝恩禮畢，再閱從耕，用昭整肅。若逢時巡省，方遣官祭先農壇。禮畢，順天府府尹率屬耕耤九推九返，農夫終畝畢，望闕行三跪九叩禮，儀與直省同。《通禮》三十一。光緒四年二月十九日，准禮部片開，太常寺文稱：本年三月十三日祭先農壇，於二月十四日題十六日奉旨：遣奕詳恭代。欽此。欽遵。所有耕耤事宜，臣等謹遵照直省督撫之例辦理，於本年三月十三日，率同僚屬祇行耕耤典禮。謹題。

（清）張廷玉等《明史》卷四九《志二五·禮志三·吉禮三·祈報》

嘉靖八年春，帝諭禮部：“去冬少雪，今當東作，雨澤不降，當親祭南郊社稷、山川。”尚書方獻夫等言：“《周禮·大宗伯》‘以荒禮哀凶札。’釋者謂‘君膳不舉，馳道不除，祭事不縣，皆所以示貶損之意。’又曰：‘國有大故，則旅上帝及四望。釋者曰：故謂凶災。旅，陳也。陳其祭祀以禱焉，禮不若祀之備也。’今陛下閔勞萬姓，親出祈禱。禮儀務簡約，以答天戒。常朝官并從，同致省愆祈籲之誠。”隨具上儀注。二月親禱南郊，山川同日，社稷用次日，不除道。冠服淺色，群臣同。文五品、武四品以上於大祀門外，餘官於南天門外，就班陪祀。是秋，帝欲親祀山川諸神。禮部尚書李時言：“舊例山川等祭，中夜行禮，先一日出郊齋宿。祭畢，清晨迴鑾。兩日畢事，禮太重。宜比先農壇例，昧爽行禮。”因具儀以進。制可。祭服用皮弁，迎神、送神各兩拜。

（清）張廷玉《清文獻通考》卷九七《郊祀考七》

歲孟夏，常雩後間不雨，遣官禱於太歲壇與神祇壇，同日舉行。承祭、陪祀各官致具、祝文、潔器陳，備脯醢、果實，設樂懸、樂舞均如常禮儀。承祭官位階下，執事官、司樂以下，各依序立。陪祀官位庭中，左、右、東、西各五班。糾儀御史二人，禮部祠祭司官二人，分立左、右，均素服將事。迎神樂奏《需豐之章》，初獻奏《宜豐之章》，亞獻奏《晋豐之章》，終獻奏《協豐之章》，徹饌奏《應豐之章》，送神奏《洽豐之章》。唱贊、舞佾與常祀同。兩廡不分獻，不飲福、受胙。既得雨，與神祇壇同日報祀，遣原祈官將事，用牲牢、具器陳，朝服行禮，餘并如祈告儀。祈晴，祈雪，報亦如之。

神祇壇祇告儀

漏未盡，承祭官暨陪祀、執事各官咸素服詣壇祇。俟，贊引、太常寺贊禮郎二人豫俟於門。質明，太常寺卿詣神庫，上香行禮。太常寺官屬詣各神位前，跪，三叩，興，奉請入壇，恭設石座內。雲師左，雨師右，風伯次左，雷師次右。安訖，跪叩如初，退。贊禮郎引承祭官自外壇南左門人內壇南左門。贊盥洗，承祭官盥，訖，引詣階下，鴻臚寺序班，引陪祀官至內壇南門外。典儀贊，樂舞生登歌，執事官各共乃職。武舞執干戚進，贊禮郎贊就位，承祭官暨陪祀官咸就拜位立。典儀贊迎神，司香奉香進，俟。司樂贊舉迎神樂，奏《祈豐之章》。協律郎舉麾，工鼓祝，樂作。贊禮郎贊升壇，引承祭官升東階，詣雲師香案前立，贊跪，承祭官跪贊上香，司香跪奉香，承祭官上炷香，三上瓣香，以次詣各香案前。上香畢，贊復位，引承祭官降階，復位。贊跪叩興，均行三跪九叩禮。協律郎偃麾，工戛敔樂止。

右盥洗、就位迎神。

儀贊，奠帛、爵，行初獻禮。司樂贊舉初獻樂，奏《華豐之章》。有司，酒實爵。樂作，司樂舉節，舞《干戚之舞》，司帛奉籠進，跪，各獻於案，三叩，興。司爵奉爵詣各案北，跪奠於墊中，退。司祝詣祝案前，跪，三叩，興。奉祝版跪案左，樂暫止，贊禮郎贊：跪。承祭陪祭官皆跪。典儀贊讀祝，司祝讀祝，訖，興，以祝版跪安於正中筐內，三叩，退。樂作，贊禮郎贊叩興，均行三叩禮。樂止，武功之舞退，文舞執羽籥進。典儀贊行亞獻禮，司樂贊舉亞獻樂，奏《興豐之章》。樂作，司爵奉爵，各奠於左，如初獻儀。樂止，典儀贊行終獻禮，司樂贊舉終獻樂，奏《儀豐之章》。樂作，司爵奉爵各奠於右，如亞獻儀。獻畢，樂止。《文德之舞》退。

右三獻。

典儀贊徹饌，司樂贊舉徹饌樂，奏《和豐之章》。樂止，有司徹，畢，樂止。典儀贊送神，司樂贊舉送神樂，奏《錫豐之章》。樂作，贊禮郎贊跪叩興，均行三跪九叩禮。樂止，典儀贊奉祝帛、送燎，司祝跪奉祝，司帛跪奉筐，三叩，興。司香跪奉香，興。以次恭送燎所，承祭官避立拜位東，俟過，復位。典儀贊望燎，贊禮郎贊詣望燎位，鴻臚寺官引陪祀官退。贊禮郎引承祭官出壇南左門望瘞，禮畢。仍由壇南左門出。太常寺卿恭請神位還御，如奉請儀。

右送神，燎祝帛。

報祀之禮，先期禮儀均如初。前一日，御史、禮部祠祭司官、光禄寺大官署正朝服眂割牲，宰人瘞毛血，如常祀儀。

右視割牲。【略】

辯位省盉。質明，太常寺官恭請神位入壇，奉安石座。承祭官暨陪祀執事官朝服就位。行禮，奏樂，均與祇告禮同。

右報祀。

（明）徐一夔等《明集禮》卷一四《吉禮第一四·專祀岳鎮海瀆天下山川城隍》

正祭。祭日清晨，執事者入實尊、罍、簠、簋、籩、豆、牲俎；并陳毛、血豆於神位前，列筐幣於酒尊所。贊引引獻官及應祀官各入就位。

迎神。贊禮唱迎神，恊律郎舉麾，奏《保和之曲》。執事者以毛血瘞於坎，樂闋成止。贊禮唱：有司已具，請行禮。唱鞠躬拜興拜興平身，獻官及在位者皆鞠躬，拜，興，拜，興，平身。樂止。復位。

奠玉幣。贊禮唱奠幣，贊引引獻官詣盥洗位，搢笏，盥手，帨手，出笏，詣五岳神位前。恊律郎奏《安和之曲》。贊禮唱跪，獻官北向跪，搢笏，三上香。執事者捧幣，東向跪，授獻官。獻官受幣。贊禮唱：奠幣。獻官興奠幣於神位前。贊禮唱鞠躬拜，興拜興平身，次詣五鎮神位前，奠幣如上儀，訖，次詣四海、四瀆、鍾山、江東、兩淮、兩浙、江西、湖廣、山東、山西、河南、陝西、北平、福建、廣東、廣西、海南、海北、左右兩江山川之神，并京都各府城隍、外夷山川之神，皆以次自左而右逐位上香，奠幣皆如五岳神位前之儀。奠訖，樂止，復位。

進俎。贊禮唱進俎，執事者舉俎，升階。恊律郎跪，俛伏，舉麾，奏《熙和之曲》。贊禮引獻官至五岳神位前，搢笏，以俎奠於神位前。訖，出笏。以下二十一位進俎皆同。

初獻。贊禮唱行初獻禮，贊引引獻官詣爵洗位，搢笏，滌爵，拭爵，以爵授執事者。以下二十一位爵，其滌、拭、授皆同。詣酒尊所，司尊者舉冪，執爵者以爵進，酌醴齊，以爵授執事者。以下二十一位進爵，酌醴，授執事皆同。出笏。贊禮唱引詣五岳神位前，協律郎舉麾，奏《中和之曲》《武功之舞》。贊禮引至神位前，跪，搢笏，三上香，三祭酒，奠爵，出笏，俯伏，興，平身，少退，鞠躬，拜，興，拜，興，平身。次詣五鎮，以下二十一位，其上香、祭酒、退拜皆如上儀，拜畢樂舞止。贊禮唱讀祝，獻官跪，讀祝官取祝版於神右跪，讀畢，樂舞作。贊禮唱俯伏興平身，稍後鞠躬拜興拜，興，平身。樂舞止。

亞獻、終獻。并如初獻儀。惟不讀祝。

飲福、受胙。贊禮唱飲福、受胙，贊引引獻官詣飲福位，鞠躬，拜，興，拜，興，平身。稍前，跪。搢笏，進爵，祭酒，飲福酒，以爵復於坫。奉俎者進俎，獻官受俎，以俎授執事者，出笏，俯伏，興，平身，鞠躬，拜，興，拜，興，平身。復位。

徹豆。贊禮唱徹豆，掌祭官徹豆。贊禮唱賜胙，傳贊唱已飲福，受胙者不拜，在位官皆再拜，鞠躬，拜，興，拜，興，平身。

送神。贊禮唱送神，協律郎舉麾，奏《豫和之曲》。贊禮唱鞠躬，拜興拜興平身，獻官以下皆再拜。祝人取祝，幣人取幣，詣望瘞位。

望瘞。贊禮唱望瘞，贊引引獻官詣望瘞位。執事者以祝版、幣、饌置於坎。贊禮唱可燎，執事者舉炬火，燔至半，東、西面各二人，以土置於坎，贊禮唱禮畢，獻官以下各以次退。

(清) 張廷玉《清文獻通考》卷九七《郊祀考七·太歲壇致祭儀》

昧爽，承祭官、分獻官朝服詣壇，太常寺、贊禮郎豫引分獻官，至拜殿北階下，左、右祇俟，贊引、贊禮郎二人，引承祭官由拜殿南左門入，出北右門，降階，詣盥洗位。贊禮郎贊：盥。承祭官盥手，畢。引至拜位前，北面立，分獻官均就拜位，序立。典儀贊，樂舞生登歌，執事官各共乃職。武舞執干戚進。贊禮郎贊就位，承祭官就位，立。典儀贊迎神，司樂贊舉迎神樂，奏《保平之章》。協律郎舉麾，工鼓祝，樂作。贊禮郎贊詣神位前，引承祭官升東階，入殿左門，詣香案前，立。贊上香，司香跪，奉香。承祭官舉炷香，次三，上瓣香，畢，贊，復位，引承祭官復位。贊，跪叩興。承祭官行三跪九叩禮，分獻官均隨行禮。協律郎偃麾，工戛敔，樂止。典儀贊奠帛爵、行初獻禮，有司揭尊冪，勺挹酒，實爵。司樂贊舉初獻樂，奏《定平之章》。樂作，司樂舉節，舞干戚之舞。司帛、司爵進至神位前。司帛奉篚，跪，奠於案，三叩，興。司爵奉爵，立，獻於正中，皆退。司祝至祝案前，跪，三叩，興，奉祝版跪案左，樂暫止，典儀贊讀祝，贊禮郎贊跪，承祭宮、分獻官皆跪。司祝讀祝，辭曰：維某、年、月、日、皇帝遣某官，致祭於某年太歲之神。曰：茲當孟春，謹以牲、帛、酒、果、庶品之儀致祭。尚饗。讀畢，興，以祝版跪安篚內，叩如初，退。樂作，贊禮郎贊叩興，承祭官、分獻官均三叩，興。兩廡，贊禮郎引分獻官，各詣神位前，上香。執事生奠帛，獻爵畢，引復位，樂止。武功之舞退，文舞執羽籥進。典儀贊行亞獻禮，司樂贊舉亞獻樂，奏《嘏平之章》。樂作，舞《羽籥之舞》。司爵奉爵，獻於左，如初獻儀。樂止，典儀贊行終獻禮，司樂贊舉笋妒樂，奏《富平之章》。樂作，舞同亞獻。司爵奉爵，獻於右，如亞獻儀。兩廡以次畢獻。樂止，《文德之舞》退。典儀贊賜福胙，執事生二人奉福，進至神位前拱舉，由中道出，降階，詣拜位右，立。接福胙執事生二人，由西廡降階，進至拜位左立。贊禮郎贊跪，承祭官跪，左、右執事生皆跪。贊飲福，灑右生進福酒，承祭官受爵，拱奉授予左。次，受胙，如飲福之儀。畢，贊叩興，承祭官三叩，興。又贊跪叩興，承祭官暨分獻官均行三跪九叩禮。典儀贊徹饌，司樂贊舉徹饌樂，奏《盈平之章》。樂作，徹畢，樂止。典儀贊：送神。司樂贊舉送神樂，奏《豐平之章》。樂作，贊禮郎贊跪叩興，均行三跪九叩札。樂止，典儀贊奉祝帛、香饌送燎，司祝、司帛詣神位前，奉祝帛，司香奉香，司爵奉饌，跪，叩如儀。興，以次，恭送燎所。兩廡香、帛、饌均送焚燎所，贊禮郎引夯獻官退，承祭官避立拜位之西，俟祝、帛過，復位，立。典儀贊望燎，贊禮郎引承祭官，詣燎位，視燎。贊禮郎告，禮畢。太常寺官恭請太歲神位，并兩廡神位，復於龕內，如儀，各退。

（清）秦蕙田《五禮通考》卷三六《吉禮三六·星辰》

又太歲月將，嘉靖八年定：

前期十日，太常寺請命大臣一員行事。

前三日，太常寺奏祭祀，如常儀。

陳設，太歲神位犢一、羊一、豕一、登一、鉶一、簠簋各二、籩豆各十、爵三、酒盞三十、尊三、帛一、筐一。兩廡月將共四壇，每壇犢一、羊一、豕一、登一、鉶一、簠簋各二、籩豆各十、爵三、酒盞三十、尊三、帛三、筐一。

正祭，典儀唱樂舞生就位，執事官各司其事。贊引贊就位。典儀唱迎神，奏樂，樂止。贊兩拜，典儀唱奠帛、行初獻禮，奏樂，執事官捧帛爵詣各神位前。奠訖，樂暫止。贊引贊跪。典儀唱讀祝，讀訖，樂復作。贊俯伏興平身，樂止。典儀唱行亞獻禮，奏樂。儀同初獻，惟不獻帛、讀祝。樂止。典儀唱終獻禮，奏樂，儀同亞獻。樂止。掌祭官西向立，唱賜福胙，執事官捧福酒跪進於遣官右，贊跪、搢笏，贊飲福酒，訖，執事官捧福胙跪進於遣官右。贊受胙，訖。贊出笏，贊俯伏興平身，贊兩拜，典儀唱徹饌，奏樂，樂止。典儀唱送神，奏樂，贊兩拜，樂止。典儀唱讀祝官捧祝，掌祭官捧帛饌，各詣燎位。奏樂，捧祝帛饌官過遣官前訖，贊禮畢。

（清）嵇璜等《續文獻通考》卷七二《郊社考》

祭山川壇儀嘉靖十年定

前期二日。太常寺官奏祭祀。太常卿同。光禄卿奏省牲，如常儀。諭百官，致齋二日。

前期一日。皇帝親填祝版於文華殿，遂告於廟。遣官則否。

正祭。是日昧爽，皇帝具翼善冠、黃袍御奉天門。太常卿奏請詣神祇壇，皇帝升輦，鹵簿導從，由先農壇東門入。至齋宮，更皮弁服，詣天神壇。典儀唱樂舞生就位，執事官各司其事。内贊導皇帝至御拜位。典儀唱迎神，樂作。導皇帝升壇，三上香訖。復位。樂止。奏四拜，傳贊百官同。典儀唱奠帛、行初獻禮，樂作。執事者捧帛爵於神位前，跪，奠訖。樂暫止。奏跪，皇帝跪，傳贊衆官皆跪。讀祝訖，樂復作。奏俯伏興平身，贊同。樂止，行亞獻禮。樂作。執事者捧爵跪奠於神位前。樂止，行終獻禮。樂作。儀同亞獻。樂止。太常卿唱答福胙，内贊奏跪、皇帝飲福，受胙訖，俯伏，興。傳贊同。典儀唱徹饌，樂作。樂止。唱送神，樂作。内贊奏兩拜，贊同。樂止。典儀唱讀祝官捧祝，掌祭官捧帛饌，各詣燎位，樂作。捧祝帛饌官過御前。奏禮畢，内贊對引官復導至地祇壇御拜位。典儀唱瘞毛血、迎神，内贊導升壇至五岳香案前，三上香。

五鎮以下，俱大臣上香，以後行禮俱同前。禮畢，皇帝易服還，詣廟參拜，畢，還宮。

遣官祭太歲、月將儀嘉靖八年定。

前期十日。太常寺請命大臣一員行禮。前期三日，太常寺奏祭祀，如常儀。

正祭。典儀唱樂舞生就位，執事官各司其事。贊引贊就位。典儀唱迎神，奏樂。樂止。贊兩拜，典儀唱奠帛，行初獻禮。奏樂。執事官捧帛爵詣各神位前，奠訖。樂暫止。贊引贊跪。典儀唱讀祝，讀訖，樂復作。贊俯伏興平身，樂止。典儀唱行亞獻禮，奏樂。儀同初獻，惟不讀祝。獻帛，樂止。典儀唱行終獻禮，奏樂。儀同亞獻。樂止。掌祭官西向立，唱賜福胙，執事官捧福酒跪進於遣官右。贊跪、搢笏，贊飲福酒，訖，執事官捧福胙跪進於遣官右。贊受胙，訖，出笏，俯伏，興，平身，兩拜。典儀唱徹饌，奏樂。樂止。典儀唱送神，奏樂，兩拜。樂止。典儀唱讀祝官捧祝，掌祭官捧帛饌，各詣燎位。奏樂。捧祝帛饌官過遣官前。訖，贊禮畢。

臣等謹按：明初，建山川壇，太歲諸神與岳、瀆、山川同祀。其後改爲天神地祇壇，仍异壇同壝。至嘉靖時，始分壇壝爲二，同日行禮。歷代祭儀不可分割，故備載於此。

遣官祀太歲、風雲雷雨師儀

齋戒。前期一日，皇帝齋戒，獻官及各執事官俱散齋二日、致齋一日。

降香。前祀一日，清晨有司立仗，百官具公服侍班。皇帝服皮弁服，升奉天殿捧香授獻官獻。官捧由中陛降中道，出至午門外置龍亭内，儀仗鼓吹，導引至祭所。

陳設。前祀一日，有司陳設如圖儀。

省牲。前祀一日，獻官公服詣壇東，省牲；詣神厨，視鼎鑊，視滌濯，畢，遂烹牲。執事者以豆取毛血，置於饌所。

正祭。祭日清晨，執事者入實尊、罍、簠、簋、籩豆牲俎，并陳毛血、豆於神位前，列篚幣於酒尊所。贊引引獻官及應祀官各入就位。迎神，贊禮唱迎神，樂作。贊禮唱有司已具，請行禮，獻官及在位者皆再拜。樂止，奠幣。贊禮唱奠幣，贊引引獻官詣盥洗位，搢笏，盥手，帨手，出笏。詣太歲神位前，樂作，獻官北向跪，搢笏，三上香。執事官捧幣，東向跪，授獻官。獻官受幣，興，奠幣於神位前，再拜，次詣風雲雷雨師，上香、奠幣，皆如太歲之儀。奠訖，樂止，復位。進俎，執事者舉俎升階。樂作。贊禮引獻官至太歲神位前，搢笏，以俎奠於神位。訖，出笏。以下四位進俎皆同。樂止。初獻，贊引引獻官詣爵洗位，搢笏，滌爵，拭爵，以爵授執事者。以下四位爵，其滌、拭、授皆同。詣酒尊所，司尊者舉冪，執爵者以爵進酌醴齊，以爵授執事者。以下四位進爵、酌醴、授執事皆同。出笏，詣太歲神位前。樂舞作。贊禮引至神位前，跪，搢笏，三上香，三祭酒，奠爵，出笏，俯伏，興，平身。少退，再拜。次詣風師以下四位，上香、祭酒、退拜皆如上儀。樂舞止。讀祝，獻官跪，讀祝官取祝版於神右，跪。讀畢，樂舞作，俯伏，興，平身，再拜。樂舞止。亞獻、終獻并如初獻儀，惟不讀祝。飲福、受胙，贊引引獻官詣飲福位，再拜，平身。少前，跪，搢笏，執爵，祭酒，飲福酒，以爵復於坫。奉俎者進俎，獻官受俎，以俎授執事者，出笏，俯伏，興，平身，再拜，復位。徹豆，掌祭官徹豆，已飲福受胙者不拜，在位官皆再拜。送神，樂作。獻官以下皆再拜。祝人取祝，幣人取幣，詣望燎位。望燎，贊引引獻官詣望燎位，執事者以祝版幣饌置於燎壇。贊禮唱可燎，執事者舉炬火燔之柴。半燎，贊唱禮畢，獻官以下各以次出。

臣等謹按：合祀神祇，遣官致祭，乃洪武三年定制。至嘉靖十年，建神祇壇，同日异時致祭，非丑、未、辰、戌年亦遣大臣攝其儀，俱不見《會典》。兹從《明集禮》采錄，雖非當時見行之禮，其儀節亦略可考見云。

（清）嵇璜等《續文獻通考》卷七九《群祀考》

明太祖洪武元年十二月，立旗纛廟。今宜立廟京師，春用驚蟄日，秋用霜降日，遣官致祭。乃命立廟於都督府治之後，題主曰：軍牙之神、六纛之神。仍令天下衛所於公署後立廟。京都之祭，牲用太牢，幣黑色，籩豆各八，簠簋各二，登鉶各一。以都督爲獻官，衛所指揮使初獻，僚屬亞、終獻。祭用少牢，儀物殺京師。王國則遣武官戎服行禮。歲春秋，皇帝合祭神祇於城南，仍列旗纛於太歲諸神之次。七年二月，詔皇太子率諸王詣閱武塲祭旗纛。爲壇七，各用羊豕一，帛色赤，行三獻禮。是日，皇太子及諸王皆具儀衛，執事者捧旗纛於馬上，以序前行至壇。皇太子先行禮，次諸王禮。畢，諸王詣皇太子行幕，進胙。訖，奉旗纛還宮。九年正月，別建旗纛廟於山川壇左，定以躬祀山川日遣旗手衛官行禮。其正祭，旗頭大將，六纛大神，五方旗神，主宰戰船正神，金鼓、角銃、炮之神，弓弩、飛槍、飛石之神，陣前陣後神祇，五昌等衆凡七位，共一壇，南向。祭物視先農。帛七，黑二、白五。瘞毛血、望燎，與風雲雷雨諸神同。祭畢，設酒器六於地，刺雄雞六血釁之。霜降日又祭於教塲，歲暮享太廟日祭於承天門外。後罷霜降之祭。凡旗纛皆藏内府，祭則設之。成祖永樂中，又有神旗之祭，專祭火雷之神。每月朔望神機營提督官祭於教塲。牲用少牢。

(四) 祭祀樂舞

樂舞制度沿革

(清) 萬斯同等《明史》卷六五《志三九‧樂志一》

(洪武元年) 十二月立旗纛廟祭用時樂。

(清) 張廷玉等《明史》卷六一《志三七‧樂志一》

洪武元年，【略】明年祀皇地祇於方丘，又以次祀先農、日月、太歲、風雷、岳瀆、周天星辰、歷代帝王、至聖文宣王，皆定樂舞之數，奏曲之名。

先農。迎神、奠帛，奏《永和之曲》。進俎，奏《雍和之曲》。初獻、終獻，并奏《壽和之曲》。徹豆、送神，并奏《永和之曲》。望瘞，奏《太和之曲》。

弘治之初，孝宗親耕耤田，教坊司以雜劇承應，間出狎語。都御史馬文升厲色斥去。給事中胡瑞嘗言：御殿受朝，典禮至大，而殿中中和韶樂乃屬之教坊司，岳鎮海瀆，三年一祭，乃委之神樂觀樂舞生，褻神明，傷大體。望敕廷臣議，岳瀆等祭，當以縉紳從事。中和韶樂，擇民間子弟肄習，設官掌之。年久，則量授職事。帝以奏樂遣祭，皆國朝舊典，不能從也。馬文升爲尚書，因災异陳言，其一訪名儒以正雅樂。事下禮官。禮官言：高皇帝命儒臣考定八音，修造樂器，參定樂章。其登歌之詞，多自裁定，但歷今百三十餘年，不復校正，音律舛訛，厘正宜急，且太常官恐未足當制器協律之任。乞詔下諸司，博求中外臣工及山林有精曉音律者，禮送京師。會禮官熟議至當，然後造器正音，庶幾可以復祖制，致太和。帝可其奏。末年，詔南京及各王府，選精通樂藝者詣京師，復以禮官言而罷。

(嘉靖) 十八年巡狩興都，帝親製樂章，享上帝於飛龍殿，奉皇考配。其後，七廟火，復同堂之制，四時歲祫，樂章器物仍如舊制。初增七廟樂官及樂舞生，自四郊九廟暨太歲神祇諸壇，樂舞人數至二千一百名。後稍裁革，存其半。

樂器舞服

(明) 佚名《太常續考》卷三《本寺應行事宜》

計開：

樂器。琴、瑟、笙、簫、笛、箎、塤、排簫、鼓、鐘、磬、柷敔、搏拊、麾節、干戚、籥羽。

樂生。文舞生、燒香生，袍服共用一百五十六套，每套蟬冠一頂，角帶一條，紅絹袍一件葵花補，紅生絹襯衫一件，錦領白布襪一雙，青段履鞋一雙。

武舞生袍服六十六套。每套天丁冠一頂、金帶一條、紅絹袍一件、銷金紅生絹襯衫一件、紅絹裙一條、銷金花邊。紅絹結子一條、銷金紅絹汗跨一件、銷金藍邊。青線縧一根、紅絹褡包一條、抹緑皂靴一雙、白布襪一雙、紅錦護臁一雙。

（明）佚名《太常續考》卷三《先農壇耕耤事宜》

執事樂舞生：典儀一人，執爵一人，捧帛一人，司尊一人，俱祭服行禮。燒香生一十四人。

執事樂舞生：典儀二人，通贊、捧帛、執爵、司尊共四人，俱用青絹祭服。樂生七十二人，武舞生六十六人，文舞生六十六人，燒香生一十八人。

（明）佚名《太常續考》卷八《秋祭神祇壇事宜》

樂器，干、戚、籥、羽、旌、節，俱全。

執事，青羅祭服，三生紅羅袍服，俱全。

厨役、鋪排，共三百名。

（清）萬斯同等《明史》卷六七《志四一·樂志三·郊廟樂舞器服·樂章》

洪武元年，定樂工六十二人，編鐘十六，編磬十六，琴十，瑟四，搏拊四，柷敔各一，塤四，篪四，簫八，笙笙八，笛四，應鼓一，歌工十二，協律郎一人，執麾以引之。七年，復增篪四，鳳笙四，塤用六，搏拊用二，共七十二人，各執干戚文舞生六十二人，引舞二人，各執羽籥舞師二人，執節以引之，共一百三十人。郊丘廟社等祀咸同。惟文廟之樂，洪武初用樂生六十人，編鐘十六，編磬十六，琴十，瑟四，搏拊四，柷敔各一，塤四，篪四，簫八，笙八，笛四，大鼓一，歌工十。弘治中，增編七十二人。嘉靖中，益爲八十一人。舞則洪武初共舞生四十八人，引舞二人。成化中，增爲六十四人，引舞二人。嘉靖初，復用四十八人，引舞二人。其樂工服色，洪武元年，定協律郎襆頭、紫羅袍、荔枝帶、皂靴；樂生展脚襆頭、緋袍、革帶，皂靴。五年，定齋郎黑介幘，以漆布爲之。無花樣，服紅絹容袖衫，紅生絹裏皂皮四縫靴，黑角帶；樂生亦黑介幘，上加描金蟬服飾、紅絹大袖袍，胸背畫纏枝方葵花紅生絹，裏加錦臂；韡一，皂皮四，縫靴黑角帶舞工服色。洪武元年，定舞師襆頭，紫羅袍，荔枝帶，皂靴；文舞生展脚襆頭，紫袍，革帶，皂靴；武舞生緋袍，餘同。五年，定文舞生黑介幘，以漆布爲之，上加描金蟬服飾紅絹大袖袍，胸背畫纏枝方葵花紅生絹，裏加錦臂；韡二，皂皮四，縫靴黑角帶。文舞生武弁，亦漆【缺】蟬【缺】。

（清）伊桑阿等《（康熙）大清會典》卷五五《禮部一六·祠祭清吏司·祭祀通例》

舞皆八佾，用文舞生六十四人，武舞生六十四人。惟文廟舞六佾，止用文舞生三十六人。

（清）伊桑阿等《（康熙）大清會典》卷一五七《太常寺下》

太歲壇，每祭共用樂舞生二百三十二名。執事樂舞生，服青絹衣；武舞生，服紅色銷金花袍；文舞生、樂生、焚香樂舞生，服紅色補袍，帶頂同前。

先農壇，每祭用執事樂舞生十八名，服月白鑲邊藍袍。焚香樂舞生，服紅絹補袍，帶頂同前。

如遇耕耤，親祭之年，共用樂舞生二百二十二名。

執事樂舞生，服月白鑲邊青袍；武舞生，服紅絹銷金花袍；文舞生、樂生、焚香樂舞生，服紅絹補袍，帶頂同前。

（清）薩迎阿等《欽定禮部則例》卷三二

祭祀文舞生冬冠，騷鼠爲之頂，鏤花銅座，中飾方銅鏤葵花，上銜銅三角如火珠形袍以紬爲之。其色先農壇、太歲壇均用紅。前後方襴，銷金葵花帶，綠紬爲之。祭祀武舞生，頂上銜銅三棱，如古戟形。袍以紬爲之，通銷金葵花，餘如文舞生袍之制。帶制如文舞生、祭祀執事人袍之制，二其一，以紬爲之，不加緣。其色先農壇、太歲壇，均用藍緣。

（清）昆岡等《大清會典事例》卷四○一五

日、月、歷代帝王、先師孔子、關帝、文昌帝君、先農、先蠶、天神、地祇、太歲爲中祀。

天、地、太廟、社稷、日、月、歷代帝王、先農、天神、地祇、太歲、關帝廟，舞皆八佾，文舞生六十四人，武舞生六十四人。

（清）昆岡等《大清會典事例》卷五○二八

順治元年，又定，先農壇用執事，樂舞生一十八名。如皇帝耕耤、親祭，共用樂舞生二百二十二名。太歲壇，共用二百三十二名。

又定：樂舞生服色。先農壇焚香，樂舞生服紅絹服；執事，樂舞生服月白鑲邊蘭絹服。如皇帝耕耤、親祭，武舞生服紅絹銷金花服。文舞生及樂生，焚香，樂舞生服紅絹補服；執事，樂舞生服月白鑲邊青絹服。

太歲壇，樂舞生服色亦與歷代帝王廟同。其帶均用綠色，紬爲之。其頂，文舞生用裹金銅頂，武舞生用裹金三叉銅頂。俱由太常寺行文，工部給領。

祭樂　樂章

《明太祖實錄》卷三八 “洪武二年正月” 條

戊申，遂定以驚蟄、秋分日，祀太歲諸神；以清明、霜降日，祀岳瀆諸神。【略】樂用雅樂。【略】其樂章，迎神云：吉日良辰，祀典式陳。太歲尊神，雷雨風雲。濯濯厥靈，昭鑒我心。以候以迎，來格來歆。

奠幣云：靈旗泣止，有赫其威。一念潛通，幽明弗違。有幣在筐，物薄而微。神兮安留，尚其享之。

初獻云：神兮我留，有薦必受。享祀之初，奠兹醴酒。晨光初升，祥徵應候。何以侑觴，樂陳雅奏。

亞獻云：我祀維何，奉兹犧牲。爰酌醴齊，貳觴載升。洋洋如在，式燕以寧。庶表微衷，交於神明。

終獻云：執事有嚴，品物斯祭。黍稷非馨，式將其意。薦兹酒醴，成我常祀。神其顧歆，永言樂只。

徹豆云：春祈秋報，率爲我民。我民之生，賴於爾神。維神佑之，康寧是臻。祭祀云畢，神其樂欣。

送神云：三獻禮終，九成樂作。神人以和，既燕且樂。雲車風馭，靈光昭灼。瞻望以思，邈彼寥廓。

望燎云：俎豆既徹，禮樂已終。神之云還，倏將焉從。以望以燎，庶幾感通。時和歲豐，維神之功。

祀地祇，【略】樂用雅樂。樂章迎神云：吉日良辰，祀典式陳。惟地之只，百靈繽紛。岳鎮海瀆，山川城隍。內而中國，外及四方。濯濯厥靈，昭鑒我心。以候以迎，來格來歆。奠帛以下，并同太歲諸神。

《明太祖實錄》卷三九下 "洪武二年二月" 條

壬午，上躬享先農，以后稷氏配祀畢，耕耤田於南郊。先農，【略】其樂章迎神、奠帛，并奏《永和之曲》。迎神曰：東風啓蟄，地脉奮然。蒼龍挂角，燁燁天田。民命惟食，創物有先。圜鐘既奏，有降斯筵。奠帛曰：帝出乎震，天發農祥。神降於筵。藹藹洋洋。禮神有帛，其色惟蒼。豈伊具物，誠敬之將。進俎，奏《雍和之曲》，曰：制帛既陳，禮嚴奉牲。載之於俎，祀事孔明。籩篚攸列，黍稷惟馨。民力普存，先嗇之靈。三獻，并奏《壽和之曲》。初獻云：九穀未分，庶草攸同。表爲嘉種，實在先農。黍稷斯豐，酒醴是供。獻奠之初，以薪感通。亞獻云：倬彼甫田，其隰其原。耒耜云載，驂駵之間。報本斯享，亞獻惟虔。神其歆之，自古有年。終獻云：帝籍之典，享祀是資。潔豐嘉栗，咸仰於斯。時惟親耕，享我農師，禮成於三，以訖陳詞。徹豆、送神并奏《永和之曲》。徹豆云：於赫先農，歆此潔修。於籩於爵，於饌於羞。禮成告徹，神惠敢留。餕及終歆，豐年是求。送神云：神無不在，於昭於天。曰迎曰送，於享之筵。冕衣在列，金石在懸。往無不之，其佩翩翩。望瘞，奏《泰和之曲》，云：祝帛牲醴，先農既歆。不留不褻，瘞之厚深。有幽其瘞，有赫其臨。曰禮之常，匪今斯今。配享樂章，初獻云：厥初民生，粒食其天。開物惟智，邃古奚傳。思文后稷，農官之先。侑神作主，初獻惟蠲。亞獻云：后稷配天，興於有邰。誕降嘉種，有栽有培。俶載南畝，祇事三推。侑神再獻，歆我尊罍。終獻云：嘉德之薦，民和歲豐。帝命率育，報本之供。陳常時夏，其德其功。齊明有格，惟獻之終。

《明太祖實錄》卷八二 "洪武六年五月" 條

壬寅朔，禮部尚書牛諒奏定太歲、風雲雷雨、岳鎮、海瀆、山川、城隍諸神祈報。又命《樂章·迎神篇》曰：吉日良辰，祀典式陳。太歲尊神，雷雨風雲。岳鎮海瀆，山川城隍。內而中國，外及四方。濯濯厥靈，昭鑒我心。以候以迎，來格來歆。自奠帛以下，則皆如舊文。

(明) 徐一夔等《明集禮》卷一四《吉禮第一四·專祀岳鎮海瀆天下山川城隍》

迎神，《保和之曲》：吉日良辰，祀典式陳。惟地之祇，百靈繽紛。岳鎮海瀆，山川城隍。內而中國，外及四方。濯濯厥靈，昭鑒我心。以候以迎，來格來歆。黃林姑黃，姑林南林。南林姑太，林黃姑黃。黃南姑林，太黃南林。黃太姑太，林太南黃。姑黃太姑，黃南姑林。林姑黃太，南林姑南。

奠幣，《安和之曲》：靈旗涖止，有赫其威。一念潛通，幽明弗違。有幣在篚，物薄而微。神兮安留，尚其享之。林黃太姑，姑林南林。南林姑太，林太南黃。南黃南姑，姑林南林。南林姑太，黃太姑林。

初獻，《中和之曲》：神兮我留，有薦必受。享祀之初，奠茲醴酒。晨光初升，祥徵應候。何以侑觴，樂陳雅奏。夾黃太夾，林南林太。太林南林，夾林夾黃。太黃南林，黃南夾林。夾黃太夾，南黃林夾。

亞獻，《肅和之曲》：我祀維何，奉茲犧牲。爰酌醴齊，貳觴載升。洋洋如在，式燕以寧。庶表微衷，交於神明。黃林姑黃，姑林南林。南林黃太，林太南黃。黃南林姑，黃南姑林。黃太姑太，南林姑黃。

終獻，《凝和之曲》：執事有嚴，品物斯祭。黍稷非馨，式將其意。薦茲酒醴，成我常祀。神其顧歆，永言樂只。太黃太姑，林夷林太。仲林夷林，太林姑黃。太黃太姑，黃夷林太。林黃太姑，林夷林太。

徹豆，《壽和之曲》：春祈秋報，率爲我民。我民之生，賴於爾神。維神祐之，康寧是臻。祭祀云畢，神其樂歆。黃林姑黃，黃南姑林。黃太姑太，林太南黃。黃南姑林，姑太南黃。姑林南林，南林姑黃。

送神，《豫和之曲》：三獻禮終，九成樂作。神人以和，既燕且樂。雲車風馭，靈光昭灼。瞻望以思，邈彼寥廓。林黃太姑，林南林太。黃南黃姑，林太南黃。黃南林姑，黃林南林。林姑黃太，姑林南林。

望瘞，《熙和之曲》：俎豆既徹，禮樂已終。神之云還，倏將焉從。以望以瘞，庶幾感通。時和歲豐，維神之功。黃太姑林，林南黃太。黃南林姑，姑林姑黃。黃南黃姑，林太南黃。林姑黃太，南林姑黃。

(明) 徐溥《明會典》卷八二《禮部四一·祭祀三·祭山川仲秋·諸司職掌·樂章》

迎神：吉日良辰，祀典式陳。太歲尊神，雷雨風雲。京畿山川，城隍之神。濯濯厥錄，昭鑒我心。以候以迎，來格來歆。

奠帛：靈其涖止，有赫其威。一念潛通，幽明弗違。有帛在篚，物薄而微。神兮安留，尚祈享之。

初獻：神兮安留，有薦必受。享祀之初，奠茲醴酒。晨光初升，祥微應候。何以侑觴，樂陳雅奏。

亞獻：我祀維何，奉茲犧牲。爰酌醴齊，二觴再升。洋洋如在，式燕以寧。庶表微衷，交於神明。

終獻：執事有嚴，品物斯祭。黍稷非馨，式將其意。薦茲酒醴，成我常祀。神其顧歆，永言樂只。

徹饌：春祈秋報，率爲我民。我民之生，賴於爾神。維神佑之，康寧是臻。祭祀云畢，神其樂歆。

送神：三獻禮終，九成樂作。神人以和，既燕且樂。雲車風馭，靈光昭灼。瞻望以思，邈彼寥廓。

望燎：俎豆既徹，禮樂已終。神之云旋，倏將焉從。以望以燎，庶幾感通。時和歲豐，惟神之功。

（明）申時行等《大明會典》卷八五《禮部四三·神祇·樂章》

洪武合祭樂章

迎神：吉日良辰，祀典式陳。太歲尊神，雷雨風雲。京畿山川，城隍之神。濯濯厥靈，昭鑒我心。以候以迎，來格來歆。奠帛：靈旗淰止，有赫其威。一念潜通，幽明旨違。有帛有筐，物薄而微。神兮安留，尚祈享之。初獻：神兮我留，有薦必受。享祀之初，奠茲醴酒。晨光初升，祥徵應候。何以侑觴，樂陳雅奏。亞獻：我祀維何，奉茲犧牲。爰酌醴齊，二觴再升。洋洋如在，式燕以寧。庶表微衷，交於神明。終獻：執事有嚴，品物斯祭。黍稷非馨，式將其意。薦茲酒醴，成我常祀。神其顧歆，永言樂只。徹饌：春祈秋報，率爲我民。我民之生，賴於爾神。維神佑之，康寧是臻。祭祀云畢，神其樂歆。送神：三獻禮終，九成樂作。神人以和，既燕且樂。雲車風馭，靈光昭灼。瞻望以思，邈彼寥廓。望燎：俎豆既徹，禮樂已終。神之云旋，倏將焉從。以望以燎，庶幾感通。時和歲豐，惟神之功。永樂中，正殿增天壽山一壇，陳設同。帛用黑色，加爵、筐各一。

嘉靖十年更定儀·樂章

天神壇，迎神《保和之曲》：吉日良辰，祀典式陳。景雲甘雨，風雷之神。赫赫其靈，功著生民。參贊元化，宣布倉仁。爰茲報祀，鑒斯藻蘋。奠帛以後仍如舊。地祇壇，迎神《保和之曲》：吉日良辰，祀典式陳。靈岳方鎮，海瀆之神。京畿四方，山澤群真。毓靈分隔，福我生民。薦斯享報，鑒我恭寅。奠帛以後仍如舊。

（明）申時行等《大明會典》卷八五《禮部四三·太歲月將·樂章》

迎神：吉日良辰，祀典式陳。輔國佑民，太歲尊神。四時月將，功曹司辰。濯濯厥靈，昭鑒我心。以候以迎，來格來歆。奠帛以後俱與神祇壇同。

（明）申時行等《大明會典》卷九二《禮部五〇·群祀二·樂章》

迎神：東風啓蟄，地脉奮然。蒼龍挂角，燁燁天田。民命惟食，創物有先。圓鍾既奏，有降斯筵。奠帛：帝出乎震，天發農祥。神降於筵，藹藹洋洋。禮神有帛，其色惟蒼。豈伊具物，誠敬之將。初獻：九穀未分，庶草攸同。表爲嘉種，實在先農。黍稷斯豐，酒醴是共。獻奠之初，以靳感通。亞獻：倬彼甫田，其隰其原。耒耜云載，驂御之間。報本思享，亞獻惟虔。神其歆之，自古有年。終獻：帝籍之典，享祀是資。潔豐嘉栗，咸仰於斯。時惟親耕，享我農師。禮成於三，以訖陳詞。徹饌：於赫先農，歆此潔修。於籩於爵，於饌於羞。禮成告徹，神惠敢留。餕及終歆，豐年是求。送神：神無不在，於昭於天。曰迎曰送，於享之筵。冠裳在列，金石在懸。往無不之，其佩翩翩。望瘞：祝帛牲醴，先農既歆。不留不褻，瘞之厚深。有幽其瘞，有赫其臨。曰禮之常，匪今斯今。

（明）俞汝楫等《禮部志稿》卷九五《曠典備考・耕耤・耕耤之祭》

其樂章，迎神、奠帛并奏《永和之曲》。迎神曰：東風啓蟄，地脉奮然。蒼龍挂角，炳炳天田。民命惟食，創物有先。圜鐘既奏，有降斯筵。奠帛曰：帝出乎震，天發農祥。神降於筵，藹藹洋洋。禮神有帛，其色惟蒼。豈伊具物，誠敬之將。進俎奏《雍和之曲》，曰：制帛既陳，禮嚴奉牲。載之於俎，祀事孔明。籩簋攸列，黍稷惟馨。民力普存，先嗇之靈。三獻并奏《壽和之曲》。初獻云：九穀未分，庶草攸同。表爲嘉種，實在先農。黍稌斯豐，酒醴是供。獻奠之初，以祈感通。亞獻云：倬彼甫田，其隰其原。末耜云載，驂馭之間。報本斯享，亞獻惟虔。神其歆之，自古有年。終獻云：帝籍之典，享祀是資。潔豐嘉栗，咸仰於斯。時惟親耕，享我農師。禮成於三，以訖陳詞。徹豆、送神并奏《永和之曲》。徹豆云：於赫先農，歆此潔修。於籩於爵，於饌於羞。禮成告徹，神惠敢留。餕及終歆，豐年是求。送神云：神無不在，於昭於天。曰迎曰送，於享之筵。冕衣在列，金石在懸。往無不之，其佩翩翩。望瘞奏《太和之曲》，云：祝帛牲醴，先農既歆。不留不褻，瘞之厚深。有幽其瘞，有赫其臨。曰禮之常，匪今斯今。配享樂章，初獻云：厥初生民，粒食其天。開物惟智，窹古奚傳。思文后稷，農官之先。侑神作主，初獻惟蠲。亞獻云：后稷配天，興於有邰。誕降嘉種，有栽有培。俶載南畝，祇事三推。侑神再獻，歆我尊罍。終獻云：嘉德之薦，民和歲豐。帝食率育，報本之供。陳常時夏，其德其功。齊明有格，惟獻之終。其耕耤儀。見職掌。

（明）佚名《太常續考》卷三《先農壇耕耤事宜》

高皇御製樂章，樂八奏，舞八佾。

迎神，《永和》：

東風起蟄，地脉奮然。蒼龍挂角，煜煜天田。

合四一尺，尺四工合。六工一尺，一尺四合。

民命惟食，創物有先。圜鐘既奏，有降斯筵。

六尺工尺，一四工合。尺一合四，一尺四合。

奠帛，《永和》：

帝出乎震，天發農祥。神降於筵，藹藹洋洋。

合尺一合，六尺工尺。工尺一四，一尺一合。

禮神有帛，其色惟蒼。豈伊具物，誠敬之將。

工六一尺，六尺工尺。一尺一四，工尺一合。

初獻，《壽和》《武功之舞》：

九穀未分，庶草攸同。表爲嘉種，實在先農。

尺工合四，尺工尺四。工六工一，六尺工尺。

黍稌斯豐，酒醴是供。獻奠之初，以祈感通。

合四一四，一尺一合。四尺工尺，合四一尺。

亞獻，《寧和》《文德之舞》：

倬彼甫田，其隰其原。耒耜云載，驂御之間。

合四一尺，六尺工尺。工尺一四，尺合四合。

報本斯享，亞獻惟虔。神其歆之，自古有年。

工六尺一，一尺工尺。工尺一四，尺四工合。

終獻，《雍和》《文德之舞》：

帝耤之典，享祀是資。潔豐嘉栗，咸仰於斯。

合尺一合，六工一尺。工尺一四，尺合一合。

特維親耕，享我農師。禮成於三，以訖陳詞。

六尺工尺，一尺六尺。合四一四，一尺四合。

徹饌，《景和》：

於赫先農，歆此潔修。於筐於爵，於饌於饈。

合尺一合，六尺工尺。工尺一四，尺合四合。

禮成告徹，神惠敢留。餕及終畝，豐年是求。

工六一尺，一四工合。一尺工尺，一四工合。

送神，《泰和》：

神無不在，於昭於天。曰迎曰送，於享之筵。

尺工一合，六尺工尺。工尺一四，尺合四合。

冠裳在列，金石在懸。往無不之，其珮翩翩。

六工一尺，一四工合。一尺一四，尺一六尺。

望瘞，《泰和》：

祝帛牲醴，先農既歆。不留不褻，瘞之厚深。

合尺一合，六工一尺。工尺一四，尺四工合。

有幽其瘞，有赫其臨。曰禮之常，匪今斯今。

工六工一，一尺工尺。尺合一四，一尺一合。

（明）佚名《太常續考》卷八《秋祭神祇壇事宜》

天神

迎神，《保和》：

吉日良辰，祀典式陳。景雲甘雨，風雷之神。

合四一四，工尺上四。上尺工尺，工尺上四。

赫赫其靈，功著生民。參贊元化，宣布蒼仁。

六工尺上，合四上四。四工六尺，上四尺上。

爰茲報祀，鑒斯藻蘋。

六工尺上，尺上四合。

奠帛：

靈其蒞止，有赫其威。一念潛通，幽明弗違。

尺合四一，一尺工尺。工尺一四，尺四工合。

有帛在筐，物薄而微。神兮安留，尚其享之。

工六工一，一尺工尺。工尺一四，合四一尺。

初獻，《安和》：

神兮我留，有薦必受。享祀之初，奠茲醴酒。

一合四一，尺工尺四。四尺工尺，四尺一合。

晨光初升，祥徵應候。何以有觴，樂陳雅奏。

四合工尺，六工一尺。一合四一，工六工一。

亞獻，《中和》：

我祀維何，奉茲犧牲。爰酌醴齊，二觴再升。

合尺一合，一尺工尺。工尺合四，尺四工合。

洋洋如在，式燕以寧。庶表微衷，交於神明。

六工尺一，六工一尺。合四一四，工尺一合。

終獻，《肅和》：

執事有嚴，品物斯祭。黍稷非馨，式將其意。

四合四一，尺工尺四。上尺工尺，四尺一合。

薦茲酒醴，成我常祀。神其顧歆，永言樂只。

四合四一，六工尺四。尺合四尺，尺工尺四。

徹饌，《雍和》：

春祈秋報，率爲我民。我民之生，賴於爾神。

合尺一合，六工一尺。合四一四，尺四工合。

惟神佑之，康寧是臻。祭祀云畢，神其樂歆。

六工一尺，尺四工合。一尺工合，工尺一合。

送神，《寧和》：

三獻禮終，九成樂作。神人以和，既燕且樂。

尺合四一，尺工尺四。六工合一，尺四工合。

雲車風馭，靈光昭灼。瞻望以思，邈彼寥廓。

六工尺一，六尺工尺。尺一合四，一尺六尺。

望燎：

俎豆既徹，禮樂已終。神之云還，倏將焉從。

合四一尺，尺工合四。六工尺一，一尺一合。

以望以燎，庶幾感通。時和歲豐，惟神之功。

六工合四，尺四工合。尺一合四，工尺一合。

地祇

迎神，《保和》：

吉日良辰，祀典式陳。靈岳方鎮，海瀆之神。

合尺一合，工尺工尺。六工尺一，合四一四。

京畿四方，山澤群真。毓靈分隅，福我生民。

六尺工尺，工尺一合。合四一尺，六尺工尺。

薦斯享報，鑒我恭寅。

工尺合四，工尺一合。

奠帛、初獻、亞獻、終獻、徹饌、送神、望瘞同前。

《高宗純皇帝實錄》卷二五六"乾隆十一年春正月"條

庚午，欽定祭祀中和樂章名。【略】先農壇樂：迎神，《永豐》；奠帛、初獻，《時豐》；亞獻，《咸豐》；終獻，《大豐》；徹饌，《屢豐》；送神，《報豐》；望瘞，《慶豐》。【略】神祇壇樂：迎神，《祈豐》；奠帛、初獻，《華豐》；亞獻，《興豐》；終獻，《儀豐》；徹饌，《和豐》；送神，《錫豐》。太歲壇樂：迎神，《保平》；奠帛、初獻，《定平》；亞獻，《椴平》；終獻，《富平》；徹饌，《盈平》；送神，《豐平》。太歲壇祈雨報祀樂：迎神，《需豐》；奠帛、初獻，《宜豐》；亞獻，《晉豐》；終獻，《協豐》；徹饌，《應豐》；送神，《洽豐》。

《高宗純皇帝實錄》卷四三七"乾隆十八年四月"條

甲寅，【略】再查乾隆七年，議定祈雨儀注：太歲壇所用，乃歲祭通用樂章，與祈澤之義無涉。應交樂部另行撰擬，載入《會典》。得旨：是。尋撰進樂章六奏：迎神，奏《需豐之章》。初獻，奏《宜豐之章》。亞獻，奏《進豐之章》。終獻，奏《協豐之章》。徹饌，奏《應豐之章》。送神，奏《洽豐之章》。

（清）查繼佐《罪惟錄·志七·禮志》

（洪武二年三月祀先農）迎神、奠帛，并奏《永和》；進俎，奏《雍和》；三獻，奏《壽和》；撤豆、送神，奏《永和》；望瘞，奏《太和》。

（洪武二年祀太歲、風雷、岳瀆）迎神，樂奏《中和》；奠帛，奏《安和》；初獻，奏《保和》；亞獻，奉《肅和》；終獻，奏《凝和》；撤豆，奏《壽和》；送神，奏《豫和》；望燎，奏《熙和》。

（清）查繼佐《罪惟録·志八·樂志》

（洪武六年）夏五月，定祈報告祭樂章。迎神云："吉日良辰，祀典式陳，太歲尊神，雷雨風雲，岳鎮海瀆，山川城隍，內而中國，外及四方，濯濯厥靈，昭鑒我心，以候以迎，來格來歆。

（清）萬斯同等《明史》卷六五《志三九·樂志一》

（洪武）二年春正月，定以驚蟄、秋分日祀太歲、風雷諸神，以清明、霜降日祀岳、瀆諸神。迎神奏《中和之曲》，奠帛奏《安和之曲》，初獻奏《保和之曲》，亞獻奏《肅和之曲》，終獻奏《凝和之曲》，徹豆奏《壽和之曲》，送神奏《豫和之曲》，望燎奏《熙和之曲》。

（洪武二年二月）壬午，帝躬享先農，以后稷配。迎神、奠帛并奏《永和之曲》，進俎奏《雍和之曲》，初、亞、終獻并奏《壽和之曲》，徹豆、送神并奏《永和之曲》，望燎奏《泰和之曲》。

五月，始定太歲、風雷、岳瀆、城隍諸神合祀禮樂，如舊。惟迎神樂章稍改焉。

（清）萬斯同等《明史》卷六七《志四一·樂志三·郊廟樂舞器服·樂章》

國初，分祀天神、地祇。

迎天神，奏《中和之曲》：吉日良辰，祀典式陳。太歲尊神，雷雨風雲。濯濯厥靈，昭鑒我心。以候以迎，來格來歆。

奠帛以後，咸同朝日。

迎地祇，奏《中和之曲》：吉日良辰，祀典式陳。惟地之祇，百靈繽紛。岳鎮海瀆，山川城隍。內而中國，外及四方。濯濯厥靈，昭鑒我心。以候以迎，來格來歆。

奠帛以後，咸同朝日。

洪武六年，合祀天神地祇樂章。

迎神，《保和之曲》：吉日良辰，祀典式陳。太歲尊神，雷雨風雲。岳鎮海瀆，山川城隍。內而中國，外及四方。濯濯厥靈，昭鑒我心。以候以迎，來格來歆。

奠帛以後，咸同朝日。

嘉靖九年，復分祀天神地祇樂章。

迎天神，《保和之曲》：吉日良辰，祀典式陳。景雲甘雨，風雷之神。赫赫其靈，功著生民。參贊元化，宣布蒼仁。爰兹報祀，鑒斯藻蘋。

奠帛以後，俱如舊。

迎地祇，《保和之曲》：吉日良辰，祀典式陳。靈岳方鎮，海瀆之神。京畿四方，山澤群真。毓靈分隅，福我生民。薦斯享報，鑒我恭寅。

奠帛以後，亦如舊。

洪武四年，祀周天星辰樂章。

迎神，《凝和之曲》：星辰垂象，布列元穹。捧茲吉日，祀禮是崇。濯濯厥靈，昭鑒我心。謹候以迎，庶幾來歆。

奠帛，《保和之曲》，詞同朝日。

初獻，《保和之曲》：神兮既留，品物斯薦。奉祀之初，醴酒斯奠。仰惟靈輝，以享以歆。何以侑觴，樂奏八音。

亞獻，《中和之曲》：神既初享，亞獻再升。以酌醴齊，仰薦於神。洋洋在上，式燕以寧。庶表微衷，交於神明。

終獻，《肅和之曲》：神既再享，終獻斯備。不腆菲儀，式將其意。薦茲酒醴，成我常祀。神其顧歆，永言樂只。

徹豆，《豫和之曲》：祀事將畢，神既歆只。徹茲俎豆，以成其禮。惟神樂欣，無間始終。樂音再作，庶達微悰。

送神，《雍和之曲》，詞同朝日。

望燎，《雍和之曲》：神既享祀，靈馭今旋。燎烟既升，神帛斯焚。巍巍霄漢，候焉以適。拳拳餘衷，瞻望弗及。

嘉靖八年，祀太歲、月將樂章。

迎神：吉日良辰，祀典式陳。輔國佑民，太歲尊神。四時月將，功曹司辰。濯濯厥靈，昭鑒我心。以候以迎，來格來歆。

奠帛以後，俱同神祇。

國初，定享先農樂章。永樂以後咸同。

迎神，《永和之曲》：東風啓蟄，地脉奮然。蒼龍挂角，華華天田。民命惟食，創物有先。圜鐘既奏，有降斯筵。

奠帛，《永和之曲》：帝出乎震，天發農祥。神降於筵，藹藹洋洋。禮神有帛，其色惟蒼。豈伊具物，誠敬之將。

進俎，《雍和之曲》：制帛既陳，禮嚴奉牲。載之於俎，祀事孔明。簠簋攸列，黍稷惟馨。民力普存，先嗇之靈。

初獻，《壽和之曲》：九穀未分，庶草攸同。表爲嘉種，實在先農。黍稌斯豐，酒醴是供。獻奠之初，以祈感通。

亞獻，奏同：倬彼甫田，其隰其原。耒耟云載，驂御之間。報本思享，亞獻惟虔。神其歆之，自古有年。

終獻，奏同：帝籍之典，享祀是資。潔豐嘉栗，咸仰於斯。時惟親耕，享我農師。禮成於三，以訖陳詞。

徹饌，《永和之曲》：於赫先農，歆此潔修。於簠於爵，於饌於羞。禮成告徹，神惠敢留。餕及終畝，豐年是求。

送神，《永和之曲》：神無不在，於昭於天。曰迎曰送，於享之筵。冠裳在列，金石在懸。往無不之，其佩翩翩。

望瘞，《太和之曲》：祝帛牲醴，先農既歆。不留不褻，瘞之厚深。有幽其瘞，有赫其臨。曰禮之常，匪今斯今。

(清) 伊桑阿等《 (康熙) 大清會典》卷五五《禮部一六·祠祭清吏司·祭祀通例》

其先農壇、三皇廟、真武廟、東岳廟、城隍廟、火神廟、關帝廟，俱教坊司鼓樂承應。

(清) 伊桑阿等《 (康熙) 大清會典》卷六五《禮部二六·祠祭清吏司·群祀三·先農·遣官歲祭儀·樂章》

順治十二年題准：

迎神，樂奏《永豐之章》：勾芒秉令，土牛是驅。天下一人，蒼龍駕車。念彼田疇，民命所需。生成有德，尚式臨諸。先農神哉，末耜教民。田祖靈哉，稼穡是親。功德深厚，天地同仁。肅將幣帛，肇舉明禋。厥初生民，萬彙莫辨。神錫之麻，嘉種乃誕。執茲醴齊，農功益見。玉瓚椒醑，肅雍舉奠。

亞獻，樂奏《咸豐之章》：上原下隰，百穀盈止。粒我烝民，秀良興起。樂舞具備，吹豳稱兕。再躋以獻，肴馨酒旨。

終獻，樂奏《大豐之章》：縻芑秬秠，維神所貽。以神饗神，曰予將之。秉末三推，東作允宜。五風十雨，率土何私。

徹饌，樂奏《屢豐之章》：於皇農事，自古爲烈。莫敢不承，今茲忻悅。籩豆既豐，簠簋云潔。神視井疆，執事告徹。

送神，樂奏《報豐之章》：麻麥芃芃，秔稻連阡。縱橫萬里，皆神所瞻。人歌鼓腹，史載有年。歲有常典，蕃祿綿延。

望瘞，樂奏《慶豐之章》：玉版蒼幣，來鑒來歆。敬之重之，藏於厚深。典禮由古，予行自今。樂樂利利，國以永寧。

(清) 伊桑阿等《 (康熙) 大清會典》卷七一《禮部三二·祠祭清吏司·教坊司承應》

凡祀，【略】先農壇，俱用導迎樂二撥，官俳樂工承應與，圜丘同。

凡行耕耤禮，東西棚領樂官四員，頂帶老人四名，念《禾詞》工十四名，鑼鼓板樂工六名，棚外執義、執扒、執箒、執掀、簑衣、斗篷樂工二十名，五色彩旗樂工五十名。上觀諸王九卿耕畢，駕興，導迎大樂作，領樂官四員、樂工二十名，奏《天下》樂，導至齋宮門。樂止。宮內臺上西旁陳設大樂，領樂官四員，樂工二十名，奏《萬歲樂》。接駕，升殿。樂止。順天府率官民老人行禮，諸王百官慶賀行禮。《丹升大樂》作，領樂官四員，樂工二十名，奏《朝天子》。禮畢，樂止。上迴後殿，大樂作，奏《萬歲樂》。送駕出殿後門，樂止。

執事等官設宴畢，請上升殿，大樂作，奏《萬歲樂》。坐定，樂止。上進茶畢，進果桌。殿西檐前，作管弦樂，笙簫合奏，奏《朝天子》，領樂官一員，樂工六名。安桌畢，樂止。領樂官一員，樂工二名，領舞童五名，四時和隊舞承應，樂奏《望吾》。舞畢，樂止。領樂官一員，樂工六名，百戲變碗承應。上進酒，大樂作，奏《三月韶光》。飲畢，樂止。領樂官一員，樂工二名，領幼童十三名，呈瑞應承應，樂奏《黃薔薇》。舞畢，樂止。領樂官一員，鼓板三名，領老人一名，探子二名承應，唱商調《集賢賓》。上進饌，領樂官一員，樂工八名，在殿東檐前排清樂，作《太清歌》。徹饌畢，樂止。領樂官一員，領莊家老四人，舞童八名，老人四名，攜掇四名，黃童、白叟，《鼓腹謳歌》承應，樂作，換莊農舞畢。次文士九名，《感天地》承應，樂奏《啄木耳》。次武士九名，《感祖宗》承應，樂奏《黃薔薇》。次進寶迴迴五名，《頌得勝》承應，樂奏《紅衲襖》。次香斗老人三名，《黎民歡樂》承應，樂奏《調笑令》。次五方夜义五名承應，樂奏《鬼令》。次五海龍王承應，樂奏《清江引》。次三官五方彩旗承應，樂奏《看花會》。俱用大樂，以次歌舞。宴畢，王等各官一跪三叩頭。上出齋宮，排設大駕，作樂迴宮。

（清）張廷玉等《明史》卷六一《志三七·樂志一》

太歲、風雷、岳瀆。迎神，奏《中和》。奠帛，奏《安和》。初獻，奏《保和》。亞獻，奏《肅和》。終獻，奏《凝和》。徹豆，奏《壽和》。送神，奏《豫和》。望燎，奏《熙和》。

（清）張廷玉等《明史》卷六二《志三八·樂二·樂章一》

洪武二年分祀天神地祇樂章。

迎天神，奏《中和之曲》：吉日良辰，祀典式陳。太歲尊神，雷雨風雲。濯濯厥靈，昭鑒我心。以候以迎，來格來歆。

奠帛以後，咸同朝日。

奠玉帛，《凝和之曲》：神靈壇兮肅其恭，有帛在筐兮赤琮。奉神兮祈享以納，予躬奠兮忻以顒。

初獻，《壽和之曲》：玉帛方奠兮神鎮，酒行初獻兮舞呈。齊芳馨兮犧色騂，神容悅兮鑒予情。

亞獻，《時和之曲》：二齊升兮氣芬芳，神顏怡和兮喜將。予令樂舞兮具張，願垂普照兮民康。

終獻，《保和之曲》：殷鵠三獻兮告成，群職在列兮周盈。神錫休兮福民生，萬世永賴兮神功明。

徹饌，《安和之曲》：一誠盡兮予心懌，五福降兮民獲禧。仰九光兮誠已申，終三獻兮徹敢遲。

送神，《昭和之曲》：祀禮既周兮樂舞揚，神享以納兮還青鄉。予當拜首兮奉送，願恩光兮普萬方。永耀熙明兮攸賴，烝民咸仰兮恩光。

《望燎之曲》：儼六龍兮御駕，神變化兮鳳翥鸞翔。束帛殷羞兮詣燎方，佑我皇明兮基緒隆長。

迎地祇，奏《中和之曲》：吉日良辰，祀典式陳。惟地之祇，百靈繽紛。岳鎮海瀆，山川城隍。內而中國，外及四方。濯濯厥靈，昭鑒我心。以候以迎，來格來歆。

奠帛以後，咸同朝日同上。

洪武六年合祀天神地祇樂章。

迎神，《保和之曲》：吉日良辰，祀典式陳。太歲尊神，雷雨風雲，岳鎮海瀆，山川城隍。內而中國，外及四方。濯濯厥靈，昭鑒我心。以候以迎，來格來歆。

奠帛以後，咸同朝日。

嘉靖八年祀太歲月將樂章。

迎神：吉日良辰，祀典式陳，輔國佑民，太歲尊神，四時月將，功曹司辰。濯濯厥靈，昭鑒我心，以候以迎，來格來歆。

嘉靖九年復分祀天神地祇樂章。

迎天神，《保和之曲》：吉日良辰，祀典式陳。景雲甘雨，風雷之神。赫赫其靈，功著生民。參贊玄化，宣布蒼仁。爰茲報祀，鑒斯藻蘋。奠帛以後，俱如舊。

迎地祇，《保和之曲》：吉日良辰，祀典式陳。靈岳方鎮，海瀆之神，京畿四方，山澤群真。毓靈分隔，福我生民。薦斯享報，鑒我恭寅。

奠帛以後，俱如舊。

洪武二年享先農樂章。

迎神，《永和之曲》：東風啓蟄，地脉奮然。蒼龍挂角，燁燁天田。民命惟食，創物有先。圜鐘既奏，有降斯筵。

奠帛，《永和之曲》：帝出乎震，天發農祥。神降於筵，藹藹洋洋。禮神有帛，其色惟蒼。豈伊具物，誠敬之將。

進俎，《雍和之曲》：制帛既陳，禮嚴奉牲。載之於俎，祀事孔明。簠簋攸列，黍稷惟馨。民力普存，先穡之靈。

初獻，《壽和之曲》：九穀未分，庶草攸同。表爲嘉種，實在先農。黍稷斯豐，酒醴是供，獻奠之初，以祈感通。

配位云：厥初生民，粒食其天。開物惟智，邃古奚傳。思文后稷，農官之先。侑神作主，初獻惟蠲。

亞獻，《壽和之曲》：倬彼甫田，其隰其原。耒耜云載，駿駆之間。報本思享，亞獻惟虔。神其歆之，自古有年。

配位云：后稷配天，興於有邰。誕降嘉種，有栽有培。俶載南畝，祇事三推。佑神再獻，歆我尊罍。

終獻，《壽和之曲》：帝耤之典，享祀是資。潔豐嘉栗，咸仰於斯。時維親耕，享我農師。禮成於三，以訖陳詞。

配位云：嘉德之薦，民和歲豐。帝命率育，報本之功。陳常時夏，其德其功。齊明有格，惟獻之終。

徹饌，《永和之曲》：於赫先農，歆此潔修。於篚於爵，於饌於羞。禮成告徹，神惠敢留。餕及終歆，豐年是求。

送神，《永和之曲》：神無不在，於昭於天。曰迎曰送，於享之筵。冕衣在列，金石在懸。往無不之，其佩翩翩。

望瘞，《太和之曲》：祝帛牲醴，先農既歆，不留不褻，瘞之厚深。有幽其瘞，有赫其臨。曰禮之常，匪今斯今。

（清）張廷玉等《明史》卷七四《志五〇·職官志三》

樂四等：曰九奏，用祀天地，曰八奏。神祇、太歲。

（清）允禄等《（雍正）大清會典》卷六一《耕耤》

（雍正二年）是年，奏定頒發耕耤所歌《三十六禾詞》一章，及筵宴所奏《雨暘時若》《五穀豐登》《家給人足》三章。

耕耤《三十六禾詞》

光華日月開青陽，房星晨正呈農祥。帝念民依重耕桑，肇新千耤考典章。吉蠲元辰時日良，蒼龍蠻輅臨天閶。青壇峙立西南方，犧牲簠簋升芬芳。皇心祇敬天容莊，黃幕致禮虔誠將。禮成移蹕天田旁，土膏沃洽春洋洋。黛犁行地牛服韁，司農穜稑盛青箱。洪纖在手絲鞭揚，率先稼穡爲民倡。三推一撥制有常，五推九推數遞詳。王公卿尹咸贊襄，甸人千耦列雁行。穮鋤既畢恩澤滂，自天集福多豐穰。來牟蒍蘦森紫芒，華薾赤甲利秆秒。秬秠三種黎白黃，稷粟堅好碩且香。麋芑大穗盈尺長，五菽五豆充壠場。稌粱穈聚九色糧，蜀秫玉黍兼東墻。烏禾同收除童粱，雙岐合穎遍理疆。千箱萬斛收神倉，四時順序百穀昌。八區九有富蓋藏，歡騰億兆感聖皇。

皇帝進宴，奏《雨暘時若之章》：祥開黼座兮，布瓊筵。笙歌迭奏兮，天樂宣。三推既舉兮，賜豐年。五風十雨兮，時不愆。優渥霑足兮，溉大田。皇心悅豫兮，福禄綿。

皇帝進酒，奏《五穀豐登之章》：龍犁轉兮，春風生。帝勤稼穡兮，供粢盛。戒農用兮，勸服耕。富教化行兮，百穀成。禾九穗兮，麥兩莖。稷重穋兮，充棟楹。歲登大有兮，怡聖情。堯樽特進兮，玉醴盈。勞酒禮飲兮，邁鎬京。

皇帝進膳，奏《家給人足之章》：嘉禾炊饌兮，雲子芳。仙厨瓊粒兮，匕箸香。吾皇重農兮，禮肅將。明昭感格兮，錫嘉祥。千倉萬箱兮，百穀穰。崇墉比櫛兮，遥相望。豐亨樂利兮，遍八方。家多充積兮，野餘糧。含哺鼓腹兮，化日長。朝饗久殫兮，壽而康。萬邦同慶兮，璿圖昌。

（清）允禄等《（雍正）大清會典》卷九二《群祀·先農》

迎神，樂奏《永豐之章》：勾芒秉令，土牛是驅。天下一人，蒼龍駕車。念彼田疇，民命所需。生成有德，尚式臨諸。

奠帛、初獻，樂奏《時豐之章》：先農神哉，耒耜教民。田祖靈哉，稼穡是親。功德深厚，天地同仁。肅將幣帛，肇舉明禋。厥初生民，萬彙莫辨。神錫之麻，嘉種乃誕。執茲醴齊，農功益見。玉瓚椒醑，肅雍舉奠。

亞獻，樂奏《咸豐之章》：上原下隰，百穀盈止。粒我烝民，秀良興起。樂舞具備，吹豳稱兕。再躋以獻，肴馨酒旨。

終獻，樂奏《大豐之章》：糜芑秬秠，維神所貽。以神饗神，曰予將之。秉耒三推，東作允宜。五風十雨，率土何私。

徹饌，樂奏《屢豐之章》：於皇農事，自古為烈。莫敢不承，今茲忻悅。籩豆既豐，簠簋雲潔。神視井疆，執事告徹。

送神，樂奏《報豐之章》：麻麥芃芃，秔稻連阡。縱橫萬里，皆神所贍。人歌鼓腹，史載有年。歲有常典，茀禄綿延。

望瘞，樂奏《慶豐之章》：玉版蒼幣，來鑒來歆。敬之重之，藏於厚深。典禮由古，予行自今。樂樂利利，國以永寧。

（清）允禄等《（雍正）大清會典》卷一〇三《禮部四七》

凡祭祀先農壇，俱用導迎樂二撥，官俳樂工承應。

凡行耕耤禮，東西棚領樂官四員，領帶老人四名，念《禾詞》工十四名，鑼鼓板樂工六名，棚外執義、執扒、執帚、執掀、簑衣、斗篷樂工二十名，五色彩旗樂工五十名。

皇帝觀諸王九卿耕畢，駕興，導迎大樂作。領樂官四員，樂工二十名，奏《天下》樂。導至齋宮門，樂止。

宮內臺上西旁，陳設大樂。領樂官四員，樂工二十名，奏《萬歲樂》。接駕升殿，樂止。

順天府率官民、老人行禮，諸十百官慶賀行禮，丹陛大樂作。領樂官四員，樂工二十名，奏《朝天子》。禮畢，樂止。

皇帝迴後殿，大樂作，奏《萬歲樂》。送駕出殿後門，樂止。

執事等官設宴畢，請皇帝升殿，大樂作，奏《萬歲樂》。坐定，樂止。

皇帝進准畢，進果桌，殿西檐前作管弦樂，笙簫合奏，奏《朝天子》。領樂官一員，樂工六名。安桌畢，樂止。

領樂官一員，樂工二名，領舞童五名，四時和隊舞承應，樂奏《望吾鄉》。舞畢，樂止。

領樂官一員，樂工六名，百戲變碗承應。皇帝進酒，大樂作，奏《三月韶光》。飲畢，樂止。

領樂官一員，樂工二名，領幼童十三名，呈瑞應承應，樂奏《黃薔薇》。舞畢，樂止。

領樂官一員，鼓板三名，領老人一名，探子二名，承應。唱商調《集賢賓》。

皇帝進饌，領樂官一員，樂工八名，在殿東檐前排清樂，作《太清歌》。徹饌畢，樂止。

領樂官一員，領莊家老四人，舞童八名，老人四名，攛掇四名，黃童白叟鼓腹謳歌承應。樂作，換莊農舞畢。

次文士九名，感天地承應，樂奏《啄木耳》。

次武士九名，感祖宗承應，樂奏《黃薔薇》。

次進寶迴迴五名，頌得勝承應，樂奏《紅衲襖》。

次香斗老人三名，黎民歡樂承應，樂奏《調笑令》

次五方夜义五名，承應，樂奏《鬼令》。

次五海龍王承應，樂奏《清江引》。

次三官五方彩旗承應，樂奏《看花會》。

俱用大樂，以次歌舞。

宴畢，王等各官一跪三叩頭。

皇帝出齋宮，排設大駕，作樂，迴宮。

雍正二年，欽定耕耤《三十六禾詞》。又筵宴歌詞，改定《兩暘時若》《五穀豐登》《家給人足》三章。以上樂部。除《喜得功名》等歌曲無庸載外，其各種樂章，俱分別各條下，不復載。

（清）昆岡等《大清會典事例》卷四一五

順治元年奏准：歷代帝王、先師、太歲各六奏，均用平字爲樂章佳名。先農壇七奏，用"豐"字。（乾隆七年）又奏准：天神、地祇、太歲壇樂六奏，樂章均用豐字。

（清）昆岡等《大清會典事例》卷五二四

乾隆六年，【略】欽遵聖祖仁皇帝欽定律呂正義旋宮轉調之法。嗣後，【略】朝日壇、太歲壇亦以太簇爲宮。【略】先農壇改用姑洗爲宮。

七年，又奏准天神地祇各建一壇。天神從圜丘，以黃鐘爲宮；地祇從方澤，以林鐘爲宮。

（清）昆岡等《大清會典事例》卷五二五

順治元年題准：孟春上旬諏吉，及歲除前一日，祖迎太歲，樂均六奏，樂章用平字。

又定，致祭太歲殿，迎神，奏《保平》；奠帛、初獻，奏《安平》，亞獻，奏《中平》；終獻，奏《肅平》；徹饌，奏《雍平》；送神、望燎，奏《寧平》。

乾隆七年定，禱祀天神應從圜丘以黃鐘爲宮，地祇應從方澤以林鐘爲宮，樂章用豐字。

又奏定，禱祀太歲壇，奠帛、初獻，奏《定平》；亞獻，奏《嘏平》；終獻，奏《富平》；徹饌，奏《盈平》；送神、望燎，奏《豐平》。餘與原定同。

十八年定，祈雨致祭神祇壇，仍用樂。又議定，太歲祈雨報祭，樂章均六奏，用"豐"字。

順治十一年定，餉先農樂章用豐字。又定，行親耕禮，教坊司作樂，後改和聲署。禮成，御齋宮，今名慶成宮。導迎大樂奏《天下樂》；升座，大樂奏《萬歲樂》；群臣行禮，丹陛大樂奏《朝天子》；筵燕進酒，大樂奏《三月韶光》；進饌，清樂奏《太清歌》；燕畢，鹵簿導迎，樂作，駕還宮。

雍正二年定，耕耤《禾詞》，教坊司領樂官四員，鑼鼓版樂工六名，歌《禾詞》樂工十二名，彩旗樂工五十名，於耕耤所排列。祭先農畢，行耕耤禮，樂工鳴鑼鼓，歌《三十六禾詞》，招颭彩旗，唱行隨行，禮畢，樂止。又奏定，耕耤筵燕，丹陛樂奏《雨暘時若》；進酒，管弦樂奏《五穀豐登》；進饌，清樂奏《家給人足》；皇帝升座，還宮，俱奏導迎樂，群臣行禮，奏丹陛樂。

乾隆七年定，先農壇樂制章名，與順治八年、十一年所定并同。其樂奏歌詞，重加訂正。又奏准，耕耤之樂有三：一祭先農壇。一親耕時，歌《三十六禾詞》。一筵燕時，奏《雨暘時若》《五穀豐登》《家給人足》三章。先農壇樂章，係順治年間舊文，已經進呈改正。《三十六禾詞》，勿庸別撰。惟《雨暘時若》等三章，原爲筵燕而設。雍正二年，以其文不雅訓，特令改撰，雖仿古樂府體爲之，實不能施於燕樂。又自雍正二年來，每年耕耤，從未筵燕，則此樂本可不奏。乃因齋宮升座，諸臣慶賀賜茶及還宮，并無樂章，誤將此三章燕飲之詩，奏中和韶樂而歌之，實爲未協。嗣後，齋宮升座及還宮，均用中和韶樂；群臣慶賀時，仍用《丹陛大樂》；且常朝賜茶時本無奏樂之理，應行停止。至賜燕需樂，雖停止筵燕之歲多，而樂章不可以不具，所有《雨暘時若》等章，照《海宇升平日》樂章，別行撰擬，其詞不必太長，每篇較《海宇升平日》字數，止須四分之一。又定，耕耤前期進種彩亭，導迎樂前導。至日，和聲署司官率屬俱集彩棚南，歌《禾詞》者十四人，司鑼、司鼓、司版、司笛、司笙、司簫者各六名，麾五色彩旗者五十人。祭畢，行耕耤禮，彩旗招颭，《禾詞》發歌，唱和隨行，諸樂俱奏。禮成，《導迎樂》作，駕至齋宮內門，樂止，中和韶樂作。皇帝御後殿，樂止。報終畝畢，中和韶樂作。皇帝御齋宮，升殿，樂止。群臣慶賀行禮，《丹陛大樂》作；皇帝進茶、賜茶畢，中和韶樂作；皇帝乘輦出宮，和聲署《鹵簿大樂》并作；親耕禮成筵燕，皇帝進茶、賜茶，丹陛清樂奏《喜春光》；進酒、賜酒，奏《雲和迭奏》；進饌、賜饌，奏《風和日麗》，皇帝升座，還宮，樂章與三月常朝同，群臣行禮，丹陛樂章與元旦同。又奏准：先農壇若遇不行躬耕之年，遣順天府府尹致祭。不用本壇樂懸，應別撰群祀慶神歡曲。八年諭：向来先農壇親祭，始用中和韶樂，遣官，則同群祀之例，不用中和韶樂。案日、月壇中祀雖遣官，仍用中和韶樂，惟不飲福受胙。朕思國之大事在農，先農壇在中祀之列。此次遣親王恭代，即著照日、月壇之例，用中和韶樂。永著爲令。

（清）昆岡等《大清會典事例》卷五三一《樂部·樂章》

《永豐之章》，迎神：先農播穀，克配彼天。粒我蒸民，於萬斯年。農祥晨正，協風滿膻。曰予小子，宜稼於田。

《時豐之章》，奠帛、初獻：厥初生民，萬彙莫辨。神錫之麻，嘉種乃誕。斯德曷酬，何名可贊。我酒惟旨，是用初獻。

《咸豐之章》，亞獻：無物稱德，惟誠有孚。載升玉瓚，神肯留盧。惟兹習庶，豈异古初。神曾子之，今其食諸。

《大豐之章》，終獻：櫺秅糜芑，皆神所貽。以之饗神，式食庶幾。神其丕佑，佑我黔黎。萬方大有，肇此三推。

《屢豐之章》，徹饌：青祇司職，土膏脉起。日涓吉亥，舉耕耤禮。神安留俞，不我遐弃。執事告徹，予將舉趾。

《報豐之章》，送神：匪且有且，匪今斯今。靈雨崇朝，田家萬金。考鐘伐鼓，戛瑟鳴琴。神歸何所，大地秧針。

《慶豐之章》，望瘞：肅肅靈壇，昭昭上天。神下神歸，其風肅然。玉版蒼幣，瘞埋告虔。神之聽之，錫大有年。

太歲殿

《保平之章》，迎神：協兹五紀，歲日月辰。天維顯思，神職攸分。於赫太歲，統馭百神。承天之德，陰騭下民。

《定平之章》，奠帛、初獻：禮崇明祀，涓選休成。潔齋滌志，量幣告誠。祈福維何，福我蒼生。陳饋奉酌，瞻仰雲旌。

《碱平之章》，亞獻：百末蘭生，有餲其香。升歌清越，磬管鏘鏘。牲牷肥腯，嘉薦令芳。神其歡止，在上洋洋。

《富平之章》，終獻：執事有嚴，再拜稽首。三爵既升，以妥以侑。盥薦有孚，肅兹籩豆。神其歡止，人民曼壽。

《盈平之章》，徹饌：王省維歲，有報有祈。六氣無易，平衡正璣。嘉生蕃祉，澤及蜎飛。百禮以洽，承神吉輝。

《豐平之章》，送神：神兮旋馭，肅瞻景光。靈飆上下，無體無方。嘉承惠和，億兆溥將。歲歲大有，神其迪嘗。

太歲壇祈雨報謝

《需豐之章》，迎神：持元化兮富媼神，秉歲籥兮六氣均。馳雲車兮風旗，殷閶闔兮天門。情彷徨兮孔殷，神之來兮康我民。

《宜豐之章》，奠帛、初獻：薦嘉幣兮芳醴清，練予素兮升飶馨。紛肸蠁兮格歆，甘膏沃兮神所令。

《晉豐之章》，亞獻：啓山罍兮擂椒漿，侑神宮兮靈洋洋。族雲興兮使我心若，惠嘉生兮降康。

《協豐之章》，終獻：清斝兮三奭，揚翟籥兮載愉。靈迴翔兮六幕，澤滂沛兮遍八區。

《應豐之章》，徹饌：禮儀備兮孔時，音繁會兮徹不遲。昭靈貺兮迓蕃祉，田多稼兮氾濩之。

《洽豐之章》，送神：顧億兆兮誠求，渥甘澍兮神之休。慶時若兮百昌遂，惠我無疆兮歲有秋。

神祇壇祈雨報謝

《祈豐之章》，迎神：雲車馳兮風旂征，雷闐闐兮雨冥冥。表六合兮穹青，橫大川兮揚靈。紛總總兮來會，穆予心兮齊明。

《華豐之章》，奠帛，初獻：束帛戔戔兮筐篚將，昭誠素兮㔩馨香。瘼此下民兮侯有望，神垂鴻祜兮未渠央。

《興豐之章》，亞獻：疏冪兮再啓，芳齊兮載陳。惠邀兮神貺，福我兮民人。

《儀豐之章》，終獻：犧尊兮三滌，旨酒兮思柔。誠無斁兮嘉薦，神燕娭兮降休。

《和豐之章》，徹饌：禮既成兮孔殷，潔明粢兮苾芬，廢徹兮不遲，至敬兮元文。

《錫豐之章》，送神：流形兮露生，苞符兮孕靈。介我稷黍兮，曰雨而雨。神之格思兮，祀事孔明。

（清）昆岡等《大清會典事例》卷五三四

先農壇

翩彼桑扈，仁氣布和。千畝親御，百祥膺荷。保介歆，穜稑多。帝手推，民樂歌。【略】

親耕進穜稑

晨作農正，鶯輅勸耕。穜稑嘉種，降康延慶。帝耤開，農政行。我稼同，明賜成。

耕耤三十六禾辭雍正二年定

光華日月開青陽，房星晨正呈農祥。帝念民依重耕桑，肇新千耤考典章。

吉蠲元辰時日良，蒼龍鶯輅臨天閶。青壇峙立西南方，犧牲簠簋升芬芳。

皇心祇敬天容莊，黃幕致禮虔誠將。禮成移蹕天田旁，土膏沃洽春洋洋。

黛犁行地牛服輈，司農穜稑盛青箱。洪纖在手絲鞭揚，率先稼穡爲民倡。

三推一坂制有常，五推九推數遞詳。王公卿尹咸贊襄，甸人千耦列雁行。

耰鋤既畢恩澤滂，自天集福多豐穰。來牟蕎蕎森紫芒，華黍赤甲秈秬秒。

櫃秏三種黎白黄，稷粟堅好碩且香。穈芑大穗盈尺長，五菽五豆充壟場。

穈粢穈纍九色糧，蜀秫玉黍兼東墙。烏禾同收除童梁，雙歧合穎遍埋疆。

千箱萬斛收神倉，四時順序百穀昌。八區九有富蓋藏，歡騰億兆感聖皇。

（清）允祹等《大清會典則例》卷七五《禮部》

一樂四等：順治元年奏准：太歲各六奏，均用"平"字爲樂章佳名，先農壇七奏用豐字。乾隆七年又奏准：神祇壇、太歲殿，樂六奏，樂章均用"豐"字。

（清）允祹等《大清會典則例》卷九八《樂部》

先農壇爲農事也，宜以姑洗爲宫。

又奏准：禱祀天神，應從圜丘，以黄鐘爲宫。地祇應從方澤，以林鐘爲宫。樂章用豐字。

又奏准：禱祀太歲祈雨報祭樂章均六奏，用豐字。

（清）允祹等《大清會典則例》卷九九《樂部》

先農壇姑洗爲宫，七奏。

迎神，奏《永豐之章》曰：先農播穀，克配彼天。粒我蒸民，於萬斯年。農祥晨正，協風滿膻。曰予小子，宜稼於田。

奠帛、初獻，奏《時豐之章》曰：厥初生民，萬彙莫辨。神錫之麻，嘉種乃誕。斯德曷酬，何名可贊。我酒惟旨，是用初獻。

亞獻，奏《咸豐之章》曰：無物稱德，惟誠有孚。載升玉瓚，神肯留虞。惟兹兆庶，豈異古初。神曾子之，今其食諸。

終獻，奏《大豐之章》曰：秬秏穈芑，皆神所貽。以之饗神，式食庶幾。神其丕佑，佑我黔黎。萬方大有，肇此三推。

徹饌，奏《屢豐之章》曰：青祇司職，土膏脉起。日涓吉亥，舉耕耤禮。神安留俞，不我遐弃。執事告徹，予將舉趾。

送神，奏《報豐之章》曰：匪且有且，匪今斯今。靈雨崇朝，田稼萬金。考鐘伐鼓，戞瑟鳴琴。神歸何所，大地秧針。

望瘞，奏《慶豐之章》曰：肅肅靈壇，昭昭上天。神下神歸，其風肅然。玉版蒼幣，瘞埋告虔。神之聽之，錫大有年。

（清）秦蕙田《五禮通考》卷三六《吉禮三六·星辰》

《明史·樂志》：嘉靖八年，祀太歲月將樂章。

迎神：吉日良辰，祀典式陳。輔國佑民，太歲尊神。四時月將，功曹司辰。濯濯厥靈，昭鑒我心。以候以迎，來格來歆。

奠帛以後，俱同神祇。

風雲雷雨之祀，樂用雅樂。

風雲雷雨樂章。

迎神，《中和之曲》：吉日良辰，祀典式陳。太歲尊神，雷雨風雲。濯濯厥靈，昭鑒我心。以候以迎，來格來歆。餘并同朝日。

《明史·樂志》嘉靖九年復分祀天地、神祇樂章。

迎天神，《保和之曲》：吉日良辰，祀典式陳。景雲甘雨，風雷之神。赫赫其靈，功著生民。參贊元化，宣布蒼仁。爰茲報祀，鑒茲藻蘋。

奠帛以後俱如舊。

(清)　秦蕙田《五禮通考》卷一二五《吉禮一二五·親耕享先農》

時日以仲春擇吉日行事。【略】樂章，迎神，奏《永和》之樂，三成；奠幣，奏《永和》之樂；迎俎，奏《雍和》之樂；三獻，并奏《壽和》之樂，文德之舞。徹豆、送神，并奏《永和》之樂；望瘞，奏《泰和》之樂。新耕用教坊樂，其日附京，耆老皆帥其子弟，以村社簫鼓集於耕所而迭春焉。

王圻《續通考》：樂章，迎神、奠帛，并奏《永和之曲》。

迎神：東風起蟄，地脉奮然。蒼龍挂角，曄曄天田。民命惟食，創物有先。圜鐘既奏，有降斯筵。

奠帛：帝出乎震，天發農祥。神降於邇，藹藹洋洋。禮神有帛，其色唯蒼。豈伊具物，誠敬之將。

進俎，奏《雍和之曲》，制帛既陳，禮嚴奉牲。載之於俎，祀禮孔明。簠簋攸列，黍稷唯馨。民力普存，先嗇之靈。

三獻，并奏《壽和》之曲。

初獻，九穀未分，庶草攸同。表爲嘉種，實在先農。黍稷斯豐，酒醴是供。獻奠之初，以祈感通。

亞獻，倬彼甫田，其隰其原。耒耜云載，驂馭之間。本斯亞獻，執事惟虔。神其歆之，自古有年。

終獻：帝耤之典，享祀是資。潔豐嘉栗，咸仰於斯。時唯親耕，享我農師。禮成於三，以迄陳詞。

徹豆、送神，并奏《永和》之曲。

徹豆：於赫先農，歆此潔修。於籩於爵，於饌於羞。禮成告徹，神惠敢留。駿及終畝，豐年是求。

送神：神無不在，於昭於天。曰迎曰送，於享之筵。冠裳在列，金石在懸。往無不之，其佩翩翩。

望瘞，奏《太和》之曲。祀帛牲醴，先農既歆。不留不褻，瘞之厚深。有幽其瘞，有赫其臨。曰禮之常，匪今斯今。

配享樂章

初獻：厥初生民，粒食其天。開物唯智，邃古奚傳。思文后稷，農官之先。侑神作主，初獻唯蠲。

亞獻：后稷配天，興於有邰。誕降嘉種，有栽有培。俶載南畝，祗事三推。侑神再獻，歆我尊罍。

終獻：嘉德之薦，民和歲豐。帝命率育，報本之供。陳常時夏，其德其功。齊明有格，唯獻之終。

蕙田案：享先農樂曲，《明集禮》不載，今補錄。

（清）观保等《太常寺則例》卷二

樂凡四等：【略】先農七奏天神、地祇、太歲，各六奏。

大祀、中祀，均用中和韶樂。樂章各用平字。【略】先農壇，并祈禱社稷壇、天神、地祇、太歲及報祭，各用豐字。

壇廟用中和韶樂凡九奏、八奏、七奏、六奏，【略】先農壇設樂於壇下，北向。天神壇設樂於壇下之南，北向。地祇壇設樂於壇下之北，南向。太歲殿設樂於殿內，北向。均本寺協律郎設。

祭祀樂章：【略】先農壇以姑洗爲宮。天神從圜丘，以黃鐘爲宮。地祇從太歲，以太簇爲宮。諸神祇，古聖先賢及群祀之祭，均和聲署，奏慶神歡曲。

（清）嵇璜等《續通志》卷一二八《樂略·明雅樂》

《保和》。洪武三年，朝日、夕月奠玉幣。四年，祀周天星辰奠玉幣、初獻。六年，合祀天神、地祇，迎神、奠幣。

《太和》。太祖洪武元年，宗廟，迎神。二年，享先農，望瘞。

《雍和》。太祖洪武元年，圜丘、方丘、社稷、宗廟，徹饌。二年，享先農，奉俎。

《永和》。太祖洪武二年，享先農，迎神、奠玉幣、徹饌、送神。

《壽和》。太祖洪武元年，圜丘、社稷、宗廟，初獻。二年，方丘，初獻。享先農，初獻、亞獻、終獻。【略】嘉靖九年，圜丘、方丘、朝日、夕月初獻；享先農，奠玉幣；享先蠶，初獻、奠帛。

（清）嵇璜、劉墉等《續通典》卷八六《樂二》

先農，迎神、奠帛，奏《永和之曲》。進俎，奏《雍和之曲》。初獻、終獻，并奏《壽和之曲》。徹豆、送神，并奏《永和之曲》。望瘞，奏《太和之曲》。

太歲、風雷、岳瀆，迎神，奏《中和》。奠帛，奏《安和》。初獻，奏《保和》。亞獻，奏《肅和》。終獻，奏《凝和》。徹豆，奏《壽和》。送神，奏《豫和》。望燎，奏《熙和》。

（清）嵇璜等《續文獻通考》卷一〇二《樂考》

《禮樂志》曰：按，祭社稷、先農及大德六年祀天、地、五方帝，樂章皆用金舊名，釋奠宣聖亦因宋不改。

十二月，始製先農樂章。以太常登歌樂祀之。

先是有命祀先農以登歌樂，如祭社稷之制。大樂署言：禮祀先農如社，遂錄祭社林鍾宮鎮寧等曲以上，蓋金曲也。祀日贊者請行事，樂作三成，止送神之曲一成止。

《禮樂志》曰：先農樂章，降神奏《鎮寧》之曲，林鐘宮二成，大蔟角二成，姑洗徵二成，南吕羽二成。初獻、盥洗奏《肅寧之曲》，太蔟宮。初獻、升壇奏《肅寧之曲》，應鐘宮。正配位奠玉幣奏《億寧之曲》。司徒奉俎奏《豐寧之曲》。正配位酌獻奏《保寧之曲》，并太蔟宮。亞終獻奏《咸寧之曲》，闕宮。徹豆奏《豐寧之曲》，應鐘宮。送神奏《鎮寧之曲》，林鐘宮。望瘞位奏《肅寧之曲》，闕宮。詞詳樂章門。

(清) 嵇璜等《續文獻通考》卷一〇三《樂考》

(洪武元年十二月) 立旗纛廟，祭用教坊樂。

(洪武二年正月) 定分祀天神、地祇之禮用雅樂。

臣等謹按：《樂志》洪武二年分祀天神、地祇樂章，迎天神、地祇，《中和之曲》各一，奠帛以後詞并同朝日。《會典》迎神一曲，則刪并兩曲之詞，蓋後改合祀時所定也。《樂志》亦有合祀天神、地祇迎神《保和》一曲，其詞又與《會典》小異。至合祀之制，《樂志》屬之洪武六年。《大政記·禮志》則云三年。《會典》又載，二十六年初定儀。其説彼此參錯。後嘉靖九年，復令分祀。迎神各撰一曲，亦名《保和》，餘曲仍舊。

二月，遣官祭馬神，用時樂。躬享先農，撰樂章。

迎神、奠帛并奏《永和之曲》，進俎奏《雍和之曲》，初獻、亞獻、終獻并奏《壽和之曲》，徹饌、送神并奏《永和之曲》，望瘞奏《太和之曲》。

(清) 嵇璜等《續文獻通考》卷一〇五《樂考》

(嘉靖) 八年，定祀太歲、月將樂章。

止撰迎神一曲，奠帛以後俱用神祇壇舊曲。

(清) 嵇璜等《續文獻通考》卷一一四《樂考·先農樂章》

《禮樂志》曰：至大二年十二月，始製先農樂章，乙太常登歌樂祀之。先是有命祀先農以登歌樂，如社稷之制。大樂署言，禮祀先農如社，遂録祭社林鐘宮鎮寧等曲以上，蓋金曲也。

降神奏《鎮寧之曲》，林鐘宮二成：

民生斯世，食爲之天。恭惟大聖，盡心於田。仲春劭按，王圻《續通考》作“勸農明祀”。吉蠲馨香。感神用，祈豐年。

太蔟角二成：

耕種務農，振古如兹。爰粒烝庶，功德茂垂。降嘉奏艱，國家攸宜。所依惟神，庸潔明粢。

姑洗徵二成：

俶載平疇，農功肇敏。千耦耕耘，同徂隰畛。田祖丕靈，爲仁至盡。豐歲穰穰，延洪有引。

南呂羽二成：

群黎力耕，及茲方春。維時東作，篤我農人。我黍既華，我稷宜新。由天降康，永賴明神。

初獻、盥洗奏《肅寧之曲》，太簇宮：

洞酌行潦，真足為薦。奉茲潔清，神在乎前。分作甘霖，沾溉芳甸。慎於其初，誠意攸見。

初獻升壇奏《肅寧之曲》，應鐘宮：有椒其馨，維多且按。王圻《續通考》誤作"甘"，照《史志》改。旨。式慎爾儀，降登庭止。黍稷稻粱，民無渴飢。神嗜飲食，永綏嘉祉。

正配位奠玉幣奏《億寧之曲》，太簇宮：

奉幣惟恭，前陳嘉玉。聿昭盛儀，肅雍純如。按"如"字疑誤。南畝深耕。麻麥禾菽，用祈三登。膺受多，福司徒。

奉俎奏《豐寧之曲》，太簇宮：

奉牲孔嘉，登俎豐備。地官駿奔，趨進光輝。肥碩蕃孳，歆此誠意。有年斯今，按史志誤作"令"，照王圻《續通考》改。均被神賜。

正位酌獻奏《保寧之曲》，太簇宮：

寶壇巍煌，神應如響。備脂咸有，牲體芯王圻《續通考》作"芬"。芳。洋洋如在，降格來享。秉誠罔怠，群生瞻仰。

配位酌獻奏《保寧之曲》，太簇宮：

酒清斯香，牲碩斯大。具列觴俎，精意先會。民命維食，稗莠毋害。我倉萬億，神明攸介。

亞終獻奏《咸寧之曲》，按《史志》闕二字。宮。王圻《續通考》作"太簇"。

至誠攸感，肸蠁潛通。百穀嘉種，爰降時豐。祈年孔夙，稼穡為重。俯歆醴齊，載揚歌頌。

徹豆奏《豐寧之曲》，應鐘宮：

有來雍雍，存誠敢匱。廢徹不遲，靈神攸嗜。孔惠孔時，三農是宜。眉壽萬歲，穀成丕又。

送神奏《鎮寧之曲》，林鐘宮：

焄蒿悽愴，萬靈來唉。靈神具醉，聿言旋歸。歲豐時和，風雨應期。皇圖萬年，永膺洪禧。

望位奏《肅寧之曲》，按《史志》闕二字。宮。王圻《續通考》作"無射"。

禮成文備，歆受清祀。加牲兼幣，陳玉如儀。靈馭言旋，面陰昭瘥。集茲嘉祥，常致豐歲。

（清）嵇璜等《續文獻通考》卷一一五《樂考·樂歌》

洪武二年，分祀天神、地祇樂章。

迎天神，奏《中和之曲》：

吉日良辰，祀典式陳。太歲尊神，雷雨風雲。按：王圻《續通考》此處有"京畿山川，城隍之神。"二句。《明會典》同。濯濯厥靈，昭鑒我心。以候以迎，來格來歆。

奠帛以後，咸同朝日。

迎地祇，奏《中和之曲》：

吉日良辰，祀典式陳。惟地之祇，百靈繽紛。岳鎮海瀆，山川城隍。內而中國，外及四方。濯濯厥靈，昭鑒我心。以候以迎，來格來歆。

奠帛以後，咸同朝日。

洪武六年，合祀天神、地祇樂章。

迎神，《保和之曲》：

吉日良辰，祀典式陳。太歲尊神，雷雨風雲。岳鎮海瀆，山川城隍。內而中國，外及四方。濯濯厥靈，昭鑒我心。以候以迎，來格來歆。

奠帛以後，咸同朝日。

臣等謹案：《明史·樂志》第一云：祭太歲、風雷、岳瀆迎神奏《中和》，奠帛奏《安和》，初獻奏《保和》，亞獻奏《肅和》，終獻奏《凝和》，徹豆奏《壽和》，送神奏《豫和》，望燎奏《熙和》。此即合祀天神、地祇樂章也。乃《樂志》第二載此，除迎神改《保和》外，餘并同朝日。朝日則奠幣《保和》，初獻《安和》，亞獻《中和》，終獻《肅和》，徹饌《凝和》，送神《壽和》，望燎《豫和》。曲名節奏殊別。

嘉靖九年，復分祀天神、地祇樂章。隆慶元年罷。按《禮志》云：禮臣言，天神、地祇已從祀南北郊，其仲秋神祇之祭，不宜復舉。令罷之。

迎天神，《保和之曲》：

吉日良辰，祀典式陳。景雲甘雨，風雷之神。赫赫其靈，功著生民。參贊元化，宣布蒼仁。爰茲報祀，鑒斯藻蘋。奠帛以後，俱如舊。

迎地祇，《保和之曲》：

吉日良辰，祀典式陳。靈岳方鎮，海瀆之神。京畿四方，山澤群真。毓靈分隅，福我生民。薦斯享報，鑒我恭寅。奠帛以後，亦如舊。

嘉靖八年祀太歲、月將樂章。

迎神：

吉日良辰，祀典式陳。輔國佑民，太歲尊神。四時月將，功曹司辰。濯濯厥靈，昭鑒我心。以候以迎，來格來歆。奠帛以後，俱與神祇壇同。

《會典》曰：神祇壇，隆慶元年議罷，惟太歲、月將特祭於山川壇如初。

洪武二年享先農樂章。

迎神，《永和之曲》：

東風啓蟄，地脉奮然。蒼龍挂角，奕奕天田。民命惟食，創物有先。圜鐘既奏，有降斯筵。

莫帛，《永和之曲》。按：王圻《續通考》、《樂律志》俱作"壽和"。

帝出乎震，天發農祥。神降於筵，藹藹洋洋。禮神有帛，其色惟蒼。豈伊具物，誠敬之將。

進俎，《雍和之曲》。按：此章《會典》、王圻《續通考》、《樂律志》俱闕，未詳所以。

制帛既陳，禮嚴奉牲。載之於俎，祀事孔明。簠簋攸列，黍稷惟馨。民力普存，先嗇之靈。

初獻，《壽和之曲》。按：王圻《續通考》、《樂律志》俱作"豫和"。

九穀未分，庶草攸同。表爲嘉種，實在先農。黍稷斯豐，酒醴是供。獻奠之初，以祈感通。

配位云：厥初生民，粒食其天。開物惟智，寔古奚傳。思文后稷，農官之先。侑神作主，初獻惟蠲。按：配位三章，《會典》、王圻《續通考》俱無之。豈四年有配位，不別奏樂之詔，故減去耶？

亞獻，《壽和之曲》。按：王圻《續通考》、《樂律志》俱作"安和"。

倬彼甫田，其隰其原。耒耜雲載，駿御之間。報本思享，亞獻惟虔，神其歆之，自古有年。

配位云：后稷配天，興於有邰。誕降嘉種，有栽有培。俶載南畝，祗事三推。佑神再獻，歆我尊罍。

終獻，《壽和之曲》。按：王圻《續通考》、《樂律志》俱作"寧和"。

帝籍之典，享祀是資。潔豐嘉栗，咸仰於斯。時維親耕，享我農師。禮成於三，以訖陳詞。

配位云：嘉德之薦，民和歲豐。帝命率育，報本之功。陳常時夏，其德其功。齊明有格，惟獻之終。

徹饌，《永和之曲》。按：王圻《續通考》、《樂律志》俱作"雍和"。

於赫先農，歆此潔修。於筐於爵，於饌於羞。禮成告徹，神惠敢留。餕及終畝，豐年是求。

送神，《永和之曲》。按：王圻《續通考》、《樂律志》俱作：景和。神無不在，於昭於天。曰迎曰送，於享之筵。冕衣按：《會典》、王圻《續通考》《樂律志》俱作"冠裳"。在列，金石在懸。往無不之，其佩翩翩。

望瘞，《太和之曲》：

祝帛牲醴，先農既歆。不留不褻，瘞之厚深。有幽其瘞，有赫其臨，曰禮之常，匪今斯今。

（清）嵇璜、劉墉等《清通典》卷六三《樂一》

先農壇，樂七奏。樂章用"豐"字。迎神奏《永豐之章》，奠帛、初獻奏《時豐之章》，亞獻奏《咸豐之章》，終獻奏《大豐之章》，徹饌奏《屢豐之章》，送神奏《報豐之章》，望瘞奏《慶豐之章》，俱用中和韶樂。

先農壇，爲農事也，用姑洗爲宮。太歲壇，用歲始之律，太蔟爲宮。天神從圜丘，以黃鐘爲宮。地祇從方澤，以林鐘爲宮。

太歲壇，迎神奏《保平》，奠帛、初獻奏《定平》，亞獻奏《嘏平》，終獻奏《富平》，徹饌奏《盈平》，送神奏《豐平》。祈雨報祭，迎神奏《需豐》，奠帛、初獻奏《宜豐》，亞獻奏《晋豐》，終獻奏《協豐》，徹饌奏《應豐》。迎神奏《協豐》。

先農壇遣官致祭，用中和韶樂。按先農壇舊制，遣官則同小祀之例。皇上以國之大事在農，先農宜在中祀之列，故準朝日、夕月之制，雖遣官，仍用中和韶樂，永著爲例。

（清）嵇璜、劉墉等《清通典》卷六四《樂二》

先農壇，樂七成，《永豐》《時豐》《咸豐》《大豐》《屢豐》《報豐》《慶豐》。

神祇壇，樂六成，《祈豐》《華豐》《興豐》《儀豐》《和豐》《錫豐》。

太歲壇，樂六成，《保平》《定平》《嘏平》《富平》《盈平》《豐平》。

太歲壇，祈雨報祀，樂六成，《需豐》《宜豐》《晋豐》《協豐》《應豐》《洽豐》。

（清）嵇璜、劉墉等《清通典》卷六七《樂五》

先農壇用姑洗，以還宮之法，十六鐘固皆用之矣。

（清）王先謙《東華續錄·乾隆一七》

（乾隆八年春正月）癸丑，諭：向来先農壇親祭，始用中和韶樂。遣官則同小祀之例，不用中和韶樂。查朝日、夕月等中祀，雖遣官，仍用中和韶樂，但不飲福、受胙而已。朕思國之大祀在農。先農宜在中祀之例，此次遣和親王恭代，即著照朝日、夕月等壇之例，用中和韶樂，永著爲例。

（清）王先謙《東華續錄·乾隆二三》

（乾隆十一年）欽定祭祀中和樂章名：【略】先農壇樂，迎神《永豐》，奠帛、初獻《時豐》，亞獻《咸豐》，終獻《大豐》，撤饌《屢豐》，送神《報豐》，望瘞《慶豐》。神祇壇樂，迎神《祈豐》，奠帛、初獻《華豐》，亞獻《興豐》，終獻《儀豐》，撤饌《和豐》，送神《錫豐》。太歲壇樂，迎神《保平》，奠帛、初獻《定平》，亞獻《嘏平》，終獻《富平》，撤饌《盈平》，送神《豐平》。太歲壇祈雨報祀樂，迎神《需豐》，奠帛、初獻《宜豐》，亞獻《晋豐》，終獻《協豐》，撤饌《應豐》，送神《洽豐》。

（清）王先謙《東華續錄·乾隆三七》

（乾隆十八年四月）甲寅，再查乾隆七年議定祈雨儀注：太歲壇所用乃歲祭通用樂章，與祈澤之義無涉，應交樂部另行撰擬，載入《會典》。得旨，是尋撰進樂章六奏：迎神奏《需豐之章》，初獻奏《宜豐》之章，亞獻奏《進豐之章》，終獻奏《協豐之章》，撤饌奏《應豐之章》，送神奏《洽豐之章》。

趙爾巽《清史稿》卷九四《志六九·樂志一》

（世祖順治二年）耤田饗先農，樂章七奏，用"豐"，迎神奏《永豐》，奠帛初獻奏《時豐》，亞獻奏《咸豐》，終獻奏《大豐》，徹饌奏《屢豐》，送神奏《報豐》，望瘞奏《慶豐》。

（高宗即位，銳意製作）臣等愚見，謂宜遵聖祖律呂正義所定旋宮轉調之法。【略】先農壇，農事也，宜以姑洗爲宮。歷代帝王廟、孔子廟祭以春秋，春夾鍾、秋南呂爲宮，太歲壇宜以歲始之律太簇爲宮。

先農迎神《永豐》，奠帛、初獻《時豐》，亞獻《咸豐》，終獻《大豐》，徹饌《屢豐》，送神《報豐》，望瘞《慶豐》。

天神、地祇迎神《祈豐》，奠帛、初獻《華豐》，亞獻《興豐》，終獻《儀豐》，徹饌《和豐》，送神《錫豐》。太歲迎神《保平》，奠帛、初獻《定平》，亞獻《嘏平》，終獻《富平》，徹饌《盈平》，送神《豐平》。太歲壇祈雨、報祀、迎神《需豐》，奠帛、初獻《宜豐》，亞獻《晉豐》，終獻《協豐》，徹饌《應豐》，送神《洽豐》。

趙爾巽《清史稿》卷九六《志七一·樂志三》

祭先農七章　順治十一年定，乾隆七年以舊詞重改。初制載句中。

中和韶樂，姑洗角立宮，黃鐘宮主調。

迎神，《永豐》：先農播穀，克配彼天。粒我蒸民，於萬斯年。農祥晨正，協風滿旃。曰予小子，宜稼於田。原：句芒秉令，土牛是驅。天下一人，蒼龍駕車。念彼田疇，民命所需。生成有德，尚式臨諸。

奠帛、初獻，《時豐》：厥初生民，萬彙莫辨。神錫之麻，嘉種乃誕。斯德曷酬，何名可贊。我酒惟旨，是用初獻。原：先農神哉，耒耜教民。田祖靈哉，稼穡是親。功德深厚，天地同仁。肅將幣帛，肇舉明禋。厥初生民，萬彙莫辨。神錫之麻，嘉種乃誕。執茲醴齊，農功益見。玉瓚椒醑，肅雍舉奠。

亞獻，《咸豐》：無物稱德，惟誠有孚。載升玉瓚，神肯留虞。惟茲兆庶，豈异古初。神曾子之，今其食諸。原：上原下隰，百穀盈止。粒我蒸民，秀良興起。樂舞具備，吹豳稱兕。再躋以獻，看馨酒旨。

終獻，《大豐》：秬秠穈芑，皆神所貽。以之饗神，式食庶幾。神其丕佑，佑我黔黎。萬方大有，肇此三推。原：穈芑秬秠，維神所貽。以神饗神，曰予將之。秉耒三推，東作允宜。五風十雨，率土何私。

徹饌，《屢豐》：青祇司職，土膏脈起。日涓吉亥，舉耕耤禮。神安留俞，不我遐弃。執事告徹，予將舉趾。原：於皇農事，自古爲烈。莫敢不承，今茲忻悅。籩豆既豐，簠簋雲潔。神視井疆，執事告徹。

送神，《報豐》：匪且有且，匪今斯今。靈雨崇朝，田家萬金。考鐘伐鼓，戛瑟鳴琴。神歸何所，大地秧針。原：麻麥芃芃，粳稻連阡。縱橫萬里，皆神所瞻。人歌鼓腹，史載有年。歲有常典，弗禄綿延。

望瘞，《慶豐》：肅肅靈壇，昭昭上天。神下神歸，其風肅然。玉版蒼幣，瘞埋告虔。神之聽之，錫大有年。原：玉版蒼幣，來鑒來歆。敬之重之，藏於厚深。典禮由古，予行自今。

樂樂利利，國以永寧。

太歲壇六章　順治元年定，乾隆七年以舊詞重改。初制載句中。

中和韶樂，太簇商立宫，倍無射變宫主調。

迎神，《保平》：協兹五紀，歲日月辰。天維顯思，神職攸分。於赫太歲，統馭百神。承天之德，陰騭下民。原：吉日良辰，祀典孔殷。於維太歲，月將百神。乘時秉德，輔國祐民。遥遥龍馭，頓轡九閽。壇壝蠲潔，延佇來臨。

奠帛、初獻，《定平》：原《安平》。禮崇明祀，涓選休成。潔齋滌志，量幣告成。祈福維何，福我蒼生。陳饋奉酎，瞻仰雲旌。原：維神至止，螭駕雲旗。洋洋在上，淑景延禧。束帛承筐，展我誠斯。神示昭鑒，尚其無遺。神兮弭節，薦馨敢後。祀事方初，陳饋奉酎。神光熹微，嘉祥承候。百禮不愆，樂具入奏。

亞獻，《嘏平》：原《中平》。百末蘭生，有飶其香。升歌清越，磬管鏘鏘。牲牷肥腯，嘉薦令芳。神其歆止，在上洋洋。原：以我齊明，率禮攸行。再拜稽首，旨酒斯盈。牲牷肥腯，交彼神明。尊罍上下，醆假思成。

終獻，《富平》：原《肅平》。執事有嚴，再拜稽首。三爵既升，以妥以侑。盥薦有孚，肅兹籩豆。神其歆止，人民曼壽。原：執事有嚴，品物斯備。非馨黍稷，用宣誠意。朱弦登歌，絲衣揚觶。於胥樂兮，神錫爾類。

徹饌，《盈平》：原《雍平》。王省維歲，有報有祈。六氣無易，平衡正璣。嘉生蕃祉，澤及蜎飛。百禮以洽，承神吉輝。原：春祈秋報，歲省惟勤。含醇飲德，莫匪明神。惟神臨御，肸蚃逡巡。獻酬雲畢，誠敬斯伸。

送神，《豐平》：原《寧平》。神兮旋馭，肅瞻景光。靈飆上下，無體無方。嘉承惠和，億兆溥將。歲歲大有，神其迪嘗。原：出令明堂，神爽卒度。報功迎氣，崇祀斯作。神人以和，既康且樂。瞻望景光，邈彼寥廓。

太歲壇祈雨報祀六章乾隆十八年定

中和韶樂，太簇商立宫，倍無射變宫主調。

迎神，《需豐》：持元化兮，富媪神。秉歲籥兮，六氣均。馳雲車兮，風旗；啟閶闔兮，天門。情徬徨兮，孔殷。神之來兮，康我民。

奠帛、初獻，《宜豐》：薦嘉幣兮，芳醴清。練予素兮，升飶馨。紛肸蚃兮，格歆。甘膏沃兮，神所令。

亞獻，《晋豐》：啓山罍兮，攝椒漿。侑神宫兮，靈洋洋。族雲興兮，使我心若；惠嘉生兮，降康。

終獻，《協豐》：清斝兮，三爽；揚翟籥兮，載愉。靈迴翔兮，六幕；澤雱霈兮，遍八區。

徹饌，《應豐》：禮儀備兮，孔時。音繁會兮，徹不遲。昭靈貺兮，迓蕃祉；田多稼兮，氾濩之。

送神《洽豐》顧億兆兮，誠求。渥甘澍兮，神之休。慶時若兮，百昌遂。惠我無疆兮，歲有秋。

天神地祇壇祈雨報祀六章乾隆七年定

中和韶樂，天神黃鐘宮立宮，倍夷則下羽主調。地祇林鐘清變徵立宮，夾鐘清商主調。

迎神，《祈豐》：雲車馳兮，風斾征。雷闐闐兮，雨冥冥。表六合兮，穹青。橫大川兮，揚靈。紛總總兮，來會；穆予心兮，齊明。

奠帛、初獻，《華豐》：束帛戔戔兮，筐筐將。昭誠素兮，邕馨香。瘼此下民兮，候有望。神垂鴻祐兮，渠未央。

亞獻，《興豐》：疏冪兮，再啓；芳齊兮，載陳。惠邀兮，神貺；福我兮，人民。

終獻，《儀豐》：犧尊兮，三滌；旨酒兮，思柔。誠無斁兮，嘉薦；神燕娭兮，降休。

徹饌，《和豐》：禮既成兮，孔殷。潔明粢兮，苾芬。廢徹兮，不遲；至敬兮，無文。

f送神，《錫豐》：流形兮，露生。苞符兮，孕靈。介我稷黍兮，曰雨而雨。神之格思兮，祀事孔明。

乾隆十七年，重定祭祀迴鑾《祐平》十三章。樂章乾隆七年制，十七年始定，凡祭祀迴鑾樂皆曰《祐平》，而以慶典所奏者爲《禧平》。

先農壇：翩彼桑扈，仁氣布和。千畝親御，百祥膺荷。保介歆，種稑多。帝手推，民樂歌。

祭舞

（明）申時行等《大明會典》卷一〇四《禮部六二·教坊司承應樂舞》

凡聖節、冬至、正旦行朝賀禮、上徽號、進實録、册封、頒詔、進春、進曆、遣祭郊祀、聽受警戒、進士傳臚及進士上表，俱用中和韶樂，兼用《堂下樂》。中和韶樂設於奉天殿內，先一日，於御前奏和。如再用，即奏云：安定不動。計用舉麾奉鑾一員，侍班韶舞一員，看節次色長二人，歌工十二人，樂工七十二人。【略】凡大祀天地、享太廟、祭社稷、神祇、耕耤田、幸太學導駕，俱用《堂下樂》。《堂下樂》設於奉天門北檐下。計用領樂、韶舞等官三員，俳長二人，色長十二人，歌工十二人，樂工一百三人。【略】凡祭山川導駕迴，上祭畢升輦，錦衣衛官奏起輦。色長唱，作樂官一員奏樂，奏《神歡之曲》。導至奉天門，樂止。計用樂工十八撥，樂章、樂器并用人數與郊祀迴同。【略】凡耕耤田導駕迴，祭先農畢，至耤田所，戶部尚書捧鞭跪進，本司官引裝扮裏行十八人，內村田樂老人四人，禾十四人。各念《禾詞》，外行七十二人，各作樂器擡掇隨駕。行三推禮畢，駕至儀門，嘉靖十年後御觀耕臺。升座，樂止，觀三公九卿耕訖，本司承應用大樂擡掇百戲，院本探子斤隊舞畢，嘉靖十年更定，擡掇百戲俱於宴時承應。本司官跪賛、致語。駕至殿內，升座、進湯、進膳，俱用樂。順天府官并

耆老人等行禮、謝恩，樂作。禮畢，樂止。次百官行禮，樂作。禮畢，樂止。賜百官
酒飯，復入班行禮，樂作。禮畢，樂止。尚膳官進膳，樂作。進訖，樂止。本司官跪
奏進湯，樂作。撤湯，樂止。奏《仰大明之曲》。進酒、進膳、進湯，樂作。進訖，樂
止。復皆如前。撤御案畢，樂止。百官行禮，樂作。禮畢，樂止。鴻臚寺官奏禮畢。
駕起，升輦，仍用十八撥樂工、歌工前導。起輦，色長唱：作樂。本司官跪奏，樂奏
《神歡之曲》。導至午門前，樂止。【略】念《禾詞》。俳長一人，歌工四人，樂工十五
人，白叟六人，黄童八人，舞畢。奏樂，奏《撫安四夷之舞》。引舞、樂工二人，歌工
四人，樂工十七人，高麗舞、琉球舞、北番舞、迴迴舞各四人。舞畢，奏三，奏《感
帝德之典》。今欽定《感昊德之曲》。侑食，樂作，奏進酒，樂止。奏樂，奏《車書會同之
舞》。舞人、樂工三十四人，舞畢。奏四，奏《民樂生之曲》。侑食，樂作。奏進酒，
樂止。導湯，樂作。迎湯，樂作，如前。奏進湯，樂作，贊饌成，撤湯，樂止。奏樂，
奏《表正萬邦之舞》。引舞、樂工二人，舞人、樂工六十四人。舞畢：五，奏《感皇恩
之曲》。侑食，樂作，奏進酒，樂止。導湯，樂作，迎湯，樂止，如前。奏進膳，樂
作，撤湯、膳并御筵，樂止。奏樂，奏《天命有德之舞》。引舞二人，舞人、樂工六十
四人。舞畢，奏纓鞭得勝蠻夷隊舞。舞人、樂工一百四人，承應內獅子舞五人。舞畢，
官二員，更送致語：萬民安樂，天下太平，嵩呼萬歲，再動樂聲。樂作，樂止。百官
四拜，禮畢。

(清) 允祹等《大清會典則例》卷七五《禮部》

佾舞。天、地、太廟、社稷、日、月、前代帝王、先農、神祇、太歲，舞皆八佾。
文舞生六十四人，武舞生六十四人。

(清) 允祹等《大清會典則例》卷一五二《太常寺·樂舞生》

額設先農壇樂生七十四人，文、武舞生各六十四人，司爐樂舞生八人，執事生八
人，司尊執事生二人。太歲殿樂生七十四人，文、武舞生各六十四人，司爐樂舞生二
人，司尊爵香帛及奉福胙、接福胙執事生十有八人。

(清) 观保等《太常寺則例》卷二《佾舞》

天、地、太廟、社稷、日、月、歷代帝王、先農、神祇、太歲，舞皆八佾。文舞
生六十四人，武舞生六十四人。

(清) 昆岡等《大清會典圖》卷五二《樂二二》

先農壇初獻武舞譜

厥，左右正立，干戚分舉。

初，左右身微向東左西右，足虛立，干平舉，戚衡左手上。

生，左右向西東，兩手推出，干平舉，戚衡左手上。

民，左右向西東，干戚分舉。

萬，左右正立，干居左，戚居右下垂。

彙，左右身微倚西右東左，足少前，作下視勢。干、戚偏左右。

莫，左右向東西，身微俯右左，足進前，干平舉，戚衡左手上。

辨，左右向東西，身微俯，兩足并，干植地，戚衡左手上。

神，左右正面，右足交於左，干居左，戚居右平衡。

錫，左右向西東，身俯左右，足少前。干、戚偏右左。

之，左右正立，干居中，戚居右下垂。

庥，左右向東西，首微俯，手微拱，干正舉，戚衡左手上。

嘉，左右向東西，面仰。干、戚偏右左。

種，左右俯首，左足虛立。干居左，戚居右下垂。

乃，左右向東右西左，足進前，趾向上。干、戚偏右左。

誕，左右向東西，兩足并。干平舉，戚斜倚左手上。

斯，左右向西東，身俯右左，足進前。干、戚偏左右，作肩負勢。

德，左右正立，手微拱。干正舉，戚衡左手上。

曷，左右俯首偏右左，足少前左右，足虛立。干、戚偏左右。

酬，左右正立，干平舉，戚衡左手上。

何，左右正立，身微向東西。干、戚偏右左。

名，左右正立，身微向西東。干、戚偏左右。

可，左右俯首偏左左右右，足少前右左，足虛立。干、戚偏右左。

贊，左右向西東，面微仰，干平舉，戚衡左手上。

我，左右正立，干居中，戚居右。

酒，左右正立，干正舉，戚衡左手上。

惟，左右正面，兩足并。干正舉，戚衡左手上。

旨，左右向東西，身俯右左，足少前。干、戚偏右左。

是，左右向東西，身微蹲，干平舉，戚斜衡。

用，左右正面，右足交於左，干正舉，戚衡左手上。

初，左右正面，屈雙足，干正舉，戚衡左手上。

獻，左右屈雙足，俯首，干正舉，戚衡左手上。

先農壇祭以仲春，或季春，初獻《武舞》：左右兩班，正面立，冬冠，服紅色銷金花服。皆左手執干居中當胸，右手執戚，平衡，戚左，柄右。工歌《時豐之章》，舞凡三十二式。

樂章

厥、初、生、民、萬、彙、莫、辨、神、錫、之、庥、嘉、種、乃、誕、斯、德、曷、酬、何、名、可、贊、我、酒、惟、旨、是、用、初、獻。

先農壇亞獻文舞譜

無，左右正立，籥植居中，羽衡籥下。

物，左右向東西，身俯右左，足進前。籥斜指下，羽植。

稱，左右正立，兩手伸出，羽、籥并植。

德，左右向西東，兩足并，羽、籥如十字。

惟，左右向西東，身微俯，兩足并，籥下垂，羽植。

誠，左右正立，羽、籥如十字。

有，左右正立，羽、籥分植。

孚，左右向西東，左足虛立，籥斜倚膝，羽植。

載，左右正面，身向西東，兩手推向東，羽、籥植。

升，左右正立，身俯，抱右左膝，羽、籥如十字。

玉，左右向西東，羽、籥斜交，如十字。

瓚，左右正立，籥植過肩，羽平額交，如十字。

神，左右正立，兩手相交，羽、籥并植。

肯，左右正立，羽籥偏右左，如十字。

留，左右正立，籥斜舉近肩，羽植。

虞，左右向西東，身俯，兩足并，羽、籥斜交。

惟，左右正面，身蹲，籥衡膝上，羽植。

茲，左右正面，身蹲，羽衡膝上，籥植。

兆，左右正面，身向，東右西左，足進前，羽、籥分植。

庶，左右向東西，兩足并，羽籥斜指東西。

豈，左右正立，身微向東西，籥斜衡，羽斜倚肩。

异，左右正立，身微向西東，羽斜指西，籥斜倚肩。

古，左右向東西，兩足并，籥斜指下，羽植。

初，左右向東西，首微俯，兩足并，籥平指東西，羽植，如十字。

神，左右正立，籥植過肩，羽平衡，如十字。

曾，左右正立，身俯，籥斜植地，羽植。

子，左右正立，籥平衡，羽植。

之，左右正立，羽、籥如十字。

今，左右向東西，兩足并，籥平指東西，羽植。

其，左右正立，籥平衡，羽植籥上。

食，左右正面，屈雙足，羽、籥如十字。

諸，左右屈雙足，俯首至地，羽、籥如十字。

先農壇亞獻《文舞》：左右兩班，正面立，皆左手執籥，居左；右手執羽，居右，羽、籥分植，下齊當腰際。工歌《咸豐之章》，舞凡三十二式。

樂章

無、物、稱、德、惟、誠、有、孚、載、升、玉、瓚、神、肯、留、虞、惟、茲、兆、庶、豈、异、古、初、神、曾、子、之、今、其、食、諸。

先農壇終獻文舞譜

櫃，左右正立，羽籥偏左右，斜倚肩。

秠，左右正立，籥植居中，羽衡籥上。

糜，左右正立，羽、籥分植。

苢，左右正立，籥平舉，右手伸出，羽植。

皆，左右正立，羽籥向下斜交。

神，左右向東西，籥平指東西，羽植，如十字。

所，左右向東西，兩手伸出，羽、籥分植。

貽，左右正立，身俯，籥衡地，羽植。

以，左右正立，籥斜舉，羽植。

之，左右向東西身俯，起右左足，籥斜衡，羽植。

饗，左右正立，兩手上拱，羽、籥如十字。

神，左右正面，身微向東，少蹲，兩手推向西東，羽、籥分植。

式，左右正立，羽、籥斜交。

食，左右向東西，身微俯，籥下垂，右手伸出，羽植。

庶，左右正立，面向西東，兩手相并，舉向東西，羽、籥植。

幾，左右正立，身俯，籥衡地，羽植籥上。

神，左右正立，羽、籥植。

其，左右向西東，兩足并，首微俯，籥平指西東，羽植，如十字。

丕，左右正立，籥植居左，羽平衡，如十字。

佑，左右向西東，兩手伸出，羽、籥分植。

佑，左右身微向東西，籥植近肩，羽斜指下。

我，左右正立，身俯，抱左右膝，羽、籥斜交。

黔，左右正立，籥平舉過肩，羽植。

黎，左右向西東，籥斜指西東，羽植，如十字。

萬，左右正立，籥植近肩，羽平指東。

方，左右向東西，羽、籥斜交。

大，左右正立，羽、籥分植。

有，左右正立，兩手高拱過額，羽、籥如十字。

肇，左右身微向東西，籥下垂，羽斜倚肩。

此，左右正面，兩足并，羽、籥如十字。

三，<small>左右正面，屈雙足。</small>羽、籥如十字。

推，<small>左右屈雙足，俯首至地。</small>羽、籥如十字。

先農壇終獻《文舞》：左右兩班，立如亞獻。皆左手執籥，當胸平衡，右手執羽，當中，植立，高出於頂，羽、籥相交如十字。工歌《大豐之章》，舞凡三十二式。

樂章

櫃、秠、糜、芑、皆、神、所、貽、以、之、饗、神、式、食、庶、幾、神、其、丕、佑、佑、我、黔、黎、萬、方、大、有、肇、此、三、推。

天神、地祇壇初獻武舞譜

束，<small>左右正立，</small>干、戚偏<small>左右</small>。

帛，<small>左右向東西，身微蹲，</small>干平舉，戚斜衡左手上。

戔，<small>左右向西東，面微仰，</small>干側舉，戚衡左手上。

戔，<small>左右正立，</small>干居左，戚居右。

兮，<small>左右向西右東左，足進前趾向上。</small>干、戚偏<small>左右</small>。

筐，<small>左右向西東，身俯兩足并。</small>干、戚偏<small>右左</small>。

筐，<small>左右正立，</small>干居左，戚居右下垂。

將，<small>左右俯首偏右右左左，足進前左右，足虛立，</small>干、戚偏<small>左右</small>。

昭，<small>左右向東西，</small>干、戚分舉。

誠，<small>左右正立，兩手微拱，兩足并，</small>干正舉，戚衡左手上。

素，<small>左右向東西，首微俯，起右左足，</small>干平舉，戚斜衡左手上。

兮，<small>左右正立，兩手高拱，</small>干正舉，戚衡左手上。

酆，<small>左右正立，</small>干正舉，戚衡左手上。

馨，<small>左右蹲身偏左右，側首，</small>干植地，戚衡左手上。

香，<small>左右向西東，兩足并，兩手推出。</small>干平舉，戚斜衡。

癨，<small>左右向西東，身微俯，</small>干側舉，戚衡左手上。

此，<small>左右正立，</small>干居中，戚居右。

下，<small>左右向東西，身微俯，</small>干側舉，戚衡左手上。

民，<small>左右正面，右足交於左，</small>干正舉，戚衡左手上。

兮，<small>左右蹲身微向西東，面轉向東西，</small>干植地，戚衡左手上。

侯，<small>左右側身微向東左西右，足進前，</small>干平舉，戚衡左手上。

有，<small>左右正面左右，足虛立，</small>干、戚偏<small>左右</small>。

望，<small>左右俯首偏左左右右，足少前右左，足虛立。</small>干、戚偏<small>右左</small>。

神，<small>左右正面，右足交於左，</small>干居左，戚居右，平衡。

垂，<small>左右向西東，身俯右左，足進前，</small>干、戚偏<small>左右</small>，作肩負勢。

鴻，<small>左右正立，</small>干平舉，戚衡左手上。

祜，左右向東西，面微仰左右，足少前，干、戚偏右左。

兮，左右正立，干居中，戚居右下垂。

未，左右正立，手微拱，干正舉，戚衡左手上。

渠，左右正面，屈雙足，干正舉，戚衡左手上。

央，左右屈雙足，俯首，干正舉，戚衡左手上。

天神、地祇壇祈報以夏，初獻《武舞》：左右兩班，正面立；夏冠，服紅色銷金花服。皆左手執干居中當胸，右手執戚平衡戚左柄右。工歌《華豐之章》，舞凡三十一式。

樂章

束、帛、戔、戔、兮、筐、篚、將、昭、誠、素、兮、邕、馨、香、瘼、此、下、民、兮、侯、有、望、神、垂、鴻、祜、兮、未、渠、央。

天神、地祇壇亞獻文舞譜

疏，左右正立，首微俯。羽、籥分植。

冪，左右向西東。籥平指西東，羽植如十字。

兮，左右向西東，身俯。羽、籥如十字。

再，左右正立。籥斜舉，羽植。

啓，左右正立。籥植過肩，羽平衡過額，交如十字。

芳，左右正立，面向東西，兩手相并，舉向西東。羽、籥分植。

齊，左右向西東。籥平指西東，羽植。

兮，左右正立。羽、籥偏右左，如十字。

載，左右正立。羽、籥如十字。

陳，左右正面，左足虛立。籥衡膝上，羽植。

惠，左右向東西，兩足并。籥斜指下，羽植。

邀，左右向東西，身微俯，右左足少前，兩手推出。羽、籥分植。

兮，左右正立。羽、籥斜交。

神，左右向西東，面仰，兩手推出。羽、籥斜舉。

覬，左右正立。籥下垂，羽植。

福，左右身微向東西。籥植，羽平衡。

我，左右正立，手微拱。羽、籥如十字。

兮，左右正立，手微拱，兩足并。羽、籥如十字。

民，左右正面，屈雙足。羽、籥如十字。

人，左右屈雙足，俯首至地。羽、籥如十字。

天神、地祇壇祈報、亞獻《文舞》：左右兩班，正面立；皆左手執籥當胸平衡，右手執羽當中植立高出於頂，羽、籥相交如十字。工歌《興豐之章》，舞凡二十式。

樂章

疏、冪、兮、再、啓、芳、齊、兮、載、陳、惠、邀、兮、神、貺、福、我、兮、民、人。

天神、地祇壇終獻文舞譜

犧，_{左右}正立。籥植近肩，羽平衡，如十字。

尊，_{左右}向西東，首微俯。籥平指西東，羽植如十字。

兮，_{左右}向西東，身俯，兩足并。羽籥斜交。

三，_{左右}正立。籥下垂，羽植。

滌，_{左右}向東西，兩足并。籥平指東西，羽植。

旨，_{左右}正立。羽、籥向下斜交。

酒，_{左右}正面，身向西東。羽、籥分植。

兮，_{左右}正立。羽、籥分植。

思，_{左右}身微向西東。籥下垂，羽斜倚肩。

柔，_{左右}正面，身向東西。羽、籥分植。

誠，_{左右}正立，兩手上拱。羽、籥如十字。

無，_{左右}身微向東西。籥下垂，羽斜倚肩。

歡，_{左右}正立，身俯抱_{左右}膝，面微仰。羽、籥如十字。

兮，_{左右}向東西，左足虛立。籥斜倚膝，羽植。

嘉，_{左右}正立，兩手相交。羽、籥并植。

薦，_{左右}向西東，兩足并，兩手推出。羽、籥分植。

神，_{左右}正立，身俯。羽、籥如十字。

宴，_{左右}向東西。籥下垂，右手伸出，羽植。

娱，_{左右}正立，籥平衡過肩，羽植。

兮，_{左右}正立，手微拱。羽、籥如十字。

降，_{左右}正面，屈雙足。羽、籥如十字。

休，_{左右}屈雙足，俯首至地。羽、籥如十字。

天神、地祇壇祈報終獻《文舞》：左右兩班，立如亞獻。左、右手執籥、羽，亦如亞獻儀。工歌《儀豐之章》，舞凡二十二式。

樂章

犧、茸、兮、三、滌、旨、酒、兮、思、柔、誠、無、歡、兮、嘉、薦、神、宴、娱、兮、降、休。

(清) 昆岡等《大清會典圖》卷五三《樂二三》

太歲壇初獻武舞譜

禮，_{左右}正立，干正舉，戚衡左手上。

崇，左右正立，干居中，戚下垂。

明，左右向東西，兩足并，干平舉，戚衡左手上。

祀，左右向東右西左，足進前，趾向上，干、戚偏右左。

涓，左右向西東，干、戚分舉。

選，左右正立，干居左，戚居右，下垂。

休，左右俯首偏右右左左，足進前左右，足虛立，干、戚偏左右。

成，左右俯首偏左左右右，足進前右左，足虛立，干、戚斜倚右左。

潔，左右正面，右足交於左，干正舉，戚衡左手上。

齋，左右向西東，身俯左右，足進前，干、戚偏左右，作肩負勢。

滌，左右正立，左手伸出，干平舉，戚向內斜衡。

志，左右向東西，身俯右左，足少前，干、戚偏右左。

量，左右側身微向東左西右，足進前，干平舉，戚衡左手上。

幣，左右正立，兩手微拱，干正舉，戚平衡。

告，左右向西東，身俯左右，足少前，干、戚偏左右。

誠，左右正面，右足交於左，干居左，戚居右，平衡。

祈，左右身微倚西右東左，足少前，首微俯，作下視勢。干、戚偏左右。

福，左右身微倚東左西右，足少前，首微俯，作下視勢。干、戚偏右左。

維，左右向東西，身俯右左，足進前，干、戚偏右左，作肩負勢。

何，左右正立，干居左，戚居右，下垂。

福，左右向西東，面微仰，干平舉，戚衡左手上。

我，左右正立，干居左，戚居右。

蒼，左右身微向東西，手微拱右左，足進前，干平舉，戚衡左手上。

生，左右俯音，左足虛立，干居左，戚居右，少垂。

陳，左右身微向西東，手微拱左右，足進前，干平舉，戚衡左手上。

饋，左右正面，左足交於右，干正舉，戚衡左手上。

捧，左右向東西，干、戚分舉。

酹，左右向東西，身微蹲，干平舉，戚斜衡左手上。

瞻，左右正立，兩手高拱，干平舉，戚衡左手上。

仰，左右正立，兩足并，干平舉，戚衡左手上。

雲，左右正面，屈雙足，干正舉，戚平衡。

旃，左右屈雙足，俯首，干正舉，戚衡左手上。

太歲壇祭以孟春歲暮，初獻.《武舞》：左右兩班，正面立；冬冠，服紅色銷金花服。皆左手執干，居中當胸，右手執戚，平衡，戚左，柄右。工歌《定平之章》，舞凡三十二式。

樂章

禮、崇、明、祀、涓、選、休、成、潔、齋、滌、志、量、幣、告、誠、祈、福、維、何、福、我、蒼、生、陳、饋、捧、酎、瞻、仰、雲、旌。

太歲壇亞獻文舞譜

百，左右正立，兩手微拱，羽、籥如十字。

末，左右正立，籥植近肩，右手伸出，羽植。

蘭，左右正面，身微蹲，籥衡膝上，羽植。

生，左右向東西，籥平指東西，羽植，如十字。

有，左右向東右西左，足虛立，籥斜倚膝，羽植。

餤，左右向東西，身俯右左，足進前，籥斜指下，羽植。

其，左右正立，籥斜舉，羽植。

香，左右向西東，羽、籥分舉。

升，左右正立，籥植過肩，羽平額，交如十字。

歌，左右向東西，籥斜指，羽植。

清，左右正立，籥平衡，羽植。

越，左右身微向東西，羽斜倚肩，籥下垂。

磬，左右正立，籥植過肩，羽平衡，如十字。

管，左右正立，身俯抱右左膝。羽、籥交，如十字。

鏘，左右向東西，籥下垂，右手伸出，羽植。

鏘，左右正立，身俯，籥衡地，羽植。

牲，左右向西東，面仰，兩手推出，羽、籥斜舉。

牷，左右向西東，身俯，兩足并，羽、籥斜交。

肥，左右正立，籥平衡，羽植居右，如十字。

腯，左右向東西，兩足并，兩手推出，羽、籥分植。

嘉，左右正面，籥下垂，羽植。

薦，左右向西東，籥下垂，右手伸出，羽植。

令，左右正立，籥植居中，羽衡籥上。

芳，左右正立，籥植居中，羽衡籥下。

神，左右正立，身俯，抱左右膝，羽、籥如十字。

其，左右身俯，抱右左膝，羽、籥如十字。

歆，左右身微向東西。籥斜倚肩，羽平指東西。

止，左右正面，籥斜倚膝，羽植。

在，左右向東右西左，足進前，羽斜倚肩，籥平指東西。

上，左右正立，兩手上拱，羽、籥如十字。

洋，左右正面，屈雙足。羽、籥如十字。

洋，左右屈雙足，俯首至地，羽、籥如十字。

太歲壇亞獻《文舞》：左右兩班，正面立；皆左手執籥，當胸，平衡；右手執羽，當中，植立，高出於頂；羽、籥相交如十字。工歌《嘏平之章》，舞凡三十二式。

樂章

百、末、蘭、生、有、飶、其、香、升、歌、清、越、磬、管、鏘、鏘、牲、牷、肥、腯、嘉、薦、令、芳、神、其、歆、止、在、上、洋、洋。

太歲壇終獻文舞譜

執，左右正立，羽、籥如十字。

事，左右身微向東西，羽、籥偏右左，如十字。

有，左右向東西，身微俯，面微仰，籥高舉，斜指東西，羽植。

嚴，左右向東西，籥下垂，右手伸出，羽植。

再，左右正立，羽、籥向右左，斜倚肩。

拜，左右正立，身俯，羽、籥如十字。

稽，左右正立，兩手相交，羽、籥并植。

首，左右正立，身微俯。羽、籥如十字。

三，左右正立，面向東西，兩手相并，推向西東，羽、籥植。

爵，左右正立，面向東西，身微蹲。籥衡膝上，羽植。

既，左右正立，面向西東，兩手相并，推向東西，羽、籥植。

升，左右正立，身微蹲，面向西東。羽衡膝上，籥植。

以，左右正立，羽、籥如十字。

妥，左右身俯，面微仰，向西東，抱左右膝，羽、籥斜交，如十字。

以，左右向西東，面仰。籥平指東西，羽植。

侑，左右正立，羽、籥斜交。

顓，左右向東西，籥斜指東西，羽植籥上。

若，左右身微向東西，兩手推向東西。羽、籥分植。

有，左右正立，籥斜舉，羽植。

孚，左右正立，羽、籥偏右左，斜交如十字。

肅，左右正立，羽、籥向下斜交。

茲，左右俯首偏右左，起右左足，羽、籥如十字。

籩，左右正立，身俯，羽、籥植地。

豆，左右正立，籥植，羽平衡，如十字。

神，左右正面，右足交於左，籥平衡，羽植居右，如十字。

其，左右身微向東西，羽平指東西，籥植。

歆，左右正立，羽、籥分植。

止，左右向西東，籥斜舉，羽植。

人，左右正立，籥平舉過肩，羽植。

民，左右正立，身俯，面微仰。羽、籥如十字。

曼，左右正面，屈雙足。羽、籥如十字。

壽，左右屈雙足，俯首至地。羽、籥如十字。

太歲壇終獻《文舞》：左右兩班，立如亞獻；左、右手執籥、羽，亦如亞獻儀。工歌《富平之章》，舞凡三十二式。

樂章

執、事、有、嚴、再、拜、稽、首、三、爵、既、升、以、妥、以、侑、顒、若、有、孚、肅、茲、籩、豆、神、其、歆、止、人、民、曼、壽。

太歲壇祈報初獻武舞譜

薦，左右正立。干居左，戚居右。

嘉，左右向東西，干居左，戚居右，斜衡。

幣，左右正立，干居左，戚居右，平衡。

兮，左右向西東，身俯，左右足進前，干、戚偏右左，作肩負勢。

芳，左右向東右西左，足進前，干正舉，戚衡左手上。

醴，左右正立，俯首偏左右，干正舉，戚衡左手上。

清，左右正立．兩手拱，干正舉，戚衡左手上。

練，左右向東西，身俯右左，足進前左右，足虛立，干正舉，戚衡左手上。

予，左右側身微向東西，干正舉，戚衡左手上。

素，左右正立，干、戚分舉。

兮，左右向西東，干正舉，右手伸出，戚下垂。

升，左右正立，身俯，面微仰，干、戚偏左右。

餤，左右蹲身偏左右，側首，干正舉，戚衡左手上。

馨，左右向東左西右，足進前，干、戚偏右左。

紛，左右正立，干居左，戚居右，平衡。

胖，左右向西東，干正舉，右手伸出，戚垂下。

蠁，左右正立，俯首偏左右，干正舉，戚衡左手上。

兮，左右向東西，身俯右左，足進前左右，足虛立，干、戚偏右左。

格，左右正立，俯首偏左右，干正舉，戚衡左手上。

歆，左右正立，微蹲，兩手上拱，干正舉，戚衡左手上。

甘，左右正立，身俯，首偏左右，面微仰，干正舉，戚衡左手上。

膏，左右正立，身俯，首偏右左，面微仰，干正舉，戚衡左手上。

沃，左右向東西，身俯，干、戚偏右左。

兮，左右正立，身微蹲，干正舉，戚衡左手上。

神，左右正立，兩足并，干正舉，戚衡左手上。

所，左右正面，屈雙足，干正舉，戚衡左手上。

令，左右屈雙足，俯首，干正舉，戚衡左手上。

太歲壇祈報以夏，初獻《武舞》：左右兩班，正面立；夏冠，服紅色銷金花服。左右手執籥、羽，亦如前太歲壇初獻儀。工歌《宜豐之章》，舞凡二十七式。

樂章

薦、嘉、幣、兮、芳、醴、清、練、予，素、兮、升、飫、馨、紛、胮、饗、兮、格、歆、甘、膏、沃、兮、神、所、令。

太歲壇祈報亞獻文舞譜

啓，左右正立，籥斜衡，羽植。

山，左右向東西，籥斜衡，羽植籥上。

疊，左右正立，聳肩，兩手上拱，羽、籥如十字。

兮，左右向西東，身俯，羽、籥如十字。

攝，左右正立，籥植居左，羽平衡過額，如十字。

椒，左右向東西，羽、籥如十字。

漿，左右正立，身俯，羽、籥如十字。

侑，左右向西東，籥平指西東，羽植，如十字。

神，左右向東西，籥平指東西，羽植，如十字。

宮，左右身微向東西，籥植，羽平衡。

兮，左右正立，兩手相交，羽、籥并植。

靈，左右正立，籥斜舉，羽植。

洋，左右向東西，羽、籥分植。

洋，左右向東西，身微俯右左，足進前，兩手推出，羽、籥分植。

族，左右正立，身俯，羽、籥如十字。

雲，左右正立，籥植居左，羽平衡過額，如十字。

興，左右向西東，左足虛立，籥斜倚膝，羽植。

兮，左右正立，身俯，羽、籥如十字。

使，左右正立，籥平舉過肩，羽植。

我，左右向東西，身俯，羽、籥如十字。

心，左右正立，羽、籥向下斜交。

若，左右正立，身俯，抱左右膝。羽、籥如十字，

惠，左右身微向東西，籥斜衡，羽斜倚肩。

嘉，左右向東西，籥斜倚肩，右手伸出，羽下垂。

生，左右正立，身微俯，羽、籥如十字。

兮，左右正立，兩手微拱，羽、籥如十字。

降，左右正面，屈雙足，羽、籥如十字。

康，左右屈雙足，俯首至地。羽、籥如十字。

太歲壇祈報亞獻《文舞》：左右兩班，正面立；左、右手執籥、羽，亦如前太歲壇亞獻儀，惟兩手微拱。工歌《晉豐之章》，舞凡二十八式。

樂章

啓、山、罍、兮、攝、椒、漿、侑、神、宮、兮、靈、洋、洋、族、雲、興、兮、使、我、心、若、惠、嘉、生、兮、降、康。

太歲壇祈報終獻文舞譜

清，左右身微向東西，籥植居左，羽平衡。

羃，左右正立，聳肩，羽、籥如十字。

兮，左右向西東，身俯左右，足進前，羽、籥如十字。

三，左右向東右西左，足進前，羽、籥如十字。

奭，左右正立，俯首，抱左右膝，羽、籥如十字。

揚，左右正立，兩足并，籥植居左，羽平衡過額，如十字。

翟，左右向東右西左，足進前左右，足虛立，羽、籥分植。

籥，左右正立，籥斜舉，羽植。

兮，左右向西東，左足虛立，籬斜倚膝，羽檀。

載，左右正立，兩足并，兩手上拱，羽、籥如十字。

愉，左右正立，俯首，羽、籥如十字。

靈，左右向東西，籥斜衡，羽斜倚肩。

迴，左右向東西，籥斜倚肩，右手伸出，羽下垂。

翔，左右正立，俯首，羽、籥如十字。

兮，左右向西右東左，足交於左右，羽、籥如十字。

六，左右正立，兩手相交，羽、籥并植。

幂，左右身微向東西，籥植居左，羽平衡。

澤，左右向西東，身俯，羽、籥如十字。

霶，左右正立，兩手推向東西，羽、籥分植。

霈，左右正立，兩手推向西東，羽、籥分植。

兮，左右向東西，身俯右左，足進前，羽、籥如十字。

褊，左右正立，兩手微拱，羽、籥如十字。

八，左右正面，屈雙足，羽、籥如十字。

區，左右屈雙足，俯首至地，羽、籥如十字。

太歲壇祈報終獻《文舞》：兩班立如亞獻。左、右手執籥、羽，亦如前太歲壇終獻儀，而兩手微拱。工歌《協豐之章》，舞凡二十四式。

樂章

清、斝、兮、三、奠、揚、翟、籥、兮、載、愉、靈、迴、翔、兮、六、幕、澤、霶、霈、兮、徧、八、區。

（五）詔諭祝詩文

祭祀祝文

《明太祖實錄》卷三九下“洪武二年二月”條

壬午，上躬享先農，以后稷氏配祀畢，耕耤田於南郊。先農祝文曰：惟神生於天地開闢之初，創田器、別嘉種，以肇興農事，古今億兆非此不生，永爲世教。帝王典祀，敬不敢忘。某本庶民，因天下亂，集兵保民，一紀於茲，荷天地眷佑，海內一家，臨御稱尊，紀綱黎庶。考典崇祀，神載策書，今東作方興，禮宜祭告，謹命太常官築壇於京城之陽，躬率百官詣壇展禮。緬惟神明造化萬世，如斯仰冀，發太古之苗、實初生之粟，爲民立命，昭祀無疆。謹以制幣犧牲，粢盛庶品，肅修常祀，式陳明薦。以后稷氏配神作主。后稷祝文曰：惟土膏脉起，爰修耕耤，用薦常事於先農之神。惟神功協稼穡，允宜昭配，謹以制幣犧齊，粢盛庶品，式陳明薦，作主侑神。尚饗。

《明太祖實錄》卷四〇“洪武二年三月”條

丁酉，上以春久不雨，告祭風雲雷雨、岳鎮、海瀆、山川、城隍、旗纛諸神。祝文曰：“朕代前王統世，治教民生，當去歲紀年建號之初，首值天下災旱，中原人民苦殃尤甚。今年自孟春得雨之後，中春再沾微雨，至今又無。雖未妨農務之急，而氣候終未調順。伏念去歲因旱民多顛危，今又缺雨，民生何賴？實切憂惶。夙夜靜思，惟天地好生，必不使下民至於失所。然神無人何以享？人無神何以祀？朕不敢煩瀆天地，惟眾神主司下土，民物參贊，天地化機，願神以民庶之疾苦，哀聞於上天厚地，乞賜風雨以時，以成歲豐，養育民物，各遂其生。朕敢不知報？尚享。”

《明太祖實錄》卷一一一“洪武十年二月”條

壬子，遣官享先農。其祝文曰：皇帝謹遣具官某致祭於先農之神。惟神初興農事，乃種嘉穀。爲民立命，萬世永賴。今將東作，親耕耤田。謹以牲醴庶品，用修常祀。以后稷氏配。

（清）查繼佐《罪惟錄·志七·禮志》

（洪武三年三月分祭天下岳鎮海瀆）躬署御名於祝文。【略】東岳祝文曰：惟神磅礴英靈，參贊化育，位於東方，爲岳之首。歷代帝王咸敦祀典，或躬臨而奉祭，或遣使以伸忱。朕允膺天命，肇造丕基，禮宜躬祭。今國治未周，新附未撫，或居以治國，或出而視師，是用命使，以表朕衷，惟神鑒之。西岳曰：惟神氣應金方，靈鍾兌位，奠於西極，屹立巍巍，長物養民，功被於世。南岳曰：惟神祝融諸方，奠彼南服，崇高峻極，德配離明，長物云云。北岳曰：惟神鎮并臨代，峙立朔方，終始陰陽，德著悠久，養民革物，功被寰中。中岳曰：惟神崇高攸宅，宅此中區，四岳依宗，群山環拱，養民云云。東海曰：惟神百川朝宗，涵育深廣，靈鍾坎德，潤衍震宗，滋物養民，功被於世。於西海曰：惟神灝靈所鍾，道里遼遠，坎德深廣，潤衍兌方，滋物云云。南海曰：惟神環茲粵壤，物巨靈鍾，坎德深大，離明斯配，潤物云云。北海曰：惟神玄冥攸司，遐邇莫即，鍾靈坎德，奠位陰方，潤物云云。江瀆曰：惟神岷蜀發源，浩渺萬里，朝宗於海，坎德靈長，潤物云云。河瀆曰：惟神發源昆侖，亘絡中土，配精天漢，坎德靈長，潤物云云。淮瀆曰：惟神源深桐柏，演迤楚甸，出雲致雨，潤物養民，坎德靈長，澤被於世。濟瀆曰：惟神沈浸覃懷，功配三瀆，流澄蕩濁，坎德云云。東鎮曰：惟神鎮彼瑯琊，群山所仰，宣澤布氣，育秀鍾靈，生物養民，功被於世。西鎮曰：惟神作鎮汧陽，群山云云。南鎮曰：惟神作鎮會稽，群山云云。北鎮曰：惟神鎮彼平營，群山云云。中鎮曰：惟神鎮彼霍邑，三晉所瞻，育秀陽靈，奠茲中土，生植庶物，功被寰宇。上命鎸之於石，仍賜守祠白金十兩。時北岳尚祭於曲陽縣，循宋舊也。

（洪武六年春祈秋報）其春祈祝文曰：惟神主司民物，恭贊天地化機，發育有功。令當一歲之初，農事將興，謹以牲醴庶品，用伸祭告。所冀風雨以時，年歲豐稔，百物咸遂，軍民皆安。秋報曰：今農事告成，謹以牲幣醴齊，粢盛庶品，用伸報祭。餘同春祈，後不果行。

（清）萬斯同等《明史》卷四四《志一八‧禮志二‧吉禮二郊祀分合》

（洪武十一年）命魏國公徐達及公侯等分獻日、月、星、辰、岳鎮海瀆、山川諸神。其祝文云：嗣天子臣敢昭告於皇天上帝、后土皇地祇。時維孟春，三陽交泰。敬率臣僚，以玉帛犧牲，粢盛庶品，恭祀於大祀殿。備茲燎瘞，皇考仁祖淳皇帝配神誥。

祭祀祭文

《明英宗實錄》卷六五"正統五年三月"條

辛酉，上以兩京風雨為災，遣駙馬都尉西寧候宋瑛祭告天地，駙馬都尉趙輝祭告太廟，太子太保成國公朱勇祭告社稷，禮部尚書胡濙祭告太歲、岳、瀆等神。曰：屬以耳少沖，祗承大統。仰荷洪恩，特隆眷佑。惓惓夙夜，敬天恤民。比聞南京風雨暴作，拔木飄瓦，人罹溺亡，匪德所貽，悚惕思咎，矧茲春暮。北京近甸，連旬不雨，烈風屢興。麥苗將稿，穀種未下。歲計所繫，農用憂嗟。致自眇躬，民實可憫。伏冀至仁，恕其蒙昧。俯矜黎庶，錫之休徵。二氣調均，雨陽時若。四方遠邇，咸獲豐穰。災癘漸消，民物康阜。無任懇祈之至。

《明英宗實録》卷七八"正統六年四月"條

己卯，上因天災屢見，分遣官祭告昊天上帝、后土皇地祇、太社、太稷、太歲、風雲雷雨、岳鎮海瀆、山川之神。曰：祁鎮仰荷天眷，祇承祖宗之位，以安民爲職。夙夜惓惓，惟民在念。自去冬迄今，遠邇之地，雨雪稀少。比者烈風屢興，加有蝗蝻萌發。爲農之憂，不德所致。凜乎兢惕，謹殫誠籲。伏冀矜憐特賜，雨暘均調，蠲滌災沴。靡間遐邇，咸遂豐穰。庶俾下民，均沾洪賜。無任激切祈恩之至，謹用告知，伏惟鑒格。

《明英宗實録》卷一〇三"正統八年四月"條

庚子，上以久旱，遣英國公張輔祭告昊天上帝、厚土皇地祇；成國公朱勇祭告太社、太稷；禮部尚書胡濙祭告太歲、風雲雷雨、岳鎮海瀆、山川之神。曰：國本惟民，民命惟食。今春以來，雨澤愆期。秋穀未登，夏麥將槁。民受其咎，責實在予。祁鎮祇圖自新，用祈霑澤，以蘇民望，以福我國家，不勝懇切之至。謹用昭告，伏惟鑒知。

《明英宗實録》卷一一四"正統九年三月"條

乙丑，以雨雪愆期，遣官祭天、地、社稷、太歲、風雲雷雨、岳鎮海瀆、山川之神。其文曰：祁鎮嗣位以來，仰荷天眷，以安民爲重，宵旰惓惓，惟民食是念。乃自去冬迄今春暮，雨雪愆期，麥苗將槁，穀種未布。爲農之憂，此不德所致，檩乎兢惕。謹殫誠籲，乞賜霑澤，以潤群生，以蘇民望。

（明）徐一夔等《明集禮》卷一四《吉禮第一四·專祀岳鎮海瀆天下山川城隍》

國朝親祀祝文，自署御名遣官代祀祝文，稱嗣天子某，謹遣臣某官姓名，敢昭告於東岳泰山之神。惟神磅礴英靈，參贊化育。位於東方，爲岳之首。及出膚寸之雲，不崇朝而雨。天下有滋稼苗，民賴以生，功被於世。歷代帝王，咸敦祀典，或躬臨而奉祭，或遣使以伸忱。朕允膺天命，肇造丕基，禮宜親臨致祀。今國治未周，新附未撫，或居以圖治，或出而視師，是用命使，以表朕衷。惟神鑒焉。尚享。西岳曰：惟神氣應，金方靈鍾。兌位奠於西極，屹立巍巍。長物養民，功被於世，歷代云云。同前，下并同。南岳曰：惟神祝融，諸峰奠彼南服。崇高峻極，德配離明。長物養民，功被於世。北岳曰：惟神鎮并臨代，峙立朔方，終始陰陽，著世悠久。養民阜物，功被寰中。中岳曰：惟神嵩高，攸宅表此中區。四岳攸宗，群山環拱。養民育物，功被寰中。東海曰：惟神百川朝宗，涵育深廣。靈鍾坎德，潤衍震宗。滋物養民，功被於世。歷代云云同前，下并同。西海曰：惟神灝靈，所鍾道里遼邈。坎德深廣，衍潤兌方。滋物養民，功被於世。南海曰：惟神茲粵壤，物巨靈鍾。坎德深大，離明斯配。潤物養民，功被於世。北海曰：惟玄冥攸司，迢遠莫即。鍾靈坎德，奠位陰方。潤物養民，功被於世。江瀆曰：惟神岷蜀發源，浩渺萬里。朝宗於海，坎德靈長。潤物養民，澤被於世。歷代云云同前，下并同。河瀆曰：惟神發源昆侖，亘絡中土。配精天漢，坎德靈長。潤物養民，澤被於世。淮瀆曰：惟神源深桐柏，演迤楚甸。出雲致雨，潤物養民。坎德靈長，澤被於世。濟瀆曰：惟神沉浸覃懷，功配三瀆。流澄蕩濁，潤物養民。坎德靈長，澤被於世。東鎮曰：惟神鎮彼瑯琊，群山所仰。宣澤布氣，育秀鍾靈。生物養民，功被於世。歷代云云同前，下鎮并同。西鎮曰：惟神作鎮汧陽，群山所仰。宣澤布氣，育秀鍾靈。生物養民，功被於世。南鎮曰：惟神作鎮會稽，群山所仰。宣澤布氣，育秀鍾靈。阜物養民，功被於世。北鎮曰：惟神鎮彼平營，群山所仰。宣澤布氣，育秀鍾靈。阜物養民，功被於世。中鎮曰：惟神鎮彼霍邑，三晉所瞻。育秀暢靈，奠茲中土。生殖庶物，功被寰宇。【略】五月降詔，岳鎮海瀆復遣使代祀。其祝文曰：維洪武三年，歲次庚戌六月戊午朔，越二十二日己卯，某官臣某今蒙中書省點差欽賫祀文，致祭於東岳泰山之神。皇帝制曰：磅礴東海之西，中國之東，參穹靈秀，生同天地。形勢巍然，古昔帝王，登之觀滄海、察地利，以安生民。故祀曰：泰山於敬則誠，於禮則宜。自唐始加神之封號，歷代相因至今。曩者元君失馭，海內鼎沸，生民塗炭。予起布衣，承上天、后土之命，百神陰佑。削平暴亂，正位稱尊。職當奉天地、享鬼神，以依時統一人民，法當式古今，寰宇既清，特修祀儀。因神有歷代之封號，予起寒微，詳之再三，畏不敢效。蓋神與穹壤同始，靈鎮東方，其來不知歲月幾何。神之所以靈，人莫能測，其職必受命於上天后土。爲人君者，何敢預焉？予懼不敢加號，特以東岳泰山名其，名依時祀神。惟神鑒知。尚饗。南岳、中岳、西岳、北岳，祝文并同。其東鎮祝文曰：屹立沂州，作鎮東方。生同天地，形勢巍然。古先帝王察地利，以安生民。故祀之曰，沂山於敬則誠，於禮則宜。自唐始加神之封號，歷代相因至今。曩者元君失馭，海內鼎沸，生民塗炭。予起布衣，承上天、后土之命，百神陰祐，削平暴亂。正位稱尊，職當奉天地、享鬼神，以依時統一人民。法當式古今，寰宇既清，特修祀儀。因神有歷代之封號，予起寒微，詳之再三，畏不敢效。蓋神與穹壤同始，靈鎮東方，其來不知歲月幾何。神之所以靈，人莫能測，其職必受命於上天后土。爲人君者，何敢預焉？予懼不敢加號，特以東鎮沂山名其，名依時祀神。惟神鑒知，尚饗。其起句南鎮則曰：屹立會稽，作鎮南方。中鎮則曰：屹立霍州，作鎮中央。西鎮則曰：屹立隴州，作鎮西方。北鎮則曰：屹立營州，作鎮北方。餘并同東鎮。其東海，祝文曰：生同天地，浩瀚之勢既雄，深淺之處莫測。古昔人君名之曰海神而祀之。於敬則誠，於禮則宜。自唐以及近代，皆加以封號。予因元君失馭，四方鼎沸，起自布衣，承上天后土之祐，百神之助，削平暴亂，以主中國。職當奉天地、享鬼神，以依時式古法以治民。今寰宇既清，特修祀儀。因神有歷代之封號，予起寒微，詳之再三，畏不敢効。蓋觀神之所以生與穹壤同立於世，其來不知歲月幾何。凡施爲造化，人莫可知，其職必受命於上天后土。爲人君者，何敢預焉？予懼不敢加號，特以東海名其，名依時祭祀。神其鑒知。尚饗。南海、西海、北海文并同。其東瀆大淮祝文曰：源始桐柏，潔而東逝。納諸川以歸海，古者人君尊曰淮瀆之神，未嘗加號。於敬則誠，於禮則宜。自唐始加之封號，歷代相因至今。曩者元君失馭，海內鼎沸。予起布衣，承上天、后土之命，百神陰祐，削平暴亂。正位稱尊，職當奉天地、享鬼神。以依時統一人民，法宜式古今。寰宇既清，特修祀儀。因神有歷代之封號，予起寒微，詳之再三，畏不敢效。蓋神與穹壤同始，其來不知歲月幾何。神之所以靈，人莫能知。其造化必受命於上天、后土。爲人君者，何敢預焉？予懼不敢加號，特以東瀆大淮名其，名依時祀神。惟神鑒知。尚饗。其南瀆則曰：源於岷山，生同天地。廣納諸川，東逝於海。古者人君尊曰江瀆之神。餘文并同東鎮。其西瀆則曰：源於昆侖，其行也屈曲，其激也有聲。於山不徙，於平壤則流蕩。洶湧莫測。自有天地，則有之。古之人君尊曰河瀆之神。餘文并同東鎮。其北瀆則曰：源始王屋，伏流而出，潔異衆水。古者人君尊曰濟瀆之神。餘文并同東鎮。

（明）章潢《圖書編》卷一二〇《祭神祇舊名山川》

嘉靖十一年，厘正祀典，祝文：維年歲次月朔日某申某衙門某官某等，敢昭告於雲雨風雷之神、境內山川之神、城隍之神曰：惟神主司民物，參贊天地化機發育有功。考於古今，歷代有春告之禮。今當一歲之初，農事將興。謹以牲醴庶品用伸告祭，所冀風雨以時，年歲豐稔，民物咸遂，軍旅府縣用四境皆安。尚饗。

又秋報，“惟神主司民物，參贊天地化機發育有功。歷代相承有秋報之禮，今農事告成，謹以牲帛醴齊粢盛庶品用伸報祭。尚饗。”

祭旗纛，祝文：某年某月朔日，某官某敢昭告於旗纛之神。惟神之靈實壯威武，某等欽承上命，守御茲土，惟仲春季秋謹以牲醴庶品，用伸常祭。尚饗。

（明）申時行等《大明會典》卷八十五《禮部四十三·神祇》

洪武合祭儀·祝文：維洪武□年□月□日，皇帝御名致祭於太歲之神，風雲雷雨之神，岳鎮海瀆、山川、月將、城隍之神。惟神主司，民物參贊，天地化機，發育有功，歷代相承，有秋報之禮。今農事告成，謹以牲帛醴齋粢盛庶品用申報祭。尚享。

嘉靖十年更定儀·祝文：天神壇：維嘉靖□年歲次□月□朔□日，嗣天御名致祭於雲師之神、雨師之神、風伯之神、雷師之神。惟神職司雲雨，興布風雷，贊輔上帝，功施生民。今農事告成，以牲醴庶品菲帛之儀，用修報祀。惟神鑒之。尚享。

地祇壇：維□年□月□日，嗣天御名致祭於五岳之神、五鎮之神、基運山之神、翔聖山之神、神烈山之神、天壽山之神、純德山之神、四海之神、四瀆之神、京畿天下山川之神。惟神鍾靈毓秀，主鎮一方，參贊大化，功被於民。今農事告既成，以牲帛醴齋之儀，用修報祭。神其歆哉，尚享。

太歲月將，嘉靖八年定祝文：維嘉靖□年□月□日，皇帝遣某官某，致祭於某甲太歲之神、四季月將之神，時維孟春，聿新歲序；惟時暮歲，將屆新春。特用遣祭，以牲帛庶品之儀。神其歆此，祭報。誠敷佑康吉。尚享。

《明英宗實錄》卷九二《禮部五〇·群祀二·先農》

嘉靖九年更定祝文：維嘉靖□年□月□日，嗣天子御名，致祭於先農之神。曰：

維神肇興農事，始種嘉穀。立斯民命，萬世攸賴。兹當東作之期，躬耕耤田。惟賴神慈，默施化理，俾年穀豐茂，率土皆同。以牲帛醴齊之儀，用申祭告之誠。尚享。

（明）王圻《續文獻通考》卷一〇九《郊社考·先農壇》

先農祝文曰：惟神生於天地開闢之初，創田器，別嘉種，以肇興農事。古今億兆，非此不生，永爲世教。帝王典祀，敬不敢忘。某本庶民，因天下亂，集兵保民，一紀於兹，荷天地眷佑，海内一家，臨御祀即。今東作方興，禮宜告祭。謹命太常官，築壇京城之陽，躬率百官詣壇，展禮緫。惟神明造化萬古，如斯仰異。發太古之苗，實初生之粟，爲民立命，昭祀無疆。謹以制幣犧牲，粢盛庶品，肅修常祀，式陳明薦，以后稷氏配。作神主后稷祝文曰：惟土膏脉起爰，修耕耤田，用薦常事於先農之神。惟神躬協稼穡，永宜昭配。謹以制幣、犧齊，粢盛庶品，式陳明薦，作主侑神。尚饗。

（明）佚名《太常續考》卷三《先農壇耕耤事宜·祝文》

維皇帝謹遣，致祭於先農之神，曰：惟神初興農事，乃種嘉穀。爲民立命，萬世永賴。今將東作，謹以牲醴、庶品用修常祀。尚享。

（明）佚名《太常續考》卷八《秋祭神祇壇事宜·祝文》

維某年歲次月日，皇帝遣致祭雲雨風雷之神、五岳之神、五鎮之神、基運山之神、翊聖山之神、神烈山之神、天壽山之神、純德山之神、四海之神、四瀆之神、京畿天下山川之神，惟神鍾靈毓秀，主鎮一方。參贊大化，功被於民。今農事既成，以牲帛、醴齊之儀，用修報祭。神其歆哉。尚享。

《世祖章皇帝實錄》卷八一“順治十一年二月”條

丙子，祀先農，行耕耤禮。祝文曰：維神肇興農事，利賴萬年。兹當東作，躬耕耤田。願錫大有，物阜民安。謹以牲帛醴齊之儀，用申祭告。

《宣宗成皇帝實錄》卷二一二“道光十二年五月”條

戊辰，上詣天神壇。遣惇親王綿愷詣地祇壇。惠郡王綿愉、詣太歲壇。祈雨。御製祝文曰：春澤承庥，方雲共慶。夏霖愆序，倍惕淵衷。復值逆猶逞惡，不獲已而誅夷。邪匪潛滋，必應除而克治。雖國法之難容，實天和之有犯。皆由德薄不能感化，才疏未克財成，以致乾旱恒暘。虞稼穡多槁之歎。赫炎不雨，憫人民無妄之灾，敬思水旱之不齊，總因政治之多失。嗚呼！自天申之，赦眇躬而萬民是惠，列地利也。昭靈既而三輔均沾，步禱神壇。心憂蔀屋，抒微忱而早蘇民困。亟叩甘膏，企恩波而速斂風威。仰希神鑒。

（清）伊桑阿等《（康熙）大清會典》卷六五《禮部二六·祠祭清吏司·群祀三·先農·遣官歲祭儀·祝文》

維□年歲次□月□日，皇帝遣官致祭於先農之神曰。惟神肇興農事，萬世永賴。當東作之時，躬耕耤田。祈諸物豐茂，爲民立命，謹以牲帛酒醴庶品之儀致祭。尚饗。

（清）允祹等《大清會典》卷八三《太常寺》

仲春吉亥，饗先農壇祝文：維乾隆年歲次二三月朔越日亥，皇帝致祭於先農之神曰：惟神肇興農事，萬世永賴。茲當東作之時，躬耕耤田。祈諸物豐茂，爲民立命。謹以牲帛酒醴庶品之儀致祭。尚饗。

太歲祝文：維乾隆年歲次正十二月朔越日，皇帝遣致祭於某甲太歲之神曰：茲當孟春歲暮祭歲，既云暮節屆新春。謹以牲帛酒果庶品之儀致祭。尚饗。

（清）秦蕙田《五禮通考》卷四八《吉禮四八·四望山川》

《明集禮》：專祀岳鎮海瀆、天下山川。

祝版親祀祝文，自署御名遣官代祀，祝文稱：嗣天子某，謹遣臣某官姓名敢昭告於東岳泰山之神。唯神磅礴英靈，參贊化育。位於東方，爲岳之首。及出膚寸之雲，不崇朝而雨天下。有滋稼苗，民賴以生。功被於世。歷代帝王，咸敦祀典。或躬臨而奉祭，或遣使以伸忱。朕允膺天命，肇造丕基。禮宜親臨致祀。今國治未周，新附未撫。或居以圖治，或出而視師。是用命使，以表朕衷。惟神鑒焉。尚享。

（清）王先謙《東華錄·順治二二》

（順治十一年二月）丙子，祀先農，行耕耤禮。祝文曰：維神肇興農事，利賴萬年。茲當東作，躬耕耤田。願錫大有，物阜民安。謹以牲帛醴齊之儀，用申祭告。

詔、諭、奏文

詔書

《明世宗實錄》卷一〇四"嘉靖八年八月"條

壬午，駕祀山川諸神。制曰：祝文如舊。兩廡遵我太祖欽定典禮，東廡遣大學士翟鑾，西廡吏部尚書方獻夫，各分祀行禮。駕迴作樂如例。

《明世宗實錄》卷一六〇"嘉靖十三年閏二月"條

丁未，遣禮部尚書夏言祭先農之神。是日，陪祀官不到者衆，公侯伯止成國公朱鳳一人而已。言因劾奏之。上曰：祀典重事，歲祭先農，皇祖定制，非有所增。諸臣無禮慢神，專恣逸縱。每有臨期，託故不行陪祀，法當查治。今姑宥之，再有怠慢者，必寘以法。本日陪祀官不到過多，監禮官何漫不糾舉？都察院查核以聞。于是左都御史王廷相以御史李朝綱、楊行中，鴻臚寺序班齊恩、王佐名上。詔：俱執付鎮撫司究問。

《明憲宗實錄》卷七六"成化六年二月"條

壬申，敕諭文武群臣曰：朕紹膺景運六載於茲，夙夜靡寧，圖惟治理。而自冬徂春，灾異薦臻，雨雪不降。朕慮民生弗遂，憂切於懷。永惟灾咎之徵，必由人事感召，豈朕德有不敏，而政多缺歟。抑爾群臣，分理庶政者，因循怠緩，弗克竭誠盡心，以輔朕之不逮，敧循省所，自宜各任其責，致交修之誠。朕將親率爾文武群臣，於二月二十八日恭詣山川壇請禱。先期，致齋三日，其各洗心滌慮，秉誠敬以格神明，勵公勤以修職業。務臻實效，毋事虛文。六部三法司任政刑重，寄宜公同計議。凡政事未善、刑罰失中，可更張者，并有惠利可興舉，冤抑可伸理者，悉條具以聞，毋有所隱。朕將舉而行之，庶幾以此誠心實政，仰答天心，致休徵之應，以福生民。爾等其欽承朕命，毋忽。于是，吏部等衙門尚書姚夔等官合奏：臣等仰惟皇上聰明仁孝，格於天心。致灾之由，責在臣等。顧乃重憂宵旰，俯賜勉諭，緬懷尸素，實切汗顏。伏望恕臣等不職之罪，罷歸田里，別用才賢。庶幾燮理得人，天意可迴矣。上曰：朕以旱灾，特敕爾等修省。今却連名辭職。此豈應天以實之道？不許事有當行者，可速議以聞。

《明世宗實錄》卷九八"嘉靖八年二月"條

戊寅，上諭禮部：朕念去年，各處俱奏報灾傷變异頻仍，人飢至有相食者。況一冬少雪，今當東作之時，雨澤不降。若二麥不登，則今秋薦饑，又有甚於前歲者，朕甚憂懼。已有旨祭告南郊社稷、山川。今朕親往，庶盡虔祈之意，其具儀以聞。于是，尚書方獻夫等對曰：謹按《周禮・大宗伯》：以荒禮哀凶。札釋者謂：君膳不祭，馳道不除，祭事不縣。皆所以示貶損之意。又曰：國有大故，則旅上帝及四望釋者曰：故謂凶灾旅陳也，陳其祭事以禱焉，禮不若祀之備也。今陛下憫勞萬姓，親出祈禱，合行禮儀，宜務從簡約，以答天戒其常。朝官俱令一體陪從，同致省愆祈籲之誠。

甲申，上親禱雨於南郊及山川壇。

《明世宗實錄》卷一〇四"嘉靖八年八月"條

壬午，駕祀山川諸神。先是，上諭禮部：惟我太祖高皇帝定嚴祭祀之條於《皇明祖訓》內，山川諸神之祭皆無遣代之者。後以出入不便，命官行禮。今灾變多端，宜禱於神，以祈轉化。是年秋祭山川諸神，朕欲親往，其具儀以聞。【略】議上，上曰：祭祀重事，不可苟簡。祀神之儀，須有隆殺。人君事天，若事親。禮神猶敬長，應行禮儀。

《明世宗實錄》卷一二〇"嘉靖九年十二月"條

丙寅，上諭內閣：來春二月初三日告祀社稷，并祭先農、行耕耤禮。是日恭值聖母聖旦，有礙稱觴上壽。朕惟事親事神，當有等殺。人君上奉天地，次禮百神，而事親恐不在事神之後。自今，凡仲春祭社，若值初三上戊，則另諏吉日，庶盡朕情。于是，禮部以明年二月三日適值上戊，請如聖諭，改初八日癸亥行禮。從之。

《明世宗實錄》卷五〇六"嘉靖四十一年二月"條

辛酉，詔罷親耕、親蠶禮。所司勿復奏。時耕、蠶禮久不親行，然每歲禮官猶以故事請。上常命戶部官祭先農、女官祭蠶只。及是，復請祭蠶只。上諭輔臣曰：耕、蠶二禮，昔自朕作即親耕，亦虛瀆耳，必有實焉爲是，遂俱罷之。

（明）郭正域《皇明典禮志》卷一一《耕耤》

（隆慶二年）諭曰：耤禮，自三代以來，未之能易也。籍者，借也。甸師掌之，借民力也。漢耕於鎚定、於弄田、於定陶、於下邳，無定所，領以耤田令丞。唐戒近郊，履千畝行九推。宋耕數十步，或十有二跬，無定數。以宰臣領大禮使總之。開創之君，注念稼穡，爲子孫法耳。我高皇定禮，文皇、世皇稍潤色之。宣皇諭言，則休養生息，勤生節用，寧獨爲觀美哉。

《世宗憲皇帝實錄》卷五九"雍正五年七月"條

癸未，諭直省總督巡撫等：自雍正二年以來，朕躬耕耤田。而耤田之中，每歲必産嘉穀。上年自雙穗至於九穗，今歲則自雙穗至於十三穗。在廷諸臣及京師耆庶，皆驚訝以爲奇。朕之宣示於衆者，并非矜詡夸張以爲祥瑞。蓋實有見於天人感召之理，捷於影響。而朕敬天之心，至誠至切，願與內外大小臣工共勉之也。稼穡爲天地之寶，民命攸關。我聖祖仁皇帝臨御六十餘年，無刻不以重農力穡爲先務。仰觀天時，俯察地利，辨土性而課人功，咨雨暘而防旱潦，綢繆區畫，旰食宵衣。偶遇雨澤愆期，聖心憂勞之切，侍側臣子皆惶悚不寧。所以爲萬世謀粒食者，至矣盡矣。朕朝夕瞻仰者四十餘年。今纘承大統，竭誠效法，念切民依。每年虔祀先農，躬耕帝耤。仰蒙上天眷佑，疊錫嘉禾。是以特頒諭旨曰，令各省守土官共舉耕耤之禮，爲萬方百姓祈禱秋成。今見各省督撫奏報，處處風雨均調，春麥秋禾，并登豐稔。雖邊遠荒僻之地，亦慶有秋。惟直隸、湖廣、安徽數州縣近水最低之處常年被潦者，略有浸注，亦不爲灾，是今歲可稱大有年矣。良田各省初耕耤田，各該有司自然小心敬慎，齋祓虔誠。是以感格上蒼，而獲此盈寧之錫。儻從此益加敬謹，不懈初心，則歲歲屢豐，可以預必。爾督撫等可通行曉諭所屬官民，當凜帝鑒之匪遙，勿視耕耤爲故事，永矢嚴恪，以迓天和。天下臣民受福，斯朕之福也。

《世宗憲皇帝實錄》卷七八"雍正七年二月"條

壬辰，諭內閣：朕惟雲雨風雷之神，代天司令，俾百昌萬寶，普含膏澤，以錫福於烝民，厥功并懋。朕恭承天眷，恪修祀典，爲四海蒼黎仰祈嘉佑，已經特建廟宇，崇祀龍神、風伯。而雲師、雷師，尚闕專祠。嘗考《虞書》，禋於六宗之文。漢人以乾坤六子釋六宗。震雷、巽風，均列禋祀。而《易》曰：雷以動之，風以散之。則風、雷之發生萬物，功實相等。《禮記》曰：天降時雨，山川出雲。《周禮》亦以五雲辨年歲。是雲與雨，皆運行造化、同昭天貺者也。前代及本朝南郊大祀，雲雨風雷，俱列從壇之次，式隆配享，典禮亦既備矣。邇年以來，雲物兆祥，雷行應候，茂育庶彙，宣布陽和。庇國佑民之德，靈應顯然。今欲特建廟宇，虔奉雲師、雷師之神，因時禱祀，敬迓洪庥，以展朕爲民祈福之意。其考據禮儀，相度營建之處，著禮工二部，詳議具奏。

《高宗純皇帝實錄》卷四五"乾隆二年六月"條

乙亥，諭：本年四五月間，京師及畿輔地方，雨澤愆期。朕虔誠私禱，復命王大臣致祭天神、地祇、太歲等壇及四海之神。仰冀早賜甘霖，綏我兆庶。今於十三、十四、十六、十七等日，時雨普降，既優既渥，遠近均沾。萬姓歡呼，朕心感慶。應虔修報謝之禮，仰答明神福佑之恩。著禮部即行定議具奏。

《高宗純皇帝實錄》卷八八"乾隆四年三月"條

（辛亥）諭：本日朕祭先農壇，途遇雨澤，深爲嘉祥，但官兵衣履不無沾濕。其警蹕修路官兵，及校尉耆老農夫等，應如何施恩之處，著莊親王大學士等議奏。尋議：警蹕之護軍參領五十員，修道之協尉等官二百一員，各賞給官緞一匹。警蹕之護軍、校護軍八百四十名，及步軍統領衙門出派步甲四千六百五十五名，各賞給半月錢糧。鑾儀衛校尉一百五十名，各賞給一月錢糧。順天府耆老農夫等九十四人，各賞給銀二兩。得旨允行。

《高宗純皇帝實錄》卷一八五"乾隆八年二月"條

癸丑，諭大學士等：向来先農壇親祭，始用中和韶樂。遣官則同小祀之例，不用中和韶樂。查朝日、夕月等中祀，雖遣官仍用中和韶樂，但不飲福、受胙而已。朕思國之大事在農。先農宜在中祀之列。此次遣和親王恭代，即著照朝日、夕月等壇之例，用中和韶樂。永著爲例。

《高宗純皇帝實錄》卷四五〇"乾隆十八年十一月"條

乙卯，諭：朕每歲親耕耤田。而先農壇年久未加崇飾，不足稱朕只肅明禋之意。今兩郊大工告竣。應將先農壇宇，修繕鼎新。即令原督工大臣等，敬謹將事。其外壝隙地，老圃於彼灌園，殊爲褻瀆。理應多植松柏榆槐，俾成陰鬱翠，庶足以昭虔妥靈。著該部會同該衙門，查明繪圖具奏。

《高宗純皇帝實錄》卷九七六"乾隆四十年二月"條

庚寅，諭：嗣後每年致祭先農壇，只須太常寺於二月内以親詣，或遣官、雙請。本到閣時，即票擬朕親詣行禮，及遣某人恭代。雙簽進呈，其禮部豫行雙請之本，毋庸復進。

《高宗純皇帝實錄》卷一二二四"乾隆五十年二月"條

甲申，諭：此次致祭先農壇，舉行耕耤。朕自揣精力康強，尚能躬舉三推。所有應行事宜，著各該衙門照例敬謹豫備。候朕親詣行禮。

《仁宗睿皇帝實錄》卷六四"嘉慶五年四月"條

己亥，諭内閣：向来常雩以後，未得雨澤，應遣官於天神、地祇、太歲三壇祈禱。若七日不雨，則虔禱社稷壇，亦仍遣官行禮。昨因本年入春以來，雨澤較少。立夏後仍未得甘霖。寸衷愧悚，晝夜靡寧。已諭禮部設壇祈禱，派睿親王淳穎等齋戒虔誠致祭。而時雨尚稽，現當麥苗長發之際，望澤甚殷，朕心倍深焦廑。嘉慶二年，初次設壇祈雨，皇考曾命朕親詣天神壇致祭。現在三壇祈禱已過，應於七日後祈禱社稷壇。朕當恭詣行禮，以期感召天和，速敷時雨澍澤。嗣後初次三壇祈雨，仍奏請遣官，至恭祭社稷壇。該部即奏請親詣行禮，照大祀例，齋戒三日。著爲令。

《仁宗睿皇帝實錄》卷一二九 "嘉慶九年五月" 條

戊戌，諭內閣：前因本年交夏後，得雨稍稀，農田望澤，朕心深爲焦廑，特命禮部於本月初八日爲始，敬禱天神、地祇、太歲三壇。分派諸王行禮，朕於宮中齋心虔祈，以冀醲膏速沛。茲初九日甘霖渥霑，四野滂敷。正當禾苗長發之時，得此滋培，益增暢茂。此實仰蒙神祇眷佑，寅感倍深。著即於本月十三日敬謹報祀。仍派儀親王、成親王、慶郡王永璘分詣行禮。

《仁宗睿皇帝實錄》卷二四二 "嘉慶十六年四月" 條

辛未，諭內閣：本日，朕恭詣天神壇虔祈雨澤，乘輿進先農壇東門，派出隨祭之阿哥，及扈從之御前大臣侍衛等，俱於門外下馬步行隨入。約行二里許，方至壇所。朕由神祇門進壇時，天色未曉。及祭畢出壇，見神祇門外路西車轎、馬匹甚衆，人聲嘈雜。該處距壇內不過數十步，至朕下轎處只十餘步。如各官員應至該處下馬，何以阿哥及御前隨從之人，轉於先農壇門外下馬。著交查壇之莊親王綿課等查明，是否向例相沿。抑係始自此次，其神祇門外，系由何處派員稽查彈壓？此次門外之車轎、馬匹，均係何員乘入？從何門而進？一并查明參奏，不可迴護取和，朦混了事。

《宣宗成皇帝實錄》卷八〇 "道光五年三月" 條

戊戌，諭內閣：本年春雨較少，農田盼澤甚殷。朕齋心默禱，本日渥需甘霖，自丑至午，勢尚未已，極爲深透。仰荷昊慈，益深欽感。耕耤爲劭農劭典，朕特令御前大臣禧恩，前往耤田看視。茲據奏稱，耤田扶犁處所，積水甚深。四推典禮，難以舉行。朕思耕耤大禮，致祭先農，必應躬親祀事，以答神庥。業經先期進宮齋戒，本日閱視祝版。十二日，仍恭詣先農壇致祭，并詣太歲壇行禮，禮成後還宮。其耤田事宜，著順天府尹照例率屬行耕耤禮，并率農夫終畝，以肅明禋而重巨典。

《宣宗成皇帝實錄》卷八七 "道光五年八月" 條

戊寅，諭內閣：近日先農壇有被竊獸面挺鈎之案。此外壇廟地方，保無有防守懈弛之事。著步軍統領衙門、太常寺一體嚴飭該管兵役，慎密巡防。如有偷竊拆損情事，即據實奏明懲辦，毋稍疏懈。

《宣宗成皇帝實錄》卷一八五 "道光十一年三月" 條

甲子，諭內閣：昨日朕致祭先農壇，飲福、受胙時，應行三跪九叩禮。元禄唱贊遲緩，著傳旨申飭。典儀官善禄，聲音平常，著該堂官另行遴員充當。現在讀祝人員較少，并著揀選聲音宏亮、禮儀嫻熟者，添派一員，豫備讀祝。

《宣宗成皇帝實錄》卷一八九 "道光十一年五月" 條

庚午，諭內閣：京師入夏以來，未得透雨。前經降旨，在黑龍潭、覺生寺設壇祈禱。復派睿親王仁壽等恭祀三壇，派載銳前往密雲縣白龍潭拈香。自方澤大祀以後，雖屢得陣雨，總未深透。農田望澤甚殷，必應虔誠祈禱。朕於本月二十五日，親祀天神壇，虔申叩禱。先期於二十四日進宮齋戒。其地祇壇，派惇親王綿愷，太歲壇，派定親王奕紹，著於二十四日在紫禁城內齋宿，次日隨朕詣壇叩禱。所有三壇祝文，著仍撰擬一篇，派員同時跪祝，用申祇告。并著派慶郡王綿慜詣宣仁廟、凝和廟拈香。派惠郡王綿愉詣昭顯廟、時應宮拈香，均於二十四日在紫禁城內齋宿，次日同時虔誠叩禱。所有朕此次親祭各事宜，著該衙門敬謹豫備。

《德宗景皇帝實錄》卷二三九"光緒十三年二月"條

庚午，諭內閣：本年三月二十三日，朕親詣先農壇行禮，禮成後，接行耕耤禮。所有應行典禮，著各該衙門敬謹豫備。

（清）世宗胤禛《世宗憲皇帝聖訓》卷三二

（雍正元年）七月甲申，上諭禮部：國家祀典，必貴潔誠。先農壇每歲展祀，且爲親耕耤田之所，最宜清肅。舊制，圍墻內有地一千七百畝，以二百畝給壇戶種植五穀、蔬菜，以供祭祀；餘一千五百畝，每年交租銀三百兩，以備修理。聞康熙四十年間，內務府撥給園頭耕種，粢盛蔬菜，無所從出，惟向市井采買，殊非潔净精誠之意。今著園頭清還地畝，仍給太常寺壇戶耕種，以供祭祀之需。餘地一千五百畝，著將內外圍墻，查明丈尺，每種地十畝估計，令其修墻若干，務期加謹葺護，毋致傾壞。每年派滿、漢太常寺少卿一員，不時稽察，庶壇壝清潔，祀事更加虔謹矣。

（清）世宗胤禛《雍正上諭內閣》卷五二

（雍正五年正月）十四日，奉上諭：太常寺無養廉之項。先農壇地租銀兩，不必於修理先農壇墻垣支用，著賞給太常寺爲養廉。再各處修理壇廟事宜，從前俱著工部修理。嗣後，如有應行修理之處，或令太常寺會同工部官員估計，交與太常寺修理，或即交與太常寺估計，具題修理。其動用何處錢糧，并應於何處，奏銷之處，大學士會同太常寺議奏。

（清）張廷玉《清文獻通考》卷一〇一《郊社考一一·耤田祭先農儀注附》

（乾隆）二十三年二月，詔除耕耤設棚懸彩之例。舊例相沿，耕耤則設彩棚，皇上以其繁費無益，諭曰：吉亥秸畝，所重劭農，黛耜青箱，畚鍤蓑笠，咸寓知民疾苦之意。而設棚懸彩，以芘風雨，義無取焉。吾民凉雨犁而赤日耘，雖襏襫之尚艱，豈炎濕之能避。且片時用而過期撤，是中人數十家之産也。其飭除之。

五十年三月，皇上行耕耤禮，親祭先農壇。是歲十一月奉諭：每歲春三月，應祭先農壇，行耕耤禮。禮部俱先期將祭祀日期，及耤田一應事宜預行具題，雖屬照例辦理，但國家典禮以實不以文。朕臨御以來，兢兢以敬天勤民爲念，郊壇大祀無不躬親，即耤田親耕，亦未嘗稍憚煩勞，雖本年壽已七十有五，猶親舉三推之典。是春秋已高，或恐步履稍遜，若二、三年後自揣精力如常，偶一舉行豈非熙朝盛事。至本年甫經親行耕耤，明歲應否躬蒞，自應候朕酌行。乃禮部仍照例具題，竟似每歲慎親詣行禮者然，豈不轉爲具文耶。我國家受命延洪，純嘏敷錫，世世子孫，若能皆似朕之敬勤不倦，自必景祚綿長，享國久遠。嗣後我子孫繼承奕祀，惟當不懈益勤，凡遇親耕典禮，若年在六十以內，禮部自應照例具題，年年躬行耕耤之禮；若年逾六十，禮部先期以親蒞或遣官之處，具本題請。庶巨典不尚虛文，而展禮益昭誠。恪著為令。

（清）允祹等《大清會典則例》卷六一《禮部·儀制清吏司·耕耤》

（乾隆）二十三年諭：吉亥耤畝，所重劭農。黛耜青箱，畚鍤蓑笠，咸寓知民疾苦之意。而設棚懸采，以芘風雨，義無取焉。吾民涼雨犁而赤日耘，雖襏襫之尚艱，豈炎濕之能避？且片時用而過期徹，所費不啻數百金，是中人數十家之產也。其飭除之。欽此。

（清）龍文彬《明會要》卷八《禮三·吉禮·先農》

（嘉靖）十六年諭：凡遇親耕，則戶部尚書先祭先農；皇帝至，行三推禮。《禮志》

（清）昆岡等《大清會典事例》卷三一三

（嘉慶）二十三年十二月諭：明年三月初七日，耕耤禮成後，朕詣具服殿更衣，即啓鑾恭謁東陵。出壇時，其法駕鹵簿、導迎樂章，俱著撤去，毋庸豫備。

（清）端方《授時通考》卷四八《勸課·本朝重農·敕諭二》

（世宗憲皇帝雍正元年）諭禮部：國家祀典，必貴誠潔，先農壇每歲展祀，且為親耕耤田之所，最宜清肅。舊制圍牆內有地一千七百畝，以二百畝給壇戶，種植五穀蔬菜，以供祭祀。餘一千五百畝，每年交租銀三百兩，以備修理。聞康熙四十年間，內務府撥給園頭耕種，粢盛蔬菜，無所從出，惟向市井采買，殊非潔净精誠之意。今著園頭清還地畝，仍給太常寺壇戶耕種，以備祭祀之需。餘地一千五百畝，著將內外牆，查明丈尺，每種地十畝，估計令其修牆若干，務期加謹葺護，毋致傾壞。每年將太常寺少卿派出一員，不時稽察。

震鈞《天咫偶聞》卷七《外城西》

先農壇，居永定門內之西。周迴六里，繚以周垣。歲三月上亥，上率王公九卿躬耕。彩旗輕颺，仰紛喬於五雲；樂句徐敲，樂豐穰於萬姓，禮樂皆寓稼穡艱難之意。舊制設彩棚於田上。乾隆二十三年上諭：耤畝所重劭農，黛耜、青箱、畚鍤、簑笠，咸寓知民疾苦之意，而設棚懸彩以庇風雨，義無取焉。吾民涼雨犁而赤日耘，雖襏襫之尚艱，豈炎濕之能避，且片時用而過期徹，所費不啻數百金，是中人數十家之產也，其飭除之。此後遂為定例。又：耕耤之樂，不同他典所用，有腰鼓、拍板。所歌皆御製禾詞。每歌一句，偃旗一次。上四推畢，諸王及諸臣始耕。余備員水部，曾敬瞻焉。

劉錦藻《清續文獻通考》卷一五四《郊社考八·山川》

（乾隆）五十三年，諭：本年河流順軌，運道深通，自賴神明佑助之力。向來四瀆雖各有專祀，而工所黃淮河神廟。每年春秋未經官為致祭，典甚闕焉。自宜特重明禋，以昭靈貺。所有江南及河東等處，工次建立黃河神廟，并江南青黃交匯地方所建淮河神廟，均著於每年春秋二季，官為致祭。交該部載入祀典，并著翰林院撰擬祭文發往。於致祭日敬謹宣讀，以報神庥。

同治三年六月戊戌，諭：本日江寧省城克復，捷書馳奏，八表同歡。因思前此賊氛擾及數省官兵所至，仰賴山川效靈，神祇助順用能，師行貞吉，奄定功成允。宜修舉明禋，敬答鴻佑。所有各省應祭岳、瀆諸神，著禮部查議具奏。又敕封四川大渡河神爲護國之神，并列入祀典，春秋致祭。

劉錦藻《清續文獻通考》卷一五五《郊社考九·耤田祭先農》

乾隆五十四年，諭：禮部按例題耕耤，特具文而已。朕臨御以來，恭遇郊廟大祀，無不祗肅躬親。即中祀之禮，亦嘗親行而耕耤，則不啻數十次矣。仰荷上蒼眷佑，列祖鴻庥。春秋日高，精神强健。明歲已屆八旬，是以一切中祀典禮，如先農、朝日、夕月等壇，俱於八旬以前兩年内，以次親祭一周。即今春，亦曾耕耤矣。至於八旬後，恭遇南郊、北郊、太廟祫祭、大祀，仍當歲歲躬親，以及歸政之年，始終勿懈。若此六年内，筋力設有不逮，未克躬親巨典。朕亦不敢或有勉强，稍滋隕越，臨時自有旨。其餘中祀及耕耤之禮，若復仍事親行，轉非體天敕躬、保養精神，或有類於矯枉沽譽，不肯爲也。即如木蘭秋獼，朕恪遵家法，四十餘次，無不控騎行圍。今秋圍場，仍乘騎而行。至明年八旬以後，則理宜頤養起居，擬弗策馬。而今歲仍必舉行者，亦猶中祀親祭一周之意也。嗣後，凡遇中祀耕耤，著禮部即於本内奏請遣官行禮，其應否親詣之處，不必聲明請旨矣。

《明太祖實錄》卷二一八“洪武二十五年六月”條

戊辰，上以皇太子新薨，欲停祭祀而時享在邇，復命禮部右侍郎張智、翰林學士劉三吾等以郊廟合行典禮，參考古制，議定以聞。于是智等奏曰：《宋會要·王制》：三年不祭，惟祭天地、社稷。蓋不敢以卑廢尊也。真宗居喪，既易月而服除，明年遂享太廟，合祀天地於圜丘，服衮冕、車輅、儀物、音樂，緣臣事者不廢南郊，所有鹵簿、儀仗、冠冕、車輅、宮架、登歌、鼓吹并如常儀。及宰臣畢士安請聽樂，真宗批答云：除郊天之事資禮樂以相成，須用樂外，所有鹵簿、鼓吹及樓前宮架、諸軍音樂皆備而不作。其各處警塲止鳴金、鉦鼓角。今定議天地、社稷、先師、太歲、風雲雷雨、岳鎮、海瀆諸神皆係祀典神祇，歷代帝王乃是紹承統系，宜如宋制，惟太廟乃祖先神靈所在，國既有喪而時享仍用樂，恐神不樂聽，宜亦備而不作。詔從之。

（明）嚴嵩《南宮奏議》卷一五《請定先農壇遣官行禮》

照得嘉靖十七年二月二十日例，該聖駕躬祭先農，親耕耤田。查得本部，先於嘉靖十六年二月十二日，於内閣抄出節奉聖諭：昨卿等謂，先農宜遣官代祭。朕惟凡親耕，則簡命代祭，如不行親耕，定爲户部尚書祭之。朕至，只行三推禮，此可爲制。欽此。欽遵外，今奉前因臣等仰惟皇上親定耕耤之禮，歲一躬行，重農勸穡，此固帝王之盛典也。但臨御以來，每勤萬乘，親載耒耜，屢涉郊坰，聖心憂勤無逸已，足以風勵臣民矣。今歲二月，尚猶春氣未融，陰風寒冽，聖躬正值調攝之日。皇上爲天、地、神、人之主，葆和爲重。今次親耕合無暫免其先農之祭，合照前諭，欽命户部尚書至期行禮，伏乞聖裁。本月初五日，奉聖旨：是，親耕今歲暫免，先農遣尚書李廷相行，該衙門知道。

（明）徐階《世經堂集》卷四《更正耤田賜宴儀注》

臣等昨詣耤田所演禮，看得具服殿只是一層，進膳、賜宴，諸凡不便。又看得齋宮前後有殿二層，規制弘廠。臣等欲請皇上至日駕御具服殿，易祭服，行祭。祭畢，還御具服殿易服，行耕耤禮。禮畢，駕御齋宮，受百官稱賀訖。暫御後殿少憩，待安膳桌及設宴完備，該監官奏請皇上出升座，傳旨官人。每坐各官於丹墀內一拜三叩頭，乃就坐。宴畢，各官仍於丹墀一拜三叩頭謝恩。畢，出至齋宮外，候送駕行，其餘如禮部所具儀奉。御批：是。

（明）賈三近《皇明兩朝疏抄》卷一八《廖道南〈稽古樂以裨盛典疏〉》

古者耤田之禮，所以重農事也。《周禮》：王出入則奏《大夏》，司空除壇，農正陳籍，鬱人薦鬯，犧人薦醴。各司其事，無相越職。今躬耕耤田，設樂於先農壇，教坊司承應，群伶紛擾，衆劇喧嗊，恐非所以表率下民之先務也。凡此數者，雖載諸令甲，相沿有年，而關係匪輕，釐正宜急。

《世祖章皇帝實錄》卷一三四"順治十七年四月"條

乙酉朔，禮部等衙門遵旨會議奏言：《會典》開載，合祀之制，分爲二十四壇。原屬每年止祭一次之例。自分四郊之後，合祭遂止，見行祀例。冬至祭天，配有四從，夏至祭地，配有四從。太歲、帝王、山川、神祇，係四處致祭。今合祭，應照例，共爲十二壇。依太常寺圖式，俱在丹陛內，依次東西相向。報可。

《世宗憲皇帝實錄》卷四八"雍正四年九月"條

癸巳，禮部遵旨議復：皇上躬親胼胝之勞，歲行耕耤之典。嘉禾疊產，异瑞駢臻。今復行令地方守土之官，俱行耕耤之禮。仰見皇上敬天勤民、重農務本之至意。宜恪遵上諭：通行直省督撫轉行，各府州縣衛所，各擇潔净之地，照九卿所耕田數，設立先農壇。於雍正五年爲始，每歲仲春刻日，率所屬恭祭先農之神。照九卿例行九推之禮。所收米粟，敬謹收貯，以供各處祭祀之粢盛。於國計民生大有裨益。從之。

《高宗純皇帝實錄》卷一八五"乾隆八年二月"條

辛亥，禮部奏：本年三月初九日，屆行耕耤之期。禮節周詳，儀文繁復，行禮時，更衣數次。今歲閏逢孟夏，節候既遲，餘寒稍重。請照乾隆五年之例，暫停親耕，遣官致祭先農壇。耕耤令順天府照各直省督撫之例辦理。從之。

（清）黃宗羲《明文海》卷四九《奏疏三·倪岳〈復正祀典疏〉》

雷聲普化天尊者，道家以爲玉霄一府，總司五雷。而雷部諸神，皆其所主。而又託以六月二十四日爲天尊示現之日，朝廷歲以是日，遣官詣大德顯靈宮致祭。夫風雲雷雨皆陰陽之妙用。神之盛德，祖宗以來，每歲南郊大祀，外壇已有合祭之禮。而八月望後，山川壇復有秋報之祭。況自二月發聲之後，無非雷霆震奮之日，顧乃止於六月二十四日，於義何取。至於像設、名稱，禮亦無據。

所謂東岳泰山之神者，謹按《圖志》，東岳魯之泰山。今在山東濟南府泰安州，山下有廟，自黃帝以來封禪七十二君。唐、宋、元皆加神以封號曰王、曰帝，若祀人。國朝洪武三年，詔去封號，稱爲東岳泰山之神。有司春秋致祭，有事則遣臣祭告。今京師朝陽門外亦有東岳廟，實自元延祐中教大宗師張留孫買地爲宮，奉祀東岳天齊仁聖帝，國朝仍而不廢，歲以三月二十八日及萬壽聖節遣官致祭。夫岳鎮海瀆以其山川靈氣有發生潤澤之功，故歷代祀之。而泰山在魯封內，歲時俱有合祭之禮。前項祀典，煩瀆無據。

國朝之制，天下府州縣皆有城隍之祭。京都城隍廟，舊在順天府西南，累朝皆加修葺，歲以五月十一日爲神之誕辰、萬壽聖節，各遣官致祭。夫廟祀城隍之神，本非人鬼，安得誕辰？可謂謬妄。況每歲南郊大祀壇，八月山川壇，俱有合祭之禮，事體已重。既與天下府州縣之祭不同，今又復爲煩瀆之祭，不亦謬乎？前項祭告，俱合罷免。

（清）黃宗羲《明文海》卷五六《奏疏一〇·王健〈題復進樂律疏〉》

惟我皇上，紹統御極。執中葆和，德澤洋溢。施乎方外，延及群生。治功隆赫，倫制全盡。祀天地，禋日月，禮先農，享宗廟，諸凡禮制，巍然煥然。斯已昭一代之大典，垂萬古之宏規。【略】

一曰博稽古樂，以兼衆善。臣考《周禮》所載，周家之禮樂，兼用乎前代之制，如舞《雲門》以祀天神，兼用乎黃帝之樂也；舞《咸池》以祭地祇，兼用乎堯之樂也，舞《大夏》以祭山川，兼用乎漢之樂也。【略】今臣于昭代盛樂之外，編撰《古樂筌蹄》九卷，以修皇上兼用之盛。

（清）于敏中《日下舊聞考》卷五五《城市外城中城》

禮臣上言：太歲之神自唐宋以來祀典不載，惟元有大興作，祭於太史院，亦無常祭。國朝始有定祀，是以壇宇之制，於古無稽。按《說文》，"太歲，木星也。"一歲行一次，應十二辰而一周天。其爲天神，明矣。亦宜設壇露祭，但壇制無考，應照社稷壇築造，高廣尺寸差爲減殺，庶於禮適宜。詔可。《明嘉靖祀典》

祭文、表

（明）徐一夔等《明集禮》卷一四《古禮第一四·專祀岳鎮海瀆天下山川城隍》

洪武二年春正月四日，群臣來朝。皇帝若曰：朕自起義臨濠，率衆渡江，宅於金陵。每獲城池，必祭其境內山川。於今十有五年，罔敢或怠。邇者命將出師，中原底平，岳鎮海瀆，悉在封域。朕托天地祖宗之靈。武功之成，雖藉人力，然山川之神，默實相予。自古帝王之有天下，莫不禮秩尊崇，朕曷敢違。于是親選敦樸廉潔之臣，賜以衣冠，俾齋沐端潔以俟。遂以十月五日，授祝幣而遣焉。臣某承詔將事。惟謹某月某日祭於祠下。威靈歆格，祀事孔明。礱石鐫文，用垂悠久。惟神收藏，萬類奠於東方，西、南、北，隨方改用。典禮既崇，綱維斯在，尚期陰陽，以和風雨，以時物不疵，瘰民庶乂。安是我聖天子之所望於神明者，而亦神明助我邦家之靈驗也。

（清）紀昀《紀文達公全集》卷六《表露布詔書·擬修葺兩郊壇宇及先農壇告成謝表乾隆十九年會試》

乾隆十八年某月某日具官臣某等，恭遇皇上崇效卑法，務本重農，特發帑金，簡命大臣修葺兩郊壇宇，大功告成，復命修整先農壇殿，廣植嘉木，以昭祇肅明禋之至意。臣等謹奉表稱謝者。

伏以皇朝光祀典，經營盡效法之誠；聖主重田功，崇飾祈耕耘之利。示勤示敬，構鴻基於丹艧垣墉；美奐美輪，酬嘉種於稻粱黍稷。黃琮蒼璧，萬靈翕合其神光；黛耜紺轅，千畝遙連其佳氣。祭則受福，知明察之無違；政在養民，卜順成之有應。神人胥洽，中外騰歡。臣等誠惶誠恐，稽首頓首上言：竊惟膺圖受籙，必叶契於幽明；崇德報功，惟告虔於禋祀。千五百神之祭，最尊者莫過乾坤；一十二禮之中，尤重者在於郊社。黃帝以前莫考，漢人僅述其明堂；有虞以後略詳，舜典特書其柴望。載稽樂律，始分冬至夏至之文；粵考《禮經》，乃著泰折泰壇之號。自斯以降，雖分合之屢殊；依古以來，要尊崇之不異。文皇中祀，神祠及壇墠兼修；宣帝初年，北社與南郊并廣。溯遺聞於元始，典重茅蕝；考前志於永明，制更瓦畀。太和异數，特傳親築之文；建武新規，爰有改修之詔。七十二級之制，命殿帥於紹興；八尺一寸之圖，遣太常於廣順。凡以欽崇天道，敬迓嘉祥，至於食乃民天，貴先知夫稼穡；福由神錫，宜大報以馨香。陳籍而祈，載在韋昭之注；吹豳以樂，詳於鄭氏之箋。炎漢舊儀，祀惟乙日；開元新禮，埽在壬方。歆用柔毛，曾紀天興之歲；薦以大武，夙傳太始之年。梁普通兆域新移，特營北岸，唐貞觀耤田親祭，定議東郊。皆王政所以重農，而祭法不忘報本。慨自秦營西時，陳寶為祥；漢拜甘泉，白麟侈瑞。太一而配以五帝，天有六名；神州而兼及昆侖，地分二位。誤解上辛之祈穀，幾廢冬郊；致疑六月之披裘，每停夏祀。劉蘇詰難，交爭詩序之文；霍夏紛紜，附會同牢之禮。或有宋家教主，罷祀先農；唐代禮官，并歸王社。元和以前五十載，耤田則禮已無徵；洪武以下十二朝，登極乃君為親祭。未有五材俱庀，肖儀象於方圓；百穀用成，備典章於祈報；落成有慶，萬年培永命之基；經始方新，四海兆豐年之福，如今日者也。茲蓋伏遇皇帝陛下道高參兩，治感神明。上下同流，元氣叶鴻苞之運。雨暘時若，休徵驗庶草之蕃。祀事孔明，夷典禮而變典樂；人時敬授，義秩東而和秩西。固已甘露醴，泉具昭丕；應嘉禾瑞，麥俱獻祥。符猶念保佑有由，元命夙凝於有德；旦明匪懈，至誠宜將以隆儀。不有鴻規，奚昭大禮。惟茲升烟達氣，典莫重於圜丘；至於瘞玉求陰，祭更嚴夫方澤。爰即詳明之制，更為修舉之謀。宗伯具儀，太常襄議。司天卜吉，水部鳩工。分奠方隅，順陰陽於子午；宏開門戶，法閶闔於乾坤。陛起三成，倚蓋肖形於環轉；塘開一鑑，覆盆取象於觚棱。繚垣迴繞以如規，圖成太極；周道折旋以應矩，水記方流。天仿蔚藍，望清虛於一大；界真金色，符土德於中央。雲捧樓臺，隱約露碧城之影；月明棟牖，霏微占黃氣之祥。風雲瞻拱衛之尊，集眾靈而將事；圭璧備薦歆之禮，待二至以親臨。從此八陛四通，倍增壯麗；因之九成三獻彌覺森嚴。蓋惟王者得行克備夫騂角黝牲之禮，益信仁人能饗式格夫皇天后土之靈。加之敬天者因以勤民，于是重農者大為報本。凡茲群祀，皆為祈福於蒼生；維此先農，尤欲降祥於稼事。雖不比陶匏槀秸，合樂於六變八變之餘；亦必因青輅朱紘，升香於三推五推之日。飭水衡以趨事，大發錢刀；趣將作以鳩材，鼎新土木。梁雕瑇瑁，鄧林遠集其梗柟；瓦疊鴛鴦，陶氏聿新其埏埴。梓人面勢，斤運成風；圬者呈能，堊明如玉。鍤雲汗雨，庶人皆樂事而勸功；鳥革翬飛，崇構可剋期而竣役。更移嘉樹，俾長新榮。依瑤砌而分枝，檜牙凝碧；映春旗而一色，馳道浮青。風籟微吹，響雜祈年之琴瑟；烟條匝布，陰沾終畝之犂鋤。即看柯戞青銅，百尺動龍蛇之影；定知叶分翠幄，千年閟禽獸之形。當其林茂鳥歸，爭依神樹；至於堂成燕賀，永奠靈區。蓋不日而告成，將有秋之必應。從此帝閽南北，兩郊之瑞靄遙通，亦且逵路東西，萬代之崇基對峙。立心立命，萬國咸寧；卜世卜年，三靈俱叶。格於上帝，受釐可祝於無疆；穀我農夫，建極因為之錫福。感通有應，沾溉靡涯。臣等材謝駿奔，業荒學殖。志成郊祀，乏班固之雄文；賦就耤田，無潘安之麗藻。乾稱父而坤稱母，相宗子以何能；義以耨而禮以耕，比真儒而多愧。恭逢明備，莫効涓埃。伏願撰協清寧，惠深懷保。成命聿歌夫《周頌》，對越彌虔；農功俾繪夫《豳風》，勤勞常軫。官以禮樂，克修夫同節同和；省以春秋，時補其不足不給。知感孚之有本，益勤明德之馨香；念呼吸之可通，倍凜庶徵於備敘。則百神受職，將陽愆陰伏之俱消；萬寶告成，自甘雨和風之順應。金甌永固，握寶籙而延年；玉燭長調，啓瑤階而坐治矣。臣等無任瞻天仰聖激切屏營之至，謹奉表稱謝以聞。

散雜文

（明）葉盛《水東日記》卷四○

皇上（明英宗）即位之明年，歲在乙酉，既擇孟春吉日，祈穀禮上帝於大祀壇。復擇仲春元辰，親耕於南郊。其禮儀，悉遵祖宗以來斟酌古今定制。前二日，進耒耜。御覽畢，以鼓吹導出郊外。預命朝臣一十二員充三公九卿，從耕左右。于是少保吏部尚書華蓋殿大學士李賢、禮部尚書姚夔、兵部尚書王竑、工部尚書白圭、吏部右侍郎翰林院學士彭時、戶部左侍郎楊鼎耕其左；廣平侯袁瑄、隆平侯張佑、定襄伯郭登、吏部左侍郎翰林院學士陳文、吏部右侍郎尹旻、通政使張文質耕其右。是日，駕出，鹵簿導從，詣大次，服袞冕。禮先農畢，易常服。戶部尚書馬昂進耒耜，耕耤三推訖，詣坐大次前望耕。從耕者各五推、九推訖，京尹及兩縣令率耆、庶終畝。禮畢，宴勞百官，宿於耤田畔，還賜三公九卿司徒等彩段楮幣各有差。

（清）張照《石渠寶笈》卷一四《貯·（清）蔣廷錫〈瑞穀圖一軸次等張三〉》

素絹本著色畫，自書頌并序云：皇上敬天勤民，務農重稼。雍正二年、三年，連舉耕耤大典，至誠昭格，天人協和。京兆奏，先農壇帝耤，嘉禾叢生，四穗、五穗，不可勝紀，有一莖九穗，高出眾黍之上。豐澤園內，皇上躬耕之所，秔稻亦生九岐，而兩河三晋七穗、五岐之穀連叢，合隴江省奏獻一根九莖之稻，其穟粒多至三百餘顆。臣廷錫忝職農官，睹茲種種嘉應，不勝欣幸，懽忭之至，謹總繪《瑞穀圖》以進，并獻頌曰：聖皇御宇，首重民事。勤奉天時，勸盡地利。維春二月，敕簡稼器。爰於青郊，農壇設次。馨香既格，躬耕耤田。犁行沃澤，種布蕃鮮。三推加一，竟陌通阡。觀耕終歆，皇心益虔。維帝誠敬，風雨時應。五黍五禾，各遂其性。實方實苞，既美且盛。三岐九穗，舜田呈慶。其穗如何，層出猗那。紅綻露泡，金動月波。御園秔稻，標祥獻和。一莖百穟，穎堅粒多。皇仁溥周，帝德廣運。百穀蕃昌，萬靈效順。歡溢兩河，豐盈三晋。聯秀駢枝，黃封奏進。九莖瑞稻，來自東吳。同根分幹，雙米合秝。紫芒耀彩，圓實含珠。神功表稔，帝利惠孚。臣司教稼，幸睹吉符。稽首拜頌，丹青獻圖。款云"經筵講官戶部左侍郎內閣學士裹行臣蔣廷錫"，前署"瑞穀圖頌"四字。

賦、記

（清）黃宗羲《明文海》卷一《賦甲·國事一·（明）桑悅〈北都賦〉》

山川旗纛，馬祖先農，先師先帝，靡祀弗崇，澤被幽遐，神罔時恫，當郊祀。

（清）黃宗羲《明文海》卷二《賦乙·國事二·（明）楊榮〈皇都大一統賦〉》

至若南郊之設，特超古制。圜丘方丘，不岐以二，合祀於中。父天母地壇，分內外二十有四。群祀有典，百神有位。惟我太祖，實配上帝。乃歲孟春，三陽之始，吉日斯蠲，祀事有備。薦以粢盛，泛以醴齊，豆籩秩秩，庭燎晰晰。鼓鐘戒嚴，鑾輿至止。儼對越以升中，祝蕃禧之攸萃。至若山川有壇，先農有祀，馬祖旗纛，各以時祭。寅畏恪恭，罔有弗至。鼓鐘戒嚴，鑾輿至止。儼對越以升中，祝蕃禧之攸萃。

（清）黃宗羲《明文海》卷二《賦乙·國事二·（明）李時勉〈北京賦〉》

其前則郊建圜丘，合祭天地。山川壇壝，恭肅明祀。

（清）黃宗羲《明文海》卷三《賦丙·國事三·（明）陳沂〈大禮慶成賦〉》

是時天地合尊，二后配命。日月星辰，統天之正，海瀆鎮岳，統地之令。鼓以風雷，潤以雲雨。歲祇受時，山川列土，各繫尊卑，享獻有所殿。中位帝祇，東配以太祖、太宗，壇日、月、星、辰幾四於殿。陛下壇五岳、五鎮、四海、四瀆、風雲雷雨、太歲、帝王、神祇，蓋凡二十於四方。

（清）吳長元《宸垣識略》卷一〇《外城二西·徐本〈聖主躬耕耤田恭紀〉》

旭日旌旗輦路分，肇開東作邁思文。燃蕭默祝千村雨，秉黛深鋤一片雲。柳漸鳴鳩春意滿，杏初飛燕午風薰。袞衣成禮臨黃幄，次第公卿致力勤。鳳城環繞綠疇多，群仰躬耕駐玉珂。兆姓盡知敦本意，老農齊唱得年歌。兩岐定見舒新麥，同穎欣看長瑞禾。帝德天心相契合，豐登寰宇共誠和。

（清）吳長元《宸垣識略》卷一〇《外城二西·張湄〈聖主躬耕耤田恭紀〉》

蒼龍勤鳳駕，元鳥協春聲。土潤蒲芽淺，香霏杏樹晴。枝燈融絳蠟，貝闕吼華鯨。

下界祥光動，東方曉氣清。風雷爭啟蟄，日月會飛旌。岳岳青壇立，畇畇綺陌橫。民依先本計，帝利率深耕。仗外耰鋤集，星前劍佩迎。落花侵輦道，新柳拂帷城。禮自三推始，躬爲百辟程。子來終御畝，寅亮法天行。葱犗遵途熟，朱紘映旭明。扇和風翕習，含澤水晶瑩。樵爨看旁達，禾歌取載賡。咨諏紆睿顧，望幸愜輿情。干耦田功發，雙岐地秀呈。豈惟馨黍稷，迄用美坻京。化洽群侯仰，膏流品物亨。隴烟翔雉羽，村暖悅鶊鳴。伐鼓遙村社，吹簫小市餳。佳辰過冷節，比户賜香秔。洋溢呼嵩韵，殷勤獻曝誠。夏畿猶有諺，堯德不容名。瑞表金穰異，鑾迴玉步鏗。葩雲追蓋遠，翠蹕傍輪平。禁苑行觀刈，郊宮幾奉盛。靈山傳瓮現，好雨雜珠傾。快慰豚蹄祝，潛消箕舌征。匎奮由寶訓，庚廩寄蒼生。共坐春臺上，欣隨木向榮。

(清) 于敏中《日下舊聞考》卷二三《國朝宮室・西苑三・御製〈豐澤園記〉》

西苑宮室皆因元明舊址，惟豐澤園爲康熙間新建之所。自勤政殿西行，過小屋數間，蓋皇祖養蠶處也。復西行，歷稻畦數畝，折而北，則爲豐澤園。園內殿宇制度惟樸，不尚華麗。園後種桑數十株，聞之老監云：皇祖萬幾餘暇則於此勸課農桑，或親御耒耜。逮我皇父纘承丕業，敬天法祖，世德作求。數年以來，屢行親耕之禮，皆預演禮於此。乃知聖聖同規，敦本重農，用躋天下於熙皞之盛。若瀛臺之建於有明，飛閣丹樓，輝煌金碧，較之此園固爲美觀，而極土木之功，無益於國計民生，識者鄙之。行一事而合於天心，建一園而合於民情，身率先而天下丕變，吾於是乎知皇祖、皇父之爲首出之聖也。

(清) 于敏中《日下舊聞考》卷五五《城市外城中城・顧鼎臣〈帝耤躬耕賦〉》

帝在位之九載，大業朗以迤宣。闢兩儀以作事，掩六極以爲廛。四時肇其順序，八政飭而罔愆。猶且遡王事之本，念民事之艱。憲古昔以示勸，躬往耕乎耤田。是月也，星麗辰角，日移參尾。太皡司辰，勾芒佐理。律應夾鍾，節惟雨水。當木德之在御，見斗杓之東指。林含烟以葱菁，華綴露而旖旎。長川漾而流碧，芳草靡以成綺。羌萬井與千廛，咸戒期於于耜。乃命司空治館，金吾視壇。縹宮炭蝶，絳殿蜿蜒。青幄雲駐，翠幨氛連。有崇臺以觀稼，亘千畝分陌阡。若天造而地設，以待聖天子之幸焉。爾乃即齋宮，坐宣室。儷朱紘，戴青幘。祝史正辭，巫咸獻吉。瑤露朝嚴，金根宵飭。服葱犗於紺轅，駕蒼龍以縹輾。後車備播殖之器，中宮獻種稑之實。於是勾陳肅隊，招搖啓途。六軍雷動，七校風驅。前披雲以建纛，後捎星而曳旟。草莫莫兮承輦，花菲菲兮襲裾。至則直廬周設，崇卑在位。耆老偕觀，耕夫咸萃。昈翠旄之誕臨，歡聲騰而動地。爾其配后稷，享先農。奠倉穀與元醴，燎芳桂與香蕊。太牢薦而肥腯，太簇奏而從容。既用虔於祼鬯，乃躬即乎田功。於焉京兆奉鞭，司徒獻耜。牛溅溅以從犂，畝畇畇其如砥。群歌而田鼓聲聞，三推而土膏脉起。陟巍臺以俯眺，睹萬民之舉趾。大徇之典將行，享醴之宴斯啓。時則大宗伯捧策而進曰：陛下應農祥而發令，順陽氣以時行。耤千畝於畿甸，勤萬乘以躬耕。示三農以崇本，垂百世而爲經。天子有睟其容，瞵然而喜曰：黍稷馨香，籩豆以飾者，孝子則也。三時不違，唯農是恤者，仁之錫也。庶土任宜，深耕易植者，政之式也。余一人念稼穡之艱難，躬胼視而無逸。雖六府之孔修，猶日慎於一日。豈止於奉遺典而循行，慕前修而潤色者哉？於時上率元臣，載拜稽首。奉萬歲之觴，上一人之壽。鐫玉策而紀瑤編，勒鴻猷以不朽。頌曰：於惟上聖，秉化權兮。洪澤汪濊，溢八埏兮。百祀咸秩，儀孔虔兮。爰稽昔典，耕耤田兮。帝既至止，三推先兮。群工卿寺，禮罔愆兮。農夫終畝，播殖蕃兮。以供粢盛，潔且蠲兮。雨風時若，大有年兮。小臣稽首，載颺言兮。《顧文康集》

（清）于敏中《日下舊聞考》卷五五《城市外城中城·劉榮嗣〈駕耕耤田恭紀〉》

青陽膏土動郊原，玉軑乘時出應門。自古有年歌帝利，於今祈穀荷君恩。西疇柳帶宮雲暖，上苑花迎稼雨繁。田畯於時占介福，茨粱早已報曾孫。《半舫集》

（清）于敏中《日下舊聞考》卷五五《城市外城中城·李霨〈耤田恭紀〉》

昊天擇厥子，惟德不以親。聖人執大象，莫物非佚身。禋享有常秩，幽以悅百神。卑求不敢私，明以媚兆人。人神苟無憾，黃虞道彌淳。《大興縣志》

（清）董誥《皇清文穎續編》卷四七《賦·竇光鼐〈親耕耤田賦〉》

有康衢老人，飫聆聖政。乃以所聞，問於育英大夫，曰：聞莫春之初吉，皇帝有事於千畝。躬秉耒以迎和，勸農功於九有。制蓋傳於唐虞，歷循襲以永久。記致詳於三推，反命爵曰勞酒。周祈社以載芟，并頌及於耘耔。後有舉而不廢，賦頌每炙人口。今皇帝之臨耤，憶倣載於辛酉。歲率典以舉事，地乃京兆之所守。子大夫襄事有素矣，其禮可得而詳否？大夫曰：唯唯。溯羲和之分命，秩東作於仲春。稽親耤於月令，孟月乃擇元辰，乘地氣之初騰，先載耜於兆人。洎泰始之奉行，猶徵信於安仁。歷代并以春舉，時日各不相沿。我朝歲涓吉亥，期必後於春分。當清明之應候，覘禹甸之方畇。蓋用堯典以授時，正播殖之維均也。若乃京邑翼翼，天橋迤南，叶圜壇之西，曰先農壇。啓帝耤於壇內東偏，後建神倉，太常隸焉。自先皇劭農重本，式禮維虔。占晨發趾，必躬必親。蓋以示粢盛之致信，懋食時以率先。皇帝纘緒承志，敷政愍勤。除彩棚之綴飾，導氓俗以樸淳。耤田向設彩棚。戊寅，上特命徹去。每戒農用，先甲巽申。詔所司，啓壇門。屬赤縣，鳩耆民。撰農器，理術阡。覓壤膏，差原鱗。掄柔犤輿，力麨齊驊。角與黑純，甸人清刪。以砥平農，正理軜而犇馴。乃循先典，演耕於豐澤園。豐澤園演耕，自世宗憲皇帝始行之。後遂為例。念終畝之懿訓，世宗憲皇帝於豐澤園演耕會，命上終畝。廣懷永以彌虔。《御製演耕詩》有"率先循聖教，懷永切微衷"之句。選御事於列棘，簡紺耜於親藩。屆期設柸，先路灑塵。駢羅七萃，傳警八神。召屏翳使前驅，屬勾芒以扶輪。於是菖叶開綠，杏蕊團紅。林喧羽拂，川緭萍生。皇帝乃乘鸞輅，六蒼龍。轉曰馭，啓天閶。揚輕葭，扣鴻鐘。挾初雷，御時風。建青旗之旖旎，翳羽蓋之華豐。闐載駭以波馳，羽林繹以景從。轟轟軯軯，沄沄溶溶。望瑤壇而駐蹕，致潔齊於齋宮。爾乃雞人戒旦，牽牛正中。考絺冕之隆儀，用明禋於先農。鱗簨毛簴，匋匊齊鳴。雲穌孤竹，璆磬同聲。五音依韋，羽舞鵝鵝。脄牢登俎，嘉栗餀芳。潔滌灌獻，孔秩孔明。神歆馨以顧饗，思常羊而益恭。祀畢告退，群僚趨蹌。咸袞服秩班於耕所，以俟法駕之來臨。叶爾其崇臺敞朗，礦碱重垠。玉階三面，綴以頹欄。下設彩亭，青箱貯存。種稑辨種，於焉是登。耆農結束，稼具孩隸。耕耦旷列，按牌翼分。御犉中色，金絡嵬冠。洪麋掣曳，寶鏡中懸。被以綉服，煇煥龍文。司儀告備，挈壺報辰。皇帝乃服露袞之法服，綴驪珠之瑀璘。雍雍肅肅，以涖於天田。于是司農進耒，京尹奉鞭。虎賁撫栟，期門引犂。中塍展履，禮官導前。維御耒之正黄兮，象土德之獨尊。羌躬操以一壝兮，隨疾徐而雲穿。剗耡略以澤澤兮，隴稠直以如弦。少尹捧箱而隨侍兮，少農播種而趾聯。農夫躡以土覆兮，旅踵足以忲忲。前彩仗之幡纚兮，翰呵娜以飛翻。絢五色之照灼兮，間桐華以競新。爛瀱溪以棽離兮，狀善氣之鬱紛。振簫管於小部兮，雜社鼓於篾塙。歌禾詞以六六兮，宛肆雅以歙閲。風習習以流響兮，日九光而相鮮。爗金鞭以流耀兮，揮不勞而式遄。推增四而復周兮，從僚受以就班。皇帝乃登觀耕之臺，容與懌顔。御韜宸以延矚，植黄輈於中間。三王九卿先後以陬力兮，老農褻襗襄而駿奔。烏犍粗以齊首兮，耕人勢而比肩。儼分畫以列爻兮，耒歙艴以流丹。推或五亦或九兮，庶人代終而禮完。于是衆耦告同，臚人齊列。簮裾聯班，蓑笠胥逮。九揖稽首，歡呀喤呷。然後緹騎軌屬，天行旋蹕。京都人士，望朱紘之休光，聽龍興之幽輶。廛左候自鬢齔，鳩笻迤於皤髮。非若前代之偶舉，或曤然而夸飾。僕奔走以將事，嘗四度爲窺涉，故粗能詳其説也。今兹歲占已盛，日行蒼陸。叶當胃宿之躔維，鄰上已之華節。文虹蜿而始見，勾萌苗以畢達。積雪融而土沃，盛陽蒸而脉發。雖節勞以三返，亦猶是古道之是率爾矣。皇上親耕，向加四推四返。自壬辰，仍按古禮三推。甲午，《御製耕耤詩》，有"節勞祇以行三返，敬事寧當懈六旬"之句。吾子沾沾以致訴，將毋相忘於知識歟？老人曰：帝王之大體，非蒙所知也。抑有説焉，願析其疑。夫人逸則思淫，勞則思善，此存乎人叶者也。壯則力優，老則力絀，此乘乎時者也。《禮》稱：耆指使七十安車，農民六十歸田，見諸《漢志》。量筋力以爲禮，詎貴賤之有差。是以方策昭布，落落鴻儀。或間世而一舉，皆未逮乎甲周。皇帝壽登古稀，歲又逾五矣。日皇皇於中昃，允釐熙乎萬幾。猶移玉輦於壠畮，枉天步於町畦。聖躬雖云忘勞頤養，其曰如臺乎？大夫曰：子惡知聖人之事哉？堯在位七十載，方咨俾义。舜勤厪省，叢脞猶惴。禹奏平成，業業無斁。湯懋建中，稽事匪懈。文即田功，祇祇敬忌。雖集慶以康穰，猶怵惕於朽蕾。皇帝監前聖以道同，若昊天而工代。作父母於生人，知所依之有在。念扶父而攜子，非粒食其何賴。憫稼穡之艱難，圖觀成於銍艾。懼三時之有違，不蓄畚以慢誨。積孜孜於禹思，歲一涖乎春末。厲精感以昭饗，通蒼靈於磬欬。迓盈陽於奮土，恊二氣以負戴。同暨稷以奏庶，示五穀之爲貴。譬猶日用與飲食，又奚問其勞逸哉？且諦觀五十年來，皇帝之祇勤民事，非獨耕耤也。巡河則人免爲魚，觀海則塘喜成石。救蠶繅於桑宮，納市價於列牧。叶軍行而籌乎萬里，獄讞而裁於秋册。蠲或酌以半全，賑必寬其日月。量晴雨於深宵，應祈禱而澍澤。或備無之偶逢，惘然有若辛蓋。至於天方早遍耕屯，伊犁并權儲積。何人不荷聖慈，何事不關宸畫。矧郊社烝祫，無不躬致誠潔。豆籩簠簋之盛，于是乎出。將奉和以嘉告，昭忠信之無斁。懷明德以升馨，借普存於眾力。寧憚於大次之式，臨縹軷之是即。子獨不觀於天乎？巍巍洪覆，於穆難名。出納日月，經緯列星。暑來寒往，相推歲成。二五構化，眾庶馮生。潤以風雨，鼓以雷霆。道固神而莫測，器乃在以璿衡。曰輪旋而必周，無暫刻之或停。天無心而行自健，聖有心而居以恒。惟自強之不息，乃六位之時乘。天振古以如斯，聖當今而成能。讀臨雍之鴻論，合天人於一誠。本克己以復禮，惟主敬之常惺。繹聖言而道遠，非年世之可程。計茲舉於今春，當大衍之方盈。推乾坤之二策，萬一千五百有贏。歲以時而來菠，將累億以無窮。而子乃以常人之情測之，殆無异坐井而瞷於九重也。于是，老人忻然意滿，忭舞趨蹌，相與歌曰：噫嘻三農，春占祥兮。歲勤於耤，嗣先皇兮。龍袞臨場，奕有光兮。敬近田祖，般靈覗兮。自今伊始，屢豐穰兮。又歌曰：覗之穰穰，富媼神兮。興雨以時，暘罔愆兮。我皇歲徠，以省功兮。擁耒諸節，殷耦閱兮。有徠繹繹，萬斯年兮。

(清) 陳其元《庸閒齋筆記》卷七

記余道光壬辰歲在京師，詣先農壇，恭觀皇上耕耤之所，壇地遼闊，約有數里，龍鱗鳳隰，隴畝縱橫。居中爲太歲廟，廟前爲祈穀壇，後爲貯耤倉。殿宇規制宏麗，樹皆松柏，臥者立者，虯枝蟠結，黛色參天。大抵是數百年物。當隴畝前，起耕耤臺。臺以板爲之，地則耤之以棕薦。臺前搭山棚，棚皆以五彩綢綾結成，光燦奪目。皇帝躬耕之處，地約一畝許，兩旁分十二畦，乃三王九卿扶犁之所。時正值諸王公方演御耕牛，牛色正黃，身披黃緞龍韉，以黃絲繩籠其頭，頂竪金牌，上嵌紅寶石。一執鞭、執便桶之農官隨行。耕時，兩旁立校尉，執五色春旗者二十四人，歌《禾詞》者二十四人，依牛行，上下三推畢，春旗即退。三王九卿之牛，皆以黑緞紅緞爲韉，襄事者俱風簑雨笠以象農事。煌煌巨典，仰見聖朝重農之盛意矣。

詩

(明) 顧清《東江家藏集》卷一四《北游稿·看牲迴聞賜迎駕衣喜而有作》

紫壇黃道直如絃，玉宇清宵月正圓。北向星辰環斗極，南來騎火燭天田。先農壇與郊壇對。禮從滌濯嚴先戒。官忝寅清愧昔賢。獨喜迴鑾消息近，錦袍明日賜樓前。

(明) 徐階《世經堂集》卷二六《耕耤》

青旗夾道引龍輪，萬乘於田及仲春。日暖四陽真有象，風輕千畝總無塵。周旋耒耜儀文舊，歌舞村田曲調新。聞說萬方猶菜色，願崇恭儉庇耕民。

(清) 高宗弘曆《御製詩集二集》卷一七《耕耤日擬禾詞》

耤田耕罷得禾詞，不是楊枝及竹枝。前日東風送微雨，今朝南畝喜新滋。彩綴盧棚獵惠風，載耕帝耤祝年豐。紺轅黛耜非繁飾，黻冕由來致美同。觀耕臺上日華明，次第三王及九卿。自是勱農無貴賤，得教田父笑相迎。亥日惟柔早吉蠲，駸駸六轡及時旋。河陽才子曾爲賦，不重攡華重課田。春郊飽看新耕遍，此日親推未或遲。都爲今年膏澤普，勤劬舉趾率先時。

（清）高宗弘曆《御製詩集二集》卷三三《祭先農壇》

莫非爾極粒群生，祀典躬行逮舉耕。藹藹青郊含宿露，垂垂黃幕朗新晴。三推敢懈勤民志，七奏惟宣望歲情。好雨知時先薦覡，益深兢業凛持盈。

（清）高宗弘曆《御製詩集二集》卷三三《耕耤日擬禾詞四首》

雨歇春田潤浥時，南郊千畝舊章垂。習勞詎止知農苦，民命攸關念在茲。

平疇膏沃不生塵，稽典重逢吉亥辰。黛耜青箱看已熟，由來無事必躬親。

金犁升降飾飛龍，致美無非爲重農。遍隴土香受新種，恰逢甘雨昨朝濃。

麗日和風颺彩鞭，農祥大吉是今年。漢文帝詔從頭讀，長見愛民心藹然。

（清）高宗弘曆《御製詩集二集》卷四〇《恭祭先農壇》

露帷塗地秩宗昭，躬祀惟殷厚覡邀。貽我嘉生陳俎豆，繹如盛樂奏云韶。萬千後冀倉箱富，十五先期風雨調。咫尺崇田將舉耤，一時心徇九州遙。

（清）高宗弘曆《御製詩集二集》卷四〇《耕耤禾詞三首》

稽事咨茹重古今，耤田千畝此躬臨。剛欣好雨滋春隴，又看輕雲布曉陰。

恒櫃維糜列嘉種，彩棚葱牷備樣儀。詎惟致美昭農典，稼穡艱難貴克知。

春郊妍潤景和喧，歲習青箱及紺轅。藻麗未遑潘岳賦，敬從惟憶虢公言。

（清）高宗弘曆《御製詩集二集》卷四七《齋居》

齋日視祭差，致誠應無二。況茲饗先農，孰非爲民事。暮春諏吉亥，將臨千畝地。土膏雖潤升，時雨乃艱致。豈不日密雲？未行徒亂意。

（清）高宗弘曆《御製詩集二集》卷四〇《祭先農壇》

歲歲躬耕耤，勤農皇考貽。松壇先肅禱，穀寶冀豐綏。瑄玉調韶濩，山龍式禮儀。春雲頻聚散，時需切魃思。

（清）高宗弘曆《御製詩集二集》卷五六《仲春齋居》

中祀齋二日，一心誠則同。況此將耕耤，爲歲祈先農。今春天澤溥，土潤興田功。密雲猶靄靄，細雨時濛濛。際和心益凛，遑敢馳寅恭。有年祝九寓，無逸勵九重。

（清）高宗弘曆《御製詩集二集》卷五六《祭先農壇》

練日臨祥女，占農逮正晨。祈豐祀修潔，致敬宇維新。贊帝降嘉種，於時此大徇。即看土膏潤，慰悚戴鴻鈞。

（清）高宗弘曆《御製詩集二集》卷五六《耕耤詞三首》

洪糜在手御犁扶，京兆司農執事趨。詎止游場循典禮，要知農重祝農廛。

雨沾春鴈命耕時，千畝祥風颺彩旗。歲歲躬親不遑逸，勱農家法式勤思。

欄輝白玉望耕臺，帝耤今年禮倍該。恰值青郊一犁足，惠風合拂曉雲開。

（清）高宗弘曆《御製詩集二集》卷七七《三月朔日躬祭先農壇》

於耤將修禮，曰祈預致禋。崇功播百穀，厚德立烝民。松柏籠恒古，壇壝構鼎新。粢盛供上帝，淳濯倍增寅。

（清）高宗弘曆《御製詩集二集》卷七七《耕耤禮成述事》

雨歲躬耕稽省春，劭農孟敢重逡巡。青箱黛耜陳依舊，采綴華棚罷以新。已慰潤泉啓蚓户，更希繼澤見魚鱗。禾詞卅六分明聽，八政心欽倡萬民。

（清）高宗弘曆《御製詩集二集》卷八五《耕耤曰祭先農壇》

有事祈神佑，無非仰帝臨。方壇修祕祀，姑洗協吾音。農務將興候，身先要必欽。況曾艱臘雪，益切望春霖。三獻遵伊古，四推匪自今。黃雲落土雨，跼蹐惕彌深。

（清）高宗弘曆《御製詩三集》卷四《三月吉亥祭先農壇》

吉亥將耕耤，先農致祭崇。載興未耜始，實贊地天功。澤潤青郊溥，春和赭幕融。休嘉錫畊隱，願與萬民同。

（清）高宗弘曆《御製詩三集》卷四《耕耤擬禾詞四首》

沃塗膏壤司空掌，縹軶紺輅農正陳。率稼供粢胥要道，敬遵家法歲躬親。

千里王畿沾臘雪，陽春二月被甘霖。天恩今歲真優渥，益爲紓心益惕心。

隴麥芃葱實愜懷，寧惟耤畝治除佳。去年此日那能忘，曾是雾雾鎮雨霾。

四推藏禮置朱紘，遞進扶犁王與卿。諸部迴人列觀預，俾知圈典重農耕。

（清）高宗弘曆《御製詩三集》卷三〇《祭先農壇禮成遂耕耤》

吉耤將耕坺，先農敬祭壇。粢盛供上帝，未耜率千官。樂史祥風叶，稼臺田器觀。潦餘祈殖穀，怵惕更難安。

（清）高宗弘曆《御製詩三集》卷三〇《耕耤禾詞四首》

勤民大事考禋宗，御耦躬臨百辟從。罷設彩棚惟露冕，匪緣節用實欽農。

一坺三推古禮詳，更教加一肇先皇。重農要欲所無逸，家法繩繩自我蘉。

三九班陳王與卿，遵儀將事共寅清。兩年盛典疏巡狩，一意祈豐益敬誠。

土潤無資潑水修，亦非望雨盼鳴鳩。青箱依舊黃牛瘦，潦後農艱實有由。

（清）高宗弘曆《御製詩三集》卷三八《耕耤曰祭先農壇》

耕耤率先民，勤農致敬神。古初定春孟，後世卜佳辰。土潤沾時雨，粢馨叶夏鈞。天恩今歲渥，虔鞏益增寅。

（清）高宗弘曆《御製詩三集》卷三八《耕耤禾詞四首》

王耤當春舉趾臨，生香紺耦發脈沈。重農本意惟勤愨，豈繫耕牛配納音。

由來穡典重爲君，底事千秋稱漢文。爲有哀矜惻恒意，行知願即勵尊聞。

土潤今年沃壤滋，坺場不待大修治。觀耕臺畔圍農父，有喜吾民得共知。

彩棚早已徹華紛，卅六禾詞依舊聞。何必金根重載宋，所期惟實不惟文。

（清）高宗弘曆《御製詩三集》卷五六《恭祭先農壇禮成有述》

佐天興稼穡，耤必祀先農。吉亥陳馨苾，躬親致敬恭。春風漸蓬勃，臘雪幸優濃。
終籲時霖需，明神聽庶容。

（清）高宗弘曆《御製詩三集》卷五六《耕耤禾詞》

司農京兆進犁鞭，黃道迎南直似弦。恭己倡民宜用慎，却思將事隔經年。取諸益
象自神農，末耦由來萬古宗。自在勤民寶稼穡，豈關刻木飾金龍。春耕仲月早成詩，
吉亥云當此際宜。雖是司天撰良日，究爲溺土太遲時。三推加一陟臺崇，農具農夫列
候同。非不豳風圖日覽，關心觸目崖田功。

（清）高宗弘曆《御製詩三集》卷六四《耕耤曰祭先農壇禮成有述》

歲紀日躔合，六宗典祀徵。敢云禮儀習，惟是敬勤增。粒食敷天錫，帛禮恭己承。
密雲猶未雨，顒冀轉難勝。

（清）高宗弘曆《御製詩三集》卷七二《耕耤禾詞》

春亥虔因撰吉期，翻嫌身先此爲遲。犁鞭襄事胥文苑，應有佳詞佐穡儀。戊土歲
干籲豐楙，子支春仲叶孳萌。勤民要務足衣食，穆穆天田此倡耕。沃壤平治厥畝千，
黃牛拖耒直如弦。春郊早見新耕者，所喜土膏潤大田。碧宇雲輕風亦輕。三推加一歲
躬行。知非待雨究希雨，愛聽春鳩古樹鳴。

（清）高宗弘曆《御製詩三集》卷八〇《耕耤日祭先農禮成述事》

吉亥修農祀，豆籩典奉常。佐天貽稼穡，恭己籲倉箱。既退衣裳換，遂耕儀制詳。
前朝甘雨需，犁坺土生香。

（清）高宗弘曆《御製詩四集》卷四《祭先農壇述事》

城南低地水未涸，石陌如弦不起塵。固是此時弗需雨，敢疏與祭正當春。始興稼
穡功翊帝，秩薦豆籩敬禮神。畿輔兩年經澇沴，益虔祈歲活吾民。

（清）高宗弘曆《御製詩四集》卷四《耕耤禾詞》

禮占吉亥暮春初，千畝南郊治坦如。却已兩年闊穡典，犁鞭將事益殷予。春巡昨
甫閱新耕，秋麥菁葱亦發萌。耤禮舉因關定制，率先此乃屬遲行。弗躬弗信訓昭然，
民事孟容謝長年。惟是三推祇循例，未曾加一愧殊前。三九鱗排各按班，農夫蓑笠禮
都嫻。惡衣致美惟黻冕，要欲從知穡事艱。

（清）高宗弘曆《御製詩四集》卷二〇《耕耤日祭先農壇禮成有述》

春巡昨歲未躬親，敢闊劭農倡萬民。先詣方壇祈惠佑，遂臨膏壤舉耕畇。節勞祇
以行三返，敬事宜當憚六旬。布宇雲農將作雨，顒希吉霧自天申。

（清）高宗弘曆《御製詩四集》卷八八《暮春恭祭先農壇禮成述事》

亥者辰之末，巳於土則柔。吉耕斯重舉，虔祭此先修。稼穡功敷帝，倉箱稔籲秋。
禮成應肅退，不盡意爲留。

（清）高宗弘曆《御製詩四集》卷八八《耕耤禾詞》

不耤七年自覺惝，粢田舉趾致虔恭。古稀天子勤民務，健步猶能共老農。穡識應知地德洪，青壇禮樂秩昭融。會心合撰禹無間，黻冕還同溝洫崇。甸人千畝早修治，不動微塵土脉滋。嗟我農夫襄事者，汝耕异此實慚之。彩棚綺綴早命罷，黛粗青箱依舊陳。筋力及兹能蔵事，載陽置未此躬親。問年都未七旬外，慚愧吾年若輩兄。臘前春後雪膏渥，弗雨可猶雨望吾。三九從耕掄少者，侍觀喜倍老臣儒。

（清）高宗弘曆《御製詩五集》卷一三《耕耤日祭先農禮成有述》

昒昕登輦細霏絲，天澤顯希霈及時。過省何修益省已，勤農合敬祀農師。三登是祝錫豐穰，七奏惟欽式禮儀。閣雨濃雲成耤典，歸途殷冀渥膏施。

（清）高宗弘曆《御製詩五集》卷一三《耕耤禾詞八首》

辟雍新建因遵古，耕耤重臨寓重農。筋力及兹尚能步，三推恭已敢辭惝。

土物愛心臧信然，詩書鄭重示諸編。詎惟修禮斯數典，姬室應思過卜年。

用亥由來稱自唐，辛金此日兩逢穰。雖云吉兆逢微雨，未致渥優惜不遑。

從耕播種命諸兒，稼穡艱難俾克知。豐澤當年景依舊，詞傳雅頌豈殊其。

躬耕壬乙閱三年，不息惟吾勵體乾。觀禮爾時七老輩，兩存碩果顧依然。

老人牽犈笠和蓑，終畝明傳禮不磨。緣遴傴僂任助力，問年吾却長於他。

歷歲粢田時舉行，禾詞六十首曾成。七旬有五康强體，復此扶犁示勸耕。

具儀氣力豈云殫，黃道如繩坡壞寬。弗涉安仁賦中句，陳言戛戛去誠難。

（清）高宗弘曆《御製詩五集》卷四五《耕耤日恭祭先農壇禮成述事》

廿七承明祀，八旬近次年。及兹能執禮，於是盡心虔。興穀功垂古，綏豐惠助天。禮成逮觀瘞，欲退意卷然。

（清）高宗弘曆《御製詩五集》卷四五《太歲壇瞻拜》

先農祭罷恭瞻拜，皇考躬行成例尊。雍正孟春乙卯祀，乾隆繼歲丙辰元。欽哉顧諟惟天命，久矣率時溯祖恩。錫歲安民深致懇，萬年垂佑永希存。

（清）高宗弘曆《御製詩五集》卷四五《耕耤禾詞》

午未申仍三載違，甸師申命此清畿。七旬有九勤耕耤，自審庶無負古稀。六十一禾詞昔咏，補今三什册書中。數成上下經義卦，占吉惟殷籲屢豐。中祀一周行合當，及兹身體尚康强。盡予懇款抱蜀職，能此都緣天賜祥。

（清）高宗弘曆《御製詩五集》卷四五《耕耤禮成迴駐御園憑輿有作》

春雨頻沾喜快晴，三推耤典暢躬行，天恩錫我應敷錫，叙賚等差愜衆情。廿年前者老農無，隊裏稱雄一可呼。較我春秋才長二，優加恩以獎勤趨。蹊旋郊外憑輿看，積雪全消了不寒。冬麥青青才出土，昨尤苗凍此心寬。柳絲桃蕾漸昌怡，萬物由來不讓時。却先清明得甘雨，青郊春色倍含滋。

(清）魯之裕《道古堂詩集》卷二《橙花館集·先農壇十六韵》

播種思炎帝，陳常荷有邰。春光看冉冉，原野各每每。陌北阡東廣，雙階五尺恢。
蟄驚雷始震，脉發土方荄。雨露天陽受，句萌地氣迴。除壇城郭近，間樹柏松栽。天
子勤千畝，諸侯協九推。頭銜衝曉出，從騎塵來。翠旬藏蛙吹，青旗覆雉媒。先期陳
黛粔，宿戒闢汙萊。窸窣風吹麥，霏微雨洗埃。水庸臘可賽，先嗇祭仍陪。或見鳴鳩
拂，常多布穀催。里魁祈社罷，田畯勸農纔。欲介盈寧福，先憂滿巇灾。奉行成故事，
會見阜民財。

(清）張廷玉等《皇清文穎》卷七五《王澤弘〈先農壇陪祀〉》

明禋自古重先農，路轉千旗從六龍。青柳已霑郊甸雨，曉雲常護石壇松。精虔特
展皇家祀，肅穆遙瞻聖主容。從此史臣書大有，萬方歌頌樂時雍。

(清）錢陳群《香樹齋詩集》卷一六《恭和御製恭奉皇太后南巡啓蹕近體言志元韵》

句萌應候義從辛，剛日躬親重十倫。前一日，上躬祀先農壇祈穀。大輅禮成傳鳳駕，璿
輿歡奉舉初巡。勤勞直體天行健，渙汗先期巽命申。既許仰瞻諮爾衆，還將減從慰吾
民。勸農自與豳風會，履畝常思無逸陳。貸罪圜扉歌再造，蠲逋部屋慶迴春。間中旗
影風前矗，郊外山容雪後新。扈從末行今有祝，歲書大稔記頻頻。

**(清）鄂容安《花妥樓詩》卷六《雍正十一年三月六日駕幸先農壇行耕耤禮恭紀
八韵》**

天子重民依，躬耕啓帝畿。灑塵微雨過，拂末曉風稀。陌駐蒼龍偃，畦推青犢肥。
貴卿前奉策，近侍助褰衣。咿啞農歌古，曈曨晴日輝。觸烟過柳處，點露識花飛。千
畝春膏動，九州沃野菲。是年，詔天下皆行耕助禮。殷勤酹勞酒，莫便聽催歸。

(清）于敏中《日下舊聞考》卷二三《國朝宮室·西苑三》

乾隆九年《御製豐澤園演耕耤禮詩》

千畝將臨耤，三推預習耕。脉膏方起動，節序過清明。禮以勤農重，詩因觸念成。
猶思終畝教，豐澤園演耕禮，皇考時屢行之，曾奉命終畝。望歲倍關情。

乾隆十二年《御製豐澤園演耕詩》

霽靄光烟向遠低，演耕豐澤趨臺西。今年却先春三月，耕耤常行於三月，今歲節氣早，
故在二月。前日欣霑雨一犂。緬想芳型農重也，豐澤演耕，自皇考始行之，後遂以爲例。仰承渥
澤志欽分。上林太液增新景，黛粔青箱凑好題。

乾隆十四年《御製豐澤園演耕詩》

帝耤耕將舉，苑卿甸早治。多因重稼穡，詎衹習威儀。沃壤南東矣，新犂往復之。
鳥鳴春欲半，蠖屈土全滋。農父荷鋤立，親藩布種隨。演耕之禮自皇考始之。耕耤則司農布
種，三王五推。此則率以親藩布種，用訓勤農，遂成典制云。渰雲欣有渰，膏澤被無私。每以試
耕日，頻思觀禮時。豳郊宛在目，不必咏周詩。

乾隆十七年《御製豐澤園演耕詩》

春暮西園屆演耕，土膏動處物勾萌。勤農知稼承家法，漫擬惟循典故行。夜雨雖微足浥塵，潤含烟柳綠絲新。西山又見英英吐，優澤惟期近遠勻。太液東風送畫船，到來京兆奉絲鞭。盛儀略較農壇殺，去聲。漢典由來有弄田。農衣農具錯綜陳，意在毋忘農苦辛。瞥眼迴思成隔歲，昨年江國爲觀民。去歲未曾耕耤，故云。

乾隆十八年《御製豐澤園演耕詩》

耕耤前辰例演耕，無非民事塵躬行。仗排上苑春風麗，土潤新犁時雨晴。種布從教付林監，末陳不必命農卿。耕耤，司農進末耜布種，演耕則先陳末耜，以奉宸苑卿布種，蓋皇考定制，遂爲典故云。憲皇家法過周制，肯播伊予敢懈誠。

乾隆二十三年《御製豐澤園演耕作》

豐澤春犁習，良規聖考留。那忘隨種日，忽作教耕秋。雍正年間，皇考演耕，常敬隨布種，是日命皇子等隨行禮，因而有感。無逸聰聽訓，知艱慎率猷。隴頭偶迴顧，殊似服先疇。

乾隆二十九年《御製豐澤園演耕作》

豐澤真豐澤，端因習禮臨。塍無千畝遠，潤過一犁深。往歲逢曾旱，三農喜不禁。迴思播種日，雍正年間，皇考演耕於此，每隨播種。重稿教垂今。

乾隆三十一年《御製豐澤園演耕作》

耤禮行將舉，弄田先習耕。仰窺垂制意，豐澤園爲皇考每歲躬耕耤田，預行演耕之地。特寓重農情。金耜翻土潤，青箱播穀精。林鳩偏入聽，喚雨一聲聲。

(清) 錢載《籜石齋詩集》卷二四《先農壇陪祀有賦》

鵠立天門候禮行，宗潢肅進瓣香清。絳雲幄敞初陽照，翠靄林周細草生。恤穀耤田惟告稔，扶犁京尹便催耕。鑾輿正問東南俗，麥隴桑畦遍聖情。

(清) 錢載《籜石齋詩集》卷二六《上耕耤祭先農壇陪祀恭紀》

陵祀鑾迴乍，南郊布敬恭。季春躅癸亥，三日詣先農。朱旭青壇耀，黃雲縹軛從。粢盛深孝德，是必慶年逢。

(清) 畢沅《靈嚴山人詩集》卷一八

觀耕臺侍班，應制恭和。耕耤日，祭先農壇禮成，有述原韵。

華滋浮土脉，一塍兆嘉徵。民事真難緩，田功莫不增。劭農先嗇重，禔福聖躬承。林外鳩初喚，春原澤定勝。時上望雨甚殷。

(清) 慶桂等《國朝宮史續編》卷一《訓諭·聖製齋居有作庚戌》

三日齋居一日增，所爲中祀欲親承。夙願一二年内，於中祀躬祭一周。去歲於歷代帝王廟、先農壇，皆以親祭。兹啓鑾前，正值春仲祀期，是以朝日壇、文廟亦將躬親薦享，以盡予誠。左壇北廟值相接，春仲戊祈詣實應。天錫八旬曼以羨，心欽一已繼而繩。緬夷又遞請封信，美善盡裁滋業兢。

(清) 永瑆《詒晋齋集》卷二《三月初二日陪祭先農壇耕耤禮成恭紀》

清冊冷風九扈春，房星告正日寅賓。昆侖瑞穀應須奏，北里嘉禾定可陳。舊典耤田符吉亥，精禋祈穀撰元辰。老農莫漫揮珠汗，聖主扶犁近八旬。

（清）吴清鵬《笏庵詩》卷六《奉侍聖駕祀先農壇遂行耕耤禮成恭紀》

春陽澤土脉，皇心眷時農。前期簡稼器，宿夕張帷宮。夾道列星樹，過輦聞清鐘。升壇初穆穆，適次少雍雍。崇臺上旭日，廣畝來冷風。近侍奉馴犢，尚衣進袞龍。田唱清謳發，方旗彩隊從。撫犁合雅節，引鞭著敬衷。加數畢四反，以次班三公。終喜農夫敏，亦緣諸王恭。小臣與觀禮，幸獲瞻聖容。賦潘薄往駕，歌顏陋前蹤。珥筆備書紀，拜手頌屢豐。

（清）王培荀《寓蜀草》卷一《言古·祭先農壇行九推禮》

稼穡爲國本，幼歲習豳風。四體素未勤，髮禿已成翁。承乏來下邑，先農典攸崇。舉耒僅數步，力疲汗已融。始知農夫苦，朝夕烈日中。躬耕彼何勞，坐食我何功。還顧世胄子，逸居氣如虹。一飯費萬錢，欲將百味窮。孰知饑饉歲，糟糠或不充。

三、祭祀記載

（一）明代祭祀記載

《明太祖實録》卷三九下“洪武二年二月”條

壬午，上躬享先農，以后稷氏配祀畢，耕耤田於南郊。

《明太祖實録》卷四〇“洪武二年三月”條

丁酉，上以春久不雨，告祭風雲雷雨、岳鎮海瀆、山川、城隍、旗纛諸神。

《明太祖實録》卷四九“洪武三年二月”條

甲子，享先農。

合祀太歲、四季月將、風雲雷雨、岳鎮海瀆、山川、城隍、旗纛諸神。

《明太祖實録》卷五三“洪武三年六月”條

戊午朔，先是，久不雨，上謂中書省臣曰：君天下者，不可一日無民；養民者，不可一日無食。食之所恃在農，農之所望在歲，今仲夏不雨，實爲農憂。禱祀之事，禮所不廢。朕已擇六月朔日詣山川壇躬爲禱之，爾中書各官其代告諸祠。且命皇后與諸妃親執爨爲昔日農家之食，令太子、諸王躬饋於齋所。至是日四鼓，上素服草履，徒步出詣山川壇，設槁席露坐，晝曝於日，頃刻不移，夜卧於地，衣不解帶，皇太子捧榼進蔬食，雜麻麥菽粟。凡三日，庚申暮，還宮，仍齋宿於西廡。辛酉，出内帑紗彩一萬四千匹賜將校於常例外，給軍士薪米，令法司決獄，復命有司訪求天下儒術深明治道者。及暮，雲氣四合。壬戌旦，大雷雨，四郊沾足。

《明太祖實録》卷五五“洪武三年八月”條

壬午，遣官祭太歲、風雲雷雨、岳鎮海瀆、山川、城隍等神。

《明太祖實錄》卷六〇"洪武四年正月"條

辛亥，享先農。

《明太祖實錄》卷六一"洪武四年二月"條

丙寅，祭太歲、風雲雷雨、岳鎮海瀆、山川、城隍、旗纛諸神。

《明太祖實錄》卷六四"洪武四年四月"條

庚寅，上以湯和、傅友德等出師伐蜀，已逾三月，未得捷報。覆命永嘉侯朱亮祖爲征虜右副將軍，率兵往助之。上躬祀太歲、風雲雷雨、岳鎮海瀆、山川、城隍、旗纛諸神，告以用師之意。

《明太祖實錄》卷六七"洪武四年八月"條

丁亥，祭太歲、風雲雷雨、岳鎮海瀆、山川、月將、城隍、旗纛諸神。

《明太祖實錄》卷七一"洪武五年正月"條

甲戌，命祭告太歲、風雲雷雨、山川、旗纛等神。

《明太祖實錄》卷七二"洪武五年二月"條

己丑，祭太歲、風雲雷雨、岳鎮、海瀆、山川、月將、城埠、旗纛諸神。
享先農。

《明太祖實錄》卷七八"洪武六年正月"條

壬子，上親祭告太歲、風雲雷雨、岳鎮海瀆、鍾山等神。

《明太祖實錄》卷七九"洪武六年二月"條

己卯，祭太歲、風雲雷雨、岳鎮海瀆、山川、城隍、月將、旗纛諸神。
享先農。

《明太祖實錄》卷八〇"洪武六年三月"條

壬子，命魏國公徐達爲征虜大將軍，曹國公李文忠爲左副將軍，宋國公馮勝爲右副將軍，衛國公鄧愈爲左副副將軍，中山侯湯和爲右副副將軍，統諸將校往山西、北平等處備邊。達等啓行，復敕中書省祭告太歲、風雲、岳瀆諸神。

《明太祖實錄》卷八四"洪武六年八月"條

戊戌，祭太歲、風雲雷雨、岳鎮海瀆、山川、城隍、旗纛諸神。

《明太祖實錄》卷八七"洪武七年二月"條

己卯，祭太歲、風雲雷雨、岳鎮海瀆、山川、城隍、旗纛諸神。
享先農。

《明太祖實錄》卷八九"洪武七年五月"條

甲午，上以不雨，躬祀太歲、風雲雷雨、岳鎮海瀆及鍾山之神、天下山川、京都各府城隍之神。

《明太祖實錄》卷九二"洪武七年八月"條

乙巳，祭太歲、風雲雷雨、岳鎮海瀆、山川、城隍、旗纛諸神。

《明太祖實録》卷九七“洪武八年二月”條

己酉，祭太歲、風雲雷雨、岳鎮海瀆、山川、城隍、旗纛諸神

癸丑，享先農，躬耕耤田。

《明太祖實録》卷一〇〇“洪武八年七月”條

辛酉，以改作太廟，躬祀后土、太歲等神。

《明太祖實録》卷一〇〇“洪武八年八月”條

壬辰，祭太歲、風雲雷雨、岳鎮海瀆、山川、城隍、旗纛諸神。

《明太祖實録》卷一〇二“洪武八年十二月”條

丁丑，冬至祀昊天上帝於圜丘。星辰、太歲、風雲雷雨、岳鎮海瀆、天下神祇，俱更設登一、鉶二。各位增設酒斝。星辰、天下神祇各三十，太歲、風雲雷雨、岳鎮海瀆各十五。

《明太祖實録》卷一〇四“洪武九年二月”條

癸巳，享先農。

丙申，祀太歲、風雲雷雨、岳鎮海瀆、鍾山、京畿山川、四季月將、京都城隍諸神。

遣官祭旗纛。

《明太祖實録》卷一〇八“洪武九年八月”條

乙未，祭太歲、風雲雷雨、岳鎮海瀆、山川、月將、城隍諸神。

遣官祭旗纛。

《明太祖實録》卷一一一“洪武十年二月”條

庚戌，祭太歲、風雲雷雨、岳鎮海瀆、山川、月將、城隍諸神。

遣大都督府官祭旗纛。

壬子，遣官享先農。

《明太祖實録》卷一一四“洪武十年八月”條

己未，祭太歲、風雲雷雨、岳鎮海瀆、山川、月將、城隍諸神。

遣官祭旗纛。

《明太祖實録》卷一一七“洪武十一年二月”條

壬子，祭太歲、風雲雷雨、岳鎮海瀆、山川、月將、城隍諸神。

遣官祭先農及旗纛。

《明太祖實録》卷一一九“洪武十一年六月至九月”條

癸卯，祭太歲、風雲雷雨、岳鎮海瀆、山川、月將、城隍諸神。遣官祭旗纛。

《明太祖實録》卷一二二“洪武十二年正月”條

己卯，合祀天地於南郊大祀殿，命魏國公徐達及公侯等分獻日、月、星、辰、岳鎮海瀆、山川諸神。

《明太祖實録》卷一二二“洪武十二年二月”條

癸卯，祭太歲、風雲雷雨、岳鎮、海瀆、山川、月將、城隍諸神。
遣官祭先農及旗纛。

《明太祖實録》卷一二六“洪武十二年八月”條

丙子，祭大歲、風雲雷雨、岳鎮海瀆、山川、月將、城隍諸神。
遣官祭旗纛。

《明太祖實録》卷一三三“洪武十三年八月”條

壬申，祭太歲、風雲雷雨、岳鎮海瀆、山川、月將、城隍諸神。
遣官祭旗纛。

《明太祖實録》卷一三五“洪武十四年二月”條

丙寅，祭太歲、風雲雷雨、岳鎮海瀆、山川、月將、城隍諸神。
遣官祭先農及旗纛。

《明太祖實録》卷一三八“洪武十四年八月”條

乙丑，祭太歲、風雲雷雨、岳鎮海瀆、山川、月將、城隍諸神。
遣官祭先農及旗纛。

《明太祖實録》卷一四二“洪武十五年二月”條

丙寅，祭太歲、風雲雷雨、岳鎮、海瀆、山川、月將、城隍諸神。
遣官祭先農及旗纛。

《明太祖實録》卷一四七“洪武十五年八月”條

辛巳，祭太歲、風雲雷雨、岳鎮海瀆、山川、月將、城隍諸神。
遣官祭旗纛。

《明太祖實録》卷一五二“洪武十六年二月”條

乙酉，祭太歲、風雲雷雨、岳鎮海瀆、山川、月將、城隍諸神。
遣官祭先農及旗纛。

《明太祖實録》卷一五六“洪武十六年八月”條

乙酉，祭太歲、風雲雷雨、岳鎮海瀆、山川、月將、城隍諸神。
遣官祭旗纛。

《明太祖實録》卷一五九“洪武十七年二月”條

丙戌，祭太歲、風雲雷雨、岳鎮海瀆、山川、月將、城隍諸神。
遣官祭先農及旗纛。

《明太祖實録》卷一六四“洪武十七年八月”條

庚辰，祭太歲、風雲雷雨、岳鎮海瀆、山川、月將、城隍諸神。
遣官祭旗纛。

《明太祖實録》卷一七一“洪武十八年二月”條

庚子，祭太歲、風雲雷雨、岳鎮海瀆、山川、月將、城隍諸神。遣官祭先農及旗纛。

《明太祖實録》卷一七四“洪武十八年八月”條

乙巳，祭太歲、風雲雷雨、岳鎮海瀆、山川、月將、城隍諸神。遣官祭旗纛。

《明太祖實録》卷一七七“洪武十九年二月”條

丙申，祭太歲、風雲雷雨、岳鎮海瀆、山川、月將、城隍諸神。遣官祭旗纛。

躬耕耤田，遣官祭先農。

《明太祖實録》卷一七九“洪武十九年八月”條

丁酉，祭太歲、風雲雷雨、岳鎮海瀆、山川、月將、城隍諸神。遣官祭旗纛。

《明太祖實録》卷一八〇“洪武二十年二月”條

乙未，祭太歲、風雲雷雨、岳鎮海瀆、山川、月將、城隍諸神。遣官祭旗纛。

躬耕耤田，遣官享先農。

《明太祖實録》卷一八四“洪武二十年八月”條

乙丑，祭太歲、風雲雷雨、岳鎮海瀆、山川、月將、城隍諸神。遣官祭旗纛。

《明太祖實録》卷一八八“洪武二十一年二月”條

己未，祭太歲、風雲雷雨、岳鎮海瀆、山川、月將、城隍諸神。遣官祭先農及旗纛。

《明太祖實録》卷一九三“洪武二十一年八月”條

丁巳，祭太歲、風雲雷雨、岳鎮海瀆、山川、月將、城隍諸神。遣官祭旗纛。

《明太祖實録》卷一九五“洪武二十二年三月”條

戊午，遣官享先農。

《明太祖實録》卷一九七“洪武二十二年八月”條

丁巳，祭太歲、風雲雷雨、岳鎮海瀆、山川、月將、城隍諸神。遣官祭旗纛。

《明太祖實録》卷二〇〇“洪武二十三年二月”條

丙辰，躬耕耤田，遣官享先農。

《明太祖實録》卷二〇三“洪武二十三年八月”條

丁丑，祭太歲、風雲雷雨、岳鎮海瀆、山川、月將、城隍諸神。遣官祭旗纛。

《明太祖實録》卷二〇七“洪武二十四年二月”條

壬申，躬耕耤田，遣官享先农。

《明太祖實録》卷二一一“洪武二十四年八月”條

己巳，祭太歲、風雲雷雨、岳鎮海瀆、山川、月將、城隍諸神。遣官祭旗纛。

《明太祖實録》卷二一六“洪武二十五年二月”條

丙寅，躬耕耤田，遣官享先农。

《明太祖實録》卷二二〇“洪武二十五年八月”條

甲子，祭太歲、風雲雷雨、岳鎮海瀆、山川、月將、城隍諸神。遣官祭旗纛。

《明太祖實録》卷二二五“洪武二十六年二月”條

庚寅，躬耕耤田，遣官享先农。

《明太祖實録》卷二二九“洪武二十六年八月”條

丙戌，祭太歲、風雲雷雨、岳鎮海瀆、山川、月將、城隍諸神。遣官祭旗纛。

《明太祖實録》卷二三一“洪武二十七年二月”條

乙酉，遣官享先农。

《明太祖實録》卷二三四“洪武二十七年八月”條

丙戌，祭太歲、風雲雷雨、岳鎮海瀆、山川、月將、城隍諸神。遣官祭旗纛。

《明太祖實録》卷二三六“洪武二十八年二月”條

己卯，遣官享先農。

《明太祖實録》卷二四〇“洪武二十八年八月”條

庚辰，祭太歲、風雲雷雨、岳鎮海瀆、山川、月將、城隍諸神。遣官祭旗纛。

《明太祖實録》卷二四四“洪武二十九年二月”條

癸卯，遣官享先農。

《明太祖實録》卷二四六“洪武二十九年八月”條

辛卯，祭太歲、風雲雷雨、岳鎮海瀆、山川、月將、城埠諸神。遣官祭旗纛。

《明太祖實録》卷二五〇"洪武三十年二月"條

戊子，遣官享先農。

《明太祖實録》卷二五四"洪武三十年八月"條

乙未，祭太歲、風雲雷雨、岳鎮海瀆、山川、月將、城隍諸神。

遣官祭旗纛。

《明太祖實録》卷二五六"洪武三十一年二月"條

壬辰，遣官享先農。

《明太宗實録》卷一一"洪武三十五年八月"條

甲戌，祭太歲、風雲雷雨、岳鎮海瀆、山川等神。

遣官祭旗纛。

《明太宗實録》卷一七"永樂元年二月"條

癸亥，祭先農，親耕耤耤田畢，宴百官耆老。

丙戌，遣應天府官祭先農，命郡耆老陪祀，著爲令。

《明太宗實録》卷二二"永樂元年八月"條

戊午，祭太歲、風雲雷雨、岳鎮海瀆、山川等神。遣官祭旗纛。

《明太宗實録》卷三三"永樂二年八月"條

丙戌，祭太歲、風雲雷雨、岳鎮海瀆、山川等神。遣官祭旗纛。

《明太宗實録》卷三九"永樂三年二月"條

戊辰，遣官祭先農。

《明太宗實録》卷四五"永樂三年八月"條

甲戌，祭太歲、風雲雷雨、岳鎮海瀆、山川等神。遣官祭旗纛。

《明太宗實録》卷五一"永樂四年二月"條

戊辰，遣官祭先農。

《明太宗實録》卷五八"永樂四年八月"條

乙未，祭太歲、風雲雷雨、岳鎮海瀆、山川等神。遣官祭旗纛。

《明太宗實録》卷六四"永樂五年二月"條

戊子，遣官祭先農。

《明太宗實録》卷六五"永樂五年三月"條

庚午，修山川壇。

《明太宗實録》卷七六"永樂六年二月"條

戊子，遣官祭先農。

《明太宗實録》卷八二"永樂六年八月"條

乙未，命皇太子祭太歲、風雲雷雨、岳鎮海瀆、山川等神。遣官祭旗纛。

《明太宗實錄》卷八八"永樂七年二月"條

壬午，遣官祭先農。

《明太宗實錄》卷八九"永樂七年三月"條

丙寅，修大祀壇、孝陵并懿文陵、山川壇之神厨庫及祭器。

《明太宗實錄》卷九五"永樂七年八月"條

己未，命皇太子祭太歲、風雲雷雨、岳鎮海瀆、山川等神。遣官祭旗纛。

《明太宗實錄》卷一〇一"永樂八年二月"條

戊申，遣官祭先農。

丁未，以親征胡虜，較於承天門。遣官祭太歲、旗纛等神。

《明太宗實錄》卷一〇一"永樂八年二月"條

戊午，修太廟及社稷、山川、先農壇。

《明太宗實錄》卷一一三"永樂九年二月"條

戊戌，遣官祭先農。

《明太宗實錄》卷一一八"永樂九年八月"條

丁未，遣官祭太歲、風雲雷雨、岳鎮海瀆、山川等神。

《明太宗實錄》卷一二五"永樂十年二月"條

戊午，遣官祭先農。

《明太宗實錄》卷一二八"永樂十年五月"條

丙戌，修京師山川壇及功臣廟。

《明太宗實錄》卷一三一"永樂十年八月"條

乙丑，遣官祭太歲、風雲雷雨、岳鎮海瀆、山川等神。
遣官祭旗纛。

《明太宗實錄》卷一三七"永樂十一年二月"條

戊午，遣官祭先農。

《明太宗實錄》卷一四二"永樂十一年八月"條

己未，遣官祭太歲、風雲雷雨、岳鎮海瀆、山川等神。
遣官祭旗纛。

《明太宗實錄》卷一四八"永樂十二年二月"條

戊申，遣官祭先農。

《明太宗實錄》卷一四九"永樂十二年三月"條

庚寅，較於承天門。遣官祭太歲、旗纛及所經山川之神。

《明太宗實錄》卷一五四"永樂十二年八月"條

己未，遣官祭太歲、風雲雷雨、岳鎮海瀆、山川等神。遣官祭旗纛。

《明太宗實録》卷一六一"永樂十三年二月"條

戊寅，遣官祭先農。

《明太宗實録》卷一六七"永樂十三年八月"條

丁丑，遣官祭太歲、風雲雷雨、岳鎮海瀆、山川等神。遣官祭旗纛。

《明太宗實録》卷一七三"永樂十四年二月"條

戊辰，遣官祭先農。

《明太宗實録》卷一七五"永樂十四年四月"條

壬申，修大祀壇及神樂觀、山川壇。懿文陵。

《明太宗實録》卷一八五"永樂十五年二月"條

戊辰，遣官祭先農。

《明太宗實録》卷一九二"永樂十五年八月"條

乙未，遣官祭太歲、風雲雷雨、岳鎮、海瀆、山川等神。遣官祭旗纛。

《明太宗實録》卷一九七"永樂十六年二月"條

戊子，遣官祭先農。

《明太宗實録》卷二〇三"永樂十六年八月"條

乙未，命皇太子祭太歲、風雲雷雨、岳鎮海瀆、山川等神。遣官祭旗纛。

《明太宗實録》卷二〇九"永樂十七年二月"條

戊寅，遣官祭先農。

《明太宗實録》卷二一五"永樂十七年八月"條

癸未，命皇太子祭太歲、風雲雷雨、岳鎮海瀆、山川等神。遣官祭旗纛。

《明太宗實録》卷二二二"永樂十八年二月"條

戊申，遣官祭先農。

《明太宗實録》卷二二八"永樂十八年八月"條

丁未，命皇太子祭太歲、風雲雷雨、岳鎮海瀆、山川等神。遣官祭旗纛。

《明太宗實録》卷二三三　永樂十九年正月"條

春正月甲子朔，上以北京郊社、宗廟及宫殿成，是日早，躬詣太廟奉安五廟、太皇太后神主；命皇太子詣天、地壇，奉安昊天上帝、厚土皇地祇神主；皇太孫詣社稷壇，奉安太社、太稷神主；黔國公沐晟詣山川壇，奉安山川諸神主。禮畢，上御奉天殿受朝賀，大宴文武群臣及四夷朝使。

《明太宗實録》卷二三四"永樂十九年二月"條

戊申，遣官祭先農。

《明太宗實録》卷二四〇"永樂十九年八月"條

丁未，祭太歲、風雲雷雨、岳鎮海瀆、山川等神。遣官祭旗纛。

《明太宗實錄》卷二四六 "永樂二十年二月" 條

戊戌，遣官祭先農。

《明太宗實錄》卷二四七 "永樂二十年三月" 條

戊寅，較祓於承天門。遣官告旗纛、太歲、風雲雷雨等神。

《明太宗實錄》卷二五○ "永樂二十年八月" 條

乙未，祭太歲、風雲雷雨、岳鎮海瀆、山川等神。皇太子行禮，皇太子遣官祭旗纛。

《明太宗實錄》卷二五六 "永樂二十一年二月" 條

戊午，遣官祭先農。

《明太宗實錄》卷二六二 "永樂二十一年八月" 條

乙丑，祭太歲、風雲雷雨、岳鎮海瀆、山川等神。皇太子行禮，皇太子遣官祭旗纛。

《明太宗實錄》卷二六八 "永樂二十二年二月" 條

戊申，遣官祭先農。

《明太宗實錄》卷二七二 "永樂二十二年六月" 條

庚申，修南京天、地壇，大祀殿，山川壇正殿。懿文陵神廚、庫房。

《明仁宗實錄》卷七下 "洪熙元年二月下" 條

丙辰，上躬祭先農、耕耤田。

《明宣宗實錄》卷一四 "宣德元年二月" 條

丁丑，祭先農，上躬耕耤田畢，賜百官、耆老宴於壇側。

《明宣宗實錄》卷二○ "宣德元年八月" 條

甲戌，遣官祭太歲、風雲雷雨、岳鎮海瀆、山川等神。遣官祭旗纛之神。

《明宣宗實錄》卷二五 "宣德二年二月" 條

戊辰，遣官祭先農之神。

《明宣宗實錄》卷三○ "宣德二年八月" 條

甲戌，祭太歲、風雲雷雨、岳鎮海瀆、山川等神。遣官祭旗纛之神。

《明宣宗實錄》卷三六 "宣德三年二月上" 條

戊午，遣官祭先農。

《明宣宗實錄》卷四六 "宣德三年八月" 條

庚子，祭太歲、風雲雷雨、岳鎮海瀆、山川等神。遣官祭旗纛之神。

《明宣宗實錄》卷五一 "宣德四年二月" 條

戊寅，遣官祭先農。

《明宣宗實錄》卷五三 "宣德四年二月" 條

戊寅，遣官祭先農。

《明宣宗實錄》卷五七"宣德四年八月"條

乙未，祭太歲、風雲雷雨、岳鎮海瀆、山川等神。遣官祭旗纛之神。

《明宣宗實錄》卷六九"宣德五年八月"條

丙戌，祭太歲、風雲雷雨、岳鎮海瀆、山川等神。遣官祭旗纛之神。

《明宣宗實錄》卷七六"宣德六年二月"條

戊戌，遣官祭先農。

《明宣宗實錄》卷八二"宣德六年八月"條

庚戌，祭太歲、風雲雷雨、岳鎮海瀆、山川等神。遣官祭旗纛之神。

《明宣宗實錄》卷八七"宣德七年二月"條

戊戌，遣官祭先農。

《明宣宗實錄》卷九四"宣德七年八月"條

丁未，祭太歲、風雲雷雨、岳鎮海瀆、山川等神。遣官祭旗纛之神。

《明宣宗實錄》卷九九"宣德八年二月"條

戊子，遣官祭先農。

《明宣宗實錄》卷一〇四"宣德八年八月"條

丁酉，祭太歲、風雲雷雨、岳鎮海瀆、山川等神。遣官祭旗纛之神。

《明宣宗實錄》卷一〇八"宣德九年二月"條

戊午，遣官祭先農。

《明宣宗實錄》卷一一二"宣德九年八月"條

乙丑，祭太歲、風雲雷雨、岳鎮海瀆、山川等神。遣官祭旗纛之神。

《明英宗實錄》卷二"宣德十年二月"條

戊申，遣順天府官祭先農之神及宋丞相文天祥。

《明英宗實錄》卷一四"正統元年二月"條

戊戌，遣順天府官祭先農之神。

《明英宗實錄》卷二七"正統二年二月"條

戊辰，遣順天府官祭先農之神。

《明英宗實錄》卷三九"正統三年二月"條

戊午，遣順天府官祭先農之神及宋丞相文天祥。

《明英宗實錄》卷六四"正統五年二月"條

戊寅，遣順天府官祭先農及宋丞相文天祥。

《明英宗實錄》卷六五"正統五年三月"條

辛酉，上以兩京風雨爲災，遣駙馬都尉西寧侯宋瑛祭告天地，駙馬都尉趙輝祭告太廟，太子太保成國公朱勇祭告社稷，禮部尚書胡濙祭告太歲、岳瀆等神。

《明英宗實録》卷七六“正統六年二月”條

戊寅，遣順天府官祭先農之神。

《明英宗實録》卷七八“正統六年四月”條

己卯，上因天災屢見，分遣官祭告昊天上帝、后土皇地祇、太社、太稷、太歲、風雲雷雨、岳鎮海瀆、山川之神。

《明英宗實録》卷八九“正統七年二月”條

戊戌，遣順天府官祭先農之神，并祭宋丞相文天祥。

《明英宗實録》卷一〇一“正統八年二月”條

戊子，遣順天府官祭先農之神。

《明英宗實録》卷一〇三“正統八年四月”條

庚子，上以久旱，遣英國公張輔祭告昊天上帝、厚土皇地祇；成國公朱勇祭告太社、太稷；禮部尚書胡濙祭告太歲、風雲雷雨、岳鎮海瀆、山川之神。

《明英宗實録》卷一一三“正統九年二月”條

戊子，遣順天府官祭先農之神。

《明英宗實録》卷一一四“正統九年三月”條

乙丑，以雨雪愆期，遣官祭天、地、社稷、太歲、風雲雷雨、岳鎮海瀆、山川之神。

《明英宗實録》卷一二五“正統十年正月”條

甲午，時太倉屢火，遣户部尚書王佐祭火龍之神；左侍郎姜濤祭太歲之神。

《明英宗實録》卷一二六“正統十年二月”條

戊申，遣順天府官祭先農之神。

《明英宗實録》卷一三八“正統十一年二月”條

戊申，遣順天府官祭先農之神。

《明英宗實録》卷一五〇“正統十二年二月”條

戊戌，遣順天府官祭先農之神。

《明英宗實録》卷一六三“正統十三年二月”條

戊午，遣順天府官祭先農之神。

《明英宗實録》卷一七五“正統十四年二月”條

戊午，遣順天府官祭先農之神。

《明英宗實録》卷一八一“正統十四年八月”條

令罷修南京山川壇殿宇，歷代帝王廟。

《明英宗實録》卷一八六《廢帝郕戾王附録第四》“正統十四年十一月”條

戊申，命修南京天、地壇殿宇及山川壇具服殿等處，共三百六十九間。

《明英宗實録》卷一八八《廢帝郕戾王附録第六》"景泰元年正月"條

丁巳，南京工部奏：山川壇及歷代帝王廟，并城垣、倉廠、大報恩寺，先命修理，未及完備，適奉詔停止。然此皆非不急之事，請從儉修完。帝曰：百姓方艱，北鄙未靖，姑緩之。

《明英宗實録》卷一八九《廢帝郕戾王附録第七》"景泰元年二月"條

戊寅，祭先農之神，遂親耕耤田。

《明英宗實録》卷二〇一《廢帝郕戾王附録第十九》"景泰二年二月"條

戊寅，遣順天府官祭先農之神。

《明英宗實録》卷二一三《廢帝郕戾王附録第三十一》"景泰三年二月"條

戊辰，遣順天府官祭先農之神。

《明英宗實録》卷二二六《廢帝郕戾王附録第四十四》"景泰四年二月"條

戊戌，遣順天府官祭先農之神。

《明英宗實録》卷二三八《廢帝郕戾王附録第五十六》"景泰五年二月"條

戊子，遣順天府官祭先農之神。

《明英宗實録》卷二五〇《廢帝郕戾王附録第六十八》"景泰六年二月"條

戊寅，遣順天府官祭先農之神。

《明英宗實録》卷二五七《廢帝郕戾王附録第七十五》"景泰六年八月"條

己未，祭太歲、山川等神。

遣旗手衛官祭旗纛神。

《明英宗實録》卷二六三《廢帝郕戾王附録第八十一》"景泰七年二月"條

戊申，遣順天府官祭先農之神。

《明英宗實録》卷二七〇《廢帝郕戾王附録第八十八》"景泰七年九月"條

己巳，以南京修建山川壇，於是日興工，命駙馬都尉趙輝等官祭告天、地、風雲雷雨、岳鎮海瀆、山川及司工之神。

《明英宗實録》卷二七五"天順元年二月"條

戊戌，遣順天府官祭先農之神。

《明英宗實録》卷三〇〇"天順三年二月"條

戊午，遣順天府官祭先農之神。

《明英宗實録》卷三一二"天順四年二月"條

戊午，遣順天府官祭先農之神。

《明英宗實録》卷三二八"天順五年五月"條

乙卯，修山川壇南天門及神路。

《明英宗實録》卷三三七"天順六年二月"條

戊辰，遣順天府官祭先農之神。

《明英宗實錄》卷三四九"天順七年二月"條

戊辰，遣順天府官祭先農之神。

《明英宗實錄》卷三五六"天順七年八月"條

戊子，遣順天府官祭先農之神。

《明憲宗實錄》卷二"天順八年二月"條

戊子，遣順天府官祭先農之神。

《明憲宗實錄》卷八"天順八年八月"條

甲午，祭太歲、風雲雷雨、岳、瀆、海、鎮、山川等神。

遣旗手衛官祭旗纛之神。

《明憲宗實錄》卷一四"成化元年二月"條

戊子，遣順天府官祭先農之神。

甲午，上祭先農之神，遂躬耕耤田，命定襄伯郭登、隆平侯張佑、廣平侯袁瑄，各行五推禮。少保吏部尚書兼華蓋殿大學士李賢、禮部尚書姚夔、兵部尚書王竑、工部尚書白圭、左侍郎兼翰林院學士陳文、右侍郎兼翰林院學士彭時、吏部右侍郎尹旻、戶部左侍郎楊鼎、通政使張文質，各行九推禮。

《明憲宗實錄》卷二〇"成化元年八月"條

丙戌，祭太歲、風雲雷雨、岳鎮海瀆、山川等神。

遣旗手衛官祭旗纛之神。

《明憲宗實錄》卷二六"成化二年二月"條

戊寅，遣順天府官祭先農之神。

《明憲宗實錄》卷三三"成化二年八月"條

庚戌，祭太歲、風雲雷雨、岳鎮海瀆、山川等神。

遣旗手衛官祭旗纛之神。

《明憲宗實錄》卷三九"成化三年二月"條

戊戌，遣順天府官祭先農之神。

《明憲宗實錄》卷四三"成化三年六月"條

戊戌，山川壇正殿、兩廡、拜殿、神厨歲久損壞，工部請修理。從之。

《明憲宗實錄》卷四五"成化三年八月"條

庚戌，祭太歲、風雲雷雨、岳鎮海瀆、山川等神。

遣旗手衛官祭旗纛之神。

《明憲宗實錄》卷五一"成化四年二月"條

戊戌，遣順天府官祭先農之神。

《明憲宗實錄》卷五七"成化四年八月"條

甲辰，祭太歲、風雲雷雨、岳鎮海瀆、山川等神。

遣旗手衛官祭旗纛之神。

《明憲宗實錄》卷六三"成化五年二月"條

乙卯，夜，南京大雨，雷震山川壇具服殿之獸吻。

戊子，遣順天府官祭先農之神。

《明憲宗實錄》卷六九"成化五年七月"條

癸未，修山川壇正殿、兩廡、拜殿及神厨之損壞者。

《明憲宗實錄》卷七〇"成化五年八月"條

戊辰，祭太歲、風雲雷雨、岳鎮海瀆、山川等神。

遣旗手衛官祭旗纛之神。

《明憲宗實錄》卷七六"成化六年二月"條

戊午，遣順天府官祭先農之神。

《明憲宗實錄》卷七六"成化六年二月"條

丁丑，車駕詣南郊山川壇禱雨。免百官早朝，令先詣壇所俟駕。是日早，陰雲四合，若將雨狀。未幾，大風揚沙，天地昏暗，竟日始息。

《明憲宗實錄》卷八二"成化六年八月"條

丁巳，祭太歲、風雲雷雨、岳鎮海瀆、山川等神。

遣旗手衛官祭旗纛之神。

《明憲宗實錄》卷八六"成化六年十二月"條

己酉，禮部以冬深無雪，奏請遣大臣致禱。乃命武靖侯趙輔祭告山川之神。

《明憲宗實錄》卷八八　成化七年二月"條

戊申，遣順天府官祭先農之神。

《明憲宗實錄》卷九四"成化七年八月"條

丙辰，遣官祭太歲、風雲雷雨、岳鎮海瀆、山川等神。

遣旗手衛官祭旗纛之神。

《明憲宗實錄》卷一〇一"成化八年二月"條

戊寅，遣順天府官祭先農之神。

《明憲宗實錄》卷一〇七"成化八年八月"條

辛巳，祭太歲、風雲雷雨、岳鎮海瀆、山川等神。

遣旗手衛官祭旗纛之神。

《明憲宗實錄》卷一一三"成化九年二月"條

戊辰，遣順天府官祭先農之神。

《明憲宗實錄》卷一一九"成化九年八月"條

乙亥，祭太歲、風雲雷雨、岳鎮海瀆、山川等神。

遣旗手衛官祭旗纛之神。

《明憲宗實錄》卷一二五"成化十年二月"條

戊午，遣順天府官祭先農之神。

《明憲宗實錄》卷一三二"成化十年八月"條

戊戌，祭太歲、風雲雷雨、岳鎮海瀆、山川等神。

遣旗手衛官祭旗纛之神。

《明憲宗實錄》卷一三八"成化十一年二月"條

戊子，遣順天府官祭先農之神。

《明憲宗實錄》卷一四四"成化十一年八月"條

乙未，祭太歲、風雲雷雨、岳鎮海瀆、山川等神。

遣旗手衛官祭旗纛之神。

《明憲宗實錄》卷一五〇"成化十二年二月"條

戊寅，遣順天府官祭先農之神。

《明憲宗實錄》卷一五六"成化十二年八月"條

乙未，祭太歲、風雲雷雨、岳鎮海瀆、山川等神。

遣旗手衛官祭旗纛之神。

《明憲宗實錄》卷一六九"成化十三年八月"條

庚戌，祭太歲、風雲雷雨、岳鎮海瀆、山川等神。

遣旗手衛官祭旗纛之神。

《明憲宗實錄》卷一七五"成化十四年二月"條

戊戌，遣順天府官祭先農之神。

《明憲宗實錄》卷一八一"成化十四年八月"條

丙午，祭太歲、風雲雷雨、岳鎮海瀆、山川等神。

遣旗手衛官祭旗纛之神。

《明憲宗實錄》卷一八七"成化十五年二月"條

戊戌，遣順天府官祭先農之神。

《明憲宗實錄》卷一九三"成化十五年八月"條

丁未，祭太歲、風雲雷雨、岳鎮海瀆、山川等神。

遣旗手衛官祭旗纛之神。

《明憲宗實錄》卷二〇〇"成化十六年二月"條

戊午，遣順天府官祭先農之神。

《明憲宗實錄》卷二〇六"成化十六年八月"條

己巳，祭太歲、風雲雷雨、岳鎮海瀆、山川等神。

遣旗手衛官祭旗纛之神。

《明憲宗實録》卷二一二 "成化十七年二月" 條

戊申，遣順天府官祭先農之神。

《明憲宗實録》卷二一四 "成化十七年四月" 條

甲子，命修天、地壇，太廟及社稷、山川壇，國子監、神樂觀樂器損壞者。

《明憲宗實録》卷二一八 "成化十七年八月" 條

辛酉，祭太歲、風雲雷雨、岳鎮海瀆、山川等神。

《明憲宗實録》卷二二四 "成化十八年二月" 條

戊申，遣順天府官祭先農之神。

《明憲宗實録》卷二三〇 "成化十八年八月" 條

丁巳，祭太歲、風雲雷雨、岳鎮海瀆、山川等神。

遣旗手衛官祭旗纛之神。

《明憲宗實録》卷二三七 "成化十九年二月" 條

戊辰，遣順天府官祭先農之神。

《明憲宗實録》卷二四三 "成化十九年八月" 條

壬午，祭太歲、風雲雷雨、岳鎮海瀆、山川等神。

遣旗手衛官祭旗纛之神。

《明憲宗實録》卷二四九 "成化二十年二月" 條

戊辰，遣順天府官祭先農之神。

《明憲宗實録》卷二五五 "成化二十年八月" 條

甲戌，祭太歲、風雲雷雨、岳鎮海瀆、山川等神。

遣旗手衛官祭旗纛之神。

《明憲宗實録》卷二六九 "成化二十一年八月" 條

丁酉，祭太歲、風雲雷雨、岳鎮海瀆、山川等神。

遣旗手衛官祭旗纛之神。

《明憲宗實録》卷二七五 "成化二十二年二月" 條

戊寅，遣順天府官祭先農之神。

《明憲宗實録》卷二八七 "成化二十三年二月" 條

戊子，遣順天府官祭先農之神。

《明憲宗實録》卷二九三 "成化二十三年八月" 條

丙戌，遣保國公朱永祭太歲、風雲雷雨、岳鎮海瀆、山川等神。

遣旗手衛官祭旗纛之神。

《明孝宗實録》卷一一 "弘治元年二月" 條

戊戌，遣順天府官祭先農之神。

丁未，上祭先農之神，遂躬耕耤田。

《明孝宗實錄》卷一七"弘治元年八月"條

庚戌，遣官祭太歲、風雲雷雨、岳鎮海瀆、山川等神。

遣旗手衛官祭旗纛之神。

《明孝宗實錄》卷二三"弘治二年二月"條

戊戌，遣順天府官祭先農之神。

《明孝宗實錄》卷二九"弘治二年八月"條

乙巳，遣官祭太歲、風雲雷雨、岳鎮海瀆、山川等神。

遣旗手衛官祭旗纛之神。

《明孝宗實錄》卷三五"弘治三年二月"條

戊子，遣順天府官祭先農之神。

《明孝宗實錄》卷四一"弘治三年八月"條

丁酉，遣官祭太歲、風雲雷雨、岳鎮海瀆、山川等神。

遣旗手衛官祭旗纛之神。

《明孝宗實錄》卷四八"弘治四年二月"條

戊申，遣順天府官祭先農之神。

《明孝宗實錄》卷五四"弘治四年八月"條

丁巳，遣官祭太歲、風雲雷雨、岳鎮海瀆、山川等神，遣旗手衛官祭旗纛之神。

《明孝宗實錄》卷六〇"弘治五年二月"條

戊申，遣順天府官祭先農之神。

《明孝宗實錄》卷六四"弘治五年六月"條

癸卯，修天、地、山川壇祭器，增建犧牲所。

《明孝宗實錄》卷六六"弘治五年八月"條

丁巳，遣官祭太歲、風雲雷雨、岳鎮海瀆、山川等神。

遣旗手衛官祭旗纛之神。

《明孝宗實錄》卷七二"弘治六年二月"條

戊戌，遣順天府官祭先農之神。

《明孝宗實錄》卷八五"弘治七年二月"條

戊辰，遣順天府官祭先農之神。

《明孝宗實錄》卷九一"弘治七年八月"條

丁丑，遣官祭太歲、風雲雷雨、岳鎮海瀆、山川等神。

遣旗手衛官祭旗纛之神。

《明孝宗實錄》卷九七"弘治八年二月"條

戊午，遣順天府官祭先農之神。

《明孝宗實録》卷一〇三 “弘治八年八月” 條

辛未，遣官祭太歲、風雲雷雨、岳鎮海瀆、山川等神。

《明孝宗實録》卷一〇九 “弘治九年二月” 條

戊午，遣順天府官祭先農之神。

《明孝宗實録》卷一一六 “弘治九年八月” 條

乙未，遣官祭太歲、風雲雷雨、岳鎮海瀆、山川等神。

遣旗手衛官祭旗纛之神。

《明孝宗實録》卷一二二 “弘治十年二月” 條

戊寅，遣順天府官祭先農之神。

《明孝宗實録》卷一二八 “弘治十年八月” 條

己丑，遣官祭太歲、風雲雷雨、岳鎮海瀆、山川神等神。

遣旗手衛官祭旗纛之神。

《明孝宗實録》卷一三四 “弘治十一年二月” 條

戊辰，遣順天府官祭先農之神。

《明孝宗實録》卷一三八 “弘治十一年六月” 條

辛卯，修山川壇墻垣。

《明孝宗實録》卷一四〇 “弘治十一年八月” 條

壬午，遣官祭太歲、風雲雷雨、岳鎮海瀆、山川等神。

遣旗手衛官祭旗纛之神。

《明孝宗實録》卷一四七 “弘治十二年二月” 條

戊戌，遣順天府官祭先農之神。

《明孝宗實録》卷一五三 “弘治十二年八月” 條

丁未，遣官祭太歲、風雲雷雨、岳鎮海瀆、山川等神。

遣旗手衛官祭旗纛之神。

《明孝宗實録》卷一六五 “弘治十三年八月” 條

丙午，遣官祭太歲、風雲雷雨、岳鎮海瀆、山川等神。

遣旗手衛官祭旗纛之神。

《明孝宗實録》卷一七一 “弘治十四年二月” 條

戊子，遣順天府官祭先農之神。

《明孝宗實録》卷一七八 “弘治十四年八月” 條

甲子，遣官祭太歲、風雲雷雨、岳鎮海瀆、山川等神。

遣旗手衛官祭旗纛之神。

《明孝宗實録》卷一八四 “弘治十五年二月” 條

戊申，遣順天府官祭先農之神。

《明孝宗實錄》卷一九〇"弘治十五年八月"條

己未，遣官祭太歲、風雲雷雨、山川等神。

遣旗手衛官祭旗纛之神。

《明孝宗實錄》卷一九六"弘治十六年二月"條

戊午，遣順天府官祭先農之神。

《明孝宗實錄》卷二〇一"弘治十六年七月"條

癸未，修山川坛祭器。

《明孝宗實錄》卷二一五"弘治十七年八月"條

丁丑，遣官祭太歲、風雲雷雨、岳鎮海瀆、山川等神。

《明孝宗實錄》卷二二一"弘治十八年二月"條

戊午，遣順天府官祭先農之神。

《明武宗實錄》卷四"弘治十八年八月"條

辛未，祭太歲、風雲雷雨、山川等神，遣英國公張懋行禮。

《明武宗實錄》卷一〇"正德元年二月"條

戊午，遣順天府官祭先農之神。

乙丑，上祭先農之神，遂躬耕耤田，命太師英國公張懋、太傅瑞安侯王源、太傅壽寧侯張鶴齡各行五推禮。大學士劉健、李東陽、謝遷，尚書馬文升、閔珪、張升、劉大夏、曾監、楊守隨各行九推禮。

《明武宗實錄》卷一六"正德元年八月"條

戊辰，祭太歲、風雲雷雨、岳鎮海瀆、山川、月將、城隍等神。

遣旗手衛官祭旗纛之神。

《明武宗實錄》卷二三"正德二年二月"條

戊寅，遣順天府官祭先農之神。

《明武宗實錄》卷二九"正德二年八月"條

乙未，祭太歲、風雲雷雨、岳鎮海瀆、山川、月將等神。

《明武宗實錄》卷三五"正德三年二月"條

戊寅，遣順天府官祭先農之神。

《明武宗實錄》卷四一"正德三年八月"條

丙戌，祭太歲、風雲雷雨、岳鎮海瀆、山川等神。

遣旗手衛官祭旗纛之神。

《明武宗實錄》卷四七"正德四年二月"條

戊辰，遣順天府府尹李浩祭先農之神。

《明武宗實錄》卷五三"正德四年八月"條

庚辰，祭太歲、風雲雷雨、岳鎮海瀆、山川等神。

遣旗手衛官祭旗纛之神。

《明武宗實録》卷六〇"正德五年二月"條

戊子，遣順天府官祭先農之神。

《明武宗實録》卷六六"正德五年八月"條

丁未，祭太歲、風雲雷雨、岳鎮海瀆、山川等神，遣惠安伯張偉行禮。

遣旗手衛官祭旗纛之神。

《明武宗實録》卷七二"正德六年二月"條

戊子，遣順天府官祭先農之神。

《明武宗實録》卷八四"正德七年二月"條

戊寅，遣順天府官祭先農之神。

《明武宗實録》卷九一"正德七年八月"條

辛酉，遣太子太傅成國公朱輔祭太歲、風雲雷雨、山川等神。

《明武宗實録》卷九七"正德八年二月"條

戊申，遣順天府官祭先農之神。

《明武宗實録》卷一〇三"正德八年八月"條

丙辰，祭太歲、風雲雷雨、山川之神。

《明武宗實録》卷一〇九"正德九年二月"條

戊戌，遣順天府官祭先農之神。

《明武宗實録》卷一一五"正德九年八月"條

庚戌，遣太傅兼太子太傅新寧伯譚佑祭太歲、風雲雷雨、山川等神。

《明武宗實録》卷一一九"正德九年十二月"條

己丑朔，以營建乾清、坤寧宮遣成國公朱輔、駙馬都尉蔡震、定國公徐光祚、工部尚書李鏜、禮部尚書劉春祭告天、地、宗廟、社稷及山川、城隍、太歲等神，魏國公徐俌祭告孝陵。其有事江淮等處，即命所遣官一體祭告。

《明武宗實録》卷一二八"正德十年八月"條

甲戌，遣成國公朱輔祭太歲、山川之神。

《明武宗實録》卷一三四"正德十一年二月"條

戊午，遣順天府官祭先農之神。

《明武宗實録》卷一四〇"正德十一年八月"條

戊辰，祭太歲、風雲雷雨、山川等神。

《明武宗實録》卷一四六"正德十二年二月"條

戊申，遣順天府府尹胡韶祭先農之神。

《明武宗實録》卷一五二"正德十二年八月"條

甲子，祭太歲、風雲雷雨、岳鎮海瀆、山川等神，遣定國公徐光祚行禮。

遣旗手衛官祭旗纛之神。

《明武宗實錄》卷一五九"正德十三年二月"條

戊寅，順天府官祭先農之神如常儀。

《明武宗實錄》卷一七七"正德十四年八月"條

丙戌，遣太保武定侯郭勛祭太歲、風雲雷雨、山川之神。

《明世宗實錄》卷一一"嘉靖元年二月"條

戊寅朔，遣駙馬都尉崔元祭社稷，順天府府尹徐蕃祭先農之神。

《明世宗實錄》卷二三"嘉靖二年二月"條

戊寅，遣順天府官祭先農之神。

《明世宗實錄》卷三〇"嘉靖二年八月"條

丙戌，祭太歲、風雲雷雨、山川之神。

《明世宗實錄》卷四八"嘉靖四年二月"條

戊戌，遣武定侯郭勛行禮。

《明世宗實錄》卷五四"嘉靖四年八月"條

丁未，遣官祭太歲、風雲雷雨、岳鎮海瀆、山川、月將、城隍、旗纛等神。

《明世宗實錄》卷七六"嘉靖六年五月"條

戊子，以祈雨，遣武定侯郭勛祀社稷壇，鎮遠侯顧仕隆祀山川壇。

《明世宗實錄》卷九八"嘉靖八年二月"條

甲申，上親禱雨於南郊及山川壇。

《明世宗實錄》卷一〇四"嘉靖八年八月"條

壬午，駕祀山川諸神。

《明世宗實錄》卷一一〇"嘉靖九年二月"條

戊辰，上祭社稷畢，出郊，祭先農，行耕耤禮。

《明世宗實錄》卷一二二"嘉靖十年二月"條

戊辰，上躬耕耤田，祭先農之神。

《明世宗實錄》卷一三五"嘉靖十一年二月"條

癸未，禮部尚書夏言以上體未平，請今歲帝社、帝稷及歷代帝王、先農等祀，俱暫遣官代行，仍免行耕耤禮。詔可。

《明世宗實錄》卷一三五"嘉靖十一年二月"條

戊子，遣戶部尚書許贊代祭先農。

《明世宗實錄》卷一五七"嘉靖十二年十二月"條

己丑，遣惠安伯張偉祭太歲、月將之神。

《明世宗實錄》卷一六〇"嘉靖十三年閏二月"條

丁未，遣禮部尚書夏言祭先農之神。

《明世宗實錄》卷一八三 "嘉靖十五年正月" 條
甲子，遣遂安伯陳鏸祭太歲、月將之神。

《明世宗實錄》卷一八四 "嘉靖十五年二月" 條
庚子，上以疾，暫輟親耕禮，遣宣城伯衛錞祭先農之神。

《明世宗實錄》卷二〇四 "嘉靖十六年九月" 條
丙午，遣大學士夏言祭太歲、月將等神。

《明世宗實錄》卷二〇九 "嘉靖十七年二月" 條
甲子，以昭聖皇太后聖旦，預賜百官宴。詔：暫罷耕耤禮，遣尚書李廷相祭先農之神。

《明世宗實錄》卷二二〇 "嘉靖十八年正月" 條
甲午，暫罷耕耤，遣侍郎李如圭祭先農之神。

《明世宗實錄》卷二三四 "嘉靖十九年二月" 條
丙子，暫罷耕耤，遣尚書梁材祭先農之神。

《明世宗實錄》卷二四六 "嘉靖二十年二月" 條
丙子，詔暫罷耕耤，遣尚書李如圭祭先農之神。

《明世宗實錄》卷二五八 "嘉靖二十一年二月" 條
丙子，詔暫罷籍田，遣官祭先農之神。

《明世宗實錄》卷二七一 "嘉靖二十二年二月" 條
甲申，是日，免耕耤，命户部尚書王杲祭先農之神。

《明世宗實錄》卷二八三 "嘉靖二十三年二月" 條
戊子，詔罷耕耤禮，命户部尚書王杲祭先農之神。

《明世宗實錄》卷二九六 "嘉靖二十四年二月" 條
丙午，暫罷親耕禮，遣户部尚書陳經祭先農之神。

《明世宗實錄》卷三二〇 "嘉靖二十六年二月" 條
丁未，罷耕耤禮，遣户部尚書王杲祭先農之神。

《明世宗實錄》卷三三三 "嘉靖二十七年二月" 條
甲子，罷耕耤田，遣尚書夏邦謨祭先農之神。

《明世宗實錄》卷三四五 "嘉靖二十八年二月" 條
甲子，詔罷耕耤禮，遣户部尚書夏邦謨祭先農之神。

《明世宗實錄》卷三五七 "嘉靖二十九年二月" 條
甲子，遣户部尚書潘潢祭先農之神。

《明世宗實錄》卷三七〇 "嘉靖三十年二月" 條
甲子，罷耕耤禮。遣户部尚書孫應奎祭先農之神。

《明世宗實録》卷三九四"嘉靖三十二年二月"條
甲子，罷親耕禮，遣户部尚書方鈍祭先農之神。

《明世宗實録》卷四〇七"嘉靖三十三年二月"條
戊子，遣户部尚書方鈍祭先農之神。

《明世宗實録》卷四四四"嘉靖三十六年二月"條
丙午，暫罷耕耤禮，遣户部尚書方鈍祭先農之神。

《明世宗實録》卷四五六"嘉靖三十七年二月"條
丙午，遣遂安伯陳鏸祭先農之神。

《明世宗實録》卷四六九"嘉靖三十八年二月"條
丁巳，罷親耕耤田，遣户部尚書賈應春祭先農之神。

《明世宗實録》卷四八一"嘉靖三十九年二月"條
丁巳，遣户部尚書馬坤祭先農之神。

《明世宗實録》卷四九三"嘉靖四十年二月"條
庚戌，遣户部尚書高燿祭先農之神。

《明穆宗實録》卷二"隆慶元年正月上"條
甲子，遣太常寺官祭太歲、月將之神。

《明穆宗實録》卷四"隆慶元年二月上"條
甲午，遣順天府官祭先農之神。

《明穆宗實録》卷一六"隆慶二年正月"條
戊午，遣太常寺官祭太歲、月將之神。

《明穆宗實録》卷一七"隆慶二年二月"條
己亥，聖駕詣先農壇親祭先農之神。禮畢，詣耤田所。上秉耒三推，公卿以下助耕畢。上御齋宮，賜百官宴，并宴耆老於壇旁，賜農夫布匹。駕還。是日，以禮部言，增上、中、下三等農夫各十人於耆老之後，如弘治中例。

《明穆宗實録》卷二八"隆慶三年正月"條
庚戌，遣太常寺官祭太歲、月將之神。

《明穆宗實録》卷四一"隆慶四年正月"條
甲戌，遣太常寺官祭太歲、月將之神。

《明穆宗實録》卷四二"隆慶四年二月"條
辛亥，遣順天府官祭先農之神。

《明穆宗實録》卷五二"隆慶四年十二月"條
癸亥，遣太常寺官祭太歲、月將及五祀之神。

《明穆宗實録》卷五三"隆慶五年正月"條
辛未，遣太常寺官祭太歲、月將之神。

《明穆宗實録》卷五四"隆慶五年二月"條

丙辰，遣順天府官祭先農之神。

《明穆宗實録》卷六四"隆慶五年十二月"條

丁巳，遣太常寺官祭太歲、月將及五祀之神。

《明穆宗實録》卷六五"隆慶六年正月"條

甲子，遣太常寺官祭太歲、月將之神。

《明穆宗實録》卷六七"隆慶六年閏二月"條

戊午，遣順天府官祭先農之神。

《明神宗實録》卷九六"萬曆八年二月"條

戊子，上親祀先農壇畢，行耕耤禮。命定國公徐文璧、彰武伯楊炳、大學士張居正充三公，大學士張四維、兵部尚書方逢時、吏部尚書王國光、户部尚書汪宗伊、禮部尚書潘晟、戎政、兵部尚書楊兆、刑部尚書嚴清、都御史陳炌、吴兑充九卿，各行伍推、九推禮。事竣，賜陪祀執事官宴。

《明神宗實録》卷一〇九"萬曆九年二月"條

丙午，遣順天府官祭先農之神。

《明神宗實録》卷一三三"萬曆十一年二月"條

己亥，遣順天府堂上官祭先農之神。

《明神宗實録》卷一四六"萬曆十二年二月"條

甲子，遣順天府堂上官祭先農之神。

《明神宗實録》卷一九三"萬曆十五年十二月"條

甲申，遣官祭太歲、月將之神。

《明神宗實録》卷二〇六"萬曆十六年十二月"條

丁酉，祭太歲、月將之神，遣太常寺卿行禮

《明神宗實録》卷二五六"萬曆二十一年正月"條

戊午，祭太歲、月將之神，遣太常寺卿行禮。

《明神宗實録》卷二九五"萬曆二十四年三月"條

庚辰，祭太歲，東岳各祠，其北極佑聖真君、漢壽亭侯、都城隍、金闕、玉闕真君五處神祇，遣太常寺堂上官分詣行禮。

《明神宗實録》卷三一一"萬曆二十五年六月"條

甲申，以火災，遣公徐文璧等分詣南郊、北郊、社稷、太廟、朝日、夕月壇及太歲、東岳等神祇致祭。上於宫中行拜禮。

《明神宗實録》卷三八〇"萬曆三十一年正月"條

甲子，遣官祭太歲、月將司户之神。

《明神宗實錄》卷四〇五"萬曆三十三年正月"條

壬午，遣官祭太歲、月將司户之神。

《明神宗實錄》卷四一七"萬曆三十四年正月"條

癸酉，遣官祭太歲、月將司户等神。

《明神宗實錄》卷四一八"萬曆三十四年二月"條

甲寅，春分，遣官祭朝日壇及先農之神。

《明神宗實錄》卷四二八"萬曆三十四年十二月"條

癸亥，遣官祭太歲、月將及五祀、旗纛等神。

《明神宗實錄》卷四八〇"萬曆三十九年二月"條

戊子，祭先農之神遣順天府官行禮。

《明神宗實錄》卷四九二"萬曆四十年二月"條

乙酉，春分，祭大明於朝日壇，遣武定侯郭文誠行禮。是日，又祭先農之神，遣官行禮。

《明神宗實錄》卷五〇五"萬曆四十一年二月"條

庚寅，祭大明於朝日壇，遣成國公朱純臣行禮。是日，又祭先農之神。

《明神宗實錄》卷五五五"萬曆四十五年三月"條

乙酉，以祈禱雨澤，祭告南郊、北郊、社稷、山川、風雲雷雨壇、護國濟民神應龍王之神、太歲之神、東岳廟。收迴脯月、果酒，頒賜二輔臣三桌。

《明神宗實錄》卷五五六"萬曆四十五年四月"條

丁未，以雨澤應祈，祭謝南郊、北郊、社稷、山川、風雲雷雨壇、護國濟民神應龍王之神、太歲之神、東岳廟。收迴脯月、果酒，頒賜輔臣三桌。

《明神宗實錄》卷五五七"萬曆四十五年五月"條

庚辰，以祈禱雨澤，祭告南郊、北郊、社稷、山川、風雲雷雨壇、護國濟民神應龍王之神、太歲之神、東岳廟。收迴脯醢、果酒，頒賜輔臣三桌。

《明神宗實錄》卷五五九"萬曆四十五年七月"條

戊辰，以祈禱雨澤沾足，致謝南郊、北郊、社稷、山川、風雲雷雨壇、護國濟民神應龍王之神、太歲之神、東岳廟。收迴脯醢、果酒，頒賜輔臣三桌。

《明神宗實錄》卷五八九"萬曆四十七年十二月"條

己卯，歲暮行太祫禮於太廟，并祭太歲、月將、五祀之神，承天門外祭旗纛之神。

《明神宗實錄》卷五九〇"萬曆四十八年正月"條

丙戌，太常寺官祭太歲、月將之神。

《明神宗實錄》卷五九一"萬曆四十八年二月"條

甲子，遣順天府官祭先農之神。

《明熹宗實録》卷四"泰昌元年十二月"條

壬申，遣太常寺官祭太歲、月將、五祀之神。

《明熹宗實録》卷五"天啓元年正月"條

庚辰，遣太常寺官祭太歲、月將之神。

《明熹宗實録》卷一七"天啓元年十二月"條

丙申，遣太常寺官祭太歲、月將、五祀之神。

《明熹宗實録》卷一八"天啓二年正月"條

丙午，遣太常寺官祭太歲、月將之神。

《明熹宗實録》卷三○"天啓三年正月"條

丁酉，遣太常寺官祭太歲、月將之神。

《明熹宗實録》卷四二"天啓三年十二月"條

乙卯，遣太常寺官祭太歲、月將及五祀之神。

《明熹宗實録》卷五五"天啓五年正月"條

乙卯，遣太常寺官祭太歲、月將之神。

《明熹宗實録》卷五六"天啓五年二月"條

己亥，祭先農之神，遣順天府堂上官行禮。

《明熹宗實録》卷六七"天啓六年正月"條

乙卯，遣太常寺官祭太歲、月將之神。

（明）官修《萬曆起居注·萬曆八年》

二月十五日乙酉，上御皇極殿。太常寺請行親祭先農禮。

十八日戊子，上親祀先農壇。畢，行耕耤禮，賜陪祀執事官晏。

十九日己丑，以耕耤禮成，賜三公九卿。公徐文璧，伯楊炳，大學士張居正、張四維，尚書方逢時、王國光、汪宗伊、潘晟、楊兆、嚴清，都御史陳炌，侍郎吳兌，各一表裏。及耒耜等項執事官員人等，表裏銀布有差。

（明）陳鶴《明紀》卷二《太祖紀三》

洪武元年正月庚子冬至，始祀上帝於圜丘，從李善長等分祭之議也。以大明、夜明、星辰、太歲從祀。

（明）陳鶴《明紀》卷三《太祖紀三》

洪武三年六月戊午朔，素服草屨步禱山川壇，席槀路坐，晝曝日中，夜臥於地，凡三日，還齋於西廡。

（明）楊博《太師楊襄毅公年譜》卷九

嘉靖十四年二月己亥，從帝耕耤賜宴。聖薦是日，詣先農壇，祭先農之神。禮畢，詣耕耤所。帝秉耒三推三反，南向坐。觀三公五推、九卿九推。公與焉。賜百官宴，公坐丹陛上。

（明）申時行《賜閑堂集》卷二八《資政大夫太子少保南京兵部尚書諡莊簡楊公墓志銘》

考予三代誥蔭，一子入胄監。庚辰，從上耕耤田，侍宴先農壇。尋遷南京工部尚書。

（清）談遷《國榷》卷三《太祖洪武元年戊申至二年己酉》

（洪武二年正月）戊申，議驚蟄、秋分祀太歲、風雲雷雨，清明、霜降祀岳鎮海瀆及天下山川、城隍諸神。

庚戌，遣都督孫遇仙等祭天下岳鎮海瀆。

（二月）壬午，上享先農，配后稷氏。祀畢，耕南郊耤田。

甲申，南北郊增天下神祇壇。

（清）談遷《國榷》卷四《太祖洪武三年庚戌至四年辛亥》

（洪武三年二月）甲子，享先農。上合祀太歲、月將、風雲雷雨、岳鎮海瀆、山川、城隍、旗纛神。

（清）談遷《國榷》卷五《太祖洪武五年壬子至七年甲寅》

（洪武五年正月）庚午，太歲、風雲雷雨、岳鎮海瀆、鍾山、京畿山川、月將、京都城隍諸神壇殿成，上親告祀。

（清）談遷《國榷》卷六《太祖洪武八年乙卯至十二年己未》

（洪武十年）二月己酉朔，遣祭歷代帝王及先農。

（清）談遷《國榷》卷八《太祖洪武十七年甲子至二十年丁卯》

（洪武二十年二月）壬辰，上耕耤田，宴群臣於壇所。

（清）談遷《國榷》卷一八《成祖永樂二十三年甲辰至仁宗洪熙元年己巳五月》

（洪熙元年二月）丙辰，上祭先農耕耤田。

（清）談遷《國榷》卷一九《仁宗洪熙元年乙巳六月至宣宗宣德元年丙午》

（宣德元年二月）丁丑，祭先農，上耕耤田。

（清）談遷《國榷》卷二二《宣宗宣德七年壬子至七年乙卯正月》

（宣德七年二月）戊戌，祭太社太稷享先農。

（清）談遷《國榷》卷二九《代宗景泰元年庚午》

（景泰元年二月）戊寅，祭太社、太稷，遂親耕耤田。

（清）談遷《國榷》卷三四《英宗天順八年甲申正月至憲宗成化二年丙戌》

（成化元年二月）甲午，上祭先農，躬耤田。

（清）談遷《國榷》卷四一《憲宗成化二十三年丁未八月至孝宗弘治二年己酉》

（弘治元年二月）癸卯，户部尚書李敏言：勞苦莫如農夫、鹽婦，請耤田時，令農夫十人常服終畝。從之。仍人賜匹布。

(清) 談遷《國榷》卷四六《武宗正德元年丙寅至二年丁卯》

（正德元年二月）乙丑，上耤田。

(清) 談遷《國榷》卷五二《武宗正德十六年辛巳四月至世宗嘉靖二年癸未》

（嘉靖元年三月）丙辰，上耕耤田，去教坊雜戲。

(清) 談遷《國榷》卷五四《世宗嘉靖七年戊子至九年庚寅》

（嘉靖九年二月）戊辰，上祭社稷畢，出郊祭先農，行耕耤田禮。

(清) 談遷《國榷》卷五五《世宗嘉靖十年辛卯至十二年癸巳》

（嘉靖十年二月）戊辰，上躬耕耤田。

癸未，議建太歲壇。

（嘉靖十二年二月）庚辰，暫免耤田。

(清) 談遷《國榷》卷五六《世宗嘉靖十三年甲午至十七年戊戌》

（嘉靖十四年二月）戊戌，上祭太社、太稷，御平臺，召張孚敬、李時、夏言議宗廟事。孚敬等以過勞，暫停耤田。從之。

(清) 談遷《國榷》卷五八《世宗嘉靖二十二年癸卯至二十五丙午》

（嘉靖二十二年二月）甲申，免耕耤田。

(清) 談遷《國榷》卷六五《穆宗隆慶元年丁未至二年戊辰》

（隆慶二年二月）己亥，上祭先農，耤田。

(清) 談遷《國榷》卷七〇《神宗萬曆五年丁丑至七年己卯》

（萬曆七年二月）丙子朔，改明年春耤田。張居正以禮部先筮日，今上疹後不宜出。

(清) 談遷《國榷》卷七一《神宗萬曆八年庚辰至十年壬午》

（萬曆八年二月）戊子，上親祀先農壇，耕耤田。

(清) 談遷《國榷》卷九三《思宗崇禎七年甲戌》

（崇禎七年二月）甲申，上祀先農，躬耕耤田。

(清) 談遷《國榷》卷九八《思宗崇禎十五年壬午》

（崇禎十五年正月）己丑，上躬耕耤田。

(清) 談遷《國榷》卷一〇四《弘光元年乙酉正月至五月》

（弘光元年二月）乙亥，停朝日壇諸祀。其先農遣應天尹。

(清) 查繼佐《罪惟錄·紀一·太祖紀》

洪武三年六月，旱甚。帝躬自禱祈，草履徒步，詣山川壇，夜槁席露坐，晝曝烈日中。皇太子持榼進農家麥菽飯。凡三日，天爲大雨。

(清) 萬斯同等《明史》卷二《太祖紀二》

洪武二年二月壬午，始享先農，耕耤田。

洪武三年六月戊午朔，帝素服草屨，步禱山川壇，席槁曝烈日中，夜露宿於地，凡三日。還宮，仍齋居西廡。

(清) 萬斯同等《明史》卷二〇《神宗紀下》

萬曆二十五年六月甲申，遣官祭告四郊及宗廟、社稷、太歲、東岳諸神。

(清) 萬斯同等《明史》卷三九《志一三·五行志二·火》

正統十年正月，忠義、前後二衛并灾。是時，太倉屢火，遣尚書王佐、侍郎姜濤祭火龍及太歲以禳之。

成化六年二月壬申，帝以自冬徂春，雨雪不降，親率群臣詣山川壇請禱。

(清) 萬斯同等《明史》卷四一《志一五·五行志四·金·恒暘》

洪武三年六月戊午朔，帝以久不雨，素服草履，徒步出詣山川壇，設稿席露坐，晝曝於日，頃刻不移，夜卧於地，衣不解帶。皇后與諸妃俱執爨，爲微時農家之具。皇太子奉盒進蔬食，雜以麻麥菽粟。壬戌旦，乃大雨。

六年二月丁丑，車駕詣南郊山川壇禱雨。五月，山東旱，遣官祭告岳、鎮。是年，直隸河南、陝西、四川府縣衛多告旱焉。八年，京畿連月不雨，運河水涸，遣官祭告天、地、社稷、山川并淮瀆、東海之神。

(清) 張廷玉等《明史》卷二《太祖紀二》

洪武三年六月戊午朔，素服草屨，步禱山川壇，露宿凡三日，還齋於西廡。

(清) 張廷玉等《明史》卷一三《憲宗紀一》

成化八年夏四月，京師久旱，運河水涸。癸酉，遣使禱於郊社、山川、淮瀆、東海之神。

(清) 張廷玉等《明史》卷一七《世宗紀一》

嘉靖元年二月己卯，耕耤田。

八年八月丙子，張璁、桂萼罷。壬午，始親祭山川，著爲令。

(清) 張廷玉等《明史》卷二九《志五·五行志二·火·恒燠》

(成化) 六年二月壬申，以自冬徂春，雨雪不降，敕諭群臣親詣山川壇請禱。【略】十一年冬，以無雪祈禱。【略】嘉靖十四年，冬深無雪，遣官遍祭諸神。【略】二十年十二月癸卯，禱雪於神祇壇。

(清) 張廷玉等《明史》卷二九《志五·五行志二·火·火灾》

(正統) 十年正月庚寅，忠義前後二衛灾。是時太倉屢火，遣官禱祭火龍及太歲以禳之。

(清) 嵇璜等《續文獻通考》卷六《田賦考》

太祖洪武二年二月，耕耤於南郊。

(清) 嵇璜等《續文獻通考》卷七〇《郊社考》

明太祖甲午歲七月，禱雨於滁之豐山柏子潭。

洪武二年三月，以春久不雨，祈告諸神祇。

爲十八壇：中設風雲雷雨、岳鎮海瀆，凡五壇。東設鍾山、兩淮、江西、兩廣、海南、海北、山東、燕南、燕薊山川、旗纛諸神，凡七壇。西設江東、兩浙、福建、湖廣、荊襄、河南北、河東、華州山川、京都城隍，凡六壇。中五壇奠帛，初獻，帝親行禮，兩廡命官分獻。每壇牲用犢、羊、豕各一，幣則太歲、風雲雷雨用白，餘各隨其方色。籩豆、簠簋視社稷。登一，實以太羹；鉶二，實以和羹。儀同常祀。

三年六月，步禱山川壇。

五月，旱，帝齋戒，擇日躬禱。命后妃親執爨爲農家食，太子、諸王躬饋於齋所。是月戊午朔四鼓，帝素服草屨徒步出，詣山川壇，槁席露坐，晝曝於日，夜臥於地，凡三日。還宮，仍齋於西廡。壬戌，大雨。七年五月，旱，躬禱如儀。

英宗正統四年六月，以京畿水灾，祭告天、地。

九年三月，雨雪愆期，遣官祭天、地、社稷、神祇諸壇。

憲宗成化六年二月，禱雨於郊壇。

八年四月，京師久旱，運河水涸。遣官禱於郊社、山川、淮瀆、東海之神。二十三年五月，旱，遣使分禱天下山川。

孝宗弘治十七年五月，畿内山東久旱，遣官祭告天壽山，分命各巡撫祭告北岳、北鎮、東岳、東鎮、東海。

武宗正德五年三月，禱雨。

世宗嘉靖八年二月，旱，禱於南郊及山川、社稷。

(清) 嵇璜等《續文獻通考》卷二二二《物异考・恒燠》

憲宗成化元年，冬無雪。五年，冬燠如夏。六年二月壬申，以自冬徂春，雨雪不降，敕諭群臣，親詣山川壇請禱。

(清) 龍文彬《明會要》卷八《禮三・吉禮・岳鎮海瀆山川》

洪武二年，命官十八人祭天下岳鎮海瀆之神。《禮志》

七年，令禮部頒祭岳鎮海瀆儀於所在有司。《圖書集成》

十年，太祖親祀山川壇諸神於殿中，功臣分祀兩廡。命官十八人分祀岳鎮海瀆，賜之制。王圻《通考》

正統九年三月，雨雪愆期，遣官祭岳鎮海瀆。《禮志》

弘治十七年，畿内、山東旱，分命各巡撫祭告北岳、北鎮、東岳、東鎮、東海。《禮志》

十一年，大學士李時等以聖嗣未降，請廷臣詣岳、鎮名山祝禱。禮部尚書夏言言：輔臣所請，止於岳鎮；竊以山川、海、瀆發祥效靈，與岳、鎮同功，祈禱之禮皆不可缺。遂命大臣詣壇分祀。《吾學編》

隆慶元年，禮臣言：天神、地祇已從祀南、北郊，其仲秋神祇之祭，不宜復舉。今罷之。《禮志》

（清）龍文彬《明會要》卷八《禮三·吉禮·先農》

洪武二年二月，帝建先農壇於南郊，在耤田北。親祭先農，以后稷配。祀畢，行耕耤禮。御耒耜二具，韜以青絹；御耕牛四，被以青衣。禮畢，皇帝還大次。應天府尹及上元、江寧兩縣令率庶人終畝。是日，宴勞百官耆老於壇所。《禮志》

八年，遣應天府尹祭先農，不設配。《春明夢餘錄》

十年二月，遣官享先農，命應天府官率農民、耆老陪祀。《禮志》

二十年二月，上躬耕耤田，遣官享先農。禮成，宴群臣於壇所。《明通紀》

二十一年，更定祭先農儀，不設配位。《禮志》

弘治元年二月丁未，耕耤田。禮畢，宴群臣，教坊以雜伎進。都御史馬文升屬聲曰：新天子當知稼穡艱難，豈宜以此瀆亂宸聰？即斥去之。耕耤之禮，自成祖以後，唯登極一行之。至是，始定於每歲仲春，上躬自行禮，定爲制。《三編》

嘉靖元年，命終畝農夫照例引見，人賞布一匹。《圖書編》

九年二月，禮部上耕耤儀，帝以其過煩，命來歲別議。《實錄》

三十八年，罷親耕，惟遣官祭先農。《禮志》

四十一年，遣順天府尹祭先農，免樂舞。《圖書編》

隆慶元年，罷西苑耕種。諸祀皆取之耤田。《禮志》

二年二月己亥耕耤田。以禮部言增上、中、下三等農夫各十人於耆老之後，如弘治中例。《通紀》

崇禎十五年二月，親祭先農，行耤田禮。科臣沈迅言：教坊承應歌詞俚俗，宜改正。上諭閣臣：以後耕耤，宜歌豳風無逸詩。教坊俚俗之詞，斥令改正。《春明夢餘錄》

（清）龍文彬《明會要》卷八《禮三·吉禮·城隍》

洪武二年，封京師及天下城隍。《圖書編》

三年，詔去封號，止稱某府、州、縣城隍之神，命從祀於山川壇。《會典》

九月戊子，京師城隍廟成，改東岳祠爲之。《大政記》

永樂中，建廟都城之西，曰大威靈祠。《禮志》

（二）清代祭祀記載

《世祖章皇帝實錄》卷二二"順治二年十二月"條

戊申，遣官祭太歲月將之神。

《世祖章皇帝實錄》卷七三"順治十年三月"條

壬申，詔舉行先農、先醫、及司牲神、祀典。

《世祖章皇帝實錄》卷八一"順治十一年二月"條

丙子，祀先農，行耕耤禮。

《世祖章皇帝實録》卷八九"順治十二年二月"條

甲戌，遣官祭先農之神。

《世祖章皇帝實録》卷九九"順治十三年三月"條

丙申，遣官祭先農之神。

《世祖章皇帝實録》卷一〇七"順治十四年二月"條

丙戌，遣官祭先農之神。

《世祖章皇帝實録》卷一〇九"順治十四年四月"條

辛卯，上素服親詣圜丘、社稷壇，遣公愛星阿詣方澤、尚書胡世安詣天神壇、侍郎祁徹白詣地祇壇祈雨。祭未畢，大雨如注。

《世祖章皇帝實録》卷一一五"順治十五年二月"條

丙戌，遣官祭先農之神。

《世祖章皇帝實録》卷一一八"順治十五年六月"條

辛卯，以久旱禱雨，遣官祭天地、社稷、風雲雷雨、岳鎮海瀆、四陵山及天下山川之神。

《世祖章皇帝實録》卷一二三"順治十六年春正月"條

庚辰，遣官祭先農之神。

《世祖章皇帝實録》卷一三二"順治十七年二月"條

丁未，遣官祭先農之神。

《聖祖仁皇帝實録》卷一"順治十八年春正月"條

戊午，遣官祭太歲之神。

《聖祖仁皇帝實録》卷一"順治十八年二月"條

丁未，遣官祭先農之神。

《聖祖仁皇帝實録》卷六"康熙元年春正月"條

乙酉，遣官祭太歲之神。

《聖祖仁皇帝實録》卷六"康熙元年二月"條

癸亥，遣官祭先農之神。

《聖祖仁皇帝實録》卷七"康熙元年十二月"條

戊辰，遣官祭太歲之神。

《聖祖仁皇帝實録》卷八"康熙二年春正月"條

甲戌，遣官祭太歲之神。

《聖祖仁皇帝實録》卷一〇"康熙二年十二月"條

壬戌，遣官祭太歲之神。

《聖祖仁皇帝實録》卷一一"康熙三年春正月"條

辛未，遣官祭太歲之神。

《聖祖仁皇帝實錄》卷一一 "康熙三年二月" 條

辛亥，遣官祭先農之神。

《聖祖仁皇帝實錄》卷一三 "康熙三年十二月" 條

丙戌，遣官祭太歲之神。

《聖祖仁皇帝實錄》卷一四 "康熙四年春正月" 條

乙未，遣官祭太歲之神。

《聖祖仁皇帝實錄》卷一四 "康熙四年二月" 條

癸亥，遣官祭先農之神。

《聖祖仁皇帝實錄》卷一七 "康熙四年十二月" 條

庚辰，遣官祭太歲之神。

《聖祖仁皇帝實錄》卷一八 "康熙五年春正月" 條

辛卯，遣官祭太歲之神。

《聖祖仁皇帝實錄》卷一八 "康熙五年二月" 條

戊午，遣官祭先農之神。

《聖祖仁皇帝實錄》卷二〇 "康熙五年十二月" 條

甲戌，遣官祭太歲之神。

《聖祖仁皇帝實錄》卷二一 "康熙六年春正月" 條

乙酉，遣官祭太歲之神。

《聖祖仁皇帝實錄》卷二一 "康熙六年二月" 條

庚戌，遣官祭先農之神。

《聖祖仁皇帝實錄》卷二四 "康熙六年十二月" 條

戊戌，遣官祭太歲之神。

《聖祖仁皇帝實錄》卷二五 "康熙七年春正月" 條

丁未，遣官祭太歲之神。

《聖祖仁皇帝實錄》卷二五 "康熙七年二月" 條

丙戌，遣官祭先農之神。

《聖祖仁皇帝實錄》卷二七 "康熙七年十二月" 條

癸巳，遣官祭太歲之神。

《聖祖仁皇帝實錄》卷二八 "康熙八年春正月" 條

癸卯，遣官祭太歲之神。

《聖祖仁皇帝實錄》卷二八 "康熙八年二月" 條

丁丑，遣官祭先農之神。

《聖祖仁皇帝實錄》卷三一 "康熙八年十二月" 條

丁亥，遣官祭太歲之神。

《聖祖仁皇帝實録》卷三二"康熙九年春正月"條

丁酉，遣官祭太歲之神。

《聖祖仁皇帝實録》卷三二"康熙九年二月"條

乙未，遣官祭先農之神。

《聖祖仁皇帝實録》卷三四"康熙九年十二月"條

辛亥，遣官祭太歲之神。

《聖祖仁皇帝實録》卷三五"康熙十年春正月"條

戊午，遣官祭太歲之神。

《聖祖仁皇帝實録》卷三五"康熙十年二月"條

庚子，遣官祭先農之神。

《聖祖仁皇帝實録》卷三七"康熙十年十二月"條

丙午，遣官祭太歲之神。

《聖祖仁皇帝實録》卷三八"康熙十一年春正月"條

乙卯，遣官祭太歲之神。

《聖祖仁皇帝實録》卷三九"康熙十一年二月"條

戊子，遣官祭先農之神。

丙申，上詣先農壇致祭。上親行耕耤禮，三推畢，登觀耕臺，命康親王杰書、裕親王福全、簡親王喇布、吏部左侍郎王清、户部尚書米思翰、禮部尚書哈爾哈齊、兵部尚書明珠、刑部尚書莫洛、工部尚書王熙、都察院左都御史多諾、通政使司左通政任克溥、大理寺卿王允祚等以次耕畢。迴宫。因值朝日齋戒日期，停止慶賀筵宴作樂。

《聖祖仁皇帝實録》卷四〇"康熙十一年十二月"條

庚午，遣官祭太歲之神。

《聖祖仁皇帝實録》卷四一"康熙十二年春正月"條

丁丑，遣官祭太歲之神。

《聖祖仁皇帝實録》卷四一"康熙十二年二月"條

庚戌，遣官祭先農之神。

《聖祖仁皇帝實録》卷四四"康熙十二年十二月"條

甲子，遣官祭太歲之神。

《聖祖仁皇帝實録》卷四五"康熙十三年春正月"條

癸酉，遣官祭太歲之神。

《聖祖仁皇帝實録》卷四六"康熙十三年二月"條

丙辰，遣官祭先農之神。

《聖祖仁皇帝實録》卷五一"康熙十三年十二月"條

戊午，遣官祭太歲之神。

《聖祖仁皇帝實録》卷五二"康熙十四年春正月"條
乙丑，遣官祭太歲之神。

《聖祖仁皇帝實録》卷五三"康熙十四年二月"條
丁未，遣官祭先農之神。

《聖祖仁皇帝實録》卷五八"康熙十四年十二月"條
壬午，遣官祭太歲之神。

《聖祖仁皇帝實録》卷五九"康熙十五年春正月"條
己丑，遣官祭太歲之神。

《聖祖仁皇帝實録》卷五九"康熙十五年二月"條
辛未，遣官祭先農之神。

《聖祖仁皇帝實録》卷六四"康熙十五年十二月"條
丙子，遣官祭太歲之神。

《聖祖仁皇帝實録》卷六五"康熙十六年春正月"條
乙酉，遣官祭太歲之神。

《聖祖仁皇帝實録》卷六五"康熙十六年二月"條
辛未，遣官祭先農之神。

《聖祖仁皇帝實録》卷七〇"康熙十六年十二月"條
辛未，遣官祭太歲之神。

《聖祖仁皇帝實録》卷七一"康熙十七年春正月"條
庚辰，遣官祭太歲之神。

《聖祖仁皇帝實録》卷七一"康熙十七年二月"條
辛酉，遣官祭先農之神。

《聖祖仁皇帝實録》卷七八"康熙十七年十二月"條
乙未，遣官祭太歲之神。

《聖祖仁皇帝實録》卷七九"康熙十八年春正月"條
丙午，遣官祭太歲之神。

《聖祖仁皇帝實録》卷七九"康熙十八年二月"條
甲申，遣官祭先農之神。

《聖祖仁皇帝實録》卷八七"康熙十八年十二月"條
己丑，遣官祭太歲之神。

《聖祖仁皇帝實録》卷八八"康熙十九年春正月"條
乙未，遣官祭太歲之神。

《聖祖仁皇帝實録》卷八八"康熙十九年二月"條
甲申，遣官祭先農之神。

《聖祖仁皇帝實録》卷九三"康熙十九年十二月"條
癸丑，遣官祭太歲之神。

《聖祖仁皇帝實録》卷九四"康熙二十年二月"條
丙申，遣官祭先農之神。

《聖祖仁皇帝實録》卷九九"康熙二十年十二月"條
丁未，遣官祭太歲之神。

《聖祖仁皇帝實録》卷一〇〇"康熙二十一年春正月"條
丙辰，遣官祭太歲之神。

《聖祖仁皇帝實録》卷一〇一"康熙二十一年二月"條
甲午，遣官祭先農之神。

《聖祖仁皇帝實録》卷一〇六"康熙二十一年十二月"條
壬寅，遣官祭太歲之神。

《聖祖仁皇帝實録》卷一〇七"康熙二十二年春正月"條
庚戌，遣官祭太歲之神。

《聖祖仁皇帝實録》卷一〇七"康熙二十二年二月"條
甲申，遣官祭先農之神。

《聖祖仁皇帝實録》卷一一三"康熙二十二年十二月"條
乙丑，遣官祭太歲之神。

《聖祖仁皇帝實録》卷一一四"康熙二十三年春正月"條
甲戌，遣官祭太歲之神。

《聖祖仁皇帝實録》卷一一四"康熙二十三年二月"條
丙午，遣官祭先農之神。

《聖祖仁皇帝實録》卷一一八"康熙二十三年十二月"條
己未，遣官祭太歲之神。

《聖祖仁皇帝實録》卷一二四"康熙二十五年春正月"條
乙丑，遣官祭太歲之神。

《聖祖仁皇帝實録》卷一二四"康熙二十五年二月"條
丙午，遣官祭先農之神。

《聖祖仁皇帝實録》卷一二八"康熙二十五年十二月"條
戊寅，遣官祭太歲之神。

《聖祖仁皇帝實録》卷一二九"康熙二十六年春正月"條
丁亥，遣官祭太歲之神。

《聖祖仁皇帝實録》卷一二九"康熙二十六年二月"條
癸亥，遣官祭先農之神。

《聖祖仁皇帝實錄》卷一三二"康熙二十六年十二月"條
癸酉，遣官祭太歲之神。

《聖祖仁皇帝實錄》卷一三三"康熙二十七年春正月"條
壬午，遣官祭太歲之神。

《聖祖仁皇帝實錄》卷一三三"康熙二十七年二月"條
癸亥，遣官祭先農之神。

《聖祖仁皇帝實錄》卷一三八"康熙二十七年十二月"條
丁卯，遣官祭太歲之神。

《聖祖仁皇帝實錄》卷一三九"康熙二十八年春正月"條
丁丑，遣官祭太歲之神。

《聖祖仁皇帝實錄》卷一三九"康熙二十八年二月"條
癸亥，遣官祭先農之神。

《聖祖仁皇帝實錄》卷一四三"康熙二十八年十二月"條
壬辰，遣官祭太歲之神。

《聖祖仁皇帝實錄》卷一四四"康熙二十九年春正月"條
丁酉，遣官祭太歲之神。

《聖祖仁皇帝實錄》卷一四四"康熙二十九年二月"條
丁丑，遣官祭先農之神。

《聖祖仁皇帝實錄》卷一五〇"康熙三十年春正月"條
壬辰，遣官祭太歲之神。

《聖祖仁皇帝實錄》卷一五〇"康熙三十年二月"條
癸亥，遣官祭先農之神。

《聖祖仁皇帝實錄》卷一五三"康熙三十年十二月"條
己酉，遣官祭太歲之神。

《聖祖仁皇帝實錄》卷一五四"康熙三十一年春正月"條
戊午，遣官祭太歲之神。

《聖祖仁皇帝實錄》卷一五四"康熙三十一年二月"條
丙申，遣官祭先農之神。

《聖祖仁皇帝實錄》卷一五七"康熙三十一年十二月"條
癸卯，遣官祭太歲之神。

《聖祖仁皇帝實錄》卷一五八"康熙三十二年春正月"條
庚戌，遣官祭太歲之神。

《聖祖仁皇帝實錄》卷一五八"康熙三十二年二月"條
丙申，遣官祭先農之神。

《聖祖仁皇帝實錄》卷一六一“康熙三十二年十二月”條
　　丁酉，遣官祭太歲之神。

《聖祖仁皇帝實錄》卷一六二“康熙三十三年春正月”條
　　庚戌，遣官祭太歲之神。

《聖祖仁皇帝實錄》卷一六二“康熙三十三年二月”條
　　丙戌，遣官祭先農之神。

《聖祖仁皇帝實錄》卷一六五“康熙三十三年十二月”條
　　辛酉，遣官祭太歲之神。

《聖祖仁皇帝實錄》卷一六六“康熙三十四年春正月”條
　　癸酉，遣官祭太歲之神。

《聖祖仁皇帝實錄》卷一六六“康熙三十四年二月”條
　　辛亥，遣官祭先農之神。

《聖祖仁皇帝實錄》卷一六九“康熙三十四年十二月”條
　　丙辰，遣官祭太歲之神。

《聖祖仁皇帝實錄》卷一七〇“康熙三十五年春正月”條
　　癸亥，遣官祭太歲之神。

《聖祖仁皇帝實錄》卷一七一“康熙三十五年二月”條
　　丙午，遣官祭先農之神。

《聖祖仁皇帝實錄》卷一七八“康熙三十五年十二月”條
　　辛亥，遣官祭太歲之神。

《聖祖仁皇帝實錄》卷一七九“康熙三十六年春正月”條
　　庚申，遣官祭太歲之神。

《聖祖仁皇帝實錄》卷一八〇“康熙三十六年二月”條
　　丙申，遣官祭先農之神。

《聖祖仁皇帝實錄》卷一八六“康熙三十六年十二月”條
　　乙亥，遣官祭太歲之神。

《聖祖仁皇帝實錄》卷一八七“康熙三十七年春正月”條
　　壬午，遣官祭太歲之神。

《聖祖仁皇帝實錄》卷一八七“康熙三十七年二月”條
　　甲子，遣官祭先農之神。

《聖祖仁皇帝實錄》卷一九一“康熙三十七年十二月”條
　　己巳，遣官祭太歲之神。

《聖祖仁皇帝實錄》卷一九二“康熙三十八年春正月”條
　　己卯，遣官祭太歲之神。

《聖祖仁皇帝實錄》卷一九二 "康熙三十八年二月" 條
甲子，遣官祭先農之神。

《聖祖仁皇帝實錄》卷一九六 "康熙三十八年十二月" 條
癸巳，遣官祭太歲之神。

《聖祖仁皇帝實錄》卷一九七 "康熙三十九年春正月" 條
庚子，遣官祭太歲之神。

《聖祖仁皇帝實錄》卷一九七 "康熙三十九年二月" 條
丙子，遣官祭先農之神。

《聖祖仁皇帝實錄》卷二〇二 "康熙三十九年十二月" 條
丁亥，遣官祭太歲之神。

《聖祖仁皇帝實錄》卷二〇三 "康熙四十年春正月" 條
甲午，遣官祭太歲之神。

《聖祖仁皇帝實錄》卷二〇三 "康熙四十年二月" 條
丁丑，遣官祭先農之神。

《聖祖仁皇帝實錄》卷二〇六 "康熙四十年十二月" 條
辛巳，遣官祭太歲之神。

《聖祖仁皇帝實錄》卷二〇七 "康熙四十一年春正月" 條
丁亥，遣官祭太歲之神。

《聖祖仁皇帝實錄》卷二〇七 "康熙四十一年二月" 條
甲子，遣官祭先農之神。

《聖祖仁皇帝實錄》卷二一〇 "康熙四十一年十二月" 條
乙巳，遣官祭太歲之神。

《聖祖仁皇帝實錄》卷二一一 "康熙四十二年春正月" 條
乙卯，遣官祭太歲之神。

《聖祖仁皇帝實錄》卷二一一 "康熙四十二年二月" 條
癸巳，遣官祭先農之神。

《聖祖仁皇帝實錄》卷二一四 "康熙四十二年十二月" 條
丙申，遣官祭太歲之神。

《聖祖仁皇帝實錄》卷二一五 "康熙四十三年春正月" 條
丙午，遣官祭太歲之神。

《聖祖仁皇帝實錄》卷二一五 "康熙四十三年二月" 條
甲午，遣官祭先農之神。

《聖祖仁皇帝實錄》卷二一八 "康熙四十三年十二月" 條
甲午，遣官祭太歲之神。

《聖祖仁皇帝實録》卷二一九"康熙四十四年春正月"條
乙巳，遣官祭太歲之神。

《聖祖仁皇帝實録》卷二一九"康熙四十四年二月"條
癸巳，遣官祭先農之神。

《聖祖仁皇帝實録》卷二二三"康熙四十四年十二月"條
戊午，遣官祭太歲之神。

《聖祖仁皇帝實録》卷二二四"康熙四十五年春正月"條
丁卯，遣官祭太歲之神。

《聖祖仁皇帝實録》卷二二四"康熙四十五年二月"條
丙午，遣官祭先農之神。

《聖祖仁皇帝實録》卷二二七"康熙四十五年十二月"條
癸丑，遣官祭太歲之神。

《聖祖仁皇帝實録》卷二二八"康熙四十六年春正月"條
己未，遣官祭太歲之神。

《聖祖仁皇帝實録》卷二二八"康熙四十六年二月"條
丁未，遣官祭先農之神。

《聖祖仁皇帝實録》卷二三一"康熙四十六年十二月"條
丁未，遣官祭太歲之神。

《聖祖仁皇帝實録》卷二三二"康熙四十七年春正月"條
丙辰，遣官祭太歲之神。

《聖祖仁皇帝實録》卷二三二"康熙四十七年二月"條
丁酉，遣官祭先農之神。

《聖祖仁皇帝實録》卷二三五"康熙四十七年十二月"條
辛未，遣官祭太歲之神。

《聖祖仁皇帝實録》卷二三六"康熙四十八年春正月"條
丁丑，遣官祭太歲之神。

《聖祖仁皇帝實録》卷二三六"康熙四十八年二月"條
癸亥，遣官祭先農之神。

《聖祖仁皇帝實録》卷二四〇"康熙四十八年十二月"條
乙丑，遣官祭太歲之神。

《聖祖仁皇帝實録》卷二四一"康熙四十九年春正月"條
甲戌，遣官祭太歲之神。

《聖祖仁皇帝實録》卷二四一"康熙四十九年二月"條
癸亥，遣官祭先農之神。

《聖祖仁皇帝實錄》卷二四四 "康熙四十九年十二月" 條

戊子，遣官祭太歲之神。

《聖祖仁皇帝實錄》卷二四五 "康熙五十年春正月" 條

甲午，遣官祭太歲之神。

《聖祖仁皇帝實錄》卷二四五 "康熙五十年二月" 條

癸亥，遣官祭先農之神。

《聖祖仁皇帝實錄》卷二四八 "康熙五十年十二月" 條

癸未，遣官祭太歲之神。

《聖祖仁皇帝實錄》卷二四九 "康熙五十一年春正月" 條

己丑，遣官祭太歲之神。

《聖祖仁皇帝實錄》卷二四九 "康熙五十一年二月" 條

辛未，遣官祭先農之神。

《聖祖仁皇帝實錄》卷二五二 "康熙五十一年十二月" 條

丁丑，遣官祭太歲之神。

《聖祖仁皇帝實錄》卷二五三 "康熙五十二年春正月" 條

丙戌，遣官祭太歲之神。

《聖祖仁皇帝實錄》卷二五三 "康熙五十二年二月" 條

甲戌，遣官祭先農之神。

《聖祖仁皇帝實錄》卷二五七 "康熙五十二年十二月" 條

辛丑，遣官祭太歲之神。

《聖祖仁皇帝實錄》卷二五八 "康熙五十三年春正月" 條

庚戌，遣官祭太歲之神。

《聖祖仁皇帝實錄》卷二五八 "康熙五十三年二月" 條

甲申，遣官祭先農之神。

《聖祖仁皇帝實錄》卷二六一 "康熙五十三年十二月" 條

丙申，遣官祭太歲之神。

《聖祖仁皇帝實錄》卷二六二 "康熙五十四年春正月" 條

丙午，遣官祭太歲之神。

《聖祖仁皇帝實錄》卷二六二 "康熙五十四年二月" 條

丙戌，遣官祭先農之神。

《聖祖仁皇帝實錄》卷二六六 "康熙五十四年十二月" 條

庚寅，遣官祭太歲之神。

《聖祖仁皇帝實錄》卷二六七 "康熙五十五年春正月" 條

丁酉，遣官祭太歲之神。

《聖祖仁皇帝實録》卷二六七 “康熙五十五年二月” 條

庚辰，遣官祭先農之神。

《聖祖仁皇帝實録》卷二七〇 “康熙五十五年十二月” 條

甲寅，遣官祭太歲之神。

《聖祖仁皇帝實録》卷二七一 “康熙五十六年春正月” 條

辛酉，遣官祭太歲之神。

《聖祖仁皇帝實録》卷二七一 “康熙五十六年二月” 條

丙午，遣官祭先農之神。

《聖祖仁皇帝實録》卷二七六 “康熙五十六年十二月” 條

戊申，遣官祭太歲之神。

《聖祖仁皇帝實録》卷二七七 “康熙五十七年春正月” 條

乙卯，遣官祭太歲之神。

《聖祖仁皇帝實録》卷二七七 “康熙五十七年二月” 條

丁未，遣官祭先農之神。

《聖祖仁皇帝實録》卷二八二 “康熙五十七年十二月” 條

壬申，遣官祭太歲之神。

《聖祖仁皇帝實録》卷二八三 “康熙五十八年春正月” 條

己卯，遣官祭太歲之神。

《聖祖仁皇帝實録》卷二八三 “康熙五十八年二月” 條

丁未，遣官祭先農之神。

《聖祖仁皇帝實録》卷二八六 “康熙五十八年十二月” 條

丙寅，遣官祭太歲之神。

《聖祖仁皇帝實録》卷二八七 “康熙五十九年春正月” 條

癸酉，遣官祭太歲之神。

《聖祖仁皇帝實録》卷二八七 “康熙五十九年二月” 條

壬戌，遣官祭先農之神。

《聖祖仁皇帝實録》卷二九〇 “康熙五十九年十二月” 條

辛酉，遣官祭太歲之神。

《聖祖仁皇帝實録》卷二九一 “康熙六十年春正月” 條

戊辰，遣官祭太歲之神。

《聖祖仁皇帝實録》卷二九一 “康熙六十年二月” 條

癸亥，遣官祭先農之神。

《聖祖仁皇帝實録》卷二九五 “康熙六十年十二月” 條

乙酉，遣官祭太歲之神。

《聖祖仁皇帝實錄》卷二九六"康熙六十一年春正月"條

乙未，遣官祭太歲之神。

《聖祖仁皇帝實錄》卷二九六"康熙六十一年二月"條

甲子，遣官祭先農之神。

《世宗憲皇帝實錄》卷二"康熙六十一年十二月"條

己卯，遣官祭太歲之神。

《世宗憲皇帝實錄》卷三"雍正元年春正月"條

丙戌，遣官祭太歲之神。

《世宗憲皇帝實錄》卷四"雍正元年二月"條

乙亥，遣官祭先農之神。

《世宗憲皇帝實錄》卷一四"雍正元年十二月"條

甲戌，遣官祭太歲之神。

《世宗憲皇帝實錄》卷一五"雍正二年春正月"條

庚辰，遣官祭太歲之神。

《世宗憲皇帝實錄》卷一六"雍正二年二月"條

癸亥，上親耕耤田，詣先農壇致祭。畢，更服，至耕所。樂工歌《三十六禾詞》。上躬秉耒，執鞭、扶犁，三推畢，又加一推，以示勸農至意。上御觀耕臺，命莊親王允祿、裕親王保泰、怡親王允祥行五推禮，吏部尚書隆科多、戶部尚書張廷玉、禮部右侍郎三泰、兵部右侍郎李紱、刑部尚書勵廷儀、工部尚書孫渣齊、都察院左都御史尹泰、通政使司通政使圖蘭、大理寺少卿唐執玉行九推禮，各以次耕如儀。上御齊宮，順天府官員率耆老、農夫行禮畢，至耕耤所，農夫終畝。是日，停止慶賀筵宴，加賞耆民、老農布各四匹。

《世宗憲皇帝實錄》卷二七"雍正二年十二月"條

戊戌，遣官祭太歲之神。

《世宗憲皇帝實錄》卷二八"雍正三年春正月"條

丁未，遣官祭太歲之神。

《世宗憲皇帝實錄》卷二九"雍正三年二月"條

丁亥，上親耕耤田。詣先農壇致祭。畢，更服，至耕所，仍行四推禮畢。上御觀耕臺，命裕親王廣寧、怡親王允祥、莊親王允祿行五推禮，吏部尚書隆科多、戶部尚書張廷玉、禮部尚書賴都、兵部尚書盧詢、刑部尚書勵廷儀、工部左侍郎薩爾納、都察院左都御史尹泰、通政使司通政使圖蘭、大理寺卿覺羅常泰行九推禮，各以次耕如儀。上御齋宮，順天府官員率耆老、農夫行禮畢，至耕耤所，農夫終畝。王以下各官行慶賀禮，賜茶，停止筵宴。

《世宗憲皇帝實錄》卷三九 “雍正三年十二月” 條

壬辰，遣官祭太歲之神。

《世宗憲皇帝實錄》卷四○ “雍正四年春正月” 條

丙午，遣官祭太歲之神。

《世宗憲皇帝實錄》卷四一 “雍正四年二月” 條

丁亥，上親耕耤田。詣先農壇致祭。畢，更服，至耕所，仍行四推禮畢。上御觀耕臺，命莊親王允祿、怡親王允祥、裕親王廣寧行五推禮。吏部尚書孫柱、戶部左侍郎蔣廷錫、禮部左侍郎阿克敦、兵部尚書法海、刑部尚書勵廷儀、工部尚書李永紹、都察院左副都御史杭奕祿、通政使司通政使升授内閣學士圖蘭、大理寺少卿於廣行九推禮，各以次耕如儀。上御齋宮，順天府官員率耆老、農夫行禮畢，至耕耤所，農夫終畝。王以下各官行慶賀禮。賜茶，停止筵宴。

《世宗憲皇帝實錄》卷五一 “雍正四年十二月” 條

丙戌，遣官祭太歲之神。

《世宗憲皇帝實錄》卷五二 “雍正五年春正月” 條

丁酉，遣官祭太歲之神。

《世宗憲皇帝實錄》卷五四 “雍正五年三月” 條

己亥，上親耕耤田。詣先農壇致祭。畢，更服，至耕所，仍行四推禮。畢，上御觀耕臺，命莊親王允祿、怡親王允祥、信郡王德昭、行五推禮。吏部尚書查弼納、戶部左侍郎常壽、禮部左侍郎三泰、兵部右侍郎黃國材、刑部左侍郎海壽、工部右侍郎哲先、都察院左僉都御史王廷揚、通政使司通政使孫桌、大理寺少卿薩齊庫行九推禮，各以次耕如儀。上御齋宮，順天府官員率耆老、農夫行禮畢，至耕耤所，農夫終畝。上諭諸王大臣曰：“昨日天陰，今日乃如此晴明。四年以來，耕耤之日皆如此。禮部原擬二月二十九日行耕耤禮。朕改於今日。不謂二十九日天氣風寒，而今日則甚和霽也。”諸王大臣等奏曰：“皇上凡舉行大禮之日，天氣定然晴霽。臣等以為可預必之事矣。”王以下各官行慶賀禮。賜茶，停止筵宴。

《世宗憲皇帝實錄》卷六四 “雍正五年十二月” 條

庚戌，遣官祭太歲之神。

《世宗憲皇帝實錄》卷六五 “雍正六年春正月” 條

癸亥，遣官祭太歲之神。

《世宗憲皇帝實錄》卷六六 “雍正六年三月” 條

己亥，上親耕耤田。詣先農壇致祭。畢，更服，至耕所，仍行四推禮。畢，上御觀耕臺，命莊親王允祿、怡親王允祥、裕親王廣祿行五推禮，吏部尚書公夸岱、戶部尚書常壽、禮部侍郎三泰、兵部尚書查弼納、刑部尚書勵廷儀、工部尚書黃國材、都察院左副都御史舒楞額、通政使司通政使留保、大理寺卿性桂行九推禮，各以次耕如儀。上御齋宮，順天府官員率耆老、農夫行禮畢，至耕耤所，農夫終畝。王以下各官行慶賀禮。賜茶，停止筵宴。

《世宗憲皇帝實錄》卷七六"雍正六年十二月"條

甲辰，遣官祭太歲之神。

《世宗憲皇帝實錄》卷七七"雍正七年春正月"條

乙卯，遣官祭太歲之神。

《世宗憲皇帝實錄》卷七八"雍正七年三月"條

己亥，上親耕耤田。詣先農壇致祭。畢，更服，至耕所，仍行四推禮。畢，上御觀耕臺，命莊親王允禄、怡親王允祥、裕親王廣禄行五推禮，吏部尚書公傅爾丹、户部左侍郎常德壽、禮部尚書石文焯、兵部尚書查弼納、刑部尚書勵廷儀、工部尚書公夸岱、都察院左都御史三泰、通政使司右通政史在甲、大理寺卿傅德行九推禮，各以次耕如儀。上御齋宮，順天府官員率耆老、農夫行禮畢，至耕耤所，農夫終畝。王以下各官行慶賀禮。賜茶，停止筵宴。

《世宗憲皇帝實錄》卷八九"雍正七年十二月"條

戊辰，遣官祭太歲之神。

《世宗憲皇帝實錄》卷九○"雍正八年春正月"條

己卯，遣官祭太歲之神。

《世宗憲皇帝實錄》卷九一"雍正八年三月"條

辛亥，上親耕耤田。詣先農壇致祭。畢，更服，至耕所，仍行四推禮。畢，上御觀耕臺，命莊親王允禄、裕親王廣禄、信郡王德昭行五推禮，吏部左侍郎宗室普泰、户部倉場侍郎岳爾岱、禮部右侍郎蔡世遠、兵部右侍郎永壽、刑部尚書德明、工部右侍郎宗室塞爾赫、都察院左副都御史王圖炳、通政使司通政使張懋誠、大理寺少卿巴德保行九推禮，各以次耕如儀。上御齋宮，順天府官員率耆老、農夫行禮畢，至耕耤所，農夫終畝。王以下各官行慶賀禮。賜茶，停止筵宴。

《世宗憲皇帝實錄》卷一○一"雍正八年十二月"條

癸亥，遣官祭太歲之神。

《世宗憲皇帝實錄》卷一○二"雍正九年春正月"條

甲戌，遣官祭太歲之神。

《世宗憲皇帝實錄》卷一○三"雍正九年三月"條

辛亥，上親耕耤田。詣先農壇致祭。畢，更服，至耕所，仍行四推禮。畢，上御觀耕臺，命莊親王允禄、裕親王廣禄、信郡王德昭行五推禮。吏部左侍郎宗室普泰、大學士兼理户部尚書事務蔣廷錫、禮部尚書常壽、兵部尚書金以坦、刑部尚書勵廷儀、工部尚書張大有、都察院左都御史三泰、通政使司通政使留保、大理寺卿苗壽行九推禮，各以次耕如儀。上御齋宮，順天府官員率耆老、農夫行禮畢，至耕耤所，農夫終畢。王以下各官行慶賀禮。賜茶，停止筵宴。

《世宗憲皇帝實錄》卷一一三"雍正九年十二月"條

丁巳，遣官祭太歲之神。

《世宗憲皇帝實錄》卷一一四"雍正十年春正月"條

癸亥，遣官祭太歲之神。

《世宗憲皇帝實錄》卷一一六"雍正十年三月"條

癸亥，上親耕耤田。詣先農壇致祭。畢，更服，至耕所，仍行四推禮。畢，上御觀耕臺，命顯親王衍潢、莊親王允禄、裕親王廣禄行五推禮，吏部尚書勵廷儀、户部右侍郎韓光基、禮部尚書三泰、兵部尚書金以坦、刑部左侍郎武格、工部尚書張大有、都察院左都御史福敏、通政使司左通政福柱、署大理寺卿索柱行九推禮，各以次耕如儀。上御齋宫，順天府官員率耆老、農夫行禮畢，至耕耤所，農夫終畝。王以下各官行慶賀禮。賜茶，停止筵宴。

《世宗憲皇帝實錄》卷一二六"雍正十年十二月"條

辛巳，遣官祭太歲之神。

《世宗憲皇帝實錄》卷一二七"雍正十一年春正月"條

丁亥，遣官祭太歲之神。

《世宗憲皇帝實錄》卷一二九"雍正十一年三月"條

丁亥，上親耕耤田。詣先農壇致祭。畢，更服，至耕所，仍行四推禮。畢，上御觀耕臺，命顯親王衍潢、莊親王允禄、裕親王廣禄行五推禮，吏部右侍郎阿山、户部尚書彭維新、禮部尚書三泰、協辦兵部侍郎事鄂善、刑部尚書海壽、工部右侍郎趙殿最、都察院左都御史福敏、通政使司左通政蔣永禄、大理寺卿索柱行九推禮，各以次耕如儀。上御齋宫，順天府官員率耆老、農夫行禮畢，至耕耤所，農夫終畝。王以下各官行慶賀禮。賜茶，停止筵宴。

《世宗憲皇帝實錄》卷一三八"雍正十一年十二月"條

丙子，命皇四子寶親王弘曆，祭太歲之神。

《世宗憲皇帝實錄》卷一三九"雍正十二年春正月"條

壬午，遣官祭太歲之神。

《世宗憲皇帝實錄》卷一四一"雍正十二年三月"條

丁亥，上親耕耤田。詣先農壇致祭。畢，更服，至耕所，仍行四推禮。畢，上御觀耕臺，命顯親王衍潢、莊親王允禄、裕親王廣禄行五推禮，吏部右侍郎阿山、户部尚書慶復、禮部尚書三泰、兵部右侍郎高起、刑部左侍郎盛安、工部左侍郎韓光基、都察院左僉都御史邵基、通政使司通政使佛保、大理寺少卿何宗韓行九推禮，各以次耕如儀。上御齋宫，順天府官員率耆、老農夫行禮畢，至耕耤所，農夫終畝。王以下各官行慶賀禮。賜茶，停止筵宴。

《世宗憲皇帝實錄》卷一五〇 "雍正十二年十二月" 條

庚午，遣官祭太歲之神。

《世宗憲皇帝實錄》卷一五一 "雍正十三年春正月" 條

乙亥，上命皇四子寶親王高宗弘曆，祭太歲之神。

《世宗憲皇帝實錄》卷一五三 "雍正十三年三月" 條

丁亥，上親耕耤田。詣先農壇致祭畢，更服，至耕所，仍行四推禮。畢，上御觀耕臺，命莊親王允禄、裕親王廣禄、貝勒斐蘇行五推禮，吏部左侍郎邵基、户部尚書公慶復、禮部尚書三泰、兵部尚書高起、刑部尚書憲德、工部尚書徐本、署都察院左副都御史索柱、通政使司左通政福柱、署大理寺卿滿色行九推禮，各以次耕如儀。上御齋宮，順天府官員率耆老、農夫行禮畢，至耕耤所，農夫終畝。王以下各官行慶賀禮。賜茶，停止筵宴。

《高宗純皇帝實錄》卷九 "雍正十三年十二月" 條

甲午，遣官祭太歲之神。

《高宗純皇帝實錄》卷一〇 "乾隆元年春正月" 條

丙午，遣官祭太歲之神。

《高宗純皇帝實錄》卷一五 "乾隆元年三月" 條

辛亥，遣官祭先農之神。

《高宗純皇帝實錄》卷三三 "乾隆元年十二月" 條

戊子，遣官祭太歲之神。

《高宗純皇帝實錄》卷三四 "乾隆二年春正月" 條

乙未，遣官祭太歲之神。

《高宗純皇帝實錄》卷三八 "乾隆二年三月" 條

己亥，遣官祭先農之神。

《高宗純皇帝實錄》卷四〇 "乾隆二年四月" 條

庚午，爲虔求雨澤，遣官致祭天神壇、地祇壇、太歲壇并四海之神。

《高宗純皇帝實錄》卷四五 "乾隆二年六月" 條

己卯，是日，遣官詣天神、地祇、太歲等壇，四海之神，致祭謝雨。

《高宗純皇帝實錄》卷五九 "乾隆二年十二月" 條

壬子，遣官祭太歲之神。

《高宗純皇帝實錄》卷六〇 "乾隆三年春正月" 條

戊午，遣官祭太歲之神。

《高宗純皇帝實錄》卷六三 "乾隆三年二月" 條

庚戌，上以行耕耤禮，遣官告祭奉先殿。自是歲舉如之。

辛亥，親饗先農。禮成，御具服殿，更服，詣耕位，躬執鞭、扶犁，三推三返，復加一推。禮成，御觀耕臺，命康親王巴爾圖、莊親王允祿、裕親王廣禄各五推五返，吏部尚書性桂、户部尚書海望、禮部尚書任蘭枝、兵部尚書甘汝來、刑部尚書尹繼善、工部尚書來保、都察院左都御史瑪律泰、通政使司通政使福善、大理寺卿瑋琨各九推九返如儀。順天府府尹、府丞率所屬官，并耆老農夫行禮畢，退至耤田終畝。上御慶成宫，王以下各官行慶賀禮，賜茶。耆老、農夫賞賚如例。

辛亥，上親詣太歲壇行禮。

《高宗純皇帝實録》卷八三"乾隆三年十二月"條

丙午，遣官祭太歲之神。

《高宗純皇帝實録》卷八四"乾隆四年春正月"條

乙卯，遣官祭太歲之神。

《高宗純皇帝實録》卷八八"乾隆四年三月"條

辛亥，上耕耤。詣先農壇行禮，更服，至耤田所，躬耕三推，復加一推。御觀耕臺，命莊親王允祿、和親王弘晝、怡親王弘曉各五推，吏部左侍郎喀爾吉善、户部尚書陳德華、禮部左侍郎木和林、兵部尚書鄂善、刑部尚書史貽直、工部尚書來保、都察院左都御史查克丹、左通政羅丹、大理寺卿瑋琨各九推。畢，順天府府尹率農夫終畝。賞賚耆老、農夫如例。

《高宗純皇帝實録》卷一〇七"乾隆四年十二月"條

辛丑，遣官祭太歲之神。

《高宗純皇帝實録》卷一〇八"乾隆五年春正月"條

庚戌，遣官祭太歲之神。

《高宗純皇帝實録》卷一一二"乾隆五年三月"條

辛亥，遣官祭先農之神。

《高宗純皇帝實録》卷一三三"乾隆五年十二月"條

乙丑，遣官祭太歲之神。

《高宗純皇帝實録》卷一三四"乾隆六年春正月"條

甲戌，遣官祭太歲之神。

《高宗純皇帝實録》卷一三七"乾隆六年三月"條

癸亥，上耕耤。詣先農壇行禮，更服，至耤田所躬耕三推，復加一推，御觀耕臺，命怡親王弘曉、裕親王廣禄、和親王弘晝各五推，吏部尚書訥親、户部尚書陳德華、禮部尚書任蘭枝、兵部尚書鄂善、刑部尚書來保、工部尚書陳世倌、左都御史杭奕禄、左通政羅丹、大理寺卿嵩壽各九推。畢，順天府府尹率農夫終畝。賞賚耆、老農夫如例。

《高宗純皇帝實録》卷一五七"乾隆六年十二月"條

己未，遣官祭太歲之神。

《高宗純皇帝實録》卷一五八 "乾隆七年春正月" 條

戊辰，遣官祭太歲之神。

《高宗純皇帝實録》卷一六二 "乾隆七年三月" 條

癸亥，上耕耤。詣先農壇行禮，更服，至耤田所躬耕三推，復加一推。御觀耕臺，命莊親王允禄、裕親王廣禄、和親王弘晝各五推，吏部侍郎蔣溥、户部侍郎三和、禮部尚書三泰、兵部尚書任蘭枝、刑部尚書來保、工部侍郎索柱、副都御史德爾敏、通政使五齡安、大理寺少卿盧承綸各九推。畢，順天府府尹率農夫終畝。賞賚耆老、農夫如例。

《高宗純皇帝實録》卷一八一 "乾隆七年十二月" 條

甲寅，遣官祭太歲之神。

《高宗純皇帝實録》卷一八二 "乾隆八年春正月" 條

庚申，遣官祭太歲之神。

《高宗純皇帝實録》卷一八六 "乾隆八年三月" 條

癸亥，祭先農之神，遣和親王弘晝行禮。

《高宗純皇帝實録》卷二〇七 "乾隆八年十二月" 條

丁丑，遣官祭太歲之神。

《高宗純皇帝實録》卷二〇八 "乾隆九年春正月" 條

丙戌，遣官祭太歲之神。

《高宗純皇帝實録》卷二一一 "乾隆九年三月" 條

乙亥，上耕耤。詣先農壇行禮，更服，至耤田所，躬耕三推，復加一推。御觀耕臺，命莊親王允禄、裕親王廣禄、恒親王弘晊各五推，吏部侍郎阿克敦、户部尚書海望、禮部侍郎鄧鍾岳、兵部侍郎雅爾圖、刑部侍郎托時、工部侍郎索柱、都察院左都御史劉統勛、通政使塔爾岱、大理寺卿定柱各九推畢。順天府府尹率農夫終畝。賞賚農夫、耆老如例。

《高宗純皇帝實録》卷二三一 "乾隆九年十二月" 條

辛未，遣官祭太歲之神。

《高宗純皇帝實録》卷二三二 "乾隆十年春正月" 條

庚辰，遣官祭太歲之神。

《高宗純皇帝實録》卷二三六 "乾隆十年三月" 條

丁亥，上耕耤。詣先農壇行禮，更服，至耤田所，躬耕三推，復加一推。御觀耕臺，命裕親王廣禄、和親王弘晝、恒親王弘晊、各五推、吏部侍郎歸宣光、户部尚書海望、禮部侍郎勒爾森、兵部尚書班第、刑部侍郎兆惠、工部侍郎索柱、左都御史劉統勛、通政使蘊著、大理寺少卿盧承綸、各九推。畢，順天府府尹率農夫終畝。賞賚耆老、農夫如例。

《高宗純皇帝實録》卷二五五"乾隆十年十二月"條

丙寅，遣官祭太歲之神。

《高宗純皇帝實録》卷二五六"乾隆十一年春正月"條

乙亥，遣官祭太歲之神。

《高宗純皇帝實録》卷二六一"乾隆十一年三月"條

丁亥，上耕耤。詣先農壇行禮，更服，至耤田所，躬耕三推，復加一推。御觀耕臺，從耕三王各五推，九卿各九推。畢，順天府府尹率農夫終畝。賞賚耆老、農夫如例。

《高宗純皇帝實録》卷二八一"乾隆十一年十二月"條

己丑，遣官祭太歲之神。

《高宗純皇帝實録》卷二八二"乾隆十二年春正月"條

己亥，遣官祭太歲之神。

《高宗純皇帝實録》卷二八五"乾隆十二年三月"條

丁亥，上耕耤。詣先農壇行禮，更服，至耤田所，躬耕三推，復加一推。御觀耕臺，命莊親王允禄、裕親王廣禄、和親王弘晝、各五推，吏部侍郎德齡、户部尚書海望、禮部尚書王安國、兵部侍郎陳德華、刑部侍郎勒爾森、工部侍郎三和、都察院左副都御史二格、通政使司通政使雷鋐、大理寺卿嵩壽各九推。畢，順天府府尹率農夫終畝。賞賚耆老、農夫如例。

《高宗純皇帝實録》卷三〇五"乾隆十二年十二月"條

甲申，遣官祭太歲之神。

《高宗純皇帝實録》卷三〇六"乾隆十三年春正月"條

甲午，遣官祭太歲之神。

《高宗純皇帝實録》卷三一〇"乾隆十三年三月"條

己亥，祭先農之神，遣履親王允祹行禮。

《高宗純皇帝實録》卷三三一"乾隆十三年十二月"條

戊申，遣官祭太歲之神。

《高宗純皇帝實録》卷三三二"乾隆十四年春正月"條

戊午，遣官祭太歲之神。

《高宗純皇帝實録》卷三三六"乾隆十四年三月"條

辛亥，上耕耤。詣先農壇行禮，更服，至耤田所，躬耕三推，復加一推。御觀耕臺，命怡親王弘曉、裕親王廣禄、和親王弘晝各五推，吏部右侍郎介福、户部尚書蔣溥、禮部尚書王安國、兵部右侍郎雅爾圖、刑部左侍郎勒爾森、工部右侍郎嵇璜、左副都御史富德、通政使雷鋐、大理寺少卿陳世烈各九推。畢，順天府府尹率農夫終畝。賞賚耆老、農夫如例。

《高宗純皇帝實錄》卷三五五 “乾隆十四年十二月” 條

癸卯，遣官祭太歲之神。

《高宗純皇帝實錄》卷三五六 “乾隆十五年春正月” 條

壬子，遣官祭太歲之神。

《高宗純皇帝實錄》卷三六〇 “乾隆十五年三月” 條

辛亥，上耕耤。詣先農壇行禮，更服，至耤田所，躬耕三推，復加一推。御觀耕臺。從耕王各五推。九卿各九推。畢，順天府府尹率農夫終畝。賞賚耆老、農夫如例。

《高宗純皇帝實錄》卷三七九 “乾隆十五年十二月” 條

丁酉，遣官祭太歲之神。

《高宗純皇帝實錄》卷三八〇 “乾隆十六年春正月” 條

癸卯，遣官祭太歲之神。

《高宗純皇帝實錄》卷三八四 “乾隆十六年三月” 條

辛亥，祭先農之神，遣裕親王廣祿行禮。

《高宗純皇帝實錄》卷四〇五 “乾隆十六年十二月” 條

辛酉，遣官祭太歲之神。

《高宗純皇帝實錄》卷四〇六 “乾隆十七年春正月” 條

戊辰，遣官祭太歲之神。

《高宗純皇帝實錄》卷四一〇 “乾隆十七年三月” 條

乙亥，上耕耤。詣先農壇行禮，更服，至耤田所，躬耕三推，復加一推。御觀耕臺，命莊親王允祿、怡親王弘曉、和親王弘晝各五推，吏部尚書達勒當阿、戶部尚書蔣溥、禮部尚書伍齡安、兵部尚書李元亮、刑部尚書劉統勛、工部左侍郎何國宗、左副都御史胡寶瑔、通政使多德、大理寺卿齊達色各九推畢。順天府府尹率農夫終畝。賞賚耆老、農夫如例。

《高宗純皇帝實錄》卷四二九 “乾隆十七年十二月” 條

乙卯，遣官祭太歲之神。

《高宗純皇帝實錄》卷四三〇 “乾隆十八年春正月” 條

壬戌，遣官祭太歲之神。

《高宗純皇帝實錄》卷四三五 “乾隆十八年三月” 條

乙亥，上耕耤。詣先農壇行禮，更服，至耤田所，躬耕三推，復加一推。御觀耕臺，命怡親王弘曉、裕親王廣祿、和親王弘晝各五推，吏部尚書達勒當阿、戶部尚書蔣溥、禮部尚書王安國、兵部尚書李元亮、刑部尚書劉統勛、工部左侍郎德爾敏、左副都御史廣成、通政使多德、大理寺卿齊達色各九推。畢，順天府府尹率農夫終畝。賞賚耆老、農夫如例。

《高宗純皇帝實錄》卷四五三“乾隆十八年十二月”條

己酉，遣官祭太歲之神。

《高宗純皇帝實錄》卷四五四“乾隆十九年春正月”條

乙卯，遣官祭太歲之神。

《高宗純皇帝實錄》卷四五九“乾隆十九年三月”條

乙亥，上耕耤。詣先農壇行禮，更服，至耤田所，躬耕三推，復加一推。御觀耕臺，命康親王永恩、裕親王廣禄、和親王弘晝各五推，吏部尚書達勒當阿、協辦大學士户部尚書蔣溥、禮部尚書王安國、兵部左侍郎彭啟豐、刑部左侍郎秦蕙田、工部右侍郎三和、左都御史楊錫紱、通政司副使塗逢震、大理寺卿羅源漢各九推。畢，順天府府尹率農夫終畝。賞賚耆老、農夫如例。

《高宗純皇帝實錄》卷四七九“乾隆十九年十二月”條

癸酉，遣官祭太歲之神。

《高宗純皇帝實錄》卷四八〇“乾隆二十年春正月”條

庚辰，遣官祭太歲之神。

《高宗純皇帝實錄》卷四八四“乾隆二十年三月”條

乙亥，上耕耤。詣先農壇行禮，更服，至耤田所，躬耕三推，復加一推。御觀耕臺，命裕親王廣禄、諴親王允祕、和親王弘晝各五推，吏部左侍郎歸宣光、協辦大學士户部尚書蔣溥、禮部尚書王安國、兵部尚書李元亮、刑部左侍郎秦蕙田、署工部右侍郎書山、左副都御史廣成、通政司副使皂保、大理寺卿羅源漢各九推。畢，順天府府尹率農夫終畝。賞賚耆老、農夫如例。

《高宗純皇帝實錄》卷五〇三“乾隆二十年十二月”條

丁卯，遣官祭太歲之神。

《高宗純皇帝實錄》卷五〇四“乾隆二十一年春正月”條

丙子，遣官祭太歲之神。

《高宗純皇帝實錄》卷五〇九“乾隆二十一年三月”條

丁亥，遣官祭先農之神。

《高宗純皇帝實錄》卷五二九“乾隆二十一年十二月”條

辛卯，遣官祭太歲之神。

《高宗純皇帝實錄》卷五三〇“乾隆二十二年春正月”條

庚子，遣官祭太歲之神。

《高宗純皇帝實錄》卷五三四“乾隆二十二年三月”條

己亥，祭先農之神，遣諴親王允祕行禮。

《高宗純皇帝實錄》卷五五三“乾隆二十二年十二月”條

丙戌，遣官祭太歲之神。

《高宗純皇帝實錄》卷五五四 "乾隆二十三年春正月" 條

壬辰，遣官祭太歲之神。

《高宗純皇帝實錄》卷五五八 "乾隆二十三年三月" 條

丁亥朔，上耕耤。詣先農壇行禮，更服，至耤田所，躬耕三推，復加一推。御觀耕臺，命裕親王廣祿、誠親王允祕、和親王弘晝各五推，吏部左侍郎董邦達、協辦大學士戶部尚書蔣溥、禮部左侍郎彭樹葵、兵部尚書李元亮、刑部尚書秦蕙田、工部左侍郎錢維城、副都御史廣成、通政司副使皂保、大理寺卿七達色各九推畢。順天府府尹率農夫終畝。賞賚耆老、農夫如例。

《高宗純皇帝實錄》卷五七七 "乾隆二十三年十二月" 條

辛巳，遣官祭太歲之神。

《高宗純皇帝實錄》卷五七八 "乾隆二十四年春正月" 條

丁亥，遣官祭太歲之神。

《高宗純皇帝實錄》卷五八二 "乾隆二十四年三月" 條

丁亥，上耕耤。詣先農壇行禮，更服至耤田所，躬耕三推，復加一推。御觀耕臺，命怡親王弘曉、裕親王廣祿、和親王弘晝各五推，吏部左侍郎董邦達、戶部左侍郎吉慶、禮部尚書嵇璜、兵部右侍郎如松、署刑部右侍郎鄂弼、工部左侍郎錢維城、左副都御史赫慶、通政使孫灝、大理寺卿王會汾各九推。畢，順天府府尹率農夫終畝。賞賚耆老、農夫如例。

《高宗純皇帝實錄》卷六〇三 "乾隆二十四年十二月" 條

己巳，遣官祭太歲之神。

《高宗純皇帝實錄》卷六〇四 "乾隆二十五年春正月" 條

壬子，遣官祭太歲之神。

《高宗純皇帝實錄》卷六〇八 "乾隆二十五年三月" 條

辛亥，上耕耤。詣先農壇行禮，更服，至耤田所，躬耕三推，復加一推。御觀耕臺，命裕親王廣祿、平郡王慶恒、寧郡王弘晈各五推，吏部右侍郎五福、戶部左侍郎吉慶、禮部尚書陳德華、兵部左侍郎錢汝誠、刑部左侍郎王際華、署工部右侍郎恩丕、左副都御史赫慶、通政使孫灝、大理寺卿七達色各九推。畢，順天府府尹率農夫終畝。賞賚耆老、農夫如例。

《高宗純皇帝實錄》卷六二七 "乾隆二十五年十二月" 條

己亥，遣官祭太歲之神。

《高宗純皇帝實錄》卷六二八 "乾隆二十六年春正月" 條

丙午，遣官祭太歲之神。

《高宗純皇帝實錄》卷六三二 "乾隆二十六年三月" 條

辛亥，祭先農之神，遣顯親王衍潢行禮。

《高宗純皇帝實録》卷六五一"乾隆二十六年十二月"條

癸巳，遣官祭太歲之神。

《高宗純皇帝實録》卷六五二"乾隆二十七年春正月"條

己亥，遣官祭太歲之神。

《高宗純皇帝實録》卷六五六"乾隆二十七年三月"條

己亥，遣官祭先農之神。

《高宗純皇帝實録》卷六七七"乾隆二十七年十二月"條

丁巳，遣官祭太歲之神。

《高宗純皇帝實録》卷六七八"乾隆二十八年春正月"條

甲子，遣官祭太歲之神。

《高宗純皇帝實録》卷六八二"乾隆二十八年三月"條

癸亥，上耕耤。詣先農壇行禮，更服，至耤田所，躬耕三推，復加一推。御觀耕臺，命裕親王廣禄、果親王弘曕、愉郡王弘慶各五推，吏部左侍郎觀保、户部右侍郎安泰、禮部右侍郎五吉、兵部左侍郎王際華、刑部左侍郎官保、工部右侍郎五福、左都御史彭啓豐、通政使孫灝、大理寺卿王會汾各九推。畢，順天府府尹率農夫終畝。賞賚耆老、農夫如例。

《高宗純皇帝實録》卷七〇一"乾隆二十八年十二月"條

辛亥，遣官祭太歲之神。

《高宗純皇帝實録》卷七〇二"乾隆二十九年春正月"條

戊午，遣官祭太歲之神。

《高宗純皇帝實録》卷七〇六"乾隆二十九年三月"條

癸亥，上耕耤。詣先農壇行禮，更服，至耤田所，躬耕三推，復加一推。御觀耕臺，命裕親王廣禄、理郡王弘㬚、信郡王如松各五推，吏部左侍郎德保、户部右侍郎安泰、禮部左侍郎五吉、兵部右侍郎觀保、刑部右侍郎蔡鴻業、工部左侍郎范時紀、左副都御史實麟、通政使孫灝、大理寺少卿德成各九推。畢，順天府府尹率農夫終畝。賞賚耆老、農夫如例。

《高宗純皇帝實録》卷七二五"乾隆二十九年十二月"條

乙巳，遣官祭太歲之神。

《高宗純皇帝實録》卷七二六"乾隆三十年春正月"條

壬子，遣官祭太歲之神。

《高宗純皇帝實録》卷七三二"乾隆三十年三月"條

丁亥，遣官祭先農之神。

《高宗純皇帝實録》卷七五一"乾隆三十年十二月"條

己巳，遣官祭太歲之神。

《高宗純皇帝實錄》卷七五二"乾隆三十一年春正月"條

丙子，遣官祭太歲之神。

《高宗純皇帝實錄》卷七五七"乾隆三十一年三月"條

丁亥，上耕耤。詣先農壇行禮，更服，至耤田所，躬耕三推，復加一推。御觀耕臺，命裕親王廣祿、誠親王允祕、信郡王德昭各五推，吏部右侍郎旌額理、户部右侍郎高恒、禮部左侍郎劉星煒、兵部右侍郎鍾音、刑部左侍郎錢維城、工部右侍郎程景伊、左都御史羅源漢、通政使孫灝、大理寺卿申甫各九推。畢，順天府府尹率農夫終畝。賞賚耆老、農夫如例。

《高宗純皇帝實錄》卷七七五"乾隆三十一年十二月"條

甲子，遣官祭太歲之神。

《高宗純皇帝實錄》卷七七六"乾隆三十二年春正月"條

庚午，遣官祭太歲之神。

《高宗純皇帝實錄》卷七八一"乾隆三十二年三月"條

丁亥，上耕耤。詣先農壇行禮，更服，至耤田所，躬耕三推，復加一推。御觀耕臺，命簡親王豐訥亨、裕親王廣祿、愉郡王弘慶各五推，署吏部左侍郎慶桂、户部右侍郎高恒、禮部右侍郎羅源漢、兵部右侍郎鍾音、刑部尚書李侍堯、工部右侍郎珠魯訥、左副都御史溫敏、通政使覺羅志信、大理寺卿景福各九推。畢，順天府府尹率農夫終畝。賞賚耆老、農夫如例。

《高宗純皇帝實錄》卷八〇一"乾隆三十二年十二月"條

戊子，遣官祭太歲之神。

《高宗純皇帝實錄》卷八〇二"乾隆三十三年春正月"條

甲午，遣官祭太歲之神。

《高宗純皇帝實錄》卷八〇五"乾隆三十三年三月"條

丁亥，上耕耤。詣先農壇行禮，更服，至耤田所，躬耕三推，復加一推。御觀耕臺，命莊親王永瑺、裕親王廣祿、和親王弘晝各五推，吏部右侍郎何逢僖、户部右侍郎高恒、禮部右侍郎倪承寬、兵部右侍郎覺羅奉寬、刑部左侍郎錢維城、工部右侍郎劉星煒、都察院左副都御史鄂忻、通政使覺羅志信、大理寺卿景福各九推。畢，順天府府尹率農夫終畝。賞賚耆老、農夫如例。

《高宗純皇帝實錄》卷八二五"乾隆三十三年十二月"條

癸未，遣官祭太歲之神。

《高宗純皇帝實錄》卷八二六"乾隆三十四年春正月"條

壬辰，遣官祭太歲之神。

《高宗純皇帝實錄》卷八三〇"乾隆三十四年三月"條

丁亥，上耕耤。詣先農壇行禮，更服，至耤田所，躬耕三推，復加一推。御觀耕臺，命簡親王豐訥亨、裕親王廣禄、愉郡王弘慶各五推，吏部左侍郎何逢僖、户部右侍郎范時紀、禮部左侍郎金甡、兵部右侍郎覺羅奉寬、刑部左侍郎錢維城、工部左侍郎劉星煒、左都御史范時綏、通政司副使吉夢熊、大理寺卿長福各九推。畢，順天府府尹率農夫終畝。賞賚耆老、農夫如例。

《高宗純皇帝實録》卷八四九"乾隆三十四年十二月"條
丁丑，遣官祭太歲之神。

《高宗純皇帝實録》卷八五〇"乾隆三十五年春正月"條
甲申，遣官祭太歲之神。

《高宗純皇帝實録》卷八五四"乾隆三十五年三月"條
丁亥，祭先農之神，遣和親王弘晝行禮。

《高宗純皇帝實録》卷八七五"乾隆三十五年十二月"條
辛丑，遣官祭太歲之神。

《高宗純皇帝實録》卷八七六"乾隆三十六年春正月"條
丁未，遣官祭太歲之神。

《高宗純皇帝實録》卷八八〇"乾隆三十六年三月"條
辛亥，祭先農之神，遣怡親王弘曉行禮。

《高宗純皇帝實録》卷八九九"乾隆三十六年十二月"條
乙未，遣官祭太歲之神。

《高宗純皇帝實録》卷九〇〇"乾隆三十七年春正月"條
甲辰，遣官祭太歲之神。

《高宗純皇帝實録》卷九〇四"乾隆三十七年三月"條
己亥，上耕耤。詣先農壇行禮，更服，至耤田所，躬耕三推。御觀耕臺，命莊親王永瑺、怡親王弘曉、裕親王廣禄各五推，吏部左侍郎邁拉遜、户部右侍郎蔣賜棨、禮部尚書王際華、兵部左侍郎周煌、刑部左侍郎瑪興阿、工部右侍郎德成、左副都御史黄登賢、通政使申保、大理寺卿鄧時敏、各九推。畢，順天府尹率農夫終畝。賞賚耆老、農夫如例。

《高宗純皇帝實録》卷九二三"乾隆三十七年十二月"條
己丑，遣官祭太歲之神。

《高宗純皇帝實録》卷九二四"乾隆三十八年春正月"條
丙申，遣官祭太歲之神。

《高宗純皇帝實録》卷九二九"乾隆三十八年三月"條
辛亥，祭先農之神，遣誠親王允秘行禮。

《高宗純皇帝實録》卷九四九"乾隆三十八年十二月"條
癸丑，遣官祭太歲之神。

《高宗純皇帝實錄》卷九五〇 "乾隆三十九年春正月" 條

壬戌，遣官祭太歲之神。

《高宗純皇帝實錄》卷九五四 "乾隆三十九年三月" 條

癸亥，上耕耤。詣先農壇行禮，更服，至耤田所，躬耕三推。御觀耕臺，命莊親王永瑺、裕親王廣祿、和郡王綿倫各五推，吏部右侍郎瑚世泰、戶部左侍郎范時紀、署禮部左侍郎梁國治、兵部右侍郎蔣元益、刑部右侍郎永德、工部右侍郎李友棠、左副都御史黃登賢、通政司副使張若淳、大理寺卿達椿各九推。畢，順天府府尹率農夫終畝。賞賚耆老、農夫如例。

《高宗純皇帝實錄》卷九七三 "乾隆三十九年十二月" 條

丁未，遣官祭太歲之神。

《高宗純皇帝實錄》卷九七四 "乾隆四十年春正月" 條

丙辰，遣官太歲之神。

《高宗純皇帝實錄》卷九七九 "乾隆四十年三月" 條

癸亥，祭先農之神，遣理郡王弘曣行禮。

《高宗純皇帝實錄》卷九九九 "乾隆四十年十二月" 條

辛未，遣官祭太歲之神。

《高宗純皇帝實錄》卷一〇〇〇 "乾隆四十一年春正月" 條

丁丑，遣官祭太歲之神。

《高宗純皇帝實錄》卷一〇〇四 "乾隆四十一年三月" 條

乙亥，遣官祭先農之神。

《高宗純皇帝實錄》卷一〇二三 "乾隆四十一年十二月" 條

丙寅，遣官祭太歲之神。

《高宗純皇帝實錄》卷一〇二四 "乾隆四十二年春正月" 條

癸酉，遣官祭太歲之神。

《高宗純皇帝實錄》卷一〇二八 "乾隆四十二年三月" 條

乙亥，祭先農之神，遣平郡王慶恒行禮。

《高宗純皇帝實錄》卷一〇四七 "乾隆四十二年十二月" 條

庚申，遣官祭太歲之神。

《高宗純皇帝實錄》卷一〇四八 "乾隆四十三年春正月" 條

丁卯，遣官祭太歲之神。

《高宗純皇帝實錄》卷一〇五三 "乾隆四十三年三月" 條

丁亥，遣官祭先農之神。

《高宗純皇帝實錄》卷一〇七三 "乾隆四十三年十二月" 條

甲申，遣官祭太歲之神。

《高宗純皇帝實錄》卷一〇七四 "乾隆四十四年春正月" 條

甲午，遣官祭太歲之神。

《高宗純皇帝實錄》卷一〇七八 "乾隆四十四年三月" 條

己亥，祭先農之神，遣理郡王弘䁀行禮。

《高宗純皇帝實錄》卷一〇九七 "乾隆四十四年十二月" 條

戊寅，遣官祭太歲之神。

《高宗純皇帝實錄》卷一〇九八 "乾隆四十五年春正月" 條

乙酉，遣官祭太歲之神。

《高宗純皇帝實錄》卷一一〇二 "乾隆四十五年三月" 條

丁亥，祭先農之神，遣理郡王弘䁀行禮。

《高宗純皇帝實錄》卷一一二一 "乾隆四十五年十二月" 條

壬申，遣官祭太歲之神。

《高宗純皇帝實錄》卷一一二二 "乾隆四十六年春正月" 條

己卯，遣官祭太歲之神。

《高宗純皇帝實錄》卷一一二六 "乾隆四十六年三月" 條

丁亥，祭先農之神，遣克勤郡王雅朗阿行禮。

《高宗純皇帝實錄》卷一一四七 "乾隆四十六年十二月" 條

丙申，遣官祭太歲之神。

《高宗純皇帝實錄》卷一一四八 "乾隆四十七年春正月" 條

丙午，遣官祭太歲之神。

《高宗純皇帝實錄》卷一一五二 "乾隆四十七年三月" 條

己亥，上耕耤。詣先農壇行禮，更服，至耤田所，躬耕三推。御觀耕臺，命睿親王淳穎、豫親王修齡、輔國公永瑋各五推，吏部右侍郎阿肅、户部左侍郎金簡、禮部右侍郎莊存與、兵部左侍郎曹文埴、刑部右侍郎汪承霈、工部右侍郎諾穆親、左副都御史吳玉綸、通政使夢吉、大理寺卿德爾泰各九推。畢，順天府府尹率農夫終畝。賞賚耆老、農夫如例。

《高宗純皇帝實錄》卷一一七一 "乾隆四十七年十二月" 條

辛卯，遣官祭太歲之神。

《高宗純皇帝實錄》卷一一七二 "乾隆四十八年春正月" 條

丁酉，遣官祭太歲之神。

《高宗純皇帝實錄》卷一一七六 "乾隆四十八年三月" 條

己亥，祭先農之神，遣莊親王永瑺行禮。

《高宗純皇帝實錄》卷一一九五 "乾隆四十八年十二月" 條

乙酉，遣官祭太歲之神。

《高宗純皇帝實錄》卷一一九六“乾隆四十九年春正月”條

乙未，遣官祭太歲之神。

《高宗純皇帝實錄》卷一二〇〇“乾隆四十九年三月”條

丁亥，祭先農之神，遣恒郡王永皓行禮。

《高宗純皇帝實錄》卷一二二一“乾隆四十九年十二月”條

己酉，遣官祭太歲之神。

《高宗純皇帝實錄》卷一二二二“乾隆五十年春正月”條

丙辰，遣官祭太歲之神。

《高宗純皇帝實錄》卷一二二六“乾隆五十年三月”條

辛亥，上耕耤。詣先農壇行禮，更服，至耤田所，躬耕三推。御觀耕臺，命睿親王淳穎、質郡王皇六子永瑢、儀郡王皇八子永璇各五推，皇十一子永瑆、皇十五子顒琰隨耕布種、吏部右侍郎宗室玉鼎柱、戶部左侍郎董誥、禮部右侍郎陸費墀、兵部右侍郎塔琦、刑部右侍郎景禄、工部右侍郎汪承霈、左副都御史哈福納、通政使張若淳、大理寺少卿劉天成各九推。畢，順天府府尹率農夫終畝。賞賚耆老、農夫如例。

《高宗純皇帝實錄》卷一二四五“乾隆五十年十二月”條

甲辰，遣官祭太歲之神。

《高宗純皇帝實錄》卷一二四六“乾隆五十一年春正月”條

癸丑，遣官祭太歲之神。

《高宗純皇帝實錄》卷一二五〇“乾隆五十一年三月”條

辛亥，祭先農之神，遣怡親王永琅行禮。

《高宗純皇帝實錄》卷一二七一“乾隆五十一年十二月”條

《高宗純皇帝實錄》戊辰，遣官祭太歲之神。

《高宗純皇帝實錄》卷一二七二“乾隆五十二年春正月”條

乙亥，遣官祭太歲之神。

《高宗純皇帝實錄》卷一二七六“乾隆五十二年三月”條

乙亥，遣官祭先農之神。

《高宗純皇帝實錄》卷一二九五“乾隆五十二年十二月”條

壬戌，遣官祭太歲之神。

《高宗純皇帝實錄》卷一二九六“乾隆五十三年春正月”條

戊辰，遣官祭太歲之神。

《高宗純皇帝實錄》卷一三〇〇“乾隆五十三年三月”條

癸亥朔，祭先農之神，遣怡親王永琅行禮。

《高宗純皇帝實錄》卷一三一九“乾隆五十三年十二月”條

丙辰，遣官祭太歲之神。

《高宗純皇帝實録》卷一三二〇"乾隆五十四年春正月"條

壬戌，遣官祭太歲之神。

《高宗純皇帝實録》卷一三二四"乾隆五十四年三月"條

癸亥，上耕耤。詣先農壇行禮，更服，至耤田所，躬耕三推。御觀耕臺，命皇六子質郡王永瑢皇八子儀郡王永璇、豫親王裕豐各五推，皇十一子永瑆、皇十五子顒琰、皇十七子永璘、隨耕布種，吏部尚書協辦大學士劉墉、户部尚書董誥、禮部右侍郎鄒奕孝、兵部尚書彭元瑞、刑部尚書胡季堂、工部左侍郎韓鑅、都察院左副都御史覺羅巴彦學、通政使夢吉、大理寺卿富炎泰各九推。畢，順天府府尹率農夫終畝。賞賚耆老、農夫如例。

《高宗純皇帝實録》卷一三四五"乾隆五十四年十二月"條

庚辰，遣官祭太歲之神。

《高宗純皇帝實録》卷一三四六"乾隆五十五年春正月"條

丙戌，遣官祭太歲之神。

《高宗純皇帝實録》卷一三五〇"乾隆五十五年三月"條

丁亥，遣官祭先農之神。

《高宗純皇帝實録》卷一三六九"乾隆五十五年十二月"條

甲戌，遣官祭太歲之神。

《高宗純皇帝實録》卷一三七〇"乾隆五十六年春正月"條

甲申，遣官祭太歲之神。

《高宗純皇帝實録》卷一三七四"乾隆五十六年三月"條

丁亥，祭先農之神，遣豫親王裕豐行禮。

《高宗純皇帝實録》卷一三九三"乾隆五十六年十二月"條

己巳，遣官祭太歲之神。

《高宗純皇帝實録》卷一三九四"乾隆五十七年春正月"條

乙亥，遣官祭太歲之神。

《高宗純皇帝實録》卷一三九八"乾隆五十七年三月"條

乙亥，祭先農之神，遣肅親王永錫行禮。

《高宗純皇帝實録》卷一四一九"乾隆五十七年十二月"條

癸巳，遣官祭太歲之神。

《高宗純皇帝實録》卷一四二〇"乾隆五十八年春正月"條

戊戌，遣官祭太歲之神。

《高宗純皇帝實録》卷一四二四"乾隆五十八年三月"條

己亥，祭先農之神，遣裕郡王亮焕行禮。

《高宗純皇帝實錄》卷一四四三 "乾隆五十八年十二月" 條

丁亥，遣官祭太歲之神。

《高宗純皇帝實錄》卷一四四四 "乾隆五十九年春正月" 條

甲午，遣官祭太歲之神。

《高宗純皇帝實錄》卷一四四八 "乾隆五十九年三月" 條

己亥，祭先農之神，遣肅親王永錫行禮。

《高宗純皇帝實錄》卷一四五一 "乾隆五十九年四月" 條

丙戌，上命皇八子永璿詣天神壇、皇十一子永瑆詣地祇壇、皇十五子永嘉親王顒琰詣太歲壇祈雨。

《高宗純皇帝實錄》卷一四六七 "乾隆五十九年十二月" 條

壬午，遣官祭太歲之神。

《高宗純皇帝實錄》卷一四六八 "乾隆六十年春正月" 條

戊子，遣官祭太歲之神。

《高宗純皇帝實錄》卷一四七四 "乾隆六十年三月

癸亥，祭先農之神，遣鄭親王佛爾果崇額行禮。

《高宗純皇帝實錄》卷一四九三 "乾隆六十年十二月" 條

丙午，遣官祭太歲之神。

《高宗純皇帝實錄》卷一四九四 "嘉慶元年三月" 條

辛亥，太上皇帝詣大高殿行禮。

命皇帝行耕耤禮。

《高宗純皇帝實錄》卷一四九六 "嘉慶二年三月" 條

癸亥，太上皇帝命皇帝行耕耤禮。

《仁宗睿皇帝實錄》卷一 "嘉慶元年春正月" 條

丙辰，遣官祭太歲之神。

《仁宗睿皇帝實錄》卷三 "嘉慶元年三月" 條

辛亥，上耕耤。詣先農壇行禮，更服，至耤田所，躬耕三推，復加一推。御觀耕臺，命鄭親王烏爾恭阿、豫親王裕豐、定新王綿恩各五推，吏部左侍郎沈初、户部右侍郎成德、禮部左侍郎鐵保、兵部左侍郎玉保、刑部右侍郎譚尚忠、工部右侍郎阿迪斯、都察院左副都御史汪承霈、通政使司通政使寶源、大理寺卿薩敏各九推畢。順天府府尹率農夫終畝。賞賚農夫、耆老如例。

《仁宗睿皇帝實錄》卷一二 "嘉慶元年十二月" 條

庚子，遣官祭太歲之神。

《仁宗睿皇帝實錄》卷一三 "嘉慶二年春正月" 條

丁未，遣官祭太歲之神。

《仁宗睿皇帝實録》卷一五"嘉慶二年三月"條

癸亥，上耕耤。詣先農壇行禮，更服，至耤田所，躬耕三推，復加一推。御觀耕臺，命豫親王裕豐、肅親王永錫、莊親王綿課各五推，吏部右侍郎玉保、户部尚書范宜恒、禮部左侍郎鐵保、兵部右侍郎傅森、代刑部工部右侍郎阿迪斯、工部左侍郎成德、都察院左副都御史汪承霈、通政使司通政使秦清、大理寺少卿童鳳三各九推。畢，順天府府尹率農夫終畝。賞賚農夫、耆老如例。

《仁宗睿皇帝實録》卷一七"嘉慶二年五月"條

丙午，上奉太上皇帝命，詣天神壇，儀郡王永璇、成親王永瑆分詣地祇壇、太歲壇，祈雨。

戊申，上奉太上皇帝命，詣天神壇，儀郡王永璇、成親王永瑆分詣地祇壇、太歲壇，謝雨。

《仁宗睿皇帝實録》卷二五"嘉慶二年十二月"條

甲子，遣官祭太歲之神。

《仁宗睿皇帝實録》卷二六"嘉慶三年春正月"條

癸酉，遣官祭太歲之神。

《仁宗睿皇帝實録》卷二八"嘉慶三年三月"條

丁亥，上耕耤。詣先農壇行禮，更服，至耤田所，躬耕三推，復加一推。御觀耕臺，命肅親王永錫、莊親王綿課、定親王綿恩各五推，吏部左侍郎玉保、户部左侍郎蔣賜棨、禮部左侍郎周興岱、兵部尚書金士松、刑部左侍郎阿精阿、工部左侍郎范建中、都察院左副都御吏達慶、通政使司通政使舒聘、大理寺卿蔣曰綸各九推。畢，順天府府尹率農夫終畝。賞賚農夫、耆老如例。

《仁宗睿皇帝實録》卷三六"嘉慶三年十二月"條

戊午，遣官祭太歲之神。

《仁宗睿皇帝實録》卷三七"嘉慶四年春正月"條

丁卯，遣官祭太歲之神。

《仁宗睿皇帝實録》卷四一"嘉慶四年三月"條

乙亥，祭先農之神，遣豫親王裕豐行禮。

《仁宗睿皇帝實録》卷五六"嘉慶四年十二月"條

壬子，遣官祭太歲之神。

《仁宗睿皇帝實録》卷五七"嘉慶五年春正月"條

己未，遣官祭太歲之神。

《仁宗睿皇帝實録》卷六二"嘉慶五年三月"條

乙亥，祭先農之神，遣和郡王綿循行禮。

《仁宗睿皇帝實録》卷七七"嘉慶五年十二月"條

丙子，遣官祭太歲之神。

《仁宗睿皇帝實録》卷七八"嘉慶六年春正月"條

乙酉，遣官祭太歲之神。

《仁宗睿皇帝實録》卷八一"嘉慶六年三月"條

己亥，祭先農之神，遣肅親王永錫行禮。

《仁宗睿皇帝實録》卷九二"嘉慶六年十二月"條

辛未，遣官祭太歲之神。

《仁宗睿皇帝實録》卷九三"嘉慶七年春正月"條

丁丑，遣官祭太歲之神。

《仁宗睿皇帝實録》卷九五"嘉慶七年三月"條

乙亥，上耕耤。詣先農壇行禮，更服，至耤田所，躬耕三推，復加一推。御觀耕臺，命肅親王永錫、榮郡王綿億、質郡王綿慶各五推，吏部左侍郎錢樾、户部左侍郎英和、禮部右侍郎潘世恩、兵部右侍郎成書、刑部左侍郎祖之望、工部左侍郎劉躍雲、都察院左副都御史舒聘、通政使司副使廣興、大理寺卿孟邵各九推。畢，順天府府尹率農夫終畝。賞賚農夫、耆老如例。

《仁宗睿皇帝實録》卷一〇六"嘉慶七年十二月"條

乙丑，遣官祭太歲之神。

《仁宗睿皇帝實録》卷一〇七"嘉慶八年春正月"條

壬申，遣官祭太歲之神。

《仁宗睿皇帝實録》卷一〇九"嘉慶八年三月"條

丁亥，上耕耤。詣先農壇行禮，更服，至耤田所，躬耕三推，復加一推。御觀耕臺，命鄭親王烏爾恭阿、慶郡王永璘、質郡王綿慶各五推，署吏部右侍郎劉鐶之、户部左侍郎英和、禮部右侍郎關槐、署兵部右侍郎貢楚克扎布、刑部右侍郎廣音、工部右侍郎戴均元、都察院左副都御史舒聘、通政使司副使廣興、大理寺少卿慶岱各九推。畢，順天府府尹率農夫終畝。賞賚農夫、耆老如例。

《仁宗睿皇帝實録》卷一一二"嘉慶八年四月"條

壬午，遣官分詣天神壇、地祇壇、太歲壇祈雨。

己丑，遣官分詣天神壇、地祇壇、太歲壇謝雨。

《仁宗睿皇帝實録》卷一二四"嘉慶八年十二月"條

己丑，遣官祭太歲之神。

《仁宗睿皇帝實録》卷一二五"嘉慶九年春正月"條

戊戌，遣官祭太歲之神。

《仁宗睿皇帝實錄》卷一二六"嘉慶九年二月"條

丁亥，上耕耤。詣先農壇行禮，更服，至耤田所，躬耕三推，復加一推。御觀耕臺，命豫親王裕豐、肅親王永錫、質郡王綿慶各五推，吏部右侍郎錢樾、户部右侍郎初彭齡、禮部右侍郎玉麟、兵部左侍郎成書、刑部左侍郎瑚素通阿、工部右侍郎莫瞻菉、都察院左副都御史舒聘、通政使司副使廣興、大理寺卿周廷棟各九推。畢，順天府府尹率農夫終畝。賞賚農夫、耆老如例。

《仁宗睿皇帝實錄》卷一三八"嘉慶九年十二月"條

甲申，遣官祭太歲之神。

《仁宗睿皇帝實錄》卷一三九"嘉慶十年春正月"條

甲午，遣官祭太歲之神。

《仁宗睿皇帝實錄》卷一四一"嘉慶十年三月"條

丁亥，上耕耤。詣先農壇行禮，更服，至耤田所，躬耕三推，復加一推。御觀耕臺，命睿親王端恩、鄭親王烏爾恭阿、順承郡王倫柱各五推，吏部右侍郎恩普、户部右侍郎那彦寶、禮部左侍郎玉麟、兵部右侍郎廣興、刑部尚書長麟、工部右侍郎明興、都察院左副都御史成格、通政使司副使閻泰和、大理寺少卿嵇承志各九推。畢，順天府府尹率農夫終畝。賞賚農夫、耆老如例。

《仁宗睿皇帝實錄》卷一四五"嘉慶十年三月"條

庚午，命儀親王永璿、成親王永瑆、慶郡王永璘分詣天神壇、地祇壇、太歲壇祈雨。

辛未，以甘霖大沛，仍命儀親王永璿、成親王永瑆、慶郡王永璘分詣天神壇、地祇壇、太歲壇謝雨。

《仁宗睿皇帝實錄》卷一五五"嘉慶十年十二月"條

丁未，遣官祭太歲之神。

《仁宗睿皇帝實錄》卷一五六"嘉慶十一年春正月"條

戊午，遣官祭太歲之神。

《仁宗睿皇帝實錄》卷一五八"嘉慶十一年三月"條

辛亥，上耕耤。詣先農壇行禮，更服，至耤田所，躬耕三推，復加一推。御觀耕臺，命禮親王昭槤睿親王端恩、鄭親王烏爾恭阿各五推，吏部左侍郎玉麟、户部右侍郎劉鐶之、禮部左侍郎多慶、兵部右侍郎趙秉冲、刑部右侍郎周廷棟、工部右侍郎文寧、都察院左副都御史陳嗣龍、通政使司參議多福、大理寺卿曹師曾各九推。畢，順天府府尹率農夫終畝。賞賚農夫、耆老如例。

《仁宗睿皇帝實錄》卷一七二"嘉慶十一年十二月"條

辛丑，遣官祭太歲之神。

《仁宗睿皇帝實錄》卷一七三 "嘉慶十二年春正月" 條

庚戌，遣官祭太歲之神。

《仁宗睿皇帝實錄》卷一七六 "嘉慶十二年三月" 條

辛亥，祭先農壇之神，遣儀親王永璿行禮。

壬戌，上詣山高水長祈雨壇拈香。命儀親王永璿、成親王永瑆、慶郡王永璘分詣天神壇、地祇壇、太歲壇祈雨。

《仁宗睿皇帝實錄》卷一七八 "嘉慶十二年四月" 條

戊子，命儀親王永璿、成親王永瑆、定親王綿恩分詣天神壇、地祇壇、太歲壇祈雨，并於黑龍潭及山高水長設壇祈禱。

庚子，命儀親王永璿、成親王永瑆、定親王綿恩再分詣天神壇、地祇壇、太歲壇祈雨。

《仁宗睿皇帝實錄》卷一七九 "嘉慶十二年五月" 條

乙卯，命成親王永瑆、定親王綿恩、莊親王綿課分詣天神壇、地祇壇、太歲壇謝雨。

《仁宗睿皇帝實錄》卷一九○ "嘉慶十二年十二月" 條

癸巳，命儀親王永璿、成親王永瑆、慶郡王永璘分詣天神壇、地祇、太歲壇祈雪。

丙申，遣官祭太歲之神。

《仁宗睿皇帝實錄》卷一九一 "嘉慶十三年春正月" 條

丁未，遣官祭太歲之神。

辛亥，命儀親王永璿、成親王永瑆、慶郡王永璘分詣天神壇、地祇壇、太歲壇謝雪。

《仁宗睿皇帝實錄》卷一九三 "嘉慶十三年三月" 條

己亥，上耕耤。詣先農壇行禮，更服，至耤田所，躬耕三推，復加一推。御觀耕臺，命睿親王端恩、慶郡王永璘、和郡王綿循各五推，吏部左侍郎潘世恩、户部左侍郎趙秉沖、禮部左侍郎桂芳、兵部左侍郎多慶、刑部左侍郎廣興、工部右侍郎陳希曾、都察院左副都御史潤祥、通政使司通政使書明阿、大理寺少卿福泰各九推。畢，順天府府尹率農夫終畝。賞賚農夫、耆老如例。

《仁宗睿皇帝實錄》卷一九四 "嘉慶十三年四月" 條

甲午，命儀親王永璿、成親王永瑆、慶郡王永璘分詣天神壇、地祇壇、太歲壇祈雨。

《仁宗睿皇帝實錄》卷一九五 "嘉慶十三年五月" 條

己亥，命儀親王永璿、成親王永瑆、慶郡王永璘分詣天神壇、地祇壇、太歲壇謝雨。

《仁宗睿皇帝實錄》卷一九八"嘉慶十三年七月"條

癸酉，以久雨，命儀親王永璿、豫親王裕豐、莊親王綿課於十一日，分詣天神壇、地祇壇、太歲壇祈晴。

《仁宗睿皇帝實錄》卷二〇六"嘉慶十四年春正月"條

戊辰，遣官祭太歲之神。

《仁宗睿皇帝實錄》卷二〇八"嘉慶十四年三月"條

癸亥，上耕耤。詣先農壇行禮，更服，至耤田所，躬耕三推，復加一推。順天府府尹率農夫終畝。賞賚農夫耆老如例。

《仁宗睿皇帝實錄》卷二二三"嘉慶十四年十二月"條

甲寅，遣官祭太歲之神。

《仁宗睿皇帝實錄》卷二二四"嘉慶十五年春正月"條

甲子，遣官祭太歲之神。

《仁宗睿皇帝實錄》卷二二七"嘉慶十五年三月"條

癸亥，上耕耤。詣先農壇行禮，更服，至耤田所，躬耕三推，復加一推。御觀耕臺，命怡親王奕勛、慶郡王永璘、榮郡王綿億各五推，吏部右侍郎榮麟、户部右侍郎桂芳、禮部左侍郎秀寧、兵部右侍郎成書、刑部右侍郎景禄、工部右侍郎顧德慶、都察院左副都御史潤祥、通政使司參議康綸鈞、大理寺卿曹師曾各九推。畢，順天府府尹率農夫終畝。賞賚農夫、耆老如例。

《仁宗睿皇帝實錄》卷二三七"嘉慶十五年十二月"條

己酉，遣官祭太歲之神。

《仁宗睿皇帝實錄》卷二三八"嘉慶十六年春正月"條

己未，遣官祭太歲之神。

《仁宗睿皇帝實錄》卷二三九"嘉慶十六年二月"條

甲午，命皇次子旻寧、慶郡王永璘、榮郡王綿億，於二十日分詣天神壇、地祇壇、太歲壇祈雨。

《仁宗睿皇帝實錄》卷二四〇"嘉慶十六年三月"條

辛亥，上耕耤。詣先農壇行禮，更服，至耤田所，躬耕三推，復加一推。御觀耕臺，命鄭親王烏爾恭阿、慶郡王永璘、和郡王綿循各五推，吏部尚書瑚圖禮、户部左侍郎英和、禮部左侍郎戴聯奎、兵部左侍郎萬承風、刑部右侍郎宋鎔、工部左侍郎陳希曾、都察院左副都御史誠安、通政使司參議文修、大理寺卿貴慶各九推。畢，順天府府尹率農夫終畝。賞賚農夫、耆老如例。

《仁宗睿皇帝實錄》卷二四二"嘉慶十六年四月"條

癸亥，命皇次子旻寧、儀親王永璿、成親王永瑆分詣天神壇、地祇壇、太歲壇祈雨。

辛未，上詣天神壇。命皇次子旻寧、皇三子綿愷分詣地祇壇、太歲壇祈雨。

《仁宗睿皇帝實錄》卷二四三"嘉慶十六年五月"條

丁亥，上再詣天神壇，命皇次子旻寧、皇三子綿愷分詣地祇壇、太歲壇祈雨。

己亥，上詣天神壇，命皇次子旻寧、皇三子綿愷分詣地祇壇、太歲壇謝雨。

《仁宗睿皇帝實錄》卷二五二"嘉慶十六年十二月"條

癸酉，遣官祭太歲之神。

《仁宗睿皇帝實錄》卷二五三"嘉慶十七年春正月"條

壬午，遣官祭太歲之神。

《仁宗睿皇帝實錄》卷二五五"嘉慶十七年三月"條

乙亥，上耕耤。詣先農壇行禮，更服，至耤田所，躬耕三推，復加一推。御觀耕臺，命睿親王端恩、鄭親王烏爾恭阿、慶郡王永璘各五推，吏部右侍郎凱音布、戶部右侍郎陳希曾、禮部右侍郎秀寧、兵部左侍郎成書、刑部右侍郎宋鎔、工部右侍郎師承瀛、都察院左副都御史曹師曾、通政使司參議康紹鈞、大理寺卿佛住各九推。畢，順天府府尹率農夫終畝。賞賚農夫、耆老如例。

《仁宗睿皇帝實錄》卷二六四"嘉慶十七年十二月"條

丁卯，遣官祭太歲之神。

《仁宗睿皇帝實錄》卷二六五"嘉慶十八年春正月"條

丙子，遣官祭太歲之神。

《仁宗睿皇帝實錄》卷二六七"嘉慶十八年三月"條

乙亥，上耕耤。詣先農壇行禮，更服，至耤田所，躬耕三推，復加一推。御觀耕臺，命睿親王端恩、鄭親王烏爾恭阿、慶郡王永璘各五推，吏部右侍郎戴聯奎、戶部左侍郎初彭齡、禮部左侍郎秀寧、兵部左侍郎成書、刑部右侍郎章煦、工部右侍郎成格、都察院左副都御史佛住、通政使司通政使廣泰、大理寺卿常英各九推。畢，順天府府尹率農夫終畝。賞賚農夫、耆老如例。

《仁宗睿皇帝實錄》卷二六八"嘉慶十八年四月"條

庚戌，命皇次子旻寧、莊親王綿課、儀親王永璿分詣天神壇、地祇壇、太歲壇祈雨。

己未，上詣天神壇祈雨，命皇次子旻寧、皇三子綿愷分詣地祇壇、太歲壇行禮。

《仁宗睿皇帝實錄》卷二六九"嘉慶十八年五月"條

庚午，命皇次子旻寧、皇三子綿愷、儀親王永璿分詣天神壇、地祇壇、太歲壇祈雨。

《仁宗睿皇帝實錄》卷二八一"嘉慶十八年十二月"條

辛酉，遣官祭太歲之神。

《仁宗睿皇帝實録》卷二八二"嘉慶十九年春正月"條

庚午，遣官祭太歲之神。

《仁宗睿皇帝實録》卷二八七"嘉慶十九年三月"條

己亥，上耕耤。詣先農壇行禮，更服至耤田所，躬耕三推，復加一推。御觀耕臺，命睿親王端恩、克勤郡王尚格、和郡王綿循各五推，吏部右侍郎佛住、户部左侍郎果齊斯歡、禮部右侍郎穆克登額、兵部右侍郎周系英、刑部左侍郎成格、工部在侍郎茹棻、都察院左副都御史曹師曾、通政使司通政使穆彰阿、大理寺卿王引之各九推。畢，順天府府尹率農夫終畝。賞賚農夫、耆老如例。

《仁宗睿皇帝實録》卷三〇一"嘉慶十九年十二月"條

乙酉，遣官祭太歲之神。

《仁宗睿皇帝實録》卷三〇二"嘉慶二十年春正月"條

甲午，遣官祭太歲之神。

《仁宗睿皇帝實録》卷三〇四"嘉慶二十年三月"條

丁亥朔，上耕耤。詣先農壇行禮，更服，至耤田所，躬耕三推，復加一推。御觀耕臺，命睿親王端恩、克勤郡王尚格、慶郡王永璘各五推，吏部右侍郎佛住、户部右侍郎成格、禮部尚書穆克登額、兵部右侍郎恩寧、刑部右侍郎熙昌、工部右侍郎普恭、都察院左副都御史李宗瀚、通政使司通政使張鵬展、大理寺卿慶明各九推。畢，順天府府尹率農夫終畝。

《仁宗睿皇帝實録》卷三一四"嘉慶二十年十二月"條

己卯，遣官祭太歲之神。

《仁宗睿皇帝實録》卷三一五"嘉慶二十一年春正月"條

戊子，遣官祭太歲之神。"條

《仁宗睿皇帝實録》卷三一七"嘉慶二十一年三月"條

丁亥，上耕耤。詣先農壇行禮，更服，至耤田所，躬耕三推，復加一推。御觀耕臺，命禮親王麟趾、睿親王端恩、鄭親王烏爾恭阿各五推，吏部右侍郎佛住、户部左侍郎果齊斯歡、禮部左侍郎寶興、兵部左侍郎禧恩、刑部右侍郎彭希濂、署工部左侍郎戴聯奎、都察院左副都御史多山、通政使司通政使張鵬展、大理寺卿恩寧各九推。畢，順天府府尹率農夫終畝。賞賚農夫、耆老如例。

《仁宗睿皇帝實録》卷三二五"嘉慶二十一年十二月"條

癸卯，遣官祭太歲之神。

《仁宗睿皇帝實録》卷三二六"嘉慶二十二年春正月"條

壬子，遣官祭太歲之神。

《仁宗睿皇帝實録》卷三二八"嘉慶二十二年三月"條

辛亥，上耕耤。詣先農壇行禮，更服，至耤田所，躬耕三推，復加一推。御觀耕臺，命睿親王端恩、鄭親王烏爾恭阿、怡親王奕勛各五推，吏部右侍郎吳芳培、戶部左侍郎果齊斯歡、禮部右侍郎廉善、兵部右侍郎曹師曾、刑部右侍郎成格、工部右侍郎陸以莊、都察院左副都御史明興阿、通政使司通政使張鵬展、大理寺卿甘家斌各九推。畢，順天府府尹率農夫終畝。賞賚農夫、耆老如例。

《仁宗睿皇帝實錄》卷三三〇 "嘉慶二十二年五月" 條

辛酉，上詣天神壇，命儀親王永璿、成親王永瑆，分詣地祇壇、太歲壇祈雨。

己巳，上詣天神壇，命儀親王永璿、成親王永瑆，分詣地祇壇、太歲壇謝雨。

《仁宗睿皇帝實錄》卷三三七 "嘉慶二十二年十二月" 條

丁酉，遣官祭太歲之神。

《仁宗睿皇帝實錄》卷三三八 "嘉慶二十三年春正月" 條

丙午，遣官祭太歲之神。

《仁宗睿皇帝實錄》卷三四〇 "嘉慶二十三年三月" 條

己亥，上耕耤。詣先農壇行禮，更服，至耤田所，躬耕三推，復加一推。御觀耕臺，命睿親王端恩、怡親王奕勛、慶郡王永璘各五推，吏部右侍郎吳芳培、戶部左侍郎禧恩、禮部左侍郎多山、兵部右侍郎穆彰阿、刑部右侍郎廉善、工部右侍郎陸以莊、都察院左副都御史和桂、通政使司副使齡椿、大理寺卿寶興各九推。畢，順天府府尹率農夫終畝。賞賚農夫、耆老如例。

《仁宗睿皇帝實錄》卷三四一 "嘉慶二十三年四月" 條

庚辰，命皇次子智親王旻寧詣天神壇，定親王綿恩詣地祇壇，慶郡王永璘詣太歲壇祈雨。

戊子，上詣天神壇，命儀親王永璿詣地祇壇，成親王永瑆詣太歲壇祈雨。命皇次子智親王旻寧詣黑龍潭，皇四子綿忻詣覺生寺祈雨。

甲午，上詣天神壇，命儀親王永璿詣地祇壇，成親王永瑆詣太歲壇謝雨。

《仁宗睿皇帝實錄》卷三五二 "嘉慶二十三年十二月" 條

壬辰，遣官祭太歲之神。

《仁宗睿皇帝實錄》卷三五三 "嘉慶二十四年春正月" 條

辛丑，遣官祭太歲之神。

《仁宗睿皇帝實錄》卷三五五 "嘉慶二十四年三月" 條

己亥，上耕耤。詣先農壇行禮，更服，至耤田所，躬耕三推，復加一推。命禮親王麟趾、鄭親王烏爾恭阿、順承郡王倫柱各五推，吏部右侍郎周系英、戶部右侍郎姚文田、署禮部右侍郎王宗誠、署兵部右侍郎吳芳培、刑部右侍郎彭希濂、工部右侍郎陸以莊、都察院左副都御史善慶、通政使司通政使奎耀、大理寺卿齡椿各九推。畢，順天府府尹率農夫終畝。賞賚農夫、耆老如例。

《仁宗睿皇帝實錄》卷三五六"嘉慶二十四年四月"條

己丑，上詣黑龍潭祈雨。命皇次子智親王旻寧詣天神壇，皇三子惇郡王綿愷詣地祇壇，定親王綿恩詣太歲壇祈雨。

《仁宗睿皇帝實錄》卷三五七"嘉慶二十四年閏四月"條

庚子，上幸萬壽山，詣廣潤祠拈香。命皇次子智親王旻寧、皇三子惇郡王綿愷、定親王綿恩再詣三壇祈雨。

己酉，上詣天神壇，命儀親王永璿詣地祇壇，成親王永瑆詣太歲壇祈雨。

戊午，上詣天神壇，命儀親王永璿詣地祇壇，成親王永瑆詣太歲壇謝雨。

《仁宗睿皇帝實錄》卷三六五"嘉慶二十四年十二月"條

丙辰，遣官祭太歲之神。

《仁宗睿皇帝實錄》卷三六六"嘉慶二十五年春正月"條

丁卯，遣官祭太歲之神。

《仁宗睿皇帝實錄》卷三六八"嘉慶二十五年三月"條

癸亥，祭先農之神，遣定親王綿恩行禮。

《宣宗成皇帝實錄》卷一一"嘉慶二十五年十二月"條

辛亥，遣官祭太歲之神。

《宣宗成皇帝實錄》卷一二"道光元年春正月"條

辛巳，遣官祭太歲之神。

《宣宗成皇帝實錄》卷一四"道光元年三月"條

辛亥朔，祭先農之神，遣順承郡王倫柱行禮。

《宣宗成皇帝實錄》卷二七"道光元年十二月"條

乙巳，遣官祭太歲之神。

《宣宗成皇帝實錄》卷二八"道光二年春正月"條

乙卯，遣官祭太歲之神。

《宣宗成皇帝實錄》卷三一"道光二年三月"條

辛亥，祭先農之神，遣睿親王端恩行禮。

《宣宗成皇帝實錄》卷四七"道光二年十二月"條

己巳，遣官祭太歲之神。

《宣宗成皇帝實錄》卷四八"道光三年春正月"條

己卯，遣官祭太歲之神。

《宣宗成皇帝實錄》卷五〇"道光三年三月"條

乙亥，上耕耤。詣先農壇行禮，更服，至耤田所，躬耕三推，復加一推。御觀耕臺，命睿親王端恩、惇親王綿愷、瑞親王綿忻各五推，吏部左侍郎常起、户部右侍郎穆彰阿、禮部左侍郎博啓圖、兵部尚書王宗誠、刑部右侍郎奎照、工部左侍郎舒明阿、都察院左副都御史凱音布、通政使司參議嵩惠、大理寺卿劉彬士各九推。畢，順天府府尹率農夫終畝。賞賚農夫、耆老如例。

《宣宗成皇帝實錄》卷六三"道光三年十二月"條

癸亥，遣官祭太歲之神。

《宣宗成皇帝實錄》卷六四"道光四年春正月"條

癸酉，遣官祭太歲之神。

《宣宗成皇帝實錄》卷六六"道光四年三月"條

乙亥，上耕耤。詣先農壇行禮，更服，至耤田所，躬耕三推，復加一推。御觀耕臺，命鄭親王烏爾恭阿、肅親王敬敏、惇親王綿愷各五推，吏部左侍郎王引之、户部左侍郎恩銘、禮部左侍郎辛從益、兵部左侍郎常英、刑部尚書那清安、工部左侍郎敬徵、都察院左副都御史韓鼎晉、通政使司通政使奎耀、大理寺卿福申各九推。畢，順天府府尹率農夫終畝。賞賚農夫、耆老如例。

《宣宗成皇帝實錄》卷六八"道光四年五月"條

己巳，命再於黑龍潭覺生寺，設壇祈雨。上詣黑龍潭拈香，命慶郡王綿慜詣覺生寺拈香，皇長子奕緯、惇親王綿愷、瑞親王綿忻、定親王奕紹分詣天神壇、地祇壇、太歲壇、宣仁廟祈雨。

甲戌，以甘霖渥沛，上詣黑龍潭報謝，命慶郡王綿慜詣覺生寺，皇長子奕緯、惇親王綿愷、瑞親王綿忻、定親王奕紹分詣天神壇、地祇壇、太歲壇、宣仁廟報謝。

《宣宗成皇帝實錄》卷七七"道光四年十二月"條

丁亥，遣官祭太歲之神。

《宣宗成皇帝實錄》卷七八"道光五年春正月"條

丁酉，遣官祭太歲之神。

《宣宗成皇帝實錄》卷八〇"道光五年三月"條

己亥，祭先農之神，上親詣行禮。詣太歲壇行禮。

《宣宗成皇帝實錄》卷九三"道光五年十二月"條

辛巳，遣官祭太歲之神。

《宣宗成皇帝實錄》卷九四"道光六年春正月"條

壬辰，遣官祭太歲之神。

《宣宗成皇帝實錄》卷九六"道光六年三月"條

丁亥，上耕耤。詣先農壇行禮，更服，至耤田所，躬耕三推，復加一推。御觀耕臺，命睿親王端恩順承郡王春山、慶郡王綿慜各五推，吏部左侍郎凱音布、户部左侍郎李宗昉、禮部右侍郎奎照、兵部左侍郎奕經、刑部尚書嵩孚、工部左侍郎阿爾邦阿、都察院左副都御史陸言、通政使司副使寬明、大理寺少卿寶善各九推。畢，順天府府尹率農夫終畝。賞賚農夫、耆老如例。

《宣宗成皇帝實録》卷一一二"道光六年十二月"條

乙亥，遣官祭太歲之神。

《宣宗成皇帝實録》卷一一三"道光七年春正月"條

乙酉，遣官祭太歲之神。

《宣宗成皇帝實録》卷一一五"道光七年三月"條

丁亥，上耕耤。詣先農壇行禮，更服，至耤田所，躬耕三推，復加一推。御觀耕臺，命肅親王敬敏、定親王奕紹、慶郡王綿慜各五推，吏部右侍郎貴慶、户部尚書王鼎、署禮部左侍郎内閣學士白鎔、署兵部右侍郎内閣學士鐘昌、刑部左侍郎英瑞、工部右侍郎李宗昉、都察院左都御史那清安、通政使司通政使奎耀、大理寺卿廉敬各九推。畢，順天府府尹率農夫終畝。賞賚農夫、耆老如例。

《宣宗成皇帝實録》卷一三一"道光七年十二月"條

己亥，遣官祭太歲之神。

《宣宗成皇帝實録》卷一三二"道光八年春正月"條

己酉，遣官祭太歲之神。

《宣宗成皇帝實録》卷一三四"道光八年三月"條

辛亥，上耕耤。詣先農壇行禮，更服，至耤田所，躬耕三推，復加一推。御觀耕臺，命肅親王敬敏、定親王奕紹、順承郡王春山各五推，吏部右侍郎白鎔、户部右侍郎李宗昉、署禮部左侍郎申啓賢、兵部尚書王宗誠、刑部右侍郎鍾昌、工部左侍郎奕經、都察院左都御史潘世恩、通政使司參議常英、大理寺卿廉敬各九推。畢，順天府府尹率農夫終畝。賞賚農夫、耆老如例。

《宣宗成皇帝實録》卷一四九"道光八年十二月"條

甲午，遣官祭太歲之神。

《宣宗成皇帝實録》卷一五〇"道光九年春正月"條

甲辰，遣官祭太歲之神。

《宣宗成皇帝實録》卷一五三"道光九年三月"條

己亥，上耕耤。詣先農壇行禮，更服，至耤田所，躬耕三推，復加一推。御觀耕臺，命睿親王仁壽、豫親王裕全、成郡王載鋭各五推，吏部右侍郎白鎔、户部右侍郎李宗昉、署禮部尚書潘世恩、署兵部左侍郎福勒洪阿、刑部右侍郎海齡、工部尚書穆彰阿、都察院左副都御史嵩惠、通政使司通政使穆馨阿、大理寺卿桂齡各九推。畢，順天府府尹率農夫終畝。賞賚農夫、耆老如例。

《宣宗成皇帝實録》卷一六三"道光九年十二月"條

己丑，遣官祭太歲之神。

《宣宗成皇帝實録》卷一六四"道光十年春正月"條

己亥，遣官祭太歲之神。

《宣宗成皇帝實錄》卷一六六"道光十年三月"條

己亥，上耕耤。詣先農壇行禮，更服，至耤田所，躬耕三推，復加一推。御觀耕臺，命睿親王仁壽、豫親王裕全、成郡王載銳各五推，吏部右侍郎白鎔、户部右侍郎李宗昉、禮部右侍郎楊懌曾、兵部右侍郎桂輪、刑部右侍郎祁寯、工部左侍郎奕經、都察院左副都御史鐵麟、通政使司參議恩銘、大理寺卿德厚各九推。畢，順天府府尹率農夫終畝。賞賚農夫、耆老如例。

《宣宗成皇帝實錄》卷一八二"道光十年十二月"條

癸丑，遣官祭太歲之神。

《宣宗成皇帝實錄》卷一八三"道光十一年春正月"條

壬戌，遣官祭太歲之神。

《宣宗成皇帝實錄》卷一八五"道光十一年三月"條

癸亥，上耕耤。詣先農壇行禮，更服，至耤田所，躬耕三推，復加一推。御觀耕臺，命鄭親王烏爾恭阿、豫親王裕全、惠郡王綿愉各五推，吏部左侍郎鍾昌、户部右侍郎寶興、禮部左侍郎龔守正、兵部左侍郎張鱗、刑部右侍郎特登額、工部左侍郎那丹珠、都察院左都御史那清安、通政使司參議陳鴻、大理寺卿德厚各九推。畢，順天府府尹率農夫終畝。賞賚農夫、耆老如例。

《宣宗成皇帝實錄》卷一八八"道光十一年五月"條

癸丑，遣睿親王仁壽、定親王奕紹、慶郡王綿慜分詣天神壇、地祇壇、太歲壇。惠郡王綿愉詣宣仁廟，祈雨。

《宣宗成皇帝實錄》卷一八九"道光十一年五月"條

丁丑，上詣天神壇謝雨。

《宣宗成皇帝實錄》卷一九一"道光十一年六月"條

丁未，遣定親王奕紹詣天神壇、睿親王仁壽詣地祇壇、肅親王敬敏詣太歲壇祈雨。惠郡王綿愉詣宣仁廟、凝和廟，慶郡王綿慜詣昭顯廟、時應宮拈香。

戊申，遣定親王奕紹、睿親王仁壽、肅親王敬敏、惠郡王綿愉、慶郡王綿慜分詣天神壇、地祇壇、太歲壇、宣仁廟、凝和廟、昭顯廟、時應宮謝雨。

《宣宗成皇帝實錄》卷二〇三"道光十一年十二月"條

丁未，遣官祭太歲之神。

《宣宗成皇帝實錄》卷二〇四"道光十二年春正月"條

戊午，遣官祭太歲之神。

《宣宗成皇帝實錄》卷二〇七"道光十二年三月"條

辛亥，上耕耤。詣先農壇行禮，更服，至耤田所，躬耕三推，復加一推。御觀耕臺，命豫親王裕全、惠郡王綿愉、成郡王載銳各五推，吏部左侍奕經、户部右侍郎李宗昉、禮部右侍郎陳用光、兵部尚書那清安、刑部尚書戴敦元、工部左侍郎吳椿、都察院左副都御史文慶、通政使司通政使龔守正、大理寺卿文蔚各九推。畢，順天府府尹率農夫終畝。賞賚農夫、耆老如例。

《宣宗成皇帝實錄》卷二一二"道光十二年五月"條

戊辰，上詣天神壇。遣惇親王綿愷、詣地祇壇。惠郡王綿愉、詣太歲壇祈雨。

《宣宗成皇帝實錄》卷二一三"道光十二年六月"條

丁亥，上詣黑龍潭祈雨。遣惠郡王綿愉，詣密雲縣白龍潭祈雨。

《宣宗成皇帝實錄》卷二二八"道光十二年十二月"條

辛未，遣官祭太歲之神。

《宣宗成皇帝實錄》卷二二九"道光十三年春正月"條

壬午，遣官祭太歲之神。

《宣宗成皇帝實錄》卷二三三"道光十三年三月"條

乙亥，上耕耤。詣先農壇行禮，更服，至耤田所，躬耕三推，復加一推。御觀耕臺，命鄭親王烏爾恭阿、莊親王奕賮、怡親王載垣各五推，吏部左侍郎奕經、戶部右侍郎李宗昉、禮部右侍郎文慶、兵部右侍郎奕紀、刑部右侍郎鄂順安、工部右侍郎姚元之、都察院左都御史升寅、通政使司副使李振祜、大理寺少卿果良額各九推。畢，順天府府尹率農夫終畝。賞賚農、耆老如例。

《宣宗成皇帝實錄》卷二四七"道光十三年十二月"條

乙丑，遣官祭太歲之神。

《宣宗成皇帝實錄》卷二四八"道光十四年春正月

乙亥，遣官祭太歲之神。

《宣宗成皇帝實錄》卷二四九"道光十四年三月"條

癸亥，上耕耤。詣先農壇行禮，更服，至耤田所，躬耕三推，復加一推。御觀耕臺，命睿親王仁壽、莊親王奕賮、惠郡王綿愉各五推，吏部左侍郎奕經、戶部右侍郎阿爾邦阿、禮部右侍郎陳嵩慶、兵部右侍郎龔守正、刑部左侍郎姚元之、工部左侍郎調戶部右侍郎吳椿、都察院左副都御史文蔚、通政使司副使穆馨阿、大理寺少卿王瑋慶各九推。畢，順天府府尹率農夫終畝。賞農夫、耆老如例。

《宣宗成皇帝實錄》卷二六一"道光十四年十二月"條

己未，遣官祭太歲之神。

《宣宗成皇帝實錄》卷二六二"道光十五年春正月"條

庚午，遣官祭太歲之神。

《宣宗成皇帝實錄》卷二六四"道光十五年三月"條

乙亥，上耕耤。詣先農壇行禮，更服，至耤田所，躬耕三推，復加一推。御觀耕臺，命禮親王全齡、莊親王奕賮、成郡王載銳各五推，吏部左侍郎桂輪、戶部右侍郎姚元之、禮部右侍郎陳嵩慶、兵部左侍郎寶善、刑部右侍郎趙盛奎、工部尚書敬徵、都察院左副都御史受慶、通政使司通政使溥治、大理寺少卿關聖保各九推。畢，順天府府尹率農夫終畝。賞賚農夫、耆老如例。

《宣宗成皇帝實錄》卷二六六"道光十五年五月"條

丁丑，以京畿得雨尚未深透，上詣黑龍潭神祠祈雨。遣惇親王綿愷詣天神壇，惠郡王綿愉詣地祇壇，慶郡王綿慜詣太歲壇行禮；定親王奕紹詣清漪園、靜明園龍神廟，成郡王載銳詣宣仁廟、凝和廟，睿親王仁壽詣昭顯廟、時應宮拈香。

庚辰，以甘霖渥沛，遣定親王奕紹詣黑龍潭，惇親王綿愷詣天神壇，惠郡王綿愉詣地祇壇，慶郡王綿慜詣太歲壇，工部尚書敬徵詣清漪園龍神廟，理藩院尚書禧恩詣靜明園龍神廟，成郡王載銳詣宣仁廟、凝和廟，睿親王仁壽詣昭顯廟、時應宮報謝。

《宣宗成皇帝實錄》卷二七六"道光十五年十二月"條

癸未，遣官祭太歲之神。

《宣宗成皇帝實錄》卷二七七"道光十六年春正月"條

甲午，遣官祭太歲之神。

《宣宗成皇帝實錄》卷二八〇"道光十六年三月"條

丁亥，上耕耤。詣先農壇行禮，更服至耤田所，躬耕三推，復加一推。御觀耕臺，命禮親王全齡、睿親王仁壽、怡親王載垣各五推，吏部右侍郎恩桂、戶部右侍郎程恩澤、禮部右侍郎桌秉恬、兵部右侍郎溥治、刑部左侍郎廉敬、工部左侍郎裕誠、都察院左副都御史功普、通政使司通政使帥承瀚、大理寺少卿毛樹棠各九推。畢，順天府府尹率農夫終畝。賞賚農夫、耆老如例。

《宣宗成皇帝實錄》卷二八二"道光十六年四月"條

庚辰，以京畿得雨未透，遣惇親王綿愷、惠郡王綿愉、定親王奕紹分詣天神壇、地祇壇、太歲壇祈雨。

《宣宗成皇帝實錄》卷二八三"道光十六年五月"條

丙申，上詣黑龍潭神祠祈雨，遣惇親王綿愷詣天神壇，惠郡王綿愉詣地祇壇，定親王奕紹詣太歲壇，慶郡王綿慜詣清漪園龍神廟，成郡王載銳詣靜明園龍神廟祈雨。

辛亥，上詣天神壇祈雨，遣惇親王綿愷詣地祇壇、惠郡王綿愉詣太歲壇祈雨。

《宣宗成皇帝實錄》卷二八四"道光十六年六月"條

甲子，以甘霖普被，上詣天神壇報謝。遣惇親王綿愷、惠郡王綿愉、定親王奕紹、慶郡王綿慜、分詣地祇壇、太歲壇、關帝廟、城隍廟行禮。

《宣宗成皇帝實錄》卷二九二"道光十六年十二月"條

丁丑，遣官祭太歲之神。

《宣宗成皇帝實錄》卷二九三"道光十七年春正月"條

丙戌，遣官祭太歲之神。

《宣宗成皇帝實錄》卷二九五"道光十七年三月"條

丁亥，上耕耤。詣先農壇行禮，更服，至耤田所，躬耕三推，復加一推。御觀耕臺，命禮親王全齡、莊親王奕賚、順承郡王春山各五推，吏部右侍郎恩桂、户部右侍郎賽尚阿、禮部右侍郎王植、兵部右侍郎耆英、刑部左侍郎劉彬士、工部右侍郎廖鴻荃、都察院左副都御史琦琛、通政使司副使那斯洪阿、大理寺卿德誠各九推。畢，順天府府尹率農夫終畝。賞賚農夫、耆老如例。

《宣宗成皇帝實錄》卷三〇四"道光十七年十二月"條

壬申，遣官祭太歲之神。

《宣宗成皇帝實錄》卷三〇五"道光十八年春正月"條

辛巳，遣官祭太歲之神。

《宣宗成皇帝實錄》卷三〇七"道光十八年三月"條

丁亥，上耕耤。詣先農壇行禮，更服，至耤田所，躬耕三推，復加一推。御觀耕臺，命禮親王全齡、怡親王載垣、順承郡王春山各五推，吏部右侍郎龔守正、户部左侍郎文慶、禮部尚書吳椿、兵部左侍郎朱嶟、刑部左侍郎恩銘、工部左侍郎沈維鐈、都察院左副都御史善燾、通政使司參議額勒金泰、大理寺少卿惠豐各九推。畢，順天府府尹率農夫終畝。賞賚農夫、耆老如例。

《宣宗成皇帝實錄》卷三一〇"道光十八年五月"條

己酉，遣肅親王敬敏、惠郡王綿愉、瑞郡王奕志，於十三日分詣天神壇、地祇壇、太歲壇祈雨。

癸丑，以甘霖渥沛，遣肅親王敬敏、惠郡王綿愉、瑞郡王奕志分詣天神壇、地祇壇、太歲壇，改祈爲報。

《宣宗成皇帝實錄》卷三一七"道光十八年十二月"條

丙申，遣官祭太歲之神。

《宣宗成皇帝實錄》卷三一八"道光十九年春正月"條

丁未，遣官祭太歲之神。

《宣宗成皇帝實錄》卷三二〇"道光十九年三月"條

己亥，上耕耤。詣先農壇行禮，更服，至耤田所，躬耕三推，復加一推。御觀耕臺，命禮親王全齡、莊親王綿護、慶郡王奕彩各五推，吏部右侍郎恩桂、户部左侍郎文慶、禮部尚書奎照、兵部左侍郎朱嶟、刑部文侍郎麟魁、工部左侍郎文蔚、都察院左副都御史明訓、通政使司參議額勒金泰、大理寺少卿黃爵滋各九推。畢，順天府府尹率農未終畝。賞賚農夫、耆老如例。

《宣宗成皇帝實錄》卷三二一"道光十九年四月"條

戊子，遣惠親王綿愉、睿親王仁壽、鄭親王烏爾恭阿分詣天神壇、地祇壇、太歲壇祈雨。

《宣宗成皇帝實錄》卷三二二"道光十九年五月"條

辛丑，遣惠親王綿愉詣天神壇，睿親王仁壽詣地祇壇，鄭親王烏爾恭阿詣太歲壇，肅親王敬敏詣關帝廟，成郡王載銳詣城隍廟謝雨。

《宣宗成皇帝實錄》卷三二九"道光十九年十二月"條

庚寅，遣官祭太歲之神。

《宣宗成皇帝實錄》卷三三○"道光二十年春正月"條

庚子，遣官祭太歲之神。

《宣宗成皇帝實錄》卷三三二"道光二十年三月"條

己亥，祭先農之神，遣怡親王載垣行禮。

《宣宗成皇帝實錄》卷三三三"道光二十年四月"條

戊子，遣惠親王綿愉詣天神壇，睿親王仁壽詣地祇壇，鄭親王烏爾恭阿詣太歲壇，瑞郡王奕志詣宣仁廟、凝和廟，成郡王載銳詣昭顯廟，時應宮祈雨。

《宣宗成皇帝實錄》卷三三四"道光二十年五月"條

丁酉，以京師得雨未透，於十二日遣惠親王綿愉詣天神壇，鄭親王烏爾恭阿詣地祇壇，莊親王綿護詣太歲壇，瑞郡王奕志詣宣仁廟、凝和廟，成郡王載銳詣昭顯廟、時應宮祈禱。

戊戌，以甘霖渥沛，仍於十二日遣惠親王綿愉詣天神壇，鄭親王烏爾恭阿詣地祇壇，莊親王綿護詣太歲壇，瑞郡王奕志詣宣仁廟、凝和廟，成郡王載銳詣昭顯廟、時應宮，改祈爲報。

《宣宗成皇帝實錄》卷三四三"道光二十年十二月"條

乙酉，遣官祭太歲之神。

《宣宗成皇帝實錄》卷三四四"道光二十一年春正月"條

甲午，遣官祭太歲之神。

《宣宗成皇帝實錄》卷三四九"道光二十一年三月"條

辛亥，上耕耤。詣先農壇行禮，更服，至耤田所，躬耕三推，復加一推。御觀耕臺，命禮親王全齡、順承郡王春山、成郡王載銳各五推，吏部右侍郎王植、户部右侍郎王瑋慶、禮部右侍郎薩迎阿、兵部右侍郎魏元烺、刑部左侍郎柏葰、工部右侍郎阿靈阿、都察院左副都御史續齡、通政使司參議恒青、大理寺少卿金應麟各九推。畢，順天府府尹率農夫終畝。賞賚農夫、耆老如例。

《宣宗成皇帝實錄》卷三六四"道光二十一年十二月"條

戊申，遣官祭太歲之神。

《宣宗成皇帝實錄》卷三六五"道光二十二年春正月"條

戊午，遣官祭太歲之神。

《宣宗成皇帝實録》卷三六九"道光二十二年三月"條

辛亥，遣官祭先農之神。

《宣宗成皇帝實録》卷三八七"道光二十二年十二月"條

壬寅，遣官祭太歲之神。

《宣宗成皇帝實録》卷三八八"道光二十三年春正月"條

壬子，遣官祭太歲之神。

《宣宗成皇帝實録》卷三九〇"道光二十三年三月"條

辛亥，祭先農之神，遣莊親王綿課行禮。

《宣宗成皇帝實録》卷四〇〇"道光二十三年十二月"條

丙寅，遣官祭太歲之神。

《宣宗成皇帝實録》卷四〇一"道光二十四年春正月"條

丙子，遣官祭太歲之神。

《宣宗成皇帝實録》卷四〇三"道光二十四年三月"條

乙亥，遣官祭先農之神。

《宣宗成皇帝實録》卷四一二"道光二十四年十二月"條

辛丑，上詣大高殿祈雪。命皇四子奕詝詣天神壇，皇五子奕誴詣地祇壇，皇六子奕訢詣太歲壇祈禱。惠親王綿愉詣宣仁廟、凝和廟，瑞郡王奕志詣昭顯廟、時應宮拈香。

己酉，遣禮親王全齡、豫親王義道、莊親王綿課分詣天神壇、地祇壇、太歲壇謝雪。

辛酉，遣官祭太歲之神。

《宣宗成皇帝實録》卷四一三"道光二十五年春正月"條

庚午，遣官祭太歲之神。

《宣宗成皇帝實録》卷四一五"道光二十五年三月"條

癸亥，遣官祭先農之神。

《宣宗成皇帝實録》卷四一六"道光二十五年四月"條

乙卯，命皇四子奕詝詣天神壇，皇五子奕誴詣地祇壇，皇六子奕訢詣太歲壇祈雨。

《宣宗成皇帝實録》卷四一七"道光二十五年五月"條

辛酉朔，以京畿得雨，遣惠親王綿愉詣天神壇，瑞郡王奕志詣地祇壇，成郡王載銳詣太歲壇報謝。

《宣宗成皇帝實録》卷四二四"道光二十五年十二月"條

癸丑，以京畿雪澤尚未深透，上詣大高殿祈雪，命皇四子奕詝詣天神壇，皇五子奕誴詣地祇壇，皇六子奕訢詣太歲壇行禮；惠親王綿愉詣宣仁廟、凝和廟，瑞郡王奕志詣昭顯廟、時應宮拈香。

乙卯，遣官祭太歲之神。

《宣宗成皇帝實錄》卷四二五 "道光二十六年春正月" 條

丙寅，遣官祭太歲之神。

《宣宗成皇帝實錄》卷四二七 "道光二十六年三月" 條

乙亥，遣官祭先農之神。

《宣宗成皇帝實錄》卷四二九 "道光二十六年五月" 條

丁卯，上詣黑龍潭神祠祈雨，命皇四子奕詝詣天神壇，皇六子奕訢詣地祇壇，瑞郡王奕志詣太歲壇行禮。

戊寅，命皇四子奕詝詣天神壇，惇郡王奕誴詣地祇壇，皇六子奕訢詣太歲壇謝雨。

《宣宗成皇帝實錄》卷四三六 "道光二十六年十一月" 條

乙巳，命皇四子奕詝詣天神壇，惇郡王奕誴詣地祇壇，皇六子奕訢詣太歲壇祈雪，惠親王綿愉詣宣仁廟、凝和廟，瑞郡王奕志詣昭顯廟拈香。

《宣宗成皇帝實錄》卷四三七 "道光二十六年十二月" 條

乙卯，命皇四子奕詝詣天神壇，惇郡王奕誴詣地祇壇，皇六子奕訢詣太歲壇祈雪，惠親王綿愉詣宣仁廟、凝和廟，瑞郡王奕志詣昭顯廟拈香。

己卯，遣官祭太歲之神。

《宣宗成皇帝實錄》卷四三八 "道光二十七年春正月" 條

戊子，遣官祭太歲之神。

《宣宗成皇帝實錄》卷四四〇 "道光二十七年三月" 條

丁亥，遣官祭先農之神。

《宣宗成皇帝實錄》卷四五〇 "道光二十七年十二月" 條

甲戌，遣官祭太歲之神。

《宣宗成皇帝實錄》卷四五一 "道光二十八年春正月" 條

乙酉，遣官祭太歲之神。

《宣宗成皇帝實錄》卷四五三 "道光二十八年三月" 條

丁亥，遣官祭先農之神。

《宣宗成皇帝實錄》卷四五六 "道光二十八年六月" 條

癸丑，命皇四子奕詝詣天神壇，惇郡王奕誴詣地祇壇，皇六子奕訢詣太歲壇祈雨。

庚申，以雨澤優沾，命皇四子奕詝詣天神壇，惇郡王奕誴詣地祇壇，皇六子奕訢詣太歲壇，惠親王綿愉詣黑龍潭報謝。

《宣宗成皇帝實錄》卷四六二 "道光二十八年十二月" 條

甲寅，以京畿雪澤未沾，上詣大高殿，命皇四子奕詝詣天神壇、皇六子奕訢詣地祇壇、惠親王綿愉詣太歲壇祈禱，惇郡王奕誴詣宣仁廟、凝和廟，瑞郡王奕志詣昭顯廟、時應宮拈香。

辛酉，以京畿雪澤尚未優沾，上詣天神壇，命皇四子奕詝詣地祇壇，皇六子奕訢詣太歲壇祈禱。

戊辰，遣官祭太歲之神。

《宣宗成皇帝實録》卷四六三"道光二十九年春正月"條

己卯，遣官祭太歲之神。

《宣宗成皇帝實録》卷四六五"道光二十九年三月"條

丁亥，遣官祭先農之神。

《宣宗成皇帝實録》卷四七五"道光二十九年十二月"條

壬辰，遣官祭太歲之神。

《文宗顯皇帝實録》卷四"道光三十年二月"條

丁亥，遣官祭先農之神。

《文宗顯皇帝實録》卷二四"道光三十年十二月"條

丙戌，遣官祭太歲之神。

《文宗顯皇帝實録》卷二五"咸豐元年春正月"條

甲午，遣官祭太歲之神。

《文宗顯皇帝實録》卷二九"咸豐元年三月"條

己亥，祭先農之神，遣豫親王義道行禮。

《文宗顯皇帝實録》卷五〇"咸豐元年十二月"條

庚戌，遣官祭太歲之神。

《文宗顯皇帝實録》卷五一"咸豐二年春正月"條

己未，遣官祭太歲之神。

《文宗顯皇帝實録》卷五四"咸豐二年三月"條

己亥，祭先農之神，遣莊親王奕仁行禮。

《文宗顯皇帝實録》卷八〇"咸豐二年十二月"條

甲辰，遣官祭太歲之神。

《文宗顯皇帝實録》卷八一"咸豐三年春正月"條

乙卯，遣官祭太歲之神。

《文宗顯皇帝實録》卷八七"咸豐三年三月"條

辛亥，上耕耤。詣先農壇行禮，更服，至耤田所，躬耕三推，復加一推。御觀耕臺，命恭親王奕訢、莊親王奕仁、鄭親王端華各五推，協辦大學士吏部尚書賈楨、吏部尚書柏葰、禮部尚書奕湘、兵部尚書桂良、魏元烺、右侍郎許乃普、工部尚書麟魁、都察院左都御史朱鳳標、大理寺卿恒春各九推。畢，順天府府尹率農夫終畝。賞賚農夫、耆老如例。

《文宗顯皇帝實錄》卷一一六"咸豐三年十二月"條

己亥，遣官祭太歲之神。

《文宗顯皇帝實錄》卷一一七"咸豐四年春正月"條

己酉，遣官祭太歲之神。

《文宗顯皇帝實錄》卷一二四"咸豐四年三月"條

辛亥，上耕耤。詣先農壇行禮，更服至耤田所，躬耕三推，復加一推。御觀耕臺，命豫親王義道克勤郡王慶惠、成郡王載銳各五推，戶部尚書文慶、禮部尚書徐澤醇、刑部尚書朱鳳標、工部尚書花沙納、署戶部右侍郎靈桂、禮部右侍郎文清、兵部右侍郎春佑、工部左侍郎杜受田、通政使司參議慶賢各九推。畢，順天府府尹率農夫終畝。賞賚農夫、耆老如例。

《文宗顯皇帝實錄》卷一二九"咸豐四年五月"條

戊申，上詣大高殿祈雨壇行禮，時應宮拈香。遣惠親王綿愉詣天神壇，恭親王奕訢詣地祇壇，成郡王載銳詣太歲壇，怡親王載垣詣覺生寺，惇郡王奕誴詣黑龍潭，貝子載華詣清漪園龍神廟，鎮國公奕湘詣靜明園龍神廟，克勤郡王慶惠詣宣仁廟、凝和廟、昭顯廟，莊親王奕仁詣密雲縣白龍潭拈香。

《文宗顯皇帝實錄》卷一三〇"咸豐四年五月"條

丁巳，上詣天神壇祈雨行禮，關帝廟拈香。

《文宗顯皇帝實錄》卷一三一"咸豐四年五月"條

癸亥，以甘霖渥沛，上詣大高殿行禮報謝，時應宮拈香。遣惠親王綿愉詣天神壇，恭親王奕訢詣地祇壇，成郡王載銳詣太歲壇，惇郡王奕誴詣覺生寺，怡親王載垣詣黑龍潭，貝子載華詣清漪園龍神廟，鎮國公奕湘詣靜明園龍神廟，克勤郡王慶惠詣宣仁廟、凝和廟、昭顯廟，莊親王奕仁詣關帝廟，豫親王義道詣城隍廟，散秩大臣恩醇詣密雲縣白龍潭，報謝。

《文宗顯皇帝實錄》卷一五四"咸豐四年十二月"條

戊申，以京畿雪澤未沾，上詣天神壇行禮。

遣恭親王奕訢詣地祇壇，鄭親王端華詣太歲壇行禮。遣醇郡王奕譞詣宣仁廟、凝和廟，克勤郡王慶惠詣昭顯廟、時應宮拈香。

《文宗顯皇帝實錄》卷一五五"咸豐四年十二月"條

癸亥，遣官祭太歲之神。

《文宗顯皇帝實錄》卷一五六"咸豐五年春正月"條

癸酉，遣官祭太歲之神。

《文宗顯皇帝實錄》卷一六一"咸豐五年三月"條

癸亥朔，上耕耤。詣先農壇行禮，更服，至耤田所，躬耕三推，復加一推。御觀耕臺，命豫親王義道、克勤郡王慶惠、成郡王載銳各五推，吏部尚書花沙納、戶部尚書文慶、朱鳳標，禮部右侍郎杜受田、兵部右侍郎春佑、刑部左侍郎李鈞、工部尚書全慶、都察院左都御史許乃普、通政使司通政使李清鳳各九推。順天府府尹率農夫終畝。賞賚農夫、耆老如例。

《文宗顯皇帝實錄》卷一八七"咸豐五年十二月"條

丁巳，遣官祭太歲之神。

《文宗顯皇帝實錄》卷一八八"咸豐六年春正月"條

丁卯，遣官祭太歲之神。

《文宗顯皇帝實錄》卷一九二"咸豐六年三月"條

癸亥，上耕耤。詣先農壇行禮，更服，至耤田所，躬耕三推，復加一推。御觀耕臺，命鄭親王端華、肅親王華豐、恭親王奕訢、兵部尚書周祖培、都察院左都御史文彩、吏部左侍郎瑞常、戶部左侍郎肅順、禮部右侍郎杜受田、刑部右侍郎國瑞、工部右侍郎基溥、通政使司副使湯修、大理寺少卿錢寶青各九推。畢，順天府府尹率農夫終畝。賞賚農夫、耆老如例。

《文宗顯皇帝實錄》卷二一五"咸豐六年十二月"條

丁酉，以祈雪三壇，上詣天神壇行禮，遣怡親王載垣詣地祇壇，貝勒載治詣太歲壇，恭親王奕訢詣大高殿，惇郡王奕誴詣宣仁廟、凝和廟，醇郡王奕譞詣昭顯廟、時應宮祈禱。

《文宗顯皇帝實錄》卷二一六"咸豐六年十二月"條

壬子，遣官祭太歲之神。

《文宗顯皇帝實錄》卷二一七"咸豐七年春正月"條

癸亥，遣官祭太歲之神。

《文宗顯皇帝實錄》卷二二一"咸豐七年三月"條

癸亥，上耕耤。詣先農壇行禮，更服，至耤田所，躬耕三推，復加一推。御觀耕臺，命睿親王仁壽、莊親王奕仁、惇郡王奕誴各五推，吏部尚書周祖培、戶部左侍郎沈兆霖、禮部尚書徐澤醇、兵部尚書全慶、刑部左侍郎承芳、工部尚書文彩、都察院左都御史肅順、通政使司通政使嚴正基、大理寺卿富廉各九推。畢，順天府府尹率農夫終畝。賞賚農夫、耆老如例。

《文宗顯皇帝實錄》卷二四二"咸豐七年十二月"條

丙子，遣官祭太歲之神。

《文宗顯皇帝實錄》卷二四三"咸豐八年春正月"條

丙戌，遣官祭太歲之神。

《文宗顯皇帝實錄》卷二四六"咸豐八年三月"條

乙亥，祭先農之神，遣豫親王義道行禮。

《文宗顯皇帝實錄》卷二七二"咸豐八年十二月"條

庚午，遣官祭太歲之神。

《文宗顯皇帝實錄》卷二七三"咸豐九年春正月"條

庚辰，遣官祭太歲之神。

《文宗顯皇帝實錄》卷二七八"咸豐九年三月"條

乙亥，祭先農之神，遣豫親王義道恭代行禮。

《文宗顯皇帝實錄》卷二八一"咸豐九年四月"條

丙辰，以京畿雨澤愆期，上詣天神壇拈香祈禱。

遣恭親王奕訢詣地祇壇，睿親王仁壽詣太歲壇，鄭親王端華詣大高殿，成都王載銳詣覺生寺，惠親王綿愉詣黑龍潭，定郡王溥煦詣清漪園龍神廟，貝子綿勛詣静明園龍神廟，貝子奕匡詣時應宮、宣仁廟、凝和廟、昭顯廟，惇郡王奕誴詣密雲縣白龍潭拈香。

乙丑，以甘澍優沾，遣恭親王奕訢詣天神壇，惇郡王奕誴詣地祇壇，睿親王仁壽詣太歲壇，肅親王華豐詣密雲縣白龍潭，拈香報謝。

《文宗顯皇帝實錄》卷三〇四"咸豐九年十二月"條

丙辰，上詣大高殿祈雪壇行禮，時應宮拈香。遣恭親王奕訢詣天神壇，醇郡王奕譞詣地祇壇，豫親王義道詣太歲壇，惠親王綿愉詣宣仁廟，鄭親王端華詣凝和廟，怡親王載垣詣昭顯廟拈香。

甲子，遣官祭太歲之神。

《文宗顯皇帝實錄》卷三〇五"咸豐十年春正月"條

乙亥，遣官祭太歲之神。

《文宗顯皇帝實錄》卷三一一"咸豐十年三月"條

丁亥，上耕耤。詣先農壇行禮，更服，至耤田所，躬耕三推，復加一推。御觀耕臺，命禮親王世鐸、睿親王仁壽、醇郡王奕譞各五推，吏部左侍郎德全、署户部尚書沈兆霖、禮部左侍郎文惠、署兵部左侍郎畢道遠、刑部尚書趙光、工部左侍郎潘曾瑩、都察院左都御史綿森、通政使司通政使奎章、大理寺少卿吉成各九推。畢，順天府府尹率農夫終畝。賞賚農夫、耆老如例。

《文宗顯皇帝實錄》卷三三九"咸豐十年十二月"條

戊子，遣官祭太歲之神。

《文宗顯皇帝實錄》卷三四〇"咸豐十一年春正月"條

丁酉，遣官祭太歲之神。

《文宗顯皇帝實錄》卷三四四"咸豐十一年三月"條

丁亥，祭先農之神，遣克勤郡王慶惠行禮。

《穆宗毅皇帝實録》卷一四"咸豐十一年十二月"條

壬午，遣官祭太歲之神。

《穆宗毅皇帝實録》卷一五"同治元年春正月"條

壬辰，遣官祭太歲之神。

《穆宗毅皇帝實録》卷二二"同治元年三月"條

己亥，祭先農之神，遣豫親王義道行禮。

《穆宗毅皇帝實録》卷五三"同治元年十二月"條

丙午，遣官祭太歲之神。

《穆宗毅皇帝實録》卷五四"同治二年春正月"條

丙辰，遣官祭太歲之神。

《穆宗毅皇帝實録》卷五九"同治二年三月"條

己亥，祭先農之神，遣順承郡王慶恩行禮。

《穆宗毅皇帝實録》卷六七"同治二年五月"條

戊午，上復詣大高殿祈雨壇行禮。遣恭親王奕訢恭祀天神壇，惇親王亦諒恭祀地祇壇，睿親王仁壽恭祀太歲壇，惠親王綿愉詣時應宮，鍾郡王奕詥詣昭顯廟，孚郡王奕譓詣宣仁廟，順承郡王慶恩詣凝和廟，肅親王華豐詣覺生寺，豫親王義道詣黑龍潭，科爾沁鎮國公棍楚克林沁詣密雲縣白龍潭，拈香。

乙丑，遣恭親王奕訢詣天神壇，惇親王奕諒詣地祇壇，肅親王華豐詣太歲壇，謝雨行禮。

《穆宗毅皇帝實録》卷八九"同治二年十二月"條

甲午，上復詣大高殿祈雪壇行禮。遣恭親王奕訢恭祀天神壇，惇親王奕諒恭祀地祇壇，肅親王華豐恭祀太歲壇，鍾郡王奕詥詣時應宮，孚郡王奕譓詣昭顯廟，禮親王世鐸詣宣仁廟，睿親王仁壽詣凝和廟，拈香。

辛丑，遣官祭太歲之神。

《穆宗毅皇帝實録》卷九〇"同治三年春正月"條

壬子，遣官祭太歲之神。

《穆宗毅皇帝實録》卷九七"同治三年三月"條

辛亥，祭先農之神，遣禮親王世鐸行禮。

《穆宗毅皇帝實録》卷一二五"同治三年十二月"條

乙未，遣官祭太歲之神。

《穆宗毅皇帝實録》卷一二六"同治四年春正月"條

丙午，遣官祭太歲之神。

《穆宗毅皇帝實録》卷一三三"同治四年三月"條

辛亥，祭先農之神，遣怡親王載敦行禮。

《穆宗毅皇帝實錄》卷一四四"同治四年六月"條

乙未，上復詣大高殿祈雨壇行禮。遣惇親王奕誴恭祀天神壇，恭親王奕訢恭祀地祇壇，醇親王奕譞恭祀太歲壇，鍾郡王奕詥詣時應宮，孚郡王奕譓詣昭顯廟，鄭親王承志詣宣仁廟，貝勒載治詣凝和廟，肅親王華豐詣覺生寺，禮親王世鐸詣黑龍潭，克勤郡王晋祺詣清漪園龍神祠，順承郡王慶恩詣静明園龍神祠，怡親王載敦詣密雲縣白龍潭拈香。

《穆宗毅皇帝實錄》卷一四五"同治四年六月"條

丙午，以甘澍優沾，上詣大高殿行禮報謝。遣恭親王奕訢恭祀天神壇，鍾郡王奕詥恭祀地只壇，孚郡王奕譓恭祀太歲壇，賽因諾顏扎薩克親王達爾瑪詣時應宮，鄭親王承志詣昭顯廟，貝勒載治詣宣仁廟，貝子載容詣凝和廟，肅親王華豐詣覺生寺，禮親王世鐸詣黑龍潭，克勤郡王晋祺詣清漪園龍神祠，順承郡王慶恩詣静明園龍神祠，科爾沁鎮國公棍楚克林沁詣密雲縣白龍潭拈香。

《穆宗毅皇帝實錄》卷一六四"同治四年十二月"條

己未，遣官祭太歲之神。

《穆宗毅皇帝實錄》卷一六五"同治五年春正月"條

庚午，遣官祭太歲之神。

《穆宗毅皇帝實錄》卷一七〇"同治五年二月"條

辛亥，祭先農之神，遣怡親王載敦行禮。

《穆宗毅皇帝實錄》卷一七七"同治五年六月"條

庚寅，以甘澍優沾，上詣大高殿行禮報謝。遣惇親王奕誴詣天神壇，鍾郡王奕詥詣地祇壇，孚郡王奕譓詣太歲壇，恭親王奕訢詣時應宮，豫親王義道詣照顯廟，鄭親王承志詣宣仁廟，順天郡王慶恩詣凝和廟，禮親王世鐸詣覺生寺，睿親王德長詣黑龍潭，貝勒溥莊詣密雲縣白龍潭拈香。

《穆宗毅皇帝實錄》卷一七八"同治五年六月"條

庚寅，以甘澍優沾，上詣大高殿行禮報謝。遣惇親王奕誴詣天神壇，鍾郡王奕詥詣地祇壇，孚郡王奕譓詣太歲壇，恭親王奕訢詣時應宮，豫親王義道詣照顯廟，鄭親王承志詣宣仁廟，順天郡王慶恩詣凝和廟，禮親王世鐸詣覺生寺，睿親王德長詣黑龍潭，貝勒溥莊詣密雲縣白龍潭拈香。

《穆宗毅皇帝實錄》卷一九三"同治五年十二月"條

甲寅，遣官祭太歲之神。

《穆宗毅皇帝實錄》卷一九四"同治六年春正月"條

甲子，遣官祭太歲之神。

《穆宗毅皇帝實錄》卷一九八"同治六年三月"條

癸亥，祭先農之神，遣克勤郡王晋祺行禮。

《穆宗毅皇帝實錄》卷二〇二“同治六年五月”條

己巳，上復詣大高殿祈雨壇行禮。遣惇親王奕誴恭祀天神壇，恭親王奕訢恭祀地祇壇，鍾郡王奕詥恭祀太歲壇，睿親王德長詣關帝廟，鄭親王承志詣城隍廟，惠郡王奕詳詣時應宮，禮親王世鐸詣昭顯廟，貝勒載治詣宣仁廟，豫親王義道詣凝和廟，肅親王華豐詣覺生寺，怡親王載敦詣黑龍潭，賽因諾顔親王達爾瑪詣密雲縣白龍潭拈香。

《穆宗毅皇帝實錄》卷二〇三“同治六年五月”條

己巳，上復詣大高殿祈雨壇行禮。遣惇親王奕誴恭祀天神壇，恭親王奕訢恭祀地祇壇，鍾郡王奕詥恭祀太歲壇，睿親王德長詣關帝廟，鄭親王承志詣城隍廟，惠郡王奕詳詣時應宮，禮親王世鐸詣昭顯廟，貝勒載治詣宣仁廟，豫親王義道詣凝和廟，肅親王華豐詣覺生寺，怡親王載敦詣黑龍潭，賽因諾顔親王達爾瑪詣密雲縣白龍潭，拈香。

《穆宗毅皇帝實錄》卷二〇七“同治六年七月”條

己未，以甘澍優沾，上詣大高殿行禮報謝。遣惇親王奕誴詣方澤，恭親王奕訢詣社稷壇，禮親王世鐸詣天神壇，睿親王德長詣地祇壇，肅親王華豐詣太歲壇，豫親王義道詣關帝廟，惠郡王奕詳旨都城隍廟，醇郡王奕譞詣時應宮，鍾郡王奕詥詣昭顯廟，孚郡王奕譓詣宣仁廟，貝勒載治詣凝和廟，鄭親王承志詣覺生寺，順承郡王慶恩詣黑龍潭，克勤郡王晋祺詣密雲縣白龍潭，鎮國公奕詢詣清漪園龍神祠，鎮國公奕謨詣静明園龍神祠拈香。

《穆宗毅皇帝實錄》卷二二〇“同治六年十二月”條

戊申，遣官祭太歲之神。

《穆宗毅皇帝實錄》卷二二一“同治七年春正月”條

己未，遣官祭太歲之神。

《穆宗毅皇帝實錄》卷二二六“同治七年三月”條

癸亥，祭先農之神，遣惠郡王奕詳行禮。

《穆宗毅皇帝實錄》卷二四九“同治七年十二月”條

辛未，遣官祭太歲之神。

《穆宗毅皇帝實錄》卷二五〇“同治八年春正月”條

壬午，遣官祭太歲之神。

《穆宗毅皇帝實錄》卷二五四“同治八年三月”條

乙亥，祭先農之神，遣順承郡王慶恩行禮。

《穆宗毅皇帝實錄》卷二五七“同治八年四月”條

甲子，上復詣大高殿祈雨壇行禮。遣惇親王奕誴恭祀天神壇，恭親王奕訢恭祀地祇壇，孚郡王奕譓恭祀太歲壇，惠郡王奕祥詣時應宮。貝勒載治詣昭顯廟，鎮國公奕詢詣宣仁廟，鎮國公其謨詣凝和廟，禮親王世鐸詣覺生寺，克勤郡王晋祺詣黑龍潭，鄭親王承志詣密雲縣白龍潭拈香。

《穆宗毅皇帝實録》卷二五八"同治八年五月"條

甲戌，上復詣大高殿祈雨壇行禮。遣惇親王奕誴恭祀天神壇，恭親王奕訢恭祀地祇壇，醇郡王奕譞恭祀太歲壇，睿親王德長詣關帝廟，鄭親王承志詣城隍廟，孚郡王奕譓詣時應宮，惠郡王奕詳詣昭顯廟，鎮國公奕詢詣宣仁廟，鎮國公奕譓詣凝和廟，禮親王世鐸詣覺生寺，克勤郡王晉祺詣黑龍潭，怡親王載敦詣密雲縣白龍潭，定郡王溥煦詣清漪園龍神祠，豫親王本格詣静明園龍神祠拈香。

《穆宗毅皇帝實録》卷二五九"同治八年五月"條

丁酉，以甘澍優沾，上詣大高殿行禮報謝。遣恭親王奕訢詣社稷壇，惇親王奕誴詣天神壇，醇郡王奕譞詣地祇壇，孚郡王奕譓詣太歲壇，睿親王德長詣關帝廟，鄭親王承志詣城隍廟，惠郡王奕詳詣時應宮，貝勒載治詣昭顯廟，鎮國公奕詢詣宣仁廟，鎮國公奕譓詣凝和廟，禮親王世鐸詣覺生寺，克勤郡王晉祺詣黑龍潭，賽因諾顏扎薩克親王達爾瑪詣密雲縣白龍潭，定郡王溥煦詣清漪園龍神祠，豫親王本格詣静明園龍神祠拈香。

《穆宗毅皇帝實録》卷二七三"同治八年十二月"條

乙丑，遣官祭太歲之神。

《穆宗毅皇帝實録》卷二七四"同治九年春正月"條

丙子，遣官祭太歲之神。

《穆宗毅皇帝實録》卷二七八"同治九年三月"條

乙亥，祭先農之神，遣睿親王德長行禮。

《穆宗毅皇帝實録》卷二八三"同治九年五月"條

辛巳，上復詣大高殿祈雨壇行禮。遣惇親王奕誴恭祀天神壇，醇郡王奕譞恭祀地祇壇，孚郡王奕譓恭祀太歲壇，惠郡王奕詳詣時應宮，鎮國公奕詢詣昭顯廟，鎮國公奕譓詣宣仁廟，貝勒溥莊詣凝和廟，肅親王隆勤詣覺生寺，鎮國公載鋼詣黑龍潭，怡親王載敦詣密雲縣白龍潭拈香。

辛卯，上復詣大高殿祈雨壇行禮。遣惇親王奕誴恭祀天神壇，醇郡王奕譞恭祀地祇壇，孚郡王奕譓恭祀太歲壇，睿親王德長詣關帝廟貝勒奕匡詣城隍廟，惠郡王奕詳詣時應宮，鎮帶公奕詢詣昭顯廟鎮國公奕譓詣宣仁廟，貝勒溥莊詣凝和廟，肅親王隆勤詣覺生寺，鎮國公載鋼詣黑龍潭，鄭親王承志詣密雲縣白龍潭，輔國公續銘詣清漪園龍神祠，輔國公裕恪詣静明園龍神祠拈香。

《穆宗毅皇帝實録》卷二八四"同治九年六月"條

癸卯，以甘澍優沾，上詣大高殿行禮報謝。遣惇親王奕誴恭祀天神壇，醇郡王奕譞恭祀地祇壇，孚郡王奕譓恭祀太歲壇，睿親王德長詣關帝廟，貝勒奕匡詣都城隍廟，惠郡王奕詳詣時應宮，鎮國公奕詢詣昭顯廟，鎮國公奕譓詣宣仁廟，貝勒溥莊詣凝和廟，肅親王隆勤詣覺生寺，鎮國公載鋼詣黑龍潭，鄭親王承志詣密雲縣白龍潭，輔國公續銘詣清漪園龍神祠，輔國公裕恪詣静明園龍神祠拈香。

《穆宗毅皇帝實錄》卷三〇一"同治九年十二月"條

己丑，遣官祭太歲之神。

《穆宗毅皇帝實錄》卷三〇二"同治十年春正月"條

己亥，遣官祭太歲之神。

《穆宗毅皇帝實錄》卷三〇六"同治十年三月"條

丁亥，祭先農之神，遣睿親王德長行禮。

《穆宗毅皇帝實錄》卷三二六"同治十年十二月"條

癸未，遣官祭太歲之神。

《穆宗毅皇帝實錄》卷三二七"同治十一年春正月"條

甲午，遣官祭太歲之神。

《穆宗毅皇帝實錄》卷三三〇"同治十一年三月"條

丁亥，祭先農之神，遣順承郡王慶恩行禮。

《穆宗毅皇帝實錄》卷三四七"同治十一年十二月"條

己卯，遣官祭太歲之神。

《穆宗毅皇帝實錄》卷三四八"同治十二年春正月"條

戊子，遣官祭太歲之神。

《穆宗毅皇帝實錄》卷三五〇"同治十二年三月"條

丁亥，祭先農之神，遣順承郡王慶恩行禮。

《穆宗毅皇帝實錄》卷三六一"同治十二年十二月"條

癸卯，遣官祭太歲之神。

《穆宗毅皇帝實錄》卷三六二"同治十三年春正月"條

壬子，遣官祭太歲之神。

《穆宗毅皇帝實錄》卷三六三"同治十三年三月"條

己亥，祭先農之神，遣克勤郡王晋祺行禮。

《德宗景皇帝實錄》卷二"同治十三年十二月"條

丁酉，遣官祭太歲之神。

《德宗景皇帝實錄》卷五"光緒元年三月"條

己亥，遣官祭先農之神。

《德宗景皇帝實錄》卷一〇"光緒元年五月"條

甲寅，以雨澤仍未深透，復遣惇親王奕誴詣大高殿恭代祈禱行禮。遣睿親王德長恭祀天神、勤恭祀地祇壇，豫親王本格恭祀太歲壇。仍遣恭親王奕訢詣時應宮，惠郡王奕詳詣昭顯廟、貝勒廟，貝勒載澂詣凝和廟，鎮國公奕謨詣覺生寺，鄭親王慶至詣黑龍潭，怡親王載敦詣白龍潭，并遣清漪園龍神祠、輔國公載濂詣静明園龍神祠拈香。

甲子，以甘澍優沾，遣惇親王奕誴詣大高殿恭代報謝行禮。遣睿親王德長恭祀天神壇，肅親地祇壇，豫親王本格恭祀太歲壇，恭親王奕訢詣時應宮，惠郡王奕詳詣昭顯廟，貝勒載治詣宣仁廟、詣凝和廟，鎮國公奕謨詣覺生寺，怡親王載敦詣黑龍潭，莊親王載勛詣白龍潭，并遣貝勒載漪詣祠，輔國公載濂詣静明園龍神祠拈香。

《德宗景皇帝實錄》卷二四"光緒元年十二月"條

甲申，以京師得雪仍少，舉行三壇祈雪祀典。仍遣恭親王奕訢詣大高殿，恭代祈禱行禮。遣禮親王世鐸恭祀天神壇，孚郡王奕譓恭祀地祇壇，惠郡王奕詳恭祀太歲壇，貝勒載治詣時應宮，貝勒載澂詣昭顯廟，鎮國公奕謨詣宣仁廟，輔國公載濂詣凝和廟拈香。

辛卯，遣官祭太歲之神。

《德宗景皇帝實錄》卷二五"光緒二年春正月"條

庚子，遣官祭太歲之神。

《德宗景皇帝實錄》卷三一"光緒二年五月"條

壬辰，以雨澤尚未深透，上復詣大高殿祈禱行禮，詣凝和廟拈香。

遣恭親王奕訢詣時應宮，孚郡王奕譓詣昭顯廟，貝勒載澂詣宣仁廟，禮親王世鐸詣覺生寺，鄭親王慶至詣黑龍潭，輔國將軍載瀾詣白龍潭，貝勒載治詣清漪園龍神祠，委散秩大臣載瀛詣静明園龍神祠拈香。

《德宗景皇帝實錄》卷三二"光緒二年五月"條

甲寅，以節近夏至，農田望澤尤殷，上復詣大高殿祈禱行禮，非詣昭顯廟拈香。

遣惇親王奕誴恭祀天神壇，恭親王奕訢恭祀地祇壇，孚郡王奕譓恭祀太歲壇，貝勒載漪詣時應宮，鎮國公奕謨詣宣仁廟，輔國將軍載瀾詣凝和廟，惠郡王奕詳詣關帝廟，貝勒載治詣城隍廟，禮親王世鐸詣覺生寺，鄭親王慶至詣黑龍潭，貝勒載澂詣白龍潭，委散秩大臣載瀛詣清漪園龍神祠，委散秩大臣載津詣静明園龍神祠拈香。

《德宗景皇帝實錄》卷三三"光緒二年閏五月"條

丁卯，以京畿雨澤愆期，上復詣大高殿祈禱行禮，詣宣仁廟拈香。社稷壇遣恭親王奕訢恭代行禮。遣惇親王奕誴恭祀天神壇，肅親王隆勤恭祀地祇壇，孚郡王奕譓恭祀太歲壇，貝勒載澂詣時應宮，鎮國公奕謨詣昭顯廟，輔國將軍載瀾詣凝和廟，惠郡王奕詳詣關帝廟，克勤郡王晉祺詣城隍廟，禮北王世鐸詣覺生寺，鄭親王慶至詣黑龍潭，貝勒載漪詣白龍潭，貝勒奕綱詣清漪園龍神祠，貝子載容詣静明園龍神祠拈香。

戊寅，以甘澍滂沱，農田深透，上詣大高殿行禮報謝，詣凝和廟拈香。社稷壇遣恭親王奕訢恭代行禮。遣惇親王奕誴恭祀天神壇，肅親王隆勤恭祀地祇壇，惠郡王奕詳恭祀太歲壇，貝勒載澂詣時應宮，貝勒載漪詣昭顯廟，鎮國公奕謨詣宣仁廟，貝勒載治詣關帝廟，貝勒奕綱詣城隍廟，禮親王世鐸詣覺生寺，克勤郡王晉祺詣白龍潭，

鄭親王慶至詣黑龍潭，輔國公載濂詣清漪園龍神祠，輔國將軍載瀾詣靜明園龍神祠
拈香。

《德宗景皇帝實錄》卷四五"光緒二年十二月"條

甲寅，遣官祭太歲之神。

《德宗景皇帝實錄》卷四六"光緒三年春正月"條

甲子，遣官祭太歲之神。

《德宗景皇帝實錄》卷四八"光緒三年三月"條

辛亥，遣官祭先農之神。

《德宗景皇帝實錄》卷六四"光緒三年十二月"條

己酉，遣官祭太歲之神。

《德宗景皇帝實錄》卷六五"光緒四年春正月"條

戊午，遣官祭太歲之神。

《德宗景皇帝實錄》卷六七"光緒四年二月"條

壬辰，上詣大高殿祈禱行禮，詣時應宮拈香，遣惇親王奕誴恭祀天神壇，恭親王
奕訢恭祀地祇壇，惠郡王奕詳恭祀太歲壇，貝勒載澂詣照顯廟，貝勒載瀅詣宣仁廟，
貝勒載漪詣凝和廟，肅親王隆勤詣覺生寺，莊親王載勛詣黑龍潭，豫親王本格詣白龍
潭，貝勒奕緗詣清漪園龍神祠，輔國公載濂詣靜明園龍神祠拈香。

《德宗景皇帝實錄》卷六八"光緒四年二月"條

甲辰，上以雨澤未沾，再詣大高殿祈禱行禮，詣宣仁廟拈香。遣惇親王奕誴恭祀
天神壇，恭親王恭祀地祇壇，惠郡王奕詳恭祀太歲壇，貝勒載澂詣時應宮，貝勒載瀅
詣昭顯廟，貝勒載漪詣凝和廟，怡親王載敦詣關帝廟，順承郡王慶恩詣城隍廟，肅親
王隆勤詣覺生寺，莊親王載勛詣黑龍潭，輔國將軍載瀾詣白龍潭，貝勒奕緗詣清漪園
龍神祠，輔國公載濂詣靜明園龍神祠拈香。

《德宗景皇帝實錄》卷六九"光緒四年三月"條

丙辰，上以京師及近畿等省雨澤未沾，詣大高殿祈禱行禮，詣昭顯廟拈香，遣惇
親王奕誴詣社稷壇恭代行禮。遣恭親王奕訢恭祀天神壇，惠郡王奕詳恭祀地祇壇，禮
親王世鐸恭祀太歲壇，貝勒奕匡詣時應宮，貝勒載澂詣宣仁廟，鎮國公奕謨詣凝和廟，
怡親王載敦詣關帝廟，委散秩大臣載瀛詣城隍廟，科爾沁親王伯彥訥謨祜詣覺生寺，
貝勒奕緗詣黑龍潭，科爾沁鎮國公那爾蘇詣清漪園龍神祠，輔國公載濂詣靜明園龍神
祠拈香。

乙丑，遣官祭先農之神。

《德宗景皇帝實錄》卷七〇"光緒四年三月"條

丙寅，上以京師及近畿等省雨澤未沾，詣大高殿祈禱行禮，詣凝和廟拈香，遣惇
親王奕誴詣社稷壇恭代行禮，遣恭親王奕訢恭祀天神壇，惠郡王奕詳恭祀地祇壇，禮

親王世鐸恭祀太歲壇，貝勒載澂詣時應宮，貝勒載瀅詣昭顯廟，鎮國公奕謨詣宣仁廟，怡親王載敦詣關帝廟，豫親王本格詣城隍廟，肅親王隆勤詣覺生寺，貝勒奕絪詣黑龍潭，科爾沁鎮國公那爾蘇詣白龍潭，貝勒載漪詣清漪園龍神祠，輔國公載濂詣靜明園龍神祠拈香。

甲戌，上以京師及近畿等省得雨優渥，遣惇親王奕誴詣社稷壇恭代行禮。遣恭親王奕訢詣天神壇，惠郡王奕詳詣地祇壇，禮親王世鐸詣太歲壇，報謝行禮。復以山西等省雨澤未沾，親詣大高殿祈禱行禮，遣貝勒載澂詣時應宮，貝勒載瀅詣昭顯廟，貝勒載漪詣宣仁廟，鎮國公奕謨詣凝和廟，怡親王載敦詣關帝廟，豫親王本格詣城隍廟，肅親王隆勤詣覺生寺，貝勒奕絪詣黑龍潭，順承郡王慶恩詣白龍潭，科爾沁鎮國公那爾蘇詣清漪園龍神祠，輔國公載濂詣靜明園龍神祠拈香。

《德宗景皇帝實錄》卷八四"光緒四年十二月"條

癸卯，遣官祭太歲之神。

《德宗景皇帝實錄》卷八五"光緒五年春正月"條

壬子，遣官祭太歲之神。

《德宗景皇帝實錄》卷八九"光緒五年三月"條

癸丑，遣官祭先農之神。

《德宗景皇帝實錄》卷一〇六"光緒五年十二月"條

丁卯，遣官祭太歲之神。

《德宗景皇帝實錄》卷一〇七"光緒六年春正月"條

丙子，遣官祭太歲之神。

《德宗景皇帝實錄》卷一〇九"光緒六年三月"條

丙午，遣官祭先農之神。

《德宗景皇帝實錄》卷一二五"光緒六年十二月"條

乙卯，以雪澤未沾，舉行三壇祈雪祀典，上詣大高殿祈禱行禮。遣禮親王世鐸恭祀天神壇，肅親王隆勤恭祀地祇壇，莊親王載勛恭祀太歲壇，遣惇親王奕誴詣時應宮，恭親王奕訢詣昭顯廟，惠郡王奕詳詣宣仁廟，貝勒載瀅詣凝和廟拈香。

壬戌，遣官祭太歲之神。

《德宗景皇帝實錄》卷一二六"光緒七年春正月"條

癸酉，遣官祭太歲之神。

《德宗景皇帝實錄》卷一四一"光緒七年十二月"條

戊寅，以京師仍未渥沛祥霙，上復詣大高殿祈禱行禮。遣禮親王世鐸恭祀天神壇，肅親王隆勤恭祀地祇壇，惠郡王奕詳恭祀太歲壇。

丙戌，遣官祭太歲之神。

《德宗景皇帝實録》卷一四二 "光緒八年春正月" 條

庚寅，以京師雪澤稀少，上再詣大高殿祈禱行禮，派禮親王世鐸恭祀天神壇、肅親王隆勤恭祀地祇壇、惠郡王奕詳恭祀太歲壇。

丁酉，遣官祭太歲之神。

癸卯，派禮親王世鐸恭祀天神壇，肅親王隆勤恭祀地祇壇，惠郡王奕詳恭祀太歲壇，惇親王奕誴詣時應宮，恭親王奕訢詣昭顯廟，鎮國公奕謨詣宣仁廟，貝勒載瀅詣凝和廟拈香。

《德宗景皇帝實録》卷一四三 "光緒八年三月" 條

乙亥，遣官祭先農之神。

《德宗景皇帝實録》卷一五七 "光緒八年十二月" 條

辛巳，遣官祭太歲之神。

《德宗景皇帝實録》卷一五八 "光緒九年春正月" 條

壬辰，官祭太歲之神。

《德宗景皇帝實録》卷一六一 "光緒九年三月" 條

丁亥，遣官祭先農之神。

《德宗景皇帝實録》卷一七七 "光緒十年春正月" 條

丙戌，遣官祭太歲之神。

《德宗景皇帝實録》卷一七九 "光緒十年三月" 條

丁亥，遣官祭先農之神。

《德宗景皇帝實録》卷二〇一 "光緒十一年春正月" 條

己酉，遣官祭太歲之神。

《德宗景皇帝實録》卷二〇四 "光緒十一年三月" 條

己亥，遣官祭先農之神。

《德宗景皇帝實録》卷二二二 "光緒十一年十二月" 條

壬辰，遣官祭太歲之神。

《德宗景皇帝實録》卷二二三 "光緒十二年春正月" 條

甲辰，享太廟，遣豫親王本格恭代行禮，外記：遣官祭太歲之神。

《德宗景皇帝實録》卷二二五 "光緒十二年三月" 條

己亥，遣官祭先農之神。

《德宗景皇帝實録》卷二三七 "光緒十二年十二月" 條

丁亥，遣官祭太歲之神。

《德宗景皇帝實録》卷二三八 "光緒十三年春正月" 條

丙申，遣官祭太歲之神。

《德宗景皇帝實録》卷二四〇 "光緒十三年三月" 條

戊申，上詣豐澤園演耕耤禮。

辛亥，上耕耤。詣先農壇行禮，更服，至耤田所，躬耕三推，復加一推。御觀耕臺，命肅親王隆勤、克勤郡王晋祺、慶郡王奕匡、吏部尚書徐桐、户部尚書翁同和、禮部尚書奎潤、刑部尚書麟書、工部尚書潘祖蔭、都察院左都御史祁世長、户部右侍郎熙敬、兵部左侍郎廖壽恒、通政使司通政使奕杕等各九推。畢，順天府府尹率農夫終畝。賞賚農夫、耆老如例。

《德宗景皇帝實録》卷二五〇 "光緒十三年十二月" 條

辛亥，遣官祭太歲之神。

《德宗景皇帝實録》卷二五一 "光緒十四年春正月" 條

壬戌，遣官祭太歲之神。

《德宗景皇帝實録》卷二五二 "光緒十四年三月" 條

辛亥，上耕耤。詣先農壇行禮，更服，至耤田所，躬耕三推，復加一推。御觀耕臺，命睿親王魁斌、鄭親王凱泰、克勤郡王晋祺、吏部尚書錫珍、刑部尚書麟書、工部尚書潘祖蔭、兵部右侍郎孫家鼐、都察院左都御史松森、户部右侍郎曾紀澤、禮部右侍郎續昌、通政使司通政使黄體芳、大理寺卿廷禧各九推。畢，順天府府尹率農夫終畝。賞賚農夫、耆老如例。

《德宗景皇帝實録》卷二六三 "光緒十四年十二月" 條

乙巳，遣官祭太歲之神。

《德宗景皇帝實録》卷二六四 "光緒十五年春正月" 條

丙辰，遣官祭太歲之神。

《德宗景皇帝實録》卷二六八 "光緒十五年三月" 條

辛亥，上耕耤。詣先農壇行禮，更服，至耤田所，躬耕三推，復加一推。御觀耕臺，命王公大臣等各九推。畢，順天府府尹率農夫終畝。賞賚農夫、耆老如例。

《德宗景皇帝實録》卷二七九 "光緒十五年十二月" 條

庚子，遣官祭太歲之神。

《德宗景皇帝實録》卷二八〇 "光緒十六年春正月" 條

辛亥，遣官祭太歲之神。

《德宗景皇帝實録》卷二八二 "光緒十六年閏二月" 條

癸亥，遣官祭先農之神。

《德宗景皇帝實録》卷二九二 "光緒十六年十二月" 條

甲子，遣官祭太歲之神。

《德宗景皇帝實録》卷二九三 "光緒十七年春正月" 條

癸酉，遣官祭太歲之神。

《德宗景皇帝實錄》卷二九四"光緒十七年三月"條

癸亥，遣官祭先農之神。

《德宗景皇帝實錄》卷三〇六"光緒十七年十二月"條

己未，遣官祭太歲之神。

《德宗景皇帝實錄》卷三〇七"光緒十八年春正月"條

庚午，遣官祭太歲之神。

《德宗景皇帝實錄》卷三〇九"光緒十八年三月"條

癸亥，上耕耤。詣先農壇行禮，更服至耤田所，躬耕三推，復加一推。御觀耕臺，命鄭親王凱泰、莊親王載勛、克勤郡王晉祺、協辦大學士尚書徐桐、禮部尚書李鴻藻、工部尚書祁世長、吏部右侍郎徐郙、户部左侍郎廖壽恒、禮部左侍郎景善、刑部左侍郎薛允升、都察院左副都御史徐致祥、太常寺卿溥顧各九推。畢，順天府府尹率農夫終畝。賞賚農夫、耆老如例。

《德宗景皇帝實錄》卷三一九"光緒十八年十二月"條

癸未，遣官祭太歲之神。

《德宗景皇帝實錄》卷三二〇"光緒十九年春正月"條

甲午，遣官祭太歲之神。

《德宗景皇帝實錄》卷三二一"光緒十九年三月"條

乙亥，上耕耤。詣先農壇行禮，更服，至耤田所，躬耕三推，復加一推。御觀耕臺，命王公大臣各九推。畢，順天府府尹率農夫終畝。賞賚農夫、耆老如例。

《德宗景皇帝實錄》卷三三一"光緒十九年十二月"條

丁丑，遣官祭太歲之神。

《德宗景皇帝實錄》卷三三二"光緒二十年春正月"條

丙戌，遣官祭太歲之神。

《德宗景皇帝實錄》卷三三六"光緒二十年三月"條

丁亥，上耕耤。詣先農壇行禮，更服，至耤田所，躬耕三推，復加一推。御觀耕臺，命睿親王魁斌、莊親王載勛、怡親王溥静、吏部尚書麟書、兵部尚書敬信、刑部尚書松溎、都察院左都御史裕德、户部左侍郎立山、禮部右侍郎志銳、工部右侍郎徐會澧、通政使司通政使祥祺、大理寺卿明桂各九推。畢，順天府府尹率農夫終畝。賞賚農夫、耆老如例。

《德宗景皇帝實錄》卷三五七"光緒二十年十二月"條

辛未，遣官祭太歲之神。

《德宗景皇帝實錄》卷三五八"光緒二十一年春正月"條

庚辰，遣官祭太歲之神。

《德宗景皇帝實錄》卷三六四"光緒二十一年三月"條

丁亥，上耕耤。詣先農壇行禮，更服，至耤田所，躬耕三推，復加一推。御觀耕臺，命王公九卿各九推。畢，順天府府尹率農夫終畝。賞賚農夫、耆老如例。

《德宗景皇帝實錄》卷三八二"光緒二十一年十二月"條

甲午，遣官祭太歲之神。

《德宗景皇帝實錄》卷三八三"光緒二十二年春正月"條

甲辰，遣官祭太歲之神。

《德宗景皇帝實錄》卷三八七"光緒二十二年三月"條

己亥，上耕耤。詣先農壇行禮，更服至耤田所，躬耕三推，復加一推。御觀耕臺，命王大臣各九推。畢，順天府府尹率農夫終畝。賞賚農夫、耆老如例。

《德宗景皇帝實錄》卷三九九"光緒二十二年十二月"條

己丑，遣官祭太歲之神。

《德宗景皇帝實錄》卷四〇〇"光緒二十三年春正月"條

己亥，遣官祭太歲之神。

《德宗景皇帝實錄》卷四〇二"光緒二十三年三月"條

己亥，遣官祭先農之神。

《德宗景皇帝實錄》卷四一三"光緒二十三年十二月"條

癸未，遣官祭太歲之神。

《德宗景皇帝實錄》卷四一四"光緒二十四年春正月"條

甲午，遣官祭太歲之神。

《德宗景皇帝實錄》卷四一六"光緒二十四年三月"條

己亥，上耕耤。詣先農壇行禮，更服，至耤田所，躬耕三推，復加一推。御觀耕臺，命三公九卿等各九推。畢，順天府府尹率農夫終畝。賞賚農夫、耆老如例。

《德宗景皇帝實錄》卷四三六"光緒二十四年十二月"條

丁未，遣官祭太歲之神。

《德宗景皇帝實錄》卷四三七"光緒二十五年春正月"條

戊午，遣官祭太歲之神。

《德宗景皇帝實錄》卷四四〇"光緒二十五年三月"條

辛亥，遣官祭先農之神。

《德宗景皇帝實錄》卷四五七"光緒二十五年十二月"條

壬寅，遣官祭太歲之神。

《德宗景皇帝實錄》卷四五八"光緒二十六年春正月"條

壬子，遣官祭太歲之神。

《德宗景皇帝實録》卷四六一 "光緒二十六年三月" 條

辛亥，遣官祭先農之神。

《德宗景皇帝實録》卷四九二 "光緒二十七年十二月" 條

庚申，遣官祭太歲之神。

《德宗景皇帝實録》卷四九三 "光緒二十八年春正月" 條

庚午，遣官祭太歲之神。

《德宗景皇帝實録》卷四九七 "光緒二十八年三月" 條

癸亥，上耕耤。詣先農壇行禮，更服，至耤田所，躬耕三推，復加一推。御觀耕臺，命睿親王魁斌、肅親王善耆、醇親王載灃、吏部尚書敬信、工部尚書松溎、都察院左都御史陸潤庠、吏部右侍郎張英麟、户部左侍郎桂春、右侍郎戴鴻慈、禮部左侍郎特圖慎、禮部左侍郎李昭煒、倉場侍郎榮慶各九推。畢，順天府府尹率農夫終畝。賞賚農夫、耆老如例。

《德宗景皇帝實録》卷五一〇 "光緒二十八年十二月" 條

乙卯，遣官祭太歲之神。

《德宗景皇帝實録》卷五一一 "光緒二十九年春正月" 條

甲子，遣官祭太歲之神。

《德宗景皇帝實録》卷五一三 "光緒二十九年三月" 條

癸亥，上耕耤。詣先農壇行禮，更服，至耤田所，躬耕三推，復加一推。御觀耕臺，命王公九卿等各九推。畢，順天府府尹率農夫終畝。賞賚農夫、耆老如例。

《德宗景皇帝實録》卷五二五 "光緒二十九年十二月" 條

戊寅，遣官祭太歲之神。

《德宗景皇帝實録》卷五二六 "光緒三十年春正月" 條

戊子，遣官祭太歲之神。

《德宗景皇帝實録》卷五二七 "光緒三十年三月" 條

乙亥，上耕耤。詣先農壇行禮，更服，至耤田所，躬耕三推，復加一推。御觀耕臺，命王公九卿等各九推。畢，順天府府尹率農夫終畝。賞賚農夫、耆老如例。

《德宗景皇帝實録》卷五四〇 "光緒三十年十二月" 條

壬申，遣官祭太歲之神。

《德宗景皇帝實録》卷五四一 "光緒三十一年春正月" 條

壬午，遣官祭太歲之神。

《德宗景皇帝實録》卷五四三 "光緒三十一年三月" 條

乙亥，上耕耤。詣先農壇行禮，更服，至耤田所，躬耕三推，復加一推。御觀耕臺，命三公九卿等各九推。畢，順天府府尹率農夫終畝。賞賚農夫、耆老如例。

《德宗景皇帝實錄》卷五五三 "光緒三十一年十二月" 條
丁卯，遣官祭太歲之神。

《德宗景皇帝實錄》卷五五四 "光緒三十二年春正月" 條
丙子，遣官祭太歲之神。

《德宗景皇帝實錄》卷五五七 "光緒三十二年三月" 條
丁亥，遣官祭先農之神。

《德宗景皇帝實錄》卷五六八 "光緒三十二年十二月" 條
辛卯，遣官祭太歲之神。

《德宗景皇帝實錄》卷五六九 "光緒三十三年春正月" 條
庚子，遣官祭太歲之神。

《德宗景皇帝實錄》卷五七〇 "光緒三十三年三月" 條
丁亥，上耕耤。詣先農壇行禮，更服，至耤田所，躬耕三推，復加一推。御觀耕臺，命王公九卿等各九推。畢，順天府府尹率農夫終畝。賞賚農夫、耆老如例。

《德宗景皇帝實錄》卷五八五 "光緒三十三年十二月" 條
乙酉，遣官祭太歲之神。

《德宗景皇帝實錄》卷五八六 "光緒三十四年春正月" 條
甲午，遣官祭太歲之神。

《德宗景皇帝實錄》卷五八八 "光緒三十四年三月" 條
己亥，遣官祭先農之神。

《大清宣統政紀》卷五 "光緒三十四年十二月" 條
庚辰，遣官祭太歲之神。

《大清宣統政紀》卷一〇 "宣統元年閏二月" 條
己亥，祭先農之神，遣莊親王載功行禮。

《大清宣統政紀》卷二八 "宣統元年十二月" 條
甲辰，遣官祭太歲之神。

《大清宣統政紀》卷二九 "宣統二年春正月" 條
乙卯，遣官祭太歲之神。

《大清宣統政紀》卷三三 "宣統二年三月" 條
辛亥，遣官祭先農之神。

《大清宣統政紀》卷四七 "宣統二年十二月" 條
戊戌，遣官祭太歲之神。

《大清宣統政紀》卷四八 "宣統三年春正月" 條
丁未，遣官祭太歲之神。

《大清宣統政紀》卷五〇 "宣統三年三月" 條

辛亥，祭先農之神，遣莊親王載功行禮。

（清）毛奇齡《西河集》卷一〇七《神道碑銘》

康熙十一年二月，上躬耕耤田，敕和碩親王以下、文官四品以上，各齋戒，入先農壇。

（清）張廷玉《清文獻通考》卷一〇一《郊社考十一・耤田祭先農儀注附》

乾隆三十九年三月，上親耕耤。詔嗣後耕耤時，觀耕臺添設幄次。

（清）允祿等《（雍正）大清會典》卷六一《群祀三・耕耤》

雍正三年二月，上親行耕耤，禮如前儀。停止筵宴。四年、五年同。

（清）允祿等《（雍正）大清會典》卷九二《群祀三・先農》

先農壇，在神祇壇之西南，其東爲耤田。皇帝舉耕耤禮，則親祭。其每年常祀，定於春二月，遣官行禮。順治十一年二月，世祖章皇帝行耕耤禮，親祭先農壇。

康熙十一年二月，聖祖仁皇帝行耕耤禮，親祭先農壇。前期，遣官告祭奉先殿。一應禮儀，俱與順治十一年同。

雍正二年二月，皇上行耕耤禮，親祭先農壇。一應禮儀，俱與康熙十一年同。以後每年行耕耤禮，禮儀俱同。

（清）允裪等《大清會典則例》卷六一《禮部・儀制清吏司・耕耤》

乾隆三年，皇上舉行親耕禮，停止筵燕。與雍正二年同。

十三年，車駕東巡，遣官致祭先農壇。其耕耤禮，令順天府尹照直省督撫例行。

（清）張師栻、張師載《張清恪公年譜》卷下

雍正三年二月初八日往先農壇演耕。

（清）昆岡等《大清會典事例》卷四一五

（道光）十一年三月十一日祭先農壇，是日恭值孝賢純皇后忌辰，宣宗成皇帝祭畢，更龍袍袞服，行耕耤禮，從耕之三王九卿及不從耕之王以下各官，俱更蟒袍補服，作樂，歌禾詞。耕耤禮成，導迎樂設而不作，還宮後仍更素服。

（清）王先謙《東華錄・順治二〇》

順治十年三月，詔舉先農、先醫及司牲神祀典。

（清）王先謙《東華錄・順治二二》

順治十一年二月丙子，祀先農，行耕耤禮。

（清）王先謙《東華續錄・嘉慶二六》

嘉慶十三年三月己亥，上親耕耤田。

（清）惲毓鼎《澄齋日記》

（光緒三十年二月）廿六日仲春吉亥，皇上祭先農壇。禮畢，行耕耤禮。臣毓鼎侍班，黎明登車至壇。上先詣太歲殿行禮。臣在臺下恭候，與同事齊班。恩露芝、貴壽鋆、周容階丈。上在更衣殿小坐，易蟒袍，去外褂，親耕，行四推禮。王公二人牽牛，被以錦龍韉，插金花四支。戶部侍郎景灃、順天府尹沈瑜慶進耒耜，戶部尚書鹿傳霖播籽種，順天府丞李盛鐸捧籽種合以從。用黃帶以肩承之。彩旗四颭，吹笛擊鼓，唱田歌。是日，天氣晴和，土膏滋潤，天顏甚喜。推畢，加外褂，升觀耕臺。起居注官亦登臺侍班，蟒袍補褂序立於臺東北隅，微向黃幄。王公九卿以次推畢，上下臺。起居注官亦退，在帳棚少憩，候駕旋乃行。

趙爾巽《清史稿》卷一〇《高宗紀一》

乾隆八年春正月癸丑，遣和親王弘晝代祀先農壇。用中和韶樂，與上親祭同。著爲例。

趙爾巽《清史稿》卷一六《仁宗紀》

嘉慶十三年閏二月丁亥，祀先農，上親耕耤田。

嘉慶十六年五月丁亥，上再詣天神壇祈雨。庚寅，雨。

嘉慶二十四年閏四月己酉，上詣天神壇祈雨。是日，雨。

趙爾巽《清史稿》卷一八《宣宗紀》

道光十二年五月戊辰，上詣天神壇祈雨。

趙爾巽《清史稿》卷二三《德宗紀一》

光緒元年三月辛巳，祀先農，親耕耤田，三推畢，加一推，自是歲以爲常。

趙爾巽《清史稿》卷二四《德宗紀二》

光緒二十八年三月乙丑，祀先農，親耕耤。

光緒二十九年三月癸亥，祀先農，親耕耤田。

劉錦藻《清續文獻通考》卷一五五《郊社考九·耤田祭先農》

嘉慶九年二月十七日，祭先農壇。以二十六日恭逢孝昭仁皇后忌辰，由部奏准，前期一日，恭請皇帝御常服，挂朝珠，升中和殿，閱視祝版。執事官咸常服、朝珠，行禮畢，太常寺官捧祝版、黃案出。皇帝次閱耕耤器具、穀種畢，禮部堂官奏禮成，皇帝還宮。戶部捧器具、穀種依次出，各安奉彩亭內，和聲署樂，設而不作，前導送至耕耤所。

咸豐三年三月辛亥，上祀先農，親耕耤田，三推畢，加一推，自是以爲常。四年、五年、六年、七年、十年均同。

七年三月，祭先農壇。恭逢孝賢純皇后忌辰，上親詣行禮。時御祭服，照常作樂，導迎樂設而不作，還宮後，仍更素服。

同治十二年三月，遣官行耕耤禮。

光緒十三年三月庚戌，上祭先農壇，親行耕耤禮。十四年、十九年、二十年、二十一年、二十四年、三十一年、三十二年，均同。

宣統二年三月，祭先農壇，遣懋林恭代行禮。三年三月，祭先農壇，遣載功行禮。

四、庶務

（一）祭務官制

《明太宗實錄》卷一〇“洪武二十五年七月上”條

壬申，禮部言：建文中，改天、地壇祠祭署爲南郊祠祭署；山川壇、耤田祠祭署爲耤田祠祭署；泗州祠祭署爲泗賓祠祭署；宿州祠祭署爲新豐祠祭署；又設鍾山祠祭署。非舊制。上命泗州、宿州、山川壇、耤田祠祭署仍復舊制。天地壇祠祭署定爲郊壇祠祭署。鍾山祠祭署不可罷。

《明武宗實錄》卷二三“正德二年二月”條

乙酉，吏部奉旨查議天順以後添設内、外大小官，共一百二十九員。【略】非要地而事簡，可革者五十九員。【略】天、地壇祠祭署祀丞，山川壇祠祭署奉祀。

《明世宗實錄》卷一〇四“嘉靖八年八月”條

壬午，裁革，【略】天地壇山川壇祀丞各一員。

《明神宗實錄》卷四八“萬曆四年三月”條

甲辰，禮部復太常寺卿劉一儒條上三議。【略】更印信，以明職守，欲將本寺年久印文鑄換，仍改神祇壇祠祭署印，爲先農壇祠祭署印，庶於耤田諸務有關。【略】從之。

己未，改鑄太常寺并先農壇祠祭署印。

（明）申時行等《大明會典》卷二一五《太常寺》

凡祭雲雨風雷、岳鎮、海瀆、太歲、月將、城隍之神，舊於山川壇祭。前三日，本寺官同禮部官詣城隍廟發咨文，諮請各該神祇，次日同復命。嘉靖十年，改祭城隍神於本廟，肇建神祇壇，以祭雲雨風雷、岳鎮、海瀆等神。惟太歲、月將，祭如初。隆慶元年神祇壇祭俱罷。每遇祭太歲、月將，本寺官前三日進銅人，奏齋戒。前二日同光禄寺官奏省牲，次日復命。

凡祭祀粢盛，舊取給於耤田祠祭署。嘉靖十年議准：每歲耤田所出者藏之神倉，以供圜丘、祈穀、先農、神祇壇、各陵寢、歷代帝王及百神之祀。西苑所出者藏之恒裕倉，以供方澤、朝日、夕月、宗廟、社稷、先蠶、先師孔子之祀。隆慶元年，罷西苑耕種，諸祀仍取給於耤田。

（明）申時行等《大明會典》卷二一六《順天府》

凡親耕耤田，上秉耒行三推禮，府尹捧青箱隨播種於後。【略】凡每歲春遣祭先農。春秋祭宋丞相文天祥及祭元世祖，皆府尹行禮。

（明）申時行等《大明會典》卷二二二《尚寶司》

凡祀享郊廟、社稷及看牲、視學、耕耤，公、侯、伯、勛衛、錦衣衛并金吾等二十衛官，扈駕巡綽，各赴本司領金金牌、懸帶。

凡祀享郊廟、社稷及神祇等祭，陪祀、供事官及執事人等入壇，俱赴本司關領牙牌，祭畢隨即繳入。圓花牌陪字一號至三百五十號，陪祀官領。長花牌供字一號至三百八十號，供事官領。長素牌執字一號至一千四百七十號，執事人領。

（明）申時行等《大明會典》卷二二六《僧錄司・道錄司・神樂觀》

神樂觀：【略】凡各壇樂舞生：洪武初，命選道童爲樂舞生，額設六百名，專備大祀、宗廟、社稷、山川，孔子及各山陵供祀之用。洪武十二年，詔：神樂觀道士，許養徒弟，其餘庵觀不許。永樂十八年，題樂舞生三百名，隨駕於燕。定都後，額設五百二十七名。嘉靖年間，建世廟、四郊、太歲、神祇壇及九廟，共用樂舞生二千二百名。後裁革八百餘名，止存一千三百五十三名。【略】凡樂舞儀節，本司令協律郎等官教習。每遇祭祀，先期於本觀演習。

嘉靖九年更定，先農壇：舉麾樂舞生同前，同於圜丘壇：舉麾協律郎二員，樂舞生七十二人。文舞生六十四人，引舞二人；武舞生六十四人，引舞二人。執事九人，典儀一人，通贊一人，對引一人，讀祝一人，捧帛一人，執爵一人，司尊一人，捧接福酒胙二人，燒香四人。

（明）申時行等《大明會典》卷二《吏部一・官制一・京官》

先農壇祠祭署。舊爲山川壇耤田祠祭署。嘉靖九年，改爲神祇壇。萬曆四年，改今名。

（明）申時行等《大明會典》卷九二《禮部五〇・群祀二・先農》

嘉靖十六年，諭：凡親耕，則户部尚書先祭先農。上至，止行三推禮。萬曆四年，改鑄神祇壇祠祭署印，爲先農壇祠祭署印。仍掌行耕耤事務。

（明）王圻《續文獻通考》卷九〇《職官考・太常寺》

太祖吳元年，置太常，稱司，正三品。洪武二年，置神牲所，設廩犧令大使、副使。四年，革神牲所。十二年，置神樂觀。二十四年，設各祠祭署奉祀、祀丞。三十年，改司爲寺。建文中，改卿爲太常卿，少卿、寺丞分左右。天壇祠祭署爲南郊祠祭署，泗州祠祭署爲泗濱祠祭署，宿州祠祭署爲新豐祠祭署，孝陵置鍾山祠祭署及司圃所；增神樂觀知觀一人。靖難後，改鍾山祠祭署爲孝陵祠祭署，南郊祠祭署爲郊壇祠祭署，已又改爲天地壇祠祭署，餘如故。嘉靖中，釐祀典，改天地壇祠祭署爲天壇，別爲地壇各設祠祭署，又改山川壇耤田祠祭署爲先農壇祠祭署。

（明）徐學聚《國朝典彙》卷三五《吏部二・官制附官俸・太常寺》

先農壇祠祭署。舊爲山川壇耤田祠祭署，嘉靖九年改爲神祇壇，萬曆四年改今名。奉祀一員、祀丞二員。

（明）佚名《太常續考》卷三《先農壇耕耤事宜》

先農壇祠祭署，署建於本壇齋宮之北。中爲公座，後爲官舍，前爲署門。署官奉祀一員，祀丞一員。國初，置山川壇祠祭署。奉祀、祀丞各一員。永樂中，建今署，稱山川壇耤田祠祭署。嘉靖十一年，改神祇壇祠祭署。隆慶元年，罷神祇壇祭。萬曆四年，卿劉題奉欽依，改神祇壇祠祭署爲先農壇祠祭署，壇户二十名。

登壇官員。導引官二員，贊引官一員，對引官一員，讀祝官一員，陳設官一員，收支官一員，收牲官一員，掌瘞官一員。

供祀。厨役二十八名。二月某日，聖駕致祭先農之神，行耕耤禮。前期，禮部題請，不由本寺。

前期十五日。本寺委協律郎提調、樂舞生執事，於太和殿朝夕演習禮樂。

前期八日。行手本知會鴻臚寺，於前期三日，請升殿奏祭祀。

前期四日。行揭帖知會司禮監，奏祭祀。

前期三日。本寺官具公服，於皇極殿鳴鞭訖跪奏云：太常寺卿臣某等謹奏，本月某日午時恭候聖駕致祭先農之神，并行耕耤禮。文武百官自某日爲始，致齋二日，請旨。承旨叩三頭、一揖、一躬，退。如其日免朝，則具本題知。

是日。屬官率鋪排，執御仗、紗燈，進齋戒牌、銅人於文華殿東九五齋，北向，仍出示長安門。

登壇官員。掌祭卿司香，少卿讀祝。奏禮寺丞二員，對引官一員，掌瘞官一員，舉麾官二員，陳設官一員，鋪拜褥官二員，導駕官六員，收支官二員。

辦祭官一員。

執事樂舞生十三人，燒香生二人，供祀厨役三十五名。

(明) 佚名《太常續考》卷七《太常寺》

洪武元年，定官制。本寺止掌天、地、宗廟、社稷、山川神祇等祭祀，餘分隸各衙門。

職掌。卿，掌天神、地祇、宗廟、社稷百神之禮樂，總其官屬，行其政令。以少卿寺丞爲之貳，凡天神、地祇、人鬼歲祭有常。凡上祭贊相禮儀。凡祭，先期奏省南北郊，請上視牲。大臣繼之進祝版、銅人。上殿奏齋戒。齋戒，【略】中二日。今朝日、夕月，上耕耤、祭先農，皆齋二日。

凡每日督令各壇户，於泰享殿、圜丘、方澤、朝日、夕月、先農壇内外巡視。

洪武二年，有旨：教胡太常做個牌子，添得如法。將圜丘、方澤、社稷、宗廟、先農、風、雷師、馬祖，凡一應祭祀時、月、日期，明白開寫於牌上。挂在這東耳房前，我時常看，都要知道。欽此。

耤田收穀，納於神倉，供五齋三酒之用，穰槁飼牲。按：穰槁飼牲，今亦不行。

(明) 佚名《太常續考》卷八《秋祭神祇壇事宜》

掌祭卿、讀祝、奏禮、對引官七員，司香官十一員，舉麾官二員，陳設官十一員，鋪排褥官二員，導引官六員，視燎官六員，典儀、通贊贊十二人，捧帛十一人，執爵十一人，司尊四人，樂生各七十二人，武舞生各六十六人，文舞各六十六人，燒香、點燭、樂舞生二十八人。

（清）萬斯同等《明史》卷七〇《志四四‧職官志下》

天、地壇奉祀一、祀丞一，山川壇耤田奉祀一。

（清）伊桑阿等《（康熙）大清會典》卷三《吏部‧文選清吏司‧官制‧京官》

先農壇祠祭署，漢奉祀一員、漢祀丞一員。

（清）伊桑阿等《（康熙）大清會典》卷一五六《太常寺上》

又設看守壇廟各官，及神樂觀犧牲所各官并隸焉。

本寺官員職專壇廟祭祀一應典禮，及祝版樂舞牲帛器用備辦陳設等事。自順治元年，本寺屬於禮部，凡祭祀事宜，俱禮部掌行。十六年析歸本寺。康熙二年復屬禮部，十年仍以祠祭司所掌歸之本寺。其應題、應行一切事宜，俱由本寺奏請施行。凡每年祭祀日期，禮部於十月初，預行欽天監選擇送寺。本寺於各祭祀前，以所定日期并齋戒日，先行具題。

先農壇，如遇皇上親祭之年，本寺進齋戒牌銅人，請視祝版。如遣官致祭，惟歷代帝王廟，仍進齋戒銅人，餘皆免進。

（清）伊桑阿等《（康熙）大清會典》卷一五七《太常寺下》

太歲壇，每祭用官八員。

先農壇，每祭用官八員。

如遇耕耤，親祭之年，用官二十員。

（清）伊桑阿等《（康熙）大清會典》卷一五九《鴻臚寺》

祭先農壇，鴻臚寺官俟壇內鳴鐘，引陪祀貝子以下文武各官從大圍墻門入壇內排立，王貝勒等至大圍墻門下馬。上就拜位，引王貝勒貝子、公等各官，俱在階下行禮。

（清）鄂爾泰等《八旗通志》卷三三《兵制志二》

祀先農壇，前引大臣立於階下，豹尾班侍衛立於樂懸南。遇駕耕耤，御具服殿。前引大臣立於殿前階。上駕詣耤田，引至耕所。三推禮成，引由觀耕臺午階升，於御座前，左右序立。

（清）張廷玉等《明史》卷七四《志五〇‧職官志三‧太常寺》

先農壇、帝王廟、祈穀殿、長陵、獻陵、景陵、裕陵、茂陵、泰陵、顯陵、康陵、永陵、昭陵各祠祭署，俱奉祀一人，從七品。祀丞二人。從八品。【略】

世宗釐祀典，分天地壇爲天壇、地壇，山川壇、耤田祠祭署爲神祇壇，大祀殿爲祈穀殿，增置朝日、夕月二壇，各設祠祭署。又增設協律郎、贊禮郎、司樂等員。隆慶三年，革協律郎等官四十八員。萬曆六年復設，如嘉靖間制。萬曆四年改神祇壇爲先農壇。

（清）張廷玉等《明史》卷七五《志五一‧職官志四‧太常寺》

太常寺。卿一人，少卿一人，典簿一人，博士一人，協律郎二人，贊禮郎七人，嘉靖中，革贊禮郎一人。司樂二人。各祠祭署合奉祀八人，祀丞七人。山川壇、耤田奉祀一。

（清）張廷玉等《清文獻通考》卷一〇一《郊社考一一》

（乾隆）五十年三月，皇上行耕耤禮親祭先農壇，是歲十一月奉諭每歲春三月應祭先農壇，行耕耤禮。【略】

太常寺司拜牌、拜褥官各一人，立皇帝拜位左、右，司祝一人、司香一人、司帛一人、司爵一人、光祿寺卿二人、侍衛二員人、太常寺贊答福胙一人、侍儀禮部堂官、都察院堂官、樂部大臣各一人，位東西，序分列祝案、尊案之次如常儀。壇下太常寺典儀一人、司樂一人，東立西面。記注官四人，西立東面。糾儀御史四人，禮部祠祭司官四人，引禮鴻臚寺官四人，分立王公百官拜位之次。協律郎歌工、樂工、舞佾，分立樂懸之次，均東、西面。掌瘞官率瘞人立於瘞坎之南、北面。

（清）允祿等《（雍正）大清會典》卷六《官制四》

先農壇祠祭署，漢奉祀一員，漢祀丞一員。

（清）允祿等《（雍正）大清會典》卷二三六《太常寺》

太歲壇，每祭用官八員。

先農壇，每祭用官八員。如遇耤田，皇帝親祭，用官二十員。

（清）允祿等《（雍正）大清會典》卷二三六《太常寺》

圜丘、方澤、朝日、夕月、先農五壇，奉祀五員。

圜丘、方澤、先農三壇，祀丞三員。

（清）允祿等《（雍正）大清會典》卷二四三《鴻臚寺》

凡祭先農壇，鴻臚寺官俟壇內鳴鐘，引陪祀貝子以下，文武各官從大圍牆門入排立。王貝勒等至大圍牆門下馬。皇帝就拜位，引王、貝勒、貝子、公等各官，俱在階下行禮。

（清）允裪等《大清會典》卷三《吏部》

先農壇祠祭署，奉祀一人，從七品；祀丞一人，從八品。以上均漢員，隸太常寺。

（清）允裪等《大清會典》卷八二《太常寺》

帝王廟、太歲殿、都城隍廟【略】均以典守官，傳心殿以寺丞，上香行禮。

先農壇設奉祀、祀丞各一人，職掌皆同。卿時稽其勤惰而申警之。

（清）允裪等《大清會典》卷九四《領侍衛府》

先農壇，前引大臣立於階下，豹尾班立於樂懸南，均分左右序立。後扈大臣均隨升降於皇帝后，左右僉立。

（清）允裪等《大清會典則例》卷一五二《太常寺》

先農壇漢奉祀、祀丞、執事生各一人。

（清）允裪等《大清會典則例》卷一五六《鴻臚寺》

乾隆六年復准：皇帝親祭先農壇，左班執事、陪祀各官，先就甬道之南、北面立。

（清）秦蕙田《五禮通考》卷二一九《嘉禮九二·設官分職》

天壇、地壇、朝日壇、夕月壇、先農壇、帝王廟、祈穀殿、長陵、獻陵、景陵、裕陵、茂陵、泰陵、顯陵、康陵、永陵、昭陵各祠祭署，俱奉祀二人、祀丞二人。

（清）于敏中《日下舊聞考》卷五五《城市·外城中城》

帝籍正中陳躬耕黃耒，駕以黃犢。戶部尚書一人立於右，東面；順天府尹奉鞭立於左，西面。籍田東西從耕朱耒各六，駕以黝牛。府屬丞倅奉青箱者，咸俟於次。樂部典樂一人，和聲署正二人，丞二人，立籍田左右。署史歌禾辭者十有四人，司金鼓版篋笙簫者各六人，頂帶老農四人，以次立籍田左右。麾五色彩旗者五十人，披蓑帶笠執錢鎛者二十人，牽牛耆老三十四人，上農夫十人，中農夫十人，下農夫十人，立歌禾辭者之外，相間爲班，均東西面魚貫序立。鴻臚寺鳴贊二人，侍儀御史二人夾籍田序立。不從耕王公暨三品以上文武官序立於觀耕臺側。禮部尚書奏請行耕籍禮，皇帝至耕位，南向立，從耕三王九卿以次就耕位東西面立。鴻臚官引王公各官至觀耕臺南左右隅，均南向立。鳴贊贊進耒，戶部尚書北面跪進耒，贊進鞭，順天府尹北面跪進鞭；皆興退。皇帝右秉耒，左執鞭，耆老二人牽犢，上農夫二人扶犁。禮部、太常寺、鑾儀衛堂官各二人，恭導皇帝行耕籍禮。和聲署署史揚采旗，司樂官引署史鳴金鼓，歌禾辭，左右隨行順天府丞奉青箱以從，戶部侍郎播種。皇帝四推四返畢，歌止。鳴贊贊受耒，戶部尚書北面跪受耒；贊受鞭，順天府尹北面跪受鞭；皆興。暨順天府丞奉青箱，仍設龍亭，和聲署正率所屬退，禮部尚書奏請御觀耕臺。《大清會典》

（清）于敏中《日下舊聞考》卷七二《官署》

祭堂子，朝日，夕月，耕籍，饗先農，親饗前代帝王、先師，乘禮輿，仍設玉輦、金輦，餘俱與郊大祀同。《大清會典》

（清）嵇璜、劉墉等《續通典》卷二九《職官》

明天壇、地壇、朝日壇、夕月壇、先農壇、帝王廟、祈穀殿、各陵各祠祭署，俱置奉祀一人、祀丞二人。南京太常寺各祠祭署奉祀八人、祀丞七人。

（清）嵇璜、劉墉等《續通典》卷一三六《職官略·明官制下·太常寺》

天壇、地壇、朝日壇、夕月壇、先農壇、帝王廟、祈穀殿、長陵、獻陵、景陵、裕陵、茂陵、泰陵、顯陵、康陵、永陵、昭陵各祠祭署奉祀一人，祀丞二人。

（清）嵇璜等《續文獻通考》卷五五《職官考》

明太常寺掌祭祀禮樂之事，總其官屬，籍其政令，以聽於禮部卿一人、少卿寺丞各二人。屬官典簿博士各二人、協律郎二人，世宗嘉靖中增至五人。贊禮郎九人，嘉靖時增至三十三人，後革二人。司樂二十人，嘉靖中，增至三十九人，後革五人。天壇、地壇、朝日壇、夕月壇、先農壇、帝王廟、祈穀殿、長陵、獻陵、景陵、裕陵、茂陵、泰陵、顯陵、康陵、永陵、昭陵各祠祭署，俱奉祀一人、祀丞二人。

世宗厘定祀典，分天、地壇爲天壇、地壇，山川壇、籍田祠祭署爲神祇壇，大祀殿爲祈穀殿。增置朝日、夕月二壇，各設祠祭署。又增設協律、贊禮司樂等員。穆宗隆慶三年，革協律郎等官四十八人。神宗萬曆六年，復設如嘉靖間制。萬曆四年，改神祇壇爲先農壇。

（清）嵇璜、劉墉等《清通典》卷二七《職官五·太常寺》

壇壝、廟社，以歲時序其祭祀，而詔其行禮之節。祭日則帥其屬，以分司厥事。凡牲牢之數，籩豆之實，咸準儀式，而爲之供備焉。

先農壇祠祭署，奉祀，漢人一人。

先農壇，二十人廟戶。

（清）永瑢等《歷代職官表》卷二八《壇廟各官表》

明：天壇、地壇、朝日壇、夕月壇、先農壇、帝王廟、祈穀殿各祠祭署奉祀、祀丞。

先農壇祠祭署奉祀漢人一個，祀丞漢人一人。【略】

先農壇二十人廟戶。【略】

明《明史·職官志》：天壇、地壇、朝日壇、夕月壇、先農壇、帝王廟、祈穀殿各祠祭署俱奉祀一人，從七品祀丞二人，從八品。【略】

世宗厘祀典，分天、地壇爲天壇、地壇；山川壇耤田祠祭署爲神祇壇；大祀殿爲祈穀殿；增置朝日、夕月二壇；各設祠祭署。萬曆四年，改神祇壇爲先農壇。

（清）朱奇齡《續文獻通考補》卷一《百官補一·太常寺》

洪武初置寺，設卿、正三品。少卿、正四品。寺丞正六品。爲正官。博士、正品。協律郎、正八品。贊禮郎、正九品。司樂，從九品。及各祠署如天、地壇，先農壇之類，各設署備官。奉祀、從七品。祀丞，從八品。犧牲所吏目從九品。諸員爲屬官。典簿正七品，爲首領官，掌凡祭祀之事。

（清）穆彰阿《（嘉慶）大清一統志》卷三

壇廟，【略】奉祀五員，天壇、地壇、日壇、月壇、先農壇各一員，俱漢缺，祀丞同。祀丞五員。

趙爾巽《清史稿》卷一一五《志九〇·職官志二》

天壇、地壇、朝日壇、夕月壇、先農壇，各祠祭署奉祀從七品、祀丞從八品，俱各一人。

（二）守衛執役壇戶田賦

《明英宗實錄》卷一五"正統元年三月"條

甲午，增設天、地壇，山川壇壇戶各十戶。從行在太常寺請也。

（明）章潢《圖書編》卷一〇二《祭神祇舊名山川》

洪武十四年，令祭山川諸神，文職長官行事，武官不得預軍民，指揮使司自祭之。祭旗纛，守御官主祭，文官不預。凡各處守御官，俱於公廨後築壇、立旗纛廟。設軍牙大纛神位。

（明）申時行等《大明會典》卷一四二《兵部二五·侍衛》

凡遇郊祀等項聖駕出入，錦衣衛千百户三十六户，懸禮字等號金牌，擎執金爐前導，各項侍衛、將軍於鹵簿儀仗中分行扈從，至則護衛齋宮及分守郊壇等處內外門禁。【略】凡錦衣衛、大漢將軍、千百户，弘治十三年奏准：每年給紅紵絲紗、羅衣各一件、自行裁制，於直房內大櫃收貯，遇聖駕看牲、郊祀、聖節、正旦、冬至時享太廟穿用，餘日不許，若有事故，仍相交割。

（明）申時行等《大明會典》卷二一五《太常寺》

凡各壇內、外神庫、齋宮及各天門、壇門巡視守宿，每日、每處派撥壇户三名。

凡郊壇墙垣內外，每年十月內，奏行兵部撥軍士二千名，委官管領爬沙及於各壇灑掃。合用掃箒、柳箕、木杴、荆筐等項，俱順天府出辦。

計每年各壇合用柴炭，【略】先農壇柴一千斤。

計各項人役名數，厨役，舊一千二百二十一名，今一千三百名。【略】先農、太歲等壇各壇户二十名。

計諸色人役數，厨役舊額三百餘名，今裁革，止存一百六十名，鋪排二十四名。天地壇壇夫一十五名，山川壇壇夫一十五名。

計每年各壇合用柴炭，神祇壇柴一萬一千斤盡減。太歲、月將等神，孟秋、季冬二祭共柴八千斤燒香炭七十斤。

計各項人役名數，厨役，舊一千二百二十一名，今一千三百名。內鋪排八十八名，圜丘壇户二十五名，方澤、祈穀、朝日、夕月、先農、太歲等壇，各壇户二十名。

計各壇每月灑掃日期：圜丘、方澤、朝日、夕月、神祇、太歲等壇月朔日。

（明）申時行等《大明會典》卷二二七《五軍都督府·中軍都督府》

凡郊廟、社稷祭祀、耕耤田、幸太學及萬壽聖節，正旦、冬至、大婚禮等項，本府先期奏行五軍十衛，於各營撥軍圍宿。其合用叉刀圍子手，奏請赴內府關領金槍，以備儀衛，事畢仍赴交收。凡駕詣郊壇，例用公、侯、駙馬、伯等官一人，守承天、正陽等門。俱本府奏請欽定。其隨駕守衛、公、侯、伯、將軍及守衛圍子手、把總、管隊官金牌，俱行尚寶司關給。錦衣衛上直官軍刀甲簿、印記送午門，附寫姓名，書押。

（明）申時行等《大明會典》卷二二八《上二二衛·錦衣衛》

凡視牲、朝日、夕月、耕耤、祭歷代帝王，俱用丹陛駕。本衛堂上官，服大紅蟒衣飛魚，烏紗帽，鸞帶，佩綉春刀，千百户青綠錦綉服，各隨侍。

（明）佚名《太常續考》卷三《先農壇耕耤事宜》

先農壇，護壇地六百畝。供黍、稷及薦新品物，又地九十四畝有奇，每年額税四石七斗有奇。本寺會同禮部，收貯神倉，以備旱潦。又壇官種一百九十畝，壇户二百六十六畝七分。

《世宗憲皇帝實錄》卷九"雍正元年七月"條

甲申，諭禮部：國家祀典必貴潔誠。先農壇每歲展祀，且爲親耕耤田之所，最宜清肅。舊制，圍墻內有地一千七百畝，以二百畝給壇戶，種植五穀蔬菜，以供祭祀；餘一千五百畝，每年交租銀三百兩，以備修理。聞康熙四十年間，內務府撥給園頭耕種。粢盛蔬菜，無所從出，惟向市井采買，殊非潔净精誠之意。今著園頭清還地畝，仍給太常寺壇戶耕種，以供祭祀之需。餘地一千五百畝，著將內外圍墻查明丈尺。每種地十畝，估計令其修墻若干。務期加謹葺護，毋致傾壞。每年派滿漢太常寺少卿一員，不時稽察。庶壇墻清潔，祀事更加虔謹矣。

《宣宗成皇帝實錄》卷一八七"道光十一年四月"條

癸未朔，諭內閣：據托恩多等奏，恭查天神壇、地祇壇、太歲壇、先農壇，樹株完竣。著太常寺造具清册，諮送工部備查。其內周邊各處，除實存各樹外，所有風損迴乾倒木及缺空處，所應否補冲樹株，著即行知該管衙門，查明酌量補種。嗣後并著太常寺隨時派員稽查，毋得致有短少。以昭敬慎。

（清）談遷《國榷》卷四一《憲宗成化二十三年丁未八月至孝宗弘治二年己酉》

弘治元年二月癸卯，戶部尚書李敏言：勞苦莫如農夫、蠶婦，請耤田，時令農夫十人常服終畝。從之。仍人賜匹布。

（清）孫承澤《春明夢餘錄》卷一五《先農壇》

又地九十四畝有奇，每年額税四石七斗有奇，太常寺會同禮部收貯神倉，以備旱潦。又令壇官種一百九十畝，壇戶二百六十六畝七分。

（清）伊桑阿等《（康熙）大清會典》卷一五七《太常寺下》

先農壇，壇戶二十名。大興縣一名，宛平縣十三名，東安縣四名，昌平州二名。

先農壇內草價銀五錢，地租銀四十九兩四錢。

先農壇內地畝，每年收黍一石二斗二升一合八勺，穀一石五斗五升七合八勺，大麥五斗七升九合七勺，小麥一石三斗五升三合。貯本壇內神倉，備各祭祀支用。

太歲壇，每祭用廚役七十六名。

先農壇，每祭用廚役五十四名。

如遇耕耤，親祭之年，用廚役一百一十五名。

（清）張廷玉《清文獻通考》卷一〇一《郊社考一一·耤田祭先農儀注附》

乾隆十九年三月，重修先農壇。

十八年冬奉諭旨：朕每歲親耕稭田，而先農壇年久未加崇飾，不足稱朕祇肅明禋之意。今兩郊大工告竣，應將先農壇修繕鼎新。其外墻隙地，老圃於鈹灌園，殊爲褻瀆，應多植松、柏、榆、槐，俾成陰鬱翠，庶足以昭虔妥靈，該部會同查明具奏。總理工程王大臣遵旨詳議，次第修繕，并太歲殿、天神、地祇壇俱崇飾鼎新。睢旗纛殿以前明舊制，本朝不於此致祭，毋庸修葺。墻外隙地計一千七百畝，乘時種樹，交太常寺飭壇户敬謹守護。疏上，從之。

（清）允祿等《（雍正）大清會典》卷二三六《太常寺》

先農壇：壇户二十名。大興縣一名、宛平縣十三名、東安縣四名、昌平州二名。

先農壇内，草價銀五錢。

先農壇内地，舊納地租三百兩，嗣後撥内務府給園頭耕種，地租不必交太常寺收貯。

雍正元年復准：將先農壇内地二百畝，令壇户種五穀菜蔬，以備各壇廟應用。餘一千五百畝，每畝租銀三錢四分，每年交租銀三百六十兩，收貯太常寺庫。壇内圍墻，以後有粘補之處，即將此項銀兩修理，輪派滿漢少卿一員，不時稽察。將修理用過銀兩數，日繕册呈覽。其壇户向由户部四季支領月米，今地畝交與耕種，應行户部住支。

先農壇内地畝，每年收貯黍一石二斗二升一合八勺，穀一石五斗五升七合八勺，大麥五斗七升九合七勺，小麥一石三斗五升三合，收貯神倉。

凡本寺鋪排厨役二百七十名。太歲壇，每祭用七十六名。先農壇，每祭用五十四名。如遇耤田，皇帝親祭，用一百一十五名。

（清）允裪等《大清會典則例》卷一五二《太常寺》

順治十四年題准：先農壇田地十有三頃七十二畝，每畝徵銀五分，以備各祭品物，餘銀四十九兩四錢，備各祭米麵等物，并收貯寺庫。

康熙五年奏准：先農壇地畝，令壇户耕種。

二十五年奏准：耕種先農壇隙地，原爲備辦祭品，除十有三頃七十二畝外，餘三頃二十八畝亦應歸入祭祀之用。其天壇、地壇所徵銀百兩有奇，應歸入正項。先農壇田十有七頃，照舊例交壇官，令壇户耕種，存留二百畝之糧，以供各祭米麵、青菜等物。所餘十有五頃，照地壇田畝例，每畝作銀二錢，共徵銀三百兩，合計三壇，每年共徵銀四百兩有奇。即將此銀自來年爲始，歸入祭祀額用錢糧於户部歲支銀五千兩内抵除四百兩，止取銀四千六百兩應用。

四十年復准：地壇垣外及先農壇垣内地畝，交内務府園頭耕種。所有祭祀應用之米麵、青菜等項錢糧，由户部支領用過銀，年終奏銷。

雍正元年復准：將先農壇内地二頃，令壇户種五穀、蔬菜，以供祭祀之用。其每年所收黍一石二斗二升一合八勺，穀一石五斗五升七合八勺，大麥五斗七升九合七勺，小麥一石三斗五升三合，收貯神倉。

乾隆十八年議准：先農壇地畝不必種植。其每年應收租銀一千一百四十八兩，原以供蔬菜果品、鎮倉糧及壇户掃除工食、本寺飯銀等項之費。今既停止種植，嗣後祭祀蔬菜果品，應照陵寢米麥之例支户部銀采辦。神倉原以貯耤田嘉穀、鎮倉糧一項，於義無取，應請裁汰。至壇户工食銀一百六十兩，掃除銀六十兩，飯銀八百兩，乃每歲必需之項，應於附近京城之入官地租内如數撥給。此項地畝，交與該州縣經管召租。

所有租息每年解寺充用。

二十年，定先農壇草價，每年二百三十兩。

壇戶。順治初年定，先農壇二十人。先農壇壇戶工食由寺支給。

廚役。先農壇用一百四十名，太歲殿用七十名。

五年奉旨：太常寺無養廉之項。先農壇地租不必爲修理先農壇之用，著賞給太常寺。再各處壇廟，從前皆交與工部修理。嗣後如有應行修理之處，或令太常寺會同工部官估計，或即交與太常寺估計具題。

（清）允祹等《大清會典則例》卷一五五

召募壇廟夫役。順治初年定，各壇廟壇戶、廟戶、庫夫、所夫，均由太常寺咨府飭各州縣僉送農民，充役一年更代。每名月給工食銀五錢三分，各於該州縣支給。惟先農壇壇戶工食，由太常寺支給。

乾隆六年復准：壇戶、廟戶一百三十九名，庫夫四名，犧牲所夫二十七名。除先農壇戶向給耕地，不給工食。

（清）嵇璜等《續文獻通考》卷六《田賦考》

太祖洪武二年二月耕耤於南郊。

御史尋適請耕耤田、享先農，以勸天下。【略】成祖永樂時，建壇北京，一如其制。田在觀耕臺南，護壇地六百畝，供黍稷及薦新品物。又地九十四畝有奇，額稅四石七斗，收貯神倉，以備旱澇。又令壇官種一百九十畝，壇戶種二百六十六畝七分。

（清）嵇璜等《續文獻通考》卷七八《群祀考·耤田祭先農》

十八年十二月，北京先農壇成。

壇制準南京。又地九十四畝有奇，每年額稅四石七斗有奇。太常寺會同禮部收貯神倉，以備旱澇。又令壇官種一百九十畝，壇戶種二百六十六畝七分。每歲仲春上戊，順天府尹致祭。後凡遇登極之初，行耕耤禮，則親祭。

（清）嵇璜、劉墉等《清通典》卷三《食貨三·田制》

順治十一年，耕耤田，於南郊設耤田於正陽門外之西，中爲先農壇，壇內地百七十頃，其二十頃種五穀、蔬菜，以供祭祀，餘千五百畝，歲徵租三百兩，供修壇墻。

（清）周家楣、繆荃孫等《（光緒）順天府志》卷六〇《經政志七·典禮·耤田登穀收貯禮》

屆秋成，順天府以帝耤所收穀數奏聞，下禮部諏吉，交太常寺收貯。《通禮》三十一。光緒四年九月二十日，兼尹萬青藜、府尹周家楣題《玉粒告成，請敕部擇吉存倉疏》：本年三月十三日，臣等率同僚屬，遵直省督撫之例，將耤田耕種。今五穀登場，收穫事竣，據大興、宛平二縣申報，收穫稻子八斗八升三合七勺，黍子三石九斗六升二合二勺，穀子十四石四斗一升六勺，麥子五斗九合八勺，豆子八斗二升四合三勺，共五穀二十石七斗九升七勺，理合恭疏題請敕部行令欽天監選擇吉期知會太常寺，恭納神倉以備粢盛。謹題。又十一月三十日，兼尹萬、府尹周題《耤田玉粒交納疏》：光緒四年十一月二十九日，禮部文開，據欽天監選擇得本年十二月初八日癸未，宜用巳時吉。臣等遵於十二月初八日巳時，躬率僚屬，時耤田所收稻黍穀麥豆共二十石七斗九升七勺，恭納神倉，交與太常寺敬謹收存訖。循例疏題。

（清）閻鎮珩《六典通考》卷六二《民政考》

永樂十八年，北京先農壇成。護壇地六百畝，供黍稷及薦新品物，地九十餘畝。

（清）王先謙《東華錄·雍正三》

雍正元年七月甲申，諭禮部：國家祀典，必貴潔誠。先農壇每歲展祀，且爲親耕耤田之所，最宜清肅。舊制，圍壇內有地一千七百畝，以二百畝給壇戶，種植五穀蔬菜，以供祭祀。餘一千五百畝，每年交租銀三百兩，以備修理。聞康熙四十年間，內務府撥給園頭耕種，粢盛蔬菜無所從出，惟向市中采買，殊非潔净精誠之意。今著園頭清還地畝，仍給太常寺壇戶耕種，以供祭祀之需。餘地一千五百畝，著將內外圍壇，查明丈尺。每種地十畝估計，令其修墙若干，務期加謹葺護，毋致傾壞。每年派滿漢太常寺少卿一員，不時稽察，庶壇壝精潔，祀事更加虔謹矣。

趙爾巽《清史稿》卷一二〇《志九十五·食貨志一》

凡京師壇壝官地，暨天下社稷、山川、厲壇、文廟、祠墓、寺觀、祭田公地，一切免徵。

耤田行於首都先農壇。壇地凡千七百畝。雍正間，令疆吏飭所屬置耤田。

《明清皇家壇廟史料彙編》
編纂委員會

主　編: 郗志群

副主編: 劉志江　蔡宛平　匡清清　王冕森　王敬雅

編　委: (以姓氏筆畫爲序)

王永超	王建業	王冕森	王敬雅	田相鳳	匡清清
朱靖輝	衣長春	李　想	李　静	李丹丹	李瑩雪
吳晨陽	谷　雨	金瀅坤	郝艷華	胡芮寧	段東升
侯文婷	郗志群	秦友會	秦中亮	耿麗敏	連　冠
徐　暢	師宇晨	唐　茜	陸非凡	陳天奇	陳玉娥
陳紀童	陳夢茹	孫天一	孫忠源	黃祖冉	閆宏宇
張一夫	張　瑩	彭　川	鄒洪昀	董媛媛	雷佳音
蔡宛平	蔡麗麗	熊志鵬	劉志江	劉江偉	劉建生
劉蘊博	戴秋林				

國家古籍整理出版專項經費資助項目

明清皇家壇廟史料彙編

Compilation of Historical Materials of Imperial Temples of Ming and Qing Dynasties

主編　郗志群

副主編　劉志江　蔡宛平　匡清清　王冕森　王敬雅

人民出版社

目　録
（下　册）

先　蠶　壇

一、建置沿革

（一）營建沿革

（明）申時行等《大明會典》卷九二《禮部五〇·先蠶後罷》

嘉靖九年，初建先蠶壇於北郊，歲春擇日皇后躬祀先蠶，行親蠶禮。十年，改築壇于内苑。

（明）俞汝楫等《禮部志稿》卷二九《先蠶後罷》

嘉靖九年，初建先蠶壇於北郊，歲春擇日皇后躬祀先蠶，行親蠶禮。十年，改築壇於内廷，致祭行親蠶禮。

（明）俞汝楫等《禮部志稿》卷九五《嘉靖舉行親蠶》

國初無親蠶禮，嘉靖九年，肅皇帝敕禮部，每歲季春，皇后親蠶於北郊，先是吏科都給事中夏言，請行親蠶，立公桑園，令有司種桑柘以備宮中蠶事，又敕禮部曰：耕桑重事，古者帝親耕后親蠶，以勸天下，朕在宮中，每有稱慕，自今歲始，朕親耕，皇后親蠶，其具儀以聞。于是，大學士張璁等因請於安定門外建先蠶壇制，旁設采桑壇，仿耤田制，其別殿如南郊齋宮制，少減其數，即齋宮旁起蠶房爲浴蠶所。

（明）佚名《太常續考》卷八《先蠶壇》

嘉靖九年，建先蠶壇於北郊，皇后親祀，公主及内外命婦陪祀。畢，詣采桑臺，行采桑禮。十年，改築壇于内苑，以仲春上巳日行事。二十七年，罷。

（清）慶桂等《國朝宮史續編》卷三〇《典禮二四·祭祀五·先蠶壇饗祀儀》

臣等謹案：乾隆七年壬戌，始建蠶壇於西苑。

（清）張廷玉《清文獻通考》卷一〇二《郊社考一二·親蠶祭先蠶》

乾隆元年，建先蠶祠於都城北郊，以季春吉巳，遣官致祭先蠶。雍正十三年，河東總督王士俊疏請奉祀先蠶，禮部議於北郊依先農壇典制，建立先蠶壇，尋以侍郎圖理琛，奏改立先蠶祠於安定門外，每歲季春巳日，遣太常寺堂官以少牢致祭。

七年，建先蠶壇於西苑，定皇后親蠶祀先蠶之禮。

（清）允祹等《大清會典則例》卷六一《親蠶》

雍正十三年，議准京師於北郊擇地建先蠶壇。每歲以季春巳日，遣禮部堂官一人承祭。直省各府州縣均於北郊設立先蠶壇，以季春巳日致祭。一切禮儀均依祭先農典。

（清）允祹等《大清會典則例》卷七五《禮部》

（乾隆七年）是年，議准建先蠶壇。每歲季春巳日，皇后親饗先蠶。

（清）允祹等《大清會典則例》卷一六七《內務府》

乾隆九年，建先蠶壇，設八品催長一人，領催二名，內監二人，園户二十名。

（清）嵇璜、劉墉等《清通志》卷三七

乾隆元年，建先蠶祠於都城北郊，以季春吉巳遣太常寺堂官，以太牢致祭，七年，建先蠶壇於西苑，定皇后親蠶，祀先蠶之禮。

（清）嵇璜等《續文獻通考》卷七八《群祀考》

明嘉靖九年正月，作先蠶壇於北郊。先蠶，明初未列祀典，至嘉靖初，都給事中夏言清理皇莊，請改負郭宮莊，《志》作官，莊誤。爲親蠶廠公桑園，種植桑柘以備宮中蠶事。

（二）建築規制

（明）申時行等《大明會典》卷五一《禮部九》

壇高二尺六寸，四出陛，廣六尺四寸，甃以磚石，又爲瘞坎於壇右方，深取足容物。東爲采桑臺，方一丈四寸，高二尺四寸，三出陛，鋪甃如壇制。臺之左右，樹以桑，壇東爲具服殿三間，前爲門一，座俱南向。西爲神庫、神厨各三間，右宰牲亭一座，壇之北爲蠶室五間南向，前爲門三，座高廣有差。左右爲厢房各五間，之後爲從室各十。

（明）俞汝楫等《禮部志稿》卷一三

（嘉靖）十年，以出入不便，改築壇於西苑，壇高二尺六寸，四出陛，廣六尺四寸，甃以磚石又爲瘞坎，於壇右方，深取足容物，東爲采桑臺，方一丈四寸，高二尺四寸，三出陛，鋪甃如壇制。臺左右樹以桑壇，東爲具服殿三間，前爲門一，座俱南向。西爲神庫、神厨各三間，右宰牲亭一座。壇之北，爲蠶室五間，南向。前爲門三，座高廣有差，左右爲厢房各五間，之後爲從室各十間，以居蠶婦。設蠶公署于宮左，偏置蠶宮令一員，丞二員，擇內臣謹恪者爲之，以督蠶桑等務。

（清）允祹等《大清會典》卷七一《工部》

先蠶壇在西苑之東北，制方，南向，一成徑四丈，高四尺，四出陛，各十級。西北爲瘞坎，壇東南先蠶神殿三間，西向，朱扉覆以綠琉璃，崇基三出陛，左右宰牲亭一，井亭一，北爲神庫，南爲神厨各三間，壇東爲采桑臺，方廣三丈二尺，高四尺，臺面甃以金磚，圍以白石，南東西三出陛，各十級，繞以朱闌，前爲桑園采桑臺，後爲具服殿五間，南向，三出陛，各五級，東西配殿各三間，後殿五間，東西配殿各三間，四周迴廊二十間，均覆以綠琉璃。宮墙自殿南東西轉各北抵外垣，東南西各一門，浴蠶河在宮墻東，自外圍北垣流入，由南垣出垣下，各設閘啓閉。木橋二，橋東蠶署三間，蠶室二十七間，連檐通脊，均西向。壇垣周百六十丈，西南隅正門三，左右門各一，西北隅角門一，壇垣南室二重，各五間，均西向。

（清）昆岡等《大清會典圖》卷一四《禮一四·祀典一四》

先蠶壇在西苑東北，制方，南向，一成方四丈，高四尺，面甃金磚，環以白石，四出陛，均十級，南階上、下鼎爐各二。東西階下鼎爐各二。西北瘞坎一，壇東南爲觀。桑臺方三丈二尺，高四尺，面甃金磚，環以白石，閑以朱欄，東西南三出陛，均十級。臺前爲桑園，又東南爲先蠶神殿三間，西向，崇基三出陛，左右宰牲亭一，井亭一，北爲神庫三間，南爲神厨三間，南北向。垣一重，內外丹腹門一，西向，朱扉，均覆綠琉璃瓦。觀桑臺北正門一間，南向，門內影壁一，東西披門各一，東西向，北上具服殿五間，又爲繭館，南向，崇基三出陛，均五級。東西配殿各三間，後殿五間，爲織室。東西配殿各三間，迴廊二千間，中爲池。前後殿中垣左右門各一，衛以宮墻，內外丹腹均覆綠琉璃瓦。浴蠶河在宮墻東，自外圍北垣流入，由南垣出，各設閘啓閉。木橋二，一在北當宮墻東披門，一在南當先蠶神殿正門。神殿北蠶署三間，西向，左右室各二間，南北向。垣一，重門一，西向。又北蠶室二十七間，連檐通脊，西向，均覆綠琉璃瓦。外圍垣周一百六十丈，內外丹腹當壇之南，正門三間，左右門各一，南向，北垣之西，角門一，北向，均覆綠琉璃瓦。南垣南陪祀公主、福晉室五間，命婦室五間，均西向，覆以甋瓦。公主、福晉室前，命婦室後，右側室各三間，南向，間以三垣，垣左右角門各二，周以外垣一，重門一，西向，門內影壁一，垣後門一，東向，門內跨浴蠶河橋一，其甬路由南門內北達壇南神路，壇東階東達具服殿正門，壇北折而東達宮墻西披門，壇西階下直北達瘞坎，直南折而東亦達壇南神路，由南門內折而東北達觀桑臺，直東渡木橋達先蠶神殿。

趙爾巽《清史稿》卷八二《志五七·禮志一·吉禮一·先蠶壇》

乾隆九年，建西苑東北隅，制視先農。徑四丈，高四尺，陛四出。殿三楹，西向。東采桑臺廣三丈二尺，高四尺，陛三出。前爲桑園臺，中爲具服殿、爲繭館，後爲織室。有配殿，環以宮墻。墻東浴蠶河，跨橋二。橋東蠶署三，蠶室二十七，俱西向。外垣周百六十丈，各省先農壇高廣視社稷，餘如制。

二、祭祀制度

（一）祭祀前期

日期時辰

《明世宗實錄》卷一一〇"嘉靖九年二月"條

庚午。【略】先一日，太常寺執事人役入壇，具祝文版及祭物，羊豕籩豆各六，黑帛，本日晚送交蠶宮令即出壇。次日，蠶宮令送交執事女官，其厨役等項不許以鋪排名色擅入壇内。

趙爾巽《清史稿》卷八二《志五七·禮志一·吉禮一》

中祀十有二：【略】春仲祭先農，季祭先蠶。

齋戒陪祀迎送

《明世宗實錄》卷一一〇"嘉靖九年二月"條

命婦，文官自四品以上，武官自三品以上，俱陪祀。

命婦入壇者，給與陪祀牌，授桑者給與供事牌。每命婦許帶侍女一人以備執鈎筐，給與執事人牌一面，本部委官同蠶宮令於壇門照驗放入，無牌混入者查究治罪。

前期三日，尚儀奏齋戒，皇后致齋三日，内執事并司贊六尚等女官及應入壇者各齋一日。

（明）申時行等《大明會典》卷九二《禮部五〇·先蠶》

齋戒。前期三日，尚儀奏致齋三日，内執事并司贊六尚等女官及應入壇者，各齋二日。

省牲。羊二，豕一，鹿一，兔一。

（明）俞汝楫等《禮部志稿》卷二九

齋戒。前期三日，尚儀奏致齋三日，内執事并司贊六尚等女官及應入壇者，各齋二日。

省牲，羊二、豕一、鹿一、兔一。

（明）佚名《太常續考》卷八《先蠶壇》

前期三日，内尚儀奏祭祀齋戒，皇后致齋三日，内執事致齋一日。

（清）鄂爾泰等《國朝宮史》卷六《典禮二》

太常寺卿率所屬恭奉，齋戒牌在前，銅人在後，前引如儀。至乾清門，内務府總管以授宮殿監，恭設於交泰殿。案上齋戒牌南向，銅人西向，跪三叩，退。皇后乃齋，陪祀皇貴妃以下，咸致齋先一日。

（清）張廷玉《清文獻通考》卷一○二《郊社考一二》

太常寺先期奏聞，致祭前二日，皇后於正殿致齋。至日，以一太牢親祀，行三獻禮，應陪祀者各致齋陪祀。翼日，蠶未生，則諏日皇后詣桑壇，行躬桑禮。蠶事畢，蠶母率蠶婦擇繭之圓潔者，貯筐恭獻以告蠶事之登。擇吉，皇后復詣蠶壇，親臨織室，行繅三盆手禮，遂布於蠶婦之吉者，使繅而朱綠玄黃之，以供郊廟黼黻之用，從之。<small>蠶母二人，於內外命婦中，擇高年嫻禮儀者充之。蠶婦二十七人，擇內苑熟悉蠶事者充之。詳見儀注。</small>

太常寺卿率所屬恭奉，齋戒牌在前，銅人在後，前引如儀。至乾清門，內務府總管以授宮殿監侍，恭設於交泰殿，案內齋戒牌南向，銅人西向，跪三叩，退。皇后乃齋，陪祀妃嬪公主福晉以下，文官三品，武官二品命婦以上咸致齋。

（清）允祹等《大清會典則例》卷七五《禮部》

乾隆七年，初建先蠶壇，皇后親饗先蠶之神。致齋二日，固倫公主、福晉以下，鄉君鎮國公夫人以上，文官副都御史命婦、武官二品大臣命婦以上，無事故者均陪祀，由內務府移各該衙門知照本人。於前期二日齋戒，屆期詣壇行禮。如遣妃致祭，公主福晉命婦致齋同。

趙爾巽《清史稿》卷八二《志五七·禮志一·吉禮一·齋戒》

中祀，前三日奏進，置乾清門二日。并祭日徹還。后饗先蠶，奏進亦如之。惟由內侍置交泰殿三日。七年，定郊祀致齋，【略】后饗先蠶，齋二日，公主、福晉、命婦陪祀者，前二日致齋。

（二）祭祀器用

陳設祭品

（明）申時行等《大明會典》卷九二《禮部五○》

陳設，先蠶氏之神，羊二，豕一，登一，籩豆各六，簠簋各二，帛一，筐一，酒尊三，爵三，酒盞三十，祝案一。

（明）俞汝楫等《禮部志稿》卷二九

陳設，先蠶氏之神，羊二、豕一、登一、籩豆各六、簠簋各二、帛一、筐一、酒尊三、爵三、酒盞三十、祝案一。

（明）佚名《太常續考》卷八《先蠶壇》

合用祭器，簠、簋、籩、豆、碟二十個，登一，爵四個，福酒一個，酒罇三個，酒盞三十個，大紅紗燈四座，紅綿紙方燈共六十盞。

本寺庫內出祝帛香燭果品等物，於前期二日送赴蠶壇，蠶宮令收。告祀帛一段，<small>黑色</small>祝版一片，降香二十斤，二十斤燭，四枝八兩燭十枝，四兩燭三十枝，二兩燭二百枝，一兩燭二十枝。紅棗二斤，栗子二斤八兩，榛子一斤八兩，菱米二斤，茨實一斤八兩，鹽二斤，香油三斤，笋、花椒、蒔蘿、茴香各四兩，木柴一千斤，木炭十斤，黍、稷、稻、粱各一升五合，恒裕倉領韭菜八兩，菁菜、芹菜各一把。

合用牲隻，北羊二隻，內胙一，豕二口，鹿一隻，兔一隻。

（清）鄂爾泰等《國朝宮史》卷六《典禮二·先蠶壇饗祀儀》

屆日雞初鳴，內務府總管及宮殿監率內監入壇，具器陳牛一、羊一、豕一、登一、鉶二、簠簋各二、籩豆各十、爐一、鐙二。東設一案，西向，陳青色制帛一、香盤一、尊一、爵三。設福胙於尊案之旁，加爵一。牲陳於俎，帛實於筐，尊實酒，承以舟，疏布冪勺具。內監設洗於具服殿，樂部率掌儀司內監陳樂於壇下，東西分列如式。

（清）張廷玉《清文獻通考》卷一〇二《郊社考一二》

至日，雞初鳴，內務府總管及宮殿監侍，率內監入壇，具器陳牛一、羊一、豕一、登一、鉶一、簠簋各二、籩豆各十、爐一、鐙二。東設一案，西向，陳禮神制帛一、色青，香盤一、尊一、爵三，設福胙於尊爵之旁，加爵一，牲陳於俎帛，實於筐尊，實酒承以舟疏布冪勺，具內監設洗於具服殿，樂部率掌儀司，內監陳樂於壇下，東西分列如式。

（清）昆岡等《大清會典圖》卷一四《禮一四》

先蠶壇先蠶位懷桌上設爵墊一，珓三十，籩豆案上登一、鉶二、簠二、簋二、籩十、豆十。案前俎一、中區爲三、實牛一、羊一、豕一，又前高爐几設銅爐一，香靠具高鐙几設羊角魷鐙二，帛筐先設接桌上，奠帛奠於籩豆案，正中陶爵三，先設尊桌上三獻奠於爵墊。

趙爾巽《清史稿》卷八二《志五七·禮志一·吉禮一·祭品》

凡籩豆之實，各十二。籩用形鹽、薧魚、棗、栗、榛、菱、芡、鹿脯、白餅、黑餅、糗餌、粉餈，豆用韭菹、醓醢、菁菹、鹿醢、芹菹、兔醢、筍菹、魚醢、脾析、豚拍、酏食、糝食。用十者，籩減糗餌、粉餈，豆減酏食、糝食。【略】登一，太羹。鉶二，和羹。簠二，稻、粱。簋二，黍、稷。

祭祀用具

（清）允祹等《大清會典則例》卷七五《禮部》

祭器。乾隆十二年，諭：國家敬天尊祖，禮備樂和，品物具陳，告豐告潔，所以將誠敬昭典則也。考之前古，籩豆簠簋諸祭器，或用金玉以示貴重，或用陶匏以崇質素，各有精義存乎其間。歷代相承，去古寖遠。至明洪武時更定舊章，祭品祭器悉遵古，而祭器以瓷代之，惟存其名。我朝壇廟陳設祭品器，亦用瓷蓋，沿前明之舊。皇考世宗憲皇帝時，考按經典，範銅爲器，頒之闕里，俾爲世守。曾宣示廷臣，穆然見古先遺則。朕思壇廟祭品，既遵用古名，則祭器亦應悉用古制，以備隆儀，著大學士會同該部稽核經圖，審其名物度數，製作款式，折衷至當，詳議繪圖以聞。朕將親爲審定，敕所司敬謹製造用光禋祀，稱朕意焉，欽此。遵旨。

趙爾巽《清史稿》卷八二《志五七·禮志一·吉禮一·祭器》

日壇、月壇、先農、先蠶壇，俱爵三，盞三十，邊、豆十，鉶、簠、簋、各二，登、筐、俎、尊各一。【略】又豆、登、簠、簋、鉶、尊皆陶，日、月、先農、先蠶亦如之。【略】又豆、登、簠、簋、鉶、尊皆陶，日、月、先农、先蠶如之。

（三）祭祀禮儀

禮儀沿革

（明）申時行等《大明會典》卷五一《禮部九·親蠶》

國初，無親蠶禮。肅皇帝始敕禮部，以每歲季春皇后親蠶於北郊，後改於西苑，未久即罷。

（明）俞汝楫等《禮部志稿》卷一三《親蠶》

國初，無親蠶禮。肅皇帝始敕禮部，以每歲季春皇后親蠶於北郊，後改於西苑，未久即罷。

（明）俞汝楫等《禮部志稿》卷九五

國初，無親蠶禮。嘉靖九年，肅皇帝敕禮部，每歲季春，皇后親蠶夕北郊。先是，吏科都給事中夏言，請行親蠶，立公桑園，令有司種桑柘以備宮中蠶事。又敕禮部曰：耕桑重事，古者帝親耕，后親蠶以勸天下。

（清）允祹等《大清會典則例》卷六一《親蠶》

雍正十三年，議准京師於北郊，擇地建先蠶壇，每歲以季春巳日遣禮部堂官一人，承祭直省各府州縣均於北郊設立先蠶壇，以季春巳日致祭，一切禮儀均依祭先農典禮。

乾隆元年，議准停止建立先蠶壇，改立先蠶祠宇。至期遣禮部堂官一人承祭，其各省蠶壇皆罷設。

七年，議准皇后親饗先蠶暨躬桑禮，分兩日舉行，每歲以季春之巳吉日祭先蠶躬桑，以蠶生未眠之前風日晴和爲良日。若致祭之明日，蠶尚未生，竢蠶生時，內務府具奏。若蠶已生，即於是日進筐鈎，皇后御交泰殿閱視，又明日行躬桑禮。

又議准，皇后躬桑從采桑者九人，妃嬪二位，公主、福晉以下，輔國公夫人以上三人，文官左副都御史等官以上、武官副都統暨二品官以上命婦共四人。公主、福晉、夫人等由宗人府開送，大臣命婦由內務府開送，均於前期一月移取，無事故者，奏請欽點。

又定設蠶宮令一人，丞一人經理蠶務，以首領內監充補，由宮殿監督領侍遴選列名，奏請欽點。

又定設蠶母二人，於內外命婦中擇年高迪吉嫺於禮儀者爲之，總理禮儀之事，不必移居蠶室。皇后躬桑率蠶婦以從獻繭、奉繭以進。皇后繅三盆手，相其儀。蠶婦二十七人，以舊經內苑育蠶，熟悉蠶事者爲之，居蠶室朝夕飼養。

（清）嵇璜、劉墉等《續通典》卷五〇《禮吉·先蠶》

明初，先蠶未列祀典。世宗嘉靖，時都給事中夏言請改各官莊田爲親蠶，廠公桑園令有司種桑柘，以備宮中蠶事。

九年，復疏言耕蠶之禮，不宜偏廢。帝乃敕禮部，具儀以聞。大學士張璁等請於安定門外建先蠶壇，帝親定其制，壇方二丈六尺，叠二級，高二尺六寸，四出陛，東西北俱樹桑，柘內設蠶宮令署，采桑臺高一尺四寸方十倍，三出陛，鑾駕庫五間，後蓋織堂。三月，皇后親蠶於北郊，祭先蠶氏，儀與宋政和禮同，四月蠶事告成，行治繭禮選蠶婦善繰絲及織者各一人。卜日，皇后出宮，導從如常儀。至織堂內命婦一人，行三盆手禮，布於織婦以終其事，蠶宮令送尚衣織染監局，造服其祀先蠶，止，用樂，不用舞樂女生冠服，俱用黑。

十年，改築先蠶壇於西苑仁壽宮側，毀北郊蠶壇。四月，皇后行親蠶禮於西苑。

十六年，詔罷之，仍命進蠶具如常。歲遣女官祭先蠶，四十一年，并罷所司奏請。

（清）嵇璜等《續文獻通考》卷一五五《郊社考九·親蠶祭先蠶》

臣謹案：乾隆元年，始建先蠶祠。七年，始定皇后親蠶之禮。

（清）朱奇齡《續文獻通考補》卷一三《典禮補九·先蠶》

嘉靖九年，初建先蠶壇於北郊，後罷。歲春擇日，皇后躬祀先蠶，行親蠶禮。十年，改築壇于內苑，以少牢致祭。羊二、豕一、籩豆各六，餘如先農。前期，齋戒三日，省牲。蠶宮令陳女樂于壇南。設拜位后位，次公主，次內婦，次外命婦，俱北向。於壇下，設內贊位於壇南，設司贊位於皇后拜位之東西，設司賓位於外命婦班之北，東西相向。皇后至壇，入具服殿。司賓先引外命婦列於壇下，東西相向，以北爲上。尚儀請皇后具禮服。至壇，贊唱就位，行禮以至禮畢，俱如祀先農儀。樂章特設，歌而不舞。

祭祀通例

《明世宗實錄》卷一一〇"嘉靖九年二月"條

辛巳【略】上謂：祀先蠶當備樂舞，而宮人不足，又謂冠服當與樂舞生异制，下禮部議。禮部言：祀先蠶之禮，周漢以來皆行之，其樂舞儀節經史不載，考之唐開元《先蠶儀注》，陳設之日太樂令設宮縣之樂於壇南內壇之內，諸女工各位於後，則祀先蠶用女樂可知矣。又考之《唐六典》，太樂令掌教樂人調合鐘律，以供邦國之祭祀，宮縣之舞八佾，軒縣之舞六佾，先蠶壇設宮縣之樂則舞宜用八佾可知矣。然《六典》止言文舞六十四人，服委貌冠，玄絲布大袖，白練領襈，白紗中單，絳領襈，絳布大口袴，革帶，烏皮履，白布襪，武舞六十四人，平冕，餘同文舞，而不言舞女之冠服。又考之宋儒陳暘《樂書》，享先蠶圖下有宮架登歌之圖而不及舞。臣等前具先農儀，已擬樂舞全用御劄，以宮中人數不足，欲減八佾爲六佾，茲復奉聖諭議處，臣等遍考禮書，有樂有舞，雖祀禮之常，然周漢之制既不可考，宋祀先蠶代以有司又不可據，惟開元儀注略爲近古，而陳氏《樂書》考據亦明，即止用樂歌減去樂舞，亦於古制有合，且以見少殺先農之禮。上乃曰：舞者備文武之義，非婦人女子之事，宜罷之，止用樂其冠服之制，卿等更酌議以聞。禮部議言：北郊陰方也，其色尚黑，同色相感事神之道，而樂之感通尤甚，漢蠶東郊色尚青，魏蠶西郊亦尚青，非其色矣。今樂女生冠服，宜用黑縐紗，描金蟬冠，黑絲纓，黑素羅，銷金葵花胷背大袖女袍，黑生絹襯衫，錦領，塗金束帶，白襪，黑鞋，庶冠服制度與先農樂生相似而於北郊意義亦不相背矣。上從之。

（明）申時行等《大明會典》卷五一《禮部九》

嘉靖九年，定先期欽天監擇日以聞，順天府具蠶母名數奏送蠶室內，工部具鈎箔筐架及一應養蠶什物給送蠶母，順天府將蠶種及鈎筐一副進呈。訖，捧自西華門出，置彩輿中，鼓樂送至蠶室，蠶母浴種伺蠶生，先飼以待。先一日蠶宮令、丞設皇后采桑位，於采桑臺東向，執鈎筐者位於稍東。設公主及內命婦位於皇后位東，設外命婦位於采桑臺東陛之下，南北向，以西為上。至日四更，宿衛陳兵衛，女樂工備樂，司設監備儀仗及重翟車，蠶官令備鈎筐俱候於西華門外，內執事女樂生并司贊六尚女官等皆乘車先至壇內候，將明內侍詣坤寧宮奏請皇后，詣先蠶壇所皇后服常服，導引女官導皇后出宮門，乘肩輿，侍衛警蹕如常儀。公主及內命婦應入壇者，各服其服以從。至西華門，內侍奏請降輿，升重翟車兵衛儀仗女樂，前導女官捧鈎筐行於車前，皇后至具服殿少憩，易禮服，祭先蠶儀具祠祭司，祭畢更常服，司賓引外命婦先詣采桑壹位，南北向。女侍執鈎筐者各隨於後，尚儀入奏請詣采桑位，導引女官導皇后至采桑位，東向。公主以下各就位，南北向。執鈎者跪進，鈎執筐者跪奉筐受桑，皇后采桑三條，還至壇南儀門坐觀命婦采桑。三公命婦以次取鈎采桑五條，列侯九卿命婦以次采桑九條，采訖，各以筐授女侍。司賓引內命婦一人詣蠶室，尚功帥執鈎筐者從，尚功以桑授蠶母，蠶母受桑緰切之以授內命婦，內命婦食蠶灑一箔訖，司賓引內命婦還，尚儀前奏采桑，禮畢。皇后還具服殿候升座，尚儀奏司賓率蠶母等行叩頭禮，訖，司贊唱班齊，外命婦序列定，贊四拜，畢，賜命婦宴於殿內外，并賜蠶母酒食於采桑臺傍。公主及內命婦殿內序坐，外命婦從采桑者及文武二品以上命婦於殿臺上，三品以下於臺下各序坐，尚食進膳，司賓引公主及內命婦各就坐，教坊司女樂奏樂，進酒及進膳、進湯如儀。宴畢徹案，公主以下并外命婦各就班，司贊贊四拜，尚儀跪奏禮畢，皇后興還宮，導從如前。

（明）申時行等《大明會典》卷九二《禮部五〇》

正祭。先一日，蠶宮令陳樂女生位於壇南，設皇后拜位於壇下，北向。次公主，次內命婦，次外命婦拜位，俱異位重行北。內設內贊位於壇南，設司贊位於皇后拜位之東西，設司賓位於外命婦班之北，東西相向。皇后至壇所，入具服殿少憩，司賓先引外命婦列於先蠶壇下，東西相向，以北為上。尚儀詣皇后前，奏請皇后易禮服，出殿門，將至壇內贊唱，樂女生就位，執事官各司其事，導引女官導皇后至拜位，司贊奏就位，次公主，次內命婦，又次外命婦各就拜位。內贊唱瘞毛血，迎神，樂作。樂止，司贊奏四拜，公主以下同。內贊唱奠帛，行初獻禮，樂作，執事官捧帛爵跪於神位前，各奠訖，樂暫止。內贊唱讀祝，司贊奏跪，皇后跪，公主以下同。讀祝女官跪於神位前右，讀訖，樂作，司贊奏興，皇后興。公主以下同。樂止，內贊唱行亞獻禮，樂作，執事官捧爵跪奠於神位前。訖，樂止，內贊唱行終獻禮，儀同亞獻。執事女官進立壇，東西向。唱賜福胙，司贊奏跪，皇后跪，執事女官以福酒跪進于皇后右，奏飲福酒，皇后飲訖，執事女官以胙跪進于皇后右。奏受胙，皇后受胙訖，司贊奏興，皇后興。司贊奏二拜，公主以下同。內贊唱徹饌，樂作，執事女官詣神位前。徹饌訖，樂止，內贊唱送神，樂作，司贊奏，四拜，公主以下同。樂止，內贊唱讀祝官捧祝，執事官捧帛饌，各詣瘞位，樂作。樂止，司贊唱禮畢，皇后還具服殿，更常衣行親蠶禮。【略】

凡太常寺執事人役，先一日入壇，具祝版祭品香帛本日晚送交蠶官令，轉送執事女官，其廚役等項不許以鋪排名色擅入壇內。祭畢，蠶宮令將祭品交還太常寺。凡樂女生奏樂，止用樂歌不用舞。

凡陪祀文官四品以上、武官三品以上命婦各造給陪祀牌一面，牌式較陪祀官減三之一。

(明) 佚名《太常續考》卷八《親蠶》

擇吉日，致祭先蠶氏。

前期三日，內尚儀奏祭祀齋戒，皇后致齋三日，內執事致齋一日。

前期一日，蠶宮令具祝版，陳設籩豆牲隻樂器。【略】

正祭，日未明，司設監備儀仗及重翟車，蠶宮令備鈎筐一副，俱竢於西華門外。將明，皇后出宮門，乘肩輿，侍衛警蹕如常。公主及內外命婦應入壇者，各著具服以從。至西華門，升重翟車，兵衛儀仗前導，女官捧鈎筐行於車前。至具服殿，皇后易禮服。至壇內，贊唱樂女生就位，執事官各司其事，導引女官導皇后至祭拜位，司贊奏就位，公主內外命婦，各以次就拜位，內贊唱瘞毛血、迎神，樂作。樂止，司贊奏四拜，公主內外命婦同。內贊唱奠帛、行初獻禮，作樂，執事官捧帛爵於神位前，各奠訖，樂暫止。司贊奏跪，皇后跪，公主以下同跪，內贊唱讀祝。訖，樂復作，司贊奏興，皇后興，公主以下同興，樂止。內贊唱亞獻禮、終獻禮，樂作，執事捧爵於神位前，奠跪訖，樂止，執事女官進，立壇東西向，唱賜福胙，司贊奏跪，皇后跪，執事女官捧福酒胙跪進于皇后右，奏飲福酒，訖，奏受胙，訖，奏興，皇后興，奏兩拜，公主以下同。內贊唱徹饌，樂作。樂止，內贊唱送神，樂作，奏四拜，公主以下同。樂止，內贊唱讀祝官捧祝，執事官捧帛饌，各詣瘞位，樂止，皇后退拜位之東，立。捧祝帛饌官過訖，司贊奏禮畢。還具服殿，更常服，詣采桑臺，行采桑儀。

(明) 俞汝楫等《禮部志稿》卷一三《親蠶》

國初無親蠶禮，肅皇帝始敕禮部，以每歲季春皇后親蠶於北郊，後改於西苑，未久即罷。嘉靖九年，定先期欽天監擇日以聞，順天府具蠶母名數，奏送蠶室。内工部具鈎箔筐架及一應養蠶物件給送蠶母，順天府將蠶種及鈎筐一副進呈訖，捧自西華門出，置彩輿中鼓樂，送至蠶室，蠶母浴種伺蠶生，先飼以待。先一日，蠶宮令、丞設皇后采桑位於采桑臺，東向。執鈎筐者位於稍東，設公主及内命婦位於皇后位東，設外命婦位於采桑臺東階之下，南北向，以西爲上，至日四更，宿衛陳兵衛，女樂工備樂司，設監備儀仗及重翟車，蠶宮令備鈎筐，俱候於西華門外，内執事女樂生并司贊六尚女官等皆乘車先至壇内。候將明，内侍詣坤寧宮，奏請皇后詣先蠶壇所。皇后服常服，導引女宮導皇后出宮門，乘肩輿，侍衛警蹕如常儀。公主及内命婦應入壇者，各服其服以從。至西華門，内侍奏請降輿，升重翟車，兵衛儀仗女樂前導，女官捧鈎筐行於車前，皇后至具服殿少憩，易禮服。祭先蠶儀具祠祭司。祭畢，更常服，司賓引外命婦先詣采桑臺位，南北向。女侍執鈎筐者各隨于後。尚儀入，奏請詣采桑位，導引女官導皇后至采桑位，東向。公主以下各就位，南北向。執鈎者跪進鈎，執筐者跪進筐受桑，皇后采桑三條，還至壇南儀門坐觀命婦采桑。三公命婦以次取鈎采桑五條，列侯九卿命婦以次采桑九條，采訖，各以筐授女侍，司賓引内命婦一人詣蠶室，尚功帥執鈎筐者從。尚功以桑授蠶母，蠶母受桑，緦切之以授内命婦，内食婦食蠶灑一箔，訖，司賓引内命婦還。尚儀前奏采桑禮畢，皇后還具服殿，侯升座，尚儀奏司賓率蠶母等行叩頭禮。訖，司贊唱班齊，外命婦序列定，贊四拜，畢，賜命婦宴於殿内外，并賜蠶母酒食于采桑臺傍，公主及内命婦殿内序坐，外命婦從。采桑者及文武二品以上命婦于殿堂上，三品以下於臺下各序坐，尚食進膳，司賓引公主及内命婦各就坐。教坊司女樂奏樂，進酒及進膳、進湯如儀。宴畢，徹案。公主以下及外命婦各就班，司贊贊四拜，尚儀跪奏禮畢，皇后興，還宮，導從如前。親蠶壇築于安定門外，皇后率公主及内外命婦躬往采桑，而擇内西苑隙地，蓋造織堂以終蠶事。

（明）俞汝楫等《禮部志稿》卷九五《親蠶》

國初無親蠶禮。嘉靖九年，肅皇帝敕禮部，每歲季春，皇后親蠶於北郊。先是，吏科都給事中夏言，請行親蠶，立公桑園，令有司種桑柘以備宮中蠶事，又敕禮部曰：耕桑重事，古者帝親耕后親蠶，以勸天下，朕在宮中，每有稱慕，自今歲始，朕親耕，皇后親蠶，其具儀以聞。于是大學士張璁等因請於安定門外，建先蠶壇，準先農壇制，旁設采桑壇，仿耤田制，其別殿如南郊齋宮制，少減其數，即齋宮旁起蠶房爲浴蠶所，皇后采桑三條後，三公夫人采五條，列侯九卿夫人采九條，仍擇民婦授桑浴蠶於内，以終事。詔如議行。【略】于是築親蠶壇於安定門外。十年以出入不便，三月己丑，上幸西苑召大學士張孚敬、尚書李時至大液池，令中官以舟渡二臣，諭以築蠶壇相地，遂改築壇於西苑。

十四年，皇后親蠶於内苑如儀。上曰："親耕無賀，蠶其毋賀，女樂第用以宴勿前導。"

（明）俞汝楫等《禮部志稿》卷九五《蠶事告成行治繭禮》

嘉靖八年，禮部以蠶事告成，請行治繭禮，令蠶官於令蠶婦中選能繰絲及能織者各十人，欽天監預定繰絲吉日，先期蠶宮令送織婦入織堂，應用繰絲及織造器用工部造用。至期，皇后出宮，警蹕侍從如常儀。至織堂，命內命婦一人行三盆手禮，禮畢，遂布於織婦以終其事。其所繰完蠶絲，就令織婦於織堂量織堪用。絹幣完日，蠶官令徑送尚衣織染等局，具奏製造祭服。詔如議，仍命查犒賞蠶婦例。

（清）允祹等《大清會典》卷八九《內務府》

凡親蠶，爲壇於西苑，皇后躬饗先蠶，儀詳禮部。執事女官典儀一人，贊引二人，傳贊三人，司香一人，司帛一人，司爵一人，奉福酒、接福酒各一人，奉福胙、接福胙各一人，以上各備一人。前引十人，相儀二人，補闕八人，執事有遺闕者補之，均於宮人內選充。如不足數，於內府及八旗命婦內選充。置桑田於先蠶壇東南，建繭館、織室、蠶宮二十七、從室於壇東北。設蠶母二人，於內外命婦中擇高年嫻禮儀者充之，蠶婦二十七人，擇內苑熟悉蠶事者充之。均由府選充。蠶初生，皇后躬采桑於桑田，儀詳禮部。從采妃嬪二位，由府奏請。欽命公主、親王福晉以下，縣君、輔國公夫人以上三人，文三品武二品官以上命婦四人，由各旗開列送府，奏請蠶母率蠶婦助采，蠶婦居蠶室視蠶之眠，起而謹飼之，董以蠶宮令一人，丞一人，由宮殿監督領侍於首領內監內選，擬奏請歌采桑辭十人，司金鼓拍版六人，司笙簫箋十有八人，執采旗四十人，皆以內監充之。及繭成，皇后獻繭於皇太后，皇帝親詣織室，繰三盆手。儀詳禮部。皆以蠶母襄其禮。

（清）鄂爾泰等《國朝宮史》卷六《典禮二·先蠶壇饗祀儀》

歲季春吉巳，皇后親饗先蠶。前期，禮部尚書一人視牲如儀。前二日昧爽，太常寺進齋戒銅人。內監豫設黃案一於交泰殿之左，內務府總管及宮殿監豫俟於乾清門。太常寺卿率所屬恭奉齋戒牌在前，銅人在後，前引如儀。至乾清門，內務府總管以授宮殿監，恭設於交泰殿案上。齋戒牌南向，銅人西向，跪，三叩，退。皇后乃齋，陪祀皇貴妃以下咸致齋。先一日，奉宸苑卿率屬潔壇上下耤，以棕薦爲瘞，坎於壇西北，施黃幄於壇上。太常寺官恭設先蠶神座於幄內，正中南向。工部官張皇后拜幄於南階上。太常寺官具牲俎，辨簠簋籩豆登鉶之實，以次展於神厨。太常寺卿詣神庫，以恭請神位之儀，指授蠶宮令退。贊禮郎引內務府總管一人，詣神厨周視牲牢籩豆。太常寺官以陳設之儀指授宮殿監等訖，皆退。屆日雞初鳴，內務府總管及宮殿監率內監入壇，具器陳牛一、羊一、豕一、登一、鉶二、簠簋各二、籩豆各十、爐一、鐙二。東設一案，西向，陳青色制帛一、香盤一、尊一、爵三。設福胙於尊案之旁，加爵一。牲陳於俎，帛實於篚，尊實酒，承以舟，疏布冪勺具。內監設洗於具服殿，樂部率掌儀司內監陳樂於壇下，東西分列如式。辨行禮位，壇上正中爲皇后拜位，北向。壇下西北爲望瘞位，西向。當階左右爲陪祀皇貴妃、貴妃、妃嬪、公主、福晉拜位，北面稍南。左右爲陪祀命婦拜位，按翼分列，重行异等，東位西上，西位東上，均北面。辨執事位，司拜褥女官二人立於壇上拜位左右。相儀女官二人，立拜位後左右，均東西面。司香女官一人，司帛女官一人，司爵女官一人，奉福胙女官二人，序立東案之東西面。接福胙女官二人，立於壇上之西。東面壇下典儀、司樂女官各一人，當階左立。西面傳贊女官六人，二人立於壇南，東西面。二人立於皇貴妃以下公主、福晋拜位左右，二人立於命婦拜位左右，均東西面。樂工、歌工俱以内監充序立於東西樂懸之次。女官掌瘞者立於瘞坎之西北隅。質明，步軍統領飭所部清蹕除道，自神武門至陟山門及壇門左右，塗巷皆設布障。陪祀公主、福晋、命婦及執事女官朝服，預集壇内。鑾儀衛率内監陳皇后儀駕於順貞門外。凡旗尉、民尉皆内監充之。辰正初刻，太常寺卿暨内務府總管赴乾清門奏時，宫殿監轉奏，皇后御禮服，乘鳳輿出宫，陪祀皇貴妃以下咸乘輿從。由順貞門、神武門、北上門入陟山門至内壇左門。相儀女官二人跪奏"請降輿"，皇后降輿，皇貴妃以下咸降輿從。前引女官十人，右贊引、左對引女官二人恭導皇后入具服殿少竢，皇貴妃以下隨入配殿祇竢。傳贊女官引公主、福晋、命婦等於具服殿門外東西序立祇竢。凡女官均於宫人内選充，如不足，於内府及八旗命婦内選充。辰正一刻，蠶宫令詣神庫上香，跪，三叩，興，恭請先蠶西陵氏神位。内監十人前引，入壇奉安座上畢。相儀奏請行禮。皇后出具服殿盥司，盥跪奉帨巾。盥畢，詣壇，皇貴妃以下隨行。司拜褥女官預設拜褥於壇上拜次。贊引對引女官恭導皇后升中階就拜位前，北向立。前引十人，止立壇下，相儀二人隨侍。傳贊引皇貴妃以下及命婦均就拜位序立。典儀贊執事者各共乃職。贊引奏就位，皇后就位，立。典儀贊迎神，司香奉香進至香案前祇竢。司樂贊舉迎神樂，奏《麻平之章》。辭曰：軒轅御錄時，西陵立正妃。柔桑沃，載陽遲。黼黻玄黄供祀事，稱繭更繰絲。龍精報貺，椒屋宗師。樂作，贊引奏就上香位暨對引恭導皇后詣香案前立。對引至帛案前止，立。司香跪，贊引奏跪，皇后跪。奏上香，司香進香，皇后上炷香一、瓣香三，興。贊引奏復位，暨對引恭導皇后復位，立。奏跪拜興，皇后行六肅三跪三拜禮。傳贊贊跪叩興，皇貴妃以下隨行禮。樂止，典儀贊奠帛爵，行初獻禮，司帛奉篚，司爵奉爵，進至案前祇竢。司樂贊舉初獻樂，奏《承平之章》。曰：春隄柳綻金，倉庚有好音。衣褘翟，致精忱。后月躬行教織絍，柘館式齋心。黄流初薦，肵鬯如臨。樂作，司帛跪獻篚，奠於案，一叩，興。司爵跪獻爵，陳於案中，興，皆退。樂止，典儀贊行亞獻禮，司樂贊舉亞獻樂，奏《均平之章》。曰：清和日正長，靈壇水一方。紉香陌，執籩筐。桑葉陰濃風澹蕩，八育普嘉祥。玉罍再陳，降福穰穰。樂作，司爵獻爵於左，儀如初獻。樂止，典儀贊行終獻禮，司樂贊舉終獻樂，奏《齊平之章》。曰：神皋接上園，葭蘆翠浪翻。鶯聲滑，藕花繁。天棘絲絲初引蔓，三薦潔蘋蘩。雲依寶鼎，露浥旌旛。樂作，司爵獻爵於右，儀如亞獻。樂止，典儀贊受福胙，奉福胙二人恭奉福胙詣神位前拱舉，退祇立於皇后拜位之右。接福胙二人進，立於左。贊引奏跪，皇后跪，左右女官皆跪。奏飲福酒，右女官進福酒，皇后受爵拱舉，授左女官。次受胙，如飲福之儀。贊引奏拜興，皇后一拜興。又奏跪拜興，皇后行四肅二跪二拜禮，皇貴妃以下俱隨行禮。典儀贊徹饌，司樂贊舉徹饌樂，奏《柔平之章》。曰：公宮吉禮成，有齋奉豆登。僮僮被，肅肅升。廢徹無遲咸祗敬，法坎不常盈。萬方依被，百福其朋。樂作，徹畢，樂止。典儀贊送神，司樂贊舉送神樂，奏《洽平之章》。曰：神風拂廣筵，靈香下肅然。儀不忒，禮無愆。禺馬流星相炳絢，玉楝亘平川。彤管司職，瑞繭登編。樂作，贊引奏跪拜興，皇后行六肅三跪三拜禮，皇貴妃以下俱隨行禮。樂止，典儀贊奉帛香饌送瘞，司帛詣神位前跪，一叩。司帛奉篚，興。司香跪，奉香，司爵跪，奉饌，興。以次恭送瘞所。皇后轉立拜位旁，西向，起拜褥。竢香帛過，仍布拜褥。復位，立。典儀贊望瘞，陪祀皇貴妃以下退。贊引奏詣望瘞位，樂復作，恭導皇后詣望瘞位望瘞。奏禮成，恭導皇后詣具服殿更衣。皇貴妃等隨入配殿更衣。樂止，尚宮令恭請神位復御，上香行禮如儀。皇后還宮。宮殿監徹交泰殿銅人，授太常寺官送歸。

或奉旨遣妃恭代，先二日，妃及陪祀之公主、福晉等俱致齋所。司供具如儀。至日昧爽，清道辟除，妃朝服乘輿，詣壇，至內壇右門降輿入，行禮於階下，上香，贊升壇，升降均由東階。妃、嬪等不陪祀，不飲福、受胙，香帛送瘞，避立西旁。餘如前儀。

(清) 鄂爾泰等《國朝宮史》卷六《典禮二·皇后躬桑儀》

歲季春，皇后躬桑。前期三日，禮部具疏以請。皇帝承奉皇太后懿旨下制報可，乃遍布諸司供備。內務府豫奏以妃、嬪二人，公主、親王福晉以下，縣君、鎮國公夫人以上三人，文三品、武二品官以上命婦四人從尚采桑。掌儀司治桑畦，飭采桑鉤、篚，皇后金鉤，妃、嬪銀鉤，均黃篚。公主、福晉、夫人、命婦均鐵鉤，朱篚。依期畢辦。皇后既以吉巳饗先蠶，如蠶己生翼日，蠶未生則視蠶生諏日，皇后散齋一日，從采桑妃、嬪、公主、福晉、夫人、命婦畢齋。宮殿監設案於交泰殿內正中，東西肆。又設案於左右，南北肆。率內監至內右門祗候。

是日黎明，執事官咸蟒袍補服。內務府官以龍亭一載躬桑鉤、篚，采亭一載從采桑鉤、篚，內鑾儀衛校舁行，掌儀司官前導，總管暨尚宮令從，由隆宗門至內右門亭止。宮殿監率尚宮令、丞暨內監恭奉鉤、篚以次入內右門。陳皇后篚、鉤於交泰殿中案，陳妃、嬪公、主福、晉夫人篚、鉤於左案，陳命婦篚、鉤於右案，皆篚左鉤右。乃奏請皇后吉服御交泰殿，妃、嬪從侍。皇后先閱鉤，次閱篚，既遍還宮，妃、嬪從入。宮殿監奉篚、鉤出內右門授尚宮令，仍各置亭內，以次舁行，出隆宗門，鑾儀校接舁，前引如初。旗仗前導，導迎樂作，奏《禧平之章》。曰：戴勝告時，西陵肇典。爰舉懿篚，爰臨柘館。御鞠衣，登瑞繭。金鉤陳，嘉儀展。及西苑，奉宸苑卿自門迎入，尚宮令分陳於采桑所。屆日，尚宮令率內監潔掃具服殿內外及親桑臺上下，粘以棕薦，設皇后觀桑寶座於臺北正中，南向。臺下桑畦東西首行第一株爲皇后躬桑位，東向。執鉤相儀一人在右，執篚相儀一人在左。東西第二行一株。爲妃、嬪從采位。第三行一株爲公主、福晋、夫人從采位。第四行一株爲命婦從采位。執鈎、筐蠶婦各二人，皆在左右。傳贊女官二人，在臺南左右，北面侍班。福晋、夫人、命婦在女官之南，東西面，內侍設童監、歌采桑辭者十人，司金、鼓、板、篴、笙、簫者二十有四人，於臺前東西麾五色采旗者四十人，於桑畦外東西分班序立。黎明，從桑侍班、公主、福晋、夫人、命婦及執事女官、蠶母、蠶婦咸蟒袍補服，預至西苑南門內序立祇竢。辰正二刻，禮部尚書、內務府總管詣乾清門奏時。巳初刻，宮殿監轉奏，皇后吉服乘輿出宮，從桑妃、嬪咸吉服乘輿從，詣西苑。皇后入具服殿少竢。傳贊分引妃、嬪、公主、福晋、夫人、命婦從采桑位，引侍班之公主、福晋、夫人、命婦就侍班位立，執事女官暨童監咸依位序立。典儀奏請皇后行躬桑禮，皇后出具服殿，前引、後從如常儀。至桑畦北正中，相儀女官一人奉鈎跪進於右，一人奉筐跪進於左，興。皇后右持鈎，左持筐，東行桑畦外。采旗招颭，臺前內監鳴金鼓，歌采桑辭。曰：躬耕禮成詔躬桑，蠶月吉巳迎辰祥。金華紫闕五翟光，瑞雲彩映椒塗黃。壇南宿戒帷宮張，西陵展事搖珩璜。齋宿恭敬柔雍彰，金鈎綠篚懿莒筐。尚功司製奉以將，柔條在東涵露香。鞠衣三摘鳴鳩翔，月靈臨貢龍精昌。黼黻五色質且良，昭事上帝祠烝嘗。儀型宇宙帥妃嬙，衣食滋殖被萬方。皇后至東第一株桑前，東向采桑一條，蠶母二人助采。復行至西第一株桑前，東向采桑二條，蠶母助采亦如之。采畢，歌止。各退。皇后以鈎、筐授相儀，相儀二人跪受於左右，興，復於龍亭，退竢臺隅。典儀奏請御觀桑臺，贊引、對引命婦，恭導皇后升臺御座。妃、嬪以下，采桑，各蠶婦一人授鈎，一人授筐，二人助采。妃、嬪、公主、福晋、夫人采桑五條，命婦采桑九條。畢，咸釋鈎、筐授蠶婦，復於采亭。妃、嬪登臺，侍立皇后寶座前左右。公主、福晋、夫人、命婦退入侍班位，立。執鈎、筐者皆退。典儀、相儀各女官斂諸筐次第置於臺南。傳贊引蠶母、蠶婦至臺前，北面跪，典儀舉皇后懿筐授蠶母，蠶母恭受。次舉妃、嬪以下從桑各筐授蠶婦，蠶婦受訖，皆興。奉筐至蠶室，蠶婦以葉灑箔，禮成。典儀跪奏皇后駕興，贊引、對引恭導皇后詣具服殿。典儀奏升座，皇后升寶座。傳贊分引妃、嬪以下東西序立，次公主、福晋，次夫人，次命婦，次蠶母、蠶婦，皆北面。傳贊贊跪叩興，皆行六肅三跪三叩禮，退。典儀奏禮畢，皇后降座升輿，警蹕。妃、嬪從還宮，如來儀。公主、福晋以下皆退。及蠶成，蠶母、蠶婦擇繭貯筐以獻。皇后遂以獻於皇帝、皇太后。乃擇吉日，皇后行繅三盆手禮，采桑妃、嬪從繅。是日，乘輿出宮如常儀。至織室繅盆前，妃、嬪侍立，蠶母漬繭於盆，以手出緒，握其總，跪進皇后。皇后受總，親繅三，少退，立。妃、嬪進繅，以五爲節，遂布於蠶婦之吉者使繅。禮畢，乘輿還宮，警蹕如來儀。

（清）慶桂等《國朝宮史續編》卷三〇《典禮二四‧祭祀五‧先蠶壇饗祀儀》

臣等謹案，乾隆七年壬戌，始建蠶壇於西苑，所有詣壇致享、閱筐、獻繭諸儀，已具前編。稽自乾隆二十七年迄六十年，其間皇后親祠先蠶者二，妃攝事者三十有二。嘉慶元年，皇后躬行饗祀者一。二年，今皇后以貴妃行饗祀者一。三年、五年、六年，遣妃恭代者三。六年四月，今皇后正位中宮。七年、八年，皇后躬行饗祀者二。九年、十年，遣妃恭代者二。至乾隆四十二年、嘉慶四年，例遣王福晋恭代。誠以苑寙報功，著在祀典，王政農桑并重，禮之行於宮苑者，實敬承無斁焉。至皇后躬桑儀，詳見前編。

（清）張廷玉《清文獻通考》卷一〇二《郊社考一二》

乾隆元年，建先蠶祠於都城北郊，以季春吉巳，遣官致祭先蠶。雍正十三年，河東總督王士俊疏請奉祀先蠶，禮部議於北郊依先農壇典制，建立先蠶壇，尋以侍郎圖理琛，奏改立先蠶祠於安定門外，每歲季春巳日，遣太常寺堂官以少牢致祭。

七年，建先蠶壇於西苑，定皇后親蠶，祀先蠶之禮。是年七月，大學士鄂爾泰等奏言古制天子親耕南郊以共粢盛，后親蠶北郊以共祭服。【略】乾隆元年，議建先蠶祠宇，所以經理農桑之道，至爲周備，今又命議親蠶典禮，伏思躬桑親蠶，歷代遵行，但北郊蠶壇向在安定門外，故明嘉靖時以后妃出入道遠，親蒞未便且其地水源不通，無浴蠶所，遺址久經罷廢。考唐宋時后妃親蠶多在宮苑之中，明代亦改建於西苑，伏讀聖祖仁皇帝《御製耕織圖序》於豐澤園之北，治田數畦，環以溪水隴畔，樹桑旁立蠶舍，是育蠶之事，聖祖仁聖帝親加講求，今逢重熙累洽禮，明樂備之時，親蠶大典關係農桑，自應遵旨舉行以光典禮，其應相度蠶地建立蠶壇、桑壇、蠶宮、從室之處，請交內務府會同工部等衙門辦理，至親蠶典禮，所應齋祀、躬桑、授蠶、治繭等儀注及選擇蠶母、蠶婦受桑布繰一切禮文事宜，應交禮部詳議，請旨。奏上，從之。乃建先蠶壇於西苑之東北南向，一成方四丈高四尺，四出陛各十級，西北爲瘞坎，東南先蠶神殿，西向。覆以綠琉璃，崇基三出陛，左右宰牲亭一，井亭一，北爲神庫，南爲神厨，壇東爲觀桑臺，前爲桑園，具服殿五間，東西配殿各三間，後殿五間，配殿各三間，均覆以綠琉璃。浴蠶河，在宮墻之東，自外圍北垣流入，由南垣出，設閘啓閉，木橋二，橋東蠶署三間，蠶室二十七間，均西向。壇垣周百六十丈，西南隅正門三，左右門各一。禮部擬上儀注，言：皇后親饗，先蠶應令欽天監選擇吉日，禮部具奏，兩請皇上轉奏皇太后。如奉懿旨，皇后親蠶之年，禮部具題，恭請行禮，豫日設立先蠶西陵氏神位於蠶壇之上，太常寺先期奏聞致祭前二日，皇后於正殿致齋。至日以一太牢，親祀行三獻禮，應陪祀者各致齋。陪祀翼日，蠶未生則諏日，皇后詣桑壇，行躬桑禮。蠶事畢，蠶母率蠶婦擇繭之圓潔者，貯筐恭獻以告蠶事之登。擇吉，皇后復詣蠶壇，親臨織室，行繰三盆手禮，遂布於蠶婦之吉者，使繰而朱綠玄黃之，以供郊廟黼黻之用。從之。蠶母二人，於內外命婦中，擇高年嫻禮儀者，充之。蠶婦二十七人，擇內苑熟悉蠶事者，充之。詳見儀注。

九年三月吉巳，皇后親饗先蠶壇。翼日，行躬桑之禮。

七年之秋既定，皇后親蠶禮，冬十二月，禮部具疏以親饗先蠶，吉期，上請欽奉皇太后懿旨，皇后親詣行禮，是年，首舉親蠶大典行禮如儀。

十一年，定致祭先蠶遣妃恭代之禮。

(四) 祭祀樂舞

樂章

(明) 申時行等《大明會典》卷九二《禮部五○·先蠶樂章》

迎神，《貞和之曲》：於穆惟神，肇啓蠶桑。衣我萬民，保我家邦。茲舉曠儀，春日載陽。恭迎霞馭，靈氣洋洋。

奠帛，《壽和之曲》：初獻同。神其臨只，有苾有芬。乃獻玉賷，乃奠文繡。仰祈昭鑒，淑氣氤氳。顧茲蠶婦，祁祁如雲。

亞獻，《順和之曲》：載舉清觴，蠶祀孔明。以格以饗，鼓瑟吹笙。陰教用彰，坤儀允貞。神之聽之，鑒此禋誠。

終獻，《寧和之曲》：神之格思，桑土是宜。三繅七就，惟此繭絲。獻禮有終，神不我遺。錫我純服，藻繪皇儀。

徹饌，《安和之曲》：俎豆具徹，式禮莫愆。既匡既敕。我祀孔虔，我思古人，葛覃惟賢。明靈歆只，永顧桑阡。

送神，《恒和之曲》：望瘞同。神之升矣，日霽霞蒸。相此女紅，杼軸其興。茲返玄宮，鸞鳳翔騰。瞻望弗及，永錫嘉徵。

(明) 俞汝楫等《禮部志稿》卷二九《先蠶樂章》

迎神，《貞和之曲》：於穆惟神，肇啓蠶桑。衣我萬民，保我家邦。茲舉曠儀，春日載陽。恭迎霞馭，靈氣洋洋。

奠帛，《壽和之曲》：初獻同。神其臨只，有苾有芬。乃獻玉賷，乃奠文繡。仰祈昭鑒，淑氣氤氳。顧茲蠶婦，祁祁如雲。

亞獻，《順和之曲》：載舉清觴，蠶祀孔明。以格以饗，鼓瑟吹笙。陰教用彰，坤儀允貞。神之聽之，鑒此禋誠。

終獻，《寧和之曲》：神之格思，桑土是宜。三繅七就，惟此繭絲。獻禮有終，神不我遺。錫我純服，藻繪皇儀。

徹饌，《安和之曲》：俎豆具徹，式禮莫愆。既匡既敕，我祀孔虔。我思古人，葛覃惟賢。明靈歆只，永顧桑阡。

送神，《恒和之曲》：望瘞同。神之升矣，日霽霞。蒸相此女，紅抒軸其。興茲返宮，鸞鳳翔騰。瞻望弗及，永錫嘉徵。

(明) 佚名《太常續考》卷八《樂章》

迎神，《貞和》：

於穆惟神，肇啓蠶桑。衣我萬民，保有家邦。

合尺一合，六尺工尺，工尺一四，尺合四合。

兹舉曠儀，春日載陽。恭迎霞馭，靈氣洋洋。

尺一六尺，一四工合，工尺一四，工尺一合。

初獻，《壽和》：

神其臨只，有苾其芬。乃獻玉賚，乃奠文縿。

合尺一合，一尺工尺，合四一四，一尺四合。

仰祈昭鑒，淑景氤氳。顧兹蠶婦，祁祁如雲。

一尺工尺，六尺工尺。工尺一四，工尺一合。

亞獻，《順和》：

載舉清觴，蠶祀孔明。以格以饗，鼓瑟吹笙。

尺工一合，六工一尺。一尺一四，一尺一合。

陰教用彰，坤儀允貞。神之聽之，鑒此裡誠。

六尺工尺，一四工合。工尺一四，尺一六尺。

終獻，《寧和》：

神之格思，桑土是宜。三繅七就，惟此繭絲。

合四一尺，六尺工尺。尺一工尺，一四工合。

獻禮有終，神不我遺。錫我純服，藻繪皇儀。

六工一尺，尺四工合。尺合一四，一尺四合。

徹饌，《安和》：

俎豆具徹，式禮莫愆。既匡既敕，我祀孔虔。

合四一尺，六尺工尺。工尺一四，合四工合。

我思古人，葛覃惟賢。明靈歆只，永顧桑阡。

合四一尺，六尺工尺。工尺一四，一尺四合。

送神，《恒和》：

神之升矣，日霽霞烝。相此女紅，杼柚其興。

合尺一合，六尺工尺。尺一合四，一尺四合。

兹返蠶宮，鸞鳳翔騰。瞻望弗及，永錫嘉徵。

尺一上尺，六尺工尺。工尺一四，一尺四合。

乾隆七年，奏准先蠶壇六奏，樂章用平字。

(清) 鄂爾泰等《國朝宮史》卷六《典禮二·先蠶壇饗祀儀》

司樂贊："舉迎神樂。"奏《麻平之章》。辭曰：軒轅御籙時，西陵位正妃。柔桑沃，載陽遲。繭蔽玄黃供祀事，稱蠶更繅絲。龍精報貺，椒屋宗師。樂作，贊引奏："就上香位。"暨對引恭導皇后詣香案前立，對引至帛案前止立，司香跪，贊引奏：跪。皇后跪。奏：上香。司香進香，皇后上炷香一，瓣香三，興贊引奏：復位。暨對引恭導皇后復位，立奏：跪、拜、興。皇后行六肅三跪三拜禮，傳贊贊：跪、叩、興。皇貴妃以下隨行禮，樂止。典儀贊：奠帛爵，行初獻禮。司帛奉篚，司爵奉爵進至案前祗竢，司樂贊：舉初獻樂。奏《承平之章》。曰：春隄柳綻金，倉庚有好音。衣褘翟，致精忱。后月躬行教織紝，柘館式齋心。黃流初薦，歆饗如臨。樂作，司帛跪獻篚奠於案，一叩興司爵跪獻爵，陳於案中，興，皆退，樂止，典儀贊：行亞獻禮。司樂贊：舉亞獻樂。奏《均平之章》。曰：清和日正長，靈壇水一方，紆香陌，執籛筐，桑葉陰濃風澹蕩，八育普嘉祥，玉罍再陳，降福穰穰。樂作，司爵獻爵於左，儀如初獻，樂止。典儀贊：行終獻禮。司樂贊：舉終獻樂。奏《齊平之章》。曰：神皋接上園，葭蘆翠浪翻。鶯聲滑、藕花繁，天棘絲絲初引蔓，三薦潔蘋蘩。雲依寶鼎，露浥旌旞。樂作，司爵獻爵於右，儀如亞獻，樂止，典儀贊：受福胙。奉福胙二人，恭奉福胙，詣神位前，拱舉退，祗立於皇后拜位之右，接福胙二人，進立於左，贊引奏：跪。皇后跪，左右女官皆跪。奏：飲福酒。右女官進福酒，皇后受爵拱舉，授左女官，次受胙如飲福之儀，贊引奏：拜、興。皇后一拜、興。又奏：跪、拜、興。皇后行四肅二跪二拜禮，皇貴妃以下俱隨行禮，典儀贊：徹饌。司樂贊：舉徹饌樂。奏《柔平之章》。曰：公宮吉禮成，有齋奉豆登。僮僮被、肅肅升，廢徹無遲咸祗敬，法坎不常盈。萬方依被，百福其朋。樂作，徹畢，樂止，典儀贊：送神。司樂贊：舉送神樂。奏《洽平之章》。曰：神風拂廣筵，靈香下肅然。儀不忒、禮無愆。禹馬流星相炳絢，玉蝀亘平川，彤管司職，瑞繭登編。樂作，贊引奏：跪、拜、興。皇后行六肅三跪三拜禮，皇貴妃以下俱隨行禮，樂止，典儀贊：奉帛香饌，送瘞。司帛詣神位前，跪一叩，司帛奉篚興，司香跪奉香，司爵跪奉饌興，以次恭送瘞所，皇后轉立拜位旁，西向，起拜褥，竢香帛過仍布拜褥，復位立，典儀贊：望瘞。陪祀皇貴妃以下退，贊引奏：詣望瘞位。樂復作，恭導皇后詣望瘞位，望瘞奏：禮成。恭導皇后詣具服殿更衣，皇貴妃等隨入配殿更衣，樂止。

祭舞

（清）允裪等《大清會典則例》卷七五《禮部》

佾舞。先蠶壇不用佾舞樂，無鐘磬，餘祭均無佾舞。

（五）詔諭祝詩文

詔、諭、奏文

《明世宗實錄》卷一〇九"嘉靖九年正月"條

丙午，【略】上以其疏示大學士張璁，深嘉納之，遂敕禮部：朕惟耕桑王者重事也，古者天子親耕，王后親蠶，以勸天下，朕在宮中，每有稱慕，自今歲始，朕躬祀先農於本日，祭社稷畢即往先農壇行禮，皇后親蠶禮儀，便會官考求古制具儀以聞。【略】

戊申，【略】復諭禮部曰：疑謀勿成，謂中心疑而未決之事不必成其事。昨夏言請行親蠶禮及卿等奏議已詳，此事在朕心決之久矣，得言之奏甚悅，并無毫末之疑，已有成命，茲申飭卿等，非朕有疑，亦非被惑，而昨者詹事霍韜奏云所以者，朕已諭之，但恐韜奏一出，必有糈彼爲言破政害事勢所不免，夫言之奏有云農桑之業衣食萬人，不宜獨缺耕蠶之禮，垂法萬世不宜偏廢。此言已盡，非有他也，朕所納者，以此亦非有他。夫禮樂制度自天子出，此淳古之道也，故孔子作此言以告萬世，如今世人良性固在，本無不同，實人欲熾勝耳。今非朕者有五，曰我太祖範則已定列聖守之，汝何如是增加？一也。我太祖未嘗有是制，列聖不敢議及，汝何擅創？二也。皇后午門尚不敢出，而可遠出北郊乎？此祖宗朝所無之事，今日何以是爲，豈不有乾成憲乎？三也。制禮作樂出自開創之君，太祖豈不知此神？謀聖慮自有定見，何待汝爲，亦非汝之所當行，斯非作聰明而何爲耶？四也。宮中聞之人稱其難且有累朝未聞之語，或有蹙額者，五也。斯時邪徒，必不出此五者，捨是必又以禍福爲恐外無可造爲言者，故申飭卿等熟計來聞，仍以此，刻布中外，令各以所見，具疏上陳。

奏入，上嘉納之曰：皇后有事先蠶，宜於玄武門出，以從簡便，儀衛令内使陳列兵衛官軍一萬員，名五千於壇所，圍宿五千護列於道，仍擇西苑隙地造織室以終蠶事，壇之制準之先農而殺其制十之一，數用偶數，不必建齋宮，止建具服殿、蠶室、繭館俱如古制，諸禮儀司禮監奏請以行。

《明世宗實錄》卷一一〇"嘉靖九年二月"條

癸亥，【略】上曰：朕已告聞祖考，不敢中止，已禮部請。暫用葦席竹木爲之。上曰：所搆席屋甚多，不無糜費，其酌處財力量建一二。【略】

辛巳【略】上謂：祀先蠶當備樂舞，而宮人不足，又謂：冠服當與樂舞生异制，下禮部議。【略】

上乃曰：舞者備文武之義，非婦人女子之事，宜罷之，止用樂其冠服之制，卿等更酌議以聞。

《明世宗實錄》卷一二三"嘉靖十年三月"條

己丑，初禮部數上言，皇后出郊親蠶不便。是日早，上乃諭大學士張孚敬，令與尚書李時議移之西苑，晡時駕幸西苑，召二臣至太液池，上使中官操舟渡之，入見於舊仁壽宮，上曰：朕惟農桑重務，欲於宮前建土穀壇，宮後爲蠶壇，以時省觀，卿等視其可否？孚敬謝曰：早承聖諭，未知即日駕臨，方親工南郊遂稽趨命。上悅，二臣趨出視地，駕轉昭和殿，上期二臣於此，還復命，曰：宮後垣宇仍舊，增飾足稱蠶室，宮前欽定土穀壇方位極正當。上曰：蠶壇第增一具服殿及小房數間，務從省約。賜二臣酒飯於殿西後厢，尋遣中使賜以珍餌，二臣復入殿謝。上令近榻目時曰：北郊蠶壇，卿不必奏請，即移文工部拆之。又出《御製西苑視穀袛先蠶壇位賦》，手授孚敬曰：朕適有作卿等看潤。二人請出恭誦入，奏曰：念民生衣食之本，重爲農桑，勸此三代盛典何幸親見之。上因命賡和以寓儆戒之意，孚敬復請，上手書各賜爲子孫世寶，許之。

（明）俞汝楫等《禮部志稿》卷九五

又敕禮部，曰：耕桑重事古者，帝親耕后親蠶，以勸天下，朕在宮中，每有稱慕，自今歲始，朕親耕，皇后親蠶，其具儀以聞。于是大學士張璁等因請於安定門外，建先蠶壇，準，先農壇制旁設采桑壇，仿耤田制，其別殿如南郊齋宮制，少減其數，即齋宮旁起，蠶房爲浴蠶，所皇后采桑三條後，三公夫人，采五條列侯九卿夫人，采九條，仍擇民婦授桑浴蠶於內，以終事詔如議行，詹事府詹事，霍韜言皇后出郊，難以越宿，且郊外別建蠶室，則宮嬪命婦未得親見蠶事，勢難久行乞，擇近地便，上曰：爾諳禮制，何有此言？出郊古禮，非可以遠近計，若在禁內，不可垂法，已而戶部，亦言安定門外，近西可用而水源不通，無浴蠶所初禮部議於皇城內，南城西苑中有大液瓊島之水，且唐制亦在苑中采，亦於宮中，請從禮部初議便。上曰：周禮之制，耕蠶分南北郊唐人，固陋不可法乃，諭禮部曰：疑謀勿成中心，未決之事，不必其成，親蠶禮，朕心決之久矣韜，奏一出必有耤，彼爲言破，政害事禮樂制度，自天子出，今非朕者有五，曰：我太祖範則已定，汝何增加？一也。列聖不議，汝何擅創，二也。皇后午門不敢出，而可遠出北郊，三也。太祖豈不知此，何待汝爲非作聰明而何？四也。宮中有累朝未聞之語，或有蹙額者，五也。舍此必以福禍，有恐今以此刻布中外，各令以所見具陳於是。禮部尚書李時等言大明門出至安定門外道路遠，今日鳳輦或由東華、神武二門，出無碍於古禮臣等條爲四事，以請一增治，蠶之禮蠶成後，令內臣自北郊捧獻宮中，仍於宮中隙地，量立蠶繭織室，行三盆之禮，以終蠶事二，定壇壝之向，先蠶壇北向，采桑壇東向，如唐開元之制，三定采桑之器，唐制尚功，奉金鈎，夫親蠶以識女工之艱難，金鈎侈矣，宜令造辦筐鈎止，如民間器用毋過雕飾，四擇掌壇之官，中宮出郊禮儀，令內臣謹愿者，掌之以肅宮闈之禁，上嘉納之曰：皇后有事先蠶宜於玄武門出，儀衛令內使陳列兵衛官軍一萬員名，五千圍於壇所，五千護於道，仍擇西苑隙地織室，壇制準先農而殺其十之一，數用隅不必建齋宮，止建具服殿，蠶室繭館俱如古制，于是築親蠶壇於安定門外，十年以出入不便，三月己丑，上幸西苑召大學士張孚敬、尚書李時至大液池，令中官以舟渡二臣，諭以築蠶壇相地，遂改築壇於西苑。

十四年，皇后親蠶於內苑如儀，上曰：親耕無賀，蠶其毋賀，女樂第用以宴勿前導。

祭祀祝文

(明) 申時行等《大明會典》卷九二《禮部五〇‧祝文》

維□年□月□日皇后致祭于先蠶氏之神，曰：維神肇興蠶織，衣我烝民，萬世永賴，時維季春，躬行采桑禮，仰冀默垂庇佑，相茲蠶事，率土大同。惟神之休，敬以牲帛醴齊之儀，用申祭告，尚享。如遇令官，則去躬行采桑禮一句，更云用修常典，又改用申爲謹用。

(明) 佚名《太常續考》卷八《祝文》

維皇后某氏，致祭於先蠶氏之神，曰：惟神肇興蠶織，衣我烝民，萬世永賴，仰冀默垂庇佑，相茲蠶事，率土大同。惟神之休，敬以牲帛醴齊之儀，用伸祭告，尚享。

（清）允祹等《大清會典則例》卷七五《禮部·祝版》

天壇純青紙朱書，地壇黃紙黃緣墨書，太廟社稷壇均白紙黃緣墨書，日壇純朱紙朱書，月壇白紙黃緣墨書，前代帝王、先師、先農、先蠶、先醫、太歲關帝城隍火神、東岳北極佑聖真君等祭祀，均白紙黃緣墨書，炮神窑、神倉、神門、神賢良祠、昭忠祠、雙忠祠、定南武壯王等祠均白紙墨書。

三、祭祀記載

（一）明代祭祀記載

《明世宗實錄》卷一一〇"嘉靖九年二月"條

庚午，禮部奏皇后親蠶儀。

蠶將生。欽天監擇吉巳日以聞，順天府先將蠶母名數具奏送至北郊，工部將鈎箔筐架及一應什物給送蠶母，順天府隨將蠶種及鈎筐一副進呈，訖，有頃，內官捧鈎筐及蠶種授，順天府官捧出，玄武右門外置彩輿，中鼓樂送至蠶室，蠶母受蠶種，出蠶，先浴飼以待置鈎筐於殿內。

命婦。文官自四品以上，武官自三品以上，俱倍祀。一命婦入壇者，給與陪祀牌，授桑者給與供事牌，每命婦許帶侍女一人，以備執鈎筐，給與執事人牌一面，本部委官同蠶宮，令於壇門照驗放入，無牌混入者查究治罪。

前期三日。尚儀奏齋戒，皇后致齋三日，內執事并司贊六尚等女官及應入壇者各齋一日。

先一日。太常寺執事人役入壇，具祝文版及祭物，羊豕籩豆各六。黑帛本日晚送交蠶宮，令即出壇，次日蠶宮令送交執事女官，其廚役等項不許以鋪排名色，擅入壇內。祭畢，蠶宮令將祭器逐一交還太常寺。

蠶宮令陳樂舞位於壇南，設皇后拜位於壇下，北向，次公主及內命婦，又次外命婦拜位，俱异位，重行北向，設內贊位於壇南，設司贊位於皇后拜位之東西，設司賓位於外命婦班之北，東西相向，又設皇后采桑位於采桑壇，東向，設公主及內命婦位於皇后位東，設外命婦采桑位於采桑壇東陛下，各南北向，以西爲上，設執皇后鈎筐者位於皇后位旁少東。是日未明，宿衛陳兵，備女樂工，備樂司，設監備儀仗及重翟車，俱候於玄武門外，將明，內侍詣坤寧宮奏請皇后服常服，導引女官導皇后出宮門，乘肩輿，侍衛警蹕如常。公主及內命婦應入壇者，各服其服，以從至玄武門內。侍奏請降輿，升重翟車兵衛儀仗及女樂，前導內侍詣車前，奏請車進發出北安門，公主內命婦應入壇者乘車陪從如式障以行帷，至壇內壇東門。內侍奏請降車乘肩輿，兵衛儀仗停於東門外，至具服殿，皇后入殿少憩，侍衛如常儀，司賓先引命婦列於先蠶壇下，東西向，以北爲上，尚儀詣皇后前奏請皇后易禮服，出殿門將至壇內，贊唱，樂舞生就位，執事各司其事，導引女官導皇后至祭位，司贊奏：就位。次公主，又次内命婦列於後，又次外命婦列於後，各就拜位，北向，俱異位重行。内贊唱：瘞毛血，迎神。奏樂，樂止，司贊奏：四拜。公主、内命婦、外命婦同。内贊唱：奠帛，行初獻禮。奏樂，執事官捧帛爵跪於神位前，各奠訖，樂暫止。内贊唱：讀祝。司贊奏：跪。皇后跪，公主同内命婦及外命婦同，讀祝女官跪於神位前右讀訖，奏樂，司贊奏：興。皇后興，公主以下同，樂止。内贊唱：亞獻禮。奏樂，執事官捧爵跪奠於神位前訖，樂止。内贊唱：終獻禮。奏樂，執事官捧爵跪奠於神位前訖，樂止，執事女官進立壇，東西向，唱：賜福胙。司贊奏：跪，皇后跪，執事女官以福酒跪進於皇后右，奏：飲福酒。皇后飲訖，執事女官以胙跪進於皇后，受胙訖，司贊奏：興。皇后興，司贊奏：二拜。公主以下同，内贊唱：徹饌。奏樂，執事女官詣神位前徹饌訖，樂止。内贊唱：送神。奏樂，司贊奏：四拜。公主、内命婦、外命婦以下同，樂止。内贊唱，讀祝官捧祝，執事官捧帛饌，各詣瘞位，奏樂，樂止。司贊唱：禮畢。皇后還具服殿更常服，司賓引外命婦先詣采桑壇位，南北向，女侍執鈎筐者隨於各外命婦之後，尚儀入，奏請詣采桑位，導引女官導皇后至采桑位，東向，公主以下各就位，南北向，執鈎者跪進鈎，執筐者跪奉筐，受桑。皇后采桑三條止，皇后還至壇南儀門坐，觀命婦采桑，三公命婦以次取鈎采桑五條，列侯、九卿命婦亦以次采桑九條，采訖，各授女侍筐内，司賓引内命婦一人詣蠶室，尚功帥執鈎筐者從，尚功以桑授蠶母，蠶母受桑縷切之以授内命婦，内命婦食蠶灑一薄訖，司賓引内命婦還。尚儀前奏：禮畢。皇后還具服殿，儀仗侍衛如常，俟皇后升座，尚儀奏，司賓率蠶母等行叩頭禮，訖司贊唱：班齊。外命婦序列定，尚儀致辭云：親蠶既成，禮當慶賀。司贊贊：四拜。畢，賜宴命婦，并賜蠶母酒食於壇傍，公主及内命婦殿内序坐，外命婦從采桑者及文武二品以上於臺上，三品以下於丹墀各序坐，尚食進膳，司賓引公主及内命婦各就坐，教坊司女樂奏樂，皇后飲酒訖，宴畢，徹案。公主以上各就班，司贊贊：四拜。尚儀跪奏：禮畢。皇后興還宮，導從如前，詔如擬。

《明世宗實錄》卷一一一"嘉靖九年三月"條

丁巳，皇后行親蠶禮於北郊，祭先蠶氏。

《明世宗實錄》卷一二四"嘉靖十年四月"條

丁巳，皇后行親蠶禮于西苑。

《明世宗實錄》卷一三六"嘉靖十一年三月"條

己巳，皇后親蠶于内院。

《明世宗實錄》卷一四八"嘉靖十二年三月"條

己巳，皇后行親蠶禮于内苑。

《明世宗實錄》卷一六三 "嘉靖十三年五月" 條

戊寅，【略】内苑先蠶壇繭成進絲。

《明世宗實錄》卷一七五 "嘉靖十四年五月" 條

丙戌，内苑先蠶壇繭成進絲。

《明世宗實錄》卷一八四 "嘉靖十五年二月" 條

庚子，上以疾暫輟親耕禮，遣宣城伯卫錞祭先農之神，尋命皇后親蠶禮亦暫罷之。

《明世宗實錄》卷一八六 "嘉靖十五年四月" 條

癸巳，遣女官祭先蠶之神。

《明世宗實錄》卷一九七 "嘉靖十六年二月" 條

己巳，【略】詔罷親蠶禮，其養蠶什物仍進用。

《明世宗實錄》卷二〇〇 "嘉靖十六年五月" 條

戊戌，【略】欽天監奏内苑先蠶壇繭成繰絲畢，擇六月初四吉日進絲上機。

《明世宗實錄》卷二一〇 "嘉靖十七年三月" 條

癸巳，詔暫罷視蠶禮，遣女官祭先蠶氏之神。

《明世宗實錄》卷二一二 "嘉靖十七年五月" 條

辛卯，内苑先蠶壇繭成，進繰繭。

《明世宗實錄》卷二二一 "嘉靖十八年二月" 條

壬子，詔停皇后親蠶。

《明世宗實錄》卷二三五 "嘉靖十九年三月" 條

乙巳，罷皇后親蠶，遣女官祭先蠶之神。

《明世宗實錄》卷二四六 "嘉靖二十年二月" 條

乙酉，順天府請進蠶母蠶種，詔俱谷雨前十日進。

《明世宗實錄》卷二四七 "嘉靖二十年三月" 條

癸巳，詔暫罷皇后親蠶，命女官攝祭先蠶之神。

《明世宗實錄》卷二四九 "嘉靖二十年五月" 條

壬辰，【略】内苑先蠶壇進繭繰絲。

《明世宗實錄》卷二五四 "嘉靖二十年十月" 條

甲寅，【略】内苑先蠶壇進絹。

《明世宗實錄》卷二五九 "嘉靖二十一年三月" 條

癸巳，罷皇后親蠶，遣女官祭先蠶之神。

《明世宗實錄》卷二七二 "嘉靖二十二年三月" 條

丁巳，暫罷皇帝親蠶禮，遣女官代祭先蠶氏。

《明世宗實錄》卷二九五 "嘉靖二十四年閏正月" 條

丁亥，罷皇后親蠶，遣女官祭先蠶之神。

《明世宗實錄》卷三〇八"嘉靖二十五年二月"條

丁巳，詔罷皇后親蠶，遣女官祭先蠶之神。

《明世宗實錄》卷三一一"嘉靖二十五年五月"條

己未，【略】內苑先蠶壇進繭。

《明世宗實錄》卷三二一"嘉靖二十六年三月"條

己巳，詔罷皇后親蠶，遣女官祭先蠶之神。

《明世宗實錄》卷三二三"嘉靖二十六年五月"條

戊午，內苑先蠶壇進繭繅絲。

《明世宗實錄》卷三三四"嘉靖二十七年三月"條

戊戌，罷皇后親蠶，遣女官祭先蠶之神。

《明世宗實錄》卷三四六"嘉靖二十八年三月"條

辛巳，罷親蠶禮，遣女官祭先蠶之神。

《明世宗實錄》卷四四五"嘉靖三十六年三月"條

丁巳，暫罷親蠶禮。

《明世宗實錄》卷四七〇"嘉靖三十八年三月"條

辛巳，罷親蠶禮，遣女官祀先蠶氏。

《明世宗實錄》卷五〇六"嘉靖四十一年二月"條

辛酉，詔罷親耕、親蠶禮，所司勿復奏。時耕蠶禮久不親行，然每歲禮官猶以故事請，上常命戶部官祭先農，女官祭蠶祇，及是復請祭蠶祇。上諭輔臣曰：耕蠶二禮昔自朕作即親耕亦虛瀆耳，必有實焉爲是，遂俱罷之。

（二）清代祭祀記載

《世宗憲皇帝實錄》卷一五五"雍正十三年閏四月"條

己亥，【略】禮部議復，河東總督王士俊、奏請奉祠先蠶。臣等謹按【略】禮。京師爲首善之地。應於北郊建壇奉祀。屆期、派禮部堂官一員承祭。通行直省各府州縣一體遵行。從之。

《世宗憲皇帝實錄》卷一五九"雍正十三年八月"條

秩風、雷、先蠶等祀以答神庥。

《高宗純皇帝實錄》卷六四"乾隆三年三月"條

丁巳，【略】遣官祭先蠶之神。

《高宗純皇帝實錄》卷八八"乾隆四年三月"條

丁巳，【略】遣官祭先蠶之神。

《高宗純皇帝實錄》卷一一二"乾隆五年三月"條

乙巳，遣官祭先蠶之神。

《高宗純皇帝實錄》卷一三八 "乾隆六年三月" 條

己巳，【略】遣官祭先蠶之神。

《高宗純皇帝實錄》卷一五六 "乾隆六年十二月" 條

各壇廟户所設人數多，可酌減請。查議核裁即將所減銀兩量增應役人等等語。查關帝廟廟户五名，先蠶祠廟户二名，犧牲所所夫二十七名，毋庸裁減。

《高宗純皇帝實錄》卷一六二 "乾隆七年三月" 條

己巳，【略】遣官祭先蠶之神。

《高宗純皇帝實錄》卷一七二 "乾隆七年八月" 條

定親蠶典禮。禮部議復，大學士鄂爾泰等奏稱古制天子親耕南郊以供粢盛，后親蠶北郊以供祭服。我皇上親耕耤田以示重農至意。乾隆元年，准工部侍郎图理琛議改先蠶壇爲先蠶祠，每歲季春巳日遣太常寺堂上官以少牢致祭，所以經理農桑之道至爲周備。今又命議親蠶典禮，伏思躬桑親蠶歷代遵行。但北郊蠶壇在安定門外，故明嘉靖時以后妃出入道遠，親蒞未便且其地水源不通無浴蠶所，遺址久廢。考唐宋時后妃親蠶多在宮苑之中，明代亦改建於西苑。伏讀聖祖仁皇帝御製耕織圖序，於豐澤園之北治田數畦，環以溪水，隴畔树桑，傍立蠶舍，是育蠶之事。聖祖仁皇帝親加講求，今逢重熙累洽禮明樂備之時，親蠶大典關係農桑自應舉行以光典禮。其應行相度蠶地，建立蠶壇、桑壇、蠶宮、從室之處。請敕交內務府會同工部等衙門辦理。至親蠶典禮，所應齋祀躬桑授蠶治繭等儀注及選擇蠶母蠶婦受桑布繅一切禮文事宜應交禮部詳議。得旨，奉皇太后懿旨，是依議。臣等伏查唐開元享先蠶儀，散齋三日，致齋二日。至永徽三年制以先蠶爲中祀，我朝於季春巳日祀先蠶祠亦列中祀。則齋戒應照一切中祀，致齋二日。皇后親祀先蠶之禮，周制后齋戒享先蠶躬桑以勸蠶事。北周皇后以一少牢親祭先蠶西陵氏之神，因以躬桑。隋制皇后以一太牢制幣祭先蠶於壇上，祭訖躬桑。《明會典》亦載有皇后親祀先蠶儀注是累代皇后原有親祀先蠶之禮。我皇上御極之元年特命建立先蠶祠，每歲季春巳日致祭。今舉行皇后親蠶之禮，臣等謹擬交欽天監於季春月擇躬桑吉日。皇后親祀先蠶應設先蠶西陵氏神位於壇上，太常寺先期奏聞致祭前二日皇后於正殿致齋二日。至期詣蠶壇以一太牢親祀先蠶西陵氏之神，行三獻禮。妃嬪公主王妃以下，文武三品大臣命婦以上致齋陪祀。祀畢皇后詣桑壇位采桑，妃嬪二人，王、貝勒、貝子、公福晉，夫人三人，三品以上文武大臣命婦四人從蠶采桑。蠶事畢，蠶母率蠶婦、擇繭之圓潔者貯筐，獻皇上獻皇太后遂獻皇后。擇吉，皇后復詣蠶壇正殿，親臨織室。蠶母率蠶婦全獻繭之所登者，皇后行繅三盆手禮，遂布於蠶婦之吉者，使繅而朱綠元黄之，以供郊廟黼黻之用。至蠶母蠶婦漢魏以前皆無其稱。惟晉蠶西郊，列侯妻六人爲蠶母以授桑，未載有蠶婦。北齊授桑蠶母，蠶母切之授世婦，謹按祭義，卜世婦之吉者使入蠶於蠶室。考古制二十七世婦蠶宮亦建二十七從室，則蠶婦應即爲世婦，所云蠶母蓋取老成諳蠶事以爲世婦統領。明嘉靖時令順天府報蠶母則取諸民間之嫗，未嘗拘定列侯之妻。即古制卜世婦之吉者二十七人入蠶於蠶室亦必平時曉習蠶事，方膺茲選。臣等酌議應交内務府查明包衣，并行文八旗遴選熟諳蠶事并無事故者，開列具奏欽點蠶母六人，使暫居繭館以督蠶事。蠶婦二十七人居蠶宫二十七從室使治蠶事，抑更有請者。皇后親蠶肇祀仿照古制需女官一十二人，曰尚儀，曰尚宫，曰典儀，曰掌贊，曰司賓，曰司言，曰司宫，曰典制，曰司贊，曰典贊，曰司祝，曰女史，行禮時執事。此次初行典禮應於孟春月，内務府先行奏選俾演習嫻熟，又祭先蠶樂章，臣等暫據《會典》内所載填入儀注，應候欽定樂章演用。再查北齊蠶壇，以内監置蠶宫令丞各一人，經理蠶壇諸務。《明會典》亦載有蠶宫令請仿其制置令丞各一人，所有儀注雖經仿照古制定議，但須因地制宜，應俟蠶壇規模相度已定，再行詳酌妥議，具奏從之。

《高宗純皇帝實錄》卷一八六"乾隆八年三月"條

丁巳，遣官祭先蠶之神。

《高宗純皇帝實錄》卷二一四"乾隆九年四月"條

戊申朔【略】以始建先蠶壇告成，議叙總理監修海望等加級紀錄有差。

《高宗純皇帝實錄》卷二三六"乾隆十年三月"條

辛巳，【略】是日，皇后詣桑壇位，行躬桑禮，妃嬪二人，王、貝勒、貝子、公福晋，夫人三人，三品以上文武大臣命婦四人，以次采桑供蠶事。

《高宗純皇帝實錄》卷二五六"乾隆十一年春正月"條

先蠶壇樂：迎神《麻平》，奠帛、初獻《承平》，亞獻《均平》，終獻《齊平》，徹饌《柔平》，送神《洽平》。

《高宗純皇帝實錄》卷二五八"乾隆十一年二月"條

辛亥【略】又諭，皇后親蠶典禮於不行親祭之年，經該部議照舊例遣太常寺堂官致祭。朕思從前建立蠶祠未議皇后親蠶之禮，是以照祭祀例遣官，今既舉行皇后親蠶典禮若遇不行親祭之年自應遣妃内一人恭代致祭西陵氏之神，以昭誠敬爲是。所有行禮位次及一切儀注應如何酌定之處著大學士會同各該衙門妥議具奏。尋奏皇后不行親蠶之年，既遣妃恭代行禮應令禮部届期照例兩請具題。其致祭前期齋戒二日，不進銅人，行禮位次應照先農壇遣官恭代之例設拜位於壇階下正中，不設幄次，升壇由西階登降，除仍用先蠶壇樂章不飲福受胙外，一切贊引、導引、拜跪、奠獻、儀注，俱照遣官例行。再遣妃恭代行禮應令文武大臣命婦照例陪祀，其需用執事女官及所用祭品由各該衙門豫備。養蠶交奉宸苑蠶宫令、丞率蠶母、蠶婦飼養。所得絲斤數仍照例呈報内務府具題，從之。

《高宗純皇帝實錄》卷二五九"乾隆十一年二月"條

辛酉，【略】是日，祭先蠶之神，遣妃恭代皇后行禮。

《高宗純皇帝實錄》卷二八六"乾隆十二年三月"條

癸巳，【略】是日，祭先蠶之神，皇后親詣行禮。

《高宗純皇帝實錄》卷三〇六"乾隆十三年春正月月"條

日月、先農、先蠶各壇之爵，社稷、日月、先農、先蠶豆登簠簋鉶尊，均用陶。

《高宗純皇帝實錄》卷三一二"乾隆十三年四月"條

戊午，諭禮后躬桑以供祭服。乾隆九年，先蠶壇成，皇后率妃嬪暨諸命婦行親蠶禮，求桑獻繭，效績公宮，數年來新絲告登，命官染織御衣以朝以祭，此皆其所供也。章采猶新，襜褕遂渺，繼自今繅盆餘縷，安可復得耶？爰命藏諸文笥傳示永久，以志遺徽世世子孫其保守之欽哉。

《高宗純皇帝實錄》卷三一八"乾隆十三年秋七月"條

嗣後遇三大節及慶賀大典，三品以上大臣官員進箋慶賀，及每歲行親蠶禮應照例舉行。得旨依議冊封典禮著於明年三月後舉行，其親蠶禮俟正位中宮後該部照例奏請。

《高宗純皇帝實錄》卷三三四"乾隆十四年二月"條

乾隆十四年，己巳二月，己卯朔，定派官致祭先蠶例，諭曰：皇后親蠶典禮經朕降旨，若遇不行親蠶之年遣妃內一人恭代，前因內閣禮部會議冊立皇貴妃禮儀一疏復經降旨冊封典禮於本年三月後舉行。其親蠶禮俟正位中宮後該部照例奏請，今據禮部奏稱本年三月內先蠶祭期請照例遣妃致祭，此於禮意未協，夫妃所恭代者代皇后也，有皇后則妃可承命行事，皇貴妃未經正位中宮則親蠶之禮尚不當舉行。何得遣妃恭代？應照皇帝不親行耕耤，順天府尹致祭先農之例於內務府總管或禮部太常寺堂官奉宸院卿內酌派一人致祭，方足以明等威而昭儀制。該部即遵諭行將此載入《會典》。

《高宗純皇帝實錄》卷三三六"乾隆十四年三月"條

丁巳，遣官祭先蠶之神。

《高宗純皇帝實錄》卷三六〇"乾隆十五年三月"條

丁巳，【略】遣官祭先蠶之神。

《高宗純皇帝實錄》卷三八五"乾隆十六年三月"條

丁巳，【略】遣官祭先蠶之神。

《高宗純皇帝實錄》卷四一〇"乾隆十七年三月"條

己巳，遣官祭先蠶之神。

《高宗純皇帝實錄》卷四三四"乾隆十八年三月"條

己巳，【略】遣官祭先蠶之神。

《高宗純皇帝實錄》卷四五九"乾隆十九年三月"條

己巳，【略】祭先蠶之神，皇后親詣行禮。

《高宗純皇帝實錄》卷四六〇"乾隆十九年四月"條

戊子，【略】是日，皇后詣桑壇位，行躬桑禮，妃嬪二人，王、貝勒、貝子、公福晋，夫人三人，三品以上文武大臣命婦四人，以次采桑供蠶事。

《高宗純皇帝實録》卷四八四 "乾隆二十年三月" 條

辛巳，遣官祭先蠶之神。

《高宗純皇帝實録》卷五〇八 "乾隆二十一年三月" 條

辛巳，遣官祭先蠶之神。

《高宗純皇帝實録》卷五三四 "乾隆二十二年三月" 條

癸巳，祭先蠶之神，遣妃恭代皇后行禮。

《高宗純皇帝實録》卷五五八 "乾隆二十三年三月" 條

癸巳，【略】祭先蠶之神皇后親詣行禮。

《高宗純皇帝實録》卷五八二 "乾隆二十四年三月" 條

乾隆二十四年，己卯，三月辛巳朔，祭先蠶之神，皇后親詣行禮。

《高宗純皇帝實録》卷六〇八 "乾隆二十五年三月" 條

丁巳，祭先蠶之神皇后親詣行禮。

《高宗純皇帝實録》卷六三二 "乾隆二十六年三月" 條

祭先蠶之神，遣妃恭代皇后行禮。

《高宗純皇帝實録》卷六五七 "乾隆二十七年三月" 條

丁巳，祭先蠶之神，遣妃恭代皇后行禮。

《高宗純皇帝實録》卷六八二 "乾隆二十八年三月" 條

己巳，祭先蠶之神，皇后親詣行禮。

《高宗純皇帝實録》卷七〇六 "乾隆二十九年三月" 條

丁巳，【略】祭先蠶之神，皇后親詣行禮。

《高宗純皇帝實録》卷七三二 "乾隆三十年三月" 條

辛巳，【略】祭先蠶之神，遣妃恭代皇后行禮。

《高宗純皇帝實録》卷七五六 "乾隆三十一年三月" 條

辛巳，【略】祭先蠶之神，遣妃恭代皇后行禮。

《高宗純皇帝實録》卷七八〇 "乾隆三十二年三月" 條

己巳，祭先蠶之神，遣妃行禮。

《高宗純皇帝實録》卷八〇六 "乾隆三十三年三月" 條

癸巳，祭先蠶之神，遣妃行禮。

《高宗純皇帝實録》卷八三〇 "隆三十四年三月" 條

癸巳，祭先蠶之神，遣妃行禮。

《高宗純皇帝實録》卷八五四 "乾隆三十五年三月" 條

辛巳，【略】祭先蠶之神，遣妃行禮。

《高宗純皇帝實錄》卷八八一 "乾隆三十六年三月"條

丁巳，【略】祭先蠶之神，遣妃行禮。

《高宗純皇帝實錄》卷九〇五 "乾隆三十七年三月"條

丁巳，祭先蠶之神，遣妃行禮。

《高宗純皇帝實錄》卷九二九 乾隆三十八年三月"條

丁巳，祭先蠶之神，遣妃行禮。

《高宗純皇帝實錄》卷九五四 "乾隆三十九年三月"條

丁巳，祭先蠶之神，遣妃行禮。

《高宗純皇帝實錄》卷九七八 "乾隆四十年三月"條

丁巳，祭先蠶之神，遣妃行禮。

《高宗純皇帝實錄》卷一〇〇三 "乾隆四十一年二月"條

己巳，【略】祭先蠶之神，遣妃行禮。

《高宗純皇帝實錄》卷一〇二八 乾隆四十二年三月"條

己巳，祭先蠶之神，遣怡親王福晋行禮。

《高宗純皇帝實錄》卷一〇五二 "乾隆四十三年三月"條

己巳，【略】祭先蠶之神，遣妃行禮。

《高宗純皇帝實錄》卷一〇七九 "乾隆四十四年三月"條

乙巳，【略】祭先蠶之神，遣妃行禮。

《高宗純皇帝實錄》卷一一〇二 "乾隆四十五年三月"條

甲申，【略】祭先蠶之神，遣妃行禮。

《高宗純皇帝實錄》卷一一二六 "乾隆四十六年三月"條

乾隆四十六年，辛丑三月甲戌朔，祭先蠶之神，遣妃行禮。

《高宗純皇帝實錄》卷一一五二 "乾隆四十七年三月"條

乙巳，祭先蠶之神，遣妃行禮。

《高宗純皇帝實錄》卷一一七六 "乾隆四十八年三月"條

癸巳，祭先蠶之神，遣妃行禮。

《高宗純皇帝實錄》卷一二〇〇 "乾隆四十九年三月"條

癸巳，祭先蠶之神，遣妃行禮。

《高宗純皇帝實錄》卷一二二六 "乾隆五十年三月"條

丁巳，祭先蠶之神，遣妃行禮。

《高宗純皇帝實錄》卷一二五〇 "乾隆五十一年三月"條

丁巳，祭先蠶之神，遣妃行禮。

《高宗純皇帝實錄》卷一二七六 "乾隆五十二年三月"條

辛巳，祭先蠶之神，遣妃行禮。

《高宗純皇帝實錄》卷一三〇〇“乾隆五十三年三月”條

乙亥,【略】祭先蠶之神,遣妃行禮。

《高宗純皇帝實錄》卷一三二四“乾隆五十四年三月”條

己巳,祭先蠶之神,遣妃行禮。

《高宗純皇帝實錄》卷一三五〇“乾隆五十五年三月”條

癸巳,祭先蠶之神,遣妃行禮。

《高宗純皇帝實錄》卷一三七四“乾隆五十六年三月”條

辛巳,祭先蠶之神,遣妃行禮。

《高宗純皇帝實錄》卷一三九七“乾隆五十七年二月”條

己巳,祭先蠶之神,遣妃行禮。

《高宗純皇帝實錄》卷一四二四“乾隆五十八年三月”條

乙巳,祭先蠶之神,遣妃行禮。

《高宗純皇帝實錄》卷一四四八“乾隆五十九年三月”條

癸巳,祭先蠶之神,遣妃行禮。

《高宗純皇帝實錄》卷一四七四“乾隆六十年三月”條

丁巳,祭先蠶之神,遣妃行禮。

《仁宗睿皇帝實錄》卷三“嘉慶元年三月”條

己巳,祭先蠶之神,皇后親詣行禮。

《仁宗睿皇帝實錄》卷一五“嘉慶二年三月”條

丁巳,【略】祭先蠶之神,遣妃恭代行禮。

《仁宗睿皇帝實錄》卷二八“嘉慶三年三月”條

辛巳,【略】祭先蠶之神,遣妃恭代行禮。

《仁宗睿皇帝實錄》卷四一“嘉慶四年三月下”條

辛巳,【略】祭先蠶之神,遣王福晋行禮。

《仁宗睿皇帝實錄》卷六二“嘉慶五年三月下”條

己巳,【略】祭先蠶之神,遣妃行禮。

《仁宗睿皇帝實錄》卷八〇“嘉慶六年三月上”條

辛巳,祭先蠶之神,遣妃行禮。

《仁宗睿皇帝實錄》卷九四“嘉慶七年二月”條

己巳,祭先蠶之神,皇后親詣行禮。

《仁宗睿皇帝實錄》卷一〇九“嘉慶八年閏二月”條

辛巳,祭先蠶之神,皇后親詣行禮。

《仁宗睿皇帝實錄》卷一二七“嘉慶九年三月”條

癸巳,祭先蠶之神,遣妃恭代行禮。

《仁宗睿皇帝實錄》卷一四一 "嘉慶十年三月" 條

癸巳，祭先蠶之神，遣妃恭代行禮。

《仁宗睿皇帝實錄》卷一五八 "嘉慶十一年三月" 條

丁巳，【略】祭先蠶之神，皇后親詣行禮。

《仁宗睿皇帝實錄》卷一七六 "嘉慶十二年三月" 條

乙巳，【略】祭先蠶之神，皇后親詣行禮。

《仁宗睿皇帝實錄》卷一九三 "嘉慶十三年三月" 條

乙巳，祭先蠶之神，皇后親詣行禮。

《仁宗睿皇帝實錄》卷二〇八 "嘉慶十四年三月" 條

己巳，祭先蠶之神，遣妃恭代行禮。

《仁宗睿皇帝實錄》卷二二七 "嘉慶十五年三月" 條

己巳，【略】祭先蠶之神，皇后親詣行禮。

《仁宗睿皇帝實錄》卷二四〇 "嘉慶十六年三月" 條

甲寅，諭內閣，內務府奏開列恭從采桑福晉命婦清單奏請欽點一摺，每年皇后親蠶以福晉、命婦七人隨從采桑，係屬大典，乃近年來開列單內除近支福晉外，大率係皇后姻親，意欲藉此請安。所以年年開送，其餘多托故不與。此次開列單內僅止九人，其中大臣命婦則止有二人，自係各該大臣等不令其妻恭與典禮，是以托故不行開送。似此積漸因循必致開列人數不敷點派，成何事體。此次姑就單內圈出七人以備典禮。嗣後，各該大臣命婦除實係有故照例聲明免其開送外，餘俱著一併開列。如仍前托故規避，致人數短少，著內務府查明無故不到者將該命婦之夫參處。

丁巳，祭先蠶之神，皇后親詣行禮。

《仁宗睿皇帝實錄》卷二五五 "嘉慶十七年三月" 條

辛巳，【略】祭先蠶之神，皇后親詣行禮。

《仁宗睿皇帝實錄》卷二六七 "嘉慶十八年三月" 條

辛巳，【略】祭先蠶之神，皇后親詣行禮。

《仁宗睿皇帝實錄》卷二八七 "嘉慶十九年三月上" 條

癸巳，【略】祭先蠶之神，皇后親詣行禮。

《仁宗睿皇帝實錄》卷三〇四 "嘉慶二十年三月" 條

癸巳，祭先蠶之神，皇后親詣行禮。

《仁宗睿皇帝實錄》卷三一四 "嘉慶二十年十二月下" 條

祭先蠶壇日准進立決本。

《仁宗睿皇帝實錄》卷三一七 "嘉慶二十一年三月" 條

嘉慶三十一年，丙子，三月辛巳朔，祭先蠶之神，皇后親詣行禮。

《仁宗睿皇帝實録》卷三二七"嘉慶二十二年二月"條

癸巳，【略】祭先蠶之神，皇后親詣行禮。

《仁宗睿皇帝實録》卷三四〇"嘉慶二十三年三月"條

乙巳，【略】祭先蠶之神，皇后親詣行禮。

《仁宗睿皇帝實録》卷三五五"嘉慶二十四年三月"條

嘉慶二十四年，己卯，三月癸巳朔，祭先蠶之神，遣妃恭代行禮。

《仁宗睿皇帝實録》卷三六八"嘉慶二十五年三月"條

己巳，祭先蠶之神，遣妃恭代行禮。

《宣宗成皇帝實録》卷二"嘉慶二十五年八月上"條

又奏二十七月内皇后親蠶應遣妃恭代。得旨：親蠶時如尚未册立妃位應作何辦理，查明復奏。尋奏，嘉慶四年奏准皇貴妃親蠶百日内遣王福晉恭代。

《宣宗成皇帝實録》卷一四"道光元年三月上"條

丁巳，【略】祭先蠶之神，遣王福晉行禮。

《宣宗成皇帝實録》卷三一"道光二年三月"條

丁巳，【略】祭先蠶之神，遣王福晉行禮。

《宣宗成皇帝實録》卷五〇"道光三年三月"條

辛巳，【略】祭先蠶之神，皇后親詣行禮。

《宣宗成皇帝實録》卷六六"道光四年三月"條

己巳，祭先蠶之神，皇后親詣行禮。

《宣宗成皇帝實録》卷八〇"道光五年三月"條

癸巳，祭先蠶之神，皇后親詣行禮。

《宣宗成皇帝實録》卷九六"道光六年三月"條

癸巳，【略】祭先蠶之神，皇后親詣行禮。

《宣宗成皇帝實録》卷一一五"道光七年三月"條

辛巳，【略】祭先蠶之神，皇后親詣行禮。

《宣宗成皇帝實録》卷一三四"道光八年三月"條

乙巳，【略】祭先蠶之神，皇后親詣行禮。

《宣宗成皇帝實録》卷一五一"道光九年二月上"條

丙寅，諭内閣本年致祭先蠶壇著改於三月二十三日行禮。

《宣宗成皇帝實録》卷一五四"道光九年三月下"條

丁巳，祭先蠶之神，皇后親詣行禮。

《宣宗成皇帝實録》卷一六六"道光十年三月"條

癸巳，祭先蠶之神，皇后親詣行禮。

《宣宗成皇帝實錄》卷一八五"道光十一年三月上"條
丁巳，祭先蠶之神，皇后親詣行禮。

《宣宗成皇帝實錄》卷二〇七"道光十二年三月上"條
丁巳，祭先蠶之神，皇后親詣行禮。

《宣宗成皇帝實錄》卷二三三"道光十三年三月上"條
辛巳，祭先蠶之神，遣妃恭代行禮。

《宣宗成皇帝實錄》卷二五〇"道光十四年三月"條
己巳，祭先蠶之神，皇貴妃親詣行禮。

《宣宗成皇帝實錄》卷二六四"道光十五年三月"條
己巳，祭先蠶之神，皇后親詣行禮。

《宣宗成皇帝實錄》卷二八〇"道光十六年三月"條
癸巳，【略】祭先蠶之神，皇后親詣行禮。

《宣宗成皇帝實錄》卷二九五"道光十七年三月"條
癸巳，【略】祭先蠶之神，遣妃行禮。

《宣宗成皇帝實錄》卷三〇七"道光十八年三月"條
辛巳，【略】祭先蠶之神。皇后親詣行禮。

《宣宗成皇帝實錄》卷三二〇"道光十九年三月"條
乙巳，祭先蠶之神，皇后親詣行禮。

《宣宗成皇帝實錄》卷三三二"道光二十年三月"條
乙巳，遣官祭先蠶之神。

《宣宗成皇帝實錄》卷三四九"道光二十一年三月下"條
乙巳，遣官祭先蠶之神。

《宣宗成皇帝實錄》卷三六九"道光二十二年三月"條
丁巳，【略】遣官祭先蠶之神。

《宣宗成皇帝實錄》卷三九〇"道光二十三年三月"條
丁巳，遣官祭先蠶之神。

《宣宗成皇帝實錄》卷四〇三"道光二十四年三月"條
己巳，【略】遣官祭先蠶之神。

《宣宗成皇帝實錄》卷四一五"道光二十五年三月"條
己巳，【略】遣官祭先蠶之神。

《宣宗成皇帝實錄》卷四二七"道光二十六年三月"條
己巳，遣官祭先蠶之神。

《宣宗成皇帝實錄》卷四四〇"道光二十七年三月"條
辛巳，【略】遣官祭先蠶之神。

《宣宗成皇帝實録》卷四五三"道光二十八年三月"條

癸巳，遣官祭先蠶之神。

《宣宗成皇帝實録》卷四六五"道光二十九年三月"條

辛巳，【略】遣官祭先蠶之神。

《文宗顯皇帝實録》卷五"道光三十年三月上"條

癸巳，【略】遣官祭先蠶之神。

《文宗顯皇帝實録》卷二九"咸豐元年三月上"條

癸巳，祭先蠶之神，遣內務府大臣柏葰行禮。

《文宗顯皇帝實録》卷五五"咸豐二年三月上"條

丁巳，【略】祭先蠶之神，遣內務府大臣柏葰行禮。

《文宗顯皇帝實録》卷八七"咸豐三年三月上"條

咸豐三年，癸丑，三月乙巳朔，祭先蠶之神，皇后親詣行禮。

《文宗顯皇帝實録》卷一二三"咸豐四年三月上"條

乙巳，祭先蠶之神，皇后親詣行禮。

《文宗顯皇帝實録》卷一六一"咸豐五年三月上"條

己巳，祭先蠶之神，遣嬪行禮。

《文宗顯皇帝實録》卷一九三"咸豐六年三月中"條

己巳，祭先蠶之神，皇后親詣行禮。

《文宗顯皇帝實録》卷二二二"咸豐七年三月下"條

己巳，祭先蠶之神，皇后親詣行禮。

《文宗顯皇帝實録》卷二四七"咸豐八年三月上"條

辛巳，祭先蠶之神，皇后親詣行禮。

《文宗顯皇帝實録》卷二七九"咸豐九年三月下"條

癸巳，祭先蠶之神，遣婉嬪行禮。

《文宗顯皇帝實録》卷三一一"咸豐十年三月下"條

癸巳，祭先蠶之神，皇后親詣行禮。

《文宗顯皇帝實録》卷三四五"咸豐十一年三月上"條

癸巳，祭先蠶之神，遣王福晉行禮。

《穆宗毅皇帝實録》卷二二"同治元年三月中"條

癸巳，【略】祭先蠶之神，遣內務府大臣恩醇行禮。

《穆宗毅皇帝實録》卷五九"同治二年二月下"條

乙巳，祭先蠶之神，遣總管內務府大臣明善行禮。

《穆宗毅皇帝實録》卷九六"同治三年三月上"條

乙巳，祭先蠶之神，遣總管內務府大臣明善行禮。

《穆宗毅皇帝實録》卷一三二"同治四年三月上"條

乙巳,【略】祭先蠶之神,遣總管内務府大臣明善行禮。

《穆宗毅皇帝實録》卷一七一"同治五年三月上"條

己巳,祭先蠶之神,遣總管内務府大臣存誠行禮。

《穆宗毅皇帝實録》卷一九八"同治六年三月上"條

丁巳,祭先蠶之神,遣總管内務府大臣崇綸行禮。

《穆宗毅皇帝實録》卷二二七"同治七年三月下"條

己巳,祭先蠶之神,遣總管内務府大臣存誠行禮。

《穆宗毅皇帝實録》卷二五四"同治八年三月上"條

辛巳,祭先蠶之神,遣總管内務府大臣春佑行禮。

《穆宗毅皇帝實録》卷二七八"同治九年三月上"條

己巳,祭先蠶之神,遣總管内務府大臣存誠行禮。

《穆宗毅皇帝實録》卷三〇七"同治十年三月"條

癸巳,祭先蠶之神,遣内務府大臣春佑行禮。

《穆宗毅皇帝實録》卷三三〇"同治十一年三月"條

癸巳,祭先蠶之神,遣總管内務府大臣春佑行禮。

《穆宗毅皇帝實録》卷三五〇"同治十二年三月"條

辛巳,祭先蠶之神,遣慧妃行禮。

《穆宗毅皇帝實録》卷三六四"同治十三年三月"條

乙巳,【略】祭先蠶之神,遣慧妃行禮。

《德宗景皇帝實録》卷二七"光緒二年三月上"條

乙巳,遣官祭先蠶之神。

《德宗景皇帝實録》卷二〇五"光緒十一年三月"條

乙巳,遣官祭先蠶之神。

《德宗景皇帝實録》卷二六八"光緒十五年三月"條

丁巳,祭先蠶之神,皇后親詣行親蠶禮。

《德宗景皇帝實録》卷二九五"光緒十七年三月"條

己巳,皇后親蠶,詣先蠶壇行禮。

《德宗景皇帝實録》卷二九七"光緒十七年五月"條

辛未,皇后親詣先蠶壇,舉行獻繭繅絲禮。

《德宗景皇帝實録》卷三〇九"光緒十八年三月"條

乙巳,【略】皇后親蠶,詣先蠶壇行禮。

《德宗景皇帝實録》卷三二一"光緒十九年二月"條

辛巳,【略】遣官祭先蠶之神。

《德宗景皇帝實録》卷三六四"光緒二十一年三月下"條

癸巳，祭先蠶之神，皇后親詣行親蠶禮。

《德宗景皇帝實録》卷四〇二"光緒二十三年三月上"條

癸巳，遣官祭先蠶之神。

《德宗景皇帝實録》卷四〇五"光緒二十三年五月"條

己亥，皇后親詣先蠶壇，舉行獻繭繅絲禮。

《德宗景皇帝實録》卷四一八"光緒二十四年四月"條

丁未，【略】皇后親蠶詣先蠶壇，舉行獻繭繅絲禮。

《德宗景皇帝實録》卷四六二"光緒二十六年四月"條

甲午，祭先蠶之神，皇后親詣行禮。

《德宗景皇帝實録》卷四九八"光緒二十八年夏四月"條

辛丑，皇后躬桑，詣先蠶壇行禮。

《德宗景皇帝實録》卷五二八"光緒三十年三月"條

辛巳，祭先蠶之神，皇后親詣行禮。

《德宗景皇帝實録》卷五四三"光緒三十一年三月"條

辛巳，祭先蠶之神，皇后親詣行禮。

《德宗景皇帝實録》卷五五七"光緒三十二年三月"條

辛巳，祭先蠶之神，皇后親詣行禮。

《德宗景皇帝實録》卷五五九"光緒三十二年閏四月"條

庚寅，皇后行獻繭繅絲禮。

《德宗景皇帝實録》卷五七一"光緒三十三年三月"條

癸巳，祭先蠶之神，皇后親詣行禮。

《德宗景皇帝實録》卷五八八"光緒三十四年三月"條

癸巳，祭先蠶之神，皇后親詣行禮。

《德宗景皇帝實録》卷五九一"光緒三十四年五月"條

丙申，【略】皇后詣先蠶壇，行獻繭繅絲禮。

《大清宣統政紀》卷一〇"宣統元年閏二月"條

乙巳，祭先蠶之神，遣內務府大臣奎俊行禮。早事。

《大清宣統政紀》卷五一"宣統三年三月"條

丁巳，祭先蠶之神，遣總管內務府大臣增崇行禮。

（清）允祹等《大清會典》卷二六《禮部》

凡親蠶之禮，置桑田於西苑先蠶壇之東南中爲躬桑位，築臺於桑田，北爲皇后觀采桑之位，設蠶母二人，蠶婦二十七人，掌蠶事。置內監蠶宮令丞各一人以董之，詳見內務府掌儀司。歲仲春吉巳，皇后躬祀先蠶，詳見祠祭司。禮成，乃於蠶生日行躬桑禮，豫期宮殿監督領侍奏請妃嬪二位，內務府奏以公主福晉夫人三人，命婦四人，從采桑所司於桑田，設從采桑位於臺南，東西立表，以識。前期一日，宮殿監設案於交泰殿中，內務府奉宸苑堂官率所屬以龍亭一，采亭二，陳采桑具皇后金鈎黃筐，從采桑妃嬪銀鈎柘黃筐，福晉夫人命婦鐵鈎朱筐，各貯亭內，由內務府入隆宗門，至內右門外亭止，宮殿監督領侍率鹽宮令丞暨內監恭奉入至交泰殿，次第陳於案宮殿，監督領侍等奏請皇后吉服御交泰殿閱采桑，具畢，奏禮成。皇后還宮，內監奉出內右門，仍陳各亭內鑾儀，校昇行前列，旗仗和聲署作樂，前導送采桑所，陳龍亭於臺右，陳采亭於東西，從采桑位至日，豫引從采桑暨侍班公主、福晉、命婦咸采服至觀，采桑臺左右恭竢。

（清）昆岡等《大清會典圖》卷一四《禮一四》

皇后親祀先鹽，禮成，乃以鹽生日躬桑，內務府官陳皇后鈎筐龍亭於觀桑臺，右相儀女官二人，先奉鈎筐立於臺前左右，東西面，內監率歌采桑詞童監十人，司金鼓板笛笙簫者二十有四人，立臺前東西，麾五色采旗，內監四十人，於桑畦外東西，次列傳贊女官二人，立臺前左右，不從桑。公主福晉命婦序立臺南左右隅，南面從桑。公主福晉夫人命婦就從桑位，東西面立贊引對引二人，前引女官十人，導皇后詣桑畦北正中躬桑位，南向立，相儀女官一，自右奉鈎一，自左奉筐，皇后左執鈎右執筐，鹽母二人從助，采內監麾采旗，鳴金鼓作樂歌采桑詞。皇后先詣東行第一桑株前，東向采桑條一，復詣西行第一桑株前，仍東向采桑條二，凡三采畢還詣躬桑位，若皇后不親鹽，遣祭先鹽之翼日，鹽宮令監視鹽母及鹽婦行采桑禮。

皇后躬桑禮前，內務府官豫設從采桑位於桑畦東西，立表以識陳從桑鈎筐，采亭二，於從桑位東西，東西第二行各桑一株，爲妃嬪從桑位。第三行各桑一株，爲公主、福晉或縣君夫人從桑位。第四行各桑一株，爲命婦文三品武二品以上從桑位。贊引對引女官導皇后御寶座，不從桑。妃嬪侍立臺上，左右公主、福晉、公夫人、命婦序立臺下，東西面從桑，妃嬪、公主、福晉、公夫人、命婦各以鹽婦二人，奉鈎筐從助采，妃嬪各於第二行桑株，公主、福晉、公夫人三人各於第三行桑株，東西凡五采命婦四人各於第四行桑株，東西凡九采，畢，典儀導妃嬪升臺，公主、福晉、夫人、命婦至臺下各入侍班位，傳贊引鹽母升階至皇后前北面，跪相儀，舉筐，授鹽母，鹽母祗受退至鹽室，切以授鹽，婦灑於箔還，告禮成。

劉錦藻《清續文獻通考》卷一五五《郊社考九》

嘉慶元年三月二十三日致祭先鹽壇，奉旨皇后親詣行禮。七年，八年，九年，十一、十二、十三、十五、十六、十七等年同。

（嘉慶）二年，奏准，三月十七日，祭先鹽壇，此次應貴妃致祭行禮。

（嘉慶）三年，奏准，三月十七日，祭先鹽壇，此次應皇貴妃致祭行禮。

（嘉慶）十年，奏准，三月初九日，致祭先鹽壇，此次應請旨遣妃恭代皇后行禮。

（嘉慶）十四年，奏准，三月初九日，祭先蠶壇請旨遣妃恭代皇后行禮。

（嘉慶）十六年諭，內務府奏開列恭從采桑福晉命婦清單，奏請欽點一摺，每年皇后親蠶，以福晉命婦七人，隨從采桑，係屬大典，乃近年來開列單內除近支福晉外，大率係皇后姻親，意欲藉此請安所以年年開送，其餘多托故不與此次開列單內僅止九人，其中大臣命婦則止有二人，自係各該大臣等不令其妻恭與典禮，是以托故不行開送似此積漸因循必致開列人數不敷點派，成何事體？此次姑就單內，圈出七人以備，典禮嗣後，各該大臣命婦除實係有故，照例聲明免其開送外，餘俱著一併開列，如仍前托故規避致人數短少，著內務府查明無故不到者，將該命婦之夫參處。

（嘉慶）二十一年，奏請，三月二十日，蠶上簇，奉旨蠶上簇，嗣後不必奏。

又四月癸酉，皇后行躬桑禮。

（嘉慶）二十二年，（嘉慶）二十三年，同。

（嘉慶）二十四年，奏定執事女官四十六人，各賞大緞一匹，綢一匹。

道光三年，皇后親蠶，親詣行禮。

（道光）四年至十二年，又十五、十六、十八、十九等年同。

（道光）十三年，親蠶遣妃躬代行禮。十七年同，十四年，親蠶皇貴妃親詣行禮。

（道光）二十年，三月乙巳，致祭先蠶壇，派內務府大臣行禮。又奏准遣官致祭先蠶壇，照遣官致祭先農壇之例，由西升降。一應執事，均用太常寺官，一切事宜，交太常寺辦理。

（道光）二十三年，三月乙巳，致祭先蠶壇奉旨，此後著派內務府大臣行禮，毋庸奏請，是後致祭先蠶壇皆奏請遣官行禮。

咸豐三年三月乙巳朔，皇后祀先蠶。

（咸豐）四年六年八年十年同。

（咸豐）九年三月十一日，祭先蠶壇，遣妃恭代行禮，是日，因孝賢純皇后忌辰改三月二十三日行禮。

同治元年題三月十一日，致祭先蠶壇，奉旨著遣內務府大臣行禮，謹案自是年以後，致祭先蠶壇均頤請遣內務府大臣行禮。

（同治）十二年三月初三日，致祭先蠶壇，奉旨遣妃恭代行禮。

（同治）十三年同光緒元年題三月初八日，致祭先蠶壇，奉旨遣內務府大臣行禮，謹案自是年以後，致祭先蠶壇，均題請遣內務府大臣行禮。

（光緒）十五年題，三月十二日，致祭先蠶壇，奉旨皇后親詣行禮。

（光緒）十六年至二十二年，均同。

宣統三年三月丁巳，祭先蠶壇，遣增崇行禮。

四、庶務

（明）申時行等《大明會典》卷五一《禮部九》

之後爲從室各十以居蠶婦，設蠶宮署於宮左偏，置蠶宮令一員，丞二員，擇内臣謹恪者爲之，以督蠶桑等務。

（明）俞汝楫等《禮部志稿》卷一三

後爲從室各十間以居蠶婦，設蠶公署于宮左偏，置蠶宮令一員，丞二員，擇内臣謹恪者爲之，以督蠶桑等務。

（清）允祹等《大清會典則例》卷一六七《内務府》

蠶户，雍正六年奉旨：圓明園於七年起著養蠶，設立首領内監、内監各一人，管理蠶事。

乾隆九年，建先蠶壇，設八品催長一人，領催二名，内監二人，園户二十名。

又議奏：先蠶壇飼蠶供事，蠶婦蠶母均由内府三旗簡選。因不甚諳練，於圓明園養蠶民婦内選撥五户，在蠶壇當差，同蠶婦蠶母隨時往蠶室教習，使其熟練。奉旨養蠶，民婦交奉宸苑竢，有園户闕，不必别選，即將養蠶户充補。

十年，奏請前於圓明園撥給奉宸苑蠶户五名，補園户。其看守、掃除等項差務自應一體，充當如值養蠶之期，仍充本役，較之園户實屬有間。

按圓明園蠶户分例，每名歲支銀十有二兩，米二十四斛，冬令并給煤炭棉布。五年一次，給與狐皮帽領羊裘。至本苑所屬園户苑户，每名例給養贍家口地六十畝，歲支銀十有二兩。五年一次，給羊皮十張，粗布二丈，今以蠶户充補，園户自應仍支蠶户分例。竢其子孫長成頂補園户之時，再照園户分例給與地畝、錢糧。奉旨，此五名蠶户，竢園户闕即行坐補，仍領蠶户分例，其子孫頂補亦著領蠶户分例。

十七年奏准，圓明園蠶户撥往萬壽山織染局當差。

太　廟

一、建置沿革

（一）營建沿革

（明）鄭曉《吾學編・皇明三禮述上・宗廟》

宗廟前殿後寢殿，寢殿後有祧殿，皆九楹，各翼兩廡。寢殿藏主，如同堂异室之制。祭，出主於殿；畢，歸主於寢殿。【略】

（洪武）二年，令清明、端午、中元、冬至時享，歲除如故。【略】

（洪武）三年，時享仍用四孟孟春，特享四廟三時。奉三祖合享於德祖之廟，德祖南向，三祖東西向。初獻各奏其廟樂，餘奏德廟樂。

（洪武）九年，改建太廟。前正殿、後寢殿殿翼兩廡寢殿九間，間一室。中室奉德祖帝后神主，懿祖東一室，熙祖西一室，仁祖東二室，主皆南向，几席諸器備如生儀。時享，殿中設德祖帝后衣冠。神座，南向。懿祖座，左西向。熙祖座，右東向。仁祖次懿祖，西向。孟春擇上旬日、三孟朔日、歲暮除日，皆合享奏德廟之樂。罷特享。

（洪武）三十一年，太祖神主祔寢殿，西二室，南向。正殿神座次熙祖，東向。成祖遷都北平建廟亦如之。成祖升祔東三室殿座，次仁祖、仁宗升祔西三室殿座，次太祖、宣宗升祔東四室殿座，次成祖、英宗升祔西四室殿座次。

仁宗弘治元年，憲宗將升祔，議祧禮。禮官言，國家九廟已備，憲宗祔廟議者咸謂德、懿、僖、仁四廟，宜以次奉祔。而尊太祖爲百世不遷之祖，是知尊太祖而不知太祖之尊其祖也。昔周既追王，太王王季又上祀先公以天子之禮，國家自德祖以上莫推其世次，則德祖視周后稷，不可祧。明甚懿、僖、仁三祖以次當祧，太祖、太宗視周文武世室百世不遷禮也。憲宗升祔當祧懿祖宜於太廟，寢殿後別建祧廟，如古夾室之制。歲暮，則奉祧主合享如古祫祭之禮。吏部侍郎楊守陳言，禮官議請尊德祖百世不遷，如宋僖祖故事。非是禮天子七廟，祖功而宗德，故凡號太祖者即始祖也。始祖必配天，若商周契稷，皆有功德非直原本統也。宋僖祖及我德祖可比商報乙、周亞圉，非契、稷比。議者習見宋儒嘗取王安石說，遂使七廟既有始祖，又有太祖。太祖既配天，又不得正位南向，名與實乖，非禮。或曰降而合食，以尊就卑，不可謂禮不又有大禘乎？憲宗升祔請并祧德、懿、熙三祖，自仁祖下爲七廟，異時祧盡，則太祖擬契、稷而祧主藏於後寢，祫禮行於前廟。時享尊太祖，祫祭尊德祖，如此，功德是崇，恩義亦備，庶無悖禮。上從禮官議。始建祧廟於寢殿後，奉藏懿祖神主神座，熙祖寢主遷東一室，殿座遷西向一位。仁祖以下遞遷，憲宗升祔西四室，殿座次宣宗。孝宗升祔祧熙祖，武宗升祔祧仁祖，睿宗升祔不得不祧德祖以故九廟，太祖居尊，而四祖之主皆祧矣。嘉靖九年春，今皇帝復行特享禮，令祠官廟殿設帷幄如九廟，奉太祖南向。

（嘉靖）十年冬，上諭禮官言：太祖以恩隆德祖，今日當以義尊太祖，祫祭宜奉四祖同太祖皆南向，庶見太廟爲特尊太祖。言言："禮，合群廟之主而祭於太祖之廟，是爲大祫，亦以尊太祖也。太廟，太祖之廟，不當與昭穆同序。太祖，太廟之主，不可與子孫并列。自今大祫宜奉四祖，太祖皆南面。德祖居中，懿祖、熙祖、仁祖、太祖東西并叙列，聖左右序列，東西相向如故。不惟我太祖別於群廟之主，足以伸皇上尊太祖之心，而懿、熙、仁三祖得全其尊，尤足以體太祖之心。"上曰："善。"是年，上坐文華殿東室召見輔臣，時欒禮官言議復古七廟之制，太廟及寢殿祧廟宜存弗撤，惟量地分建群廟。議未決，諸大臣退。會中允廖道南疏請建九廟，上得疏喜，下廷議。言：上議古者天子廟制，唐虞五廟，夏后因之，殷周大抵皆七廟，而祭法王制與劉歆宗說又各不同。宋儒朱熹《古今廟制》引王制，天子七廟，外爲都宮，內叙昭穆。漢不考古，諸帝異廟諸廟異地，不合都宮，不序昭穆。明帝遵儉自抑，遺命勿別爲廟，遂有同堂異室之制，嗣後歷魏、隋、唐、宋皆然。我太祖初別，立四親廟，廟皆南向，似近古禮。後改建太廟，又用明帝之制，皇上憲天稽古，大厘祀典，獨於廟制不能無疑，形諸翰札，宣諸召問，謀諸臣弼者屢矣。但今太廟南近宮墻，東邇世廟，西阻前朝，地勢有限。上諭太廟三殿勿撤，則太廟垣外左右隙地不盈數十丈，若依古制，昭穆六廟，在太廟前以次而南，則今太廟都宮之南至承天門墻不遠，即使盡闢其地分爲左昭右穆，尤恐勢不能容。若欲稍減規模，不必別門異寢，又恐禮未必愜。況古七廟、九廟制度皆同今太廟，巍然弘壯，而群廟隤然湫隘，亦恐於義未安。議者欲就太廟兩廡，即分群廟不惟去尊，即卑不足以稱聖孝而遷就一時，裁損廟貌，尤非細故，且有廟無寢，神將安栖？諸王功臣置之何所？議者又欲藏主夾室。夫夾室者側室也，以藏祧主可也，以藏親廟未毀之主，情理舛矣。至謂周人廟制，約儉宜做爲之。夫周廟門，大扄七，個闑門容。六廟者，憲宗、穆宗、敬宗、文宗、武宗、宣宗也。然穆宗、宣宗皆憲宗之子，敬宗、文宗、武宗又皆穆宗之子，姑以憲宗爲昭言之，則穆、宣爲穆，敬、文、武爲昭，是四昭二穆，而懿宗所祀上不及高祖，未當祧而祧者三世矣。若必欲祀及六世，則載丁時太祖之外必十廟。懿宗時，太祖之外必九廟，而後可蓋繼世者既不能必其爲弟爲子，建廟者亦安能預定其爲昭爲穆？或穆多昭少如殷，或昭多穆少如唐哉！若必欲昭穆世叙，則建廟之時，昭齒者必在太祖之廟之左，穆齒者必在太祖之廟之右。如此，則預立六廟定三昭三穆，以次遍遷之説又不可行矣。故東都以來，同堂异室未可，盡以爲非禮也。皇上以皇考專享世廟，而太祖列聖乃不得專廟以全其尊，然列聖同享太廟已極尊崇，而皇考專居世廟猶爲遜。若廟制大小不倫，行祀親攝或异，則尊卑厚薄之間似不足以稱皇上孝敬之誠。皇上札諭，輔臣亦言祀典宜正，廟制難更大哉，皇言實萬世之寶訓也。疏入，上不允，竟撤故廟改建祖宗各爲專廟，諸廟合爲都宫，太廟居中，昭穆六廟左右列成祖廟。在六廟之上，廟各有殿，殿後有寢，藏主太廟，寢後别有祧寢，藏祧主太廟。門殿皆南向，群廟門東西相向，内門殿皆南向。

（嘉靖）十三年，南京太廟灾，上意欲勿建，敕廷臣議。禮官：京師宗廟行將復古，而南京太廟修餙方新，遽罹回禄，皇天眷德之意，聖祖啓後之靈恐不可不默會於昭昭之表。上喜，令亟起新廟，罷建南京太廟。廟址築周垣，香火并入南京奉先殿。十五年十二月，廟成。詔曰：朕創昭穆群廟以祀祖宗，彰太祖爲專尊之主。復作太宗廟於群廟之外，表功德不遷，享百世祀。更創皇考廟曰獻皇帝廟。别擇吉區，以避管道，止修時祭，以避豐禰之嫌。

（嘉靖）十七年九月，遂尊皇考廟號爲睿宗，祔享太廟，又改尊太宗爲成祖。立春特享，各出主於殿成廟。迎神樂别歌三獻，徹饌還宫樂如太廟仁、宣、英、憲四廟樂歌，同孝、武二廟迎神樂，别歌三獻。徹饌還宫，樂歌同睿廟樂，别歌异於諸廟。立夏時祫，出太祖、成祖七宗主於大殿。立秋時祫，如夏禮樂歌，异於夏。立冬時祫如秋禮，迎神徹饌，還宫樂歌异於秋季。冬中旬，擇日大祫，出四祖太祖成祖七宗主於太殿。祭畢，各歸主於其寢。

（嘉靖）二十年四月，宗廟灾。初震，火起，仁廟風大發，仁廟主毁，俄而成祖廟主又毁，延爇太廟及昭穆群廟。惟睿廟獨存，上奉列聖主於景神殿，遣大臣入長陵、獻陵告題成祖仁宗帝后，主亦奉景神殿。

（嘉靖）二十四年七月，新廟成，復同堂异室之制。寢殿太祖正位居尊，成祖、仁、宣、英、憲、孝、睿、武左右次列，皆南向。四祖居祧寢，南向。

（明）尹守衡《皇明史竊》卷一一《宗廟·國朝宗廟之制》

洪武元年，止立四廟，中祀。皇高祖考、德祖玄皇帝、高祖妣玄皇后東第一廟，祀皇曾祖考懿祖恒皇帝、曾祖妣恒皇后西第一廟，祀皇祖考熙祖皇帝、祖妣皇后東第二廟，祀皇考仁祖淳皇帝、皇妣淳皇后主與廟，皆南向。异廟同宫祀，以四孟月及歲除皆特享。

洪武三年，乃復更定，如王制礿禘烝嘗之禮，孟春、特夏、秋冬及歲除祫合享德祖廟中，德祖南向。懿祖下昭穆序，東西向。

迨於九年，始集諸儒臣之議，仿古九廟之制，建太廟。前殿後寢，殿翼四廡。寢殿九間，間一室。中室奉德祖帝后主，東第一室懿祖，西第一室熙祖東第二室仁祖，主皆南向。几席、床榻、衾褥襌、篋笥、帷幔器皿之屬，具如事生之儀。罷特享。四孟月及歲除祫祭前殿中，德祖、懿祖下以昭穆東西序列。座設衣冠不奉主，各犢一、羊一、豕一。奉先制帛禮三，獻樂六，奏舞八佾。親王配享東壁，壽春、霍邱、下蔡、安豐、南昌、蒙城、盱眙、臨淮、寶應、六安、來安、都梁、英山、山陽、昭信凡十五王四壇，王妃皆祔食壇，一太牢，展親制帛。功臣配享西壁，中山王徐達、開平王常遇春、岐陽王李文忠、寧河王鄧愈、東甌王湯和、黔寧王沐英、虢國公俞通海、蔡國公張德勝、越國公胡大海、梁國公趙德勝、泗國公耿再成、永義侯桑世杰，凡十二人十壇。生者虛其位壇，一少牢，報功制帛。御史答禄與權請舉大禘，成一代之典，下議。德祖上世系無可推考，遂以太祖上賓，建文君一如祖制。奉太祖主祔廟西二室，享座右二位。

太宗改都北京，廟制悉如南都。其後，列聖升祔一如祖制。

迨至憲宗，九室已備，議祧主。禮官言：周以稷爲始祖，文武爲世室，皆百世不遷國家。德祖上亡考，當比周后稷，不可祧。太祖、太宗視周文武世室，今當祧懿祖。歲除奉主出前殿與尤廟同享，以合古人大祫之禮。上如禮官言，祧懿祖，孝宗祔祧熙祖，武宗祔祧仁祖，改歲除爲大祫。世宗入繼大統，覃精禮制，大厘祀典。以太祖重闢宇宙，肇運開基，四時之享壓於德祖，不合禮意。

嘉靖十年，命祧德祖，奉太祖主寢廟中一室爲太廟不遷之祖。春享，群宗各設一幄，以次列座左右南面，特享夏，秋冬祫。太宗下以昭穆分東西向序列，季冬中旬大祫。德祖仍居中，太祖仍從懿祖下，分東西向序列，罷歲除。學士璁言：親王功臣分皆臣子配享，堂上天子跪拜於下，冠履無別移祀兩廡，復舉大禘於太廟，奉太祖配享稱皇初祖。

（嘉靖）十四年，更建世室及昭穆群廟。太廟左右以次，而南統於都宮，廟各有殿，殿後有寢，群廟門東西向，內門殿寢，皆南向。世室在左三昭之上，奉太宗。特享各於其廟。祫則太宗東座西向稍近上，仁宗下東西向序列。大祫則太祖與四親皆南向，太宗下序列如時祫。上先是特建世廟祀皇考，乃復改建曰獻皇帝廟，以避太宗世室之稱。

（嘉靖）二十四年，復諭禮臣嵩曰：朕惟國家之興始於太祖，中定艱難，則太宗宜同稱祖。皇考躬備大德，延及朕躬，宜薦宗稱尊太宗文皇帝爲成祖，尊獻皇帝爲睿宗祔享太廟，位躋武宗之上。以兄故，仍復太祖初制，歲凡五享四時祫。太祖獨專南面之位，群宗以昭穆爲序，歲除大祫一如十五年之制。太祖永爲太廟主，不致下與子孫同列。是時，禮樂出自天子，群臣莫敢議世宗，以是因尊太祖，并追崇所生，罷禘祭於時宗廟之禮，有其廢之蔑不舉矣。然建議諸人猶有諱不敢言，建文君不入太廟，猶曰革除景皇帝，爲皇帝七年社褫賴之，不得與睿皇帝并議追祔，何也？

（嘉靖）二十九年，世宗且復升，祔孝烈皇后，祧仁宗后，世宗升祔，始以禮臣議后必元配，乃奉孝潔皇后祔，遷孝烈於別殿。

隆慶六年。穆宗升祔，祧宣宗，配享功臣廟。

嘉靖元年，進河間王張玉東、平王朱能、寧國公王真、榮國公姚席孝。

嘉靖九年，以國子監祭酒廖道南言，廣孝移祀大興清寺。

（嘉靖）十年，以刑部主事李瑜言，進誠意伯劉基。十六年，武定侯郭勛乞進其祖英，侍郎唐冑爭不可。勛言：往年祀基以文臣，故舉朝翕。然臣祖武臣，故忌者紛紛。上是勛言，命英從祀，基以伯爵位英上。上不悅，曰：何上基而下英也？令以爵序列，英黔寧王下、永義侯上，而基列永嘉侯下。凡祭幣太廟，每室幣二。凡時物，太常先薦宗廟，然後進御。凡時享值國喪，樂備而不作。凡祝文止，稱孝子皇帝不稱臣，遣太子行禮，稱命長子某，不稱皇太子。壽春等王，舊有皇伯祖等稱。

（明）俞汝楫等《禮部志稿》卷二七《祠祭司職掌·廟祀》

國初，於闕左建四廟，德祖廟居中，懿祖東第一廟，熙祖西第一廟，仁祖東第二廟，與主皆南向。

（洪武）三年，又定時享，仍用四孟月，孟春特享於各廟。各具禮樂，餘時俱奉三祖神主合享於德祖之廟。德祖仍南向，三祖以次東西向。初獻各奏本廟樂，亞獻、終獻、徹饌、還宮，同奏德廟樂。

（洪武）九年，及時享於正殿，則設德祖帝后神座，居中南向。懿祖神座左第一位，西向；熙祖神座右第一位，東向；仁祖神座左第二位，西向。凡座止設衣冠而不奉主。又以親王配享於東壁，功臣配享於西壁。孟春擇上旬吉日，孟夏、孟秋、孟冬俱用朔日，歲暮用除日，俱行合享之禮，奏德廟樂，罷特享禮及各廟樂。

（洪武）三十一年，奉祔太祖神主於殿西第二室，南向。正殿神座右第二位，東向。

永樂中定都北京，建廟一如南京之制。

洪熙元年，奉祔太宗神主於殿東第三室，南向。正殿神座左第三位，西向。

宣德元年，奉祔仁宗神主於殿西第三室，南向。正殿神座右第三位，東向。

（宣德）十年，奉祔宣宗神主於殿東第四室，南向。正殿神座左第四位，西向。

天順八年，奉祔英宗神主於殿西第四室，南向。正殿神座右第四位，東向。

成化二十三年，憲宗將升祔，而九室已備，始奉祧懿祖。熙祖而下皆以次奉遷，乃奉祧憲宗神主於殿西第四室，南向。正殿神座右第四位，東向。

弘治初始，即歲除日行祫祭禮。

（弘治）十八年，奉祧熙祖，仁祖而下皆以次奉遷。乃祔孝宗神主於殿西第四室，南向。正殿神座右第四位，東向。

正德十六年，奉祧仁祖，太祖而下皆以次奉遷。乃奉祔武宗神主於殿西第四室，南向。正殿神座右第四位，東向。

嘉靖十年，諭禮部：以太祖高皇帝重闢宇宙，肇運開基，四時享祭壓於德祖，不得正南面之位。命祧德祖而奉太祖神主居殿中一室爲不遷之祖，太宗而下皆以次奉遷，每歲孟春特享，夏秋冬合享，改擇季冬中旬大祫，而以歲除爲節祭歸之。【略】大祫，則奉德祖於太廟，居中南向。懿祖而下皆以次東西向，其親王功臣移配食於兩廡。又以丙辛年，孟夏行大禘禮於太廟，奉皇初祖，南向。太祖西向配享。

（嘉靖）十四年，更建世室及昭穆群廟於太廟之左右。其廟制正殿五間，寢殿三間，各有門，垣以次而南統於都宮，太廟專奉太祖居之。世室在左三昭之上，奉太宗居之，題曰太宗廟；仁祖昭第一廟，曰仁廟；宣宗穆第一廟，曰宣廟；英宗昭第二廟，曰英廟；憲宗穆第二廟，曰憲廟；孝宗昭第三廟，曰孝廟；武宗穆第三廟，曰武廟。以立春日行特享禮於各廟，立夏、立秋、立冬日行時祫禮於太廟。奉太祖，南向；太宗居東，西向稍近上。仁宗而下東西序列相向。季冬大祫則德祖居中，懿祖、熙祖、仁祖、太祖以次居於左右，俱南向。太宗而下，如時祫之序。

（嘉靖）十七年，改上太宗廟號，曰成祖，加上皇考獻皇帝廟號曰睿宗。先是，特建世廟以祀皇考，後改建獻皇帝廟。又改題曰睿宗廟，特享則於本廟。行禮時祫，則奉主合享於太廟。

（嘉靖）二十四年，重建太廟成，奉睿宗升祔，而罷睿宗廟。祭寢殿神主則太祖居中，成祖、宣宗、憲宗、睿宗序於左，仁宗、英宗、孝宗、武宗序於右，皆南向。時享於正殿，則太祖仍居中，南向。成祖而下，以序東西相向。孟春仍於上旬擇日，孟夏、孟秋、孟冬仍用朔日，俱合享。祫祭仍以歲除日，凡儀節俱如舊。大禘禮亦罷。

（嘉靖）二十八年，奉孝烈皇后祔享太廟，藏主獻皇后之側。遇享居本次，止設位儀品，而祝不及。

（嘉靖）二十九年，奉祧仁宗、宣宗，而宗敬皇帝、皇伯妣孝康敬皇后，皇考睿宗獻皇帝、皇妣慈孝皇后，皇兄武宗毅皇帝、孝敬毅皇后。

萬曆七年，以概稱幾廟，祖妣未明，更定祝文，通列九廟，帝后聖號。

（清）萬斯同等《明史》卷五二

（洪武）九年，改建太廟。前正殿，後寢殿，殿翼皆有兩廡。寢殿九間，間一室奉藏神主，爲同堂异室之制。十月，新太廟成，奉安神主。前三日，帝沐浴齋戒，命韓國公李善長、中山侯湯和及省府臺臣分祀在京群神，以遷廟告。至日，帝詣舊廟以遷主告太常。陳鑾輿於舊廟門，設神座於新廟。德祖玄皇帝、皇后御座於正殿之中，南向；懿祖恒皇帝、皇后御座於正殿之東，西向；熙祖裕皇帝、皇后御座於正殿之西，東向；仁祖淳皇帝、皇后御座於正殿之東，西向。帝座鏤金雲龍文，後座鏤金雲鳳文，寢殿各設几席、床榻、衾褥、篋笥、楎椸、帷幔器皿之類，如生事之儀。是日，帝及皇太子、諸王俱冕服詣廟。帝致告訖，躬奉神主置鑾輿中，中官奉册寶案前行出廟門。樂作，百官祭服前導，法仗奉引至新廟門，册寶神輿自中門入，帝與皇太子奉神主置於各座。祭畢，以次奉神主於寢殿，中室奉德祖，東一室奉懿祖，西一室奉熙祖，東二室奉仁祖主，皆南向。

（清）萬斯同《廟制圖考》

太祖洪武元年，帝追尊四代。考妣爲帝后，高祖曰德祖，曾祖曰懿祖，祖考曰熙祖，皇考曰仁祖。建四廟於闕左祀之廟，與主皆南向。

太祖既建四廟，洪武九年詔更建太廟，仍爲同堂異室之制。前爲正殿，後爲寢殿，俱翼以兩廡，寢殿九間，分爲九室。德祖居中，餘以昭穆左右并列，主皆南向，四時及歲暮祭於正殿。德祖仍居中，南向；懿祖居東，西向；熙祖居西，東向；仁祖居懿祖下，亦西向。不迎神主，但設衣冠於神座祀之。按古者主藏於室祭，即在室中至西漢時始祫祭於堂上，然堂即室之堂，未嘗别有正殿奉祭也。至是，制度又一變。

先是，太宗遷都北京，立廟如南京制。其地在承天門内，端門外，與古左廟右寢制合。後太宗、仁宗、宣宗、英宗升祔，九室已盈。及憲宗崩，詔議祧毀制。吏部侍郎楊守陳請祧德祖，并懿、熙二祖祀，仁祖以下爲七室俟。他日，祧仁祖則奉太祖爲始祖。禮部尚書周洪謨等力主宋王安石不祧僖祖，議乃祧懿祖而建祧廟於寢廟後以藏祧主。先是，孝宗崩祧熙祖，武宗崩祧仁祖，獨德祖以宋僖祖例不祧。至嘉靖十年，世宗欲太祖正始祖位，乃祧德祖而太祖始居寢殿中室。十四年春，詔建九廟，如周制。明年冬工成，太祖廟居中，太宗居東，第一廟世世不祧，虛其西第一廟，俟他日奉有功德者。仁宗而下分昭穆，以次而南。十七年夏，尊太宗爲成祖，尊父獻帝爲睿宗，祔太廟以與孝宗同，昭穆合爲一廟。【略】

嘉靖二十年四月，九廟災，詔重建。遂復同殿異室之制。二十九年，孝烈皇后崩，祧仁宗附後於廟。後穆宗崩，祧宣宗；神宗崩，祧英宗；光宗崩，祧憲宗；熹宗崩，祧孝宗。廟嘗九室。先是，隆慶、萬曆初言官多請移睿宗别廟，皆不聽。【略】

明初無大祫之祭，惟四時孟月及歲暮祫祭於正殿，以南向。爲尊世宗，後四祖盡遷，奉太祖居德祖位，尋詔每歲季冬中旬行大祫禮，仍奉德祖居尊。懿祖以下，如前時祫禮。世宗嘉靖十年四月，始行禘禮於太廟，十五年亦如之。二十年四月九廟災，詔暫停，後遂不復舉。禘之爲祀本，以追始祖，所自出其典最隆，必若商、周之帝嚳始足以當之，苟無其人寧缺而不舉。宋神宗曰：禘者，本以審諦祖之所。自出秦漢以來，譜牒不明，莫知其所本，則禘禮固可廢也。遂詔停，禘祀至哉言乎，豈非千古之杰識乎。明之宗廟本無始祖，始祖且不知何論。始祖所自出洪武時，侍臣答祿與權請舉禘禮，爲禮官所格正，以不知其人也。使此禮當行太祖已行之矣，何待嘉靖之世哉！既無其人而虛設皇初祖帝之位，此何禮也？夫祭之爲義，以子孫之精神感格祖考之精神，故易有取乎萃合。我且不知爲何人而謂，其人必來格有是理乎？夏言輩固不學無術，而議者猶或稱之斯，誠無識之至者也。

（清）張廷玉等《明史》卷六八《志四四・輿服志四・宮室之制》

（永樂）十八年建北京，凡宮殿、門闕規制，悉如南京，壯麗過之。中朝曰奉天殿，通爲屋八千三百五十楹。殿左曰中左門，右曰中右門。丹墀東曰文樓，西曰武樓，南曰奉天門，常朝所御也。左曰東角門，右曰西角門，東廡曰左順門，西廡曰右順門，正南曰午門。中三門，翼以兩觀，觀各有樓，左曰左掖門，右曰右掖門。午門左稍南，曰闕左門，曰神厨門，內爲太廟。右稍南，曰闕右門，曰社左門，內爲太社稷。又正南曰端門，東曰廟街門，即太廟右門也。

（清）于敏中《日下舊聞考》卷九《國朝宮室》

中殿供奉太祖高皇帝、太宗文皇帝、世祖章皇帝、聖祖仁皇帝、世宗憲皇帝列聖列后神位。每遇時饗及祫祭之期，恭請奉安前殿，禮成復送至中殿供奉。

後殿供奉肇祖原皇帝、興祖直皇帝、景祖翼皇帝、顯祖宣皇帝列聖列后神位。每歲祫祭，恭請奉安前殿，禮成復送至後殿供奉。其四孟時饗，則遣親王於後殿行禮。

（清）于敏中《日下舊聞考》卷一八《國朝宮室》

乾隆四十三年御製七月朔日躬祭奉先殿禮成述事詩　年節雖恒叩後殿，每於元旦及皇祖、皇考聖誕、忌辰，必躬詣後殿拈香瞻禮。未曾前殿祭斯陳。況經升祔四時閱，應似秋嘗昨典循。昨歲孟秋，以聖母升祔後初值時享太廟，是以親詣行禮，而奉先殿則自聖母升祔以來，未經特祭。因於孟秋之朔敬修祀事，至太廟時享，仍如例遣親藩恭代。恭代親藩詣太室，必躬家廟舉精禋。奉先殿蓋如天子之家廟也。禮因義起施殊處，祇覺悲傷勝敬寅。

（清）于敏中《日下舊聞考》卷四三《城市》

姚少師廣孝故配享太廟，學士廖道南疏請革之。上亦以廣孝釋氏之徒，不當配食，乃撤廟主移祀於大興隆寺。明《世廟識餘録》

嘉靖九年，右春坊右中允廖道南奏：太廟功臣配享，永樂以來，附以姚廣孝。今大興隆寺有廣孝影堂像，削髮披緇，不可上比聖祖開國功臣之例，乞爲厘正。旨下禮部議。於是大學士張璁、桂萼咸曰：廣孝事文皇帝，雖有帷幄之謀，厥後加以穹秩，錫以顯爵，亦足以酬其勞矣。又列於功臣，與享太廟，削髮披緇，榮沾俎豆，揆之義理，實非所宜。列祖在天之靈必有所不安者。廣孝配位相應撤去。但係先朝功臣，載在祀典，合無移祀於大興隆寺祠內，每歲春秋，遣太常官致祭。庶宗廟之禮秩然有嚴；報功之典，兼盡無遺矣。上是之，告於皇祖太宗而行。遣祭文曰：皇帝遣太常寺賜祭於榮國恭靖公贈少師姚廣孝曰：當昔成祖文皇帝靖難之時，爾克贊成祖，以平多難。成祖不爾弃，與諸功臣并行封贈，配食廟庭。朕敕禮曹還爾位於茲寺中。今特遣祭，爾其歆承。明《嘉靖祀典》

（二）建築規制

（明）李賢《大明一統志》卷一

太廟在皇城內南之左，正殿兩廊，楹室崇深，昭穆禮制法古，從宜親王及功臣配享左有神宮監。

（明）李賢《大明一統志》卷六

太廟在皇城內南之左，正殿兩廊，楹室崇深，昭穆禮制法古，從宜功臣配享，左有神宮監。

（明）章潢《圖書編》卷九八《國朝太廟祀》

國初，建四親廟於闕左，中德祖、東懿祖、次仁祖、西熙祖，廟與主皆南向。東西有夾室，有廡。三門，門設二十四戟，繚以周垣，略如都宮之制。

太廟以下太常寺在闕左，前殿後寢，寢殿後有祧殿，皆九楹。各翼兩廡，寢殿藏主，如同堂異室之制，祭出主於前殿。畢，歸主於寢殿。【略】（配享功臣）皆左右敘兩廡，東西二燎爐。南爲戟門，設具服。小次門，左神庫，厨南爲廟門，門外東西爲宰牲亭。南爲神官監，西爲廟街門。

（明）俞汝楫等《禮部志稿》卷二七《祠祭司職掌·廟祀》

（洪武）九年，始改建太廟。其制前爲正殿後爲寢殿，俱翼以兩廡，殿九間，以一間爲一室。中一室奉安德祖帝后神主，懿祖東第一室，熙祖西第一室，仁祖東第二室，主皆南向。几席、床榻、衾褥、楎椸、篋笥、帷幔器皿之屬，皆如事生之儀。

（明）俞汝楫等《禮部志稿》卷八三《宗廟備考·廟祀·太廟·初立祖廟》

吳元年九月，太廟成，四祖各爲廟。德祖居中，懿祖居東第一廟，熙祖居西第一廟，仁祖居東第二廟。廟在宮城東南，皆南向。每廟中奉神，東西兩夾室。兩廡三門，門皆設戟二十四，外爲都宮，正門之南別爲齋次，五間齋次之西爲饌次，五間俱北向。門之東爲神厨，五間，西向。其南爲宰牲池一，南向。

（明）俞汝楫等《禮部志稿》卷八三《宗廟備考·廟祀·太廟·臨濠宗廟》

洪武四年正月，建【略】太廟於臨濠。禮部奏：臨濠宗廟宜如唐宋同堂異室之制，作前殿及寢殿俱一十五間，殿之前俱爲側階，東西傍各二間爲夾室。如晉儒王肅所議中三間，通爲一室，奉德祖皇帝神主以備祫祭，東一間爲一室，奉懿祖皇帝神主；西一間爲一室，奉熙祖皇帝神主。從之。

（明）吕毖《明宮史》卷一

大明門內曰承天門。其門裏之東一門，內則太廟也。

（清）傅維鱗《明書》卷五〇

九年，改建太廟。前正殿，後寢殿，殿翼兩廡。寢殿九間，間一室，中奉德祖帝后，東懿西熙，仁居東二室，皆南向。几席諸器備具如生儀，兩廡則以十五王從祀焉，詳故王表而建奉先殿於乾清宮左上，日焚香展敬，朔望薦新，及節序、生辰用常饌，行家人禮祭焉。

（清）傅維鱗《明書》卷八四《宮殿及禁城內規制》

皇城正中曰大明門，內曰承天之門，其門內東一門內則太廟，而西一門內則太社太稷，所謂左宗廟而右社稷也。

太廟，明初於闕左建太廟。永樂中，建於午門左，與太社稷壇配。太廟正殿九間，左右兩廡各十五楹，廟門五間，左右門二座，寢廟一座九間，左右兩廡祧廟一座九間，左右兩廡皆有神庫、神厨。嘉靖十四年，更建世室及昭穆廟於太廟之左右，其制皆正殿五間。寢殿三間，各有門，垣以次而南統於都宮。太廟專奉太祖居之，世室在左三昭之上，而右爲三穆。世廟，嘉靖五年建世廟於太廟之東北，以祀興獻王。至十五年，改建廟於太廟都宮之東南，曰獻皇帝廟，遂改世廟殿曰景神殿，寢曰永孝殿。四十四年，柱產芝乃更名玉芝宮，五間。曰芝祥門前殿，七間。題曰玉芝宮，又曰寶慶殿，左右兩廡。後寢曰大德殿，左右兩廡。

（清）孫承澤《春明夢餘錄》卷一七《太廟》

太廟，在闕之左。永樂十八年建廟如京師，如洪武九年改建之制。前正殿。翼以兩廡，後寢殿九間，間一室。主皆南向，几席諸器備，如生儀。嘉靖十一年，召輔臣李時、翟鑾、禮官夏言，議復古七廟，制未決，會中允廖道南疏請建九廟，上從其議。撤故廟，祖宗各建專廟，合爲都宮，太廟因舊而新之。居中文皇世皇，在太廟東北，居六廟上，昭穆六廟列太廟左右。廟各有殿，殿後有寢，藏主太廟寢後別有祧寢，藏祧主。太廟門殿皆南向，群廟門東西向，內門寢殿皆南向。十五年十二月，九廟成。二十年四月，雷火，八廟災，惟睿廟存。因重建太廟，復同堂異室之制。二十四年七月，新廟成，正殿九間。內貯諸帝后冕旒、鳳冠、袍帶，匱而藏之，祭則陳設，祭畢仍藏匱中。東西側間設親王、功臣牌位。前爲兩廡，東西二燎爐。東燎列聖親王祝帛，西燎功臣帛。南爲戟門。設具服小次。門左爲神庫，右爲神厨。又南爲廟門。門外東南爲宰牲亭，南爲神宮監，西爲廟街門。正殿後爲寢殿，九間，奉安列聖神主，皆南面。又後爲祧廟，五間，藏祧主，皆南向。時享於四孟，祫於歲除。仍設衣冠，不出主，如初制。

（清）萬斯同等《明史》卷一三二

左門曰神厨，門內爲太廟。右稍南曰闕，右門曰社，左門內爲大社稷。又南曰端門，東曰廟街門，即太廟右門也。

（清）李衛《（雍正）畿輔通志》卷一一

太廟在皇城內午門之左，南向。前殿九間，東西兩廡各十五間，中殿九間，東西兩廡各五間，後殿九間，東西兩廡各五間。南爲廟門，東爲神庫，宰牲亭西爲神厨，每年四孟月時享，歲暮祫祭，以親王及功臣配享兩廡。

(清) 鄂爾泰等《國朝宮史》卷一一《宮殿一·外廟》

東爲太廟街門，門內爲太廟。正南門五楹。前殿九楹，兩廡各十五楹。中殿九楹，兩廡各五楹。後殿與中殿同。其正南門外橋五座。橋下向無水，乾隆二十六年始引金水橋水注之。東爲神庫、牲亭，西爲神厨，俱如禮制。

(清) 張廷玉等《明史》卷五一《志二七·禮志五·古禮五·宗廟之志》

明初作四親廟於宮城東南，各爲一廟。皇高祖居中，皇曾祖東第一，皇祖西第一，皇考東第二，皆南向。每廟中室奉神主，東西兩夾室，旁兩廡。三門，門設二十四戟。外爲都宮。正門之南齋次，其西饌次，俱五間，北向。門之東，神厨五間，西向。其南宰牲池一，南向。

(清) 張廷玉等《清文獻通考》卷一七〇《宗廟考》

天聰十年四月乙酉，太宗文皇帝受尊號，建國大清，改元崇德，於盛京建立太廟。撫近門東，前殿五室，後房六間，後殿三室，南大門三間，東西角門三間，周圍廣三十五丈，袤四十丈。

(清) 張廷玉等《清文獻通考》卷一八〇《宗廟考二·太廟》

順治元年九月，世祖章皇帝定鼎燕京，立太廟，端門左，南向。朱門丹壁，覆以黃琉璃，衛以崇垣。大門三，左右門各一，戟門五間，崇臺石闌，中三門，前後均三出陛，中九級，左右各七級，門內外列戟百有二十，左右門各三間，均一出陛，各七級。前殿十有一間，重檐脊四下沉香柱，正中三間，飾金梁棟，階三成，繚以石闌，正南及左右凡五出陛，一成四級，二成五級，三成中十有二級，左右九級。中殿九間，同堂異室，內奉列帝列后神龕，均南向。後界朱垣，中三門，左右各一門，內爲後殿，制如中殿，奉祧廟神龕，均南向。前殿兩廡各十有五間，東爲配饗諸王位，西爲配饗功臣位。東廡前，西廡南，燎爐各一，中殿、後殿兩廡各五間，藏祭器，後殿東廡南燎爐一，戟門外東西井亭各一，前跨石橋五，翼以扶闌。橋南東爲神庫，西爲神厨，各五間，廟門東南爲宰牲亭，井亭，廟垣周二百九十一丈六尺，西南太廟街門五間，西北太廟右門三間，均西向。

(清) 允祹等《大清會典則例》卷一二六《工部》

太廟在闕左，南向，圍垣一重，琉璃磚門三間，左右門各一，戟門五間，崇基石闌，中三間，前後均三出陛，中九級，左右七級，門內外列戟百有二十。左右門各三間，前後均一出陛，各五級。前殿十有一間，重檐，階三成，繞以石闌，五出陛，一成均四級，二成均五級，三成中十有一級，左右九級。東西廡各十有五間，階均八級，燎爐二。中殿九間，後殿九間，兩廡各十間，後殿東廡南燎爐一。戟門外石橋五，橋北井亭二，六角，間以朱櫺。橋南神庫五間，西向；神厨五間，東向。廟門外之西南奉祠署三間，東向，左右房各三間，垣一重，門一，北向。東南宰牲亭三間，前治牲房五間，均西向，垣一重，門一，西向。井亭一，六角，間以朱櫺。西南爲太廟街門，五間；西北爲太廟右門，三間，均西向。

（清）吴長元《宸垣識略》卷三《皇城一》

太廟在闕左，朱門黄瓦，衛以崇垣。大門三，左右門各一，戟門五間，崇基石闌。中三門前後均三出陛，中九級，左右各七級。

前殿十有一間，重檐脊四，下沉香柱。階三成，繚以石闌，正南及左右凡五出陛，一成四級，二成五級，三成中十一級，左右九級。

凡歲暮大祫日，王公二人，各率宗室官奉列祖暨后神位合祀於此，時饗祇奉中殿神位，祧廟主不與焉。中殿九間，同堂异室，内奉列聖列后神龕，均南向。後界朱垣，中三門，左右各一門。後殿制如中殿，奉祧廟神龕，均南向。

前殿兩廡各十有五間。東廡爲配饗王公位，西廡爲配饗功臣位。東廡前，西廡南，燎爐各一。

中殿後殿，兩廡各五間，均藏祭器。後殿東廡南燎爐一。

戟門外東西井亭各一，前跨石梁五。橋南東爲神庫，西爲神厨，各五間。

廟門東南爲宰牲亭、井亭。廟垣周二百九十一丈六尺。

（清）于敏中《日下舊聞考》卷九《國朝宫室》

太廟在闕左南向，圍垣一重，琉璃磚門三間，左右門各一。戟門五間，崇基石闌，中三間前後均三出陛，中九級，左右七級，門內外列戟百有二十，左右門各三間，前後均一出陛，各五級。前殿十有一間，重檐，階三成，繞以石闌，五出陛，一成均四級，二成均五級，三成中十有一級，左右九級。東西廡各十有五間，階廡八級，燎爐二。中殿九間，後殿九間，兩廡各十間。後殿東廡南燎爐一，戟門外石橋五。橋北井亭二，六角，間以朱櫺。橋南神庫五間西向，神厨五間東向。廟門外之西南，奉祀署三間東向，左右房各三間，垣一重，門一北向。東南宰牲亭三間，前治牲房五間，均西向，垣一重，門一西向。井亭一，六角，間以朱櫺。西南爲太廟街門五間，西北爲太廟右門三間，均西向。

（清）于敏中《日下舊聞考》卷三三《宫室明一》

太廟在闕之左，永樂十八年建。前正殿翼以兩廡，後寢殿九間，間一室，主皆南面，几席諸器備。

嘉靖十一年，中允廖道南疏請建九廟，上從其議，撤故廟，祖宗各建專廟，合爲都宫，因舊而新之。太祖居中，文皇世廟在太廟東北，居六廟上，昭穆六廟列太廟左右。廟各有殿，殿後有寢，藏主。太廟寢後別有祧寢，藏祧主。太廟門殿皆南向，群廟門東西向，內門寢殿皆南向。

十五年十二月，九廟成。

二十年四月，雷火，八廟灾，惟睿廟存。因重建太廟，復同堂异室之制。

二十四年七月，新廟成。正殿九間，內貯諸帝后冕旒冠袍，匵而藏之，祭則陳設。

東西側間，設親王功臣位。前爲兩廡，東西二燎爐，東燎列聖親王祝帛，西燎功臣帛。南爲戟門，門之左爲神庫，右爲神厨，又南爲廟門，門外東南爲宰牲亭，南爲神宮監，西爲廟街門。正殿後爲寢殿九間，奉安列聖神主，皆南向。又後爲祧廟五間，藏祧主，皆南向。時享於四孟，祫於歲除。《春明夢餘録》

太廟規制：中室太祖高皇帝、孝慈高皇后，東第一室成祖文皇帝、仁孝文皇后，西第一室睿宗獻皇帝、慈孝獻皇后；東第二室武宗毅皇帝、孝靖毅皇后，西第二室世宗肅皇帝、孝潔肅皇后；東第三室穆宗莊皇帝、孝懿莊皇后，西第三室神宗顯皇帝、孝端顯皇后；東第四室光宗貞皇帝、孝元貞皇后，西第四室熹宗悊皇帝。其祧殿所藏：德祖元皇帝后、懿祖恒皇帝后、熙祖裕皇帝后、仁祖淳皇帝后、仁宗昭皇帝、誠孝昭皇后、宣宗章皇帝、孝恭章皇后、英宗睿皇帝、孝莊睿皇后、憲宗純皇帝、孝貞純皇后、孝宗敬皇帝、孝康敬皇后。東廡侑享諸王十五人，西廡侑享功臣十七人。《大常記》

朱彝尊原按：此乃崇禎時太廟規制。蓋終明之世，廟祀皆一帝一后，后惟元配。

嘉靖四年四月，光禄署丞何淵請於太廟內立世室，以獻皇帝與祖宗同享太廟。禮部尚書席書等以爲不可，有旨集廷臣再議。於是吏部尚書廖紀、武定侯郭勛、給事中楊言、御史葉忠等咸謂：皇上孝心無窮，禮制有限，臣等萬死不敢以非禮誤陛下。上曰：世室之建，自古有之。朕膺天命，入紹大統，皇考百世之室，胡爲不可？遂命大學士費宏、石珤，太監張佐等，即太廟左隙地立廟，其前殿後寢一如太廟制，定名世廟云。已而席書上言：擇地以稱廟，所別者出入不與太廟同門，位處不與太廟并列，祭用次日，使敬心不分於所尊，廟欲稍遠，使樂聲不聞於列祖，尊尊親親可兩全矣。神路宜由闕左門出入。何淵復奏當與廟街同門，費宏、賈咏、石珤皆以爲不可。上不聽，命由廟街門。五年九月，世廟成，上自觀德殿奉獻皇帝神主於世廟。

十一年三月，中允廖道南請建九廟。

十四年正月，諭大學士李時等曰：世廟迫近河水，今擬重建於太廟左方。命於太廟東南隙地相度。二月初，建九廟。

十五年十一月，九廟成。十二月，奉安太祖列帝后神主。

十七年六月，揚州府通州同知致仕豐坊上疏，請建明堂，加尊皇考獻皇帝廟號稱宗，以配上帝。疏下禮部集議。尚書嚴嵩言：明堂、圜丘皆以事天，今大祀殿在圜丘之北，正應古方位，明堂秋享之禮即此可行，不必更建。至於侑享以父配之，自漢唐宋諸君莫不皆然。錢公輔、司馬光、孫忭所論又主祖宗之有功者，今以功德則宜配文皇，以親則宜配獻皇帝。若稱宗之議則未有稱宗而不祔太廟者，恐皇考在天之靈亦所不安。復命集議。嵩乃言：考秋享成物之旨，嚴父配天之文，皇考配享，允合周道。户部侍郎唐冑上疏力爭，上留中不發，乃設爲臣下奏對之辭，作明堂或問以示輔臣，特黜冑爲民。上又諭嵩曰：國家之興，始於高皇帝，而中定艱難，則文皇宜同稱祖號。

皇考獻皇帝宜薦宗稱帝。嵩復上議：太祖即位，仁祖雖自布衣，必享天下之祀。皇考固獨闕焉，聖心必有所不安。又言：文皇帝再造鴻業，概以宗稱，於義未盡，尊稱爲祖，聖見允宜。嵩奏出，群臣無復异議，大學士夏言擬太宗爲烈祖孝皇帝，上定爲成祖，恭上廟號，尊文皇帝爲成祖，皇考爲睿宗獻皇帝，祔於太廟。《明典彙》

朱彝尊原按：大禮之議，張文忠倡之，席文襄附和之。其初合在廷之諍臣伏闕號哭，不能回。迨其後建世室，配天祔廟，兩公非不力争，亦不能奪何淵、豐坊之邪説，論世者咎終歸於始倡和之人，此謂逢君之惡，其罪大。君子於議禮之際，尤不可不慎也。

（清）于敏中《日下舊聞考》卷四〇《皇城》

嘉靖四年五月，禮部尚書席書等上言：皇考既爲天子之父，當祭以天子之禮，但觀德殿在禁嚴之地，各官不得陪祀，太常不得行禮，當於太廟之東，南城之北或東，别立一廟。得旨：禮、工二部會同司禮監，内閣領欽天監官相度。太廟右邊地狹，不堪建造，隨於廟東切近處所，南城稍北環碧殿地方，自御前作後墻起，至永明殿静芳門裏，南北深五十丈，東西闊二十丈，與午門甚近，太廟後隔一溝。合於本址建造新廟。六月，詔興工。《大禮集議》

嘉靖四十四年六月，作玉芝宫，名宫門曰芝祥，前門曰寶慶，後寝曰大德殿。《明典彙》

初，世宗之建世廟也，先名世室，以奉皇考獻皇之祀。既以世字礙後世稱宗，改建獻皇帝廟。既而獻皇祔廟稱宗，遂閉世廟不復祀。至嘉靖四十四年，舊廟柱産芝，上大悦，更名玉芝宫。欽定祀儀，日供膳如内殿，四時歲暮，大小節辰，牲帛諸品如廟祀。穆宗即位，禮臣以獻皇已同列聖臨享，則玉芝之祀可罷。況宗廟嘗禮如四孟大祫，止行於太廟，節辰忌辰止行於内殿，國有大事止告太廟或内殿，未有并祭并告者。今無所不祭告，則列聖先帝將何以處之？至於日供之膳，宜仿南京奉先殿太祖例如舊奉設，以存有舉莫廢之義。上命如所擬，而議者猶以日膳爲瀆云。《野獲編》

（清）慶桂等《國朝宫史續編》卷五一《宫殿·外朝一》

太廟街門在端門東廡正中，門内爲太廟，南向。朱門丹壁，覆以黄琉璃瓦，衛以崇垣，周二百九十一丈六尺。琉璃磚門三，左右門各一，戟門五，崇基石闌。中三門，前後俱三出陛，中九級，左右各七級。門内外列戟百有二十。左右門各三，均一出陛，各五級。前殿十一楹，重檐垂脊，承沉香柱，正中三楹，飾金梁棟。階三層，繚以石闌。正南及左右凡五出陛，一層四級，二層五級，三層中十有一級，左右九級。中殿九楹，同堂异室，内奉列聖列后神龕，均南向，後界朱垣。中三門，左右各一門，爲後殿，制如中殿，奉祧廟神龕，均南向。前殿兩廡各十有五楹，階均八級。東廡爲配饗功王位，西廡爲配饗功臣位。東廡前，西廡南，燎爐各一。中殿、後殿兩廡各五楹，藏祭器。後殿東廡南燎爐一。戟門外石樑五。橋北井亭二，六角，間以朱櫺。橋南東爲神庫，西爲神厨，各五楹。廟門外之西南，奉祀署三楹，東向。左右房各三楹，垣一重，門一，北向。東南宰牲亭三楹，前治牲房五楹，均西向。垣一重，門一，西向。井亭一，六角，間以朱欄，西南即太廟街門，五楹。西北爲太廟右門，三楹，均西向。

臣等謹案：太廟時饗，每歲孟春於正月上旬卜日，孟夏、孟秋、孟冬以朔日，孟春時饗，如遇祈穀齋戒之期，皇帝詣太廟，出入、導迎樂設而不作。歲除前太廟祫祭，月大建以二十九日行禮，小建以二十八日行禮。恭考廟制，中殿供奉太祖高皇帝、太宗文皇帝、世祖章皇帝、聖祖仁皇帝、世宗憲皇帝、高宗純皇帝列聖列后神位。祭日，恭請奉安前殿。禮成，恭送至中殿，供奉如初。後殿供奉肇祖原皇帝、興祖直皇帝、景祖翼皇帝、顯祖宣皇帝列聖列后神位。大祫日，恭請奉安前殿。禮成，恭送至後殿供奉。其四孟時饗，遣親王詣後殿行禮。間遇夏雩、秋獮，遣親王代饗。執俘奏至，例獻於太廟街門。所有祭儀，具載《會典》，其稍別於舊者，乾隆三十六年大學士等奏，聖壽周甲，懇請節勞，用專誠敬。奉高宗純皇帝諭旨，量爲定議。自宮中御禮輿，至太和門階下降輿，御輦，入西北門，至太廟北門外，御禮輿，入左門，循東垣行至戟門外東階下降輿，步入左門，至幄次，迨禮成，由戟門左門出，升輿如儀。至每祭特派皇子、親王隨詣列祖位前上香，遴近支宗室分獻帛爵，緣情起義，典必加隆。我皇上登極以來，膺命主鬯，歲薦躬承，洎己未九秋，祔升十室，對越居歆，欽祐宇之巍然，仰羹墻之如在。臣等續撰《宮史·宮殿門》，例詳廟社規制，并恭輯聖製、御製節年大饗詩什，備昭禮盛福穰之極則焉附案：各門恭載詩文，體例有關典要者，按年錄注，係以干支。凡御書，不錄注、不系干支，又先朝御筆，暨鐫刻詩文，爲萬年鑒觀所繫，舉其大者，仍前備載，餘注明恭見前編。

（清）穆彰阿《（嘉慶）大清一統志》卷一

太廟在皇城內午門之左，南向。每歲四孟月時享，歲暮祫祭。廟制：前殿十一楹，中殿九楹，同堂異室，奉列聖列后神龕。後殿九楹，奉祧廟神龕。前殿兩廡各十五楹，東廡配亨功王位，西廡配享功臣位。中殿、後殿兩廡各五楹，藏祭器，南爲廟門，東爲神庫，西爲神厨，東南爲宰牲亭。

（清）周家楣、繆荃孫等《（光緒）順天府志》卷二《京師志二》

東廡之中爲太廟門，西廡之中爲社稷壇門，門各五楹，東西向。兩廡之北正中，南向者爲端門，制與天安門同。門內東廡五間爲禮科公署，其東北爲太廟右門。

闕左門外西向者爲太廟西北門，闕右門外東向者爲社稷壇。

（清）周家楣、繆荃孫等《（光緒）順天府志》卷五《京師志五》

太廟在闕左，南向。圍垣一重，琉璃磚門三間，左右門各一，戟門五間，崇基石闌。中三間，前後均三出陛，中九級，左右七級。門內外列戟百有二十，左右門各三間，前後均一出陛，各五級。前殿十有一間，重檐，階三成，繞以石闌，五出陛，一成均四級，二成均五級，三成中十有一級，左右九級。東西廡各十有五間，燎爐二。中殿九間，後殿九間，兩廡各十間，後殿東廡南燎爐一，戟門外石橋五，橋北井亭二，六角，間以朱櫺。橋南，神庫五間，西向；神厨五間，東向。廟門外之西南，奉祀署三間，東向，左右房各三間，垣一重，門一，北向。東南宰牲亭三間，前治牲房五間，均西向，垣一重，門一，西向。井亭一，六角，間以朱櫺。西南爲太廟街門，五間；西北爲太廟右門，三間，均西向。《會典事例》

順治十四年，世祖章皇帝乙太廟時享，孝思未申，命稽往制建立奉先殿，前殿七楹，後殿如之。《舊聞考·十八》

(清) 周家楣、繆荃孫等《 (光緒) 順天府志》卷五《京師志五·明太廟》

太廟在闕之左，永樂十八年建。前正殿，翼以兩廡。後寢殿，九間，間一室，主皆南面，几席諸器備。嘉靖十一年，中允廖道南請建九廟，上從其議。撤故廟，祖宗各建專廟，合爲都宮。因舊廟新之太祖居中，文皇世廟在太祖東北，居六廟上，昭穆六廟列太廟左右。廟各有殿，殿後有寢，藏主太廟寢，後別有祧寢，藏祧主太廟門殿，皆南向。群廟門東西向，内寢殿皆南向。十五年十二月，九廟成。二十年四月，雷火，八廟災。惟睿廟存，因重建太廟，復同堂異室之制。二十四年七月新廟成，正殿九間，内貯諸帝后冕旒冠帶櫃而藏之。祭則陳設東西側間，設功臣親王位，前爲兩廡，東西二燎爐，東燎列聖親王祝帛，西燎功臣帛。南爲戟門，門之左爲神庫，右爲神府，又南爲廟門，門外東南爲宰牲亭，南爲神宮，鑒西爲廟街，門正殿後爲寢殿，九間，奉安列聖神主，皆南向。又爲祧廟五間，藏祧主，皆南向，時享於四孟，祫於歲餘。《春明夢餘録》

趙爾巽《清史稿》卷八六《志六一·禮志五·吉禮五·宗廟之制》

清初尊祀列祖神御，崇德建元，立太廟盛京撫近門東。前殿五室，奉太祖武皇帝、孝慈武皇后。後殿三室，奉始祖澤王、高祖慶王、曾祖昌王、祖福王，考、姚俱南向。并設床榻、衾枕、楎椸、帷幔，如生事儀。【略】

世祖定燕京，建太廟端門左，南向。朱門丹壁，上覆黃琉璃，衛以崇垣，周二百九十一丈。凡殿三，前殿十一楹，階三成，陛皆五出。一成四級，二成五級，三成中十一，左、右各九。中奉太祖、太后神龕。中殿九楹，同堂異室，奉列聖、列后神龕。後界朱垣，中三門，左、右各一。爲後殿，亦九楹，奉祧廟神龕，俱南向。前殿兩廡各十五楹，東諸王配饗，西功臣配饗。東廡前、西廡南燎爐各一。中後殿兩廡庋祭器。東廡南燎爐一。戟門五，中三門内外列戟百二十，左、右門各三。其外石梁五。橋北井亭三，南神庫、神厨。西南奉祀署，東南宰牲亭。其盛京太廟尊爲四祖廟云。【略】

明年（乾隆四十三年），高宗詣盛京，徙建四祖廟大清門東，南北袤十一丈一尺五寸，東西廣十丈三尺五寸。正殿五楹，東、西配廡各三楹。正門三，東、西門各一。敕大臣監視落成。

趙爾巽《清史稿》卷五四《志二九·地理志一》

今皇城周十八里。自正陽門之內曰大清門，東南曰長安左門，西南曰長安右門；東曰東安門，西曰西安門，正北曰地安門，舊曰北安門，順治九年更名。大清門之內曰天安門，舊曰承天門，順治八年改。左太廟，右社稷壇。向明而治，於茲宅中焉。其內端門，左闕左門，右闕右門。其內紫禁城在焉。

（三）修繕過程

（清）張廷玉等《明史》卷五一《志二七·禮志五·宗廟之制》

（洪武）八年改建太廟。前正殿，後寢殿。殿翼皆有兩廡。寢殿九間，間一室，奉藏神主，爲同堂异室之制。九年十月，新太廟成。中室奉德祖，東一室奉懿祖，西一室奉熙祖，東二室奉仁祖，皆南向。十五年，以孝慈皇后神主袝享太廟，其後皇后袝廟仿此。

（明）申時行等《大明會典》卷二一五《南京太常寺》

凡南京各陵、廟、歲時祭祀。俱本寺掌行。

凡遇登極、及灾异、及修理壇、陵、廟、社、城垣，祭告諸神。俱本寺掌行。

（清）允祹等《大清會典》卷八二《太常寺》

凡歲修壇廟，有土木興修之工，奏交工部，督修委官會本寺官監視。若止繕完，塗墍奏支工部，庫帑委本寺官董其事。工竣，咨部復核，歲秋彙册題銷。

（清）允祹等《大清會典則例》卷七八

順治四年，定歲除前祫祭。大建於二十九日，小建於二十八日行禮。

乾隆元年諭：國家式崇太廟，妥侑列祖神靈，歲時祇薦明禋，典禮允宜隆備。今廟貌崇嚴，而軒櫨槤桷久未增飾，理應敬謹相視，慎重繕修，以昭黝堊示新之敬。著該部會同內務府詳議具奏。欽此。

臣等謹按：繕修太廟，於乾隆四年工竣。

（清）張廷玉等《清文獻通考》卷一一〇《宗廟考四·太廟》

乾隆元年正月，命修太廟。是月戊申，諭：國家式崇太廟，并奉先殿妥侑列祖神靈，歲時祇薦明禋，典禮允宜隆備。今廟貌崇嚴而軒櫨槤桷年久，未經增飾，理宜敬謹相視，慎重繕修，以昭黝堊示新之敬，著該部會同內務府詳議具奏。

（清）張廷玉等《清文獻通考》卷一一二《宗廟考六·太廟時享》

（康熙二十年）二月甲午，以奉先殿工竣，遣官祇告太廟。乙未，恭奉列祖列后神牌還御。

（清）允祹等《大清會典則例》卷一二六《工部·修理壇廟》

順治十四年，發帑金三萬兩修理京師先師廟。十五年，復准各壇廟每屆祭祀，太常寺先期移文工部酌量修理。

（清）允祹等《大清會典則例》卷一二八

太廟、奉先殿所用城磚，每塊准銷銀二分七厘，其選用啞聲之磚，每塊減銀一分。

六年，復准太廟、奉先殿取用臨清磚四十九萬四千一百六十二塊，又選用啞聲者三萬八千塊。由糧船帶運者，不給運價。其五次雇覓民船載運，每塊准銷水脚銀二分六厘。

（清）允祹等《大清會典則例》卷一五二《太常寺·修理壇廟》

雍正元年，復准先農壇外隙地，除令壇户耕種二頃之外，餘十有五頃，每畝收銀三錢四分，每年交租銀三百六十兩，收貯寺庫。壇内圍墻以後有修補之處，即於此項動支，將動支銀數繕册呈覽。五年，奉旨：太常寺無養廉之項，先農壇地租不必爲修理，先農壇之用著賞給太常寺，再各處壇廟從前皆交與工部修理，嗣後如有應行修理之處，或令太常寺會同工部官估計，或即交與太常寺估計，具題修理。其動用何處錢糧，應於何處奏銷之處，大學士會同太常寺議奏。遵旨議准，按各壇廟地方，原係太常寺經管，嗣後各壇廟應大修理者，由太常寺詳勘會同工部估計具題，交與太常寺官修理，令該堂官不時巡察，倘有草率浮冒等弊，即指名題參。如該堂官徇庇容隱，一并議處。其應用錢糧，由工部取用。工竣之日，即繕黃册具題。至每逢祭祀前期小修等項，仍由太常寺詳計。一年需用錢糧若干先期題請，由工部取用，年終亦繕黃册具題。乾隆五年，奏准修理壇廟，若銀千兩以下之工程仍由太常寺辦理，千兩以上之工程奏交工部會同辦理。六年，奉旨：太常寺奏銷錢糧，著交工部查核，永著爲例。九年奏准，修理工程，銀千兩以上仍照例奏交工部會同核實修理，其不及千兩而需土木之功者，亦咨工部委官會同修理。至糊飾塗墍，仍由寺承辦，遇有應修之處，由寺委官確估支領工部庫銀興修。工竣，隨分晰造報，并取隨工察驗，官印結逐案送部核銷。

二、祭祀制度

（一）祭祀前期

日期時辰

（明）章潢《圖書編》卷九八《國朝太廟祀》

歲四孟行時享於太廟，春以上旬吉日，夏秋冬以朔日。

（明）申時行等《大明會典》卷一六五《律例六·禮律　祭祀·祭享》

凡大祀及廟享，所司不將祭祀日期預先告示諸衙門者，笞五十。因而失誤行事者，杖一百。其已承告示而失誤者，罪坐失誤之人。

（明）申時行等《大明會典》卷二一五《太常寺》

凡每歲祭祀日期，本寺官預於歲前十二月初一日，奉天殿今皇極殿具奏，以正月大祀天地爲首。嘉靖九年，令冬至前具奏，以大祀圜丘爲首。十五年，改令禮部以九月朔具奏。俱見《禮部·祠祭司》。

凡册立、册封、冠婚等項，祭告天地、宗廟、社稷，本寺俱先期具奏，至期遣官行禮。

宗廟、社稷、初十、十四、二十、二十九日。

（明）俞汝楫等《禮部志稿》卷二七《祠祭司職掌·廟祀》

洪武元年定，以四時孟月及歲除，凡五享。

二年，重定時享，春以清明，夏以端午，秋以中元，冬以冬至，惟歲除如舊。

三年，又定時享，仍用四孟月，孟春特享於各廟。

（明）俞汝楫等《禮部志稿》卷八三《宗廟備考·廟祀·太廟》

洪武元年更定太廟時享，春以清明，夏以端午，秋以七月望日，冬以冬至。

時薦。洪武二年二月辛酉，詔：凡時物，太常先薦宗廟，然後進御，時祭用孟月。

洪武三年，禮部尚書崔亮奏：古者天子宗廟四時之祭，皆用孟月。夫孟月者，四時之首，因時之變致其孝思，故備三牲、黍稷及品物以祭。至於仲季之月，不過薦新而已。今太廟祭享已嘗用孟月之制，後改春用清明，夏用端午，秋用七月望日，冬用冬至，既與古制不同，況冬至之日，既行郊祀，又復廟享，難以兼舉。今宜仍用四時孟月及歲除，凡五祭，其清明等節各備時薦享。從之。

（清）張廷玉等《清文獻通考》卷一一二《宗廟考六》

六月乙丑，定太廟祀典。歲暮祭，大建於二十九日，小建於二十八日。其清明祭，各官不必陪祀，祭肉用生。

六月甲辰定祭太廟日，駕於黎明出宮。

臣等謹按：順治初年太廟祭祀之禮，歲以正月，孟春與萬壽節二三月，清明節四月，朔七月，朔十月，朔十二月，歲暮，凡七。自十六年七月定舉行祫祭，其年十二月甲寅，以歲暮祫祭，遣官祗告。越日乙卯，世祖章皇帝親詣行禮，實爲太廟祫祭之始。是十六年以前，凡十二月歲暮之祭皆時享也。茲謹彙時享親詣之年月日，紀於編。

（康熙）三十八年十二月壬午，定元旦聖節恭祭四祖，即於太廟後殿照奉先殿典禮，遣官致祭，詳見奉先殿門。

臣等謹按：四時之享，聖祖仁皇帝始專以正月孟春諏吉，四月朔、七月朔、十月朔有事於太廟，與十二月歲暮大祫而五。此則迄今所恭行太廟之正祭，垂則於萬年者矣。其每歲遇慶辰令節諸禮，皆於奉先殿行。

太廟時享。（雍正）八年正月，命孟春時享展期。是月初三日壬申，世宗憲皇帝諭：初五日時享太廟，但朕頰旁偶長小熱顆，二三日即可平復，展期初十日。至期，上親詣行禮。

（清）張廷玉等《清文獻通考》卷一一四《宗廟考八‧太廟祫祭》

（乾隆）三十七年十一月丁未，重定太廟儀。

祫祭儀，歲除前一日，奉後殿、中殿列聖列后合食前殿，致齋視牲、書祝版、視祝版、視割牲，祭前諸儀并准時饗。

（清）允祹等《大清會典》卷八二《太常寺》

凡祀日，請駕，【略】饗太廟、祭社稷於日出前四刻，【略】均先期行欽天監取，候時官二人至時卿詣宮門請駕。

（清）允祹等《大清會典則例》卷七八

順治元年，定太廟時饗，每歲孟春於正月上旬卜日，孟夏、孟秋、孟冬於朔日行禮。孟春時饗，如遇祈穀齋戒之期，皇帝詣太廟，出入導迎，樂均設而不作。同上。

（清）來保等《大清通禮》卷三《吉禮‧宗廟歲四時饗》

太廟之禮，孟春於上旬，諏吉夏秋冬於孟月朔。先三日，禮部尚書一人，詣犧牲，所視牲如儀。

趙爾巽《清史稿》卷八二《志五七‧禮志一‧吉禮一‧祀期》

郊廟祭祀。祭前二歲十月，欽天監豫卜吉期。前一歲正月，疏卜吉者及諸祀定有日者以聞。頒示中外。太常寺按祀期先期題請，實禮部主之。世祖纘業，詔祭祀各分等次，以時致祭。自是大祀、中祀、群祀先後規定祀期，著爲例。嘉慶七年，復定大、中祀遇忌辰不改祀期。咸豐中，更定關帝、文昌春秋祀期不用忌辰。其祭祀時刻，順治十三年，詔祭天、地五鼓出宮，社稷、太廟并黎明。康熙十二年，依太宗舊制，壇廟用黎明，夕月用酉時。嘉慶八年，諭祭祀行禮，當在寅卯間，合《禮經》質明將事古義。凡親行大祀，所司定時刻，承祭官暨執事陪祭者祗候，率意遲早者，御史糾之。

題請、習儀

（明）章潢《圖書編》卷九八《國朝太廟祀》

歲四孟行時享於太廟。前十五日，委協律郎率樂生於太和殿演禮樂。前十日，題請上親祭。前四日，本寺官具公服於皇極殿，奏致齊進銅人於文華殿東，九五齊出，示長安門。前二日，同光祿寺面奏省牲，隨詣太和殿觀樂，犧牲所省牲前，博士進祝於平臺，侯上填御名奉安於神庫，樂舞生設各門燒香陳設樂器，鋪排洗祭器，陳設祭品。

（清）允祹等《大清會典則例》卷一五二《太常寺‧題奏祭祀》

欽定大饗太廟、祭社稷，【略】均前期二十日具題。【略】若因事祗告，由寺行欽天監擇日豫期具奏。康熙十年，定每年祭祀本寺於豫年八月內行文，欽天監擇日送寺。遇各祀期前，以所定日期具題。乾隆十四年，議准每年正祭由禮部恭選日期并諸祀之歲，有定日者於豫年題准札寺，豫期由寺照例題請。

（清）允祹等《大清會典則例》卷一五二《太常寺·演禮》

順治十六年，世祖章皇帝親閱演禮於南郊大享殿，奉旨徹饌。時獻爵官赴位前跪叩，著停止。康熙十年，題准：奉福酒、福胙，光禄寺堂官接福酒、福胙，侍衛均由寺咨取。各官於祀前二日黎明赴神樂署凝禧殿演禮。雍正七年，諭：聞祭祀之先，太常寺即於壇廟中演禮，雖義取嫻熟，禮儀實非潔齊嚴肅之道。嗣後應於何處演禮，著禮部議奏。欽此。遵旨議准：向來各祭祀於前二日赴天壇凝禧殿演禮，前一日至祭所演禮。嗣後應令執事官均前二日演禮於凝禧殿，停其前一日赴祭所演禮。乾隆元年，奏准：陵寢贊禮、讀祝等官，禮儀殊不熟練。應令掌關防郎中於祭祀閑暇時，令其輪班來京赴寺演習俟。一年後演習已熟，停其來京，令於該處逢三、六、九日演習如常，每年春秋二季著本寺堂官二人分詣東、西陵察驗，第其優劣，回日奏聞。又定太廟獻爵奠帛，宗室覺羅官由寺咨呈宗人府傳於祀，前三日黎明赴神樂署凝禧殿演禮。八年，奏准：本寺堂官、察驗贊禮郎、讀祝官應會同陵寢總理大臣，公同閱驗，其各官平時行走之優劣，自能深悉等第，亦易於編列。十一年，奉旨：太常寺堂官察驗陵寢，贊禮郎、讀祝等官不必每年兩次，惟秋季奏一次前往，著爲例。十二年，諭：向來祭饗太廟獻爵奠帛用侍衛，暨太常寺官，朕御極後悉用宗室人員。蓋因宗枝繁衍，實惟祖德所貽一氣，感孚昭格，尤爲親切。且使駿奔走，執豆、籩，有事爲榮，亦得服習禮儀，陶鎔氣質，意蓋有在。但演習禮節，太常寺實所專司，宗室既非所屬，未必聽其指使，嗣後每逢祭祀之期，著宗人府王公一人前往監視，俾進退優嫻。執事有恪，以昭誠敬。欽此。十八年，定遣官釋奠於先師，司香、奠帛、獻爵，以國子監官及肄業生由寺咨取。各執事人於祀前二日黎明赴神樂署凝禧殿演禮，并取國子監堂官一人監視。

（清）允祹等《大清會典》卷八二《太常寺》

凡題奏祭祀，禮部於豫歲以題定祭期。札寺大祀天地前二十五日，由寺具疏，謹以皇帝親詣行禮或遣官恭代，并列分獻官名題請太廟、社稷。【略】

凡祭祀習儀。大祀前四十日，中祀前三十日，每旬三六九日，卿率讀祝、贊禮等官及執事、樂舞集天壇神樂署習儀於凝禧殿。饗太廟，以王公一人監視宗室覺羅官，先師以國子監祭酒司業監視國子師生，同日習樂於殿廷會樂部典樂監視亦如之。

（清）來保等《大清通禮》卷三《吉禮》

先一日遣官以祔廟，告祭天地、宗廟、社稷，如常告儀。

趙爾巽《清史稿》卷八二《志五七·禮志一·吉禮一·祭品》

大祀入滌九旬，中祀六旬，群祀三旬。大祀天地，前期五日親王視牲，二日禮部尚書省牲，一日子時宰牲。帝祭天壇，前二日酉時宰之，太廟、社稷、先師前三日，中祀前二日。禮部尚書率太常司省牲，前一日黎明宰牲。惟夕月屆日黎明宰之。令甲，察院、禮部、太常、光禄官監宰，群祀止太常司行。乾隆十七年，定大祀、中祀用光禄卿監宰。初，郊壇大祀，帝前期宿齋宮，視壇位籩、豆、牲牢。乾隆七年，更定前一日帝詣圜丘視壇位，分獻官詣神庫視籩豆，神厨視牲牢。尋定視壇位日，親詣皇穹宇、皇乾殿上香。故事，省視籩豆牲牢，或臨視，或否。三十五年，定遣官將事，自後以爲常。

趙爾巽《清史稿》卷八二《志五七·禮志一·吉禮一·習儀》

凡大祀前四十日，中祀前三十日，每旬三、六、九日，太常卿帥讀祝官、贊禮郎暨執事、樂舞集神樂署，習儀凝禧殿。故事，祭祀先期，太常寺演禮壇廟中。雍正九年諭曰："是雖義取嫻熟，實乖潔齊嚴肅本旨也。"乃停前一日壇廟演禮。其前二日凝禧殿如故。饗太廟，以王公一人監視宗室、覺羅官。祀先師，祭酒、司業監視國子師生，同日習樂殿庭，令樂部典樂監視亦如之。謁陵寢，讀祝官等亦遇三、六、九日習儀皇陵。又歲暮將祭享，選內大臣打《莽式》，例演習於禮曹。時議謂發揚蹈厲，爲公庭萬舞變態云。

祝版祝文

（明）申時行等《大明會典》卷二一五《太常寺》

凡祝版。舊例本寺博士官齋沐寫完，代填御名。嘉靖八年，上始親填。大祀前一日，奉天殿設香燭案上西面立。博士捧祝版至殿前，司禮監官接捧置案上，候上北面親填。畢，仍捧授博士捧出，奉安於神庫。其餘祭祀填祝版於文華殿如前儀。凡捧祝版出入，由御路鋪排二人，用御仗前導。嘉靖十年，令大祀圜丘前一日奉天殿設案及祝帛、輿及香亭。本寺卿捧進祝版，上親填。畢，卿捧安於輿。又進玉帛并香，上親實於筐，卿捧安於輿配位玉帛司。上焚香叩頭。畢，錦衣衛官校舁輿行。卿隨至壇，奉安於神庫。

（明）俞汝楫等《禮部志稿》卷八三《宗廟備考·廟祀·太廟·祝神稱名》

洪武三年，詔翰林侍讀學士魏觀：自今太廟祝文，止稱孝子皇帝，不稱臣。凡遣太子行禮，止稱命長子某，勿稱皇太子。著爲令。

（清）張廷玉等《明史》卷四七《志二二·禮志一·吉禮一·太廟時享·祝冊》

洪武元年，定祝冊。南北郊祝板長一尺一分，廣八寸，厚二分，用楸梓木。宗廟，長一尺二寸，廣九寸，厚一分，用梓木，以楮紙冒之。群神帝王先師，俱有祝，文多不載。祝案設於西。

（清）張廷玉等《清文獻通考》卷一一三《宗廟考七·太廟時享》

（乾隆）四十二年正月壬辰，以皇太后升遐，重定百日內及二十七月內致祭太廟，服色各儀。

先期一日昧爽，太常寺設黃案一於中和殿御座之南，太常寺卿率屬祇贊事殿內，司祝由內閣恭奉太廟後殿、中殿，祝版暫設太和殿。初昕，太常寺卿率欽天監博士至乾清門奏，時皇帝御補服乘輿出宮至中和殿後降輿，御殿立左楹前，西向。司祝由太和殿恭奉祝版以次，行導引如儀。至中和殿，奉後殿祝版恭設案左，奉中殿祝版恭設案右，三叩，興，退。太常寺卿二人展祝文，贊禮郎布拜褥，皇帝詣案前，恭閱行三拜禮。畢，太常寺官恭送祝版奉安太廟神庫，内餘如北郊祀儀。

（清）允祹等《大清會典則例》卷一五二《太常寺·閱祝版》

前期十五日，本寺行文，欽天監擇閱祝版吉時，送寺繕入儀注，并委時官二人前期一日赴寺豫備。啓奏時刻，本寺官先期送祝版至内閣恭書，前期十日行知工部鑾儀衛，於前期二日自壇恭昇祝版亭，至午門前安奉。次日，送至祭所，并行文兵部轉咨步軍統領，凡經行道路，灑掃辟除。前期二日，本寺以閱祝版具奏。【略】太廟、社稷以下御中和殿閱祝版。是日，設黃案於中和殿中御座之南，設祝版亭於午門外，屆時奏請皇帝御中和殿立左楹前，西向。司祝奉祝版入陳案上，皇帝恭閱畢，行一跪三拜禮，興。司祝奉祝版至午門外安設黃亭，餘儀同前。如遣官恭代行禮，本寺官由内閣恭奉至午門外安設黃亭，恭送祭所。順治二年，奏准：各壇廟讀祝止讀清文，停讀漢文。四年，奏准：太歲、都城隍等祭均仍舊例遣官行禮，其祝辭用清文承祭，并贊禮均用滿官。十六年，奏准：祝版應書御名者，先期送内閣敬書。祀前一日，皇帝於太和殿、中和殿閱畢，奉往祭所安設。又奏准：皇帝閱祝版應增設祝版座，安祝版於上，不必用手奉視。又定祀前二日，本寺奏閱祝版，并奏簡讀祝官及祀日行禮各儀注。奏章用本色紙，遇吉慶日用紅色紙。雍正二年，奉旨：據太常寺奏，次年正月初八日時饗，初七日遇素服日期，應照例停閱祝版。但大祭祝文朕不親閱於心不安，若素服閱祝於禮可行否，著大學士、九卿等會議具奏。遵旨議准：躬閱祝版如適遇忌辰，【略】太廟祝文，皇帝常服，執事官咸常服，不挂數珠。【略】四年，奉旨：嗣後視太廟祝版，遇素服之期仍以素服具奏。乾隆元年，議准：太廟祝文原備列祖列后尊謚廟號，誠恐宣讀失儀。嗣後，祝版仍備書列祖全謚，列后但書尊謚廟號。又奏准：祇告各壇廟，用香、帛、酒、果脯、醢，舊時祝文内書牲、帛、粢、盛等字，應令翰林院隨祭品更正改書，謹以香、帛、庶羞之儀。四年，復准：祭祀繕祝版時，内閣委官先期在衙門齋宿恭書，其太常寺糊飾祝版亦委官赴内閣敬謹辦理。七年，諭：閱祝版，詣齋宮，應御龍袍袞服，隨從人等咸吉服，永著爲例。詳《禮部則例》。

（清）允祹等《大清會典》卷八二《太常寺》

凡親閱祝版，【略】閱太廟祝版，素服，執事官常服，前二日司祝奉祝版送内閣恭書。祝文前一日，卿詣乾清門恭請皇帝御殿，乃率屬奉祝版入殿内，恭設黃案上，皇帝恭閱如儀。禮畢，奉送各壇廟，恭設神庫。遣官及群祀，祝版均司祝自内閣奉送祭所。

凡祝版制帛，香燭、薪炭行户工二部支取，酒醴、形鹽行光禄寺葷行，大興、宛平二縣均豫日送寺。

（清）來保等《大清通禮》卷三《吉禮·宗廟歲四時饗·閱祝版》

書祝版、視割牲儀，均與郊祀同。先一日昧爽，太常寺設黃案一於中和殿御座之南，太常寺卿率屬祗贊事殿內，司祝由內閣恭奉太廟後殿中殿，祝版暫設太和殿。初昕，太常寺卿率欽天監博士至乾清門奏，時皇帝御補服，乘輿出宮至中和殿。後降輿御殿立左楹前，西向，司祝由太和殿恭奉祝版以次行導引如儀。至中和殿奉後殿祝版，恭設案左，奉中殿祝版恭設案右，三叩，興。退。太常寺卿二人展祝文，贊禮郎布拜褥，皇帝詣案前恭閱行三拜禮畢，太常寺官恭送祝版奉安太廟神庫內，餘如北郊祀儀。

（清）慶桂等《國朝宮史續編》卷二八《典禮二二·祭祀三·閱祝版儀》

臣等謹案：我朝定制，皇帝親舉大享，例以祝版陳詞，敬申昭告。時祭之文，具有常式。遇特祭，則史官因事虔撰，舍人盥而錄諸版，閣臣恭書御名，祭之日，奉常官嫻奏讀者讀焉、書用清文，讀用國語，昭假上下，不啻呼吸之相感通。盛哉乎禮之以文宣，而誠之以辭達者，端重乎此。每祀前一日，皇帝御殿祗閱，齋潔以臨。視古史策祝，僅詔春官掌之，尤爲儀節詳而視察謹，其奠玉及供薦香、帛，躬閱如制。臣等於前編外增輯祝版規制，并視版儀注事宜，以駕出殿庭將事，本肅共神明之德，裕承致多福之原，允足以彰宮史巨儀，不特補曩代禮書所未及。謹據《會典》《通禮》諸編，臚次如左。

祝版之制，以木爲之。【略】太廟後殿方一尺二寸，徑八寸四分；前殿方二尺，徑一尺一寸，厚如之。【略】天壇，青紙青緣朱書；地壇，黃紙黃緣黑書；太廟、社稷壇，均白紙黃緣黑書。【略】太常寺派祝版官先期褾飾，於祀前二日昧爽送內閣，授中書，安奉潔室。書祝辭畢，仍授祝版官緣邊。內閣典籍，預設黃案於政事堂正中，中書奉版陳於案，南向。大學士詣案前立，北面展祝文，敬書御名畢，覆以銷金青緞袱，仍尊藏潔室。翌日，陳於內閣，俟太常寺官祗請。

凡親詣之祭，前二日太常寺奏請皇上於祀前一日閱祝版。是日，奏派讀祝官一員，并請恭閱玉、帛、香如儀。圜丘、祈穀、常雩、祝版，御太和殿閱視。方澤、太廟、社稷祝版，御中和殿閱視。欽天監以定例日出時刻送太常寺具奏，如奉旨，改於日出前數刻。祝版案上，設羊角鐙二，由掌儀司官率殿中首領內監燃燭預備，太常寺執事官屆期執鐙以俟。

視版之日，太常寺設黃案於太和殿內正中御座之南，設香亭於殿內左楹之東，設奉祝版亭、奉玉帛香亭於殿內右楹之西。中和殿不設香帛亭，餘儀同。太常寺贊禮、讀祝各官具玉帛於篚，貯香於盤，祗俟太和門外。太常寺卿率屬贊事殿內。至時，詣乾清門啓奏。皇帝御龍袍袞服，中和殿視版，御袞服。如遇忌辰，惟太廟祝版御常服閱視。乘輿出宮，前引後扈如常儀。至太和殿北階降輿，升太和殿內，近中間東楅扇西向立。記注官四人立殿右門外，東面。太常寺官自內閣奉祝版入太和中門，玉、帛、香隨入，前列提爐二，贊禮郎十人，導引升中階，至丹陛上止。司祝各官奉祝版，并玉、帛、香進殿中門，以次陳於黃案，三叩，退。太常寺卿就案前立，啓祝版袱，退。贊禮郎進前跪，鋪拜褥，退。皇帝詣案前立，次第恭閱畢，行一跪三拜禮，興，復位立。太常寺卿韜祝版，贊禮郎徹拜褥，司祝各官進至案前，三叩，興。恭奉祝版、玉、帛、香依次設亭內，三叩，退。司香官就香亭奉香合，立於亭東。司拜褥官鋪拜褥於香亭前，退，立香亭之右。

趙爾巽《清史稿》卷八二《志五七・禮志一・吉禮一・祝版》

以木爲之。圜丘、方澤方一尺五寸，徑八寸四分，厚三分。祈穀壇方一尺一寸，徑一尺，厚如之。太廟後殿方一尺二寸，徑八寸四分。前殿方二尺，徑一尺一寸，厚并同徑。常雩，日、月壇，社稷壇與太廟後殿同。中祀、群祀方徑各有差。天壇青紙青緣朱書，地壇黃紙黃緣墨書，月壇、太廟、社稷白紙黃緣墨書，日壇朱紙朱書，群祀白紙墨書不加緣。太常司令祝版官先期褾飾，祀前二日昧爽送內閣，授中書書祝辭，大學士書御名，餘祀太常司自繕。

凡親祭，先二日太常卿奏請，前一日閱祝版。圜丘、祈穀、常雩御太和殿，方澤、太廟、社稷御中和殿。祝案居正中少西，案設羊角鐙二，視版日，案左楹東置香亭，右楹西置奉版亭、奉玉帛香亭。屆時太常卿詣乾清門啓奏，帝出宮詣案前。閱畢，行一跪三拜禮。贊禮郎徹褥，寺卿韜版，導帝至香亭前，拜跪如初禮。司祝奉版薦黃亭送祭所，庋神庫。大祀遣代，停止祝版具奏。中祀、群祀，寺官赴內閣徑請送祭所，不具奏。其視玉、帛、香如閱祝版儀。

齋戒陪祀迎送

（明）申時行等《大明會典》卷八五《禮部四四・廟祀一》

時享，洪武二十六年初定儀。

齋戒。前一日，太常司官宿於本司。次日，具本奏，致齋三日。次日，進銅人。

（明）申時行等《大明會典》卷五〇《禮部四四・告祭》

前期，太常寺官具奏致齋三日。遣官祭告天地、宗廟、社稷，上親告太宗皇帝几筵、大行皇帝几筵。

（明）申時行等《大明會典》卷八九《禮部四四・廟祀四》

永樂元年，遇高皇帝忌，上率諸王祭奉先殿，仍率百官祭孝陵。

萬曆四年題准：凡郊、廟奏祭祀日遇有忌辰，則移前一日。如致齋日內遇忌辰，上具常服，百官具青綠錦繡。其正祭日遇忌者，如祭在日間，除臨時，照常具祭服行禮。本日，祭前祭後與致齋遇忌同。如夜分祭畢，是日，上仍淺淡服色，百官青衣角帶辦事。

（明）申時行等《大明會典》卷二一五《太常寺》

凡時享并祫祭，前三日，本寺官進銅人，并上殿奏齋戒。前一日，同光祿寺官奏省牲。次日，同復命。惟秋享前二日，奏省牲。次日，同復命。

　　凡上親視牲，禮部尚書、侍郎，與本寺卿、少卿導上至犧牲所內正牛房香案前，北向立。餧牲官率軍人牽牛至香案西，卿奏大祀牛犢過訖。餧牲官率軍人牽北羊至香案西，卿奏大祀北羊過訖。東西正房軍人牽牛入，卿奏備祭牲訖。導上至鹿房前，卿奏大祀鹿訖。導上至兔房前，卿奏大祀兔訖。導上至豬房前，卿奏大祀豬訖。導上至帷幄內，少憩，還官。【略】

　　凡奏齋戒日。即於長安左、右門出告示知會。

　　(明) 尹守衡《皇明史竊》卷一一《宗廟》

　　萬曆七年，止令稱本爵。祭日遇忌辰，則移前一日。遇致齋日內，上具常服，百官青綠錦繡。

　　(明) 俞汝楫等《禮部志稿》卷一一

　　嘉靖十三年，定謁廟儀。前期，太常寺奏皇帝齋三日，尚儀奏皇后及妃各齋三日，內外諸執事各齋一。

　　(明) 俞汝楫等《禮部志稿》卷一二《謁廟·皇太子擇日恭謁太廟》

　　永樂二年續定：先期三日齋戒，遣官祭告天地、宗廟，用香、帛、酒、脯，行一獻禮日，太常光祿官奏省牲如常儀，所司陳設如時祫儀。

　　(明) 俞汝楫等《禮部志稿》卷二五《大享今罷》

　　嘉靖十七年定：前期五日，上詣犧牲所視牲。其先一日，上告於廟，及還參拜，俱如大祀之儀，告辭、參辭改稱大祀曰：大享，餘并同。次日，以後命大臣輪視，如常儀。前期四日，太常寺奏祭祀，如常儀，諭百官致齋三日。前期三日，上詣太廟寢殿告請睿宗配帝，以脯、醢、酒、果，行再拜一獻禮。祝文："維嘉靖某年某月某日，孝子皇帝某敢昭告於皇考睿宗獻皇帝曰：'茲以今月日恭行大享禮於大享殿，謹請皇考配帝侑神，伏惟鑒知。謹告。'"前期二日，太常卿、光祿卿奏省牲如常儀。前期一日，上親填祝版於文華殿。夜二鼓，禮部同太常堂上官請安，神御版位，俱如祈穀之儀。

　　(明) 俞汝楫等《禮部志稿》卷八一

　　誓戒儀

　　禮部尚書崔亮奏：按《周禮》，太宰祀五帝，則掌百官之誓戒，大神祇享，先王亦如之。唐制，凡大祀，齋戒皆前七日集尚書省。太尉誓曰：某月日祀某神祇，各揚其職，不共其事，國有常刑。宋南郊儀注，前七日，命太尉誓百官於尚書省曰：今年某月日，皇帝有事於南郊，各揚其職，不共其事，國有常刑。元制，祀前五日，百官於中書省受誓戒。今擬大祀，前七日，陪祀官詣中書省受戒誓曰：皇帝有事於某所，百官其聽誓戒各揚其職，不共其事，國有常刑。制可。

　　鑄銅人識齋戒

　　洪武三年，上諭禮部尚書陶凱曰：《經》言：神無常享，享於克誠。人謹方寸於此，而能格神明於彼歟，至誠也。然人心操舍無常，必有所儆而後無所放耳，乃命禮部鑄銅人一，高尺有五寸，手執簡書曰：齋戒三日。凡致齋期，則置朕前庶朕心，有所警省而不敢放也。

考齋戒日期

洪武四年，禮部奏：按歷代祭祀，齋戒日期不一。黃帝受圖錄齋七日，夏禹受山神書齋三日；周大祀七日，戒三日齋；秦凡祭齋三日；漢武帝祭太乙甘泉齋一日；元帝定齋律，祭天地齋七日，祭宗廟齋五日；唐大祀齋七日，中祀齋五日，小祀齋三日。今擬親祭天地宗廟齋五日，祀日月、星辰、社稷、山川、風雲、雷雨齋三日，降香齋一日。

太子親王齋戒

洪武五年，禮部尚書陶凱等奏：考之歷代天子祭祀，不載太子陪祭之文。宋真宗天禧三年郊祀，皇太子於正陽門習儀，立於御座之西。奏告：太廟於屏外下馬步進，至郊壇即遙望壇外下馬。又南郊，鹵簿使主署言：皇太子從至郊，宜用東宮儀仗，詔不允。其親王陪祀，則與宰相分班行禮。今擬凡遇上親祀，皇太子留宮中居守。親王戎服侍皇太子，親王雖不陪祀，宜一體齋戒。請著爲令。從之。

陪祀齋房及省牲冠服

洪武六年，建陪祀官齋房於北郊。齋宮之西，南公侯十五間，百官十七間，樂舞生二十三間。復命禮部尚書牛諒、翰林承旨詹同等議，省牲所用冠服。同等奏謹按：玉藻君皮弁以日視朝，遂以食，則皮弁似與今常服之服同。今中祀既以皮弁行禮，則省牲宜用常服。

齋戒儀

洪武六年，復命定祭祀齋戒禮儀。【略】告仁祖廟，退處齋宮致齋三日，行事享宗廟。正祭前四日，午後沐浴更衣，處外室。次日爲始，致齊三日。【略】

陪祀牙牌

洪武八年，始製陪祀官入壇牙碑。凡天子親祀，則與祭者佩以入，其制有二圓者與祭官佩之方者執事人佩之，俱藏之内府。遇祭則給，畢則納之，無者不得入壇。

考定陪祀官復命儀

正統六年，鴻臚卿楊善奏：孟春享太廟，賜陪祀官胙，應臣等引奏謝恩，其光祿寺卿奈亨不預報，知法當究。問亨，奏：舊制大祀天地及祭太廟、社稷看牲，省牲官復命，俱在百官行禮之先。今孟春享太廟，楊善止容天地壇，看牲官於奉天殿復命俟。百官行禮畢，方令太廟省牲官於奉天門復命，事屬紊亂。乞治其不敬罪。上兩釋之。至是，善復移文禮部，亨不由業儒發，身不諳祖宗制度，妄加訾議，乞考定申明。尚書胡濙等議奏：自今看牲、省牲及遣祭旗纛等神，凡遇聖駕升殿，俱於殿中復命。若遇奉天門視事，亦於百官未行禮之先復命從之。著爲令。【略】

請令主事與陪祀

景泰二年，禮科都給事中金達言：爲國之道，祀典當先，任官之方，正名是重。我朝祀郊社宗廟，文官五品以上得陪祀。邇年將年深主事署郎中以理政務，而獨不得陪祀。今孟春時，當遣官就近望祭，則無勞民傷財之患。禮部復奏，從之。

（清）孫承澤《春明夢餘錄》卷一四《齋期》

上謂省臣曰：朕每祭享天地百神，惟伸吾感戴之意，禱祈福祉，以佑生民，未嘗敢自徼惠也。且齋戒所以致誠，誠之至與不至，神之格與不格，皆係於此。故朕每致齋，不敢有一毫懈惰。今定齋戒之期，大祀以七日，中祀以五日，不無太久。大抵人心久則易怠，怠心一萌，反爲不敬。可止於臨祭齋戒三日，務致精專，庶幾可以感格，著爲令。

（清）孫承澤《天府廣記》卷一六

齋戒牌。三年十二月，命各司置齋戒牌。上諭：中書省臣曰齋戒，古人所以致潔於鬼神也，朕於祭祀每齋戒必盡其誠，不敢少有怠。忽尚慮諸司不能體此，致齋戒之日褻慢弗謹，雖幽有鬼神司察其罪，不若預爲戒飭，使知所警其。命諸司各置木牌刻文，其上曰：國有常憲，神有鑒焉。每有祭祀，則設之。

致齋銅人。三年十二月，命禮部尚書鑄銅人一。高尺有五寸，手執簡書曰：齋戒三日。凡致齋之期，則置朕前，庶朕心，有所警省，而不敢放也。

陪祀牙牌。八年正月，始制陪祀官入壇牙牌。凡天子親祀則與者佩以入，其制有圓者，預祭官佩之；方者，執事人佩之。俱藏之內府，遇祭則給，畢則納之，無者不得入壇。

（清）萬斯同等《明史》卷五三《志二七·禮志一一·吉禮一一》

洪武二十一年，命禮臣定時享、宗廟儀。齋戒前一日，太常司官宿於本司。次日，奏致齋三日。次日，進銅人。省牲與郊祀同。

（清）張廷玉等《清文獻通考》卷一一二《宗廟考六》

（順治八年）癸卯定齋戒，規凡祀太廟齋戒三日，上親詣或遣官恭代俱於太和殿，設齋戒牌銅人，各衙門亦設。齋戒牌不理刑名，若有急事，務仍辦理。大內及宗室并齋戒，官家不祀神。如上躬饗太廟，和碩親王以下、陪祀官以上俱於家齋戒；如遣官恭代，則上齋戒，和碩親王以下、輔國公以上不必齋戒。陪祀官齋戒如前。

（順治）十三年三月乙酉，定齋戒規。禮部言：前此清明節享太廟，惟主祭大臣并執事官各齋戒三日。致祭近，查明朝清明節祀典并不齋戒，嗣後應令主祭官、分獻官、禮部太常寺執事官先期齋戒一日。著爲令。從之。

（康熙）十二年九月丙申，定祭時與齋戒處。先是，八月丁巳，諭禮部：壇廟祭祀，國家大典，必儀文詳備，允符禮制，乃可肅將誠敬，昭格神明。其致祭時辰、齋戒處所，稽諸往代，各有定制，爾部詳察典禮，酌議妥確以聞。至是，議復：考太宗文皇帝時祭廟用黎明，再考歷代致齋俱於別殿，今請皇上於別殿齋戒。從之。互見《郊社考》。

　　（雍正十年）二月辛丑，命齋戒日陪祀官懸齋戒牌時奉諭：國家典禮，首重祭祀。每當齋戒日期，必檢束身心，竭誠致敬，不稍放逸，始可以嚴昭事而格神明。朕遇齋戒之日，至誠至敬，不但殿廷供設銅人，即坐卧之次，亦書齋戒牌存心警惕，須臾弗忘。至內外大小官員，雖設齋戒牌於官署，但恐言動起居之際稍有褻慢，即非致齋嚴肅之義。查明代祀典，凡陪祀及執事之人有懸祀牌之例。今酌定齋牌之式。令陪祀人員佩著心胸之間，使觸目警心，恪恭罔懈，并得彼此觀瞻，益加省惕，其於明禋大典，愈明虔潔。著傳諭各部院及八旗并直省文武官員，一體遵行。

　　太廟時享。（雍正十二年）五月，定供列祖忌辰牌。是月庚子，諭：列祖忌辰，在京則禮部等衙門，在外則督撫提鎮及各府州縣懸牌出示，曉諭官弁兵民等一體凜遵齋戒。朕思懸牌出示列祖廟號直書於上，其懸示之地未必悉能潔净。而往來雜遝，坐卧喧嘩均非敬謹恪恭之意。嗣後，應如何使衆共知而又不至于褻慢，該部悉心定例。奏聞尋議：恭逢列祖忌辰，嗣後請製龍邊粉油木牌，敬謹書寫，仿齋戒牌例，設案安奉於禮部大門前。令司員看護，其九門各設於潔净寺院，提督令員看護。次日，將牌繳禮部，敬謹收貯，其直省大小文武衙門照在京例書牌安設。從之。

（清）張廷玉等《清文獻通考》卷一一三《宗廟考七・太廟時享》

　　（乾隆）四十二年正月壬辰，以皇太后升遐，重定百日內及二十七月內致祭太廟，服色各儀。

　　右視牲。

　　是日昧爽，太常寺卿率屬恭進齋戒牌銅人於乾清門，均如郊祀儀，皇帝乃齋於大內齋宮，王公百官各齋於次。

　　右致齋。

　　書祝版，視割牲儀均與郊祀同。

（清）允祹等《大清會典則例》卷一六九《鑾儀衛》

　　又定，時饗太廟，祭社稷，委官率校尉鋪棕薦親祭。【略】又定，太廟燎爐灰每年委官率校尉送至金海河內。【略】

　　饗太廟，前引扈從等儀與祈年殿同。恭遇親告於中殿，前引大臣由殿東導引升中殿東階至階上，俟駕入左門，按翼於中門外北上，東西面侍立。豹尾班侍衛入戟門左翼，由前殿東隨行右翼由前殿。西各行至中殿，東西階下，序立如前。禮成，由前殿西行至戟門隨出。

（清）允祹等《大清會典》卷八二《太常寺》

　　凡進齋戒牌銅人，恭遇皇帝親詣行禮，於齋期前一日具奏。届期黎明，卿率屬補服。遇朝期，朝服奉齋戒牌銅人，入至乾清門，恭設於中門左楹前祀天祭地。如遇皇帝宿齋宮，至第三日恭設齋戒牌、銅人於齋宮丹陛左。如不宿齋宮，恭設於乾清門三日；饗太廟、祭社稷，恭設於乾清門三日。

(清) 允祹等《大清會典則例》卷一五二《太常寺》

進齋戒牌銅人。順治四年，定齋戒牌銅人，由禮部官恭進安設於武英殿。八年，定改設於太和殿。又定大祀天地、祈穀於上帝，饗太廟、祭社稷均前期三日進齋戒牌銅人。【略】如遣官，惟前代帝王廟仍進齋戒牌銅人，餘均停進。康熙九年，題准：齋戒牌銅人由禮部太常寺官恭設於乾清門中門東第一楹前，承以黃案。雍正二年，奏准：天地、宗社大祭，如遣官行禮，奏請停進齋戒牌銅人。【略】太廟、社稷前期四日，遇忌辰前期五日具奏。於乾清門安設三日，【略】祭日徹回。【略】

咨傳供備。各祭祀前期十日，咨兵部轉行步軍統領。祀日，平治車駕經由道路設幛，衢巷禁止行人。咨工部張御拜幄，更衣大次，豫備齋宮、具服殿及各幄內應用器物。咨鑾儀衛備盥盆帨巾。前五日，咨樂部鑾儀衛陳設鹵簿導迎樂，并知會駕詣壇廟時，樂設而不作，還宮作樂。如遇齋戒忌辰，仍不作樂。北郊祀前二月，咨內務府修理齋宮。前八日，咨鑾儀衛。於祀日自神庫恭昇龍亭鳳亭，設於皇穹宇、皇乾殿、皇祇室各階下俟，奉請神位於亭，昇亭至壇設亭於內壝外。禮成，恭送還御，仍昇亭至神庫收貯。【略】孟春太廟時饗，歲暮大祫，前五日咨內務府領取。本寺執事官應服貂裘二十六件，太廟、社稷壇、帝王廟、先師之祭前十日，咨鑾儀衛豫備拜褥，鋪設棕薦。

咨傳啓門。恭設齋戒牌銅人於乾清門。前期五日，咨直班護軍統領啓長安門、天安門、端門、午門各中門，及昭德門、中左門、後左門，以便本寺官進內恭設。至徹齋戒牌銅人，本寺官應進東華門、景運門，出午門。咨直班護軍統領設齋戒牌銅人於齋宮，諸領侍衛府護軍統領，各知會守衛官出入放行。閱祝版，前期五日，咨兵部步軍統領并知會正陽門、大清門、天安門、端門各守衛官及直班護軍統領。本寺堂屬官於閱祝版日，五鼓進，內執事至時啓門祀。前十日，咨領侍衛府護軍統領并咨兵部轉行步軍統領。郊祀前一日，本寺堂屬官及時官詣乾清門。祀日，詣齋宮，餘祀均於祀日詣乾清門，啓奏時刻出入放行駕詣壇廟，經行各門，均豫時啓俟。前期八日，咨兵部步軍統領，不陪祀官迎送車駕。有居城外者，至時啓正陽門放入。前二日，行直班護軍統領。郊祀前一日，本寺堂屬官及時官詣乾清門奏御齋宮時刻，應進長安門、午門、後左門，守衛官放行。乾隆四年，奏准："每逢城外祭祀，啓門將城內官放出。城內祭祀，啓門將城外官放入。由寺先期諮步軍統領衙門辦理"。二十一年，奉旨：嗣後，凡出午門所祭壇廟，仍出午門外；凡出東西門所祭壇廟，將出長安門改爲出太和門，由協和門、熙和門出東華門、西華門。

(清) 來保等《大清通禮》卷三《吉禮·宗廟·歲四時饗》

太廟孟春於上旬諏吉，夏秋冬於孟月朔，先三日禮部尚書一人詣犧牲所視牲如儀。右視牲。

是日昧爽，太常寺卿率屬恭進齋戒牌銅人於乾清門，均如郊祀儀。皇帝乃齋於大内齋宫，王公百官各齋於次。

右致齋。

(清)　來保等《大清通禮》卷三《吉禮・宗廟・列聖列后升祔》

視牲致齋，書祝版、閱祝版、視割牲儀均與時饗同。前期五日，禮部、工部太常寺官入廟，詣中殿，恭設新祔帝后神龕，陳帷幔，設香案，供爐鐙如列聖列后寢室，前陳設儀。

右設寢室龕案。

(清)　慶桂等《國朝宫史續編》卷二八《典禮二二・祭祀三・齋戒儀》

臣等謹案：祭法昭垂，禮嚴遷坐。《會典》載，南郊、祈穀、常雩，例於祭前三日，上御大内齋宫，北郊、太廟、社稷饗祀，均於養心殿致齋。溯自乾隆二十七年迄六十年，高宗純皇帝躬承大祀，齋祓維謹。惟四十八年北郊遣代一次，四十九年祈穀遣代一次，五十五年、七年、九年，常雩遣代三次。其間叠奉聖諭，雖祀事未經躬舉，而先期端居嚴謐，仍循潔膳徹懸之文，以表齍肅。洵乎聖必慎齋，而祭則受福也。至夫感通之捷，由乎專壹之本，備著於節年聖製詩。巨典恒經，允宜證詩爲史，其間有因中祀齋居，寅虔罔間，見諸御集。有關舉典者，謹詳録焉。欽惟我皇上主鬯薦馨，愻忱將事，屢於齋宫述懷志警，一以高宗純皇帝之心爲心，仁孝之饗，預戒彌虔。爰按年恭載御製齋居諸什，以昭繼續凝承，聿光簡册。至太常於齋期恭進銅人，懸齋戒牌，及尚膳不御葷，法司不奏刑名諭事例，悉具前編。

乾隆四十八年五月十九日，奉諭旨：朕臨御以來，祇畏寅恭，凡遇壇廟大祀，無不恪誠齋祓，親詣行禮。兹屆夏至北郊，於十九日進宫齋戒，適因氣滯舊患作痛，現在令醫加意調攝，尚未全痊，誠恐升降儀節有愆。轉不足以昭誠敬，朕即在御園齋戒，派皇六子永瑢恭代行禮。若臨期體氣全安，朕仍親往肅恭祇祀。【略】總之，每年春後得辛，如在正月初四日以後，則當用上辛；在初四日以前，則當改用次辛。設得辛日期適遇正月初七日世祖章皇帝忌辰，則祇承之義，統於一尊，不必因此而展祈穀之期，仍當于是日恭行致祭，壇上亦仍照儀注作樂，惟禮成回宫，鹵簿大樂則設而不作。至元旦朝賀，原屬臣下敬上儀文，因值齋戒期内，停止受賀，以昭朕凝承禋祀之儀，於禮原屬無失。況南郊禮成，向有次日受賀之例。此後凡遇元旦齋宿，其朝正典禮，應於祈穀次日補行，著爲令。

(嘉慶)五年閏四月初五日，奉諭旨：向來恭遇祭祀齋戒日期，各部院衙門例不進本，但思大禮圜丘、祈穀、常雩，朕精誠專壹，祇宿齋宫，自應循例不進本章，以昭虔敬。其方澤、太廟、社稷均係大祀，雖照常齋戒，而不親宿齋宫。若各衙門本章概不呈進，恐致事多積壓。嗣後凡遇齋戒日期，如圜丘、祈穀、常雩親宿齋宫之日，各部院仍照向例不進本章；至方澤、太廟、社稷，致齋三日内，除刑部不必進本，及各

部院、外省本章有關涉刑名者俱不呈進，外其餘尋常事件，著各該衙門照常進本。即以本年方澤大禮爲始。著爲令。【略】

（嘉慶）八年十月二十七日，奉諭旨：向來孟春太廟時饗，係於正月上旬諏吉舉行，非如夏秋冬之必於孟月朔日著有定期者可比，且較之祈年祀典定以辛日將事者，亦屬有間。因思祭期若在正月初四、五、六等日，則初三日適當致齋之期，正期皇考高宗純皇帝忌辰，是日朕若仍御青袍青褂，則廟祀爲重；若竟御齋戒常服，朕心實切不安。即臣工等常服將事，亦究有未協。禮緣義起，自當斟酌變通，明年孟春時饗祭期，本擇於正月初六日，但既係矚吉舉行，即非不可改移之期。檢查嘉慶元年以來，正月初八、初九等日，均曾練日明禋，明歲正月初八日，亦係吉期，即著改於是日舉行孟春時饗典禮。嗣後孟春時饗日期，總於正月初八、初九、初十等日内擇吉舉行。著爲令。

（清）龍文彬《明會要》卷六《禮一‧省牲》

滌牲，立神牲所，設官二人牧養神牲。祀前三月，付廩犧，令滌治如法。其中祀滌三十日，小祀滌十日者，亦如之。《明集禮》

洪武二年，帝以祭祀省牲於神壇甚邇，人心未安。尚書崔亮乃奏考古省牲之儀，遠神壇二百步。《崔亮傳》

三年，帝以郊祭之牲與群祝牲同牢芻牧，不足以別祀天之敬。乃因其舊地改作而加繪飾，中三間以養郊祀牲，左三間養后土牲，右三間養太廟、社稷牲，餘屋養山川百神之牲。凡大祀犧牲，前一月，帝躬視滌養，繼命群臣更日往視，歲以爲常。《實錄》

趙爾巽《清史稿》卷八二《志五七‧禮志一‧吉禮一‧齋戒》

順治三年，定郊祀齋戒儀。八年，定大祀三日、中祀二日公廨置齋戒木牌。祀前十日，錄齋戒人名册致太常，屆日不讞刑獄，不宴會，不聽樂，不宿内，不飲酒、茹葷，不問疾、吊喪，不祭神、掃墓。有疾與服勿與。大祀、中祀，太常司進齋戒牌、銅人，置乾清門黄案。大祀前三日，帝致齋大内，頒誓戒。辭曰：“惟爾群臣，其蠲乃心，齊乃志，各揚其職。敢或不共，國有常刑。欽哉勿怠！”前祀一日，徹牌及銅人送齋宫，帝詣壇齋宿。【略】

雍正五年，遣御史等赴壇檢視。九年，詔科道遇祀期齋戒。明年，仿明祀牌制制齋牌，敕陪祭官懸佩，防褻慢。乾隆四年，禮臣奏，郊壇大祀，太常卿先期四日具齋戒期，進牌及銅人置乾清門二日、齋宫一日。太廟、社稷，置乾清門三日。中祀，前三日奏進，置乾清門二日。并祭日徹還。【略】

七年，定郊祀致齋，帝宿大内二日，壇内齋宫一日。王公居府第，餘在公署，俱二日。赴壇外齋宿一日。若遣官代祭，王公不與。祭太廟、社稷，王公百官齋所如前儀，俱三日。【略】

初，齋宫致齋鳴鼓角。十四年諭云：“齋者耳不聽樂，孔子曰：‘三日齋，一日用之，猶恐不敬，二日伐鼓何居？’言不敢散其志也。吹角鼓鼙，以壯軍容，於義未協，不當用也。”遂寢。

十九年，敕群臣書制辭於版，前期三日，陳設公堂，俾有所警。嘉慶十三年，諭誠齋戒執事暨查齋監禮者，循舊章，肅祀典。宣統初，監國攝政王代行，帝宮內致齋，停進齋戒牌及銅人。

趙爾巽《清史稿》卷八二《志五七·禮志一·吉禮一·陪祀》

順治時，詔陪祀官視加級四品以上。康熙二十五年，以喧語失儀，諭誡陪祀官毋慢易。尋議定論職不論級。郊壇陪祀，首公，迄阿達哈哈番，佐領。文官首尚書，迄員外郎，滿科道，漢掌印給事中。武迄游擊。祭太廟、社稷、日月、帝王廟，武至參領，文至郎中，餘如前例。御史、禮曹并糾其失儀者。【略】乾隆初元，定陪祀祗候例，祭太廟，俟午門鳴鼓，【略】依次入，鵠立，禁先登階。并按官品製木牌，肅班序。七年，定郊廟、社稷赴壇陪祀制，遣官代行，王公內大臣等不陪祀，餘如故。明年，定郊祭前一日申、酉時及祭日五鼓，禮部、察院官赴壇外受職名，餘祀止當日收受。二十七年歲杪，諭通核陪祀逾三次不到者，分別議懲。

（二）祭祀器用

陳設祭品

（明）申時行等《大明會典》卷八六《禮部四四·廟祀一·時享》

洪武二十六年初定儀。

陳設。皇高祖前，犢一、羊一、豕一、登二　鉶二、籩豆各十二、簠簋各二、帛二。白色，奉先制帛。上曾祖，陳設同。皇祖，陳設同。皇考，陳設同。共設酒尊三、金爵八、瓷爵十六、篚四，于殿東。祝文案一，于殿西。後奉祧四祖。太祖而下，諸廟陳設并同。嘉靖二十九年奉祧仁宗，升祔孝烈皇后，后前止設金爵一、瓷爵二。通設酒尊九、金爵十七、瓷爵三十四、篚九。祫祭則尊加五、金爵加十、瓷爵加二十、篚加五。

親王配享四壇。共二十一位。

第一壇，壽春王，妃劉氏。犢一、羊一、豕一、登二、鉶二，籩、豆各十，簠簋各二，爵六、帛二。展親制帛。

第二壇，霍邱王，妃翟氏；下蔡王；安豐王，妃趙氏；南昌王。犢一、羊一、豕一、登六、鉶六、籩豆各十、簠簋各二、爵十八、帛六。展親制帛。

第三壇，蒙城王，妃田氏；盱眙王，妃唐氏；臨淮王，妃劉氏。陳設與二壇同。

第四壇，寶應王、六安王、來安王、都梁王、英山王、山陽王、招信王。犢一、羊一、豕一、登七、鉶七、籩豆各十、簠簋各二、爵二十一、帛七。展親制帛。

共設酒尊三、篚四於殿東，南北向。

功臣配享十壇。今十七壇。

中山武寧王徐達、開平忠武王常遇春、岐陽武靖王李文忠、寧河武順王鄧愈、東甌襄武王湯和、黔寧昭靖王沐英、虢國忠烈公俞通海、蔡國忠毅公張德勝、越國武莊公胡大海、梁國武桓公趙德勝、泗國武莊公耿再成、永義侯桑世杰、河間忠武王張玉、以下四壇俱洪熙元年增。東平武烈王朱能、寧國忠莊公王真、榮國恭靖公姚廣孝、嘉靖九年遷於大隆興寺。誠意伯劉基、嘉靖十三年增。榮國威襄公郭英。嘉靖十六年增。

每壇羊一、豕一，鉶一、籩豆各二、簠簋各一，帛一、報功制帛。爵三、篚一。共設酒尊三於殿西南，北向。

嘉靖十年定時祫儀，後罷。

前期，太常寺奏請欽定捧主官及齋戒，省牲俱如常儀。

前期一日，太常寺官詣各廟陳設如儀。

正祭日，儀同前，惟祝文總一讀。

（明）章潢《圖書編》卷九八《國朝太廟祀》

歲四孟行時享於太廟。是日，祭品：太祖帝后奉先帛二、金爵四、牛一、羊一、豕一、登一、鉶二、簠簋各二、籩豆各十二；成祖宣宗、英宗、憲宗、孝宗、睿宗、世宗各帝后同壽春王妃，展親帛二、瓷爵六、牛一、羊一、豕一、鉶二、簠簋各二、籩豆各十；霍邱王妃、下蔡王妃、安豐王妃、南昌王妃共一壇，餘同，惟帛六、爵十八；蒙城王妃、盱眙王妃、臨淮王妃，共一壇；寶應王、六安王、來安王、都梁王、英山王、山陽王、招信王，一壇，餘同，惟帛七、爵二十一；武寧王徐達，報功帛一、爵三、羊一、豕一、鉶一、簠、簋各一、籩、豆各四。常遇春以下十六壇，同上。

太廟禮儀。樂章同時享，德祖、懿祖、熙祖、仁祖、仁宗各帝后祭品同。先十日，題遣官請祧廟及告太廟，告祧廟，瓷爵三、脯一、醢二、果五、棗、榛、葡萄、蓮、肉、胡桃仁。

（明）俞汝楫等《禮部志稿》卷一二《謁廟皇太子擇日恭謁太廟》

永樂二年續定：前一日，禮部同鴻臚寺官設詔案於奉天殿，中設節冊寶案於詔案之南，節中冊東，寶西各以次陳列，設冊寶彩輿於丹陛之東。尚寶司設寶案，錦衣衛設鹵簿儀仗，教坊司設中和韶樂如常儀。

（明）俞汝楫等《禮部志稿》卷二五

大享今罷

嘉靖十七年定：

陳設上帝位，犢一、玉用蒼璧一、帛十二、青色。登一、簠、簋各二、籩十二、豆十二、玉爵三、酒尊三、篚一、祝案一。配帝位同，惟不用玉。

正祭與祈穀同。

（明）俞汝楫等《禮部志稿》卷三九《祭太廟享胙》

永樂元年，上桌按酒五、般果子五、般小饅頭、粉湯、酒三鍾；中桌，按酒四、般果子四、般小饅頭、粉湯、酒四鍾。

（明）俞汝楫等《禮部志稿》卷八三《宗廟備考·廟祀·太廟》

新茶薦宗廟

吳元年三月丁丑朔，宣州貢新茶，上命內夫人親煮，薦於宗廟。

定太廟配享

洪武元年十二月丁未，享太廟，以功臣廖永安、俞通海、張德勝、桑世杰、耿再成、胡大海、趙德勝配享，設青布幃六間於太廟庭中，內設配享功臣位。籩、豆各二，實以粟、牛脯、葵、菹、鹿醢、簠。簠各二，實以黍、稷、稻、粱，羊、豕體各一。

（清）萬斯同等《明史》卷五三《志二七·禮志一一·吉禮一一》

（洪武）二十一年，命禮臣定時享宗廟儀。

其陳設，每廟犢、羊、豕各一，登、鉶各二，籩、豆各十二，簠、簋各二，帛二、爵六。第二、第三壇，登、鉶各六，帛六、爵十八；第四壇，登、鉶各七，帛七、爵三十一，餘并與第一壇同。帛皆白色，織文皆曰“展親制帛”。共設酒尊三、筐四於殿東，南北向。功臣配享十壇，每壇用羊一、豕一、鉶一、籩、豆各二，簠、簋各一，爵三、筐一、帛一，白色，織文曰“報功制帛”。共設酒尊三於殿西，南北向。

薦新。洪武元年，太常進宗廟月朔薦新禮。帝覽畢，謂群臣曰：宗廟之祀所以隆，孝思也。然祭之於後，不若養之於先。朕今不及矣，悲歎久之，命以月朔薦新儀物，著之常典，俾子孫世承之。正月，以韭、薺、生菜、雞子、鴨子；二月，以冰芹、蔞蒿、薹菜、子鵝；三月，以茶、筍、鯉魚、鱉魚；四月，以櫻桃、梅、杏、鰣魚、雉；五月，以新麥、黃瓜、桃、李、來禽、嫩雞；六月，以西瓜、甜瓜、蓮子、冬瓜；七月，以菱、雪梨、紅棗、蒲萄；八月，以芡、新米、藕、菱白、薑、鱖魚；九月，以小紅豆、栗、柿、橙、蟹、鯿魚；十月，以木瓜、柑、橘、蘆菔、兔、雁；十一月，以蕎麥、甘蔗、天鵝、鶬鴰、鹿；十二月，以芥菜、菠菜、白魚、鯽魚。

三年，太常奏定其儀朔日薦新，各廟共用羊一、豕一，籩、豆各八，簠、簋、登、鉶各二，酒尊三及常饌鵝羹飯。太常卿及預祭官各服法服行禮，望祭止用常饌鵝羹飯。祭日引禮官及太常卿以下各服常服行禮。又獻新之儀，凡遇四方別進新物，在月薦之外者，太常卿奉旨與內使監官各服常服，捧獻於太廟，不行禮。其後朔望祭祀及薦新獻新，俱於奉先殿行禮。

（清）張廷玉等《明史》卷四七《志二三·禮志一·吉禮一·祭器》

太廟時享。洪武元年定，每廟登一，鉶三，籩豆各十二，簠簋各二，共酒尊三、金爵八、瓷爵十六於殿東西向。二十一年更定，每廟登二、鉶二。弘治時，九廟通設酒尊九，祫祭加一；金爵十七，祫祭加二；瓷爵三十四，祫祭加四。親王配享，洪武三年定，登、鉶各三，籩、豆各十二，簠、簋各二，酒尊三，酒注二。二十一年更定，登、鉶各一，爵各三，籩、豆各十，簠、簋各二，共用酒尊三於殿東。功臣配享，洪武二年定，每位籩、豆各二，簠、簋各二。三年增定，共用酒尊二，酒注二。二十一年更定，十壇，每壇鉶一，籩、豆各二，簠、簋各一，爵三，共用酒尊於殿西。

（清）張廷玉等《明史》卷四七《志二三·禮志一·吉禮一·籩豆之實》

凡籩豆之實，用十二者，籩實以形鹽、蔵魚、棗、栗、榛、菱、芡、鹿脯、白餅、黑餅、糗餌、粉餈，豆實以韭菹、醓醢、菁菹、鹿醢、芹菹、兔醢、筍菹、魚醢、脾析、豚胉、酏食、糝食。用十者，籩則減糗餌、粉餈，豆則減酏食、糝食；用八者，籩又減白、黑餅，豆又減脾析、豚胉；用四者，籩則止實以形鹽、蔵魚、棗、栗；豆則止實以芹菹、兔醢、菁菹、鹿醢；各二者，籩實栗、鹿脯，豆實菁菹、鹿臡。簠、簋各二者，實以黍稷、稻粱；各一者，實以稷粱。登實以太羹，鉶實以和羹。

洪武三年，禮部言："《禮記·郊特牲》曰：'郊之祭也'，'器用陶匏'，尚質也。《周禮·籩人》：'凡祭祀供簠簋之實'，《疏》曰：'外祀用瓦簠'。今祭祀用瓷，合古意。惟盤盂之屬，與古簠、簠、簋、登、鉶异制。今擬凡祭器皆用瓷，其式皆仿古簠、簋、登、豆，惟籩以竹。"詔從之。

酒齊仿周制，用新舊醅，以備五齊三酒。其實於尊之名數，各不同。

（清）張廷玉等《清文獻通考》卷一一三《宗廟考七·太廟時享》

（乾隆）四十二年正月壬辰，以皇太后升遐，重定百日內及二十七月內致祭太廟，服色各儀。

其日，太常寺卿率屬入廟，潔蠲殿內外耤以棕薦，恭設後殿列祖列后神座於寢室前，肇祖原皇帝正中，原皇后配；興祖直皇帝左，直皇后配；景祖翼皇帝右，翼皇后配；顯祖宣皇帝次左，宣皇后配，均南向。恭設中殿列祖列后神座於前殿，太祖高皇帝正中，南向，孝慈高皇后配；太宗文皇帝東位，西向，孝端文皇后、孝莊文皇后配；世祖章皇帝西位，東向，孝惠章皇后、孝康章皇后配；聖祖仁皇帝東次，西向，孝誠仁皇后、孝昭仁皇后、孝懿仁皇后、孝恭仁皇后配；世宗憲皇帝西次，東向，孝敬憲皇后、孝聖憲皇后配展。前殿兩廡配饗，東通達郡王、次武功郡王、武功郡王妃，次慧哲郡王、慧哲郡王妃，次宣獻郡王、宣獻郡王妃，次禮親王、次睿親王、次鄭親王、次豫親王、次肅親王、次克勤郡王、次怡賢親王，均西向；西信勇公費英東、次宏毅公額亦都、次武勛王揚古利、次果毅公圖爾格、次雄勇公圖賴、次忠達公大學士圖海、次超勇襄親王策凌次、襄勤伯鄂爾泰、次大學士張廷玉，均東向，以北為上。

右設神位。

臣等謹按：雍正九年，加直義公費英東為信勇公，忠義公圖爾格為果毅公，昭勛公圖賴為雄勇公，文襄公圖海為忠達公，神牌增書而《通禮》之文因之。惟武勛王揚古利，亦追加為英誠公，則仍書王爵。

　　將事之夕夜分，太常寺卿率屬入廟，然炬明燈具器陳於案，各以其序。帝后皆同案，每案牛一、羊一、豕一、簠二、簋二、籩十。人立燎爐南，承祭後殿官拜位設於殿外階上，太常寺司祝一人、司香四人、覺羅官司帛四人、司爵八人、糾儀御史四人，以次序立於殿內，均東西面。太常寺典儀一人，立於殿門外之東，掌燎官立位同前。

　　右辨位。

（清）允祹等《大清會典》卷四〇《禮部》

　　將事，帝后同案，皆牛一、羊一、豕一、簠二、簋二、籩十有二、豆十有二、爐一、鐙二、各帛一、登一、鉶一、尊一、玉爵三、金匕一、金箸二，帛共篚，牲共俎，尊實酒，疏布羃勺具。東廡五案，皆牛一、羊一、豕一、簠二、簋二、籩十、豆十、爐一、鐙二、各帛一、鉶一、爵三、共尊三。西廡九案，皆羊一、豕一、鉶一、簠一、簋一、籩四、豆四、爐一、鐙二、各帛一、爵三、共尊五，帛各實於篚，牲俎尊酒，羃勺具。

（清）來保等《大清通禮》卷三《吉禮·宗廟歲四時饗》

　　其日，太常寺卿率屬入廟，潔蠲殿內外，藉以棕薦恭設後殿列祖列后神座於寢室前。肇祖原皇帝正中，原皇后配興祖直皇帝左，直皇后配景祖翼皇帝右，翼皇后配顯祖宣皇帝次左，宣皇后配，均南向；恭設中殿列聖列后神座於前殿，太祖高皇帝正中，南向；孝慈高皇后配太宗文皇帝東位，西向；孝端文皇后、孝莊文皇后配世祖章皇帝西位，東向；孝惠章皇后、孝康章皇后配聖祖仁皇帝東次，西向；孝誠仁皇后、孝昭仁皇后、孝懿仁皇后、孝恭仁皇后配世宗憲皇帝西次，東向；孝敬憲皇后配展前殿兩廡。配饗，東通達郡王，次武功郡王、武功郡王福晋，次慧哲郡王、慧哲郡王福晋，次宣獻郡王、宣獻郡王福晋，次怡賢親王、均西面；西信勇公費英東、次果毅公額宜都、次武勛王揚古利、次果毅公圖爾格、次雄勇公圖賴、次忠達公大學士圖海、次超勇親王策凌、次勤襄伯大學士鄂爾泰、次大學士張廷玉，均東面，以北爲上。

　　右設神座。

　　將事之夕夜分，太常寺卿率屬入廟，然炬明鐙具器陳於案，各以其序。帝后皆同案，每案牛一、羊一、豕一、簠二、簋二、籩十有二、豆十有二、爐一、鐙二。每位登一、鉶一、金匕一、金箸二。南設三案一、少西供祝版一、東次西向一、西次東向分奠帝后每案香盤一、每位奉先制帛一、色白尊一、玉爵三，後殿、前殿東掌燎官立位同前。

　　右辨位。

（清）昆岡等《大清會典圖》卷六《禮六·太廟祫祭位次圖》

　　太廟祫祭於前殿，肇祖原皇帝、原皇后，二座正中，南向，座前籩、豆、案一；興祖直皇帝、直皇后二座中，左南向，座前籩、豆、案一；景祖翼皇帝、翼皇后二座中，右南向，座前籩、豆、案一；顯祖宣皇帝、宣皇后二座，又左南向，座前籩豆案一；太祖高皇帝、孝慈高皇后二座，又右南向，座前籩豆案一；太宗文皇帝、孝端文皇后，孝莊文皇后，三座，又左南向，座前籩豆案一；世祖章皇帝、孝惠章皇后、孝康章皇后，三座，又右南向，座前籩豆案一；聖祖仁皇帝、孝誠仁皇后、孝昭仁皇后、孝懿仁皇后、孝恭仁皇后，五座，又左南向，座前籩豆案一；世宗憲皇帝、孝敬憲皇后、孝聖憲皇后，三座，又右南向，座前籩豆案一；高宗純皇帝、孝賢純皇后、孝儀純皇后，三座，又左南向，座前籩豆案一；仁宗睿皇帝、孝淑睿皇后、孝和睿皇后，三座，又右南向，座前籩豆案一；宣宗成皇帝、孝穆成皇后、孝慎成皇后、孝全成皇后、孝靜成皇后，五座，東設西向，座前籩豆案一；文宗顯皇帝、孝德顯皇后、孝貞顯皇后，三座，西設東向，座前籩豆案一；穆宗毅皇帝、孝哲毅皇后，二座，東設西向，座前籩豆案一。中案前少西祝案一，南向；東福胙桌一、尊桌六、接桌六、金器桌四，均西向；西接福胙桌一、尊桌五、接桌六、金器桌七，均東向。沈香柱前後紅紗，座鐙左右各十五，高爐几左右各十五。東廡十二案，西廡十三案，其尊桌、接桌并各門爐均與時饗同。殿門內正中爲皇帝行禮拜位，北向。殿外階上東西爲王以下、公以上拜位。階下甬道，東西爲兩廡分獻官拜位，庭東西爲百官拜位，均北向。執事位次，司香八人，司帛八人，司爵二十四人，立東案之東。西面司香六人，司帛六人，司爵十六人，立西案之西。東面其餘各位次與時饗同。若遣官行禮，殿門外階上正中爲承祭官拜位，北向。不設福胙桌、接福胙桌，不用光祿寺侍衛、司拜褥、司香拜褥、樂部大臣。記注官監禮糾儀如時饗遣官行禮，其餘各位次亦同。

（清）昆岡等《大清會典圖》卷七《禮七·祀典七》

太廟時饗前殿，正中南向，太祖高皇帝、孝慈高皇后，二座，同一籩豆案，上設爵墊二、金箸四、金匙二、登二、鉶二、簠二、簋二、籩十有二、豆十有二。案前俎一，中區爲三實，牛一、羊一、豕一。又前花香案一，設鍍金銅爐一，香靠具銅燭臺二，其帛篚先設接桌上，奠帛則奠於花香案，正中玉爵六。先設尊桌，上三獻，各奠於爵墊。祫祭陳設同，前殿各案皆同。

太廟時饗前殿，中左南向，太宗文皇帝、孝端文皇后、孝莊文皇后，三座，同一籩豆案，上設爵墊三、金箸六、金匙三、登三、鉶三、玉爵九、餘與中案同。

太廟時饗前殿，中右南向。世祖章皇帝、孝惠章皇后、孝康章皇后，三座，同一籩豆。案，上設爵墊三、金箸六、金匙三、登三、鉶三、玉爵九，餘與中案同。

太廟時饗前殿，又左南向，聖祖仁皇帝、孝誠仁皇后、孝昭仁皇后、孝懿仁皇后、孝恭仁皇后，五座，同一籩豆案，上設爵墊五、金箸十、金匙五、登五、鉶五、玉爵十五，餘與中案同。

太廟時饗前殿，又右南向。世宗憲皇帝、孝敬憲皇后、孝聖憲皇后，三座，同一籩豆案，上設爵墊三、金箸六、金匙三、登三、鉶三、玉爵九，餘與中案同。

太廟時饗前殿，又左南向。高宗純皇帝、孝賢純皇后、孝儀純皇后，三座，同一籩豆案，上設爵墊三、金箸六、金匙三、登三、鉶三、玉爵九，餘與中案同。

太廟時饗前殿，又右南向。仁宗睿皇帝、孝淑睿皇后、孝和睿皇后，三座，同一籩豆案，上設爵墊三、金箸六、金匙三、登三、鉶三、玉爵九，餘與中案同。

太廟時饗前殿，東設西向。宣宗成皇帝、孝穆成皇后、孝慎成皇后、孝全成皇后、孝靜成皇后，五座，同一籩豆案，上設爵墊五、金箸十、金匙五、登五、鉶五、玉爵十五，餘與中案同。

太廟時饗前殿，西設東向。文宗顯皇帝、孝德顯皇后、孝貞顯皇后，三座，同一籩豆案，上設爵墊三、金箸六、金匙三、登三、鉶三、玉爵九，餘與中案同。

太廟時饗前殿，東設西向。穆宗毅皇帝、孝哲毅皇后，二座，同一籩豆案，上設爵墊二、金箸四、金匙二、登二、鉶二、玉爵六，餘與中案同。

(清) 昆岡等《大清會典圖》卷八《禮八・祀典八》

太廟時饗後殿，肇祖原皇帝、原皇后，二座，正中南向。座前籩豆案一；興祖直皇帝、直皇后，二座，位左南向，座前籩豆案一；景祖翼皇帝、翼皇后，二座，位右南向，座前籩豆案一；顯祖宣皇帝、宣皇后，二座，位又左南向，座前籩豆案一。中案前少西，祝案一、南向，東尊桌二、接桌二、金器桌四，各陳金盂一、金壺一。

太廟時饗後殿，正中南向。肇祖原皇帝，原皇后，二座，同一籩豆案，上設爵墊二、金箸四、金匙二、登二、鉶二、簠二、簋二、籩十有二、豆十有二。案前俎一，中區爲三實，牛一、羊一、豕一。又前花香案一、設鍍金銅爐一、香靠具銅燭臺二，其帛筐先設接桌上，奠帛則奠於花香案正中，玉爵六先設尊桌上，三獻各奠於爵墊。

太廟時饗後殿，中左南向，興祖直皇帝、直皇后，二座，同一籩豆案，陳設與中案同。

太廟時饗後殿，中右南向。景祖翼皇帝、翼皇后，二座，同一籩豆案，陳設與中案同。

太廟時饗後殿，又左南向。顯祖宣皇帝、宣皇后，二座，同一籩豆案，陳設與中案同。

太廟時饗東廡，功王十五座、十二案，每案上簠二、簋二、籩十、豆十、鉶一、爵三。其兩座一案者，鉶二、爵六，案前均設俎一，中區爲三，實牛一、羊一、豕一。又前花香案各一，上設銅爐一、香靠具銅燭臺二、帛筐共十二，先各設接桌上，奠帛各奠於花香案正中。陶爵共四十有五，先各設尊桌上，三獻各奠於籩豆案上。祫祭陳設同。

太廟時饗西廡，功王功臣十三座、十三案，每案上鉶一、簠一。

(清) 昆岡等《大清會典圖》卷九《禮九・祀典九》

太廟因事祇告，中殿、後殿均不請神位，敬啓幃幔。恭設案具於寢室前中殿列聖列后神座，各從寢室之次。中一室，太祖高皇帝、孝慈高皇后，二座，南向，座前翹案一；左一室，太宗文皇帝、孝端文皇后、孝莊文皇后，三座，南向，座前翹案一；右一室，世祖章皇帝、孝惠章皇后、孝康章皇后，三座，南向，座前翹案一；左二室，聖祖仁皇帝、孝誠仁皇后、孝昭仁皇后、孝懿仁皇后、孝恭仁皇后，五座，南向，座前翹案一；右二室，世宗憲皇帝、孝敬憲皇后、孝聖憲皇后，三座，南向，座前翹案一；左三室，高宗純皇帝、孝賢純皇后、孝儀純皇后，三座，南向，座前翹案一；右三室，仁宗睿皇帝、孝淑睿皇后、孝和睿皇后，三座，南向，座前翹案一；左四室，宣宗成皇帝、孝穆成皇后、孝慎成皇后、孝全成皇后、孝静成皇后、五座，南向，座前翹案一；右四室，文宗顯皇帝、孝德顯皇后、孝貞顯皇后、三座，南向，座前翹案一；左五室，穆宗毅皇帝，孝哲毅皇后，二座，南向，座前翹案一。中案前少西，祝案一，南向，東尊桌四、接桌二、金器桌六、均西向；西尊桌三、接桌二、均東向。戟門街門内設高香几各一。皇帝親告中殿行禮，殿門内正中爲皇帝拜位，北向。贊引、對引各一人，東西面司拜褥一人。東面殿外階上，東西爲王以下、公以上拜位，北向，百官不陪祀。殿門内東司香、司帛各六人，司爵二十人，立東案之東；西面西司香、司帛各四人，司爵十二人，立西案之西。東面讀祝官一人，侍儀禮部尚書一人，侍郎一人，都察院左都御史一人，副都御史一人，立於司爵之次。殿外監禮御史四人，立於王公拜位左右，均東西面。典儀一人，立東檐下。西面送燎，即用前殿燎爐，掌燎官率燎人立燎爐之南。遣官祗告中殿，殿門外階上正中爲承祭官拜位，北向。導引二人，東西面，王公不陪祀。糾儀御史四人，分立於司爵之次，東西面，其餘各位次同。

太廟因事祗告後殿，列祖列后神座各從寢室之次。中一室，肇祖原皇帝、原皇后，二座，南向，座前翹案一；左一室，興祖直皇帝、直皇后，二座，南向，座前翹案一；右一室，景祖翼皇帝、翼皇后，二座，南向，座前翹案一；左二室，顯祖宣皇帝，宣皇后，二座，南向，座前翹案一。祝案、尊桌、接桌、金器桌及遣官行禮位次、各執事位次，均與時饗同。

太廟因事祗告，座各設爵墊一、金箸二、金匙一於翹案上，每案籩六、豆二。案前花香案一、上奠帛篚一，又前高香几一，設銅爐一、香靠具高鐙几二，設燭臺各一。後殿四案，中殿十案，均同。

趙爾巽《清史稿》卷八二《志五七・禮志一・吉禮一・神位祭器祭品玉帛牲牢之数》

太廟時享，帝、后同案，俱爵三，簠、簋二，籩、豆十有二，登、鉶、篚、俎各一。尊前後殿同。祫祭如時享，東廡每案爵三，簠、簋二，籩、豆十，鉶、篚、俎各一，尊共八案，分二座，爵、鉶倍之。西廡同，惟簠、簋一，籩、豆四。告祭，中、後殿俱籩六、豆二。

趙爾巽《清史稿》卷八六《志六一・禮志五・吉禮五・宗廟之制》

清初尊祀列祖神御，崇德建元，立太廟盛京撫近門東。【略】太宗受尊號，躬率群臣祭告，其太牢、少牢色尚黑。復嗣考祭儀，定祭品，牛一、羊一、豕一，簠、簋各二，籩、豆各十有二，爐一、鐙二、各帛一，登、鉶、尊各一，玉爵三、金匕一、金箸二。帛共篚，牲共俎。尊實酒，疏布冪勺具。

鹵簿

（清）于敏中《日下舊聞考》卷七二

凡鹵簿。大祀南郊，乘玉輦，陳大駕鹵簿，奏前部大樂、鐃歌大樂；大祭北郊，乘金輦，陳法駕鹵簿，奏前部大樂、鐃歌大樂。享太廟、社稷不設前部大樂。【略】

臣等謹按：大祀，皇上親詣行禮，均乘禮輿出宮，至太和門乘輦。祀畢還宮，均備禮輿。又按：南郊各祀及大祀北郊，皆先一日陳鹵簿於午門外，駕詣齋宮，鹵簿前導，前部鐃歌大樂均設而不作。禮成回鑾，作前部鐃歌大樂，以金二鳴、鉦三鳴爲作止之節。

趙爾巽《清史稿》卷八六《志六一·禮志五·吉禮五·宗廟之志》

清初尊祀列祖神御，崇德建元，立太廟盛京撫近門東。【略】太宗受尊號，躬率群臣祭告，其太牢、少牢色尚黑。復嗣考祭儀，【略】祀日陳法駕鹵簿。

祭服

（明）朱睦㮮《聖典》卷五

二月戊辰，翰林學士陶安等奏：古者天子五冕，祭天地、宗廟、社稷諸神各有所用，請製之。上曰：五冕禮太繁。今祭天地、宗廟則服袞冕，社稷等祀，則服通天冠絳紗袍，餘不用。

（明）申時行等《大明會典》卷六〇《禮部一八》

國朝上下冠服，皆損益前代之制。具載《大明集禮》及《職掌》。嘉靖初，又厘正袞冕及朝祭等服，而武弁、燕弁、保和、忠靜等冠服，特出創制，今備列焉皇帝冕服袞冕。凡祭天地、宗廟及正旦、冬至、聖節，則服袞冕。見《職掌》。【略】洪武十六年定，冕前圓後方。玄表纁裏，前後十二旒。每旒五采玉十二珠，五采繅十有二就，就相去一寸。紅絲組爲纓，黈纊充耳。玉簪導袞，玄衣黃裳。十二章，日、月、星辰、山、龍、華蟲六章織在衣，宗彝、藻、火、粉米、黼、黻六章繡在裳。白羅大帶，紅裏蔽膝隨裳色，繡龍、火、山、文。玉革帶，玉佩。大綬六采，赤、黃、黑、白、縹、綠。小綬三色同大綬，間施三玉環。白羅中單黻領，青緣襈。黃襪黃舄，金飾。

二十六年定袞冕。十二章冕，版廣一尺二寸，長二尺四寸。冠上有覆。玄表朱裏。前後各有十二旒。旒五采，玉珠十二，玉簪導。朱纓圭，長一尺二寸。袞，玄衣纁裳。衣六章，織日、月、星辰、山、龍、華蟲；裳六章，織宗彝、藻、火、粉米、黼、黻。中單以素紗爲之，紅羅蔽膝，上廣一尺，下廣二尺，長三尺，織火、龍、山三章。革帶佩玉，長三尺三寸。大帶，素表朱裏，兩邊用緣，上以朱錦，下以綠錦。大綬六采，用黃、白、赤、玄、縹、綠織成，純玄質，五百首。小綬三色同大綬，間織三玉環。朱襪，赤舄。永樂三年定，冕冠十有二旒。冠以皂紗爲之，上覆曰綖。桐板爲質衣之以綺。玄表朱裏，前圓後方，廣一尺二寸，長二尺四寸。用周長前後各十有二旒，每旒各五采繅十有二就。貫五采玉珠十二，赤、白、青、黄、黑相次。以玉衡維冠，玉簪貫紐。紐與冠武，并繫纓處，皆飾以金。縱以左右垂黈纊充耳，用黄玉。繫以玄紞，承以白玉瑱。朱紘玉圭，長一尺二寸。剡其上刻山四，蓋周鎮圭之制。以黄綺約其下，别以袋韜之。金龍文衮服十有二章，玄衣八章，日、月、龍、在肩，星辰、山、在背，火、華蟲、宗彝在袖，每袖各三皆織成。本色領褾襈裾。纁裳四章，織藻、粉米、黼、黻各二。前三幅，後四幅，前後不相屬。共腰有襞積，本色綼裼。中單以素紗爲之。青領褾襈裾，領織黻文十三。蔽膝、隨裳色、四章、織藻、粉米、黼、黻各二，本色緣有紃施於縫中。其上玉鈎二、玉佩二，各用玉珩一、瑀一、琚二、衝牙一、璜二；瑀下有玉花，玉花下又垂二玉滴。璙飾雲龍文，描金。自珩而下，繫組五，貫以玉珠，行則衝牙二滴，與璜相觸有聲。其上金鈎二，有二小綬六采以副之。六采，黄、白、赤、玄、縹、緑。纁質大帶，素表朱裏。在腰及垂皆有綼，上綼以朱，下綼以緑。紐約用素組，大綬六采，黄、白、赤、玄、縹、緑，纁質。小綬三色同大綬，間施三玉環、龍文，皆織成，襪、舄皆赤色。舄用黑絢純，以黄飾舄首。嘉靖八年定，冠制以圓匡烏紗冒之。冠上有覆板，長二尺四寸，廣二尺二寸。玄表朱裏，前圓後方。前後各七采玉珠十二旒，以黄、赤、青、白、黑、紅、緑爲之。玉珩玉簪導，朱纓，青纊充耳，綴以玉珠二。凡尺皆以周尺爲度，衣玄色。凡織六章，日月在肩，各徑五寸；星山在後，龍、華蟲在兩袖，長不掩裳之六章。裳黄色，爲幅七，前三幅，後四幅，連屬如帷。凡繡六章，分作四行，火、宗彝、藻、爲二行，米、黼、黻、爲二行。中單素紗爲之，青緣領織黻文十二，蔽膝隨裳色，羅爲之。上繡龍一，下繡火三，繫於革帶、大帶。素表朱裏，上緣以朱，下以緑。不用錦革帶，前用玉，其後無玉，以佩綬繫而掩之。圭、、白玉爲之，長尺二寸。剡其上，下以黄綺約之，上刻山形四。盛以黄綺囊，耤以黄錦。朱襪，赤舄，黄縧緣，玄纓結。

（明）申時行等《大明會典》卷二一五《太常寺》

凡祭祀，分獻官陪祭官祭服舊於本寺關領，祭畢送寺貯庫。嘉靖十年，令文官五品、武官都督以上，俱照欽定祭服式自造。

（明）俞汝楫等《禮部志稿》卷八三《宗廟備考·廟祀·太廟·製藏廟冠服》

洪武元年十二月，製太廟四代帝后冠服成。初，上詔：中書省臣考古制製太廟四代帝后服，事下太常議。太常奏按《中庸》云：設其裳衣注，謂先祖之遺衣服祭，則設之。《史記》：漢高帝陵寢衣冠，月出游高廟説者，謂從高帝陵寢出游，高廟皆前王存日衣冠。然事亡如事存，禮固可以義起。今太廟四代帝后尊號既上，亦宜製爲冠服藏於廟，以象生時所存，遇時享則陳之，仍各製一襲以焚上。可其奏。遂命工部製帝服冕十二旒，旒十二珠，朱紘玉簪導兩瑱冠，以金飾卷。武冠服，十二章。衣六章，繪日、月、星辰、山、龍、華蟲。纁裳六章，繡宗彝、藻、火、粉米、黼、黻。素紗中單，黼領。蔽膝從裳色，綉龍、火、山三章。革帶、玉鉤䚢、玉佩，五彩綬。大帶素衣，朱裏，上緣以朱錦，下緣以綠錦。朱履，朱襪。後服鳳冠褘衣，青質，綉翟十二等。素紗中單，黼領，革帶佩綬，大帶。蔽膝青色，綉翟三等。青履，青襪。至是，成命各以二襲貯以金飾木匣，藏於各廟，仍別用八襲，祝告焚之。

丙申，又製太廟四代帝后紗服成，帝服用色畫紗，袞衣大紅紗綉裳。白紗中單，白紗綉領，大紅紗綉蔽膝，紅白紗大帶。後服用青紗褘衣，大紅羅銷金緣絡。玉色中單，紅黼領，青紗綉蔽膝。大紅羅銷金緣絡，青紅羅大帶，銷金羅附帶。

（清）孫承澤《天府廣記》卷一六《祭服》

四年九月，定祭服，上親祀圜丘、方丘太廟及日月壇，服袞冕。【略】群臣陪祭，各服本品梁冠祭服。

（清）張廷玉等《明史》卷六六《志四二·輿服志二》

皇帝冕服。洪武元年，學士陶安請製五冕。太祖曰：“此禮太繁。祭天地、宗廟，服袞冕。社稷等祀，服通天冠，絳紗袍。餘不用。”三年，更定正旦、冬至、聖節并服袞冕，祭社稷、先農、册拜，亦如之。

十六年，定袞冕之制。冕，前圓後方，玄表纁裏，前後各十二旒，旒五采玉十二珠，五采繅十有二就，就相去一寸。紅絲組爲纓，黈纊充耳，玉簪導。袞，玄衣黃裳，十二章，日、月、星辰、山、龍、華蟲六章織於衣，宗彝、藻、火、粉米、黼、黻六章綉於裳。白羅大帶，紅裏。蔽膝隨裳色，綉龍、火、山文。玉革帶，玉佩。大綬六采，赤、黃、黑、白、縹、綠，小綬三，色同大綬。間施三玉環。白羅中單，黻領，青緣襈。黃襪，黃舄，金飾。

二十六年更定，袞冕十二章。冕版廣一尺二寸，長二尺四寸。冠上有覆，玄表朱裏，餘如舊制。圭長一尺二寸。袞，玄衣纁裳，十二章如舊制。中單以素紗爲之。紅羅蔽膝，上廣一尺，下廣二尺，長三尺，織火、龍、山三章。革帶佩玉，長三尺三寸。大帶素表朱裏，兩邊用緣，上以朱錦，下以綠錦。大綬，六采黃、白、赤、玄、縹、綠。織成，純玄質五百首。凡合單紡爲一系，四系爲一扶，五扶爲一首。小綬三，色同大綬。間織三玉環。朱襪，赤舄。

永樂三年定，冕冠以皂紗爲之，上覆曰綖，桐板爲質，衣之以綺，玄表朱裏，前圓後方。以玉衡維冠，玉簪貫紐，紐與冠武足前體下曰武，綬在冠之下，亦曰武。并繫纓處，皆飾以金。綖以左右垂黈纊充耳，用黃玉。繫以玄紞，承以白玉瑱朱紘。餘如舊制。玉圭長一尺二寸，剡其上，刻山四，以象四鎮之山，蓋周鎮圭之制，異於大圭不瑑者也。以黃綺約其下，別以囊韜之，金龍文。袞服十有二章。玄衣八章，日、月、龍在肩，星辰、山在背，火、華蟲、宗彝在袖，每袖各三。皆織成本色領褾襈裾。褾者袖端。襈者衣緣。纁裳四章，織藻、粉米、黼、黻各二，前三幅，後四幅，前後不相屬，共腰，有辟積，本色綼裼。裳側有純謂之綼，裳下有純謂之裼，純者緣也。中單以素紗爲之。青領褾襈裾，領織黻文十三。蔽膝隨裳色，四章，織藻、粉米、黼、黻各二。本色緣，有紃，施於縫中。玉鉤二。玉佩二，各用玉珩一、瑀一、琚二、衝牙一、璜二；瑀下垂玉花一、玉滴二，瑑飾雲龍文描金。自珩而下繫組五，貫以玉珠。行則衝牙、二滴與璜相觸有聲。金鉤二。有二小綬，六采黃、白、赤、玄、縹、綠繡質。大綬，六采黃、白、赤、玄、縹、綠繡質，三小綬色同大綬。間施三玉環，龍文，皆織成。襪舄皆赤色，舄用黑絇純，以黃飾舄首。

嘉靖八年，諭閣臣張璁："袞冕有革帶，今何不用？"璁對曰："按陳祥道《禮書》，古革帶、大帶，皆謂之鞶。革帶以繫佩韍，然後加以大帶，而笏搢於二帶之間。夫革帶前繫韍，後繫綬，左右繫佩，自古冕弁恒用之。今惟不用革帶，以至前後佩服皆無所繫，遂附屬裳要之間，失古制矣。"帝曰："冕服祀天地，享祖宗，若闕革帶，非齊明盛服之意。及觀《會典》載蔽膝用羅，上織火、山、龍三章，并大帶緣用錦，皆與今所服不合。卿可并革帶繫蔽膝、佩、綬之式，詳考繪圖以進。"

又云："衣裳分上下服，而今衣恒掩裳。裳制如帷，而今兩幅。朕意衣但當與裳要下齊，而露裳之六章，何如？"已又諭璁以變更祖制爲疑。璁對曰："臣考禮制，衣不掩裳，與聖意允合。夫衣六章，裳六章，義各有取，衣自不容掩裳。《大明集禮》及《會典》與古制不異。今衣八章，裳四章，故衣常掩裳，然於典籍無所準。內閣所藏圖注，蓋因官司織造，循習訛謬。今訂正之，乃復祖制，非有變更。"

帝意乃決。因復諭璁曰："衣有六章，古以繪，今當以織。朕命織染局考國初冕服，日月各徑五寸，當從之。裳六章，古用綉，亦當從之。古色用玄黃，取象天地。今裳用纁，於義無取，當從古。革帶即束帶，後當用玉，以佩綬繫之於下。蔽膝隨裳色，其綉上龍下火，可不用山。卿與內閣諸臣同考之。"於是楊一清等詳議："袞冕之服，自黃、虞以來，玄衣黃裳，爲十二章。日、月、星辰、山、龍、華蟲，其序自上而下，爲衣之六章；宗彝、藻、火、粉米、黼、黻，其序自下而上，爲裳之六章。自周以後浸變其制，或八章，或九章，已戾於古矣。我太祖皇帝復定爲十二章之制，司造之官仍習舛訛，非制作之初意。伏乞聖斷不疑。"

帝乃令擇吉更正其制。冠以圓匡烏紗冒之，旒綴七采玉珠十二，青纊充耳，綴玉珠二，餘如舊制。玄衣黃裳，衣裳各六章。洪武間舊制，日月徑五寸，裳前後連屬如帷，六章用綉。蔽膝隨裳色，羅爲之，上綉龍一，下綉火三，繫於革帶。大帶素表朱裹，上緣以朱，下以綠。革帶前用玉，其後無玉，以佩綬繫而掩之。中單及圭，俱如永樂間制。朱襪，赤舄，黃條緣玄纓結。

皇帝通天冠服。洪武元年定，郊廟、省牲，皇太子諸王冠婚、醮戒，則服通天冠、絳紗袍。冠加金博山，附蟬十二，首施珠翠，黑介幘，組纓，玉簪導。絳紗袍，深衣制。白紗內單，皂領褾襈裾。絳紗蔽膝，白假帶，方心曲領。白襪，赤舄。其革帶、佩綬，與袞服同。【略】

皇后冠服。洪武三年定，受册、謁廟、朝會，服禮服。其冠，圓匡冒以翡翠，上飾九龍四鳳，大花十二樹，小花數如之。兩博鬢，十二鈿。褘衣，深青繪翟，赤質，五色十二等。素紗中單，黼領，朱羅縠褾襈裾。蔽膝隨衣色，以緅爲領緣，用翟爲章三等。大帶隨衣色，朱裏紕其外，上以朱錦，下以綠錦，紐約用青組。玉革帶。青襪、青舄，以金飾。

永樂三年定制，其冠飾翠龍九，金鳳四，中一龍銜大珠一，上有翠蓋，下垂珠結，餘皆口銜珠滴，珠翠雲四十片，大珠花、小珠花數如舊。三博鬢，飾以金龍、翠雲，皆垂珠滴。翠口圈一副，上飾珠寶鈿花十二，翠鈿如其數。托裹金口圈一副。珠翠面花五事。珠排環一對。皂羅額子一，描金龍文，用珠二十一。

翟衣，深青，織翟文十有二等，間以小輪花。紅領褾襈裾，織金雲龍文。中單，玉色紗爲之，紅領褾襈裾，織黼文十三。蔽膝隨衣色，織翟爲章三等，間以小輪花四，以緅爲領緣，織金雲龍文。玉穀圭，長七寸，剡其上，瑑穀文，黃綺約其下，韜以黃囊，金龍文。

玉革帶，青綺鞓，描金雲龍文，玉事件十，金事件四。大帶，表裏俱青紅相半，末純紅，下垂織金雲龍文，上朱緣，下綠緣，青綺副帶一。綬五采，黃、赤、白、縹、綠，纁質，間施二玉環，皆織成。小綬三，色同大綬。玉佩二，各用玉珩一、瑀一、琚二、衝牙一、璜二，瑀下垂玉花一、玉滴二；瑑飾雲龍文描金；自珩而下，繫組五，貫以玉珠，行則衝牙二滴與二璜相觸有聲；上有金鉤，有小綬五采以副之，纁質，織成。青襪舄，飾以描金雲龍，皂純，每舄首加珠五顆。【略】

皇妃、皇嬪及内命婦冠服。洪武三年定，皇妃受册、助祭、朝會禮服。冠飾九翬、四鳳花釵九樹，小花數如之。兩博鬢九鈿。翟衣，青質綉翟，編次於衣及裳，重爲九等。青紗中單，黼領，朱縠褾襈裾。蔽膝隨裳色，加文綉重雉，爲章二等，以緅爲領緣。大帶隨衣色。玉革帶。青襪舄、佩綬。【略】

永樂三年更定，禮服，九翟冠二，以皂縠爲之，附以翠博山，飾大珠翟二，小珠翟三，翠翟四，皆口銜珠滴。冠中寶珠一座，翠頂雲一座，其珠牡丹、翠穰花鬢之屬，俱如雙鳳翊龍冠制，第減翠雲十。又翠牡丹花、穰花各二，面花四，梅花環四，珠環各二。其大衫、霞帔、燕居佩服之飾，俱同中宮，第織金綉瑑，俱雲霞鳳文，不用雲龍文。

九嬪冠服。嘉靖十年始定，冠用九翟，次皇妃之鳳。大衫、鞠衣如皇妃制。圭用次玉穀文。

内命婦冠服。洪武五年定，三品以上花釵、翟衣，四品、五品山松特髻，大衫爲禮服。貴人視三品，以皇妃燕居冠及大衫、霞帔爲禮服，以珠翠慶雲冠，鞠衣、褙子、緣襈襖裙爲常服。

宮人冠服，制與宋同。紫色，團領，窄袖，遍刺折枝小葵花，以金圈之，珠絡縫金帶紅裙。弓樣鞋，上刺小金花。烏紗帽，飾以花，帽額綴團珠。結珠鬢梳。垂珠耳飾。

皇太子冠服。陪祀天地、社稷、宗廟及大朝會、受册、納妃則服袞冕。洪武二十六年定，袞冕九章，冕九旒，旒九玉，金簪導，紅組纓，兩玉瑱。圭長九寸五分。玄衣纁裳，衣五章，織山、龍、華蟲、宗彝、火；裳四章，織藻、粉米、黼、黻。白紗中單，黻領。蔽膝隨裳色，織火、山二章。革帶，金鈎䚢，玉佩。綬五采赤、白、玄、縹、綠織成，純赤質，三百三十首。小綬三，色同。間織三玉環。大帶，白表朱裏，上緣以紅，下緣以綠。白襪，赤舃。

永樂三年定，冕冠，玄表朱裏，前圓後方，前後各九旒。每旒五采繅九就，貫五采玉九，赤、白、青、黃、黑相次。玉衡金簪，玄紞垂青纊充耳，用青玉。承以白玉瑱，朱紘纓。玉圭長九寸五分，以錦約其下，并韜。袞服九章，玄衣五章，龍在肩，山在背，火、華蟲、宗彝在袖，每袖各三。皆織成。本色領褾襈裾。纁裳四章，織藻、粉米、黼、黻各二，前三幅，後四幅，不相屬，共腰，有襞積，本色綼裼。中單以素紗為之，青領褾襈裾，領織黻文十一。蔽膝隨裳色，四章，織藻、粉米、黼、黻。本色緣，有紃，施於縫中。上玉鈎二。玉佩二，各用玉珩一、瑀一、琚一、衝牙一、璜二；瑀下垂玉花一、玉滴二。琢雲龍文，描金。自珩而下，繫組五，貫以玉珠。上有金鈎。小綬四采赤、白、縹、綠以副之，纁質。大帶，素表朱裏，在腰及垂，皆有綼，上綼以朱，下綼以綠。紐約用青組。大綬四采，赤、白、縹、綠纁質。小綬三采。間施二玉環，龍文，皆織成。襪舃皆赤色，舃用黑絇純，黑飾舃首。【略】

皇太子妃冠服。洪武三年定，禮服與皇妃同。永樂三年更定，九翬四鳳冠，漆竹絲為匡，冒以翡翠，上飾翠翬九、金鳳四，皆口銜珠滴。珠翠雲四十片，大珠花九樹，小珠花數如之。雙博鬢，飾以鸞鳳，皆垂珠滴。翠口圈一副，上飾珠寶鈿花九，翠鈿如其數。托裏金口圈一副。珠翠面花五事。珠排環一對。珠皁羅額子一，描金鳳文，用珠二十一。翟衣，青質，織翟文九等，間以小輪花。紅領褾襈裾，織金雲龍文。中單，玉色紗為之。紅領褾襈裾，領織黻文十一。蔽膝隨衣色，織翟為章二等，間以小輪花三，以緅為領緣，織金雲鳳文。其玉圭、帶綬、玉佩、襪舃之制，俱同皇妃。【略】

親王冠服。助祭、謁廟、朝賀、受册、納妃服袞冕，朔望朝、降詔、降香、進表、四夷朝貢、朝覲服皮弁。洪武二十六年定，冕服俱如東宮，第冕旒用五采，玉圭長九寸二分五厘，青衣纁裳。永樂三年又定，冕服、皮弁制，俱與東宮同，其常服亦與東宮同。

嘉靖七年，諭禮部："朕仿古玄端，自為燕弁冠服，更制忠靜冠服，錫於有位，而宗室諸王制猶未備。今酌燕弁及忠靜冠之制，復為式具圖，命曰保和冠服。自郡王長子以上，其式已明。鎮國將軍以下至奉國中尉及長史、審理、紀善、教授、伴讀，俱用忠靜冠服，依其品服之。儀賓及餘官不許概服。夫忠靜冠服之異式，尊賢之等也。

保和冠服之异式，親親之殺也。等殺既明，庶幾乎禮之所保，保斯和，和斯安，此錫名之義也。其以圖説頒示諸王府，如敕遵行。"

保和冠制，以燕弁爲準，用九襊，去簪與五玉，後山一扇，分畫爲四。服，青質青緣，前後方龍補，身用素地，邊用雲。襯用深衣，玉色。帶青表緑裏緑緣。履用皂緑結，白襪。

親王妃冠服。受册、助祭、朝會服禮服。洪武三年定，九翬四鳳冠。永樂三年又定，九翟冠，制同皇妃。其大衫、霞帔、燕居佩服之飾，同東宫妃，第金事件減一，玉綬花，璲寶相花文。

公主冠服，與親王妃同，惟不用圭。

親王世子冠服。聖節、千秋節并正旦、冬至、進賀表箋及父王生日諸節慶賀，皆服衮冕。洪武二十六年定，衮冕七章，冕三采玉珠，七旒。圭長九寸。青衣三章，織華蟲、火、宗彝。纁裳四章，織藻、粉米、黼、黻。素紗中單，青領褾，赤韍。革帶，佩白玉，玄組綬。綬紫質，用三采紫、黄、赤。織成，間織三白玉環。白襪，赤舄。

永樂三年更定，冕冠前後各八旒，每旒五采繅八就，貫三采玉珠八，赤、白、青色相次。玉圭長九寸。青衣三章，火在肩，華蟲、宗彝在兩袖，皆織成。本色領褾襈裾。其纁裳、玉佩、帶、綬之制，俱與親王同，第領織黻文減二。皮弁用烏紗冒之，前後各八縫，每縫綴三采玉八，餘制如親王。其圭佩、帶綬、襪舄如冕服内制。常服亦與親王同。

嘉靖七年定保和冠服，以燕弁爲准，用八襊，去簪玉，後山以一扇分畫爲四，服與親王同。

世子妃冠服。永樂三年定，與親王妃同，惟冠用七翟。

郡王冠服。永樂三年定，冕冠前後各七旒，每旒五采繅七就，貫三采玉珠七。圭長九寸。青衣三章，粉米在肩，藻、宗彝在兩袖，皆織成。纁裳二章，織黼、黻各二。中單，領織黻文七，餘與親王世子同。皮弁，前後各七縫，每縫綴三采玉七，餘與親王世子同。其圭佩、帶綬、襪舄如冕服内制。常服亦與親王世子同。嘉靖七年定保和冠服，冠用七襊，服與親王世子同。

郡王妃冠服。永樂三年定，冠用七翟，與親王世子妃同。其大衫、霞帔、燕居佩服之飾，俱同親王妃，第繡雲霞翟文，不用盤鳳文。【略】

郡主冠服。永樂三年定，與郡王妃同。惟不用圭，減四珠環一對。

郡王長子夫人冠服，珠翠五翟冠，大紅紵絲大衫，深青紵絲金繡翟褙子，青羅金繡翟霞帔，金墜頭。

鎮國將軍冠服，與郡王長子同。鎮國將軍夫人冠服，與郡王長子夫人同。輔國將軍冠服，與鎮國將軍同，惟冠六梁，帶用犀。輔國將軍夫人冠服，與鎮國將軍夫人同，惟冠用四翟，抹金銀墜頭。奉國將軍冠服，與輔國將軍同，惟冠五梁，帶用金鈒花，常服大紅織金虎豹。奉國將軍淑人冠服，與輔國將軍夫人同，惟褙、霞帔，金綉孔雀文。鎮國中尉冠服，與奉國將軍同，惟冠四梁，帶用素金，佩用藥玉。鎮國中尉恭人冠服，與奉國將軍淑人同。輔國中尉冠服，與鎮國中尉同，惟冠三梁，帶用銀鈒花，綬用盤雕，公服用深青素羅，常服紅織金熊羆。輔國中尉宜人冠服，與鎮國中尉恭人同，惟冠用三翟，褙子、霞帔，金綉鴛鴦文，銀墜頭。奉國中尉冠服，與輔國中尉同，惟冠二梁，帶用素銀，綬用練鵲，襆頭黑漆，常服紅織金彪。奉國中尉安人冠服，與輔國中尉宜人同，惟大衫用丹礬紅，褙子、霞帔金綉練鵲文。

縣主冠服。珠翠五翟冠，大紅紵絲大衫，深青紵絲金綉孔雀褙子，青羅金綉孔雀霞帔，抹金銀墜頭。郡君冠服，與縣主同，惟冠用四翟，褙子、霞帔金綉鴛鴦文。縣君冠服，與郡君同，惟冠用三翟。鄉君冠服，與縣君同，惟大衫用丹礬紅，褙子、霞帔金綉練鵲文。

（清）張廷玉等《明史》卷六七《志四三·輿服志三·群臣冠服》

凡親祀郊廟、社稷，文武官分獻陪祀，則服祭服。洪武二十六年定，一品至九品，青羅衣，白紗中單，俱皂領緣。赤羅裳，皂緣。赤羅蔽膝。方心曲領。其冠帶、佩綬等差，并同朝服。又定品官家用祭服。三品以上，去方心曲領。四品以下，并去珮綬。嘉靖八年更定百官祭服。上衣青羅，皂緣，與朝服同。下裳赤羅，皂緣，與朝服同。蔽膝、綬環、大帶、革帶、佩玉、襪履俱與朝服同。其視牲、朝日夕月、耕耤、祭歷代帝王，獨錦衣衛堂上官，大紅蟒衣，飛魚，烏紗帽，鸞帶，佩綉春刀。祭太廟、社稷，則大紅便服。【略】

協律郎、樂舞生冠服。明初，郊社宗廟用雅樂，協律郎襆頭，紫羅袍，荔枝帶；樂生緋袍，展腳襆頭；舞士襆頭，紅羅袍，荔枝帶，皂靴；文舞生紅袍，武舞生緋袍，俱展腳襆頭，革帶，皂靴。

朝會大樂九奏歌工，中華一統巾，紅羅生色大袖衫，畫黃鶯、鸚鵡花樣，紅生絹襯衫，錦領，杏紅絹裙，白絹大口褲，青絲縧，白絹襪，茶褐鞋。其和聲郎押樂者，皂羅闊帶巾，青羅大袖衫，紅生絹襯衫，錦領，塗金束帶，皂靴。

其三舞：

一、武舞，曰《平定天下之舞》。舞士，皆黃金束髮冠，紫絲纓，青羅生色畫舞鶴花樣窄袖衫，白生絹襯衫，錦領、紅羅銷金大袖罩袍，紅羅銷金裙，皂生色畫花緣襈，白羅銷金汗褲，藍青羅銷金緣，紅絹擁項，紅結子，紅絹束腰，塗金束帶，青絲大縧，錦臂韝，綠雲頭皂靴。舞師，黃金束髮冠，紫絲纓，青羅大袖衫，白絹襯衫，錦領，塗金束帶，綠雲頭皂靴。

一、文舞，曰《車書會同之舞》。舞士，皆黑光描金方山冠，青絲纓，紅羅大袖衫，紅生絹襯衫，錦領，紅羅擁項，紅結子，塗金束帶，白絹大口褲，白絹襪，茶褐鞋。舞師冠服與舞士同，惟大袖衫用青羅，不用紅羅擁項、紅結子。

　　一、文舞，曰《撫安四夷之舞》。舞士，東夷四人，椎髻於後，繫紅銷金頭繩，紅羅銷金抹額，中綴塗金博山，兩傍綴塗金巾環，明金耳環，青羅生色畫花大袖衫，紅生色領袖，紅羅銷金裙，青銷金裙緣，紅生絹襯衫，錦領，塗金束帶，烏皮靴。西戎四人，間道錦纏頭，明金耳環，紅紵絲細褶襖子，大紅羅生色雲肩，綠生色緣，藍青羅銷金汗褲，紅銷金緣繫腰合缽，十字泥金數珠，五色銷金羅香囊，紅絹擁項，紅結子，赤皮靴。南蠻四人，綰朝天髻，繫紅羅生色銀錠，紅銷金抹額，明金耳環，紅織金短襖子，綠織金細褶短裙，絨錦褲，間道紵絲手巾，泥金頂牌，金珠瓔珞綴小金鈴，錦行纏，泥金獅蠻帶，綠銷金擁項，紅結子，赤皮靴。北翟四人，戴單于冠，貂鼠皮檐，雙垂髻，紅銷金頭繩，紅羅銷金抹額，諸色細褶襖子，藍青生色雲肩，紅結子，紅銷金汗褲，繫腰合缽，皂皮靴。其舞師皆戴白卷檐氈帽，塗金帽頂，一撒紅纓，紫羅帽襻，紅綠金繡襖子，白銷金汗褲，藍青銷金緣，塗金束帶，綠擁項，紅結子，赤皮靴。

　　凡大樂工及文武二舞樂工，皆曲脚幞頭，紅羅生色畫花大袖衫，塗金束帶，紅絹擁項，紅結子，皂皮靴。四夷樂工，皆蓮花帽，諸色細褶襖子，白銷金汗褲，紅銷金緣，紅綠絹束腰，紅羅擁項，紅結子，花靴。

　　永樂間，定殿內侑食樂。奏《平定天下之舞》。引舞、樂工，皆青羅包巾，青、紅、綠、玉色羅銷金胸背襖子，渾金銅帶，紅羅褡褲，雲頭皂靴，青綠羅銷金包臀。舞人服色如之。奏《撫安四夷之舞》，高麗舞四人，皆笠子，青羅銷金胸背襖子，銅帶，皂靴；琉球舞四人，皆棉布花手巾，青羅大袖襖子，銅帶，白碾光絹間道踢褲，皂皮靴；北番舞四人，皆狐帽，青紅紵絲銷金襖子，銅帶；伍魯速回回舞四人，皆青羅帽，比里罕棉布花手巾，銅帶，皂靴。奏《車書會同之舞》，舞人皆皂羅頭巾，青、綠、玉色皂沿邊襴，茶褐綾縧皂皮四縫靴。奏《表正萬邦之舞》，引舞二人，青羅包巾，紅羅銷金項帕，紅生絹錦領中單，紅生絹銷金通袖襖子，青綾縧銅帶，織錦臂韝，雲頭皂靴，各色銷金包臀，紅絹褡褲。舞人、樂工服色與引舞同。奏《天命有德之舞》，引舞二人，青幪紗如意冠，紅生絹錦領中單，紅生絹大袖袍，各色絹采畫直纏，黑角偏帶，藍絹彩雲頭皂靴，白布襪。舞人、樂工服色與引舞同。

　　洪武五年，定齋郎、樂生、文武舞生冠服。齋郎，黑介幘，漆布為之，無花樣；服紅絹窄袖衫，紅生絹為裏；皂皮四縫靴，黑角帶。文舞生及樂生，黑介幘，漆布為之，上加描金蟬；服紅絹大紬袍，胸背畫纏枝方葵花，紅生絹為裏，加錦臂韝二；皂皮四縫靴；黑角帶。武舞生，武弁，以漆布為之，上加描金蟬；服飾、靴、帶并同文舞生。

(清) 嵇璜、劉墉等《清通志》卷五八《器服略·祭祀執事人袍》

　　以綢為之。其色，南郊用石青，北郊用黑，不加緣。太廟、文廟、先農壇、太歲壇俱用青色藍緣。

趙爾巽《清史稿》卷八二《志五七·禮志一·吉禮一·祭服》

圜丘、祈穀、雩祀，先一日，帝御齋宮，龍袍袞服。屆期，天青禮服。方澤禮服明黃色，餘祀亦如之。惟朝日大紅，夕月玉色。王公以下陪祀執事官咸朝服。嘉慶九年，定祀前閱祝版，執事官服色制。南郊祈穀、常雩、歲暮祫祭、元旦、萬壽、告祭太廟，蟒袍補褂，罷朝服。社稷、時享太廟，服補服。十一年，諭郊壇大祀若遇國忌，仍御禮服，禮成還宮更素服。十九年，諭：郊祀遇國忌，前一日閱祝版，帝服龍袍龍褂，執事官蟒袍補服。大祀、中祀，帝龍褂，執事官補服。著爲令。二十三年，定制大祀齋期遇國忌，悉改常服。中祀則限於承祭官及陪祀執事官，餘素服如故。二十五年，諭：大祀親祭或遣官致祭遇國忌，齋期一依向例，中祀親祭同。其遣官致祭，與執事、陪祀官常服挂珠，否則仍素服。

祭祀用具

（明）鄭曉《今言》卷三"二百三十二條"

皇祖製太廟祭器曰：今之不可爲古，猶古之不可爲今，禮順人情可以義起，所貴斟酌得，宜必有損益。近世泥古好用籩、豆之屬，以祭其先。生既不用似，亦無謂其製祭如生儀。

（明）鄭曉《今言》卷三"二百三十五條"

洪武十一年秋，享太廟。太常奏栗未熟，請以桃代。上曰：諸祭果實不必常品，有即用之。著爲令。

（明）嚴嵩《南宮奏議》卷二《奉製秋享正位配位神牌式》

准工部都水司手本內開，該禮部題：奉欽依行，內府成造秋享明堂正位、配位、神牌。該內官監御用監官稱神牌用沉香。該御用監成造，若用栗木，該內官監成造。又稱：該何尺寸，回報。前來煩查，應照何項規制尺寸，該用何項地質木料，議擬明白。題：奉欽依咨行以憑轉行造辦等因到部。臣等查得：嘉靖九年六月，內爲郊祀大禮事。該本部奏：有聖諭圜丘上帝御位、太祖配位，俱以在殿者奉設及查泰神殿奉藏。昊天上帝太祖配位神牌，俱高二尺六寸，闊五寸，厚七分；座高五寸四分，座面九寸三分，深闊五寸一分；座底長一尺，深五寸五分，規制見存。今秋享大禮，比之圜丘，事體無二，所據上帝御位、獻皇帝配位神牌，規制、尺寸地、質顏色，相應比，依一體成造。但應用沉香、栗等木。看得圜丘牌位，年久丹漆繪木料難辯。臣等愚見，合無用香木於上帝，達精神之意。而用栗木於皇考，取相生之義，伏乞聖裁。臣等再惟，往歲圜丘牌位。我皇上特建泰神一殿奉安。今秋享大禮，既於奉天殿舉行，則牌位似應於禁近之地，另造天庫奉安。但今歲享禮期逼，經創不能遽就。臣等未敢輕擬，伏乞聖明定擇一處，以爲尊安之所。恭候成命。敕下：內外衙門，欽遵施行。嘉靖十七年八月初三日，奉聖旨：神御位、配考位今年且用牌，另擬成製樂歌也。著翰林院擬撰來暫用，待朕神思清，復通製。今年儀物禮，度你部裏，且擬來行。

（明）朱睦㮮《聖典》卷五

洪武元年正月，詔制太廟祭器。上曰：今之不可爲古，猶古之不能爲今，禮順人情可以義起，所貴斟酌得宜，必有損益。近世泥古好用古籩、豆之屬，以祭其先生，既不用死而用之，似亦無謂。孔子曰：事死如事生，事亡如事存。其制宗廟器用、服御，皆如事生之儀。于是，造銀器以金塗之，酒壺、孟醆每事皆入朱漆，盤碗二百四十，及樺梳、枕簟、篋笥、幬幔、浴室皆具。

（明）申時行等《大明會典》卷八六《禮部四四·廟祀一·時享》

洪武二十六年初定儀。

省牲。牛九，羊八，山羊十，豕十九，鹿一，兔四。今時享犢十五，北羊十四，山羊十七，豕三十一，鹿一，兔十三。祫祭犢十九，北羊十八，豕三十五，兔十五，山羊鹿不加。正祭前二日，太常司官奏明日與光禄司官省牲。至次日省牲畢，同復命。

（明）申時行等《大明會典》卷八九《禮部四四·廟祀四》

凡太廟祭器，洪武元年令銀造者以金塗之。酒壺孟醆每事皆八，盤碗二百四十。及樺梳枕簟篋笥、帷幔浴室皆具。已又令塗金者，俱易以金。以下《廟祀總例》。

凡時物，洪武二年令太常先薦宗廟，然後進御。二年，定每月朔望薦新品物，皆太常卿供事。其在月薦之外者，太常卿奉旨與内使監官，各服常服捧獻，不行禮。

凡祭幣，洪武三年議准，太廟每室用幣二。

凡太廟和羹，嘉靖三年奏准，依福胙、脯醢、豚胉例，另用一牛，不許牲上取辦。其牲體分爲六塊，一首、一背、四肢，不許零碎。

凡配享，洪武二年孟春享太廟，以功臣七人配。設青布幬六間於太廟庭中，内列功臣位，遣官分獻讀祝。

三年，定親王從享，皆設位於東廡，西向。功臣配享，皆設位於西廡，東向。

四年，罷廟庭幬設之次。改設黄布幬殿於廟内，并具兩廡。中居祖考神位，廡列親王及功臣。每奠獻祖考，則遣大臣各分獻，不讀祝。是秋，又命功臣仍於廡間配享，不設布殿。九年，新太廟成，奉安四代神主。以親王并王妃二十一位侑於殿内東壁，功臣十二位配於西壁，不分獻。自是四時之祭，皆行合享之禮。其壽春等王，舊有皇高伯祖等稱。至萬曆七年罷，止稱本爵。

凡時享值國喪，洪武二十五年議定，樂備而不作。

（明）申時行等《大明會典》卷二一五《太常寺》

凡薦新品物，每月本寺官於御前奏過，送光禄寺供薦。品物數目、見禮部祠祭司。

凡各祭祀供養，本寺官先期具奏，遣官行禮。

凡祭祀牛犢，舊例各處解納本色，發犧牲所喂養。嘉靖九年，令召商收買，每隻價銀四兩五錢。十年議准，各處解納牛犢，除和州、江浦等處仍解本色，其河南及保定、真定、永平、河間等府俱照召商價銀則例，改收折色。解寺會官驗秤，候收買供用。

凡每歲孟冬上旬，擇日滌牲。用羊一、豕一致祭司牲等神。犧牲在《滌疾傷事例》，見《禮部·祠祭司》。

凡本寺合用祭器，從工部造成，損壞，呈請修理。

凡祭祀粢盛，舊取給於耤田祠祭署。嘉靖十年議准，每歲【略】西苑所出者，藏之恒裕倉，以供方澤、朝日、夕月、宗廟、社稷、先蠶、先師孔子之祀。隆慶元年，罷西苑耕種，諸祀仍取給於耤田。

凡每歲給賞樂舞生并厨役物件，本寺俱先期面奏。【略】

太廟時享、并歲暮行祫祭禮，共柴七萬八千斤。減柴三千斤。

（明）俞汝楫等《禮部志稿》卷八一

立神帛制敕局。洪武三年，上命中書禮部立局，造神帛，詔仍定議其制度。【略】既奏，上命凡神帛織文、郊祀上帝及配享皆曰“郊祀制帛”，太廟祖考曰“奉先制帛”，親王配享曰“展親制帛”。

定祭祀幣數。洪武三年，禮部奏按：古者，禮神每神幣一。【略】至於太廟，每室奉安皇后二位，神主當用幣二而止，用幣一恐於節文未稱，各室宜增幣一，庶爲得宜。【略】從之。

太廟欝鬯。洪武三年，禮部尚書崔亮等奏，【略】今定擬宗廟之祭，奠帛之前，宜舉用灌禮，所用圭瓚宜依周制以玉爲之。瓚口徑四寸深至圭二寸，通長一尺二寸，博二寸五分，厚五分鼻一寸，作龍形流空五分；瓚盤用金爲之，口徑九寸，深五分，足徑七寸，高九分，其欝金。今擬用糯米代黑黍，爲酒以欝金汁和之。上可其奏，遂命作太廟圭瓚。

飭牲房。洪武三年，命禮部改作天、地等壇牲房。先是，上以郊祭之牲與群祀之牲混養，不足以別事天之敬。乃因其舊地改作而加繪飾，中爲三間，以養郊祀；牲左三間，以養后土牲；右三間，以養太廟；稷牲餘屋，以養山川百神之牲。凡大祀，犧牲前一月，大駕必躬視，滌養繼命，群臣更日往視，歲以爲常。

（明）俞汝楫等《禮部志稿》卷八三《宗廟備考·廟祀·太廟·製太廟祭器》

洪武元年，詔製太廟祭器。【略】其製宗廟器用服御，皆如事生之儀。于是，造銀器以金塗之，酒壺盂盞每事皆八，朱漆盤碗二百四十，及樺梳枕簟篋笄、幃幔浴室皆具。【略】

洪武元年，定宗廟時享之禮。【略】命春特祭，餘三時合祭。是日，太常又進宗廟月朔薦新禮。正月以韭薺、生菜、鷄子、鴨子；二月以水芹、蔞、蒿臺、菜子、鵝；三月以茶、笋、鯉魚、鱉、魚；四月以櫻桃、梅杏、鰣魚、雉；五月以新麥、黃瓜、桃李、來禽、嫩鷄；六月以西瓜、甜瓜、蓮子、冬瓜；七月以菱雪、梨、紅棗、蒲萄；八月以茨、新米、藕菱、白薑、鱖魚；九月以小紅豆、柿、橙、蟹、鯿魚；十月以木瓜、柑橘、蘆菔、兔、雁；十一月以喬麥、甘蔗、天鵝、鶌鶋、鹿；十二月以芥菜、菠菜、白魚、鯽魚。上覽畢，謂群臣曰：宗廟之祀，所以隆，孝思也。然祭之於後不若養之於先，朕今不及矣。嘗聞為人子者願為人兄，其意謂為兄侍膝下之日早於養之日多也。朕於子為人，弟親存而幼不能以養，及長富有天下則親没矣。雖欲以天下養其可得乎，因悲歎久之，命以月朔薦新，儀物著之常典俾，子孫世承之。

洪武二年三月，造太廟金器成，每廟壺一、盂臺盞二、爵二、碗四、肉碟十、菜碟十、橐四、匙二、箸二、茶壺二、茶鍾二、香爐一、香盒一、花瓶二、燭臺二，計金八千八十餘兩。先是，上欲造宗廟金器，因諭禮官曰，禮緣人情，因時制宜，不必泥於古。近世祭祀，皆用古籩、豆之屬。宋太祖曰"我先人亦不識此"，孔子曰"事死如事生，事亡如事存"，其言可法。今製宗廟祭器，只依常時所用者。于是造酒壺、盂、盞之屬，皆擬平時之所用，又置楎椸枕簟篋笥帷幔之屬，皆如平生焉。

（清）談遷《國榷》卷五

丁亥，太廟祭器成，諭禮官曰：邇用古籩、豆。宋太祖曰：吾先人亦不識此。孔子曰：事死如事生，事亡如事。存其言，可法。今廟器俱，時製象其平生焉。

（清）孫承澤《春明夢餘錄》卷一四《祭器》

崔亮奏：按《禮記》，郊祭器用陶、匏、瓦器，尚質故也。《周禮·籩人》："凡祭祀供籩、篚之實。"疏曰："外祀用瓦籩。今祭祀用瓷，已合古意，惟盤、盂之屬，與古之簠、簋、登、豆制異。今擬凡祭器皆用瓷，其式皆仿古之簠、簋、登、豆，惟籩以竹。詔從之。

（清）孫承澤《春明夢餘錄》卷一四《省牲》

上諭禮臣：先賢有言，見其生，不忍見其死；聞其聲，不忍食其肉。此人情之常。今祭祀省牲，於神壇甚邇，揆之人心，殊為未安。於是亮奏考古省牲之儀，遠神壇三百步。上喜曰：必如是，而後可。

（清）孫承澤《天府廣記》卷一六《郊丘拜褥》

三年六月，命制郊丘祭祀拜褥。禮部奏：郊丘之褥，當用席為表，蒲為裏。宗廟、社稷、先農、山川之褥宜用紅，文綺為表，紅木棉布為裏。從之。

（清）張廷玉等《明史》卷四七《志二三·禮志一·吉禮一·玉帛牲牢》

玉三等：上帝，蒼璧；皇地祇，黃琮；太社、太稷，兩圭有邸；朝日、夕月，圭璧五寸。帛五等：曰郊祀制帛，郊祀正配位用之；上帝，蒼；地祇，黃；配位，白。曰禮神制帛，社稷以下用之。社稷，黑；大明，赤；夜明、星辰、太歲、風雲雷雨、天下神祇俱白；五星，五色；岳鎮、四海、陵山隨方色；四瀆，黑；先農，正配皆青；群神，白；帝王、先師，皆白。旗纛，洪武元年用黑，七年改赤，九年定黑二、白五。曰奉先制帛，太廟用之，每廟二。曰展親制帛，親王配享用之。曰報功制帛，功臣配享用之。皆白，每位各一。【略】

牲牢三等：曰犢，曰羊，曰豕。色尚騂，或黝。大祀，入滌九旬；中祀，三旬；小祀，一旬。大祀前一月之朔，躬詣犧牲所視牲，每日大臣一人往視。洪武二年，帝以祭祀省牲，去神壇甚邇，於人心未安，乃定省牲之儀，去神壇二百步。七年定制，大祀，皇帝躬省牲；中祀、小祀，遣官。【略】太廟禘，正配皆太牢，祫皆太牢。時享每廟犢羊豕各一。親王配位。洪武三年定，共牛羊豕一。二十一年更定，每壇犢羊豕各一。功臣配位。洪武二年定，每位羊豕體各一。二十一年更定，每壇羊豕一。

（清）張廷玉等《明史》卷五一《志二七·禮志五·古禮五·薦新》

洪武元年，定太廟月朔薦新儀物。正月，韭、薺、生菜、鷄子、鴨子。二月，水芹、蔞蒿、臺菜、子鵝。三月，茶、笋、鯉魚、鱉魚。四月，櫻桃、梅、杏、鱒魚、雉。五月，新麥、王瓜、桃、李、來禽、嫩鷄。六月，西瓜、甜瓜、蓮子、冬瓜。七月，菱、梨、紅棗、蒲萄。八月，芡、新米、藕、茭白、薑、鱖魚。九月，小紅豆、栗、柿、橙、蟹、鯿魚。十月，木瓜、柑、橘、蘆菔、兔、雁。十一月，蕎麥、甘蔗、天鵝、鶹鵠、鹿。十二月，芥菜、菠菜、白魚、鯽魚。

（清）張廷玉等《清文獻通考》卷一一二《宗廟考六》

臣等謹按：自是年，定萬壽節祭太廟儀，即以是月遣官祭。嗣於三年正月丁丑至十七年正月乙酉，每歲以萬壽節祭太廟，皆遣官。閏六月癸巳，定秋祭太廟、盛京四祖廟，以七月朔，用牛羊。禮部言：本朝舊例，秋祭太廟於七月十五日，用牛羊。是日，福陵獻酒果、香燭；故明例於七月朔祭太廟，用牛羊。是日，各陵不獻酒果、香燭；以七月十五日祭陵，用牛羊。是日，太廟不獻酒果、香燭。得旨。太廟、盛京四祖廟俱照故明例，以七月朔用牛羊致祭。是日，陵上不必獻酒果、香燭，中元節仍用牛羊祭陵。是日，太廟、盛京四祖廟不必獻酒果、香燭。丙午，增設滿讀祝官。禮部言：請壇廟讀祝停讀漢文，止讀滿文，仍增設滿讀祝官八員，一切典禮俱照本朝舊制行。從之。十月己亥，定親祭儀。【略】如祭太廟，雖親祭，亦不增用牛，不獻福胙，不贊迎神，送神以太廟神位前。供獻牛肉頒賜諸王、貝勒。從之。

（順治）三年正月癸卯，定盛京祖廟牲。凡歲除清明及慶賀，祭如京師，例牲用生。

（順治）四年三月丁卯，定薦熟牛，停止進胙肉。內院、禮部會同議奏：我朝享太廟例，主祭官舉帛舉爵，捧獻官陳設，仍以胙牛一進上。今祭太廟，應薦熟牛，在廟門奏樂。至於進上胙肉，應停止，其帛爵仍照例。令捧獻官陳設，至祭興。京五祖神主，亦應如太廟儀。從之。

（順治）八年二月癸未，定親祭太廟。進胙肉、福酒，如祀圜丘儀。

（清）張廷玉等《清文獻通考》卷一一三《宗廟考七·太廟時享》

乾隆五年七月癸巳，敕所司稽載祭器。太常寺少卿蔣炳奏：寺庫貯祭器俱有印册，惟太廟、社稷壇祭器未設印册，雖內監經收無憑稽考，請敕下禮部，會同太常寺將新舊祭器敬謹造册用印，一存禮部，一存太常寺，以重典守。得旨。著照所請行。

（乾隆）十三年正月丁亥，命敬造太廟祭器，仿古範銅。

（清）允祹等《大清會典》卷八二《太常寺》

凡祭祀備物，歲支戶部庫帑五千兩，以供各祀。籩豆之實，夏季具疏題銷。【略】

凡簠、簋之實以黍、稷、稻、粱，歲取帝籍所登謹貯神倉，以供齍盛。登之實以大羹，鉶之實以和羹，籩、豆之實形鹽蒦魚、鹿、脯果。以棗栗榛菱芡菹，以韭菁芹筍醢，以豕鹿兔魚脾析，用牛豚拍、用脅白餅黑餅，用麥糗餌粉餈，用米粉食，用稻，均饔人治之，監以博士等官。

（清）允祹等《大清會典則例》卷一五二《太常寺》

支取祝版制帛。每歲祭祀額用祝版五十四方，由寺開具一年應用數目，行工部豫備，於各祀前期送寺制帛。每歲額用郊祀制帛，青色十有二端，黃色一端，青色告祀制帛二端；奉先制帛一百八十二端，禮神制帛青色十有一端，黃色七端，赤色十端，元色二十二端，白色四百七十七端；展親制帛四十端，報功制帛一百十有一端，素帛二百二十端，由寺行工部支取。一年應用制帛存貯寺庫，以備每祀之用。

支取祭物。每歲各祀額用酒一千七百有一瓶，【略】朔望及太廟每日上香共需用紫降柱香十有二枝，粗紫降香三十九斤，細紫降上於齋宮門外恭迎。祀日於鋪設棕薦處祗俟。

（清）允祹等《大清會典則例》卷一五四《光祿寺》

頒胙：【略】祭太廟、前代帝王廟，宗人府、內閣各二十斤。

（清）允祹等《大清會典則例》卷一五九《內務府·引鐙》

順治初年，定凡遇躬祀，【略】太廟、社稷壇引鐙同設門鐙六對。雍正四年，奉旨：嗣後，凡祀壇廟，午門外內大臣、侍衛等騎馬處設羊角鐙二十對。

（清）允祿、蔣溥等《清禮器圖式》卷二《祭器二》

太廟正殿玉爵。謹按《周禮·天官·太宰》：享先王，贊玉幾、玉爵。注：宗廟獻用玉爵。乾隆十三年，欽定祭器，太廟正殿用玉爵，通高五寸三分，深二寸四分，兩柱高九分，腹爲藻紋三足，相距各一寸六分，高二寸一分。

太廟正殿登。謹按《儀禮·少牢·饋食禮》：上佐食羞胾兩瓦豆，有醢，亦用瓦豆。陳鍔曰：少牢饋食有瓦豆，則宗廟亦用瓦豆矣。乾隆十三年，欽定祭器。太廟正殿登，用黃色瓷，上口爲回紋，腹及校足，皆爲蟠龍紋波紋。頂上爲垂雲紋，中爲蟠龍紋，口爲回紋，大小同天壇正位。

太廟正殿鉶。謹按聶崇義《三禮圖》：鉶，天子以黃金飾。乾隆十三年，欽定祭器。太廟正殿，鉶範銅爲之，兩耳及緣飾以金。高四寸一分，深四寸，口徑五寸一分，底徑三寸三分，三足高一寸三分，三峰高一寸，形制花紋，同天壇從位。

太廟正殿簠。謹按陳祥道《禮書》：祭外神用瓦器，宗廟則當用木。乾隆十三年，欽定祭器。太廟正殿簠，木質，髹以漆，塗金，四面飾以玉。通高四寸六分，深二寸六分；口縱六寸四分，橫八寸；底縱五寸一分，橫六寸四分；蓋高一寸四分。口縱橫與器同上，有棱，四周縱六寸四分，橫八寸，花紋，同天壇正位。

太廟正殿著尊。謹按《周禮·春官》：司尊彝秋嘗冬烝，其朝獻用兩著尊。注：著地無足，《禮記·明堂位》著殷尊也。乾隆十三年，欽定祭器。太廟正殿著尊，範銅爲之，全素高八寸五分，深八寸二分，口徑八寸三分，底徑六寸八分。孟秋時享，用之。

太廟正殿壺尊。謹按《周禮·春官》：司尊彝秋嘗冬烝，其饋獻用兩壺尊。注：以壺爲尊，左尊以魯壺。乾隆十三年，欽定祭器。太廟正殿壺尊，範銅爲之，全素高八寸四分，深七寸九分，口徑五寸二分，項圍一尺二寸六分，腹圍二尺一寸九分，底徑五寸二分，足徑四寸三分。孟冬時享，用之。

太廟正殿山尊。謹按《周禮·春官》：司尊彝追享朝享，其再獻用兩山尊。注：山尊，山罍也。《禮記·明堂位》山罍，夏后氏之尊也。賈公彥云：罍之於雷字別而同聲，雷起於雲，雲出於山，故刻而畫之，爲山雲之形。乾隆十三年，欽定祭器。太廟正殿山尊，範銅爲之，高九寸七分，口徑五寸二分，項圍九寸九分，腹圍一尺六寸五分，底徑三寸七分，足徑五寸三分。四面有棱中，爲山形，旁爲雷紋，腹及跗皆爲雲紋。蓋高二寸四分，徑五寸六分，亦有棱，如器之飾，頂高五分。歲暮祫祭，用之。

太廟東廡陶爵。謹按：乾隆十三年，欽定祭器。太廟東廡陶爵，用白色瓷。通高四寸二分，深二寸二分，兩柱高六分，三足相距各一寸六分，高一寸八分。花紋，同天壇從位。

太廟東廡鉶。謹按：乾隆十三年，欽定祭器。太廟東廡鉶，範銅爲之，高四寸一分，深四寸，口徑五寸一分，底徑三寸三分三足，高一寸三分。蓋高二寸二分，三峰高一寸，形制花紋，同天壇從位。

太廟東廡簠。謹按：乾隆十三年，欽定祭器。太廟東廡簠，木質，髹以漆塗金。通高四寸六分，深二寸六分，口縱六寸四分，橫八寸，底縱五寸一分，橫六寸四分。蓋高一寸四分，口縱、橫與器同。

太廟正殿簋。謹按《儀禮疏》：凡簋，皆用木，而方鄭康成《禮記》注：天子飾以玉。乾隆十三年，欽定祭器。太廟正殿簋，木質，髹以漆，塗金，四面飾以玉。通高四寸二分，深二寸一分，口徑七寸二分，底徑六寸，蓋高一寸八分。徑與口徑同上，有棱四出，高一寸一分。花紋，同天壇正位。

太廟正殿籩。謹按：乾隆十三年，欽定祭器。太廟正殿籩，編竹爲之，以絹飾裏，頂及緣，皆髹以漆，黃色口繪雲紋，大小同天壇正位。

太廟正殿豆。謹按《周禮·春官》：外宗掌宗廟之祭祀，佐王后薦玉豆，視豆、籩疏。凡王之豆，籩皆玉飾之。《禮記·明堂位》：殷玉豆。方愨云：加飾以玉，於梡之上也。乾隆十三年，欽定祭器。太廟正殿豆，木質，髹以漆，塗金，三方飾以玉。通高五寸五分，深二寸，口徑四寸九分，校圍二寸，足徑四寸七分，蓋高二寸二分。徑與口徑同頂，高五分。花紋，同天壇正位。

太廟正殿筐。謹按：乾隆十三年，欽定祭器。太廟正殿筐，編竹爲之，四周髹以漆，黃色。高五寸，縱四寸九分，橫二尺二寸五分，足高七分，蓋高一寸一分。

太廟正殿犧尊。謹按《周禮·春官》：司尊彝，春祠夏禴，其朝踐用兩獻尊。《禮記·禮器》：犧尊在西。注：犧，《周禮》作獻。《明堂位》：犧象，周尊也。王肅注：《禮》犧尊，全刻牛形，鑿背爲尊。乾隆十三年，欽定祭器。太廟正殿犧尊，範銅爲之，作犧形尊加其上。高四寸八分，口徑三寸三分，腹圍一尺三寸五分。四面有棱，爲回紋夔龍紋。底徑二寸六分，蓋高二寸一分。徑與口徑同上，爲垂花紋，下爲夔龍紋。犧高五寸一分，長八寸三分。孟春、時享用之。

太廟正殿象尊。謹按《周禮·春官》：司尊彝，春祠夏禴，其再獻用兩象尊。王肅注：禮象尊全刻象，形鑿背，爲尊。乾隆十三年，欽定祭器。太廟正殿象尊，範銅爲之，作象形尊，加其上，高四寸二分，口徑三寸三分，爲垂雲紋，腹圍一尺四寸四分，全素底徑三寸。蓋高一寸九分，徑四寸，象高五寸二分，長七寸一分。孟夏，時享用之。上有棱，四周縱六寸四分，橫八寸。形制花紋，同天壇正位。

太廟東廡簋。謹按：乾隆十三年，欽定祭器。太廟東廡簋，木質，髹以漆塗金，通高四寸二分，深二寸一分，口徑七寸二分，底徑六寸。蓋高一寸八分，徑與口徑同上，有棱四出，高一寸一分，形制花紋同天壇正位。

太廟東廡籩。謹按：乾隆十三年，欽定祭器。太廟東廡籩，編竹爲之，以絹飾裹頂及緣，皆髹以漆紅色。通高五寸五分，深八分，口徑四寸八分，足徑四寸二分，蓋高二寸，徑與口徑同。頂正圓，高四分。

太廟東廡豆。謹按：乾隆十三年，欽定祭器。太廟東廡豆，木質，髹以漆塗金。通高五寸五分，深二寸，口徑四寸九分，校圍二寸，足徑四寸七分。蓋高二寸二分，徑與口徑同頂，高五分。形制花紋，同天壇正位。

太廟東廡筐。謹按：乾隆十三年，欽定祭器。太廟東廡筐，編竹爲之，四周髹以漆，紅色。高五寸，縱五寸六分，橫二尺二寸五分，足高一寸，蓋高一寸七分。

太廟東廡尊。謹按：乾隆十三年，欽定祭器。太廟東廡尊，用白色。瓷通高八寸二分，口徑四寸七分，腹圍二尺三寸三分，底徑四寸，足高二分。形制同天壇正位。

太廟西廡俎。謹按：乾隆十三年，欽定祭器。太廟西廡俎，以木爲之，髹以漆，紅色。中區爲二錫裏，加蓋，外左右各銅環二六足，有跗，縱三尺九寸，橫二尺八寸，通高二尺七寸，有奇實以少牢。

（清）嵇璜、劉墉等《清通志》卷五六《器服略》

太廟正殿用玉爵，通高五寸三分，深二寸四分，兩柱高九分，腹爲藻紋，三足相距各一寸六分，高二寸一分。太廟後殿同正殿。太廟東廡陶爵用白色瓷，通高四寸二分，深二寸二分，兩柱高六分三足，相距各一寸六分，高一寸八分。花紋同天壇從位，西廡同東。

太廟正殿登用黃色瓷，上口爲回紋腹，及校足皆爲蟠龍紋，波紋頂上爲垂雲紋，中爲蟠龍紋，口爲回紋。大小同天壇正位，太廟後殿同正殿。

太廟正殿鉶，範銅爲之。兩耳及緣飾以金，高四寸一分，深四寸，口徑五寸一分，底徑三寸三分，三足高一寸三分三，峰高一寸。形制花紋，同天壇從位。太廟後殿同正殿。太廟東廡鉶，範銅爲之。高四寸一分，深四寸，口徑五寸一分，底徑三寸三分，三足高一寸三分，蓋高二寸二分，三峰高一寸。形制花紋同天壇從位，西廡同東廡。

太廟正殿簠，木質，髹以漆，塗金，四面飾以玉。通高四寸六分，深二寸六分，口縱六寸四分，橫八寸，底縱五寸一分，橫六寸四分，蓋高一寸四分，口縱橫與器同上，有稜，四周縱六寸四分，橫八寸。花紋同天壇正位。太廟後殿同正殿。太廟東廡簠，木質，髹以漆塗金。通高四寸六分，深二寸六分，口縱六寸四分，橫八寸，底縱五寸一分，橫六寸四分，蓋高一寸四分，口縱橫與器同上，有稜，四周縱六寸四分，橫八寸。形制花紋同天壇正位，西廡同東廡。

太廟正殿簋，木質，髹以漆，塗金，四面飾以玉。通高四寸二分，深二寸一分，口徑七分二寸，底徑六分，蓋高一寸八分，徑與口徑同上，有稜，四出高一寸一分。花紋同天壇正位。太廟後殿同正殿。太廟東廡簋，木質，髹以漆，塗金。通高四寸二分，深二寸一分，口徑七寸二分，底徑六寸，蓋高一寸八分，徑與口徑同上，有稜，四出高一寸一分。形制花紋，同天壇正位。西廡同東廡。

太廟正殿籩，編竹爲之。以絹飾裏，頂及緣皆髹以漆，黃色，口繪雲紋大小，同天壇正位。太廟後殿同正殿。太廟東廡籩，編竹爲之。以絹飾裏，頂及緣皆髹以漆，紅色，通高五寸五分，深八分，口徑四寸八分，足徑四寸二分，蓋高二寸，徑與口徑同，頂正圓，高四分，西廡同東廡。

太廟正殿豆，木質，髹以漆，塗金，三方飾以玉。通高五寸五分，深二寸，口徑四寸九分，校圍二寸，足徑四寸七分，蓋高二寸二分，徑與口徑同，頂高五分，花紋同天壇正位。太廟後殿同正殿。太廟東廡豆，木質，髹以漆塗金。通高五寸五分，深二寸，口徑四寸九分，校圍二寸，足徑四寸七分，蓋高二寸二分，徑與口徑同，頂高五分。形制花紋同天壇正位。西廡同東廡。

太廟正殿篚，編竹爲之，四周髹以漆，黃色。高五寸，縱四寸九分，橫二尺二寸五分，足高七分。蓋高一寸一分，太廟後殿同正殿。太廟東廡篚，編竹爲之，四周髹以漆，紅色，高五寸縱五寸六分，橫二尺二寸五分，足高一寸，蓋高一寸七分。西廡同東廡。

太廟正殿犧尊，範銅爲之，作犧形尊加其上。高四寸八分，口徑三寸三分，腹圍一尺三寸五分，四面有稜，爲回紋夔龍紋底徑二寸六分，蓋高二寸一分，徑與口徑同上，爲垂花紋，下爲夔龍紋。犧高五寸一分，長八寸三分，孟春時享用之。太廟正殿象尊，範銅爲之，作象形尊加其上。高四寸二分，口徑三寸三分，爲垂雲紋，腹圍一尺四寸四分，全素，底徑三寸。蓋高一寸九分，徑四寸。象高五寸二分，長七寸一分，孟夏時享用之。太廟正殿著尊，範銅爲之，全素。高八寸五分，深八寸二分，口徑八寸三分，底徑六寸八分，孟秋時享用之。太廟正殿壺尊，範銅爲之，全素，高八寸四分，深七寸九分，口徑五寸二分，項圍一尺二寸六分，腹圍二尺一寸九分，底徑五寸二分，足徑四寸三分，孟冬時享用之。太廟正殿山尊，範銅爲之，高九寸七分，口徑五寸二分，項圍九寸九分，腹圍一尺六寸五分，底徑三寸七分，足徑五寸三分，四面有棱，中爲山形，旁爲雷紋，腹及跗皆爲雲紋，蓋高二寸四分，徑五寸六分，亦有棱，如器之飾，頂高五分，歲暮祫祭用之。太廟後殿同正殿。太廟東廡尊用白色瓷，通高八寸二分，口徑四寸七分，腹圍二尺三寸三分，底徑四寸，足高二分，形制同天壇正位。西廡同東廡。

（清）龍文彬《明會要》卷六《禮一·吉禮·省牲》

牲四等：曰犢，曰牛，曰大牢，曰少牢。色尚騂或黝。大祀入滌九旬，中祀三旬，小祀一旬。《吾學編》

（清）昆岡等《大清會典圖》卷二一《禮二一》

太廟、社稷壇，用白紙黃緣墨書。

（清）昆岡等《大清會典圖》卷二二《禮二二》

玉爵、刌玉，象爵形，腹爲藻紋，太廟前殿、太廟後殿用之。制高五寸三分，深二寸四分，兩柱高九分，足高二寸一分，三足相距各一寸六分。

陶爵、銅爵，制皆象爵，形腹爲雷紋，饕餮形陶，用瓷，以色別之。【略】太廟兩廡亦用白色，制高四寸二分，深二寸二分，兩柱高六分，足高一寸八分，三足相距各一寸六分。

（清）昆岡等《大清會典圖》卷二三《禮二三》

陶登一制，口爲回紋，腹及校足爲蟠龍紋波紋，蓋上爲垂雲紋；中爲蟠龍紋，口爲回紋，陶用瓷。太廟前殿、太廟後殿、奉先殿皆用黃色，制高六寸一分，深二寸一分，口徑五寸，校圍六寸六分，足徑四寸五分，蓋高一寸八分，徑四寸五分，頂高四分。

陶鉶、銅鉶制，皆兩耳爲犧形，口爲藻紋，次回紋腹爲貝紋，蓋爲藻紋回紋。雷紋上有三峰，爲雲紋，三足亦爲雲紋。陶鉶用瓷，以色別之。【略】銅鉶用於太廟前殿、太廟後殿、奉先殿。制高四寸一分，深四寸，口徑五寸一分，底徑三寸三分，三足高一寸三分，蓋高二寸二分，三峰高一寸，兩耳及緣飾以金。【略】太廟兩廡、關帝廟、文昌廟、都城隍廟制同，惟耳及緣不飾金。

木簠、髹漆塗金，四面飾以玉，形制花紋與陶簠略同。太廟前殿、太廟後殿、奉先殿用之。制高四寸六分，深二寸六分，口縱六寸四分，橫八寸，底縱五寸一分，橫六寸四分，蓋高一寸四分，口縱橫與器同，上有棱，四周縱六寸四分，橫八寸。太廟兩廡簠制同，惟不飾玉。

竹籩一制，口增繪雲紋，太廟前殿、太廟後殿、奉先殿用之。黃色制，高五寸八分，深九分，口徑五寸，足徑四寸五分，蓋高二寸一分，徑與口徑同，頂正圓，高五分。

木豆、髹漆塗金，三方飾以玉，形及花紋與陶豆同，太廟前殿、太廟後殿、奉先殿用之。制高五寸五分，深二寸，口徑四寸九分，校圍二寸，足徑四寸七分，蓋高二寸二分，徑與口徑同，頂高五分。太廟兩廡豆制同，惟不飾玉。

（清）昆岡等《大清會典圖》卷二四《禮二四》

簠，編竹爲之，四周髹以漆，用別以色。【略】太廟前殿、太廟後殿、奉先殿，用黃色。制高五寸，縱四寸九分，橫二尺二寸五分，足高七分，蓋高一寸一分。

實太牢之俎，太廟前殿，太廟後殿，【略】俱用紅色。

尊有陶有銅制，皆純素，兩耳爲犧，首形陶用瓷，以色別之。【略】太廟兩廡用白色，制高八寸二分，口徑四寸七分，腹圍二尺三寸三分，底徑四寸，足高二分。

犧尊，范銅爲犧，形尊加其上。太廟前殿、太廟後殿、奉先殿，孟春時饗用。尊高四寸八分，口徑三寸三分，腹圍一尺三寸五分，四面有棱，爲回紋夔龍，紋底徑二寸六分，蓋高二寸一分，徑與口徑同上，爲垂花紋，下爲夔龍紋。犧高五寸一分，長八寸三分。

象尊，范銅爲象，形尊加其上。太廟前殿、太廟後殿、奉先殿，孟夏時饗用。尊高四寸二分，口徑三寸三分，爲垂雲紋，腹圍一尺四寸四分，全素，底徑三寸，蓋高一寸九分，徑四寸，象高五寸二分，長七寸一分。

著尊，范銅爲之，純素。太廟前殿、太廟後殿、奉先殿，孟秋時饗用。高八寸五分，深八寸二分，口徑八寸三分，底徑六寸八分。

壺尊，范銅爲之，純素。太廟前殿、太廟後殿、奉先殿、孟冬時饗用。高八寸四分，深七寸九分，口徑五寸二分，頂圍一尺二寸六分，腹圍二尺一寸九分，底徑五寸二分，足徑四寸三分。

山尊，范銅爲之，太廟祫祭用。高九寸七分，口徑五寸二分，項圍九寸九分，腹圍一尺六寸五分，底徑三寸七分，足徑五寸三分，四面有棱。中爲山形，旁爲雷紋，腹及跗皆爲雲紋。蓋高二寸四分，徑五寸六分，亦有棱，如器之飾，頂高五分。

趙爾巽《清史稿》卷八二《志五七·禮志一·吉禮一》

初沿明舊，壇廟祭品遵古制，惟器用瓷。雍正時，改范銅。乾隆十三年，詔祭品宜法古，命廷臣集議，始定制籩編竹絲絹裹。髹漆，郊壇純漆，太廟采畫。其豆、登、簠、簋，郊壇用陶，太廟惟登用之，其他用木髹漆，飾金玉。鉶范銅飾金，尊則郊壇

用陶。太廟春犧尊、夏象尊、秋著尊、冬壺尊、祫祭山尊，均範銅。【略】

祭品。凡籩、豆之實各十二。籩用形鹽、鱐魚、棗、栗、榛、菱、芡、鹿脯、白餅、黑餅、糗餌、粉餈，豆用韭菹、醓醢、菁菹、鹿醢、芹菹、兔醢、笋菹、魚醢、脾析、豚拍、酏食、糝食。用十者，籩減糗餌、粉餈，豆減酏食、糝食；用八者，籩減白、黑餅，豆減脾析、豚拍；用四者，籩止實形鹽、棗、栗、鹿脯，豆止實菁菹、鹿醢、芹菹、兔醢。籩六者，用鹿脯、棗、榛、葡萄、桃仁、蓮實。豆二者，止用鹿醢、兔醢。登一，太羹。鉶二，和羹。簠二，稻、粱。簋二，黍、稷。

玉、帛、牲牢。玉六等，上帝蒼璧，皇地祇黃琮，大社黃珪，大稷青珪，朝日赤璧，夕月白璧。

帛七等：【略】曰奉先制幣，郊祀配位、太廟用之，圜丘、方澤配位各一，太廟帝后每位一；曰展親制幣，親王配饗用之，太廟東廡位各一；曰報功制幣，功臣配饗用之，太廟西廡位各一。三者俱白。【略】牲牢四等：曰犢，曰特，曰太牢，曰少牢，色尚騂或黝。【略】太廟、先農、先蠶、先師、帝王、關帝、文昌用太牢。太廟西廡，文廟配哲、崇聖祠、帝王廟兩廡、關帝、文昌後殿，用少牢。

（三）祭祀禮儀

禮儀沿革

（明）鄭曉《今言》卷二"一百二十四條"

嘉靖己丑二月，禮部言：悼靈皇后，正位中宮，上佐宗祀者。七年，禮宜祔享太廟，但今九廟已備。唐宋故事，后於太廟未有本室，創別廟祀之。禮喪服小記，婦祔於祖姑。祖姑三人，則祔於親者。孝惠太皇太后實皇考獻皇帝生母，悼靈皇后主，請祔奉慈殿孝惠太皇太后之側。制曰：可。丙申八月，孝惠神主遷於陵殿，禮官言：初，擬奉遷悼靈皇后於奉先殿旁室，今殿無旁室，惟斜廊兩廡，似非奉安元后之地，且不足以容鼎俎。惟殿盡西一室空虛清閟，所宜遷奉。歲時享祀，或有事祭告祖宗列聖，宜一體設饌，但不啓匱、不定祝，稱斯爲合禮。制曰：可。又言：謚稱悼靈，考之謚法類非全美，宜更定褒稱。是月，改謚孝潔皇后。

（明）陳建《皇明通紀集要》卷四

戊申，大明洪武元年。正月壬申朔，四日乙亥，祭告天地。即皇帝位於郊壇內，群臣朝賀，定有天下之號，曰"大明建元洪武"，遂詣太廟。【略】造太廟器成，上諭禮官曰：禮緣人情，因時宜，不必泥古。近時祭禮，俱用古籩豆之屬，宋太祖曰"吾先祖亦不識此"，孔子曰"事死如事生，事亡如事存"，今造宗廟祭器，宜依常時用。于是，造酒壺、盂盞及揮挋、枕簟、篋笥、帷帳之屬，皆平生所用。

（明）陳建《皇明通紀集要》卷七

十月，濟寧知府方克勤卒，詔改建太廟從同堂異室之制。國初立四親廟，德祖玄皇帝廟居中，懿宗居東第一廟，熙宗居西第一廟，淳宗居中第二廟。至是，始定此制，皆爲正殿曁爲寢殿九間，以一間爲一室，奉安各廟神主，時享、歲祫則設累朝帝后衣冠於神座而祀之。

（明）陳建《皇明通紀集要》卷二五

甲子弘治十七年二月，太皇太后周氏崩，上尊諡曰孝肅睿皇后，尋詔罷尊諡，仍稱太皇太后，立廟別祭。初，成化戊子，孝莊錢太后崩，大學士彭時等議合葬裕陵時，已有周太后他日祔葬祔廟之説矣。至是，太后崩，隨上尊諡。既而大學士劉健等覺其誤，乃上疏言，成化初，事有難處，臣子始爲委曲將順之意，今當再議。于是，召禮部會多官詳議以聞上。一日御西角門，召劉健等云昨見成化間彭時姚夔董，奏章先朝大臣都忠厚爲國。如此，因論祔廟之禮，健等奏曰：先年，奏議已定，孝莊太后居左，今大行太皇太后居右，合祔裕陵配享太廟，且引唐宋故事爲證。臣等以此不敢輕議，其實漢以前一帝一后，唐始有二后，亦有三后，并祔者上曰二后已，非若三后，尤爲非禮。謝遷奏曰：彼三后一乃繼立，一則所生母也。上曰：“事須師古，末世鄙褻之事不足學。”李東陽對曰：“皇上當以堯舜爲法。”上曰：“然宗廟事關係綱常極重，豈可以毫髮僭差。太皇太后鞠育朕躬，恩德深厚，朕何敢忘，但一人之私情耳。錢太后乃皇祖册立正后，我朝祖宗以來，惟一帝一后，今若并祔乃從朕壞起，恐後來雜亂無紀極耳。且孝穆太后朕生身母，止尊稱爲皇太后別祀於奉慈殿。今仁壽宫前殿儘寬，意欲奉太皇太后於此，他日奉孝穆太后於後殿，歲時祭享，一如太廟，不敢少缺。”東陽奏曰：“皇上言及孝穆太后，尤見太公至正之心，可以服天下矣。”上曰：“此事却難處。行之則禮有未安，不行則違先帝之意，又違群臣會議。會議尤可，奈先帝何？朕嘗思之夜不能寐，先帝固重，而祖宗之制尤爲重耳。先生輩是朕心腹大臣，好爲處置。”健等奏曰：“容臣等計議以聞。”時掌詹事府禮尚書吳寬與會議衆推執筆，上言：“《魯頌》姜嫄閟宫，《春秋》考仲子之宫，皆於禮爲別廟之證，自漢唐來亦然。至宋乃有并祔者，其禮已謬，然皆諸帝繼室生而爲配者，非後子孫追尊之比。惟宋李宸妃之没，仁宗傷痛出於至情，乃用追尊而祔祭，此豈後世所當法哉。”衆皆從之。會議疏上，上復召内閣臣問曰：“此議如何？”劉健等奏曰：“正是古禮。”上曰：“仍稱太皇太后可否？”皆對曰：“既是別廟，須如此尊稱爲當。”上即袖出奉殿圖指示其東一區曰：“朕欲於此建廟，遷孝穆太后并祭於此，如何？”健等對曰：“甚當。”上曰：“序位如何？”健對曰：“太皇太后當中一室，孝穆太后或左或右一室。”上曰：“須在左，後來有如此者，却居右。”議既定，上御批會議疏云：“祀享重事禮當詳慎，卿等稽考古典及祖宗廟制，已明白。都准議。建廟奉享仍稱太皇太后以伸朕尊親之意，後世子孫遵守崇奉，永爲定制。”于是，中外翕然，稱得禮云。

（明）陳建《皇明通紀集要》卷二八

甲申嘉靖三年四月，給事中安盤上疏言：今欲別立一廟於大内，則是明知恭穆萬萬不可入太廟矣。太廟既不得考，恭穆又不得入，是無考矣。世豈有無考之太廟哉，此其説之自相矛盾者也。上曰："朕本生聖母躬親奉侍，而本生皇考遠在安陸，於卿等安。父死子繼，兄終弟及。今孝岩有武宗爲子，不宜更立，皇上爲後人無二本。孝宗伯也，宜稱皇伯，孝昭聖伯母也宜稱皇伯母，允合天理，協人情。獻皇帝主別禰廟，不入太廟，尊尊親親兩不悖矣。"于是，稱孝宗敬皇帝曰皇伯考，昭聖康惠慈壽太皇后曰皇伯母，恭穆獻皇帝曰皇考，章聖太皇后曰聖母。【略】

乙酉嘉靖四年三月，修獻皇帝實録。光禄署丞何淵上疏請立世宗崇祝太廟。禮部會議科臣楊言等皆極言其不可，上不聽。席書乃會廷臣議，請於磚城之東、皇城之内立一禰廟，前後寢如文華規制，出入不與太廟同門，坐位不與太廟相并。祭用次日，廟欲稍遠，庶以成祖廟獨尊之體，避兩廟二統之嫌。上可其奏，命度地興工，親定其名曰世廟。

七月，命建崇先殿。上以觀德殿規制窄隘，宜於奉先疑左別建一殿，奉安皇考神位。工部尚壽趙璜言：與奉慈殿對峙恐獻皇之靈弗安，況外有世廟，可勿更。書亦言：大工相，民力宜惜。上不聽，復諭大學士費巨集：巨集請敕該部卜日興建，壬寅世廟垂成，上自製樂章，示宏等命更定曲名別於太廟。辛卯，帝奉章聖皇太后謁見世廟。先是，帝論輔臣曰：聖母欲謁世廟，卿謂何如？宏一清曰：國初禮制，皇后初謁太廟。永樂時，改謁奉先殿，無至太廟者，以正乾坤之位，謹内外之防也。聖母謁廟不可。帝以問璁、萼，對曰：唐開元禮有皇后廟見之儀，國初皇后謁太廟，内外命婦陪侍。永樂止謁奉先，皆當時禮官失考，非祖制也。皇太后、中宮，宜先見太廟，以補前禮之缺，次謁世廟，以成今禮之全。宏一清曰：璁、萼所引開元禮不可爲法，國初禮文未定，二臣欲復廟見，是彰祖宗之闕也，不可。席書、劉龍曰：高皇帝准古廟見禮，爲大婚册后之制，未及施行，復定册，后止謁奉先殿。璁所引俱婚禮，今乃行大祭禮，不可附會，章聖皇太后宜奉主，后謁觀德殿，以守祖法。璁、萼曰，周王宗廟之祭，王服衮冕而入立東序，后服副褘而入立西序，九獻各四拜，是天子與后共承宗廟也。皇上毅然舉行，以復古禮，未爲不可。因具議上，席書等不能難，乃請上同行以從斯禮。從之。

(明) 陳建《皇明通紀集要》卷二九

六月，禮官李時與璁、萼議姚廣孝雖有幃幄功，既有崇秩以償其勞矣，復削髮披緇配享太廟似所未安，宜移祀大興隆寺。從之。【略】

四月，上行大禘禮於太廟。

正月，改建世廟於太廟左方。

(明) 陳建《皇明通紀集要》卷三三

(三月) 給事中王治上四事，一議廟典，謂先帝尊稱獻皇誠萬世不刊之典，至入廟稱宗一事，在今日尤當議者，蓋獻帝雖貴爲天子，父實未嘗南面臨天下，雖爲武宗叔，然嘗北面事武宗，乃遂列於諸帝而居武宗之右，或獻皇於心，亦有未安。先帝進獻皇於太廟，而世室之祀并舉之，聖慮淵微以待。今日臣以爲獻皇祔太廟，千載後不免遞，若祀專世廟，則萬世不祧矣。不報，葬肅皇帝於永陵。

（明）徐學謨《世廟識餘錄》卷六

姚少師廣孝故配享太廟，學士廖道南嘗疏請革。亦以廣孝釋氏之徒，文皇時雖有帷幄之勞，但削髮披緇，不當并食於德祖太祖之側。禮部尚書李時、大學士張璁等皆曰："誠如聖諭。"乃撤其廟主，移祀於大興隆寺，每春秋遣太常寺致祭。

（明）徐學謨《世廟識餘錄》卷七

太廟之祭例，文官五品而下不與。夏言爲都給事中已加四品服俸，遇孟春時享，言乞陪祀，且言六科都給事中列署內庭，亦宜一體陪從。得旨，言准陪祀。其六科都給事中，下禮部議，以與會典未合，罷之。今六科都給事中俱得與祭，又不知始於何年也。

（明）徐學謨《世廟識餘錄》卷一四

上欲祧仁宗昭皇帝，升祔孝烈皇后。禮部會議：孝烈皇后久正中宮，功德隆重，專室祔享，經禮昭然。今奉先殿后位未設誠於禮未備然。而遽及廟次，則臣子之情不惟不敢實不也。臣等竊以爲孝烈皇后神位，宜仍遵敕諭安奉先殿慈孝獻皇后之側，凡祭享儀節，除忌祭讀祝外其餘并如敕諭，則禮制歸一矣。是時大臣會議，尚書徐階頗以祔廟爲不可，都給事中楊思忠主階議，餘無言者。上使人覘知狀及疏入，上乃曰：爾等懷二之心牢至於今耶？今茲非專論，後又非子，爲親夫，爲婦也。正義止以朕躬論顧，無人肯奉議者，爾階與思忠二人，議定以聞即是矣。于是，階思忠言：臣等愚昧，不能仰知聖意。竊惟周建九廟，三昭三穆，率六世而祧，至後兄弟相及則亦有不能具六世者。況國朝廟制用同堂異室，與周禮不同。今太廟九室皆滿，若以聖躬論仁宗當祧，固不待言。但此乃他日聖子神孫之事，而煩聖上身自議之，則臣等之心尚有所未安者。謹按：夏廟五、商廟七、周廟九，夫禮由義起，五可以七，七可以九，則九之外亦可加也。臣等以爲，今日之事宜準三代廟數遞增之例，於太廟及奉先殿各增二室，而以其一升祔孝烈皇后，則仁宗可不必祧，而孝烈皇后可速正南面之位，且在皇上無預祧以俟之嫌。上曰：會議當令人人盡言，今兩人各一言而止，非懷二。爾等臣子之議，於當祧不當祧，正宜力請可得，謂之自議。且禮得其正，何避預祧以俟爲嫌。其更歸一會奏。于是階等復會諸大臣議，言：聖見高明，超出千古，非臣等所度。謹按：唐虞夏五廟，其祀皆止四世。周九廟，三昭三穆，然而兄弟相及亦不能盡足六世。今仁宗已爲皇上，五世之祖以聖躬論仁宗於禮當祧。《禮》曰：天子之與后，猶日之與月，陽之與陰，相須而成。天子修男教父道也，後惟女順母道也。孝烈皇后久主中宮，母儀萬國，於禮當祔。臣等眾論，攸同宜奉祧仁宗，升祔孝烈皇后於太廟第九室及奉先殿神位一體遷祔，以明典禮。疏入，報聞已。禮部以祭忌在近，請旨欲擬上祧祔及奉安神位儀節，上猶憾，禮官議不即許，乃曰：孝烈皇后所奉配者乃入繼之君，又非六禮之始，忌日雖不祭亦可。部臣愈益惶恐，乃言：皇上受天景命，纘祖鴻業，神功聖治，超越百王，武烈文謨，佑啓萬世。所謂應運中興。大有爲之。君孝烈皇后，德隆貞一，行備清真，祇奉兩宮，助祭宗廟，則聖孝益彰。親蠶西内，表率六壼，則王化益廓。至於拯危車駕彌變，宮闈勛烈，蓋乾坤慶，澤流宗社，所謂以聖配聖炳乎相成者也。而皇上謂非六禮之始，欲罷忌日之祭，臣等伏睹本朝故事，宣宗章皇帝廟舍恭讓皇后祔孝章皇后，憲宗純皇帝廟舍吳后而祔孝貞純皇后，忌日必致祭於奉先殿，則是祖宗之制，原無先後之拘，況孝恭章皇后及孝貞純皇后德雖盛，而未聞有功。孝烈皇后功既崇高兼有其德，今日升祔之禮、忌祭之儀典，則具存臣民共戴。幸容臣具儀，開奏奉祧仁宗祔孝烈皇后於太廟第九室，奉安神位於奉先殿，至期舉行忌祭，則正義明而禮制定矣。上曰：非天子不議禮，后本當祔廟居朕室次，自前朕諭之丞弼，示之禮官，謂今日未宜。此言徒餂聽使愚者惑之，曰：忠諱之情實俟，題朕之神主耳。乃命候旨行事。已而上諭輔臣曰：等直内固因贊事上玄。然國家大政未嘗不許非議，後忌祭禮官及諸臣不肯從正，即末所云猶强耳。由此觀之，人心全不識天時。以皇兄無嗣，皇考係近親屬在。朕躬本之天定，今爭親、爭帝、爭祔、爭名三十年矣，猶不明至是乎。今郎不忍奉祧仁宗，且置后主別廟。將來由臣下議，令忌日奠一卮酒，不至傷情，等其更言之。于是，閣臣傳諭禮部，部臣不敢復言。第請如制祧祔，擇吉行禮。上乃許之。

（明）章潢《圖書編》卷九八《國朝太廟祀》

洪武元年，定四孟歲除五享。

洪武元年，命製太廟祭器。曰：今之不可爲古，猶古之不可爲今。禮順人情，可以義起，所貴斟酌，得宜必有損益。近世泥古，好用古籩豆之屬，以祭其先王，既不用之，似亦無謂。其制祭器，如事生之宜。于是，祭用金造，金祭器、欂櫨、枕簟、篋笥、帷帳、浴室皆備。

（洪武）二年，令清明、端午、中元、冬至時享，歲除如故。祝稱孝子皇帝不稱臣，遣皇太子祀云命長子某不得稱皇太子。三年，時享仍用四孟，孟春特享四廟，三祖合享於德祖之廟，德祖南向，三祖東西向。初獻各奏其廟樂，餘奏德廟樂。

（洪武）四年，遣大臣分獻親王功臣。上曰：國家祭祀，太廟除特享外，其餘合祭之時，正見同歆同樂之際，凡有親戚功臣皆可共用其樂。

（洪武）九年，改建太廟前殿、後寢殿。殿翼兩廡，寢殿九間，間一室，中室奉德祖帝后神主，懿祖東一室，仁祖東二室，主皆南向。几席諸器備如生儀。時享，殿中設德祖帝后衣冠神座，南向。懿祖座左西向，熙祖座右東向，仁祖次懿祖西向。親王配享於東壁，功臣於西壁。孟春擇上旬吉日，三孟朔日，歲暮除日皆合享奏德廟之樂，罷特享。

（洪武）二十五年，令廟享，值國喪，樂備而不作。

（洪武）三十一年，太祖神主祔寢殿西二室，南向，正殿神主座。次熙祖，東向。成祖遷都北平建廟亦如之。成祖升祔東三室殿座，次仁祖；仁宗升祔西三室殿座，次太祖；宣宗升祔東四室殿座，次成祖；英宗升祔西四室殿座，次仁宗。弘治元年，憲宗將升祔，議祧禮。【略】禮官議始建祧廟於寢殿後，奉藏懿祖神主神座，熙祖寢主遷東一室殿座，還西向一位。仁祖以下遞遷，憲宗升祔西四室殿座，次宣宗。孝宗升祔祧熙祖，武宗升祔祧仁祖，睿宗升祔不得不祧德祖，以故九廟。太祖居尊，而四祖之主皆祧矣。嘉靖四年，立世廟於太廟東，享皇考獻皇帝。

（嘉靖）九年春，世宗皇帝復行特享禮，令祠官廟殿帷幄如九廟，各奠獻讀祝，三孟如舊，奉太祖南向。

（嘉靖）十年冬，【略】撤故廟，改建祖宗各為專廟，諸廟合為都宮。太廟居中，昭穆六廟左右，列成祖廟在六廟之上，各有殿各有寢。主太廟，寢後別有祧，寢藏祧主。太廟門殿皆南向，群廟門東西兩向，內門殿寢皆南向。十一年罷，設衣裳請主。

（嘉靖）十三年，南京太廟災，上欲勿建，敕廷臣議。

嘉靖十四年，【略】令亟起新廟，罷建南京太廟，廟址築周垣，香火并入南京奉先殿，膳節祀獻新儀如舊。

（嘉靖）十五年十二月廟成，詔曰：朕創昭穆群廟以祀祖宗，彰太祖為專尊之主。復作太宗廟於群廟之外，表功德不遷，享百世祀。更創皇考廟曰獻皇帝廟，別擇吉區以避管道止修，時祭以避豐禰之嫌。

（嘉靖）十七年九月，遂尊皇考廟號為睿宗，附享太廟，又改尊太宗為成祖，立春特享，各出於殿。成祖廟迎神樂別歌，三獻徹饌，還宮，樂如太廟。仁、宣、英、憲四廟樂歌同，孝、武二廟，迎神樂別歌，三獻徹饌，還宮，樂歌同。睿宗樂別歌異諸廟。上親獻太祖列聖廟，遣大臣攝之。立夏時祫，出太祖、成祖七宗主於大殿，立秋時祫如夏禮，樂歌異於夏。立冬時祫如秋禮，迎神，徹饌，還宮，樂歌異於秋季。冬中旬擇日大祫，出四祖，太祖、成祖七宗主於大殿。祭畢，各歸於其寢。是年，皇后助獻。

（嘉靖）二十年四月，宗廟災，初雷火起，仁廟風大發，仁廟毀，俄而成祖廟主又毀，延爇太廟及昭穆群廟，惟睿廟獨存。上奉列聖主於景成殿，遣大臣入長陵獻陵告題成祖。仁宗帝后主奉景神殿。

（嘉靖）二十四年七月，新廟成，復同堂異室之制，寢殿太祖，正位居尊，成祖、仁、宣、英、憲、孝、睿、武左右次列，皆南向。設衣冠合享四祖皆祧寢，南向。

（嘉靖）二十八年，孝烈皇后升祔，祧仁宗。

（嘉靖）四十四年，改睿宗廟為玉芝宮，奉安睿宗帝后神主，宮後東北為景神殿，奉藏列位御容。乾清宮東為考孝殿，又東為神睿殿，又東為奉先，設奉安列聖帝后神主。

（嘉靖）四十五年，世宗升祔，奉孝烈皇后祔廟。隆慶元年，奉安孝烈皇后神主於孝殿，孝恪皇太后、孝懿皇太后神主於神睿殿，凡册封等項告祭於内。

洪武二年，壽春十五王進，侑四祖廟。【略】是年，祔享戰歿功臣也，乃設青布幃於廟庭祀之。尋更定功臣十三人，令大海、通海、張趙德勝、世杰、再成、楚國公廖永安七人已卒，祔廟。達等六人，俟卒進侑。八年，設黃布幄殿左右，即於廟中殿，上祀四祖左祀楊王、皇兄徐王，右祀功臣。九年，定壽春王王妃二十一人，侑享於東壁功臣十二人，西壁罷永安祀。

洪熙元年，以靖難功臣玉能真、榮國恭靖公姚廣孝侑享文廟。嘉靖九年，中允廖道南言廣孝髡徒，不宜入廟，移祀大興隆寺。

（嘉靖）十年，以刑部郎中李瑜議進基侑祀高廟，位次六王。

（嘉靖）十六年，武定侯勛乞進其祖英侑享高廟，下廷議不可。【略】

祫祭前一日，陳設德、懿、熙、仁太祖皇后，南向。成祖、宣宗、憲宗、睿宗、世宗，西向；仁宗、英宗、孝宗、武宗，東向。至期上詣太廟，行禮儀同時享。

（明）章潢《圖書編》卷九八《國朝廟祀總論》

自昔帝王之興曷嘗，不本始神，聖肇廟祀以仁祖考哉。【略】我太祖高皇帝命稽古首，建廟闕，左以享德、熙、懿、仁四親，而壽春諸王咸以次而侑享焉。文皇帝繼統，上承先德，建廟北平，以享列祖、太祖四親，而壽春諸王以次在侑於時廟，數猶未定也。至憲宗純皇帝，以世代既足始備九廟之制。四列祖、一太祖、一成祖，并仁、宣、英三宗爲九，而規制于是大定矣。於時升祧之禮，猶未講也。至世宗肅皇帝，以世數既盈復更九廟之制，一太祖、一成祖、六仁、宣、英、憲、孝、武并獻帝升祔爲九，而典禮于是乎益詳矣。春月特享則分祭於各室，三時合享則共食於前殿而已，祧之廟不與焉。時享之禮則以太祖爲尊，歲暮之祫則升四祖於上，而祧廟之主咸出而共用焉。【略】

弘治中，時享祝文稱八廟，太皇太后皇考憲宗皇帝蓋親禰也。而九廟之數，若減其一。至嘉靖中，孝宗而上本七廟也，而稱六，及仁宗奉祧猶六廟也。而稱五，倐損倐益，何廟數之不常耶。五廟之中，仁、宣并祧，惟三廟設祭，而祝文猶五，是祭省而祝增矣。自皇高祖憲宗至皇考穆宗，既備六廟，而太祖、成、英三廟，猶仍五廟之稱，是廟加而祝減矣。

（明）章潢《圖書編》卷九八《宗廟時享》

有虞氏四時之祭。春曰礿，夏曰禘，秋曰嘗，冬曰烝。夏殷因虞之祭。周祭春曰祠，夏曰礿，秋曰嘗，冬曰烝，以禘爲殷祭之名，皆以孟月無常日，擇月中柔日，卜得吉則祭之。又王制，天子特礿、祫禘、祫嘗、祫烝。蓋天子之禮，春則特祭，夏、秋、冬則合享。特祭各於其廟，合享同於太廟。漢制時祭於便殿。光武立廟洛陽，四時祫祭。高祖文帝、武帝祀餘帝，則春以正月，夏以四月，秋以七月，冬以十月，及臘，一歲五祀。唐四時各以孟月享太廟。宋制歲以四孟月及季冬，凡五享。元一年四享太廟。國朝時享用四孟月，惟孟春特祭於廟，其夏秋則合祭於高祖廟，歲除復率百官朝祖，合祭於高祖廟。

（明）申時行等《大明會典》卷八六《禮部四四·廟祀一》

國初於闕左建四廟。德祖廟居中，懿祖東第一廟，熙祖西第一廟，仁祖東第二廟，廟與主皆南向。洪武元年定，以四時孟月及歲除凡五享。

（洪武）二年，重定時享。春以清明，夏以端午，秋以中元，冬以冬至，惟歲除如舊。

（洪武）三年又定時享，仍用四孟月。孟春特享於各廟，各具禮樂。餘時俱奉三祖神主合享於德祖之廟，德祖仍南向，三祖以次東西向。初獻各奏本廟樂，亞獻、終獻、徹饌、還宮，同奏德廟樂。

（洪武）九年，始改建太廟。其制前為正殿，後為寢殿，俱翼以兩廡。寢殿九間，以一間為一室。中一室奉安德祖帝后神主。懿祖東第一室，熙祖西第一室，仁祖東第二室，主皆南向。几席、床榻、衾褥、楎椸、篋笥、帷幔、器皿之屬，皆如事生之儀。及時享於正殿，則設德祖帝后神座居中，南向。懿祖神座左第一位，西向。熙祖神座右第一位，東向。仁祖神座左第二位，西向。凡座止設衣冠而不奉主，又以親王配享於東壁，功臣配享於西壁。孟春擇上旬吉日，孟夏、孟秋、孟冬俱用朔日，歲暮用除日。俱行合享之禮，奏德廟樂，罷特享禮及各廟樂。

（洪武）三十一年，奉祔太祖神主於寢殿西第二室，南向。正殿神座右第二位，東向。

永樂中，定都北京。建廟一如南京之制。洪熙元年，奉祔太宗神主於寢殿東第三室，南向。止殿神座左第三位，西向。

宣德元年，奉祔仁宗神主於寢殿西第三室，南向。正殿神座右第三位，東向。

（宣德）十年，奉祔宣宗神主於寢殿東第四室，南向。正殿神座左第四位，西向。

天順八年，奉祔英宗神主於寢殿西第四室，南向。正殿神座右第四位，東向。

成化二十三年，憲宗將升祔，而九室已備，始奉祧懿祖。熙祖而下，皆以次奉遷。乃奉祔憲宗神主於寢殿西第四室，南向。正殿神座右第四位，東向。弘治初，始即歲除日行祫祭禮。

（成化）十八年，奉祧熙祖。仁祖而下，皆以次奉遷。乃祔孝宗神主於寢殿西第四室，南向。正殿神座右第四位，東向。

正德十六年，奉祧仁祖。太祖而下，皆以次奉遷。乃奉祔武宗神主於寢殿西第四室，南向。正殿神座右第四位，東向。

嘉靖十年，敕諭禮部：以太祖高皇帝重闢宇宙，肇運開基。四時享祭，壓於德祖，不得正南面之位。命祧德祖，而奉太祖神主居寢殿中一室，爲不遷之祖。太宗而下，皆以次奉遷。每歲孟春特享，夏秋冬合享，改擇季冬中旬大祫。而以歲除爲節祭，歸之奉先殿。特享則奉太祖居中，太宗而下以次居左右，各設一幄南向。奉主於神座，設冠服及舄於座之左右。祭畢，藏之。合享則奉太祖居中南向。太宗而下，以次東西向。大祫則奉德祖於太廟，居中南向。懿祖而下，皆以次東西向。其親王功臣，移配食於兩廡。又以丙辛年孟夏行大禘禮於太廟，奉皇初祖南向，太祖西向配享。

（嘉靖）十四年，更建世室及昭穆群廟於太廟之左右。其制皆正殿五間，寢殿三間，各有門垣，以次而南，統於都宮。太廟專奉太祖居之，世室在左三昭之上，奉太宗居之，題曰太宗廟。仁宗昭第一廟，曰仁廟。宣宗穆第一廟，曰宣廟。英宗昭第二廟，曰英廟。憲宗穆第二廟，曰憲廟。孝宗昭第三廟，曰孝廟。武宗穆第三廟，曰武廟。以立春日，行特享禮於各廟。立夏、立秋、立冬日，行時祫禮於太廟。奉太祖南向，太宗居東，西向、稍近上。仁宗而下，東西序列相向。季冬大祫，則德祖居中，懿祖、熙祖、仁祖、太祖以次居於左右，俱南向。太宗而下，如時祫之序。

（嘉靖）十七年，改上太宗廟號曰成祖，加上皇考獻皇帝廟號曰睿宗。先是特建世廟以祀皇考，後改建獻皇帝廟，又改題曰睿宗廟。特享則於本廟行禮，時祫則奉主合享於太廟。

（嘉靖）二十四年，重建太廟成，奉睿宗升祔，而罷睿宗廟祭。寢殿神主則太祖居中，成祖、宣宗、憲宗、睿宗序於左，仁宗、英宗、孝宗、武宗序於右，皆南向。時享於正殿，則太祖仍居中，南向。成祖而下，以序東西相向。孟春仍於上旬擇日，孟夏、孟秋、孟冬仍用朔日。俱合享。祫祭仍以歲除日。

凡儀節俱如舊。大禘禮亦罷。

（嘉靖）二十八年，奉孝烈皇后祔享太廟，藏主獻皇后之側。遇享居本次，止設位儀品而祝不及。

（嘉靖）二十九年，奉祧仁宗。宣宗而下，皆以次奉遷。乃奉祔孝烈皇后神主於寢殿西第四室，南向。正殿神座右第四位，東向。祝仍不及。

隆慶元年，世宗升祔。禮部議廟享惟一帝一后，后必元配，乃奉孝潔皇后祔享，而遷孝烈皇后神主於別殿。

（隆慶）六年，奉祧宣宗。英宗而下，皆以次奉遷。乃奉祔穆宗神主於寢殿西第四室，南向。正殿神座右第四位，東向。

（明）申時行等《大明會典》卷八七《禮部四五·廟祀二·祫祭》

國初，以歲除日祭太廟，與四時之祭合爲五享。其陳設樂章并與時享同，累朝因之。弘治初，既祧懿祖，始以其日奉祧主至太廟，行祫祭禮，先期遣官祭告太廟，又遣官祭告懿祖於祧廟，告俱用祝文酒果。告畢，太常寺設懿祖神座於王殿，西向。至日，祭如儀。

嘉靖十年，祧德祖。罷歲除祭，而以季冬中旬行大祫禮。太常寺設德祖神座於太廟正中，南向。懿祖而下，以次東西向。

十五年，奉懿祖、熙祖、仁祖、太祖，神座皆南向。成祖而下，東西向。陳設、樂章、祝文、皆更定，而先期遣官祭告如前。

二十四年，罷季冬中旬大祫，并罷祭告。每遇歲除祫祭，位次如十五年之制。祝則自德祖而下，備列帝后謚號，而祝文及陳設樂章并如舊。

（明）申時行等《大明會典》卷八七《禮部四五·廟祀二·奉祧》

成化二十三年，奉祧懿祖。先期遣官祭告太廟，上親告憲宗几筵，內侍官設酒饌如常儀。告畢，太常寺官同內執事官於太廟寢殿，奉遷懿祖神主衣冠，安於德祖室內之左。原奉享床幔物及正殿神座，俱暫貯於神庫。弘治元年，建祧廟於寢殿後。其制九間，間各爲室。翼以兩廡，乃奉安神主衣冠於廟正中，南向。

十八年，奉祧熙祖，居左第一室。

正德十六年，奉祧仁祖，居右第一室。祭告儀并同。

嘉靖十年，奉祧德祖，而奉太祖高皇帝爲不遷之祖。上親告於德祖及祧廟三室，遂親捧德祖主安於廟中。遷懿祖居左第一室，熙祖居右第一室，仁祖居左第二室，皆南向。乃詣太廟寢，捧太祖主出太廟殿中，行祭告禮。

二十九年，升祔孝烈皇后。奉祧仁宗，居右第二室。先期遣官祭告太廟祧廟。至期，行奉祧禮於太廟，如時享儀。祭畢，奉主安於祧廟室，仍行祭告禮。太廟原設神座，收貯神庫，俟祫祭日陳設。隆慶六年，奉祧宣宗皇帝神主。儀前期，太常寺奏致齋三日，遣官祭告宗廟。至日，行祭告禮，用祝文，每廟各一犢。是日，上以祧廟告穆宗皇帝几筵，內侍官陳設酒饌如常儀上具素服，內導引官導上詣拜位。贊四拜禮、奠帛、獻酒、讀祝、四拜、焚幣帛、祝文，禮畢。是日祭畢，太常寺官同內執事官奉遷宣宗皇帝神主衣冠，并奉享床幔儀物於後殿。英宗以下，各廟神主衣冠床幔儀物，以次遞遷。其奉先殿宣宗皇帝神位，亦奉遷於德祖暖閣內左，衣冠床幔儀物隨宜收貯焚化。英宗以下神位，以次遞遷。

（明）俞汝楫等《禮部志稿》卷八三《宗廟備考·廟祀·建議宗廟推尊》

正德十年，禮部右侍郎楊廉言：臣聞韓愈言“宗廟常祭甚衆，合祭甚寡。太祖所屈之祭至少，所伸之祭至多。”朱熹言“合爲一廟，則所以尊其太祖者，既褻而不嚴，所以事其親者，又壓而不尊。”以二說觀之，大抵謂天子宗廟之禮，一則不可合食於太廟之祭以尊其始祖，一則不可四時群廟之祭以各伸其尊，二者當錯綜於其間也。陳祥道云：“天子之禮，春則特祭，夏秋冬則合享。特祭於其廟，合祭、同享於太廟。”程頤云：“歲四祭，三祭合食於祖廟，惟春則遍祭諸廟。”以二說觀之，豈不以一於遍祭則太繁，一於合祭則未當，而欲斟酌於繁簡至當之間乎？國家歲暮祫祭，固合食於太廟之前殿，四孟時祭，復合食於太廟之前殿。祫祭則以德祖正南向之位，而懿祖以下皆就東西之列，時祭則亦以德祖正南向之位，而仁祖以下皆就東西之列。誠如上四家之說，則天子之禮，歲暮祫祭爲同堂異室之制，當合祭於一堂。堂，如今之太廟前殿是也，夏秋冬亦同，所不同者，無祧主爾。每歲孟春特祭，爲同堂異室之制者，當合祭於一室，今之太廟後殿九室是也。如此，則始祖之祭既致其尊，群廟之祭復申其尊，所謂太祖雖有所屈亦有所伸。至於復孟春之特祭，仍三時之合享，事理最爲簡當，儀節不至繁多，求之古禮，蓋無不合。以本朝言之，太祖子之父實未嘗南面臨天下，而今乃與祖宗諸帝并列，雖親爲武宗之叔父，然嘗北面武宗，而今設位於武宗之右，揆之古典終爲未合，故先帝於獻皇祔廟之後，世廟之享猶不忘，設是先帝之心亦自有不安者。臣以爲獻皇祔太廟，於萬歲後不免遞遷，若專祀世廟，則億萬年不改，惟陛下敕廷臣博考詳議，務求至當，以妥獻皇之靈，以光先帝大孝章下所司。

（明）俞汝楫等《禮部志稿》卷八三《宗廟備考·廟祀·太廟·定太廟配享》

洪武元年十二月丁未，享太廟，以功臣廖永安、俞通海、張德勝、桑世杰、耿再成、胡大海、趙德勝配享，設青布幃六間於太廟庭中，遣官分獻。其分獻儀，皇帝行亞獻禮。將畢，分獻官各詣罍洗所，盥手、洗爵、酌酒，諸執事官皆酌酒於爵。獻官進詣，功臣第一位前上香奠爵，諸執事官各進爵於各神位前，讀祝官讀祝。訖，獻官復位。

（明）俞汝楫等《禮部志稿》卷八三《宗廟備考·廟祀·太廟·定祫禘祭禮》

（嘉靖十年）禮部尚書李時言：宗廟之禮所以事乎其先，求之於理，有所不合原之於情，而有不安皆非禮也。我太祖高皇帝四時享祭以壓於德祖不得南面之位，太宗文皇帝而下以同堂之制，每祭止，東西相向，不得受特享之禮。親王功臣分爲臣子列坐於堂，而天子拜跪於下，皆於理不合，於情未安。茲遇聖明天啓，考正祀典，正南面之位以尊太祖，孟春行時享之禮以尊列聖，季冬舉大祫之禮以合祀祧廟之主，移親王功臣配食於兩廡以別尊卑。情順理安，真可以補舊制之未備，垂萬世以常行。臣等謹遵諭施行，竊見舊祭止設衣冠，似於禮未備，宜每祭俱令太常寺官捧主安於前殿，衣冠仍設，孟春特享之禮每廟各具祝文若以次。畢讀，則誠意不無倦怠。宜先讀高廟祝文，畢則齊讀各廟祝文。庶爲適，宜廟享舊儀三獻之禮，令太常司之，皇上止立於廟門之外。今肇舉禘祫禮，宜崇古，宜於大祫特享上親行獻爵之禮。又太常寺官奏禮畢，請還宮。舊儀叩頭作揖，今宜止跪，奏禮畢，請還宮，不必行叩頭禮，庶免近褻，謹開具祭告日期及一應儀注，以候聖裁。上覽儀注有遍，告九廟而無告德祖及懿、熙、仁三祖之文，復諭禮部：昨所擬預告并特享宗廟儀，俱有未安，其預告止宜告太祖以伸尊崇之意。我列聖亦必獲太祖命而後可安幽明，豈有二理哉？但又當告德祖於寢殿，奉主於祧廟、中廟。及當告祧廟三室，後奉太祖主居寢殿中室。至大祫日前期，預告如故事，又預告太祖。朕以其事重，擬祝用册，已具册式矣。又特享禮須要可繼，亦使陪祀執事無久而怠之之患，其另具奏以聞。于是，禮官復議：臣考《大明會典》及往年祧廟儀注，止告於奉，祔神主不及祧主。茲承聖諭欲告於德祖及祧廟三室，仰見皇上誠孝篤志，思慮周悉，非臣等拘泥舊聞者所能仰及。但臣等考舊儀注，必先撤祧主而後可以正遷主之位。今德祖神主尚正設於寢殿之中，若候告祭太祖畢，始告祭於德祖。臣等竊慮皇上方親捧太祖神主至寢殿，既不宜仍安於舊設之位，又不可以捧主行禮，似爲有礙。宜於告祭之日，先告德祖及詣告祧祖三室，然後親捧德祖神主安於祧廟中，後至寢殿捧太祖神主出於太廟殿中座，上行告祭禮，先後次序始無妨礙，其親獻爵之禮已蒙皇上採納。但大祫時享、特享之時禮儀繁鬱，皇上遍詣各宗三獻，俱親精力易倦，有妨誠敬，宜於大祫時於德祖前時享，特享時於太廟前三獻，必親其列聖，止親初獻至亞獻終獻，令捧主大臣司之，則至敬不盡。假於所司而亦簡便，可繼謹將一應儀注遵諭再擬以聞。制曰：可。

（明）俞汝楫等《禮部志稿》卷八三《宗廟備考‧廟祀‧太廟‧太廟必躬祭》

隆慶二年，孟春享太廟。上已命成國公朱希忠代祭行，禮官請上親祭，不允。于是大學士徐階等疏言：祭祀，國家之大禮，春祭四時之首，禋在皇上必躬奉祼將，而爲孝爲敬在祖宗列聖，亦必得皇上之躬親而後來格來歆。故孔子曰：吾不與祭，如不祭，是非有甚。不得已之事，未有可以遣官代行者。《易》曰：萃亨王假有廟，言萃聚精神，總攝眾志之志，莫大乎宗廟也。仰惟皇上當萬國來王之初，朝覲官會試舉人，四夷朝使咸集闕下，正宜致謹廟享，以萃合天下之心。而乃無故遣代，恐非所謂萃之道也。且自宮至廟其路不遠，奠獻有數，其禮不繁，皇上躬一奉行勞亦不甚大。以宗廟大禮，雖勞且不當避，況甚非勞者乎。臣等謹披瀝上，請惟聖明鑒允，仍親詣太廟行禮。上乃從之。

（明）俞汝楫等《禮部志稿》卷八三《宗廟備考‧廟祀‧太廟‧配享‧太廟合祭功臣配享》

洪武四年，定太廟合祭功臣配享。先是特享太廟，命以青布幃列功臣之位於廟庭中。俾預配享，既而以親王與功臣分祀於兩廡，遂罷幃設之次，及是合祭。上謂中書省臣曰：太廟之祭以功臣配列於廡間，然合祭之時，朕意祖宗之神，具在使功臣故舊之没者得少依。神靈以同享祀，則不獨朝廷宗廟之盛典，亦以寓朕眷念功臣不忘之意也。其定合祭配享之位以聞。于是，禮官奏凡合祭之時於太廟內爲黃布幄殿設兩廡，中設祖考神位，親王及功臣列於兩廡，每行禮既奠獻祖考，則遣大臣各分獻兩廡。制可。

（明）俞汝楫等《禮部志稿》卷八三《宗廟備考‧廟祀‧太廟‧配享‧重建配享功臣位次》

嘉靖十六年，武定侯郭勛請以始祖開國功臣郭英從祀。得旨：郭英同時贊佐皇祖，功臣准配享太廟，因命禮部開注功臣位次以聞。至是，禮部上言：祖宗時定列功臣位次，皆序封爵，首王、次公、次侯、次伯。洪武功臣以徐達等自爲序，永樂功臣以張玉等自爲序。今觀廟廡所列，以誠意伯劉基列於六王之次，群公之上，似爲不倫。今因營國公郭英定列從祀之時，亦照封爵定列。上請聖裁。得旨：廟中配享，與朝廷宴禮相同，豈可懷私位次，一以爵序。

(明) 俞汝楫等《禮部志稿》卷九六

忌辰祭祀仍升殿。正統二年，禮部奏正統三年正月初六日享太廟。先三日，太常寺奏祭祀故事，上御正殿受奏。然是日，值宣宗皇帝忌辰，例不鳴鐘鼓，第視事西角門，禮有不同，請裁之。上以祭祀重事仍宜升殿，餘悉遵永樂間例行之。

享太廟值忌辰。正統二年十二月，行在禮部奏：正統三年正月初六日享太廟，上御正殿受奏。然是日，值宣宗皇帝忌辰，例不鳴鐘鼓，第視事西角門，禮有不同，請裁之。上曰：祭祀重事還宜升殿，餘悉遵永樂間例行之。

時享與梓宮在殯同行禮。嘉靖元年，禮部奏七月初一日孟秋時享太廟，恭遇武宗皇帝梓宮在殯。按禮，宗廟之祭不可以喪廢，惟先期致齋，鴻臚寺免請升殿，太常寺止具本奏知。至日，設樂而不作，從之。

喪禮遇時享。洪武二十五年，上以皇太子新薨欲停祭祀，而時享在邇，復命禮部右侍郎張智、翰林學士劉三吾等以郊廟合行典禮參考古制，議定以聞。于是，智等奏曰：【略】惟太廟乃祖先神靈所在，國既有喪，而時享仍用樂恐神不樂聽，宜亦備而不作。詔從之。

日食遇時享。成化八年三月，禮部奏今年四月初一日日食。文武百官例赴本部救護，然其日孟夏時享太廟，俱在午後行禮，彼此有妨宜如孟秋時享，例於初一日早行禮彼此。是日，免朝，時享如所奏。

歲暮大祫酌儀。

嘉靖二十年，禮官議歲暮大祫當陳祧主，而景神殿隘不能盡陳，請暫祭四祖於後寢，用連几陳籩、豆，以便周旋前殿兩廡。故有列廟神龕，孝潔神座請移別所尊藏，以便親王功臣侑享。詔可。四祖在寢，祝讀於前殿，太祖位前改特修大祫禮，太廟具爲特修大祫之禮。敬皇后神主業已還內不書，待詣廟而後書。

(清) 談遷《國榷》卷六《太祖洪武八年乙卯至十二年己未》

甲辰，太常司定太廟朔望薦新及獻新禮。

癸未，定太廟祭，四孟月、歲除凡五，其清明、端午、中元、冬至各時享。

辛亥，定太廟侑祀，功臣合祭。

(清) 許重熙《皇明五朝紀要·嘉靖注略二》

辛卯十年春正月乙未，特享太廟。正太祖，南向。位遷德祖於祧殿，移親王功臣於兩廡。初太廟之祭，文官五品而下不與，夏言爲都給事中，加四品，服得陪祀。因言都給事中列署內庭，宜一體陪從，禮部議以會典未合乃止。【略】夏言奏曰：德祖尊享太廟，定爲大祫，統群廟之主。身爲始祖而又爲始祖之自出，無是禮也，宜設先祖

虛位而以太祖配享。中允。【略】

十一月,詔天下臣民得祀始祖。

十二月,九廟成。夏言爲大學士,嚴嵩尚書禮部。

閏十二月,定五歲一禘祀。皇初祖於太廟以天祖配,每立春特享祖宗於群廟,三時合享於太廟,季冬大祫,皇考止舉時。

(清)許重熙《皇明五朝紀要·嘉靖注略三》

秋七月,禮臣嚴嵩奏曰:太宗事同開創,宜稱祖,以別群聖。【略】

冬十一月丁亥朔,【略】因詣太廟,崇薦太祖爲開天行道肇紀立極太聖至神仁文義武峻德成功,加薦高皇后爲孝慈貞元哲順仁徽成天育聖。

(清)谷應泰《明史紀事本末》卷五十

(嘉靖)二年春二月,太常卿汪舉上言:安陸廟宜用十二籩、豆,如太廟儀。從之。禮部請置奉祀官,又言樂舞未敢輕議。帝命楊廷和集議之,禮部侍郎賈咏會公侯九卿等上言:正統本生義宜有間,八佾既用於太廟,安陸樂舞似當少殺,以避二統之嫌。帝曰:仍用八佾。于是,何孟春及給事中張翀、黃臣、劉最,御史唐僑儀、秦武等,南京給事中鄭慶云各上言,力爭不報。【略】

十五年冬十月,更世廟爲獻皇帝廟。【略】夏言上言:禮惟有功德者,別立廟祀百世不遷。名之曰世,周之文武世室是也。皇考獻皇帝雖篤生皇上,比迹契稷,而前有文皇既稱太宗,義當尊讓。後有聖帝,必爲世宗理宜虛俟。今欽定獻皇帝廟,庶幾明祀正而公議定。帝從之,命以所議付史館。十二月,九廟成,獻皇帝廟止修時祀,以避豐禰之嫌。

秋七月,議祔皇考於太廟。【略】九月辛巳,奉太宗文皇帝爲成祖,皇考獻皇帝爲睿宗,癸未祔皇考於太廟,辛卯大饗上帝於極殿,奉睿宗配享。

二十年夏四月辛酉,九廟災,時久暘不雨,是日初昏,陰雨驟至,大雷雹以風,忽震火起仁廟,烈風噓之,須臾毀其主,延及成祖,主亦毀,遂及太祖昭穆群廟,惟獻廟獨存。

二十四年秋七月,太廟成,布詔天下。穆宗隆慶元年春三月,禮科左給事中王治上言:獻皇帝入廟稱宗,在今日猶有當議者,蓋獻皇雖貴爲天子之父,實未嘗南面臨天下。而今乃與祖宗諸宗諸帝并列,雖親爲武宗之叔父,然嘗北面武宗,而今乃設位於武宗之右,揆之古典終爲未合。故先帝於獻皇帝祔廟之後。世廟之享,猶不忘設,是先帝之心,亦自有不安者。臣以爲獻皇祔太廟,千萬歲後不免遞遷,若專祀世廟,則億萬世不改。惟陛下下廷臣議求,至當以妥獻皇之靈,以光先帝大孝。章下所司格不行。

(清)谷應泰《明史紀事本末》卷五一《更定祀典》

(世宗九年)夏四月,廷臣集議郊祀典禮。【略】中允廖道南上疏,【略】至於宗廟之制，國初立四親廟，德祖居中，懿、熙、仁、祖次分尤右，昭穆有定位，禘祫有定時，視商周七廟九廟其揆一也。

九年十月，改建太廟，乃比漢人同堂異室之制，時享歲祫則設累朝衣冠於神座而祀之。于是，始以功臣配享矣。【略】

十年春正月乙未，特享太廟，正太祖南向位。初，太祖立四親廟，德、懿、熙、仁同宮異廟，各南向。孟春，特享於群廟，三時各祭於德祖廟，序用昭穆。後改建太廟，同堂異室，亦各南向。四孟及歲除俱各祭於中室，仍序昭穆如初，罷特享禮。至英宗，升祔九室悉備，憲宗將祔用，禮官儀祧，懿祖、孝宗祔祧熙祖，武宗祔祧仁祖，獨德祖不祧，時享則太祖、太宗以下俱東西向。【略】

十四年二月初，建九廟。先是，夏言請定七廟，額謂陛下復古廟制，正太祖南向位，則太廟之名實符周典，太宗功德隆赫，特建百世不遷之廟，宜曰文祖世室，在三昭上，仁宗、宣宗各為昭穆第一廟，英宗、憲宗為昭穆第二廟，孝宗、武宗為昭穆第三廟，則萬世不刊之制也。帝從之。

十二月，九廟成，詔天下，帝乃定五年一禘，祀皇初祖於太廟，以太祖配。每立春特享祖宗於群廟，三時合享於太廟，季冬大祫於太廟，皇考獻皇帝止舉時祀。

二十年夏四月辛酉，九廟災，詳大禮議。

二十四年夏六月，撤元世祖廟祀及其侑饗木黎華等五人，從給事中陳裴議也。秋七月，太廟成，復同堂異室之制。

(清) 萬斯同等《明史》卷五二《志二六·禮志五》

(洪武) 十五年十月，以孝慈皇后神主祔享太廟。建文即位，奉太祖高皇帝神主祔廟正殿神座。次熙祖，東向。寢殿神主居西二室，南向。成祖遷都北平，建廟如南京之制。

永樂二十二年九月，遵大行皇帝遺命，奉仁孝皇后神主合祀於几筵。

(永樂) 二年五月，奉仁宗神主祔廟，如祔太宗儀神主，奉安寢殿西第三室，正殿神座居高祖之次，東向。

(永樂) 十年，奉宣宗祔廟神主，奉安寢殿東四室。正殿神座居太宗之次，西向。

正統七年十二月，奉昭皇后神主祔廟神主，詣列祖神位前謁廟。【略】

正德二年六月，升祔孝宗敬皇帝神主於太廟。十三年六月，奉孝貞純皇后神主祔太廟。世宗即位，奉祧仁祖於後殿，升祔武宗於太廟。【略】

(嘉靖) 九年春，行特享禮，令祠官於殿內設惟幄，如九廟。列聖皆南向，各奠獻讀祝，三孟如舊。

(嘉靖) 十年正月甲午，帝以廟祀更定告於太廟、世廟，并祧廟三主。是日，遷德祖神主於祧廟，奉安太祖神主於寢殿正中，遂以序進遷七宗神位。丁酉，帝詣太廟行特享禮。【略】

（嘉靖）十四年正月，召諭閣臣：今擬建文祖廟爲世室，則皇考世廟字當避。張孚敬等曰：世廟原奉欽定，矧已著之明倫大典，頒詔四方似不可改。文世室宜稱太宗廟，其餘群廟不用宗字，當用本廟號。他日遞遷更牌額可也。從之。二月，諭閣部臣建列聖廟，本爲尊太祖。而太廟仍舊，禮宜崇飾。明日，告祖請命，後恭請八廟，帝后神主暫奉安於奉先殿，祧廟四祖神主奉安於太先殿。【略】改建之祖宗各爲專廟，諸廟各爲都宮。太祖廟居中，昭穆六廟左右列，而太宗廟在六廟上。廟各有殿、有寢，太祖廟寢後有祧廟，奉祧主藏焉。太廟門殿皆南向，群廟門東西向，內門殿寢皆南向。

（嘉靖）十五年十二月，新太廟成。【略】翌日，奉安太宗神主於太宗廟，列聖神主於昭穆群廟。命九卿正官及武爵重臣俱詣太宗廟陪祭。其文官三品以上，武官四品以上，分詣群廟行禮。又擇日，帝親捧太祖神主，文武大臣捧七宗神位，奉安於景神殿。

（嘉靖）二十年四月，太廟災，成廟、仁廟主毀。奉安列聖主於景神殿，遣大臣詣長陵、獻陵，告題成祖，仁宗帝后主亦奉安景神殿。九月，諭禮部：五祖南向之位，左二廟帝右，後左蓋婦無近舅之禮，太廟中亦當如此奉設，令太常寺知之。【略】

（嘉靖）二十四年六月，【略】禮部尚書費寀等以太廟安神，請定位次。帝曰：既無昭穆，亦無世次，只序倫理，太祖居中，左四序，成、宣、憲、睿；右四序，仁、英、孝、武。皆南向。七月，以廟建禮成，百官於奉天門上表稱賀。是日，頒詔天下，略謂我朝廟制，自太祖肇基首，立四親廟，其後更制，同堂異室此固稽古之制。用恊七廟之文，是以創建，式師周典，乃以鬱攸不戒原之，昭穆不明用，是復同堂之建，實有不得已之情。爰循更制崇構新宮，享獻之節，悉用往儀，聖靈希妥，朕志莫伸。新廟仍在闕左，正殿九間，內設列聖冠服，東西側間設親王功臣牌位。前爲兩廡，東西二燎爐，東燎列聖祝帛，西燎親王功臣帛。南爲戟門，設具服。小次門左爲神庫，右爲神廚。又南爲廟門，門外東南爲宰牲亭，南爲神宮監，西爲廟街門。正殿後爲寢殿，奉安列聖神主，皆南向。又後爲祧廟，藏祧主，皆南向。

（嘉靖）二十七年五月，孝烈皇后神主暫奉安坤寧宮俟。期年，行祔廟禮。十一月，部臣以後喪且期年神主當祔享，乃援孝潔皇后故事，請權祔奉先殿，歲時獻享。帝以奉先殿非當祔之正，后主即宜祔享太廟，尋命罷其議俟。再期以聞。【略】

（嘉靖）二十九年十月，禮部以孝烈皇后忌辰祭禮未定爲請。【略】得旨，奉祧廟室仍遵舊制。八月，奉遷憲宗帝后神主於祧廟，奉安孝穆、孝惠二后神位於茂陵享殿，遂升祔神宗顯皇帝於太廟。二年四月，奉孝端顯皇后神主祔廟。九月，光宗貞皇帝大祥奉安神主於太廟。

（清）萬斯同等《明史》卷五三《志二七·禮志一一·吉禮一一》

（洪武）九年新建太廟。凡時享，正殿中設德祖帝后衣冠神座，南向。懿祖座左，西向；熙祖座右，東向；仁祖次懿祖，西向。凡神座俱不奉神主，止設衣冠。禮畢，藏之孟春，擇上旬日，三孟用朔日及歲除皆合享，奏德廟之樂。自是，五享皆罷，特祭而行合享之禮。

洪武二十一年，命禮臣定時享宗廟儀。

（洪武）二十五年，禮臣議定太廟時享，若值國有喪事，樂備而不作。

正統三年正月，享太廟行在，禮部奏故事。先三日，太常寺奏祭祀，上御正殿受奏然。是日，直宣宗皇帝忌辰，例不鳴鐘鼓，第視事西角門，帝以祭祀重事，仍宜升殿，餘悉遵永樂間例行之。天順六年，內閣臣言：本朝時享太廟皆於四孟上旬，擇日後定爲初一日，惟孟春照舊，擇日以正旦，有妨故也。今遇皇太后大喪，孟冬時享，正在二十七日憂服之內，乞於除服後祭祀爲宜。帝從之。擇初六日時享。成化四年六月，禮部言：孟秋享太廟，大行慈懿皇太后喪禮哭臨未畢，乞移祭期。初七日，帝命仍於初一日祭。【略】

嘉靖十一年，大學士張孚敬等言：太廟先年祭祀但設衣冠皇土，改行出主，誠合古禮。但遍詣群廟，躬自啓納不免過勞。請自太祖神主，皇上躬自安設群廟帝后神主，令內外捧主諸臣一體安設。帝從。其請詔捧帝主大臣以太常寺官佐之，后主內臣以神宮監內侍佐之。著爲令。

（嘉靖）十七年，定享祫禮。凡立春特享，皇帝親祭，太祖遣大臣八人分獻，諸帝內臣八人分獻，諸后立夏時祫，各出主於太廟。太祖南向，成祖居東西向，序七宗之上，次仁宗、宣宗、英宗、憲宗、孝宗、睿宗、武宗，東西相向。立秋、立冬時祫如夏禮。是年，皇后獻罷脫舄禮。

（嘉靖）二十四年，新廟成，復定時享於四孟，祫於歲除，仍設衣冠合享，不出主，如太祖舊制。【略】

隆慶元年，孟夏時享。以世宗神主尚在几筵，照正德元年例。先一日，帝常服祭告几筵祇，請詣廟享祀。後遇時享，祫祭大祥內皆如之。其鴻臚寺奏請升殿，太常寺奏致齋，及祭畢駕回，俱設樂而不作。凡四孟行禮皆用午時，先年秋祭以子時。萬曆十六年，命秋祭亦用午時。

薦新。洪武元年，太常進宗廟月朔薦新禮。帝覽畢，謂群臣曰：宗廟之祀所以隆，孝思也。然祭之於後，不若養之於先。朕今不及矣，悲歎久之。命以月朔薦新儀物，著之常典，俾子孫世承之。

（洪武）二年，詔：凡時物，太常先薦宗廟，然後進御。初太廟月朔之祭，天子躬行禮。未幾，詔：太廟朔望薦新，令太常供祭。

（洪武）三年，太常奏定其儀。朔日薦新，各廟共用羊一、豕一，籩、豆各八，簠簋、登鉶各二，酒尊三及常饌鵝羹飯。太常卿及預祭官各服法服行禮，望祭止用常饌鵝羹飯。祭日引禮官及太常卿以下各服常服行禮。又獻新之儀，凡遇四方別進新物，在月薦之外者，太常卿奉旨與內使監官各服常服捧獻於太廟，不行禮。其後，朔望祭祀及薦新、獻新，俱於奉先殿行禮。

（清）張廷玉等《明史》卷五一《志二七·禮志五·吉禮五·宗廟之制》

洪武元年，命中書省集儒臣議祀典，李善長等言："周制，天子七廟。而《商書》曰：'七世之廟，可以觀德'，則知天子七廟，自古有之。太祖百世不遷。三昭三穆以世次比，至親盡而遷。此有天下之常禮。若周文王、武王雖親盡宜祧，以其有功當宗，故皆別立一廟，謂之文世室、武世室，亦百世不遷。漢每帝輒立一廟，不序昭穆，又有郡國廟及寢園廟。光武中興，於洛陽立高廟，祀高祖及文、武、宣、元五帝。又於長安故高廟中，祀成、哀、平三帝。別立四親廟於南陽春陵，祀父南頓君以上四世。至明帝，遺詔藏主於光烈皇后更衣別室。後帝相承，皆藏於世祖之廟。由是同堂異室之制，至於元莫之改。唐高祖尊高曾祖考，立四廟於長安。太宗議立七廟，虛太祖之室。玄宗創制，立九室，祀八世。文宗時，禮官以景帝受封於唐，高祖、太宗創業受命，百代不遷。親盡之主，禮合祧遷，至禘祫則合食如常。其後以敬、文、武三宗爲一代，故終唐之世，常爲九世十一室。宋自太祖追尊僖、順、翼、宣四祖，每遇禘，則以昭穆相對，而虛東向之位。神宗奉僖祖爲太廟始祖，至徽宗時增太廟爲十室，而不祧者五宗。崇寧中，取王肅說，謂二祧在七世之外，乃建九廟。高宗南渡，祀九世。至於寧宗，始別建四祖殿，而正太祖東向之位。元世祖建宗廟於燕京，以太祖居中，爲不遷之祖。至泰定中，爲七世十室。今請追尊高曾祖考四代，各爲一廟。"

於是上皇高祖考謚曰玄皇帝，廟號德祖，皇高祖妣曰裕玄皇后。皇曾祖考謚曰恒皇帝，廟號懿祖，皇曾祖妣曰恒皇后。皇祖考謚曰裕皇帝，廟號熙祖，皇祖妣曰裕皇后。皇考謚曰淳皇帝，廟號仁祖，皇妣陳氏曰淳皇后。

詔製太廟祭器。太祖曰："禮順人情，可以義起。所貴斟酌得宜，隨時損益。近世泥古，好用古籩豆之屬，以祭其先。生既不用，死而用之，甚無謂也。孔子曰：'事死如事生，事亡如事存。'其製宗廟器用服御，皆如事生之儀。"於是造銀器，以金塗之。酒壺盂盞皆八，朱漆盤碗二百四十，及楎椸枕簟篋笥幬幔浴室皆具。後又詔器皿以金塗銀者，俱易以金。

（洪武）二年詔太廟祝文止稱孝子皇帝，不稱臣。凡遣皇太子行禮，止稱命長子某，勿稱皇太子。後稱孝玄孫皇帝，又改稱孝曾孫嗣皇帝。初，太廟每室用幣一。二年從禮部議，用二白繒。又從尚書崔亮奏，作圭瓚。【略】

建文即位，奉太祖主祔廟。正殿神座次熙祖，東向。寢殿神主居西二室，南向。成祖遷都，建廟如南京制。

宣德元年七月，禮部進太宗神主祔廟儀。先期一日，遣官詣太廟行祭告禮。午後，於几筵殿行大祥祭。翼日昧爽，設酒果於几筵殿，設御輦二、册寶亭四於殿前丹陛上。皇帝服淺淡服，行祭告禮畢，司禮監官跪請神主升輦，詣太廟奉安。内使二員捧神主，内使四員捧册寶，由殿中門出，安奉於御輦、册寶亭。皇帝隨行至思善門，易祭服，升輅。至午門外，儀衛傘扇前導，至廟街門內，皇帝降輅。監官導詣御輦前奏，跪請神主奉安太廟，俯伏，興。内使捧神主冊寶，皇帝從，由中門入，至寢廟東第三室，南向奉安。皇帝叩頭，畢，祭祀如時祭儀。文武官具祭服行禮。其正殿神座，居仁祖之次，西向。二年五月，仁宗神主祔廟，如前儀。寢殿，西第三室，南向。正殿，居高祖之次，東向。其後大行祔廟，仿此。正統七年十二月，奉昭皇后神主祔廟，神主詣列祖神位前謁廟。禮畢，太常寺官唱賜座，内侍捧衣冠，與仁宗同神位。唱請宣宗皇帝朝見，内侍捧宣宗衣冠置褥位上，行四拜禮訖，安奉於座上。

孝宗即位，憲宗將升祔。時九廟已備，議者咸謂德、懿、熙、仁四廟，宜以次奉祧。禮臣謂："國家自德祖以上，莫推世次，則德祖視周后稷，不可祧。憲宗升祔，當祧懿祖。宜於太廟寢殿後，別建祧殿，如古夾室之制。歲暮則奉祧主合享，如古祫祭之禮。"吏部侍郎楊守陳言："《禮》，天子七廟，祖功而宗德。德祖可比商報乙、周亞圉，非契、稷比。議者習見宋儒嘗取王安石説，遂使七廟既有始祖，又有太祖。太祖既配天，又不得正位南向，非禮之正。今請并祧德、懿、熙三祖，自仁祖下爲七廟，異時祧盡，則太祖擬契、稷，而祧主藏於後寢，祫禮行於前殿。時享尊太祖，祫祭尊德祖，則功德并崇，恩義亦備。"帝從禮官議，建祧廟於寢殿後，遣官祭告宗廟。帝具素服告憲宗几筵。祭畢，奉遷懿祖神主衣冠於後殿，床幔、御座、儀物則貯於神庫。其後奉祧仿此。

嘉靖九年春，世宗行特享禮。令於殿內設帷幄如九廟，列聖皆南向，各奠獻，讀祝三，餘如舊。十年正月，帝以廟祀更定，告於太廟、世廟并祧廟三主。遷德祖神主於祧廟，奉安太祖神主於寢殿正中，遂以序進遷七宗神位。丁酉，帝詣太廟行特享禮。九月，諭大學士李時等，以"宗廟之制，父子兄弟同處一堂，於禮非宜。太宗以下宜皆立專廟，南向"。尚書夏言奏："太廟兩傍，隙地無幾，宗廟重事，始謀宜慎。"未報。中允廖道南言："太宗以下宜各建特廟於兩廡之地。有都宮以統廟，不必各爲門垣。有夾室以藏主，不必更爲寢廟。第使列聖各得全其尊，皇上躬行禮於太祖之廟，餘遣親臣代獻，如古諸侯助祭之禮。"帝悅，命會議。言等言："太廟地勢有限，恐不能容，若小其規模，又不合古禮。且使各廟既成，陛下遍歷群廟，非獨筋力不逮，而日力亦有不給。古者宗伯代后獻之文，謂在一廟中，而代后之亞獻。未聞以人臣而代主一廟之祭者也。且古諸侯多同姓之臣，今陪祀執事者，可擬古諸侯之助祭者乎？先臣丘濬謂宜間日祭一廟，歷十四日而遍。此蓋無所處，而强爲之説耳。若以九廟一堂，嫌於混同。請以木爲黃屋，如廟廷之制，依廟數設之，又設帷幄於其中，庶得以展專奠之敬矣。"議上，不報。

（嘉靖）十三年，南京太廟災。禮部尚書湛若水請權將南京太廟香火并於南京奉先殿，重建太廟，補造列聖神主。帝召尚書言與群臣集議。言會大學士張孚敬等言："國有二廟，自漢惠始。神有二主，自齊桓始。周之三都廟，乃遷國立廟，去國載主，非二廟二主也。子孫之身乃祖宗所依，聖子神孫既親奉祀事於此，則祖宗神靈自當陟降於此。今日正當專定廟議，一以此地爲根本。南京原有奉先殿，其朝夕香火，當合并供奉如常。太廟遺址當仿古壇墠遺意，高築墻垣，謹司啓閉，以致尊嚴之意。"從之。

時帝欲改建九廟。夏言因言："京師宗廟，將復古制，而南京太廟遽災，殆皇天列祖佑啓默相，不可不靈承者。"帝悅，詔春和興工。諸臣議於太廟南，左爲三昭廟，與文祖世室而四，右爲三穆廟。群廟各深十六丈有奇，而世室殿寝稍崇，縱橫深廣，與群廟等。列廟總門與太廟戟門相并，列廟後垣與太廟祧廟後墻相并。具圖進。帝以世室尚當隆异，令再議。言等請增拓世室前殿，視群廟崇四尺有奇，深廣半之。寢殿視群廟崇二尺有奇，深廣如之。報可。十四年正月，諭閣臣："今擬建文祖廟爲世室，則皇考世廟字當避。"張孚敬言："世廟著《明倫大典》，頒詔四方，不可改。文世室宜稱太宗廟。其餘群廟不用宗字，用本廟號，他日遞遷，更牌額可也。"從之。二月，盡撤故廟改建之。諸廟各爲都宮，廟各有殿有寢。太祖廟寢後有祧廟，奉祧主藏焉。太廟門殿皆南向，群廟門東西向，內門殿寢皆南向。十五年十二月，新廟成，更創皇考廟曰睿宗獻皇帝廟。帝乃奉安德、懿、熙、仁四祖神主於祧廟，太祖神主於太廟，百官陪祭如儀。翌日，奉安太宗以下神主，列於群廟，命九卿正官及武爵重臣，俱詣太宗廟陪祭。文三品以上，武四品以上，分詣群廟行禮。又擇日親捧太祖神主，文武大臣捧七宗神主，奉安於景神殿。

（嘉靖）二十年四月，太廟災，成祖、仁宗主毀，奉安列聖主於景神殿。遣大臣詣長陵、獻陵告題帝后主，亦奉安景神殿。二十二年十月，以舊廟基隘，命相度規制。議三上，不報。久之，乃命復同堂异室之舊，廟制始定。二十四年六月，禮部尚書費寀等以太廟安神，請定位次。帝曰："既無昭穆，亦無世次，只序倫理。太祖居中，左四序成、宣、憲、睿，右四序仁、英、孝、武。皆南向。"七月，以廟建禮成，百官表賀，詔天下。新廟仍在闕左，正殿九間，前兩廡，南戟門。門左神庫，右神廚。又南爲廟門，門外東南宰牲亭，南神宮監，西廟街門。正殿後爲寢殿，奉安列聖神主，又後爲祧廟，藏祧主，皆南向。

（嘉靖）二十七年，帝欲祔孝烈皇后方氏於太廟，而祧仁宗。大學士嚴嵩、禮部尚書徐階等初皆持不可，既而不能堅其議。二十九年十一月祧仁宗，遂祔孝烈於西第四室。隆慶六年八月，穆宗將祔廟，敕禮臣議當祧廟室。禮科陸樹德言："宣宗於穆宗僅五世，請仍祔睿宗於世廟，而宣宗勿祧。"疏下禮部，部議宣宗世次尚近，祧之未安。因言："古者以一世爲一廟，非以一君爲一世，故晋之廟十一室而六世，唐之廟十一室而九世。宋自太祖上追四祖至徽宗，始定爲九世十一室之制，以太祖、太宗同爲一世故也。其後徽宗祔以與哲宗同一世，高宗祔以與欽宗同一世，皆無所祧，及光宗升祔，增爲九世十二室。今自宣宗至穆宗凡六世，上合二祖僅八世，準以宋制可以無祧，但於寢殿左右各增一室，則尊祖敬宗并行不悖矣。"帝命如舊敕行，遂祧宣宗。天啓元年七月，光宗將祔廟。太常卿洪文衡請無祧憲宗，而祧睿宗。不聽。

（清）張廷玉等《明史》卷五一《志二七·禮志五·吉禮五·禘祫》

洪武元年祫饗太廟。德祖皇考妣居中，南向。懿祖皇考妣東第一位，西向。熙祖皇考妣西第一位，東向。仁祖皇考妣東第二位，西向。七年，御史答祿與權言：“皇上受命七年而禘祭未舉。宜參酌古今，成一代之典。”詔下禮部、太常司、翰林院議，以爲：“虞、夏、商、周，世系明白，故禘禮可行。漢、唐以來，莫能明其始祖所自出，當時所謂禘祭，不過祫已祧之祖而祭之，乃古之大祫，非禘也。宋神宗嘗曰：‘禘者，所以審諦祖之所自出。’是則莫知祖之所自出，禘禮不可行也。今國家追尊四廟，而始祖所自出者未有所考，則禘難遽行。”太祖是其議。弘治元年，定每歲暮奉祧廟懿祖神座於正殿左，居熙祖上，行祫祭之禮。

嘉靖十年，世宗以禘祫義詢大學士張璁，令與夏言議。言撰《禘義》一篇獻之，大意謂：“自漢以下，譜牒難考，欲如虞夏之禘黃帝，商周之禘帝嚳，不能盡合。謹推明古典，采酌先儒精微之論，宜爲虛位以祀。”帝深然之。會中允廖道南謂硃氏爲顓頊裔，請以《太祖實錄》爲據，禘顓頊。遂詔禮部以言、道南二疏，會官詳議。諸臣咸謂：“稱虛位者，茫昧無據，尊顓頊者，世遠難稽。廟制既定高皇帝始祖之位，當禘德祖爲正。”帝意主虛位，令再議。而言復疏論禘德祖有四可疑，且言今所定太祖爲太廟中之始祖，非王者立始祖廟之始祖。帝并下其章。諸臣乃請設虛位，以禘皇初祖，南向，奉太祖配，西向。禮臣因言，大祫既歲舉，大禘請三歲一行，庶疏數適宜。帝自爲文告皇祖，定丙、辛歲一行，敕禮部具儀擇日。四月，禮部上大禘儀注。前期告廟，致齋三日，備香帛牲醴如時享儀。錦衣衛設儀衛，太常卿奉皇初祖神牌、太祖神位於太廟正殿，安設如圖儀。至日行禮，如大祀圜丘儀。及議祧德祖，罷歲除祭，以冬季中旬行大祫禮。太常寺設德祖神位於太廟正中，南向。懿祖而下，以次東西向。

（嘉靖）十五年，復定廟饗制。立春特享，各出主於殿。立夏、立秋、立冬出太祖、成祖七宗主，饗太祖殿，爲時祫。季冬中旬，卜日出四祖及太祖、成祖七宗主，饗太祖殿，爲大祫。祭畢，各歸主於其寢。十七年定大祫祝文，九廟帝后謚號俱全書，時祫止書某祖、某宗某皇帝。更定季冬大祫日，奉德、懿、熙、仁及太祖異室皆南向，成祖西向北上，仁宗以下七宗東西相向。【略】二十年十一月，禮官議，歲暮大祫，當陳祧主，而景神殿隘，請暫祭四祖於後寢，用連几，陳籩豆，以便周旋。詔可。二十二年，定時享、大祫，罷出主、上香、奠獻等儀，臨期捧衣冠出納。太常及神宮監官奉行。二十四年，罷季冬中旬大祫，并罷告祭，仍以歲除日行大祫，禮同時享。二十八年，復告祭儀。穆宗即位，禮部以大行皇帝服制未除，請遵弘治十八年例，歲暮大祫、孟春時享兩祭，皆遣官攝事。樂設而不作，帝即喪次致齋，陪祀官亦在二十七日之內，宜令暫免。從之。

（清）張廷玉等《明史》卷五一《志二七·禮志五·吉禮五·時享》

洪武元年，定宗廟之祭。每歲四孟及歲除，凡五享。學士陶安等言：“古者四時之祭，三祭皆合享於祖廟，惟春祭於各廟。自漢而下，廟皆同堂異室，則四時皆合祭。今宜仿近制，合祭於第一廟，庶適禮之中，無煩瀆也。”太祖命孟春特祭於各廟，三時及歲除則祫佩祭於德祖廟。二年，定時享之制。春以清明，夏以端午，秋以中元，冬以冬至，歲除如舊。三年，禮部尚書崔亮言：“孟月者，四時之首。因時變，致孝思，故備三牲黍稷品物以祭。至仲季之月，不過薦新而已。既行郊祀，則廟享難舉，宜改從舊制。其清明等節，各備時物以薦。”從之。九年，新建太廟。凡時享，正殿中設德祖帝后神座，南向。左懿祖，右熙祖，東西向。仁祖次懿祖。凡神座俱不奉神主，止設衣冠。禮畢，藏之。孟春擇上旬日，三孟用朔日，及歲除皆合享。自是五享皆罷特祭，而行合配之禮。二十一年，定時享儀。更前制，迎神四拜，飲福四拜，禮畢四拜。二十五年定時享。若國有喪事，樂備而不作。

正統三年正月，享太廟。禮部言，故事，先三日，太常寺奏祭祀，御正殿受奏。是日，宣宗皇帝忌辰，例不鳴鐘鼓，第視事西角門。帝以祭祀重事，仍宜升殿，餘悉遵永樂間例行之。天順六年，閣臣以皇太后喪，請改孟冬時享於除服後。從之。成化四年，禮部以慈懿太后喪，請改孟秋享廟於初七日。不從。

嘉靖十一年，大學士張孚敬等言：“太廟祭祀，但設衣冠。皇上改行出主，誠合古禮。但遍詣群廟，躬自啟納，不免過勞。今請太祖神主，躬自安設。群廟帝后神主，則以命內外捧主諸臣。”帝從其請。十七年，定享祫禮。凡立春特享，親祭太祖，遣大臣八人分獻諸帝，內臣八人分獻諸后。立夏時祫，各出主於太廟。太祖南向，成祖西向，序七宗之上，仁、宣、英、憲、孝、睿、武宗東西相向。秋冬時祫，如夏禮。二十四年，新廟成，復定享祫止設衣冠，不出主。隆慶元年，孟夏時享，以世宗几筵未撤，遵正德元年例，先一日，帝常服祭告几筵，祇請諸廟享祀。其後，時享、祫祭在大祥內者，皆如之。

（清）張廷玉等《明史》卷五一《志二七·禮志五·吉禮五·薦新》

洪武元年，定太廟月朔薦新儀物。【略】其禮皆天子躬行。未幾，以屬太常。二年詔，凡時物，太常先薦宗廟，然後進御。三年，定朔日薦新。各廟共羊一、豕一、籩豆八、簠簋登鉶各二、酒尊三，及常饌鵝羹飯。太常卿及與祭官法服行禮。望祭，止常饌鵝羹飯，常服行禮。又有獻新之儀，凡四方別進新物，在月薦外者，太常卿與內使監官常服獻於太廟，不行禮。其後朔望祭祀及薦新、獻新，俱於奉先殿。

（清）張廷玉等《明史》卷五一《志二七·禮志五·吉禮五·加上謚號》

洪武元年，追尊四廟謚號。【略】

永樂元年五月，進高皇帝、高皇后謚議。【略】六月，以上尊謚，先期齋戒遣官祭告天地、宗廟、社稷。鴻臚寺設香案於奉天殿。是日早，內侍以冊寶置於案。太常寺於太廟門外丹陛上，皇考、皇妣神御前各設冊寶案。鴻臚寺設冊寶興於奉天門外，鹵簿、樂懸如常儀。百官祭服詣太廟門外立俟，執事官并宣冊寶官，先從太廟右門入，序立殿右。帝袞冕御華蓋殿。捧冊寶官四員祭服，於奉天殿東西序立。鴻臚寺奏請行禮。帝出奉天殿冊寶案前，捧冊寶官各捧前行，置彩興內，鹵簿大樂前導。帝乘興隨彩興行。至午門外降興，升輅，至太廟門。百官跪俟彩興過，興。帝降輅，隨彩興至太廟中門外。捧冊寶官各捧前行，帝隨行，至丹陛上。捧冊寶置於案，典儀傳唱如常。內贊奏就位，典儀奏迎神奏樂。樂止，內贊奏帝四拜，百官同。

典儀奏進冊寶，捧冊寶官前行，駕由左門入，至廟中，詣皇考神御前。奏跪，搢圭。奏進冊，捧冊官跪進於帝左，帝受冊以授執事官，置於案左。奏出圭，贊宣冊，宣冊官跪宣於帝左。冊文曰：“惟永樂元年，歲次癸未，六月丁未朔，越十一日丁巳，孝子嗣皇帝臣某，謹拜手稽首言。臣聞俊德贊堯，重華美舜，禹、湯、文、武，列聖相承，功德并隆，咸膺顯號。欽惟皇考皇帝，統天肇運，奮自布衣，戡定禍亂，用夏變夷，以孝治天下。四十餘年，民樂永熙。禮樂文章，垂憲萬世。德合乾坤，明同日月，功超千古，道冠百王。謹奉冊寶，上尊謚曰聖神文武欽明啓運俊德成功統天大孝高皇帝，廟號太祖。伏惟神靈陟降，陰隲下民，覆幬無極，與天長存。”宣冊訖，奏搢圭。奏進寶，捧寶官以寶跪進於帝左。帝受寶，以授執事官，置於案右。奏出圭。贊宣寶，宣寶官跪宣於帝右，寶文如謚號。宣寶訖，奏俯伏，興。

帝詣皇妣神御前，進宣冊寶如前儀。冊文曰：“臣聞自古后妃，皆承世緒。嬪汭嬪虞，發祥帝室，周姜輔治，肇基邦君。欽惟皇妣孝慈皇后以聖輔聖，同起側微，弘濟艱難，化家爲國。克勤克儉，克敬克誠，克孝克慈，以奉神靈之統，理萬物之宜。正位中宮十有五年，家邦承式，天下歸仁。謹奉冊寶，上尊謚曰孝慈昭憲至仁文德承天順聖高皇后。伏惟聖靈陟降，膺慈顯名，日月光華，照臨永世。”寶文如謚號。宣寶訖，帝復位。奏四拜，百官同。行祭禮如常儀。翌日，頒詔天下。以上謚禮成，賜陪祀執事官宴，餘官人賜鈔一錠。【略】

嘉靖十七年，世宗用豐坊奏，加獻皇帝廟號，稱宗配帝，乃改奉太宗爲成祖。命製二聖神位於南宮，遂詣景神殿，奉冊寶。尊文皇帝曰成祖啓天弘道高明肇運聖武神功純仁至孝文皇帝，尊獻皇帝曰睿宗知天守道洪德淵仁寬穆純聖恭儉敬文獻皇帝，又上皇天上帝大號。十一月朔，帝詣南郊，恭進冊表。禮成，還詣太廟，奉冊寶，加上高皇帝尊號曰太祖開天行道肇紀立極大聖至神仁文義武俊德成功高皇帝，加上高皇后尊號曰孝慈貞化哲順仁徽成天育聖至德高皇后。是日，中宮捧高皇后主，助行亞獻禮，文武官命婦陪祀。復擇日詣太廟，行改題神主禮。

（清）張廷玉等《明史》卷五一《志二七・禮志五・吉禮五・廟諱》

天啓元年正月從禮部奏，凡從點水加各字者，俱改爲“雒”，從木加交字者，俱改爲“較”。惟督學稱較字未宜，應改爲學政。各王府及文武職官，有犯廟諱御名者，悉改之。

(清) 張廷玉等《明史》卷五二《志二八·禮志六·吉禮六·親王從饗》

洪武三年，定以皇伯考壽春王、王夫人劉氏爲一壇，皇兄南昌王、霍邱王、下蔡王、安豐王、霍邱王夫人翟氏、安豐王夫人趙氏爲一壇，皇兄蒙城王、盱眙王、臨淮王、臨淮王夫人劉氏爲一壇，後定夫人皆改稱妃，皇姪寶應王、六安王、來安王、都梁王、英山王、山陽王、昭信王爲一壇，凡一十九位。春夏於仁祖廟東廡，秋冬及歲除於德祖廟東廡，皇帝行初獻禮，時獻官詣神位分獻。四年，進親王於殿内東壁。九年，新太廟成，增祀蒙城王妃田氏、盱眙王妃唐氏。正德中，御史徐文華言："族有成人而無後者，祭終兄弟之孫之身。諸王至今五六世矣，宜祧。"禮官議不可。嘉靖間，仍序列東廡。二十四年，新建太廟成，復進列東壁，罷分獻。萬曆十四年，太常卿裴應章言："諸王本從祖祔食。今四祖之廟已祧，而諸王無所於祔，宜罷享，而祔之祧廟。"禮部言："祧以藏毀廟之主，爲祖非爲孫。禮有祧，不聞有配祧者。請仍遵初制，序列東廡爲近禮。"報可。

(清) 張廷玉等《明史》卷五二《志二八·禮志六·吉禮六·功臣配饗》

洪武二年享太廟，以廖永安、俞通海、張得勝、桑世傑、耿再成、胡大海、趙德勝配。設青布幃六於太廟庭中，遣官分獻。俟皇帝亞獻將畢，行禮。每歲春秋享廟，則配食於仁祖廟之東廡。三年，定配享功臣常遇春以下凡八位。春夏於仁祖廟西廡，秋冬於德祖廟西廡，設位東向，遂罷幃次之設。更定三獻禮，皇帝初獻，時獻官即分詣行禮，不拜。四年，太祖謂中書省臣："太廟之祭，以功臣配列廡間。今既定太廟合祭禮，朕以祖宗具在，使功臣故舊歿者得少依神靈，以同享祀，不獨朝廷宗廟盛典，亦以寓朕不忘功臣之心。"於是禮官議："凡合祭時，爲黄布幄殿，中祖考神位，旁設兩壁，以享親王及功臣，令大臣分獻。"制可。已而命去布幄。九年，新太廟成，以徐達、常遇春、李文忠、鄧愈、湯和、沐英、俞通海、張德勝、胡大海、趙得勝、耿再成、桑世傑十二位配於西廡，罷廖永安。建文時，禮部侍郎宋禮言："功臣自有雞籠山廟，請罷太廟配享。"帝以先帝所定，不從。且令候太廟享畢，別遣官即其廟祭之。洪熙元年，以張玉、朱能、姚廣孝配享太廟。遣張輔、朱勇、王通及尚寶少卿姚繼各祭其父。

嘉靖九年，以廖道南言，罷姚廣孝。十年，以刑部郎中李瑜議，進劉基位次六王。十六年，以武定侯郭勛奏，進其祖英。初，二廟功臣，位各以爵，及進基位公侯上，至是復令禮官議合二廟功臣叙爵。於是列英於桑世傑上，張玉、朱能於沐英下，基於世傑下。二十四年，進諸配位於新太廟西壁，罷分獻。萬曆十四年，太常卿裴應章言："廟中列后在上，異姓之臣禮當別嫌。且至尊拜俯於下，諸臣之靈亦必不安。"命復改西廡，遣官分獻。天啓元年，太常少卿李宗延言："前代文臣皆有從祀。我朝不宜獨闕。"下禮部議，不行。

（清）張廷玉等《清文獻通考》卷一七〇《宗廟考》

天聰十年四月乙酉，太宗文皇帝受尊號，建國大清，改元崇德。崇德元年四月丙戌，奉安列祖太祖神位於太廟。【略】先是，天聰十年四月初八日壬午，群臣請上尊號，于是祇告天地，太宗文皇帝率諸貝勒大臣齋戒。三日以十一日乙酉，受寬温仁聖皇帝尊號，建國號曰大清，改元爲崇德元年，大祀天地禮成。是日，遣超品公額駙揚古利、固山額真譚泰，宗室拜尹圖、葉克書、葉臣、阿山、伊爾登，宗室篇古、達爾哈、石廷柱、馬光遠及外藩貝勒下官員卜庫、臺吉得類、扎爾固齊孟庫孫、杭哈爾阿爾、珠海泥堪，内院官希福、剛林、羅碩等捧祝文，以肇建太廟，祇告太祖山陵。【略】丙戌，上率諸貝勒大臣詣太廟。【略】前殿安奉太祖太后神位，後殿正中安奉始祖始祖妣神位，左安奉高祖高祖妣神位，右安奉曾祖曾祖妣神位，次左安奉祖祖妣神位，皆南面。右末安奉伯祖禮敦巴圖魯神位，東向。【略】

臣等謹按：先是天聰六年二月丁丑，太宗文皇帝率諸貝勒大臣詣太祖高皇帝陵行時享禮。八年十二月庚戌，以除夕率諸貝勒大臣親詣太祖陵寢致祭。十年三月丙午朔，以清明節親祭太祖山陵。蓋我國家當未崇建宗廟之先，我太祖高皇帝山陵卜吉在天聰三年春二月營建，工成自是以後，每親舉時享除夕之祭於陵寢，已灼然立萬世廟禮云。

五月癸丑，薦櫻桃於太廟，時有以新櫻桃獻者，太宗文皇帝命薦於太廟。仍命嗣後，凡新進果品、五穀，先薦太廟，然後進御，著爲令。

七月辛巳中元節，親享太廟。

十二月癸亥，遣官祭太廟，時先期齋戒三日。

三年正月乙丑朔，遣官祭太廟，每祭太廟必并祭福陵，自後元旦之祭，四年己未朔，五年癸丑朔，六年丁丑朔，七年辛未朔，皆遣官祭。

七月丙子中元節，親享太廟，時先期齋戒三日。

十月戊申，萬壽節遣官祭太廟。自後五年十月壬申，七年十月壬戌，恭遇聖節皆遣官祭。八年二月癸未清明，節亦遣官祭。

八月庚申，以太祖武皇帝忌辰遣官祭太廟。

十二月乙亥除夕，遣官祭太廟，時先期齋戒三日。自後六年十二月己巳歲暮，七年十二月甲午歲暮，皆遣官祭。

八年七月丙午中元節，遣官祭太廟，并告征明山東之捷。

臣等謹按：崇德元年五月癸丑，薦櫻桃。後凡親詣與遣官依通考例，當載入祭祀時享，然此固盛京廟禮也。敬即制度、儀注之次編於首卷，用昭我烈祖開創皇圖，後之所以大一統而垂萬年禮意之精，胥肇乎是焉。

順治元年十二月庚午，遣官恭齎太祖武皇帝、孝慈武皇后香册香寶於福陵，太宗文皇帝香册香寶於昭陵。是日，固山額真以上内大臣侍衛等俱朝服集武英殿，大學士禮部尚書由内院奉册寶出置黃案上，上御殿閱册寶，行一跪三叩禮。畢，遣官恭齎至盛京尊藏。

二年二月丁巳，定遣官祭四祖廟儀。

臣等謹按：順治元年，定鼎京師，建立太廟，始以盛京太廟崇稱爲四祖廟。至是，禮部言：凡遇清明等節，應令駐防盛京總管分率城守章京往祭福陵、昭陵、東京興京祖陵，令城守官奠祭盛京四祖廟，令守廟總管官上香燭，獻酒果，不讀祝。從之。

（清）允祹等《大清會典則例》卷七八《禮部・祠祭清吏司・大祀三・太廟》

每年四孟月及歲暮饗太廟。崇德元年，定四孟時饗并每月薦新，每歲聖誕及清明、孟秋望、歲暮，忌辰均於太廟致祭。順治元年，定太廟時饗每歲孟春於正月上旬卜日，孟夏、孟秋、孟冬於朔日行禮，大祫於歲除行禮。孟春時饗如遇祈穀齋戒之期，皇帝詣太廟出入，導迎樂均設而不作。三年，定時饗樂作於廟門。四年，定歲除前祫祭，大建於二十九日，小建於二十八日行禮。五年十一月，恭上肇祖原皇帝、原皇后興祖直皇帝、直皇后，景祖翼皇帝、翼皇后，顯祖宣皇帝、宣皇后廟號尊諡。八年，定時饗奏樂於殿內，文武佾舞全設。又定皇帝親饗太廟，行飲福受胙禮。

十年，題准每年元宵節太廟懸張慶成鐙，鐙皆連二，自正月初七日起至十七日止，今於初三日起。令工部豫期辦造廟街門中門一，南北門各一，戟門三，左右門各一，正殿十，中殿十，後殿八，東廡、西廡各一。【略】

十七年，奉旨：太廟時饗樂舞仍設於殿內，祫祭設於殿外。

康熙九年題准：太廟東廡設太牢。

三十八年議准：元旦、皇太后聖壽、萬壽聖節於太廟後殿遣官行禮。

雍正元年題准，歲除前一日，皇帝親詣太廟行大祫禮，豫遣官奉後殿、中殿列聖列后神牌奉安於前殿寶座正中，肇祖原皇帝居左，原皇后居右；左一位興祖直皇帝，次直皇后；右一位景祖翼皇帝，次翼皇后；左二位顯祖宣皇帝，次宣皇后；右二位太祖高皇帝，次孝慈高皇后。均南向。太宗文皇帝、孝端文皇后、孝莊文皇后東位西向，世祖章皇帝、孝惠章皇后、孝康章皇后西位東向；聖祖仁皇帝、孝誠仁皇后、孝昭仁皇后、孝懿仁皇后、孝恭仁皇后、東次西向。其奠獻行禮樂章與康熙九年同。

三年，聖祖仁皇帝服制二十七月期滿，世宗憲皇帝詣太廟行祫祭禮，讀文奠獻如大祫儀。

八年，諭：饗祀向無上香之儀，應酌議增入儀注。遵旨議准：時饗太廟照祭社稷壇之禮，於迎神樂奏時詣列祖位前跪上柱香，次三上瓣香，兩廡分獻官上香，祫祭及奉先殿太廟後殿皆同儀。

十二年，議准：太廟、社稷壇內承直人役各於街門上，設門籍備書姓名於上，并令各帶腰牌，責成看守旗員驗明出入。如無腰牌出入者，立即拏究。倘該員不敬，謹察驗一經察出，指名參處至旗員內監及刈草人。夫令太常寺造具清冊呈部，并知會內務府御史一同嚴察。

　　乾隆元年，諭：國家式崇太廟，妥侑列祖神靈，歲時祇薦，明禋典禮，允宜隆備。今廟貌崇嚴而軒櫺榱桷久未增飾，理應敬謹相視，慎重繕修，以昭黝堊示新之敬。著該部會同內務府詳議具奏。欽此。遵旨議准，先行繕修奉先殿，應擇吉恭請列祖列后神牌於黃輿，暫奉安於太廟中殿寢室。自興工以至告成奉先殿，朔望暫停祭饗，每月薦新。掌儀司官詣太廟薦獻，遇時饗仍請太廟神牌至前殿，照常行禮俟。工竣，恭請神牌還御奉先殿安奉，禮成後再擇吉繕修太廟。再四孟時饗事關巨典，應請繕修太廟，先於前殿設黃幄九座，恭請中殿、後殿列聖列后神牌於前殿黃幄內安奉。先行繕修中殿、後殿，俟告成時，恭請神牌還御中殿後殿，再繕修前殿。自興工以至告成，遇時饗即於中殿照前殿儀祭饗。設樂舞於庭，其恭請神牌於前殿，并請神牌還御。欽天監選擇吉期，本日均遣官祇告并祭后土司工之神。再奉先殿、太廟既繕修增飾，其後殿寢室神龕內一應陳設器物亦應修飾維新，帷幔、衾枕等物均照舊式敬謹製造。祇告奉先殿事，宜由內務府奏辦。祇告太廟，并祭后土司工由禮部、太常寺奏辦，祝文均由翰林院撰擬。應行典禮儀注，由部屆期具奏。【略】

　　二年七月時饗太廟，是日大雨，奉旨令陪祀王公於戟門，分獻官、陪祀百官於兩廡廊下行禮。

　　又題准：古禮，天子三年喪畢合先祖之神而饗之，謂之吉祭。今世宗憲皇帝服已二十七月，請於親詣泰陵釋服後祫祭太廟，恭行吉禮。於十一月二十四日，皇帝親詣太廟行祫祭禮。

　　又奏准：太廟祝版，恭書列聖尊諡。香帛乃神位前奠獻品物，其禮畢送往燎所，時應由中路行與祭祀，各郊壇典禮畫一。嗣後，時饗并祫祭太廟，鑾儀衛、司拜褥官設拜褥畢，照常退至尊案後立。俟送祝帛時，皇帝轉立東旁，即起拜褥。俟奉祝帛官由中路出，復設拜褥。皇帝復位祭歷代帝王、先師，遇皇帝親詣行禮皆仿此。

　　又奏准：奉先殿、太廟於各香案前皆增設燭臺一對，太廟中殿均用白蠟祭。奉先殿、太廟向有爵無墊，應於奠獻時增設爵墊，以昭整肅。【略】

　　又奏准：太廟工竣，擇吉於九月二十六日致祭，請照歲暮祫祭之儀，皇帝親詣太廟行禮。前期三日齋戒，王公文武百官咸陪祀。先期一日，遣官祇告。又議准：太廟每日上香，均守廟官行禮。朔望上香，太常寺堂官行禮。但每月朔望，分詣天壇、地壇、祈穀壇上香行禮，若不敷用太廟，仍繫守廟官上香。嗣後，請於宗室王公內奏請，欽點王、貝勒、貝子、公二十五人專司其事，由宗人府分定班次，每月朔望一人直班朝服上香行禮。十三年議准：時饗太廟陳設樂舞亦照祫祭例移於殿外丹陛兩旁。又諭：朕自太和門乘輦恭詣太廟，祭畢乘禮輿還宮。欽此。

　　十四年，遵旨奏准：太廟中殿，列聖神龕寶床恭照奉先殿式敬謹修造。俟造成，謹擇吉恭請神牌暫奉前殿以便安裝。工竣，仍請神位還御。

　　十六年，奏准：太廟中殿列聖神龕寶床敬謹造成，應照例遣官一人於中殿行祇告禮，恭請神牌暫奉前殿，朔望上香之王公二人分詣神位前上香行禮，宗室官恭奉列聖列后神牌，王公、禮部太常寺堂屬官前導，由中路行至前殿安奉於各黃幄內上香，行三跪九叩禮。退，每日即於黃幄前上香，其祇告事宜由太常寺奏辦祝文，由翰林院撰擬黃幄，由工部豫備。

又奏准：中殿神龕寶床已經安裝。工竣，謹擇吉恭請神位還御中殿，遣官祇告，并王公上香，宗室官恭奉神牌，均如恭請神牌暫奉前殿儀。禮成，皇帝親詣上香行禮。

十七年，奏准：太廟後殿奠帛獻爵一如前殿，用宗室官之制均用覺羅官。

又奏准：饗太廟日遇雨雪，分獻官陪祀，王公仍遵。二年，諭旨：於兩廡廊下戟門行禮，其陪祀百官於左右門行禮。

（清）允祹等《大清會典則例》卷七九《禮部・祠祭清吏司・升祔》

升祔神主入廟。順治元年，定鼎燕京，奉太祖高皇帝、孝慈高皇后、太宗文皇帝神主奉安太廟，遣官行禮，如時饗儀。

五年，奉肇祖原皇帝、原皇后興祖直皇帝、直皇后、景祖翼皇帝、翼皇后、顯祖宣皇帝、宣皇后神主入太廟。世祖章皇帝親詣太廟後殿，奉安神位行大饗禮如儀。

八年，奉孝端文皇后神主升祔太廟。前期一日，遣官祇告太廟。屆期，世祖章皇帝親詣行禮，先奉神主，祇見太祖高皇帝、孝慈高皇后、太宗文皇帝、世祖章皇帝恭代行三跪九拜禮，興。恭奉神主奉安於太宗文皇帝之次，行一跪三拜禮畢，行大饗禮如儀。

十八年，奉世祖章皇帝神主升祔太廟。前期一日，遣官祇告太廟。屆期，聖祖仁皇帝親詣行禮，先奉神主，祇見太祖高皇帝、孝慈高皇后、太宗文皇帝、孝端文皇后、聖祖仁皇帝恭代行三跪九拜禮，興。恭奉神主奉安於太祖高皇帝神位之西旁，東向，行一跪三拜禮，乃行大饗禮後殿遣官行禮，均如時饗儀。康熙九年，奉孝康章皇后神主升祔太廟，行祇見列聖列后禮，次行大饗禮，與順治八年儀同。

二十七年，奉孝莊文皇后神主升祔太廟。前期，遣官祇告太廟。屆期，大臣二人恭奉世祖章皇帝、孝康章皇后神主避立於旁，聖祖仁皇帝恭奉神主奉安於拜位，恭代行祇見太祖高皇帝、孝慈高皇后、太宗文皇帝禮，三跪九拜，興。恭奉神主奉安於孝端文皇后之次，行一跪三拜禮，興。大臣二人恭奉世祖章皇帝、孝康章皇后神主奉安於拜位，聖祖仁皇帝恭代行祇見孝莊文皇后禮，三跪九拜，興。大臣二人奉安世祖章皇帝、孝康章皇后神主於寶座，一跪三叩。退，行大饗禮，與九年同。

五十七年，奉孝惠章皇后神主升祔太廟。時聖祖仁皇帝聖體違和，遣皇子、親王恭代行禮，王公百官陪祀，與親詣同。先是，恭議升祔位次。聖祖仁皇帝諭：至日，太廟前殿設孝惠章皇后寶座於世祖章皇帝寶座之次，孝康章皇后寶座設於孝惠章皇后寶座之次，至中殿安奉世祖章皇帝神位居中，孝惠章皇后神位居左，孝康章皇后神位居右，均南向。先奉神主行祇見列聖列后禮，次行大饗禮，與九年同。

雍正元年，由部具奏：古帝王升祔太廟，必以皇后配饗。夏商而後遵爲定制，其或不同入廟者。周人有閟宮之祀，漢世有別寢之饗爰，至唐宋有坤儀奉慈之殿，所以推廣尊親之義，申展無盡之孝思也。自是配祔太廟者，皇后字上一字與廟謚同奉祀別廟者，則但有謚號而不加廟謚。累代相因其配祔之位，或一帝一后，或一帝二后。宋太宗、徽宗則四后，先後升祔禮制不同。本朝太祖高皇帝三后，惟孝慈皇后稱高皇后升祔太廟。太宗文皇帝二后，孝端皇后、孝莊皇后并稱文皇后，先後升祔太廟。世祖章皇帝三后，孝惠皇后、孝康皇后并稱章皇后，先後升祔太廟，孝獻皇后則但於孝陵饗殿奉祀。此我朝之定制也。前内閣九卿等恭議加上聖祖仁皇帝三皇后尊謚，因未定配饗之儀，故皇后字上未敢加以仁字。今謹擇於九月初四日聖祖仁皇帝升祔太廟，則先皇后配饗之禮，理宜詳定。前奉上諭：仁孝皇后作配皇考，孝敬寬仁，坤儀懋著。欽遵諭旨，謹按典禮：仁孝皇后允宜配位太室，同饗玉筵，應於皇字上加以廟謚仁字，但與尊謚仁字重復，恭請改題神主曰孝誠恭肅正惠安和儷天襄聖仁皇后，神位擇吉升祔太廟。孝恭仁皇后性成慈孝，德著謙和，體坤道以承幹，備母儀而啓聖，允宜齊登清廟，并奉烝嘗閣臣議上尊謚，即具加廟謚與孝誠仁皇后同祔太廟，此天地之經義，不易之常典，無庸更議。孝懿皇后徽音淑德，著美彤闈，慈愛聖躬，勤勞篤摯。孝昭皇后流輝椒掖，正號璿宮，其應否升祔太廟，事關巨典，宜合廷臣詳考古制，稽核正典，確議以定。奉旨總理事務王大臣、内閣九卿、翰林詹事、科道會同詳稽典禮，確議具奏。遵旨議准：前代祔廟之制，各有不同。自夏商以及六朝，太廟神主皆一帝一后。至唐睿宗，昭成肅明二后并祔太廟。宋之太祖則三后并祔，太宗四后并祔，朱子及有宋諸儒皆無異說。欽惟孝誠仁皇后作配宸極，懋著坤儀。孝恭仁皇后德茂承幹，祥開毓聖，慈仁孝儉，爲天下母。允宜如禮臣所奏，同祔太廟。欽惟孝懿皇后、孝昭皇后。前奉諭旨：孝昭皇后恪恭溫順，樹範宮闈。孝懿皇后徽音淑德，慈撫朕躬，恩勤備至。均應恭上尊謚，以昭示萬年仰，惟皇帝大孝不匱之聖心。謹按：宋代四后祔廟之大典，謹於孝懿溫誠端仁憲穆奉天佐聖皇后孝昭靜淑明惠正和欽天順聖皇后，并加上尊謚，廟謚仁字，均稱仁皇后，恭造神主同祔太廟。

又奏准：恭按孝誠仁皇后、孝昭仁皇后、孝懿仁皇后安奉奉先殿神牌，曾於殯宮行題主禮，升祔奉先殿。今恭上尊謚同祔太廟，禮應於廟中改題請將三后升祔奉先殿，業經題主神牌諏吉恭請至太廟，恭制神主處照改題之例，飾漆塗金備書尊謚升祔。前期，遣大學士二人恭行改題掃青禮。俟聖祖仁皇帝神主祔廟之日，恭奉三后神主依次升祔太廟，祔奉先殿神主別於奉先殿神庫，敬制恭題，同日升祔。又奉旨：朕惟母后升祔太廟，大典攸關，欲伸臣子之孝思，必准前代之成憲務，得情理允愜，乃可昭示萬年。孝昭仁皇后、孝懿仁皇后繼位中宮，孝恭仁皇后誕育朕躬，母儀天下，按先儒祔廟之議，一元后、一繼立、一本生，以次并列。今母后升祔位次，當首奉孝誠仁皇后，次奉孝昭仁皇后，次奉孝懿仁皇后，次奉孝恭仁皇后，庶於古禮符合，而朕心亦安，欽此。是年九月初一日，聖祖仁皇帝孝恭仁皇后山陵事竣。是日，行題主禮。畢，世宗憲皇帝恭奉聖祖仁皇帝神主，親王一人恭奉孝恭仁皇后神主安奉黄輿。按程恭設黄幄行朝夕奠，初四日行升祔禮。前期三日，遣官祗告天地、太廟、社稷。至日，在京文武大小官員咸朝服跪迎於大清門外，世宗憲皇帝御祭服，率王公、内大臣、侍衛等朝服跪迎於端門外，聖祖仁皇帝神主黄輿將至太廟街門，恭奉三后神主。親王三人詣恭奉神主處於孝誠仁皇后、孝昭仁皇后、孝懿仁皇后神主案前，各行一跪三叩禮，恭奉神主各奉安於黄輿。俟聖祖仁皇帝、孝恭仁皇后神主黄輿入街門中門，三后黄輿依次隨行至廟南門外，黄輿止。世宗憲皇帝恭奉聖祖仁皇帝神主，親王四人恭奉孝誠仁皇后、孝昭仁皇后、孝懿仁皇后、孝恭仁皇后神主升祔太廟。世宗憲皇帝恭代行祗見列聖列后禮，乃以次奉安神主於東旁太宗文皇帝之次，行大饗禮如儀。

乾隆二年三月初五日，皇帝恭奉世宗憲皇帝神主，以親王恭奉孝敬憲皇后神主升祔太廟，皇帝恭代行祗見列聖列后禮，乃奉安神主於西旁世祖章皇帝之次。先期，遣官祗告天地、宗廟、社稷，祭日行禮如時饗儀。

太宗文皇帝親詣行禮，次日諸貝勒率大臣文武各官上表行慶賀禮。

(清) 允祹等《大清會典則例》卷七九《禮部·祠祭清吏司·功臣配饗太廟》

崇德元年，以武功郡王、武功郡王福晋配饗太廟，設位東廡。直義公費英東、宏毅公額宜都配饗西廡。

順治元年，以武勛王揚古利配饗太廟，設位西廡。九年，以忠義公圖爾格、昭勛公圖賴配饗太廟，設位西廡。

十一年，以多羅通達郡王、多羅慧哲郡王、慧哲郡王福晋，多羅宣獻郡王、宣獻郡王福晋配饗太廟，設位東廡。

雍正二年，議准忠達公圖海配饗。前期，遣官一人祗告太廟，由部會同太常寺豫將龕座几案依次安設，至期遣大臣詣造功臣神主處上香，行一跪三叩禮，奉主出，設采亭内前列引仗二迎主至長安右門外引仗采亭。止，奉主大臣奉主，鴻臚寺官二人前引由北門進入天安門左門、太廟街門北門、太廟南門西門、戟門右門，太常寺、贊禮郎二人接引至太廟階下甬道右百官拜位處，向上立奉主，大臣跪安功臣神主於拜位，興。退，代行三跪九叩禮，不贊禮。畢，奉主，興。太常官引至西廡，設於位次龕内，退。行一跪三叩禮，出。至時饗時，同饗神主龕位几案，由工部製造祭告大臣，由太常寺奏遣奉主大臣，由部奏遣祭文，由翰林院撰擬采亭引仗，由鑾儀衛豫備。

八年，議准怡賢親王配饗太廟。先期，祗告太廟。至期，奉王主，郡王至造神主處上香，行一跪三叩禮，奉主設采亭内前列吾仗二，由長安右門之北門入，至天安門外吾仗采亭。止奉王主，郡王奉主由各門進升東階至甬道左安，王主於階上王拜處，興。退，代行三跪九叩禮，奉主仍由東階降設位東廡。畢，行一跪三叩禮退。俟時饗時同饗，餘均照二年功臣配饗儀。

　　乾隆十年，議准勤襄伯鄂爾泰配饗太廟，設位西廡，儀與雍正二年同。十五年，議准超勇親王策凌配饗太廟，設位西廡，儀與乾隆十年同。

　　二十年，大學士張廷玉配饗太廟，設位西廡，儀與十五年同。

（清）嵇璜、劉墉等《清通志》卷三九《禮略・吉禮四・時享》

　　臣等謹按：我朝太廟時享之制，肇於建國之初，粵自天聰六年二月，太宗文皇帝率貝勒諸臣詣太祖高皇帝陵，行時享禮。八年除夕，十年清明節，皆親祭太祖山陵，蓋當未崇建宗廟之先，皆親舉典禮於陵寢。至天聰十年，建立太廟。于是，大饗薦新元旦、清明節、中元節、除夕、萬壽節之禮以次舉行。仰見聖朝創制鴻圖，垂模奕禩禮意之精，胥肇於此，謹録紀篇，首以昭盛軌，而列聖循行之禮，詳見於後。我皇上覲揚繼述，孝治光昭，歲舉精禋，寅恭對越。五十年來，非舉春巡秋獮之典，必躬親將事，孝思肫至，垂示萬年。洵立隆之極，則已崇德元年七月中元節，太宗文皇帝親饗太廟。十二月，遣官祭太廟時，先期齋戒一日。三年正月朔，遣官祭太廟。自後，元旦皆遣官祭。七月中元節，親祭太廟時，先期齋戒三日。十月萬壽節，遣官祭太廟，自後恭遇聖節皆遣官祭。五年二月清明節，遣官祭太廟。八月，以太祖武皇帝忌辰，遣官祭太廟。十二月除夕，遣官祭太廟時，先期齋戒三日，自後歲暮皆遣官祭。八年二月清明節，遣官祭太廟。七月中元節，遣官祭太廟，并告征明山東之捷。

　　順治元年九月，定制時享恭奉後殿列祖列后神位於殿中寶座，皆南向。奉中殿列聖列后神位於前殿寶座，太祖位南向，列聖以昭穆序，東西向，帝后同案。前殿皇帝恭詣行禮，後殿遣官將事。二年正月，定萬壽節祭太廟儀，奉旨祭太廟禮儀，讀祝致祭，福陵、昭陵、四祖廟上香，燭供酒果不必讀祝。【略】閏六月，定秋祭太廟，盛京四祖廟皆以七月朔，用牛、羊。是月，禮部請壇廟讀祝停，讀漢文止，讀滿文，仍增設滿讀祝官八員，一切典禮俱照本朝舊制行。從之。七月，時享太廟，世祖章皇帝親詣行禮，嗣後皆親詣如儀。三年正月，定盛京祖廟牲禮於歲除、清明及慶賀祭如京師例，牲用生。四年三月，定薦熟牛，停止進胙肉。八年二月，定親祭太廟進胙肉，福酒如祀圜丘儀。三月，定齋戒規，凡祀太廟齋戒三日。六月定太廟祀典，歲暮祭大月於二十九日，小月於二十八日，其清明節祭各官不必陪祀，祭肉用生。十三年六月，定祭太廟日，駕於黎明出宮。

　　臣等謹按：順治年，太廟祭祀禮制，歲以正月之孟春與萬壽節二、三月之清明節，四月朔、七月朔、十月朔、十二月之歲暮，維時定制。凡七，上親詣或遣官致祭，皆時享也。自十六年七月，定舉行祫祭於歲暮，見後祫祭門是爲太廟祫祭之始。前此十二月之祭，實皆用時享之儀矣。至聖祖仁皇帝時，始定四時之祭專以正月孟春諏吉，四月朔、七月朔、十月朔有事於太廟，與十二月歲暮大祫而五。其每歲遇慶辰、令節，皆於奉先殿行禮。此則迄今恭行，垂則於萬年者也。

　　康熙元年正月，時享太廟，親詣行禮。自後，每歲時享皆親詣如常儀。【略】二十四年正月，時享禮畢，聖祖顧諭内閣學士、太常寺卿等曰：往見贊禮郎宣讀祝版至朕名聲輒不揚，父前子名前經所載，朕對越之次惟懼誠敬稍有未至，無以昭格神靈爲子孫者，通名於祖父，豈可涉於慢易，嗣後俱應高聲朗讀，無庸顧忌。是月，又諭内閣學士、太常寺卿等曰：前見太廟致祭時，執事官奉福胙，由兩神位間趨走，於尊祖敬宗之意未協，且亞獻禮俱唱爲次獻，亦與漢文不符。爾等會同内閣、禮部察例奏聞，尋議奏執事各官，應從外旁趨走唱，次獻應改爲亞獻。得旨。是二十五年十二月，定陪祭官員不照加級，有失儀者，監察御史、禮部官員即指名題參，如壇例行。五十三年正月，命重修樂器。

雍正元年正月時享，世宗憲皇帝親詣行禮。自後，并親詣如儀。命廟祭派王二人、散秩大臣御史各二員、部屬侍衛各四員，稽查失儀及扈從人等任意行走，著爲例。十年二月，命齋戒日陪祀官懸齋戒牌。十一年正月，命增定上香儀，奉諭享祀太廟向無上香之儀，朕意應確議增添至奠帛、獻爵時恭立拜位，無跪獻之儀。大學士會同禮部酌古準今，敬謹定議。尋議復唐以前典制尚用三代，炳蕭之禮至宋代始有上香之儀，并於每位前跪，三上香，其奠帛、獻爵亦如之，爵以三獻。明洪武間定制，無上香奠帛之儀，爵兩獻，亦不跪。至嘉靖改從宋制，本朝《會典》因明洪武所定而酌增之，有奠帛，有三獻爵，而無上香之儀。臣等敬謹詳議，大祀莫重於郊壇，而孝享莫尊於配天至宗廟之禮。宜與社稷壇同，若同於郊壇，則逾於社稷矣。查祭社稷壇時皇，上親詣太社、太稷前跪上香，則宗廟上香自應一例。至奠帛、獻爵，太廟、社稷俱不親獻。是以皇上於拜位前恭立，所以亞於郊壇也，似應仍照舊儀。疏入，從之。十二年五月，定供列祖忌辰牌。禮部遵旨議奏：嗣後，恭逢列祖忌辰，請製龍邊粉油木牌，敬謹書寫，仿齋戒牌例設案，安奉於禮部大門前。令司員看護其九門，各設於潔净寺院，提督令員看護。次日，將牌繳禮部，敬謹收貯，其直省大小文武衙門照在京例書牌安設。從之。十月，飭禁止擅入太廟。雍正十三年九月，皇上登極定三年内享太廟儀，皇上親詣或遣官恭代，俱用禮服作樂。先期，齋戒用素服，冠綴縷緯，視祝版用禮服，時上定行持服三年之禮。

乾隆元年正月時享，皇上親詣行禮，自後并親詣如儀。【略】五年七月，敕禮部太常寺稽載祭器。六年十一月，命審定太廟樂章字譜。十二年十月，命享廟派宗人府王公一人監視執事宗室人員，奉諭：向來祭享太廟獻爵、獻帛例用侍衛及太常寺官，朕御極後俱令用宗室人員。蓋因宗支繁衍，實惟祖德所貽一氣感孚昭格，尤爲親切。且使駿奔走執豆、籩，有事爲榮，亦得服習禮儀，陶鎔氣質，意蓋有在。但演習禮節奉常實所專司，宗室既非所屬，未必聽其指授。嗣後，每逢祭祀之期，著派宗人府王公一人，前往監視俾進退優嫻，執事有恪，以昭誠敬。十三年正月，命敬造太廟祭器，仿古範銅。十四年正月，命禮部尚書侍郎敬典祀事。十七年正月，奏准太廟後殿，奠帛、獻爵一仿前殿，用宗室官之制，均用覺羅官行禮。又奏准：饗太廟，日遇雨雪分獻官陪祀，王公於兩廡廊下戟門行禮，其陪祀百官於左右門行禮。三十七年，大學士等遵旨議，奏太廟時享祫祭，皇帝入廟之路舊制由太廟街門左門至神路右降輦，贊引官恭至太廟南門入左門，詣戟門幄次。今請改由廟壖北門循墻而東至戟門前降輿，少節步趨之勞。從之。自乾隆元年以來，時享太廟皆皇上親詣行禮，惟恭遇巡幸行圍之期遣官致祭，儀節并見《大清通禮》。

(清) 嵇璜、劉墉等《清通志》卷三九《禮略·吉禮四·祫祭》

臣等謹按《鄭志》：祫禘一門歷叙前代，五年一祫一禘之制。其爲典禮，未能合一。而祫大禘小之説，紛紜不定。國家定制行祫祭，而未嘗行禘祭。聖祖仁皇帝時禮臣議曰：夏、商以前有禘之祭，而其制未詳。漢唐以後，有禘之名，而與祫無別。惟周以後，稷爲始祖，以帝嚳爲所自出之帝，太廟中原無帝嚳之位，故祫祭不及帝嚳，至禘祭時乃特設帝嚳之位，以稷配焉。行於後代，不能盡合，故宋神宗時議罷禘禮。明洪武初，亦議罷之。至嘉靖中，乃立虛位祀皇初祖帝，而以太祖配享，事屬不經禮，亦旋罷洪。惟我國家受天顯命，追上四祖尊稱立廟，崇祀自肇祖原皇帝始，蓋我太祖高皇帝爲太廟萬世之祖，上而推所自出，則締造之業，以肇祖爲最著。今太廟祭祀四孟分祭於前殿，後殿以各伸其尊歲暮祫祭於前殿，以同將其敬一歲之中，自肇祖以下屢伸祼獻，仁孝誠敬已無。不極五年，一禘之祭不必舉行。從之。自世祖章皇帝肇舉祫祭，歲一舉行，蓋推本太宗文皇帝，除夕享廟之精意以垂，則於萬年煌煌乎，典章明備，超越萬古矣。謹考祫祭之典，著於篇。順治十六年七月，定太廟祫祭禮。先是，歲暮時享前殿，躬詣行禮後殿，遣官致祭。至是，御史奏請飭典禮，諸臣廣稽舊典，復歲暮祫祭之禮，以彰孝治之隆。疏入，命禮部詳察典例以聞。尋議，復請照《會典》舉行，得旨是。歲除前一日，奉後殿、中殿列聖列后神牌合食前殿，先期一日，遣官各一人分詣後殿中殿，以大祫告。是日，太常寺卿率屬潔蠲前殿，恭設列聖列后神座於殿內，肇祖原皇帝居中，原皇后配興祖直皇帝左，直皇后配景祖翼皇帝右，翼皇后配顯祖宣皇帝次左，宣皇后配太祖高皇帝次右，孝慈高皇后配，均南向。太宗文皇帝東位，西向，孝端文皇后配展兩廡，配享位如時享儀。祭日，恭奉列聖列后神位奉安於各寶座，上行禮如時享儀。嗣後列聖列后各以次東，位西向，西位東向，恭奉如儀。十七年三月，飭工部修造祫祭神位器皿。十八年十二月，祫祭聖祖仁皇帝親詣，行禮如儀。

康熙元年十二月祫祭，親詣行禮如儀，自後每歲暮皆親詣行禮或遣官致祭如儀。雍正元年十二月，祫祭世宗憲皇帝，親詣行禮如儀。三年二月，以聖祖仁皇帝大喪三年禮終，祫祭太廟，釋服即吉。自後歲暮祫祭皆親詣行禮如儀。十三年十二月祫祭，皇上親詣行禮如儀。

乾隆元年十二月祫祭，親詣行禮。自後，歲暮祫祭皆親詣如儀。二年十一月，以世宗憲皇帝三年喪終，祫祭太廟，釋服即吉。三十七年，大學士等議奏：祫祭太廟，皇上入廟之路改由廟壖北門循牆而東至戟門前降輿，少省步趨之勞。又議奏：祫祭九廟合享，舊制皇上恭詣中位。上香畢，迭至列祖列宗神位前上香，往返凡有八次。今謹議肇祖原皇帝神位前，皇上恭詣上香列祖列宗神位，請派親王皇子八人分列隨詣上香行禮，以昭敬簡。從之。

　　臣等謹按：我皇上虔恭廟祀，孝思純篤，每歲大祫，儼恪將事禮節攸。隆乾隆三十七年，聖壽已逾六旬，始命廷臣議定恭祀入廟之路，改由廟壖北門。行禮之日，皇上詣中位上香，遣親王皇子分列隨詣上香，蓋省步履之繁，以致敬誠之實恭讀。三十九年，諭旨有云：壇廟大祀，必親詣行禮，朕年逾六十，稍減步履之小節，所以益矢誠敬也。萬世子孫其敬識朕意，設非年至六旬，一切典章不可稍減。倘蒙上天眷祐，年逾六旬方可遵朕現在所行舉行。訓諭煌煌，昭示萬世，所以祇承天祖，釐定典章者，無過不及，垂裕萬年，至深且遠矣。凡歲暮祫祭太廟禮儀，詳見《大清通禮·奉先殿》。

（清）嵇璜、劉墉等《清通志》卷一一二《宗廟考六·太廟時享》

　　臣等謹按：馬端臨《宗廟考》立祭祀時享，門其下旁注薦新二字。所謂祭祀者，遞詳列代廟禮之名義制，度儀器而時享，與薦新亦即隨文以錯。見至唐及宋始臚親饗之數，且時享薦新分録其儀注，此固皆廟之正祭也。而因事祇告者，則上附於郊社，考之告祭門。茲恭校本朝典策，仰見我列聖垂模皇上，敬勤紹緒，每歲時享，必親舉行。而禮制之隆，隨時酌定，廣大精微，條理具備至矣哉。太廟之禮，貽則於萬年億年者矣，謹依甲子詳爲編次，考古未有若斯之盛者，馬考具在可覆核也。若夫薦新，則順治十四年後恭行於奉先殿，一切定禮自歸奉先殿，儀備列焉。

　　二年正月辛卯，定萬壽節祭太廟儀。禮部言：故明舊例，凡遇萬壽節親詣奉先殿，上香行禮。又遣官祭陵，上香燭、供酒果、不讀祝。得旨，祭太廟如奉先殿禮儀，讀祝致祭，福陵、昭陵、四祖廟止上香、燭，供酒果，不必讀祝。京師建立太廟始，以盛京太廟崇稱爲四祖廟。尋以二月丁巳，禮部言：凡遇清明等節，應令駐防盛京總管分率城守章京，往祭福陵、昭陵、東京興京祖陵。令城守官奠祭盛京四祖廟，令守廟總管官獻酒果。從之。蓋追尊四祖考皇帝、四祖妣皇后奉安神主於京師太廟，實以五年十一月戊辰冬至，而是年七月庚戌朔，十二月戊申歲暮，三年七月乙巳朔，皆遣官詣盛京祭四祖廟云。癸丑，以萬壽節遣官祭太廟。

　　康熙二十四年正月癸酉，命司祝高讀御名。是日孟春，聖祖仁皇帝親享太廟。禮畢，顧內閣學士席爾達、太常寺卿葛思泰曰：往見贊禮郎宣讀祝版，至朕名聲輒不揚，父前子名前經所載，朕對越之次，惟懼誠敬，稍有未至，無以昭格神靈。爲子孫者，通名於祖父，豈可涉於慢易，嗣後俱應高聲朗讀，無庸顧忌。

　　辛巳，定執事官奉福胙趨走儀更贊，次獻爲亞獻。是日，聖祖仁皇帝祈穀於上帝，禮畢，顧內閣學士席爾達、太常寺卿葛思泰曰：前見太廟致祭，時執事官奉福胙，由兩神位間趨走，於尊祖敬宗之意未協。爾等曾稽舊例，否席爾達等奏太常寺紀書，禮部《會典》俱未載。上曰：對越祖宗典禮甚巨，惟嚴肅不懈始可薦馨，在廟奔走之人，亦當誠敬將事，共襄大禮，不應稍有褻慢。且亞獻禮俱唱爲次獻，亦與漢文不符，爾等會同內閣禮部察例奏聞，尋太常寺等衙門議復，執事各官應從外旁趨走，唱次獻應改爲亞獻。得旨是。

（雍正）十一年三月，命增定上香儀。是月壬寅，諭：享祀太廟，向無上香之儀。朕意應確議增添至奠帛。獻爵時恭立拜位，無跪獻之儀。大學士會同禮部酌古準今，敬謹定議，尋議復唐以前典制尚用三代，蕭之禮至宋代始有上香之儀，并於每位前跪，三上香，其奠帛獻爵亦如之，爵以三獻。明洪武定制無上香奠帛之儀，爵兩獻，亦不跪。至嘉靖，改從宋制，本朝會典因明洪武所定而酌增之，有奠帛有三獻爵，而無上香之儀。臣等敬謹詳議，大祀莫重於郊壇，而孝享莫尊於配天至宗廟之禮，宜與社稷壇同。若同於郊壇，則逾於社稷矣。查祭社稷壇時，皇上親詣大社大稷前跪，上香，則太廟上香自應一例，至奠帛獻爵，太廟、社稷俱不親獻，是以皇上於拜位前恭立，所以亞於郊壇也。似應仍照舊儀，請嗣後享太廟，於迎神奏樂時贊引官對。引官恭導皇上詣太祖高皇帝神位前立，司香官奉香盒跪於左。贊引官奏跪，上跪；奏上香，上舉柱香；上爐內，又三上瓣香，興。太宗世祖聖祖神位前，亦如之。上香畢，奏旋位，上旋位立。樂止，其兩廡分獻官於上香時亦各詣兩廡，跪，上香，祫祭及太廟後殿、奉先殿儀亦如之，疏入從之。

九月甲午，定太廟供奉神牌暨獻帛爵諸儀。時太常奏奉先殿神牌供奉居中，太廟神牌供奉居裏。伏思如生如存之義，居中以御爲得其正。且祀典理應畫一，嗣後太廟請如奉先殿制，供奉居中，又奉先殿神牌，有泥金托座。嗣後太廟應如式製造。又奉先殿請神牌用內務府官獻帛爵，用侍衛太廟請神牌獻爵，用侍衛獻帛，用太常寺官似屬參差。嗣後請神牌應俱用太常寺官，獻帛爵俱用侍衛。又奉先殿供籩、豆，案上加紅油爵版。太廟籩、豆供於黃案上，嗣後，俱請供黃案上。得旨，是依議。

（清）嵇璜、劉墉等《清通志》卷一一三《宗廟考七‧太廟時享》

雍正十三年九月己亥，皇上登極。癸丑，定三年內享太廟儀，皇上親詣或遣官恭代俱用禮服，作樂。先期齋戒，用素服，冠綴緙緯。視祝版，用禮服，時上定行持服三年之禮。

（乾隆二年）八月定素服不入廟之制。是月甲子，皇上諭：今因修奉先殿恭請列祖列后神牌暫安奉太廟中殿。八月初九日，太宗文皇帝忌辰。十一日，太祖高皇帝忌辰。此二日，朕親詣太廟中殿行禮。著總理事務王大臣會同禮部查明禮儀具奏。和碩莊親王允祿等復奏：向來恭遇列祖列后忌辰，皇上親詣奉先殿，俱用素服。至時享太廟及告祭皇上親詣，俱用朝服，并無素服入廟之制。再禮部等前奏奉先殿興工告成之間朔望，一切祭祀俱遵。康熙十八年，修奉先殿，例彼時遇列祖列后忌辰，聖祖仁皇帝未嘗親詣太廟中殿。今太祖太宗忌辰，未便於太廟素服行禮，應請停止。至八月二十三日，世宗憲皇帝再周之期，皇上親詣雍和宮行禮。則禮制周備，皇上純孝之思已展是，世宗憲皇帝忌辰太廟行禮，亦應停止，從之。【略】

（乾隆）四十二年正月壬辰，以皇太后升遐，重定百日內及二十七月內致祭太廟，服色各儀。

臣等謹案：自康熙三十八年十二月定元旦聖節，恭請太廟後殿四祖神牌至奉先殿行禮之處停止，即於太廟後殿照奉先殿典禮供帛、酒、籩、豆，讀祝文，遣官致祭，嗣後，每歲元旦聖節奉先殿行禮，時太廟後殿即遣官致祭。

（清）嵇璜、劉墉等《清通志》卷一一四《宗廟考八·太廟祫祭》

臣等謹按：我國家行祫祭而未嘗行禘祭。聖祖仁皇帝朝監察御史李時謙疏請舉行禘禮，下九卿詹事科道會議。禮部尚書張玉書等議曰：【略】我太祖高皇帝功德隆盛，與天無極，自當爲太廟萬世之祖。上而推所自出，則締造之業肇祖爲最著。今太廟祭祀四孟分祭於前殿後殿，以各伸其尊，歲暮祫享於前殿，以同將其敬一歲之中。自肇祖以下屢申裸獻，仁孝誠敬已無不極。五年一禘之祭，不必舉行。從之。蓋自世祖章皇帝肇舉祫祭，一歲時享，大祫煌煌乎，典制明備矣。而合食之禮實，即推本太宗文皇帝除夕享廟之精意以垂，則於萬年者也。謹考祫祭之典彙於編。

順治十六年七月，世祖章皇帝定太廟祫祭禮。是月壬戌，都察院左副都御史袁懋功言：禮莫大於宗廟，孝莫大於祀。先太祖、太宗次第配享，獨祫祭之禮闕焉。未舉請敕典禮諸臣廣稽舊典，復歲暮祫祭之禮，以彰孝治之隆。疏入，命禮部詳察典例以聞，丙戌，禮臣議復請照會典舉行。得旨，是。

臣等謹按：復准每歲暮日祫祭，大建於二十九日，小建於二十八日。

十二月甲寅以歲暮行祫祭禮，遣官祗告太廟。

臣等謹按：此即祫祭前期之祗告也。是次初，行恭書之以見例，而每歲祫祭親詣行禮，則彙紀於後。

十七年三月，飭工部修造祫祭神位器皿。

康熙四十年十二月辛巳祫祭。

雍正三年二月庚辰，世宗憲皇帝以聖祖仁皇帝大喪三年禮終，祫祭太廟。

八年十二月癸亥，祫祭太廟，遣廣禄恭代。先是，己未，大學士等奏本月二十九日，恭遇太廟祫祭，太常寺奏請遣官恭代。奉旨：朕親詣行禮。臣等伏思太廟殿宇正興工修理，本月二十九日，皇上恭詣奉先殿行禮，與太廟同。伏祈俯允太常寺所請，仍遣官恭代。奉旨：遣廣禄恭代。

乾隆二年十一月丁丑，皇上以世宗憲皇帝大喪三年，禮終，祫祭太廟。

臣等謹按：天子躬行，三年喪，肇自我朝，奮復古制，茲恭紀合享，即吉之禮敬惟聖作於前，聖述於後。是以發勛華之業於周孔之心，孝治彌隆，所從來者，深且厚矣。

（乾隆）三十七年十一月丁未，重定太廟儀。

祫祭儀，歲除前一日，奉後殿中殿列聖列后合食前殿，致齋視牲、書祝版、視祝版、視割牲，祭前諸儀并准時饗。

其餘樂舞及牲帛器數、皇帝行禮儀節、祀官陪位均如時享儀。

（清）嵇璜、劉墉等《清通志》卷一一五《宗廟考九·太廟·功臣配享》

臣等謹：按從享廟廷諸臣之名已見於前，時享儀設神座文中。茲叙其蒙國厚恩列廡，先後之歲永昭勛伐焉。崇德元年四月丙戌，以武功郡王禮敦巴圖魯配享廟廷王妃并配。同日，以直義公費英東毅公額亦都配享廟廷。

臣等謹按：一王二功臣之從享備見於盛京太廟，太宗文皇帝諏吉丙戌奉安文中。迨順治元年世祖章皇帝定鼎京師，九月壬子，奉太祖高皇帝、孝慈高皇后、太宗文皇帝神位於太廟。是日，從享以入史臣祇載有捧二功臣牌位儀節，恭繹太宗文皇帝肇建太廟，祭告太祖山陵文，追尊四祖安設神位，即繼設伯祖禮敦巴圖魯配位，然後及於功臣費英東額亦都配位，親賢之序秩。然則順治元年九月壬子，武功郡王牌位當先二功臣以入而不列於二功臣之列也。今前殿東廡多羅通達郡王列第一位，居武功郡王之右則復以親序云。

順治元年，以武勛王揚古利配享廟廷。

九年六月丙寅，追諡功臣圖爾格爲忠義公，圖賴爲昭勛公，配享廟廷，仍立碑於其墓。

十一年三月乙邜，以多羅慧哲郡王額爾袞、多羅宣獻郡王界堪、多羅通達郡王雅爾哈齊配享廟廷，王妃并配。

雍正二年正月庚辰，以大學士一等公諡文襄圖海配享廟廷，圖海子孫等具疏謝恩，世宗憲皇帝諭曰：此出自聖祖皇考所遺恩旨，爾祖茂著功勛，爾等其法祖報效，各相奮勉。

八年，以和碩怡賢親王允祥配享廟廷。【略】

臣等謹按：是月壬午，諭凡告廟，典禮所關，有書王名之處，仍用原名。今於王配食列祖之巨典，遵書原名。

乾隆十年，以大學士鄂爾泰配享廟廷。

乾隆十五年，以定邊左副將軍固倫額駙、喀爾喀扎薩克、和碩超勇襄親王策凌配享廟廷。

二十年，以致仕大學士張廷玉配享廟廷。

又《實錄》載，【略】奉諭旨依議，功臣配享入廟儀，禮部承旨具疏行，工部製神主龕座祭案具製成，擇吉鐫字如式。恭遇四時大饗，前期遣官一人，祇告太廟如常儀。是日，太常寺官入廟設龕座於配饗之次，陳俎、豆鑾儀衛，設采亭於工部堂露臺上奉神主，遣官一人，諸王以郡王，功臣以大臣，詣工部奉主，置采亭內民校舁行前列，御仗王，吾仗功臣引仗自工部中門出。鴻臚寺官二人乘馬前引，遣官從至東長安門王至天安門，御仗采亭止，遣官自亭奉主，鴻臚寺官二人導引由東長安左門入端門左門至太廟戟門右門，自街門入，皆由右出。鴻臚寺官止，太常寺官引至甬道右拜位，王階上，功臣階下，北面立。遣官置主於拜位，代行三跪九叩禮。畢，奉神主，興。奉安於配享之次，王東廡，功臣西廡。行三叩禮，退。

（清）嵇璜、劉墉等《清通典》卷四五《禮五・吉禮五・時享薦新》

崇德元年四月，太宗文皇帝親享太廟。五月，有以新櫻桃獻者，命薦於太廟，又命凡新進果品、五穀皆先薦太廟，然後進御。著爲令。七月中元節，親享太廟，自後中元節致享并同。十二月除夕，祭太廟，自後除夕致享并同。三年正月，祭太廟，自後元旦致享并同。十月萬壽節，祭太廟，自後恭遇聖節致享并同。五年二月清明節，祭太廟，自後清明節致享并同。

順治元年九月，定太廟時享，每歲孟春於正月上旬諏吉，孟夏、孟秋、孟冬皆於朔日行禮。又定宗廟樂章六奏，用平字。二年正月，定萬壽節祭太廟儀。二月，禮部奏言：凡遇清明等節，盛京四祖廟，令守廟總管官獻酒果。從之。謹案是時，於盛京太廟崇稱爲四祖廟云。閏六月，禮部以秋祭太廟奏上。得旨，太廟盛京四祖廟俱以七月朔，用牛、羊致祭。七月，時享太廟，世祖章皇帝親詣行禮。自後，時享皆親詣如儀。三年正月，定制盛京祖廟於歲除，清明及慶賀祭如京師例，牲用生。四年三月，內院禮部會同議奏祭太廟應薦熟牛，至於進上胙肉應停止。得旨，依議。八年二月，定制親享太廟飲福受胙如祀圜丘禮。三月，定制祀太廟齋戒三日，上親詣或遣官恭代，俱於太和殿設齋戒牌銅人，各衙門亦設齋戒牌，大內及宗室并齋戒官之家不祀神。六月，定歲暮之祭。大月於二十九日，小月於二十八日，其清明祭各官不必陪祀。十三年六月，定制祭太廟日，駕於黎明出宮。

康熙元年正月時享太廟，聖祖仁皇帝親詣行禮。自後，每歲時享皆親詣如儀。

十二年九月，定祭太廟時用黎明。先期，齋戒皇帝於別殿致齋。十二月，定執事官及樂舞生之數。

二十四年正月，聖祖仁皇帝親享太廟。禮畢，諭曰：往見贊禮郎宣讀祝版，至朕名聲輒不揚，父前子名前經所載，朕對越之次，惟懼誠敬稍有未至，無以昭格神靈，爲子孫者通名於祖父，豈可涉於慢易？嗣後俱應高聲朗讀，無庸顧忌。又諭內閣學士等曰：前見太廟致祭時，執事官奉福胙由兩神位間趨走，於尊祖敬宗之意未協。且亞獻禮唱爲次獻，亦與漢文不符。爾等會同禮部察例奏聞。尋議奏，執事各官應從外旁趨走，唱次獻應改爲亞獻。得旨，是。

雍正元年正月，時享太廟，世宗憲皇帝親詣行禮。自後，行禮皆親詣如儀。又命廟祭派王二人，散秩大臣御史各二員，部屬侍衛各四員，稽查失儀及扈從人等任意行走。著爲例。【略】

十一年正月諭：享祀太廟向無上香之儀，朕意應確議增添。至奠帛獻爵時，恭立拜位無跪獻之儀。大學士會同禮部酌古準今，敬謹定議。尋議奏：唐以前典制尚有三代焫蕭之禮，至宋代始有上香之儀，并於每位前跪三上香，其奠帛獻爵亦如之，爵以三獻。明洪武定制無上香奠帛之儀，爵兩獻，亦不跪。至嘉靖改從宋制，本朝會典因洪武所定而酌增之，有奠帛，有三獻爵而無上香之儀。臣等敬謹詳議，大祀莫重於郊壇，而孝享莫大於配天至宗廟，宜與社稷壇同查。祭社稷壇時皇上親詣大社大稷前跪上香，則太廟上香，自應一例。至奠帛獻爵太廟、社稷俱不親獻，是以皇上於拜位前恭立，所以亞於郊壇也。似應仍照舊儀奏。上從之。

十三年九月，皇上登極。是月，定三年內享太廟儀，皇上親詣或遣官恭代，俱用禮服，作樂。先期齋戒，用素服，冠綴緅緯。視祝版用禮服。

乾隆元年正月，時享太廟，皇上親詣行禮。自後，時享皆親詣如儀。

二年七月，時享太廟。是日，大雨，奉旨令陪祀王公於戟門，分獻官陪祀，百官於兩廡廊下行禮。

十二年十月，諭曰：向來祭享太廟獻爵獻帛例用侍衛及太常寺官，朕御極後俱令用宗室人員。蓋因宗支繁衍，實惟祖德所貽一氣，感孚昭格尤爲親切，且使駿奔走執豆、籩有事爲榮，亦得服習禮儀。陶鎔氣質，意蓋有在，但演習禮節。太常實所專司宗室，既非所屬，未必聽其指授，嗣後每逢祭祀之期，著派宗人府王公一人前往監視，俾進退優嫻，執事有恪以昭誠敬。

十三年正月，命審定壇廟祭器，仿古製造。大學士等遵旨議定，太廟之籩，編竹爲之，以絹飾裏、頂及緣，均髹漆畫。以文采豆與簠、簋皆用木髹，漆飾以金、玉，登用陶，鉶則範銅而飾以金，貯酒以尊。孟春時享用犧尊，孟夏時享用象尊，孟秋時享用著尊，孟冬時享用壺尊，歲暮大祫用山尊，皆範銅爲之，獻酌用玉爵。

十七年，禮部等奏定太廟後殿奠帛獻爵一如前殿，用宗室官之制，均用覺羅官。又奏定祭太廟日遇雨雪，分獻官陪祀，王公於兩廡廊下戟門行禮，陪祀百官於左右門行禮。

三十七年十一月，大學士等遵旨議定郊天儀注，并議定時享太廟儀節。皇上詣廟時乘輦由闕左門入西北門，至太廟北門外御禮輿入左門循東牆，行至戟門外東堦下降輿，步入左門。升陛，進殿行禮。禮成，升輿亦如之。凡時享太廟儀具《大清通禮》。

臣等謹案：乾隆三十七年，大學士等遵旨議定郊天儀注，并議定時享祫祭太廟儀節。

三十九年，奉諭：年逾六旬始如此，酌量節減，謹詳載南郊篇云。

(清) 嵇璜、劉墉等《清通典》卷四五《禮五·吉禮五·大祫》

臣等謹案：《杜典》列禘祫一門，以敘歷代禘祫之制，其爲典禮本未能合一，又衆說紛紜，不皆合於古訓。我朝定制，行祫祭而未嘗行禘祭，洪維世祖章皇帝推本太宗文皇帝除夕享廟之精意，定爲祫祭之禮。每歲之中大祫時享爲祭有五典制，明備五年一禘之祭，誠無俟於舉行矣。且自世祖章皇帝肇舉祫祭以來，聖祖仁皇帝世宗憲皇帝歲皆親詣行禮。皇上御極五十年來，思切奉先，禮隆追遠，每歲祫祭必親詣行禮，茲恭書最初一次以見例。至於合享即吉之禮，敬惟世宗憲皇帝聖作於前，皇上聖述於後，孝治之隆超越萬古，謹槪紀於篇。

順治十六年七月，世祖章皇帝定太廟祫祭之制。每年歲除前一日，奉後殿列祖列后神牌中殿，列聖列后神牌於前殿，行大祫禮。前一日，遣官告其致齋視牲，請閱祝文等儀，均與時享同。是年，世祖章皇帝親詣行禮。

十七年三月，飭工部修造祫祭神位器皿。十二月，祫祭親詣如儀。

十八年正月，聖祖仁皇帝登極。十二月，祫祭太廟親詣行禮。

康熙元年十二月，祫祭太廟，聖祖仁皇帝親詣行禮。自後每歲暮祫祭皆親詣行禮，間遣官恭代如儀。

四十年十二月，祫祭太廟禮成。諭：自是，間行遣官恭代如儀。

雍正元年十二月，祫祭太廟。世宗憲皇帝親詣行禮。自後，歲暮祫祭，皆親詣如儀。【略】

（乾隆）三十七年十一月，大學士等遵旨議准郊天儀注，并定祫祭太廟行禮儀節。皇上親詣肇祖原皇帝前上香，至列祖列宗位前。欽派皇子、親王分詣，同時上香。畢，仍各復其位行禮如常儀。又酌定詣廟時降輦，降輿各儀節并與時享同。凡歲暮祫祭太廟儀，具《大清通禮》。

（清）嵇璜、劉墉等《清通典》卷四五《禮五·吉禮五·功臣配享》

臣等謹案：太廟時祫，典有專隆，茲已敬登於太廟之次。至兩廡配享之禮，則以侑食，廟庭敬從附載，并敘其蒙國厚恩，列廡先後之次，以昭勛伐。又如開國時諸王近邀曠典，追復封號，并令配享，用顯功宗，謹詳錄聖諭於篇。仰見我皇上彰闡忠勛，恩眷宗親之至意焉。崇德元年四月，以武功郡王禮敦巴圖魯配享太廟，設位東廡，王妃并配。以直義公費英東、宏毅公額亦都配享太廟，設位西廡。

順治元年，以武勛王揚古利配享太廟，設位西廡。九年六月，追諡功臣圖爾格爲忠義公，圖賴爲昭勛公配享太廟，設位西廡。十一年三月，以多羅慧哲郡王額爾袞、多羅宣獻郡王界堪、多羅通達郡王雅爾哈齊配享太廟，設位東廡，王妃并配。

雍正二年正月，以大學士一等公諡文襄圖海配享太廟，設位西廡。圖海子孫等具疏請恩，世宗憲皇帝諭曰：此出自聖祖皇考所遺恩旨，爾祖茂著功勛，爾等其法祖報效各本奮勉。是年，定功臣配享儀。八年五月，以怡賢親王允祥配享太廟，設位東廡。是年，定王配享儀。

九年，追加直義公費英東爲信勇公，忠義公圖爾格爲果毅公、昭勛公圖賴爲雄勇公，文襄公圖海爲忠達公。

乾隆十年，以大學士鄂爾泰配享太廟，設位西廡。遵奉雍正十三年世宗憲皇帝遺詔舉行。

十五年二月，以定邊左副將軍固倫額駙、喀爾喀扎薩克、和碩超勇襄親王策凌配享太廟，設位西廡。先是，蒙古親藩未有與配享者，諭以王係兩朝勛舊名勒旂常，宜膺特典，且示中外一體之意，特令配享并照和碩王之例崇祀賢良祠。

二十年四月，以致仕大學士張廷玉配享太廟，設位西廡。【略】

四十三年正月，奉諭：尋宗人府會同軍機大臣議奏禮親王代善、睿親王多爾袞、鄭親王濟爾哈朗、豫親王多鐸、肅親王豪格、克勤郡王岳托奉旨配享太廟。所有東叙叙次，禮親王應在宣獻郡王之下，睿親王等以次列叙。得旨，依議。是年，又奉諭：超勇親王額駙策凌移於東廡怡賢親王之次，凡功臣配享儀具《大清通禮》。

臣等謹案：《杜典》功臣配享之後有天子七祀一條，蓋於五祀外增司命、泰厲爲七，惟或祀行廢井或祀井廢行歷代相沿制各不同。且四時分祭各於其所，而歲暮合祀，則即廟庭之中，爲位以祭其地亦復不一。今考我朝自順治八年定制，每歲正月祭司戶之神於宮門外道左南向，四月祭司竈之神於大內大庖前中道南向，六月祭中霤之神於文樓前西向，七月祭司門之神於午門前西角樓東向，十月祭司井之神於內府大庖井前南向。中霤門二祀太常寺掌之，戶竈井三祀內務府掌之，其歲暮合祭之禮于是年停止。十五年十二月，復行合祭於太廟西廡，階下神位，俱東向，遣太常寺堂官致祭。十八年正月，奉旨停其祭祀，經議政王大臣奏罷太廟，階下合祭之祀。從之。自後不復舉行，謹附載於此，以存典故。至《杜典》雜議數條，今無可采，或有附見本門者，亦無庸析出，并從删去。

(清) 趙翼《廿二史札記》卷一九《皇太后不祔葬》

穆宗久葬，其妃韋氏生武宗，亦已久亡。武宗立，欲以母祔葬於穆宗之光陵。宰臣奏，神道安於靜，光陵葬已二十年，不可更穿，太后所葬之福陵亦崇築已久，不宜徙請，但奉主祔廟穆宗。從之。

又明世宗有三后，孝源元配也。繼張后，被廢。繼孝烈方氏，薨。帝欲先以其神主祔太廟，群臣請設位於皇妣睿皇后之次，後寢藏主，則設幄於憲廟皇祖妣之右，以從祔於祖姑之義。帝曰："安有享從此而主藏彼，可祧仁宗，而以后主即列於朕之位次。"群臣言后雖宜祔享，但遷及廟次，非臣子所敢言。帝怒，乃祔主於第九室。隆慶中，從群臣議，仍以元配孝源后合葬永陵，孝烈主移於宏孝殿。

案明憲宗生母周，已尊爲皇太后，孝宗時始崩。孝宗問劉健等祔廟禮，健曰："漢以前一帝一后，祔二后自唐始也，祔三后自宋始也。三后者，一正后、一繼后、一生母也。"帝曰："事須師古，祖宗來一帝一后，今并祔則壞禮自朕始矣。"遂不祔廟。嘉靖中，移祀陵殿，題主曰皇后，不繫帝諡，以別嫡庶。自後穆宗母，神宗母，光宗、熹宗、莊烈帝母，咸用此制。

（清）龍文彬《明會要》卷九《禮四·吉禮·宗廟》

吳元年九月甲戌朔，太廟成。四世祖各爲一廟：中德祖、東懿祖、次仁祖、西熙祖，皆南向。每廟東西有夾室，旁兩廡三門，門設二十四戟，繚以周垣，如都宮之制。《吾學編》

洪武元年正月，製太廟祭器。太祖曰：“近世泥古，好用古籩、豆之屬，以祭其先。生既不用，死而用之，甚無謂也。其製宗廟器服御皆如事生之儀。”于是造銀器，以金塗之。酒壺盂盞皆八，朱漆盤碗二百四十，及楎椸、枕簟、篋笥、幬幔、浴室皆具。後又詔：以金塗銀者，俱易以金。

八年七月辛酉，改建太廟。前正殿，後寢殿，殿翼皆有兩廡。寢殿九間，間一室，奉藏神主，爲同堂異室之制。中室奉德祖，東一室奉懿祖，西一室奉熙祖，東二室奉仁祖，皆南向。

十五年，以孝慈皇后神主祔享太廟。其後皇后祔廟仿此。建文即位，奉太祖神主祔廟。正殿神座次熙祖，東向。寢殿神主居西二室，南向。已上《禮志》

永樂十八年，建廟北京，如南京之制。前正殿九間，翼以兩廡，後寢殿九間，間一室，皆南向。《春明夢餘錄》

十九年正月甲子朔，奉安五廟神主於太廟。《本紀》

洪熙元年二月丙寅，太宗神主祔太廟。同上，《本紀》

成化二十三年八月，憲宗將升祔，而九室已備，始奉祧懿祖。熙祖而下，皆以次奉遷。乃奉憲宗神主於寢殿西第四室，南向。正殿神座右第四位，東向。先期告憲宗几筵。祭畢，奉遷懿祖神主衣冠於後殿，床幔儀物俱暫貯於神庫。《會典》

弘治十七年三月癸未，定太廟各室一帝一后之制。《本紀》

嘉靖五年七月壬午朔，享太廟，遣駙馬崔元代。給事中章僑言曰：“廟享重禮，無故不宜遣代。元雖親屬貴臣，終非氣類相感，安能致祖宗之享？況臨時差遣，倉皇就位，誠敬何存？”上以僑妄言，奪俸三月。《章僑傳》

十年正月甲午，更定廟祀，奉德祖於祧廟。《本紀》

敕諭禮部，以太祖高皇帝重闢宇宙，肇運開基，四時享祭，壓於德祖，不得正南向之位。命祧德祖，而奉太祖神主居寢殿中一室，爲不遷之祖。太宗而下皆以次奉遷。每歲孟春特享，夏秋冬合享。改擇季冬中旬大祫，而以歲除爲節祭，歸之奉先殿。特享則奉太祖居中，太宗而下以次居左右，各設一幄，南向。合享則奉太祖居中南向，太宗而下以次東西向。大祫則奉德祖於太廟，居中，南向。懿祖而下皆以次東西向。《會典》

十三年六月甲子，南京太廟災。上以南京祖宗根本之地，令禮部擇日，上易服親詣太廟祭告。專遣大臣一人，往南京祭告。先是，上欲更營京師太廟，命夏言等相度規制會南京太廟災。禮部尚書湛若水請權將南京太廟香火并於奉先殿，重建太廟，補造列聖神主。上召言會廷臣集議。言等言："國有二廟，自漢惠始。神有三主，自齊桓始。周之三都三廟，乃遷國立廟，去國載主，非二廟二主也。子孫之身乃祖宗所依，聖子神孫既親奉祀事於此，則祖宗神靈自當陟降於此。今日正當專定廟議，一以此地爲根本。南京原有奉先殿，其朝夕香火當合并供奉如常。太廟遺址當仿古壇墠遺意，高築墻垣，謹司啓閉，以致尊嚴之義。"王圻《續通考》

帝欲改建九廟，夏言又言："京師宗廟將復古制，而南京太廟遽灾。殆皇天列祖啓佑默相，不可不靈承者。"帝悅，詔春和興工。諸臣議：於太廟南，左爲三昭廟，與文祖世室而四，右爲三穆廟。群廟各深十六丈有奇，而世室殿寢稍崇。具圖進。帝以世室尚當隆异，令再議。言等請增拓殿寢，視群廟崇廣。報可。

十四年正月，諭閣臣："今擬建文祖廟爲'世室'，則皇考'世廟'字當避。"張孚敬言："世廟著《明倫大典》，頒詔四方，不可改。文世室宜稱'太宗廟'。其餘群廟不用'宗'字，用本廟號。他日遞遷，更牌額可也。"從之。二月己亥，作九廟。盡撤故廟更建之。諸廟各爲都宮，廟各有殿有寢。太祖廟寢後有祧廟，奉祧主藏焉。太廟門殿皆南向。群廟門東西向，內門殿寢皆南向。

十五年十二月辛卯，新廟成。乃奉安、懿、熙、仁四祖神主於祧廟，太祖神主於太廟，太宗以下神主於群廟。已上，《禮志》

十七年九月辛巳，上太宗廟號成祖，獻皇帝廟號睿宗。《本紀》

二十年四月辛酉，九廟灾，毀成祖、仁宗主。上親祭告南北郊、宗廟，青服，御西角門視事。《實錄》

二十二年十月壬戌，上以舊廟基隘，命相度規制。議三上，不報。久之乃命復同堂异室之制。諭曰："太祖肇基之初，首建四親廟。其後更制，特奉殷薦，同乎一堂。當其始事，豈不博采遐觀？卒從同堂异室之規，以示酌古準今之義。曁我成祖定鼎於茲，廟寢之營，率遵其舊。百數十年以祫以享，緝於純嘏，則有由然。夫萃之爲享，其則不遠。曩因廷臣之議，咸稱七廟之文。是用創興，以從周典。乃所司討論不詳，區畫失當。成祖以六世未盡之親，而遽遷世室，不獲奉於三昭。仁宗以穆位有常之主，而移就左宮，遂致紊於班袝。武宗，朕兄也，不得用爲一世；顧居七廟之中，有妨十世之祀。揆之古義，斯爲戾矣。往者回祿之警，天與祖宗實啓朕心。茲當重建之辰，所宜厘正，以圖新制。又我皇考睿宗，廟於都宮之外。朕每事廟中，考廟未備。雖於祫祀同享，而奉主往來，深爲瀆擾。茲禮官會議，欲奉處於孝宗同廟。雖爲兄弟同世之義，然題扁各殊，終未爲安。朕是究是圖，惟遵先制，其永無愆。夫禮非天降，乃起人情。祖考列聖惟聚一堂，斯實時義之順者。茲當建立新廟，仍復舊制。前爲太廟，後爲寢，又後爲祧，以藏遷主。太祖居中，群廟分爲左右。每時祫祭享，奉太祖正位南向，而奉迎成祖及群廟及皇考廟神主俱同堂而序祭。祭畢，奉列廟主歸寢。"《春明夢餘錄》

　　二十四年六月壬辰朔，新太廟成。禮部奏上奉安神主儀注，先期祭告。從之。御史周冕言："大典初成，皇上宜於奉安之日，親致孝享。不宜更遣官代攝，以負神人之望。"帝怒，下詔獄。

　　七月辛酉朔，奉安太祖列聖神主於太廟。太祖居中，左四序：成、宣、憲、睿，右四序：仁、英、孝、武，皆南向。德、懿、熙、仁四祖爲祧廟，亦南向。于是奉睿宗於太廟之左第四序，躋武宗上，而罷特廟之祀。

　　二十七年十一月丙子，詔議孝烈皇后祔廟，既而罷之。先是，部臣以后喪且期年，神主宜祔享，乃援孝潔皇后故事，請權祔奉先殿東夾室。上曰："非正也。可即祔太廟。"于是嚴嵩等請設位於太廟東，皇妣睿皇后之次。後寢藏主，則設幄於憲廟皇祖妣之右，以從祔於祖姑之義。上曰："安有享從此而主藏彼之禮？其祧仁宗，祔以新序，即朕位次，勿得亂禮。"嵩曰："祔新序，非臣下所敢言。"上命姑已之，且俟再期以聞。二十八年十一月甲申，命藏孝烈神主於皇妣獻皇后之側，而上終欲祔孝烈入廟，自爲一世。二十九年十一月，復下禮部議。尚書徐階抗言："女后無先入廟者，宜祀之奉先殿。"給事中楊思忠亦以爲然。上大怒，階等惶恐謝罪。會孝烈忌日，請祭。上曰："孝烈繼后，所奉者又入繼之君，忌不祭亦可。"于是階等上祧祔儀注，如上指。遂祧仁宗而祔孝烈於太廟之第九室。已上《實錄》

　　隆慶元年正月，禮部尚書高儀等言："孝潔皇后，肅皇帝元配也。太廟祔享，惟一帝一后，后惟元配。今孝烈先祔，若奉孝潔同祔，則二后并配，非制。若以孝烈先祔而孝潔遂不祔，舍元配而祔繼后，亦非制。請孝潔祔享，移孝烈於宏孝殿。"從之。《會典》

　　六年八月，穆宗將祔廟，敕禮臣議當祧廟室。部議："宣宗世次尚近，祧之未安，但於寢殿左右各增一室，則尊祖敬宗，并行不悖。"帝命如舊敕行，遂祧宣宗。《禮志》

　　萬曆九年，禮科給事中丁汝謙奏："列聖嘗君臨天下，睿皇帝北面事之，一旦與之并列，非禮。躋武宗之右，又非禮。且世廟常尊，百世不遷，宜以睿宗專祭於世廟。"《太常紀》

　　天啓元年七月，光宗將祔廟。太常卿洪文衡請無祧憲宗而祧睿宗，不聽。《禮志》

　　《通典》云："按明廟制，太祖首建四親廟，世宗定太祖南向之位，皆得禮之正。其闕而未備者，建文祭享無聞，景泰廟號不立。神宗時，禮科都給事中萬象春嘗上疏極言，未獲俞允。而睿皇帝以私親躋武宗之上，終明之世莫之或改，亦失禮之甚者矣。"

（清）龍文彬《明會要》卷九《禮四·吉禮·廟議》

　　洪武元年，命中書省集儒臣議祀典。李善長等言："周制，天子七廟，而《商書》曰：'七世之廟，可以觀德。'則知天子七廟，自古有之。太祖百世不遷，三昭三穆以世次，比至親盡而遷，此有天下之常禮。若周文王、武王以有功當宗不祧，故皆別立一廟，謂之文世室、武世室，亦百世不遷。漢每帝輒立一廟，不序昭穆。又有郡國廟及寢園廟。光武中興，於洛陽立高廟祀，高祖及文、武、宣、元五帝，又於長安故高廟中祀成、哀、平三帝，別立四親廟於南陽春陵，祀父南頓君以上四世。至明帝遺詔，藏主於光烈皇后更衣別室，後帝相承，皆藏於世祖之廟。由是同堂異室之制，至於元莫之改。唐高祖尊高曾祖考，立四廟於長安。太宗議立七廟，虛太祖之室。玄宗創制，立九室，祀八世。文宗時，禮官以景帝受封於唐，高祖太宗創業受命，百代不遷，親盡之主，禮合祧遷，至禘祫則合享如常。其後以敬、文、武三宗爲一代，故終唐之世，常爲九世十一室。宋自太祖追尊僖、順、翼、宣四祖，每遇禘則以昭穆相對，而虛東向之位。神宗奉僖祖爲太廟始祖，至徽宗時增太廟爲十室，而不祧者五宗。崇寧中，取王肅説，謂二祧在七世之外，乃建九廟。高宗南渡，祀九世。至於寧宗，始別建四祖殿，而正太祖東向之位。元世祖建宗廟於燕京，以太祖居中，爲不遷之祖。至泰定中，爲七世十室。今請追尊高曾祖考四代，各爲一廟。”《禮志》

孝宗即位，憲宗將升祔。時九廟已備，禮部尚書周洪謨言：“國家自德祖以上，莫推世次。德祖視周后稷不可祧，太祖、太宗視周文、武，百世不遷。憲宗升祔，當祧懿祖。宜於太廟寢殿後，別建祧廟，如古夾室之制。歲暮則奉祧主合享，如古祫祭之禮。”吏部侍郎楊守陳言：“《禮》‘天子七廟，祖功而宗德。’德祖可比商報乙、周亞圉，非契、稷比。議者習見宋儒嘗取王安石説，遂使七廟既有‘始祖’又有‘太祖’。太祖既配天，又不得正南向之位，非禮之正。今請并祧德、懿、熙三祖，自仁祖下爲七廟。異時祧盡，則太祖擬契、稷，而祧主藏於後寢，祫祭行於前殿。時享尊太祖，祫祭尊德祖，則功德并崇，恩義亦備。”帝竟從禮官議。同上，《禮志》

弘治十七年，孝肅周太后崩。先是成化時，預定周太后祔葬祭之議。至是，召輔臣議祔廟禮。劉健等言：“漢以前，一帝一后。祔二后，自唐始。祔三后，自宋始。曩時定議：慈懿太皇太后居左，今大行太皇太后居右，用唐宋故事。”帝曰：“事當師古，末世不足法。祖宗來，惟一帝一后。今若并祔，是變禮從朕始也。”乃援孝穆紀太后別祭奉慈殿爲言，下廷臣議。英國公張懋等言：“《春秋》‘考仲子之宮’，胡安國《傳》云‘孟子入惠公之廟，仲子無祭所。’以此觀之，祖廟無二配。而《周禮》有祀先妣之文，疏云‘姜嫄也。’唐宋推尊太后，不配食者，皆別立廟祀之，亦得《閟宮》之義。宜仿故事，於奉先殿外建廟奉祀爲宜。”帝然之。將建廟，欽天監奏，年月不宜。廷議，暫祀太皇太后於奉先殿正中，徙孝穆居左。終明世皆用其制。《三編》

正德十一年十月，御史徐文華條上宗廟禮儀，祧廟、禘祫、特享、出主、祔食凡五事。末言：“僖、懿二祖既祧，太廟祔享諸王宜罷祀。”皆考證經義可施行者。帝責其出位妄言，黜爲民。《徐文華傳》

嘉靖十一年，上欲復七廟制。議未決，會中允廖道南疏請建九廟，上喜，下廷議。禮官上言：“太廟垣外，左右隙地不盈數十丈。若依古制，昭穆六廟在太廟前，以次而南，則今太廟都宮之南至承天門牆不遠，即使盡闢其地爲左昭右穆，猶恐勢不能容。若欲稍減規模，不必別門異寢，又恐禮未必協。況古七廟九廟，制度皆同。今太廟巍然宏壯，而群廟隤然湫隘，亦恐於義未安。議者欲就太廟兩廡即分群廟，不惟去尊即卑，不足以稱聖孝。而遷就一時，裁損廟貌，尤非細故。且有廟無寢，神將安栖？諸王功臣，置之何所？議者又欲藏主夾室。夫夾室者，側室也。以藏祧主，可也；以藏親廟未毀之主，情理舛矣。至謂周人廟制約儉，宜仿爲之。夫周廟門大扃七個，闈門小扃三個，則大門實容二丈一尺，小門實容六尺。其制過於今廟，烏在其爲儉約也？今損於太廟、群廟，可又損於世廟乎？且太宗功業，比隆太祖。憲宗，獻皇父也。又可減於世廟乎？今之廟主，太宗之下凡有七廟，將如古制三昭三穆而止六廟乎？抑如商、周以太宗爲百世不遷之宗而加立七廟乎？即使廟宇既成，皇上冠冕佩玉，執圭服袞，循紆曲之途，遍歷群廟，而行興俯拜起奠獻之禮。非獨筋力不逮，而日亦不給矣。"【略】"今自宣宗至穆宗凡六世，上合二祖僅八世，準以宋制可以無祧。但於寢殿左右，各增一室，則尊祖敬宗并行不悖矣。"帝命如舊敕行，遂祧宣宗。《禮志》

（清）龍文彬《明會要》卷一〇《禮五・吉禮・禘祫》

洪武元年三月丁未，祫享太廟。德祖皇考妣居中，南向。懿祖皇考妣東第一位，西向。熙祖皇考妣西第一位，東向。仁祖皇考妣東第二位，西向。《禮志》

七年，御史答祿與權請舉禘祭，言："古之有天下者，既立始祖之廟，又推始祖所自出之帝，祀之於始祖之廟，而以始祖配之。故曰'禘'。周祭大王爲始祖，推本后稷以爲自出之帝。今皇上受命已七年，而禘祭未舉。宜令群臣參酌古今，以成一代之典。"詔下禮部、太常寺、翰林院議。以爲"虞、夏、商、周四代，世系明白，始祖所自出，可得而推，故禘禮可行。漢唐以來，莫能明其始祖所自出。當時所謂禘祭，不過祫已祧之主，序昭穆而祭之。乃古之大祫，非禘也。宋神宗嘗曰：'禘者，所以審諦始祖之所自出。'是則莫知祖之所自出，禘禮不可行也。今國家追尊四廟，而始祖所自出者未有所考，則禘難遽行。"遂寢。王圻《通考》

弘治元年，憲宗升祔，祧懿祖，乃建祧廟於寢後殿。歲暮，奉祧主至太廟，行祫祭禮。《通典》

嘉靖十年，世宗以禘祫義詢大學士張璁，令與夏言議。言撰《禘義》一篇，略言："我祖宗之有天下，以德祖爲始祖，百六十年居中南向，享太廟歲時之祭。今陛下定大祫之祭，又以德祖統群廟之主。若使主禘之祭仍尊德祖，夫既身爲太祖之始祖矣，而又爲始祖之所自出，恐無是理。朱子亦曰：'禘自始祖之廟，推所自出之帝，設虛位以祀之，而以始祖配。'夫三代以下，必欲如虞、夏、商、周之禘黃帝、帝嚳，則既無所考。若強求其人，如李唐之祖聃，又非孝子孫之所忍爲。臣以爲宜設初祖虛位，而以太祖配。蓋太祖初有天下，實始祖也。"帝深然之。會中允廖道南謂皇姓爲顓頊裔，請以《太祖實錄》爲據，禘顓頊。遂詔禮部會議。諸臣咸謂"稱虛位者茫昧無據。尊顓項者，世遠難稽。廟制既定高皇帝始祖之位，當禘德祖爲正。"帝意主虛位，令再議。而言復疏論：禘德祖有四可疑。且今所定太祖爲太廟中之始祖，非王者立始祖廟之始祖。帝卒從言議。乃於太廟設虛位以禘皇初祖，南向。奉太祖配，西向。行禮如南郊儀。定以丙、辛歲行，敕禮部具儀。《通典》

四月甲子，禘於太廟。《本紀》

是年冬，諭禮部曰："太祖以恩隆德祖，今日當以義尊太祖。祫祭，奉四祖同太祖皆南向，庶見太廟爲特尊太祖之意。"夏言奏："《禮》合群廟之主祭於太祖之廟，是爲大祫，亦以尊太祖也。太廟，太祖之廟，不當與昭穆同序。太祖，太廟之祖，不可與子孫并列。自今大祫，宜奉德祖居中，懿、熙、仁三祖及太祖東西序，皆南向。列聖左右序，東西向如故。不惟我太祖列群聖之上，足以伸皇上之心，而懿、熙、仁三祖得全其尊，尤足以體太祖之心。"帝稱善焉。《通典》

十二月丁酉，祫享太廟。是時罷歲除之祭，以冬季中旬行大祫禮。設德祖位於太廟正中，南向。懿祖而下以次，東向。《實錄》

十五年，復定廟享制。立春特享各出主於殿，立夏、立秋、立冬，出太祖、成祖七宗主，饗太祖殿，爲時祫。季冬中旬卜日出四祖及太祖、成祖七宗主，饗太祖殿，爲大祫。祭畢，各歸主於其寢。《禮志》

四月丙申，行大禘禮於太廟。《大政記》定五歲一禘。每遇丙、辛年孟夏，大舉禘祭之禮於太廟，以祀皇初祖，而奉太祖配焉。先令中書官書皇初祖帝神牌位於太廟。至禘日，設太廟殿中，祭畢燎之。王圻《通考》

二十年十一月，禮官議，歲暮大祫，當陳祧主，而景神殿隘，請暫祭四廟於後寢。詔可。同上

二十四年，罷季冬中旬大祫，仍以歲除日行大祫禮，同時享同上。《禮志》

(清) 龍文彬《明會要》卷一〇《禮五·吉禮·時饗》

洪武元年，定宗廟之祭，每歲四孟及歲除凡五享。學士陶安等言：古者四時之祭，三祭皆合享於祖廟，惟春秋祭於各廟。自漢而下，廟皆同堂异室，則四時皆合祭。今宜仿近制，合祭於第一廟，庶適理之中無煩瀆也。太祖命孟春特祭於各廟，三時及歲除則祫祭於德祖廟。《禮志》

二年正月癸丑，更定太廟時享日期，用清明、端午、中元、冬至祭之。歲除如故。《大政記》

三年八月己卯，禮部尚書崔亮言：孟月者，四時之首，因時變，致孝思，故備三牲、黍稷、品物以祭。至仲季之月，不過薦新而已。既行郊祀，則時享仍宜改舊制。從之。《通典》

九年十月，新建太廟成。凡時享神座俱不奉神主，止設衣冠，禮畢藏之。孟春，擇上旬日，三孟用朔日，及歲除皆合享。自是五享皆罷，特祭而行合配之禮。《禮志》

十一年秋享太廟，太常奏栗未熟，請以桃代。上曰：諸祭果食不必常品，有即用之。著爲令。鄭曉《今言》

二十五年定時享，若國有喪事，樂備而不作。《禮志》

二十六年，詳定時享禮儀。

正統三年正月，享太廟。禮部言：故事先三日，太常寺奏祭祀，御正殿受奏。是日，宣宗皇帝忌辰，例不鳴鐘鼓，第視事西角門，帝以祭祀重事仍宜升殿。

天順六年，以皇太后喪，閣臣請改孟冬，時享於除服後。從之。成化四年，以懿太后喪，禮部請改孟秋，享廟於初七日。不從。已上《通典》

嘉靖五年十月辛亥朔，時享太廟及世廟。先是，禮部議：“祭世廟用太廟次日。”太常寺言：“齋戒省牲，先期難於兩用。又歲暮之祭，次日即元旦也。”部臣復議：“歲暮權與太廟同日。”制曰：“可俱用同日，次第舉行。”《實錄》

十三年四月丁酉朔，時享太廟，遣武定侯郭勛攝行。上久不親祀事，給事中張選言：“宗廟之祭，惟誠與敬。孔子曰：‘吾不與祭，如不祭。’孟春廟享，遣官暫攝，中外臣心，知非得已。茲孟夏祫祭，倘更不親行，則迹涉怠荒。如或聖體未復，未任趨蹌，亦宜靜處齋宮，以通神貺。”帝大怒，命執選杖闕下，帝出御文華殿聽之。是夕不入大內，繞殿走。製《祭祀記》一篇，一夕鋟成，明旦分賜百官。削選籍。《三編》

十四年四月辛卯朔，時享太廟。時方修建宗廟，暫於奉先殿、崇先殿行禮。《實錄》

十七年，定饗祫禮。凡立春特享，親祭太祖，遣大臣八人分獻諸帝，內臣八人分獻諸后。立夏時祫，各出主於太廟。太祖南向，成祖西向，序七宗之上，仁、宣、英、憲、孝、睿、武宗東西相向。秋冬時祫如夏禮。

二十四年，復定，享祫止設衣冠，不出主。

隆慶元年四月丙戌朔，享太廟。時以世宗几筵未撤，遵正德元年例：先一日，帝常服祭告几筵，祇請諸廟享祀。其後時享，祫祭在大祥內者皆如之。已上《禮志》

二年正月，饗太廟。帝將遣代，高儀偕僚屬諫，徐階等亦以爲言，乃親祀如禮。《大政記》

萬曆七年二月，詔更定時享祝文。因閣臣張居正等奏言，時享之制，止於九廟。太祖、成祖百世不遷，其餘則以親序而祧廟不與焉。先朝祝文：弘治中，自憲宗而上稱八廟。嘉靖初，自孝宗而上稱六廟。至孝烈皇后升祔，仁宗奉祧，始稱五廟。隆慶年間，因而不改，蓋其時世宗新祔之位，即孝烈之序，世數未增也。我皇上嗣統，則世次異矣。乃時享祝文，自憲廟至穆廟已備六廟之數，而太祖、成祖、英宗三廟猶仍五廟之稱。揆之世數，名義未協。請如歲暮大祫禮，將時享祝文通列九廟帝后聖號，不必更稱五廟。其大祫配享，壽春等王，親屬已遠，宜稱本爵。其“皇高伯祖”等稱，盡行裁去，庶得情理之當。從之。《通紀》

（清）龍文彬《明會要》卷一〇《禮五·吉禮·薦新》

洪武元年二月，定太廟月朔薦新儀物。其禮皆天子躬行。未幾，以屬太常。《禮志》

二年五月辛酉，詔：凡時物，太常先薦宗廟，然後進御。

三年正月，定太廟朔望薦新及獻新儀。薦新有定品，獻新者謂四方別進新物也。已上《大政記》

凡四方別進新物，在月薦外者，太常卿與内使監官常服獻於太廟，不行禮。其後朔望祭祀及薦新、獻新，俱於奉先殿。《禮志》

六年盱眙民進瑞麥，御史答禄與權請薦宗廟。帝曰：以瑞麥爲朕德所致，朕不敢，當其必歸之祖宗。御史言：是也。《答禄與權傳》

永樂四年六月丙寅，南陽獻瑞麥，命薦之宗廟。《本紀》

嘉靖八年二月，定太廟薦新品物，鷹犬不用。《大政記》

十四年四月，上諭夏言曰："内殿禮儀，四月八日俗事，宜革。其賜百官'不落莢'，亦當改。《禮記·月令》'是月，麥先熟，薦寢廟。'今歲以孟夏之五日薦麥内殿，賜百官麥餅。"大學士張孚敬曰："不落莢者，以糯米、粳米、黑糖、蜜、紅棗爲之。相沿釋氏之説，於禮無據。仰見皇上據經析理得先王遺意。"遂著爲令。《春明夢餘録》

十五年四月，薦苑田新麥於内殿。《大政記》

二十七年七月庚子，西苑進嘉穀，薦於太廟。《本紀》

(清) 龍文彬《明會要》卷一〇《禮五·吉禮·親王從享》

洪武三年八月，定以皇伯考、壽春王、王夫人、劉氏爲一壇，皇兄南昌王、霍邱王、下蔡王、安豐王、霍邱王夫人、翟氏安豐王夫人趙氏爲一壇，皇兄蒙城王、盱眙王、臨淮王、臨淮王夫人劉氏爲一壇。後定夫人皆改稱妃、皇姪。寶應王、六安王、來安王、都梁王、英山王、山陽王、昭信王爲一壇，凡一十九位。春、夏於仁祖廟東廡，秋、冬及歲除於德祖廟東廡。《禮志》

是年，定親王從享，皆設位於東廡，西向。功臣配享皆設位於西廡，東向。《會典》

四年，進親王於殿内東壁。九年，新太廟成。增祀蒙城王妃田氏、盱眙王妃唐氏。《禮志》

是年，奉安四代神主，以親王并王妃二十一位侑於殿内東壁，功臣十二位配於西壁，不分獻。自是，四時之祭，皆行合享之禮。《會典》

正德中，御史徐文華言：族有成人而無後者，祭終兄弟之孫之身，諸王至今凡五六世矣。宜祧禮官議。不可。《禮志》

萬曆初，于慎行言：南昌壽春等十六王，世次既遠，宜別祭陵園，不宜祔享太廟。不從。《于慎行傳》

九年，給事中丁汝謙言：諸王世次遠，宜罷祭。祭於墓，親王之殤無後而近者，宜配。不從。《太常紀》，下同。

十四年，太常卿裴應章言："諸王本從祖祔食。四祖親盡且祧，而諸王得配享百世，非所以爲殺也。壽春等王於太祖爲伯爲兄，太祖南面，而伯若兄俯而侑於側，非所以爲順也。其以諸王祔祧廟，歲祫則祔，餘則罷。”上下禮部議。沈鯉上言：“宗廟之祭，祫爲重。時享不可預，而預於祫，其無乃未安乎？且祧以藏毀廟之主，爲祖非爲孫。禮有祧，不聞有配祧者。請仍遵初制，序列東壁爲近禮。”報可。

（清）龍文彬《明會要》卷一〇《禮五·吉禮·功臣配享》

洪武二年正月丁未，享太廟。以功臣廖永安、俞通海、張德勝、桑世杰、耿再成、胡大海、趙德勝配享。設青布幃六於太廟庭中，遣官分獻。王圻《通考》

三年，定配享功臣。常遇春以下凡八位，春夏於仁祖廟西廡，秋冬於德祖廟西廡，設位東向。遂罷幃次之設。

九年，新太廟成。以徐達、常遇春、李文忠、愈湯和、沐英、俞通海、張德勝、胡大海、趙德勝、耿再成、桑世杰十二位配於西廡，罷廖永安。已上《禮志》

二十年，定凡祭功臣，令軍官首領官陪。《會典》

建文時，宋禮言：“功臣自有鷄籠山廟，請罷太廟配享。”帝以先帝所定，不從。且令候太廟事畢，別遣官即其家廟祭之。《通典》

永樂初，享太廟。禮成，仍遣官祭功臣廟。王圻《通考》

洪熙元年，以張玉、朱能、姚廣孝配享太廟。《禮志》

弘治五年三月，詔曰：太廟配享諸功臣追封王者六人，皆佐皇祖平定天下有大功。今其子孫有不霑寸祿，與編氓伍，欲量加恩俾奉其祀。該部查實以聞。《昭代典則》

嘉靖九年，中允廖道南言：姚廣孝髡徒，不宜入廟。遂移祀大興隆寺。《春明夢餘錄》

十年，以刑部郎中李瑜議，進劉基，位次六王。《禮志》

十六年二月，武定侯郭勛請以五世祖英侑享太廟。廷臣持不可，侍郎唐胄爭尤力。帝不聽，卒從勛請。初，二廟功臣位皆以爵，及進基，位公侯上。至是，復令禮官議，乃合二廟功臣叙爵。于是列英於桑世杰上，張玉、朱能於沐英下，基於世杰下。禮官又言：“《禮》有功宗之祀，漢祭功臣於廟廷，魏祀尚書令荀攸於太祖廟，唐高祖至憲宗廟，或六七八人，或二三四人，宋太祖至光宗亦然。如魏徵、李沆、司馬光皆文臣，不必武功也。守成諸君亦各有與享者，不必皆創業也。我朝二祖開國靖難，固有功臣。仁宗以後，無事武功，其間相與輔贊治平，豈無有魏徵、李沆輩者？今侑享二祖十七人，惟基、廣孝二人文臣耳。自後六廟，缺焉無聞。乞下廷議，考求六朝文武大臣，有功在當時、澤及後世者，請上裁定，進侑廟廷。”上不允。王圻《通考》

萬曆中，禮部尚書沈鯉以太廟侑享，請移親王及諸功臣於兩廡，毋與帝后雜祀。《沈鯉傳》

（萬曆）十四年，太常卿裴應章言：廟中列后在上，异姓之臣禮當避嫌。且至尊拜俯於下，諸臣之靈亦必不安。命復改，西廡遣官分獻。《禮志》

（清）龍文彬《明會要》卷二一《樂上》

（嘉靖）十四年四月，七廟既建，樂制未備。禮官因請更定宗廟雅樂。言：“德、懿、熙、仁四祖久祧，舊章弗協。太祖創業，太宗定鼎，列聖守成，當有頌聲，以對越在天，垂之萬載。若特享、若祫享、若大祫，詩歌頌美，宜命儒臣撰述，取自上裁。其樂器、樂舞，各依太廟成式，備爲規制。"報可。五月，增設七廟樂官及樂舞生，至二千二百名。三十年，省革樂舞生，定用一千一百五十三名。已上《世法錄》

隆慶三年，革協律郎等官四十八員。萬曆六年，復設如嘉靖間制。《職官志》

崇禎十六年十月十六日，敕：朕於冬至、正旦、壽節、端陽、中秋及諸大典禮升殿行禮，方許作樂。其餘皆免。《春明夢餘錄》

趙爾巽《清史稿》卷八六《志六一·禮志五·吉禮五·宗廟之制》

清初尊祀列祖神御。崇德建元，立太廟盛京撫近門東。太宗受尊號，躬率群臣祭告，其太牢、少牢色尚黑。復嗣考祭儀。

世祖定燕京，建太廟端門左，南向。其盛京太廟，尊爲四祖廟云。

順治四年，定盛京守廟首領馬法秩視拖沙喇哈番，餘馬法視護軍校。

五年冬，追尊澤王爲肇祖，慶王爲興祖，昌王爲景祖，福王爲顯祖，與四后并奉後殿，致祭如時饗儀。

八年，孝端文皇后祔廟，奉神主衹，見太祖、太后暨太宗，代行三跪九拜禮，位次太宗，復一跪三拜。畢，遂行大饗。祀後殿則遣官。凡升祔，先一日遣告，至日衹見奉安大饗，著爲例。十八年，世祖祔廟，位次太祖西旁，東向。

康熙九年，孝康章皇后祔廟，位次世祖。

二十七年，孝莊文皇后祔廟。屆期，世祖及章后神主避立於旁，始行衹見禮，位次文后。凡祔廟主，以卑避尊，後仿此。

五十七年，孝惠章皇后升祔，議者以孝康祔廟久，欲位其次。大學士王掞議曰：陛下聖孝格天，曩時太皇太后祔廟，不以躋孝端上。今肯以孝康躋孝惠上乎？議者不從，帝果以爲非是，令改正焉。【略】

乾隆二年，世宗暨孝敬后祔廟，位西旁，東向，居世祖次。

四十二年，孝聖后升祔，次孝敬。

明年，高宗詣盛京，徙建四祖廟大清門東。敕大臣監視落成。

嘉慶四年，高宗暨孝賢、孝儀二后祔廟，位東旁，西向，次聖祖。

道光元年，仁宗暨孝淑后祔廟，位西序，東向，次世宗。

三十年，宣宗遺諭及祔廟事，【略】遂於咸豐二年，奉宣宗暨孝穆、孝慎、孝全三后祔廟，位東序，西向，次高宗。明年，奉孝和睿皇后升祔，次孝淑。

同治建元，祔廟次孝全。

四年，文宗暨孝德后祔廟，位西序，東向，次仁宗。於時太廟中殿，九楹咸序。

光緒三年，惇親王奕誴等躬往相度，集議所宜。侍講張佩綸請仿殷、周制，立太宗世室，百世不祧。展後，殿旁垣左右各建世室。侍郎袁保恒謂：周制世室在太祖廟旁，居昭穆上，後世同堂异室，以近祖爲尊。請以中殿太祖左右爲世室九楹，東西各展兩楹，別建昭穆六代親廟。太祖居中，兩旁各六楹，爲左右世室。太祖至穆宗同爲百世不祧，不必俟親盡遞升。其左右隙地，更建兩廟，各三楹，爲三昭三穆，循次繼入，耤省遷移。鴻臚寺卿徐樹銘言：古者廟前寢後，廟以祭饗。今前殿是寢以藏衣冠，今中殿、後殿是。兹所當議者，藏衣冠寢殿耳。應就中殿左建寢殿，祭饗仍在前殿。列祖、列宗百世不祧，若建世室後殿旁，反嫌居太祖上。唯增寢室，則昭穆序矣。其他條議，大率主世室者多。有謂後殿宜增殿宇，移四祖神主，其中改爲世室，移太宗居中一室。穆宗祔廟，奉安中殿西第四室者，通政使錫珍說也。有謂中殿兩旁建世室，東二西一，中奉太祖主，七廟東一廟奉太宗，二廟奉聖祖，西一廟奉世祖。前殿兩旁建六親廟，世宗以下奉之，斯昭穆不紊。少詹事文治說也。有謂中殿兩旁建昭穆二世室，但建方殿，縱橫各五楹，移太宗居昭世室，世祖居穆世室，皆北面中一楹。聖祖居昭世室，東面第一楹。中殿仍奉太祖，昭穆各四楹，列聖神位依序上移。穆宗升祔，居昭第三楹。司業寶廷說也。已，閣議以紛更廟制，未可從。

禮親王世鐸等謂：與其附會古典，不如恪守成規。太廟中殿九楹，中楹仍舊，東西各四楹，請如道光初故事，增修改飾。東次楹又次楹爲昭位，太宗暨二后、聖祖暨四后、高宗暨二后、宣宗暨四后神主序焉。西次楹又次楹爲穆位，世祖暨二后、世宗暨二后、仁宗暨二后、文宗、孝德后神主序焉。將來穆宗、孝哲后升祔，位居宣宗次。議上，醇親王奕譞韙之，奏言：寓尊崇於變通，較諸說爲當。第廟楹有限，國統無窮，增修尚非至計。祧廟爲歷朝經制，無可避忌。請敕自今以往，毋援百世不祧之文，當循親盡則祧之禮，庶巨典與天地長存。於時徐樹銘力主宣宗遺諭，以漢、唐增室爲非。今用奉先殿增龕成案，億萬年後，勢難再加。宜遵祖訓，豫定昭穆。內閣學士鍾佩賢亦以爲言，鴻臚寺少卿文碩且請建穆宗寢廟，而文治、寶廷尤力爭并龕簡陋，非永制。兩宮太后不獲已，再下王大臣議，兼詢直隸總督李鴻章。鴻章言：周官，匠人營國，世室、明堂皆止五室。鄭注，五室并在一堂。據此，則朱子所圖世室、親廟以次而南，未盡合制。至建寢殿、增方殿，古制所無，禮親王等所言，未爲無見。我朝廟制，祖宗神靈，協會一室，一旦遷改，神明奚安？太廟重垣，庭墀殿陛，各有恒式。准古酌今，改廟非便。因時立制，自以援奉先殿增龕例爲宜。議者或嫌簡略，准古禮祔廟迭遷，亦止改塗易檐，并不大更舊廟。今之龕座，猶晉、宋時坎室，晉華垣建議廟堂以容主爲限，無拘常數。王導、溫嶠往復商榷，始增坎室。宋增八室，蔡襄爲圖。今之增龕，何以异是？又謂：奉先殿即古原廟，與太廟殊。然雍正時奏定，奉先殿神牌與太廟顓若畫一，成憲可循，不得謂增龕之制獨不可仿行太廟也。至祧遷雖常典，而藏主之室，禮無明文。鄭康成言周祧主藏於太廟及文武世室，是已祧之主與不遷之祖同處一廟，故廟亦名祧。晉藏西儲夾室，當時疑其非禮，後世緣爲故事。儒家謂古祧夾室，殆爲肵辭。廟既與古不同，祧亦未容輕議。唯醇親王所陳，爲能導皇上以大讓，酌廟制以從宜。

五年，穆宗暨孝哲后祔廟，位東序，西向，次宣宗。七年，孝貞后升祔，次孝德。宣統元年，孝欽后升祔，次孝貞。是歲考議德宗祔廟事，禮臣言：兄弟同昭穆，但主穆位空一室。其餘議禮諸臣，重宗統者，以爲异昭穆不便；重皇統者，復以爲同昭穆不合。而大學士張之洞獨主：古有祧遷之禮，則兄弟昭穆宜同。今無祧遷之禮，則兄弟昭穆可异。議乃定。其秋，詔曰：我朝廟制，前殿自太祖以下七世皆南向，宣宗以下三世分東西向，與古所謂穆北向、昭南向不同。穆、德二廟，同爲百世不祧，宜守朱子之説，以昭穆分左右，不以昭穆爲尊卑。禮緣義起，毋因經説异同，過事拘執。德宗祔廟，中殿奉西又次楹又五室穆位，前殿位次西旁文宗坐西向東穆位。體先朝兼祧之旨，慰列聖在天之靈，垂爲定制。奉先殿位序亦如之。

趙爾巽《清史稿》卷八六《志六一·禮志五·吉禮五·宗廟之制·時饗》

太宗建國初，遇清明、除夕，躬謁太祖陵，即時饗所由始。崇德元年，建太廟成，凡四孟時饗，每月薦新，聖誕、忌辰、清明、中元、歲暮俱致祭。五月獻櫻桃，命薦太廟。凡新進果穀，皆先薦乃進御。著爲令。

順治元年，定時饗制，孟春擇上旬日，三孟用朔日，樂章六奏。

二年，命祭太廟如奉先殿儀。讀祝、致祭。遣官祭福陵、昭陵、四祖廟，止上香燭、供酒果，不讀祝。

七月朔，秋祭太廟、四祖廟，中元祭陵，并用牛、羊。尋定四祖廟祭例視京師，牲用生。又饗太廟用熟牛，罷晋胙。

八年，定親饗制。飲福、受胙如圜丘，奏樂備文武佾舞。

康熙十二年，從禮臣言，祭太廟，質明將事。【略】

雍正十一年，又定太廟神牌如奉先殿制，供奉居中。請牌用太常官，獻帛、爵用侍衛，尋改用宗室官。

高宗嗣位，定三年持服内，饗廟御禮服作樂如故，唯齋戒用素服，冠綴纓。

乾隆二年，用禮臣言，祝版書列聖尊謚。香帛送燎時行中路，帝轉立東旁，俟奉祝帛官出，復位，如祀郊壇式。

尋尋定每日上香，守廟官行禮。朔望用太常官，嗣改宗室王公番行。

十二年，諭太廟獻帛、爵用宗室官，俾習禮儀，鎔氣質。敕宗人府王公監視，後復定後殿獻帛、爵用覺羅官。向例饗廟，帝乘輿出宮，至太和門外改乘輦。入街門，至神路右，步入南門，詣戟門幄次。入升東階，進前殿門，就拜位。禮成，出如初。凡入門皆左。

三十七年，帝年漸高，略減儀節。入廟時，改自闕左門，輦入西北門，至廟北門外輿入。至戟門外東階下，步入門，升階進殿。行禮畢，出亦如之。

嘉慶四年，定時饗前殿座次。太祖、太宗、世祖皇考、妣皆南向，聖祖皇考、妣東位西向，世宗皇考、妣西位東向，高宗皇考、妣東次西向。以後帝、后位次仿此。

八年孟春時饗，禮臣卜吉初六日、仁宗以前三日致齋。會逢高宗忌辰，服色未協，命改初八日。嗣是春饗皆擇正月初八、九、十等日行之。

道光四年，諭：廟饗、謝福胙如祀社稷儀，王公百官隨行三跪九拜禮。穆宗、德宗初立，時饗、祫祭遣親王代，逮親政始躬蒞。宣統朝攝政王攝行。

趙爾巽《清史稿》卷八六《志六一·禮志五·吉禮五·祫祭》

歷代禘、祫分祭，禮說繽紛，罔衷古訓。清制有祫無禘。除夕饗廟，實始太宗，世祖本之，著爲祭典。順治十六年，左副都御史袁懋功請舉祫祭，以彰孝治。乃定歲除前一日大祫，移後殿、中殿神主奉前殿。四祖、太祖南向，太宗東位西向。先一日，遣官告後殿、中殿，致齋視牲。屆日，世祖親詣，禮如時饗，自是歲以爲常。尋定祫祭樂舞陳殿外。

康熙時，御史李時謙請行禘祭。禮臣張玉書上言：“考禮制言禘不一，有謂虞、夏禘黃帝，殷、周禘嚳，皆配祭圜丘者；有謂祖所自出爲感生帝，而祭之南郊者；有謂圜丘、方澤、宗廟爲三禘者，先儒皆辯其非。而宗廟之禘，說尤不一。或謂禘止及毀廟，或謂《長發詩》爲殷禘，《雍詩》爲周禘，而親廟、毀廟兼祭者。唯唐趙匡、陸淳以爲禘異於祫，不兼群廟。王者立始祖廟，推祖所自出之帝，以始祖配之，故名禘。至三年一祫，五年一禘，說始漢儒，後人宗之。漢、唐、宋禘禮，并未考始祖所自出，止五歲中合群廟之祖，行祫禘於宗廟而已。大抵夏、商以前有禘祭，而厥制莫詳。漢、唐以後有禘名，而與祫無別。周以后稷爲始祖，以帝嚳爲所自出。而太廟中無嚳位，故祫祭不及。至禘祭乃設嚳位，以稷配焉。行於後代，不能盡合，故宋神宗罷禘禮。明洪武初或請舉行，衆議不果。嘉靖中，乃立虛位，祀皇初祖帝，以太祖配，事涉不經，禮亦旋罷。國家初定鼎，追上四祖尊稱，立廟崇祀，自肇祖始。太祖功德隆盛，當爲萬世廟祖，而推所自出，則締造大業，肇祖最著。今太廟祭禮，四孟分祭前、後殿，以各伸其尊。歲暮祫饗前殿，以同將其敬。一歲屢申祼獻，仁孝誠敬，已無不極。五年一禘，可不必行。”遂寢其議。

乾隆三十七年大祫，帝親詣肇祖位前上香，餘遣皇子親王分詣，復位行禮如常儀。詣廟節文減之如時饗。六十年將屆歸政，九廟俱親上香。嘉慶四年，定歲暮祫祭，前殿座位視時饗。咸豐八年，文宗疾甫平，親王代行祫祭，然先祭時猶親詣拜跪焉。其因時祫祭者，古禮天子三年喪畢，合先祖神饗之，謂之吉祭。雍正二年，吏部尚書朱軾言：皇上至仁大孝，喪三年如一日，今服制竟，請祫祭太廟，即吉釋哀。制可。明年二月，帝詣廟行祫祭，如歲暮大祫儀。自後服竟行祫祭仿此。

祭祀通例

（明）鄭曉《吾學編·皇明三禮述上·大禘》

大禘皇帝以丙辛年孟夏大禘於太廟，皇初祖帝神南向，牛一、羊一、豕一。太祖西向，配牛一、羊一、豕一，禮三、獻樂六、奏舞八佾。

嘉靖十五年，禮官言：請行古大禘禮。下廷議，皆請禘德祖，上不從。或曰：禘顓頊。上亦不從，曰：可稱皇初祖帝神勿主名，五歲一禘於太廟，祀皇初祖而奉太祖配焉。先一日，令中書官書皇初祖帝神牌位於太廟，至日設太廟殿中。祭畢，燎牌位。

（明）孔貞運《皇明詔制》卷六《太廟配享開國功臣》

追封王爵者，俱係輔佐太祖高皇帝平定天下有大勳勞之人，今其子孫有不沾寸禄與編民無異者，該部查勘明白，具實以聞恩典，俾奉其祀。

（明）俞汝楫等《禮部志稿》卷二八《廟祀總例》

凡太廟祭器，洪武元年令銀造者以金塗之。酒壺、盂盞每事皆八盤，碗二百四十，及樺梳、枕簟、篋笥、帷幔、浴室皆具。已又令塗金者俱易以金。

凡時物，洪武二年令太常先薦宗廟，然後進御。

凡祭幣，洪武三年，議准太廟每室用幣二。

凡太廟和羹，嘉靖三年奏准，依福胙、脯醢、豚胎例，另用一牛，不許牲。上取辦其牲醴分爲六塊，一首、一背、四肢，不許零碎。

凡配享，洪武二年孟春享太廟，以功臣七人配。設青布幃六間於太廟庭中，內列功臣位，遣官分獻讀祝。

三年，定親王從享皆設位於東廡，西向。功臣配享皆設位於西廡，東向。

四年，罷廟庭幃設之次，改設黃布幃殿於廟內，并具兩廡。中居祖考神位，廡列親王及功臣，每奠獻祖考，則遣大臣各分獻，不讀祝。是秋，又命功臣仍於廡間配享，不設布殿。

九年，新太廟成，奉安四代神主以親王并王妃二十一位侑於殿內東壁，功臣十二位配於西壁，不分獻。自是，四時之祭皆行合享之禮，其壽春等王舊有皇高伯祖等稱。至萬曆七年，罷止稱本爵。

凡時享值國喪，洪武二十五年，議定樂備而不作。

凡祝文，洪武二年定止稱孝子皇帝不稱臣，遣太子行禮稱命長子某不稱皇太子。嘉靖十七年，令大祫祝文九廟，帝后謚號俱全，書時祫止，書某祖某宗某皇帝備行宣讀。

凡忌辰，永樂元年遇高皇帝忌，上率諸王祭奉先殿，仍率百官祭孝陵。萬曆四年題准，凡郊廟奏祭祀，日遇有忌辰，則移前一日。如致齋日內遇忌辰，上具常服，百官具青綠錦繡。其正祭日遇忌者，如祭在日間，除臨時照常具祭服行禮，本日祭前祭後與致齋遇忌同，如夜分祭畢。是日，上仍淺淡服色，百官青衣角帶辦事。

（明）孫承澤《天府廣記》卷一六《祭廟之稱》

三年八月，詔翰林侍讀學士魏：觀自今太廟祝文止稱孝子皇帝不稱臣，凡遣太子行禮止稱命長子勿稱皇太子。著爲令。

（清）萬斯同等《明史》卷五三《志二七·禮志一一·吉禮一一·禘祫》

十七年，令大祫祝文九廟帝后，諡號俱全書，時祫止書某祖某宗某皇帝。備行宣讀祝文，曰：氣序雲邁，歲時將終。謹率群臣以牲帛醴齊粢盛庶品，特修大祫禮於太廟，用申追感之情。更定季冬大祫日，奉德祖、懿祖、熙祖、仁祖、太祖异室，皆南向。成祖西向北上，仁宗以下七宗東西相向。騂牛十三、羊十三、豕十三、禮三、獻樂六、奏舞八佾。皇帝獻德祖帝后，大臣十二人分獻諸帝，内臣十二人分獻諸后。二十年十一月，禮官議歲暮大祫當陳祧主，而景神殿隘不能盡陳，請暫祭四祖於後寢，用連几陳籩豆，以便周旋前殿兩廡，故有列廟神龕孝潔。神座請移別所尊藏，以便親王功臣侑享。詔可。

（清）允裪等《大清會典》卷三六《禮部》

（太廟）爲大祀。【略】

凡大祀天地、太廟、社稷皇帝親行禮，太廟後殿遣官行禮，天地從壇、太廟兩廡均遣官分獻。

凡齊戒，大祀三日。【略】饗太廟、祭社稷，皇帝於大内致齋，王公於府第、文武官於公署各致齋。【略】齋戒之日不理刑名、不燕會、不聽樂、不入内寢、不問疾、吊喪、不飲酒、茹葷、不祭神、不掃墓，有疾有服者皆弗與。

凡祀期，【略】太廟時饗孟春，諏吉以上旬，夏秋冬均以孟月，朔季冬大祫以歲除前一日，【略】祭日均質明行事，惟朝日以卯時，夕月以酉時。【略】

凡帛七等，【略】奉先制帛以饗太廟。【略】

凡牲四等，【略】宗廟太牢，配饗東廡太牢，西廡少牢，【略】牛色尚黝，大祀入滌九旬。【略】

凡樂四等，【略】六奏以饗太廟。【略】

凡祝版，【略】饗太廟、祭社稷白質墨書。【略】凡祭器，【略】太廟玉爵、籩、竹絲畫裏，登用陶飾以文采，豆與簠、簋皆木髹漆飾以玉，鉶範銅爲之飾以金。春用犠尊，夏象尊，秋著尊，冬壺尊，大祫山尊，皆範銅爲之。【略】凡祭物登實以大羹，鉶實以和羹，簠實以黍稷，簋實以稻粱，籩實以形鹽，槁魚、棗、栗、榛、菱、芡、鹿脯、白餅、黑餅、糗餌、粉餈、豆實，以韭菹、醓醢、菁菹、鹿醢、芹菹、兔醢、笋菹、魚醢、脾析、豚拍、酏食、糝食。

凡祭服，皇帝有事於郊廟皆御祭服，祀天青色，祭地黃色，朝日赤色，夕月玉色，餘祭均黃色，陪祀王公百官咸朝服。

凡閱祝版、香帛，南郊御太和殿，北郊太廟、社稷、日月、前代帝王、先師、先農均御中和殿。如遇忌辰，天地、太廟祝版仍躬閱，社稷等祀均太常寺官由内閣恭奉至祭所安設，遣官恭代及群祀亦如之。

凡視牲，【略】饗太廟、祭社稷前三日，【略】均禮部尚書一人省牲。

凡省齍展器，祀日漏未盡，禮部侍郎一人率屬視，太常寺官展祭器、陳祭物乃，省齍盛及登、鉶、籩、豆之實。

凡刲牲，大祀、中祀前一日，光祿寺卿、禮部、都察院、太常寺官具朝服，監視并瘞毛血。

凡陪祀，【略】饗太廟、祭社稷，至文職五品科道郎，中武職三品，冠軍使參領、輕車都尉以上，咸齋戒陪祀。若遣官行禮，王公、內大臣、侍衞不與，自大學士以下文武各官咸陪祀如儀。

凡恭請神位，郊壇於齋宮，鳴鐘時各壇廟於皇帝降輿時，均禮部尚書率太常寺官恭奉神位安於祭所。禮成而復太廟，以王公二人率宗室覺羅官將事。

凡執事，【略】太廟前殿用宗室官，後殿用覺羅官。

凡侍儀，皇帝親行，禮禮部尚書侍郎二人，西面都察院左都御史左副都御史二人，東面王公拜位御史二人，禮部官二人，百官拜位御史四人，禮部官二人，均東西面。凡陪祭，執事有違誤失儀者，劾之。凡告祭國有大事，祗告天地、宗廟、社稷、遇慶典，遣官致祭陵寢及五岳、五鎮、四海、四瀆、前代帝王陵。

(清)　允祹等《大清會典》卷九三《鑾儀衞》

凡祭祀執事，【略】時饗太廟，駕出午門嚴鼓，回鑾鳴鐘。

(清)　允祹等《大清會典則例》卷七五《禮部·祠祭清吏司·祭統·饗太廟》

凡祀分三等，【略】太廟、社稷爲大祀。

每位用奉先制帛一，東廡每位展親制帛一，西廡每位報功制帛一，色皆白。

牲，四等。【略】太廟正殿及東廡，【略】均用太牢，太廟西廡，【略】用少牢。

樂，四等。順治元年奏准，【略】太廟六奏，【略】均用平字爲樂章佳名。

佾舞。天地、太廟，【略】舞皆八佾，文舞生六十四人，武舞生六十四人。

祝版。【略】太廟、社稷壇均白紙黃緣墨書，日壇純朱紙朱書。

祭器。乾隆十二年，【略】遵旨議准：凡祭之籩，以竹絲編造，用絹爲裹，髤漆。【略】太廟畫以文采。【略】太廟之豆與簠簋皆用木，髤漆，飾以金玉，登亦用陶，鉶則範銅，而飾以金貯，酒以尊郊，壇之尊用陶。太廟春用犧尊，夏象尊，秋著尊，冬壺尊，歲暮大祫用山尊，均範銅爲之，獻酌以爵。【略】太廟爵用玉，兩廡用陶。【略】太廟之登用陶，黃質飾以華采，其餘應用陶器者，色皆從白。盛帛以筐竹絲編造，髤以漆，亦各如其器之色，其鉶式大小深廣均仍其舊，載牲以俎木制，髤以丹漆，毛血盤用陶，各從其色，皆由內務府辦理。

祭品。登一，實以大羹。鉶二，實以和羹。簠二，實以黍、稷。簋二，實以稻、粱。籩十有二，實以形鹽、藁魚、棗、栗、榛、菱、芡、鹿、脯白餅、黑餅、糗餌、粉餈。豆十有二，實以韭菹、醓醢、菁菹、鹿醢、芹菹、兔醢、筍菹、魚醢、脾析、豚拍、酏食、糝食。【略】

祀期。順治元年定，【略】太廟四孟時饗，孟春擇上旬吉日，夏秋冬均以孟月一日，歲暮祫祭大建於十二月二十九日，小建於二十八日。

視牲。順治十四年定，【略】饗太廟祭社稷前期三日，【略】禮部堂官率太常卿屬至犧牲所省牲。

省齍展器。乾隆十四年議准：向例各壇廟祭日，太常寺陳簠、簋、籩、豆禮，部委官會同御史監視於典禮，尚覺未協。嗣後，以禮部堂官一人，敬率太常卿等將事，以昭嚴恪。

視宰牲。國初，定太常寺先期諮取禮部官、都察院御史、光禄寺等官職名。屆期，知會大祀天地各官咸朝服，於前期一日子時赴壇監視宰牲。太廟、社稷壇、日月壇、前代帝王、先師廟、先農、先蠶壇均於黎明宰牲，各官咸朝服監宰，群祀宰牲由太常寺官監視。乾隆十七年，奏准古天子諸侯祖而割牲，厥典甚巨。今監視宰牲止沿舊例，用御史、禮部、太常光禄寺司官。嗣後，大祀、中祀擬增光禄卿一人上香監視，以昭慎重之義。

陪祀。（雍正）十二年議准：祀天、祭地、祈穀陪祀大臣官員均在衙署齋宿，至饗太廟及祭各壇廟陪祀官向皆在家齋宿，但滿漢官住居有城內城外之別，若俟啓城門趨赴行禮實有遲誤不及入班之虞。

恭請神牌。順治四年，定恭奉太廟神牌用大學士尚書都統。康熙九年，題准太廟恭奉神牌後殿用覺羅官，前殿用侍衛。雍正十一年，奏准：饗太廟奉神牌，請照奉先殿用內務府官之例，用太常寺官。乾隆元年，奏准：各壇廟祭祀均於質明行事，向來太常寺官於曉鐘時即請神牌安設，俟皇帝駕至行禮。【略】七年，奏准：向例各壇廟供奉神牌，每月朔望奉祀官詣殿上香。嗣後，凡天壇、祈穀壇、地壇、太廟每月朔望前一日，仍令看守各官啓殿拂拭神幄。屆期，太常寺堂官各一人上香行禮，以昭誠敬。其餘壇廟，均令奉祀官行禮。十四年，奏准：祭日請送神牌向用太常寺官，恭奉嗣後請令禮部尚書一人上香行禮，其恭奉神牌仍用太常寺官，太廟神牌用宗室覺羅官恭奉其上香行禮。令宗人府王公暨朔望上香之王公內每祭以二人將事。

執事侍儀。順治八年，定凡親祭壇廟恭接福胙均用侍衛。十六年，定凡恭奉福胙均用禮部官。康熙十年，題准每饗太廟後殿獻爵用覺羅官，親詣致祭前殿獻爵、接福胙用侍衛，餘執事用太常寺官。其各壇廟皇帝親祭接福胙均用侍衛，餘執事用太常寺滿漢官。【略】十一年，奏准：向例太廟獻爵用侍衛獻帛，用太常寺官請照奉先殿制饗太廟獻帛爵，均用侍衛。乾隆元年，議准：太廟奠帛、獻爵用宗室侍衛四十人，宗室將軍官員二十人，分班奠帛獻爵。三年，奏准增宗室將軍六人。九年，議准太廟後殿獻爵用覺羅官二十四人。十年，奏准朔望太廟上香欽點王貝勒貝子公專司其事。十二年，諭：向來祭饗太廟獻爵奠帛，用侍衛及太常寺官，朕御極後悉令用宗室人員。蓋因宗支繁衍實，惟祖德所詒，一氣感乎，昭格尤為親切。且使駿奔走執豆籩，有事為榮，亦得服習禮儀，陶鎔氣質。意蓋有在，但演習禮節太常寺實所專司，宗室既非所屬未必聽其指使。嗣後每逢祭祀之期，著令宗人府王公一人前往監視，俾進退優嫺，執事有恪，以昭誠敬，欽此。

祭告。凡登極上尊號、徽號、加上徽號、皇太后聖壽大慶、萬壽聖節、大慶、册立皇太子，均先期遣官祇告天地、宗廟、社稷并致祭。岳鎮、海瀆、前代帝王、陵寢、先師、闕里、大婚册立皇后，先期祇告天地、太廟。尊封太妃，册封皇貴妃、貴妃、妃、嬪，祇告太廟後殿、奉先殿。升祔太廟、配饗、郊壇，遣官祇告天地、宗廟、社稷并致祭。前代帝王、陵寢、先師、闕里、追上尊諡廟號、加上尊諡、奉移梓宮、建造陵寢、奉安地宮，遣官祇告天、地、太廟後殿、奉先殿、社稷，并致祭。陵寢、几筵、后土、陵山、親征、命將、遣官，祇告天地、宗廟、社稷、太歲、火炮、道路之神。【略】歲暮祫祭功臣配廟，皆先期祇告太廟中殿、後殿。

（清）張廷玉等《明史》卷四七《志二三·禮志一·吉禮一》

五禮，一曰吉禮。凡祀事皆領於太常寺而屬於禮部。明初以圜丘、方澤、宗廟、社稷、朝日、夕月、先農爲大祀，太歲、星辰、風雲雷雨、岳鎮、海瀆、山川、歷代帝王、先師、旗纛、司中、司命、司民、司禄、壽星爲中祀，諸神爲小祀。後改先農、朝日、夕月爲中祀。凡天子所親祀者，天地、宗廟、社稷、山川。若國有大事，則命官祭告。其中祀、小祀，皆遣官致祭，而帝王陵廟及孔子廟，則傳制特遣焉。每歲所常行者，大祀十有三：正月上辛祈穀、孟夏大雩、季秋大享、冬至圜丘皆祭昊天上帝，夏至方丘祭皇地祇，春分朝日於東郊，秋分夕月於西郊，四孟季冬享太廟，仲春仲秋上戊祭太社太稷。中祀二十有五：仲春仲秋上戊之明日，祭帝社帝稷，仲秋祭太歲、風雲雷雨、四季月將及岳鎮、海瀆、山川、城隍，霜降日祭旗纛於教場，仲秋祭城南旗纛廟，仲春祭先農，仲秋祭天神地祇於山川壇，仲春仲秋祭歷代帝王廟，春秋仲月上丁祭先師孔子。小祀八：孟春祭司户，孟夏祭司灶，季夏祭中霤，孟秋祭司門，孟冬祭司井，仲春祭司馬之神，清明、十月朔祭泰厲，又於每月朔望祭火雷之神。至京師十廟、南京十五廟，各以歲時遣官致祭。其非常祀而間行之者，若新天子耕耤而享先農，視學而行釋奠之類。嘉靖時，皇后享先蠶，祀高禖，皆因時特舉者也。其王國所祀，則太廟、社稷、風雲雷雨、封内山川、城隍、旗纛、五祀、屬壇。府州縣所祀，則社稷、風雲雷雨、山川、屬壇、先師廟及所在帝王陵廟，各衛亦祭先師。至於庶人，亦得祭里社、穀神及祖父母、父母并祀灶，載在祀典。雖時稍有更易，其大要莫能逾也。至若壇壝之制，神位、祭器、玉帛、牲牢、祝册之數，籩豆之實，酒齊之名，析其彼此之異同，訂其初終之損益，臚於首簡，略於本條，庶無缺遺，亦免繁復云爾。

（清）張廷玉等《明史》卷四九《志二五·禮志三·吉禮三·祭告》

明制，凡登極、巡幸及上諡、葬陵、册立、册封、冠婚等事，皆祭告天地、宗廟、社稷。凡營造宮室及命將出師，歲時旱潦，祭告天地、山川、太廟、社稷、后土。凡即位之初，并祭告闕里孔廟及歷代帝王陵寢。

　　洪武二年，禮部尚書崔亮奏，圜丘、方丘、大祀，前期親告太廟，仍遣使告百神於天下神祇壇。【略】九年，以諸王將之藩，分日告祭太廟、社稷、岳、鎮、海、瀆，及天下名山大川，復告祀天地於圜丘。【略】永樂七年，巡狩北京，祭告天地、宗廟、社稷。嘉靖八年秋，以躬祭山川諸神，命先期不必遣官告太廟。凡出入，必親告祖考於內殿。聖誕前一日，以酒果告列聖帝后於奉先殿。【略】

分壇記禮

（明）嚴嵩《南宮奏議》卷二《請乞欽定上冊并奉題神主舉祭儀》

　　本月二十六日，臣嵩伏候皇上面諭。以九月十一日恭上二聖尊諡冊寶，以十四日改題二聖神主。其十一日，先於皇祖文皇帝廟上冊恭祭行。禮畢，隨赴皇考獻皇帝廟上冊。畢，即請主入太廟，舉祔廟之祭，以代伸我皇考展謁列聖之敬。臣謹欽承訖，既伏思之皇考冊寶，雖已恭上神主，未經改題必須恭題新主，方可奉迎入廟。本日上冊題主一并舉行爲宜，但恐禮行既久，聖體過勞。臣愚欲乞皇考廟上冊畢，還如例，舉祭却遵照欽定。十四日，先於皇祖廟題主。畢，行三獻禮。畢，赴皇考廟題主。畢，就舉祔廟之祭。庶日，力寬展禮文，周悉伏乞聖明裁定，恭候示諭，總具儀注，上進謹具題以聞。

（明）嚴嵩《南宮奏議》卷二《再請定上冊并題主祭儀》

　　臣嵩今早欽奉敕諭到部，隨將恭擬儀注上進。訖隨該內閣差辦事官邀臣進閣，面示聖諭：成祖上冊畢，即詣睿宗廟上冊，即題主俱題主。畢，就祭二處。通畢，歇二三時，就行祔廟祭享禮。欽此。欽遵。該輔臣，臣時等面議，得：十一日，成祖上冊畢，即詣睿宗廟上冊，却復詣成祖廟題主，舉祭畢，復又詣睿宗廟題主舉祭。通畢，乃行祔廟之。臣愚切思前議，則是二廟一時往復，四次末復，祫享太廟，通計舉禮五次，非惟聖駕出入登降爲勞，且事體亦未免煩雜，不便似應於成祖廟上冊，題主舉祭一并行禮畢，却詣睿宗廟行禮，亦如之。然後，恭舉祔廟之祭，庶節次歸一，往來不煩而禮成於一日矣。伏乞聖明裁擇，特賜定示，將臣所進儀注發下，容臣會同翰林院再恭擬上請，謹具題以聞。九月初一日，奉御批正是上冊，即題主非二起也。

（明）嚴嵩《南宮奏議》卷二《奉題成祖睿宗神主儀》

　　司設監設香案於成祖、睿宗各廟寢，殿神龕前設題主案於東，置凈水、刷子、粉盞、筆墨於上，又設盥盆、帨巾於東。一文官三品以上，武官公侯、駙馬、伯、皇親、指揮陪拜。是日早，免朝，鳴鐘，陪拜官具吉服於廟街門，北向序立，候駕至陪拜。上具翼善冠黃袍，乘板輿至太廟門右。降輿，導引官導入成祖廟左門，由殿左門入寢殿。內贊奏就位，上就位。太常寺卿跪於神主前奏請成祖文皇帝神主寶座改題，上詣神主前親捧主安於東案上。上復就拜位，北向立。內侍官洗出舊字別以粉，中書官書寫題主官盥手，西向立，題主。題訖，上親捧復安於座。內贊奏跪，上跪。太常寺卿跪於上左，奏請成祖文皇帝神靈上神主。內贊奏俯伏興，上捧神主，導引官導出正殿，奉安於神座，上就拜位，典儀唱迎神，導引官導上至香案前，奏上香，上三上香訖，奏復位，內贊奏四拜興平身，傳贊同。典儀唱奠帛，行初獻禮，導引官導上至神御前，奏搢圭，奏奠帛，奠訖，奏獻爵。獻訖，奏出圭、奏詣讀祝位，內贊奏跪，贊讀祝，讀祝官讀訖，奏俯伏興平身，傳贊同。奏復位，典儀唱行亞獻禮，儀同初獻，惟不讀祝。典儀唱行終獻禮，儀同亞獻。太常寺卿詣神，御前跪奏，禮畢，請還宮。內贊奏四拜興平身，傳贊同。典儀唱讀祝官捧祝，進帛官捧帛，各詣燎位。內贊奏禮畢，上捧主詣寢殿奉安訖，導引官導出太廟門東，乘板轎詣睿廟門轎，導引官導上由廟左門入殿左門至寢殿。內贊奏就位，上就位。太常寺卿跪於神主前，奏請睿宗獻皇帝神主座。上詣神主前，親捧主安於東案上。上復就拜位，北向立。內侍官洗出舊字，別以粉，中書官書寫，題主官盥手，西向立，題主。題訖，上親捧復安於座內。贊奏跪，上跪。太常寺卿跪於上左，奏請睿宗獻皇帝神靈，上神主，內贊奏俯伏興。上捧神主，導引官導出正殿，奉安於神座。上就拜位，典儀唱迎神，導引官導上至香案前奏上香，上三上香訖，奏復位，內贊奏四拜興平身，傳贊同。典儀唱奠帛，行初獻禮，導引官導上至神御前，奏搢圭，奏奠帛。奠訖，奏獻爵獻訖，奏出圭，奏詣讀祝位，內贊奏跪，贊讀祝，讀祝官讀訖，奏俯伏興平身，傳贊同。奏復位，典儀唱行亞獻禮，儀同初獻，惟不讀祝。典儀唱行終獻，禮儀同亞獻。太常寺卿詣神御前跪，奏禮畢，請還宮。內贊奏四拜興平身，傳贊同。典儀唱讀祝官，捧祝進帛官，捧帛各詣燎位，內贊奏禮畢，上捧主詣寢殿奉安。訖，上還宮。嘉靖十七年九月十四日，奉聖旨依擬。

（明）嚴嵩《南宮奏議》卷三《大禮三‧十一日恭上二聖冊寶儀》

初八日，太常寺奏致齋三日。初十日，太常卿同光祿卿面奏省牲如常儀。同日，內侍官設冊寶案四於奉天殿冊東寶，西設冊寶彩輿四於丹墀內，設香亭於冊寶輿前，教坊司設中和韶樂及大樂，錦衣衛設鹵簿大駕并舉輿亭官校。同日，司設監及太常寺官設冊寶案於成祖廟睿廟各神座前，設上拜位於各廟殿內正中，設具服御幄於二廟戟門左。十一日早，免朝，鳴鐘，文武百官具朝服於金水橋南，東西向序立，文官五品以上、武官四品以上、六科都給事中、皇親、指揮以下千百戶等官各具祭服於廟街門內，北向序立。上冕服御華蓋殿，鴻臚寺官奏請行禮導駕官導上出至奉天殿，內侍官捧各冊寶置於案，鴻臚寺官舉案由殿中門，導駕官導上隨行至丹陛下，鴻臚寺堂上官各取冊寶置於輿內，錦衣衛官督舉輿上乘板，轎出奉天門，轎升輅，侍衛鼓吹如儀。導駕官退，冊寶輿至金水橋南。文武百官皆跪。候過畢，興。隨至廟街門，退冊寶輿入廟街門，陪祀官皆跪。候過畢，興。上至太廟門輅冊寶輿至各廟，太常寺堂上官四員各取冊寶由中門入，至各廟神御前，東西向立，冊東寶西。陪祀官先赴成祖廟丹墀內，東西序立。太常寺導引官導上至成祖廟左門，由殿左門入寢殿，左門請主出正殿奉安訖，典儀唱樂舞生就位，執事官各司其事。內贊奏就位，上就位。典儀唱迎神，奏樂，導引官導上至香案前，司香官捧香跪進於上左。內贊奏跪，上跪。奏搢圭、奏上香，上三上香訖，奏復位，樂止。內贊奏四拜，傳贊陪祀官同。典儀唱上冊寶，奏樂，上至冊寶案前。內贊奏跪，奏搢圭，奏進冊寶，捧冊官以冊跪進於上右，上受冊，獻訖仍授捧冊官置於案。捧寶官以寶跪進於上左，上受寶，獻訖仍授捧寶官置於案。奏宣冊，太常寺官取冊跪於上右，宣訖，置於案。奏宣寶，太常寺官取寶跪於上左，宣訖，置於案。奏出圭俯伏興，內贊奏復位，樂止。典儀唱奠帛，行初獻禮，奏樂。導引官導上至神御前，奏搢圭，奏獻帛，獻訖，奏獻爵，獻訖，奏出圭，奏詣讀祝位，內贊奏跪，贊讀祝，讀祝官讀訖，奏俯伏興平身，傳贊同。奏復位，樂止。典儀唱行亞獻禮，奏樂，儀同初獻，惟不讀祝。樂止，典儀唱行終獻禮，奏樂儀同亞獻。樂止，太常寺卿進立於殿東，西向。唱賜福胙，光祿寺官捧福酒胙。內贊奏跪，奏搢圭，光祿寺官以福酒跪進。內贊奏飲福酒，上飲訖，光祿寺官以福胙跪進，內贊奏受福胙，上受訖，奏出圭，奏俯伏興平身，奏復位，上復位。內贊奏兩拜，上兩拜，平身。傳贊同。典儀唱徹饌，奏樂，執事官徹饌訖，樂止，太常卿詣神御前跪奏禮畢，請還宮。樂作，內贊奏兩拜興平身，傳贊同。樂止，典儀唱讀祝官捧祝，進帛官捧帛，各詣燎位，樂復作。內贊奏禮畢，樂止。上捧主，太常寺官捧冊寶先行詣寢殿奉安訖，導引官導上出至太廟門東，乘板輿詣睿宗廟門外，上輿至戟門外，太常寺導引官導上由左門入由殿左，至寢殿左門入，請主出正殿奉安訖，典儀唱樂舞生就位，執事官各司其事。內贊奏就位，上就位，典儀唱迎神，奏樂，導引官導上至香案前，司香官捧香跪進於上左。內贊奏跪，上跪，奏搢圭，奏上香，上三上香訖，奏復位，樂止。內贊奏四拜，傳贊陪祀官同。典儀唱上冊寶，奏樂，上至冊寶案前，內贊奏跪，奏搢圭，奏進冊寶，捧冊官以冊跪進於上右。上受冊，獻訖，仍授捧冊官置於案。捧寶官以寶跪進於上左，上受寶，獻訖，仍授捧寶官置於案。奏宣冊，太常寺宣冊官取冊跪於上右。宣訖，置於案。奏宣寶，太常寺宣寶官取寶跪於上左。宣訖，置於案。奏出圭，俯伏，興。內贊奏復位，奏禮畢，樂止。上捧主，太常寺官捧冊寶先行，詣寢殿奉安訖，導引官導上出，易服還宮。

（明）嚴嵩《南宮奏議》卷三《大禮三·同日睿宗祔享儀》

先期一日，太常寺設牲醴於太廟，如時祫禮。司設監官恭設睿宗獻皇帝神座、衣冠於孝宗敬皇帝位之次。本日未時，上捧太祖主遣官捧各廟帝后主詣太廟，各奉安訖，遣官先於睿宗寢殿請主出。太常卿跪奏，請睿宗獻皇帝神主，請詣祔享降座，升輿，遣官奉安輿內。至太廟丹陛下，太常卿跪奏，請睿宗獻皇帝神主輿至丹陛初登，典儀唱樂舞生就位，執事官各司其事，遣官捧主至丹陛上門外。典儀唱迎神，此樂歌二遍。典儀唱睿宗獻皇帝謁廟，上捧主入，就拜褥上。內贊奏跪，太常卿跪奏孝玄孫嗣皇帝御名躬奉皇考睿宗獻皇帝參拜，內贊奏興拜，五拜三叩頭。畢，捧主朝上立，太常卿進立於東北西向，唱賜座安主座。訖，內贊奏四拜興平身，傳贊陪祀官同。典儀唱奠帛行獻禮，奏樂，導引官導上至太祖神主前。奏搢圭，奏獻帛，獻訖，奏獻爵，獻訖，奏出圭，奏復位，各廟捧主官捧帛爵詣各廟。獻訖，奏詣讀祝位，内贊奏跪。

（明）嚴嵩《南宮奏議》卷四《太廟上尊號儀》

嘉靖十七年十月二十四日，典儀唱奠玉帛，奏樂，内贊奏詣神御前，上升至神御前。奏搢圭，捧玉帛官以玉帛跪進於上右，上受玉帛，奠訖，奏出圭，奏復位，樂止，典儀唱進俎，奏樂，齋郎昇饌至，内贊奏詣神御前，上升至神御前。奏搢圭，奏進俎，奏出圭，奏復位。樂止，典儀唱行初獻禮，奏樂，内贊奏詣神御前，上升至神御前。奏搢圭，捧爵官以爵跪進於上右，上受爵。奏獻爵，上獻訖，奏出圭，復位。樂止，典儀唱讀祝，奏樂，内贊奏詣讀祝位，奏跪，上至讀祝位跪，傳贊百官皆跪。樂暫止，内贊奏讀祝，讀祝官跪讀訖，樂作，内贊奏俯伏興平身，傳贊百官同。樂止，典儀唱行亞獻禮，奏樂，儀同初獻，惟不讀祝。樂止，典儀唱行終獻禮，奏樂，儀同亞獻。樂止，太常卿進立於壇。訖，樂止，典儀唱送帝神，奏樂，内贊奏四拜，上四拜，傳贊百官同。樂止，典儀唱宣册表，官捧册表進，玉帛官捧玉帛，讀祝官捧祝，掌祭官捧饌，各恭詣泰壇。典儀唱望燎，奏樂，上退拜位之東向立。内贊奏詣望燎位，燎半，内贊奏禮畢，樂止，導駕官導上至幕次，易服還宮，大樂鼓吹振作。

（明）嚴嵩《南宮奏議》卷四《太廟恭上册寶儀》

先期，請命大臣三員，以恭上皇祖尊號分告北郊、太社稷、帝社稷。翰林院撰合用告文，太常寺備辦牲醴如時祫儀。司上東向立，唱賜福胙。内贊奏詣飲福位，上升至飲福位。奏跪，奏搢圭，光禄寺官捧福酒跪於上右。内贊奏飲福酒，上飲訖，光禄寺官捧福胙跪於上左。内贊奏受胙，上受訖，奏出圭，奏俯伏興平身，奏復位，上復位。内贊奏四拜，上四拜，傳贊百官同。典儀唱徹饌，奏樂，執事官徹饌，設册寶案四於奉天殿，册東寶西。設册寶彩輿四於丹陛上，設香亭於册寶輿前，教坊司設中和樂大樂，錦衣衛設鹵簿大駕并舉輿亭，官校司設監及太常寺官設册寶案於太廟神座前，設上拜位於殿内正中。

正祭日，上捧皇祖主，命捧册捧列聖主欽命官八員，中宮捧高皇后主，行亞獻。女官奏禮，文官四品以上，武官三品以上，命婦隨班，列東西近兩廡上，稍北，障以帷幙，俱先期由東安門進入太廟俟。親王功臣設位兩廡，酒果脯醢不奠獻。是日，文武百官先具朝服於金水橋南東，西向立。其陪祀文武等官，各具祭服於廟街門，北向立。上冕服御華蓋殿。鴻臚卿奏請行禮，内侍官捧各册寶置於案。鴻臚寺官舉案，由殿中門出，導駕官導上隨行至丹陛，鴻臚寺官各取册寶置於輿内。錦衣衛官督舉輿，上乘板轎出奉天門，降轎，升輅，侍衛鼓吹如儀。導駕官退册寶輿至金水橋南，文武百官皆跪，候過畢，興。隨至廟街門内，册寶輿入廟街門内，陪祀官皆跪，候過畢，興。上至太廟門，降輅，册寶輿至丹陛下。太常寺堂上官四員捧太祖册寶，内侍官四員捧高皇后册寶，由中門入至神御前，東西向立。太常寺導引官導上由殿左至殿上，捧皇祖主，中宮捧高皇后主，出正殿升座，捧主官捧列聖主去櫃，捧主東西立。典儀唱樂舞生就位，執事官各司其事。內贊奏就位，上就位。典儀唱迎神，奏樂，內贊對引官導上至香案前。奏跪，奏搢圭，奏上香，上三上香訖，奏復位。樂止，內贊奏四拜興平身，傳贊百官同。典儀唱舉冊寶，奏樂，內贊奏跪，傳贊陪祀官同。奏搢圭，樂暫止，捧冊官以皇祖冊跪進於上右，上受冊獻訖，仍授捧冊官。捧冊官以高皇后冊跪進於上左，上受冊獻訖，仍授捧冊官。捧寶官以皇祖寶跪進於上右，上受寶獻訖，仍授捧寶官。捧寶官以高皇后寶跪進於上左，上受寶獻訖，仍授捧寶官。奏出圭，典儀唱宣冊，宣冊官二員以次跪宣訖，置於案。喝宣寶，宣寶官二員以次跪宣訖，樂復作，奏俯伏興平身，傳贊陪祀官同。捧主官各恭捧列聖主升座，典儀唱奠帛，行初獻禮。奏樂，內贊對引官導上至神御前，奏搢圭，奏獻帛，獻訖，奏獻爵，獻訖，奏出圭，奏復位，捧主官詣各廟上香，獻帛爵訖，奏跪，傳贊陪祀官同。贊讀祝，讀祝官讀訖，樂作，奏俯伏興平身，傳贊陪祀官同。樂止，典儀唱行亞獻禮，奏樂，中宮獻太廟爵，皇妃八氏獻八廟爵，儀同初獻，惟不讀祝。樂止，典儀唱行終獻禮，奏樂，儀同亞獻。樂止，太常卿唱賜福胙，光禄寺官捧福酒胙。內贊奏跪，奏搢圭，光禄官以福酒跪進，內贊奏飲福酒，上飲訖，光禄官以福胙跪進。內贊奏受胙，上受訖，奏出圭，俯伏興平身，奏復位，上復位。內贊奏四拜，上四拜，平身，傳贊陪祀官同。典儀唱徹饌，奏樂，執事官徹饌訖，樂止，太常卿詣神位前跪。奏禮畢，請還宮。樂作，內贊奏四拜興平身，傳贊陪祀官同。樂止，典儀唱讀祝官捧祝，進帛官捧帛，各詣燎位，樂復作，內贊奏禮畢，樂止，上捧高皇祖主，中宮捧高皇后主，太常并內侍官俸冊寶詣寢殿奉安。捧主官捧列聖主各詣寢殿奉安訖，上還宮，大樂鼓吹振作。

（明）嚴嵩《南宮奏議》卷四《奉題太廟神主儀》

先期翰林院撰文，太常寺備脯、醢、酒、果如常儀，司設監設題神主案於太廟寢殿，東西置净水、刷子、粉盞、筆硯，設盥盆、帨巾，中設香案。文官三品以上，武官公侯、駙馬、伯、皇親、指揮陪拜，合用題主，大臣二員伏乞欽命。是日，早免朝，鳴鐘，陪拜官具吉服於廟門街，北向序立，候駕至陪拜。上具翼善冠黃袍乘板輿，至太廟門右降輿，太常寺導引官導上，由殿左入寢殿，上就位，上香。一拜叩頭畢，至神床前跪，太常卿跪奏謹請皇祖、太祖高皇帝、孝高皇后神主，恭用奉題。上詣高皇帝神主前，捧主安於東案上，內侍官詣高皇后神主前，捧主安於西案上，上復就拜位，北向立。內侍官各洗出舊字，別塗以粉。中書官重寫，題主官各於東西向立，奉題訖，上捧高皇帝主安於座，內侍官捧高皇后主安於座內。贊奏跪，上跪。太常卿跪奏，謹請皇祖太祖開天行道肇紀立極大聖至神仁文義武俊德成功高皇帝神靈上神主。太常卿跪奏，謹請孝慈貞化哲順仁徽成天育聖至德高皇后神靈上神主，內贊奏俯伏興，上捧高皇帝神主，內侍官捧高皇后神主，導引官導出正殿升座，上就拜位。唱迎神，內贊對引官導上至香案前。奏跪奏，上香，上三上香訖，奏復位，贊四拜興平身，傳贊同。

典儀唱奠帛，行初獻禮，導引官導上至皇祖神御前。奏獻帛，獻訖，奏獻爵，獻訖，至高皇后神御前。奏獻帛，獻訖，奏獻爵，獻訖，奏復位，內贊奏跪，傳贊同。贊讀祝，讀祝官讀訖，奏俯伏興平身，傳贊同。奏復位，典儀唱行亞獻禮，儀同初獻，惟不讀祝。典儀唱行終獻禮，儀同亞獻。太常卿詣神御前跪，奏禮畢，請還宮。內贊奏四拜興平身，傳贊同。典儀唱讀祝官捧祝進帛官，捧帛各詣燎位，內贊奏禮畢，上捧皇祖主，內侍官捧高皇后主，詣寢殿奉安訖，導引官導上出太廟門東升輿，還宮。

（明）嚴嵩《南宮奏議》卷九《獻皇后祔廟大禮儀注》

初四日，太常寺奏祭祀。初五日，爲始致齋。三日—初五日，遣官以祔享告太廟，列聖群廟合用，大臣九員及祭日捧各廟神主，大臣八員伏乞欽命。文武官俱照例陪祭。中宮皇后率皇妃皇嬪行亞獻禮，合用文官四品以上，武官三品以上，命婦陪拜，列東西近兩廡稍北，障以帷幙俱。初七日丑刻，由東安門進入太廟俟。太常寺官設牲醴於太廟，如時祫儀。司設監設孝獻皇后神座於太廟睿宗廟，錦衣衛設儀衛於午門外。是日早，內執事官設酒饌於慈寧宮，設慈孝獻皇后衣冠於几筵前，進神主輿於殿前，設衣冠輿於丹陛上，設上拜位於几筵殿上正中。上常服，內導引官導上詣拜位，奏四拜興，立於拜位之東，西向。內侍官詣靈座前跪奏，請孝獻皇后神主，降座，升輿，詣太廟祔享。奏訖，上捧神主由殿中門出奉安於輿內，執事官捧衣冠置於輿後隨，內侍擎傘扇如儀。上至右順門具祭服，升輅，後隨文武百官不系陪祀者，俱具朝服於金水橋南跪迎神主輿，候駕過退至太廟南門。各廟遣官捧列聖帝后主，以次奉安訖，上降輅。太常寺官導，上詣輿前。奏跪，上跪，太常寺官跪。奏請孝獻皇后神主降輿，奏搢圭，上搢圭捧神主出輿由中門入，內侍官捧衣冠隨入至廟丹陛上。典儀唱樂舞生就位，執事官各司其事。唱迎神奏樂，典儀奏慈孝獻皇后謁廟，上捧神主入，內侍官捧衣冠隨入。內贊奏就位，上捧主就位安主於拜褥上。內贊奏出圭，奏跪，上跪。太常寺卿跪奏孝玄孫嗣皇帝御名躬奉皇姑慈孝獻皇后祔廟參拜，內贊奏興拜，五拜三叩頭禮，上代拜。奏搢圭，上捧主朝上立。太常寺卿唱賜座，上捧主安於睿宗廟神座。內贊奏出圭，奏復位，導引官導上至香案前，司香官捧香跪進於上左。內贊奏跪，上跪。奏搢圭，奏上香，三上香訖，奏出圭，奏復位，樂止。內贊奏四拜興平身，傳贊陪祀官同。典儀唱奠帛行初獻禮，奏樂，導引官導上至太祖神位前。奏搢圭，奏獻帛，獻訖，奏獻爵，獻訖，詣高皇后神位前。奏獻爵，獻訖，奏出圭，奏復位，各廟捧主官捧帛爵詣各廟。獻訖，詣讀祝位。內贊奏跪，贊讀祝，讀祝官讀訖，奏俯伏興平身，傳贊同。奏復位，樂止。典儀唱行亞獻禮，奏樂。女官奏禮，中宮獻太廟爵，皇妃八氏獻八廟爵，儀同獻，惟不讀祝。樂止，典儀唱行終獻禮，奏樂，儀同亞獻。太常寺卿進立，西向。唱賜福胙，光祿寺官捧福酒胙。內贊奏跪，奏搢圭，光祿寺官以福酒跪進。內贊奏飲福酒，上飲訖，光祿寺官以福胙跪進。內贊奏受福胙，上受訖，奏出圭俯伏興，典儀唱徹饌，奏樂，執事官徹饌訖，樂止，太常寺卿跪奏禮畢，請還宮。

樂作，内贊奏四拜興平身，傳贊同。樂止，典儀唱讀祝官捧祝，進帛官捧帛，各詣燎位，樂復作。内贊奏禮畢，樂止。上捧太祖主，各捧主官捧各廟主詣各廟奉安於寢殿。捧睿宗主官同内侍官捧慈孝獻皇后主出太廟門外，奉安神輿還睿宗廟，太常寺官奏請降輿奉安。禮畢，上還宮，鼓吹振作。

（明）章潢《圖書編》卷九八《國朝太廟祀》

歲四孟，行時享於太廟。是日，由廟街門入，至廟門，西降輿導引官導由廟左門入，至戟門帷幕内，上具祭服出，導引官導至丹陛上，内贊對引官導上由殿左門入。典儀唱樂舞生就位，執事官各司其事。内贊奏就位，典儀唱迎神，奏樂。樂止，奏四拜，傳贊百官同。典儀唱奠帛，行初獻禮。奏樂，執事官各奉帛及金爵詣各帝后御案前跪獻訖，樂暫止，奏跪，傳贊衆官皆跪。贊讀祝，讀訖，奏俯伏興平身，傳贊百官同。樂復作，樂止，典儀唱亞獻禮，奏樂，執事官獻瓷爵於各帝后御案前。訖，樂止，典儀唱終獻禮，奏樂，執事官終爵，同亞獻。樂止，本寺卿至中室東傍，西南立。唱賜福胙，光禄卿捧福酒跪進於右。内贊奏跪，奏搢圭，奏飲福酒，飲訖，光禄官捧福胙跪進於右。贊受胙，訖，奏出圭俯伏興平身，奏四拜，傳贊百官同。典儀唱徹饌，奏樂。樂止，寺卿於中至左柱下，北向跪。奏禮畢，請還宮，奏樂，奏四拜，傳贊百官同。樂止，典儀唱讀祝官捧祝，進帛官捧帛，各詣燎位。奏樂，上退拜位之東立，捧祝帛官出中門，奏禮畢，上出，導引官導至帷幄内，易服回宮。

（明）章潢《圖書編》卷九九《大禘典禮》

嘉靖十五年，群臣請禘德祖，上不從。或曰：禘，顓頊。上亦不從，曰：可稱皇初祖。帝神勿主名，五歲一禘於太廟，奉太祖配。先一日，中書官書皇初祖帝神牌位於太廟。至日，設太廟殿中，祭畢，燎牌位。齋戒同大祫。前三日，上祭服於廟告祖行一獻禮，用祝。前二日，太常寺、光禄寺面奏省牲。前一日，太常寺博士捧祝版於文華殿上，填御名訖，博士捧安於神庫供奉。前一日午，中書於太廟恭書皇初祖牌，内府以紙匣盛之卿請安於御案前桌上，陳設同祫。皇初祖帝神正位，南向；太祖配位，西向。太常寺卿捧皇初祖牌俟上至安訖，退。是日，上升板輿，由廟街門入，至廟門西降輿，導引官導上由廟左門入，至戟門帷幕内，具祭服出。導引官導上由戟左門入，由丹墀東至寢由左門入請太祖匱，由太廟後門入，至太祖座前，太常堂官受匱，上安皇初祖牌退，安太祖主訖，内贊對引官導上至拜位。典儀唱樂舞生就位，執事官各司其事。内贊奏就共王升祔，而文王當祧。以有功德也，乃立文世室於三穆之上，而八廟始增至孝王，則懿王升而武王當祧，亦有功德也，立世室於三昭之上，而九廟始備，蓋七廟者天子宗廟之常數，親盡則祧者也，禮也。世室在七廟之外，正以待有功德當祧而不可祧者，初不限其數也義也。自漢唐而下未有及祧廟而備九廟十一室，甚者於陵旁立廟，漢元帝以前三遷主并還西儲，晋武帝時皆不深考於禮矣。

（明） 申時行等《大明會典》卷八六《禮部四四·廟祀一》

時享，洪武二十六年初定儀。

正祭。典儀唱樂舞生就位，執事官各司其事。導引官導引皇帝至御拜位。內贊奏就位，典儀唱迎神，奏樂。樂止，內贊奏四拜，百官同典儀唱奠帛，行初獻禮。奏樂，執事官各捧帛，金爵受酒獻於神御前，讀祝官取祝跪於神御右。內贊奏跪，典儀唱讀祝。讀訖，奉安於神御前。內贊奏俯伏興平身，百官同。樂止，典儀唱行亞獻禮，執事官以瓷爵受酒獻於神御前。樂止，典儀唱行終獻禮，儀同亞獻樂止，太常司卿進立殿東西向，唱賜福胙，光禄司官捧福酒胙自神御前中門左出至皇帝前。內贊奏跪，搢圭，光禄司官以福酒跪進，內贊奏飲福酒，光禄司官以胙跪進，內贊奏受胙出圭俯伏興平身，內贊奏四拜，百官同。典儀唱徹饌，奏樂，執事官徹饌。樂止，太常卿詣神御前跪奏禮畢，請還宮。奏樂，內贊奏四拜，百官同。樂止，典儀唱讀祝官捧祝，進帛官捧帛，各詣燎位，奏樂，內贊奏禮畢。

　　嘉靖十年定孟春特享儀後罷

　　前期二日，太常寺卿同光禄寺卿面奏省牲如常儀。次日復命。太常寺陳設如圖儀。正祭日，上乘輿由廟街門入，至靈星門西降輿。導引官導上由靈星左門入，上至戟門東帷幕，具祭服出。導引官導上由戟門左門入，至寢殿，同捧主官，帝主以大臣恭捧，后主以內臣恭捧，出主升太廟。至太祖室安主，次至太宗以下昭廟安主，次至仁宗以下穆廟安主。訖，典儀唱樂舞生就位，執事官各司其事，導引官導上至御拜位。內贊奏就位，典儀唱迎神，樂作。樂止，內贊奏四拜平身，傳贊百官同。典儀唱奠帛，行初獻禮。樂作，內贊導上至太祖前。奏跪，奏搢圭，奏上香，司香官捧香跪於上左，上三上香訖，執事者捧帛跪於上右。奏獻帛，上獻帛，執事者捧爵跪於上右。奏獻爵，上獻太祖前爵。奏出圭，上出圭致恭訖，奏搢圭，捧爵者跪於上左。奏獻爵，上獻高后前爵。奏出圭，奏詣讀祝位，上至中室讀祝位。樂暫止，奏跪，傳贊眾官皆跪。內贊贊讀祝，讀祝官跪讀訖，樂復作，奏俯伏興平身，傳贊百官同。內贊導上至太宗以下昭廟前。奏跪，奏搢圭，奏上香，奏獻帛、獻爵，儀同奏出圭。內贊導上至仁宗以下穆廟前，奏跪，奏搢圭，奏上香，奏獻帛、獻爵，儀同奏出圭。奏詣讀祝位，內贊導上至太宗前讀祝位。奏跪，傳贊眾官皆跪。樂暫止，內贊贊讀祝，七廟讀祝官跪，齊讀訖，樂復作，奏俯伏興平身，傳贊百官同。奏復位，內贊導上復位。樂止，典儀唱行亞獻禮，樂作，內贊導上至太祖前。奏搢圭，奏獻爵，上獻太祖高后前爵訖，奏出圭，奏復位。太宗、仁宗以下，捧主官獻爵訖，樂止。典儀唱行終獻禮，樂作，儀同亞獻。樂止，太常卿於殿左西向立，唱賜福胙，內贊奏跪，奏搢圭，光禄卿捧酒跪於上右。奏飲福酒，上飲訖，光禄官捧胙跪於上右。奏受胙，受訖，奏出圭，俯伏興平身，奏四拜，傳贊百官同。典儀唱徹饌，樂作。樂止，太常卿至中室向上跪。奏禮畢，請還宮，樂作，內贊四拜，傳贊百官同。樂止，典儀唱，讀祝官捧祝，進帛官捧帛，各詣燎位，上轉立拜位之東。樂作，捧祝帛官出殿門。內贊奏禮畢，上納穆廟主，次納昭廟主，至太祖高后前納主訖，率捧主官各捧至寢殿安訖，易服還宮。

（明）申時行等《大明會典》卷八七《禮部四五》

嘉靖十五年，定大祫儀後罷。前期一日，太常寺陳設如圖儀。正祭日，上至廟戟門東帷幕，具祭服出，自戟門左門入。率捧主官至祧廟及寢殿出主，捧主官請各廟主至太廟門外候。五祖主至辟殿門入，上安德祖主，捧主官各安懿祖以下主訖，典儀唱樂舞生就位，執事官各司其事，上至御拜位如常儀。懿祖而下，上香、獻帛、獻爵，俱捧主官代。

（明）申時行等《大明會典》卷八七《禮部四五・升祔》

永樂二十二年，太宗文皇帝祔廟儀。卒，哭之。明日，太常寺陳設醴饌於太廟如常享儀。樂設而不作，設儀衛傘扇於午門外，內侍官設皇帝拜位於九筵殿上，進御輦於殿前丹陛上。內導引官導皇帝衰服詣拜位，贊四拜舉哀興哀止，立於拜位之東，西向。內侍詣靈座前跪奏，請太宗文皇帝神主降座升輦，詣太廟祔享。奏訖，內侍捧神主安奉於御輦，傘扇侍衛如儀。至思善門外，皇帝易祭服。升輅後，隨至太廟南門之外降輅。導引官導皇帝詣御輦前，贊跪，皇帝跪。太常卿跪於左，奏請太宗文皇帝神主降輦，詣太廟祔享。奏訖，贊俯伏興，皇帝俯伏，興。導引官導皇帝捧神主由左門入。典儀唱樂舞生就位，執事官各司其事。至丹陛，典儀唱太宗文皇帝謁廟，內贊奏請詣神位前，每至一廟前，內侍捧神主至褥位朝北，皇帝於神主後行八拜禮，各廟俱八拜。禮畢，太常卿立壇東西向，唱賜座，皇帝搢圭，內侍捧神主進於皇帝，皇帝捧神主安於座，導引官導皇帝詣拜位，行祭禮如時享儀。文官五品以上、武官四品以上隨班行禮。禮畢，仍奉神主還几筵。儀具大喪禮下。至大祥前一日，遣官祭告太廟。至日，上祭告几筵殿，奉安神主神座儀物於太廟。

成化二十三年，憲宗純皇帝祔廟，儀卒哭之。明日，奉神主祔太廟。前期三日齋戒，前一日遣官以祔享祭告太廟。至日，太常寺官設牲醴於太廟如時享之儀，樂設而不作。設憲宗純皇帝御座於宣廟御座之次，錦衣衛設儀衛於午門外。是日早，內執事官設酒饌於几筵，設憲宗純皇帝衣冠於几筵前，進神主輦於殿前。設衣冠輿於丹陛上，設上拜位於几筵殿上正中，設親王拜位於殿前丹陛上。上衰服，內導引官導引詣拜位，親王各衰服，詣拜位。奏四拜舉哀哀止，各立於拜位之東，西向。內侍官詣靈座前，奏請憲宗純皇帝神主降座升輦，詣太廟祔享。上捧神主由殿中門出，奉安於輦。內執事官捧衣冠置於輿，後隨內侍擎傘扇如儀。至思善門外，親王退，上於右順門具祭服，升輅後隨。至太廟南門外，儀衛俱分列左右，上降輅。太常寺官導上詣輦前跪，太常寺官奏請憲宗純皇帝神主降輦詣太廟祔享，上俯伏，興，搢圭，詣輦捧神主由左門入，內侍官捧衣冠隨入。贊禮、贊樂、舞生就位，執事官各司其事。贊迎神，神主至丹陛上。贊禮贊憲宗純皇帝謁廟，內侍官捧衣冠，立憲宗純皇帝御座之下，引贊贊詣神位前。至一廟，上捧神主置褥位。立神主後出圭，行四拜禮。以次詣八廟，禮俱同。謁廟畢，上搢圭，捧神主北向立。太常寺官唱賜座，內侍官捧衣冠安於座內，上捧神主安於衣冠前，出圭，立於傍，導引官導上詣拜位，行祭禮如時享之儀。文官五品以上、武官四品以上各祭服隨班行禮。禮畢，奉神主還几筵。至大祥後二日，奉神主安於太廟。前期三日，齋戒。前一日，遣官詣太廟行祭告禮。

用祝文。至日，侵晨設酒果於几筵殿。設神主輦一、册寶亭二於殿前丹陛上。上服淺淡服，行祭告禮畢。司禮監官詣几筵殿前跪奏，請神主升輦，詣太廟奉安。奏訖，內侍捧神主册寶，俱由殿中門出，安奉於輦及册寶亭。內侍擎執傘扇侍衛如儀，上隨行至右順門。上易祭服，升輅後隨至午門外。儀衛傘扇導至廟街門內，分列於太廟南門外之左右。上降輅，司禮監官導上詣神主輦前。贊跪，上跪，司禮監官跪於上左、奏請神主奉安太廟。奏訖，贊俯伏，興。上俯伏，興。導引官前導。內侍捧神主册寶前行，上隨後，由中門入，至寢殿奉安。訖，上叩頭，興。導引官導上由殿東門出至丹陛上。祭祀如時祭儀，用祝文，文武官具祭服隨班行禮。

嘉靖十七年睿宗獻皇帝祔廟儀。

先期一日，太常寺設牲醴於太廟，如時祫禮。祭日，司設監官設睿宗獻皇帝神座衣冠於孝宗敬皇帝位之次。至日，恭上册寶於睿廟畢，遣官捧睿宗主，降座升輿徐行。上先入詣太廟寢，捧太祖主。遣官捧各廟主各奉安於太廟，睿宗主輿至丹陛下，太常卿跪奏請降輿，遣官捧主至丹陛。初登，典儀唱樂舞生就位，執事官各司其事。至丹陛上門外，唱迎神，樂作。此樂歌一遍。唱睿宗獻皇帝謁廟，上捧主入，就拜褥上。內贊奏跪，太常卿跪，奏孝玄孫嗣皇帝御名躬奉皇考睿宗知天守道洪德淵仁寬穆純聖恭儉敬文獻皇帝參拜，內贊奏興，拜五拜三叩頭禮畢，捧主朝上立，太常卿進立於東北，西向。唱賜座，安主於座訖。內贊奏四拜，傳贊陪祀官同。典儀唱奠帛，行初獻禮。樂作，導引官導上至太祖神主前，奏搢圭、奏獻帛，獻訖，奏獻爵，獻訖，奏出圭，奏復位，各廟捧主官捧帛爵詣各廟，獻訖，奏詣讀祝位，內贊奏跪，奏讀祝，讀祝官讀訖，奏俯伏興平身，傳贊同。奏復位，樂止，典儀唱行亞獻禮，樂作，儀同初獻，惟不獻帛讀祝。樂止。典儀唱行終獻禮，樂作，儀同亞獻。樂止，太常寺卿進立西向，唱賜福胙，內贊奏跪，奏搢圭，光祿寺官以福酒跪進，內贊奏飲福酒，上飲訖，光祿寺官以福胙跪進。內贊奏受胙，上受訖，奏出圭，俯伏興平身，奏四拜，傳贊百官同。典儀唱徹饌，樂作，執事官徹饌訖，樂止，太常寺卿詣神主前跪。奏禮畢，請還宮，樂作。內贊奏四拜，傳贊同。樂止，典儀唱讀祝官捧祝、進官捧帛，各詣燎位，樂復作。內贊奏禮畢，樂止，上捧太祖主，遣官捧各廟主捧睿宗主，各詣寢殿奉安。上易服還宮，大樂鼓吹振作。

嘉靖十八年獻皇后祔廟儀。

梓官發引南祔至通州，即以其日題主，次日奉神主入慈寧宮，儀具《喪禮下》。俟南祔葬畢祔廟。先期，太常寺奏祭祀，請欽命大臣九員以祔享告於太廟群廟，八員候祭日捧各廟神主。諭文武官及命婦照例陪祭。先期一日，太常寺官設牲醴於太廟，司設監設神座於睿宗廟，錦衣衛設儀衛於午門外。是日早，內執事設酒饌於慈寧宮，設衣冠於几筵前，進神主輿於殿前，設衣冠輿於丹陛上。內導引官導上詣拜位，奏四拜，興。立於拜位之東，西向。內侍官詣靈座前，跪奏請慈孝獻皇后神主降座升輿，詣太廟祔享。奏訖，上捧神主由殿中門出，奉安於輿。內執事官捧衣冠置於輿，後隨內侍擎傘扇如儀。上至右順門，具祭服，升輅後隨。文武百官具朝服於金水橋南，跪迎神主輿，候駕過，退。文官四品以上、武官三品以上、陪祀命婦，先由東安門入，各就拜位。東西近兩廡稍北，障以帷幕。駕至太廟南門，各廟遣官捧列聖帝后主，以次奉安。上降輅，詣輿前，跪。太常寺官奏請慈孝獻皇后神主降輿，上搢圭，捧神主出輿，由中門入，內侍官捧衣冠隨入。至廟丹陛上，典儀唱樂舞生就位，執事官各司其事。唱迎神，樂作。典儀奏慈孝獻皇后謁廟，上捧神主入，內侍官捧衣冠隨入。內贊奏就位。上捧神主就位，安於拜褥上。太常寺卿奏孝玄孫嗣皇帝御名躬奉皇妣慈孝獻皇后祔廟參拜。內贊奏五拜三叩頭禮，上捧主朝上立。太常寺卿唱賜座，上捧主安於睿宗廟神座。出圭，復位，導引官導上至香案前上香如儀。復位，奏四拜，傳贊陪祀官同。典儀唱奠帛，行初獻禮，上至太祖神位前，獻帛。獻爵訖，復詣高皇后神位前獻爵，復位。各廟俱捧主官捧帛爵獻訖，內贊奏讀祝，讀訖，俯伏，興，復位，行亞獻禮。女官奏中宮獻太廟爵，皇妃八氏獻八廟爵，儀同初獻。

上復行終獻如初獻。禮畢，飲福、受胙，以至徹饌，送神，樂作，樂止，俱如儀。禮畢，上捧太祖主，各捧主官捧各廟主，奉安於寢殿。捧睿宗主官，同內侍官捧慈孝獻皇后主，奉安於睿宗廟。禮畢，上還宮。

隆慶元年孝潔肅皇后祔廟儀。

先期，內府該衙門恭制太廟及廟寢內孝潔肅皇后合用神座儀物等項。先一日，遣官以升祔世宗肅皇帝告於太廟，即以孝潔肅皇后祔享同告。是日，執事官設酒饌於奉先殿西夾室。內侍官設神主輿、衣冠輿於奉先殿左門外。至期，遣官以祔享告於西夾室，行禮如常儀。告畢，內侍官跪奏請孝潔肅皇后詣太廟祔享。奏訖，恭捧神主及內侍官捧衣冠，俱由左門出，奉安於輿，執事者擎執傘扇如儀。至午門內，候世宗肅皇帝神主至，以次迎至太廟南門外。太常寺官跪奏請孝潔肅皇后神主降輿，詣太廟祔享。內侍官恭捧，隨世宗肅皇帝神主，由左門入。又內侍官捧衣冠隨入，立於世宗肅皇帝衣冠之次。上捧世宗肅皇帝神主，置於褥位訖。內侍官捧孝潔肅皇后神主，隨置於褥位之右。內侍官退，其謁廟錫座等禮儀，俱與世宗肅皇帝同行。祭畢，世宗肅皇帝神主還几筵。內侍官捧孝潔肅皇后神主，奉安於廟寢。其衣冠，同世宗肅皇帝衣冠奉安於太廟，俱第九室大禘。今罷。嘉靖十年，定前期上告廟如常儀。太常寺奏致齋三日，備香帛牲醴，如時享儀。錦衣衛設儀衛侍從，太常寺卿奉請皇初祖神牌、太祖神位於太廟正殿安設。是日早，上具翼善冠黃袍，御奉天門。太常卿跪奏，請聖駕詣太廟。上至太廟門外，降輦。導引官導上入御幄，具祭服出，由殿左門入。典儀唱樂舞生就位，執事官各司其事。內贊奏就位，典儀唱迎神，樂作。內贊奏四拜、傳贊百官同奏上香，導上至皇初祖太祖前，俱三上香訖，奏復位，樂止。典儀唱奠帛，行初獻禮。樂作，內贊導上至皇初祖前奠帛獻爵，復導至太祖前，儀同。典儀唱讀祝，奏跪，傳贊衆官皆跪。樂暫止，內贊贊讀祝，讀訖，樂作。內贊奏俯伏興平身，傳贊百官同。樂止，典儀唱行亞獻禮，樂作。樂止，復唱行終獻禮，樂作。樂止，太常卿進立於皇初祖前，西向。唱賜福胙，上飲福受胙，興。奏四拜，傳贊百官同。典儀唱徹饌，唱送神，內贊奏四拜，傳贊百官同。典儀唱捧祝捧帛詣燎位，唱望燎，俱如儀。太常卿捧皇初祖神牌詣燎所，內贊奏禮畢，樂止。上由殿左門出，至太廟門外，導引官導上入御幄，易常服，還宮。

（明）申時行等《大明會典》卷八八《禮部四四・廟祀三・薦諡號》

永樂元年上太祖高皇帝、高皇后諡號儀。前期三日齋戒。遣官祭告天地、宗廟、社稷。鴻臚寺設冊寶輿及香案於奉天殿。是日早，內侍先以冊寶置於案，太常寺先設冊寶案於太廟門外丹陛上，皇考皇妣神御前各設冊寶案。鴻臚寺設冊寶輿於奉天門外御道上，錦衣衛設鹵簿，教坊司設中和韶樂大樂如常儀。文武百官具祭服詣太廟門外立，俟執事官并宣冊寶官，先從太廟右門以序立於殿右，上具袞冕御華蓋殿。捧冊寶官四員，各具祭服於奉天殿東西序立。鴻臚寺奏請行禮。導駕官導上出奉天殿冊寶案前，捧冊寶官各捧冊寶前行，導駕官導上行至奉天殿丹陛上。捧冊寶官各以冊寶置彩輿內，鹵簿大樂前導，上乘輿，隨彩輿後行。至午門外，降輿，升輅。至太廟門，文武百官皆跪，俟彩輿過，興。上降輅，隨彩輿至太廟中門外，置彩輿於中道。捧冊寶官各於彩輿內取冊寶前行，隨行至丹陛上，捧冊寶置於案。典儀唱樂舞生就位，執事官各司其事。內贊奏就位，導引官導上就拜位。典儀奏迎神，奏樂。樂止，內贊奏上四拜，百官同。典儀奏進冊寶，捧冊寶官以次捧冊寶前行，導引官導上行由左門入。至廟中，捧冊寶官序立於執事官及宣冊寶官之前，導引官導上詣皇考妣神御前。奏跪，奏搢圭，奏進冊，捧冊官以冊跪進於上左，上受冊，以冊授執事官，置於案左。奏出圭，贊宣冊，宣冊官跪宣於上左訖，奏搢圭，奏進寶，捧寶官寶跪進於上左，上受寶，以寶授執事官，置於案右。奏出圭，贊宣寶，宣寶官跪宣於上右訖，上復位。奏四拜，文武百官皆四拜，興。行祭禮如常儀。次日，頒詔。

嘉靖十七年，上成祖文皇帝、睿宗獻皇帝廟號儀。是歲，上肇舉明堂大享禮，奉皇考配帝，乃告於郊廟、社稷。以九月十一日，尊太宗廟號爲成祖，諡曰啓天弘道高明肇運聖武神功純仁至孝文皇帝；尊皇考廟號爲睿宗，諡曰知天守道洪德淵仁寬穆純聖恭儉敬文獻皇帝。同日异時行禮。先期四日，太常寺奏致齋，太常卿同光祿卿奏省牲如常儀。次日，司設監設大次於南郊外壇神路之東。又次日，上常服御奉天門。錦衣衛備隨朝駕，上至南郊，即大次易服，詣圜丘奏告。文武官例該陪祀者，具祭服於南天門外陪拜。其原遣北郊、太廟、成祖廟、昭群廟、穆群廟、睿宗廟、社稷壇祭告官，皆以是日具祭服行禮。先期一日，內侍官設冊寶案四於奉天殿，冊東寶西。設冊寶彩輿四於丹墀內，設香亭於冊寶輿前，教坊司設中和韶樂及大樂，錦衣衛設鹵簿大駕，并舉輿亭官校。司設監及太常寺官，設冊寶案於成祖廟，睿宗廟各神座前。設上拜位於二廟殿內正中，設具服御幄於二廟戟門左。是日早，免朝。鳴鐘，文武百官具朝服於金水橋南東，西向序立。文官五品上、武官四品以上、六科都給事中、皇親指揮以下千百戶等官，各具祭服於廟街門內，北向序立。上冕服御華蓋殿，鴻臚寺官奏請行禮。導駕官導上出至奉天殿，內侍官捧各冊寶置於案鴻臚寺官舉案由殿中門出。導駕官導上隨行至丹陛下，鴻臚寺堂上官，捧冊寶各置於輿內。

　　上出奉天門，降輦升輅，侍衛鼓吹如儀。導駕官退，冊寶輿至金水橋南。文武百官皆跪，候過，興。隨至廟街門退，冊寶輿入廟街門，陪祀官皆跪。候過，興。上至太廟門降輅，冊寶輿至二廟門外，太常寺堂上官四員，捧冊寶由中門入，至神御前東西向立，冊東寶西。陪祀官先赴成祖廟丹墀內東西序立，太常寺導引官導，上至成祖廟左門，由殿左門入寢殿左門。請主出正殿奉安。安訖，典儀唱樂舞生就位，執事官各司其事。內贊奏就位，上就位，迎主上香。奏四拜，俟上至冊寶案前。內贊奏進冊寶，捧冊官以冊跪進於上右，上受冊獻訖，仍授捧冊官置於案。捧寶官以寶跪進於上左，上受寶獻訖，仍授捧寶官置於案。內贊奏宣冊，太常寺官取冊跪於上右，宣訖置於案。內贊奏宣寶，太常寺官取寶跪於上左。宣訖，置於案，俯伏，興，復位。奠帛，行初獻禮，以後俱如常儀。禮畢，上捧主，太常寺官捧冊寶，先行詣寢殿奉安訖，導引官導上出太廟門東，乘板輿詣睿宗廟。上至廟門外降輿，至戟門外，太常寺導引官導上由左門入，上冊寶如成廟儀。畢，太常卿跪奏請睿宗獻皇帝謁祖祔享，遣官捧神主降座升輿，祔享於太廟。儀具升祔下。【略】

　　嘉靖十七年加上太祖高皇帝高皇后諡號儀。【略】高皇后諡號曰孝慈貞化哲順仁徽成天育聖至德高皇后，恭上冊寶於太廟。【略】

　　命捧冊捧列聖主大臣八員。司設監設冊寶案四於奉天殿，冊東寶西。設冊寶彩輿四於丹陛上，設香亭於冊寶輿前，教坊司設中和樂、大樂，錦衣衛設鹵簿大駕并舉輿亭，官校司設監及太常寺官設冊寶案於太廟神座前，設上拜位於殿內正中。至日，上捧皇祖主，中官捧高皇后主，助行亞獻。文官四品以上、武官三品以上，命婦隨班列東西，近兩廡稍北，障以帷幕，俱先期由東安門入太廟候。親王功臣設位兩廡，用酒果脯醢，不奠獻。是日，文武百官先具朝服於金水橋南東西向立，其陪祀文武等官，各具祭服於廟街門，北向立。

　　上冕服御華蓋殿。鴻臚卿奏請行禮，導駕官導上出至奉天殿，內侍官捧各冊寶置於案。鴻臚寺官舉案，由殿中門出，導駕官導上隨行至丹陛。鴻臚寺官捧冊寶各置於

興內，錦衣衛官督舉興。上乘板轎出奉天門，降轎陸輅，侍衛鼓吹如儀。導駕官退，
冊寶興至金水橋南，文武百官皆跪，候過，興。隨至廟街門，退。冊寶興入廟街門內，
陪祀官皆跪，候過，興。上至太廟門降輅，冊寶興至丹陛下。太常寺堂上官二員捧皇
祖冊寶，內侍官二員捧高皇后冊寶由中門入，至神御前東西向立。太常寺導引官導上
由殿左門至寢殿，上捧皇祖主，中宮捧高皇后主，出正殿升座。捧主官捧列聖主，去
櫃東西向立。典儀唱樂舞生就位，執事官各司其事。內贊奏就位，典儀唱迎神，樂作，
內贊對引官導上至香案前，三上香訖，復位，四拜。傳贊百官同。典儀唱舉冊寶，樂
作。奏跪，傳贊同。樂暫止，捧冊官以皇祖冊跪進於上右，上受冊獻訖，仍授捧冊官。
捧冊官以高皇后冊跪進於上左，上受冊獻訖，仍授捧冊官。捧寶官以皇祖寶跪進於上
右，上受寶獻訖，仍授捧寶官。捧寶官以高皇后寶跪進於上左，上受寶獻訖，仍授捧
寶官。典儀唱宣冊，宣冊官二員以次跪，宣訖，置於案。唱宣寶，宣寶官以次跪，宣
訖，樂復作。內贊奏俯伏興平身，傳贊同。捧主官各恭捧列聖主升座。典儀唱奠帛，
行初獻禮，樂作。內贊對引官導上至神御前，奏獻帛、獻爵。訖，奏復位，捧主官詣
各廟上香獻帛爵訖，奏跪，傳贊同。贊讀祝，讀祝官讀訖，樂作，奏俯伏興平身，傳
贊同。樂止，典儀唱行亞獻禮，樂作，女官奏禮。

（明）申時行等《大明會典》卷八八《禮部四四·廟祀三·改題神主》

改題高廟神主儀。先期，命題主大臣二員，翰林院撰文，太常寺備脯醢酒果如常
儀。司設監設題主案於太廟寢殿東西，置淨水刷子粉盞筆硯，設盥盆帨巾，中設香案。
是日早，免朝，鳴鐘，文官三品以上、武官公侯駙馬伯、皇親指揮，各具吉服於廟街
門北向序立，候駕至陪拜。上具翼善冠黃袍，乘板興至太廟門西，降興。太常寺導引
官導上由殿左門入寢殿，上就位，上香，一拜叩頭畢，至神前跪。太常卿跪奏謹請皇
祖太祖高皇帝孝慈高皇后神主恭用奉題，上詣皇祖神主前捧主安於東案上，內侍官詣
高皇后神主前捧主安於西案上。上復就拜位北向立，內侍官各洗去舊字，別塗以粉，
中書官重寫，題主官東西向立奉題訖，上捧皇祖主安於座，內侍官捧高皇后主安於座。
王跪，太常卿跪奏謹請皇祖太祖開天行道肇紀立極大聖至神仁文義武俊德成功高皇帝
神靈上神主降殿奉享，又跪奏謹請孝慈貞化哲順仁徽成天育聖至德高皇后神靈上神主
降殿奉享。上捧皇祖主，內侍官捧高皇后主，導引官導出正殿升神座，上就拜位。唱
迎神，內贊對引官導上至香案前，三上香訖，奏復位，奏四拜，傳贊同。典儀唱奠帛，
行初獻禮，導引官導上至皇祖神御前、高皇后神御前，各奏獻帛獻爵訖，奏復位，奏
跪，傳贊同。贊讀祝，讀訖，奏俯伏興平身，傳贊同。典儀唱行亞獻、終獻禮如儀。
太常卿詣神御前，跪奏禮畢，請還宮。內贊奏四拜興平身，傳贊同。典儀唱捧祝捧帛，
各詣燎位，內贊奏禮畢，上捧皇祖主，內侍官捧高皇后主，詣寢殿奉安訖，導引官導
上出太廟門西，升興還宮。

（明）俞汝楫等《禮部志稿》卷一一

嘉靖十三年，定謁廟儀。是日質明，有司整嚴以俟，錦衣衛備儀衛如常儀，內使監設皇帝皇后及妃肩輿於各中，皇后及妃受冊。禮畢，錦衣衛進輅於奉天門，尚儀備皇后及妃翟車於輅後以序，內使監奏中嚴。外辦皇帝皇后及妃各升輿，出宮至奉天門，錦衣衛官奏請降輿升輅皇帝降輿升輅，尚儀奏請降輿升車，皇后及妃各降輿升車，內外護衛儀仗隨從，內執事女官遮以幃幕從行至太廟之大門西。奏請降輅，皇帝降輅。奏請降車，皇后及妃降車。障以龍幃導駕，官導皇帝入，皇后及妃從至廟之後。先是，命官捧七廟主升神御座退。至是，皇帝捧太祖高皇帝主，皇后捧孝慈高皇后主出升殿之神御座。典儀唱執事官各司其事，內贊奏就位，皇帝皇后及妃各就拜位。典儀唱迎神，樂作。內贊奏跪、搢圭、上香，皇帝跪，搢圭。司香官跪捧香函進於皇帝之左，皇帝上香訖，內贊奏出圭、復位，皇帝出圭，復位。樂止，內贊奏四拜，皇帝皇后及妃皆四拜。奏興平身，典儀唱奠帛，行初獻禮。樂作，內贊搢圭，皇帝搢圭。奏奠帛，奉帛官以帛跪進於皇帝之右，皇帝受帛奠訖，奏獻爵，執爵官以爵跪進於皇帝之右，皇帝受爵獻於太祖神御前。奏出圭，奏搢圭，皇帝搢圭奏副使。禮畢，各官行禮，俱同正副使，得報持節復命。是日，內官先具祭儀翰林院具祭文，上具服，皇妃各具妃服，上率詣奉先殿，行謁告禮如常儀。畢，皇妃各具妃服，女官引詣上前行八拜禮。畢，回宮。同日，內官先於宮中設皇妃座，南向。設諸親及命婦賀位於階之南北向，設儀仗，設內贊二人引禮二人，皇妃謝恩，禮畢，回宮。女官二人導皇妃升座，引禮先引長公主公主各親王妃以次入班，贊行四拜禮，次引郡王妃郡主輔國將軍夫人以次入班，贊行四拜禮。國初親王未之國時，有郡王妃以下至夫人行禮。永樂以後，俱無。次引六尚等女官，又次引四品以上命婦俱行四拜禮，皇妃俱坐受。

（明）俞汝楫等《禮部志稿》卷二七《祠祭司職掌·廟祀·奉祧》

成化二十三年，奉祧懿祖。先期，遣官祭告太廟，上親告憲宗，几筵內侍官設酒饌如常儀。告畢，太常寺官同內執事官於太廟寢殿，奉遷懿祖神主衣冠安於德祖室內之左，原奉享床幔儀物及正殿神座俱暫貯於神庫。弘治元年，建祧廟於寢殿後，其制九間，間各爲室，翼以兩廡，乃奉安神主衣冠於廟正中，南向。十八年，奉祧熙祖居左第一室。正德十六年，奉祧仁祖居右第一室，祭告儀並同。

嘉靖十年，奉祧德祖，而奉太祖高皇帝爲不遷之祖，上親告於德祖及祧廟三室，遂親捧德祖主安於廟中，遷懿祖居左第一室，熙祖居右第一室，仁祖居左第二室，皆南向。乃詣太廟寢，捧太祖主出太廟殿中，行祭告禮。

二十九年，升祔孝烈皇后奉祧仁宗居右第二室。先期，遣官祭告太廟祧廟，至期行奉祧禮於太廟如時享儀。祭畢，奉主安於祧廟室，仍行祭告禮，太廟原設神座收貯神庫俟，祫祭日陳設。

隆慶六年，奉祧宣宗皇帝神主儀。前期，太常寺奏致齋三日，遣官祭告宗廟。至日，行祭告禮，用祝文，每廟各一犢。是日，上以祧廟告穆宗皇帝几筵，內侍官陳設酒饌如常儀。上具素服，內導引官導上詣拜位。贊四拜禮，奠帛、獻酒、贊祝、四拜、焚幣帛、祝文，禮畢。是日祭畢，太常寺官同內執事官捧遷宣宗皇帝神主、衣冠并奉享床幔儀物於後殿。英宗以下各廟神主、衣冠、床幔儀物以次遞遷其奉先殿，宣宗皇帝神位亦奉遷於德祖暖閣內，左衣冠、床幔儀物隨宜收貯焚化，英宗以下神位以次遞遷。

（明）俞汝楫等《禮部志稿》卷三二《嘉靖二十七年孝烈皇后冊諡儀》

先期，遣官告於太廟，用牲醴祝文如常儀。是日，上常服，御奉天門，樂設而不作。正副使常服，百官淺色服，黑角帶入班行，叩頭禮。畢，左右侍班正副使入就拜位。贊四拜禮，序班舉節冊案於正中，置定正副使，行五拜三叩頭禮。畢，序班舉案行正副使，後隨鴻臚寺。奏禮畢，上還，百官詣思善門外侍立，節冊至右順門，正副使捧由正門入，至殿陛上置於案。內贊奏就位，上香。贊宣冊，太常寺官取冊立宣。訖，復置於案。贊禮畢，贊百官行四拜禮，退，正副使持節復命。

（清）傅維鱗《明書》卷五八《志六·禮儀志三·廟祀·太廟時享儀》

凡遇四孟。前三日，太常奏祭。致齋三日進銅人，前二日太常奏。明日，與光祿官省牲畢，復命陳設，則每帝后前犢一、羊一、豕一，登二、鉶二，籩、豆各十二，簠、簋各二，白奉先制帛二、共設酒尊三、金爵八、瓷爵十六、筐四。親王配享四壇，各設犢一、羊一、豕一，登二、鉶二，籩、豆各十，簠、簋各二，爵六，展親制帛二。功臣配享十七壇，每壇羊一、豕一，鉶一，籩、豆各二，簠、簋各一，報功制帛一、爵三、筐一，共設酒尊三。祭時候，上至陛。典儀唱樂舞生就位，執事官各司其事，導引官引上至拜位。內贊奏就位，典儀唱迎神，奏樂。樂止，內贊奏四拜，典儀唱奠帛，行初獻禮。奏樂，執事官捧帛爵獻訖，讀祝訖，奉安神御前。內贊奏俯伏興平身，百官同。樂止，亞獻終獻同，但執事官各以瓷爵受酒獻神御前。樂止，太常卿進立殿東西向。唱賜福胙，光祿官捧酒胙，自神御前中門左出至上前。內贊奏跪，搢圭。光祿官以福酒跪進，贊飲福酒，受胙訖，出圭，俯伏，興，平身，復四拜。典儀唱徹饌，奏樂，徹訖，樂止，太常卿詣神御前跪，奏禮畢，請還宮，奏樂，又四拜，樂止。典儀唱讀祝官捧祝進，帛官捧帛，各詣燎位，奏樂，內贊奏禮畢，上還，樂乃止。其祝文則曰：維某年歲次月朔日，孝玄孫皇帝御名敢昭告於廟號通列時，維孟春、夏、秋、冬禮嚴祭祀，謹以牲醴庶品，用申追慕之情。尚享。

（清）傅維鱗《明書》卷五八《志六·禮儀志三·廟祀》

孟春特享儀。凡前期奏祭，省牲陳設如常儀。祭之日，上乘輿申廟街門入至櫺星門西降輿，導引官導上由櫺星左門入。上至戟門東帷幕，具祭服出。導引官導上由戟門左門入，至寢殿同捧主官。帝以大臣捧後以內臣捧出主，至廟室以次安主訖，其行禮奏樂，與時享儀同，但每廟三獻，各具祝文。畢，飲福酒後，復同時享儀。禮畢，納各廟主訖，易服還宮。祝文則曰：某年月日，孝各因所稱嗣皇帝御名敢昭告於各廟帝后曰：時維孟春禮嚴特祀，謹以牲帛庶品，用申追慕，伏惟鑒歆。尚享。嘉靖中定，後罷。

時祫儀。凡四孟，除孟春時享後合各廟而祭之，禮樂、陳設、祝文一如時享。惟嘉靖中定，尋罷，但祝文改用薦時祫之禮云，後罷。

九廟特享儀。凡行禮，一切同孟春特享，但太祖廟上行禮，各廟則捧主官行禮，祝文總列帝后。後罷。

九廟時祫儀。與前祫儀同，後罷。

大祫儀。明初，以歲除祭太廟與四時爲五享。至弘治初，祧懿祖始以其日奉祧主至太廟行祫祭禮。先期，遣官具酒果祝文告祧廟太廟，及祧德祖而以季冬中旬行大祫禮，尋罷祭告而以除日行大祫，後復祭告祭前奏祭。及祭日，諸儀與時享同。上居中祭，餘俱捧主官代祝文全列帝后。曰：氣序雲邁歲時將終，謹率群臣以牲帛醴齊粢盛庶品，特修大祫禮於太廟，用申追感之情，伏惟尚享。

奉祧儀。凡遇皇帝崩應祔廟，前期太常寺奏致齋三日，遣官祭告宗廟。至日，行祭告禮，用祝文，每廟各犢一。是日，上以祧廟告於大行皇帝几筵，内侍官陳設酒饌如常儀，至期，行祧廟禮於太廟，具素服，内導引官導上詣拜位。四拜，獻帛、獻酒、讀祝。四拜，焚幣帛、祝文。禮畢，還宮。太常官同内執事官奉遷某祖某宗神主、衣冠，并奉享床幔儀物於祧廟，某宗以下各廟神主、衣冠、床幔儀物以次遞遷。其奉先殿某祖某宗神位亦奉遷於暖閣，内衣冠、床幔儀物隨宜收貯，其各神主亦以次遞遷。

升祔儀。凡於卒，哭之。明日，太常寺陳設醴饌於太廟如常享儀，樂設而不作。設儀衛傘扇於午門外，内侍設皇帝拜位於几筵殿。上進神御輦於殿前丹陛上，内導引官導上衰服詣拜位，四拜，舉哀，興哀，止，立於拜位之東，西向。内侍詣靈座前跪，奏請某宗神主降座升輦詣太廟祔享。奏訖，内侍捧神主安奉於神輦，執事官捧衣冠置於輿，傘扇侍衛儀至思善門外。上易祭服，升輅後隨。若有親王，此時退至太廟南門之外。降輅，導引官導上詣神輦前跪，太常卿跪於左奏請某宗某皇帝神主。降輦，詣太廟祔享。奏訖，俯伏，興，上乃捧神主由左門入。典儀唱樂舞生就位，執事官各司其事。至丹陛，典儀唱某宗某皇帝謁廟。内贊奏請詣神位前，每至一廟前，内侍接捧神主至褥位朝北，上於神主後行八拜禮，各廟俱八拜。畢，太常卿立壇東西向。唱賜座，上揖圭，内侍捧主進於上，上安於神座。安衣冠訖，乃詣拜位，行祭禮如時享儀。文官五品以上，武官四品以上，隨班行禮。畢，仍奉神主還几筵。至大祥前一日，遣官祭告太廟。至日，上祭告几筵奉安神主儀物於太廟，仍行禮如時享儀。

皇后祔廟儀。若皇后先崩藏主於別殿，維世宗時孝烈先入祔廟非禮也。凡祔廟皆隨大行皇帝神主行禮，若皇后後崩，則於陵迎主歸奉慈寧宮几筵卒哭祔廟，一如大行皇帝祔廟儀，不還几筵或用祝文臨時撰用。

大禘儀。凡大禘擇日，前期告廟，奏祭致齋陳設俱如時享儀。太常卿奉請皇初祖神牌太祖神位於太廟，上于是日具翼善冠黃袍御皇極門。太常卿跪奏請聖駕詣太廟，上至太廟門外降輦。導引官導上入御幄，具祭服，出由殿左門入其位執事，迎神四拜，上香，復位。至行初獻，先奠初祖畢，至太祖前讀祝訖，亞獻、終獻各如之。飲福受胙四拜，徹饌、送神四拜，望燎俱如儀。太常卿捧皇初祖神牌詣燎所，奏禮畢，上出易服還宮。其祝文則曰：維年月朔日，孝玄孫嗣皇帝御名敢昭告於皇初祖帝神曰：仰惟先祖肇我，厥初發祥，鍾靈啓我，列聖追慕，德源敬茲，報祭願來格斯，奉皇祖、太祖、高皇帝配侑。尚享。後罷。

薦謚號儀。凡薦謚號，前期擇吉，奏齋、省牲陳設如常儀。前二日，遣官祭告天地、宗廟、社稷。前一日，鴻臚寺設冊寶輿及香案於奉天殿。是日，夙內侍先以冊寶置於案，太常先設冊寶案於太廟門外丹陛上，神御前亦設冊寶案，鴻臚備冊寶輿於奉天門外，正中鹵簿，詔樂、大樂如常。百官具祭服詣太廟門外立。俟執事及宣冊寶官先從太廟右門序立於殿右，上具袞冕御華蓋殿，捧冊寶官各具祭服於奉天門外序立，奏請行禮。上出奉天殿冊寶案前，捧冊寶官各以冊寶置彩輿。大樂前導，上乘輿隨至午門外乘輅至太廟門，百官跪，俟輿過。上降輅，隨至廟門外捧冊寶官，至於廟丹陛案。典儀唱樂舞生就位，執事官各司其事。上就位，迎神四拜。凡樂作止，皆如常。典儀奏進冊寶，遂捧前行。上隨由左門入至廟中，上至皇考皇妣神御前，跪進冊。宣冊訖，進寶、宣寶訖，搢圭，出圭如常儀。復位，奏四拜興，行祭禮如常儀。次日，頒詔世宗時改太祖，高皇后及成祖文皇后與興獻皇帝、獻皇后謚。皆同中宮行禮，命婦在丹墀幃以帷亞獻，則中宮分之事。畢，上捧皇祖考主，皇后捧后主，內侍捧冊寶，捧主官捧列聖后主奉安寢殿。上還時，大樂鼓吹振作。若改謚加謚，則用大臣爲題主官，宣冊寶畢，題主官進立於神御前案，東西向。內侍請主於案上洗磨舊字，別塗以粉，中書官重寫題主官盥手題訖，內侍奉安訖，然後行禮。

(清) 孫承澤《春明夢餘錄》卷一四《慎配享》

洪武元年十一月初三日，冬至，祀南郊。上先詣太廟，告曰：歷代有天下者，未嘗不以祖配天，茲臣獨不敢者，以臣功業猶有未就，政治或有缺失，懼有責焉，況去年上天垂戒，早暮兢惕，恐無以承上帝好生之德，故不敢輒奉以配。惟祖神與天通，恐上帝有問，願以此言敷奏帝前，善惡無隱，惟上帝鑒之。候南郊竣事，臣當率百司恭詣殿庭，告成大禮，以共用上帝之錫福。越二年，平慶陽，群臣復請，乃奉仁祖配。

(清) 孫承澤《春明夢餘錄》卷一四《告祭》

禮部崔亮奏，按《禮運》曰：禮行於郊，則百神受職。沈括援唐制云：有事上帝，則百神皆預遣祭告，惟太廟則皇帝親行祭告。今擬圜丘、方丘大祀前期，上親告太廟，仍遣使預告百神。如祀圜丘，則曰某年某月日皇帝有事于圜丘，咨爾百神，以相祀事。方丘亦如之。仍增天下神祇壇于圜丘之東、方丘之西，其神主皆題曰天下神祇。詔從之。

（清）萬斯同等《明史》卷五三《志二七・禮志一一・吉禮一一・袷祫》

弘治元年，定每歲暮奉祧廟懿祖神座於正殿之左，居熙祖上，行祫之禮。先期，遣官。具酒果、祝文告祧廟及太廟。嘉靖十年，【略】諸臣咸奉詔請設虛位以祫皇初祖南向，牛一、羊一、豕一。奉太祖配西向，牛一、羊一、豕一。【略】四月，禮部具上大祫儀注。前期，上告廟如常儀。太常寺奏致齋三日，備香帛牲醴如時享儀。錦衣衛設儀衛侍從，太常寺卿奉皇初祖神牌太祖神位於太廟正殿，安設如圖儀，設上拜位於殿中。

是日早，免朝，上具翼善冠黃袍，御奉天門。太常卿跪奏，請駕詣太廟，上升輦由廟街門入，至太廟門外降輦，導引官導上入御幄，具祭服，出由殿左門入。典儀唱樂舞生就位，執事官各司其事。內贊奏就位，典儀唱迎神，樂作。內贊奏四拜，奏上香，導上至皇初祖前，搢圭，三上香訖，至太祖前，同奏出圭復位。樂止，典儀唱奠帛，行初獻禮。樂作，上至皇初祖前。奏跪，搢圭，執事官捧帛及爵跪進於上右。奏奠帛獻爵，奏出圭，至太祖前，儀同。典儀唱讀祝，奏跪，樂暫止。讀祝官取祝，跪於皇初祖前。讀訖，樂作，奏俯伏興平身，樂止，亞獻終獻儀同，惟不讀祝。太常卿進立於皇初祖位前，西向。唱賜福胙，內贊奏搢圭，光祿寺官捧福酒跪進於上右。內贊奏飲福酒，光祿寺官捧福胙跪進於上右。內贊奏受胙，奏出圭，奏俯伏興平身，奏四拜，典儀唱徹饌，樂作。樂止，典儀唱送神，樂作，贊奏四拜，樂止，典儀唱讀祝官捧祝，進帛官捧帛，各詣燎位，望燎，樂作，太常卿捧皇初祖神牌詣燎所。內贊奏禮畢，樂止。上由殿左門出太廟門外，導引官導上入御幄，易服還宮。凡贊拜傳贊百官皆同，遂定五歲一祫，於太廟祫。

（清）萬斯同等《明史》卷五三《志二七・禮志一一・吉禮一一・時享》

洪武元年，定宗廟之祭，每歲以四時孟月及歲除，凡五享。【略】是年四月，袷享太廟，德祖考妣神位居中，正南，懿祖考妣神位居東第一位，西向；熙祖考妣神位居西第一位，東向；仁祖考妣神位居東第二位，西向。每位用犢、羊、豕各一、幣一、白色登三、鉶三，籩、豆各十二，簠、簋各二，共設酒尊三、金爵八、瓷爵十六，於殿東西向。祝文一、帛篚四，於殿西東向。先期，皇帝散齋四日，致齋三日，陪享執事官各齋一日。祭前一日，皇帝服通天冠絳紗袍省牲，視鼎鑊滌溉有司陳設如儀。至日清晨，皇太子奉迎各廟神主合置於德祖廟，車駕至大次。太常卿奏中嚴，皇帝服袞冕。太常卿奏外辦，皇帝入就位。贊禮唱迎神，協律郎舉麾，樂奏泰和之曲，皇帝再拜，在位官皆再拜。唱奠帛，行初獻禮，皇帝詣盥洗位，搢圭、盥帨、出圭。詣爵洗位，搢圭、滌爵、拭爵，以爵授執事者，出圭，詣酒鐏所，搢圭，執事受醴齊，以爵授執事者。出圭，詣德祖神位前，協律郎舉麾，樂奏《壽和之曲》《武功之舞》。皇帝跪，搢圭上香，奠帛祭酒，奠爵出圭，俯伏，興，再拜。次詣懿祖神位前，次詣熙祖神位前，次詣仁祖神位前，皆如前儀。詣讀祝位，跪。讀祝官取祝跪讀訖，皇帝俯伏，興，再拜，復位。唱行亞獻禮，各掌祭官以爵受酒奠於神位前。樂奏《豫和之曲》《文德之舞》，皇帝再拜。終獻，樂奏《熙和之曲》《文德之舞》，儀同亞獻，惟初獻各奏其廟樂。亞終獻止，奏《德廟之樂》。唱飲福受胙，皇帝詣飲福位再拜，跪。搢圭執事官以爵酌福酒跪進，太常卿贊曰：惟此殽羞神之所，與賜以福慶億兆同霑。皇帝受爵，祭酒飲福酒，以爵置於坫。奉胙官奉胙跪進，皇帝受胙以授左右。出圭，俯伏，興再拜，復位。在位皆再拜。贊禮唱徹豆，協律郎舉麾樂，奏《雍和之曲》，掌祭官各徹豆。唱送神，協律郎舉麾樂奏《安和之曲》。皇帝再拜，在位皆再拜。讀祝官取祝，奉幣官取幣，各詣燎所。唱望燎，皇帝詣望燎位，執事者以炬燎火柴。半燎，贊禮唱禮畢，皇太子奉神主還各廟，駕還大次解嚴。

洪武二十一年，命禮臣定時享宗廟儀。當祭之時，典儀唱，樂舞生就位，執事官各司其事。導引官導皇帝至御位。典儀唱迎神，協律郎舉麾，奏《泰和之曲》。內贊奏四拜，百官皆四拜。典儀唱奠帛，行初獻禮，協律郎舉麾，奏《壽和之曲》《武功之舞》。執事官各捧帛，以金爵受酒獻於神御前，讀祝官取祝跪於神御右。內贊奏跪，皇帝跪，百官皆跪。讀祝訖，進於神御前，內贊奏俯伏興，典儀唱行亞獻禮，協律郎舉麾，奏《豫和之曲》《文德之舞》，執事官各以瓷爵受酒獻於神御前。典儀唱行終獻禮，協律郎舉麾，奏《寧和之曲》《文德之舞》，儀同亞獻。太常卿進立於殿東，西向。唱賜福胙，光祿司捧福酒胙自神御前中門左出至皇帝前。內贊奏搢圭，光祿同官以福酒跪進。內贊奏飲福酒，光祿司官以胙跪進。內贊奏受胙出圭俯伏興，內贊奏四拜，百官同。典儀唱徹饌，協律郎舉麾，奏《雍和之曲》，執事官各徹饌，太常卿詣神御前跪，奏禮畢，請還宮，協律郎舉麾，奏《安和之曲》，內贊奏四拜，百官同。典儀唱讀祝官捧祝，進帛官捧帛，各詣燎位。奏樂，內贊奏禮畢。

（清）張廷玉等《明史》卷五一《志二七·禮志五·吉禮五·加上謚號》

永樂元年五月，進高皇帝、高皇后謚議。前一日，於奉天殿中設謚議案。是日早，帝袞冕升殿，如常儀。文武官朝服四拜。禮部官奏進尊謚議。序班二員引班首升丹陛，捧謚議官以謚議文授班首，由中門入，至殿中。贊進尊謚議。駕興，詣謚議文案。班首進置於案，跪，百官皆跪。帝覽畢，復坐。班首與百官俯伏興，復位，再行四拜。禮畢，帝親舉謚議，付翰林院臣撰册文。

（清）張廷玉等《明史》卷五二《志二八·禮志六·吉禮六·加上謚號》

（仁宗即位，九月）禮部奏上謚儀，前期齋戒遣祭如常，內侍置册寶輿於奉天門。厥明，捧册寶置輿中。帝袞服詣奉天門，內侍舉册寶輿，帝隨輿後行，降階，升輅。百官立金水橋南，北向跪。俟輿過，興。隨至思善門外，序立，北向。帝降輅。册寶輿由中門入，至几筵殿丹陛上。帝由左門入，就丹陛上拜位。捧册寶官由殿左門入，至几筵前。導引官奏四拜，皇太孫、親王、皇孫陪拜丹陛上，百官陪拜思善門外。帝由殿左門入，詣大行皇帝位前，跪進冊、進寶。宣冊寶官跪宣畢，奏俯伏、興。帝詣仁孝皇后神位前，禮并同。奏復位四拜，皇太孫以下同。禮畢，行祭禮。是日，改題仁孝皇后神主，詔頒天下。是後，上皇帝及太皇太后、皇太后尊謚，皆仿此。

（清）張廷玉等《明史》卷五四《志三〇·禮志八·嘉禮二·皇帝加元服儀》

古者冠必於廟，天子四加。【略】明洪武三年定制。【略】先期，【略】遣官告天地、宗廟。【略】禮畢，皇帝，【略】擇日謁太廟，與時祭同。

（清）張廷玉等《清文獻通考》卷一八〇《宗廟考二·太廟》

順治元年九月，世祖章皇帝定鼎燕京，立太廟。

九月壬子，恭奉太祖承天廣運聖德神功肇紀立極仁孝武皇帝神主、孝慈昭憲純德貞順成天育聖武皇后神主、大行皇帝神主奉安太廟。是日，遣固山額真宗室拜尹圖代祭，禮部尚書覺羅郎球奉太祖武皇帝神主，甲喇章京胡世布奉孝慈武皇后神主，吏部尚書宗室鞏阿岱奉大行皇帝神主，禮部侍郎藍拜理事官哈爾松噶捧二功臣牌位，及太常寺官於內院齊集學士額色黑捧祝版，至謹身殿。授太常寺卿郎球等奉神主及功臣牌位依次而行。太常寺官六員前導，每階一揖，代祭官拜尹圖隨行至太廟門外，由東中門入奉神主，進前殿跪。奉太祖武皇帝神主、孝慈武皇后神主安正案，南向。大行皇帝神主安東側案，西向。畢，一叩頭，興。導引官引出立階上代祭官之後，藍拜等捧二功臣牌位進西廡殿內跪安，直義公費英東牌位於左，弘毅公額亦都牌位於右，東向。畢，一叩頭，興。出立於階下。贊禮官贊行四跪，四叩頭。禮畢，贊引官贊行初獻禮，太常寺官三員各捧一爵詣案前跪獻。畢，鞠躬。退，一跪一叩頭，興，各復位。贊讀祝，額色黑入殿內跪，捧祝文讀畢，跪捧祝版置於太祖神位前，一叩頭，退，代祭官及捧主官行讀祝禮。贊禮官贊行一跪一叩頭禮。畢，贊行亞獻禮，太常寺官獻爵，如初獻禮。畢，贊行終獻禮，太常寺官獻爵亦如初獻禮。畢，各退二功臣位前，亦各三獻爵。畢，贊禮官贊行四跪四叩頭禮，階下各官亦照行禮。畢，贊焚祝，額色黑捧祝詣焚祝所，各官東向鞠躬，階下各官亦鞠躬。焚祝畢，各官北向。揖階下各官亦揖，代祭官立階西側，捧功臣牌位。各官立階下西側，導引官引奉太祖武皇帝、孝慈武皇后、大行皇帝神主，詣神位前行一跪一叩頭禮，興。各奉神主由殿內後門進至後殿，跪安於神位。上退，出殿門外行一叩頭禮，興。導引官引至功臣廡前，代祭官齊出。

（清）張廷玉等《清文獻通考》卷一一一《宗廟考五·太廟升祔儀》

視神、致齋、書祝版、閱祝版、視割牲儀，均與時饗同。

前期五日，禮部、工部、太常寺官入廟詣中殿，恭設新祔帝后神龕，陳帷幔，設香案，供爐鐙，如列聖列后寢室前陳設儀。

右設寢室龕案。

先一日，遣官以祔廟告祭天地、宗廟、社稷，如常告儀。

右祇告。

　　其日，太常寺卿率屬入廟，潔蠲殿內外藉以棕薦，恭設後殿中殿列聖列后神座，如時饗儀。恭設新祔帝后神座於前殿列聖列后之次，按昭穆爲序，乃展前殿兩廡，配饗均如儀。

　　右設神座。

　　將事之夕夜分，太常寺卿入廟，然炬明燈具器陳於案，各以其序。工部官張黃幄於太廟街門外之南，鑾儀衛官設洗於廟南門外，樂部和聲署陳樂懸樂舞於階上。昧爽，鑾儀衛陳法駕鹵簿於午門，均如時饗儀。

　　右陳設。

　　質明，步軍統領勒所部清蹕除道，自神輿所入都門至大清門御道左右塗巷皆設布幃。至時，禮部尚書、侍郎赴乾清門請駕，皇帝禮服乘輿出宮，諸王、貝勒、貝子、公、內大臣、侍衛朝服以從。駕至端門外，黃幄次降，輿入幄祇俟。王公百官朝服集大清門外祇俟。神輿至大清門，王公百官跪迎。俟過，興。神輿至天安門，贊引對引恭導皇帝出次跪迎，候過興隨行入太廟街門陪祀，王公百官及承祭後，殿官、分獻官均豫入殿庭祇俟。神輿至廟南左門外，輿止。贊引跪奏盥洗，皇帝盥。鑾儀衛官跪奉盥，奉巾如儀。畢，贊引奏恭請神位，暨對引官恭導皇帝詣帝主神輿前。贊引奏跪，皇帝跪。奏拜，興。皇帝三拜，興。恭奉帝主奉后主，親王詣后主輿前跪，三叩，興。恭奉后主以從。御仗黃蓋前導，由太廟南門左門至戟門東階下，御仗黃蓋止。贊引對引恭導入戟門左門，升東階進殿左門。司拜褥官豫布新祔帝主拜褥於殿內正中，布后主拜褥於西。稍後，布皇帝拜褥於後，贊引對引恭導皇帝詣拜位前，北向。立奉后主，親王祇立於後。贊引跪奏，新祔帝后祇見列聖列后，皇帝恭奉帝主奉后主，親王恭奉后主，均跪安，於祇見位奉后主。親王退，出殿右門俟。贊引對引，恭導皇帝退復位立。贊引奏跪拜興，皇帝恭代行三跪九拜禮，興。贊引奏請恭奉帝后神主升寶座，暨對引官恭導皇帝詣帝主拜位前跪，恭奉帝主，興。奉后主親王入殿右門，詣后主拜位前跪，恭奉后主，興。隨於後，皇帝奉安帝主於寶座，接奉后主同安於寶座，奉后主親王出殿，右門入陪祀班。皇帝退及供案前，贊引奏跪拜興，皇帝行三拜禮。司拜褥官徹帝主后主拜褥，贊引對引恭導皇帝復位立，乃致祭、上香、讀祝、三獻爵，禮儀均與時饗同。祭畢，宗室官恭奉神位還寢室，上香行禮如儀。贊引對引恭導皇帝出太廟南門外升輿，還宮，不陪祀。王公百官朝服，跪迎如儀。

　　右升祔。

　　加上尊謚儀，制下禮部具疏行，欽天監諏日，內閣恭擬加上尊謚，翰林院具祝文，隨時撰擬均進呈欽。

　　右定謚。

　　既諏吉，乃遣官祇告太廟，奉先殿如儀。內閣、翰林官書新加尊謚。畢，工部尚書太常寺卿詣中殿，上香，行三跪九叩禮，恭請列聖列后神位於太廟，潔室敬視漆飾。

既竣，滿、漢大學士各一人朝服，上香，三跪九叩。敬視工部以青飾神位題字，仍奉安於中殿上香。行禮畢，各退。

右改題。

前五日，遣官各一人祇告天地、社稷，如常告儀。

右祇告。

致齋、視牲、書祝版、閱祝版、視割牲，均如時饗儀。

其日，五鼓，鑾儀衛陳法駕、鹵簿於午門外，陳金輦於太和門外，太常寺卿率屬入廟，然炬明登供祝帛具器陳。王公各率宗室覺羅官奉請神位，如時饗儀。陪祀王公百官各於其位集序，太常寺卿詣乾清門，奏時皇帝禮服乘輿出宮至太和門外，降輿乘金輦，前引後扈。午門，鳴鐘鼓，不陪祀，王公百官朝服跪候駕入太廟右門。至神路西降輦，贊引、對引恭導皇帝由戟門左門入殿左門，詣正中拜位立，乃祇告，加上尊謚，上香，讀祝三獻，送神、望燎儀節與時饗同。禮成，皇帝還宮易補服。詣奉先殿行禮，如常祀儀。

右加上尊謚禮成。

恭進玉冊、玉寶儀。皇帝恭上皇考皇妣尊謚廟號，敕工部制玉冊、玉寶加上列聖列后尊謚，敕重制玉冊，改鎸玉寶，工部於太廟街門內潔室鎸制。內閣大學士、禮部尚書皆朝服上香，行禮如儀。既成，諏吉以聞。

右具冊寶。

屆日，工部官豫設采幄於太廟街門內潔室，設黃案於采幄正中，陳玉冊、玉寶，設香案於黃案前，張黃幄於太廟街門外之右及戟門外之左，鑾儀衛官設冊寶亭於采幄左右，太常寺官設冊寶案香案於列聖位前，奉冊寶。王、貝勒、貝子、公、大學士、尚書、都統、侍郎皆朝服，分班序立於采幄旁祇俟。屆時，禮部尚書詣乾清門，奏請行禮。皇帝禮服出宮，午門陳法駕鹵簿，王公百官跪候如常儀。皇帝至太廟街門外幄次。盥洗畢，禮部尚書、侍郎各一人，恭導皇帝入太廟街門至采幄正中黃案前，恭視玉冊、玉寶。畢，乃詣香案前上香，司拜褥官豫布拜褥於案南正中，恭導皇帝就位行一跪三拜禮，興。立案東西向奉冊寶，王公大臣進至案前，皆跪三叩，興。恭奉冊寶於亭內，跪叩如初，校尉昇亭御仗前，導皇帝率王公大臣等隨行以次。至太廟南門亭由中門入，恭導皇帝由左門入奉冊寶，王公大臣皆隨入。皇帝至戟門外幄次，少俟亭入，至殿外階上止，以次序列，均南向。王公大臣詣亭前，一跪三叩，興。奉冊寶入殿中門至案前，各恭設於案，上跪叩如初。退，司拜褥官豫布拜褥於殿門內正中，皇帝由戟門左門入，升東階入殿左門就拜位，行三跪九拜禮，執事王公大臣均隨行。禮畢，王公大臣各至冊寶案前，跪三叩，興。恭奉冊寶行皇帝隨行，至中殿立案，東西向。王公大臣奉冊寶分藏於金匱，跪叩如初。退，皇帝詣各香案前，以次上香。畢，行一跪三拜禮。禮成，皇帝還宮，作樂，王公百官跪迎如儀。

右進冊寶。

(清) 張廷玉等《清文獻通考》卷一一三《宗廟考七·太廟時享》

乾隆四十二年正月壬辰，以皇太后升遐，重定百日內及二十七月內致祭太廟，服色各儀。

其日，五鼓，鑾儀衛陳法駕鹵簿，詳見於北郊祭儀。於午門外陳金輦，於太和門外陪祀。王以下公以上，按翼集廟街門外。候駕至隨行承祭，後殿官、分獻官均先俟。於廟南門外陪祀，百官序立於庭左，右祗候司祝二人詣神庫、祝案前跪三叩，興。恭奉祝版，先後殿，次前殿，奉安於祝案，跪叩如初。日出前四刻，公一人詣後殿香几前上香。退，出殿右門外就階上正中，行三跪九叩禮。覺羅官分詣後殿寢室前跪，三叩，興。恭請四室神位奉安於殿內，寶座跪三叩，興。退。王一人詣中殿，上香行禮如後殿之儀。宗室官分詣中殿寢室前跪，三叩，興。恭請五室神位以次出殿中門，太常寺官十人前引，由前殿北門入，循殿左轉至殿中，依序奉安於寶座，跪三叩，興。退，均就執事位。

右請神位。

太常寺卿赴乾清門奏，時皇帝御祭服乘禮輿出宮至太和門外，降輿乘金輦鑾。儀衛奉輦納陛，內大臣侍衛前引後扈，如常儀。執爐燈官左右列行，午門嚴鼓導迎樂陳而不作，不陪祀。王公以下，文武各官咸朝服跪送，太常寺贊禮郎豫引後殿，承祭官由右戟門入至後殿內垣門外東面立。駕入太廟街門左門至神路右降輦，納陛扶輦如前儀。右贊引，左對引，太常寺卿二人恭導皇帝至太廟南門入左門，詣戟門幄次。少俟，太常寺卿告奉安神位。畢，奏請行禮，皇帝出次。鑾儀衛官跪奉盥、奉巾如儀。盥畢，入戟門左門。司拜褥官豫布拜褥於殿門內正中，贊引、對引官恭導皇帝升東階，進前殿左門就拜位前，北向。執爐燈官止東階下夾階左右，立侍衛退至東西陛隅斂立，前引內大臣止殿外檐下東西侍立。後扈大臣隨侍贊禮郎二人引承祭後殿官由內垣右門入，升自西階至中階拜位前立，贊禮郎東西各二人引分獻官，鴻臚寺官引陪祀，王公百官均就拜位序立。典儀贊樂舞生登歌，執事官各供乃職，武舞執干戚進。贊引奏就位，皇帝就位。

右受胙徹饌。

皇帝既受福胙，太常寺贊禮郎詣神位前跪奏。禮畢，請還寢室，三叩，興。退。司樂贊舉還宮，樂奏《乂平之章》。樂作，贊引奏跪拜興，皇帝率群臣行三跪九拜禮，興。樂暫止，典儀贊奉祝帛送燎。司祝、司帛詣神位前，咸跪三叩。司祝奉祝，司帛奉篚，興。司香詣香案前，跪奉香，興。以次送送燎所，皇帝轉立拜位旁，西向。司拜褥官徹拜褥，王公百官退避側立，東西面俟。祝帛過，仍布拜褥，皇帝復位立後殿。贊禮郎贊跪叩興，承祭官行三跪九叩禮，興。典儀贊奉祝帛送燎，司祝奉祝，司帛奉篚，司香奉香，恭送燎所如前殿之儀，樂舞生奉兩廡香帛焚燎。樂作，贊引奏禮成，暨對引官恭導皇上自殿左門降東階由東戟門出，贊禮郎引承祭後殿官退，王公二人率宗室覺羅官恭奉後殿、前殿神位還寢室上香行禮，與迎神同。

右禮成神位還御。

時饗禮成，皇帝至太廟南門外神路右乘禮輿，導迎樂作奏《祐平之章》。午門鳴鐘，不陪祀，王公百官咸朝服跪迎王公隨駕入至内金水橋，恭俟皇帝還宮，皆退。太常寺官徹乾清門，齋戒銅牌送寺。

右乘輿回宮。

（清）允裪等《大清會典》卷四〇《禮部》

凡饗太廟之禮。崇建太廟於端門之左，前殿爲饗祫行禮之地。後殿中室奉安肇祖原皇帝、原皇后神位。左一室奉安興祖直皇帝、直皇后神位；右一室奉安景祖翼皇帝、翼皇后神位；左二室奉安顯祖宣皇帝、宣皇后神位；中殿中室奉安太祖高皇帝、孝慈高皇后神位，左一室奉安太宗文皇帝、孝端文皇后、孝莊文皇后神位；右一室奉安世祖章皇帝、孝惠章皇后、孝康章皇后神位；左二室奉安聖祖仁皇帝、孝誠仁皇后、孝昭仁皇后、孝懿仁皇后、孝恭仁皇后神位；右二室奉安世宗憲皇帝、孝敬憲皇后神位。均設几，陳玉册、玉寶、篋，并設床榻、衾枕、楎椸、帷幔，如事生儀。前殿東廡，配饗通達郡王、武功郡王、武功郡王福晉、慧哲郡王、慧哲郡王福晉、宣獻郡王、宣獻郡王福晉、怡賢親王；西廡配饗信勇公費英東、弘毅公額宜都、武勛王揚古利、果毅公圖爾格、雄勇公圖賴、忠達公圖海、超勇襄親王策凌、勤襄伯鄂爾泰、大學士張廷玉。每歲孟春上旬諏吉，夏、秋、冬以孟月朔行時饗禮。歲除前一日，行大祫禮。時饗之日，恭奉後殿列祖列后神位於殿中寶座，皆南向。奉中殿列聖列后神位於前殿寶座，太祖位南向，列聖以昭穆序東西向，前殿皇帝恭詣行禮，後殿遣官。

祭日，鑾儀衛陳法駕鹵簿於午門外，金輦於太和門階下。日出前四刻，太常卿詣乾清門。告時，皇帝御祭服乘禮輿出宮，内大臣侍衛前引後扈，如常儀。至太和門階下降輿，乘輦駕發警蹕午門，嚴鼓、法駕、鹵簿前導。不陪祀，王以下文武各官咸朝服，跪送導迎，鼓吹設而不作。皇帝由太廟街門左門入，至外垣南門外。神路右降輦贊引太常卿二人，恭導皇帝由太廟南門左門入。至戟門幄次公一人，率覺羅官詣後殿上香行禮。恭請神位安奉殿中寶座王一人，率宗室官詣中殿上香行禮，恭請神位安奉前殿寶座。畢，太常卿奏請行禮。皇帝出幄次，盥洗。贊引太常卿恭導皇帝由戟門左門入，升左階入前殿，左門就拜位前，北向立。太常贊禮郎引分獻官至階前夾甬道立。鴻臚官引陪祀王公，位殿外階上，陪祀百官位階下，左右序立，均北面。典儀官贊樂舞，生登歌執事官，各共乃職以下自迎神至徹饌皆。典儀官唱贊，武舞八佾進。贊引官奏就位，皇帝就拜位立乃迎神。司香官各奉香盤進。司樂官贊舉迎神，樂奏貽平之章，凡舉樂皆。司樂官唱贊，後同。贊引官奏詣香案前，恭導皇帝詣太祖高皇帝香案前，司香官跪進香。贊引官奏跪，皇帝跪。奏上香，皇帝上柱香，次三上瓣香，興。

以次詣列聖香案前，上香儀同。奏復位，皇帝復位。奏跪拜，興樂。凡行禮、復位皆有奏，後同。皇帝行三跪九拜禮，王公百官均隨行禮奠帛爵。行初獻禮，宗室司帛官奉篚司，爵官奉爵，各詣列聖列后神位前奏《敉平之章》，舞《干戚之舞》，司帛官跪，奠帛，三叩。司爵官立獻爵，奠正中，皆退兩廡。分獻官上香，執事生奠帛獻爵各如儀。司祝至祝案前，跪三叩，奉祝版跪案左，樂暫止。皇帝跪，群臣皆跪，司祝讀祝。畢，奉祝版，詣太祖神位前跪安於案，三叩。退樂，作皇帝率群臣行三拜禮，興。樂止，《武功之舞》退，文舞八佾進。行亞獻禮，奏《敷平之章》，舞《羽籥之舞》，司爵官獻爵奠於左，儀如初獻。行終獻禮，奏《紹平之章》舞，同亞獻。司爵官獻爵奠於右儀，如亞獻兩廡。畢，獻儀如初，樂止。《文德之舞》退，太常官贊賜福胙光祿卿二人，就東案奉憲皇后以昭穆序東西向，樂六奏，迎神奏《開平》，初獻《肅平》，亞獻《協平》，終獻《裕平》，徹饌《誠平》，還宮《成平》，餘儀均與時饗同。大祫前一日，遣官一人祇告後殿，一人祇告中殿，內監恭啓各寢室帷幕，執事官各陳帛、篚及尊、爵、爐、鐙如常祭，薦脯醢果實。太常贊禮郎引遣官由廟街門右門戟門右門入，經前殿西分詣後殿中殿皆升自西階，至中階上拜位行禮。詣列聖位前上香，出入由殿右門，祝帛送燎所避立拜位西旁東面，均與後殿時饗同。因事祇告天地、宗社則告於太廟中殿。若同時并告奉先殿，則告於太廟後殿，將事之儀，均與大祫祇告同。如皇帝親祇告於中殿，王公陪祀百官不陪祀，出入由殿左門於殿內行禮，餘與祇告同。

（清）允祹等《大清會典》卷四一《禮部》

凡升祔之禮，山陵禮成，皇帝恭奉神主還京師，升祔太廟。前期三日遣官，以祔廟祇告於天地、太廟、社稷。前一日，皇帝還宮，恭候奉迎神主，遣官一人恭代行，朝夕奠禮。升祔之日，王公率宗室官恭請中殿列祖列后神位，奉安於前殿，所司恭設升祔寶座於列祖之次。屆時，神主黃輿入城隨行之，王公各官咸朝服以從，在京百官朝服跪迎於大清門外。皇帝御禮服，率王公、內大臣、侍衛等朝服恭迎於太廟街門外。神主黃輿入天安門，皇帝率群臣南向跪。黃輿由太廟街門中門入，皇帝率王公百官由左門。隨入至太廟南門，外輿止，皇帝盥洗，詣黃輿前行一跪三拜禮。恭奉神主，御仗黃蓋前導贊，引太常卿二人恭導由左門入。至戟門外，黃蓋御仗止入戟門、左門，升左階進太廟左門。至正中，北向立。執事官豫設神主拜席於正中，設皇帝拜位於後，贊引官跪奏廟號皇帝恭宣尊謚，祇見列祖皇帝恭奉神主跪安於正中拜席，退，就拜位，恭代行三跪九拜禮，興。贊引官跪奏請升座，皇帝恭奉神主依昭穆之序，奉安於列祖之次行，一跪三拜禮。乃行大饗禮，與時饗儀同。列后升祔禮節，并如前儀。

凡加上尊謚之禮，皇帝御極之初，仰思創守隆規，敕禮臣定議，恭加列祖列后尊謚，以大追崇之典。大學士九卿、翰林、詹事、科道會同議上皇帝恭定乃改題神主於太廟中。前期，遣官行祇告禮。屆日，內閣、翰林院官敬書大學士二人上香。行禮既成，諏吉行恭加上尊謚禮。先期，遣官祇告天地、社稷。屆期，遣親王祭太廟後殿。皇帝禮服詣前殿，安奉神位恭上尊謚行大饗禮，與時饗同。

凡恭進玉册、玉寶之禮，皇帝恭上大行皇帝、大行皇后尊謚廟號，敕工部敬制玉册、玉寶，恭加列祖、列后尊謚。敕重造玉册，改鎸玉寶，均於太廟街門內奉祠署敬造。內閣大學士，禮、工二部堂官咸朝服上香。行禮既成，卜吉獻於太廟。是日昧爽，太常官豫設册寶案於太廟前殿，工部官豫設采幄於奉祠署外，設黃案於采幄正中，各陳玉册、玉寶於案，設香案於前張幄，次於太廟戟門外之左，鑾儀衛官布皇帝拜褥於香案前正中，設奉安册寶采亭於采幄左右，奉册寶。王公大學士、尚書都統侍郎咸朝服分班序立於采幄外兩旁祇俟。屆時，禮部堂官奏請行禮，皇帝御禮服出宮，陳法駕鹵簿，不作樂，午門嚴鼓，王公文武百官咸朝服跪送皇帝至降輿處。降輿、盥洗，禮部堂官恭導皇帝詣册寶。案前恭視玉册、玉寶，詣香案前上香退就拜褥，行一跪三拜禮，興。立案東奉册寶，王公大臣進至案前，各一跪三叩，恭奉册寶安采亭內跪叩如前。校尉昇亭御仗前導册寶采亭以次至太廟南門由中門入，皇帝率王公大臣等由左門隨入。皇帝至戟門外幄次，少俟亭至殿外階上止以次序列，均南向。王公大臣詣亭前一跪三叩，各奉册寶入太廟前殿，中門至案前各恭設於案，上跪叩如初，退立左右。鑾儀衛官布拜褥於正中，禮部堂官恭導皇帝由戟門左門入，升東階入殿左門就拜位行三跪九拜禮，執事王公大臣均隨行。禮畢，王公大臣各至册寶案前一跪三叩，興。恭奉册寶出殿後門，皇帝隨行至中殿，立案東西向。王公大臣奉册寶分藏於金匱，跪叩如初。退，禮部堂官恭導皇帝由左門入，詣各寢室香案前上香。畢，至正中拜位行一跪三拜禮。禮成，禮部堂官恭導經前殿左出戟門南門，至乘輿處乘輿還宮。作樂，午門鳴鐘，王公百官跪迎如儀。

凡功臣配饗之禮，既得旨，乃敕工部制神主鎸字并龕座祭案祭器如儀。恭遇四時大饗。前期，奏遣官一人祇告太廟，遣官一人奉主，配饗東廡遣郡王，西廡遣大臣，太常寺官設龕座陳俎、豆。至日，設采亭於工部大堂露臺上，遣官詣工部奉主，置采亭，民校昇行前列仗、王吾仗、功臣引仗。自工部中門出，鴻臚寺官二人前引至長安左門，王至天安門仗采亭止。遣官奉主鴻臚官二人，導引由長安左門北門、端門左門、太廟街門北門、廟南門西門入至戟門右門，鴻臚官止太常官引進至神路右拜位門。王於階上，大臣於階下，北面立。遣官置神主於拜位，代行三跪九叩禮。畢，奉神主興奉安於兩廡，功臣之次王於東廡，大臣於西廡。行三叩禮。屆祭時分，獻如儀。

（清）允祹等《大清會典則例》卷一五六

饗太廟。設王公拜位於階上對，第一成東西闌版，第二柱左右重行。百官拜位於階下對兩廡南第四楹，左右名四行。午門鼓嚴，引百官先入於兩廡前北上，東西面序立。引王公於廟街門外左翼，在南右翼，在北各對朝房。第二楹均東上，左翼北面，右翼西面立。駕至南北面立，駕過由街門左門引進左翼隨豹尾班後行，進左門右翼，進右門至橋南立。駕入戟門，引王公隨進，由東西階升至一成階上，各就拜位，引百官各就拜位，均東西，上北面立。送祝帛時，引王公避立於中一間之東西。過，復位，引百官避立兩廡前。禮成，引王公於東西闌版前北上，東西面序立。駕過，引隨行仍由原進門引出，遣官引百官同。如遇雨，引王公於戟門內，百官於左右門，均東西上，北面隨行禮。禮成，引王公於門兩旁戟前，駕過由左右門引出，恭遇皇帝親祇告於中殿，王公陪祭百官均於午門外朝服祇送。迎豫日，設王公拜位於中殿前階上左右重。行祭日，引王公等隨入戟門左翼，隨豹尾班後行，由前殿左升東階，引右翼相對左翼行。由前殿右升西階各就拜位，東西上北面立。隨行禮送祝帛時，避立兩旁。禮成，引兩翼王公於東西階之南，均北上，東西面立。駕過隨行，仍由原路引出。

（清）來保等《大清通禮》卷三《吉禮·宗廟歲四時饗》

其日五鼓，鑾儀衛陳法駕、鹵簿，詳見北郊祭儀。於午門外陳金輦，於太和門外陪祀。王以下，公以上，按翼集廟街門外，候駕至隨行。承祭後殿官、分獻官均先俟於廟南門外，陪祀百官序立於廟庭左右祇候，司祝二人詣神庫祝案前跪三叩，興。恭奉祝版先後殿，次前殿，奉安於祝案，跪叩如初。日出前四刻，公一人詣後殿香几前上香，退出殿。右門外就階上正中，行三跪九叩禮，覺羅官分詣後殿寢室前跪，三叩，興。恭請四室神位奉安於殿內寶，座跪三叩，興。退。王一人詣中殿上香，行禮如後殿之儀。宗室官分詣中殿寢室前，跪三叩，興。恭請五室神位以次出殿中門，太常寺官十人前引由前殿北門入，循殿左轉至殿中，依序奉安於寶座，跪三叩，興。退，均就執事位。

右請神位。

太常寺卿赴乾清門奏，時皇帝御祭服乘禮輿出宮至太和門外，降輿乘金輦。鑾儀衛奉輦納陛，內大臣侍衛前引後扈，如常儀。執爐鐙官左右列行午門，嚴鼓導迎樂，陳而不作。不陪祀，王公以下文武各官咸朝服跪送太常寺，贊禮郎豫引後殿，承祭官由右戟門入至後殿內垣門外東面，立駕入太廟街門，左門至神路，右降輦納陛扶輦如前儀，右贊引左對引太常寺卿二人，恭導皇帝至太廟南門，入左門，詣戟門幄次，少俟。太常寺卿告奉安神位。畢，奏請行禮，皇帝出次。鑾儀衛官跪奉盥，奉巾如儀。盥畢，入戟門，左門司拜褥官豫布拜褥於殿門內，正中贊引對引官恭導皇帝升東階，進前殿左門就拜位前，北向立。執爐鐙官止東階下夾，階左右立。侍衛退至東西陛隅斂立，前引內大臣止殿外檐下，東西侍立後扈大臣隨侍贊禮郎二人，引承祭後殿。官由內垣右門入，升自西階至中階拜位前立。贊禮郎東西各二人，引分獻官鴻臚寺官，引陪祀王公百官，均就拜位。序立典儀贊樂舞生、登歌執事官各共乃職，武舞執干戚進。贊引奏就位，皇帝就位立後殿。典儀贊執事官各共乃職，贊禮郎贊就位，承祭官就位立。

右就次盥洗就位。

帝率群臣行三跪九拜禮，興。典儀贊徹饌，司樂贊舉徹，饌樂奏光平之章。辭曰：庶物既陳，九奏具舉，告成於祖，亦右皇妣，敬徹不遲，用終殷祀，式禮如兹，皇其燕喜。樂作，徹。畢，樂止。有司徹，後殿饌如儀。

右受胙徹饌。

皇帝既受福胙，太常寺、贊禮郎詣神位前，跪奏禮。畢，請還寢室，三叩，興。退。司樂贊舉還宮樂奏乂平之章。辭曰：對越無方，陟降無迹，寢祐静淵，孔安且吉。惟靈在天，惟主在室，於萬斯年，孝思無斁。樂作，贊引奏跪拜興，皇帝率群臣行三跪九拜禮，興。樂暫止，典儀贊奉祝帛，送燎司，祝司帛詣神位前，咸跪三叩，司祝奉祝，司帛奉筐，興。司香跪，奉香，興。以次恭送燎所，皇帝轉立拜位旁，西向。司拜褥官徹拜褥，王公百官退避，側立，東西面。俟祝帛過仍布拜褥，皇帝復位，立後殿。贊禮郎贊跪叩興，承祭官行三跪九叩禮，興。典儀贊奉祝帛送燎，司祝奉祝，司帛奉筐，司香奉香，恭送燎所，如前殿之儀。執事生奉兩廡香帛焚燎。樂作，贊引奏禮成，暨對引官恭導皇帝自殿左門降東階，由東戟門出。贊禮郎引承祭後殿官退，王公二人率宗室，覺羅官恭奉後殿前殿神位。還寢室，上香，行禮與迎神同。

右禮成神位還御。

時饗禮成，皇帝至太廟南門外，神路右乘禮輿，導迎樂作，奏《祐平之章》。辭曰：儀若先典，追孝在天，鴻慶遐邕，烈光丕顯，祀事明神，既宣福庶，民千萬年。午門鳴鐘，不陪祀王公百官，咸朝服跪迎王公隨駕入至內金水橋，恭候皇帝還宮。皆退，太常寺官徹乾清門，齋戒牌、銅人送寺。

右乘輿回宮。

（清）來保等《大清通禮》卷三《吉禮·祫祭》

太廟之禮，歲除前一日，奉後殿、中殿列聖列后合食前殿，致齋視牲書，祝版視祝版，視割牲祭，前諸儀并準。時饗先一日，遣官各一人，分詣後殿、中殿以大祫告太常寺，豫具祝版二，送內閣恭書奉諸太廟神庫，潔備器陳。至日雞初鳴，太常寺卿率屬入廟，恭展後殿、中殿神幄，每案薦鹿脯、鹿醢、醓棗、榛、葡萄、桃、實蓮、實爐、鐙具，設案一於殿中少西，供祝版，司祝立於案西，東面。設案二於殿內，左右分奠香帛，尊爵如常祭之數。司香、司帛、司爵各立於案後，糾儀御史二人，立司爵之南，均東西。面太常寺典儀一人，立殿東檐下，西面。後殿、中殿同未明遣官祇俟於街門內。贊引太常寺贊禮郎，後殿、中殿各二人豫俟。殿垣門外均朝服，質明遣官，進廟南門及戟門均由右門入，經庭西，詣後殿、中殿。贊禮郎引入，升自西階。至中階，上拜位，前北面。立典儀贊，執事官各共乃職，以下禮儀節次皆。典儀唱贊，中殿、後殿同贊。禮郎贊進，引遣官就拜位立，凡遣官進退行禮皆贊、皆引，中殿、後殿同。司香奉香盤進，至各香案前，恭候後殿，遣官詣肇祖原皇帝香案前跪，司香跪奉香，遣官上柱香三，上瓣香，興。以次詣興祖直皇帝、景祖翼皇帝、顯祖宣皇帝案前上香，如前儀。畢，復位。贊跪叩興，行三跪九叩禮，中殿遣官詣太祖高皇帝香案前跪，上香，以次詣太宗文皇帝，世祖章皇帝，聖祖仁皇帝，世宗憲皇帝案前跪，上香。畢，復位，行禮儀同，均出入殿。右門司帛奉篚，司爵奉爵，詣列聖案前，行初獻禮。司帛跪獻篚奠於案，三叩，興。司爵立獻爵奠於墊中，各退。司祝詣祝案前，跪三叩，興。奉祝版跪案左，贊跪遣官，跪司祝讀祝文。

（清）來保等《大清通禮》卷三《吉禮·祇告》

皇帝因事親告之禮，欽天監諏吉日以聞，下所司供備。先一日，皇帝致齋於大內，陪祀王公及執事各官咸致齋，翰林院具祝文隨事撰擬，太常寺卿，送閣恭書。受而奉諸神庫乃率屬入廟，潔掃糈以棕薦。工部司官張黃幄於戟門，鑾儀衛官設洗於幄外。至日，太常寺卿率屬入廟，恭展中殿神幄，每案薦鹿、脯鹿、醢、醢棗、榛、葡萄、桃、實蓮、實爐、鐙，具設案一於殿中少西，供祝版、司祝立於祝案西，東面。設案二於殿內，左右分奠香帛，尊爵如時饗之數。司香、司帛、司爵各立於案後太常寺典儀一人，立殿東檐下，西面。掌燎官率燎人立燎爐南，陪祀王公朝服祇俟於廟街門外。候駕至隨行，不陪祀，王公百官朝服集午門外。屆時，太常寺卿赴乾清門奏，時皇帝御祭服，乘輿出宮，前引後扈如常儀。午門嚴鼓，百官跪送如儀。駕入太廟街門左，門至神路，右降輿興右贊引左對，引太常寺卿二人恭導皇帝至太廟南門，入左門，詣戟門幄次少俟。太常寺卿奏請詣中殿行禮，皇帝出次盥洗，鑾儀衛官跪奉盥、奉巾如儀。入戟門，左門司拜褥官豫布拜褥於中殿門內，正中贊引對引，恭導皇帝由前殿東循牆升中殿東階，進殿左門。就拜位前，北向立。執爐鐙官止東階下夾階左右立，侍衛斂立東西陛隅前引大臣分立，殿檐下東西面後扈，臣隨侍，陪祀王公按翼立殿門外，左右典儀、贊執事官各共乃職，以下禮儀節次皆。典儀唱贊，贊引奏就位，皇帝就位，立左右。司香奉香，盤以次進。至各案前，恭候贊引，奏詣香案前，暨對引官恭導皇帝詣太祖高皇帝香案前，對引至祝案前止立。司香跪，贊引奏跪，皇帝跪。奏上香，司香進香，皇帝上柱香，三上瓣香，興。以次詣太宗文皇帝、世祖章皇帝、聖祖仁皇帝、世宗憲皇帝香案前上香，儀同。贊引奏復位，暨對引官恭導皇帝復位。立贊引奏，跪拜，興。皇帝行三跪九拜禮，王公均隨行。禮畢，乃奠帛爵，行初獻禮，有司揭尊、羃勺、挹酒、實爵左右，司帛以次進至各神位前，司帛跪獻篚奠於案，三叩，興。司爵立獻爵奠於墊中，各退。司祝詣祝案前，跪三叩，興，奉祝版跪案左。贊引奏跪，皇帝跪，王公皆跪。贊讀祝，司祝讀祝畢，興。奉祝版跪安神位前篚內，三叩，興。退。贊引奏，拜，興。皇帝率王公行三拜禮，亞獻奠爵於左，三獻奠爵於右，均如初儀。既終獻，贊引奏跪拜興，皇帝率王公行三跪九拜禮，興。司祝司帛詣神位前咸跪三叩，司祝、奉祝、司帛奉篚，興。司香跪奉香，興。以次恭送燎所，皇帝轉立拜位旁西向，司拜褥官徹拜褥，王公退立階下東西面。俟祝帛過，仍布拜褥，皇帝復位。立贊引奏禮成，暨對引官恭導皇帝仍由原入之門出。至神路西，升輿還宮，翼扈如來儀。午門鳴鐘，百官跪迎王公，隨駕入至内金水橋，恭候皇帝還宫，皆退。是日，并遣官告祭後殿，陳設及行禮儀節，如大祫前告之儀。

右親告。

遣官祗告之禮，承祭官及執事官均致齋一日。豫期，翰林院具祝文，隨事撰擬，太常寺卿送内閣，恭書受而奉諸神庫。至日，率屬入廟，設祝案、尊案、薦脯、醢、果實，具爐鐙恭展神幄。屆時，承祭官上香，讀祝，行三獻禮。執事官贊襄，厥事如大祫。前告之儀，後殿、中殿祗告同。

右遣官祗告。

（清）來保等《大清通禮》卷三《吉禮・列聖列后升祔》

太廟之禮制，下禮部具疏行，欽天監諏吉，工部敬制升祔龕案於太廟街門内，潔室敬制神位於山陵配殿。禮、工二部尚書上香，行三跪九叩禮。既成，内閣翰林院官朝服敬書題字，大學士滿、漢各一人，朝服視鎸上香行禮，禮部豫列親王名，請旨簡命恭奉后主一人。山陵禮成，敬題神位畢，皇帝恭奉神位於金輿，自山陵迎歸太廟祔饗。未至京前一夕，皇帝由便道先回宫恭俟。

右迎神回京。

質明，步軍統領勒所部清蹕除道，自神輿所入都門至大清門御道左右塗巷皆設布幨。至時，禮部尚書、侍郎赴乾清門請駕，皇帝禮服乘輿出宫，諸王、貝勒、貝子、公、内大臣、侍衛朝服以從駕至端門外黄幄次。降輿，入幄祗俟，王公百官朝服集大清門外祗俟。神輿至大清門，王公百官跪迎，候過，興。神輿至天安門，贊引對引恭導皇帝出次跪迎，候過，興隨行入太廟街門，陪祀王公百官及承祭後殿官、分獻官均豫入殿庭祗俟。神輿至廟南左門外，輿止。贊引跪奏盥洗，皇帝盥。鑾儀衛官跪奉盥，奉巾如儀。畢，贊引奏恭請神位，暨對引官，恭導皇帝詣帝主神輿前。贊引奏跪，皇帝跪，奏拜興，皇帝三拜，興，恭奉帝主。奉后主親王詣后主輿前跪三叩，興，恭奉后主，以從御仗黄蓋前。導由太廟南門、左門至戟門東階下，御仗黄蓋止。贊引對引恭導入戟門左門，升東階進殿左門，司拜褥官豫布新祔帝主拜褥於殿内正中，布后主拜褥於西，稍後布皇帝拜褥於後。贊引對引恭導皇帝詣拜位前，北向立。奉后主親王祗立於後，贊引跪奏新祔帝后祗見列聖列后，皇帝恭奉帝主、奉后主親王恭奉后主，均跪安於祗見位。奉后主親王退出殿右門俟。贊引對引恭導皇帝退，復位，立。贊引奏跪拜興，皇帝恭代行三跪九拜禮，興。贊引奏請恭奉帝后神主升寶座，暨對引官恭導皇帝詣帝主拜位前跪，恭奉帝主，興。奉后主親王入殿右門，詣后主拜位前跪，恭奉后主，興。隨於後皇帝奉安帝主於寶座，接奉后主同安於寶座。奉后主親王出殿右門入陪祀班，皇帝退及供案前。贊引奏跪拜興，皇帝行三拜禮，司拜褥官徹帝主后主拜褥。贊引對引恭導皇帝復位立，乃致祭上香、讀祝、三獻爵，禮儀均與時饗同。祭畢，宗室官恭奉神位，還寢室上香，行禮如儀。贊引對引恭導皇帝出太廟南門外，升興還宮，不陪祀。王公百官朝服，跪迎如儀。翼日，頒詔佈告天下。

（清）來保等《大清通禮》卷三《吉禮·右升祔》

兩廡配饗之禮，禮部承旨具疏行工部制神主龕座祭案。具製成，擇吉鐫字如式。恭遇四時大饗，前期遣官一人，祇告太廟如常儀。是日，太常寺官入廟，設龕座於配饗之次，陳俎豆，鑾儀衛設采亭於工部堂前。露臺上奉神主遣官一人，諸王以郡王功、臣以大臣詣工部，奉主置采亭內，民校舁行前，列御仗、王吾仗、功臣引仗。自工部中門出鴻臚寺官二人，乘馬前引遣官從至東長安門，御仗采亭止遣官自亭奉主。鴻臚寺官二人導引，由東長安左門入端門左門。至太廟戟門右門，鴻臚寺官止太常寺官引至甬道左拜位，王階上，功臣階下，北面。立遣官置主於拜位，代行三跪九叩禮。畢，奉神主，興。奉安於配饗之次，王東廡功臣西廡，行三叩禮，退。

（清）于敏中《日下舊聞考》卷九《國朝宮室五·太廟》

大饗前一日，樂部設中和韶樂於前殿第一成階上，分左右懸。祭日，皇帝御祭服，乘禮輿出宮，內大臣侍衛前引後扈如常儀。至太和門階下降輿乘輦，駕發警蹕，午門嚴鼓，法駕鹵簿前導，導迎鼓吹，設而不作。皇帝由太廟街門左門入，至外垣南門外神路右降輦。贊引太常卿二人恭導皇帝，由太廟南門左門入，至戟門幄次盥洗。贊引太常卿恭導皇帝由戟門左門入，升左階，入前殿左門，就拜位前北向立。典儀官贊樂舞生登歌，執事官各共乃職，武舞八佾進。贊引官奏就位，皇帝就拜位立，乃迎神。司香官各奉香盤進，司樂官贊舉迎神樂，奏《貽平之章》。贊引官恭導皇帝詣太祖高皇帝香案前上香，以次詣列聖香案前上香。奏復位，皇帝復位。奏跪拜興，皇帝行三跪九拜禮，王公百官均隨行禮。奠帛爵，行初獻禮。宗室司帛官奉篚，司爵官奉爵，各詣列聖列后神位前，奏《敉平之章》，舞《干戚之舞》。司帛官跪奠帛三叩，司爵官立獻爵奠正中，皆退。司祝至祝案前跪，三叩，奉祝版跪案左，樂暫止。皇帝跪，群臣皆跪。司祝讀祝畢，奉祝版詣太祖神位前跪安於案。三叩，退，樂作。皇帝率群臣行三拜禮，興，樂止。《武功之舞》退，文舞八佾進。行亞獻禮，奏《敷平之章》，舞《羽籥之舞》。司爵官獻爵，奠於左，儀如初獻。行終獻禮，奏《紹平之章》。司爵官獻爵奠於右，儀如亞獻。樂止，《文德之舞》退。太常官贊賜福胙，光祿卿二人就東案奉福胙進至太祖位前拱舉，降立於皇帝拜位之右。侍衛二人進立於左，皇帝跪，左右執事官咸跪。右官進福酒，皇帝受爵拱舉授左官。進胙、受胙亦如之。三拜興，率群臣行三跪九拜禮。徹饌，奏《光平之章》。徹饌畢，太常官跪告禮成於神，舉還宮樂，奏《乂平之章》。皇帝率群臣行三跪九拜禮，有司奉祝，次帛，次香，恭送燎所。皇帝轉立拜位旁西向，俟祝帛過，復位。樂作，祝帛燎半，奏禮成，恭導皇帝由戟門左門出。皇帝至外垣南門外神路右，升禮輿，法駕鹵簿前導，導迎樂作，奏《祐平之章》。午門鳴鐘，皇帝還宮。《大清會典》

臣等謹按：恭遇時饗、大祫，聖駕恭詣太廟及還宮儀注，乾隆三十六年，大學士等原奏以上春秋已逾六旬，宜稍節勞，得專於誠敬。奉諭：量爲更定。其稍別於舊儀者，乘輦入西北門，至太廟北門外，御禮轎入左門，循東墻行，至戟門外東堦下降輿，步入左門，至幄次。迨禮成，由戟門左門出升輿，如上儀。

（清）王先謙《東華續錄·乾隆七六》

凡歲暮袷祭太廟日，皇上乘輦由闕左門入西北門，至太廟北門外，御禮轎入左門，循東墻行至戟門外東階下降輿，步入左門。升階進殿，親詣肇祖原皇帝位前上香，派皇子、親王分詣列祖列宗位前，同時上香。畢，行禮如常儀。禮成，出至降輿處，升輿還宮。

趙爾巽《清史稿》卷八六《志六一·禮志五·吉禮五·加上謚號》

雍正初元，遂上尊謚，廟號聖祖。【略】至日，世宗禮服詣太廟行上尊謚禮。畢，還宮，易袞服，詣奉先殿致祭，後仿此。六年，鐫造列聖列后玉寶、玉册暨聖祖皇考、妣册寶成，奉之太廟。其儀，太廟潔室設黃案，張采幔兩旁，中陳册寶，王大臣朝服將事。帝御禮服恭閱，一跪三拜，安奉采亭，輿導如前儀。供案訖，帝入行禮如初。册寶集中殿，分藏金匱。帝以次上香，一跪三拜，禮成。

（四）祭祀樂舞

樂舞制度沿革

（明）俞汝楫等《禮部志稿》卷二七《祠祭司職掌·廟祀·樂章》

迎神《中和之曲》：慶源發祥，世德惟崇。致我眇躬，今云：維我祖宗。開基建功。京都之内，親廟在東。維我子孫，永懷祖宗。氣體則同，呼吸相通。來格來崇，皇靈顯融。

初獻《壽和之曲》《武功之舞》：思皇先祖，燿靈於天。源衍慶流，縣高逮玄。玄孫受命，追遠其先。明禋世崇，億萬斯年。

亞獻《豫和之曲》《文德之舞》：對越至親，儼然如生。其氣昭明，感格在庭，如見其形，如聞其聲。愛而敬之，發乎中情。

終獻《熙和之曲》《文德之舞》：承前人之德，化家爲國。母曰：予小子基命成績。今云：惟前人之功，肇膺天曆，延及予小子，爰受方國。欲報其德，昊天罔極。殷勤三獻，我心悦懌。

徹饌《雍和之曲》：樂奏儀肅，神其燕娛。告成於祖，亦祐皇妣。敬徹不遲，以終祀禮。祥光煥揚，錫以嘉祉。

還宮《安和之曲》：顯兮幽兮，神運無迹。鸞馭逍遥，安其所適。其靈在天，其主在室。子子孫孫，孝思無斁。

（明）俞汝楫等《禮部志稿》卷三四

凡太廟時享，導駕回。上祭畢，至廟街門内升輦。錦衣衛官奏起輦，俳長唱作樂。

官一員，奏敬祖宗之曲，導至午門裏，樂止。計用領樂官五員，俳長十人，各色色長四十人，樂工四撥，每撥一百八人，歌工十二人。

（清）萬斯同等《明史》卷六五《志三九》

是年，改建太廟，同堂异室，四孟合享奏德祖之樂罷，持享樂。

夏四月，命造太廟、社稷壇及神樂觀諸樂器，帝敬天祀神，夙夜不怠。每祭祀，奏樂有誤，必知，每加詰問。未幾，崩，國事遂大變。

夏四月，是時，七廟既建，樂制未備，禮官因請更定宗廟雅樂。【略】

五月，增設七廟，樂官及樂舞生自四郊、九廟，暨太歲、神祇諸壇，樂舞人數至二千一百名，後乃稍革焉。

六月，太常寺卿張鶚請設特鐘、特磬以爲樂節，復宮懸以備古制，候元氣以定鐘律事。下禮官。禮官言："特鐘、特磬所謂金聲而玉振之音，行禮奏樂，非此不節，在群廟誠宜特造樂懸之制。夏、商以前無聞見，於周宗則有宮懸、軒懸、判懸、特懸之別。天子宮懸四面以象四方，體十二辰列十二律，特鐘特磬各居其中，編鐘、編磬各分其列，四隅、四正各有序配。然猶屬器數之末，廟庭之中，周旋未便，不得更制，惟黃鐘爲聲氣之元，候氣之法，實求中氣以定中聲，最爲作樂本原。其説，若重室墐戶，截管實灰，覆緹，按曆氣至灰飛，證以累黍，具有成法可依。其法，築宦於圜丘外垣隙地，選知曆候者往相其役，待稍有次第，然後委官考驗。"從之。乃詔取山西長子縣羊頭山黍，大、小、中三等各五斗，以備候氣定律。十五年夏四月，始禘皇初祖於太廟，樂六奏。

十七年六月，山西遼州同知李文察進所著樂書《四聖圖解》二卷、樂記《補説》二卷、《律呂新書補注》一卷與《樂要論》三卷。因請興正樂以薦上帝，祀祖考，教皇大子。章下禮部。【略】乃授文察爲太常寺典簿。初帝欲宗祀皇考以配上帝，命建大享殿。是秋末成，乃大享上帝子玄極寶殿，皇考配焉。借用祈穀樂器，有司以鐘磬琴瑟皆長大玄極殿，陛上不能陳設，請用春祈秋報樂器。不許。乃命樂器列於殿左右，四間樂舞在陛上。九月，尊皇考廟號爲睿宗，遂祔享太廟，又改尊太宗爲成祖，二祖七宗凡九廟，春特其三時祫，季冬太祫樂章皆更定焉。【略】

二十四年秋七月，因七廟火，復同堂之制，仍用四時歲祫諸禮儀，樂章器物一如舊制，遂罷大禘之禮。三十年，復省革樂舞生，定用一千一百五十三名。

四十四年，禮官言：諸王府有廣置女樂，淫縱宴樂，因而私娶者。乃詔：革諸王樂戶，其朝賀宴享當用樂者，假鼓吹於有司。隆慶三年秋七月，革協律郎以下四十八員，其存者二十九員。

（清）張廷玉等《明史》卷六一《志三七·樂志一》

是年（吳元年）置太常司，其屬有協律郎等官。元末有冷謙者，知音，善鼓瑟，以黃冠隱吳山。召爲協律郎，令協樂章聲譜，俾樂生習之。取石靈璧以製磬，采桐梓湖州以製琴瑟。乃考正四廟雅樂，命謙較定音律及編鐘、編磬等器，遂定樂舞之制。樂生仍用道童，舞生改用軍民俊秀子弟。又置教坊司，掌宴會大樂。設大使、副使和聲郎，左、右韶樂，左、右司樂，皆以樂工爲之。後改和聲郎爲奉鸞。

洪武元年春，親祭太社、太稷。

(清) 張廷玉等《清文獻通考》卷一一二《宗廟考六》

順治元年九月庚戌，定宗廟樂章，六奏，用平字。從，大學士馮銓、謝升、洪承疇等之議也。詳見《樂考》。

順治八年三月己丑，定樂舞，從禮部之請也。詳見《樂考》。

康熙十一年正月乙丑，飭太常寺習禮樂。詳見《樂考》。

二十一年六月，定樂章。詳見《樂考》。

(清) 張廷玉等《清文獻通考》卷一一三《宗廟考七・太廟時享》

(乾隆) 七年七月戊午朔，命樂部大臣總修太常寺樂，并厘正樂員。詳見《樂考》。同日，飭太常寺樂部勤習樂律。詳見《樂考》。

(清) 張廷玉等《清文獻通考》卷一五五《樂考》

崇德元年，定致祭太廟樂制，時肇建太廟，追尊列祖，凡四孟時享、歲暮祫祭并奏樂，定鹵簿樂器，內院官奏請定御前儀仗內樂器。【略】

定太廟時享樂制。皇帝出宮午門，不鳴鐘，不作樂，致祭迎神樂奏《開平之章》，奠帛，初獻樂奏《壽平之章》，亞獻樂奏《嘉平之章》，終獻樂奏《雍平之章》，徹饌樂奏《熙平之章》，送神還宮樂奏《成平之章》，望燎樂同。禮畢，教坊司導迎樂奏《禧平之章》，午門鳴鐘，皇帝還宮。

臣等謹按：是年定時享樂，凡恭遇追尊列祖加上尊謚升祔太廟致祭，用樂之制并同。

十六年定太廟祫祭樂制，迎神樂奏《貞平之章》，奠帛初獻樂奏《壽平之章》，亞獻樂奏《嘉平之章》，終獻樂奏《雍平之章》，徹饌樂奏《熙平之章》，送神還宮樂奏《清平之章》。

(清) 張廷玉等《清文獻通考》卷一五六《樂考》

定太廟時享樂制。鹵簿大駕全設皇帝出宮午門，不鳴鐘，不作樂致祭。迎神樂奏《貽平之章》，奠帛、初獻樂奏《敉平之章》，亞獻樂奏《敷平之章》，終獻樂奏《紹平之章》，徹饌樂奏《光平之章》，送神還宮望燎樂奏《乂平之章》。禮畢，和聲署樂奏《禧平之章》，午門鳴鐘，皇帝還宮。

重定太廟祫祭樂制，迎神樂奏《開平之章》，奠帛、初獻樂奏《肅平之章》，亞獻樂奏《協平之章》，終獻樂奏《裕平之章》，徹饌樂奏《誠平之章》，送神、還宮、望燎樂奏《成平之章》，餘樂與時享同。

重定奉先殿樂制，與時享同。

（清）張廷玉等《清文獻通考》卷一六八《樂考》

凡恭遇皇帝親祭太廟，暨社稷等各壇廟，陳設鹵簿，鼓吹導迎大樂，均與祀北郊同。

太廟樂縣。祭日，樂部率太常寺協律郎設中和韶樂於殿外，階上太蔟鎛鐘一、編鐘十有六，在東太蔟特磬一、編磬十有六，在西建鼓枹、敔琴、瑟壎、篪、搏拊之屬，東西分列陳《武功》《文德》二舞於樂縣之次，器數、歌工、樂舞并與南郊同。

（清）張廷玉等《清文獻通考》卷一七八《樂考》

順治元年，定致祭太廟。遇齋期，不作導迎樂。每歲四孟及歲暮致祭太廟，如孟春時享日遇祈穀，前齋戒期內駕出、還宮，導迎樂設而不作。

六年四月乙巳，孝端文皇后崩，徹樂，王以下各官百日不宴會作樂，外省官民二十七日不宴會作樂。

八年正月，世祖章皇帝親政，不作樂，時禮部奏親政儀注，上命照常陳設鹵簿，不鳴鞭，不鳴鐘鼓，樂設而不作。恭奉孝端文皇后升祔，不作樂。時升祔太廟致祭，駕出，還宮，不鳴鐘鼓，不作導迎樂。

辛酉，致祭太廟，不作樂。是日，孟春時享太廟，遣官素服行禮，不奏樂。

十一月，恭奉世祖章皇帝升祔，不作樂。時升祔太廟致祭，駕出還宮，陳設鹵簿，不鳴鐘鼓，不作導迎樂。

二十七年十月，恭奉孝莊文皇后升祔，不作樂。是日，升祔太廟致祭，駕出還宮，陳設鹵簿，不鳴鐘鼓，不作導迎樂。

九月，恭奉聖祖仁皇帝、孝誠仁皇后、孝昭仁皇后、孝懿仁皇后、孝恭仁皇后升祔，不作樂。太廟致祭，駕出，還宮，陳設鹵簿，不鳴鐘鼓，不作導迎樂。

十月致祭太廟，不作樂。

二年三月，恭奉世宗憲皇帝、孝敬憲皇后升祔，不作樂，太廟致祭。是日，鹵簿陳設於端門內，不作導迎樂。

（清）允祹等《大清會典則例》卷九八《樂部》

樂章名。順治元年，議准：郊廟樂章，【略】太廟六奏，社稷七奏，均用中和韶樂。又題准：孟春上旬諏吉，及歲除前一日祖迎太歲，樂均六奏，樂章用平字。

二年，定春秋二仲月上丁釋奠於先師，樂章六奏，用平字。

八年，定朝日七奏，樂章用曦字；夕月六奏，樂章用光字。均奏中和韶樂。

十一年，定躬耕、饗先農樂章用豐字。

康熙五十五年，頒中和韶樂於直省文廟。

雍正二年，議准：令闕里司樂選工赴太常寺演習，訂正轉相，傳授以達於直省文廟，詳本條下。是年，欽定《耕耤禾辭》及《耕耤筵燕樂章》。

乾隆六年，奏准謹按：黃鐘子位天之統也。天壇樂章，宜以黃鐘爲宮，黃鐘下生林鐘，林鐘未位地之統也。地壇樂章，宜以林鐘爲宮，林鐘上生太蔟，太蔟寅位人之統也。太廟樂章，宜以太蔟爲宮，至社稷壇亦地也，亦宜改用林鐘爲宮。月生於西，酉西方正位也。

（清）嵇璜、劉墉等《清通典》卷六三《禮樂一・樂制》

臣等謹按：杜佑《樂典》首列沿革一門，上自邃古，下迄有唐。其間歷代相承，或襲用前朝，或更新立制，故以此爲名。我朝開國之初，肇興製作。嗣後屢經增定，無非紹承前緒，益昭美備詳明。若名沿革，於義未協，因仿馬端臨《文獻通考》之例，名爲《樂制》，按時編載，昭法守焉。【略】

崇德元年肇建太廟，追尊列祖。凡四孟時享、歲暮祫祭，并奏樂，定鹵簿樂器。凡冬至、萬壽聖節、朝賀，樂制與元旦同。元旦前三日起至第九日止，上元十四日起至十六日止，俱作樂。【略】

凡壇廟舞制。初獻用武舞干戚六十有四，亞獻、終獻用文舞羽籥六十有四，惟文廟用六佾。初獻、亞終獻俱文舞，皆太常寺神樂觀司之，其餘群祀皆教坊司作樂，此祭祀樂之定制也。

（雍正三年）改定律呂爲宮之制，【略】太廟樂章用太蔟爲宮。

趙爾巽《清史稿》卷九四《志六九・樂志一》

太廟時享，皇帝出宮。鐘止，不作樂。致祭，迎神奏《開平》，奠帛初獻奏《壽平》，亞獻奏《嘉平》，終獻奏《雍平》，徹饌奏《熙平》，送神望燎奏《成平》。禮成，教坊司導迎奏《禧平》，聲鐘還宮，社稷壇，皇帝出宮，聲鐘，不作樂。致祭瘞毛血迎神奏《廣平》，奠玉帛初獻奏《壽平》，亞獻奏《嘉平》，終獻奏《雍平》，徹饌奏《熙平》，送神望瘞奏《成平》。禮成，教坊司導迎奏《祐平》，聲鐘還宮。【略】

是年，又允禮部請，更定樂舞、樂章、樂器之數。享廟大樂於殿內奏之，文武佾舞備列，樂章、卒歌、樂器俱設，補舞生舊額五百七十人。

太廟祫祭迎神奏《貞平》，奠帛初獻奏《壽平》，亞獻奏《嘉平》，終獻奏《雍平》，徹饌奏《熙平》，送神奏《清平》。

趙爾巽《清史稿》卷九六《志七一・樂志三・郊廟》

乾隆十七年，重定祭祀回鑾《祐平》十三章，樂章乾隆十七年製，十七年始定凡祭祀回鑾樂皆曰《祐平》，而以慶典所奏者為《禧平》。《導迎樂》。

太廟。儀若先典，追孝在天。鴻慶遐邈，烈光丕顯。祝事明，神貺宣。福庶民，千萬年。

樂器舞服

（清）張廷玉等《清文獻通考》卷一五五《樂考》

崇德元年，定致祭太廟樂制。時肇建太廟，追尊列祖，凡四孟時享、歲暮祫祭并奏樂，定鹵簿樂器，內院官奏請定御前儀仗內樂器。上命酌量裁減，尋議准：鑼二、

鼓二、畫角四、簫二、笙二、架鼓四、橫笛二、龍頭橫笛二、檀板二、大鼓二、小銅
鈸四、小銅鑼二、大銅鑼四、雲鑼二、嗩吶四。樂人綠衣黃褂紅帶六瓣，紅絨帽銅頂
上插，黃翎定命將出師。

（清）張廷玉等《清文獻通考》卷一七三《樂考》

太廟祭祀，共用樂舞生二百六十七名，執事樂舞生，服青緞袍武舞生，服紅緞銷
金花袍，文舞生樂生。焚香，樂舞生服紅緞補袍，帶頂同前。遇祭告，用樂舞生二十
六名，專祭一殿，用十七名或十五名。

（清）允祹等《大清會典》卷五八《樂部》

凡佾舞，壇廟初獻舞《武功之舞》，亞獻、終獻舞《文德之舞》，均八佾；文廟六
佾，三獻均文舞；先蠶及羣祀無佾舞。

凡樂器，中和韶樂八，音咸備金之屬，曰鐘石之屬，曰磬絲之屬，曰琴，曰瑟竹
之屬，曰排簫，曰簫，曰篴，曰簴匏之屬，曰笙土之屬，曰塤革之屬，曰鼓，曰搏拊
木之屬，曰柷，曰敔。壇廟均麾一，編鐘、編磬各十有六，琴十，瑟四，排簫二，簫、
篴、笙各十，塤二，簴六，建鼓一，搏拊二，柷敔各一，木笥十。【略】佾舞器引舞以
旌節左右各一，《武功之舞》以干戚，《文德之舞》以羽籥，各六十有四。

（清）允祹等《大清會典則例》卷一五二《太常寺》

十七年，奏准：樂舞生袍服向例承應太廟祭祀者，十年更換一次，承應各壇廟祭
祀者二十年更換一次，按袍服有青、赤、黑、玉色之別，難以通用。至靴帽并無分別，
其地壇已經製造。今請增皮帽、布靴一分，共爲二分。遇有祭祀，盡可通用應。自成
造之年起，每閱五年，察驗果有損壞者，隨時更換。所有換存靴帽尚有可用者，留貯
本寺以備中祀羣祀之用。不堪用者，仍交內務府造辦處辦理。

（清）允祿、蔣溥等《清禮器圖式》卷八

朝會中和韶樂鎛鐘第三太簇。

謹按：御製鎛鐘，第三應太簇之律，正月用之。兩樂高一尺六寸二分，中高一尺
四寸四分，於徑一尺三寸五分，橫一尺一分二厘，兩舞相距一尺一寸五分二厘，橫九
寸一分二厘，甬長九寸六分，徑三寸八分四厘，衡徑二寸五分三厘，旋徑四寸二分六
厘，闊一寸二分八厘。蟲長二寸七分，闊一寸六分二厘，厚一寸八厘，蟲孔長一寸三
分五厘，闊九分。乳凡三十六，高一寸二分八厘，鐫識處高八寸一分，上闊二寸七分，
下闊三寸六分。前鐫御製銘，後鐫鎛鐘第三太簇，年月俱如前。太廟、奉先殿、朝日
壇、太歲壇、鎛鐘皆同燕饗，中和韶樂、鎛鐘第三亦同。【略】

朝會中和韶樂特磬第三太簇。

謹按：御製特磬，第三應太簇之律，正月用之。股修一尺二寸九分六厘。博九寸
七分二厘，鼓修一尺九寸四分四厘，博六寸四分八厘，厚八分九毫。前鐫御製銘，後
鐫特磬第三太簇，年月俱如前。太廟、奉先殿、朝日壇、太歲壇特磬皆同燕饗，中和

韶樂特磬第三亦同。

（清）昆岡等《大清會典圖》卷六七《冠服一一》

神樂署文舞生袍，天壇、天神壇，用石青綢；地壇、地祇壇，用黑屯絹；祈穀壇、社稷壇、日壇、歷代帝王廟，用紅羅；太廟、先師廟、先農壇、太歲壇、用紅雲緞；月壇、用月白綢；前後方，襴銷金葵花。

神樂署樂生執事，生舞童鑾，儀衛輿士校尉帶附見。

神樂署舞生帶，綠綢爲之，神樂署樂生執事，生舞童鑾，儀衛輿士校尉帶制同。

神樂署武舞生冬冠，頂上銜銅三，棱如古戟，形餘制，如文舞生冬冠。

神樂署武舞生夏冠，頂如冬冠。

神樂署武舞生袍，通銷金葵花，餘制如文舞生袍。

神樂署執事生袍，天壇用石青綢；地壇用黑屯絹，皆不加緣。

神樂署執事生袍，太廟、天神壇、地祇壇、太歲壇、先師廟，用青雲緞；社稷壇，日壇、歷代帝王廟，用青羅，皆藍緣，祈穀壇，用石青羅，紅青緣，先農壇，用青絹藍緣，月壇，用青綢白緣。

趙爾巽《清史稿》卷九四《志六九·樂志一·總論》

（太宗天聰）十年，建國號曰清，改元崇德。其明年，遂有事太廟，追尊列祖，四孟時享、歲暮祫祭并奏樂。皇帝冬至、萬壽二節與元旦同。御前儀仗樂器，鑼二，鼓二，畫角四，簫二，笙二，架鼓四，橫笛二，龍頭橫笛二，檀板二，大鼓二，小銅鈸四，小銅鑼二，大銅鑼四，雲鑼二，嗩吶四。樂人綠衣黃褂紅帶，六瓣紅絨帽，銅頂上綴黃翎，從內院官奏請也。又詔公主册封、諸王家祭、受降獻馘皆用樂。

舞皆八佾，初獻武舞，亞獻、終獻文舞，文武舞生各六十四人，執干戚羽籥於樂懸之次，引舞旌節四，舞生四人司之。祭之日，初獻樂作，司樂執旌節，引武舞生執干戚進，奏《武功之舞》。亞獻、終獻樂作，司樂執旌節，引文舞生執羽籥進，奏《文德之舞》。惟先師廟祇文舞六佾。

世祖順治元年。是年，又允禮部請，更定樂舞、樂章、樂器之數，享廟大樂於殿內奏之，文武佾舞備列，樂章、卒歌、樂器俱設，補舞生舊額五百七十人。

祭樂

（明）章潢《圖書編》卷九八《國朝太廟祀》

歲四孟行時享於太廟，春以上旬吉日，夏秋冬以朔日前十五日，委協律郎率樂生於太和殿演禮樂。【略】樂章：樂六奏，樂生七十二人。舞八佾。文生六十四人。武生六十四人。

迎神《太和》：慶源發祥，世德惟崇。助我祖宗，開基建功。京都之中，親廟在東。惟我子孫，永懷祖風。氣體則同，呼吸相通。來格來享，皇靈顯融。

初獻《壽和》：思我皇祖，耀靈於天。源衍慶流，緜高逮玄。玄孫受命，追遠其先。明禋世崇，億萬斯年。

亞獻《豫和》：對越至親，儼然如生。其氣昭明，感格在庭。如見其形，如聞其聲。愛而敬之，發乎中情。

終獻《寧和》：惟前人之功，肇膺天曆。延及予小子，爰受方國。欲報其德，昊天罔極。殷勤三獻，我心悦懌。

徹饌《雍和》：樂奏儀肅，神其燕嬉。告成於祖，亦右皇妣。敬徹不遲，以終祀禮。祥光焕揚，錫以嘉祉。

還宮《安和》：顯兮幽兮，神運無迹。鸞馭逍遥，安其所適。其靈在天，其主在室。子子孫孫，孝思無斁。

（明）申時行等《大明會典》卷八六《禮部四四‧廟祀一‧樂章》

太廟

迎神，《太和之曲》：於皇於皇兮，仰我聖祖，乃武乃文。攘夷正華，爲天下大君。粵比靈斯於古，越彼放勛。肇造王業，佑啓予小孫。功德超邁，太室攸尊。首稱春祀，誠敬用申。維神格思，萬世如存。

初獻，《壽和之曲》：薦帛於筐，潔牲於俎。嘉我稷黍，酌我清酤。愚孫忝祀，奠獻初舉，翼翼精誠。對越我皇祖，居然顧歆。永錫純祐。

亞獻，《豫和之曲》：籥舞既遷，八音洋洋。工歌喤喤，醇醴載羞。齊明其將之，永佑於子孫。歲事其承之，俾嗣續克承，百世之保之。

終獻，《寧和之曲》：三爵既崇，禮秩有終。盈溢乎顒，顯相肅雍。維皇祖格哉，以繹以融。申錫無窮，暨於臣民，萬福攸同。

徹饌，《豫和之曲》：禮畢樂成，神悦人宜。籩豆靜嘉，敬徹不遲。穆穆有容，秩秩其儀。益祗以嚴，矧敢斁於斯。

還宮，《安和之曲》：於皇我祖，陟降在天。清廟翼翼，禋祀首虔。明神既留，寢祐靜淵。福綏祿，錫胤綿綿。以惠我家邦，於萬斯年。

太宗廟

迎神，《太和之曲》：於維文皇，重光是宣。克戡內難，轉坤旋乾。外詟百蠻，威行八埏。詒典則於子孫，不忘不愆。聖德神功，格於皇天。作廟奕奕，百世不遷。祀事孔明，億萬斯年。

初獻、亞獻、終獻、徹饌、還宮俱與太廟同。

仁廟

迎神，《太和之曲》：明明我祖，盛德天成。至治訏謨，遹駿有聲。專奠致享，維古經是程。春祀有嚴，以迓聖靈，維陟降在庭，以賚我思成。

初獻，《壽和之曲》：幣牲載陳，金石在懸。清酒方獻，百執事有虔。明神洋洋，降歆自天。俾我孝孫，德音孔宣。

亞獻，《豫和之曲》：中誠方殷，明神如存。醴齊孔醇，再舉疊尊。禄穰穰，攸介攸臻。追遠報酬，罔極之恩。

終獻，《寧和之曲》：樂比聲歌，侁舞婆娑。稱彼玉爵，酒旨且多。獻享維終，神聽以和。孝孫在位，受福不那。

徹饌，《雍和之曲》：牷牲在俎，稷黍在簋。孝享多儀，格我皇祖。稱歌進徹，髦士膴膴。孝孫受福，以敷錫於下上。

還宮，《安和之曲》：特享孔明，物備禮成。於昭在天，以莫不聽。明神即安，維華寢是憑。肇祀迄今，百世祗承。

宣廟、英廟、憲廟俱與仁廟同。

孝廟

迎神，《太和之曲》：列祖垂統，景運重熙。於惟孝皇，敬德允持。用光於大烈，化被烝黎。專廟以享，經禮攸宜。俎豆式陳，庶幾來思。

初獻，《壽和之曲》：粢盛孔蠲，腯肥牲牷。考鼓囂囂，萬舞躍躍。清醑初酌，對越在天。明神居歆，式昭厥虔。

亞獻，《豫和之曲》：祀事孔勤，精意未分。樂感鳳儀，禮虔駿奔。醴齊挹清，載奠瑤尊。神其格思，福禄來臻。

終獻，《寧和之曲》：樂舞既成，獻享維終。明明對越，彌篤其恭。篤恭維何，明德是崇。神之聽之，萬福來同。

徹饌，《雍和之曲》：牲牢醴陳，我享我將。黍稷蘋藻，潔白馨香。徹以告成，降禧穰穰。神錫無潔，祐我萬方。

還宮，《安和之曲》：禮享既洽，神御聿興。廟寢煌煌，以憑以寧。維神匪遐，上下在庭，於寢孔安，永底我烝民之生。

睿廟

迎神，《太和之曲》：於穆神皇，秉德凝道。仁厚積累，配於穹昊。流慶顯休，萃於眇躬。施於無窮，以似以續，以光紹我皇宗。維茲氣始，俎豆是共。循厥典禮，式敬式崇。神其至止，以鑒愚衷。

初獻，《壽和之曲》：制帛牲牢，庶羞芬馠。玉戚朱干，協於韶簫。清醑在筵，中情纏綿。神之格思，儀形優然。

亞獻，《豫和之曲》：瑤爵再陳，侑以工歌。簫舞蹌蹌，八音諧和。孝思肫肫，感格聖靈。致愨則存，如聞其聲。

終獻，《寧和之曲》：儀式弗逾，奠爵維三。樂舞雍容，以雅以南。仰仁源德澤，岳崇海淵。願啓我子孫，緝熙光明，維兩儀是參。

徹饌，《雍和之曲》：嘉饌甘只，亦既歆只。登歌迅徹，敬終惟始。維神孔昭，賚永成於孝矣。

還宮，《安和之曲》：幽顯莫測，神之無方。祀事既成，神返諸帝向。申發休祥，俾胤嗣蕃昌。宜君兮宜王，歷世無斁。

武廟

迎神，《太和之曲》：列祖垂統，景運重熙。於惟武皇，昭德敉威。用剪除奸凶，大業弗隳。專廟以享，經禮攸宜。俎豆式陳，庶幾來思。

初獻、亞獻、終獻、徹饌、還宮俱與孝廟同。

嘉靖十五年定九廟時祫儀，與前時祫儀祝俱同。

樂章

孟夏，迎神《太和之曲》：序屆夏首兮風氣薰，禮嚴時祫兮戛擊鐘鼓。迎群主來合享交欣，於皇列聖正南面，以申崇報皇勛。

初獻《壽和之曲》：瞻曙色方昕，仰列聖在上，奠金觥而捧幣紋。小孫執盈兮敢不懼殷。

亞獻《豫和之曲》：思皇祖，仰聖神。來列主，會太宸。時祫修，循古倫。惟聖鑒歆，愚孫忱恂。

終獻《寧和之曲》：齊醴清兮麥熟新，籩豆潔兮孝念申。仰祖功兮宗德，願降佑兮後人。

徹饌《雍和之曲》：樂終兮禮成，告玉振兮訖金聲。徹之弗違，以肅精誠。

還宮《安和之曲》：三獻就兮祖宗鑒享，一誠露兮念惟長。思弗盡兮思弗忘，深荷德澤之啓佑。小孫惟賴以餘光。神返宮永安，保家國益昌。

孟秋，迎神《太和之曲》：時兮孟秋火西流，感時毖祀兮爽氣回。喜金風兮飄來，仰祖宗兮永慕哉。秋祫是舉兮希鑒歆，小孫躬迓兮捧素裁。

初獻《壽和之曲》：皇祖降筵，列聖靈聯。執事恐蹟，樂舞蹁躚。小孫捧盈兮敢弗虔。

亞獻《豫和之曲》：再酌兮玉漿，潔净兮馨香。祖宗垂享兮錫胤昌，萬歲兮此禮行。

終獻《寧和之曲》：進酒三觥，歌舞雍頣。鐘鼓轟錚，皇祖列聖、永享愚誠。

徹饌《雍和之曲》：秋嘗是舉，稌黍豐農。三獻既周，聖靈顯容。小孫時思恩德兮惟忡。

還宮《安和之曲》；仰皇祖兮聖神功，祀典陳兮報莫窮。嘗祫告竣，鑾馭旋宮。皇靈在天主在室，萬祀陟降何有終。

孟冬，迎神《太和之曲》：時兮孟冬凜以凄，感時毖祀兮氣潛回。溯朔風兮北來，仰祖宗兮永慕哉。冬祫是舉兮希鑒歆，小孫恭迓兮捧素裁。

初獻、亞獻、終獻同立秋。

徹饌《雍和之曲》：冬烝是舉，俎豆維豐。三獻既問，聖靈顯容。小孫時思，恩德兮惟怚。

還宫同立秋，但改嘗祫爲烝祫。

（明）申時行等《大明會典》卷八七《禮部四五·樂章》

迎神《太和之曲》：仰慶源兮大發祥，惟世德兮深長。時維歲殘，大祫洪張。祖宗聖神，明明皇皇。遥瞻兮頓首，世德兮何以忘。

初獻《壽和之曲》：神之格兮慰我思，慰我思兮捧玉卮。捧來前兮慄慄，仰歆納兮是幸已而。

亞獻《豫和之曲》：再舉瑶漿，樂舞羣張。小孫在位，陪助賢良。百工羅從，大禮肅將。惟我祖宗，顯錫恩光。

終獻《寧和之曲》：思祖功兮深長，景宗德兮馨香。報歲事之既成兮典則先王，惟功德之莫報兮何以量。

徹饌《雍和之曲》：三酌既終，一誠感通。仰聖靈兮居歆，萬祀是舉兮庶乎酬報之衷。

還宫《安和之曲》：顯兮幽兮神運無迹，神運無迹兮化無方。靈返天兮主返室，願神功聖德兮啓佑無終，玄孫拜送兮以謝以祈。

（明）申時行等《大明會典》卷八七《禮部四五·嘉靖十七年睿宗獻皇帝祔廟儀·樂章》

迎神《太和之曲》：太室巍巍，九廟肇祀。皇聖居歆，惟昭考假只。昭假維何，欣天倫攸叙。宗祐有嚴，開萬祀伊始。

初獻《壽和之曲》：酌彼鬱鬯，玉瓚是將。敬哉捧盈，有飶其香。儼皇祖在上，大聖在旁。合享交欣，大容洋洋。

亞獻《豫和之曲》：樂奏既和，禮嚴再獻。黄流載觴，玉露斯湛。烝畀祖考，式衎以宴。神其醉上，用嘉我明薦。

終獻《寧和之曲》：玉齊維醻，萬舞盈庭。尊祖享親，樂奏禮行。式序式和，祀事孔明。於赫聖靈兮，賚我思成。

徹饌《雍和之曲》：籩豆有踐兮敬徹不違，禮儀卒度兮既救既匡。神之聽之兮昭格洋洋，保我子孫兮惠錫無潔。

送神《安和之曲》：雲輿蕭蕭兮靈駕歸，閟宫佖兮瞻依。我其夙夜兮敬敢違，願言顧歆兮俎豆光輝。

（明）申時行等《大明會典》卷八七《禮部四五·嘉靖十八年獻皇后祔廟儀·樂章》

迎神《太和之曲》：蕭蕭清廟，駿奔在焉。奉我母慈，升祔告虔。百禮有壬，八音在宣。惟列聖降靈，臨享一筵。

初獻《壽和之曲》：清酤載酌，篚帛既陳。肴墻惟旅，有飶其芬。玉瓚初舉，翼翼欽欽。以衍我祖考，庶幾格歆。

亞獻《豫和之曲》：芯彼黄流，酌言至再。以烝以享，必敬必戒。惟九聖在天，景福是介。伊嘏考妣，俾式昌以大。

終獻《寧和之曲》：爵獻既終，鏞鼓有奕。濟濟蹌蹌，率我百辟。於皇聖神，既歆既懌。惠我無潔，保子孫千億。

徹饌《雍和之曲》：享禮既備，豆徹敢遲。終事有嚴，敬而將之。肇祀孔明，式永我孝思。

送神《安和之曲》：瞻雲駕兮翩翩，神洋洋兮在天。清廟兮肅肅，奉烝嘗兮於萬斯年。

（明）申時行等《大明會典》卷八七《禮部四五・隆慶元年孝潔肅皇后祔廟儀・樂章》

迎神《元和之曲》：於惟皇祖，肇創丕基。鍾祥有自，曰本先之。奄有萬方，作之君師。追報宜隆，以申孝思。瞻望稽首，介我休禧。

初獻《壽和之曲》：木有本兮水有源，人本祖兮物本天。思報德兮禮莫先，仰希鑒兮敢弗虔。

亞獻《仁和之曲》：中觴載升，至此瑶觥。小孫奉前，願歆其誠。樂舞在列，庶職在庭。祖鑒孔昭，錫佑攸亨。

終獻《德和之曲》：於維兮先祖，延慶兮深高。追報兮曷能，三進兮香醪。

徹饌《太和之曲》：芬兮豆籩，潔兮黍粢。祖垂歆享，徹乎敢遲。禮雲告備，以訖陳辭。永裕後人，億世丕而。

送神《永和之曲》：禘祀兮具張，佳氣兮鬱昂。皇靈錫納兮喜將，一誠通兮萬載昌。祈鑒佑兮天下康，仰源仁浩德兮曷以量。小孫頓首兮以望，遥瞻冉冉兮聖靈皇皇。

（明）申時行等《大明會典》卷八八《禮部四六・廟祀三》

嘉靖十七年上成祖文皇帝睿宗獻皇帝廟號儀・樂章

迎神，《泰和之曲》：天眷不遐，誕降我皇祖。夙秉文德，聿昭聖武。攘除奸凶，戡寧寰宇。維典章未備，繄孝孫是補。大號鴻名，卓絶千古。寶册攸躋，精禋斯舉。將降休兮聖靈，騰爐烟兮燎炬。尚來格來歆，以篤天之祐。

册寶，《熙和之曲》：於穆文祖，貽我丕基。昊天罔極，永言孝思。爰薦徽稱，以協民彝。勒貢琬琰，昭哉厥辭。以詔於萬世，神其聽之。

初獻，《壽和之曲》：制帛孔純，滌牲腯肥。黍稷醴羞，蠲潔芬馡。穆穆孝孫，敬德淵微。獻享初陳，仰威顔其靡違。

亞獻，《豫和之曲》：干戚武成，於昭神功。文致太平，汑穆皇風。樂舞既遷，禮儀肅雍。奠獻載將，致其乎顒。願申佑我孝孫，萬福攸同。

終獻，《康和之曲》：三爵既登，禮秩斯成。駿奔就列，虎拜盈庭。匪臣工之虔，孝孫之德孔明。錫皇厘於普天，奠邦家兮永寧。

徹饌，《永和之曲》：古禮之經，有儀有節。將享既終，登歌以徹。祀事利成，神人胥悅。維孝孫之衷情，猶纏綿其糾結。

送神，《安和之曲》：高皇謨烈，我祖是成。誕垂裕於後昆，孝孫是徵。稽古酌今，恭薦兼尊稱。奕奕閟宮，歲事有恒。子子孫孫，百世其承。

迎神，《泰和之曲》：於皇烈考，濬發慶源。欽明宣哲，敦德允元。克昌厥祚，以厘我子孫。筵薦徽稱，惟大德是尊。惟烈考鑒茲，臨享如存。

開寶，《熙和之曲》：月吉兮辰良，薦鴻號兮受命溥將。日星赫奕兮玉冊輝煌，啓中興兮七葉，頌貞符兮萬方。

初獻，《壽和之曲》：載清酤兮犧尊，瑟笙喤喤兮鐘鼓於論。樂一奏兮爵一獻，靈來享兮鑒茲熏熏。

亞獻，《豫和之曲》：瑤觴濯兮玄酒登，懷明德兮薦椒馨。繄昭考兮陟降在庭，顧孝享兮靈心載寧。

終獻，《康和之曲》：三獻畢，陳八音，舉百辟，相予祀事毖。愛敬極兮揚名始，冀皇考兮綏孝子。

徹饌，《永和之曲》；笙鏞止，豆籩徹，禮莫愆，孝靡竭。神具醉兮以莫不懌，賚我思成兮純嘏是錫。

降座，《安和之曲》：神之來思天路修，神之去思路寢幽幽。既安既妥兮靡淹留，奠宗祊兮永錫洪庥。

嘉靖十七年加上太祖高皇帝高皇后謐號儀·樂章

迎神，《泰和之曲》：繄中夏之遘艱兮汙羶群，皇天厭亂兮眷求大君。降錫元命兮挺生聖神，惟我太祖兮首出人倫，一戎衣奄四海兮爲帝王真。

冊寶，《鴻和之曲》：皇祖受命兮闢乾坤，驅逐异物兮復中原。陳常時夏兮佑元元，克配彼天兮功高業尊，寅薦冊寶兮鑒我曾孫。

初獻，《崇和之曲》：苾彼玉瓚兮酌黄流，敬而將之兮冕凝旒。有赫在上兮右享羊牛，保我子孫兮永荷鴻庥。

亞獻，《豫和之曲》：於皇祖兮帝中華，廓清氛祲兮一統爲家。除凶雪耻兮功蔑以加，視湯武兮德音不瑕。

終獻，《永和之曲》：爵三獻兮旨酒熏，樂和鳴兮萬舞肅陳。率百辟兮偕駿奔，衍我祖兮神忻忻。

徹饌，《彰和之曲》：孝享畢兮禮弗愆，冪牲俎兮徹豆籩。於昭對越兮神在天，益篤皇祐兮萬斯年。

還宮，《綏和之曲》：薦鴻號兮大禮成，仰瞻威赫兮陟降在庭。列聖左右兮懂忻合并，鐘鼓響答兮祀事孔明。粤有大德兮必得其名，天地罔極兮欲報奚能。庶幾鑒享兮寸草微誠，永賴祉福兮用保我後人。

（明）俞汝楫等《禮部志稿》卷二七《祠祭司職掌·廟祀·太廟特享儀·樂章》

迎神《太和之曲》：於皇於皇兮仰我聖祖，乃武乃文，首出庶物。爲天下大君，比靈斯於古，越彼放勛。肇造王業，佑啓予子孫。功德超邁，太室攸尊。首稱春祀，誠敬用申。維神格思，萬世如存。

初獻《壽和之曲》：薦帛於筐，潔牲於俎。嘉我黍稷，酌我清酤。愚孫毖祀，奠獻初舉。翼翼精誠，對越我皇祖。居然顧歆，永錫純祜。

亞獻《豫和之曲》：籥舞既薦，八音洋洋。工歌喤喤，醇醴載羞。齊明其將之，永祐於子孫。歲事其承之，俾嗣續克承，百世其保之。

終獻《寧和之曲》：三爵既崇，禮秩有終。盈溢乎顒，顯相肅雍。維皇祖格哉，以繹以融，申錫無窮。暨於臣民，萬福攸同。

徹饌《豫和之曲》：禮畢樂成，神悅人宜。籩豆靜嘉，敬徹不遲。穆穆有容，秩秩其儀。益祗以嚴，矧敢斁於斯。

還宮《安和之曲》：於皇我祖，陟降在天。清廟翼翼，禋祀首虔。明神既留，寢祐靜淵。介福綏祿，錫胤綿綿。以惠我家邦，於斯萬年。

（清）傅維鱗《明書》卷六〇《樂志·志七·太廟樂章》

迎神，奏《中和之曲》：慶源發祥，世德惟崇。致我眇躬，開基建功。京都之內，親廟在東。維我子孫，永懷祖宗。氣體則同，呼吸相通。來格來崇，皇靈顯融。

初獻，奏《壽和之曲》《武功之舞》：思皇九祖，靈耀於天。源發慶流，繇祖逮玄。玄孫受命，追遠其先。明禋時崇，億萬斯年。

亞獻，奏《豫和之曲》《文德之舞》：對越至親，儼然如生。其氣昭明，感格在庭。如見其形，如聞其聲。愛而敬之，發乎衷情。

終獻，奏《豫和之曲》《文德之舞》：承前人之德，化家爲國。毋曰予小子，基命成績。欲報其德，集天罔極。殷勤三獻，我心悅懌。

徹饌，奏《雍和之曲》：樂奏儀肅，神其燕嬉。告成於祖，亦祐皇妣。敬徹不遲，以終祀禮。祥光煥揚，錫以嘉祉。

還宮：幽兮神運無迹，鑾馭逍遙，安其所適。其靈在天，其主在室。子子孫孫，孝思無斁。

（清）萬斯同等《明史》卷六七《志四一》

成祖廟，迎神《太和之曲》：

於維文皇，重光是宣。克戡內難，轉坤旋乾。外詟百蠻，威行八埏。詒典則於子孫，不忘不愆。聖德神功，格於皇天。作廟奕奕，百世不遷。祀事孔明，億萬斯年。

初獻、亞獻、終獻、徹饌、還宮，俱與太廟同。

仁宗廟，迎神《太和之曲》：

明明我祖，盛德天成。至治訏謨，通駿有聲。專奠致享，惟古經是。程春祀有，嚴以迓聖。靈惟陟降，在庭以賚，綏我思成。

（清）張廷玉等《明史》卷六一《志三七·樂志一》

太廟迎神，奏《太和之曲》。奉册寶，奏《熙和之曲》。進俎，奏《凝和之曲》。初獻，奏《壽和之曲》《武功之舞》。亞獻，奏《豫和之曲》。終獻，奏《熙和之曲》，俱《文德之舞》。徹豆，奏《雍和之曲》。送神，奏《安和之曲》。初獻則德、懿、熙、仁各奏樂舞，亞、終獻則四廟共之。

（清）張廷玉等《清文獻通考》卷一一四《宗廟考八·太廟祫祭》

（乾隆）三十七年十一月丁未，重定太廟儀。【略】

迎神樂奏《開平之章》，初獻樂奏《肅平之章》，亞獻樂奏《協平之章》，終獻樂奏《裕平之章》，徹饌樂奏《誠平之章》，還宮樂奏《成平之章》。樂詞俱詳見《樂考》。

（清）張廷玉等《清文獻通考》卷一六九《樂考一五·太廟時享樂章》

康熙十六年定。

迎神，奏《開平之章》：皇輿啓圖，世德欽崇。粵庇眇躬，率土攸同。九州維宅，爰止自東。太室既尊，萬國朝宗。翼翼孝孫，對越肅雍。維神格思，皇靈顯融。

奠帛、初獻，奏《壽平之章》：於皇祖考，克配上天。越文武功，四方維宣。孝孫受命，達志承前。永錫純祜，億萬斯年。

亞獻，奏《嘉平之章》：愍祀精忱，洋洋如生。有融昭明，陟降於庭。優然有容，愾然有聲。孝孫孫只，顒若中情。

終獻，奏《雍平之章》：越祖宗之德，肇兹天曆。敢曰予小子，享有成績。欲報之德，昊天罔極。殷勤三獻，我心悦懌。

徹饌，奏《熙平之章》：儀肅樂成，神燕以娛。告成於祖，亦右皇妣。敬徹不遲，用終祀禮。介福綏禄，永錫祚祉。

送神還宮，奏《成平之章》：盈溢肅雍，神運無迹。寢祐静淵，恍兮安適。惟靈在天，惟主在室。於萬斯年，孝思無斁。

皇帝還宮導迎樂奏《禧平之章》：於皇紹烈，累熙重光。銷鑠群慝，我武奮揚。肅肅清廟，我我奉璋。奠鬯斯馨，祚命無斁。

乾隆七年重定。

迎神奏《貽平之章》：肇兹區夏，世德欽崇。九州維宅，王業自東。戎甲十三，奮起飛龍。維神格思，皇靈顯融。

奠帛、初獻奏《粃平之章》：於皇祖考，克配上天。越文武功，萬邦是宣。孝孫受命，不忘不愆。羹墻永慕，時薦斯虔。

亞獻奏《敷平之章》：愍祀精忱，洋洋如生。鐏罍再舉，於赫昭明。優然有容，愾然有聲。我懷靡及，顒若中情。

終獻奏《紹平之章》：粤若祖德，誕受方國。肆予小子，大猷是式。欲報之德，昊天罔極。殷勤三獻，中心翼翼。

徹饌奏《光平之章》；庶物既陳，九奏具舉。告成於祖，亦右皇妣。敬徹不遲，用終殷祀。式禮如兹，皇其燕喜。

送神還宫，奏《乂平之章》：對越無方，陟降無迹。寢祏静淵，孔安且吉。惟靈在天，惟主在室。於萬斯年，孝思無斁。

皇帝還宫，奏導迎樂章：儀若先典，追孝在天。鴻慶遐啓，烈光丕顯。祀事明，神貺宣。福庶民，千萬年。

太廟祫祭樂章。康熙十六年定。迎神奏《貞平之章》：承眷命兮撫萬邦，嗣丕基兮祖德昌。溯謨烈兮弗敢忘，虔歲祀兮舉舊章。瀝悃誠兮迓休光。祈來格兮意徬徨。

奠帛，初獻奏《壽平之章》：紛葳蕤兮神畢臨，儼對越兮抒素忱。陳纖縞兮有壬林，酌醇酤兮薦德馨。恪溥將兮俶來歆，錫嘉祉兮祐斯民。

亞獻，奏《嘉平之章》：維肇祥兮德配天，垂燕翼兮祈萬年。潔豆籩兮秩斯筵，載陳醴兮介牲牷。協笙鏞兮邀雲軿，肅駿奔兮中彌虔。

終獻，奏《雍平之章》：椒馝芬兮神留俞，節三奏兮旨清醑。萬羽干兮樂孔都，禮明備兮罔敢渝。既醉止兮咸樂胥，永啓佑兮披皇圖。

徹饌，奏《熙平之章》：典儀叙兮神格思，尊俎將兮享靡遺。悦且康兮徹弗遲，鑒精禋兮茀禄綏。

送神、還宫，奏《清平之章》：孝思展兮禮告成，神言歸兮陟在庭。萃龍馭兮返穆清，主肅將兮式丹楹。瞻列聖兮僾容聲，迴靈眄兮佑丕承。維神聽兮和且平，繼序皇兮亶休徵。

乾隆七年重定。

迎神奏《開平之章》：承眷命兮撫萬邦，嗣丕基兮祖德昌。溯謨烈兮唐哉皇，虔歲祀兮式舊章。肅對越兮誠悃將，尚來格兮仰休光。

奠帛初獻奏《肅平之章》：粤我先兮肇俄朵，長白山兮鵲啣果。綿瓜瓞兮天所佐，明之侵兮殲其左。混中外兮逮乎我，奉太室兮安以妥。

亞獻奏《協平之章》：紛葳蕤兮列聖臨，儼對越兮心欽欽。陳纖縞兮有壬林，擊浮磬兮彈朱琴。恪溥將兮俶來歆，錫嘉祉兮天地心。

終獻奏《裕平之章》：椒馝芬兮神留俞，爵三獻兮旨清醑。萬羽干兮樂孔都，禮明備兮罔敢渝。神醉止兮咸樂胥，永啓佑兮披皇圖。

徹饌奏《諴平之章》：祝幣陳兮神燕娭，尊俎將兮反威儀。悦且康兮徹弗遲，不可度兮矧射思。禋有成兮厘百宜，鑒精誠兮茀禄綏。

送神還宫奏《成平之章》：龍之馭兮旋穆清，神之御兮式丹楹。瞻列聖兮僾容聲，迴靈眄兮佑丕承。惟神聽兮和且平，繼序皇兮亶休徵。

（清）允祹等《大清會典》卷五八《樂部》

凡祠祭樂律，【略】太廟以太蔟爲宮。

凡樂章，天、地、太廟【略】均曰平。【略】太廟六奏，時饗迎神奏《貽平》，奠帛、初獻《粹平》，亞獻《敷平》，終獻《紹平》，徹饌《光平》，還宮《乂平》；大祫迎神奏《開平》，奠帛、初獻《肅平》，亞獻《協平》，終獻《裕平》，徹饌《誠平》，還宮《成平》。

（清）允祹等《大清會典則例》卷九九《樂部》

太廟時饗_{太蔟爲宮}，六奏。

迎神，奏《貽平之章》，曰：肇兹區夏，世德欽崇。九州維宅，王業自東。戎甲十三，奮起飛龍。維神格思，皇靈顯融。

奠帛初獻，奏《粹平之章》，曰：於皇祖考，克配上天。越文武功，萬邦是宣。孝孫受命，不忘不愆。羹墻永慕，時薦斯虔。

亞獻，奏《敷平之章》，曰：恖祀精忱，洋洋如生。尊罍再舉，於赫昭明。藹然有容，愾然有聲。我懷靡及，惕若中情。

終獻，奏《紹平之章》，曰：粵若祖德，誕受方國。肆予小子，大猷是式。欲報之德，昊天罔極。殷勤三獻，中心翼翼。

徹饌，奏《光平之章》，曰：庶物既陳，九奏具舉。告成於祖，亦右皇妣。敬徹不遲，用終殷祀。式禮如兹，皇其燕喜。

還宮，奏《乂平之章》，曰：對越無方，陟降無迹。寢祐静淵，孔安且吉。惟靈在天，惟主在室。於萬斯年，孝思無斁。

大祫迎神，奏《開平之章》，曰：承眷命兮撫萬邦，嗣丕基兮祖德昌。溯謨烈兮唐哉皇，虔歲祀兮式舊章。肅對越兮誠惘將，尚來格兮仰休光。

奠帛初獻，奏《肅平之章》，曰：粵我先兮肇俄朵，長白山兮鵲衔果。綿瓜瓞兮天所佐，明之侵兮殲其左，混中外兮逮乎我，奉太室兮安以妥。

亞獻，奏《協平之章》，曰：紛葳蕤兮列聖臨，儼對越兮心欽欽。陳纖縞兮有壬林，擊浮磬兮彈朱琴。恪溥將兮俶來歆，錫嘉祉兮天地心。

終獻，奏《裕平之章》，曰：椒餤芬兮神留俞，爵三獻兮旨清醹。萬羽干兮樂孔都，禮明備兮罔敢渝。神醉止兮咸樂胥，永啓佑兮披皇圖。

徹饌，奏《誠平之章》，曰：祝幣陳兮神燕娭，尊俎將兮反威儀。悅且康兮徹弗遲，不可度兮矧射思。禋有成兮羞百宜，鑒精誠兮茀禄綏。

還宮，奏《成平之章》，曰：龍之馭兮旋穆清，神之御兮式丹楹。瞻列聖兮儼容聲，迴靈晲兮佑丕承。維神聽兮和且平，繼序皇兮覃休徵。

（清）來保等《大清通禮》卷三《吉禮·祫祭》

迎神，樂奏《開平之章》，辭曰：承眷命兮撫萬邦，嗣丕基兮祖德昌。溯謨烈兮唐哉皇，虔歲祀兮式舊章。肅對越兮誠悃將，尚來格兮仰休光。

初獻，樂奏《肅平之章》，辭曰：粤我先兮肇俄朵，長白山兮鵲銜果。綿瓜瓞兮天所佐，明之侵兮殲其左。混中外兮逮乎我，奉太室兮安以妥。

亞獻，樂奏《協平之章》，辭曰：紛葳蕤兮列聖臨，儼對越兮心欽欽。陳纖縞兮有壬林，擊浮磬兮彈朱琴。恪溥將兮俶來歆，錫嘉祉兮天地心。

終獻，樂奏《裕平之章》，辭曰：椒飶芬兮神留俞，爵三獻兮旨清醑。萬羽干兮樂孔都，禮明備兮罔敢渝。神醉止兮咸樂胥，永啓佑兮披皇圖。

徹饌，樂奏《諴平之章》，辭曰：祝幣陳兮神燕嬉，尊俎將兮反威儀。悦且康兮徹弗遲，不可度兮矧射思。禋有成兮厘百宜，鑒精誠兮茀禄綏。

還宫，樂奏《成平之章》，辭曰：龍之馭兮旋穆清，神之御兮式丹楹。瞻列聖兮僾容聲，迴靈眄兮佑丕承。維神聽兮和且平，纘序皇兮亶休徵。

其餘樂舞及牲幣器數，皇帝行禮儀節，祀官陪位，均如時饗之儀。

（清）嵇璜、劉墉等《清通典》卷六三《樂一》

太廟時享樂六奏，迎神奏《開平之章》；奠帛初獻，奏《壽平之章》；亞獻，奏《嘉平之章》；終獻，奏《雍平之章》；徹饌，奏《熙平之章》；送神，奏《成平之章》。望燎樂同。禮畢，皇帝還宫，導迎樂奏《禧平之章》。按：順治元年定時享樂制，後凡恭遇追尊列祖，加上尊謚升祔太廟，致祭用樂之制并同。又按：順治十六年，祫樂制惟迎神，奏《貞平之章》；送神，奏《清平之章》。樂名從，异餘同。【略】

太廟時享，迎神，奏《貽平》；奠帛、初獻，奏《敉平》；亞獻，奏《敷平》；終獻，奏《紹平》；徹饌，奏《光平》；送神、還宫、望燎奏《乂平》。

（清）嵇璜、劉墉等《清通志》卷六三《樂略》

太廟用樂六成，以太蔟爲宫，每月朔望及三大節奉先殿致祭，同考順治元年，定迎神之樂，名《開平》；奠帛初獻，名《壽平》；亞獻，名《嘉平》；終獻，名《雍平》；徹饌，名《熙平》；送神還宫，名《成平》。乾隆七年，重定今名。【略】

太廟祫祭樂六成，太蔟爲宫。《開平》迎神，《肅平》奠帛、初獻，《協平》亞獻，《裕平》終獻，《諴平》徹饌，《成平》送神、還宫。

臣等謹按：每歲十二月，大建以二十九日，小建以二十八日，行祫祭禮於太廟。用樂六成，以太蔟爲宫。考順治十六年定，迎神之樂，名《貞平》；奠帛初獻，名《壽平》；亞獻，名《嘉平》；終獻，名《雍平》；徹饌，名《熙平》，送神還宫，名《清平》。乾隆七年，重定今名。

臣等又按：朝會之樂，隨月用律。而太廟不用月律者，蓋太廟若與朝會相同，則大祫於建丑之月於法當用大吕。時享以四孟之月於法當用太蔟仲吕夷，則應鐘是十二律吕闕其七，故惟太蔟一宫寅爲人統。人本乎祖用之太廟，至爲精當也。

趙爾巽《清史稿》卷九四《志六九・樂志一・總論》

太廟時饗，迎神《貽平》，奠帛、初獻《敉平》，亞獻《敷平》，終獻《紹平》，徹饌《光平》，送神、還宮、望燎《乂平》。祫祭迎神《開平》，奠帛、初獻《肅平》，亞獻《協平》，終獻《裕平》，徹饌《誠平》，送神、還宮、望燎《成平》。

祭舞

（清）昆岡等《大清會典圖》卷四九《樂一九·樂舞四》

太廟時饗初獻武舞譜

於，左右正立，干居左，戚居右。

皇，左右正面，右足交於左，干居左，戚居右平衡。

祖，左右正立，干、戚偏左右。

考，左右正立，干居左，戚居右。

克，左右正立，干居左，戚居右，下垂。

配，左右俯首偏左左右右，足少前右左，足虛立，干、戚偏右左。

上，左右向西東，面仰，干平舉，戚衡左手上。

天，左右正立，兩手微拱，干正舉，戚衡左手上。

越，左右正面左右，足虛立，干、戚偏左右。

文，左右向東西，面仰，干、戚偏右左。

武，左右向東西，首微俯右左，足少前，干平舉，戚衡左手上。

功，左右正面，右足交於左，干正舉，戚衡左手上。

萬，左右蹲身偏左右，側首，干植地，戚衡左手上。

邦，左右蹲身偏右左，側首，干植地，戚衡左手上。

是，左右正面，右足交於左，干居中，戚衡左手上。

宣，左右向西東，身微蹲，干平舉，戚斜衡左手上。

孝，左右身俯右足少前，干居左，戚居右下垂及地。

孫，左右向東西，干戚分舉。

受，左右正面，手微拱，右足交於左，干居中，戚衡左手上。

命，左右向西東，身俯左右，足少前，干戚偏左右。

不，左右向西東，身俯右左，足進前，干戚偏左右，作肩負勢。

忘，左右正立，干居中，戚居右下垂。

不，左右向東西，身微俯右左，足交於左右，干戚偏左右。

愆，左右正立，干居左，戚居右平衡。

羹，左右向西東，干戚分舉。

墻，左右正立，干高舉，戚向內斜衡。

永，左右正立，干正舉，戚衡左手上。

慕，左右向東左西右，足進前趾向上，干戚偏右左。

時，左右身俯少蹲右左，足虛立，兩手推出，干戚偏左右。

薦，_{左右}身微向_{西東右}，足交於左，干戚偏_{左右}。

斯，_{左右}正面。屈雙足，干正舉，戚衡左手上。

虔，_{左右}屈雙足，俯首，干正舉，戚衡左手上。

太廟時饗，歲以春夏秋冬孟月。初獻武舞，左右兩班，正面，立冬冠夏冠視祭時。服紅色銷金花服，皆左手執干，居中當胸，右手執戚，平衡。戚左柄右，工歌《牧平之章》，舞凡三十二式。

樂章

於、皇、祖、考、克、配、上、天、越、文、武、功、萬、邦、是、宣、孝、孫、受、命、不、忘、不、愆、羹、墻、永、慕、時、薦、斯、虔。

太廟時饗亞獻文舞譜

毖，_{左右}向_{東西}，兩手伸出，羽、籥分植。

祀，_{左右}向_{東西}，首微俯，兩足并，羽、籥如十字。

精，_{左右}正立，面向_{東西}，兩手相并，舉向_{西東}，羽、籥分植。

忱，_{左右}正面，身蹲，籥衡膝上。羽植。

洋，_{左右}向_{西東}，身俯兩足并，羽、籥斜交。

洋，_{左右}正面，身向_{西東}，起_{左右}足，羽、籥分植。

如，_{左右}正立，羽、籥向下斜交。

生，_{左右}向_{東右西左}，足少前，羽籥偏_{右左}，如十字。

罇，_{左右}正立，俯首，抱_{右左}膝，羽、籥如十字。

罍，_{左右}向_{西東}，籥平指_{西東}，羽植，如十字。

再，_{左右}正立，身俯，籥衡地，羽植。

舉，_{左右}正立，籥平舉，過肩羽植。

於，_{左右}正面，身微向_{西東}，少蹲，兩手推向_{西東}，羽、籥分植。

赫，_{左右}正面，身微向_{東西}，少蹲，兩手推向_{東西}，羽、籥分植。

昭，_{左右}正立，兩手高拱過額，羽、籥如十字。

明，_{左右}向_{東西}，籥下垂，右手伸出，羽植。

藹，_{左右}正面，右足交於左，羽、籥分植。

然，_{左右}向_{東西}，起右左足，羽籥斜舉。

有，_{左右}向_{東西}，籥斜指_{東西}，羽植籥上。

容，_{左右}正立，羽、籥如十字。

懍，_{左右}向_{西東}，身俯_{左右}，足進前趾向上，羽、籥斜交。

然，_{左右}向_{西東}，兩足并，兩手伸出，羽、籥分植。

有，_{左右}正面身微蹲，籥植過肩，羽平額，交如十字。

聲，_{左右}向_{西東}，籥斜衡，羽植。

我，左右正立，籥平舉，右手伸出，羽植。

懷，左右向東西，身俯，羽、籥植地。

靡，左右正立，籥平衡，羽植居左。

及，左右正面，身微向東西，羽籥偏右左，斜倚肩。

顯，左右正立，身俯，羽、籥植地。

若，左右正立，兩手相交，羽、籥并植。

中，左右正面，屈雙足，羽、籥如十字。

情，左右屈雙足，俯首至地，羽、籥如十字。

太廟時饗，亞獻文舞，左右兩班，正面立，皆左手執籥，當胸平衡，右手執羽，當中植立，高出於頂，羽籥相交如十字，工歌《敷平之章》，舞凡三十二式。

樂章

毖、祀、精、忱、洋、洋、如、生、罇、罍、再、舉、於、赫、昭、明、謁、然、有、容、愀、然、有、聲、我、懷、靡、及、顯、若、中、情。

太廟時饗終獻文舞譜

粵，左右正立，籥斜舉，羽植。

若，左右正面，身微蹲，羽、籥如十字。

祖，左右正立，羽、籥分植。

德，左右向東西，面仰，兩足并，羽、籥如十字。

誕，左右正立，籥植過肩，羽平額，交如十字。

受，左右正立，籥平衡，羽植籥上。

方，左右向西東，籥平指西東，羽植。

國，左右俯首偏左右，抱左右膝，羽、籥如十字。

肆，左右正立，籥下垂，羽植。

予，左右正面，身微蹲，兩手相交，羽、籥并植。

小，左右向西東，起左右足，兩手相并舉向東西，羽、籥分植。

子，左右正立，羽籥偏左右，如十字。

大，左右正立，籥斜舉過肩，羽植。

猷，左右向東西，籥平指東西，羽植，如十字。

是，左右向東西，籥斜指東西，羽植籥上。

式，左右正立，籥植，羽倒指東。

欲，左右向東西，籥平衡居中，右手伸出，羽植。

報，左右正立，左手伸出，籥斜舉，羽植。

之，左右正立，籥植近肩，羽平衡，如十字。

德，左右正立，身俯，抱左右膝，羽、籥斜交。

昊，_{左右}向_{西東}，面仰兩手推出，羽、籥斜舉。

天，_{左右}正立，兩手上拱，羽、籥如十字。

罔，_{左右}正立，籥植居中，羽衡籥下。

極，_{左右}正立，羽、籥斜交。

殷，_{左右}正立，籥植居中，羽衡籥上。

勤，_{左右}正立，身俯，羽、籥如十字。

三，_{左右}向_{東西}，兩足并，籥平指_{東西}，羽植。

獻，_{左右}正面，右足交於左，籥植過肩，羽平額，交如十字。

中，_{左右}身微向_{西東}，羽籥偏_{左右}，如十字。

心，_{左右}正面，兩足并手微拱，羽、籥如十字。

翼，_{左右}正面，屈雙足，羽、籥如十字。

翼，_{左右}屈雙足，俯首至地，羽、籥如十字。

太廟時饗，終獻文舞，左右兩班，立如亞獻，皆左手執籥居左，右手執羽居右，羽、籥分植，下齊當腰際，工歌《紹平之章》，舞凡三十二式。

樂章

粵、若、祖、德、誕、受、方、國、肆、予、小、子、大、猷、是、式、欲、報、之、德、昊、天、罔、極、殷、勤、三、獻、中、心、翼、翼。

太廟祫祭初獻武舞譜

粵，_{左右}正立，干居中，戚下垂。

我，_{左右}正面身微俯，干正舉，戚衡左手上。

先，_{左右}向_{東西}，身微蹲，干平舉，戚斜衡左手上。

兮，_{左右}向_{西東}，面微仰_{右左}，足少前，干、戚偏_{左右}。

肇，_{左右}正立，干正舉，戚衡左手上。

俄，_{左右}向_{東西}，干、戚分舉。

朵，_{左右}蹲身偏_{左右}，側首，干植地，戚衡左手上。

長，_{左右}向_{東西}，干側舉，戚平指_{東西}。

白，_{左右}正面，兩足并，干正舉，戚衡左手上。

山，_{左右}正面，起左足，干高舉，戚斜衡。

兮，_{左右}正面身微俯，兩足并，干正舉，戚衡左手上。

鵲，_{左右}向_{東西}，兩足并，干平舉，戚衡左手上。

銜，_{左右}正面，兩足并手微拱，干平舉，戚衡左手上。

果，_{左右}俯首，左足虛立，干居左，戚居右，少垂。

綿，_{左右}正面_{左右}，足少前，兩手微拱向_{右左}，作俯視勢，干平舉，戚衡左手上。

瓜，_{左右}正面_{右左}，足少前，兩手微拱向_{左右}，作俯視勢，干平舉，戚衡左手上。

颭，左右向西東，身俯右左，足進前，干、戚偏左右，作肩負勢。

兮，左右正立，干居左，戚居右。

天，左右正立，身微俯，右足交於左，干平舉，戚衡左手上。

所，左右正面右左，足虛立，干、戚偏右左。

佐，左右正面，微仰身俯，兩足并，干正舉，戚衡左手上。

明，左右向西東，兩足并兩手推出，干平舉，戚衡左手上。

之，左右俯首，身蹲，左足少前，干戚偏右。

侵，左右正立，干居中，戚居右。

兮，左右向東西，身微俯左右，足少前，干側舉，戚衡左手上。

殲，左右向東西，身微俯，作下視勢右左，足少前，干平舉，戚衡左手上。

其，左右正面，兩足并，干正舉，戚衡左手上。

左，左右俯首偏左左右右，足少前右左，足虛立，干、戚偏右左。

混，左右向東西，首微俯，起右左足，干平舉，戚斜衡左手上。

中，左右正立，干居左，戚居右下垂。

外，左右向西東，身微俯左右，足交於右左，干、戚偏右左。

兮，左右身俯，右足少前，干居左，戚居右，下垂及地。

逮，左右正面左右，足少前，身微倚東西，干、戚偏右左。

乎，左右正面右左，足少前，身微倚東西，干、戚偏左右。

我，左右正立，兩手高拱，干正舉，戚平衡。

奉，左右俯首兩足并，干正舉，戚衡左手上。

太，左右俯首偏右右左左，足進前左右，足虛立，干、戚偏左右。

室，左右向西東，仰面，干平舉，戚衡左手上。

兮，左右正面，右足交於左，干正舉，戚衡左手上。

安，左右正面，首微俯，手微拱，兩足并，干正舉，戚衡左手上。

以，左右正面，屈雙足，干正舉，戚衡左手上。

妥，左右屈雙足，俯首，干正舉，戚衡左手上。

太廟祫祭，以暮初獻武舞，左右兩班，正面立冬冠，服紅色銷金花服，皆左手執干，居中當胸，右手執戚平衡，戚左柄右，工歌《肅平之章》，舞凡四十二式。

樂章

粵、我、先、兮、肇、俄、朵、長、白、山、兮、鵲、衡、果、綿、瓜、颭、兮、天、所、佐、明、之、侵、兮、殲、其、左、混、中、外、兮、逮、乎、我、奉、太、室、兮、安、以、妥。

太廟祫祭亞獻文舞譜

紛，左右正立，羽、籥分植。

葳，左右向東右西左，足進前趾向上，羽、籥如十字。

蕤，左右向東右西左，足進前兩手微拱，羽、籥如十字。

兮，左右向東西，兩足并，籥平指東西，羽植，如十字。

列，左右正立，籥斜舉，羽植。

聖，左右正立，羽、籥如十字。

儼，左右向東西，身俯右左，足進前，籥斜指下羽植。

對，左右正面，兩足并，羽、籥分植。

越，左右身微向西東，羽籥偏左右，如十字。

兮，左右向西左東右，足進前，籥斜衡，羽植籥上。

心，左右正立，籥平衡羽植。

欽，左右正立，兩手上拱，羽、籥如十字。

欽，左右正立，俯首作拱揖勢，羽、籥如十字。

陳，左右正面，身微蹲，籥植過肩，羽平額交如十字。

纖，左右向西東，起左右足，兩手相并舉向東西，羽、籥分植。

縞，左右身微向東西，兩手微拱，羽、籥如十字。

兮，左右身微向西東，兩手微拱，羽、籥如十字。

有，左右向東西，身微俯，籥平指東西，羽植。

壬，左右向東西，身俯起右左足，籥斜衡羽植。

林，左右正立，首微俯，羽、籥分植。

擊，左右正面，身微向東西，兩手推向東西，羽、籥分植。

浮，左右正面，身向西東，起左右足，羽、籥分植。

磬，左右正面，身蹲，籥衡膝上，羽植。

兮，左右俯首，身蹲右左足少前，羽籥偏左右，如十字。

彈，左右正立，羽、籥向下斜交。

朱，左右俯首，身蹲左右，足少前，羽籥偏右左如十字。

琴，左右正面，右足交於左，羽、籥如十字。

恪，左右正立，俯首，羽、籥如十字。

溥，左右正面，身向西左東右，足進前右左趾虛立，羽籥并植。

將，左右正立，籥植羽下垂。

兮，左右向東西，身俯右左，足進前趾向上，羽、籥斜交。

俶，左右向西東，面仰兩手推出，羽籥斜舉。

來，左右正面，兩手推向東西，羽、籥分植。

歆，左右正面，身微蹲，籥衡膝上，羽植。

錫，左右首微俯，兩手上拱，羽、籥如十字。

嘉，左右正面，右足交於左，籥植過肩，羽平額交如十字。

祉，左右向東西，籥斜指東西，羽植籥上。

兮，左右身微向東西，籥平指東西，羽植如十字。

天，左右正立，兩手高拱過額，羽、籥如十字。

地，左右正面，屈雙足，羽、籥如十字。

心，左右屈雙足，俯首至地，羽、籥如十字。

太廟祫祭，亞獻文舞，左右兩班，正面立，皆左手執籥，近肩平衡，右手執羽，當中植立，高出於頂，兩手微拱，羽籥相交如十字，工歌《協平之章》，舞凡四十二式。

樂章

紛、葳、蕤、兮、列、聖、臨、儼、對、越、兮、心、欽、欽、陳、纖、縞、兮、有、壬、林、擊、浮、磬、兮、彈、朱、琴、恪、溥、將、兮、俶、來、歆、錫、嘉、祉、兮、天、地、心。

太廟祫祭終獻文舞譜

椒，左右正立，籥下垂，右手推出，羽植。

馤，左右正面，身微向西東，少蹲，兩手推向西東，羽、籥分植。

芬，左右向東西，籥下垂，右手伸出，羽植。

兮，左右向東右西左，足進前，身微俯，籥斜指，羽植。

神，左右向東右西左，足少前，面微仰手微拱，羽、籥如十字。

留，左右向西左東右，足少前，面微仰手微拱，羽、籥如十字。

俞，左右正立，身俯，羽、籥如十字。

爵，左右正立，籥植過肩，羽平衡如十字。

三，左右正面，身向東右西左，足進前左右，趾虛立，羽、籥分植。

獻，左右正面，右足交於左，羽、籥如十字。

兮，左右正立，籥下垂，羽植。

旨，左右首微俯，手微拱兩足并，羽、籥如十字。

清，左右正立，羽、籥斜交。

醑，左右正立，羽、籥偏右左，斜倚肩。

萬，左右正立，籥植過肩，羽平額，交如十字。

羽，左右正面，右足交於左，籥植居左，羽平指西。

干，左右向東西，籥平指東西，羽植。

兮，左右正立，籥平舉過肩，羽植。

樂，左右向東西，起右左足，羽、籥分植。

孔，左右向東西，身微俯，兩手推出，羽、籥分植。

都，左右正立，兩手相交，羽、籥分植。

禮，左右正立，身偏左右，兩手微拱，羽、籥如十字。

明，左右正立，身偏右左，兩手微拱，羽、籥如十字。

備，左右正面，身微蹲，羽、籥分植。

兮，左右向東西，身俯右左，足進前，籥下垂，羽植地。

罔，左右正立，面向西東，兩手相并，舉向東西，羽、籥分植。

敢，左右向東西，籥斜舉過肩，羽植。

渝，左右正面，身微蹲，羽、籥如十字。

神，左右俯首，兩手上拱，兩足并，羽、籥如十字。

醉，左右正立，身俯，籥平衡，羽居中植，籥上。

止，左右正立，面向東西，兩手相并舉向西東，羽、籥分植。

兮，左右正立，籥植居中，羽衡籥上。

咸，左右向東西，面仰兩足并，羽、籥如十字。

樂，左右向東西，起右左足，羽籥斜舉。

胥，左右身俯，抱右左膝，羽、籥如十字。

永，左右正立，籥平舉，右手伸出，羽植。

啓，左右身微向東右西左，足進前，籥倚肩，羽平指西。

佑，左右正立，首微俯，羽、籥如十字。

兮，左右身微向西左東右，足進前，羽倚肩，籥平指西東。

披，左右正面，右足虛立，籥斜舉，羽植。

皇，左右正面，屈雙足，羽、籥如十字。

圖，左右屈雙足，俯首至地，羽、籥如十字。

　　太廟祫祭，終獻文舞，左右兩班，立如亞獻，皆左手執籥，當胸平衡，右手執羽，當中植立，高出於頂，平舉羽籥相交如十字，工歌《裕平之章》，舞凡四十二式。

　　樂章

　　椒、飶、芬、兮、神、留、俞、爵、三、獻、兮、旨、清、醹、萬、羽、干、兮、樂、孔、都、禮、明、備、兮、罔、敢、渝、神、醉、止、兮、咸、樂、胥、永、啓、佑、兮、披、皇、圖。

（五）詔諭祝詩文

詔、諭、奏文

詔書

（明）孔貞運《皇明詔制》卷八

奉天承運，皇帝詔曰：朕惟王者之政，莫不以祀典爲先。故謂國之大事，在祀與戎，而祀尤重焉。夫郊所以事天，廟所以事先，其道一而已矣，未有不相關者也。朕以冲愚宗末仰叨上帝，下簡俾嗣天位，君臨四方，思典禮之重大者，祀爲首焉。每念於茲切興長，奈何經傳所傳亦多雜亂，聖賢不接緒，聖經殘破莫修。是以，郊祀襲合祭於屋下之文廟，祭沿異室同堂之制。褻瀆之甚，謂比同牢，功德不別，太祖莫尊，朕乃不暇他顧。祇聞於皇天默卜於皇祖，親簡忠賢，與之同力，首建圜丘、方澤以事天地，明陰陽之位，而不可混褻。續創昭穆群廟，以祀祖宗，彰太祖爲當專尊之主。復作太宗廟於群廟之外，表祖功宗德之不遷，以享百世之祀。更皇考廟曰獻皇帝廟，別擇吉區以避管道。大工悉成，遂定五歲大舉禘祭之禮於太廟，以祀皇初祖，而奉太祖配焉。每特享祖宗，以立春於本廟，夏、秋、冬皆合享於太廟，循時祫之典。季仍修大祫禮於太廟，皇考止修四時之祀以避豐禰之嫌。奉安既成，將覃恤典。由是，先致孝於慈闈，庶伸誠於璿闕，恭上兩宮徽號曰昭聖恭安康恩慈壽皇太后、章聖慈仁康静貞壽皇太后。慶禮既備，推愛宜頒主者，遵承條布于后。【略】嘉靖十五年閏十二月十二日。

（明）佚名《皇明詔令》卷二一《初定廟制上兩宮徽號寬恤詔嘉靖十五年閏十二月十二日》

廟祭沿異室同堂之制，褻瀆之甚，謂比同牢，功德不別，太祖莫尊。朕乃不暇他顧，祇聞于皇天，默卜于皇祖，親簡忠賢，與之同力，首建圜丘、方澤，以事天地，明陰陽之位，而不可混褻。續創昭穆群廟，以祀祖宗，彰太祖爲當專尊之主。復作太宗廟於群廟之外，表祖功宗德之不遷，以饗百世之祀，更皇考廟曰獻皇帝廟，別擇吉區以避渠道，大工悉成，遂定五歲大舉禘祭之禮于太廟，以祀皇初祖，而奉太祖配焉。每特饗祖宗，以立春于本廟，夏秋冬皆合饗于太廟，循時祫之典，季冬仍修大祫禮于太廟。皇考止修四時之祀，以避豐禰之嫌。奉安既成，將覃恤典，由是先致孝于慈闈，庶伸誠于璇闕。恭上兩宮徽號曰昭聖恭安康惠慈壽皇太后、章聖慈仁康静貞壽皇太后。慶禮既備，推愛宜頒。主者遵承條布于後。

（明）佚名《皇明詔令》卷二一《故諭復建太廟如舊制詔嘉靖二十四年七月初二》

君奉天承運，皇帝詔曰：朕惟宗廟之禮，所以序昭穆。孝子之至莫大乎，尊親古之訓也。我國家宗廟之制自太祖肇基，首四親廟，其後更制同堂異室，比因稽古之制，用協七廟之文，是以創建式師周典，乃以鬱攸不戒原之昭穆不明，用是復同堂之建，實有不得已之。情爰更制，崇構新宮，時祫祭奉太祖正位居尊，成祖及列聖與我皇考睿宗、皇兄武宗俱同堂而序。享獻之節，悉用往儀。大工既就，茲以七月初一吉辰，敬告成事奉安列聖神主，聖靈希妥。朕志莫維時典禮之成，宜廣推仁之。所有寬恤事宜開列于後，一自嘉靖二十四年七月初二日昧爽以前，官吏軍民人等有犯除。

（清）傅維鱗《明書》卷五四《志五·禘祫禮成詔》

詔曰：朕惟王者之政，莫不以祀典爲先，故謂國之大事，在祀與戎，而祀尤重焉。

夫郊所以事天，廟所以事先，其道一而已矣，未有不相關者也。朕以冲愚宗末仰叨上帝下簡俾嗣天位，君臨四方。思典禮之重大者，祀爲首焉。每念於兹切興長慨，奈何經傳所傳亦多雜亂，聖賢不爲接緒，聖經殘破莫修。是以郊祀襲合祭於屋下之文廟祭，沿異室同堂之制。褻瀆之甚，謂比同牢，功德不别，太祖莫尊。朕乃不暇他顧，祇聞於皇天，默卜於皇祖。親簡忠賢，與之同力，首建圜丘、方澤，以事天地明陰陽之位，而不可混褻。續創昭穆群廟，以祀祖宗，彰太祖爲當專尊之主。復作太宗廟於群廟之外，表祖功宗德之不遷，以享百世之祀。更皇考廟曰獻皇帝廟，别擇吉區，以避管道。大工悉，遂定五歲大舉禘祭之禮於太廟，以祀皇初祖，而奉太祖配焉。每特享祖宗，以立春於本廟，夏、秋、冬皆合享於太廟，循時祫之典。季冬，仍修大祫禮於太廟。皇考止修四時之祀，以避豐禰之嫌。奉安既成，將覃恤典。由是先致孝於慈闈，庶伸誠於璿闕，恭上兩宮徽號曰昭聖恭安康惠慈壽皇太后、章聖慈仁康静貞壽皇太后。慶禮既備，推愛宜頒主者，違承於戲，郊社正而廟制正庶慊。朕事天事祖之心，慈壽尊與，慈仁尊允。合夫人情，禮情之至，爰推恩恤肆。及宗親尚期臣工之協，恭俾爾弱君於至治，弘播詔示，悉使聞之。嘉靖十五年閏十二月十二日。

諭

(明) 鄭曉《今言》卷二"一百三十二條"

嘉靖十年三月，朔敕諭：朕仰惟太祖肇創，洪圖奠清，宇宙掃除，腥穢復我，文明克享天心，君臨億兆，必自上世之積。乃出中夏之元，聖顧追報之典，未舉而昧幼之懷，罔遂朕躬承祖鑒恭行大禘禮。今孟夏之吉祀，始自出之祖於太廟，奉皇祖配。每逢辛丙之年，一舉著爲成範。欽哉。親撰祝文，定擬神牌、冠服、陳設、圖儀。凡祭書神牌於太廟，曰皇初祖帝神，南向。太祖配位，西向。

(明) 陳九德《皇明名臣經濟録》卷一一《禮部二·倪岳〈會題禮儀事〉》

敕諭禮部：朕惟古者，天子九廟。而祖宗功德百世不祧，其他則以次祧遷有常制焉。恭惟我太祖高皇帝混一區宇，肇正綱常，追祀德、懿、熙、仁四祖同殿异位，情文具稱，列聖相承，昭穆有序。至于皇祖考英、宗、睿皇帝九廟已備，兹者皇考繼天凝道誠明仁敬崇文肅武宏德聖孝純皇帝山陵將畢，升祔有期，當定祧遷之制。矧惟皇妣孝穆慈惠恭恪莊僖崇天承聖皇太后祔葬。畢日，宜有奉享神主之禮。爾禮部其會文武大臣并詹事府、國子監、翰林院堂上左右春坊，及科道掌印官議稽古制，斟酌情文，議處來聞。務遵典禮，足垂萬世用成。朕尊祖敬親之大孝，欽哉，故諭。欽此。

(明) 俞汝楫等《禮部志稿》卷一《嚴祀宗廟之訓》

洪武三十一年春享太廟畢，上步出廟門，徘徊顧立，指桐梓謂太常臣曰：往年種此，今不覺成林，鳳陽陵樹，當亦似此。因感愴泣下，又曰："昔太廟始成，遷主就室。禮畢，朕退而休息，夢朕皇考呼曰：'西南有警'。覺即視朝，果得邊報。祖考神明昭臨在上，無時不存。爾等掌祭祀，宜加敬慎，旦暮中使供灑掃奉神主恐有不虔，當以時省視務，宜齋潔以安神靈。"

（明）俞汝楫等《禮部志稿》卷三《禮制之訓》

九月，太常寺奏暮歲、孟春當享太廟，而犧牲瘠小，請於順天府預買餵飼以備用。上從之。諭府尹王驥曰：祭享大事，犧牲不成，豈可以祭？若低價抑買，人情不懌，神亦不享爾，宜慎之。宣德二年，上退朝，御左順門，語及祭祀，謂行在工部尚書吳中等曰：南京造制帛，祀神最爲重事。洪武中，嘗選無過犯疾惡工匠，更衣沐浴、焚香浣手。然後用工其人，專供此役，更無別差。神宗重神之意，謹嚴如此，卿宜申明舊制，務令精專，無用褻慢。

（明）俞汝楫等《禮部志稿》卷四《祀禮之訓》

正統二年十二月，行在禮部奏，正統三年正月初六日享太廟，上御正殿受奏然。是日，值宣宗皇帝忌辰，例不鳴鐘鼓，第視事西角門，禮有不同，請裁之。上曰：祭祀重事還宜升殿，餘悉遵永樂間例行之。

（明）俞汝楫等《禮部志稿》卷六《祀典之訓》

（嘉靖）二十二年十一月，敕諭禮工二部曰，朕惟禮時爲大祀典，國之大事也。苟不安於人心，終難協夫禮義。我家國宗廟之制，自太祖肇基之初，首肇四親廟，其後更制，時奉殷薦同乎一室，當其始事，豈不博采遐觀？卒從同堂异室之規，以示酌古準今之義，暨我成祖定制於茲。廟寢之營，率遵其舊，百數十年以祫以享緝於純嘏，則有縣然。夫萃之爲享，其則不遠，曩因廷臣之議，咸稱七廟之文是用，創興以從周典，乃所司討論不詳，區畫失當。成祖以六世未盡之親，而遽遷世室不獲奉於三昭，仁宗以穆位有常之主而移就左營，遂致紊於班。祔武宗，朕兄也，不得同爲一世，顧居七廟之中，有妨七世之祀揆之。古義斯爲戾往者，回祿之警天與祖宗實合。朕心茲當重建之辰，所當厘正以圖鼎新。又我皇考睿宗廟於都宮之外，朕每事廟中考廟未備，豈有四親之內而可缺考乎？雖每於祫祭同享而奉主往來，深爲瀆擾。茲禮官等會議，欲奉處於孝宗同廟，雖爲兄弟同世之義，然題區各殘，終未爲妥。朕是究是圖，惟遵先制，其永無愆。夫禮非天降，乃起人情。祖宗列聖懽聚一堂，斯實時義之爲順者。茲當建立新廟，仍復舊制，前爲太廟，後爲寢，又後爲祧，時祫祭享奉太祖高皇帝正位，南面。奉迎成祖及群廟，我皇考睿宗獻皇帝神主俱同堂而序享獻。既畢，則奉列聖主各歸於寢，庶昭穆以明世次，不紊列聖在天之靈，惟忻鑒享而克伸，朕瞻事孝享之誠矣。可如期興建爾禮工二部，如敕奉行。

二十四年六月，禮部奏廟工大體已完，細節未備，乞暫舉秋享之禮於景神殿。上曰：太廟之工，爾輩原計以秋祭時可成，今既告成，更又何待？朕雖非長者，而自爲變詐，其何以交於神明，昭穆不序何得成王禮，其亟擇日安主具儀以上。朕疾不能躬事，或命太子，或命官攝行，其儀節一如先廟之舊，後所增諸儀悉除之。

(清) 張廷玉等《清文獻通考》卷一一二《宗廟考六·太廟時享》

(康熙) 二十五年十二月癸亥，定陪祭官并飭嚴糾儀。先是，十一月丙申，諭禮部：朕敬天奉祖，郊祀廟饗，必精白厥，心竭誠致慎，庶幾有孚昭格用洽明禋。朕於祭祀壇廟，每躬詣行禮，未嘗不齋明祓濯，實圖感通。凡從事於祀典者，皆宜表裏精誠，虔盡職掌。近見執事、陪祭各官，間有因循怠忽，視爲具文不能盡志，致愆共效昭事之忱，殊爲非禮。嗣後，務俾各秉誠心，克恭祀事。凡行禮儀節，始終整肅，毋得慢易用副。朕敬天奉祖，至意作何，再加通飭，永可遵行。著九卿、詹事、科道會同詳加確議具奏。至是議復，其陪祭太廟官員俱不照加級，武官公以下參領阿達哈哈番以上，文官尚書以下郎中以上，滿科道、漢六科、掌印給事中，武官參將游擊以上，令其陪祭。有高聲喧語失儀者，監察御史、禮部官員即指名題參，如壇例行。上曰：這所議妥，當著如議。凡祭祀時，特遣御史監禮糾劾。今觀御史不過左右顧盼，聊以充數，未嘗糾參一人，且非特諸臣而已。即朕設有不敬處，亦當舉奏也。

(清) 張廷玉等《清文獻通考》卷一一三《宗廟考七·太廟時享》

(乾隆) 十二年十月，命享廟派宗人府王公一人，監視執事宗室人員。是月己未，諭：向來祭享太廟獻爵、獻帛例用侍衛及太常寺官。朕御極後，俱令用宗室人員。蓋因宗支繁衍，實惟祖德所貽，一氣感孚昭格尤爲親切。且使駿奔走執豆、籩有事爲榮，亦得服習禮儀，陶鎔氣質，意蓋有在。但演習禮節，太常實所專司。宗室既非所屬，未必聽其指授。嗣後每逢祭祀之期，著派宗人府王公一人前往監視，俾進退優嫻執事，有恪以昭誠敬。

(乾隆) 十四年五月戊申朔，命禮部尚書侍郎敬典祀事。時奉諭：稽古虞書秩宗典，朕三禮。周宗伯掌邦禮，而首以吉禮，事邦國之鬼神，示春官典祀，職莫重焉。乃者郊壇宗廟，以太常寺專司。而禮部堂官不蒞，其事非古也。治神人和，上下敬服，乃職其所有事者何在？大學士會同禮部并會典館總裁官詳議以聞。

(乾隆) 四十二年正月壬辰，以皇太后升遐，重定百日内及二十七月内致祭太廟，服色各儀。是日，奉上諭：昨據禮部奏大行皇太后喪儀，二十七月之内，所有郊廟、社稷壇等祭祀，援照雍正九年孝敬憲皇后喪儀，素服致祭，樂設而不作等。因朕以郊廟大祀典禮綦重，似不應因大喪而稍略其祀，因命軍機大臣查明具奏。茲據查稱《會典》所載康熙年間列后之事，遇大祀典祭日，即穿朝服作樂，禮部此奏，未將遠年舊例細查，僅引雍正九年、乾隆十三年近年之例，所辦原未周到。今公同酌議二十七月之内，如遇郊廟大祀，仍作樂、穿朝服行禮。其餘尋常祭祀，均用素服致祭，樂設而不作等語，所奏甚是。孝敬憲皇后聖母大事係九月二十九日，翼日，即遇孟冬時享太廟，彼時禮官或因爲時太近，不及詳查《會典》，從權率辦本不可據以爲例。至孝賢皇后喪事係三月十一日至仲秋，祭祀已在百日以外，尤不當引雍正年間二十七月以内之例。其時禮部所辦本屬未協，朕亦忽略，看過未爲墻定。今既知其誤，自應更正，著交禮部即照軍機大臣所議辦理。其從前誤辦之案，不必存稿。即以此著爲令典。同日，又奉諭旨：雍正十三年，皇考龍馭上賓。朕欲持服三年，群臣請循以日易月之例，朕皆未允。嗣奉聖母慈諭令，朕持服百日，因即遵行。然百日釋服後，仍素服滿二十七月。今遭聖母大故，自應仍遵懿旨持服，百日昨已明，降諭旨矣。其素服二十七月亦照前例，惟遇壇廟大祀行禮及致齋三日閲視祝版。先期，詣壇并視朝聽政諸事。朕從前惟準理而行，并未載在令典，此時當詳議及之。又如王公、大臣、官員持服二十七日，而除素服，則滿百日用何服色，及陪祀齋戒常期坐班，并一切典禮應如何定制，亦當酌定章程頃檢閱。雍正十三年，王大臣等所定條款頗爲該括，著將原摺交軍機大臣會同辦理喪儀，王大臣等悉心詳議具奏。

(清)　張廷玉等《清文獻通考》卷一一五《宗廟考九・太廟・功臣配享》

乾隆十年，以大學士鄂爾泰配享廟廷。先是，雍正十三年八月二十四日，奉上諭：雍正八年六月，内欽奉皇考諭旨，張廷玉器量純全，抒誠供職，其纂修聖祖仁皇帝實錄宣力獨多，每年遵旨繕寫上諭，悉能詳達朕意，訓示臣民，其功甚巨。鄂爾泰志秉忠貞，才猷經濟，安民察吏，綏靖邊潔，洵爲不世出之名臣。此二人者，朕可保其始終，不渝萬年之後，二臣著配享太廟。欽此。朕欲將皇考此旨入於遺詔内頒發。大學士鄂爾泰、張廷玉屢行固辭，朕惟知遵奉皇考聖旨，復再三降旨，而鄂爾泰、張廷玉又懇切奏，請稽古典禮。然朕意以爲必應入於遺詔，今鄂爾泰、張廷玉既以稽古典禮奏請，著總理事務莊親王、果親王會同徐本慶復鄂善、魏廷珍，備查古典詳議具奏。

(清)　王先謙《東華續錄・乾隆二七》

乾隆十三年戊辰春正月丁亥，諭：國家敬天尊祖，禮備樂和，品物具陳，告豐告潔，所以將誠敬昭典則也。考之前古籩、豆、簠、簋諸祭器，或用金玉以示貴重，或用陶匏以崇質素，各有精義存乎。其間歷代相仍，去古寖遠。至明洪武時更定舊章，祭品悉遵古典。而祭器則惟存其名，以瓷代之。我朝壇廟陳設祭品器亦用瓷，蓋沿前明之。舊皇考世宗憲皇帝時，考案經典範銅爲器，頒之闕里，俾爲世守，曾宣示廷臣，穆然見古先遺。則朕思壇廟祭品，既遵用古名，則祭器自應悉仿古制一體，更正以備隆儀。著大學士會同該部稽核經圖，審其名物，度數製作，款式折衷，至當詳議繪圖以聞。朕將親爲審定，敕所司敬謹製造，用光禋祀，稱朕意焉。尋議，凡祭之籩、竹、絲、編、絹、裹、髹、漆郊壇純漆，太廟畫文采豆、登、簠、簋，郊壇用陶，太廟豆、簠、簋皆木，髹漆飾金玉。登亦用陶，銅範銅飾金，貯酒以尊。郊壇用陶，太廟春犧尊、夏象尊、秋著尊、冬壺尊，歲暮大祫山尊，均銅範。獻以爵，圜丘、祈穀、常雩、方澤用匏，承以檀座，如爵之制。太廟爵用玉，兩廡陶。【略】太廟登用陶黃，質飾華采，餘皆從白。盛帛以筐竹絲編，髹漆亦如器之色，銅式大小、深廣均仍其舊。載牲以俎木製，髹丹漆。毛血盤用陶從其色，皆由内務府辦理。從之。【略】

癸丑諭：向來郊壇大禮，凡遇遣官恭代之日，大學士等俱不齋戒陪祀。蓋因會典開載齋戒定例，有武官公以下、輕車都尉以上，文官尚書以下、員外郎品級以上之語。是以親王及內大臣、大學士等俱不陪祀，朕思王等天潢近派，原與臣寮不同，自當隨駕前往。內大臣等職司環衛，若專顧陪祀，則禁值必致曠誤。惟親行扈從，亦為合宜。若大學士乃政府之臣，為百僚表率，允當敬謹齋宿，以為眾倡。何以轉不陪祀，揆厥由來，當緣明代大學士僅列五品，在尚書之下，文官以尚書為冠，則大學士已在其中。

（清）王先謙《東華續錄·乾隆一二〇》

甲午諭：每歲太廟祫祭，九廟合饗，典禮綦崇。朕御極以來，肅恭將事於中位。上香畢，至列祖列宗前以次上香。乾隆三十七年，朕春秋六十有二，因舊行儀注上香，往近次數較繁恐少有失儀，轉不足以將誠敬。曾令大學士等定議，請派親王皇子八人，分別隨同上香，稍節步履之勞。明歲元旦，舉行授受大典，本年祫祭尤當展恪升馨，敬申昭格。是以乙巳年歲暮祫祭，禮成，御製詩內即有期待將歸政，拈香親詣周之句。其時已豫擬六十年，祫祭將屆歸政之期，於列祖列宗神位前仍俱親詣拈香，不令諸皇子恭代，用展積忱勉符舊典。今朕仰荷洪釐壽，屆八旬開六，精神純固，自揣廟中行禮於列祖列宗前，一一躬親上香，致敬尚所能勝。此次歲暮祫祭，朕仍當敬率舊儀，九廟以次上香，用示精禋昭告之意。

（清）允祹等《大清會典則例》卷八五《禮部》

十二月初十日，部臣奏請：雍正三年二月十三日服制已滿，請祫祭太廟，頒示中外臣民即吉釋哀。奉旨：朕受皇考四十餘年，顧復深恩，罔極莫報，默盡哀情，非謂能行歷代帝王不能行之事，欲立法定制以垂令名。昔世祖聖祖，皆以沖齡登極，一時禮制容或未備設。踐阼之日已若朕躬之年，則盡禮盡制，必有朕所萬不能逮者。今朕諒陰三年不過默盡，其心抱歉之處尚多敢云盡禮乎？至深山窮谷，無不哀戀思慕過密八音，此皇考六十餘年深仁厚澤，愈久不忘，出於人心之自然，非朕有所禁約而然也。所奏著九卿、詹事、科道會議具奏。【略】

二月十二日，聖祖仁皇帝服制二十七月期滿，世宗憲皇帝詣太廟行祫祭禮，讀祝、奠獻一如歲暮大祫儀。次日，諭順天府府尹、直省督撫：朕惟古昔帝王以孝治天下誠以孝者天之經地之義民之則也，故魯論云慎終追遠民德歸厚矣。朕以親躬纘承大命，永惟皇考聖祖仁皇帝，顧復洪慈恩德，罔極中心，哀痛什伯恒情，以日易月，實所不忍，特以郊廟大祀朝會重典，不容久曠時，亦勉從諸王大臣之請，遵禮舉行。惟於宮廷內素服齋居，默盡此心。每撫時，觸景輒增悽愴，優見愾聞之際，哀發於中，潸然出涕。古人云：禮之至者，無文哀之至者無節。實非有所仿而行，亦非欲以立法定制，垂於天下後世也。終身孺慕，寧有已時。今諸臣據二十七月，即吉之文合辭公請祫祭釋服，朕以禮制情勉，允所請於雍正三年二月十二日祫祭太廟，釋服即吉。伏念皇考聖祖仁皇帝御極六十一年，深仁厚澤，普遍寰區。賓天之日，凡京畿、直省、海澨山陬、士農工商、白叟黃童，莫不呼號哀泣，孺慕之誠，三載以來有如一日。今舉行吉禮，應敷告天下，朕嗣位以來，惟日兢兢，嚴恭寅畏，不敢怠息。庶几克荷，皇考聖祖仁皇帝付托之重，百姓受皇考聖祖仁皇帝教育深恩，當勉勵忠誠，勤守職業，言慈言孝，克友克恭，農夫盡力於南畝，工商致精於器用，毋尚奢侈，毋事浮僞，共期歸真返樸。比戶可封以無負皇考六十餘年培養漸摩之至德，於朕奉先思孝之心，實有賴焉。爾該地方官遍行曉諭，俾薄海黎民咸悉朕意。欽此。

（清）嵇璜、劉墉等《清通典》卷五〇《禮一〇・吉禮一〇・告禮》

（順治十二年）十一月冬至，郊祀禮成，奉諭：朕自即位，凡郊祀大典必誠必敬，間有遣代亦必如禮致齋。今冬至祀天遣額爾戴青恭代，但因駐蹕南苑。致齋日期，爾部未經題明内院諸臣，亦未奏知，偶失記憶，忽然猛省，不勝悚惕。朕爲天之子，昭事當虔，既有疏忽，何敢自隱？即選擇吉日祇申祭告，于是以後四日己酉遣官申告。十四年十二月，諭禮部：皇太后聖體違和，荷蒙天、地、祖宗、社稷眷佑，今已康寧。朕心欣慶，應躬行告謝禮，爾部擇吉以聞。

（明）陳九德《皇明名臣經濟録》卷一一《禮部二・倪岳〈會題禮儀事〉》

欽遵會同英國公等官張懋等議得：禮必緣情而立，義當據古以證。今謹按：成周之制，天子七廟，三昭三穆，與太祖之廟而七。文王、武王爲宗，不在數中，故爲九廟。蓋以后稷爲始祖，文、武爲世室，皆百世不遷，其餘則以次而祧前乎。周則商以契爲祖，而湯與三宗百世不遷後乎。周則宋以禧祖爲祖，而太祖與太宗百世不遷，彼時禧祖祧遷，雖曰迭有异議，而大儒程頤、朱熹皆以奉禧祖爲得禮之正，而合於人心之同，所謂有其舉之莫之敢廢者也。國朝太祖高皇帝肇建丕圖，追祀四祖。迨至英宗、睿宗皇帝龍馭上賓，遂備九廟，在當時則德祖尊爲高祖以上，蓋無可推之親。在今日，則德祖尊爲始祖，以下固有可祧之主。洪惟太祖高皇帝、太宗文皇帝功德隆盛，如周文、武萬世不祧。懿祖而下以次遞遷，實惟古制。今伏遇憲宗純皇帝升祔之日，所以懿祖皇帝神主義當奉祧，仍於太廟寢殿之後略仿。古者，夾室之意，別建一殿九室，以事奉藏主。況古有祫祭，謂合祧廟與未祧之主於太祖之廟而祭之，故謂之祫。祫者，合也。今亦宜於歲暮享祭之日，奉迎懿祖皇帝神主，仍居舊位以享祫祭之禮。則每歲一祭，視古三年一祫，於禮有加。近該欽天監選，到成化二十三年十二月二十四日憲宗純皇帝神主升祔大廟後殿，未及營建合無，暫請懿祖皇帝神主安奉於德祖皇帝室内，以俟後殿之成。即此所謂祧廟之主藏於太祖之廟，於義亦安。又按《周禮・春官》，大司樂之職，歌仲呂舞大濩，以享先妣，謂姜嫄也。是帝嚳之妃后稷之母，故特立廟以祭之。在宋則元德、懿德二皇太后俱有別廟之享，章憲、章懿二皇太后遂有奉慈之建，每歲五享四時薦新上食，并同太廟。兹者恭遇孝穆慈惠奉恪莊僖崇天承聖皇太后附葬茂陵，所有神主宜於奉先殿，傍近宮室改爲別廟，以禮安奉。歲時祭享，悉如太廟奉先殿之儀，仍乞敕奉遷官於祔葬。畢日，暫奉神主於茂陵獻殿，以伺二十四日憲宗純皇帝祔享太廟。禮畢，然後啓行於二十六日，文武百官各具素服出城，奉迎自大明門，進入就赴別廟安奉如儀，以是參稽乎，情文庶幾，咸合乎典禮。本月二十三日奉聖旨：是奉先殿旁近無宮室堪改別廟，恁還再議來説。欽此。欽遵，成化二十三年十一月二十六日。禮部會議擬題。奉聖旨：你每既考論，明白准議。欽此欽遵，後於奉先殿之東別闢東一殿，仍匾曰奉慈殿，以奉安神主云。

（明）陳九德《皇明名臣經濟録》卷一一《楊守陳〈題爲禮儀事〉》

往者，欽蒙敕諭，以憲宗純皇帝將祔太廟，當定九廟祧遷之制，命文武大臣下逮臣等會議。臣愚無識，以爲當據古禮而定七廟，祧德祖、懿祖、熙祖三廟乃以仁祖淳皇帝、太祖高皇帝、太宗文皇帝、仁宗昭皇帝、宣宗章皇帝、英宗睿皇帝、憲宗純皇帝爲七廟，別爲殿於太廟之後，以奉三廟神主。三歲一祫，以後則是仁祖及仁宗以下親盡而祧，皆祧於三祖之廟。而太祖太宗皆百世不遷，庶無悖禮，臣議若此，衆謂建別殿以藏祧主而行祫禮，與臣議同。惟以明詔以言九廟，而難違德祖當爲始祖而不遷故，但請祧懿祖，與臣議异臣退而思之。竊以爲詔書九廟猶或可容，若德祖不祧以爲百世之祖，則有不可。孔子曰：祖有功，宗有德，此萬世不易之論也。天子七廟，太祖之廟百世不遷，餘皆祧毁，此四代帝王之成法也，請詳陳之。唐虞之文祖尚矣，夏之世顓頊既帝而鯀無功，故以禹爲始祖。殷之始祖曰契，周之始祖曰稷，皆有大功，故號太祖而郊祀配天，其廟不遷。漢及魏、晋上祖無功，皆以創業之君爲太祖。李唐祀四世，謚其高祖曰宣簡公、曾祖曰懿王、祖曰元皇帝，而其考謚景皇帝有功，實號太祖。趙宋亦祀四世號，其高曾祖考爲僖、順、翼、宣四祖，而以藝祖開國，廟號太祖。凡號太祖者，必以配天，此皆據理以定名號，以示當祧與不遷之意矣。故魏、宋之廟太祖以上親盡皆祧，而太祖歷世不遷時無議者。唐至中宗既祧宣簡於夾室，玄宗仍復宣簡而謚爲獻祖，并謚懿王爲懿祖。至肅宗并祧獻、懿、德宗，又祧元帝，于是太祖居第一室矣。然至祫禘之時，則獻祖居尊東向，而太祖在昭穆之列。當時人心猶慊，議者紛然，卒遷獻、懿之祖於興聖廟，不預祫祭，而太廟正東向之位爲不遷之祖。終唐之世，無復議者。宋至神宗，已祧僖祖於夾室。及王安石用事仍復僖祖，且定之爲始祖，而居累朝祫祭所虛東向之位，遷順祖於夾室。當時名臣韓維、司馬光、孫固、王介、張師顔者群議力爭，莫能回也。哲宗既祧翼祖、徽宗，又祧宣祖，而僖祖猶居尊位，太祖猶列昭穆，人心亦慊。故高宗以來，如董棻王晋之倫，屢嘗論列。寧宗乃用趙汝愚、鄭橋、樓鑰、陳傳良諸臣之議，并祧僖、宣二祖別建四廟殿以奉祧主時，惟一朱熹爭之不勝，于是太祖始居第一室，而祫祭東向之位，終宋世不遷，無復議矣。此則凡號太祖而配天者必居尊位，而百世不遷，然後合乎典禮，恊於人心，而無可議也。國初追帝高曾祖考爲德、懿、僖、仁四祖，亦但以爲四親廟而已。初無祖功之意，故郊祀配天，則以仁祖，亦惟取嚴父之義耳，固未嘗以德祖擬商周之稷契，而輒以配天也。太宗嗣位，乃尊高皇帝爲太祖，而遂以配天，仁祖亦不得預，則其意亦以四祖親盡當祧。而太祖有功不遷，當如夏之以禹爲始祖，漢以下以創業之君爲太祖者也。

在禮太祖即始祖高皇帝，既號太祖復號德祖爲始祖，豈先王之禮祖宗之意哉。且古者一帝一廟廟皆南向，後世同堂異室亦皆南向，時享則諸帝皆南面。而各尊惟祫祭，則太祖東向獨尊，餘則左右分向皆卑也。我朝時享之禮，則惟德祖南面獨尊，餘皆東西向，而卑已如祫之儀矣。今祧懿祖，則以德祖爲始祖，而百世不遷，永居南面之位，而常尊太祖永居東西向之位，而常卑後世臣子瞻之，孰無憾悵，必有博聞，達禮之儒，昌言正議，而群臣和之，天子從之，卒祧德祖而尊太祖，然後已耳，唐宋之事是明鑑也。若祧德祖，則異日三次以次祧盡，而太祖可居南面之尊，以稱其名。

實此天下人心之同，願雖傳萬世必無易也。況別廟密邇大廟，而祫祭則德祖猶居南面之位，而太祖諸帝皆列左右不失其尊。非若唐遷獻祖於興聖廟，宋遷僖祖於四祖殿，而遠隔別事神孫之尊廢祖之祭也，亦何嫌哉。今之議者率謂德祖猶宋之僖祖。王安石嘗議尊僖祖爲始祖，其後朱熹廟議寔取之，今尚敢有異議乎？臣以爲不然。安石謂僖祖有廟與稷、契，疑無以異。熹亦謂莫若以僖祖爲稷契，而祭於太廟之初室，曰疑曰莫，若則其意豈真，以僖祖爲稷契，而合於禮之祖有功者哉？蓋其說以爲，若祧僖祖不可下祔於孫之夾室，又不可別立一廟，故爲是不得已之辭耳。然宋亦卒祧僖祖於別廟，以藝祖爲太祖，而後已蓋祖有功之禮終不可泯也。況時異制殊尚，當執其說之不可行於宋者，而必欲行之於今乎？今太廟既無夾室，若執其說，雖立別廟亦不可也。祧主將安寔乎？今既立別殿以奉祧主，無所謂下祔於孫者，德祖之祧何不可之？有而必強無功者以爲始祖，而使有功之太祖乃不得如夏之禹，漢以下創業之君何哉？孔子明言，祖有功，宗有德，世無不宗之。安石但論本統而不論功德已戾乎孔子，而朱子有取之者，其說雖多，其要亦但如前之所云者耳。今議者不察定禮，不從孔子，而猶以朱子爲辭，廟祀不祖有功，而以無功者強擬，上不當祖宗之意，下不愜臣子之願，名與實乖，文與情戾，安可爲典而垂世哉？陛下若姑循近制，則存九廟、祧德祖亦可矣。雖從今議，而每歲一祫亦無不可。蓋古禮四時皆祭，三歲一祫。今四時之外，實多歲暮一祭，故僉議改歲暮時享爲祫，乃禮之從宜。而近厚者，亦可從也。若務遵古典，則當全用臣議，并祧三祖，但存七廟，三歲而一祫，乃協四代之典，足垂萬世之法也。伏惟聖明裁處。凡宗廟之數，祖宗名號之義，廟主當祧與不遷之制，行於古而宜於今者，臣既備陳於右。

（明）嚴嵩《南宮奏議》卷二《請奉獻皇帝主於特廟祫享於太廟議》

昨該臣等會議，宗廟大禮緣由奉聖旨皇考同皇伯考一廟，此本古禮當爲法者，但今恐不能容奉二主。若夫設位必同一方，禮部再詳議來。欽此。臣等仰惟皇上至孝，中發明命，渙頒特舉皇考稱宗祔廟之禮。臣等博考載籍，以古兄弟同世之文，上請恭奉皇考祔於皇伯考孝宗皇帝之廟。仰荷聖明，俞允臣等不勝慶幸，不勝欽服。自古人君未有如我皇上，閱禮見道之明、虛己從善之美者也。伏奉聖諭恐不能容奉二主，令臣等再加詳議，臣等即恭詣孝廟，相看得寢殿三間。原設孝宗皇帝神床，正面居中，餘地窄隘，委不能容奉二主。臣等思之，若奉皇考并處其中，則非异室之制。若虛其中，奉皇伯考居東一室、皇考居西一室，則又非當尊之位。若皇伯考居中室、皇考居東一室，則又失一隅之偏，皆非禮之得也。爲今之計，似須於孝廟之東改建新宮，以稱嚴祀未爲不可。但頃者恭建列廟既爲，地所拘規制已定神靈，孔安尋復興作，殊駭觀聽。若必欲展拓，須是毀垣闢道，但又迫近獻皇帝廟之北方，且他日親盡之祧皇伯考皇考當并遞遷。則以上二昭廟俱當展拓，而後爲宜。此皆先事所當慮者也。臣等反復籌度，莫知所處。竊惟禮有義起，要之可適，於今而不失古人之意，此在聖心，一轉移間耳。今皇考特廟巍崇炳煥，已獲寢成之安，尊稱昭揭，列聖同符皇上推崇之孝大矣。雖古禮當法而廟室難容，合無皇考神主仍於特廟，而遇祫享太廟，恭設神座與皇伯考同居昭位。如此，則在廟有常尊之敬，在祫無不預之嫌。於義爲大順，於時爲合宜，此亦通變之道也。況古者嗣世之君有賢聖功德者，則其廟難以世拘，必別立廟以爲世室，不在三昭三穆之數。臣等臣子之情終謂我皇考世德宜享，世祀他日，當遷之期，聖子神孫，推本遡源，必有能仰體我皇上罔極之情者，則夫今日專廟之祀，恐未可易也。臣等愚瞽之見，未敢必以爲可然，實出一念，芹曝肝膈之忠伏望聖明矜察而裁擇之。臣等幸甚，天下幸甚。嘉靖十七年七月初十日奉御批，待朕親視。

(明) 嚴嵩《南宮奏議》卷二《請乞欽定文皇帝稱祖獻皇帝稱宗尊謚》

先該本部具題議得皇考稱宗祔廟之禮，古禮當復廟室，難容合無，皇考神主仍於專廟。而遇祫享太廟，恭設神座與皇伯考同居昭位，則在廟有常尊之敬，而在祫無不預之嫌等因。奉聖旨待朕親視。欽此。本月十七日，恭遇聖駕特詣孝宗廟、獻皇帝廟，逐一恭親閱視。該大學士臣李時、臣夏言、暨禮官臣嵩，叨與隨侍。伏蒙皇上親覽得孝廟，後寢東西室窄隘，委不能容奉二主。及廟額難於并揭，當蒙面。諭臣等皇考廟既已再建，不可虛設。茲仍奉主爲宜，時祫則享於太廟，臣等仰見皇上秩禮尊親，訏謨淵識，酌古適今，情文具備，聖人大孝，真度越千古者也。然享祀大禮，已蒙俯順。本部前次所請今季秋期，近一應儀物所當速辦。而文皇帝稱祖，獻皇帝稱宗，尊謚須乞特降敕諭本部欽遵施行，伏乞聖明早賜欽定。八月十九日奉御批：是，知道了。

(明) 嚴嵩《南宮奏議》卷四《郊廟上册禮成復命》

嘉靖十七年十一月初一日，恭遇皇上册拜皇天大號，同日册上皇祖高皇帝、高皇后尊號。先於十月二十七日，欽奉敕臣嵩充導泰神興官及知太廟，上册監禮使發興之夕，欽給簡一道，御筆書"敬之"二字。恩隨命下，榮與懼并。是夕子刻，圜丘行禮，宇靜氣和，風休雲斂，星河朗潔，燈燭燦輝。至午，太廟行禮，風日和煦，景色尤佳。凡在臣工均深贊慶，而廟祀大禮欽定中宮亞獻一節，備內外之官，示陰陽之教，爲古禮之正，此數千百年所不克舉之事，非大聖人深達奧義，力行古道，其孰能與於斯也。臣恭承簡命，幸睹告成，無任欣慶之，至謹具題復命以聞。

（明）賈三近《皇明兩朝疏抄》卷一七《王治〈議舉典禮以隆聖德疏〉》

恭惟陛下出震，當乾龍飛物，睹大小臣工莫不欲披瀝丹誠，以贊明德。臣極愚陋，待罪禮科，尸素懷憂，芹曝思獻久矣。初以先帝新弃，陛下身當大事，聖孝純篤，哀慟何堪，故不敢遽進瑣言，以瀆天聽。茲者山陵就功梓宮發引有日，陛下必誠必信之心既盡乎，送終之典則善繼善述之道當，即爲萬世之圖。臣愚愧，無博古通今之學，幸際更化善治之始。伏念禮莫嚴於宗廟，莫重於朝廷，莫急於親近乎，輔弼侍從之。臣莫要於致，謹乎深宮，燕居之節謹條此四事，昧死上聞，儻蒙采納議行，不勝戰慄感戴之至。

一曰議宗廟之禮，以隆聖孝。臣聞古者，天子宗廟尊崇始祖，萬世不遷，如木之本群枝生焉，如水之源萬派出焉。故如此，其次則昭穆遞遷，非曰薄之厭於祖也。先帝孝心無窮，追崇罔極，尊成祖如太祖，并萬世不遷。蓋以成祖戡定內難，再造洪業，故仿周文、武世室之制，永孝思焉，已爲義起之禮矣。若夫獻皇邁德肇慶，誠優入聖域，追崇之至固世德重光也。但以貴雖曰天子之父，然實未嘗南面臨天下也，而乃與祖宗諸帝并列以親，雖曰武宗之叔父，然實常北面事武宗矣。顧乃設位於武宗之右，此雖先帝天性之愛有加無已，然揆之名義終似未妥先帝之心，終有未安。是以雖當進饗太廟之後，而世室之養猶并舉之不以爲瀆者，豈非孝思之極，有以體親意於不言，以爲或者獻皇儻不便，其饗於彼則必樂乎，饗於此耶。夫宗法至重不可不明，名分至嚴不可不辨。魯祀僖公躋於閔公之右。春秋譏其逆祀，彼固諸侯均之。魯君一國者也，但先後少紊，猶爲乖禮。況獻皇生爲親王，臣事武廟，其心豈安於然處其上乎。且漢不追崇定陶，王宋濮園之禮，猶靳於稱皇稱帝，固當時議禮之臣不明於父子天性之經也。先帝追崇獻皇尊稱，大備誠得，天經地義，可爲人倫之至。但聖人制禮緣人情，而酌其中漢、宋之制，不及於禮，則先帝追崇獻皇隆，至誠萬世不刊之典。魯制過禮，貽譏於經，則獻皇入廟稱宗乃，今日所當更議也。先年世廟生芝事，誠奇異，安知非天地祖宗之意，鑒獻皇不安之心無以自解。而先帝兩朝之奉未得歸，一故一旦產此奇莖，以示吉兆，以昭獻皇萬世廟食之祥，當在此不在彼耶。伏睹先帝遺詔，祔享斟酌改正。近議孝烈皇后別祀，而祔孝潔皇后於世廟，夫婦之義，始森然明白，真可法天下而傳後世，以慰先帝在天之靈矣。不知獻皇廟祀及今先帝入祔之時，亦斟酌改正否耶。且獻皇祔於太廟也，雖親於祖宗實厭於祖宗，終不免有祧遷之時，若奉於世廟也雖於祖宗稍遠。然禮專且尊，實爲萬世不改之祀。但事體重大，非一介小臣所能窺測，伏乞敕下多官，博考詳議，務求至當。可質鬼神，可俟百世於以妥獻皇之靈，則先帝孝思之心爲益慰，而陛下奉承宗廟之孝爲益光矣。

（明）賈三近《皇明兩朝疏抄》卷一七《夏言〈參酌古今慎處廟制乞賜明斷疏〉》

竊聞古者天子宗廟之制，唐虞五廟，夏后氏因之，殷、周之制大抵皆七廟，而祭法王制所論與劉歆宗無數之說又各不同。宋儒朱熹論古今廟制，引王制天子七廟，三昭三穆，與太祖之廟而七。其制皆在中門之左，外爲都宮，內各有廟有寢，別有門垣。太祖在北，左昭右穆，以次而南，太祖者百世不遷，一昭一穆爲宗亦百世不遷，二昭二穆爲四親廟，高祖以上親盡則毀而遞遷，昭常爲昭，穆常爲穆。既而曰三代之制，其詳雖不得聞，然其大略不過如此。漢承秦弊，不能深考古制，諸帝王之廟各在一處，不容合爲都宮，以序昭穆。明帝遵儉自抑，不復別爲寢廟，而子孫遂爲同堂異室之制。嗣是更歷魏、晉，下及隋、唐，皆不能有所裁正。至論宋事，亦以不爲太祖特立廟爲恨，此朱子之言，後學相守以爲確論者也。恭惟我太祖高皇帝受天明命，以有天下。初爲四親各別立廟，德祖居中，懿祖居東第一廟，熙祖居西第一廟，仁祖居東第二廟，廟皆南向，東西兩夾室，兩廡三門，門設二十四，戟外爲都宮，正門之南別爲齋次，其西爲饌次，門東爲神廚，其一時制度儼合古禮。嗣後改建太廟，始一遵同堂異室之制。夫既遵古制，以各立廟無。而一旦襲用漢、唐故事，是蓋神謨英斷，必有所以然。議禮者終以爲非古之制也。恭遇皇上峻德憲天，聖學稽古，天地百神之祀典皆已厘正，制度儀文昭然可述矣。獨於宗廟之制未之修復，所以形於御劄，宣於召問，謀之輔部大臣者屢矣。臣等恭聞聖諭，仰見大聖人制禮作樂之志，奉先思孝之誠。蓋欲追復三代之禮以成一王之制，將以垂諸萬世而不刊者也。臣等躬逢斯盛、仰奉明旨、敢不思所以對揚之乎，但臣等廣積衆思，愚有一得不敢不爲陛下陳之。臣等嘗聞廟者，所以象生之有朝也。寢者所以象生之有寢也，建之觀門之內，不忍遠其親也。位之左不敢死其親也，是其營構之制，奠兆之所，各有定則，不可以意爲者。即今太廟南邊墻東邇世廟，西阻前朝，地勢有限。輔臣禮官已奉有聖諭，太廟三殿俱不動，則是太廟固垣之外，左右隙地不盈數十丈耳，若依古制三昭三穆之廟，在太廟之前以次而南，則今太廟都宮之南至承天門墻不甚遼遠，即使盡闢其地以建群廟，亦恐勢不能容。若欲小其規模，不必別爲門垣寢廡，則又不合古禮。況古今七廟九廟制度皆同。太廟營搆已極弘壯，而群廟隤然卑隘，恐非所以稱生前九重之居也。議者欲除太廟兩廡，則非特不中典禮，而裁損廟制事體尤重，且諸王、功臣之祀又將置之何所作？臣等所敢聞也。且臣等聞之，廟者貌也，所以形貌祖考而禮之明者也。寢者寢也，所以寢息祖考而妥之幽者也。有廟無寢，則神將安栖。議者欲藏其主於夾室之中。夫夾室者，側室也，所以藏祧廟之主也，以親廟未毀之主而藏之夾室，恐非禮也。至謂周人廟制約儉，宜摹倣而爲之，是又徒耳熟陳言，而未嘗精於心計者也。夫周廟門容大扃七個，闈門容小扃三個，則大門實容二又一尺，小門實容六尺，其制度之引且過於今烏，在其爲儉約也。況臣等恭覩世廟之制，蓋損於太廟之數多矣。今欲建立群廟，其規制高廣，又豈可損於世廟乎？且太宗功業之盛，比隆太祖。而憲宗又我獻皇父也，二廟規制視世廟尤不當有一毫降損而後可。不然，則聖心於此又有所大不安也。今太廟之主自我太宗，而下凡七聖，茲欲各爲立廟。將依古制爲三昭三穆，而止立六廟乎。將依商周之制，以太宗爲百世不遷之宗，而加立七廟乎。夫規制既不可降損，而欲擬諸世廟。

森然并建七廟於太廟之南，豈惟地小不足以容，殆恐宸居左偏，宮室太盛，以陰陽家説未免有偏缺壓制之嫌。此就地勢規制而言，臣等所未敢輕議也。臣等竊謂即使各廟既成，陛下以一人之身冠冕佩玉，執圭服袞。循紆曲之途，而欲一日之間遍歷群廟。爲之興俯拜起升降莫獻，雖有强力之容，肅敬之心，且將薾然疲倦，非獨筋力有所不逮，而日亦有所不給矣。議者乃引《周禮·宗伯》代後獻之文，謂群廟之中，可以遣官攝祭，是又未嘗深惟禮意者，蓋古者宗廟之祭，君后迭獻是以後不與祭，則宗伯可以代獻，謂同在一廟之中，而代後之亞獻者言也。未聞人臣可以代天子行事，而遂主一廟之祭也。且古者諸侯助祭，多同姓之臣以之代攝，猶之爲可何也？同一祖宗之子孫也。今之陪祀執事者，可以擬古諸侯之助祭者乎。孔子曰：吾不與祭如不祭，是有故不得與祭，而其心猶以爲如不祭也。況陛下之仁孝誠敬，可以終歲舉祭，止對越太祖之廟而不一至群廟乎。且規制必備而成廟，門垣堂廡寢室是也。儀文必備而成禮陪臣樂舞之數是也。今欲立爲七廟或八廟之制，則每廟之中，致祭之時皆當有樂舞之數。陪祀之位而後可，若曰降從簡易，而垣寢不備、樂無不陳、主祭不親，則是本欲尊之而反卑，本欲親之而反疏。祇見貶損而未見所以爲隆重矣。先年大學士丘濬謂宜間一日祭一廟，歷十四日而遍七廟。此蓋無所處而强爲之説，不自知其言之涉於迂闊。此就禮節儀文而言，臣等所未敢輕議者也。臣等竊聞，先儒馬端臨曰，後世之矢禮者，豈獨廟制一事。而廟制之説自漢以來，諸儒講究，非不詳明而卒不能復古制者，以昭穆之位太拘故也。必欲如古制立廟，必繼世而有天下者，皆父子相繼而後可。若兄弟世及則其序紊矣。周孝王以共王之弟，懿王之叔繼懿王而立，故晦菴廟圖。宣王之世則以穆懿夷爲昭共孝屬爲穆，夫穆王於世次昭也。共王爲穆王之子，於世次穆也。懿王爲穆王之孫，則繼穆王而爲昭是也。孝王爲共王之弟，而以繼共王爲穆。雖於世次不紊，然以弟而據孫之廟也。至夷王爲懿王之子，世次當穆。而圖反居昭屬王爲夷王之子，世次當昭。而圖反居穆則一孝王立，而夷屬之昭穆，遂至於易位，于是晦菴亦無以處此。不過即其繼立之先後以爲昭穆，而不能自守其初説矣。又況宣王之世三昭三穆爲六代，則所祀合始於昭王。今因孝王厠其間，而其第六世祖昭王。雖未當祧，而已在三昭三穆之外，則名雖爲六廟，而所祀止於五世矣。然此所言者，昭穆桃遷之紊亂不過一代而已。前乎周者爲商，商武丁之時所謂六廟者，祖丁南庚陽甲盤庚小辛小乙是也。然南庚者祖丁兄子，陽甲盤庚小辛小乙又皆祖丁子也。姑以祖丁爲昭言之，則南庚至小乙皆祖丁子屬，俱當爲穆，是一昭五穆。而祖丁所祀，上不及曾祖未當祧而祧者四世矣。後乎周者爲唐，唐懿宗之時，所謂六廟者憲宗穆宗敬宗文宗武宗宣宗是也。然穆宗宣宗皆憲宗之子，敬宗文宗武宗又皆穆宗之子，姑以憲宗爲昭言之，則穆宣爲穆，敬文武爲昭，是四昭二穆。而懿宗所祀，上不及高祖，未當祧而祧者三世矣。蓋至此不特昭穆之位偏枯，而昭遷之法亦復紊亂。若必欲祀及六世，則武丁之時除太祖之外，必創十廟。懿宗之時，除太祖之外，必創九廟而後可。且繼世嗣位者，既不能，必其爲弟爲子。而創立宗廟之時，亦安能預定後王之入廟者，或穆多昭少如殷之時，或昭多穆少如唐之時哉。若必欲昭穆不紊，則立廟之制，必須屬乎昭者於太祖廟之左建之。屬乎穆者，於太祖廟之右建之，方爲合宜。而預立六廟，定乎三昭三穆以次遞遷之説，不可行矣。似反不如東都以來同堂异室，共爲一廟之混成也，此則往哲之論，足證今事。就昭穆祧遷而言，臣等所未敢輕議者也，臣等仰惟陛下孝思純至天鑒高明制禮作樂，卓越前聖，方且退托謙冲，下咨廷議。但臣等愚昧，非不知古禮當復，而事理有所難行。惟是聖諭，以爲皇考獻皇帝有世廟以享祀，太祖、太宗以下列聖乃不得專有一廟，以全其尊斯言也。皇天列祖實鑒臨之，天下後世可以仰見陛下純孝至誠，大公至正之心矣。但臣等愚見，則以爲列祖同享太廟，以極尊崇。而皇者專居世廟，猶爲退遜。若廟制大小不倫，行祀親攝或异，則尊卑厚薄之分，反不足以稱陛下孝敬之誠，恐又未免有遺恨矣。臣等竊見，今歲孟春，陛下更定特享之議，正太祖南面之位，以爲太廟之始祖，又爲列聖各設帷幄，祭俱南面。各自奠獻讀祝，臣等仰服陛下。酌古準今，因時制宜，儼乎各廟專祀之儀，雖古人制禮精微之意，亦不過如是而已。況向來恭聞陛下有諭輔臣御札云，祀典宜正，廟制難更，大哉皇言，實萬世之實訓也。今臣等復議九廟九間，同爲一室，雖有帷幄，而無所間隔，嫌於混同，未稱專尊之敬，請以水爲黄屋，儼如廟廷之制。每廟設一於殿之一間，又設帷幄於其中，太祖居中盡北，太宗而下列聖依昭穆之序以次稍南，位置如古建廟之制。則太祖列聖各得以專其美，足以申陛下尊尊親親之情，而於古禮亦庶几矣。臣等以爲足以作則萬世，而未可以爲遷就權宜云也。彼朱子所謂宋太祖僻處一隅，與夫設祭一室甚，或無地以容鼎俎者，事體大有不侔。陛下博觀前史，固可考而知也。但宗廟重事，臣等愚昧，未敢定擬，伏乞聖明特賜裁斷。

(清) 黄宗羲《明文海》卷五一《奏疏五·张孚敬〈廟議疏〉》

臣伏惟皇上以大孝之心，議尊親之典。初因廷臣執論聚訟，四年更詔三遍，蓋自漢、宋以來之君所不決之疑。至皇上決之所未成之禮，至皇上成之，真可謂洗千古之陋，垂百王之法者也。是以新詔傳宣愚，氓丕應蓋禮必。如此，然後合乎天理之正，即乎人心之安也。兹光禄寺署丞何淵妄肆浮言，破壞成禮，稱獻皇帝爲所自出之帝，請立世室列祀太廟，此何言也？臣與廷臣抗論之初，即曰當別爲興獻王立廟京師，又曰別立禰廟不干正統，此非臣一人之議，天下萬世之公議也。今何淵以獻皇帝爲所自出之，帝比之今之德祖請立世室，比之周文王、武王不經甚矣。皇上聰明中正，諒已察之兹言也。上干九廟之威，監下駭四海之人心，臣不敢不爲。皇上言之，昔漢哀帝追尊父，定陶共王爲共皇帝，立寢廟京師，序昭穆儀，如孝元帝是爲干紀亂統，人到於今非之。今何淵請入獻皇帝主於太廟，不知序於武宗皇帝之上，與序於武宗皇帝之下，與孝宗之統，傳之武宗序。獻皇帝於武宗之上，是爲干統，無疑武宗之統傳之上，序獻皇帝於武宗之下。又於繼統無謂，何淵所請此何言也。如謂太廟中不可無禰，漢宣帝嗣昭帝后，昭爲宣之叔祖史皇孫，嘗別立廟，未聞有議，漢宗廟無禰者，蓋名必當實不可强爲也。如謂獻皇帝廟終，當何承？臣謂由皇上以及聖子神孫於太廟，當奉以正統之禮於獻皇帝廟，當奉以私親之禮，尊尊親親並行不背者也。先儒謂孝子之心無窮，分則有限得爲而不爲，與不得爲而爲之，均爲不孝。皇上追尊獻皇帝別立廟者，禮之得爲者也，此臣所以昧死勸皇上爲之也。入獻皇帝主於太廟者，禮之不得爲者也，此臣所以昧死勸皇上不爲之也。夫成禮，則難壞禮，則易伏乞皇上念此禮大成，原出聖裁，匪由人奪，何忍一旦遽爲小人所破壞邪？

（清）黃宗羲《明文海》卷五二《奏疏六·魏校〈對禘袷疏〉》

《春秋公羊傳》曰：大袷者，何合祭也？其合祭奈何毀廟之主陳於太祖，未毀廟之主皆升合食於太祖。臣按袷有二，有大袷，有時袷。天子七廟，太祖百世不遷，自太祖而下，親盡則祧，祧則不祭，故時袷惟遷六廟之主於太廟。至於大袷，則凡已毀廟，未毀廟之主咸在，而合食馬，蓋子孫之於遠祖恩。雖無窮義則有止，故親盡則不免祧。然其恩終有不能忘者，故又制爲大袷之禮，而後可以伸其孝心也。臣願皇上常念祖宗一脉相傳以至於今，則報本追遠之誠自篤矣。

（清）黃宗羲《明文海》卷七四《議甲·毛紀〈廟祀議〉》

時有建議廟祀之禮者，下禮官復議曰：祧廟者，按古者天子七廟親盡，則祧祖功宗德百世不祧。周文武有功當宗，故別立廟，謂之世室合爲九廟。漢廟七室共堂，唐宋爲九室。我太祖高皇帝，肇修典禮，立德、懿、熙、仁四祖廟，後更定九廟同殿异室，即今之制。弘治初，集議祧禮，尊德祖爲始祖，懿祖而下以次祧遷。後憲廟孝廟升祔，奉祧懿、熙二祖；武廟升祔，奉祧仁祖，俱藏主於太廟寢殿之後，曰祧廟。折禮禮文，允合古意，若如周制立七廟與二世室，左昭右穆昭之祧者藏於武之夾室，穆之祧者藏於文之夾室。但其規制位列世尚异，宜如廟主東向穆主北向今可行乎。度數儀文繁縟，莫究如西，酌犧象東，酌疊尊今可用乎。是皆所以序昭穆之倫，順陰陽之義，乃禮之精者，此而不講是徒文而遺其本矣。大抵禮因時世、人情而爲之節文者也，泥古者可以鑒矣。曰禘袷者，天子宗廟之祭，五年一禘。禘其祖之所自出《周禮》，所謂肆獻祼是也。三年一袷，合食於太祖之廟，《周禮》所謂饋食是也。并春祠、夏禴、秋嘗、冬烝，凡六享。然禘袷之祭，歷代廢舉不時。合禘袷之外，每歲時享於四孟及季冬，行國朝一歲五享，同於太廟儀文。且載諸司職掌而無禘袷之制，蓋我德祖廟諱猶未之。著以上實無可推之親，亦以後世封建廢譜牒亡，而禘之祭遂廢而不舉耳。惟於歲暮之祭，奉祧主於太廟同享，是即大袷之禮也。蓋天道三月一小變而爲一時，未及三月而又祭，則爲數而煩已。過三月而不祭，則爲疏怠。今一時一祭，誠合乎天道，不疏不數得禮之中矣。曰特享者，《周禮》四時之祭，春則特祭各於其廟，所謂特礿是也；夏、秋冬則合享同於太廟，所謂袷禘袷嘗、袷烝是也；合享於太廟，所以尊其始祖，特祭於其廟，所以各伸其尊。我太祖初建四廟，蓋嘗行之，其後改建廟制，故四時之祭，皆合享於太廟，而特祭不行議者，多謂太祖宜於孟春之享，特祭於其室以當南向之祀，然必各爲一廟，然後可以行之。但九廟行禮儀節甚繁，先儒謂一日而歷七廟，則日固不足，而强有力者，亦莫善其事矣。若日享一廟，前祭視牲後祭又繹則彌月之間，亦莫既其事矣。況於九廟乎，蓋天子以奉宗廟爲孝，若不得自致其如在之誠，則於承祧踐阼之意寧無歉乎。然竊思之廟制固難輕議，而特享之禮議所當講。惟我德祖實爲始祖，所自出之帝可比周之后稷，宜藏其主於別廟居中一室。而懿、熙、仁三祖列於左右，遇夫祫太廟奉以南面。至我太祖受命創業，寔爲有功之祖。所謂始祖也，可比文、武百世不祧，他日太廟四時之祭，太祖宜正南向之祀，庶足以伸崇德報功之典，而愜天下萬世之公論矣。曰出主者，禮合享於太廟，有出主之儀。國初廟享亦嘗行之，其後止出各廟袞冕，亦古人設其裳衣、衣冠出游之意也。若欲出主必須如禮主，祭者捧之或遣親臣代捧，猶之可也。至於諸后神主，則將何人代捧乎？然古禮直祭於室，祝祭於祊，所以求神之所在。況今郊社配天，奉先殿及陵寢皆設神位，是豈虛設哉？蓋神無乎不在，有其誠則有其神，而必曰木主非迁則泥也。曰祔食者，古者，廟享皆以功臣配食。盤庚曰：兹予大享於先王爾祖，其從與享之是也。所謂殤與無後者，從祖祔食，亦從祖而毀，固禮之所有。然今太廟配享，東設親王四壇，西設功臣四壇，中山諸臣無容議矣。其壽春以下諸王佀皆祔食，揆之於禮，亦宜從祖罷享。但配享與祔食不同，安知壽春諸王非有功，當祀者乎恐未可以殤與無後論也。況天子之宗廟，豈有殤與無後者祔食之禮乎？仰惟我太祖聖德御極，製作大備，其於宗廟祭享之禮，參稽前代之載籍，博采儒臣之論議，斟酌損益，斷自聖心，足以垂諸萬世而不可易者，《經》所謂有其舉之，莫之敢廢"有其廢之，莫之敢舉"者，實禮家之律令也，可以破千古聚訟者之惑矣。

祭祀祝文、祭文

(明) 章潢《圖書編》卷九八《大祀殿》

歲四孟行時享於太廟。【略】祝文：孝玄孫嗣皇帝御名，敢昭告於五廟皇祖考妣、太皇太后，皇伯祖考孝宗敬皇帝、皇伯祖妣孝康敬皇后，皇祖考睿宗獻皇帝、皇祖妣慈孝獻皇后，皇伯考武宗毅皇帝、皇伯妣孝靖毅皇后，皇考世宗肅皇帝、皇妣孝潔肅皇后。時維孟春、夏、秋、冬，禮嚴祭祀。謹以牲、醴庶品，用伸追慕之情。尚享。

太廟禮儀。祝文：孝玄孫嗣皇帝御名謹遣敢昭告於德祖玄皇帝后、懿祖恒皇帝后、熙祖裕皇帝皇后、仁祖淳皇帝皇后、仁宗昭皇帝皇后。兹者，歲暮恭於太廟，舉行大祫之禮。祇請聖靈詣廟享祀，特伸預告，伏惟鑒之。謹告太廟，儀同祧廟。

祝文：孝玄孫嗣皇帝御名，謹遣敢昭告於五廟皇帝考妣太皇太后，皇伯祖考孝宗敬皇帝、皇伯祖妣孝康敬皇后，皇祖考睿宗獻皇帝、皇祖妣慈孝獻皇后，皇伯考武宗毅皇帝、皇伯妣孝靖毅皇后，皇考世宗肅皇帝、皇妣孝潔肅皇后。兹者，歲暮特修大祫之禮。恭迎德祖皇帝皇后、懿祖皇帝皇后、熙祖皇帝皇后、仁祖皇帝皇后、仁宗昭皇帝皇后，同臨享祀。伏惟鑒知，謹告。

祫祭前一日，陳設德、懿、熙、仁太祖皇后，南向；成祖、宣宗、憲宗、睿宗、世宗，西向；仁宗、英宗、孝宗、武宗，東向。至期，上詣太廟行禮，儀同時享。

祝文：孝玄孫嗣皇帝，御名敢昭告於德祖皇帝、玄皇后，懿祖恒皇帝、恒皇后、熙祖裕皇帝、裕皇后、仁祖淳皇帝、淳皇后，太祖高皇帝、孝慈高皇后，成祖文皇帝、仁孝文皇后，仁宗昭皇帝、誠孝昭皇后，宣宗章皇帝、孝恭章皇后，皇高祖考英宗睿皇帝、皇高祖妣孝莊睿皇后，皇曾祖考憲宗純皇帝、皇曾祖妣孝貞純皇后，皇伯祖考孝宗敬皇帝、皇伯祖妣孝康敬皇后，皇祖考睿宗獻皇帝、皇祖妣慈孝獻皇后，皇伯考武宗毅皇帝、皇伯妣孝靜毅皇后，皇考世宗肅皇帝、皇妣孝潔肅皇后。時當歲暮，明旦新正。謹率群臣以牲、醴庶品恭詣太廟，特修祭祫，用伸追慕之情。尚享。

（明）申時行等《大明會典》卷八六《禮部四四·廟祀一·時享·祝文》

（洪武二十六年初定儀）維洪武□年歲次□月朔□日，孝玄孫皇帝御名，敢昭告於高曾祖考四廟太皇太后。時維孟春、夏、秋、冬禮嚴祭祀。謹以牲醴庶品，用申追慕之情。尚享。嘉靖間，稱六廟皇祖考妣太皇帝后、皇伯考孝宗敬皇帝、皇伯妣孝康敬皇后、皇考睿宗獻皇帝、皇妣慈孝獻皇后、皇兄武宗毅皇帝、孝靜毅皇后。萬曆七年，以概稱几廟，祖妣未明，更定祝文，通列九廟帝后聖號。

（嘉靖十年定孟春特享儀後罷）維嘉靖□年歲次□月朔□日，孝玄孫嗣皇帝御名，敢昭告於皇祖太祖高皇帝、孝慈高皇后。曰：時維孟春，禮嚴特祀。謹以牲帛庶品，用申追慕，伏惟鑒歆。尚享各廟文同，但隨廟異稱。

（嘉靖十年定時祫儀後罷）維嘉靖□年歲次□月朔□日，孝玄孫嗣皇帝御名，敢昭告於六廟皇祖考妣太皇太后、皇伯考孝宗敬皇帝、皇伯妣孝康敬皇后、皇兄武宗毅皇帝。曰：節序流邁，時維孟秋。氣序若流，時當孟夏。氣序雲邁，時維孟冬。謹以牲醴庶品，用薦時祫之禮，以申追慕之情。伏惟尚享。

（明）申時行等《大明會典》卷八七《禮部四五·廟祀二·太廟祝文》

維洪武□年□月□日，孝玄孫皇帝御名，敢昭告於高曾祖考四廟太皇太后。時當歲暮，明旦新正。謹率群臣，以牲醴庶品恭詣太廟，用申追慕之情。尚享弘治初祫祭祝文太廟祭告，維□年□月□日，孝玄孫嗣皇帝御名，謹遣某官敢昭告於入廟太皇太后、皇考憲宗純皇帝。茲者歲暮，特修祫祭之禮。恭迎懿祖皇帝同臨享祀，伏惟鑒知。謹告懿祖祭告，茲者歲暮恭於太廟，舉行祫祭之禮。祇請聖靈詣廟享祀，特申預告，伏惟鑒知。謹告。

（太廟祫祭）時當歲暮，明旦新正。謹率群臣，以牲醴庶品恭詣太廟，特修祫祭之禮。用申追慕之情。尚享。

（嘉靖十五年定大祫儀後罷）維嘉靖□年□月□日，孝玄孫嗣皇帝御名，敢昭告於德祖玄皇帝、玄皇后，懿祖恒皇帝、恒皇后，熙祖裕皇帝、裕皇后，仁祖淳皇帝、淳皇后，太祖高皇帝、孝慈高皇后，成祖文皇帝、仁孝文皇后，仁宗昭皇帝、誠孝昭皇后，皇高祖考宣宗章皇帝、皇高祖妣孝恭章皇后，皇曾祖考英宗睿皇帝、皇曾祖妣孝莊睿皇后，皇祖考憲宗純皇帝、皇祖妣孝貞純皇后，皇伯考孝宗敬皇帝、皇伯妣孝康敬皇后，皇考睿宗獻皇帝、皇妣慈孝獻皇后，皇兄武宗毅皇帝、孝静毅皇后。曰：氣序雲邁，歲事將終。謹率群臣，以牲帛醴齊粢盛庶品，修大祫禮於太廟，用申追感之情，伏惟尚享。

（嘉靖十七年睿宗獻皇帝祔廟儀）維嘉靖□年□月□日，孝玄孫嗣皇帝御名，敢昭告於太祖高皇帝、孝慈高皇后，成祖文皇帝、仁孝文皇后，仁宗昭皇帝、誠孝昭皇后，皇高祖考宣宗章皇帝、皇高祖妣孝恭章皇后，皇曾祖考英宗睿皇帝、皇曾祖妣孝莊睿皇后，皇祖考憲宗純皇帝、皇祖妣孝貞純皇后，皇祖考孝宗敬皇帝、皇考睿宗獻皇帝，皇兄武宗毅皇帝、孝静毅皇后。曰：兹者恭上皇考廟號，尊謚禮成。爰奉神主，謁祖祔祭。迎延列聖，同賜鑒歆。謹此躬祭之誠，以申合享之禮尚享。

（嘉靖十八年獻皇后祔廟儀）維嘉靖□年□月□日，孝玄孫嗣皇帝御名，謹昭告於祖宗列聖帝后。曰：兹奉皇妣慈孝貞順，仁敬誠一，安天誕聖。獻皇后神主升祔廟享，恭申祇謁。謹以牲牢醴齊粢盛庶品致祭，伏惟尚享。

（大禘今罷嘉靖十年定）維嘉靖□年□月□日孝玄孫嗣皇帝御名，敢昭告於皇初祖帝神。曰：仰惟先祖，肇我厥初。發祥鍾靈，啓我列聖，追慕德源，敬兹報祭，願來格斯。奉皇祖太祖高皇帝配侑。尚享。

（明）俞汝楫等《禮部志稿》卷二五

大享今罷。嘉靖十七年定。【略】祝文：維嘉靖某年某月某日，嗣天子臣某，恭奏享於皇天上帝。曰：時當季秋，咸成農事，群生蒙利，黎兆允安邦家。是賴帝德，敷天臣統臣工宜爲酬享。謹用玉幣犧牷祇謝生成大福，備此禋燎，奉皇考睿宗知天守道洪德淵仁寬穆純聖恭儉敬文獻皇帝，配帝侑歆。尚享。

（明）俞汝楫等《禮部志稿》卷二七《祠祭司職掌·廟祀》

嘉靖十年，定孟春特享儀。後罷。【略】祝文：維嘉靖某年歲次某月朔某日，孝孫嗣皇帝某敢昭告於皇祖太祖高皇帝、孝慈高皇后。曰：時維孟春，禮嚴特祀。謹以牲帛庶品用申追慕，伏惟鑒歆尚享。各廟文同，但隨廟異稱。

嘉靖十年，定時祫儀。後罷。【略】祝文：維嘉靖某年歲次某月某朔日，孝玄孫嗣皇帝某，敢昭告於六廟皇祖考妣太皇太后、皇伯考孝宗敬皇帝、皇伯妣孝康敬皇后、皇兄武宗毅皇帝。曰：節序流邁，時維孟秋。氣序若流，時當孟夏。氣序雲邁，時維孟冬。謹以牲醴庶品，用薦時祫之禮，以申追慕之情。伏惟尚享。

國朝歲除，祭太廟祝文，維洪武某年某月某日孝孫皇帝敢昭告於高曾祖。考四廟太皇太后時當歲暮，明旦新正謹率群臣以牲醴庶品恭詣太廟，用申追慕之情。尚享。

弘治初，祫祭祝文、太廟祭告：維某年某月某日，孝孫嗣皇帝某謹遣某官敢昭告於八廟太皇、太后、皇考憲宗純皇帝。茲者歲暮特修祫祭之禮，恭迎懿祖皇帝。同臨享祀，伏惟鑒知。謹祭懿祖，祭告茲者。歲暮恭於太廟舉行祫祭之禮，祗請聖靈詣廟享祝，特申預告，伏惟鑒知。謹告太廟，祫祭時當歲暮明旦新正，謹率群臣以牲、醴庶品恭詣太廟，特修祫祭之禮，用申追慕之情。尚享。

嘉靖十五年定大祫儀。後罷。祝文：維嘉靖某年某月某日，孝孫嗣皇帝某，敢昭告於德祖皇帝、皇后，懿祖恒皇帝、恒皇后，熙祖裕皇帝、裕皇后，仁祖淳皇帝、淳皇后，太祖高皇帝、孝慈高皇后，成祖文皇帝、仁孝文皇后，仁宗昭皇帝、誠孝昭皇后，皇高祖考宣宗章皇帝、皇高祖妣孝恭章皇后，皇曾祖考英宗睿皇帝、皇曾祖妣孝莊睿皇后，皇祖考憲宗純皇帝、皇祖妣孝貞純皇后，皇伯考孝宗敬皇帝、皇伯妣孝康敬皇后，皇考睿宗獻皇帝、皇妣慈孝獻皇后，皇兄武宗毅皇帝、皇嫂孝靜毅皇后。曰：氣序雲邁。歲事將終，謹率群臣，以牲帛、醴齊、粢盛庶品特修大祫禮於太廟，用申追感之情。伏惟尚享。

嘉靖十七年，睿宗獻皇帝祔廟儀。【略】祝文：維嘉靖某年某月某日，孝玄孫嗣皇帝某敢昭告于太祖高皇帝，孝慈高皇后，成祖文皇帝，仁孝文皇后，仁宗昭皇帝，誠孝昭皇后，皇高祖考宣宗章皇帝，皇高祖妣孝恭章皇后，皇曾祖考英宗睿皇帝，皇曾祖妣孝莊睿皇后，皇祖考憲宗純皇帝，皇祖妣孝貞純皇后，皇伯考孝宗敬皇帝，皇伯妣孝康敬皇后，皇兄武宗毅皇帝，皇嫂孝靜毅皇后。曰茲者恭上皇考廟號尊謚禮成。爰奉神主，謁祖祔祭。迎延列聖，同賜鑒歆。謹此躬祭之誠，以申合享之禮，尚享。

（獻皇后祔廟儀）祝文：維嘉靖某年某月某日，孝孫嗣皇帝某，敢昭告於祖宗列聖帝后。曰：茲奉皇妣慈孝貞順仁敬誠一安天誕聖獻皇后神主升祔廟享，恭申祗謁。謹以牲牢、醴齊、粢盛庶品致祭。伏惟尚享。

嘉靖十年，定前期上告廟如常儀。【略】祝文：維嘉靖某年某月某日，孝玄孫嗣皇帝某，敢昭告於皇初祖帝神。曰：仰惟先祖，肇我厥初，發祥鍾靈，啓我列聖，追慕德源，敬茲報祭，願來格斯，奉皇祖太祖高皇帝配侑。尚享。

改題高廟神主儀。【略】祝文：維嘉靖某年歲次月朔日，孝玄孫嗣皇帝某敢昭告于太祖開天行道肇紀立極大聖至神仁文義武俊德成功高皇帝，孝慈貞化哲順仁徽成天育聖至德高皇后。曰：玄孫恭於此月之初，尊皇祖聖謚禮成，即擬拜書。神主玄孫幼，而弗慎致。疾浹旬茲，卜吉期敢。敬奉主更題，既虔爰申祭告仰，惟聖德攸歆尊事之誠，永依萬世。尚享。

（明）俞汝楫等《禮部志稿》卷八三《宗廟備考·定太廟配享》

配享祝文曰：朕以孟春，嚴奉廟祀，追念忠烈，輔成開基。爰用牲、醴陳於廟，庭英靈如生。尚其與享。

（清）允祹等《大清會典》卷八三《太常寺》

維乾隆□年歲次正四/七十月朔越□日，孝孫嗣皇帝御名，敢昭告於太祖承天廣運聖德神功肇紀立極仁孝睿武端毅欽安弘文定業高皇帝、孝慈昭憲敬順仁徽懿德慶顯承天輔聖高皇后，太宗應天興國弘德彰武寬溫仁聖睿孝敬敏昭定隆道顯功文皇帝、孝端正敬仁懿哲順慈儇莊敏輔天協聖文皇后、孝莊仁宣誠恭懿至德純徽翊天啓聖文皇后，世祖體天隆運定統建極英睿憲欽文顯武大德弘功至仁純孝章皇帝、孝惠仁憲端懿慈淑恭安純德順天翼聖章皇后、孝康慈和莊懿恭惠溫穆端靖崇天育聖章皇后，聖祖合天弘運文武睿哲恭儉寬裕孝敬誠信中和功德大成仁皇帝、孝誠恭肅正惠安和淑懿儷天襄聖仁皇后、孝昭靜淑明惠正和安裕欽天順聖仁皇后、孝懿溫誠端仁憲穆和恪奉天佐聖仁皇后、孝恭宣惠溫肅定裕慈純贊天承聖仁皇后，世宗敬天昌運建中表正文武英明寬仁信毅大孝至誠憲皇帝、孝敬恭和懿順昭惠佐天翊聖憲皇后。曰：時屆孟春、夏、秋、冬，謹以牲帛醴齊，粢盛庶品，用展追思。伏惟尚饗。

（清）允祹等《大清會典》卷八三《太常寺》

維乾隆□年歲次十二月朔越二十日，孝孫嗣皇帝御名，敢昭告於肇祖原皇帝、原皇后，興祖直皇帝、直皇后，景祖翼皇帝、翼皇后，顯祖宣皇帝、宣皇后，太祖承天廣運聖德神功肇紀立極仁孝睿武端毅欽安弘文定業高皇帝、孝慈昭憲敬順仁徽懿德慶顯承天輔聖高皇后，太宗應天興國弘德彰武寬溫仁聖睿孝敬敏昭定隆道顯功文皇帝、孝端正敬仁懿哲順慈儇莊敏輔天協聖文皇后、孝莊仁宣誠憲恭懿至德純徽翊天啓聖文皇后，世祖體天隆運定統建極英睿欽文顯武大德弘功至仁純孝章皇帝、孝惠仁憲端懿慈淑恭安純德順天翼聖章皇后、孝康慈和莊懿恭惠溫穆端靖崇天育聖章皇后，聖祖合天弘運文武睿哲恭儉寬裕孝敬誠信中和功德大成仁皇帝、孝誠恭肅正惠安和淑懿儷天襄聖仁皇后、孝昭靜淑明惠正和安裕欽天順聖仁皇后、孝懿溫誠端仁憲穆和恪奉天佐聖仁皇后、孝恭宣惠溫肅定裕慈純贊天承聖仁皇后，世宗敬天昌運建中表正文武英明寬仁信毅大孝至誠憲皇帝、孝敬恭和懿順昭惠佐天翊聖憲皇后。曰：氣序已周，歲事告成。謹以牲、帛、醴齊、粢盛庶品，特修大祫禮於太廟，用申追感之情。伏惟尚饗。

詩文

（清）吳長元《宸垣識略》卷三《皇城一》

尤侗

孟夏時享恭紀：祖德開基遠，宗功創業宏。顯承三后配，享祀四時成。禴祭宜昭告，齋居致潔誠。諏辰逢会日，辨色訝新晴。肅肅鑾輿轉，駸駸羽騎行。千官趨劍佩，百辟拜簪纓。仙仗排空靜，爐香入座清。尊彝陳酒醴，俎豆薦粢盛。舞按咸池節，歌諧仲呂聲。皇哉通陟降，允矣格幽明。胗向純禧集，居歆景福并。嵩呼稱萬歲，四海樂升平。

王士禎

十月朔上親祭太廟，是夜雪，恭紀：烝嘗崇九廟，雲物麗層霄。三后神靈遠，中天陟降遥。至尊思胗蚴，列侍肅金貂。六出豐年喜，先迎御仗飄。

（清）于敏中等《日下舊聞考》卷九《國朝宮室》

乾隆五年御製孟秋時享太廟詩　玉斗迴旋届指庚，金輿夙駕紫鸞鳴。喬皇禮樂陳清廟，紈縵雲霞焕寶楹。陟降儼臨神鑒赫，顯承佑啓泰階平。禮成肅穆瞻霄漢，何限依遲霜露情。

三、祭祀記載

（一）明代祭祀記載

（清）談遷《國榷》卷五《太祖洪武五年壬子至七年甲寅》

十一月己亥，告於太廟曰：自古有天下者，祖皆配天。臣尚未敢，誠以功業猶未就，政治或闕，懼帝責焉。帝若問祖，祖告臣所行事善惡。帝鑒之。【略】

丁未享太廟，功臣廖永安、俞通海、張德勝、桑世杰、耿再成、胡大海、趙德勝侑焉。

（清）談遷《國榷》卷六《太祖洪武八年乙卯至十二年己未》

丁未，享太廟。【略】

甲申，享太廟。行家人禮，百官免陪享。享畢，諭陶凱曰：鬼神享於克誠心有警，乃不逸。其鑄銅人，高尺有五寸，手執簡書。曰：齋戒致齋之日，以致朕前。

（二）清代祭祀記載

（清）張廷玉等《清文獻通考》卷一一二《宗廟考六》

世祖章皇帝在位十八年，時享太廟，親詣行禮二十八。順治二年七月庚戌朔、三年七月乙巳朔、四年十二月丙寅歲暮、五年三月丁未清明節、七年七月壬子朔、八年十月乙巳朔、九年七月庚午朔、九年十月己亥朔、九年十二月丙寅歲暮、十年正月甲戌孟春、十年七月甲午朔、十年十月癸亥朔、十年十二月庚寅歲暮、十一年正月丁酉孟春、十一年七月戊子朔、十一年十月丁巳朔、十二年十月辛亥朔、十三年七月丁未朔、十三年十月乙亥朔、十三年十二月壬寅歲暮、十四年正月庚戌孟春、十四年四月癸酉朔、十四年七月壬寅朔、十四年十月庚午朔、十五年正月丙午孟春、十六年正月丁酉孟春、十六年七月庚申朔、十七年正月甲子孟春。【略】

聖祖仁皇帝在位六十一年，時享太廟，親詣行禮八十二。康熙元年正月乙酉、三年十月己未朔、四年十月癸丑朔、五年四月辛亥朔、六年正月乙酉、六年十月壬申朔、七年正月丁未、七年四月己巳、七年七月戊戌朔、七年十月丙寅朔、八年正月癸卯、八年七月壬辰朔、八年十月辛酉朔、九年正月丁酉、九年四月丁亥朔、九年七月乙卯朔、九年十月乙酉朔、十年正月戊午、十年四月壬午朔、十年七月庚戌朔、十一年正月乙卯、十一年七月甲辰朔、十二年正月丁丑、十二年四月庚子朔、十二年七月戊辰朔、十二年十月丁酉朔、十三年正月癸酉、十三年四月乙未朔、十四年正月乙丑、十四年四月己丑朔、十四年七月丁亥朔、十四年十月乙卯朔、十五年正月己丑、十五年四月癸丑朔、十五年七月辛巳朔、十五年十月庚戌朔、十六年四月丁未朔、十六年七月丙子朔、十七年正月庚辰、十七年七月己亥朔、十七年十月戊辰朔、十八年正月丙午、十八年四月乙丑朔、十八年十月壬戌朔、十九年正月乙未、十九年四月庚申朔、十九年七月戊子朔、十九年十月丙戌朔、二十年正月己未、二十年十月庚辰朔、二十一年正月丙辰、二十一年七月丙午朔、二十一年十月甲戌朔、二十二年四月癸酉朔、二十三年四月丙申朔、二十四年正月癸酉、二十四年四月庚寅朔、二十四年十月戊子朔、二十五年正月乙丑、二十五年四月乙酉朔、二十五年十月壬子朔、二十六年四月戊申朔、二十六年十月丙午朔、二十七年十月庚子朔、二十八年四月丁卯朔、二十九年四月壬戌朔、三十年正月壬辰、三十年十月壬午朔、三十三年四月戊辰朔、三十三年十月乙未朔、三十四年四月壬辰朔、三十七年正月壬午、三十七年四月乙巳朔、三十八年十月乙丑朔、三十九年四月甲子朔、三十九年十月庚申朔、四十年四月戊午朔、四十年十月甲寅朔、四十三年四月庚午朔、四十三年十月戊辰朔、四十四年十月辛卯朔、四十九年十月壬戌朔。【略】

（雍正）十年正月癸亥，享太廟，上命皇四子皇上御名行禮。【略】

十二年正月壬午，享太廟，上命皇四子寶親王皇上御名行禮。四月丙午朔，享太廟，上命皇四子寶親王皇上御名，行禮。五月定供列祖忌辰牌。【略】

世宗憲皇帝在位十三年，時享太廟，親詣行禮三十。雍正元年正月丙戌、元年十月丁未朔、二年四月甲辰朔、二年七月壬寅朔、二年十月辛未朔、三年正月丁未、三年四月戊辰朔、三年七月丙申朔、三年十月乙丑朔、四年正月丙午、四年四月癸亥朔、四年十月己未朔、五年正月丁酉、五年四月丁亥朔、五年十月癸未朔、六年正月癸亥、六年四月辛巳朔、六年十月戊寅朔、七年正月乙卯、七年四月乙亥朔、七年十月壬寅朔、八年正月己卯、八年四月己亥朔、九年正月甲戌、十年十月乙卯朔、十一年正月丁亥、十一年四月壬子朔、十一年十月己酉朔、十二年十月癸卯朔、十三年正月乙亥。

（清）張廷玉等《清文獻通考》卷一一三《宗廟考七·太廟時享》

雍正十三年九月己亥皇上登極，癸丑定三年內太廟儀。皇上親詣或遣官恭代俱用禮服作樂，先期齋戒用素服冠綴纓緯，視祝版用禮服，時上定行持服三年之禮。

（乾隆）二年七月乙巳，以營修奉先殿，恭奉列祖列后神牌暫安太廟，遣官祗告太廟。八月定素服不入廟之制。【略】六年十一月丙寅，命審定太廟樂章字譜。【略】

十三年正月丁亥，命敬造太廟祭器仿古範銅。【略】

（乾隆）四十二年正月壬辰，以皇太后升遐，重定百日內及二十七月內致祭太廟服色各儀。【略】

皇上登極以來，乾隆元年至五十年時享太廟，親詣行禮六十六。乾隆元年正月丙午、元年四月乙丑朔、元年七月癸巳朔、元年十月辛酉朔、二年正月乙未、二年四月己未朔、二年七月丁亥朔、二年十月乙酉朔、三年正月戊午、三年四月癸未朔、三年七月辛亥朔、三年十月庚辰朔、四年正月乙卯、五年七月己巳朔、五年十月戊戌朔、六年四月乙未朔、六年十月壬辰朔、七年七月戊午朔、七年十月丙戌朔、九年正月丙戌、十年十月己亥朔、十一年正月乙亥、十一年四月丙寅朔、十二年四月庚申朔、十二年十月戊午朔、十三年七月癸未朔、十三年十月壬午朔、十四年十月丙子朔、十六年正月癸卯、十六年十月甲午朔、十七年十月戊子朔、十八年四月丙戌朔、十九年四月庚辰朔、二十年四月甲辰朔、二十一年十月乙丑朔、二十三年四月丙辰朔、二十三年十月甲寅朔、二十四年十月戊寅朔、二十五年四月乙亥朔、二十六年四月庚午朔、二十七年十月庚寅朔、二十八年十月甲申朔、二十九年四月壬午朔、三十年十月癸卯朔、三十一年四月庚子朔、三十二年十月辛酉朔、三十三年四月戊午朔、三十三年十月乙卯朔、三十四年十月己酉朔、三十六年正月丁未、三十七年正月甲辰、三十七年十月壬戌朔、三十八年十月丙戌朔、三十九年十月辛巳朔、四十年十月乙亥朔、四十一年十月己亥朔、四十二年七月甲子朔、四十二年十月癸巳朔、四十三年十月丁巳朔、四十四年十月辛亥朔、四十五年十月丙午朔、四十六年十月庚午朔、四十七年四月丁卯朔、四十七年十月甲子朔、四十九年十月癸未朔、五十年十月丁丑朔。

（清）張廷玉等《清文獻通考》卷一一四《宗廟考八·太廟祫祭》

世祖章皇帝順治十六年定祫祭太廟，親詣行禮二。順治十六年十二月乙卯、十七年十二月己酉。

聖祖仁皇帝在位六十一年，祫祭太廟，親詣行禮三十二。順治十八年十二月癸酉，康熙元年十二月戊辰、二年十二月壬戌、三年十二月丙戌、四年十二月庚辰、五年十二月甲戌、六年十二月戊戌、七年十二月癸巳、九年十二月辛亥、十年十二月丙午、十一年十二月庚子、十二年十二月甲子、十三年十二月戊午、十四年十二月壬午、十五年十二月丙子、十六年十二月辛未、十七年十二月乙未、十八年十二月己丑、十九年十二月癸丑、二十年十二月丁未、二十二年十二月乙丑、二十四年十二月甲寅、二十五年十二月戊寅、三十二年十二月丁酉、三十六年十二月乙亥、三十七年十二月己巳、三十八年十二月癸巳、三十九年十二月丁亥、四十年十二月辛巳、五十年十二月癸未、五十二年十二月辛丑、五十九年十二月辛酉。

世宗憲皇帝在位十三年，祫祭太廟，親詣行禮十一。雍正元年十二月甲戌、二年十二月戊戌、三年十二月壬辰、四年十二月丙戌、五年十二月庚戌、六年十二月甲辰、七年十二月戊辰、九年十二月丁巳、十年十二月辛巳、十一年十二月丙子、十二年十二月庚午。

皇上登極以來，乾隆元年至五十年，祫祭太廟，親詣行禮四十九。雍正十三年十二月甲午、乾隆元年十二月戊子、二年十二月壬子、三年十二月丙午、五年十二月乙丑、六年十二月己未、七年十二月甲寅、八年十二月丁丑、九年十二月辛未、十年十二月丙寅、十一年十二月己丑、十二年十二月甲申、十三年十二月戊申、十四年十二月癸卯、十五年十二月丁酉、十六年十二月辛酉、十七年十二月乙卯、十八年十二月己酉、十九年十二月癸酉、二十年十二月丁卯、二十一年十二月辛卯、二十二年十二月丙戌、二十三年十二月辛巳、二十四年十二月乙巳、二十五年十二月己亥、二十六年十二月癸巳、二十七年十二月丁巳、二十八年十二月辛亥、二十九年十二月乙巳、三十年十二月己巳、三十一年十二月甲子、三十二年十二月戊子、三十三年十二月癸未、三十四年十二月丁丑、三十五年十二月辛丑、三十六年十二月乙未、三十七年十二月己丑、三十八年十二月癸丑、三十九年十二月丁未、四十年十二月辛未、四十一年十二月丙寅、四十二年十二月庚申、四十三年十二月甲申、四十四年十二月戊寅、四十五年十二月壬申、四十六年十二月丙申、四十七年十二月辛卯、四十九年十二月己酉、五十年十二月甲辰。

（清）嵇璜、劉墉等《清通志》卷三八《禮略・吉禮三・太廟》

臣等謹案：《鄭志》列"宗廟"一門，具詳歷代建廟之制度，其祭享儀節，則分見於時享祫禘諸門。我朝列祖以來，洪模景爍，遠軼前代，謹詳盛京太廟之始，冠於篇首。至京師太廟，并詳稽列聖以來，尊崇升祔之典備著篇中，即仿《鄭志》"宗廟"一門之體例云。

天聰十年四月，太宗文皇帝受尊號，建國大清，改元崇德。即盛京立太廟於撫近門東。

崇德元年四月，奉安列祖太祖神位於太廟，追尊始祖爲澤王、高祖爲慶王、曾祖爲昌王、祖爲福王。恭上太祖尊諡曰承天廣運聖德神功肇紀立極仁孝武皇帝，廟號太祖，皇太后尊諡曰孝慈昭憲純德貞順成天育聖武皇后。前殿安奉太祖、太后神位，後殿正中安奉始祖神位，左安奉高祖神位，右安奉曾祖神位，次左安奉祖神位，皆南面。是日，親行大饗之禮。五月，薦櫻桃於太廟，時有以新櫻桃獻者，太宗文皇帝命薦於太廟，嗣後凡新進果品五穀先薦太廟，然後進御，著爲令。

順治元年九月，世祖章皇帝定鼎燕京，立太廟於端門之左，恭奉太祖武皇帝，神主孝慈武皇后神主，大行皇帝神主奉安太廟。十月，恭上大行皇帝尊諡曰應天興國弘德彰武寬溫仁聖睿孝文皇帝，廟號太宗。

二年七月，恭進太祖武皇帝、孝慈武皇后，太宗文皇帝玉册、玉寶奉安太廟。

五年四月，以重修太廟遣官祇告，恭奉神牌暫安後殿。六月，以太廟工成遣官祇告，奉安神位於正殿。十一月冬至，追尊列祖。太祖以上四世始祖，澤王爲肇祖原皇帝，始祖妣爲原皇后，慶王爲興祖直皇帝，妣爲直皇后，昌王爲景祖翼皇帝，妣爲翼皇后，福王爲顯祖宣皇帝，妣爲宣皇后。是日，世祖章皇帝親詣後殿奉安神位致，祭如時享儀。

七年二月，恭上大行皇太后尊謚曰孝端正敬仁懿莊敏輔天協聖文皇后。

八年正月，恭奉孝端文皇后神主升祔太廟。前一日，遣官祇告。是日，世祖章皇帝親詣行禮，先奉神主祇見太祖武皇帝、孝慈武皇后、太宗文皇帝、世祖章皇帝，恭代行三跪九拜禮，興。恭奉神主奉安於太宗文皇帝之次，行一跪三拜禮。畢，行大饗禮如儀。

九年二月，恭進四祖考皇帝、四祖妣皇后，孝端文皇后玉冊、玉寶奉安太廟。

十年，定太廟懸慶成燈歲元宵，自正月初七日起至十七日止。

十八年正月，聖祖仁皇帝登極。三月，恭上大行皇帝尊謚曰體天隆運英睿欽文大德功至仁純孝章皇帝，廟號世祖。十月，新建太廟神廚門成。十一月，恭奉世祖章皇帝神主升祔太廟。前一日，遣官祇告。是日，聖祖仁皇帝親奉神主恭代行祇見禮，奉安神座行禮，大饗如儀，後殿遣官行禮。是年，恭進世祖章皇帝玉冊、玉寶奉安太廟。

康熙元年四月，恭改上太祖武皇帝尊謚曰太祖承天廣運聖德神功肇紀立極仁孝睿武文定業高皇帝，孝慈武皇后尊謚曰孝慈昭憲敬順慶顯承天輔聖高皇后，恭加上太宗文皇帝尊謚曰太宗應天興國弘德彰武寬溫仁聖睿孝隆道顯功文皇帝，奉安神位於太廟。

九年閏二月，諸王大臣等遵旨議奏慈和皇太后配祀世祖章皇帝，宜加上尊謚爲章皇后。五月，恭奉孝康章皇后神主奉安太廟。

十三年，恭進孝康章皇后玉冊、玉寶奉安太廟。

二十七年十月，恭上大行太皇太后尊謚曰孝莊仁宣誠憲恭懿翊天啓聖文皇后。是月，恭奉孝莊文皇后神主升祔太廟，大臣二人恭奉世祖章皇帝、孝康章皇后神主避立於旁，聖祖仁皇帝恭奉神主奉安於拜位，恭代行祇見禮三跪九拜，興。恭奉神主奉安於孝端文皇后神位之次，行一跪三拜禮，興。大臣二人恭請世祖章皇帝、孝康章皇后神主奉安於拜位，聖祖仁皇帝恭代行祇見禮三跪九拜，興。大臣二人奉安世祖章皇帝、孝康章皇后神主於寶座，一跪三叩。退，行大饗禮如儀。

三十三年，恭進孝莊文皇后玉冊、玉寶奉安太廟。

五十七年三月，恭上大行皇太后尊謚曰孝惠仁憲端懿純德順天翊聖章皇后。十二月，恭奉孝惠章皇后神主升祔太廟。先是，奉諭旨：皇太后係朕嫡母，神牌升祔太廟，奉先殿應安奉於慈和皇太后神牌之上，王大臣等遵旨議奏。得旨，是太廟前殿致祭孝惠章皇后寶座設於世祖章皇帝寶座之次，孝康章皇后寶座設於孝惠章皇后寶座之次。至中殿，安奉世祖章皇帝神位居中，孝惠章皇后神位居左，孝康章皇后神位居右，均南向。

五十九年，恭進孝惠章皇后玉冊、玉寶奉安太廟。

六十一年十一月，世宗憲皇帝登極。

（雍正元年）九月，恭奉聖祖仁皇帝神主、孝誠仁皇后神主，孝昭仁皇后神主、孝懿仁皇后神主、孝恭仁皇后神主，升祔太廟。【略】世宗憲皇帝恭代行祇見列祖列后禮，奉安神座，行大饗禮如儀。

三年五月，恭修飾太廟神牌。

六年十二月，恭進太祖高皇帝、孝慈高皇后，太宗文皇帝、孝端文皇后、孝莊文皇后，世祖章皇帝、孝惠章皇后、孝康章皇后，聖祖仁皇帝、孝誠仁皇后、孝昭仁皇后、孝懿仁皇后、孝恭仁皇后玉册、玉寶，奉安太廟。先是，大學士等遵旨議列祖列后玉寶修平，舊篆敬鎸加上尊謚，新造玉册并舊進玉册一同珍奉。至是，行禮如儀。

乾隆元年正月，命修太廟。三月，以加上列祖列后尊謚，恭修飾太廟神牌，遣官祇告。是月，恭加上太祖承天廣運聖德神功肇紀立極仁孝睿武端毅欽安弘文定業高皇帝、孝慈昭憲敬順仁徽懿德慶顯承天輔聖高皇后，太宗應天興國弘德彰武寬溫仁聖睿孝敬敏昭定隆道顯功文皇帝、孝端正敬仁懿哲順慈僖莊敏輔天協聖文皇后、孝莊仁宣誠憲恭懿至德純徽翊天啓聖文皇后，世祖體天隆運定統建極英睿欽文顯武大德弘功至仁純孝章皇帝、孝惠仁憲端懿慈淑恭安純德順天翊聖章皇后、孝康慈和莊懿恭惠溫穆端靖崇天育聖章皇后，聖祖合天弘運文武睿哲恭儉寬裕孝敬誠信中和功德大成仁皇帝、孝誠恭肅正惠安和淑懿儷天襄聖仁皇后、孝昭靜淑明惠正和安裕欽天順聖仁皇后、孝懿溫誠端仁憲穆和恪奉天佐聖仁皇后、孝恭宣惠溫肅定裕慈純贊天承聖仁皇后尊謚於太廟。

二年三月，恭奉世宗憲皇帝神主、孝敬憲皇后神主升祔太廟。皇上親詣行禮，恭代祇見奉安神座，行大饗禮如儀。

三年二月，興工修太廟。先期，親詣祇告，恭奉後殿四祖、四后神牌，中殿列祖、列后神牌暫安前殿。六月，後殿工竣，恭奉四祖、四后神牌還。御前一日，親詣祇告。九月中，殿工竣，恭奉列祖列后神牌還，御前一日親詣祇告。

四年九月，前殿工竣。親詣敬瞻，御齋宮致齋三日，行大饗禮。是月，恭進太祖高皇帝、孝慈高皇后，太宗文皇帝、孝端文皇后、孝莊文皇后，世祖章皇帝、孝惠章皇后、孝康章皇后，聖祖仁皇帝、孝誠仁皇后、孝昭仁皇后、孝懿仁皇后、孝恭仁皇后，世宗憲皇帝、孝敬憲皇后玉册玉寶奉安太廟。

四十二年三月，恭上大行皇太后尊謚曰孝聖慈宣康惠敦和敬天光聖憲皇后，恭奉神位升祔太廟。皇上親詣行禮，恭代祇見奉安神座，行大饗禮如儀。恭奉孝聖憲皇后玉册、玉寶奉安太廟。

（清）嵇璜、劉墉等《清通志》卷一八○《宗廟考二·太廟》

順治元年九月，世祖章皇帝定鼎燕京，立太廟。

九月壬子，恭奉太祖承天廣運聖德神功肇紀立極仁孝武皇帝神主，孝慈昭憲純德貞順成天育聖武皇后神主，大行皇帝神主，奉安太廟。

十月辛酉，恭上大行寬溫仁聖皇帝尊謚曰應天興國弘德彰武寬溫仁聖睿孝文皇帝，廟號太宗。前一日，遣官祭告天地、社稷。是日，遣固山額真、譚泰等祭告太廟，遣固山額真、宗室、拜尹圖祭告大行皇帝。凡上尊謚，皆前祭告。

二年七月甲子，恭進太祖武皇帝、孝慈武皇后、太宗文皇帝玉册、玉寶奉安太廟。先期，太常寺官設案於太廟神位前。是日，禮部鴻臚寺官設案於武英殿內，院官奉册居左，寶居右，并祝文置各案上，設彩亭於殿門外。陪祭官太廟門外序立，不陪祭官午門外序立。上出武英殿恭閱册寶祝文，行一跪三拜禮。畢，西立內院官奉册寶、授捧册，捧寶官安彩亭內恭送入太廟，午門外官、太廟門外官跪迎，由太廟中門進至前殿奉安。畢，禮部尚書覺羅郎球、大學士剛林、學士伊圖進後殿一跪三叩，興。郎球奉太祖武皇帝神主，伊圖奉孝慈武皇后神主，剛林奉太宗文皇帝神主出安於前殿，一跪三叩，興。贊引官引代祭官由右門進，各官皆進序立。典儀官贊樂舞生就位，執事官各司其事。贊禮官贊就位，代祭官就位。協律郎贊奏開平樂，行迎神禮，鳴贊官贊代祭官，同各官行三跪九叩禮。畢，典儀官贊進册。贊引官引代祭官至香案前，鳴贊官贊，跪贊進册，蔣赫德、劉清泰、恩格德跪從案。上捧册以次進於代祭官，代祭官受獻。訖，授內院大學士剛林、祁充格，學士伊圖跪接置於各案贊宣册，剛林、祁充格、伊圖各跪册案前。宣畢，三叩，贊進寶，蔣赫德、劉清泰、恩格德跪從案，上捧寶以次進於代祭官，代祭官受獻。訖，授剛林、祁充格、伊圖跪接置於各案贊宣寶。剛林、祁充格、伊圖各跪寶案前宣。畢，三叩，贊禮官贊，叩頭。代祭官三叩，贊復位，代祭官復位。贊行禮，代祭官同各官行三跪九叩禮。畢，典儀官贊行初獻禮。太祖神位前，甲喇章京陳泰獻帛，侍衛噶布喇穆成格獻酒。太宗神位前，侍衛巴泰獻帛，侍衛穆理瑪獻酒，協律郎贊奏壽平樂。獻畢，樂暫止。贊禮官贊跪，代祭官跪，各官皆跪。鳴贊官贊宣祝，宣祝官一跪三叩，捧祝文跪。【略】

五年四月癸酉，以重修太廟。遣官祇告，恭奉神牌暫安後殿。六月癸亥，以太廟工成遣官祇告，奉安神位於正殿。

十一月戊辰冬至，追尊肇祖原皇帝、原皇后，興祖直皇帝、直皇后，景祖翼皇帝、翼皇后，顯祖宣皇帝、宣皇后，恭奉神主奉安太廟。是日，世祖章皇帝親詣後殿奉安神位，致祭如時享儀。【略】

八年正月丁卯，恭奉孝端正敬仁懿莊敏輔天協聖文皇后神主升附太廟。前一日，遣官祇告太廟。是日，世祖章皇帝親詣行禮，先奉神主祇見太祖武皇帝、孝慈武皇后、太宗文皇帝、世祖章皇帝，恭代行三跪九拜禮，興。恭奉神主奉安於太宗文皇帝神位之次，行一跪三拜禮。畢，行大饗禮如儀。凡升祔皆前祇告。

九年二月己未，恭進四祖考皇帝、四祖妣皇后、孝端文皇后玉册玉寶，奉安太廟。

十年，定太廟懸慶成燈，每歲元宵自正月初七日起至十七日止。令工部豫期辦造街門、中門一對，左右門各一磚；城中門一對，左右門各一；戟門中門一對，左右門各一；前殿中門一對，左右門各一；中殿中門一對，左右門各一；後殿中門一對，左右門各一；東廡、西廡各一。

十三年十二月戊戌，命太廟匾額停書蒙古字，止書滿漢字。十八年正月己未，聖祖仁皇帝即位。【略】

十月戊申新建太廟，神廚門成。

十一月己亥，恭奉世祖體天隆運英睿欽文大德弘功至仁純孝章皇帝神主升祔太廟。先是，四月丙申，聖祖仁皇帝命大學士進觀德殿，恭捧入太廟神位。至壽皇殿門外黃幄，內滿漢大學士各一員於神字空處填青。又於觀德殿內恭捧入奉先殿神位，隨入太廟神位。輿後由景山東門出，至景運門。聖祖仁皇帝素服奉迎，隨輿後行至乾清宮，先捧入太廟神位，安設黃案，上次捧入奉先殿神位，安設入太廟神位之右，行安神位禮，俟欽天監擇吉捧入太廟奉先殿。是日，聖祖仁皇帝素服詣乾清宮世祖章皇帝神主前行禮，奉請神主安。黃輿內易祭服，升輦後隨進太廟，恭捧世祖章皇帝神主，祇見太祖武皇帝、孝慈武皇后、太宗文皇帝、孝端文皇后，聖祖仁皇帝，恭代行三跪九拜禮，興。恭奉神主奉安於太祖武皇帝神位之西旁，東向，行一跪三拜禮。畢，行大饗禮。後殿遣官行禮，均如時享儀。是年，恭進世祖章皇帝玉冊玉寶，奉安太廟。【略】

（康熙）九年五月丙辰朔，恭奉孝康慈和莊懿恭惠崇天育聖章皇后神主升附太廟。【略】是日，聖祖仁皇帝御禮服，恭捧孝康章皇后神牌行祇見列聖列后禮，奉安於世祖章皇帝神位之右，行大饗禮與順治十八年同。

十三年，恭進孝康章皇后玉冊、玉寶，奉安太廟。是日，禮部工部捧設行禮。【略】

（康熙二十七年□月）辛酉，恭奉孝莊仁宣誠憲恭懿翊天啓聖文皇后神主升祔太廟。是日，大臣二人恭奉世祖章皇帝、孝康章皇后神主，避立於旁。聖祖仁皇帝恭奉神主奉安於拜位，恭代行祇，見太祖高皇帝、孝慈高皇后、太宗文皇帝禮，三跪九拜，興。恭奉神主奉安於孝端文皇后神位之次，行一跪三拜禮，興。大臣二人恭請世祖章皇帝、孝康章皇后神主奉安於拜位，聖祖仁皇帝恭代行祇，見孝莊文皇后禮，三跪九拜，興。大臣二人奉安世祖章皇帝、孝康章皇后神主於寶座，一跪三叩。退，行大饗禮。

三十三年，恭進孝莊文皇后玉冊、玉寶，奉安太廟。【略】

（五十七年）十二月己未，恭奉孝惠仁憲端懿純德順天翊聖章皇后神主升祔太廟。【略】是日，遣和碩誠親王允祉恭代行禮，王公百官陪祀，與親詣同太廟前殿，致祭孝惠章皇后寶座設於世祖章皇帝寶座之次，孝康章皇后寶座設於孝惠章皇后寶座之次。至中殿，安奉世祖章皇帝神位居中，孝惠章皇后神位居左，孝康章皇后神位居右，均南向。先奉神主行祇見列聖列后。禮畢，行大饗禮。

五十九年，恭進孝惠章皇后玉冊、玉寶奉安太廟。

康熙六十一年十一月辛丑，世宗憲皇帝登極。雍正元年二月己巳，恭奉冊寶，上

大行皇帝尊謚曰合天弘運文武睿哲恭儉寬裕孝敬誠信功德大成仁皇帝，廟號聖祖。【略】

臣等謹按：凡香册、香寶，致祭時、恭獻後即奉安山陵。絹册、絹寶，宣讀送燎位，是皆上尊謚所用也。若夫進玉册、玉寶，則以尊藏太廟。

七月癸巳，以加上列祖列后尊謚，恭修飾太廟神牌，遣官行禮。【略】

九月庚辰，恭奉聖祖合天弘運文武睿哲恭儉寬裕孝敬誠信功德大成仁皇帝神主、孝誠恭肅正惠安和儷天襄聖仁皇后神主、孝昭静淑明惠正和欽天順聖仁皇后神主、孝懿溫誠端仁憲穆奉天佐聖仁皇后神主、孝恭宣惠溫肅定裕贊天承聖仁皇后神主，升祔太廟。【略】

（雍正）三年五月丙辰，恭修飾太廟神牌。是月戊戌朔，禮部奏欽天監敬擇本月十九日申時修飾神牌，太廟派太常寺卿行禮，恭捧神牌交承修官敬謹修飾。得旨是。

六年十二月癸巳，恭進太祖高皇帝、孝慈高皇后，太宗文皇帝、孝端文皇后、孝莊文皇后，世祖章皇帝、孝惠章皇后、孝康章皇后，聖祖仁皇帝、孝誠仁皇后、孝昭仁皇后、孝懿仁皇后、孝恭仁皇后玉册玉寶奉安太廟。先是庚寅，諭：册寶告成，恭進太廟奉安事關大典，朕親詣行禮，其應行禮儀，著怡親王、大學士會同禮部詳定具奏。其恭捧玉册、玉寶之員，著將王、貝勒、貝子、公、大學士、部院堂官、旗下頭等大臣開列請旨。辛卯，禮部以職名奏奉硃筆圈出十七員，又硃筆批出九員。是日，世宗憲皇帝親詣行禮。

（清）嵇璜、劉墉等《清通志》卷一一〇《宗廟考四·太廟》

是日辰時，皇上素服於太和門，恭閱孝敬皇后尊謚册寶，行禮畢，預詣田村享殿大門外東邊幄次恭候，已時册寶至田村享殿，皇上詣孝敬皇后梓宮前恭獻册寶行禮。册文曰：慈徽永慕，垂懿範於千秋。茂典追崇，耀鴻聲於萬葉。晉瑶函而展孝，溯淑德以揚休。欽惟皇妣孝敬皇后，體順承天，含章應地，性成純孝，重闈之奉養，備得歡心。化洽肅雍朱邸之贊，襄久彰令。則迫正中宮之位元，益宏内治之功，躬節儉以表率宮廷，履敬順而分憂宵。旰溫恭示教茂昭愷悌之風，惠愛覃敷咸頌寬和之德。顧惟冲耳，夙荷恩暉，蘭殿瞻依，緬訓言之如。

乾隆元年三月丙申，以加上列祖列后尊謚恭修飾太廟神牌，遣官祇告。【略】

乾隆二年三月癸巳，恭奉世宗敬天昌運建中表正文武英明寬仁信毅大孝至誠憲皇帝神主，孝敬恭和懿順昭惠佐天翊聖憲皇后神主升祔太廟。是日，神主黄輿由永定門、正陽門入，隨從王大臣、官員朝服隨行，在京文武大臣官員朝服於大清門外跪迎，鹵簿設端門内，不作樂。皇上預詣太廟街門外，幄次恭候。辰時，黄輿至，皇上率諸王、貝勒、貝子、公等朝服跪迎於端門外，隨黄輿入太廟街門。至磚城門外，皇上詣世宗憲皇帝黄輿前，跪行三拜禮，和親王弘晝詣孝敬憲皇后黄輿前行禮。畢，皇上恭捧世宗憲皇帝神主，和親王弘晝恭捧孝敬憲皇后神主隨後，由磚城門戟門東門入，升正面東階進太廟東，楅扇預設世宗憲皇帝拜褥於中，孝敬憲皇后拜褥於右。稍後，皇上恭捧世宗憲皇帝神主向上立，和親王弘晝恭捧孝敬憲皇后神主右次向上。稍後，立贊引官跪奏世宗憲皇帝，孝敬憲皇后升祔太廟，行參拜禮。皇上恭捧世宗憲皇帝神主跪安於拜褥上，和親王弘晝恭捧孝敬憲皇后神主亦跪安於拜褥上。和親王弘晝由西楅扇退出門檻外立，皇上就位，行三跪九拜禮。畢，皇上恭捧世宗憲皇帝神主奉安於世祖章皇帝神位之次第一位寶座上，和親王弘晝進西楅扇恭捧孝敬憲皇后神主奉安第二位寶座上。和親王退出歸班次，皇上行三拜禮。畢，復位，行升祔太廟，致祭如時享儀。

乾隆三年二月甲申，興工修太廟。先期正月庚辰，皇上親詣祗告，恭奉後殿四祖四后神牌、中殿列祖列后神牌暫安前殿。

六月，後殿工竣。戊申，恭奉四祖四后神牌還御，前一日親詣祗告。九月，中殿工竣。甲戌，恭奉列祖列后神牌還御，前一日親詣祗告。四年九月庚午，前殿工竣，上親詣太廟致祭。先是丁卯，前殿懸匾遣官祗告，上復親詣敬謹瞻視，尋以親祭太廟，御齋宮致齋三日。壬申，恭進太祖高皇帝、孝慈高皇后，太宗文皇帝、孝端文皇后、孝莊文皇后，世祖章皇帝、孝惠章皇后、孝康章皇后，聖祖仁皇帝、孝誠仁皇后、孝昭仁皇后、孝懿仁皇后、孝恭仁皇后，世宗憲皇帝、孝敬憲皇后玉冊玉寶，奉安太廟。先二日庚午，奉諭旨：孟冬太廟時享，朕已有旨親詣行禮，因日來體中微覺畏風，欲稍避清晨寒氣。屆期，著和親王弘晝恭代。二十八日，恭進冊寶係選定辰，時朕仍親詣行禮。

乾隆三十八年六月庚寅，恭修列祖神牌，遣官祗告。【略】

四十年七月戊午，恭修太廟神牌，托座龕帳。是月，太常寺奏天壇、祈穀壇、地壇、太廟神位下泥金托座年久，金色淡薄，請交工部修理，并添製木匣，仍用綿袱包，貯以昭慎重。又太廟後殿、中殿龕帳，均請交造辦處換造。從之。

(四十二年) 五月乙丑，恭奉孝聖慈宣康惠敦和敬天光聖憲皇后神主升祔太廟。是日，皇上具禮服出宮，詣太廟街門外幄次祗俟，諸王、貝勒、貝子、公等咸朝服以從，在京文武大臣官員俱朝服於大清門外恭候。鹵簿全設於午門外，樂設而不作。卯刻，黃輿入正陽門，大臣官員跪迎至端門外，皇上率諸王、貝勒、貝子等南向跪迎，隨黃輿入太廟，由街門中門至戟門外。黃輿止，皇上詣孝聖憲皇后。黃輿前行一跪三叩禮畢，恭捧神牌由戟門左門入，升正面東階進太廟東，楅扇執事官預設孝聖憲皇后寶座於孝敬憲皇后寶座之次，又預設孝聖憲皇后拜褥於正中，北向。皇上恭捧神牌向上，立贊引官跪奏，孝聖憲皇后升祔太廟行參拜禮。皇上恭捧孝聖憲皇后神牌跪安於拜褥上，皇上恭代行三跪九叩禮。畢，皇上恭捧孝聖憲皇后神牌奉安於西序，東向，孝敬憲皇后之次寶座上，皇上行一跪三拜禮。畢，復位，行升祔太廟致祭禮，如時享儀。五月甲戌，恭進孝聖憲皇后玉冊、玉寶奉安太廟，上親詣行禮。

四十七年十月甲子朔，上以時享親詣行禮，恭奉重鐫列祖列后玉冊、玉寶奉安太廟。

（清）嵇璜、劉墉等《清通典》卷四五《禮五·吉禮五·大祫太廟》

臣等謹奉《杜典》於天子宗廟一門具詳歷代建廟之制。欽維本朝列祖以來，太廟尊崇之典遠隆前代，敬稽大禮：一爲升祔入廟，一爲加上尊謚，一爲恭進册寶。謹概著於篇中，至時享祫祭并仿杜典之例，各列一門云。

天聰十年四月，太宗文皇帝受尊號，建國大清，改元崇德。即盛京，立太廟於撫近門東。

崇德元年四月，追尊始祖爲澤王，高祖爲慶王，曾祖爲昌王，祖爲福王，恭上太祖尊謚曰承天廣運聖德神功肇紀立極仁孝武皇帝，廟號太祖。皇太后尊謚曰孝慈昭憲純德貞順成天育聖武皇后。前殿安奉太祖、太后神位，後殿安奉四祖神位，太宗文皇帝親行大饗之禮。

順治元年九月，世祖章皇帝定鼎燕京，立太廟於端門左，南向。恭奉太祖承天廣運聖德神功肇紀立極仁孝武皇帝神主、孝慈照憲純德貞順成天育聖武皇后神主、大行皇帝神主奉安太廟。十月，恭上大行寬溫仁聖皇帝尊謚曰應天興國弘德彰武寬溫仁聖睿孝文皇帝，廟號太宗。前一日，遣官祭告天、地、社稷。至日，遣官祭告太廟。

二年七月，恭進太祖武皇帝、孝慈武皇后、太宗文皇帝玉册、玉寶，奉安太廟。五年四月，以重修太廟遣官祗告，恭奉神牌暫安後殿。六月工成，遣官祗告奉安神位於正殿。十一月，追尊太祖以上四世始祖澤王爲肇祖原皇帝，始祖妣爲原皇后，曾祖慶王爲興祖直皇帝，曾祖妣爲直皇后，祖昌王爲景祖，翼皇帝祖妣爲翼皇后，考福王爲顯祖宣皇帝，妣爲宣皇后。世祖章皇帝親詣後殿奉安神位，致祭如時享儀。

七年二月，恭上大行皇太后尊謚曰孝端正敬仁懿莊敏輔天協聖文皇后。

八年正月，恭奉孝端正敬仁懿莊敏輔天協聖文皇后神主升祔太廟。前一日，遣官祗告。至日，世祖章皇帝親詣恭行祗見太祖武皇帝、孝慈武皇后、太宗文皇帝禮恭奉神主奉安於太宗文皇帝神位之次，行大饗禮如儀。

九年二月，恭進肇祖原皇帝、原皇后興祖直皇帝、直皇后景祖翼皇帝、翼皇后顯祖宣皇帝、宣皇后、孝端文皇后玉册玉寶奉安太廟。

十年正月，太廟懸慶成燈定制。每歲懸燈自正月初七日起，至十七日止。

十八年正月，聖祖仁皇帝登極三月，恭上大行皇帝尊謚曰體天隆運英睿欽文大德弘功至仁純孝章皇帝，廟號世祖。十一月，恭奉世祖體天隆運英睿欽文大德弘功至仁純孝章皇帝神主升祔太廟，聖祖仁皇帝恭代行祗見太祖武皇帝、孝慈武皇后、太宗文皇帝、孝端文皇后禮恭奉神主奉安於太祖武皇帝神位之西，旁東向行大饗禮如儀。是月，恭進世祖章皇帝玉册、玉寶奉安太廟。

康熙元年四月，恭改上太祖承天廣運聖德神功肇紀立極仁孝睿武弘文定業高皇帝、孝慈昭憲敬順慶顯承天輔聖高皇后，尊謚恭加上太宗應天興國弘德彰武寬溫仁聖睿孝隆道顯功文皇帝尊謚。【略】舉行恭進册寶，奉安如儀。

二年五月，恭上慈和皇太后尊謚曰孝康慈和莊懿恭惠崇天育聖皇后。

（九年）【略】五月，恭奉孝康慈和莊懿恭崇天育章皇后神主升祔太廟。

十三年，恭進孝康章皇后玉册、玉寶，奉安太廟。

二十七年十月，恭上大行太皇太后尊謚曰孝莊仁宣誠憲恭懿翊天啓聖文皇后。是月，恭奉孝莊仁宣誠憲恭懿翊天啓聖文皇后神主升祔太廟。大臣二人恭奉世祖章皇帝、孝康章皇后神主避立於旁，聖祖仁皇帝、恭奉孝莊文皇后神主奉安於拜位，恭代行祇見太祖高皇帝孝慈高皇后、太宗文皇帝禮，恭奉神主奉安於孝端文皇后神位之次，大臣二人恭請世祖章皇帝、孝康章皇后神主奉安於拜位，孝康章皇后神主於寶座，行大饗禮如儀。

三十三年，恭進孝莊文皇后玉册、玉寶，奉安太廟。

五十七年三月，恭上大行皇太后尊謚曰孝惠仁憲端懿純德順天翼聖章皇后。十二月，恭奉孝惠仁憲端懿純德順天翼聖章皇后神主升祔太廟。

五十九年，恭進孝惠章皇后玉册、玉寶，奉安太廟。

六十一年十一月，世宗憲皇帝登極。

雍正元年二月，恭上大行皇帝尊謚曰合天弘運文武睿哲恭儉寬裕孝敬誠信功德大成仁皇帝，廟號聖祖。八月，恭加上太祖承天廣運聖德神功肇紀立極仁孝睿武端毅弘文定業高皇帝，孝慈昭憲敬順仁徽慶顯承天輔聖高皇后，太宗應天興國弘德彰武寬溫仁聖睿孝敬敏隆道顯功文皇帝，孝端正敬仁懿哲順莊敏輔天協聖文皇后，孝莊仁宣誠憲恭懿至德翊天啓聖文皇后，世祖體天隆運定統建極英睿欽文大德弘功至仁純孝章皇帝，孝惠仁憲端懿慈淑純德順天翼聖章皇后，孝康慈和莊懿恭惠溫穆崇天育聖章皇后，尊謚於太廟。并恭上仁孝皇后尊謚曰仁孝恭肅正惠安和儷天襄聖皇后孝昭皇后，尊謚曰孝昭靜淑明惠正和欽天順聖皇后孝懿皇后，尊謚曰孝懿溫誠端仁憲穆奉天佐聖皇后。

六年十二月，恭進太祖高皇帝、孝慈高皇后、太宗文皇帝、孝端文皇后、孝莊文皇后、世祖章皇帝、孝惠章皇后、孝康章皇后、聖祖仁皇帝、孝誠仁皇后、孝昭仁皇后、孝懿仁皇后、孝恭仁皇后玉册玉寶奉安太廟，世宗憲皇帝親詣行禮。先是，大學士等遵旨議奏列祖列后玉寶修平舊篆，敬鐫加上尊謚，新造玉册并舊進玉册一同珍奉。至是告成，恭進如儀。

十三年九月，皇上登極。十一月，恭上大行皇帝尊謚曰敬天昌運中表正文武英明寬仁信毅大孝至誠憲皇帝，廟號世宗。恭上孝敬皇后尊謚曰孝敬恭和懿順昭惠佐天翊聖憲皇后。

（乾隆）二年三月，恭奉世宗敬天昌運建中表正文武英明寬仁信毅大孝至誠憲皇帝神主、孝敬恭和懿順昭惠佐天翊聖憲皇后神主升祔太廟，皇上恭代行祇見列祖列后禮。畢，奉安神主於西旁，世祖章皇帝神位之次，行大饗禮如儀。

三年二月，興工修太廟。先期，親詣祇告恭奉後殿四祖四后神牌、中殿列祖列后神牌暫安前殿。六月，後殿工竣，恭奉四祖四后神牌還御。前一日，親詣祇告。

四年九月，前殿工竣，致祭太廟。皇上親詣行禮，如祫祭儀。是月，恭進太祖高皇帝、孝慈高皇后、太宗文皇帝、孝端文皇后、孝莊文皇后、世祖章皇帝、孝惠章皇后、孝康章皇后、聖祖仁皇帝、孝誠仁皇后、孝昭仁皇后、孝懿仁皇后、孝恭仁皇后加上尊謚，重造玉册，改鑄玉寶，世宗憲皇帝、孝敬憲皇后新製玉册玉寶奉安太廟，皇上親詣行禮。

四十二年三月，恭上大行皇太后尊謚曰孝聖慈宣康惠敦和敬天光聖憲皇后。五月，恭奉孝聖慈宣康惠敦和敬天光聖憲皇后神主升祔太廟。皇上恭代先行祇見列祖列后禮，次行祇見世宗憲皇帝孝敬憲皇后禮，奉安神位，致祭如儀。是月，恭奉孝聖憲皇后玉册、玉寶奉安太廟。

四十七年七月，諭：前以列朝寶册係隨時鑄造，玉質顏色不能一律整齊。特命英廉、福隆安將和闐貢玉慎選良工，敬造列朝寶册一分，以奉太廟。【略】十月孟冬朔，恭奉新造册寶尊藏太廟，皇上親詣行禮如儀。

四十八年七月，奉旨派皇十一子、皇十五子、皇十七子及怡親王永琅等恭送舊藏册寶至盛京太廟尊藏。九月，皇上駕至盛京入太廟，詣册寶案前，行禮如儀。

（清）嵇璜、劉墉等《清通典》卷五〇《禮一〇·吉禮一〇·告禮》

崇德元年十一月，以征明大捷祭告太廟。自是，大兵頻捷，并告太廟。

八年正月，太宗文皇帝聖躬違和，遣官祭告太廟。

順治元年七月，以中原平定遷都燕京，遣官祭告盛京圜丘、太廟，并祭告福陵、太宗文皇帝寢殿。十月，世祖章皇帝以定鼎燕京祭告圜丘、方澤、太廟、社稷。

十二年正月，以營建乾清宮、景仁宮、承乾宮、永壽宮遣官祭告圜丘、方澤、太廟、社稷。

十一月冬至，郊祀禮成。（略）辛酉謝太廟、社稷。

十七年正月（略）己卯告太廟、社稷。

十八年正月，聖祖仁皇帝登極，遣官祭告圜丘、方澤、太廟、社稷。

康熙元年三月，以明桂王朱由榔就擒，親告世祖章皇帝寢殿，遣官祭告圜丘、方澤、太廟、社稷、福陵、昭陵。六十年二月，以御極六十年大慶遣官祭告圜丘、方澤、太廟、奉先殿、社稷。六十一年十一月，世宗憲皇帝登極，遣官祭告圜丘、方澤、太廟、奉先殿、社稷。

雍正十三年九月，皇上御極遣官祭告圜丘、方澤、太廟、奉先殿、社稷。

乾隆三年正月，以興工修太廟親詣祭告，遣官祭告圜丘、方澤、奉先殿、社稷。工竣，祭告同。十三年十一月冬至，遣官祭告奉先殿，皇上命於祭文中增敘入大學士傅恒經略金川，啓行之期以謹告。十六年正月，以興修皇乾殿祈年殿，遣官祭告圜丘、方澤、太廟後殿、奉先殿、社稷。

（清）龍文彬《明會要》卷六《禮一・吉禮・祭祀總敘》

天地、太廟、社稷、山川、諸神皆天子親祀，國有大事則遣官祭告。王圻《續通考》

正月三祭，上辛祈穀，立春享太廟，祭司户。

四月三祭，孟夏享太廟，大雩祭司竈。

五月二祭，夏至祀皇地祇於方丘，前期祭告太廟。

七月二祭，孟秋享太廟，祭司門。

十月三祭，孟冬享太廟，朔日祭泰厲、祭司井。

十一月二祭，冬至祀昊天上帝於圜丘，前期祭告太廟。

十二月三祭，季冬享太廟，歲暮大祫祭旗纛於承天門外。

四、庶務

祭務官制

（明）申時行等《大明會典》卷一六六《刑部八・律例七・宮衛》

太廟門擅入。凡擅入太廟門，及山陵兆域門者，杖一百。【略】

凡向太廟及宮殿射箭、放彈、投磚石者，絞。向太社，杖一百，流三千里。但傷人者，斬。

（明）申時行等《大明會典》卷二一五《太常寺》

國初，置太常司，正三品衙門。設卿、少卿、司丞、博士、典簿、協律郎、贊禮郎、司樂、大祝等官。及祠祭署，署令、署丞，職專祭祀之事。洪武三年，置神牲所，設廩犧令、大使、副使等官。四年，神牲所革。七年，設典樂。二十四年，改署令爲奉祀，署丞爲祀丞。三十年，改司爲寺，司丞爲寺丞。三十五年，革大祝。【略】

凡祭祀及告廟，俱本寺博士、典簿或屬官導駕，祭祀六員，告廟四員。其奏禮告辭及對引，本寺堂上官輪流三員。【略】

凡大祀。執事官員并廚役人等，懸帶牙牌。本寺於尚寶司，關領給散供事。畢日，本寺交送尚寶司收貯。

（明）申時行等《大明會典》卷二一七《光禄寺》

國初，置宣徽院尚食、尚醴二局，設院使、同知、院判、典簿統之。繼改光禄寺，正四品衙門，設卿、少卿、寺丞、主簿等官，職專膳羞享宴等事，移太常寺供需庫隸之。洪武四年，又置法酒庫，設内酒坊大使、副使。八年，改寺爲司，升從三品衙門，改主簿爲典簿。又設錄事，置大官、珍羞、良醞、掌醢四署，每署設令、丞、監事。又設掌牧所大使、副使，局庫俱革。三十年，復改司爲寺，署令爲署正。又設司牲局，仍改掌牧所爲司牧局。嘉靖七年，司牧局革。萬曆二年，添設銀庫大使一員。【略】

享太廟省牲。先一日，本寺卿與太常卿同於御前奏知。省牲畢，次日仍同復命。

（明）俞汝楫等《禮部志稿》卷四〇《太常寺厨役》

計太常寺厨役額數：洪武間，原定四百名。永樂中，增二百名。景泰六年，增三百名。成化十五年，增三百名。弘治五年，增三百名。共一千五百名，分撥供祀。嘉靖八年，見在食糧一千二百一十名。九年，議准以一千名爲額。十六年，奏復一千五百名。二十九年，以後減至一千一百名。隆慶元年，題准一千五十名。萬曆十一年，題增二百五十名。見在一千三百名，永爲定額。

（清）孫承澤《天府廣記》卷六《犧牲所》

犧牲所建於神樂觀之南，初爲神牲所，設千户并軍人專管牧養。其牲正房十一間，中五間，爲大祀。牲房即正中房，左三間爲太廟牲房，右三間爲社稷牲房。前爲儀門，又前爲大門。門西南遇視牲之日，設小次。大門東連房十二間，西連房十二間。前爲晾牲亭三間，東西有角門，東角門北爲北羊房五間，山羊房五間。又北爲暖屋滌牲房五間，倉五間，大庫一間。西角門北爲北羊房五間，山羊房五間，穀倉二間，看牲房一間，黄豆倉一間，官廳三間。正牛房之北爲官廨十二間，東爲兔房三間，又東爲鹿房七間，鹿房前亦爲曬晾亭三間。又前爲石栅欄官廨，西爲便門，門西又爲官廨四間，又西爲小倉三間。東羊房後爲新牛房，後牛房十間，餧中祀、小祀牛。正北爲神祠，西羊房後正南房五間爲大祀，猪圈西房十間爲中祀、小祀。猪圈北有井又草廠，東北爲司牲祠神牲所。設官二人，牧養神牲。祀前三月付廩犧，令滌治如法，其中祀滌三十日，小祀滌十日者亦如之。

（清）鄂爾泰等《國朝宮史》卷二一《官制二·額數職掌·太常寺所屬·太廟》

首領一名，無品級。每月銀三兩，米三斛。

太監二十名，每月銀二兩，每年米十六斛。

（清）張廷玉等《清文獻通考》卷一一二《宗廟考六》

（康熙十二年）十二月甲寅，定執事官及樂舞生。

（康熙）二十年正月辛巳，飭糾陪祭官，諭都察院：祭祀，以奉上下神祇，理宜敬慎。近見陪祭各官迹涉慢易，班行不整，笑語自如，殊失執事有恪之道。爾衙門職在察墻，未見指名參奏，所司何事？其嚴飭之。【略】

雍正元年正月，飭嚴糾儀。是月己丑，命廟祭派王二人，散秩大臣、御史各二員，部屬、侍衛各四員，稽失儀及扈從人等，任意行走。著爲例。【略】

十月甲子，飭禁止擅入太廟。時奉諭：壇廟俱當潔淨嚴肅，太廟、社稷更宜恭敬。故派太監專掃除之事，又派旗員輪班看守，若非祭日一應官員不許擅入。原係定例，近聞住宿之太監將伊等親友，縱令出入看守之，旗員亦將朋友入廊院乘涼，此皆平日懈弛所致也。禮部太常寺嚴查禁止，如違挐究割草之人。令太常寺酌將老實人選數名，敬謹除治并交與内務府、御史等，不時詳查。如容留閒散無用之人推故入者，即指參嚴罪。如仍前懈弛，經朕聞知定將禮部太常寺堂官及御史等交部議處。十三年四月辛丑朔，享太廟，上命皇四子、寶親王皇上御名。行禮。

（清）張廷玉等《清文獻通考》卷二一〇《刑考》

又孝康章皇后升祔太廟，詔赦天下。【略】

雍正元年，恭上聖祖仁皇帝尊謚升祔太廟，禮成詔赦天下。【略】

又恭上孝恭仁皇后尊謚升祔太廟，禮成詔赦天下。

又恭上孝誠仁皇后、孝昭仁皇后、孝懿仁皇后尊謚升祔太廟，禮成詔赦天下。

又恭奉聖祖仁皇帝配天，禮成詔赦天下。【略】

二年，恭奉世宗憲皇帝、孝敬憲皇后升祔太廟，禮成詔赦天下，軍流以下悉予寬免。

（清）允祹等《大清會典》卷三《吏部》

太廟尉十人。四品二人，五品八人，均滿員。

（清）允祹等《大清會典》卷五八《樂部》

典樂以禮部滿尚書兼之，各部院內務府堂官知樂者，簡用無定員。掌五音六律，以合陰陽之聲，所屬有神樂、和聲二署，掌儀司、鑾儀衛樂并隸焉。神樂署漢署正一人、漢署丞二人、漢協律郎五人、漢司樂二十二人，和聲署署正滿漢各一人、署丞滿漢各一人，以禮部、內務府司官兼攝。供奉、供用。無定員，以太常寺、鴻臚寺、內務府官兼攝。掌儀司、鑾儀衛司官，各見該衙門。分掌協律之事。

（清）允祹等《大清會典》卷八二《太常寺》

卿滿漢各一人、少卿滿漢各一人，掌典守壇壝廟社，以歲時序其祭祀。所屬寺丞滿一人、漢二人，博士滿一人、漢軍一人、漢一人。讀祝官滿八人，贊禮郎滿二十四人、漢十有四人，掌相儀序事，備物潔器，典簿滿、漢各一人，掌文移筆帖式滿九人，漢軍一人，掌翻譯。

司庫滿一人、庫使滿二人。掌庫藏犧牲所牧滿、漢各一人，掌繫牲牷而芻牧之，以待祭祀。

神樂署漢署正一人、署丞二人、協律郎五人、司樂二十三人，掌樂舞之節。奏以詔樂舞生執事生九十人、樂生百八十人、舞生三百人，咸隸焉。【略】

凡遣官恭代天、地、太廟、太廟後殿、社稷，以親王、郡王有事祗告同。【略】

凡分獻兩郊，從位太廟兩廡，以領侍衛內大臣、散秩大臣、都統、尚書。【略】

凡祭日執事。皇帝親祭，以禮部堂官本寺卿二人，贊引、對引、典儀贊行禮之節。典樂贊翠樂，通贊贊賜福胙，引禮引分獻官傳贊贊，王公百官拜跪，司香奉香、槃司玉帛、奉篚，司爵獻爵，司祝讀祝，司饌奉饌槃，掌燎視燎，掌瘞視瘞，司麾示樂節，司旌節導，干戚羽籥之舞。【略】太廟【略】之祭，司拜褥以鑾儀衛官遣官承祭，贊引以贊禮郎，不設司拜牌、拜褥官分獻，司香、帛、爵，以本寺執事生遣官。【略】若

因事祇告，設贊引、典儀、司祝、司香、司帛、司爵、掌燎、掌瘞，與正祭同。【略】

凡朔望上香，【略】太廟以王公咸朝服，【略】各詣神位前上香，行三跪九叩禮。【略】太廟，日以典守官常服詣各寢室上香，與朔望同。【略】

凡典守官，【略】太廟設廟尉四品二人、掌殿庫、扄鑰五品八人，主宿直門庫。【略】卿時稽其勤惰，而申警之。

凡執役，太廟首領內監一人、內監二十人。【略】各壇壇戶九十四人、廟戶二十三人、祠戶二十六人、齋宮夫十有六人、具服殿夫八人，執灑掃啟閉之役。守寺庫兵二十人、神樂署庫夫四人，執宿直巡防之役。本寺雍人二百九十人，執刲牲烹爨之役。犧牲所所軍十有九人、夫二十七人，執芻牧洗滌之役。壇廟祠戶及宮殿所夫，由順天府和雇庫，兵由八旗撥送，均一年更代。

（清）允祹等《大清會典則例》卷一《宗人府》

朔望太廟上香。乾隆十年，欽點王、貝勒、貝子、公專司其事，由府分定班次，每月朔望直班一人，先期齋戒沐浴，本日早朝服詣太廟。太常寺官二人由太廟街門導引，先進後殿右門，於中位上香，次左右上香。畢，於原進門退出至檐下正中，行三跪九叩禮。畢，導引入中殿右門，照後殿上香行禮。禮畢，退出。若直班人臨期遇有公事，令下班人行禮。

太廟奠帛、獻爵。乾隆元年，議准：以宗室侍衛四十人、宗室將軍官員二十人，分班奠帛、獻爵，官員等均照侍衛之例給帶孔雀翎。三年，奏准：世宗憲皇帝孝、敬憲皇后位前奠帛獻爵，增宗室將軍六人。九年，議准：太廟後殿獻爵，簡選八旗文武覺羅官引見，奉旨點出二十四人。十二年，諭：向來祭饗太廟獻爵、奠帛，用侍衛及太常寺官。朕御極後，皆令用宗室人員。蓋因宗支繁衍，實惟祖德所貽，一氣感孚昭格，尤為親切。且使駿奔走執豆、籩，有事為榮，亦得服習禮儀，陶鎔氣質，意蓋有在。但演習禮節，太常實所專司，宗室既非所屬，未必聽其指使，嗣後每逢祭祀之期，著令宗人府王公一人，前往監視，俾進退優嫻。執事有恪，以昭誠敬。欽此。十年，奏准：太廟後殿增覺羅奠帛官八人。二十二年，遵旨議准：太廟奠帛、獻爵均以宗室官，後殿以覺羅官，奉先殿以宗室侍衛。其奠獻覺羅官，五品以上給戴孔雀翎，六品以下給戴藍翎。

（清）允祹等《大清會典則例》卷七《吏部》

守衛壇廟官。順治初年定，凡守衛【略】太廟【略】官，【略】闕由禮部及該旗開送，正陪移咨過部。五品以上引見補授，六品以下本部堂官驗看補授。

（清）允祹等《大清會典則例》卷九六《禮部》

恭繕神牌筵燕。順治五年，【略】四祖四后恭奉太廟後殿，所有監修、繕寫官員在部賜燕一次，大學士、尚書每人一席，學士、侍郎、郎中每二人一席，員外郎、主事每三人一席，撰文、辦事、中書每四人一席。

（清）允祹等《大清會典則例》卷一四八《都察院四》

祭祀糾儀。順治初年定，壇廟祭祀，皇上行禮處，東、西班滿御史各二人侍儀；王公行禮處，東、西班滿御史各一人；百官行禮處，東、西班滿漢御史各二人；告祭天、地、太廟、社稷，東、西班滿漢御史各二人；祫祭前期一日，告祭中殿，東、西班滿漢御史各二人；後殿，東、西班滿漢御史各二人；躬耕耤田所，東、西班滿漢御史各二人備侍。【略】

十八年，題准：凡祭祀，令滿漢御史稽查，有失誤者題參。又題准：凡祭祀、齋戒，滿漢官職名均由太常寺開送，令滿漢御史稽查，有失誤者題參。

康熙二十五年，議准：凡祭祀各官排班，有喧語、失儀及祭未畢先趨走往來者，御史題參。

五年，奉旨：壇廟祭祀，所關綦重，理宜潔誠齋戒。嗣後，令御史二人前往壇內稽查，如有不恭，即行參奏。

九年，議准：嗣後祭祀，御史、禮部官飭令陪祀執事官各行管束從役人等不得擅入柵闌，如有將轎馬擅入柵闌喧擁者，照例分別治罪，該管官故縱者議處。

十二年，議准：陪祀官或在本任衙門齋宿，或在署理辦事之處齋宿，必注明冊內以憑稽查。又奏准：凡祭祀，車駕出入午門外左右翼，各令御史二人稽查，齊集各官按班跪迎跪送。

乾隆元年，議准：祭太廟、社稷，陪祀執事官著在公所齋宿，交與稽查齋戒之，都統、御史等稽查。

二年，議准：陪祀各官於太常寺文到之日，該管官嚴行稽查，務令到署齋戒，不得耤端規避。其實有疾病、事故者，聲明緣由行文到院察，復至齊集處。御史收取職名，倘有無故不齋戒，或已開明齋戒而不至齊集處者，皆指名題參。五年，奏准：祭祀日陳設祭品畢，令御史會同太常寺官遍行巡察，如有褻慢、諧笑者題參。

七年，奏准：躬祭大典扈從大臣、官員，例應於午門前乘騎者，仍令領侍衛內大臣等分撥親軍伺候牽馬，并交與後管內大臣、御史等管束，毋致喧譁，其僕從人等不許溷入馳驟。如違例，牽馬入朝、乘眾雜沓、馳驟者，該管官拏究并將其主參處。

十年，復准：御齋宮日，陪祀官員接駕後各擇潔淨處所齋宿，稽查齋戒之都統等。定於申酉時在壇門外察收職名，至四更時禮部本院委官察收職名。如陪祀不到者，題參。

十年，奉旨：嗣後，祭祀齊集處，著承行稽查之部院於次日繕摺開注情由呈覽。

又議准：祭祀齊集處文官由吏部、武官由兵部開列名單，移都察院稽查，吏部滿漢官亦令稽查。

又奏准：每祭祀齊集處滿漢御史各一人，率筆帖式二人，收取文三品武二品以上職名。如遇躬詣行禮，均繕摺奏聞。

(清) 允祹等《大清會典則例》卷一五二《太常寺》

執事官。皇帝親詣行禮，以本寺卿二人，左右贊引，或禮部尚書兼寺卿，或禮部侍郎，均以滿官嫻禮儀者充之。其分獻及各祀遣官行禮贊引，均用寺丞以下滿官典儀。太廟、先師廟、關帝廟均滿官二人，餘祀用一人；唱作樂，大祀、中祀及群祀之太歲殿，均用滿官一人；贊賜福胙，大祀、中祀、親詣行禮用滿官一人；傳贊，【略】太廟、朝日、夕月，均用滿官二人；司香，【略】太廟九人【略】讀祝各祀，均用滿官一人；太廟、先師廟、關帝廟，各用滿二人；引分獻官，【略】太廟滿、漢各二人；【略】數帛【略】太廟時饗滿三人，祫祭二人；【略】掌燎，太廟用漢官二人，餘祀各用一人。【略】太廟奏禮成還宮，滿官一人；因事祇告圜丘、方澤，用贊引、對引、典儀、讀祝、數帛，滿官各一人；司香、司帛、司爵、掌燎瘞，漢官各一人；祇告太廟中殿、太廟後殿，司帛、司爵，用宗室覺羅官，餘與圜丘同，後殿司香四人，餘與前殿同。

咨取執事官。康熙十年定前期四十日，由寺咨呈禮部取祀。前二日，視牲之堂官職名祀。前二十日，開列正陪具題。前期十五日，以視牲科鈔行宗人府禮部。又定前期十五日，由寺咨光祿寺取奉福酒、福胙。光祿卿二人，咨領侍衛府取接福酒、福胙。侍衛二人，各職名送寺。又定，致祭城內壇廟，前期十日，由寺咨鑾儀衛取鋪，拜褥官太廟時饗六人，大祫十人。【略】開具職名送寺。又定前期六日，咨呈禮部并咨都察院、光祿寺取監視宰牲官，各職名送寺【略】太廟、社稷及各中祀，均於祀前一日。黎明具朝服赴宰牲亭監視。【略】乾隆二年，定祭太廟前期一月，由寺咨呈宗人府時饗取司爵宗室官十有九人，司帛宗室官五人，覺羅官十有二人，大祫取司爵宗室官二十七人，司帛宗室官九人各職名送寺。十七年，定每大祀前期六日，移咨光祿寺取光祿寺卿一人監視宰牲，又定太廟時饗後殿增司帛覺羅官四人。【略】

朔望上香。【略】乾隆七年奏准：【略】太廟以本寺堂官一人朔望上香行禮，餘如舊例行。十年議准：太廟朔望上香，改用王公一人。【略】

樂舞生額。設樂生一百八十人，舞生三百人，執事生九十人，計五百七十人。【略】太廟大祫用樂生七十四人，文武舞生各六十四人，司爐、樂舞生四人，司尊、爵、香、帛執事生四十一人。時饗增執事生二人，餘如之。【略】

內監。順治初年定，太廟設首領內監一人，內監二十九人。【略】首領內監每名月給銀三兩米，每歲十有六斛。內監每名月給銀二兩，米如之分，四季咨戶部關支。每名月給煤百斤，每斤折銀一厘八毫。炭十斤，每斤折銀五厘，於季冬咨戶部關支。如遇閏，均按數加增三處。內監冬月司夜，各給布面羊裘禦寒。太廟內監給與十件，社稷壇、傳心殿內監各給三件。太廟、社稷壇、傳心殿共撥廚役十人，晝夜、看守、巡邏冬月各給布面羊裘一件，均令工部關支，五年更換一次。乾隆七年，裁太廟內監九人，社稷壇五人，傳心殿首領一人，內監四人，首領每季每名給銀九兩米九斛，內監

每季每名給銀六兩米四斛。【略】

厨役，【略】太廟，每祭用二百五十五名，祇告用七十二名。

(清) 允祹等《大清會典則例》卷一五四《光禄寺》

祭祀執事。恭遇親祀，各壇廟飲福、受胙，本寺卿、少卿進爵、進胙爵胙案，左右滿署官各一人，專司爵盤。乾隆四年，奏准：祭祀壇廟，太常寺移文取監宰官，本寺委署正一人，赴宰牲所會執事官監，宰牲瘗毛血。十七年，奏准：大祀宰牲，增光禄寺卿一人監視。

(清) 允祹等《大清會典則例》卷一六九《鑾儀衛》

祭祀執事。原定冬日至大祀，圜丘孟春祈穀、孟夏常雩，由太常寺知會先二日委官率校尉昇亭至午門前。次日，昇入太和殿，陳祝版、玉、帛、香。竢御殿閲畢，昇至祀所神庫安設，均以引仗前導。祀日，請神牌委官率校尉昇龍亭。又定，南郊各祀及大祀北郊，皆先一日委官率校尉陳鹵簿於午門外，駕詣齋宫鹵簿前導，前部鐃歌大樂均設而不作。皇帝盥洗，冠軍使雲麾，使進盥槃、帨巾。禮畢，回鑾。鹵簿前導，作前部鐃歌大樂，以金二鳴、鉦三鳴爲鼓角作止之節。時饗太廟，駕出嚴鼓，回鑾鳴鐘。

(清) 于敏中等《日下舊聞考》卷六四《官署》

太常寺在後府之南，典簿廳附焉。外有神樂觀、犧牲所，各祠祭署亦隸之。《明一統志》

神樂署東向，正中凝禧殿，後顯佑殿，殿後袍服庫、典禮署、奉祀堂，左門東通贊房、恪恭堂、正倫堂、候公堂，南轉穆佾堂，右門東掌樂房、協律堂、教師房、伶倫堂，北轉昭佾所。《大清會典》

洪武二年，置神牲所。四年，神牲所革，立犧牲所。永樂中建於京師，是後倉與牲房遞加焉。《太常紀要》

犧牲所建於神樂署之南，南向，五楹，爲大祀牲房。即正牛房。左三楹太廟牲房，有東晾牲亭及穀房，右三楹社稷牲房，有西晾牲亭及糖麥倉。兩倉之北爲山羊房，西北羊房，又北有穀倉豆倉，有看牲房，正牛房之北爲官廨，廨東兔房、鹿房，前亦爲晾牲亭，又前石柵欄官廨西爲小倉，東羊房後有新牛房及後牛房。養中祀小祀牛。皇上視牲日，大臣止其中。西羊房後爲大祀豬圈，西房爲中祀小祀豬圈，亦有晾牲亭，又北爲草廠。《太常紀要》

臣等謹按：祀牲舊隸太常寺飼養，乾隆二十六年始隸內務府，每年欽派大臣監視之。

(清) 嵇璜、劉墉等《清通志》卷八〇《刑法略》

康熙元年，詔赦天下，凡罪，不論已結及現在告發者，但係元年以前事，悉赦之。四年三月，以星變地震，上省躬詔赦天下。九月，恭上太皇太后、皇太后徽號，禮成詔赦天下。六年七月，上親政，詔赦天下。十一月，恭奉世祖章皇帝配天，并加上太皇太后皇太后徽號，禮成詔赦天下。七年五月，以雨澤愆期，命內大臣會同刑部詳審重囚，其輕罪即行保釋。九年五月，孝康章皇后升祔太廟禮成，詔赦天下。【略】

雍正元年二月，恭上聖祖仁皇帝尊諡升祔太廟，禮成詔赦天下。八月，恭上孝恭仁皇后尊諡升祔太廟，禮成詔赦天下。九月，恭上孝誠仁皇后、孝昭仁皇后、孝懿仁皇后諡升祔太廟，禮成詔赦天下。十一月，恭奉聖祖仁皇帝配天，禮成詔赦天下。是年，奉旨內外情實人犯，今年停止處決。二年、四年、五年、六年、七年、八年、十年、十三年并同。四年七月，奉諭各省命案，內其情由可惡者，不准寬免，外其餘一百七十七名俱著釋放。此朕格外生全之恩，爲舊例之所未有。【略】

（乾隆）四十二年五月，恭奉孝聖憲皇后升祔太廟，禮成，詔赦天下。

（清）穆彰阿《（嘉慶）大清一統志》卷三

太常寺卿二員，滿漢各一員；少卿二員，滿漢各一員；寺丞三員，滿洲一員，漢二員；贊禮郎二十四員，滿洲舊設二十二員，嘉慶四年增二員；讀祝官九員，滿洲舊設八員，嘉慶四年增一員；博士三員，滿洲、漢軍漢各一員；典簿二員，滿漢各一員；署正一員，漢。署丞二員，漢。協律官五員，漢。司樂二十五員，漢。司庫一員，滿洲。庫使二員，滿洲。筆帖式十員，滿洲九員，漢軍一員。

壇廟四品官二員，太廟。五品官十一員，天壇、地壇、社稷壇均各一員，太廟八員。

（清）穆彰阿《（嘉慶）大清一統志》卷五七

太廟初在撫近門外，乾隆四十三年移建於大清門左，國初祀列祖之所。門南向，東西廣三十五丈，南北襄四十丈。大門三楹，東西角門二。前殿三楹，正殿五楹，後寢六楹。乾隆四十三年，奉旨將景佑宮移建撫近門外，改建太廟於景祐宮舊址。南北襄十一丈一尺五寸，東西廣十丈三尺五寸。正殿五楹，東西配廡各三楹，東西耳房各三楹，正門三楹，東西門各一。四十八年，奉旨謹將太廟原藏冊寶十六分。恭送盛京太廟尊藏。嘉慶五年，恭送高宗純皇帝、孝賢純皇后、孝儀純皇后冊寶三分於盛京太廟尊藏。按景佑宮初在大清門東。

（清）昆岡等《大清會典圖》卷八《禮八·祀典八》

太廟時饗【略】讀祝官一人，立西案之西。東面糾儀御史四人，分立東西案之南。東西面殿門外典儀一人，立東檐下，西面掌燎官率燎人立燎爐之南。

文　廟

一、建置沿革

(一) 營建沿革

(清) 孫承澤《春明夢餘錄》卷二一《文廟》

(洪武) 十五年，國子監大成殿成，用木主，不設像。

二十年，罷武成廟，獨尊孔子。

正統三年，禁天下祀孔子於釋老宮。

嘉靖九年，改大成殿爲先師廟，戟門爲文廟之門，天下學宮通撤像，易木主。

邱濬曰：塑像之設，中國無之，至佛教入中國始有也。三代以前，祀神皆以主，無所謂像設也。彼異教用之，無足怪者。不知祀吾聖人者何時而始。觀李元瓘言：顏子立側，則像在唐前已有之矣。郡异縣殊，不一其狀，長短豐瘠，老少美惡，惟其工之巧拙，就令盡善，亦豈是生時盛德之容，甚非神而明之，無聲無臭之道也。

(明) 涂山《明政統宗》卷八

(丁酉永樂十五年) 九月，修孔廟成，上親製碑文。

《世祖章皇帝實錄》卷一三"順治二年春正月"條

丁未，國子監祭酒李若琳奏，請更孔子神牌，爲大成至聖文宣先師孔子，報可。

《世祖章皇帝實錄》卷一三二"順治十七年二月"條

己丑，刑科都給事中粘本盛以祀典二事條奏。一移祀北岳於渾源州，一應建傳聖祠於文廟，祭祀周公。下禮部議。

《世宗憲皇帝實錄》卷三五"雍正三年八月"條

庚午，上御太和殿視朝。文武升轉各官謝恩。頒發孔子及顏、曾、思、孟、閔子、仲子廟御書匾額。孔子廟曰生民未有，顏子廟曰德冠四科，曾子廟曰道傳一貫，子思子廟曰性天述祖，孟子廟曰守先待後，閔子廟曰躬行至孝，仲子廟曰聖道干城。又賜衍聖公孔傳鐸及六賢後裔御書匾額。聖裔曰欽承聖緒，顏子裔曰四箴常凜，曾子裔曰省身念祖，子思子裔曰六藝世家，孟子裔曰七篇貽矩，閔子裔曰門宗孝行，仲子裔曰勇行貽範。

（清）蔣良騏《東華録》卷五

順治二年正月，癸酉，李若琳奏請，更孔子神牌爲大成至聖文宣先師孔子，報可。

（清）蔣良騏《東華録》卷八

順治十四年二月，給事中張文光言，魯哀公誄孔子曰尼父，漢平帝元始元年加謚曰宣尼父，後魏太和十六年改謚文聖尼父，唐太宗貞觀十一年尊爲宣聖尼父，明皇開元二十一年始進謚文宣王，元武宗至大元年加謚大成至聖文宣王，明嘉靖九年改爲至聖先師孔子神位，我朝順治二年祭酒李若琳不加考訂，請易爲大成至聖文宣先師孔子，不過仍元武宗舊謚而不稱王耳。臣謂"大成文宣"四字豈足以盡孔子，請改至聖先師孔子神位。從之。

（清）王先謙《東華録·順治四》

順治二年正月，祭酒李若琳奏請更定孔子神牌爲大成至聖文宣先師孔子。報可。

（二）建築規制

（明）申時行等《大明會典》卷一八七《工部七·廟宇·文廟》

正殿七間，舊稱大成殿，今題曰先師廟。殿之東挾爲祭器庫十一間，西挾爲樂器庫十一間，東西廡各十九間。兩廡之南，折而北向，爲東西序，各十一間。門各一。兩序之中，爲大成門，今題曰廟門，五間。中門三，東西各列戟十二。

（清）孫承澤《春明夢餘録》卷二一《文廟》

文廟，在城東北國學之左。元太祖置宣聖廟於燕京，以舊樞密院爲之。成宗大德十年，京師廟成。明太祖改爲北平府學，廟制如故。永樂元年八月，遣官釋奠，仍改稱國子監、孔子廟。尋建新廟於故址。中爲廟，南向，東西兩廡；丹墀西爲瘞所，正南爲廟門。門東爲宰牲亭、神厨；西爲神庫、持敬門；門正南爲外門。正殿初名大成殿，嘉靖九年改稱先師廟，殿門爲廟門。萬曆二十八年，廟宇易以琉璃。

（清）允禄等《（雍正）大清會典》卷一九七《工部·營繕清吏司》

先師文廟在安定門内，正殿七間，題曰先師廟。殿之東挾爲祭祀庫，十一間。西挾爲樂器庫，十一間。東、西廡各十九間。兩廡之南，折而北向，爲東西序，各十一間。門各一。兩序之中，爲廟門五間。中門三，東西各列戟十二。

（三）修繕過程

（明）徐學聚《國朝典彙》卷六四《吏部三一·國子監》

成化十三年六月，命南京工部修理南京國子監文廟兩廡、厨庫共八十六間，從祭酒王儇請也。

（明）涂山《明政統宗》卷一五

成化十三年六月，命南京工部修理南京國子監文廟。從祭酒王儼請也。

《世祖章皇帝實録》卷一一二“順治十四年冬十月”條

丁亥，諭工部：文廟崇祀先師孔子，所關典禮甚重。今以年久傾圮，若不作速整理，後漸頹壞，葺治癒難。因爾部錢糧匱乏，所需工料未能措辦。朕發内帑銀三萬兩，特加修葺。諸王、貝勒、大臣及在京滿漢官員，願捐資者許令協助。爾部即遵諭傳知。

《世祖章皇帝實録》卷一一七“順治十五年五月”條

庚申，九卿、詹事、科、道、會議國子監條奏三事，修理文廟，已奉諭旨：其飲食供給掌饌官員、俟廟舍修完日，以次漸復。

《高宗純皇帝實録》卷七八一“乾隆三十二年三月下”條

乙酉，諭太學文廟：前經改用黄瓦，楹桷鼎新，迄今閱年已久，宜重加丹艧，式煥宫墙，著交現在派修宫殿工程處，諏日鳩工，敬謹繕葺，用副朕重道右文至意。

《高宗純皇帝實録》卷七九七“乾隆三十二年十月”條

辛巳，諭：太學修葺文廟，現係承修宫殿工程大臣兼管，但伊等事務較繁，著添派工部尚書裘曰修，一同管理。

《高宗純皇帝實録》卷八二二“乾隆三十二年十一月上”條

己亥，月食，諭：修葺文廟，現屆落成，大學規模，式昭輪奂，惟門題殿榜尚應祥考彝章，用肅景仰。向來正殿稱先師廟，二門曰廟門，而大門未有書額。蓋沿習明代舊文，未加厘正。夫廟門之號，於《禮經》所稱祖廟，既涉嫌疑，而先師廟額，揭諸殿楹，名實尤多未稱，應於大門增先師廟額。其正殿改爲大成殿，二門改爲大成門，庶符《會典》定制。朕親書榜字，涓吉恭懸，以彰崇道尊師之至意。

《德宗景皇帝實録》卷七一“光緒四年夏四月”條

庚辰朔，國子監奏：謹勘文廟御碑亭，并兩廡情形較重，請飭興修。從之。

《德宗景皇帝實録》卷五九五“光緒三十四年八月”條

庚戌，估修工程大臣協辦大學士榮慶等奏《文廟工程辦法》，擬采九楹三階五陛之制，以期備禮。從之。

《宣統政紀》卷五五“宣統三年六月”條

壬申，禮部尚書榮慶奏：估修文廟工程，擬定做法。估計十成足銀三十七萬四百餘兩，擬分三期請領。又奏：監修飯食紙張等項。擬每月請領經費銀一百兩。均從之。

《宣統政紀》卷五七“宣統三年閏六月”條

癸卯，協辦大學士榮慶等奏，恭報文廟工程興修日期。報聞。

（清）允禄等《（雍正）大清會典》卷一九七《工部·營繕清吏司》

順治十四年，發帑金三萬兩，修理先師文廟。諸王各官，并許捐助。

康熙二十九年，議准：順天府學，先師文廟，遇有傾圮之處，著該府丞動用宛、大二縣錢糧修葺。工完，報部題銷。

二、祭祀制度

（一）祭祀前期

日期時辰

（明）申時行等《大明會典》卷九一《禮部》

凡祭期，洪武元年，定以仲春秋上丁日降香，遣官祭孔子於國學。

七年，仲春上丁日食。改用次丁。

成化二十二年二月朔，當釋菜。值上丁，令以次日釋菜。

（明）徐一夔等《明集禮》卷一六《吉禮第一六·三皇》

以春秋二仲，上丁日行事。

《明孝宗實錄》卷二一六"弘治十七年九月"條

庚寅，是年八月上丁在初十日。

《明世宗實錄》卷一一〇"嘉靖九年二月"條

丁卯，詔定百官謁文廟礼，凡春秋二丁，不與陪祀者，皆以常服序列今後請令糾儀御史查實參奏陪祀官之後，同時行禮。正旦次日，諸司必候其堂屬，畢集始得謁拜，有先後參差者聽糾儀御史劾治之。

《仁宗睿皇帝實錄》卷九三"嘉慶七年春正月"條

甲戌，諭內閣：向來祭社稷壇，應用上戊，本年二月初七日係上戊，乃欽天監所定祀期，擇用十七日次戊，於典禮未協。仍著查照向例，於二月初六日上丁，祭先師孔子，即於次日上戊，恭祀社稷壇。該衙門敬謹豫備。嗣後祭社稷壇，俱遵用上戊。

甲午，禮部奏：本年八月十九日，祭先師孔子改於初九日致祭。得旨，依議。嗣後大祀、中祀如適遇忌辰。當以祀典為重。不必改移，祭祀日期用昭虔肅。

《德宗景皇帝實錄》卷三三七"光緒二十年三月下"條

戊戌，諭內閣：每歲春秋大祀、中祀致祭之期，朕已次第親詣行禮。至聖先師，祀典綦重。本年八月初三日，致祭文廟，朕親詣行禮，以申誠敬，所有應行典禮。該衙門敬謹預備。

題請、習儀

(清) 允禄等《(雍正) 大清會典》卷九一《群祀二·先師孔子釋菜儀及新進士釋褐儀**附》**

前期，太常寺題請遣正殿承祭官一員，分獻官二員。

祝版

(清) 允禄等《(雍正) 大清會典》卷九一《群祀二·先師孔子釋菜儀及新進士釋褐儀**附》**

前期二日，用白紙糊版，黄紙鑲邊，墨書祝文。太常寺官具補服，捧祝版，御仗一對前導。送至文廟神庫黄案上安設，一跪三叩頭，退。

齋戒陪祀迎送

《明世宗實録》卷一四六"嘉靖十二年正月"條

己未，禮部言：二月四日，祀先師孔子。先一日，當傳旨同同日上親行祈穀禮，恐二禮不能并舉，得旨：祈穀禮重，既專齋戒，傳旨暫免。

(明) 徐一夔等《明集禮》卷一六《吉禮第一六·三皇》

皇帝齋戒闕。三獻官并各執事官，俱散齋二日，致齋一日。省官爲初獻，翰林院官爲亞獻，國子祭酒爲終獻，學官爲分獻。

(明) 申時行等《大明會典》卷七四《禮部三二·傳制儀》

凡傳制，遣官代祀【略】孔子等廟，前一日，沐浴更衣，處於齋宫。次日，還宫。

嘉靖間，更定祭孔子制云：某年某月某日，祭至聖先師孔子，命卿行禮。每三年，遣道士賷祝文香帛，詣所在陵寢致祭。

《聖祖仁皇帝實録》卷一二八"康熙二十五年十一月"條

壬辰，禮部等衙門會議：浙江提督陳世凱疏請令武臣陪祀文廟。查見行事例，文廟春秋二祭，武官雖不陪祀，但康熙八年，皇上幸學，武官二品以上，亦令陪祀。應照此例。凡遣官春秋二丁致祭文廟，武官二品以上并令陪祀。其各直省府州縣等學春秋二丁祭。應令協領及副將以上，照例以文左武右行禮。其致祭、仍令地方正印官主祭。從之。

(清) 允禄等《(雍正) 大清會典》卷九一《群祀二·先師孔子釋菜儀及新進士釋褐儀**附》**

前期二日，各衙門設齋戒牌。承祭官、分獻官及滿洲、蒙古、漢軍文官三品以上，漢文官五品以上，滿漢武官二品以上，六科給事中，各在本家致齋二日。

(二) 祭祀器用

陳設祭品

(明) 申時行等《大明會典》卷九一《禮部》

洪武二十六年釋奠儀，陳設。

正壇：犢一、羊一、豕一、登一，鉶二，籩豆各十，簠簋各二，帛一，白色、禮神制帛。共設酒尊三、爵三、篚一，於壇東南、西向。祝文案一於壇西。

四配位：每位羊一、豕一、登一，今去。鉶二，籩豆各十，今八。簠簋各一，今二。爵三、帛一、篚一。

十哲位：東五壇，豕一、分五。帛一、篚一、爵三，每位鉶一，籩、豆各四，簠、簋各一，酒盞一。

西五壇，陳設同。

東廡五十三位，共十三壇。今四十七位、分十六壇。共豕一、今三。帛一、篚一、爵一，每壇籩、豆各四，簠、簋各一，酒盞四。

西廡五十二位，共十三壇。今四十八位，分十六壇。陳設同。

(清) 允祿等《(雍正) 大清會典》卷九一《群祀二·先師孔子釋菜儀及新進士釋褐儀附**》**

凡位次陳設、祀事儀節，具列於後。

正位陳設：禮神制帛一、白色。白瓷爵三、牛一、羊一、豕一、登一、鉶二、簠二、簋二、籩十、豆十、酒罇一。

四配位陳設：每位禮神制帛一、白色。白瓷爵三、羊一、豕一、鉶二、簠二、簋二、籩八、豆八、酒罇一。

十一哲前陳設：東五位，五案。又朱子一位，一案。陳設同。禮神制帛一、白色。白瓷爵各一、豕一、鉶各一、簠各一、簋各一、籩各四、豆各四、豕首一。

西五位，五案，與東五位陳設同。東西共酒罇一。

東廡陳設：禮神制帛一、白色。銅爵各一、豕首一、豕肉二、酒尊三、每案簠一、簋一、籩四、豆四。

西廡陳設。與東廡同。

祭服

(明) 申時行等《大明會典》卷六一《禮部一九》

進士巾服，洪武初定。進士巾，如今烏紗帽之製。頂微平，展角闊寸餘，長五寸許，繫以垂帶，皂紗爲之。深色藍羅袍，緣以青羅，袖廣而不殺。革帶，青鞓，飾以黑角，垂撻尾於後。笏，用槐木。廷試後，赴國子監領出，傳臚日服之，至上表謝恩後，謁先師孔子，行釋菜禮畢，始易常服。其巾袍等，仍送國子監交收。狀元冠服、朝冠，二梁。朝服，緋羅爲之，圓領，白絹中單，錦綬蔽膝全。槐笏一把，紗帽一頂，光素銀帶一條，藥玉佩一副，朝靴氈襪各一雙。俱內府製造。禮部官引至御前頒賜，上表謝恩日服之。

生員巾服，洪武二十四年定。生員襴衫、用玉色布絹爲之。寬袖皂緣。皂絛。軟巾垂帶。

（明）申時行等《大明會典》卷二〇一《工部二一・冠服》

先師廟典儀執事六十一人、青絹祭服六十一套。冠、帶全。

舞生三十八人，各門燒香三人，紅絹袍襯共四十一套。冠、帶、鞋、襪全。

樂生四十六人，各門燒香三人，紅絹袍襯共四十九套。冠、帶、鞋、襪全。

嘉靖七年，添造文廟秋祭冰盤一百八十九件，皆砆表錫裏。

隆慶元年，令照弘治舊額、歲造一萬二千件。仍於額外多造三千件，預備缺乏。其續添之數，盡行裁革。

工部修理并成造共八千四百件，珍饈署三千七百件，大官署一千二百七件，良醢署一千一十件，掌醢署二千四百八十三件，南京工部成造三千六百件，珍饈署一千四百七十七件，大官署四百四十三件，良醢署四百一十八件，掌醢署一千二百六十二件，額派各抽分廠單料杉板。舊解本色。嘉靖九年、始照京價折解。

《高宗純皇帝實錄》卷一〇三一"乾隆四十二年四月"條

甲子，军机大臣等議奏：酌改王公大臣官員服色。一百日外二十七月内常服，不挂朝珠，朔望挂朝珠。一百日外，祭【略】先師孔子、先農等壇廟，遣官致祭，承祭執事各官常服。報聞。

（清）張廷玉等《明史》卷六七《志四三・輿服志三》

狀元及諸進士冠服。狀元冠二梁，緋羅圓領，白絹中單，錦綬，蔽膝，紗帽，槐木笏，光銀帶，藥玉佩，朝靴，氈襪，皆御前頒賜，上表謝恩日服之。進士巾如烏紗帽，頂微平，展角闊寸餘，長五寸許，系以垂帶，皂紗爲之。深藍羅袍，緣以青羅，袖廣而不殺。槐木笏，革帶、青鞓，飾以黑角，垂撻尾於後。廷試後頒於國子監，傳臚日服之。上表謝恩後，謁先師行釋菜禮畢，始易常服，其巾袍仍送國子監藏之。

祭祀用具

（明）申時行等《大明會典》卷九一《禮部卷》

凡祭器、禮物、樂舞，洪武四年更定、各置高案。籩豆、簠簋、登鉶、悉用瓷器。牲用熟。樂舞生、擇監生及文武大臣子弟在學者、預教習之。今用太常樂舞生。

正統三年，令祭丁品物非其土產者，鹿以羊代，榛棗以所產果品代。

景泰六年，奏准：以兩廡祭品儉薄，增豕四隻、棗栗各五十斤、黍稷各一斗、形鹽五十斤。南京國子監一體增設。

成化十二年，增樂舞爲八佾、籩豆各十二。

嘉靖九年，令南京國子監祭，用十籩十豆。天下府州縣學、八籩八豆。樂舞各止六佾。

（明）申時行等《大明會典》卷二〇一《工部二一・制帛》

（洪武三年定）先師孔子及諸神祇皆曰禮神制帛。【略】蒼白青黃赤黑各以其宜，南京司禮監。

《聖祖仁皇帝實録》卷一八"康熙五年二月"條

乙亥，工部題文廟器物，皆刊刻前明年號，應請改造。得旨，壇廟舊用琴爐等件，俱不必換造，俟其損壞補造時，寫本朝年號。

（明）徐一夔等《明集禮》卷一六《吉禮第一六·三皇》

祭器。唐開元儀先聖先師每座犧尊二，象尊二，山罍二，尊皆加勺，冪有坫以置，爵、邊各十，豆各十，簠各二，簋各二，俎各二，罍各一，洗各一，篚各一。宋祥符儀先聖先師每座犧尊四，象尊四，在殿上爲酌尊太尊二，山尊二，犧尊二，着尊二，象尊二，壺尊六，在殿下設而不酌，邊各十，豆各十，俎各八，簠各二，簋各二，從祀各邊二，豆二，簠、簋、俎、爵各一，元同唐制。國朝正配位尊三、邊八、豆八、簠二、簋二、登二，從祀兩廡各邊二、豆二、簠一、簋一。

幣。周制釋奠先聖先師，行事必以幣。唐宋元以及國朝幣，皆用白色。

牲。漢高祖過魯以太牢祀孔子，章帝幸闕里祠以太牢。魏以太牢祀孔子於辟雍，晉武時太學及魯國祀孔子，俱備三牲。唐宋皆以太牢，南渡後以羊、豕代元牲用牛一、羊五、豕五。國朝牲用牛、羊、豕各一，配位共羊、豕各一。

酒齊。唐犧尊實醴，齊象尊實盎，齊山罍實以酒。宋設尊實五，齊三，酒酌尊實，泛齊醴齊。元及國朝并同唐制。

粢盛。唐簠實以稻粱，簋實以黍稷，宋元及國朝同。

邊豆之實。唐邊實以石鹽、乾魚、棗、桃、榛、菱、芡、鹿脯、白餅、黑餅，豆實以韭菹、醓醢、菁菹、鹿醢、芹菹、兔醢、笋菹、魚醢、脾析、豚拍，從祀邊實以栗、黄鹿脯，豆實以菁菹、鹿臡。宋元同唐制。國朝邊減白餅、黑餅，豆減脾析、菹、豚拍，從祀邊實以栗、鹿脯，豆實以菁菹、鹿臡。

（清）允禄等《（雍正）大清會典》卷二三七《各壇神牌供桌》

先師文廟正位：紅油邊豆供案一張、_{紅綾銷金案衣一件}。白瓷爵三隻、白瓷碗三個、白瓷盤二十四個、銅燭臺一對、紅油帛匣一具、錫裹紅油牲匣一副、紅油供香帛案一張、_{紅緞銷金案衣一件}。銅香爐一方、銅燭臺一對、紅油盤一面、盛瘞毛血白瓷盤三個、銅鼎爐一座、銅花瓶一對。_{插金芝}。

四配位：每位紅油邊豆供案各一張、_{紅緞銷金案衣各一件}。白瓷爵各三隻、白瓷碗各二個、白瓷盤各二十個、紅油供香帛案各一張、_{紅緞銷金案衣各一件}。銅香爐各一個、銅燭臺各一對、紅油饌盤各一面、盛瘞毛血白瓷盤各三面、紅油牲匣各一個。

十一哲位：每位紅油邊豆供案各一張、_{紅緞案各一件}。衣白瓷爵各一隻、白瓷碗各一個、白瓷盤各十個、紅油供肉盤各一面、銅香爐各一個、銅燭臺各一對。東六位，共一壇，紅油供帛案一張、_{紅緞銷金案衣一件}。白瓷爵三隻、紅油豬首供盤一面、紅油饌盤一面、紅油帛匣一具、盛瘞毛血白瓷盤一面、銅鼎爐一個。西五位，共一壇，供器與東同。紅油祝案一張、_{黄綾案衣一件}。紅油祝版架一個、銅燭臺一個、紅油孔桌二張_{紅緞銷金}

桌衣二件。錫酒罇六個、錫杓二把、福胙紅油桌一張、紅緞桌衣一件。銅爵一隻、紅油供肉盤一面。

東廡六十二位：二位共一桌，紅油籩豆供案三十一張、每張銅爵各二隻、白瓷盤各十面、紅油供肉盤各二面、鐵香爐各一個、鐵燭臺各一對，共用紅油供帛案一張、紅緞銷金案衣一件。銅爵三隻、紅油饌盤一面、紅油帛匣一具、紅油豬首供盤五面、盛瘞毛血白瓷盤五個、銅鼎爐一座、紅油孔桌一張、紅緞銷金桌衣一件。錫酒罇三個、錫杓一把。

西廡六十一位：二位共一桌，紅油籩豆供案三十一張、紅油豬首供盤四面、盛瘞毛血白瓷盤四面。其餘供器，俱與前同。焚祝帛鐵爐各一座。

（清）允禄等《（雍正）大清會典》卷二三八《祭祀祝版玉帛》

凡每年各祭祀，應用祝版共三十九方，本寺行文工部移取。先師文廟，每年二祭，共白色禮神制帛三十六端。

祭品。先師文廟，每年二祭。共用圓柱降真香六十二炷，降真香四十塊，粗降真香二十四斤四兩。一年朔望，共用圓柱降真香十二炷，粗降真香十二兩。

凡每年各祭祀，需用紅蠟、黃蠟，各有定數，共三千二百三十一斤四兩。

先師文廟，每年二祭。共用黃蠟一斤重十二枝，六兩重四十四枝，三兩重八十四枝，二兩重五百四十二枝，一兩重十八枝。一年朔望，共用二兩重四十八枝，一兩重九十六枝，五錢重一千二百枝。

凡各祭祀需用粢盛蔬菜等物，於先農壇地畝內取用。

先師文廟，每祭用黍米三斗九升，稷米一斗五升，稻米三斗九升，粱米一斗，麥麵、蕎麥麵各二斤，菁菜一百四十三斤八兩，芹菜八十七斤，韭菜十斤，葱五斤。

凡各祭祀，需用酒鹽，俱本寺行文光禄寺移取。

先師文廟，每祭供酒一百二十瓶，滌魚酒二瓶，鹽磚二十斤，白鹽四斤。每月朔日，供酒三瓶。

凡各祭祀需用果品糖蜜魚笋等物，各有定數，俱本寺用庫銀備辦。

先師文廟，每祭應用果品。紅棗一百四十三斤，栗一實三十五斤，白糖一斤，花椒八兩，茴香八兩，蒔蘿四兩，大鯮魚十尾，小鯮魚十尾，醯魚二十斤，大笋十塊。每月朔日，行釋菜禮，用紅棗七斤，核桃七斤。

（清）允禄等《（雍正）大清會典》卷二三九《祭祀雜支》

凡各祭祀，需用木柴木炭等物，俱照本寺行文工部支取。前期二日，送至祭所。

先師文廟，春祭，用燔牲木柴二千三百九十斤。如遣官，減一百八十斤。秋祭，用燔牲木柴一千八百八十斤，如遣官，減一百六十斤。净冰四十塊。

凡各祭祀需用焚帛蘆葦，俱本寺行文大興、宛平二縣支取。

先師文廟，每祭川一百斤。

（三）祭祀禮儀

禮儀沿革

（明）徐一夔等《明集禮》卷一六《吉禮第一六·三皇》

總叙

周制，凡始立學者，必釋奠於先聖先師，凡學春夏釋奠於先師，秋冬亦如之。漢儒以先聖爲周公，若孔子以先師爲《禮》《樂》《詩》《書》之官，若《禮》有高堂生，《樂》有制氏，《詩》有毛公，《書》有伏生。可以爲師者，蓋四時之學，將習其道，故釋奠各以其師，而不及先聖。惟春秋合樂，則天子視學，有司摠祭先聖先師，是則漢時釋奠，亦略可見矣。魏正始中，使太常釋奠於辟雍，晉釋奠皆於太學，東晉成穆孝武皆親釋奠。隋制，國子監每歲四仲月上丁，釋奠先聖先師，州縣學則用春秋仲月。唐初釋奠，儒官自爲祭主，直云博士姓名敢昭告於先聖。許敬宗奏請令國子祭酒爲初獻，詞稱皇帝，謹遣仍令司樂爲亞獻，博士爲終獻。縣學則丞爲初獻，丞爲亞獻，主簿及尉通爲終獻，永爲禮制。武德、貞觀中，皆以二月親幸國子監釋奠。開耀景龍中，皆皇太子釋奠於太學。開元中，詔春秋釋奠，以三公攝事著之常式。若會大祀，則用中丁，州縣用上丁。宋、元因古禮而損益之。國朝洪武二年，御製祭文，遣官賚御香祀曲阜孔子廟，每歲春秋二丁降御香祀於國學，中書省臣初獻，翰林學士亞獻，國子祭酒終獻，其禮樂悉如前代之制。

封謚

魯哀公十六年夏四月己丑，孔子卒，哀公誄之，稱曰尼父。漢元始元年謚曰襃成宣尼父。後魏太和十六年，改謚宣尼曰文聖尼父。後周大象二年，追封鄒國公。唐太宗貞觀十一年，詔尊爲宣聖尼父。高宗乾封元年，追贈太師。天授中，追封道公。玄宗開元二十七年，追謚文宣王，令三公持節册命。宋真宗大中祥符元年，加謚曰玄聖文宣王，五年改謚至聖文宣王。元武宗至大元年，加謚大成至聖文宣王，詔曰："蓋聞先孔子而聖者，非孔子無以明；後孔子而聖者，非孔子無以法。所謂祖述堯舜，憲章文武，儀範百王，師表萬世者也。朕纘承丕緒，敬仰休風，循治古之良規舉，追封之盛典，加號大成至聖文宣王，遣使闕里祠以太牢，嗚呼！父子之親，君臣之義，永惟聖教之尊，天地之大日月之明，奚罄名言之妙。"

廟祀

漢世京師未有夫子廟，後魏太和十三年立孔子廟於京師。唐高祖武德二年，於國子監立周公、孔子廟各一所，以四時致祭。周世宗始營國子學。宋初，詔國子監文宣王廟門立戟十六枚。徽宗崇寧中，詔辟雍文宣王殿以大成爲名，御書"大成殿"榜付國子監揭之。政和中，廟門增立二十四戟。元太祖置宣聖廟於燕京，以舊樞密院爲之。成宗大德十年，京師新作宣聖廟，此歷代國學立廟之制也。漢永平二年，詔郡縣行鄉飲酒於學校。北齊令郡縣坊內立孔顏廟。唐貞觀四年，詔州縣學皆作孔子廟。宋元仍唐制。此歷代州縣學立廟之制也。漢唐宋元曲阜林廟，歲時遣使致祭，遇有損壞，皆奉敕修理，此歷代林廟之制也。國朝京師及郡學、曲阜林廟，皆如舊制。

配享

魏釋奠孔子於辟雍，以顏回配，此配享之始也。唐初以周公爲先聖，以孔子配享。貞觀二年，左僕射房玄齡建議云：武德中，詔釋奠於太學，以周公爲先聖，孔子配享。臣以周公尼父俱稱聖人，庠序置奠本緣夫子，故晉宋梁陳及隋故事，皆以孔子爲先聖，顏回爲先師，歷代所行古今通允，伏請停祭周公，升夫子爲先聖，以顏回配享。從之。宋神宗元豐七年，以孟子設位，居顏子之次配食。咸淳間，又以曾子、子思合顏、孟爲四配。元及國朝因之。

從祀

後漢明帝幸闕里，以太牢祀孔子及七十二弟子，章帝、安帝因之，此弟子從祀之始也。唐貞觀二十一年，詔以左邱明以下二十一人從祀廟庭。開元八年，以十哲爲坐像享於堂上，七十子及二十一賢并圖於壁。宋元豐間，又以荀況、揚雄、韓愈從祀於左丘明等之次。理宗淳祐初，以周敦頤、張載、程顥、程頤、朱熹從祀。景定中，復加張栻、呂祖謙。度宗咸淳初，又加司馬光、邵雍。元武宗至大間，復以許衡從祀。

（明）申時行等《大明會典》卷九一《禮部》

祝文。維□年歲次□月□朔□日，皇帝御名謹告於先聖諸師暨周公、孔子，曰：予惟後學之資，必賴先聖遺集以爲進修。茲於明日春秋開講學，伏惟默運神機，覺我後學，俾誠正之功不替，庶治平之至可臻，而聖道永有需民之惠矣。特用奠告，惟聖師鑒焉。謹告。

先師孔子釋菜啓聖祠附

國初，詔正諸神封號。惟孔子封爵，特仍其舊。每歲二丁，傳制遣官祭於國學。每月朔望，遣內臣降香。朔日，則祭酒行釋菜禮。

洪武四年，令進士釋褐，詣國學行釋菜禮。

十五年，始詔天下儒學通祀孔子，頒釋奠儀。

二十六年，頒大成樂器於天下府學。令州縣如式製造。

二十九年，黜揚雄從祀，進漢董仲舒。後遇登極，皆遣官祭告闕里。又駕幸太學，行釋菜禮。

永樂八年，正文廟聖賢繪塑衣冠，令合古制。

十九年，北京國子監既定。其南監春祭，命祭酒行禮。稱皇帝謹遣。

正統元年，刊定從祀名爵位次，頒行天下。

二年，以宋胡安國、蔡沈、真德秀從祀。

八年，追封元吳澄爲臨川郡公，從祀。

成化二年，封董仲舒爲廣川伯、胡安國建寧伯、蔡沈崇安伯、真德秀浦城伯。

弘治九年，封宋楊時爲將樂伯，從祀。

嘉靖九年，厘正祀典，始爲木主，題曰至聖先師孔子神位。改大成殿爲先師廟，殿門爲廟門。四配稱復聖顏子、宗聖曾子、述聖子思子、亞聖孟子之位。十哲以下及門弟子，皆稱先賢其子之位。左丘明以下，稱先儒某子之位。申黨即申棖，祀止存棖。公伯寮、秦冉、顏何、荀況、戴聖、劉向、賈逵、馬融、何休、王肅、王弼、杜預、吳澄十三人，俱罷祀。林放、蘧伯玉、鄭衆、盧植、鄭玄、服虔、范甯七人，各祀於其鄉。后蒼、王通、歐陽修、胡瑗、陸九淵，增入從祀。凡籩豆樂舞之數，皆更定焉。其内臣降香亦罷。隆慶五年，以本朝薛瑄從祀。萬曆十二年、以本朝王守仁、陳獻章、胡居仁從祀。

（明）徐學聚《國朝典彙》卷一二一《禮部・文廟》

洪武元年，令仲春秋上丁遣官祭先師於國學，丞相初獻，學士、祭酒亞、終獻。

二月，上御奉天殿傳制，以太牢祀先師孔子，仍遣使詣曲阜致祭。八月遣官釋奠於孔子，以後著爲令。

四年，禮部更定釋奠孔子祭器禮物，犢一、羊一、豕一，籩豆、簠、簋、登、鉶悉用瓷器。又擇監生及文職大臣子弟在學校者充樂舞生。

五月，司業宋濂上《孔子廟堂議》，曰：世之言禮者，咸取法於孔子，不以古之禮祀孔子，褻祀也，褻祀不敬，不敬則無福。奈何今之人與古异也，古者主人西向，几筵在西也，漢章帝幸魯祠，九子帝西向再拜，《開元禮》先聖東向，先師南向，三獻官西向，猶古意也。今襲開元二十七年之制，遷神南面非神道尚右之義矣，古者木主栖神。天子諸侯廟皆有主，大夫束帛，士結茅爲菆，無像設之事，《開元禮》設先聖神座於堂上，兩楹間先聖東北皆筵席，尚掃地而祭也，今因開元八年之制，摶土而肖像焉失神而明之之義矣。古者灌鬯焫蕭求神於陰陽也，今用熏薌代之非簡乎？古者朝觀，會同郊廟，祭饗皆設庭燎，司烜共之火師，監之示嚴敬也，今以秉炬當之非瀆乎？又古之道有德者使教焉，死則以爲樂祖祭於瞽宗，謂之先師。若漢《禮》有高堂生，《樂》有制氏，《詩》有毛公，《書》有伏生也。又凡始立學者，必釋奠於先聖先師，釋奠必有合，謂國無先聖先師，則所釋奠者當與鄰國合。若唐虞有夔伯夷，周有周公，魯有孔子則不合也。當是時學者各祭其先師，非其師弗學，非其學弗祭。學校既廢天下，莫知所師孔子，集群聖之大成，顏、曾、思、孟實傳其道尊之，以爲先聖先師而通祀於天下，固宜若七十二子止於國學設之，庶幾弗悖禮意。《開元禮》"國學，祀先聖孔子，以顏子等七十二賢配，諸州惟配顏子。"今以荀況之言性惡、揚雄之事壬莽、王弼之宗莊老、賈逵之忽細行、杜預之建短喪、馬融之黨附勢，家亦厠其中，吾不知其何説也。古者立學，專以明倫，於雖齊聖，不先父食久矣。故禹不先鯀，湯不先契，文王不先不窋，宋祖帝乙，鄭祖厲王，猶尚祖也。今回參伋坐饗堂上，而其父列食於廡間，顛倒彝倫，莫此爲甚。吾不知其何説也？古者士見師以菜爲贄，故始入學者必釋菜以禮其先師，其學官時祭皆釋奠，今專用春秋非矣。釋奠有樂無聲，釋菜無樂，是二釋之重輕以樂之有無也。今襲用魏漢律所制大成樂，乃先儒所謂亂世之音可乎哉？古者釋奠番菜名義，雖存而儀注皆不可考，《開元禮》彷彿《儀禮》饋食篇節文爲詳。所謂三獻，獻後各飲福，即尸酢主人、主婦及賓之義也，今憚其煩，唯初獻得行之可乎哉？他如廟制之非，宜冕服之，無章器用褻乎？雅俗升降昧乎？左右此類甚多，雖更僕不可盡。若乃建安熊氏，欲以伏羲爲道統之宗，神農、黃帝、堯、舜、禹、湯、文、武次而列焉，皋陶、伊尹、太公、周公暨稷、契、夷、益傳説，箕子皆天子公卿之師，式宜秩祀天子之學。若孔子實兼祖述憲章之任，其爲通祀，則自天子下達，苟知其言，則道統益尊三皇，不汨於醫師太公，不辱於武夫矣。昔周立四代之學，學有先聖虞庠以舜，夏學以禹，殷學以湯，東膠以文王，復各取當時左右四聖，成其德業者爲之，先師以配享焉，此固天子立學之法也。上不喜，讁濂安遠知縣，祭酒魏觀亦以考禮稽緩，讁龍安知縣。

五年，文廟成，遣官以太牢祭孔子，駕視學，行釋奠禮尊，孔子封號曰大成至聖文宣王，及配祀從祀諸賢儒如故。

六年八月，翰林承旨詹同、學士樂韶鳳等上所制釋奠先師孔子樂章，禮部尚書牛諒復以所定禮儀進。皆從之。

按：迎神奏《咸和》之曲，奠帛奏《寧和》之曲，初獻奏《安和》之曲，亞獻奏《景和》之曲，終獻與亞獻同。徹饌奏《咸和》之曲，送神奏《咸和》之曲。

是年，遣御史大夫陳寧釋奠先師孔子，時胡惟庸、劉基、馮冕等不陪祭而受胙。上曰：基等學聖人之道而不陪祀，使弗學者何以勸？既不預祭，不當享胙，命停基、冕俸各一月，寧坐不舉亦停半月，自是不預祭者不頒胙。

七年二月朔日食，下禮部尚書、給事中等官議文廟祀禮，諸改用仲丁，制曰，可命有司修治闕里先師廟廊廡、祭器、樂器、法服，其田產荒蕪者悉蠲其稅，仍設孔顏孟三氏子孫教授其族人。

十五年四月，上諭禮部尚書劉仲質曰，孔子明帝王之道，以教後世，使君君、臣臣、父父、子子綱常，以正彝倫，攷叙其功參於天地。今天下郡縣廟學并建而報祀之禮止行京師未遍天下，豈非闕典耶？卿與儒臣共定釋奠禮儀，頒之天下，令每歲春秋仲月通祀孔子。

二十六年十月，頒大成樂器於天下，令有司如式制造以祀孔子。

三十年十月，重建國子監先師廟。

建文元年三月，上祀先師於太學，盥獻拜跪禮如郊社。

永樂元年八月，遣官釋奠先師。

洪熙元年七月，山東德平縣儒學訓導年富言天下儒學文廟以崇祀先聖先賢，近年以來，十哲及兩廡從祀先賢，或置木牌，或爲塑像，或封爵差訛，或位次失序，甚者闕而不置，皆有司因循所致，乞依洪武中定例，重加考校，刊布内外，永爲定規。宣宗曰：朝廷崇儒重道爲緊要事，而有司不得人如此，命禮部即考正頒示天下。

正統三年，三氏學教授裴侃言，天下文廟，惟論傳道以列位次，闕里家廟宜正父子，以叙彝倫，顏子、曾子、子思子也，配享殿庭。無繇、子晳、伯魚父也，從祀廊廡，匪惟名分不正，抑恐神不自安。況孔子父叔梁紇，元已追封啓聖王，創殿於大成殿西崇祀，而顏孟父俱封公爵，惟伯魚、子晳仍爲侯爵，乞追封爲公，偕顏孟之父俱遷配啓聖王殿，庶名位胥安人倫攸叙，上命禮部行之。

十二年五月，御史李奎奏：孔子之聖，歷代皆有褒贈。國朝自洪武以來，聖駕屢幸於辟雍，祀典遍行於天下，何獨孔子褒贈未有增加，乞敕翰林院參考古制，定以萬世莫加之美諡。上曰：孔子萬世帝王，所尊功德難名，雖累百言，何足爲重？不必增益。

天順八年，時有請以“天縱”二字加號孔子。給事中張寧言：孔子道大德尊，所貴明其禮以行其道，被之天下，傳之後世。不在封號求勝於一名一字，可得而輕重也。議遂寢。

（成化）十三年正月，祭酒周洪謨請加孔子封號，改大成至聖爲神聖廣運帝。【略】上曰：尊崇孔子乃朝廷盛典，宜從所言，其籩豆、佾舞俱如數增用，仍通行天下，悉尊此制。

二十三年二月初七日上丁，當祭先師，以初六日命皇太子親迎。傳制遣官改用次丁。翰林檢討劉瑞乞更定先師封諡，下部格之。

（嘉靖）九年二月，詔定百官謁文廟禮，凡春秋二丁，不與陪祀者，皆以常服序列陪祀官之後，同時行禮正旦。次日，諸司必俟其堂属，畢，集始得謁拜有先後參差者，聽糾儀御史劾治之。

十一月，改正孔廟號爲至聖先師孔子。

（明）徐學聚《國朝典彙》卷一二二《禮部·文廟从祀》

洪武五年，罷孟子配享文廟。逾年，上曰：我聞孟子辯异端，闢邪説，發明孔子之道，宜祀如故。

（洪武）二十三年，先是上覽孟子至尊芥寇仇之説，大不然之，謂非臣子所宜言，議欲去其配享，詔有諫者以不敬論，且命金吾射之。刑部尚書錢唐抗疏入諫，輿櫬自隨袒胸受箭曰：“臣得爲孟軻死，死有餘榮。”上見其誠懇，命太醫院療其箭瘡，而孟子配享得不廢，至是，乃命儒臣修孟子節文。凡不以尊君爲主，如諫不聽，則易位及君爲輕之類，皆删去。

（洪武）二十六年，江西崇仁縣訓導羅恢上疏云，孔廟從祀當以道學論。當時有若優於宰我。《論語》記有若言行者四，皆有禪世教記。宰予言行者四，皆見責於聖人。

宜以有若居十哲，而宰予居兩廡，公伯寮阻壞聖門，不宜從祀。蘧伯玉，孔子故人行年六十而化，今在兩廡六十位次之下，未嘗宜列祀啓聖廟。不報。

（洪武）二十九年三月，行人司副楊砥言：孔子廟廷從祀諸賢，皆有功世教，若漢揚雄事莽，黍列從祀，以董仲舒之賢，反不與焉。事干名教甚爲乖錯，宜黜雄進仲舒，則祀典明矣。上納其言，命去雄祀仲舒。

宣德三年正月，四川萬縣訓導李鐸言，各處從祀先賢，名位多有差訛，且失次序。若不考正，實乖祀典。上謂禮部尚書春湊曰："昔我太祖斷自聖心大正神祇名號，惟於先聖先賢，悉從其舊，將以垂憲萬世，豈可差謬，其速考正，頒示天下。"

正統元年，刊定從祀名爵位次，遂頒圖於天下學宮，用忠州訓導宋廣言也。

（正統）二年二月，以宋儒胡安國、蔡沈、真德秀從祀孔子廟庭。

（正統）七年四月，封元臣宋儒吳澄爲臨川郡公，從祀孔子廟庭，從楊士奇之議也。按祭酒謝鐸謂澄出處不正當，黜其祀。

（成化）三年七月，兵部侍郎兼學士商輅言，從祀諸儒有未加封爵者於所被章服殊不相稱，於是追封董仲舒爲廣昌伯、胡安國建寧伯、蔡沈崇安伯、真德秀浦城伯。

（弘治）九年正月，大學士徐溥又言，楊時入朝，首請罷安石配享，廢其新經，有衛道功，或疑其出處之際，而少其著述，殆未之考也。上從之，追封時將樂伯，從祀。

（嘉靖）九年，改大成至聖文宣王爲至聖先師孔子，四配爲復聖顏子、宗聖曾子、述聖子思子、亞聖孟子，從祀及門弟子稱先賢，左丘明以下稱先儒，去塑像設木主，盡罷公侯伯，諸封爵，申黨、申棖二人存棖去黨，公伯寮、秦冉、顏何、荀況、戴聖、劉向、賈逵、馬融、何休、王肅、王弼、杜預、吳澄十三人罷祀，林放、蘧瑗、鄭玄、鄭衆、盧植、服虔、范甯七人祀於其鄉，進后蒼、王通、胡瑗、歐陽修、陸九淵從祀，改稱大成殿爲先師廟，大成門爲廟門，別立祠祀齊公，叔梁紇稱啓聖公，孔氏以顏無繇、曾點、孔鯉、孟孫氏配，稱先賢；程珦、朱松、蔡元定從祀，稱先儒；撤無繇、點、鯉從祀。

（明）涂山《明政統宗》卷二三

庚寅嘉靖九年二月，詔定百官謁文廟禮。凡春秋二丁不與陪祀者，皆以常服序列陪祀官之後，同時行禮。正旦次日，諸司必候其堂屬，畢，集始得，謁拜有先後參差聽糾儀，御史劾治之。

十二月，易行先師孔子神位。用木生，奉安於文廟。遣祭酒許誥行奠告之禮。

《世祖章皇帝實錄》卷三一 "順治四年三月" 條

丁卯，又議奏：太歲、城隍及孔子、關聖，俱仍舊例，遣官致祭，但未定行滿禮。得旨：致祭著遣滿官，并用滿官贊禮，祝詞用滿文。

《高宗純皇帝實錄》卷一二八六 "乾隆五十二年八月" 條

己亥，禮部尚書、管太常寺事德保等奏，向例遣官致祭文廟於節次行禮之後，俱有一揖。今協辦大學士劉墉於祭祀時未照例行一揖之禮，請交部查議。諭曰：太常寺堂官參奏劉墉遣官祭文廟未行一揖禮一摺。從前，朕爲皇子時，曾經致祭文廟，記所行儀注，并無一揖之禮。今禮部所用儀注仍有此一揖，自係相沿，未經改定。劉墉於祭祀時，以一揖之禮不可行，未經照例行禮，該堂官固應據實參奏，但此一揖之禮，俱在上香、獻爵、飲福、受胙之後，本係小節俗禮，劉墉未經遵行，尚非大過，姑免交部。但劉墉之意，既以爲斷不可行，自應奏明更改，乃并未陳奏而於向用儀注，率任臆改，此則非是，至相沿一揖之禮，本不可行，嗣後著於儀注內改正，以昭誠敬。

（明）黄道周《博物典彙》卷四《釋奠·國朝釋奠之禮》

國朝詔正諸神封號，惟孔子封爵，特仍其舊。每歲二丁傳制，遣官祭於國學，每月朔望遣内臣降香，朔日則祭酒行釋菜禮。洪武四年，令進士釋褐，詣國學，行釋菜禮。十五年，始詔天下儒學，通祀孔子，頒釋奠儀。三十六年，頒大成樂器於天下府學，令州縣如式製造。二十九年，黜揚雄從祀，進漢董仲舒，後遇登極，皆遣官祭告闕里，又駕幸太學，行釋菜禮。永樂八年，正文廟聖賢，繪塑衣冠，令合古制。十九年，北京國子監既定其南監春祭，命祭酒行禮，稱皇帝謹遣。正統元年，刊定從祀名爵位次，頒行天下。二年，以宋胡安國、蔡沈、真德秀從祀。三年，禁祀孔子，釋老宫。八年，追封元吳澄爲臨川郡公，從祀。成化二年，封漢董仲舒爲廣川伯、胡安國建寧伯、蔡沈崇安伯、真德秀浦城伯。弘治九年，封宋楊時爲將樂伯，從祀。嘉靖九年，厘正祀典，始爲木主，題曰至聖先師孔子神位，改大成殿爲先師廟，殿門爲廟門。四配稱復聖顔子、原封兗國復聖公。宗聖曾子、原封郕國宗聖公。述聖子思子、原封沂國述聖公。亞聖孟子原封鄒國亞聖公。之位，十哲以下及門弟子皆稱先賢某子之位。申黨即申棖，祀止存棖。公伯寮、秦冉、顔何、荀況、戴聖、劉向、賈逵、馬融、何休、王肅、王弼、杜預、吳澄十三人俱罷祀，林放、蘧伯玉、鄭衆、盧植、鄭玄、服虔、范甯七人各祀於其鄉，后蒼、王通、歐陽修、胡瑗、陸九淵增入從祀。凡籩豆樂舞之數，皆更定焉，其内臣降香亦罷。隆慶五年，以本朝薛瑄從祀。萬曆十二年，以本朝王守仁、陳獻章、胡居仁從祀。二十三年，以宋周敦頤父輔成，從祀啓聖祠。

（明）俞汝楫等《禮部志稿》卷八五下《崇祀備考·陳孔廟四議》

弘治二年，山東兗州府知府趙蘭陳六事，其四云：一、請定禮樂。謂孔子廟在國子監者，皇上或躬臨致祭，或遣官代祭，是以天子祭先師，器用十二籩豆，舞用八佾宜也。其天下郡縣廟學，豈可僭用此等禮樂以祭，乞議處之。一、請詳祀位。謂大成殿後宜別爲寢室，祀叔梁紇，配以顔路、曾皙、孔鯉，其七十子言行著見，如有子輩，并宋周、程、張、朱數子宜皆升坐殿上，通謂之哲，以備一代之制。一、請議謚號。謂周公制禮作樂，前代嘗加謚文憲王，今一例革其舊有之封號，止以太師周公稱之，恐名爵不足以副功德之實，乞會議復舊。一、請補缺略，謂孔顔孟三代子孫各有官爵、祭田，惟曾子子孫未有，乞賜祭田，給人户，備洒掃，選賢良户爲廟，主歲時祭祀，仍令有司主之，命所司知之。

（明）俞汝楫等《禮部志稿》卷八五下《崇祀備考・始定啓聖祠祀》

嘉靖十年七月，國子監建啓聖公祠成。禮部尚書李時等議祀典，請春秋祭祀，與文廟同日，所用牲帛、籩豆視四配，其東西配位先賢顏無繇氏、曾點氏、孔鯉氏、孟孫氏，十哲從祀先儒程朱，祭視兩廡。是日，文廟代主祭者，係欽遣輔臣，則祭酒於啓聖祠行禮。【略】從之。

（明）俞汝楫等《禮部志稿》卷八五下《崇祀備考・定釋奠先師樂》

弘治九年二月，太常寺奏：釋奠先師孔子，已准用天子之禮，增爲八佾之舞，惟樂器之數尚用諸侯之樂，似爲未稱，請增文廟樂器人數爲七十二人，如天子之制。禮部因請行移所司，如數置造，仍通行天下，并南京國子監一體遵行。上曰：文廟享祀用天子之禮，而舞已加八佾，樂器乃尚諸侯之舊，則尊崇未至，而情文亦有未備，所言良是，即如擬行之，以副朕崇奉先師之意。

（明）俞汝楫等《禮部志稿》卷八五下《崇祀備考・改正先師祀典》

嘉靖九年十一月，上因纂祀儀成典諭大學士張璁，凡雲雨風雷之祀，以及先聖先師祀典，俱當以叙纂入。璁因奏言，雲雷等祀及社稷配位，俱蒙聖明更定，但先聖先師祀典，尚有當更正者，請於大成殿另立一堂祀叔梁紇，而以曾皙、顏路、孔鯉配之上以爲然。因諭，聖人尊天與尊親同。今籩豆十二，牲用犢全用配天儀，亦非正體，其謚號、章服悉宜改正，卿宜加體孔子之心，爲朕計之。璁遂言：孔子宜稱先聖先師，而不稱王，祀宇宜稱廟，而不稱殿，祀宜用木主，其塑像宜毀撤，籩豆用十，樂用六佾，叔梁紇宜別廟以祀，以三代配，公侯伯之號宜削，只稱先賢先儒，其從祀申黨、公伯寮、秦冉、顏何、荀況、戴聖、劉向、賈逵、馬融、何休、王肅、杜預、吳澄宜罷祀，林放、蘧瑗、盧植、鄭玄、服虔、范甯宜各祀於其鄉，后蒼、王通、歐陽修、胡瑗、蔡元定宜增入。上命禮部會翰林諸臣議，編修徐階疏陳不可，上怒謫階福建延平府推官，乃御製《正孔子祀典説》示禮部。謹按：漢高帝過魯，以太牢祀孔子，安帝祀孔子及七十二弟子於闕里，此崇祀之始也。厥后唐太宗稱以先聖尼父，玄宗謚以文宣王，顏閔而下俱爲侯伯。宋真宗始以至聖稱焉。我太祖即位，奉太牢祀於國學，又遣祭酒致祭於闕里。成祖躬行四拜之禮，憲宗加以天子禮樂，至世宗獨出睿見，尊爲先師孔子，可爲極崇祀之道矣。

（明）俞汝楫等《禮部志稿》卷八五下《崇祀備考・進宋儒三人從祀》

正統二年乙亥，以宋儒胡安國、蔡沈、真德秀從祀孔子廟廷。先是，廣東肇慶府知府王罃、順天府通判曹銘等皆言：春秋上丁祭先師孔子，以歷代諸儒從祀，斥揚雄而進董仲舒、吳澄，誠百世不易之盛舉也，然而性惡之荀況，短喪之杜預，皆穿鑿陋儒尚祀廟廷，而宋儒若胡安國、蔡沈、真德秀皆有功道學，羽翼六經，其格言微意，擴先儒之未發，處已行事又皆正大光明，足以紹承道統之緒，皆未得從祀事。下行在禮部。復奏，謂安國作《春秋傳》，沈作《書傳》，德秀作《大學衍義》，學者宗之，誠有功於聖門，宜如其請，故有是命。

（明）俞汝楫等《禮部志稿》卷八五下《崇祀備考·議從祀進黜》

弘治二年，禮科給事中張九功言：文廟從祀，世教所關，不可不慎，如蘭陵伯荀況、扶風伯馬融、偃師伯王弼、成都伯揚雄俱得罪名教，宜黜之。本朝文清公薛瑄篤志好學，於道有得，宜進之從祀之列。詹事府少詹程敏政亦言：馬融、劉向、賈逵、王弼、何休、戴聖、王肅、杜預八人，雖有訓詁，其行不足稱，宜褫爵罷祀。鄭衆、盧植、鄭玄、服虔、范甯五人，雖若無過，而所著未能發明聖學，止宜各祀於其鄉。申棖、申黨其實一人，位號宜存其一。公伯寮、秦冉、顏何、蘧瑗、林放五人，《家語》不載，亦宜罷祀。如以瑗、放爲不可無祀，則祀瑗於衛，祀放於魯，或各附祭於鄉賢祠。又，后蒼有功於《禮記》，宜與王通、胡瑗二人俱加爵從祀。又，顏子、曾子、子思配享在朝，而其父顏無繇、曾點、孔鯉列坐廡下，於義未安，請令各處廟學如鄉賢祠之制，別立一祠，中祀啓聖王叔梁紇，而以無繇、點、鯉及孟子父邾國公孟孫氏配享，程子父永年伯程珦、朱子父獻靖公朱松從祀，則重道之典，明倫之義兩得之。俱下禮部會官議。於是禮部等衙門尚書周洪謨等言：揚雄，洪武中因行人楊砥之請，已罷從祀。薛瑄在成化初，亦議其於明道，著書尚未若黃榦輔廣之，親承微言，金履祥、許謙之推衍緒説，若后蒼雖能明高堂生之禮，然漢以二戴、慶、普三家立於學官，而蒼之禮不與焉。王通，河汾之師，道雖存而於聖人之道，亦安望覃懷迓續之功，若遽欲躋之從祀，俱未敢以爲然也。至若啓聖王及泗水侯各爲廟，以祀於闕里久矣，今欲通祀於天下，而遂升孟子、程朱之父，以配之則於禮爲太過，置無繇、點、鯉於別廟，而遂不得預享，孔子萬世之祀，則於義爲不及，況朱子在當時，嘗因釋奠狀申禮部考正兩廡諸賢位次，亦未嘗有一言，謂荀況、馬融、王弼、戴聖、劉向、賈逵、何休、王肅、杜預、鄭衆、盧植、鄭玄、服虔、范甯等非所當祀者，此非慎於闕疑，則必志於從厚者也。又況南京國子監廟廷之祀，嘗經我太祖神謨聖斷之所詳定，今百有餘年矣，臣等何敢復致議於其間哉，謹僉議曰仍舊。上是之。

（明）俞汝楫等《禮部志稿》卷九四《盛典備考·正孔子廟祝文牌額》

嘉靖十年正月，内禮部題爲祀典事，照得啓聖公祭享近，該本部會官擬議別立一祠，以顏無繇、曾點、孔鯉、孟孫氏配享，以程珦、朱松、蔡元定從祀，奉有欽遵，通行欽遵。外據國子監別立啓聖公祠宇，合命官前去本監相視。相應地方營建，擇日興工，仍行翰林院撰祝文。祠額應用，再照先師孔子名號，已正其祝文，舊稱惟王，今合改稱惟師，及舊額大成殿、大成門今皆撤去，牌額宜照大門，舊用文廟二字，通行天下遵守則事歸一矣，奉聖旨先師廟堂題曰先師廟，門曰廟門，孔氏祠曰啓聖祠，餘依擬行。欽此。

（明）俞汝楫等《禮部志稿》卷九七《諸請更制·請校勘孔廟樂圖譜》

景泰七年，直隸寧國府儒學教授余鐸奏：臣聞樂者感化神人之本，其要在乎和而已。我朝各府學春秋釋奠先師孔子，俱有樂以歌咏功德，昭格神祇。奈何行之既久，聲律節奏不能無謬，乞敕翰林院及太常寺官之精通音律者，博考古典，詳加校正，著爲圖譜，頒賜天下學校。事下禮部，尚書胡濙等以爲樂皆洪武間所校定者，烏得有差。寢之。

(清) 談遷《國榷》卷三七《憲宗成化十年甲午至十三年丁酉》

成化十一年丙子，國子祭酒周洪謨請增文廟樂舞，群臣各立家廟。從之。

成化十二年七月癸亥，國子祭酒周洪謨，請加孔子大成至聖帝號，籩豆八佾。禮部言：謚號之易否，器數之加否，不足爲孔子重。遂如故。

(九月) 辛亥，增孔廟籩豆佾舞之數。卒如周洪謨言。

成化十三年正月己巳，以增孔子籩豆、樂舞，遣吏部尚書兼文淵閣大學士商輅，告太學翰林。學士王獻，告闕里。

(清) 談遷《國榷》卷四六《武宗正德元年丙寅至二年丁卯》

(正德元年七月) 壬午，兵部郎中何孟春請崇孔子尊號，詳議從祀。《史記列傳》七十七人，《索隱》《家語》亦七十七人，《史記》有公伯寮、秦冉、鄡單。《家語》不載，更琴牢、陳亢、懸亶。今《家語》止七十五人，而《史記》之鄭國申黨、顏何不載，載薛邦、申績，杜佑《通典》載開元所贈。自《史記》外，增蘧瑗、林放、陳亢、申棖、琴牢、琴張。宋祥符大觀中，去琴牢，餘并因之。懸亶，《家語》作懸亶，字子象，《禮記·檀弓篇》縣子，疑即其人，而《祀典》不及。《家語》薛邦字子徒，申績字子周，《史記》載鄭國申黨同字，則邦即國，績即黨。《論語》釋文申棖，鄭康成云，蓋孔子弟子。申績，《史記》云申棠，今棠爲黨，續爲績，其訛無疑。唐宋加封申黨、申棖俱從祀。夫二申，猶二琴也。薛邦鄭國，姓氏頗遠，不祀薛邦而并祀二申，不已瀆乎？乞補贈懸亶，削重祀申棖。公伯寮、党季孫、蘧伯玉不在弟子列，亦不當祀。《史記》云：《樂記》公孫尼子撰。馬總《意林》引劉瓛曰：緇衣公孫尼子作，亦宜祀於今日。章下禮部。

(清) 談遷《國榷》卷五四《世宗嘉靖七年戊子至九年庚寅》

嘉靖九年，二月壬申，定百官謁文廟禮。凡不與陪祀，則常服從其後。

十一月癸巳，張璁議：叔梁紇、顏路、曾晳、孔鯉另祀侑食。從之。上作《文廟祀典説》示群臣。璁遂議文廟像改木主，籩豆十，樂八佾，削封爵，稱先賢先儒，罷申黨、公伯寮、秦冉、顏何、荀況、戴聖、劉向、賈逵、馬融、何休、王肅、杜預、吳澄，祀林放、蘧瑗、盧植、鄭玄、服虔、范甯於鄉，增后蒼、王通、歐陽修、胡安國、蔡元定。

乙未，監察御史黎貫等爭文廟像爵。削籍。

辛丑，更正孔廟祀典。易木主，題至聖先師孔子。四配曰復聖、宗聖、述聖、亞聖，餘稱先賢。左丘明以下稱先儒，進后蒼、王通、歐陽修、胡瑗，退祀於鄉則林放、蓬瑗、盧植、鄭玄、服虔、范甯，罷申黨、公伯寮、秦冉、顏何、荀況、戴聖、劉向、賈逵、馬融、何休、王肅、杜預、吳澄。

（清）孫承澤《春明夢餘錄》卷二一《文廟》

至聖先師孔子之位。洪武定大成文宣王木主，長三尺三寸五分，連上雲、下座，共五尺二寸；闊七寸，連左、右雲，共一尺一寸五分。嘉靖中，定至聖先師木主高二尺三寸七分，闊四寸，厚七分，座高四寸，長七寸，厚三寸四分。朱地金書。

四配。復聖顏子、宗聖曾子、述聖子思子、亞聖孟子。

洪武制：木主各長一尺九寸五分，連上雲、下座，共三尺；闊五寸，連左、右雲共一尺一寸。嘉靖中，改各高一尺五寸，闊三寸二分，厚五分，座高四寸，長六寸，厚二寸八分。赤地墨書。啟聖公神主與四配同。

十哲。先賢閔子損、冉子耕、冉子雍、宰子予、端木子賜、冉子求、仲子由、言子偃、卜子商、顓孫子師。

洪武制：木主各長一尺九寸，闊四寸，連座共二尺五寸。

嘉靖改一尺四寸，闊二寸六分，厚五分，座高二寸六分，長四寸，厚二寸。赤地墨書。

東廡從祀。先賢澹臺子滅明、原子憲、南宮子適、商子瞿、漆雕子開、樊子須、公西子赤、梁子鱣、冉子孺、伯子虔、冉子季、漆雕子徒、父漆雕子哆、商子澤、任子不齊、公良子孺、奚子容蒧、顏子祖、句子井疆、秦子商、公祖子句茲、縣子成、燕子伋、顏子之僕、樂子欬、邽子巽、公西子輿如、公西子蒧、陳子亢、琴子牢、步叔子乘，先儒左子邱明、伏子勝、高堂子隆、后子倉、董子仲舒、王子通、歐陽子修、邵子雍、司馬子光、程子顥、楊子時、羅子從彥、陸子九淵、朱子熹、真子德秀、許子衡、陳子獻章、王子守仁。

西廡從祀。先賢宓子不齊、公冶子長、公晳子哀、高子柴、司馬子耕，有子若、巫馬子施、顏子辛、曹子恤、公孫子龍、秦子祖、顏子高、穰子駟赤、石子作蜀、公夏子首、后子虔、公子肩定、鄡子單、罕父子黑、榮子旂、左子人郢、鄭子國、原子亢、廉子潔、叔仲子會、狄子黑、孔子忠、施子之常、秦子非、申子棖、顏子噲，先儒公羊子高、穀梁子赤、毛子萇、孔子安國、杜子子春、韓子愈、胡子瑗、周子敦頤、張子載、程子頤、胡子安國、張子栻、李子侗、呂子祖謙、蔡子沉、薛子瑄、胡子居仁。

洪武制：先賢木主各長一尺七寸，闊三寸，連座共二尺一寸。嘉靖改高一尺四寸，闊二寸六分，厚五分，座高二寸六分，長四寸，厚二寸。赤地墨書。

洪武制：先儒木主同諸賢。嘉靖改各高一尺三寸，闊二寸三分，厚四分，座高二寸六分，長四寸，厚二寸。赤地墨書。

褒崇。明洪武三年，正諸神封號，惟大成至聖文宣王及配享從祀諸賢、儒如故。

成化十二年，祭酒周洪謨請加孔子封號爲聖神廣運帝，且曰：或謂孔子陪臣，不當稱帝，則宋儒羅從彥嘗曰，唐既封先聖爲王，襲其舊號可也，加之帝號而褒崇之，亦可也。禮部尚書鄒幹謂：聖神廣運，伯益贊堯之辭，不若大成至聖，本於孟子《中庸》，猶可擬議也。且貴乎孔子之道者，在身體力行，乃尊崇之實耳。易謚加號，豈足爲孔子重輕哉。遂弗許。

嘉靖九年，大學士張璁請正祀典，從之。因製《祀典說》，曰：孔子之道，王者之道也。特其位，非王者之位焉。孔子當時，諸侯有僭王者，皆筆削而心誅之，其生也如是。今不體其心而漫加之號，豈善於尊崇者哉？又若增樂舞用八佾，籩豆用十二，牲用熟，而上擬乎事天也，無忌之甚者矣。若夫顔回、曾參、孔伋以子而并配於堂上，顔路、曾晳、孔鯉以父從列於下，此名之不正者也。綱領既紊，至有宋而程頤以親接道統之傳，遂主英宗不父濮王之禮，是可忍也，孰不可忍也。璁也，爲名分也，爲義理也，非諛君也，非滅師也。茲所正者，亦以防間於萬世之下也。於是通行天下學校，改大成至聖文宣王爲至聖先師孔子，四配稱復聖顔子、宗聖曾子、述聖子思子、亞聖孟子，十哲以下，凡及門弟子稱先賢某子，左邱明以下稱先儒某氏，悉罷封爵。

釋奠。明洪武元年二月，以太牢親祀孔子於國子學。八月丁丑，遣官釋奠於先師孔子。時禮官言：周制，凡始立學者，釋奠於先聖先師；凡學，春、夏釋奠於先師，秋、冬亦如之。漢儒以先聖爲周公，若孔子先師，爲詩書之官。若禮有高堂生，樂有制氏，詩有毛公，書有伏生，可以爲師者，蓋四時之學，將習其道，故釋奠，各以其師，而不及先聖，惟春秋合樂，則天子視學，有司總祭先聖先師，是則漢時釋奠，亦略可知矣。嗣後，歷代宋元，因古禮而損益之。今宜定制，以仲春、仲秋二上丁日，降香遣官，祀於國學，以丞相爲初獻，翰林學士亞獻，國子祭酒終獻。從之。

（洪武）四年秋，更定孔廟釋奠祭器、禮物。初，孔子之祀，像設高座，而器物悉陳於座下。至是各置高案，籩、豆、簠、簋、登、鉶悉用瓷，牲用熟，酒三獻，并祭酒行禮，樂六奏，擇監生及文臣子弟在學校者充樂舞生，預教習之。

宋濂上《孔子廟堂議》，曰：世之言禮者，皆取法孔子，不以古禮祀孔子，是褻祀也。褻祀不敬，不敬則無福。古者將祭，主人朝服即位於阼階東西面，祝告利成，主人立於阼階上，西面。尸出入，主人降立於阼階，東西面。此皆主人之正位也。祝先入，南面，主人從戶內，西面，祝酳奠，主人西面，再拜稽首，皆爲几筵之在西也。《漢晉春秋》載，章帝元和二年，幸魯，祀孔子，帝升廟，西面，再拜。《開元禮》亦先聖東向，先師南向，三獻官皆西向，是猶未失古禮也。今襲開元二十七年之制，遷神於南面，而行禮者北面，則非神道尚右之義矣。古者造木主以栖神，天子、諸侯之廟皆有主，大夫束帛以依神，士結茅爲蕝，無設像之事。《開元禮》亦設先聖神坐於堂上西楹間，設先師神坐於先聖東北，席皆以莞，則尚埽地而祭也。今因開元八年之制，搏土而肖像焉，則失神而明之之義矣。古者灌用鬯臭，鬱合鬯，臭陰達於淵泉。既灌，然後出迎牲，致陰氣也。蕭合黍稷，臭陽達於墻屋。既奠，然後炳蕭合羶薌，蓋求神於陰陽也。今用薰薌代之，庸非簡乎。古朝覲會同郊廟祭饗，皆設庭燎，司烜共，之火師監之，天子百，公五十，餘三十，不若是，則不嚴且敬也。今以秉炬當之，庸非瀆乎。古之有道有德者使教焉，死則爲樂祖，祭於瞽宗，謂之先師。若漢，禮有高堂生，樂有制氏，詩有毛公，書有伏生也。凡始立學者，必釋奠於先聖先師。釋奠必有合，有國故則否，謂國無先聖先師，則所以奠者，當與隣國合。若唐、虞有夔、伯夷，周有周公，魯有孔子，則皆自奠之，不合也。當是時，學者各自祭其先師，非其師，弗學也；非其學，弗祭也。學校既廢，天下莫知所師孔子集群聖之大成，顏回、曾參、孔伋、孟軻實傳孔子之道，尊之以爲先聖先師而通祀於天下，固宜。其餘當各及其邦之先賢，雖七十二子之祀亦當罷去，而於國學設之，庶幾弗悖禮意也。《開元禮》，國學祀先聖孔子，以顏子七十賢配，諸州但以先師顏子配，今也雜置而妄列，甚至荀況之言性惡，揚雄之事莽，王弼之宗老莊，賈逵之忽細行，杜預之建短喪，馬融之黨勢家，亦厠其中，不知其何説也？古者立學，專明人倫，子雖齊聖，不先父食。故禹不先鯀，湯不先契，文、武不先不窟。宋祖帝乙，鄭祖厲王，猶上祖也。今顏回、曾參、孔伋，子也，配享堂上；顏路、曾晢、孔鯉，父也，配祀廡間；張載則二程之表叔也，乃坐其下，顛倒彝倫，莫此爲甚，又不知其何説也？古者士之見師，以菜爲贄，故始入學者，必釋菜以禮其先師。其學官，四時之祭，乃皆釋奠，今專用春、秋，亦非禮矣。釋奠有樂無尸，而釋菜無樂，二者之輕重，繫乎樂之有無也。今用魏漢津所製大晟之樂，乃亂世之音，其可行哉？古釋菜、釋奠，名存而儀已亡，《開元禮》彷彿《儀禮·饋食》篇，三獻各於獻後飲，即尸酢主人、主婦及賓之義也。今惟初獻得行之，其可乎？若夫廟制之非宜，冕服之無章，器用雜乎雅俗，升降昧乎左右，固更僕難言也。或曰，建安熊氏，欲以伏羲爲道統之宗，農、軒、堯、舜、禹、湯、文、武，與皋、伊、望、旦、稷、契、夷、益、傅説、箕子，皆秩祀於天子之學，而孔子則通祀於天下，不識可乎？昔周立四代之學，先聖者，虞庠以舜，夏學以禹，殷學以湯，東膠以文、武，復以左右四聖成其德業者，爲之先師，此固天子立學之法也，何不可也？議上。謫濂爲安遠知縣助教。貝瓊遂希旨，建議斥濂爲邪説焉。

（洪武）五年，作文廟成，遣官以太牢祭，遂視學釋奠。

（洪武）七年正月，定上丁遇朔日日食者，改仲丁致祭。

（成化）十三年閏二月丁丑，釋奠初用八佾，籩豆各十二，先是祭酒周洪謨請加籩豆、佾舞，又言古者鳴球琴瑟在堂上，笙鏞柷敔在堂下，干羽舞於兩階，今舞羽居上，而樂器居下，非古制也。禮部尚書鄒幹駁之，詔以尊崇孔子，國家盛典，從洪謨之言，而羽舞始居下云，弘治元年三月，視學釋奠先師，用太牢加幣，改分獻爲分奠，從吏部尚書王恕之請也。

嘉靖十年，以厘正祀典，服皮弁謁廟，用特牲，奠帛，行釋奠禮。迎神、送神各再拜，樂三奏，文舞六佾。配享、從祀及啓聖祠分奠用酒脯。亦遣官致祭於南監及闕里，從大學士張璁議也。郊祀以祖而配天，功在一代者也。大社稷之祭，功在養民者也。其籩、豆、佾舞皆與祀天同。夫子功在萬世，享配天之禮，孰曰不宜？如以位，則六佾亦僭也。苟以德，則八佾非泰也。張璁去王爵，易木主，祀叔梁，皆諸儒已陳之議，惟殺籩豆、禮樂乃其已説耳。王世貞欲復禮樂之舊，且謂璁之爲此也，謂師之不敢與君抗也，斯誅意之論矣。

崇禎戊辰春，躬行釋奠禮。辛巳八月，復行釋奠禮，禮部先以八月初四請，已報可。是日，丁未，適與丁祭相值，舊例丁祭遣閣臣行禮，乃改是月十八日，躬行釋奠，而初四日仍遣閣臣行禮。

從祀。明洪武五年，罷孟子祀。雷震謹身殿。逾年，以孟子辯异端，闢邪説，發明孔子之道，有功於天下後世，宜配享如故。

二十九年，黜揚雄進董仲舒從祀。先是，待制王禕建議，至是行人司副楊砥復請，從之。

宣德十年四月，以吳澄從祀，時慈利教諭蔣明建議楊士奇主其事。從之。

正統二年，以宋儒胡安國、蔡沈、真德秀從祀。

八年八月，以宋儒楊時從祀。祭酒謝鐸言：時息邪放淫，廢安石新經，有衛道功請祀。時禮部尚書傅瀚沮之，大學士溥主鐸議，乃祀時。

嘉靖九年，厘正祀典，以申黨即申棖，存棖去黨，罷公伯寮、秦冉、顏何、荀况、戴聖、劉向、賈逵、馬融、何休、王肅、王弼、杜預、吳澄十三人，林放、蘧瑗、鄭衆、盧植、鄭元、服虔、范甯七人各祀於其鄉，增后蒼、王通、歐陽修、胡瑗、陸九淵從祀。

隆慶五年，以薛瑄從祀。

萬曆十二年，以王守仁、陳獻章、胡居仁從祀，禮部尚書請獨祀居仁，大學士申時行等内主，守仁揭薦之，因三人一時并祀。

（清）張廷玉等《明史》卷一五《孝宗紀》

弘治元年秋七月丁亥，封宋儒楊時將樂伯，從祀孔子廟庭。

（清）張廷玉等《明史》卷一七《世宗紀一》

（嘉靖九年）冬十一月辛丑，更正孔廟祀典，定孔子謚號曰至聖先師孔子。

（清）張廷玉等《明史》卷四九《志二五・禮志三・吉禮三》

舊制，上丁釋奠孔子，次日上戊祀社稷。

（清）張廷玉等《明史》卷五〇《志二六・禮志四・吉禮四・至聖先師孔子廟祀》

漢晋及隋或稱先師，或稱先聖、宣尼、宣父。唐謚文宣王，宋加至聖號，元復加號大成。明太祖入江淮府，首謁孔子廟。洪武元年二月詔以太牢祀孔子於國學，仍遣使詣曲阜致祭。臨行諭曰："仲尼之道，廣大悠久，與天地并。有天下者莫不虔修祀事。朕爲天下主，期大明教化，以行先聖之道。今既釋奠成均，仍遣爾修祀事於闕里，爾其敬之。”又定制，每歲仲春、秋上丁，皇帝降香，遣官祀於國學。以丞相初獻，翰林學士亞獻，國子祭酒終獻。先期，皇帝齋戒，獻官、陪祀、執事官皆散齋二日，致齋一日。前祀一日，皇帝服皮弁服，御奉天殿降香。至日，獻官行禮。三年，詔革諸神封號，惟孔子封爵仍舊。且命曲阜廟庭，歲官給牲幣，俾衍聖公供祀事。四年，禮部奏定儀物。改初制籩豆之八爲十，籩用竹。其簠簋、登、鉶及豆初用木者，悉易以瓷。牲易以熟。樂生六十人，舞生四十八人，引舞二人，凡一百一十人。禮部請選京民之秀者充樂舞生。太祖曰：“樂舞乃學者事，況釋奠所以崇師。宜擇國子生及公卿子弟在學者，豫教肄之。”五年，罷孟子配享。逾年，帝曰：“孟子辨异端，辟邪説，發明孔子之道，配享如故。”七年二月，上丁日食，改用仲丁。

　　十五年，新建太學成。廟在學東，中大成殿，左右兩廡，前大成門，門左右列戟二十四。門外東爲犧牲厨，西爲祭器庫，又前爲靈星門。自經始以來，駕數臨視。至是落成，遣官致祭。帝既親詣釋奠，又詔天下通祀孔子，并頒釋奠儀注。凡府州縣學，籩豆以八，器物牲牢，皆殺于國學。三獻禮同，十哲兩廡一獻。其祭，各以正官行之，有布政司則以布政司官，分獻則以本學儒職及老成儒士充之。每歲春、秋仲月上丁日行事。初，國學主祭遣祭酒，後遣翰林院官，然祭酒初到官，必遣一祭。十七年，敕每月朔望，祭酒以下行釋菜禮，郡縣長以下詣學行香。二十六年，頒大成樂於天下。二十八年，以行人司副楊砥言，罷漢揚雄從祀，益以董仲舒。三十年，以國學孔子廟隘，命工部改作，其制皆帝所規畫。大成殿門各六楹，靈星門三，東西廡七十六楹，神厨庫皆八楹，宰牲所六楹。永樂初，建廟於太學之東。

　　宣德三年，以萬縣訓導李譯言，命禮部考正從祀先賢名位，頒示天下。十年，慈利教諭蔣明請祀元儒吳澄。大學士楊士奇等言當從祀，從之。正統二年，以宋儒胡安國、蔡沈、真德秀從祀。三年，禁天下祀孔子於釋、老宫。孔、顏、孟三氏子孫教授裴侃言：“天下文廟惟論傳道，以列位次。闕里家廟，宜正父子，以叙彝倫。顏子、曾子、子思，子也，配享殿廷。無繇、子晳、伯魚，父也，從祀廊廡。非惟名分不正，抑恐神不自安。況叔梁紇元已追封啟聖王，創殿於大成殿西崇祀，而顏、孟之父俱封公，惟伯魚、子曨仍侯，乞追封公爵，偕顏、孟父俱配啟聖王殿”。帝命禮部行之，仍議加伯魚、子晳封號。成化二年，追封董仲舒廣川伯，胡安國建寧伯，蔡沈崇安伯，真德秀浦城伯。十二年，從祭酒周洪謨言，增樂舞爲八佾，籩豆各十二。弘治八年，追封楊時將樂伯，從祀，位司馬光之次。九年，增樂舞爲七十二人，如天子之制。十二年，闕里孔廟燬，敕有司重建。十七年，廟成，遣大學士李東陽祭告，并立御製碑文。正德十六年，詔有司改建孔氏家廟之在衢州者，官給錢，董其役。令博士孔承義奉祀。

　　嘉靖九年，大學士張璁言：“先師祀典，有當更正者。叔梁紇乃孔子之父，顏路、曾皙、孔鯉乃顏、曾、子思之父，三子配享廟庭，紘及諸父從祀兩廡，原聖賢之心豈安？請於大成殿後，別立室祀叔梁紇，而以顏路、曾皙、孔鯉配之。"帝以爲然。因言："聖人尊天與尊親同。今籩豆十二，牲用犢，全用祀天儀，亦非正禮。其謚號、章服悉宜改正。"璁緣帝意，言："孔子宜稱先聖先師，不稱王。祀宇宜稱廟，不稱殿。祀宜用木主，其塑像宜毀。籩豆用十，樂用六佾。配位公侯伯之號宜削，止稱先賢先儒。其從祀申黨、公伯寮、秦冉等十二人宜罷，林放、蘧瑗等六人宜各祀於其鄉，后蒼、王通、歐陽修、胡瑗、蔡元定宜從祀。"

帝命禮部會翰林諸臣議。編修徐階疏陳易號毀像之不可。帝怒，謫階官，乃御製《正孔子祀典說》，大略謂孔子以魯僭王爲非，寧肯自僭天子之禮。復爲《正孔子祀典申記》，俱付史館。璁因作《正孔子廟祀典或問》奏之。帝以爲議論詳正，并令禮部集議。於是御史黎貫等言：聖祖初正祀典，天下岳瀆諸神皆去其號，惟先師孔子如故，良有深意。陛下疑孔子之祀上擬祀天之禮。夫子之不可及也，猶天之不可階而升，雖擬諸天，亦不爲過。自唐尊孔子爲文宣王，已用天子禮樂。宋真宗嘗欲封孔子爲帝，或謂周止稱王，不當加帝號。而羅從彦之論，則謂加帝號亦可。至周敦頤則以爲萬世無窮王祀孔子，邵雍則以爲仲尼以萬世爲王。其辨孔子不當稱王者，止吳澄一人而已。伏望博考群言，務求至當時貫疏中言莫尊於天地，亦莫尊於父師。陛下敬天尊親，不應獨疑孔子王號爲僭，帝因大怒，疑貫借此以斥其追尊皇考之非，詆爲奸惡，下法司會訊，褫其職。給事中王汝梅等亦極言不宜去王號，帝皆斥爲謬論。

於是禮部會諸臣議人以聖人爲至，聖人以孔子爲至。宋真宗稱孔子爲至聖，其意已備。今宜於孔子神位題至聖先師孔子，去其王號及大成、文宣之稱。改大成殿爲先師廟，大成門爲廟門。其四配稱復聖顏子、宗聖曾子、述聖子思子、亞聖孟子。十哲以下凡及門弟子，皆稱先賢某子。左丘明以下，皆稱先儒某子，不復稱公侯伯。遵聖祖首定南京國子監規制，制木爲神主。仍擬大小尺寸，著爲定式。其塑像即令屏撤。春秋祭祀，遵國初舊制，十籩十豆。天下各學，八籩、八豆。樂舞止六佾。凡學別立一祠，中叔梁紇，題啓聖化孔氏神位，以顏無繇、曾點、孔鯉、孟孫氏配，俱稱先賢某氏，至從祀之賢，不可不考其得失。申黨即申棖，厘去其一。公伯寮、秦冉、顏何、荀況、戴聖、劉向、賈逵、馬融、何休、王肅、王弼、杜預、吳澄罷祀。林放、蘧瑗、盧植、鄭衆、鄭玄、服虔、范甯各祀於其鄉。后蒼、王通、歐陽修、胡瑗宜增入命悉如議行。又以行人薛侃議，進陸九淵從祀。

初，洪武時，司業宋濂請去像設主，禮儀樂章多所更定，太祖不允。成、弘間，少詹程敏政嘗謂馬融等八人當斥。給事中張九功推言之，并請罷荀況、公伯寮、蘧瑗等，而進后蒼、王通、胡瑗。爲禮官周洪謨所却而止。至是以璁力主，衆不敢違。毀像蓋用濂說，先賢去留，略如九功言。其進歐陽修，則以濮議故也。

明年，國子監建啓聖公祠成。從尚書李時言，春秋祭祀，與文廟同日。籩豆牲帛視四配，東西配位視十哲，從祀先儒程晌、朱松、蔡元定視兩廡。輔臣代祭文廟，則祭酒祭啓聖祠。南京祭酒於文廟，司業於啓聖祠。遂定制，殿中先師南向，四配東西向。稍後十哲：閔子損、冉子雍、端木子賜、仲子由、卜子商、冉子耕、宰子予、冉子求、言子偃、顓孫子師皆東西向。兩廡從祀：先賢澹臺滅明、宓不齊、原憲、公冶長、南宮适、高柴、漆雕開、樊須、司馬耕、公西赤、有若、琴張、申根、陳亢、巫馬施、梁鱣、公晳哀、商瞿、冉孺、顏辛、伯虔、曹恤、冉季、公孫龍、漆雕哆、秦商、漆雕徒父、顏高、商澤、壤駟赤、任不齊、石作蜀、公良孺、公夏首、公肩定、后處、鄡單、奚容蒧、罕父黑、顏祖、榮旂、秦祖、左人郢、句井疆、鄭國、公祖句茲、原亢、縣成、廉潔、燕伋、叔仲噲、顏之僕、邦巽、樂欬、公西輿如、狄黑、孔忠、公西蒧、步叔乘、施之常、秦非、顏噲，先儒左丘明、公羊高、穀梁赤、伏勝、高堂生、孔安國、毛萇、董仲舒、后蒼、杜子春、王通、韓愈、胡瑗、周敦頤、程顥、歐陽修、邵雍、張載、司馬光、程頤、楊時、胡安國、朱熹、張栻、陸九淵、呂祖謙、蔡沈、真德秀、許衡凡九十一人。

隆慶五年，以薛瑄從祀。萬曆中，以羅從彥、李侗從祀。十二年，又以陳憲章、胡居仁、王守仁從祀。二十三年，以宋周敦頤父輔成從祀啓聖祠。又定每歲仲春、秋上丁日御殿傳制，遣大臣祭先師及配位。其十哲以翰林官、兩廡以國子監官各二員分獻。每月朔，及每科進士行釋菜禮。司府州縣衛學各提調官行禮。牲用少牢，樂如太學。京府及附府縣學，止行釋菜禮。崇禎十五年，以左丘明親授經於聖人，改稱先賢。并改宋儒周、二程、張、朱、邵六子亦稱先賢，位七十子下，漢唐諸儒之上。然僅國學更置之，闕里廟廷及天下學宮未遑頒行也。

（清）張廷玉等《明史》卷五五《志三一·禮志九·嘉禮三·皇帝視學儀》

《禮》曰："凡始立學者，必釋奠於先聖先師。"【略】

先是，視學祭先師，不設牲，不奏樂。至成化元年，始用牲樂。視學之日，樂設而不作。禮畢，百官慶賀，賜衣服，賜宴，皆及孔、顏、孟三氏子孫。弘治元年，定先期致齋一日，奠加幣，牲用太牢，改分獻官爲分奠官。嘉靖元年，定衍聖公率三氏子孫，祭酒率學官諸生，上表謝恩，皆賜宴於禮部。十三年，以先師祀典既正，再視學，命大臣致奠啓聖公祠。萬曆四年，定次日行慶賀禮，頒賞如舊，免賜宴。

初，憲宗取三氏子孫赴京觀禮，又命衍聖公分獻。至世宗，命衍聖公及顏、孟二博士，孔氏老成者五人，顏、孟各二人，赴京陪祀。

（清）允禄等《（雍正）大清會典》卷九一《群祀二·先師孔子釋菜儀及新進士釋褐儀附》

崇德元年，遣官致祭孔子廟。以顏子、曾子、子思子、孟子配享。五年，定每年二月、八月上丁日，行釋奠禮。順治二年，定文廟謚號，稱爲大成至聖文宣先師孔子二月上丁致祭，遣大臣一員行禮。翰林院官二員分獻，國子監堂官，祭啓聖公於後殿。

是後，每年二月、八月上丁日致祭如遇有事改次丁日或下丁日。以先賢、先儒配祀從祀，通行府、州、縣、衛、各學，一體遵行。其遣官事宜，禮部題請，今由太常寺。并顏、曾、思、孟四子贊詞。立石摹揚，頒發直省。二十九年，議准：文廟關係文教，凡官兵人民經過下馬，并禁在學宮內放馬畜污踐。五十一年，諭：朱子發明聖道，軌於至正，特加優崇，升配大成殿十哲之次。五十四年，題准：宋儒范仲淹，學問精純，經綸卓越，從祀文廟。

（雍正元年）遵旨議定：自叔梁公以上，至木金父公。凡五代，并追封爲王爵。木金父公爲肇聖王，祈父公爲裕聖王，防叔公爲詒聖王，伯夏公爲昌聖王，叔梁公爲啓聖王。其啓聖祠，向係專祀叔梁公，故以啓聖爲名。今聖廟異數，合祀五代，應更名爲崇聖祠。追封誥命，由內閣詳擬。國子監之崇聖祠，改造匾額，添設神牌祭器等項，交與工部。俟造完之日，欽天監擇吉入廟。至入廟之日，遣大臣一員，至國子監讀文祭告。祭文由翰林院詳擬。每年春秋牲牢，酒、醴、籩、豆、簠、簋每神位前，俱照啓聖王例陳設。將追封字樣，通行順天府、直省、府、州、縣、衛，一體遵行。至欽奉上諭二道，頒發國子監，勒石廟庭，以光盛典。

祭祀通例

《明世宗實錄》卷三三二"嘉靖二十七年正月"條

甲午，詔定【略】先農、歷代帝王、先師孔子，百官止用青綠服色，文廟仍免奏樂。

（清）張廷玉等《明史》卷四七《禮志一》

凡祀事，皆領於太常寺而屬於禮部。明初，【略】先師【略】爲中祀。【略】而帝王陵廟及孔子廟，則傳制特遣焉。【略】春秋仲月上丁祭先師孔子。

（清）允祿等《（雍正）大清會典》卷七八《祠祭清吏司·祭祀通例》

凡祭祀日期，禮部於每歲九月中，札欽天監選擇，該監擇定。於十月中開送祀册至部，隨札知太常寺，於每祭祀前預行具題。

先師文廟，【略】於二十日前題。

先師文廟，【略】爲中祀。皇帝親祭【略】先師文廟【略】係特行崇典，其每年遣官致祭。初，由禮部先期題請，後由太常寺先期題請。

凡致齋。大祀三日，中祀二日。齋戒前一日，禮部太常寺題請進齋戒牌銅人，預設黃案一於後左門。至齋戒日早，禮部太常寺官各具補服。遇朝日，用朝服。遇忌辰，用素服。遇雨雪，用常服。捧齋戒牌在前，銅人在後，排御仗一對前導。至午門，御仗撤退。禮部、太常寺官，由御道中路行，進中左門，行至後左門入。恭設黃案一於乾清門中間東檐下，齋戒牌向南，銅人向西，置黃案上。銅人手執齋戒銅牌，其齋戒硃牌，貼黃紙，書齋戒日期。置畢。堂官一跪三叩頭，退。後，專由太常寺。凡各衙門齋戒，遇齋戒日，各衙門俱設齋戒木牌。

祭日，各具朝服赴壇、廟，陪祀。不許喧嘩失儀，越次先散，及隨從人役喧擁。違者，御史、禮部等官，指名題參。如遣官恭代，王以下，公以上，不齋戒。文武等官齋戒同。凡陪祀致齋各官，不理刑名，不辦事，不宴會，不聽音樂。下入內寢，下問疾，不吊喪，不飲酒，不食葱、韭、薤、蒜，不祈禱，不報祭，不祭墓。其有灸艾、體殘疾、瘡毒，未愈者，俱不許陪祀。各官遇有期年以下之服，該衙門預諮都察院注册，臨祭祀時，復咨都察院對册詳查。有捏報者，指名題參。

康熙三十三年，議准：陪祀致齋各官，有期服者，准注册，一年不齋戒。大功、小功、緦麻、歿在京師者，准一月不齋戒。在原籍亡故聞訃者，准十日內不齋戒。

三十九年，復准：陪祀官員，故違不到，向有處分定例。但日久事弛，稽察不嚴，以致怠玩。嗣後凡遇祭祀，著部院堂官，該旗都統，查明諮送太常寺。若無事假托不到，都察院會同吏部參處。

雍正五年，諭：壇、廟祭祀，關係甚要，理宜潔淨齋戒。聞大臣官員，於齋戒處飲酒、嬉戲，殊非敬謹齋戒之禮，應派官稽察。嗣後派御史二員，派各部院衙門司官四員，每旗派賢能旗員各一員，內務府官二員，三旗侍衛二員，前往壇內嚴行稽查。如被查出，即行參奏。其齋戒臨近時，將旗下大臣職名具奏。朕酌量派往，至於旗下大臣，俱有管兵責任。祭祀前一日不必前往壇內齋戒，於各本旗衙門齋戒。至次早預先前往。

凡祝文。由內閣寫。

凡致祭時辰。順治十五年，題准：先師廟，二八月，上丁日子時。康熙十二年，議准：凡祭壇、廟，俱於黎明時行禮。

分壇記禮

《明太宗實錄》卷五二"永樂四年三月"條

辛卯朔，上視太學。先是敕禮部臣曰：朕惟孔子帝王之師，帝王爲生民之主，孔子立生民之道，三綱五常之理，治天下之太經、太法皆孔子明之，以教萬世。朕皇考太祖高皇帝膺君師億兆之任，正中夏文明之統，復衣冠禮樂之舊。渡江之初，首建學校，親祀孔子，御筵講書，守帝王之心法，繼聖賢之道學，集其大成以臻至治。朕承鴻業，惟成憲是遵。今當躬詣太學，釋奠先師以稱崇儒重道之意，其合行禮儀，禮部詳議。以聞禮部尚書鄭賜言宋制，謁孔子服靴袍再拜。上曰見先師禮不可簡，必服皮弁行四拜，禮部進視學儀注。前期一日，有司灑掃殿堂，設御幄於大成門東上南向，設御座於彝倫堂。至日，學官率諸生迎駕於成賢街左駕，至學官及諸生俯伏叩頭。興，駕入靈星門，止於大成門外。上入御幄，禮官入奏請具皮弁服，次請行禮導引官導。上出御幄，就御位，百官各就位，導引官導。上詣盥洗位搢圭盥悅出圭，詣酒尊所酌酒，詣先師神位前再拜。百官皆再拜，搢圭執事官跪進爵。上獻爵，授執事官奠於神位前，出圭再拜，百官皆再拜。四配十哲兩廡如常儀，導引官導上入御幄，易常服，升輿詣學。學官率諸生先列於堂下東西，上至彝倫堂，升御座。贊唱，學官、諸生行禮五拜叩頭，東西序立於堂下。三品以上及侍從官以次入堂，東西序立，贊進講、祭酒、司業博士、助教四人以次升堂，由西門入至堂中，贊舉經案於御前。禮部官奏請，授經於講官，祭酒跪受賜講官，坐乃以經置講案，叩頭就西南隅，設几榻坐講。賜大臣及翰林詞臣坐，皆叩頭序坐於東西。諸生圍立以聽，講畢，祭酒叩頭退就本位。司業博士、助教各以次進講。畢，出堂門復位。贊唱有制學官，諸生列班俱北面跪聽宣諭，五拜叩頭。禮畢，學官率諸生出成賢街，跪俟駕還。是日，上親行釋奠禮，命吏部尚書蹇義、户部尚書夏原吉、翰林學士解縉，祭酒胡儼分獻十哲兩廡畢。上御彝倫堂，祭酒胡儼講《尚書·堯典》，司業張智講《易·泰卦》。上諭之曰：六經聖人之道，昭揭日星，垂憲萬世，朕與卿等皆勉之，遂命光禄寺賜百官茶。

《明世宗實録》卷一四八"嘉靖十二年三月"條

丙辰，上臨幸太學釋先師孔子。以大學士李時、方獻夫、翟鑾、衍聖公孔聞詔、尚書汪鋐、王憲、許瓚、侍郎顧鼎臣分獻，遣侍郎周用祭啟聖公，禮成。上御彝倫堂，祭酒林文俊講《虞書·益稷篇》，司業馬汝驥講《易·頤卦》，賜之坐。講畢，上宣諭師生曰：治平之道，備在《六經》爾諸子宜講求力行，以資治化，駕還御，奉天門百官行慶賀禮。

《明神宗實録》卷五三"萬曆四年八月"條

壬戌，上幸太學詣先師孔子廟，行釋奠禮。御彝倫堂，兩甚免進講。鴻臚寺官傳制宣諭師生曰：治平之道具載六經，體驗推行實資化理爾，師生其勉之禮畢，仍免師生送駕。

(明) 徐一夔等《明集禮》卷一六《吉禮第一六·三皇》

正祭。釋奠日丑前五刻，執事者入，實尊、罍、籩、豆、簠、簋、牲、俎，列幣、篚於酒尊所，贊引引獻官及應祀官各法服入就位，次引監禮監察官升殿點閱陳設，糾察不如儀者，樂正率工人各入就位，餘官各服祭服，次引三獻分獻官入就殿下席位北向立，贊禮稍前，唱有司，謹具請行事。

迎神。贊禮唱迎神，樂正舉麾奏《□□之曲》，贊禮唱鞠躬拜興拜興平身，獻官及在位者皆鞠躬，拜，興，拜，興，平身，樂止。

奠幣。贊禮唱奠幣，贊引引獻官詣盥洗位，搢笏盥手帨手出笏，詣文宣王神位前，樂奏《□□之曲》，贊禮唱跪，獻官北向跪，搢笏三上香，執事者捧幣東向跪，授獻官、獻官受幣。贊禮唱奠幣，獻官興奠幣於神位前。贊引唱鞠躬拜興拜興平身，次詣兗國復聖公、郕國宗聖公、沂國述聖公、鄒國亞聖公四配神位前，以次逐位上香，奠幣皆如正位前之儀。奠訖，樂止，復位。

進俎。贊禮唱進俎，執事者舉俎，升自東階，樂奏《□□之曲》，贊引引獻官至文宣王神位前，搢笏以俎進於神位前，以下四配，進俎皆同。出笏，復位。

初獻。贊禮唱行初獻禮，贊引引獻官詣爵洗位，搢笏滌爵、拭爵，以爵授執事者，以下四位爵，其滌拭皆同。次引詣酒尊所司尊者舉冪，執爵者以爵進酌，犧尊之泛齊，以爵授執事者，以下四位進爵酌酒皆同。出笏。贊禮唱詣文宣王神位前，樂奏《□□之曲》，獻官至神位前跪，搢笏三上香、三祭酒，奠爵出笏，樂止。贊禮唱讀祝，讀祝官持版進於神座之右，北向跪，讀祝文訖，樂作。贊禮唱，俯伏興平身，稍後鞠躬拜興拜興平身，樂止。次引至四配神位前上香，祭酒讀祝，并如上儀。

亞獻、終獻行禮，并如初獻之儀。惟不讀祝。

分獻。贊禮俟，行終獻時唱，分獻官行禮，贊引引分獻官詣盥洗位，搢笏盥手帨手出笏。次詣爵洗位，搢笏執爵者，以爵進受爵、滌爵、拭爵，以爵授執爵者出笏，贊引各引分獻官詣殿上十哲并兩廡，從祀先賢神位前，分獻官跪，搢笏，奠幣，三上香，三祭酒，奠爵，出笏，俯伏，興，平身，稍後鞠躬，拜興，拜興，平身，復位。

飲福受胙。贊禮唱飲福受胙，贊引引初獻官詣飲福位，鞠躬，拜、興，拜、興，平身。稍前跪，搢笏奉爵者進爵，獻官受爵，祭酒飲福，酒以爵置於坫，奉俎者進，俎獻官受俎，以俎授執事者。出笏，俯伏，興，平身，鞠躬，拜、興，拜、興，平身。

徹豆。贊禮唱徹豆，樂奏《□□之曲》，掌祭官徹豆，贊禮唱賜胙，傳贊唱已飲福，受胙者不拜，亞獻官以下皆再拜。鞠躬，拜、興，拜、興，平身。樂止。

送神。贊禮唱送神，樂奏《□□之曲》，贊禮唱鞠躬拜興拜興平身，獻官以下皆鞠躬，拜、興，拜、興，平身。贊禮唱祝人取祝，幣人取幣，詣望瘞位，讀祝官取祝，捧幣者捧幣，詣望瘞位。

望瘞。贊禮唱望瘞，贊引引三獻官詣望瘞位，贊禮唱可瘞，東西面各二人以炬燎火，俟半燎，實土半坎。贊禮唱禮畢，獻官以下各引以次出。

(明)　申時行等《大明會典》卷五一《禮部九·視學》

皇祖視學，祭先師，不設牲、不奏樂。

憲宗始用牲樂。

孝宗加幣與太牢。

世宗以正先師稱號，載視學。復增設啓聖公祠，禮更有加云。

洪武十五年定：前期一日，有司灑掃殿堂，設御幄於大成門東上、南向。設御座於彝倫堂。至日，學官率諸生迎駕於成賢街左，駕至，學官及諸生俯伏，叩頭。興，駕入欞星門，止於大成門外。上入御幄，禮官入奏請具皮弁服，次請行禮，導引官導。上出御幄，就御位，百官各就位，導引官導。上詣盥洗位，搢圭，盥帨，出圭，詣酒尊所酌酒，詣先師神位前再拜。百官皆再拜，搢圭，執事官跪進爵。上獻爵，授執事官奠於神位前，出圭，再拜，百官皆再拜。四配十哲兩廡分獻如常儀，導引官導。上入御幄，易常服，升輿，詣學。學官率諸生先列於堂下東西。

上至彝倫堂，升御座，贊唱學官諸生行禮，五拜叩頭，東西序立於堂下。三品以上及侍從官，以次入堂，東西序立，贊進講。祭酒司業博士助教四人以次升堂，由西門入，至堂中，贊舉經案於御前。禮部官奏請授經於講官，祭酒跪受。賜講官坐，乃以經置講案，叩頭，就西南隅，設几榻坐講。賜大臣翰林儒臣坐，皆叩頭，序坐於東西，諸生圜立以聽。講畢，祭酒叩頭，退就本位。司業博士助教，各以次進講畢。出堂門復位，贊唱有制，學官諸生列班，俱北面跪聽宣諭。五拜叩頭禮畢，學官率諸生出成賢街跪俟駕還。明日祭酒率學官上表謝恩。

成化元年續定：前期一日，太常寺備祭儀。設大成樂器於殿上，列樂舞生於階下之東西，國子監灑掃殿室內外。錦衣衛設御幄於大成門之東上，南向。設御座於彝倫堂正中，鴻臚寺設經案於堂內之左，設講案於堂內之西南。至日，置經於經案。錦衣衛設鹵簿駕，教坊司設大樂，俱於午門外。是日早，百官免朝，先詣國子監門外迎駕，分獻陪祀官先詣國子監具祭服伺候行禮。

駕從東長安門出，鹵簿大樂以次前導，樂設而不作。太常寺先陳設祭儀於各神位前，設酒尊爵如常儀，執事設上拜位於先師神位前正中。是日，學官率諸生迎上至大成門外入御幄。禮官入奏請具服，上具皮弁服訖，奏請行禮。導引官導上出御幄中道，詣大成殿陛上。典儀唱執事官各司其事，執事官各先斟酒於爵，候導上至拜位。贊就位，百官亦各就拜位四配十哲分獻官、各詣殿東西階下。兩廡分獻官各詣廡前，俱北向立。贊迎神，樂作。樂止，奏，上鞠躬，拜，興，拜，興，平身，通贊百官行禮同。奏搢圭，上搢圭。執事官跪進爵，樂作，上受爵，獻畢，復授執事官奠於神位前。樂止，奏出圭，上出圭。四配十哲兩廡分獻官，以次詣神位前。奠爵訖，仍以次出殿門外，東西向立。典儀唱送神，樂作。樂止，奏，上鞠躬，拜，興，拜，興，平身，通贊陪祀官行禮同。導引官導上由中道出，分獻官以次退。上入御幄易常服。訖，禮官入奏請幸彝倫堂。上升輿，禮官前導，由櫺星門出，從太學門入。諸生先分列於堂下東西，學官列於諸生前。駕至，學官諸生跪，伺駕過然後起，仍前序立。百官分列堂外稍上，左右侍立。上至彝倫堂，升御座，贊學官諸生行五拜叩頭禮，武官都督以上、文官三品以上及翰林院學士升堂、執事官各以次序立。贊進講，祭酒司業以次升堂，由東西小門入，至堂中，執事官舉案於御前。禮官奏請授經於講官，祭酒跪受經。受畢，上賜講官坐。祭酒乃以經置講案。叩頭，就西南几榻坐講，上賜武官都督以上、文官三品以上及翰林院學士坐。皆叩頭，序坐於東西，諸王圜立於外以聽。祭酒講畢，叩頭，退就本位，司業進講如儀。畢，出堂門復位，贊有制。學官諸生列班，俱北面跪聽。宣諭畢，贊行五拜叩頭禮。畢，學官諸生以次退，先從東西小門出，列於成賢街之右伺候，尚膳監進茶御前。上命光祿寺賜各官茶。畢，各官退列於堂門外叩頭，東西序立。上起升輿，由太學門出。升輦，鹵簿大樂前導，樂作。駕出太學門，學官諸生伺駕至，跪叩頭退。百官常服，先詣午門外伺候駕還。鹵簿大樂，止於午門外。上御奉天門，鳴鞭。百官常服行慶賀禮。鴻臚寺致詞云：恭惟皇上敬禮先師，親臨太學，增光前烈，丕闡鴻猷。臣等欣逢盛事，禮當慶賀。行禮畢，鳴鞭。駕興，還宮，百官退。

弘治元年定：先期，致齋一日。奠加幣，牲用太牢，改分獻官爲分奠官，拜位列於陪祭官之前，樂仍設而不作。餘如成化間儀。

嘉靖元年續定：駕將至，陪祀官、武官自都督以上、文官三品以上、翰林院官七品以上、同國子監官，具祭服伺候行禮。駕至欞星門外，即降輦。步入御幄，易常服。祭畢，仍自御幄步出欞星門外升輦。次日，襲封衍聖公，率三氏子孫、國子監祭酒率學官諸生上表謝恩。是日，賜三氏子孫衍聖公等及祭酒司業宴於禮部，命本部尚書待，餘如成化間儀。

十二年，以先師祀典既正，再視學，命大臣一員致奠啓聖公祠，餘如元年儀。

萬曆四年續定：駕至欞星門外，降輦。禮部官吉服，導上入御幄。禮部奏請具服，上具皮弁服。訖禮部官奏請行禮，上出御幄，太常寺官導上由太成門中道入，盥洗，詣廟中，與嘉靖元年儀稍異，餘俱同前儀。次日，方行慶賀禮。襲封衍聖公率三氏子孫、祭酒司業率學官諸生各上表謝恩。先期，設表案於皇極殿檐下東王門外。至日早，錦衣衛設鹵簿駕，百官朝服侍班。上具皮弁服，御中極殿。禮部官及各執事官行禮如常儀，鴻臚寺官奏請升殿，導駕官前導。樂作，升座。樂止，鳴鞭。傳贊排班，班齊。鴻臚寺官致詞，百官行慶賀禮。樂作，五拜三叩頭。訖樂止，分班侍立，序班引衍聖公三氏等族人、國子監師生過中。贊鞠躬樂作四拜興平身，樂止。贊進表，樂作，執事官舉案，由東王門入，至簾前置定，樂止。贊宣表目，鴻臚寺堂上官一員，隨禮部堂上官，捧表目過中。內贊贊跪，外亦贊跪，進表官俱跪。宣畢，贊俯伏。樂作，興，平身，傳贊同。樂止，執事官舉案過東邊，贊鞠躬。樂作，進表官俱四拜，興，平身。樂止，各入本班立，鴻臚寺官奏禮。畢，鳴鞭，百官退出，仍於皇極門朝服侍立。上易常服御門，鴻臚寺官傳奏事起案，執事官舉案置御路中，序班引襲封衍聖公等官并族人及國子監祭酒等官諸生上御路。贊跪，禮部官奏請頒賞承旨。訖，贊叩頭，衍聖公并祭酒等叩頭，起。執事官舉案過東邊，鴻臚寺官奏奏事。畢，鳴鞭。上興，還宮，百官退。是日，免賜宴。後二日，儀俱同前。

成化元年，令取三氏子孫赴京觀禮。又命衍聖公分獻。

嘉靖十二年題准：衍聖公及顏孟二博士、禮部先期差行人前去行取。及另取孔氏老成族人五人、顏孟族人各二人，一同馳驛赴京，迎駕陪祀。前期八日，內閣及執事官赴國子監習儀。至日，習禮公侯伯俱迎駕聽講觀禮。跪受宣諭，班列於學官之次，諸生之前。三氏族人聽講，序立文官之次。各衙門辦事監生俱取回迎駕、聽講、觀禮。

（明）申時行等《大明會典》卷七四《禮部三二·遣祭儀》

洪武二十六年定。凡遣官祭祀，前一日，陳設如常儀。次日，各官具朝服於丹墀北向立。皇帝御華蓋殿，具皮弁服。鐘聲止，執事官行一拜叩頭禮。訖，儀禮司跪奏請升殿。樂作，升殿。樂止，捲簾鳴鞭。訖，唱排班，班齊，百官一拜叩頭。畢，分東西立。引禮引獻官詣拜位。贊四拜，平身。傳制官詣御前跪奏傳制，俯伏興，由東門靠東出，至丹陛東西向立。稱有制，唱跪，宣制。祭孔子，則曰：某年月日祭先師孔子大成至聖文宣王。祭帝王，則曰：先聖歷代帝王。命卿行禮，贊俯伏興，樂作，四拜，樂止，禮畢。

（明）申時行等《大明會典》卷九一《禮部・洪武二十六年釋奠儀》

正祭。典儀唱樂舞生就位，執事官各司其事。分獻官陪祀官各就位，贊引、引獻官至盥洗所。贊詣盥洗位，搢笏，出笏。引至拜位，贊就位，典儀唱迎神，奏樂。樂止，贊四拜。通贊陪祭官同。典儀唱行初獻禮，奏樂。執事官捧帛爵詣各神位前。贊引導遣官贊詣大成至聖文宣王今稱至聖先師孔子神位前。贊搢笏，參獻帛，執事以帛進。奠訖，執事以爵進。贊引贊獻爵，出笏，贊詣讀祝位，樂暫止，跪，傳贊眾官皆跪。贊讀祝，讀祝官取祝跪於獻官左。讀訖，贊俯伏興平身，贊詣充國復聖公今稱復聖顏子神位前，搢笏，獻爵，出笏，詣郕國宗聖公今稱宗聖曾子神位前，沂國述聖公今稱述聖子思子神位前、鄒國亞聖公今稱亞聖孟子神位前，儀并同前。贊復位，樂止。典儀唱行亞獻禮，奏樂。執事以爵獻於神位前，樂止。典儀唱行終獻禮，奏樂。儀同亞獻。樂止，典儀唱飲福受胙，贊詣飲福位跪搢笏，執事以爵進贊飲福酒，執事以胙進。贊受胙，出笏，俯伏興平身，復位，贊兩拜。傳贊陪祀官同典儀唱徹饌，奏樂，執事各詣神位前徹饌。樂止，典儀唱送神，奏樂。贊引贊四拜。傳贊陪祀官同，典儀唱讀祝官捧祝、掌祭官捧帛饌、各詣瘞位，典儀唱望瘞，奏樂，贊引贊詣望瘞位，樂止，贊禮畢。

分獻官儀注。分獻以翰林院修撰等官二員、國子監博士等官二員。典儀唱分獻官陪祭官各就位，各至拜位。候讀祝訖，唱分獻官行禮，贊引贊詣盥洗所，贊搢笏，贊出笏，贊升壇，贊詣神位前，贊搢笏，執事以帛進於分獻官。奠訖，執事以爵進於分獻官。獻訖，贊出笏，贊復位。亞獻、終獻同。至典儀唱望瘞，各詣瘞位。

月朔釋菜儀。其日清晨，執事者各司其事。分獻官各官分列於大成門內，監生排，俟獻官至。通贊唱排班。獻官以下各就位。通贊唱班齊、鞠躬、拜興、拜興、平身，引贊詣獻官前唱詣盥洗所，獻官盥手帨手。訖，引贊唱詣酒尊所，司尊者、舉冪酌酒。訖，引贊唱詣。

至聖先師孔子神位前，跪，獻爵，俯伏、興、平身，執事者行事并同。引贊唱詣復聖顏子神位前，宗聖曾子神位前、述聖子思子神位前、亞聖孟子神位前。儀并同。十哲兩廡，分獻官一同行禮。畢，引贊同唱復位，引贊導獻官分獻官至原拜位，立。通贊唱鞠躬，拜興，拜興，平身，禮畢。

《世祖章皇帝實錄》卷六八"順治九年九月"條

辛卯，上幸太學，釋奠先師孔子。先期，致齋一日。司設監設御幄於大成門，東上，南向。設御座於彝倫堂正中。鴻臚寺設經案於堂內之左。設講案二於堂內左右。至日，置經於經案。不陪祀固山貝子以下、輔國公以上，及各官，俱於金水橋南，候跪送駕。其陪祀和碩親王以下，多羅貝勒以上、俱赴午門內，候隨駕。在部院各衙門滿洲、蒙古漢軍、侍郎以上、八旗固山額真精奇尼哈番以上，文官三品以上、武官二品以上、及翰林院七品以上官，俱先詣廟丹墀東西相向序立。司設監，設拜位於神前。應在啓聖祠者，在啓聖祠伺候行禮。是日，卯刻駕從長安左門出。諸王貝勒隨行。鹵簿大樂，以次前導樂設而不作。至成賢街，國子監滿漢祭酒司業，服朝服，率學官諸生，於成賢街左，跪迎。駕至櫺星門外，降輦。至大成門，入幄，更衣畢。由大成門中門入，詣先師廟內，正中立典儀，贊樂舞生就位。執事官各司其事。贊引官贊就位。上至拜位。諸王貝勒，在臺上。分獻陪祀官，在臺下。亦各就拜位。贊迎神樂作。樂止，贊引官贊，上行兩跪六叩頭禮。通贊諸王貝勒、及分獻陪祀官行禮。同叩頭。畢，贊行釋奠禮。樂作，獻帛官跪進帛於上右。上立受帛獻畢，復授獻帛官、獻於神位前。獻爵官、跪進爵於上右。上立受爵獻畢，復授獻爵官，奠於神位前。分獻官，以次詣神位，前奠爵訖，仍以次退就原拜位，樂止。贊送神，樂作。贊引官贊上行兩跪六叩頭禮。通贊諸王貝勒及分獻陪祀官行禮，同叩頭。畢，獻帛官，詣先師神位前、捧帛，由中門出。贊引官贊禮。畢，導上出廟門。樂止，上至御幄，少坐。諸王貝勒，出大成門，候隨駕幸彝倫堂。陪祀各官、衍聖公、五經博士等先詣彝倫堂臺上分班侍立。祭酒、司業、學官等，率領諸生於太學門內兩丹墀，分班侍立。畢，禮部官入，奏請上幸彝倫堂。上出御幄，至櫺星門外升輿。從太學門入，衆官諸生以次俱跪，候駕過，然後起。諸王貝勒，隨駕入彝倫堂。上至彝倫堂升御座，諸王貝勒在堂內，各官仍於堂外臺上，分班侍立。鴻臚寺官贊衍聖公、祭酒、司業、學官、五經博士在臺上，四氏子孫及諸生在臺下丹墀序立。贊行三跪九叩頭禮。畢，上諭：坐。諸王貝勒，叩頭，坐。在部院衙門滿洲、蒙古、漢軍、侍郎以上，八旗固山額真、精奇尼哈番以上，衍聖公及陪祀漢文官三品以上，武官二品以上，俱入堂叩頭坐。祭酒等仍照舊在外侍立。鴻臚寺官、贊進講。滿漢祭酒，從東小門入。滿漢司業待從西小門入。俱北向立。鴻臚寺官贊起案。執事官舉經案設於上前。上賜講官坐。祭酒、司業，就講案，叩頭坐。滿漢祭酒，以次講易經。滿漢司業，以次講書經。其餘翰林官四品以下及五經博士，并各執事官、學官諸生，圜立於外以聽講。畢，鴻臚寺官贊起案，執事官舉經案置原處畢，祭酒、司業退就本位序立。鴻臚寺官於堂正中跪奏傳制，鳴贊官贊跪，祭酒、司業、學官、諸生皆跪。傳制官贊有制，制曰：聖人之道，如日中天。講究服膺，用資治理爾師生其勉之。宣諭畢，贊行三跪九叩頭禮。畢，祭酒、司業、學官、諸生以次退。先於成賢街之右序立，上賜諸王貝勒各官茶。畢，鴻臚寺官跪奏禮畢。上起升輿出國子監，鹵簿大駕，大樂振作前導。祭酒、司業、學官、諸生候駕至，跪送諸王貝勒，隨駕至午門內候駕還宮，方退。不陪祀貝子以下、輔國公以上及各官仍在天安門外金水橋南，伺候跪迎駕還，方退。

《聖祖仁皇帝實錄》卷一一六 "康熙二十三年八月" 條

己卯，上御輦，設鹵簿。詣先師廟，至奎文閣前降輦，步入大成門，至大成殿。樂作，上行三跪九叩禮。四配、十哲兩廡，從官分獻。【略】

遣國子監祭酒阿禮瑚，祭啓聖公。

《世宗憲皇帝實錄》卷一七 "雍正二年三月" 條

乙亥朔，上詣太學。謁先師孔子。上由大成中門，步進先師位前。行釋奠禮畢，上御彝倫堂。王以下及衍聖公孔傳鐸子孔繼溥、祭酒、司業、文武各官，行禮。畢，賜坐，隨命講官坐。滿漢祭酒以次講大學，滿漢司業講書經，翰林官及五經博士、五氏子孫、國子監官員、進士、舉人、蔭貢監生、序立拱聽於堂下。講畢，宣制曰：聖人之道，如日中天。講究服膺，用資治理。爾師生其勉之。宣畢，賜王以下各官茶。上回宮，隨頒賜諸生食品。

《高宗純皇帝實錄》卷一二二四 "乾隆五十年二月上" 條

丁亥，上詣文廟，行釋奠禮。禮成，御彝倫堂更衮服，臨新建辟雍，行講學禮，御辟雍殿，中和韶樂作。王以下各官，行二跪六叩禮，樂止。召王、公、衍聖公、大學士、九卿、詹事、記注官、入聖後裔、翰林院五經博士、各氏後裔及學官、進士、舉人、廩生、貢生、監生并朝鮮國使臣，圜橋肅立，賜講官坐，講官就位一叩，坐。大學士伍彌泰、蔡新進講《大學》。

《仁宗睿皇帝實錄》卷二七 "嘉慶三年二月" 條

丁未，上詣文廟行釋奠禮。禮成，御彝倫堂，更衮服，親臨辟雍講學。王公、衍聖公、大學士、九卿、詹事起居注官、入侍至聖後裔、五經博士、各氏後裔、及學官、進士舉人、蔭生、貢監生等，圜橋肅立，上賜講官坐。大學士蘇凌阿、劉墉，進講《大學》。

《宣宗成皇帝實錄》卷四九 "道光三年二月" 條

癸丑，上詣文廟行釋奠禮。禮成，御彝倫堂，更衮服，親臨辟雍講學。王、公、衍聖公、大學士、九卿、詹事、起居注官、入侍至聖後裔、五經博士各氏後裔、及學官、進士、舉人、蔭生、貢監生等、圜橋肅立。上賜講官坐。大學士長齡、曹振鏞、進講《大學》。

《文宗顯皇帝實錄》卷八四 "咸豐三年二月" 條

癸未，詣文廟行釋奠禮。禮成，御彝倫堂，更衮衣，親臨辟雍講學。王、公、衍聖公、大學士、九卿、詹事、起居注官、入侍至聖後裔、五經博士、各氏後裔及學官、進士、舉人、蔭生、貢監生等圜橋肅立。上賜講官坐。大學士裕誠、祁寯藻、進講 "四書"。

（清）孫承澤《春明夢餘錄》卷二一《文廟》

崇禎戊辰春，躬行釋奠禮。辛巳八月，復行釋奠禮。禮部先以八月初四請，已報可。是日丁未，適與丁祭相值，舊例丁祭遣閣臣行禮，乃改是月十八日躬行釋奠，而初四日仍遣閣臣行禮。

辛巳八月十八日卯初刻，駕從長安左門出，自崇文街至成賢街入廟，祭酒司業吉服，率學官諸生於成賢街左跪迎駕，至欞星門外，降輦，禮部與鴻臚卿導上步入門，登大成門中階入御幄坐定，具皮弁、冠服出太常寺官，導由大成門中道入，盥洗詣先師廟中，陞上奏迎神樂，上兩拜，遂行釋奠禮，太常寺卿跪進帛於上右，上揖圭，立授帛，獻。畢，少卿跪進爵於上右，上立授爵，獻。畢，上出圭，奏送神樂。上復兩拜，而禮畢。上仍至御幄，更翼善冠、黃袍，幸彝倫堂。諸生列於堂下，祭酒各官列於諸生之前，跪候駕過，起，北向立。上至彝倫堂，百官行一拜三叩頭禮，祭酒以下及諸生五拜三叩頭禮。有頃，內贊贊進講，祭酒南居仁從東階升，由東小門入，至堂中北向立，執事官舉經案於御前。禮部官奏請授經於講官，祭酒跪，禮部以經立授祭酒，置於講案。復至中北向立，一拜三叩頭。上諭"講官坐。"祭酒承旨就講案邊坐。上諭"官人每坐。"百官承旨，武官都督以上、文官三品以上及學士，一拜三叩頭，坐。祭酒講《皋陶謨》。講畢，退出堂外。司業羅大任從西階升，由西小門入，一如祭酒禮。講《易·咸卦》，講畢，傳制官稱有制。宣諭云："聖人之道，如日中天"，凡四語。祭酒、司業、學官習禮，公、侯、伯、諸生五拜三叩頭。尚膳監進茶。上諭"官人每吃茶。"茶畢，出。百官一拜三叩頭。上賜五府、六部、都察院及衍聖公羊、酒、甜食盒。上入彝倫堂後敬一亭，觀世宗所立程子四箴諸碑。又令將廟學內各碑及石鼓俱摹榻進覽。

十七年甲申二月春祭，遣大學士魏藻德行禮。是日，天氣晴明，臨祭各官甫就拜位，大風忽起，殿上燈燭盡滅，庭下松檜作怒號聲，黃沙如雨下，竟不能成禮而罷。按元世宗以宋小黃門李邦寧爲左丞相釋奠孔廟，方就拜位，亦有異風之變，夫子在天之靈赫奕如此。

(清) 張廷玉等《明史》卷四七《志二三·禮志一·吉禮一·遣官祭祀》

洪武二十六年，定傳制特遣儀。是日，皇帝升座如常儀，百官一拜。禮畢，獻官詣拜位四拜，傳制官由御前出宣制。如祭孔子，則曰："某年月日，祭先師孔子大成至聖文宣王，命卿行禮。"【略】俯伏，興，四拜，禮畢出。其降香遣官儀，前祀一日清晨，皇帝皮弁服，升奉天殿。捧香者以香授獻官。獻官捧由中陛降中道出，至午門外，置龍亭內。儀仗鼓吹，導引至祭所。後定祭之日，降香如常儀，中嚴以待。獻官祭畢復命，解嚴還宮。嘉靖九年大祀遣官，不行飲福禮。

(清) 允禄等《(雍正) 大清會典》卷六一《視學》

先期禮部具題行取衍聖公、五經博士陪祀，并令取五氏子孫赴京觀禮。

前期一日，皇帝於宮中致齋。陪祀王以下公以上，各旗文官侍郎以上，武官一品以上；漢文官三品以上，武官二品以上；內閣翰林院官七品以上，各於府第齋戒。

是日，工部司設監設黃幄於大成門外之東，南向。中設御座。又設黃幄御座於彝倫堂內正中。鴻臚寺設經案一於黃幄前，稍東。設講案二於堂內，左右相向。祭酒設進講經書於經案上，禮部陳設祭品於各神位前。陪祀王、貝勒、貝子、公、俱朝服。於午門內，候駕過隨行。陪祀文武各官，俱朝服。先詣文廟丹墀內，東西序立。不陪祀文武各官，俱朝服。於天安門外橋南分翼序立，候駕至，跪送。皇帝具禮服，升輦，鹵簿大駕前導，樂設而不作。午門鳴鐘，駕出東長安門。至成賢街，國子監滿漢祭酒、司業，率本監各學官、監生，俱朝服，於街左跪迎。皇帝至櫺星門外降輦，由中路入黃幄內升座。司設監設拜褥於神位前，禮部堂官恭導皇帝由大成中門，步進。自中階詣先師位前，北向，正中立。王、貝勒、貝子、公，由左右門隨進。從左右階至丹陛上，北向，序立。配位兩廊分獻官，於階下向上立。陪祀各官，皆北向序立。典儀唱樂舞生就位，執事官各司共事。贊引官奏就位，恭導皇帝就拜位立，王以下及分獻各官各就拜位立。典儀唱迎神，協律郎唱舉迎神，奏《咸平之章》，樂作，贊引官奏跪，叩，興。傳贊官贊眾官俱跪叩興，皇帝行二跪六叩頭禮，王以下及分獻陪祀各官俱隨行禮，興，樂止。典儀贊行釋奠禮，協律郎唱舉奠獻樂，奏《寧平之章》。樂作，獻帛官跪捧帛，恭進於皇帝右。皇帝立受，拱舉，授獻帛官。獻帛官跪接，興，獻於神位前。獻爵官跪捧爵，恭進於皇帝右。皇帝立受，拱舉，授獻爵官。獻爵官跪接，興，獻於神位前。東西四配十哲兩廊分獻官九員，以次詣各神位前立。捧爵官立授爵，分獻官立奠爵。訖，仍以次退立原位，樂止。典儀唱送神，協律郎唱舉送神樂，奏《咸平之章》，樂作。贊引官奏跪叩興，傳贊官贊眾官俱跪叩興，皇帝行二跪六叩頭禮，王以下及分獻陪祀各官俱隨行禮，興。典儀唱捧帛，恭送燎爐。獻帛官詣先師位前，一跪三叩頭。捧帛，由中門出，送燎爐。贊引官奏禮畢。恭導皇帝由大成中門出，樂止。

（清）允祿等《（雍正）大清會典》卷九一《群祀二·先師孔子 釋菜儀及新進士釋褐儀附**》**

前期一日，承祭官率禮部、都察院、太常寺、光祿寺、國子監官，具朝服上香，監視宰牲，并瘞毛血。

前期一日，正殿承祭官上香。

前期一日，太常寺官舉祝案送至齋所，承祭官視畢。太常寺官至前後殿安設，一跪三叩頭，退。

正祭日，分獻陪祀各官，人兩旁門序立。太常寺贊引官、封引官、導承祭官至盥洗處，盥手畢，引至臺階下立。典儀唱樂舞生就位，執事官各司其事。分獻官、陪祀官各就位文舞生執羽籥引進。贊引官贊就位，承祭官就拜位立，分獻官隨後立。典儀唱迎神，協律郎唱舉迎神樂，奏《咸平之章》，樂作。贊引官贊跪叩興，承祭官、陪祀官、分獻官俱行三跪九叩頭禮，興。樂止，典儀唱奠帛，行初獻禮，協律郎唱舉初獻樂，奏《寧平之章》。樂作，贊引官贊升壇，導承祭官由東階上，進殿左門。贊引官贊詣至聖先師孔子位前，承祭官至案前立。贊引官贊跪叩興，承祭官行一跪一叩頭禮，興。贊引官贊奠帛，捧帛官捧帛跪進，承祭官受帛，拱舉，立獻。畢，贊引官贊獻爵，執爵官捧爵跪進，承祭官受爵，拱舉，立獻。畢，行一跪一叩頭禮，興，不贊。贊引官贊詣讀祝位，承祭官詣讀祝位立。讀祝官至祝案前，一跪三叩頭，捧祝版立於案左，樂止。贊引官贊跪，承祭官、讀祝官、分獻官、陪祀各官俱跪。贊引官贊讀祝，讀祝官讀畢，捧祝版至正位前案上，跪。安帛匣內，三叩頭，退，樂作。贊引官贊叩興，承祭官及各官行三叩頭禮，興。贊引官贊詣復聖顏子位前，承祭官就案前立。贊引官贊跪叩興，承祭官一跪一叩頭，興。贊引官贊奠帛，捧帛官跪進於案左，承祭官受帛，拱舉，立獻案上。贊引官贊獻爵，執爵官跪進於案左，承祭官受爵，拱舉，立獻案上。行一跪一叩頭禮，興，不贊。贊詣宗聖曾子位前，獻帛、獻爵如前儀。贊詣述聖子思子位前，獻帛、獻爵如前儀。贊詣亞聖孟子位前，獻帛、獻爵如前儀。

其十一哲分獻官翰林院派出，升壇、奠帛、獻爵俱照承祭官行禮。兩廡分獻官國子監派出，亦照承祭官行禮，畢。贊引官贊復位，承祭官、分獻官各復位立，樂止。典儀唱行亞獻禮，協律郎唱舉亞獻樂，奏《安平之章》，樂作。贊引官贊升壇，獻爵於左，如初獻儀。贊引官贊復位，承祭官、分獻官各復位立，樂止。典儀唱行終獻禮，協律郎唱舉終獻樂，奏《景平之章》，樂作。贊引官贊升壇，獻爵於右，如亞獻儀。贊引官贊復位，承祭官、分獻官各復位立，樂止。典儀唱飲福受胙，贊引官贊詣受福胙位，承祭官至殿內立，捧酒胙官二員，捧酒胙至正位案前拱舉，至飲福胙位右旁跪。接福胙官二員，在左旁跪。贊引官贊跪，承祭官跪。贊飲福酒，承祭官受爵，拱舉，授接爵官。贊受胙，承祭官受胙，拱舉，授接胙官。贊引官贊叩興，承祭官三叩頭，興。贊復位，承祭官復位立，次行謝福胙禮。贊引官贊跪叩興，承祭官、分獻官及陪祀各官俱行三跪九叩頭禮，興。典儀唱徹饌，協律郎唱舉徹饌樂，奏《咸平之章》，樂作。徹訖，樂止。典儀唱送神，協律郎唱舉送神樂，奏《咸平之章》，樂作。贊引官贊跪叩興，承祭官、分獻官及陪祀各官皆行三跪九叩頭禮，興，樂止。典儀唱捧祝帛，各恭詣燎位。捧祝官、捧帛官至各位前，一跪三叩頭，捧起，祝文在前，帛次之。捧饌官跪，不叩，捧起，在後，俱送至燎位。承祭官退至西旁立，候祝帛過，仍復位立。典儀唱望燎，協律郎唱舉望燎樂，奏《咸平之章》。樂作，贊引官贊詣望燎位，導承祭官至燎位立，祝帛焚半，贊禮官贊禮畢。退。

皇帝上丁親祭儀。

前期，太常寺題請分獻官。

前期二日，太常寺堂官具補服省牲，如常儀。

前期二日，各衙門齋戒，如常儀。

前期一日，太常寺官奉祝版安設神庫，如常儀。

前期一日，禮部、都察院、太常寺、光祿寺、國子監官具朝服，上香。監視宰牲，如常儀。

前期一日，太常寺堂官詣正殿上香。

祭日，陪祀王以下各官，在廟內櫺星門外，候駕至，隨行。不陪祀王以下各官，在午門候駕出，跪送。屆時，太常寺官奏請，皇帝具禮服，乘輦出宮，至櫺星門外鋪棕薦處降輦。贊引官、對引官恭導皇帝由櫺星門中門入，至更衣幄次，盥手，畢。贊引官、對引官恭導皇帝進大成門中門，升中階，由殿中門入，詣拜位前立。典儀贊、執事官各司其事文舞生引進。贊引官奏就位，皇帝就位立。典儀贊迎神，協律郎贊舉迎神樂，歌《咸平之章》，樂闋。贊引官奏跪叩興，傳贊官贊：衆官俱跪，叩，興。皇帝行二跪六叩頭禮，興。王以下各官俱隨行禮，興。典儀贊獻帛，爵協律郎贊舉獻帛爵樂，歌《寧平之章》。樂作，獻帛官捧帛，跪進於皇帝右，皇帝立受，拱舉，授獻帛官，獻帛官跪接，興。詣先師孔子神位前，跪獻三叩頭，退。獻爵官捧爵，跪進於皇帝右，皇帝立受，拱舉，授獻爵官，獻爵官跪接，興。詣先師孔子神位前，立獻，退。讀祝官詣祝案前，跪三叩頭，興。捧祝版跪，俟於案東北。贊引官奏跪，傳贊官、贊衆官俱跪，皇帝跪，贊讀祝，讀祝官跪讀畢，恭捧祝版詣神位前，跪，安帛匣內，三叩頭，退，樂作。贊引官奏叩興，傳贊官贊：衆官俱叩，興。皇帝行三叩頭禮，興。王以下各官俱隨行禮，興。分獻官各詣四配、十一哲神位前，立獻帛爵，退，樂止文舞生叩頭，退。典儀贊徹饌，協律郎贊舉徹饌樂，歌《咸平之章》，樂闋。典儀贊送神，協律郎贊舉送神樂，歌《咸平之章》。樂作，贊引官奏跪叩興，傳贊官贊：衆官俱跪，叩，興。皇帝行二跪六叩頭，禮。興王以下各官俱隨行禮，興。樂止，典儀贊捧祝帛，恭送燎爐，捧祝帛饌官，詣神位前跪，三叩頭，捧起，捧饌官不叩，祝在前，次帛，次饌。由楅扇中門出，送詣燎爐。皇帝轉立拜位東旁，俟祝帛過，皇帝還位，立。祝帛焚半，贊引官奏禮畢。贊引官、對引官恭導皇帝由大成門出，乘輦，作樂，回宮。陪祀各官俱退，陪祀王以下、公以上，隨駕入午門，如常儀。不陪祀王以下各官，仍在午門迎駕，如常儀。

釋菜儀。順治元年，定每月初一日，祭文廟，行釋菜禮。先期，典簿廳移文太常寺取祭品菜、棗、栗、并酒，及香燭。至期，祭酒率監丞、博士、助教以下等官，八旗教習及監生皆從。祭酒詣致齋所，更朝服。引贊導由東角門入，詣階下。引贊贊排班，班齊。贊就位，贊跪叩，行禮畢，引贊導詣盥洗所盥手，再詣酒尊所。司尊者舉冪酌酒，執爵者由中道上。引贊導祭酒由東階升，從殿東門入。引贊贊詣至聖先師神位前，跪。初獻爵，亞獻爵，終獻爵，俯伏，興。引贊贊詣四配神位前，行三獻禮，如前儀。各引贊，引分獻官詣十一哲、康熙五十一年，升配朱子。兩廡神位前，行分獻禮，如前儀。畢，引贊導各官由殿西門出，至西階下，各就位。引贊贊跪叩，行禮畢，導從西角門出，禮生導祭酒詣崇聖祠原爲啓聖祠，雍正二年改今名。行禮，分獻官亦隨行禮。次詣土地祠行禮，畢，鳴鐘，各退。每月十五日，司業行香，監生俱於黎明入廟列班。各禮生供事、司業至，守廟官迎候，禮生導引由東角門入。贊排班，班齊。贊跪叩，行禮畢，導由西角門出。次詣崇聖祠行禮，次詣土地祠行禮，俱如朔日儀。

（四）祭祀樂舞

樂舞制度沿革

（明）徐一夔等《明集禮》卷一六《吉禮第一六·三皇》

周制凡釋奠者，必有合，合謂合樂也。漢章帝幸闕里祀孔子，作六代之樂。唐顯慶三年，先聖廟樂用宣和之舞，《開元禮》皇太子釋奠，迎神用《誠和之曲》，皇太子行用《承和之曲》，登歌、奠幣、用《肅和之曲》，迎俎用《雍和之曲》，文舞退武舞進，酌獻用《舒和之曲》，送神又用《誠和之曲》。宋政和親祀儀用姑洗之宫三成，迎神作《凝安之曲》，皇帝行作《同安之曲》，奠幣作《明安之曲》，酌獻作《成安之曲》，三獻同送神作《凝安之曲》。一成元釋奠樂章皆用宋舊曲，後擬易之而未及用。今録於此迎神奏《文明之曲》，盥洗奏《昭明之曲》，升殿奏《景明之曲》，宣聖、酌獻奏《誠明之曲》，配位同。亞獻奏《靈明之曲》，終獻同。送神奏《慶明之曲》，國朝仍用大晟登歌樂。

（明）申時行等《大明會典》卷五一《禮部九·樂章》

視學還，導駕，奏御鑾歌《神歡之曲》。

臣聞古帝王，受天命、統四方。宵衣旰食治道章，一心誠敬感昊蒼。龍翔鶴舞，神心樂康。臣民讚時皇，萬壽無疆。

《高宗純皇帝實録》卷二五六“乾隆十一年正月上”條

庚午，欽定祭祀中和樂章名。【略】文廟樂，迎神，昭平；奠帛、初獻，宣平；亞獻，秩平；終獻，叙平；撤饌，懿平；送神，德平。

《高宗純皇帝實録》卷三三一“乾隆十三年十二月”條

戊辰，又諭：據李因培奏稱、文廟祭祀。應用樂舞。請敕下撫臣。將各府州縣向來奏樂之處。移諮衍聖公。分派精熟樂生、舞生、各一名，前往教習諸生。并樂舞數目、酌留八十人等語，李因培摺。著抄寄准泰，將應如何查辦之處，定議具奏。

《高宗純皇帝實録》卷三三一“乾隆十三年十二月下”條

己亥，又諭：據李因培奏稱文廟祭祀應用樂舞，請敕下撫臣，將各府州縣向來奏樂之處，移咨衍聖公，分派精熟樂生、舞生各一名，前往教習諸生，并樂舞數目酌留八十人等語，李因培摺，著抄寄准泰，將應如何查辦之處，定議具奏。

（清）張廷玉等《明史》卷六一《志三七·樂志一》

釋奠孔子，初用大成登歌舊樂。洪武六年，始命詹同、樂韶鳳等更制樂章。迎神，奏《咸和》。奠帛，奏《寧和》。初獻，奏《安和》。亞獻、終獻，奏《景和》。徹饌、送神，奏《咸和》。

樂器舞服

(明) 申時行等《大明會典》卷二二六《翰林院·先師孔子廟》

凡樂舞生所用樂器，俱從工部成造。遇有損壞、隨時修理。惟笙簧、每年工部預期差撥笙匠、赴觀逐一展視修理。

(清) 張廷玉等《明史》卷六一《志三七·樂志一》

釋奠孔子，初用大成登歌舊樂。

其樂器之制，郊丘廟社，洪武元年定。樂工六十二人，編鐘、編磬各十六，琴十，瑟四，搏拊四，柷敔各一，塤四，篪四，簫八，笙八，笛四，應鼓一。歌工十二，協律郎一人，執麾以引之。七年，復增鏞四，鳳笙四，塤用六，搏拊用二，共七十二人。舞則武舞生六十二人，引舞二人，各執干戚。文舞生六十二人，引舞二人，各執羽籥。舞師二人執節以引之。共一百三十人。惟文廟樂生六十人，編鐘、編磬各十六，琴十，瑟四，搏拊四，柷敔各一，塤四，篪四，簫八，笙八，笛四，大鼓一。歌工十。六年，鑄太和鐘，其制仿宋景鐘，以九九爲數，高八尺一寸。拱以九龍，柱以龍簨，建樓於圜丘齋宮之東北，懸之。郊祀，駕動則鐘聲作。升壇，鐘止，衆音作。禮畢，升輦，鐘聲作。俟導駕樂作，乃止。十七年，改鑄，減其尺十之四焉。

祭樂

(明) 申時行等《大明會典》卷九一《禮部》

洪武二十六年釋奠儀，樂章。

迎神。大哉宣聖，_{今曰孔聖}。道德尊崇。維持王化，斯民是宗。典祀存常，精純益隆。神其來格，於昭聖容。

奠帛。自生民來，誰底其盛。維王_{今曰維師}。神明，度越前聖。粢帛具成，禮容斯稱。黍稷非馨，惟神之聽。

初獻。大哉聖王，_{今曰聖師}。實天生德。作樂以崇，時祀無斁。清酤惟馨，嘉牲孔碩。薦修神明，庶幾昭格。

亞獻、終獻。百王宗師，生民物軌。瞻之洋洋，神其寧止。酌彼金罍，惟清且旨。登獻於三，於嘻成禮。

徹饌。犧象在前，豆籩在列。以享以薦，既芬既潔。禮成樂備，人和神悅。祭則受福，率遵無越。

送神。有嚴學宮，四方來宗。恪恭祀事，威儀雍雍。歆格惟馨，神馭還復。明禋斯畢，咸膺百福。

(清) 允祿等《（雍正）大清會典》卷九一《群祀二·先師孔子_{釋菜儀及新進士釋褐儀附}**》**

迎神樂，奏《咸平之章》：

大哉至聖，峻德弘功。敷文衍化，百王是崇。典則有常，昭茲辟雍。有虔簠簋，有嚴鼓鐘。

初獻樂，奏《寧平之章》：

覺我生民，陶鑄前聖。巍巍泰山，實予景行。禮備樂和，豆籩惟静。既述六經，爰揭三正。

亞獻樂，奏《安平之章》：

至哉聖師，天授明德。木鐸萬世，式是群辟。清酒維醑，言觀秉翟。太和常流，英材斯植。

終獻樂，奏《景平之章》：

猗歟素王，示予物軌。瞻之在前，神其寧止。酌彼金罍，惟清且旨。登獻既終，弗遑有喜。

徹饌樂，奏《咸平之章》：

璧水淵淵，崇牙業業。既歆宣聖，亦儀十哲。聲金振玉，告兹將徹。獻假有成，羹墻靡愒。

送神樂，奏《咸平之章》：

煌煌學宮，四方來宗。甄陶胄子，暨予微躬。思皇多士，膚奏厥功。佐予永清，三五是隆。

（五）諭祝詩文

諭、奏文

諭

《明神宗實錄》卷五三 "萬曆四年八月" 條

癸亥，上御皇極殿，文武百官以幸學禮成，致詞稱賀，衍聖公孔尚賢率三氏子孫，祭酒孫應鼇等率諸生各上表謝賜。衍聖公及顏孟博士三氏族人冠帶襲衣，祭酒司業等官襲衣，諸生鈔錠各有差。敕諭國子監師坐：朕惟人君，化民成俗，學較爲先。我祖宗列聖致治之隆，率循斯軌。朕以冲昧纘承洪業四載於兹，南北郊禋殷禮咸秩兹率舊典，祗謁先師孔子肆覲。釋奠之儀，進爾師生講論，治理厥理告成。夫爲治之道，貴在力行，立教之方務求諸己，朕方責實考成率作興事，惟爾師生均有修己治人之責者，尚孟加愍勉，懋乃教學，助宣風化之原翊，贊文明之治欽哉，故諭。

（明）俞汝楫等《禮部志稿》卷一《聖訓·尊崇文廟之訓》

洪武元年二月，詔以太牢祀先師孔子於國學，仍遣使詣曲阜致祭使行。上謂之曰，仲尼之道，廣大悠久與天地相并，故後世有天下者，莫不致敬盡禮修其祀事。朕今爲天下主，期在明教化，以行先聖之道，今既釋奠國學，仍遣爾修祀事於闕里，爾其敬之。

洪武十五年四月，詔天下通祀孔子，賜學粮，增師生廩膳。上諭禮部尚書曰：孔子明帝王之道，以教後世使君君臣臣、父父子子綱常，以正彝倫攸叙其功參於天地。今天下郡縣廟學并建而報祀之，禮止行京師，豈非闕典？卿與儒臣其定釋奠禮儀，頒之天下學校，令以每歲春秋仲月通祀孔子。

（明）俞汝楫等《禮部志稿》卷五《聖訓》

弘治元年三月，上視學，行釋奠禮，御彝倫堂，授經於講官，祭酒司業賜之坐講。祭酒費闓講《商書》，説命惟天聰明一節，司業劉震講《周易乾卦》大人者與天地合其德一節，講畢。上宣諭師生曰：六經載聖人之道，講明體行務臻實效，爾師生其勉之。

《聖祖仁皇帝實録》卷二八"康熙八年二月"條

戊寅，衍聖公孔毓圻，率祭酒、司業、學官、五經博士、五氏子孫各監生，恭進謝表。賜衍聖公、祭酒以下等官宴於禮部，并賜袍服。助教監生等，賜銀兩有差。廣本監鄉試中額八名，陪祀聖賢後裔、內國史院中書顔光毓等，照例優叙。生員孔興詢等十五人，令入監讀書。頒敕諭刊挂彝倫堂，敕曰：皇帝敕諭國子監祭酒司業等官，朕惟聖人之道，高明廣大，昭垂萬世，所以興道致治，敦倫善俗，莫能外也。朕纘承丕業，文治誕敷，景仰先聖至德。今行辟雍釋奠之典，將以鼓舞人才，宣布教化，爾等當嚴督諸生，潛心肄業。諸生亦宜身體力行，朝夕勤勵。若學業成立，可裨任用，則教育有功。其或董率不嚴，荒乃職業，爾等係師生，難辭厥咎，尚其勉之。毋忽。

《聖祖仁皇帝實録》卷二四九"康熙五十一年二月"條

丁巳，諭大學士等：朕自冲齡篤好讀書，諸書無不覽誦。每見歷代文士著述，即一句一字於理義稍有未安者，輒爲後人指摘。惟宋儒朱子，注釋群經，闡發道理，凡所著作，及編纂之書，皆明白精確，歸於大中至正。經今五百餘年，學者無敢疵議。朕以爲孔孟之後，有裨斯文者朱子之功，最爲弘巨。應作何崇禮表彰，爾等會同九卿詹事科道詳議具奏。尋大學士會同禮部等衙門，議復宋儒朱子，配享孔廟，本在東廡先賢之列。今應遵旨，升於大成殿十哲之次，以昭表彰至意。從之。

《世宗憲皇帝實録》卷一三"雍正元年十一月"條

丁酉，諭禮部：孔子道冠古今，爲萬世師表，薄海内外，無不俎豆尊崇。國學乃四方表率，其制尤重。聖祖仁皇帝臨雍釋奠，典禮優隆。朕纘承大統，景仰先型，羹墻如見。念國學爲造士之地，聖教所被，莫先於此。恐歷歲既久，有應加修葺之處，爾部會同工部詳加閲視。凡文廟殿宇、廊廡及講堂學舍，務須整理周備。俾廟貌聿新，以申景慕，朕將親詣焉。

《世宗憲皇帝實録》卷一五"雍正二年春正月"條

癸卯，諭禮部：朕於三月内，舉行視學釋奠大典。定例衍聖公應行陪祀。聞孔傳鐸有疾，且值守制之初。可令伊子弟一人來京，代伊行禮。遣署理大學士户部尚書徐元夢告祭先師孔子，禮部尚書張伯行告祭崇聖祠，以加封孔子五代王爵神牌入祠也。

《世宗憲皇帝實錄》卷一七 "雍正二年三月" 條

乙亥朔，上詣太學，謁先師孔子。諭禮部等衙門：治天下之要，崇師重道，廣勵澤宮爲先務。朕親詣太學，釋奠先師孔子。禮畢，進諸生於彝倫堂，講經論學。凡以明道術，崇化源，非徒飾圜橋之觀聽也。維孔子道高德厚，萬世奉爲師表。其祔享廟庭諸賢，皆有羽翼聖經，扶持名教之功。然歷朝進退不一。而賢儒代不乏人，或有先罷而今宜復，有舊缺而今宜增。其從祀崇聖祠諸賢，周程朱蔡外，孰應升堂祔享者，并先賢先儒之後，孰當增置五經博士，以昭崇報，均關大典，九卿、翰林、國子監、詹事、科道、會同詳考定議以聞。再，邇年文教廣被，由我聖祖仁皇帝壽考作人。六十年，山陬海澨，莫不不讀書稽古。直省應試童子，人多額少。有垂老不獲一衿者，其令督撫會同學臣，查明實在人文最盛之州縣。題請小學改爲中學，中學改爲大學，大學照府學額數取録。督撫等務宜秉公詳查，不得徇私冒濫。至鄉試解額，聖祖仁皇帝屢次增廣乙酉戊子等科，復於額外加中五經三名，至五十六年而罷，以其久而滋弊也。嗣後各學臣及祭酒、司業，於録科時先加面試，主考閱文果佳，本監加中四名，直隸各省大小不一，某省應加中幾名。著分別詳議定數具奏。如無佳文，寧缺勿濫，會試臨時請旨。本監貢生、監生，本科鄉試、中式，著加增十八名。朕臨雍講學，雖率由舊章，然必期於世道文教有益，不蹈一切虛文，諸生其各。欽遵。

己卯，賜國子監敕諭一道，諭國子監祭酒、司業等官：朕惟聖人之道，昭揭日月，彌綸天地。萬世帝王，下逮公卿士庶，罔不仰遵成憲，率由教言。我國家尊崇至聖，遠邁前代。朕纘承大統，古訓是學，惟日孜孜。茲雍正二年三月朔日，親詣辟雍，祗謁先師孔子，行釋奠禮。思以鼓勵群英，丕隆文治。爾監臣宜嚴督諸生，善爲誘導。諸生亦宜殫心肄業，實踐躬行，秉端方以立身，敦忠孝以興誼。勿營奔競，勿事浮華。文必貴於明經，學務期乎濟世。俾品成詣進，以副朕教育至意。此爾多士之庥，亦惟爾監臣董率之功也。慎勿怠荒職業，以貽爾羞。諸師生其共勉之。隨賜衍聖公、祭酒、司業、國子監官員冠服。進士、舉人、蔭貢監生銀兩有差。大學士等奏言：皇上至誠至敬，感協天心，甘雨應時，隨禱立應，合辭稱賀。得旨：誠敬二字，朕之所勉。朕能先天下之憂而憂，諸卿必後天下之樂而樂也。期卿等共勉之。

《世宗憲皇帝實錄》卷四七 "雍正四年八月" 條

丁卯，祭先師孔子。上親詣行禮。祭畢，諭禮部侍郎三泰、太常寺卿孫卓曰：儀注內，開獻帛進酒，皆不跪。朕今跪獻，非誤也。若立獻於先師之前，朕心有所不安。可記檔案，以後照此遵行。

《世宗憲皇帝實錄》卷五三 "雍正五年二月" 條

甲子，諭內閣：至聖先師孔子，師表萬世，八月二十七日爲聖誕之期，亦應虔肅致敬。朕惟君師功德，恩被億載。普天率土，尊親之戴，永永不忘。而於誕日，尤當加。謹以展恪恭思慕之誠，非以佛誕爲比擬也。著內閣九卿會同確議具奏。尋議：先師聖誕，應致齋一日，不理刑名，禁止屠宰。得旨：是。

　　《世宗憲皇帝實錄》卷一三二 "雍正十一年六月" 條

　　庚午，諭内閣：祀事修明，國家令典。孔子文廟春秋祭儀，尤宜備物盡敬。聞外省州縣中，有因荒裁減公費者。朕思公費既減，必致祭品簡略，或轉派累民間，二者均未可定。著各省督撫，查明所屬。若有因荒減費之州縣，即於存公銀内撥補，以足原額，務令粢盛豐潔。以展朕肅將禋祀之誠。

　　《高宗純皇帝實錄》卷一二 "乾隆元年二月" 條

　　丁卯，又議復僉都御史李徽奏，請訂《孝經》入四子書，進程子顥入大成殿二條。【略】我聖祖仁皇帝，特進朱子熹入配大成殿，所以爲天下萬世學者樹之標準，俾知所趨向，非以朱子熹微賢於周程諸儒也。如李徽所言，程子顥亦宜入大成殿，周子敦頤以下，均可以次詳酌，則周子敦頤、二程子頤、張子載、邵子雍皆宜附於十哲之列，孔子及門，如南容、有若、子賤諸賢，不亞於程周諸子，并不亞於十哲，亦未盡入大成殿中，踵事日增，將貽後議，揆諸尊崇至聖，以師表萬世之至意，亦豈有當。至於性善之説，詳於孟子，皆淵源之論，李徽以人性之善爲支派，指此爲有功性旨，是不獨有悖孟子，亦大非程子之意，敷陳舛謬，學術攸關，誠恐無知效尤，或詆毀先賢，或穿鑿經義，或托名理學，自使其私，大爲世道人心之害，請嚴申飭。得旨：這所奏是，著交該部頒發天下學政，咸使遵行。

　　《高宗純皇帝實錄》卷五〇 "乾隆二年九月上" 條

　　丙申，命國子監聖廟用黄瓦。諭總理事務王大臣：至聖先師孔子，天縱聖神，師表萬世，尊崇之典，至我朝而極盛。皇考世宗憲皇帝，尊師重道，禮敬尤隆。闕里文廟，特命易蓋黄瓦，鴻儀炳焕，超越前模。朕祗紹先猷，羮墻念切，思國子監爲首善觀瞻之地，辟雍規制，宜加崇飾。大成門、大成殿著用黄瓦，崇聖祠著用綠瓦，以昭展敬至意。

　　《高宗純皇帝實錄》卷五九 "乾隆二年十二月下" 條

　　庚子，命議釋奠國學文廟典禮。諭禮部曰：先師孔子，聖集大成，教垂萬世，我皇族聖祖仁皇帝、皇考世宗憲皇帝親詣辟雍，登堂釋奠，儒臣進講經書，諸生圜橋觀聽，雍雍濟濟，典至盛也。朕祗承丕緒，向慕心殷，國學文廟。特命易蓋黄瓦，以展崇敬。俟工程告竣之日，朕躬詣釋奠，用昭重道隆師作人造至意。應行典禮，爾部議具奏。

　　《高宗純皇帝實錄》卷六二 "乾隆三年二月上" 條

　　丙戌，定祭文廟三獻爵。諭：本年春祭文廟，朕降旨親詣行禮。查文廟春秋二祭，舊例俱是遣官，我皇考尊師重道，始定親祭之禮。閲年舉行，乃從前所未有者。今覽太常寺奏進儀注。朕躬獻爵一次，其亞獻、三獻之爵，豫先陳設香案上，朕思既行親祭，仍當從三獻之儀，著太常寺另繕儀注進呈。

丁亥，祭先師孔子，上親詣行禮。御書扁曰"與天地參"，御書聯曰"氣備四時，與天地鬼神日月合其德；教垂萬世，繼堯舜禹湯文武之師。"懸文廟大成殿楹。

《高宗純皇帝實録》卷七八二"乾隆三十二年夏四月"條

辛丑，又諭曰：戴第元奏請增至聖誕辰祭祀一摺，殊非正理。誕辰之説，出於二氏，爲經傳所不載。國家尊師重道，備極優崇，釋奠二丁，自有常制。援據禮經，實不同於尋常廟祀。且昔人於孔子生日，辨論紛如，尤難臆定。況孔子儒者之宗也，尊孔子者當即以儒者所聞孔子之道尊之。戴第元乃欲於彝典之外，輕增一祭，轉爲褻越而不足以昭隆禮，士不通經，所奏宜擯。

《高宗純皇帝實録》卷八二三"乾隆三十三年十一月"條

己酉，諭：國學崇祀先師，規制法程美備。是飭我列聖右文重道，尊禮有加。朕臨御初，即詔易黄瓦儀惟其隆。邇以殿廡歲久弗葺，特發帑金二十餘萬鳩庀鼎新，敕大臣董厥成輪奐視舊增益，工就告藏。而門殿諸額，向沿明張璁陋議，非所以肅觀瞻明折中也。既依會典定名，躬爲榜書并宣諭厘正大指。兹復親制碑記具修建原委，且於幾暇手書付鋟，表示鄭重。將以明年仲春，詣學釋奠落成之，彰盛典焉。遐稽闕里廟堂，有後漢時犧象諸尊，以爲觀美。爰擇內府所藏周范銅鼎、尊、卣、罍、壺、簠、簋、瓟、爵、洗、各一，頒置太學陳之大成殿中，用備禮器。夫孔子志在從周，楹間列姬朝法物，於義惟允。所司其敬凜將事。典守勿替，以克副朕意。

《高宗純皇帝實録》卷一四七〇"乾隆六十年二月"條

丁巳，諭：朕臨御今六十年，於二月上丁親詣文廟釋奠禮成，并閲辟雍新刊石經，瞻仰宮墻，彌深景慕。自惟冲齡肄學，服膺聖教，迄今八帙開五，猶日孜孜，誨學無倦。舉凡行政念典，悉皆虔奉心傳。今晨臨雍展敬，祗肅躬親，風日暄和，典禮咸備，景仰之誠。先師靈爽式憑，自必默垂鑒佑。當兹郅運增隆，慶臻耆壽。莫非仰邀錫貺，允宜施恩霶序。嘉惠士林，以光盛典。所有各直省歲試入學名數，著交該部查照向例，分別廣額。其太學肄業諸生，并加恩免其坐監一月，用示重道崇儒，壽世作人至意。

又諭：本日上丁釋奠禮成，因念朕臨御六十年以來，孜孜勤政，悉縣典學懋修，罔弗衷諸聖教。回憶冲齡就傅之時，福敏啓蒙授業，循循善誘，加增日課，得以多讀經書。蔡世遠教以古文作法，宜學昌黎。朕從此問津肆力，學業益進。至今所作古文，無不理明氣盛。是當年久侍帷幄，敷陳啓沃，實福敏、蔡世遠兩師傅之力爲多。今年登八旬有五，眷懷舊學，允宜秩贈三公。原任大學士太傅福敏，著晋贈太師。原任尚書蔡世遠，著加贈太傅，并各賜祭一壇。福敏著派舒常致祭。蔡世遠原籍，著派福建巡撫親往致祭。以示朕眷隆者舊，崇禮師儒至意。

又諭：本日朕親行釋奠禮成，閲辟雍新刻石經。據該管收掌官蔣和、呈進恭録御製序四體字册、并石經告成頌册，觀其文理尚優。且伊係蔣衡之孫此次所刻十三經，即係從前蔣衡手書進呈之本，字畫俱屬端楷。今兹列碣圜橋，洵爲右文盛事。蔣和能承家學，著加恩以國子監學正學錄補用，并著賞大緞二匹。以示表章經學，獎勵宿儒至意。

諭軍機大臣等：朕臨御六十年，八袠開五。本年仲春，親祭傳心殿，臨御經筵。越三日，釋奠文廟禮成，臨幸辟雍，閱視石經碑刻。連日舉行典禮，御製詩四章，用申仰止景行之意。蔡新、朱珪、學問尚優。孫士毅，亦嫻文義。著將御製詩章鈔寄閱看，即令恭和進呈。朕自幼讀書，服膺聖訓，爲治世臨民矩矱。迄今年逾耄耋，典學孜孜。蔡新等當知此意，恭和之詩，毋徒以頌而忘規也。至福康安，雖於文墨之事，非其所習，但伊屢膺闡寄，懋著勛勞。今遠在滇南，不克恭襄盛典，亦著將御製詩鈔寄閱看，使之同深欣慶。著賞給福康安祭糕，及新製奶餅，以示優眷。

《宣宗成皇帝實錄》卷三〇 "道光二年二月"條

丙申，諭內閣：先師孔子德配天地，道冠古今。我朝列祖列宗，曁我皇考仁宗睿皇帝，親詣釋奠，臨雍講學，多士圜橋觀聽，洵盛典也。朕寅紹丕基，心誠向慕。謹於明年仲春上丁，親詣辟雍，登堂釋奠，用昭崇師重道，稽古右文至意。其應行典禮事宜，著各該衙門先期敬謹豫備。

《宣宗成皇帝實錄》卷四四 "道光二年十一月"條

甲申，諭內閣：朕於明年仲春上丁，親詣先師孔子廟行禮，其臨雍釋奠之典，著於二月十三日舉行，所有應行事宜，著各該衙門先期敬謹豫備。

《宣宗成皇帝實錄》卷四九 "道光三年二月"條

癸丑，上詣文廟行釋奠禮。敕諭國子監祭酒、司業等官：朕惟化民成俗，基於學校，興賢育德，責在師儒。矧夫成均首善之地，風勵天下，實始於兹。洪惟列聖稽古右文，二百年來，人材蔚起。粵我皇祖，肇建辟雍。鼓鐘之風，有邁前代。逮我皇考，武功既藏，文德誕敷。朕嗣位之三年，聿修茂典，爰於二月上丁，躬親釋奠。越六日癸丑，臨雍講學，圜橋觀聽，雲集景從，朕甚嘉焉。夫學有本原，士先器識。漸摩擩染，厥有由來。咨爾監臣，式兹多士。尚其端乃教術，正乃典型。毋即於華，毋鄰於固。入孝出弟，擇友親師。庶幾成風，紹休聖緒。惟爾監臣，無曠厥職。欽哉。特諭。

《宣宗成皇帝實錄》卷一三八 "道光八年秋七月"條

辛丑，諭內閣：禧恩等奏承修文廟碑亭工程查勘情形分別酌議一摺。現當大雨時行，購辦大件石料，人力難施。著俟交冬令，即將石料趁時采運，明歲仲春致祭後擇吉興修。其現擬大成殿前西南隅建亭地址，舊有大柏樹一株，有礙亭座，著移於大成門外西南隅建立。至拉運石料，工部按照定例估算，實屬不敷。著援照各工拉運大件石料遞加騾挂之例核給，工竣咨部據實報銷。所有原估大臣王引之、顧尸并未詳悉聲叙。殊屬草率，著交部議處。

《宣宗成皇帝實錄》卷四三九 "道光二十七年二月" 條

壬申，諭内閣：致祭文廟儀注，乾隆年間曾將一揖之儀奉旨改正。嗣後，儀注内如何改定。現在自行一叩禮，係何年添出，著禮部詳細查明具奏。

丁丑，諭内閣：禮部奏，遵查致祭文廟禮節。除一揖之文，業經删定。其現在自行一叩禮，係何年添出，查無確據等語。致祭文廟，典禮攸關。嗣後行禮，究應如何畫一之處，著禮部詳核妥議，再行具奏。尋議上，得旨：除删去自行一叩禮外，餘著照舊儀辦理。

《文宗顯皇帝實錄》卷五九 "咸豐二年四月" 條

甲午，諭内閣：先師孔子，德配天地，道冠古今。我朝列祖列宗，暨我皇考宣宗成皇帝，親詣釋奠，并臨雍講學，多士圜橋觀聽，洵盛典也。朕寅承丕緒，志切景行。謹於明年仲春上丁，親詣文廟，行釋奠禮，并臨辟雍講學。用昭重道尊師，稽古右文至意。其應行典禮事宜，著各該衙門，先期敬謹豫備。

（清）王先謙《東華録・雍正三》

雍正元年十一月，諭禮部：孔子道冠古今，爲萬世師表，薄海内外無不俎豆，尊崇國學乃四方表率，其制尤重。聖祖仁皇帝臨雍釋奠，典禮優隆。朕纘承大統，景仰先型羹墻如見，念國學爲造士之地，聖教所被莫先於此，恐歷歲既久有應加修葺之處，爾部會同工部詳加閱視。凡文廟殿宇、廊廡及講堂、學舍務須整理周備，俾廟貌聿新，以申景慕，朕將親詣焉。

（清）王先謙《東華録・雍正二二》

雍正十一年六月庚午，諭内閣：祀事修明，國家令典。孔子文廟春秋祭儀，尤宜備物盡，敬聞外州縣中有因荒裁減公費者。朕思公費既減，必致祭品簡略，或轉派累民間，二者均未可定著，各省督撫查明所屬，有因荒減費之州縣即於存公銀内撥補，以足原額務令粢盛豐潔以展，朕肅將禋祀之，誠其各懍遵，毋忽。

（清）王先謙《東華續録・乾隆六》

乾隆二年九月，諭：至聖先師孔子天縱聖神，師表萬世，尊崇之典至我朝爲極盛。皇考世宗憲皇帝尊師重道，禮敬尤隆。【略】朕祇紹先猷羹墻念切思國子監爲首，善觀瞻之地，辟雍規制宜加崇飾，大成門、大成殿著用黃瓦，崇聖祠著用綠瓦，以昭展敬至意。

十二月庚子，諭：先師孔子聖集大成教垂萬世，我皇祖聖祖仁皇帝、皇考世宗憲皇帝親詣辟雍，登堂釋奠，儒臣進講經書，諸生圜橋觀聽，雍雍濟濟，典至盛也。朕祇承丕緒向慕，心殷國學。文廟特命易蓋黃瓦，以展崇敬，俟工程告竣之日，朕躬詣釋奠，用昭重道，隆師作人造士之意。

《明孝宗實録》卷四〇 "弘治三年七月" 條

丙子，監察御史閻价言：春秋二丁，釋奠先師孔子，乃國家大典。然各衙門陪祀官往往不能致誠盡敬，今後請令糾儀御史查實參奏，其致祭日令天文生往定時刻，須至子時方可行禮。違者，令錦衣衛校尉緝治以罪。上曰：祭丁禮儀自有舊規，今後各官當加謹遵行，餘事不必紛擾。

《明孝宗實錄》卷一〇九"弘治九年二月"條

壬子，太常寺奏：釋奠先師孔子，已准用天子之禮，增爲八佾之舞。惟樂器之數尚用諸候之樂，似爲未稱，請增文廟樂器人數爲七十二人，如天子之制。禮部因請行移所司如數置造，仍通行天下，并南京國子監一體遵行。上曰：文廟饗祀用天子之禮，而舞已加八佾樂器，乃尚仍諸候之舊，則尊崇未至，而情文亦有未備，所言良是，可即如擬行之，以副朕崇奉先師之意。

《明武宗實錄》卷一七〇"正德十四年春正月"條

癸亥，太常寺奏：仲春，當釋先師孔子，及大祀社稷。但今郊祀未成，請俟郊後，遇丁戊日行禮。從之。

《明武宗實錄》卷一八二"正德十五年春正月"條

乙卯，先是太常寺奏：以二月八日祭先師孔子，次日祭社稷。至是，以郊祀未舉，內批復令俟郊後，遇丁戊日舉行。

《明武宗實錄》卷一九五"正德十六年春正月"條

丁丑，太常寺奏：是日當釋奠先師孔子，次日祀大社、大稷。但郊祀未舉，請上裁。詔先行之。

《明世宗實錄》卷四"正德十六年七月"條

禮部言：八月初八日，當遣官祭先師孔子。初九日，祭太社、太稷。十八日，祭太歲、風雲雷雨等神。茲遇武宗皇帝梓宮未入山陵，請如孟秋時享例，免升殿奏致齋，及傳制至期樂設而不作。從之。

(明) 俞汝楫等《禮部志稿》卷四五《奏疏·鄭紀〈議祀典三事疏〉》

孔子祀尤宜崇重。自憲宗朝以祭酒周洪謨言：籩豆加十爲十二，佾數加六爲八，與十二，冕服相稱崇重之意至矣。但不加帝號者，謂夫子周人，當用周制，其所謂王乃天王之王，非國王之王，恐未爲通論。夫孔子雖生於周，而封王實始於唐，周無帝號，故有天王之稱。唐既有帝號，則當時所謂王，不過國王而已，使孔子封於周，目爲天王可也，既封於唐烏可以周制誣之邪。乞推憲宗崇重之意，易其王名加以帝號，不然則章服禮樂又已僭用，何以安先師在天之靈乎。

聖賢之教，莫先於明人倫，而人倫莫先於父子，顏淵、曾參、子思實顏路、曾晳、孔鯉之子，子坐殿上，父列兩廡，恐事死如生之道不如是也。縱三父壓於聖門之品第，限於歷代之封命，無所顧望，其三子之心安乎？今國子監文廟戟門傍北向之屋，宋元以來，從祀諸儒多坐其中，乞移置於兩廡之末，東西相向，而以路晳鯉位補其處，通行天下，皆仿此制，既於孔子偏正不相妨，又於配晳尊卑不相壓，庶公私恩禮兩盡而無嫌矣，疏入下所司知之。

（明）俞汝楫等《禮部志稿》卷四五《奏疏·吴世忠〈議飭孔廟祀典疏〉》

孔子爲萬世帝王之師，固當祀以天子之禮，今禮用天子，而號猶稱王說者謂，孔子，周之陪臣，故當稱王而不當稱皇、稱帝，不知尊卑之名，惟君所命，乞加封曰文祖大成至聖帝，庶稱尊之典，無遺憾矣。

子雖齊聖，不先父食。今顏子、曾子、子思既在配享之位，而其父顏無繇、曾點、孔鯉猶列兩廡，子食於前，父食於後，子諱其姓，父稱其名，使三子有知必不享其祭。今孔廟正殿後有啓聖殿，乞以無繇、點、鯉爲之侑。後來儒者之父，如程珦、朱松亦得列於其次，封謚儀物一視其子祭祀，以二丁前一日行禮。

宋升孟子、曾子、子思於配享，而十哲之數不升有若而升子張，近代及我朝黜王安石、揚雄，而淫侈之馬融、奢濁之范甯猶未之黜，乞於十哲去子張而升有若，於兩廡如公孫龍、公伯寮、荀況、王弼之徒，亦所當去，而融甯二人則決去之。

程朱之後，如上蔡之謝良佐、洛陽之尹焞、藍田之吕大臨、建陽之游酢、蔡元定、劍浦之羅從彦、延平之李侗、金溪之陸九淵、閩縣之黄幹、龍溪之陳淳、清江之張洽、卭州之魏了翁、金華之何基、王柏元、容城之劉因國朝崇仁之，吳與弼河東之薛瑄，其道其功視程朱，雖不及至，其平生刻苦，動依聖訓視唐太宗所升，漢晉諸儒匪直無愧而已，乞各令從祀於其鄉學，必欲有所分別，則以侗從彦餘并祀於郡學尤善。

國學之外，禮樂罕行，乞依國學樂舞之器，與聲容節奏之數刊爲圖說，頒布各學，選學舞生寄籍道觀，食以公田，令其能者互相教習，二丁之祭所在舉行，使窮下邑得覩禮樂之全，命下所司知之。

（明）俞汝楫等《禮部志稿》卷四五《奏疏·何孟春〈厘正從祀稱號疏〉》

孔子廟祀。漢晉及隋或號先師，或稱先聖宣尼宣父，不越公稱，唐玄宗始謚爲文宣王，宋真宗加至聖，元成宗加大成，國初未有改也。宋真宗常詔禮臣定議爲帝，李清臣曰，周室稱王，陪臣不當爲帝，其事遂止。夫孔子道配天地，爲萬世帝王之師，何疑於周陪臣，而清臣徒以位言之，必如所言，公亦不可稱矣。或又曰，周天子稱王，孔子周人而稱王是即尊以天子矣，不當，再改稱帝。夫自秦漢以來，天子稱帝，而分封其宗支臣下有功者爲王，蓋以王卑帝尊，迄今然也，則所以帝孔子者，又何必泥於周制哉？況享祀八佾至我憲宗皇帝益之，百代之下，誰敢異議？此追尊爲帝之典重有望於今日也。

儒先從祀孔廟，起唐太宗以左丘明等二十二人代用其書，垂於國胄，故於太學祀之卜子夏聖門高弟，此不暇論左丘明、公羊高、穀梁赤有傳經之功，非世儒可擬。若高唐生而下一十八人，其所述作，不越掇輯訓詁而已，而俱在侑食，蓋當時所取者在。是故漢有醇儒如董仲舒，而不及焉。子書公孫尼子，《漢志》以爲七十子之弟子，《隋志》以爲孔子弟子；《史記》云：《樂記》公孫尼子次撰；李善《文選注》載沈約云：

《樂記》取公孫尼子；馬總《意林》引劉瓛曰：緇衣公孫尼子所作，其言可補六藝之文，有功於聖經，蓋不啻公穀比，而親授業於孔子之門人。唐宋封爵俱不及者，失之不詳考耳，然視戴聖之徒，相去遠甚忽，立言之人弗祀，而祀諸傳錄訓解其言之人，事理不倒置乎？董仲舒至我太祖始加封從祀，英宗朝胡安國、蔡沉、真德秀、吳澄之祀旅舉焉，則懸亶、公孫尼子之封祀亦宜有行於今日也。下其章於禮部。

《世祖章皇帝實錄》卷一〇七"順治十四年二月"條

己丑，吏科都給事中張文光奏言：聖至孔子，贊美難以形容。考之古典，魯哀公誄文曰：尼父。未嘗加一字之襃。漢平帝元始元年。始加謚曰宣尼父。後魏太和十六年，乃改謚文聖尼父。唐太宗貞觀十一年，尊爲宣聖尼父。明皇開元二十一年，始進謚文宣王。元武宗至大元年。加謚大成至聖文宣王。明初因之。嘉靖九年，尊改爲至聖先師孔子神位。以孔子生不爲王，歿而王之，於理未妥。且以文宣之號，未足以盡孔子，曰至聖，則無所不該。曰先師，則名正而實稱。不可易矣。我朝順治二年，祭酒李若琳不加考訂，請易至聖先師孔子神位爲大成至聖文宣先師孔子。不過仍元武宗之舊謚，而獨不稱王耳。臣謂：追王固屬誣聖，即加大成文宣四字，亦豈足以盡孔子哉？唐臣柳宗元有言：贊孔子之聖，譬如頌天地之大，諛日月之明，非愚則惑。今皇上事事稽古議禮，制度考文，務求至當。宜仍改主爲至聖先師孔子神位。庶質之先聖而無疑，傳之萬世而永遵矣。下所司議。

《聖祖仁皇帝實錄》卷四二"康熙十二年秋七月"條

辛巳，禮部議復：都察院左都御史多諾疏言，凡告祭壇廟，滿漢臣工，一體齋戒。祭祀文廟，止漢官齋戒，而滿官不齋戒，非我皇上合滿漢爲一體，崇儒重道之至意。嗣後，祭祀文廟，滿文官三品以上，亦應前期齋戒二日陪祀。從之。

《聖祖仁皇帝實錄》卷二四三"康熙四十九年九月"條

辛亥，兵部議復：太原總兵官馬見伯疏言：【略】又祭先師孔子時，文臣自驛丞以上官員，皆得陪祭。武臣惟副將以上，方准陪祭。請將武臣，亦照文臣一體行禮俱不准行。上諭大學士等曰：此本亦是。【略】嗣後祭先師孔子時，令武臣與文臣一體行禮，於理甚合。著照馬見伯所請行。

《世宗憲皇帝實錄》卷一二"雍正元年冬十月"條

戊午，禮部遵旨議奏：請將文廟從祀先儒位次及各壇廟祭品、祭器、樂器逐一繪圖，彙爲成書，頒示天下。從之。

《世宗憲皇帝實錄》卷二〇"雍正二年五月"條

辛酉，禮部等衙門遵旨議奏：古昔聖王制祀。凡有道有德，施教於學者，祀於瞽宗。漢文翁立學宮於成都，首祀孔子。又畫七十二子之像於壁。此諸賢從祀之始也。厥後有功經傳，皆得從祀，謂之經師。自唐至明，歷代進退不一。而當代賢儒，得預於祀典，蓋自宋始。伏讀聖諭云：附饗廟庭諸賢。或有先罷而今宜復者。臣等議得：

明嘉靖時厘定祀典，改祀於鄉者七人，林放、蘧瑗、鄭康成、鄭衆、盧植、服虔、范甯。罷祀者四人，秦冉、顔何、戴聖、何休。今俱宜復其從祀也。聖諭云：有舊缺而今宜增者。臣等公同詳考先儒事實。請增入兩廡從祀者、共十八人。孟子門人樂正子、公都子、萬章、公孫丑、漢諸葛亮、唐陸贄、宋韓琦、尹焞、黄幹、陳淳、何基、王栢，元金履祥、許謙、陳澔、明羅欽順、蔡清、本朝陸隴其。允宜增入祀典者也。聖諭云：崇聖祠或有可升而附者，臣等議得宋張子橫渠之，父張迪一人，可以附入崇聖祠。聖諭云：先賢先儒之後，孰當增置五經博士。臣等議得孔門弟子冉伯牛、仲弓、冉求、宰予、子張、有若六子，均宜確訪嫡裔，賜以世襲五經博士，以昭崇報者也。以上四條，恭候睿鑒裁定。得旨：先儒從祀文廟，關係學術人心。典至重也，宜復宜增，必詳加考證，折衷盡善。庶使萬世遵守，永無异議。爾等所議復祀諸儒，雖皆有功經學，然戴聖、何休未爲純儒，鄭衆、盧植、服虔、范甯謹守一家言。轉相傳述，視鄭康成之淳質深通，似乎有間。至若唐之陸贄、宋之韓琦，勛業昭垂史册，自是千古名臣。然於孔孟心傳，果有授受，而能表彰羽翼乎？其他諸儒，是否允協，以及宰予、冉有增置博士之處，著再公同確議。務期至當，不易具奏。

（清）王先謙《東華録·康熙一三》

康熙十二年六月，禮部議准左都御史多諾奏：凡告祭壇廟，滿漢臣工一體齋戒。祭祀文廟，止漢官齋戒而滿官不齋戒，非我皇上合滿漢爲一體，崇儒重道之至意。嗣後，祭祀文廟文官滿三品以上，亦應前期齋戒二日，陪祀從之。

（清）王先謙《東華續録·乾隆五三》

（乾隆二十六年），丁卯山東按察使沈廷芳奏：曾子及門十有二人，子思而外，子襄，陽膚，公明儀、公明高、孟儀、檀子公、孟子、高樂、正子春、公明宣、單居離、沈猶行及本朝湯斌，并請從祀文廟。得旨：增祀之事議論紛如聚訟，亦無實濟政要，故不爲也。

祭祀祝文

（明）徐一夔等《明集禮》卷一六《吉禮第一六·三皇》

國朝洪武二年，遣官降香致祭曲阜孔子，御製祝文曰：惟神昔生周天王之國，實居魯邦聖德天成，述紀前王治世之法，雖當時列國鼎峙，其道未行，垂教於後，以至於今凡有國家，大有得焉自漢之下，以神通祀海内。朕代前王統率庶民，目書檢點忽覩神之訓言，非其鬼而祭之諂也，敬鬼神而遠之，祭之以禮，此非聖賢明言他何能道，故不敢通祀暴殄天物，以累神之聖德，兹以香幣、牲齊、粢盛庶品，式陳明薦，惟神鑒焉。

（明）申時行等《大明會典》卷九一《禮部》

洪武二十六年釋奠儀·祝文

維洪武□年歲次□月□朔□日，皇帝遣具官某，致祭於大成至聖文宣王。先師及四配改定今稱，并如前注。惟王今曰惟師。德配天地，道冠古今，删述六經，垂憲萬世。謹以牲帛醴齊，粢盛庶品，祇奉舊章，式陳明薦，以兖國復聖公、郕國宗聖公、沂國述聖公、鄒國亞聖公配。尚享。

啓聖祠祭儀·祝文

維□年□月□日，皇帝遣具官某，致祭於啓聖公孔氏，曰：惟公誕生至聖，爲萬世王者之師，功德顯著。兹因仲春、秋，伏特用遣祭，以先賢顏氏、曾氏、孔氏、孟孫氏配。尚享。

（清）允禄等《（雍正）大清會典》卷九一《群祀二·先師孔子》

維年歲次月日，皇帝遣致祭於至聖先師孔子，曰：惟師德配天地，道冠古今。删述六經，垂憲萬年。兹當仲春、秋，祇奉舊章。謹以牲帛、酒果致祭，配以復聖顏子、宗聖曾子、述聖子思子、亞聖孟子。尚饗。

詩詞歌賦文

碑文

《高宗純皇帝實錄》卷八二八"乾隆三十四年二月上"條

甲寅朔，重修太學文廟成。御製碑文曰：舉江淮河濟以贊海，吾知其不知海。舉嵩岱恒華以贊地，吾知其不知地。然則舉道德仁義以贊孔子者，其亦類于是乎夫江淮河濟，豈不爲海所納，而不足以形海之大。然海固不拒江淮河濟以爲水也。嵩岱恒華，豈不爲地所載，而不足以究地之厚，然地固不讓嵩岱恒華以爲土也。道德仁義，豈不爲孔子所垂，而不足以盡孔子之量。然孔子固不外道德仁義以爲教也，教之義始見於虞書，而未有定所。夏校殷序周庠，學則三代共之，是國學所昉乎。夫三代既有學，亦必有教，而吾以爲孔子立道德仁義之教者何。蓋三代以前之孔子不明，三代以後之教，非孔子不立，亦猶江淮河濟，非海不納，嵩岱恒華，非地不載。道德仁義，非孔子不垂也。國學始於元太祖，置宣聖廟於燕京，由元及明，代有損益修葺，至本朝而崇奉規模爲大備。列聖右文臨雍，必事輪奐。乾隆戊午，朕詣學展儀，先詔易蓋黄瓦，聿昭茂典。然丹雘雖致飾壯觀，而上棟下宇，風雨燥濕，歷年既久，浸敧是虞，爰以歲丁亥，發帑二十餘萬，特簡重臣司其事。越己丑仲春告藏工，朕親釋奠以落成焉，先是言臣有以宜乘此時，修復辟雍圜水之制爲請者，禮官以爲三代之制，弗相沿襲，實政不必泥古。朕以其言良是，遂從之。門殿諸額，一準會典，皆親書各懸於其所，舉大工者，必泐碑以志，故叙其事書之。若夫述孔子之言，仍以頌孔子，是猶繪日月星辰以象天，朕有所不能。

詩

《高宗純皇帝實錄》卷一四七〇"乾隆六十年二月"條

乙卯，【略】以親祭文廟，齋戒二日。

丁巳，祭先師孔子，上親詣行禮。

御製《仲春丁祭至聖先師禮成述事》詩曰：踐阼年當天數慶，八旬五豈易爲望。幸蒙昊眷符心願，感謝師承叩已侵。蒞政臨民惕宵旰，志於心欲仰宮墻。石經核准全刊壁，三一參差勝漢唐。

御製釋奠禮成，御辟雍敬憶皇祖詩句，因示皇子及諸大臣，詩曰：六旬在位孫同祖，恭憶神堯兩句詩。而我其時猶侍母，蒙天錫壽敢忘師。欲詢百帝誰曾此，深惕一身幸獲茲。釋奠禮成辟雍坐，愧爲榮用敬摛詞。

三、祭祀記載

（一）明代祭祀記載

《明太宗實錄》卷一〇下"洪武三十五年秋七月"條
丙申，以即位遣。【略】國子助教周巽祭先師孔子。

《明太宗實錄》卷一一"洪武三十五年八月"條
丁巳，遣官釋奠先師孔子。

《明太宗實錄》卷一七"永樂元年二月"條
丁巳，遣官釋奠先師孔子。

《明太宗實錄》卷二二"永樂元年八月"條
丁未，遣官釋奠先師孔子。

《明太宗實錄》卷二八"永樂二年二月"條
丁丑，遣官釋奠先師孔子。

《明太宗實錄》卷三三"永樂二年秋七月"條
丁丑，遣官釋奠先師孔子。

《明太宗實錄》卷三九"永樂三年春二月"條
丁卯，朔，遣官釋奠先師孔子。

《明太宗實錄》卷四五"永樂三年八月"條
丁卯，遣官釋奠先師孔子。

《明太宗實錄》卷五一"永樂四年二月"條
丁卯，遣官釋奠先師孔子。

《明太宗實錄》卷五二"永樂四年三月"條
辛卯朔，上視太學。

《明太宗實錄》卷五八"永樂四年八月"條
丁亥朔，遣官釋奠先師孔子。

《明太宗實錄》卷六四"永樂五年二月"條

丁亥，遣官釋奠先師孔子。

《明太宗實錄》卷七六"永樂六年二月"條

丁亥，遣官釋奠先師孔子。

《明太宗實錄》卷九五"永樂七年八月"條

丁未，遣官釋奠先師孔子。

《明太宗實錄》卷一〇七"永樂八年八月"條

丁酉，遣官釋奠先師孔子。

《明太宗實錄》卷一一三"永樂九年二月"條

丁酉，遣官釋奠先師孔子。

《明太宗實錄》卷一一八"永樂九年八月"條

丁酉，遣官釋奠先師孔子。

《明太宗實錄》卷一二五"永樂十年二月"條

丁巳，遣官釋奠先師孔子。

《明太宗實錄》卷一三一"永樂十年八月"條

丁巳，遣官釋奠先師孔子。

《明太宗實錄》卷一三七"永樂十一年二月"條

丁巳，遣官釋奠先師孔子。

《明太宗實錄》卷一四二"永樂十一年八月"條

丁未朔，遣官釋奠先師孔子。

《明太宗實錄》卷一四八"永樂十二年二月"條

丁未，遣官釋奠先師孔子。

《明太宗實錄》卷一五四"永乐十二年八月"條

丁未，遣官釋奠先師孔子。

《明太宗實錄》卷一六一"永樂十三年春二月"條

丁丑，遣官釋奠先師孔子。

《明太宗實錄》卷一六七"永樂十三年正月"條

丁卯，遣官釋奠先師孔子。

《明太宗實錄》卷一七三"永乐十三年二月"條

丁卯，遣官釋奠先師孔子。

《明太宗實錄》卷一七九"永樂十四年八月"條

丁卯，遣官釋奠先師孔子。

《明太宗實錄》卷一八五"永樂十五年二月"條

丁卯，遣官釋奠先師孔子。

《明太宗實錄》卷一九二"永樂十五年八月"條

丁亥，遣官釋奠先師孔子。

《明太宗實錄》卷一九七"永樂十六年二月"條

丁亥，遣官釋奠先師孔子。

《明太宗實錄》卷二〇三"永樂十六年八月"條

丁亥，遣官釋奠先師孔子。

《明太宗實錄》卷二〇九"永樂十七年二月"條

丁丑，遣官釋奠先師孔子。

《明太宗實錄》卷二一五"永樂十七年秋八月"條

丁丑，遣官釋奠先師孔子。

《明太宗實錄》卷二二二"永樂十八年二月"條

丁未，遣官釋奠孔子先師。

《明太宗實錄》卷二二八"永樂十八年八月"條

丁酉朔，是日，遣官釋奠先師孔子。

《明太宗實錄》卷二三四"永樂十九年二月"條

丁酉，遣官釋奠先師孔子。

《明太宗實錄》卷二四〇"永樂十九年秋八月"條

丁酉，遣官釋奠先師孔子。

《明太宗實錄》卷二四六"永樂二十年春二月"條

丁酉，遣官釋奠先師孔子。

《明太宗實錄》卷二五〇"永樂二十年六月"條

丁亥，皇太子遣官釋奠先師孔子。

《明太宗實錄》卷二五六"永樂二十一年春二月"條

丁巳，遣官釋奠先師孔子。

《明太宗實錄》卷二六二"永樂二十一年八月"條

丁巳，是日，皇太子遣官釋奠先師孔子。

《明太宗實錄》卷二六八"永樂二十二年春二月"條

丁未朔　，遣官釋奠先師孔子。

《明孝宗實錄》卷九"弘治元年正月"條

甲寅，禮部请視太学，釋奠先師孔子，命具儀以聞。

《明孝宗實錄》卷一一"弘治元年二月"條

丁酉，釋奠先師孔子，遣少傅兼太子太師、吏部尚書、謹身殿大學士劉吉行禮。

《明孝宗實錄》卷二三"弘治二年二月"條

丁酉，釋奠先師孔子，遣吏部尚書兼謹身殿大學士劉吉行禮。

《明孝宗實錄》卷二九"弘治二年八月"條

丁亥，釋奠先師孔子，遣禮部尚書兼文淵閣大學士徐溥行禮。

《明孝宗實錄》卷三五"弘治三年二月"條

丁亥，釋奠先師孔子，遣少傅兼太子太師、吏部尚書、謹身殿大學士劉吉行禮。

《明孝宗實錄》卷三六"弘治三年三月"條

甲戌，狀元錢福率諸進士，詣先師孔子廟，行釋菜禮。

《明孝宗實錄》卷五四"弘治四年八月"條

丁未，釋奠先師孔子，遣禮部右侍郎兼翰林院學士劉健行禮。

《明孝宗實錄》卷六○"弘治五年二月"條

丁未，釋奠先師孔子，遣禮部尚書兼文淵閣大學士劉健行禮。

《明孝宗實錄》卷六六"弘治五年八月"條

丁未，釋奠先師孔子，遣禮部尚書兼文淵閣大學士劉健行禮。

《明孝宗實錄》卷七二"弘治六年二月"條

丁酉，釋奠先師孔子，遣禮部尚書兼文淵閣大學士劉健行禮。

《明孝宗實錄》卷七三"弘治六年三月"條

丁亥，狀元毛澄率諸進士，詣先師孔子廟，行釋菜禮。

《明孝宗實錄》卷七九"弘治六年八月"條

丁卯，釋奠先師孔子，遣禮部尚書兼文淵閣大學士劉健行禮。

《明孝宗實錄》卷八五"弘治七年二月"條

丁卯，釋奠先師孔子，遣太子太傅、户部尚書兼武英殿大學士徐溥行禮。

《明孝宗實錄》卷九一"弘治七年八月"條

《明孝宗實錄》丁巳朔，釋奠先師孔子，遣太子太保、禮部尚書兼武英殿大學士劉健行禮。

《明孝宗實錄》卷九七"弘治八年二月"條

丁巳，釋奠先師孔子，遣太子太保、禮部尚書兼武英殿大學士劉健行禮。

《明孝宗實錄》卷一○三"弘治八年八月"條

丁巳，釋奠先師孔子，遣禮部右侍郎兼翰林院侍讀學士李東陽行禮。

《明孝宗實錄》卷一○九"弘治九年二月"條

丁巳，釋奠先師孔子，遣太子太保、户部尚書兼武英殿大學士劉健行禮。

《明孝宗實錄》卷一一○"弘治九年三月"條

庚子，狀元朱希周率諸進士，詣先師孔子廟，行釋菜禮。

《明孝宗實錄》卷一一六"弘治九年八月"條

丁丑，釋奠先師孔子，遣詹事府詹事兼翰林院侍讀學士謝遷行禮。

《明孝宗實録》卷一二二"弘治十年二月"條

丁丑，釋奠先師孔子，遣禮部右侍郎兼翰林院侍讀學士李東陽行禮。

《明孝宗實録》卷一二八"弘治十年八月"條

丁丑，釋奠先師孔子，遣詹事府詹事兼翰林院侍講學士謝遷行禮。

《明孝宗實録》卷一三四"弘治十一年二月"條

丁卯朔，釋奠先師孔子，遣禮部右侍郎兼翰林院侍讀學士李東陽行禮。

《明孝宗實録》卷一四〇"弘治十一年八月"條

丁卯，釋奠先師孔子，遣少傅兼太子太傅、户部尚書、謹身殿大學士劉健行禮。

《明孝宗實録》卷一四七"弘治十二年二月"條

丁酉，釋奠先師孔子，遣少傅兼太子太傅、户部尚書、謹身殿大學士劉健行禮。

《明孝宗實録》卷一四八"弘治十二年三月"條

壬午，狀元倫文叙率諸進士，詣先師孔子廟，行釋菜禮。

《明孝宗實録》卷一五三"弘治十二年八月"條

丁酉，釋奠先師孔子，遣太子少保、兵部尚書兼東閣大學士謝遷行禮。

《明孝宗實録》卷一五九"弘治十三年二月"條

丁亥，釋奠先師孔子，遣太子少保、禮部尚書兼文淵閣大學士李東陽行禮。

《明孝宗實録》卷一六五"弘治十三年八月"條

丁亥，釋奠先師孔子，遣太子少保、兵部尚書兼東閣大學士謝遷行禮。

《明孝宗實録》卷一七一"弘治十四年二月"條

丁亥，釋奠先師孔子，遣少傅兼太子太傅、户部尚書、謹身殿大學士劉健行禮。

《明孝宗實録》卷一七八"弘治十四年八月"條

丁未，釋奠先師孔子，遣吏部左侍郎兼翰林院學士吳寬行禮。先是，已有旨：遣太子少保、禮部尚書兼文淵閣大學士李東陽行禮。會東陽有子，國子監生兆先病故以喪告，乃改命寬數日。上特遣太監寧誠至東陽家，賜銀五十兩爲賻且曲加慰。諭：令治喪畢，速出供職，蓋特恩也。

《明孝宗實録》卷一八四"弘治十五年二月"條

丁未，奠釋先師孔子，遣吏部左侍郎兼翰林院學士吳寬行禮。

《明孝宗實録》卷一八五"弘治十五年三月"條

乙未，狀元康海率諸進士，詣先師孔子廟，行釋菜禮。

《明孝宗實録》卷一九〇"弘治十五年八月"條

丁未，釋奠先師孔子，遣太子少、保禮部尚書兼文淵閣大學士李東陽行禮。

《明孝宗實録》卷一九六"弘治十六年二月"條

丁巳，釋奠先師孔子，追太子少保、兵部尚書兼東閣大學士謝遷行禮。

《明孝宗實録》卷二○二 "弘治十六年八月" 條

丁酉，釋奠先師孔子，遣掌詹事府事、禮部尚書兼翰林院學士吳寬行禮。

《明孝宗實録》卷二○八 "弘治十七年二月" 條

丁酉，釋奠先師孔子，遣太子太保、禮部尚書兼武英殿大學士謝遷行禮。

《明孝宗實録》卷二一五 "弘治十七年八月" 條

丁卯，釋奠先師孔子，遣少師兼太子太師、吏部尚書、華蓋殿大學士劉健行禮。

《明孝宗實録》卷二一六 "弘治十七年九月" 條

庚寅，舊例春秋用仲月上丁日釋奠先師孔子，而以次日爲上戊祀社稷。

《明孝宗實録》卷二二一 "弘治十八年二月" 條

丁巳朔，釋奠先師孔子，遣太子太保、禮部尚書兼武英殿大學士謝遷行禮。

《明孝宗實録》卷二二二 "弘治十八年三月" 條

戊申，狀元顧晰臣率諸進士，詣先師孔子廟，行釋菜礼。

《明武宗實録》卷四 "弘治十八年八月" 條

丁巳，釋奠先師孔子，遣少傅兼太子太傅、户部尚書、謹身殿大學士李東陽行禮。

《明武宗實録》卷一○ "正德元年二月" 條

丁巳，釋奠先師孔子，遣少傅兼太子太傅、禮部尚書、武英殿大學士謝遷行禮。

《明武宗實録》卷一六 "正德元年八月" 條

丁巳，釋奠先師孔子，遣吏部左侍郎兼翰林院學士張元禎行禮。

《明武宗實録》卷二三 "正德二年二月" 條

丁丑，釋奠先師孔子，遣太子太保、吏部尚書兼武英殿大學士焦方行禮。

《明武宗實録》卷二九 "正德二年八月" 條

丁丑，釋奠先師孔子，遣户部尚書兼文淵閣大學士王鏊行禮。

《明武宗實録》卷三五 "正德三年二月" 條

丁丑，釋奠先師孔子，遣户部尚書兼文淵閣大學士楊廷和行禮。

《明武宗實録》卷三六 "正德三年三月" 條

庚申，狀元呂柟率諸進士，詣先師孔子廟，行釋菜禮。

《明武宗實録》卷四一 "正德三年八月" 條

丁卯，釋奠先師孔子，遣大學李東陽行禮。

《明武宗實録》卷四七 "正德四年二月" 條

丁卯，釋奠先師孔子，遣少保兼太子太保、户部尚書、文淵閣大學士楊廷和行禮。

《明武宗實録》卷六○ "正德五年二月" 條

丁亥，朔，釋奠先師孔子，遣大學士楊廷和行禮。

《明武宗實録》卷六六 "正德五年八月" 條

丁亥，釋奠先師孔子，曹元以大學士行禮。

《明武宗實錄》卷七二"正德六年二月"條

丁亥，释奠先師孔子，遣大學士梁儲行禮。

《明武宗實錄》卷七三"正德六年三月"條

癸酉，狀元楊慎率諸進士，詣先師孔子廟，行釋菜禮。

《明武宗實錄》卷七八"正德六年八月"條

丁亥，釋奠先師孔子，遣大學士梁儲行禮。

《明武宗實錄》卷八四"正德七年二月"條

丁丑，釋奠先師孔子，遣禮部尚書兼文淵閣大學士費宏行禮。

《明武宗實錄》卷九一"正德七年八月"條

丁未，釋奠先師孔子，遣禮部尚書兼文淵閣大學士費宏行禮。

《明武宗實錄》卷九七"正德八年二月"條

丁未，釋奠先師孔子，遣大學士梁儲行禮。

《明武宗實錄》卷一〇三"正德八年八月"條

丁酉，釋奠先師孔子，遣太子太保、禮部尚書兼武英殿大學士費宏行禮。

《明武宗實錄》卷一〇九"正德九年二月"條

丁酉，釋奠先師孔子，遣大學士楊廷和行禮。

《明武宗實錄》卷一一〇"正德九年三月"條

乙酉，狀元唐尸率諸進士，上表謝恩，明日詣先師孔子廟，行釋菜禮。

《明武宗實錄》卷一一五"正德九年八月"條

丁酉，釋奠先師孔子，遣大學士靳貴行禮。

《明武宗實錄》卷一二一"正德十年二月"條

丁酉，釋奠先師孔子，遣大學士梁儲行禮。

《明武宗實錄》卷一二八"正德十年八月"條

丁巳，釋奠先師孔子，命大學士楊一清行禮。

《明武宗實錄》卷一三四"正德十一年二月"條

丁巳，釋奠先師孔子，遣大學士梁儲行禮。

《明武宗實錄》卷一四〇"正德十一年八月"條

丁巳，命以是月十二日經筵□釋奠先師孔子，遣大學士靳貴行禮。

《明武宗實錄》卷一四六"正德十二年二月"條

丁未朔，釋奠先師孔子，遣大學士蔣冕行禮。

《明武宗實錄》卷一五二"正德十二年八月"條

丁未，釋奠先師孔子，大學士毛紀奉命行禮。

《明武宗實錄》卷一五九"正德十三年二月"條

丁丑，大學士蔣冕釋奠孔子如常儀。

《明武宗實録》卷一六五"正德十三年八"條

己巳，釋奠先師孔子，遣大學士毛紀行禮。

《明武宗實録》卷一七一"正德十四年二月"條

丁亥，釋奠先師孔子，遣大學士梁儲行禮。

《明武宗實録》卷一七七"正德十四年八月"條

丁卯，釋奠先師孔子，遣大學士蔣冕行禮。

《明武宗實録》卷一八九"正德十五年八月"條

丙辰，大學士毛紀釋奠先師孔子如常儀。

《明武宗實録》卷一九六"正德十六年二月"條

丁亥，釋奠先師孔子，遣大學士楊廷和行禮。

《明世宗實録》卷五"正德十六年八月"條

丁亥，釋奠先師孔子，遣大學士蔣冕行禮。

《明世宗實録》卷一一"嘉靖元年二月"條

丁巳，祭先師孔子，遣大學士費宏行禮。

《明世宗實録》卷一七"嘉靖元年八月"條

丁丑，釋奠先師孔子，遣大學士毛紀行禮。

《明世宗實録》卷二三"嘉靖二年二月"條

丁丑，祭先師孔子，遣大學士毛紀行禮。

《明世宗實録》卷三〇"嘉靖二年八月"條

丁未，祭先師孔子，遣大學士蔣冕行禮。

《明世宗實録》卷四二"嘉靖三年八月"條

丁酉，致祭先師孔子，遣吏部尚書兼文淵閣大學士石珤行禮。

《明世宗實録》卷四八"嘉靖四年二月"條

丁酉，釋奠先師孔子，遣大學士賈咏行禮。

《明世宗實録》卷五四"嘉靖四年八月"條

丁酉，遣大學士石珤祭先師孔子。

《明世宗實録》卷六一"嘉靖五年二月"條

丁巳，遣大學士石珤，祭先師孔子。

《明世宗實録》卷六七"嘉靖五年八月"條

丁巳，致祭先師孔子，遣大學士楊一清行禮。

《明世宗實録》卷七三"嘉靖六年二月"條

丁巳，釋真先師孔子，遣大學士賈咏行禮。

《明世宗實録》卷八五"嘉靖七年二月"條

丁未，致祭先師孔子，遣大學士張璁行禮。

《明世宗實錄》卷九一"嘉靖七年八月"條

丁未，祭先師孔子，遣大學士翟鑾行禮。

《明世宗實錄》卷一〇四"嘉靖八年八月"條

丁卯，遣大學士桂萼，祭先師孔子。

《明世宗實錄》卷一一〇"嘉靖九年二月"條

丁卯，祭先師孔子，命吏部尚書方獻夫行禮。

《明世宗實錄》卷一一六"嘉靖九年八月"條

丁卯，祭先師孔子，命吏部尚書方獻夫行禮。

《明世宗實錄》卷一二八"嘉靖十年七月"條

己巳，國子監建啓聖公祠成，禮部尚書李時等以祀典，請春秋祭祀典，文廟同日所用牲、帛、籩、豆，視四配。其東西配位先賢顏無繇氏、曾點氏、孔鯉氏、孟孫氏，視十哲。從祀先儒程、朱、蔡氏，視兩廡。是日，文廟代主祭者孫欽，遣輔臣，則祭酒於啓聖祠行禮，南京國子監祭酒於文廟，司業於啓聖祠各行禮。從之。

《明世宗實錄》卷一三五"嘉靖十一年二月"條

丁亥，釋奠先師孔子，命大學士李時行禮。

《明世宗實錄》卷一四一"嘉靖十一年八月"條

丁丑，命大學士張孚敬，祭先師孔子。

《明世宗實錄》卷一四七"嘉靖十二年二月"條

丁丑，祭先師孔子，遣大學士方献夫行禮。

《明世宗實錄》卷一四八"嘉靖十二年三月"條

丙辰，上臨幸太學釋先師孔子。

《明世宗實錄》卷一五三"嘉靖十二年八月"條

丁丑，祭至聖先師孔子，遣大學士李時行禮。

《明世宗實錄》卷五〇六"嘉靖四十一年二月"條

丁巳，祭先師孔子，命禮部尚書兼翰林院學士郭朴行禮。

《明世宗實錄》卷五一二"嘉靖四十一年八月"條

丁巳，祭先師孔子，命大學士袁煒行禮。

《明世宗實錄》卷五一八"嘉靖四十二年二月"條

丁巳，祭先師孔子，命禮部尚書嚴訥行禮。

《明世宗實錄》卷五二四"嘉靖四十二年八月"條

丁未，朔，祭先師孔子，命禮部尚書李春芳行禮。

《明世宗實錄》卷五三〇"嘉靖四十三年二月"條

丁未，祭先師孔子，命大學士袁煒行禮。

《明穆宗實錄》卷四"隆慶元年二月"條

丁亥朔，祭先師孔子，遣大學士李春芳行禮。

《明穆宗實錄》卷一七"隆慶二年二月"條

丁亥，祭先師孔子，命大學士張居正行禮。

《明穆宗實錄》卷二三"隆慶二年八月"條

丁亥，命禮部尚書高儀祭先師孔子。

《明穆宗實錄》卷四二"隆慶四年二月"條

丁未，祭先師孔子，命大學士趙貞吉行禮。

《明穆宗實錄》卷四八"隆慶四年八月"條

丁酉，祭先師孔子，命大學士高拱行禮。

《明穆宗實錄》卷五四"隆慶五年二月"條

丁酉，祭先師孔子，命大學士殷士儋行禮。

《明穆宗實錄》卷六〇"隆慶五年八月"條

丁酉，祭先師孔子，命禮部尚書潘晟行禮。

《明穆宗實錄》卷六六"隆慶六年二月"條

丁酉，祭先師孔子，命太子少保、禮部尚書兼翰林院學士高儀行禮。

《明神宗實錄》卷一〇"萬曆元年二月"條

丙辰，上御皇極殿，傳制遣大學士呂調陽祭先師孔子。

戊寅，上御皇極殿，傳制遣大臣及近侍官往祭岳鎮、河瀆、歷代帝王、先師孔子、祖陵等陵、徐王等王，及親王與大岳、太和山真武等神。

《明神宗實錄》卷一六"萬曆元年八月"條

丙辰，上御皇極殿，傳制遣大學士呂調陽祭先師孔子。

《明神宗實錄》卷二二"萬曆二年二月"條

戊申，祭先師孔子，遣大學士呂調陽行禮。

《明神宗實錄》卷二八"萬曆二年八月"條

丙午，遣禮部尚書萬士和致祭先師孔子。

《明神宗實錄》卷三五"萬曆三年二月"條

丙子，上御皇極殿，傳制遣禮部尚書萬士和祭先師孔子。

丁丑，祭先師孔子。

《明神宗實錄》卷四一"萬曆三年八月"條

丙寅朔，上御皇極殿，傳制遣官祭先師孔子。

《明神宗實錄》卷四七"萬曆四年二月"條

丙寅，祭先師孔子，遣禮部尚書馬自強行禮。

《明神宗實錄》卷五三 "萬曆四年八月" 條

壬戌，上幸太學詣先師孔子廟，行釋奠禮。

丁卯，遣禮部尚書兼學士馬自強，祭先師孔子。

《明神宗實錄》卷五九 "萬曆五年二月" 條

丙寅，遣大學士張四維，祭先師孔子。

《明神宗實錄》卷六五 "萬曆五年八月" 條

丙辰朔，祭先師孔子，命大學士張四維行禮。

《明神宗實錄》卷七二 "萬曆六年二月" 條

丙戌，遣禮部尚書馬自強，祭先師孔子。

《明神宗實錄》卷七八 "萬曆六年八月" 條

丁亥，命吏部左侍郎兼東閣大學士申時行祭先師孔子。

《明神宗實錄》卷八三 "萬曆七年正月" 條

庚午，遣尚書潘晟，祭至聖先師孔子。

《明神宗實錄》卷九六 "萬曆八年二月" 條

丁丑，令大學士張四維祭先師孔子。

《明神宗實錄》卷一〇三 "萬曆八年八月" 條

丁未，遣禮部尚書潘晟，祭先師孔子。

《明神宗實錄》卷一〇九 "萬曆九年二月" 條

丁酉，祭先師孔子，遣大學士申時行行禮。

《明神宗實錄》卷一一五 "萬曆九年八月" 條

丁酉，祭先師孔子，遣吏部尚書王國光行禮。

《明神宗實錄》卷一二一 "萬曆十年二月" 條

丁酉，遣禮部尚書徐學謨，祭先師孔子。

《明神宗實錄》卷一二七 "萬曆十年八月" 條

丁亥，祭先師孔子，遣吏部尚書王國光代。

《明神宗實錄》卷一三三 "萬曆十一年二月" 條

丁亥，遣禮部侍郎許國，祭先師孔子。

《明神宗實錄》卷一四〇 "萬曆十一年八月" 條

丁巳，遣大學士許國祭先師孔子。

《明神宗實錄》卷一四六 "萬曆十二年二月" 條

丁巳，遣大學士余有丁，祭先師孔子。

《明神宗實錄》卷一五二 "萬曆十二年八月" 條

丁未，祭先師孔子，遣禮部尚書陳經邦行禮。

《明神宗實錄》卷一五八"萬曆十三年二月"條

丁未，遣大學士王家屏，祭先師孔子。

《明神宗實錄》卷一六四"萬曆十三年八月"條

丁未，遣大學士王錫爵祭先師孔子。

《明神宗實錄》卷一七一"萬曆十四年二月"條

丁卯，遣大學士王家屏祭先師孔子。

《明神宗實錄》卷一八三"萬曆十五年二月"條

丁卯，遣禮部尚書沈鯉，祭先師孔子。

《明神宗實錄》卷一八九"萬曆十五年八月"條

丁卯，祭先師孔子，遣吏部尚書楊巍行禮。

《明神宗實錄》卷一九五"萬曆十六年二月"條

丙辰，上御皇極殿，傳制遣大學士許國，祭先師孔子。

《明神宗實錄》卷二〇二"萬曆十六年八月"條

丁亥，遣大學士王錫爵，祭先師孔子。

《明神宗實錄》卷二〇八"萬曆十七年二月"條

丁亥，是日，祭先師孔子，遣尚書宋纁行禮。

《明神宗實錄》卷二一四"萬曆十七年八月"條

丁丑，祭先師孔子，遣大學士王家屏行禮。

《明神宗實錄》卷二二〇"萬曆十八年二月"條

丁丑，祭先師孔子，遣禮部尚書于慎行行禮。

《明神宗實錄》卷二二六"萬曆十八年八月"條

丁丑，吏部尚書宋纁祭至聖先師孔子。

《明神宗實錄》卷二三二"萬曆十九年二月"條

丁丑，祭先師孔子，遣大學士王家屏行禮。

《明神宗實錄》卷二三九"萬曆十九年八月"條

丁亥，命禮部尚書于慎行，致祭於至聖先師孔子。

《明神宗實錄》卷二四五"萬曆二十年二月"條

丁酉，祭先師孔子，命尚書李長春行禮。

《明神宗實錄》卷二五一"萬曆二十年八月"條

丁酉，遣尚書李長春，祭先師孔子。

《明神宗實錄》卷二五七"萬曆二十一年二月"條

丁亥，祭先師孔子，遣大學士趙志尸行禮。

《明神宗實錄》卷二六三"萬曆二十一年八月"條

丁亥，遣大學士張位，祭至聖先師孔子。

《明神宗實録》卷二七○ "萬曆二十二年二月" 條
丁巳，祭先師孔子，遣禮部尚書羅萬化行禮。

《明神宗實録》卷二九四 "萬曆二十四年二月" 條
丁未，祭先師孔子，遣大學士陳於陛行禮。

《明神宗實録》卷三○○ "萬曆二十四年八月" 條
丁酉，秋祀，遣禮部尚書范謙於先師孔子。

《明神宗實録》卷三二五 "萬曆二十六年八月" 條
丁巳，祭先師孔子，遣侍郎劉元震行禮。

《明神宗實録》卷三○七 "萬曆二十五年二月" 條
丁卯，祭先師孔子，遣大學士張位行禮。

《明神宗實録》卷三一三 "萬曆二十五年八月" 條
丁卯，祭先師孔子，遣尚書范謙行禮。

《明光宗實録》卷三 "泰昌元年八月" 條
丁未，祭先師孔子，遣禮部侍郎劉一燝行禮。

《明熹宗實録》卷六 "天啓元年二月" 條
丁未，遣大學士劉一燝祭先師孔子。

《明熹宗實録》卷一三 "天啓元年八月" 條
丁丑，祭先師孔子，遣大學士韓爌行禮。

《明熹宗實録》卷一九 "天啓二年二月" 條
丁卯朔，祭先師孔子，遣大學士沈漼行禮。

《明熹宗實録》卷二五 "天啓二年八月" 條
丙寅，遣大學士何宗彦，祭先師孔子。

《明熹宗實録》卷三一 "天啓三年二月" 條
丁卯，祭先師孔子，遣大學士何宗彦行禮。

《明熹宗實録》卷三七 "天啓三年八月" 條
丁卯，祭先師孔子，遣大學士朱國禎行禮。

《明熹宗實録》卷五六 "天啓五年二月" 條
丁亥，祭先師孔子，命禮部尚書翁正春行禮。

《明熹宗實録》卷五七 "天啓五年三月" 條
甲寅，上親臨太學，釋奠先師。

《明熹宗實録》卷六二 "天啓五年八月" 條
丁丑朔，祭先師孔子，遣禮部尚書周如磐行禮。

《明熹宗實録》卷六八 "天啓六年二月" 條
丁丑，祭先師孔子，遣大學士丁紹軾行禮。

《明熹宗實錄》卷七五"天啓六年八月"條

丁未，祭先師孔子，遣大學士黄立極行禮。

《明熹宗實錄》卷八一"天啓七年二月"條

丁未，祭先師孔子，遣大學士施鳳來行禮。

《明熹宗實錄》卷八七"天啓七年八月"條

丁酉，祭先師孔子，遣大學士李國"行禮。

(清) 張廷玉等《明史》卷三《太祖紀三》

丙戌，詔天下通祀孔子。【略】五月乙丑，太學成，釋奠於先師孔子。

(清) 張廷玉等《明史》卷四《恭閔帝紀》

建文元年三月，釋奠於先師孔子。

二年春正月丁卯，釋奠於先師孔子。

(清) 張廷玉等《明史》卷六《成祖紀二》

四年三月辛卯朔，釋奠於先師孔子。

(清) 張廷玉等《明史》卷一○《英宗前紀》

夏四月壬戌，以元學士吴澄從祀孔子廟庭。

(九年) 三月辛亥朔，新建太學成，釋奠於先師孔子。

(清) 張廷玉等《明史》卷一一《景帝紀》

二年春二月辛未，釋奠於先師孔子。

(清) 張廷玉等《明史》卷一三《憲宗紀一》

成化元年二月丁巳，釋奠於先師孔子。

(清) 張廷玉等《明史》卷一五《孝宗紀》

弘治元年三月癸酉，釋奠於先師孔子。

(清) 張廷玉等《明史》卷一六《武宗紀》

正德元年三月甲申，釋奠於先師孔子。

(清) 張廷玉等《明史》卷一七《世宗紀一》

嘉靖元年三月甲寅，釋奠於先師孔子。

十二年三月丙辰，釋奠於先師孔子。

(清) 張廷玉等《明史》卷一九《穆宗紀》

(隆慶元年) 八月癸未朔，釋奠於先師孔子。

(清) 張廷玉等《明史》卷二三《莊烈帝紀一》

二年春正月丙子，釋奠於先師孔子。

（二）清代祭祀記載

《世祖章皇帝實錄》卷三"順治元年二月"條

丁卯，遣官祭先師孔子。

《世祖章皇帝實錄》卷五"順治元年六月"條

壬申，遣官祭先師孔子。

《世祖章皇帝實錄》卷七"順治元年八月"條

丁巳，遣官祭先師孔子。

《世祖章皇帝實錄》卷一四"順治二年二月"條

丁巳，遣官祭先師孔子。

《世祖章皇帝實錄》卷一七"順治二年六月"條

己未，攝政王多爾袞謁先師孔子廟行禮，賜師生胥隸銀，計二千二百餘兩。

《世祖章皇帝實錄》卷二〇"順治二年八月"條

丁亥，遣大學士李建泰祭先師孔子。

《世祖章皇帝實錄》卷二四"順治三年二月"條

丁亥，遣大學士范文程祭先師孔子。

《世祖章皇帝實錄》卷二七"順治三年七月"條

丁丑，遣大學士剛林祭先師孔子。

《世祖章皇帝實錄》卷三〇"順治四年二月"條

丁丑，遣大學士祁充格祭先師孔子。

《世祖章皇帝實錄》卷三三"順治四年八月"條

丁丑，遣大學士寧完我祭先師孔子。

《世祖章皇帝實錄》卷三六"順治五年二月"條

丁卯，遣大學士范文程祭先師孔子。

《世祖章皇帝實錄》卷四〇"順治五年八月"條

丁酉，遣大學士剛林祭先師孔子。

《世祖章皇帝實錄》卷四二"順治六年二月"條

丁酉，遣大學士范文程祭先師孔子。

《世祖章皇帝實錄》卷四五"順治六年"條

丁酉，遣大學士剛林祭先師孔子。

《世祖章皇帝實錄》卷四七"順治七年二月"條

丁酉，遣大學士剛林祭先師孔子。

《世祖章皇帝實錄》卷五〇"順治七年八月"條

丁亥，遣大學士祁充格祭先師孔子。

《世祖章皇帝實錄》卷五三 "順治八年二月" 條

丁酉，遣大學士剛林祭先師孔子。

《世祖章皇帝實錄》卷五九 "順治八年八月" 條

丁未，遣大學士雅泰祭先師孔子。

《世祖章皇帝實錄》卷六三 "順治九年二月" 條

丁未，遣大學士范文程祭先師孔子。

《世祖章皇帝實錄》卷六七 "順治九年八月" 條

丁未，遣大學士范文程祭先師孔子。

《世祖章皇帝實錄》卷七二 "順治十年二月" 條

丁未，遣大學士范文程祭先師孔子。

《世祖章皇帝實錄》卷七七 "順治十年八月" 條

丁卯，遣大學士額色黑祭先師孔子

《世祖章皇帝實錄》卷八一 "順治十一年二月" 條

丁卯，遣大學士額色黑祭先師孔子。

《世祖章皇帝實錄》卷八五 "順治十一年八月" 條

丁卯，遣大學士寧完我祭先師孔子。

《世祖章皇帝實錄》卷八九 "順治十二年二月" 條

丁巳，遣大學士額色黑祭先師孔子。

《世祖章皇帝實錄》卷九三 "順治十二年八月" 條

丁巳，遣大學士覺羅巴哈納祭先師孔子。

《世祖章皇帝實錄》卷九八 "順治十三年二月" 條

丁巳，遣大學士覺羅巴哈納祭先師孔子。

《世祖章皇帝實錄》卷一〇三 "順治十三年八月" 條

丁丑，遣大學士覺羅巴哈納祭先師孔子。

《世祖章皇帝實錄》卷一〇七 "順治十四年二月" 條

丁丑，遣大學士覺羅巴哈納祭先師孔子。

《世祖章皇帝實錄》卷一〇八 "順治十四年三月" 條

丙辰，復至聖先師孔子神位舊稱，從科臣張文光請也。

《世祖章皇帝實錄》卷一一一 "順治十四年八月" 條

丁丑，遣大學士覺羅巴哈納祭先師孔子。

《世祖章皇帝實錄》卷一一二 "順治十四年冬十月" 條

壬申，以開日講，祭告先師孔子於弘德殿。

《世祖章皇帝實錄》卷一一五 "順治十五年二月" 條

丁丑，遣內院大學士額色黑祭先師孔子。

《世祖章皇帝實録》卷一二〇 "順治十五年八月"條

丁卯，遣大學士額色黑祭先師孔子。

《世祖章皇帝實録》卷一二三 "順治十六年"條

丁卯，遣大學士覺羅巴哈納祭先師孔子。

《世祖章皇帝實録》卷一二七 "順治十六年八月"條

丁酉，遣大學士額色黑祭先師孔子。

《世祖章皇帝實録》卷一三一 "順治十七年春正月"條

庚辰，上以文廟告成親祭先師孔子。

《世祖章皇帝實録》卷一三二 "順治十七年二月"條

丁亥，遣大學士胡世安祭先師孔子。

《世祖章皇帝實録》卷一三九 "順治十七年八月"條

丁亥，遣大學士覺羅巴哈納祭先師孔子。

《聖祖仁皇帝實録》卷一 "順治十八年二月"條

丁亥，遣大學士額色黑祭先師孔子。

《聖祖仁皇帝實録》卷四 "順治十八年八月"條

丁未朔，秋分，遣大學士覺羅伊圖祭先師孔子。

《聖祖仁皇帝實録》卷六 "康熙元年二月"條

丁未，遣大學士衛周祚祭先師孔子。

《聖祖仁皇帝實録》卷七 "康熙元年八月"條

丁未，遣大學士覺羅伊圖祭先師孔子。

《聖祖仁皇帝實録》卷八 "康熙二年二月"條

丁未，遣大學士成克鞏祭先師孔子。

《聖祖仁皇帝實録》卷九 "康熙二年八月"條

丁酉，遣大學士蔣赫德祭先師孔子。

《聖祖仁皇帝實録》卷一一 "康熙三年二月"條

丁酉，遣大學士孫廷銓祭先師孔子。

《聖祖仁皇帝實録》卷一三 "康熙三年八月"條

丁卯，遣大學士衛周祚祭先師孔子。

《聖祖仁皇帝實録》卷一四 "康熙四年二月"條

丁卯，遣大學士魏裔介祭先師孔子。

《聖祖仁皇帝實録》卷一六 "康熙四年八月"條

丁巳，遣大學士李霨祭先師孔子。

《聖祖仁皇帝實録》卷一八 "康熙五年二月"條

丁巳，遣大學士成克鞏祭先師孔子。

《聖祖仁皇帝實錄》卷一九"康熙五年八月"條
丁卯，遣大學士魏裔介祭先師孔子。
《聖祖仁皇帝實錄》卷二一"康熙六年二月"條
丁未，遣大學士魏裔介祭先師孔子。
《聖祖仁皇帝實錄》卷二三"康熙六年八月"條
丁丑，遣大學士李霨祭先師孔子。
《聖祖仁皇帝實錄》卷二五"康熙七年二月"條
丁丑，遣大學士圖海祭先師孔子。
《聖祖仁皇帝實錄》卷二六"康熙七年八月"條
丁卯朔，遣大學士衛周祚祭先師孔子。
《聖祖仁皇帝實錄》卷二八"康熙八年二月"條
丁卯，遣大學士魏裔介祭先師孔子。
《聖祖仁皇帝實錄》卷三一"康熙八年八月"條
丁卯，遣大學士李霨祭先師孔子。
《聖祖仁皇帝實錄》卷三二"康熙九年二月"條
丁卯，遣大學士杜立德祭先師孔子。
《聖祖仁皇帝實錄》卷三三"康熙九年八月"條
丁亥，遣大學士圖海祭先師孔子。
《聖祖仁皇帝實錄》卷三五"康熙十年二月"條
丁亥，遣大學士杜立德祭先師孔子。
戊戌，以舉行經筵禮，遣大學士杜立德告祭先師孔子。
庚寅，以初次舉行日講，遣大學士杜立德告祭先師孔子。
《聖祖仁皇帝實錄》卷三六"康熙十年八月"條
丁酉，遣大學士圖海祭先師孔子。
《聖祖仁皇帝實錄》卷三八"康熙十一年二月"條
丁丑朔，遣大學士馮溥祭先師孔子。
《聖祖仁皇帝實錄》卷三九"康熙十一年八月"條
丁未，遣大學士李霨祭先師孔子。
《聖祖仁皇帝實錄》卷四一"康熙十二年二月"條
丁未，遣大學士圖海祭先師孔子。
《聖祖仁皇帝實錄》卷四三"康熙十二年八月"條
丁未，遣大學士杜立德祭先師孔子
《聖祖仁皇帝實錄》卷四六"康熙十三年二月"條
丁酉，遣大學士索額圖祭先師孔子。

《聖祖仁皇帝實録》卷四九 "康熙十三年八月" 條

丁酉，遣大學士圖海祭先師孔子。

《聖祖仁皇帝實録》卷五三 "康熙十四年二月" 條

丁酉，遣大學士李霨祭先師孔子。

《聖祖仁皇帝實録》卷五七 "康熙十四年八月" 條

丁巳，遣大學士熊賜履祭先師孔子。

《聖祖仁皇帝實録》卷五九 "康熙十五年二月" 條

丁卯，遣大學士杜立德祭先師孔子。

《聖祖仁皇帝實録》卷六二 "康熙十五年八月" 條

丁巳，遣大學士李霨祭先師孔子。

《聖祖仁皇帝實録》卷六五 "康熙十六年二月" 條

丁巳，遣大學士杜立德祭先師孔子。

《聖祖仁皇帝實録》卷六八 "康熙十六年八月" 條

丁未，遣大學士李霨祭先師孔子。

《聖祖仁皇帝實録》卷七一 "康熙十七年二月" 條

丁未，遣大學士馮溥祭先師孔子。

《聖祖仁皇帝實録》卷七六 "康熙十七年八月" 條

丁亥，遣大學士索額圖祭先師孔子。

《聖祖仁皇帝實録》卷七九 "康熙十八年二月" 條

丁卯，遣大學士明珠祭先師孔子。

《聖祖仁皇帝實録》卷八三 "康熙十八年八月" 條

丁卯，遣大學士李霨祭先師孔子。

《聖祖仁皇帝實録》卷八八 "康熙十九年二月" 條

丁卯，遣大學士杜立德祭先師孔子。

《聖祖仁皇帝實録》卷九一 "康熙十九年八月" 條

丁巳朔，遣大學士李霨祭先師孔子。

《聖祖仁皇帝實録》卷九四 "康熙二十年二月" 條

丁亥，遣大學士杜立德祭先師孔子。

《聖祖仁皇帝實録》卷九七 "康熙二十年八月" 條

丁亥，遣大學士馮溥祭先師孔子。

《聖祖仁皇帝實録》卷一〇一 "康熙二十一年二月" 條

丁亥，遣大學士李霨祭先師孔子。

《聖祖仁皇帝實録》卷一〇四 "康熙二十一年八月" 條

丁丑，遣大學士王熙祭先師孔子。

《聖祖仁皇帝實錄》卷一〇七"康熙二十二年二月"條

丁丑，遣大學士吳正治祭先師孔子。

《聖祖仁皇帝實錄》卷一一一"康熙二十二年八月"條

丁未，遣大學士黃機祭先師孔子。

《聖祖仁皇帝實錄》卷一一四"康熙二十三年二月"條

丁酉朔，遣大學士李霨祭先師孔子。

《聖祖仁皇帝實錄》卷一一六"康熙二十三年八月"條

丁酉，遣大學士宋德宜祭先師孔子。

《聖祖仁皇帝實錄》卷一一九"康熙二十四年二月"條

丁酉，遣大學士吳正治祭先師孔子。

《聖祖仁皇帝實錄》卷一二一"康熙二十四年八月"條

丁未，遣大學士宋德宜祭先師孔子。

《聖祖仁皇帝實錄》卷一二四"康熙二十五年八月"條

丁亥，遣大學士吳正治祭先師孔子。

《聖祖仁皇帝實錄》卷一二七"康熙二十五年八月"條

丁巳，遣大學士宋德宜祭先師孔子。

《聖祖仁皇帝實錄》卷一二九"康熙二十六年二月"條

丁巳，遣大學士明珠祭先師孔子。

《聖祖仁皇帝實錄》卷一三一"康熙二十六年八月"條

丁未朔，大學士余國柱祭先師孔子。

《聖祖仁皇帝實錄》卷一三三"康熙二十七年二月"條

丁未，遣大學士王熙祭先師孔子。

《聖祖仁皇帝實錄》卷一三六"康熙二十七年八月"條

丁未，遣大學士梁清標祭先師孔子。

《聖祖仁皇帝實錄》卷一三九"康熙二十八年二月"條

丁未，遣大學士王熙祭先師孔子。

《聖祖仁皇帝實錄》卷一四一"康熙二十八年八月"條

丁丑，遣大學士徐元文祭先師孔子。

《聖祖仁皇帝實錄》卷一四四"康熙二十九年二月"條

丁丑，遣大學士阿蘭泰祭先師孔子。

《聖祖仁皇帝實錄》卷一四八"康熙二十九年八月"條

丁丑，遣大學士張玉書祭先師孔子。

《聖祖仁皇帝實錄》卷一五〇"康熙三十年二月"條

丁巳朔，日食，遣大學士王熙祭先師孔子。

《聖祖仁皇帝實錄》卷一五二"康熙三十年八月"條

丁亥，遣大學士阿蘭泰祭先師孔子。

《聖祖仁皇帝實錄》卷一五四"康熙三十一年二月"條

丁亥，遣大學士張玉書祭先師孔子。

《聖祖仁皇帝實錄》卷一五六"康熙三十一年八月"條

丁亥，遣大學士伊桑阿祭先師孔子。

《聖祖仁皇帝實錄》卷一五八"康熙三十二年二月"條

丁丑，遣大學士李天馥祭先師孔子。

《聖祖仁皇帝實錄》卷一六〇"康熙三十二年八月"條

丁丑，遣大學士阿蘭泰祭先師孔子。

《聖祖仁皇帝實錄》卷一六二"康熙三十三年二月"條

丁丑，遣大學士李天馥祭先師孔子。

《聖祖仁皇帝實錄》卷一六四"康熙三十三年八月"條

丁酉，遣大學士阿蘭泰祭先師孔子。

《聖祖仁皇帝實錄》卷一六六"康熙三十四年二月"條

丁酉，遣大學士伊桑阿祭先師孔子。

《聖祖仁皇帝實錄》卷一六八"康熙三十四年八月"條

丁酉，遣大學士張玉書祭先師孔子。

《聖祖仁皇帝實錄》卷一七一"康熙三十五年二月"條

丁亥朔，遣大學士李天馥祭先師孔子。

《聖祖仁皇帝實錄》卷一七五"康熙三十五年八月"條

丁亥，遣大學士李天馥祭先師孔子。

《聖祖仁皇帝實錄》卷一八〇"康熙三十六年二月"條

丁亥，遣大學士李天馥祭先師孔子。

《聖祖仁皇帝實錄》卷一八四"康熙三十六年七月"條

丙申，以平定朔漠，遣官告祭先師孔子。

《聖祖仁皇帝實錄》卷一八五"康熙三十六年八月"條

丁巳，遣大學士李天馥祭先師孔子。

《聖祖仁皇帝實錄》卷一八七"康熙三十七年二月"條

丁未，遣大學士阿蘭泰祭先師孔子。

《聖祖仁皇帝實錄》卷一八九"康熙三十七年八月"條

丁未，遣大學士吳琠祭先師孔子。

《聖祖仁皇帝實錄》卷一九二"康熙三十八年二月"條

丁未，遣大學士李天馥祭先師孔子。

《聖祖仁皇帝實録》卷一九四"康熙三十八年八月"條

丁卯，遣大學士吳琠祭先師孔子。

《聖祖仁皇帝實録》卷一九七"康熙三十九年二月"條

丁卯，遣大學士熊賜履祭先師孔子。

《聖祖仁皇帝實録》卷二〇〇"康熙三十九年八月"條

丁卯，遣大學士張英祭先師孔子

《聖祖仁皇帝實録》卷二〇三"康熙四十年二月"條

丁卯，遣大學士熊賜履祭先師孔子。

《聖祖仁皇帝實録》卷二〇七"康熙四十一年二月"條

丁巳，遣大學士張玉書祭先師孔子。

《聖祖仁皇帝實録》卷二〇九"康熙四十一年八月"條

丁亥，遣大學士吳琠祭先師孔子。

《聖祖仁皇帝實録》卷二一一"康熙四十二年二月"條

丁丑，遣大學士熊賜履祭先師孔子。

《聖祖仁皇帝實録》卷二一三"康熙四十二年八月"條

丁丑，遣大學士陳廷敬祭先師孔子。

《聖祖仁皇帝實録》卷二一五"康熙四十三年二月"條

丁丑，遣大學士張玉書祭先師孔子。

《聖祖仁皇帝實録》卷二一七"康熙四十三年八月"條

丁丑，遣大學士陳廷敬祭先師孔子。

《聖祖仁皇帝實録》卷二一九"康熙四十四年二月"條

丁卯，遣大學士張玉書祭先師孔子。

《聖祖仁皇帝實録》卷二二二"康熙四十四年八月"條

丁酉，秋分，遣大學士席哈納祭先師孔子。

《聖祖仁皇帝實録》卷二二四"康熙四十五年二月"條

丁酉，遣大學士席哈納祭先師孔子。

《聖祖仁皇帝實録》卷二二六"康熙四十五年八月"條

丁亥，遣大學士陳廷敬祭先師孔子。

《聖祖仁皇帝實録》卷二二八"康熙四十六年二月"條

丁亥，遣大學士席哈納祭先師孔子。

《聖祖仁皇帝實録》卷二三〇"康熙四十六年八月"條

丁未，遣大學士李光地祭先師孔子。

《聖祖仁皇帝實録》卷二三二"康熙四十七年二月"條

丁亥，遣大學士溫達祭先師孔子。

《聖祖仁皇帝實録》卷二三三"康熙四十七年八月"條

丁未，遣大學士陳廷敬祭先師孔子。

《聖祖仁皇帝實録》卷二三六"康熙四十八年二月"條

丁未，遣大學士張玉書祭先師孔子。

《聖祖仁皇帝實録》卷二三八"康熙四十八年八月"條

丁卯，遣大學士陳廷敬祭先師孔子。

《聖祖仁皇帝實録》卷二四一"康熙四十九年二月"條

丁酉，遣大學士溫達祭先師孔子。

《聖祖仁皇帝實録》卷二四三"康熙四十九年八月"條

丁卯，遣大學士陳廷敬祭先師孔子。

《聖祖仁皇帝實録》卷二四五"康熙五十年二月"條

丁卯，遣大學士蕭永藻祭先師孔子。

《聖祖仁皇帝實録》卷二四七"康熙五十年八月"條

丁卯，遣大學士蕭永藻祭先師孔子。

《聖祖仁皇帝實録》卷二四九"康熙五十一年二月"條

丁巳，遣大學士蕭永藻祭先師孔子。

《聖祖仁皇帝實録》卷二五〇"康熙五十一年八月"條

丁巳，遣大學士王掞祭先師孔子。

《聖祖仁皇帝實録》卷二五三"康熙五十二年二月"條

丁巳，遣大學士王掞祭先師孔子。

《聖祖仁皇帝實録》卷二五六"康熙五十二年八月"條

丁丑，遣大學士蕭永藻祭先師孔子。

《聖祖仁皇帝實録》卷二五八"康熙五十三年二月"條

丁丑，遣大學士王掞祭先師孔子。

《聖祖仁皇帝實録》卷二六〇"康熙五十三年八月"條

丁丑，遣大學士蕭永藻祭先師孔子。

《聖祖仁皇帝實録》卷二六二"康熙五十四年二月"條

丁丑，遣大學士嵩祝祭先師孔子。

《聖祖仁皇帝實録》卷二六五"康熙五十四年八月"條

丁卯，遣大學士王掞祭先師孔子。

《聖祖仁皇帝實録》卷二六七"康熙五十五年二月"條

丁卯，遣大學士蕭永藻祭先師孔子。

《聖祖仁皇帝實録》卷二六九"康熙五十五年八月"條

丁酉，遣大學士蕭永藻祭先師孔子。

《聖祖仁皇帝實録》卷二七一 “康熙五十六年二月” 條

丁亥，遣大學士王掞祭先師孔子。

《聖祖仁皇帝實録》卷二七三 “康熙五十六年八月” 條

丁亥，遣大學士嵩祝祭先師孔子。

《聖祖仁皇帝實録》卷二七七 “康熙五十七年二月” 條

丁亥，遣大學士王掞祭先師孔子。

《聖祖仁皇帝實録》卷二八〇 “康熙五十七年八月” 條

丁丑朔，遣大學士嵩祝祭先師孔子。

《聖祖仁皇帝實録》卷二八三 “康熙五十八年二月” 條

丁未，遣大學士王頊齡祭先師孔子。

《聖祖仁皇帝實録》卷二八五 “康熙五十八年八月” 條

丁未，遣大學士蕭永藻祭先師孔子。

《聖祖仁皇帝實録》卷二八七 “康熙五十九年二月” 條

丁未，遣大學士嵩祝祭先師孔子。

《聖祖仁皇帝實録》卷二八八 “康熙五十九年八月” 條

丁酉，遣大學士王頊齡祭先師孔子。

《聖祖仁皇帝實録》卷二九一 “康熙六十年二月” 條

丁酉，遣大學士蕭永藻祭先師孔子。

《聖祖仁皇帝實録》卷二九四 “康熙六十年八月” 條

丁亥，遣大學士嵩祝祭先師孔子。

《聖祖仁皇帝實録》卷二九六 “康熙六十一年二月” 條

丁巳，遣大學士王頊齡祭先師孔子。

《聖祖仁皇帝實録》卷二九八 “康熙六十一年八月” 條

丁巳，遣大學士嵩祝祭先師孔子。

《世宗憲皇帝實録》卷四 “雍正元年二月” 條

丁巳，遣大學士白潢祭先師孔子。

《世宗憲皇帝實録》卷一〇 “雍正元年八月” 條

丁巳，遣大學士嵩祝祭先師孔子。

《世宗憲皇帝實録》卷一六 “雍正二年二月” 條

丁未，遣大學士嵩祝祭先師孔子。

《世宗憲皇帝實録》卷一七 “雍正二年三月” 條

乙亥朔，上詣太學。謁先師孔子。

《世宗憲皇帝實録》卷二三 “雍正二年八月” 條

丁丑，遣署理大學士户部尚書徐元夢祭先師孔子。

《世宗憲皇帝實錄》卷二九"雍正三年二月"條

丁丑，遣果郡王允禮祭先師孔子。

《世宗憲皇帝實錄》卷三五"雍正三年八月"條

丁卯，遣大學士馬齊祭先師孔子。

《世宗憲皇帝實錄》卷四一"雍正四年二月"條

丁卯，遣大學士田從典祭先師孔子。

《世宗憲皇帝實錄》卷四七"雍正四年八月"條

丁卯，祭先師孔子，上親詣行禮。

《世宗憲皇帝實錄》卷五三"雍正五年二月"條

丁卯，遣大學士富寧安祭先師孔子。

《世宗憲皇帝實錄》卷六〇"雍正五年八月"條

丁亥，遣怡親王允祥祭先師孔子。

《世宗憲皇帝實錄》卷六六"雍正六年二月"條

丁酉，祭先師孔子，上親詣行禮。御製仲丁詣祭文廟詩一章，勒石立碑國學，并頒發各省府州縣學宮。

《世宗憲皇帝實錄》卷七二"雍正六年八月"條

丁酉，遣大學士張廷玉祭先師孔子。

《世宗憲皇帝實錄》卷七八"雍正七年二月"條

丁丑，遣大學士張廷玉祭先師孔子。

《世宗憲皇帝實錄》卷八五"雍正七年八月"條

丁未，遣怡親王允祥祭先師孔子。

《世宗憲皇帝實錄》卷八九"雍正七年十二月"條

辛酉，上以闕里文廟告成，親詣國子監，致祭先師孔子。

《世宗憲皇帝實錄》卷九一"雍正八年二月"條

丁未，遣大學士陳元龍祭先師孔子。

《世宗憲皇帝實錄》卷九七"雍正八年八月"條

丁酉朔，遣大學士蔣廷錫祭先師孔子。

《世宗憲皇帝實錄》卷一〇三"雍正九年二月"條

丁酉，遣大學士尹泰祭先師孔子。

《世宗憲皇帝實錄》卷一〇九"雍正九年八月"條

丁酉，遣大學士尹泰祭先師孔子。

《世宗憲皇帝實錄》卷一一五"雍正十年二月"條

丁酉，遣大學士尹泰祭先師孔子。

《世宗憲皇帝實録》卷一二二"雍正十年八月"條

丁巳，遣大學士尹泰祭先師孔子。

《世宗憲皇帝實録》卷一二八"雍正十一年二月"條

丁巳，祭先師孔子，上親詣行禮。

《世宗憲皇帝實録》卷一三四"雍正十一年八月"條

丁卯，上命皇四子寶親王弘曆，祭先師孔子。

《世宗憲皇帝實録》卷一四〇"雍正十二年二月"條

丁未朔，遣大學士尹泰祭先師孔子。

《世宗憲皇帝實録》卷一四六"雍正十二年八月"條

丁未，遣誠親王允祕祭先師孔子。

《世宗憲皇帝實録》卷一五二"雍正十三年二月"條

丁未，遣大學士張廷玉祭先師孔子。

《世宗憲皇帝實録》卷一五九"雍正十三年八月"條

丁卯朔，遣和親王弘晝祭先師孔子。

《高宗純皇帝實録》卷一二"乾隆元年二月"條

丁卯，祭先師孔子，遣大學士鄂爾泰行禮。

《高宗純皇帝實録》卷二四"乾隆元年八月"條

丁卯，祭先師孔子，遣和親王弘晝行禮。

《高宗純皇帝實録》卷三六"乾隆二年二月"條

丁卯，祭先師孔子，遣誠親王允祕行禮。

《高宗純皇帝實録》卷四八"乾隆二年八月"條

丁巳朔，祭先師孔子，遣和亲王弘晝行禮。

《高宗純皇帝實録》卷七四"乾隆三年八月"條

丁亥，祭先師孔子，遣和親王弘晝行禮。

《高宗純皇帝實録》卷八六"乾隆四年二月"條

丁亥，祭先師孔子，遣和親王弘晝行禮。

《高宗純皇帝實録》卷九八"乾隆四年八月"條

丁丑，祭先師孔子，遣誠親王允祕行禮。

《高宗純皇帝實録》卷一一〇"乾隆五年二月"條

丁丑，祭先師孔子。遣大學士查郎阿行禮。

《高宗純皇帝實録》卷一二五"乾隆五年八月"條

丁巳，祭先師孔子，上親詣行禮。

《高宗純皇帝實録》卷一三六"乾隆六年二月"條

丁酉，祭先師孔子，遣和親王弘晝行禮。

《高宗純皇帝實錄》卷一四八"乾隆六年八月"條

丁酉，祭先師孔子，遣和親王弘晝行禮。

《高宗純皇帝實錄》卷一六〇"乾隆七年二月"條

丁酉，祭先師孔子，遣怡親王弘曉行禮。

《高宗純皇帝實錄》卷一七二"乾隆七年八月"條

丁亥，朔，祭先師孔子，遣和親王弘晝行禮。

《高宗純皇帝實錄》卷一八四"乾隆八年二月"條

丁亥，祭先師孔子，遣和親王弘晝行禮。

《高宗純皇帝實錄》卷一九八"乾隆八年八月"條

丁巳，祭先師孔子，遣大學士陳世倌行禮。

《高宗純皇帝實錄》卷二〇一"乾隆八年九月"條

乙巳，上詣文廟行禮。

《高宗純皇帝實錄》卷二一〇"乾隆九年二月"條

丁巳，祭先師孔子，上親詣行禮。

《高宗純皇帝實錄》卷二二二"乾隆九年八月"條

丁未，祭先師孔子，遣和親王弘晝行禮。

《高宗純皇帝實錄》卷二三四"乾隆十年二月"條

丁未，祭先師孔子，遣誠親王允祕行禮。

《高宗純皇帝實錄》卷二四六"乾隆十年八月"條

丁未，祭先師孔子，遣履親王允祹行禮。

《高宗純皇帝實錄》卷二五九"乾隆十一年二月"條

丁巳，祭先師孔子，遣慎郡王允禧行禮。

《高宗純皇帝實錄》卷二七二"乾隆十一年八月"條

丁卯，祭先師孔子，遣慎郡王允禧行禮。

《高宗純皇帝實錄》卷二八四"乾隆十二年二月"條

丁卯，祭先師孔子，遣慎郡王允禧行禮。

《高宗純皇帝實錄》卷二九七"乾隆十二年八月"條

丁丑，祭先師孔子，遣大學士史貽直行禮。

《高宗純皇帝實錄》卷三〇八"乾隆十三年二月"條

丁巳，祭先師孔子，遣平郡王福彭行禮。

《高宗純皇帝實錄》卷三二二"乾隆十三年八月"條

丁亥，祭先師孔子，遣大學士來保行禮。

《高宗純皇帝實錄》卷三三四"乾隆十四年二月"條

丁亥，祭先師孔子。遣和親王弘晝行禮。

《高宗純皇帝實錄》卷三三五"乾隆十四年二月"條

庚子，軍機大臣等奏：金川平定，請於祭告諸陵之日。遣官告祭孝賢皇后几筵，又奏：平定金川，遣官祭告先師孔子。均從之。

《高宗純皇帝實錄》卷三三七"乾隆十四年三月"條

甲子，以金川平定，遣官祭告先師孔子。

《高宗純皇帝實錄》卷三四六"乾隆十四年八月"條

丁丑朔，祭先師孔子。遣協辦大學士阿克敦行禮。

《高宗純皇帝實錄》卷三五八"乾隆十五年二月"條

丁丑，祭先師孔子，遣和親王弘晝行禮。

《高宗純皇帝實錄》卷三七〇"乾隆十五年八月"條

丁丑，祭先師孔子，遣誠親王允祕行禮。

《高宗純皇帝實錄》卷三八一"乾隆十六年正月"條

乙丑，遣官至曲阜，祭元聖周公、先師孔子。

《高宗純皇帝實錄》卷三八三"乾隆十六年二月"條

丁亥，祭先師孔子，遣大學士史貽直行禮。

《高宗純皇帝實錄》卷三九六"乾隆十六年八月"條

丁酉，祭先師孔子，遣大學士史貽直行禮。

《高宗純皇帝實錄》卷四〇八"乾隆十七年二月"條

丁酉，祭先師孔子，遣誠親王允祕行禮。

《高宗純皇帝實錄》卷四二一"乾隆十七年八月"條

丁未，祭先師孔子。遣大學士史貽直行禮。

《高宗純皇帝實錄》卷四三二"乾隆十八年二月"條

丁亥，朔，祭先師孔子，遣誠親王允祕行禮。

《高宗純皇帝實錄》卷四四四"乾隆十八年八月"條

丁亥，祭先師孔子，上親詣行禮。

《高宗純皇帝實錄》卷四五六"乾隆十九年二月"條

丁亥，祭先師孔子，遣履親王允裪行禮。

《高宗純皇帝實錄》卷四七〇"乾隆十九年八月"條

丁巳，祭先師孔子，遣大學士史貽直行禮。

《高宗純皇帝實錄》卷四七二"乾隆十九年九月下"條

辛卯，上詣文廟行禮。

《高宗純皇帝實錄》卷四八二"乾隆二十年二月

丁未，祭先師孔子，遣誠親王允祕行禮。

《高宗純皇帝實録》卷四九三 "乾隆二十年六月" 條

己酉，恭上皇太后徽號册寶。【略】謹於乾隆二十年六月初一日，親詣太廟，躬申祗告，并遣官祗告天地、社稷，暨先師孔子，用申謝悃。

《高宗純皇帝實録》卷四九四 "乾隆二十年八月" 條

丁未，祭先師孔子，遣大學士陳世倌行禮。

《高宗純皇帝實録》卷五〇六 "乾隆二十一年二月" 條

丁未，祭先師孔子，上親詣行禮。

《高宗純皇帝實録》卷五一八 "乾隆二十一年八月" 條

丁酉朔，祭先師孔子，遣和親王弘晝行禮。

《高宗純皇帝實録》卷五三二 "乾隆二十二年二月" 條

丁卯，祭先師孔子，遣大學士陳世倌行禮。

《高宗純皇帝實録》卷五四四 "乾隆二十二年八月" 條

丁卯，祭先師孔子，遣慎郡王允禧行禮。

《高宗純皇帝實録》卷五五六 "乾隆二十三年二月" 條

丁巳朔，祭先師孔子，遣協辦大學士鄂彌達行禮。

《高宗純皇帝實録》卷五六八 "乾隆二十三年八月" 條

丁巳，祭先師孔子，遣協辦大學士鄂彌達行禮。

《高宗純皇帝實録》卷五八〇 "乾隆二十四年二月" 條

丁巳，祭先師孔子，遣大學士蔣溥行禮。

《高宗純皇帝實録》卷五九四 "乾隆二十四年八月" 條

丁亥，祭先師孔子，遣和親王弘晝行禮。

《高宗純皇帝實録》卷六〇六 "乾隆二十五年二月上" 條

丁丑，祭先師孔子，遣大學士蔣溥行禮。

《高宗純皇帝實録》卷六一八 "乾隆二十五年八月" 條

丁丑，祭先師孔子，遣和親王弘晝行禮。

《高宗純皇帝實録》卷六三〇 "乾隆二十六年二月" 條

丁丑，祭先師孔子，遣和親王弘晝行禮。

《高宗純皇帝實録》卷六四二 "乾隆二十六年八月" 條

丁卯朔，祭先師孔子，遣和親王弘晝行禮。

《高宗純皇帝實録》卷六五四 "乾隆二十七年二月" 條

丁卯，上祭先師孔子，遣平郡王慶恒行禮。

《高宗純皇帝實録》卷六六八 "乾隆二十七年八月" 條

丁酉，祭先師孔子，遣和親王弘晝行禮。

《高宗純皇帝實録》卷六八〇"乾隆二十八年二月"條

丁酉，祭先師孔子，遣和親王弘晝行禮。

《高宗純皇帝實録》卷六九〇"乾隆二十八年八月"條

丁亥，祭先師孔子，遣和親王弘晝行禮。

《高宗純皇帝實録》卷七〇四"乾隆二十九年二月"條

丁亥，祭先師孔子，遣誠親王允祕行禮。

《高宗純皇帝實録》卷七一六"乾隆二十九年八月"條

丁亥，祭先師孔子，遣大學士劉統勳行禮。

《高宗純皇帝實録》卷七二八"乾隆三十年二月"條

丁丑朔，祭先師孔子，遣大學士劉統勳行禮。

《高宗純皇帝實録》卷七四二"乾隆三十年八月"條

丁未，祭先師孔子，遣大學士劉統勳行禮。

《高宗純皇帝實録》卷七五四"乾隆三十一年二月"條

丁未，祭先師孔子，遣和親王弘晝行禮。

《高宗純皇帝實録》卷七六六"乾隆三十一年八月"條

丁未，祭先師孔子，遣大學士劉統勳行禮。

《高宗純皇帝實録》卷七七八"乾隆三十二年二月"條

丁酉，祭先師孔子，遣和親王弘晝行禮。

《高宗純皇帝實録》卷七九二"乾隆三十二年八月"條

丁卯，祭先師孔子，遣大學士劉統勳行禮。

《高宗純皇帝實録》卷八〇四"乾隆三十三年二月"條

丁卯，祭先師孔子，遣大學士尹繼善行禮。

《高宗純皇帝實録》卷八一六"乾隆三十三年八月"條

丁巳，祭先師孔子，遣大學士劉統勳行禮。

《高宗純皇帝實録》卷八三〇"乾隆三十四年三月"條

丁巳，祭先師孔子，上親詣行禮。

《高宗純皇帝實録》卷八四〇"乾隆三十四年八月"條

丁巳，祭先師孔子，遣大學士陳宏謀行禮。

《高宗純皇帝實録》卷八五二"乾隆三十五年二月"條

丁巳，祭先師孔子，遣和親王弘晝行禮。

《高宗純皇帝實録》卷八六六"乾隆三十五年八月"條

丁丑，祭先師孔子，遣大學士劉統勳行禮。

《高宗純皇帝實録》卷八七八"乾隆三十六年二月"條

丁丑，春分，先師孔子，遣遣協辦大學士尚書官保行禮。

《高宗純皇帝實錄》卷八九一"乾隆三十六年八月"條

丁亥，祭先師孔子，遣大學士劉統勳行禮。

《高宗純皇帝實錄》卷九〇二"乾隆三十七年二月"條

丁卯，祭先師孔子，遣大學士劉統勳行禮。

《高宗純皇帝實錄》卷九一四"乾隆三十七年八月"條

丁卯，祭先師孔子，遣大學士劉統勳行禮。

《高宗純皇帝實錄》卷九二六"乾隆三十八年二月"條

丁卯，祭先師孔子，遣大學士劉統勳行禮。

《高宗純皇帝實錄》卷九四〇"乾隆三十八年八月"條

丁亥朔，祭先師孔子，遣大學士劉統勳行禮。

《高宗純皇帝實錄》卷九五二"乾隆三十九年二月"條

丁亥，祭先師孔子，遣大學士于敏忠行禮。

《高宗純皇帝實錄》卷九六四"乾隆三十九年八月"條

丁亥，祭先師孔子。遣協辦大學士官保行禮。

《高宗純皇帝實錄》卷九七六"乾隆四十年二月"條

丁亥，祭先師孔子，遣大學士于敏忠行禮。

《高宗純皇帝實錄》卷九八八"乾隆四十年八月"條

丁丑，祭先師孔子，遣協辦大學士官保行禮。

《高宗純皇帝實錄》卷一〇〇二"乾隆四十一年二月"條

丁未，祭先師孔子，遣協辦大學士程景伊行禮。

《高宗純皇帝實錄》卷一〇〇六"乾隆四十一年夏四月"條

丙辰，以平定兩金川，遣官告祭先師孔子。

《高宗純皇帝實錄》卷一〇一四"乾隆四十一年八月"條

丁未，祭先師孔子，遣大學士舒赫德行禮。

《高宗純皇帝實錄》卷一〇二六"乾隆四十二年二月"條

丁酉朔，祭先師孔子，遣協辦大學士程景伊行禮。

《高宗純皇帝實錄》卷一〇三八"乾隆四十二年八月"條

丁酉，祭先師孔子，遣協辦大學士英廉行禮。

《高宗純皇帝實錄》卷一〇五〇"乾隆四十三年二月"條

丁酉，祭先師孔子，遣協辦大學士英廉行禮。

《高宗純皇帝實錄》卷一〇六四"乾隆四十三年八月"條

丁卯，祭先師孔子，遣協辦大學士英廉行禮。

《高宗純皇帝實錄》卷一〇七六"乾隆四十四年二月"條

丁巳，祭先師孔子，遣協辦大學士英廉行禮。

《高宗純皇帝實錄》卷一〇八八 "乾隆四十四年八月" 條

丁巳，祭先師孔子，遣協辦大學士英廉行禮。

《高宗純皇帝實錄》卷一一〇〇 "乾隆四十五年二月" 條

丁巳，祭先師孔子，遣協辦大學士英廉行禮。

《高宗純皇帝實錄》卷一一一二 "乾隆四十五年八月" 條

丁未朔，祭先師孔子，遣大學士英廉行禮。

《高宗純皇帝實錄》卷一一二四 "乾隆四十六年二月" 條

丁未，祭先師孔子，遣大學士嵇璜行禮。

《高宗純皇帝實錄》卷一一三八 "乾隆四十六年八月" 條

丁丑，祭先師孔子，遣協辦大學士永貴行禮。

《高宗純皇帝實錄》卷一一五〇 "乾隆四十七年二月" 條

丁丑，祭先師孔子，遣大學士嵇璜行禮。

《高宗純皇帝實錄》卷一一六二 "乾隆四十七年八月" 條

丁卯，祭先師孔子，遣協辦大學士永貴行禮。

《高宗純皇帝實錄》卷一一七四 "乾隆四十八年二月" 條

丁卯，祭先師孔子，上親詣行禮。

《高宗純皇帝實錄》卷一一八六 "乾隆四十八年八月" 條

丁卯，祭先師孔子，遣大學士蔡新行禮。

《高宗純皇帝實錄》卷一一九八 "乾隆四十九年二月" 條

丁巳朔，祭先師孔子，遣大學士三寶行禮。

《高宗純皇帝實錄》卷一二一二 "乾隆四十九年八月" 條

丁亥，祭先師孔子。遣大學士嵇璜行禮。

《高宗純皇帝實錄》卷一二三六 "乾隆五十年八月" 條

丁亥，祭先師孔子，遣大學士嵇璜行禮。

《高宗純皇帝實錄》卷一二四八 "乾隆五十一年二月" 條

丁丑，祭先師孔子，遣協辦大學士劉墉行禮。

《高宗純皇帝實錄》卷一二六二 "乾隆五十一年八月" 條

丁未，祭先師孔子，遣協辦大學士劉墉行禮。

《高宗純皇帝實錄》卷一二七四 "乾隆五十二年二月" 條

丁未，祭先師孔子，遣協辦大學士劉墉行禮。

《高宗純皇帝實錄》卷一二八六 "乾隆五十二年八月" 條

丁酉，祭先師孔子，遣協辦大學士劉墉行禮。

《高宗純皇帝實錄》卷一二九八 "乾隆五十三年二月" 條

丁酉，祭先師孔子，遣協辦大學士劉墉行禮。

《高宗純皇帝實錄》卷一三一○"乾隆五十三年八月"條

丁酉，祭先師孔子，遣協辦大學士劉墉行禮。

《高宗純皇帝實錄》卷一三二二"乾隆五十四年二月"條

丁酉，祭先師孔子，遣協辦大學士劉墉行禮。

《高宗純皇帝實錄》卷一三三六"乾隆五十四年八月"條

丁巳，祭先師孔子，遣儀郡王永璇行禮。

《高宗純皇帝實錄》卷一三四八"乾隆五十五年二月"條

丁巳，祭先師孔子，上親詣行禮。

《高宗純皇帝實錄》卷一三六一"乾隆五十五年八月"條

丁卯，祭先師孔子，遣成親王永瑆行禮。

《高宗純皇帝實錄》卷一三七二"乾隆五十六年二月"條

丁未，祭先師孔子，遣成親王永瑆行禮。

《高宗純皇帝實錄》卷一三八四"乾隆五十六年八月"條

丁未，祭先師孔子，遣協辦大學士孫士毅行禮。

《高宗純皇帝實錄》卷一三九六"乾隆五十七年二月"條

丁未，上命皇十五子嘉親王永琰祭先師孔子。

《高宗純皇帝實錄》卷一四○○"乾隆五十七年八月"條

丁卯朔，祭先師孔子，遣儀郡王永璇行禮。

《高宗純皇帝實錄》卷一四二二"乾隆五十八年二月"條

丁卯，祭先師孔子，遣儀郡王永璇行禮。

《高宗純皇帝實錄》卷一四三四"乾隆五十八年八月"條

丁卯，祭先師孔子，遣儀郡王永璇行禮。

《高宗純皇帝實錄》卷一四四六"乾隆五十九年二月"條

丁卯，祭先師孔子，遣成親王永瑆行禮。

《高宗純皇帝實錄》卷一四五八"乾隆五十九年八月"條

丁巳，祭先師孔子，遣儀郡王永璇行禮。

《高宗純皇帝實錄》卷一四七○"乾隆六十年二月"條

乙卯，是日起，上以祭社稷壇，齋戒三日。以親祭文廟，齋戒二日。

丁巳，祭先師孔子，上親詣行禮。

《高宗純皇帝實錄》卷一四八五"乾隆六十年八月"條

丁酉，祭先師孔子，遣儀郡王永璇行禮。

《高宗純皇帝實錄》卷一四九八"嘉慶三年二月"條

丁未，太上皇帝命皇帝詣文廟，行釋奠禮，臨雍講學。

《仁宗睿皇帝實録》卷二“嘉慶元年二月”條

丁丑朔，祭先師孔子，上親詣行釋奠禮。

《仁宗睿皇帝實録》卷七“嘉慶元年七月”條

丙午，上詣文廟瞻禮，關帝廟、城隍廟拈香。

《仁宗睿皇帝實録》卷八“嘉慶元年八月”條

癸酉朔，上詣文廟瞻禮，關帝廟、城隍廟拈香。

丁丑，祭先師孔子，遣儀郡王永璇行禮。

《仁宗睿皇帝實録》卷一四“嘉慶二年二月”條

丁丑，祭先師孔子，遣成親王永瑆行禮。

《仁宗睿皇帝實録》卷一九“嘉慶二年閏六月”條

己酉，上詣文廟瞻禮，關帝廟、城隍廟拈香。

辛亥，上詣文廟瞻禮，關帝廟、城隍廟拈香。

《仁宗睿皇帝實録》卷二一“嘉慶二年八月”條

丁酉朔，祭先師孔子，遣成親王永瑆行禮。

庚申，上侍太上皇帝自避暑山莊回鑾，詣文廟瞻禮，關帝廟、城隍廟拈香。

《仁宗睿皇帝實録》卷三三“嘉慶三年八月”條

丁酉，祭先師孔子，遣儀郡王永璇行禮。

《仁宗睿皇帝實録》卷三九“嘉慶四年二月”條

丁酉，祭先師孔子，遣大學士劉墉行禮。

《仁宗睿皇帝實録》卷五〇“嘉慶四年八月”條

丁亥朔，祭先師孔子，遣大學士慶桂行禮。

《仁宗睿皇帝實録》卷五九“嘉慶五年二月”條

丁亥，祭先師孔子，遣大學士慶桂行禮。

《仁宗睿皇帝實録》卷七二“嘉慶五年八月”條

丁巳，祭先師孔子，遣大學士劉墉行禮。

《仁宗睿皇帝實録》卷七九“嘉慶六年二月”條

丁未朔，祭先師孔子，遣大學士慶桂行禮。

《仁宗睿皇帝實録》卷八六“嘉慶六年八月”條

丁未，祭先師孔子，遣大學士慶桂行禮。

《仁宗睿皇帝實録》卷九四“嘉慶七年二月”條

丁未，祭先師孔子，上親詣行釋奠禮。

《仁宗睿皇帝實録》卷一〇二“嘉慶七年八月”條

丁未，祭先師孔子，遣大學士保寧行禮。

《仁宗睿皇帝實錄》卷一〇八"嘉慶八年二月"條

丁酉朔，祭先師孔子，遣大學士保寧行禮。

《仁宗睿皇帝實錄》卷一一八"嘉慶八年八月"條

丁卯，祭先師孔子，遣慶郡王永璘行禮。

《仁宗睿皇帝實錄》卷一二六"嘉慶九年二月"條

癸亥，上幸翰林院。先期御書天禄儲才、清華勵品二額，分懸院署。是日，謁先師孔子畢，升座，作樂行禮如儀。賜群臣宴。王、大學士以下，翰林院詹事府諸臣，并部寺科道之由翰林出身者，咸與。宣示御製敬依高宗聖制元韻詩二首，命諸臣分韻賦詩。又仿柏梁體詩，御製首句，命群臣以次賡續成章。復宣示御製七言律詩二章，命諸王及分字諸臣和韻。宴畢，賜御製《味餘書室全集》，并賞賚有差。

丁卯，祭先師孔子，遣榮郡王綿億行禮。

《仁宗睿皇帝實錄》卷一三三"嘉慶九年八月"條

丁巳朔，祭先師孔子，遣榮郡王綿億行禮。

《仁宗睿皇帝實錄》卷一四〇"嘉慶十年二月"條

丁巳，祭先師孔子，遣榮郡王綿億行禮。

《仁宗睿皇帝實錄》卷一四八"嘉慶十年八月"條

丁亥，祭先師孔子，命皇次子旻寧行禮。

《仁宗睿皇帝實錄》卷一四九"嘉慶十年八月"條

甲辰，詣文廟瞻禮。

《仁宗睿皇帝實錄》卷一五七"嘉慶十一年二月"條

丁亥，祭先師孔子，遣榮郡王綿億行禮。

《仁宗睿皇帝實錄》卷一六五"嘉慶十一年八月"條

丁丑，祭先師孔子，遣協辦大學士費淳行禮。

《仁宗睿皇帝實錄》卷一七四"嘉慶十二年二月"條

丁丑，祭先師孔子，遣榮郡王綿億行禮。

《仁宗睿皇帝實錄》卷一八四"嘉慶十二年八月"條

丁丑，祭先師孔子，遣大學士禄康行禮。

《仁宗睿皇帝實錄》卷一九二"嘉慶十三年二月"條

丁卯朔，祭先師孔子，命皇次子旻寧行禮。

《仁宗睿皇帝實錄》卷二〇〇"嘉慶十三年八月"條

丁酉秋分，祭先師孔子，遣大學士費淳行禮。

《仁宗睿皇帝實錄》卷二〇七"嘉慶十四年二月"條

丁酉，祭先師孔子，遣榮郡王綿億行禮。

《仁宗睿皇帝實録》卷二一七 "嘉慶十四年八月" 條

丁酉，祭先師孔子，遣大學士禄康行禮。

《仁宗睿皇帝實録》卷二二五 "嘉慶十五年二月" 條

丁亥，祭先師孔子，遣慶郡王永璘行禮。

《仁宗睿皇帝實録》卷二三三 "嘉慶十五年八月" 條

丁亥，祭先師孔子，遣大學士禄康行禮。

《仁宗睿皇帝實録》卷二三九 "嘉慶十六年二月" 條

丁亥，祭先師孔子，上親詣行禮。

《仁宗睿皇帝實録》卷二四七 "嘉慶十六年八月" 條

丁未朔，祭先師孔子，遣大學士劉權之行禮。

《仁宗睿皇帝實録》卷二五四 "嘉慶十七年二月" 條

丁未，祭先師孔子，遣皇三子綿愷行禮。

《仁宗睿皇帝實録》卷二六〇 "嘉慶十七年八月" 條

丁未，祭先師孔子，遣大學士勒保行禮。

《仁宗睿皇帝實録》卷二六六 "嘉慶十八年二月" 條

丁未，祭先師孔子，命皇次子旻寧行禮。

《仁宗睿皇帝實録》卷二七二 "嘉慶十八年八月" 條

丁酉，祭先師孔子，遣大學士勒保行禮。

《仁宗睿皇帝實録》卷二八四 "嘉慶十九年二月" 條

丁酉，祭先師孔子，遣大學士曹振鏞行禮。

《仁宗睿皇帝實録》卷二九四 "嘉慶十九年八月" 條

丁卯，祭先師孔子，命皇次子智親王旻寧行禮。

《仁宗睿皇帝實録》卷三〇三 "嘉慶二十年二月" 條

丁巳朔，祭先師孔子，遣皇三子綿愷行禮。

《仁宗睿皇帝實録》卷三〇九 "嘉慶二十年八月" 條

丁巳，祭先師孔子，遣大學士曹振鏞行禮。

《仁宗睿皇帝實録》卷三一六 "嘉慶二十一年二月" 條

丁巳，祭先師孔子，遣皇三子綿愷行禮。

《仁宗睿皇帝實録》卷三二一 "嘉慶二十一年八月" 條

丁丑朔，祭先師孔子，遣大學士曹振鏞行禮。

《仁宗睿皇帝實録》卷三二七 "嘉慶二十二年二月" 條

丁丑，祭先師孔子，上親詣行禮。

《仁宗睿皇帝實録》卷三三三 "嘉慶二十二年八月" 條

丁丑，祭先師孔子，遣大學士戴均元行禮。

《仁宗睿皇帝實録》卷三三九"嘉慶二十三年二月"條

丁丑，祭先師孔子，遣皇三子綿愷行禮。

《仁宗睿皇帝實録》卷三四五"嘉慶二十三年八月"條

丁卯朔，祭先師孔子，遣大學士曹振鏞行禮。

《仁宗睿皇帝實録》卷三五四"嘉慶二十四年二月"條

丁卯，祭先師孔子，遣皇四子瑞親王綿忻行禮。

《仁宗睿皇帝實録》卷三六一"嘉慶二十四年八月"條

丁酉，祭先師孔子，命皇次子智親王旻寧行禮。

《仁宗睿皇帝實録》卷三六七"嘉慶二十五年二月"條

丁亥朔，祭先師孔子，上親詣行禮。

《宣宗成皇帝實録》卷二"嘉庆二十五年八月"條

丁亥，祭先師孔子，遣大學士曹振鏞行禮。

《宣宗成皇帝實録》卷一三"道光元年二月"條

丁亥，祭先師孔子，遣大學士托津行禮。

《宣宗成皇帝實録》卷二二"道光元年八月"條

丁亥，祭先師孔子，遣瑞親王綿忻行禮。

《宣宗成皇帝實録》卷二九"道光二年二月"條

丁丑朔，祭先師孔子，遣瑞親王綿忻行禮。

《宣宗成皇帝實録》卷三九"道光二年八月"條

丁未，祭先師孔子，遣惇親王綿愷行禮。

《宣宗成皇帝實録》卷四九"道光三年二月"條

丁未，祭先師孔子，上親詣行釋奠禮。

《宣宗成皇帝實録》卷五六"道光三年八月"條

丁酉朔，祭先師孔子，遣大學士戴均元行禮。

《宣宗成皇帝實録》卷六五"道光四年二月"條

丁酉，祭先師孔子，遣大學士托津行禮。

《宣宗成皇帝實録》卷七二"道光四年八月"條

丁卯，祭先師孔子，遣大學士曹振鏞行禮。

《宣宗成皇帝實録》卷七九"道光五年二月"條

丁卯，祭先師孔子，遣大學士長齡行禮。

《宣宗成皇帝實録》卷八七"道光五年八月"條

丁巳，祭先師孔子，遣大學士托津行禮。

《宣宗成皇帝實録》卷九五"道光六年二月"條

丁巳，祭先師孔子，遣大學士蔣攸銛行禮。

《宣宗成皇帝實錄》卷一〇二"道光六年八月"條

丁巳，祭先師孔子，遣協辦大學士英和行禮。

《宣宗成皇帝實錄》卷一一四"道光七年二月"條

丁未朔，祭先師孔子，遣大學士蔣攸銛行禮。

《宣宗成皇帝實錄》卷一二三"道光七年八月"條

丁丑秋分，祭先師孔子，遣協辦大學士盧蔭溥行禮。

《宣宗成皇帝實錄》卷一三三"道光八年二月"條

丁丑，祭先師孔子，遣協辦大學士富俊行禮。

《宣宗成皇帝實錄》卷一四〇"道光八年八月"條

丁丑，祭先師孔子，遣大學士長齡行禮。

《宣宗成皇帝實錄》卷一五一"道光九年二月"條

丁卯，祭先師孔子，上詣詣行釋奠禮。【略】以平定回疆，剿捹逆裔，告成太學。命勒石於大成門外。

《宣宗成皇帝實錄》卷一五九"道光九年八月"條

丁卯，祭先師孔子，命皇長子奕緯行禮。

《宣宗成皇帝實錄》卷一六五"道光十年二月"條

丁卯，祭先師孔子，遣大學士長齡行禮。

《宣宗成皇帝實錄》卷一七二"道光十年八月"條

丁亥，祭先師孔子，遣大學士長齡行禮。

《宣宗成皇帝實錄》卷一八四"道光十一年二月"條

丁亥，祭先師孔子，遣協辦大學士、理藩院尚書富俊行禮。

《宣宗成皇帝實錄》卷一九四"道光十一年八月"條

丁亥，祭先師孔子，遣協辦大學士、兩廣總督李鴻賓行禮。

《宣宗成皇帝實錄》卷二〇五"道光十二年二月"條

丁亥，祭先師孔子，遣協辦大學士、吏部尚書文孚行禮。

《宣宗成皇帝實錄》卷二一七"道光十二年八月"條

丁丑，祭先師孔子，遣大學士盧蔭溥行禮。

《宣宗成皇帝實錄》卷二三一"道光十三年二月"條

丁未，祭先師孔子，遣慶郡王綿慜行禮。

《宣宗成皇帝實錄》卷二四二"道光十三年八月"條

丁未，祭先師孔子，遣大學士潘世恩行禮。

《宣宗成皇帝實錄》卷二四九"道光十四年二月"條

丁酉，祭先師孔子，遣大學士潘世恩行禮。

《宣宗成皇帝實録》卷二五五 "道光十四年八月" 條

丁酉，祭先師孔子，遣大學士潘世恩行禮。

《宣宗成皇帝實録》卷二六三 "道光十五年二月" 條

丁酉，祭先師孔子，遣大學士文孚行禮。

《宣宗成皇帝實録》卷二七○ "道光十五年八月" 條

丁巳朔，祭先師孔子，遣大學士文孚行禮。

《宣宗成皇帝實録》卷二七八 "道光十六年二月" 條

丁巳，祭先師孔子，遣大學士阮元行禮。

《宣宗成皇帝實録》卷二八七 "道光十六年八月" 條

丁巳，祭先師孔子，遣大學士穆彰阿行禮。

《宣宗成皇帝實録》卷二九四 "道光十七年二月" 條

丁巳，祭先師孔子，遣大學士阮元行禮。

《宣宗成皇帝實録》卷三○○ "道光十七年八月" 條

丁未，祭先師孔子，遣大學士阮元行禮。

《宣宗成皇帝實録》卷三○六 "道光十八年二月" 條

丁未，祭先師孔子，遣大學士穆彰阿行禮。

《宣宗成皇帝實録》卷三一三 "道光十八年八月" 條

丁丑，祭先師孔子，遣大學士王鼎行禮。

《宣宗成皇帝實録》卷三一九 "道光十九年二月" 條

丁卯朔，祭先師孔子，遣大學士潘世恩行禮。

《宣宗成皇帝實録》卷三二五 "道光十九年八月" 條

丁卯，祭先師孔子，遣協辦大學士、吏部尚書湯金釗行禮。

《宣宗成皇帝實録》卷三三一 "道光二十年二月" 條

丁卯，祭先師孔子，遣協辦大學士、吏部尚書湯金釗行禮。

《宣宗成皇帝實録》卷三三八 "道光二十年八月" 條

丁卯，祭先師孔子，遣協辦大學士、吏部尚書湯金釗行禮。

《宣宗成皇帝實録》卷三四六 "道光二十一年二月" 條

丁巳，祭先師孔子，遣大學士穆彰阿行禮。

《宣宗成皇帝實録》卷三五五 "道光二十一年八月" 條

丁亥，祭先師孔子，遣大學士潘世恩行禮。

《宣宗成皇帝實録》卷三六七 "道光二十二年二月" 條

丁亥，祭先師孔子，遣協辦大學士吏部尚書卓秉恬行禮。

《宣宗成皇帝實録》卷三七九 "道光二十二年八月" 條

丁丑朔，祭先師孔子，遣協辦大學士吏部尚書卓秉恬行禮。

《宣宗成皇帝實録》卷三八九"道光二十三年二月"條

丁丑，祭先師孔子，遣兵部尚書許乃普行禮。

《宣宗成皇帝實録》卷三九六"道光二十三年八月"條

丁未，祭先師孔子，遣户部尚書祁寯藻行禮。

《宣宗成皇帝實録》卷四〇二"道光二十四年二月"條

丁未，祭先師孔子，遣署禮部尚書特登額行禮。

《宣宗成皇帝實録》卷四〇八"道光二十四年八月"條

丁酉，祭先師孔子，遣禮部尚書特登額行禮。

《宣宗成皇帝實録》卷四一四"道光二十五年二月"條

丁酉，祭先師孔子，遣大學士卓秉恬行禮。

《宣宗成皇帝實録》卷四二〇"道光二十五年八月"條

丁酉，祭先師孔子，遣協辦大學士吏部尚書陳官俊行禮。

《宣宗成皇帝實録》卷四二六"道光二十六年二月"條

丁亥朔，祭先師孔子，遣户部尚書祁寯藻行禮。

《宣宗成皇帝實録》卷四三三"道光二十六年八月"條

丁巳，祭先師孔子，遣大學士卓秉恬行禮。

《宣宗成皇帝實録》卷四三九"道光二十七年二月"條

丁巳，祭先師孔子，遣大學士卓秉恬行禮。

《宣宗成皇帝實録》卷四四五"道光二十七年八月"條

丁未朔，祭先師孔子，遣大學士卓秉恬行禮。

《宣宗成皇帝實録》卷四五二"道光二十八年二月"條

丁未，祭先師孔子，遣禮部尚書賈楨行禮。

《宣宗成皇帝實録》卷四五八"道光二十八年八月"條

丁未，祭先師孔子，遣禮部尚書麟魁行禮。

《宣宗成皇帝實録》卷四六四"道光二十九年二月"條

丁未，祭先師孔子，命惇郡王奕誴行禮。

《宣宗成皇帝實録》卷四七一"道光二十九年八月"條

丁卯，祭先師孔子，遣吏部尚書文慶行禮。

《文宗顯皇帝實録》卷三"道光三十年二月"條

丁卯，祭先師孔子，遣協辦大學士杜受田行禮。

《文宗顯皇帝實録》卷一五"道光三十年八月"條

丁卯，祭先師孔子，遣大學士祁寯藻行禮。

《文宗顯皇帝實録》卷二七"咸豐元年二月"條

丁卯，祭先師孔子，遣大學士賽尚阿行禮。

《文宗顯皇帝實錄》卷三九 "咸豐元年八月" 條

丁巳，祭先師孔子遣大學士祁寯藻行禮。

《文宗顯皇帝實錄》卷五三 "咸豐二年二月" 條

丁亥，祭先師孔子，遣協辦大學士杜受田行禮。

《文宗顯皇帝實錄》卷六八 "咸豐二年八月" 條

丁亥，祭先師孔子，遣恭親王奕訢行禮。

《文宗顯皇帝實錄》卷八四 "咸豐三年二月" 條

丁丑，祭先師孔子，上親詣行釋奠禮。

《文宗顯皇帝實錄》卷一〇二 "咸豐三年八月" 條

丁丑，祭先師孔子，遣協辦大學士賈楨行禮。

《文宗顯皇帝實錄》卷一二〇 "咸豐四年二月" 條

丁丑，祭先師孔子，遣大學士裕誠行禮。

《文宗顯皇帝實錄》卷一四一 "咸豐四年八月" 條

丁酉朔，祭先師孔子，遣吏部尚書柏葰行禮。

《文宗顯皇帝實錄》卷一五八 "咸豐五年二月" 條

丁酉，祭先師孔子，遣吏部尚書花沙納行禮。

《文宗顯皇帝實錄》卷一七四 "咸豐五年八月" 條

丁酉，祭先師孔子，遣兵部尚書周祖培行禮。

《文宗顯皇帝實錄》卷一九〇 "咸豐六年二月" 條

丁酉，祭先師孔子，遣大學士賈楨行禮。

《文宗顯皇帝實錄》卷二〇五 "咸豐六年八月" 條

丁亥，祭先師孔子，遣工部尚書全慶行禮。

《文宗顯皇帝實錄》卷二一九 "咸豐七年二月" 條

丁亥，祭先師孔子，遣大學士彭蘊章行禮。

《文宗顯皇帝實錄》卷二三三 "咸豐七年八月" 條

丁巳，祭先師孔子，遣大學士桂良行禮。

《文宗顯皇帝實錄》卷二四五 "咸豐八年二月上" 條

丁未朔，祭先師孔子，遣大學士桂良行禮。

《文宗顯皇帝實錄》卷二六〇 "咸豐八年八月" 條

丁未，祭先師孔子，遣協辦大學士柏葰行禮。

《文宗顯皇帝實錄》卷二七五 "咸豐九年二月" 條

丁未，祭先師孔子，遣兵部尚書全慶行禮。

《文宗顯皇帝實錄》卷二九〇 "咸豐九年八月" 條

丁未，祭先師孔子，遣大學士賈楨行禮。

《文宗顯皇帝實錄》卷三〇七“咸豐十年二月”條

丁酉，祭先師孔子，遣大學士瑞麟行禮。

《文宗顯皇帝實錄》卷三二七“咸豐十年八月”條

丁卯，祭先師孔子，遣協辦大學士周祖培行禮。

《文宗顯皇帝實錄》卷三三五“咸豐十年十一月”條

辛丑，上詣文廟、城隍廟、關帝廟拈香。

《文宗顯皇帝實錄》卷三四二“咸豐十一年二月”條

丁卯，祭先師孔子，遣禮部尚書倭什琿布行禮。

《穆宗毅皇帝實錄》卷二“咸豐十一年八月”條

丁巳朔，祭先師孔子，遣戶部尚書沈兆霖行禮。

《穆宗毅皇帝實錄》卷一八“同治元年二月”條

丁巳，祭先師孔子，遣吏部尚書朱鳳標行禮。

《穆宗毅皇帝實錄》卷三六“同治元年八月”條

丁巳，祭先師孔子，遣大學士周祖培行禮。

《穆宗毅皇帝實錄》卷五七“同治二年二月”條

丁丑朔，祭先師孔子，遣大學士賈楨行禮。

《穆宗毅皇帝實錄》卷七五“同治二年八月”條

丁丑，祭先師孔子，遣大學士賈楨行禮。

《穆宗毅皇帝實錄》卷九三“同治三年二月”條

丁丑，祭先師孔子，遣戶部尚書羅惇衍行禮。

《穆宗毅皇帝實錄》卷一一一“同治三年八月”條

丁丑，祭先師孔子，遣工部尚書單懋謙行禮。

《穆宗毅皇帝實錄》卷一二九“同治四年二月”條

丁卯朔，祭先師孔子，遣大學士賈楨行禮。

《穆宗毅皇帝實錄》卷一五〇“同治四年八月”條

丁酉，祭先師孔子，遣大學士倭仁行禮。

《穆宗毅皇帝實錄》卷一六八“同治五年二月”條

丁酉，祭先師孔子，遣大學士倭仁行禮。

《穆宗毅皇帝實錄》卷一八二“同治五年八月”條

丁亥朔，祭先師孔子，遣大學士周祖培行禮。

《穆宗毅皇帝實錄》卷一九六“同治六年二月”條

丁亥，祭先師孔子，遣大學士倭仁行禮。

《穆宗毅皇帝實錄》卷二〇九“同治六年八月”條

丁亥，祭先師孔子，遣大學士官文行禮。

《穆宗毅皇帝實録》卷二二四 "同治七年二月" 條

丁亥，祭先師孔子，遣大學士倭仁行禮。

《穆宗毅皇帝實録》卷二四〇 "同治七年八月" 條

丁未，祭先師孔子，遣協辦大學士、刑部尚書瑞常行禮。

《穆宗毅皇帝實録》卷二五二 "同治八年二月" 條

丁未，祭先師孔子，遣大學士朱鳳標行禮。

《穆宗毅皇帝實録》卷二六四 "同治八年八月" 條

丁未，祭先師孔子，遣協辦大學士刑部尚書瑞常行禮。

《穆宗毅皇帝實録》卷二七六 "同治九年二月" 條

丁酉朔，祭先師孔子，遣大學士倭仁行禮。

《穆宗毅皇帝實録》卷二八八 "同治九年八月" 條

丁酉，祭先師孔子，遣大學士倭仁行禮。

《穆宗毅皇帝實録》卷三〇四 "同治十年二月" 條

丁卯，祭先師孔子，遣户部尚書寶鋆行禮。

《穆宗毅皇帝實録》卷三一七 "同治十年八月" 條

丁卯秋分，祭先師孔子，遣大學士瑞常行禮。

《穆宗毅皇帝實録》卷三二八 "同治十一年二月" 條

丁巳，祭先師孔子，遣大學士瑞常行禮。

《穆宗毅皇帝實録》卷三三八 "同治十一年八月" 條

丁巳，祭先師孔子，遣大學士文祥行禮。

《穆宗毅皇帝實録》卷三四九 "同治十二年二月" 條

丁巳，祭先師孔子，遣大學士單懋謙行禮。

《穆宗毅皇帝實録》卷三五六 "同治十二年八月" 條

丁丑朔，祭先師孔子，遣協辦大學士刑部尚書全慶行禮。

《穆宗毅皇帝實録》卷三六三 "同治十三年二月" 條

丁丑，春分，祭先師孔子，遣吏部尚書毛昶熙行禮。

《穆宗毅皇帝實録》卷三七〇 "同治十三年八月" 條

丁丑，祭先師孔子，遣吏部尚書毛昶熙行禮。

《德宗景皇帝實録》卷四 "光緒元年二月" 條

丁丑，祭先師孔子，遣吏部尚書毛昶熙行禮。

《德宗景皇帝實録》卷一五 "光緒元年八月" 條

丁卯，祭先師孔子，遣吏部尚書英桂行禮。

《德宗景皇帝實録》卷二六 "光緒二年丙子二月" 條

丁卯，祭先師孔子，遣大學士寶鋆行禮。

《德宗景皇帝實録》卷三八"光緒二年八月"條

丁酉，祭先師孔子，遣大學士寶鋆行禮。

《德宗景皇帝實録》卷四七"光緒三年二月"條

丁亥朔，祭先師孔子，遣協辦大學士沈桂芬行禮。

《德宗景皇帝實録》卷五五"光緒三年八月"條

丁亥，祭先師孔子，遣大學士寶鋆行禮。

《德宗景皇帝實録》卷六七"光緒四年二月"條

丁亥，祭先師孔子，遣大學士寶鋆行禮。。

《德宗景皇帝實録》卷七七"光緒四年八月"條

丁亥，祭先師孔子，遣大學士載齡行禮。

《德宗景皇帝實録》卷八七"光緒五年二月"條

丁丑，祭先師孔子，遣大學士寶鋆行禮。

《德宗景皇帝實録》卷九九"光緒五年八月"條

丁未，祭先師孔子，遣大學士寶鋆行禮。

《德宗景皇帝實録》卷一〇九"光緒六年二月"條

丁未，祭先師孔子，遣大學士寶鋆行禮。

《德宗景皇帝實録》卷一一七"光緒六年八月"條

丁酉，朔，祭先師孔子，遣協辦大學士沈桂芬行禮。

《德宗景皇帝實録》卷一二七"光緒七年二月"條

丁酉，祭先師孔子，遣大學士全慶行禮。

《德宗景皇帝實録》卷一三四"光緒七年八月上"條

丁卯，祭先師孔子，遣協辦大學士靈桂行禮。

《德宗景皇帝實録》卷一四三"光緒八年二月"條

丁巳朔，祭先師孔子，遣大學士靈桂行禮。

《德宗景皇帝實録》卷一五〇"光緒八年八月"條

丁巳，祭先師孔子，遣大學士靈桂行禮。

《德宗景皇帝實録》卷一五九"光緒九年二月"條

丁巳，祭先師孔子，遣大學士靈桂行禮。

《德宗景皇帝實録》卷一六八"光緒九年八月"條

丁巳，祭先師孔子，遣大學士靈桂行禮。

《德宗景皇帝實録》卷一七八"光緒十年二月"條

丁未，朔，祭先師孔子，遣協辦大學士李鴻藻行禮。

《德宗景皇帝實録》卷一九一"光緒十年八月"條

丁丑，祭先師孔子，遣大學士靈桂行禮。

《德宗景皇帝實録》卷二〇三 "光緒十一年二月" 條

丁丑，祭先師孔子，遣大學士額勒和布行禮。

《德宗景皇帝實録》卷二一三 "光緒十一年八月" 條

丁卯朔，祭先師孔子，遣協辦大學士、吏部尚書恩承行禮。

《德宗景皇帝實録》卷二三一 "光緒十二年八月" 條

丁卯，祭先師孔子，遣大學士恩承行禮。

《德宗景皇帝實録》卷二三九 "光緒十三年二月" 條

丁卯，祭先師孔子，遣協辦大學士福錕行禮。

《德宗景皇帝實録》卷二四六 "光緒十三年八月" 條

丁亥，祭先師孔子，遣協辦大學士福錕行禮。

《德宗景皇帝實録》卷二五二 "光緒十四年二月" 條

丁亥，祭先師孔子，遣協辦大學士福錕行禮。

《德宗景皇帝實録》卷二五八 "光緒十四年八月" 條

丁亥，祭先師孔子，遣大學士恩承行禮。

《德宗景皇帝實録》卷二六六 "光緒十五年二月" 條

丁丑朔，祭先師孔子，遣吏部尚書協辦大學士徐桐行禮。

《德宗景皇帝實録》卷二七三 "光緒十五年八月" 條

丁丑，祭先師孔子，遣大學士恩承行禮。

《德宗景皇帝實録》卷二八一 "光緒十六年二月" 條

丁丑，祭先師孔子，遣大學士恩承行禮。

《德宗景皇帝實録》卷二八八 "光緒十六年八月" 條

丁未，祭先師孔子，遣大學士福錕行禮。

《德宗景皇帝實録》卷二九四 "光緒十七年二月" 條

丁酉，祭先師孔子，遣大學士恩承行禮。

《德宗景皇帝實録》卷三〇〇 "光緒十七年八月" 條

丁酉，祭先師孔子，遣大學士福錕行禮。

《德宗景皇帝實録》卷三〇八 "光緒十八年二月" 條

丁酉，祭先師孔子，遣協辦大學士徐桐行禮。

《德宗景皇帝實録》卷三一五 "光緒十八年八月" 條

丁巳秋分，祭先師孔子，遣協辦大學士徐桐行禮。

《德宗景皇帝實録》卷三二一 "光緒十九年二月" 條

丁巳，祭先師孔子，遣協辦大學士麟書行禮。

《德宗景皇帝實録》卷三二七 "光緒十九年八月" 條

丁巳，祭先師孔子，遣協辦大學士麟書行禮。

《德宗景皇帝實録》卷三三四 "光緒二十年二月" 條

丁巳，祭先師孔子，遣大學士福錕行禮。

《德宗景皇帝實録》卷三四六 "光緒二十年八月" 條

丁未，祭先師孔子，上親詣行禮。

《德宗景皇帝實録》卷三六一 "光緒二十一年二月" 條

丁未，祭先師孔子，遣户部尚書熙敬行禮。

《德宗景皇帝實録》卷三七四 "光緒二十一年八月" 條

丁丑，祭先師孔子，遣大學士麟書行禮。

《德宗景皇帝實録》卷三八五 "光緒二十二年二月" 條

丁卯，祭先師孔子，遣協辦大學士徐桐行禮。

《德宗景皇帝實録》卷三九四 "光緒二十二年八月" 條

丁卯，祭先師孔子，遣兵部尚書榮禄行禮。

《德宗景皇帝實録》卷四〇一 "光緒二十三年二月" 條

丁卯，祭先師孔子，遣吏部尚書熙敬行禮。

《德宗景皇帝實録》卷四〇八 "光緒二十三年八月" 條

丁卯，祭先師孔子，遣兵部尚書榮禄行禮。

《德宗景皇帝實録》卷四一五 "光緒二十四年二月" 條

丁巳，祭先師孔子，遣協辦大學士兵部尚書榮禄行禮。

《德宗景皇帝實録》卷四二六 "光緒二十四年八月" 條

丁亥，祭先師孔子，遣吏部尚書熙敬行禮。

《德宗景皇帝實録》卷四三九 "光緒二十五年二月" 條

丁亥，祭先師孔子，遣吏部尚書熙敬行禮。

《德宗景皇帝實録》卷四四九 "光緒二十五年八月" 條

丁丑，祭先師孔子，遣户部尚書敬信行禮。

《德宗景皇帝實録》卷四五九 "光緒二十六年二月" 條

丁丑，祭先師孔子，遣户部尚書敬信行禮。

《德宗景皇帝實録》卷四九五 "光緒二十八年二月" 條

丁酉，祭先師孔子，遣吏部尚書張百熙行禮。

《德宗景皇帝實録》卷五〇四 "光緒二十八年八月" 條

丁酉，祭先師孔子，遣兵部尚書徐會灃行禮。

《德宗景皇帝實録》卷五一二 "光緒二十九年二月" 條

丁亥，祭先師孔子，遣兵部尚書徐會灃行禮。

《德宗景皇帝實録》卷五二〇 "光緒二十九年八月" 條

丁巳，祭先師孔子，遣户部尚書那桐行禮。

《德宗景皇帝實錄》卷五二七"光緒三十年二月"條

丁巳，祭先師孔子，遣協辦大學士裕德行禮。

《德宗景皇帝實錄》卷五三四"光緒三十年八月"條

丁未，朔，祭先師孔子，遣署兵部尚書長庚行禮。

《德宗景皇帝實錄》卷五一二"光緒二十九年二月"條

丁亥，祭先師孔子，遣兵部尚書徐會澧行禮。

《德宗景皇帝實錄》卷五四二"光緒三十一年二月"條

丁未，祭先師孔子，遣署戶部尚書趙爾巽行禮。

《德宗景皇帝實錄》卷五四八"光緒三十一年八月"條

丁未，祭先師孔子，遣吏部尚書奎俊行禮。

《德宗景皇帝實錄》卷五五五"光緒三十二年二月"條

丁未，祭先師孔子，遣大學士那桐行禮。

《德宗景皇帝實錄》卷五六三"光緒三十二年八月"條

丁卯，祭先師孔子，遣禮部尚書溥良行禮。

《德宗景皇帝實錄》卷五七〇"光緒三十三年二月"條

甲子，上以祭先師孔子，自是日始，齋戒三日。

丁卯，祭先師孔子，上親詣行禮。

《德宗景皇帝實錄》卷五七七"光緒三十三年八月"條

甲子，以祭先師孔子，自是日始，齋戒三日。

丁卯，祭先師孔子，上親詣行禮。

《德宗景皇帝實錄》卷五八六"光緒三十四年春正月"條

甲寅，上以祭先師孔子，自是日始，齋戒三日。

《德宗景皇帝實錄》卷五八七"光緒三十四年二月"條

丁巳朔，祭先師孔子，遣恭親王溥偉恭代行禮。

《德宗景皇帝實錄》卷五九五"光緒三十四年八月"條

甲寅朔，上以祭先師孔子。自是日始，齋戒三日。

丁巳，祭先師孔子，遣恭親王溥偉恭代行禮。

《宣統政紀》卷二"光緒三十四年十一月"條

庚寅，遣官祭先師孔子。

《宣統政紀》卷七"宣統元年正月"條

壬寅，恭上大行太皇太后尊諡。前期，遣豫親王懋林、貝勒載潤、貝子毓橚、鎮國公毓璋、輔國公溥釗，分詣告祭天、地、宗廟、社稷、先師孔子。

戊申，恭上大行皇帝尊諡。前期，命豫親王懋林、貝子毓橚、鎮國公毓岐、鎮國公毓璋、輔國公溥葵，告祭天、地、宗廟、社稷、先師孔子。

《宣統政紀》卷八"宣統元年二月"條

丁巳，祭先師孔子，遣莊親王載功恭代行禮。

《宣統政紀》卷一九"宣統元年八月"條

丁丑朔，祭先師孔子，遣豫親王懋林恭代行禮。

《宣統政紀》卷二三"宣統元年冬十月"條

丁丑朔，孝欽顯皇后梓宮奉安地宮。前期三日，遣官祭告天、地、太廟、奉先殿、社稷、先師孔子。

壬午，孝欽顯皇后神牌升祔太廟。前期三日，遣官告祭天、地、太廟、社稷、先師孔子。

《宣統政紀》卷二五"宣統元年十一月"條

戊申，以崇上皇太后徽號。前期，遣官告祭天、地、太廟、社稷、先師孔子。

《宣統政紀》卷三一"宣統二年二月"條

丁丑，祭先師孔子，遣順承郡王訥勒赫恭代行禮。

《宣統政紀》卷四〇"宣統二年八月朔"條

丁丑，祭先師孔子，命肅親王善耆行禮。

《宣統政紀》卷四九"宣統三年二月"條

丁丑，祭先師孔子，派豫親王懋林恭代行禮。

《宣統政紀》卷六〇"宣統三年八月"條

丁酉，祭先師孔子，遣豫親王懋林行禮。

（清）王先謙《東華續錄·乾隆六》

十月，復元儒吳澄從祀文廟。

（清）王先謙《東華續錄·乾隆四〇》

乾隆十九年九月辛卯，上謁文廟。

（清）王先謙《東華續錄·乾隆五五》

乾隆二十七年二月戊子，上謁文廟。

（清）王先謙《東華續錄·乾隆八八》

乾隆四十三年八月乙酉，上詣文廟行禮。

（清）王先謙《東華續錄·乾隆九一》

乾隆四十五年二月丁丑，上詣文廟行禮。

（清）王先謙《東華續錄·乾隆九九》

乾隆四十九年三月乙未，上詣文廟行禮。

（清）王先謙《東華續錄·嘉慶一》

嘉慶元年二月丁丑朔，釋奠先師孔子。

（清）王先謙《東華續録·嘉慶五》

嘉慶三年二月丁未，上詣文廟釋奠，臨辟雍講學，廣國子監本年鄉試中額。

（清）王先謙《東華續録·嘉慶一三》

嘉慶七年二月丁未，釋奠先師孔子。

（清）王先謙《東華續録·嘉慶二〇》

嘉慶十年八月甲辰，詣文廟瞻禮。

（清）王先謙《東華續録·嘉慶二五》

嘉慶十三年二月丁卯朔，命皇次子釋奠先師孔子。

（清）王先謙《東華續録·嘉慶三一》

嘉慶十六年二月丁亥，上釋奠先師孔子。

（清）王先謙《東華續録·嘉慶三五》

嘉慶十八年二月丁未，命皇次子釋奠先師孔子。

（清）王先謙《東華續録·嘉慶三八》

嘉慶十九年八月，命皇次子智親王，釋奠先師孔子。

（清）王先謙《東華續録·嘉慶四三》

嘉慶二十二年二月丁丑，釋奠先師孔子。

（清）王先謙《東華續録·嘉慶四六》

嘉慶二十三年冬十月庚子，詣文廟瞻禮。

四、庶務

祭務官制

《明世宗實録》卷一三一 “嘉靖十年十月” 條

丁酉，禮部上郊廟粢盛支給之數，【略】西苑所出藏之恒裕倉，苦方澤、朝日、夕月、太廟、世廟、太社稷、帝社稷禘祫、先蠶及先師孔子之祀，皆取給焉。庶稱皇上敬天禮神之意。上從之。

《明神宗實録》卷一二四 “萬曆十年五月” 條

庚申，酌免先聖孔子及先儒朱熹、李侗、羅從彦、蔡沉、胡安國、游酢、江贄蔡清、真德秀、劉子翬功臣少師楊榮後裔各丁糧有差。從福建巡撫勞堪議也。

（明）徐學聚《國朝典彙》卷一二九《禮部三二·學政》

嘉靖三十年十月，詔修承天府文廟儒學，初獻皇帝在國，嘗臨視郡學，釋奠先師，特賜帑金，命工修葺。至是，上乃有是命親製碑文，述皇考崇儒重道之意，勒石學官。

（明）申時行等《大明會典》卷九一《禮部》

凡六品以下官不陪祭者，先一日赴廟瞻拜。

（明）申時行等《大明會典》卷二二一《翰林院》

凡本院、詹事府、春坊、司經局印信。缺官掌管、俱從内閣題請。奉旨、吏部補本銓注。凡每年春秋祭文廟。傳制專遣内閣大學士或禮部尚書，其分獻用本院官二員。

（明）申時行等《大明會典》卷二二六《翰林院·先師孔子廟》

舉麾、協律郎一員，樂舞生七十二人。嘉靖九年、改用四十八人。文舞生六十六人。内引舞二人、嘉靖九年、改用六佾、凡三十八人。執事三十三人，典儀一人，通贊一人，疊洗三人，對引一人，正壇、捧帛一人，執爵一人，司尊一人，四配、捧帛四人，執爵四人，十哲二壇、贊引二人，捧帛二人，執爵二人，司尊二人，兩廡與十哲同、共用八人，燒香共三人。

凡樂舞生執事人等、歲用米麥等物。俱從户部撥送本觀收貯。

嘉靖九年奏准：每歲木柴，每名折支銀六錢九分四厘，於節慎庫關領。

（嘉靖）十四年奏准：每歲麥豆芝麻，每名共折銀一兩二錢六分，於太倉關領。

（嘉靖）二十二年議准，神樂觀官生歲支糧米。今後置立循環文簿，分別舊管新收，開除實在數目。責令該年掌書、每季終赴部倒換。其樂舞生遇有添設，具申明白，方許關支。事故等項、截日住支。每年解到糧米。同户部委官收放。正數放盡，積餘糧米，申報交盤，作正支銷。其正額碾米牛三隻，膳夫三十名，俱革。牛隻草料住派，膳夫行順天府住編。

凡樂舞生，每名月給口糧米三斗三升。正旦中元冬至三節，每名給與節米五升。

文廟祭祀，每名給與行糧米一升。舊額歲支糙粳米二千六百石，今四千七百八十一石三斗二升。本色。每名、歲支小麥一石一斗一升三合、黃豆二斗九升九合四勺，芝麻五升七合三勺七抄。共歲支小麥一千三百八石四斗一升八合六勺，黃豆三百四十六石一斗二升七合二勺，芝麻六十五石四斗二升一合二勺。初支本色。

嘉靖間，户部題准，折價小麥折銀九錢六分一厘三毫五絲，黃豆折銀二錢三分九厘五毫二絲，芝麻折銀五分七厘三毫七絲，許每名歲支三項，共折銀一兩二錢五分八厘。小麥每石折銀八錢五分、黃豆每石折銀八錢、芝麻每石折銀一兩。

每名歲支食鹽五斤八兩有零，共支食鹽六千五百二斤八兩。本色。

每名歲支木柴四百六十四斤。初支本色。

嘉靖間，工部題准，折價每斤折銀一厘五毫。

每名歲給賞賜，生絹一匹、綿布三匹、苧布三匹、白綿八兩。初支本色。

嘉靖九年，户部題准：照文武官絹布事例，准折價。生絹一匹折銀七錢，綿布每匹折銀三錢，苧布每匹折銀二錢、白綿八兩折銀二錢五分。計每名歲支四項，共折銀二兩四錢五分。

《穆宗毅皇帝實錄》卷三"咸豐十一年八月"條

甲戌，又諭：前因國子監奏：八月初一日，致祭先師孔子。視籩豆之禮部堂官未到，分獻之翰林官僅到一員，當經降旨令禮部堂官、監禮御史查明參奏。茲據署禮部右侍郎載齡奏，省視籩豆到班遲誤，自請議處。并據倭什琿布等及富稼等奏，查明分獻未到係翰林院編修周譽芬，請旨議處。載齡、周譽芬均著交部議處。

（清）張廷玉等《明史》卷七三《志四九・職官志二・國子監》

祭酒、司業，掌國學諸生訓導之政令。

先是，元代封孔子後裔爲衍聖公，賜三品印。洪武元年，太祖既以孔希學襲封衍聖公，因謂禮臣曰：孔子萬世帝王之師，待其後嗣，秩止三品，弗稱褒崇，其授希學秩二品，賜以銀印又命復孔、顏、孟三家子孫徭役。十八年，敕工部詢問，凡有聖賢子孫以罪輸作者，釋之。永樂二十二年，賜衍聖公宅於京師，加一品金織衣。正統元年，詔免凡聖賢子孫差役，選周、程、張、朱諸儒子孫聰明俊秀可教養者，不拘名數，送所在儒學讀書，仍給廩饌。成化元年，給孔、顏、孟三氏學印，令三年貢有學行者一人，入國子監。六年，命衍聖公始襲者在監讀書一年。

（清）允祿等《（雍正）大清會典》卷七八《禮部・清吏司》

郎中、員外郎、主事，分掌郊壇宗廟、陵寢、群祀、諸大典，及凡祭事、曆日、方技之事。

（清）允祿等《（雍正）大清會典》卷二三九《祭祀雜支杂・神樂觀》

提點一員，左右知觀各一員，協律郎五員。康熙三十八年，裁減一員。雍正元年，添復一員，贊禮郎十六員。康熙三十八年，裁減二員。雍正元年，添復二員，司樂二十六員。康熙三十八年，裁減二員。雍正元年，添復二員。

先師文廟，每祭共用樂舞生一百四十名。執事樂舞生，服青絹袍。文舞生、樂生，執旌節樂舞生，俱服紅緞補袍，帶頂同前。戴裹金銅頂帽。

歷代帝王廟

一、建置沿革

(一) 營建沿革

《明太祖實錄》卷八四"洪武六年八月"條

乙酉，建歷代帝王廟於京師。

《明太祖實錄》卷八六"洪武六年十一月至十二月"條

癸丑，命建歷代帝王廟于中立府皇城西，仍命于北平立元世祖廟。

《明太祖實錄》卷一八八"洪武二十一年正月至二月"條

歷代帝王廟及上元縣治火，延燒官民居室，詔賜被災者鈔有差。

《明太祖實錄》卷一九三"洪武二十一年八月至九月"條

改建歷代帝王廟於雞鳴山之陽，命崇山侯李新董之。

《明太祖實錄》卷一九六"洪武二十二年四月至七月"條

辛未，改建歷代帝王廟成，遣官致祭，以奉安神主。告禮部定擬，自今每歲止以仲秋月遣官祭之。從之。

《明世宗實錄》卷一二一"嘉靖十年正月"條

丁酉，先是右春坊右中允廖道南請改大慈恩寺，興辟雍，以行養老之禮；撤靈濟宮徐知證、知諤二神，改設歷代帝王神位，仍配以歷代名臣。下禮部議，覆言：今國子監迪祖宗以來臨幸之地，恐不必更葺梵宇舊址，重立辟雍。惟寺內歡喜佛係元淫制，敗壞民俗，相應毀棄。靈濟宮徐知證、知諤二神，其在當時已得罪名教，固宜撤去，但所在窄隘，恐不足以改設帝王寢廟，宜擇地別建。得旨：鬼淫像可便毀之。帝王廟，工部其相地卜日興工。于是工部銷毀淫像，會官相帝王廟地，因言阜城門內保安寺故址，舊為官地，改置神武後衛，而中官陳林釁其餘為私宅，地勢整潔，且通西壇，可贖還而鼎新之。奏入，報可。

《明世宗實錄》卷一二三 "嘉靖十年三月" 條

壬寅，建歷代帝王廟。遣工部尚書蔣行祭禮，右侍郎錢如京提督工程。

《明世宗實錄》卷一二五 "嘉靖十年五月" 條

禮部議帝王廟名臣牌位視太廟功臣式，帝王神牌量增高廣以別隆殺，帝王朱地金書，名臣赤地墨書。從之。

《明世宗實錄》卷一三〇 "嘉靖十年九月" 條

庚申，帝王廟工成，命加督工右侍郎錢如京支從二品俸，員外張集等各升賞有差。

（明）陳鶴《明紀》卷三《太祖紀三》

（洪武六年）八月乙亥，建歷代帝王廟於欽天山之陽，為正殿五室，祀三皇五帝，夏禹，商湯，周文王、武王，漢高祖、世祖，唐高祖、太宗，宋太祖，元世祖，每歲春秋仲月上旬甲日致祭。已而以周文王終守臣服，唐高祖由太宗得天下，遂寢其祀，增祀隋高祖。

（明）陳鶴《明紀》卷第三〇《世宗紀三》

（嘉靖十年）歷代帝王廟成，名曰景德崇聖之殿。壬辰親祭，嗣後歲遣大臣行禮。凡子午卯酉，祭於陵寢，之歲則停秋祭。

（明）陳建《皇明通紀集要》卷六

八月，建歷代帝王廟於京師。

（明）陳建《皇明通紀集要》卷八

戊辰洪武二十一年二月，詔以歷代名臣從祀歷代帝王廟。

九月，改建歷代帝王廟於雞鳴山之陽。

（明）陳建《皇明通紀法傳全錄》卷六

癸丑，洪武六年正月，上命禮官參考歷代帝王有功生民者，立廟祀之。禮部尚書牛諒奏："三皇開天立極，有大功德於民，京都有廟，春秋享祀；伏羲以下九君宜令有司就各陵立廟，每歲致祭；商中宗以下十五君，宜令有司立陵廟，三年一祭。" 上曰："五帝三王及漢唐宋創業之君，俱宜於京師立廟致祭，其餘守成賢君令有司祭於陵廟，皆每歲春秋祀之。" 遂建帝王廟於京師。

（明）陳建《皇明通紀法傳全錄》卷九

己巳，洪武二十二年十月，作帝王廟於欽天山。上素重祀典，其于古帝王尤所致意。先是廟地界通衢褻而不嚴，命徙建於欽天山之陽，自五帝三王繼以三代兩漢唐宋元勛碩德比侔者，列像於庭，每歲春秋二祭。上御宸極，命大臣承詔祀事。

高汝拭曰：初歷代帝王廟成，上親祀之。各獻爵畢，獨與漢高祖增一爵，曰：我與公不階尺土以有天下，比他人更難，特增此爵。廟中帝王皆塑像，惟元世祖像出淚痕透其面，上笑曰：癡韃子，爾失天下，失爾漠北之所，本無我取天下，取我中原之所本，有復何遺憾。言罷淚即收不復出。

（明）鄧元錫《皇明書》卷一

洪武六年八月，詔脩大明日曆，詔祀三皇，建歷代帝王廟。

洪武二十一年戊辰春二月，定歷代賢臣從祀帝王廟。

（明）申時行等《大明會典》卷九一《禮部四九·群祀一·歷代帝王》

（洪武）六年，始建帝王廟於京師，以祀三皇五帝、三王及漢唐宋創業之君，每歲春秋致祭，後以周文王終服事殷、唐高祖本太宗力勿設主，止各祀於其陵廟而增隋文帝。

二十一年，是年，帝王廟火，改建於雞鳴山之陽。

（明）過庭訓《本朝分省人物考》卷一〇《北直隸大名府·宋訥》

二十二年五月，建歷代帝王廟及廣惠祠落成，例使翰林詞臣記其事，上以訥文體莊重，乃特命訥撰之，訥居常寢食恒在廂房，未始一日宿於家。

（明）過庭訓《本朝分省人物考》卷三五《南直隸安慶府一·錢如京》

轉工部右侍郎，奉敕提督修葺歷代帝王廟宇，以省節完美稱上意，加從二品俸，改兵部左侍郎。

（明）何喬遠《名山藏》卷二三《典謨記·世宗肅皇帝》

（嘉靖）十年三月敕禮部曰：庚子祭西苑、帝社、帝稷，建歷代帝王廟於京師。

《清聖祖實錄》卷一四"康熙四年正月至三月"條

丙午，命工部修葺歷代帝王廟。

《清高宗實錄》卷六五五"乾隆二十七年二月下"條

庚寅，孝昭仁皇后忌辰，遣官祭景陵。禮部尚書陳惠華奏，歷代帝王廟正殿爲景德崇聖之殿，舊制覆殿頂瓦用青色琉璃，檐瓦綠色琉璃。考文廟大成殿瓦，前奉特旨改用黃色琉璃，今帝王廟正殿所祀三皇五帝、三代帝王皆以聖人在天子位，亦應用王者之制。現值繕修，除兩廡仍循舊制，其正殿覆瓦請改純黃。得旨，"所奏是，著改蓋黃瓦，以崇典禮。"

《清高宗實錄》卷七〇五"乾隆二十九年二月下"條

辛丑，禮部左侍郎程景伊奏，本年三月初二日祭歷代帝王廟，皇上親詣行禮，適值易用黃瓦，工竣一新，請另撰文宣讀以伸昭格。嗣後隨常致祭，仍用成文，報聞。

《清高宗實錄》卷七〇六"乾隆二十九年三月上"條

癸丑，祭歷代帝王廟，以重修工成，上親詣行禮，御製《重修歷代帝王廟碑文》。

（清）查繼佐《罪惟錄·紀一·太祖紀》

洪武六年癸丑，【略】八月，建歷代帝王廟於京師。【略】

洪武二十一年戊辰，【略】九月，【略】改建歷代帝王廟於雞鳴山。

（清）查繼佐《罪惟錄·紀一二·世宗紀》

嘉靖十年辛卯春正月，【略】立帝王廟於阜城門內。

（清）查繼佐《罪惟錄·志八·歷代帝王賢聖祀典》

洪武元年，具太牢，遣中書官祀三皇，以勾芒、祝融、力牧、風后配。遣官祭昭

烈武成王，儀同釋奠。【略】

七年，建歷代帝王廟於京師，以文王守臣節，唐高祖無創業功，不預爲同堂异室之制。【略】

十九年，禮臣請建昭烈武成王廟，不許。仍從祠帝王廟，免王爵。

二十年，改建帝王廟於鷄鳴山之陽，歲八月，擇日致祭，祔功臣徐達等十二人，仍令三年遣官祭於陵寢。前定五室内，去隋文帝。【略】

（嘉靖）九年，停南京歷代帝王廟祀，以專祀春秋故。

十年，改立帝王廟於阜城門内。

（清）查繼佐《罪惟録·志二八·將作志》

（洪武六年）八月，建歷代帝王廟于京師。【略】二十一年九月，改建歷代帝王廟于鷄鳴山。【略】（嘉靖十年）九月，修南京太廟。廟災，弗設。立帝王廟于阜成門内。

（清）萬斯同等《明史》卷二《太祖紀二》

六年，八月乙亥，建歷代帝王廟於京師。

（清）萬斯同等《明史》卷三九《志一三·五行志二·火》

洪武二十一年二月戊辰，歷代帝王廟火，上元縣治亦灾。

（清）萬斯同等《明史》卷五〇《志二四·禮志八·吉禮八》

六年，建歷代帝王廟於京師欽天山之陽。略用太廟同堂异室之制，爲正殿五室，中一室以居三皇，東一室以居五帝，西一室以居夏禹、商湯、周文王，又東一室以居周武王、漢光武、唐太宗，又西一室以居漢高祖、唐高祖、宋太祖、元世祖，每歲春秋致祭。

嘉靖九年，罷歷代帝王南郊從祀，令建廟京師，歲以仲春秋致祭，并罷南京廟祭。十年春，廟未成，躬祭歷代帝王于文華殿，分設帝王五壇十六位，丹陛東西分設名臣，四壇三十七人。

十一年夏，始建廟於都城之西，名曰景德崇聖之殿；東西兩廡，南砌二燎爐，殿後爲祭器庫，前爲景德門，門外東爲神庫、神厨、宰牲亭、鐘樓，西爲住持房，又前爲廟街門東西二牌坊，曰景德街；正殿亦爲五室，位次如舊。是秋，廟成，親詣致祭，嗣後歲以春秋仲月，太常寺先期奏請遣大臣一員行禮，四員分獻。凡遇子午卯酉，祭於陵寢之歲，則停秋祭。

（清）萬斯同等《明史》卷一六九

二十二年，命改建帝王廟於鷄鳴山。

（清）萬斯同等《明史》卷一七四

秦逵，字文用，宣城人，洪武十八年進士。二十二年進尚書，帝以古帝王廟地界通衢，褻而不嚴，乃徙建於欽天山之陽，廟成，丹繪輝麗，帝甚嘉之。

（清）朱彝尊《曝書亭集》卷六四《傳三·答禄與權傳》

（洪武六年秋）帝乃命建歷代帝王廟于皇城之西，爲室五，中一室以居三皇焉。

（清）張廷玉等《明史》卷五〇《志二六·禮志四·吉禮四》

嘉靖九年罷歷代帝王南郊從祀。令建歷代帝王廟於都城西，歲以仲春秋致祭。後并罷南京廟祭。十年春二月，廟未成，躬祭歷代帝王於文華殿，凡五壇，丹陛東西名臣四壇。禮部尚書李時言："舊儀有賜福胙之文。賜者自上而下之義，惟郊廟社稷宜用。歷代帝王，止宜云答。"詔可。

（清）嵇璜、劉墉等《續通典》卷五三《禮·祀先代帝王名臣附》

世宗嘉靖九年，罷歷代帝王南郊從祀，建歷代帝王廟於都城西，歲以仲春秋致祭，并罷南京廟祭。十年春二月，廟未成，躬祭歷代帝王于文華殿，凡五壇，丹陛東西，名臣四壇。禮部尚書李時言：舊儀有賜福胙之文。賜者，自上而下之義，惟郊廟社稷宜用，歷代帝王止宜云答。詔可。二十四年，以禮科陳棐言：罷元世祖陵廟之祀及從祀穆呼哩等，復遷唐太宗與宋太祖同室凡十五帝，從祀名臣三十二人。

（清）嵇璜等《續通志》卷一一四《禮略·祀歷代帝王名臣附》

明太祖洪武六年，建歷代帝王廟於京師欽天山之陽。

世宗嘉靖九年，罷歷代帝王南郊從祀，建歷代帝王廟於都城，歲以仲春秋祭。

（清）嵇璜等《續文獻通考》卷八五《群廟考》

（洪武）六年八月，祀三皇及歷代帝王。

帝納御史答禄與權之言，命參考歷代帝王開基創業有功生民者，立廟以祀。于是禮部尚書牛諒請京師立廟祀三皇，餘各就陵立廟，歲時致祭。帝以五帝三王及漢唐宋創業之君，俱宜於京師立廟致祭，其餘守成賢君令有司春秋祭於陵廟，遂建歷代帝王廟於欽天山之陽，仿太廟同堂異室之制，爲正殿五間，中一室三皇，東一室五帝，西一室夏禹、商湯、周文王，又東一室周武王、漢光武、唐太宗，又西一室漢高祖、唐高祖、宋太祖、元世祖，每歲春秋仲月上旬甲日致祭。已而以周文王終守臣服，唐高祖由太宗得天下并寢其祀，增祀隋高祖。十一月立元世祖廟于北平。七年，令帝王廟皆塑袞冕坐像，惟伏羲神農未有衣裳之制，不必加冕服。二十一年罷祀隋高祖。

臣等謹按《洪武實錄》二十年：帝先是以先代忠臣，如漢秣陵尉蔣忠烈侯子文，晉成志作咸，誤。陽卞忠貞公壼，南唐劉忠肅王仁瞻，宋濟陽曹武惠王彬等歷代崇祀，及元衛國忠肅公福壽，皆嘗立祠以祭，而湫處閭巷，祠宇卑陋，弗稱神居。詔徙建於雞鳴山之陽，至十月廟成，命應天府官以四孟月及歲除，祭功臣之日致祭，歲以爲常。又禮臣請如前代故事，立武學用武舉，仍祀太公建，昭烈武成王廟，帝以太公周臣不當王祀，至建武學用武舉，是析文武爲二途，輕天下無全才矣，甚無謂也，遂命罷廟祭，去王號，至是年從祀帝王廟焉。

二十二年五月，改建歷代帝王廟成。

　　先是廟灾，詔改建，至是廟成，遣官致祭，以奉安神主。告從禮部，擬自後每歲以仲秋月遣官致祭。

　　世宗嘉靖十年正月建歷代帝王廟，二月祭于文華殿。

　　中允廖道南請撤靈濟宮改建歷代帝王廟，禮部以所在狹隘不稱，乃建於阜城門內。嗣以建廟未成躬舉春祭正殿。凡五壇丹陛東，西名臣四壇。將祭，禮部尚書李時言，舊儀有賜福胙之文，賜者自上而下之義，惟郊廟社稷宜用帝王止宜云答詔可。次年夏廟成，名曰景德崇聖之殿。殿五室，東西兩廡，殿後祭器庫，前爲景德門，門外神庫、神厨、宰牲亭、鐘樓，街東西二坊曰景德街。八月，帝親祭，由中門入，迎神、受福胙、送神各兩拜，嗣後歲遣大臣一員行禮，四員分獻，罷南京廟祭。凡子午卯酉，祭於陵寢之歲則停秋祭。二十四年，以科臣陳棐言，罷元世祖陵廟之祀及從祀木華黎等，復遷唐太宗與宋太祖同室。凡十五帝，從祀名臣三十二人。

　　(清) 穆彰阿《(嘉慶) 大清一統志》卷七六

　　帝王廟在上元縣北鷄鳴山，明初建，今圮。

　　(清) 龍文彬《明會要》卷一一一《禮六‧吉禮‧祀先代帝王》

　　嘉靖十年二月丁卯，親祀歷代帝王於文華殿。初洪武定制，每歲郊祀，以歷代帝王祔祭於大祀殿。上更定郊制，罷之。令建歷代帝王廟於都城西，歲以春秋致祭。至是廟尚未成，權於文華殿行之。十一年廟成，名曰景德崇聖之殿。八月壬辰，親祭，嗣後歲遣大臣一員行禮，四員分獻。凡子、午、卯、酉祭於陵寢之歲，則停秋祭。

　　二十四年，罷元世祖陵廟之祀，及從祀穆呼哩等；復遷唐太宗與宋太祖同室。凡十五帝，從祀名臣三十二人。已上《通典》。

　　(清) 昆岡等《(光緒) 大清會典事例》卷八六五《工部四‧中祀‧壇廟規制》

　　歷代帝王廟。原定，歷代帝王廟在阜成門內，南向，廟門三間，左右門各一，前石梁三。景德門五間，崇基石欄，前後三出陛，中十有一級，左右各九級，左右門各一。景德崇聖殿九間，重檐，崇基石欄，南三出陛，中十有三級，左右各十有一級，東西一出陛，各十有二級。東西廡各七間，一出陛均八級，廡前燎爐各一。殿後祭器庫五間，南向；殿東西牌亭四。景德門外東，神庫三間，南向；神厨三間，宰牲亭三間，均西向；井亭一，四面間以朱欞，北向；垣一重，門一，西向。西遣官房五間，齋宿房前後各五間。廟門內東南鐘樓一座，圍垣，周一百八十六丈三尺八寸。廟門外，東西下馬牌各一，景德街牌坊各一。雍正七年，修建歷代帝王廟，御製碑文，立豐碑一。乾隆二十年奏准，歷代帝王廟正殿覆瓦向用青綠色，請改蓋黃瓦，兩廡仍循舊制。奉旨："所奏是，著改蓋黃瓦，以崇典禮。"三十年奏准，重修歷代帝王廟，景德崇聖大殿、東西兩廡房間、碑亭、景德門、祭器庫、神厨、神庫、省牲亭、井亭、鐘樓、門樓、燎爐、齋房、看守房，共計九十三間，并石梁三座，下馬牌二座，牌樓二座，琉璃影壁一座。五十二年，重修歷代帝王廟牌樓。

（二）建築規制

《明太祖實錄》卷八四 "洪武六年八月" 條

乙酉，建歷代帝王廟於京師。禮部奏定其制宜略如宗廟，同堂異室，爲正殿五間，以爲五室；中一室以居三皇，東一室以居五帝，西一室以居夏禹、商湯、周文王，又東一室以居周武王、漢光武、唐太宗，又西一室以居漢高祖、唐高祖、宋太祖、元世祖。從之。

（明）申時行等《大明會典》卷一八七《工部七・廟宇》

歷代帝王廟國初建于南京，嘉靖中後建於京師。廟在阜成門內，街北。前爲廟門，中爲景德門，門內爲景德崇聖之殿。殿九間，重檐，五出陛。東西兩廡，各七間。殿之後爲庫，前門內，左有神庫、神厨、宰牲亭。

（明）佚名《太常續考》卷五《歷代帝王事宜》

廟建於都城之西阜城門內，名曰景德崇聖之殿。東西兩廡，兩廡之南砌二燎爐。殿後爲祭器庫，殿前爲景德門。門外東爲神庫、神厨、宰牲亭、鐘樓，西爲住持房。又前爲廟街門，門外東西二牌坊曰景德街。

（清）張廷玉等《明史》卷五〇《志二六・禮志四・吉禮四・歷代帝王陵廟》

十一年夏，廟成，名曰景德崇聖之殿。殿五室，東西兩廡，殿後祭器庫，前爲景德門。門外神庫、神厨、宰牲亭、鐘樓。街東西二坊，曰景德街。八月壬辰親祭。帝由中門入，迎神、受福胙、送神各兩拜。嗣後歲遣大臣一員行禮，四員分獻。凡子、午、卯、酉祭於陵寢之歲，則停秋祭。二十四年，以禮科陳棐言，罷元世祖陵廟之祀，及從祀木華黎等，復遷唐太宗與宋太祖同室。凡十五帝，從祀名臣三十二人。

（清）張廷玉《清文獻通考》卷一一九《群廟考一・歷代帝王廟》

皇城之西，阜成門內，南向，廟門三間，左右門各一，前石梁三，內景德門五間，崇基石闌前後三出陛，中十有一級，左右各九級，左右各一門，正中景德崇聖殿九間，重檐，崇基石闌南三出陛，中十有三級，左右各十有一級，東西一出陛，各十有二級。兩廡各七間，燎爐各一，殿東御碑亭一，後祭器庫五間，均南向，景德門外東爲神庫、神厨、宰牲亭、井亭各一，西爲承祭官致齋所，東南鐘樓一，圍垣周百八十六丈三尺八寸，門外東西下馬碑各一，凡正殿門廡俱覆黃色琉璃瓦，門楹塗丹，梁棟五彩。

（清）允裪等《大清會典》卷七一《工部》

前代帝王廟，在阜城門內南向，廟門三間，左右門各一。前石梁三，內景德門五間，崇基石闌。前後三出，陛中十有一級，左右各九級。左右各一門，正中景德崇聖殿九間，重檐，崇基石闌。南三出，陛中十有三級，左右各十有一級。東西一出，陛各十有二級。兩廡各七間，燎爐各一。殿東御碑亭一，後祭器庫五間，均南向。景德門外，東爲神庫、神厨各三間，宰牲亭、井亭，各一；西爲承祭官致齋所。東南鐘樓一，圍垣周百八十六丈三尺八寸。廟門外，東西下馬牌各一。凡正殿門廡，均覆綠琉璃，門楹塗丹，梁棟五彩。

（清）穆彰阿《（嘉慶）大清一統志·歷代帝王廟》

在阜成門內大市街之西，崇祀歷代帝王，每年春秋二仲月祭。廟制，殿九，楹曰景德崇聖之殿。東西兩廡各七楹，南爲景德門。又南爲廟門，街曰景德街。舊止祀三皇五帝三王，及漢唐宋遼金元明創業諸帝，以歷代開國勳臣配享。本朝康熙六十一年詔，歷代享國之君及名臣輔佐太平者俱宜增配。上自伏羲下迄明代，凡一百六十四帝名臣。自風后、力牧以下七十九人。世宗憲皇帝常親詣致祭。乾隆二十八年，特命重修覆屋，改用黃瓦，高宗純皇帝親詣行禮，并御書"報功勸德"扁額。四十九年，大學士九卿等，遵旨議定帝王廟祀典，增入兩晉元魏前後五代創業守成諸帝，自晉元帝至周世宗共二十三帝，又增入唐憲宗、金哀宗，撤去漢桓帝、靈帝。得旨，允行，并命增飾廟貌。五十年，又親詣致祭。嘉慶九年、十四年、十五年，仁宗睿皇帝親詣致祭。

（清）昆岡等《大清會典圖》卷一五《禮一五·歷代帝王廟圖》

歷代帝王廟在阜城門內，南向，圍垣周一百八十六丈三尺八寸。廟門三間，左右門各一。內景德崇聖門五間，崇基石欄，前後三出陛，中十有一級，左右各九級，左右門各一界，以朱垣景德崇聖殿九間，重檐棟梁五彩，崇基石欄。南三出陛，中十有三級，左右各十有一級。東西一出，陛均十有二級，階上下鼎爐各四，左右御碑亭各二。東西廡各七間，一出陛，均八級，階下鼎爐各二。東廡南綠色琉璃燎爐一，西廡南磚燎爐一，殿後祭器庫五間，南向。景德崇聖門外東，垣一、重門一。西向門內，神庫三間，南向。神厨三間，宰牲亭三間，均西向。井亭一，四面間以朱櫺。景德崇聖門外西，垣一、重門一，東向。門內照壁一，入門而北界，垣一。東西二門皆南向。東一門，內關帝廟一，南向。右祭器庫五間，東向。西一門內，遣官房三間，南向右齋宿房五間，東向。入門而南界垣一、重門一，北向。門內，樂舞執事房五間，東向。門之西爲典守房三間，北向。廟門內，東西看守房各三間，東鐘樓一，西向。廟門左右角門各一，門前正中石梁三，梁南護以朱柵，東西夾墙各一，門各一，東西向。左右下馬石碑各一，其覆瓦，正殿及御碑亭均用黃琉璃，餘皆黑琉璃綠緣。

（清）昆岡等《（光緒）大清會典事例》卷八六五《工部四·中祀·壇廟規制》

歷代帝王廟。原定，歷代帝王廟在阜成門內，南向，廟門三間，左右門各一，前石梁三。景德門五間，崇基石欄，前後三出陛，中十有一級，左右各九級，左右門各一。景德崇聖殿九間，重檐，崇基石欄，南三出陛，中十有三級，左右各十有一級，東西一出陛，各十有二級。東西廡各七間，一出陛，均八級，廡前燎爐各一。殿後祭器庫五間，南向；殿東西牌亭四。景德門外東，神庫三間，南向；神厨三間，宰牲亭三間，均西向；井亭一，四面間以朱櫺，北向；垣一重，門一，西向。西遣官房五間，齋宿房前後各五間。廟門內東南鐘樓一座，圍垣，周一百八十六丈三尺八寸。廟門外，東西下馬牌各一，景德街牌坊各一。雍正七年，修建歷代帝王廟，御製碑文，立豐碑一。乾隆二十年奏准，歷代帝王廟正殿覆瓦向用青綠色，請改蓋黃瓦，兩廡仍循舊制。奉旨："所奏是，著改蓋黃瓦，以崇典禮。"三十年奏准，重修歷代帝王廟，景德崇聖大殿、東西兩廡房間、碑亭、景德門、祭器庫、神廚、神庫、省牲亭、井亭、鐘樓、門樓、燎爐、齋房、看守房，共計九十三間，并石梁三座，下馬牌二座，牌樓二座，琉璃影壁一座。五十二年，重修歷代帝王廟牌樓。

（三）修繕過程

《明太祖實錄》卷一八八 "洪武二十一年正月至二月" 條

歷代帝王廟及上元縣治火，延燒官民居室，詔賜被災者鈔有差。

《明太祖實錄》卷一九三 "洪武二十一年八月至九月" 條

改建歷代帝王廟於雞鳴山之陽，命崇山侯李新董之。

《明太祖實錄》卷一九六 "洪武二十二年四月至七月" 條

辛未，改建歷代帝王廟成，遣官致祭，以奉安神主。告禮部定擬，自今每歲止以仲秋月遣官祭之。從之。

《明英宗實錄》卷一八一 "正統十四年八月" 條

令罷修南京山川壇殿宇、歷代帝王廟，諸倉、廠、寺、監器皿，及北京馬駒橋，以修橋銀千餘兩，鈔四十餘萬輸庫。

《明英宗實錄》卷一八八 "廢帝郕戾王附錄第六" 條

丁巳，南京工部奏：山川壇及歷代帝王廟，并城垣、倉廠、大報恩寺，先命修理，未及完備適奉詔停止，然此皆非不急之事，請從儉修完。帝曰：百姓方艱，北鄙未靖，姑緩之。

《明孝宗實錄》卷二二二 "弘治十八年三月" 條

重造南京歷代帝王廟祭器、樂器，以舊器毀於火也。

《清聖祖實錄》卷一四 "康熙四年正月至三月" 條

丙午，命工部修葺歷代帝王廟。

《清高宗實錄》卷七〇五 "乾隆二十九年二月下" 條

辛丑，禮部左侍郎程景伊奏，本年三月初二日，祭歷代帝王廟，皇上親詣行禮，適值易用黃瓦，工竣一新，請另撰文宣讀以伸昭格。嗣後隨常致祭，仍用成文，報聞。

《清高宗實錄》卷七〇六 "乾隆二十九年三月上" 條

癸丑，祭歷代帝王廟，以重修工成，上親詣行禮，御製重修歷代帝王廟碑文。

《清宣宗實錄》卷三三〇 "道光二十年正月" 條

壬子，【略】諭內閣，現在歷代帝王廟正殿興修尚未完工，二月二十八日著即在祭器庫致祭，設樂於庭，百官免其陪祀。

《清德宗實録》卷四八七"光緒二十七年九月"條

乙丑，總管内務府大臣世續等奏修補社稷壇祭器，并估修歷代帝王廟工程。得旨，社稷壇祭器，即行擇要製補，歷代帝王廟暫緩估修。

《清德宗實録》卷四九五"光緒二十八年二月上"條

甲午，諭軍機大臣等，太常寺奏歷代帝王廟應修各工并修補祭器等語。著承修大臣世續等一并估修。

（清）萬斯同等《明史》卷三九《志一三·五行志二·火》

洪武二十一年二月戊辰，歷代帝王廟火，上元縣治亦灾。

（清）張廷玉《清文獻通考》卷一一九《群廟考一·歷代帝王廟》

二十七年，詔重修歷代帝王廟，并詔改蓋黄瓦以崇典禮。三月己酉，遣官祇告，奉請神牌，供於祭器庫。至二十九年二月，正、配殿工竣。丁未，遣官祇告，奉請神牌還位。

（清）嵇璜、劉墉等《清通志》卷四○《禮略·吉禮五》

（康熙）三年，詔修歷代帝王廟。

（乾隆）九年二月，皇上親祭歷代帝王廟。二十九年，重修歷代帝王廟，詔改蓋黄瓦以崇典禮。三月工竣，皇上親詣致祭。

（清）嵇璜等《續通志》卷一七三《灾祥略·火》

明太祖洪武元年二十一年二月，歷代帝王廟火。

（清）嵇璜等《續文獻通考》卷八五《群廟考》

二十二年五月，改建歷代帝王廟成。

先是廟灾，詔改建，至是廟成，遣官致祭，以奉安神主。告從禮部，擬自後每歲以仲秋月遣官致祭。

（清）穆彰阿《（嘉慶）大清一統志·歷代帝王廟》

在阜成門内大市街之西，崇祀歷代帝王，每年春秋二仲月祭。廟制，殿九，楹曰景德崇聖之殿；東西兩廡各七楹，南爲景德門。又南爲廟門，街曰景德街。舊止祀三皇五帝三王，及漢唐宋遼金元明創業諸帝，以歷代開國勳臣配享。本朝康熙六十一年詔，歷代享國之君，及名臣輔佐太平者，俱宜增配。上自伏羲下迄明代，凡一百六十四帝名臣。自風后、力牧以下七十九人。世宗憲皇帝常親詣致祭。乾隆二十八年，特命重修覆屋，改用黄瓦，高宗純皇帝親詣行禮，并御書報功勸德扁額。

（清）昆岡等《（光緒）大清會典事例》卷八六五《工部四·中祀·壇廟規制·歷代帝王廟》

歷代帝王廟在阜成門内，南向，廟門三間，左右門各一，前石梁三。景德門五間，崇基石欄，前後三出陛，中十有一級，左右各九級，左右門各一。景德崇聖殿九間，重檐，崇基石欄，南三出陛，中十有三級，左右各十有一級，東西一出陛，各十有二級。東西廡各七間，一出陛均八級，廡前燎爐各一。殿後祭器庫五間，南向；殿東西牌亭四。景德門外東，神庫三間，南向；神厨三間，宰牲亭三間，均西向；井亭一，四面間以朱檻，北向；垣一重，門一，西向。西遣官房五間，齋宿房前後各五間。廟門內東南鐘樓一座，圍垣，周一百八十六丈三尺八寸。廟門外，東西下馬牌各一，景德街牌坊各一。雍正七年，修建歷代帝王廟，御製碑文，立豐碑一。乾隆二十年奏准，歷代帝王廟正殿覆瓦向用青綠色，請改蓋黃瓦，兩廡仍循舊制。奉旨："所奏是，著改蓋黃瓦，以崇典禮。"三十年奏准，重修歷代帝王廟，景德崇聖大殿、東西兩廡房間、碑亭、景德門、祭器庫、神厨、神庫、省牲亭、井亭、鐘樓、門樓、燎爐、齋房、看守房，共計九十三間，并石梁三座，下馬牌二座，牌樓二座，琉璃影壁一座。五十二年，重修歷代帝王廟牌樓。

（清）昆岡等《（光緒）大清會典事例》卷八六六《工部五·壇廟規制·修理》

（順治）十五年復准，各壇廟每屆祭祀，太常寺先期移文工部酌量修理。雍正元年諭，圜丘、方澤、日、月、社稷、先農各壇，及太廟、歷代帝王廟、真武廟等處，著差給事中御史共九人，部院賢能司官、工部司官共九人，敬謹堅固修理，仍令大臣九人分工監修。再各壇廟工程，從前修過者甚多，并未年久即將傾圮，皆浮冒錢糧之所致，一并嚴加確查。

劉錦藻《清續文獻通考》卷一六六《群廟考一·歷代帝王廟》

道光二十年，奏准祭歷代帝王廟，因興修正殿等工，移請神牌於祭器庫，供奉即在祭器庫，致祭設案於庭，百官免其陪祀。

二、祭祀制度

（一）祭祀前期

日期時辰

《明太祖實錄》卷一九六"洪武二十二年四月至七月"條

辛未，改建歷代帝王廟成，遣官致祭，以奉安神主。告禮部定擬，自今每歲止以仲秋月遣官祭之。從之。

（明）陳鶴《明紀》卷三

八月乙亥，建歷代帝王廟於欽天山之陽，爲正殿五室，祀三皇五帝，夏禹，商湯，周文王、武王，漢高祖、世祖，唐高祖、太宗，宋太祖，元世祖，每歲春秋仲月上旬甲日致祭。已而以周文王終守臣服，唐高祖由太宗得天下，遂寢其祀，增祀隋高祖。

（明）陳鶴《明紀》卷三〇

歷代帝王廟成，名曰景德崇聖之殿。壬辰親祭，嗣後歲遣大臣行禮。凡子午卯酉祭於陵寢之歲則停秋祭。

（明）陳建《皇明通紀法傳全錄》卷六

癸丑，洪武六年正月，上命禮官參考歷代帝王有功生民者，立廟祀之。禮部尚書牛諒奏：“三皇開天立極，有大功德於民，京都有廟，春秋享祀；伏羲以下九君宜令有司就各陵立廟，每歲致祭；商中宗以下十五君，宜令有司立陵廟，三年一祭。”上曰：“五帝三王及漢唐宋創業之君，俱宜於京師立廟致祭，其餘守成賢君令有司祭於陵廟，皆每歲春秋祀之。遂建帝王廟於京師。”

（明）申時行等《大明會典》卷九一《禮部四九·群祀一·歷代帝王》

洪武元年，命以太牢祭三皇。二年，遣官致祭，以勾芒、祝融、風后、力牧配。六年，始建帝王廟於京師，以祀三皇五帝、三王及漢唐宋創業之君，每歲春秋致祭。

二十一年，是年，帝王廟火，改建於雞鳴山之陽。

又定以每歲春，附祭歷代帝王於郊壇，秋祭於本廟。每三年傳制遣道士賚香帛，令有司祭於各陵寢，凡祭於陵寢之歲則停廟祭。嘉靖十一年春，仍祭于文華殿；夏，始建廟於都城之西，亦爲五室，位次如舊。是秋，上親臨祭。嗣後歲以春秋仲月，太常寺先期奏請遣大臣一員行禮，四員分獻。凡祭於陵寢之歲則停秋祭。

（明）佚名《太常續考》卷五《歷代帝王事宜》

廟建於都城之西阜城門內，名曰景德崇聖之殿。

上初即位，則遣官詣帝王陵祭告本廟。住持一名，焚修四名，俱於樂舞生內選戒行端方者充之，以奉香火，每名領本寺下帖一張，廟户二十名。

洪武六年，禮官言古帝王有父子祖孫一廟合祭非禮，乃別立歷代帝王廟，同堂異室，歲春秋祀。

二十一年，是年，廟火，改建於欽天山之陽，去隋文帝，又增歷代帝王一壇於大祀殿環堵之外，以孟春從祀天地，本廟惟仲秋遣官祭。子午卯酉年秋，傳制祭陵，停廟祭。

嘉靖九年，罷歷代帝王南郊從祀。禮官請加南京廟春祭，上不從，令建廟京師，歲仲春秋祭，罷南京廟祭。

十年春，廟未成，上祀之文華殿，廟初成，上親至廟祭。是年，修撰姚淶請罷元世祖祀，禮官議不可，上從禮官議。

二十四年，給事中陳棐又言之，乃罷祀元世祖，并罷從祀穆呼哩等五人。二月某日，祭歷代帝王。前期十日，本寺題欽遣大臣一員行禮，四員分獻，本旨下各行手本知會。

（清）萬斯同等《明史》卷五〇《志二四・禮志八》

六年，建歷代帝王廟於京師欽天山之陽。略用太廟同堂异室之制，爲正殿五室，中一室以居三皇，東一室以居五帝，西一室以居夏禹、商湯、周文王，又東一室以居周武王、漢光武、唐太宗，又西一室以居漢高祖、唐高祖、宋太祖、元世祖，每歲春秋致祭。【略】二十一年，令每歲郊祀附祭歷代帝王於大祀殿，仍以歲八月中旬擇日遣官祭於本廟，其春祭停之；命禮臣定遣官行禮儀，祭物改用每位簠、簋各二，鉶二，五室共設酒尊三，爵四十八，篚五於中室東南西向，設祝文案於西；又定每三年傳制，遣道士賚香帛，令有司祭於各陵寢，之歲則停本廟之祭。【略】嘉靖九年，罷歷代帝王南郊從祀，令建廟京師，歲以仲春秋致祭，并罷南京廟祭。【略】十一年夏，始建廟於都城之西，名曰景德崇聖之殿；東西兩廡，南砌二燎爐，殿後爲祭器庫，前爲景德門，門外東爲神庫、神厨、宰牲亭、鐘樓，西爲住持房，又前爲廟街門東西二牌坊，曰景德街；正殿亦爲五室，位次如舊。是秋，廟成，親詣致祭，嗣後歲以春秋仲月，太常寺先期奏請遣大臣一員行禮，四員分獻。凡遇子午卯酉，祭於陵寢之歲，則停秋祭。

（清）允祹等《大清會典》卷四五《禮部》

凡祭前代帝王之禮，爲廟於皇城之西，殿曰景德崇聖。内設七室。【略】歲以春秋仲月諏日，遣官致祭。皇帝特行崇典，則親詣行禮。景德崇聖殿中三皇各一案，五帝共三案，夏商周代設一案，其餘每室三案。每位帛一，每室牛一、羊一、豕一、尊一，每案登一、鉶二、簠簋各二、籩豆各十、爵三、爐一、鐙二。兩廡各設十案，每位帛一，爵三，每案鉶二、簠簋各二、籩豆各四；東西各羊二、豕二、尊二、爐四、鐙八。先祭一日，樂部設中和韶樂於殿外階上，分左右懸儀衛陳法駕鹵簿於午門外。日出前六刻，太常卿詣乾清門告時，皇帝御祭服乘禮輿出宮，前引後扈如常，儀駕發警蹕午門，鳴鐘，法駕鹵簿前導。不陪祀王公百官咸朝服跪送，導迎鼓吹設而不作，鑾儀衛校鳴廟内鐘。

（清）嵇璜等《續通志》卷一一四《禮略・祀歷代帝王名臣附》

明太祖洪武三年，遣使訪先代陵寢，仍命各行省具圖以進，凡七十有九。禮官考其功德昭著者，自伏羲至宋理宗，凡三十有六，伏羲、神農、黄帝、少昊、顓頊、唐堯、虞舜、夏禹、商湯、中宗、高宗、周文王、武王、成王、康王、漢高祖、文帝、景帝、武帝、宣帝、光武、明帝、章帝、後魏文帝、隋高祖、唐高祖、太宗、憲宗、宣宗、周世宗、宋太祖、太宗、真宗、仁宗、孝宗、理宗。各制袞冕函香幣，遣官修祀。六年，建歷代帝王廟於京師欽天山之陽，爲正殿五室，中一室三皇，東一室五帝，西一室夏禹、商湯、周文王，又東一室周武王、漢光武、唐太宗，又西一室漢高祖、唐高祖、宋太祖、元世祖，每歲春秋二仲上甲日致祭。已而以周文王終守臣節，唐高祖由太宗得天下寢其祀；增祀隋高祖，已而又罷隋高祖之祀。二十一年，令每歲郊祀附祭歷代帝王於太祀殿，仍以歲八月中旬擇日祭於本廟，其春祭停之；又定每三年遣祭各陵之歲則停廟祭。是年，詔以歷代名臣，風后、力牧、皋陶、夔、龍、伯夷、伯益、伊尹、傅説、周公旦、召公奭、太公望、召虎、方叔、張良、蕭何、曹參、陳平、周勃、鄧禹、馮异、諸葛亮、房玄齡、杜如晦、李靖、郭子儀、李晟、曹彬、潘美、韓世忠、岳飛、張浚、穆呼哩、博勒呼、博勒珠、齊拉袞、巴延从祀于東西庑，凡三十七人。永樂遷都，帝王廟遣南京太常寺官行禮。世宗嘉靖九年，罷歷代帝王南郊從祀，建歷代帝王廟於都城，歲以仲春秋祭。二十四年，罷元世祖陵廟之祀及從祀穆呼哩等，凡祀十五帝，名臣三十二人。

（清）嵇璜等《續文獻通考》卷八五《群廟考》

六年八月，祀三皇及歷代帝王。

帝以五帝三王及漢唐宋創業之君，俱宜於京師立廟致祭，其餘守成賢君令有司春秋祭於陵廟。遂建歷代帝王廟於欽天山之陽，【略】每歲春秋仲月上旬甲日致祭。

二十二年五月，改建歷代帝王廟成。

先是廟灾，詔改建，至是廟成，遣官致祭，以奉安神主。告從禮部，擬自後每歲以仲秋月遣官致祭。

世宗嘉靖十年正月，建歷代帝王廟，二月祭于文華殿。

中允廖道南請撤靈濟宮改建歷代帝王廟，禮部以所在狹隘不稱，乃建於阜城門内。嗣以建廟未成躬舉春祭正殿。凡五壇丹陛東，西名臣四壇。將祭，禮部尚書李時言，舊儀有賜福胙之文，賜者自上而下之義，惟郊廟社稷宜用帝王止宜云答。詔可。次年夏廟成，名曰景德崇聖之殿。殿五室，東西兩廡，殿後祭器庫，前爲景德門，門外神庫、神厨、宰牲亭、鐘樓，街東西二坊曰景德街。八月，帝親祭，由中門入，迎神、受福胙、送神各兩拜，嗣後歲遣大臣，一員行禮，四員分獻。罷南京廟祭。凡子午卯西，祭於陵寢之歲則停秋祭。二十四年，以科臣陳棐言，罷元世祖陵廟之祀及從祀木華黎等，復遷唐太宗與宋太祖同室，凡十五帝，從祀名臣三十二人。

（清）穆彰阿《（嘉慶）大清一統志·歷代帝王廟》

在阜成門内大市街之西，崇祀歷代帝王，每年春秋二仲月祭。廟制，殿九，楣曰景德崇聖之殿；東西兩廡各七楹，南爲景德門。又南爲廟門，街曰景德街。舊止祀三皇五帝三王，及漢唐宋遼金元明創業諸帝，以歷代開國勛臣配享。本朝康熙六十一年詔，歷代享國之君，及名臣輔佐太平者，俱宜增配。上自伏羲下迄明代，凡一百六十四帝名臣。自風后、力牧以下七十九人。世宗憲皇帝常親詣致祭。乾隆二十八年，特命重修覆屋，改用黃瓦，高宗純皇帝親詣行禮，并御書《報功勸德》扁額。四十九年，大學士九卿等遵旨議定帝王廟祀典，增入兩晋元魏前後五代創業守成諸帝，自晋元帝至周世宗共二十三帝，又增入唐憲宗、金哀宗，撤去漢桓帝、靈帝。得旨，允行，并命增飾廟貌。五十年，又親詣致祭。嘉慶九年、十四年、十五年，仁宗睿皇帝親詣致祭。

（清）昆岡等《（光緒）大清會典事例》卷四一六《禮部一二七・祭統・祀期》

順治二年定，歷代帝王，以春秋二仲月擇日致祭。饗先師孔子，以春秋二仲上丁日。

劉錦藻《清續文獻通考》卷一六六《群廟考一・歷代帝王廟》

凡致饗歷代帝王之禮，歲春秋仲月諏吉遣官將事，特行崇典則皇帝親詣行禮。

題請

（明）申時行等《大明會典》卷九一《禮部四九・群祀一・歷代帝王》

嘉靖九年，釐正祀典，罷郊壇帝王附祭。十年春，爲位於文華殿祭之。十一年春，仍祭于文華殿。夏，始建廟於都城之西，亦爲五室，位次如舊。是秋，上親臨祭。嗣後歲以春秋仲月，太常寺先期奏請遣大臣一員行禮，四員分獻。凡祭於陵寢之歲，則停秋祭。

洪武二十六年定遣祭儀。齋戒前一日，太常官宿于本司；次日具本奏致齋二日。傳制遣官行禮。傳制儀見儀制司。省牲。牛五、羊五、豕六、鹿一、兔八。凡正祭前一日，獻官承制畢，詣本壇省牲。

（明）佚名《太常續考》卷五《歷代帝王事宜》

嘉靖九年，罷歷代帝王南郊從祀，禮官請加南京廟春祭，上不從，令建廟京師，歲仲春秋祭，罷南京廟祭。十年春，廟未成，上祀之文華殿。廟初成，上親至廟祭。是年，修撰姚淶請罷元世祖祀，禮官議不可，上從禮官議。二十四年，給事中陳棐又言之，乃罷祀元世祖，并罷從祀穆呼哩等五人。二月某日，祭歷代帝王。前期十日，本寺題欽遣大臣一員行禮，四員分獻，本旨下各行手本知會。

（清）允祹等《大清會典》卷八二《太常寺》

凡題奏祭祀，禮部於豫歲以題定祭期，札寺。大祀天地前二十五日，由寺具疏，謹以皇帝親詣行禮，或遣官恭代，并列分獻官名題請。【略】其餘中祀，前二十日，群祀前十有五日，均列承祭分獻官名，具疏恭候簡命。

（清）昆岡等《（光緒）大清會典事例》卷四一六《禮部一二七・祭統》

乾隆十四年奏准，每歲各祭祀，嗣後由禮部札行欽天監恭選吉期，具題請旨。奉旨後，交與太常寺按期豫行題請。

（清）昆岡等《（光緒）大清會典事例》卷一〇六〇《太常寺三・承事・題奏祀期》

春秋祭歷代帝王及群祀，皆卜吉。

（清）昆岡等《（光緒）大清會典事例》卷一〇六〇《太常寺三・承事・祭日請駕》

順治年間定，【略】帝王廟、先師廟，均於日出前六刻。

祝版祝文

（明）申時行等《大明會典》卷九一《禮部四九・群祀一・歷代帝王・祝文》

維洪武年歲次月朔日，皇帝謹遣具官某，致祭於太昊、伏羲氏、炎帝神農氏、黄帝軒轅氏、帝金天氏、帝高陽氏、帝高辛氏、帝陶唐氏、帝有虞氏、夏禹王、商湯王、周武王、漢高祖皇帝、漢光武皇帝、唐太宗皇帝、宋太祖皇帝、元世祖皇帝，曰昔者奉天明命，相繼爲君。代天理物，撫育黔黎，彝倫攸叙，井井繩繩，至今承之，生民多福。思不忘而報，特祀以春秋。惟帝兮英靈，來歆來格。尚享。

嘉靖十一年定親祭儀。嘉靖中，更定遣官祝文，儀仍舊。祝文具年月日遣官名帝稱號俱同，但去元世祖。曰：仰惟諸帝，昔皆奉天撫世，創治安民。皇祖景慕不忘，春秋致祭，著在令甲。茲朕特建殿宇，恭修恒祀。時維仲春秋，謹遣輔臣，以牲帛庶品，用享列聖。予惟冲昧，敬體皇祖追報之虔，惟諸帝鑒臨，來格於斯。庶副予誠之至。尚享。

（明）佚名《太常續考》卷五《歷代帝王事宜》

前期一日。本寺卿同光祿寺卿省牲畢，具本復命。同日早博士捧祝版奉安於帝王廟神庫，同日早樂舞生詣廟丹墀，各門燒香，午後本寺官率樂舞生陳設樂器，厨役洗祭器奉安神牌陳設籩豆牲隻。

陳設。漢高祖皇帝、漢光武皇帝籩豆二，案牲三，共一壇。帝陶唐氏、帝高陽氏、帝金天氏、帝高辛氏、帝有虞氏籩豆五，案牲三，共一壇。炎帝神農氏、太昊伏羲氏、黃帝軒轅氏籩豆三，案牲三，共一壇。商湯王、夏禹王、周武王籩豆三，案牲三，共一壇。唐太宗皇帝、宋太祖皇帝，籩豆二，案牲三，共一壇。

（清）萬斯同等《明史》卷四三《志一七·禮志一·吉禮一·祭祀諸儀》

凡祭祀雜議諸儀版位，皇帝位，方一尺二寸，厚三寸，紅質金字；皇太子位，方九寸，厚二寸，紅質青字；陪祀官位，并白質黑字。

（清）允祹等《大清會典》卷八二《太常寺》

凡親閱祝版，【略】社稷以下諸祭均御中和殿，皇帝袞服，執事官補服，如遇朝期，執事官咸朝服，遇忌辰閱太廟祝版，素服，執事官常服。前二日，司祝奉祝版送內閣恭書祝文。前一日，卿詣乾清門恭請皇帝御殿，乃率屬奉祝版入殿內恭設黃案上，皇帝恭閱如儀。禮畢，奉送各壇廟恭設神庫。遣官及群祀祝版，均司祝自內閣奉送祭所。

（清）允祹等《大清會典》卷八三《太常寺》

春秋祭帝王廟祝文：維乾隆年歲次八二月朔越日，皇帝遣致祭於太昊、伏羲氏、炎帝、神農氏、黃帝、軒轅氏、帝金天氏、帝高陽氏、帝高辛氏、帝陶唐氏、帝有虞氏，夏十四王，商二十六王，周三十二王，漢二十一帝，唐十五帝，遼六帝，宋十四帝，金五帝，元十一帝，明十三帝。曰仰惟諸帝應運代興，作君作師，撫育黎烝，創治維艱，基業用宏，守文不易，謨烈是承，風教既遠，功德可稱，報于仲春秋，神其式憑。尚饗。

（清）允裪等《大清會典》卷八四《翰林院》

凡撰文祭告郊廟、陵寢、社稷、岳鎮海瀆，暨帝王陵寢、先師、闕里，各祝文由院撰擬，奏請欽定。

（清）昆岡等《大清會典圖》卷二一《禮二一‧祝版圖》

祝版木質，制方，尺寸有度。【略】歷代帝王廟、旌勇祠，縱八寸四分，廣一尺五寸。【略】皆承以座，座有雕，有素文，表於版，有純有緣，紙與書各殊色。【略】歷代帝王廟、先師廟、太歲殿、天神壇、地祇壇、先醫廟、關帝廟、文昌廟、火神廟、顯佑宮、東岳廟、都城隍廟，均白紙黃緣墨書。

（清）昆岡等《（光緒）大清會典事例》卷一二《內閣二‧典禮‧祭祀書祝版》

恭遇，【略】歷代帝王廟，【略】皇帝親詣行禮，或遣官行禮。前期二日，太常寺官送祝版於內閣，滿洲中書敬書祝辭。

（清）昆岡等《（光緒）大清會典事例》卷四一五《祝版》

歷代帝王、先師、關帝、文昌帝君、先農、先蠶、太歲、先醫、北極佑聖真君、東岳、火神、都城隍等祭祀，均白紙黃緣墨書。

（清）昆岡等《（光緒）大清會典事例》卷一〇六四《太常寺七‧祝文‧歷代帝王廟祝文》

維光緒某年歲次干支某月干支朔越若干日干支，皇帝遣某官某致祭謹案：恭遇親詣行禮，祝文內敬書皇帝謹致祭。於太昊伏羲氏、炎帝神農氏、黃帝軒轅氏、帝金天氏、帝高陽氏、帝高辛氏、帝陶唐氏、帝有虞氏、夏十四王、商二十六王、周三十二王、漢十九帝、東晉七帝、宋三帝、齊一帝、後魏八帝、陳二帝、唐十六帝、後唐一帝、後周一帝、遼六帝、宋十四帝、金六帝、元十一帝、明十三帝，曰欽惟諸帝，應運代興，作君作師，撫育黎烝，創始維艱，基業用宏，守文不易，謨烈是承，風教既遠，功德可稱，報于仲春、秋，神其式憑。尚饗。

齋戒陪祀迎送

（明）佚名《太常續考》卷五《歷代帝王事宜》

嘉靖九年，罷歷代帝王南郊從祀，禮官請加南京廟春祭，上不從，令建廟京師，歲仲春秋祭，罷南京廟祭。十年春，廟未成，上祀之文華殿，廟初成，上親至廟祭。是年，修撰姚淶請罷元世祖祀，禮官議不可，上從禮官議。二十四年，給事中陳棐又言之，乃罷祀元世祖，并罷從祀穆呼哩等五人。二月某日，祭歷代帝王。前期十日。本寺題欽遣大臣一員行禮，四員分獻，本旨下各行手本知會。

本寺委協律郎提調樂舞生執事於太和殿，朝夕演習禮樂。

前期七日。行手本知會鴻臚寺，於前期二日請升殿奏祭祀。

前期三日。行揭帖知會司禮監奏祭祀。

前期二日。本寺官具公服於皇極殿，鳴鞭訖，跪奏云：太常寺卿臣某等謹奏，本月某日祭歷代帝王，文武百官於某日致齋一日，請旨，承旨，叩三頭，一揖一躬，退。如其日免朝，則具本題知。是日，屬官率鋪排執御仗紗燈，進齋戒牌銅人于文華殿東，九五齋北向，仍出示長安門。

齋牌。某年二月某日祭歷代帝王，自某日午後沐浴更衣，某日致齋一日。

東西長安門告示。太常寺爲祭祀事照得□年二月某日祭歷代帝王，文武百官自本月某日午後沐浴更衣，於本衙門宿歇，某日致齋一日，其陪祀官員以下與大祀同。同日本寺卿同光禄寺卿具本奏省牲，本寺官詣太和殿演禮樂畢，詣犧牲所看牲。

（清）萬斯同等《明史》卷四三《志一七·禮志一·吉禮一·祭祀諸儀》

歷代帝王并孔子等廟，先一日沐浴更衣處外室，次日遣官。

（清）萬斯同等《明史》卷五〇《志二四·禮志八　吉禮八·歷代帝王陵廟》

先期齋戒二日，遣中書省臣省牲，至日皇帝服衮冕行事。已而罷隋高祖之祀，凡五室十六位。二十一年，令每歲郊祀附祭歷代帝王於大祀殿，仍以歲八月中旬擇日遣官祭於本廟，其春祭停之；命禮臣定遣官行禮儀，【略】又定每三年傳制，遣道士賚香帛，令有司祭於各陵寢，之歲則停本廟之祭。【略】永樂後，帝王廟遣南京太常寺官行禮。

嘉靖九年，罷歷代帝王南郊從祀，令建廟京師，歲以仲春秋致祭，并罷南京廟祭。十年春廟未成，躬祭歷代帝王于文華殿，分設帝王五壇十六位，丹陛東西分設名臣，四壇三十七人，禮部尚書李時言：舊儀三獻畢有賜福胙之文，賜者自上而下之義，惟郊廟社稷宜用，其歷代帝王與皇上等倫止宜云答，於義爲當。復上其儀，命大學士翟鑾、尚書梁材、李時、汪鋐分奠。十一年夏，始建廟於都城之西，名曰景德崇聖之殿。【略】是秋，廟成，親詣致祭。嗣後歲以春秋仲月，太常寺先期奏請遣大臣一員行禮，四員分獻。凡遇子午卯酉，祭於陵寢之歲，則停秋祭。

（清）張廷玉《清文獻通考》卷九一《郊社考》

八年三月，定祭祀齋戒例：【略】中祀，齋戒二日。或親祭，或遣官恭代，俱於太和殿設齋戒牌銅人，各衙門亦設齋戒牌。【略】如親饗太廟、祭社稷、歷代帝王廟，王以下、陪祭各官以上俱於家內齋戒。如遣官代祀，與郊祀例同。康熙年中定例。齋戒前一日，禮部太常寺後專由太常寺題請進齋戒牌銅人。越日，恭設於乾清門中間東檐下，各衙門俱設齋戒木牌。【略】如祭各中祀，皇帝于大內致齋，百官均於私第致齋，凡陪祀致齋各官，不理刑名、不宴會、不聽音樂、不入內寢、不問疾吊喪、不飲酒茹葷、不祭神、不掃墓，有疾有服者皆弗與，其有故違不到者，察治之。若小祀，則不進齋戒牌，各衙門不致齋。

（清）允祹等《大清會典》卷四五《禮部》

凡祭前代帝王之禮，爲廟於皇城之西，殿曰景德崇聖。內設七室。【略】歲以春秋仲月諏日，遣官致祭。皇帝特行崇典則，親詣行禮。

　　先祭一日，樂部設中和韶樂於殿外階上，分左右懸鑾儀衛陳法駕鹵簿於午門外。日出前六刻，太常卿詣乾清門告時，皇帝御祭服乘禮輿出宮，前引後扈如常儀。駕發，警蹕。午門鳴鐘，法駕鹵簿前導。不陪祀王公百官咸朝服跪送，導迎鼓吹設而不作，鑾儀衛校鳴廟內鐘。皇帝至廟，由中門入至景德門，降輿，贊引太常卿二人，恭導皇帝入大次少憩。【略】恭導皇帝由景德中門出，升禮輿，導迎，樂作，奏《祐平之章》。皇帝回鑾，王公從百官以次退，不陪祀王公百官于午門外跪迎，午門鳴鐘，王公隨駕入至內金水橋，恭候皇帝還宮，各退。遣官，王公由景德門左門入於階上，大臣由左旁門入於階下，均行三跪九叩禮。讀祝，王公引入殿內，大臣引至階上。贊引乙太常贊禮郎。上香時，贊就上香位。引承祭官進殿，詣三皇案前上香，五帝以下均執事官上香。升降自東階，出入由殿左門。祝帛送燎所，避立西旁東面，不飲福受胙，王公等不陪祭，餘均如儀。

(清)　允祹等《大清會典》卷八二《太常寺》

　　凡題奏祭祀，禮部於豫歲以題定祭期。札寺。大祀天地前二十五日，由寺具疏，謹以皇帝親詣行禮，或遣官恭代，并列分獻官名題請。太廟社稷中祀，日、月恭遇皇帝親詣之歲，均前二十日具疏，亦如之。其餘中祀，前二十日，群祀前十有五日，均列承祭分獻官名，具疏恭候簡命。

　　凡進齋戒牌銅人，恭遇皇帝親詣行禮，於齋期前一日具奏。屆期黎明，卿率屬補服，遇朝期朝服，奉齋戒牌銅人入至乾清門，恭設于中門左楹前。【略】饗前代帝王、先農，恭設於乾清門二日，如皇帝不親詣，則不奏設齋戒牌銅人。【略】

　　饗前代帝王、先師，均於日出前六刻祇告傳心殿，於日出前三刻饗先農，於巳時前六刻，均先期行欽天監，取候時官二人，至時卿詣宮門請駕。

　　凡遣官恭代，【略】承祭前代帝王，以領侍衛內大臣、散秩大臣、都統、尚書。

　　凡分獻，【略】親祭帝王廟，分獻兩廡，均以尚書、左都御史；遣官承祭，以侍郎、內閣學士、左副都御史親祀。

(清)　昆岡等《(光緒) 大清會典事例》卷四一五《禮部一二六·祭統》

　　齋戒，凡齋戒，由禮部行文，吏兵二部轉行文武衙門，將應入齋戒職名，於祭祀前十日開送太常寺。宗室鎮國將軍以下，奉恩將軍以上，宗室覺羅都統以下，參領、輕車都尉、佐領以上，文職宗室覺羅尚書以下，員外郎并員外郎品級官以上，均由宗人府開送。八旗滿洲蒙古漢軍公、侯、伯以下，輕車都尉、佐領以上，滿漢文職大學士以下，員外郎并員外郎品級官以上，均由吏部開送。漢缺武職冠軍使由鑾儀衛，參將、游擊由步軍統領衙門開送。齋戒日，不理刑名，不辦事，有緊要事仍辦；不燕會，不聽音樂，不入內寢，不問疾吊喪，不飲酒，不茹葷，不祭神，不埽墓。前期一日，沐浴，有疾有服者勿與。【略】

　　康熙三十二年題准，陪祀致齋各官，有期服者，一年不得與齋戒；大功小功緦麻在京病故者，一月不得與齋戒；在京聞訃者，十日不得與齋戒。雍正五年諭，壇廟祭祀，理宜潔淨齋戒，嗣後命御史二人，各部院衙門司官二人，每旗賢能官各一人，內務府官二人，三旗侍衛二人，前往壇內稽查；其齋戒臨近時，將旗下大臣職名具奏，朕酌量遣往稽查。又議准，應齋戒陪祀各官，遇有期年以下之服，該衙門豫咨都察院註冊；臨祭祀時，復諮都察院對冊，有捏報者題參。九年議准，六科給事中監察御史，凡遇祭祀，咸令齋戒。十年諭，國家典禮，首重祭祀，每齋戒日期，必檢束身心，竭誠致敬，不稍放逸，始可以嚴昭事而格神明。朕遇齋戒之日，至誠至敬，不但殿庭安設銅人，即坐臥之處，亦書齋戒牌，存心儆惕，須臾勿忘。至內外大小官員，雖設齋戒牌於官署，但恐言動起居之際，稍有褻慢，即非致齋嚴肅之義。考明代祀典，凡陪祀及執事之人，有懸祀牌之例，今酌定齋牌之式，令陪祀各官佩著心胸之間，使觸目儆心，恪恭罔懈，并得彼此觀瞻，益加省惕，其於明禋大典，愈昭虔潔，著傳諭各部院八旗并直省文武官一例遵行。又奏准，大祀中祀，凡親詣行禮，太常寺先期行文左右兩翼前鋒統領，下五旗護軍統領，將應齋戒之前鋒統領、護軍統領，暨前鋒參領、護軍參領、對品之署副護軍參領等各職名，詳細開送太常寺，以便散給齋牌。十一年復准，向例各衙門齋戒官職名，皆先期行文太常寺轉送都察院稽查，但稽查齋戒大臣，無齋戒官職名，無憑稽查，嗣後齋戒之期，各部院及八旗齋戒官，除照舊知會太常寺轉送都察院外，再造冊一本，并送該寺存儲。俟欽點八旗大臣後，令赴寺領取，按冊稽查；如各衙門八旗不豫造冊移送者，由稽查齋戒大臣參奏，交與該部，將經管造冊官照例議處。又復准，文武官有署理協辦兼幾處行走者，或在本任衙門，或在署理協辦衙門齋宿，於冊送太常寺時註明冊內，以便稽查。

又定，【略】歷代帝王、先師、先農之祭，王公在府第致齋二日；文武各官在私第齋戒二日。遣官致祭，王公均不致齋。

（乾隆）十四年諭，凡遇齋戒，有衙署之大臣，皆在各該衙門齋宿，侍衛在侍衛教場齋宿，此定例也。近來有衙署之大臣內，往往因兼別任，不在該衙門齋宿，而別尋他處齋宿者，侍衛等尚有稽查之人，大臣等不在公所齋宿，其他處則稽查所不到，雖云尋他處齋宿，究與在家何異。凡祭祀齋宿者，特以將其潔敬之意，所關甚巨，此皆日久漸滋之陋習，嗣後凡遇齋戒，有衙署之大臣，雖兼別職務，著在各該衙門齋宿；其無衙署之領侍衛內大臣散秩大臣等，著在紫禁城內齋宿；違者經朕察出，定行治罪，御前侍衛等亦著在紫禁城內齋宿。

三十七年諭，向來壇廟祭祀，滿漢王公大臣應入齋戒陪祀者，由都察院等衙門稽核查奏，并于歲底通行檢核，有不到三次以上者，交部分別處分。第念宿齋陪祀，各期恪致寅恭，若其中有年齒漸增，精力未免少減，儻以格于查核之例，因而勉強支持，跛倚從事，轉非嚴恪肅將之本意。嗣後王公大臣有年逾六旬者，凡遇祀典，聽其自行酌量精神，或致齋而不陪祀，或并不能致齋，一聽其便；并毋庸列入查奏彙核之內，以昭體恤，以重明禋。五十九年諭，稽查齋戒之都統、副都統八員，向分兩翼按旗稽查，又分察各部院衙門，實難周徧，嗣後八旗都統等，著不必稽查各部院衙門，止稽查八旗各營，其六部著派給事中六員稽查，各衙門著派御史六員稽查。出派時，著都察院大臣等揀派具奏，祭祀後將有無曠誤之處，即令派出之給事中、御史等會同繕寫清單具奏，其都察院衙門，著派出稽查右翼大臣等輪流前往稽查。嘉慶十二年諭，御史胡大成奏請飭臣工敬謹將事以重祀典一摺，據稱近聞每值齋戒之期，應入署齋宿各員，多不入署齋宿；又伊於從前監禮時，曾親見祭告甫畢，樂奏未終，而執事人員即喧嘩雜沓，請飭各部寺院嗣後不得仍前怠玩等語。壇廟大祀，齋戒及執事各員，理宜恪恭將事，以昭誠敬，向例特派大員稽查，并令科道查齋監禮，立法已極詳明，惟奉行日久，在齋戒執事者未必能仍前嚴肅，而稽查監禮者亦即視為具文，殊非潔蠲之義。其例應入署齋宿之員，或因職守不同，間有假廟宇齋宿者，亦應將所宿廟名。由本衙門諮報，俾有考核。至祭告甫畢，執事者即喧嘩雜沓，該御史從前監禮時，既經親見，何以并不封上彈章，默爾而息。嗣後各部寺院衙門，惟申明舊例，凡應齋戒執事各員，務各小心謹恪，毋得稍存怠忽。其派出查齋之員，向來稽查過早，齋宿者或尚未到署，即已到各員，一經查竣，仍可散退，未免習而生玩。此後查齋之員，必當於傍晚時始行查察，如有違例懈忽者，即著據實參奏，以肅祀典。十九年諭，嗣後職事官員，俱著晝夜在本衙門齋戒，并著查齋科道等據實確查，如有不在衙門者，即行參奏。二十五年諭，嗣後凡應行齋戒人員，俱著晝夜住宿公所，不准潛回私宅，其派出查齋之員，於日間稽查一次，夜間稽查一次，如有不到者，即行指名奏參，做曠怠。

（清）昆岡等《（光緒）大清會典事例》卷四一六《禮部一二七·祭統·陪祀》

康熙二十五年諭，朕惟敬天奉祖，郊祀廟饗，必精白厥心，竭誠致慎，庶幾有孚昭格，用洽明禋。朕於祭祀壇廟，每躬詣行禮，未嘗不齋明祗濯，實圖感通。凡從事於祀典者，皆宜表裏精誠，虔盡職掌。近見執事陪祀各官，間有因循怠忽，視為具文，不能盡心致愨，共效昭事之忱，殊為非禮。嗣後務各秉誠心，克恭祀事。凡行禮儀節，始終整肅，毋得慢易，用副朕敬天奉祖至意。作何再加通飭，永可遵行。著九卿詹事科道會同詳加確議具奏。欽此。遵旨議定【略】其太廟、社稷壇、日壇、月壇、歷代帝王廟陪祭官員，亦不照加級。武官公以下，參領、阿達哈哈番以上；文官尚書以下，郎中以上；滿科道漢六科掌印給事中，武官參將、游擊以上；令其陪祭。一應祭品等物，及查看失儀等項，一如天地壇例行。三十九年復准，陪祀官故違不到，向有處分定例，但日久事弛，稽查不嚴，以致怠玩。嗣後凡遇祭祀，著部院堂官該旗都統查明，咨送太常寺，若無故假托不到，都察院會同吏部參處。雍正九年題准，各壇廟祭祀，御史禮部官照例稽查外，飭令陪祀執事各官約束從役人等，不得擅入柵欄；仍令步軍統領，委官撥兵，加謹巡查；如有從役人等，及轎夫車馬喧擁者，照例分別治罪；其該管官故縱者，亦按律定議。十二年議准，大祀天地祈穀，陪祀大臣官員，均在衙署齋宿。至祭太廟及各祭祀，陪祀官向皆在家齋宿。但滿漢官住居有城內城外之別，若俟啓城門趨赴行禮，實有遲誤不及入班之虞。嗣後城內祭祀，令外城居住之大臣官員，前期一日在各該衙門齋宿。其城外祭祀，凡城內居住之大臣官員，前期一日住城外附近處齋宿。如有臨期遲誤不及入班者，查出參處。乾隆元年奏准，陪祀官不應早入壇廟，除禮部都察院并太常寺等衙門執事各官照舊先入各司其事外，其陪祀大小官員，均豫於門外祇俟。【略】又奏准，各祭祀之期，令鴻臚寺於陪祀官行禮之處，豫設品級木牌，俾按次序立行禮，不致錯亂班列。四年奏准，致祭城外城內壇廟，太常寺行文步軍統領，早啓城門，以便陪祀各官，隨班行禮。五年奏准，每逢祭祀，於陳設祭品之後，即令御史會同太常寺官徧行巡查。凡陪祀執事各官，如有壇廟內涕唾咳嗽談笑喧嘩者，無論宗室覺羅大臣官員，即指名題參。

十三年諭，致祭齊集之處，向來皆收職名，因日久苟且塞責，并不按名稽查，前往齊集之王公大小官員，遂漫不爲事，怠惰成習，嗣後如何委官按名嚴查，不致遺漏。著宗人府、吏部、兵部、都察院會同詳細妥議具奏。欽此。遵旨議定。王公由宗人府委官開列名單，於會集處稽查，其已到者，於名單內加圈。鎮國將軍以下，至宗室官員，由宗人府；文職由吏部；武職由兵部；開列職名，咨送都察院稽查。吏部滿漢官，亦由都察院稽查。宗人府、吏部、兵部、都察院，各繕名摺具奏，其因他處會集不能到者，于摺內申明緣由，無故不到者參處。若冊內緣故不符，或開列會集，而不投遞職名，稽查官呈明參奏。儻該員不行詳查，及查出瞻徇不呈參者，一并參處。至會集之日，臨期有患病等情，亦必聲明緣由，知照稽查衙門。不陪祀之親王以下，宗室覺羅有頂戴官員以上；滿漢文職京營武職有頂戴官員以上；外藩來京蒙古王以下，臺吉以上，均於祀日五鼓，朝服赴午門外，按翼會集，候駕出入，跪送跪迎。

道光五年諭，嗣後凡遇祀事，於齋戒前數日，各衙門將陪祀人員造冊，分送禮部、都察院、太常寺。除照向例稽查齋戒外，其臨祭之時，責成查班御史收取職名，按冊而稽。如有無故不到，或夾帶他人職名，蒙混投遞者，即指名參奏，交部議處。儻查班御史，徇隱不奏，或經朕看出，或被他人糾參，定將該御史一并懲處不貸。十三年議准，嗣後凡遇祭祀，應行陪祀之宗室世職章京，文武大臣官員等，仍照定例，於祭祀前期，造具清冊，移送吏部、禮部、兵部、都察院查核。屆期，宗室世職章京，由宗人府派章京、筆帖式各一員，開單圈到；文職由吏部；武職由兵部；派滿漢司官各一員圈到。禮部仍派滿漢司官各一員，都察院派滿漢御史各一員，率筆帖式二人，按冊查收職名。凡應行陪祀宗室世職章京，文武大臣官員，均各一體親身投遞職名，如有遣人投遞者，概不准接收，以杜遣交代交之弊。二十七年諭，壇廟祀典，其陪祀不到之王公大臣，係由奏事處於每年年終彙奏，請旨察議，嗣後著改由禮部查明不到之王公大臣，分別次數，於每年年終開寫清單，請旨辦理。

同治三年諭，嗣後凡恭遇壇廟祭祀，其應行陪祀人員，如有無故不到，及呈遞職名後先行散歸者，即著糾儀監禮各員，據實查參，從嚴懲處，以重祀典。光緒九年議准，凡遇壇廟一應祭祀，應由各衙門自行知照糾儀陪祀各員，恪遵定例。大祀於夜分朝服到祭所祗俟，中祀于雞初鳴朝服到祭所祗俟，不准遲至質明上祭時，始行趕到。庶幾行禮時，班列整齊，精神專一，足昭誠敬。經此次申明之後，儻再有任意曠誤者，應由糾儀御史指名嚴參，毋得徇隱。至現在各壇廟祭祀，均經奏准遣官行禮，由禮部按照例載各祭時刻，札行欽天監先期推明報部，轉行太常寺，傳知行禮大臣，及執事陪祀各員，一體遵照。

（清）昆岡等《（光緒）大清會典事例》卷一○六一《太常寺四·承事·進齋戒牌銅人》

康熙九年題准，齋戒牌銅人，由禮部太常寺官，恭設於乾清門中門東第一楹前，承以黃案。雍正二年奏准，【略】歷代帝王廟等祭，如遣官行禮，停進齋戒牌銅人，不具奏。至兩祭相連，止奏皇帝親詣之齋戒，其遣官行禮，亦不具奏。乾隆四年奏准，【略】歷代帝王、先農，前期三日具奏，於乾清門安設二日，均祭日徹回。

（清）昆岡等《（光緒）大清會典事例》卷一○六一《太常寺四·承事·承祭官》

承祭官并於具題祀期疏內列名請旨，【略】歷代帝王廟以王、貝勒、貝子、公。

十四年諭，【略】即中祀亦有親行者，向來內閣既有票擬雙簽奏派恭代之例，自應將近支親王、郡王奏派，以昭慎重。嗣後著將儀親王永璇、成親王永瑆、慶郡王永璘、定親王綿恩輪流奏派。如或奏上時未經派出，下次即另行更換，不得仍將上屆所擬正陪之人開送。其餘祭祀應遣派行禮者，仍著照舊例行。

（清）昆岡等《（光緒）大清會典事例》卷一○六二《太常寺五·承事·分獻祭官》

帝王廟分獻官四人，以侍郎、內閣學士、副都御史；恭遇親祭，則以尚書、左都御史。開列具奏，春秋丁祭。【略】凡開列各承祭分獻官，王公行宗人府，領侍衛內大臣、散秩大臣行侍衛處，都統行八旗，各咨取職名，豫期奏請欽點數人以備開列。內閣大學士、學士、六部尚書、侍郎、都察院左都御史、左副都御史，臨期咨取各職名題請，均用滿官，惟先師廟滿漢官并開列具題。奉旨後，於祀前二十日或十五日，以具題科鈔行分獻官各衙門。康熙三年諭，冬至四從壇分獻，向來遣副都統、侍郎不合，應以都統、尚書一品大臣分獻。乾隆八年定，承祭分獻各官奏請欽派後，如奉特旨出差，或別有事故，即以原開列之大臣奏請改遣，如不及另奏，即知會原開列之大臣代爲行禮，如值鑾輿時巡省方，曾經奉旨派出之承祭。分獻官，適有事故，復奏不及，由紫禁城內總理王大臣，于在京之齋戒大臣內另派致祭，均於祀畢補行奏聞。同治五年奏准，嗣後凡遇壇廟各祀，擬送王等銜名，及應派分獻之散秩大臣，年逾六十者，俱毋庸擬送。

（清）昆岡等《（光緒）大清會典事例》卷一○六二《太常寺五·承事·執事官》

順治十四年定，【略】中祀各壇廟，俱於前期二日，遣禮部堂官，偕太常寺堂官，至犧牲所省牲。十六年奉旨，典儀官唱贊亞獻，俟文舞生立定唱贊，其唱徹饌，俟文舞生退畢唱贊。康熙十年題准，【略】其大祀各壇、中祀各壇廟，皇帝親祭，接福胙均用侍衛，餘執事用太常寺滿漢官。又定，前期四十日，由寺咨呈禮部，取祀前二日視牲之堂官職名。祀前二十日，開列正陪具題。前期十五日，以視牲科鈔行宗人府禮部。又定，前期十五日，由寺咨光祿寺，取奉福酒福胙光祿寺官二人，咨侍衛處，取接福酒福胙侍衛二人，將各職名送寺。又定，致祭城內壇廟，前期十日，由寺咨鑾儀衛取鋪拜褥官，【略】帝王廟、先師廟各二人，開具職名送寺。又定，前期六日，咨呈禮部，并咨都察院、光祿寺，取監視宰牲官各職名送寺。【略】中祀各壇廟，均於祀前一日黎明，具朝服，赴宰牲亭監視。十二年奉旨，壇廟祭祀，理宜虔致肅清，今觀祭祀時執事之人過多，殊爲繁雜，作何減去令肅清之處，著諭禮部太常寺衙門會同議奏。欽此。遵旨議定。

凡祭祀壇廟，監察御史二員，在內侍立，禮部滿漢堂官，壇上侍立，《會典》載有監察御史侍立之例，無禮部官侍立之例，監察御史仍照舊侍立，其禮部堂官停其在壇廟侍立，各在班次行禮。

乾隆四年復准，帝王廟、先農壇行飲福受胙禮，停其別設拜褥。賢良祠、昭忠祠、宣讀祝文，照諭祭禮站立宣讀，承祭官亦恭立於位。五年奏准，每逢祭祀，於陳設祭品之後，即令御史會同太常寺官徧行巡查。凡陪祀執事各官，如有壇廟內涕唾咳嗽談笑喧嘩者，無論宗室覺羅大臣官員，即指名題參。七年定，向例進俎，於典儀唱贊後，執事官率厨役於壇下昇俎而升，起爐鐙香几於兩旁，俟進俎後復安原位，倉卒間恐難必其端正。【略】歷代帝王、先師孔子廟，祭前期省牲及祭日視陳簠簋籩豆，均以禮部堂官一人，敬率太常寺卿等將事，以昭嚴恪。又奏准，祭日請送神牌，向用太常寺官恭奉，嗣後令禮部尚書一人上香行禮，其恭奉神牌，仍用太常寺官。

（二）祭祀器用

陳設祭品

（明）申時行等《大明會典》卷九一《禮部四九·群祀一·歷代帝王·陳設》

五室十六位，今十五位，每室犢一、羊一、豕一，每位登一、鉶二、籩豆各十、簠簋各二、帛一，白色，禮神制帛。共設酒尊三、爵四十八、今四十五。篚五，於中室東南，西向，祝文案一於西。東廡第一壇風后、皋陶、伯益、傅說、召公奭、召穆公虎、張良、曹參。羊一、豕一、鉶九、豆各四、簠簋各一、帛九、白色，禮神制帛。酒盞二十七、饌盤一、篚一。

第二壇周勃、馮異、房玄齡、李靖、李晟、潘美、岳飛、木華黎、博爾忽、伯顏。今黜木華黎等三人。羊一、豕一、鉶十、今七。籩豆各四、簠簋各一、帛十、今七。酒盞三十、今二十一。饌盤一、篚一。

西廡第一壇,力牧、夔、伯夷、伊尹、周公旦、太公望、方叔、蕭何、陳平,陳設與東廡第一壇同。第二壇鄧禹、諸葛亮、杜如晦、郭子儀、曹彬、韓世忠、張浚、博爾術、赤老溫。今黜博爾術等二人。陳設與東廡第二壇同。

(明) 佚名《太常續考》卷五《歷代帝王事宜》

前期一日。本寺卿同光禄寺卿省牲畢,具本復命。同日早博士捧祝版奉安於帝王廟神庫,同日早樂舞生詣廟丹墀,各門燒香,午後本寺官率樂舞生陳設樂器,厨役洗祭器奉安神牌陳設籩豆牲隻。

陳設。漢高祖皇帝、漢光武皇帝,籩豆二,案牲三,共一壇。帝陶唐氏、帝高陽氏、帝金天氏、帝高辛氏、帝有虞氏,籩豆五,案牲三,共一壇。炎帝神農氏、太昊伏羲氏、黃帝軒轅氏,籩豆三,案牲三,共一壇。商湯王、夏禹王、周武王,籩豆三,案牲三,共一壇。唐太宗皇帝、宋太祖皇帝。籩豆二,案牲三,共一壇。

(清) 萬斯同等《明史》卷四三《志一七·禮志一·吉禮一·祭祀諸儀》

籩豆之實用十二者,籩實以形鹽、蔈魚、棗、栗、榛、麥、芡、鹿脯、白餅、黑餅、糗餌、粉粢,豆實以韭菹、醓醢、菁菹、鹿醢、芹菹、兔醢、笋菹、魚醢、脾析、豚胉、酏食、糝食。用十者,籩則械糗餌、粉粢,豆則減酏食糝食。用八者,籩又減白、黑餅,豆又減脾析、豚胉。用四者,籩則止實以形鹽、槁魚、棗、栗,豆則止實以芹菹、兔醢、菁菹、鹿醢。各二者,籩實栗、鹿脯,豆實菁菹、鹿臡。簠簋各二者,實以黍、稷、稻、粱。各一者,實以稷、粱。登實以太羹,鉶實以和羹。洪武三年,禮部奏:《禮記·郊特牲》曰"郊之祭也","器用陶匏",尚質也。《周禮·籩人》"凡祭祀供簠簋之實",疏曰"外祀用瓦簋"。今祭祀用瓷,合古意。惟盤盂之屬,與古簠簋登鉶異制。今擬凡祭器皆用瓷,其式皆倣古簠簋登豆,惟籩以竹。詔從之。酒齊仿周制,用新舊醅,以備五齊三酒。其實於尊之名數,用各不同。

(清) 張廷玉《清文獻通考》卷一一九《群廟考一》

先一日,太常寺官入廟潔蠲殿宇內外,藉以棕薦拂拭神座。工部司官張御幄于景德門外,階下之左南向。夜分,太常寺卿率屬入具器陳正殿,中室分設三案,左一室統設三案、餘五,室代設一案。每位爵三實酒,每案登一、鉶二、簠簋各二、籩十、豆十,其前皆設香案一、各爐一、鐙二。每室牛一、羊一、豕一。殿中設案一,少西北向供祝版,東設一案西向,西設一案東向,分陳每室尊一、每案香盤一、虛爵三,每位禮神制帛一,色白。設福胙於東案尊爵之旁,加爵一。凡牲陳於俎,凡帛每案同篚,凡尊實酒,承以舟疏布冪勺具。兩廡東設案十,各鉶二、簠一、簋一、籩豆各四,每位爵三實酒,統羊二、豕二,前設香案四,各爐一、鐙二,又設案于南北向,陳尊二、香盤四、虛爵十有二、素帛四十、俎、篚、冪勺具;西廡帛三十有九,餘陳設同。鑾儀衛設洗於黃幄外;樂部率太常協律郎設中和韶樂於殿外階上,分東西懸陳樂舞於樂懸之次,如常儀。

（清）允祹等《大清會典》卷四五《禮部》

凡祭前代帝王之禮，爲廟於皇城之西，殿曰景德崇聖。內設七室。中一室，奉太昊、伏羲氏、炎帝、神農氏、黃帝、軒轅氏；東一室，奉少昊、金天氏、顓頊、高陽氏、帝嚳、高辛氏、帝堯、陶唐氏、帝舜、有虞氏；西一室，奉夏王禹、啓、仲康、少康、杼槐、芒泄、不降、扃廑、孔甲、皋發，商王湯、太甲、沃丁、太庚、小甲、雍己、太戊、仲丁、外壬、河亶甲、祖乙、祖辛、沃甲、祖丁、南庚、陽甲、盤庚、小辛、小乙、武丁、祖庚、祖甲、廩辛、庚丁、太丁、帝乙；東二室，奉周武王、成王、康王、昭王、穆王、共王、懿王、孝王、夷王、宣王、平王、桓王、莊王、僖王、惠王、襄王、頃王、匡王、定王、簡王、靈王、景王、悼王、敬王、元王、貞定王、考王、威烈王、安王烈王、顯王、慎靚王；西二室，奉漢高祖、惠帝、文帝、景帝、武帝、昭帝、宣帝、元帝、成帝、哀帝、光武帝、明帝、章帝、和帝、殤帝、安帝、順帝、冲帝、昭烈帝，晉元帝、明帝、成帝、康帝、穆帝、哀帝、簡文帝，宋文帝、明帝、孝武帝，齊武帝，陳文帝、宣帝，魏道武帝、明元帝、太武帝、文成帝、獻文帝、孝文帝、宣武帝、孝明帝；東三室，奉唐高祖、太宗、高宗、睿宗、元宗、肅宗、代宗、德宗、順宗、憲宗、穆宗、文宗、武宗、宣宗、懿宗、僖宗，後唐明宗，後周世宗，宋太祖、太宗、真宗、仁宗、英宗、神宗、哲宗、高宗、孝宗、光宗、寧宗、理宗、度宗、端宗，遼太祖、太宗、景宗、聖宗、興宗、道宗；西三室，奉金太祖、太宗、世宗、章宗、宣宗、哀宗，元太祖、太宗、定宗、憲宗、世祖、成宗、武宗、仁宗、泰定帝、文宗、寧宗，明太祖、惠帝、成祖、仁宗、宣宗、英宗、景宗、憲宗、孝宗、武宗、世宗、穆宗、愍帝，位均南向。凡異代同室者，隔別之。兩廡各以其名臣配饗，東廡，風后、倉頡、夔、龍、伯夷、伊尹、傅說、召公奭、畢公高、召穆公虎、仲山甫、張良、曹參、周勃、魏相、鄧禹、耿弇、諸葛亮、房玄齡、李靖、宋璟、郭子儀、許遠、李晟、裴度、曹彬、李沆、王曾、富弼、文彥博、李綱、韓世忠、文天祥、宗翰、穆呼哩、布呼密、徐達、常遇春、楊士奇、于謙、劉大夏，位均西向。西廡，力牧、皋陶、伯益、仲虺、周公旦、太公望、呂侯、方叔、尹吉甫、蕭何、陳平、劉章、丙吉、馮異、馬援、趙云、杜如晦、狄仁杰、姚崇、張巡、李泌、陸贄、耶律赫嚕、呂蒙正、寇準、范仲淹、韓琦、司馬光、趙鼎、岳飛、斡魯、宗望、巴延、托克托、劉基、李文忠、楊榮、李賢，位均東向。歲以春秋仲月諏日，遣官致祭。皇帝特行崇典則，親詣行禮。景德崇聖殿中三皇各一案，五帝共三案，夏商周代設一案，其餘每室三案。每位帛一，每室牛一、羊一、豕一、尊一，每案登一、鉶二、簠簋各二、籩豆各十、爵三、爐一、鐙二。兩廡各設十案，每位帛一、爵三，每案鉶二、簠簋各二、籩豆各四；東西各羊二、豕二、尊二、爐四、鐙八。

（清）允祹等《大清會典》卷八二《太常寺》

凡犧牲入滌，大祀九旬，中祀六旬，群祀三旬。既入滌牲，有病者易之，斃則埋之。每歲牛二百四十，由順天府行近畿各州縣市價，及張家口外牧場選供，羊四百三十有九，豕三百九十有九。由左右翼稅務分四時市價，均由寺卿會順天府尹及兩翼稅務監督選收。鹿四十有五，供自內務府奉宸苑。兔四百四十有九，供自光祿寺。均每祀行取，豫日送寺，歲支戶部。倉豆草價及兩翼稅課銀千六百兩，以供芻牧。犧牲所牧率牧人謹飼之，博士五日一赴所驗視所牧。勤職者，五年送吏部、兵部議敘。如洗滌失宜侵冒芻牧者，論如法。

凡簠簋之實，以黍稷稻粱，歲取帝耤。所登謹貯神倉以供齍盛。登之實，以大羹；鉶之實，以和羹；籩豆之實，形鹽、槁魚、鹿脯，果以棗、栗、榛、菱，芡，菹以韭、菁、芹笋，醢以豕、鹿、兔、魚，脾析用牛，豚拍用脅，白餅、黑餅用麥，糗餌、粉餈用米粉，食用稻，均雍人治之，監以博士等官。

凡祝版制帛香燭薪炭，行戶工二部支取；酒醴形鹽行光祿寺；葦行大興、宛平二縣；均豫日送寺。

(清)昆岡等《大清會典圖》卷一五《禮一五·歷代帝王廟正位陳設圖》

歷代帝王廟正位，每龕前籩豆案上，設爵墊一、登一、鉶二、簠二、簋二、籩十、豆十三、皇位三案前共一俎，五帝位三案前共一俎，夏王位、商王位二案前共一俎，周王位一案前一俎，漢帝位、晉帝位、宋帝位、齊帝位、魏帝位、陳帝位三案前共一俎，唐帝位、後唐帝位、後周帝位、遼帝位、宋帝位三案前共一俎，金帝位、元帝位、明帝位三案前共一俎。俎皆中區爲三實，牛一、羊一、豕一。俎前香案如籩豆案之數，每案上設銅爐一，香韠具、銅燭臺二，其銅爵每案各三，皆先設尊桌上，三獻各奠於爵墊。帛筐十八，先設接桌上，奠帛各奠于香案正中。皇帝親詣行禮用高香案，遣官行禮用花香案。

(清)昆岡等《大清會典圖》卷一五《禮一五·歷代帝王廟配位陳設圖》

歷代帝王廟東廡、西廡配位各十案，一案四位，案設銅爵十有二，惟西廡第十案三位，案設銅爵九。每案鉶二、簠二，實稻粱；簋一，實黍稷；籩四，實形鹽、棗、栗、鹿脯；豆四，實菁菹、鹿醢、芹菹、醓醢；銅燭臺二。兩廡各設俎二，每俎中區爲二實，羊一、豕一。兩俎前統設花香案四，每香案設銅爐一，香韠具。其帛筐東西各四，先各設尊桌上，奠帛各奠於花香案上。

(清)昆岡等《（光緒）大清會典事例》卷四一五《禮部一二六·祭統》

陳玉帛。凡玉六等，【略】制帛七等，祭歷代帝王，每位禮神制帛一，色白；兩廡每位素帛一。

薦牲。凡牲四等，太廟西廡、歷代帝王廟兩廡，【略】均用少牢。

祭品。凡祭品，登一，實以太羹。鉶二，實以和羹。簋二，實以黍稷。簠二，實以稻粱。籩十有二，實以形鹽、槁魚、棗、栗、榛、菱、芡、鹿脯、白餅、黑餅、糗餌、粉餈。豆十有二，實以韭菹、醓醢、菁菹、鹿醢、芹菹、兔醢、笋菹、魚醢、脾析、豚拍、酏食、糝食。【略】歷代帝王、先師、關帝、文昌帝君、先農、先蠶、太歲，皆兼用太羹和羹。【略】歷代帝王廟兩廡、文廟十二哲，無太羹。【略】

視牲。凡視牲，【略】歷代帝王廟、先師、關帝、文昌帝君、先農、先蠶之祭，前期二日。均禮部堂官率太常寺卿屬，至犧牲所省牲。

省饌展器。乾隆十四年議准，向例各壇廟祭日，太常寺陳簠、簋、籩、豆，禮部委官會同御史監視，于典禮尚覺未協。嗣後以禮部堂官一人，敬率太常寺卿等將事，以昭嚴恪。

視宰牲。國初定，太常寺先期咨取禮部官、都察院御史、光禄寺等官職名，屆期知會。【略】歷代帝王廟、先師廟、先農壇、先蠶壇，均于前一日黎明宰牲。【略】乾隆十七年奏准，古者天子諸侯袒而割牲，厥典甚巨，今監視宰牲，止沿舊例，用御史、禮部、太常寺、光禄寺司官，嗣後大祀、中祀，擬增光禄寺卿一人，上香監視，以昭慎重。

（清）昆岡等《（光緒）大清會典事例》卷一〇八三《太常寺二六·陳設·歷代帝王廟》

歷代帝王廟，殿內中龕三皇位，設籩豆案三，每案上設爵墊一、登一、銅簠簋各二、籩豆各十。統設俎一、花香案三。遇親詣行禮，改用高香案，每案設銅爐一，靠具、銅燭臺二。東一龕，五帝位，統設籩豆案三、俎一、花香案三。西一龕，夏王十四位、商王二十六位，統設籩豆案二、俎一、花香案二。東二龕，周王三十二位，設籩豆案一、俎一、花香案一。西二龕，漢帝十九位、晉帝七位、宋帝三位、齊帝一位、魏帝八位、陳帝二位，統設籩豆案三、俎一、花香案三。東三龕，唐帝十六位、後唐帝一位、後周帝一位、遼帝六位、宋帝十四位，統設籩豆案三、俎一、花香案三。西三龕，金帝六位、元帝十一位、明帝十三位，統設籩豆案三、俎一、花香案一。每案陳設均與中龕同，俎皆盛牛一、羊一、豕一，中案前少西設祝案一，上設祝版架一、羊角鐙一。遇親詣行禮，則增設福胙桌一，上設壺一，實福酒，盤一，實胙肉。東設尊桌二，上設銅尊四，疏布冪勺具，各實酒六瓶，銅爵三十。接桌一，上設帛篚十。內分盛白色禮神制帛七十八，每位一端，每案共實一篚。香盒十，內各盛圓柱降香一炷，降香丁一兩五錢。左旁饌桌四，上設饌盤各一，西設尊桌一，上設銅尊三，疏布冪勺具，各實酒六瓶，銅爵二十四。

接桌一，上設帛篚八，內分盛白色禮神制帛一百有十。香盒八，內各盛圓柱降香一炷，降香丁一兩五錢。右旁設饌桌三，上設饌盤各一。凡桌案均施黃雲緞罩衣。東廡一龕，前代名臣四十一位，統設籩豆案十，每案設銅爵十二、銅二、簠簋各一、籩豆各四。統設俎二，內各盛羊一、豕一。統設花香案四，每案設銅爐一，靠具、銅燭臺二。南設尊桌一，上設銅尊二，疏布冪勺具，各實酒六瓶，香盒四，內各盛圓柱降香一炷，降香丁一兩五錢，帛篚四，內分盛素帛四十一端。北設饌桌一，上設饌盤二。

西廡一龕，前代名臣四十位，統設籩豆案十，帛篚內分盛素帛四十端，餘陳設均與東同。凡桌案均施紅雲緞罩衣。

(清) 昆岡等《 (光緒) 大清會典事例》卷一〇二一《內務府四二·畜牧·犧牲》

(乾隆) 四十三年奏准，犧牲所餧養牛隻過多，酌議，【略】如中祀、群祀牛隻，於祭祀前期四月，將南苑牧放牛隻內挑入，敬謹餧養。所缺之額，行令順天府補交，以備接續，其順天府交牛。

二月祭【略】帝王廟用牛八，【略】令于上年十月交。

九月祭帝王廟，用牛八。

鹵簿

《清世宗實錄》卷二二 "雍正二年七月" 條

戊申，諭禮部，嗣後親祭歷代帝王廟日，鹵簿大駕，俱由廟前映壁外行。

(清) 張廷玉《清文獻通考》卷一一九《群廟考一》

其日五鼓，步軍統領率所部清蹕除道。自西華門至廟門御道左右塗巷皆設布幛，鑾儀衛陳法駕鹵簿。詳見北郊祭儀。不陪祀王公百官朝服咸會祇候送駕如儀。日出前六刻，司祝恭請祝版設于祝案，太常寺卿赴乾清門奏時，皇帝御祭服乘禮輿出宮，前引後扈如常儀，駕發，警蹕。午門鳴鐘鼓，駕出西華門，導迎樂前引不作，提爐執鐙官左右騎導，如詣西郊之儀。

(清) 允祹等《大清會典》卷九三《鑾儀衛》

凡鹵簿，皇帝大祀南郊，乘玉輦陳大駕，鹵簿前列導象四，民尉二十八人。次寶象五，民尉八十人；雲麾使一人，治儀正二人。次靜鞭四，民尉十有四人，治儀正一人。次前部大樂，大銅角四，小銅角四，金口角四；和聲署史十有二人。次革輅駕馬四，民尉三十二人。木輅駕馬六，民尉三十二人。象輅駕馬八，民尉三十四人。金輅駕象一，民尉四十四人。玉輅駕象一，民尉四十四人。雲麾使一人，治儀正二人。次鐃歌大樂，金二、金鉦四、鈸二、鼓二、點二、簫四、雲璈二、管二、笙二、金口角八、大銅角十有六、小銅角十有六、金鉦四、紅鐙二、畫角二十四、搥鼓二十四、紅鐙二、簫十有二、拍版四、仗鼓四、金二、搥鼓二十四、紅鐙二。署史四十八人，民尉百八十八人。冠軍使一人，整儀尉二人。次引仗六、御仗十有六、吾仗十有六、立瓜十有六、臥瓜十有六、星十有六、鉞十有六、出警入蹕旗各一，旗尉九十人、民尉六十七人，五色幟四十、旗尉三十人、民尉四十人，雲麾使一人、整儀尉二人。次翠華旗二、金鼓旗二、門旗八、日月旗各一、五雲旗五、五雷旗五、八風旗八、甘雨旗四，民尉七十二人，列宿旗二十八、五星旗五、五岳旗五、四瀆旗四，神武、朱雀、白虎、青龍旗各一，民尉九十二人，天馬、天鹿、辟邪、犀牛、赤熊、黃羆、白澤、角端、游麟、彩獅、振鷺、鳴鳶、赤烏、華蟲、黃鵠、白雉、雲鶴、孔雀、儀鳳、翔鸞為旗二十，民尉四十人，五色龍纛四十，前鋒纛八，護軍纛八，驍騎纛二十四，旗尉四十人，民尉百二十人，雲麾使一人，治儀正二人，整儀尉二人。次黃麾四、儀鍠鑹四、金節四，進善納言、敷文振武旌各二，襃功懷遠、行慶施惠、明刑弼教、教孝表節旌各二，民尉五十六人，龍頭旛四、豹尾旛四、絳引旛四、信旛四，羽葆幢四、霓幢四、紫幢四、長壽幢四，民尉六十四人、雲麾使二人、治儀正二人、整儀尉二人。次鸞鳳赤扇八、雉尾扇八、孔雀扇八、單龍赤扇八、單龍黃扇八、雙龍赤扇八、雙龍黃扇二十、壽字黃扇八，旗尉二十四人、民尉百二十八人、雲麾使一人、治儀正二人、整儀尉二人。次赤素方傘四、紫素方傘四、五色花傘二十、間以五色九龍傘十，旗尉三十人、民尉八十四人，九龍黃蓋二十、紫芝蓋二、翠華蓋二、九龍曲柄黃蓋四，旗尉三十人、民尉八十四人，鑾儀使一人、雲麾使一人、治儀正二人、整儀尉二人。次戟四，親軍八人，殳四親軍八人，豹尾槍三十、護軍六十人、弓矢三十、儀刀三十，親軍各六十人，雲麾使一人、治儀正二人、整儀尉四人。次仗馬十，護軍二十人，冠軍使、雲麾使二人。次金方几一、金交倚一、金瓶二、金盥槃一、金盂一、金合二、金爐二、拂二，旗尉二十二人，雲麾使一人、治儀正二人。次九龍曲柄黃華蓋一，執蓋武備院掌蓋司蓋四人，前引佩刀大臣十人，提爐二、執爐侍衛二人。玉輦在中，左右奉輦鑾儀使二人，扶輦冠軍使一人，雲麾使一人、治儀正二人、整儀尉二人，旗尉、民尉各十有八人，後扈佩刀大臣二人；豹尾班執豹尾，槍侍衛十人，佩儀刀侍衛十人，佩弓矢侍衛二十人，領侍衛內大臣一人，侍衛班領二人。次後管散秩大臣一人，前鋒護軍統領一人，給事中御史二人，各部郎中員外郎四人，侍衛班領一人，署侍衛班領一人，侍衛什長二人。次黃龍大纛二，領侍衛內大臣或散秩大臣一人，司纛侍衛什長二人，建纛親軍四人，佩鳴螺親軍六人。禮成，回鑾乘禮輿。_{大駕鹵簿同。}扈從大臣、侍衛、從官均自午門外乘馬，至祀所門外止。_{各祭祀同。}【略】親饗前代帝王、先師，乘禮輿，_{乘禮輿則并陳玉輦金輦，}餘均與郊大祀同。

（清）昆岡等《（光緒）大清會典事例》卷一一〇九《鑾儀衛二·鹵簿·陳設鹵簿》

祭【略】歷代帝王廟、先師廟，則乘禮輿，仍陳玉輦金輦，餘均與法駕同。

（清）昆岡等《（光緒）大清會典事例》卷一一一〇《鑾儀衛三·儀制·祭祀執事》

親祭歷代帝王廟、先師廟，均由太常寺知會，委官率校尉陳設鹵簿，午門鳴鐘，鹵簿前導，皇帝盥洗進盥盤帨巾，回鑾作樂如前儀。又定，凡遇聖駕出入午門，及祭祀詣齋宮，均委官率校尉鳴鐘。

又定，【略】親祭歷代帝王、先師孔子於傳心殿，均委官設拜褥。【略】

又定凡遇祭祀，以漢冠軍使二人陪祀。

祭服

（明）申時行等《大明會典》卷二〇一《工部二一·冠服》

帝王廟典儀執事四十五人，青羅祭服四十五套，冠帶玎璫笏板鞋襪。全舞生文六十六人，各門燒香七人，紅羅、絹襯共七十三套，冠帶鞋襪。全武六十六人，各門燒香七人，紅羅袍絹襯共七十三套，冠帶靴襪。全樂生七十二人，各門燒香六人，紅羅袍絹襯共七十八套，冠帶鞋襪全。

(清) 萬斯同等《明史》卷五〇《志二四・禮志八・吉禮八・歷代帝王陵廟》

七年，令帝王廟皆塑袞冕坐像，惟伏羲、神農未有衣裳之制，不必加以冕服。八月，帝躬祀於新廟。【略】先期齋戒二日，遣中書省臣省牲，至日皇帝服袞冕行事。

(清) 嵇璜、劉墉等《續通典》卷五九《禮・嘉禮・君臣服章制度袍附》

嘉靖八年，更定百官祭服。上衣青羅皂緣，下裳赤羅皂緣，蔽膝、綬環、大帶、革帶、佩玉、襪履俱與朝服同。其視牲，朝日、夕月、耕耤、祭歷代帝王廟，獨錦衣衛堂上官，大紅蟒衣，飛魚烏紗帽，鸞帶，佩綉春刀。

(清) 允祹等《大清會典》卷八二《太常寺》

凡朔望上香，【略】帝王廟、太歲殿、都城隍廟、關帝廟、賢良祠、昭忠祠、雙忠祠，均以典守官。

(清) 昆岡等《(光緒) 大清會典事例》卷四一五《禮部一二六・祭統・祭服》

祀分三等。【略】歷代帝王爲中祀。【略】嘉慶十九年諭，凡祭祀齋戒期內，適遇忌辰，其應用服色，總以祭祀爲重。南郊大祀，前一日如適遇忌辰，恭閱祝版時，朕御龍袍龍褂，執事人員，均穿蟒袍補服。其餘大祀、中祀，前一日適遇忌辰，恭閱祝版時，朕御龍褂，執事人員均穿補服，以昭祗肅。著爲今。【略】二十五年諭，向例凡祭祀齋戒期內，如遇忌辰，有執事及陪祀人員，俱常服挂朝珠；無執事不陪祀人員，常服不挂朝珠。嗣後大祀典禮，無論親祭遣官，遇有忌辰在齋戒期內者，俱照向例行。至中祀之典，朕親詣行禮者，亦照向例行；其遣官致祭者，有執事及陪祀人員，著穿常服挂朝珠；無執事不陪祀者，仍俱穿素服。著爲令。又諭，王公大臣官員，滿洲人員內有二十七個月服制者，朝會祭祀之禮仍一概不與，惟太常寺官員熟諳禮儀者，本屬無多，若照新例二十七個月服制之內概不與祭，恐致不敷當差，著仍依舊例，百日後照常供奉祭祀。至御前乾清門大臣侍衛等有二十七個月服制者，百日後恭值郊壇大祀，祭前一日，著仍穿蟒袍補服，隨至齋宮護衛直宿，祭日著穿常服，各在上馬處祗候，禮成後，再一體扈從。其滿漢各員，有期服及大功以下者，不與祭日期，俱仍照舊例行。

祭祀用具

《明世宗實錄》卷一二五"嘉靖十年五月"條

戊子，禮部擬上帝王廟祭器、樂器、供器及幃幕等物色略如太廟式。詔可。

禮部議帝王廟名臣牌位，視太廟功臣式，帝王神牌量增高廣以別隆殺，帝王朱地金書，名臣赤地墨書。從之。

(清) 嵇璜、劉墉等《清通志》卷五六《器服略一》

爵，天壇正位用匏爵，刳椰實之半，不雕刻取尚質之義。高一寸八分，深一寸三分，口徑三寸七分，金裏承以坫檀香爲之，其下歧出爲三足，象爵形高二寸九寸，列聖配位。天壇從位陶爵用青色瓷，通高四寸六分，深二寸四分，兩柱高七分，二足相距各二，寸八分，高二寸，腹爲雷紋饕餮形。【略】文廟正位銅爵範銅爲之，通高四寸六分，深二寸三分。兩柱高七分；三足相距各一寸五分，高二寸。形制花紋同天壇從位。配位，同正位。十二哲，同正位。兩廡，同正位。

帝王廟正位，同文廟正位。兩廡，同文廟正位。【略】

登，天壇正位，登用青色瓷，通高六寸一分，深二寸一分口徑五寸；校圍六寸六分，足徑四寸五分；口爲回紋，中爲雷紋，柱爲饕餮，足爲垂雲紋。蓋高一寸八分，徑四寸五分，頂高四分，上爲星紋，中爲垂雲紋，口亦爲回紋，配位，同正位。天壇從位。同正位。

文廟正位，登範銅爲之，通高六寸，深二寸，口徑四寸九分，校圍六寸九分，足徑四寸七分，蓋高一寸六分，徑四寸六分，頂高三分。形制花紋同天壇正位。帝王廟正位，同文廟正位。

鉶，天壇從位，東西二壇鉶用青色瓷，高三寸九分，深三寸六分，口徑五寸，底徑三寸三分，三足高一寸三分。兩耳爲犧形，口繪藻紋、次回紋；腹繪貝紋；蓋高二寸五分，繪藻紋、回紋、雷紋；上有三峰，高九分，飾以雲紋，足紋同。

文廟正位鉶，範銅爲之。高四寸一分，深四寸，口徑五寸一分，底徑三寸三分，三足高一寸三分，蓋高二寸二分三，峰高一寸。形制花紋同天壇從位。配位同正位，十二哲同正位。

帝王廟正位，同文廟正位。兩廡同文廟正位。

簠，天壇正位，簠用青色瓷。通高四寸四分，深二寸三分。口縱六寸五分，橫八寸。底縱四寸四分，橫六寸。面爲夔龍紋，束爲回紋，足爲雲紋，兩耳附以夔龍。蓋高一寸六分，口縱橫與器同，上有稜，四周縱四寸八分，橫六寸四分，亦附以夔龍耳。配位同正位，天壇從位。同正位。

文廟正位，簠範銅爲之。通高四寸六分，深二寸一分。口縱六寸四分，橫八寸；底縱五寸一分，橫六寸四分；蓋高一寸四分；口縱橫與器同，上有稜，四周縱四寸一分，橫六寸四分，形制花紋同天壇正位。配位同正位，十二哲同正位，兩廡同正位。

帝王廟正位，同文廟正位。兩廡。同文廟正位。

簋，天壇正位，簋用青色瓷，制圓而橢。通高四寸六分，深二寸三分，口徑七寸二分，底徑六寸一分。口爲回紋，腹爲雲紋，束爲黻紋，足爲星雲紋，兩耳附以夔鳳；蓋高一寸八分，徑與口徑同面爲雲紋，口爲回紋，上有稜，四出高一寸三分，配位同正位。天壇從位同正位。

文廟正位，簋範銅爲之。通高四寸二分，深二寸一分，口徑七寸二分，底徑六寸，蓋高一寸八分。徑與口徑同，上有稜，四出高一寸一分。形制花紋同天壇正位。配位同正位，十二哲同正位，兩廡同正位。

帝王廟正位同文廟正位，兩廡同文廟正位。

文廟正位籩編竹爲之，以絹飾裏，頂及緣皆髹以漆紅色，通高五寸四分深八分，口徑四寸六分，足徑四寸蓋高一寸九分徑與口徑同頂正圓，高四分。配位同正位，十二哲同正位，兩廡同正位。

帝王廟正位同文廟正位，兩廡同文廟正位。

豆，天壇正位豆用青色瓷，通高五寸五分，深一寸七分，口徑五寸，校圍六寸六分，足徑四寸五分，腹爲垂雲紋回紋，校爲波紋金釵紋，足爲黻紋蓋，高二寸三分徑與口徑同爲波紋回紋，頂爲絢紐高六分配位同正位。天壇從位同正位。

文廟正位豆範銅爲之，通高五寸五分，深二寸，口徑四寸九分，校圍二寸，足徑四寸七分，蓋高二寸二，分徑與口徑同頂高三分。形制花紋同天壇正位。配位同正位，十二哲同正位，兩廡同正位。

帝王廟正位同文廟正位，兩廡同文廟正位。

文廟正位筐編竹爲之，四周髹以漆紅色，高五寸縱五寸，橫二尺二寸五分，足高一寸，蓋高一寸七分。配位同正位，十二哲同正位，兩廡同正位。

帝王廟正位同文廟正位，兩廡同文廟正位。

俎，天壇正位俎以木爲之，髹以漆青色中虛錫裏外，四周各銅鐶二四，足有跗縱二尺三寸，橫三尺二寸，通高二尺三寸，實以特牲。配位同正位，天壇從位東西一壇同正位。天壇從位東西二壇。俎以木爲之，髹以漆青色，中區爲三錫裏外，銅鐶四八，足有跗縱六尺，有奇橫三尺二寸，通高二尺六寸，有奇實以太牢。

社稷壇正位俎以木爲之，髹以漆紅色。形制大小同天壇從位元實以太牢。配位同正位。【略】太廟正殿同社稷壇正位。太廟後殿同社稷壇正位。太廟東廡同社稷壇正位。西廡俎以木爲之，髹以漆紅色，中區爲二錫裏加，蓋外左右各銅鐶二六，足有跗縱三尺九寸，橫二尺八寸，通高二尺七寸，有奇實以少牢。

帝王廟正位同社稷壇正位。兩廡同太廟西廡。

尊，天壇正位尊用青色瓷純素，通高八寸四分，口徑五寸一分，腹圍二尺三寸七分，底徑四寸三分足，高二分兩耳爲犧首形。配位同正位，天壇從位同正位。

文廟正位尊範銅爲之，通高八寸六分，口徑五寸一分，腹圍二尺四寸，底徑四寸六分。形制同天壇正位。配位同正位，十二哲同正位兩廡同正位。

帝王廟正位同文廟正位，兩廡同文廟正位。

(清) 昆岡等《大清會典圖》卷二一《禮二一》

禮神制帛，【略】設於歷代帝王廟正位，【略】用白色。

素帛不織字，用於歷代帝王廟兩廡，【略】白色。

祝版木質，制方，尺寸有度。【略】歷代帝王廟、旌勇祠，縱八寸四分，廣一尺五寸。【略】皆承以座，座有雕，有素文，表於版，有純有緣，紙與書，各殊色。【略】歷代帝王廟，【略】白紙黃緣墨書。

（清）昆岡等《大清會典圖》卷二二《禮二二》

陶爵，銅爵制，皆像爵形，腹爲雷紋饕餮形。陶用瓷，以色別之。【略】銅爵用於歷代帝王廟，【略】制高四寸六分，深二寸三分，兩柱高七分，足高二寸，三足相距各一寸五分。

（清）昆岡等《大清會典圖》卷二三《禮二三·祭器三》

盞，純素，用陶，陶用瓷，以色別之。【略】銅登用於歷代帝王廟正位，【略】制高六寸，深二寸，口徑四寸九分。

陶鉶，銅鉶制，皆兩耳爲犧形、口爲藻紋、次回紋、腹爲貝紋，蓋爲藻紋、回紋、雷紋、上有三峰爲雲紋，三足亦爲雲紋。【略】銅鉶用於太廟前殿、太廟後殿、奉先殿，制高四寸一分，深四寸，口徑五寸一分，底徑三寸三分，三足高一寸三分，蓋高二寸二分，三峰高一寸；兩耳及緣飾以金。歷代帝王廟【略】制同，惟耳及緣不飾金。

陶簠、銅簠，制方，皆面爲夔龍紋，束爲回紋，足爲雲紋，兩耳附以夔龍。蓋上有棱，四周旁亦附夔龍耳。【略】銅簠用於歷代帝王廟，【略】制高四寸六分，深二寸一分；口縱六寸四分，橫八寸；底縱五寸一分，橫六寸四分；蓋高一寸四分，口縱橫與器同，上有棱，四周縱四寸一分，橫六寸四分。

陶簋、銅簋，制圓而橢，皆口爲回紋，腹爲雲紋，束爲黻紋，足爲星雲紋，兩耳附以夔龍；蓋面爲雲紋，口爲回紋，上有棱四出。【略】銅簋用於歷代帝王廟、先師廟、先醫廟、關帝廟、文昌廟、都城隍廟、黑龍潭、玉泉山、昆明湖、三龍神祠，制高四寸二分，深二寸一分，口徑七寸二分，底徑六寸，蓋高一寸八分，徑與口徑同，上有棱四出，高一寸一分。

竹籩，編竹爲之，以絹飾裏頂及緣，皆髹以漆，用別以色。【略】歷代帝王廟、傳心殿、先師廟、先醫廟，用紅色。制高五寸四分，深八分；口徑四寸六分，足徑四寸；蓋高一寸九分，頂高四分。

陶豆，銅豆制，同者皆腹爲垂雲紋、回紋，校爲波紋、金罍紋，足爲黻紋，蓋爲波紋、回紋，頂用絢紐。陶豆用瓷，以色別之。【略】制高五寸深一寸七分，口徑四寸五分，校圍二寸，足徑四寸一分；蓋高一寸八分，頂高六分。銅豆用於歷代帝王廟、傳心殿正位、先師廟、先醫廟、關帝廟、文昌廟、都城隍廟、黑龍潭、玉泉山、昆明湖、三龍神祠，寸分制皆同，惟頂高只三分。

（清）昆岡等《大清會典圖》卷二四《禮二四·器四》

筐，編竹爲之，四周髹以漆，用別以色。【略】歷代帝王廟【略】用紅色，制高五寸，縱五寸，橫二尺二寸五分，足高一寸，蓋高一寸七分。

實太牢之俎，【略】歷代帝王廟正位【略】用紅色。【略】制皆中區爲三，縱六尺有奇，橫三尺二寸，四周各銅鐶二八，足有趾，通高二尺六寸有奇。

實少牢之俎，【略】歷代帝王廟兩廡【略】用紅色。制皆中區爲二，加蓋，縱三尺九寸，橫二尺八寸，左右各銅鐶二六，足有趾，通高二尺七寸有奇。

尊，有陶有銅制，皆純素，兩耳爲犧首形，陶用瓷，以色別之。【略】銅尊用於歷代帝王廟、傳心殿、先師廟、先醫廟、關帝廟、文昌廟、都城隍廟、黑龍潭、玉泉山、昆明湖、三龍神祠，制高八寸六分，口徑五寸一分，腹圍二尺四寸，底徑四寸六分。

（清）昆岡等《（光緒）大清會典事例》卷四一五《禮部一二六·祭統·祭器》

乾隆十二年諭，國家敬天尊祖，禮備樂和，品物具陳，告豐告潔，所以將誠敬，昭典則也。考之前古，籩豆簠簋諸祭器，或用金玉以示貴重，或用陶匏以崇質素，各有精義存乎其間。歷代相承，去古浸遠。至明洪武時更定舊章，祭品祭器悉遵古，而祭器以瓷代之，惟存其名。我朝壇廟陳設祭品，器亦用瓷，蓋沿前明之舊。皇考世宗憲皇帝時，考按經典，范銅爲器，頒之闕里，俾爲世守，曾宣示廷臣，穆然見古先遺則。朕思壇廟祭品，既遵用古名，則祭器亦應悉用古制，以備隆儀。著大學士會同該部稽核經圖，審其名物度數製作款式，折衷至當，詳議繪圖以聞，朕將親爲審定，敕所司敬謹製造，用光禋祀，稱朕意焉。欽此。遵旨議定，凡祭之籩，以竹絲編造，用絹爲裏，髹漆；郊壇之籩純漆，太廟畫以文采。豆登簠簋，郊壇用陶；太廟之豆與簠、簋皆用木，髹漆，飾以金玉，登亦用陶。鉶則范銅而飾以金。貯酒以尊，郊壇之尊用陶。【略】歷代帝王、先師、關帝文、昌帝君及諸祠，所用豆及登、鉶、簠、簋、爵、用銅，不加金飾；籩用木者皆以竹易之。

（清）昆岡等《（光緒）大清會典事例》卷一〇六三《太常寺六·祭器·歷代帝王廟祭器》

歷代帝王廟祭器，正位十六案，爵各三，用銅，通高四寸六分，深二寸一分，兩柱高七分，三足，相距各一寸五分，高二寸。

登各一，用銅，通高六寸，深二寸，口徑四寸九分，校圍六寸九分，足徑四寸七分，蓋高一寸六分，徑四寸六分，頂高三分。

鉶各二，用銅，高四寸一分，深四寸，口徑五寸一分，底徑三寸三分，三足高一寸三分，蓋高二寸二分，三峰高一寸。

簠各二，用銅，通高四寸六分，深二寸一分，口縱六寸四分，橫八寸，底縱五寸一分，橫六寸四分，蓋高一寸四分，口縱橫與器同，上有棱四周，縱四寸一分，橫六寸四分。

簋各二，用銅，通高四寸二分，深二寸一分，口徑七寸二分，底徑六寸，蓋高一寸八分，徑與口徑同，上有棱四出，高一寸一分。

籩各十，用竹，以絹飾裏，頂及緣髹以漆，紅色，通高五寸四分，深八分，口徑四寸六分，足徑四寸，蓋高一寸九分，徑與口徑同，頂正圓，高四分。

豆各十，用銅，通高五寸五分，深二寸，口徑四寸九分，校圍二寸，足徑四寸七分，蓋高二寸二分，徑與口徑同，頂高三分。

筐各一，用竹，髤以漆，紅色，高五寸，縱五寸，橫二尺二寸五分，足高一寸，蓋高一寸七分，

俎七，用木，制與先農壇同。

尊七，用銅，通高八寸六分，口徑五寸一分，腹圍二尺四寸，底徑四寸六分。

兩廡二十案，爵二百四十有三，鉶各二，簠各一，簋各一，均用銅；籩各四，用竹；豆各四，用銅；筐各一，用竹；尊四，用銅；制與正位同。

俎四，用木，髤以漆，紅色，中區爲二，錫裹，加蓋，外左右各銅鐶二，六足有跗，縱三尺九寸，橫二尺八寸，通高二尺七寸有奇。

（清）昆岡等《（光緒）大清會典事例》卷一〇八五《太常寺二八·支銷·祭物一·支銷祭物一》

帝王廟，每祭用圓柱降香二十六炷，降香丁二斤七兩，粗降香二斤七兩，檀香四兩，六兩重黃蠟燭三十六枝，三兩重六十五枝，二兩重八十四枝。

親詣行禮，增用白檀香丁四兩，五兩重挂紅白蠟燭四枝，十兩重六枝，六兩重三十枝，三兩重二十六枝，二兩重十枝，三兩重白蠟燭一枝，三兩重黃蠟燭四十二枝，二兩重八枝，一斤重黃蠟燭六枝，減用六兩重黃蠟燭二枝，白色禮神制帛一百八十八端，素帛八十一端，牛八隻。

親詣行禮，增用胙牛一隻，羊十一隻，豬十四口，鹿二隻，兔十八隻，黍米二斗六合，稷米二斗六合，稻米二斗六合，粱米二斗六合，白麵三十一斤八兩，蕎麵三十一斤八兩，大白菜七十六斤，秋則用小白菜，青韭三十三斤四兩，秋則用芽韭，大芹菜四十七斤八兩，秋則用小芹菜，紅棗六十六斤八兩，栗八十斤十二兩，榛二十九斤四兩，菱四十九斤八兩，芡五十八斤八兩，醃魚四十五斤，大槁魚十八尾，小槁魚七尾，大筍三十六片，葱四斤十二兩，白糖四斤八兩，花椒、茴香、蒔蘿各九兩，香油二斤四兩，酒六十六瓶，洗魚酒二瓶，每瓶一斤十二兩，鹽磚十六斤十四兩，白鹽二斤，木炭十五斤，焚帛楊木柴六十斤，松木柴六十斤，春用木柴二千五百有七斤，秋用一千九百十七斤，净冰三十塊，胙牛木柴一百五十斤。

（清）昆岡等《（光緒）大清會典事例》卷一一九一《內務府二二·庫藏·引鐙》

順治初年定，凡遇躬祀天壇、祈穀壇，輿前設引鐙三對，設門鐙十四對。地壇、日壇、月壇、帝王廟、先師廟、堂子引鐙同，設門鐙八對。【略】

雍正四年奉旨，嗣後凡祀壇廟，午門外內大臣侍衛等騎馬處，設羊角鐙二十對，堂子下馬處，亦設鐙十對。

（三）祭祀禮儀

禮儀沿革

《明太祖實錄》卷八四 "洪武六年八月" 條

乙酉，建歷代帝王廟於京師。禮部奏定其制，宜略如宗廟，同堂异室，爲正殿五間，以爲五室；中一室以居三皇，東一室以居五帝，西一室以居夏禹、商湯、周文王，又東一室以居周武王、漢光武、唐太宗，又西一室以居漢高祖、唐高祖、宋太祖、元世祖。從之。

《明太祖實錄》卷八六 "洪武六年十一月至十二月" 條

癸丑，命建歷代帝王廟于中立府皇城西，仍命于北平立元世祖廟。

壬寅，上諭禮官曰：歷代帝王廟皆祀開基創業之君，周文王雖基周命，然終守臣節；唐高祖雖有天下，然皆太宗之力；可勿設二主，止於陵廟致祭，庶於公論爲宜其定祭儀，來歲朕將親祀焉。

《明太祖實錄》卷一八三 "洪武二十年七月" 條

禮部奏請如前代故事立武學，用武舉，仍祀太公，建昭烈武成王廟。上曰：太公，周之臣，封諸侯，若以王祀之，則與周天子并矣，加之非號，必不享也。至于建武學，用武舉，是析文、武爲二途，自輕天下無全才矣。三代之上，古之學者，文武兼備，故措之於用，無所不宜，豈謂文、武异科，各求專習者乎？即以太公之鷹揚而授丹書，仲山甫之賦政而式古訓，召虎之經營而陳文德，豈比于後世武學專講韜略，不事經訓，專習干戈，不閑俎豆，拘於一藝之偏之陋哉？今又欲循舊用武舉，立廟學，甚無謂也。太公之祀止宜，從祀帝王廟。遂命去王號，罷其舊廟。

《明太祖實錄》卷一八八 "洪武二十一年正月至二月" 條

甲寅，詔以歷代名臣從祀帝王廟。先是，禮官奏以風后、力牧、皋陶、夔、龍、伯夷、伯益、伊尹、傅説、周公旦、召公奭、太公望、方叔、召虎、張良、蕭何、曹參、周勃、鄧禹、諸葛亮、房玄齡、杜如晦、李靖、郭子儀、李晟、趙普、曹彬、韓世忠、岳飛、張浚、博爾忽、博爾術、赤老温、伯顏、阿術、安童，凡三十六人，皆宜從祀於帝王廟。上曰：古之君臣同德者，終始一心，載在史傳萬世不泯。國家祀典必合公論，不可徒觀其迹，而不究其實也。若宋趙普負太祖爲不忠，不可從祀。元臣四杰木華黎爲首，不可以其孫從祀而去其祖，可祀木華黎而罷安童。既祀伯顏，其阿術亦不必祀。如漢陳平、馮异，宋潘美，皆節義兼善始終，可從廟祀。于是定以風后、力牧、皋陶、夔、龍、伯夷、伯益、伊尹、傅説、周公旦、召公奭、太公望、召虎、方叔、張良、蕭何、曹參、陳平、周勃、鄧禹、馮异、諸葛亮、房玄齡、杜如晦、李靖、李晟、郭子儀、曹彬、潘美、韓世忠、岳飛、張浚、木華黎、博爾忽、博爾術、赤老温、伯顏，凡三十有七人，從祀歷代帝王廟。

《明太祖實錄》卷一八八"洪武二十一年正月至二月"條

戊午，遣官祀歷代帝王。初，歷代帝王廟五室，祀伏羲至元世祖，凡十七帝。至是，去隋文帝，凡十六帝，爲五室，中三室，居三皇、五帝、三王，如舊；最東一室，則漢高祖、光武，唐太宗；最西一室，則宋太祖，元世祖。從祀名臣，凡四壇，東廡第一壇九人，風后、皋陶、龍、伯益、傅說、召公奭、召虎、張良、曹參；西廡第一壇九人，力牧、夔、伯夷、伊尹、周公旦、太公望、方叔、蕭何、陳平；東廡第二壇十人，周勃、馮異、房玄齡、李靖、李晟、潘美、岳飛、木華黎、博爾忽、伯顏；西廡第二壇九人，鄧禹、諸葛亮、杜如晦、郭子儀、曹彬、韓世忠、張浚、博爾術、赤老溫。

《明太祖實錄》卷一九六"洪武二十二年四月至七月"條

辛未，改建歷代帝王廟成，遣官致祭，以奉安神主。告禮部定擬，自今每歲止以仲秋月遣官祭之。從之。

《明世宗實錄》卷一二五"嘉靖十年五月"條

戊子，禮部擬上帝王廟祭器、樂器、供器及幃幕等物色略如太廟式。詔可。

禮部議帝王廟名臣牌位，視太廟功臣式，帝王神牌量增高廣以別隆殺，帝王朱地金書，名臣赤地墨書。從之。

《明世宗實錄》卷一四一"嘉靖十一年八月"條

禮部上親祭歷代帝王儀注：太常寺預設各壇牲醴、香帛、樂舞等項如儀，錦衣衛設隨朝駕，設上拜位於殿中，設御幄于景德門外之左。是日早，免朝。上常服御奉天門，太常寺卿跪奏請皇上詣帝王廟祭歷代帝王。上乘輿由午門、端門、承天門、長安右門出，至門由中門入，至幄次降輿，具祭服出，導駕官導上由中門中道至拜位。典儀唱樂舞生就位，執事官各司其事。內贊奏就位，上就拜位。典儀唱迎神，樂作。樂止，內贊奏搢圭上香，上三上香。訖，奏出圭，奏復位，內贊奏兩拜，上兩拜，平身。傳贊、陪祀官同。典儀唱奠帛，行初獻禮，樂作，內贊奏詣神位前，執事官各捧帛、爵，跪進於神位前，樂暫止。內贊贊讀祝，奏跪，讀祝官取祝，跪讀。訖，樂復作，內贊奏俯伏興平身，傳贊陪祀官同。樂止，典儀唱行亞獻禮，執事官代，樂作。樂止，典儀唱行終獻禮，執事官代，樂作。樂止，太常寺卿進立於壇傍東立，西向，唱答福胙，內贊奏詣飲福位，奏跪，奏搢圭，光祿寺卿以福酒跪進於上右，內贊奏，飲福酒，上飲。訖，光祿寺卿以福胙跪進於上右，內贊奏受胙，上受訖，奏出圭，奏俯伏興平身，奏復位，內贊奏兩拜，上兩拜，平身。傳贊陪祀官同。典儀唱徹饌，樂作，執事官各於神位前，徹饌。訖，樂止，典儀唱送神，樂作，內贊奏兩拜，上兩拜，平身。傳贊陪祀官同。樂止，典儀唱讀祝官捧祝，進帛官捧帛，掌祭官捧饌，各詣燎位，樂作。內贊奏禮畢，樂止。導駕官導上入御幄，易祭服，升輦，還宮。儀衛導從如來儀，大樂鼓吹振作。上覽之曰：正五壇中案朕親奠。獻左右四案，命郭勛、李時代之，成國公朱鳳，尚書王憲、夏言、汪鋐分獻兩廡，餘俱如擬。

《明世宗實錄》卷二九六"嘉靖二十四年二月"條

庚子，初，禮科右給事中陳棐言，元世祖以夷亂華不宜廟祀。下禮部集廷臣議如棐奏。上曰："元本胡夷又甚于五季者，帝王廟并墓祭俱黜罷。"棐復言："帝王廟已撤胡元之祀，而廟在兩京者亦宜撤去之。"又請改兩京廟祀碑文，并毀銷元君臣神主。下禮部議復，俱報可。

（明）申時行等《大明會典》卷九一《禮部四九・群祀一・歷代帝王》

洪武元年，命乙太牢祭三皇。二年，遣官致祭，以勾芒、祝融、風后、力牧配。六年，始建帝王廟於京師，以祀三皇五帝、三王及漢唐宋創業之君，每歲春秋致祭，後以周文王終服事殷，唐高祖本太宗，力勿設主，止各祀於其陵廟，而增隋文帝。七年春，塑帝王袞冕坐像，惟羲農不袞冕。是秋，上親臨祭焉。廟同堂异室，中一室祀三皇，東一室五帝，西一室三王，又東一室漢高祖、光武、隋文帝，又西一室唐太宗、宋太祖、元世祖，凡五室十七帝。二十一年，始定歷代名臣終始全節者，三十七人從祀。兩廡列爲四壇，宋趙普以負太祖不忠不得預。元祀木華黎罷安童，祀伯顏罷阿术。而太公望以從祀，罷其故廟及武成王號。是年，帝王廟火，改建於鷄鳴山之陽，罷隋文帝，而遷唐太宗與漢高光同室，凡十六帝。又定以每歲春，附祭歷代帝王於郊壇，秋祭於本廟。每三年傳制遣道士賷香帛，令有司祭於各陵寢，凡祭於陵寢之歲，則停廟祭。嘉靖九年，釐正祀典，罷郊壇帝王附祭。十年春，爲位於文華殿祭之。十一年春，仍祭于文華殿；夏，始建廟於都城之西，亦爲五室，位次如舊。是秋，上親臨祭。嗣後歲以春秋仲月，太常寺先期奏請遣大臣一員行禮，四員分獻。凡祭於陵寢之歲，則停秋祭。二十四年，罷元世祖及其臣五人，復遷唐太宗與宋太祖同言，凡十五帝。從祀名臣三十二人。

（明）王圻《續文獻通考》卷一一四《宗廟考》

世宗嘉靖九年庚寅，右中允廖道南奏：今之郊祀列歷代帝王一壇於五岳四瀆之間，是躋人鬼於天神地祇，南畿歷代帝王廟每歲致祭宜歸本廟下。禮部議復奏云：近奉明旨天地四壇祈穀之祭俱不從祀，今以仍歸本廟爲當，再行南京太常寺加添春祭，庶不失我祖宗敬禮前代帝王之意。從之。仍行南京太廟加春祭一壇。已而上命建廟於北都致祭，上謂禮臣曰：古先帝王春祭南京不必增，待廟成，春秋俱在京行禮。禮部臣奏云：營建廟宇非旬月可完，若候廟貌備，誠恐緩不及事有悮春祭合無。嘉靖十年，暫于南京本廟添春祭一次。有旨：來春暫于文華殿設壇，朕親一舉。明年辛卯秋，帝王廟成，禮部尚書夏言上議云：查得大明會典內一款，歷代帝王遇有子午卯酉年分，朝廷傳制遣道士齋香帛致祭各陵寢，本朝不祭。今年辛卯，正遇停祭之期，合無照例免祭，待明年仲春吉日舉行。遂以來春上親行禮以後照舊例行。十三年甲午秋七月朔，例遣道士致祭帝王陵寢，言復奏云：本廟秋祭合，宜停免，春祭既無從祀仍當遣官舉行。從之。遂著爲令。十五年，巡按周鈇言：武功即堯封後稷有邰之地，與稷母姜嫄，皆有專祀，第未及祀典，宜賜修舉。從之。十八年，御史謝少南因上南巡言慶都爲帝堯肇封之地，堯母乃帝嚳元妃，陵墓俱存，乞表揚以弘達孝光巡幸。上曰堯父母異陵，可見合葬非古祠。令有司修之。少南建白可嘉，改授翰林檢討兼司直。二十四年二月，禮科右給事中陳棐疏略曰：帝王廟之建，所以崇德報功，昭極明統，奉上天以尊中國也，故自盤古以迄於今所取者止十五六人，乃使蒙古忽必烈元人稱爲世祖者厠於其間，夫忽必烈乘宋之弱而吞噬之，習中國以胡俗，言中國以胡語，譯中國之書，以胡字官中國之臣，以胡人濁我寰宇斁我倫，得罪於我中國帝王者也，國初諸臣多曾受元爵，秩故假帝祀，以掩其非而聖祖之意，祇以生於元世不泯其迹，姑亦暫祀耳，豈不謂一再傳世自有善繼其志而更之者乎，又國朝於歷代帝王陵寢之祭自伏羲以至宋孝宗三十五，陵所祭之處俱實有陵墓，惟順天府所祭元世祖陵絕無，陵所但權於府西廟址，掃堦薦幄以畢事，夫既曰祭陵而實無陵，以禁闕之旁而望空祀一舊嘗竊據之，胡鬼其誰曰宜乎。臣以爲通罷之，便并將帝王廟所祀忽必烈及木華黎、博爾忽等五臣通行黜祀。疏下禮部議復。奉旨：元本胡夷，又甚于五季者，著帝王廟并墓祭都黜罷。棐又題：保定府有慶都縣者，因帝堯母家於此遂以名縣。按帝紀曰帝堯母慶都十四月生堯，見之姓源諸書班班可考，乃今相襲以爲縣名，則簡籍文移稱之，居民行旅稱之，在皇上錫類之，孝必不忍天下之人得以稱聖母之名矣，臣又因此而論及五帝焉，曰太昊、伏羲氏、炎帝、神農氏、黄帝軒轅氏、帝金天氏、帝高陽氏、帝高辛氏、帝陶唐氏、帝有虞氏，此數君者皆經世物有功萬世者也，自今考之《史記・帝王本紀》，黄帝號有熊氏，姓公孫後改姓姬名曰軒轅，則自伏羲以至有虞皆號諡，而惟軒轅則黄帝之名也。臣謂帝王祠廟陵其題額、神版、告文之類宜改稱黄帝有熊氏而避其軒轅之名。至于堯舜之稱，擄史遷則以堯舜爲號，而以放勛、重華爲名。據朱熹、蔡沈則以堯舜爲名，而以放勛、重華爲贊辭。夫既以堯舜爲名，則今廟祀於堯亦宜稱曰唐帝，其毋則宜稱曰陶唐聖母，而避慶都與堯之名，仍乞將慶都縣名擬議更改，并擬唐帝及毋祠墓之名，以昭皇上厘正典禮之盛則治道幸甚。

初，洪武間始建帝王廟于南京，略用同堂異室之制後，洪武初合諸葛廟祀之。

（明）丘濬《大學衍義補》卷六二《治國平天下之要・秩祭祀・内外群祀之禮》

臣按：《祭法》言，聖王制祭祀之禮，其常典所當祀者有五焉，其下文復歷叙自古君臣有道功庸者以實之，凡十有四人，爲君者八人，爲臣者六人。後世廟祀前代帝王而以其功臣從享者，其原蓋出於此。本朝洪武初，建帝王廟于南京鷄鳴山之陽，以祀三皇五帝、三王、漢高祖、光武、唐太宗、宋太祖、元世祖，所祀者止及一統之世創業之君，其與前代泛及無統者異矣。又詔以歷代名臣從祀帝王廟，乃以風后、力牧、皋陶、夔、龍、伯夷、伯益、伊尹、傅説、周公旦、召公奭、太公望、方叔、召虎、張良、蕭何、曹參、陳平、周勃、鄧禹、馮異、諸葛亮、房玄齡、杜如晦、李靖、郭子儀、李晟、曹彬、潘美、韓世忠、岳飛、張浚、木華黎、博爾忽、博爾术、赤老温、伯顏凡，凡三十有七人，是皆前代之君臣同德始終一心者。然其中或有不祀其君而祀其臣者，蓋惟取其純德巨功位列而通祀之，非若前代隨其君，而各以其臣配其食也。臣愚，竊以爲昔者建都南京歷代帝王廟因在於彼，今郊廟既立於此，則帝王廟亦當從之而北焉。議禮之事非臣下所當及者，謹述所見如此。或者謂元世祖無功於中國，而其臣木華黎輩亦皆爲中國害者，不祀亦可。

（明）鄧元錫《皇明書》卷一

洪武六年，八月，詔脩大明日曆，詔祀三皇，建歷代帝王廟。

洪武二十一年戊辰春二月，定歷代賢臣從祀帝王廟。

（明）杜應芳《補續全蜀藝文志》卷三一《記·（明）曹汴〈重建塗山禹廟碑記〉》

洪武七年，帝王廟例塑衮冕坐像，庶謁者如見廟。

（明）范守已《皇明肅皇外史》卷二五

（嘉靖二十有四年）六月初，撤元主忽必烈廟祀及其侑享五臣。

給事中陳棐上言，乞撤帝王廟元主忽必烈神主及其臣木華黎等五人牌名，并南京廟祀胡象。下禮部復議。從之。于是削宋訥所撰廟碑，命輔臣別爲文記之。

（明）顾允成《小辨齋偶存》卷三《札記》

我太祖常躬祭歷代帝王廟，至漢高像前曰，我與公皆以布衣起得天下，公是好漢子。命再加一爵。

（明）何喬遠《名山藏》卷四《典謨記·太祖高皇帝四》

（洪武二十一年）二月，【略】以歷代名臣從祀帝王廟。

（清）萬斯同等《明史》卷四《太祖紀四》

二十一年，二月甲寅，詔以歷代名臣三十七人從祀帝王廟。戊午，罷隋文帝祀。

（清）萬斯同等《明史》卷二六《莊烈皇帝紀四》

辛酉，【略】歷代帝王廟大雷電震，死執役數人。

庚寅，我大清兵入京，設帝神主於帝王廟，令臣民發喪成服哭臨三日，諡曰欽天守道敏毅敦儉弘文襄武體仁致孝莊烈愍皇帝，陵曰思陵。

（清）萬斯同等《明史》卷四三《志一七·禮志一·吉禮一·祭祀諸儀》

後至洪武七年，禮部奏舊儀，凡皇帝躬祀入就位時，太常司奏中嚴奏外辦盥洗、升壇、飲福、受胙各致贊辭。又凡祀，各設爵洗位滌爵拭爵，初升壇唱再拜，及祭酒唱賜福胙之類，俱似煩瀆，悉宜刪去。詔從之。翰林臣詹同言：古人祭用香燭，皆所以導達陰陽以接神明，初無上香之禮。遂命凡祭祀罷上香。禮部太常司奏：祭祀拜禮考之《禮記》，一獻、三獻、五獻、七獻之文皆不載拜禮，唐宋郊祀每節行禮皆再拜，然亞獻、終獻天子不行禮而使臣下行之。今議大祀、中祀自迎神至飲福、送神宜各行再拜禮；帝命節爲十二拜，始迎神四拜，至飲福受胙復四拜，又至送神四拜而畢，著爲定儀。

習儀，凡祭祀先期三日及二日，百官習儀於朝天宮。嘉靖九年，更定郊祀冬至習儀，於先期之七日及六日。

遣官祭祀，洪武二十六年定傳制特遣儀。祀前一日陳設如常儀，次日各官具朝服於丹墀北向立，皇帝御華蓋殿具皮弁服，執事官行一拜禮，訖，儀禮司跪，奏請升殿，皇帝升座，捲簾，鳴鞭，訖。百官分東西立，引禮、引獻官詣拜位，贊四拜，傳制官詣御前跪，奏傳制俯伏興，由東門出，至傳制位稱有制，贊跪宣制。【略】祭歷代帝年則曰：某年月日祭先聖歷代帝年，命卿行禮。贊俯伏興，禮畢。

（清）萬斯同等《明史》卷五一《志二五·禮志九·吉禮九》

武成王。洪武二年，遣宮致祭于昭烈武成王，儀同。釋奠牲用犢一、羊一、豕一，幣用白色。二十年，命武成王既從祀帝王廟，罷其舊廟，仍去王號。

（清）萬斯同等《明史》卷一七五《李原名傳》

建歷代帝王廟，原名請以風后、力牧等三十六人從祀。帝去趙普、安童、阿術，而增入陳平、馮異、潘美、木華黎，餘悉如。

（清）萬斯同等《明史》卷一七七《答禄與權傳》

又請祀三皇，其略曰：臣稽經史伏羲、神農、黃帝號稱三皇，盛德太業被於萬世，三綱由之而正九法由之而叙者也。故堯舜禹湯文武承其道爲統，孔子顏曾思孟傳其道爲學統，以續其業，學以傳其心。三皇所以繼天立極爲萬世宗者，豈但陰陽醫術而已哉！其在祀典法施於民則祀之。今社稷、宗廟、山川之神皆得享祭，而三皇者獨闕焉非所以崇德報功，臣愚謂陛下宜祀三皇，春秋躬行祀事。帝覽疏稱善，遂因與權言廣之，命有司特建帝王廟於京師，且遣使者巡視歷代諸陵寢，設守陵户二人，每三年一致祭，其制度皆自此始。

（清）嵇璜、劉墉等《續通典》卷五三《禮·祀先代帝王名臣附》

世宗嘉靖九年，罷歷代帝王南郊從祀，建歷代帝王廟於都城西，歲以仲春秋致祭，并罷南京廟祭。十年春二月，廟未成，躬祭歷代帝王于文華殿，凡五壇，丹陛東西，名臣四壇。禮部尚書李時言：舊儀有賜福胙之文。賜者自上而下之義，惟郊廟社稷宜用，歷代帝王止宜云答。詔可。二十四年，以禮科陳棐言：罷元世祖陵廟之祀及從祀穆呼哩等，復遷唐太宗與宋太祖同室凡十五帝，從祀名臣三十二人。

（清）嵇璜等《續文獻通考》卷八五《群廟考》

七年八月，躬祀歷代帝王廟。九年八月，遣官省歷代帝王陵寢，禁芻牧。置守陵户忠臣烈士祠，有司以時葺治。二十一年二月，以歷代名臣從祀帝廟。

先是禮官擬歷代名臣風后等三十六人以進，帝以宋趙普負太祖不忠不可從祀，元臣四杰木華黎爲首不可祀孫而去其祖，可祀木華黎而罷安童，既祀伯顏則阿珠不必祀。漢陳平、馮異，宋潘美皆節義兼善始終，可祀。于是定風后、力牧、皋陶、夔、龍、伯夷、伯益、伊尹、傅説、周公旦、召公奭、太公望、召虎、方叔、張良、蕭何、曹參、陳平、周勃、鄧禹、馮异、諸葛亮、房元齡、杜如晦、李靖、郭子儀、李晟、曹彬、潘美、韓世忠、岳飛、張浚、木華黎、博爾忽、博爾珠、赤老温、伯顔，凡三十七人，從祀於東西廡，爲壇四。

二十二年五月，改建歷代帝王廟成。

先是廟灾，詔改建，至是廟成，遣官致祭，以奉安神主。告從禮部，擬自後每歲以仲秋月遣官致祭。

世宗嘉靖十年正月建歷代帝王廟，二月祭于文華殿。

中允廖道南請撤靈濟宫改建歷代帝王廟，禮部以所在狹隘不稱，乃建於阜城門内。嗣以建廟未成躬翠春祭正殿。凡五壇丹陛東，西名臣四壇。將祭，禮部尚書李時言舊儀有賜福胙之文，賜者自上而下之義，惟郊廟社稷宜用帝王止宜云答詔可。次年夏廟成，名曰景德崇聖之殿。殿五室，東西兩廡，殿後祭器庫，前爲景德門，門外神庫、神厨、宰牲亭、鐘樓，街東西二坊曰景德街。八月，帝親祭，由中門入，迎神、受福胙、送神各兩拜，嗣後歲遣大臣一員行禮，四員分獻，罷南京廟祭，凡子午卯酉，祭於陵寢之歲則停秋祭。二十四年，以科臣陳棐言，罷元世祖陵廟之祀及從祀木華黎等，復遷唐太宗與宋太祖同室凡十五帝，從祀名臣三十二人。

(清) 陳建《皇明通紀法傳全録》卷九

(戊辰，洪武二十一年) 二月，詔以歷代名臣從祀歷代帝王廟。

風后、力牧、皋陶、夔、龍、伯夷、伯益、伊尹、傅説、周公旦、召公奭、太公望、召虎、方叔、張良、蕭何、曹參、陳平、周勃、鄧禹、馮异、諸葛亮、房玄齡、杜如晦、李靖、李晟、郭子儀、曹彬、潘美、韓世忠、岳飛、張浚、木華黎、博爾忽、博爾木、赤老温、伯顔，凡三十有七人。

遣官祀歷代帝王。初帝王廟爲五室，祀伏羲至元世祖，凡十七帝；至是去隋文帝，凡十六帝。

(清) 查繼佐《罪惟録·紀一·太祖紀》

(洪武二十年丁卯) 秋七月，禮部請立武成王廟，帝曰："古文武兼備，太公鷹揚授册書，不宜專以武尊之。且已從祀帝王廟，所請不許。"

(清) 查繼佐《罪惟録·紀一七·毅宗紀》

時軍吳三桂以東師入援。賊毀太廟神主，遷太祖歷代帝王廟中。

(清) 查繼佐《罪惟録·志八·歷代帝王賢聖祀典》

(洪武) 二十一年，修唐相張九齡、宋名臣余靖祠祀。以歷代名臣從祀歷代帝王廟，去舊額趙普、安童二人，增陳平、鄧禹、潘美、馮异、木華黎五人。【略】

嘉靖二年，建周公廟於洛陽。【略】

九年，停南京歷代帝王廟祀，以專祀春秋故。

十年，改立帝王廟於阜城門内。

十一年，詔祠唐狄仁杰、宋寇準及鄉儁劉安世于大名府。

二十四年，以科臣陳棐議，撤元世祖神主，并革華黎五臣祀。

按：帝皇廟姬昌臣節不預，是也。唐高祖實以子功居南面，奈何撤之？至以伏羲、神農，未有衣冠之制，勿加冕服，則未經的考，當用何制？且歷代冕服亦未畫一，或多虛揣，不如竟用木主之爲當也。若元世祖雖係勝國，而亦爲天所子，陳棐以私意，落其君臣，殊非太祖放歸元遺孫至意。【略】

（洪武）二十年，定侑享歷代帝王廟功臣。中山王徐達等十二人。【略】

洪熙元年，祔入帝王廟侑享功臣。

（清）查繼佐《罪惟錄·志一八·科舉志》

（洪武）二十年，禮部請如前代立武學，用武舉，仍建武成王廟。上曰："是岐文武爲二也，輕天下無兼長矣。三代以上，文武咸宜，如太公望鷹揚而授册書，仲山甫賦政而式古訓，召虎經營而陳文德，豈尚一偏之藝爲哉？"罷不立學。太公望從祀帝王廟，選舉之途率重錄廳。

（清）陳鶴《明紀》卷三

八月乙亥，建歷代帝王廟於欽天山之陽，爲正殿五室，祀三皇五帝，夏禹，商湯，周文王、武王，漢高祖、世祖，唐高祖、太宗，宋太祖，元世祖，每歲春秋仲月上旬甲日致祭。已而以周文王終守臣服，唐高祖由太宗得天下，遂寢其祀，增祀隋高祖。

（清）顾炎武《日知錄集釋》卷十七

《太祖實錄》："洪武二十年七月，禮部請如前代故事，立武學，用武舉，仍祀太公，建昭烈武成王廟。上曰：'太公，周之臣，若以王祀之，則與周天子并矣，加之非號，必不享也。至於建武學，用武舉，是分文、武爲二途，輕天下無全才矣。古之學者，文武兼備，故措之於用，無所不宜，豈謂文武异科，各求專習者乎？太公但從祀帝王廟，去武成王號，罷其舊廟。'"

《世祖章皇帝實錄》卷五"順治元年五月至六月"條

甲申，以故明太祖神牌入歷代帝王廟。

《世祖章皇帝實錄》卷一五"順治二年三月至四月"條

順治二年，乙酉三月，甲申朔，禮部奏言：三月初三日，例應祭歷代帝王。按故明洪武初年立廟，將元世祖入廟享祀，而遼金各帝皆不與焉。但稽大遼，則宋曾納貢大金，則宋曾稱姪。當日宋之天下，遼金分統南北之天下也。今帝王廟祀，似不得獨遺。應將遼太祖并功臣耶律曷魯，金太祖、金世宗并功臣完顏粘没罕、完顏斡離不，俱入廟享祀。元世祖之有天下，功因太祖，未有世祖入廟，而可遺太祖者。則元世祖之上，乃應追崇元太祖一位。其功臣木華黎、伯顏應從祀焉。至明太祖并功臣徐達、劉基，各宜增入。照次享祀以昭帝王功業之隆，用彰皇上追崇往哲至意。從之。

《世祖章皇帝實錄》卷一〇五"順治十三年十二月"條

己亥，諭禮部，古來聖帝明王，皆大有功德於民者，所以累代相因崇祀不替。今歷代帝王廟祭典雖已修舉，但十三年來俱係遣官致祭，朕今欲於明春親詣行禮，以抒景仰前徽至意。爾部即酌議禮儀具奏，以抒景仰前徽至意，爾部即酌議禮儀具奏。

禮部奏定皇上躬祭歷代帝王儀注。先期致齋二日，照常備辦牲醴、香帛、鑾儀衛、設鹵簿，設上拜位於帝王廟殿中，設御幄于景德門外左。祭日清晨上乘輿，由長安右門出，至廟由中門入，至幄前降輿入，盥手訖，更禮服，由中門中道至拜位立。典儀唱樂舞生就位，執事官各司其事；贊引官奏就位，上就拜位。典儀唱迎神，樂作，贊引官奏詣前上香，導上詣香案前，三上香訖，贊引官奏復位，上復位，樂止。贊引官奏行二跪六叩頭禮，興。典儀唱奠帛，行初獻禮，作樂，執事官各捧帛捧爵，跪獻於各神位前正中，樂暫止；贊引官奏跪，上跪。贊讀祝，讀訖，樂作，贊引官奏行三叩頭禮，興，樂止。典儀唱行亞獻禮，樂作；捧爵官獻爵于左，如初獻儀，樂止。典儀唱行終獻禮，樂作；捧爵官獻爵於右，如亞獻儀，樂止。太常寺卿進立於壇東，西向，唱飲福受胙，贊引官奏詣飲福位，導上至飲福位立，奏跪，上跪。奉酒胙官跪進於上右，贊引官奏飲福酒，上受爵拱舉，授左旁接爵官，奏受胙，上受胙拱舉，授左旁接胙官，贊引官奏行三叩頭禮，興，奏復位，上復拜位，立。奏行二跪六叩頭禮，興。典儀唱徹饌，樂作。執事官於各神位前徹饌訖，樂止，典儀唱送神，樂作，贊引官奏行二跪六叩頭禮，興，樂止。典儀唱捧祝、帛、饌各詣燎位，樂作，祝帛焚半，贊引官奏禮畢，樂止。上至御幄易服，還宮。

《世祖章皇帝實錄》卷一三六"順治十七年六月上"條

禮部議復山東道監察御史顧如華疏，言：帝王廟創建於故明，及我朝增定金太祖、金世宗，遼太祖，元太祖，明太祖，共二十一帝。皆係開創之主，不及守成賢君。但守成不乏誼主，如商之中宗、高宗，周之成王、康王，其行事見於詩書史鑒，誠為守成。令主漢之文帝，史稱其節儉愛民，海內安寧，家給人足；宋之仁宗恭儉仁恕忠厚之政，培有宋三百年之基；明之孝宗仁恭節用，任賢圖治，憂勤惕勵，始終不渝；應否入廟并祭，仰係睿裁至。從祀功臣，見今從祀者似應照舊，惟宋臣潘美雖平南漢有功，然斜谷之敗，不能制護軍王侁，擅離陳家谷口，致楊業父子無援而死，宋之不能復征契丹，實由此敗。又宋臣張浚，三命為將，而一敗于富平關，陝渝亡；再敗於淮西，酈瓊叛命；三敗于符離，而中原不可復；且劾李綱，殺曲端，與岳飛議不合，奏飛欲專兵柄。觀史書所載，未可與韓世忠、岳飛同日并論，此二臣皆宜罷其從祀。得旨：商中宗、商高宗，周成王、周康王，漢文帝、宋仁宗、明孝宗，俱入廟并祭；遼太祖、金太祖、元太祖、原未混一天下，且具行事亦不及諸帝王，不宜與祭，著停止。餘依議。

《聖祖仁皇帝實錄》卷一 "順治十八年正月至二月" 條

乙丑，議政王、貝勒、大臣等，遵旨詳議祀典。議得【略】歷代帝王廟【略】等祀，應照舊致祭外，其大享合祀，【略】亦應照前供獻。從之。

《聖祖仁皇帝實錄》卷一二八 "康熙二十五年十一月至十二月" 條

禮部等衙門遵旨議復：【略】歷代帝王廟陪祭官員，亦不照加級。武官公以下，參領阿達哈哈番以上；文官尚書以下，郎中以上；滿科道、漢六科掌印給事中，武官將，游擊以上。令其陪祭，一應祭品等物，及查看失儀等項之處，一如天地壇例行。上曰：這所議妥當，著如議，凡祭祀時，特遣御史監禮，專以糾劾。今觀御史，不過左右顧盼，以充數，未嘗糾參一人，且非特諸臣而已，即朕設有不敬處，亦當舉奏也。

《聖祖仁皇帝實錄》卷二九二 "康熙六十年四月至五月" 條

丙申，諭大學士等，朕披覽史冊，於前代帝王，每加留意書生輩，但知譏評往事前代帝王，雖無過失，亦必刻意指摘，論列短長，全無公是公非。朕觀歷代帝王廟所崇祀者，每朝不過一二位，或廟享其子而不及其父，或配享其臣而不及其君，皆因書生妄論而定，甚未允當。況前代帝王，曾為天下主，後世之人，俱分屬臣子，而可輕肆議論，定其崇祀與不崇祀乎？今宋明諸儒，人尚以其宜附孔廟，奏請前代帝王，既無後裔後之君天下者，繼其統緒，即當崇其祀典。朕君臨宇內，不得不為前人言也。朕意以為凡曾在位，除無道被弒亡國之主外，應盡入廟崇祀。爾等將朕此旨錄出，公同從容詳議具奏。

《世宗憲皇帝實錄》卷二二 "雍正二年七月" 條

戊申，諭禮部嗣後親祭歷代帝王廟日，鹵簿大駕，俱由廟前映壁外行。

《高宗純皇帝實錄》卷一二一〇 "乾隆四十九年七月上" 條

乙卯，命廷臣更議歷代帝王廟祀典，諭：朕因覽《四庫全書》內《大清通禮》一書，所列廟祀歷代帝王位號，乃依舊《會典》所定，有所弗愜於心。敬憶皇祖《實錄》有敕議增祀之諭。今查取禮部原議紅本，則係康熙六十一年十一月內具題，爾時諸臣不能仰體聖懷，詳細討論，未免因陋就簡。我皇祖諭旨，以凡帝王曾在位者，除無道被弒亡國之主，此外盡應入廟，即一二年者，亦應崇祀。煌煌聖訓，至大至公。上自羲軒，下至勝國，其間聖作明述之君，守文繼體之主，無不馨香妥侑，不特書生臆論，無能仰喻高深。即歷代以來升歆議禮，未有正大光明若此者也。乃會議疏內，聲明偏安亡弒，不入祀典，而仍入遼金二朝。不入東西晉、元魏、前後五代，未免意有偏向，視若仰承聖意，而實顯與聖諭相背。朕意若謂南北朝偏安不入正統，則遼金得國亦未奄有中原，何以一登一黜，適足啟後人之訾議。即因東西晉、前從五朝有因篡得國擯而不列，如操、丕，不得為正統之例，殊不知三國時正統在昭烈，故雖以陳壽《三國志》之尊魏抑蜀，而卒不能奪萬世之公評。至司馬氏篡竊以還，南朝神器數易，如宋武帝崛起丹徒，手移晉祚，自不能掩其篡奪之罪。其他雖祖宗得國不正而子孫能繼緒承休，即爲守文中主亦不可概從缺略。況自漢昭烈以至唐高祖統一區夏，時之相去三百餘年，其間英毅之辟、節儉之主史不絕書，又安可置而不論？至于後五代如朱溫以及郭威，或起自寇竊，或身爲叛臣，五十餘年，更易數姓，中華統緒，不絕如線。然周世宗承藉郭氏餘業，憑有疆域，尚不失爲令主，此而概不列入，則東西晋前後五代，數百年間，創守各主，祀典缺如，何以協千秋公論？他若元魏，雄據河北，地廣勢强，太武、道武勤思政理，講學興農，亦可爲偏安英主，并當量入祀典，以示表章。朕前命館臣，録存楊維楨《正統辨》，諭内詳晰宣諭以維楨所辨，正統在宋不在遼金之説爲是。所以存春秋綱目之義，見人心天命之攸歸。且檢閲孫承澤《春明夢餘録》所載，明代崇祀古帝王位號，原未列遼金二朝，今帝王廟崇祀遼金，而不入東西晋前後五代，似此互相入主出奴，伊於何底？是皆議禮諸臣，有懷偏見，明使後世臆説之徒，謂本朝於歷代帝王，未免區分南北，意存軒輊，甚失皇祖降諭之本意也。至明之亡國，由於神、熹二宗紀綱隳而法度弛。愍帝嗣統時，國事已不可爲，雖十七年身歷勤苦，不能補救傾危，卒且身殉社稷，未可與荒淫失國者一例而論。是以皇祖睿裁，將神、熹二宗徹出，而愍帝則特令廟祀。褒貶予奪，毫釐不爽，實千古大公定論。乃諸臣於定議時，轉復將漢之桓靈增入，豈未思炎漢之亡亡於桓、靈而不亡於獻帝乎？從前定議，未將東漢全域詳審論斷，轉使昏暗之君，濫叨廟食，所議未爲允協。夫自古帝王，統緒相傳易代以後饗祀廟庭，原以報功崇德至于嚴篡竊之防戒守成之主，或予或奪，要必衷於至當，而無所容心於其間，方協彰癉之義。所有歷代帝王廟祀典，著大學士九卿，更行悉心詳議具奏，并著於定議後，交四庫館，恭録皇祖諭旨，并朕此旨，於《通禮》廟饗卷首，以昭殷鑒歷朝，垂示萬年之至意。

《高宗純皇帝實録》卷一二二五 "乾隆五十年二月下" 條

辛丑，祭歷代帝王廟，上親詣行禮，幸圓明園。《御製祭歷代帝王廟禮成恭記》曰：予小子既敬遵皇祖聖訓，增祀歷代帝王，以今年二月春祭之吉奉神主入廟，禮以克成，祭不欲數，于是退而恭記曰：皇祖之聖，允符我皇考所尊稱大成，有類先師孔子而無以復加也。即此增入之旨，實出大公至明，乃稱歷代之名議而非有意於其間也。夫歷代者，自開闢以來君王者之通稱，非如配享先師孔子，有所旌別彰癉於其間也。夫有所旌別彰癉於其間，則必有所進退而是非好惡紛然起矣。入者主之，出者奴之，將無所底止。且以旌別彰癉言之，湯武即有慚德，則歷代開創之君，湯武且不若。審如是，三皇五帝之外，其宜入廟者有幾？是非祭歷代帝王之義也。故我皇祖謂非無道亡國被弒之君，皆宜入廟者，義在此。但引而未發，予小子敢不敬申其義乎！蓋自洪武建廟南京以來，北京祖之，所祀者寥寥。及我世祖定鼎燕京，幼齡即位，百度畢舉。爾時議禮之臣，於議歷代帝王廟位次，亦頗有所出入。而我皇祖之論，亦因近大事之際，在康熙六十一年十一月，諸臣未能仰遵聖意，其出入亦頗不倫。予小子於昨歲閲《大清通禮》，始悉其事。因命大學士九卿更議增祀，而以仲春躬祀入所增神主於廟。

予嘗論之，洪武之去遼金而祀元世祖，猶有一統帝系之公。至嘉靖之去元世祖，則是狃於中外之見，而置一統帝繫於不問矣。若順治初之入遼金而去前五代，則爾時議禮諸臣，亦未免有左祖之意。孰若我皇祖之大公至明，昭示千古，爲一定不易之善舉哉！夫天下者，天下人之天下也，非南北中外所得私。舜東夷，文王西夷，豈可以東西別之乎？正統必有所系，故予於《通鑑輯覽》之書，大書特書，一遵《春秋》，不敢有所軒輊於其間。以爲一時之義雖權，萬古之論不可欺也。然則歷代帝王之祀，果即非如配享先師孔子，漠無旌別彰癉於其間乎？曰：不然也。歷代帝王胥祀于景德之殿，其有德無德，若南若北，曰中曰外，是一家非一家，章章如昭昭如，孰可以爲法，孰可以爲戒，萬世之後，入廟而祀者，孰不憬然而思，惕然而懼耶！是即不明示旌別彰癉，而已寓旌別彰癉於無窮矣。其有不憬然思惕然懼者，則是無道之倫，必不能入此廟矣。嗚呼！可不懼哉！可不懼哉！雖然，予更有後言焉。蓋宜入廟與不宜入，誠昭然應知懼，而我大清國子子孫孫祈天永命，所以綿萬禩無疆之庥者，更當以不入斯廟爲棘。安不忘危，治不忘亂，用慎苞桑之固。思及此，有不忍言而又有不忍不言者，世世子孫，其尚凜難諶之戒乎！

《高宗純皇帝實錄》卷一二二六"乾隆五十年三月上"條

甲寅，又明世宗永陵，前因尹嘉銓條奏，將其祭祀裁徹。但前明之亡，不亡於崇禎，而亡於萬曆、天啓，是以於歷代帝王廟中徹其位祀，而陵寢仍前致祭。明世宗雖溺意齋醮，尚不至如萬曆、天啓之昏庸失德，其陵寢自應照前一體致祭，以昭大公。

《宣宗成皇帝實錄》卷六九"道光四年六月"條

丙辰，定太廟、夕月壇、歷代帝王廟謝福胙禮。諭內閣，【略】歷代帝王廟受福胙時，行二跪六拜禮。并著傳贊王公百官隨行二跪六拜禮，以歸畫一。

《穆宗毅皇帝實錄》卷一三五"同治四年四月上"條

己巳，予周臣散宜生，北魏臣高允，從祀歷代帝王廟，從史科給事中高延祐請也。

（清）張廷玉《清文獻通考》卷一一九《群廟考一·歷代帝王廟》

順治二年三月，增定歷代帝王廟祀典。是月，甲申朔，禮部言三月三日例祭歷代帝王。按：故明洪武初立廟，元世祖入廟祀，而遼金諸帝皆不與焉。但稽遼則宋曾納貢金，則宋曾稱姪，當日宋之天下，遼金分統南北之天下也。帝王廟祀似不得遺，應以遼太祖及功臣耶律赫魯、金太祖世宗及功臣完顏尼瑪哈、完顏沃里布俱入廟祀，元世祖之有天下，功因太祖，未有世祖入廟而可遺太祖者，則元世祖之上應追崇，元太祖其功臣穆呼哩巴延應從祀焉。至明太祖及功臣徐達、劉基，并宜增祀，用彰皇上追崇至意，從之。

丙戌，遣官祭歷代帝王廟，時增定祀典，遣戶部尚書英俄爾岱祭太昊、伏羲氏、炎帝、神農氏、黃帝、軒轅氏、帝金天氏、帝高陽氏、帝高辛氏、帝陶唐氏、帝有虞氏、夏禹王、商湯王、周武王、漢高祖、光武、唐太宗、宋太祖、元世祖，及增入遼太祖、金太祖、世宗、元太祖、明太祖共二十一帝。禮部尚書覺羅郎球、工部尚書星訥梅勒、章京吳拜、兵部侍郎朱嗎喇分祭配享功臣：風后、力牧、皋陶、龍、伯夷、夔、伯益、伊尹、傅說、周公旦、召公奭、太公望、召穆公虎、方叔、張良、蕭何、曹參、陳平、周勃、鄧禹、馮異、諸葛亮、房玄齡、杜如晦、李靖、李晟、郭子儀、張巡、許遠、曹彬、潘美、韓世忠、張浚、岳飛，及增入赫魯、尼瑪哈、沃里布、穆呼哩、巴延、徐達、劉基共四十一臣。諸帝王祀以太牢，筵各一，品俱二十四；功臣祀以少牢二位，筵共一，品俱十。

八月丙午，遣官祭歷代帝王廟，自後歲以春秋仲月諏吉遣官致祭，著爲定典。

十四年正月癸未，定親祭歷代帝王廟儀。【略】

六十年四月，詔增定歷代帝王廟祀典。是月丙申，諭大學士等：朕披覽史冊，於前代帝王，每加留意，書生輩但知譏評往事，前代帝王雖無過失，亦必刻意指摘，論列短長，全無公是公非。朕觀歷代帝王廟崇祀者，每朝不過一二位，或廟享其子而不及其父，或配享其臣而不及其君，皆因書生妄論而定，甚未允當。況前代帝王曾爲天下主，後世之人俱分屬臣子，而可輕肆議論定其崇祀與不崇祀乎？今宋明諸儒，尚以其宜附孔廟，奏請前代帝王既無後裔，後之君天下者，繼其統緒，即當崇其祀典。朕君臨宇內，不得不爲前人言也。朕意以爲凡曾在位，除無道被弑亡國之主外，應盡入廟崇祀，爾等公同從容詳議具奏。至六十一年四月辛酉，禮部會議：自伏羲氏以逮有明應入廟崇祀帝王及從祀功臣詳開一摺，偏據一方不入正統及不應崇祀者詳開一摺，疏復，上諭大學士等曰：此所議應從祀處皆是，但其中尚有宜詳細斟酌者，從前所定。配享功臣大概開國元勳居多，如明之徐達，不過一草莽武夫，劉基係元之進士，遭遇成功，遂以元勳配享。其治安之世，輔佐太平，有功軍國者，反不得與配享列，是皆未爲允當也。又如有明，天下皆壞於萬曆、泰昌、天啓三朝，愍帝即位，未嘗不勵精圖治，而所值事勢無可如何。明之亡，非愍帝之咎也。朕年少時，曾見故明耆舊甚多，知明末事最切，野史所載，俱不足信，愍帝不應與亡國之君同論，萬曆、泰昌、天啓，實不應入崇祀之內，爾等會同九卿分別確議具奏。【略】

親祭歷代帝王廟儀正殿七，室中室太昊、伏羲氏、炎帝神農氏、黃帝軒轅氏；左室帝金天氏、帝高陽氏、帝高辛氏、帝陶唐氏、帝有虞氏；右室夏禹王、啓王、仲康王、少康王、杼王、槐王、芒王、泄王、不降王、扃王、廑王、孔甲王、皋王、發王，商湯王、太甲王、沃丁王、太庚王、小甲王、雍己王、太戊王、仲丁王、外壬王、河亶甲王、祖乙王、祖辛王、沃甲王、祖丁王、南庚王、陽甲王、盤庚王、小辛王、小乙王、武丁王、祖庚王、祖甲王、廩辛王、庚丁王、太丁王、帝乙王；次左周武王、成王、康王、昭王、穆王、共王、懿王、孝王、夷王、宣王、平王、桓王、莊王、僖王、惠王、襄王、頃王、匡王、定王、簡王、靈王、景王、悼王、敬王、元王、貞定王、考王、威烈王、安王、烈王、顯王、慎靚王；次右漢高祖、惠帝、文帝、景帝、武帝、昭帝、宣帝、元帝、成帝、哀帝、光武帝、明帝、章帝、和帝、殤帝、安帝、順帝、冲帝、昭烈帝，晉元帝、明帝、成帝康帝、穆帝、哀帝、簡文帝，元魏道武帝、明帝、太武帝、文成帝、獻文帝、孝文帝、宣武帝、孝明帝，宋文帝、孝武帝、明帝，齊武帝、陳文帝、宣帝；又次左唐高祖、太宗、高宗、睿宗、元宗、肅宗、代宗、德宗、順宗、憲宗、穆宗、文宗、武宗、宣宗、懿宗、僖宗，後唐明宗，後周世宗，遼太祖、太宗、景宗、聖宗、興宗、道宗，宋太祖、太宗、真宗、仁宗、英宗、神宗、哲宗、高宗、孝宗、光宗、寧宗、理宗、度宗、端宗；又次右金太祖、太宗、世宗、章宗、宣宗、哀宗，元太祖、太宗、定宗、憲宗、世祖、成宗、武宗、仁宗、泰定帝、文宗、寧宗，明太祖、惠帝、太宗、仁宗、宣宗、英宗、景帝、憲宗、孝宗、武宗、世宗、穆宗、愍帝，位均南向。凡异代同室者，皆隔別之。兩廡東，風后、倉頡、夔伯夷、商伊尹、傅説，周召公奭、畢公高、召穆公虎、仲山甫，漢張良、曹參、周勃、魏相、鄧禹、耿弇、諸葛亮，唐房元齡、李靖，宋璟、郭子儀、許遠、李晟、裴度，宋曹彬、李沆、王曾、富弼、文彥博、李綱、韓世忠、文天祥，金尼瑪哈、元穆呼哩、博果密，明徐達、常遇春、楊士奇、于謙、劉大夏；西，力牧、臯陶、龍伯益、商仲虺、周公旦、太公望、呂侯、方叔、尹吉甫，漢蕭何、陳平、劉章、丙吉、馮異、馬援、趙云，唐杜如晦、狄仁杰、姚崇、張巡、李泌、陸贄，遼耶律赫魯，宋呂蒙正、寇準、范仲淹、韓琦、司馬光、趙鼎、岳飛，金呼嚕沃里布，元巴延、托克托，明劉基、李文忠、楊榮、李賢，位均東西向，以北爲上。歲春秋仲月，諏吉遣官將事特行崇典，則皇帝親詣行禮。先二日，禮部尚書一人，詣犧牲所眂牲，如儀。

眂牲、致齋、書祝版、視割牲、視祝版，儀均同東、西郊祀。

先一日，太常寺官入廟潔蠲殿宇内外，耤以棕薦拂拭神座。工部司官張御幄于景德門外，階下之左南向。夜分，太常寺卿率屬入具器陳正殿，中室分設三案，左一室統設三案，餘五，室代設一案。每位爵三、實酒，每案登一、鉶二、簠簋各二、籩十、豆十，其前皆設香案一、各爐一、鐙二。每室牛一、羊一、豕一。殿中設案一，少西北向供祝版，東設一案西向，西設一案東向，分陳每室尊一，每案香盤一、虛爵三，每位禮神制帛一色白，設福胙於東案尊爵之旁，加爵一。凡牲陳於俎，凡帛每案同筐，凡尊實酒承以舟疏布冪勺具。兩廡東設案十，各鉶二、簠一、簋一、籩豆各四，每位爵三、實酒，統羊二、豕二，前設香案四，各爐一、鐙二，又設案于南北向，陳尊二、香盤四、虛爵十有二、素帛四十、俎、筐、冪勺具；西廡帛三十有九，餘陳設同。鑾儀衛設洗於黃幄外；樂部率太常協律郎設中和詔樂於殿外階上，分東西懸陳樂舞於樂懸之次，如常儀。

右陳設。

陳設畢，太常寺博士引禮部侍郎一人入廟省視正殿牲帛齍盛及籩豆登鉶之實，畢，次詣兩廡周視，如儀。

右省齍。

辨行禮位，殿門内正中爲皇帝行禮拜位，北向階下甬道左右爲分獻官拜位，北面陪祀王公位，階上東西各二班百官位，階下分獻官之南東西各五班重行异等均北面，東位西上西位東上辨執事位司拜褥，鑾儀衛官二人立於皇上拜位之左稍後，太常寺司祝一人立祝案西，司香九人、司帛九人、司爵九人、光禄寺卿二人、太常寺賛答福胙一人立東案之東，司香七人、司帛七人、司爵七人、侍衛二人、立西案之西，侍儀禮部尚書侍郎各一人、都察院左都御史、副都御史各一人、樂部典樂一人立東西案之南，太常寺典儀一人于殿左門外立，司樂協律郎、樂工、歌工、舞佾於階上，樂懸東西序立，記注官四人於西階下序立，糾儀御史、禮部祠祭司官各二人于陪祀王公拜位之次序立，又御史二人、祠祭司官二人、鴻臚寺官二人於陪祀百官拜位之次序立，掌燎官率燎人立於燎爐之南。

右辨位。

其日五鼓，步軍統領率所部清蹕除道。自西華門至廟門御道左右塗巷皆設布幛，鑾儀衛陳法駕鹵簿。詳見北郊祭儀。不陪祀王公百官朝服咸會祇候送駕，如儀。日出前六刻，司祝恭請祝版設于祝案，太常寺卿赴乾清門奏時，皇帝御祭服乘禮輿出宫，前引後扈如常儀，駕發警蹕午門，鳴鐘鼓駕出西華門，導迎樂前引不作，提爐執鐙官左右騎導，如詣西郊之儀。

右鑾輿出宫。

駕將至，鴻臚寺官豫引陪祀王公于廟門外序立候，駕至，隨入。太常寺賛禮郎豫引兩廡分獻官四人于景德西側門外序立，陪祀百官按班入景德東西側門，豫於行禮位稍南東西序立祇候。駕至，由廟中門入降輿，右賛引左對引、太常寺卿二人恭導皇帝入幄次。少俟，太常寺卿奏請行禮，皇帝出次，盥鑾儀衛官跪奉盥奉巾，如儀；司拜褥官豫布拜褥於殿門内，正中賛引對引官恭導皇帝入景德中門，升中階正殿中門至拜位前北向立。前引内大臣止立殿檐下，提爐官、執鐙官、侍衛止立階下，後扈大臣隨侍；賛禮郎引分獻官東西各二人於甬道左右；鴻臚寺官引陪祀王公升東西階，引陪祀百官於廟廷左右，均就拜位北面序立；典儀賛，樂舞生登歌，執事官各供迺職，武舞執干戚進，賛引奏就位，皇帝就位立。

右就次盥洗就位。

典儀賛迎神，左司香二人、右司香一人奉香盤東西趨進，均折而北詣中一室三皇香案前；左司香七人、右司香六人奉香盤分詣各室香案前祇候。司樂賛舉迎神樂，奏《肇平之章》。樂辭俱詳見《樂考》。協律郎舉麾工鼓柷，樂作。賛引奏就上香位，暨對引官恭導皇帝詣太昊、伏羲氏香案前，對引官至祝案前止立，司香跪進香。賛引奏上香，皇帝上炷香，三上瓣香畢，以次詣炎帝、神農氏、黄帝、軒轅氏香案前上香，儀同。左右各室司香跪上香畢，皆趨退。賛引奏復位，暨對引官恭導皇帝復位。奏跪拜興，皇帝行二跪六拜禮，王公百官均隨行禮，協律郎偃麾工戞敔，樂止。凡樂以舉麾鼓柷作，以偃麾戞敔止，後同。

右迎神。

典儀贊奠帛爵，行初獻禮。有司揭尊冪，勺挹酒實爵；司帛奉篚，司爵奉爵，以次詣各神案前。司樂贊舉初獻樂，奏《興平之章》，樂作，司樂舉節，舞《干戚之舞》。凡舞以節領之導引升降，後同。司帛跪獻篚，奠於各案，三叩，興；司爵立，獻爵於各墊，中退；贊禮郎引分獻官升東西階，詣兩廡以次跪，上香畢，興，立香案前；執事生奠帛獻爵，如儀，皆退；司祝至祝案前跪，三叩，奉祝版，跪案左；樂暫止。贊引奏跪，皇帝跪，群臣皆跪。贊讀祝，司祝讀祝，辭曰："維某年月日，皇帝致祭于太昊、伏羲氏、炎帝、神農氏、黃帝、軒轅氏、帝金天氏、帝高陽氏、帝高辛氏、帝陶唐氏、帝有虞氏、夏十四王、商二十六王、周三十二王、漢十九帝、晉七帝、魏八帝、宋三帝、齊武帝、陳二帝、唐十六帝、後唐帝、後周帝、遼六帝、宋十四帝、金六帝、元十一帝、明十三帝，曰仰惟諸帝，應運代興，作君作師，撫育黎烝，創業維艱，基業用宏，守文不易，謨烈是承，風教既遠，功德可稱，報于仲春秋，神其式憑。尚饗。"讀畢，興。奉祝版跪安太昊、伏羲氏神位前篚內三叩，興，退。樂作，贊引奏拜興，皇帝率群臣行三拜禮，興。贊禮郎引分獻官降階復位，樂止，《武功之舞》退，文舞執羽籥進。

右初獻。

典儀贊行亞獻禮，司樂贊舉亞獻樂。奏《崇平之章》，樂作，舞《羽籥之舞》，司爵奉爵以次詣各案前恭獻于左兩廡，贊禮郎引分獻官分獻如初，樂止。

右亞獻。

典儀贊行終獻禮，司樂贊舉終獻樂，奏《恬平之章》，樂作。舞同亞獻。司爵獻爵於右兩廡隨分獻，均如亞獻，儀畢，樂止，《文德之舞》退。

右三獻。

既終獻，太常寺贊禮郎一人，少前西面立，贊答福胙；光祿寺卿二人，奉福胙至太昊、伏羲氏位前，拱舉退祗，立于皇帝拜位之右；侍衛二人，進立于左；贊引奏跪，皇帝跪，左右官皆跪。奏飲福酒，右官進福酒，皇帝受爵拱舉授，左官次，受胙如飲福之儀，奏拜興，皇帝三拜，興。又奏跪拜興，皇帝率群臣行二跪六拜禮。典儀贊徹饌，司儀贊舉徹饌樂，奏《淳平之章》，樂作，徹畢，樂止。

右受福胙徹饌。

典儀贊送神，司樂贊舉送神樂，奏《匡平之章》，樂作，贊引奏跪拜興，皇帝率群臣行二跪六拜禮，興，樂止。

右送神。

典儀贊奉祝帛饌送燎，司祝、司帛詣各神案前，咸跪，三叩，司祝奉祝，司帛奉筐，興。司香跪奉香，司爵跪奉饌，興。以次由中道出，恭送燎所。皇帝轉立拜位旁，西向，司拜褥官徹拜褥。竢祝帛過，仍布拜褥。皇帝復位，立。兩廡香帛饌均送焚燎，太常寺贊禮郎引分獻官退，鴻臚寺官引陪祀王公百官均退立拜位東西旁，樂作。樂章與上并爲一闋。贊引奏禮成，恭導皇帝仍由景德門中門出升輿法駕，鹵簿前導，導迎樂作，奏《祐平之章》；不陪祀王公百官仍朝服祗候駕至，跪迎；午門鳴鐘，樂止；王公隨駕入內至內金水橋，恭候皇帝還宮，各退；太常寺官徹乾清門齋戒牌，銅人送寺。

右禮成回鑾。

遣官致祭，先二日視牲，如儀。承祭官、分獻官、暨文官、郎中、武官、參領、世爵、輕車都尉以上均于邸第致齋。先一日，太常寺以祝版送內閣，恭書受而藏諸神庫。光祿寺少卿、御史、禮部祠祭司官朝服視割牲瘞毛血，有司供具并如儀。及祀之日，雞初鳴，承祭官及分獻官朝服祗竢於廟，禮部侍郎入廟省賮畢。質明，承祭官王公入景德左門，領侍衛內大臣尚書等入右門。升左階位於階上，領侍衛內大臣尚書等位階下。北面迎神，贊就上香位，出入殿左門。承祭官、分獻官及陪祀官行三跪九叩禮，不飲福受胙王公不陪祀，贊引以太常寺贊禮郎祝帛送燎，避立西旁東面，餘均如儀。

右遣官儀。

(清) 張廷玉《清文獻通考》卷一二〇《群廟考二·歷代帝王陵》

又明世宗永陵，前因尹嘉銓條奏，將其祭祀裁撤。但前明之亡，不亡於崇禎而亡於萬曆、天啓。是以歷代帝王廟中撤其位祀，而陵寢仍前致祭明世宗。雖溺意齋醮，尚不如萬曆天啓之昏庸失德，其陵寢自應照前一體致祭，以昭大公，我國家受天眷命世德顯承於，前代陵寢繕完保護禮從其厚。

劉錦藻《清續文獻通考》卷一六六《群廟考一·歷代帝王廟》

凡致饗歷代帝王之禮，歲春秋仲月諏吉遣官將事，特行崇典則皇帝親詣行禮。其日，皇帝御祭服乘禮輿詣廟，行二跪六拜禮，王公百官均隨行禮，禮成還宮。遣官致祭之禮，祀之日，承祭官及分獻官朝服入廟，行三跪九叩禮，不飲福受胙，王公不陪祀，送燎避立西旁東面，餘均如儀。【略】

道光四年，諭嗣後中祀內歷代帝王廟，受福胙時行二跪六拜禮，并著傳贊王公百官隨行二跪六拜禮，以歸畫一。

(清) 昆岡等《(光緒) 大清會典事例》卷四一五《禮部一二六·祭統》

祀分三等，齋戒、陳玉帛、薦牲、用樂、佾舞、祝版、祭器、祭品。

祭服祀分三等。【略】歷代帝王【略】爲中祀。【略】

齋戒。凡齋戒，由禮部行文，吏兵二部轉行文武衙門，將應入齋戒職名，於祭祀前十日開送太常寺。宗室鎮國將軍以下，奉恩將軍以上，宗室覺羅都統以下，參領、輕車都尉、佐領以上，文職宗室覺羅尚書以下，員外郎并員外郎品級官以上，均由宗人府開送。八旗滿洲蒙古漢軍公、侯、伯以下，輕車都尉、佐領以上，滿漢文職大學士以下，員外郎并員外郎品級官以上，均由吏部開送。漢缺武職冠軍使由鑾儀衛，參將、游擊由步軍統領衙門開送。齋戒日，不理刑名，不辦事，有緊要事仍辦；不燕會，不聽音樂，不入內寢，不問疾弔喪，不飲酒，不茹葷，不祭神，不埽墓。前期一日沐浴，有疾有服者勿與。【略】

雍正五年諭，壇廟祭祀，理宜潔淨齋戒，嗣後命御史二人，各部院衙門司官二人，每旗賢能官各一人，內務府官二人，三旗侍衛二人，前往壇內稽查；其齋戒臨近時，將旗下大臣職名具奏，朕酌量遣往稽查。又議准，應齋戒陪祀各官，遇有期年以下之服，該衙門豫諳都察院注冊；臨祭祀時，復咨都察院對冊，有捏報者題參。九年議准，六科給事中監察御史，凡遇祭祀，咸令齋戒。十年諭，國家典禮，首重祭祀，每齋戒日期，必檢束身心，竭誠致敬，不稍放逸，始可以嚴昭事而格神明。朕遇齋戒之日，至誠至敬，不但殿庭安設銅人，即坐臥之處，亦書齋戒牌，存心儆惕，須臾勿忘。至內外大小官員，雖設齋戒牌於官署，但恐言動起居之際，稍有褻慢，即非致齋嚴肅之義。考明代祀典，凡陪祀及執事之人，有懸祀牌之例，今酌定齋牌之式，令陪祀各官佩著心胸之間，使觸目儆心，恪恭罔懈，并得彼此觀瞻，益加省惕，其於明禋大典，愈昭虔潔，著傳諭各部院八旗并直省文武官一例遵行。又奏准，大祀中祀，凡親詣行禮，太常寺先期行文左右兩翼前鋒統領，下五旗護軍統領，將應齋戒之前鋒統領、護軍統領暨前鋒參領、護軍參領，對品之署副護軍參領等各職名，詳細開送太常寺，以便散給齋牌。十一年復准，向例各衙門齋戒官職名，皆先期行文太常寺轉送都察院稽查，但稽查齋戒大臣，無齋戒官職名，無憑稽查，嗣後齋戒之期，各部院及八旗齋戒官，除照舊知會太常寺轉送都察院外，再造冊一本，并送該寺存儲；俟欽點八旗大臣後，令赴寺領取，按冊稽查；如各衙門八旗不豫造冊移送者，由稽查齋戒大臣參奏，交與該部，將經管造冊官照例議處。又復准，文武官有署理協辦兼幾處行走者，或在本任衙門，或在署理協辦衙門齋宿，於冊送太常寺時注明冊內，以便稽查。

又定，【略】歷代帝王、先師、先農之祭，王公在府第致齋二日；文武各官在私第齋戒二日；遣官致祭，王公均不致齋。

十四年諭，凡遇齋戒，有衙署之大臣，皆在各該衙門齋宿，侍衛在侍衛教場齋宿，此定例也。近來有衙署之大臣內，往往因兼別任，不在該衙門齋宿，而別尋他處齋宿者，侍衛等尚有稽查之人，大臣等不在公所齋宿，其他處則稽查所不到，雖云尋他處齋宿，究與在家何異。凡祭祀齋宿者，特以將其潔敬之意，所關甚巨，此皆日久漸滋之陋習，嗣後凡遇齋戒，有衙署之大臣，雖兼別職務，著在各該衙門齋宿；其無衙署之領侍衛內大臣、散秩大臣等，著在紫禁城內齋宿；違者經朕察出，定行治罪，御前侍衛等亦著在紫禁城內齋宿。

三十七年諭，向來壇廟祭祀，滿漢王公大臣應入齋戒陪祀者，由都察院等衙門稽核查奏，并于歲底通行檢核，有不到三次以上者，交部分別處分。第念宿齋陪祀，各期恪致寅恭，若其中有年齒漸增，精力未免少減，儻以格于查核之例，因而勉強支持，跛倚從事，轉非嚴恪肅將之本意；嗣後王公大臣有年逾六旬者，凡遇祀典，聽其自行酌量精神，或致齋而不陪祀，或并不能致齋，一聽其便；并毋庸列入查奏彙核之內，以昭體恤，以重明禋。五十九年諭，稽查齋戒之都統副都統八員，向分兩翼按旗稽查，又分察各部院衙門，實難周徧，嗣後八旗都統等，著不必稽查各部院衙門，止稽查八旗各營，其六部著派給事中六員稽查，各衙門著派御史六員稽查。出派時，著都察院大臣等揀派具奏，祭祀後將有無曠誤之處，即令派出之給事中、御史等會同繕寫清單具奏，其都察院衙門，著派出稽查右翼大臣等輪流前往稽查。嘉慶十二年諭，御史胡大成奏請飭臣工敬謹將事以重祀典一摺，據稱近聞每值齋戒之期，應入署齋宿各員，多不入署齋宿；又伊於從前監禮時，曾親見祭告甫畢，樂奏未終，而執事人員即喧嘩雜遝，請飭各部寺院嗣後不得仍前怠玩等語。【略】十九年諭，嗣後職事官員，俱著晝夜在本衙門齋戒，并著查齋科道等據實確查，如有不在衙門者，即行參奏。二十五年諭，嗣後凡應行齋戒人員，俱著晝夜住宿公所，不准潛回私宅，其派出查齋之員，於日間稽查一次，夜間稽查一次，如有不到者，即行指名奏參，以儆曠怠。咸豐三年議准，致祭關帝，前期齋戒，照中祀例舉行。六年議准，致祭文昌帝君，前期齋戒，照中祀例舉行。

陳玉帛。【略】祭歷代帝王，每位禮神制帛一，色白；兩廡每位素帛一。

薦牲。凡牲四等。歷代帝王廟兩廡【略】用少牢。

用樂。順治元年奏准，【略】歷代帝王【略】六奏，均用平字爲樂章佳名。

佾舞。【略】歷代帝王、先農、天神、地祇、太歲、關帝廟、舞皆八佾，文舞生六十四人，武舞生六十四人。

祝版。【略】歷代帝王【略】等祭祀，均白紙黃緣墨書。

祭器。乾隆十二年諭，國家敬天尊祖，禮備樂和，品物具陳，告豐告潔，所以將誠敬，昭典則也。考之前古，籩豆簠簋諸祭器，或用金玉以示貴重，或用陶匏以崇質素，各有精義存乎其間。歷代相承，去古浸遠。至明洪武時更定舊章，祭品祭器悉遵古，而祭器以瓷代之，惟存其名。我朝壇廟陳設祭品，器亦用瓷，蓋沿前明之舊。皇考世宗憲皇帝時，考按經典，范銅爲器，頒之闕里，俾爲世守，曾宣示廷臣。穆然見古先遺則，朕思壇廟祭品，既遵用古名，則祭器亦應悉用古制，以備隆儀。著大學士會同該部稽核經圖，審其名物度數製作款式，折衷至當，詳議繪圖以聞，朕將親爲審定，敕所司敬謹製造，用光禋祀，稱朕意焉。欽此。遵旨議定，凡祭之籩，以竹絲編造，用絹爲裏，髹漆；郊壇之籩純漆，太廟畫以文采。豆登簠簋，郊壇用陶；太廟之豆與簠、簋皆用木，髹漆，飾以金玉，登亦用陶。鉶則范銅而飾以金。貯酒以尊；郊壇之尊用陶；太廟春用犧尊，夏象尊，秋著尊，冬壺尊，暮大祫用山尊，均范銅爲之。【略】歷代帝王、先師、關帝文、昌帝君及諸祠，所用豆及登、鉶、簠、簋、爵、用銅，不加金飾；籩用木者皆以竹易之。【略】謹案嘉慶十九年議准，大祀之竹籩，太廟之簠、簋、豆；并中祀、群祀之竹籩；均定爲三年修理一次。每遇應修年分，由太常寺查系實在應修之件，詳晰奏明遵辦，儻屆期毋庸修理，一體聲叙具奏。三年限内，如有缺損，即將典守官參處，至各處正用祭器之外，例有備用之件，此後備用者如有缺少，應令典守官據實呈報，查勘明確，隨時補足，以符定額，仍將缺少補足之處立案，免滋弊混。

祭品。凡祭品，登一，實以太羹。鉶二，實以和羹。簠二，實以黍稷。簋二，實以稻粱。籩十有二，實以形鹽、藁魚、棗、栗、榛、菱、芡、鹿脯、白餅、黑餅、糗餌、粉餈。豆十有二，實以韭菹、醓醢、菁菹、鹿醢、芹菹、免醢、笋菹、魚醢、脾析、豚拍、酏食、糝食。【略】歷代帝王、先師、關帝、文昌帝君、先農、先蠶、太歲，皆兼用太羹和羹。

祭服。圜丘、祈穀、雩祀前祀一日，皇帝御齋宫，御龍袍衮服。祀日，御天青禮服，祭方澤，御明黃禮服；朝日，御大紅禮服；夕月，御玉色禮服；其餘各祀，皆御明黃禮服。王公以下陪祀執事各官咸朝服。

（嘉慶）十九年諭，凡祭祀齋戒期内，適遇忌辰，其應用服色，總以祭祀爲重。南郊大祀，前一日如適遇忌辰，恭閲祝版時，朕御龍袍龍褂，執事人員，均穿蟒袍補服。其餘大祀、中祀，前一日適遇忌辰，恭閲祝版時，朕御龍褂，執事人員均穿補服，以昭祗肅，著爲令。二十三年諭，【略】至中祀典禮，應較大祀稍差，嗣後恭遇列聖列后忌辰，如在中祀齋戒期内，惟承祭之遣官及陪祀執事人員，改用常服，此外王公百官仍穿素服，著爲令。二十五年諭，向例凡祭祀齋戒期内，如遇忌辰，有執事及陪祀人員，俱常服挂朝珠；無執事不陪祀人員，常服不挂朝珠。嗣後【略】中祀之典，朕親詣行禮者，亦照向例行；其遣官致祭者，有執事及陪祀人員，著穿常服挂朝珠；無執事不陪祀者，仍俱穿素服，著爲令。又諭，王公大臣官員，滿洲人員内有二十七個月服制者，朝會祭祀之禮，仍一概不與；惟太常寺官員，熟諳禮儀者，本屬無多，若照新例二十七個月服制之内，概不與祭，恐致不敷當差，著仍依舊例，百日後照常供奉祭祀。至御前乾清門大臣侍衛等，有二十七個月服制者，百日後恭值郊壇大祀，祭前一日，著仍穿蟒袍補服，隨至齋宫護衛直宿，祭日著穿常服，各在上馬處祗候，禮成後，再一體扈從。其滿漢各員，有期服及大功以下者，不與祭日期，俱仍照舊例行。

（清）昆岡等《（光緒）大清會典事例》卷四一六《禮部一二七·祭統》

祀期、視牲、省齍展器、視宰牲、陪祀。

祀期。凡郊廟祭祀，於前二歲之十月，由禮部札欽天監按祀典應卜日者，豫卜吉期，册開送部，由禮部於前一歲之正月，開列所選吉日，并諸祀之歲有定日者，具疏以聞。命下，通行直省一例遵行。札行太常寺按祀期豫行題奏。

順治二年定，歷代帝王，以春秋二仲月擇日致祭。【略】

乾隆十四年奏准，每歲各祭祀，嗣後由禮部札行欽天監恭選吉期，具題請旨。奉旨後，交與太常寺按期豫行題請。

（嘉慶七年）又奉旨，嗣後大祀、中祀，如適遇忌辰，當以祀無爲重，不必改移祭祀日期，用昭虔肅。

八年諭，據御史朱紱奏申明行禮時刻以重祀典一摺，所奏尚是。祭祀大典，例有一定時刻，總當在寅卯之閒行禮，方合禮經質明將事之義。即報事陪祀人員，有失儀不到等事，亦可便於糾察。今據奏此次遣官祭祀先師孔子，行禮時甫屆丑正寅初，以致陪祀人員未及齊到，時尚黑暗，該御史無從稽查，皆因行禮太早之故。向來朕壇廟大祀，凡親詣行禮者，經該衙門先期具奏行禮時刻，閒有酌量改早之處，亦不過一二刻，且該衙門於奉旨後，通傳各衙門謹遵祗候，自可屆期齊集。至遣官行禮，若不定以時刻，則陪祀人員，安能一一無誤，糾儀之御史，何從稽查。嗣後遇有遣官祭祀，著禮部太常寺按照定例時刻，傳知行禮大臣及執事陪祀人員，一體遵照。其派出行禮大臣，是日即遇直日奏事，亦不必因禮畢後尚須趨赴宮門呈遞膳牌，將事過早，致有歧誤。如有不遵傳定時刻，率意遲早者，該御史照例糾參，以重典禮而昭誠敬。

視牲。凡視牲，【略】歷代帝王廟、先師、關帝、文昌帝君、先農、先蠶之祭，前期二日。均禮部堂官率太常寺卿屬，至犧牲所省牲。

省齍展器。乾隆十四年議准，向例各壇廟祭日，太常寺陳簠、簋、籩、豆，禮部委官會同御史監視，于典禮尚覺未協。嗣後以禮部堂官一人，敬率太常寺卿等將事，以昭嚴恪。

視宰牲。國初定，太常寺先期諮取禮部官都察院御史光禄寺等官職名，屆期知會。大祀天地，各官咸朝服，於先期一日子時，赴壇監視宰牲。【略】歷代帝王廟、先師廟、先農壇、先蠶壇，均于前一日黎明宰牲。【略】乾隆十七年奏准，古者天子諸侯祖而割牲，厥典甚巨，今監視宰牲，止沿舊例，用御史、禮部、太常寺、光禄寺司官，嗣後大祀、中祀，擬增光禄寺卿一人，上香監視，以昭慎重。

陪祀。康熙二十五年諭，朕惟敬天奉祖，郊祀廟饗，必精白厥心，竭誠致慎，庶幾有孚昭格，用洽明禋。朕於祭祀壇廟，每躬詣行禮，未嘗不齋明祇濯，實圖感通。凡從事於祀典者，皆宜表裏精誠，虔盡職掌。近見執事陪祀各官，間有因循怠忽，視爲具文，不能盡心致愨，共效昭事之忱，殊爲非禮。嗣後務各秉誠心，克恭祀事。凡行禮儀節，始終整肅，毋得慢易，用副朕敬天奉祖至意。作何再加通飭，永可遵行。著九卿詹事科道會同詳加確議具奏。欽此。遵旨議定，【略】歷代帝王廟陪祭官員，亦不照加級。武官公以下，參領、阿達哈哈番以上；文官尚書以下，郎中以上；滿科道漢六科掌印給事中，武官參將、游擊以上；令其陪祭。一應祭品等物，及查看失儀等項，一如天地壇例行。三十九年復准，陪祀官故違不到，向有處分定例，但日久事弛，稽查不嚴，以致怠玩。嗣後凡遇祭祀，著部院堂官該旗都統查明，咨送太常寺，若無故假托不到，都察院會同吏部參處。雍正九年題准，各壇廟祭祀，御史、禮部官照例稽查外，飭令陪祀執事各官約束從役人等，不得擅入柵欄；仍令步軍統領，委官撥兵，加謹巡查；如有從役人等，及轎夫車馬喧擁者，照例分別治罪；其該管官故縱者，亦按律定議。十二年議准，大祀天地祈穀，陪祀大臣官員，均在衙署齋宿。至祭太廟及各祭祀，陪祀官向皆在家齋宿。但滿漢官住居有城內城外之別，若俟啟城門趨赴行禮，實有遲誤不及入班之虞。嗣後城內祭祀，令外城居住之大臣官員，前期一日在各該衙門齋宿。其城外祭祀，凡城內居住之大臣官員，前期一日住城外附近處齋宿。如有臨期遲誤不及入班者，查出參處。乾隆元年奏准，陪祀官不應早入壇廟，除禮部都察院并太常寺等衙門執事各官，照舊先入，各司其事外；其陪祀大小官員，均豫於門外祗俟。【略】又奏准，各祭祀之期，令鴻臚寺於陪祀官行禮之處，豫設品級木牌，俾按次序立行禮，不致錯亂班列。四年奏准，致祭城外城內壇廟，太常寺行文步軍統領，早啟城門，以便陪祀各官，隨班行禮。五年奏准，每逢祭祀，於陳設祭品之後，即令御史會同太常寺官徧行巡查。凡陪祀執事各官，如有壇廟內涕唾咳嗽談笑喧嘩者，無論宗室覺羅大臣官員，即指名題參。

十三年諭，致祭齊集之處，向來皆收職名，因日久苟且塞責，并不按名稽查，前往齊集之王公大小官員，遂漫不爲事，怠惰成習，嗣後如何委官按名嚴查，不致遺漏。著宗人府、吏部、兵部、都察院會同詳細妥議具奏。欽此。遵旨議定，王公由宗人府委官開列名單，於會集處稽查，其已到者，於名單內加圈。鎮國將軍以下，至宗室官員，由宗人府；文職由吏部；武職由兵部；開列職名，咨送都察院稽查。吏部滿漢官，亦由都察院稽查。宗人府、吏部、兵部、都察院，各繕名摺具奏，其因他處會集不能到者，于摺內申明緣由，無故不到者參處。若冊內緣故不符，或開列會集，而不投遞職名，稽查官呈明參奏。儻該員不行詳查，及查出瞻徇不呈參者，一并參處。至會集之日，臨期有患病等情，亦必聲明緣由，知照稽查衙門。不陪祀之親王以下，宗室覺羅有頂戴官員以上；滿漢文職京營武職有頂戴官員以上；外藩來京蒙古王以下，臺吉以上；均於祀日五鼓，朝服赴午門外，按翼會集，候駕出入，跪送跪迎。

道光五年，諭嗣後凡遇祀事，於齋戒前數日，各衙門將陪祀人員造冊，分送禮部都察院太常寺。除照向例稽查齋戒外，其臨祭之時，責成查班御史收取職名，按冊而稽。如有無故不到，或夾帶他人職名，蒙混投遞者，即指名參奏，交部議處。儻查班御史，徇隱不奏，或經朕看出，或被他人糾參，定將該御史一并懲處不貸。十三年議准，嗣後凡遇祭祀，應行陪祀之宗室世職章京、文武大臣官員等，仍照定例，於祭祀前期，造具清冊，移送吏部、禮部、兵部、都察院查核。屆期，宗室世職章京，由宗人府派章京筆帖式各一員，開單圈到；文職由吏部；武職由兵部；派滿漢司官各一員圈到。禮部仍派滿漢司官各一員，都察院派滿漢御史各一員，率筆帖式二人，按冊查收職名。凡應行陪祀宗室世職章京，文武大臣官員，均各一體親身投遞職名，如有遺人投遞者，概不准接收，以杜遣交代交之弊。二十七年諭，壇廟祀典，其陪祀不到之王公大臣，係由奏事處於每年年終彙奏，請旨察議，嗣後著改由禮部查明不到之王公大臣，分別次數，於每年年終開寫清單，請旨辦理。

同治三年諭，嗣後凡恭遇壇廟祭祀，其應行陪祀人員，如有無故不到，及呈遞職名後先行散歸者，即著糾儀監禮各員，據實查參，從嚴懲處，以重祀典。光緒九年議准，凡遇壇廟一應祭祀，應由各衙門自行知照糾儀陪祀各員，恪遵定例。【略】中祀于雞初鳴朝服到祭所祗俟，不准遲至質明上祭時，始行趕到。庶幾行禮時，班列整齊，精神專一，足昭誠敬。經此次申明之後，儻再有任意曠誤者，應由糾儀御史指名嚴參，毋得徇隱。至現在各壇廟祭祀，均經奏准遣官行禮，由禮部按照例載各祭時刻，札行欽天監先期推明報部，轉行太常寺，傳知行禮大臣，及執事陪祀各員，一體遵照。

(清) 昆岡等《(光緒) 大清會典事例》卷四一七《禮部一二八·祭統·執事侍儀》

執事侍儀。順治八年定，凡親祭壇廟，恭接福胙，均用侍衛。十六年定，凡恭奉福胙，均用禮部官。康熙十年題准，【略】郊壇及中祀各壇廟，皇帝親祭，接福胙均用侍衛，餘執事用太常寺滿漢官。又題准，凡祭各壇廟親詣行禮，用光祿寺堂官恭奉福胙。【略】七年諭聞祭祀之先，太常寺即於壇廟中演禮，雖義取嫻熟禮儀，實非潔齊嚴肅之道。嗣後應於何處演禮，著禮部議奏。欽此。遵旨議定，向來各祭祀，皆於前二日赴天壇凝禧殿演禮。前期一日，復至各壇廟中演禮。嗣後應令執事等官，均以前二日演禮於凝禧殿，停其前一日赴壇廟演禮。乾隆十四年【略】遵旨議定，【略】歷代帝王廟、先師孔子廟，前期省牲及祭日視陳籩、簋、甒、豆，均以禮部堂官一人，敬率太常卿等將事，以昭嚴恪。再壇廟內躬親對越之地，并用禮部堂官二人，都察院堂官二人，分立東西侍儀，以隆體制。其陪祀王公百官行禮處監禮，仍用御史禮部司官。三十九年諭，祭祀前殿用獻爵人二十員，多取五人備用；祭祀後殿用獻爵人十幾員，多取三員備用，不可缺外多挑取。其正缺應用幾人，備用應取幾人之處，著宗人府定議具奏。欽此。遵旨議准，宗室獻爵定二十五缺，覺羅獻爵定十五缺。嘉慶四年奏准，奠帛獻爵，增宗室將軍五人。十五年諭，壇廟大典，其陪祀及執事之王公文武大員，於穿孝期內，或仍當差，或竟行停止，未能畫一。著大學士會同禮部悉心妥議章程具奏。欽此。遵旨議定，嗣後各官遇有期服以上者，俱應准其兩月不與祭，其大功小功緦麻仍照舊例，并令太常寺及各衙門執事官陪祀官，侍儀監禮前引後扈各官，及查壇廟之王大臣，一體遵照辦理，以重祀典而符體制，其不上壇入殿之隨扈官員，仍照常當差。

(清) 昆岡等《(光緒) 大清會典事例》卷四三三《禮部一四四·中祀·祭歷代帝王廟》

正殿每代設籩、豆一案，原每位一案，五帝龕統改三案，共十六案。其禮神制帛，仍每位一端，每案設帛篚一，兩廡四位共一案，末案三位一案，素帛每位一端。兩廡各增帛篚二，并增香案二，爐二。其上香儀，皇上親祭，一上香；遣官致祭，三上香。

雍正二年，世宗憲皇帝親祭帝王廟，改從三上香儀。又諭，嗣後親祭歷代帝王廟日，大駕鹵簿，俱由廟門映壁外行。七年，修理帝王廟告成，御製碑文勒石，立碑一。乾隆元年【略】議准，帝王廟脯醢宜豐，加增鹿脯、鹿醢、鹿一；正殿仍用兔醢，兩廡易兔醢爲醓醢，加增豕一。二年奏准，帝王廟祭祀，向有爵無墊，嗣後於奠獻時增用爵墊。三年諭，二月十五日祭歷代帝王廟，因節近清明，正值朕躬謁泰陵，是以未及親祭，俟秋祭帝王廟，朕當親詣行禮。欽此。九月，高宗純皇帝親詣歷代帝王廟行禮如儀。六年二月諭，本月二十日祭歷代帝王廟，朕已降旨親詣行禮查。是日節屆清明，朕詣壽皇殿雍和宮行禮；歷代帝王廟，著和親王弘晝致祭。十四年復准，凡親祭帝王廟，行飲福受胙禮時，停止另設拜褥。十八年奏准，帝王廟正門額書景德門，增崇聖二字。二十七年奏准，帝王廟正殿，向用青綠琉璃瓦色，於禮未協，茲值繕修之期；除兩廡仍循舊制外，其正殿覆瓦，可否改用純黃色。奉旨："所奏是，著改蓋黃瓦，以崇典禮。欽此。"

(清) 龔自珍《定盦文集續集》卷二《祀典雜儀五首》

昔者人倫之始、五品之事，實大聖之所造。一飲一食，猶思報本。疇非聖之百姓，曾是人倫攸始而無報邪！今法于古之聖人，既皆報之矣。黃帝堯舜禹湯則於歷代帝王廟，文王則於傳心殿，武王則於帝王廟，孔子則於學，后稷則於壇，皋陶、伯益、伊尹、周公則於帝王廟之東西廡，獨契無祀。議者爲之説曰，契當祀矣，無祀之之處。稷契之孫皆有天下，商周之王坐於堂，反令其祖配食於廡，不便。是故祀稷於壇，則不復於廡，契則闕之。應之曰，稷契之在廡，配堯舜，非配商周也。子孫身爲王，坐於堂，祖不身爲王，坐於廡，奚不可者。契宜增祀，稷亦無嫌復祀。又一議曰，今法各學有崇聖祠，襃孔子五世，而契爲孔子之太祖，宜升契於崇聖祠，正坐南向，肇聖王以下五位配享東西向。斯言也，猶賢於闕之之説。

案《會典·歷代帝王廟》，見在配享名臣若干，謹條其應增入者十八人如左：

唐增四岳；虞增稷、契；夏增靡；商增伊陟、甘盤；周增共伯、和伯，共和是二人，非一人，予別有考；漢增霍光、趙充國；東漢增杜喬、李固；宋增王旦；遼增耶律隆運，蕭翰；明增劉健、王守仁、熊廷弼。此十八人者，或佐創，或佐守，或佐中興，或仕末造，不宜闕。至於歷代之臣，有盡瘁末造者，雖於歷數無補，其人可重，應否增祀，宜付禮臣更核議。

祭祀通例（明清定例）

(明) 申時行等《大明會典》卷八一《禮部三九·祠祭清吏司·祭祀通例》

國初，以郊廟、社稷、先農俱爲大祀，後改先農及山川、帝王、孔子、旗纛爲中祀，諸神爲小祀。嘉靖中，以朝日、夕月、天神、地祇爲中祀。凡郊廟、社稷、山川、諸神，皆天子親祀；國有大事，則遣官祭告，若先農、旗纛、五祀、城隍、京倉、馬祖、先賢功臣、太厲，皆遣官致祭；惟帝王陵寢及孔子廟，則傳制特遣。各王國及有司俱有祀典，而王國祀典，具在儀司。洪武初，天下郡縣皆祭三皇，後罷，止令有司各立壇廟，祭社稷、風雲雷雨、山川、城隍、孔子、旗纛；及厲，庶人祭里社，鄉厲，及祖父母父母，并得祀竈，餘俱禁止。

凡致齋，大祀三日，中祀二日，降香一日。傳制遣官，前一日沐浴更衣處於齋宮，次日還宮。

洪武三年定大祀，百官先沐浴更衣，本衙門宿歇，次日聽誓戒畢，致齋三日。今惟圜丘誓戒，宗廟社稷亦致齋三日，惟不誓戒。令禮部鑄銅人高一尺五寸，手執牙簡。如大祀則書致齋三日，中祀則書致齋二日於簡，上太常寺進置於齋所。

五年，令諸衙門各置木齋戒牌，刻文其上曰：國有常憲神有鑒焉，凡遇祭祀則設之。

嘉靖三年，令齋戒日文武百官隨品穿吉服，并青綠錦綉。

凡服，大祀冕服，中祀皮弁服，陪祀諸臣各用本品梁冠祭服。

凡牲四等，曰犢、曰牛、曰太牢、曰少牢，色尚騂或黝。大祀入滌九旬，中祀三旬，小祀一旬。洪武初，定神牲所，設官二人，牧養神牲，前三月付廩犧，令滌治如法。

三年，改立犧牲所，設武職并軍人，專管牧養。其牲房中三間，以養郊祀牲；左三間，養宗廟牲；右三間，養社稷牲；餘屋養山川百神之牲。

六年，奏准郊廟犧牲已在滌者，或有傷則出之，死則埋之，其有疾者亦養於別所，待其肥腯，以備小祀、中祀之用，若未及滌或有傷疾者，歸所司別用。

景泰四年，令禮部鑄造牲字、牢字火烙各一，會同太常寺御史印記各處解到大祀牛羊。

凡帛五等，曰郊祀制帛，曰奉先制帛，曰禮先制帛，曰展親制帛，曰報功制帛。洪武十一年，議定在京大祀、中祀用制帛，在外王國及府州縣亦用帛，小祀止用牲醴。

凡樂四等，天地九奏，神祇、太歲八奏，大明、太社稷、帝王七奏，夜明、帝社稷、宗廟、先師六奏。舞皆八佾，有文有武，先師舞六佾，用文。

嘉靖九年，定文武舞生冠履，佾數俱如舊制，但圜丘服色用青紵絲，方澤用黑綠紗，朝日壇用赤羅，夕月壇用玉色羅。

凡禮，洪武七年奏准，先時太常寺奏中嚴，奏外辦盥洗、升壇、飲福、受胙各有贊詞，又各壇俱設爵洗位滌爵拭爵，初升壇，再拜，祭酒唱賜福胙之類，俱以繁瀆刪去。

又令祭祀皆免上香。

八年，定登壇脫舄禮，今亦不行。

九年，定大祀拜禮，迎神四拜，飲福受胙四拜，送神四拜，共十二拜，中祀飲福受胙，止再拜。

凡郊廟社稷祝版，嘉靖九年，令先期一日，太常寺博士捧至文華殿，候上親填御名。若冬至大祀，則於奉天殿恭填。

凡陪祀，大祀，文官五品以上，武官四品以上，及六科都給事中，皆陪。內有刑喪過犯體氣之人不預，餘祭并同，惟都給事中不預。

嘉靖十五年，令都給事中陪祀宗廟，後又令一應祭祀俱陪。

十七年，令皇親、指揮以下、千百戶等官，凡郊廟等祀俱陪。

凡祀牌。洪武八年，置陪祭官圓牙牌，供事官員人等長牙牌，各令懸帶，無者不許入壇。

（清）萬斯同等《明史》卷四三《志一七·禮志一·吉禮一·祭祀諸儀》

凡祭祀雜議諸儀版位，皇帝位，方一尺二寸，厚三寸，紅質金字；皇太子位，方九寸，厚二寸，紅質青字；陪祀官位，并白質黑字。拜褥，前代用黃道褥，以象天，或用緋；明初用緋不用黃道褥。洪武三年，命制祭祀拜褥。禮部奏郊丘之褥，當用席爲表蒲爲裏；【略】後至洪武七年，禮部奏舊儀，凡皇帝躬祀入就位時，太常司奏中嚴奏外辨盥洗、升壇、飲福、受胙各致贊辭。又凡祀，各設爵洗位滌爵拭爵，初升壇唱再拜及祭酒唱賜福胙之類，俱似煩瀆，悉宜刪去。詔從之。翰林臣詹同言：古人祭用香燭，皆所以導達陰陽以接神明，初無上香之禮。遂命凡祭祀罷上香。禮部太常司奏：祭祀拜禮考之《禮記》，一獻、三獻、五獻、七獻之文皆不載拜禮，唐宋郊祀每節行禮皆再拜，然亞獻、終獻天子不行禮而使臣下行之。今議大祀、中祀自迎神至飲福、送神宜各行再拜禮。帝命節爲十二拜，始迎神四拜，至飲福受胙復四拜，又至送神四拜而畢。著爲定儀。

帛有五等，大祀、中祀京師用制帛，曰郊祀、曰奉先、曰禮神、曰展親、曰報功，小祀素帛；王國、司府、州縣亦用帛，小祀則否。洪武三年，命中書禮部立神幣局，設官二員尚掌造神幣，仍定議其制度。于是省部議神帛織文，曰：禮神制幣并織某年月日造，及局官姓名。【略】十二年，帝以凡大祀、中祀用制帛外，其小祀又有用楮錢者，其事出於近代甚爲不，經禮部議按周禮，大祀用玉帛，次祀用牲帛，小祀用牷牲。今議在京大祀、中祀俱宜用幣，在外王國及府州縣祀典神祇亦如之，其餘小祀止用牲醴。

牲有四等，曰犢、曰特牛、曰太牢、曰少牢。洪武初，立神牲所，設官二員，後改立犧牲所。大祀入滌九旬，中祀三旬，小祀一旬。殺禮不用牲，用果脯或用素羞。大祀前一月，皇帝躬詣犧牲所視牲，每日遣大臣一員看牲，次日早朝復命。洪武二年，帝謂禮部尚書崔亮曰，今祭祀省牲密邇神壇揆之先賢遠庖廚之意，殊爲未安。亮奏考古省牲之儀遠神壇二百步。從之。亮復奏火祀之牲土宜躬省，若中祀、小祀請依舊典，令太常禮部官省牲。帝曰："朕既齋戒以祀神，於省牲豈復憚勞耶？"後凡親祀，前期帝親詣壇省牲，訖，執事者牽牲詣廚，太常卿奏請詣廚視鼎鑊、視灌溉畢，遂烹牲，乃還齋次。三年，改作犧牲所牲房中爲三間，以養郊祀牲，左三間養宗廟牲，右三間養社稷牲，餘屋養山川百神之牲。七年禮部奏定，凡大祀皇帝躬省牲，其中祀、小祀則命官省牲。

每歲祭祀日期。欽天監選擇，太常寺預於舊歲十二月朔日至奉天殿具奏，蓋古蓍法不存，而擇干支之吉以代蓍也。洪武七年，命太常卿議祭祀日期，書之於牌依時以祭，著爲式，其祭日遣官監察不敬失儀者罪之。

習儀。凡祭祀先期三日及二日，百官習儀於朝天宮。嘉靖九年，更定郊祀冬至習儀，於先期之七日及六日。

齋戒。洪武二年，翰林學士朱升等奉敕撰齋戒文，曰：凡祭祀必先齋戒，而後可以感動神明。戒者禁止其外，齋者整齋其內沐浴更衣，出宿外舍，不飲酒，不茹葷，不問疾，不吊喪，不聽樂，不理刑名，此則戒也。專一其心，嚴畏謹愼不思他事，苟有所思即思所祭之神，如在其上如在其左右，精白一誠，無須臾間，此則齋也。【略】中祀齋戒五日，前三日爲戒，後二日爲齋。既進覽，帝曰：凡祭天地百神，是爲天下生靈祈福，宜下令百官一體齋戒，若自有所禱不關於民者，恐百官致齋或不崇精，則不下令。又謂省臣曰：齋戒所以致誠，誠之至與不至，神之格與不格，皆系於此，朕每致齋不敢有一毫懈怠，今所擬齋戒之期不無太久，大抵人心久則易怠，怠心一萌反爲不敬，可止，於臨祭齋戒三日，務致精專庶幾，可以感格神明矣！命太常著爲令。是年，禮部尚書崔亮奏：按《周禮‧太宰》祀五帝，則掌百官之誓戒，大神祇、享先王亦如之。唐制，凡大祀，齋戒皆前七日集尚書省太尉誓，曰某月日祀某神祇，各揚其職，不共其事，國有常刑。宋《南郊儀注》，前七日命太尉誓，百官於尚書省，詞同唐。元制，祀前五日，百官於中書省受誓戒，今擬大祀前七日，陪祀官詣中書省誓之曰：皇帝有事于某所，百官其各揚其職，不共其事，國有常刑。制可。宗廟社稷亦致齋三日，惟不誓戒。

（洪武）四年，今擬天子親祀齋五日，遣官代祀齋三日，降香齋一日，帝命著爲令。

（洪武）六年，復命定祭祀齋戒禮儀。【略】歷代帝王并孔子等廟，先一日沐浴更衣處外室，次日遣官。

（洪武）二十一年，禮部奉敕議齋戒前二日太常司官宿于本司，次日奏請致齋，又次日進銅人，傳制諭文武百官齋戒。【略】

遣官祭祀。洪武二十六年定傳制特遣儀，祀前一日陳設如常儀，次日各官具朝服於丹墀北向立，皇帝御華蓋殿具皮弁服，執事官行一拜禮，訖，儀禮司跪，奏：請升殿，皇帝升座，捲簾，鳴鞭，訖。百官分東西立，引禮、引獻官詣拜位，贊四拜，傳制官詣御前，跪，奏傳制俯伏興，由東門出，至傳制位，稱有制，贊跪宣制，【略】祭歷代帝年則曰：某年月日祭先聖歷代帝年，命卿行禮。贊俯伏興，禮畢。

籩豆之實用十二者，籩實以形鹽、蒭魚、棗、栗、榛、麥、茭、鹿脯、白餅、黑餅、糗餌、粉粢，豆實以韭菹、醓醢、菁菹、鹿醢、芹菹、兔醢、笋菹、魚醢、脾析、豚胉、酏食、糝食。用十者，籩則械糗餌、粉粢，豆則減酏食糝。食用八者，籩又減白、黑餅，豆又減脾析、豚胉。用四者籩則止實以形鹽、槁魚、棗、栗，豆則止實以芹菹、兔醢、菁菹、鹿醢。各二者籩實栗、鹿脯，豆實菁菹、鹿臡。簠簋各二者，實以黍、稷、稻、粱。各一者，實以稷、粱。登實以太羹。鉶實以和羹。洪武三年，禮部奏，《禮記·郊特牲》曰"郊之祭也"，"器用陶匏瓦"，器尚質故也。《周禮·籩人》，凡祭祀供簠簋之實，疏曰外祀用瓦簋。今祭祀用磁，已合古意。惟盤盂之屬與古之簠、簋、登、鉶制异。今擬凡祭器皆用磁，其式皆倣古之簠、簋、登、豆，惟籩以竹。詔從之。酒齊倣周制，用新舊醅以備五齊三酒，其實於尊之名，數用各不同。

（清）嵇璜等《續文獻通考》卷五五《職官考》

明太常寺掌祭祀禮樂之事，總其官屬籍其政令以聽於禮部。卿一人，少卿寺丞各二人。

屬官典簿博士各二人、協律郎二人、世宗嘉靖中增至五人。贊禮郎九人、嘉靖時增至三十三人後革二人。司樂二十人。嘉靖中增至三十九人後革五人。天壇、地壇、朝日壇、夕月壇、先農壇、帝王廟、祈穀殿、長陵、獻陵、景陵、裕陵、茂陵、泰陵、顯陵、康陵、永陵、昭陵，各祠祭署俱奉祀一人、祀丞二人、犧牲所吏目一人，又所轄神樂觀官。詳僧道官門。【略】

帛五等，曰郊祀制帛祀天地，曰奉先制帛薦祖考，曰禮神制帛祭社稷、群神、帝王、先師，曰展親制帛祭享親王，曰報功制帛祭享功臣。牲四等，曰犢曰牛曰太牢曰少牢，色尚騂或黝。大祀入滌三月，中祀一月，小祀一旬。樂四等，曰九奏祀天地，曰八奏祀神祇太歲，曰七奏祀大明大社大稷帝王，曰六奏祀夜明帝社帝稷宗廟先師。舞二，曰文舞曰武舞。樂器不徙，陵園之祭無樂，歲終合祭。五祀之神則少卿攝事。

《高宗純皇帝實錄》卷一〇二六"乾隆四十二年二月上"條

乙巳，上詣九經三事殿，大行皇太后梓宮前供奠。【略】一二十七月內，祭月壇、歷代帝王廟、先師孔子、先農等壇廟，俱遣官行禮。

酌議王大臣官員服色，王公文武大臣官員。【略】一百日內，祭月壇、歷代帝王廟、先師孔子、先農等壇廟，遣官致祭；承祭執事官，素服行禮，樂設不作；百日外，素服齋戒，祭日朝服作樂。

《宣宗成皇帝實錄》卷六九"道光四年六月"條

丙辰，定太廟、夕月壇、歷代帝王廟謝福胙禮。諭內閣，嗣後，【略】歷代帝王廟受福胙時，行二跪六拜禮。并著傳贊王公百官隨行二跪六拜禮，以歸畫一。

（清）允祹等《大清會典》卷三六《禮部》

凡祭三等，【略】前代帝王，【略】爲中祀。【略】

親饗前代帝王、先師孔子。餘均遣官致祭。

凡齊戒，大祀三日，中祀二日。饗前代帝王、先師、先農，皇帝于大内致齋，王公百官均於私第致齋。齋戒之日，不理刑名，不燕會，不聽樂，不入内寢，不問疾弔喪，不飲酒茹葷，不祭神，不埽墓；有疾有服者，皆弗與。春秋饗前代帝王廟、賢良祠、昭忠祠，及群祀，皆卜吉祭日。

凡帛七等，【略】禮神制帛以祭社稷，祀日月神祇，饗前代帝王、先師、先農、先蠶、先醫。【略】

凡牲四等，天地用犢，配位同從位。日月用特，餘均太牢。宗廟太牢配饗，東廡太牢，西廡少牢。社稷太牢，配位同。日月神祇均太牢，月壇配位同。前代帝王、先師、先農、先蠶、太歲、先醫之祀如之，配位少牢。群祀如之，牛色尚黝，大祀入滌。九旬中祀三旬，群祀一旬。

凡樂四等，九奏以祀天；八奏以祭地；六奏以饗太廟；七奏以祭社稷、朝日，饗先農如之；六奏以夕月，饗前代帝王、先師、先祀神祇、太歲，如之。

凡祝版，祀天青質朱書；祭地黃質墨書；饗太廟，祭社稷，白質墨書；朝日赤質朱書；夕月白質墨書；太歲以下均白質墨書。

凡祭器，【略】前代帝王、先師及諸人鬼之祭，豆登鉶簠簋尊爵，皆範銅，不飾；籩用竹，俎用木，皆髤以漆。凡祭物，登實以大羹，鉶實以和羹，簠實以黍、稷，簋實以稻、梁，籩實以形鹽、槁魚、棗栗、榛、菱、芡、鹿脯、白餅、黑餅、糗餌、粉餈，豆實以韭菹、醓醢、菁菹、鹿醢、芹菹、兔醢、笋菹、魚醢、脾析、豚拍、酏食、糝食。

凡祭服，皇帝有事于郊廟，皆御祭服。祀天，青色；祭地，黃色；朝日，赤色；夕月，玉色；餘祭均黃色。陪祀王公百官咸朝服。

凡閱祝版、香帛，【略】前代帝王【略】御中和殿。如遇忌辰，天地、太廟，祝版仍躬閱；社稷等祀，均太常寺官由内閣恭奉至祭所安設，遣官恭代，及群祀亦如之。

凡視牲，大祀天地，前五日，遣官恭代視牲，前二日遣禮部尚書一人省牲。【略】饗前代帝王、先師、先農、先蠶，前二日；均禮部尚書一人省牲。

凡省罍展器，祀日漏未盡，禮部侍郎一人率屬視，太常寺官展祭器、陳祭物、迺省齍、盛及登鉶籩豆之實。

凡刲牲，大祀、中祀前一日，光禄寺卿、禮部都察院太常寺官，具朝服監，視并瘞毛血。群祀，太常寺官監視。【略】

凡恭請神位，郊壇，於齋宮鳴鐘時，各壇廟于皇帝降輿時，均禮部尚書率太常寺官恭奉神位，安於祭所，禮成。而復太廟，以王公二人率宗室、覺羅官、將事。

凡執事，皇帝親祀壇廟，贊引用太常寺卿二人奉福胙，用光禄寺卿二人接福胙，用侍衛二人奠帛獻爵。各壇廟均用太常寺官，【略】前代帝王廟奠帛獻爵各三人。

凡侍儀，皇帝親行禮，禮部尚書侍郎二人；西面都察院左都御史、左副都御史二人，東面王公拜位御史二人，禮部官二人；百官拜位御史四人、禮部官二人，均東西面。凡陪祭，執事有違誤失儀者，劾之。

（清）允祹等《大清會典》卷八二《太常寺》

凡題奏祭祀，禮部於豫歲以題定祭期，札寺。【略】其餘中祀，前二十日，【略】均列承祭分獻官名，具疏恭候簡命。

凡進齋戒牌銅人，恭遇皇帝親詣行禮，於齋期前一日具奏，屆期黎明，卿率屬補服，遇朝期朝服，奉齋戒牌銅人入至乾清門，恭設於中門左楹前。【略】饗前代帝王、先農，恭設於乾清門二日，如皇帝不親詣，則不奏設齋戒牌銅人。

凡親閱祝版，【略】社稷以下諸祭均御中和殿，皇帝袞服，執事官補服，如遇朝期，執事官咸朝服，遇忌辰閱太廟祝版，素服，執事官常服。前二日，司祝奉祝版送內閣恭書祝文；前一日，卿詣乾清門恭請皇帝御殿，乃率屬奉祝版入殿內恭設黃案上，皇帝恭閱，如儀，禮畢，奉送各壇廟恭設。神庫遣官及群祀祝版，均司祝自內閣奉送祭所。【略】

饗前代帝王、先師，均於日出前六刻【略】均先期行欽天監，取候時官二人，至時卿詣宮門請駕。【略】

凡分獻，【略】親祭帝王廟，分獻兩廡，均以尚書、左都御史；遣官承祭，以侍郎、內閣學士、左副都御史親釋。

凡祭日執事，皇帝親祭以禮部堂官、本寺卿二人、贊引、對引、典儀贊，行禮之節，典樂贊舉樂，通贊贊賜福胙，引禮，引分獻官傳贊，贊王公百官拜跪，司香奉香槃，司玉帛奉篚，司爵獻爵，司祝讀祝，司饌奉饌槃，掌燎視燎，掌瘞視瘞，司麾示樂節，司旌節導干戚羽籥之舞。【略】太廟、社稷、帝王、先師之祭，司拜褥以鑾儀衛官。遣官承祭，贊引以贊禮郎，不設司拜牌拜褥官。分獻司香帛爵，以本寺執事生遣官。釋奠於先師，以國子監官及肄業諸生，若因事祇告，設贊引、典儀、司祝、司香、司帛、司爵、掌燎、掌瘞，與正祭同。

凡祭祀備物，歲支戶部庫帑五千兩，以供各祀，籩豆之實，夏季具疏題銷。

凡犧牲入滌，大祀九旬，中祀六旬，群祀三旬。既入滌牲，有病者易之，斃則埋之。每歲牛二百四十，由順天府行近畿各州縣市價及張家口外牧場選供，羊四百三十有九，豕三百九十有九。由左右翼稅務分四時市價，均由寺卿會順天府尹及兩翼稅務監督選收。鹿四十有五，供自內務府奉宸苑。兔四百四十有九，供自光祿寺。均每祀行取，豫日送寺，歲支戶部。倉豆草價及兩翼稅課銀千六百兩，以供芻牧。犧牲所牧率牧人謹飼之，博士五日一赴所驗視所牧，勤職者，五年送吏部、兵部議敘，如洗滌失宜侵冒芻牧者，論如法。

凡簠簋之實，以黍稷稻粱，歲取帝耤。所登謹貯神倉以供齍盛。登之實，以大羹；

鉶之實，以和羹；籩豆之實，形鹽、槁魚、鹿脯，果以棗、栗、榛、菱，茇葅以韭菁、芹笋，醢以豕、鹿、兔、魚，脾析用牛、豚，拍用脅，白餅、黑餅用麥，糗餌、粉餈用米粉，食用稻，均雍人治之，監以博士等官。

凡祝版制帛香燭薪炭，行户工二部支取；酒醴形鹽行光禄寺；葦行大興、宛平二縣；均豫日送寺。

凡朔望上香，【略】帝王廟、太歲殿、都城隍廟、關帝廟、賢良祠、昭忠祠、雙忠祠，均以典守官。【略】

凡祭祀習儀，大祀前四十日，中祀前三十日，每旬三、六、九日，卿率讀祝、贊禮等官及執事樂舞集天壇。神樂署習儀，於凝禧殿。【略】

凡執役，【略】各壇壇户九十四人，廟户二十三人，祠户二十六人，齋宮夫十有六人，具服；殿夫八人，執灑掃啓閉之役；守寺庫兵二十人，神樂署庫夫四人，執宿直巡防之役；本寺雍人二百九十人，執刲牲烹爨之役；犧牲所所軍十有九人、夫二十七人，執芻牧洗滌之役。壇廟祠户及宮殿所夫由順天府和雇庫兵，由八旗撥送，均一年更代。

凡歲修，壇廟有土木興修之工，奏交工部督修，委官會本寺官監視。若止繕完塗，墾奏支工部。庫帑委本寺官董其事，工竣咨部復核，歲秋彙册題銷。

(清) 允祹等《大清會典》卷九三《鑾儀衛》

凡祭祀執事，冬日至大祀圜丘，孟春祈穀，孟夏常雩。先一日，皇帝恭閱祝版玉帛香，委官率校尉昇香亭、龍亭，詣太和殿俟，禮成，昇至祀所神庫安設。夏日至大祀方澤，先一日，設亭於午門外俟，太常官奉祝版出納于亭，校尉昇至祭所，太廟以下由太常寺。是日，陳設鹵簿，皇帝詣齋宮，午門鳴鐘，鹵簿前導，前部鐃歌，大樂設而不作。祭日，請神位，委官率校尉恭昇神亭，皇帝于大次前盥手，以冠軍使、雲麾使恭奉盥盤，進帨巾，禮成，回鑾。作前部鐃歌大樂，陳鹵簿，鳴鐘如初。時饗太廟，駕出午門，嚴鼓，回鑾，鳴鐘。春秋祭社稷、朝日、夕月，祭堂子，饗前代帝王、先農、先師，駕出午門，鳴鐘，陳設鹵簿，盥手進盤巾，回鑾，作樂，鳴鐘，均如前儀。謁陵駕出入午門，均鳴鐘，行幸出入午門，鳴鐘亦如之。

(清) 昆岡等《(光緒) 大清會典事例》卷一三《內閣三‧職掌‧進本》

又奏定進本章程，嗣後每年開印以後，封印以前，皆按日進本。日壇、月壇、先農壇、歷代帝王廟、先師廟，皇帝親詣行禮。前二日齋戒，不進立決本，祭日不進刑名本。如遣官行禮，一日不進立決本。嘉慶十九年諭，凡遇中祀日期，如親詣行禮，著毋庸進本。咸豐二三年，祭日壇、月壇，俱前二日齋戒，不進刑名本，祭日不進本。

(清) 昆岡等《(光緒) 大清會典事例》卷一〇五六《起居注二‧職掌‧典禮侍班》

凡祭祀閱祝版香帛，俱於祭前一日，【略】歷代帝王、先師、先農，均御中和殿，記注官常服補褂，暮大祫在元旦前三日，應服蟒袍期內，亦用蟒袍貂褂，立於殿中間門外檐西柱下，東向。太和殿班，俟祝版香帛出殿門，太常寺官奏禮成，祝版下階，皇帝升輿，乃退。中和殿班，俟祝版出殿門，太常寺奏禮成時，記注官趨下西階，仍排班，東北向立，俟皇帝升輿轉入殿東，然後退。

（清）昆岡等《（光緒）大清會典事例》卷一〇八九《光祿寺·祭祀執事·頒胙》

進爵進胙，原定，恭遇親祀壇廟，飲福受胙，本寺卿、少卿，進爵進胙，爵胙案左右，滿漢署正等官四人專司爵盤，謹案向例由吏部奏派奉爵大臣一人進爵，本寺兼理事務大臣一人進胙。自乾隆六十年以後，均係兼理寺事大臣一人進爵，滿洲卿一人進胙，如有事故，以漢卿滿漢少卿以次恭進。嘉慶八年奏明請旨，或依舊例由吏部奏派，或即照現行事例，奉旨照現行例遵行在案。嘉慶二十年諭，各壇廟祭祀，俱係光祿寺堂官捧進福酒福胙，現在該寺總理秀堃，少卿舒英，均有服制。著派吏部右侍郎佛柱暫捧福酒，俟該寺堂官敷用時，再行請旨。又諭，現在光祿寺滿堂官已不乏人，嗣後各壇廟福酒福胙差使，毋庸佛柱捧進。【略】監視宰牲，乾隆四年奏准，壇廟祭祀，太常寺咨取監宰官，本寺派署正一人赴宰牲所，會執事官監宰牲，瘞毛血。十七年奏准，凡壇廟大祀宰牲，增光祿寺卿一人監視，謹案現在監宰牲官，係本寺典簿專司。

頒胙。恭遇祭祀頒胙，本寺豫辦胙單，分行各衙門持單赴祭所支領，惟掌儀司係撥役送交。

祭太廟、歷代帝王廟，宗人府、內閣各二十斤，【略】內務府掌儀司，牲俎一分。

分壇記禮

（明）申時行等《大明會典》卷九一《禮部四九·群祀一·歷代帝王》

洪武二十六年定遣祭儀。

齋戒。前一日，太常官宿于本司。次日具本奏致齋二日。傳制遣官行禮。傳制儀見儀制司。

省牲。牛五、羊五、豕六、鹿一、兔八。凡正祭前一日，獻官承制畢，詣本壇省牲。

陳設。五室十六位，今十五位。每室犢一、羊一、豕一，每位登一、鉶二、籩豆各十、簠簋各二、帛一，白色，禮神制帛。共設酒尊三、爵四十八、今四十五。篚五，於中室東南、西向，祝文案一於西。

東廡第一壇風后、皋陶、龍、伯益、傅說、召公奭、召穆公虎、張良、曹參。羊一、豕一、鉶九、豆各四、簠簋各一、帛九、白色，禮神制帛。酒盞二十七、饌盤一、篚一。第二壇周勃、馮異、房玄齡、李靖、李晟、潘美、岳飛、木華黎、博爾忽、伯顏。今黜木華黎等三人。羊一、豕一、鉶十、今七。籩豆各四、簠簋各一、帛十、今七。酒盞三十、今二十一。饌盤一、篚一。

西廡第一壇，力牧、夔、伯夷、伊尹、周公旦、太公望、方叔、蕭何、陳平、陳設與東廡第一壇同。第二壇鄧禹、諸葛亮、杜如晦、郭子儀、曹彬、韓世忠、張浚、博爾術、赤老温，今黜博爾術等二人。陳設與東廡第二壇同。

正祭。典儀唱樂舞生就位，執事官各司其事，贊引引獻官至盥洗所。贊搢笏，出笏，引至拜位，贊就位，典儀唱迎神，協律郎舉麾奏樂。樂止，贊四拜，陪祭官同。典儀唱奠帛、行初獻禮，奏樂，執事官各捧帛、爵進於神位前，贊引贊詣三皇神位前搢笏，執事官以帛進於獻官，奠訖，執事官以爵進於獻官，贊獻爵。凡三出笏，詣五帝神位前儀同前，爵五。詣三王神位前，爵三。詣漢高祖、光武、唐太宗皇帝神位前，爵三。今遷唐太宗于西室，爵用二，改稱詣漢高祖、光武皇帝神位前。詣宋太祖元世祖神位前，爵二。今黜元世祖而遷唐太宗，爵仍二，改稱詣唐太宗、宋太祖皇帝神位前。出笏，詣讀祝所，跪，讀祝。讀祝官取祝跪于獻官左，讀畢，進於神位前。贊俯伏興平身，復位，樂止。典儀唱行亞獻禮，奏樂，執事官各以爵獻於神位前。樂止，典儀唱行終獻禮。儀同亞獻。典儀唱飲福受胙，贊詣飲福位跪搢笏，執事官以爵進，飲福酒。執事官以胙進受胙，出笏，俯伏，興，平身，復位。贊兩拜，典儀唱徹饌，奏樂，執事官各斡神位前徹饌。樂止，典儀唱送神，奏樂，贊四拜平身，樂止。典儀唱，讀祝官捧祝，掌祭官捧帛、饌，各詣燎位，樂止，贊禮畢。

祝文。維洪武年歲次月朔日，皇帝謹遣具官某致祭於太昊、伏羲氏、炎帝神農氏、黃帝軒轅氏、帝金天氏、帝高陽氏、帝高辛氏、帝陶唐氏、帝有虞氏、夏禹王、商湯王、周武王、漢高祖皇帝、漢光武皇帝、唐太宗皇帝、宋太祖皇帝、元世祖皇帝，曰：昔者奉天明命，相繼爲君。代天理物，撫育黔黎，彝倫攸叙，井井繩繩，至今承之，生民多福。思不忘而報，特祀以春秋。惟帝兮英靈，來歆來格。尚享。

樂章。迎神：仰瞻兮聖容，想鸞輿兮景從，降雲衢兮後先，來俯鑒兮微哀，荷聖臨兮蒼生有崇，眷諸帝兮是臨，予頓首兮幸蒙。

奠帛：秉微誠兮動聖躬，來列坐兮殿庭，予今願兮效勤，捧禮帛兮列酒尊，鑒予情兮欣享，方旋駕兮雲程。

初獻：酒行兮爵盈，喜氣兮雍雍，重荷蒙兮，再瞻再崇。群臣忻兮躍從，願睹穆穆兮聖容。

亞獻：酒斟兮禮明，諸帝熙和兮悦情，百職奔走兮滿庭，陳籩豆兮數重，亞獻兮願成。

終獻：獻酒兮至終，早整雲鸞兮將還宮，予心眷戀兮神聖，欲攀留兮無蹤，躡雲衢兮緩行，得遥瞻兮達九重。

徹饌：納肴羞兮領陳，炁民樂兮幸生，將何以兮崇報，維歲時兮，載瞻載迎。

送神：旛幢繚繞兮導來蹤，鸞輿冉冉兮歸天宮，五雲擁兮祥風從，民歌聖祐兮樂年豐。

望燎：神機不測兮造化功，珍饈禮帛兮薦火中，望瘞庭兮稽首，願神鑒兮寸衷。

　　嘉靖十一年定親祭儀。先期，太常寺預設牲醴香帛樂舞等如儀，錦衣衛設隨朝駕。設上拜位於殿中，設御幄于景德門外之左。是日早免朝，上服常服御奉天門。太常寺卿跪奏，請皇上詣帝王廟祭歷代帝王。上乘輿，由長安右門出，至廟門，由中門入，至幄次，降輿，具祭服出。導引官導上由中門中道至拜位。典儀唱樂舞生就位，執事官各司其事內，贊奏就位，上就拜位。典儀唱迎神，樂作。樂止，內贊奏搢圭，奏上香，上三上香，訖，奏出圭，復位。內贊奏兩拜興平身。傳贊陪祀官同。典儀唱奠帛，行初獻禮。樂作，內贊奏詣神位前，執事官各捧帛爵跪進於各神位前，樂暫止。內贊贊讀祝，奏跪，傳贊陪祀官同。讀祝官取祝讀。訖，樂作，內贊奏俯伏興平身，傳贊陪祀官同。樂止。典儀唱行亞獻禮，樂作，儀同初獻，惟不讀祝。樂止，典儀唱行終獻禮，儀同亞獻，樂止。太常寺卿進立於壇東、西向。唱答福胙，內贊奏詣飲福位，奏搢圭，奏跪，光祿寺卿以福酒跪進於上右。內贊奏飲福酒，上飲訖，光祿寺卿以福胙跪進於上右，內贊奏受胙，上受訖。奏出圭，俯伏興平身，奏復位，內贊奏兩拜興平身，傳贊陪祭官同。典儀唱徹饌，樂作，執事官於各神位前徹饌，訖，樂止。典儀唱送神，樂作，內贊奏兩拜興平身，傳贊陪祭官同。樂止，典儀唱，讀祝官捧祝，進帛官捧帛，掌祭官捧饌，各詣燎位。樂作，內贊奏禮畢，樂止。導引官導上入御幄，易祭服，升輦，還宮。樂章仍舊。嘉靖中，更定遣官祝文，儀仍舊。祝文具年月日遣官名帝稱號俱同，但去元世祖。曰：仰惟諸帝，昔皆奉天撫世，創治安民。皇祖景慕不忘，春秋致祭，著在令甲。茲朕特建殿宇，恭修恒祀，時維仲春秋，謹遣輔臣，以牲帛庶品，用享列聖。予惟冲昧，敬體皇祖追報之虔。惟諸帝鑒臨，來格於斯，庶副予誠之至。尚享。分獻官儀注：典儀唱，分獻官、陪祀官各就位，候行初獻奠帛禮，畢，唱分獻官行禮，贊引引詣東西廡神位前，贊跪，贊搢笏，上香，獻帛爵，出笏，殿內贊跪，分獻官跪各神位前。俟讀祝畢，俯伏、興、平身，復位。亞終獻禮儀同初獻。餘隨遣官行。

（清）嵇璜等《續文獻通考》卷八五《群廟考》

親祭帝王廟儀世宗嘉靖十一年所定

　　先期太常寺預設牲醴、香帛、樂舞等如儀錦衣衛，設隨朝駕，設皇帝拜位於殿中，設御幄于景德門外之左。是日早免朝，皇帝服常服御奉天門，太常寺卿跪奏請皇帝詣帝王廟祭歷代帝王；皇帝乘輿由長安右門出，至廟門由中門入，至幄次降輿具，祭服出，導引官導皇帝由中門中道至拜位。典儀唱樂舞生就位，執事官各司其事。內贊奏就位，皇帝就拜位。典儀唱迎神，樂作。樂止，內贊奏搢圭，上香，皇帝三上香，訖，奏出圭，復位。內贊奏兩拜興平身，傳贊陪祀官同。典儀唱奠帛，行初獻禮，樂作，內贊奏詣神位前，執事官各捧帛爵跪進於各神位前，樂暫止。內贊贊讀祝，奏跪，傳贊陪祀官同。讀祝官取祝讀訖，樂作，內贊奏俯伏興平身，傳贊陪祀官同。樂止，典儀唱行亞獻禮，儀同初獻，惟不讀祝。樂止，典儀唱行終獻禮，儀同亞獻。樂止，太常寺卿進立於壇東西向唱答福胙，內贊奏詣飲福位，奏搢圭，跪，光祿寺卿以福酒跪進于皇帝右，内贊奏飲福酒，訖，光禄寺卿以福胙跪進于皇帝右，内贊奏受胙，訖。奏出圭，俯伏興平身，奏復位。内贊奏兩拜興平身，傳贊陪祭官同。典儀唱徹饌，樂作，執事官於各神位前徹饌，訖，樂止。典儀唱送神，樂作，内贊奏兩拜興平身，傳贊陪祭官同。樂止，典儀唱，讀祝官捧祝，進帛官捧帛，掌祭官捧饌，各詣燎位。樂作，内贊奏禮畢，樂止，導引官導皇帝入御幄，易祭服升輦還宮。

臣等謹按《明會典》，以上親祭儀係世宗嘉靖十一年所定也。先是洪武初，帝王廟自伏羲至元世祖凡十七帝爲五室，每室供牛羊豕各一，祝文一，每位籩豆各十籩，簋登鉶各一，爵各三，帛各一白色，共設酒尊五於殿之西階，又設酒尊三於殿之東階。先期致齋二日，先祭一日丞相常服，省牲祭日皇帝服衮冕行三獻禮。二十一年，令每歲郊祀附祭歷代帝王於大祀殿，遂停春祭，仍以八月中旬擇日遣官祭於本廟，又定每三年遣祭各陵之歲則停廟祭。成祖遷都，帝王廟遣南京太常寺官行禮。

遣祭帝王廟儀洪武二十六年定

齋戒前一日，太常官宿于本司；次日具本奏；致齋二日傳制遣官行禮、傳制儀見後。省牲，牛五、羊五、豕六、鹿一、兔八。凡正祭，前一日獻官承制畢，詣本壇省牲，陳設五室十六位今十五位。每室犢一、羊一、豕一，每位登一、鉶二、籩豆各十、簠簋各二、帛一，共設酒，尊三、爵四十八今四十五、篚五，於中室東南西向祝文案一於西。東廡第一壇：風后、皋陶、龍伯益、傅説、召公奭、召穆公虎、張良、曹參；羊一、豕一、鉶九、籩豆各四、簠簋各一、帛九、酒盞二十七、饌盤一、篚一。第二壇：周勃、馮異、房元齡、李靖、李晟、潘美、岳飛、木華黎、博爾忽、伯顏。今罷木華黎等三人。羊、豕、籩、豆、簠、簋、饌、盤、篚俱同第一壇，惟鉶十、帛十今俱七、酒盞三十。今二十一，爲有異耳。西廡第一壇：力牧、夔、伯夷、伊尹、周公旦、太公望、方叔、蕭何、陳平，陳設與東廡第一壇同；第二壇：鄧禹、諸葛亮、杜如晦、郭子儀、曹彬、韓世忠、張浚、博爾珠、赤老温，今罷博爾珠等二人。陳設與東廡第二壇同。正祭，典儀唱樂舞生就位，執事官各司其事，贊引引獻官至盥洗所，贊搢笏，出笏引至拜位，贊就位。典儀唱迎神，協律郎舉麾奏樂，樂止，贊四拜，陪祭官同。典儀唱奠帛，行初獻禮，奏樂執事各捧帛、爵進於神位前，贊引贊詣三皇神位前搢笏，執事官以帛進於獻官；奠訖，執事官以爵進於獻官，贊獻爵，凡三。出笏，詣五帝神位前，儀同前爵五。詣三王神位前，爵三。詣漢高祖、光武、唐太宗皇帝神位前，爵三，今遷唐太宗于西室，爵用二，改稱詣漢高祖光武皇帝神位前。詣宋太祖、元世祖神位前；爵二。今罷元世祖而遷唐太宗，爵仍二，改稱詣唐太宗、宋太祖皇帝神位前。出笏，詣讀祝所，跪，讀祝官取祝跪於獻官左，讀畢，進於神位前，贊俯伏興平身復位，樂止。典儀唱行亞獻禮，奏樂執事官各以爵獻於神位前，樂止。典儀唱行終獻禮，儀同亞獻。典儀唱飲福受胙，贊詣飲福位，跪，搢笏，執事官以爵進飲福酒，執事官以胙進受胙，出笏，俯、伏、興、平身，復位，贊兩拜。典儀唱徹饌，奏樂執事官各於神位前徹饌，樂止。典儀唱送神，奏樂，贊四拜平身，樂止。典儀唱，讀祝官捧祝，掌祭官捧帛饌，各詣燎位，樂止，贊禮畢。臣等謹按《會典》，以上遣祭帝王廟儀定於洪武二十六年，下遣祭儀亦系是年所定，又每位設帛，白色所謂禮神帛也。

遣祭儀洪武二十六年

凡遣官祭祀，前一日陳設如常儀。次日，各官具朝服於丹墀北向立，皇帝御華蓋殿具皮弁服，鐘聲止，執事官行一拜叩頭禮，訖。儀禮司跪奏請升殿，樂作。升殿樂止，捲簾鳴鞭，訖，唱排班班齊，百官一拜叩頭，畢，分東西立。引禮引獻官詣拜位，贊四拜平身，傳制官詣御前，跪，奏傳制，俯、伏、興。由東門東旁出，至丹陛，東向立，稱有制，唱跪宣制。【略】祭帝王則曰：先聖歷代帝王命卿行禮。嘉靖間更定祭，【略】凡傳制遣官代祀歷代帝王并孔子旗纛等廟，皇帝前一日沐浴便衣處於齋宮，次日還宮。

《世祖章皇帝實錄》卷一〇五"順治十三年十二月"條

禮部奏定皇上躬祭歷代帝王儀注：先期致齋二日，照常備辦牲醴、香帛、鑾儀衛、設鹵簿，設上拜位於帝王廟殿中，設御幄于景德門外左。祭日清晨上乘輿，由長安右門出，至廟由中門入，至幄前降輿入，盥手訖，更禮服，由中門中道至拜位立。典儀唱樂舞生就位，執事官各司其事；贊引官奏就位，上就拜位。典儀唱迎神，樂作；贊引官奏詣前上香，導上詣香案前，三上香訖；贊引官奏復位，上復位；樂止；贊引官奏行二跪六叩頭禮，興。典儀唱奠帛，行初獻禮，作樂；執事官各捧帛捧爵，跪獻於各神位前正中，樂暫止；贊引官奏跪，上跪；贊讀祝，讀訖，樂作；贊引官奏行三叩頭禮興，樂止。典儀唱行亞獻禮，樂作；捧爵官獻爵于左，如初獻儀，樂止。典儀唱行終獻禮，樂作；捧爵官獻爵於右，如亞獻儀，樂止。太常寺卿進立於壇東，西向，唱飲福受胙，贊引官奏詣飲福位，導上至飲福位立，奏跪，上跪。奉酒胙官跪進於上右，贊引官奏飲福酒，上受爵拱舉，授左旁接爵官；奏受胙，上受胙拱舉，授左旁接胙官；贊引官奏行三叩頭禮興，奏復位，上復拜位，立。奏二跪六叩頭禮，興。典儀唱徹饌，樂作；執事官於各神位前徹饌訖，樂止。典儀唱送神，樂作；贊引官奏行二跪六叩頭禮，興，樂止；典儀唱捧祝、帛、饌各詣燎位，樂作；祝帛焚半，贊引官奏禮畢，樂止。上至御幄易服，還宮。

劉錦藻《清續文獻通考》卷一六二《宗廟考四》

其中祀內夕月壇、歷代帝王廟受福胙時，行二跪六拜禮，并著傳贊王公百官隨行二跪六拜禮，以歸畫一。

(清) 昆岡等《大清會典圖》卷一五《禮一五·歷代帝王廟位次圖》

歷代帝王廟景德崇聖殿，正中一龕：太昊、伏羲氏、炎帝、神農氏、黃帝、軒轅氏、三皇位，龕前籩豆案三。東一龕：少昊、金天氏、顓頊、高陽氏、帝嚳、高辛氏、帝堯、陶唐氏、帝舜、有虞氏、五帝位，龕前籩豆案三。西一龕分二室，左室：夏王禹、啓、仲康、少康、杼、槐、芒、泄、不降、扃、廑、孔甲、皋、發十四位；右室：商五湯、太甲、沃丁、太庚、小甲、雍己、太戊、仲丁、外壬、河亶甲、祖乙、祖辛、沃甲、祖丁、南庚、陽甲、盤庚、小辛、小乙、武丁、祖庚、祖甲、廩辛、庚丁、太丁、帝乙二十六位，龕前籩豆案二。東二龕：周武王、成王、康王、昭王、穆王、共王、懿王、孝王、夷王、宣王、平王、桓王、莊王、僖王、惠王、襄王、頃王、匡王、定王、簡王、靈王、景王、悼王、敬王、元王、貞定王、考王、威烈王、安王、烈王、顯王、慎靚王三十二位，龕前籩豆案一。西二龕分三室，中室：漢高祖、惠帝、文帝、景帝、武帝、昭帝、宣帝、元帝、成帝、哀帝、光武帝、明帝、章帝、和帝、殤帝、安帝、順帝、冲帝、昭烈帝，十九位；左室：晋元帝、明帝、成帝、康帝、穆帝、哀帝、簡文帝七位，宋文帝、孝武帝、明帝三位，齊武帝一位；右室：北魏道武帝、明元帝、太武帝、文成帝、獻文帝、孝文帝、宣武帝、孝明帝八位，陳文帝、宣帝二位；龕前籩豆案三。東三龕分三室，中室：唐高祖、太宗、高宗、睿宗、元宗、肅宗、代宗、德宗、順宗、憲宗、穆宗、文宗、武宗、宣宗、懿宗、僖宗十六位，後唐明宗一位，後周世宗一位；左室：遼太祖、太宗、景宗、聖宗、興宗、道宗六位，右室：宋太祖、太宗、真宗、仁宗、英宗、神宗、哲宗、高宗、孝宗、光宗、寧宗、理宗、度宗、端宗十四位；龕前籩豆案三。西三龕分三室，中室：金太祖、太宗、世宗、章宗、宣宗、哀宗六位，左室：元太祖、太宗、定宗、憲宗、世祖、成宗、武宗、仁宗、泰定帝、文宗、寧宗十一位；右室：明太祖、惠帝、成祖、仁宗、宣宗、英宗、景帝、憲宗、孝宗、武宗、世宗、穆宗、愍帝十三位；龕前籩豆案三，均南向。中案前少，西祝案一，南向。東福胙桌一，尊桌二，接桌一，均西向。西接福胙桌一，尊桌一，接桌一，均東向。龕東旁饌桌四，西旁饌桌三，均南向。東廡一龕，前代名臣：風后、倉頡、夔、伯夷、伊尹、傅說、召公奭、畢公高、召穆公虎、仲山甫、張良、曹參、周勃、魏相、鄧禹、耿弇、諸葛亮、房玄齡、李靖、宋璟、郭子儀、許遠、李晟、裴度、曹彬、李沆、王曾、富弼、文彦博、李綱、韓世忠、文天祥、宗翰、穆呼哩、布呼密、徐達、常遇春、楊士奇、于謙、劉大夏四十位。西向西廡一龕，前代名臣：力牧、皋陶、龍伯益、仲虺、周公旦、太公望、吕侯、方叔、尹吉甫、蕭何、陳平、劉章、丙吉、馮異、馬援、趙云、杜如晦、狄仁傑、姚崇、張巡、李泌、陸贄、耶律赫嚕、吕蒙正、寇準、范仲淹、韓琦、司馬光、趙鼎、岳飛、斡魯、宗望、巴延、托克托、劉基、李文忠、楊榮、李賢三十九位。東向東西龕前，籩豆案各十，北饌桌各一。南向南尊桌各一。北向景德崇聖門正中，設香案一；殿門内正中，爲皇帝親詣行禮拜位。北向贊引、對引各一人。東西面，司拜褥一人，立于左。司香、司帛、司爵各十人，贊福胙官一人，捧福酒福胙，光禄寺卿二人，立於東尊桌之東，西面。司香、司帛、司爵，各八人；讀祝官一人；接福酒福胙侍衛二人，立於西尊桌之西，東面。侍儀禮部尚書一人，侍郎一人，都察院左都御史一人，副都御史一人，樂部典樂一人，分立於東西尊桌之次，東西面。殿外階上，左右爲陪祀，王以下公以上。拜位東西，各二班，均北向。典儀一人立於楹前，東西面。記注官四人，立於楹前，西東面。司樂協律郎、樂工、歌工、舞佾分立樂懸之次。引禮鴻臚寺官二人，糾儀御史二人，禮部司官二人，立于王公拜位左右，東西面。階下，甬道左右爲分獻官拜位。北向，左右導引，東西面，其南爲陪祀百官拜位，東西各五班，均北向。引禮鴻臚寺官二人，糾儀御史四人，禮部司官四人，分立左右，東西面。掌燎官率燎人，立於燎爐之東南隅。遣官行禮，階上正中爲承祭官拜位，北向，不飲福受胙，王公不陪祀，不設福胙桌接福胙桌，不用光禄寺侍衛、司拜褥賛胙及樂部大臣、記注官、監禮糾儀。殿内用御史四人，禮部司官二人，分立東西。階上不用御史、禮部、鴻臚寺官。其餘各位次同。

（清）昆岡等《大清會典圖》卷一五《禮一五·歷代帝王廟正位陳設圖》

歷代帝王廟正位，每龕前籩豆案上，設爵墊一、登一、鉶二、簠二、簋二、籩十、豆十三、皇位三案前共一俎，五帝位三案前共一俎，夏王位、商王位二案前共一俎，周王位一案前一俎，漢帝位、晋帝位、宋帝位、齊帝位、魏帝位、陳帝位三案前共一俎，唐帝位、後唐帝位、後周帝位、遼帝位、宋帝位三案前共一俎，金帝位、元帝位、明帝位三案前共一俎。俎皆中區爲三，實牛一、羊一、豕一。俎前香案如籩豆案之數，每案上設銅爐一，香靠具、銅燭臺二，其銅爵每案各三，皆先設尊桌上，三獻各奠於爵墊。帛篚十八，先設接桌上，奠帛各奠于香案正中。皇帝親詣行禮用高香案，遣官行禮用花香案。

（清）昆岡等《大清會典圖》卷一五《禮一五·歷代帝王廟配位陳設圖》

歷代帝王廟東廡、西廡配位各十案，一案四位，案設銅爵十有二。惟西廡第十案三位，案設銅爵九，每案鉶二、簠二，實稻粱；簋一，實黍稷；籩四，實形鹽、棗、栗、鹿脯；豆四，實菁菹、鹿醢、芹菹、醓醢；銅燭臺二。兩廡各設俎二，每俎中區爲二，實羊一、豕一。兩俎前統設花香案四，每香案設銅爐一，香靠具。其帛篚東西各四，先各設尊桌上，奠帛各奠於花香案上。

（清）昆岡等《（光緒）大清會典事例》卷三〇七《禮部一八·册封·册封諸王、貝勒、貝子》

咸豐五年，册封肅親王華豐，係在祭歷代帝王廟齋戒期内，例不鼓吹作樂。

（清）昆岡等《（光緒）大清會典事例》卷一〇七六《太常寺一九·禮節》

皇帝親祭歷代帝王廟禮節。先二日，禮部尚書一人詣犧牲所視牲如儀，致齋，書祝版，視割牲，視祝版，儀與先農壇同。先一日，太常寺官入廟潔滌殿宇内外，藉以棕薦，拂拭神座。工部官張御幄，于景德門外階下之左，南向。夜分，太常寺卿率屬入，具器陳。正殿中龕，三案。西一龕，二案。東第二龕，一案。餘四龕，皆三案。每位爵三實酒，每案登一，鉶簠簋各二，籩豆各十。其前皆設香案一，各爐一，鐙二。

每龕牛一，羊一，豕一。殿中少西設案一，北向，供祝版。東設一案，西向。西設一案，東向。分陳每龕尊一，每案香盤一、虛爵三，每位禮神制帛一色白。設福胙於東案尊爵之旁，加爵一。凡牲陳俎，帛每案同筐，尊實酒，承以舟，疏布冪勺具。兩廡東設案十，各鉶二，簠簋各一，籩豆各四，每位爵三實酒，統羊二、豕二。前設香案四，各爐一，鐙二。又設案于南、北向，陳尊二，香盤四，虛爵十二，素帛四十一，俎筐冪勺具。西廡帛四十，餘陳設同。鑾儀衛官設洗於黃幄外。樂部率太常寺協律郎設中和韶樂於殿外階上，分東西懸，陳樂舞於樂懸之次，如常儀。太常寺博士引禮部侍郎一人入廟，省視正殿牲帛粢盛，及籩豆登鉶之實，畢。次詣兩廡周視如儀，行禮位，殿門內正中爲皇帝行禮拜位，北向；階下甬道左右爲分獻官拜位，北面；陪祀王公位階上，東西各二班；百官位階下分獻官之南，東西各五班；重行異等，均北面，東位西上，西位東上。執事位，司拜褥鑾儀衛官二人，立于皇帝拜位之左稍後；太常寺司祝一人，立祝案西；司香十人，司帛十人，司爵十人，光禄寺卿二人，太常寺贊答福胙一人，立東案之東，司香八人，司帛八人，司爵八人，侍衛二人，立西案之西，侍儀禮部尚書、侍郎各一人。都察院左都御史、副都御史各一人，樂部典樂一人，立東西案之南；太常寺典儀一人，于殿左門外立。司樂協律郎樂工歌工舞佾，於階上樂懸東西序立；記注官四人，於西階下序立；糾儀御史，禮部祠祭司官各二人，于陪祀王公拜位之次序立；又御史二人，祠祭司官二人，鴻臚寺官二人，於陪祀百官拜位之次序立；掌燎官率燎人立於燎爐之隅。其日五鼓，步軍統領率所部清蹕除道，自西華門至廟門御道左右途巷，皆設布幛。鑾儀衛陳法駕鹵簿，不陪祀王公百官朝服咸會，祇候送駕如儀。日出前六刻，司祝恭請祝版設于祝案，太常寺卿赴乾清門奏時，皇帝御祭服乘禮輿出宮，前引後扈如常儀，駕發警蹕，午門鳴鐘鼓，駕出西華門導，引樂前引不作，提爐執鐙官左右騎導，如詣先農壇之儀。駕將至，鴻臚寺官豫引陪祀王公于廟門外序立，候駕至隨入，太常寺贊禮郎豫引兩廡分獻官四人于景德西側門外序立，陪祀百官按班入景德東西側門，豫於行禮位稍南，東西序立祇候。駕至，由廟中門入，降輿，右贊引左對引太常寺卿二人，恭導皇帝入幄次少俟，太常寺卿奏請行禮，皇帝出次盥，鑾儀衛官跪，奉盥奉巾如儀。司拜褥官豫布拜褥於殿門內正中，贊引對引官恭導皇帝入景德中門，升中階進殿中門，至拜位前北向立，前引內大臣止立殿檐下，提爐官執鐙官侍衛，止立階下，後扈大臣隨侍，贊禮郎引分獻官東西各二人於甬道左右，鴻臚寺官引陪祀王公升東西階，引陪祀百官於廟庭左右，均就拜位北面序立。典儀贊樂舞生登歌，執事官各共乃職，武舞執干戚進，贊引奏就位，皇帝就位，立。典儀贊迎神，左司香二人，右司香一人，奉香盤東西趨進，均折而北，詣中一龕三皇香案前，左司香七人，右司香六人，奉香盤分詣各龕香案前祇候。司樂贊舉迎神樂，奏《肇平之章》。樂作，贊引奏就上香位，暨對引官恭導皇帝詣太昊伏羲氏香案前，對引官至祝案前止立，司香跪進香，贊引奏上香，皇帝上炷香，三上瓣香畢。以次詣炎帝神農氏、黃帝軒轅氏香案前，上香儀同。左右各龕，司香跪上香畢，皆退。贊引奏復位，暨對引官恭導皇帝復位。奏跪拜興，皇帝行二跪六拜禮，王公百官均隨行禮，樂止。典儀贊奠帛爵，行初獻禮。有司揭尊冪，勺挹酒實爵，司帛奉篚，司爵奉爵，以次詣各神案前。司樂贊舉初獻樂，奏《興平之章》，司樂舉節，舞《干戚之舞》。司帛跪獻篚，奠於各案，三叩興。司爵立獻爵於各墊中，退。贊禮郎引分獻官升東西階詣兩廡，以次跪上香畢，興，立香案前。執事官奠帛獻爵如儀，皆退。司祝至祝案前跪，三叩，奉祝版跪案左。樂暫止，贊引奏跪，皇帝跪，群臣皆跪。贊讀祝，司祝讀祝，讀畢，興。奉祝版跪安太昊伏羲氏神位前篚內，三叩興。樂作，贊引奏跪拜興，皇帝率群臣行三拜禮，興。贊禮郎引分獻官降階復位，樂止，《武功之舞》退，文舞執羽籥進。典儀贊行亞獻禮，司樂贊舉亞獻樂，奏《崇平之章》，舞《羽籥之舞》。司爵奉爵，以次詣各案前恭獻于左，兩廡贊禮郎引分獻官分獻如初，樂止。典儀贊行終獻禮，司樂贊舉終獻樂，奏《恬平之章》。司爵獻爵於右，兩廡隨分獻，均如亞獻儀，畢，樂止，《文德之舞》退。太常寺贊禮郎一人，少前西面立，贊答福胙。光祿寺卿二人，奉福胙至太昊伏羲氏位前拱舉，退，祇立于皇帝拜位之右。侍衛二人，進立于左。贊引奏跪，皇帝跪，左右官皆跪。奏飲福酒，右官進福酒，皇帝受爵拱舉，授左官，次受胙，如飲福之儀。奏拜興，皇帝三拜，興。又奏跪拜興，皇帝率群臣行二跪六拜禮。典儀贊徹饌，司樂贊舉徹饌樂，奏《淳平之章》。徹畢，樂止，典儀贊送神，司樂贊舉送神樂，奏《匡平之章》，贊引奏跪拜興，皇帝率群臣行二跪六拜禮，興，樂止。典儀贊奉祝帛饌送燎，司祝司帛各詣神案前，咸跪三叩。司祝奉祝，司帛奉篚，興。司香跪奉香，司爵跪奉饌，興。以次由中道出，恭送燎所。皇帝轉立拜位旁，西向，俟祝帛過，皇帝復位，立。兩廡祝帛饌均送焚燎，太常寺贊禮郎引分獻官退，鴻臚寺官引陪祀王公百官均退，立拜位東西旁，樂作，樂章與上并爲一闋。贊引奏禮成，恭導皇帝仍由景德門中門出，升輿，法駕鹵簿前導，導迎樂作，奏《祐平之章》，不陪祀王公百官仍朝服祇候駕至，跪迎，午門鳴鐘，樂止。王公隨駕入，至內金水橋，恭候皇帝還宮，各退，太常寺官徹乾清門齋戒牌銅人送寺。順治二年定，祭歷代帝王祀以太牢，祭籩各一，祭品各二十四，配位祀以少牢，二位祭籩一，祭品十。康熙六十一年定，正殿每代設籩豆一案，五帝龕統設三案，共十六案。其禮神制帛，仍每位一端，每案設帛篚一，兩廡四位共一案，末案三位共一案謹案同治四年議准，散宜生、高允配饗，兩廡各增一位，素帛每位一端，兩廡各增帛篚二，并增香案二，爐二。其上香儀，皇帝親祭一上香，遣官致祭三上香。雍正二年，世宗憲皇帝親祭帝王廟，改從三上香儀。又諭，嗣後親祭歷代帝王廟日，大駕鹵簿俱由廟門映壁外行。乾隆元年議准，帝王廟脯醢宜豐，加增鹿脯鹿醢鹿一，正殿仍用兔醢，兩廡易兔醢爲醓醢，加增豕一。二年奏准，帝王廟祭祀，向有爵無墊，應於奠獻時增用爵墊。十四年復准，親祭帝王廟，行飲福受胙禮時，停止另設拜褥。四十八年，高宗純皇帝親詣帝王廟，進正門，由景德門東左門至景德崇聖殿東階下更衣幄次降輿，盥洗畢，由中階升殿行禮。四十九年，命增祀歷代帝王詳禮部事例。諭，明春增祀神牌入廟，即於春祭前一日安奉，祭日照常年春祭儀注舉行，不必另議，惟祭文內應將增祀之處交翰林院添撰數語。

（清）昆岡等《（光緒）大清會典事例》卷一〇七六《太常寺一九·禮節·遣官祭歷代帝王廟禮節》

遣官祭歷代帝王廟禮節。先二日，視牲如儀，承祭官分獻官，暨文官郎中武官參領，世爵輕車都尉以上，均于邸第致齋。先一日，太常寺以祝版送內閣恭書，受而藏諸廟內神庫，光祿寺少卿，御史禮部祠祭司官朝服視割牲，瘞毛血，有司供具，并如儀。祀日雞初鳴，承祭官及分獻官朝服祗俟於廟，禮部侍郎入廟省粢畢。質明，承祭官王公，入景德左門，領侍衛內大臣、尚書等入右門，升左階，位於階上，領侍衛內大臣、尚書等位階下，北面。迎神，贊就上香位，出入殿左門，承祭官，分獻官，及陪祀官，行三跪九叩禮。不飲福受胙，王公不陪祀。贊引乙太常寺贊禮郎，祝帛送燎，避立西旁東面，餘均如儀。雍正二年奏准，歷代帝王廟，如遇遣官行禮，照日月壇之例，停進齋戒牌銅人，不具奏。

（清）昆岡等《（光緒）大清會典事例》卷一〇九五《鴻臚寺二·祭祀引禮·歷代帝王廟》

祭歷代帝王廟，釋奠各壇廟執事。歷代帝王廟，設王公拜位於階上，對左右石闌第二柱，左右重行。設百官拜位於階下，相對兩廡第二楹，左右各四行，均東西上北面。廟內鐘鳴引百官各就拜位，北上東西面序立。引王公于廟門外，左翼在門東，西上南向，右翼在門西，北上東向，序立。候駕過，隨行，由左右門入，由中階左右升，各就拜位，引百官各就拜位，均東西上北面序立。送祝帛時，王公避立于中一間之東西。禮成，引王公退立于東西石闌板之前，引百官退立兩廡前，均北上東西面序立，候駕過，引王公隨行，百官以次退。

（四）祭祀樂舞

樂舞制度沿革

《明世宗實錄》卷一二五 "嘉靖十年五月" 條

戊子，禮部擬上帝王廟祭器、樂器、供器及幃幕等物色略如太廟式。詔可。

《高宗純皇帝實錄》卷一五八 "乾隆七年正月上" 條

又帝王廟，春用夾鐘亦妥；秋祭以九月，或用無射，或仍用南呂之處。【略】至歷代帝王廟，《大清會典》開載，并以二月八月致祭，然每年多有用三九月者。諮查禮部、太常寺、欽天監乃據選擇《通書》，稱係清明霜降前，擇吉致祭，蓋二八月祀典甚多。次第舉行，此則排至末後，但未屆清明霜降，仍是夾鐘南呂，似未便以時日在三九月，而即用姑洗無射也。仍請照前議，亦以夾鐘南呂爲宮。得旨，依議。

《高宗純皇帝實錄》卷二五六 "乾隆十一年正月上" 條

庚午，歷代帝王廟樂，迎神《肇平》；奠帛，初獻《興平》；亞獻《崇平》；終獻《恬平》；徹饌《淳平》；送神《匡平》。

(清) 萬斯同等《明史》卷一七八

錢宰，字子予，會稽人，洪武二年征爲國子助教。太學初設教條煩密，士憚其嚴，獨宰莊重和易諸生樂就之，作金陵形勝論、歷代帝王廟樂章，皆稱旨。

(清) 張廷玉《清文獻通考》卷一五五《樂考·樂制一》

二年，定歷代帝王廟樂制。迎神樂《雍平之章》，奠帛、初獻樂奏《安平之章》，亞獻樂奏《中平之章》，終獻樂奏《肅平之章》，徹饌樂奏《凝平之章》，送神望燎樂奏《壽平之章》。

臣等謹按：歷代帝王廟定制遣官致祭，嗣於順治十二年禮部奏准，如遇特行崇祀之典親祭行禮照例，陳設、鹵簿、用導迎樂。

(清) 張廷玉《清文獻通考》卷一五六《樂考二·樂制二》

歷代帝王廟、孔子宣廟，則春以夾鐘，秋以南呂爲宮。【略】又帝王廟秋祭以九月，或用無射，或仍用南呂，令更議之尋議奏伏查。【略】至歷代帝王廟以二月八月致祭，然每年多有用三月九月者。據欽天監稱，係清明霜降前擇吉致祭。蓋二八月祀典甚多，次第舉行，此則排至末後但未屆清明霜降，仍是夾鐘南呂，似未便以時日。在三九月，即用姑洗無射也。仍請照前議以夾鐘南呂爲宮。從之。

(清) 張廷玉《清文獻通考》卷一五六《樂考二·樂制二》

重定歷代帝王廟樂制。迎神樂奏《韶平之章》，奠帛初獻樂奏《興平之章》，亞獻樂奏《崇平之章》，終獻樂奏《恬平之章》，徹饌樂奏《淳平之章》，送神、望燎樂奏《匡平之章》，如遇親祭和聲署照例奏導迎樂。

(清) 張廷玉《清文獻通考》卷一五九《樂考五·律呂制度二》

又樂問社稷以下用樂律篇，曰：社稷壇、文廟、歷代帝王廟春秋二祭之用夾鐘南呂也，謂以二仲月行祀事也。然歷代帝王廟每以三月九日祭，而不用姑洗無射。【略】若夫歷代帝王廟之春以三月秋以九月也，則以二月八月祀事孔殷次第舉行。至于諏日每在清明後霜降前，故有三月九月致祭者。然固應亦以二月八月也，便定爲姑洗無射，則後人必轉以二月八月爲不當用失其本意。且清明後霜降前，以月建言則爲三月九月，以日躔言，則猶是二月八月，與其過而用姑洗無射也，無寧過而用夾鐘南呂也。

(清) 張廷玉《清文獻通考》卷一六八《樂考一四·樂縣》

歷代帝王廟樂縣祭日，樂部率太常寺協律郎，設中和韶樂於殿外階上；鎛鐘一、春用夾鍾，秋用南呂，特磬同。編鐘十有六、特磬一、編磬十有六、建鼓、柷敔、琴、瑟、笙、簫、壎篪，搏拊之，屬東西分列；器數、歌工、舞佾，并與北郊同。

（清）張廷玉《清文獻通考》卷一七八《樂考二四·徹樂》

二年三月，臨雍不作樂，時值祭歷代帝王廟，齋戒期內駕出還宮不作導迎樂。

九月己亥上即位，上御太和殿鳴鐘，鼓樂設而不作。祭歷代帝王廟，遣官致祭，雨纓素服行禮，不奏樂。尋，禮臣奏准：二十七日之內，凡遇壇廟社稷，皇上親詣致祭或遣官恭代，俱禮服行禮作樂。朝日、夕月、歷代帝王廟、先農、先師等祀，俱遣官行禮，用禮服作樂。凡遇升殿受朝，俱吉服不作樂。在京王公文武官員，三十七日內不宴會作樂，外省官員軍民仍照從前定例行。

（清）嵇璜、劉墉等《清通典》卷六三《樂·樂制》

順治元年九月，【略】歷代帝王廟樂凡六奏，迎神，奏《雍平之章》；奠帛、初獻，奏《安平之章》；亞獻，奏《中平之章》；終獻，奏《肅平之章》；徹饌，奏《凝平之章》；送神、望燎，奏《壽平之章》。按歷代帝王廟定制，遣官致祭嗣。於順治十二年，禮部奏准，如遇特行崇祀之典，親祭行禮照例用導迎樂。

（清）昆岡等《（光緒）大清會典事例》卷四三八《禮部一四九·中祀·祭關聖帝君廟》

（咸豐三年）又奏准，歷代帝王廟樂章六奏用平字，迎神一成，初獻一成，亞獻一成，終獻一成，徹饌一成，送神一成，凡六成。如遇親祭，和聲署照例奏導迎樂。

（清）昆岡等《（光緒）大清會典事例》卷五二四《樂部一·職掌·樂律》

又和碩莊親王允祿等奉旨。康熙五十二年考定黃鐘欽頒中和韶樂之後，朝會樂章字譜，尚爾舛訛。而壇廟之樂，據爾等奏稱無誤。則必當時有正定之人，其爲何人所正定，著查明具奏。欽此。遵旨復奏，樂章字譜，自康熙五十二年太常寺協律郎高萬霖改正後，【略】歷代帝王廟、先師廟春以夾鐘爲宮，秋以南呂爲宮；其朝會燕饗，凡殿陛所用之樂，各以其月之律呂爲宮。【略】又帝王廟春用夾鐘亦妥，秋祭以九月，或用無射，或仍用南呂之處再議。欽此。遵旨議定，【略】至于歷代帝王廟，向例亦用春秋仲月，或用三月九月者；因二月八月，祭典甚多，次第擇吉舉行，排至末後時日，雖在三月九月，而未屆清明霜降，未便以姑洗無射爲宮，仍照舊例，以夾鐘南呂爲宮。

（清）昆岡等《（光緒）大清會典事例》卷五二五《樂部二·樂制·中祀》

順治元年題准，孟春上旬諏吉，及歲除前一日祖迎太歲，樂均六奏，樂章用平字。（二年）又定，祭歷代帝王，樂章六奏，用平字。八年定，朝日七奏，樂章用曦字；夕月六奏，樂章用光字；均奏中和韶樂。康熙五十五年，頒中和韶樂於直省文廟，樂章皆用平字。雍正二年，令闕里司樂，選工赴太常寺演習訂正，轉相傳授，以達于直省文廟。乾隆七年定，【略】又奏定，祭歷代帝王廟，迎神奏《肇平》，奠帛初獻奏《興平》，亞獻奏《崇平》，終獻奏《恬平》，徹饌奏《淳平》，送神望燎奏《匡平》；如遇親祭，和聲署照例奏導迎樂。

(清)昆岡等《(光緒)大清會典事例》卷五二七《樂部四・樂制陳設・陳設》

凡中和韶樂,皇帝御太和殿受百官朝賀,樂部和聲署於殿檐前設之。東列金鎛鐘一,謹案金鎛鐘十一月用黃鐘,十二月用大呂,正月用太蔟,二月用夾鐘,三月用姑洗,四月用仲呂,五月用蕤賓,六月用林鐘,七月用夷則,八月用南呂,九月用無射,十月用應鐘之鐘。各以其本月之律呂爲宮,惟元旦、冬至、萬壽三大節,則皆用黃鐘之鐘,特磬同。編磬十有六,均懸以簨虡;又設琴四、瑟二於鐘磬之前,設簫四笛四排簫二、壎二、篪二,於琴瑟之後,俱北向;又東列麾一柷一,西列敔一;又東西分列笙八,搏拊二,俱東西相向;器各以樂工一人司之。

又祭天於圜丘,樂部率太常寺協律郎等於壇三成階下設之。黃鐘金鎛鐘一,金編鐘十有六,在東;黃鐘玉特磬一,玉編磬十有六,在西;均懸以簨虡。設建鼓一,於鐘縣之次;東設麾一、柷一、笙五、搏拊一,西向;西設敔一、笙五、搏拊一,東向;左右各設司歌章木笏五,於笙之前,東西向;左右分列琴十、瑟四、排簫二、簫十、笛十、壎二、篪六、均北向。陳武功、文德之舞各八佾於階下,旌節四,干戚羽籥各六十有四。如祈穀於祈年殿,則設於殿外丹陛上。左右分列,陳武功文德佾舞於樂懸之次,餘與圜丘同。又祭地于方澤,樂部率太常寺協律郎等於壇二成階下設之,林鐘金鎛鐘一,編鐘十有六,在西;林鐘玉特磬一,編磬十有六,在東;皆懸以簨虡。設建鼓一於鐘懸之次,西設麾一、柷一、笙五、搏拊一,東向;東設敔一、笙五、搏拊一,西向;其琴、瑟、排、簫、簫、笛、壎、篪,各分列南向;旌節干戚羽籥各東西分列,其數與南郊同。

又祭社稷壇,設於內壝門內,東西分列,南向;其鎛鐘特磬,春用夾鐘,秋用南呂;祈祀報祀,隨月用律,餘與北郊同。

又祭歷代帝王廟,設於殿外階上,樂器佾舞與社稷壇同。

(清)昆岡等《(光緒)大清會典事例》卷五二八《樂部五・樂制》

佾舞。順治元年定,太常寺神樂觀樂舞生五百七十名。內分樂生一百八十名,文舞生一百五十名,武舞生一百五十名,執事樂舞生九十名。凡樂舞生缺出,即於觀內官員家道童內選補。又定,凡壇廟祭祀,初獻用武舞,亞獻終獻均用文舞。舞皆八佾,以武舞生文舞生各六十四人,分執干戚羽籥而舞於樂懸之次,引舞用旌節四,以樂舞生四人分司之。祭之日,初獻樂作,司樂執旌節,引武舞生執干戚進,奏《武功之樂》,舞畢樂止,武舞生退。亞獻樂作,司樂執旌節,引文舞生執羽籥進,奏《文德之舞》。終獻樂作,文舞生奏《文德之舞》,舞畢樂止,文舞生退。【略】歷代帝王廟共用二百八十三名。又定,樂舞生服色。歷代帝王廟,武舞生服紅色鑲金花服;文舞生及樂生焚香樂舞生,服紅色補服;執事樂舞生服青絹服。

(清)昆岡等《(光緒)大清會典事例》卷一〇五九《太常寺二・承事・樂舞生》

歷代帝王廟用二百八十三名。【略】歷代帝王廟,執事樂舞生,服青絹袍;武舞生，服紅羅銷金花袍；文舞生樂生、焚香樂舞生，服紅羅補袍。【略】又改定，凡大祀、中祀，均用樂生七十四人，文舞生武舞生各六十四人。惟先師廟用樂生五十二人，文舞生三十六人。【略】歷代帝王廟用司爐樂舞生十有六人，司尊爵香帛執事生二十八人。

樂器舞服

(明) 申時行等《大明會典》卷二〇一《工部二一·冠服》

帝王廟典儀執事四十五人，青羅祭服四十五套，冠帶玎璫笏板鞋襪。全舞生文六十六人，各門燒香七人。紅羅、絹襯共七十三套，冠帶鞋襪。全武六十六人，各門燒香七人。紅羅袍絹襯共七十三套，冠帶靴襪全樂生七十二人，各門燒香六人。紅羅袍絹襯共七十八套，冠帶鞋襪全。

(清) 張廷玉《清文獻通考》卷一四一《王禮考·祭祀舞生冠》

頂鏤花銅座，中飾方銅鏤葵花。文舞生所用上銜銅三角，如火珠形；武舞生所用上銜銅三棱，如古戟形。

祭祀舞生袍以綢爲之。其色，【略】帝王廟、文廟、先農壇、太歲壇俱用紅。【略】文舞生所服，前後方襴銷金葵花；武舞生所服，通銷金葵花。

祭祀舞生帶，綠綢爲之。

祭祀執事人袍以綢爲之。其色【略】朝日壇、帝王廟俱用青色石青緣。

(清) 張廷玉《清文獻通考》卷一七三《樂考一九·樂舞》

帝王廟每祭共用樂舞生二百八十三名。執事、樂舞生服青絹袍，武舞生服紅色銷金花袍，文舞生、樂生焚香；樂舞生服紅色補袍帶頂，同前。

(清) 嵇璜、劉墉等《清通典》卷五四《禮·嘉禮四·冠服·士庶冠服》

祭祀文舞生冬冠騷鼠爲之，頂鏤花銅座中飾方銅，鏤葵花，上銜銅三角，如火珠形；袍以綢爲之，其色，【略】帝王廟、文廟、先農壇、太歲壇俱用紅。【略】前後方襴銷金葵花，帶綠，綢爲之。武舞生頂上銜銅三棱，如古戟形，袍以綢爲之，通銷金葵花，餘俱如文舞生袍之制，帶如文舞生。祭祀執事人，袍以綢爲之，其色【略】朝日壇、帝王廟俱用青色石青緣。

(清) 昆岡等《大清會典圖》卷六七《冠服一一·禮服一一》

神樂署文舞生冬冠，獺皮爲之。頂鏤花銅座，中飾方銅鏤葵花，上銜銅三角，如火珠形。神樂署樂生、執事生冬冠制同。

神樂署文舞生夏冠，頂如冬冠。神樂署樂生、執事生夏冠，頂各如其冬冠。神樂署舞童冠，制如文舞生夏冠。

神樂署文舞生袍，【略】歷代帝王廟用紅羅，【略】前後方襴銷金葵花。

神樂署舞生帶，綠綢爲之。神樂署樂生、執事生、舞童、鑾儀衛興士校尉帶，制同。

神樂署武舞生冬冠，頂上銜銅三棱，如古戟形。餘制如文舞生冬冠。

神樂署武舞生夏冠，頂如冬冠。

神樂署武舞生袍，通銷金葵花。餘制如文舞生袍。

神樂署執事生袍，【略】歷代帝王廟用青羅，皆藍緣。

神樂署童子舞衣，黑綢爲之。齊袖繪金雲氣，大雩用。

和聲署樂生冬冠，騷鼠爲之。頂鏤花銅座，上植明黃翎。

和聲署樂生夏冠，頂翎制如冬冠。

和聲署樂生袍，紅緞爲之，前後方襴綉黃鸝。中和韶樂部樂生、執戲竹人服之。

和聲署樂生袍，紅緞爲之，通織小團葵花。丹陛大樂諸部樂生，服之。鑾儀衛輿士校尉袍制同。

和聲署樂生帶，綠雲緞爲之。

鑾儀衛輿士冬冠，豹皮爲之，頂鏤花銅座，上植明黃翎。

鑾儀衛輿士冬冠，黑氈爲之，餘制如冬冠一。

鑾儀衛輿士夏冠，頂翎制如冬冠。

鑾儀衛護軍袍，石青緞爲之，通織金壽字，片金緣，領及袖端俱織金葵花。

鑾儀衛校尉冬冠，豹皮爲之，頂素銅座，上植明黃翎。

鑾儀衛校尉冬冠，黑氈爲之，平檐，餘制如冬冠一。

鑾儀衛校尉夏冠，頂翎制如冬冠。

(清) 昆岡等《 (光緒) 大清會典事例》卷三二七《禮部三八・冠服・士庶冠服》

祭祀文舞生冬冠，騷鼠爲之，頂鏤花銅座，中飾方銅鏤葵花，上銜銅三角如火珠形。袍以紬爲之，其色，【略】帝王廟、先師廟、先農壇、太歲壇均用紅，【略】前後方襴銷金葵花；帶綠紬爲之。祭祀武舞生頂，上銜銅三棱如古戟形。袍以紬爲之，通銷金葵花，餘如文舞生袍之制，帶制如文舞生。祭祀執事人，袍之制二，其一以紬爲之，不加緣，其色，【略】朝日壇、帝王廟均用石青緣，【略】帶制如文舞生。樂部樂生冬冠，騷鼠爲之，頂鏤花銅座，上植明黃翎。袍之制二，其一紅緞爲之，前後方襴，綉黃鸝；中和韶樂部樂生執戲竹人服之；其二紅緞爲之，通織小團葵花，丹陛大樂諸部樂生服之；帶用綠雲緞。鹵簿輿士冬冠，以豹皮及黑氈爲之，頂鏤花銅座，上植明黃翎。袍制如丹陛大樂諸部樂生，帶制如祭祀文舞生。鹵簿護軍袍，石青緞爲之，通織金壽字，片金緣，領及袖端皆織金葵花。鹵簿校尉冬冠，以豹皮爲之，亦以黑氈爲之，平檐，頂素銅座，上植明黃翎；袍及帶制如鹵簿輿士。

(清) 昆岡等《 (光緒) 大清會典事例》卷五二七《樂部四・樂制・陳設》

凡中和韶樂，皇帝御太和殿受百官朝賀，樂部和聲署於殿檐前設之。東列金鎛鐘一，謹案金鎛鐘十一月用黃鐘，十二月用大呂，正月用太蔟，二月用夾鐘，三月用姑洗，四月用仲呂，五月用蕤賓，六月用林鐘，七月用夷則，八月用南呂，九月用無射，十月用應鐘之鐘。各以其本月之律呂爲宮，惟元旦、冬至、萬壽三大節，則皆用黃鐘之鐘，特磬同。編磬十有六，均懸以簨虡；又設琴四、瑟二於鐘磬之前，設簫四笛四排簫二、壎二、篪二，於琴瑟之後，俱北向；又東列麾一柷一，西列敔一；又東西分列笙八，搏拊二，俱東西相向；器各以樂工一人司之。

又祭天於圜丘，樂部率太常寺協律郎等於壇三成階下設之。黃鐘金鎛鐘一，金編鐘十有六，在東；黃鐘玉特磬一，玉編磬十有六，在西；均懸以簨虡。設建鼓一，於鐘縣之次；東設麾一、柷一、笙五、搏拊一，西向；西設敔一、笙五、搏拊一，東向；左右各設司歌章木笏五，於笙之前，東西向；左右分列琴十、瑟四、排簫二、簫十、笛十、壎二、篪六、均北向。陳武功文德之舞各八佾於階下，旌節四，干戚羽籥各六十有四。如祈穀於祈年殿，則設於殿外丹陛上。左右分列，陳武功文德佾舞於樂懸之次，餘與圜丘同。又祭地于方澤，樂部率太常寺協律郎等於壇二成階下設之，林鐘金鎛鐘一，編鐘十有六，在西；林鐘玉特磬一，編磬十有六，在東；皆懸以簨虡。設建鼓一於鐘懸之次，西設麾一、柷一、笙五、搏拊一，東向；東設敔一、笙五、搏拊一，西向；其琴、瑟、排、簫、簫、笛、壎、篪，各分列南向；旌節干戚羽籥各東西分列，其數與南郊同。

又祭社稷壇，設於内壝門内，東西分列，南向；其鎛鐘特磬，春用夾鐘，秋用南呂；祈祀報祀，隨月用律，餘與北郊同。

又祭歷代帝王廟，設於殿外階上，樂器佾舞與社稷壇同。

（清）昆岡等《（光緒）大清會典事例》卷一〇五九《太常寺二·承事·樂舞生》

又定，【略】歷代帝王廟，執事樂舞生，服青絹袍；武舞生，服紅羅銷金花袍；文舞生樂生、焚香樂舞生，服紅羅補袍。

（清）昆岡等《（光緒）大清會典事例》卷一〇六三《太常寺六·樂器·中和韶樂樂器》

社稷壇、歷代帝王廟，均設金鎛鐘二，春用夾鐘之鐘，秋用南呂之鐘，玉特磬二，春用夾鐘之磬，秋用南呂之磬，餘樂器同。

祭樂

（明）申時行等《大明會典》卷九一《禮部四九·群祀一·歷代帝王廟》

樂章

迎神：仰瞻兮聖容，想鸞輿兮景從，降雲衢兮後先，來俯鑒兮微哀，荷聖臨兮蒼生有崇。眷諸帝兮是臨，予頓首兮幸蒙。

奠帛：秉微誠兮動聖躬，來列坐兮殿庭，予今願兮效勤，捧禮帛兮列酒尊，鑒予情兮欣享，方旋駕兮雲程。

初獻：酒行兮爵盈，喜氣兮雍雍，重荷蒙兮，再瞻再崇。群臣忻兮躍從，願覩穆穆兮聖容。

亞獻：酒斟兮禮明，諸帝熙和兮悦情，百職奔走兮滿庭，陳籩豆兮數重，亞獻兮願成。

終獻：獻酒兮至終，早整雲鸞兮將還宮，予心眷戀兮神聖，欲攀留兮無蹤，躡雲衢兮緩行，得遥瞻兮達九重。

徹饌：納肴羞兮領陳，烝民樂兮幸生，將何以兮崇報，維歲時兮，載瞻載迎。

送神：旛幢繚繞兮導來蹤，鸞輿冉冉兮歸天宮，五雲擁兮祥風從，民歌聖祐兮樂年豐。

望燎：神機不測兮造化功，珍饈禮帛兮薦火中，望瘞庭兮稽首，願神鑒兮寸衷。

（明）王圻《續文獻通考》卷一五八《樂考·樂歌下·歷代帝王廟樂章》

迎神，奏《雍和之曲》：仰瞻兮聖容，想鸞輿兮景從。降雲衢兮後先，來俯鑒兮微塈。荷聖臨兮蒼生有崇，眷諸帝兮是臨，予頓首兮幸蒙。

奠帛，奏《安和之曲》：秉微誠兮動聖躬，來列坐兮殿庭。予今願兮效勤，捧禮帛兮列酒尊。鑒予情兮欣享，方旋駕兮雲程。

初獻，奏《保和之曲》：酒行兮爵盈，喜氣兮雍雍。重荷蒙兮載瞻載崇，群臣欣兮躍從，願觀穆穆兮聖容。

亞獻，奏《中和之曲》：酒斟兮禮明，諸帝熙和兮悦情。百職奔走兮滿庭，陳籩豆兮數重，亞獻兮願成。

終獻，奏《蕭和之曲》：獻酒兮至終，早整雲鸞兮將還宮。子心眷戀兮神聖，欲攀留兮無從。躡雲衢兮緩行，得遥瞻兮達九重。

徹饌，奏《凝和之曲》：納肴饈兮領陳，蒸民樂兮幸生。將何以兮崇報，惟歲時兮載瞻載迎。

送神，奏《壽和之曲》：旛幢繚繞兮導來蹤，鸞輿冉冉兮歸天宮。五雲擁兮祥風從，民歌聖估兮樂年豐。

望燎，奏《豫和之曲》：神機不測兮造化功，珍饈禮帛兮薦大中。望瘞庭兮稽首，願神鑒兮寸衷。

（清）張廷玉《清文獻通考》卷一六九《樂考一五·樂歌一·歷代帝王廟·樂章》

康熙十六年定：

迎神，奏《雍平之章》：乘時兮極隆，造經綸兮顯庸，總古今兮一揆，貽大寶兮微躬，仰徽猷兮有嚴，閟宮儀群帝兮後先，予稽首兮下風。

奠帛、初獻，奏《安平之章》：靈之來兮儼若盈，予仰止兮在庭，承筐篚兮既登，偓靈蓋兮結翠旌，鑒予情兮歆享，薦芳馨兮肅成，景行兮六龍，嘉氣兮瞳瞳，奠犧尊兮以笙以鏞，群工肅兮屏營，惠我懿則兮允中。

亞獻，奏《中平之章》：貳觴兮酒行，諸帝熙和兮悦成。念昔致治兮永清，瞻龍袞兮自天，紹錫兮嘉平。

終獻，奏《肅平之章》：瑤爵兮獻終，萬舞洋洋兮沐清風，龍鸞徐整兮企予，嗣徽音兮何從。盼雲車兮緩移，示周行兮迪予衷。

徹饌，奏《凝平之章》：饈肴烝兮畢升，五音會兮滿盈，禮將徹兮虔告，鑒孔忱兮載翼載登。

送神，奏《壽平之章》：旙幢繚繞兮動回風，和鸞并馭兮歸天宮，五雲擁兮高馳翔，願回靈盼兮錫年豐。

望燎，奏《壽平之章》：群龍驂駕兮一氣中，蕫蒿芬烈兮宵寅通，望神光兮遙燭，惟終古兮是崇。

乾隆七年重定：

迎神，奏《肇平之章》：撫時兮極隆，造經緯兮顯庸。總古今兮一揆，貽大寶兮微躬。仰徽猷兮有嚴閟宮，予稽首兮下風。

奠帛、初獻，奏《興平之章》：莽若雲兮神之行，予仰止兮在廷，承筐篚兮既登，偃靈蓋兮翠旌，鑒予情兮歆享，薦芳馨兮肅成。

亞獻，奏《崇平之章》：貳觴兮酒行，念昔致治兮永清，瞻龍衮兮若英，願紹錫兮嘉平。

終獻，奏《恬平之章》：鬱邑分獻終，萬舞洋洋兮沐清風，龍鸞徐整兮企予，示周行兮迪予衷。

徹饌，奏《淳平之章》：饈肴烝兮畢升，五音會兮滿盈，禮將徹兮虔告，鑒孔忱兮載翼載登。

送神，奏《匡平之章》：羽幢繚繞兮動回風，和鸞并馭兮歸天宮，五雲擁兮馳翔，願回靈盼兮錫年豐。

望燎，奏《匡平之章》：與上并爲一闋。駕群龍兮一氣中，蕫蒿芬烈兮宵寅通，望神光兮遙燭，惟終古兮是崇。

皇帝還宮，奏導迎樂章：時序群品，端在一欽，衣德凝命，荷天之任，景軌儀誠，既歆肅駿，奔顒若臨。

（清）嵇璜、劉墉等《清通典》卷六三《樂・樂制》

順治元年九月。【略】歷代帝王廟樂凡六奏，迎神，奏《雍平之章》；奠帛、初獻，奏《安平之章》；亞獻，奏《中平之章》；終獻，奏《肅平之章》；徹饌，奏《凝平之章》；送神、望燎，奏《壽平之章》。按歷代帝王廟定制，遣官致祭嗣。於順治十二年，禮部奏准，如遇特行崇祀之典，親祭行禮照例用導迎樂。

雍正三年。【略】帝王廟、先師廟祭以春秋，春以夾鐘，秋以南呂爲宮。按帝王廟致祭，每有用三月九月者，然欽天監擇吉必在清明霜降之前，故不用姑洗無射爲宮。

歷代帝王廟：迎神，奏《肇平》；奠帛、初獻，奏《興平》；亞獻，奏《崇平》；

終獻，奏《恬平》；徹饌，奏《淳平》；送神、望燎，奏《匡平》。

（清）嵇璜、劉墉等《清通典》卷六四《樂二・祭祀樂》

歷代帝王廟樂六成，《肇平》《興平》《崇平》《恬平》《淳平》《匡平》。

（清）嵇璜、劉墉等《清通典》卷六七《樂五》

還宮無啞鐘議。【略】帝王廟用夾鐘。

（清）昆岡等《大清會典圖》卷五四《樂二四・樂舞九・歷代帝王廟》

（初獻）樂章：莽若雲兮神之行，予仰止兮在廷。承筐篚兮既登，偃靈蓋兮翠旌。鑒予情兮歆享，薦芳馨兮肅成。

（亞獻）樂章：貳觶兮酒行，念昔致治兮永清。瞻龍袞兮若英，願紹錫兮嘉平。

（終獻）樂章：鬱邑兮獻終，萬舞洋洋兮沐清風。龍鸞徐整兮企予，示周行兮迪予衷。

（清）昆岡等《（光緒）大清會典事例》卷四一五《禮部一二六・祭統》

祀分三等，齋戒、陳玉帛、薦牲、用樂、佾舞、祝版、祭器、祭品。

用樂。順治元年奏准，【略】歷代帝王、先師、太歲各六奏，均用平字爲樂章佳名；日壇七奏，用曦字；月壇六奏，用光字；先農壇七奏，用豐字。

（清）昆岡等《（光緒）大清會典事例》卷五三一《樂部八・樂章・中和韶樂一・歷代帝王廟》

《肇平之章》，迎神：撫時兮極隆，造經綸兮顯庸，總古今兮一揆，貽大寶兮微躬，仰徽猷兮有嚴閟宮，予稽首兮下風。

《興平之章》，奠帛初獻：莽若雲兮神之行，予仰止兮在廷，承筐篚兮既登，偃靈蓋兮翠旌，鑒予情兮歆享，薦芳馨兮肅成。

《崇平之章》，亞獻：貳觶兮酒行，念昔致治兮永清，瞻龍袞兮若英，願紹錫兮嘉平。

《恬平之章》，終獻：鬱邑兮獻終，萬舞洋洋兮沐清風，龍鸞徐整兮企予，示周行兮迪予衷。

《淳平之章》，徹饌：盇肴蒸兮畢升，五音會兮滿盈，禮將徹兮虔告，鑒孔忱兮載翼載登。

《匡平之章》，送神奏其一，望燎奏其二。羽幢繚繞兮動回風，和鸞并馭兮歸天宮。五雲擁兮高馳翔，願回靈昈兮錫年豐。其一。駕群龍兮一氣中，葷蒿芬烈兮實寘通。望神光兮遥燭，惟終古兮是崇。其二。

（清）昆岡等《（光緒）大清會典事例》卷五三四《樂部一一・樂章・導迎樂》

凡躬祭回鑾所奏，名《祜平之章》；一應慶典所奏，名《禧平之章》。

歷代帝王廟時序群品，端在一欽。衣德凝命，荷天之任。景軌儀，誠既歆。肅駿奔，顯若臨。

祭舞

(清) 昆岡等《大清會典圖》卷五四《樂二四‧樂舞九》

歷代帝王廟初獻武舞譜

莽，左右正立，干居中，戚居右。

若，左右側身微向東左西右，足進前，干平舉，戚衡左手上。

雲，左右正立，干居左，戚平衡。

兮，左右向西東，身俯右左，足進前，干、戚偏左右，作肩負。

神，左右正立，干正舉，戚衡左手上。

之，左右向西右東左，足進前趾向上，干、戚偏左右。

行，左右向西東，干、戚分舉。

予，左右正立，干居中，戚下垂。

仰，左右向東西，面微仰左右，足少前，干、戚偏右左。

止，左右正立，干、戚偏左右。

兮，左右向東西，兩足并，干平舉，戚衡左手上。

在，左右向東西，身微蹲，干平舉，戚斜衡左手上。

廷，左右俯首偏左左右右，足少前右左，足虛立，干、戚偏右左。

承，左右向西東，首微俯，起左右足，干平舉，戚斜衡左手上。

筐，左右正面，右足交于左，干正舉，戚衡左手上。

筐，左右面微向東右西左，足少前，作俯視勢，干、戚偏左右。

兮，左右身俯，右足少前，干居左，戚居右下垂。

既，左右向東西，身俯右左，足少前，干、戚偏右左。

登，左右正立，兩手高拱，干正舉，戚平衡。

偃，左右俯首右左，足虛立，干、戚偏右左。

靈，左右正立，干居左，戚向内下垂。

蓋，左右側身偏左右右左，足虛立，干植地，戚衡左手上。

兮，左右向東左西右，足進前，趾向上，干、戚偏右左。

翠，左右向東西身微俯，干側舉，戚平指東西。

旌，左右正面，兩足并，干正舉，戚衡左手上。

鑒，左右向東西，干、戚分舉。

予，左右正立，干居左，戚平衡。

情，左右向西東，身俯，兩足并，干、戚偏右左。

兮，左右向西東，面仰，干平舉，戚衡左手上。

歆，左右正立，干居左，戚居右。

享，左右正面右左，足虛立，干、戚偏右左。

薦，<small>左右</small>正面，右足交于左，干居左，戚居右平衡。

芳，<small>左右</small>正立，干居左，戚居右下垂。

馨，<small>左右</small>向東西，兩足并，兩手推出，干平舉，戚衡左手上。

兮，<small>左右</small>正面，左足少前，干正舉，戚衡左手上。

蕭，<small>左右</small>正面屈雙足，干正舉，戚衡左手上。

成，<small>左右</small>屈雙足，俯首，干正舉，戚衡左手上。

歷代帝王廟祭以春秋仲月，初獻武舞，左右兩班，正面立，冬冠、夏冠視祭時，服紅色，銷金花服。皆左手執幹居中當胸，右手執戚平衡，戚左柄右。工歌《興平之章》，舞凡三十七式。

樂章：莽、若、雲、兮、神、之、行、予、仰、止、兮、在、廷、承、筐、篚、兮、既、登、偃、靈、蓋、兮、翠、旌、鑒、予、情、兮、歆、享、薦、芳、馨、兮、蕭、成。

歷代帝王廟亞獻文舞譜

貳，<small>左右</small>正立，兩手上拱，羽、籥如十字。

觴，<small>左右</small>正面，兩足并，羽、籥分植。

兮，<small>左右</small>向東西，身俯右左，足進前，籥斜指下，羽植。

酒，<small>左右</small>正面，兩足并，籥植過肩，羽平額，交如十字。

行，<small>左右</small>正立，身俯，羽、籥如十字。

念，<small>左右</small>正面，身蹲，籥衡膝上，羽植。

昔，<small>左右</small>向西東，面仰，兩手推出，羽籥斜舉。

致，<small>左右</small>正面，身微蹲，兩手推向東西，羽、籥分植。

治，<small>左右</small>向西東，首微俯，兩足并，籥平指西東，羽植，如十字。

兮，<small>左右</small>向西東，身俯左右，足進前趾向上，羽、籥斜交。

永，<small>左右</small>正立，籥斜舉，羽植。

清，<small>左右</small>正立，籥植過肩，羽平額，交如十字。

瞻，<small>左右</small>向東西，面仰，兩足并，羽、籥如十字。

龍，<small>左右</small>正面，身俯，抱右左膝，羽、籥如十字。

袞，<small>左右</small>正立，籥下垂，右手推出，羽植。

兮，<small>左右</small>身微向東西，籥植近肩，羽平衡指西。

若，<small>左右</small>正立，身俯，籥平衡，羽居中植籥上。

英，<small>左右</small>正立，羽、籥如十字。

願，<small>左右</small>正立，羽、籥向下斜交。

紹，<small>左右</small>向東西，籥斜指，羽植。

錫，<small>左右</small>正立，羽、籥偏左右，如十字。

兮，左右正立，面向西東，兩手相并舉向東西，羽、籥分植。

嘉，左右正面，屈雙足，羽、籥如十字。

平，左右屈雙足，俯首至地，羽、籥如十字。

歷代帝王廟亞獻文舞，左右兩班，正面立，皆左手執籥居左，右手執羽居右，羽、籥分植，下齊當腰際。工歌《崇平之章》，舞凡二十四式。

樂章：貳、觴、兮、酒、行、念、昔、致、治、兮、永、清、瞻、龍、袞、兮、若、英、願、紹、錫、兮、嘉、平。

歷代帝王廟終獻文舞譜

郁，左右身微向東西，羽、籥偏右左，如十字。

罍，左右正立，兩手相交，羽籥并植。

兮，左右正立，籥植近肩，羽平衡如十字。

獻，左右正面，兩足并兩手微拱，羽、籥如十字。

終，左右正立，羽、籥分植。

萬，左右正面，右足交于左，羽、籥如十字。

舞，左右正立，籥平舉過肩，羽植。

洋，左右向西東，籥平指西東，羽植。

洋，左右向西東，身微俯，籥下垂，右手推出，羽植。

兮，左右正立，籥下垂，羽植。

沐，左右正立，籥植，羽倒指東。

清，左右正立，籥平衡，羽植。

風，左右正立，身俯，羽籥植地。

龍，左右正立，羽籥向左右，斜倚肩。

鷥，左右向東西，兩手伸出，羽、籥分植。

徐，左右向東西。起右左足，兩手相并舉向西東，羽籥植。

整，左右向東西，身俯，起右左足，籥斜衡，羽植。

兮，左右正立，籥植居中，羽衡籥下。

企，左右正立，羽、籥斜交。

予，左右正立，籥平衡，羽植籥上。

示，左右向東西，身俯右左，足進前，籥下垂，羽植地。

周，左右正面，身微蹲，兩手并，羽、籥分植。

行，左右向西東，身俯左右，足進前，籥下垂，羽植地。

兮，左右正立，身俯，籥衡地羽植。

廸，左右正立，兩手微拱，羽、籥如十字。

予，左右正面，屈雙足，羽、籥如十字。

衷，左右屈雙足，俯首至地，羽、籥如十字。

歷代帝王廟終獻文舞，左右兩班立，如亞獻，皆左手執籥居左，斜衡腰際，右手執羽居右，植立下齊當腰際。工歌《恬平之章》，舞凡二十七式。

樂章：鬱、閟、兮、獻、終、萬、舞、洋、洋、兮、沐、清、風、龍、鸞、徐、整、兮、企、予、示、周、行、兮、迪、予、衷。

（五）詔諭祝詩文

詔、諭、奏文

（明）陳子龍等《明經世文編》卷五《宋訥〈宋文恪集‧敕建歷代帝王廟碑〉》

兩儀判而人極立，大統建而君道明。粵自上古，神聖繼作，代天理物，以開萬世太平之治。故天地以之而位，四時以之而序，萬物以之而育，大經大本以之而立。盛德相繼，傳至于今。欽惟聖天子受天明命，肇修人紀，以建民極。纘皇帝王之正統，衍億萬年之洪基。稽古定制，作廟京邑，以祀歷代帝王，重一統也。相舊廟地，介乎通衢，褻而勿嚴。洪武二十一年秋，始命改作於欽天山陽。越明年己巳夏五月三日，工部尚書臣秦逵奏成功，請文劖石，詔臣訥爲之記。臣忝職胄監，懼不敢辭，謹拜手稽首而言曰："帝王功德昭於天，宜有清廟以宅神展敬。歷世以來祀典斯闕，三皇五帝祭於肆類，僅見于周。而堯舜禹湯發迹肇基及所經歷之地，或有祠焉，遣使致祭，後世有之。至于合廟京國，歲修享禮，古未之聞。皇上定鼎江左，治功既成，神人洽和，禮樂明備。凡廟祀之瀆禮不經諂神非法者，一切去之。正名定統，肇自三皇，繼以五帝，曰三王，曰兩漢，曰唐，曰宋，曰元，受命代興，或禪或繼，功相比，德相侔，列像于庭，金玉其相，袞冕焜煌，聚精會神，咸宅於茲。每歲春秋二仲，諏日誓士，上御宸極，制命大臣齋明承事，籩豆靜嘉，粢盛豐潔，告充告碩，神格洋洋，所以推惟本，始式昭曠典者，至矣。三年則命官奉香幣，詣陵寢，具儀物，以時致享，又以昭聖顯靈而示不忘也。嗚呼！天生民而立之，君所以靖亂也，康濟天下，阜成兆民，而登之仁壽之域者，皆以奉若天道而已。是故前乎三代之官天下者天也，後乎三代之家天下者，亦天也。皇帝王之繼作，漢唐宋之迭興，以至于元，皆能混一寰宇，紹正大統，以承天休，而爲民極。右之序之，不亦宜乎！秦晉及隋，視其功德，不能無愧，故斥而不與。是可見皇上敦名實、重理道、崇德報功、大公至正之心，真足以度越百王，垂憲來世，永永無斁。謹爲之銘曰：惟皇作極，克配天地。丕昭盛化，以正大位。皇道而皇，帝道而帝。歷夏商周，三王迭繼。熙熙皞皞，同底於治。于赫漢祖，寬而有制。光武奮興，炎靈用熾。唐興晉陽，遂有神器。太宗重光，力行仁義。明明有宋，其德克類。暨於元氏，而亦用乂。豐功茂德，後先輝賁。翼翼新宮，有恤而閟。貌像既嚴，皇靈斯蒞。享祀苾芬，儀文孔備。陟降在庭，神之攸暨。祚我皇明，以克永世。

《高宗純皇帝實録》卷七〇六"乾隆二十九年三月上"條

癸丑，祭歷代帝王廟，以重修工成，上親詣行禮，御製《重修歷代帝王廟碑文》曰：歷代帝王之祀，其準古遷廟觀德遺意，而推而放之者歟！《書》曰"七世之廟，可以觀德。"疏家以謂世祧者迭遷，德盛者弗毀。蓋就一朝爲言，而《周禮》鄭氏"四類"注稱"三王、五帝、九皇、六十四氏咸祀之。"《繁露》引爲自近遡遠之明證。斯正合食所權輿，然漢魏以來，有司具儀率求之肇迹建都而不聞立廟。洎唐迄明，廟立而代以專祀開創爲常，其制又缺焉未備。我皇祖聖祖仁皇帝康熙六十一年敕諭禮官增祀，苟非失德失器，即蒙業守成者皆得與饗。我皇考世宗憲皇帝丕纘先型，詳定位次，臨御伊始，親詣視成，著于奎文者綦悉。間考舊史所紀創守難易之辨，鮮有折衷定論，以是對揚曩昔所爲法施於民者，不克兼既其實，獨斤斤於殿、於門、於坊，具顏之曰景德。景德焉爾德，故若是其偏而不舉耶。寅惟祖宗懋敬厥德，咸秩孔修，觀法之所存，即知戒之所寓，義至深遠。《大雅》不云乎"天難忱斯，不易維王"。召公奭迪王祈天永命，一則云監于有夏，再則曰監于有殷。浸假入廟而征統系，由百世之後，等百世之王，一自昭代概之，皆名之爲勝國，有不深屢夫屋與墟之徹而怵惕動容者哉！顧於其間歷選列辟，若稽古之化浹烝人，治光往牒者，罔不穆穆棣棣，式在几筵，崇異代同堂之報。故於世數之遷，而得其示戒於無形。抑於世數之屢遷而不遷，而得其垂法。於有永稔乎此者，觀德之意愈以翚然而興矣。廟自雍正癸丑繕葺，距今且三十載。爰以乾隆壬午出内帑金，庀而飭之。故事瓴甋甃以純綠，兹特易蓋正殿黃瓦，用昭焉奕。工告訖功，適屆甲申季春吉祀，祇承家法，躬薦新宮，已爲長律述事。揭言其大指，會所司請制文并鏤諸碑，復詳闡之如此。

祭祀祝文

(明) 申時行等《大明會典》卷九一《禮部四九・群祀一・歷代帝王・祝文》

維洪武□年歲次□月□朔□日，皇帝謹遣具官某，致祭於太昊、伏羲氏、炎帝神農氏、黃帝軒轅氏、帝金天氏、帝高陽氏、帝高辛氏、帝陶唐氏、帝有虞氏、夏禹王、商湯王、周武王、漢高祖皇帝、漢光武皇帝、唐太宗皇帝、宋太祖皇帝、元世祖皇帝，曰昔者奉天明命，相繼爲君。代天理物，撫育黔黎，彝倫攸叙，井井繩繩，至今承之，生民多福。思不忘而報，特祀以春秋。惟帝兮英靈，來歆來格。尚享。

嘉靖十一年定親祭儀。嘉靖中更定遣官祝文，儀仍舊，祝文具年月日遣官名帝稱號俱同，但去元世祖。曰：仰惟諸帝，昔皆奉天撫世，創治安民。皇祖景慕不忘，春秋致祭，著在令甲。兹朕特建殿宇，恭修恒祀，時維仲春秋謹遣輔臣，以牲帛庶品，用享列聖。予惟冲昧，敬體皇祖追報之虔。惟諸帝鑒臨，來格於斯，庶副予誠之至。尚享。

(清) 允祹等《大清會典》卷八三《太常寺・祝文》

春秋祭帝王廟祝文：維乾隆□年歲次□月□朔越□日，皇帝遣致祭，於太昊、伏義氏、炎帝、神農氏、黃帝、軒轅氏、帝金天氏、帝高陽氏、帝高辛氏、帝陶唐氏、帝有虞氏，二八，夏十四王，商二十六王，周三十二王，漢二十一帝，唐十五帝，遼六帝，宋十四帝，金五帝，元十一帝，明十三帝。曰仰惟諸帝應運代興，作君作師，撫育黎烝，創治維艱，基業用宏，守文不易，謨烈是承，風教既遠，功德可稱報，于仲春秋神其式憑。尚饗。

三、祭祀記載

（一）明代祭祀記載

《明太祖實録》卷八六"洪武六年十一月至十二月"條

壬寅，上諭禮官曰：歷代帝王廟皆祀開基創業之君，周文王雖基周命，然終守臣節；唐高祖雖有天下，然皆太宗之力；可勿設二主，止於陵廟致祭，庶於公論為宜其定祭儀，來歲朕將親祀焉。

《明太祖實録》卷一八八"洪武二十一年正月至二月"條

戊午，遣官祀歷代帝王。

《明太祖實録》卷一九六"洪武二十二年四月至七月"條

辛未，改建歷代帝王廟成，遣官致祭，以奉安神主。告禮部定擬，自今每歲止以仲秋月遣官祭之。從之。

《明世宗實録》卷一二三"嘉靖十年三月"條

壬寅，建歷代帝王廟。遣工部尚書蔣瑶行祭禮，右侍郎錢如京提督工程。

《明世宗實録》卷一四一"嘉靖十一年八月"條

丁丑，禮部以新作歷代帝王廟成，請上親祀。許之。仍詔以祀之前一日預告皇祖，即太廟後寢行禮。

《明世宗實録》卷一四七"嘉靖十二年二月"條

乙未，遣輔臣李時祭歷代帝王廟；尚書許瓚，侍郎顧鼎臣、湛若水席春分獻。

《明世宗實録》卷一七八"嘉靖十四年八月"條

庚戌，遣成國公朱鳳祭歷代帝王廟。

《明世宗實録》卷二二一"嘉靖十八年二月"條

乙丑，祭歷代帝王廟，皇太子奉諭遣兵部尚書張瓚等行禮。

《明世宗實録》卷三三九"嘉靖二十七年八月"條

甲子，憲宗純皇帝忌辰，奉先殿行祭禮；遣定國公徐延德祭茂陵、祭歷代帝王廟；遣英國公張溶行禮，尚書聞淵、孫承恩，侍郎徐階、歐陽德分獻。

《明世宗實録》卷五一八"嘉靖四十二年二月"條

丁丑，祭歷代帝王廟，遣鎮遠侯顧寰行禮。

《明神宗實録》卷四八六"萬曆三十九年八月"條

（庚寅）遣官祭茂陵、祭歷代帝王廟。

(清) 嵇璜等《續文獻通考》卷八五《群廟考》

（洪武）七年八月，躬祀歷代帝王廟。【略】二十一年二月，以歷代名臣從祀帝廟。

（洪武）二十二年五月，改建歷代帝王廟成。

先是廟灾，詔改建，至是廟成，遣官致祭，以奉安神主。告從禮部，擬自後每歲以仲秋月遣官致祭。

世宗嘉靖十年正月，建歷代帝王廟，二月祭于文華殿。

中允廖道南請撤靈濟宮改建歷代帝王廟，禮部以所在狹隘不稱，乃建於阜城門内。嗣以建廟未成躬舉春祭正殿。凡五壇丹陛東，西名臣四壇。將祭，禮部尚書李時言舊儀有賜福胙之文，賜者自上而下之義，惟郊廟社稷宜用帝王止宜云答詔可。次年夏廟成，名曰景德崇聖之殿。殿五室，東西兩廡，殿後祭器庫，前爲景德門，門外神庫、神厨、宰牲亭、鐘樓，街東西二坊曰景德街。八月，帝親祭，由中門入，迎神、受福胙、送神各兩拜，嗣後歲遣大臣，一員行禮，四員分獻，罷南京廟祭，凡子午卯酉，祭於陵寢之歲則停秋祭。二十四年，以科臣陳棐言，罷元世祖陵廟之祀及從祀木華黎等，復遷唐太宗與宋太祖同室凡十五帝，從祀名臣三十二人。

(明) 高拱《高文襄公集》卷四《獻忱集·謝遣帝王廟分奠疏》

奏爲恭謝天恩事。嘉靖四十一年八月十九日，祭歷代帝王，該太常寺題奉聖旨遣臣拱分奠。臣初蒙遣命，倍切感忭，除赴鴻臚寺報名廷謝外，謹稽首頓首稱謝者。伏以國之大典在祀，而帝王之祀特隆；廟以有事爲榮，而裸獻之榮尤重。豈期恩遣，遽逮愚臣。思勉致於齋明，懼弗堪於對越。兹恭遇我皇上惟精惟一，道追千古之隆；作君作師，治極一代之盛。向用五福，懷柔百神。惟正統所歸，歷遡大猷於上世；乃彝章有在，載修明祀于中秋。遂使陋庸，亦分盥薦。念臣忝秩宗貳，深慚寅直之惟清；非顯相才，何有蕭雍之秉德。獨以司存於籩豆，濫叨趨役於廟庭。敢不殫竭微忱，祗若嘉命。執事有恪，不徒奔走以爲恭；奏假無言，庶或神明之克享。伏願大觀以化，建極而昌。壽軼天皇，越萬八千年而益永；歷超周代，歷三十六世以無疆。臣無任。

(清) 陳建《皇明通紀法傳全録》卷九

戊辰，洪武二十一年二月，詔以歷代名臣從祀歷代帝王廟。風后、力牧、皋陶、夔、龍、伯夷、伯益、伊尹、傅説、周公旦、召公奭、太公望、召虎、方叔、張良、蕭何、曹參、陳平、周勃、鄧禹、馮異、諸葛亮、房玄齡、杜如晦、李靖、李晟、郭子儀、曹彬、潘美、韓世忠、岳飛、張浚、木華犁、博爾忽、博爾木、赤老温、伯顔、凡三十有七人。

遣官祀歷代帝王。初帝王廟爲五室，祀伏羲至元世祖，凡十七帝；至是去隋文帝，凡十六帝。

（清）陳鶴《明紀》卷三〇

歷代帝王廟成，名曰景德崇聖之殿。壬辰親祭，嗣後歲遣大臣行禮。凡子午卯酉祭於陵寢之歲則停秋祭。

（二）清代祭祀記載

《世祖章皇帝實錄》卷一〇七"順治十四年二月"條

丁酉，祭歷代帝王廟，上親詣行禮。

《聖祖仁皇帝實錄》卷一四"康熙四年三月"條

丙午，命工部修葺歷代帝王廟。

《高宗純皇帝實錄》卷二"雍正十三年九月上"條

雍正十三年，乙卯，九月，丁酉朔，日食。遣官祭歷代帝王廟。

《高宗純皇帝實錄》卷一三"乾隆元年二月下"條

甲申，遣官祭歷代帝王廟。

《高宗純皇帝實錄》卷二六"乾隆元年九月上"條

丙午，上詣奉先殿行禮。臨大學士朱軾第，視疾。遣官祭歷代帝王廟，遣官祭都城隍之神。

《高宗純皇帝實錄》卷三八"乾隆二年三月上"條

辛卯，上詣黃幄，行禮，跪送神主起行，至宿次黃幄安奉，行禮。詣皇太后行宮問安。遣官祭歷代帝王廟。

《高宗純皇帝實錄》卷五一"乾隆二年九月下"條

丙午，上詣皇太后宮問安。遣官祭歷代帝王廟，遣官祭都城隍之神。

《高宗純皇帝實錄》卷六〇"乾隆三年正月上"條

諭：二月十五日，祭歷代帝王廟，因節近清明，正值朕躬謁泰陵之際，是以未及親祭，俟秋間祭帝王廟時，朕當親詣行禮，可傳諭禮部知之。

《高宗純皇帝實錄》卷六二"乾隆三年二月上"條

丁酉，遣官祭歷代帝王廟。

《高宗純皇帝實錄》卷七六"乾隆三年九月上"條

乙卯，祭歷代帝王廟，上親詣行禮。

《高宗純皇帝實錄》卷八七"乾隆四年二月下"條

乙巳，遣官祭歷代帝王廟。

《高宗純皇帝實録》卷一〇〇"乾隆四年九月上"條

（乙卯）遣官祭歷代帝王廟。

《高宗純皇帝實録》卷一一二"乾隆五年三月上"條

丁未，上詣暢春園問皇太后安，遣官祭歷代帝王廟。

《高宗純皇帝實録》卷一二六"乾隆五年九月上"條

辛未，上詣皇太后行宮問安，遣官祭歷代帝王廟。

《高宗純皇帝實録》卷一三七"乾隆六年二月下"條

乙卯，清明節，【略】遣官祭歷代帝王廟。

《高宗純皇帝實録》卷一五〇"乾隆六年九月上"條

乙丑，遣官祭歷代帝王廟。

《高宗純皇帝實録》卷一六一"乾隆七年二月下"條

戊午，遣官祭歷代帝王廟。

《高宗純皇帝實録》卷一七五"乾隆七年九月下"條

壬申，駕幸盤山，遣官祭歷代帝王廟。

《高宗純皇帝實録》卷一八六"乾隆八年三月上"條

戊午，遣官祭歷代帝王廟。

《高宗純皇帝實録》卷二〇〇"乾隆八年九月上"條

（丙戌）遣官祭歷代帝王廟。

《高宗純皇帝實録》卷二一一"乾隆九年二月下"條

己巳，祭歷代帝王廟，上親詣行禮。

《高宗純皇帝實録》卷二二四"乾隆九年九月上"條

丙戌，遣官祭歷代帝王廟。

《高宗純皇帝實録》卷二三六"乾隆十年三月上"條

（甲戌）遣官祭歷代帝王廟。

《高宗純皇帝實録》卷二四八"乾隆十年九月上"條

（甲申）遣官祭歷代帝王廟。

《高宗純皇帝實録》卷二六〇"乾隆十一年三月上"條

（丁丑）遣官祭歷代帝王廟。

《高宗純皇帝實録》卷二七四"乾隆十一年九月上"條

（丙申）遣官祭歷代帝王廟。

《高宗純皇帝實録》卷二八五"乾隆十二年二月下"條

丁丑，遣官祭歷代帝王廟。

《高宗純皇帝實録》卷二九七"乾隆十二年八月下"條

（癸未）遣官祭歷代帝王廟。

《高宗純皇帝實錄》卷三〇九 "乾隆十三年二月下" 條

（癸未）遣官祭歷代帝王廟。

《高宗純皇帝實錄》卷三二三 "乾隆十三年八月下" 條

戊申，遣官祭歷代帝王廟。

《高宗純皇帝實錄》卷三三五 "乾隆十四年二月下" 條

（乙未）遣官祭歷代帝王廟。

《高宗純皇帝實錄》卷三四八 "乾隆十四年九月上" 條

戊申，遣官祭歷代帝王廟。

《高宗純皇帝實錄》卷三五九 "乾隆十五年二月下" 條

癸巳，遣官祭歷代帝王廟。

《高宗純皇帝實錄》卷三七三 "乾隆十五年九月下" 條

庚申，遣官祭歷代帝王廟。

《高宗純皇帝實錄》卷三八三 "乾隆十六年二月下" 條

乙未，遣官祭歷代帝王廟。

《高宗純皇帝實錄》卷三九七 "乾隆十六年八月下" 條

庚申，遣官祭歷代帝王廟。

《高宗純皇帝實錄》卷四〇八 "乾隆十七年二月上" 條

（乙巳）遣官祭歷代帝王廟。

《高宗純皇帝實錄》卷四二二 "乾隆十七年九月上" 條

（辛酉）遣官祭歷代帝王廟。

《高宗純皇帝實錄》卷四三三 "乾隆十八年二月下" 條

癸丑，遣官祭歷代帝王廟。

《高宗純皇帝實錄》卷四四七 "乾隆十八年九月下" 條

（庚午）遣官祭歷代帝王廟。

《高宗純皇帝實錄》卷四五八 "乾隆十九年三月上" 條

（己未）遣官祭歷代帝王廟。

《高宗純皇帝實錄》卷四七二 "乾隆十九年九月上" 條

己卯，遣官祭歷代帝王廟。

《高宗純皇帝實錄》卷四八三 "乾隆二十年二月下" 條

乙丑，遣官祭歷代帝王廟。

《高宗純皇帝實錄》卷四九六 "乾隆二十年九月上" 條

（壬午）遣官祭歷代帝王廟。

《高宗純皇帝實錄》卷五〇八 "乾隆二十一年三月上" 條

辛未，遣官祭歷代帝王廟。

《高宗純皇帝實錄》卷五二一"乾隆二十一年九月下"條

甲申，遣官祭歷代帝王廟。

《高宗純皇帝實錄》卷五三二"乾隆二十二年二月上"條

丁丑，遣官祭歷代帝王廟。

《高宗純皇帝實錄》卷五四六"乾隆二十二年九月上"條

（癸巳）遣官祭歷代帝王廟。

《高宗純皇帝實錄》卷五五七"乾隆二十三年二月下"條

癸未，遣官祭歷代帝王廟。

《高宗純皇帝實錄》卷五七一"乾隆二十三年九月下"條

癸卯，遣官祭歷代帝王廟。

《高宗純皇帝實錄》卷五八二"乾隆二十四年三月上"條

（壬午）遣官祭歷代帝王廟。

《高宗純皇帝實錄》卷五九六"乾隆二十四年九月上"條

（戊申朔）遣官祭歷代帝王廟。

《高宗純皇帝實錄》卷六〇七"乾隆二十五年二月下"條

辛卯，遣官祭歷代帝王廟。

《高宗純皇帝實錄》卷六二〇"乾隆二十五年九月上"條

（癸卯）遣官祭歷代帝王廟。

《高宗純皇帝實錄》卷六三一"乾隆二十六年二月下"條

乙未，遣官祭歷代帝王廟。

《高宗純皇帝實錄》卷六四五"乾隆二十六年九月下"條

丁巳，遣官祭歷代帝王廟。

《高宗純皇帝實錄》卷六五五"乾隆二十七年二月下"條

癸巳，遣官祭歷代帝王廟。

《高宗純皇帝實錄》卷六七〇"乾隆二十七年九月上"條

（庚申朔）遣官祭歷代帝王廟。

《高宗純皇帝實錄》卷六八一"乾隆二十八年二月下"條

丁未，遣官祭歷代帝王廟。

《高宗純皇帝實錄》卷六九五"乾隆二十八年九月下"條

庚午，遣官祭歷代帝王廟。

《高宗純皇帝實錄》卷七〇五"乾隆二十九年二月下"條

辛丑，禮部左侍郎程景伊奏，本年三月初二日祭歷代帝王廟，皇上親詣行禮，適值易用黃瓦，工竣一新，請另撰文宣讀，以伸昭格。嗣後隨常致祭，仍用成文，報聞。

《高宗純皇帝實錄》卷七〇六"乾隆二十九年三月上"條
癸丑，祭歷代帝王廟，以重修工成，上親詣行禮。

《高宗純皇帝實錄》卷七一九"乾隆二十九年九月下"條
（癸酉）遣官祭歷代帝王廟。

《高宗純皇帝實錄》卷七三〇"乾隆三十年閏二月上"條
（丙辰）遣官祭歷代帝王廟。

《高宗純皇帝實錄》卷七四四"乾隆三十年九月上"條
（丙子）遣官祭歷代帝王廟。

《高宗純皇帝實錄》卷七五五"乾隆三十一年二月下"條
（乙丑）遣官祭歷代帝王廟。

《高宗純皇帝實錄》卷七六八"乾隆三十一年九月上"條
（己卯）遣官祭歷代帝王廟。

《高宗純皇帝實錄》卷七八〇"乾隆三十二年三月上"條
丁卯，遣官祭歷代帝王廟。

《高宗純皇帝實錄》卷七九四"乾隆三十二年九月上"條
（壬辰朔）遣官祭歷代帝王廟。

《高宗純皇帝實錄》卷八〇五"乾隆三十三年二月下"條
（甲戌）遣官祭歷代帝王廟。

《高宗純皇帝實錄》卷八一八"乾隆三十三年九月上"條
（丙申）遣官祭歷代帝王廟。

《高宗純皇帝實錄》卷八二九"乾隆三十四年二月下"條
（丁丑）遣官祭歷代帝王廟。

《高宗純皇帝實錄》卷八四三"乾隆三十四年九月下"條
（辛丑）遣官祭歷代帝王廟。

《高宗純皇帝實錄》卷八五四"乾隆三十五年三月上"條
癸未，遣官祭歷代帝王廟。

《高宗純皇帝實錄》卷八六八"乾隆三十五年九月上"條
（丙午）遣官祭歷代帝王廟。

《高宗純皇帝實錄》卷八七九"乾隆三十六年二月下"條
（辛卯）遣官祭歷代帝王廟。

《高宗純皇帝實錄》卷八九二"乾隆三十六年九月上"條
辛亥，遣官祭歷代帝王廟。

《高宗純皇帝實錄》卷九〇三"乾隆三十七年二月下"條
甲午，遣官祭歷代帝王廟。

《高宗純皇帝實録》卷九一七"乾隆三十七年九月下"條

丁巳，遣官祭歷代帝王廟。

《高宗純皇帝實録》卷九二八"乾隆三十八年三月上"條

（乙未）遣官祭歷代帝王廟。

《高宗純皇帝實録》卷九四二"乾隆三十八年九月上"條

庚申，遣官祭歷代帝王廟。

《高宗純皇帝實録》卷九五三"乾隆三十九年二月下"條

乙巳，遣官祭歷代帝王廟。

《高宗純皇帝實録》卷九六七"乾隆三十九年九月下"條

丁卯，遣官祭歷代帝王廟。

《高宗純皇帝實録》卷九七七"乾隆四十年二月下"條

壬寅，祭歷代帝王廟，上親詣行禮。

《高宗純皇帝實録》卷九九〇"乾隆四十年九月上"條

庚申，遣官祭歷代帝王廟。

《高宗純皇帝實録》卷一〇〇二"乾隆四十一年二月上"條

丙午，遣官祭歷代帝王廟。

《高宗純皇帝實録》卷一〇一六"乾隆四十一年九月上"條

（丙子）遣官祭歷代帝王廟。

《高宗純皇帝實録》卷一〇二七"乾隆四十二年二月下"條

（己未）遣官祭歷代帝王廟。

《高宗純皇帝實録》卷一〇三二"乾隆四十二年五月上"條

歷代帝王廟及先聖先賢陵墓所在，地方官隨時修護。

《高宗純皇帝實録》卷一〇四一"乾隆四十二年九月下"條

壬午，遣官祭歷代帝王廟。

《高宗純皇帝實録》卷一〇六六"乾隆四十三年九月上"條

（戊子）遣官祭歷代帝王廟。

《高宗純皇帝實録》卷一〇七六"乾隆四十四年二月上"條

己巳，遣官祭歷代帝王廟。

《高宗純皇帝實録》卷一〇九〇"乾隆四十四年九月上"條

（甲申）遣官祭歷代帝王廟。

《高宗純皇帝實録》卷一一〇一"乾隆四十五年二月下"條

（丁丑）遣官祭歷代帝王廟。

《高宗純皇帝實録》卷一一一五"乾隆四十五年九月下"條

（丙申）遣官祭歷代帝王廟。

《高宗純皇帝實錄》卷一一二六 "乾隆四十六年三月上" 條

丁丑，遣官祭歷代帝王廟。

《高宗純皇帝實錄》卷一一四〇 "乾隆四十六年九月上" 條

癸卯，遣官祭歷代帝王廟。

《高宗純皇帝實錄》卷一一五一 "乾隆四十七年二月下" 條

丁亥，遣官祭歷代帝王廟。

《高宗純皇帝實錄》卷一一六四 "乾隆四十七年九月上" 條

丙午，遣官祭歷代帝王廟。

《高宗純皇帝實錄》卷一一七六 "乾隆四十八年三月上" 條

甲午，祭歷代帝王廟，上親詣行禮。

《高宗純皇帝實錄》卷一一八九 "乾隆四十八年九月下" 條

戊申，遣官祭歷代帝王廟。

《高宗純皇帝實錄》卷一二〇〇 "乾隆四十九年三月上" 條

（乙未）遣官祭歷代帝王廟。

《高宗純皇帝實錄》卷一二一四 "乾隆四十九年九月上" 條

庚申，遣官祭歷代帝王廟。

《高宗純皇帝實錄》卷一二二五 "乾隆五十年二月下" 條

辛丑，祭歷代帝王廟，上親詣行禮。

《高宗純皇帝實錄》卷一二三九 "乾隆五十年九月下" 條

（壬戌）遣官祭歷代帝王廟。

《高宗純皇帝實錄》卷一二五〇 "乾隆五十一年三月上" 條

丁未，遣官祭歷代帝王廟。

《高宗純皇帝實錄》卷一二六四 "乾隆五十一年九月上" 條

（辛未朔）遣官祭歷代帝王廟。

《高宗純皇帝實錄》卷一二七五 "乾隆五十二年二月下" 條

乙卯，遣官祭歷代帝王廟。

《高宗純皇帝實錄》卷一二八八 "乾隆五十二年九月上" 條

庚午，遣官祭歷代帝王廟。

《高宗純皇帝實錄》卷一二九九 "乾隆五十三年二月下" 條

丁巳，遣官祭歷代帝王廟。

《高宗純皇帝實錄》卷一三一三 "乾隆五十三年九月下" 條

壬午，遣官祭歷代帝王廟。

《高宗純皇帝實錄》卷一三二四 "乾隆五十四年三月上" 條

己未，祭歷代帝王廟，上親詣行禮，詣大高殿行禮。

《高宗純皇帝實錄》卷一三三八 "乾隆五十四年九月上" 條

（丙戌）遣官祭歷代帝王廟。

《高宗純皇帝實錄》卷一三四九 "乾隆五十五年二月下" 條

己巳，遣官祭歷代帝王廟。

《高宗純皇帝實錄》卷一三六二 "乾隆五十五年九月上" 條

戊子，遣官祭歷代帝王廟。

《高宗純皇帝實錄》卷一三七三 "乾隆五十六年二月下" 條

己巳，遣官祭歷代帝王廟。

《高宗純皇帝實錄》卷一三八七 "乾隆五十六年九月下" 條

丙申，遣官祭歷代帝王廟。

《高宗純皇帝實錄》卷一三九八 "乾隆五十七年三月上" 條

（丁丑）遣官祭歷代帝王廟。

《高宗純皇帝實錄》卷一四一二 "乾隆五十七年九月上" 條

乙巳，遣官祭歷代帝王廟。

《高宗純皇帝實錄》卷一四二三 "乾隆五十八年二月下" 條

癸未，遣官祭歷代帝王廟。

《高宗純皇帝實錄》卷一四三六 "乾隆五十八年九月上" 條

（癸卯）遣官祭歷代帝王廟。

《高宗純皇帝實錄》卷一四四七 "乾隆五十九年二月下" 條

丙戌，遣官祭歷代帝王廟。

《高宗純皇帝實錄》卷一四六一 "乾隆五十九年九月下" 條

戊申，遣官祭歷代帝王廟。

《高宗純皇帝實錄》卷一四七二 "乾隆六十年閏二月上" 條

癸巳，遣官祭歷代帝王廟。

《高宗純皇帝實錄》卷一四八六 "乾隆六十年九月上" 條

（乙卯）遣官祭歷代帝王廟。

《仁宗睿皇帝實錄》卷二 "嘉慶元年二月" 條

辛丑，祭歷代帝王廟，上親詣行禮。

《仁宗睿皇帝實錄》卷九 "嘉慶元年九月" 條

壬戌，遣官祭歷代帝王廟。

《仁宗睿皇帝實錄》卷一五 "嘉慶二年三月" 條

（甲辰）遣官祭歷代帝王廟。

《仁宗睿皇帝實錄》卷二二 "嘉慶二年九月" 條

己巳，遣官祭歷代帝王廟。

《仁宗睿皇帝實録》卷二七"嘉慶三年二月"條

丙午，遣官祭歷代帝王廟。

《仁宗睿皇帝實録》卷三四"嘉慶三年九月"條

己巳，遣官祭歷代帝王廟。

《仁宗睿皇帝實録》卷三九"嘉慶四年二月"條

丁未，遣官祭歷代帝王廟。

《仁宗睿皇帝實録》卷五二"嘉慶四年九月下"條

壬申，遣官祭歷代帝王廟。

《仁宗睿皇帝實録》卷六一"嘉慶五年三月上"條

己未，遣官祭歷代帝王廟。

《仁宗睿皇帝實録》卷七四"嘉慶五年九月"條

癸未，遣官祭歷代帝王廟。

《仁宗睿皇帝實録》卷七九"嘉慶六年二月"條

丁卯，遣官祭歷代帝王廟。

《仁宗睿皇帝實録》卷八七"嘉慶六年九月"條

乙酉，遣官祭歷代帝王廟。

《仁宗睿皇帝實録》卷九五"嘉慶七年三月上"條

辛未朔，遣官祭歷代帝王廟。

《仁宗睿皇帝實録》卷一〇三"嘉慶七年九月"條

丙戌，遣官祭歷代帝王廟。

《仁宗睿皇帝實録》卷一〇九"嘉慶八年閏二月"條

丁丑，上行圍，遣官祭歷代帝王廟。

《仁宗睿皇帝實録》卷一二〇"嘉慶八年九月上"條

丙申，上幸萬壽山，遣官祭歷代帝王廟。

《仁宗睿皇帝實録》卷一二六"嘉慶九年二月"條

辛巳，遣官祭歷代帝王廟。

《仁宗睿皇帝實録》卷一三四"嘉慶九年九月"條

癸卯，祭歷代帝王廟。

《仁宗睿皇帝實録》卷一四〇"嘉慶十年二月"條

辛巳，遣官祭歷代帝王廟。

《仁宗睿皇帝實録》卷一五〇"嘉慶十年九月"條

庚戌朔，遣官祭歷代帝王廟。

《仁宗睿皇帝實録》卷一五七"嘉慶十一年二月"條

甲午，遣官祭歷代帝王廟。

《仁宗睿皇帝實録》卷一六七"嘉慶十一年九月下"條
甲子，遣官祭歷代帝王廟。

《仁宗睿皇帝實録》卷一七五"嘉慶十二年二月下"條
乙未，遣官祭歷代帝王廟。

《仁宗睿皇帝實録》卷一八五"嘉慶十二年九月"條
乙卯，遣官祭歷代帝王廟。

《仁宗睿皇帝實録》卷一九三"嘉慶十三年三月"條
（辛丑）遣官祭歷代帝王廟。

《仁宗睿皇帝實録》卷二〇一"嘉慶十三年九月"條
甲子朔，遣官祭歷代帝王廟。

《仁宗睿皇帝實録》卷二〇七"嘉慶十四年二月"條
（丁未）遣官祭歷代帝王廟。

《仁宗睿皇帝實録》卷二一八"嘉慶十四年九月"條
庚午，祭歷代帝王廟，上親詣行禮。

《仁宗睿皇帝實録》卷二二六"嘉慶十五年二月下"條
癸丑，遣官祭歷代帝王廟。

《仁宗睿皇帝實録》卷二三四"嘉慶十五年九月"條
丙子，命皇次子旻寧祭歷代帝王廟。

《仁宗睿皇帝實録》卷二四〇"嘉慶十六年三月"條
丙辰，遣官祭歷代帝王廟。

《仁宗睿皇帝實録》卷二四八"嘉慶十六年九月"條
辛巳，遣官祭歷代帝王廟。

《仁宗睿皇帝實録》卷二五四"嘉慶十七年二月"條
（乙丑）遣官祭歷代帝王廟。

《仁宗睿皇帝實録》卷二六一"嘉慶十七年九月"條
甲申，遣官祭歷代帝王廟。

《仁宗睿皇帝實録》卷二六七"嘉慶十八年三月"條
己巳，遣官祭歷代帝王廟。

《仁宗睿皇帝實録》卷二七五"嘉慶十八年九月下"條
（戊子）遣官祭歷代帝王廟。

《仁宗睿皇帝實録》卷二八六"嘉慶十九年閏二月"條
甲戌，遣官祭歷代帝王廟。

《仁宗睿皇帝實録》卷二九六"嘉慶十九年九月上"條
癸巳，遣官祭歷代帝王廟。

《仁宗睿皇帝實錄》卷三〇三 “嘉慶二十年二月” 條

丁丑，遣官祭歷代帝王廟。

《仁宗睿皇帝實錄》卷三一〇 “嘉慶二十年九月” 條

癸卯，命皇次子智親王旻寧祭歷代帝王廟。

《仁宗睿皇帝實錄》卷三一七 “嘉慶二十一年三月” 條

甲申，遣官祭歷代帝王廟。

《仁宗睿皇帝實錄》卷三二二 “嘉慶二十一年九月” 條

（戊申）遣官祭歷代帝王廟。

《仁宗睿皇帝實錄》卷三二七 “嘉慶二十二年二月” 條

（辛卯）遣官祭歷代帝王廟。

《仁宗睿皇帝實錄》卷三三四 “嘉慶二十二年九月” 條

辛亥，遣官祭歷代帝王廟。

《仁宗睿皇帝實錄》卷三三九 “嘉慶二十三年二月” 條

丙申，祭歷代帝王廟，上親詣行禮。

《仁宗睿皇帝實錄》卷三四七 “嘉慶二十三年九月下” 條

（乙卯）遣官祭歷代帝王廟。

《仁宗睿皇帝實錄》卷三五五 “嘉慶二十四年三月” 條

（辛丑）遣官祭歷代帝王廟。

《仁宗睿皇帝實錄》卷三六二 “嘉慶二十四年九月” 條

庚申朔，遣官祭歷代帝王廟。

《仁宗睿皇帝實錄》卷三六七 “嘉慶二十五年二月” 條

（丁未）遣官祭歷代帝王廟。

《宣宗成皇帝實錄》卷五 “嘉慶二十五年九月下” 條

（己巳）遣官祭歷代帝王廟。

《宣宗成皇帝實錄》卷一四 “道光元年三月上” 條

（癸丑）遣官祭歷代帝王廟。

《宣宗成皇帝實錄》卷二三 “道光元年九月” 條

壬申，遣官祭歷代帝王廟。

《宣宗成皇帝實錄》卷三一 “道光二年三月” 條

（癸丑）遣官祭歷代帝王廟。

《宣宗成皇帝實錄》卷四一 “道光二年九月” 條

己卯，遣官祭歷代帝王廟。

《宣宗成皇帝實錄》卷四九 “道光三年二月” 條

己未，遣官祭歷代帝王廟。

《宣宗成皇帝實録》卷五二"道光三年五月"條

甲戌，朕於九月十七日躬祭歷代帝王廟。

《宣宗成皇帝實録》卷五九"道光三年九月下"條

壬午，祭歷代帝王廟，上親詣行禮。

《宣宗成皇帝實録》卷六六"道光四年三月"條

丁卯，遣官祭歷代帝王廟。

《宣宗成皇帝實録》卷七二"道光四年八月"條

戊子，遣官祭歷代帝王廟。

《宣宗成皇帝實録》卷七九"道光五年二月"條

辛未，遣官祭歷代帝王廟。

《宣宗成皇帝實録》卷八八"道光五年九月上"條

辛卯，遣官祭歷代帝王廟。

《宣宗成皇帝實録》卷九五　道光六年二月"條

丁丑，遣官祭歷代帝王廟。

《宣宗成皇帝實録》卷一〇六"道光六年九月下"條

庚子，遣官祭歷代帝王廟。

《宣宗成皇帝實録》卷一一五"道光七年三月"條

癸未，遣官祭歷代帝王廟。

《宣宗成皇帝實録》卷一二五"道光七年九月上"條

（乙巳）遣官祭歷代帝王廟。

《宣宗成皇帝實録》卷一三三"道光八年二月"條

丙戌，遣官祭歷代帝王廟。

《宣宗成皇帝實録》卷一四二"道光八年九月上"條

戊申，遣官祭歷代帝王廟。

《宣宗成皇帝實録》卷一五二"道光九年二月下"條

（己丑）遣官祭歷代帝王廟。

《宣宗成皇帝實録》卷一六〇"道光九年九月"條

（辛亥）遣官祭歷代帝王廟。

《宣宗成皇帝實録》卷一六六"道光十年三月"條

丙申，遣官祭歷代帝王廟。

《宣宗成皇帝實録》卷一七三"道光十年九月上"條

（庚申）遣官祭歷代帝王廟。

《宣宗成皇帝實録》卷一八四"道光十一年二月"條

甲辰，遣官祭歷代帝王廟。

《宣宗成皇帝實錄》卷一九六"道光十一年九月上"條

壬戌，遣官祭歷代帝王廟。

《宣宗成皇帝實錄》卷二〇六"道光十二年二月下"條

丙午，遣官祭歷代帝王廟。

《宣宗成皇帝實錄》卷二二〇"道光十二年九月下"條

己巳，遣官祭歷代帝王廟。

《宣宗成皇帝實錄》卷二三一"道光十三年二月上"條

丙辰，遣官祭歷代帝王廟。

《宣宗成皇帝實錄》卷二四三"道光十三年九月"條

丙子，遣官祭歷代帝王廟。

《宣宗成皇帝實錄》卷二四九"道光十四年二月"條

（己未）遣官祭歷代帝王廟。

《宣宗成皇帝實錄》卷二五七"道光十四年九月下"條

壬午，遣官祭歷代帝王廟。

《宣宗成皇帝實錄》卷二六四"道光十五年三月"條

乙丑，遣官祭歷代帝王廟。

《宣宗成皇帝實錄》卷二七〇"道光十五年八月"條

甲申，遣官祭歷代帝王廟。

《宣宗成皇帝實錄》卷二七一"道光十五年九月"條

甲寅，遣官祭歷代帝王廟。

《宣宗成皇帝實錄》卷二七九"道光十六年二月下"條

辛未，遣官祭歷代帝王廟。

《宣宗成皇帝實錄》卷二八八"道光十六年九月上"條

辛卯，遣官祭歷代帝王廟。

《宣宗成皇帝實錄》卷二九四"道光十七年二月"條

己巳，遣官祭歷代帝王廟。

《宣宗成皇帝實錄》卷三〇一"道光十七年九月"條

癸巳，遣官祭歷代帝王廟。

《宣宗成皇帝實錄》卷三〇七"道光十八年三月"條

甲戌，遣官祭歷代帝王廟。

《宣宗成皇帝實錄》卷三一三"道光十八年八月"條

（丙申）遣官祭歷代帝王廟。

《宣宗成皇帝實錄》卷三一九"道光十九年二月"條

癸未，遣官祭歷代帝王廟。

《宣宗成皇帝實錄》卷三二六“道光十九年九月”條

戊申，遣官祭歷代帝王廟。

《宣宗成皇帝實錄》卷三三一“道光二十年二月”條

（己丑）遣官祭歷代帝王廟。

《宣宗成皇帝實錄》卷三三九“道光二十年九月”條

（丙午）遣官祭歷代帝王廟。

《宣宗成皇帝實錄》卷三四八“道光二十一年三月上”條

乙未，遣官祭歷代帝王廟。

《宣宗成皇帝實錄》卷三五七“道光二十一年九月上”條

（丁巳）遣官祭歷代帝王廟。

《宣宗成皇帝實錄》卷三六八“道光二十二年二月下”條

己亥，遣官祭歷代帝王廟。

《宣宗成皇帝實錄》卷三八九“道光二十三年二月”條

辛丑，遣官祭歷代帝王廟。

《宣宗成皇帝實錄》卷三九七“道光二十三年九月”條

庚午朔，遣官祭歷代帝王廟。

《宣宗成皇帝實錄》卷四〇二“道光二十四年二月”條

癸丑，遣官祭歷代帝王廟。

《宣宗成皇帝實錄》卷四〇九“道光二十四年九月”條

庚午，遣官祭歷代帝王廟。

《宣宗成皇帝實錄》卷四一四“道光二十五年二月”條

丁未，遣官祭歷代帝王廟。

《宣宗成皇帝實錄》卷四二一“道光二十五年九月”條

庚午，遣官祭歷代帝王廟。

《宣宗成皇帝實錄》卷四二七“道光二十六年三月”條

己未，遣官祭歷代帝王廟。

《宣宗成皇帝實錄》卷四三四“道光二十六年九月”條

（甲申）遣官祭歷代帝王廟。

《宣宗成皇帝實錄》卷四三九“道光二十七年二月”條

乙丑，遣官祭歷代帝王廟。

《宣宗成皇帝實錄》卷四四七“道光二十七年九月”條

壬午，遣官祭歷代帝王廟。

《宣宗成皇帝實錄》卷四五二“道光二十八年二月”條

（辛未）遣官祭歷代帝王廟。

《宣宗成皇帝實錄》卷四五九 "道光二十八年九月" 條

辛卯，遣官祭歷代帝王廟。

《宣宗成皇帝實錄》卷四六五 "道光二十九年三月" 條

辛未，遣官祭歷代帝王廟。

《宣宗成皇帝實錄》卷四七二 "道光二十九年九月" 條

丙申，遣官祭歷代帝王廟。

《文宗顯皇帝實錄》卷四 "道光三十年二月下" 條

（癸未）遣官祭歷代帝王廟。

《文宗顯皇帝實錄》卷一八 "道光三十年九月下" 條

丙午，遣官祭歷代帝王廟。

《文宗顯皇帝實錄》卷二九 "咸豐元年三月上" 條

（己丑）遣官祭歷代帝王廟。

《文宗顯皇帝實錄》卷四二 "咸豐元年閏八月下" 條

戊申，遣官祭歷代帝王廟。

《文宗顯皇帝實錄》卷五三 "咸豐二年二月上" 條

（辛卯）遣官祭歷代帝王廟。

《文宗顯皇帝實錄》卷七一 "咸豐二年九月上" 條

戊申朔，祭歷代帝王廟，上親詣行禮。

《文宗顯皇帝實錄》卷八六 "咸豐三年二月下" 條

（己亥）遣官祭歷代帝王廟。

《文宗顯皇帝實錄》卷一〇六 "咸豐三年九月中" 條

庚申，遣官祭歷代帝王廟。

《文宗顯皇帝實錄》卷一二三 "咸豐四年三月上" 條

（辛丑）遣官祭歷代帝王廟。

《文宗顯皇帝實錄》卷一四四 "咸豐四年九月上" 條

丁卯朔，遣官祭歷代帝王廟。

《文宗顯皇帝實錄》卷一五八 "咸豐五年二月上" 條

辛丑，遣官祭歷代帝王廟。

《文宗顯皇帝實錄》卷一七六 "咸豐五年九月上" 條

庚午，遣官祭歷代帝王廟。

《文宗顯皇帝實錄》卷一九一 "咸豐六年二月下" 條

癸丑，遣官祭歷代帝王廟。

《文宗顯皇帝實錄》卷二〇八 "咸豐六年九月下" 條

庚午，遣官祭歷代帝王廟。

《文宗顯皇帝實錄》卷二二一"咸豐七年三月上"條

己未，遣官祭歷代帝王廟。

《文宗顯皇帝實錄》卷二三五"咸豐七年九月上"條

壬午，遣官祭歷代帝王廟。

《文宗顯皇帝實錄》卷二四六"咸豐八年二月下"條

甲子，遣官祭歷代帝王廟。

《文宗顯皇帝實錄》卷二六四"咸豐八年九月中"條

甲申，遣官祭歷代帝王廟。

《文宗顯皇帝實錄》卷二七八"咸豐九年三月上"條

辛未朔，遣官祭歷代帝王廟。

《文宗顯皇帝實錄》卷二七八"咸豐九年三月上"條

甲戌，以祭歷代帝王廟，工部左侍郎德全分獻未到，下部議處，漏未知會之司員一併議處。

《文宗顯皇帝實錄》卷二九四"咸豐九年九月中"條

壬午，遣官祭歷代帝王廟。

《文宗顯皇帝實錄》卷三〇九"咸豐十年三月上"條

辛未，遣官祭歷代帝王廟。

《文宗顯皇帝實錄》卷三三〇"咸豐十年九月上"條

丙申，遣官祭歷代帝王廟。

《文宗顯皇帝實錄》卷三四三"咸豐十一年二月中"條

丁丑，遣官祭歷代帝王廟。

《穆宗毅皇帝實錄》卷四"咸豐十一年九月上"條

丙申，遣官祭歷代帝王廟。

《穆宗毅皇帝實錄》卷五"咸豐十一年九月下"條

（丙午）遣官祭歷代帝王廟。

《穆宗毅皇帝實錄》卷二一"同治元年三月上"條

（癸未朔）遣官祭歷代帝王廟。

《穆宗毅皇帝實錄》卷四一"同治元年閏八月下"條

戊申，遣官祭歷代帝王廟。

《穆宗毅皇帝實錄》卷五八"同治二年二月中"條

癸巳，遣官祭歷代帝王廟。

《穆宗毅皇帝實錄》卷七八"同治二年九月上"條

丙午，遣官祭歷代帝王廟。

《穆宗毅皇帝實錄》卷九五"同治三年二月下"條

乙未，遣官祭歷代帝王廟。

《穆宗毅皇帝實錄》卷一一四"同治三年九月上"條

戊申，遣官祭歷代帝王廟。

《穆宗毅皇帝實錄》卷一三二"同治四年三月上"條

己亥，遣官祭歷代帝王廟。

《穆宗毅皇帝實錄》卷一五二"同治四年八月下"條

庚申，遣官祭歷代帝王廟。

《穆宗毅皇帝實錄》卷一六九"同治五年二月中"條

丁未，遣官祭歷代帝王廟。

《穆宗毅皇帝實錄》卷一八四"同治五年九月上"條

丁卯，遣官祭歷代帝王廟。

《穆宗毅皇帝實錄》卷一九七"同治六年二月下"條

癸丑，遣官祭歷代帝王廟。

《穆宗毅皇帝實錄》卷二一二"同治六年九月下"條

庚午，遣官祭歷代帝王廟。

《穆宗毅皇帝實錄》卷二二六"同治七年三月上"條

丙辰，遣官祭歷代帝王廟。

《穆宗毅皇帝實錄》卷二四二"同治七年九月上"條

丙子，遣官祭歷代帝王廟。

《穆宗毅皇帝實錄》卷二五三"同治八年二月下"條

己未，遣官祭歷代帝王廟。

《穆宗毅皇帝實錄》卷二六七"同治八年九月下"條

甲申，遣官祭歷代帝王廟。

《穆宗毅皇帝實錄》卷二七七"同治九年二月下"條

乙丑，遣官祭歷代帝王廟。

《穆宗毅皇帝實錄》卷二九一"同治九年九月下"條

甲申，遣官祭歷代帝王廟。

《穆宗毅皇帝實錄》卷三〇五"同治十年二月中"條

甲戌，遣官祭歷代帝王廟。

《穆宗毅皇帝實錄》卷三一九"同治十年九月上"條

丙申，遣官祭歷代帝王廟。

《穆宗毅皇帝實錄》卷三二九"同治十一年二月下"條

丁丑，遣官祭歷代帝王廟。

《穆宗毅皇帝實録》卷三四〇"同治十一年九月上"條

丙申，遣官祭歷代帝王廟。

《穆宗毅皇帝實録》卷三五〇"同治十二年三月"條

甲申，遣官祭歷代帝王廟。

《穆宗毅皇帝實録》卷三五七"同治十二年九月"條

丙午朔，遣官祭歷代帝王廟。

《穆宗毅皇帝實録》卷三六三"同治十三年二月"條

（辛卯）遣官祭歷代帝王廟。

《穆宗毅皇帝實録》卷三七一"同治十三年九月"條

戊申，遣官祭歷代帝王廟。

《德宗景皇帝實録》卷四"光緒元年二月"條

丙申，遣官祭歷代帝王廟。

《德宗景皇帝實録》卷一八"光緒元年九月下"條

辛亥，遣官祭歷代帝王廟。

《德宗景皇帝實録》卷二七"光緒二年三月上"條

辛丑，遣官祭歷代帝王廟。

《德宗景皇帝實録》卷四〇"光緒二年九月"條

庚申，遣官祭歷代帝王廟。

《德宗景皇帝實録》卷四八"光緒三年二月下"條

丁未，遣官祭歷代帝王廟。

《德宗景皇帝實録》卷六八"光緒四年二月下"條

丁未，遣官祭歷代帝王廟。

《德宗景皇帝實録》卷七八"光緒四年九月"條

庚午，遣官祭歷代帝王廟。

《德宗景皇帝實録》卷八九"光緒五年三月上"條

丙辰，遣官祭歷代帝王廟。

《德宗景皇帝實録》卷一〇〇"光緒五年九月"條

丙子，遣官祭歷代帝王廟。

《德宗景皇帝實録》卷一〇九"光緒六年二月上"條

（丙午）遣官祭歷代帝王廟。

《德宗景皇帝實録》卷一二〇"光緒六年九月下"條

壬辰，遣官祭歷代帝王廟。

《德宗景皇帝實録》卷一二八"光緒七年三月"條

乙丑，遣官祭歷代帝王廟。

《德宗景皇帝實錄》卷一三五“光緒七年八月下”條
甲申，遣官祭歷代帝王廟。

《德宗景皇帝實錄》卷一五一“光緒八年九月上”條
癸巳，遣官祭歷代帝王廟。

《德宗景皇帝實錄》卷一六〇“光緒九年二月下”條
甲戌，遣官祭歷代帝王廟。

《德宗景皇帝實錄》卷一七〇“光緒九年九月”條
丙申，遣官祭歷代帝王廟。

《德宗景皇帝實錄》卷一七九“光緒十年三月上”條
丁丑，遣官祭歷代帝王廟。

《德宗景皇帝實錄》卷一九三“光緒十年九月上”條
癸卯，遣官祭歷代帝王廟。

《德宗景皇帝實錄》卷二〇四“光緒十一年二月下”條
丁亥，遣官祭歷代帝王廟。

《德宗景皇帝實錄》卷二一五“光緒十一年九月上”條
丙午，遣官祭歷代帝王廟。

《德宗景皇帝實錄》卷二三二“光緒十二年九月”條
戊申，遣官祭歷代帝王廟。

《德宗景皇帝實錄》卷二四〇“光緒十三年三月”條
乙未，遣官祭歷代帝王廟。

《德宗景皇帝實錄》卷二四七“光緒十三年九月”條
庚申，遣官祭歷代帝王廟。

《德宗景皇帝實錄》卷二五二“光緒十四年二月”條
乙巳，清明節，遣官祭歷代帝王廟。

《德宗景皇帝實錄》卷二五九“光緒十四年九月”條
庚申，遣官祭歷代帝王廟。

《德宗景皇帝實錄》卷二六八“光緒十五年三月”條
丁未，遣官祭歷代帝王廟。

《德宗景皇帝實錄》卷二七四“光緒十五年九月”條
丁卯，遣官祭歷代帝王廟。

《德宗景皇帝實錄》卷二八二“光緒十六年閏二月”條
甲辰，遣官祭歷代帝王廟。

《德宗景皇帝實錄》卷二八九“光緒十六年九月”條
甲午，遣官祭歷代帝王廟。

《德宗景皇帝實録》卷二九四 "光緒十七年二月" 條

己未，遣官祭歷代帝王廟。

《德宗景皇帝實録》卷三〇一 "光緒十七年九月" 條

辛巳，遣官歷代帝王廟。

《德宗景皇帝實録》卷三〇九 "光緒十八年三月" 條

乙丑，遣官祭歷代帝王廟。

《德宗景皇帝實録》卷三一六 "光緒十八年九月" 條

丙戌朔，遣官祭歷代帝王廟。

《德宗景皇帝實録》卷三二一 "光緒十九年二月" 條

丁卯，遣官祭歷代帝王廟。

《德宗景皇帝實録》卷三二八 "光緒十九年九月" 條

辛卯，遣官祭歷代帝王廟。

《德宗景皇帝實録》卷三三五 "光緒二十年二月下" 條

甲戌，遣官祭歷代帝王廟。

《德宗景皇帝實録》卷三四九 "光緒二十年九月中" 條

辛卯，遣官祭歷代帝王廟。

《德宗景皇帝實録》卷三六三 "光緒二十一年三月上" 條

丁丑，遣官祭歷代帝王廟。

《德宗景皇帝實録》卷三七六 "光緒二十一年九月" 條

庚子，遣官祭歷代帝王廟。

《德宗景皇帝實録》卷三八六 "光緒二十二年二月下" 條

甲申，遣官祭歷代帝王廟。

《德宗景皇帝實録》卷三九五 "光緒二十二年九月" 條

癸卯，遣官祭歷代帝王廟。

《德宗景皇帝實録》卷四〇二 "光緒二十三年三月上" 條

辛卯，遣官祭歷代帝王廟。

《德宗景皇帝實録》卷四一〇 "光緒二十三年九月" 條

丙午，遣官祭歷代帝王廟。

《德宗景皇帝實録》卷四一六 "光緒二十四年三月" 條

（丙申）遣官祭歷代帝王廟。

《德宗景皇帝實録》卷四三九 "光緒二十五年二月" 條

己亥，遣官祭歷代帝王廟。

《德宗景皇帝實録》卷四五〇 "光緒二十五年九月上" 條

庚申，遣官祭歷代帝王廟。

《德宗景皇帝實錄》卷四六一"光緒二十六年三月"條
甲辰，遣官祭歷代帝王廟。

《德宗景皇帝實錄》卷五一三"光緒二十九年三月"條
己未，遣官祭歷代帝王廟。

《德宗景皇帝實錄》卷五二一"光緒二十九年九月"條
壬午，遣官祭歷代帝王廟。

《德宗景皇帝實錄》卷五二七"光緒三十年二月"條
（丁卯）遣官祭歷代帝王廟。

《德宗景皇帝實錄》卷五三五"光緒三十年九月"條
壬午，遣官祭歷代帝王廟。

《德宗景皇帝實錄》卷五四二"光緒三十一年二月"條
乙丑，遣官祭歷代帝王廟。

《德宗景皇帝實錄》卷五四九"光緒三十一年九月"條
辛卯，遣官祭歷代帝王廟。

《德宗景皇帝實錄》卷五五七"光緒三十二年三月"條
辛未，遣官祭歷代帝王廟。

《德宗景皇帝實錄》卷五六四"光緒三十二年九月"條
丙申，遣官祭歷代帝王廟。

《德宗景皇帝實錄》卷五七〇"光緒三十三年二月"條
癸未，遣官祭歷代帝王廟。

《德宗景皇帝實錄》卷五七九"光緒三十三年九月上"條
癸卯，遣官祭歷代帝王廟。

《德宗景皇帝實錄》卷五八八"光緒三十四年三月"條
丙戌朔，遣官祭歷代帝王廟。

《德宗景皇帝實錄》卷五九六"光緒三十四年九月"條
戊申，遣官祭歷代帝王廟。

《大清宣統政紀》卷九"宣統元年閏二月上"條
癸巳，遣官祭歷代帝王廟。

《大清宣統政紀》卷二一"宣統元年九月上"條
戊申，遣官祭歷代帝王廟。

《大清宣統政紀》卷四二"宣統二年九月"條
乙卯，遣官祭歷代帝王廟。

《大清宣統政紀》卷五〇"宣統三年三月上"條
辛丑，遣官祭歷代帝王廟。

(清) 張廷玉《清文獻通考》卷一一九《群廟考一‧歷代帝王廟》

順治二年三月，增定歷代帝王廟祀典。

丙戌，遣官祭歷代帝王廟。

八月丙午，遣官祭歷代帝王廟，自後歲以春秋仲月諏吉遣官致祭，著爲定典。

（順治）十四年正月癸未，定親祭歷代帝王廟儀。

二月丁酉，世祖章皇帝親祭歷代帝王廟。

康熙元年二月乙巳，復定歷代帝王廟祀典。

（康熙）三年三月丙午，詔修歷代帝王廟。

（康熙）六十一年十二月丁丑，增設歷代帝王廟牌位，遣履郡王允裪致祭。

雍正二年三月丁丑，世宗憲皇帝親祭歷代帝王廟。

七月戊寅，諭禮部：嗣後親祭歷代帝王廟日，鹵簿大駕俱由廟門映壁外行。

（雍正）三年九月丙午，親祭歷代帝王廟。

（雍正）四年二月辛卯，親祭歷代帝王廟。

（雍正）五年三月丁酉，親祭歷代帝王廟。七年二月壬午，親祭歷代帝王廟。

乾隆元年九月，詔以明恭閔惠皇帝入祀歷代帝王廟。

（乾隆）三年九月乙卯，皇上親祭歷代帝王廟。

先是，正月辛酉諭禮部：二月十五日祭歷代帝王廟，因節近清明，正值朕躬謁泰陵，是以未及親祭，俟秋祭帝王廟，朕當親詣行禮。

（乾隆）六年二月，命和親王弘晝代祭歷代帝王廟。

甲辰諭：本月二十日祭歷代帝王廟，朕已降旨親詣行禮。查是日節屆清明，朕詣壽皇殿、雍和宮行禮，歷代帝王廟着和親王弘晝致祭。

（乾隆）九年二月己巳，皇上親祭歷代帝王廟。

三月癸丑，皇上親祭歷代帝王廟。

（乾隆）四十年二月壬寅，皇上親祭歷代帝王廟。

（乾隆）四十八年三月甲午，皇上親祭歷代帝王廟。

（乾隆）五十年二月辛丑，皇上親祭歷代帝王廟。

(清) 嵇璜、劉墉等《清通志》卷四〇《禮略‧吉禮五‧歷代帝王廟》

順治二年三月，增定歷代帝王廟祀典。禮部言：三月三日例祭歷代帝王，請以遼太祖及功臣耶律赫嚕，金太祖世宗及功臣完顏尼瑪哈、完顏沃哩布，元太祖及功臣穆呼哩巴，延明太祖及功臣徐達、劉基并宜增祀，用彰皇上追崇至意，從之。

是月，遣官致祭諸帝王祀，乙太牢筵各一品，俱二十四。功臣祀以少牢二位筵，共一品，俱十。自後，歲以春秋仲月諏吉，遣官致祭，著爲定典。

（順治）十四年，正月定親祭歷代帝王廟儀。二月世祖章皇帝親祭歷代帝王廟。

康熙元年二月，復定歷代帝王廟祀典。

（康熙）六十一年十二月，增設歷代帝王廟牌位，遣官致祭。

雍正二年三月，親祭歷代帝王廟。

（雍正）三年九月，四年二月，五年三月，七年二月皆親祭行禮。

乾隆元年九月，詔追諡明建文皇帝爲恭，閔惠皇帝入祀歷代帝王廟。三年九月，皇上親祭歷代帝王廟。九年二月，皇上親祭歷代帝王廟。二十九年，重修歷代帝王廟，詔改蓋黃瓦以崇典禮，三月工竣，皇上親詣致祭。四十年三月四十八年三月，皆親祭歷代帝王廟。

（乾隆）五十年四月，安奉歷代帝王廟神位工竣，皇上親詣致祭，行禮如儀。

（清）嵇璜、劉墉等《清通典》卷四二《禮·吉禮二·雩祀》

（雍正二年二月）親祭歷代帝王廟，甘雨大降，群臣衣盡霑濕，各加恩賜御製《喜雨詩》，群臣恭和。

劉錦藻《清續文獻通考》卷一六六《群廟考一·歷代帝王廟》

（道光）二十年，奏准祭歷代帝王廟，因興修正殿等工，移請神牌於祭器庫，供奉即在祭器庫，致祭設案於庭，百官免其陪祀。

同治四年，議准散宜生配饗歷代帝王廟，位在東廡，畢公高之次，高允配饗位在西廡，趙云之次。

宣統三年，遣官祭歷代帝王廟。

劉錦藻《清續文獻通考》卷一八七《王禮考一八》

朕於九月十七日，躬祭歷代帝王廟。

（清）昆岡等《（光緒）大清會典事例》卷四五九《禮部一七○·喪禮·世宗憲皇帝大喪儀一》

又奏准，九月初一日辰時三刻值日食，是日朝奠，請移於卯時正二刻。再是日祭帝王廟，承祭官及分獻執事官，咸素服雨冠，不作樂，百官不陪祀。

（清）昆岡等《（光緒）大清會典事例》卷四七八《禮部一八九·喪禮·孝昭仁皇后大喪儀》

（三月）初六日祭帝王廟，承祭分獻執事各官咸朝服，用樂，漢官陪祀，滿官不陪祀。

（清）昆岡等《（光緒）大清會典事例》卷四七九《禮部一九○·喪禮·孝懿仁皇后大喪儀》

（是月）二十八日饗帝王廟，咸朝服行禮。

（清）昆岡等《（光緒）大清會典事例》卷四八○《禮部一九一·喪禮·孝聖憲皇后大喪儀》

二十七月內，祭月壇、歷代帝王廟、先師廟、先農壇，俱遣官行禮。

百日外祭月壇、歷代帝王廟、先師孔子廟、先農壇，遣官致祭；承祭執事各官素服齋戒，祭日朝服作樂。百日內，素服行禮，樂設而不作。

四、庶務

《明英宗實錄》卷一七"正統元年五月"條

壬申，上問行在禮部尚書胡濙等曰：南京每歲何處用冰？濙等奏：南京祭祀止有孝陵、懿文陵及歷代帝王廟三處，秋祭之時該用冰四十桶。

（明）申時行等《大明會典》卷二一五《太常寺》

計每年各壇合用柴炭

歷代帝王廟，春秋二祭，共柴一萬四千斤。

計各項人役名數

歷代帝王廟，廟户二十名。

（明）丘濬《大學衍義補》卷六二《治國平天下之要·秩祭祀·内外群祀之禮》

臣按玄宗時，嘗令歷代帝王廟每所差側近人四户，有闕續填，其後有繼廢之，至是代宗從道州刺史元結請而有此舉。

《高宗純皇帝實錄》卷一五六"乾隆六年十二月上、十二月"條

禮部、太常寺等議復，順天府府尹蔣炳奏稱，壇廟所設各役，【略】帝王廟，廟户二十名，酌減八名。【略】即將所給工食銀兩，增給應役人等，每名每月計給工食銀五錢三分，仍令順天府所屬州縣召募申送應役，其先農壇，壇户十名；昌運宫，廟户十名；俱現充應有人，應仍令照舊就近召募，永著爲例。從之。

（清）萬斯同等《明史》卷二六《莊烈皇帝紀四》

（辛酉）歷代帝王廟大雷電，震死執役數人。

庚寅，我大清兵入京，設帝神主於帝王廟，令臣民發喪成服哭臨三日，謚曰欽天守道敏毅敦儉弘文襄武體仁致孝莊烈愍皇帝，陵曰思陵。

（清）萬斯同等《明史》卷六九《志四三》

天壇、地壇、朝日壇、夕月壇、先農壇、帝王廟、祈穀殿，各祠祭署祖陵以下列朝陵園，各祠祭署俱奉祀一人、從七品。祀丞二人、從八品。犧牲所吏目一人。從九品。

（清）張廷玉等《明史》卷七四《志五○·職官志三教坊司·宦官·女官》

太常寺。卿一人，正三品。少卿二人，正四品。寺丞二人，正六品。其屬，典簿廳，典簿二人正七品。博士二人，正七品。協律郎二人，正八品。嘉靖中增至五人。贊禮郎九人，正九品，嘉靖中增至三十三人，後革二人。司樂二十人，從九品，嘉靖中增至三十九人，後革五人。天壇、地壇、朝日壇、夕月壇、先農壇、帝王廟、祈穀殿、長陵、獻陵、景陵、裕陵、茂陵、泰陵、顯陵、康陵、永陵、昭陵各祠祭署，俱奉祀一人，從七品。祀丞二人，從八品。犧牲所吏目一人。從九品。太常掌祭祀禮樂之事，總其官屬，籍其政令，以聽於禮部。凡

天神、地祇、人鬼，歲祭有常。

（清）嵇璜、劉墉等《續通典》卷二九《職官》

明天壇、地壇、朝日壇、夕月壇、先農壇、帝王廟、祈穀殿、各陵各祠祭署俱置奉祀一人、祀丞二人。

（清）嵇璜等《續通志》卷一三六《職官略·明官制下》

太常寺。明置太常寺卿一人、少卿一人、寺丞二人，掌祭祀禮樂之事，總其官屬籍其政令以聽於禮部。其屬有典簿二人、博士二人、協律郎二人、贊禮郎九人、司樂二十人。天壇、地壇、朝日壇、夕月壇、先農壇、帝王廟、祈穀殿、長陵、獻陵、景陵、裕陵、茂陵、泰陵、顯陵、康陵、永陵、昭陵，各祠祭署奉祀一人、祀丞二人，犧牲所吏目一人，提督四，譯館少卿一人，掌譯書之事。

（清）張廷玉《清文獻通考》卷八三《職官考·太常寺》

帝王廟祠祭署無專員，以贊禮郎司樂內一人委理。

（清）嵇璜、劉墉等《清通典》卷二七《職官五·諸卿》

帝王廟祠祭署無專員以漢人贊禮郎，司樂內一人，委理右俱隸樂部。掌典守神庫，以時巡視而督其灑掃之役。若葺治墻宇樹藝林木咸白於長官，而敬供其事焉。順治初，置奉祀五人、祀丞五人、尋省祀丞二人，凡奉祀員闕以祀丞序升，祀丞員闕以祝版生掄選除授。

（清）允祹等《大清會典》卷三《吏部》

帝王廟祠祭署無專員，以漢贊禮郎司樂內一人委。

（清）允祹等《大清會典》卷七四《工部》

凡都城街道十有六，【略】帝王廟東西皆曰景德，其界則外屬五城，內隸八旗，平治由步軍統領，繕修均由部。

（清）允祹等《大清會典》卷八二《太常寺》

卿，滿漢各一人。少卿，滿漢各一人。掌典守壇壝廟社，以歲時序。其祭祀所屬寺丞，滿一人。漢二人。博士，滿一人，漢軍一人，漢一人。讀祝官，滿八人。贊禮郎，滿二十四人，漢十有四人。掌相儀序事，備物絜器。典簿，滿漢各一人，掌文移。筆帖式，滿九人，漢軍一人，掌繙譯。司庫，滿一人；庫使，滿二人；掌庫藏。犧牲所牧，滿漢各一人，掌系牲牷而芻牧之，以待祭祀。神樂署，漢署正一人，署丞二人，協律郎五人，司樂二十三人，掌樂舞之節奏，以詔。樂舞生執事生九十人，樂生百八十人，舞生三百人，咸隸焉。

（清）昆岡等《（光緒）大清會典事例》卷一〇五九《太常寺二·承事·樂舞生》

又定，樂舞各生，每名月給銀三錢九厘，米三斗三升，每斗折銀一錢三分，遇閏增給，按季諮行戶部關支。

順治十五年諭，祭祀關係大典，必供事人員通曉嫻熟，始克肅將誠敬。近見太常寺樂舞生聲容儀節多有未諳，皆該衙門平日教演不精，以致如此。今後須責令勤加肄習，務俾精通，不得仍前玩忽，爾部即遵諭嚴行申飭。

乾隆三年諭，太常寺樂舞生係供應祭祀之人，所得米雖足食用，但每月領銀三錢九厘，不敷用度，嗣後每人著月給銀六錢。

（乾隆）七年定，各壇廟額設樂生一百八十名，每名月給銀一兩，米三斗三升；舞生三百名，執事生九十名，每名月給銀四錢，米三斗三升；遇閏各增給米三斗三升。每米一斗折銀一錢三分，分四季諮行戶部關支，照例給發；其應得銀米，未經給領以前，遇有事故扣留，于下季應領銀內聲明核抵；如在領放以後，雖遇事故，毋庸扣繳，至拔補承充，另行戶部計日補放。樂舞生在內城隍廟演習樂章，所需雜費，月給銀六兩，于支領錢糧時，一并造冊移取。十六年奏准，樂舞生袍帶，交內務府辦理；其靴帽，交太常寺照例辦理。十七年奏准，樂舞生袍服，向例承應太廟祭祀者，十年更換一次；承應各壇各廟者，至二十年更換一次。按袍服有青赤黑月白之別，不能通用，至靴帽并無分別，嗣後增添皮帽布靴一分，共爲二分；遇有祭祀通用，自成造之年起，每閱五年查驗一次，果有損壞者，隨時更換；其換存靴帽尚有可用者，留存本寺，以備中祀、群祀之用；不堪用者，交內務府造辦處辦理。【略】

守護戶役。順治初年定，凡各壇廟所設守護之壇戶廟戶，俱由太常寺行文順天府，於所屬各州縣內簽派民人充當，大興縣十名、宛平縣二十七名、良鄉縣三名、固安縣七名、永清縣五名、東安縣十有一名、香河縣四名、通州三名、三河縣四名、武清縣五名、寶坻縣六名、昌平州五名、順義縣九名、密雲縣三名、懷柔縣五名、涿州七名、房山縣三名、霸州二名、文安縣六名、大城縣三名、平谷縣一名、遵化州三名、玉田縣一名、豐閏縣五名、薊州二名，共諮取壇廟戶一百四十名，內分守護。【略】

先農壇與歷代帝王廟各二十名，都城隍廟十名。乾隆六年，裁【略】歷代帝王廟廟戶八名。【略】

廚役，【略】歷代帝王廟用二百一十三名。雍正元年，增設廚役。【略】歷代帝王廟用二百二十三名。【略】乾隆元年，【略】歷代帝王廟用二百四十三名。

（清）昆岡等《（光緒）大清會典事例》卷一〇六〇《太常寺三・承事・咨傳供備》

原定，各祭祀前期十日，咨兵部轉行步軍統領，祀日平治鑾駕經由道路，設障衢巷，禁止行人。咨工部張御拜幄，更衣大次，豫備齋宮具服殿及各幄內應用器物。諮鑾儀衛備盥盆帨巾。前五日，諮樂部鑾儀衛陳設鹵簿導迎樂，并知會駕詣壇廟時，樂設而不作，還宮作樂；如遇齋戒忌辰，仍不作樂。【略】帝王廟、先師之祭前十日，咨鑾儀衛豫備拜褥，鋪設棕薦。【略】

咨傳查禁。原定，凡遇祭祀，前期八日，諮兵部步軍統領，委官禁止陪祀官從役，不得隨進。【略】帝王廟于景德街牌坊外，【略】陪祀官各下馬，從役不得喧嘩。雍正九年題准，各壇廟祭祀，飭令陪祀執事官各約束役從人等，不得擅入柵欄。仍令步軍統領委官撥兵加謹巡察，如有從役人等及轎夫車馬喧擁者，照例分別治罪，其該管官故縱者，亦按律定議。【略】四十七年諭，凡祭壇行禮，派出查壇之王大臣等，皆在門外站班，雖屬遵循舊制，但恐於管理壇內執事人員聲音行禮齊班，稽查難周；大典攸關，內外理應一體致敬，嗣後凡派出之王大臣，若四人，著門外二人壇內二人站班，輪流稽查；若二人，亦著一體分管，斷不可稍有疏怠。嘉慶七年奏准，恭遇壇廟大祀及中祀，前一日，請送祝版，前期知會景運門護軍統領，派直班章京四員，護軍校一員，護軍二十名，前引後護，并肅清街道，禁止通衢左右車馬行走。

二十四年諭，御史喻士藩奏祭祀禮成恭徹祭品嚴禁夫役混雜一摺，所奏甚是。壇廟大祀，典禮綦重，朕行禮以前，執事之人，尚知共矢恪恭，至祭畢後，各夫役等輒藉奉徹器品為名，喧嘩雜遝，殊不足以昭敬慎。嗣後太常寺堂司各官，于祭祀禮成後，不准先行散去，即在彼督率夫役，恭徹祭器祭品，如有閑雜人等混入喧嘩者，立即查拏究辦，以昭嚴肅。【略】

咸豐三年諭，太常寺奏遵議稽查章程一摺，壇廟重地，理宜嚴肅，自應隨時稽查，以昭慎重，所請分撥官員輪班直宿，并兵役壇戶庫夫人等造具清冊，佩帶腰牌之處，均著照所議辦理。并著該堂官等常川親往稽查，如有官役人等偷安曠誤，或縱令閑人出入者，即行嚴參懲辦，不得僅委之壇官奉祀各員，致令日久生懈。至壇廟大典，雖派王大臣等稽查，該寺堂官，職守所在，豈能藉詞推諉，嗣後齋宿祭祀期內，仍著該堂官等一體認真稽查，以專責成。

（清）永瑢等《歷代職官表》卷二八

帝王廟祠祭署無專員，以漢人贊禮郎司樂內一人，委理右俱隸樂部。

掌典守神庫，以時巡視，而督其灑掃之役。若葺治墻字樹藝林木，咸白於長官，而敬供其事焉。順治初置奉祀五人，祀丞五人，尋省祀丞二人，凡奉祀員闕，以祀丞序升，祀丞員闕，以祝版生揀選除授。謹案順治初設。

又順治初，各壇設壇戶，各廟設廟戶，以給掃除。乾隆六年，以原額過冗，量加裁省，今定設壇戶，【略】帝王廟十二人。

《明史·職官志》：天壇、地壇、朝日壇、夕月壇、先農壇、帝王廟、祈穀殿，各祠祭署俱奉祀一人，從七品，祀丞二人，從八品。洪武初置各祠祭署，設署令、署丞。二十四年改各署令為奉祀署，丞為祀丞。

奉　先　殿

一、建置沿革

（一）營建沿革

（明）徐學聚《國朝典彙》卷一一五《禮部一三·廟祀》

（洪武三年）十二月，上謂禮部尚書陶凱曰：事死如事生，朕祖考陟遐遘已久，不能致其生事之誠，然於追遠之道，豈敢怠忽？復感嘆曰：養親之樂不足於生前，思親之苦徒切於身後。今歲時致享，則於太廟，至於晨昏謁見、節序告奠，古必有其制，爾考議以聞。於是凱奏：太廟祭祀已有定制，請於乾清宮左別建奉先殿以奉神御，每日焚香，朔望薦新，節序及生辰皆於此祭祀，用常饌，行家人禮。從之。

四年二月，奉先殿成，令禮部製四代帝后神位、衣冠，并定諸祭儀物及常用祝文。

（嘉靖十四年）十二月，上諭輔臣李時、夏言曰："奉先殿不勝舊矣，朕意欲新之。"時曰："請俟太廟工完，并新崇先殿。"上曰："然。第今須預備料材耳。"復問神牌當置何所。言請暫設奉先殿。上曰："然則崇先殿牌當置，牌與主不同，朕擬奉之宮中。"二臣謝。不及至是，宗廟成，上申諭曰："神主奉安後，奉先殿、崇先殿神位宜暫奉安景神殿，以便來春二殿之修，可即於是月舉行。"

隆慶元年二月，禮部言獻皇帝皇后既升祔太廟，奉祀內殿，凡行禮之日已與列聖同享，而復有玉芝宮諸祭，似爲煩數，請悉罷之，止存日供之膳。上謂玉芝祀典出自皇考孝思，復命詳議以聞。於是尚書高儀等復言："宗廟之常禮，如每年四孟及歲暮大祫，則止行於太廟；大小節辰及列聖忌辰，則止行於內殿，未嘗有并祭者。國有大事，或告於太廟，或告於內殿，亦未嘗有并告者。今於玉芝宮則無所不祭，無所不告，是列聖皆一祭一告，而於睿宗則兩祭兩告也，其在先帝行之，則以爲豐於禰廟，未爲不可。今睿宗於皇上爲皇祖，凡事必兩祭兩告，則遠而列聖，近而先帝，皇上將何以處之？此禮之難行難繼者也。至於日供之膳，則有可言者，謹考南京奉先殿，原奉太祖以上列祖神位於中，迨北京奉先殿成，南京奉先殿各祭俱罷，而供膳至今不輟，蓋以奉安神主之所，而特存有舉莫廢之義也。今玉芝宫既爲睿宗原廟，近又設有二聖神位，故臣等以爲日供之膳宜如舊，奉設而悉罷，其四時享祫及節序忌辰并有事奉告之祭，庶國家之典禮，先帝之孝思，可以兩全。"上從其議。先是，禮部言國朝廟制一后配帝，其禮甚嚴，如先年孝肅皇太后、孝穆、孝惠太皇太后神主皆祀於奉慈殿，近年乃遷奉，各均祀於別所。今孝烈皇后改題神主，宜敕所司於大内別建殿宇奉安，以副皇上一體孝事之意。上命會官定議以聞。至是，上議言：列后奉祀別所有二端，非祀於大内之別殿，則祀於陵寢。然内殿之祀似近而專，陵寢之祀稍疏而遠。今孝烈皇后以先帝祀之，則位非元配，太廟祫享之禮固當遷改。以皇上視之，則分爲母后，近方祇奉尊稱，若使遽遷於陵寢，則於皇上追崇之孝、臣民瞻戴之情均有未安，臣等反復詳議，惟大内別殿之祀爲當。得旨俱如議行，遂以景雲殿奉孝烈皇后專祀。

（明）尹守衡《皇明史竊》卷一一《禮樂志三·奉先殿》

奉先殿者，洪武三年太祖以太廟時享未足展孝思，乃於乾清宫別建奉先殿，朝夕焚香，朔望瞻拜，時節獻新，生忌致祭，用常饌，行家人禮。永樂定都北京，如之。后非元配，遂不敢祔。崇先殿者，嘉靖五年建以別祀皇考獻皇帝也。世廟者，獻皇帝未得祔太廟，故別建廟於太廟，曰世廟。特享在世廟，時祫則奉主於太廟，合享、時食之薦仍在崇先殿，祭享一如奉先殿之儀。及祔太廟，始罷崇先殿，而祔享奉先殿焉。奉慈殿者，孝宗別建追奉生母孝穆紀皇太后也。一歲五享，四序薦新，忌祭俱如奉先殿之儀。弘治十七年，復奉安憲宗生母孝肅周太皇太后主居中，孝穆居左。嘉靖二年，奉安世宗生祖母孝惠邵太皇太后主孝肅之右。十二年，上諭禮官曰：廟中一帝一后，祔葬乃有二三后，今奉慈三后主既不得祔廟，其遷祔陵廟享祭。皇太后、太皇太后本子孫尊稱，稱睿皇后、純皇后，又嫌於嫡，其改主題皇后，勿書帝諡，孝肅主奉遷於裕陵，孝惠、孝穆主奉遷於茂陵，罷奉慈殿薦享。

（明）俞汝楫等《禮部志稿》卷八三《別建·奉先殿》

洪武三年，上謂禮部尚書陶凱曰："事死如事生，朕祖考陟遐已久，不能致其生事之誠，然於追遠之道，豈敢怠忽？"復感嘆曰："養親之樂不足於生前，思親之苦徒切於身後。今歲時致享，則於太廟，至於晨昏謁見、節序告奠，古必有其所，爾考論以聞。"於是凱奏："宋太廟一歲五享，宫中自有奉先天章閣、欽先孝思殿奉神御畫像，天子日焚香，時節朔望、帝后生辰皆遍祭，用常饌，行家人禮。古者宗廟之制，前殿後寢。《爾雅》曰：'室有東西廂曰廟，無東西廂有室曰寢。'廟是栖神之處，故在前；寢是藏衣冠之處，故在後。自漢以來，廟在宫城外已非一日，故宋建欽先孝思殿於宫中，崇政之事以奉神御。今太廟祭祀已有定制，請於乾清宫左別建奉先殿以奉神御，每日焚香，朔望薦新，節序及生辰皆於此祭祀，用常饌，行家人禮。"

（明）章潢《圖書編》卷九九《奉先殿》

國家有太廟以象外朝，有奉先殿以象内朝。殿九室，如廟制。凡祀方丘、朝日、夕月，册封告祭及忌祭在焉，餘皆於太廟行之。其祭品及日獻膳、月薦新，皆光禄司具其事。嘉靖初，聖旦、中元、冬至、歲暮，俱告祭。十五年，罷中元祭。十八年，罷忌祭，祭高帝后於景神殿，列帝后於永孝陵。二十四年，仍於奉先殿。隆慶元年，祭孝烈於弘孝殿，孝恪皇太后、孝懿皇后於神霄殿。承天又有隆慶殿，奉獻皇帝后。初獻皇帝未祔廟，別立奉先殿。奉慈殿左太常寺，奉先殿右，孝宗生母孝穆紀太后也，不得附太廟、奉先殿，孝宗即位初作慈奉殿別祀太后已。而憲宗生母孝肅周太皇太后、世宗生祖母孝惠邵太后皆祀殿中。孝肅中室，孝穆、孝惠在右室，主書皇太后、太皇太后，歲享薦如太廟、奉先殿。嘉靖十五年，上諭禮官曰：廟中帝配一后，陵附葬乃有二三后，廟祀、陵祀本不同，奉慈三后主既不得祔廟，又不祔陵殿，近於黜者，非親之也。禮官遂請奉孝肅於裕陵，孝穆、孝惠於茂陵殿。上又曰：皇太后、太皇太后，本子孫尊稱，稱睿皇后、純皇后，又嫌於嫡，改主題皇后，不得書帝謚，罷奉慈享薦禮。

(清) 傅維鱗《明書》卷五八《志六·禮儀志三·廟祀諸殿祀沿革附》

孝宗即位，追上母妃紀氏爲孝恪皇太后，祔葬茂陵，別建奉慈殿於大内，奉祀如奉先儀。及弘治十七年，上聖慈太皇太后周氏爲孝肅太皇太后，奉祀於奉慈殿中，遷孝恪於左。嘉靖二年，追上壽安皇太后邵氏爲孝惠皇太后，奉安於奉慈，居右。七年，復題孝惠曰太皇太后，而祔悼靈皇后陳氏於其側。十五年，上諭禮部曰："廟中一帝一后，祔葬乃有二三后，今奉慈三后既不得祔廟，其祔陵殿甚宜，而皇太后、太皇太后本子孫尊稱，太參差而稱，帝謚又嫌於嫡，皆題曰皇后。"乃以孝肅遷裕陵，孝穆、孝惠遷茂陵，遂改謚悼靈爲孝潔，遷主於奉先殿西夾室，罷奉慈祭。二十九年，升祔孝烈皇后於太廟。及穆宗即位，升祔孝潔於廟，而以孝烈入夾室，尋奉安景雲殿，更名弘孝殿。又建神霄殿奉孝恪皇太后，而祔孝懿於其側，每祭享如奉先儀。隆慶六年，孝懿加莊字升祔。萬曆三年，乃奉孝烈、孝恪祔享奉先殿，神主則遷於永陵，而弘孝、神霄之祭俱罷。嘉靖五年，建世廟於太廟之東北，祀獻皇。至十五年，又改建於太廟都宮之東南，題曰獻皇帝廟，遂改世廟曰景神殿，寢殿曰永孝殿，藏祖宗帝后御容。十七年，改獻皇帝廟曰睿宗廟，尋以睿宗升祔太廟，罷特廟之祭。其後或祭於景神，或祭於永孝，或仍祭於奉先。至四十四年，以睿宗廟柱產芝，題曰玉芝宮，而諸祭享復如太廟儀。隆慶中，罷止，供膳如常。又於安陸建隆慶殿，其五享、薦祭皆如太廟，以鎮守勳臣行禮。及穆宗即位，改曰慶源殿，而祭享皆如太廟儀，朔望常祭則如奉先殿儀。

(清) 龍文彬《明會要》卷一〇《禮五·吉禮·奉先殿》

洪武三年十月，上以歲時致享則於太廟，至晨昏拜謁、節序告奠，古必有其所，下部考論《尚書》。陶凱等奏："古者宗廟之制，前殿後寢。《爾雅》'室有東西廂曰廟，無廂有室曰寢。'廟是棲身之所，故在前；寢是藏衣冠之處，故在後。今太廟祭祀已有定制，請仿宋建欽先孝思殿於宮中之制，在於乾清宮之左別建奉先殿，奉四代神位衣冠，每日焚香，朔望薦新，節序及生忌日皆致祭，如家人禮。"從之。《春明夢餘錄》

成祖遷都北京，建如制。

宣德元年，奉太宗祔廟畢，復遣鄭王瞻埈詣奉先殿，設酒果祭告，奉安神位。

弘治十七年，吏部尚書馬文升言："南京進鮮船，本爲奉先殿設，挽夫至千人，沿途悉索。今揚、徐荒旱，願仿古凶年殺禮之意，減省以甦民困。"命所司議行之。

嘉靖十四年，定內殿之祭。

十五年，禮部尚書夏言等奏："悼靈皇后神主，宜暫遷奉先殿旁室，享祀祭告，則一體設饌。"從之。已上《禮志》。

二十七年，禮臣以孝烈皇后喪且期年，請援孝潔皇后故事，權祔主於奉先殿東夾室。帝曰："奉先殿夾室，非正也，可即祔太廟。"《實錄》

隆慶元年，遷孝烈神主奉安景神殿，更名曰弘孝。又於神霄殿奉孝恪皇太后神主，而祔孝懿皇后於其側。每歲五享，四序薦新，忌祭日供，俱如奉先殿儀。《會典》

禮部又言："舊制，太廟一歲五享，而節序、忌辰等祭則行於奉先殿。今孝潔皇后既祔太廟，則奉先殿亦宜奉安神位。"乃設神座、儀物於第九室，遣官祭告如儀。《禮志》

萬曆三年，諭禮官曰："朕思弘孝、神霄二殿，孝烈、孝恪二后神主宜奉安於奉先殿。"禮官言："嘉靖十五年，議祔陵祭，不議祔內殿。"帝曰："奉先殿見有孝蕭、孝穆、孝惠三后神位，俱皇祖所定，宜遵行祔安，蓋當時三后既各祔陵廟，仍并祭於奉先殿，而外廷莫知也。"於是奉安孝烈、孝恪神位於蕭皇室，并罷弘孝、神霄之祀，而專祀於奉先殿。《春明夢餘錄》

崇禎十五年五月十七日，上諭禮臣曰："太廟之制，一帝一后，祧廟亦然。歷朝繼母及生母既皆不得與即宮中，奉先殿亦尚無祭，奈何？"其意蓋在生母孝純劉太后，未明言也。蔣德璟等奏："奉先外別有奉慈殿，所以奉繼母及生母者，雖廢可舉行。"上曰："奉慈外尚有弘孝、神霄、本恩諸殿。"禮臣奏："奉慈殿如未可復，或即在神霄殿奉祀。"上曰："奉慈已撤，惟奉先尚可恢拓。"德璟奏："奉先止一帝一后，與太廟同，祧廟之主未可盡入。"乃止。同上

孝宗即位，追上母妃紀氏孝穆太后謚，祔葬茂陵。后以不得祔廟，詔廷臣議享禮。周洪謨、倪岳上言："《周禮》有祀先妣之文，謂姜嫄也，《魯頌》之《閟宮》是已。唐宋推尊太后不配食祖廟者，別立殿以祀之。故宋之章獻、章懿二后皆有奉慈之建，每歲五享，四時薦新，上食如常儀。今孝穆神主宜於奉先殿傍別立奉慈殿，歲時祭享，一如奉先殿儀。"從之。《通紀》

已而，憲宗生母孝蕭周太皇太后、世宗生祖母孝惠邵太皇太后皆祀殿中，孝蕭中室，孝穆、孝惠右室，主書皇太后、太皇太后。一歲五享，薦新忌祭，俱如太廟、奉

先殿儀。《吾學編》

（清）萬斯同等《明史》卷五五《志二九·禮志一三·吉禮一三·奉先殿》

洪武四年，帝以太廟時享未足展孝思之誠，復命建奉先殿於宫門内之東，以太廟象外朝，以奉先殿象内朝。正殿五間，南向，深二丈五尺。前爲軒，五間，深一丈二尺五寸。遂命禮部製四代帝后神位衣冠，并定諸祭儀物及常用祝文。於是禮部定議：每日朝晡，上及皇太子、諸王二次朝享，皇后率嬪妃日進膳羞。諸節致祭，每月朔薦新，其品物視元年所定。惟三月不用鯊魚，四月則減鰣魚而益以王瓜、彘，五月益以茄，九月則減柿、蟹，十月則減木瓜、蘆菔而益以山藥，十一月則減天鵝、鷀鳨而益以獐餘，并同。太常司官每月奏聞送光禄寺供薦，其獻新則凡遇新時品物，太常司官供獻亦如之。其常用祝文曰："正旦之吉，萬物維新，追念恩德，不勝感慕，謹具牲醴庶品，恭率眷屬，詣廟獻祭。"十月朔則曰："時惟孟冬，氣候初寒。"冬至節則曰："冬至令節，陽氣初生。"上元、清明、端陽、中元、重陽等節則曰："時惟某節，禮嚴常祀。"餘并同前。聖壽日祝曰："時在季秋十有八日，實戊辰年初生之辰，荷祖宗積德陰隲悠久，福垂後世，以致家國興隆，今當此日，謹具牲醴庶品，恭率眷屬詣廟獻祭。"其仁祖廟改爲"追念劬勞，昊天罔極。"帝命中書省臣録皇考妣忌日，歲時享祀以爲常。又諭中書省臣製奉先殿四代帝后神主及龕。禮部奏定：神主之製高一尺二寸，闊四寸，趺高二寸，用木爲之，飾以金鏤，以青字；神龕高二尺，闊二尺，趺高四寸，朱漆，鏤金龍鳳花；版開二窗，施紅紗，側用金銅，環内織金文綺爲䄌。宣德元年七月，奉太宗祔廟祭畢，復遣鄭王瞻埈詣奉先殿設酒果祭告，安奉神位。天順七年四月，奉孝恭章皇后祔廟祭畢，帝還行奉安神位禮。先期，司禮監官設彩亭於武英殿，安置神位於亭内。俟太廟禮畢，帝仍祭服升輅，詣武英殿前降輅，升殿奉迎神位。内侍八員舉神位亭前行，由中門出。帝升輅後隨，由思善門入至奉先殿門外。帝降輅，司禮監官導詣神位亭前。贊跪，奏請神位奉安奉先殿。贊俯伏興，内侍於亭内捧神位前行，帝后從，由中門入至奉先殿。奉安訖，帝叩頭，興，就位，用酒米行祭告禮，用樂，用祝文。成化二年，奉英宗祔廟後，奉安神位於奉先殿。前期，擇日於奉天門寫神主，内臣捧詣武英殿，裝漆完辦，置於殿中，俟太廟祭畢，帝躬迎至奉先殿安位，如舊儀。弘治十七年，吏部尚書馬文升疏言："南京每歲進鮮船本爲奉先殿薦新而設，用夫挽運多至千人，沿途需索，不遂即加以不敬罪。今揚、徐間荒旱特甚，願仿古者凶年殺禮之意，重爲減省，以甦民困。"命所司議行之。嘉靖十四年，定内殿之祭并禮儀。清明、中元、聖誕、冬至、正旦有祝文，樂如宴樂。兩宫壽旦、皇后并妃嬪生日，皆有祭，無祝文、樂。立春、元宵、四月八日、端陽、中秋、重陽、十二月八日，皆有祭，用時食，舊無祝文，今增告詞。舊儀但於一室一拜，至中室跪，祝畢又四拜，焚祝帛。今更就位四拜，獻帛爵，祝畢，后妃助亞獻，執事終獻，撤饌又四拜，禮畢。忌祭舊具服作樂，今更淺色衣，去樂。嘉靖十五年，禮部尚書夏言等奏："悼靈皇后神主先因祔於所親，暫祔奉慈殿孝惠太后之側，茲三后神主既擬遷於陵殿，則悼靈亦宜暫遷奉先殿旁室，歲時享祀。及有祭告祖宗，則一體設饌，而但不啓主匵，不見祝稱，斯爲合禮。"從之。隆慶元年，禮部言："國家舊制，太廟一歲五享，而節序忌辰等祭則行於奉先殿。今孝潔肅皇后既祔太廟，則奉先殿亦宜奉安神位。"三月，以神座儀物設於殿內第九室，遣官祭告如常儀。萬曆三年，帝諭禮官以孝烈、孝恪二后神位宜奉安於奉先殿。禮部謂：世宗時議祔陵祭，不聞議祔內殿。帝曰："奉先殿見有孝肅、孝穆、孝惠三后神位，俱係皇祖欽定，宜遵照祔安。蓋當時三后之事，既各祔於陵廟，仍并祭於奉先殿，而外廷莫知也。"至是，命輔臣張居正等入視，於是居正等疏言："臣等恭詣奉先殿，仰見列聖祖妣，凡推尊爲后者，俱得祔享內殿，比之太廟惟一帝一后者不同。今孝烈皇后及孝恪皇太后神位亦宜奉安於奉先殿祔享，其神主考嘉靖年舊例，俱奉遷於本陵，請諭禮部遵行。"從之。凡祭方澤、朝日、夕月出告回參，及册封、告祭諸帝后忌辰，日獻膳，月薦新，朔望行禮，皆在焉。其祭品則出之光祿，其告文則出之內監。先是，册封告祭以太常寺官執事，仍題請遣官，至萬曆元年帝親行禮，而遣官之請不復行。二年，太常寺以內殿在禁地，用內官供事便。得旨俞允，而執事人員亦不復用。惟忌辰於前二日面奏，薦新於前一月題奏，册封於前七日題知，皆太常職也。凡遇聖節、中元、冬至、歲暮，嘉靖初俱告祭於奉先殿，十五年罷中元祭，四十五年罷歲暮祭。隆慶元年罷聖節、冬至祭。其方澤、朝日、夕月出告回參，嘉靖中行於景神殿，隆慶元年仍行於奉先殿。諸帝后忌辰，嘉靖以前行於奉先殿，十八年高皇帝后忌辰改行於景神殿，文皇帝后以下改行於永孝殿，二十四年俱行於奉先殿如舊。凡內殿祭告，自萬曆二年後，若親祭，則祭品、告文、職事皆出內監；若遣官代祭，則皆出太常；惟品用脯醢者，即親祭亦皆出太常焉。十四年，禮部奏定內殿祭告之規，謂"我朝建奉先殿於大內，蓋於太廟五享之外，又以是而廣其如在之思也。夫曰大內，則非外庭可得而與者，以故祭品辦自光祿寺，告文及執事人員俱取自內廷，太常寺雖職專祀事，而此實不與焉。近年以來，皇貴妃册封祭告奉先殿，其祝文、執事皆出內廷，而祭品又取之該寺，事體不一，遵守未便。倘有奉旨親行，忽臨期而遣官代者，則事出倉卒，備辦尤難。夫該寺職掌專主祀享，而光祿則掌主膳羞之官，其內廷祭告則猶取象於食時上食之義也。且大內禁地，容外人出入，有干明禁。合照舊例，凡遇祭告內殿，無論親行及遣官，其祭品俱光祿寺備辦。惟告文、執事人員，親行則辦之內廷，遣官則暫用該寺。庶內外各官無推諉誤事之弊，而奉遣行禮者亦無僭用執事之嫌。"從之。

（清）張廷玉等《明史》卷五二《志二八·禮志六·吉禮六·奉先殿》

洪武三年，太祖以太廟時享未足以展孝思，復建奉先殿於宮門內之東，以太廟象外朝，以奉先殿象內朝。正殿五間，南向，深二丈五尺；前軒五間，深半之。製四代帝后神位衣冠，定儀物祝文。每日朝晡，帝及皇太子、諸王二次朝享，皇后率嬪妃日進膳羞。諸節致祭，月朔薦新。其品物視元年所定，惟三月不用鱘魚；四月減鰣魚，益以王瓜、堯；五月益以茄；九月減柿、蟹；十月減木瓜、蘆菔，益以山藥；十一月減天鵝、鷿鷉，益以獐。皆太常奏聞，送光禄寺供薦。凡遇時新品物，太常供獻。又録皇考妣忌日，歲時享祀以爲常。成祖遷都北京，建如制。宣德元年，奉太宗祔廟畢，復遣鄭王瞻埈詣奉先殿設酒果祭告，奉安神位。天順七年，奉孝恭皇后祔廟畢，帝還，行奉安神位禮，略如祔廟儀。弘治十七年，吏部尚書馬文升言："南京進鮮船本爲奉先殿設，挽夫至千人，沿途悉索，今揚、徐荒旱，願仿古凶年殺禮之意，減省以甦民困命。"所司議行之。武宗即位，祧熙祖，奉先殿神位亦遷德祖之西，其衣冠床幔儀物貯於神庫。嘉靖十四年，定内殿之祭并禮儀。清明、中元、聖誕、冬至、正旦，有祝文，樂如宴樂。兩宮壽旦、皇后并妃嬪生日，皆有祭，無祝文、樂。立春、元宵、四月八日、端陽、中秋、重陽、十二月八日，皆有祭。用時食舊無祝文，今增告詞。舊儀但一室一拜，至中室跪，祝畢又四拜，焚祝帛。今就位四拜，獻帛爵，祝畢，后妃助亞獻，執事終獻，徹饌又四拜。忌祭舊具服作樂，今更淺色衣，去樂。凡祭方澤、朝日、夕月，出告回參及册封告祭、朔望行禮，皆在焉。十五年，禮部尚書夏言等奏："悼靈皇后神主先因祔於所親，暫祔奉慈殿孝惠太后之側，兹三后神主既擬遷於陵殿，則悼靈亦宜暫遷奉先殿旁室享祀，祭告則一體設饌。"從之。隆慶元年，禮部言："舊制太廟一歲五享，而節序念辰等祭則行於奉先殿，今孝潔皇后既祔太廟，則奉先殿亦宜奉安神位。"乃設神座儀物於第九室，遣官祭告如儀。萬曆三年，帝欲以孝烈、孝恪二后神位奉安於奉先殿，禮官謂："世宗時議祔陵祭，不議祔内殿。"帝曰："奉先殿見有孝肅、孝穆、孝惠三后神位，俱皇祖所定，宜遵行祔安。蓋當時三后既各祔陵廟，仍并祭於奉先殿，而外廷莫知也。"命輔臣張居正等入視。居正等言："奉先殿奉安列聖祖妣，凡推尊爲后者，俱得祔享内殿，比之太廟一帝一后者不同，今亦宜奉安祔享。"從之。先是，册封告祭以太常寺官執事，仍題請遣官。至萬曆元年，帝親行禮，而遣官之請廢。二年，太常寺以内殿在禁地，用内官供事便，帝俞其請。凡聖節、中元、冬至、歲暮，嘉靖初俱告祭於奉先殿，十五年罷中元祭，四十五年罷歲暮祭，隆慶元年罷聖節、冬至祭。其方澤、朝日、夕月出告回參，嘉靖中行於景神殿，隆慶元年仍行於奉先殿。諸帝后忌辰，嘉靖以前行於奉先殿，十八年改高皇帝后忌辰於景神殿，文皇帝后以下於永孝殿，二十四年仍行於奉先殿。凡内殿祭告，自萬曆二年後，親祭則祭品、告文、執事皆出内監，遣官代祭則皆出太常，惟品用脯醢者，即親祭亦皆出太常。萬曆十四年，禮臣言："近年皇貴妃册封祭告奉先殿，祝文、執事出内庭，而祭品取之太常，事體不一。夫太常專主祀享，而光禄則主膳羞，内庭祭告蓋取象於食時上食之義也，宜遵舊制。凡祭告内殿，無論親行、遣官，其祭品光禄寺供，惟告文、執事人，親行則辦之内庭，遣官則暫用太常寺。"從之。

（清）嵇璜等《續文獻通考》卷八〇《宗廟考·天子宗廟》

（洪武）三年十二月，建奉先殿。

帝以歲時致享則於太廟，至於晨昏謁見、節序告奠，古必有其所。下禮部考論以聞。尚書陶凱言："古者宗廟之制，前殿後寢。《爾雅》曰'室有東西廂曰廟，無東西廂有室曰寢。'廟是栖神之處，故在前；寢是藏衣冠之處，故在後。自漢以來，廟在宮城外已非一日，故宋建欽先孝思殿於宮中崇政殿之東，以奉神御。今太廟祭祀已有定制，請於乾清宮左別建奉先殿以奉神御。每日焚香，朔望薦新，節序及生辰皆致祭，用常饌，行家人禮。"乃建奉先殿於宮門內之東，以太廟象外朝，以奉先殿象內朝。九年，以舊殿弗稱，更命改建。正殿五間，南向，深二丈五尺尺。前軒五間，深半之。

臣等謹案：《禮志》奉先殿儀物等，今詳見於時享薦新門。是後，嘉靖十四年定內殿祭儀：清明、中元、聖誕、冬至、正旦，有祝文，樂如宴樂。兩宮壽旦、皇后并妃嬪生日，皆有祭，無祝文與樂。立春、元宵、四月八日、端陽、中秋、重陽、十二月八日，皆有祭，用時食，舊無祝文，今增告詞。舊儀但一室一拜，至中室跪祝畢，又四拜、焚祝帛；今就位四拜、獻帛爵，祝畢，后妃助亞獻，執事終獻，徹饌，又四拜。忌祭，舊具服作樂，今更淺色衣，去樂。凡祭方澤、朝日、夕月，出告回參，嘉靖中行於景神殿，隆慶元年仍行於奉先殿。凡聖節、中元、冬至、歲暮，嘉靖初俱告祭於奉先殿。十五年罷中元祭，四十五年罷歲暮祭，隆慶元年罷聖節、冬至祭。諸帝后忌辰，嘉靖以前行於奉先殿，十八年改高皇帝后忌辰祭於景神殿，文皇帝后以下祭於永孝殿，二十四年仍行於奉先殿。先是，冊封告祭以太常寺官報事，仍題請遣官。至萬曆元年，帝親行禮，遣官之請遂廢。二年，以內殿在禁地，從太常寺請用內官供事。凡內殿祭告，自萬曆二年後親祭則祭品、告文、執事皆出內監，遣官代祭則出太常，惟品用、脯醢者，即親祭亦皆出太常。萬曆十四年，禮臣言："近年皇貴妃冊封祭告奉先殿，祝文、執事出內廷，而祭品取之太常，事體不一。宜遵舊制，凡祭告內殿無論親行、遣官，其祭品光祿寺供；惟告文、執事人，親行則辦之內廷，遣官則暫用太常寺。"從之。

（嘉靖）二十九年十一月，祧仁宗，祔孝烈皇后於太廟。先是二十六年十一月，以后救帝於危命，以元后禮預名地曰永陵，謚孝烈，親定謚禮，視昔加隆焉。及大祥，禮臣請安主奉先殿東夾室，帝曰："奉先殿夾室非正也，可即祔太廟。"於是大學士嚴嵩等請設位於太廟東皇姚睿皇后之次，後寢藏主則設位於憲廟皇祖姚之右，以從祔於祖姑之義。帝曰："祔禮至重，豈可權就，后非帝，乃配帝者，自有一定之序，安有享從此而主藏彼之禮。其祧仁宗，祔以新序，即朕位次，勿得亂禮。"嵩曰："祔新序，非臣下所敢言，且陰不可當陽位。"乃命姑藏主睿皇后側。至是年十月，帝終欲祔后太廟，命再議。尚書徐階言不可，給事中楊思忠是階議，餘無言者。帝覘知狀。及議疏入，謂："后正位中宮，禮宜祔享，但遽及廟次，則臣子之情，不唯不敢，實不忍也，宜設位奉先殿。”帝震怒。階、思忠惶恐言：“周建九廟，三昭三穆。國朝廟制，同堂異室，與周禮不同。今太廟九室皆滿，若以聖躬論，仁宗當祧，固不待言，但此乃異日聖子神孫之事。臣聞夏人之廟五，商以七，周以九。禮由義起，五可七，七可九，九之外亦可加也。請於太廟及奉先殿各增二室，以祔孝烈，則仁宗可不必祧，孝烈皇后可速正南面之位，陛下亦無預祧以俟之嫌。”帝曰：“臣子之義，當祧當祔，力請可也。苟禮得其正，何避預爲！”於是，階等復會廷臣上言：“唐、虞、夏五廟，其祀皆止四世。周九廟，三昭三穆，然而兄弟相及，亦不能盡足六世。今仁宗爲五世祖，以聖躬論，仁宗於禮當祧，孝烈皇后於禮當祔。請祧仁宗，祔孝烈皇后於太廟第九室。”因上祧祔儀注。已而，請忌日祭，帝猶銜前議，報曰：“孝烈繼后，所奉者又入繼之君，忌不祭亦可。”階等請益力。帝曰：“非天子不議禮，后當祔廟，居朕室次，禮官顧謂今日未宜，徒飾説以惑衆聽。”因諭嚴嵩等曰：“禮官從朕言，勉强耳，即不忍祧仁宗，且置后主別廟，將來由臣下議處，忌日令奠一卮酒，不致傷情。”於是，禮臣不敢復言，第請如行，乃許之。隆慶初，祔孝潔皇后，移后主弘孝殿。

《明史·徐階》曰：初孝烈皇后崩，帝欲祔之廟，念厭於先孝潔皇后。又睿宗入廟非公議，恐後世議祧，遂欲當己世預祧仁宗，以孝烈先祔廟，自爲一世，下禮部議。階抗言：“女后無先入廟者，請祀之奉先殿。”禮科都給事中楊思忠亦以爲然。疏上，帝大怒，階惶恐謝罪，不能守前議。

(清) 朱奇齡《續文獻通考補》卷一二《典禮補八·廟祀·殿祭》

洪武三年，以太廟時享未足以展孝思，始於乾清宮別建奉先殿。朝夕焚香，朔望瞻拜，時節薦新，忌日致祭，用常饌，行家人禮。永樂定都，悉如南京舊制。成化二十三年，孝宗嗣位，追尊母妃紀氏爲皇太后，別建奉慈殿於大內，以安神主，歲五享，餘如奉先殿之儀。弘治二年，憲宗既祔廟，仍迎神位，安於奉先殿，親行祭告禮。用酒果、祝文，奏樂。嗣後，太后主俱安於奉慈殿。周、紀、邵三后主，嘉靖中每遇聖節及中元、冬至、歲暮，奉先殿皆有祭告。三年，即殿西建觀德殿，奉獻帝神主。五年，世廟乃遷觀德殿，於奉先殿東，改題曰崇先殿，祭與奉先同。十五年，罷中元祭。改建獻廟，遂改世廟正殿曰景神殿，寢殿曰永孝殿，藏祖宗御容於其中。又遷諸太后主於陵廟。及陳后謚孝潔，世宗后也主遷於奉先殿之西夾室，遂罷奉慈殿之祭。十七年，祔獻帝於奉先殿，遂罷崇先殿之祭。十八年，設考具獻姚神座於永孝殿。時葬畢奉慰，帝吉服率后妃行祭禮，大臣陪拜，命娟不與如前上太祖謚號儀。四十四年，神宮監奏睿宗廟柱產芝，乃更名玉芝宮。命每日供膳，歲時致祭，遣駙馬及皇親一人，行叩頭禮。牲帛諸品皆如太廟，惟不用祝，不奏樂。隆慶初罷，惟供膳如故。隆慶元年，孝潔后既祔廟，乃遷孝烈后神主於景雲殿，奉先殿之西，更名弘孝。又於神霄殿奉孝恪太后，而祔孝懿於其側，歲五享，餘如奉先儀。萬曆三年，奉孝烈、孝恪祔享於奉先殿，其神主并遷陵廟，而弘孝、神霄之祭俱罷。又嘉靖初，具畝有家，廟有司，歲時致後，改名慶源殿。

（清）嵇璜、劉墉等《清通志》卷三九《禮略·吉禮四·時享》

（康熙）十八年五月，以改營奉先殿，恭奉列祖列后神牌暫安太廟，遣官祇告。二十年二月，以奉先殿工竣，遣官祇告太廟，恭奉列祖列后神牌還御。

（乾隆）二年七月，以營修奉先殿，恭奉列祖列后神牌暫安太廟，遣官祇告。十月，以奉先殿工竣，恭奉列祖列后神牌還御，遣官祇告太廟。

順治十三年十二月，世祖章皇帝命建奉先殿於景運門之東，立前殿、後殿均九間，南向，如太廟寢制。十四年正月，初安奉先殿神位祭儀。禮部奏："奉先殿初安神位，皇上親詣致祭，內大臣侍衛、內府官隨行禮。太常寺贊禮官贊禮，樂舞生作樂，各司其事。以後親詣致祭，俱行家人禮。內府官贊禮作樂，致祭之先，上親請神位奉安，祀殿祭畢，上仍親奉安後殿行禮。其元旦、冬至、歲暮、皇上萬壽係大節，諸冊封係大禮，及月朔望，俱應親詣致祭，內府官贊禮作樂，其供獻與太廟大祀儀同。立春、上元、四月初八、端陽、重陽係尋常節，親詣致祭，不贊禮作樂。忌辰、清明、霜降、十月朔係哀慕日期，親詣致祭，不贊禮作樂。七夕不致祭，止如常供獻。中元、中秋係望日常祭日期，不必重行。每月隨時薦新，上躬詣供獻，即於後殿行禮。上享太廟及祭畢，俱應上香燭於奉先殿，行躬告禮。"得旨："奉先殿初次行禮宜用祝文，餘俱如議。"十一月奉先殿告成，世祖章皇帝親詣奉安神位，大饗如儀。十七年三月，定奉先殿祫祭禮。祭日，遣官八員，恭請四祖暨后神牌，自太廟迎入奉先殿合享，祭畢仍恭送神牌，還太廟後殿。五月改建奉先殿，諭工部："奉先殿享祀九廟，稽考往制，應除東西夾室，行廊中建敞殿九間，斯合制度。前興工時，該衙門未加詳察，連兩夾室止共造九間，殊爲不合。今宜於夾室行廊外中仍通爲敞殿九間，以合舊制。爾部即會同宣徽院詳議，擇日興工。"十八年正月，聖祖仁皇帝登極，十一月恭奉世祖章皇帝神主升祔奉先殿，行大饗禮如儀。是後，遇列聖列后升祔太廟禮成，即於是日恭奉神牌奉安奉先殿，豫期祇告，屆日行大饗禮，禮成，升祔、奉安如儀。

（清）嵇璜、劉墉等《清通典》卷四六《禮吉六·奉先殿》

順治十三年十二月，世祖章皇帝命建奉先殿於景運門之東，立前殿、後殿均九間，南向，如太廟寢制。禮部奉諭旨："朕考往代典制，歲時致享，必於太廟，至於晨昏謁見，朔望薦新，節序告虔，聖誕忌辰行禮等事皆另建有奉先殿。今制度未備，孝思莫伸，朕心歉然，爾部即察明舊典具奏。"尋以次年正月興工。十四年正月，禮部奏："奉先殿初安神位，皇上親詣致祭，內大臣侍衛、內府官隨行禮，太常寺贊禮官贊禮，樂舞生作樂，各司其事，以後親詣致祭，俱行家人禮。內大臣侍衛、內府官不與陪祀，應令內府官贊禮作樂，如前行禮。其元旦、冬至、萬壽係大節，諸冊封係大禮，及月朔望，俱應親詣致祭。內府官贊禮作樂，其供獻與太廟大祀同。立春、上元、四月初八日、端陽、重陽係尋常節，忌辰、清明、霜降、十月朔係哀慕日期，親詣致祭，均不贊禮作樂。七夕不致祭，止如常供。中元、中秋、係望日常祭日期，不必重行。每月隨時薦新，上躬詣供獻，但係常例供獻，不必請神位於前殿，即於後殿供獻。上享太廟或祭畢，俱應上香燭於奉先殿，行躬告禮。"得旨："奉先殿初次行禮，宜用祝文，餘俱如議。"是年，定每日供獻湯飯、果五盤，肉五盤，上香行禮。又定御經筵前期、行幸前期、還宮次日，均於後殿讀祝祗告。十一月，奉先殿告成，恭奉太祖高皇帝、孝慈高皇后、太宗文皇帝、孝端文皇后神牌奉安奉先殿，世祖章皇帝親詣行大饗禮如儀。又諭："奉先殿恭祭太祖太宗，未經合祭四祖，朕之孝思猶爲未盡，嗣後遇元旦、皇太后聖壽及朕誕辰，恭請太廟後殿四祖四后神位於奉先殿合享，祀畢仍恭送神位於太廟後殿。"十七年五月，諭工部："奉先殿享祀九廟，稽考往制，應除東西夾室，行廊中建敞殿九間，斯合制度。前興工時，該衙門未加詳察，連兩夾室止共造九間，殊爲不合，今宜於夾室行廊外中仍通爲敞殿九間，以合舊制，爾部即會同宣徽院詳議具奏。"尋遵旨議上，興工改建。十八年正月，聖祖仁皇帝登極。十一月，恭奉世祖章皇帝神牌升祔奉先殿。前期祗告，是日升祔太廟禮成，聖祖仁皇帝詣奉先殿奉安神位，行大饗禮如儀。

(清) 張廷玉等《清文獻通考》卷一一六《宗廟考一○·奉先殿》

順治十三年十二月，世祖章皇帝命建奉先殿。景運門之東北爲奉先殿，西門曰誠肅門，正門曰奉先門。前殿、後殿均九間，南向，如太廟寢制。中爲堂以聯前後，繚以周垣，左列神庫，前列神廚。

臣等謹按：是月戊戌，世祖章皇帝諭禮部："朕考往代典制，歲時致享必於太廟，至於晨昏謁見、朔望薦新、節序告虔、聖誕忌辰行禮等事，皆另建有奉先殿。今制度未備，孝思莫伸，朕心歉然。爾部即察明舊典具奏。"嗣經部奏准，以明年正月庚午興工。

(十四年) 十一月，奉先殿告成。恭奉太祖承天廣運聖德神功肇紀立極仁孝武皇帝神主、孝慈昭憲純德貞順成天育聖武皇后神主、太宗應天興國弘德彰武寬溫仁聖睿孝文皇帝神主、孝端正敬仁懿莊敏輔天協聖文皇后神主奉安奉先殿。是日，世祖章皇帝親詣恭安神位，讀祝大饗，如正月所定祭儀行。

(十七年) 五月，改建奉先殿。是月壬申，諭工部："奉先殿享祀九廟，稽考往制，應除東西夾室、行廊，中建敞殿九間，斯合制度。前興工時，該衙門未加詳察，連兩夾室止共造九間，殊爲不合。今宜於夾室、行廊外，中仍通爲敞殿九間，以合舊制。爾部即會同宣徽院詳議，并擇興工日期具奏。"

(清) 孫承澤《春明夢餘錄》卷一八《奉先殿》

奉先殿在神霄殿之東，殿九室，如廟寢制。國家有太廟以象外朝，有奉先殿以象內朝。每室一帝一后，如太廟寢殿，其祔祧迭遷之禮亦如之。凡祀方丘、朝日、夕月，冊封告祭及忌祭在焉，餘皆於太廟行之。

　　明洪武三年十月建奉先殿。上以歲時致享則於太廟，至晨昏謁見、節序告奠，古必有其所。下部考論以聞。於是，尚書陶凱奏：“古者宗廟之制，前殿後寢。《爾雅》云‘室有東西廂曰廟，無廂有室曰寢。’廟是栖身之處，故在前；寢是藏衣冠之處，故在後。自漢以來，建廟宮城外已非一日。故宋建欽先孝思殿於宮中崇政之東，以奉神御。今太廟祭祀已有定制，請於乾清宮左別建奉先殿，以奉神御。每日焚香，朔望薦新，節序及生辰皆致祭，用常饌，行家人禮。”

　　永樂三十五年十一月，始作奉先殿。其初，止享五廟太后，孝宗生母孝肅紀皇后薨，禮不得祔廟殿，乃於奉先之右特建奉慈殿別祀之。已而，憲廟生母孝穆周皇太后、世廟生祖母孝惠邵太皇太后皆祀其中，歲享薦如奉先殿。嘉靖十五年，上諭禮官曰：“廟中帝配一后，陵祔乃有二三后。廟祀、陵祀，禮本不同，奉慈三后主既不得祔廟，又不祔陵殿，似黜之，非親之也。禮官遂請奉孝肅於裕陵，孝穆、孝惠於茂陵，其罷奉慈享薦，而并祭於奉先殿，外廷莫知也。”萬曆三年，上諭禮官曰：“朕思弘孝、神霄二殿皇祖妣孝烈皇后、孝恪皇太后神位，宜奉安於奉先殿祔享，查議來行。”禮部查嘉靖十五年議祔陵祭，不議祔內殿。上曰：“奉先殿今見有孝肅、孝穆、孝惠三后神位，俱係我皇祖欽定，宜遵照祔安，不必另議。”乃奉安孝烈、孝恪神位於肅皇帝室，并罷弘孝、神霄之祀，而專祀於奉先殿。

　　崇禎十五年五月十七日，上傳禮部堂上官、禮科太常寺卿來中左門。及午，賜宮餅各十五枚。上御中左門之左小廂房，有扁曰德政殿，上返顧屏，諸璫退後。即日，禮部等官過來，上曰：“太廟之制，一帝一后，計九廟，此外祧廟亦有九，亦止一帝一后，因屈指數。自德懿熙仁四祖外，仁宣英憲孝共九，祧廟已滿，各一帝一后，其繼后及生母后七位既不得入太廟，亦并無祧廟之主。即宮中奉先殿，亦原止一帝一后，嘉靖後有以繼后、生母后入者，而以前七位尚無祭也。”上意似在生母孝純皇太后，而又推及七位后悉入奉先殿，亦未明言也。禮臣林欲楫、蔣德璟、王錫袞奏：“奉先之外，別有奉慈殿，係奉繼后及生母后處。今雖廢，尚可舉行。”上曰：“奉慈殿外尚有弘孝殿、神霄宮、本恩殿。”禮臣奏：“奉慈殿如未可復，或即在神霄殿奉祀，未知可否。”上曰：“太廟一帝一后，朕不敢輕動，還只是奉先尚可恢拓，前後加一層，即祧廟，亦當祫祭。”德璟奏：“大祫之禮，歲暮已行於太廟，似已妥當，且奉先原止一帝一后，與太廟同，若并祧廟之主俱入，未知妥否。”上曰：“奉先殿見有繼后及生母后七位。”璟奏：“此萬曆初添入。”上默然。此舉雖屬孝思，然自古無二祧廟，再建非禮也。賴部科上疏執奏，得止。

　　崇禎十五年，禮科給事沈培《不宜別立廟祀疏》：“竊惟禮以祖宗所定者爲尊，議以經傳所依者爲正，臣伏莊誦諭，札以祧廟，贈后三位，終歲無一祭，見廟繼后、聖母七位，忌辰不得設祭服青，孝念難已，欲將本恩殿改建殿宇，二層供安已祧九廟帝后，而祔三贈后於其中，及見廟繼后、聖母逢忌之日，宜否設祭服青，煌煌天語既昭示，以太廟大禮不敢輕議，而又通著部科同太常寺，折衷情制，詳酌典儀。微臣拜揚明命，敢不畢竭愚誠，用光聖孝。夫禮有萬世之經，有一時之權。經者，推之祖宗而準，比之經傳而符，如太廟一帝一后，奉先殿亦一帝一后是也。權者，祖宗所已行，而禮緣義起，經傳所不載，而儀以情隆，如別殿之專享，奉先之祔安是也。今日舍祖宗所定之禮而別求所爲禮，舍經傳所依之議而別求所爲議，有萬萬不敢出者。臣請盡言無諱可乎？考古無奉先殿之制，太祖以時享未足展孝思，特仿前代原廟神御殿之意，而建奉先殿於乾清宮之左。成祖率循無改，雖曰用常饌，行家人禮，而太廟以象外朝，奉先殿以象內朝，凡節忌祭告，太常題知、光禄供獻，禮未嘗不嚴且重也；每室一帝一后，如太廟寢殿，其祔祧迭遷之禮亦如之，禮又未嘗不明且備也。孝宗以孝穆紀太后不得祔太廟、奉先殿，別建奉慈殿薦享，既以避尊，復以專敬，仁至義盡，千古爲昭。嗣孝肅周太皇太后崩，孝宗召內閣劉健、李東陽、謝遷等議祔廟禮，一則曰事須師古，末世鄙褻之事不足學；再則曰宗廟事，關係綱常極重，豈可有毫髮僭差？”卒祔孝莊錢皇后於太廟、奉先殿，孝肅則祀奉慈殿中室，移孝穆居左。世宗追上孝惠邵太后尊號，亦祀奉慈殿居右。嘉靖十五年諭禮官以三后主既不祔太廟，又不祔陵殿，似黜之非親之。命會議以行。禮官言：“自古天子惟一帝一后配享於廟，所生之母別祭於寢，斯禮之正。孝宗奉慈殿之建，子祀生母以盡終身之孝耳。禮於妾母不世祭，謂子祭之，於孫則止。蓋繼祖重故不復顧其私祖母也，今於孝肅曾孫也，孝穆孫屬也，孝惠孫也，禮不世祭，義當擬祧，但祧義惟遷主爲是，而遷祧陵殿，歲時祔享，尤爲曲盡，非前代所及。”世宗從之，罷奉慈殿祭。二十九年，祔孝烈方皇后於太廟，時以孝潔係元配，持議久而始定。穆宗即位，仍祔孝潔太廟，而祀孝烈於弘孝殿，又別祀孝恪杜太后於神霄殿。萬曆三年諭禮官，以孝烈、孝恪宜奉於奉先殿祔享。部察嘉靖十五年議祔陵殿，不議祔奉先殿。神宗曰：“奉先殿見有孝肅、孝穆、孝惠三后神位，係我皇祖欽定，宜遵照祔安，不必另議。”而并罷弘孝、神霄之祭。自是，繼后、贈后皆以祔享奉先殿爲成例矣。當孝宗始建祧廟，暨世宗再正太祖南向之位，爾時明明穆穆。酌古斟今，豈不念太廟既有祧廟，奉先殿何無祔殿，良以遠廟爲祧，去祧爲壇，去壇爲墠，禮有不得不降，情有不得不殺。先儒嚴陵方氏曰：“王者之於祖禰，以人道事之則有寢，以神道事之則有廟，天子七廟，而周官僕止，掌五寢者，以二祧將毀，先除其寢，事有漸故也，祭神道也，薦人道也。”致堂胡氏曰：“天子七廟而已矣，有祧焉，不患其數盈也；有禘焉，不患其乏饗也。是故宗廟之禮，繇子孫不忘而建不忘者，仁也。斷以先王之義，無敢損益於其間，是則禮之盡也。今欲建祧殿二層，而又不在奉先殿之後，將以奉先祧殿名乎，抑以何名乎？無論宮殿即遠，有毀而無立，且前此祧遷之神位，供安何所，如送陵殿，無迎回大內之理，若更製焉，即神位與神主不同，十數世之後，重取久祧之神位而題之，可不可也。周家卜世三十、卜年七百止，曰‘先公之遷主，藏於后稷之廟；先王之遷主，藏於文武之廟耳’，未聞祧亦以九爲數，而預計增加也。昔殷高宗爲中興盛主，肜日有雊雉之异，祖已戒其典祀，無豐於昵，而傳說亦云‘黷於祭祀’。時謂弗欽禮煩，則亂事神，則難子思。子曰：‘先王之制，禮也，過之者俯而就之，不至焉者跂而及之。’《禮》稱：‘王母不配，言有事於尊可及卑，有事於卑不敢援尊也。’皇上孺慕徹於重元，孝思通於錫類，然帝后之尊卑罔斁，即典祀之疏數無違。在聖母可極尊崇，而不必同於列后；在列后宜俾孝享，而未免抑於祖宗。如魯立武宮、煬宮，《春秋》皆大書特書，見其毀已久，不宜立而輒立焉，非即遠有終之義。而《哀公三年》書‘桓宮、僖宮灾’，桓、僖親盡矣，宮何以存，志其灾以咎其復也。皇上試以祖宗所定，合之經傳所依，今日既詔之國人，他年將垂之青史，可曰内殿之禮，非外廷之禮比哉？況祧廟三后，但不得祭於太廟、奉先殿，而陵祭遣官烝嘗之感，原未嘗不申，必追罔極，而事如存則立別殿，以專祀聖母，揆之《閟宮》之文，奉慈之建，猶爲合禮，并忌日設祭服青，似宜分別久近，稍避祖宗統聖明。”詳察《西垣筆記》，崇禎十六年癸未六月二十三日立秋，是夜，大雷雨，奉先殿内滿殿皆火，自殿東而上，擊壞獸吻。次蚤，上御中極殿，召輔臣面諭：“昨夜雷震奉先殿東獸吻，深懷警戒，業親行恭慰禮，卿等可傳禮部議上祭告修省事宜。”輔臣公疏：“請遇灾策免。”上慰留，仍親書諭旨，頒示中外。

朱國禎《大政紀》云：南奉先殿，内竪日進膳如生，少不虔，擔壓重，不可舉。内守備殿門叩頭請罪，杖如其律，乃解膳。既進列御案，即閉門，聞内中胙饗有聲，凡過殿前，必急趨。余嘗一過，不覺凜然，偶風聲颯颯。一老内使曰：“太祖爺至也。”蓋開國之主英靈不爽如此。昔明太祖得元都，即於北平立特廟享元世祖，不絕其血食，不使之怨恫也，所見遠矣。

（清）秦蕙田《五禮通考》卷八四《吉禮八四·宗廟制度》

《明會典》：嘉靖十年，敕諭禮部以太祖高皇帝重闢宇宙，肇運開基，四時享祭壓於德祖，不得正南面之位。命祧德祖，而奉太祖神主居寢殿中一室爲不遷之祖，太宗而下皆以次奉遷。每歲孟春特享、夏秋冬合享，改擇季冬中旬大祫，而以歲除爲節祭，歸之奉先殿。特享則奉太祖居中，太宗而下以次居左右，各設一屋，南向，奉主於神座，設冠服及舃於座之左右，祭畢藏之。合享則奉太祖居中，南向，太宗而下以次東西向。大祫則奉德祖於太廟居中，南向，懿祖而下皆以次東西向。

蕙田案：世宗厘正祀典，此一事爲合古，楊守陳所謂後世卒祧德祖而尊太祖，然後已焉者也。天理常存，人心不泯，詎不信哉！

《禮志》：十三年，南京太廟灾，禮部尚書湛若水請權將南京太廟香火并於南京奉先殿，重建太廟，補造列聖神主。帝召尚書夏言與群臣集議。言會大學士張孚敬等言：“國有二廟自漢惠始，神有二主自齊桓始，周之三都廟，乃遷國立廟，去國載主，非二廟二主也。子孫之身乃祖宗所依，聖子神孫既親奉祀事於此，則祖宗神靈自當陟降於此。今日正當專定廟議，一以此地爲根本。南京原有奉先殿，其朝夕香火當合并，供奉如常。太廟遺址當仿古壇墠遺意，高築墻垣，謹司啓閉，以致尊嚴之意。”從之。

（清）秦蕙田《五禮通考》卷九六《吉禮九六・宗廟時享》

《禮志》：奉先殿，洪武三年建。每日朝晡，帝及皇太子諸王二次朝享，皇后率嬪妃日進膳羞，諸節致祭。又録，皇考妣忌日、歲時享祀以爲常。宣德元年，奉太宗祔廟畢，復遣鄭王瞻埈詣奉先殿，設酒果祭告，奉安神位。天順七年，奉孝恭皇后祔廟畢，帝還行奉安神位禮，略如祔廟儀。弘治十七年，吏部尚書馬文升言：“南京進鮮，本爲奉先殿，設挽夫至千人，沿途悉索，今徐荒旱，願仿古凶年殺禮之意，减省以甦民困。”命所司議行之。嘉靖十四年，定内殿之祭并禮儀。清明、中元、聖誕、冬至、正旦，有祝文，樂如宴樂。兩宫壽旦、皇后并妃嬪生日，皆有祭，無祝文、樂。立春、元宵、四月八日、端陽、中秋、重陽、十二月八日，皆有祭，用時食，舊無祝文，今增告詞。舊儀但一室一拜，至中室跪，祝畢，又四拜，焚祝帛。今就位四拜，獻帛爵，祝畢，后妃助亞獻，執事終獻，徹饌，又四拜。忌祭舊具服作樂，今更淺色衣，去樂。凡祭方澤、朝日、夕月，出告回參及封告祭，朔望行禮皆在焉。先是，封告祭以太常寺官執事，仍題請遣官。至萬曆元年，帝親行禮，而遣官之請廢。二年，太常寺以内殿在禁地，用内官供事便，帝俞其請。凡聖節、中元、冬至、歲暮，嘉靖初俱告祭於奉先殿。十五年，罷中元祭。四十五年，罷歲暮祭。隆慶元年，罷聖節、冬至祭。其方澤、朝日、夕月出告回參，嘉靖中行於景神殿，隆慶元年仍行於奉先殿。諸帝后忌辰，嘉靖以前行於奉先殿，十八年改高皇帝后忌辰於景神殿，文皇帝后以下於永孝殿。二十四年仍行於奉先殿。凡内殿祭告，自萬曆二年後，親祭則祭品、告文、執事皆出内監，遣官代祭則皆出太常，唯品用、脯醢者，即親祭亦皆出太常。萬曆十四年，禮臣言：“近年皇貴妃册封祭告，奉先殿祝文、執事出内庭，而祭品取之太常，事體不一。夫太常專主祀享，而光禄則主膳羞，内廷祭告蓋取象於食時上食之義也。宜遵舊制，凡祭告内殿，無論親行、遣官，其祭品光禄寺供，唯告文、執事人，親行則辦之内庭，遣官則暫用太常寺。”從之。

蕙田案：明代時享之禮，天子親行。盡革唐宋以來賞賚陋例，可謂撥雲霧而睹青天矣。世宗建九廟，定特祭、祫享之制，尤爲追慕古昔。而奉先殿日享月薦，孝思盎然。較之宋之齋薦神御殿，不更天壤哉！

《世祖章皇帝實録》卷一〇五“順治十三年十二月”條

戊戌，諭禮部：朕考往代典制，歲時致享，必於太廟。至於晨昏竭見，朔望薦新，節序告虔，聖誕忌辰行禮等事，皆另建有奉先殿。今制度未備，孝思莫伸，朕心歉然。爾部即察明舊典具奏。

（二）建築規制

（明）俞汝楫等《禮部志稿》卷八三《宗廟備考‧廟祀‧奉先殿祭儀》

奉先殿成，殿建於宮門內之東，南向。正殿五間，深二丈五尺。前爲軒，五間，深一丈二尺五寸。

（明）佚名《太常續考》卷二《奉先殿蕃品事宜》

殿在神霄殿之東，國朝以太廟時享未足展孝思之誠，復於宮內建奉先殿，蓋以太廟象外朝，以奉先殿象內朝。殿九室，如太廟寢殿制。

（清）萬斯同等《明史》卷五五《志二九‧禮志一三‧吉禮一三‧奉先殿》

洪武四年，帝以太廟時享未足展孝思之誠，復命建奉先殿於宮門內之東，以太廟象外朝，以奉先殿象內朝。正殿五間，南向，深二丈五尺。前爲軒，五間，深一丈二尺五寸。

（清）昆岡等《大清會典圖》卷九《禮九》

奉先殿在景運門東北，前後繚以周垣，制方，南向。外門一間曰誠肅門，西向，與景運門對。內琉璃磚門三間，爲奉先門、左右門各一，南向。前殿九間，南向，重檐，東西爲夾室，外爲行廊，如太廟寢制。前爲丹陛，周以石欄，正南三出陛，中出螭陛，左右各十二級，東西各一出陛，均十二級。黃色琉璃燎爐一，在東南隅。東垣角門一。後殿九間，前圍石欄，中爲堂，南接前殿，北接後殿，以聯前後堂。東西啓門隔扇各八。東西各二陛，陛各十二級。東垣角門一。奉先門內甬道北達前殿，右門內有甬道折而西，循牆北上，又折而東，由堂右陛入堂，以達後殿左門外。東垣一重，門一，門內神庫三間，西向。奉先門南垣一重，垣東西門各一，皆北向，門內連房十三間，中爲神厨，東爲宰牲亭，又東井亭一，西爲治牲房，均北向。殿門、圍垣核瓦皆用黃琉璃。

（三）修繕修造過程

（明）徐學聚《國朝典彙》卷一一五《禮部一三‧廟祀》

（嘉靖四年）九月，世廟成，上自觀德殿奉獻皇帝神主於世廟，復自武英殿迎神位安於觀德殿。上御奉天殿，群臣表賀。先是，上諭輔臣曰：“聖母欲謁世廟，卿等詳議可否。”費宏等言：“國初所定諸司職掌，止有納妃謁奉先殿禮，而皇后謁廟禮并不載。惟《大明禮制》內有皇后初立謁太廟禮，永樂續定儀注改謁奉先殿，無至太廟者，蓋以正乾坤之位，謹內外之防。聖母欲謁世廟，恐經由太廟門，祖宗列聖臨之在上，心固有不安者。”上以問璁萼，對言：“唐《開元禮》有皇后廟見之儀。國初皇后謁太廟，內外命婦陪祀，永樂止謁奉先，皆當時禮官失考，非祖制也。皇太后中宮，宜先見太廟，以補前禮之缺，次謁世廟，以成今禮之全。”宏一清曰：“璁萼所引《開元禮》不可爲法。國初禮文未定，二臣欲復廟見，是彰祖宗之闕也，不可席書。"劉龍言："璁所引俱婚禮，今乃行大祭禮，不可傅會，太后宜奉主後謁觀德殿，以守祖法。"璁萼言："周王宗廟之祭，王服袞冕而入，立東序，后服副褘而入，立西序，九獻，各四拜，是天子與后共承宗廟也。皇上毅然舉行，以復古帝王之盛，未爲不可。"因具儀以上，書等不能難。乃議請聖母謁廟，翟車暫離法宮，路經太廟，往復之間降輿、升輿必須皇上躬自扶侍，蓋禮雖皇太后行之，所以主斯禮者實在皇上一行。上從之。至是，上奉太后謁世廟，還宮，上行慶賀禮，賜席，書劉龍、翟鑾、張璁、桂萼金帛。

　　（嘉靖）六年二月，改觀德殿爲崇先殿。【略】四月，崇先殿成，上奉獻皇帝神位其中，章聖皇太后行謁殿禮。上諭輔臣楊一清等曰："忌日之祭，不可用袞冕，今用具服方祭，非也。《禮》云：'終身之喪，忌日是也。'似不宜用吉。"一清等上言："陛下每日雞鳴而起，行禮於奉先、奉慈、崇先三殿之前。切惟三廟之建，本以義起，非廟也，即如爲廟，亦爲清静，期神有依。《周頌·清廟》《魯頌·閟官》未聞有每日瞻拜之禮。文皇帝止以太廟在外，凡朔望薦新忌辰行禮未便，故建奉先殿於宮內，本以節勞，而今反致勞，是未得初建之意矣。祭不欲數，數則煩，煩則不敬；祭不欲疏，疏則怠，怠則忘此。言在廟之禮也。今太廟、世廟已備，四時之祭，三殿得無爲煩縟之禮乎？臣謹參酌，自今每日令內使焚香，朔望及四時節候，聖躬親往各殿行一拜三叩頭禮如常朝。臣子見君父之儀，則不疏以怠，不數以煩，起居有節，而煩勞可省矣。"上曰："覽卿具奏，甚見誠愛敦肯。夫子孫之於祖父，竭盡其力，猶不能報其萬一，何敢以勞爲言。但君人者，既以一身，上主郊祀，次則宗社，又次則百神，其重如此，人之精神有限，縱強力之人，其能勝乎？我太宗時，奉先殿當時止五廟神位，日雖拜之，止五拜。今九廟神位，奉慈三室，崇先親廟，穿繞往來，登降階級，所行十三拜禮。凡遇節令、祭告、忌辰，計三十四拜。朕禀清弱，拜畢言語促喘，前年病起，益甚不能如議，卿所議，察禮精當，朕采納施行。"

　　（十四年）二月初，建九廟時，卜日告廟興工，遇莊肅皇后之喪。上曰："廟建大事，禮之至吉，今既卜吉，宜速奉造。但時非古比，或以爲皇兄后喪爲不可即舉行者，禮部其會多官議之。"衆議宗廟事重，不當以喪禮輒止，而宗廟重祖，并當吉服告廟。上曰："廟制已稽，郊禮數歲，甚非事天尊祖之道，其照期從吉行事。"上御文華殿西室，召張孚敬、李時、夏言，面諭曰："今恭建列聖群廟，本爲尊太祖者，但太廟既爲太祖之專，而廟庭塵舊，禮宜崇飾，庶稱尊崇之意，乃并日興工。"先是，上召禮部尚書夏言至文華殿，諭曰："清明節既遣官上陵行禮，內殿復有祭祀，似涉煩擾，卿宜從容講明。"越數日復召，對於文華殿，言退而上議，請罷冬至中元上陵而以秋祭改於霜降之日，與清明禮同，其內殿不復設祭。上曰："內殿祭儀已別諭，卿同輔臣議奏。上陵遣祭，春以清明，秋以霜降，冬至已於奉先殿，有祭并中元，仍遣官詣陵祭祀，各衙門官不必去，著爲令。"尋諭言："內殿之祭，并禮儀，不可不講，而作之以成祖典，非朕好變，卿還同閣臣共議之。"

四月，詔孟夏權於內殿，祫享時修建宗廟，列聖神主俱暫奉安於內殿，故祫享之禮即於奉先、崇先殿舉行。

十二月上諭輔臣李時、夏言曰："奉先殿不勝舊矣，朕意欲新之。"時曰："請俟太廟工完，并新崇先殿。"上曰："然。第今須預備料材耳。"復問神牌當置何所，言請暫設奉先殿。上曰："然則崇先殿牌當置，牌與主不同，朕擬奉之宮中。"二臣謝。不及至是，宗廟成，上申諭曰："神主奉安後，奉先殿、崇先殿神位宜暫奉安景神殿，以便來春二殿之修，可即於是月舉行。"

（明）嚴嵩《南宮奏議》卷一七《修省·奉先殿雷警請修省》

嘉靖十八年六月初一日酉初，天垂雷警於奉先殿，擊碎殿左吻插及東室門楣，菱花少損。同時皇城北鼓樓被毀。臣等聞知，無任惶駭。夫奉先殿祀祖宗列聖以妥神靈，鼓樓繫京城壯觀以警昏夜，而變出一時，上天示戒之意亦非小矣。臣等切以變不虛生，必有由召。仰惟皇上至敬格於皇天，至孝歆於祖考，圖治勵精，恤民敷惠，聖德治政，自無致變召災之理。惟是臣等大小臣工奉職無狀，愆過罙深，所以致此。然每遇上天變謫之見，獨厪一人罪己之憂，此益重臣下之罪而莫逭者也。伏望皇上仰祗天戒，深察咎端，敕下百司官員，自本月初四日為始，至初六日止，素服角帶辦事，痛加修省。兩京九卿、衙門堂官，責任彌重，咎罰難辭，合無行令，俱各自陳。其一應政務有關國家大計者，許科道官條陳具奏，以俟聖明采擇。施行庶幾，應天以實，而災變可弭矣。本月初七日，奉聖旨：朕仰天慈下戒，實切感懼，還待諭行祭告禮。修省著今日始，青衣角帶，至祭日止，百官勿外示儀相，須加中省畏，自陳依行，餘罷。

（明）申時行等《大明會典》卷二〇八《工部二八·都水清吏司》

凡奉先殿硃紅漆供卓等件，本部每年一次修換。

（清）萬斯同等《明史》卷三八《志一二·雷震》

（正統九年）閏七月壬寅，雷震奉先殿鴟吻。

（嘉靖）十八年六月丁酉朔，雷震奉先殿左吻。

（崇禎）十七年二月，雷震奉先殿獸吻。

（清）允祹等《大清會典則例》卷七八《禮部·祠祭清吏司·大祀三·太廟》

（雍正）八年諭："饗祀向無上香之儀，應酌議贈入儀注。"遵旨議准：時饗太廟照祭社稷壇之禮，於迎神樂奏時詣列祖位前跪上柱香，次三上瓣香，兩廡分獻官上香。祫祭及奉先殿、太廟後殿，皆同儀。

乾隆元年諭："國家式崇太廟，妥侑列祖神靈，歲時祗薦，明禋典禮，允宜隆備。今廟貌崇嚴，而軒櫺榱桷久未增飾，理應敬謹相視，慎重繕修，以昭黈至示新之敬。著該部會同內務府詳議具奏，欽此。"遵旨議准：先行繕修奉先殿，應擇吉恭請列祖列后神牌於黃輿，暫奉安於太廟中殿寢室。自興工以至告成奉先殿，朔望暫停祭饗，每月薦新，掌儀司官詣太廟薦獻，遇時饗仍請太廟神牌至前殿，照常行禮。俟工竣，恭請神牌還御奉先殿，安奉禮成後再擇吉繕修太廟，再四孟時饗。事關巨典，應請繕修太廟，先於前殿設黃幄九座，恭請中殿、後殿列聖列后神牌於前殿黃幄內安奉。先行繕修中殿、後殿，俟告成時恭請神牌還御中殿、後殿，再繕修前殿。自興工以至告成，遇時饗即於中殿照前殿儀祭饗，設樂舞於庭。其恭請神牌於前殿，并請神牌還御，欽天監選擇吉期，本日均遣官祇告并祭后土司工之神。再奉先殿、太廟既繕修贈飾，其後殿寢室神龕內一應陳設器物，亦應修飾。維新帷幔、衾枕等物，均照舊式敬謹製造。祇告奉先殿事宜，由內務府奏辦。祇告太廟并祭后土司工，由禮部太常寺奏辦。祝文均由翰林院撰擬，應行典禮儀注，由部屆期具奏。

又議准：奉先殿興工吉期，遣官祇告畢，鑾儀衛豫設黃輿五於奉先殿前殿丹陛上，均南向序列。至時，內務府總管率屬詣後殿上香，一跪三叩，各恭奉列聖列后神牌至前殿丹陛上，謹奉安於黃輿內，一跪三叩，退。校尉昇輿，輿前各列御仗一對。禮部太常寺官各二人前導，內務府堂屬、執事各官均隨行，由奉先門、協和門、午門、端門各中門出至太廟，由中門入至丹陛上，北向序列。內務府官各詣輿前一跪三叩，恭奉神牌至太廟中殿寢室內，依次奉安於太廟各神牌後，上香，一跪三叩，退。自興工以及告成，均照前儀於太廟薦獻祭饗。俟工竣後，仍請神牌還御奉先殿。

（二年）又奏准：修理奉先殿，照康熙十八年改建奉先殿例。前一日，遣官祇告天地、太廟後殿、奉先殿、社稷。安礎石、豎柱、上梁、插劍，均遣官致祭司工之神。

又奏准：修理奉先殿迎吻，照康熙十八年改建奉先殿例。遣官各一人致祭琉璃窰之神，暨經由之正陽門、大清門、午門、奉先門之神，其迎吻、時吻上應用裹金銀花二對，大紅段二方，龍旗御仗各二。和聲署作樂前引，承祭官及太常寺堂官、執事官、并在工各官，均簪花披紅行禮。祝文由翰林院撰擬，承祭官由太常寺奏遣，金花、銀花等物由工部製造，段絹等物由戶部移取。

又諭：目今因修理奉先殿，恭請列聖列后神牌暫安奉於太廟中殿。今八月初九日太宗文皇帝忌辰，十一日太祖高皇帝忌辰，此二日朕欲親詣太廟中殿上香行禮，著總理事務王大臣會同禮部詳考禮儀具奏。欽此。遵旨議准：列聖列后忌辰，皇帝親詣奉先殿行禮，咸用素服。四時祭饗及祇告太廟，皇帝親詣行禮，咸用禮服，并無素服入廟之制，此次忌辰，應請遣官行禮。

又奏准：繕修奉先殿懸匾額、合龍門，照例遣官一人祭司工之神，承祭官暨太常寺堂官、在工執事各官，均照例簪花披紅，一切事宜與迎吻禮同。

又奏准：修理奉先殿，朔望祭饗暫行停止。遇有應祇告奉先殿之典，即於太廟中殿行禮。

又奏准：皇帝謁陵行禮，起駕日及回鑾次日應祇告奉先殿，因繕修奉先殿，列聖列后神牌見皆安奉太廟中殿，應祇告於太廟中殿。奉旨：前一日，朕親詣行禮。欽此。

是日，奏請照祇告例，不設鹵簿。王公、文武有頂帶官員以上咸朝服，在午門外跪候送迎。

又奏准：奉先殿、太廟於各香案前皆贈設燭臺一對，太廟中殿均用白蠟祭。奉先殿、太廟向有爵無墊，應於奠獻時贈設爵墊，以昭整肅。祭帝王先師，亦依此例贈設爵墊。

又奏准：繕修奉先殿工竣，祇告天地、太廟、社稷，并致祭后土司工之神，與興工禮同。

又奏准：奉先殿工竣，應由太廟中殿恭請奉先殿安奉列聖列后神牌還御奉先殿。皇帝親詣致祭。先期，開列王、貝勒、貝子等奏請，欽點十四人恭奉神牌。

又奏准：繕修奉先殿工竣，恭請列聖列后神牌還御奉先殿。是日，內務府官於奉先殿照大饗禮陳設祭品，鑾儀衛官豫設黃輿五於太廟丹陛上，均南向。至時，請神牌官詣太廟中殿各寢室前一跪三叩，恭奉奉先殿神牌。禮部太常寺官前導，由中路至丹陛，各安奉黃輿內，一跪三叩，退。校尉舁輿，御仗五對，禮部太常官十人前引，由中門出，進端門、午門中門，由協和門出。神牌黃輿至午門，禮部堂官奏請皇帝御袞服乘輿出宮，至景運門外降輿，率諸王、貝勒、貝子、公、暨陪祀之內大臣侍衛、內務府官，咸補服在誠肅門外西旁，東向立，恭候。黃輿至，皇帝率諸王以下跪，候過。前引大臣十人、贊引太常卿二人恭導皇帝隨後行。黃輿由奉先門中門入，升中階，至丹陛上，均北向。贊引官恭導皇帝由左門入，太常寺官引恭奉神牌之王等由東西門入，掌儀司官引陪祀內大臣侍衛由東西角門入。俟校尉退，司拜褥官布拜褥於丹陛上。贊引官恭導皇帝升東階，至黃輿前正中，行一跪三拜禮。王等由東西階至丹陛上，隨行禮。皇帝率王等各就黃輿前跪，恭奉太祖神牌，諸王恭奉列聖列后神牌，興，由殿中門入，安奉於各寶座。司拜褥官布拜褥於香案前，皇帝行一跪三拜禮，王等咸隨行禮。禮畢，王等退出殿外至丹陛上，各就班序立。司拜褥官布拜褥，皇帝就拜位行禮，與朔望同。禮成，俟樂闋，皇帝詣太祖香案前行一跪三拜禮，王等亦各詣列聖列后香案前隨行禮，各恭奉神牌由穿堂中路進至後殿，以次奉安於各寢室。皇帝率王等詣各香案前上香，就拜位，行一跪三拜禮。贊引官恭導皇帝由殿左門出，自奉先殿東出奉先門左門，至誠肅門外升輿，還宮。

（清）允祹等《大清會典則例》卷一二六《工部·營繕清吏司·宮殿》

營建宮殿

（順治）十四年建奉先殿。

（康熙）十八年重建奉先殿。

監修宮殿

乾隆二年修奉先殿。

工成恩賚

　　乾隆三年，重修奉先殿告成。在工王、大小官員加級紀錄各有差。匠役由內務府工部量加賞給。

　　(清) 允祹等《大清會典則例》卷一六一《內務府掌儀司一·升祔奉先殿》

　　(康熙十八年) 是年，恭修奉先殿，暫奉列聖列后神牌奉安於太廟中殿各寢室。仁孝皇后、孝昭皇后神牌并寶座，仍奉奉先殿東旁一間，用黃幄籠罩遮以步障。自是，暫輟朔望時令祭饗，每月令內府官照常薦新，有事則告。

　　二十年，恭修奉先殿告成。是日，恭奉神牌各官至太廟，各於神位前上香，行一跪三叩禮。恭奉神牌安奉黃輿，行一跪三叩禮。校尉舁輿，前列御仗。聖祖仁皇帝袞服於奉先殿誠肅門內之南，內大臣侍衛咸補服於誠肅門外，恭迎黃輿至，跪候過，興。黃輿進至殿陛上，北向，止。引禮官恭導聖祖仁皇帝隨入，內府官引內大臣侍衛隨入於階下，兩翼序立。恭奉仁孝皇后、孝昭皇后神牌官二人恭奉神牌拱立於左側。聖祖仁皇帝詣太祖高皇帝黃輿前，行一跪三拜禮，奉請太祖高皇帝神牌，奉請各官隨後行禮。畢，各恭奉神牌入奉先殿，以次奉安於各寶座，畢，行一跪三拜禮。奉請各官隨後行禮，畢，退。執事官徹黃輿，聖祖仁皇帝就拜位，行大饗禮如儀。內大臣侍衛、內府官均隨行禮。禮成，恭奉神牌還御奉先殿後殿各寢室。

　　《世祖章皇帝實錄》卷一〇六 "順治十四年正月" 條

　　庚午，以營建奉先殿，遣尚書車克明、安達禮、覺羅科爾昆、郭科祭告天地、宗廟、社稷。

　　辛未，以營建奉先殿，遣官祭后土司工之神。

　　《世祖章皇帝實錄》卷一〇九 "順治十四年四月至五月" 條

　　庚戌，以奉先殿豎柱，遣官祭司工之神。

　　《世祖章皇帝實錄》卷一一〇 "順治十四年六月至七月" 條

　　乙亥，奉先殿上梁，遣官祭司工之神。

　　《世祖章皇帝實錄》卷一一〇 "順治十四年六月至七月" 條

　　癸卯，迎奉先殿鴟吻，遣官祭琉璃窰司工之神，正陽門、大清門、午門、奉先門、司門之神。

　　壬子，安昭事殿寶鼎、奉先殿鴟吻，遣官祭司工之神。

　　《世祖章皇帝實錄》卷一一二 "順治十四年十月" 條

　　乙未，以昭事殿、奉先殿成，遣官祭司殿、司門之神。

　　《世祖章皇帝實錄》卷一一三 "順治十四年十一月至十二月" 條

　　戊申，諭工部："上帝壇、奉先殿，不日告成，在事官役勤勞可嘉，應加叙賚。爾部即查明職名及在工月日具奏。在內者，著內該衙門查奏。"

二、祭祀制度

(一) 祭祀前期

日期時辰

(明) 申時行等《大明會典》卷八九《禮部四七·廟祀四·奉先殿·忌辰》

仁祖淳皇帝四月十六日，淳皇后四月二十二日。

太祖高皇帝五月初十日，孝慈高皇后八月初十日。

成祖文皇帝七月十八日，仁孝文皇后七月初四日。

仁宗昭皇帝五月十二日，誠孝昭皇后十月十八日。

宣宗章皇帝正月初三日，孝恭章皇后九月初四日。

英宗睿皇帝正月十七日，孝莊睿皇后六月二十六日。

憲宗純皇帝八月二十二日，孝貞純皇后二月初十日。

孝宗敬皇帝五月初七日，孝康敬皇后八月初八日。

睿宗獻皇帝六月十七日，慈孝獻皇后十二月初日。

武宗毅皇帝三月十四日，孝靜毅皇后正月二十五日。

世宗肅皇帝十二月十四日，孝潔肅皇后十月初二日。

穆宗莊皇帝五月二十六日，孝懿莊皇后四月十三日。

(明) 佚名《太常續考》卷二《奉先殿蕃品事宜》

凡祭方澤、朝日、夕月，出告回參，及冊封諸藩、告祭諸帝后忌祭，日獻膳、月薦新、朔望行禮，皆在焉。

嘉靖初年，萬壽聖節、中元、冬至、歲暮俱告祭於奉先殿。

方澤、朝日、夕月，出告回參，嘉靖中俱行於景神殿，隆慶初年以來行於奉先殿。

(清) 嵇璜、劉墉等《清通典》卷四六《禮·吉禮六·奉先殿》

臣等謹按：本朝奉先殿與太廟同尊，每歲萬壽聖節、元旦、冬至及國有大慶，則於前殿祭饗。如遇冊立、冊封、經筵、耕耤、謁陵、省方諸典，則於後殿祗告。又列聖聖誕、列聖列后忌辰、上元、清明、霜降、歲除等日，立春、端陽、重陽等節暨孟夏八日，并於後殿上香行禮。每月薦新，朔望祭獻，每日早晚燃香燭，禮制備極周詳。敬考典策，自世祖章皇帝以來，凡親享奉先殿及躬詣上香祗告行禮，歲無虛月。皇上繼述彌勤，紹庭展拜，禮用家人，記注所垂，筆難罄載。仰見我聖朝世德相承，仁孝之誠，典文之備，真堪垂憲萬古。謹稽奉先殿禮制，彙爲一篇，以次於廟禮之後。

題請

（明）佚名《太常續考》卷四《帝后忌辰事宜》

凡帝后忌辰，前期十日，本寺題某陵遣官行禮本。前期二日，本寺堂上官常服候上御門，鳴鞭訖，跪奏云：太常寺卿臣某等謹奏，本月某日恭遇某帝后忌辰，奉先殿有祭祀。奏知一躬退。如其日不朝，則具本題知。凡面奏奉先殿祭祀，如其日遇朝，先一日行揭帖知會司禮監。不遇朝不行揭帖。凡奉先殿諸帝后忌辰祭祀，祭品、執事人員，皆不繇本寺。

正月初三日，宣宗章皇帝忌辰。前期十日，本寺題景陵遣官本，不奉（奏）。祭祀二案，本寺出香燭果品等物：速香一斤又一炷，八兩燭八枝，四兩燭八枝，二兩燭八枝，一兩燭十枝，胡桃八斤，栗子十二斤，紅棗十斤，荔枝、圓眼各六斤，手本黃表紙半張，包香黃咨紙五張，酒四瓶。用執事樂舞生六人，廚役四名。

正月十一日，孝恪皇后忌辰。前期十日，本寺題永陵遣官本，不奏。祭祀共四案，本寺出香燭果品等物：速香一斤又一炷，八兩燭十六枝，四兩燭十六枝，二兩燭十六枝，一兩燭十枝，胡桃十六斤，栗子二十四斤，紅棗二十斤，荔枝、圓眼各十二斤，手本表黃紙半張，包香黃咨紙五張，酒八瓶。用執事樂舞生八人，廚役八名。

正月十七日，英宗睿皇帝忌辰。前期十日，本寺題裕陵遣官，不奏。祭祀共三案，本寺出香燭果品等物：速香一斤又一炷，八兩燭十二枝，四兩燭十二枝，二兩燭十二枝，一兩燭十枝，胡桃十二斤，栗子十八斤，紅棗十五斤，荔枝、圓眼各九斤，手本表黃紙半張，包香黃咨紙五張，酒六瓶。用執事樂舞生七人，廚役六名。

正月二十五日，孝靜毅皇后忌辰。前期十日，本寺題康陵遣官本。前期二日，本奏奉先殿祭祀共二案，本寺出香燭果品等物，與前正月初三日同。

二月初九日，孝定皇后忌辰。前期十日，題昭陵遣官本。不奏祭祀四案香燭果品等物。與前正月十一日同。

二月初十日，孝貞純皇后忌辰。前期十日，本寺題茂陵遣官本。不奏祭祀四案香燭果品等物。與正月十一日同。

二月十九日，恭仁康定景皇帝忌辰。前期十日，本寺題金山遣官本。不奏祭祀二案香燭果品等物。與前正月初三日同。

三月初一日，孝肅皇后忌辰。前期十日，本寺題裕陵遣官本。不奏祭祀三案香燭果品等物。與正月十七日同。

三月十四日，武宗毅皇帝忌辰。前期十日，本寺題康陵遣官本。前二日，面奏奉先殿祭祀二案香燭果品等物。與前正月初三日同。

三月二十三日，孝和皇后忌辰。前期十日，本寺題慶陵遣官本。不奏祭祀四案香燭果品等物。與前正月十一日同。

四月初六日，孝端顯皇后忌辰。前期十日，本寺題定陵遣官本。前期二日，面奏奉先殿祭祀三案香燭果品等物。與前正月十七日同。

四月十三日，孝懿莊皇后忌辰。前期十日，本寺題昭陵遣官本。前二日，面奏奉先殿祭祀四案香燭果品等物。與前正月十一日同。

五月初七日，孝宗敬皇帝忌辰。前期十日，本寺題泰陵遣官本。不奏祭祀二案香燭果品等物。與前正月初三日同。

五月十二日，仁宗昭皇帝忌辰。前期十日，本寺題獻陵遣官本。不奏祭祀二案香燭果品等物。與前正月初三日同。

五月二十六日，穆宗莊皇帝忌辰。前期十日，本寺題昭陵遣官本。前二日，面奏奉先殿祭祀四案香燭果品等物。與前正月十一日同。

六月二十六日，孝莊睿皇后忌辰。前期十日，本寺題裕陵遣官本。不奏祭祀三案香燭果品等物，與正月十七日同。惟栗子，菱米代之。

六月二十八日，孝穆皇后忌辰。前期十日，本寺題茂陵遣官本。不奏祭祀四案香燭果品等物，與正月十一日同。惟栗子，菱米代之。

七月初四日，仁孝文皇后忌辰。前期十日，本寺題長陵遣官本。前二日，面奏奉先殿祭祀二案香燭果品等物，與正月初三日同。惟栗子以菱米代之。

七月十三日，孝安皇后忌辰。前期十日，本寺題昭陵遣官本。不奏祭祀四案香燭果品等。與正月十一日同。

七月十八日，成祖文皇帝忌辰。前期十日，本寺題長陵遣官本。前二日，面奏奉先殿祭祀二案香燭果品等物。與正月初三日同。

七月十九日，孝純皇后忌辰。前期十日，本寺題慶陵遣官本。不奏祭祀四案香燭果品等物，與正月十一日同。惟栗子菱米代之。

七月二十一日，神宗顯皇帝忌辰。前期十日，本寺題定陵遣官本。前二日，面奏奉先殿祭祀三案香燭果品等物，與正月十七日同。惟栗子菱米代之。

八月初八日，孝康敬皇后忌辰。前期十日，本寺題泰陵遣官本。不奏祭祀二案香燭果品等物，與正月初三日同。惟栗子菱米代之。

八月初十日，孝慈高皇后忌辰。本寺不題遣官本。前二日，面奏奉先殿祭祀。

八月二十二日，憲宗純皇帝忌辰。前期十日，本寺題茂陵遣官本。不奏祭祀四案香燭果品等物。與正月十一日同。

同日，熹宗哲皇帝忌辰。前期十日，本寺題德陵遣官本。前二日，面奏奉先殿祭祀本寺出香燭果品：速香一斤一炷，八兩燭四枝，四兩燭四枝，二兩燭四枝，一兩燭十枝，胡桃四斤，栗子六斤，紅棗五斤，枝圓各三斤，手本表黃紙半張，包香黃咨紙五張，酒二瓶。

九月初一日，光宗貞皇帝忌辰。前期十日，本寺題慶陵遣官本。前二日，面奏奉先殿祭祀四案香燭果品等物。與正月十一日同。

九月初四日，孝恭章皇后忌辰。前期十日，本寺題景陵遣官本。不奏祭祀二案香燭果品等物。與正月初三日同。

九月十三日，孝靖皇后忌辰。前期十日，本寺題定陵遣官本。不奏祭祀三案香燭果品等物。與正月十七日同。

十月初二日，孝潔肅皇后忌辰。前期十日，本寺題永陵遣官本。前二日，面奏奉先殿祭祀四案香燭果品等物。與正月十一日同。

十月十八日，誠孝昭皇后忌辰。前期十日，本寺題獻陵遣官本。不奏祭祀二案香燭果品等物。與正月初三日同。

十一月初五日，恭讓章皇后忌辰。前期十日，本寺題金山遣內官本。不奏祭祀本寺出香燭果品等物：速香一斤，八兩燭四枝，四兩燭四枝，一兩燭十枝，胡桃四斤，栗子六斤，紅棗五斤，枝圓各三斤，手本表黃紙半張，包香黃咨紙五張，酒二瓶。執事樂舞生四人，厨役二名。

十一月十八日，孝惠皇后忌辰。前期十日，本寺題茂陵遣官本。不奏祭祀四案香燭果品等物。與正月十一日同。同日，孝烈皇后忌辰。前期十日，本寺題永陵遣官本。不奏祭祀四案香燭果品等物。與正月十一日同。

十二月初四日，慈孝獻皇后忌辰。本寺不題遣官本。前二日，面奏奉先殿祭祀。

十二月十四日，世宗肅皇帝忌辰。前期十日，本寺題永陵遣官本。前二日，面奏奉先殿祭祀四案香燭果品等物。與正月十一日同。

十二月十五日，貞惠安和景皇后忌辰。前期十日，本寺題金山遣內官本。不奏祭祀二案香燭果品等物。與二月十九日同。

十二月二十四日，孝元貞皇后忌辰。前期十日，本寺題慶陵遣官本。前二日，面奏奉先殿祭祀四案香燭果品等物。與正月十一日同。

（二）祭祀器用

陳設祭品

（明）申時行等《大明會典》卷八九《薦新品物》

正月

韭菜四斤，生菜四斤，薹菜四斤，鷄子二百六十個，鴨子二百四十個。

二月

芹菜三斤，薹菜五斤，冰、蔞蒿五斤，子鵝二十二隻。

三月

茶、笋一十五斤，鯉魚二十五斤。

四月

櫻桃十斤，杏子二十斤，青梅二十斤，王瓜五十個，雉鷄十五隻，猪二口。

五月

桃子十五斤，李子二十斤，夏至李子二十斤，紅豆一斗，沙糖一斤八兩，來禽十五斤，茄子一百五十個，大麥仁三斗，小麥麵三十斤，嫩鷄三十五隻。

六月

蓮蓬二百五十個，甜瓜三十個，西瓜三十個，冬瓜三十個。

七月

棗子二十斤，葡萄二十斤，梨二十斤，鮮菱十五斤，芡實十斤，雪梨二十斤。

八月

藕四十枝，芋苗二十斤，茭白二十斤，嫩薑二十五斤，粳米三斗，粟米三斗，稷米三斗，鱖魚十五斤。

九月

柳丁二十斤，粟子二十斤，小紅豆三斗，沙糖一斤八兩，鯿魚十五斤。

十月

柑子二十五斤，橘子二十五斤，山藥二十斤，兔十五隻，蜜一斤八兩。

十一月

甘蔗一百三十根，鹿一隻，雁十五隻，蕎麥麵三十斤，紅豆一斗，沙糖一斤八兩。

十二月

菠菜十斤，芥菜五斤，鯽魚十五斤，白魚十五斤。

凡奉先殿供薦品物與南京奉先殿同，其子鵝、鮮笋、梅子、雪梨、茭白、柳丁、柑子、橘子、甘蔗，俱南京太常寺預進，太常寺收受，奏送光禄寺供薦，歲以爲常。

（明）申時行等《大明會典》卷一一六《禮部七四·厨役·二寺厨役通例》

（嘉靖九年）又議准，神宮監、奉先殿内臣，太常寺每月輪撥厨役二百名，與供薪水。如遇致祭打掃，仍取回供役。

（明）申時行等《大明會典》卷一一六《禮部七四·厨役·牲口》

（嘉靖七年）先年，光禄寺奏准奉先殿等祭祀缺少純色牛犢，禮部行派順天等府三年二次解納，共四十隻。

（明）申時行等《大明會典》卷二一七《光禄寺》

凡奉先殿薦新品物。二月新冰，三月鵪鶉、鸘鶬，【略】十二月菠菜、鯽魚、白魚，俱從太常寺辦送。本寺供薦十二月風鯽魚，從南京解本寺供薦。

凡正旦節、立春節、清明節、四月八日佛誕節、端午節、七夕節、中元節、重陽節、冬至節、臘八節、每月朔望、萬壽聖節、皇太后聖旦節、皇后令旦節、東宮千秋節、奉先殿祭祀，俱本寺辦進。

（明）申時行等《大明會典》卷二一七《珍羞署》

凡每歲奉先殿供養，該應天等府納白熟粳米八石，黄豆一十三石，日逐造辦雪糕等物。常州等府納茶芽七十斤，南京太常寺每歲送鷄鴨子、鮮菜等物。

凡每歲鳳陽等府解納乳牛一百五十隻。弘治十七年，奏減止解八十隻。嘉靖八年，又議減止解五十四隻，擠乳造辦酥油充奉先殿供養。

十二年，奏革司牲司，其原養乳牛九十隻送本署餧養擠乳供用。

(明) 申時行等《大明會典》卷二一七《良醞署》

凡造酒，計御細煮酒四千四百六十瓶，充奉先殿供養及各處祭祀涼樓糟醃薑菜等用。官細煮酒一十萬瓶，送光禄寺交收。每歲松江等府解白糯米二千四百石，太平等府解綠豆四十石，供造酒用。寧國府解瓶十三萬個，供盛酒用。嘉靖七年奏准，官細酒改令光禄寺自造，以數內米二千二百七十三石，瓶十一萬五千個，運赴光禄寺，止解米一百二十七石，瓶一萬五千個，於本署供應。

凡每月本署官帶領厨役與京縣鋪户買鷄七十四隻，及孝陵神官監送到白烏鷄二十二隻，俱本寺大官署按月支作奉先殿供養，其合用羊隻亦該鋪户買辦。

(明) 申時行等《大明會典》卷二一七《掌醢署》

凡每歲京縣，納芝蔴六十石，黃豆四十石，稻皮八千斤，打造香油醬醋，充奉先殿供養及涼樓醬菜等用。又兩淮鹽運司，該納青白鹽四萬斤，樣鹽二千斤，亦充涼樓醃菜等用。

凡每歲正月十五等日，造辦鯉鯵鱓鱔魚鮓蛤蜊。三月出江采打鱘魚，取初網俱進奉先殿獻新。十月朔日，用猪一口，奉先殿獻凍魚。

(明) 俞汝楫等《禮部志稿》卷八三《宗廟備考·廟祀·奉先殿祭儀》

奉先殿成，【略】遂命禮部製四代帝后神位衣冠，并定諸祭儀物及常用祝文。於是禮部定議，每日朝晡，上及皇太子、諸王、二朝皇后、率妃嬪日進膳饈。每月朔薦新。正月，用韭薺、生菜、鴨子、鷄子；二月，水芹、薹菜、蔞蒿、子鷄；三月，新茶、笋、鯉魚；四月，梅杏、櫻桃、黃瓜、鵁雉；五月，來禽、茄子、桃李、大麥、小麥、嫩鷄；六月，蓮子、西瓜、甜瓜、冬瓜；七月，梨棗、菱芡、蒲萄；八月，新米、粟穄、藕芋、茭白、嫩薑、鱖魚；九月，栗子、橙小、紅豆、鯿魚；十月，山藥、柑橘、兔；十一月，蕎麥、甘蔗、鹿、獐、雁；十二月，菠菜、芥菜、白魚、鯽魚。其品物，太常司官每月奏聞，送光禄寺供薦新獻新。則凡遇時新品物，太常司官亦每月奏聞，送光禄寺供獻。

(明) 佚名《太常續考》卷二《奉先殿薦品事宜》

每月薦新品物，皆本寺典簿廳收受，於前月二十八日奏送光禄寺供薦，惟二月之冰光禄寺自薦，三月之茶禮部自薦。又每年十月分，江西樂平縣解到甘蔗，本寺收送尚膳監供薦。

正月二十八日，奏二月分奉先殿薦新品物。是日早嗽畢，本寺堂上官常服跪奏云：太常寺卿臣某等謹奏本年二月分薦新品物，送光禄寺供薦。奏知，一躬退。如其日不朝，則具本題知，以後凡奏薦新品物，奏式并同。品物數：芹菜三斤、薹菜五斤，俱宛、大二縣；蔞蒿五斤，武清縣；子鵝二十二隻，南京；冰，光禄寺自薦。

二月二十八日，奏三月分薦新品物，品物數：鯉魚二十五斤，宛、大二縣；笋十五斤，南京；茶，禮部自薦。

三月二十八日奏四月分薦新品物，品物數：毚猪二口、雉鷄二十隻，上林苑監辦一十三隻，餘兩縣辦；櫻桃十斤、王瓜一百五十個、杏子二十斤，俱宛、大二縣辦；青梅二十斤，南京。

四月二十八日奏五月分薦新品物，品物數：嫩鷄三十五隻，上林苑監辦一十三隻，餘俱兩縣辦；來禽十五斤、夏至李子二十斤、桃子二十斤、茄子一百五十個，俱宛、大二縣；大麥仁三斗，先農壇辦；小麥麵三十斤，先農壇辦；紅豆一斗、砂糖一斤八兩、李子二十斤，俱宛、大二縣。

五月二十八日奏六月分薦新品物，品物數：冬瓜三十個，宛、大二縣；甜瓜三十個，通州；西瓜三十個，宛、大二縣；蓮蓬二百五十個，霸州一百三十，保定縣一百二十。

六月二十八日奏七月分薦新品物，品物數：梨二十斤、棗子二十斤、葡萄二十斤、鮮菱十五斤、芡實十五斤，俱宛、大二縣；雪梨二十斤，南京。

七月二十八日奏八月分薦新品物，品物數：稷米三斗、粟米三斗，俱先農壇辦；粳米三斗、鱖魚十五斤、藕四十根、芋苗二十斤，俱宛、大二縣；茭白二十斤，南京；嫩薑二十五斤，直隸應天府江寧縣。

八月二十八日奏九月分薦新品物，品物數：栗子二十斤、鯿魚十五斤、小紅豆三斗、砂糖一斤八兩，俱宛、大二縣；柳丁二十斤，南京。

九月二十八日奏十月分薦新品物，品物數：山藥二十斤、蜂蜜一斤八兩，俱宛、大二縣；柑子二十五斤，南京；橘子二十五斤，南京；兔十五隻，上林苑監辦八隻，餘兩縣辦。又每年江西樂平縣解甘蔗一千八百五十根，本寺收送尚膳監薦奉先殿。

十月二十八日奏十一月分薦新品物，品物數：蕎麥麵三十斤，先農壇辦；鹿一隻、獐二隻，俱宛、大二縣；雁十五隻，上林苑監辦十隻，餘兩縣辦；砂糖一斤八兩、紅豆一斗，俱宛、大二縣；甘蔗一百三十根，南京。

十一月二十八日奏十二月分薦新品物，品物數：菠菜十斤、芥菜五斤、白魚十五斤、鯽魚十五斤，俱宛、大二縣。

十二月二十八日奏次年正月分薦新品物，品物數：鷄子二百六十個、鴨子二百四十個，俱上林苑監辦解；韭菜四斤、生菜四斤、薺菜四斤，俱宛、大二縣。

（清）昆岡等《大清會典圖》卷九《禮九》

奉先殿後殿中室奉安太祖高皇帝神位居左，孝慈高皇后神位居右；左室奉安太宗文皇帝神位居中，孝端文皇后神位居左，孝莊文皇后神位居右；右室奉安世祖章皇帝神位居中，孝惠章皇后神位居左，孝康章皇后神位居右；左第二室奉安聖祖仁皇帝神位居中，孝誠仁皇后神位居左，孝昭仁皇后神位居右，孝懿仁皇后神位居左次，孝恭仁皇后神位居右次；右第二室奉安世宗憲皇帝神位居中，孝敬憲皇后神位居左，孝聖憲皇后神位居右；左第三室奉安高宗純皇帝神位居中，孝賢純皇后神位居左，孝儀純皇后神位居右；右第三室奉安仁宗睿皇帝神位居中，孝淑睿皇后神位居左，孝和睿皇后神位居右；左第四室奉安宣宗成皇帝神位居中，孝穆成皇后神位居左，孝慎成皇后神位居右，孝全成皇后神位居左次，孝靜成皇后神位居右次；右第四室奉安文宗顯皇帝神位居中，孝德顯皇后神位居左，孝貞顯皇后神位居右；左第五室奉安穆宗毅皇帝神位居左，孝哲毅皇后神位居右；均南向。恭遇萬壽聖節、元旦、冬至、及國有大慶，則恭請神位於前殿祭饗，帝后同案異座。中一案左太祖高皇帝位，右孝慈高皇后位；左一案右太宗文皇帝位，左孝端文皇后位，左孝莊文皇后位；右一案左世章皇帝位，右孝惠章皇后位，右孝康章皇后位。左二案右聖祖仁皇帝位，左孝誠仁皇后位，左孝昭仁皇后位，左孝懿仁皇后位，左孝恭仁皇后位；右二案左世宗憲皇帝位，右孝敬憲皇后位，右孝聖憲皇后位；左三案右高宗純皇帝位，左孝賢純皇后位，左孝儀純皇后位；右三案左仁宗睿皇帝位，右孝淑睿皇后位，右孝和睿皇后位；左四案右宣宗成皇帝位，左孝穆成皇后位，左孝慎成皇后位，左孝全成皇后位，左孝靜成皇后；右四案左文宗顯皇帝位，右孝德顯皇后位，右孝貞顯皇后位；左五案右穆宗毅皇帝位，左孝哲毅皇后位；均南向。其祝案、尊桌、接桌、皇帝拜位、司拜褥、司香、拜褥讀祝官及司香十人、司帛十人、司爵三十二人位次。樂部設中和韶樂於東西階上，均如太廟前殿時饗之儀，惟不設福胙桌、接福胙桌，王公百官不陪祀。遣官行禮，位次亦與太廟前殿遣官行禮同。因事祇告，後殿不請神位，敬啟神龕行禮。皇帝親告，殿門內正中為皇帝拜位，王公百官不陪祀，不用樂，祝案、尊桌、接桌、司拜褥、司香拜褥、司香、司帛、司爵、讀祝官各位次與前殿同。遣官祇告，位次與太廟中殿遣官祇告同。每月朔望、列聖聖誕、列聖列后忌辰及上元、清明、霜降、歲除等日，皇帝親詣後殿上香行禮，或遣官行禮，各位次與祇告同。立春、端陽、重陽等節，惟掌儀司官一人詣後殿各香案前，上香行禮。

　　奉先殿祭饗，帝后同案異座，每案上皆陳登一、鉶二、簠二、簋二、籩十有二、豆十有二、筐一、爐一、鐙二，不用牲俎；每座陳爵墊一、金爵三、金箸二。因事祇告，案陳爵三、籩六、豆二、爐一、鐙二，與太廟告祭陳設同。每月朔望、列聖聖誕、列聖列后忌辰，及上元、清明、霜降、歲除等日，立春、端陽、重陽等節，皆陳酒脯、果實。其四月八日、七月望日，惟陳素果，不設酒脯，餘同。

（清）孫承澤《春明夢餘錄》卷一八《奉先殿》

初一日捲煎，初二日髓餅，初三日沙爐燒餅，初四日蓼花，初五日羊肉、肥麵角兒，初六日糖沙餡饅頭，初七日巴茶，初八日蜜酥餅，初九日肉油酥，初十日糖蒸餅，十一日盪麵燒餅，十二日椒鹽餅，十三日羊肉、小饅頭，十四日細糖，十五日玉茭白，十六日千層蒸餅，十七日酥皮角，十八日糖糕，十九日酪，二十日麻膩麵，二十一日蜂糖糕，二十二日芝蔴燒餅，二十三日捲餅，二十四日熿羊蒸，二十五日雪糕，二十六日夾糖餅，二十七日兩熟魚，二十八日象眼糕，二十九日酥油燒餅。以上一月共用銀一千五百九十二兩四錢。又每月遇十五日，奉先殿用猪九口、羊五隻、大尾羊四隻、香油、棗、柿、葡萄、荔枝、梨、水粉諸件，用一百六十八兩。四月初八日獻新，不落夾，用銀一百六十九兩四錢。

（清）允祹等《大清會典則例》卷一六一《內務府掌儀司》

一、陳設

奉先殿前殿：正中設龍寶座一於左，鳳寶座一於右；左一間設龍寶座一於右，次鳳寶座二；右一間設龍寶座一於左，次鳳寶座二；左二間設龍寶座一於右；次鳳寶座四；右二間設龍寶座一於左，次鳳寶座一；均南向。每間各設籩豆案一，香帛案一，爐一，鐙二。左三間東旁設鳳寶座一，西向，前設籩豆案一，香帛案一，爐一，鐙二，東西序，設尊案、香案、帛案各一。殿內設羊角座鐙二十一，鼎爐、香几各二十一。

後殿：寢室各設神龕、寶床、帳幔、幃幄、席褥、衾枕、楎椸；寢室內設案一，陳爐一，鐙二，油鐙二，花缾二；寢室門外每神位設寶倚一，每室設案一，前帛案一，香几一，陳香爐一，香合一，羊角座鐙二，東西序，設尊案、爵案、帛案各一，共雨傘六；行祗告禮，於中一室外右旁設祝案一，穿堂設羊角座鐙四。

前殿、後殿階下左右各設朝鐙二。遇大饗日，奉先門內正中設門爐香案一，祭時焚香；自誠肅門至前殿階上階下，共設座鐙六十；穿堂、兩厢及東夾道，共設座鐙二十。祭日點鐙，均於祭前一日營造司安設，禮成徹回。

慶成鐙每室二聯，順治十四年奏准：每年正月初九日張懸，元宵三日點鐙，十七日徹出。

乾隆十五年，奉旨於年前二十七日張懸，歲除元旦立春日皆點燈。

大饗：每神位前奉先制帛一，孝賢皇后素帛一。金爵三，登一，鉶一，金匕一，金箸一，雙尊一；每案籩二，簋二，籩十有二，豆十有二，筐一，爐一，鐙二；祝版以楠木為之，高一尺，闊二尺，厚五分，以白紙糊，黃紙緣邊，墨書。登、鉶、簠、簋、籩、豆之實，登實以大羹，用清肉汁不加鹽調和。鉶實以和羹，以熟羊肉為之。簠實以黍稷，以黍米稷米為飯。簋實以稻粱，以秔米粱米為飯。籩實以形鹽、藁魚、棗、栗、榛、菱、芡、脯、元旦、萬壽聖節用鹿脯，朔望用羊脯。白餅、白麵為之。黑餅、蕎麵為之。糗餌、梔子水和米粉為之。粉餈、糯米粉為之。豆實以韭菹、以青韭切四寸。醓醢、切生豕以五味調和。菁菹、以白菜切四寸。鹿醢、與鹿脯同。芹菹、以芹菜切四寸。醢、切生兔為之。筍菹、以片筍切四寸。魚醢、切鮮魚為之。脾柝、細切羊肚為膾。豚胉、以豕肩肉切圓。餁食、以糯米為飯和以蜜。糝食。以秔米為飯和以羊膾。尊，春用犧尊，夏象尊，秋著尊，冬壺尊。

祇告：每神位前奉先制帛一、孝賢皇后素帛一。金爵三、金匕一、金箸一、雙尊一。每案籩六，實以鹿脯、經筵用鹿，餘用羊。葡萄、核桃仁、棗實、榛仁、蓮子；豆二，實以鹿醢、與鹿脯同。兔醢；筐一、爐一、鐙二。列聖聖誕、列聖列后忌辰、元宵、清明、四月八日、霜降、歲除，均於後殿每神位前設瓷爵三、果實十二盤；立春、端陽、重陽，設果實八盤，均熟羊肉、豕肉各一盤。自十二月初七日至元宵，用野雞、鹿肉；四月八日，不設酒肉。

祭祀用具

(明) 俞汝楫等《禮部志稿》卷八三《宗廟備考·廟祀·奉先殿神主式》

上將幸臨濠，諭中書省臣：製奉先殿四代帝后神主及龕須精緻，朕還日，視其成。禮部遂奏：神主之制，高一尺二寸，闊四寸，趺高二寸，用木爲之，飾以金縷，以青字。神龕高二尺，闊二尺，趺高四寸，朱漆，鏤金龍鳳花，板開二窗，施紅紗，側用金銅環，內織金文綺爲耤。從之。

(清) 昆岡等《大清會典圖》卷二二《禮二二·祭器一》

金爵，鑄金象，爵形，腹爲星紋，足有雲紋，兩柱，頂爲芝形。奉先殿用之，制高三寸五分，深一寸四分，柱高一寸一分，足高一寸六分，三足相距各一寸。

陶登一，制口爲回紋，腹及校足爲蟠龍紋、波紋，蓋上爲垂雲紋，中爲蟠龍紋，口爲回紋，陶用瓷。太廟前殿、太廟後殿、奉先殿，皆用黃色，制高六寸一分，深二寸一分，口徑五寸，校圍六寸六分，足徑四寸五分，蓋高一寸八分，徑四寸五分，頂高四分。

陶鉶、銅鉶，制皆兩耳，爲犧形，口爲藻紋，次回紋，腹爲貝紋，蓋爲藻紋、回紋、雷紋，上有三峰，爲雲紋，三足亦爲雲紋。【略】銅鉶用於太廟前殿、太廟後殿、奉先殿，制高四寸一分，深四寸，口徑五寸一分，底徑三寸三分，三足高一寸三分，蓋高二寸二分，三峰高一寸，兩耳及緣飾以金。

木簠，髹漆塗金，四面飾以玉形制花紋，與陶簠略同。太廟前殿、太廟後殿、奉先殿用之，制高四寸六分，深二寸六分，口縱六寸四分，橫八寸，底縱五寸一分，橫六寸四分，蓋高一寸四分，口縱橫與器同，上有棱，四周縱六寸四分，橫八寸。太廟兩廡簠制同，惟不飾玉。

木簋，髹漆塗金，四面飾以玉形制花紋，與陶簋略同。太廟前殿、太廟後殿、奉先殿用之，制高四寸二分，深二寸一分，口徑七寸二分，底徑六寸，蓋高一寸八分，徑與口徑同，上有棱，四出，高一寸一分。太廟兩廡簋制同，惟不飾玉。

木豆，髹漆塗金，三方飾以玉形及花紋，與陶豆同，太廟前殿、太廟後殿、奉先殿用之，制高五寸五分，深二寸，口徑四寸九分，校圍二寸，足徑四寸七分，蓋高二寸二分，徑與口徑同，頂高五分。太廟兩廡豆制同，惟不飾玉。

(清) 昆岡等《大清會典圖》卷二四《禮二四·祭器四》

犧尊，范銅爲犧形，尊加其上。太廟前殿、太廟後殿、奉先殿孟春時饗用尊，高四寸八分，口徑三寸三分，腹圍一尺三寸五分，四面有棱，爲回紋、夔龍紋，底徑二寸六分，蓋高二寸一分，徑與口徑同，上爲垂花紋，下爲夔龍紋，犧高五寸一分，長八寸三分。

象尊，范銅爲象形，尊加其上。太廟前殿、太廟後殿、奉先殿孟夏時饗用尊，高四寸二分，口徑三寸三分，爲垂雲紋，腹圍一尺四寸四分，全素底徑三寸，蓋高一寸九分，徑四寸，象高五寸二分，長七寸一分。

著尊，范銅爲之，純素。太廟前殿、太廟後殿、奉先殿孟秋時饗用，高八寸五分，深八寸二分，口徑八寸三分，底徑六寸八分。

壺尊，范銅爲之，純素。太廟前殿、太廟後殿、奉先殿孟冬時饗用，高八寸四分，深七寸九分，口徑五寸二分，頂圍一尺二寸六分，腹圍二尺一寸九分，底徑五寸二分，足徑四寸三分。

（三）祭祀禮儀

禮儀及沿革

（明）申時行等《大明會典》卷八七《禮部四五·廟祀二·奉祧》

隆慶六年，奉祧宣宗皇帝神主。儀前期，太常寺奏致齋三日，遣官祭告宗廟。至日，行祭告禮，用祝文，每廟各一犢。是日，上以祧廟告穆宗皇帝几筵，内侍官陳設酒饌如常儀。上具素服，内導引官導上詣拜位，贊四拜禮，奠帛、獻酒、讀祝、四拜，焚幣帛祝文，禮畢。是日，祭畢，太常寺官同内執事官奉遷宣宗皇帝神主衣冠，并奉享床幔儀物於後殿。英宗以下各廟神主衣冠床幔儀物，以次遞遷。其奉先殿宣宗皇帝神位，亦奉遷於德祖暖閣内左，衣冠床幔儀物，隨宜收貯焚化。英宗以下神位，以次遞遷。

（明）申時行等《大明會典》卷八八《禮部四六·廟祀三·薦諡號》

隆慶元年，加諡孝懿皇后儀。

先期，題請遣官持節捧册寶詣陵園行禮，并改題神主。

先一日，鴻臚寺設節案，内侍官設册寶輿香亭，俱於皇極門東。

是日早，遣官以加諡孝懿皇后告奉先殿。上具素翼善冠麻布袍腰絰，親告世宗皇帝几筵，各用祝文祭品如常儀。

（明）申時行等《大明會典》卷八九《禮部四七·廟祀四·奉先殿》

洪武三年冬，以太廟時享未足以展孝思，始於乾清宮別建奉先殿，朝夕焚香，朔望瞻拜，時節獻新，生忌致祭，用常饌，行家人禮。永樂定都，建宮殿如南京。嘉靖中，每遇聖節及中元、冬至、歲暮，皆有祭告。先期，太常寺題知光禄寺辦祭品。至期，内殿行薦。三年，即殿西建觀德殿，奉安獻皇帝神主。五年，世廟成，乃遷觀德殿於奉先殿東，改題曰崇先殿。薦享、告祭俱如奉先殿之儀。十五年，罷中元祭。十七年，奉祔獻皇帝於奉先殿，遂罷崇先殿祭。

弘治二年，奉安憲宗純皇帝神位於奉先殿儀。

是日，上奉神主奉安於太廟，訖，上仍祭服升輅，詣武英殿前，降輅，升几筵殿，奉迎神位。内侍舉神位亭前行，由中門出，上升輅後隨，由思善門入奉先殿門外。上降輅，司禮監官導上詣神位亭前。奏跪，上跪。司禮監官跪於上左，奏請神位奉安奉先殿，奏訖，奏俯伏興，上俯伏，興。導引官前導内侍於亭内神位前行，上後從，由中門入至奉先殿，奉安訖，上叩頭興，就位行祭告禮，用酒果、用樂、用祝文。

（明）俞汝楫等《禮部志稿》卷八三《宗廟備考・廟祀・奉先殿祭儀》

奉先殿成，【略】遂命禮部製四代帝后神位衣冠，并定諸祭儀物及常用祝文。於是禮部定議，每日朝晡，上及皇太子、諸王、二朝皇后、率妃嬪日進膳饈，每月朔薦新。【略】其常用祝文，正旦曰："正旦之吉，萬象維新，追念恩德，不勝感慕，謹具牲醴庶品，恭率眷屬詣廟獻祭。"十月朔則曰："時維孟冬，氣候初寒。"冬至則曰："冬至令節，陽氣初生。"上元、清明、端陽、中元、重陽等節則曰："時維某節，禮嚴常祀。"餘并同前。

（明）俞汝楫等《禮部志稿》卷八三《宗廟備考・廟祀・孝莊太皇陵殿祀議》

弘治十七年，上御西角門朝退，遣内官召大學士劉健、李東陽、謝遷至内門暖閣素幄中，上起立曰："陵廟事須商量。"【略】命禮部會多官稽考典制，詳議以聞。於是會集英國公張懋、吏部尚書馬文昇等議，謂："宗廟之禮，乃天下之公議，非子孫得以私之。【略】至我國朝，祖宗太廟之建，一遵古典，迄今已溢九廟，廟皆有配，配皆無二。又於禁庭内建奉先殿得以朝夕供薦，仰惟皇上繼統勳率舊章，今大行聖慈仁壽太皇太后所有奉安神主，宜於奉先殿之外相應處所建一新廟，如《詩》之閟宮、宋之別殿，歲時薦享，一依太廟、奉先殿之儀，祀專而且近，禮勤而且便矣。隆名徽號仍稱太皇太后，極其尊崇，永受萬年之享，則情義兩盡。"議上，上即復召大學士劉健等至素幄，上袖出《奉先殿圖》，指示其西一區，曰："此奉慈殿也。"又指其東一區，曰："此神厨也。欲於此地別建殿，奉遷孝穆太后神主并祭於此，如何？"健等皆對曰："最當。"又問："位次如何？"皆對曰："太皇太后中一室，孝穆太后或左或右一室。"上曰："須在左。"後來有如此者，却居右耳。於是上親批會議本曰："祀享重事，禮當詳慎，卿等稽考古典及祖宗廟制既已明白，都准議特建廟奉享，仍稱太皇太后，以伸朕尊親之意，後世子孫遵守崇奉，永爲定制。"於是中外翕然，稱爲得禮。蓋自庚申之召不奉接者，已閱五年。至是，連奉顧問，龍顏溫霽，天語周詳，視昔有加，而明習國事，洞察義理，惓惓以宗廟綱常爲己任，有非臣下所能涯涘矣。後陵事竟不行，蓋欽天監以爲歲殺在北，方向不利，内官監亦謂事干英廟陵寢，聖意終不得已，乃於陵殿神坐奉移英廟居中，孝莊居左，而孝肅居其右云。

(明) 俞汝楫等《禮部志稿》卷八六《國郵備考·皇太后喪禮·嘉靖年行禮》

（成化三十三年）十一月，聖母孝穆皇太后即祔葬茂陵，上敕諭禮部曰："皇妣孝穆慈惠恭恪莊僖崇天承聖皇太后祔葬畢日，宜有奉享神主之禮，爾禮部其會文武大臣議處來問。"於是禮部會同太傅兼太子太師英國公張懋等官議得："《周禮·春官》大司樂之職歌小吕舞大濩，以享先妣謂姜嫄也。至宋則元德、懿德二皇太后俱有別廟之享，章獻、章懿二皇太后遂有奉慈之建。兹者恭遇孝穆皇太后祔葬茂陵，所有神主宜於奉先殿傍近宮室改爲別廟，以禮安奉，歲時祭享，悉如太廟、奉先殿之儀。仍乞敕奉遷官於祔葬畢，暫奉神主於茂陵，獻殿以伺。"二十四日，憲宗純皇帝祔廟禮畢，啓行於二十六日入城，得旨："奉先殿傍近無宮室堪改別廟，爾還再議來聞。"禮部復會官議："孝穆皇太后祔葬畢日，神主宜暫建別廟奉享，庶合古制。但奉先殿傍既無傍近宮室堪以改作，合當於享憲宗純皇帝几筵之右別設幄殿一所，以事奉享。仍乞敕內官監相度相應吉地營建別廟，完日奉遷神主享祀如儀。"上曰："親終當祭以禮，爾等既考論明白，准議。"乃定奉安神主之殿曰奉祀殿。

(明) 嚴嵩《南宮奏議》卷一三《宗廟·內殿奉安列聖神主儀》

臣等節奉聖諭："廟主宜奉安內殿，可少俟皇伯妣禮訖舉行。欽此。"臣等查得，嘉靖十四年二月內營建七廟，節該遵奉欽依恭請列聖帝后神主於奉先殿奉安外，兹者孝康敬皇后神主祔廟禮訖，所據奉遷神主事理。臣等惟國家奉先之禮，有宗廟以象外朝，有內殿以象內寢。兹方有事於廟建，聖諭欲行奉遷廟主於內殿，以俟宗廟之成，委爲得理之正。臣等欽遵，謹將一應禮儀開坐上請，伏乞聖明裁定。敕下："各該衙門一體遵行。"

行欽天監擇奉遷吉日。

太常寺備辦告景神殿并奉安內殿祭品香帛，翰林院撰祝文。

太常寺請命捧帝主大臣十二員，捧后主內臣十二員，各具祭服。

前期一日，司設監會同內閣、禮部、太常寺官恭詣內殿陳設神座等項。

至日，司設監備神主金輿并册寶亭、衣冠亭各十二座，於景神殿門外候行告奉遷禮畢，各官捧册寶、衣冠安置，訖亭內後隨。

錦衣衛設傘扇，儀衛導從如儀。

神主輿册寶等亭由端門、午門、奉天門中左門、後左門至內殿門外，儀衛退，捧主官各捧神主奉安於奉先殿畢，行奉安禮。

至日，司設監備神主金輿一座於睿宗廟門外候，列聖帝后主出，捧主官捧睿宗廟，帝后神主由中門出，以次奉入內殿，行奉安禮畢，主還廟，儀衛導從如初。

嘉靖二十年十一月十四日奉聖旨：是。

(明) 嚴嵩《南宮奏議》卷一四《陵寢·議罷顯陵歲暮祭》

祠祭清吏司案呈：查得，長陵等陵每年止是元旦、清明、中元、霜降、冬至舉祀，原無歲暮祀典，惟是奉先殿每年四立歲暮有五享禮等因，案呈到部。爲照顯陵與長陵等陵事體相同。隆慶殿與奉先殿事體相同，歲時祭享，已有定儀，今隆慶殿既已如例，舉歲暮之祀則在陵殿，不必瀆舉。所據太監傳霖乞要增添顯陵歲暮祭祀，似難創議，伏乞聖裁。嘉靖二十一年四月三十日，奉聖旨：長陵等陵，既無歲暮祭，不必增。

條陳興都事宜復議：隆慶殿與奉先殿事體相同，而奉先殿舉祀亦不用樂。

（明）佚名《太常續考》卷二《奉先殿蕎品事宜》

嘉靖以前，奉先殿每室止設一帝一后神主，如太廟寢殿，其祔祧迭遷之禮亦如之。嘉靖十五年，世宗皇帝以孝肅皇后神主祔裕陵殿，孝穆皇后、孝惠皇后神主祔茂陵殿合享，遂奉安孝肅神位於奉先殿睿皇帝室，孝穆、孝惠神位於奉先殿純皇帝室，外廷莫知也。萬曆三年，上諭禮官曰：「朕思孝弘、神霄二殿皇祖妣孝烈皇后、孝恪皇太后神位，宜奉安於奉先殿祔享，查議來行。」禮部議，二后神位祔享奉先殿，未敢擅擬。奉旨：「奉先殿今見有孝肅、孝穆、孝惠三后神位，俱係我皇祖欽定，宜遵照祔安，不必另擬。」乃奉安孝烈、孝恪二后神位於奉先殿肅皇帝室。

嘉靖初年，萬壽聖節、中元、冬至、歲暮俱告祭於奉先殿。十五年，罷中元節祭。四十五年冬，罷歲暮祭。隆慶元年，萬壽聖節、冬至祭俱罷。據本寺《志》，嘉靖中，歲暮告祭奉先殿。而《總覽》云「歲暮前一日，博士捧祝版，上填御名訖，捧安於景神殿。」則歲暮之祭，當時又似在景神殿也。又考嘉靖二十年太廟災，嘗暫奉列聖主於景神殿，已又遷奉先殿太廟主。既奉於奉先殿，則奉先殿之告祭，其時或暫在景神殿行也。

方澤、朝日、夕月，出告回參，嘉靖中俱行於景神殿，隆慶初年以來行於奉先殿<small>祭品、祝文、執事人員皆不繇本寺，亦不預行題請。日獻膳，光祿寺辦，不繇本寺。朔望行禮。用內執事，不用本寺人員。</small>

諸帝后忌祭，嘉靖以前皆行於奉先殿。十八年，高皇帝后忌祭改行於景神殿，文皇帝后以下忌祭改行於永孝殿。至二十四年，俱仍於奉先殿行。每忌前二日，本寺官面奏。

附考嘉靖年萬壽聖節祭告內殿事宜：

前期四日，本寺行揭帖，知會司禮監填內殿祝版，具題本，開門，進祭品，并官員、執事、厨役。

前期一日，博士捧內殿祝版於文華殿，上填御名訖，博士捧安於內殿供奉。

前期一日，本寺官具吉服，早詣奉先殿。上至，行祭告禮。

陳設。【略】

祝文：「維孝孫嗣皇帝某，敢昭告於祖宗列聖帝后曰，明日乃孫初生之辰，仰慕本源，奚勝上報，敬以庶品之徵，躬伸祭拜，伏惟恩宥，以鑒歆之。謹告。」

冬至，告內殿祝文：「維孝孫嗣皇帝某，敢昭告於祖宗列聖帝后曰：『時序如流，節維冬至，仰思聖御，追慕不勝，謹以庶品之儀，用修常祀。尚享。’”

（清）傅維鱗《明書》卷五八《志六·禮儀志三·廟祀·奉先殿儀》

明初以太廟時享未足以展孝思，始於乾清宮別建奉先殿，朝夕焚香，朔望瞻拜，時節獻新，生忌致祭，用常饌，行家人禮。永樂定都，復建如南京。嘉靖即殿西建觀德殿，祀獻皇，後世廟神乃遷於奉先殿之東，曰崇先殿，如奉先儀。及祔獻皇於奉先殿，乃罷。凡遇大行皇帝皇后，其神主既奉祔太廟訖，上仍祭服詣武英殿降輅，升几筵殿，奉迎神位。司禮監官捧神位，上隨至內殿安奉，行禮如常儀。

（清）張廷玉等《清文獻通考》卷一一六《宗廟考一〇·奉先殿》

（順治）十四年正月癸亥，定初安奉先殿神位祭儀。禮部奏：初奉安神位於奉先殿，皇上親詣致祭，內大臣侍衛、內府官隨行禮，太常寺贊禮官贊禮，樂舞生作樂。是日早，內府官陳設祭品於各神位前，執事官、贊禮官、樂舞生各司其事。內大臣侍衛、內府官咸朝服詣奉先殿門外兩傍序立。候陳設畢，上御禮服升輿，至設立神位處降輿，詣各神位前一跪三拜，恭請神位，捧各神位內府官一跪三叩，奉安各神位於亭內。畢，上行一跪三拜禮，捧神位官隨行禮。畢，內府官舉神位亭前行，由中門出，詣奉先殿，上乘輿隨行，內大臣侍衛、內府官俱於奉先殿門外跪迎。上至奉先殿門外降輿，隨神位亭入，內大臣侍衛、內府官隨上至奉先殿院中，分班侍立，安神位亭於奉先殿丹陛。畢，引禮官導上詣神位前，行一跪三拜禮，恭捧神位內府官隨各詣神位前跪，三叩，捧神位隨上詣前殿奉安神位。畢，上行一跪三拜禮，捧神位官隨行禮畢，退。上就拜位立，贊禮官贊樂舞生就位，執事官各司其事。引禮官奏就位，導上進前立。贊禮官贊迎神，協律郎贊奏《開平之章》。樂作，引禮官贊跪叩興，上行三跪九拜禮，興。內大臣侍衛、內府官隨行三跪九叩禮畢，樂止。贊禮官贊獻帛，行初獻禮，協律郎贊奏《壽平之章》。樂作，司帛官捧帛詣獻帛案東傍立，司爵官捧爵詣各神位東西傍立。引禮官贊詣前，捧帛官跪，上詣帛案前。引禮官贊跪，上跪，贊獻帛，上受帛獻於神位前案上，興。引禮官導上詣獻爵處，捧爵官跪。引禮官贊獻爵，上立受爵，獻於神位前案上。引禮官贊如獻帛儀，次第於各神位前獻畢，上復拜位立，樂止。贊禮官贊行亞獻禮，協律郎贊奏《嘉平之章》，其獻爵如初獻儀，樂止。贊禮官贊行終獻禮，協律郎贊奏《雍平之章》，其獻爵如亞獻儀，畢，樂止。贊禮官贊徹饌，協律郎贊奏《熙平之章》，樂止。贊禮官跪贊禮畢，升宮即跪處三叩退立，協律郎贊奏《成平之章》，引禮官贊跪興叩，上行三跪九拜禮，興。內大臣侍衛、內府官隨行禮，樂止。贊禮官贊捧帛詣燎位，捧帛官詣神位前跪，三叩，捧帛送燎，引禮官導上退立於東，西向，捧帛過，引禮官導上復位立，候帛燎半，引禮官贊禮畢，導上出殿。樂作，上出殿立於檐下東傍，西向，內大臣侍衛、內府官侍立兩傍。樂止，俟供獻等物徹畢，上復入殿，詣神位前跪，三拜，恭捧神位，捧各神位內府官詣所捧神位前跪，三叩，恭捧神位，隨上送至後殿內奉安神位。捧神位官亦奉安各神位，上行一跪三拜禮，捧神位官各於神位前一跪三叩。畢，上出升輿，還宮。以後親詣致祭，俱行家人禮。内大臣侍衛、内府官不與陪祀，太常寺贊禮官、樂舞生俱不用，應令内府官贊禮作樂，如前行禮致祭。之先，上親請神位奉安，祀殿祭畢，上仍親奉安後殿行禮。其元旦、冬至、歲暮、皇太后萬壽、皇上萬壽係大節，諸册封係大禮，及月朔望，俱應親詣致祭，内府官贊禮作樂，其供獻應與太廟大祀儀同。立春、上元、四月初八、端陽、重陽係尋常節，親詣致祭，不贊禮作樂。忌辰、清明、霜降、十月朔係哀慕日期，親詣致祭，不贊禮作樂。七夕不致祭，止如常供獻。中元、中秋係望日常祭日期，不必重行。每月隨時薦新，上躬詣供獻，但係常例供獻，不必請神位於前殿，即於後殿供獻。上享太廟或祭畢，俱應上香燭於奉先殿，行躬告禮。上親詣奉先殿行祭禮之期，如遇親祭壇廟，應遣内府官一員於奉先殿行祭禮；如上不親詣壇廟，遣官致祭，上仍應親詣奉先殿行禮致祭。得旨：奉先殿初次行禮，宜用祝文，餘俱如儀。

十七年三月辛巳，定奉先殿祫祭禮。先是辛未，諭禮部："奉先殿祀太祖太宗神位，未及并祀四祖，於朕孝思未展。今稽舊制，歲終祫祭之外有奉先殿祫祭之禮，以後元旦、皇太后萬壽及朕壽節，俱照例祭告，奉太廟後殿四祖神牌於奉先殿，與太祖太宗合享，位次照太廟祫祭禮，祀畢仍恭迎神牌於太廟後殿。"至是，禮部議奏："奉先殿祫祭禮，四祖神位座次照太廟歲終祫祭禮。祭前一日，太常寺奏請遣官一員祗告太廟，禮儀院奏請遣官一員祗告奉先殿。祭日，遣官八員恭請四祖暨後神牌自太廟迎入奉先殿，祭畢仍恭送神牌還太廟後殿。"從之。

十八年正月，聖祖仁皇帝定奉先殿祭典。是月癸亥，諭禮部及議政王貝勒大臣等："禁中設立上帝壇、奉先殿，著查歷代有無舊例，定議具奏。"尋議復："歷代舊制，祇有冬至祀天於南郊，宮中上帝壇應請罷祭。至奉先殿，應照前明洪武三年例，朝夕焚香，朔望瞻拜，時節獻新，生忌致祭，用常饌，行家人禮。"從之。

(清) 張廷玉等《清文獻通考》卷一一七《宗廟考一一 ·奉先殿·享奉先殿儀》

日獻食，月薦新，朔望朝謁，時節展拜，出入啓告。恭遇列祖聖誕、列祖列后忌辰及諸令節慶典，則於後殿上香行禮。恭遇皇太后萬壽、皇帝萬壽、元旦、冬日至及國有大慶，則恭奉列祖列后神位於前殿祭饗。恭遇親饗，前期三日，皇上齋，執事各官咸致齋。前一日，内務府掌儀司官進祝版祝文隨事撰擬於神庫，割牲、瘞毛血、潔治祭品，各如儀。届日昧爽，内監啓寝室神龕，執事官公服入殿，然炬明鐙，具登、鉶、簠、簋、籩、豆之實陳於案，各以其序。殿中少西北向設祝案，東西序各設尊案，分陳香盤，奉先制帛、皇后祔饗用素帛，尊、爵、筐、冪、勺具，均如太廟時饗儀。司祝司香，以内務府官充司帛司爵，以侍衛充各以其職爲位。樂部率太常協律郎陳中和韶樂於殿階上，分東西懸，樂舞在其次。司祝詣神庫祝案前跪，三叩，恭奉祝版，興，贊禮郎二人引由奉先殿中門入殿中門，跪安於祝案，三叩，興，退。内務府官省覕畢，分詣後殿寝室前，跪，上香，三叩，興，恭奉列聖列后神位以次行。如遇皇后祔饗，内務府上香行禮，恭奉神位隨行，内監執鐙左右，導引至前殿，入中門，以次奉安於寶座。列聖列后位均南向，皇后祔位東位，西向。奉安畢，詣各香案前跪叩，如初儀。司拜褥官豫布皇帝拜褥於殿門内正中及各神位前，内監設盥盤於奉先門左階下。屆時，掌儀司官詣乾清門告時，侍衛轉奏，皇帝補服乘輿出宮，前引後扈，如常儀。出景運門，至誠肅門降輿，贊引、對引太常寺卿二人恭導皇帝入奉先左門，内監跪奉盥盤、帨巾如儀。皇帝盥畢，贊引、對引恭導皇帝升左階，入殿左門，詣拜位前，北向立。豹尾班侍衛止立階下，前引大臣止立階上，均東西面。後扈大臣隨入僉，立於皇帝拜位後。左右典儀贊樂舞生登歌，執事官各共乃職。武舞執干戚進，贊引奏就位，皇帝就位立。典儀贊迎神，司香奉香以次進至各案前祇俟，司樂贊舉迎神樂，奏《貽平之章》。樂詞與太廟時饗同，後仿此。樂作，贊引奏詣香案前，暨對引官恭導皇帝詣太祖高皇帝香案前，對引官至祝案前止立，司香跪贊引奏跪皇帝跪，奏上香，司香進香，皇帝上炷香三，上瓣香，興。以次詣列聖案前，上香如前儀。畢，贊引奏復位，暨對引官恭導皇帝復位立。贊引奏跪拜興，皇帝行三跪九拜禮，興。贊引恭導皇帝詣皇后香案前，司香進香跪，皇帝立，上香。畢，恭導皇帝復位，立。樂止，典儀贊奠帛爵，行初獻禮，司樂贊舉初獻樂，奏《敉平之章》。樂作，舞《干戚之舞》，有司揭尊冪挹酒實爵。司帛、司爵以次進至各神位前，司帛跪獻篚奠於案，三叩，興，司爵立獻爵奠於墊中，各退，樂暫止。司祝詣祝案前跪，三叩，興，奉祝版跪案左。贊引奏跪，皇帝跪。贊讀祝，司祝讀祝畢，興，奉祝版跪安神位前篚内，叩如初，退。樂作，贊引奏拜興，皇帝三拜，興，樂止，《武功之舞》退。文舞執羽籥進，典儀贊行亞獻禮，司樂贊舉亞獻樂，奏《敷平之章》，樂作，舞《羽籥之舞》。司爵詣各神位前獻爵於左，如初儀。樂止，典儀贊行終獻禮，司樂贊舉終獻樂，奏《紹平之章》，樂作，舞同亞獻。司爵詣各神位前獻爵於右，如亞獻儀。樂止，《文德之舞》退。典儀贊徹饌，司樂贊舉徹饌樂，奏《光平之章》，樂作，徹畢。樂止，贊禮郎一人趨至神位前，北面，跪奏禮畢，請還寢室，三叩，退。司樂贊舉還宮樂，奏《乂平之章》，樂作，贊引奏跪拜興，皇帝行三跪九拜禮，畢，樂止。典儀贊奉祝帛送燎，司祝、司帛咸詣神位前跪，三叩，奉祝帛，興，司香跪奉香，興，以次恭送燎所。皇帝轉立拜位東旁，西向。司拜褥官徹拜褥，俟祝帛過，仍布拜褥，皇帝復位，立。贊引奏禮成，暨對引官恭導皇帝出殿左門降階，由奉先左門出，至誠肅門外升輿，還宮。導從如來儀。内務府官恭奉神位還寢室，上香行禮，與迎神同。所司徹祭器，内監闔門，各退。

若遣皇子祭饗前殿，祭前諸儀：屆日，殿内外陳設均與親饗同，皇子拜位在殿檻外正中，設盥盤於右階下。皇子夙興補服，步行至誠肅門。掌儀司、贊禮郎二人前導皇子由奉先右門入，至西階下盥手升階，諸拜位前行禮。迎神、上香，出入殿右門。祝帛、送燎，皇子避立西旁，東面。禮成，仍自西階降，出誠肅門，還宮，各退。遣王公、内大臣祭饗儀節，均與皇子同。

　　奉先殿上香儀：每月朔望、列聖聖誕、列聖列后忌辰及上元、清明、霜降、歲除日，恭遇皇帝親詣後殿上香行禮。是日，所司詣後殿寢室前陳酒脯、果實、爐、鐙具。司香官執事殿内，掌儀司官請駕如儀。皇帝補服，忌辰素服，乘輿出宮，内務府總管前導至誠肅門降輿入，恭導皇帝詣後殿各案前上香行禮，儀與前殿上香同。禮畢，恭導皇帝還宮，各退。

　　立春、端陽、重陽等節，掌儀司官入後殿明鐙，内監啓寢室神龕，案陳酒脯、果實。掌儀司官一人補服，詣各案前上香，行三跪九叩禮，如儀。四月八日、七月望日，陳素果，不設酒脯，餘同。贊禮以内務府贊禮郎，升降出入均於右。

　　列聖列后升祔奉先殿儀：前期，内務府敬製神主於神庫。既成，内務府總管上香行禮如儀。欽簡奉后主大臣一人。前三日，掌儀司官入後殿陳設寢室前神龕、香案、寶椅、寶床、楎椸及帷幔、衾枕、爐擎、供器，如事生之儀。屆日，掌儀司官詣前殿陳設寶座，每案陳祭器，設香帛、尊、爵、爐、鐙具。樂部陳樂懸、樂舞。奉后主大臣及執事官皆公服祗俟。内監設盥盤於神庫門外之東。司拜褥官豫布后主祗見拜位於殿中，布皇帝拜位於稍後。其日，升祔太廟禮成，皇帝還宮，釋禮服，更補服。禮部尚書詣乾清宮，奏請皇帝乘輿出宮，前引後扈如常儀。掌儀司官詣後殿寢室前上香行禮，恭奉列聖列后神位奉安於前殿寶座，跪叩如儀。駕至誠肅門降輿，贊引、對引太常寺卿二人恭導皇帝詣神庫門外東盥手，如儀。詣帝主、后主神位前，上香，行三拜禮。奉后主大臣於門外隨行禮。皇帝近前跪，恭奉帝主，興，前行。奉后主大臣趨入神庫門詣前跪，恭奉后主，興，隨行。贊引、對引恭導皇帝入奉先左門，前引大臣止，升東階，後扈大臣侍衛均止，進殿中門，奉安帝主於寶座上，退及案前，跪，三叩，興。贊引、對引恭導皇帝就位立。贊引北面跪，奏皇后恭宣后主尊諡升祔奉先殿，祗見皇帝恭宣帝主尊諡。奉后主大臣恭奉后主跪安於祗見位，興，趨出殿西門。贊引奏跪拜興，皇帝恭代行三跪九拜禮，興，進前跪，恭奉后主，興，奉安於寶座，退及案前，跪，三拜，興，復位，乃行大饗禮。迎神、上香、讀祝、奠獻、望燎，諸儀節均與常饗同。禮畢，贊引、對引恭導皇帝出奉先左門，至誠肅門外升輿，還宮，引扈如來儀。掌儀司官恭請神位還御寢室，上香行禮，如初迎儀。執事官徹藏祭器，内監闔門，衆各退。

　　皇后升祔奉先殿儀：前期，所司敬製神主於殯宮配殿，製寶座、龕案於神庫。既竣，諏吉，行題主禮，以神輿恭奉回京。升祔前一日，皇帝親詣奉先殿祗告如儀。屆日，神輿由東華門入，皇子從。王公以下文武百官朝服會門外跪迎，俟過，興。内務府官豫詣前殿陳設寶座，具案陳。恭請列聖列后神位，奉安行禮均如儀。司拜褥官豫布祗見拜褥於殿中。神輿至誠肅門止，贊引、對引官二人導皇子詣神輿前跪，行三叩禮。興，恭奉神主由奉先左門入，進殿中門，奉安於祗見位，少退立。贊引跪奏皇后恭宣尊諡升祔奉先殿，祇見列聖列后。皇子恭代行三跪九叩禮。畢，進前跪，恭奉神主，興。贊引贊賜座，皇子奉神主奉安於寶座，跪，三叩，興。乃行大饗禮。畢，恭請神位還御寢室。神主御寢室，上香行禮均如常儀。

薦新儀：正月薦鯉魚、青韭、鴨卵；二月薦萵苣菜、菠菜、小蔥、芹菜花、鱖魚；三月薦王瓜、蔓蒿菜、薹薹菜、茼蒿菜、水蘿葡；四月薦櫻桃、茄子、雛鷄；五月薦杏李、蕨菜、香瓜子、鵝桃、桑椹；六月薦杜梨、西瓜、葡萄、蘋果；七月薦梨、蓮子、菱榛、仁藕、野鷄；八月薦山藥、栗實、野鴨；九月薦柿、雁；十月薦松仁、軟棗、蘑菇、木耳；十一月薦銀魚、鹿肉；十二月薦蓼芽、綠豆芽、兔、鱣鰉魚。其豌豆、大麥、文官果，或奉旨特薦鮮品，皆遣內監供獻行禮。

順治十四年定每日供獻湯飯，果五盤，肉三盤，上香行禮。

康熙十三年定早晚點香燭，停止每日供獻、每月薦新。掌儀司官詣後殿上香行禮具常服，遇吉期具補服。其祭品，內監於神廚恭造。

（清）允祹等《大清會典則例》卷一六一《內務府掌儀司一·祭饗奉先殿》

順治十四年，定元旦、冬至、歲除、皇太后聖壽、萬壽聖節、册封吉日、及每月朔望，奉請神位於前殿，設籩豆、讀祝、奏樂、祭饗。

是年，諭：奉先殿恭祭太祖太宗，未經合祭四祖，朕之孝思，猶爲未盡。嗣後，遇元旦、皇太后聖壽及朕誕辰，恭請太廟後殿四祖四后神位於奉先殿，與列聖列后合祭。欽此。

康熙十三年奏准：凡遇元旦、太皇太后聖壽、皇太后聖壽、萬壽聖節，恭請太廟後殿四祖四后神位於奉先殿合祭，每月朔望、冬至及册封等日，大饗如前。

十五年奏准：册封等日，停止大饗，遣官於後殿祇告。

又奏准：奉先殿大饗、祇告，如遇躬祀壇廟之日，俟祀壇廟禮成，然後行禮。

三十八年，奉旨：元旦百官齊集人多，奉請神牌往返，朕心未安，著大學士、內務府、禮部、太常寺會議具奏。欽此。遵旨議准：四祖神牌安奉太廟後殿，每歲時饗後殿，遣官行禮，歲除大祫於太廟，元旦又奉請神牌合祭於奉先殿，似屬重復。請嗣後元旦、皇太后聖壽、萬壽聖節，停止恭請後殿四祖神位合祭於奉先殿，即於太廟後殿遣官，一如奉先殿儀，列籩豆、讀祝、奠帛、獻爵、行禮。

雍正十三年，奉旨：祭奉先殿，遵太廟四孟時饗之禮，增上香儀。

是年十月，奉旨：嗣後，朕親詣奉先殿行禮，令太常寺官贊禮執事。

乾隆元年，奏准：奉先殿各香案增設燭臺二，再各案增設爵墊。

升祔奉先殿。順治十四年，鼎建奉先殿，前殿九間，後殿九間，穿堂三間。後殿同殿異室，每寢室各設神龕、寶床、帷幄、帳幔、揮㡏。奉安前期，內府官豫於奉先殿設龍鳳寶座各一於殿中，南向；設龍鳳寶座各一於左一間，東位西向；設朝鐙、香几、爐各十有二；寶座前均設籩豆案，前設香帛案，兩序設尊爵帛筐案；中一間左旁

設祝案，設御拜位於閾内正中。奉安之日黎明，内府掌儀司官率所屬陳祝、帛、登、
鉶、籩、簋、籩、豆於各案，點香燭。内府各執事官暨太常寺贊禮官、樂舞生等各共
執事。内大臣侍衞、内務府官咸朝服於誠肅門外兩旁序立。世祖章皇帝御禮服升輿出
宮，至恭造神牌處降輿，詣太祖高皇帝神位前行一跪三拜禮，恭奉神位。内府官在後
隨行禮。執事官設黃輿一於門外正中，一於左，均南向。世祖章皇帝恭奉太祖高皇帝
神牌，恭奉神牌官各恭奉神牌，奉安黃輿内。世祖章皇帝於黃輿前行一跪三拜禮，奉
請各官隨後行禮。畢，内府官昇黃輿由中門出，詣奉先殿，世祖章皇帝隨出，升輿隨
行。内大臣侍衞等皆跪候黃輿過，隨行。至誠肅門，世祖章皇帝降輿隨入。内大臣侍
衞、内務府官咸隨入，至奉先殿前階下，分班兩翼序立。黃輿由奉先門中門入，至殿
陛上，北向，止。贊引官二人恭導世祖章皇帝詣黃輿前，行一跪三拜禮，恭奉神牌各
官隨後行禮。畢，各恭奉神牌以次升奉先殿，奉安於各寶座。正中奉安太祖高皇帝神
牌於左，高皇后神牌於右，南向。左一間奉安太宗文皇帝神牌，次孝端文皇后神牌，
東位西向。世祖章皇帝行一跪三拜禮，奉請各官隨後行禮，退，執事官徹黃輿。世祖
章皇帝詣拜位前立，掌儀司官引内大臣侍衞、内府官於階下，咸東西上，北面立，乃
行大饗禮。凡贊禮、作樂、奠帛、獻爵，一如太廟時饗儀，惟不設牲牢，不行飲福受
胙禮。禮成，贊引官恭導世祖章皇帝由殿左門出，立檐下東旁，西向。内大臣侍衞、
内府官於兩旁序立。樂闋，恭導世祖章皇帝入殿内於太祖高皇帝神位前，行一跪三拜
禮，恭奉太祖高皇帝神牌，奉請各官隨後行禮畢，各恭奉神牌，以次升入後殿。奉安
太祖高皇帝神牌於中一室神龕内居左，孝慈高皇后神牌居右；奉安太宗文皇帝神牌於
東一室神龕内居左，孝端文皇后神牌居右，均南向。奉安畢，世祖章皇帝退至寢室門
外上香，行一跪三拜禮。奉請各官隨後行禮。贊引官恭導世祖章皇帝由後殿左門出，
由殿東出奉先門左門，至誠肅門外，升輿還宮。

　　十八年，恭奉世祖章皇帝神牌升祔奉先殿。豫期祇告。是日，恭奉列聖列后神牌
於前殿，奉安世祖章皇帝神牌於右一間，西位東向，行大饗禮如儀。禮成，恭奉世祖
章皇帝神牌，奉安於後殿西一室神龕内，南向。

　　康熙六年，奉孝康皇后神牌升祔奉先殿。豫期祇告。是日，恭奉列聖列后神牌於
前殿，奉安孝康皇后神牌於右一間世祖章皇帝之次，行大饗禮如儀。禮成，恭奉孝康
皇后神牌，奉安於後殿西一室神龕内世祖章皇帝神位之右，南向。

　　十四年，奉仁孝皇后神牌祔饗奉先殿。豫期，聖祖仁皇帝親詣後殿祇告。是日，
奉太祖高皇帝、孝慈高皇后神牌於奉先殿正中，太宗文皇帝、孝端文皇后神牌於左一
間，世祖章皇帝、孝康章皇后神牌於右一間，均南向。奉仁孝皇后神牌於左二間，東
旁西向，遣官行大饗禮如儀。禮成，恭奉仁孝皇后神牌奉安於後殿左二室神龕内，
南向。

　　十八年，奉孝昭皇后神牌祔饗奉先殿。前期，聖祖仁皇帝親詣後殿祇告。是日，

遣官行禮，一如仁孝皇后祔饗儀。奉安孝昭皇后神牌於仁孝皇后之次，東旁西向。禮成，恭奉孝昭皇后神牌奉安於後殿左二室神龕内仁孝皇后神位之右，南向。

是年，恭修奉先殿，暫奉列聖列后神牌奉安於太廟中殿各寢室。仁孝皇后、孝昭皇后神牌并寶座，仍奉奉先殿東旁一間，用黃幄籠罩遮以步障。自是，暫輟朔望時令祭饗，每月令内府官照常薦新，有事則告。

二十年，恭修奉先殿告成。是日，恭奉神牌各官至太廟，各於神位前上香，行一跪三叩禮。恭奉神牌安奉黃輿，行一跪三叩禮。校尉舁輿，前列御仗。聖祖仁皇帝袞服於奉先殿誠肅門内之南，内大臣侍衛咸補服於誠肅門外，恭迎黃輿至，跪候過，興。黃輿進至殿陛上，北向，止。引禮官恭導聖祖仁皇帝隨入，内府官引内大臣侍衛隨入於階下，兩翼序立。恭奉仁孝皇后、孝昭皇后神牌官二人恭奉神牌拱立於左側。聖祖仁皇帝詣太祖高皇帝黃輿前，行一跪三拜禮，奉請太祖高皇帝神牌，奉請各官隨後行禮。畢，各恭奉神牌入奉先殿，以次奉安於各寶座，畢，行一跪三拜禮，奉請各官隨後行禮。畢，退，執事官徹黃輿，聖祖仁皇帝就拜位，行大饗禮如儀。内大臣侍衛、内府官均隨行禮。禮成，恭奉神牌還御奉先殿後殿各寢室。

二十七年，恭奉孝莊文皇后神牌升祔奉先殿。是日，恭奉列聖列后神牌於前殿，遣大臣二人恭奉世祖章皇帝、孝康章皇后神牌東向側立，大臣二人恭奉仁孝皇后、孝昭皇后神牌稍下，西向，側立。聖祖仁皇帝恭奉孝莊文皇后神牌入奉先殿，奉安於左一間孝端文皇后之次，南向。次奉世祖章皇帝、孝康章皇后神牌大臣二人奉安神位於寶座；奉仁孝皇后、孝昭皇后神牌大臣二人奉安神牌於拜席，退立兩旁。贊禮官跪奏祗見孝莊文皇后，聖祖仁皇帝代行三跪九拜禮。畢，大臣二人跪奉神牌，興，奉安於寶座，聖祖仁皇帝詣拜位行大饗禮如儀。禮成，恭奉孝莊文皇后神牌，奉安於後殿東一室神龕内太宗文皇帝神位之右，南向。

二十八年，奉孝懿皇后神牌祔饗奉先殿，一如仁孝皇后祔饗儀。奉安孝懿皇后神牌於孝昭皇后之次，東旁西向。禮成，恭奉孝懿皇后神牌，奉安於後殿左二室神龕内，仁孝皇后居中，孝昭皇后居左，孝懿皇后居右，均南向。

五十七年，恭奉孝惠章皇后神牌升祔奉先殿時，聖祖仁皇帝足疾不能行禮，遣皇子行禮，一如孝康章皇后升祔儀。奉安神牌於世祖章皇帝神位之次，孝康章皇后神位之上，南向。禮成，奉孝惠章皇后神牌，奉安於後殿右一室神龕内，世祖章皇帝居中，孝惠章皇后居左，孝康章皇后居右，均南向。

雍正元年，恭奉聖祖仁皇帝、孝恭仁皇后神牌升祔奉先殿。豫期祗告。是日，恭奉列聖列后神牌於前殿，設聖祖仁皇帝、孝誠仁皇后、孝昭仁皇后、孝懿仁皇后、孝恭仁皇后神位於東二間，均南向。世宗憲皇帝恭奉聖祖仁皇帝神牌，命親王四人恭奉孝誠仁皇后、孝昭仁皇后、孝懿仁皇后、孝恭仁皇后神牌，升入奉先殿。奉安聖祖仁皇帝神牌於東二間第一寶座，南向；奉四后神牌王等各跪安四后神牌於拜席，北向，退立兩旁。贊禮官跪奏祇見聖祖仁皇帝，世宗憲皇帝於神牌後恭代行三跪九拜禮，興；恭奉神牌王等就拜席跪，各恭奉神牌以次奉安於聖祖仁皇帝神位之次。奉神牌王等退出殿外階上，內大臣侍衛、內府官於階下均隨行禮。世宗憲皇帝詣拜位行大饗禮如儀。禮成，恭奉聖祖仁皇帝、四后神牌奉安於後殿東二室神龕內，聖祖仁皇帝居中，孝誠仁皇后居左，孝昭仁皇后居右，孝懿仁皇后於孝誠仁皇后之左，孝恭仁皇后於孝昭仁皇后之右，均南向。

乾隆二年，恭奉世宗憲皇帝、孝敬憲皇后升祔奉先殿。豫期祇告。是日，恭奉列聖列后神牌於前殿，設世宗憲皇帝、孝敬憲皇后神位於西二間，均南向。皇帝恭奉世宗憲皇帝神牌，命親王恭奉孝敬憲皇后神牌，升入奉先殿。奉安世宗憲皇帝神牌於西二間第一寶座，南向；奉孝敬憲皇后神牌親王跪安孝敬憲皇后神牌於拜席，北向，退立西旁。贊禮官跪奏祇見世宗憲皇帝，皇帝於神牌後恭代行三跪九拜禮，興，就拜席跪奉孝敬憲皇后神牌奉安於世宗憲皇帝神位之次，皇帝詣拜位，行大饗禮如儀。禮成，恭奉世宗憲皇帝、孝敬憲皇后神牌奉安後殿西二室神龕內，世宗憲皇帝居左，孝敬憲皇后居右，均南向。

是年，重修奉先殿。豫期祇告，恭奉列聖列后神牌奉安於太廟中殿，暫輟朔望時令祭饗，每月照常薦新，有事則告。

三年，重修奉先殿告成。是日，恭奉神牌各官至太廟，於各神位前上香，行一跪三叩禮。恭奉神牌安奉黃輿內，行一跪三叩禮，校尉舁輿，前列御仗導引。皇帝袞服立俟於奉先殿誠肅門之西，和碩親王以下、內大臣侍衛暨內府各官咸補服立於誠肅門外之南，西面。恭迎神牌黃輿至誠肅門外，皇帝跪，眾皆隨跪，候神牌黃輿過，興。贊引官恭導皇帝隨後行，眾皆隨行。黃輿至奉先內殿陛上門，北向，止。贊引官恭導皇帝詣太祖高皇帝黃輿前立，恭奉神牌王等各隨至黃輿前，引禮官、引內大臣侍衛及內府官，由誠肅門、奉先門兩旁門入至階下，按翼東西面序立。皇帝行一跪三拜禮，恭奉神牌王等在後隨行禮。皇帝恭奉太祖高皇帝神牌，奉神牌王等各恭奉神牌，隨皇帝以次進殿，奉安於各寶座，行一跪三拜禮，王等均隨行禮。皇帝就拜位立，王等各退出於殿陛上按翼北面序立，內大臣以下各官均北面立，行大饗禮如儀，奉神牌王等暨內大臣以下均隨行禮。禮成，恭導皇帝由殿左門出，立檐下東旁，西向。引禮官引陪祀王公大臣官員兩旁序立。樂闋，恭導皇帝入殿，詣太祖高皇帝神位前，行一跪三拜禮，恭奉太祖高皇帝神牌；奉神牌王等各詣神位前隨行一跪三叩禮，各恭奉神牌，以次隨行。還御於奉先殿後殿各寢室，皇帝退至寢室門外上香，行一跪三拜禮，王等隨後行禮。畢，恭導皇帝由後殿左門出，由殿東出奉先門左門，至誠肅門外升輿，還宮。

十八年，奉孝賢皇后神牌祔饗奉先殿。豫期，皇帝親詣後殿祇告。是日，遣親王行禮，設孝賢皇后神牌於左三間東旁，西向。禮成，恭奉孝賢皇后神牌奉安於後殿左三室神龕内，南向。

加上廟號尊諡。康熙元年，恭加上太祖高皇帝、太宗文皇帝廟號尊諡，恭奉改題加上廟號尊諡神牌，奉安於奉先殿後殿，遣大臣行禮。

九年，恭加上孝康章皇后廟號，恭奉改題加上廟號神牌，奉安於奉先殿。前期一日，遣官祇告。是日，聖祖仁皇帝親詣行大饗禮如儀。

雍正元年，恭加上列祖列后尊諡，恭奉改題加上尊諡神牌，奉安於奉先殿。世宗憲皇帝親詣行大饗禮如儀。

乾隆元年，恭加上列祖列后尊諡，恭奉改題加上尊諡神牌，奉安於奉先殿。皇帝親詣行大饗禮如儀。

祇告。雍正九年，奉旨：嗣後恭遇聖祖仁皇帝聖誕，於奉先殿後殿上香致祭。

乾隆元年，奉旨：列祖聖誕，均應如聖祖仁皇帝聖誕儀，於奉先殿後殿上香致祭。世宗憲皇帝升祔奉先殿後，聖誕日亦上香致祭。

十八年，奉旨：嗣後親詣奉先殿後殿上香行禮，著内務府總管一人前引。

薦新。順治十四年，議准：每日供獻湯飯，果五盤，肉三盤，上香行禮。

康熙十三年，奏准：奉先殿早晚點香燭，停止每日供獻。每月薦新，令掌儀司官於後殿上香行禮，具常服；遇吉期，具補服。其祭品均由内監於奉先殿神廚恭造。

十八年，重修奉先殿。奉列聖列后神牌於太廟中殿安奉，一應祭祀暫停。每月薦新，仍著本司官詣太廟照常行禮薦獻。

恭奉神牌官。順治十四年，奏准：恭奉神牌官於内務府屬郎中員外郎内按神位各奏簡一人，備一人。

雍正六年，奉旨：嗣後恭奉神牌，慎刑司官不必簡用。

十年，議准：奉先殿大祭及祇告遣官暨奉神牌執事各官，均豫期於各該衙門敬謹齋戒。

奉神牌。祭日，恭奉神牌各官至後殿。奉列聖神牌官各於寢室外上香，及奉列后神牌官均行一跪三叩禮，各就寢室。恭奉帝位官升陛至神龕，先奉后位恭授奉后位官立於龕下西旁，方奉帝位降陛，帝位前行，后位隨行。如三位、五位，均依末位先奉起，恭授奉后位各官立於龕下兩旁，方奉帝位以次出後殿。内監二人執羊角引鐙恭導至前殿，先奉安正中位，以次奉安左右位於各寶座，一跪三叩，退，禮成，還宫。時仍各就神位前一跪三叩，先從右末位奉起，以次恭奉還御至寢室。奉帝位官升陛至神龕先奉安帝位，次奉后位官奉后位恭授奉帝位官安奉，三位、五位均以次奉安。畢，各退至寢室外，照前上香行禮。

（清）來保等《大清通禮》卷四《吉禮·奉先殿致祭》

奉先殿之禮。國家崇建奉先殿於景運門之東，祗奉列聖列后神位，日獻食，月薦鮮，朔望朝謁，時節展拜，出入啓告。恭遇聖誕、忌辰及諸令節慶典，則於後殿上香行禮。恭遇皇太后萬壽、皇帝萬壽、元旦、冬日至及國有大慶，則奉請神位於前殿祭饗。

　　皇帝親饗奉先殿。前期三日，皇帝齋，執事各官咸致齋。前一日，内務府掌儀司官進祝版祝文隨事撰擬於神庫，割牲、瘞毛血、潔治祭品，各如儀。届日昧爽，内監啓寢室神龕，執事官公服入殿，然炬明鐙，具登、鉶、簠、簋、籩、豆之實，陳於案，各以其序。殿中少西北向設祝案，東西序各設尊案，分陳香盤。奉先制帛，皇后袝饗用素帛。尊、爵、篚、冪、勺具，均如太廟時饗儀。司祝、司香以内務府官充、司帛、司爵以侍衛充，各以其職爲位。樂部率太常協律郎陳中和詔樂於殿階上，分東西懸，樂舞在其次。司祝詣神庫祝案前跪，三叩，恭奉祝版，興。贊禮郎二人引由奉先門中門入殿中門，跪安於祝案，三叩，興，退。内務府官省饎畢，分詣後殿寢室前跪，上香，三叩，興，恭奉列聖列后神位，以次行。如遇皇后袝饗，内務府官上香行禮，恭奉神位隨行，内監執鐙左右，導引至前殿，入中門，以次奉安於寶座。列聖列后位均南向，皇后袝位東位，西向。奉安畢，詣各香案前，跪叩如初儀。司拜褥官豫布皇帝拜褥於殿門内正中及各神位前，内監設盥盤於奉先門左階下。届時掌儀司官詣乾清門告時，侍衛轉奏，皇帝補服乘輿出宮，前引後扈如常儀。出景運門，至誠肅門降輿。贊引、對引、太常寺卿二人恭導皇帝入奉先左門，内監跪奉盥盤、帨巾如儀。皇帝盥畢，贊引、對引恭導皇帝升左階，入殿左門，詣拜位前，北向立。豹尾班侍衛止立階下，前引大臣止立階上，均東西面。後扈大臣隨入，斂立於皇帝拜位後。左右典儀贊樂舞生登歌，執事官各共乃職。武舞執干戚進，贊引奏就位，皇帝就位，立。典儀贊迎神，司香奉香，以次進至各案前祗俟。司樂贊舉迎神樂，奏《貽平之章》。樂辭詳見太廟時饗儀，後仿此。樂作，贊引奏詣香案前，暨對引官恭導皇帝詣太祖高皇帝香案前，對引官至祝案前止立，司香跪，贊引奏跪，皇帝跪，奏上香，司香進香，皇帝上炷香三，上瓣香，興，以次詣列聖案前，上香如前儀。畢，贊引奏復位，暨對引官恭導皇帝復位立。贊引奏跪拜興，皇帝行三跪九拜禮，興。贊引恭導皇帝詣皇后香案前，司香跪進香，皇帝立上香，畢，恭導皇帝復位立，樂止。典儀贊奠帛爵，行初獻禮，司樂贊舉初獻樂，奏《敉平之章》，樂作，舞《干戚之舞》。有司揭尊冪勺，挹酒實爵。司帛、司爵以次進至各神位前，司帛跪獻篚，奠於案，三叩，興。司爵立獻爵，奠於墊中，各退，樂暫止。司祝詣祝案前跪，三叩，興，奉祝版跪案左。贊引奏跪，皇帝跪。贊讀祝，司祝讀祝畢，興，奉祝版跪安神位前篚内，叩如初，退。樂作，贊引奏拜興，皇帝三拜，興，樂止，《武功之舞》退，文舞執羽籥進。典儀贊行亞獻禮，司樂贊舉亞獻樂，奏《敷平之章》，樂作，舞《羽籥之舞》，司爵詣各神位前獻爵於左，如初儀。樂止，典儀贊行終獻禮，司樂贊舉終獻樂，奏《紹平之章》，樂作，舞同亞獻。司爵詣各神位前獻爵於右，如亞獻儀。樂止，《文德之舞》退，典儀贊徹饌，司樂贊舉徹饌樂，奏《光平之章》，樂作。徹畢，樂止，贊禮郎一人趨至神位前，北面跪，奏禮畢，請還寢室，三叩，退。司樂贊舉還宮樂，奏《乂平之章》，樂作，贊引奏跪拜興，皇帝行三跪九拜禮，畢，樂止。典儀贊奉祝帛送燎，司祝、司帛咸詣神位前跪，三叩，奉祝帛，興。司香跪，奉香，興，以次恭送燎所。皇帝轉立拜位東旁，西向。司拜褥官徹拜褥，俟祝帛過，仍布拜褥，皇帝復位，立。贊引奏禮成，暨對引官恭導皇帝出殿左門降階，由奉先左門出，至誠肅門外升輿，還宮，導從如來儀。內務府官恭奉神位還寢室，上香行禮，與迎神同。所司徹祭器，內監闔門，各退。

若遣皇子祭饗前殿，祭前諸儀、屆日殿內外陳設，均與親饗同。皇子拜位在殿檻外正中，設盥盤於右階下。皇子夙興補服，步行至誠肅門。掌儀司、贊禮郎二人前導皇子由奉先右門入，至西階下盥手，升階詣拜位前行禮。迎神、上香，出入殿右門。祝帛送燎，皇子避立西旁，東面。禮成，仍自西階降，出誠肅門，還宮，各退。遣王公、內大臣祭饗儀節，均與皇子同。

皇帝因事親告奉先殿，前期致齋、進祝版，如儀。屆日，所司入後殿明鐙，設祝案、尊案，薦脯醢果實，如太廟中殿祇告儀。內監啓神龕，設盥盤，司拜褥官布拜褥，均如儀。掌儀司官詣乾清門奏請，皇帝補服乘輿出宮，導引翊衛如儀。駕至誠肅門降輿，贊引、對引恭導入奉先門，循前殿東至後殿左階下，前引大臣侍衛均止立。皇帝盥，內監奉盥、奉巾如儀。畢，恭導皇帝升左階，入殿左門，詣拜位前，北向立，後扈大臣僉立於後，乃行祇告禮。迎神、上香、讀祝、奠獻、望燎、行禮，儀節均與親饗同，惟不設樂懸樂舞。禮成，贊引、對引恭導皇帝由奉先左門出，至誠肅門外升輿，還宮。內監闔門，眾各退。

皇帝遣皇子暨王公大臣祇告後殿，出入由右門，升降均由西階。內務府官、贊禮、讀祝，與遣官致祭前殿禮同，餘均如親告儀。

每月朔望、列聖聖誕、列聖列后忌辰，及上元、清明、霜降、歲除日，恭遇皇帝親詣後殿上香行禮。是日，所司詣後殿寢室前，陳酒脯、果實、爐、鐙具。司香官執事殿內，掌儀司官請駕如儀。皇帝補服忌辰素服，乘輿出宮，內務府總管前導至誠肅門降輿入，恭導皇帝詣後殿各案前上香行禮，儀與前殿上香同。禮畢，恭導皇帝還宮，各退。若遣官上香，贊事以內務府贊禮郎，升降出入均於右，餘陳設同。

立春、端陽、重陽等節，掌儀司官入後殿明鐙，內監啓寢室神龕，案陳酒脯果實。掌儀司官一人補服詣各案前上香，行三跪九叩禮，如儀。四月八日、七月望日，陳素果，不設酒脯，餘同。

列聖列后升祔奉先殿之禮。前期，內務府敬製升祔神位於神庫。既成，內務府總管上香行禮如儀。欽簡奉后主大臣一人。前三日，掌儀司官入後殿陳設寢室前神龕、香案、寶倚、寶床、揮柂及帷幔、衾枕、爐擎、供器，如事生之儀。屆日，掌儀司官詣前殿陳設寶座，每案陳祭器，設香帛、尊、爵、爐、鐙具。樂部陳樂懸樂舞，奉后主大臣及執事官皆公服祇俟，內監設盥盤於神庫門外之東，司拜褥官豫布后主祇見拜位於殿中，布皇帝拜位於稍後。其日，升祔太廟禮成，皇帝還宮，釋禮服，更補服。禮部尚書詣乾清宮奏請皇帝乘輿出宮，前引後扈如常儀。掌儀司官詣後殿寢室前上香行禮，恭奉列聖列后神位奉安於前殿寶座，跪叩如儀。駕至誠肅門降輿，贊引、對引、太常寺卿二人恭導皇帝詣神庫門外東，盥手如儀。入門詣帝主、后主神位前，上香行三拜禮，奉后主大臣於門外隨行禮，畢。皇帝近前跪，恭奉帝主，興，前行。奉后主大臣趨入神庫門，詣前跪，恭奉后主，興，隨行。贊引、對引恭導皇帝入奉先左門前引大臣止，升東階後扈大臣侍衛均止，進殿中門，奉安帝主於寶座上，退及案前跪，三叩，興。贊引、對引恭導皇帝就拜位立。贊引北面跪奏皇后恭宣后主尊謚升祔奉先殿，祇見皇帝恭宣帝主尊謚，奉后主大臣恭奉后主跪安於祇見位，興，趨出殿西門。贊引奏跪拜興，皇帝恭代行三跪九拜禮，興。進前跪，恭奉后主，興，奉安於寶座，退及案前跪，三拜，興，復位，乃行大饗禮。迎神、上香、讀祝、奠獻、望燎諸儀節，均與常饗同。禮畢，贊引、對引恭導皇帝出奉先左門，至誠肅門外升輿，還宮，引扈如來儀。掌儀司官恭請神位還御寢室，上香行禮，如初迎儀。執事官徹藏祭器，內監闔門，眾各退。

　　皇后升祔奉先殿之禮。前期，所司敬製神位於殯宮配殿，製寶座龕案於神庫。既竣，諏吉行題主禮，以神輿恭奉回京。升祔前一日，皇帝親詣奉先殿祇告如儀。屆日，神輿由東華門入，皇子從王公以下文武百官朝服會門外跪迎，候過，興。內務府官豫詣前殿陳設寶座，具案陳，恭請列聖列后神位，奉安行禮，均如儀。司拜褥官豫布祇見拜褥於殿中。神輿至誠肅門止，贊引、對引官二人導皇子詣輿前，跪行三叩禮，興。恭奉神位由奉先左門入，進殿中門，奉安於祇見位，少退，立。贊引跪奏皇后恭宣尊謚升祔奉先殿，祇見列聖列后，皇子恭代行三跪九叩禮，畢，進前跪，恭奉神位，興。贊引贊賜坐，皇子奉神位奉安於寶座，跪，三叩，興，退，乃行大饗禮。祭畢，恭請神位還御寢室，上香行禮，均如常儀。

（清）鄂爾泰等《國朝宮史》卷六《典禮二·禮儀中·奉先殿饗祀儀》

　　奉先殿饗祀之禮，【略】凡上徽號、冊立、冊封、御經筵、耕耤、謁陵、巡狩、回鑾及諸慶典，均祇告於後殿。恭遇親饗，前期三日，皇帝齋，執事各官咸致齋。前一日，掌儀司官進祝版於神庫，割牲、瘞毛血、潔治祭品，各如儀。屆日昧爽，內監啓寢室神龕，執事官公服入殿，然炬明燈，其登、鉶、簠、簋、籩、豆之實各以序陳於案。殿中少西北向設祝案，東西序各設尊案，列爵，分陳香盤、尊實、酒承，以舟疏布羃勺具，帛各實於篚，牲各陳於俎。司祝、司香以內務府官充，司帛、司爵以侍衛充，各以其職為位。司樂陳中和韶樂於殿階上，分東西懸，樂舞在其次。司祝詣神庫祝案前跪，三叩，恭奉祝版，興。贊禮郎二人引由奉先中門入殿中門，跪安於祝案，三叩，興。內務府官省費畢，分詣後殿寢室前跪，上香，三叩，興，恭奉列聖列后神位以次行。如遇皇后祔饗，亦上香行禮，恭奉神位隨行。內監以鐙左右導至前殿，入中門，以次奉安於座，列聖列后位均南向，皇后祔位東位，西向。奉安畢，詣各香案前跪，三叩，興。司拜褥官預設皇帝拜褥於殿門內正中及各神位前，內監設盥盤於左階下，如儀。屆時，掌儀司官詣乾清門報時，內監奏請皇帝具袞服乘輿出宮，前引後扈如常儀。至肅誠門外降輿行，贊引、對引暨太常寺卿二人恭導皇帝入奉先左門。內監跪奉盥盤帨巾，皇帝盥畢，贊引、對引恭導升左階，入殿左門，詣拜位前，北面立。豹尾班侍衛止立階下，前引大臣止立階上，均東西面。後扈大臣隨入，僉立拜位後，左右典儀贊樂舞生登歌、執事官各共乃職，武舞執干戚進，贊引奏就位，皇帝就位，立。典儀贊迎神，司香奉香以次進至各案前祗俟。司樂贊舉迎神樂，奏《貽平之章》，曰：“肇茲區夏，世德欽崇。九州維宅，王業自東。戎甲十三，奮起飛龍。維神格思，皇靈顯融。”樂作，贊引奏就上香位，暨對引恭導皇帝詣太祖高皇帝香案前，對引至祝案前止，立。司香跪，贊引奏跪，皇帝跪，奏上香，司香進香，皇帝上炷香一，瓣香三，興。以次詣列聖案前，上香如前儀。畢，贊引奏旋位，暨對引恭導皇帝旋位立，奏跪叩興，皇帝行三跪九叩禮，興。贊引恭導皇帝詣皇后香案前，司香跪進香，皇帝立上香。畢，恭導皇帝旋位立，樂止。典儀贊奠帛爵，行初獻禮，司樂贊舉初獻樂，奏《秔平之章》，曰：“於皇祖考，克配上天。越文武功，萬邦是宣。孝孫受命，不忘不愆。羹墻永慕，時薦斯虔。”樂作，舞干戚之舞，有司揭尊冪勺，挹酒實爵，司帛、司爵以次進至各案前。司帛跪獻篚奠於案，三叩，興。司爵立獻爵，陳於案中，各退，樂止。司祝詣祝案前跪，三叩，興。奉祝版跪案左，贊引奏跪，皇帝跪，贊讀祝，司祝讀祝畢，興，奉祝版跪安於篚內，叩如初，退。樂作，贊引奏叩興，皇帝三叩，興。樂止，《武功之舞退》，文舞執羽籥進。典儀贊行亞獻禮，司樂贊舉亞獻樂，奏《敷平之章》，曰：“愍祀精忱，洋洋如生。罇疊再奉，於赫昭明。藹然有容，愾然有聲。我懷靡及，顯若中情。”樂作，舞《羽籥之舞》，司爵詣各案前獻爵於左，儀如初獻。樂止，典儀贊行終獻禮，司樂贊舉終獻樂，奏《紹平之章》，曰：“粵若祖德，誕受方國。肆予小子，大猷是式。欲報之德，昊天罔極。殷勤三獻，中心翼翼。”樂作，舞同亞獻。司爵詣各案前獻爵於右，儀同亞獻。樂止，《文德之舞》退，典儀贊徹饌，司樂贊舉徹饌樂，奏《光平之章》，曰：“庶物既陳，凡奏具舉。告成於祖，亦右皇妣。敬徹不遲，用終殷祀。式禮如茲，皇其燕喜。”樂作，徹畢，樂止。贊禮郎一人趨至案前，北面跪，奏禮畢，請神還寢室，三叩，退。司樂贊舉還宮樂，奏《乂平之章》，曰：“對越無方，陟降無迹。寢祏靜淵，孔安且吉。惟靈在天，惟主在室。於萬斯年，孝思無斁。”樂作，贊引奏跪叩興，皇帝行三跪九叩禮，畢，樂止。典儀贊奉祝帛送燎，司祝、司帛咸詣神位前跪，三叩，奉祝帛，興。司香跪奉香，興，以次恭送燎所。皇帝轉立拜位東旁，西向司拜褥官徹拜褥，俟祝帛過仍布拜褥，皇帝旋位，立。樂復作，焚香帛，數帛官數帛，贊引奏禮成，暨對引官恭導皇帝出殿左門降階，由奉先左門出，至肅誠門外升輿，還宮，導從如來儀。內務府官恭奉神主還寢室，上香行禮如前儀。

所司徹祭品，内監闔門，各退。或奉旨遣皇子恭代，祭前諸儀、屆日内外陳設均同。皇子拜位在殿門外正中，設盥盤於右階下，皇子夙興補服，步行至肅誠門。掌儀司、贊禮郎二人前導皇子由奉先右門入，至西階下盥手升階，詣拜位前行禮。迎神上香，出入殿右門。祝帛送燎，皇子避立西傍，東面。禮成，仍自西階降，出肅誠門，退。每月朔望、列聖聖誕、列聖列后忌辰及上元、清明、霜降、歲除日，恭遇皇帝親詣上香。是日，所司詣後殿寢室前，陳酒脯、果實、爐、鐙具，司香官執事殿内，掌儀司官請駕如儀。皇帝袞服忌辰素服，乘輿出宮，内務府總管前導至肅誠門降輿入，恭導皇帝詣後殿各案前上香行禮，儀與前殿上香同禮。畢，恭導皇帝還宮，各退。立春、端陽、重陽等節，内監啟後殿寢室神龕，掌儀司官進殿明燈，陳酒脯果實。掌儀司官一人補服詣各案前上香，行三跪九叩禮如儀。四月八日、七月望日，陳素果，不設酒脯，餘同。贊禮并以内務府贊禮郎，升降出入均於右。

《世祖章皇帝實錄》卷一三"順治二年正月"條

辛卯，禮部奏言：故明舊例，凡遇萬壽節，親詣奉先殿上香行禮，又遣官祭陵，上香燭，供酒果，不讀祝。得旨：祭太廟，如奉先殿禮儀，讀祝，致祭。祭福陵、昭陵、四祖廟，止上香燭，供酒果，不必讀祝。

《世祖章皇帝實錄》卷一〇六"順治十四年正月"條

癸亥，禮部奏：恭定祭奉先殿儀注。初，奉安神位於奉先殿，皇上親詣行禮，内大臣侍衛、内府官員等，俱隨行禮。太常寺贊禮官贊禮，太常寺樂舞生作樂，致祭。是日早，内府官陳設祭品於各神位前，執事官、太常寺贊禮官、樂舞生等，俱各司其事。内大臣侍衛、内府官等，各具朝服，詣奉先殿門外，兩傍序立。候陳設畢，上具禮服，升輿，至設立神位處降輿，詣各神位前，一跪三叩頭，請起神位，捧各神位内府官等亦一跪三叩頭，奉安各神位於亭内，畢，上及捧神位内府官俱行一跪三叩頭禮，畢，内府官等舉神位亭前行，由中門出，詣奉先殿。上乘輿隨行，内大臣侍衛、内府官等，俱於奉先殿門外跪迎。上至奉先殿門外降輿，隨神位亭入，内大臣侍衛、内府官等隨上至奉先殿院内，分班侍立，安置神位亭於奉先殿丹陛，畢，引禮官導上詣神位前，行一跪三叩頭禮，請捧神位内府官等，隨各詣神位前一跪三叩頭。上詣前殿，奉安神位畢，上及捧神位内府官等俱行一跪三叩頭禮，畢，退。上就拜位立，贊禮官贊，樂舞生就位，執事官各司其事，引禮官奏就位，導上進前立，贊禮官贊迎神，協律郎贊奏迎神《開平之章》，樂作，引禮官贊跪叩興，上行三跪九叩頭禮，興。内大臣侍衛、内府官等，隨行三跪九叩頭禮，畢，樂止，贊禮官贊獻帛，行初獻禮，協律郎贊奏初獻《壽平之章》。樂作，捧帛官捧帛詣獻帛案，東傍立。捧爵官捧爵詣各神位，東西兩傍立。引禮官贊詣前，捧帛官跪，上詣帛案前。引禮官贊跪，上跪。贊獻帛，上受帛，獻於神位前案上，興。引禮官導上詣獻爵處，捧爵官跪，引禮官贊獻爵，上立受爵，獻於神位前案上。聽引禮官贊，如獻帛儀。次第於各神位前獻畢，上復就拜位立，樂止。贊禮官贊行亞獻禮，樂奏《嘉平之章》，其獻爵如初獻儀。樂止，贊禮官贊行終獻禮，樂奏《雍平之章》，其獻爵如亞獻儀。畢，樂止，贊禮官贊徹饌，樂奏《熙平之章》。樂止，贊禮官跪贊禮畢，升宮，即跪處行三叩頭禮，退，立。樂奏《成平之章》，引禮官贊跪叩興，上行三跪九叩頭禮，興。內大臣侍衛、內府官員等俱隨行禮。樂止，贊禮官贊捧帛詣燎位，捧帛官詣神位前，一跪三叩頭，捧帛送燎位。引禮官導上退立於東西向，捧帛過，引禮官導上復原位，立。候帛燎半，引禮官贊禮畢，導上出殿。樂作，上出殿，立於檐下，東傍西向。內大臣侍衛、內府官等仍照前侍立兩傍。樂止，俟供獻等物徹畢，上復入殿，詣神位前，一跪三叩頭，請捧神位，其捧各神位內府官等亦各詣所捧神位前，一跪三叩頭。請捧神位隨上送至後殿內，奉安神位，其餘捧神位各官亦奉安神位，訖，上及捧神位內府官等各於神位前一跪三叩頭，畢，上出，升輿，還宮。以後皇上親詣致祭，俱行家人常禮，內大臣侍衛、內府官等不與陪祀。其太常寺贊禮官、樂舞生，俱不用。應令內府官贊禮作樂，照前行禮。致祭之先，上親請神位，奉安祀殿，祭畢，上仍親送後殿，行奉安禮。其元旦、冬至、歲暮、皇太后聖壽、皇上萬壽係大節，諸凡冊封係大禮，及每月朔望，皇上俱應親詣致祭。內府官贊禮作樂，其供獻應與太廟大祀禮儀同。立春、上元、四月初八、端陽、重陽，俱係尋常節，皇上但親詣致祭，不贊禮作樂。忌辰、清明、霜降、十月朔，俱係哀慕日期，皇上親詣致祭，不贊禮作樂。七夕不致祭，止照常供獻。中元、中秋，係十五常祭日期，不必重行。每月隨時薦新，皇上應躬詣供獻，但係常例供獻，不必請神位於前殿，即於後殿供獻。上享太廟，或祭畢，俱應上香燭於奉先殿，行躬告禮。上親詣奉先殿行祭禮之期，如遇上親祭各壇廟，應遣內府官一員，於奉先殿行祭禮。如上不親詣壇廟，遣官致祭，上仍應親詣奉先殿行禮致祭。得旨，奉先殿初次行禮，宜用祝文。餘俱如議。

祭祀通例

（清）允祹等《大清會典則例》卷七五《禮部·祠祭清吏司·祭統》

祭告。大婚、冊立皇后，先期祇告天地、太廟；尊封太妃、冊封皇貴妃、貴妃、妃嬪，祇告太廟後殿、奉先殿。

升祔太廟，配饗郊壇。遣官祇告天地、宗廟、社稷，并致祭前代帝王陵寢、先師闕里。追上尊諡廟號、加上尊諡、奉移梓宮、建造陵寢、奉安地宮，遣官祇告天地、太廟後殿、奉先殿、社稷，并致祭陵寢几筵、后土陵山。

親征命將。【略】大軍凱旋、平定邊徼，并祇告奉先殿。

皇帝展謁陵寢及巡狩方岳，均祇告奉先殿，回鑾至京同。

躬耕耤田，祇告奉先殿。

皇帝御經筵，祇告奉先殿、傳心殿。

(四) 詔諭祝詩文

(明) 申時行等《大明會典》卷八六《禮部四四·廟祀一》

嘉靖十年，敕諭禮部：以太祖高皇帝重闢宇宙，肇運開基，四時享祭，壓於德祖，不得正南面之位，命祧德祖，而奉太祖神主居寢殿中一室爲不遷之祖，太宗而下皆以次奉遷。每歲孟春特享，夏秋冬合享，改擇季冬中旬大祫，而以歲除爲節祭歸之。奉先殿特享則奉太祖居中，太宗而下以次居左右，各設一幄，南向。奉主於神座，設冠服及舃於座之左右，祭畢藏之。合享則奉太祖居中，南向。太宗而下以次東西向。大祫則奉德祖於太廟居中，南向。懿祖而下皆以次東西向。其親王功臣移配食於兩廡。又以丙辛年孟夏行大禘禮於太廟，奉皇初祖南向，太祖西向，配享。

(明) 徐學聚《國朝典彙》卷一一五《禮部一三·廟祀》

五年，上謂侍臣曰：聞近俗之弊，嚴於事佛而簡於事其先，此教化不明之過。朕於奉先殿日夕祇謁，未嘗敢慢，或有微恙，亦力疾行禮。世人於佛老竭力承奉而於奉先之禮簡略者，蓋溺於禍福之說，而昧其本也，率而正之，正當自朕始耳。

(十五年) 八月，上諭禮部：奉慈三后主遷奉各陵，陳后宜先處。夏言言：“悼靈皇后神主先因祔於所親，暫奉安於奉慈殿孝惠太皇太后之側。今三后神主遷奉陵殿，則悼靈皇后神主禮宜遵奉聖諭，暫請安於奉先殿旁室，以妥神靈。但奉先殿別無旁室，惟殿之盡西一室空虛清閟，所宜遷奉，惟於歲時享祀，或有事祭告祖宗列聖，則宜一體設饌，但不啓主匱，不見祝稱，斯爲合禮。”上是之。

隆慶元年二月，禮部言獻皇帝皇后既升祔太廟，奉祀内殿，凡行禮之日已與列聖同享，而復有玉芝宮諸祭，似爲煩數，請悉罷之，止存日供之膳。上謂玉芝祀典出自皇考孝思，復命詳議以聞。於是尚書高儀等復言：“宗廟之常禮，如每年四孟及歲暮大祫，則止行於太廟；大小節辰及列聖忌辰，則止行於内殿，未嘗有并祭者。國有大事，或告於太廟，或告於内殿，亦未嘗有并告者。今於玉芝宮則無所不祭，無所不告，是列聖皆一祭一告，而於睿宗則兩祭兩告也，其在先帝行之，則以爲豐於禰廟，未爲不可。今睿宗於皇上爲皇祖，凡事必兩祭兩告，則遠而列聖，近而先帝，皇上將何以處之？此禮之難行難繼者也。至於日供之膳，則有可言者，謹考南京奉先殿，原奉太祖以上列祖神位於中，迨北京奉先殿成，南京奉先殿各祭俱罷，而供膳至今不輟，蓋以奉安神主之所，而特存有舉莫廢之義也。今玉芝宮既爲睿宗原廟，近又設有二聖神位，故臣等以爲日供之膳宜如舊，奉設而悉罷，其四時享祫及節序忌辰并有事奉告之祭，庶國家之典禮，先帝之孝思，可以兩全。”上從其議。先是，禮部言國朝廟制一后配帝，其禮甚嚴，如先年孝肅皇太后、孝穆、孝惠太皇太后神主皆祀於奉慈殿，近年乃遷奉，各均祀於別所。今孝烈皇后改題神主，宜敕所司於大内別建殿宇奉安，以副皇上一體孝事之意。上命會官定議以聞。至是，上議言：“列后奉祀別所有二端，非祀於大內之別殿，則祀於陵寢。然內殿之祀似近而專，陵寢之祀稍疏而遠。今孝烈皇后以先帝祀之，則位非元配，太廟祔享之禮固當遷改。以皇上視之，則分爲母后，近方祗奉尊稱，若使遽遷於陵寢，則於皇上追崇之孝、臣民瞻戴之情均有未安，臣等反復詳議，惟大內別殿之祀爲當。"得旨："俱如議行。"遂以景雲殿奉孝烈皇后專祀。

（明）俞汝楫等《禮部志稿》卷八三《宗廟備考·廟祀議二后題主遷祔·奉遷三后主於陵殿》

嘉靖十五年庚午，詔禮部會廷臣議奉遷三后神主於陵殿。先是，上諭尚書夏言曰："廟重於陵，禮制故嚴，廟中一帝一后，陵則二三后配葬。今別建奉慈殿，不若奉主於陵殿爲宜，且梓宮配葬，而主乃別置，近於黜之非親之也。此關典禮，其會議以行。"言既會內閣，復奏上。上曰："然此與崇先殿不同，周人祀後乃始祖之母，今奉慈殿但名存耳，四時之祭舞樂俱無，其會官議聞。"至是，禮部會廷臣上議曰："自古天子惟一帝一后配享於廟，所生之母別薦於寢，身歿而已，斯禮之正，故禮有享先妣之文，周閟宮、宋別殿皆此義也。我孝宗皇帝於奉先殿側特建奉慈殿別祭孝穆皇太后，后祔孝肅太皇太后，近復祔孝惠太皇太后，蓋子祀生母，以盡終身之孝焉。爾然禮於妾母不世祭，《疏》曰：'不世祭者，謂子祭之於孫則止。'明繼祖重，故不復顧其私祖母也。今陛下於孝肅曾孫也，孝穆孫屬也，孝惠孫也，禮不世祭，義當擬祧，若崇先殿之建，則陛下以子事考廟，當世享，故世廟配太廟而作，崇先殿配奉先殿而作也，義不僭矣。臣考宋熙寧罷奉慈廟故事，與今事略同，但祧義惟適主爲重，若當時瘞主陵園，則襲故人栗主，既主乃埋，桑主之說，而誤用之，非禮也。今聖諭遷主陵廟，歲時祔享，陵祀如故，尤爲曲盡，非前代所及，請即諏日具儀行。"報可。

劉錦藻《清續文獻通考》卷一六五《宗廟考七·奉先殿》

（嘉慶）五年諭：上年九月，皇考高宗純皇帝升祔後，朕於孟冬時饗、歲暮祫祭，恭詣太廟行禮，而奉先殿尚未經特祭。恭讀皇考《御製詩集》，注內詳載：乾隆戊戌年，因孝聖憲皇后升祔後未經親詣奉先殿，特於是年孟秋之朔親詣致祭。而孟秋時饗太廟，循例遣王恭代。朕思中元爲祭祀之辰，朕本擬恭詣裕陵致祭，因查乾隆二年，皇考曾經隆旨，以秋令正值禾黍暢茂，恐致扈從人馬踐踏，是以未經前詣泰陵。朕自當敬守前謨，不敢過禮。至奉先殿致祭，則有皇考成例，所當效法遵行。今朕特於中元恭詣奉先殿前殿，讀祝致祭，以伸誠敬。所有應行典禮，著各該衙門照例敬謹豫備，俟祭畢，再恭詣壽皇殿拈香行禮。其孟秋時饗太廟，仍照例遣王恭代。

道光元年諭：前因太常寺呈進告祭奉先殿儀注，并未詳稽舊例，又不聲明請旨，妄將元年告祭作爲比照，若加深究，則罪在不赦矣，以致此次典禮幾至輕重失儀。試問伊等，所司何事，乃漫不經心，實屬輕率錯謬之至，當經交部嚴加議處。本日吏部具奏照溺職例，議以革職，實屬咎無可寬。姑念闔署堂官更換乏人，加恩稍從未減。穆克登額，著降補吏部左侍郎，革去紫禁城騎馬。明志、色克精額，著降補內閣學士，伊二人贊讀尚好，加恩仍兼太常寺行走，均著拔去花翎。長旺、曹師曾，著降爲四品頂帶。明安泰，著降爲五品頂帶。長旺、曹師曾、明安泰，均各罰俸二年，仍留原衙門之任。玉麟，著署理禮部尚書，管理太常寺、鴻臚寺事務，其樂部事務，無庸兼管。舒英，著補授理藩院右侍郎，仍兼太常寺行走。總管內務府大臣英和、文孚、禧恩、穆彰阿、廣泰，俱著加恩，改爲降一級留任，准其抵銷。

二年諭：上年三月，皇考仁宗睿皇帝升祔後，朕於孟秋、孟冬時享、歲暮祫祭恭詣太廟行禮，而奉先殿未經特祭。恭查嘉慶四年，皇祖高宗純皇帝升祔後，皇考特於次年中元親詣奉先殿致祭行禮。今朕自當敬法前謨，用申誠悃，謹於四月初一日恭詣奉先殿前殿讀祝致祭，所有應行典禮，著各該衙門照例敬謹豫備，其孟夏時享太廟，仍照例遣王恭代。

又諭：前據太常寺奏，孝穆皇后升祔奉先殿前期，告祭儀注請御龍袍、龍褂，乘禮輿。經朕查，嘉慶年間記載係用龍褂、藍袍，并未乘禮輿，當即傳詢該堂官。據奏稱，係比照道光元年三月二十八日皇考仁宗睿皇帝升祔奉先殿行禮儀注，實屬錯誤。該堂官職司典禮具奉事宜，自當敬謹確查舊例，即例無明文，亦應先期奏明，候朕酌定。乃既不查案，又不請旨，妄行比擬，呈進儀注，大失敬謹之義。且嘉慶六年八月二十一日皇妣孝淑睿皇后升祔奉先殿行禮儀注具有成案，至今不過二十餘年，該衙門何以竟無從檢查？可見該堂官平日漫不經心，遇事又不認真考核，事關告祭禮儀，非尋常舛錯可比，太常寺堂官俱著交部嚴加議處。內務府大臣隨同畫稿，未經核查，亦屬疏略，俱著交部察議。

咸豐三年諭：本年三月，皇考宣宗成皇帝升祔禮成，朕釋服，後於本月十六日恭詣太廟行祫祭禮，奉先殿亦應敬舉特祭之典。恭查從前皇祖仁宗睿皇帝升祔後，皇考復親詣奉先殿致祭行禮，朕敬法前謨，用伸誠悃，謹於五月十一日恭詣奉先殿前殿讀祝致祭。所有應行禮節，著各該衙門照例敬謹豫備。

（五年）八月諭：禮部奏升祔事宜請旨遵行一摺，十月十九日，大行皇太后神牌升祔奉先殿。前期三日，告祭天地、太廟後殿、社稷壇。前期一日，照例祇告奉先殿。其恭上尊謚并升祔禮成，應行頒詔，即遵照乾隆四十二年成案，於升祔次日并作一次舉行。所有應行事宜，著各該衙門敬謹辦理。

十年十一月諭：恭親王奕訢奏參玩誤典禮各員，請旨嚴議一摺，本月初十日冬至，祭奉先殿，供獻帛爵之宗室、侍衛，未到者竟有二十一員之多，實屬不成事體。瑞昌、載俊、德昂、寬海、蘭溥、福群、榮繼、奕秀、彭壽、富淳、春瑞、貴徵、載結、奕桐、順亮、載虎、溥豐、崇照、桂初、桂林、桂照，均著交宗人府嚴加議處。其未到之內務府監禮司員，并著該衙門查取職名，一并議處。

聖製《七月朔日躬祭奉先殿禮成述事戊戌**》**

年節雖恒叩後殿，每於元旦及皇祖皇考聖誕忌辰，必躬詣後殿拈香行禮。未曾前殿祭斯陳。

況經升祔四時閱，應似秋嘗昨典循。昨歲孟秋，以聖母升祔後初值時享太廟，是以親詣行禮。而奉
先殿則自聖母升祔以來未經特祭，因於孟秋之朔敬備祀事。至太廟時享，仍如例遣親藩恭代。恭代親藩
詣太室，必躬家廟犖精禋。奉先殿蓋如天子之家廟也。禮因義起施殊處，祇覺悲傷勝敬寅。

《御製中元日敬詣奉先殿致祭禮後詣壽皇殿拈香詩以志哀庚申》

祇餘祭以禮，敢弗竭衷誠。原廟躬親叩，山陵兄代行。中元節命成親王恭詣裕陵代謁行
禮。舊章心敬守，永慕痛常縈。悲值中元節，況逢歲建庚。今歲爲皇考九齡正壽，未得與臣民
同申慶祝，迴思夙願，哀感深尤。多年漏網賊，無意得生擒。泣感照臨澤，如聞優恤音。劉之
協爲教匪，滋事首逆，竄匿多年，屢煩聖慮，今始擒獲，庶釋在天之厪，益感默佑之恩也。浙黔恩普
被，謂風蕩洋盜、兵剿青苗二事。隴蜀盼尤深。叩籲赦民劫，早酬望捷心。

三、祭祀記載

（一）明代祭祀記載

（明）徐學聚《國朝典彙》卷一一五《禮部一三·廟祀》

永樂元年五月，太祖忌辰，上率諸王奉先殿祭畢，仍率百官躬詣孝陵致祭。

（明）佚名《太常續考》卷二《奉先殿蕃品事宜》

嘉靖以前，奉先殿每室止設一帝一后神主，如太廟寢殿，其祔祧迭遷之禮亦如之。
嘉靖十五年，世宗皇帝以孝肅皇后神主祔裕陵殿，孝穆皇后、孝惠皇后神主祔茂陵殿
合享，遂奉安孝肅神位於奉先殿睿皇帝室，孝穆、孝惠神位於奉先殿純皇帝室。【略】
萬曆三年，【略】乃奉安孝烈、孝恪二后神位於奉先殿肅皇帝室。

嘉靖初年，萬壽聖節、中元、冬至、歲暮俱告祭於奉先殿。【略】嘉靖中，歲暮告
祭奉先殿。【略】又考嘉靖二十年太廟災，嘗暫奉列聖主於景神殿已，又遷奉先殿太廟
主。既奉於奉先殿，則奉先殿之告祭，其時或暫在景神殿行也。

方澤、朝日、夕月，出告回參，【略】隆慶初年以來行於奉先殿。

諸帝后忌祭，嘉靖以前皆行於奉先殿。十八年，高皇帝后忌祭改行於景神殿，文
皇帝后以下忌祭改行於永孝殿。至二十四年，俱仍於奉先殿行。每忌前二日，本寺官
面奏。

（二）清代祭祀記載

（清）嵇璜、劉墉等《清通志》卷三九《禮略·吉禮四· 時享》

康熙十三年，定奉先殿早晚上香燭，停止每日供獻。九月，奉仁孝皇后神位升祔
奉先殿，行大饗禮如儀。

十七年閏三月，奉孝昭皇后神位升祔奉先殿，行大饗禮，如儀。

十八年五月，以改營奉先殿，遣官祗告，恭奉列祖列后神牌暫安太廟。

二十年二月，以奉先殿工竣，遣官祗告太廟，恭奉列祖列后神牌還御。聖祖仁皇帝親詣行禮。

二十八年九月，奉孝懿皇后神位升祔奉先殿，行大饗禮，如儀。

三十八年十二月，重定奉先殿祫祭禮。【略】尋議核：嗣後請遇元旦、聖節，奉先殿行禮時，恭迎太廟後殿四祖神牌至奉先殿行禮之處停止，即於太廟後殿照奉先殿典禮，供帛酒籩豆，讀祝文，遣官致祭。從之。

雍正元年七月，以加上列祖列后尊謚，恭修飾奉先殿神牌，遣官行禮。三年八月，以孝恭仁皇后大喪三年禮終，享奉先殿，釋服即吉。十三年，命贈定上香儀，如太廟禮。

乾隆元年三月，以加上列祖列后尊謚，恭修飾奉先殿神牌，遣官行禮。【略】十七年十月，升祔孝賢皇后神主於奉先殿。

臣等謹案：我朝列聖以來，誠孝隆篤，既崇建奉先殿，與太廟同申孝享，儀文詳備，照耀簡册。

(清)　張廷玉等《清文獻通考》卷一一六《宗廟考一〇·奉先殿》

(順治十七年) 八月己酉，以追封皇貴妃爲皇后，遣官祗告奉先殿。是月壬寅，皇貴妃薨，甲辰世祖章皇帝諭禮部：【略】特用追封，加之謚號，謚曰孝獻莊和至德宣仁溫惠端敬皇后，其應行典禮，爾部詳察，速議具奏。丙午，禮部議奏：應撰玉册玉寶，并造香册香寶，謚號裱用黃絹，欽天監擇吉，遣官祗告奉先殿。

是日即行追封禮。越三日具册寶追封。

臣等謹按：孝獻莊和至德宣仁溫惠端敬皇后神位奉安於孝陵饗殿，歲時配食如儀。茲特紀追封之祭奉先殿。

十八年正月，聖祖仁皇帝定奉先殿祭典。

十一月己亥，恭奉世祖體天隆運英睿欽文大德弘功至仁純孝章皇帝神主升祔奉先殿。

(康熙) 六年十一月己未，恭奉孝康慈和莊懿恭惠崇天育聖皇后神主入奉先殿。【略】是日，聖祖仁皇帝親詣行禮。

九年七月丁卯，恭奉孝康慈和莊懿恭惠崇天育聖章皇后奉先殿。是日，聖祖仁皇帝御禮服，恭捧神牌奉安，致祭行禮如常儀。

十四年正月己卯，升祔仁孝皇后神主於奉先殿。

十八年四月癸酉，升祔孝昭皇后神主於奉先殿。

十八年五月，以改營奉先殿遣官祗告，恭奉列祖列后神牌暫安太廟。

二十七年十月辛酉，恭奉孝莊仁宣誠憲恭懿翊天啓聖文皇后神主升祔奉先殿。是日，聖祖仁皇帝親詣奉安神位，致祭行禮如儀。

　　二十八年十一月辛酉，升祔孝懿皇后神主奉先殿。【略】至是庚申，聖祖仁皇帝親詣祗告。

　　三十八年十二月壬午，重定奉先殿祫祭禮。

　　五十七年十二月乙未，恭奉孝惠仁憲端懿純德順天翊聖章皇后神主升祔奉先殿。是日，遣和碩誠親王允祉恭代行禮。

　　雍正元年七月癸巳，以加上列祖列后尊諡，恭修飾奉先殿神牌，遣官行禮。

　　九月庚辰，恭奉聖祖合天弘運文武睿哲恭儉寬裕孝敬誠信功德大成仁皇帝神主、孝誠恭肅正惠安和儷天襄聖仁皇后神主、孝昭靜淑明惠正和欽天順聖仁皇后神主、孝懿溫誠端仁憲穆奉天佐聖仁皇后神主、孝恭宣惠溫肅定裕贊天承聖仁皇后神主升祔奉先殿。是日，升祔太廟禮成，世宗憲皇帝更禮服詣奉先殿，恭捧聖祖仁皇帝神牌，諸王恭捧四後神牌奉安於奉先殿，行致祭禮，如朔望大祭儀。

　　臣等謹按：孝誠仁皇后、孝昭仁皇后、孝懿仁皇后神主前此已先後升祔。至是年八月己未，恭上大行皇太后尊諡曰孝恭宣惠溫肅定裕贊天承聖仁皇后。越九月庚辰，恭奉聖祖仁皇帝暨四后神主同祔太廟禮成，復行升祔奉先殿之禮。

　　三年五月丙辰，恭修飾奉先殿神牌。欽天監敬擇是月十九日申時修飾，禮部奏派內務府大臣行禮，恭捧神牌交承修官敬謹修飾。

　　十三年，命增定上香儀，如太廟禮。

　　乾隆元年三月丙申，以加上列祖列后尊諡，恭修飾奉先殿神牌，遣官行禮。

　　二年三月癸巳，恭奉世宗敬天昌運建中表正文武英明寬仁信毅大孝至誠憲皇帝神主、孝敬恭和懿順昭惠佐天翊聖憲皇后神主升祔奉先殿。

　　十七年十月乙未，升祔孝賢皇后神主於奉先殿。

　　四十二年五月乙丑，恭奉孝聖慈宣康惠敦和敬天光聖憲皇后神牌升祔奉先殿。

　　四十八年十月丙子，上以四詣盛京恭謁祖陵，禮成回鑾，告祭奉先殿。

　　（清）慶桂等《國朝宮史續編》卷二七《典禮二一·祭祀二·奉先殿饗祀儀》

　　（乾隆）四十二年五月乙丑，孝聖憲皇后神牌升祔太廟禮成，尋升祔奉先殿。【略】翼日頒詔天下。

　　四十三年七月戊子，上詔奉先殿行禮。

　　四十三年九月癸丑，上詣奉先殿行禮。

　　四十八年十月戊子，上詣奉先殿行禮。

　　六十年九月初六日，奉諭旨：皇太子恭謁兩陵所有拜位，應在琉璃門內石五供南安設拜褥行禮。恭祭太廟、奉先殿拜位，應在殿門檻外階上安設拜褥行禮，其拜褥俱用金黃色。十月甲辰，孝儀皇后升祔奉先殿，內務府執事官恭請列聖列后、孝賢皇后神牌於前殿。

　　嘉慶四年九月甲戌，高宗純皇帝、孝賢純皇后、孝儀純皇后神牌升祔太廟禮成，

尋升祔奉先殿。皇上具袞服，乘輿由景運門出至誠肅門降輿，詣神庫前恭捧高宗純皇
帝神牌。派出成親王永瑆恭捧加上廟謚孝賢純皇后神牌，慶郡王永璘恭捧加上廟謚孝
儀純皇后神牌，隨行入奉先殿。奉安高宗純皇帝神牌於東次第三室正中寶座，孝賢純
皇后、孝儀純皇后神牌安奉於祇見拜位，行參拜高宗純皇帝禮。皇上於祇見位次稍後
設拜褥，恭代三跪九叩，興。派出之親王郡王進至拜位前，恭捧孝賢純皇后、孝儀純
皇后神牌奉安於高宗純皇帝寶座之左右次。皇上就拜位，致祭行禮，如大饗儀儀具前
編。禮成，皇上乘輿還宮。內務府執事官恭捧高宗純皇帝、孝賢純皇后、孝儀純皇后
神牌入奉先殿後殿，奉安高宗純皇帝神牌於後殿東次第三室寶座殿中，孝賢純皇后、
孝儀純皇后神牌左右奉安寶座，升香行禮。翼日頒詔天下。

　　八年八月二十一日，孝淑皇后神牌升祔奉先殿。前期一日，皇上親詣奉先殿告祭。
升祔之日，命皇次子綿寧行禮。是日，孝淑皇后神牌由靜安莊入東華門，儀仗全設，
皇次子綿寧於門內跪迎，隨行至誠肅門。皇次子綿寧詣神牌前，行一跪三叩禮，恭捧
神牌入奉先殿，安奉孝淑皇后神牌於祇見拜位，行參拜列祖列后禮，皇次子綿寧恭代
三跪九叩，興，就前跪，捧孝淑皇后神牌奉安寶座，皇次子綿寧就拜位，致祭行禮。
禮成，內務府執事官恭捧列祖列后神牌還御奉先殿後殿，孝淑皇后神牌奉安寢室，升
香行禮。

　　十年九月癸酉，上詣奉先殿行禮。

劉錦藻《清續文獻通考》卷一六五《宗廟考七·奉先殿》

　　臣謹案：順治十三年，建奉先殿於景運門之東，祇奉列聖列后神位。日獻食，月
薦鮮，朔望朝謁，時節展拜，出入啓告。恭遇聖誕、忌辰及諸令節慶典，則於後殿上
香行禮。恭遇皇太后萬壽、皇帝萬壽、元旦、冬至及國有大慶，則奉請神位於前殿祭
饗。皇帝親饗儀注及一切禮節具見《皇朝通考》，茲不贅云。

　　乾隆六十年十月，皇太子恭奉孝儀皇后神牌升祔奉先殿，奉安孝儀皇后神牌於孝
賢皇后陵享殿。

　　嘉慶四年，奏准四月二十一日漆飾神牌，遣官祇告太廟中殿、奉先殿。

傳 心 殿

一、建置沿革

(一) 營建沿革

《高宗純皇帝實録》卷六一二 "乾隆二十五年五月上" 條

辛亥，諭：廷試士子，爲掄才大典，向來讀卷諸臣，率多偏重書法，而於策文，則惟取其中無疵纇，不礙充選而已。敷奏以言，特爲拜獻先資，而就文與字較，則對策自重於書法。如果文義醇茂，字畫端楷，自屬文字兼優，固爲及格之選。若其人繕録不能甚工，字在丙而文在甲者，以視文字均屬乙等，可以調停入彀之人，自當使之出一頭地，況此日字學稍疏，將來如與館選，何難臨池習之。倘專以字爲進退，兼恐讀卷官有素識貢士筆迹者，轉以此藉口滋弊，非射策決科本義也。現在定例擬選十卷進呈，須俟引見，始定名次，衡文尚待觀人，而閱卷時竟先抑文重字可乎？又向來讀卷官，雖例不回寓，然皆各覓公所散住，地非鎖院，人得自由，在監試王公大臣等，既不能各分一員，同居糾察。而讀卷諸臣，從容退息，亦何不可遣人回家。潛通消息者，此而置之不問，則凡鄉、會試之設法關防，又何取焉？且試策不過一二百卷，以十四人公閱，即一二日亦可竣事，乃遲之三五日，始行進呈，晨集暮散，展轉須時，於形迹尤爲未協。著大學士、九卿，將嗣後讀卷官，如何參核文字，務令取擇適中，并作何住居，監察刻期竣事之處，一并詳悉議奏，以協朕期於名實俱副，肅清衡校之至意。尋議，廷試讀卷，自應取文義醇茂者，拔置上第。若策對全無根据，即書法可觀，亦不得入選。至讀卷官各覓公所散住，誠非設法關防之意。查向來讀卷，俱在內閣，本年經大學士臣來保，奏明在文華殿閱卷，應請即於文華殿兩廊、傳心殿之前後房間，及派出監察之王大臣、科道、收掌等官一同住宿。再，每科試策，不過二百餘卷，舊例讀卷十四人，未免過多，嗣後將應行開列人員，請簡八員，足資辦理。再閱卷請定限二日，擬定十卷進呈。從之。

(清) 允祹等《大清會典則例》卷八二《禮部・祠祭清吏司・中祀二・祭傳心殿》

康熙二十四年議准，文華殿之東建傳心殿，奉皇師伏羲氏、皇師神農氏、皇師軒轅氏、帝師陶唐氏、帝師有虞氏、王師夏禹王、王師商湯王、王師周文王、王師周武王，均正位南向；先聖周公東位西向；先師孔子西位東向。應用祭器照帝王廟式樣成造，龕案等項酌量尺寸交工部備造。每歲御經筵前期，太常寺奏遣大學士一人行祇告禮。皇帝御經筵、皇太子出閣講書，均祭告奉先殿、傳心殿。

(清) 嵇璜、劉墉等《清通典》卷四八《禮・吉禮八・傳心殿》

臣等謹按：經筵之典始於宋代，聖師之祭舉自明時，蓋文華秩祀與學宮釋奠，禮不同而儀則一也。我朝自順治十四年初啓經筵，禮部疏請皇帝詣宏德殿行致祭先師孔子禮。康熙十年舉行經筵，亦遣官告祭先師孔子。迨傳心殿既建而前期祇告，始垂令典於聖學，道統之傳益尊崇而光顯矣。敬稽展祀之制，增列太學釋奠之前，以補杜典之所未有。至經筵儀制，別詳嘉禮焉。

康熙二十四年，於文華殿之東建傳心殿。奉皇師伏羲氏、皇師神農氏、皇師軒轅氏、帝師陶唐氏、帝師有虞氏、王師夏禹王、王師商湯王、王師周文王、王師周武王，均正位南向；先聖周公東位西向；先師孔子西位東向。每歲御經筵前期，遣大學士一人行祇告禮。二十五年，定御經筵前一日皇帝親詣傳心殿祇告儀。又定每月朔望太常寺堂官一人，供酒果上香行禮。

乾隆六年二月諭：春秋舉行經筵，例應先期祇告傳心殿。當年皇祖曾經親詣行禮，以昭誠敬。今經筵屆期，朕親詣傳心殿，所有應行事宜，著該衙門察例具奏禮部等，遵旨議奏。雍正四年定祇告之禮，除祫祭太廟、躬耕耤田仍於前一日祇告外，其餘祭祀皆於本日祇告。今年二月經筵，應照例於本日祇告傳心殿，皇上親詣行禮，一應事宜均照康熙二十五年之例從之，儀具《大清通禮》。

(二) 建築規制

(清) 慶桂等《國朝宮史續編》卷五三《宮殿三・外朝三》

文華殿東爲傳心殿，東西設兩角門。北向五楹，爲治牲所，南向三楹，爲景行門。東隅井亭一，殿後祝版房三楹，神厨三楹。再後直房五楹。殿中廣五楹，祀皇師伏羲氏、神農氏、軒轅氏，帝師陶唐氏、有虞氏，王師夏禹王、商湯王、周文王、周武王，均正位南向。先聖周公，東位西向。先師孔子，西位東向。每月朔，太常寺堂官一員詣殿上香。每歲皇帝御經筵日，例請欽命大學士一員告祭。乾隆六年仲春，高宗純皇帝御經筵，特行親祭禮。六十年仲春，親祭如初。嘉慶元年仲春，皇上初御經筵，承敕旨親詣行禮。

(清) 昆岡等《大清會典圖》卷一五《禮一五・祀典一五》

傳心殿在東華門內，文華殿之東，圍垣一重制方，正殿五間，南向。一出陛四級，前爲景行門三間，南向；前後一出陛各四級，又前爲治牲所五間，北向；殿後神庫三間，東向；神厨二間，北向；又一間，西向，與神厨連檐覆瓦，皆用黄琉璃。東西琉璃花門各一，自東琉璃門入，北達景行門，南達治牲所，門右井亭一。西琉璃門外垣埂夾道北角門一，西向，由此達神庫；南角門一，内爲退牲所三間，北向；殿左焚帛鐵爐一，具祭前移至東琉璃門外，焚帛後仍移入。

（三）修繕修造過程

《德宗景皇帝實録》卷四九八"光緒二十八年四月"條

丁巳，工部奏：傳心殿等工可否從緩。得旨：此項工程，著暫緩修，所有已修之工，著該部及原修大臣等切實保護，以免虚糜。

二、祭祀制度

（一）祭祀前期

日期時辰

《聖祖仁皇帝實録》卷一二四"康熙二十五年正月至二月"條

己酉，太常寺以文華殿告成，經筵前一日例應祭先聖先師於傳心殿，或皇上親詣行禮，或遣官恭代，請旨。上曰：經筵大典，於文華殿初次舉行。先聖先師，道法相傳，昭垂統緒，炳若日星。朕遠承心學，稽古敏求，效法不已，漸近自然。然後施之政教，庶不與聖賢相悖，其躬詣行禮，以彰景仰之意。

壬子，以舉行經筵大典，上詣傳心殿，告祭先聖先師。

《高宗純皇帝實録》卷一三六"乾隆六年二月上"條

庚子，諭：春秋舉行經筵，例應先期告祭傳心殿，當年皇祖曾經親詣行禮，以昭誠敬。本月經筵，届期朕親詣傳心殿行禮，所有應行事宜，著該衙門敬謹察例具奏。

《高宗純皇帝實録》卷一四六九"乾隆六十年正月下"條

辛丑，諭：朕於乾隆六年，曾親祭傳心殿，明年即届歸政之期，自應親詣行禮，用申企慕。兹擇於二月初二日吉期，親往致祭。禮畢，即臨御經筵，所有典禮，著該衙門照例豫備。

《宣宗成皇帝實録》卷五六"道光三年八月上"條

己亥，以舉行仲秋經筵，遣官告祭奉先殿。上詣傳心殿行禮，御文華殿經筵。【略】諭内閣：本日經筵致祭傳心殿，禮部侍郎舒英贊禮錯誤，著拔去花翎，仍交部議處。

題請、習儀、祭告

(清) 允祹等《大清會典》卷二五《禮部》

凡經筵之禮，以大學士、尚書、左都御史、侍郎、學士、詹事充經筵講官，滿漢各八人。歲春秋仲月，由部疏請得旨，翰林院列講官名具奏，以滿漢各二人分講經書。掌院學士暨直講官擬篇目撰講章，奏請欽定。

(清) 允祹等《大清會典》卷四五《禮部》

凡釋奠傳心殿之禮，爲殿於禁城內文華殿之東，每歲春秋仲月皇帝御經筵，先遣官祇告傳心殿。

(清) 允祹等《大清會典則例》卷八二《禮部·祠祭清吏司·中祀二》

乾隆六年諭：春秋舉行經筵，例應先期祇告傳心殿，當年皇祖曾經親詣行禮以昭誠敬。今經筵，屆期朕親詣傳心殿行禮，所有應行事宜著該衙門察例具奏，欽此遵旨。議准，雍正四年經大學士等定議祇告之禮，除歲暮祫祭太廟有一定日期，躬耕耤田必用亥日，仍前一日祇告外，其餘祭祀皆於本日祇告等語。今年二月經筵，應照例於本日祇告傳心殿，皇帝御衮服行禮，一應事宜均照康熙二十五年之禮。

(清) 允祹等《大清會典則例》卷一五二《太常寺》

祭日請駕。順治年間，定圜丘、方澤、祈穀均於日出前九刻；太廟、社稷壇均於日出前四刻；日壇於日出前八刻；月壇於酉時前六刻；帝王廟、先師廟均於日出前六刻；先農壇於巳時前六刻；傳心殿於日出前三刻。【略】

祇告行禮。順治初年，定祇告天、地、宗、社、各陵，開列與承祭同。

又定告祭后土、司工、窑神、門神，承祭官以禮、工二部滿漢堂官開列。

康熙二十四年，定祇告傳心殿開列滿漢大學士。【略】

朔望上香。順治年間，定每月朔望各壇廟均典守官上香行禮。

康熙二十四年，定傳心殿朔望以本寺寺丞一人上香行禮。

祝版

(清) 允祹等《大清會典則例》卷八二《禮部·祠祭清吏司·中祀二》

(康熙) 二十五年議准，御經筵前一日，如皇帝親詣傳心殿祇告，祝文由翰林院撰擬。前期，太常官奉祝版送至傳心殿。

(清) 昆岡等《大清會典圖》卷二一《禮一〇二一·祭器一·祝版圖》

祝版木質，制方，尺寸有度。【略】傳心殿縱一尺一寸，廣二尺。

(二) 祭祀器用

陳設祭品

(清) 允祹等《大清會典》卷四五《禮部》

先遣官祇告傳心殿，皇師伏羲氏、皇師神農氏、皇師軒轅氏、帝師陶唐氏、帝師有虞氏、王師夏禹王、王師商湯王、王師周文王、王師周武王，均正位南向；先聖周公東位西向；先師孔子西位東向。皇師、帝師、王師位各一案，每案帛一、鉶一、籩二、豆二、爵三、爐一、鐙二、尊共一、篚共一；先聖、先師位各一案，每案帛一、鉶一、籩二、爵三、尊一、篚一、爐一、鐙二，帛爵均豫設。

（清）允祹等《大清會典則例》卷八二《禮部·祠祭清吏司·中祀二》

祝版房安設：祭日點香燭，設鉶一、實以和羹。籩二、實以龍眼栗實。豆二、實以醓醢鹿醢。奠帛、爵，讀祝文致祭，皇帝御袞服行禮。

（清）允祹等《大清會典則例》卷一五二《太常寺·支取祭物》

每歲各祀額用酒一千七百有一瓶，祇告傳心殿增五百一十瓶，間二歲祀炮神酒一百二十八瓶，每瓶酒重二十八兩，洗魚酒四十瓶，甎鹽三百有五斤，白鹽四十七斤，均由寺於各祀前期一月按數行光祿寺支取額用。描龍圓沉香、柱香三枝，描龍圓沉速柱香十有五枝，圓沉速柱香七十七枝，沉香餅三十六枚，紫降香餅四十八枚，沉速香三千六百三十四塊。前期二十五日行工部支取圓紫降柱香三百十有一枝，方紫降柱香十有九枝，紫降香八百三十二塊，粗紫降香二百三十五斤二兩五錢，細紫降香十有四兩，紫降香、沉香、速香共三十四斤，馬牙香七斤七兩，細攢香五斤六兩，沉香丁十有二兩，沉速香丁十有四兩，紫降香丁十有九斤五兩。前期二十五日行文，白檀香丁額用一斤十有二兩。皇帝親詣行禮，【略】祇告傳心殿增取重五兩者二十四枝，前期二十五日行文。恭遇親詣行禮，【略】祇告傳心殿增用重三兩者一百六十四枝，重二兩者十枝。【略】冬日至孟春郊祀齋宮應用木柴無定額，均前期一月行文。胙牛每祀用木柴一百八十斤，前期十五日行文。祇告傳心殿用木柴三百斤，炭五斤。朔望共用木炭四十八斤，均豫月行文。額用冰一千三百七十五塊前期一月行文，均於戶部、工部支取，於各祀前二日送寺。額用焚帛蘆葦八千四百二十斤，祇告傳心殿增用六十斤，前期二十五日行大興、宛平二縣於祀前二日送寺。其朔望需用香燭、炭、炭墼，如遇閏月及遇事祇告，應支各項祭物均按數加增，其行戶部支取者并行戶科，江南道行工部支取者并行工科，陝西道刷卷。

（清）來保等《大清通禮》卷一〇《吉禮·傳心殿·經筵致祭傳心殿之禮》

傳心殿內，皇師伏羲氏正位南向；皇師神農氏、皇師軒轅氏、帝師陶唐氏、帝師有虞氏、王師夏王禹、王師商王湯、王師周文王、王師周武王左右分序，均南向；先聖周公東位西向；先師孔子西位東向。歲以春秋仲月皇帝御經筵之日遣官一人祇告。如特行崇典，則皇帝親詣行禮。太常寺豫日以祝版送內閣，恭書祝文翰林院隨時擬撰。先一日，司祝由太常寺恭奉祝版，導以御仗，送至傳心殿祝版房，設於案，跪叩如儀。祀日昧爽，所司潔除殿內，外展神幄，工部司官藉棕薦，太常寺卿率屬具器陳皇師、帝師、王師位前，各設一案，每案鉶一、籩二、豆二，前設香案一、陳爐一、鐙二。先聖先師位前每案鉶一、籩二，前設香案一、陳爐一、鐙二。殿中設一案，少西北向。

供祝版東設一案，西向，陳禮神制帛十色白、香盤六、爵十有八、尊二；西設一案，東向，陳禮神制帛一色白、香盤五、尊一、爵十有五。凡帛，正位同筐，東西位各異筐；凡尊，實酒；承以舟疏，布冪勺具，乃辨位。

(清) 昆岡等《大清會典圖》卷一五《禮一五・祀典一五》

傳心殿正位九龕。中一龕皇師伏羲氏位，左一龕皇師神農氏位，右一龕皇師軒轅氏位，左二龕帝師陶唐氏位，右二龕帝師有虞氏位，左三龕王師夏禹王位，右三龕王師商湯王位，左四龕王師周文王位，右四龕王師周武王位，均南向。龕前籩、豆案各一。配位東、西各一龕，先聖周公位東配，西向；先師孔子位西配，東向。龕前籩豆案各一。中案前少西，祝案一，南向；東尊桌一，接桌一，西向；西尊桌一，接桌一，東向。殿門內正中為皇帝親詣行禮拜位，北向；贊引、對引各一人，東西面；司拜褥一人，立於左；司香六人，立東案之東，西面；司香五人，讀祝官一人，立西案之西，東面；典儀一人，立殿門外之東，西面；記注官四人，立於西，東面；掌燎官率燎人立東門外，燎爐之西南隅。遣官行禮，階下正中為承祭官拜位，不用司拜褥，記注官餘位次同。

傳心殿正位籩豆案九。每案上豫設爵三，實以酒；鉶一，實和羹；籩二，實龍眼、栗；豆二，實醓醢、鹿。醢案前高香案各一，均設爐一，香靠具燭臺二，帛筐共一，先設接桌上，奠帛奠於中香案。

傳心殿配位東、西，籩豆案各一，案上均豫設爵三，實以酒；鉶一、籩二，實龍眼、栗。案前高香案各一，均設爐一，香靠具燭臺二，帛筐各一，先各設接桌上，奠帛各奠於香案。

(清) 昆岡等《大清會典圖》卷二二《禮二二・祭器二》

陶爵、銅爵制皆像爵形，腹為雷紋，饕餮形陶用瓷，以色別之。天壇從位用青色，社稷壇正位各三一王二陶、配位、地壇從位、先農壇、先蠶壇用黃色，日壇用紅色，月壇正位用、配位用月白色，天神壇、地祇壇、太歲壇用白色。制皆高四寸六分，深二寸四分，兩柱高七分，足高二寸，三足相距各一寸八分。太廟兩廡亦用白色，制高四寸二分，深二寸二分，兩柱高六分，足高一寸八分三足相距各一寸六分。銅爵用於歷代帝王廟、傳心殿、先師廟、先醫廟、關帝廟、文昌廟、都城隍廟、黑龍潭、玉泉山、昆明湖、三龍神祠，制高四寸六分，深二寸三分，兩柱高七分，足高二寸，三足相距各一寸五分。

(清) 昆岡等《大清會典圖》卷二三《禮二三・祭器三》

陶鉶、銅鉶制皆兩耳為犧形；口為藻紋，次回紋；腹為貝紋；蓋為藻紋、回紋、雷紋；上有三峰，為雲紋；三足亦為雲紋。陶鉶用瓷，以色別之。【略】銅鉶用於太廟前殿、太廟後殿、奉先殿，制高四寸一分，深四寸，口徑五寸一分，底徑三寸三分，三足高一寸三分，蓋高二寸二分，三峰高一寸，兩耳及緣飾以金。歷代帝王廟，傳心殿，先師廟正位、配位、哲位，崇聖祠正位，先醫廟正位、配位，太廟兩廡，關帝廟，文昌廟，都城隍廟制同，惟耳及緣不飾金。【略】

竹籩，編竹爲之，以絹飾裏，頂及緣皆髤以漆，用別以色。【略】歷代帝王廟，傳心殿，先師廟，先醫廟用紅色，制高五寸四分，深八分，口徑四寸六分，足徑四寸，蓋高一寸九分，頂高四分。【略】

陶豆、銅豆制同者皆腹爲垂雲紋、回紋，校爲波紋、金鏨紋，足爲黻紋，蓋爲波紋、回紋，頂用絢紐。陶豆用瓷以色別之。【略】祈穀壇配位用青色；月壇正位、配位用月白色；制高五寸，深一寸七分，口徑四寸五分，校圍二寸，足徑四寸一分，蓋高一寸八分，頂高六分。銅豆用於歷代帝王廟、傳心殿正位、先師廟、先醫廟、關帝廟、文昌廟、都城隍廟、黑龍潭、玉泉山、昆明湖、三龍神祠，寸分制皆同，惟頂高只三分。

（清）昆岡等《大清會典圖》卷二四《禮二四・祭器四》

筐，編竹爲之，四周髤以漆，用別以色。【略】歷代帝王廟、傳心殿、先師廟、先醫廟用紅色，制高五寸，縱五寸，橫二尺二寸五分，足高一寸，蓋高一寸七分。【略】

尊，有陶有銅，制皆純素，兩耳爲犧首形，陶用瓷，以色別之。【略】銅尊用於歷代帝王廟、傳心殿、先師廟、先醫廟、關帝廟、文昌廟、都城隍廟、黑龍潭、玉泉山、昆明湖、三龍神祠，制高八寸六分，口徑五寸一分，腹圍二尺四寸，底徑四寸六分。

（三）祭祀禮儀

《高宗純皇帝實錄》卷一七二 "乾隆七年八月上" 條

甲午，以舉行仲秋經筵，遣官告祭奉先殿、傳心殿。諭：今日舉行經筵典禮，禮部據向例，以天雨奏請改期。朕思魏文侯將出獵而雨，左右不欲行。文侯曰："吾已與虞人期矣，豈可無一期會哉。"乃往，身自罷之。夫田獵之娛，尚不以遇雨失期，況經筵大典！業經祭告，自應舉行。但執事諸臣例應在丹墀内排班行禮，未免霑濕，著穿雨衣排列。駕到，即入殿進講。講畢，即奏禮成。其階下行禮、殿内賜茶諸儀，俱著停止。嗣後凡遇雨，俱照此例行。

（清）允祹等《大清會典》卷二五《禮部・儀制清吏司・經筵》

至日黎明，遣大學士一人祇告皇師、帝師、王師、先聖、先師於傳心殿。親詣行禮則於前一日，均詳見《吉禮》。鴻臚官設御案於文華殿御座前，南向；設講案於御案之南，北向。翰林院官奉講章及進講副本，左書、右經，各陳於案，退。記注官四人立西階下，東面；滿講官暨侍班之大學士，吏部、户部、禮部尚書、侍郎，通政使、副使，詹事、少詹事立丹墀左，西面；漢講官暨侍班之兵部、刑部、工部尚書、侍郎，左都御史，左副都御史，大理卿、少卿立丹墀右，東面。糾儀給事中、御史各二人，鴻臚寺鳴贊二人，立侍班官稍後，東西面，均南上。如衍聖公入覲，恭遇經筵，立於東班之首。至時，禮部堂官詣乾清門奏請御經筵，皇帝御常服，乘輿出宮，導引扈衛如常儀。由後左門出左翼門，至文華殿丹陛，上降輿，入，升座。記注官升西階入，立殿內右楹之西。鳴贊升立東西檐下。贊排班，講官暨侍班官咸就拜位，北面立。贊跪叩興，行二跪六叩禮畢。鴻臚卿東西各一人引講官暨侍班官分行，升自東西階，滿講官由殿左門之右，漢講官由右門之左入，立於東西楹之南。東侍班官由左門之左，西侍班官由右門之右入，立於講官後。糾儀官隨入，立東西隅，均東西面，北上。鴻臚卿退立於殿檐下。鳴贊贊進講，滿漢直講官四人出至講案前，東班西上，西班東上，行一跪三叩禮。復位，立，滿講官一人出就案左北面展講章，進講四子書畢，復位。漢講官一人趨過案左，進講如之。皇帝闡發書義，宣示臣工，講官暨侍班官跪聆畢，興。又滿講官一人趨過案右，漢講官一人出就案右，先後進講經義畢，皇帝闡發經義，各官跪聆亦如之。鴻臚卿引出殿，至丹墀各就拜位，立，鳴贊贊如初，行二跪六叩禮畢。內監設坐氈於殿內，東西各二行。鴻臚卿引講官侍班官按品臚序仍升東西階入殿內，賜坐，賜茶，儀與常朝同。禮部尚書奏禮成，駕興至丹陛，升輿，還宮。是日，賜燕於太和門東廊，講官暨侍班、記注、糾儀各官咸與燕畢，詣內金水橋南丹墀東，行一跪三叩禮，各退。

(清) 允祹等《大清會典》卷四五《禮部》

凡釋奠傳心殿之禮，【略】恭遇皇帝親詣行禮，日出前三刻，太常卿詣乾清門奏請行禮，皇帝御袞服，乘輿出給宮，前引後扈如常儀。皇帝入文華門降輿，贊引太常卿二人自殿垣西門恭導，由景行門入傳心殿中門，就拜位前，北向立。典儀官、贊執事官各共乃職。贊引官奏就位，皇帝就拜位，立。司香官各奉香盤進，贊引官恭導皇帝詣皇師伏羲氏位前，司香官跪進香，贊引官奏上香，皇帝立，上柱香，次三上瓣香，以次詣各神位前，上香畢，復位。贊引官奏跪拜興，皇帝行二跪六拜禮。司祝至祝案前跪三叩，奉祝版跪案左。贊引官奏跪，皇帝跪；贊讀祝，司祝讀祝畢，詣皇師位前跪安於案，三叩，退，皇帝行二跪六拜禮。典儀官贊奉祝帛詣燎位，有司奉祝次帛次香恭送燎所，皇帝轉立拜位旁，西向，候祝帛過，復位。祝帛燎半，奏禮成，恭導皇帝出景行門詣文華殿御經筵。禮成，升輿，還宮。

遣官祇告由殿垣東門入，循景行門東夾道詣傳心殿堦下正中，行三跪九叩禮。祝帛送燎所避立西旁，東面，餘如儀。

每月朔望，太常寺堂官一人詣傳心殿陳酒果，上香行禮。

(清) 允祹等《大清會典則例》卷八二《禮部·祠祭清吏司·中祀二》

(康熙二十五年) 又議准，傳心殿奉安各神牌應行致祭，遣禮部尚書一人行禮。又諭：傳心殿焚帛之處與屋檐相近，遇風甚屬可虞，著該部會同太常寺議奏。欽此。遵旨議准，傳心殿垣內地面窄狹，無可移置之處，祭前一日將焚帛爐移於東門外寬闊潔淨之處，竢焚帛畢，仍移於內收貯。

又議准，每歲御經筵後、皇太子春秋會講，均先詣傳心殿行袛告禮。

又定每月朔望，太常寺堂官一人供酒果、上香、行禮。

（清）來保等《大清通禮》卷一〇《吉禮·傳心殿·經筵致祭傳心殿之禮》

皇帝拜位在殿內正中，北向；鑾儀衛司拜褥官立於皇帝拜位之左，稍後；太常寺司祝立祝案西，東面；司香立東西案後，負序，東西面；典儀立殿門外之東，西面；記注官立殿門外之西，東面；掌燎官率燎人立於東門外燎爐之隅。日出前三刻，司祝詣傳心殿祝版房，恭奉祝版安於祝案；司爵揭尊、冪勺、挹酒、實爵；司帛奉篚，司爵奉爵，進至各神位前，奠於案；司拜褥官豫布拜褥於殿門內正中，各退。太常寺卿赴乾清門奏時，皇帝御補服，乘輿出宮，前引後扈如常儀。駕至文華門內東門降輿，前引內大臣侍衛均止，立。後扈大臣隨侍右。贊引左對引太常寺卿二人恭導皇帝由殿垣西門入景行中門，升中階進殿中門，至拜位前，北向立。典儀贊執事官各共廼職，贊引奏就位，皇帝就位，立。司香各奉香盤詣神位前袛俟。贊引奏就上香位，及對引官恭導皇帝詣皇師伏羲氏香案前，對引官至祝案前止，立。司香跪進香，贊引奏上香，皇帝上炷香三，上瓣香，畢，以次詣各神位前上香，如前儀。贊引奏復位，及對引官恭導皇帝復位，立。奏跪拜興，皇帝行二跪六拜禮，興。司祝詣祝案前跪，三叩，奉祝版跪案左。贊引奏跪，皇帝跪，贊讀祝，司祝讀祝，畢，興，奉祝版跪，安神位前篚內，三叩，興，退。贊引奏拜興，皇帝行三拜禮，興。又奏跪拜興，皇帝行二跪六拜禮，興。典儀贊奉祝帛送燎，司祝司帛詣神位前咸跪三叩，司祝奉祝，司帛奉篚，興，司香跪，奉香，興，以次由中道出，恭送燎所。皇帝轉立拜位東，西向，司拜褥官徹拜褥。俟祝帛過，仍布拜褥，皇帝復位，立。贊引奏禮成，及對引官恭導皇帝出殿中門，降中階，詣文華殿御經筵進講。儀詳《嘉禮》。畢，乘輿還宮，執事官以次退。

（清）來保等《大清通禮》卷一〇《吉禮·傳心殿·遣官致祭》

傳心殿贊引、太常寺贊禮郎二人，引承祭官入殿垣東門，循景行門東夾道至殿門外階下正中，行禮上香，出入殿左門，祝帛送燎，承祭官避立西旁，東面，餘如儀。

（清）來保等《大清通禮》卷一〇《吉禮·傳心殿·常祀儀》

月朔望，太常寺卿一人率屬詣傳心殿，具器、陳設酒果、上香、行禮，如儀。

（四）祭祀樂舞

樂舞生、執事生

（清）允祹等《大清會典則例》卷一五二《太常寺》

樂舞生額。設樂生一百八十人，舞生三百人，執事生九十人，計五百七十人。【略】袛告傳心殿司尊執事生三人。凡大祀、中祀，各生冠用銅頂帶，用綠綢靴，用皂布。服色，天壇用青，地壇用黑，日壇用赤，月壇用玉色，餘均用赤。武舞生用銷金百花袍；樂生、文舞生均用素繪葵花補袍；執事生惟執事天地壇服無緣飾，餘均緣以黑色緞。及羅祀日遇雨，用雨衣、雨帽，花樣如前制。【略】

內監。順治初年，定太廟設首領內監一人，內監二十九人；社稷壇首領內監一人，內監九人。

康熙二十五年，傳心殿告成，設首領內監二人，內監八人。首領內監每名月給銀三兩，米每歲十有六斛；內監每名月給銀二兩，米如之；分四季咨戶部關支。每名月給煤百斤，每斤折銀一厘八毫；炭十斤，每斤折銀五厘；於季冬咨戶部關支。如遇閏，均按數加增。三處內監冬月司夜各給布面羊裘御寒。太廟內監給與十件，社稷壇、傳心殿內監各給三件。太廟、社稷壇、傳心殿共撥廚役十人，晝夜看守巡邏，冬月各給布面羊裘一件，均令工部關支，五年更換一次。

乾隆七年，裁太廟內監九人，社稷壇五人，傳心殿首領一人、內監四人。首領每季每名給銀九兩，米九斛；內監每季每名給銀六兩，米四斛。

十八年，定傳心殿三處內監年例應給煤炭減半給與。【略】

廚役。【略】祇告傳心殿用三十六名。

(五) 御製詩文

(清) 慶桂等《國朝宮史續編》卷五三《宮殿三·外朝三》

聖製御經筵日親祭傳心殿敬成詩　有序　乙卯

每歲御經筵，先期派大學士一員，於是日黎明至傳心殿，恭祭皇師、帝師、王師、先聖先師。今歲予以在位六十年，夙契心傳，更符初願，躬親將事，用展敬虔。

文華殿側傳心殿，祭以經筵義本深。承祀例應大學士，升香一閱五旬今。予即位後，於乾隆六年御經筵日，親祀傳心殿一次，以後依中祀之例，每歲遣大學士致祭，僂指已五十五年矣。外王內聖幼知重，日引月長耄逮諶。十六字猶能背讀，行何有我愧成吟。

御製傳心殿瞻禮詩　丙辰

瓣香致誠敬，先聖儼憑臨。道著君師統，源探孝弟心。百王咸效法，億祀仰高深。瞻拜御涼德，寅恭矢素忱。

三、祭祀記載

清代祭祀記載

《聖祖仁皇帝實錄》卷一二四"康熙二十五年正月至二月"條

壬子，以舉行經筵大典，上詣傳心殿告祭先聖先師。

癸丑，上御經筵。講畢，賜大學士、九卿、詹事及講官等宴。

《高宗純皇帝實錄》卷六三"乾隆三年二月下"條

丙午，以首舉經筵大典，告祭奉先殿，上親詣行禮。遣官告祭傳心殿，上御文華殿。

《高宗純皇帝實錄》卷七四"乾隆三年八月上"條

癸未，以舉行仲秋經筵，遣官告祭奉先殿、傳心殿，上御文華殿。

《高宗純皇帝實錄》卷八六"乾隆四年二月上"條

己卯，以舉行仲春經筵，遣官告祭奉先殿、傳心殿，上御文華殿。

《高宗純皇帝實錄》卷九八"乾隆四年八月上"條

庚辰，上以舉行仲秋經筵，遣官告祭奉先殿、傳心殿，上御文華殿。

《高宗純皇帝實錄》卷一二五"乾隆五年八月下"條

甲寅，以舉行仲秋經筵，遣官告祭奉先殿、傳心殿，上御文華殿。

《高宗純皇帝實錄》卷一三六"乾隆六年二月上"條

丁未，以舉行仲春經筵，遣官告祭奉先殿。上親詣傳心殿行禮，御文華殿。

《高宗純皇帝實錄》卷一六一"乾隆七年二月下"條

丁未，以舉行仲春經筵，遣官告祭奉先殿、傳心殿，上御文華殿。

《高宗純皇帝實錄》卷一七二"乾隆七年八月上"條

甲午，以舉行仲秋經筵，遣官告祭奉先殿、傳心殿。

《高宗純皇帝實錄》卷一八四"乾隆八年二月上"條

庚寅，以舉行仲春經筵，遣官告祭奉先殿、傳心殿，上御文華殿。

《高宗純皇帝實錄》卷二一一"乾隆九年二月下"條

乙丑，以舉行仲春經筵，遣官告祭奉先殿、傳心殿，上御文華殿。

《高宗純皇帝實錄》卷二二三"乾隆九年八月下"條

乙丑，以舉行仲秋經筵，遣官告祭奉先殿、傳心殿，上御文華殿。

《高宗純皇帝實錄》卷二五九"乾隆十一年二月下"條

癸丑，以舉行仲春經筵，遣官告祭奉先殿、傳心殿，上御文華殿。

《高宗純皇帝實錄》卷二七三"乾隆十一年八月下"條

癸未，以舉行仲秋經筵，遣官告祭奉先殿、傳心殿，上御文華殿。

《高宗純皇帝實錄》卷二八四"乾隆十二年二月上"條

癸亥，以舉行仲春經筵，遣官告祭奉先殿、傳心殿，上御文華殿。

《高宗純皇帝實錄》卷三三四"乾隆十四年二月上"條

辛卯，以舉行仲春經筵，遣官告祭奉先殿、傳心殿，上御文華殿。

《高宗純皇帝實錄》卷四〇八"乾隆十七年二月上"條

己亥，以舉行仲春經筵，遣官告祭奉先殿、傳心殿，上御文華殿。

《高宗純皇帝實録》卷四四四"乾隆十八年八月上"條

甲申，以舉行仲秋經筵，遣官告祭奉先殿、傳心殿，上御文華殿。

《高宗純皇帝實録》卷五〇六"乾隆二十一年二月上"條

甲辰，以舉行仲春經筵，遣官告祭奉先殿、傳心殿，上御文華殿。

《高宗純皇帝實録》卷五五六"乾隆二十三年二月上"條

己未，遣官祭關帝廟，以舉行仲春經筵，遣官告祭奉先殿、傳心殿，上御文華殿。

《高宗純皇帝實録》卷五八〇"乾隆二十四年二月上"條

己未，以舉行仲春經筵，遣官告祭奉先殿、傳心殿，上御文華殿。

《高宗純皇帝實録》卷六〇六"乾隆二十五年二月上"條

壬午，【略】以舉行仲春經筵，遣官告祭奉先殿、傳心殿，上御文華殿。

《高宗純皇帝實録》卷六三〇"乾隆二十六年二月上"條

甲戌，以舉行仲春經筵，遣官告祭奉先殿、傳心殿，上御文華殿。

《高宗純皇帝實録》卷六八〇"乾隆二十八年二月上"條

甲午，以舉行仲春經筵，遣官告祭奉先殿、傳心殿，上御文華殿。

《高宗純皇帝實録》卷七〇四"乾隆二十九年二月上"條

甲申，以舉行仲春經筵，遣官告祭奉先殿、傳心殿，上御文華殿。

《高宗純皇帝實録》卷七五四"乾隆三十一年二月上"條

甲辰，以舉行仲春經筵，遣官告祭奉先殿、傳心殿，上御文華殿。

《高宗純皇帝實録》卷七七八"乾隆三十二年二月上"條

己亥，以舉行仲春經筵，遣官告祭奉先殿、傳心殿，上御文華殿。

《高宗純皇帝實録》卷八〇四"乾隆三十三年二月上"條

癸亥，以舉行仲春經筵，遣官告祭奉先殿、傳心殿，上御文華殿。

《高宗純皇帝實録》卷八二八"乾隆三十四年二月上"條

己未，上御乾清門聽政。以舉行仲春經筵，遣官告祭奉先殿、傳心殿，上御文華殿。

《高宗純皇帝實録》卷八五二"乾隆三十五年二月"條

庚戌，以舉行仲春經筵，遣官祭奉先殿、傳心殿，上御文華殿。

《高宗純皇帝實録》卷九〇二"乾隆三十七年二月上"條

己巳，以舉行仲春經筵，遣官告祭奉先殿、傳心殿，上御文華殿。

《高宗純皇帝實録》卷九二六"乾隆三十八年二月上"條

甲子，以舉行仲春經筵，遣官告祭奉先殿、傳心殿，上御文華殿。

《高宗純皇帝實録》卷九五二"乾隆三十九年二月上"條

己丑，以舉行仲春經筵，遣官告祭奉先殿、傳心殿，上御文華殿。

《高宗純皇帝實錄》卷九七六"乾隆四十年二月上"條

甲申，以舉行仲春經筵，遣官告祭奉先殿、傳心殿，上御文華殿。

《高宗純皇帝實錄》卷一○○二"乾隆四十一年二月上"條

甲辰，以舉行仲春經筵，遣官告祭奉先殿、傳心殿，上御文華殿。

《高宗純皇帝實錄》卷一○七六"乾隆四十四年二月上"條

己未，【略】上御乾清門聽政。以舉行仲春經筵，遣官告祭奉先殿、傳心殿，上御文華殿。

《高宗純皇帝實錄》卷一一二四"乾隆四十六年二月上"條

己酉，以舉行仲春經筵，遣官告祭奉先殿、傳心殿，上御文華殿。

《高宗純皇帝實錄》卷一一五○"乾隆四十七年二月上"條

己巳，以舉行仲春經筵，遣官告祭奉先殿、傳心殿，上御文華殿。

《高宗純皇帝實錄》卷一一七四"乾隆四十八年二月上"條

甲子，以舉行仲春經筵，遣官告祭奉先殿、傳心殿，上御文華殿。

《高宗純皇帝實錄》卷一二四八"乾隆五十一年二月上"條

庚辰，以舉行仲春經筵，遣官告祭奉先殿、傳心殿，上御文華殿。

《高宗純皇帝實錄》卷一二七四"乾隆五十二年二月上"條

辛丑，【略】以舉行仲春經筵，遣官告祭奉先殿、傳心殿，上御文華殿。

《高宗純皇帝實錄》卷一二九八"乾隆五十三年二月上"條

己亥，以舉行仲春經筵，遣官告祭奉先殿、傳心殿，上御文華殿。

《高宗純皇帝實錄》卷一三二二"乾隆五十四年二月"條

辛卯，以舉行仲春經筵，遣官告祭奉先殿、傳心殿，上御文華殿。

《高宗純皇帝實錄》卷一三四八"乾隆五十五年二月上"條

癸丑，以舉行仲春經筵，遣官告祭奉先殿、傳心殿，命皇子、皇孫，從至經筵聽講，上御文華殿。

《高宗純皇帝實錄》卷一三七二"乾隆五十六年二月上"條

庚戌，以舉行仲春經筵，遣官告祭奉先殿、傳心殿，命皇子、皇孫，從至經筵聽講，上御文華殿。

《高宗純皇帝實錄》卷一三九六"乾隆五十七年二月上"條

甲辰，以舉行仲春經筵，遣官告祭奉先殿、傳心殿，命皇子、皇孫，從至經筵聽，上御文華殿。

《高宗純皇帝實錄》卷一四二二"乾隆五十八年二月上"條

己巳，以舉行仲春經筵，遣官告祭奉先殿、傳心殿，命皇子、皇孫，從至經筵聽講，上御文華殿。

《高宗純皇帝實録》卷一四四六"乾隆五十九年二月上"條

壬戌，以舉行仲春經筵，遣官告祭奉先殿、傳心殿，命皇子、皇孫，從至經筵聽講，上御文華殿。

《高宗純皇帝實録》卷一四七〇"乾隆六十年二月"條

甲寅，以舉行仲春經筵，遣官告祭奉先殿，上詣傳心殿行禮，命皇子、皇孫，從至經筵聽講，上御文華殿。

《仁宗睿皇帝實録》卷二"嘉慶元年二月"條

庚辰，以首舉經筵大典，遣官告祭奉先殿。上親詣傳心殿行禮，御文華殿經筵。

《仁宗睿皇帝實録》卷一四"嘉慶二年二月"條

癸酉，上御乾清門聽政。以舉行仲春經筵，遣官告祭奉先殿、傳心殿，御文華殿經筵。

《仁宗睿皇帝實録》卷八六"嘉慶六年八月"條

戊申，【略】以舉行仲秋經筵，遣官告祭奉先殿、傳心殿，上御文華殿經筵。

《仁宗睿皇帝實録》卷九三"嘉慶七年正月"條

庚子，上詣大高殿行禮，時應宮拈香，還宮。以舉行仲春經筵，遣官告祭奉先殿、傳心殿，御文華殿經筵。

《仁宗睿皇帝實録》卷一〇七"嘉慶八年正月"條

甲午，上詣時應宮拈香，還宮。以舉行仲春經筵，遣官告祭奉先殿、傳心殿，御文華殿經筵。

《仁宗睿皇帝實録》卷一二六"嘉慶九年二月"條

壬戌，以舉行仲春經筵，遣官告祭奉先殿、傳心殿，上御文華殿。

《仁宗睿皇帝實録》卷一四〇"嘉慶十年二月"條

己未，以舉行仲春經筵，遣官告祭奉先殿、傳心殿，上御文華殿經筵。

《仁宗睿皇帝實録》卷一五七"嘉慶十一年二月"條

癸未，以舉行仲春經筵，遣官告祭奉先殿、傳心殿，上御文華殿經筵。

《仁宗睿皇帝實録》卷一七四"嘉慶十二年二月上"條

甲戌，以舉行仲春經筵，遣官告祭奉先殿、傳心殿，上御文華殿經筵。

《仁宗睿皇帝實録》卷一九二"嘉慶十三年二月"條

庚午，以舉行仲春經筵，遣官告祭奉先殿、傳心殿，上御文華殿經筵。

《仁宗睿皇帝實録》卷二〇七"嘉慶十四年二月"條

壬辰，以舉行仲春經筵，遣官告祭奉先殿、傳心殿，上御文華殿經筵。

《仁宗睿皇帝實録》卷二二五"嘉慶十五年二月上"條

己丑，以舉行仲春經筵，遣官告祭奉先殿、傳心殿，上御文華殿經筵。

《仁宗睿皇帝實録》卷二三九"嘉慶十六年二月"條

壬午，以舉行仲春經筵，遣官告祭奉先殿、傳心殿，上御文華殿經筵。

《仁宗睿皇帝實録》卷二五四"嘉慶十七年二月"條

甲辰朔，以舉行仲春經筵，遣官告祭奉先殿、傳心殿，上御文華殿經筵。

《仁宗睿皇帝實録》卷二六六"嘉慶十八年二月"條

庚子，以舉行仲春經筵，遣官告祭奉先殿、傳心殿，上御文華殿經筵。

《仁宗睿皇帝實録》卷二八四"嘉慶十九年二月上"條

甲午，以舉行仲春經筵，遣官告祭奉先殿、傳心殿，上御文華殿經筵。

《仁宗睿皇帝實録》卷二九四"嘉慶十九年八月上"條

甲子，以舉行仲秋經筵，遣官告祭奉先殿、傳心殿，御文華殿經筵。

《仁宗睿皇帝實録》卷三○三"嘉慶二十年二月"條

己未，以舉行仲春經筵，遣官告祭奉先殿、傳心殿，上御文華殿經筵。

《仁宗睿皇帝實録》卷三一六"嘉慶二十一年二月"條

壬子，以舉行仲春經筵，遣官告祭奉先殿、傳心殿，上御文華殿經筵。

《仁宗睿皇帝實録》卷三二六"嘉慶二十二年正月"條

壬申，以舉行仲春經筵，遣官告祭奉先殿、傳心殿，上御文華殿經筵。

《仁宗睿皇帝實録》卷三三九"嘉慶二十三年二月"條

庚辰，以舉行仲春經筵，遣官告祭奉先殿、傳心殿，上御文華殿經筵。

《仁宗睿皇帝實録》卷三五四"嘉慶二十四年二月"條

甲子，以舉行仲春經筵，遣官告祭奉先殿、傳心殿，上御文華殿經筵。

《仁宗睿皇帝實録》卷三六七"嘉慶二十五年二月"條

己丑，以舉行仲春經筵，遣官告祭奉先殿。上詣傳心殿行禮，御文華殿經筵。

《宣宗成皇帝實録》卷五六"道光三年八月上"條

己亥，以舉行仲秋經筵，遣官告祭奉先殿。上詣傳心殿行禮，御文華殿經筵。

《宣宗成皇帝實録》卷六五"道光四年二月"條

己亥，以舉行仲春經筵，遣官告祭奉先殿、傳心殿，上御文華殿經筵。

《宣宗成皇帝實録》卷七二"道光四年八月"條

戊寅，以舉行仲秋經筵，遣官告祭奉先殿、傳心殿，上御文華殿經筵。

《宣宗成皇帝實録》卷七九"道光五年二月"條

庚申【略】以舉行仲春經筵，遣官告祭奉先殿、傳心殿，上御文華殿經筵。

《宣宗成皇帝實録》卷八七"道光五年八月"條

己未，以舉行仲秋經筵，遣官告祭奉先殿、傳心殿，上御文華殿經筵。

《宣宗成皇帝實録》卷九五"道光六年二月"條

庚申，以舉行仲春經筵，遣官告祭奉先殿、傳心殿，上御文華殿經筵。

《宣宗成皇帝實錄》卷一一四"道光七年二月"條

庚戌，以舉行仲春經筵，遣官告祭奉先殿、傳心殿，上御文華殿經筵。

《宣宗成皇帝實錄》卷一三三"道光八年二月"條

壬申，以舉行仲春經筵，遣官告祭奉先殿、傳心殿，上御文華殿經筵。

《宣宗成皇帝實錄》卷一五一"道光九年二月上"條

己巳，以舉行仲春經筵，遣官告祭奉先殿、傳心殿，上御文華殿經筵。

《宣宗成皇帝實錄》卷一六五"道光十年二月"條

壬戌，以舉行仲春經筵，遣官告祭奉先殿、傳心殿，上御文華殿經筵。

《宣宗成皇帝實錄》卷一八四"道光十一年二月"條

己丑，以舉行仲春經筵，遣官告祭奉先殿、傳心殿，上御文華殿經筵。

《宣宗成皇帝實錄》卷二〇五"道光十二年二月上"條

己卯，以舉行仲春經筵，遣官告祭奉先殿、傳心殿，上御文華殿經筵。

《宣宗成皇帝實錄》卷二三一"道光十三年二月上"條

甲辰，以舉行仲春經筵，遣官告祭奉先殿、傳心殿，上御文華殿經筵。

《宣宗成皇帝實錄》卷二四九"道光十四年二月"條

己亥，以舉行仲春經筵，遣官告祭奉先殿、傳心殿，上御文華殿經筵。

《宣宗成皇帝實錄》卷二七八"道光十六年二月上"條

戊午，【略】以舉行仲春經筵，遣官告祭奉先殿、傳心殿，上御文華殿經筵。

《宣宗成皇帝實錄》卷二九四"道光十七年二月"條

庚戌，以舉行仲春經筵，遣官告祭奉先殿、傳心殿，上御文華殿經筵。

《宣宗成皇帝實錄》卷三〇六"道光十八年二月"條

甲辰，以舉行仲春經筵，遣官告祭奉先殿、傳心殿，上御文華殿經筵。

《宣宗成皇帝實錄》卷三一九"道光十九年二月"條

己巳，以舉行仲春經筵，遣官告祭奉先殿、傳心殿，上御文華殿經筵。

《宣宗成皇帝實錄》卷三四六"道光二十一年二月上"條

己未，以舉行仲春經筵，遣官告祭奉先殿、傳心殿，上御文華殿經筵。

《宣宗成皇帝實錄》卷三六七"道光二十二年二月上"條

辛巳，以舉行仲春經筵，遣官告祭奉先殿、傳心殿，上御文華殿經筵。

《宣宗成皇帝實錄》卷四〇二"道光二十四年二月"條

己亥【略】以舉行仲春經筵，遣官告祭奉先殿、傳心殿，上御文華殿經筵。

《宣宗成皇帝實錄》卷四二六"道光二十六年二月"條

辛卯，以舉行仲春經筵，遣官告祭奉先殿、傳心殿，上御文華殿經筵。

《宣宗成皇帝實錄》卷四三九"道光二十七年二月"條

壬子，以舉行仲春經筵，遣官告祭奉先殿、傳心殿，上御文華殿經筵。

《宣宗成皇帝實錄》卷四五二"道光二十八年二月"條

戊申,以舉行仲春經筵,遣官告祭奉先殿、傳心殿,上御文華殿經筵。

《文宗顯皇帝實錄》卷六八"咸豐二年八月上"條

癸未,以舉行仲秋經筵,遣官告祭奉先殿。上詣傳心殿行禮,御文華殿經筵。

《文宗顯皇帝實錄》卷一二〇"咸豐四年二月上"條

丁丑【略】以舉行仲春經筵,遣官告祭奉先殿,上詣傳心殿行禮,御文華殿經筵。

《文宗顯皇帝實錄》卷一五八"咸豐五年二月上"條

己亥,以舉行仲春經筵,遣官告祭奉先殿、傳心殿,上御文華殿經筵。

《文宗顯皇帝實錄》卷一九〇"咸豐六年二月上"條

戊戌,【略】以舉行仲春經筵,遣官告祭奉先殿、傳心殿,上御文華殿經筵。

《文宗顯皇帝實錄》卷二一九"咸豐七年二月上"條

丙戌,以舉行仲春經筵,遣官告祭奉先殿、傳心殿,上御文華殿經筵。

《文宗顯皇帝實錄》卷二六〇"咸豐八年八月上"條

癸卯朔,以舉行仲秋經筵,遣官告祭奉先殿,上親詣傳心殿行禮,御文華殿經筵。

《文宗顯皇帝實錄》卷二九〇"咸豐九年八月上"條

己亥,以舉行仲秋經筵,遣官告祭奉先殿、傳心殿,上御文華殿經筵。

《文宗顯皇帝實錄》卷三〇七"咸豐十年二月上"條

丁酉,【略】以舉行仲春經筵,遣官告祭奉先殿、傳心殿,上御文華殿經筵。

壽 皇 殿

一、建置沿革

（一）營建沿革

《世宗宪皇帝實錄》卷一"康熙六十一年十一月"條

丁酉，宣讀大行皇帝遺詔，頒行天下。【略】命總理事務王大臣速行修理景山壽皇殿。諭曰：朕受皇考深恩，如天罔極，忽升仙馭，攀戀無從，惟有朝夕瞻近梓宮，稍盡哀慕之忱。今王大臣等所議安奉之處，或在南海子，或在鄭家莊，此二處隔越郊外，離宮禁甚遠，朕心不忍。緬惟世祖章皇帝大事時，曾安奉景山壽皇殿，朕意亦欲安奉於景山壽皇殿，庶得朝夕前往，親行奠獻。

（清）張廷玉等《清文獻通考》卷一〇七《宗廟考一》

臣等謹按：天子宗廟之禮，所重親饗，虞夏商周以來歷代各皆舉行，而緣情定制惟我朝爲特隆焉。唐以太宗貞觀之治親饗廟者二：三年正月戊午、十七年四月庚寅耳。自後合十七宗而親饗三十四。馬端臨謂懿宗一；王應麟《玉海》作二：咸通元年十一月丙子，又四年正月己巳也。宋自太祖親饗四，合十二宗而親饗者八十五。然真宗之十二親郊朝享及告行告謁恭謝，均非祫祫時享之正祭。仁宗之十三亦朝享及恭謝而親行祫祭者一。馬端臨所謂累朝惟此一親行也。蓋宋之朝享太廟皆郊前之祇告，故每於十一月行之，而正祭則未嘗親行。我太宗文皇帝肇建太廟於盛京，崇德改元四月丙戌大饗，後八年之中親饗二，恢恢乎大一統之規模也。世祖章皇帝定鼎京師，立太廟，御宇十八年，時享親行二十八。方順治十六年始行祫祭，而親祫二。聖祖仁皇帝御宇六十一年，時享親行八十二，祫祭親行三十二。世宗憲皇帝御宇十三年，時享親行三十，祫祭親行十一。皇帝御極，乾隆元年至五十年，時享親行六十六，祫祭親行四十九。是皆正祭，而凡因事親告者不在此數。於戲！至仁至孝至誠至敬之心永傳爲家法，仰溯成周而後廟禮未有若斯之盛者也。至若典制之隆、儀文之備，雖以時增，而要皆推本於太宗文皇帝始定之規。詳考其時，自大饗親饗而外，凡遇聖節、忌辰、元旦、清明、中元、除夕皆以時遣官祇祭，其禮已爲大備。世祖章皇帝撫有天下，追尊四祖皇帝，歲七享太廟：孟春諏吉，清明，四月、七月、十月之朔，除夕、萬壽節，則猶太宗時制也。至十三年，建奉先殿而日獻食月薦新，朔望時節、聖誕忌辰、元旦冬至、萬壽節及諸慶典俱行於奉先殿。至十六年始祫，而除夕之享乃即大祫矣。聖祖仁皇帝、世宗憲皇帝繼統以來，迄今每歲四孟享太廟，與除夕前一日祫祭，而五則固，皆崇德所行之精，意以遞酌而歸於至中，昭其大文焉。逮世宗憲皇帝即壽皇殿虔供聖祖仁皇帝聖容，孝思純篤以時瞻拜，于是有神御之奉，皇上深推世宗憲皇帝聖孝之心，重建壽皇殿以并奉太祖高皇帝、太宗文皇帝、世祖章皇帝、聖祖仁皇帝、世宗憲皇帝聖容暨列后聖容。又先即圓明園崇建安佑宮，奉聖祖仁皇帝聖容，而敬以世宗憲皇帝聖容配。于是，宮中苑中，神御之奉，乃上推而胥愜乎情與禮之極則丕哉！聖孝繼述佑啓於萬年者也。且復即避暑山莊，聖祖仁皇帝歲臨之御苑，建永佑寺，以虔奉聖祖仁皇帝聖容，仍敬以世宗憲皇帝聖容配，則所爲齋焉而思其居處，思其志意樂嗜。禮得其所必備，而情得其所必伸，蓋皆由夫饗廟親行至仁至孝至誠至敬之一心，推之以無乎不達矣。茲恭依列朝實錄、皇上乾隆元年至五十年起居注冊，參稽《大清會典》暨各檔案其儀節，謹鈔《大清通禮》成《宗廟考》十二卷，以昭萬年之巨典云。

（清）張廷玉等《清文獻通考》卷一一八《宗廟考一二·壽皇殿》

（乾隆）十三年三月，命重建壽皇殿。

臣等謹按：雍正元年，世宗憲皇帝既推奉先殿之禮，敬奉聖祖仁皇帝御容於壽皇殿。顧猶未足以罄思慕之誠，而復有恩佑寺御容之奉。蓋苑中則詣恩佑寺，宮中則詣壽皇殿，瞻依聖容之心與起居而時切。我皇上御極元年十月，即敬奉世宗憲皇帝御容於壽皇殿東室。三年二月丁丑，復敬奉世宗憲皇帝御容於安佑宮，猶我世宗憲皇帝純孝之聖心也。至五年擴安佑宮制。八年迎聖祖仁皇帝御容於恩佑寺，虔供於安佑宮中室，奉世宗憲皇帝御容虔供於東室，於是苑中瞻仰聖容，始專禮於安佑宮。至十三年，重建壽皇殿。十五年，恭繪聖容成，大祭。蓋初既推世宗憲皇帝聖心，迎聖祖仁皇帝御容，以世宗憲皇帝御容配，而崇安佑宮之奉，兩朝神爽臨御一殿，聖慈聖孝之心安矣。繼復推世宗憲皇帝孝事，聖祖仁皇帝之聖心，恭安太祖高皇帝、太宗文皇帝、世祖章皇帝聖容、列后聖容，而益崇壽皇殿之奉。五朝神爽同饗玉筵，至是而神御之禮大備。恭繹壽皇殿、安佑宮御製兩碑文至矣哉！聖天子之孝，無乎不達矣！斯皆廣宗廟事生事，存無已之孝思，以允愜於家庭之禮者也。

乾隆四十二年二月丁酉，上以大行皇太后升遐親詣安佑宮，於聖祖仁皇帝、世宗憲皇帝神御前行告哀禮。先是，正月丙申，恭移大行皇太后梓宮於九經三事殿。前期，王公大臣奏向例奉移之日即回原處居住，伏思圓明園係世宗憲皇帝、皇上久居之處，與宮中無異，仰懇於敬移禮成後即回圓明園居住。奉諭旨：朕本意俟皇太后梓宮於九經三事殿奉安禮成，即在暢春園之無逸齋居住以申哀悃。茲據王公大臣等合詞具奏，向例奉移之日應回原處居住，既舊例如此，著照所請行。至朕遭聖母大故，理應於皇祖皇考前告哀，但壽皇殿在城內，二十九日步送梓宮後，自揣實不能再行禮，且應即往暢春園恭奉迎。因思安佑宮係皇祖皇考神御所在，與壽皇殿相同，擬於二月初一日躬詣祇告。

臣等謹按：是年冬，敬建恩慕寺於暢春園，仰志慈恩以爲薦福重地，故但供奉佛像，時申瞻禮。恭遇聖誕令辰及除夕上元節日，大內則壽康宮寶座前行禮，至暢春園之長春仙館、避暑山莊之松鶴齋，爲孝聖憲皇后舊御寢宮，亦惟恭詣寶座前行禮，不復供奉神御。伏讀戊戌年御製正月十四日作詩注云：禮緣義起，予惟恪奉前規，不敢稍有過不及。如壽皇殿向奉皇祖、皇考御容，而皇祖妣、皇妣御容惟於除夕、元旦同列祖列后神御敬奉瞻拜。至圓明園之安佑宮，則祇奉皇祖、皇考御容，未及列后。惟養心殿及圓明園之東佛堂，皇考時曾恭奉孝恭仁皇后神位，因亦遵奉聖母神位。至壽康宮，雖尊奉慈闈頤慶年久，但其地宜留爲萬萬年奉養東朝所居，奕禩所當敬守。若於此安奉聖母御容神位，何以示垂貽久遠之圖？是以不敢輕率議加以協舊典。又讀《御製恩慕寺瞻禮詩》云：“慕而未敢奉神御，恩以難忘建梵宮。”《御製長春仙館禮佛有感詩》云：“未敢頻興神御屢，因之潔治佛筵崇。”仰見聖心純篤思慕之誠，無有窮極，而緣情定制允，合乎禮以義起之文。茲謹敬識於此，使天下萬世共仰大中之盛軌焉。

（清）嵇璜、劉墉等《清通典》卷四六《禮吉六·壽皇殿》

臣等謹按：《杜典》宗廟門歷敘唐以前廟制，即附載原廟於內，以其事本略，故無專條。至唐宋以後，別廟之建，神御之奉，典制遞贈。《欽定續通典》詳考爲“原廟”一門，以補《杜典》之所未備，體例洵爲盡善。我朝既建奉先殿與太廟，同申孝享，儀文隆備，已於前篇恭述。至崇奉聖容之禮，則壽皇殿、恩佑寺、安佑宮、永佑寺先後建立，宮中苑中神御式憑，如親陟降。洪惟世宗憲皇帝孝思垂則，禮展家庭，我皇上繼述心虔，追隆世德，恭繹御製各碑記，仰見仁孝誠敬之心，無乎不達煌煌巨典，有非前代原廟之制，所能擬其萬一者矣。茲恭紀壽皇殿於前，即恭紀恩佑寺、安佑宮、永佑寺於後，與奉先殿典禮并隆焉。

雍正元年四月，世宗憲皇帝恭奉聖祖仁皇帝御容於壽皇殿中殿，殿在景山之東北。先是奉諭：朕受皇考深恩四十餘年，未嘗遠離，皇考升遐，無由再瞻色笑，今追想音容，宛然在目。御史莽鵠立精於寫像，昔日隨班奏事，常覲聖顏。皇考有御容數軸，今皇考年高，聖顏微異於往時。著莽鵠立敬憶御容，悉心薰沐圖寫。尋莽鵠立恭繪聖祖仁皇帝御容成，捧進於養心殿，世宗憲皇帝瞻仰依戀，悲慟不勝，命俟梓宮發引後，敬謹供奉於壽皇殿，至是親詣行禮。自後，歲時奠獻，日以爲常。遇聖誕、忌辰、元旦、令節，世宗憲皇帝皆先詣奉先殿，復詣壽皇殿，展謁奠獻，著爲定禮。凡親享、親祫太廟禮成後，及奉先殿行禮後，皆親詣壽皇殿，兼詣恩佑寺。恩佑寺見後。以時奠獻，月必瞻禮，或月至三詣焉。四年五月，孝恭仁皇后三周忌辰，世宗憲皇帝詣壽皇殿行禮。

（清）慶桂等《國朝宮史續編》卷六一《宮殿一一·內廷八·壽皇殿》

臣等謹案：神御殿之名，昉自宋代，猶漢原廟遺意。然至崇建遍郡國，奉祀及禪院，議者以爲非禮。我朝法宮嚴閟，義重羹墻，壽皇殿之制，高矗景山，近通陟降，實仿太廟而約之。歲時內謁告虔，著爲成憲。舊址在景山東北隅，其建置緣起，詳見高宗純皇帝聖製《重建壽皇殿碑文》。兹依前編，備陳規制，以見旅楹松桷，允叶寢成孔安之頌焉。至饗祀諸儀，分載典禮門。【略】

乾隆十五年五月初十日，內閣奉諭旨：壽皇殿恭奉皇祖聖祖仁皇帝、皇考世宗憲皇帝聖容，朕以時躬詣行禮，愾聞優見，得申逮事之忱。仰惟太祖、太宗、世祖聖容，列后聖容，向於體仁閣函奉尊藏，未獲修歲時展謁之禮。粵稽前代安奉神御，或於宮中別殿，或於寺觀淨宇，本無定所，國家緣情立制，宜極明備周詳。敬念列祖創垂，顯承斯在，永懷先澤，瞻仰長新。式衷廟祫之儀，期協家庭之制，應即於壽皇殿增修丹腹，恭迎列祖列后聖容，敬謹奉安於，歲朝合請懸供，肅將祼獻，以昭誠愨。所有應行典禮，著內閣大學士會同內務府王大臣等詳悉具議以聞。

嘉慶四年九月，皇上恭奉高宗純皇帝御容敬安殿內，詳載典禮門饗祀儀。殿內中龕匾曰"紹聞衣德"，左龕匾曰"對越在天"，皆高宗純皇帝御筆。右龕匾曰"同天光被"，皇上御書也。殿後東北曰集祥閣，西北曰興慶閣。殿東爲永思門，門內爲永思殿。殿西暖閣，高宗純皇帝御筆聯曰："一氣感通昭陟降，萬年嗣服式儀型。"東暖閣樓上聯曰："祖德思無逸，天心格有孚。"樓下聯曰："萬年家法式，永衣德言聞。"北壁聯曰："每懷肯堂構，即境見羹墻"，聖祖仁皇帝御筆也。又東爲觀德殿，嘉慶四年奉安高宗純皇帝梓宮於殿內，九月移奉裕陵。殿中聖祖仁皇帝御筆匾曰"正大光明"，聯曰："琴韻聲清，松窗滴露依蟲響；書帷衣永，蘿壁含風動月華。"再東爲護國忠義廟，範關帝立馬像，聖祖仁皇帝御筆匾曰"忠義"。

劉錦藻《清續文獻通考》卷一六五《宗廟考七·壽皇殿》

臣謹案：壽皇殿向在景山東北，恭奉聖祖御容。乾隆十三年移建正中。御製碑記曰：安佑視壽皇之義，壽皇視安佑之制。鬱蔥輪奐，篤祜萬年。每遇聖誕、忌辰、元旦、令節，親詣瞻拜，色笑如親，蓋密邇紫宸，用伸孺慕，夫豈漢室原廟之制、宋代神御之奉所得比隆哉！

嘉慶元年正月朔，上侍太上皇帝詣壽皇殿行禮。十二月，太上皇帝敕諭內閣：雍正年間，於養心殿東佛堂佛龕之右，供奉聖祖仁皇帝、孝恭仁皇后神位。原以廟享歲有常期，而宮闈近地方可以朝夕頂禮，以抒思慕之誠，是以朕登極後即遵照成法，亦於右次添供皇考世宗憲皇帝神牌，丁酉年復供奉孝聖憲皇后神牌於一龕。此係皇考不匱孝思之所創設，我子孫自當永遠遵守，但歷代久遠，而神龕有一定位數，萬萬年之後，嗣皇帝自當照此一例供奉。因思養心殿之西佛堂見供之佛，將來朕移居寧壽宮之養性殿時，自應移於養性殿之西配殿。見在養心殿之西配殿，當照此東佛堂一律造龕。將來萬萬年後，中間佛龕之左右，朕及子孫皆可依次安設神牌，俟傳至朕元孫萬年後，再將東佛堂聖祖牌位移於壽皇殿，從此世代遞祧，依次移供，可以奉爲世守。我國家億萬斯年，代代相承，雲仍衍慶，瓜瓞綿延，爲亘古所未有。至壽皇殿中龕，係於雍正年間供奉聖祖仁皇帝聖容，左龕係乾隆初年供奉皇考世宗憲皇帝聖容，將來朕萬萬年後當在右龕。敬思聖祖仁皇帝踐阼六十餘年，深仁厚澤超越史冊，皇考世宗憲皇帝勵精圖治，綱紀肅清，且壽皇殿及養心殿供奉聖容神牌皆係皇考遺制。朕仰荷天恩，纘承聖祖皇考貽緒，自登極以來於今六十餘年，開疆闢土，敬天勤民，自維功德，勉紹前徽，萬萬年後，聖祖皇考及朕均當在不遷之列。將來壽皇殿九龕供滿時，當由朕以下爲始，以次遞祧。所有圓明園安佑宮、熱河永佑寺均當照此一律供奉，以昭法守而示來茲。此係朕偶爾思及，豫爲指示，若果能仰荷上蒼眷佑，衍祚龐洪，實我國家無疆之慶，此朕之期望而不敢必者。我子孫當敬體此意，祈天永命，庶幾上邀昊眷克符斯願耳。

四年諭：嘉慶元年十二月，內先經欽奉皇考高宗純皇帝敕旨：雍正年，間於養心殿東佛堂佛龕之右供奉聖祖仁皇帝、孝恭仁皇后神位，是以朕遵照成法，亦於右次添供皇考世宗憲皇帝、孝聖憲皇后神牌於一龕。萬萬年之後，嗣皇帝自當照此一例供奉。因思養心殿西佛堂見供之佛，將來朕移居寧壽宮之養性殿時，應移於養性殿之西配殿。見在養性殿之西配殿，照查佛堂一律造龕，將來萬萬年後，中間佛龕之左右依次安設神牌，俟傳至朕元孫萬年後，再將東佛堂聖祖牌位移於壽皇殿等因。欽此。嗣於嘉慶二年十一月初六日，朕又面奉敕旨：將來萬萬年後，應敬將聖祖仁皇帝、孝恭仁皇后神牌移供壽皇殿，再敬將世宗憲皇帝、孝聖憲皇后神牌移供於西龕之東。嗣皇帝敬奉考妣神牌供奉於西龕之西。欽此。朕祗領面訓，謹志勿忘。今欽遵嘉慶二年續奉敕旨，應敬將聖祖仁皇帝、孝恭仁皇后神牌移奉於壽皇殿，世宗憲皇帝、孝聖憲皇后神牌移奉於西龕之東，即祗造皇考高宗純皇帝、皇妣孝儀純皇后神牌，涓吉供奉於西龕之西。用昭妥侑，所有一切派員、移奉各事宜著該衙門敬謹豫備，其圓明園安佑宮亦敬謹照此恭移安奉。

臣謹案：壽皇殿之旁爲永思殿，即列聖苦廬地。恩佑寺在暢春園。雍正三年四月，建安佑宮在圓明園。乾隆五年四月，建永佑寺在熱河避暑山莊。乾隆十五年，建恩慕寺在暢春園。乾隆四十二年冬，建非侈游觀也，惟聖人爲能享親宮中苑中，亦隨時隨地致其永言惟則之思耳。

宣統二年，監國攝政王面奉隆裕皇太后懿旨：明年二十七月除服後，養心殿東佛堂應恭供奉孝欽顯皇后神牌、穆宗毅皇帝神牌、孝哲毅皇后神牌、德宗景皇帝神牌，著造辦處查照成案，敬謹恭製。其一切應行恭辦事宜，并著該衙門屆時查照成案，敬謹辦理。

（二）建築規制

（清）鄂尔泰等《國朝宮史》卷一四《宮殿四·景山》

神武門之北，過橋爲景山。山之前爲北上門。門左右向北，長廡各五十楹，其西爲教習內務府子弟讀書處。東門曰"山左裏門"，西門曰"山右裏門"。北上門之內爲景山門。內爲綺望樓，樓後即景山也。山周二里餘，有峰五，中峰高十一丈六尺，左右峰各高七丈一尺。又次左右峰各高四丈五尺。峰各有亭，踞其巔中曰"萬春"，左曰"觀妙"，又左曰"周賞"，右曰"輯芳"，又右曰"富覽"，俱乾隆十六年建。山後爲壽皇殿。殿舊爲室三，居景山東北，乾隆十四年上命所司重建。南臨景山中峰，正中寶坊一，前榜曰"顯承無斁"，後曰"昭假惟馨"。左右寶坊二，左之前榜曰"紹聞祗遹"，後曰"繼序其皇"。右之前榜曰"世德作求"，後曰"舊典時式"。北爲磚城門三，門前石獅二，門內戟門五楹，大殿九室，規制仿太廟。左右山殿三楹，東西配殿五楹，碑井亭各二，神厨、神庫各五。既落成，敬奉聖祖仁皇帝、世宗憲皇帝御容，皇上歲時瞻禮於此，并自體仁閣恭迎太祖高皇帝、太宗文皇帝、世祖章皇帝暨列后聖容，敬謹尊藏殿內，歲朝則展奉合祀，肅將祼獻，以昭誠愨云。

（清）張廷玉等《清文獻通考》卷一一八《宗廟考一二·壽皇殿》

（乾隆）十三年三月，命重建壽皇殿。是月丁未，諭內務府移建壽皇殿於正中，照安佑宮款式，尋呈樣覽定，擇吉興工經營於己巳孟春，以是冬告成。大殿九室；戟門一座，五間；配殿二，各五間；碑亭二；神厨庫二，各五間；焚帛爐二；井亭二，四柱九樓；寶坊三；正中寶坊匾額南面"顯承無斁"四字，北面"昭格惟馨"四字；東寶坊匾額東面"紹聞祗遹"四字，西面"繼序其皇"四字；西寶坊匾額西面"世德作求"四字，東面"舊典時式"四字。月臺一，石碑二，石獅二，磚城門三，琉璃花門六，直房二，各七間。嗣又贈建大殿東西歇山耳殿二，各三門。《御製重建壽皇殿碑記》：予小子既敬循壽皇殿之例，建安佑宮於圓明園，以奉皇祖、皇考神御。重垣廣墀，戟門九室，規模略備，而歲時朔望，來禮壽皇，聿瞻殿宇，歲久丹腆弗煥，且爲室僅三，較安佑翻遜巨麗，予心歉焉。蓋壽皇在景山東北，本明季游幸之地，皇祖常視射較士於此。我皇考因以奉神御，初未擇山向之正偏，合閟宮之法度也。乃命奉宸發內帑，鳩工庀材，中峰正午，磚城戟門，明堂九室，一仿太廟而約之。蓋安佑視壽皇之義，壽皇視安佑之制，于是宮中苑中皆有獻新追永之地，可以抒忱，可以觀德，傳不云乎？歌於斯，哭於斯，則壽皇實近法宮律安佑爲尤重。若夫敬奉神御之義，則見於《安佑宮碑記》，茲不復述。惟述重建本意及興工始末歲月，蓋經營於己巳孟春，而落成於季冬上澣之吉日云。敬作頌曰："惟堯巍巍，惟舜重華，祖考則之。不競不絿，仁漸義摩，祖考式之。弘仁皇仁，明憲帝憲，小子職之。是繼是繩，曰明曰旦，小子惡之。天游雲殂，春露秋霜，予心惻之。考奉祖御，于是壽皇，予仍即之。制廣向正，爰經爰營，工勿亟之。陟降依憑，居歆攸寧，羹墻得之。佑我後嗣，綿禩於萬，匪萬億之。觀德於兹，無然畔援，永欽識之。"乾隆十有四年歲在己巳冬十有二月之吉，孫臣御名敬製并書。碑陰恭刊乾隆十五年五月初十日上諭一道。

（清）昆岡等《大清會典圖》卷九《禮九・祀典九・壽皇殿圖》

壽皇殿在神武門内景山正中，南對景山，一仿太廟制，而約之朱門丹雘，繚以重垣。制方，外琉璃磚門三間，左右門各一。内戟門一座五間，崇基石欄，前後均三出陛，中爲螭陛，各九級。左右門各一，均南向。大殿九室，南向，重檐；外爲行廊，前爲月臺，臺上銅爐，四周以石欄，正南三出陛，中爲螭陛，各十二級；東西各一出陛，均十二級。東西廡各五間，東西向，階各八級。東西耳殿各三間，東爲衍慶殿，西爲綿禧殿，均南向。又左右碑亭二，又焚帛黄色琉璃燎爐二。戟門外階下左右銅獅各一；東爲神庫，五間，西向；西爲神厨，五間，東向；左右井亭各一。磚門外左右石獅各一，四柱九樓寶坊三，南一居中，東西各一。左右列磚門，前爲甬道，東達景山東門，西達景山西門，又南東西各達景山正門。

二、祭祀制度

（一）祭祀器用

（清）張廷玉等《清文獻通考》卷一一八《宗廟考一二》

雍正元年四月甲子，世宗憲皇帝恭奉聖祖仁皇帝御容於壽皇殿中殿。【略】于是，定壽皇殿每日香燈供獻：供淨水九碗、諸色米九碗、紅花水九碗、香九碗、乾果九碗、茶九碗、密果九碗、乳餅九碗、絹花九碗。每月朔望更换，每日獻餑餑案一，每月朔望供重十兩茜、紅白蠟一對。

（乾隆）十五年七月定壽皇殿祭聖容禮。【略】大祭之日，如奉先殿前殿朔望獻瓷器、籩豆、供品致祭。每歲除夕，内監詣壽皇殿恭請列祖列后聖容恭懸，每案供乾鮮果品十二，羊豕肉二，清醬一碟，酒三爵，上香行禮。元旦大祭，獻瓷器、籩豆、供品，上香行禮，作樂，獻帛爵，不樂舞，不讀祝。初二日如除夕供，上香行禮畢，恭收聖容即殿尊藏。元旦，皇上詣堂子、奏奉先殿行禮畢，詣壽皇殿，王公隨行禮。内務府前期請除夕、初二日俱令皇子輪班行禮。掌儀司前期請樂章，用奉先殿前殿朔望樂章。掌儀司太監預習歲除、元旦、初二日既供獻果品、籩豆，其年例宴，餑餑不必復供。上元節每日供餑餑如常儀。歲秋季開晾聖容，飭宮殿，監督領侍等預派内監敬謹執事。祭日，司香、司帛、司爵陳設祭品、樂器，内監執事如儀。贊禮、典儀、司樂、掌儀司、贊禮郎執事如儀。十二月十八日，恭繪列祖聖容成，大祭壽皇殿，皇上親詣行禮。

（清）昆岡等《大清會典圖》卷九《禮九·祀典九》

壽皇殿大殿中間懸供聖祖仁皇帝聖容，東間懸供世宗憲皇帝聖容，西間懸供高宗純皇帝聖容，東次間懸供仁宗睿皇帝聖容，西次間懸供宣宗成皇帝聖容，東又次間懸供文宗顯皇帝聖容，西又次間懸供穆宗毅皇帝聖容。凡七龕，南向，皆常懸供奉，龕前設通連窗槅一層。每歲除日於窗槅外設插屏七座，南向，恭請列聖列后聖容恭懸，於正月初二日恭收尊藏。太祖高皇帝聖容居中；東一座恭懸太宗文皇帝聖容居中，孝莊文皇后聖容居左；西一座恭懸世祖章皇帝聖容居中，孝惠章皇后聖容居左，孝康章皇后聖容居右；東次座恭懸聖祖仁皇帝聖容居中，孝誠仁皇后聖容居左，孝恭仁皇居聖容居右；西次座恭懸世宗憲皇帝聖容居中，孝敬憲皇后聖容居左，孝聖憲皇后聖容居右；東又次座恭懸高宗純皇帝聖容居中，孝憲純皇后聖容居左，孝儀純皇后聖容居右；西又次座恭懸仁宗睿皇帝聖容居中，孝淑睿皇后聖容居左，孝和睿皇后聖容居右；東側一座西向恭懸宣宗成皇帝聖容居中，孝穆成皇后聖容居左，孝全成皇后聖容居右；西側一座東向恭懸文宗顯皇帝聖容居中，孝德顯皇后聖容居左；東側二座西向恭懸穆宗毅皇帝聖容居中，孝哲毅皇后聖容居左。每歲元旦，皇帝親詣行大祭禮，殿門內正中爲皇帝拜位，北向。贊引、對引各一人東西面；後扈大臣僉立於皇帝拜位後左右；前引大臣立月臺上；左右典儀一人立東檐下，西面；月臺上東西爲王、貝勒、貝子、公隨行禮拜位。司香、司帛、司爵、司拜褥，皆用太監。樂章用奉先殿前殿朔望樂章，以掌儀司太監肄習樂懸，陳於月臺上東西，作樂，不樂舞，不讀祝，不用侍儀官，不用陪祀百官。若遣王恭代，拜位在月臺上正中，贊引、對引、典儀及司香、司帛、司爵、作樂均如儀，惟不用司拜褥，不用王、貝勒、貝子、公隨行禮。其每歲除日恭懸聖容，正月初二日恭收聖容。遣皇子致祭，惟用贊引、對引官導詣聖容前，三上香後退至月臺上正中，行禮畢即出，不用司帛、司爵，不作樂。

（清）昆岡等《大清會典圖》卷九《禮九·祀典九·壽皇殿陳設圖》

壽皇殿元旦大祭，聖后同一案，每座各供酒三爵、七箸具；每案飯四盤：一黍、一稷、一稻、一粟；羊脯和羹一碗；白餅、黑餅、糗餅、粉餈、酏食、糝食、槀魚、鹿脯、形鹽、豕肉、鹿肉、兔醢、鯉魚、脾析、豚拍、菁菹、芹菹、韭菹、笋菹、榛、菱、芡、棗、荔支各一盤；筐一、爐一、燭臺二，不用牲俎。其歲除日恭懸聖容，正月初二日恭收聖容，一如奉先殿後殿節令果品供例。

（二）祭祀禮儀

《世宗憲皇帝實錄》卷四"雍正元年二月"條

己巳，恭上聖祖仁皇帝尊諡。先期，禮部具儀注題奏。上曰：爾部所奏閱冊寶儀注內，并未議及朕躬行禮之處。凡閱壇廟祝帛，悉皆行禮。今閱聖祖仁皇帝冊寶亦當行禮爲是。禮部隨遵旨議定：凡閱壇廟祝帛，皇上并皆行禮。今閱册寶，亦應照閱祝帛儀，行一跪三叩頭禮。得旨。是日，設册寶案於太和門正中。大學士二員恭捧香册、香寶，安奉案上，行一跪三叩頭禮。畢，禮部奏請皇上升太和門，視册寶。上素服乘輿出宮，至太和門後階下，即降輿，步出太和門東門，望見册寶，即悲感涕泣。閱畢，行三跪九叩頭禮。大學士恭捧册寶，由正中階下，奉安各彩亭内。前列御仗，出協和門，彩亭啓行後，上方回駕。預詣壽皇殿恭候。是日，大行皇帝鹵簿全設於壽皇殿大門外，彩亭由景山東門入，大學士恭捧册寶由中門中路入。殿中槅扇奉安於東邊案上。上從大門中門入，進殿東，就拜位，行三跪九叩頭禮。大學士恭捧香册箱跪獻，上受册，供獻，畢，授左邊禮部大臣跪接，恭安册案上。大學士恭捧香寶盝跪獻，上受寶，供獻，畢，授右邊禮部大臣跪接，恭安寶案上。典儀官奏宣册宣寶，隨捧絹册絹寶，宣畢，上行三跪九叩頭禮。奠帛，獻爵，亞獻，終獻畢，上行三跪九叩頭禮，恭奉祝帛、絹册、絹寶詣燎位。贊禮官奏禮畢，上趨至几筵前，跪撫寶榻，呼號大慟。左右無不悲感，以各有執事，不敢進勸。捧册寶大學士二人進前哀懇，良久，上方出。及乘輿，猶涕泣不止。供獻時，上高捧頂戴於首，備極恭敬，自初閱册寶，至於畢事，思功德之隆盛，感神人之禮隔，哀慟失聲，涕泗交頤。駿奔左右者，咸感動悲切，幾不能持。因大禮攸關，皆勉强抑制，以襄巨典。册文曰：源遠流長，寶曆綿延於萬葉；功高德盛，鴻名炳耀於億年。參覆載以成能，亘古今而立極。光垂寶册，典重彝章。恭惟皇考大行皇帝，智勇表邦，寬洪錫福。統天作則，符大德之好生；法祖綏猷，繼顯謨而垂裕。溯自乾綱始握，暨夫泰運宏開，推上理之化成，以至仁爲治本。勤勞幾務，皆緣利濟蒼黔；愛惜人才，總爲輯寧區寓。泹法宮而問夜，民隱周知；御鑾輅以省方，輿情畢慰。導黃流於淮海，悉本宸衷；輓紅粟於東南，用寬物力。無一夫之不獲，致比屋之可封。萬象如春，媲美三皇之世；百祥從善，凝和四德之元。尊號宜崇，惟仁克允。若乃時際守，成功同開創。我皇考膺圖受籙，纘緒重光，文治休明，威靈赫濯。值三藩之叛逆，命諸將以誅鋤。攘元裔之跳梁，擣其巢穴；滌臺灣之氛祲，隸我版圖。喀爾喀窮蹙來歸，綏閫部而享安全之樂；噶爾丹凶頑不戢，統六師而彰掃蕩之勳。惟彼策妄阿喇布坦者，潛蹤遠竄，負固弗庭。禁旅長驅，露布捷馳於北闕；天威遠震，御碑屹立於西藩。光列聖相繼之謨猷，拓自古未通之疆土。式遵彝典，載考詩書。《禹謨》以帝堯爲聖君，《商頌》以成湯爲烈祖。德無不備，必稱聖而始該；功有獨隆，非稱祖其曷副。予小子寅紹丕基，仰承鴻業，莫罄顯揚之悃，僉詢朝野之公。謹奉册寶，恭上尊謚曰合天弘運文武睿哲恭儉寬裕孝敬誠信功德大成仁皇帝，廟號曰聖祖。萬年有赫，百代彌尊，伏冀天慈，俯垂鑒格。謹言。"寶文曰："聖祖合天弘運文武睿哲恭儉寬裕孝敬誠信功德大成仁皇帝之寶"。

《世宗憲皇帝實錄》卷一〇 "雍正元年八月" 條

己未，恭上大行皇太后尊謚。上素服，率諸王大臣文武官員詣壽皇殿大行皇太后梓宮前，躬獻冊寶，致祭行禮。

（清）鄂尔泰等《國朝宮史》卷六《典禮二·禮儀中·壽皇殿饗祀儀》

乾隆十五年五月初十日，内閣奉上諭：壽皇殿恭奉皇祖聖祖仁皇帝、皇考世宗憲皇帝聖容，朕以時躬詣行禮，愾聞僾見，得申逮事之忱。仰惟太祖、太宗、世祖聖容，列后聖容，向於體仁閣函奉尊藏，未獲修歲時展謁之禮。粵稽前代安奉神御，或於宮中別殿，或於寺觀净宇，本無定所。國家緣情立制，宜極明備周詳。敬念列祖創垂，顯承斯在。永懷先澤，瞻仰長新。式衷廟祫之儀，期協家庭之制。應即於壽皇殿贈修丹臒，恭迎列祖列后聖容，敬謹奉安，於歲朝合請懸供，肅將祼獻，以昭誠愨。欽此。隨經王大臣等議定，每歲除夕，内監詣壽皇殿恭請列祖列后聖容恭懸。每案陳設乾鮮果品十二，羊、豕肉各一，醬一，酒三爵，上香行禮。元旦大祭，獻瓷器籩豆供品，上香行禮。作樂，獻帛、爵，不樂舞，不讀祝。初二日如除夕供。上香行禮畢，恭奉聖容即殿尊藏。元旦，皇帝詣堂子、奉先殿行禮畢，詣壽皇殿，王公隨行禮。内務府前期請。除夕、初二日，俱令皇子輪班行禮，掌儀司前期請。樂章與奉先殿前殿朔望樂同，掌儀司太監預習。上元節，每日供餅餌如常儀。歲秋季展聖容，飭宮殿監預派内監敬謹執事。祭日，司香、司帛、司爵陳設祭品、樂器，内監執事如儀。贊禮、典儀、司樂、掌儀司贊禮郎執事如儀。

謹按：乾隆十五年大工落成。十二月十八日，恭繪列朝聖容成，大祭壽皇殿，皇帝親詣行禮。是日昧爽，皇帝御龍袍袞服，乘輿，前引、後扈如常儀。至壽皇殿磚城門外降輿，隨從大臣、侍衛於門外立。前引、贊引、對引大臣恭導皇帝入門，内監跪奉盥帨巾如儀。盥畢，司拜褥太監設拜褥於殿門内正中，贊引、對引恭導皇帝入殿之左門，就拜位前，北向立。前引大臣止，立殿門外，後扈大臣隨入，斂立皇帝拜位後左右，隨行禮。王公由磚城左右門入，至丹陛東西傍序立，北面。典儀贊、樂舞生登歌，執事官共乃職。贊禮奏"就位"，皇帝就位，立。典儀贊"迎神"，司香太監奉香盤以次進至各案前祗俟。司樂贊"舉迎神樂"，奏《貽平之章》。樂章見奉先殿饗祀儀，下仿此。樂作，贊引奏"就上香位"，暨對引恭導皇帝詣太祖高皇帝聖容香案前，司香跪。贊引奏"跪"，皇帝跪。奏"上香"，司香進香，皇帝上柱香一，瓣香三，興。以次詣列聖聖容香案前上香，如前儀。畢，贊引、對引恭導皇帝至正中前立，司香跪進大紅香，皇帝恭奉大紅香供獻香爐。畢，贊引奏"旋位"，皇帝旋位，立。奏"跪、叩、興"，皇帝行三跪九叩禮，王公均隨行禮。興，樂止。典儀贊"奠帛、爵，行初獻禮"，司樂贊"舉初獻樂"，奏《敉平之章》。樂作，有司揭尊幂，勺挹酒實爵。司帛、司爵太監奉帛、爵以次至各聖容前，司帛跪獻篚奠於案，三叩，興。司爵立獻爵，陳於案中。各退，樂止。典儀贊"行亞獻禮"，司樂贊"舉亞獻樂"，奏《敷平之章》。樂作，司爵奉爵詣各聖容前獻爵於左，儀如初獻。樂止，典儀贊"行終獻禮"，司樂贊"舉終獻樂"，奏《紹平之章》。樂作，司爵奉爵詣各聖容前獻爵於右，儀如亞獻。樂止，典儀贊"徹饌"，司樂贊"舉徹饌樂"，奏《光平之章》。樂作，徹畢，樂止。贊禮郎一人進前北面跪奏"禮畢"，請神還宮，三叩，退。司樂贊"舉還宮樂"，奏《乂平之章》。樂作，贊引奏"跪、叩、興"，皇帝行三跪九叩禮，興。樂止，典儀贊"奉香帛送燎"，司帛詣各聖容前跪，三叩，奉帛，興。司香奉香，以次恭送燎所。皇帝轉立拜位東旁，西向。司拜褥太監徹拜褥。王公亦稍後東立，西向。俟香帛過仍布拜褥。皇帝旋位，立。樂復作，焚香帛。贊禮郎數帛，贊引奏"禮成"，暨對引恭導皇帝出殿左門，降階出磚城門，升輿還宮。導從如來儀。王公等隨出。

（清）鄂尔泰等《國朝宮史》卷二一《官制二·額數職掌·壽皇殿》

首領一名，八品侍監。每月銀四兩，米四斛，公費銀七錢三分三厘。

太監四名，每月銀二兩，米一斛半，公費銀六錢六分六厘。專司供奉御容前香燭、灑掃、坐更等事。

（清）張廷玉等《清文獻通考》卷一一八《宗廟考一二·壽皇殿》

十二月十八日，恭繪列祖聖容成，大祭壽皇殿，皇上親詣行禮。

是日，親詣儀：卯正初刻，內務府大臣奏時，皇帝御龍袍補服乘輿，前引後扈如常儀。出神武門，由北門上景山東門，至壽皇殿磚圈門外耤棕薦處降輿。隨從大臣侍衛於磚圈門外，立。前引大臣，次贊引大臣、對引大臣恭導皇帝入磚圈門。內監跪奉盥盤帨巾如儀。盥畢，司拜褥太監預布於殿門內正中、贊引、對引恭導皇帝升月臺，入殿左門，就拜位前，北向立。前引大臣止，立月臺上。後扈大臣隨入，斂立於皇帝拜位後。左右隨行禮王公入磚圈門之翼門，於月臺東西旁序立，北面。典儀贊樂舞生登歌，執事官各共乃職。贊禮奏就位，皇帝就位立。典儀贊迎神，司香太監奉香盤以次進，至各案前祗俟。司樂贊舉迎神樂，奏《貽平之章》。樂辭與太廟時享儀同。後仿此。樂作，贊引奏詣香案前，暨對引恭導皇帝詣太祖高皇帝聖容香案前，司香跪。贊引奏跪，皇帝跪。奏上香，司香進香，皇帝上柱香三，上瓣香，興。贊引、對引恭導皇帝詣太宗文皇帝、世祖章皇帝、聖祖仁皇帝、世宗憲皇帝聖容香案前，上香如前儀，畢。贊引、對引恭導皇帝至正中前，立。司香跪，進大紅香，皇帝恭奉大紅香供獻香爐畢。贊引奏復位，皇帝復位，立。贊引奏跪叩興，皇帝行三跪九拜禮，王公均隨行禮。樂止，典儀贊奠帛爵，行初獻禮。司樂贊舉初獻樂，奏《秡平之章》。樂作，有司揭尊羃勺，挹酒實爵，司帛、司爵太監奉帛爵以次進至各聖容前。司帛跪獻篚，奠於案，三叩，興。司爵立獻爵，奠於墊中，各退，樂止。典儀贊行亞獻禮，司樂贊舉亞獻樂，奏《敷平之章》。樂作，司爵奉爵詣各聖容前獻爵於左，如初獻儀。樂止，典儀贊行終獻禮，司樂贊舉終獻樂，奏《紹平之章》。樂作，司爵奉爵詣各聖容前獻爵於右，如亞獻儀。樂止，典儀贊徹饌，司樂贊舉徹饌樂，奏《光平之章》。樂作，徹畢，樂止。贊禮郎一人進前，北面，跪奏禮畢，請還宮，三叩，退。司樂贊舉還宮樂，奏《乂平之章》。樂作，贊引奏跪拜興，皇帝行三跪九拜禮，興，樂止。典儀贊奉香帛送燎，司帛詣各聖容前跪，三叩，奉帛，興。司香奉香以次恭送燎所，樂作，贊引、對引恭導皇帝轉立拜位東旁，西向。司拜褥太監撤拜褥，王公亦稍後，東立，西向，俟香帛過，仍布拜褥。皇帝復位，立，焚香帛。贊禮郎數帛，贊引奏禮成，暨對引恭導皇帝出殿左門，降月臺，出磚圈門，升輿，還宮。王公等隨出。

遣王恭代儀：屆期卯刻，王蟒袍補服。贊引官、對引官導王由磚圈門戟門西旁門入，於月臺西階稍後立。典儀贊樂舞生就位。執事官各供乃職。贊引贊就位，王就位。典儀贊迎神，司香太監奉香盤以次進至各案前祗俟。司樂贊舉迎神樂，奏《貽平之章》。樂作，贊禮贊詣香案前，暨對引導王入殿西門，詣太祖高皇帝聖容香案前，司香跪，贊引贊跪，王跪。贊上香，司香進香，王上柱香三，上瓣香畢，興。贊引對引導王詣太宗文皇帝、世祖章皇帝、聖祖仁皇帝、世宗憲皇帝聖容香案前，上香如前儀。畢，贊引贊復位，王復位。贊引贊跪叩興，王行三跪九叩禮，興，樂止。典儀贊奠帛爵，行初獻禮。司樂贊舉初獻樂，奏《敉平之章》，樂作，司帛司爵太監奉帛爵以次進至各聖容前，司帛跪獻篚奠於案，三叩，興。司爵立獻爵，奠於墊中，各退，樂止。典儀贊行亞獻禮，司樂贊舉亞獻樂，奏《敷平之章》。樂作，司爵奉爵詣各聖容前獻爵於左，如初獻儀。樂止，典儀贊行終獻禮，司樂贊舉終獻樂，奏《紹平之章》。樂作，司爵奉爵詣各聖容前獻爵於右，如亞獻儀。樂止，典儀贊徹饌，司樂贊舉徹饌樂，奏《光平之章》。樂作，贊禮官一員進前，北面跪。贊禮畢，請還宮，三叩，退。司樂贊舉還宮樂，奏《乂平之章》。樂作，贊引贊跪叩興，王行三跪九叩禮，興，樂止。典儀贊奉香帛送燎，司帛詣各聖容前跪，三叩，奉帛，興。司香奉香以次送燎所，贊引、對引導王於西旁立，俟香帛過，王復位，立。焚香帛，贊禮郎數帛，贊引贊行禮畢，導王由原入門出。每歲除恭懸聖容，正月初二日恭收聖容。

遣皇子致祭儀：是日，皇子蟒袍補服，贊引官、對引官由磚圈門西旁門導皇子入戟門西旁門，升月臺西階，入殿西門，詣太祖高皇帝聖容香案前，贊禮不贊。皇子跪上瓚香三次。畢，導詣太宗文皇帝、世祖章皇帝、聖祖仁皇帝、世宗憲皇帝聖容香案前，各跪上瓚香三次，畢。導皇子由原入門出，於月臺上行三跪九叩禮。畢，贊引、對引導皇子由原入門出。

（清）允祹等《大清會典則例》卷八五《禮部・祠祭清吏司・喪禮一上》

世祖章皇帝大喪禮：順治十八年正月初七日，世祖章皇帝崩。【略】

（二月）初二日，奉移梓宮至景山壽皇殿。是日，鹵簿大駕全設。奉移時，祭酒三爵，經過門橋皆祭酒，焚楮錢。三旗侍衛舁轝出宮，舁轝夫校分設八班，首班、末班以鑾儀衛校尉八十人，餘班每班八十人，選五城民夫，給以衣履，令其澡沐，服紅綢團花遮衣，戴插黃翎氈帽。又以民公侯伯一等侍衛以下，參領輕車都尉以上，給事中御史郎中以下，員外郎等官以上，每班八人管轄，鑾儀衛官四人更番指示進退。舁丹旐每班三十二人，以部院官四人、內府官四人管轄。王以下，奉恩將軍以上，內大臣侍衛在乾清門外按翼序立，候靈駕至，跪舉哀，候過，隨行。覺羅民公侯伯以下滿漢文武各官在東華門外按翼齊集，候靈駕至，跪舉哀，候過，各按旗排列隨行。將至景山時，王以下、男以上先趨進至門內，其餘文武各官先趨至門外，按翼序立。公主福晉以下，縣君奉恩將軍恭人以上，都統內大臣尚書子等命婦咸於門內，副都統侍郎命婦以下，佐領三等侍衛命婦宗室女以上在門外，按翼序立，候靈駕至，皆跪。舉哀，候過。聖祖仁皇帝恭隨靈駕，步行號泣，王以下滿漢文武官員伏地悲慟。既至壽皇殿，奉安梓宮，設几筵，聖祖仁皇帝祭酒三爵，每一祭酒一叩，後同。哀戀不已。太皇太后再三慰諭始還宮，眾皆退，乃焚丹旐楮錢。【略】

五月，恭奉世祖章皇帝寶位移送孝陵。【略】

是日早，鹵簿全設。公主福晉以下，縣君、奉恩將軍恭人、副都統侍郎男命婦以上，在壽皇殿前分翼齊集。侍衛、文武四品官以上命婦在景山東門外齊集。王以下、奉恩將軍以上內大臣侍衛在壽皇殿大門外分翼齊集。香冊寶先設輿內，恭設靈輿於階上正中，舁以校尉十六人。屆時，聖祖仁皇帝祭酒哀慟，悲不自勝，眾隨行。禮畢。輔臣恭奉寶位奉安輿內，靈輿在前，冊寶輿在後。靈輿啓行時，聖祖仁皇帝攀號悲泣，候過，諸王大臣侍衛按次隨行，不往送之。公侯伯以下滿漢文武各官於東安門外齊集，候靈輿將至，皆跪舉哀，候過，隨行出土城關方回，往送之。王以下公侯伯、滿漢文武各官於土城關外大路兩旁序立，候靈輿將至，皆跪舉哀，候過隨行，經過門橋均祭酒焚楮錢。每至宿次奉靈輿於黃幄內；每夕奠獻，親王祭酒三爵。每晨，親王祭酒三爵。其朝夕奠獻時，諸王貝勒內大臣侍衛等進木城內，各官在木城外序立舉哀。沿塗百里內，地方文武官皆素服在道右，跪迎舉哀候過。至陵日奠獻，與在塗同。次日，王以下各官齊集奠獻祭酒，一跪三叩，立舉哀。徹饌畢，各退。是日，王以下各官皆回京。

六月，行安葬地宮禮。

聖祖仁皇帝大喪儀：康熙六十一年十一月十三日，聖祖仁皇帝崩。【略】

（十二月）初五日，行初祭禮。陳羊酒祭筵，各祭物如數。設大行皇帝冠服於几筵，設鹵簿大駕於壽皇殿門外。和碩親王以下，內大臣、大學士、侍衛等民公侯伯侍郎以上，在壽皇殿大門外分翼排立。四品官以下，有頂帶官員以上，在景山東門外分翼序立。近支王等、福晉公主等在壽皇殿內，諸王福晉以下一品夫人以上在壽皇殿大門內西墻外，三旗官員命婦等在壽皇殿大門外西角，各序立。設饌案於壽皇殿中，排列隨饌筵於丹陛左右，設祭文黃案於西檐下。是日早，禮部尚書恭奉祭文由大門中門入，奉安於西檐下案上。至時，奏請世宗憲皇帝詣几筵前舉哀，視陳祭饌，親上食，畢。執事官進奠几於正中，讀祝官奉祭文跪，禮部堂官二人左右跪，展祭文，世宗憲皇帝跪，眾隨跪哀，暫止，讀文，畢，舉哀。讀祝官奉祭文復於案，退。世宗憲皇帝祭酒三爵，每祭，行一拜禮，眾隨行禮，復位，乃徹祭饌。讀祝官恭奉祭文，禮部堂官前導，送燎位於左旁立。內監等恭舉大行皇帝冠服由中門出，自丹陛起，內大臣十人恭導，由壽皇殿大門之中門出。王以下、大小官員以上，皆跪候過，隨行至燎位奉安，畢，遣官祭酒三爵，跪叩時，眾隨行。禮畢，各退。【略】

（雍正元年二月）十九日，恭上聖祖仁皇帝尊諡廟號。【略】前期三日齋戒。前期一日，遣官各一人祇告天地太廟後殿、奉先殿、社稷。至期，壽皇殿大門外陳設鹵簿大駕，几筵前點香燭，供果品十二盤，禮部太常寺官設冊案於香案左，設寶案於香案右，再設一案於東。鴻臚寺官設二案於太和門外階上正中，冊案在左，寶案在右。鑾儀衛官設采亭二於階下，冊亭在前，寶亭在後。禮部堂官二人豫奉絹冊寶奉安於采亭內。執事大臣官員在階下立，內閣大學士二人自內閣恭奉香冊寶奉安於各案上，行一跪三叩禮，退。執事官豫設拜褥於門之正中，禮部堂官奏請世宗憲皇帝素服乘輿出宮，至太和門北階下降輿，御太和門恭閱冊寶畢，就拜位，行一跪三拜禮，興，東次西向立，大學士二人詣冊寶案前各行一跪三叩禮，興，恭奉冊寶由中階降，奉安各采亭內，行一跪三叩禮，興。校尉昇亭前列黃蓋御仗啓行。禮部堂官奏禮成。世宗憲皇帝升輿，還宮。豫至殯殿倚廬恭候，奉冊寶大學士執事官員隨采亭後行。王以下入八分，公以上於協和門外按翼序立，候采亭至，跪候過隨行。民公侯伯以下、滿漢文武四品以上官豫集景山東門外，按翼序立，候采亭至，跪候過隨入。采亭由景山東門進至壽皇殿大門外御仗，采亭止，禮部堂官二人奉絹冊寶先入奉安於各案上，退。大學士二人詣各采亭前行一跪三叩禮，恭奉香冊寶。禮部堂官前引，奉冊大學士在前，奉寶大學士在後，由中門中路入殿中門，奉安於東案上，行一跪三叩禮，出立於東檐下。屆時禮部堂官奏請世宗憲皇帝升輿，至壽皇殿大門外降輿，贊引官二人恭導由大門左門入殿左門至正中，北向立，鴻臚寺官引王以下入八分，公以上由大門左右入，進至階下。民公侯伯以下、滿漢文武四品官以上在大門外，均按翼序立。典儀官唱，執事官各共乃職。贊引官奏就位，世宗憲皇帝就拜位立，奏跪拜興，世宗憲皇帝率群臣行三跪九拜禮，興。奏跪，世宗憲皇帝跪，眾皆跪。典儀官奏進冊，奉冊大學士詣冊案前，恭奉香冊箱由左旁跪進，世宗憲皇帝受冊拱獻，畢，授右旁禮部堂官，跪接，興，恭設於冊案上，行一跪三叩禮，退。奏進寶，大學士詣寶案前，恭奉香寶盝由左旁跪進，世宗憲皇帝受寶拱獻，畢，授右旁禮部堂官，跪接，興，恭設於寶案上，行一跪三叩禮，退。奏宣冊，宣冊官詣冊案前，跪奉絹冊出匣，宣畢。奏宣寶，宣寶官詣寶案前，跪奉絹寶出匣，宣畢，同盛入匣內，各行三叩禮，退。贊引官奏跪拜興，世宗憲皇帝行三跪九拜禮，王以下各官皆隨行禮，畢，乃行致祭禮，奠帛、讀祝、三獻爵均如儀，禮畢，奉冊寶官、奉祝帛官各奉冊寶祝帛以次由中門出，送詣燎位。贊引官恭導世宗憲皇帝至東旁立，俟冊寶祝帛過，復位立。鴻臚寺官引諸王大臣避於兩旁，贊引官奏禮成，恭導世宗憲皇帝出，升輿，還宮。眾官按翼從左右門出，各退。次日，頒詔天下。【略】

（雍正元年四月）十五日，恭奉聖祖仁皇帝御容於壽皇殿，凡平日圖書器用服御之物悉陳左右。自是，每逢朔望及四時節序，世宗憲皇帝必親詣行禮。

（雍正元年）十一月十三日，聖祖仁皇帝忌辰，世宗憲皇帝詣奉先殿行禮，辰時詣壽皇殿聖祖仁皇帝御容前行禮。

（清）慶桂等《國朝宮史續編》卷二七《典禮二一·祭祀二·壽皇殿饗祀儀》

臣等謹案：雍正年中，世宗憲皇帝始於景山恭建壽皇殿，奉安聖祖仁皇帝神御。乾隆元年，高宗純皇帝奉安世宗憲皇帝神御。殿址舊在景山東北。至十四年，乃移建於山向正中，明堂九室，規製清嚴。嘉慶四年，皇上繼序追虔，孝思維則，恭奉高宗純皇帝神御敬安壽皇殿，申羮墻之慕百世於以觀德焉。緬維太祖高皇帝、太宗文皇帝、世祖章皇帝暨列后胥有御容，向於體仁閣函奉尊藏，未修時祭。乾隆十五年，始合請於壽皇殿，序依昭穆，按室恭懸，每年祼獻如例。茲恭考乾隆四十二年，奉安孝聖憲皇后神御。嘉慶四年，奉安高宗純皇帝、孝賢純皇后、孝儀純皇后神御於壽皇殿，皇上躬行饗祀之禮，并恭錄乾隆五十七年聖製詩，用彰世德之隆，昭垂億祀。餘元旦、令節、朔望時祭、常日設供，薦新各典禮，備著前編。

乾隆四十二年五月丁丑，奉安孝聖憲皇后神御於壽皇殿，上親詣行禮，如大饗儀。儀具前編。

嘉慶四年九月二十日，奉諭旨：朕明日敬詣壽皇殿，供奉高宗純皇帝、孝賢純皇后、孝儀純皇后神御，著皇次子綿寧、儀親王永璇、成親王永瑆、慶郡王永璘、定親王綿恩、質郡王綿慶、貝勒綿懿，俱穿蟒服，於壽皇殿西門外伺候，恭隨行禮。翼日，皇上親詣行禮，如大饗儀。儀具前編。

臣等謹案：壽皇殿展謁，元旦，王公隨行禮；除夕、正月初二日，皇子輪班行禮，此成例也。是年秋，以奉安神御吉饗，特命皇子、親王恭隨行禮，蓋準廟祫之儀，篤庭闈之慕，天家逮事，不啻環仰生存，益見聖人制禮，推愛殫情，務協仁孝誠敬之極則焉。

（三）御製詩文

（清）鄂尔泰等《國朝宮史》卷一四《宮殿四·景山·御製壽皇殿碑文》

予小子既敬循壽皇殿之例，建安佑宮於圓明園，以奉皇祖、皇考神御。重垣廣墀，戟門九室，規模略備，而歲時朔望，來禮壽皇。聿瞻殿宇，歲久丹臒弗煥，且爲室僅三，較安佑翻遜巨麗，予心歉焉。蓋壽皇在景山東北，本明季游幸之地，皇祖常視射較士於此。我皇考因以奉神御，初未擇山向之正偏，合閟宮之法度也。乃命奉宸發內帑，鳩工庀材，中峰正午，磚城戟門，明堂九室，一仿太廟而約之。蓋安佑視壽皇之義，壽皇視安佑之制，於是宮中苑中，皆有獻新追遠之地，可以抒忱，可以觀德，傳不云乎！歌於斯，哭於斯，則壽皇實近法宮，律安佑爲尤重。若夫敬奉神御之義，則見於安佑宮碑記，茲不復述。惟述重建本意及興工始末歲月。蓋經營於己巳孟春，而落成於季冬上澣之吉日云。敬作頌曰：“惟堯巍巍，惟舜重華，祖考則之；不競不綵，仁漸義摩，祖考式之。弘仁皇仁，明憲帝憲，小子職之；是繼是繩，曰明曰旦，小子愈之。天游雲祖，春露秋霜，予心惻之；考奉祖御，于是壽皇，予仍即之。製廣向正，爰經爰營，工勿亟之。陟降依憑，居歆攸寧，羹墻得之。佑我後嗣，綿祀於萬，匪萬億之。觀德於茲，無然畔援，永欽識之。”

《御製重修壽皇殿竣，是日奉安神御禮成述事六韻庚午》

壽皇聖祖興居久，先帝思親展孝弘。

神御妥靈宋遺制，衣冠原廟漢諸陵。

欽承有繼馨香薦，追遠長懷陟降憑。

子午向山期必正，規模合度量爲贈。

僾聞愾見千秋永，景福鴻禧百世凝。

觀德皇皇惟是凜，肯堂切切詎斯能。

《御製清明日拜謁壽皇殿詩戊寅》

紫殿彤闈神御憑，清明肅拜典相仍。

羹墻有慕嗟何及，堂構非遥此敬承。

舊禮漫傳粳粥薦，新烟還看柳絲凝。

那堪子厚書重展，指日吾將謁二陵。

殿後東北曰集祥閣，西北曰興慶閣，殿東爲永思門，門內爲永思殿。殿西暖閣，御筆聯曰：“一氣感通昭陟降，萬年嗣服式儀型。”東暖閣樓上聯云：“祖聽思無逸，天心格有孚。”又東爲觀德殿，聖祖仁皇帝御筆匾曰：“正大光明”，聯曰：“琴韻聲清，松窗滴露依蟲響；書帷夜永，蘿壁含風動月華。”再東爲護國忠義廟，範關帝立馬像。聖祖仁皇帝御筆匾曰“忠義”。

三、祭祀記載

《世宗憲皇帝實錄》卷二“康熙六十一年十二月”條

壬子朔，以奉移大行皇帝梓宮安奉壽皇殿日期，行告祭禮。【略】癸丑，是日向夕，上以翼日梓宮將移壽皇殿，特命御膳房供祭加隆。上奉卮獻饌，哀號陳奠。諸王大臣皆慟哭失聲。甲寅，恭移大行皇帝梓宮安奉壽皇殿。上先於梓宮前親奠，呼搶擗踊，痛哭盡哀。靈駕由景運門出，升大輿，上西向跪哭，隨行。【略】丙辰，上詣壽皇殿祭奠。【略】庚申，釋服，行大祭禮。【略】自是每日黎明，親詣壽皇殿奠獻，致敬盡哀。辛酉，上詣壽皇殿行禮。壬戌，上詣壽皇殿行禮。癸亥，上詣壽皇殿行禮。甲子，上詣壽皇殿行月祭禮。丙寅，上詣壽皇殿行禮。

己巳，上詣壽皇殿行禮。

癸酉，上詣壽皇殿行禮。

丙子，孝莊文皇后忌辰，遣官祭暫安奉殿。上詣壽皇殿行禮。

戊寅，上詣壽皇殿行禮。上詣皇太后宮問安。是日，御史莽鵠立恭繪聖祖御容畢，捧進於養心殿。上瞻仰依戀，悲慟不勝。命俟梓宮發引後，敬謹供奉於壽皇殿。

《世宗憲皇帝實錄》卷三"雍正元年正月"條

辛巳朔，上詣壽皇殿行禮，回宮，不升殿受賀。

丁亥，世祖章皇帝忌辰，遣官祭孝陵。上詣壽皇殿行禮。

癸巳，上詣壽皇殿行禮。

丙申，上詣壽皇殿行禮。

庚子，上詣壽皇殿行禮。

癸卯，上詣壽皇殿行禮。

丁未，上詣壽皇殿行禮。

《世宗憲皇帝實錄》卷四"雍正元年二月"條

辛亥朔，上詣壽皇殿行禮。

甲寅，上詣壽皇殿行禮。

己未，上詣壽皇殿行禮。

癸亥，上詣壽皇殿行禮。

己巳，恭上聖祖仁皇帝尊諡。

癸酉，行百日大祭禮。上詣壽皇殿，躬親奠獻，哭泣盡哀。【略】

丁丑，上詣壽皇殿行禮。

《世宗憲皇帝實錄》卷五"雍正元年三月"條

庚辰朔，清明節，上詣壽皇殿致祭行禮。【略】

乙酉，上詣壽皇殿行禮。

壬辰，上詣壽皇殿行禮。

丁酉，上詣壽皇殿行禮。

乙巳，上詣壽皇殿行禮。

丙午，聖祖仁皇帝梓宮發引。上詣壽皇殿，望見殿門，即哀慟不勝。

《世宗憲皇帝實錄》卷六"雍正元年四月"條

甲子，奉聖祖仁皇帝御容，敬供於壽皇殿。上親詣行禮，感念悲愴，瞻顧依戀，儼如神爽式憑云。

《世宗憲皇帝實錄》卷七"雍正元年五月"條

癸卯，上以次日恭移大行皇太后梓宮，安奉壽皇殿，親詣梓宮前，行告祭禮。攀戀哀號，慟哭不已。甲辰，恭移大行皇太后梓宮，安奉壽皇殿。【略】乙巳，上每日詣壽皇殿大行皇太后梓宮前，號泣親奠。

《世宗憲皇帝實錄》卷八"雍正元年六月"條

癸丑，諸王大臣奏懇節哀，間日一詣壽皇殿。諭曰：朕儳不勝暑，另降諭旨。每日親詣之處，仍著預備。

《世宗憲皇帝實錄》卷九"雍正元年七月"條

壬辰，中元節。上詣壽皇殿大行皇太后梓宮前，行禮舉哀。【略】庚子，上詣壽皇殿大行皇太后梓宮前，行月祭禮。

《世宗憲皇帝實錄》卷一〇"雍正元年八月"條

庚戌，上詣壽皇殿大行皇太后梓宮前，祭奠舉哀。丙辰，太宗文皇帝忌辰，遣官祭昭陵。上詣壽皇殿大行皇太后梓宮前，祭奠舉哀。己未，恭上大行皇太后尊謚。乙丑，孝恭仁皇后梓宮發引。上親詣壽皇殿，望見梓宮，即哀慟不勝。

《世宗憲皇帝實錄》卷一一"雍正元年九月"條

辛卯，上詣壽皇殿行禮。

《世宗憲皇帝實錄》卷一二"雍正元年十月"條

丁未朔，【略】上詣壽皇殿行禮。辛酉，上詣壽皇殿行禮。丙子，萬壽節，停止朝賀筵宴。【略】上詣壽皇殿行禮。

《世宗憲皇帝實錄》卷一三"雍正元年十一月"條

丁丑朔，上詣壽皇殿行禮。己丑，聖祖仁皇帝朞年大祭，上親詣奉先殿行禮。復詣壽皇殿瞻拜聖祖仁皇帝御容，行禮盡哀。辛卯，上詣壽皇殿行禮。辛丑，冬至，【略】停止次日朝賀。上詣壽皇殿行禮。

《世宗憲皇帝實錄》卷一四"雍正元年十二月"條

丙午朔，上詣壽皇殿行禮。癸丑，上詣壽皇殿行禮。庚申，上詣壽皇殿行禮。

《世宗憲皇帝實錄》卷四四"雍正四年五月"條

甲寅，夏至，【略】上詣壽皇殿行禮。

《高宗純皇帝實錄》卷二八"乾隆元年十月上"條

辛酉朔，享太廟，上親詣行禮。詣大高殿、壽皇殿行禮。

《高宗純皇帝實錄》卷二九"乾隆元年十月下"條

丁亥，恭奉世宗憲皇帝神御於壽皇殿，上親詣行禮。己丑，上詣壽皇殿行禮。

《高宗純皇帝實錄》卷三一"乾隆元年十一月下"條

己酉，冬至，【略】詣大高殿、壽皇殿行禮。壬子，上詣壽皇殿行禮。

《高宗純皇帝實錄》卷三五"乾隆二年正月下"條

壬子，上詣壽皇殿行禮。

《高宗純皇帝實錄》卷三八"乾隆二年三月上"條

壬辰，上詣黃幄行禮，跪送神主啓行，上先回京，恭候奉迎神主。是夕宿次，遣官恭代行禮。上詣大高殿、壽皇殿行禮。

《高宗純皇帝實録》卷三九 "乾隆二年三月下" 條

丙午，上詣大高殿、壽皇殿行禮。辛亥，上詣壽皇殿行禮。

《高宗純皇帝實録》卷四一 "乾隆二年四月下" 條

辛巳，上詣壽皇殿行禮。

《高宗純皇帝實録》卷四六 "乾隆二年七月上" 條

辛丑，中元節，上詣奉先殿、大高殿、壽皇殿行禮。

《高宗純皇帝實録》卷四七 "乾隆二年七月下" 條

己酉，上詣壽皇殿行禮。

《高宗純皇帝實録》卷五一 "乾隆二年九月下" 條

戊申，上詣壽皇殿行禮。

《高宗純皇帝實録》卷五三 "乾隆二年閏九月下" 條

戊寅，上詣壽皇殿行禮。

《高宗純皇帝實録》卷五六 "乾隆二年十一月上" 條

丙寅，聖祖仁皇帝忌辰，遣官祭景陵。上詣奉先殿、壽皇殿行禮。

《高宗純皇帝實録》卷二五一 "乾隆十年十月下" 條

乙卯，上奉皇太后還宮，詣大高殿、壽皇殿行禮，詣皇太后宮問安。

《高宗純皇帝實録》卷三三二 "乾隆十四年正月上" 條

甲子，上詣壽皇殿行禮。

《高宗純皇帝實録》卷四〇六 "乾隆十七年正月上" 條

辛未，【略】（上）詣大高殿、壽皇殿行禮。

《高宗純皇帝實録》卷五九七 "乾隆二十四年九月下" 條

甲戌，孝慈高皇后忌辰，遣官祭福陵，上詣壽皇殿行禮。

《高宗純皇帝實録》卷六四八 "乾隆二十六年十一月上" 條

丁未，聖祖仁皇帝忌辰，遣官祭景陵。上詣奉先殿、壽皇殿行禮。

《高宗純皇帝實録》卷六九五 "乾隆二十八年九月下" 條

己卯，上詣暢春園問皇太后安，詣大高殿、壽皇殿行禮。

《高宗純皇帝實録》卷七二〇 "乾隆二十九年十月上" 條

辛卯，上詣暢春園問皇太后安，詣大高殿、壽皇殿行禮。

《高宗純皇帝實録》卷七四五 "乾隆三十年九月下" 條

己亥，上詣暢春園問皇太后安，詣大高殿、壽皇殿行禮。

《高宗純皇帝實録》卷七七〇 "乾隆三十一年十月上" 條

癸卯，上詣暢春園問皇太后安，詣大高殿、壽皇殿行禮。

《高宗純皇帝實録》卷七七一 "乾隆三十一年十月下" 條

丙寅，上詣奉先殿、壽皇殿行禮。

《高宗純皇帝實錄》卷八七〇"乾隆三十五年十月上"條

甲申，上詣暢春園問皇太后安，詣大高殿、壽皇殿行禮。

《高宗純皇帝實錄》卷九六七"乾隆三十九年九月下"條

丙子，上詣暢春園問皇太后安，詣大高殿、壽皇殿行禮。

《高宗純皇帝實錄》卷一〇三二"乾隆四十二年五月上"條

丁丑，上詣大高殿、壽皇殿行禮。

《高宗純皇帝實錄》卷一〇六七"乾隆四十三年九月下"條

癸丑，【略】上詣奉先殿、大高殿、壽皇殿行禮。

《高宗純皇帝實錄》卷一三六六"乾隆五十五年十一月上"條

丙戌，上詣壽皇殿行禮。

《高宗純皇帝實錄》卷一四三九"乾隆五十八年十月下"條

己丑，上詣奉先殿、壽皇殿行禮。

《高宗純皇帝實錄》卷一四六一"乾隆五十九年九月下"條

庚戌，上詣大高殿、壽皇殿行禮。

《睿宗顯皇帝實錄》卷一〇"嘉慶元年十月"條

壬午，上侍太上皇帝詣大高殿、壽皇殿行禮。

辛丑，上侍太上皇帝詣奉先殿、壽皇殿行禮。

《睿宗顯皇帝實錄》卷五二"嘉慶四年九月下"條

丙子，奉安高宗純皇帝、孝賢純皇后、孝儀純皇后神御於壽皇殿，上親詣行禮。命皇次子旻寧、儀親王永璇、成親王永瑆、慶郡王永璘、定親王綿恩、質郡王綿慶、貝勒綿懿，隨行禮。

《睿宗顯皇帝實錄》卷五七"嘉慶五年正月上"條

甲寅朔，上詣奉先殿行禮，詣堂子行禮。遣官祭太廟後殿，詣大高殿、壽皇殿行禮。戊辰，上詣奉先殿、壽皇殿行禮。

《睿宗顯皇帝實錄》卷八九"嘉慶六年十月下"條

癸酉，上詣奉先殿、壽皇殿行禮。

《穆宗毅皇帝實錄》卷一九四"同治六年正月上"條

丙辰朔，上詣奉先殿行禮。

《穆宗毅皇帝實錄》卷三二七"同治十一年正月"條

己亥，宣宗成皇帝忌辰，遣官祭慕陵。上詣奉先殿、壽皇殿行禮。

《德宗景皇帝實錄》卷一五八"光緒九年正月"條

乙酉，高宗純皇帝忌辰，上詣壽皇殿行禮。

《德宗景皇帝實錄》卷一九〇"光緒十年七月下"條

丁卯，仁宗睿皇帝忌辰，上詣壽皇殿行禮。

《德宗景皇帝實錄》卷二七二"光緒十五年七月"條

己未，中元節，上詣奉先殿、壽皇殿行禮。

《德宗景皇帝實錄》卷三九四"光緒二十二年八月"條

乙酉，世宗憲皇帝忌辰，上詣壽皇殿行禮。

《德宗景皇帝實錄》卷四一二"光緒二十三年十一月"條

戊戌，聖祖仁皇帝忌辰，上詣壽皇殿行禮。

(清) 張廷玉等《清文獻通考》卷一一八《宗廟考一二·壽皇殿》

臣等謹按：舊制在景山東北，恭閱聖祖仁皇帝實錄，順治十八年二月壬午奉移大行皇帝梓宮於壽皇殿，蓋密近紫宸、崇嚴清閟、歷稽大事之禮，皆即殿以行。世宗憲皇帝登極初元，敬於中殿奉聖祖仁皇帝神御，歲時詣奉先殿行禮，畢即詣壽皇殿行禮，或以日專詣焉，孝思垂則禮展宮壼。我皇上繼述心虔，追隆世德，敬於東室安奉世宗憲皇帝神御，既復命所司諏吉，移建殿於正中，南對景山鬱蔥，輪奐恭繹。御製碑記曰："安佑視壽皇之義，壽皇視安佑之制，煌煌巨典，篤祜萬年矣。"茲恭紀壽皇殿之禮於前，復恭紀安佑宮、永佑寺之禮於後。蓋惟聖人爲能，享親宮中、苑中，皆得以時，殷對越愛，敬之誠情，文之備無，地弗崇茲。謹載制度儀注以志永言，惟則於無窮焉。

雍正元年十一月己丑黎明，以聖祖仁皇帝忌辰，詣奉先殿聖祖仁皇帝神位前行奠獻禮。辰時詣壽皇殿瞻拜聖祖御容。是日，世宗憲皇帝哀痛過甚，製爲詩章以志思慕。自後每歲恭遇聖祖仁皇帝忌辰，必先詣奉先殿，復詣壽皇殿，著爲定禮。

四年正月甲午朔，詣奉先殿行禮畢，詣壽皇殿行禮。自後元旦必先詣奉先殿，復詣壽皇殿，著爲定禮。

臣等謹按：康熙六十一年十二月甲寅，恭移大行皇帝梓宮安奉壽皇殿。庚申二十七日大禮後，每日黎明世宗憲皇帝詣壽皇殿奠獻。雍正元年九月丁丑朔，山陵禮成。庚辰升祔太廟禮成。辛卯詣壽皇殿行禮。自後，月必瞻拜，或月至三詣焉，或是日奉先殿行禮後，或親享太廟禮成後，或親祫太廟禮成後，或是日兼詣恩佑寺，以時奠獻，猶必以時依戀聖容。帝心愛敬之誠，十三年如一日，洵所云大舜五十而慕者也。

五月甲寅，孝恭仁皇后三周忌辰，世宗憲皇帝詣壽皇殿行禮。

臣等謹按：是年四月諭：壽皇殿乃供奉皇考皇妣御容之處。則五月甲寅之行禮，蓋實瞻依孝恭仁皇后聖容，用伸孺慕。

八月丙戌，世宗憲皇帝諭："我皇考聖祖仁皇帝三年大禮已滿，朕追念罔極深恩，欲於皇考忌辰，每歲遵照三年以内祭祀之禮，永遠舉行恭讀祝文，用伸誠惻。朕受皇考教育慈恩至深至厚，終身永慕，無有窮期，豈三年禮制之所能限！況天下憶萬臣民感戴皇考深仁厚澤六十餘年，自古帝王罕能比并，一切禮儀亦非定制所得拘也。朕舉行此禮，乃朕自展其思慕誠切之衷，至與舊制相合與否，朕皆不遑計及，此禮亦惟朕躬持行之於我皇考，後世子孫勿得奉爲成例。"

乾隆元年正月丙申朔，皇上詣奉先殿行禮，復詣壽皇殿行禮。

臣等謹按：元旦皇上瞻拜壽皇殿之禮，自御極以來，歲如世宗憲皇帝時恭行。

十月丁亥，供奉世宗憲皇帝御容於壽皇殿東室，皇上親詣行禮。是月，定每日香燈供獻，俱與中殿儀同。

十一月壬寅，聖祖仁皇帝忌辰，皇上詣壽皇殿行禮。先詣奉先殿。

臣等謹按：十一月，聖祖仁皇帝忌辰，親詣壽皇殿行禮，歲如世宗憲皇帝時恭行。

二年八月己卯，世宗憲皇帝二周忌辰，皇上詣壽皇殿行禮畢，復詣雍和宮御容前瞻拜行禮。

臣等謹按：前二日丁丑，皇上詣雍和宮供奉世宗憲皇帝御容。至己卯，詣御容前行禮。蓋以本朝定禮：饗太廟及告祭，親詣御朝服；恭遇列祖列后忌辰，親詣奉先殿御素服。是年，修奉先殿，恭請列祖列后神牌暫安奉太廟中殿，茲恭遇世宗憲皇帝二周忌辰，既不可以素服入廟，爰有雍和宮特供御容之禮。至十一月丁丑，三年禮終，祫祭太廟即吉。自後專奉御容於壽皇殿。

三年八月己亥，皇上以二十三日世宗憲皇帝三周忌辰，恭奉皇太后慈輿詣泰陵致祭，午時詣壽皇殿行禮啓鑾。

臣等謹按：恭遇謁陵、省方、啓蹕、回鑾，皆行禮於壽皇殿。

四年八月丁酉，世宗憲皇帝忌辰，皇上詣壽皇殿行禮。先詣奉先殿。

臣等謹按：八月，世宗憲皇帝忌辰，親詣壽皇殿之禮歲如聖祖仁皇帝忌辰恭行。

五年八月辛亥，皇上萬壽聖節，詣壽皇殿行禮。先詣奉先殿。

臣等謹按：恭遇萬壽聖節暨諸令節，行禮於壽皇殿，蓋自元年元旦以來，月必瞻拜，或恭遇郊廟禮成後，或奉先殿行禮後，或是日兼詣恩佑寺，或是日兼詣安佑宮，或月至三四詣焉。

七年十二月，定每年除夕壽皇殿供九如燈一對。

（清）嵇璜、劉墉等《清通典》卷四六《禮吉六·壽皇殿》

乾隆元年正月元旦，皇上詣壽皇殿行禮，自後歲必親詣如儀。十月恭奉世宗憲皇帝御容於壽皇殿東室，皇上親詣行禮。自後香燈供獻，日以爲常，與中殿儀同。二年八月，世宗憲皇帝二周忌辰，皇上詣壽皇殿行禮，復詣雍和宮御容前瞻拜行禮。前二日，皇上詣雍和宮供奉世宗憲皇帝御容。以是年興修奉先殿，恭請列祖列后神牌暫安奉太廟中殿，恭遇世宗憲皇帝忌辰，定例素服，不入廟爰，有雍和宮特供御容之禮。至十一月祫祭太廟即吉後，專奉御容於壽皇殿。三年八月，世宗憲皇帝忌辰，皇上恭奉皇太后慈輿詣泰陵致祭，先詣壽皇殿行禮啓鑾。自後恭遇謁陵，省方啓蹕、回鑾皆行禮於壽皇殿。四年八月，世宗憲皇帝忌辰，皇上詣壽皇殿行禮。自後歲如聖祖仁皇帝忌辰儀恭行。五年八月，皇上萬壽聖節，詣壽皇殿行禮如諸令節儀，著爲定禮。七年十二月，定每年除夕壽皇殿供九如燈一對。十四年正月，諭內務府移建壽皇殿於景山前正中，如安佑宮規制，安佑宮見後，尋諏吉興工，於是冬告成。【略】

十五年七月，和碩莊親王等議奏，恭查太廟四孟時享、歲除祫祭俱用太牢籩豆，奉先殿前殿朔望用籩豆，奉先殿後殿節令用果品，今壽皇殿恭懸聖容暨恭收聖容之日，請如奉先殿後殿節令果供致祭。大祭之日，如奉先殿前殿，朔望獻瓷器籩豆供品致祭。每歲除夕，恭請列祖列后聖容，恭懸供獻如儀。元旦大祭，行禮作樂，樂章用奉先殿前殿朔望樂章。初二日如除夕，供行禮畢，恭收聖容即殿尊藏。元旦，皇上詣奉先殿行禮，後詣壽皇殿行禮。除夕、初二日，俱命皇子輪班行禮。歲秋季，開晾聖容，飭宮殿，監督、領侍等派內監敬謹執事。十二月，恭繪列朝聖容成，大祭壽皇殿，皇上親詣行禮。

劉錦藻《清續文獻通考》卷一六五《宗廟考七·壽皇殿》

宣統三年三月初八日，上乘轎出順貞門、神武門，進北上門，由西山道至西角門外，下轎詣壽皇殿行禮，畢，還宮。

又六月初九日，上詣壽皇殿行禮，畢，還宮，詣聖容前行禮，仍駐蹕西苑。

雍 和 宫

一、建置沿革

（一）營建沿革

《世宗憲皇帝實錄》卷三三"雍正三年六月"條

己卯，大學士奏請皇上潛邸升爲宫殿，撰擬嘉名，恭候欽定。上欽命曰雍和宫。

《高宗純皇帝實錄》卷一四六二"乾隆五十九年十月上"條

雍和宫爲皇考世宗憲皇帝肇封潛邸，皇考踐阼後，命曰雍和宫。迨朕紹承大統，以神爽憑依之地，理宜隻肅潔蠲。爰即舊時宫殿，供佛莊嚴，每歲朕親詣拈香瞻禮，耤抒永慕之忱，用昭崇奉之義。因憶乾隆初年，鄂爾泰曾提奏，其意欲將雍和宫賞給和親王居住，朕未之允也。和親王及朕之弟，俾居此處，雖無不可，但究係皇考肇迹之區，若令列邸分藩者，居此發祥之地，不特鄰於褻越，并恐無福隻承。況和親王分府之後，曾遭回禄，使當日遂允鄂爾泰所請，則此潛邸舊地，或值不戒於火，更成何事體。即或斯地曾爲皇考臨御，百神呵護，不至有意外之灾，但自和親王而後，襲爵業經四次，本應遞減，今當襲貝子。朕格外加恩，兩次襲封親王郡王，今綿偱仍恩襲郡王。而所居王府，已不能修葺整齊，堊飾榱題，漸就剥落，設以雍和宫爲和親王藩府，豈能如今日之紺宇梵宫，輪奐常新，爲萬世所瞻仰乎？然兹雍和宫內，朕未經敬安神御者，蓋因皇考升祔太廟，爰嘗禘袷，胏饗昭虔，揆諸古制，原無别安神御之禮。況宫中有奉先殿，景山有壽皇殿，圓明園有安佑宫，歲時瞻拜，已足申愾聞優見之思。故雍和宫供奉三寶，不復敬安神御，參稽禮意，實爲至當。更思寧寧宫，乃朕稱太上皇後頤養之所，地在禁垣之左，日後必不應照雍和宫之改爲佛宇。其後之净室佛樓，今即有之，亦不必廢也，其宫殿永當依今之制，不可更改。若我大清億萬斯年，我子孫仰膺昊眷，亦能如朕之享國日久，壽届期頤，則寧壽宫仍作太上皇之居，祥衍無疆，更屬盡美盡善，吉祥盛事。本日朕因親詣雍和宫拈香，景仰前徽，思垂奕祀，用是特頒訓諭。著繕録而通，一交尚書房，一交內閣存記，俾我子孫知所憲章，勿得輕爲改作，用垂法守。

（清）鄂爾泰等《國朝宮史》卷一六《宮殿六》

雍和宮在皇城東北，世宗憲皇帝藩邸也，登極後命名曰雍和宮。皇上御極之十年，念龍池肇迹之區，非可褻越，因莊嚴法相，選高行梵僧司守，以示蠲潔崇奉之意。

（清）于敏中《日下舊聞考》卷二〇《國朝宮室·雍和宮·御製〈雍和宮碑文〉》

我皇考世宗憲皇帝肇封于雍邸，在京師艮維，與太學左右相望。迨紹纘大統，正位宸極，爰命舊第曰雍和宮，設官置守。甍宇堊飾，無增於昔，示弗忘也。越歲乙卯，弗吊昊天，龍馭上賓，攀髯莫逮。維時喪儀具展，禮當奉移。念斯地爲皇考藩潛所御，攸躋攸寧幾三十年。神爽憑依，倘眷顧是，乃即殿宇而飾新之，以奉梓宮。易覆黃瓦，式廓門屏，櫺星綽楔，規制略備。洎山陵禮成，於此敬安神御，歲時展禮，至於今十稔。予小子紹庭陟降之忱，朝夕罔釋。深惟龍池肇迹之區，既非我子孫析圭列邸者所當褻處，若曠而置之，日久蕭寞，更不足以宏衍慶澤，垂燾於無疆。曩我皇考孝敬昭事我皇祖，凡臨御燕處之適且久者，多尊爲佛地。曰福佑寺，則冲齡育德之所也。曰恩佑寺，則鼎成陟方之次也。永懷成憲，厥有舊章。而稽之往古，修真本唐高龍躍之宮，慈慶乃渭水慶善之宅。宋則祥符錫慶，祠號景靈。咸因在潛之居，實曰神明之隩。後先一揆，今昔同符。是用寫境祇林，莊嚴法相。香幢寶網，夕唄晨鐘。選高行梵僧居焉。以示蠲明，至潔也；以昭崇奉，至嚴也；以介福厘，至厚也。我皇考向究宗乘，涅盤三昧，成無上正等正覺，施洽萬有，澤流塵劫。帝釋能仁，現真實相。群生托命，於是焉在。豈特表范醉容爲章净域已哉？予小子瞻仰之餘，間一留止，緬憶過庭，怵惕興慕。敬勒石以紀，系以頌曰：於皇皇考，提福無疆。奕奕朱邸，積慶流長。乘六以御，兹焉發祥。時雍協和，聖謨孔彰。其一。鼎成於湖，神御攸奠。陟降在天，聖靈式眷。愾乎斯聞，僾乎斯見。超宋景靈，邁唐慶善。其二。懿彼净覺，廣樹良因。澄圓性海，般若通津。慧燈普照，法寶常新。敷華玉地，轉曜金輪。其三。劽是丹宮，藩封拜賜。載寢載興，凝禧集瑞。人世香臺，梵天忉利。擁吉祥雲，開歡喜地。其四。標新福界，冥契慈緣。雁堂集侶，鹿苑栖禪。香華迎雨，珠葉霏烟。雲車風馬，歆顧珠筵。其五。仰惟聖德，昊天罔極。以妙明心，運大願力。孰爲權應，孰爲真實？無去無住，歷化千億。其六。慈雲廣蔭，甘潔長濡。入涅盤海，繫如意珠。恒沙大千，共味醍醐。不可思議，浹髓淪膚。其七。灼灼靈儀，巍巍瑞相。言瞻言依，徘徊惻愴。十地四天，鴻恩融暢。盡未來際，永資慈貺。其八。

（清）慶桂等《國朝宮史續編》卷六一《雍和宮》

臣等謹案：我朝家法，凡先皇臨御興居之所，昭事清嚴，多尊爲佛地。至夫龍池肇迹，必特申蠲潔，以答洪貺而篤瞻依，不啻若唐之慶善，宋之景靈，僅薦祠祀已也。粵維世宗憲皇帝肇封雍邸，地萹京師艮維，雍正三年，命升爲雍和宮。乾隆十年，高宗純皇帝景朔趨庭，表虔薦福，爰飾一新丹艧，莊嚴相好，選高行梵僧居守，其崇奉之義，具詳聖製雍和宮碑文。每屆春正，躬親展禮，歲時車駕復常詣焉。宮中曩奉聖祖仁皇帝賜額曰"五福堂"，實衍後來五代來昆之慶。矧我高宗純皇帝誕聖靈區，即在於是。恭讀節年宸詠，備抒孺慕，并志發祥。星虹照室之徵，寶相長生之瑞，允宜千春頂禮，萬古尊親者也。伏睹我皇上志切紹庭，以時瞻拜，祖恩考佑，彌謹繹思，受厘正未有艾。臣等依例敬登壽皇殿之次，以見珠宮琳宇，福界因依，尤足以彰崇禮之典云。

（二）建築規制

（清）吳長元《宸垣識略》卷六

雍和宮在北新橋東北栢林寺西，世宗憲皇帝潛邸也。前爲昭泰門，中爲雍和門，內爲天王殿，中爲雍和宮。宮後爲永佑殿，殿後爲法輪殿，西爲戒壇，後爲萬福閣，東爲永康閣，西爲延寧閣，後爲綏成殿。宮西後爲關帝廟，前爲觀音殿；宮之東爲書院，門三間，入門爲平安居，後有堂，堂後爲如意室，室後正中南向爲書院正室。世宗御書額曰太和齋。齋之東其南爲畫舫，南向正室曰五福堂。齋之西爲海棠院，北有長房，更後延樓一所。西爲斗壇，壇東爲佛樓，樓前有平臺。東爲佛堂。

（清）于敏中《日下舊聞考》卷二〇《國朝宮室·雍和宮》

雍和宮在皇城東北，世宗憲皇帝藩邸也。登極後命名曰雍和宮。

宮前寶坊二，正中石坊一，自是而內，甬道綿亘，爲昭泰門。門內東西列碑亭。中爲雍和門，門內爲天王殿，左右環以迴廊。正中爲雍和宮。《國朝宮史》

臣等謹按：宮之前左右寶坊各一，左之前榜曰慈隆寶葉，後曰四衢净辟，右之前榜曰福衍金沙，後曰十地圓通。正中石坊一，南向額曰寰海尊親，後曰群生仁壽。天王殿內額曰現妙明心。聯曰：法鏡交光，六根成慧日；牟尼真净，十地起祥雲。宮內聯曰：接引群生，揚三千大化；圓通自在，住不二法門。又曰：法界示能仁，福資萬有；净因争廣慧，妙證三摩。

宮後爲永佑殿。《國朝宮史》

臣等謹按：永佑殿聯曰：般若慈源，覺海原無異派水；菩提元路，德山相見別峰雲。

永佑殿後爲法輪殿，左右山殿各三間。《國朝宮史》

臣等謹按：法輪殿左右山殿，西爲戒壇，乾隆四十四年命照熱河廣安寺戒壇之式改建。方壇三層，每層各圍以石欄，用列佛像。東爲藥師壇。是年并改建重樓上下各五楹，與戒壇相配。四十五年八月落成。法輪殿額曰恒河筏喻。聯曰：是色是空，蓮海慈航游六度；不生不滅，香臺慧鏡启三明。又曰：鬘雲采護祥輪，錦軸光明輝萬象；龍沼慶貽寶地，玉毫圓足聚三花。戒壇內額曰律持定慧。聯曰：法會启無邊，共守真如願力；律宗超最上，總持實相因緣。東樓上額曰能仁普度。聯曰：寶地遍沾功德潤，

香臺恒擁吉祥花。樓下額曰慈雲應念。聯曰：廣一切善緣，現莊嚴相；普如是功德，
發歡喜心。

　　法輪殿後爲萬福閣，東爲永康閣，西爲延寧閣，閣後爲綏成殿。《國朝宮史》

　　臣等謹按：萬福永康延寧三閣并峙，上有閣道相通，東向西向則別爲配殿也。萬
福閣內額曰緣覺妙諦，又曰放大光明。南向聯曰：以不可思議說微妙法，具無量由旬
作清净身。北向聯曰：說法萬恒沙，金輪妙轉；觀心一止水，華海常涵。西向聯曰：
丈六顯金身，非空非色；大千歸寶所，即境即心。東向聯曰：合大地成形，非有爲法；
與衆生同體，作如是觀。中層檐前額曰净域慧因，下層檐前額曰圓觀并應。聯曰：慧
日麗璿霄，光明萬象；決雲垂玉宇，安隱諸方。永康閣聯曰：慧日朗諸天，圓輝寶相；
吉雲垂大地，净掃塵根。延寧閣聯曰：獅座寶花，拈來參妙諦；檀林法乳，觸處領
真香。

（清）嵇璜、劉墉等《清通志》卷三二《都邑略一》

　　雍和宮在皇城之東北，爲世宗憲皇帝藩邸，登極後命名曰雍和宮。前有昭泰門，
中爲雍和門，門內爲雍和宮，宮後爲永佑殿，後爲法輪殿。殿後爲萬福閣，東爲永康
閣，西爲延寧閣，後爲綏成殿。宮之東爲書院，入門爲平安居，後爲如意室，室後正
中南向者爲太和齋書院正室也。齋之東向南正室曰：五福堂。齋之西爲海棠院。

（清）慶桂等《國朝宮史續編》卷六一《雍和宮》

　　雍和宮在皇城東北，繚垣四周，南北袤延一百二十一丈，東西廣四十九丈。宮前
寶坊二，左坊前榜曰慈隆寶葉，後曰四衢净辟。右坊前榜曰福衍金沙，後曰十地圓通。
正中石坊一，南向，前榜曰寰海尊親，後曰群生仁壽。自是而內，甬道相屬，爲昭泰
門。門以內東西列碑亭。中爲雍和門。門內天王殿，匾曰現妙明心，聯曰："法鏡交
光，六根成慧日；牟尼真净，十地起祥雲。"左右環以迴廊，正中爲雍和宮，聯曰：
"接引群生，揚三千大化；圓通自在，住不二法門。"又曰："法界示能仁，福資萬有；
净因臻廣慧，妙證三摩。"宮後爲永佑殿，聯曰："般若慈源，覺海原無異派水；菩提
元路，德山相見別峰雲。"殿後爲法輪殿，匾曰無量壽輪，聯曰："龍象莊嚴，寶界常
新真實相；人天拱翊，福田普證妙明心。"又曰："鬌雲采護祥輪，錦軸光明輝萬象；
龍沼慶貽寶地，玉毫圓足聚三花。"左右山殿各三楹。西爲戒壇，乾隆四十四年高宗純
皇帝命仿熱河廣安寺戒壇式，改建方壇三層，每層環以石闌，列佛像。東爲藥師壇。
是年并改建重樓，上下各五楹，興戒壇相配。戒壇內匾曰律持定慧，聯曰："法會啓無
邊，共守真如願力；律宗超最上，總持實相因緣。"東樓上匾曰能仁普度，聯曰："寶
地遍沾功德潤，香臺恒擁吉祥光。樓下匾曰慈雲應念，聯曰：廣一切善緣，現莊嚴相；
普如是功德，發歡喜心。"法輪殿後爲萬福閣，匾曰緣覺妙諦，又曰放大光明。南向聯
曰："以不可思議說微妙法，具無量由旬作清净身。"北向聯曰："說法萬恒沙，金輪妙
轉；觀心一止水，華海常涵。"西向聯曰："丈六顯金身，非空非色；大千歸實所，即

境即心。”東向聯曰："合大地成形，非有爲法；與衆生同體，作如是觀。"中層匾曰净域慧因，下層匾曰圓觀并應，聯曰："慧日麗璇霄，光明萬象；法雲垂玉宇，安隱諸方。"東爲永康閣，聯曰："慧日朗諸天，圓輝寶相；吉雲垂大地，净掃塵根。"西爲延寧閣，聯曰："獅座寶花，拈來參妙諦；檀林法乳，觸處領真香。"右三閣并峙，上有閣道相通，其後則綏成殿也。

（清）周家楣、繆荃孫等《（光緒）順天府志》》卷二《京師志二》

出地安門至北新橋東北，柏林寺西，則雍和宮在焉。世宗憲皇帝潛邸也，登極後命曰雍和宮。前寶坊二，正中石坊一，自是而内，甬道相屬爲昭泰門，門前列銅獅二，東西碑亭中爲雍和門。門内爲天王殿，中爲雍和宮，宮後爲永佑殿。殿後爲法輪殿，西爲戒壇，後爲萬福閣，東爲永康閣，西爲延寧閣，後爲綏咸殿。宮之西後爲關帝廟，前爲觀音殿，宮之東爲書院，門三間。入門爲平安居，後有堂，堂後有如意室，室後正中南向爲太和齋書院正室也。齋南爲畫舫，南向正室曰：五福堂。齋西爲海棠院。
《皇朝通志都邑略》

二、祭祀制度

（一）祭祀前期

日期時辰

（清）允祹等《大清會典則例》卷八六

是日奏准：奉移梓宮，皇帝聖孝純篤，必欲步行，不敢勸阻。至於雍和宮居住百日之諭旨，再四酌議，二十七日後皇帝蒞官聽政必應在宮殿之中，此乃一定體制。謹仰體皇帝孝思，請於二十七日内，皇帝在雍和宮苫次居住至奉移梓宮之日，及大祭次日繹祭之期，皇帝例應回宮者，仍應循照國朝定制。

趙爾巽《清史稿》卷一〇《高宗紀一》

丁未，大行皇帝梓宮安奉雍和宮。戊申，上詣雍和宮行禮，自是日至乙卯以爲常。【略】乙卯，上詣雍和宮行大祭禮，奉皇太后居永仁宮。是日，上移居養心殿，命廷臣輪班條奏，各舉所知。【略】已未，上詣雍和宮梓宮前行月祭禮。自是迄奉移，每月如之。再免民欠丁賦，并諭官吏侵蝕者亦免之。

劉錦藻《清文獻通考》卷一一三《宗廟考》

今太祖太宗忌辰未便於太廟素服行禮，應請停止至八月二十三日，世宗憲皇帝再周之期，皇上親詣雍和宮行禮，則禮制周備，皇上純孝之思已展。是世宗憲皇帝忌辰，太廟行禮亦應停止。從之。二十一日，上詣雍和宮供奉世宗憲皇帝聖容行禮。二十三日，上詣雍和宮聖容前行禮。

齋戒陪祀迎送

劉錦藻《清文獻通考》卷一五二《王禮考》

雍和宮奉移梓宮之日，朕不忍於城內乘輿前往，應步行送梓宮出城後再乘輿，由別路前往，以便跪接。至三孔橋更換小轝時，朕仍在旁跪。不必先至隆恩門。梓宮到陵之次日，祭畢即回，朕心實爲不安。朕欲在彼居住數日，以申哀戀之忱。著總理事務王大臣議奏十月初九日行奉移梓宮禮。告祭畢，朕即在雍和宮居住。

劉錦藻《清續文獻通考》卷一四九《郊社考三》

高宗純皇帝神牌黃幄，恭設北天門外，相距甚近，實不足以昭虔肅，心實不安，再四思維，惟有於前一日閱祝版畢，還宮辦事後，朕由東華門恭赴皇祇室拈香，隨至高宗純皇帝神牌黃幄行禮畢，即詣雍和宮齋宿。其隨從之王公大臣侍衛等，亦可就近致齋。朕於次早恭詣地壇行禮，庶圜丘、方澤升配前期致如之儀。既昭畫一，而禮緣義起，節次更爲詳備。著禮部遵照此旨，於儀注內敬謹增載，此次專爲升配增此禮節，嗣後夏至地壇齋宿仍照舊例行。【略】

（咸豐）二年諭：五月初四日方澤大祀，皇考宣宗成皇帝升配地壇。朕于前一日閱視祝版畢，還宮辦事。後由東華門出，自安定門恭詣皇祇室拈香，即至宣宗成皇帝神牌，黃幄行禮仍進安定門。詣雍和宮齋宿，嗣後地壇大祀俱照例在宮齋宿。五月夏至祭地于方澤，恭奉宣宗成皇帝配享，如配天儀。

（二）祭祀器用

陳設祭品

（清）托津等《（嘉慶）大清會典事例》卷九〇一

（雍和宮）供桌，每桌用鍍金銅大盤十八件，二號盤四十三件，大碗二件匙一件，大燕桌一張，稱木桌一張，餘凡燕桌班桌所用鍍金器，及翟鳥桌所用銀器，除本庫存留銀器一百件外，如不敷用，移廣儲司領取。其鍍金銅器黃白銅器，俱由本庫供辦。鍍金銅器二年一次修理，桌張一年一次修理，移廣儲司營造司辦理。

鹵簿

（清）允祹等《大清會典則例》卷八六

十一日，奉移大行皇帝梓宮暫安於雍和宮，皇帝步行恭送。是日，鹵簿全設。屆時，皇帝詣梓宮前祭酒，三爵退跪於東旁，竢奉移梓宮升小轝，皇帝躬導至景運門外，梓宮登大升輿。皇帝于東北隅西向跪，禮部堂官祭畢三祭酒，行三叩禮，衆隨行禮畢。靈駕發，皇帝于左旁，隨行由東華門出，王以下公以上於東華門外按翼齊集，內務府官于東安門內西旁齊集，左翼民公侯伯以下、有頂帶官員以上于金魚衚衕南大街齊集，右翼民公侯伯以下、有頂帶官員以上於鐙市口北大街齊集，漢文武各官於新橋東大街齊集，皆候靈駕至，跪迎舉哀，候過隨行。皇太后率皇后妃嬪由神武門、地安門出，豫往雍和宮殯殿後恭候；公主福晉以下、内務府官員妻以上，咸豫往各齊集處排立，候靈駕至，舉哀跪迎；内府護軍領催人等之妻，皆于東華門内、三座門外跪舉哀，候過。昇輿夫役八班，首班末班以鑾儀校尉八十人，餘班每班八十人選五城民夫給以衣履，令其澡沐。又以民公侯伯一等侍衛以下、參領輕車都尉以上，給事中御史郎中以下、員外郎等官以上，每班令八人管轄鑾儀，衛官四人輪流指示進退。昇丹旐每班三十二人，以部院官四人、内府官四人，隨行所過門橋，遣内大臣祭酒、焚楮錢。梓宮至雍和宮昭泰門前，降大升輿，登小輿由中門入於雍和宮永佑殿暫安奉。皇帝隨入殿外東旁立，執事官入内奉安梓宮。畢，皇帝入立左旁，王以下奉國將軍以上，大學士以下副都御史以上民公侯伯以下，副都統以上，於雍和門外兩旁序立舉哀。其餘大小官員咸於昭泰門外序立舉哀。皇帝祭酒三爵，每祭行一拜禮，眾皆隨行。禮畢，焚楮定丹旐，遂以別殿爲苫次，皇太后皇后妃嬪皆還宮，眾各退。

（三）祭祀禮儀

（清）嵇璜、劉墉等《清通典》卷五一

乾隆元年八月萬壽聖節，皇上詣雍和宮行禮畢，還宮。詣皇太后宮行禮，停止慶賀。諭諸臣曰：朕前降旨，三年之内不行慶賀禮。今八月十三日爲朕誕辰，禮部循例題請，已降旨停止行禮，并令朝臣勿穿蟒袍補服，所有外省慶賀本章俱著内閣發還。

（清）嵇璜、劉墉等《清通典》卷六一

所有應行典禮，該部敬擬具奏。丁未奉移梓宮於雍和宮。先是，奉旨於雍和宮苫次居住百日。諸王大臣等奏請於二十七日後還宮。奉諭：諸王大臣援引典禮議稱，朕於二十七日之後應在宮殿之中乃一定之體制等語，朕思二十七日之後既不於雍和宮苫次居住，則朕哀慕之思何能自釋。應於百日之内，每日親詣雍和宮一次奠獻，諸王大臣將親詣時刻酌定具奏。王大臣等奏言皇上，蒞官聽政，事務殷繁，若每日親詣雍和宮一次，往來數十里難以兼辦。政務謹擬奉移梓宮後百日内，應請皇上於數日親詣雍和宮一次，其親詣之日或早或午，不必拘定時刻。如此既可展皇上之孝思，而於禮典亦協。得旨。

（清）允裪等《大清會典則例》卷八六

几筵供應之用，若遠省大員進貢皇考之物，已賷送在塗者，准其赴京，交奏事官員轉奏。其各省照例進朕之物，概行停止。雖食物果品，亦不許進诶。三年之後，候朕再降諭旨，著通行傳諭。各省督撫等一體遵行。欽此。

初十日，奉諭：十月三十日爲我皇考聖誕，伏思皇祖聖誕之期，天下臣民虔誠齋肅，禁止屠宰。嗣後恭遇皇考聖誕之日，著遵照此例，敬謹奉行。欽此。

大行皇帝冠服於几筵，陳鹵簿大駕於雍和門至寰宇尊親牌坊，陳楮錢於牌坊内。和碩親王以下、内大臣侍衛、民公侯伯、副都統侍郎以上，咸於雍和門外按翼序立；

内府佐領、内管領於雍和門外序立；三品官員以下、有頂帶官員以上，於昭泰門外按翼序立在内。皇子、王等，福晉、公主、郡主等，在雍和宮内照常齊集；在外諸王、福晉以下，子一品夫人以上，在大門内右旁齊集；三旗内府佐領、内管領下官員執事人、護軍領催等之妻在命婦後序立。

雍和宮月臺兩旁安設祭品案，中間設祭酒案，殿檐下西旁設祭文案，質明禮部堂官恭奉祭文，由雍和門中門入陳於案，至時奏請皇帝詣。

几筵前舉哀，讀祝官奉祭文跪，皇帝跪，眾皆跪。暫停舉哀，讀文畢舉哀。皇帝祭酒三爵，每祭行一拜禮，眾皆隨行禮。祭畢，皇帝復原位立，舉哀。竢徹饌畢，讀祝官奉祭文。禮部堂官前導至燎所東立，西向。皇帝豫出左門祗竢，内監等恭奉大行皇帝冠服出。皇帝跪，候過，隨行。至月臺下，内大臣十人前引出雍和門中門，王公、内大臣、侍衛、二品以上大臣官員咸跪，候過，隨行。鴻臚寺官豫引昭泰門外齊集各官至燎所東西牆旁序立。

大行皇帝冠服至，皆跪，候過，起立。皇帝詣祭酒處跪，眾皆於原立處跪，大臣進爵。皇帝祭酒三爵，每祭行一拜禮，眾隨行禮。祭酒畢，皇帝興東向立，竢進爵大臣灌畢，止哀。皇帝退由西牆門出，乘輿還宮，眾皆退。

是日，奏准蒙古額駙等於十六日質明，詣雍和宮瞻仰几筵。

十六日，繹祭，内務府、禮部、工部堂司官員等，及内務府官員等妻，齊集舉哀。致祭陳設、禮儀與康熙六十一年同。

十八日，奏准漆飾大行皇帝梓宮，應照欽天監選擇吉期，自本月二十四日起，照例漆飾四十九次。今先行漆飾數次，天氣漸寒，暫行停止，竢來春再加漆飾。

十九日，行大祭禮，齊集讀文，舉哀致祭。皇帝親詣，祭酒陳設禮儀與初祭禮同。是日，在京王公文武各官咸除服。

二十日繹祭，陳設禮儀與十六日同。

二十三日，行周月致祭禮，王公各官咸照常齊集，行禮致祭儀與初祭同。後凡遇周月致祭，禮儀皆同。

二十六日，遵旨議准，恭上在大行皇帝賓天百日之内，此次祀典應遣官恭代，至明年正月上辛祈穀，則已逾百日。請於乾隆元年正月祈穀時，恭請皇帝親詣行禮。又按：十一月十三日爲聖祖仁皇帝忌辰，見在百日内，鑾輿未便遠行，亦應遣官恭代。竢明年清明節，親詣景陵，爲期不遠，得展孝思。至歲暮大祫，已逾百日，所屆合食之期，允宜恭請皇帝親行祼獻。

十六日奏准，十月三十日大行皇帝聖誕，皇帝早詣雍和宮於几筵前行禮，未滿百日，應仍喪服。

十一月初二日，題准，恭選得十一月十二日巳時恭上大行皇帝尊謚，前期一日遣官各一人祗告天、地、太廟後殿、奉先殿、社稷。暨孝敬皇后几筵，至日陳鹵簿於雍和門外。皇帝素服御太和門閱册寳，行一跪三拜，禮畢還宮，易喪服，詣雍和宮別殿祇竢，屆時恭進册寳，宣讀行禮。親王以下、文武四品官以上，咸隨班行禮，奠帛，讀祝，三獻爵，送絹册寳，詣燎位。一應禮儀，均與康熙六十一年同。

禮成，皇帝乘輿還宮，衆皆退。翼日頒詔布告天下，祇告天、地、太廟、社稷，遣官及執事各官咸朝服，奉先殿補服，孝敬皇后几筵前素服。几筵前奉册寳，大臣執事官員及齊集王公大臣官員咸素服，綴冠纓行禮。

十一月二十一日，恭上孝敬憲皇后尊諡，儀駕全設於田村殯宮大門外。皇帝御太和門恭閱册寳。畢，豫詣田村幄次恭竢，至時恭進册寳，宣讀行禮，奠帛獻爵，讀祝送燎儀均與恭上世宗憲皇帝尊諡禮同。

二十四日，諭：雍正元年，我皇考請髮及御門聽政，皆在皇祖梓宮奉移山陵之後。今百日將屆，皇考梓宮尚在雍和宮，若即剃頭，朕心不安。但歲底新正，又有壇廟祭祀大典，朕當親行者，其禮當何如，王大臣等確議具奏。欽此。

遵旨議准：雍正元年，元旦尚在聖祖仁皇帝大事百日之內，而奉移山陵之期甚近，是以世宗憲皇帝請髮以及御門聽政，均得於奉移山陵後舉行。今乾隆元年元旦已在世宗憲皇帝大事百日之後，而山陵工程尚未告竣，奉移之期尚早，歲暮新正，一應壇廟祭祀大典。

皇帝親詣行禮之處甚多，時有不同，禮以義起，應請皇帝於二十九日請髮，十二月初一日後門聽政，於禮允洽。

是日，奉旨：王大臣議奏，乾隆元年正月初一日朕躬若往雍和宮行禮，不便具禮服，亦不便摘冠纓，於初二日再往行禮等語。正月初一日，朕躬若不往雍和宮行禮，朕心如何得安？況有雍正元年正月初一日，皇考素服往壽皇殿門下行禮之例，乾隆元年正月初一日朕躬前往壽皇殿行禮畢，在觀德殿更素服，往雍和門下行禮。

二十九日，行百日致祭禮，陳羊酒，祭筵各祭物如數。王以下大小官員咸齊集，儀與初祭同。

十二月初九日，奏准：本月二十三日乃週月致祭之期，是日適逢立春，應移於豫期二十一日致祭。

二十一日，奏准：太廟祫祭，皇帝親詣行禮，自二十六日為始，齋戒三日。世宗憲皇帝歲暮致祭禮，應移於二十五日。

二十五日，行歲暮致祭禮，陳羊酒，祭筵各祭物如數。王以下大小官員咸齊集，儀與初祭同。

二十四日，行清明致祭禮，陳羊酒，祭筵如數。此日不焚楮帛，豫日進挂紙錢、寳花一座於几筵之左旁，設祭品案於永佑殿月臺兩旁，設奠几於月臺正中。王以下、一品大臣以上於雍和門外按翼序立，二品以下官於昭泰門外按翼序立。至時奏聞，皇帝詣几筵前舉哀，獻茶上食。畢，皇帝詣奠几前跪，衆各於序立處隨跪。皇帝祭酒三爵，每祭行一拜禮衆隨行。禮畢，皇帝興退立原位舉哀，衆隨舉哀。畢，皇帝乘興還宮。

六月二十二日，奏准：本月二十三日係周月致祭之期，適值大暑禁焚楮帛之時，几筵前請停止安設衣冠。

七月十五日，行中元致祭禮，陳羊酒，祭筵各祭物如數。王以下、大臣官員以上，咸齊集，儀與初祭禮同。

八月初十日，諭：本月十三日，詣雍和宮行禮。據禮部儀注奏稱，請照今年元旦之例雍和門行禮。朕思元旦乃天下臣民公共之大節，只得勉從所請。今朕一人誕辰，非元年歲朝可比，朕仍詣几筵前行禮。欽此。

二十日，奏准：恭按世祖章皇帝於二周年後安奉地宮，彼時自期年後每日一次奠獻，每月饌五筵，羊三、酒三、尊楮錢五千、楮帛五千致祭。聖祖仁皇帝於期年內安奉地宮，於安奉前每日仍三次奠獻，每月饌十有一筵，羊五、酒五、尊楮錢二萬、楮帛一萬致祭。

本月二十三日，於世宗憲皇帝前行期年致祭禮，至十月十一日奉移梓宮於泰陵，至次年三月初二日安奉地宮奉移之前，請照聖祖仁皇帝前奠獻之例，每日三次。至奉移泰陵安奉地宮之前，請照世祖章皇帝前奠獻之例，每日一次。其月祭所用饌筵、羊酒、楮錢、楮帛等項仍照見行例致祭。

二十三日，行期年致祭禮，陳羊酒祭筵各祭物如數。

王以下、大小官員以上，咸齊集，儀與初祭同。

九月初四日，諭：禮部議奏，恭送梓宮儀注內稱，奉移梓宮發引時，朕隨出寰宇尊親牌坊門，跪於街南。恭候過後，朕乘興出西直門，前往恭候。至於靈駕到泰陵三洞橋，更換小轝時，朕先至隆恩門恭候。到陵後，安奉次日祭畢，即行還京等語。雍和宮奉移之日，朕不忍於城內乘興前往，應步送出城，再乘興由別路前往，以便跪接。至三洞橋更換小轝時，朕仍在旁跪候，不必先至隆恩門。安奉次日祭畢即回，朕心實爲不安，朕欲在彼居住數日，以申哀慕之忱。著總理事務王大臣議奏。十月初九日行奉移禮畢，朕即在雍和宮居住，恭候發引。欽此。

遵旨議准：謹按前代帝王親送梓宮者，少無成憲可稽。禮曰：既葬，反而卒哭。又曰：既反哭，主人與有司視虞牲，有司以几筵舍奠於墓左，反，日中而虞是。安奉既畢，原無復行居住之文。應請皇帝遵照雍正元年世宗憲皇帝恭送聖祖仁皇帝梓宮祭畢回鑾之例，於次日祭後回鑾，實屬允洽。

初六日，諭：總理事務王大臣等所議，奉移皇考梓宮送至陵寢，照從前世宗憲皇帝、孝恭仁皇后，恭送聖祖仁皇帝梓宮之例，內稱皇太后宮眷於每日早晨先行由別修道路豫至蘆殿，駐次於朕黃幔城之右等語。雖云天子行營宜居正中，但朕心實不安伏，思皇太后恭送梓宮，宜瞻望靈駕，起行後稍間在後隨行，駐次亦應於靈駕營內。至回京時，皇太后仍由原行路回京，則既與理相合，亦不致勞民動衆。修墊三道，著總理事務王大臣會同再議具奏。欽此。

遵旨議准：奉移世宗憲皇帝梓宮日，皇帝於梓宮前祭酒三爵，皇太后於梓宮旁祭酒三爵，皇太后宮眷、皇后宮眷瞻望靈駕起行後，由阜成門出，候靈駕過，隨行駐次，請於蘆殿大營東邊稍後。建立行營，設皇太后黃幔城，每日早晨瞻望靈駕。起行後，稍間隨行，晚門停止進謁。至日，由駐次所修新路先至隆恩門西所設黃幔城恭候。回鑾時，仍由去時所行道路還京。

十八日，奏准：世宗憲皇帝梓宮於十一月十一日奉移陵寢。前期三日，各遣官一人，祇告天、地、太廟、社稷暨孝敬憲皇后几筵。至陵寢前期一日，各遣官一人，祇告泰陵后土之神、永寧山神。

十月初九日，於世宗憲皇帝几筵前行祖奠禮，陳羊酒，祭筵各祭物如數。王以下大小官員咸齊集，儀與初祭同。

十一日，奉移梓宮於泰陵，沿塗分定五程，每宿次蓋造蘆殿。第六日至陵寢。暫安奉於陵寢饗殿。前期三日，遣官各一人，祇告天、地、太廟、社稷、皇陵后土之神、永寧山神。

是日，鹵簿全設。王以下，内大臣、侍衛、滿漢大學士、民公侯伯、三品官以上，在昭泰門外按翼齊集；四品以下、有頂帶官員以上，及年老不能步行之大小各官，皆於城外關厢内齊集；在内公主、王、福晉、郡主等於永佑殿内齊集；在外諸王、福晉以下，一品夫人以上，在雍和門内齊集；内府男婦於雍和門外齊集。至時，皇帝詣梓宮前舉哀，祭酒三爵，每祭行一拜禮，衆皆隨行禮。禮畢，奉移梓宮，升小轝。

皇帝先詣大門外東旁立，梓宮出，跪、舉哀、興，隨出大門。梓宮登大升輿。皇帝跪於左，禮部尚書祭興，三祭三叩，興。靈駕發，皇帝隨出，步送出安定門外，先詣宿次祇候。皇太后、皇后、妃嬪以下，瞻望梓宮啓行後，均由別路先至，宿次祇候，不隨送之。王以下大小官員等隨行出城外關厢，在齊集處按翼排班，跪送舉哀，候靈駕過後，各退。應隨送王以下大小官員等，於過關厢後，乘馬隨行。内監每班十人，侍衛每班二十人，咸更番在靈駕兩旁隨行。近行王大臣、侍衛、内監等，皆近靈駕隨行，恭理喪儀。王公大臣、内務府、工部、鑾儀、衛堂官在靈駕前後兩旁巡察隨行，每校尉更班時，隨行王公大臣、侍衛、内監等皆下馬跪，竢更班畢，仍在原處隨行，其次隨靈駕豹尾班内大臣、侍衛隨行，其次二班侍衛隨行，其次王以下大小官員隨行，沿塗所過門橋，遣内大臣二人輪流祭酒。靈駕將至蘆殿，皇帝於黃幔城北門外跪迎舉哀，王以下各官咸排班跪迎舉哀，靈駕由北門進蘆殿，衆於黃幔城左右繞至大門外按翼序立，陳鹵簿於門前，安奉靈駕，列册寶於左右，乃行夕奠禮。皇帝親祭酒，衆隨行禮，舉哀畢，各退。

在途，每日早陳設鹵簿，王公百官齊集，恭奉册、寶，安奉亭内行朝奠禮。皇帝祭酒三爵，衆隨行禮，舉哀跪送靈駕。王以下大小官員等分翼跪舉哀，候過隨行。皇帝步送至第二班，仍先詣宿次，至盧殿敬視陳設，跪迎安奉靈駕，行夕奠禮，儀與初啓行同。

劉錦藻《清文獻通考》卷一一八《宗廟考》

二年八月己卯，世宗憲皇帝二周忌辰，皇上詣壽皇殿行禮畢，復詣雍和宮御容前瞻拜行禮。

臣等謹按：前二日丁丑，皇上詣雍和宮供奉世宗憲皇帝，御容。至己卯，詣御容前行禮。蓋以本朝定禮，饗太廟及告祭，親詣御朝服。恭遇列祖列后忌辰，親詣奉先殿，御素服。是年修奉先殿，恭請列祖列后神牌暫安，奉太廟中殿。茲恭遇世宗憲皇帝二周忌辰，既不可以素服入廟，爰有雍和宮特供御容之禮，至十一月丁丑，三年禮終，祫祭太廟，即吉。自後，專奉御容於壽皇殿。

劉錦藻《清文獻通考》卷一二六《王禮考二》

乾隆元年八月，甲戌萬壽節，上詣雍和宮行禮畢還宮，詣皇太后雍和宮行禮，停止慶賀。是月諭諸臣曰：朕前降旨，三年之內不行慶賀禮。今八月十三日爲朕誕辰，禮部循例題請，已降旨停止行禮，并令朝臣勿穿蟒袍補服，所有外省慶賀本章，俱著內閣發還。

劉錦藻《清文獻通考》卷一二八《王禮考四》

是年二月復奉諭曰：禮部奏請二月十三日御門聽政，朕思百日之後，雖閱兩月，但皇考梓宮現在雍和宮，朕即御門聽政心實不忍可俟。梓宮奉移山陵後，再行請旨。十月，奉移世宗憲皇帝梓宮禮成。至是月，上始御門理事如儀。

劉錦藻《清文獻通考》卷一四七《王禮考三三》

乾隆元年正月丙申朔，上詣雍和宮行禮。先期王大臣議奏：乾隆元年正月初一日，皇上若往雍和宮行禮，不便具禮服，亦不便摘冠纓，請于初二日再往行禮。得旨：正月初一日朕躬若不往雍和宮行禮，朕心如何得安。況有雍正元年正月初一日皇考素服往壽皇殿門下行禮之例，明年元旦朕往壽皇殿行禮畢，在觀德殿更素服，於雍和門下行禮。是日，雍和宮照常三次奠獻，停止舉哀。

八月甲戌皇上萬壽節。上詣雍和宮行禮。先期，傳諭：本月十三日詣雍和宮行禮，據禮部奏稱，請照今年元旦之例雍和門行禮，朕思元旦乃天下臣民公共之大節，只得勉從所請。今朕一人誕辰，非元年歲朝可比，朕仍詣几筵前行禮。

(四) 詔諭祝詩文

詔諭奏文

(清) 允祹等《大清會典則例》卷八六

是日，諸王大臣遵旨，議定三年喪禮具奏，本日召入諸王大臣，面諭：諸王大臣所議，三年喪禮援據經傳，斟酌典章，甚爲詳悉。朕惟皇考臨御十有三年，居心行政，念念出於至誠，此諸王大臣所共知共見者。皇考聰明天亶，建極綏猷，垂法萬世，朕雖不能仰企萬一，惟此誠之一字，實欲身體力行，黽勉效法，以圖善繼善述。至持服三年，乃朕哀慕至情，萬不能已，并非欲博行三年喪之名也。況持服三年，亦何足以言孝所願？吾君臣同德同心，勤求治理，使民物康阜，海宇乂安，令天下咸頌我皇考付托得人，此吾君臣所當勉者。【略】

二十四日，諭：雍正元年，我皇考請髮及御門聽政，皆在皇祖梓宮奉移山陵之後。今百日將屆，皇考梓宮尚在雍和宮，若即剃頭，朕心不安。但歲底新正，又有壇廟祭祀大典，朕當親行者，其禮當何如，王大臣等確議具奏。欽此。

遵旨議准：雍正元年，元旦尚在聖祖仁皇帝大事百日之內，而奉移山陵之期甚近，是以世宗憲皇帝請髮以及御門聽政，均得於奉移山陵後舉行。今乾隆元年，元旦已在世宗憲皇帝大事百日之後，而山陵工程尚未告竣，奉移之期尚早，歲暮新正，一應壇廟祭祀大典。

皇帝親詣行禮之處甚多，時有不同，禮以義起，應請皇帝於二十九日請髮，十二月初一日後門聽政，於禮允洽。

（清）托津等《（嘉慶）大清會典事例》卷三七〇

初九日，諸王大小官員議奏：欽惟大行皇帝丕冒八埏，曲成萬物，有與天同體之德，有敬天行健之功，凡運會之彌昌彌熾，皆聖德之可法可傳；中以宅心，正以體政，文以敷化，武以定功，英以決幾，明以燭理；寬以居之，仁以行之，信以成之，毅以守之，而皆本之於大孝。運之以至誠，謹按虞書曰慎乃憲，說命曰惟聖時憲。又曰，監於先王成憲，《周禮》疏云憲法以示人曰憲，蓋惟憲天立教之聖人，然後能慎法度，修政事。俾萬世奉爲成憲守而不忘，若虞舜商湯周之文王武王皆是也。竊謂大行皇帝尊謚，於憲爲宜。又按《禮記》，祖有功，宗有德，周公作無逸。稱殷有三宗，而周文武之廟并稱世室，竊惟大行皇帝廟號宜稱世宗，與太祖太宗世祖聖祖，并爲百世不祧之廟，擬敬上尊謚曰敬天昌運建中表正文武英明寬仁信毅大孝至誠憲皇帝，廟號曰世宗，天下萬世稱曰世宗憲皇帝。庶足以顯揚大德，表著巍功。

三、庶務

（清）允裪等《大清會典則例》卷一四二

雍和宮灌頂普善廣慈大國師章嘉胡圖克圖，其徒衆扎薩克喇嘛商卓特巴一人，格隆六人，班第六人，屬下格隆班第二十人。又閑散喇嘛三人，其徒衆班第各二人。慧悟禪師噶爾丹錫勒圖胡圖克圖，慧通禪師吉隆胡圖克圖其徒衆均與大國師同學習經典，閑散喇嘛格隆班第五百人。

（清）嵇璜、劉墉等《清通典》卷二九《職官》

雍和宮管理事務，郎中一人，員外郎一人，筆帖式三人，掌造辦佛像，供應念經事務中正殿員外郎。康熙三十六年設雍和宮郎中等員。乾隆九年以司官兼管。十六年定爲額設，咸安宮官學管理事務大臣一人，協理事務大臣一人，以内大臣簡派兼充滿漢總裁六人，以翰林院官充滿洲二人、漢人四人管理事務。郎中二人，員外郎二人，筆帖式一人。滿洲教習十三人，翻譯六人，清語三人，弓箭四人。漢人教習九人，官學生一百十八人。蒙古學總裁二人，管理事務司官二人，教習二人，官學生二十四人。凡内府三旗八旗，滿洲蒙古之秀穎者，咸與焉。雍正七年立乾隆元年定咸安宮官學生，内務府留三十人，增設八旗滿洲各十人。【略】

雍和宮管理事務，皆掌習禮儀之事。而官學藥房，附焉官房租庫，本由營造分設御書處。

（清）托津等《（嘉慶）大清會典》卷八〇《雍和宮》

雍和宮管理事務王大臣，特簡，無定員。郎中一人，員外郎一人，兼管内管領一人。於三十管領内，由堂揀派管理，掌雍和宮之陳設氾掃。

雍和宮爲世宗憲皇帝藩邸，歲時皇帝駕臨拈香瞻禮，管理王大臣以下敬謹伺應。又，後佛樓額設副内管領一人，領催一名，委署領催二名，拜唐阿八名，亦由雍和宮王大臣管理。筆帖式三人，掌給使令。

（清）托津等《（嘉慶）大清會典》卷八八六《雍和宮》

雍和宮，初爲世宗憲皇帝藩邸。乾隆九年，改爲廟宇，供奉佛像，以昭崇敬。建立四學，安設西番蒙古本京喇嘛共五百名。又設住持達喇嘛一人，德木齊四人，承辦廟内一切事宜。欽派總理雍和宮、東書院、後佛樓事務王大臣，無定員，内務府總管大臣派司官三人，筆帖式三人，理藩院派司官三人，筆帖式三人，兼攝行走。

（乾隆九年）是年奏准：雍和宮既經修建東書院、後佛樓，又有陳設等物，所關緊要，請將現在看守之内務府人等撤回，週圍安設堆撥八處，交與鑲白旗滿洲蒙古漢軍都統，於騎都尉佐領以上散秩官員内，揀選人勤慎者，每處各派一人，輪流看守。仍令該旗每班出派副參領一人，巡查值宿。再於内務府司員内，派出郎中一人，員外郎二人，理藩院司員内，派出員外郎二人，主事一人，令其管理香供錢糧，稽查各處堆撥，惟東書院係太監看守，兼之各處俱有陳設，若無專員稽查管理，似未妥協，請即於出派司員内，令内務府郎中一人，員外郎二人，兼管事務，稽查陳設。其出派官員，俱仍令兼司行走，遇有缺出，仍於内務府理藩院司員内揀選補派。

（乾隆）三十五年議准：嗣後雍和宮咨行事件，鈐用武英殿印信。

嘉慶五年奏准：雍和宮後佛樓原設副内管領一人，請作爲本處題缺，由本處筆帖式内，擇其人妥協辦事熟練有引見補放，永爲定例。

（嘉慶）十七年，軍機大臣面奉諭旨，雍和宮行文辦事，向無印信，嗣後著用中正殿印信。

劉錦藻《清續文獻通考》卷八九《選舉考六》

雍正初以潛邸爲雍和宮，爲京師第一大廟，設王大臣管理之。喇嘛皆用西藏言文，不通漢語，傳授教法率限於蒙古滿洲，絕少漢人。前藏曰達賴喇嘛，後藏曰班禪額爾德尼，以教首掌政權，屢起内閧，布在方策，無待縷陳，略舉事例，俾知梗概。

堂　子

一、建置沿革

（一）營建沿革

（清）于敏中《日下舊聞考》卷一一《國朝宮室》

所司張黃幄于長安左門外設御座，皇帝率大將軍詣堂子行禮，拜纛均如儀。禮畢，御黃幄升座，賜大將軍厄酒。

（清）于敏中《日下舊聞考》卷四九《城市·内城南城》

臣等謹按：增堂子在長安左門外，玉河橋東。每年元旦親祭，凡國家有征討大事必親祭告。《大清一統志》

（清）周家楣、繆荃孫等《（光緒）順天府志》卷一三《京師志一三》

東長安街，中有坊曰長安街。井二，其南爲堂子。詳壇廟。

（清）王先謙《東華録·順治三》

順治元年九月己亥，建堂子於玉河橋東。

（清）震鈞《天咫偶聞》卷二

堂子在東長安門外，翰林院之東，即古之國社也，所以祀土穀而諸神祔焉。中植神杆以爲社主，諸王亦皆有陪祭之位。神杆即大社惟松，東社惟柏之制。滿洲地近朝鮮，此實三代之遺禮箕子之所傳也。俗人不知，輒謂祀明鄧子龍，不知子龍蓋於太祖有舊。相傳開國初，太祖常微服至遼東，以覘其形勢，爲邏者所疑，子龍知非常人，陰送出境。太祖篤於舊誼，祔祀於社，亦崇德報功之令典，非專爲祀鄧而設也。堂子牆外，松柏成林，滿人欲請神杆者，具呈禮部，任擇其一而仍以稚者補之。

趙爾巽《清史稿》卷四《世祖紀一》

順治元年九月【略】己亥，建堂子於燕京。

趙爾巽《清史稿》卷五五《志三〇·地理志二·奉天》

關城内南爲天壇，東爲地壇、爲堂子，西南隅爲社稷壇、爲雷雨壇，東南隅爲先農祠、爲耤田。

（二）建築規制

《世祖章皇帝實錄》卷八"順治元年九月"條

己亥，【略】仍諭如前，建堂子於玉河橋東，享殿三間有闌廊，闊五丈三尺五寸，深三丈三尺。檐柱高一丈二尺六寸。八角亭一座，圍二丈六尺五寸，檐柱一丈七寸。收貯舊饗神房二間，闊一丈七尺，深一丈五尺五寸，檐柱高一丈。殿門一間，闊一丈三尺五寸，深一丈五尺，檐柱高一丈一尺二寸。祭神八角亭一座，圍二丈二尺，檐柱高九尺四寸。大門三間，闊四丈，深二丈，檐柱高一丈八寸。圍墙外神厨房三間，闊三丈五尺，深二丈，檐柱高一丈。

（清）允祹等《大清會典則例》卷一六一

順治元年，建堂子於長安左門外御河橋東，祭神殿五間南向，上覆黃琉璃，前爲拜天圜殿，八面櫺扉北向東南，上神殿三間南向，内垣一重門三間西向，門外西南祭神房三間北向，門西直北爲街門三，間以朱栅，外垣一重。

（清）昆岡等《大清會典圖》卷五《禮五·堂子圖》

堂子在長安左門外玉河橋東内垣，一重門三間西向門，西直北爲街門三間，以朱栅外短垣。一重街門，左右小栅門各一以達内外，垣堮正中祭神殿五間，南向前爲丹陛，又前爲甬道直達拜天圜殿。周環八柱，八面櫺扉，北向。殿南正中設大内致祭立杆石座，次稍後，左右分設石座，各六行，行各六重，凡石座七十二。第一重爲諸皇子致祭立杆石座，次親王、郡王、貝勒、貝子、公，以次叙列，均北向。又南木架七，髹以朱，中爲大内神樹，初到未立暫安之用。左右爲皇子以次神杆暫安之用。東南隅周以重垣，垣方，中爲上神殿，規制略如圜殿，南向。門一，亦南向。内垣東北隅角門一，東向。外垣東北隅門一間，北向。殿瓦皆用黃琉璃。祭神殿東爲儲楮帛室一間，南向。自内門中循甬道而東與南北甬道接，南達圜殿，北達祭神殿，南北甬道中木架二，髹以朱，爲承緂索座，當皇帝拜天拜位。圜殿東南有井一，内門外西南有祭神房三間，北向。西南隅有門一，門内爲圈房一間，西向。街門内西房三間，爲守人之所，房稍東，井一。

（三）修繕修造過程

《高宗純皇帝實錄》卷四六○"乾隆十九年夏四月"條

乙酉，諭：覽内務府所奏，堂子内安立神杆圖樣，王公等并無次序，且前後不齊，甚屬不成體制，理宜各按爵位，齊整分排，以壯觀瞻。今著每翼分作六排，每排分爲六分，未得封號之阿哥等在前，其次親王、郡王、貝勒、貝子、公等挨次安立，阿哥内如得封號者，視其封號。神杆各按次序更移，座石不必多移，著交禮部會同内務府大臣等察勘，繪圖具奏。著爲定例。

《宣宗成皇帝實錄》卷二六"道光元年十一月"條

丙寅，諭內閣，御史阿成奏請修整堂子牆垣一摺。堂子圍墻外矮墻，既有坍塌處所。該管官何以未經呈報，著即查明據實具奏。其應行修整之處，著交工部迅速勘估興修。

《宣宗成皇帝實錄》卷八八"道光五年九月"條

丙戌，諭內閣，御史楊煊奏，堂子正墻外之矮護墻，近因雨水較多，向北間有坍卸殘缺之處，向南己坍卸至二十餘丈等語，著工部即行查勘估修。

《宣宗成皇帝實錄》卷一三一"道光七年十二月"條

戊寅，諭內閣，工部奏查勘堂子外圍護墻，係道光元年賠修之工，今又坍塌七十餘丈，未逾保固期限，著責成原修之員賠修。其東南西三面，墻頂坍塌，墻身臕閃，著俟明歲春融，一律修築整齊。其墻垣前後，俱係車路，附近居民易滋踐踏拆損。著步軍統領嚴諭該管官，督率兵丁，實力巡查，以昭慎重。

趙爾巽《清史稿》卷九四《志六九·樂志一·總論》

十三年十月，【略】祃日建八旗大纛於堂子內門外之南，軍士執螺角列竣，上興出宮，樂陳而不作。至紅椿，聲螺角，上入自街門降興，螺止。行禮，復聲螺。纛前行禮畢，出至紅椿，螺止，《導迎樂》作。

趙爾巽《清史稿》卷九六《志七一·樂志三》

乾隆一七年，重定祭祀回鑾《祐平》十三章樂章乾隆七年製，十七年始定，凡祭祀回鑾樂皆曰《祐平》，而以慶典所奏者爲《禧平》。導迎樂　堂子裡祀隆永，維統百靈。延福儲祉，奠安神鼎。修祀祠，通紫庭。降福祥，昭德馨。

出師、凱旋告祭堂子　維文武略，勛業攸崇。欽承睿算，往征不恭。扇仁風，在師中。月三捷，奏膚功。

二、祭祀制度

（一）祭祀前期

日期時辰

（清）允祹等《大清會典則例》卷一五九《內務府》

又定每年四月初八日，堂子浴佛，用淨棉、朝鮮貢紙及贊祀所服女朝衣二分，皆據司俎官來交給發。

（清）允祹等《大清會典則例》卷一六一

元日，親詣堂子行禮。崇德元年，定每年元日躬率親王以下副都統以上，暨外藩來朝王等詣堂子上香，行三跪九拜禮。

六年，定每年元日親王以下貝勒以上，遣護衛赴堂子挂紙，貝子以下不挂。今郡王以上挂，貝勒以下停挂。【略】

（順治）二年定，守衛堂子設七品官二人、八品官二人，由禮部選補。【略】

又定，每年元日親詣堂子行禮或不行禮，由禮部豫期奏請。

又定，元日親詣堂子行禮，親王以下貝勒以上、外藩來朝親王以下貝勒以上，皆赴太和門齊集，鹵簿大駕樂器陳設如常儀。駕出，王等在午門內金水橋南分翼序跪候駕過，隨行貝子以下鎮國將軍以上，民公、侯、伯、都統、子、滿漢尚書、漢武官一品以上等官及外藩來朝貝子以上、都統以上均於長安左門外齊集，竢駕至跪候過，隨行至堂子。行禮時，王以下各官隨行禮畢，駕還宮，王公從其不隨往之，文武各官咸朝服於午門外齊集，皇帝往還時皆排跪迎送。

又定，每年元日躬率王公群臣展拜於堂子，禮成，回鑾。王、貝勒、貝子等詣乾清門恭候，皇帝率王、貝勒、貝子於宮中祭神殿行禮，由禮部豫期請旨。

康熙十一年諭：人君對越神祇務盡其誠敬之心，禮儀節文宜臻明備，每年元旦躬詣堂子展拜，可令鳴贊、贊禮，永著爲令。欽此。

十二年，奉旨嗣後堂子行禮，漢官不必隨往。

二十九年定，元日皇太子隨駕詣堂子行禮。是日，內務府總管於圜殿進楮帛畢，次以皇太子楮帛進，皇太子隨駕出宮至堂子，於皇帝拜位後稍左隨行禮，宮中祭神殿行禮儀同。

雍正元年，議准：元日，皇帝詣堂子，王以下滿文武一品官於街門內，內門外西邊序立，聖駕至跪候過，隨入行禮。

乾隆元年，奏准：增設堂子祭神殿黃紗鐙四座、圜殿黃紗鐙四座、大門紅鐙四座、甬道紅鐙二十八座。

又奏准，堂子增設灑掃人役十有二名，由內務府選送。

十七年，奉旨：堂子祀典載入內務府會典。

春秋二季立杆致祭。

又定，凡官員、庶人等設立堂子致祭者永行停止。

又定，每年春秋立杆致祭於堂子，用松樹一株，留樹杪枝葉十有三，層餘皆芟去枝葉，削成杆長二丈，栯木籓頭黃絹籓一首，五色綾各九尺，剪爲縷三色，朝鮮貢紙八十張打爲錢，黃棉綾三斤八兩，及染籓、染紙，用紫花槐子、白礬均交各該處辦進。

順治二年，定每年春秋立杆致祭，聖駕親詣行禮祭日，鹵簿大駕全設，內務府掌儀司官設御拜褥於堂子祭神殿內、圜殿內，甬道鋪棕薦，兩殿內鋪五彩花席、花紅氈。皇帝御禮服乘輦出，王以下入八分公以上，在午門內金水橋南兩翼排跪候駕過，隨行不入，八分公以下暨文武各官均於午門外排班跪送，駕至堂子門外降輦入，至殿外向東坐，王、貝勒等在丹陛上。貝子入，八分公等在丹墀内坐，皇帝於正殿及圜殿兩處行一跪三拜禮，諸王大臣皆序立不隨行禮。禮成，於殿檐下西旁正坐，公以上在丹陛上分翼序坐，進福餕、飲福酒畢，皇帝升輦，作樂，還宫。

又定，春秋致祭，贊祀所用朝衣及請神位，至堂子所用黄輿、御仗、衣帽均於各該處領取。

康熙二十年定，凡遇春秋致祭、大内致祭，次日皇太子宫致祭。

五十七年，奏准：嗣後奉請神位至堂子，令步軍除道清蹕侍衛十人，前導掌儀司官及司俎官導引隨行，以肅觀瞻所用黄輿及執御仗。内監導引官員均由司辦理外，其前導侍衛移文領侍衛、内大臣，委侍衛十人并移文步軍統領，清蹕除道。

乾隆十一年，奉旨：嗣後春秋立杆致祭，親詣堂子行禮，儀注著禮部會内務府同奏。

十九年，諭：王、公等建立神杆，應按爵秩設立，整齊以肅觀瞻，嗣後著每翼作爲六行，每行六分，以未分封皇子等列於前，其次則親王、郡王、貝勒、貝子、公等分爲六層，設立神杆，皇子内已受封爵者，其神杆視所封爵立於應立之處，所有石座不必移動，神杆各按爵秩更換，每年修整一次，著禮部會同内務府總管察看繪圖進呈著爲例。欽此。遵旨，議准：神杆石座每翼作爲六行，每行列六座，皇子神杆列前一行，其次親王、郡王、貝勒、貝子、公各按行排列，見在左翼親王七人、郡王三人、貝勒三人、貝子一人、公二人，應將第七親王神杆石座列於次行郡王之首，餘皆按次排列，右翼親王四人、郡王六人、貝勒二人、貝子一人、公十有七人，人數多寡不齊，應將親王列於前，其次郡王、貝勒、貝子、公按一行六座之數通融序列，謹繪圖黏籤進呈御覽。嗣後遇有應那移神杆，宗人府豫期行文禮部注册，至年終禮部滿堂官會同内務府總管赴堂子敬閱，將神杆石座修整一次。再，見在所有神杆石座原係各王、貝勒、貝子、公本家設立石塊，大小不一，亦不整齊，應交工部選其堪用者修飾應用，不堪用者别行製造，均修飾潔净安設。

月朔致祭。崇德元年，定每月朔，親王以下貝子以上，每府委官一人前期齋戒，是日詣堂子供獻。今自郡王以上，供獻一浴佛。崇德元年，定每年四月初八日，大内并每旗王、貝勒一人依次往堂子供獻。今惟親王、郡王供獻，是日大内及各旗佐領、軍民人等不祈禱、不祭神，禁屠宰，不理刑名。

順治二年，定浴佛日贊祀所用朝衣及請佛至堂子用黄輿、御仗、衣帽於各處領取，與春秋致祭同。

出師展拜堂子。崇德元年，太宗文皇帝親征朝鮮，是日恭詣堂子，行三跪九拜禮，復於堂子外建立八纛，致祭行禮畢，啓行。

二年班師，恭詣堂子行禮。

三年，命王、貝勒等爲大將軍出征，聖駕親詣堂子行三跪九拜禮，外立八纛，行一跪三拜禮。

康熙十三年，聖祖仁皇帝命王爲大將軍率領大兵出征。是日，率出征王及諸王、貝勒、都統、尚書等官、出征副都統以上各官、詣堂子行三跪九拜禮，次於纛前行三跪九拜禮。

十四年，撫遠大將軍王、副將軍、大學士等平定察哈爾，大兵凱旋，聖祖仁皇帝率大將軍暨在京諸王公、大臣詣堂子行禮。

三十五年，聖祖仁皇帝親率六軍征討厄魯特噶爾丹，率諸王、大臣詣堂子行三跪九拜禮，禮畢，至內門外，致禮於旗纛之神畢，乃啓行。

是年，聖祖仁皇帝自克勒和朔統軍回鑾，鹵簿大駕全設詣堂子，率皇太子、諸皇子、王、公、滿大臣等行三跪九拜禮。

五十七年，聖祖仁皇帝命撫遠大將軍王西征，躬率將士詣堂子行禮，拜纛如儀。

雍正七年，世宗憲皇帝命定邊大將軍北征，躬率將士詣堂子行禮，拜纛如儀。

乾隆十三年，命大學士經略金川，兵部建御營黃龍大纛二、八旗護軍纛八於堂子內門外之南，皇帝率經略及從征二品大臣、王、公各官於堂子行禮畢，詣纛前行三跪九拜禮。

十四年，諭：堂子之祭，乃我朝先代循用通禮，所祭之神即天神也。列祖膺圖御宇，既稽古郊禋而燔柴典重，舉必以時，堂子則舊俗相承，遇大事及春秋季月上旬必祭天、祈報歲首，最先展禮。定鼎以來，恪遵罔忒，且不易其名重舊制也。考諸經訓，祭天有郊、有類、有祈穀、祈年，禮本不一。兵戎，國之大事，故命遣大將必先有事於堂子，正類祭遺意。而列纛行禮，則禡也。我祖宗於行營中，或別有征討，不及歸告堂子，則望祭而列纛行事，其誠敬如此。朕思出師告遣，則凱旋當告。至乃天地宗社皆已祝册致虔，且受成大學，而堂子則弗之。及祠官疏略，如神貺何！祀典攸關，彝章宜備。著議政王大臣等詳悉具議，朕親爲裁定，載入《會典》。欽此。遵旨，議准：凡大兵凱旋，致祭於天、地、太廟、奉先殿、社稷、陵寢如常儀外，皇帝展拜於堂子，令欽天監擇吉。屆期，鹵簿大駕全設，凱旋將帥、大臣等在金水橋，文武各官在午門外常朝處，王、貝勒、貝子、公、大學士、都統、尚書等一品官在堂子內門外序立，禮部堂官奏請皇帝詣堂子行禮，不隨行禮，王以下各官候駕過跪送，凱旋將帥皆隨行，諸王、貝勒、貝子、公、大學士、都統、尚書等一品官竢駕至，跪候過，隨入。禮部堂官恭導皇帝進堂子就拜位，凱旋將帥、大臣等皆依次序立，鳴贊官奏跪拜興，皇帝行三跪九拜禮，凱旋將帥等均隨行禮畢，奏禮成，禮部堂官恭導皇帝出至內門外，乘輿還宮。詳見《禮部・軍禮則例》

(清) 鄂爾泰等《國朝宮史》卷六《典禮二・禮儀中・壽皇殿饗祀儀》

元旦，皇帝詣堂子、奉先殿行禮畢，詣壽皇殿，王公隨行禮。內務府前期請。除夕、初二日，俱令皇子輪班行禮，掌儀司前期請。樂章與奉先殿前殿朔望樂同，掌儀司太監預習。

(清)嵇璜、劉墉等《清通典》卷四三《禮》

春夏秋冬四季，則有獻神之祭，均用馬牛金幣祇薦如禮，歲於十二月二十六日，恭請神位供於堂子。正月初二日，自堂子恭請神位入宮。四月初八日，浴佛節請神至堂子，禮畢，請神還宮。其儀節并詳《大清會典》及《欽定滿洲祭神祭天典禮》。

(清)穆彰阿《(嘉慶)大清一統志》卷一

堂子在長安左門外，玉河橋東。每年元旦，皇上親祭，凡國家有征討大事必親祭告。

(清)穆彰阿《(嘉慶)大清一統志》卷六八

及旦，太祖率諸貝勒大臣詣堂子，再拜祝曰：皇天后土，上下神祇，某與葉赫本無釁端，守境安居。彼來構怨，斜合兵衆，侵陵無辜，天其鑒之。又拜祝曰：願敵人垂首，我軍奮揚，人不遺鞭，馬無顛躓。惟祈默佑，助我戎行。遂引兵至托克索渡口。

(清)周家楣、繆荃孫等《(光緒)順天府志》卷五《京師志五》

堂子在長安左門外，玉河橋東。凡國家有征討大事，必親祭告。《舊聞考》四十八：每歲十二月二十六日，內務府官詣坤寧宮，請神送往堂子。元旦，皇帝親詣行禮。正月初二日，請神回宮。四月初八日，浴佛遣贊祀行禮，請神送神均內務府官司其事。《禮部則例》一百十一：歲以季春季、秋月朔或二、四、八、十月或上旬諏吉，立杆于圜殿南正中石座，由大內恭請。神位安奉於祭神殿內，皇帝親詣行禮、致祭或遣贊祀行禮。內務府請旨遵行禮部冊。

趙爾巽《清史稿》卷九二《志六七·禮志一一·凶禮一》

百日外祭堂子，俱蟒袍、補褂、挂珠。【略】

二十七月內遇元旦謁堂子，百官皆蟒袍、補褂、挂珠。其前後三日及萬壽前後七日皆常服挂珠。

齋戒、陪祀、迎送

(清)允祹等《大清會典》卷八五《光祿寺》

堂子行禮，卿二人，贊禮鳴贊二人，引王公大臣鳴贊各二人，拜褥贊禮鳴贊四人，引王公鳴贊二人，引大將軍從征將士鳴贊二人。

(二)祭祀器用

陳設祭品

(清)允祿《滿洲祭神祭天典禮》卷二

神肉前叩頭畢，撤下祭肉，不令出戶，盛於盤內，於長桌前按次陳列，或皇帝率皇后受胙，或率王大臣等食肉之處請旨遵行，如遇皇帝不受胙之日，令值班大臣、侍衛等進內食之。食畢，司俎太監等撤去皮骨、皮油，送交膳房，其骨膽蹄甲，司俎官送潔净處,化而投之於河。隨將神幔收捲,其所挂紙錢存俟月終,貯高麗紙囊内,除夕送赴堂子,與堂子内所挂净紙及神杆同化之。所有關帝神像恭貯於紅漆木筒,其供佛小亭恭貯菩薩像木筒及二香碟,仍移奉西楹,以小亭安奉於亭座上,菩薩像、關帝神像二筒安奉於西山墻繪花紅漆抽屉,桌上,供香碟三於桌之東邊。

(清) 允禄《滿洲祭神祭天典禮》卷五《祭神祭天供獻器用數目》

供獻物品類:每月初一日,堂子供糕酒,俱照坤寧宫所供糕酒供獻外,四月初八日,浴佛供椵葉餑餑醴酒。

祭馬神正日,供打糕醴酒。

鹵簿

(清) 允祹等《大清會典則例》卷一七〇《領侍衛府·展拜堂子》

前引大臣十人由太和門前導至堂子街門,引進内門、中門,由甬道引至丹陛止。候駕過,皆於甬道北南向立,隨行禮畢,左翼五人趨過甬道,仍由内門、中門引出,如遇拜纛,引出内門,向南引至纛前,退立駕後,南上東西面侍立,禮成,引出。

(清) 允祹等《大清會典》卷九一《内務府》

凡導引扈從車駕出入躬祀各壇廟,以護軍校二人,庫使七人,護軍二十一人擎執引鐙。以庫守二十人,護軍二十人於午門外設鐙。以庫守十人,護軍十人於堂子街門内外,設鐙均委司官、護軍參領、護軍校專司稽察。

(清) 允祹等《大清會典》卷九四《領侍衛府》

展拜堂子,前引大臣立於甬道北,豹尾班立於祭神殿兩旁。

(清) 嵇璜、劉墉等《清通典》卷六九《兵》

展拜堂子,則街門紅柱兩旁增列燈二十,以庫守十人,護軍十人,司之均委司官稽察。

祭服

《高宗純皇帝實録》卷一〇二六"乾隆四十二年二月"條

乙巳,上詣九經三事殿、大行皇太后梓宫前供奠。軍機大臣等議奏恭擬御用服色。

百日外,祭堂子,御龍褂、龍袍。

百日外,祭堂子,執事隨駕各官補褂、蟒袍、朝珠。

《高宗純皇帝實録》卷一〇四六"乾隆四十二年十二月"條

癸卯,軍機大臣等議奏恭擬御用服色,單内酌添各條。

元旦祭堂子,隨駕執事各員穿朝服。是日,百官俱穿補褂、蟒袍、挂朝珠。其前後三日,王公大臣穿貂褂、挂朝珠,百官俱補褂、挂明珠。上元日,均穿補褂、挂朝珠。

(清) 允祹等《大清會典則例》卷八五《禮》

是日,鹵簿大駕全設。世宗憲皇帝截髮辮,諸皇子截髮辮,成服。仁壽皇太后、孝敬憲皇后、妃、嬪、公主、皇子福晉均剪髮，摘耳環，成服。王以下文武各官、内務府官員等，公主、和碩、福晉以下宗室命婦、佐領三等侍衛命婦以上，皆截髮，成服。罷黜宗室官員及閒散覺羅人等，亦準成服。外國貢使及外藩公主福晉等，額駙、王、臺吉等在二十七日内至京者成服。二十七日後至京者，男摘冠纓，女去耳環三日。專司太廟、堂子、奉先殿、祭神殿、陵寝祭祀事務男婦、内監及出征在軍營官兵家屬，皆停給孝服。本人父母新喪、兒女出痘，暫免成服。

劉錦藻《清續文獻通考》卷一七〇《王禮考一》

朕於是日亦不御禮服，照每年例，恭謁奉先殿、堂子及先師各處，行禮時御龍袍、貂褂。將届日食時，即換常服以示寅恭，而寅修省日月薄蝕躔度本屬有定數，千百年後皆可推算而得所謂千歲之日。

祭祀用具

(清) 鄂爾泰等《國朝宮史》卷一九《經費三·吉禮例用》

四月初八日堂子浴佛，用棉花八兩，頭號高麗紙一張、三號高麗紙二十七張、棉綫五錢，撒滿衣二分。用畢交庫收貯。春秋祭馬神用紅潞綢七丈一尺二寸五分、青潞綢一丈九尺一寸六分、緑潞綢二尺、三號高麗紙二十七張、竹料連四紙八張、棉綫五錢、藍布幔五架。用畢交庫收貯。

(清) 允祹等《大清會典則例》卷一五九《内務府》

引鐙。順治初年定，凡遇躬祀，【略】堂子引鐙，同設門鐙八對。

雍正四年，奉旨：嗣後凡祀壇廟，午門外内大臣侍衛等騎馬處，設羊角鐙二十對，堂子下馬處亦設鐙十對。

(清) 允祹等《大清會典》卷九二《内務府》

堂子青馬、天命黑馬、香初黄馬、蒙古花馬於神前繫記，今祭堂子，率以十匹詣神前受厘繫緑帛，亦如之。

(清) 允祿《滿洲祭神祭天典禮》卷五《祭神祭天供獻器用數目》

堂子陳設供器類：饗殿内鑲紅片金黄緞神幔一，銅香碟三，黄漆大低桌二，盛七里香鑲嵌螺鈿漆匣一，盛器皿黑漆竪櫃一，挂拍板紅漆木架二，黄紗蠹鐙四，紅紙蠹鐙三十二，亭式殿内供楠木高案一，銅香爐一，案下設挂紙錢杉木柱一，黄紗蠹鐙四，亭式殿前中間設立神杆石一，兩邊設王、貝勒、貝子、入八分公等立神杆石各一，尚錫神亭内供楠木高案一，銅香爐一，案下設挂净紙杉木柱一。

祭神所用器皿類：饗殿内獻酒楠木低桌一，盛酒大藍花瓷碗二，盛酒紅花瓷缸二，浴佛黄瓷大浴池一，盛酒大黄瓷碗二，鐵神刀一，三弦一連黄三梭布套，琵琶一連黄三梭布套，花梨木拍板十，亭式殿内獻酒楠木低桌一，盛酒大藍花瓷碗二，盛酒暗龍豆緑瓷缸二，尚錫神亭内盛酒大藍花瓷碗一，饗殿内鋪地凉席八方，鋪甬路凉席十六方，黄緞拜褥二，盛拜褥硃漆箱一，甬路、中路鋪棕毯十八方。

春秋二季,立杆大祭,索繩上掛黃、綠、白三色高麗紙錢各二十七張,亭式殿內掛黃、綠、白三色高麗紙錢各二十七張,掛紙錢用三色棉綫各五錢。

正月初三日、每月初一日、四月初八日、每逢祭馬神正日,亭式殿內掛紙錢各二十七張,掛紙錢用三色棉綫各五錢。

每月初一日,尚錫神亭內掛净紙各二十七張,不鏤錢文用整高麗紙必用之項。

正月初一日,亭式殿內點鐙,用五兩重黃蠟燭三枝。

春秋二季大祭,用索繩各三條索繩,上夾九色綢條,每色各九尺楠木,神杆木頂各一分。松木神杆各一神杆,上懸長二丈染黃色高麗布,神旛各一撚,索繩、棉綫各三斤八兩。

春秋二季,染索繩紙錢高麗布神旛用紫花各五斤、槐子各五斤、礬各一斤,五兩重黃蠟燭各七枝。

浴佛用紅蜜八兩、棉八兩,五兩重黃蠟燭七枝。

十二月二十六日,恭請神位供於堂子。正月初二日由堂子請神位進宮,點鐙籠,用五兩重黃蠟燭各四枝。

(清)慶桂等《國朝宮史續編》卷七〇《經費二·吉禮例用》

四月初八日,堂子浴佛用高麗紙二十八張、棉花八兩、棉綫五錢、撒滿衣二分。用畢,入庫貯。

春秋祭馬神用紅潞綢七丈一尺二寸五分、青潞綢七丈九尺一寸六分、綠潞綢二尺、高麗紙二十七張、竹料紙八張、棉綫五錢、藍布幔五架。用畢,入庫貯。

劉錦藻《清續文獻通考》卷一五三《郊社考七》

宣統元年十二月,内務府奏:明年正月初一日,堂子掛紙錢,請派大臣派出增崇。二十六日請神恭送堂子,明年正月初二日,請進宮內供奉。二月初四日,堂子豎杆大祭。

(三)祭祀禮儀

禮儀沿革

《世祖章皇帝實錄》卷五六"順治八年夏四月"條

戊申,定諸王、文武群臣、陪祭扈從、及接駕送駕儀注。上命出師至堂子行禮。護軍統領、梅勒章京各率本部官兵俱于駕出門外排列。出師及留京諸王、貝勒各具吉服,齊集朝房,候駕出宮,於午門內分兩翼序立。駕至金水橋,俱跪候駕過,隨出。其出師及留京貝子、公、固山額真、條纛、親軍俱于東長安門外分兩翼排列。留京文武各官各具吉服於午門外常朝處分兩翼序立。駕出午門,跪候駕過。其長安門外排列貝子、公、固山額真等俱跪候駕過,按隊隨行。上至堂子行禮,諸王、貝勒、貝子、公及固山額真等官俱隨入行禮畢,出師諸王、貝勒、貝子、公、固山額真起行駕還。

留京諸王、貝勒、貝子、公、固山額真俱隨還。午門外序立各官俱跪候駕過。諸王、貝勒隨入午門，于內金水橋前序立，候上入宮，乃退。

《世祖章皇帝實錄》卷一〇五 "順治十三年十二月" 條

丁酉，禮部奏：元旦請上詣堂子。得旨，既行拜神禮何必又詣堂子，以後著永行停止，爾部亦不必奏請。

《世祖章皇帝實錄》卷一一四 "順治十五年春正月" 條

壬寅，禮部以將征雲南奏出兵儀注，得旨，既因祭太廟齊戒，不必筵宴。其詣堂子，著永行停止。餘俱照定例行。

《高宗純皇帝實錄》卷三三九 "乾隆十四年四月" 條

丙午，定凱旋致祭堂子典禮。諭：堂子之祭，乃我朝先代循用通禮，所祭之神，即天神也。列祖膺圖御宇，既稽古郊禋，而燔柴典重，舉必以時。堂子則舊俗相承，遇大事及春秋季月上旬必祭天祈報，歲首最先展禮。定鼎以來，恪遵罔怠，且不易其名，重舊制也，考諸經訓，祭天有郊，有類，有祈穀、祈年，禮本不一。兵戎國之大事，故命遣大將，必先有事於堂子，正類祭遺意，而列纛行禮，則祃也。我祖宗於行營中，或別有征討，不及歸告堂子，則望祭而列纛行事，其誠敬如此。朕思出師告遣，則凱旋即當告至，乃天、地、宗、社俱已祝册致虔，且受成太學，而堂子則弗之及，祠官疏略，如神貺何，祀典攸關，彝章宜備，著議政王大臣等詳悉具儀，朕親爲裁定，載入《會典》。特諭。尋奏，謹按《會典》，崇德間大兵凱旋，太宗文皇帝率衆拜天，大設筵宴，宴畢，躬率凱旋王、貝勒、貝子、公、大臣等恭謁堂子，行三跪九叩禮。請嗣後凱旋，致祭於天、地、太廟、奉先殿、社稷、陵寢如常儀外，皇帝告祭堂子，由禮部請旨，欽天監擇吉，屆期鹵簿大駕全設，禮部堂官奏請皇帝詣堂子行禮，凱旋將帥大臣及諸王、貝勒、貝子、公、鎮國將軍、都統、尚書等官俱隨行。皇帝進堂子上香畢，禮部堂官恭導就位，凱旋將帥等依次排立，鳴贊官贊跪叩興，皇帝行三跪九叩禮，將帥等隨行禮畢，禮部堂官奏請駕還宮。樂作禮成如儀。得旨：是，依議。

《高宗純皇帝實錄》卷三三九 "乾隆十四年四月" 條

丙午，定經略大將軍儀注。議政王大臣會同兵部議奏出師告捷典禮。臣等考究前史，參采現行事例，并大學士公傅恒原奏，區別四款：曰命將、曰祖征、曰專閫、曰奏凱，又於四款中酌定授救以迄勞師，計儀注十有二則：【略】二祓社，經略大將軍出師，先期告祭奉先殿。及啓行日，皇帝率經略大將軍隨征諸將詣堂子行禮，鳴角吹螺，祭纛於門。

《高宗純皇帝實錄》卷一一二四 "乾隆四十六年二月" 條

甲辰朔，諭：禮莫大乎敬天，義莫隆於郊祀。前以禮部具題，壬寅年祭祀壇廟各日期。宮中拜神奉先殿，均可各昭誠敬。惟出宮詣堂子行禮，皇上親詣不親詣，例由禮部將可否展期於初五日行禮之處，先期奏請。

《高宗純皇帝實錄》卷一四五八 "乾隆五十九年八月" 條

乙巳，諭曰：明年元旦，著照五十一年之例，不御殿，不受朝賀，是日午後，向有諸王及皇子皇孫等内庭家宴之例。五十一年元旦日食復圓後曾經舉行。明歲究係六十年周甲年分，所有内庭家宴，亦著一並停止舉行。朕於是日，亦不御禮服，照每年例，恭詣奉先殿、堂子及先師各等處行禮時，御龍袍貂褂。將屆日食時，即換常服，以示寅恭而寓修省。

《仁宗睿皇帝實錄》卷五二 "嘉慶四年己未九月" 條

壬午，定祈穀禮，【略】而除夕亦系齋戒之期，朕應住宿齋宮，于元旦應祭堂子、奉先殿、壽皇殿及宮中拜神之處。亦未便分詣行禮，俱應改用次辛。

《宣宗成皇帝實錄》卷六八 "道光四年五月" 條

甲戌，增輯祭堂子典禮。諭内閣，堂子祭天，典禮甚重，現在禮部纂輯通禮，著于吉禮中南郊、北郊大祀之後，謹增致祭堂子之禮，以昭明備，至太廟、社稷壇謝福胙之禮，俱仍照舊禮行。

《德宗景皇帝實錄》卷二九一 "光緒十六年十一月" 條

丁亥，又諭【略】元旦詣堂子行禮，仍御禮服。

《德宗景皇帝實錄》卷三九〇 "光緒二十二年五月" 條

甲辰，諭内閣【略】元旦詣堂子行禮，仍御禮服。

《德宗景皇帝實錄》卷四八五 "光緒二十七年秋七月" 條

壬午，派工部尚書張百熙等估修改建堂子工程。

《清宣統政紀》卷九 "宣統元年閏二月" 條

甲申，禮部奏，禮學開館，酌擬凡例十九條，開單進呈：乾隆禮未載堂子祭禮，至道光重修。始據《皇朝文獻通考》，爲元日謁拜立杆致祭二篇，而於大内祭神之禮，尚未及詳。伏查《皇朝通典》載坤寧宮朝夕祭外，每月朔祭神，翼日祭天，其制亦立杆於庭。而每歲十二月二十六日，恭請神位供於堂子。正月初二日，復恭請神位入宮。與元日謁拜立杆致祭禮節相因，未可闕略，謹依《大清會典》，補載大内祭神於後。

(清) 張廷玉《清文獻通考》卷九九《郊社考·堂子》

臣等謹按：太祖高皇帝建國之初，有謁拜堂子之禮。凡每歲元旦及月朔，國有大事則爲祈爲報皆恭詣堂子行禮大出入必告，出征凱旋則列纛而告，典至重也。順治初年以前，堂子在盛京撫順門外，迨定鼎燕京，即建堂子於玉河橋東，祭法明備詳載典禮，而内廷虔祀夙夜寅清，即古聖王亦保亦臨之義，我皇上詔諸典策、明示義法，然後知天神之祀，稽古而合敬，考典文與郊社以義相從，内廷之祭，即以類載制度、儀節皆備詳焉。

天聰九年八月乙巳，太宗文皇帝親謁堂子行拜天之禮。是歲，征察哈爾奏凱，師還，太宗率諸貝勒大臣謁堂子，鳴角奏樂拜天行禮。

崇德元年五月，以大軍征明，親率王貝勒等謁堂子行禮拜纛出師。

十二月壬申，以親征朝鮮，謁堂子行禮，拜纛，啓行。先是於冬至祀天即告出征，遂告於廟。出師之日，設鹵簿，吹螺奏樂，親謁堂子行禮，於堂子外建立八纛，吹螺奏樂拜纛啓行。次年班師，詣堂子行禮。臣等謹按：崇德改元在天聰十年四月，是時大軍四征皆簡師整旅，親率王公大臣詣堂子行禮，乃列纛而拜，然後親蒞軍中誡諭遣行，奏凱復行展拜，殆無虛歲武功赫濯，此其常典矣。

七年三月庚辰，以克錦州，謁堂子行禮。是歲，征明之師以錦州捷聞，太宗率王貝勒等陳鹵簿鼓吹謁堂子行禮復行拜纛之禮。

順治元年四月丙寅，世祖章皇帝命王貝勒帥師平定中原，親詣堂子奏樂行禮，拜纛出師。

九月，建堂子於京師，定上香致祭謁告之禮。是年既定燕京，即建堂子於長安左門外玉河橋東，街門北向，内門西向。

(清) 張廷玉《清文獻通考》卷一七六《樂考》

重定親征鐃歌鼓吹。鑾儀衛陳設鹵簿，鼓吹前列鐃歌大樂，皇帝出宮，導迎鼓吹陳而不作，詣堂子行禮畢，駕出，鼓吹金鼓振作，大軍啓行，鐃歌樂與巡幸鼓吹同。

重定親征凱旋鐃歌鼓吹。鑾儀衛陳設鹵簿，鼓吹樂器自郊外五里至堂子門外，駕入都門，大樂前導鼓吹振作。

(清) 張廷玉《清文獻通考》卷一八一《兵考》

凡扈從之制，每乘輿出入，設馬上引燈五班，每班燈六，【略】展拜堂子則街門紅柱兩旁增列燈二十，以庫守十人、護軍十人司之，均委司官等稽察。

(清) 嵇璜、劉墉等《清通志》卷三七《禮略》

自乾隆元年以來，每歲春祀皆躬詣行禮，唯值皇上巡行之歲，遣官恭代秋祀恭，值皇上舉木蘭行圍之典，皆遣官恭代堂子大内祭神。

臣等謹按：太祖高皇帝建國之初，有謁拜堂子之禮，凡每歲元旦及月朔，國有大事則爲祈爲報恭詣行禮，大出入必告，出征凱旋則列纛而拜，典至重也。順治間，建堂子於玉河橋東，祭法明備，詳載典禮，而内廷虔祀朝夕無間我，皇上詔以盛禮，載諸典策煌煌，聖謨明示義法，仰見聖朝敬事天神鳳。

天聰九年八月，太宗文皇帝以征察哈爾奏凱師還，親謁堂子行拜天之禮。崇德元年五月，以大軍征明，親率王、貝勒等謁堂子行禮，拜纛出師。十二月，以親征朝鮮，謁堂子行禮。次年班師，以成功告。七年三月，以克錦州謁堂子行禮。

順治元年四月，世祖章皇帝命王、貝勒帥師平定中原，謁堂子行禮。九月建堂子於京師長安左門外玉河橋東，定上香致祭謁告之禮，先是崇德元年定制，每年元旦，皇帝率親王以下，副都統以上及藩王等詣堂子，上香行三跪九拜禮。又定每年春秋立杆致祭於堂子，親王、郡王、貝勒每家各祭三杆，貝子、鎮國公、輔國公每家各祭二杆，鎮國、輔國、奉國將軍每家各祭一杆，無爵宗室不得祭。又定每月朔，親王以下貝子以上每府委官一人，前期齋戒，是日詣堂子供獻。順治二年，以元旦親詣行禮與否，令禮部預期題請，又定每年春秋立杆致祭，聖駕親詣行禮如儀。

康熙十二年，定制凡祭堂子，令漢官勿隨往，惟王公、滿大臣、一品文武官隨往行禮。十三年正月，以遣大將軍王帥師出征，聖祖仁皇帝親詣堂子禮，次於纛前行禮，自後凡大征伐及命將出師，皆親詣堂子行禮。

乾隆十四年五月，定出征凱旋，告祭堂子之禮。議政王大臣等奉諭旨：堂子之祭，乃我朝先代循用通禮。所祭之神，即天神也。列祖膺圖御宇既稽古郊禋，而燔柴典重，舉必以時，堂子則舊俗相承，遇大事及春秋季月上旬，必祭天祈報歲首，最先展禮。定鼎以來，恪遵罔怠，且不易其名，重舊制也。考諸經訓祭天，有郊，有類，有祈穀，祈年，禮本不一。兵戎，國之大事，故命遣大將必先有事於堂子。正類祭遺意而列纛行禮，則禡也。我祖宗於行營中，或別有征討不及歸告堂子，則望祭而列纛行事，其誠敬如此。朕思出師告遣，則凱旋即當告，至乃天地、宗社俱已祝冊致虔，且受成太學而堂子則弗之，及祠官疏略如神既何祀，典攸關彝章宜備，著議政王大臣詳議具奏，朕親為裁定。王大臣等遵旨議上：“大兵凱旋，皇帝告祭堂子之禮，請載入《會典》。”從之。自後命將出征及凱旋皆致祭堂子如儀。十九年，奉諭王公等建立神杆應按爵秩設立。

（清）嵇璜、劉墉等《清通志》卷四四《禮略》

崇德元年，太宗文皇帝命多羅武英郡王、貝勒、貝子等率諸大臣官兵出征，親臨送至撫近門，設鹵簿詣堂子行禮，又於堂子外列護軍八纛，行三跪九叩禮畢，親送至演武場，升御座召郡王、貝勒、貝子等近前誠諭遣行。是年，命和碩睿親王、和碩豫親王、貝勒、貝子、公、大臣率大軍出征，儀同。

崇德二年三月，太宗文皇帝率從征王、貝勒、大臣等班師。【略】至盛京日，恭謁堂子行禮，還宮。

順治元年，世祖章皇帝命攝政和碩睿親王同多羅豫郡王、貝勒、貝子、公、八旗都統、副都統，暨恭順、懷順、智順三王等率兵略定中原，詣堂子奏樂行禮，又陳列八纛，行禮畢，大軍聲炮啟行。

康熙三十五年五月，聖祖仁皇帝自克勒和碩統軍回鑾，諸王大臣請行慶賀禮，不許。越五日，撫遠大將軍大破賊於昭默多之地。捷音至，聖祖仁皇帝出行營南門外設香案謝天行三跪九叩禮，入行宮，諸王、大學士等進賀捷表文行慶賀禮。六月駕還京，詣堂子，行三跪九叩禮，還宮。

三十六年，聖祖仁皇帝復臨邊方，駐蹕狼居胥山，指授諸將方略，截窮寇遁走之路。噶爾丹自料立就誅戮，仰藥自殺，餘黨率眾歸降，朔漠蕩平。聖祖仁皇帝以六師大捷，於行營外率皇子諸王大臣謝天，行三跪九拜禮畢，群臣行慶賀禮。聖駕回京，詣堂子行禮畢，還宮。

（清）嵇璜、劉墉等《清通典》卷四三《禮典》

國朝初建堂子，在盛京撫順門外。太祖高皇帝建國之初，有謁拜堂子之禮。

天聰九年八月，太宗文皇帝以征察哈爾，奏凱師還親詣堂子行拜天禮。崇德元年五月，大軍征明，太宗文皇帝親率王貝勒等詣堂子行禮，拜纛出師。是歲定制，每年元旦皇帝率親王以下副都統以上及藩王等詣堂子上香，行三跪九拜禮。十二月親征朝鮮，出師之日，設鹵簿吹螺奏樂，親詣堂子行禮，於堂子外建立八纛，吹螺奏樂拜纛啓行。次年班師，詣堂子行禮。七年三月，以錦州捷聞，親率王貝勒等詣堂子行禮。

順治元年四月，世祖章皇帝命王貝勒帥師平定中原，親詣堂子奏樂行禮拜纛出師。九月既定燕京即建堂子於長安左門外，王河橋東。街門北向，內門西向。正中爲祭神殿，南向。前爲拜天圜殿，殿南正中設大內致祭立杆石座，次稍後，兩翼分設皇子致祭立杆石座，次親王郡王貝勒貝子公各以次序列，北向。東南爲上神殿，南向。

康熙十三年正月，以吳三桂叛逆，遣大將軍王等帥師出征，聖祖仁皇帝親詣堂子行禮祭纛以行。十四年閏五月，以平定察哈爾凱旋，聖祖仁皇帝率大將軍王暨諸大臣詣堂子行禮。三十五年二月親征噶爾丹，率諸王大臣詣堂子行禮祭纛出師。六月凱旋，詣堂子行禮。五十七年十一月以遣大將軍王等帥師出征策旺阿喇布坦，御太和殿設鹵簿出征。大將軍王等以下俱戎服，不出征者蟒服以從，詣堂子行禮，乃鳴角祭纛啓行。

雍正七年六月，以大兵進剿準噶爾，遣大將軍出師北路，世宗憲皇帝率大將軍以下及諸王大臣詣堂子行禮，祭纛出師。

乾隆十三年十一月，以遣大學士經略金川，皇上率經略大學士及王公大臣等詣堂子行禮，祭纛出師。次年凱旋祗告如禮。

十四年五月，奉諭旨：堂子之祭乃我朝先代循用通禮，所祭之神即天神也。列祖膺圖御宇，既稽古郊禋而燔柴典重，舉必以時。堂子則舊俗相承，遇大事及春秋季月上旬必祭天，祈報歲首，最先展禮。定鼎以來，恪遵罔怠，且不易其名。考諸經訓，【略】兵戎，國之大事，故命遣大將必有事於堂子，正類祭遺意，而列纛行禮則禡也。我祖宗於行營中，或別有征討不及歸告堂子，則望祭而列纛行事。其誠敬如此，朕思出師告遣，則凱旋即當告至乃天地社稷，俱已祝册致虔且受成太學，而堂子則弗之及。祠官疏略，如神貺何？祀典攸關，彝章宜備。著議政王大臣詳議具奏，朕親爲裁定。王大臣等遵旨議上："大兵凱旋，皇帝告祭堂子之禮，請載入《會典》。"從之。十九年四月，諭禮部等衙門，王公等建立神杆理應按照爵秩等次設立整齊，以肅觀瞻著，每翼作爲六排，每排六分，以未分封皇子等列於前，其次則親王、郡王、貝勒、貝子、公等分爲六層，設立神杆，皇子內已受封爵者，其神杆視所封爵立於應立之處，所有石座不必移動，神杆各按爵次更換，每年修整一次，交禮部會同內務府總管，查看繪圖進呈。著爲例。尋禮部等衙門議奏："謹遵諭旨，神杆立座每翼爲六排，每排爲六分，皇子神杆列於前，其次親王郡王貝勒貝子公各按排建立。但查左翼親王現有七位，今一排建立六杆，應將第七位親王神杆列於次排郡王之首，其郡王、貝勒、貝子、公俱按次接續。右翼親王，四位郡王，六位貝勒，二位貝子，一位公，十七位，人數多寡不一，不能每排俱得六人之數，應將親王列於前，其次郡王、貝勒、貝子、公，按一排六分之數通融接續叙立。"奏入，從之。四十三年八月，皇上恭謁祖陵，至盛京，命修葺盛京堂子。四十七年正月初四日，祭祈穀壇，仍於初一日親詣堂子行禮。先是定制元旦行禮，值祈穀壇齋戒，將可否展期於初五日行禮之處具奏，得旨遵行。是年以元旦行禮，禮成還宮。時尚在未入齋戒以前，仍導迎作樂，用昭大典。凡儀節制度詳具《大清會典》及《欽定滿洲祭神祭天典禮》。大内祭神之禮肇自盛京，既恭建堂子，以祀天又於清寧宮正寢恭設神位以祀神。至順治元年，定爲坤寧宮祭神之禮皆如清寧宮例。每日奉朝祭神位於祭神殿西位東向，日昧爽行禮奉夕祭神位於西北南向，申刻行禮，惟齋戒忌辰并禁止屠宰等日期不祭，餘日皆祭。每月朔則祭神，翼日則祭天，季春季秋月朔或二、四、八、十月或上旬諏吉則立杆大祭。前期一二日，宮内報祭，大祭之日恭請神位於堂子内，祭畢，復請入宮大祭。

（清）阿桂等《滿洲源流考》卷一八《國俗》

謹按《欽定滿洲祭祀典禮》，我朝自發祥肇始即恭設堂子立杆以祀天，又於寢宮正殿設位以祀神，其後定鼎中原，建立壇廟，禮文大備而舊俗未嘗，或改每歲春秋有立杆大祭之禮，有宮内報祭之禮，又有月祭之禮，有每日朝祭夕祭之禮，有四季獻神之禮，凡省牲、受胙、酒醴、供獻、祝辭、儀注之屬詳見《滿洲祭祀典禮》一書。

（清）慶桂等《國朝宮史續編》卷八《典禮二·盛典二·授受儀二》

一、丙辰元旦，奉先殿、堂子行禮，在未傳位以前，皇太子隨皇上行禮。

（清）慶桂等《國朝宮史續編》卷一三

五十九年十二月己巳，奉諭旨，明年元旦恭詣堂子行禮，還宮時尚在日未食之前，不應作樂。

（清）昭槤《嘯亭雜録》卷八《堂子》

國家起自遼瀋，有設竿祭天之禮，又總祀社稷諸神衹於静室，名曰堂子，實與古明堂會祀群神之制相符，猶沿古禮也。既定鼎中原，建堂子於長安左門外，建祭神殿於正中，即彙祀諸神衹者。南向前爲拜天圜殿，殿南正中設大内致祭立杆石座，次稍後，兩翼分設，各六行，行各六重。第一重爲諸皇子致祭立杆石座，諸王貝勒公等各依次序列，均北向。東南建上神殿南向，相傳爲祀明將鄧子龍位，蓋子龍與太祖有舊誼，故附祀之。歲正朔，皇上率宗室王公滿一品文武官詣堂子，行拜天禮。凡立杆祭神於堂子之禮，歲以季春、季秋月朔日舉行。祭日，懸黃幡，繫采繩，綴五色，繒百縷，楮帛二十有七，備陳香鐙。司俎官於大内恭請神位，由坤寧宮以彩亭舁出，行中路，至堂子安奉於祭神殿内，東向。陳糕餌九盤，酒盞三。圜殿陳糕餌三，酒盞一，楮帛如數。司俎官以贊祀致辭行禮。大內致祭後越日，爲馬祭神於堂子如儀。凡月祭，孟春上旬三日。餘月朔日，大內遣司俎官率堂子官吏於圜殿奠獻糕、酒，行禮如儀。是日，內管領一人於上神殿獻糕、酒、楮帛。親郡王各遣護衛一人於上神殿獻楮帛。凡浴佛之禮，歲以孟夏上旬八日，司俎官率執事人等自大內請佛至堂子祭神。

(清) 史夢蘭《止園筆談》卷四

本朝出軍，祭告堂子與郊廟并重。《會典》：元旦，皇帝拜天則於堂子，出征拜天亦如之。故或以堂子爲祭天，然四月八日則奉神佛於堂子，而祭之豈又可即以堂子爲奉佛乎？且堂子之圜殿之神亭皆以月首祭，而圜殿神則名曰紐歡臺吉、武篤本貝子，是堂子自有一神矣。神亭建於堂子東南隅，每月首內管領一人，免冠脫褂，解帶入，跪祝叩首。四月浴佛日，於堂子祀佛則并祀圜殿神。若禱馬，則祭馬神於別室，亦兼禱圜殿神。考開國方略，太祖初起兵，即禱於堂子。諸族人謀害太祖，亦誓於堂子。其時，在薩爾滸之戰前數十載，則堂子自是滿洲舊俗，祭天祭神祭佛之公所，惟圜殿神貝子之祀，則不知起於何時。

(清) 王先謙《東華續錄·乾隆一一九》

五十一年元旦，日食復圓後曾經舉行。明歲究係六十年周甲年分，所有內庭家宴亦著一并停止舉行，朕於是日亦不御禮服，照每年例，恭詣奉先殿、堂子及先師各等處，行禮時御龍袍、貂褂。將屆日食時即換常服，以示寅恭。而寅修省日月，薄蝕躔度，本屬有定數，千百年後皆可推算而得，所謂千歲之日，至可坐而致。但元旦、上元適值日月虧蝕，究爲昊穹示儆之象，幸天恩垂佑，適在明歲，爲朕即位周甲告成之年，自應祇承無斁，設在丙辰正月，則爲嗣皇帝即位之元，於吉祥盛事轉爲未慊，是即日月薄蝕一事而上天之篤佑，朕躬以貽我子孫萬年無疆之庥者，至優至厚，朕惟有益感天恩倍深乾惕。

(清) 王先謙《東華續錄·道光九》

道光四年五月甲戌，諭：堂子祭天典禮甚重，見在禮部纂輯，通禮著於吉禮中，南郊、北郊大祀之後，謹增致祭堂子之禮，以昭明備至。太廟、社稷壇謝福胙之禮，俱仍照舊例行。

趙爾巽《清史稿》卷八二《志五七·禮志一·吉禮一》

其祀典之可稽者，初循明舊，稍稍褒益之。堂子之祭，雖於古無徵，然昭假天神，實近類祀。

五禮，一曰吉禮。凡國家諸祀，皆屬於太常、光祿、鴻臚三寺，而綜於禮部。惟堂子元日謁拜，立杆致祭，與內廷諸祀，并內務府司之。

趙爾巽《清史稿》卷八四《志五九·禮志三·吉禮三》

凡親征諏吉啓行，先於堂子內門外建御營黃龍大纛，按翼分設八旗大纛、火器營大纛各八，列其後，并北向。帝御戎服佩刀，出宮乘騎，入堂子街門降。圜殿禮畢，出內門致禮纛神，率從征將士三跪九拜，不贊。禮成樂作，鑾駕啓行，領侍衛內大臣、司纛侍衛率親軍舉纛從。

凱旋致祭，屆日陳法駕鹵簿，自郊外五里迄堂子門外。駕至郊，降輿拜纛如儀。命將出師亦如之。聖祖征噶爾丹凱旋，翼日爲壇安定門外，致祭隨營旗纛，用太牢，始遣大臣行禮。雍正初，定三年一祭。

趙爾巽《清史稿》卷八五《志六〇·禮志四·吉禮四·堂子祭天》

清初起自遼瀋，有設杆祭天禮。又於静室總祀社稷諸神祇，名曰堂子。建築城東內治門外，即古明堂會祀群神之義。世祖既定鼎燕京，沿國俗，度地長安左門外，仍建堂子。正中爲饗殿，五楹，南向，彙祀群神，上覆黃琉璃。前爲拜天圜殿，北向。中設神杆石座，稍後，兩翼分設各六行，行各六重，皇子列第一重，次親王、郡王、貝勒、貝子、公，各按行序，均北向。東南爲上神殿，三楹，南向。祭禮不一，而以元旦拜天、出征凱旋爲重，皆帝所躬祭。其餘月祭、杆祭、浴佛祭、馬祭，則率遣所司。崇德建元，定制，歲元旦，帝率親王、藩王迄副都統行禮。尋限貝勒止，已復限郡王止，并遣護衛往挂紙帛。

凡親祭，前期十二月二十六日，內府官赴坤寧宮請朝祭、夕祭神位，安奉神輿，內監舁行。前引御仗八、鐙四，司俎官六人，掌儀司一人，侍衛十人，導至饗殿供奉。朝夕獻香如儀。故事，神位所懸紙帛，月終積貯盛以囊，除夕送堂子，與净紙、神杆等同焚。時內府大臣率長史、護衛挂新紙帛各二十有七。昧爽，帝乘輿出宮，陪祀王公等隨行。至堂子內門降，入中門，詣圜殿就拜位，南向，率群臣行三跪九叩禮。畢，回鑾。翼日，奉神位還宮。康熙十一年，詔元旦拜堂子禮宜明備，用鳴贊官。明年，罷漢官與祭。二十九年，諭令皇子隨行禮，內府大臣圜殿進楮帛畢，次進皇太子楮帛。

月祭，歲正月初旬諏吉，餘月朔日。司俎二人，就杉柱上挂紙帛數等。元旦，案陳時食盤一、醴酒盞一。司香上香，內監執三弦、琵琶，坐甬道西，守堂子人持拍板坐其東。司祝進跪，司香授盞，司祝受之，獻酒。奏神弦，鳴拍板，拊掌應節。凡六獻，皆贊歌"鄂囉羅"，守堂子人亦歌。獻畢，一叩，興，合掌致敬。弦、板止，司祝執神刀進，奏弦、拍板如初。司祝一叩，興，司俎贊歌"鄂囉羅"，衆和歌。司祝舉神刀誦神歌曰："上天之子，紐歡臺吉，武篤本貝子，某年生小子，某年生小子，今敬祝者，豐於首而仔於肩，衛於後而護於前。畀以嘉祥兮，齒其兒而髮其黃兮，偕老而成雙兮，年其增而歲其長兮，根其固而神其康兮。神兮既我，神兮佑我，永我年而壽我兮。"凡三禱，如前儀，誦贊者九。司祝跪，一叩，興，誦贊三。弦、板止，復跪，一叩，興，合掌退。

立杆大祭，歲春、秋二季月朔，或二、四、八、十月上旬諏吉行，杆木以松，長三丈，圍徑五寸。先一月，所司往延慶州屬采斲，樹梢留枝葉九層，架爲杆，賫至堂子。前期一日，樹之石座。崇德初，定親王、郡王、貝勒祭三杆，貝子、鎮國、輔國公二，鎮國、輔國將軍一。月朔大内致祭，初二日後依次祭，凡祭三杆者，定期内祭其一，過旬祭其二。祀日有數家同者，仍按位爲等差，違例多祭與爭先越祭并處罰。後改定大内至入八分公俱祭一杆，將軍不祭。

届日，司香豫懸神幔，炕上置漆案，陳碟三。前置楠案，黄瓷碗二。圜殿置二楠案，高者陳爐，卑者陳碗，前設彩氈。司俎二人赴坤寧宮請佛亭及菩薩、關帝像，舁至堂子。安佛亭於座，像懸幔以三繩，繫兩殿神杆間。懸黄旛，挂紙帛，圜殿挂帛亦如之。饗殿北炕案上陳打糕、搓條餑餑盤九，酒盞三，圜殿高案則盤三盞一。每獻，司祝挹碗酒注盞，兩殿祭獻歌禱如前儀。祝辭曰：“上天之子，佛及菩薩、大君先師、三軍之師、關聖帝君，某年生小子，某年生小子，今敬祝者，貫九以盈，具八以呈，九期届滿，立杆禮行。爰繫索繩，爰備粢盛，以祭於神靈。”餘辭同月祭。卒事，司香捲幔，徹像奉入宮。

若帝親祭，殿内敷彩席，覆紅氈，甬道布棕薦。届時乘輿出宮，滿大臣隨扈至堂子街，王公跽俟，輿，從之。帝降輿入中門，詣饗殿前東向坐，司祝獻酒，舉神刀，禱祝，奏弦、拍板、抃掌，歌“鄂囉羅。”帝入，一跪三叩。圜殿同。畢，升座，賜王公等炕前坐。尚膳正、司俎官進胙糕，尚茶正獻福酒，帝受胙，分賜各王公。禮成，還宮。遇壇、廟齋期或清明節，再涓吉以祀。

月朔祀東南隅尚錫神亭，即堂子上神殿也。神曰田苗，神案上盤一、盞一，分陳時食醴酒，司香上香，司俎挂净紙杉柱上，諸王護衛依次挂之。内管領一人入，除冠服，解帶，跪叩，祝辭曰：“上天之子，尚錫之神，月已更矣，建始維新，某年生小子，敬備粢盛兮，潔楮并陳。惠我某年生小子，貺以嘉祥兮，畀以康寧。”畢，退。或謂祀明副總兵鄧子龍也，以與太祖有舊誼，故附祀之。

四月八日佛誕，祭祀前期，饗殿懸神幔，選覺羅妻正、副贊祀二人爲司祝。祭日，不祈報，不宰牲，不理刑名。届時赴坤寧宮請佛亭及菩薩、關聖像，司俎内監置椴葉餑餑、釀酒、紅蜜於盒以從，至則陳香鐙，獻糕酒，取紅蜜暨諸王供蜜各少許，注黄瓷浴池。司祝請佛，浴畢，以新棉承座，還奉佛亭，陳椴葉餑餑九盤，酒盞、香碟各三，并諸王所供餑餑、酒。圜殿亦如之。司香上香，司祝獻酒九巡，餘略如月祭、杆祭。崇德元年，定八旗王、貝勒各一人，依次供獻。厥後唯親王、郡王行之。

馬祭，歲春、秋季月，爲所乘馬祀圜殿。正日，司俎挂紙帛如常數，陳打糕一盤、醴酒一盞，縛馬鬃、尾緑綢二十對。司香上香，牧牽十馬，色皆白，立甬道下。司祝六獻酒，奏樂如儀。所禱之神同月祭，唯祝辭則易爲所乘馬。“敬祝者，撫脊以起兮，引鬣以興兮，嘶風以奮兮，噓霧以行兮，食草以壯兮，嚙艾以騰兮。溝穴其弗踰兮，盗賊其無擾兮。神其眡我，神其佑我。”禱訖，取綢條就香爐薰禱，司俎以授牧長，繫之馬尾。是日，馬神室并奉朝祭、夕祭神位，遣内府大臣行禮。朝祭豫懸幔，舁供佛小亭奉炕上，案陳香、酒、食品。司俎進二豕，熟而薦之。司香上香，舉盞授司祝，司祝進跪三獻，歌奏如前。訖，授盞司香，一叩，興，合掌致敬。復跪，祝，一叩，興。取縛馬鬃、尾紅綢絛七十對，就香碟薰禱，授司俎官，轉授上駟院侍衛，分給各廠、院。卿、侍衛、廄長入，隨食肉。

其夕祭儀略如朝祭，候肉熟分陳案上，進跪叩祝同。司祝坐杌置夕祭定處，設小案、小腰鈴，別置神鈴。案東展背鐙布幕，振鈴杆，搖腰鈴，誦神歌，前後所禱所祝之神詳下。

背鐙祭，其辭禱同朝祭，祈請者四，禱後跪祝辭、供肉祝辭亦如之。畢，取縛馬鬃、尾青綢絛三十對，仍就香碟薰禱授如初。翼日，爲牧群滋息，復行朝、夕祭如初禮。唯祝辭易"今爲牧群繁息"六字，"溝穴"二句易爲"如萌芽之發育兮，如根本之滋榮兮"，餘辭并同。又司香取縛馬鬃、尾綢絛二百八十對，皆青色。崇德初制，爲馬群致祭，唯親王至輔國公得行。乾隆三十六年，定春、秋騍馬致祭，薩滿叩頭。薩滿者，贊祀也。訖，取所送青色十馬繫綠綢絛如數。又定朝祭御馬拴紅綢絛，大凌河騍馬拴青綢絛，爲恒制。

凡出師凱旋，皆有事堂子。崇德元年，太宗征明及朝鮮，明年班師，并告祭。世祖定中原，建堂子。嗣是聖祖平吳三桂、察哈爾，迄歷朝靖亂，皆以禮祗告。

凡親征告祭命下，涓吉，屆期兵部建大纛，具祀纛篇。帝御戎服，出宮乘騎，前後翊衛，午門鳴鐘鼓，法駕鹵簿爲導，鐃歌大樂，備而不作。至玉河橋，軍士鳴角螺，帝入堂子街門降騎，角螺止。入中門，詣圜殿就拜位，南向立，率群臣行三跪九叩禮。角螺齊鳴。出內門，致禮纛神。禮成，樂作，車駕啟行。凱旋日，率大將軍及從征將士詣堂子告成。若命重臣經略軍務以討不庭，禮亦如之。

乾隆十四年，詔言："堂子致祭，所祭即天神也。列祖御宇，稽古郊禋，燔柴巨典，舉必以時。堂子則舊俗相承，凡遇大事，及春、秋季月上旬，必祭天祈報，歲首尤先展禮。定鼎以來，恪遵舊制。考經訓祭天，有郊、有類，有祈穀、祈年，禮本不一。兵戎國之大事，命將先禮堂子，正類祭遺意，禮纛即禡也。或在行營別有征討，不及祭告堂子，則行望祭，其誠敬如此。夫出師告遣，凱旋即當告至。乃天地、宗社皆已祝冊致虔，且受成太學，而堂子則弗及，禮官疏略，如神貺何？其詳議以聞。"尋奏凱旋、告祭之禮。報可。

趙爾巽《清史稿》卷八五《志六〇·禮志四·吉禮四》

昉自盛京。既建堂子祀天，復設神位清寧宮正寢。世祖定燕京，率循舊制，定坤寧宮祀神禮。宮廣九楹，東暖閣懸高宗御製銘，略言："首在盛京，清寧正寢，建極熙鴻，貞符義審。思媚嗣徽，松茂竹苞，神罔時恫，執豕酌匏。"其眷眷祀神如此。

趙爾巽《清史稿》卷九〇《志六五·禮志九·軍禮·命將出征》

乾隆十四年，定命將儀三：一曰授敕印【略】。二曰祓社，凡出師前期，告奉先殿，禮堂子，祭纛。三曰祖道。

趙爾巽《清史稿》卷九四《志六九·樂志一》

太宗天聰八年，又定出師謁堂子拜天行禮樂制、元旦朝賀樂制。

劉錦藻《清續文獻通考》卷一二二《職官考八》

業今當臨時請旨，改派暫以陪祭官進講官稱之，仍附注原作祭酒司業於其下。

乾隆禮未載堂子祭禮，至道光重修始。據《皇朝文獻通考》，爲元日謁拜，立杆致祭二篇，而於大內祭神之禮，尚未及詳。謹依《大清會典》，補載大內祭神於後。

劉錦藻《清續文獻通考》卷一五三《郊社考七》

（道光）八年九月，上詣堂子行禮。

咸豐元年正月戊子朔，上詣堂子行禮。

同治十二年正月辛巳朔，上詣堂子行禮。

光緒十四年正月癸丑朔，上詣堂子行禮。十一月戊申朔，大祀堂子。自是每歲正月朔親詣者十次。

祭祀通例

（清）鄂爾泰等《八旗通志》卷八九《典禮志一二·滿洲祭神祭天典禮一》

祭神祭天議

每日坤寧宮朝祭、夕祭，每月祭天，每歲春秋二季大祭，四季獻神，每月於堂子亭式殿尚錫神亭內挂獻淨紙，春秋二季，堂子立杆大祭，一切禮儀俱行之已久，燦然美備，無可置議。惟昔日司祝之人，國語嫻熟，遇有喜慶之事均能應時編纂禱祝。厥後司祝之清語不及前人，復無典冊記載，惟口相授受於字句、音韻之間，不無差異。即如祭天之贊辭、挂獻淨紙之禱辭，掌儀司俱載有冊檔，是以無稍差遺，所有司祝之祝禱、辭章若不及時擬定載在冊檔，誠如聖諭音韻字句漸至訛舛，今謹將內廷司祝之一切祭神背鐙禱祝贊祈等辭錄出詳閱，不惟字句多有差謬，即左右兩翼承充內廷司祝之贊辭，亦彼此互異。是以臣等令五旗王公等將各家祭神辭章錄送，并令從前司祝家內，將伊等舊有祝禱、辭章悉行錄呈彙寫一帙，臣等公同敬謹復核、訂誤、補闕、删復、去冗，又各就所見粘籤恭呈御覽，伏候欽定。再，恭查坤寧宮每日祭神，至祭馬神之時，復於祭馬神室內，另祭所有禱祝之辭亦應更正，臣等逐條繕寫，恭呈御覽，如蒙皇上訓示謹遵繕成，全部永遠奉行。請自王以下，宗室、覺羅以及奉祭覺羅神之滿洲人等有情願抄錄者，俱准其抄錄，庶爲臣僕者，仰沐皇仁滿洲舊俗不致湮没，而永遠奉行矣。謹此議奏。

堂子亭式殿元旦行禮儀注

每歲正月初一日，皇帝恭謁堂子行禮，武備院卿于甬路中間鋪拜褥，皇帝至亭式殿前，向上立鴻臚寺鳴贊，贊行禮，皇帝三跪九叩，行禮畢，還宮。預派內務府總管一員，於堂子亭式殿內高案下所立杉木柱上挂淨紙錢二十七張，自是諸王護衛等挨次各挂淨紙錢二十七張，司俎官點香。

堂子亭式殿祭祀儀注

正月初三日、每月初一日於堂子亭式殿祭祀。是日，司俎官一員、司俎一人於亭式殿內高案下所立杉木柱上挂紙錢二十七張，案上供時食一盤、醴酒一盞，又於所設小桌上供碗二，一盛酒、一空設，司香點香，奏三弦琵琶之內監二人，於亭式殿外甬路上西面向東，鳴拍板拊掌之，看守堂子人東面向西俱坐，司祝進跪，司香舉臺盞授司祝，司祝接受臺盞，獻酒六次。司俎官一員於亭式殿外階下東首立，贊鳴拍板，即奏三弦琵琶，鳴拍板拊掌，司俎每一獻，將所獻之酒注於空碗內，復自盛醴酒，碗內挹新酒注於二盞中獻之，每一獻司俎官贊歌"鄂囉囉。"看守堂子人歌"鄂囉羅"六次，獻畢，以臺盞授于司香，司祝一叩頭，興，合掌致敬。司俎官贊停拍板，其三弦琵琶拍板暫止。司香舉神刀授司祝，司祝接受神刀進司俎官贊鳴拍板，即奏三弦琵琶，鳴拍板拊掌，司祝一叩頭，興。司俎官贊歌"鄂囉羅"，衆歌"鄂囉羅"。司祝擎神刀禱祝時則歌"鄂囉羅"，誦神歌祝禱三次，如前儀。如是九次，畢。司祝一叩頭，興，復禱祝三次，以神刀授于司香。司俎官贊停拍板，其三弦琵琶拍板皆止，司祝跪祝，一叩頭，興，合掌致敬，退，所供酒食分給看守堂子之人。

尚錫神亭祭祀儀注

每月初一日於堂子內東南隅尚錫神亭祭祀，獻時食一盤、醴酒一盞於高案上，司俎點香、司俎滿洲挂净紙於高案下所立杉木柱上，自是諸王護衛等挨次挂净紙。滿洲管領一名挂齋戒數珠，免冠脱褂解帶入跪祝叩頭，叩頭畢出，司俎入，將供獻之酒注於桌前地上所設大碗內，撤所供時食，分給管領。

每月初一日祭尚錫神亭管領祝辭："上天之子，尚錫之神，月已更矣，建始惟新。某年生小子，敬備粢盛兮，潔楮并陳，惠我某年生小子。貺以嘉祥兮，畀以康寧。"

恭請神位供於堂子儀注

每歲十二月二十六日恭請神位供於堂子。是日，屆時衣金黃緞衣內監十六人，昇二黃緞神輿進內左門、近光左門、景和門，預備於坤寧宮門外。衣黃緞衣司俎滿洲二人，恭請朝祭神位、夕祭神位各安奉輿內，衣金黃緞衣內監十六人，昇二輿由宮殿正門出，前引杖四對、羊角燈二對，亦用衣金黃緞衣太監執之。司俎官二員、司俎二人、司俎滿洲二人，由宮內前引至乾清門外，侍衛十員前導，掌儀司官一員扈行出東長安門至堂子於饗殿內，并輿奉安朝祭神位於東夕祭神位，於西輿前各設大低桌一，桌上各供香碟一。看守堂子人員每日朝夕點香二次。

恭請神位入宮儀注

每歲正月初二日，自堂子恭請神位入宮。是日，屆時衣金黃緞衣內監十六人入饗殿內，恭昇二黃緞神輿，前引杖四對、羊角燈二對，俱用衣金黃緞衣內監執之。侍衛十員前導，掌儀司官一員在後扈行，仍入東長安門由宮殿正門至乾清門止，司俎官二員、司俎二人、司俎滿洲二人前導進乾清門至坤寧宮門外，衣黃緞衣司俎滿洲二人，由輿內恭請神位至坤寧宮各安奉於原位。

(清) 張廷玉《清文獻通考》卷九九《郊社考》

(乾隆) 四十七年正月元旦，皇上親詣堂子行禮，導迎如儀。【略】堂子祀儀，凡歲正元旦，皇帝率王公滿一品文武官詣堂子行拜天禮。禮部尚書奏請是日內務府官設皇帝拜位於圜殿外甬道正中，鴻臚寺卿率鳴贊官夾道東西面序立有司陳香鐙，內務府總管一人率諸王一等護衛各一人，預詣圜殿內進楮帛，鑾儀衛陳法駕鹵簿。詳見鹵簿。於午門外，日出前十刻，禮部堂官詣乾清門，奏請詣堂子行禮。皇帝禮服，乘禮輿出宮，前引大臣十人，後扈大臣二人，豹尾班執槍佩刀侍衛二十人，佩弓矢侍衛二十人，翊衛如儀。駕發警蹕，午門鳴鐘，鹵簿前導，不與行禮之百官及外藩蒙古王公、臺吉、朝鮮諸國使臣咸朝服跪送，導迎鼓吹設而不作。皇帝由堂子街門入，禮部堂官二人恭導至內門，降輿，皇帝由中門入，至圜殿前就拜位，南向立。鴻臚寺官引王公位丹陛上，各官位丹陛下，均南向，按翼序立東位西上，西位東上。鴻臚寺官奏跪拜興，皇帝率群臣行三跪九拜禮。奏禮成，禮部堂官恭導皇帝出內門，升輿，鹵簿前導，導迎樂作，奏《祐平之章》。辭見《樂考》。皇帝回鑾，王公從各官以次退，不與行禮之百官等跪迎如初儀。午門鳴鐘，王公隨駕入內至金水橋，恭候皇帝還宮，王、貝勒、貝子赴乾清門竢，入坤寧宮祭神殿行禮。

右元旦謁拜。

歲以季春季秋月朔日，或二、四、八、十月或上旬，諏吉祭神於堂子。前一日，所司立杆於圜殿南正中石座祭日，懸黃旛，繫彩繩，綴五色繒百縷，楮帛二十有七，備陳香鐙，由大內恭請神位安奉於祭神殿內，南向。陳糕餌九盤，酒盞三。圜殿陳糕餌三盤，酒盞一，楮帛如前數。設御座於祭神殿，檐下西旁鑾儀衛陳法駕鹵簿如儀。日出前十刻，禮部堂官詣乾清門奏，時皇帝御龍袍袞服乘禮輿出宮，警蹕扈從、百官跪送皆如元旦儀。禮部堂官朝服自街門恭導皇帝至內門降輿由中門入，至祭神殿升階至檐下就御座東向坐。諸王貝勒於丹陛上，貝子、入八分公於丹陛下，均按翼北上東西面相向坐。贊祀二人先於祭神殿，次於圜殿內，均九酌獻三致禱。司俎官率執事奏樂舉和畢，所司設御拜位一於祭神殿，一於圜殿。禮部堂官恭導皇帝詣祭神殿圜殿拜位立，贊祀各致祝辭皇帝各行一跪三拜禮，王公序立，丹陛下兩傍不隨行禮。禮畢，恭導皇帝至檐下就御座，南向坐。王公等各就原處列坐，司俎、尚膳徹餕，尚茶徹酒，皇帝命分賜王公，各祇受訖，降丹陛下序立。禮部堂官跪奏禮成，恭導皇帝由中門出升輿奏樂回鑾，百官跪送，王公隨入，至內金水橋，均與元旦同。恭奉神位還御，如皇帝不親行禮，王公百官不齊集以贊祀致辭行禮。越日爲馬祭如儀。

右立杆致祭。

王公等致祭日立杆於各班位石座，至街門外下馬自內門右門入坐於西檐前階下東面。

右王公致祭。

每歲孟春上旬三日，餘月朔日，大内遣司俎官率堂子官吏於圜殿，奠獻糕酒楮帛，贊祀六酌獻三致禱。司俎官率執事奏樂舉和贊祀祝辭行禮如儀。是日，内管領一人於上神殿，獻糕酒楮帛，親王郡王各遣護衛一人，於上神殿獻楮帛，凡執事者，均先期齋戒。

右月祭。

每歲孟夏上旬八日，司俎官率執事人等，自大内請佛至堂子祭神殿，陳香鐙，獻糕酒，王公各遣人獻糕，執事設盥盤贊祀二人，浴佛畢，六酌獻三致禱如儀。禮畢，奉佛還御。

右浴佛。

凡出師展拜堂子，皇帝親征，屆日鑾儀衛陳騎駕鹵簿，詳見鹵簿。於午門外，列蒙古畫角十六海螺二百於堂子街門外，左右兵部設御營黃龍大纛於堂子内門外之南，列各旗纛於後。屆時皇帝御征衣佩刀出宮乘騎，前後翊衛駕至長安橋，軍士吸角吹螺，駕入堂子街門，王公以下跪迎隨入，螺角止，皇帝降騎，禮部尚書、侍郎恭導由中門入就圜殿外拜位南向，鴻臚寺官鳴贊皇帝行三跪九拜禮，王公等隨行。禮畢，螺角齊鳴，恭導皇帝詣旗纛前望纛，行三跪九拜禮，不贊，王公等隨行。禮畢，螺角止，皇帝乘騎作樂啓行。

右親征展拜。

凡遣將出師祗告堂子，出師之日，兵部建八旗大纛各一於堂子南門外之南，軍士執螺角列於街門外，從征軍士按翼分列於甬道左右。皇帝駕至長安橋，軍士吸角吹螺，大將軍以下暨王公大臣等跪迎於街門之内，螺角止，禮部尚書、侍郎恭導皇帝降輿就位行禮，群臣咸隨行禮，恭導皇帝出堂子内門。螺角鳴，皇帝至纛前行禮，大將軍以下均隨行。禮畢，皇帝回鑾至東長安門外，張黃幄升座，賜大將軍酒，大將軍率將士謝恩，行禮畢，皇帝命乘馬啓行，百官餞送如儀。

右遣將祗告。

皇帝親征既克有罪，諏吉凱旋。至日，鑾儀衛陳法駕鹵簿，自郊外至堂子門外。駕至堂子内門，禮部尚書、侍郎恭導皇帝致祭堂子，并如出師祭告之儀。大將軍奏凱而還，禮部請旨諏吉陳設如儀。屆時禮部尚書奏請皇帝詣堂子行禮，凱旋將帥大臣及王貝勒大臣俱從，禮部尚書恭導皇帝行禮均如出師祭告之儀。

右凱旋。

（清）允祹等《大清會典則例》卷一《宗人府·陪祭》

堂子行禮，自親王以下至宗室一品官，均豫集大門外東向序立，竢乘輿至，跪迎隨入行，禮畢，以次隨至午門内金水橋如前儀。王、貝勒用護衛二人，貝子、公用護衛一人，咸朝服騎從於下馬處接馬。舊制：王、貝勒在内金水橋，貝子以下在長安左門外跪迎，隨行。雍正元年改定今制。

（清）允祹等《大清會典則例》卷七四《禮‧儀制清吏司‧軍禮》

親征。崇德元年，太宗文皇帝親統大軍往征朝鮮。先期告天告廟，頒行軍律，令諭朝鮮官民人等在城在野傾心歸服者，即同内地臣民乃分兵爲左右翼。右翼兵由東京大路至渾河排列，左翼兵由撫順大路排列。聖駕出撫近門，設鹵簿，吹螺奏樂恭謁堂子，行三跪九拜禮，復於堂子外建立八纛，吹螺奏樂行三跪九拜禮，畢遂啓行，大軍直抵南漢城西駐營。

康熙三十五年，聖祖仁皇帝以厄魯特、噶爾丹悖天虐衆，侵掠喀爾喀諸部落，宜乘時剪滅，輯寧疆圉。遣發大兵分道并進，躬統六師，由中道聲罪致討。欽天監擇於二月十三日啓行，前期三日分遣官祇告天地、宗廟、社稷、太歲。頒行軍律令，命皇太子監國。至日，遣官致祭道路、火炮之神，鑾儀衛陳鹵簿自午門設至堂子。【略】八旗鳴蒙古畫角，軍士每旗四名，八旗吹海螺，護軍每旗二十五名排列堂子街門外，八旗護軍、火器營護軍參領各八人，咸蟒袍補服，持纛排列於堂子内門之外。至吉時，聖祖仁皇帝出宮午門，鳴鐘不作樂，至御河橋，鳴角吹螺，進堂子街門，螺角止。禮部堂官恭導就位，行三跪九拜禮，諸王、大臣、侍衛等依次序立隨行禮。禮畢，螺角齊鳴，禮部堂官恭導至内門外，致禮於旗纛之神畢，螺角止。

親征凱旋。崇德二年，太宗文皇帝率從征王、貝勒、大臣等班師。【略】至盛京日，恭謁堂子行禮，由懷遠門入還清寧宮。

康熙三十五年六月初九日，【略】聖駕由德勝門入，鹵簿大駕自土城關設至堂子，遵旨停排旗纛，畫角作樂，前導禮部堂官恭導詣堂子就拜位，行三跪九拜禮，禮成，鹵簿大駕自堂子設至午門，聖祖仁皇帝還宮。

三十六年，【略】聖駕由德勝門入，詣堂子行禮，畢，由午門還宮。

命將出征。崇德元年，太宗文皇帝命多羅、武英郡王、貝勒、貝子等率諸大臣、官兵出師親臨送，出撫近門，設鹵簿，詣堂子行禮，又於堂子外列護軍八纛，行三跪九拜禮，畢，親送至演武場誡諭遣行。

是年，命和碩睿親王、和碩豫親王、貝勒、貝子、公、大臣等率大軍出征，分兩翼前後啓行。是日巳刻，率出師諸王、貝勒、貝子、大臣出撫近門，謁堂子，吹螺鳴角，行三跪九拜禮。外列八纛，復吹螺行禮，畢，親送出師諸王等至演武場。升御座，召諸王、貝勒、貝子、大臣等近前誡諭，諸王等率兵聲炮三啓行，聖駕入地載門還宮。

順治元年，世祖章皇帝命攝政和碩睿親王同多羅豫郡王、貝勒、貝子、公、八旗都統、副都統暨恭順、懷順、智順三王、續順公、朝鮮世子率滿洲蒙古綠旗兵略定中原，詣堂子奏樂行禮，又陳列八纛行禮，畢，大軍聲炮啓行。

康熙十三年正月，順承郡王爲寧南靖寇大將軍帥師之湖廣，都統爲安西將軍帥師之四川。是日，【略】禮部堂官奏請恭詣堂子行禮。王以下各官候聖駕至，跪送。出征王及諸王、貝勒、都統、尚書等官，出征副都統以上各官咸隨至堂子。禮部堂官恭導就位，行，禮，王公大臣咸依次序立，鳴贊官奏跪拜興，聖祖仁皇帝行三跪九拜禮，王等均隨行禮興，次吹螺，於兵部所設纛前行三跪九拜禮，不贊。

是年八月，命王、貝勒爲大將軍、將軍，領兵出征，不詣堂子行禮，不親送大將軍等出午門，遣親王內大臣出長安右門往送，餘儀皆與正月同。

十月，命和碩簡親王爲揚威大將軍帥師之江寧，和碩安親王爲定遠平寇大將軍帥師之廣東，聖祖仁皇帝御太和殿賜以敕印，詣堂子行禮拜纛。

五十七年，聖祖仁皇帝命將進剿策妄阿喇布坦，大兵起程前期設鹵簿，率出征之王等以下，咸戎服。其不出征之王公以下，俱蟒袍補服以從聖祖仁皇帝親詣堂子行禮。次鳴角，拜纛，禮成還宮。

又議准，命將出師授大將軍敕印，拜纛儀。是日，鹵簿大駕全設，出征大將軍暨各官，咸征服齊集午門外。王以下文武各官，咸蟒袍補服於常朝處分翼齊集，內閣學士設頒給敕印於太和殿內東旁黃案上，鴻臚寺官引王、公等至太和殿丹陛上，文武各官在丹墀內按翼序立，次引出征大將軍、副將軍、參贊、副都統、總兵官至丹陛上，出征各官至丹墀內，儀仗末序立。辰時，禮部堂官奏請御殿樂作，升座樂止，鑾儀衛官贊鳴鞭，階下三鳴鞭，鴻臚寺官引大將軍至殿檐下御道之東，副將軍、參贊、副都統、總兵官等於丹陛上分左右翼立，鴻臚寺官贊跪，大將軍及從征各官皆跪，大學士奉所設黃案上敕印授大將軍，大將軍跪受，轉授隨印內閣官，內閣官接受，興鴻臚寺官引大將軍至丹陛左，首班跪鳴贊官贊行三跪九叩禮畢，大將軍隨奉敕印官由丹陛左階降。從征各官隨大將軍出，皇帝還宮，王、公、百官各以次出鹵簿大駕向堂子陳設，兵部設螺於堂子街門外之東，設八旗護軍纛八於內門南。文武各官齊集午門外常朝處，大將軍、副將軍及出征副都統以上，暨王、公、鎮國將軍、大學士、都統、尚書等先至堂子門外分翼序立。未時，禮部堂官奏請恭詣堂子行禮，文武各官於午門外候駕至跪送，駕至堂子吹螺，大將軍、副將軍及諸王、貝勒、大學士、都統、尚書等官與出征副都統以上官跪候駕過隨行。申初刻，駕入，螺止，禮部堂官恭導就位行禮，鳴贊官奏跪拜興，皇帝行三跪九拜禮，大將軍等皆隨行禮畢，吹螺，於兵部所設纛前行三跪九拜禮，不贊。駕出，螺止，作樂，至長安坊街，皇帝升黃幄命大將軍等上馬，大將軍等上馬啓行，駕入長安左，樂作，午門外齊集各官跪迎皇帝還宮，衆皆退，大將軍、副將軍及從征各官行至德勝門外列兵處。禮部豫設祖帳，光禄寺備茶，內務府備燕，欽命王、大臣與大將軍、副將軍奉茶酒禮、兵二部堂官與參贊大臣奉茶酒，侍衛與出征各官奉茶酒，畢，鴻臚寺官導引望闕謝恩，禮成，啓行。

乾隆十三年，命大學士爲經略，統領大兵征討金川，擇吉於十一月初三日出師。【略】出師之日，仍征衣隨皇帝先詣堂子，鳴角吹螺行禮，次祭纛畢。。

十四年，議准命將之儀三。一曰授敕印。經略大將軍出師，皇帝臨軒，王、公、文武百官朝服侍班，頒給敕印於太和殿，經略大將軍率隨征諸將於丹陛上跪受敕印，行禮如儀。二曰祎社。經略大將軍出師先期祇告奉先殿，啓行之日，皇帝親率經略大將軍、諸王、貝勒及隨征諸將詣堂子行禮，鳴角吹螺，祭纛於門。三曰祖道。經略大將軍啓行，乘輿親餞於長安門外賜卮酒，屬纍鞬乘馬，文武大臣承詔送至郊外，有司具祖帳及燕。禮部、兵部堂官奉經略大將軍茶，望闕謝恩，乃行以上各儀，經略與大將軍并設者禮同，後仿此。

凱旋。崇德元年，和碩睿親王、豫親王、貝勒、貝子等大兵凱旋，太宗文皇帝率王、貝勒、貝子、公等及文武各官出城十里外迎勞。【略】及至京躬率凱旋王、貝勒、貝子、公、大臣等謁堂子，行三跪九拜，禮成，聖駕還宮，衆皆退。

康熙元年，撫遠大將軍多羅、信郡王等征滅察哈爾，班師凱旋。聖祖仁皇帝率王公大臣迎勞于南苑之大紅門至京。聖祖仁皇帝率王、公、大臣及凱旋王、大臣等詣堂子行禮，還宮。

(清) 允祹等《大清會典則例》卷一五六《鴻臚寺》

堂子贊相禮儀。元日，卿二人，鳴贊二人，於堂子圜殿北，對左右階夾甬道侍立，鳴贊各二人引兩翼王公一品滿大臣、官員於堂子街門內北上東向序立，駕至，跪候過隨行，由內門右門入，引左翼王公大臣由祭神殿後繞至階上，均東西上南向序立，鳴贊奏跪拜興，皇帝行三跪九拜禮，諸王群臣隨行，禮畢，奏禮成，引左翼王公大臣於殿前，各隨行至內門立，竢皇帝升輿，由左右門引出隨行。

出師日，纛前兩旁鳴贊四人東西面序立，駕詣堂子圜殿行禮，引大將軍於皇帝後，與，貝子、公同行，餘同元日儀至纛前行禮，引王公大將軍如前，引從征將士於王公後，鳴贊奏行三跪九拜禮，畢，奏禮成。引王公、將士退立於內門之北兩旁南上東西面序立，候駕過隨出。

康熙十一年諭：人君對越神祇，務盡其誠敬之心，禮儀、節文宜臻明備。每年元旦，恭詣堂子展拜，可令鳴贊、贊禮。永著爲令。欽此。

十二年，奉旨：嗣後堂子行禮，漢官不必隨往。

元日，展拜堂子。乘輿出入，鳴贊序班分引不與行禮，百官、蒙古王公及外國使臣均於午門外，各按翼序班跪候迎送。

(清) 允祹等《大清會典》卷三五《禮部》

凡親征之禮，皇帝將有討於弗庭者。【略】兵部陳八旗蒙古畫角十有六，海螺二百於堂子街門外，西向。設御營黃龍大纛於堂子內門外；設八旗護軍纛八、火器營纛八於黃龍大纛後，均北向。所司豫設皇帝拜位於圜殿外甬道正中及大纛前，從征王公將士，咸征衣佩刀，不從征之王公暨滿一品官咸采服至街門內東面祇竢。禮部堂官詣乾清門奏吉時，皇帝御征衣佩刀，出宮乘騎，前引後扈如常儀。駕發警蹕，午門鳴鐘，騎駕鹵簿，前導至長安橋，八旗鳴角軍鳴角，護軍吹螺。駕入堂子街門，螺角止，皇帝降騎。禮部堂官二人恭導由內門、中門入，就圜殿外拜位，南向立。鴻臚官引王公於丹陛上，眾官於丹陛下，序立鳴。贊官奏跪拜興，皇帝率群臣行三跪九拜禮。畢，恭導皇帝就大纛前拜位南向立，引王公百官咸就拜位。皇帝率從征將士及群臣行三跪九拜禮，不贊。螺角齊鳴，禮部尚書跪奏禮成，皇帝屬櫜鞬乘騎，導迎樂作，奏《祐平之章》。內大臣侍衛率親軍舉黃龍大纛隨行，駕由都門出，八旗官軍分翼陳列郭外，皇帝出郭三舉炮，官軍皆馬上俯伏，候駕過，不從征之王公百官咸采服於郊外跪送，乃啓行。軍士各整伍，以次扈蹕。每舍遠偵候設巡警，詳見兵部。

六軍凱旋。是日，鑾儀衛陳法駕鹵簿，自郊外五里設至堂子街門外。在京王公以下、有頂帶官以上咸采服，出郭五里跪迎於道右，京城紳士軍民各懸采設香案，跪迎皇帝。由都門入，前引後扈如儀。法駕鹵簿前導，導迎鼓吹皆作。駕詣堂子，率從征、不從征之王公一品官於圜殿行三跪九拜禮，畢，皇帝回鑾。

凡命將之禮，皇帝命大將軍統帥軍旅擇吉出師。【略】至日，遣官祗告於奉先殿所司張黃幄於長安左門外，設御座，皇帝率大將軍詣堂子行禮拜纛均如儀。禮畢，御黃幄升座賜大將軍卮酒，大將軍跪受飲畢，屬櫜鞬乘馬，文武大臣承詔餞於郊。設祖帳，禮、兵二部堂官奉茶，大將軍率從征將士望闕謝恩，乃率大軍進發。既涖營，申明軍令，肅隊啓行。

（清）允祹等《大清會典》卷六一《兵部》

出征。凡親征，皇帝躬統六軍，征討弗庭。【略】及期，鑾儀衛陳駕鹵簿於午門外，兵部陳八旗蒙古畫角十有六、海螺二百於堂子街門外，設御營黃龍大纛於內門外，設八旗護軍纛、火器營纛各八於黃龍大纛後，均北向。皇帝御征衣佩刀、乘馬出宮，詣堂子行禮畢，致禮於大纛之神，禮成。

六軍凱旋，鑾儀衛陳法駕鹵簿，在京王公百官均出郭五里跪迎。皇帝入都門，詣堂子行禮，畢，還宮。

（清）允祹等《大清會典》卷八八《內務府》

凡祀堂子之禮，建堂子於長安左門外。街門北向內門，西向建祭神殿於正中，南向前為拜天圜殿，殿南正中設大內致祭立杆石座次，稍後，兩翼分設各六行，行各六重，第一重為諸皇子致祭立杆石座，次，親王、郡王、貝勒、貝子、公各依次序列，均北向。東南建上神殿，南向。歲正朔，皇帝率王公滿一品文武官詣堂子行拜天禮，由禮部豫期請旨。是日，內府官設皇帝拜位於圜殿外甬道正中，鴻臚卿率鳴贊官夾甬道東西面序立，有司陳香鐙，內務府總管一人率諸王一等護衛各一人豫詣圜殿內進楮帛，鑾儀衛陳法駕鹵簿於午門外。日出前十刻，禮部堂官詣乾清門奏請皇帝詣堂子行禮。皇帝御禮服乘禮輿出宮，前引大臣十人，後扈大臣二人，豹尾班執槍佩刀侍衛二十人，佩弓矢侍衛二十人，翊衛如儀。駕發警蹕，午門鳴鐘，法駕鹵簿前導。不與行禮之百官及外藩蒙古王公臺吉、朝鮮諸國使臣咸朝服跪送，導迎鼓吹，設而不作。皇帝由堂子街門入，禮部堂官二人恭導至內門降輿。皇帝由中門入至圜殿前就拜位，南向立。鴻臚官引王公於丹陛上，各官於丹陛下，均南向序立，東位西上，西位東上。鴻臚官奏跪拜興，皇帝率群臣行三跪九拜禮。奏禮成，禮部堂官恭導皇帝出內門升輿，法駕鹵簿前導，導迎樂作，奏《祐平之章》，皇帝回鑾。王公從各官以次退，不與行禮之百官及蒙古王公臺吉、諸國使臣於午門外跪迎。午門鳴鐘，王公隨駕入至內金水橋，恭候皇帝還宮。王、貝勒、貝子赴乾清門竢，入坤寧宮祭神殿行禮。

凡立杆祭神於堂子之禮，歲以季春、季秋月或二、四、八、十月，或上旬諏吉舉行。祭前一日，有司立杆於圜殿南正中石座。祭日，懸黃幡、繫采繩、綴五色繒百縷楮帛二十有七、備陳香鐙，司俎官由大內恭請神位，安奉於祭神殿內南向。陳糕餌九盤，酒盞三，圜殿陳糕餌三盤，酒盞一，楮帛如前數。設御座於祭神殿檐下西，旁鑾儀衛陳法駕鹵簿。日出前十刻，禮部堂官詣乾清門奏，時皇帝御龍袍袞服乘禮輿出宮，警蹕扈從如元正儀。禮部堂官朝服自街門，恭導皇帝至內門降輿由中門入至祭神殿，升階至檐下就御座，東向坐。王、貝勒於丹陛上，貝子入八分，公於丹陛下均按翼北上東西面相向坐。贊祀二人，先於祭神殿，次於圜殿內，均九酌獻三致禱。司俎官率執事奏樂舉和畢，所司設御拜褥，一於祭神殿，一於圜殿。禮部堂官恭導皇帝詣祭神殿、圜殿，贊祀各致祝辭，皇帝各行一跪三拜禮。王、公、百官序立丹陛下兩旁，不隨行禮。禮畢，恭導皇帝至檐下就御座，南向坐。王公等各就原處列坐，司俎尚膳徹餕尚茶徹酒，皇帝命分賜王、公，各祇受訖，降丹陛下序立。禮部堂官跪奏禮成，恭導皇帝由中門出升輿，奏樂還宮，百官跪迎儀均與元正同。司俎官恭奉神位還御。如皇帝不親詣行禮，王公、百官不齊集，以贊祀致辭行禮。

王公等致祭日，立杆於各班位石座至街門外下馬，自內門右門入，坐於西檐前階下東面。

大內致祭後，越日，爲馬祭神於堂子如儀。

官員庶人不得設立堂子，有違例致祭，并王公不按爵次爭祭者論。

凡月祭之禮，孟春上旬三日餘月朔日，大內遣司俎官率堂子官吏於圜殿奠獻糕、酒、楮帛，贊祀六酌獻三致禱，司俎官率執事奏樂舉和贊祀祝辭行禮如儀。是日，內管領一人於上神殿獻糕酒楮帛，親王、郡王各遣護衛一人於上神殿獻楮帛，執事者均令先期齋戒。

凡浴佛之禮，歲以孟夏上旬八日，司俎官率執事人等自大內請佛至堂子祭神殿，陳香鐙，獻糕酒，王、公各遣人獻糕執事，設盥盤、贊祀二人。浴佛畢，六酌獻三致禱如儀，禮成，奉佛還御。是日，大內及軍民人等不祈禱、不祭神、禁屠宰、不理刑名。

凡出師展拜堂子之禮，皇帝親征，諏吉啓行。內府官豫設御拜褥於圜殿外及內門外御營黃龍大纛前，兵部陳螺角，鑾儀衛陳鹵簿均如儀。皇帝先詣圜殿，次詣纛前，均行三跪九拜禮。六軍凱旋，皇帝入都門，先詣堂子行禮如儀。

命將出師皇帝率大將軍及隨征將士詣堂子行禮，次拜纛儀，均與親征同。凱旋日詣堂子行告成禮。以上詳見《禮部·軍禮》

（清）來保等《大清通禮》卷四〇《軍禮》

屆日，遣官致祭道路之神於天安門外，列炮於演武場，遣八旗都統或副都統致祭司炮之神，均如儀。鑾儀衛陳騎駕鹵簿於午門外，前列鐃歌大樂，金二、金鉦四、鈸二、鼓二、點二、篴四、雲璈二、管二、笙二、金口角八，大號、小號各八，次御仗六、吾仗六、立瓜六、卧瓜六、星六、鉞六、次五色銷金小旗十、五色銷金龍纛十、次單龍赤扇六、雙龍黃扇六、五色四季花傘十、次豹尾槍護軍十、人佩弓矢親軍十、人佩儀刀親軍十人。凡親軍、護軍均乘馬擎執，以旗尉乘馬如之堂子街門外左右，列蒙古畫角十有六、海螺二百，親軍、護軍分掌之兵部，設御營黃龍大纛於堂子內門外之南，內大臣侍衛守之，設八旗羽林纛八、火器營纛八，按翼分列於黃龍大纛後，各以本旗參領一人守之，不從。征王、公暨滿一品官蟒袍補服從征，王以下大臣服征衣佩刀豫往堂子街門內東面祇俟，從征六軍分翼列陣於都門外，司炮官設三炮於軍前，步軍統領勒所部辟除御道所司，以皇帝行營次舍先發。屆吉時，禮部尚書、侍郎詣乾清門請駕，皇帝御征衣佩刀，出宮乘騎，前列九龍華蓋一，武備院卿騎導領侍衛內大臣、侍衛咸服征衣佩弓矢乘騎，前後翊衛，午門鳴鐘鼓，騎駕鹵簿前導，樂陳而不作。駕至長安橋，軍士吸角、吹螺，駕入堂子街門，王公以下跪候過，興，隨入。武備院官豫布皇帝拜褥於圜殿外甬道正中及旗纛前，鑾儀衛移鹵簿起堂子，至駕所出都門外，皇帝降騎，角螺止。禮部尚書、侍郎恭導由內門中門入，就圜殿外拜位，南向立。前引大臣止立門外，後扈大臣隨侍。鴻臚寺官引王、公位丹陛上，引眾官位丹墀東西，鳴贊奏跪拜興，皇帝行三跪九拜禮。王公等隨行禮，畢，螺角齊鳴，禮部尚書、侍郎恭導皇帝出堂子內門，詣旗纛前望纛，行三跪九拜禮，不贊。王、公等隨行禮，畢，角螺止。皇帝乘騎導迎樂，作奏《祐平之章》，辭曰："禋祀隆永，維統百靈。延福儲祉，奠安神鼎。修祀祠通紫庭，降福祥昭德馨。"領侍衛內大臣侍衛班領率親軍、護軍，舉黃龍大纛扈蹕，王公以下咸騎從。

右告祭堂子。

皇帝親征，既克有罪，乃諏吉凱旋，遍布六軍戒辦。前期一日，遣官致祭旗纛之神如儀。屆日，鑾輿先發，諸軍整旅徐旋，所在有司治橋梁、道路，外藩、王公、直省文武大臣暨守土官、紳士、耆老恭迎如初。駕將至，京內閣宣下諸司傳告在京王公百官咸蟒袍補服郊迎。至日，鑾儀衛陳法駕鹵簿，自郊外五里至堂子門外，駕至郊。王公百官跪，候過興，隨行。駕入都門，大樂鼓吹，前導至堂子內門，禮部尚書、侍郎恭導皇帝降輿，致祭堂子如初儀。王公等均隨行。禮畢，鑾儀衛移設鹵簿，起堂子至午門外，皇帝乘輿入東長安門。至午門百官跪，候過，興。王公隨入至內金水橋，候駕還宮皆退。

右凱旋。

出師日，五鼓鑾儀衛陳法駕鹵簿於午門外如常儀。文武百官蟒袍補服按翼集午門外東西闕下，大將軍暨從征各官服征衣，王、貝勒、貝子、公滿大學士、將軍、都統、尚書蟒袍補服均東面豫竢於堂子街門內，兵部建八旗大纛各一於堂子內，門外之南軍士執螺角列竢於街門外，從征將士按翼分立於甬道左右。質明，禮部尚書、侍郎詣乾清門請駕，皇帝龍袍補服乘輿出宮，午門鳴鐘鼓，法駕鹵簿前導，樂陳而不作，百官跪送如常儀。駕至長安橋，軍士吸角吹螺，大將軍從征各官暨王公大臣等跪，候過，興，隨行。駕進堂子街門，螺角止。禮部尚書、侍郎恭導皇帝降輿就位行禮如儀。群臣咸隨行。禮畢，恭導皇帝出堂子內門，螺角齊鳴，皇帝至纛前行禮。大將軍暨從征各官均隨行，禮畢，螺角止。導迎樂作，奏《祐平之章》，辭曰："維文武略，勛業猷崇。欽承睿算，往征不恭。扇仁風，在師中。月三捷，奏膚功。"午門鳴鐘，皇帝回鑾。是日，并遣官以師行祇告奉先殿如常儀。

右祇告。

其日昧爽，工部官豫張黃幄於東長安門外南，向武備院官供御座鋪陳，光祿寺官備酒，以竢皇帝祇告堂子。禮畢，王公大臣先至東長安門分翼序立，大將軍暨從征將士先至幄外，恭竢皇帝至幄前降輿，群臣跪迎入幄升座，內大臣侍衛翊立左右。皇帝召大將軍入，親賜卮酒，大將軍跪飲畢，退，率從征將士謝恩，行三跪九叩禮畢，佩囊鞬辭駕。皇帝命乘馬，乃各乘馬啓行。樂作，皇帝乘輿還宮。王公百官送駕如儀，各退。乃遣官祖餞大將軍於都門外，禮部官豫張幕於門外道左，望闕設畫屏香案，案前布拜席，內務府官設燕於幕內，光祿寺官備茶酒竢於幕側，鴻臚寺官二人蟒袍補服竢於香案左右，承旨餞送之王公大臣侍衛各官蟒袍補服竢於幕外。大軍按翼肅隊夾道東西分列，大將軍至，下馬。從征各官咸下馬。王公大臣、侍衛迎入，鴻臚寺官引就拜位聽贊，行三跪九叩禮畢，鴻臚寺官分引就燕席，禮部、兵部尚書、侍郎奉茶燕畢，望闕謝恩，行禮如初儀。王公大臣、侍衛送至幕外，視大將軍啓行，各退。

右祖餞。【略】

若命重臣經略軍務、節制將帥、出征不庭，其頒敕印、祭堂子、餞送、受降、凱旋之儀，均與大將軍同。

(清) 允祿《滿洲祭神祭天典禮》卷一

三獻畢，以臺盞授于司香，叩頭，興，合掌致敬。皇帝皇后親詣行禮如前儀。神肉前叩頭畢，撤下祭肉，不令出戶，盛於盤內，於長桌前按次陳列，或皇帝率皇后受胙，或率王大臣等食肉之處請旨遵行。如遇皇帝不受胙之日，令值班大臣侍衛等進內食之。食畢，司俎太監等撤出皮骨、皮油，送交膳房，其骨膽蹄甲，司俎官送潔淨處，化而投之於河。隨將神幔收捲，其所掛紙錢存俟月終，貯高麗紙囊內，除夕送赴堂子，與堂子内所挂净紙及神杆同化之，所有關帝神像恭貯於紅漆木筒，其供佛小亭恭貯菩薩像木筒及二香碟，仍移奉西楹，以小亭安奉於亭座上，菩薩像、關帝神像二筒安奉於西山墻繪花紅漆抽屜，桌上供香碟三於桌之東邊。

（清）允禄《滿洲祭神祭天典禮》卷二《浴佛儀注》

四月初八日佛誕祭祀。是日，先於堂子内饗殿中間懸挂神幔。届時，衣金黄緞衣内監八人舁黄緞神輿進内左門，近光左門、景和門，預備於坤寧宫門外；衣黄緞衣司俎滿洲二人恭請佛亭并貯菩薩像木筒、貯關帝神像木筒安奉輿内；衣金黄緞衣内監八人舁行，由宫殿正門出，前引伏二對、羊角鐙二對，亦用衣金黄緞衣内監執之；司俎官二員、司俎二人、司俎滿洲二人由宫内前引至乾清門外，侍衛十員、前導掌儀司官一員、司俎首領太監一員、内監八人扈行，應供之椵葉、餑餑、醴酒罇、紅蜜、棉花俱置於架上，及食盒之内，領催蘇拉隨後，舁送至堂子時，衣黄緞衣司俎滿洲等恭請神位、供佛亭於西首之座次，於神幔上懸菩薩像，又次懸關帝神像供奉畢，收諸王呈送所供之餑餑、酒蜜、棉花，謹將大内備去之紅蜜，及諸王呈送之蜜各取少許，貯於黄瓷浴池内，以净水攪匀。司香啓亭門，司祝請佛於黄瓷浴池内浴畢，復以新棉墊座仍安奉原位，又將諸王呈送之椵葉、餑餑俱供於二大黄漆低桌之上，大内之九盤餑餑供於上面，醴酒三、盞香碟三仍供原處。司香點香，炕沿下小桌上設大黄瓷碗二，盛大内備去之酒及諸王呈送之酒，其亭式殿内以椵葉、餑餑及諸王呈送之餑餑貯於銀盤供之，呈送之酒貯於低桌上所設二大藍花瓷碗内供之，仍先於高案下所立杉木柱上挂紙錢二十七張，諸王遣來之人俱挂紙錢。大内之奏三弦琵琶太監二人在饗殿外丹陛之西首，諸王之護衛官員在丹陛兩旁對坐鳴拍板拊掌，衣朝服之二司祝進跪，司香二人舉臺盞二，分授于二司祝，二司祝接受臺盞，同獻酒九次，司俎官一員於饗殿階下東首立贊鳴拍板，即奏三弦琵琶鳴拍板拊掌，二司祝每一獻將所獻之酒注於兩旁，所設紅花瓷缸内復自盛醴酒，碗内挹新酒各注於二盞中獻之。每一獻，司俎官贊歌“鄂囉羅”，則歌“鄂囉羅”九次。獻畢，二司祝以臺盞授于司香等，同叩頭興合掌致敬，司俎官贊停拍板，其三弦琵琶拍板暫止，二司祝進亭式殿内跪，司香等舉授臺盞二，司祝同獻酒九次，奏三弦琵琶鳴拍板拊掌，歌“鄂囉羅”，均如饗殿獻酒儀。獻畢，以臺盞授于司香等，一叩頭興合掌致敬。一司祝預備於亭式殿内，一司祝進饗殿正中立，司香舉授神刀，司祝接受神刀前進司俎官贊鳴拍板，即奏三弦琵琶，鳴拍板拊掌，司祝一叩頭，興，司俎官贊歌“鄂囉羅”，即歌“鄂囉羅”，司祝擎神刀禱祝三次，誦神歌一次，擎神刀禱祝時則歌“鄂囉羅”，如是誦神歌三次，禱祝九次，畢，仍奏三弦琵琶鳴拍板拊掌，司祝進亭式殿内一叩頭，興，誦神歌，擎神刀禱祝以及歌“鄂囉羅”，俱如祭饗殿儀。禱祝畢，復進饗殿内一叩頭，興，又禱祝三次。司俎官贊歌“鄂囉羅”，則歌“鄂囉羅”一次，禱祝畢，授神刀於司香，司俎官贊停拍板，其三弦琵琶拍板皆止，興，退，司祝復跪，祝叩頭，興，合掌致敬，退。其亭式殿内預備之，司祝亦跪，祝叩頭，興，合掌致敬，退。司祝闔佛亭門，撤菩薩像、關帝神像，恭貯於木筒内，仍用衣黄緞衣司俎滿洲等恭請安奉輿内，鐙伏排列前恭請入宮，所供酒與餑餑分給隨去之侍衛、官員、司俎等。

(清) 允禄《滿洲祭神祭天典禮》卷三《堂子立杆大祭儀注》

每歲春秋二季，堂子立杆大祭所用之松木神杆。前期一月，派副管領一員帶領領催三人披甲二十人，前往直隸延慶州，會同地方官於潔净山内砍取松樹一株，長二丈圍徑五寸，樹梢留枝，葉九節，餘俱削去，製爲神杆，用黄布袱包裹賫至堂子内，暫於近南墻所設之紅漆木架中間斜倚安置。立杆大祭前期一日，立杆於亭式殿前中間石上，祭期預於饗殿中間，將鑲紅片金黄緞神幔，用黄棉綫繩穿繫其上，懸挂東西山墻所釘之鐵環，北炕中間西首設供佛亭之座炕，上設黄漆大低桌二，桌上供香碟三，炕沿下設楠木低桌，桌上列藍花大瓷碗二，桌之兩旁地上設紅花小瓷缸二，桌前鋪黄花紅氊一，方亭式殿内楠木高桌上供銅香爐，高桌前楠木低桌上列藍花大瓷碗二，桌之兩旁地上設暗龍碧瓷小缸二，饗殿内設黄紗蟲鐙二對，亭式殿内設黄紗蟲鐙二對，中道甬路皆設凉席并設紅紙蟲鐙三十有二。届時，衣金黄緞衣内監八人昇黄緞神輿進内左門，近光左門、景和門，預備於坤寧宮門外；衣黄緞衣司俎滿洲二人恭請佛亭并貯菩薩像黄漆木筒、貯關帝神像紅漆木筒安奉輿内；衣金黄緞衣内監八人昇行，由宮殿正門出，前引仗二對、羊角鐙二對，亦用衣金黄緞衣内監執之。司俎官二員、司俎二人、司俎滿洲二人由宮内前引至乾清門外，侍衛十員、前導掌儀司官一員、司俎首領太監一員、内監八人扈行，祭祀所用之清酒樽、打糕、索繩、净紙、神杆頂俱置於架上，及盛於食盒之内，領催蘇拉昇之隨後而行。至堂子時，衣黄緞衣司俎滿洲等恭請神位，供佛亭於西首之座次，於神幔上懸菩薩像，又次懸關帝神像，後將索繩三條一端合而爲一繫於北山墻。

(清) 允禄《滿洲祭神祭天典禮》卷四

司祝釋裙與腰鈴祝禱叩頭，皇帝、皇后行禮如夕祭儀。叩頭畢，所供之福胙亦不令出户，即釀酒所餘糟粕俱做爲糜粥，分給司俎及宮中太監等食之。食畢，取柳枝所繫綫索收貯囊内，仍懸挂於西山墻，其柳枝司俎官、司俎及司俎滿洲等送赴堂子，至除夕同神杆净紙化之。皇帝、皇后所挂綫索，過三日後解下，皇后親持入坤寧宮授于司祝，司祝接受貯於囊内，懸挂之，皇后一叩頭，還宮。樹柳枝求福，司祝於户外對柳枝舉揚神箭，誦神歌禱辭。

(清) 允禄《滿洲祭神祭天典禮》卷四《堂子亭式殿祭馬神儀注》

正日祭馬神於堂子亭式殿，司俎官一員、司俎一人於亭式殿内高案下所立杉木柱上挂紙錢二十七張，案上供打糕一盤、醴酒一盞、縛馬綜尾緑綢條二十對，又於地上所設低桌上供大碗二，一盛酒，一空設。司香點香，牧長牽白馬十匹立於亭式殿外甬路下，東面向西。奏三弦琵琶之太監二人於甬路上，西面向東。鳴拍板拊掌之看守堂子人東面向西俱坐。司祝進跪，司香舉臺盞授司祝，司祝接受，獻酒六次。司俎官一員於亭式殿外階下東首立，贊鳴拍板，即奏三弦琵琶，鳴拍板拊掌。司祝每一獻，將所獻之酒注於空碗內，復自盛醴酒，碗內挹新酒注於二盞中，獻之。每一獻司俎官贊歌“鄂囉羅”，看守堂子人歌“鄂囉羅”六次。獻畢，以臺盞授于司香，司祝一叩頭，興，合掌致敬。司俎官贊停拍板，其三弦琵琶拍板暫止。司香舉神刀授司祝，司祝接受神刀進，司俎官贊鳴拍板，即奏三弦琵琶，鳴拍板拊掌，司祝一叩頭，興，司俎官贊歌“鄂囉羅”，則歌“鄂囉羅”，司祝擎神刀禱祝三次，誦神歌祝禱一次，擎神刀禱祝時則歌“鄂囉羅”；誦神歌祝禱三次如前儀。如是九次，畢，司祝一叩頭，興，復禱祝三次，以神刀授于司香，司俎官贊停拍板，其三弦琵琶拍板皆止，司祝一叩頭，興，合掌致敬，立於近高案東首，取案上縛馬鬃尾綢條於香爐上薰，禱以縛馬鬃尾綢條授于司俎官，退，司俎官以縛馬鬃尾綢條授于牧長，繫於馬之鬃尾，所供糕酒分給牧長等。

元旦，皇上詣堂子、奉先殿行禮畢，詣壽皇殿，王公隨行禮。

（清）嵇璜、劉墉等《清通志》卷四四《禮略·命將出征》

乾隆十三年，命大學士忠勇公經略統兵討金川。先期授敕印，出師之日，隨皇帝先詣堂子行禮，次祭纛，畢，駕至長安左門外，御黃幄升座，親賜經略巵酒，遂啓行。欽命大學士率侍衛爲經略祖道畢望闕謝恩啓行。三十三年，命大學士忠勇公爲經略，帥師討緬甸，授敕印，親祭堂子，祭纛，御賜經略巵酒祖道，并如十三年之儀。

（清）嵇璜、劉墉等《清通志》卷四四《禮略·凱旋》

崇德元年，和碩睿親王、裕親王，貝勒、貝子等大兵凱旋。太宗文皇帝率王貝勒貝子公等及文武各官出城十里外郊勞，設八纛吹螺作樂。上率衆拜天行三跪九叩禮畢，御黃幄升座，出征王貝勒等跪進獻捷表文，行三跪九叩禮。諭出征王貝勒等近前行禮，王等以次趨至御前行一跪三叩禮，賜坐，設燕親賜巵酒。及至京，躬率凱旋王貝勒貝子公大臣等謁堂子行禮，還宮。

康熙元年，撫遠大將軍、多羅信郡王等征滅察哈爾班師凱旋。聖祖仁皇帝率王公大臣迎勞於南苑之大紅門，至京詣堂子行禮畢，還宮。

（清）嵇璜、劉墉等《清通典》卷四三《禮·堂子大內祀神》

臣等謹按：《欽定滿洲祭神祭天典禮》一書，知堂子之祭爲我聖朝敬事天神之令典，凡遇大事及每歲元旦、春秋二季，有祈有報。又凡大出征必告，凱旋則列纛而拜皆親詣行禮。祀典尊崇，敬誠懇著。謹考典文與郊社，以義相從。

（清）嵇璜、劉墉等《清通典》卷五九《禮》

禮部堂官奏請恭詣堂子行禮，王以下各官候聖駕至跪送，出征王及諸王、貝勒、都統、尚書等官，出征副都統以上各官咸隨至堂子，禮部堂官恭導就位行禮，王公大臣咸依次序立，聖祖仁皇帝行三跪九拜禮，王等均隨行禮，興。次吹螺，於兵部所設纛前行三跪九拜禮，聖駕出，樂作。【略】（康熙十三年）是年八月，命王貝勒爲大將軍將軍領兵出征湖廣，不詣堂子行禮，不親送。大將軍等出午門，遣親王、内大臣出長安右門往送，餘儀皆同。十月，命和碩簡親王爲揚威大將軍帥師之江寧。和碩安親王爲定遠平寇大將軍帥師之廣東，聖祖仁皇帝御太和殿，賜以敕印，詣堂子行禮拜纛，還出長安右門送之行。

（清）昆岡等《大清會典圖》卷五《禮五》

皇帝歲以元旦親詣堂子行拜天禮，武備院卿設皇帝拜褥於圜殿北甬道正中，鴻臚寺卿率鳴贊官夾甬道東西面序立，侍儀禮部堂官二人恭導皇帝詣拜位南向，鴻臚寺官二人引和碩親王以下未入八分公以上於饗殿，丹陛上又二人引滿洲公侯伯子尚書都統一品大臣於王公之次陪祀，均南向。

堂子春秋立杆致祭，祭前一日，所司於圜殿南正中石座立松木杆。祭日，懸黄幡，繫采繩，綴五色繒及楮帛。殿内左右黄紗座鐙各二，正中高案一，案上爐一，酒盞一，銀盤三，實以糕、餌，案下杉木柱亦綴楮帛，案前復設小案一，上陳藍花瓷碗二，案下左右設暗龍碧瓷小缸二，其元旦皇帝親詣行拜天禮。惟高案上陳香爐，案下綴楮帛，不設酒、盞、糕、餌盤及小案。

堂子春秋立杆致祭，祭日，神位由大内恭請安奉祭神殿内，南向左右黄紗座鐙各二，正中并設黄案二，案上爐三，酒盞三，銀盤九，實以糕、餌案，右旁案一、陳盤一實同。案前復設小案一，上陳藍花瓷碗二，案下左右設紅花瓷缸二，殿東陳木架以綴楮帛，其元旦皇帝親詣行拜天禮，殿内安奉朝祭神位於東，夕祭神位於西，各設案一，每案惟陳香爐各一，不設酒、盞、糕、餌盤及小案，所司朝夕上香，皇帝不行禮。

（清）王先謙《東華續録·乾隆二九》

乾隆十四年四月丙午，諭：堂子之祭，乃我朝先代循用通禮，所祭之神即天神也。列祖膺圖御宇，既稽古郊禋而燔柴典重舉，必以時堂子，則舊俗相承，遇大事及春秋季月上旬必祭天祈報歲首，最先展禮。定鼎以來，恪遵罔愆，且不易其名重舊制也。考諸經訓，祭天有郊、有類，有祈穀、祈年，禮本不一。兵戎國之大事，故命遣大將，必先有事於堂子正類祭，遺意而列纛行禮則禡也，我祖宗於行營中或別有征討，不及歸告堂子，則望祭而列纛行事，其誠敬如此，朕思出師造遣，則凱旋即當告至乃天地、宗社，俱已祝册致虔且受成太學。而堂子則弗之及，祠官疏略，如神貺何？祀典攸關，彝章宜備，著議政王大臣等詳悉具儀，朕親爲裁定，載入《會典》。特諭。尋奏，謹按《會典》，崇德間，大兵凱旋，太宗文皇帝率衆拜天，大設筵宴，宴畢，躬率凱旋王、貝勒、貝子、公、大臣等恭謁堂子，行三跪九叩禮，請嗣後凱旋致祭於天地、太廟、奉先殿、社稷、陵寢如常儀外，皇帝告祭堂子，由禮部請旨，欽天監擇吉。屆期，鹵簿大駕全設，禮部堂官奏請皇帝詣堂子行禮，凱旋將帥、大臣及諸王、貝勒、貝子、公、鎮國將軍、都統、尚書等官隨行，皇帝進堂子上香，畢，禮部堂官恭導就位，凱旋將帥等依次排立，鳴贊官贊跪叩興，皇帝行三跪九叩禮，將帥等隨行禮，畢，禮部堂官奏請駕還宮，樂作禮成如儀。得旨：是，依議。

(清) 朱壽朋《東華續錄·光緒一〇一》

光緒十七年辛卯春正月丙寅朔丑刻，上詣奉先殿行禮，寅刻詣堂子行禮。

分壇記禮

(清) 鄂爾泰等《國朝宮史》卷六《典禮二·禮儀中·坤寧宮祀神儀》

奏神拍板拊掌如初，三獻畢，一叩，興，合掌致敬，乃徹饌列胙於長案前，皇帝親行禮於殿內南炕上升座，進胙肉，并召王公大臣入於炕前，賜坐，隨同食肉。皇后則於東暖閣率貴妃以下同受胙分嘗。皆先期候旨行。若非親祭之日，值班之大臣、侍衛進宮食肉，凡祀肉不出門，皮脂送膳房，骨膽蹄爪送於河司。香斂楮於囊。俟歲暮焚於堂子。【略】

每歲春秋二季，堂子恭立神杆、奉神位，於堂子大祭，回宮并於坤寧宮大祭。前期四旬於宮內西炕上釀酒祭，前一日漉之司香染布為神冠製楮幣。大祭日，司俎婦人打糕作穆丹條子，餘并如前儀。每歲十二月二十六日，恭奉神位至堂子。五鼓時，掌儀司以內監十六人并衣金黃緞衣舁黃緞神輿二至坤寧宮門外，司俎二人亦衣黃緞衣各捧朝祀神位、夕祀神位安奉輿內，內監舁行，導以御仗八、鐙四，并以內監擎執，俱衣金黃緞衣并司俎官員等六人經宮殿各門，俱由中闈至乾清門。侍衛十人前導，掌儀司官扈行，出長安左門，至堂子饗殿內供奉，晨夕獻香并如儀。至新正初二日，恭迎神位還宮，儀衛如前。司俎恭奉神位安原處。四月八日佛誕祭祀，是日，所司於堂子饗殿陳設如儀。掌儀司以內監八名俱衣金黃緞衣舁黃緞神輿至坤寧宮門外，司俎恭捧神位安奉輿內，內監舁行，燈仗儀衛如前。司俎、首領太監等以椴葉、餑餑、釀酒、紅蜜、棉花置盒內隨行，至堂子饗殿浴佛祭祀，所司執事如儀。禮畢，迎神還宮，并如前儀。

(清) 允祹等《大清會典》卷九三《鑾儀衛》

祭堂子【略】乘禮輿，乘禮輿則并陳玉輦、金輦，餘均與郊大祀同。

春秋【略】祭堂子，【略】駕出，午門鳴鐘，陳設鹵簿，盥手，進盤巾。回鑾作樂、鳴鐘，均如前儀。

(清) 允祹等《大清會典則例》卷一六四《內務府》

雍正四年，議准，【略】拜堂子，除午門前列鐙、引鐙外，堂子街門內外紅柱兩旁列鐙十對，委武備院營造司庫守各五名，護軍十名，各委司官一人，稽察如前。

(清) 允祹等《大清會典則例》卷一六九《鑾儀衛》

親祭堂子，【略】由太常寺知會。祭日，委官率校尉陳鹵簿，午門鳴鐘，鹵簿前導臨祭，進盥槃帨巾，回鑾，作樂，儀同。

（清）允禄《滿洲祭神祭天典禮》卷三《坤寧宮大祭儀注》

每歲春秋二季，堂子內立杆大祭，坤寧宮於大祭前四十日在坤寧宮內西炕上神位前置缸一口，以盛清酒於報祭前釀之。司香等用槐子煎水染白，淨高麗布裁爲敬神布條，用黃綠色棉綫擰成敬神索繩，以各色綢條夾於其內，又染紙鏤成錢文，於報祭之日司俎婦人煠做搓條餑餑。大祭之日，恭請朝祭神位於堂子內，祭畢，復請入宮。預於坤寧宮內將鑲紅片金黃緞神幔用黃棉綫繩穿繫其上，懸挂西山墙。

六獻畢，以臺盞授于司香，叩頭，興，合掌致敬。皇帝、皇后親詣行禮如前儀。神肉前叩頭畢，撤下祭肉，不令出戶，盛於盤內，於長高桌前按次陳列，或皇帝率皇后受胙，或率王大臣等食肉之處請旨遵行，如遇皇帝不受胙之日，令值班大臣、侍衛等進內食之。食畢，司祝進於神位前，一叩頭，興，合掌致敬。司俎太監等撤去皮骨，并將清晨在抽屜桌上南首懸挂之淨紙一并撤出，皮油送交膳房，其骨膽蹄甲，司俎官送潔净處，化而投之於河。隨將神幔收捲，其所挂紙錢存俟月終，貯高麗紙囊內，除夕送赴堂子，與堂子內所挂净紙及神杆同化之，所有關帝神像恭貯於紅漆木筒，其供佛小亭恭貯菩薩像木筒及二香碟，仍移奉西楹，以小亭安奉於亭座上，菩薩像、關帝神像二筒安奉於西山墙繪花紅漆抽屜，桌上供香碟三於桌之東邊。

（清）慶桂等《國朝宮史續編》卷二六《典禮二〇·祭祀一·坤寧宮祀神儀》

祀神之禮，每正月二日由堂子迎神，還坤寧宮。司俎奉安神位後，擇吉展祭，并有月祭、朔祭、日祭。儀均具前編。

其夕祭求福，皇帝、皇后行禮如夕祭儀。儀具前編。柳枝所繫綫索貯於囊懸西壁上柳枝，司俎官等送堂子，至除夕，同神杆净紙化之。

（清）慶桂等《國朝宮史續編》卷三〇《典禮二四·祭祀五》

坤寧宮祀神，乃祖宗家法，萬世遵依。即每歲元旦，詣堂子行禮，亦其義也。予《詩》所云祀神，意包甚廣。至祀竈古無明文，不見典謨，雖載《禮記》，但漢晉以後所傳七祀之一，非天子應行大典，故皇祖未嘗舉行。

（四）祭祀樂舞

樂舞制度沿革

（清）嵇璜、劉墉等《清通典》卷六三《樂》

天命元年正月，元旦，諸貝勒大臣文武群臣進表，恭上尊號，上焚香告天，行受寶禮，以是年爲天命元年，升御座，受慶賀，陳設鹵簿奏樂。八年，臺吉阿巴泰等征蒙古還至都城。上出城迎之，因破敵竪纛八鳴角拜天，禮畢，設大宴慶勞，奏樂。

天聰六年，喀爾沁部落古嚕斯恰布濟衮都稜具筵進獻，陳設樂舞，適奏報錦州蒙古貝勒諾木齊等歸降，上大悦，命八門擊鼓召衆宣捷。翼日，上至演武亭行拜天禮畢，升御座，諾木齊等率部衆朝見，因設樂舞大宴，選力士爲角觝之戲。八年，出師征明。

上謁堂子，列八纛鳴角奏樂，復定元旦朝賀，陳設鹵簿奏樂，九年停止。元旦雜劇八旗筵宴止用雅樂。十年，諸貝勒大臣文武群臣進表，恭加上尊號，陳設鹵簿奏樂，上拜天行受寶禮，建國號曰大清，改元崇德，受慶賀，設筵宴備陳樂舞。

祭樂樂章

(清) 允祹等《大清會典則例》卷一〇〇《樂部》

導迎樂章，堂子樂章曰：“禋祀隆永，維統百靈。延福儲祉，奠安神鼎。修祀祠通，紫庭降福。祥昭德馨，出師凱旋。”堂子樂章曰：“維文武略，勛業攸崇。欽承睿算，往征不恭。扇仁風，在師中。月三捷，奏膚功。”

(五) 詔諭祝詩文

祭祀故事

(清) 鄂爾泰等《八旗通志》卷八九《典禮志一二·彙記滿洲祭祀故事》

我滿洲國，自昔敬天與佛與神，出於至誠，故創基盛京即恭建堂子以祀天，又於寢宮正殿恭建神位以祀佛、菩薩、神及諸祀位。嗣雖建立壇廟，分祀天、佛暨神，而舊俗未敢或改，與祭祀之禮并行。至我列聖定鼎中原，遷都京師，祭祀仍遵昔日之制，由來久矣。而滿洲各姓亦均以祭神爲至重，雖各姓祭祀皆隨土俗，微有差异，大端亦不甚相遠。若大內及王、貝勒、貝子、公等，均于堂子內向南祭祀，至若滿洲人等均於各家院內向南以祭，又有建立神杆以祭者。此皆祭天也。凡朝祭之神，皆系恭祀佛、菩薩、關帝，惟夕祭之神，則各姓微有不同。原其祭祀所由，蓋以各盡誠敬，以溯本源，或受土地山川神靈顯佑，默相之思而報祭之也。大內每歲春秋二季，於堂子內立杆祭祀，復於宮內報祭；除齋戒并禁止屠宰日期外，每日祭神。每月初二日，祭天一次。四季則有獻神之祭，分府之皇子與宮內居住之皇子如奉旨在坤寧宮祭神。每月於皇上祭神祭天後，各按次序祭神一日、祭天一日。其未分府在紫禁城內居住之皇子，每月各于所居之處祭神、祭天。王、貝勒、貝子、公等每歲春秋二季，挨次在堂子內立杆祭祀，并各于本家報祭，每月祭神、祭天。公、侯、伯、大臣、官員以下至間散滿洲，或每月、或每歲、或四季、二季、一季于本家內祭神。先是每歲春秋二季，大內立杆祭神，過二三日後，親王以下入八分公以上，各按班次由坤寧宮內恭請朝祭、夕祭神位至於各家。屆立杆祭祀之日，恭請朝祭神位在堂子內。祭畢，仍請至家內，夕間大祭。於是挨次恭請神位祭祀，俱照此。至於月終，大內司俎、官司俎等恭請神位進宮。是時坤寧宮每日祭祀，朝則于供佛金亭幔帳之前，夕則於架幔神位前祭祀。康熙五十七年，奉聖祖仁皇帝諭旨停止王等恭請神位。雍正元年，世宗憲皇帝特命莊親王、怡親王恭請神位於其府內，各祭一次。凡滿洲各姓祭神，或用女司祝，亦有用男司祝者，自大內以下間散宗室、覺羅以至伊爾根覺羅、錫林覺羅、姓之滿洲人等俱用女司祝以祭。從前內廷主位及王等福晋，皆有爲司祝者。今大內祭祀，仍揀擇覺羅、大臣、官員之命婦爲司祝，以承祭事。凡宮內居住之皇子，有旨令在坤寧宮祭神仍用覺羅司祝。祭祀外，若紫禁城內居住之皇子祭神，則於上三旗包衣佐領、管領下之覺羅或异姓大臣、官員、間散滿洲人等妻室內選擇爲司祝，令其承祭。其已分府之皇子及王、貝勒、貝子、公等，俱於各該旗屬包衣佐領、管領下之覺羅或异姓大臣、官員、間散滿洲人等妻室內選擇爲司祝，令其承祭。如屬下并無爲司祝之人，或於各屬下包衣佐領、管領下之滿洲婦人內選擇，令其爲司祝以祭，或另請司祝以祭。自公、侯、伯、大臣、官員以下以至間散滿洲，用女司祝祭祀者俱於本族中選擇，以承祭事。如實不能得人，即於家內仿照司祝祭神之例，整理祭物，焚香獻酒，本家家長叩頭，省牲供肉，叩頭以祭。其用男司祝祭祀之家，各由本家請男司祝以祭自。

祭祀祝文

(清) 鄂爾泰等《八旗通志》卷八九《典禮志一二·堂子亭式殿祭祀祝辭》

上天之子，紐歡臺吉，武篤本貝子，某年生小子，某年生小子，今敬祭者，豐於首而仔於肩，衛於後而護於前。畁以嘉祥兮，齒其兒而髮其黃兮，年其增而歲其長兮，根其固而身其康兮。神兮覰我，神兮佑我，永我年而壽我兮。

(清) 允祿《滿洲祭神祭天典禮》卷一《堂子亭式殿祭祀儀注》

正月初三日每月初一日堂子亭式殿祭祀祝辭："上天之子，紐歡臺吉，武篤本貝子，某年生小子，某年生小子，爲某人祭則呼某人本生年。今敬祝者，豐於首而仔於肩，衛於後而護於前。畁以嘉祥兮，齒其兒而髮其黃兮，年其增而歲其長兮，根其固而身其康兮。神兮覰我，神兮佑我，永我年而壽我兮。"

(清) 允祿《滿洲祭神祭天典禮》卷二

四月初八日浴佛於堂子饗殿內祝辭："上天之子，佛及菩薩，大君先師，三軍之帥，關聖帝君，某年生小子等，爲某人祭則呼某人本生年。今敬祝者，遇佛誕辰，偕我諸王敬獻於神，祈鑒敬獻之心，俾我小子。豐於首而仔於肩，衛於後而護於前。畁以嘉祥兮，齒其兒而髮其黃兮，年其增而歲其長兮，根其固而身其康兮。神兮覰我，神兮佑我，永我年而壽我兮。"堂子亭式殿內祝辭："上天之子，紐歡臺吉，武篤本貝子，某年生小子等，爲某人祭則呼某人本生年。今敬祝者，遇佛誕辰，偕我諸王敬獻於神，祈鑒敬獻之心，俾我小子。豐於首而仔於肩，衛於後而護於前。畁以嘉祥兮，齒其兒而髮其黃兮，年其增而歲其長兮。根其固而身其康兮，神兮覰我，神兮佑我，永我年而壽我兮。"

(清) 允祿《滿洲祭神祭天典禮》卷三

每歲春秋二季，堂子立杆大祭，饗殿內祝辭："上天之子，佛及菩薩，大君先師，三軍之帥，關聖帝君，某年生小子，某年生小子，爲某人祭則呼某人本生年。今敬祝者，貫九以盈，具八以呈，九期屆滿，立杆禮行，爰繫索繩，爰備粢盛，以祭於神靈。豐於首而仔於肩，衛於後而護於前。畁以嘉祥兮，齒其兒而髮其黃兮，年其增而歲其長兮，根其固而身其康兮。神兮睨我，神兮佑我，永我年而壽我兮。"

堂子亭式殿内祝辭："上天之子，紐歡臺吉，武篤本貝子，某年生小子，某年生小子，爲某人祭則呼某人本生年。今敬祝者，貫九以盈，具八以呈，九期屆滿，立杆禮行，爰繋索繩，爰備粢盛，以祭於神靈。豐於首而仔於肩，衛於後而護於前。畀以嘉祥兮，齒其兒而髮其黄兮，年其增而歲其長兮，根其固而身其康兮。神兮睨我，神兮佑我，永我年而壽我兮。"

（清）允禄《滿洲祭神祭天典禮》卷四

正日爲所乘馬祭祀堂子亭式殿祝辭："上天之子，紐歡臺吉，武篤本貝子，某年生小子，爲某人之馬祭，則呼某人本生年。今爲所乘馬敬祝者，撫脊以起兮，引鬣以興兮，嘶風以奮兮，噓霧以行兮，食草以壯兮，嚙艾以騰兮，溝穴其弗蹈兮，盜賊其無攖兮。神其睨我，神其佑我。"

三、祭祀記載

《太祖高皇帝實録》卷一"癸未歲至甲申歲（萬曆十一年至十二年）"條

六月辛亥朔，上伯祖德世庫、劉闡、索長阿，叔祖寶實等子孫，忌上英武，誓於堂子。

《太祖高皇帝實録》卷二"乙酉歲至戊戌歲（萬曆十三年至二十六年）"條

壬子朔，及旦，上食已，率諸貝勒大臣詣堂子，拜，復再拜，祝曰：皇天后土，上下神只，弩爾哈齊與葉赫本無釁端，守境安居，彼來構怨，糾合兵衆，侵陵無辜，天其鑒之。

《太祖高皇帝實録》卷五"天命元年正月至三年十二月"條

壬寅巳刻，若歸順者慎勿輕加誅戮。嚴諭畢，上率諸貝勒及統軍諸將鳴鼓奏樂，謁堂子而行。

《太祖高皇帝實録》卷一〇"天命十一年正月至八月"條

天命十一年夏五月壬戌，奥巴將至。上謁堂子，出城迎十里許。御帳殿，奥巴率從者列帳前，偕臺吉賀爾禾代、拜思噶爾、向前稽首。奥巴復詣上膝前再拜，行抱見禮。上起。就御座前答之。

《世祖章皇帝實録》卷二"崇德八年九月"條

壬寅，和碩鄭親王濟爾哈朗、多羅武英郡王阿濟格統領大軍，載紅衣炮及諸火器征明寧遠，瀕行諸和碩親王、多羅郡王、多羅貝勒、固山貝子、固山額真、梅勒章京以上俱詣堂子，吹螺掌號，行三跪九叩頭禮，樹八纛，復向天行三跪九叩頭，禮畢，鳴炮三，大軍西發。

《世祖章皇帝實錄》卷二 "崇德八年冬十月" 條

丁丑，和碩鄭親王濟爾哈朗、多羅武英郡王阿濟格、統兵自寧遠還。命多羅饒余貝勒阿巴泰、率文武各官出迎。詣堂子行禮。謁陵、奠茶酒舉哀畢。入城。

《世祖章皇帝實錄》卷三 "順治元年春正月" 條

庚寅朔，上詣堂子行禮還宮，拜神畢，御殿受諸王、貝勒、貝子、公、文武群臣、外藩諸蒙古及進貢虎爾哈朝賀。

《世祖章皇帝實錄》卷四 "順治元年夏四月" 條

丙寅，是日，攝政和碩睿親王多爾衮、同多羅豫郡王多鐸、多羅武英郡王阿濟格、恭順王孔有德、懷順王耿仲明、智順王尚可喜、多羅貝勒羅洛宏、固山貝子尼堪博洛、輔國公滿達海、吞齊喀博和托和托、續順公沈志祥、朝鮮世子李澄，暨八旗固山額真、梅勒章京詣堂子。

《世祖章皇帝實錄》卷一三 "順治二年春正月" 條

乙酉朔，上詣堂子行禮，還入宮拜神畢，出御皇極殿舊址張御幄，諸王、貝勒、文武群臣、及外藩蒙古王使臣等上表朝賀。

《世祖章皇帝實錄》卷二一 "順治二年冬十月" 條

己卯朔，享太廟遣戶部尚書英俄爾岱行禮，上躬祀堂子。

《世祖章皇帝實錄》卷二三 "順治三年春正月" 條

己酉朔，上詣堂子行禮，還宮，拜神畢，詣皇太后宮行禮，御太和殿。諸王、貝勒、貝子、公、文武群臣及外藩蒙古諸王、吐魯番、哈密衛各貢使上表行慶賀禮，賜宴。

《世祖章皇帝實錄》卷三〇 "順治四年春正月" 條

癸卯朔，上詣堂子行禮，還宮，拜神畢，詣皇太后宮行禮，御太和殿。諸王、貝勒、貝子、公、文武群臣及外藩蒙古諸王上表行慶賀禮，賜宴。

《世祖章皇帝實錄》卷三六 "順治五年春正月" 條

丁酉朔，上詣堂子行禮，還宮，拜神畢，詣皇太后宮行禮，御太和殿。諸王、貝勒、貝子、公、文武群臣及外藩蒙古諸王上表行慶賀禮，賜宴。

《世祖章皇帝實錄》卷七一 "順治十年春正月" 條

戊辰朔，上詣堂子行禮，還宮，拜神畢，朝謁皇太后，御太和殿。諸王、貝勒、貝子、公、文武群臣、外藩二十七旗頭目、厄魯特部落進貢使臣上表行慶賀禮，賜宴。公主福金以下格格以上及大臣命婦赴皇太后宮朝賀，亦賜宴。

《世祖章皇帝實錄》卷八〇 "順治十一年春正月" 條

壬辰朔，上詣堂子行禮，還入宮，拜神畢，朝皇太后于慈寧宮御，太和殿。諸王、文武群臣、及外藩蒙古上表行慶賀禮，是日賜宴。

《聖祖仁皇帝實錄》卷八 "康熙二年春正月" 條

庚午朔，上詣堂子行禮，還宮，拜神畢，詣太皇太后、仁憲皇太后、慈和皇太后宮行禮，御殿。王以下文武各官、外藩王、及使臣等上表朝賀。停止筵宴。

《聖祖仁皇帝實錄》卷一一 "康熙三年春正月" 條

甲子朔，上詣堂子行禮，還宮，拜神畢，詣太皇太后、皇太后宮行禮，御殿。王以下文武各官、外藩王、及使臣等上表朝賀。照例筵宴。

《聖祖仁皇帝實錄》卷一四 "康熙四年春正月" 條

戊子朔，上詣堂子行禮，還宮，拜神畢，詣太皇太后、皇太后宮行禮，御殿。王以下文武各官、外藩王、及使臣等上表朝賀。停止筵宴。

《聖祖仁皇帝實錄》卷一八 "康熙五年春正月" 條

壬午朔，上詣堂子行禮，還宮，拜神畢，率諸王、貝勒、貝子、公、內大臣、大學士、都統、尚書、精奇尼哈番、侍衛等詣太皇太后、皇太后宮行禮，御殿。王以下文武各官、外藩王、及使臣等上表朝賀。停止筵宴。

《聖祖仁皇帝實錄》卷二一 "康熙六年春正月" 條

丙子朔，上詣堂子行禮，還宮，拜神畢。率諸王、貝勒、貝子、公、內大臣、大學士、都統、尚書、精奇尼哈番、侍衛等詣太皇太后、皇太后宮行禮，御殿。王以下文武各官、外藩王、及使臣等上表朝賀。停止筵宴。

《聖祖仁皇帝實錄》卷二五 "康熙七年春正月" 條

庚子朔，上詣堂子行禮，還宮，拜神畢。率諸王、貝勒、貝子、公、內大臣、大學士、都統、尚書、精奇尼哈番、侍衛等，詣太皇太后、皇太后宮行禮，御殿。王以下文武各官、外藩王及使臣等上表朝賀。照例筵宴。

《聖祖仁皇帝實錄》卷二八 "康熙八年春正月" 條

乙未朔，上詣堂子行禮，還宮，拜神畢。率諸王、貝勒、貝子、公、內大臣、大學士、都統、尚書、精奇尼哈番、侍衛等詣太皇太后、皇太后宮行禮，御殿。王以下文武各官、外藩王及使臣等上表朝賀。筵宴如例。

《聖祖仁皇帝實錄》卷三二 "康熙九年春正月" 條

己丑朔，上詣堂子行禮，還宮，拜神畢。率諸王、貝勒、貝子、公、內大臣、大學士、都統、尚書、精奇尼哈番、侍衛等詣太皇太后、皇太后宮行禮，御殿。王以下文武各官、外藩王及使臣等上表朝賀。停止筵宴。

《聖祖仁皇帝實錄》卷三五 "康熙十年春正月" 條

癸丑朔，上詣堂子行禮，還宮，拜神畢。率諸王、貝勒、貝子、公、內大臣、大學士、都統、尚書、精奇尼哈番、侍衛等詣太皇太后、皇太后宮行禮，御殿。王以下文武各官、外藩王及使臣等上表朝賀。照例筵宴。

《聖祖仁皇帝實錄》卷三八“康熙十一年春正月”條

戊申朔，上詣堂子行禮，還宮，拜神畢。率諸王、貝勒、貝子、公、內大臣、大學士、都統、尚書、精奇尼哈番、侍衛等詣太皇太后、皇太后宮行禮，御殿。王以下文武各官、外藩王及使臣等上表朝賀。照例筵宴。

《聖祖仁皇帝實錄》卷四一“康熙十二年春正月”條

壬申朔，上詣堂子行禮，還宮，拜神畢。率諸王、貝勒、貝子、公、內大臣、大學士、都統、尚書、精奇尼哈番、侍衛等詣太皇太后、皇太后宮行禮，御殿。王以下文武各官、外藩王及使臣等上表朝賀。照例筵宴。

《聖祖仁皇帝實錄》卷四五“康熙十三年春正月”條

丙寅朔，上詣堂子行禮，還宮，拜神畢。率諸王、貝勒、貝子、公、內大臣、大學士、都統、尚書、精奇尼哈番、侍衛等詣太皇太后、皇太后宮行禮，御殿。王以下文武各官、外藩王及使臣等上表朝賀。照例筵宴。

《聖祖仁皇帝實錄》卷四五“康熙十三年春正月”條

乙亥，上御太和殿。遣寧南靖寇大將軍多羅順承郡王勒爾錦帥師之湖廣。安西將軍都統赫業帥師之四川，賜之敕印，諭之曰：行軍之道，惟得民心爲要，所過宜厚加撫恤，嚴禁侵掠，誠能無犯秋毫，則百姓安矣。至官兵暴露良苦，亦宜拊循。其進止處所，謹設斥堠，善自周防，勿懈也。南方卑濕，念吾軍士遠役，或不習水土，猝有疾病，可致良醫以藥餌調治之。其有勞績者，即向所司支給賞賫，勿致踰時。諭畢。上詣堂子行禮，祭旗纛、還，出西長安門送之行。命王以下副都統以上俱乘馬馳而過，復遣內大臣、禮部、兵部、大臣餞于郊外。

《聖祖仁皇帝實錄》卷五〇“康熙十三年冬十月”條

壬辰，上御太和殿，遣揚威大將軍和碩簡親王喇布帥師之江寧，賜之敕印，上詣堂子行禮，祭旗纛，還，出西長安門。送之行。

《聖祖仁皇帝實錄》卷五〇“康熙十三年冬十月”條

丙申，上御太和殿，遣定遠平寇大將軍和碩安親王嶽樂帥師之廣東，賜之敕印，上詣堂子行禮，祭旗纛，還。出西長安門。送之行。

《聖祖仁皇帝實錄》卷五二“康熙十四年春正月”條

庚申朔，上詣堂子行禮，還宮，拜神畢。率諸王、貝勒、貝子、公、及內大臣、大學士、都統、尚書、精奇尼哈番、侍衛等詣太皇太后、皇太后宮行禮。停止朝賀筵宴。

《聖祖仁皇帝實錄》卷五五“康熙十四年閏五月”條

癸卯，撫遠大將軍多羅信郡王鄂札、副將軍都統大學士圖海等征滅察哈爾，班師凱旋。上率在京王、貝勒、大臣、侍衛、八旗都統、精奇尼哈番、副都統、阿思哈尼哈番及大學士、尚書、侍郎、學士、諸大臣迎勞于南苑之大紅門。【略】上自南苑回，率在京王、貝勒、大臣、及凱旋王大臣等，詣堂子行禮。回宮。

《聖祖仁皇帝實錄》卷五九"康熙十五年春正月"條

甲申朔，上詣堂子行禮，還宮，拜神畢，率諸王、貝勒、貝子、公、内大臣、大學士、都統、尚書、精奇尼哈番、侍衛等詣太皇太后、皇太后宮行禮。停止朝賀筵宴。

《聖祖仁皇帝實錄》卷六五"康熙十六年春正月"條

戊寅朔，上詣堂子行禮，還宮，拜神畢，率諸王、貝勒、貝子、公、内大臣、大學士、都統、尚書、精奇尼哈番、侍衛等詣太皇太后、皇太后宮行禮。停止朝賀筵宴。

《聖祖仁皇帝實錄》卷七一"康熙十七年春正月"條

癸酉朔，上詣堂子行禮，還宮，拜神畢，率諸王、貝勒、貝子、公及内大臣、大學士、都統、尚書、精奇尼哈番、侍衛等詣太皇太后、皇太后宮行禮，御殿。王以下文武各官、外藩王及使臣等上表朝賀。停止筵宴。

《聖祖仁皇帝實錄》卷七九"康熙十八年春正月"條

丁酉朔，上詣堂子行禮，還宮，拜神畢，率諸王、貝勒、貝子、公及内大臣、大學士、都統、尚書、精奇尼哈番、侍衛等詣太皇太后、皇太后宮行禮，御殿。王以下文武各官、外藩王及使臣等上表朝賀。照例筵宴。

《聖祖仁皇帝實錄》卷八八"康熙十九年春正月"條

辛卯朔，上詣堂子行禮，還宮，拜神畢，率諸王、貝勒、貝子、公、内大臣、大學士、都統、尚書、精奇尼哈番、侍衛等詣太皇太后、皇太后宮行禮。停止朝賀筵宴。

《聖祖仁皇帝實錄》卷九四"康熙二十年春正月"條

乙卯朔，上詣堂子行禮，還宮，拜神畢，率諸王、貝勒、貝子、公、内大臣、大學士、都統、尚書、精奇尼哈番、侍衛等詣太皇太后、皇太后宮行禮，御太和門。王以下文武各官、外藩王及使臣上表朝賀。停止筵宴。

《聖祖仁皇帝實錄》卷一〇〇"康熙二十一年春正月"條

己酉朔，上詣堂子行禮，還宮，拜神畢，率諸王、貝勒、貝子、公、内大臣、大學士、都統、尚書、精奇尼哈番、侍衛等詣太皇太后、皇太后宮行禮，御太和門。王以下文武各官、外藩王及使臣等上表朝賀。筵宴如例。

《聖祖仁皇帝實錄》卷一〇七"康熙二十二年春正月"條

癸卯朔，上詣堂子行禮，還宮，拜神畢，率諸王、貝勒、貝子、公、内大臣、大學士、都統、尚書、精奇尼哈番、侍衛等詣太皇太后、皇太后宮行禮，御太和門。王以下文武各官、外藩王及使臣等上表朝賀。照例筵宴。

《聖祖仁皇帝實錄》卷一一四"康熙二十三年春正月"條

丁卯朔，上詣堂子行禮，還宮，拜神畢，率諸王、貝勒、貝子、公、内大臣、大學士、侍衛等詣太皇太后、皇太后宮行禮，御太和門。王以下文武各官、外藩王及使臣等上表朝賀。照例筵宴。

《聖祖仁皇帝實錄》卷一二四"康熙二十五年春正月"條

丙辰朔，上詣堂子行禮，還宮，拜神畢，率諸王、貝勒、貝子、公、内大臣、大學士、侍衛等詣太皇太后、皇太后宮行禮，御太和門。王以下文武各官、外藩王及使臣等上表朝賀。照例筵宴。

《聖祖仁皇帝實錄》卷一二九"康熙二十六年春正月"條

庚辰朔，上詣堂子行禮，還宮，拜神畢，率諸王、貝勒、貝子、公、内大臣、大學士、侍衛等詣太皇太后、皇太后宮行禮，御太和門。王以下文武各官、外藩王及使臣等上表朝賀。照例筵宴。

《聖祖仁皇帝實錄》卷一三九"康熙二十八年春正月"條

己巳朔，上詣堂子行禮，還宮，拜神畢，率諸王、貝勒、貝子、公、内大臣、大學士、侍衛等詣皇太后宮行禮，御太和門。王以下文武各官、外藩王及使臣等上表朝賀。停止筵宴。

《聖祖仁皇帝實錄》卷一四四"康熙二十九年春正月"條

癸巳朔，上詣堂子行禮，還宮，拜神畢，率諸王、貝勒、貝子、公、内大臣、大學士、侍衛等詣皇太后宮行禮，御太和門。王以下文武各官、外藩王及使臣等上表朝賀。停止筵宴。

《聖祖仁皇帝實錄》卷一五〇"康熙三十年春正月"條

丁亥朔，上詣堂子行禮，還宮，拜神畢，率諸王、貝勒、貝子、公、内大臣、大學士、侍衛等詣皇太后宮行禮，御太和門。王以下文武各官、外藩王及使臣等上表朝賀。照例筵宴。

《聖祖仁皇帝實錄》卷一五四"康熙三十一年春正月"條

辛亥朔，上詣堂子行禮，還宮，拜神畢，率諸王、貝勒、貝子、公、内大臣、大學士、侍衛等詣皇太后宮行禮。停止朝賀筵宴。

《聖祖仁皇帝實錄》卷一五八"康熙三十二年春正月"條

乙巳朔，上詣堂子行禮，還宮，拜神畢，率諸王、貝勒、貝子、公、内大臣、大學士、侍衛等詣皇太后宮行禮，御太和門。王以下文武各官、外藩王及使臣上表朝賀。停止筵宴。

《聖祖仁皇帝實錄》卷一六二"康熙三十三年春正月"條

己亥朔，上詣堂子行禮，還宮，拜神畢，率諸王、貝勒、貝子、公及内大臣、大學士、侍衛等詣皇太后宮行禮，御太和門。王以下文武各官、外藩王及使臣等上表朝賀。停止筵宴。

《聖祖仁皇帝實錄》卷一六六"康熙三十四年春正月"條

癸亥朔，上詣堂子行禮，還宮，拜神畢，率諸王、貝勒、貝子、公、内大臣、大學士、侍衛等詣皇太后宮行禮，御太和門。王以下文武各官、外藩王及使臣等上表朝賀。停止筵宴。

《聖祖仁皇帝實録》卷一七〇 "康熙三十五年春正月" 條

戊午朔，上詣堂子行禮，還宮，拜神畢，率諸王、貝勒、貝子、公、内大臣、大學士、侍衛等詣皇太后宮行禮，御太和門。王以下文武各官、外藩王及使臣等上表朝賀。停止筵宴。

《聖祖仁皇帝實録》卷一七一 "康熙三十五年二月" 條

丙辰，先是科爾沁土謝圖親王沙津遵奉皇上前降密諭，潛遣鄂漆爾往約噶爾丹，噶爾丹果沿克魯倫河而下掠喀爾喀納木扎爾陀音，遂踞巴顏烏闌。上聞之，以機不可失，不俟草苗，即應往剿。遂經畫糧餉，調度各路兵馬，既畢。於是日率諸王、貝勒、貝子、公、文武大臣詣堂子行禮。祭旗纛，親領六軍啓行，駐蹕沙河。

《聖祖仁皇帝實録》卷一七四 "康熙三十五年六月" 條

癸巳，駕發清河，設鹵簿，皇太子、諸皇子、諸王及在京文武大小官員出郭外兵里道旁跪迎。八旗護軍、驍騎及近京間散官員、士民工商、耆老男婦、夾道捧香跪迎。上由德勝門入，詣堂子行禮畢。回宮，詣皇太后宮問安。

《聖祖仁皇帝實録》卷一七九 "康熙三十六年春正月" 條

癸丑朔，上詣堂子行禮，還宮，拜神畢，率諸王貝勒、貝子、公、内大臣、大學士、侍衛等詣皇太后宮行禮，御太和門。王以下文武各官、外藩王及使臣上表朝賀。停止筵宴。

《聖祖仁皇帝實録》卷一八三 "康熙三十六年夏五月" 條

乙未，駕發清河，設鹵簿，皇太子、諸皇子、諸王及在京文武大小官員出郭外五里跪迎，八旗護軍、驍騎步軍及京城附近紳衿、士庶工商、耆老男婦俱扶老攜幼，陳設香案，沿門結彩，執香跪迎。上由德勝門入，詣堂子行禮畢，回宮。詣皇太后宮問安。

《聖祖仁皇帝實録》卷一八七 "康熙三十七年春正月" 條

丁丑朔，上詣堂子行禮，還宮，拜神畢，率諸王、貝勒、貝子、公、内大臣、大學士、侍衛等詣皇太后宮行禮，御殿。王以下文武各官、外藩王及使臣等上表朝賀。停止筵宴。

《聖祖仁皇帝實録》卷一九二 "康熙三十八年春正月" 條

辛未朔，上詣堂子行禮，還宮，拜神畢，率諸王、貝勒、貝子、公、内大臣、大學士、侍衛等詣皇太后宮行禮，御殿。王以下文武各官、外藩王及使臣等上表朝賀。停止筵宴。

《聖祖仁皇帝實録》卷一九七 "康熙三十九年春正月" 條

乙未朔，上詣堂子行禮，還宮，拜神畢，率諸王、貝勒、貝子、公、内大臣、大學士、侍衛等詣皇太后宮行禮，御殿。王以下文武各官、外藩王及使臣等上表朝賀。

停止筵宴。

《聖祖仁皇帝實録》卷二〇三"康熙四十年春正月"條

己丑朔，上詣堂子行禮，還宮，拜神畢，率諸王、貝勒、貝子、公、内大臣、大學士、侍衛等詣皇太后宮行禮，御殿。王以下文武各官、外藩王及使臣等上表朝賀。停止筵宴。

《聖祖仁皇帝實録》卷二〇七"康熙四十一年春正月"條

癸未朔，上詣堂子行禮，還宮，拜神畢，率諸王、貝勒、貝子、公、内大臣、大學士、侍衛等詣皇太后宮行禮，御殿。王以下文武各官、外藩王及使臣等上表朝賀。停止筵宴。

《聖祖仁皇帝實録》卷二一一"康熙四十二年春正月"條

丁未朔，上詣堂子行禮，還宮，拜神畢，率諸王、貝勒、貝子、公、内大臣、大學士、侍衛等詣皇太后宮行禮，御殿。王以下文武各官、外藩王及使臣上表朝賀。停止筵宴。

《聖祖仁皇帝實録》卷二一五"康熙四十三年春正月"條

辛丑朔，上詣堂子行禮，還宮，拜神畢，率諸王、貝勒、貝子、公、内大臣、大學士、侍衛等詣皇太后宮行禮，御殿。王以下文武各官、外藩王及使臣等上表朝賀。停止筵宴。

《聖祖仁皇帝實録》卷二一九"康熙四十四年春正月"條

丙申朔，上詣堂子行禮，回宮，拜神畢，率諸王貝勒、貝子、公、内大臣、大學士、侍衛等詣皇太后宮行禮，升殿。王以下文武各官、外藩王及使臣等上表朝賀。停止筵宴。

《聖祖仁皇帝實録》卷二二四"康熙四十五年春正月"條

庚申朔，上詣堂子行禮，還宮，拜神畢，率諸王、貝勒、貝子、公、内大臣、大學士、侍衛等詣皇太后宮行禮，御殿。王以下文武各官、外藩王及使臣等上表朝賀。停止筵宴。

《聖祖仁皇帝實録》卷二二八"康熙四十六年春正月"條

乙卯朔，上詣堂子行禮，還宮，拜神畢，率諸王、貝勒、貝子、公、内大臣、大學士、侍衛等詣皇太后宮行禮，御殿。王以下文武各官、外藩王及使臣上表朝賀。停止筵宴。

《聖祖仁皇帝實録》卷二三二"康熙四十七年春正月"條

己酉朔，上詣堂子行禮，還宮，拜神畢，率諸王、貝勒、貝子、公、内大臣、大學士、侍衛等詣皇太后宮行禮，御殿。王以下文武各官、外藩王及使臣等上表朝賀。停止筵宴。

《聖祖仁皇帝實錄》卷二三五"康熙四十七年冬十二月"條

庚午，諭領侍衛、内大臣及禮部頊者，朕躬有疾，今雖痊癒，尚覺軟弱，元旦不能詣堂子行禮，於宮中拜神，照常升殿。

《聖祖仁皇帝實錄》卷二四一"康熙四十九年春正月"條

丁卯朔，上詣堂子行禮，還宮，拜神畢，率諸王、貝勒、貝子、公、内大臣、大學士、侍衛等詣皇太后宮行禮，御殿。王以下文武各官、外藩王及使臣等上表朝賀。停止筵宴。

《聖祖仁皇帝實錄》卷二四五"康熙五十年春正月"條

庚寅朔，上詣堂子行禮，還宮，拜神畢，率諸王、貝勒、貝子、公及内大臣、大學士、侍衛等詣皇太后宮行禮，御殿。王以下文武各官、外藩王及使臣上表朝賀。停止筵宴。

《聖祖仁皇帝實錄》卷二四九"康熙五十一年春正月"條

乙酉朔，上詣堂子行禮，還宮，拜神畢，率諸王、貝勒、貝子、公、内大臣、大學士、侍衛等詣皇太后宮行禮，御殿。王以下文武各官、外藩王及使臣等上表朝賀。停止筵宴。

《聖祖仁皇帝實錄》卷二五三"康熙五十二年春正月"條

己卯朔，上詣堂子行禮，還宮，拜神畢，率諸王、貝勒、貝子、公、内大臣、大學士、侍衛等詣皇太后宮行禮，御殿。王以下文武各官、外藩王及使臣等上表朝賀。停止筵宴。

《聖祖仁皇帝實錄》卷二五八"康熙五十三年春正月"條

癸卯朔，上詣堂子行禮，還宮，拜神畢，率諸王、貝勒、貝子、公、内大臣、大學士、侍衛等詣皇太后宮行禮，御殿。王以下文武各官、外藩王及使臣等上表朝賀。停止筵宴。

《聖祖仁皇帝實錄》卷二六二"康熙五十四年春正月"條

戊戌朔，上詣堂子行禮，還宮，拜神畢，率諸王、貝勒、貝子、公、内大臣、大學士、侍衛等詣皇太后宮行禮，御殿。王以下文武各官、外藩王及使臣等上表朝賀。停止筵宴。

《聖祖仁皇帝實錄》卷二六七"康熙五十五年春正月"條

壬辰朔，上詣堂子行禮，還宮，拜神畢，率諸王、貝勒、貝子、公、内大臣、大學士、侍衛等詣皇太后宮行禮，御殿。王以下文武各官、外藩王及使臣等上表朝賀。停止筵宴。

《聖祖仁皇帝實錄》卷二七一"康熙五十六年春正月"條

丙辰朔，上詣堂子行禮，還宮，拜神畢，率諸王、貝勒、貝子、公、内大臣、大學士、侍衛等諸皇太后宮行禮，御殿。王以下文武各官、外藩王及使臣等上表朝賀。

停止筵宴。

《聖祖仁皇帝實錄》卷二八二“康熙五十七年十一月”條

己丑，上以進勦策妄，阿喇布坦大兵起程，御太和殿，排設鹵簿前進。其出征之王等以下俱戎服，其不出征之王、貝勒等以下俱蟒服以從，上親詣堂子行禮，次鳴角、祭旗纛，禮畢回宮。

《聖祖仁皇帝實錄》卷二八三“康熙五十八年春正月”條

甲戌朔，上詣堂子行禮，還宮，拜神，停止朝賀筵宴。

《聖祖仁皇帝實錄》卷二八七“康熙五十九年春正月”條

戊辰朔，上詣堂子行禮，還宮，拜神畢，御殿。王以下文武各官、外藩王及使臣等上表朝賀。停止筵宴。

《聖祖仁皇帝實錄》卷二九一“康熙六十年春正月”條

癸亥朔，上詣堂子行禮，還宮，拜神畢，御殿。王以下文武各官、外藩王及使臣等上表朝賀。停止筵宴。

《聖祖仁皇帝實錄》卷二九六“康熙六十一年春正月”條

丁亥朔，上詣堂子行禮，還宮，拜神畢，御殿。王以下文武各官、外藩王及使臣等上表朝賀。停止筵宴。

《世宗憲皇帝實錄》卷一一“雍正元年九月”條

乙酉，上詣堂子行禮。

《世宗憲皇帝實錄》卷一五“雍正二年春正月”條

丙子朔，上詣堂子行禮，回宮，拜神畢，御殿。王以下文武各官、外藩王及使臣等上表朝賀。停止筵宴。

《世宗憲皇帝實錄》卷二八“雍正三年春正月”條

庚子朔，上詣堂子行禮，回宮，拜神畢，御殿。王以下文武各官、外藩王及使臣等朝賀。停止讀表筵宴。

《世宗憲皇帝實錄》卷四〇“雍正四年春正月”條

甲午朔，上詣堂子行禮，回宮，拜神畢，御殿。王以下文武各官、外藩王及使臣等上表朝賀。

《世宗憲皇帝實錄》卷五二“雍正五年春正月”條

戊子朔，上詣堂子行禮，回宮，拜神畢，御殿。王以下文武各官、外藩王及使臣等上表朝賀。停止筵宴。

《世宗憲皇帝實錄》卷六五“雍正六年春正月”條

壬子朔，上詣堂子行禮，回宮，拜神畢，御殿。王以下文武各官、外藩王及使臣等上表朝賀。停止筵宴。

《世宗憲皇帝實錄》卷八二"雍正七年六月"條

乙未，上御太和殿，命大學士公瑪律賽、蔣廷錫、捧敕印。授靖邊大將軍公傅爾丹。大將軍、副將軍、參贊大臣及出征官員等行禮畢。上回宮。申時。上率大將軍、副將軍、參贊大臣及在京諸王、貝勒、貝子、公、內大臣、大學士、都統、尚書等詣堂子行禮，次鳴螺，隨於兵部排設大纛前行禮畢。

《高宗純皇帝實錄》卷一〇"乾隆元年春正月"條

丙申朔，上詣堂子行禮。

《高宗純皇帝實錄》卷一四"乾隆元年三月"條

乙未朔，上詣堂子行禮。

《高宗純皇帝實錄》卷一五"乾隆元年三月"條

丁巳，宗人府議奏：果親王允禮，於三月初一日。皇上親詣堂子，躬行安杆典禮。凡係親王理應於祭祀時敬謹齊集。乃臨期托病不到。應照例削去王爵。奏入得旨，允禮原應照所奏治罪。但伊自辦理部務以來，尚屬勤奮，著免其削去王爵，將特恩賞給親王之雙俸裁去，并將加給一倍親王之護衛官員及護軍馬甲徹回。

《高宗純皇帝實錄》卷三四"乾隆二年春正月"條

庚寅朔，上詣堂子行禮。

《高宗純皇帝實錄》卷六〇"乾隆三年春正月"條

甲寅朔，上詣堂子行禮。

《高宗純皇帝實錄》卷八四"乾隆四年春正月"條

戊申朔，上詣堂子行禮。

《高宗純皇帝實錄》卷一三四"乾隆六年春正月"條

丁卯朔，上詣堂子行禮。

《高宗純皇帝實錄》卷一五八"乾隆七年春正月"條

辛酉朔，上詣堂子行禮。

《高宗純皇帝實錄》卷一八二"乾隆八年春正月"條

丙辰朔，上詣堂子行禮。

《高宗純皇帝實錄》卷二八〇"乾隆九年春正月"條

己卯朔，上詣堂子行禮。

《高宗純皇帝實錄》卷二三二"乾隆十年春正月"條

癸酉朔，上詣堂子行禮。

《高宗純皇帝實錄》卷二五六"乾隆十一年春正月"條

戊辰朔，上詣堂子行禮。

《高宗純皇帝實錄》卷二七三"乾隆十一年八月"條

癸巳，諭：嗣後堂子應行典禮，著禮部具奏，朕親詣神前行禮，著內務府大臣具奏。

《高宗純皇帝實錄》卷二七四“乾隆十一年九月”條

甲午朔，上詣堂子行禮。

《高宗純皇帝實錄》卷二八二“乾隆十二年春正月”條

辛卯朔，上詣堂子行禮。

《高宗純皇帝實錄》卷三〇六“乾隆十三年春正月”條

丙戌朔，上詣堂子行禮。

《高宗純皇帝實錄》卷三二四“乾隆十三年九月”條

壬子朔，上詣堂子行禮。

《高宗純皇帝實錄》卷三二八“乾隆十三年十一月”條

癸丑，經略大學士傅恒出師，上親詣堂子行祭告禮。

《高宗純皇帝實錄》卷三三二“乾隆十四年春正月”條

庚戌朔，上詣堂子行禮。

《高宗純皇帝實錄》卷三三六“乾隆十四年三月”條

甲寅，上詣堂子行禮。

《高宗純皇帝實錄》卷三五六“乾隆十五年春正月”條

乙巳朔，上詣堂子行禮。

《高宗純皇帝實錄》卷三六四“乾隆十五年五月”條

辛亥，奉列聖、列后聖容於壽皇殿，諭：壽皇殿恭奉皇祖聖祖仁皇帝、皇考世宗
憲皇帝聖容。元旦詣堂子、奉先殿行禮畢，詣壽皇殿，王公隨行禮，內務府前期奏請。

《高宗純皇帝實錄》卷三八〇“乾隆十六年春正月”條

己亥朔，上詣堂子行禮。

《高宗純皇帝實錄》卷四〇六“乾隆十七年春正月”條

癸亥朔，上詣堂子行禮。

《高宗純皇帝實錄》卷四三〇“乾隆十八年春正月”條

丁巳朔，上詣堂子行禮。

《高宗純皇帝實錄》卷四五四“乾隆十九年春正月”條

辛亥朔，上詣堂子行禮。

《高宗純皇帝實錄》卷四八〇“乾隆二十年春正月”條

乙亥朔，上詣堂子行禮。

《高宗純皇帝實錄》卷五〇四“乾隆二十一年春正月”條

己巳朔，上詣堂子行禮。

《高宗純皇帝實錄》卷五三〇“乾隆二十二年春正月”條

癸巳朔，上詣堂子行禮。

《高宗純皇帝實錄》卷五五四 "乾隆二十三年春正月" 條

戊子朔，上詣堂子行禮。

《高宗純皇帝實錄》卷五七八 "乾隆二十四年春正月" 條

癸未朔，上詣堂子行禮。

《高宗純皇帝實錄》卷六〇四 "乾隆二十五年春正月" 條

丁未朔，上詣堂子行禮。

《高宗純皇帝實錄》卷六二八 "乾隆二十六年春正月" 條

辛丑朔，上詣堂子行禮。

《高宗純皇帝實錄》卷六五二 "乾隆二十七年春正月" 條

乙未朔，上詣堂子行禮。

《高宗純皇帝實錄》卷六七八 "乾隆二十八年春正月" 條

己未朔，上詣堂子行禮。

《高宗純皇帝實錄》卷七〇二 "乾隆二十九年春正月" 條

癸丑朔，上詣堂子行禮。

《高宗純皇帝實錄》卷七二六 "乾隆三十年春正月" 條

丁未朔，上詣堂子行禮。

《高宗純皇帝實錄》卷七五二 "乾隆三十一年春正月" 條

辛未朔，上詣堂子行禮。

《高宗純皇帝實錄》卷七七六 "乾隆三十二年春正月" 條

丙寅朔，上詣堂子行禮。

《高宗純皇帝實錄》卷八〇二 "乾隆三十三年春正月" 條

庚寅朔，上詣堂子行禮。

《高宗純皇帝實錄》卷八二六 "乾隆三十四年春正月" 條

乙酉朔，上詣堂子行禮。

《高宗純皇帝實錄》卷八五〇 "乾隆三十五年春正月" 條

己卯朔，上詣堂子行禮。

《高宗純皇帝實錄》卷八七六 "乾隆三十六年春正月" 條

癸卯朔，上詣堂子行禮。

《高宗純皇帝實錄》卷九〇〇 "乾隆三十七年春正月" 條

丁酉朔，上詣堂子行禮。

《高宗純皇帝實錄》卷九二四 "乾隆三十八年春正月" 條

辛卯朔，上詣堂子行禮。

《高宗純皇帝實錄》卷九五〇 "乾隆三十九年春正月" 條

乙卯朔，上詣堂子行禮。

《高宗純皇帝實錄》卷九七四"乾隆四十年春正月"條

己酉朔，上詣堂子行禮。

《高宗純皇帝實錄》卷一○○○"乾隆四十一年春正月"條

癸酉朔，上詣堂子行禮。

《高宗純皇帝實錄》卷一○二四"乾隆四十二年春正月"條

戊辰朔，上詣堂子行禮。

《高宗純皇帝實錄》卷一○四八"乾隆四十三年春正月"條

壬戌朔，上詣堂子行禮。

《高宗純皇帝實錄》卷一○七四"乾隆四十四年春正月"條

丙戌朔，上詣堂子行禮。

《高宗純皇帝實錄》卷一○九八"乾隆四十五年春正月"條

庚辰朔，上詣堂子行禮。

《高宗純皇帝實錄》卷一一二二"乾隆四十六年春正月"條

甲戌朔，上詣堂子行禮。

《高宗純皇帝實錄》卷一一四八"乾隆四十七年春正月"條

戊戌朔，上詣堂子行禮。

《高宗純皇帝實錄》卷一一七二"乾隆四十八年春正月"條

癸巳朔，上詣堂子行禮。

《高宗純皇帝實錄》卷一一八九"乾隆四十八年九月"條

丙午，上詣景佑宮行禮。閱視天壇、地壇、堂子、新修工程。行禮。

《高宗純皇帝實錄》卷一二二二"乾隆五十年春正月"條

辛亥朔，上詣堂子行禮。

《高宗純皇帝實錄》卷一二四六"乾隆五十一年春正月"條

丙午朔，日食，上詣堂子行禮。

《高宗純皇帝實錄》卷一二七二"乾隆五十二年春正月"條

庚午朔，上詣堂子行禮。

《高宗純皇帝實錄》卷一二九六"乾隆五十三年春正月"條

甲子朔，上詣堂子行禮。

《高宗純皇帝實錄》卷一三二○"乾隆五十四年春正月"條

戊午朔，上詣堂子行禮。

《高宗純皇帝實錄》卷一三四六"乾隆五十五年春正月"條

壬午朔，上詣堂子行禮。

《高宗純皇帝實錄》卷一三七○"乾隆五十六年春正月"條

丙子朔，上詣堂子行禮。

《高宗純皇帝實錄》卷一三九四 "乾隆五十七年春正月" 條

辛未朔, 上詣堂子行禮。

《高宗純皇帝實錄》卷一四二〇 "乾隆五十八年春正月" 條

乙未朔, 上詣堂子行禮。

《高宗純皇帝實錄》卷一四四四 "乾隆五十九年春正月" 條

己丑朔, 上詣堂子行禮。

《高宗純皇帝實錄》卷一四六七 "乾隆五十九年十二月" 條

己巳, 諭: 明年元旦, 恭詣堂子行禮, 還宮時, 尚在日未食之前, 不應作樂。

《高宗純皇帝實錄》卷一四六八 "乾隆六十年春正月" 條

甲申朔日食, 上詣堂子行禮。

《高宗純皇帝實錄》卷一四八九 "乾隆六十年十月" 條

乙未, 軍機大臣等議奏: 丙辰, 舉行傳位大典, 所有各該衙門并各直省應行遵辦各事宜。丙辰年元旦, 奉先殿、堂子行禮。在未傳位以前, 皇太子隨皇上行禮。

《高宗純皇帝實錄》卷一四九四 "嘉慶元年春正月" 條

戊申朔, 上以元旦令節, 率皇太子詣堂子行禮。

《仁宗睿皇帝實錄》卷一 "嘉慶元年春正月" 條

戊申朔, 上侍太上皇帝詣堂子行禮。

《仁宗睿皇帝實錄》卷一三 "嘉慶二年春正月" 條

壬寅朔, 上侍太上皇帝詣堂子行禮。

《仁宗睿皇帝實錄》卷二六 "嘉慶三年春正月" 條

丙寅朔, 上侍太上皇帝詣堂子行禮。

《仁宗睿皇帝實錄》卷三七 "嘉慶四年春正月" 條

庚申朔, 上詣堂子行禮。

《仁宗睿皇帝實錄》卷五七 "嘉慶五年春正月" 條

甲寅朔, 上詣堂子行禮。

《仁宗睿皇帝實錄》卷七八 "嘉慶六年春正月" 條

戊寅朔, 上詣堂子行禮。

《仁宗睿皇帝實錄》卷九三 "嘉慶七年春正月" 條

癸酉朔, 上詣堂子行禮。

《仁宗睿皇帝實錄》卷一〇七 "嘉慶八年春正月" 條

丁卯朔, 上詣堂子行禮。

《仁宗睿皇帝實錄》卷一二五 "嘉慶九年春正月" 條

辛卯朔, 上詣堂子行禮。

《仁宗睿皇帝實録》卷一三九"嘉慶十年春正月"條
丙戌朔，上詣天壇、地壇、堂子行禮。

《仁宗睿皇帝實録》卷一四九"嘉慶十年八月"條
甲辰，上詣堂子行禮。

《仁宗睿皇帝實録》卷一五六"嘉慶十一年春正月"條
己酉朔，上詣堂子行禮。

《仁宗睿皇帝實録》卷一七三"嘉慶十二年春正月"條
癸卯朔，上詣堂子行禮。

《仁宗睿皇帝實録》卷一九一"嘉慶十三年春正月"條
戊戌朔，上詣堂子行禮。

《仁宗睿皇帝實録》卷二〇六"嘉慶十四年春正月"條
辛酉朔，上詣堂子行禮。

《仁宗睿皇帝實録》卷二〇六"嘉慶十四年春正月"條
詣堂子行礼。

《仁宗睿皇帝實録》卷二二四"嘉慶十五年春正月"條
丙辰朔，上詣堂子行禮。

《仁宗睿皇帝實録》卷二三八"嘉慶十六年春正月"條
辛亥朔，上詣堂子行禮。

《仁宗睿皇帝實録》卷二五三"嘉慶十七年春正月"條
乙亥朔，上詣堂子行禮。

《仁宗睿皇帝實録》卷二六五"嘉慶十八年春正月"條
己巳朔，上詣堂子行禮。

《仁宗睿皇帝實録》卷二八二"嘉慶十九年春正月"條
癸亥朔，上詣堂子行禮。

《仁宗睿皇帝實録》卷三〇二"嘉慶二十年春正月"條
丁亥朔，上詣堂子行禮。

《仁宗睿皇帝實録》卷三一五"嘉慶二十一年春正月"條
辛巳朔，上詣堂子行禮。

《仁宗睿皇帝實録》卷三二六"嘉慶二十二年春正月"條
乙巳朔，上詣堂子行禮。

《仁宗睿皇帝實録》卷三三八"嘉慶二十三年春正月"條
己亥朔，上詣堂子行禮。

《仁宗睿皇帝實録》卷三四六"嘉慶二十三年九月"條
庚子，上詣天壇、堂子行禮。

《仁宗睿皇帝實録》卷三五三"嘉慶二十四年春正月"條

甲午朔，上詣堂子行禮。

《仁宗睿皇帝實録》卷三六六"嘉慶二十五年春正月"條

戊午朔，上詣堂子行禮。

《宣宗成皇帝實録》卷一二"道光元年春正月"條

癸丑朔，上詣堂子行禮。

《宣宗成皇帝實録》卷二八"道光二年春正月"條

丁未朔，上詣堂子行禮。

《宣宗成皇帝實録》卷四八"道光三年春正月"條

辛未朔，上詣堂子行禮。

《宣宗成皇帝實録》卷六四"道光四年春正月"條

乙丑朔，上詣堂子行禮。

《宣宗成皇帝實録》卷七八"道光五年春正月"條

己丑朔，上詣堂子行禮。

《宣宗成皇帝實録》卷九四"道光六年春正月"條

癸未朔，上詣堂子行禮。

《宣宗成皇帝實録》卷一一三"道光七年春正月"條

丁丑朔，上詣堂子行禮。

《宣宗成皇帝實録》卷一三二"道光八年春正月"條

辛丑朔，上詣堂子行禮。

《宣宗成皇帝實録》卷一五〇"道光九年春正月"條

丙申朔，上詣堂子行禮。

《宣宗成皇帝實録》卷一六〇"道光九年九月"條

乙卯，上詣天壇、堂子行禮。

《宣宗成皇帝實録》卷一六四"道光十年春正月"條

辛卯朔，上詣堂子行禮。

《宣宗成皇帝實録》卷一八三"道光十一年春正月"條

乙卯朔，上詣堂子行禮。

《宣宗成皇帝實録》卷二〇四"道光十二年春正月"條

己酉朔，上詣堂子行禮。

《宣宗成皇帝實録》卷二二九"道光十三年春正月"條

癸酉朔，上詣堂子行禮。

《宣宗成皇帝實録》卷二四八"道光十四年春正月"條

丁卯朔，上詣堂子行禮。

《宣宗成皇帝實錄》卷二六二"道光十五年春正月"條

辛酉朔，上詣堂子行禮。

《宣宗成皇帝實錄》卷二七七"道光十六年春正月"條

乙酉朔，上詣堂子行禮。

《宣宗成皇帝實錄》卷二九三"道光十七年春正月"條

己卯朔，上詣堂子行禮。

《宣宗成皇帝實錄》卷三〇五"道光十八年春正月"條

甲戌朔，上詣堂子行禮。

《宣宗成皇帝實錄》卷三一八"道光十九年春正月"條

戊戌朔，上詣堂子行禮。

《宣宗成皇帝實錄》卷三三〇"道光二十年春正月"條

壬辰朔，上詣堂子行禮。

《宣宗成皇帝實錄》卷三四四"道光二十一年春正月"條

丁亥朔，上詣堂子行禮。

《宣宗成皇帝實錄》卷三六五"道光二十二年春正月"條

庚戌朔，上詣堂子行禮。

《宣宗成皇帝實錄》卷三八八"道光二十三年春正月"條

甲辰朔，上詣堂子行禮。

《宣宗成皇帝實錄》卷四〇一"道光二十四年春正月"條

戊辰朔，上詣堂子行禮。

《宣宗成皇帝實錄》卷四一三"道光二十五年春正月"條

癸亥朔，上詣堂子行禮。

《宣宗成皇帝實錄》卷四二五"道光二十六年春正月"條

丁巳朔，上詣堂子行禮。

《宣宗成皇帝實錄》卷四三八"道光二十七年春正月"條

辛巳朔，上詣堂子行禮。

《宣宗成皇帝實錄》卷四五一"道光二十八年春正月"條

丙子朔，上詣堂子行禮。

《宣宗成皇帝實錄》卷四六三"道光二十九年春正月"條

庚午朔，上詣堂子行禮。

《文宗顯皇帝實錄》卷二五"咸豐元年春正月"條

戊子朔，上詣堂子行禮。

《文宗顯皇帝實錄》卷五一"咸豐二年春正月"條

壬子朔，上詣堂子行禮。

《文宗顯皇帝實錄》卷八一"咸豐三年春正月"條

丙午朔，上詣堂子行禮。

《文宗顯皇帝實錄》卷一一七"咸豐四年春正月"條

辛丑朔，上詣堂子行禮。

《文宗顯皇帝實錄》卷一五六"咸豐五年春正月"條

乙丑朔，上詣堂子行禮。

《文宗顯皇帝實錄》卷一八八"咸豐六年春正月"條

己未朔，上詣堂子行禮。

《文宗顯皇帝實錄》卷二一七"咸豐七年春正月"條

甲寅朔，上詣堂子行禮。

《文宗顯皇帝實錄》卷二七三"咸豐九年春正月"條

壬申朔，上詣堂子行禮。

《文宗顯皇帝實錄》卷三〇五"咸豐十年春正月"條

丙寅朔，上詣堂子行禮。

《穆宗毅皇帝實錄》卷三四八"同治十二年癸酉春正月"條

辛巳朔，上詣堂子行禮。

《穆宗毅皇帝實錄》卷三六二"同治十三年甲戌春正月"條

乙巳朔，上詣堂子行禮。

《德宗景皇帝實錄》卷三二〇"光緒十九年春正月"條

乙酉朔，上率王以下文武大臣詣堂子行禮。

《德宗景皇帝實錄》卷三二九"光緒十九年冬十月"條

甲子，盛京將軍裕禄等奏請修理盛京堂子東塔、西塔兩寺廟宇要工。如所請行。

《德宗景皇帝實錄》卷三三二"光緒二十年春正月"條

己卯朔，上詣堂子行禮。

（清）溫達《親征朔漠方略》卷二〇

二月三十日，啓行。【略】至是日寅時，上恭詣皇太后宮問安畢，出午門，排儀仗率諸王文武大臣詣堂子行禮，將至，鳴角入堂子。禮畢，出內門致禮於旗纛，既畢，出德勝門。

（清）溫達《親征朔漠方略》卷二五

奏言：今皇帝親統六師滅噶爾丹，查太宗皇帝往征朝鮮受降還師，諸王大臣上表迎接。進京之日詣堂子，行三跪九叩頭禮，【略】今皇帝大捷回鑾，進京之日，應自和碩親王以下有頂帶官以上俱穿蟒袍補服，過清河郊上跪迎。排列儀仗自土城至堂子從軍不從軍諸王大臣皆隨皇帝赴堂子，聽鳴贊傳呼，行三跪九叩頭禮畢，排列儀仗自堂子至午門，皇帝回宮。

（清）温達《親征朔漠方略》卷二六

又據侍郎阿爾拜亦以前事報部爲此奏，聞謁堂子免陳旗纛畫角行，兵部奏曰：皇上親統六師出征噶爾丹之時，排列八旗護軍旗纛、火器護軍旗纛，詣謁堂子，啓行。粵稽太宗皇帝往征朝鮮，受降凱旋祭纛於郊詣堂子，行禮回宮。今皇上親統六師，滅噶爾丹凱旋。進京之日，詣堂子行禮。應否排列八旗旗纛畫角，請旨定奪。上命議奏。議曰：八旗旗纛畫角俱在後軍，詣謁堂子，請停排列旗纛畫角。上從之。

（清）温達《親征朔漠方略》卷四四

乙未，上凱旋京師，行告廟禮。【略】由午門入宮。是日，上詣寧壽宮問安。

（清）張廷玉《清文獻通考》卷九九《郊社考》

（康熙）五十七年，大兵進剿策旺阿喇布坦，以撫遠大將軍帥師，聖祖御太和殿設鹵簿，出征大將軍王等以下俱戎服，不出征者蟒服以從，詣堂子行禮，次鳴角，祭旗纛。

雍正七年六月乙未，以遣大將帥師西征，世宗憲皇帝親詣堂子行禮。是歲，大軍進剿準噶爾，遣靖邊大將軍出師北路，世宗率大將軍以下及諸王大臣詣堂子行禮，鳴螺祭纛，御東長安門外黃幄，親視大將軍等乘馬啓行。

乾隆十三年十一月癸丑，以遣大臣經略金川，皇上親詣堂子行禮，先是四川金川畨族逆命，特命大學士傅恒經略軍事。出師之日，皇上率經略大學士及王公大臣等詣堂子行禮祭纛，禮畢，御長安門外黃幄，賜經略大學士酒及馬，親視乘馬啓行。次年凱旋，祇告如初告之禮。嗣是，乾隆二十年平定準噶爾，二十四年平定回部，四十一年平定兩金川，出師及凱旋并祇告如禮。

（清）張廷玉《清文獻通考》卷一五五《樂考》

（天聰）八年，定出師謁堂子拜天行禮樂制。時出師征明，上率大貝勒代善，左翼超品公楊古利，護軍統領等出盛京撫近門，謁堂子，列八纛，鳴角奏樂行拜天。禮畢，大軍西行。定元旦朝賀樂制。是日，陳設鹵簿，奏樂。

（清）張廷玉《清文獻通考》卷一五六《樂考》

皇帝還宮中，和韶樂奏《顯平之章》。十一月初三日，設鹵簿大駕於堂子外，設角於栅欄外之東，設旗纛於大門外之南，設導迎樂於紅椿之北，駕至紅椿，鳴角進堂子。角止，皇帝行禮畢，復鳴角至纛前，行禮畢，出至紅椿角止，導迎樂作駕至東長安門外，御武帳升座，親賜經略酒，飲畢，經略及出師大臣皆佩弓矢，跪辭啓行，皇帝還宮。

（清）允祹等《大清會典則例》卷一〇九《兵部・武選清吏司・出征》

親征。天命三年，太祖高皇帝興師伐明，諭諸貝勒、大臣曰：俘獲之人勿去其衣服，勿淫其婦妾，勿離異其匹偶。拒戰而死者聽之，若歸順者慎勿輕加誅戮。欽此。乃率貝勒暨統軍衆將鳴鼓奏樂，謁堂子，畢，啓行。

五年，伐明，克瀋陽，進攻遼陽。遼陽官民城内結采焚香，備乘興、設皋比、錦茵，張鼓樂，導迎太祖高皇帝入城，撫定軍民，秋毫無犯。

天聰三年，太宗文皇帝親統大軍伐明，謁堂子啓行，以蒙古喀喇沁部落爲向導。

（天聰）六年，太宗文皇帝親征察哈爾。出撫近門，謁堂子，畢，大軍西發，察哈爾遁走，自布隆圖旋師。

八年，太宗文皇帝征明，率貝勒、大臣統軍出撫近門，謁堂子，列八纛、陳八牛、吹螺鳴角，祭畢西行。

崇德元年，太宗文皇帝親征朝鮮國，頒行軍律令分兵爲左右翼，右翼兵由東京大路至渾河列陣，左翼兵至撫順大路列陣，親祭堂子旗纛遂行至南漢城西駐營。

康熙三十五年，聖祖仁皇帝親征厄魯特噶爾丹。【略】出師之日，鑾儀衛陳騎駕鹵簿於午門外，兵部陳八旗蒙古畫角十有六，鳴角，軍每旗四人海螺二百，鳴螺軍每旗二十五人，以次列於堂子街門外，設八旗護軍纛八、火器營纛八於堂子内門外，護軍鳥槍參領十有六人蟒袍補服持纛，依次而列，駕出午門，詣堂子行禮，畢，至内門外致禮於旗纛之神，御轡輦乘馬，内大臣侍衛率親軍舉黃龍大纛隨行，由安定門大街出德勝門，至土城關外，八旗官軍分翼列陣首前鋒，次鳥槍護軍、次護軍、次鳥槍驍騎，左右翼各按旗分次第序列。出征皇子、王等旗纛護衛各序列於本旗護軍之中，末旗鳥槍驍騎之下列滿洲炮兵，次漢軍炮兵、次漢軍火器兵。聖駕出郭，三發炮，至陳兵處，八旗官兵各於馬上俯伏，候過，整齊隊伍以次進發，并肅清道路，嚴禁僕從、馬匹喧雜之聲。

康熙十三年，定命大將軍出征，皇帝御殿授敕印畢，兵部設海螺二百，鳴螺軍士每旗二十五人，於堂子街門之東設八旗護軍纛八，護軍參領八人於内門之南持纛依次而列。皇帝於堂子行禮，畢，鳴角吹螺致禮於旗纛之神，皇帝入長安左門，出長安右門停輿，竢大將軍策馬行過，還宮。命内大臣禮、兵二部堂官祖餞於德勝門外，以上詳見禮部。

雍正七年，命大將軍出征，皇帝詣堂子行禮拜纛如儀，惟不用參領持纛。

乾隆十四年，議准：國家陳師鞠旅，或命重臣經略軍務，或命大將軍統軍出征，均臨時酌量奏請，欽定其體統，大略相埒其應行事例約十有二條。一曰授敕印，經略大將軍出師，皇帝臨軒王、公、文武百官朝服侍班，頒敕印於太和殿，經略大將軍率隨征諸將於丹陛上跪受敕印行禮如儀。二曰被社，經略大將軍出師，先期祇告奉先殿。啓行之日，皇帝率經略大將軍及隨征諸將，詣堂子行禮，鳴角吹螺，祭纛於門。

（清）來保《平定金川方略》卷一五

乾隆十三年十一月癸丑，經略大學士傅恒自京起程，是日，上親詣堂子致祭，先是鹵簿大駕向堂子陳設，兵部列螺於東旁，堂子大門外設立吉爾丹纛八旗、護軍纛八杆，文武百官具吉服於午門外齊集，經略大學士及出征之大臣、官員俱行衣，諸王、文武大臣俱吉服先往堂子門外分翼排立。至巳時，禮部堂官奏請皇上詣堂子行禮，文武各官在齊集處候駕至，跪送駕至堂子紅椿，吹螺，經略大學士、出征大臣、官員及諸王、大臣跪，候駕過，俱隨行，進堂子排立，螺止，上香畢，禮部堂官引就拜位，鳴贊官贊奏，皇上行三跪九叩禮，經略大學士及諸王、大臣、官員等俱隨行禮，鳴贊官不贊，駕出至紅椿，螺止樂作，皇上乘輿至東長安門外向南所張黃幄前，皇上升幄，御前侍衛進酒，皇上親賜經略大學士酒，飲畢，經略大學士及出征之大臣、官員俱佩弓矢，跪行辭駕禮。有旨命經略大學士於御幄甬路前乘騎，經略大學士遵旨乘騎，上還宮。

（清）傅恒《平定準噶爾方略前編》卷五

上命護軍統領吳世巴、署護軍統領噶爾弼率第一起兵於十一月十五日起程，駐札莊浪；副都統宗室赫石亨寶色率第二起兵於十一月十九日起程，駐札甘州；撫遠大將軍允禵率第三起兵於十二月十二日起程，駐札西寧。各於駐札所在飼養馬匹，屆期上御太和殿，設鹵簿，自出征之王以下并戎服，在京王、貝勒以下并蟒服，侍上親詣堂子行禮，鳴角祭纛，禮畢，還宮。

（清）嵇璜、劉墉等《清通志》卷四四《禮略》

崇德元年十月，太宗文皇帝親統大軍往征朝鮮，先期告天告廟，頒行軍律。令乃分兵爲左右翼，聖駕出撫近門，設鹵簿吹螺奏樂，恭謁堂子行三跪九叩禮，復於堂子外建立八纛吹螺奏樂，行三跪九叩禮畢，遂啓行。二年，朝鮮國王服罪請降。

康熙三十五年二月，聖祖仁皇帝以厄魯特噶爾丹悖天虐衆，宜及時剪滅，遣發大兵分道并進，躬統六師由中道聲罪致討。欽天監擇日啓行，前期三日，分遣官祇告天地、太廟、社稷、太歲，頒行軍律令至日遣官致祭道路、火礮之神，聖駕出宮，進堂子街門，行三跪九叩禮畢，致禮於旗纛之神，聖駕啓行。

（清）嵇璜、劉墉等《清通典》卷五九《禮》

太宗文皇帝入黃幄升座，王等率衆排班贊禮官、贊王等奉表跪進，國史院大學士接表跪，宣畢，王等率衆行三跪九叩禮，乃大燕，燕畢，起行。至盛京日，恭謁堂子行禮，由懷遠門入，還清寧宮。

康熙三十五年二月，聖祖仁皇帝以厄魯特噶爾丹悖天虐衆，侵掠喀爾喀諸部落，宜乘時剪滅，輯寧疆圉。遣發大兵分道并進，躬統六師由中道聲罪致討，令欽天監擇吉啓行。【略】至日，遣官致祭道路火炮之神，鑾儀衛陳鹵簿自午門至堂子，不從征王貝勒貝子公等於午門前齊集候，聖駕出，跪接。隨行從征王貝勒貝子公等於外金水橋齊集候過隨往行禮八旗鳴古畫角軍士每旗四名，八旗吹海螺護軍每旗二十五名，排列於堂子街門外。八旗護軍，火器營護軍參領各八人咸蟒袍補服持纛排列於堂子內門之外。至吉時，聖祖仁皇帝出宮，午門鳴鐘，不作樂。至御河橋，鳴角吹螺，進堂子街門，螺角止。禮部堂官恭導就位，行三跪九拜禮，諸王大臣侍衛等依次序立隨行禮，禮畢，螺角齊鳴，禮部堂官恭導至內門外，致禮於旗纛之神畢螺角止。鹵簿自堂子設至郭外，聖駕出照常作樂，由安定門街出德勝門。【略】

崇德元年，太宗章皇帝命多羅武英郡王貝勒、貝子等率諸大臣官兵出征蒙古，親臨送出撫近門，設鹵簿詣堂子行禮，又於堂子外列護軍八纛，行三跪九拜禮畢，親送至演武場，誠諭遣行。是年，命和碩睿親王、和碩豫親王、貝勒、貝子、公、大臣等率大軍出征蒙古，分兩翼前後啟行。至日，上親率出師諸王、貝勒、貝子、大臣出撫近門謁堂子，吹螺鳴角行三跪九拜禮，外列八纛復吹螺，行禮畢，上親送出師諸王等至演武場，上升御座，召諸王、貝勒、貝子、大臣等近前誠諭，諸王等率兵聲炮三，啟行。聖駕入地載門，還宮。

順治元年。世祖章皇帝命攝政和碩睿親王多爾袞代統大軍往定中原，授奉命大將軍印，錫以御用纛蓋一切便宜從事，前期詣堂子，奏樂行禮，又陳列八纛行禮畢，大軍聲炮啟行。【略】

（乾隆十三年）十月二十七日，授敕印經略大學士，跪受出征，大臣官員咸蟒袍補服行禮。出師之日，仍征衣隨皇帝先詣堂子，鳴角吹螺行禮。次祭纛，畢。駕至長安左門外，御黃幄升座，親賜經略巵酒，遂啟行。

康熙元年，撫遠大將軍，多羅信郡王等征滅察哈爾班師凱旋。聖祖仁皇帝率王公大臣迎勞於南苑之大紅門。至京，聖祖仁皇帝率王公大臣及凱旋王大臣等詣堂子行禮，還宮。

（清）魏源《聖武記》卷一《開創·開國龍興記》

方太祖起兵也，同族之附明者謂尼堪外蘭，爲明所善。懼太祖招禍于明，聚誓堂子屢謀除害太祖。有衆一旅，克兆嘉城、瑪爾墩城，皆險固之區。或鑿磴束馬而登，或單盾冒矢石而克，同族讋服。

河北岸國人皆懼，太祖酣寢達旦，詰朝，率諸貝勒拜堂子，啟行。【略】

天命三年，興師伐明，以七大憾誓告天地、堂子。

（清）魏源《聖武記》卷三《外藩·康熙親征準噶爾記》

復命靖邊大將軍傅爾丹阿爾泰山出北路，寧遠大將軍岳鍾琪屯巴里坤出西路，以征準噶爾。告太廟，上御太和殿，命大學士奉敕印授大將軍傅爾丹、出征官吏。行禮畢，上率大將軍等詣堂子行禮，次鳴螺於兵部大纛前行禮。遂御長安門外黃幄。大將軍等佩弓矢跪辭，以次行跪抱禮，上親視大將軍等上馬啟行。

（清）魏源《聖武記》卷六《外藩·國初征撫朝鮮記》

天聰十年，當明崇禎八年也。四月，改元崇德，國大清。朝鮮使李廓等來朝賀，不拜。賜書令送質子，復不報。是時，我朝已臣蒙古，破明軍，無內顧憂，乃於十一月祭告天地、太廟、堂子、禡牙，親征馳檄朝鮮官民，討其敗盟之罪。

（清）周家楣、繆荃孫等《（光緒）順天府志》卷六六《故事志二》

雍正七年六月，大將軍傅爾丹出征，上率大將軍等詣堂子行禮，次鳴鑼於兵部，排設大纛前行，禮畢，遂御長安門外黃幄，大將軍等佩弓跪辭，以次行跪抱禮，上親視大將軍等上馬啓行。

乾隆十三年十一月，癸巳，經略大學士傅恒出師，上親詣堂子告祭行禮，經略大學士及諸王大臣官員俱隨行禮。上親祭吉爾丹纛、八旗護軍纛於堂子大門外，經略大學士及出征大臣官員俱隨行禮。上還至東長安門外幄次，親賜經略大學士傅恒酒，命於御幄前上馬。上還宮，經略大學士傅恒出阜成門，上命皇子及大學士來保等送至良鄉。視經略大學士傅恒飯罷乃還。

（清）王先謙《東華録·天命二》

天命三年夏四月，壬寅，上率貝勒、大臣統步騎二萬征明，啓行，鳴鼓奏樂，謁堂子，書七大恨告天。

（清）王先謙《東華録·天聰二》

天聰元年丁卯，明天啓七年春正月乙巳朔，上詣堂子拜天還，御殿諸貝勒暨群臣朝見，各按旗序行三跪九叩禮。【略】

天聰元年五月，辛未，上聞明人於錦州大凌河、小凌河築城屯田，留貝勒杜度、阿巴泰居守。上征明，謁堂子，西發出上榆林，次遼河。

（清）王先謙《東華録·天聰三》

天聰二年三月，戊辰，上將還瀋陽於途中大宴。上曰：蒙天眷佑，二幼弟隨征异國，俘獲凱旋，宜賜以美號。於是名貝勒多爾衮爲墨勒根代青，多鐸爲額爾克楚虎爾，上至瀋陽謁堂子，還宮。

天聰二年五月，【略】乙酉，征明凱旋，諸貝勒至上出迎五里外，頒賞將士，謁堂子還宮。

（清）王先謙《東華録·天聰一一·崇德一》

天聰十年九月，己巳，武英郡王阿濟格、饒餘貝勒阿巴泰、超品公揚古利等凱旋，上出盛京十里迎之，【略】大宴出征將士，【略】宴畢，上率凱旋王、貝勒、諸貝子、大臣謁堂子，還宮。

天聰十年冬十月癸酉，睿親王多爾衮、豫親王多鐸、貝勒岳托、豪格等班師，上出盛京五里迎之，拜天御黃幄，多爾等行禮抱見，上賜茶，率王、貝勒、大臣等拜堂子，還宮。

（清）王先謙《東華録·崇德三》

崇德三年二月，丁酉，上親征喀爾喀，率豫親王多鐸、武英郡王阿濟格、多羅郡王阿達禮、貝勒岳托及貝子大臣謁堂子起行。

崇德三年八月，丁巳，貝勒岳托、杜度師行，上謁堂子，幸演武場，賜敕印，面授方略，親送里許還宮。

（清）王先謙《東華録・崇德五》

崇德五年三月，己亥，命鄭親王濟爾哈朗爲右翼，主帥貝勒多鐸爲左翼。主帥率兵往修義州城駐扎屯田，令明山海關外寧、錦地方，不得耕種。上謁堂子，親送五里，授方略，遣之。

（清）王先謙《東華録・崇德六》

崇德六年八月丁巳，上以明洪承疇等率兵十三萬來援錦州，親統大軍往征之。【略】是日，謁堂子起行，駐蹕遼河。

（清）王先謙《東華録・崇德七》

崇德七年三月，庚辰，上因克錦州，謁堂子祭纛。

（清）王先謙《東華録・崇德八》

崇德八年，癸未，明崇禎十六年春正月丙申朔，上不豫，命親王以下梅勒章京以上詣堂子行禮。

崇德八年六月，癸酉，奉命大將軍多羅、饒餘貝勒阿巴泰、内大臣圖爾格等凱旋，命鄭親王濟爾哈朗、睿親王多爾袞、武英郡王阿濟格等郊迎三十里，以阿巴泰福金薨命。阿巴泰率其子并所部詣福金墓所，上詣堂子行禮還。

（清）王先謙《東華録・順治一》

崇德八年冬十月，丁丑，鄭親王濟爾哈朗、武英郡王阿濟格統兵自寧遠還，命饒餘貝勒阿巴泰率文武各官出迎，詣堂子行禮。

（清）王先謙《東華録・順治二》

順治元年甲申春正月庚寅朔，上詣堂子行禮還，御殿受朝賀，令禮親王代善勿拜。【略】

順治元年夏四月丙寅，攝政睿親王多爾袞同豫郡王多鐸、武英郡王阿濟格、恭順王孔有德、懷順王耿仲明、智順王尚可喜、貝勒羅洛宏、貝子尼堪博洛、輔國公滿達海屯齊喀博和托、續順公沈志祥、朝鮮世子李暨、八旗固山額眞梅勒章京詣堂子，奏樂行禮，又陳列八纛，向天行禮畢，統領滿洲蒙古兵三之二及漢軍恭順等三王、續順公兵，聲炮啓行。

（清）王先謙《東華録・康熙一四》

康熙十三年春正月乙亥，上御太和殿，遣寧南靖寇大將軍順承郡王勒爾錦、安西將軍赫業師行。【略】上詣堂子行禮祭旗纛，還出西長安門送之行。命王以下、副都統以上俱乘馬馳而過，復遣内大臣、禮部、兵部大臣餞於郊外。

康熙十三年冬十月，壬辰，揚威大將軍簡親王喇布帥師之江寧，上御太和殿賜敕印，詣堂子行禮祭旗纛，還出西長安門送之行。

丙申，定遠平寇大將軍安親王嶽樂帥師之廣東，上御太和殿賜敕印，詣堂子行禮祭旗纛，還出西長安門送之行。

(清) 王先謙《東華録・康熙一五》

康熙十四年閏五月，癸卯，撫遠大將軍信郡王鄂札、副將軍都統大學士圖海等征滅察哈爾，班師凱旋。上率在京王、貝勒、大臣迎勞於南苑之大紅門。【略】自南苑回，率在京王、貝勒、大臣及凱旋王、大臣等詣堂子行禮回宮。

(清) 王先謙《東華録・康熙五七》

康熙三十五年二月，丙辰，先是科爾沁土謝圖親王沙津遵奉皇上前降密諭，遣鄂漆爾往約噶爾丹，噶爾丹果沿克魯倫河而下，掠喀爾喀納木扎爾陀音，遂踞巴顏烏闌。上調度各路兵馬既畢，於是日率諸王、貝勒、貝子、公、文武大臣詣堂子行禮祭旗纛，親領六軍啟行。

(清) 王先謙《東華録・康熙一〇二》

康熙五十七年十一月，己丑，上以西征大兵起行，詣堂子祭旗纛。

(清) 王先謙《東華續録・乾隆三》

乾隆元年三月，丁巳，宗人府議處果親王允禮於三月初一日，皇上親詣堂子安杆祭祀時，托病不到，應照例削去王爵。奏入，得旨：允禮原應照所奏治罪，但伊自辦理部務以來尚屬勤奮，著免其削去王爵，將特恩賞給親王之雙俸裁去，并將加給一倍親王之護衛官員及護軍馬甲撤回。

(清) 王先謙《東華續録・乾隆二八》

乾隆十三年十一月，癸丑，經略大學士傅恒出師，上親詣堂子告祭行禮，經略大學士及諸王、大臣、官員俱隨行禮。上親祭吉爾丹纛、八旗護軍纛於堂子大門外，經略大學士及出征大臣、官員俱隨隨行禮。上還至東長安門外幄次，親賜經略大學士傅恒酒，命於御幄前上馬。上還宮，經略大學士傅恒出阜成門，上命皇子及大學士來保等送至良鄉，視經略大學士傅恒飯罷乃還。

(清) 王先謙《東華續録・乾隆一二〇》

丙辰年元旦，奉先殿、堂子行禮。

(清) 王先謙《東華續録・嘉慶一》

嘉慶元年丙辰春正月戊申朔，舉行授受大典。上侍太上皇帝，詣奉先殿、堂子行禮。

(清) 王先謙《東華續録・嘉慶二〇》

嘉慶十年八月，甲辰，上詣天壇、地壇、堂子行禮。

(清) 王先謙《東華續録・嘉慶四六》

嘉慶二十三年九月，庚子，上詣天壇、堂子行禮。

(清) 王先謙《東華續録・道光二〇》

道光九年九月，乙卯上詣天壇堂子行禮。

（清）王先謙《東華續録·咸豐七》

咸豐元年，辛亥正月戊子朔，上詣堂子行禮，御太和殿受朝，不作樂、不宣表，詣壽康宮前殿拈香，後殿皇貴太妃前行禮，每歲皆如之。

（清）王先謙《東華續録·同治九六》

同治十二年癸酉春正月辛巳朔，元旦節停止筵宴，上詣堂子行禮。

趙爾巽《清史稿》卷一《太祖紀》

（天命）三年戊午二月，詔將士簡軍實，頒兵法。壬辰，上伐明，以七大恨告天，祭堂子而行。

趙爾巽《清史稿》卷三《太宗紀二》

（崇德）八年春正月丙申朔，上不豫，命和碩親王以下，副都統以上，詣堂子行禮。

趙爾巽《清史稿》卷五《世祖紀二》

（順治）十五年春正月【略】壬寅，停祭堂子。

趙爾巽《清史稿》卷一〇《高宗紀一》

乾隆元年春正月丙申朔，上詣堂子行禮。至觀德殿更素服，詣雍和門行禮畢，率諸王大臣詣慈寧宮行禮。

趙爾巽《清史稿》卷一一《高宗紀二》

（乾隆）十三年冬十月，癸丑，上詣堂子行祭告禮，及祭吉爾丹纛。

趙爾巽《清史稿》卷一六《仁宗紀》

嘉慶元年丙辰春正月戊辰朔，舉行內禪，上侍高宗遍禮於堂子、奉先殿、壽皇殿。

（嘉慶）二十三年九月【略】庚子，上詣天壇、堂子行禮。

趙爾巽《清史稿》卷一七《宣宗紀一》

（道光）四年五月【略】甲戌，雨。增致祭堂子禮。戊寅，增皇太后萬壽告祭太廟後殿禮。

（道光）九年九月【略】乙卯，上詣天壇、堂子。

趙爾巽《清史稿》卷二三《德宗紀一》

（光緒）十四年戊子春正月癸丑朔，上親詣堂子行禮。

趙爾巽《清史稿》卷八五《志六〇·禮志四·吉禮四·坤寧宮祀神》

后隨行，則帝東后西。刲牲、薦俎暨叩跪、致辭如初。畢。遇齋期、國忌，不宰牲。并十二月二十六日請神送堂子後，宮內均停祭。

趙爾巽《清史稿》卷八五《志六〇·禮志四·吉禮四·求福祀神》

其夕祭求福，帝、后行禮如夕祭儀。柳枝所繫綫索貯於囊，懸西壁上。其枝司俎官賷送堂子。至除夕，與神杆紙帛爇化之。

趙爾巽《清史稿》卷九〇《志六五・禮志九・軍禮》

天命三年，太祖頒訓練兵法書，躬統步騎征明，謁堂子，書七恨告天。【略】

崇德初元，太宗伐朝鮮，前期誓天、告廟，頒行軍律令，分兵爲左右翼。至日，駕出撫近門，陳鹵簿，吹螺奏樂。祇謁堂子，三跪九拜。外建八纛，致祭如初。禮畢啓行。

康熙三十五年，討噶爾丹，躬率六師出中道。前三日，祭告郊、廟、太歲，屆期遣祭道路、炮、火諸神。帝御征衣佩刀，乘騎出宮，内大臣等翊衞。午門鳴鐘鼓，軍士鳴角螺，祭堂子、纛神如儀。導迎樂作，奏祐平章。駕出都門，詣陳兵所，聲炮二。旗軍繼發，王公百官跽送。軍士整伍，以次扈蹕。

崇德二年，太宗征服朝鮮。班師日，其君臣出城十里外送駕，三跪九拜如禮。歸則遣大臣二人送之。啓蹕，即軍前祭纛。守土官道迎，俟駕過，隨軍次承命，遙坐賜酒。將至盛京二十里，會鄭親王等賚奉賀表，遂先除道，張黄幄，俟駕至，伏迎道左。帝入幄坐，王等跪進表，大學士受之。宣讀畢，王等三跪九拜，迺大宴，宴罷啓行。至盛京，禮謁堂子，還宮。

康熙三十五年，聖祖征噶爾丹，破之，還蹕拖諾，捷入，焚香謝天。入行營，大學士等進賀表，王公百官畢賀。留牧蒙古王等迎駕行禮，喀爾喀札薩克等集營東門請瞻覲，皆稽首呼萬歲。賜茶及宴，賚銀物有差。沿途迎獻羅拜者，繈至輻湊。至清河，皇子、王公暨群臣跪迎郊外五里，八旗軍校、近畿士民亦焚香懸彩，扶携俛伏。命前驅毋警蹕，環集至數百萬人，歡聲雷動。帝謁堂子如儀。

崇德初元，太宗命睿王多爾袞等出師征明，躬自臨送，祭堂子、纛神，如親征儀。遂至演武場，諭誡將士。

（乾隆）三十四年，命大學士傅恒經略雲南軍務，高宗不升殿，不禮堂子，不祭纛，不親送。

趙爾巽《清史稿》卷九三《志六八・禮志一二・凶禮二・醇賢親王及福晉喪儀》

光緒十六年，醇親王奕譞薨，定稱號曰：皇帝本生考。帝持服期年，縞素十有一日，輟朝如之。期年内御便殿仍素服。元旦謁堂子，詣慈寧宮，太和殿受朝，并禮服。

劉錦藻《清續文獻通考》卷一五三《郊社考七》

嘉慶二十三年九月，上詣堂子行禮。

道光四年五月，諭堂子，祭天典禮甚重。

劉錦藻《清續文獻通考》卷一七〇《王禮考一》

同治十二年正月辛巳朔，停止筵燕，上詣堂子行禮。

劉錦藻《清續文獻通考》卷一七三《王禮考四》

丙辰年元旦，奉先殿堂子行禮。在未傳位以前皇太子隨皇上行禮。

嘉慶元年丙辰，正月戊申，朔，舉行授受大典。上侍太上皇帝詣奉先殿堂子行禮，遣官祭太廟後殿。

（清）朱壽朋《東華續錄・光緒八七》

光緒十四年春正月癸丑朔【略】寅刻，詣堂子行禮。

（清）朱壽朋《東華續錄・光緒九二》

十一月戊申朔，大祀堂子。欽奉慈禧端佑康頤昭豫莊誠皇太后懿旨，賜醇親王肉一盤、大學士閻敬銘糕一盤。

（清）朱壽朋《東華續錄・光緒九三》

光緒十五年己丑春正月丁未朔，上詣奉先殿、堂子行禮。

（清）朱壽朋《東華續錄・光緒九七》

光緒十六年庚寅春正月壬寅朔【略】寅刻，詣堂子行禮。

（清）朱壽朋《東華續錄・光緒一〇一》

光緒十七年辛卯春正月丙寅朔【略】寅刻，詣堂子行禮。

（清）朱壽朋《東華續錄・光緒一〇八》

光緒十八年壬辰春正月辛酉朔【略】寅刻，詣堂子行禮。

（清）朱壽朋《東華續錄・光緒一一三》

光緒十九年，春正月乙酉朔元旦節【略】寅刻，詣堂子行禮。

（清）朱壽朋《東華續錄・光緒一一七》

光緒二十年，甲午春正月己卯朔【略】寅刻，詣堂子行禮。

（清）朱壽朋《東華續錄・光緒一三四》

五月甲辰，諭：【略】元旦詣堂子行禮，仍御禮服。

（清）朱壽朋《東華續錄・光緒一八五》

光緒三十年甲辰春正月庚辰朔寅刻，上詣奉先殿堂子行禮。

（清）朱壽朋《東華續錄・光緒一九一》

光緒三十一年乙巳春正月甲戌朔，【略】詣堂子行禮。

四、庶務及祭務官制

（清）允祹等《大清會典》卷三《吏部》

堂子尉八人，七品二人，八品六人，均滿員，隸禮部。永陵掌關防官一人，正四品副關防官二人，正五品筆帖式二人，隸盛京禮部。

（清）嵇璜、劉墉等《清通典》卷二七《職官》

乾隆二十六年，省以其事改入內務府慶豐司，管理天壇尉滿洲八人，地壇尉滿洲八人，太廟尉滿洲十人，社稷壇尉滿洲五人，右俱隸太常寺。堂子尉滿洲八人，右隸禮部掌管鑰守衛直宿之事，朔望則奉薌以行禮。

（清）嵇璜、劉墉等《清通典》卷四〇《職官·正七品》

七品堂子尉。

（清）嵇璜、劉墉等《清通志》卷六七《職官略》

堂子尉滿洲八人。

趙爾巽《清史稿》卷一一四《職官志一》

堂子尉，滿洲八人。七品二人，八品六人。

趙爾巽《清史稿》卷一一五《職官志二》

堂子尉八人。七品二人，八品六人，隸禮部。

劉錦藻《清續文獻通考》卷七《吏部》

守衛壇廟官。順治初年定，凡守衛天壇、地壇、社稷壇、太廟、堂子、皇史宬官并朝鮮通事員闕，由禮部及該旗開送正陪移諮過部，五品以上引見補授，六品以下本部堂官驗看補授。

劉錦藻《清續文獻通考》卷一一一《吏部》

（乾隆）十八年，奏准文職官員、内太常寺所屬各壇廟奉祀祀丞并贊禮郎、讀祝官、協律郎、司樂等官，禮部所屬堂子七品、八品【略】等官，向來每屆京察皆沿習舊例，填注守政才年四柱考語，但此等官員與各部院辦理案件者不同，其沿例注考全屬故套，嗣後如奉祀等官則但論其禮儀之是否嫻熟，行走之是否敬謹，鳴贊等官則但論其舉止之是否安詳，音節之是否宏暢【略】各衙門堂官於三年京察時秉公察核，填注切實考語，以定去留其四柱守政才年等字，一概不必填注，以崇實政。

劉錦藻《清續文獻通考》卷一六三《内務府掌儀司三》

停止祭神。康熙六十一年，聖祖仁皇帝大事。内務府總管、乾清宮總管内監率掌儀司官、司俎官、内監人等奉請坤寧宮祭神殿神位恭送堂子安奉。百日内，坤寧宮停止祭神，堂子停止挂紙。釋服後，委官齋戒，監繪神像。百日後，選擇吉期，坤寧宮安神行祭祀禮。百日内，朔望祭奉先殿，素服行禮樂，設而不作。次年停止保和殿等處筵燕。

康熙五十六年，仁憲皇太后大事。坤寧宮百日内停止祭神。堂子百日内停止挂紙。百日内，朔望祭奉先殿，素服行禮，樂設而不作，次年停止保和殿等處筵燕。天鐙照常安設，不設萬壽鐙。除服後，進太和門，太和殿、中和殿、保和殿、坤寧宮及供佛處張挂門神、對聯，其餘宮殿皆不張挂。

康熙十三年，仁孝皇后大事。内務府總管、乾清宮總管内監率掌儀司官、司俎官内監，奉請乾清宮祭神殿神位，恭送堂子安奉。百日内，停止祭神，堂子停止挂紙。百日後，選擇吉期，坤寧宮安神行祭祀禮。

雍正九年，孝敬憲皇后大事。未曾移請神位，堂子每月仍挂紙。二十七日内，朔望祭奉先殿，素服行禮，樂設而不作。百日後，進天鐙及萬壽鐙，宮殿均張挂門神、

對聯，諸皇子處不挂。【略】

成服齊集。康熙六十一年，聖祖仁皇帝大事。世宗憲皇帝截髮辮成服。二十七月至幾筵前，仍素服守護壇廟，堂子、奉先殿、壽皇殿、坤寧宮、祭神殿，各陵寢官員、內監人等停給孝服，免摘冠纓。

康熙五十六年，仁憲皇太后大事。守護壇廟，堂子、奉先殿、坤寧宮、祭神殿、各陵寢官員、內監人等停給孝服，免摘冠纓。

中國第一歷史檔案館藏
清代"九壇八廟"檔案選編

一、九壇

(一) 天壇

題名：**題爲遣員祭祀天壇事**

原紀年：乾隆二年三月二十二日　　檔號：02-01-005-022687-0036

責任者：禮部尚書三泰

（硃批）朕親詣行禮。四從壇遣那穆圖、起通阿、弘昇、鄂善各分獻。

題

經筵講官議政大臣協辦內閣大學士事務禮部尚書仍管太常寺鴻臚寺事務加二級臣三泰等謹題：

爲祭祀事。

准禮部具題內開：四月十六日世宗憲皇帝配享天壇，照圜丘致祭儀行禮。至配享儀注，屆期另行具奏等因，到臣寺。今四月十六日世宗憲皇帝配享天壇致祭，皇上親詣行禮，四從壇遣官四員分獻。

爲此謹題請旨。

乾隆二年三月二十二日

經筵講官議政大臣協辦內閣大學士事務禮部尚書仍管太常寺鴻臚寺事務加二級臣三泰

禮部右侍郎仍兼太常寺行走加三級臣滿色

卿加四級臣雅爾呼達

卿臣王㳠

少卿加二級臣穆和倫

少卿加三級臣唐綏祖

步軍統領衙門員外郎兼寺丞加二級臣明德

博士加二級臣伊常阿

博士加一級臣夏啓珍

贊禮郎加二級臣五格

贊禮郎加二級臣噶海

贊禮郎加一級臣明泰

讀祝官加二級臣二保

讀祝官加二級臣英山

（附件：）

四從壇遣官四員分獻

署領侍衛内大臣公那穆圖

都統公宗室起通阿

都統宗室弘昇

都統鄂善

題名：題爲祭祀天壇前期遣員視牲事

原紀年：乾隆二年三月二十六日　檔號：02-01-005-022688-0006

責任者：禮部尚書三泰

（硃批）遣巴爾圖視牲，允祹看牲。

題

經筵講官議政大臣協辦内閣大學士事務禮部尚書仍管太常寺鴻臚寺事務加二級臣三泰謹題：

爲視牲事。

准禮部具題内開：四月十六日世宗憲皇帝配享天壇，照圜丘致祭儀行禮。至配享儀注，屆期另行具奏等因，到臣寺。今四月十六日，世宗憲皇帝配享天壇致祭。其祭祀牲隻，應照例前期五日於四月十一日，遣大臣一員恭代視牲；前期二日於四月十四日，遣禮部堂官一員看牲。

爲此謹題請旨。

乾隆二年三月二十六日

經筵講官議政大臣協辦内閣大學士事務禮部尚書仍管太常寺鴻臚寺事務加二級臣

三泰

　　禮部右侍郎仍兼太常寺行走加三級臣滿色

　　卿加四級臣雅爾呼達

　　卿臣王泭

　　少卿加二級臣穆和倫

　　少卿加三級臣唐綏祖

　　步軍統領衙門員外郎兼寺丞加二級臣明德

　　博士加二級臣伊常阿

　　博士加一級臣夏啓珍

　　贊禮郎加二級臣五格

　　贊禮郎加二級臣噶海

　　贊禮郎加一級臣明泰

　　讀祝官加二級臣英山

　　（附件：）

　　四月十一日遣大臣一員，恭代視牲。

　　和碩康親王巴爾圖

　　和碩誠親王允祕

　　四月十四日遣禮部堂官一員，看牲。

　　管理禮部事務和碩履親王允祹

題名：爲大雩告祭天壇儀注事等

原紀年：乾隆二十四年六月初七日　檔號：05-13-002-000010-0040

責任者：缺

　　臣等恭查向例，告祭典禮俱不用牲隻，告祭天壇亦不用牲隻。今恭舉大雩應照例用紅棗、桃仁、榛仁、葡萄、蓮子、鹿脯、鹿醢、兔醢，不用牲隻。再查天壇外圍墻迤南西門爲圜丘西天門，迤北西門爲祈年殿西天門。今恭舉大雩告祭，皇上進圜丘西天門鋪棕薦處下馬，進昭亨東門。謹繪圖粘簽進呈。

　　謹奏：

　　爲請旨事。

　　本月初六日奉上諭：朕躬祭方澤，值祈雨之時，竭誠籲懇，未獲甘霖，夏至已逾，迫不可待。後日即進宮，撤膳虔齋思過待命。十一日敬舉大雩之禮，以祈天佑。一切禮儀，該部速議具奏。欽此。

　　臣等謹議得，大雩祀昊天上帝於圜丘，不設歷祖配位，仍設四從壇於下。先期一日，皇上御太和殿視祝版、香帛，御常服，不挂數珠，執事官仍挂數珠。至巳時，皇上常服乘馬詣齋宮，不設鹵簿大駕，不作樂，午門鳴鐘，不陪祀。王以下各官俱常服于午門外跪送。駕至壇由西天門入，至昭亨門外鋪棕薦處下馬，由昭亨東門入。拈香視壇位，俱如常儀。禮畢，皇上乘常轎詣祭宮，陪祀各官俱常服于齋宮門外排列。祇迎祭日，皇上雨縷素服，由齋宮步行入更衣幄次，太常寺堂官轉奏請皇上行禮。陪祀各官俱雨縷素服隨行，禮三獻，樂止。先時司樂官引舞童十六人衣畫流雲元衣，戴雨縷帽，各執羽翳，排班肅立二成壇東西兩門。至時，典儀贊舞童進，司樂引舞童由左右階升就位次。贊引官贊跪，皇上跪，典儀贊歌詩，舞童按歌舞，歌御製《雲漢詩》八章。畢，贊引官三贊叩，皇上興。餘俱照告祭祀行。祭文交翰林院撰擬，儀注及一切應辦事宜交太常寺敬謹辦理，爲此謹奏。

内務府

六月初七日

題名：奏爲修訂祭祀天壇陪祀官員章程事
原紀年：嘉慶四年四月初四日① 　檔號：03-1608-004
責任者：兵部尚書長麟

兵部尚書兼管太常寺事務臣覺羅長麟等謹奏：

爲請旨事。

竊查定例，凡遇恭祭天壇祀日，陪祀官員俱在天壇外西天門下馬。細繹例義，似陪祀官員一至天壇外頭層天門即應下馬。又例載：視牲日，視牲親王乘轎至天壇西門外下轎，乘馬至犧牲所北門外下馬。又例載：祭祀日期，陪祀王大臣例由壇門外下轎，乘馬入内。官員等均於廣利門外下馬。又係騎馬之人例應放入頭層天門，至二層天門始行禁阻。定例本屬參差，而近年來辦理章程，除裝載御用物件車輛准入頭層天門，其餘車輛一禁不准放入外，惟乘轎之人又俱放入頭層天門。相沿已久，不知始自何年。臣等恭查祀典條例，理宜詳明。今原定條例，既未免稍有牽混，而現辦章程又與定例不甚相符，若不敬請皇上欽定指示，竊恐執事陪祀人員無所遵循。臣等悉心酌議，現值常雩大祀，若令執事陪祀人員一概與外層天門外走至壇内，道路稍長，王公大臣及執事陪祀官員内有年老怯弱者或不免延遲貽誤；若仍照從前，准其乘轎入内而轎夫人等罔知禮法，或嘈雜滋事亦恐有乖體制。應請嗣後，凡遇恭祀天壇，無論王公大臣官員，俱仍准其在二層天門以外下馬，其乘轎、坐車、騎騾之人一概不准放入頭層天門。如此明定章程，似覺條例較爲畫一，而管轄亦可咸知遵守。倘蒙俞允，臣等即日行文

---

① 按：原檔案落款日期爲"嘉慶八年四月初四日"。第一歷史檔案館此處原標紀年有誤。

各處，一體遵照。是否有當，伏候聖明訓示。

謹奏請旨。

兵部尚書兼管太常寺事務臣覺羅長麟

禮部左侍郎管理太常寺事務臣扎郎阿

卿臣宗室廣敏

卿臣趙秉冲

少卿臣哈寧阿

少卿臣曹師曾

嘉慶八年四月初四日

奉旨：知道了，欽此。

題名：奏爲天壇大祀請王公各官遵則慎重祀典事

原紀年：咸豐三年十一月十一日　檔號：03-4172-097

責任者：都察院左副都御史李菡

都察院左副都御史臣李菡跪奏：

爲郊壇大祀典禮綦重，宜先期稽查周密以昭嚴肅事。

本月二十二日恭值天壇大祀，皇上親詣行禮，煌煌巨典。凡執事各官及有稽察之責者，自無不詳慎恪恭。惟現當巡防吃緊之時，更宜加倍謹嚴，不容一毫疏懈。臣愚竊念，壇內地方寬闊，樹木幽深，各處雖俱有官員看守，然打掃夫役出入自由，引類呼朋，難保無閑人混進。是以上年竟有盜竊祭器之案，相應請旨飭下該管大臣早爲備豫，不涉張皇，觸處究防，勿少疏漏。至於先期一日，皇上齋宿齋宮。凡執事陪祀王公大臣，各官員莫不附近齋宿，跟隨人役繁多，勢難一一察問。應責成該家主嚴加管束，不准多帶閑人，儻有爭鬧喧嘩滋事之處，即將該家主重處。查嘉慶八年奏定章程：凡遇恭祀天壇，王公以下，滿漢頭品大臣年在六十五以上准其乘轎至二層門外。此外，頭品年未至六十五歲以上及二品大員，不准乘轎進頭層門。著爲定例。乃近來習爲便捷，文武百官特無頭層門外下馬明文，遂結駟連騎，跟隨乘轎之人一齊擁進。臣爲都察院堂官，恭遇監禮差使，子丑之交，在頭層門外下輿祇候。竊見壇門甫啓，官員仆從百數十騎策馬爭先。貪夜之際，不惟難辨其何如人，轉須退讓亦難免踐踏。似此惡習，儻有奸人伺隙闌入，關係非輕。伏乞嚴諭王公以下，文武大小官員例不准乘轎進頭層門者，即於頭層門外下馬，以爲定例。儻有違制擅入，即著稽查，大臣指名糾參，俾隨從人役莫不凜遵，則祀典益昭嚴肅矣。臣爲慎重典禮起見，是否有當，恭候聖裁。

謹奏。

咸豐三年十一月十一日

題名：題爲四月初七日祭祀天壇行禮事宜請旨事

原紀年：嘉慶四年四月初四日①　檔號：02-01-005-023859-0092

責任者：禮部尚書管理太常寺事務昆岡

（硃批）朕親詣行禮。四從壇遣銘勛、德壽、鍾秀、文熙各分獻。

題

經筵講官禮部尚書管理太常寺事務臣宗室昆岡等謹題：

爲祭祀事。

四月初七日行常雩禮，大祀天於圜丘。恭請皇上親詣行禮，或遣王恭代四從壇，遣官四員分獻。

爲此謹題請旨。

光緒十七年三月初三日

經筵講官禮部尚書管理太常寺鴻臚寺事務正藍旗漢軍都統臣宗室昆岡

卿臣志顏差

太僕寺卿署卿臣宗室壽蔭

二品頂戴卿臣壽昌

少卿臣克們泰

少卿臣左念謙

博士臣成霖

博士臣田芸

題名：呈祭祀天壇派遣官員恭代銜名單

原紀年：光緒十七年三月初三日　檔號：02-01-005-023859-0093

責任者：禮部尚書管理太常寺事務昆岡

天壇，皇上如不親詣行禮，遣王一員恭代。

和碩莊親王載勛

和碩禮親王世鐸

四從壇，遣官四員分獻。

委散佚大臣銘勛

委散佚大臣德壽

---

① 按：原檔案落款日期爲“光緒十七年三月初三日”。第一歷史檔案館此處原標紀年有誤。

委散佚大臣鍾秀
委散佚大臣文照

題名：題爲祭祀天壇四月初三日遣員恭代視牲看牲請旨事
原紀年：光緒十七年三月十六日　　檔號：02-01-005-023859-0105
責任者：禮部尚書管理太常寺事務昆岡

（硃批）遣載勛視牲，李鴻藻看牲。
題
經筵講官禮部尚書管理太常寺事務臣宗室昆岡等謹題：
爲視牲事。
四月初七日行常雩禮，大祀天於圜丘，皇上親詣行禮。其祭祀牲隻，照例前期五日於四月初二日，遣王一員恭代視牲；前期二日雩初五日，遣禮部堂官一員看牲。
爲此謹題請旨。
光緒十七年三月十六日
經筵講官禮部尚書管理太常寺鴻臚寺事務正藍旗漢軍都統臣宗室昆岡
卿臣志顏差
太僕寺卿署臣宗室壽蔭
二品頂戴卿臣壽昌
少卿臣克們泰
少卿臣左念謙
博士臣成霖
博士臣田芸
博士臣王得禄

題名：呈祭天壇派遣官員恭代視牲看牲銜名單
原紀年：光緒十七年三月十六日　　檔號：02-01-005-023859-0106
責任者：禮部尚書管理太常寺事務昆岡

四月初二日遣王一員，恭代視牲。
和碩莊親王載勛
和碩禮親王世鐸
四月初五日遣禮部堂官一員，看牲。
尚書李鴻藻

侍郎文興

（二）祈穀壇

題名：爲知照祭祈穀壇皇上駕御齋宮齋戒詣壇行禮儀注事致內務府

原紀年：乾隆五十六年十二月　檔號：05-13-002-000066-0095

責任者：太常寺

內務府移會太常寺

爲祭祀事。

次年正月十一日祭祈穀壇，皇上親詣行禮，於初十日駕御齋宮齋戒。查先准《會典》摺奏內閣，皇上躬視郊壇，由宮中請壇行禮，則書"御禮服出宮，至大次，或具服殿更祭服"；如自兩郊齋宮請壇行禮，則書"御祭服出齋宮，至大次供候，安奉神牌"等因。知會在案，想應移會內務府，遵照會典館原奏預備可也。

須至移會者。

右移會內務府

乾隆五十六年十二月

題名：奏爲酌議祈穀大祀事

原紀年：嘉慶二十年十二月二十一日　檔號：03-1614-015

責任者：東閣大學士托津

臣托津等謹奏：

臣等恭查明年正月祈穀大祀，聖駕詣壇。現經太常寺奏明，改於內西天門內甬路中間稍北，設棕薦處降輦，乘禮輿由新設門至南磚城門外西礓礤下降輿。其金殿改於祈年門東次間支搭所有。自內西天門東至大磚門外，南至齋宮石橋外，原設站道護軍官十二員、兵二百名。在齋宮石橋外一帶者，仍令照舊排立。其大磚門外圍南甬路及甬路西一帶站道官兵，均酌移於新改經行御路一帶，站立至金殿周圍。原設侍衛八員、章京一員、護軍營官一員、兵十名，應減去侍衛四員、章京一員、護軍營官一員、兵十名，仍留侍衛四員，令於新移之金殿周圍站立。所有臣等遵旨酌議緣由，是否有當，伏候訓示遵行。謹奏。

嘉慶二十年十二月二十一日

奉旨：依議。欽此。

題名：奏爲祈穀壇大祀典禮懇請暫從權宜事

原紀年：咸豐四年正月初九日　　檔號：03-4173-002
責任者：山東道監察御史汪榘

山東道監察御史臣汪榘跪奏：

爲舉行典禮，因時變通，懇請暫從權宜，仰祈聖鑒事。

恭照本月十一日祈穀壇大祀，皇上躬親行禮，前期詣壇齋宿。仰見聖主誠敬事天，恪循定制，下忱欽服彌深。惟禮制攸崇，固以率由爲重，而時勢所值，亦以戒慎爲宜。現當軍務未竣，京師設防嚴密，必不至稍有疏虞。然齋宿外城究未若禁廷之森肅也。伏查道光二十八年十二月間，曾奉有諭旨大祀在宮内齋宿，良以天人感應，恃乎一念之誠，儀節猶其外焉者爾。皇上端拱深宮，真誠默運，自足格昊蒼而敷和洽，與詣壇齋宿初無少殊。擬請此次祭祀初十日，皇上即在宮内齋宿，并請將致祭時刻略爲移易。於十一日將曙，聖駕由宮内啓行，既曙至壇成禮，俾諸凡照看較更明晰。如此權宜從事，戒備無虞。俟軍務指日藏功，設防裁撤以後，即依舊章，似亦因時變通之道也。臣愚昧之見，冒瀆宸聰，曷勝悚懼之至，伏乞聖鑒。謹奏。

咸豐四年正月初九日

題名：奏爲祭祈穀壇遣員行禮請旨事
原紀年：宣統三年十二月十八日　　檔號：03-7469-058
責任者：典禮院掌院学士李殿林

協辦大學士典禮院學士臣李殿林等謹奏：

爲請旨事。

恭查例載壇廟大祀，恭請皇上親詣行禮，或遣王恭代等語。宣統四年正月初八日祭祈穀壇，皇上尚在冲齡，是否親詣行禮或遣王一員恭代。臣等謹將宗人府咨送銜名，敬繕清單，恭呈御覽，伏候欽定。

爲此謹奏請旨。

宣統三年十二月十八日
協辦大學士典禮院學士臣李殿林
副掌院學士臣郭曾炘

（三）社稷壇

題名：爲康熙四十八年二月初六日祭文廟初七日祭社稷壇初四日至初六日不理刑名照常辦事齋戒牌照舊設立事

原紀年：康熙四十八年正月二十八日　　檔號：58-00-000-000001-0023

責任者：太常寺

太常寺爲知會事。

二月初六日祭文廟，初七日祭社稷壇。自二月初四、初五、初六，此三日不理刑名，照常辦事，其齋戒牌照舊設立。各該所屬衙門，一體傳知。

康熙四十八年正月二十八日

題名：爲祭社稷壇皇上亲詣行禮儀注事致內務府
原紀年：乾隆四十三年正月二十八日　檔號：05-13-002-000039-0011
責任者：太常寺

爲祭祀事。

二月初七日祭社稷壇，皇上親詣行禮。于二月初四、初五、初六此三日，

皇上齋戒不祭神，不還願，不上墳、不會筵席、不作樂、不理刑名，照常辦事，其齋戒牌，照例設立所屬司分，一體傳知。爲此移會內務府可也。

須至移會者。

右移會內務府

乾隆四十三年正月二十八日

題名：呈社稷壇行禮儀清單
原紀年：嘉慶五年閏四月二十四日　檔號：03-1607-044
責任者：太常寺

社稷壇行禮儀注：

祭日，本寺堂官一員預赴乾清門。至時，奏皇上御禮服，由宮內乘禮輿出太和門，至壇北門外，鋪設棕薦處降輿。贊引官、對引官恭導皇上入北門、東門，至殿內更衣，幄次內少候。俟安奉神位畢，本寺堂官轉奏恭請皇上行禮。贊引官、對引官恭導皇上至盥手處，盥手畢，恭導皇上至北櫺星門外行禮處。皇上詣拜褥上立，典儀官唱瘞毛血、迎神，司香官捧香盒就各位，香案旁立。唱樂官唱迎神，樂作，贊引官奏升壇，恭導皇上升壇，詣太社位香案前拜褥上，立。贊引官奏跪，皇上跪。奏上香，皇上先舉炷香安香靠內，次三上瓣香畢，興。贊引官恭導皇上詣太稷位上香，儀與太社位上香儀同。贊引官奏復位，恭導皇上復位，立。贊引官奏跪拜興，皇上行三跪九拜禮，興。樂止，典儀官唱奠玉帛，行初獻禮。捧玉帛官捧玉帛匣，執爵官捧爵，就各位前立。唱樂官唱初獻，樂作，捧玉帛官跪獻，三叩，退。執爵官跪獻於正中，退。讀祝

官就祝案前，一跪三叩，捧祝文至壇上，先跪。樂止，贊引官奏跪，皇上跪。典儀官唱讀祝，讀祝官讀祝畢，捧祝文至太社位前，跪安於帛匣內，三叩，退。樂作，贊引官奏拜興，皇上行三拜禮，興。樂止，典儀官唱行亞獻禮，執爵官捧爵就各位前立。唱樂官唱亞獻，樂作，執爵官跪獻於左，退。樂止，典儀官唱行終獻禮，執爵官捧爵就各位前，立。唱樂官唱終獻，樂作，執爵官跪獻於右，退。樂止，壇西邊官一員就前東向立，唱賜福胙，退。光禄寺官二員捧福胙至神位前，拱舉捧至皇上拜褥右旁立，接福胙侍衛二員於皇上拜褥左旁立。贊引官奏跪，皇上跪。光禄寺官二員、接福胙侍衛二員亦跪。奏飲福酒，皇上受爵，拱舉授左旁侍衛。奏受胙，皇上受胙，拱舉授左旁侍衛。贊引官奏跪拜興，皇上謝福胙，行三跪九拜禮，興。典儀官唱徹饌，唱樂官唱徹饌，樂作，捧玉帛官二員各詣太社、太稷位前，一跪一叩，各捧玉，退。樂止，典儀官唱送神，唱樂官唱送神，樂作，贊引官奏跪拜興，皇上行三跪九拜禮，興。樂止，典儀官唱捧祝帛饌恭送瘞位，捧祝香帛饌官至各位前跪，捧祝帛官三叩，捧香饌官不叩，各捧起依次送往瘞位。時贊引官恭導皇上轉立東旁，鋪拜褥侍衛跪起拜褥，俟祝帛饌香過畢，鋪拜褥侍衛仍跪鋪拜褥，退。贊引官恭導皇上還位，立。典儀官唱望瘞，唱樂官唱望瘞，樂作，贊引官奏詣望瘞位，同對引官恭導皇上詣瘞位，鋪瘞位拜褥侍衛預鋪拜褥，皇上升拜褥，上立望瘞，數帛官數帛。贊引官奏禮畢，恭導皇上出北門、東門至升輿處。皇上升輿還宮。

題名：社稷壇祈雨祝文

原紀年：同治六年五月二十九日　檔號：03-0208-4491-068

責任者：缺

社稷壇祈雨文：

維同治六年歲次丁卯夏五月二十九日，遣恭親王致祭於太社、太稷之神。曰：殷懷渥澤，念切民依，敬思天戒之昭垂，深恐人事之感召。臣以幼冲任重，適當時事多艱。或弭兵無術而上干天和，或布政未優而莫消沴氣，省愆尤而罔措，歷宵旰以難安。用是未明求衣，當食減膳，命所司因省獄降特詔，以求言豫籌賑濟之方。遍講挽回之術，雖復連朝，霡霂已兆，甘霖尚求。昊眷滂沱，遍滋下土。惟神功專生，物德在養人。國家賴以乂安，灾患永資捍衛。爰抒誠惻，虔申禱祈。務鑒迫切之忱，速解焦枯之急。如臣之過，許其湔洗於方來。惟民何辜？無任毒痛之太甚。謹潔齋而請命，望昭察以降康。

尚饗。

題名：社稷壇謝雨祝文

原紀年：同治六年七月初八日　檔號：03-0208-4492-054

責任者：缺

社稷壇謝雨文：

維同治六年歲次丁卯秋七月初八日，遣恭親王奕訢致祭於太社、太稷之神。曰：
農功正亟，恐逾酉熟之期。嘉眖聿臻，益矢寅衷之感。前以麥秋既邁，梅雨仍遲，冀
解澤以均霑，謹升馨而上請。欽承昭鑒，拯此蒸黎，憫其懸耜之嗟，用慰仰膏之望。
微塵不起，抑捲地之風威；甘澍初行，湧出山之雲氣。始奔騰而驟至，作勢盆傾；繼
浸潤以徐添，漫空絲密。廉纖不已，遂達旦以連宵，中外咸歡。自近幾而遠甸，從此
秋禾補種，猶堪收以桑榆；庶幾民食有資，尚可烹其葵菽。是皆神功之敷錫，特應臣
志之虔祈。幸致感通愈深，儆悚抒誠報謝。仰答恩施，靈爽式憑，惘忱勉竭。願長承
夫春佑，用大庇於生民。雨總知時，尚克和調乎？玉燭年登，大有自今歲慶乎？金穰
普盛世之休嘉，惟鴻慈之永賴。

尚饗。

題名：題爲八月十一日祭社稷壇行禮事宜請旨事

原紀年：光緒二十三年七月十四日　檔號：02-01-005-023917-0071

責任者：禮部尚書管理太常寺事務懷塔布

（硃批）朕親詣行禮。

題

經筵講官革職留任禮部尚書管理太常寺事務臣懷塔布等謹題：

爲祭祀事。

八月十一日祭社稷壇。恭請皇上親詣行禮，或遣王恭代。

爲此謹題請旨。

光緒二十三年七月十四日

經筵講官革職留任禮部尚書管理太常寺事務臣懷塔布

卿臣慶福

卿臣徐承煜

少卿臣貴昌

少卿臣盛宣懷未到任

內閣侍讀學士署少卿臣陳邦瑞

博士臣成霖

博士臣志寬

博士臣程良馭

題名：呈祭社稷壇擬遣恭代皇上行禮官員銜名單
原紀年：光緒二十三年七月十四日　檔號：02-01-005-023917-0072
責任者：禮部尚書管理太常寺事務懷塔布

社稷壇，皇上如不親詣行禮，遣王一員恭代。
親王銜多羅克勤郡王晋祺
和碩慶親王奕劻

題名：題爲春祭社稷壇行禮事宜請旨事
原紀年：光緒二十三年十二月十八日　檔號：02-01-005-023921-0043
責任者：禮部尚書管理太常寺事務懷塔布

（硃批）朕親詣行禮。
題
經筵講官革職留任禮部尚書管理太常寺事務臣懷塔布等謹題：
爲祭祀事。
光緒二十四年二月初四日祭社稷壇。恭請皇上親詣行禮，或遣王恭代。
爲此謹題請旨。
光緒二十三年十二月十八日
經筵講官革職留任禮部尚書管理太常寺事務臣懷塔布
卿臣慶福
卿臣陳邦瑞
少卿臣貴昌差
鴻臚寺卿署少卿臣崇勳

題名：呈春祭社稷壇派遣官員銜名單
原紀年：光緒二十三年十二月十八日　檔號：02-01-005-023921-0044
責任者：禮部尚書管理太常寺事務懷塔布

社稷壇，皇上如不親詣行禮，遣王一員恭代。
和碩慶親王奕劻
親王銜多羅克勤郡王晋祺

（四）地壇

題名：題爲祭地壇事

原紀年：乾隆十五年四月二十八日　檔號：02-01-005-022815-0002

責任者：禮部尚書木和林

（硃批）朕親詣行禮。四從壇遣弘曣、達爾黨阿、阿克敦、色貝各分獻。

禮部尚書兼管樂部太常寺鴻臚寺事務加六級記錄四次革職留任臣木和林等謹題；

爲祭祀事。

五月十八日夏至大祀地於方澤。恭請皇上親詣行禮或遣大臣一員恭代，四從壇遣官四員分獻。

爲此謹題請旨。

乾隆十五年四月二十八日

禮部尚書兼管樂部太常寺鴻臚寺事務加六級記錄四次革職留任臣木和林

經筵講官户部右侍郎革職留任兼管内閣學士鑲黄旗滿洲副都統兼管户部三庫事務仍兼管太常寺事記錄一次臣伍齡安

經筵講官内閣學士兼禮部侍郎仍兼太常寺行走記錄四次臣雅爾呼達

卿記錄二次臣武柱

卿兼鑲紅旗漢軍副都統加八級又軍功加一級臣李世倬

少卿臣鄂蕭

博士加三級臣伊常阿

博士記錄三次臣白世煦

博士臣陸宗朱

（附件：）

地壇皇上如不親詣行禮，遣大臣一員恭代。

和碩和親王弘晝

和碩恒親王弘晊

四從壇遣官肆員分獻。

散秩大臣宗室弘曣

尚書達爾黨阿

署尚書阿克敦

都統宗室色貝

題名：題爲夏至大祀地壇遣員視牲事

原紀年：乾隆十五年五月初六日　　檔號：02-01-005-022815-0007
責任者：禮部尚書木和林

（硃批）遣弘晝視牲，木和林看牲。
禮部尚書兼管樂部太常寺鴻臚寺事務加六級記録四次革職留任臣木和林等謹題：
爲視牲事。
五月十八日夏至大祀地於方澤。其祭祀牲隻，照例前期五日於五月十在日遣大臣一員恭代視牲；前期二日於王月十六日遣禮部堂官一員看牲。
爲此謹題請旨。
乾隆十五年五月初六日
禮部尚書兼管樂部太常寺鴻臚寺事務加六級記録四次革職留任臣木和林
經筵講官户部右侍郎革職留任兼管内閣學士鑲黄旗滿洲副都統兼管户部三庫事務仍兼管太常寺事記録一次臣伍齡安
經筵講官内閣學士兼禮部侍郎仍兼太常寺行走記録四次臣雅爾呼達
卿記録二次臣武柱
卿兼鑲紅旗漢軍副都統加八級又軍功加一級臣李世倬
少卿臣鄂蕭
博士加三級臣伊常阿
博士記録三次臣白世煦
博士臣陸宗朱
（附件：）
五月十三日遣大臣一員，恭代視牲。
和碩和親王弘晝
和碩恒親王弘晊
五月十六日遣禮部官員一人，看牲。
尚書木和林
尚書王安國

題名：題爲祭地壇王公文武官員齋戒禮儀事
原紀年：乾隆十五年五月初六日　　檔號：02-01-005-022815-0008
責任者：禮部尚書木和林

（硃批）依議。
禮部尚書兼管樂部太常寺鴻臚寺事務加六級記録四次革職留任臣木和林等謹題：

爲宣諭誓戒事。

五月十八日夏至大祀地於方澤，皇上親詣行禮。所有應行分獻陪祀之王公、文武大臣官員及執事官員之應齋戒者，具於齋戒前期一日五月十四日，各穿朝服齊集午門前，恭聽宣諭誓戒後，次日各赴衙門齊宿。俟命下之日，臣寺行文宗人府，吏兵二部，轉傳在京各衙門并八旗，一體遵行。

爲此謹題。

乾隆十五年五月初六日

禮部尚書兼管樂部太常寺鴻臚寺事務加六級記錄四次革職留任臣木和林

經筵講官戶部右侍郎革職留任兼管內閣學士鑲黃旗滿洲副都統兼管戶部三庫事務仍兼管太常寺事記錄一次臣伍齡安

經筵講官內閣學士兼禮部侍郎仍兼太常寺行走記錄四次臣雅爾呼達

卿記錄二次臣武柱

卿兼鑲紅旗漢軍副都統加八級又軍功加一級臣李世倬

少卿臣鄂蕭

博士加三級臣伊常阿

博士記錄三次臣白世煦

博士臣陸宗朱

題名：呈皇上歷年夏至祭祀地壇住宿雍和宮情形抄單

原紀年：同治十二年　檔號：03-4676-128

責任者：缺

地壇，五年五月初九日夏至大祀。

地壇，六年五月十九日夏至大祀。

地壇，七年五月三十日夏至大祀。

以上各祭祀均係恭遇□①上親詣行禮。本寺均照定例，前期并未恭請□□②視壇位籩豆牲隻。詣雍和宮齋宿，惟咸豐二年五月初四日夏至大祀地壇，皇上親詣行禮，適值宣宗成皇帝升配地壇。是年三月二十七日內閣抄出奉。

題名：爲光緒二十一年夏至大祀地壇王公齋宿陪祀儀注事致宗人府

原紀年：光緒二十一年五月　檔號：06-01-001-000491-0277

---

① 按：原檔案此處缺損一字，依"上親詣行禮"句文意且提行未頂格狀況，當爲"皇"字之缺。

② 按：原檔案此處缺損二字，理由類同上注，當爲"皇上"二字之缺。

責任者：太常寺

太常寺爲祭祀事。

五月三十日夏至大祀地壇，皇上親詣行禮。其和碩親王以下、輔國公以上，自二十七、二十八、二十九俱在本衙門齋宿，於三十日五鼓時，穿朝服赴地壇齋集陪祀。未入八分公等，於三十日五鼓時，穿朝服赴地壇，在各該旗下排班站立陪祀。所有陪祀宗室：鎮國將軍以下奉國將軍以上，於二十七、二十八在各該旗下衙門齋宿，二十九日在安定門外齋宿，三十日穿朝服赴地壇，在各該旗下排班站立陪祀；其不齋戒王以下宗室覺羅有頂帶官員以上，於三十日穿朝服赴東華門外，照翼齊集，俱跪迎送聖駕外，應從祀王以下已入八分公以上，於三十日皇上詣壇行禮，應於鋪設棕薦處候駕可也。

須至咨呈者。

右咨呈宗人府

光緒二十一年五月

（五）朝日壇

題名：題爲祭祀朝日壇事

原紀年：乾隆元年正月二十三日　檔號：02-01-005-022682-0005

責任者：禮部尚書三泰

（硃批）遣衍潢恭代。

題

經筵講官議政大臣協辦內閣大學士事務禮部尚書仍管太常寺鴻臚寺事務加二級臣三泰等謹題：

爲祭祀事。

二月初九日春分卯時祭朝日壇。今歲丙辰年，遣大臣一員恭代。

爲此謹題請旨。

乾隆元年正月二十三日

經筵講官議政大臣協辦內閣大學士事務禮部尚書仍管太常寺鴻臚寺事務加二級臣三泰

卿加二級臣滿色

卿加一級臣王澓

少卿加二級臣唐綏祖

太常寺寺丞兼禮部郎中加一級臣穆和倫

博士加一級臣明德

博士加一級臣石璉

博士加一級臣夏啓珍

讀祝官加一級臣二保

題名：爲光緒二十二年二月祭朝日壇王公陪祀儀注事致宗人府

原紀年：光緒二十二年正月　檔號：06-01-001-000474-0097

責任者：太常寺

太常寺爲祭祀事

二月初七日祭朝日壇，皇上親詣行禮。其和碩親王以下奉國將軍以上，自初五、初六日在家致齋，於初七日，親王以下奉國將軍以上，五鼓時赴朝日壇齋集陪祀。其不齋戒王公以下宗室覺羅有頂帶官員以上，五鼓時赴東華門外齊集處，照翼齊集，俱跪迎送聖駕可也。

須至咨呈者。

右咨呈宗人府

光緒二十二年正月

題名：題爲春分卯时祭祀朝日壇行禮事宜請旨事

原紀年：光緒二十四年正月二十五日　檔號：02-01-005-023927-0022

責任者：禮部尚書管理太常寺事務懷塔布

（硃批）朕親詣行禮。

經筵講官革職留任禮部尚書管理太常寺事務臣懷塔布等謹題：

爲祭祀事。

二月二十八日春分卯時祭朝日壇。本年歲次戊戌，恭查臣寺例載：如遇甲丙戊庚壬之年，恭請皇上親詣行禮或遣王恭代。

爲此謹題請旨。

光緒二十四年正月二十五日

經筵講官革職留任禮部尚書管理太常寺事務臣懷塔布

卿臣慶福

少卿臣貴昌

通政使司參議署少卿臣楊宜治

博士臣成霖

博士臣志寬

博士臣程鴻遇

題名：題爲声明光緒二十二年春分卯时祭祀朝日壇奉旨亲詣致祭事附片

原紀年：光緒二十四年正月二十五日　檔號：02-01-005-023927-0023

責任者：禮部尚書管理太常寺事務懷塔布

道光十一年二月十三日，耆英面奉諭旨：嗣後凡致祭朝日壇、夕月壇，應行雙籤請旨，題本內將上屆親詣致祭之處附片聲明，其應遣官致祭之年即不必附片。欽此。

欽遵在案。

臣等恭查，光緒二十二年二月初七日春分卯時祭朝日壇。奉旨：朕親詣行禮。欽此。今光緒二十四年二月二十八日春分卯時祭朝日壇，例應行雙籤請旨，理合附片聲明。

謹題。

題名：爲知照皇上至朝日壇致祭等行程事致內務府

原紀年：光緒三十年二月初四日　檔號：05-13-002-000342-0086

責任者：领侍卫内大臣處

領侍衛內大臣處爲知照事。

本月初四日奉旨：

朕於明日，由勤政殿檐前乘禮轎出德昌門、西苑門，進西華門，由熙和門、協和門出東華門、東安門、朝陽門至朝日壇。致祭畢，步行至御座房，更衣少坐。乘轎至東岳廟，拈香畢，步行至御座房少坐。用膳畢，乘轎進朝陽門、東安門、東華門，由協和門、熙和門出西華門，進西苑門、德昌門。還瀛臺少坐，詣皇太后前請安。隨從辦事畢，至勤政殿，隨從召見畢，還瀛臺。寅正伺候。欽此。

須至知照者。

右知照內務府

光緒三十年二月初四日

(六) 夕月壇

題名：爲祭祀（月壇事）

原紀年：順治十二年八月十四日　檔號：02-01-02-2134-024

責任者：禮部尚書胡世安

（硃批）遣額尔克戴青恭代，從壇遣耳得分獻。

題

太子太保禮部尚書臣胡世安等謹題：

爲祭祀事。

祠祭清吏司案呈到部。該臣等查得，祭夕月壇，丑辰未戌年皇上親詣致祭，其餘年分遣大臣致祭等因在案。今順治十二年乙未八月二十四日秋分酉時祭夕月壇，相應照例，恭請皇上親詣行禮，或遣大臣一員恭代，又遣分獻官一員。

謹題請旨。

順治十二年八月十四日

太子太保禮部尚書臣胡世安

左侍郎臣烏合

右侍郎臣祁徹白

右侍郎臣李奇棠

啓心郎臣董衛國

額者庫臣哈兒奭達

額者庫臣杭愛

祠祭清吏司理事官臣陳布禄

祠祭清吏司理事官臣哈代

祠祭清吏司副理官臣索尼

祠祭清吏司郎中臣葉樹德

題名：爲康熙五十年八月十二日秋分酉时祭夕月壇此前二日齋戒事宜事

原紀年：康熙五十年七月初一日　檔號：58-00-000-000001-0076

責任者：太常寺

太常寺爲知會事。

八月十二日秋分酉時祭夕月壇。自十一、十二此二日，不理刑名，照常辦事。其齋戒牌，照舊設立。各該所屬衙門一體傳知。

康熙五十年七月初一日。

題名：題爲祭祀夕月壇事

原紀年：乾隆四年七月二十五日　檔號：02-01-005-022706-0028

責任者：禮部尚書三泰

經筵講官議政大臣協辦內閣大學士事務禮部尚書仍管太常寺鴻臚寺事務加二級臣三泰等謹題：

爲祭祀事。

八月二十一日秋分酉時祭夕月壇。今歲己未，例係皇上親詣行禮之年。向例：每三年一次皇上親詣夕月壇行禮。去年戊午，皇上特旨親詣，今年應遣大臣壹員行禮，從壇遣官一員分獻。

爲此謹題請旨。

乾隆四年七月二十五日

經筵講官議政大臣協辦內閣大學士事務禮部尚書仍管太常寺鴻臚寺事務加二級臣三泰

禮部右侍郎仍兼太常寺行走加三級臣滿色

經筵講官內閣學士兼禮部侍郎仍兼太常寺行走加三級臣雅爾呼達

卿加一級臣穆和倫

少卿兼户部銀庫行走加三級臣伍齡安

少卿臣鄭其儲

户部緞疋庫員外郎兼寺丞加二級臣明德

博士加二級臣伊常阿

博士臣郭琦

博士加一級臣夏啓珍

贊禮郎加一級臣延喜

贊禮郎加二級噶海

贊禮郎加三級賦恒

題名：爲知會世宗憲皇帝忌辰係恭祀夕月壇齋戒期內所有承祭及陪祀執事之王公大臣官員等應行事

原紀年：道光十七年七月二十六日　　檔號：05-13-002-000150-0115

責任者：禮部

禮部爲知會事。

本部具奏：八月二十三日世宗憲皇帝忌辰。查是日係恭祀夕月壇齋戒期內，所有承祭及陪祀執事之王公大臣官員等，俱穿常服，挂朝珠。其無執事及不陪祀之王公大臣官員等，應照例仍穿素服。此一日不報祭、不還願、不宴會、不作樂、不理刑名，照常辦事等因。具奏。

奉旨：知道了，欽此。

相應知會各衙門轉行，所屬一體遵照可也。

道光十七年七月二十六日

題名：八月二十九日祭夕月壇皇上親詣行禮不入八分公世職章京陪祀查單

原紀年：無朝年　檔號：06-02-004-000305-0010

責任者：宗人府

八月二十九日祭夕月壇。皇上親詣行禮，不入八分公、世職章京陪祀查單：

不入八分鎮國公：承熙。

不入八分輔國公：溥靜、溥元、毓厚、毓森、誠厚、聯寬。

鎮國將軍：載功、載勃、毓長、毓朗、隆志、隆普、隆彗、隆鑑、德岫、德昆、景勛。

輔國將軍：載品、載國、載信、溥綬、溥量、毓杲、景恩、禄紳、慶炤、德昆、聯魁、際符、麟興。

奉國將軍：奕光、奕精、奕燿、奕煊、載山、載砭、載碤、載琳、溥蕷、溥善、溥興、溥鋭、溥良、文初、思榮、麟定、麒兆、琳誠、普榮、續忠、齡祺、吉鈞、瑞亮、增祺、靈魁、吉康。

題名：題爲秋分酉時祭祀夕月壇行禮事宜請旨事

原紀年：光緒二十四年七月十三日　檔號：02-01-005-023929-0015

責任者：禮部尚書管理太常寺事務懷塔布

（硃批）朕親詣行禮。從壇遣堃岫分獻。

題

經筵講官革職留任禮部尚書管理太常寺事務臣懷塔布等謹題：

爲祭祀事。

八月初八日秋分酉時祭夕月壇。本年歲次戊戌，恭查臣寺例載：如遇丑辰未戌之年，恭請皇上親詣行禮，或遣王恭代，從壇遣官一員分獻。

爲此謹題請旨。

光緒二十四年七月十三日

經筵講官革職留任禮部尚書管理太常寺事務臣懷塔布

卿臣慶福

頭品頂戴卿臣王福祥

少卿臣貴昌

博士臣成霖

博士臣志寬

博士臣王樹榿

（七）先農壇

題名：**爲知會皇上祭先農壇行禮儀注事致內務府**

原紀年：**嘉慶二十一年二月二十七日**　檔號：**05-13-002-000103-0139**

責任者：**禮部**

禮部爲知會事。

祠祭司案呈：恭查向例，皇上祭先農壇畢，至具服殿更龍袍衣服。從耕三王九卿及陪祀王以下文武各官、執事官員，俱於先農壇西門外換蟒袍補服，在耕耤所兩旁按翼排立。又嘉慶十九年，經查壇王大臣議定，改於先農壇東門外更換蟒袍補服。由本部知照各衙門在案。

兹准太常寺文稱：此次祭先農壇，奉旨改由太歲門進北天門，所有随駕從耕之王公文武大臣，俱在太歲門外下馬入。俟皇上祭祀畢，詣具服殿更衣時，所有随駕從耕王公文武大臣，俱在内壇祭器庫東北角門外更換蟒袍，所帶筆帖式并跟随人等，即在門外伺候，不得擅入，以昭慎重等因。前來。

恭照本年三月初七日，皇上親祭先農壇。所有王以下文武各官，應照現定章程於内壇祭器庫東北角門外更換蟒袍補服。仍應照向例，王等派護衛二員、太監二名預備衣服；貝勒、貝子、公等各派護衛二員，内大臣、侍衛等派三旗親軍三十名帶領預備蟒袍，家人預備；八旗大臣官員滿洲旗下派參領一員，蒙古漢軍旗下派閑散官一員，部院衙門派筆帖式一員帶領預備蟒袍，家人按翼、按旗、按衙門預備。相應行文各部院衙門并行文兵部，轉傳武職八旗并派出之步軍總尉一員、護軍參領二員，於前一日傳齊派出預備蟒袍。護衛、官員、親軍、筆帖式等至内壇祭器庫東北角門外分定地方，令伊等於祭祀日皇上進壇後，各在分定地方站立預備，仍照例派出步軍總尉、護軍參領各帶護軍、步軍等，於祭祀日看管，嚴禁喧嘩。各王公大臣、侍衛、官員換蟒袍後，所有護衛、官員、親軍、筆帖式等仍在内壇祭器庫東北角門外伺候，不得擅自出入。俟耕耤禮成，皇上經過後，再行放出可也。

須至咨者。

右咨内務府

嘉慶二十一年二月二十七日

題名：爲知會祭先農壇儀注事致內務府

原紀年：嘉慶二十三年二月二十日　檔號：05-13-002-000105-0092

責任者：太常寺

太常寺爲祭祀事。

恭照三月初二日祭先農壇。前因奉旨，改由太歲門進北天門。其先農門并不開放，所有随駕之王公文武大臣，俱在太歲門内北天門外下馬步入。俟皇上祭畢，詣具服殿更衣。時所有随駕從耕王公文武大臣，俱在内壇祭器庫東北角門外更換蟒袍。所帶筆帖式并跟随人等，即在門外伺候，不得擅入。以昭慎重。相應移咨吏、兵二部轉傳文武各衙門一體遵照可也。

須至咨者。

右咨內務府

嘉慶二十三年二月二十日

題名：奏爲致祭先农壇禮儀請旨事

原紀年：道光二十五年二月初二日　檔號：04-01-14-0064-078

責任者：禮部尚書特登額

禮部尚書臣特登額等奏：

爲請旨事。

恭照本年三月初二日癸亥祭先農壇，行耕耤禮。吉期前經臣部於道光二十四年十一月初八日具題。奉旨：依議。欽此。

查道光二十二年祭先農壇，行耕耤禮。恭逢皇上壽逾六旬，經臣部遵照乾隆五十年欽奉諭旨，將親詣行禮或遣官行禮之處，具奏雙請。奉旨：本年不親行。欽此。

又道光二十三年祭先農壇，臣部查照二十二年成案具奏。由軍機大臣傳奉諭旨：此次不親行，嗣後仍著禮部奏請。欽此。

臣等查例載：皇帝親祭先農壇禮成，即行耕耤禮。如遣官祭先農壇，俟禮畢，順天府府尹率屬至帝耤所，九推九返，農夫終畝畢，望闕行三跪九叩禮等語。此次致祭先農壇，或親詣行禮或遣官致祭行禮之處，理合遵照道光二十三年諭旨。奏請訓示遵行，恭俟命下臣部行文各該衙門遵照辦理。

爲此謹奏請旨。

（硃批）著遣官致祭。

道光二十五年二月初二日

禮部尚書臣特登額

尚書臣李宗昉

左侍郎臣連貴

左侍郎臣馮芝 留署

右侍郎侯臣倭什訥

右侍郎臣吳鍾駿 學差

題名：著爲初次詣先農壇舉行耕耤禮分別賞加隨行各員并耆老農夫事諭旨

原紀年：咸豐三年三月初九日 檔號：03-5546-104

責任者：軍機處

咸豐三年三月初九日內閣奉上諭：本月初七日，朕初次詣先農壇，舉行耕耤禮。春膏优渥，旭景晴和。樂部、順天府派出執事各員，豫備甚爲整齊。惠親王、惇郡王奕誴、尚書柏葰、大學士卓秉恬、府尹宗元醇、府丞張錫庚俱著加恩賞，加一級帶領。樂工官郎中善元、員外郎毓泰、桂林驍騎校玉山、吉慶、吉安、祥齡、副內管領三保、御前随行官大興縣知縣李朝儀、宛平縣知縣何蘭馨、播種官副指揮施照、呂炤林、王世儒、張繼佩、朱森、吏目盧鴻彬、蕭方成、胡鎔、王家齊、教授魯方、經歷王鍾、訓導呂全、看耕牛官正指揮黃維琦、莊廷俞、王際清、照磨馮蘭馨、看彩亭官正指揮張求、王學升、吏目陳普、司獄袁太華、看備用耕牛官教授舒靈、訓導文杰及豫備禾詞供用官四員、慶成宮豫備中和樂供用官七員、豫備丹陛樂供用官五員、豫備導引樂供用官四員俱著賞，加紀錄一次。署史共一百七十五名、耆老十九名、農夫七十名俱著賞給一兩重銀錁各一個，由廣儲司給發。欽此。

題名：奏爲致祭先農壇可否暫請以羊代鹿事

原紀年：光緒二十一年三月初四日 檔號：03-5560-014

責任者：禮部尚書管理太常寺事務昆岡

經筵講官禮部尚書管理太常寺事務臣宗室昆岡等謹奏：

爲奉宸苑催解鹿隻未能依限解到，遵旨変通核辦，謹察明歷屆成案，恭摺請旨飭遵，仰祈聖鑒事。

竊查奉宸苑於去歲十二月因鹿隻不敷，奏明請飭盛京將軍趕緊捕挐小鹿二十隻，限於今年二月間解交到苑。又於正月奏咨行催有案。臣寺恭備祭祀，理宜備物此項，鹿隻既經行催必可依限解到。恭查三月內各祭例，應用鹿八隻，自應照數咨取。茲據復稱：本苑圈養鹿隻無存，圈場草甸又無鹿隻可捕。奏請飭催依限解交，以備供用。并於摺內聲明，倘該處解交未能足數，再知照太常寺援案変通核辦等因。於光緒二十一年二月二十日具奏。

奉旨：依議。欽此。

咨行前来，臣等伏查：同治二年、光緒十九年，該苑圈養鹿隻不敷各祭例應行取數目，奏明変通酌減。係屬鹿隻短少，并非無存。臣寺曾經酌擬於群祀各祭，以羊代鹿。至大祀、中祀，恭值皇上親詣行禮，并無辦過鹿隻無存專用羊代成案。本年二月恭社稷壇、關聖帝君廟，皇上親詣行禮，應用鹿二隻。曾經臣寺奏奉諭旨，仍飭奉宸苑設法備辦。現在恭備三月祭禮，該苑以應交鹿隻至今尚未解到，奏明仍由臣寺援案変通核辦。臣等公同商酌，本年三月內各祭應用鹿隻業經咨取，一俟鹿隻解到，即由該苑於祭日前期送至祭所，倘祭期已届，仍未據解到，惟有援照奏准成案，謹將三月內歷代帝王廟及告祭各典禮均擬以羊代鹿。至三月十六日致祭先農壇，恭值皇上親詣行禮；二十二日致祭先蠶壇，恭值皇后親詣行禮，共應用鹿二隻。爲數無幾，詎致祭日期亦不爲促，仍應請旨飭下奉宸苑，無論如何爲難変通設法按期備辦，送交臣寺俾資備物。倘祭期已届，該苑仍未能及时備送，可否暫請以羊代鹿之處。未敢擅擬，恭候欽定，敬謹遵辦。臣等爲慎重祭祀起見，理合恭摺具奏請旨。謹奏。

光緒二十一年三月初四日

奉旨①

（八）太歲壇

題名：**題爲祭祀太歲壇遣官行禮事**

原紀年：**乾隆三年十二月初三日　檔號：02-01-005-022699-0036**

責任者：**禮部尚書三泰**

經筵講官議政大臣協辦內閣大學士事務禮部尚書仍管太常寺鴻臚寺事務加二級臣三泰等謹題：

爲祭祀事。

十二月二十八日歲暮祭太歲壇，例應遣臣寺堂官壹員行禮。

爲此謹題請旨。

乾隆三年十二月初三日

經筵講官議政大臣協辦內閣大學士事務禮部尚書仍管太常寺鴻臚寺事務加二級臣三泰

禮部右侍郎仍兼太常寺行走加三級臣滿色

經筵講官內閣學士兼禮部侍郎仍兼太常寺行走加三級臣雅爾呼達

---

① 按：原檔案未見"奉旨"相關文字，疑缺。

題名：題爲光緒二十五年孟春致祭太歲壇遣員行禮請旨事

原紀年：光緒二十四年十二月十一日　檔號：02-01-005-023931-0051

責任者：禮部尚書管理太常寺事務啓秀

（硃批）遣訥勒赫行禮。兩廡遣慶福、龐鴻文各分獻。

題

經筵講官降三級留任禮部尚書管理太常寺事務臣啓秀等謹題：

爲祭祀事。

光緒二十五年正月初十日孟春致祭太歲壇，應遣王一員行禮，兩廡遣臣寺堂官二員分獻。

爲此謹題請旨。

光緒二十四年十二月十一日

經筵講官降三級留任禮部尚書管理太常寺事務臣啓秀

卿臣慶福

少卿臣貴昌

少卿臣龐鴻文

博士臣成霖

博士臣志寬

博士臣王樹枏

題名：呈遣訥勒赫等太歲壇行禮致祭銜名單

原紀年：光緒二十四年十二月十一日　檔號：02-01-005-023931-0052

責任者：啓秀

太歲壇遣王一員行禮。

多羅順承郡王訥勒赫

多羅端郡王載漪

兩廡遣臣寺堂官二員分獻。

卿慶福

少卿龐鴻文

題名：爲光緒二十九年十二月二十九日及次年正月初九日祭太歲壇遣官行禮應行事宜請轉行提督衙門事致兵部

原紀年：光緒二十九年十二月十五日　檔號：15-01-001-000005-0075
責任者：太常寺

太常寺爲祭祀事。

恭照十二月二十九日祭太歲壇，遣官行禮。所有祝版於二十八日早送至太歲壇。次年正月初九日祭太歲壇，遣官行禮。所有祝版於初八日早送至太歲壇。自本寺起至太歲壇止，本年十二月二十八日、次年正月初八日，此二日經行道路應行掃，并開正陽門中門。再，本年十二月二十九日、次年正月初九日，此二日五鼓時所有承祭大臣并本寺執事官員人等，到時即開正陽門放出。相應移咨兵部，轉行提督衙門可也。

須至咨者。

右咨兵部

（九）先蠶壇

題名： 奏爲恭擬妃恭代致祭先蠶壇
原紀年： 乾隆朝　檔號：04-01-15-0020-001
責任者： 缺

奏

臣等恭擬妃（嬪）恭代致祭先蠶壇儀注：

是日，陪祀之大臣、命婦預行齊集壇內東西兩傍。屆時，掌儀司官報知宮殿監督領侍，奏請妃（嬪）具禮服乘轎出順貞門、神武門，進北上門，由西柵欄進陟山門，至壇內壝西門降轎。贊引、對引女官引入盥手處，盥手畢，引至壇階下行禮位次稍後立。傳贊女官引命婦亦於原行禮處立。典儀官唱執事官各執其事，贊引官贊就位，引妃（嬪）至行禮處立，傳贊引命婦各就行禮處立。典儀唱迎神，典樂唱迎神樂，奏《麻平之章》。樂作，贊引贊升壇，引妃（嬪）由西階詣香案前立，司香捧香盒跪於右。贊引贊跪，妃（嬪）跪。贊上香，妃（嬪）舉炷香，安香靠內，又三上瓣香。畢，贊引贊興、復位，引妃（嬪）復位，立。樂止，贊引贊拜跪叩興，妃（嬪）行六拜三跪三叩頭禮，興。陪祀命婦俱隨行禮畢，典儀唱奠帛爵，行初獻禮。司帛捧帛，司爵捧爵，詣神位前立。典樂唱初獻樂，奏《承平之章》。樂作，司帛獻帛，行三叩頭禮，退。司爵跪獻爵於案上正中，退。樂止，典儀唱行亞獻禮，司爵捧爵詣神位前立。典樂唱亞獻樂，奏《均平之章》。樂作，司爵跪獻案左，退。樂止，典儀唱行終獻禮，司爵捧爵詣神位前立。典樂唱終獻樂，奏《齊平之章》。樂作，司爵跪獻案右，退。樂止，典儀唱徹饌，典樂唱徹饌樂，奏《柔平之章》，樂作。樂止，典儀唱送神，典樂唱送神樂，奏《洽平之章》。樂作，贊引贊拜跪叩興，妃（嬪）行六拜三跪三叩頭禮，興。陪祀命婦俱随行禮畢，樂止，典儀唱捧香帛饌恭送瘞所，司香、司帛、司饌詣神位前，跪。司帛三叩頭捧帛，司香、司饌捧香饌，起送至壇下西隅瘞所，贊引、對引引妃（嬪）轉拜位西立，香帛過，引復位，立。典儀唱視瘞，俟數帛官數帛，贊引贊視瘞，贊引、對引引妃（嬪）詣視瘞位立，望瘞。贊引贊禮成，贊引、對引引妃（嬪）至升輿處升輿還宮。

為此謹具奏聞。

題名：題為皇后親祀先蠶禮儀事
原紀年：乾隆九年　檔號：02-01-005-022773-0031
責任者：禮部尚書三泰

經筵講官議政大臣協辦內閣大學士事務禮部尚書仍管太常寺鴻臚寺事加三級紀錄七次臣三泰等謹題：

為請旨事。

謹查得乾隆七年七月，大學士伯鄂爾泰等奏准親蠶典禮一摺，經臣等會同議復內閣。季春巳日，皇后親祀先蠶，臣部將欽天監選擇辛巳之吉具題，恭請皇后親祀先蠶。前期二日，皇后於正殿致齋二日，陪祀妃嬪、公主、王妃以下文武大臣命婦，俱各齋戒二日。太常寺堂官進齋戒牌、銅人於乾清門。內務府堂官轉交宮殿監使，陳設於交泰殿。前期一日，禮部、都察院、太常寺、光祿寺官詣壇，監視宰牲瘞毛血。太常寺官詣先蠶西陵氏神位前上香，將供奉神位及所辦祭品帛、爵等物，并陳設之儀，指示掌儀司太監、內務府堂官、宮殿監使蒞之。至日，皇后乘輿詣壇，具禮服，親祭先蠶，禮畢還宮。致祭之明日，如蠶未生，內務府具奏；如蠶已生，即於是日，內務府堂官進筐、鈎、彩亭，迎至乾清門宮殿，監督領侍受之，陳於交泰殿，奏請皇后具禮服，視筐、鈎畢，授蠶宮令安彩亭內，導引樂作，迎至壇內。是日，皇后散齋，不進銅人。閱筐、鈎之明日，皇后具龍袍乘輿詣壇，至采桑位，升御座，妃嬪以下各就采桑位。典儀奏請采桑，皇后行躬桑禮畢，復升御座，閱妃嬪以下以次采桑畢，典儀跪奏禮成，請皇后還具服殿更禮服，升御座。妃嬪以下大臣命婦從采桑者，排班行禮畢，皇后還宮。繭成之日，蠶宮令報內務府，具摺奏聞，請定獻繭繅絲。良日，蠶母率蠶婦擇繭貯筐，獻皇上、皇太后，遂獻皇后以告蠶事之登。良日，皇后復詣蠶壇，親臨織室行繅三盆手禮，禮畢還宮。其親蠶，前期一月，宗人府將王妃以下鄉君以上、內務府移取文官副都御使妻以上，武官副都統及凡二品大臣妻以上，無事故者列名，奏請欽點。王妃以下鎮國公夫人以上三人，大臣命婦四人，宮殿監督領侍等奏派妃嬪二位，共九人從蠶采桑。至親祭陪祀，內外命婦不拘員額，將無事故者，一并恭請欽點。俟奉旨之後，各該衙門知照本人於親祭前期二日，躬桑。前期一日，一體齋戒。屆期詣壇，執事又應需女官四十六人。由内務府奏派演習所用樂章及琴瑟笙簫等，并唱采桑歌詞，由各該衙門預備應用等因。具題。

奉旨：依議。欽此。欽遵在案。

該臣等謹議得，欽天監選擇得乾隆十年三月初九日辛巳祭先蠶吉等語。是日，恭請皇后親祀先蠶。前期二日，皇后於正殿致齋二日，陪祀妃嬪、公主、王妃以下文武大臣命婦，俱各齋戒二日。太常寺堂官進齋戒牌、銅人於乾清門。内務府堂官轉交宮殿監使，陳設於交泰殿。前期一日，禮部、都察院、太常寺、光禄寺官詣壇，監視宰牲瘞毛血。太常寺官詣先蠶西陵氏神位前上香，將供奉神位及所辦祭品帛、爵等物，并陳設之儀，指示掌儀司太監、内務府堂官、宮殿監使涖之。至日，皇后乘輿詣壇，具禮服，親祭先蠶，禮畢還宮。致祭之明日，如蠶未生，内務府具奏；如蠶已生，即於是日，内務府堂官進筐、鈎、彩亭，迎至乾清門宮殿，監督領侍陳於交泰殿，奏請皇后具禮服，視筐、鈎畢，授蠶宮令安彩亭内，導引樂作，迎至壇内。是日，皇后散齋，不進銅人。閲筐、鈎之明日，皇后具龍袍乘輿詣壇，至采桑位，升御座，妃嬪以下各就采桑位。典儀奏請采桑，皇后行躬桑禮畢，復升御座，閲妃嬪以下以次采桑畢，典儀跪奏禮成，請皇后還具服殿更禮服，升御座。妃嬪以下大臣命婦從采桑者，排班行禮畢，皇后還宮。繭成之日，蠶宮令報内務府，具摺奏聞，請定獻繭繅絲。良日，蠶母率蠶婦擇繭貯筐，獻皇上、皇太后，遂獻皇后以告蠶事之登。良日，皇后復詣蠶壇，親臨織室行繅三盆手禮，禮畢還宮。其親蠶，前期一月，宗人府將王妃以下鄉君以上、内務府移取文官副都御使妻以上，武官副都統及凡二品大臣妻以上，無事故者列名，奏請欽點。王妃以下鎮國公夫人以上三人，大臣命婦四人，宮殿監督領侍等奏派妃嬪二位，共九人從蠶采桑。至親祭陪祀，内外命婦不拘員額，將無事故者，一并恭請欽點。俟奉旨之後，各該衙門知照本人於親祭前期二日躬桑。前期一日，一體齋戒。屆期詣壇，執事又應需女官四十六人。由内務府奏派演習所用樂章及琴瑟笙簫等，并唱采桑歌詞，暨壇宮内外一切應辦事宜，俱由各該衙門敬謹備辦。所有親祭儀注，屆期由内務府會同太常寺繕摺具奏。

題名：祭先蠶壇行禮儀注單
原紀年：道光十三年　檔號：05-13-002-000184-0191
責任者：缺

祭日，承祭官穿素服豫候，引官二員引承祭官至先蠶壇南門外。贊引官、對引官接引承祭官進右門。至盥洗處，贊盥洗，承祭官盥洗畢，仍引至壇下行禮處，立。典儀官唱執事官各司其事，贊引官就位，承祭官就位立，典儀官唱瘞毛血、迎神，奉香官恭奉香盒，就前向上立。贊引官贊升壇，引承祭官升壇右階，至香遞前立。贊上香，承祭官先舉柱香，安香靠內，次三上瓣香，畢，贊旋位，引承祭官至原處，立。贊引官贊跪叩興，承祭官行三跪九叩禮，興。典儀官唱奠帛爵，行初獻禮。獻帛、爵官各就案前立，獻帛官跪，獻帛於案正中，行三跪九叩禮，獻爵官跪，獻爵於爵墊正中，各退。讀祝官就祝案前行一跪三叩禮，恭奉祝板至案東北角，預跪。贊引官贊跪，承祭官跪。典儀官唱讀祝，讀祝官讀祝畢，恭奉祝板，跪安於帛匣內，三叩，退。贊引官贊行三叩禮興，典儀官唱行亞獻禮，獻爵官如初獻儀，獻於爵墊左。典儀官唱行終獻禮，獻爵官如亞獻儀，獻於爵墊右，退。典儀官唱徹饌，典儀官唱送神，贊引官贊跪叩興，承祭官行三跪九叩禮，興。典儀官唱：奉祝帛饌，恭奉瘞位。奉祝香、帛、饌官各就案前跪，奉祝帛官行三叩禮，奉香饌官不叩。各奉起依次送往瘞位，時贊引官引承祭官轉立西旁，候祝帛饌香過畢，仍復位立。典儀官唱望瘞，贊引官贊詣望瘞位，引承祭官至望瘞位立，望瘞。數帛官數帛，贊引官贊禮畢，同對引官、引承祭官由原進門出。

題名：題爲欽天監選擇光緒二十四年三月二十二日祭祀先蠶壇行禮事宜請旨事
原紀年：光緒二十四年二月十四日　檔號：02-01-005-023927-0040
責任者：禮部尚書懷塔布

（硃批）皇后親詣行禮。

題

經筵講官禮部尚書臣懷塔布等謹題：

爲請旨事。

恭查例載，每歲欽天監選擇季春吉巳日，祭西陵氏於先蠶壇。前一月將屆期皇后親蠶，或遣妃恭代。祗請：如皇后親詣行禮，將致祭先蠶及躬桑典禮一并具題；如皇后不親蠶，交內務府，屆期奏請遣妃致祭各等語。

該臣等議得，據欽天監選擇得光緒二十四年三月二十二日乙巳祭先蠶壇。屆期皇后親詣行禮，抑或遣妃恭代，伏候諭旨遵行。如皇后親詣行禮，臣部另將皇后親祀先蠶，行躬桑典禮照例具題；如遣妃恭代，臣部照例交內務府，屆期請旨遣妃致祭。

爲此謹題請旨。

光緒二十四年二月十四日

經筵講官革職任禮部尚書管理太常寺鴻臚寺事務稽查內七倉大臣總管內務府大臣正黃旗漢軍都統臣懷塔布

經筵講官管理戶部三庫事務尚書臣許應騤

左侍郎正紅旗漢軍副都統臣堃岫

左侍郎臣張英麟

署左侍郎吏部右侍郎臣徐會澧

右侍郎臣溥頤

右侍郎臣唐景崇

祠祭清吏司郎中臣文濟

郎中臣郭曾炘

員外郎臣曾衒

員外郎臣羅文彬

主事臣宗室裕舒

主事臣陶福同

二、八廟

（一）太廟

題名：爲康熙三十八年正月初九日孟春時享太廟此前三日齋戒事宜事

原紀年：康熙三十八年正月初五日　　檔號：58-00-000-000001-0038

責任者：太常寺

太常寺爲知會事。

照得正月初九日孟春時享太廟。自本月初六、初七、初八此三日，不理刑名，照常辦事。其齋戒牌，照舊設立。各該所屬衙門，一體傳知。

康熙三十八年正月初五日。

題名：題爲恭請皇上祭祀太廟事

原紀年：雍正十三年十二月初七日　　檔號：02-02-012-000833-0016

責任者：禮部尚書三泰等

（硃批）朕親詣行禮。東廡遣弘昇，西廡遣鄂善各分獻。

題

經筵講官議政大臣協辦内閣大學士事務禮部尚書仍管太常寺鴻臚寺事務降士級留任臣三泰等謹題：

爲祭祀事。

十二月二十九日，歲暮祫祭太廟恭請皇上親詣行禮，或遣大臣壹員恭代。東廡王位，西廡功臣位，遣官二員分獻。

為此謹題請旨。

雍正十三年十二月初七日

經筵講官議政大臣協辦內閣大學士事務禮部尚書仍管太常寺鴻臚寺事務降士級留

任臣三泰

卿加一級臣滿色

署理太常寺卿事務順天府府尹加六級臣蔣漣

少卿臣唐綏祖

太常寺寺丞兼禮部郎中臣穆和倫

博士臣明德

博士臣石璉

博士臣夏啓珍

贊禮郎臣伽藍保

讀祝官臣二保

（附件:）

太廟，皇上如不親詣行禮，遣大臣一員恭代。

和碩和親王弘晝

和碩裕親王廣祿

東廡王位，西廡功臣位。遣官二員分獻。

都統宗室弘昇

都統步軍統領鄂善

題名：題為太廟祭祖事

原紀年：乾隆二年二月初三日　檔號：02-01-005-022687-0012

責任者：允祹

奉先殿東門入，升月臺正面東階，進殿東楅扇，奉安世宗憲皇帝神牌於西二間正
中，南向，陳設第一位。寶座上行一跪三叩禮，贊引官、對引官引皇上就拜位。執事
官預設孝敬憲皇后拜褥於殿中，設皇上拜褥於拜位，贊引官跪奏孝敬憲皇后升祔。奉
先殿參拜世宗憲皇帝，派出大臣恭捧孝敬憲皇后神牌奉安於拜褥上，由西楅扇退出。
贊引官贊跪叩興，皇上行三跪九叩禮，興。進至拜褥前跪，恭捧孝敬憲皇后神牌，其
進至西二間奉安於第二位。寶座上行一跪三叩禮，興。復拜位，嗣行升祔奉先殿致祭
禮。典儀官唱樂，舞生就位，執事官各司其事，贊引官贊就位，皇上就拜褥上立，典
儀官贊迎神，司香官捧香匣近前，向上立。唱樂官唱迎神樂，奏《太平之章》。司香官
進至各位香案旁立，樂作，贊引官贊詣香案前，恭導皇上詣太祖高皇帝香案前立，贊

引官贊跪，皇上跪，贊上香，皇上先舉炷香安香靠內，次三上塊香，畢，興。贊引官恭導皇上詣太宗文皇帝位、世祖章皇帝位、聖祖仁皇帝位、世宗憲皇帝位前上香，儀俱與太祖高皇帝位前上香儀同。贊引官贊復位，恭導皇上復位，立。樂止，贊引官贊跪叩興，皇上行三跪九叩禮，內大臣侍衛俱隨行禮。典儀官唱奠帛爵，行初獻禮。唱樂官唱初獻樂，奏《壽平之章》。樂作，奠帛侍衛捧帛匣，跪奠於各案上，行三叩禮，退。獻爵侍衛獻爵於各神位前，退。讀祝官至祝案前，行一跪三叩禮，從案上捧祝版起至祝案東，北立，樂暫止。贊引官贊跪，讀祝官先跪，皇上跪，眾皆隨跪。贊引官贊讀祝官讀祝文畢，捧祝版起，詣太祖帛案前，跪，安於帛匣內，行三叩禮，退。贊引官贊叩興，樂作，皇上行三叩禮，眾隨行。禮樂止，典儀官唱行亞獻禮，唱樂官唱亞獻樂，奏《嘉平之章》。樂作，獻爵侍衛獻爵如初獻儀。樂止，典儀官唱行終獻禮，唱樂官唱終獻樂，奏《雍平之章》。樂作，獻爵侍衛獻爵如亞獻儀。樂止，典儀官唱撤饌，唱樂官唱撤饌樂，奏《景平之章》，樂作。俟樂止，贊禮官向上跪奏禮畢，請還宮，行三叩禮，退。唱樂官唱還宮樂，奏《成平之章》。樂作，贊引官贊跪叩興，皇上行三跪九叩禮，內大臣侍衛俱隨行禮。樂止，典儀官唱捧祝帛，詣燎位。捧香官、捧帛侍衛詣各神位前，跪。捧祝官、捧帛侍衛，行三叩禮，捧香官不叩，各捧起，依次送至燎所。樂作，贊引官引皇上退避東側，西向立。祝帛香過，贊引官引皇上復位立，候帛燎半，贊引官贊禮畢，引皇上出誠肅門，升輿還宮。

捧請神位，官員向前，行一跪三叩禮，恭請各神位安奉後殿，奉安世宗憲皇帝神牌於西二間神龕內居左，孝敬憲皇后神牌居右，俱南向。奉安畢，上香，行一跪三叩禮，退。次日頒詔布告天下，其前期告祭祔廟祭文，俱由翰林院撰擬。點神主派滿漢大學士及派捧孝敬憲皇后神牌大臣，俱由臣部奏請。各行禮儀注俱屆期另行具奏。其告祭天、地、太廟、社稷大臣及執事官員并祭祀應用等物，俱由太常寺請旨預備。其奉先殿執事各官，并祭祀應用等物，俱由內務府預備。至升祔太廟之玉冊、玉寶，俟造完之日，另行擇吉。

臣部奏聞，同工部堂官恭送太廟供奉可也，臣等未敢擅便，謹題請旨。

乾隆二年二月初三日管理禮部事務和碩履親王臣允裪

經筵講官仍兼內閣大學士事務禮部尚書仍管太常寺鴻臚寺事加一級 臣三泰

經筵講官禮部尚書協辦教習庶吉士臣任蘭枝

左侍郎加十級記錄四次臣木和林

右侍郎兼太常寺行走加二級記錄二次臣滿色

刑部左侍郎管禮部侍郎事加一級記錄十次臣王紘

刑部右侍郎管禮部侍郎事加一級記錄二次臣王蘭生

祠祭清吏司掌印郎中臣舒齡

郎中臣周廷爕

員外郎臣六十七
主事臣趙尚友
主事上學習行走臣因德布
額外主事臣易洪周
額外主事上學習行走臣李玉鳴
額外主事上學習行走臣王雲煥
協辦司事行人司行人臣劉組煥
協辦司事行人司行人臣王開銓

題名：題爲遣員祭祀太廟事
原紀年：乾隆二年二月十四日　檔號：02-01-005-022687-0018
責任者：三泰

（硃批）朕親詣行禮。後殿遣廣禄行禮，東廡遣法爾薩，西廡遣保德各分獻。
經筵講官議政大臣協辦內閣大學士事務禮部尚書仍官太常寺鴻臚事務加一級臣三泰等謹題：
爲祭祀事。
三月初五日，世宗憲皇帝、孝敬憲皇后神主升祔太廟致祭。皇上親詣行禮，
後殿遣大臣一員行禮。東廡王位、西廡功臣位，遣官二員分獻。
爲此謹題請旨。
乾隆二年二月十四日
經筵講官議政大臣協辦內閣大學士事務禮部尚書仍官太常寺鴻臚寺事務加一級臣三泰
禮部右侍郎仍兼太常寺行走加二級臣滿色
卿加三級臣雅爾呼達
卿臣王溢
少卿加一級臣穆和倫
少卿加二級臣唐綏祖
寺丞加一級臣明德
博士加一級臣伊常阿
博士加一級臣石璉
博士加一級臣夏啓珍
贊禮郎加一級臣明泰
讀祝官加一級臣二保

　　讀祝官加一級臣英山

　　（附件）

　　太廟後殿遣大臣一員行禮。

　　和碩裕親王廣禄

　　和碩顯親王衍潢

　　東廡王位，西廡功臣位，遣官二員分獻。

　　散秩大臣保德

　　散秩大臣公法爾薩

題名：題爲祭祀太廟事

原紀年：乾隆二年三月十二日　檔號：02-01-005-022687-0025

責任者：三泰

　　（硃批）朕親詣行禮。後殿遣弘皎行禮，東廡遣白起，西廡遣色貝各分獻。

　　經筵講官議政大臣協辦內閣大學士事務禮部尚書仍官太常寺鴻臚寺事務加一級臣三泰等謹題：

　　爲祭祀事。

　　四月初一日孟夏時享太廟。恭請皇上親詣行禮，或遣大臣一員恭代。後殿遣大臣一員行禮，東廡王位，西廡功臣位，遣官二員分獻。

　　爲此謹題請旨。

　　乾隆貳年三月十二日

　　經筵講官議政大臣協辦內閣大學士事務禮部尚書仍官太常寺鴻臚寺事務加一級臣三泰

　　禮部右侍郎仍兼太常寺行走加二級臣滿色

　　卿加三級臣雅爾呼達

　　卿臣王㳛

　　少卿加一級臣穆和倫

　　少卿加二級臣唐穗祖

　　寺丞加一級臣明德

　　博士加一級臣伊常阿

　　博士加一級臣石璉

　　博士加一級臣夏啓珍

　　贊禮郎加一級臣五格

　　贊禮郎加一級臣噶海

贊裡郎加一級臣明泰

讀祝官加一級臣二保

讀祝官加一級臣英山

題名：爲咨送皇上閱視册寶并恭捧入太廟供奉尊藏儀注并知會執事服色事致内務府等

原紀年：乾隆四十七年九月二十八日　檔號：05-13-002-000057-0004

責任者：禮部

禮部等衙門謹奏：

爲共進儀注事。

乾隆四十七年十月初一日孟冬時享太廟，皇上親詣行禮。前期一日，皇上閱視祝版、册寶，工部預行陳設黃案於中和殿内承辦。册寶官員敬謹預備於殿内，祗竢鑾儀衛官陳設奉安册寶彩亭於太和殿丹陛上。届時，禮部堂官恭設册寶於黃案上。太常寺官恭設祝版於祝位，案上有執事之阿哥、王公大臣官員，具穿補服序立於殿外之東西兩翼。禮部太常寺堂官預赴乾清門，於卯正三刻轉奏。皇上御龍褂挂朝珠出宮，禮部堂官於降輿處恭導皇上入中和殿後門，詣册寶案前閱視册寶。太常寺堂官就祝版案前，恭起祝版，祆鋪拜褥官跪鋪拜褥。皇上詣祝版案前，閱視祝版畢，升拜褥，上行一跪三拜禮，興。退至東楹，西向立，鋪拜褥官跪起拜褥，退。太常寺堂官恭包祝版奏禮成，皇上由中間槅扇東邊出。至殿外，東階乘輿，還宮。派出之阿哥、親王等禮部堂官，恭包册寶入箱匣。讀祝官向祝版案前，行一跪三叩禮，恭捧祝版。阿哥、親王等向册寶案前行一跪三叩禮，恭捧册寶依次出太和殿中門。册寶安設彩亭内，跪叩如儀。校尉昇亭、御伏黃蓋提遞前導太常寺官十員，前引祝版禮部官十員，前引册寶彩亭由太和門、午門、端門、中門出，入太廟街門等門之中門。王公以下有頂戴官員以上俱穿補服，齊集於太廟街門外，跪迎候過。其祝版照例奉安神庫外，太常寺官預設册寶黃案於太廟前殿祗候。彩亭至時，阿哥、親王等捧出，暫安於黃案，上行一跪三叩禮。次日五鼓，皇上行禮以前，原派出之阿哥親王等，預將舊藏册寶請出於太廟潔室内，敬謹安奉，隨將新册寶捧入太廟中殿金匱内尊藏。行一跪三叩禮，退，至祭祀時仍入班行禮。

爲此謹具奏聞。

（附件）

禮部爲咨送事。

祠祭司案呈所有，本部會同太常寺具奏，皇上閱視册寶并恭捧入太廟供奉、尊藏儀注，相應咨送各衙門。再本月二十九日，執事時穿補服，挂朝珠。次日執事時，俱應穿朝服。并知照各衙門，一體查照可也。

須至咨者。

右咨內務府

乾隆四十七年九月二十八日

題名：爲會同妥議孟秋時享太廟應行陪祀人員儀注章程事

原紀年：道光十三年九月十七日　檔號：06-02-005-000098-0016

責任者：奕紹

宗人府等衙門宗令和碩定親王臣奕紹等謹奏：

爲遵旨會議具奏事。

內閣抄出，道光十三年七月初九日，奉旨：此次太廟孟秋時享，應行陪祀人員到者甚少。據禮部奏稱派員查收職名，在門外接受七十二條，多係遣人投遞，殊屬不成事體。嗣后應如何查核之處，著宗人府、吏部、禮部、兵部、督察院、鴻臚寺會同妥議章程具奏。欽此。欽遵。

臣等查壇廟祭祀陪祀由禮部先期行知各部院衙門，兵部轉行八旗，各該處將應陪祀大臣官員職名造冊鈐印，移咨各承辦專查衙門核對。凡遇恭祭天壇、地壇，皇上親詣行禮。自親王以下奉恩將軍以上，文官大學士以下員外郎品級官以上，武職領侍衛內大臣以下四品佐領以上，公爵以下騎都尉以上均應陪祀。恭遇太廟、社稷壇各祭祀，皇上親詣行禮。自親王以下奉恩將軍以上，文官大學士以下郎中品級官以上，武職領侍衛內大臣以下三品冠軍使恭領以上，公爵以下輕車都尉以上例應陪祀。如遇遣官恭代，自親王以下入八分公以上，內大臣侍衛例不陪祀；其自不入八分公以下仍各照例陪祀。所有各衙門、陪祀各官應在署齋戒，由督察院派出之查齋，科道稽察至齋集處。宗室、世職章京由宗人府派員開單圈到。文職吏部派員查收職名，武職兵部派員查收職名，禮部亦派員查收職名，督察院由查班御史率筆帖式收取職名，均於壇廟門外查核。及恭行祀典後，宗人府將陪祀之王以下至奉恩將軍，分別繕單具奏。督察院將應行陪祀及有緣由不陪祀之文武大臣官員等，於祭日核對後，會同吏部、兵部分別繕單具奏，應久遵循。誠以壇廟門內體制森嚴，允宜整齊嚴肅，若紛紛增設糾查之員，實非恪恭敬謹之道。伏查祭祀典禮，鴻臚寺滿漢屬官職司贊引，凡遇陪祀，酌派鳴贊序班分東西齊班導引。今臣等會同議得，嗣後恭逢壇廟各祭祀，皇上親詣行禮或遣官恭代，自親王以下入八分公以上及領侍衛內大臣以下，在圓明園，該班者仍遵照舊例，由吏部等衙門查核至例應陪祀之。不入八分公以下奉恩將軍以上，文官大學士以下員外郎品級官以上，武職都統以下四品佐領以上，於祭祀前期仍照定例造具清冊，移送吏部、禮部、兵部。督察院將應行陪祀及供帛獻爵、并進班出班內廷行走、逾歲服制患病告假各員，於册内詳細注明。届期仍於壇廟門外照舊分定處所。於祭時前四刻，宗室、世職章京由宗人府於章京筆帖式内各派一員，開單按其到者逐一圈到，仍令該世職章京親身投交職名。文職吏部派滿漢司官各一員圈到。武職兵部派滿漢司官各一員圈到。禮部仍派滿漢司官各一員，督察院派滿漢御史各一員，率筆帖式二人各携查其名册，齊集該處，按册查收職名。凡應行陪祀，宗室、世職章京、文武大臣官員，均各一體親身投處職名。如有遣人投處者，概不接收，以杜遣交代交之弊。該陪祀宗室、世職章京、大臣官員等，於圈到交收職名後恭候。壇廟鳴鐘時以次序入鴻臚寺，導引官員除照例酌派鳴贊序班，仍分東西導引外鴻臚寺。堂官不必拘定向例，東班陪祀應分班在兩邊，於陪祀時稽查其所派之鳴讚序班等，如有不到或排班導引稍有舛錯者，即行恭辦。次日禮部將所收各職名數目造册，分送吏、兵二部，以憑核對。王公、世職章京仍由宗人府照例分別繕單具奏。其陪祀文武大臣向例，於祭祀五日内由吏部、兵部、督察院具奏。查核名册，止繕清文。應請改繕清漢合璧摺，核實具奏。如查有陪祀不到者，即行據實恭奏。若接收職名之員并不認真接收，因循含混或瞻狥情面，不據實呈明者，亦即一并恭劾。至陪祀各員，如於祭祀日忽有病服等事，一面據實呈明查收職名各官，一面呈報本衙門以備稽核。若查有藉詞捏飾者，即照陪祀不到例恭處。如此詳加查察，無足以昭誠敬而重典儀，所有臣等會議緣由，理合恭摺具奏，是否有當，伏乞皇上聖鑒訓示。遵行。

　　此摺係宗人府主稿，合并聲明謹奏。
　　道光十三年九月十七日
　　宗人府宗令合碩定親王臣奕紹
　　左宗正和碩肅親王臣敬敏偃
　　左宗正和碩睿親王臣仁壽
　　左宗山人固山貝子臣綿偲
　　右宗人多羅貝勒臣綿譽
　　協辦大學士吏部尚書臣文孚
　　尚書臣朱士彦
　　左侍郎臣桂輪
　　左侍郎臣杜堮留署
　　右侍郎臣宗室奕經
　　右侍郎臣何凌漢
　　禮部尚書兼管鴻臚寺事務臣宗室耆英
　　尚書臣汪守和
　　左侍郎臣色克精阿
　　左侍郎臣陳用光學差

右侍郎臣文慶進班

右侍郎臣陳嵩慶

大學士管理兵部事務臣潘世恩

尚書臣那清安出班

尚書臣王宗誠

左侍郎臣宗室鐵麟

左侍郎臣王楚堂

右侍郎臣宗室奕紀

右侍郎臣龔守正

督察院左都御史臣昇寅

左都御史臣湯金釗

左都御史臣文蔚留署

左都御史臣宗室奕澤

左都御史臣沈維鐈學差

左都御史臣潘錫恩

鴻臚寺卿臣多恒留署

鴻臚寺卿臣蔣祥墀

鴻臚寺卿臣宗室吉勒章阿

鴻臚寺卿臣葉紹本

題名：題爲孟夏時享太廟行禮事宜請旨事

原紀年：光緒二十四年閏三月初三日　檔號：02-01-005-023927-0104

責任者：懷塔布

（硃批）朕親詣行禮。後殿遣溥静行禮，東廡遣銘勛，西廡遣黄永安各分獻。

題

經筵講官革職留任禮部尚書管理太常寺事務臣懷塔布等謹題：

爲祭祀事。

四月初一日孟夏時享太廟，恭請皇上親詣行禮，或遣王恭代。後殿遣王一員行禮，
東廡、西廡遣官二員分獻。

爲此謹題請旨。

光緒二十四年閏三月初三日。

經筵講官革職留任禮部尚書管理太常寺事務臣懷塔布

卿臣慶福

卿承襲一等伯臣曾廣漢

少卿臣貴昌

少卿臣楊宜治

博士臣成霖

博士臣志寬

博士臣程鴻遇

題名：題爲慈禧皇太后萬壽聖節致祭太廟後殿遣員行禮請請旨事

原紀年：光緒二十四年九月初五日　　檔號：02-01-005-023929-0083

責任者：禮部尚書管理太常寺事務啓秀

（硃批）遣訥勒赫行禮。

題

經筵講官降三級留任禮部尚書管理太常寺事務臣啓秀等謹題：

爲祭祀事。

十月初十日，慈禧端佑康頤昭豫莊誠壽恭欽獻崇熙皇太后萬壽聖節，祭太廟後殿，應遣王一員行禮。

爲此謹題請旨。

光緒二十四年九月初五日

經筵講官降三級留任禮部尚書管理太常寺事務臣啓秀

卿臣慶福

頭品頂戴卿臣王福祥

少卿臣貴昌

二品銜少卿臣成章

博士臣成霖

博士臣志寬

博士臣王樹枏

題名：呈遣訥勒赫等太廟後殿行禮致祭銜名單

原紀年：光緒二十四年九月初五日　　檔號：02-01-005-023929-0084

責任者：禮部尚書管理太常寺事務啓秀

太廟後殿遣王一員行禮。

多羅順承郡王訥勒赫

和碩親王世鐸

（二）文廟

題名：奏爲請增文廟崇祀事

原紀年：乾隆二年七月二十四日　檔號：03-0293-011

責任者：都察院左副都御使陈世倌

都察院左副都御史加二級臣陳世倌謹奏：

爲請增文廟崇祀以昭盛朝曠典事。

欽惟我朝尊禮先師孔子，竭誠書敬，典禮優隆。我世宗憲皇帝，追封孔子五代王爵。尊崇之典，無以復加。但查《闕里志》，《家語》曰：“《書・人物考》俱載有啓聖王元配施氏，生九女而無子，繼娶顏氏，誕生先師”，則施氏實先師之嫡母。歷代以來，止祀繼娶之顏氏，而嫡母施氏未入廟祀。《文廟》載，孔子親兄孟皮，幼有足疾，長無失德，未得配祀廟廷，亦似闕典。臣前任山東巡撫時，據曲阜縣知縣孔毓琚之請，曾經具奏，未邀部允。伏思從未嫡母、生母例俱并封，而先師孔子嫡母獨未追封崇祀。揆諸先師，大孝尊親之心，當有歉然未安者。臣查曲阜文廟，另有啓聖王殿及寢殿，并係新修。伏請皇上特頒敕旨，將啓聖王元配夫人施氏，與夫人顏氏一并加封，共祀寢殿，則皇上錫類之孝思，并慰先師在天之靈於數千年以上矣。再親兄孟皮可否一并附享崇聖祠旁，以昭先師友恭之愛，是誠亘古未有之盛典也。至文廟樂舞，原係八佾十二籩豆。自明時，張璁改爲六佾十籩十豆，至今相仍。伏思我世宗憲皇帝崇禮先師于大成殿，改用黃尾冕旒十二章，是全用天子之禮，而樂獨用六佾，籩豆各十，似于禮樂未盡畫一。且張璁之議，亦未足爲定論。可否敕下禮臣一并酌議，仍復八佾十二籩豆之制，則我皇上隆禮先師巨典，實更至美盡善無遺矣。

臣謹奏。

乾隆二年七月二十四日

題名：爲祭文廟皇上親詣行禮并升中和殿看祝版事致内務府

原紀年：乾隆四十八年二月　檔號：05-13-002-000049-0022

責任者：太常寺

太常寺爲祭祀事。

二月初六日祭文廟，皇上親詣行禮。初五日，皇上升中和殿看祝版。是日四鼓時，本寺執事官員并執事人等進内預備。相應移咨内務府。於是日四鼓時，開三大殿，以備本寺陳設桌案可也。

須至咨者。

右咨内務府

乾隆四十八年二月

題名：爲皇上親詣文廟釋菜禮成後御辟雍殿講學照例應著服色一案抄單事致内務府等

原紀年：嘉慶三年二月初一日　　檔號：05-13-002-000077-0071

責任者：禮部

查定例，恭遇临雍大典，王公百官陪祀穿朝服，侍班更蟒袍補服，守部進士、舉人迎駕穿朝服，觀禮更蟒袍補服，仍穿蟒袍補服送駕。各學副管、教長、教習、候補教習、舉人，并有職之各氏後裔貢監生穿補服；無職之各氏後裔及貢生、監生穿藍鑲青衫，披領金雀高頂；在監肄業之廳，照所得品級，補服穿戴；各項官學生、宗學照賞給頂帶；世職照所襲品級，迎駕穿朝服，觀禮更蟒袍補服；舉人穿補服；貢監生藍鑲青衫，披領金雀高頂；生員、童生青鑲藍衫，披領銀雀高頂。今嘉慶三年二月十三日，皇帝親詣文廟，釋菜禮成後，御辟雍殿講學。相應行文内務府傅知各官學，一體遵照可也。

（附件）

禮部知照事。

儀制司案呈本部咨前事一案，相應抄單知照可也。

須至咨者。

右咨内務府

嘉慶三年二月初一日

題名：奏爲遵旨繹查致祭文廟儀注事

原紀年：道光二十七年二月二十七日　　檔號：03-2830-003

責任者：禮部尚書保昌

禮部尚書臣保昌等謹奏：

爲遵旨詳查致祭文廟儀注，恭摺復奏仰祈聖鑒事。

道光二十七年二月二十二日，内閣抄出奉旨致祭文廟儀注。乾隆年間，曾將一揖之儀，奉旨改正。嗣後儀注内如何改定，現在自行一叩禮係何年添出，著禮部詳細查明具奏。欽此。

臣等恭查，臣部現行《則例》并從前，自乾隆五十二年後，兩次所纂《則例》暨現行《通禮》，均無一揖之文。自係當時遵旨，於儀注內即經刪定，至現在自行一叩禮。臣等詳查嘉慶十六年《會典》內載太常寺致祭文廟儀注，上香、獻帛爵，均無一叩禮字樣。又查乾隆年間臣部所纂《通禮》及乾隆五十二年後臣部歷屆《則例》，儀注內均載“俯伏”二字，亦無一叩禮字樣。惟道光四年纂修《通禮》，儀注載有行一叩禮，旁注“不贊”二字。并咨取《太常寺則例》，逐細核對。內載：承祭官至香案前跪，自行一叩禮，上香。畢，又自行一叩禮。初獻、亞獻、終獻俱與上香儀同，詣四配前亦如儀。至於由何年添出，確據臣等督飭司員悉心詳查，并無年月可稽。所有臣等遵旨詳查緣由，理合恭摺復奏。伏祈聖鑒。謹奏。

　　　道光二十七年二月

　　　禮部尚書臣保昌

　　　尚書臣祝慶蕃

　　　左侍郎臣連貴

　　　左侍郎臣馮芝

　　　右侍郎侯臣倭什訥

　　　右侍郎臣吳鍾駿

題名：爲成造京師太學文廟恭懸御筆匾額等項事

原紀年：道光三十年二月十二日　　檔號：05-08-030-000331-0009

責任者：缺

　　呈爲堂抄成做御筆扁額事。

　　道光三十年二月二十八日

　　副掌稿筆帖式富祥

　　掌稿筆帖式錫昌

　　掌稿筆帖式興誠

　　掌稿筆帖式明誠

　　副掌稿筆帖式福淳

　　副掌稿筆帖式毓瑞

　　呈爲堂抄成做御筆扁額事。

　　委署主事多

　　員外郎廣

　　員外郎伊

　　主事那

　　庫掌安

庫掌廣

庫掌福

庫掌珠

庫掌福

庫掌榮

候補庫掌官

造辦處總管事務郎中兼公中佐領德①

署理圓明園協理事務郎中兼官營造司事務造辦處總管事務郎中兼公中佐領雙

二月廿九日

呈爲堂抄成做御筆扁額事。

二月十二日，奉旨：朕親書"德齊幬載"扁額，著造辦處成造一分，恭懸京師太學文廟。其墨筆着俟衍聖公孔繁灝到京時，由軍機處交領。敬謹賷回製造扁額于闕里。文廟懸挂墨筆毋庸繳回，即于闕里收藏。所有各直省州縣學宮，著御書處摹勒頒發，一體懸挂。欽此。

二月廿九日

活計房立豫立題

題名：奏爲先師升爲大祀春秋釋奠擬請展拓文廟并請皇上親詣行禮等事

原紀年：光緒三十二年　檔號：03-7206-078

責任者：禮部

禮部片：再先師升爲大祀，春秋釋奠。臣等愚見，擬請皇上親詣行禮。先師神牌擬請改用金地青書，文廟擬請通覆黃瓦。如蒙允准，則大成殿、大成門、街門及御碑亭均須修飾見新。即崇聖祠亦有須展拓之處，工程殆非刻期可畢。來歲仲春丁祭皇上是否先詣行禮，抑或竢工竣之日再請親臨釋。謹附片陳明，伏乞聖鑒訓示施行。謹奏。

題名：爲皇上文廟致祭經由路綫事致民政部知照

原紀年：光緒三十三年八月初七日　檔號：21-1066-0018

責任者：內務府

知照總管內務府：

爲知照事。

---

① 按：原檔案官員簽名後出現多處花押，如"德""雙"等後，不易識讀，省略。

　　由奏事處抄出。八月初八日，皇上用膳畢，詣皇太后前請安，隨從辦事畢，至勤政殿。隨從召見畢，由勤政殿檐前乘禮轎出德昌門、西苑門。由北長街出地安門至至聖先師孔子廟致祭。畢，至御座房少〔憩〕，乘禮轎，仍由地安門進神武門、順貞門，還養心殿。更衣畢，由乾清宮檐前乘禮轎出乾清宮門，由後左門至中和殿閱視祝版。畢，乘禮轎由中右門、右翼門出西華門，進西苑門、德昌門至勤政殿檐前下禮轎還瀛臺等因。抄出。相應知照貴部查照可也。

　　須至知照者。

　　右知照民政部

　　光緒三十三年八月初七巳刻日

　　值日官世（花押）

　　（附件：已行　第一百二十二號）

　　光緒三十三年八月初七日到

　　內務府知照：明日皇上辦事畢，至文廟致祭。畢，至中和殿閱視祝版。畢，還瀛臺。請查照由正堂和碩肅親王收。

　　左堂毓　　八月

　　右堂趙　　八月

　　左丞錢　　八月

　　右丞裕　　八月

　　左參議劉　　八月

　　右參議吳　　八月

　　參議上行走參事延　　八月

　　參議上行走參事汪　　八月

　　參議上行走稽查處總辦張　　行廳　　八月初七

　　參議上行走稽查處幫辦王　　行廳　　八月初七

　　稽查處幫辦羅　　八月

（三）歷代帝王廟

　　題名：題爲祭祀歷代帝王廟遣官行禮事服色一案抄單事致內務府等

　　原紀年：嘉慶八年二月二十二日　檔號：02-01-005-023194-0028

　　責任者：長麟

　　（硃批）遣裕豐行禮，兩廡遣成書、廣音、明德、貢楚克扎布各分獻。

　　題

　　署鑲藍旗蒙古漢軍都統兼官太常寺事務臣覺羅長麟等謹題：

爲祭祀事。

閏二月十二日祭歷代帝王廟，例應遣大臣一員行禮，兩廡遣官四員分獻。

爲此謹題請旨。

嘉慶八年二月二十二日

署鑲藍旗蒙古漢軍都統兼管樂部太常寺鴻臚寺事務臣覺羅長麟

經筵講官禮部左侍郎管理樂部太常寺事務正黃旗護軍統領鑲黃旗滿洲副都統公中佐領兼讀祝官臣扎郎阿

卿兼公中左領臣宗室廣敏

卿臣趙秉冲

少卿兼贊禮部臣哈寧阿

少卿臣曹師曾

博士臣訥清阿

博士臣孟裕

（附件）

歷代帝王廟遣大臣一員行禮。

和碩豫親王裕豐

多羅順承郡王倫柱

兩廡遣官四員分獻。

侍郎成書

侍郎廣音

侍郎明德

侍郎貢楚布扎克

題名：題爲祭祀歷代帝王廟遣官行禮事

原紀年：嘉慶八年八月十九日　檔號：02-01-005-023195-0041

責任者：那彥成

（硃批）遣烏爾恭阿行禮，兩廡遣窩星額、玉麟、瑚圖靈阿、舒聘各分獻。

題

禮部尚書兼管太常寺事務臣那彥成等謹題：

爲祭祀事。

九月初四日祭歷代帝王廟，例應遣大臣一員行禮，兩廡遣官四員分獻。

爲此謹題請旨。

嘉慶八年八月十九日

禮部尚書兼管太常寺鴻臚寺樂部事務教習庶吉士臣那彥成

內閣學士兼管理太常寺樂部事務正黃旗護軍統領鑲黃旗滿洲副都統公中佐領讀祝官臣扎郎阿

內閣學士兼管太常寺事務正藍旗漢軍副都統公中佐領臣明志

卿兼公中佐領臣宗室廣敏

卿臣趙秉冲

少卿兼贊禮郎臣哈寧阿

少卿臣曹師曾

博士臣訥清阿

博士臣孟惇裕

卿臣趙秉冲

少卿兼贊禮郎臣哈寧阿

少卿臣曹師曾

博士臣訥清阿

博士臣孟惇裕

（附件）

歷代帝王廟遣大臣一員行禮。

和碩鄭親王烏爾恭阿

多羅順承郡王倫柱

兩廡遣官四員分獻。

學士窩星額

侍郎玉麟

侍郎瑚圖靈阿

副都御史舒聘

題名：題爲三月初二日祭歷代帝王廟遣王行禮請旨事

原紀年：光緒二十三年二月初十日　檔號：02-01-005-023915-0076

責任者：懷塔布

（硃批）遣凱泰行禮，兩廡遣溥良、堃岫、松安、綿文各分獻。

題

經筵講官革職留任禮部尚書管理太常寺事務臣懷塔布等謹題：

爲祭祀事。

三月初二日祭歷代帝王廟，應遣王一員行禮，兩廡遣官四員分獻。

爲此謹題請旨。

光緒二十三年二月初十日

經筵講官革職留任禮部尚書管理太常寺事務臣懷塔布

卿臣慶福

卿臣徐承煜

少卿臣貴昌

少卿臣盛宣懷未到任

內閣侍讀學士署少卿臣陳邦瑞

博士臣成霖

博士臣志寬

博士臣王宗蔭

題名：呈祭歷代帝王廟派遣官員銜名單

原紀年：光緒二十三年二月初十日　檔號：02-01-005-023915-0077

責任者：懷塔布

歷代帝王廟遣王一員行禮。

和碩鄭親王凱泰

和碩怡親王溥静

兩廡遣官四員分獻。

侍郎宗室溥良

侍郎堃岫

內閣學士宗室松安

內閣學士宗室綿文

(四) 奉先殿

題名：爲春季經筵告祭奉先殿傳心殿遣官行禮應行典禮照乾隆五年秋季經筵例舉行備辦事致內務府

原紀年：乾隆六年二月初十日　檔號：05-13-002-000002-0010

責任者：禮部

禮部爲舉行春季經筵事。

儀制司案呈禮科抄出，本部題前事內開。該臣等議得，乾隆六年二月十二日巳時舉行春季經筵大典。是日告祭奉先殿、傳心殿，俱照例遣官行禮。其遣官之處交與各該衙門，照例請旨。所有應行典禮俱照乾隆五年秋季經筵例舉行，備辦其經筵儀注。
臣部另行繕摺具奏等因。于乾隆六年二月初二日題，本月初五日奉旨：依議。欽此。
相應移咨內務府，查照奉旨內事理遵行可也。

　　須至咨者。
　　右咨內務府
　　乾隆六年二月初十日

題名：題爲舉行春季經筵大典告祭奉先殿傳心殿并遣員行禮事

原紀年：乾隆九年正月二十三日　檔號：02-01-005-022765-0013

責任者：三泰

　　（硃批）依議。
　　題
經筵講官議政大臣協辦內閣大學士事禮部尚書仍管太常寺鴻臚寺事加二級紀録一
次臣三泰等謹題：

　　爲舉行春季經筵事。

　　恭照每年春季舉行經筵一次，今乾隆九年舉行春季經筵。臣部交与欽天監選擇，
得本年二月十七日乙丑，宜用巳時舉行經筵吉等語。該臣等議得乾隆九年二月十七日
巳時舉行春季經筵大典。是日，告祭奉先殿、傳心殿，俱照例遣官行禮。其遣官之處
交与各該衙門照例請旨。所有應行典禮，俱照乾隆八年春季經筵例舉行。備辦其經筵
儀注，臣部另行繕摺，其具奏可也。臣等未敢擅便，謹題請旨。

　　乾隆九年正月二十三日
　　經筵講官議政大臣協辦內閣大學士事禮部尚書仍管太常寺鴻臚寺事加二級紀録一
次臣三泰
　　經筵講官禮部尚書加四紀録三次革職留任臣任蘭枝
　　左侍郎加一級臣張廷璐
　　右侍郎加三級紀録七次臣覺羅勒爾森
　　右侍郎臣鄧鍾岳
　　儀制清吏司掌印郎中臣佟琦
　　郎中臣陳豫朋
　　員外郎臣六格
　　員外郎臣圖桑阿
　　員外郎臣塞楞特
　　員外郎臣胡圖楷

主事兼堂主事事臣多隆武

主事臣王雲焕

額外主事臣陳大復

協辦司事行人司行人臣朱文灝

題名：爲經筵典禮告祭奉先殿傳心殿遣官行禮應行事宜一疏刊刷原題事致内務府等

原紀年：咸豐九年七月二十六日　　檔號：05-13-002-000210-0026

責任者：禮部

禮部謹題：

爲舉行經筵事。

恭照咸豐九年八月初二日舉行經筵大典。經臣部札行欽天監選擇，得是日辰初初刻舉行經筵吉等因。到部。該臣等議得，本年八月初二日舉行經筵大典。是日，告祭奉先殿、傳心殿，照例遣官行禮。其遣官之處，交与内務府、太常寺請旨。所有應行典禮，俱照定例備辦舉行。屆時皇上御文華殿升寶座，講官進講，皇上宜講御論。禮成，皇上御文淵閣，賜茶。畢，還宮。恩賜各官於文華殿東配殿内筵宴。至經筵禮節及筵宴時，應派護軍統領護宴，臣部另行具奏。臣等未敢擅便，謹題請旨。

（附件）

禮部爲通行事。

儀制司案呈禮科抄出，本部具題經筵典禮一疏，於咸豐九年七月二十二日題。二十四日奉旨：依議。欽此。欽遵。抄出到部。相應刊刷原題知会各衙門查照辦理可也。

須至咨者。

右咨内務府

咸豐九年七月二十六日

題名：爲知照皇上臨御經筵改期祭傳心殿奉先殿合用活鹿按現改日期送所事致内務府

原紀年：咸豐十一年二月十九日　　檔號：05-13-002-000213-0055

責任者：太常寺

太常寺爲知照事。

二月二十五日經筵告祭傳心殿，合用活鹿一隻；同日祭奉先殿，合用活鹿四隻。前經行文在案，今奉上諭：朕臨御經筵，著改于三月初八日舉行。欽此。

相應知会内務府转行南苑，務須揀選肥大者，按現改日期送至犧牲所，以便祭祀應用可也。

須至知会者。

右知会内務府

咸豐十一年二月十九日

題名：奏爲神牌升祔奉先殿行禮禮節事

原紀年：同治元年　檔號：03-4672-082

責任者：禮部

奉先殿禮節。

同治元年十月初六日午時，文宗顯皇帝、孝德顯皇后神牌升祔奉先殿行禮禮節：

是日，届時承祭王衣蟒袍補褂，内務府執事官預至奉先殿後殿。恭請列聖列后神牌，奉安於前殿寶座上。承祭王至誠肅門外。太常寺員引官、對引官，引承祭王暨捧后主親王均至神庫門外盥手。畢，詣神牌前依次上香。畢，退至神庫門外依次各行一跪三叩禮，興。承祭王恭捧文宗顯皇帝神牌前行，捧后主親王恭捧孝德顯皇后神牌随行。贊引官、對引官引入奉先右門，升月臺正面西階。執事官預布文宗顯皇帝祇見拜褥於殿内正中、布孝德顯皇后祇見拜褥於西，稍後進殿西隔扇，各安奉於祇見拜位上。捧孝德顯皇后神牌親王退出殿門外祇俟，贊引官贊文宗顯皇帝、孝德顯皇后祇見列聖列后，贊引官引承祭王詣恭代行禮處立，贊跪叩興，承祭王行三跪九叩禮，興。贊引官贊奉文宗顯皇帝、孝德顯皇后升寶座，捧后主親王入殿右門，承祭王恭捧文宗顯皇帝神牌，奉安於寶座上居左；捧后主親王恭捧孝德顯皇后神牌，奉安於寶座上居右。親王二人詣香案前，各行一跪三叩禮，興，俱退。贊引官引承祭王詣行禮處立，典儀官、典樂進，執事官員各司其事。贊引官贊就位，承祭王就位，立。典儀官典迎神，司香官捧香盒進，唱樂官唱迎神樂，奏《貽平之章》。樂作，贊引官贊詣上香位，引承祭王詣太祖香案前，立。贊引官贊跪，承祭王跪。贊上香，承祭王先舉炷香安香靠内①，次三上瓣香。畢，贊引官引承祭王詣太宗、世祖、聖祖、世宗、高宗、仁宗、宣宗、文宗香案前上香，如前儀。畢，贊引官贊復位，引承祭王復位，立。贊引官贊跪叩興，承祭王行三跪九叩禮，興。樂止，典儀官唱奠帛爵，行初獻禮，司帛侍衛捧帛，司爵侍衛捧爵，以次進至各神位前。唱樂官唱初獻樂，奏《敉平之章》。樂作，司帛跪獻帛奠於案，三叩，興。司爵立獻爵，奠於案正中，各退。司祝詣祝案前跪，三叩，興。捧祝版跪案左，樂止，贊引官贊跪，承祭王跪。贊讀祝，司祝讀祝畢，捧祝版跪，

---

① 按：原檔案缺"内"，依其他壇廟檔案中相同語句補。

安太祖神位前帛篚内，三叩，退。樂作，贊引官贊叩興，承祭王行三叩禮，興。樂止，典儀官唱行亞獻禮，唱樂官唱亞獻樂，奏《敷平之章》。樂作，司爵獻爵於左，如初獻儀。樂止，典儀官唱行終獻禮，唱樂官唱終獻樂，奏《紹平之章》。樂作，司爵獻爵於右，如亞獻儀。樂止，典儀官唱撤饌，唱樂官唱撤饌樂，奏《光平之章》。樂作，俟樂止，贊禮郎一員跪。贊禮成，請還宮。唱樂官唱還宮樂，奏《乂平之章》。樂作，贊引官贊跪叩興，承祭王行三跪九叩禮，興。樂作，典儀官唱捧祝帛送燎，司祝、司帛咸詣神位前跪，三叩，捧祝帛，興。司香跪捧香，興，以次恭送燎所。贊引官引承祭王避立西側，俟祝帛香過，贊引官引承祭王復位，立。燎祝帛，贊禮郎数帛，贊引官贊禮成，内務府官恭請列聖列后神牌，安奉後殿寢室。承祭王恭請文宗顯皇帝神牌，安奉於神龕内居左，行一跪三叩禮，退。捧后主親王恭捧孝德顯皇后神牌，随行至後殿門外祗竢。執事官鋪祗見拜褥於文宗顯皇帝神龕前。贊引官引捧后主親王進，贊引官贊孝德顯皇后祗見文宗顯皇帝，捧后主親王恭捧孝德顯皇后神牌，跪安於祗見拜褥上。贊引官引捧后主親王詣恭代行禮處，立。贊跪叩興，捧后主親王恭代行三跪九叩禮，興。恭請孝德顯皇后神牌安奉於神龕内居右，上香，行一跪三叩禮。禮畢，贊引官、對引官引親王二人由原進門出。

題名：奏爲穆宗毅皇帝聖誕皇上恭詣奉先殿行禮是否并詣壽皇殿行禮請旨事
原紀年：光緒二年　檔號：03-5525-032
責任者：禮部

禮部片：再恭查同治二年六月初九日，文宗顯皇帝聖誕，經臣部援案于五月十八日具奏，本日奉上諭：禮部奏，敬擬文宗顯皇帝聖誕禮節服色請旨遵行各等語。本年六月初九日，文宗顯皇帝聖誕，朕御龍袍龍褂、挂朝珠，虔詣奉先殿、壽皇殿行禮，随從人員均著穿蟒袍補服、挂朝珠。是日，隆福寺饗殿殿門外著派世鐸敬謹行禮，餘依議。欽此。

今本年三月二十三日，穆宗毅皇帝聖誕，皇上恭詣奉先殿行禮。是否并詣壽皇殿行禮之處，謹附片請旨。

題名：奏爲皇帝親詣奉先殿致祭行禮禮節事
原紀年：光緒十三年二月二十一日　檔號：03-5545-057
責任者：内務府

总管内務府謹奏：
爲奏聞事。

　　恭照三月初一日奉先殿大祭，皇帝親詣行禮。是日，屆時內務府次日奏請皇帝乘輿出宮，前引後扈，如常儀。出景運門，至誠肅門外降輿。太常寺贊引、對引恭導皇帝入奉先左門。內監跪捧盥盤帨巾如儀。皇帝洗盥畢，贊引、對引恭導皇帝升左階入殿左門，詣門內正中拜位前，北面立。前引大臣止立階上，後扈大臣隨入僉立於拜位後左右。典儀贊樂舞生登歌，執事皆各司其事。贊引奏就位，皇帝就位，立。典儀贊迎神，司香前捧香盤進，唱樂官唱迎神樂，奏《貽平之章》。樂作，贊引奏詣香案前，恭導皇帝詣太祖香案前。司香捧香跪，贊引奏跪，皇帝跪。奏上香，司香進香，皇帝上炷香，三上瓣香，興。次詣太宗、世祖、聖祖、世宗、高宗、仁宗、宣宗、文宗、穆宗案前上香，如前儀。畢，贊引奏復位，恭導皇帝復位，立。贊引奏跪拜興，皇帝行三跪九叩禮，興。樂止，典儀贊奠帛爵，行初獻禮。司帛侍衛捧篚，司爵侍衛捧爵，以次進至各神位前，唱樂官唱初獻樂，奏《敉平之章》。樂奏，司帛跪獻篚，奠於案，三叩，興。司爵立，獻爵於正中，各退。司祝詣祝案前跪，三叩，興。捧祝版跪案左。樂暫止，贊引奏跪，皇帝跪。贊讀祝，司讀祝畢，捧祝版跪，安太祖神位前篚內，三叩，退。樂作，贊引奏拜興，皇帝行三拜禮，興。樂止，典儀贊行亞獻禮，唱樂官唱亞獻樂，奏《敷平之章》。樂作，司爵獻於左，如初獻儀。樂止，典儀贊行終獻禮，唱樂官唱終獻樂，奏《紹平之章》。樂作，司爵獻爵於右，如亞獻儀。樂止，典儀贊徹饌，唱樂官唱撤饌樂，奏《光平之章》。樂作，徹畢，樂止，贊禮郎一人趨至神位前左旁北面跪，奏禮成，請還宮。三叩，退。唱樂官唱還宮樂，奏《乂平之章》。樂作，贊引奏跪拜興，皇帝行三跪九拜禮，畢，樂止，典儀贊捧祝帛送燎，司祝、司帛咸詣神位前跪，三叩，捧祝帛，興。司香跪捧香，興，以次恭送燎所。皇帝轉立拜位東旁，西向。司拜褥徹拜褥，俟祝帛過，仍布拜褥。皇帝復位，立。數帛官數帛，贊引奏禮成，恭導皇帝出殿左門，由奉先殿左門出，至誠肅門外，乘輿還宮。謹此奏聞。

　　十三年二月二十一日

題名：奏事處抄出宣宗成皇帝忌辰奉先殿等處遣載洵等員恭代行禮單

原紀年：宣統三年正月十三日　檔號：05-13-002-000377-0012

責任者：缺

　　奏事抄

　　宣統三年正月十三日，由奏事處抄出。十四日宣宗成皇帝忌辰，奉先殿遣載洵恭代行禮，壽皇殿遣載振恭代行禮。

題名：奏爲奉先殿壽皇殿等處由監國攝政王代詣或遣員恭代行禮請旨事

原紀年：宣統三年六月初六日　檔號：03-7468-037

責任者：禮部

禮部片：再恭查宣統二年六月二十八日，德宗景皇帝聖誕。

經臣部片奏：奉先殿、壽皇殿是否由監國攝政王代詣行禮。

六月十七日欽奉諭旨：本月二十八日，德宗景皇帝聖誕，奉先殿著派恭親王溥偉恭代行禮；壽皇殿著派貝勒載洵恭代行禮。欽此。

又片奏：梁格莊德宗景皇帝几筵前，是否遣王一人行禮，抑或由值班王大臣行禮。同日欽奉諭旨：本月二十八日，德宗景皇帝聖誕，著派禮親王世鐸恭詣梁格莊行宮暫安殿敬謹行禮。欽此。欽遵在案。

今本年六月二十八日奉先殿、壽皇殿是否由監國攝政王代詣行禮，抑或遣員恭代行禮，并梁格莊德宗景皇帝几筵前，是否遣王一人行禮，抑或由值班王大臣一員行禮之處。謹附片請旨。

（五）傳心殿

題名：題爲舉行春季經筵大典告祭奉先殿傳心殿并遣員行禮
原紀年：乾隆九年正月二十三日　　檔號：02-01-005-022765-0013-0001
責任者：禮部尚書三泰

經筵講官議政大臣協辦內閣大學士事務禮部尚書仍管太常寺鴻臚寺事二級記錄一次臣三泰等謹題：

爲舉行春季經筵事。

恭照每年春季舉行經筵一次。今乾隆九年舉行春季經筵，臣部交與欽天監選擇，得本年二月十七日乙丑宜用巳時舉行經筵吉等語。

該臣等議得，乾隆九年二月十七日巳時舉行春季經筵大典。是日告祭奉先殿、傳心殿，俱照例遣官行禮，其遣官之處交與各該衙門，照例請旨。所有應行典禮俱照乾隆八年春季經筵例舉行備辦。其經筵儀注，臣部另行繕摺具奏可也。臣等未敢擅便，謹題請旨。

乾隆九年正月二十三日

經筵講官議政大臣協辦內閣大學士事務禮部尚書仍管太常寺鴻臚寺事加二級記錄一次臣三泰

經筵講官禮部尚書四記錄三次革職留任臣任蘭枝

左侍郎加一級臣張廷璐

右侍郎臣鄧鍾岳

儀制清吏司掌印郎中臣佟琦

郎中臣陳豫朋

員外郎臣六格

員外郎臣圖桑阿

員外郎臣塞楞特

員外郎臣胡國楷

主事兼堂主事事臣多隆武

主事臣王雲煥

額外主事臣陳大復

協辦司事行人司行人臣朱文灝

題名：爲春季皇上御經筵告祭奉先殿傳心殿遣官行禮儀注一疏抄錄原題查照辦理事致內務府等事

原紀年：乾隆四十六年正月　檔號：05-13-002-000045-0012-0001

責任者：禮部

禮部謹題：

爲舉行春季經筵事。

乾隆四十六年正月十八日內閣抄出，奉上諭：朕於二月初六日御經筵，所有應行事宜，各該衙門照例預備。欽此。欽遵。抄出到部。隨札行欽天監選擇於二月初六日之巳時舉行經筵吉等語。

該臣等議得：乾隆四十六年二月初六日巳時舉行春季經筵大典。是日告祭奉先殿、傳心殿，照例遣官行禮。其遣官之處交與各該衙門請旨。所有應行典禮，俱照定例備辦舉行。滿漢講官及侍班大臣等，詣文華殿外恭竢。屆時，皇上御殿，講官進講。禮成，駕還宮。各官於文華殿東西配殿內筵宴。其經筵儀注及筵宴時應派護軍統領管束，臣部另行具奏。臣等未敢擅便，謹題請旨。

（附件）

禮部爲知會事。

儀制司案呈禮科抄出，本部具題本年二月初六日舉行春季經筵典禮一疏，於乾隆四十六年正月二十二日題。二十四日奉旨：依議。欽此。

相應抄錄原題移咨各衙門，查照辦理可也。

須至咨者。

右咨內務府

題名：爲皇上親祭傳心殿禮畢臨御經筵應行典禮一疏抄錄原題事致內務府等

原紀年：乾隆六十年正月二十七日　　檔號：05-13-002-000072-0019
責任者：禮部

禮部謹題爲舉行經筵事。

乾隆六十年正月十九日內閣抄出，十八日奉上諭：朕於乾隆六十年曾親祭傳心殿，明年即屆歸政之期，自應親詣行禮，用申企慕。兹擇於二月初二日吉期親往致祭，禮畢即臨御經筵。所有應行典禮着該衙門照例預備。欽此。欽遵到部。

經臣部札行，欽天監選擇得是日辰時舉行經筵吉等語。

該臣等議得乾隆六十年二月初二日辰時舉行經筵大典。屆期，皇上親詣傳心殿，行告祭禮。并照例遣官致祭奉先殿。其遣官之處交與該衙門請旨。所有應行典禮俱照定例備辦舉行。是日屆時，皇上詣傳心殿行禮。禮畢，御文華殿，升寶座，講官進講，皇上宣講御論。禮成，皇上御文淵閣，賜茶。畢，還宫。各官於文華殿東配殿內筵宴，歌抑戒之詩。至經筵儀注及筵宴時應派護軍統領管束，臣部另行具奏。臣等未敢擅便，謹題請旨。

（附件）

禮部爲知會事。

儀制司案呈禮科抄出，本部具題經筵典禮一疏，於乾隆六十年正月二十四日題。二十六日奉旨：依議。欽此。

相應抄録原題移咨各衙門，查照辦可也。

須至咨者。

右咨內務府

乾隆六十年正月二十七日

題名：爲舉行經筵告祭奉先殿傳心殿行禮儀注抄録原題事致內務府等
原紀年：道光十三年正月二十六日　　檔號：05-13-002-000140-0019
責任者：禮部

禮部謹題爲舉行經筵事。

恭照道光十三年二月初三日舉行經筵大典。經臣部札行欽天監選擇，得是日卯正初刻舉行經筵吉等因。到部。

該臣等議得本年二月初三日卯正初刻舉行經筵大典。是日告祭奉先殿、傳心殿，照例遣官行禮。其遣官之處交與內務府、太常寺請旨。所有應行典禮俱照定例備辦舉行。屆行皇上御文華殿，升寶座，講官進講，皇上宣講御諭。禮成，皇上御文淵閣，賜茶。畢，還宫。恩賜各官於文華殿東配殿內筵宴。至經筵儀注及筵宴時應派護軍統領管束，臣部另行具奏，臣等未敢擅便，謹題請旨。

（附件）

禮部爲知會事。

儀制司案呈禮科抄出，本部具題經筵典禮一疏，於道光十三年正月二十六日題。二十四日奉旨：依議。欽此。欽遵。抄出到部。

相應抄録原題，知會内務府查照辦理可也。

至知會者。

右咨内務府

道光十三年正月二十六日①

（六）壽皇殿

題名：爲壽皇殿大祭著派十五阿哥行禮事

原紀年：乾隆五十二年十二月二十九日　檔號：05-13-002-000059-0146

責任者：掌儀司

掌儀司爲知會。

次年正月初一日壽皇殿大祭，奉旨著派十五阿哥行禮。

爲此知會。

郎中佶山

乾隆五十二年十二月二十九日

題名：奏爲壽皇殿大祭派員前往事

原紀年：同治元年十二月十九日　檔號：05-0817-073

責任者：总管内務府

總管内務府謹奏：

爲請旨事。

恭照同治元年正月初一日壽皇殿大祭，經臣衙門奏請，欽派王、貝勒一人恭代行禮。奉旨派出和碩恭親王奕訢恭代行禮。欽此。欽遵在案。

明年正月初一日壽皇殿大祭，臣等謹將應行請派近支王、貝勒銜名繕單呈進，恭候欽派一人恭代行禮。

爲此謹奏請旨等因。

---

① 按：原檔案缺“日”字。依文意補。

於同治元年十二月二十三日具奏。奉旨：派出惇親王恭代行禮。欽此。

題名：爲知照皇上至壽皇殿拈香行禮行程事致内務府①
原紀年：宣統三年正月十二日　　檔號：05-13-002-000377-0011
責任者：領侍卫内大臣處

領侍衛大臣處爲知照事。

奉旨：朕於明日乘轎出順貞門、神武門，進北上門，由西山道至西角門外下轎，步行至壽皇殿，拈香行礼畢，步行至西角門外乘轎，仍由西山道出北上門，進神武門、順貞門，還宮。辰初伺候。欽此。

須至知照者。

右知照内務府

宣統三年正月十二日

題名：爲皇上至壽皇殿拈香行禮行程事致内務府②
原紀年：宣統三年八月二十二日　　檔號：05-13-002-000378-0116
責任者：領侍衛内大臣處

領侍衛衙内大臣處爲咨行事。

本月二十二日，奉旨：朕于明日，由慶雲堂步行至寶光門外，轎出西苑門，由北長街進景山西門，至西角外下轎，步行至壽皇殿，拈香行禮。内廷行走王御前大臣、御前侍衛内閣總協理大臣等随從行禮。畢，步行至西角門外乘轎，出景山西門，仍由北長街進西苑門内，至寶光門外下轎，步行至儀鸞殿，詣皇太后前請安。畢，還青雲堂。卯正二刻伺候。欽此。

須至咨者。

右咨内務府

宣統三年八月二十二日

題名：爲知照皇太后至壽皇殿拈香行禮等行程儀注事致内務府③
原紀年：宣統三年十二月三十日　　檔號：05-13-002-000380-0115
責任者：缺

---

① 按：原檔案前三頁内容主要爲固定格式的機構名稱、滿漢官員名，其中漢文及滿文簽名均不易識别，删。
② 按：原檔案前四頁内容主要爲固定格式的機構名稱、滿漢官員名，其中漢文及滿文簽名均不易識别，删。
③ 按：原檔案前四頁内容主要爲固定格式的機構名稱、滿漢官員名，其中漢文及滿文簽名均不易識别，删。

皇太后於明日辰時二刻由長春宮乘轎，出順貞門、神武門，進北上門。由西山道至西南門外下轎，步行至壽皇殿拈香行禮。畢，步行至西南門外乘轎，仍由西山道，出北上門，進神武門、順貞門，詣坤寧宮等處，拈香行禮。畢，還宮。少坐，巳刻由長春宮乘轎，出蒼震門，進蹈和門，至皇極殿下轎，東暖閣少坐，升皇極殿寶座。典禮院掌復引皇帝率諸王大臣等行禮。畢，乘轎由寧壽宮東穿堂，至養性殿升寶座，皇帝跪遞萬年吉祥如意。畢，乘轎出蹈和門，進蒼震門，還宮。欽此。

須至知照者：

皇上宮内預備。

皇太后外邊伺候。

右知照内務府

宣統三年十二月三十日

（七）雍和宮

題名：爲抄録皇上萬壽聖節詣雍和宮行禮儀節一摺原奏事致内務府

原紀年：乾隆元年八月　檔號：05-13-002-000001-0012

責任者：禮部

禮部爲遵旨事。

祠祭司案呈，本月十一日本部具奏内開，乾隆元年八月十三日皇上萬壽聖節詣雍和宮行禮儀節一摺。于乾隆元年八月十一日奏。本日奉旨：知道了。欽此。

相應抄録原奏移咨内務府，查照遵行可也。

須至咨者。

右咨内務府

乾隆元年八月

題名：奏爲雍和宮後殿供奉世宗憲皇帝聖像奉旨每逢朔望日供獻事

原紀年：乾隆二年二月　檔號：05-0011-038

責任者：内務府大臣海望

乾隆二年二月奏爲雍和宮後殿供奉世宗憲皇帝聖像，奉旨每逢朔望日供獻事。

臣海望奏爲請旨事。

臣遵旨修理雍和宮後殿，供奉世宗憲皇帝聖像。敬查恩佑寺供奉聖祖仁皇帝聖像時，每饈饈桌一張，大宴桌上供獻净水九碗、各色米九碗，花九碗、紅花净水九碗、各種香九碗、乾菓九碗、供茶九碗、蜜菓九碗、乳餅九碗在案。今雍和宮供奉聖像，應用一應品物器皿等項，請照恩佑寺之例，交與各該處預行敬謹備辦。其供奉吉期，俟工竣之日，令欽天監敬謹選擇，臣另行奏聞。外，再查壽皇殿皇上行禮之期，大宴桌前安設香爐香案，雍和宮應否照壽皇殿預備香爐香案之處，恭候命下，交各該處一并遵奉備辦。

為此謹奏請旨等因。具奏。

奉旨：雍和宮不必照此供奉，每逢朔望日供獻餑餑桌張，俟安佑宮工程告竣之時，照此例供奉。欽此。

題名：為奏明皇上萬壽聖節詣雍和宮行禮儀節事
原紀年：乾隆朝　檔號：05-13-002-000001-0156
責任者：禮部

禮部謹奏：

為遵旨事。

本月初十日，臣部具奏：萬壽聖節詣雍和宮行禮儀節，請照元旦行禮儀。是日，皇上具雨纓冠素服，大臣侍衛官員俱絨纓帽常服。皇上仍由雍和宮西門入，允隨入大臣侍衛等更雨纓帽隨入。設皇上拜褥於雍和門正中，自皇上降輿處，臣部堂官二員前引皇上由左階升，至正中拜褥上，向上行三跪九叩禮。畢，臣部堂官前引皇上，仍由左階降至西門乘輿，還宮。

謹此奏聞。

本日奉旨：昨朕降旨，本月十三日親詣雍和宮行禮，今據禮部啟奏儀注，照今年元旦之例，在雍和門行禮。朕思元旦乃天下臣民公共之大節，祇得勉從所請。今朕一人誕辰，非元年歲朝可比。是日，朕仍詣梓宮前行禮。欽此。

該臣等謹議，得本月十三日皇上具雨纓冠素服，大臣侍衛官員俱絨纓帽常服。皇上仍由雍和宮西門入，允隨入大臣侍衛等，更雨纓帽隨入。設皇上拜褥於永佑殿門檻內正中。自皇上降輿處，臣部堂官二員前引皇上進雍和門東門，由左階升，進永佑殿東欄扇，至正中拜褥上，向上行三跪九叩禮。畢，臣部堂官前引皇上仍由雍和門東門出，至西門乘輿，還宮。

謹此奏聞。

八月十一日

題名：為宣統三年在雍和宮噚誦迎新年經奏聞一摺恭錄諭旨刷印原奏事致內務府等

原紀年：宣統三年十二月十九日　檔號：05-13-002-000380-0067

責任者：雍和宮

謹奏：

爲奏聞事。

恭查每年十二月二十二日起至二十四日止，在雍和宮唪誦迎新年經三日。二十四日，跳布扎克應派呼圖克圖一名率領。現在掌喇嘛印章嘉呼圖克圖請假尚未回京，所有本年十二月二十二日起，照例唪經三日，二十四日跳布扎克之處，臣等擬即令護理喇嘛印務扎薩克喇嘛烏爾吉巴雅爾代爲率領。

謹此奏聞。

雍和宮辦事處爲咨行事，所有本年在雍和宮唪誦迎新年經等因。

奏聞一摺於宣統三年十二月十五日具奏。奉旨：知道了。欽此。欽遵。

相應恭録諭旨刷印原奏，咨行貴衙門查照可也。

須至咨者。

右咨内務府

宣統叁年拾貳月拾玖

(八) 堂子

題名：爲元旦皇上親詣堂子行禮預先焚化舊紙錢并挂新紙錢事致内務府

原紀年：乾隆五年十二月　檔號：05-13-002-000001-0143

責任者：禮部

禮部爲知會事。

祠祭司案呈，乾隆六年元旦，皇上親詣堂子行禮。本月三十日將堂子内舊紙錢焚化，正月初一日預先挂新紙錢。爲此知會内務府可也。

須至知會者。

右知會内務府

乾隆五年十二月

題名：奏爲遵議大兵凱旋告祭堂子典禮儀注請旨裁定載入《會典》事

原紀年：乾隆十四年五月二十四日　檔號：04-01-14-0017-064

責任者：廣禄

議政大臣和碩裕親王臣廣禄等謹奏：

爲遵旨議奏事。

内閣抄出乾隆十四年四月二十九日，内閣奉上諭：堂子之祭，乃我朝先代循用通禮，所祭之神即天神也。列祖膺圖御宇，既稽古郊禋，而燔柴典重，舉必以時。堂子則舊俗相承，遇大事及春秋季月上旬必祭天祈報，歲首最先展禮。定鼎以來，恪遵罔忒，且不易名，重舊制也。考諸經訓祭天，有郊、有類，有祈穀、祈年，禮本不一。兵戎國之大事，故命遣大將必先有事於堂子，正類祭遺意。而列纛行禮，則禡也。我祖宗於行營中，或別有征討不及歸告堂子，則望祭而列纛行事。其誠敬如此，朕思出師告遣，則凱旋即當告。至乃天、地、宗社，俱已祝册致虔，且受成太學而堂子則弗之。及祠官疏略，如神貺何！祀典攸關，彝章宜備。著議政王大臣等詳悉具儀，朕親爲裁定，載入《會典》，特諭。欽此。欽遵。

臣等伏查古者明堂崇饗帝之儀，出征載類祭之典，惟精意通而靈貺洽。故昭事宜虔，矧膚功奏而酬報隆斯，祇承益篤。我國家肇稱殷禮，懷柔已遍於百神，對越在天，將享尤隆於堂子。有祈有報，舉常祀於二季之上旬。弗數弗疏，介景福於每歲之元日。若乃陳師鞠旅，務先類禡以致虔；逮乎敵愾獻俘，亦嘗望衍以將敬。秩宗之掌，祖制攸昭，祀典之垂，朝章具載，惟是受脤於天，大設筵宴。宴畢，躬率凱旋王、貝勒、貝子、公、大臣等詣堂子行三跪九叩禮。康熙二十一年，大將軍、貝子、都統等凱旋，聖祖仁皇帝率凱旋大將軍以下及王以下各官拜天并未載祭堂子。今皇上命臣等酌議大兵凱旋致祭堂子儀注，實與太宗文皇帝崇德間凱旋恭詣堂子典禮符合。臣等遵旨詳議：凡大兵凱旋致祭於天、地、太廟、奉先殿、社稷、陵寢如常儀外，皇帝告祭堂子由禮部請旨，欽天監擇吉。屆期鹵簿大駕全設，凱旋將帥、大臣等在金水橋，文武各官在午門外常朝處，王、貝勒、貝子、公、鎮國將軍、都統、尚書等官在東長安門外，俱分翼排立。禮部堂官奏請皇帝詣堂子行禮，王以下各官候駕至跪送，凱旋將帥大臣及諸王、貝勒、貝子、公、鎮國將軍、都統、尚書等官俱隨行。皇帝進堂子上香畢，禮部堂官恭導就位，凱旋將帥大臣等俱依次排立，鳴贊官贊跪叩興，皇帝行三跪九叩禮，凱旋將帥等俱隨行禮。畢，禮部堂官奏請駕還宮，樂作，禮成。以上儀注，臣等公同酌擬，是否有當，伏候聖明裁定，載入《會典》，庶祀典丕昭而彝章益備矣。

爲此謹奏請旨。

乾隆四十年五月二十四日

議政大臣和碩裕親王臣廣禄

議政大臣多羅慎郡王臣允禧

太保議政大臣大學士忠勇公臣傅恒

太子太傅議政大臣大學士臣来保

太子少保議政大臣吏部尚書臣達爾黨阿

太子少保議政大臣禮部尚書臣海望

太子少保議政大臣兵部尚書信勇公臣哈達哈
議政大臣工部尚書臣三和
太子少保議政大臣理藩院尚書臣納延泰
議政大臣都察院左都御史臣德通
署兵部侍郎臣馬靈阿
兵部右侍郎臣雅爾圖

題名：呈嘉慶四年正月初一日寅正初刻請駕詣堂子行禮并上三次請駕時刻清單
原紀年：嘉慶三年　檔號：04-01-14-0048-070
責任者：缺

嘉慶四年正月初一日寅正初刻請駕，詣堂子行禮。謹將上三次請駕時刻開列於後。
嘉慶元年正月初一寅正初刻請駕。
嘉慶二年正月初一寅正初刻請駕。
嘉慶三年正月初一寅正初刻請駕。

題名：奏爲堂子豎杆大祭因堂子改建未竣擬改在坤寧宮神堂前令薩滿叩頭事
原紀年：光緒二十七年九月十四日　檔號：04-01-14-0096-116
責任者：禮部尚書世續

奴才世續、文廉跪奏：
爲奏聞事。
恭照本年十月初一日，堂子豎杆大祭，自應屆時舉行。惟查堂子現在改建，尚未報齊所有。十月初一日，豎杆大祭，擬在坤寧宮神堂前，令薩滿叩頭。
謹此奏聞。知道了。
光緒二十七年九月十四日

題名：爲元旦皇上親詣堂子行禮或不親詣行禮預期請旨并坤寧宮神前王貝勒貝子等照例行禮事
原紀年：宣統三年十一月二十八日　檔號：05-13-002-000379-0129
責任者：典禮院

典禮部院謹奏：
爲請旨事。

恭照宣統四年元旦，皇上親詣堂子行禮。或不親詣行禮，理合照例豫期請旨。再，坤寧宮神前行禮時，遵照道光九年諭旨，王、貝勒、貝子照例行禮，應一并奏明，伏候訓示。遵行。

爲此謹奏請旨。

題名：爲元旦皇上停止詣堂子行禮并坤寧宮神前王貝勒貝子等照例行禮事致内務府

原紀年：宣統三年十二月初八日　檔號：05-13-002-000380-0023

責任者：典禮院

典禮院爲移咨事。

祠祭署案呈，本院具奏恭照宣統四年元旦，皇上親詣堂子行禮，或不親詣，理合照例豫期請旨。再，坤寧宮神前行禮時，遵照道光九年諭旨。王、貝勒、貝子等照例行禮，應一并奏明，伏候訓示遵行等因。

宣統三年十一月三十日奏：本日奉旨停止行禮。欽此。

相應移咨内務府，遵照可也，

須至咨者。

右咨内務府

宣統三年拾貳月初八

主要參考文獻

1. （明）陳鎬：《闕里志》，明崇禎刻清雍正增修本。

2. （明）陳鶴：《明紀》，江蘇書局刻本。

3. （明）陳建：《皇明通紀法傳全錄》，明崇禎九年（1636）刻本。

4. （明）陳建：《皇明通紀集要》，明崇禎刻本。

5. （明）陳九德：《皇明名臣經濟錄》，明嘉靖二十八年（1549）刻本。

6. （明）陳子龍、徐孚遠、宋徵璧等：《明經世文編》，明崇禎平露堂刻本。

7. （明）程敏政：《皇明文衡》，明刻本。

8. （明）鄧元錫：《皇明書》，明萬曆三十四年（1606）刻本。

9. （明）東村八十一老人：《明季甲乙彙編》，舊抄本。

10. （明）杜應芳：《補續全蜀藝文志》，明萬曆刻本。

11. （明）范守己：《皇明肅皇外史》，清宣統津寄抄本。

12. （明）高拱：《高文襄公集》，明萬曆刻本。

13. （明）顧清：《東江家藏集》，《四庫全書》本。

14. （明）顧允成：《小辨齋偶存》，《四庫全書》本。

15. （明）官修，吳彥玲點校：《萬曆起居注》，天津古籍出版社 2010 年校點本。

16. （明）官修：《諸司職掌》，明刻本。

17. （明）郭良翰：《續問奇類林》，明萬曆三十七年（1609）刻本。

18. （明）郭正域：《皇明典禮志》，明萬曆四十一年（1613）劉汝康刻本。

19. （明）過庭訓：《本朝分省人物考》，明天啓刻本。

20. （明）何喬遠：《名山藏》，明崇禎刻本。

21. （明）何士晉：《工部廠庫須知》，明萬曆四十三年（1615）刻本。

22. （明）黃道周：《博物典彙》，明崇禎刻本。

23. （明）黃光升：《昭代典則》，明萬曆二十八年（1600）刻本。

24. （明）賈三近：《皇明兩朝疏抄》，明萬曆六年（1578）大名府刻本。

25. （明）孔貞運：《皇明詔制》，明崇禎七年（1634）刻本。

26. （明）雷禮：《皇明大政紀》，明萬曆三十年（1602）博古堂刻本。

27.（明）李賢等：《大明一統志》，三秦出版社 1990 年影天順五年（1461）刻本。

28.（明）劉侗：《帝京景物略》，明崇禎刻本。

29.（明）呂震：《宣德鼎彝譜》，《四庫全書》本。

30.（明）呂毖：《明宮史》，《四庫全書》本。

31.（明）茅元儀：《嘉靖大政類編》，明萬曆刻本。

32.（明）明史官編：《萬曆起居注》，明抄本。

33.（明）莫旦：《大明一統賦》，明嘉靖十六年（1537）司馬泰刻本。

34.（明）丘濬：《大學衍義補》，明成化刻本。

35.（明）申時行：《賜閑堂集》，明萬曆刻本。

36.（明）申時行等：《大明會典》，明萬曆内府刻本。

37.（明）沈德符：《萬曆野獲編》，中华書局 1959 年版。

38.（明）沈國元：《皇明從信録》，明末刻本。

39.（明）沈懋孝：《長水先生文鈔》，明萬曆刻本。

40.（明）孫能傳：《内閣藏書目録》，清遲雲樓抄本。

41.（明）談遷：《國榷》，清抄本。

42.（明）譚次川：《譚次川自訂年譜》，明萬曆刻本。

43.（明）涂山：《明政統宗》，《四庫禁毁書叢刊》本。

44.（明）王圻：《續文獻通考》，明萬曆三十年（1602）松江府刻本。

45.（明）夏言：《南宫奏稿》，《四庫全書》本。

46.（明）徐階：《世經堂集》，《四庫全書存目叢書》本。

47.（明）徐溥《明會典》，《四庫全書》本。

48.（明）徐學聚：《國朝典彙》，《四庫全書存目叢書》本。

49.（明）徐學謨：《世廟識餘録》，明徐兆稷活字印本。

50.（明）徐一夔等：《明集禮》，明嘉靖九年（1530）内府刻本。

51.（明）嚴嵩：《南宫奏議》，明嘉靖二十四年（1545）刻本。

52.（明）楊博：《太師楊襄毅公年譜》，明項德楨編明刻本。

53.（明）葉盛：《水東日記》，清康熙十九年（1680）刻本。

54.（明）佚名：《秘閣元龜政要》，明抄本。

55.（明）佚名：《太常續考》，《四庫全書》本。

56.（明）尹守衡：《皇明史竊》，明崇禎刻本。

57.（明）于慎行：《穀城山館文集》，明萬曆于緯刻本。

58.（明）俞汝楫等：《禮部志稿》，《四庫全書》本。

59.（明）章潢：《圖書編》，《四庫全書》本。

60.（明）張岱：《石匱書》，稿本。

61.（明）張爵：《京師五城坊巷衚衕集》，民國劉氏刻本。

62.（明）鄭世龍：《國朝典故》，北京大学出版社 1993 年版。

63.（明）鄭曉：《今言》，明嘉靖四十五年（1565）項篤壽刻本。

64.（明）鄭曉：《吾學編》，明隆慶元年（1567）刻本。

65.（明）朱國楨：《皇明史概》，明崇禎刻本。

66.（明）朱睦㮮：《聖典》，明萬曆四十一年（1613）朱勤美刻本。

67.（明）朱讓栩：《長春競辰稿》，明嘉靖二十八年（1613）蜀藩刻本。

68.（清）阿桂等：《滿洲源流考》，清乾隆四十二年（1777）内府刻本。

69.（清）畢沅：《靈巖山人詩集》，載國家清史編纂委員會編《清代詩文集彙編》（三六九），上海古籍出版社 2009 年版。

70.（清）查繼佐：《罪惟録》，吳興劉氏嘉業堂藏手稿本。

71.（清）陳康祺：《壬癸藏札記》，清光緒刻本。

72.（清）陳其元：《庸閒齋筆記》，清同治十三年（1874）刻本。

73.（清）董誥：《皇清文穎續編》，清嘉慶武英殿刻本。

74.（清）端方：《大清光緒新法令》，清宣統上海商務印書館刻本。

75.（清）端方：《授時通考》，清《武英殿聚珍版叢書》本。

76.（清）鄂爾泰等：《八旗通志》，《四庫全書》本。

77.（清）鄂爾泰等：《國朝宫史》，《四庫全書》本。

78.（清）鄂容安：《鄂文端公年譜》，清抄本。

79.（清）鄂容安：《花妥樓詩》，清乾隆刻本。

80.（清）福長安等：《工部則例》，清内府刻本。

81.（清）傅恒：《平定準噶爾方略》，《四庫全書》本。

82.（清）傅維鱗：《明書》，清康熙三十四年（1695）本誠堂刻本。

83.（清）葛士濬：《清經世文續編》，光緒年間天章書局石印本。

84.（清）龔自珍：《定盦文集續集》，清光緒二十三年（1897）萬本書堂刻本。

85.（清）谷應泰：《明史紀事本末》，《四庫全書》本。

86.（清）顧炎武撰，（清）黃汝成集釋：《日知録集釋》，清刻本。

87.（清）觀保等撰，故宮博物館編：《欽定王公處分則例 欽定太常寺則例》，海南出版社 2000 年版。

88.（清）官修：《清實録》，中國第一歷史檔案館影印本。

89.（清）官修：《清通志》，《四庫全書》本。

90.（清）官修：《清文獻通考》，《四庫全書》本。

91.（清）和珅等：《（乾隆）大清一統志》，《四庫全書》本。

92.（清）賀長齡：《清經世文編》，清道光刻本。

93.（清）弘曆:《御製詩集》,《四庫全書》本。

94.（清）許鳴磐:《方輿考證》,民國濟寧潘氏華鑒閣刻本。

95.（清）許重熙:《皇明五朝紀要》,明崇禎刻本。

96.（清）黄宗羲:《明文海》,《四庫全書》本。

97.（清）黄以周:《禮書通故》,清光緒十九年（1893）刻黄氏試館本。

98.（清）慧中等:《臺規》,清乾隆督察院刻補修本。

99.（清）嵇璜、劉墉等:《續通典》,《四庫全書》本。

100.（清）嵇璜、劉墉等:《清通典》,《四庫全書》本。

101.（清）嵇璜等:《續通志》,《四庫全書》本。

102.（清）嵇璜等:《續文獻通考》,《四庫全書》本。

103.（清）紀昀:《紀文達公遺集》,清嘉慶十年（1805）紀樹馨刻本。

104.（清）江蘩:《太常紀要》,清康熙刻本。

105.（清）蔣良騏:《東華録》,清乾隆刻本。

106.（清）昆岡等修,（清）劉啓端等纂:《大清會典圖》,清光緒石印本。

107.（清）昆岡等:《（光緒）大清會典》,中國第一歷史檔案館影印本。

108.（清）昆岡等:《（光緒）大清會典事例》,《續修四庫全書》本。

109.（清）來保:《欽定平定金川方略》,《四庫全書》本。

110.（清）來保等:《大清通禮》,清刻本。

111.（清）李虹若:《朝市叢載》,清光緒十二年（1886）京都刻本。

112.（清）李衛:《（雍正）畿輔通志》,清雍正刻本。

113.（清）龍文彬:《皇明詔令》,明嘉靖十八年（1539）刻二十七年（1548）浙江布政司增修本。

114.（清）龍文彬:《明會要》,清光緒十三年（1887）永懷堂刻本。

115.（清）魯之裕:《道古堂全集》,清乾隆四十一年（1776）刻光緒十四年（1888）汪曾維增修本。

116.（清）毛奇齡:《西河集》,《四庫全書》本。

117.（清）穆彰阿:《（嘉慶）大清一統志》,上海涵芬樓影印本。

118.（清）錢儀吉撰,靳斯點校:《碑傳集》,中華書局 1993 年版。

119.（清）錢陳群:《香樹齋詩文集》,載國家清史編纂委員會編《清代詩文集彙編》（二六一）,上海古籍出版社 2009 年版。

120.（清）錢載:《籜石齋詩集》,清乾隆刻本。

121.（清）錢載:《籜石齋文集》,清乾隆刻本。

122.（清）秦蕙田:《五禮通考》,《四庫全書》本。

123.（清）慶桂等:《國朝宮史續編》,清嘉慶十一年（1806）内府抄本。

124. （清）薩迎阿等：《欽定禮部則例》，清嘉慶二十五年（1820）刻本。

125. （清）薩迎阿等：《欽定宗人府則例》，清同治七年（1868）刻本。

126. （清）史夢蘭：《止園筆談》，清光緒四年（1878）刻本。

127. （清）孫承澤：《春明夢餘錄》，《四庫全書》本。

128. （清）孫承澤：《山書》，清抄本。

129. （清）孫承澤：《天府廣記》，清抄本。

130. （清）談遷：《北游錄》，清抄本。

131. （清）托津等：《（嘉慶）大清會典》，清光緒刻本。

132. （清）托津等：《（嘉慶）大清會典事例》，清光緒刻本。

133. （清）萬斯同等：《明史》，清抄本。

134. （清）汪啓淑：《水曹清暇錄》，清乾隆五十七年（1792）汪氏飛鴻堂刻本。

135. （清）王培荀：《寓蜀草》，清道光二十七年（1847）刻本。

136. （清）魏源：《聖武記》，清道光二十二年（1842）古微堂刻本。

137. （清）溫達：《親征平定朔漠方略》，清康熙內府刻本。

138. （清）吳長元：《宸垣識略》，清乾隆五十三年（1788）池北草堂刻本。

139. （清）吳清鵬：《笏庵詩》，清咸豐五年（1855）刻本。

140. （清）吳振棫：《養吉齋從錄》，清光緒刻本。

141. （清）錫珍等：《吏部銓選則例》，清光緒十二年（1886）刻本。

142. （清）夏燮：《明通鑑》，清同治十二年（1873）宜黃官廨刻本。

143. （清）徐開任：《明名臣言行錄》，清康熙刻本。

144. （清）閻鎮珩：《六典通考》，清光緒二十九年（1903）北岳山房刻本。

145. （清）伊桑阿等：《（康熙）大清會典》，清康熙二十九年（1690）內府刻本。

146. （清）胤禛：《世宗憲皇帝聖訓》，清乾隆五年（1740）敕編。

147. （清）胤禛：《雍正上諭內閣》，《四庫全書》本。

148. （清）永瑢等：《歷代職官表》，清道光中湘陰蔣瓚刻本。

149. （清）永瑆：《詒晉齋集》，清道光二十八年（1848）刻本。

150. （清）于敏中：《日下舊聞考》，《四庫全書》本。

151. （清）俞正燮：《癸巳存稿》，清道光二十八年（1848）靈石楊氏刻《連筠簃叢書》本。

152. （清）允禄、蔣溥等：《清禮器圖式》，清乾隆三十一年（1766）刻本。

153. （清）允禄等：《協紀辨方書》，《四庫全書》本。

154. （清）允禄：《滿洲祭神祭天典禮》，清乾隆十二年（1747）稿本。

155. （清）允禄等：《（雍正）大清會典》，清光緒刻本。

156. （清）允裪等：《大清會典》，《四庫全書》本。

157. （清）允祹等：《大清會典則例》，《四庫全書》本。

158. （清）惲毓鼎：《澄齋日記》，浙江古籍出版社 2004 年版。

159. （清）張師栻、張師載：《張清恪公年譜》，清乾隆四年（1739）正誼堂刻本。

160. （清）張廷玉等：《皇清文穎》，清康熙五十一年（1712）內府抄本。

161. （清）張廷玉等：《明史》，清抄本。

162. （清）張廷玉等：《皇清文穎》，《四庫全書》本。

163. （清）昭槤：《嘯亭雜錄》，清抄本。

164. （清）趙翼：《廿二史劄記》，清《史學叢書二十四種》本。

165. （清）震鈞：《天咫偶聞》，清光緒三十三年（1907）甘棠轉舍刻本。

166. （清）周家楣、繆荃孫等：《（光緒）順天府志》》，《續修四庫全書》本。

167. （清）朱奇齡：《續文獻通考補》，清抄本。

168. （清）朱軾等：《大清律集解附例》，清雍正三年（1725）內府刻本。

169. （清）朱彝尊撰：《曝書亭集》，清刻本。

170. 劉錦藻：《清續文獻通考》，清光緒三十一年（1905）鉛印本。

171. 王先謙：《東華錄》，《續修四庫全書》本。

172. 王先謙：《東華續錄》，《續修四庫全書》本。

173. 佚名：《大清宣統政紀》，中國歷史檔案館影印本。

174. 趙爾巽：《清史稿》，1928 年清史館鉛印本。

175. 朱壽朋：《東華續錄》，清宣統元年（1909）上海集成圖書公司鉛印本。

責任編輯：任　清
封面設計：胡欣欣

圖書在版編目（CIP）數據

明清皇家壇廟史料彙編／郗志群　主編 .—北京：人民出版社，2024.7. -- ISBN
978-7-01-026690-9

Ⅰ. K928.75

中國國家版本館 CIP 數據核字第 2024JC2602 號

明清皇家壇廟史料彙編
MINGQING HUANGJIA TANMIAO SHILIAO HUIBIAN

郗志群　主編

劉志江　蔡宛平　匡清清　王冕森　王敬雅　副主編

人民出版社出版發行

（100706　北京市東城區隆福寺街 99 號）

北京中科印刷有限公司印刷　新華書店經銷

2024 年 7 月第 1 版　2024 年 7 月北京第 1 次印刷

開本：787 毫米×1092 毫米 1/16　印張：106.75　字數：2200 千字

ISBN 978-7-01-026690-9　定價：900.00 元（上、下冊）

郵購地址　100706　北京市東城區隆福寺街 99 號

人民東方圖書銷售中心　電話（010）65250042　65289539